内蒙古自治区统计局·编

Compiled by Inner Mongolia Autonomous Regional Bureau of Statistics

内蒙古
统计年鉴
INNER MONGOLIA STATISTICAL YEARBOOK
2011

（总第24期　NO. 24）

中国统计出版社
China Statistics Press

（京）新登字041号

图书在版编目（CIP）数据

内蒙古统计年鉴. 2011：汉英对照 / 内蒙古自治区统计局编. -- 北京：中国统计出版社, 2011.9
ISBN 978-7-5037-6335-9
Ⅰ. ①内…
Ⅱ. ①内…
Ⅲ. ①统计资料—内蒙古—2011—年鉴—汉、英
Ⅳ. ①C832.26-54

中国版本图书馆CIP数据核字(2011)第172746号

内蒙古统计年鉴-2011

作　者/ 内蒙古自治区统计局　国家统计局内蒙古调查总队
责任编辑 / 佘竞雄　王立群
责任校对 / 崔京英　李　亮
封面设计 / 赵贵新　李占玲
出版发行 / 中国统计出版社
通信地址 / 北京市西城区月坛南街57号
邮　编 / 100826
办公地址/ 北京市丰台区西三环南路甲6号
电　话 / (010)63376907
E-mail / yearbook@gj.stats.cn
印　刷 / 呼和浩特市新城区宏业印刷厂
经　销 / 新华书店
开　本 / 890×1230　毫米 1/16
字　数 / 1800千字
印　张 / 59
印　数 / 1-2000册
版　别 / 2011 年8月第 1 版
版　次 / 2011 年8月第 1 次印刷
书　号/ ISBN 978-7-5037-6335-9/C・2553
定　价 / 400.00元

《内蒙古统计年鉴》编辑委员会

Editorial Board and Staff

编辑说明

一、《内蒙古统计年鉴》是一部按年度连续出版的大型统计资料书。本《年鉴》通过大量的统计数据，全面反映了2010年内蒙古社会、经济和科技发展变化情况，以及“十一五”时期各盟市旗县，有关部门发展成果和“十二五”展望，是国内外各界人士了解内蒙古、认识内蒙古的重要统计资料工具书。

二、年鉴全书分为两部分。第一部分为特载，载入了自治区党政部门重要文件和2010年国民经济和社会发展统计公报。第二部分为统计资料，分为24个细目。即:1.行政区划和自然资源；2.综合；3.国民经济核算；4.人口；5.就业人员和职工工资；6.固定资产投资；7.能源生产和消费；8.财政；9.物价指数；10.人民生活；11.城市概况；12.农业；13.工业；14.建筑业；15.运输和邮电；16.国内贸易；17.对外经济贸易；18.旅游；19.金融和保险；20.教育、科技和文化；21.体育、卫生、社会福利、环境保护和其他；22.盟市资料；23.旗县区资料；24.附录。为了便于读者查阅，每个细目编排了主要统计指标解释。

三、本年鉴的统计数据大部分来自政府统计部门和业务部门年度统计报表，一部分来自抽样调查。

四、与《内蒙古统计年鉴-2010》相比较，本年鉴做了如下调整：

1.根据全国第二次经济普查资料，本年鉴对2005年以后的部分指标的历史数据重新进行了调整和修订，读者在使用历史数据时，如数据有出入，请以本年鉴为准。

2.由于2010年全国人口普查数据正在整理，本年鉴只公布2010年普查数据和与此相关的自治区历年调整数据以及部分盟市数据，其他调整数据待下年公布。

3.由于行业统计方法制度的改革，投资、能源、贸易、建筑业等部分的版面和数据也做了相应的改动与调整。

4.附录中增加上市公司发展情况。

5.2010年末实有耕地面积延用2009年数据。

五、资料中所使用的数量单位均采用国际统一标准计量单位。

六、本年鉴部分数据合计数或相对数由于单位取舍不同而产生的计算误差均未作机械调整。

七、本年鉴各表式中，有关对全表的注解均在该表上方，对表中部分指标的注解则在该表下方。

八、本年鉴表中的符号使用说明：空格表示该项统计指标数据不足本表最小单位数、不详或无该项数据；“#”表示其中的主要项。

PREFACE

Ⅰ. ***Inner Mongolia Statistical Yearbook*** **is a regular large scale statistical reference book published yearly. With a vast amount of statistical data, the yearbook reflects various aspects of Inner Mongolia's socio – economic, science and technology development, and achievements of leaguse and cities and banners and sectors during "The Eleventh Five–Year Plan" Period, and looking into the future of "The Twelfth Five–Year Plan" period ,It is really an important and efficient statistical reference book for people of various circles in and outside China to know and understand Inner Mongolia.**

Ⅱ. The yearbook has two parts: Special articles and Statistics. The first part consists of important documents of the Party and the government and Statistical Bulletin of the National Economic and Social Development in Inner Mongolia for 2010. The second part consists of all the 24 chapters as follow: 1.Division of Administrative Areas and Natural Resources; 2.General Survey; 3.National Accounts; 4. Population; 5.Employment and Wages; 6.Investment in Fixed Assets; 7.Production and Consumption of Energy; 8. Government Finance; 9. Prices Indices; 10. People's Livelihood; 11. General Survey of Cities; 12. Agriculture; 13. Industry; 14. Construction; 15. Transport, Postal and Tele–communications Services; 16. Domestic Trade; 17. Foreign Trade and Economic Cooperation; 18. Tourism; 19. Banking and Insurance; 20. Education, Science and Culture; 21. Sports, Public Health, Social Welfare, Environmental Protection and Other; 22. Information of Leagues and Cities; 23.Information of Banners and Counties (Districts and Cities); 24. Appendix. In order to make it convenient for readers to consult, we edit exploratory notes on main statistical indicators of every chapter.

Ⅲ. Most of the data in this yearbook sources are from annual statistical reports of government agencies, another part sources from sample survey.

Ⅳ.Comparing with the content of Inner Mongolia Statistical Yearbook–2010, we changed the content as follow:

1. Some of the published data since 2005 are changed in this yearbook according to the second national economic census, therefore, data in this yearbook are reliable whenever you find different data in other publications.

2. Because in 2010 the national population census data is reorganizing, this yearbook only announces in 2010 the census data and with this related all previous years autonomous regional adjustment data, and population of regions data in 2010,the rest data will be annouced next year.

3. According to the reform of statistical method in other industries, some data and tables of Investment, Energy, Domestic Trade and Construction are adjusted.

4.Basic Statistics on Development of Listed Companies were added in Appendix.

5.Cultivated Land at the Year–end in 2010 is Prolonging the data in 2009.

Ⅴ. The units of measurement used in this yearbook are internationally standard measurement units.

Ⅵ. Statistical discrepancies due to rounding are not adjusted in this yearbook

Ⅶ. The notes concerning the whole table are placed at the upper part of table, while the notes concerning individual indicators are placed at the lower part.

Ⅷ. Notations used in this yearbook: blank space indicates that the figure is not large enough to be measured with the smallest unit in the table, or data are unknown or are not available; "#" indicates a major breakdown of the total.

回顾与展望

——“十一五”内蒙古经济社会发展回顾与“十二五”展望

内蒙古自治区统计局局长 胡敏谦

内蒙古自治区统计局局长 胡敏谦

进入“十一五”以来，在自治区党委、政府的领导下，全区各地区深入贯彻落实科学发展观，始终坚持发展这个第一要务不动摇，认真执行国家宏观调控的各项政策措施，继续深化改革，扩大开放，调整优化经济结构，加快转变发展方式，坚持以人为本，努力构建社会主义和谐社会，经过全区上下的共同努力，圆满完成了“十一五”规划主要预期目标和任务，综合实力跨上了新台阶，为“十二五”时期经济社会实现更好更快的发展奠定了雄厚的基础。

一、“十一五”内蒙古经济社会发展回顾

（一）经济发展大跨越，综合实力再上新台阶

“十一五”期间，全区生产总值由2005年的3905.03亿元增加到2010年的11672亿元，在全国的位次由第21位前移至第15位，跨上了新台阶，跻身于万亿元俱乐部。人均生产总值由2005年的2029美元增加到2009年的5897美元，在全国的位次由第10位前移至第7位，2010年超过7000美元。地方财政一般预算收入由2005年的277.46亿元增加到2009年的850.86亿元，在全国的位次由第20位前移至第13位，2010年突破千亿元，达到1070亿元。“十一五”时期，经济总量年均增长17.6%，高出“十一五”规划目标4.6个百分点，也高于“十五”时期平均增幅0.5个百分点以上。

（二）产业结构大调整，新型产业基地建设取得新进展

农牧业基础地位更加稳固。2010年，国家及自治区重点推进“三农三牧”工作，推出了系列优惠政策，大力推动了全区第一产业的发展，农牧业基础地位得以巩固。2010年，全区粮食总产量达到2158万吨，比2005年增加496万吨，已超过“十一五”规划目标1750万吨粮食综合生产能力。全年肉类总产量248.93万吨，比上年增长6.4%；牛奶产量905.15万吨，增长0.2%；山羊绒产量8104吨，增长9.9%；禽蛋产量50万吨，增长2.3%。牛奶、羊肉、羊绒产量稳居全国首位。

工业化进程不断加快。“十一五”时期，全区大力推进新型工业化，充分发挥资源优势和后发优势，以经济结构调整为主线，加快转变发展方式，加大重点工业项目投资力度，着力推进产业多元、产业延伸和产业升级，大力培育和壮大主导产业集群和特色产业，工业化进程明显加快。“十一五”时期，全区规模以上工业增加值年均增长25.4%，对经济增长的贡献率60%。

服务业规模不断扩大，现代服务业驶入快车道。全区服务业增加值由2005年的1542.26亿元增加到2010年的4209.02亿元，年均增长15%。以信息传输、计算机服务和软件业，金融业，房地产业，租赁和商务服务业等为代表的现代服务业成为新的增长点。分几个行业看，房地产业延续着较快的发展劲头，对第三产业增长的带动作用明显。2010年，全区房地产开发投资达1120.02亿元，同比增长37.4%，比全部固定资产投资增速高18.3个百分点。

（三）内需外需大拉动，经济发展不断增添新动力

投资规模不断扩大，重点项目建设硕果累累。“十一五”时期，全社会固定资产投资年均增长27.3%，累计完成近3万亿元。内蒙古认真贯彻落实国家宏观调控政策，投资结构进一步优化，加强了以生态、水利、电力、交通及市政设施为重点的基础设施建设，有力地拉动了国民经济的快速增长。 城乡市场繁荣活跃，消费需求日趋成为经济增长的源头与动力。全区城乡市场开拓成效显著。2010年，全区社会消费品零售总额一直在高位上平稳运行，扩内需政策效应明显。社会消费品零售总额由2005年的1358.1亿元增加到2010年的3337亿元，年均增长19.7%。其中，城镇消费品零售额由2005年的1190亿元增加到2010年的2914.6 亿元，年均增长19.6%；乡村消费品零售额由2005年的168.2亿元增加到2010年的422.7亿元，年均增长20.2%。

（四）对内对外大开放，外向型经济发展取得新成绩

“十一五”以来，全区在积极应对国际金融危机而产生不利局面，化危机为机遇，努力应对国内产业调整和转移的同时，积极转变外贸增长方式，扩大对外贸易。全区进出口总额由2005年的51.62亿美元增加到2010年的87.2亿美元。其中，出口总额由2005年的20.65亿美元增加到2010年的33.3亿美元。“走出去”战略加快推进，2010年新批准设立境外投资企业25家，中方协议投资5.8亿美元。

（五）城乡区域大统筹，区域经济发展构筑新格局

内蒙古西部和东部两大区域发展战略的带动和辐射逐步增强，正逐步形成与周边省区市、腹地良性互动、协调发展的新格局。2010年以呼包鄂为核心的西部七个盟市生产总值达到8837.68亿元，财政一般预算收入达到617.46亿元，分别占全区的68.6%和57.7%。东部五盟市生产总值达

到4041.07亿元，财政一般预算收入达到228.97亿元，分别占全区的31.4%和21.4%。

城乡经济一体化发展不断加快，县域经济发展势头强劲。2009年，内蒙古80个旗县及县级市生产总值达到4864.14亿元，占全区的50%。在2009年第九届中国西部百强县市中，内蒙古有20个旗县（市）名列其中，占西部百强县市的1/5。2010年末，全区城镇化率达到55%，比2005年提高7.8个百分点。

（六）社会事业大发展，和谐内蒙古建设迈出新步伐

民生工程见成效，民生状况明显改善。全区城镇参加基本养老保险人数由2005年的339万人增加到2010年的430万人；参加基本医疗保险人数由292万人增加到886万人。全区有200万人得到国家最低生活保障救济。“十一五”时期，城镇新增就业114.2万人。城乡居民生活水平不断提高。全区城镇单位在岗职工平均工资由2005年的15985元增加到2010年的35507元，在全国的位次由2005年的第15位上升至2010年的第10位。全区城镇居民人均可支配收入由2005年的9137元增加到2010年的17698元，年均实际增长11.1%；农牧民人均纯收入由2005年的2989元增加到2010年的5530元，年均实际增长9.8%。内蒙古城镇居民人均可支配收入和农牧民人均纯收入由2005年的第14位和第17位，前移到2010年的第10位和第16位。

综上所述，“十一五”时期是全区综合经济实力提升最快、城乡面貌变化最大、社会建设成就最好、人民群众得到实惠最多的时期之一。全区各族人民团结奋斗，推动全区经济社会发展跨上了一个新台阶。

二、“十二五”时期展望

“十二五”时期是全面建设小康社会的关键时期，是深化改革开放、加快转变经济发展方式的攻坚时期。深刻认识并准确把握国内外形势新变化新特点，科学谋划“十二五”，对于继续抓住和用好发展的重要战略机遇期、促进经济长期平稳较快发展，夺取全面建设小康社会新胜利具有十分重要的意义。

（一）“十二五”时期全区经济社会发展面临的环境

“十二五”时期，全区机遇和挑战并存，且处于可以大有作为的重要战略机遇期。世界多级化、经济全球化深入发展，我国与世界各国和地区的经济合作不断深化，为我们加快发展营造了良好外部环境。随着国家扩大内需战略的实施，将为全区特色优势产业发展提供了潜在的市场空间。国家西部大开发、振兴东北等老工业基地战略的深入实施和促进内蒙古经济社会又好又快发展意见的出台，将为全区实现新一轮发展创造良好的政策条件。

同时，我们也清醒的注意到，全区未来发展还面临不少挑战和困难。国际经济形势复杂多变，不确定因素增多。把内蒙古放在全国经济社会发展大格局中去审视，欠发达的基本区情没有根本改变，发展不足仍是主要矛盾。

（二）“十二五”时期经济社会发展的目标和重点任务

我们在综合考虑未来发展趋势和条件，认为今后五年全区经济社会发展的主要预期目标是：地区生产总值年均增长12%以上，地方财政总收入年均增长15%，固定资产投资和社会消费品零售总额年均分别增长15%和18%，城镇居民人均可支配收入和农牧民人均纯收入年均分别增长12%，单位生产总值能耗降低15%。同时社会建设明显加强，改革开放不断深化，促进经济平稳较快发展和社会和谐稳定，为全面建成小康社会的基础更加牢固。

（三）“十二五”时期实现经济社会又好又快发展的对策建议

1.坚持以科学发展观统领经济社会发展全局，切实转变经济发展方式。全面落实科学发展观，增强发展的稳定性、协调性和可持续性，在保障和改善民生方面下功夫，在进一步解决“三农三牧”问题上下功夫。在调整结构上下功夫。加快发展能耗低、技术含量高的新材料产业、高新技术产业、装备制造业，促进工业结构的根本性转变。要切实采取措施，从政策配套、营造环境、完善制度等方面支持服务业加快发展，促进服务业在扩大规模和提高比重上取得突破。继续加大和提高技术改造投资在全社会投资中的比重，提高投资项目的技术含量，提升建设项目的层次，促进投资结构的优化,培育经济新的增长点，促进经济持续较快发展。

2.加大产业结构调整的力度，促进经济稳步增长。要继续促进经济增长由主要依靠第二产业向依靠一二三产业协同带动转变。大力发展现代农牧业，调整优化农牧业结构，提高农牧业综合生产能力。巩固提升传统能源和农畜产品加工产业，做大做强新型煤化工和冶金建材产业，积极培育战略性新兴产业，以稀土高新、电子信息、生物制药为主的高新技术产业，大力发展非资源型产业，加快以运输机械、工程机械、风力发电设备为主的装备制造业。要进一步明确服务业发展的战略定位。大力推进信息化与工业化的融合。

3.提高自主创新能力，形成后发优势加快发展。大力提高原始创新能力，形成创新的重要基础和科技竞争力的主要源泉。加快引进消化吸收再创新，充分利用全球科技存量，形成后发优势加快发展。为了提高自主创新能力，必须确立企业在自主创新中的作用，加快建设产学研相结合的技术创新体系，努力实现新技术的产业化。发挥政府的战略导向、综合协调和服务功能，创造更好的创新环境。

4.加强节能减排和环境保护的力度，实现可持续发展。继续推动资源和环境领域的市场化改革；建立符合市场化改革要求、有约束力的现代资源和环境产权制度；完善自然资源有偿开采、有偿使用制度；加快用水、用地、用电以及二氧化碳排放权交易制度建设，使利益相关者和受影响者共同分担由于资源开采所带来的影响。严把高能耗行业准入关，依法淘汰落后生产能力，压缩部分耗能高、污染大、附加值低的行业规模。要坚决贯彻落实承接产业转移的基本原则，更加注重资源环境保护，防止高污染、低效益的产业向全区转移；积极开辟能源供给新领域。

5.促进区域协调发展，优化区域空间布局。积极稳妥推进城镇化，实施自治区东部和西部两大区域发展总体战略，实施主体功能区战略，完善城市化布局和形态，加强城镇化管理，鼓励西部地区率先发展，支持东部地区加快发展，扶持老少边穷地区发展，构筑区域经济优势互补、主体功能定位清晰、国土空间高效利用、人与自然和谐相处的区域发展格局。

6.切实增加城乡居民收入，将解决民生问题放在突出位置来抓。要着力保障和改善民生，真正做到富民与强区并重，不断提高城乡居民的收入水平，让经济发展成果惠及广大人民群众。一是要提高居民收入，提高劳动报酬在初次分配中的比重，促进收入来源多样化、增收稳定化、分配公平化，务必使农牧民收入水平不徘徊，逐步缩小与城镇居民收入的差距，切实保证社会的公平正义。二是要把就业工作摆在更加重要的位置，要采取积极的就业政策，支持以创业带动就业，多渠道开发就业岗位，提高就业吸纳能力。要重点做好高校毕业生和生活困难人员的就业工作。三是进一步完善社会保障制度，按照推进城乡基本公共服务均等化的要求，健全覆盖城乡居民的社会保障体系。要积极扶持革命老区、少数民族聚居区、边疆地区、贫困地区加快发展，加大扶贫开发力度，提高自主发展能力，改善人民群众的生产生活条件，让各族人民共享自治区经济社会发展的成果。

团结动员各族职工为实现“十二五”良好开局建功立业

内蒙古自治区总工会主席　云秀梅

自治区劳动模范和先进工作者表彰大会在呼和浩特隆重举行

“十一五”期间，伴随着自治区经济社会快速发展的进程，我区工会工作站在了一个新的历史起点上。五年来，在自治区党委和全国总工会的正确领导下，全区各级工会组织和广大工会干部深入贯彻落实科学发展观，主动适应我区新型工业化、农牧业产业化、特色城镇化的新形势，坚定不移地走中国特色社会主义工会发展道路，深入贯彻全总“组织起来、切实维权”的工作方针和“全会抓基层，重点抓维权，合力促和谐”的工会工作思路，努力构建起“党委领导、政府支持、工会运作、各方配合”的社会化工会工作新格局，走出了一条符合我区实际、具有边疆民族地区特色的工会工作科学发展新路子，全区工会工作呈现出亮点鲜明、充满活力、创新发展的良好态势。

一是团结动员各族职工，在推动自治区经济社会又好又快发展中发挥主力军作用。各级工会组织紧紧围绕自治区经济社会发展大局，广泛开展了“当好主力军、建功‘十一五’、和谐奔小康”、“迎大庆、作贡献、建新功”、“我为节能减排作贡献”和创建“工人先锋号”等具有鲜明时代特征、充分展示职工创造活力的社会主义劳动竞赛和经济技术创新活动，极大地激发了广大职工的劳动热情和创造活力。连续5年开展了百万职工技术大比武，参加总人数超过600万人次，职工队伍的技术技能素质明显提升。特别是积极应对国际金融危机的严峻挑战，组织职工深入开展“同舟共济保增长、建功立业促发展”劳动竞赛和“共同约定行动”，为自治区经济平稳较快发展发挥了重要作用。

二是进一步加强工会组织建设，不断巩固党的阶级基础、扩大党的群众基础。各级工会组织适应社会格局深刻变动、利益格局深刻调整、职工队伍发展壮大的新情况，不断加强工会基层组织建设，进一步扩大了工会工作的覆盖面，增强了工会组织的凝聚力。自治区及各盟市、旗县（市区）成立了由党委分管领导任组长的工会组建和组织农牧民工入会工作领导小组、党工共建工作领导小组；将基层工会组建工作列入了对下一级党政领导班子年度实绩目标考核内容，形成了“党建带动工建，工建服务党建”的党工共建长效机制。各级工会组织深入开展“基层工会组织建设年”、“企业工会建设年”、“千名工建指导员下基层”、“抓工会组建促农牧民工入会百日攻坚”和“广普查、深组建、全覆盖”集中行动等活动，着力加强苏木乡镇（街道）、嘎查村（社区）工会建设，着力加强中小型非公有制企业工会组建工作，大力推进新经济组织、新社会组织建会工作，积极探索建立区域性行业性工会，最大限度地把广大职工组织到工会中来，全区工会组建和会员发展工作取得了突破性进展。“十一五”期间，全区基层工会比2005年增加了2.3万个，达到50120个，增长了82.49%；工会会员达到580.9万人，比2005年增长了56.9%，其中发展农牧民工会员154.8万人。深入贯彻《企业工会工作条例》，广泛开展职工之家建设、“双爱双评”、企业工会规范化示范化竞赛等活动，基层工会活力进一步增强。

三是进一步提升职工队伍素质，大力推进职工队伍知识化进程。各级工会组织充分发挥“大学校”作用，不断深化“创建学习型组织，争做知识型职工”活动，提高职工队伍的思想道德、科学文化和技术技能素质，保持和发展了工人阶级的先进性。坚持以社会主义核心价值体系武装职工，在各族职工中广泛开展了“高举旗帜、科学发展、共建和谐”主题教育活动，扎实开展民族团结宣传教育活动，进一步增强了职工队伍的思想道德素质。深入开展职工职业道德建设“双十佳”和红旗班组评选表彰等活动，在全国率先开展了最具影响力的十大全国劳模评选表彰活动，树立了廷·巴特尔、达能太、刘怀玉、郭晋龙、金海等一大批英模典型，树立了宋殿琛班组、包西车辆段、福生庄安全养护工区等一大批先进集体典型，树立了王德荣、张靖等一大批优秀工会干部典型，组织劳模报告团深入基层巡回演讲，编辑出版了宣传工人阶级和劳模精神的系列丛书，真正唱响了“劳动光荣、知识崇高、人才宝贵、创造伟大”的时代最强音。加大职工教育培训工作力度，推广名师带徒、首席工人制、技能带头人等经验，进一步增强职工队伍的科学文化素质。全面推进职工书屋建设，建成职工书屋936家，极大地丰富了职工群众日益增长的精神文化需求。

四是进一步完善维权机制，保障劳动关系和谐与职工队伍稳定。各级工会组织坚持维护全国人民总体利益和维护职工具体利益相统一，坚持维权与维稳相结合，进一步健全完善党政主导的维护职工群众合法权益工作机制，促进了劳动关系的和谐，保障了职工队伍和社会稳定。积极配合人大开展《劳动法》、《内蒙古自治区企业集体合同条例》等法律法规的执法检查，推动了职工权益维护、保障工会工作发展的有关法律法规的贯彻落实。扎实推进劳动关系三方协调机制建设，充分发挥了三方会议在协调劳动关系、促进社会和谐等方面的重要作用。不断拓展劳动关系和谐单位创建活动的覆盖面，实效性进一步凸显。围绕《劳动合同法》、《内蒙古自治区企业集体合同条例》等法律法规的落实，积极配合劳动部门推进“劳动合同三年行动计划”，以非公有制中小企业为重点，推行区域性、行业性集体合同，积极开展工资集体协商要约行动，“两个合同”的覆盖面进一步扩大。“十一五”末，全区企业劳动合同签订率达到95%，签订综合性集体合同19841份，覆盖职工200.9万人；签订工资专项集体合同14524份，覆盖职工122.5万人。大力推行厂务公开制度和区域

自治区人大常委会副主任、总工会主席云秀梅慰问全国五一劳动奖章获得者、建设部劳模、内蒙古第一建筑工程公司退休职工段来宝

自治区人大常委会副主任、总工会主席云秀梅为困难职工家庭子女代表发放助学金

性、行业性职代会制度，建立健全职工董事职工监事制度，积极参与国有企业改革改制工作，有效保障了职工的知情权、参与权、表达权、监督权。加强劳动法律监督、劳动争议调解仲裁、法律援助、职工信访等工作，积极参与社会治安综合治理，尽力化解劳资纠纷，促进了劳动关系的和谐与社会的稳定。

五是切实服务职工群众，有效促进了民生改善。各级工会组织始终把改善民生作为服务大局的重要切入点，积极推动职工群众最关心、最直接、最现实的利益问题的解决。经过五年努力，已构建起以盟市困难职工帮扶中心为骨干，旗县（市区）帮扶中心为支撑，街道社区、乡镇帮扶站（点）为基础的帮扶网络体系，创建了爱心超市、爱心学校、爱心医院、爱心药店等新的帮扶载体，为困难职工提供了生活帮扶、医疗救助、就业服务、政策咨询和法律援助。送温暖活动实现了经常化、制度化、社会化，五年共筹集资金2.81亿元，慰问困难企业6050户（次），困难职工69.5万人（次），实现了对困难企业、困难职工走访慰问的全覆盖。深入开展金秋助学活动，五年共发放助学资金7381.65万元，救助贫困职工子女7.09万人（次）。充分发挥113个工会再就业培训基地的作用，积极协助政府对14.9万名下岗职工进行了再就业培训，帮助7.1万名下岗失业人员实现再就业；扶持9029名下岗失业人员成功创业，带动就业2.3万人。扎实开展“51155农牧民工援助行动”、“农牧民工维权月”等活动，配合有关部门为8.09万名农牧民工追讨欠薪2.13亿元，叫响做实了“农牧民工有困难、要维权找工会”。制定实施了安全生产事故隐患有奖举报制度，深入开展“安康杯”竞赛和“争创安全生产优胜班组”活动，发挥工会劳动保护监督检查组织网络的重要作用，推进职业病防治工作，切实维护了职工的劳动安全卫生权益。

六是进一步加大改革创新力度，不断强化工会组织自身建设。各级工会组织始终把自身建设作为新时期党的建设新的伟大工程的重要组成部分，坚持以思想解放推动工作创新，以工作创新提升维权实效，全面推进了工会组织自身改革与建设。一是工会干部的思想作风建设得到加强。深入开展了学习实践科学发展观、创先争优等活动，强化工会干部的政治意识、大局意识、责任意识和服务意识。建立完善了领导干部联系基层工会和企业工会制度，实现了维权岗位前移，工作重心下移。二是工会干部队伍建设得到加强。进一步加大了工会干部协管力度，8个盟市工会主席实现了按同级副职配备。实行干部竞争上岗、轮岗交流和挂职锻炼，推进基层工会干部职业化社会化，试行基层工会主席直选，一批年富力强、充满激情、热爱工运事业的干部正在各自岗位上发挥着重要作用。大力加强干部培训工作，通过联合党委组织部，在清华大学、浦东干部学院和中国劳动关系学院举办研修班、培训班等，对党委分管工会工作领导、工会领导干部进行了培训。各级工会组织上下联动、分级培训，共培训专兼职工会干部8.9万人次，全区广大工会干部的素质和能力进一步提高。三是旗县（市区）工会建设得到加强。以突破旗县（市区）工会工作制约瓶颈为目标，开展了旗县（市区）工会标准化建设和模范旗县（市区）工会评选活动，旗县（市区）工会整体工作水平得到提升。

2011年，是全面实施“十二五”规划的开局之年，各级工会组织和广大工会干部，要切实把思想和行动统一到“十二五”规划目标任务上来，找准服务大局的切入点，找准服务职工的落脚点，找准服务基层的着力点，团结动员全区各族职工积极投身“十二五”的伟大实践，在推动我区科学发展、促进社会和谐中发挥更大的作用。全区工会工作的重点是：坚持“全会抓基层、重点抓维权、突出抓队伍、合力促和谐”的工作思路，开好一个会议、落实“两个普遍”、抓好四项重点。要着重做好十个方面工作：一是认真落实全总和区总2011–2015年劳动竞赛五年规划，广泛开展“当好主力军、建功‘十二五’、共建先锋号、创新促发展”主题竞赛活动，继续开展百万职工技术大比武活动，继续在全区重点工程、重大项目中开展建功立业劳动竞赛和“我为节能减排做贡献”活动，推广班组建设经验，开展职工全员创新实践试点，切实为自治区科学发展凝心聚力。二是认真落实全总和区总2011–2013年深入推进工资集体协商三年工作规划，进一步健全完善工资集体协商工作调度、督查、通报、奖励等制度，对各地工作情况实施动态管理，扎实推进工资集体协商工作。三是认真落实全总2011–2013年推动企业普遍建立工会组织工作规划和区总深化党工共建创先争优推动企业普遍建立工会组织的工作方案，深入开展“广普查、深组建、全覆盖”集中行动，并依托党工共建促进工会组建，不断扩大工会组织的覆盖面，最大限度地把各族职工组织到工会中来，凝聚在党的周围。四是充分运用发展和谐劳动关系工作联席会议制度、三方会议制度等机制和平台，共同研究制定重大劳动关系政策，深入分析劳动关系中存在的突出问题，真正形成发展和谐劳动关系的强大合力。继续大力开展劳动关系和谐企业创建活动，不断夯实发展和谐劳动关系的基础。五是充分运用党委和政府赋予的工作资源和条件，发挥组织体制健全、联系职工广泛、熟悉基层情况、了解职工意愿的优势和特点以及开展群众工作的优良传统，积极参与社会管理和建设，积极探索职工群众参与社会管理和创新的机制与途径，坚持把促进社会管理和创新与扎实做好职工群众工作结合起来，与切实解决职工群众最关心、最直接、最现实的利益问题结合起来，与发展和谐劳动关系促进社会和谐结合起来。六是大力加强劳动争议调解组织和劳动争议调解员队伍建设，完善劳动争议预防、预警、调处、援助一体化机制，健全工会维稳工作责任制；坚持重大情况报告制度，积极参与群体性事件应急联动处置工作，主动协助政府妥善处理职工群体性事件。七是在各族职工中深入开展社会主义核心价值体系教育和理想信念教育，加强青年职工特别是新生代农牧民工的人文关怀和心理疏导，引导各族职工正确对待利益关系的调整，自觉维护安定团结的大好局面。八是进一步加强困难职工帮扶中心建设，夯实帮扶工作基础，完善帮扶工作机制，提高帮扶工作水平。努力把送温暖慰问、金秋助学、困难职工家庭高校毕业生“阳光就业行动”等活动打造成工会工作的知名品牌。九是针对自治区调整经济结构、转变经济发展方式带来的就业形势新变化，以下岗失业人员、困难职工家庭高校毕业生、农牧民工为重点，把工会促进就业工作的重点放在了现代服务业、家政服务等第三产业，进一步提高就业培训工作水准，促进社会充分就业。十是大力加强调查研究，就工资集体协商工作、企业工会作用发挥情况、产业和企业工会组织体制、班组建设和职工全员创新实践典型等开展调查研究，为党政决策提供参考和依据。

"十一五"成绩斐然 "十二五"任重道远

中国人民银行呼和浩特中心支行党委书记、行长　王景武

人民银行呼和浩特中心支行党委书记、行长、国家外汇管理局内蒙古分局局长　王景武

"十一五"期间，中国人民银行呼和浩特中心支行认真贯彻落实货币政策，维护全区金融稳定，深化金融改革，稳步拓展金融市场，加快金融生态环境建设，提升金融服务水平，有力支持了自治区经济持续、健康、快速发展

一、"十一五"履职回顾

（一）认真贯彻货币政策，有力支持了地方经济发展

"十一五"期间，中国人民银行呼和浩特中心支行坚持科学发展观，认真贯彻落实国家货币政策，灵活运用多种货币政策工具加强宏观调控，保持了货币信贷的平稳、较快增长。特别是2008年下半年全球金融危机爆发后，为应对危机产生的不利影响，中国人民银行呼和浩特中心支行积极响应国家经济振兴计划，结合全区经济发展实际，落实宽松货币政策，加大信贷投放力度，为全区经济实现企稳向好做出了应有的贡献。

一是运用多种货币政策工具，引导金融机构加大信贷投放力度。2006年至2010年累计发放再贷款345亿元，金融机构累计新增贷款5565.2亿元。其中，2009年当年新增贷款1877.5亿元，创历史最高水平。截至2010年末，全区金融机构各项存贷款余额分别为10279亿元和7919亿元，比上年末分别增长22.8%和25.9%，增速分别位居全国第12位和第4位，较好地体现了适度宽松货币政策的要求。

二是积极推进农村信用社改革。目前，全区共有93家旗县农村信用联社、7家农村合作银行、1家农村商业银行。截至2010年末，全区已有90家农村信用社兑付专项央行票据15.9亿元，占发行总额的97.7%，农村信用社改革取得阶段性成果，资产质量显著提高，支持三农三牧实力不断增强。

三是拓宽融资渠道，稳步推进金融市场健康发展。2010年，针对货币政策趋紧的形势，及时研究制定《关于进一步拓宽融资渠道的意见》，被自治区政府印发全区执行，并收到良好效果。2010年，全区通过银行间债券市场累计实现交易额13092亿元。内蒙古电力、包钢集团等企业通过发行短期融资券、中期票据和企业债等融资超过100亿元，通过银行间市场首次发行中小企业集合票据1亿元。全区银行累计签发银行承兑汇票1831亿元，累计办理贴现899亿元。

（二）加强金融生态环境建设，促进了自治区金融业稳健发展

近年来，中国人民银行呼和浩特中心支行积极协调金融监管部门和地方政府，不断完善金融稳定协调体系，建立金融风险监测和预警机制，及时准确掌握辖区金融运行及风险状况，防范和化解金融风险，使金融机构资产质量和经济效益逐步好转，地方产业政策与国家宏观调控政策协调配合，政策环境和信用环境进一步优化改善，经济与金融协调稳定健康发展。

一是改善金融生态环境，有效维护全区金融稳定和安全。近年来，先后报请自治区政府印发了《内蒙古自治区人民政府关于自治区金融生态环境建设的指导意见》、《内蒙古自治区人民政府办公厅关于印发金融稳定协调机制工作方案的通知》及《关于进一步加强内蒙古自治区金融稳定工作的意见》等多个重要文件，在支持和推动金融改革、防范和化解金融风险、维护金融债权等方面做了大量工作，全区金融生态环境发生了根本性变化。呼和浩特市、鄂尔多斯市、通辽市、准格尔旗先后被评为中国金融生态城市（县）。

二是加强金融风险的监测评估，增强金融风险防范能力。建立"区域金融稳定报告，法人金融机构风险监测报告，银行业、证券业、保险业、金融控股公司等分行业风险分析报告，月度风险监测报告"四位一体的工作模式，构成对金融稳定状况的多层次、多角度、全方位的监测评估体系。在全面监测分析评估金融业风险的同时，通过加强对金融机构的服务与管理、开展综合执法检查、对金融机构进行风险提示、金融机构突发事件应急预案演练、社会公众金融安全知识宣传教育等措施，积极探索防范金融风险的有效途径并取得较好效果，确保了自治区金融稳定与安全。

（三）金融基础设施建设成效显著，金融服务能力切实提升

一是加强外汇管理服务，支持我区涉外经济不断发展。按照国家外汇管理局"从重审批转变为重监测分析、从重事前监管转变为强调事后管理、从重行为管理转变为更加强调主体管理、从有罪假设转变为无罪假设、从法无明文授权不可为转变为法无明文禁止即可为"五个转变的要求，不断简化管理审核程序，提高工作效率，促进了贸易投资的便利化。如取消了经常项目外汇账户限额管理，提高年度个人购汇总额；取消对境外投资购汇额度限制，大力支持企业走出去；对企业在贸易信贷系统中办理提款登记的预收货款、延期付款和预付货款不再纳入控制比例限制，为守法合规企业提供充分便利；扶持企业引进国际

战略投资，实现境外上市返程投资，为外资并购提供“绿色通道”等。依托内蒙古连接俄、蒙的区位优势，积极争取将自治区正式列入全国跨境贸易人民币结算试点的省份，有力地促进了全区与俄、蒙双边贸易的人民币结算总量和份额增长。加大外汇检查力度，严厉打击外汇违法违规行为，防范热钱流入。组织开展乐形式多样、内容丰富的“诚信兴商宣传”活动。

二是征信系统建设平稳推进，社会信用环境得到改善。积极推进人民银行企业和个人信贷征信系统的管理与运用。截至2010年末，全区企业信贷征信系统为13.1万户企业建立了信用档案，征集中小企业信用信息29746户，办理贷款卡10375户，7817户企业取得银行授信意向。个人信贷征信系统为全区991万个自然人建立了信用档案，有228万人与银行发生信贷关系。按照“健全机制、因地制宜、先易后难、稳步推进”的原则，积极探索农村信用体系建设新模式。开展农村信用互助协会建设，完善了农牧户信用评价试点工作。截至2010年末，已为近268万户农牧户建立了电子信用档案，对197万农牧户进行了信用等级评定，188万户获得了贷款。稳步推进评级市场发展。截至2010年末，对181户借款企业、23户担保机构、12笔债项进行了评级。积极采集非银行信息，全区个人和企业公积金缴存账户信息、部分法院诉讼信息、环保执法行政信息以及企业拖欠工资信息已进入企业和个人征信系统，与电信、税务、自来水公司、交通征费稽查等部门签订了数据采集协议。

三是反洗钱工作起步良好，反洗钱履职能力不断提高。“十一五”期间，全区金融反洗钱工作从无到有，从起步到不断完善，为遏制自治区洗钱犯罪活动做出了贡献。结合自治区实际，起草了《内蒙古自治区2009-2012年反洗钱发展规划》，建立了金融机构内控制度指引体系、反洗钱监管制度体系、反洗钱非现场监管制度体系、反洗钱处内部制度管理体系等四个反洗钱制度体系。成立内蒙古自治区反洗钱工作协调领导小组、反洗钱监管领导小组，加大部门间反洗钱合作力度。加强与周边省份反洗钱协助，建立了“黑吉辽冀蒙”五省区人民银行反洗钱合作机制。积极开展“天网行动”和“雷霆行动”，深入打击洗钱犯罪活动。配合公安机关对43起案件进行协查，涉案金额46亿元。因在破获“9.27”地下钱庄案中所发挥的重大作用，被总行授予“突出成果奖”，得到了公安部通报表扬。

二、“十二五”工作规划

今后五年，我中心支行将以科学发展观为指导，以转变经济发展方式为主线，认真落实金融宏观调控政策，继续深化金融改革，维护金融稳定，提升金融服务水平，不断促进自治区经济金融平稳健康发展。

（一）认真贯彻落实货币政策，支持地方经济发展

根据国家金融方针和货币政策要求，结合自治区实际，及时制定货币信贷政策导向指引，充分发挥窗口指导作用，灵活运用再贷款、再贴现、存款准备金、利率等货币政策工具，督促金融机构将贯彻执行货币信贷政策与支持地方经济发展有机结合起来，明确支持重点，更多地面向县域经济、面向“三农三牧”、面向中小企业和私营个体经济，提供多样化的金融产品，在弱势群体中培育新的经济增长点。

（二）强化系统性风险控制，维护金融稳定

加强金融管理与服务，确保自治区经济繁荣和金融风险防控双赢。督促金融机构主动转变发展方式，处理好追求经营效益与长远发展的关系，严防各类风险。支持和推动金融改革，重点关注、参与和推动地方法人金融机构改革，做大做强地方金融企业。加强金融监管协调，健全金融风险信息交流机制、预警体系和处置机制，形成监管合力。加强对地方法人金融机构的风险监测、评估和预警，提高对银行业、证券业、保险业、交叉性金融工具等领域金融风险的监测与评估水平；拓展金融风险监测范围，积极开展新型农村金融机构和准金融机构的经营发展情况反映和风险监测评估，维护农村及县域地区良好金融秩序。积极开展金融安全知识宣传活动，提高社会公众金融安全知识的普及程度，协调各有关单位和部门共同营造经济金融协调发展的良好环境。

（三）积极推进外汇管理改革，服务对外贸易和投资

做好国际收支统计监测分析，为上级决策提供参考。加强经常项目外汇管理，推广进口付汇核销改革措施，使大部分企业逐步退出进口付汇核销程序，取消银行货到汇款项下进口货物报关单联网核查。改进跨境贸易人民币结算核销管理，切实降低企业换汇成本。认真做好边境地区出口企业一般贸易、边境小额贸易人民币转账结算全额出口退税政策试点工作，支持企业贸易出口。深化资本项目外汇管理改革，进一步推动投资贸易便利化。规范人民币对外投资管理，积极争取银行短期外债指标和对外担保指标。用好用足国家鼓励性产品进口贴息政策，促进产业升级和经济发展方式转变。落实出口收汇存放境外管理政策，实现企业自有资金跨境运作，增强国际竞争力。增强企业大宗货物贸易、大型成套设备贸易融资能力和重点项目、优势特色产业、公共事业、基础设施建设境外筹资能力。加强跨境异常资金监管，依法打击各类外汇违法违规行为。

（四）进一步创新金融服务，不断提升金融服务水平

一是加强基础建设，促进支付市场健康发展。稳步推进支付体系建设，完善支付系统安全运行和维护体制。继续推动非现金支付工具的普及和创新，依法加强支付体系监督管理，优化账户系统服务功能，为社会公众提供更加优质、高效、低成本的支付结算服务。研究制定银行卡产业发展规划（2011-2015年），继续推动公务卡、农牧民工银行卡和地方特色银行卡业务，积极开展金融IC卡与城市一卡通业务，严厉打击银行卡违法犯罪，促进银行卡产业健康发展。大力推动跨境贸易人民币结算，完善人民币跨境支付机制，推动中蒙、中俄双边贸易快速发展。组织落实好改善农村牧区支付服务环境方案，推动辖区农村牧区支付基础设施建设，积极引导农村牧区银行业机构充分利用现代化支付系统和新型支付工具办理支付业务，提高服务质量和效率。

二是加强反洗钱合作，打击洗钱犯罪。继续推进反洗钱合作，完善信息交流、案件移交、案件会商、可疑交易行政调查等制度。总结黑吉辽冀蒙五省区反洗钱合作机制经验，提升合作层次。研究建立边境口岸与俄罗斯、蒙古国毗邻地区合作机制。深化反洗钱监管工作，科学配置反洗钱监管资源，有重点地开展反洗钱现场检查。依法开展反洗钱调查和协查，加大大要案的调查破获力度。提高资金监测和可疑交易报告分析能力，建立符合区情的监测指标和分析模型。研究俄、蒙边境口岸“热钱”进出的数据化模型和流量控制技术，建立边境口岸地区资金监测系统。探索建立符合特定非金融行业特点的反洗钱监管模式。

“十一五”已圆满落幕，“十二五”征程已经起航。中国人民银行呼和浩特中心支行在新的五年里，将认真贯彻落实科学发展观，更加扎实工作，努力开拓创新，以优异的成绩实现新的跨越，为支持自治区经济又好又快发展做出新的更大的贡献。

中国银联 China Unionpay 内蒙古分公司

中国银联是经国务院同意，中国人民银行批准成立的中国银行卡联合组织，成立于2002年3月，总部设于上海。截至2010年末，已拥有近400家境内外成员机构，在104个国家和地区开通受理业务。中国银联处于我国银行卡产业的核心和枢纽地位，对银行卡产业发展发挥着基础性作用，各银行通过银联跨行交易清算系统，实现了系统间的互联互通，进而使银行卡得以跨银行、跨地区和跨境使用。中国银联积极联合产业各方推广统一的银联卡标准规范，创建银行卡自主品牌；推动银行卡的发展和应用；维护银行卡受理市场秩序，防范银行卡风险。

中国银联内蒙古分公司（以下简称内蒙古银联）自2007年5月18日成立以来，牢记产业使命，履行社会职责，努力构建“三个中心”(银行卡跨行转接中心、银行卡数据分析中心、银行卡风险管理控制中心)、致力“四个服务”（服务地方经济、服务地方政府、服务地方金融、服务地方百姓）、打造“五个工程”（银行卡网络服务“畅通工程”、公务卡“阳光工程”、公共支付“便民工程”、支持地方经济和特色企业“品牌工程”、银行卡知识“普及工程”），实现银联网络覆盖全区所有盟市及旗县，建成横跨全区、支持城乡、服务三农、联通全国的安全、高效的自治区银行卡联网通用网络体系，推动了自治区银行卡产业的超常规、跨越式发展，提前超额完成自治区政府《内蒙古自治区银行卡产业发展规划（2006–2010年）》的主要目标。

截至2010年末，全区发卡机构达到17家，银行卡产品达到80多种，累计发卡量达到4177.93万张，同比增长34.25%；其中借记卡3987.94万张，同比增长33.48%；贷记卡189.99万张，同比增长52.71%。“62”字头银联标准卡累计发行3223.7万张，占全部银行卡发卡总量的77.2%。全区银行卡特约商户数量达到46438家，POS、ATM机具数量分别达到61965台、4516台。当年跨行清算笔数4200万笔，交易金额1279亿元，增长率在全国各省、自治区、直辖市和单列市中均排名第1位。全区银行卡渗透率（即银行卡消费金额占社会消费品零售总额的比率）从2007年的9.4%增长到2010年的30%，接近全国平均水平。2010年内蒙古银行卡产业拉动全区GDP增长约50亿元，由于使用银联卡交易节约社会成本约11.98亿元。

【打造“便民工程”】实现了银行卡在便民缴费终端、手机、互联网三大受理渠道的突破。全年累计布放便民缴费终端500台；有线电视缴费业务实现交易笔数2.93万笔，633.35万元；新一代手机支付业务已经初步形成了银行、通信运营商、第三方服务机构多方参与的产业格局，手机支付业务全年实现交易235.32万笔、31.0亿元。与5家区域性商业银行签订银联互联网支付业务协议，全年互联网交易额1269万元。在内蒙古银联的推动下，银行卡极大地方便了民众的日常生活，民众不仅可以刷卡购物消费，而且可以通过手机或自助终端、互联网等多渠道使用银行卡交纳公共事业费用，以及医疗、保险、交通、教育费用，也逐步可以用卡缴纳税款等，极大地方便了民众生活，“足不出户，实现支付”的理想正在逐步变成现实。

【实施“惠农惠牧工程”】积极推动“惠农一卡通”的推广应用，使财政补贴通过银行卡直补到人、直补到户，全年通过“惠农一卡通”发放资金100多亿元，惠及约400万农牧户。支持自治区农信社发行面向农牧民的银行卡——“银联标准金牛卡”，并推动实现了全区农信社约2700多个网点的联通。内蒙古银联推动的“农牧民工银行卡特色服务”、“惠农支付通”等业务也使广大农牧民享受到了银联卡联网通用带来的便利，已布放近百台惠农支付通终端，注册用户822户，累计交易额4.69亿元。积极落实针对县以下农村牧区的价格优惠扶持政策，建设县域银行卡受理市场，不断改善县域及农村牧区用卡环境。

【支持“阳光财政”工程】实现了公务卡的“三统一”（统一规划、统一标准和统一的卡面设计），形成了内蒙古公务卡推广的特色。经过内蒙古银联的积极努力，至2010年末，全区公务卡已累计突破11万张，全年公务卡交易金额突破8.7亿元，公务卡发卡银行扩大至10家。所有自治区本级预算单位已全部实施了公务卡改革，约400家二级预算单位也已开展公务卡改革。在全区12个盟市中，包头、呼伦贝尔、乌兰察布、通辽、赤峰、锡林郭勒等地都已开展公务卡改革试点工作，其他盟市的公务卡改革工作也相继推开；全区所有联网商户全部可以受理公务卡。通过推广银联标准公务卡，促进政府预算单位实施“阳光财政”工程，提高了财政财务管理透明度和财政资金结算效率。

【拓宽应用领域】继续将银行卡应用于乳业、煤炭、保险等行业的结算，为地方特色经济服务。推动伊利、蒙牛资金归集业务，截至2010年末，伊利、蒙牛项目全年累计交易金额分别为148.2亿元、1.94亿元。银联卡在煤炭销售流通环节的渗透不断加深，全年累计实现银行卡跨行交易笔数4785笔，交易金额4.82亿元。积极推动通过银行卡实现保险业收付费业务，全年内蒙古地区保险类商户累计实现跨行交易笔数93.62万笔，跨行交易额35.52亿元。银行卡在我区应用领域的不断拓宽，极大地提高了资金周转效率，有效降低了资金结算成本，为促进地方企业发展和经济建设发挥了重要作用。

【拓展国际业务】内蒙古银联一直积极推动通过中蒙双方建立银联卡支付结算的方式，解决边境贸易和旅游消费资金支出和结算问题。至2010年末，蒙古国约60%的商户及约70%的ATM机均可受理银联卡，蒙方累计发行银联标准卡5509张。全年蒙古国发行的银联标准卡在全球累计交易金额8960.38万元，中国发行的银联标准卡在蒙古国累计交易金额2488万元，分别较2009年增长307%、611%，有力地支持了中蒙两国边境贸易的快速发展。

【防范银行卡风险】组织成员机构对发卡、交易、受理等各个业务环节进行梳理，促使成员机构提升风险管理和合规经营能力。按照自治区公安厅和人民银行呼和浩特中心支行的有关要求，扎实开展打击银行卡犯罪专项行动。配合司法机关完成涉案卡交易查询，向辖内各机构发布风险提示。有效促进了内蒙古地区银行卡产业的安全、健康、有序发展。

【普及银行卡知识】为进一步强化全区民众对银行卡知识的了解，提升对现代支付知识的掌握和应用能力，内蒙古银联充分利用多种载体，加强与《内蒙古日报》、内蒙古电视台、内蒙古电台等媒体的合作，有效发挥宣传合力，大力开展银行卡知识“普及工程”。联合自治区人力资源和社会保障厅、总工会、妇联等有关部门，举办了三届“银联杯”商业服务业收银员职业技能竞赛，为我区银行卡产业的健康发展营造了良好的氛围。

【荣誉】内蒙古银联，获自治区“打击银行卡犯罪专项行动先进单位”、“双学双比”活动领导小组“巾帼文明岗”；第四届“银联杯”全国商业服务业收银员职业技能竞赛总决赛“优秀组织奖”；中国邮政储蓄银行、中国银联联合颁发的2009—2010年银行卡受理市场建设“最佳活动组织奖”；中国银联“重点行业发展质量进步奖”；内蒙古电子商务、内蒙古信息化推进联合会“内蒙古企业信息化建设杰出贡献单位”。

内蒙古银联总经理戈岚，获2010年内蒙古自治区政府“劳动模范”、“2010年度内蒙古十大经济人物”、“内蒙古电子商务十大领军人物”。

2010年全区银行卡发卡情况、受理市场情况表

项目			累计	同比增长
发卡情况	借记卡	全部	4000.12	33.88%
		其中：银联标准卡	3121.79	34.73%
	信用卡	全部	189.46	52.29%
		其中：银联标准卡	109.23	59.07%
	合计		合计	34.62%
受理市场	特约商户		ATM	120.05%
	ATM		POS	39.04%
	POS		POS	83.12%

2010年全区跨行交易量及增长情况表

项目	指标	本年累计	
		累计数	同比增长
总交易量	清算笔数	4200	62.51%
	清算金额	1279	111.15%
ATM	清算笔数	1840	46.48%
	清算金额	174	60.94%
POS	清算笔数	2338	76.91%
	清算金额	1102	121.53%
非传统渠道	清算笔数	22	-
	清算金额	3	-

2010年全区各盟市银行卡ATM、POS跨行交易清算笔数、金额

地区	清算笔数			同比增长	清算金额			同比增长
	ATM	POS	全区占比		ATM	POS	全区占比	
呼和浩特	532.31	982.43	36.25%	56.33%	41.95	489.73	41.68%	89.39%
包头	259.99	456.85	17.16%	44.02%	25.49	196.05	17.36%	89.33%
乌海	63.85	67.80	3.16%	84.54%	6.51	38.02	3.49%	161.11%
赤峰	154.74	127.19	6.75%	74.41%	13.43	40.55	4.23%	113.56%
呼伦贝尔	119.05	132.56	6.02%	64.67%	11.43	32.18	3.42%	87.29%
兴安	50.23	40.45	2.17%	57.20%	4.32	10.69	1.17%	98.47%
通辽	106.17	119.47	5.40%	78.42%	9.64	35.93	3.57%	180.34%
锡林郭勒	80.59	62.19	3.42%	90.99%	7.76	18.29	2.04%	138.88%
乌兰察布	56.86	59.85	2.79%	62.40%	5.03	18.29	1.82%	162.20%
鄂尔多斯	305.62	188.91	11.84%	79.48%	38.02	189.76	17.85%	175.29%
巴彦淖尔	82.43	84.40	3.99%	68.09%	7.76	27.55	2.76%	165.74%
阿拉善	28.15	15.90	1.06%	99.06%	2.64	4.96	0.60%	210.43%

坚持科学监管 深化改革开放
积极引领自治区银行业实现持续健康发展

内蒙古银监局党委书记、局长 薛纪宁

内蒙古银监局党委书记、局长　薛纪宁

金融是现代经济的核心，银行业在支持和促进经济社会发展方面发挥着越来越重要的作用。“十一五”期间，内蒙古银监局始终坚持以科学发展观为指导，以推动自治区改革发展和支持地方经济建设为己任，大力推动银行业体系建设，深化银行业改革创新，自治区银行业实现了跨越式发展，有力地促进了自治区经济平稳较快发展。

——银行业改革开放进程不断加快。通过全面实施“引进来、走出去”的战略，先后引入交通银行、招商银行、兴业银行和渣打银行等6家全国性股份制商业银行和外资银行。包商银行和内蒙古银行等地方性商业银行已突破地域限制，在北京、深圳、宁波、成都等地设立了6家区外分支机构。农村信用社的产权制度改革取得重大进展，已将过去分散的1225个乡镇级法人信用社整合改制为1家农村商业银行、8家农村合作银行、82家旗县级统一法人社。大力推进新型农村金融机构组建工作，在区内外批准设立了63家新型农村金融机构，此项工作走在了全国前列。彻底消除了全区42个乡镇金融服务空白点，实现了三年任务一年完成的目标。到目前，自治区基本上形成了以国有大型银行为主体，股份制银行和地方法人银行以及信托公司、资产管理公司、财务公司和农村中小金融机构等多种机构功能互补、分工合作的银行业组织体系。

——银行业整体竞争力和抗风险能力不断增强。积极督促引导自治区银行业通过强化经营管理、加大金融创新来提升运行质量，银行业各项业务实现了健康快速发展，整体竞争力和抗风险能力显著增强。到2010年末，自治区银行业资产、负债总额双双突破万亿元大关，达到13123亿元和12726亿元，“十一五”期间年均增速分别为26.9％和29.4％，快于全国同期年均增速6.64和9.58个百分点。不良贷款余额250亿元，比2005年末下降34.3％。不良率3.11％，比2005年末下降11.37个百分点，持续下降到历史最低点。法人银行业机构加权资本充足率11.02％，核心资本充足率10.41％，实现了从2005年均低于监管指标到2010年均高于监管指标的巨大跨越。2010年实现税后利润194亿元，是2005年利润的10倍多。“十一五”时期，是自治区银行业历史上发展速度最快，质量效益最好的时期。

——银行业对经济发展的支持力度不断加大。积极督促指导银行业认真落实国家宏观经济政策，紧紧围绕自治区经济社会发展需求，不断调整优化信贷结构，加大信贷投放力度，重点支持了自治区煤电、清洁能源、高新产业发展和基础设施建设，进一步加大了对中小企业、“三农三牧”以及贫困大学生、下岗职工等弱势群体的信贷支持。到2010年末，全区银行业各项贷款余额8060亿元，比2005年末增长2.08倍，“十一五”期间年平均增速25.42％，分别快于同期全国贷款年均增速、自治区GDP年均增速5.76和7.82个百分点。其中，自治区银行业小企业和涉农贷款余额分别为1148亿元和2414亿元，“十一五”期间年均分别增长60.43％和70％，高于全部贷款平均增速35和44.58个百分点，节能减排、清洁能源和环保项目贷款余额790亿元，是“十五”末的4.6倍，有效地发挥了金融支持服务经济社会发展的核心作用。

——金融生态环境不断优化。大力开展了银行业“百日查防”、“三自一承诺”、“百案跟踪检查”、“农村合作金融机构员工经济责任联保”等案件专项治理行动，构建形成了监管部门与银行业机构“双线突击”的立体式操作风险防控体系，深挖并严肃查处了一大批隐藏多年的

薛纪宁局长深入基层企业考察调研

案件。持续开展了银行业从业人员合规教育活动，连续3年编写了案防警示教育读本，对银行业从业人员进行了强制性合规教育，有效提升了银行业从业人员的合规意识。配合政府相关部门严厉打击了非法集资和逃废银行债务行为，积极开展了公众金融教育和送金融知识下乡等活动，社会公众的金融意识和自我保护意识明显增强。到2010年末，自治区银行业发案数量已从最高年份的35起下降为5起，涉案金额已由最高年份的1.29亿元下降到833万元，案件数量和涉案金额均下降至历史最低水平，自治区银行业整体经营发展环境不断净化。

今年是“十二五”开局之年，内蒙古银监局结合银监会总体工作部署和自治区银行业发展实际，确定“十二五”期间全区银行业发展的总体思路是：坚持加快发展方式转变，促进经济金融协调可持续发展；坚持改革开放，努力构建银行业良好的组织体系和金融生态环境；坚持风险控制和资本约束，努力实现银行业的稳健运营和健康发展；坚持合法经营和依法监管，全面提升风险防范与处置能力。

大力开展“送金融知识下乡”活动

——加快银行业的改革发展，积极构建多元化银行业组织体系。按照自治区的经济发展战略和“十二五”规划要求，着力打造沿黄河、沿交通干线金融服务圈，加快发展东部区金融服务中心，努力构建与自治区经济发展相适应的更加完善的银行业组织体系。进一步加大区外股份制银行、城市商业银行和外资银行引入力度，争取更多的机构在我区落户，并鼓励各类机构在盟市和旗县设立分支机构，不断延伸金融服务。鼓励区内城市商业银行在有效防范风险和人才科技支撑能力可承受的前提下持续实施“走出去”战略，在区外设立分支机构，鼓励条件成熟的地方法人银行上市融资，吸引集聚更多外部资金支持我区经济建设。进一步深化农村合作金融机构改革，加快股权改造和高风险机构兼并重组步伐，将符合条件的农村信用社和农村合作银行改组为农村商业银行。进一步推进邮政储蓄银行二类支行和代理营业网点的改革，支持鼓励邮政储蓄银行积极拓展各类业务，向全牌照银行发展。进一步放宽农村新型机构准入标准，开辟审批“绿色通道”，提供优惠政策，加快村镇银行等新型机构的组建步伐。

——进一步调整优化信贷结构，为促进自治区经济发展方式转变提供良好的金融服务。积极引导全区银行业把握机遇，科学制定发展战略，以促进自治区发展方式转变和支持经济发展为第一要务，加快信贷结构调整优化步伐，积极构建与多元化发展的现代产业体系相配套的信贷结构。大力支持传统能源和农畜产品加工业，发展壮大新型煤化工和冶金建材产业，积极培育战略性新兴产业，推动优势特色产业集约集聚发展。加大对生态、绿色和低碳等领域的信贷支持力度，重点支持国家和自治区确定的节能重点工程、新能源、可再生能源和资源、水污染治理工程、环保产业等重点项目。加大对基础设施建设的支持力度，重点支持电力、铁路、公路等出区运输通道的建设。加大对中小企业和“三农三牧”的支持力度，确保实现中小企业和“三农三牧”贷款增速不低于全部贷款增速的工作目标。大力支持推进民生事业建设，进一步加大对城乡居民生产生活消费、居民保障性住房，以及下岗再就业、贫困大学生助学等方面的支持力度，积极推动自治区经济社会和谐发展。

——努力构筑风险管理长效机制，促进银行业持续健康发展。加强对银行业运行和重点行业的日常监测，密切关注结构调整过程中可能产生的信用风险，督促银行业切实防范地方融资平台贷款风险、房地产贷款风险、贷款集中度风险和流动性风险，高度关注影子银行风险。进一步巩固案件治理工作成果，继续做好案件治理工作。努力做好高风险机构的风险化解工作。积极拓展银团贷款业务，充分发挥金融整体功能，有效分散和防范贷款集中度风险。建立健全以资本管理为核心的约束机制，切实发挥监管资本和经济资本在银行业务发展中的防范风险作用。建立健全银行业风险识别、评估和预警体系，全面提升风险管理水平，促进银行业持续健康发展。

——积极推进银行业体制和业务创新。鼓励银行业在有效防范风险的前提下，坚持以市场化为导向，以政策扶持为支撑，加强体制、制度和业务创新，积极鼓励商业银行针对不同层次客户需求创新有特色的金融服务工具和产品，大力推动中间业务创新，拓宽投资渠道，大幅提升银行业非利差收入。鼓励商业银行拓宽业务领域，开展银证综合化经营试点，规范开展银保合作。

——加强信息系统和人才队伍建设，增强银行业可持续发展的支撑力。大力推动银行业按照先进的金融业务和技术发展方向，充分运用信息技术的发展和创新不断改造金融业务运作模式和流程，努力提高科技自主创新水平，强化信息科技风险防范能力，逐步推动信息技术与业务发展的深度融合，全面提升银行业的科技信息化水平。大力促进银行业逐步建立起科学的人力资源管理配置机制，进一步加大对各类金融人才的引进力度，不断完善科学合理的激励约束机制，努力培养造就一支适应银行业发展需要的高素质员工队伍和银行家队伍，不断增强银行业可持续发展的支撑力。

——加强金融生态环境建设，促进金融与经济良性发展。配合各级地方政府进一步做好优化金融环境建设工作，严肃查处打击各类扰乱地区金融稳定的违法违规行为，积极推进社会信用体系建设，加大金融维权力度，规范社会中介行为，加快中小企业信用担保体系建设，探索建立信贷风险补偿机制，推动出台支持银行业发展的各项优惠政策，努力形成信贷资金的吸引和集聚效应，促进金融与经济的良性发展。

发挥农行城乡联动优势 支持自治区加快富民强区进程

中国农业内蒙古分行党委副书记、代行长 刘国建

中国农业内蒙古分行党委副书记、代行长 刘国建

"十一五"以来，内蒙古抓住国家实施西部大开发战略和振兴东北老工业基地的机遇，全面推进富民强区发展战略，经济社会得到快速发展，全区金融业也实现了前所未有的进步，金融业增加值年均增长超过地区生产总值增长速度，形成了经济和金融良性互动的良好发展态势。在此大好形势和机遇下，农行内蒙古分行紧密围绕自治区经济社会发展战略，充分发挥自身城乡联动的经营优势，不断提升对自治区"三农三牧"和各项经济建设的金融服务力度和水平，有力支持了自治区经济社会的又好又快发展，促进了富民强区战略的实施，被自治区政府授予"金融突出贡献奖"。

农行内蒙古分行办公大楼

一、坚持科学稳健发展，做大做强各项业务

"十一五"以来，农行内蒙古分行在自治区党委、政府的正确领导下，认真贯彻国家、自治区经济金融方针政策，深入落实科学发展观，积极更新观念、严格管理、强化执行、加快发展，经营规模不断扩大，资产质量稳步改善，经营绩效显著提升。"十一五"期间，全行人民币各项存款余额增加近900亿元，增幅达150%；人民币各项贷款余额增加近420亿元，增幅超100%；累计实现利润超100亿元。到2011年5月末，全区农行人民币各项存款余额1546亿元，各项贷款余额894亿元，经营能力进一步增强。

二、立足自治区经济建设，努力提升金融服务水平

长期以来，农行始终与自治区的经济发展同频共振。特别是2009年农业银行和自治区政府签署战略合作协议以来，全区农行在"三农三牧"、基础设施建设、优势特色产业、高新技术产业、中小企业、社会事业等领域对自治区实施了深度支持，加快、加大了信贷投放，"十一五"以来累计发放各项贷款近2000亿元，在服务"三农"惠民富民，全力扶助中小企业，倾力支持资源转换，应对危机力保民生等方面做出了突出的贡献。

一是立足地方农牧业经济特色，深化服务"三农三牧"工作。内蒙古是一个农牧业大区，是我国粮食主产区和重要畜产品生产基地，推动农村牧区发展的任务重要而艰巨。农行内蒙古分行在自治区有着广泛的机构网络和客户群体，近年来，农行充分发挥城乡联动经营的优势，结合自治区"三农三牧"产业优势和县域资源特色，围绕现代"三农三牧"发展方向，以惠农卡为载体，以农户小额贷款为核心，以农牧业产业化龙头企业为依托，不断提升服务"三农三牧"和县域经济工作水平。到2011年5月末，全行涉农贷款余额377亿元，占各项贷款余额的42%。围绕自治区推进农牧业产业化的战略部署，全力支持了伊利、蒙牛、鄂尔多斯羊绒、塞飞亚、科尔沁牛业、东达蒙古王、河套酒业、小肥羊等龙头企业的成长，带动了大批农牧民增收。全区农牧业产业化链条上的农牧民有200多万户，其中有70%以上获得了农行提供的金融服务。在乡镇以下广大农村牧区，农行以电子渠道为依托，通过发行惠农卡，发放农户小额贷款，努力为广大农户提供广覆盖、普惠制、可持续的优质金融服务。

累计发放惠农卡97万多张，累放农户小额贷款60亿元，有效缓解了全区农牧民以及农村牧区个体经营户融资难问题，受到广大农牧民的高度评价。通过发展电子银行和加快自助机具设备的布放，拓宽服务渠道，延伸金融服务，形成了包括转账电话、自助银行、网上银行、电话银行、手机银行、电子商务等多渠道服务格局，目前，我行在农牧区布设转账电话、自助存、取款机等自助服务终端1．2万多台，为农牧民办理网上银行38万多个、手机银行17多万个，有效缓解了乡镇以下金融服务空白的矛盾，极大地改善了农村金融服务环境。

二是完善金融服务机制，鼎力扶助中小企业发展。积极落实银监会“六项机制”建设要求，制定中小企业金融服务实施方案，出台中小企业信贷业务实施细则和风险定价办法，实行特色信贷业务重点经营模式，推行简式快速贷款，进一步优化业务流程。2010年，与自治区经信委签订了服务中小企业合作备忘录，通过客户推介、信息化合作、政策交流等多种渠道，加强政策措施和金融资源的结合，促进中小企业健康快速发展。与自治区政府金融办、内蒙古移动公司签订促进中小企业融资战略合作协议，发挥金融办的组织与协调优势，移动公司的信息化服务优势，联合开展“e融行动”，积极服务成长型中小企业，探索政府、大型国企和银行“三位一体”的金融服务模式。到2011年5月末，全行中小企业贷款余额255亿元，扶持涉农涉牧中小企业近千户。

三是加大信贷投放力度，支持自治区资源转换战略。紧扣自治区经济发展的脉搏，立足自治区资源优势和经济特点，全面实施区域行业信贷战略，围绕能源、化工、冶金、农畜产品加工、装备制造和高新技术六大优势产业，突出重点行业、重点地区、重点客户，加大信贷投放力度。在信贷区域投放重点上，不断加大对呼、包、鄂“金三角”地区贷款投放力度，有力支持“金三角”地区经济快速发展。到2011年5月末，呼、包、鄂三家行各项贷款余额510亿元，占全行各项贷款余额的57%。在行业投放上，持续支持以资源为依托的优势行业和特色产业，有序发展煤炭行业，加大对自治区支柱产业以及铁路、公路、电网、水利等基础设施行业重点项目的支持力度。到2011年5月末，全行电力、煤炭、交通、城市基础设施、钢铁、有色金属等六个行业贷款余额462亿元，占各项贷款余额的62%，内蒙电力、包钢、鄂尔多斯国投公司等众多自治区重点企业，都得到农行的信贷支持，有力地助推了自治区资源优势的转换和产业经济的升级。

在加大对自治区优势行业和重点领域信贷投放的同时，农行内蒙古分行还积极关注自治区教育、卫生事业发展，不断加大对学校、医院等机构类客户的信贷支持力度，为自治区重点学校、医院等机构类客户提供全方位金融服务。五年来，累计投放学校、医院等机构事业法人类客户贷款34亿多元，为自治区改善民生工作做出了积极贡献。

三、围绕自治区经济战略转型，助推全区经济社会持续发展

“十二五”时期，自治区政府已经明确要以加快转变经济发展方式为主线，坚持走富民强区之路，把经济结构战略性调整作为加快转变经济发展方式的主攻方向，继续坚定不移地推进工业化、城镇化和农牧业现代化，坚持做大总量和调整结构并举，不断优化产业结构、城乡结构和区域结构，推动城乡、区域、经济社会协调发展。农行内蒙古分行将围绕内蒙古新一轮发展重心，继续鼎力支持自治区改善民生、发展社会事业、加强基础设施和生态建设等政策，为促进内蒙古经济平稳较快发展发挥更重要的作用。

一是加快信贷结构战略性调整，进一步支持自治区经济结构的调整。充分发挥信贷对于经济发展方式转变和经济结构调整的促进作用，加快信贷结构战略性调整，保证信贷规模合理增长，继续优化行业区域信贷结构，积极支持地方经济结构转型。加大对战略性新兴产业、先进制造业、现代服务业、新能源产业、综合运输体系建设、生态环境保护建设等方面的信贷投放力度。

二是加大涉农贷款投入力度，进一步做好“三农三牧”的金融服务。加大对内蒙古新农村新牧区建设和农牧业现代化的支持力度，积极推进农村牧区金融创新，大力发展农牧户小额贷款，加大对农畜产品生产流通的信贷资金投入，积极支持农牧业产业化经营和龙头企业发展，促进城乡协调发展。突出内蒙古自治区的农业资源优势，重点支持农业灌溉区、粮食核心区水利工程、农田基础设施建设。

三是继续支持内蒙古国计民生建设，进一步加大对中小企业的信贷支持力度。结合自治区提出的“双百工程”，对肉类、皮毛、玉米收购加工中小企业、中部马铃薯收购加工中小企业、西部肉羊、葵花瓜果收购加工中小企业、二连边贸进出口中小企业、“大小金三角”重工业基地产业链上下游中小企业产业集群给予重点支持。密切关注卫生、文化事业发展，加强对教育、医疗、住房以及就业、创业等民生领域的金融服务，推动自治区富民强区进程。加强对保障性住房、经济适用住房、棚户区改造等项目的支持，促进自治区和谐社会建设。

四是合理优化机构网点布局，提高金融服务覆盖范围。根据城市发展规划，加强网点软硬件环境建设，开展优质文明服务活动，提升网点综合服务水平，加大自助设备投入，为城镇居民提供方便、快捷的金融服务。进一步延伸县域服务“三农三牧”的半径，在乡镇增加ATM机、POS机等电子机具的布放，提高电子产品在农村地区的覆盖率，全面提升金融服务水平，满足农牧民日益增长的金融需求。

坚持以科学发展观为指导
推动内蒙古农村信用社持续健康发展

内蒙古自治区农村信用社联合社理事长　佟铁顺

自治区联社党委书记、理事长佟铁顺在第二届社员大会作述职报告

内蒙古自治区农村信用社联合社党委书记、理事长佟铁顺“十一五”的五年，是自治区政府对农村信用社全面管理的五年，也是农村信用社发展最好最快、运行最平稳的五年。

五年来，全区农村信用社资产、存款、贷款分别以年均24%、29%、33%的速度递增。到2010年底，资产总额达到1983亿元，是自治区联社成立之初即“十五”期末（2005年）的3倍，居全区金融机构之首；存款余额1511亿元，贷款余额970亿元，均是“十五”期末的3.9倍，在全区金融机构中分别居第二位和第四位；税后利润28亿元，是“十五”期末的15倍；不良贷款余额和占比分别为57亿元和5.9%，比开始实行贷款五级分类的2006年下降了23亿元和20个百分点；股本总额62亿元。资本充足率9.9%，贷款损失准备充足率136%，拨备覆盖率68%，比2006年分别提高11、112和55个百分点。五年共提取贷款损失准备金 41亿元，补充资本金41亿元，上缴税金25亿元，股金分红10亿元，核销呆账14亿元，弥补历年亏损5.4亿元。实现了全区数据大集中和全国通存通兑，银行卡（金牛卡）发卡量居全区金融机构第二位。

一、“十一五”时期改革发展的主要成效

科学制定发展规划并狠抓落实。按照自治区党委、政府的总体部署，结合全区农村信用社实际，在充分调研、酝酿的基础上，制订了全区农村信用社发展规划，提出利用3-5年时间，全面实施业务拓展工程、机制创新工程、人本管理工程、科技创新工程、环境优化工程“五大工程”，构建制度体系、岗责考核体系、薪酬分配体系“三大体系”，实现各项工作科学化、制度化、标准化和规范化的“四化目标”，努力把农村信用社打造成为资本充足、内控严密、运营安全、服务规范、效益良好、可持续发展的地方性金融机构。为确保发展战略的如期实现，先后组织开展“制度落实年”、“科技创新年”、“培训年”、“强化管理年”等主题年活动进行贯彻落实。

大力支持新农村新牧区建设。始终坚持以服务地方经济社会发展为己任，特别是在近三年，在国际国内经济环境极为复杂、宏观调控政策几经调整的情况下，立足大局，统筹兼顾，有保有压，既很好地落实了宏观调控政策，又力保了支农信贷投放。同时，主动履行社会责任，大力支持民生工程建设。2006年以来，累计投放各项贷款3559亿元，是前50多年贷款累放总额的2倍多，其中发放农牧业贷款2516亿元，中小企业贷款652亿元，各类就业创业贷款23.7亿元，助学贷款1.8亿元，农机具购置专项贷款1909万元。农村信用社提供了占全区金融市场90%的农牧业贷款、1/3的个私经济贷款、2/3的下岗再就业贷款。

全面推进产权制度改革。基本完成了首轮改革任务。截至目前，已将过去分散的1225个乡镇级法人信用社整合改制为9家区域性的农商行和农合行、80家旗县统一法人社和3家单一法人社。鄂尔多斯农商银行持股阿尔山市信用社，并在乌海市设立支行，填补了乌海市农村金融机构空白。阿拉善左旗农合行持股额济纳旗和阿右旗联社，临河区联社成功兼并磴口县两家高风险信用社，重组根河市两家单一法人信用社为联社，组建了霍林郭勒市农村信用社。全区农村信用社在区内外共设立村镇银行 10家。在加快推进产权改革的同时，法人治理不断完善，经营机制开始转换，初步建立了决策、执行、监督相制衡，激励和约束相结合的经营机制，农村信用社开始发生了脱胎换骨的质的变化。

加大风险防控力度。始终将风险防范作为农村信用社持续健康发展的前提和基础。先后出台了近200项管理制度，全面推行“阳光信贷”管理模式，建立了较为严密的制度体系和规范的业务流程。成立了自治区联社理事会风险管理委员会和稽核监督委员会，组建了自治区联社稽查大队，设立了盟市稽查中队，为风险防范提供组织和人力保障。五年共组织各类专项检查43次，纠正违规问题24万个，挽回损失22亿元。对达茂旗、科右中旗、牙克石、阿尔山、察右后旗等存在较大风险隐患的机构进行了重点整治，有效控制了风险，并帮助其逐步走上健康发展的轨道。开展了案件治理“百日查防”、“百日排雷”和打击整治农村信用社经济犯罪等专项行动，使全区农村信用社的历史陈案基本得到暴露，经营管理中的风险得到有效遏制。共处理各类违法、违规、违纪责任人11589人（次），其中旗县联社高管人员165人，维护了农村信用社和谐稳定的改革发展局面。

努力处置不良资产和化解历史包袱。五年来，全区农村信用社借助央行票据兑付，各级政府帮助化解不良贷款，推动不良贷款集中管理，采取自主清收、

市场化清收、依法清收、呆账核销等多种手段，多策并举，取得明显成效。人民银行总行定向发行、用于置换农村信用社不良贷款和历年亏损挂账的专项票据总额16.27亿元全额发行，目前已兑付98%。中央财政保值储蓄补贴6400万元已全部到位。。积极借助政府关于开展其他公益性乡村债务清理化解工作的相关政策，清理化解乡村两级在农村信用社债务。

切实加强队伍建设。结合产权制度改革和完善法人治理结构，依照法定程序，采取民主选举、公开招聘、异地交流等多种方式，积极培养和使用德才兼备的年轻干部，分期分批对旗县联社领导班子进行调整、充实和交流。五年共调整配备领导班子成员 593 人，对146名任职年限较长的领导班子成员进行异地交流，旗县联社领导班子的凝聚力、创造力和战斗力明显增强。在员工建设方面，全面推行全员劳动合同制、持证上岗制度和绩效工资为主的工资制度改革，充分调动了员工的积极性。坚持“逢进必考”原则，实施内部退养制度，建立了能进能出的用人机制。面向社会公开招聘各类专业人才1800多人，内部退养近1000人。加大了全员培训力度，举办各级各类培训班6000多期，培训员工近12万人（次）。在党的建设方面，按照自治区党委的要求，坚持“双重管理、系统为主”的原则，全面规范和加强系统党的建设，建立健全了系统工会。全系统共有党的组织机构884家，党委与法人治理之间实现了协调、良性互动，党组织的政治核心作用得到有效发挥。

社代会举手表决

过去的五年，是我区农村信用社极不平凡的五年，是在没有现成发展模式可以借鉴，不断自我变革、探索实践的五年；是经受住各种困难和风险考验，百折不挠、奋勇前进的五年；是改革力度最大，业务发展最快，经营效益最好，广大股东和员工得实惠最多的五年。经过五年的努力，我区农村信用社已经步入健康发展轨道。

二、“十二五”主要工作目标任务

（一）指导思想

全面贯彻党和国家的经济金融方针、政策，紧紧围绕自治区“十二五”规划和“富民强区”战略部署，以科学发展观为指导，坚持“立足县域、服务‘三农’、支持中小企业”的市场定位，努力把内蒙古农村信用社打造成为机制灵活、人才汇聚、产品丰富、服务一流、管理科学、文化先进、特色鲜明的现代农村金融企业，为自治区经济社会发展做出新的贡献。

（二）发展目标

一是管理体制全面理顺，股份制产权改革深入推进。资格股全部转化为投资股，法人股占比提高10个百分点，真正形成权责统一、运行科学、治理有效的法人治理结构。二是业务规模持续增长，市场份额不断扩大。全区农村信用社资产年均递增12%以上，各项存款年均递增16%以上，各项贷款余额年均递增17%以上。三是经营效益大幅增长，历史包袱全面化解。各项收入年均递增11%，资本充足率年均提高1个百分点，不良贷款率年均下降1.3个百分点，贷款损失准备充足率年均提高9%，利润年均递增14%，历年亏损挂账全部消化。四是全面风险管理体系基本建立，抗风险能力逐年增强。主要案件防控指标控制在全区金融机构平均水平以下，案件数量逐年下降。五是服务地方经济功能不断增强，农村金融主力军地位进一步凸显。六是党建工作科学规范，党组织的政治核心作用得到充分发挥。七是人的素质全面提高。员工年龄老化问题基本解决，文化程度稳步提高，大专及以上文化程度的员工占比达到75.2%；中、高级专业技术人员占比提高8个百分点。八是信息化建设水平全面提高。建设完成管理信息系统，实现管理手段的信息化；基本构建起网上银行、电话银行、手机银行、自助银行等多渠道电子银行产品和服务体系。九是员工收入逐年增长。与效益增长同步年均增长达到10%以上。十是合规文化深入人心，企业精神全面弘扬。

进一步深化产权制度改革。探索理顺农村信用社管理体制。积极探索自治区联社与基层联社以产权为纽带，股权为连接，规则为约束的运行机制，逐步理顺农村信用社管理体制。积极向国家申请，力争将我区作为省级联社改革试点。在保持旗县联社独立法人地位的前提下，科学规范自治区联社履职行为，履职重点逐步由管理向服务转变。

实施人才与科技兴社战略。把人力资源作为发展的主要动力。坚持以人为本理念，按照“控制总量、优化配置、创新机制、规范管理、提高素质”的总体要求，逐步建立符合现代金融企业要求的人力资源管理体系，努力打造总量合理、结构优化、素质优良、竞争力强的专业化、高素质人力资源队伍。合理规划调整人力资源总量，优化人力资源结构配置。建立健全严格规范、激励有效的选人用人机制。实行员工竞争上岗，做好员工职业生涯规划；加大干部公开选拔力度，倡导通过公开考试、考核，竞聘上岗；试行“一推双考”制度，尝试由旗县联社直接选聘经营层主任、副主任；实行干部任期目标考核，建立和完善干部正常退出、引咎辞职和责令辞职制度；完善后备干部培养机制，逐级建立后备干部人才库；严格落实“四项制度”和领导干部个人重大事项报告制，加大干部队伍监督监察和责任追究力度。不断完善薪酬激励和健全社会保障机制，建立健全培训教育制度，全面提高人员素质。把信息化建设作为发展的主要支撑，重点建设和优化以价值创造为中心的管理信息系统，包括人力资源、风险管理、财务管理、业务报表、审计系统、现金管理和绩效考核等项目建设，以信息化手段提升农村信用社管理水平。

全面提升业务综合发展能力。进一步明确业务发展定位。以农牧民和农牧业经济组织为重点，更好地发挥服务“三农三牧”的优势和主力军作用，加强党的建设与企业文化建设。全面加强和改进新形势下党的建设。以打造“效益突出、管理先进、服务规范、影响力大”的品牌形象为目标，持续推进全系统企业文化建设。不断加大宣传力度，建立全区农村信用社宣传工作体系。

紧密增强与地区经济发展的契合度 全力促进内蒙古自治区经济又好又快发展

交通银行内蒙古自治区分行党委书记、行长 卢永胜

交通银行内蒙古自治区分行党委书记、行长 卢永胜

"十一五"时期，内蒙古经济社会发展取得巨大成就。成立于2006年7月的交通银行内蒙古自治区分行，正好伴随着国家和内蒙古实施"十一五"规划的开年，走过了近5年的辉煌发展历程。截止2010年末，全辖本外币存款余额162.22亿元，本外币贷款余额164.37亿元，累计上缴利税2.2亿元;机构服务网络覆盖呼包鄂"金三角"和锡林郭勒地区，网点总数15个、自助服务点37个，业务辐射全区各个盟市。近5年来，交通银行内蒙古自治区分行认真贯彻落实国家宏观调控政策，紧密增强与地区经济发展的契合度，累计投放各类贷款360多亿元，在全力支持自治区支柱产业发展的同时，针对我区产业结构较为单一的现状，强化产品和服务创新，实施差别化的经营策略，注重加强对特色产业、优势行业和名牌产品的支持，充分履行了国有大型商业银行应尽的社会责任。

一、合理配置信贷资源，支持国家战略资源可持续发展

近年来，稀有金属在军事和高科技领域得到广泛应用，有色金属的战略地位日益凸显。但是从行业整体看，尽管市场前景广阔，但由于政策变动性较大，且多数企业处于起步阶段，行业规模效应尚未显现。交通银行内蒙古分行高度重视能源与经济的协调可持续发展，为了响应国家能源发展战略的实施，前瞻性地提出把稀土、锗业等国家战略资源作为长期支持的产业，探索走出一条能源金融与能源工业互动发展的新路子。几年来，交通银行内蒙古分行先后向包钢稀土高科提供授信15.96亿元，并配套办理信用证、保函、金融租赁等业务，支持自治区稀土精矿国家收储和稀土磁性材料、抛光粉、荧光粉等生产基地建设，从而成为稀土行业最大的授信支持行。与此同时还加大对广泛用于光纤通讯领域和主要生产夜视仪、太阳能电池等锗产业的支持力度，为锡林郭勒盟蒙东锗业科技公司办理3.3亿元项目贷款和1.6亿元融资租赁业务，支持企业锗金属的生产、研发和深加工，目前，该企业100吨锗、热、电联产项目顺利建成投产，销售业绩十分可观，并逐渐显现出未来广阔发展前景。

二、开展供应链金融业务，助力本土企业创全国名优品牌

装备制造业是自治区党委、政府提出重点发展的主导产业之一，成为拉动自治区国民经济特别是工业投资的重要力量。为了促进装备制造业集群化发展，交通银行内蒙古分行先后为内蒙古第一机械制造集团等一大批带动力强的企业集团提供授信30亿元，在帮助企业破解融资瓶颈和扩大再生产等方面提供了有力的信贷资金支持。不仅如此，交通银行内蒙古分行还充分发挥"蕴通供应链"产品优势，大力支持本土企业创全国名优品牌。包头北方奔驰重型汽车有限公司是由中国兵器集团、内蒙古一机集团等共同出资组建的国有股份制企业，具备装备、技术、产品优势。为了帮助企业产品走向全国、占领市场，提高国内市场地位和份额，交通银行内蒙古分行向北奔公司提供12.2亿元授信支持，并为其上游9户零部件生产商和下游全国17个省市区41家经销商提供12.45亿元贷款及银行承兑汇票业务，打通了供应链核心企业及其上下游中小企业和终端用户在生产、销售等各个经营环节的资金需求通道,2010年北奔公司产销量及市场占比大幅提高，同时因此而获得多项自主知识产品专利。

三、唱响绿色金融旋律，促进生态和环境保护事业发展

高度重视低碳经济发展，切实将节能环保产业列为信贷政策优先支持领域，利用金融杠杆促进环境友好型社会建设，着力打造"绿色银行"品牌。大力支持环境治理工作，向巴彦淖尔市德源肥业有限公司提供贷款3000万元，支持企业综合利用药厂

有机废菌渣和味精下脚料生产有机废料；向乌海市彤阳科技有限公司提供贷款1亿元，支持企业利用废轮胎、废塑料、废机油、废铝塑等为原料生产生物柴油和再生炭黑，有效解决了当地周边废料废渣和不可降解废弃物造成的环境污染问题。大力支持地区短缺资源发展，为鄂尔多斯和巴彦淖尔市水务公司提供24.18亿元授信支持，支持当地水资源的开发、治理保护和配置管理。严格控制两高行业贷款，坚持“扶优限劣、有保有压”的信贷原则，5年来累计减退“两高一剩”行业贷款7.91亿元，腾出资金更好地用于支持产业升级、企业技术改造和促进民生改善。

四、转变经营发展方式，倾力支持中小企业快速成长

认真落实“六项机制”要求，始终把中小企业业务作为加快转变业务发展方式、调整业务结构和收益结构的重要举措，努力为中小企业提供专业、高效、全面的金融服务。几年来，交通银行内蒙古分行大力推广“展业通”中小企业产品品牌，通过优化服务模式，简化审批操作流程，以及推行“园区推荐+企业联保+风险担保金质押”和存货质押等方式，全力解决中小企业的融资难题，助推中小企业快速成长。此外，针对自治区矿产资源丰富的优势，围绕自治区物流通道建设，积极探索支持物流产业发展，并引入中储、中远、中外运等国有物流公司作为第三方监管，积极为煤贸、钢贸、汽贸等物流企业提供全方位金融服务。截止2010年末，交通银行内蒙古分行支持的各类中小企业344家、授信余额近200亿元，中小企业贷款余额占比达26.87%，每年贷款增幅均远远高于全行平均贷款增速。

五、调整优化信贷结构，注重提高资产质量和经营效益

坚持在保增长中调整结构和在信贷投放中防范风险并重，更好地实现支持实体经济平稳运行和自身业务健康发展的和谐统一。严格把握信贷投向，坚持依法合规经营，把好市场准入关口，切实把信贷资源有效配置到符合国家产业和宏观调控政策、前景良好的领域和企业，进一步巩固提升支柱产业信贷份额。着力调整客户结构，加大存量信贷资产盘活力度，按内部评级口径，截止2010年末，交通银行内蒙古分行1–8级公司贷款余额占比96.85%，资产质量始终保持较高水平。加大存量不良资产清收力度，不良贷款和不良率连续保持双降，新增贷款不良率自成立以来始终保持为零。

“十二五”时期，内蒙古经济将进入一个新的健康快速发展阶段。面对新形势新任务新要求，交通银行内蒙古自治区分行将坚持以科学发展观为指导，继续传承交行百年底蕴和历史使命，按照交通银行“走国际化综合化道路、建设以财富管理为特色的一流公众持续银行集团”发展战略，锐意进取，砥砺前行，确保“十二五”末实现资产规模、盈利水平等主要经营指标“双倍增”的目标，为自治区经济又好又快发展做出积极更大的贡献！

交通银行内蒙古自治区分行加强与政府有关部门的项目对接，成功签署了一系列战略合作协议，为业务发展奠定坚实基础

铸就“十一五”辉煌 谱写“十二五”华章

内蒙古恒泰源投资担保有限公司董事长　李文彦

内蒙古恒泰源投资担保有限公司董事长　李文彦

“十一五”时期,是我国经济发展史上极不平凡的五年。面对国际国内经济环境的复杂变化和多种风险的严峻挑战,内蒙古恒泰源投资担保有限公司有效应对,科学决策,逆水行舟,奋力前行,综合实力得到大幅提升,经营结构不断改善,抗风险能力明显增强,行业地位和市场影响力显著提升。

2006年– 2010年，是我国的第十一个五年计划的建设时期。“十一五”期间，也是内蒙古恒泰源投资担保有限公司茁壮成长的阶段。内蒙古恒泰源投资担保有限公司成立于“十一五”的开局之年，乘着国家“十一五”政策的东风，内蒙古恒泰源投资担保有限公司从成立之初只有三千万元的注册资本发展到今天一亿元的注册资本，可以自豪地说内蒙古恒泰源投资担保有限公司在一天天发展壮大。

“十一五”期间，内蒙古恒泰源投资担保有限公司始终坚持以产业政策为向导，以“政策性定位，市场化运作”为经营方针，共为呼和浩特市30余家企业，40多个项目提供了融资担保服务，累计担保贷款超过8亿元。通过担保，带动了大批风险资本、外资和其他社会资金20多亿元注入这些企业，在企业和金融机构之间架起了一座金桥，带来了远远超过直接经营一亿元资本而创造的巨大社会效益。这一连串的数字，是科学发展的深刻体现，是恒泰源精神的生动折射。恒泰源秉承“用心服务客户，用行创造价值”的企业理念，坚持“和谐、诚信、务实、创新”的工作理念，发扬“艰苦奋斗，不断创新，追求卓越”的企业精神，以“全心全意服务中小企业”为己任，成绩可见，和谐发展，茁壮成长。

“十一五”期间，内蒙古恒泰源投资担保有限公司积极尝试运用资本经营的模式，探索既能扶持企业产业化、规模化，又能使自身资本获得增值，实现自身效益的新路子。经过多年的探索与实践，走出了一条投资与担保相结合的特色投资之路。公司一方面不断拓展担保业务，使公司业务份额的市场比重不断扩大，另一方面公司组建以来，发展迅速，现已拥内蒙古恒泰源典当有限公司、华麟房地产开发有限公司、华宇小额贷款有限公司等子公司。

内蒙古恒泰源投资担保有限公司成立之初，就以打造内蒙古自治区中小企业总部经济平台为理想，并为此目标不懈努力。“十一五”期间，鄂尔多斯市中小企业发展大厦已经成功运作并获得了社会及入驻企业的一致好评，中小企业发展大厦为鄂尔多斯市的经济发展作出了应有的贡献。在鄂尔多斯市企业家大厦成功运营的基础上，被誉为呼和浩特市首家“企业孵化器”的汇商广场也已经开始运营，这个集企业家大厦、金融服务区与SOHO公寓于一身的都市综合体既是商务总部的基地又是中小企业的孵化器更是企业家成长的摇篮，其必将成为国内众多中小企业发展壮大的第一引擎。2008年恒泰源投资担保有限公司投入巨资同时启动了内蒙古自治区包头市与二连浩特市的中小企业发展大厦项目，到目前为止这些项目均取得了突破性进展，为实现打造内蒙古自治区中小企业总部经济生态圈的宏伟目标填上了浓墨重彩的一笔。

回顾已经走过的“十一五”恒泰源人心潮澎湃，展望即将到来的“十二五”恒泰源人信心百倍。

“十二五”期间内蒙古恒泰源投资担保有限公司以“全心全意为中小企业服务”规划部署为统领，认真总结“十一五”发展经验，深入分析地区和行业发展形势，结合公司实际，全面落实科学的发展观，以深化经营管理体制改革为契机，以团队建设为抓手，提升经营管理水平。坚持用发展的眼光研究新形势，用创新的思维解决新问题，全力以赴转变发展方式、提高经营效益、防范管理风险，努力实现恒泰源以人为本、统筹兼顾、全面协调可持续的跨越式科学发展。

通过总结“十一五”发展经验，在认真分析“十二五”期间行业及市场发展态势的基础上，结合公司近年来业务发展实际，汇总各渠道情况，形成我公司“十二五”发展规划的初步发展预测目标：1、在队伍建设方面，“十二五”时期，内蒙古恒泰源投资担保有限公司将围绕“建设国内一流投资担保公司”的战略发展目标，创新人力资源管理与开发机制，逐步建立并完善符合现代企业制度要求的人才评价、选拔、培养、考核和激励约束机制，进一步优化人才成长的环境，营造竞争激励、优胜劣汰、人尽其才、优秀人才脱颖而出的发展环境，着力建设适应公司业务发展需要，规模适当、结构合理、素质优良的员工队伍。

2、在业务方面,以提高公司业务份额的市场比重为目标，确保规模业务的健康稳步提升。努力与更多的金融机构达成战略合作协议，不断提升公司的担保能力，同时加大力度拓宽投资渠道，争取在“十二五”末实现注册资本十个亿的战略目标。在做大做强担保业务的同时，恒泰源人下定决心，要让“汇商广场”这个中小企业孵化器，走出内蒙古，在全国大多数的地方开花结果，让“汇商中国”这个品牌走向世界。

年末岁首看今朝，鼓浪扬帆启航程。回顾过去，恒泰源人欣慰，展望未来，恒泰源人期待。在已经到来的“十二五”期间，内蒙古恒泰源投资担保有限公司将全力以赴踏上新的征程，谱写恒泰源发展的华章。

董事长李文彦深入基层调研

董事长李文彦与客户签订合作协议

认真总结经验 准确把握形势
全力开创我区扶贫开发工作新局面

内蒙古自治区扶贫开发（革命老区建设）办公室
主任 李荣禧

自治区扶贫办主任李荣禧在兴安盟调研

一、"十一五"时期全区扶贫开发工作基本情况

"十一五"时期，是内蒙古自治区扶贫开发进程中很不平凡的五年。五年来，在自治区党委、政府的正确领导和国务院扶贫办的关怀指导下，全区各级扶贫部门认真贯彻落实党中央、国务院和自治区党委、政府一系列强农惠农惠牧方针政策，以科学发展观为指导，围绕《中国农村扶贫开发纲要（2001-2010年）》确定的目标任务，坚持开发式扶贫方针不动摇，不断完善政策体系、创新工作机制、整合扶贫资源、强化扶持措施，全区扶贫开发工作取得显著成绩。

2006-2010年的五年间，中央和自治区用于扶贫开发的投入70多亿元，其中财政扶贫资金50亿元，累计扶持贫困人口75万人，贫困人口年均减少15万人。国家和自治区扶贫开发工作重点旗县农牧民人均纯收入将由2005年的2027元增加到2010年的4142元。贫困地区基础建设明显增强，社会事业稳步发展，生态环境显著改善。扶贫开发重点项目稳步推进。完成了5000个重点贫困嘎查村的整村推进工作；重点支持了3000多个贫困地区农牧业产业化基地建设项目和300多个扶贫龙头企业扶贫贴息贷款项目；"雨露计划"培训贫困农牧民42万人次，转移就业率达到80%；对17550 户、7.02万贫困人口实施了移民扶贫搬迁；区直机关、单位帮扶兴安盟累计到位资金（物资）10亿元，帮扶呼伦贝尔市较少民族到位资金超过3亿元；22个中央、国家机关单位定点帮扶和京蒙对口扶贫协作进一步向集中连片特殊困难地区倾斜。

"十一五"时期成为自治区扶贫开发历史上投入最多、成效最显著、贫困户得到实惠最多的时期之一。扶贫开发不仅提高了贫困地区和贫困人口的自我发展能力，促进了经济社会的全面发展，而且在维护政治稳定、树立党和政府形象、增进民族团结、巩固边疆安全、推动区域协调发展、促进社会和谐等方面发挥了重要作用。五年的扶贫开发实践再次证明，"政府主导、社会参与、自力更生、开发扶贫、科学发展"是行之有效的扶贫开发模式，是中国特色社会主义扶贫开发道路的精髓。五年来，在国家扶贫开发方针政策指引下，我区结合地区实际，探索创造出了许多具有内蒙古特点的扶贫开发基本经验，需要在今后的工作中继续坚持、不断完善。

坚持富民优先，始终把扶贫开发列入重要民生工程。自治区党委、政府从推进富民强区，全面建设小康社会的战略高度，把农牧业和农村牧区作为全区工作的"重中之重"来抓，连续五年将扶贫开发列入自治区十大民生工程。在我区扶贫历史上首次实施盟市间对口支援扶贫战略，确定经济发展较快的鄂尔多斯市对口支援兴安盟。协调北京市集中支援赤峰市和乌兰察布市。各级党委、政府进一步加强对扶贫工作的领导，坚持把扶贫开发纳入本地区本部门经济社会发展总体规划和重要议事日程，并作为落实以人为本、执政为民理念的重要平台。

坚持成果共享，大幅度增加扶贫投入。随着我区经济快速发展和地方财力的逐步增强，为使相对落后地区和弱势群体分享到经济社会发展成果，自治区及盟市旗县在扶贫开发等民生领域的投入大幅度增加。2008年自治区本级财政扶贫配套资金由过去的3200万元增加到7000万元，扭转了本级扶贫投入十几年不增加的局面。2011年自治区财政安排预算1.4亿元，比上年增长19.3%，自治区本级财政扶贫投入稳定增长机制初步建立。自治区本级财政扶贫投入基本达到国家要求配套30%的指标。全区各级党委、政府也都结合地区财力状况，努力增加扶贫投入，全区经济的快速发展为扶贫开发奠定了必要的物质基础。

"十一五"时期我区扶贫开发所取得的进展和成就，是党中央、国务院和自治区党委、政府正确领导的结果，是社会各界关心支持的结果，是贫困地区广大干部群众自力更生、苦干实干的结果，也是全区扶贫系统广大干部共同努力的结果。总体讲，目前我区扶贫开发的基础和条件比过去好很多，但是受一些主客观条件的影响，今后一个时期全区的扶贫开发工作仍面临许多困难和问题，主要表现在：从扶贫工作的自然和社会环境看，制约贫困地区和贫困人口发展的深层次矛盾依然存在，农牧业靠天吃饭的局面没有扭转，农牧民温饱基础极不稳定，一遇自然灾害或病患等问题很容易返贫；贫困农牧民从事产业结构单一，增收渠道窄，增收能力弱；区域差别、农牧有别的特点导致扶贫开发成本高、投入大；贫困地区落后面貌总体改善，但发展很不平衡，部分盟市旗县的快速发展掩盖了实际存在的贫困现象，贫富差距逐年拉大；自治区扶贫部门实际掌握的贫困人口在150万人以上，超过农牧业人口的10%，扶贫开发任务依然十分繁重。从扶贫工作的政策环境看，面临着国家扶贫开发重点县即将调整和确定国家重点扶持的集中连片贫困区域问题。这些情况表明，到2020年实现基本消除绝对贫困现象的目标，面临的形势严峻、任务艰巨。我们必须切实增强责任感和紧迫感，下更大的决心，花更大的气力，采取更有力的措施坚决完成任务。

二、“十二五”总体工作思路和2011年主要工作

“十二五”时期，我区扶贫开发工作面临良好发展机遇：一是中央和自治区连续八年制定出台支持农牧业发展，促进农牧民增收的1号文件，特别是今年的1号文件提出未来十年国家要投入4万亿元用于防洪抗旱减灾体系建设，对于我区这样一个干旱缺水、农牧业靠天吃饭地区来讲意义重大。二是新一轮西部大开发和振兴东北等老工业基地战略的实施，即将出台的支持内蒙古经济社会发展的意见和草原生态保护补助奖励机制的启动，也必将对贫困地区基础建设、产业发展、农牧民增收和生态保护产生重要影响。三是国家新十年扶贫开发纲要的实施，标志着我国已经把扶贫开发作为一项重大战略固定下来，今后在扶贫投入、社会动员上都加大了力度，为做好全区扶贫开发工作创造了政策机遇。总体工作思路：以国家和自治区新十年扶贫开发纲要为统领，以重点扶持群体和特困地区、重点旗县及贫困嘎查村为对象和主战场，以促进就业、增加收入、改善民生、加快发展为核心，以政府主导下的专项扶贫、行业扶贫、社会扶贫为支撑，更加注重转变发展方式、人力资源开发、基本公共服务均等化和解决特困片区贫困问题，坚持开发式扶贫方针，提高扶贫标准，实行扶贫开发与低保制度的有效衔接，到2020年基本消除绝对贫困现象，缓解相对贫困，扭转收入差距扩大趋势。2011年要重点抓好以下七项工作：

（一）贯彻落实好国家和自治区有关扶贫开发的重大决策和部署。做好4月26日中共中央政治局有关扶贫开发工作会议、全国扶贫工作会议、全区农村牧区工作会议精神的传达学习和贯彻落实，在继续做好常规工作的同时，做好中央扶贫开发工作会议的各项准备工作。精心组织好“新世纪中国农村扶贫开发成就展”参展工作。

（二）审定出台新十年扶贫开发纲要和相关工作规划。结合国家和自治区经济社会发展“十二五”规划和有关扶贫开发工作的安排部署，进一步修改完善未来十年我区扶贫开发规划和各专项规划，在认真评审论证的基础上，出台新十年扶贫开发规划和专项规划。

（三）积极稳妥确定扶贫开发工作重点县和集中连片贫困片区。继续全力争取更多的旗县市区进入国家扶贫开发工作重点县和集中连片贫困片区，并根据国家确定原则和标准，科学制定我区工作方案，积极稳妥地做好扶贫开发工作重点县调整和集中连片贫困片区的确定工作，实事求是地反映我区扶贫开发工作的主战场和工作重点。

（四）继续开展“两项制度”有效衔接试点工作。在认真总结试点工作经验的基础上，继续在其余的57个扶贫开发工作重点县开展“两项制度”衔接试点工作，通过建立相应的动态调整机制，准确掌握扶贫对象，切实落实扶贫措施，努力达到应扶尽扶的工作目标。

（五）深入推进专项扶贫工作。在400个重点贫困嘎查村启动实施新一轮整村推进扶贫项目。围绕自治区六大主导产业，重点扶持到村到户、能带动贫困户脱贫致富的种养业、特色产业和产业化基地建设项目。安排2万人的“雨露计划”培训任务，主要对整村推进重点嘎查村、集中连片开发试点村和移民示范点贫困劳动力开展职业技能培训。安排1.1亿元专项资金，组织实施第七期移民扶贫开发项目。安排3600万元财政扶贫资金，专项支持革命老区和人口较少民族地区扶贫项目建设。在115个贫困村开展村级互助资金试点工作。

（六）加强社会扶贫工作。继续配合有关部门抓好定点帮扶兴安盟和呼伦贝尔市人口较少民族工作，协助做好京蒙扶贫对口支援和协作工作。争取更多有实力的中央、国家机关和企事业到我区开展定点帮扶，力争实现对国家扶贫开发工作重点旗县全覆盖。深入研究动员社会力量参与扶贫的政策导向机制，为社会力量、各类市场主体参与扶贫开发提供优惠政策和便利条件。加强同行业、部门和社会团体组织的协调沟通，通过希望工程、光彩事业、巾帼扶贫、企业包村、富人反哺等社会扶贫行动，深化公益性扶贫。

（七）加强扶贫宣传信息工作。加大投入，健全并完善扶贫开发宣传信息体系，努力构建符合大扶贫格局的扶贫宣传信息平台。加强扶贫信息沟通和信息服务，为各级党委、政府和工作部门进行决策提供依据，为广大群众了解扶贫政策和工作进展情况搭建平台。

自治区扶贫办主任李荣禧在锡盟调研

自治区扶贫办主任李荣禧深入困难户家庭了解调研

回眸十一五 展望十二五
促进内蒙古文艺大发展大繁荣

内蒙古文学艺术界联合会主席 巴特尔

内蒙古文学艺术界联合会党组书记　王金喜

内蒙古文学艺术界联合会主席　巴特尔

“十一五”时期是我区文艺事业快速发展的五年，也是民族文化大区建设深入推进的五年。五年来，内蒙古文联在自治区党委、政府和党委宣传部的领导下，始终坚持以邓小平理论和“三个代表”重要思想为指导，团结和带领全区广大文艺工作者，坚持“二为”方向，贯彻“双百”方针，把握时代脉搏，深入火热生活，积极承担社会使命，始终不渝地促进创作繁荣，内蒙古的文学艺术事业取得了长足发展。

一、十一五时期内蒙古文联取得的成就

目前，自治区文联在编协会、研究室14个，挂靠协会3个，蒙汉文文艺刊物5个，全区12个盟市，90多个旗县，80多个企事业单位成立了文联，各盟市文联共创办文艺期刊21个，现有各文艺家协会会员11000多人，其中全国会员1700多人。

（一）围绕中心，服务大局，积极担当社会使命。内蒙古的文艺事业，是在党的直接领导和关心下发展起来的。坚持围绕中心、服务大局，是文联工作的重要遵循。一直以来，内蒙古文艺界始终坚持马列主义、毛泽东思想、邓小平理论和“三个代表”重要思想的指导地位，牢固树立大局意识，发挥自身优势，从党和政府的重大部署中找准工作的结合点，从人民群众普遍关心的问题中找准工作的结合点，从文艺事业发展的关联环节中找准工作的着力点，把为改革发展稳定提供强大的精神动力和创造良好的文化氛围作为工作的出发点和落脚点，力争在服务党和政府工作全局中有所作为。在组织广大文艺工作者创作精品、服务大众的同时，文联还通过“朝霞工程”、“山花工程”捐助了640名贫困学生，赢得了社会各界一致好评。

（二）文艺活动丰富多彩，文联品牌日趋成熟。文艺精品代表着一个地区的文学艺术发展的水平，是文联和各协会的立足之本。实施文艺精品工程，是推进文联事业发展的有效途径，也是衡量文联工作的重要标准。为此，文联及所属各协会充分发挥文艺门类齐全，文艺资源丰富和文艺人才荟萃的优势，集中力量精心打造品牌活动。五年里，恰逢自治区成立60周年、国庆60周年和改革开放30周年。围绕这三大庆典，组织了一系列展览、演出、研讨等活动，全面展示了自治区文艺所取得的光辉成就。特别是“自治区文学艺术杰出贡献奖”、“突出贡献奖”和“特殊贡献奖”的评选活动，在全区乃至全国都产生了深刻的影响。其他如建国60年以来内蒙古优秀歌曲演唱晚会、改革开放30年以来蒙古文原创歌曲演唱晚会、草原文化与文学艺术论坛，“八骏杯全国大中学校学生蒙古文作文大赛”、“长生天杯蒙古语诗歌大赛”、“成吉思汗杯国际蒙古舞大赛”和阿拉善盟的“苍天的驼羔”诗歌大赛、乌海的书法节、巴彦淖尔市的河套文化节、兴安盟的全国“乌力格尔”大赛等，已经成为有影响力的文艺活动品牌。同时，文联也成功承办了一些全国性活动，如全国产业文联工作经验交流大会、第六届中国美协“西部大地情”国画、油画展、内蒙古中国画院、内蒙古草原书画院、中国美协内蒙古创作中心成立庆典暨大型采风活动等，这些大型活动协调有力，效果显著，进一步扩大了内蒙古文联的知名度和影响力。

在创立精品文艺品牌活动的同时，开展了丰富多彩的群众文化活动，主要有：文联“送欢乐、下基层”活动、书法家协会开展了“书法进万家”活动，电影家协会为纪念电影百年，展映100部国产优秀电影，尤其注重把重心放到了广大农村和牧区，仅2006年—2007年，放映场次达到8万多场，观众达1700万人次。配合自治区成立60周年庆典活动，组织了《草原银河》民族电影综合系列活动、“建设民族文化大区系列征歌活动”、“原创歌曲”、“群众最喜爱的歌曲”、“五个一工程”歌曲、“廉政歌曲”等多项歌曲作品征集活动，对活跃群众文化生活，推动群众

文艺事业的发展，起到了很好的作用。

（三）文艺创作队伍不断发展壮大。目前加入全国各艺术门类协会的会员已达1770多名，加入自治区各艺术门类协会会员达1万多名，涌现出一批全国知名的文艺优秀人才。其中有全国“金鸡奖”最佳男主角获得者、全国戏剧“梅花奖”获得者、全国“百杰”画家荣誉称号获得者、全国电视艺术“百佳”荣誉称号获得者、全国“德艺双馨”中青年文艺工作者以及为数可观的著名导演、编剧、作家和民间文艺人才。此外，还有许多区内“索龙嘎”奖、“萨日纳奖”、“五个一工程奖”获得者。他们的出现，充分显示了内蒙古文艺创作的实力和最新水平，为自治区争得了荣誉。

（四）文艺作品创作异彩纷呈，硕果累累。我区文学、戏剧、音乐、舞蹈、电影、电视、美术、摄影、书法、杂技、曲艺、民间文艺作品分别获全国庄重文文学奖、宋庆龄儿童文学奖、“山花奖”、“荷花奖”、“华表奖”、“金菊奖”、“金狮奖”、“金鹰奖”、“金彩奖”、“金鸡奖”、“梅花奖”、“百花奖”、“牡丹奖”、“飞天奖”、“金钟奖”、“兰亭奖”、“文华奖”、“曹禺戏剧奖”、全国“五个一工程”奖、全国少数民族文学创作“骏马奖”以及全区“五个一工程”奖、“索龙嘎奖”、“萨日纳奖”等奖项，一批有影响的蒙汉文文学作品被国内权威性刊物选载，有的还被推介到国外。音乐、舞蹈、杂技、曲艺、电影频繁地在世界各地演出和放映，书法、美术、摄影作品在国外多次展出，受到广泛欢迎和好评。

（五）国内外文化交流广泛活跃，成果卓著。五年内各文艺家协会共组织200多次国内国外文化交流活动。其中150多名作家艺术家成功访问了世界30多个国家和地区，并和日本、韩国、台湾等国家和地区达成交流协议。300多名文艺工作者赴国内30多个省、市、自治区进行了学术交流与往来。同时接待国外，国内各省、市、自治区文艺团体来访60多次，作家艺术家300多名。在自治区党委宣传部支持下，成功将我区文学作品推向蒙古国读者，扩大了影响面，推动了两国之间的文化交流。通过展览、笔会、采风、论坛等形式多样、丰富多彩的文学艺术交流，使内蒙古的文化资源和文艺创作成果被越来越多的人们所认识，大大提高了内蒙古的知名度，同时也拓展了作家艺术家的创作视野，有力促进了文艺创作的繁荣。

（六）文艺机制创新取得新突破。文联是党领导下的人民团体，是党和政府联系广大文艺工作者的桥梁和纽带。拓宽工作平台，不断加强基层文联建设，使文联工作辐射到基层、企业，为全社会提供更多的文化服务，这是各级文联的工作使命和职责，同时也是各级文联的特点和优势所在。跨入新世纪，面对新形势，迎接新挑战，文联不断调整思路，创新机制，开拓进取，机关建设进一步加强，工作职能得到有效发挥和拓展。各盟市文联工作普遍得到加强，旗县文联发展到90多个，职工文联团体会员达到八十多家，成为企业和基层文艺创作的有生力量。自治区、各盟市、旗县三级和几十家企业形成的文联工作网络，与社会各界的文艺人才形成了广泛的联系机制，正在有力地推动着全区文艺事业的繁荣发展。

二、“十二五时期内蒙古文联规划与展望

“十二五”时期是自治区全面推进小康社会建设的关键时期，对自治区文艺发展繁荣也提出了更高的要求。在新的历史条件下，必须树立科学发展理念，转变文艺发展方式，加快文艺发展步伐，实现由民族文化大区向民族文化强区的跨越，推动社会主义文化大发展大繁荣。

（一）实施文艺人才培养和引进工程，加强作家艺术家队伍建设。发展内蒙古文学艺术事业，人才是关键。没有好的作家艺术家队伍，尤其是一定数量的拔尖文艺人才，文艺创作就不能实现繁荣。为此，要通过多种方式，争取用三至五年的时间，建立一支门类齐全、数量充足、年龄梯次结构、民族和地区结构比较合理，专业知识和综合素质都比较优秀的文艺创作队伍。

要强化对在职的年轻文艺工作者的业务培训工作。同时，要适应新形势新要求，在大力培养专业文艺人才的同时，造就懂艺术、善经营、会管理的复合型人才。要充分运用“四个一批”、“草原英才”工程，推行、完善作家艺术家签约制，打破学历、资历、身份等限制，破格选拔和使用有发展潜力的优秀青年人才；以参与全国性评奖和组织自治区评奖为契机，推出一批新人和全国知名的作家、艺术家和评论家。此外，要充分发挥老作家艺术家的“传、帮、带”作用，尽快培养出一批有潜质，有较高水准的文学艺术人才。

（二）加大精品创作力度，实施精品创建工程。坚持“出人才、出精品”这个中心不动摇，推出“一旗一品”文联系统工程，按照《草原文学重点作品创作扶持办法》、《优秀蒙文文学作品翻译出版扶持办法》，通过作家艺术家签约制、项目制和重点作品扶持等手段，吸引区内外优秀人才，以获全国重要奖项为目标，大力实施文学艺术品牌创建工程，精心打造一批文学艺术精品和重点活动品牌。

（三）广泛开展文化惠民活动，丰富群众文化生活。紧扣惠民主题，通过“四进社区”、“送欢乐下基层”等形式，深入开展面向基层、服务群众的文化惠民活动。在重大节庆和纪念日，开展系列文艺活动，组织文艺工作者开展为基层群众送书法、送绘画、送春联、送摄影、送电影、送演出活动，不断扩大文艺展演活动的参与面和受众面。

（四）不断拓展途径，活跃国内外文学艺术交流。采取“走出去”和“请进来”方式，组织作家、艺术家赴区外和国外进行采风和文化交流活动，积极推进内蒙古文艺走向全国，走向世界。今后五年，每年至少组织一个作家艺术家代表团出国进行访问考察交流，进一步加强与蒙古国文学艺术交流，在扩大国际交流的同时，加强与国内各省、市、自治区以及区内各文学艺术团体的交流，尤其是要加强与中国文联、中国作协以及国内知名文学艺术刊物间的交往，通过双边“互动”，使他们进一步了解内蒙古深厚的文化底蕴，发现反映草原生活的优秀文学艺术作品，联袂挖掘我区文化资源，共同打造文学艺术精品。

（五）进一步创新机制，增强文艺事业发展的活力。建立科学合理的管理机制。在充分发挥文联“联络、协调、服务”职能的同时，适度加强对基层作家艺术家的管理和对基层文联的业务指导，进一步壮大文联的实力和增强文联影响力。根据作家艺术家创作的特点和规律，在内部管理上，不断完善机制，建立一套符合文学艺术特点和规律的规章制度，以利于多出作品、出好作品。

建立符合实际、便于操作的激励机制。改进索龙嘎、萨日纳评奖机制，完善“内蒙古文学艺术杰出贡献奖”、“突出贡献奖”和“特殊贡献奖”评奖办法，表彰奖励做出突出贡献的优秀人才，以进一步调动作家艺术家生产精品力作的积极性和主动性，达到鼓励先进，激发创作热情的目的。

激活用人机制。通过推行作家艺术家签约制，重点项目及活动签约制等多种途径，以此促进专业技术人员不断创造新的业绩，推动优秀作品和优秀人才脱颖而出。

设立内蒙古文艺发展专项基金，用于资助全区的文艺创作、展览、演出、评奖，对全区精品创作发挥宏观调控作用，同时用于文艺人才的培训、进修、采风、交流，以及对优秀人才的奖励与引进等。

当前，党中央关于文化建设的一系列重大决策和部署，为进一步繁荣发展文艺事业提供了基本遵循和根本保证，自治区刚刚通过的“十二五”规划纲要，对推进民族文化强区建设提出了总体要求，我们面临着自治区有史以来最好的发展机遇。相信文联的职能作用在新的条件下必将得到有效的发挥，为繁荣文学艺术事业，建设民族文化强区，构建社会主义和谐社会做出积极贡献。

继往开来 再创辉煌
谱写内蒙古红十字事业的新篇章

内蒙古自治区红十字会会长 宝音德力格尔

2010年8月5日，全国人大副委员长、中国红十字会会长华建敏在自治区主席巴特尔陪同下视察内蒙古红十字会工作

"十一五"时期是我区经济社会快速发展，取得辉煌成就的五年，也是内蒙古红十字事业跨越式发展的五年。五年来，在自治区党委、政府的关怀、重视和社会各界的大力支持下，内蒙古各级红十字会抢抓发展机遇，锐意进取、开拓创新，圆满完成了《内蒙古红十字事业2005～2009年发展规划》提出的主要任务，红十字事业呈现出健康、快速、持续发展的良好局面。

一是理顺了旗县（市、区）以上红十字会的管理体制，构建了独立运行的工作体系。我会坚持依法建会、依法治会、依法兴会的方针，大力宣传贯彻红十字会法规，扎实推进理顺管理体制工作。到2006年年底，12个盟市和101个旗县（市、区）红十字会全部理顺了管理体制，旗县（市、区）专职工作人员普遍在5人以上，盟市普遍在10人以上，人员的年龄、知识、专业、性别结构日趋合理。实现了机构、编制、人员、经费单独设置，成为全国第一个全部理顺县级以上红十字会管理体制的省区。在各级党委、政府的重视、支持下，红十字会系统的办公场地、备灾设施也得到了全面改善。全区形成了以自治区红十字会备灾中心和通辽、包头两个区域性备灾中心为主，以盟市和旗县红十字会备灾仓中心（仓库）为辅的备灾网络体系，仓储总面积达到16810平米。旗县以上红十字会普遍有了一定数量的救灾资金和储备物资，全区组建了80多支应急救援队，救灾应急预案也全部纳入同级政府的应急预案体系。2010年，自治区红十字会采取三级配套方式，投入资金1200万元，为101个旗县（市、区）、4个开发区红十字会配备了救灾车辆，极大地改善了基层红十字会的救灾应急能力。

二是积极推进红十字会基层组织五进工作，形成了遍布全区的组织网络。基层组织是红十字会植根基层，直接联系和服务群众的平台。在完成理顺旗县（市、区）以上红十字会管理体制目标以后，我会从2006年起在全区开展了以红十字会基层组织进机关、进社区、进学校、进农村、进企业为主要内容的"五进"工作，推动组织建设重心向下延伸。2008年开展了基层组织建设年活动。2010年5月自治区政府办公厅下发《关于进一步加强红十字会基层组织建设的通知》后，我会在兴安盟科右中旗召开了全区基层组织建设工作暨现场会，并在全区开展了苏木乡镇红十字会组织建设试点工作，明确了今后一个时期组织建设工作的目标、任务。截至2010年底，全区红十字会基层组织已发展到5825个，苏木（乡镇、街道办事处）和嘎查（村、社区）的建会率分别达到了91.96%和21.19%，会员147.04万人、团体会员7115个，自上而下、覆盖全区、遍布城乡的红十字会工作网络初步形成。

三是加强队伍建设，提高各级红十字会的战斗力。随着组织的深入发展，我会及时将干部队伍建设提上重要日程。在各级党委和政府的关心重视下，一批年富力强、热爱红十字事业、工作能力强的干部充实到了领导岗位，通过选调、考录、聘用等形式配备专职干部，优化了干部队伍的年龄和知识专业结构。全区现有专职工作人员692人，聘用人员167人，平均年龄为41岁，大专以上文化者占全员的87%。专职工作人员比理顺管理体制前增加了160人，编制数增加了100个。2007年以来，在全系统工作人员中实施了全员培训计划，层层开展培训工作，专职干部100%接受了各类培训，业务能力有了明显提高。全区12个盟市73个旗县区成立了红十字志愿服务委员会，有新闻、救护、筹资、心理咨询、紧急救援、干细胞捐献等志愿服务队268支，志愿者28446人。红十字志愿服务已渗透到人道救助工作的各个领域，成为红十字事业中一支不可缺少的力量。

四是积极拓宽筹资渠道，增强了救灾救助实力。筹资工作是红十字会履行人道职责的物质基础。为了增强全区红十字会的救助实力，改变救助工作依赖外援的被动局面，经自治区党委和政府批准，从2006年起我会在全区范围内开展了"博爱一日捐"募捐活动，倡导干部职工自愿捐献一天的工资，企业捐献一天的收入（或利润）。自治区党委、政府连续四年以两办的名义召开全区"博爱一日捐"启动仪式暨动员电视电话会议，自治区主要领导亲自做动员讲话，部署募捐工作，表彰募捐工作先进盟市和区直单位。继2006年自治区政府下发文件要求全区党政机关、企事业单位每年一次开展好博爱一日捐工作后，2010年自治区政府又下发了《关于进一步开展好"博爱一日捐"活动的通知》（内政办发〔2010〕37），充分肯定了"博爱一日捐"的活动成果，要求全区各级行政机关、企事业单位进一步做好一年一度的博爱一日捐工作，并要求切实建立起一日捐长效机制。在各级党委、政府的重视和各界群众的参与下，"博爱一日捐"活动募捐额逐年递增，2006年达到1655万元，2007年为3953万元，2008年为5300万元，2009年突破1.06亿元，2010年达到1.2亿元，五年累计达到3.36亿元，成为红十字会稳定的筹资渠道，极大地增强了红十字会的救助实力。同时各地还积极拓展救灾专项募捐和项目筹资工作，累计募集款物8.2亿元，实现了救灾救助由外援为主向自筹自救为主的历史性转变。

五是积极开展救灾救助工作，发挥政府人道领域助手作用。救灾工作是红十字会的首要任务。在近年来全区发生的地震、火灾、洪涝、雪灾、龙卷风等较大自然灾害中，各级红十字会都能够迅速到达灾区，第一时间开展救助，累计投入款物达到1.37亿元，救助受灾群众70万人。近年来，救灾工作正在从过去单纯的紧急救援向救灾、救助和参与灾后重建并举转变。同时各级红十字会还参与了南方冰冻雨雪、汶川地震、莫拉克台风、西南旱灾、玉树地震等国外区外重大自然灾害救援行动，累计投入4.47亿元款物，充分展示了内蒙古的良好形象。其中接收汶川地震捐赠款物3.55亿多元，在全国各省区市红十字会中居第八位，受到总会和自治区党委、政府的表彰。接收青海玉树地震捐赠款物8200万元，占全区募捐总额的80%以上。

在协助政府做好救灾工作的同时，全区红十字会组织按照"党政重视、社会关注、群众急需、红会所能、突出特色"的原则，配合自治区党委、政府提出的十大民生工程，投入款物1.74亿元，开展了多种形式的社会救助活动，受益群众131万人次。主要是：连续十一年在元旦、春节期间开展"红十字博爱送万家"活动，组织会员、志愿者，走访慰问受灾群众和城乡贫困家庭，投入款物9494.68万元，救助116.8万人（次）；连续五年开展了资助应届贫困大学生活动，投入善款3646.54万元，资助大学生28655名；开展了医疗救助活动。投入款物253万元参与新农合试点，救助贫困患者19596人。在农牧区援建了37所博爱卫生院（站），改善了基层的医疗卫生条件。投入资金212万元，在6个盟市开展扶贫复明行动，实施免费白内障手术1120例；在建国60周年、自治区成立60周年、建党90周年期间，慰问老烈属、老党员、老模范、老军人18919人（次）。各级红十字会还建立了372个社区服务站、牧区红十字医疗站、博爱救助站、爱心超市为困难群众提供帮助和服务。

六是深入推进救护培训和三献工作，打造生命工程。认真贯彻总会和国家15部委关于群众性初级卫生救护培训工作的精神，在机动车驾驶员、矿山、电力、旅游、建筑、煤炭等高危行业开展了救护培训。五年来，培训救护师资592人，培训红十字救护员39.33万人，开展应急救护普及培训118.42万人次。在社区、学校开展多种形式的预防艾滋病宣传活动，举办预防艾滋病青年同伴教育培训班177期，培训3580人次。广泛宣传造血干细胞捐献工作，截止2010年底，共采集血样19218份，完成合成入库有效数据17878人份，实现捐献19例。在呼和浩特等盟市开展了遗体（器官）捐献工作，已有179人报名登记，实现遗体捐献4例、角膜捐献9例。

七是严格财务管理，提高公信力。公信力是红十字会的立身之本。账务信息公开透明，尤其是募捐款物使用管理是确定红十字会公信力的根本条件。为此，我们始终将捐赠款物使用管理置于制度约束之下，完善了内部自律机制，保证了捐赠款物管理规范、手续完备、账目清楚、统计准确。除及时通过网站、简报，公开捐赠信息外，在每年两次常务理事会和一次理事会上报告募集资金使用管理情况，组织新闻单位、捐赠人代表到汶川、青海、甘肃灾区等实地考察援建项目，增强资金使用透明度；从2007年开始，每年通过审计部门对自治区红十字会本级、12个盟市、101个旗县（市、区）红十字会捐赠款物接收、管理和使用情况进行专项审计；从2006年起，自治区红十字会将各级红十字会募集资金物资使用管理情况列为一年一度的目标考核的主要内容，实行一票否决；建立了新闻发言人制度，通过各家媒体向全社会通报募集资金物资使用情况，在内蒙古日报上公布接收捐赠资金的使用管理情况，接受全社会监督；为加强管理，自治区红十字会制定了项目资金、捐赠款物使用管理有关办法，对红十字会接收的各类资金物资做出了明确的规定并定期对旗县以上财务人员进行政策、业务、法律、法规的培训和教育，提高专业素质。

八是实行目标化考核机制，促进红十字会工作规范化运行。自2005年始，我会将机关建设、领导班子建设、队伍建设和重点业务工作量化分解，连续五年在全区红十字会实行目标考核。年初在全区理事会上与各盟市分管领导（会长）签订责任状。年终组织专门力量深入到旗县、乡村、社区进行考核，并将考核情况书面通报各地党委政府。目标考核大大提高了全区各级红十字会的规范化、制度化建设水平，增强了红十字会的执行能力和业务水平，形成了赶超先进、不甘落后、争先恐后发展事业的良好局面。

九是创新形式与载体，广泛传播人道主义。加强与新闻媒体的合作，提高宣传工作的广度和深度。在做好日常报道的基础上，与媒体合作开设专栏；结合救灾救助救护工作，积极筹划有影响、大规模的宣传活动，深入挖掘内涵，做深、做细、做活，打造精品。在专兼职工作人员、党政干部和学生中开展国际人道法知识传播工作，举办培训班、讲座188期，培训学员1万多人次。加强了自有宣传阵地，旗县区以上红十字会普遍创办了简报，开设了网站（网页），盟市以上红十字会都建立了新闻发言人制度。2010年自治区红十字会与自治区党委宣传部联合下发《关于进一步加强全区红十字会宣传工作的通知》，红十字会宣传工作进一步深入开展，目前全区初步形成了以特色活动、媒体合作为主要框架，以传播红十字精神为主要内容的大宣传格局，红十字会的社会知晓率不断提高，人道主义精神得到较为广泛的传播。

十是发挥自身优势，拓展了对外交流与合作。同红十字会与红新月会国际联合会和蒙古国、加拿大、挪威、俄罗斯、韩国、日本、美国、德国等10多个国家红十字会在备灾救灾、医疗救助、红十字青少年等领域开展了友好交流与合作，引进和实施了复明扶贫、预防艾滋病青年同伴教育、预防禽流感、改水改厕、防灾减灾等多个外援项目。与江西等省区市红十字会缔结友好合作单位，加强了业务领域的学习交流。

“十一五”是内蒙古红十字事业发展最好最快的时期，组织建设逐步深入，干部队伍日渐成熟，救助能力明显增强，各项事业呈现出蒸蒸日上的良好局面。2010年8月，全国人大常委会副委员长、中国红十字会会长华建敏在我区视察红十字会工作时发表了重要讲话，指出：“在自治区党委、政府的重视和支持下，内蒙古搞红十字会工作的同志真是把红十字会当做一个事业来做，干一件大事业，作为一门学问来研究，思考怎么把红十字会工作搞好，形成了党政高度重视、上下联动、全社会齐抓共管的局面”。华会长强调，内蒙古红十字会工作的经验在全国更有代表性，更有典型意义，希望内蒙古红十字会着重总结关于体制、机制、法制三个方面保障红十字会工作的经验和理顺管理体制、加强队伍建设、建立稳定的筹资渠道、采取目标化管理推进工作等方面的做法，使之更加系统、更加可操作、更加符合实际、更有针对性，“期待着内蒙古红十字事业取得更大的成就。国内要领先，世界也要领先”。

“十二五”时期是我区加快推进富民强区进程，全面建设小康社会的重要时期，也是我区红十字会立足新起点、实现新发展的关键期。作为党委、政府人道工作领域助手的我区各级红十字会，将遵循“围绕中心、服务大局，夯实基础、稳步推进，突出重点、拓展服务，积极进取、创先争优”的方针，发挥自身优势，动员社会力量，做好各项人道救助和服务工作，千方百计解决弱势群体的需求和困难，有效化解社会矛盾，促进社会和谐，为自治区经济平稳较快发展创造良好的社会环境。为此要重点抓好以下方面的工作：

树立有为才有位的思想，进一步争取党委、政府和社会各界支持。在巩固现有成果的基础上，进一步解放思想、创新思路，开拓进取，发奋图强，推进各项业务工作再上新水平，创造性地履行人道主义救助职能，争取在更大范围为更多弱势群体，提供更有效更及时的帮助，在服务自治区改革、发展、稳定的大局中发挥更大的作用，以此积极主动地争取各级党委、政府、社会各界对红十字事业的进一步支持，不断加强红十字会人员队伍建设、不断改善工作条件，提高办大事、创大业的能力。2011年争取完成《内蒙古自治区实施〈中华人民共和国红十字会法〉办法》的修订，为红十字事业的可持续发展提供法律保障。加大宣传力度，积极筹划有影响、大规模的宣传活动，扩大红十字会的社会知晓率，让社会各界了解红十字运动的宗旨、性质，理解和支持红十字会工作。

推进以制度建设为重点的能力建设，提高规范化、制度化水平。加强旗县（市、区）红十字会领导班子建设，充实加强红十字会干部队伍。分级开展培训，实现全员轮训，提高业务水平。完善各方面的规章制度，实现红十字会机关管理标准化、规范化。强化基层基础，深入推进“五进”工作，在机关企事业单位、学校、城镇社区、农村牧区和各类企业中广泛建立红十字会基层组织并真正发挥其应有的作用，新发展会员30万人，会员总数达到160万人，苏木乡镇建会率达到80%以上，嘎查（村）、社区建会率达到50%以上，形成纵向到底，横向到边的工作网络。规范会员的发展管理，做到入会有手续、缴纳会费有登记、参加活动有记录，增强基层组织的活力和凝聚力。建立健全学校工作委员会组织机构，将学校红十字会工作纳入教育部门整体考评体系，纳入学校德育教育计划，组织开展符合红十字会宗旨，有利于促进学校德育教育，有利于青少年身心健康的活动。进一步规范志愿者的招募、登记、培训、奖励等工作，提高志愿服务的质量和水平。新发展注册志愿者10000人，累计达到20000人以上，志愿服务队总数达到500支以上，基本形成志愿服务体系。

巩固“博爱一日捐”活动长效机制，实现多渠道多形式筹资。拓展筹资渠道，实现筹资工作多样化、社会化。进一步做深做细博爱一日捐工作，使之既成为救助我区各类特困人群的筹资过程，更成为教育广大干部职工树立群众观点民生观念和传播人道主义、推进精神文明的过程，同时在“博爱一日捐”活动的带动下做好企业的筹资工作，吸引企业参与和支持红十字会开展的人道救助工作，使企业成为重要的筹资增长点。加强与捐赠者的沟通，改进服务，发展长期固定的捐赠关系。“十二五”期间经常性募捐款物每年递增10%，五年达到5亿元以上。建立规范的管理机制和透明的监督机制，维护红十字会的社会公信力。

提高备灾救灾、社会救助和应急救护培训工作水平，为困难群众办更多好事实事。力争五年内在东部、中部和西部再建3个区域性备灾救灾中心，形成覆盖全区的备灾救灾工作体系。补充完善自然灾害与突发事件应急预案，加强应急救援队伍建设，开展经常性培训和演练。实施好我区援建的汶川地震、青海玉树地震、甘肃舟曲泥石流灾区重建项目，确保2011年年底前竣工投入使用。在继续做好红十字博爱送万家、资助贫困大学生、复明扶贫等救助品牌活动的同时，围绕党委和政府中心工作，推出一批新的救助品牌，扩大救助覆盖面。全面推开应急救护培训工作，“十二五”期间普及性培训达到36万人（次），占全区总人口的1.5%，其中红十字救护员达到0.8%，实现每120人中就有1名红十字救护员的目标。

做好造血干细胞、人体器官捐献和无偿献血工作，推进生命工程深入开展。“十二五”期间，全区新增造血干细胞血样15000人份，总数达到30000人份，超额完成总库下达的造血干细胞血样入库任务。积极推动人体器官（组织）捐献工作，配合政府有关部门做好无偿献血的宣传、推动和表彰工作；继续参与政府预防艾滋病行动，开展预防艾滋病的宣传、同伴教育、高危人群干预、病毒感染者关怀等工作。

进一步加强对外交流与合作，广泛引入资金技术与经验。继续巩固和发展与国内兄弟省区市及台港澳地区红字组织友好合作关系，提高合作水平和合作效益。进一步拓展与挪威、加拿大、蒙古等国家和地区及各兄弟省市区红十字会的交流与合作，积极引进资金、项目、技术和管理经验。

全力推动民族文化大区向强区迈进

自治区党委宣传部副部长、文化厅党组书记、厅长 王志诚

内蒙古自治区文化厅厅长 王志诚

文化厅是自治区政府主管文化艺术事业的组成部门，主要任务是拟定全区文化事业和文化产业政策和发展规划，对全区文学艺术创作生产、公共文化服务体系建设、文化遗产保护、文化市场管理、文化产业发展、对外文化交流、文化艺术人才培养等各项工作实行宏观指导和管理。“十一五”时期，在中央和自治区党委政府的一系列方针政策的正确领导下，全区文化系统围绕中心、服务大局，文化事业和文化产业协调发展，民族文化大区建设深入推进，各族群众基本文化权益得到较好保障，为实现自治区党委政府提出的富民强区战略提供了坚实的文化支撑。

一、关于文化事业发展

按照“抓基层、保基本、广覆盖”的思路，一方面狠抓硬件建设，加快完善公共文化设施服务网络。近年来，自治区建设了以内蒙古博物院、乌兰恰特大剧院为代表的重大公共文化工程，2010年又开工建设了内蒙古演艺中心。各盟市、旗县（区）新建或改扩建了图书馆、博物馆、剧院、美术馆以及文化馆、文化活动中心等。乡镇苏木综合文化站和文化资源共享工程是国家部署的重大文化惠民工程。文化站已建成和正在建的有479个，完成计划的47%。共享工程全区建成了1个自治区级中心，3个盟市支中心，旗县区的支中心已全部建成，通过与农村党员远程教育共建的村嘎查、社区基层点达到6410个，完成了一多半。2008年，我区在全国较早推行了博物馆、纪念馆免费开放工作。目前，全区已有108家博物馆、纪念馆、爱国主义教育基地免费向社会开放。三年来，共接待观众1100多万人次。特色民族博物馆已发展到88座。乌兰牧骑是我区常年深入基层、服务农牧民的文艺轻骑兵，在全国也影响很大。2010年，全区106个艺术团体下乡演出就达到6700多场，实现了下乡演出经常化、制度化。

加强文化遗产保护工作，一手抓普查，一手抓重点项目。到2009年底，完成了第三次全国文物普查工作，已查明的不可移动文物古迹达2万处，比二普翻了一番。并且在全区开展了第一次非物质文化遗产普查。在普查中，也抢救和保护了一批重要项目和珍贵资料，建立了名录体系，为下一步保护工作打下了坚实基础。2009年，自治区政府命名了6个第一批自治区级文化生态保护试验区，成为全国首批省级文化生态保护区，2010年又命名了6个。2009年9月，蒙古族呼麦被联合国教科文组织列入“人类非物质文化遗产代表作名录”。这是我区继蒙古族长调之后第二个入选世界“人类非物质文化遗产代表作名录”项目，位于全国前列。元上都遗址申报世界物质文化遗产是我区努力多年的一项重点项目，2009年进入了实质性操作阶段，编制了《元上都遗址申报世界文化遗产文本》，以自治区政府名义发布了《元上都遗址保护总体规划》、《元上都遗址保护管理办法》，进行了考古发掘等大量的艰苦工作。2010年9月，国家正式同意列为2012年我国唯一向联合国的申遗项目。

二、关于文化产业发展

我们先后推动出台了《自治区关于加快文化产业发展的若干政策意见》、《文化产业发展纲要》、《关于促进非公有制文化企业发展的意见》等一系列重要文件。2009年，自治区党委、政府召开了全区文化体制改革和文化产业发展工作会议，又出台了一系列推动文化产业发展的政策规划，为文化产业发展提供了政策支持。启动了文化产业重点项目、示范基地和地区特色园区建设，建立了文化产业项目库。目前，我区有4个国家级、21个自治区级的文化产业示范基地。初步形成了以文艺演出、文化会展、文化娱乐、动漫、工艺品美术、民族音像为主体，各业并举、协调发展的文化产业格局。2010年，成立了呼包鄂演出联盟。内蒙古演出中心连续举办了3个大型演出季活动，演出90余场，观众达12万人次，收到了较好的社会效益和经济效益。正式组团参加了2010年第六届深圳文化产业博览会，展示了我区文化产业发展的成果。为了进一步解决文化企业融资难的突出问题，2010年9月，推动有关部门共同主办了自治区文化产业政银合作战略签约仪式。文化厅与工商银行、国家开发银行内蒙古分行等9家银行签订战略合作协议。之后以与中国建设银行签订了合作协议。未来五年，这10家银行将为自治区的文化企业提供490亿元的综合意向授信。目前，我厅已向10家银行机构推荐文化产业项目39个。

在推动文化市场繁荣发展的基础上，加强市场管理。深入开展文化市场专项整治活动、网络百日执法行动、动漫市场专项整治行动，治理文化市场中的“媚俗”、“低俗”、“庸俗”等不正之风。仅2010年，全区出动执法人员25万人次，检查经营场所22万家次，处罚违规场所3000多家次，收缴非法音像制品及出版物44万多张（册），查处取缔无证经营场所185家，违法违规案件明显减少。

文化市场整体上规范有序，娱乐市场、演出市场、音像市场、网络文化市场逐步走上了大众化、规范化、积极健康的发展轨道。

三、关于文艺创作生产

按照“出精品、出人才、出效益”的工作思路，加强对艺术创作的扶持和引导，制定出台了创作规划，实施了舞台艺术精品工程。各盟市各艺术团体积极从自身实际和特色出发，创作了一批思想性、艺术性、观赏性俱佳、为各族人民群众所喜闻乐见的艺术作品。近年来，我区共创作各艺术门类剧节目1500余个，其中近60个作品在国内外一些重大艺术活动、比赛中获得了100多个奖项。2008年以来，全区新创作品200多个。《草原记忆》、《花开花落》、《拓跋鲜卑》等一批优秀剧目和作品，先后荣获全国“五个一”工程奖、舞蹈“荷花奖”表演金奖、话剧金狮奖等国家级重大奖项。特别是《鄂尔多斯婚礼》2010年在全国第九届艺术节上荣获文华大奖特别奖。群众性文化活动的数量和质量都有提高，在2010年全国第十五届群星奖评奖中，获奖数11项，在五个少数民族自治区中排名第一位。积极参与在国内外举办的中国文化节、文化周以及各类重要演出。近两年，全区共派出文化艺术团组120多个，1700多人次，分别赴美国、法国、德国、日本等30余个国家及港澳台地区进行了友好访问和展演。许多艺术表演团组在国外比赛中反响强烈，获得大奖。如内蒙古民族歌舞剧院的“安达组合”于2008、2009年两次赴美国进行了为期共90余天的巡回演出，共演出100余场，观众人数达到8万多人次。2009年，还随胡锦涛主席出访俄罗斯，参加“庆祝中俄两国建交60周年暨中国文化节开幕式”，得到中央领导高度评价，受到文化部通报表扬。内蒙古杂技团打造“蒙派杂技”品牌，常年赴欧美国家演出。同时，文物、民俗展览在对外文化交流中，也有很大影响，在日本展出的《成吉思汗——中国古代北方草原游牧文化展》，在台举办的《父亲的草原 母亲的河一蒙古族文物精品展》等，广受好评。2010年，我区《草原欢歌一永恒之火》专场晚会参加“全国少数民族非物质文化遗产项目调演”，两场演出场场爆满，受到了各级领导、专家和首都观众的高度肯定和广泛赞誉，进一步提高了草原文化在国内外的知名度和影响力。

四、“十二五”文化建设主要思路

根据十七届五中全会、自治区八届十三次全委会和《中华人民共和国国民经济和社会发展第十二个五年规划纲要》、《内蒙古自治国民经济和社会发展第十二个五年规划纲要》精神，我们牵头制定了自治区文化建设“十二五”规划。

“十二五”时期，我们的目标确定为：全区文化基础设施相对完备，覆盖城乡的公共文化服务体系基本建立，主要指标接近或达到全国平均水平，人民群众基本文化权益得到有效保障；民族优秀文化得到有效保护、传承和弘扬，创作生产更多更好的体现民族特色、反映时代精神、具有很高艺术水准的优秀文化产品，为自治区“富民强区”战略提供强有力的文化支撑，推动内蒙古建设成为文化事业繁荣、文化产业发达、文化人才荟萃、文化实力雄厚的民族文化强区。

力争在以下六项重点工作有新突破：

一是力争在公共文化服务体系建设上有新的推进。争取内蒙古民族文化艺术中心尽早规划、建设。这一中心是群众文化活动如美术、书画、摄影、音乐、舞蹈、戏曲以及非遗保护、会展、健身等多功能为一体的标志性文化工程。按照国家标准，对不达标的盟市级图书馆、群艺馆、博物馆进行新建或改扩建，维修改造旗县级公共图书馆、文化馆。在各旗县建设剧场，在人口相对集中的乡镇建设小剧场或露天舞台，为各级各类艺术团体下乡演出和当地群众开展文化活动创造条件。全面完成乡镇苏木综合文化站工程建设项目。文化信息资源共享工程实现所有乡镇苏木、村嘎查服务网络全覆盖。

二是力争在舞台艺术精品创作上有新的突破。制定《“十二五”自治区舞台艺术创作规划》和《加强全区舞台艺术创作的意见》，成立自治区舞台艺术专家委员会，结合文化部、财政部实施国家舞台精品工程的资金配套扶持办法，设立自治区舞台艺术创作专项资金，设立舞台艺术创作政府奖。搭建内蒙古草原文化节和乌兰牧骑艺术节等舞台艺术精品展演平台，定期举办示范性、导向性、品牌化、专业化的艺术赛事活动。

三是力争在文化产业发展上有新的作为。争取政府支持，建立文化产业发展专项资金，筹备成立内蒙古文化产业投融资公司，充分利用贷款贴息等财政手段支持文化产业发展。建立自治区、盟市两级文化产业项目库，在文化产业10大行业各培育10家自治区级骨干领军企业。支持盟市中心城市建设特色剧场，实现特色民族歌舞剧目天天演。加快文化产业特色旗县区、乡镇苏木、街道、村嘎查建设。推动文化产业集聚发展。在现有21家基础上，再培育19家文化产业示范基地，建成40家以上自治区级文化产业示范基地。以内蒙古文化产业示范园为龙头，建设12家文化产业园区。

四是力争在文化遗产保护方面有新的成就。重点抓好元上都遗址申报世界物质文化遗产工作。加强对蒙元历史文化遗产的保护、宣传和展示工作，完成元上都遗址博物馆建设，开展对元上都遗址的考古发掘和文物研究。2011年下半年，做好联合国教科文组织世界遗产专家到元上都遗址考察的接待工作。2013年，力争在联合国世界遗产大会上通过表决，取得申遗成功。抓好第七批全国重点文物保护单位的申报工作，争取在数量上有新的突破。进一步加强文物大遗址考古公园建设。对属于国家级重点文物保护单位并且经过考古发掘的大遗址，积极组织申报争取列为国家考古遗址公园，进行重点保护和建设。在非物质文化遗产保护方面，不断完善项目名录体系建设，对濒危项目采取抢救性保护措施。启动非物质文化遗产馆、传承基地、传习所等建设。配合国家实施人口较少民族非物质文化遗产保护工程。积极筹备成吉思汗祭典申报人类非物质文化遗产代表作的基础工作。加强对自治区级文化生态保护区建设情况的检查和指导，争取申报成功一个国家级文化生态保护区和一个国家级民族文化生态区。

五是力争在文化对外交流方面有新的拓展。以我区富有特色的民族文化为依托，建立艺术、文物、非遗等对外文化交流项目资源库。精心打造一批对外文化交流品牌。积极推介并争取我区项目参加国家文化部组织的海外“欢乐春节”、国家文化年、中国文化节等国家品牌活动，认真组织并参与自治区政府在国外举办的内蒙古文化周活动。加强与港澳台地区以及世界各国特别是蒙古、俄罗斯等周边国家的文化交流与合作。继续推进内蒙古民族歌舞剧院的“安达组合”赴美国巡演，内蒙古杂技团赴加拿大、德国的演出，内蒙古博物院赴日本九州国立博物馆举办“辽代文物展”，内蒙古文物考古研究所与蒙古国开展文物考古发掘研究工作，增强我区民族文化在国外的影响力。

六是力争在文化体制改革上有新的成效。当前，文化体制改革进入攻坚克难的关键阶段，中央明确要求，在党的十八大召开前，基本完成国有院团体制改革任务。按照要求，我们要进一步做好内蒙古民族演艺集团的组建工作，解决好人员安置、社保接续等问题，确保集团组建前后各项工作正常运转。加强专业艺术院团管理，制定《内蒙古自治区专业艺术院团评估管理办法》。继续深化公益性文化事业单位内部机制改革，建立事业单位法人治理结构，完善公共文化服务绩效管理、评估和监督机制，充分发挥公共文化单位在公共文化产品创作、提供和服务方面的重要作用。做好文化市场综合执法改革的收尾和验收工作，全面完成综合执法队伍的整合和责任主体的组建工作。健全文化市场监管体系，促进文化市场健康有序发展。

回眸“十一五”，科学发展新跨越
展望“十二五”，积极谋划谱新篇

内蒙古师范大学校长　杨一江

内蒙古师范大学校长　杨一江

内蒙古师范大学成立于1952年，是新中国成立后党和国家在边疆少数民族地区最早建立的高等院校之一。在50多年的办学历程中，学校坚持教师教育，致力于培养蒙汉兼通的少数民族复合型人才，已发展成为内蒙古自治区中学教师培养中心、中小学教师继续教育中心、基础教育与民族教育改革发展研究中心，为社会输送毕业生16万余人，被誉为“民族教育的摇篮”。

进入新世纪特别是“十一五”以来，在自治区党委、政府的正确领导和自治区党委高校工委、自治区教育厅等上级部门的关心支持下，学校党委团结和带领广大师生员工，全面贯彻党的十七大精神和自治区第八次党代会精神，坚持社会主义办学方向，认真贯彻落实党的教育方针和民族政策，紧紧围绕“求真务实，育人至上”的办学理念和建设“特色鲜明的教学研究型综合性师范大学”的办学目标，不断把学校各项事业推向前进。学校按照“抓机遇、求发展、创特色、上水平、建名校”的总体发展思路，坚持“全面发展、突出重点、重点突破、带动全面”的发展策略，深入推进学科建设工程、教学质量工程，大力实施人才战略工程和“093计划”，不断提高教学、科研、管理和服务水平，在提升办学质量、突出办学特色、增强学校综合实力和核心竞争力等方面取得了显著成绩，学校各项事业呈现出良好的发展态势。

如今，送走了硕果累累的“十一五”，迎来了充满生机的“十二五”。站在两个“五年规划”的时空接替点上，回首过去的“十一五”，我们激情满怀；展望未来的“十二五”，我们信心十足。

一、“十一五”时期取得的辉煌成就

“十一五”期间，在自治区党委、政府的正确领导下，内蒙古师范大学全面总结建校近六十年的办学经验，按照“抓机遇、求发展、创特色、上水平、建名校”的发展思路，以内涵建设为核心，抢抓机遇，深化改革，加快发展，全体师生员工团结一致，开拓创新，各项工作取得长足进步，学校事业实现又好又快发展，为“十二五”奠定了良好的基础。

——教学改革逐步深化，教学水平稳步提升。“十一五”期间，学校“质量工程”建设成效显著。新增国家级特色专业建设点5个、精品课程1门、教学团队2个；新增自治区级品牌专业17个、精品课程37门、教学团队3个、教学名师5人。建成省部共建实验室8个、自治区级实验教学示范中心9个。专业结构不断优化。新增本科专业7个、蒙生汉授专业16个，形成了涵盖9大学科门类61个本科专业48个专业方向的专业体系。进一步深化“双学位教师教育人才培养模式”改革，深入探索民族高等教育新模式，形成了结构合理、科类齐全的蒙语授课专业体系。

——科研水平不断提高，科研实力显著增强。“十一五”期间，学校把加强学术平台建设作为推进学校科学发展、加快实现办学目标的一项重要举措，全面启动“093”计划，学术水平和科研实力显著提升。学校科研机构由52个增加到76个。新增中央与地方高校共建基础实验室和特色实验室8个、自治区级重点实验室1个、自治区高等学校重点实验室2个、自治区高等学校重点实验室培育基地1个、自治区哲学社会科学研究基地1个、自治区高等学校人文社会科学重点研究基地4个，中国少数民族文学馆建成并投入使用。共承担国家级课题77项，省部级课题224项，厅局级课题260项。发表学术论文5133篇，被三大检索收录的论文156篇；出版学术专著270部。获省部级以上奖励364项、鉴定成果43项；申请专利20项。

——学科建设扎实推进，研究生教育快速发展。学校牢固确立了以学科建设为龙头的基本校策，积极调整学科结构，突出地区和民族特色，形成了以教师教育为主，多学科协调发展的格局，与建设教学研究型综合性师范大学相匹配的学科体系初步确立。2006年，学校获准增列为博士学位授权单位，科学技术史一级学科获得博士学位授予权并开展招生和培养工作。2010年，心理学一级学科获得博士学位授予权，进一步丰富了我校教师教育特色的内涵，对于学校整体学科发展的支撑和辐射带动作用将更加凸显，同时填补了自治区在教育学科门类中博士点的空白。新增公共管理硕士等7个专业硕士学位授权点。学校一级学科硕士学位授权点达到18个，二级学科硕士学位授权点达到112个，成为具有硕士研究生免试推荐入学资格的高校。新增自治区重点学科5个，自治区重点学科达到13个，新增自治区重点培育学科5个，10个学科在国家一级学科评估中取得优异成绩。

——加大人才引进培养力度，人才队伍建设成效显著。“十一五”期间，学校加快实施人才强校战略，确立了“以学校事业发展为导向，各类人才全面发展为根本，高层次创新型人才为重心，领军人物与创新团队发展相协调”的人才工作思路，启动了“十百千”工程，教师队伍的结构更趋合理，学历层次明显提高，职称结构不断优化。目前，学校具有硕士以上学位的专任教师839人，占专任教师的比例为56.2%；具有高级专业技术职务的教师633人，占专任教师的比例为42.4%。博士生导师19名、硕士生导师460余名；国家级教学团队2个，自治区级教学团队3个；自治区高等学校教学名师5人；荣获内蒙古杰出人才奖1人、乌兰夫基金奖1人；聘请客座教授、兼职教授267名。

——坚持育人为本，学生工作与平安校园建设不断加强。切实加强了校风学风建设、民族团结教育、基础文明教育等工作，积极打造富有“师大精神”的校园文化，营造了良好的育人环境，学生综合素质不断提升。加强学生就业和创业指导，强化服务意识，优化服务程序，就业率保持稳定。自治区首家“创业与就业教育研究所”在我校成立，学校还被授予“内蒙古高校毕业生创业培训基地”。积极开展心理健康教育，学校被评为“自治区高校心理健康教育与咨询工作区域示范中心”。积极开展平安校园创建活动，启动“校园110联警联动机制”，人防、物防和技防为一体的校园治安防控体系初步建成。学校被评为自治区“维稳工作先进单位”，多次获得“高校维护稳定创建平安校园和校园治安综合治理工作先进达标单位”称号。

——办学条件持续改善，发展成果不断惠及广大师生。“十一五”期间，盛乐校区二期工程顺利结束，学校两校区办学格局已经形成，综合实力显著增强。学校土地使用面积达到3800亩，各类校舍建筑面积达80余万平方米。资产总值由2005年的8.5亿元增加到2010年的15亿元，其中教学科研设备值由2005年的1.3亿元增加到2010年的2.4亿元。数字校园建设成效显著，一、二期工程先后建成并投入使用，应用系统达到15个，实现了从学生录取到毕业离校的全程数字化，在教学、科研、管理中发挥了重要作用。率先建设了统一的数据库和数据容灾备份中心，学校成为自治区拥有IP地址数最多的高校，也是中国教育和科研计算机网内蒙古地区最大的用户之一。馆藏图书资料200余万册，拥有电子图书1.6TB。学校坚持以人为本，关注民生，营造了和谐向上的校园氛围。努力提高校内岗位津贴发放标准；发放交通补助、误餐补助、盛乐校区工作补助；团购蕴秀园小区住宅、购置装修单身教工公寓、新建了老干部活动中心和盛乐校区专家公寓；按期完成赛罕校区家属区集中供暖改造、盛乐校区重点建设项目以及回购学生食堂等等，极大地改善了师生的学习、工作和生活条件。

五年来，学校先后荣获全国大学中专学生志愿者暑期“三下乡”社会实践活动先进单位、全国高等教育自学考试工作先进集体、全国大学生心理健康教育工作先进集体、全国“五·四”红旗团委、全国教育系统先进集体、自治区“五个好”基层党组织等，师生在各级各类评奖、比赛中为学校赢得了诸多荣誉，学校的社会声誉和影响力显著提升。

二、“十二五”，我们扬帆起航

过去的五年，是学校抢抓机遇，谋求发展，教育事业不断取得新进步的五年。学校党委和行政始终坚持党对学校事业发展的领导，把发展作为学校的“第一要务”，把内涵建设放到更加突出的位置，把学科建设作为龙头工程长抓不懈，各项工作都取得了令人瞩目、催人奋进的成绩。

“十二五”期间，学校改革、发展、稳定的任务依然繁重，学校将高举中国特色社会主义伟大旗帜，以邓小平理论和“三个代表”重要思想为指导，深入贯彻落实科学发展观，全面加强党的建设，认真执行党的教育方针和民族政策，坚持全面建设和又好又快的发展方针。以学科建设为龙头，教学科研并重，突出内涵发展。以本科和研究生教育为主体，以人才培养为根本，以提高教育教学质量为核心，以体制创新为保障和动力，努力促进质量、效益、规模、结构的协调发展。以办人民满意的教育为根本要求，求真务实、艰苦奋斗、开拓创新，不断提高服务地区经济社会发展的能力，为把学校建设成为特色鲜明的教学研究型综合性师范大学而努力奋斗。

——实施人才战略工程，提高人才队伍整体素质。树立“人才是第一资源”的理念，以“十百千”工程为先导，创新人才培养平台和人才工作机制，全面推进人才战略的实施。重点培养一批具有发展潜力的学科带头人和学术骨干，使他们更好地发挥科研带动作用。加大师资队伍建设力度，逐步改善师资队伍的学缘、学历和年龄结构，加大科技人才培养力度和科技队伍建设。选拔和培养一批具有创新能力和发展潜力的中青年学术骨干，建设一支高素质的科研队伍。进一步完善干部培养、选拔、任用、考核机制，不断强化“管理、服务、研究、公关”的意识和职能，努力提高干部队伍的领导力、管理力、执行力和协同力。

——加快学术平台建设，增强科研整体实力。深入实施“093计划”，制定相应的、操作性强的配套措施与实施方案，切实加强对学术平台建设的分类、分层次指导和高效管理。结合重点学科、优势学科与特色研究的实际和未来发展的需要，加大力度，继续建设和完善一批重点实验室（研究基地）。积极探索建立学、研、产一体化的技术研发体系。加强科技管理体制改革，建立科研项目申报体系，建立科学的学术评价体系、考核评估制度和激励机制。加强文献保障系统和学报建设。

——加强精神文明建设，构建和谐校园。加强学生思想政治工作的时代感和针对性、实效性。大力发扬学校优良传统，以建设优良的校风、教风、学风为基础，以构建新时期大学精神为核心，以优化校园文化环境为重点，弘扬主旋律，突出高品位，努力建设体现社会主义特点、时代特征和学校特色的校园文化，创造性地开展和谐校园和平安校园建设。认真落实党代会、教代会（工代会）、学代会等工作制度，充分发挥教代会年会和二级教代会在民主管理和民主监督中的作用。以人为本，关注民生，持续改善教职工待遇，关心教职工身心健康。

经过“十二五”的发展建设，使学校优势更加凸显，在全国高校中特色更加鲜明，在全国师范类院校中有较高知名度，在西部省区师范类院校中综合实力和核心竞争力位于先进行列，为学校教育事业中长期发展战略的实施奠定坚实的基础。

以诚筑商 以信立业 以富济世

——记万正投资集团创业事迹

万正集团董事长、总裁 武世荣

世纪之交，对于鄂尔多斯人来说有两件大事，一件是2001年国务院决定撤销当时的伊克昭盟设立鄂尔多斯市，另一件就是开始于上世纪90年代末的国有企业改革。而这两件事都在此后以及更长一个时期内给一个企业和一个企业家产生了具有历史性意义的作用，这个企业就是万正投资集团，这个企业家就是白手起家的万正投资集团董事长武世荣。

企业家精神与民族品牌的发展

上世纪末，改革开放已进入攻坚时期，经济体制改革也迈出了实质性的步伐，深化国有企业改革、建立社会主义市场经济已成为这一时期改革的重点内容。1997年，原国营东胜制酒厂由于负债沉重、设备陈旧，生产经营入不敷出，酒厂基本处于停业瘫痪的状态，当时的东胜市委、政府为了盘活国有资产，决定将其整体转制。政府先后在区内外找了多家大企业商谈合作、兼并事宜，但这些企业都不愿意接收千疮百孔的东胜制酒厂，最终没有一家企业能够达成合作意向，因此酒厂的转制一时间也陷入了困境。后来，东胜酒厂在无人问津的情况下，国有企业改制领导小组找到了东胜世荣商贸有限公司的总经理武世荣。对于别人都不看好的老酒厂，武世荣也心存疑虑，况且这个酒厂历史包袱沉重、人心涣散，要想将其盘活，必须得下大力气增加投入。在领导小组的一再要求下，武世荣在全自治区率先以私营企业的身份兼并国营企业。1997年，原国营东胜制酒厂成功转制为鄂尔多斯酒业有限责任公司，实现了鄂尔多斯酒业由国有到私营的历史性转变。

兼并酒厂后，武世荣顶着巨大的资金压力，动员身边的所有力量，想尽一切办法，先后多次投入资金加快进行设备更新，加强技术创新，加大营销力度。经过一系列的改革和创新，转制当年就上缴税金2001万元，实现利润1660万元，是转制前最高年纳税额110万元的18倍，是改制前35年的利税总和。由此，鄂尔多斯酒业在1998、1999年、2000年连续三年获得了“自治区民营企业第一纳税大户”的称号。酒厂转制的10多年来，鄂尔多斯酒业的生产总值、利税节节攀升，每年可带动当地富余劳动力就业人数达1000多人，一举成为“全国白酒工业百强企业”，连年被评为鄂尔多斯市农牧业产业化龙头企业，仅鄂尔多斯酒业每年的纳税额就达1亿元。

尽管鄂尔多斯酒业已经取得了如此巨大的成就，但万正集团仍不满足，13年前，集团总裁武世荣盘活了濒临倒闭的国营老酒厂，如今，万正集团要举全集团之力，将鄂尔多斯这个民族品牌推向全国，要实现区域性品牌向全国名牌迈进。从2008年开始，万正集团着手鄂尔多斯酒业园区的筹备工作，力求建立国内一流的酒业园区,进一步夯实鄂尔多斯酒业的发展基础，为下一步走向全国做准备。2010年，一期投资35亿元、年产15万吨白酒的鄂尔多斯酒业园区建设全面启动。在外界看来，酒业是赋税重、利润薄的国家限制性产业，如果把30多亿元的资金用来投资当下最热门的房地产、煤炭资源，将会实现成倍利润。当别人问及武世荣为何要投巨资建设鄂尔多斯酒业园区时，武世荣只是说，我们投资鄂尔多斯酒业，更看重的是“鄂尔多斯”这四个字，十几年前是如此，如今也是一样，因为鄂尔多斯酒是我们鄂尔多斯人的家业，是鄂尔多斯市第一个工业企业，鄂尔多斯人对它有着特殊的感情。面对别人的疑惑，武世荣更多的是用行动来表达他对鄂尔多斯的挚爱之情，努力将这个民族品牌打造为鄂尔多斯新的城市名片。

一个企业的崛起与一座城市的腾飞

在全力打造鄂尔多斯白酒品牌的同时，万正集团积极投身到鄂尔多斯城市基础设施建设当中，在改善城市环境、地区交通基础设施、提升三产水平等方面发挥了巨大的作用。

基础设施投资建设让鄂尔多斯人的城市生活更美好。以2002年与鄂尔多斯市东胜区政府合作共同开发18平方公里的东胜铁西新区为起点，万正集团向“经营城市”领域大步跨进。几年时间里，万正集团高质量、高标准地完成了铁西新区范围内的所有基础设施工程，累计建成市政道路60多条，年完成城市绿化面积150多万平方米，年绿化养护面积达400多万平方米。这个当年无人问津的城市开发项目，如今成为了鄂尔多斯乃至内蒙古城市化发展的示范新区，万正集团为改善城市环境、拉大城市框架做出了不可替代的杰出贡献。鄂尔多斯人的生活也在一个企业的带动下，变得绚丽多彩、更加美好。

房地产开发为改善人居环境和加快城市化进程发挥巨大作用。从2003年开始，万正集团大举进军房地产领域，形成了从开发规划、施工安装到销售物管的“一条龙”开发体系，万正房地产公司是国家建设部认定的一级房地产资质企业。集团下属的建安公司拥有一大批各级工程技术人员，拥有最先进的机械化施工队伍，拥有一流的建材加工基地和服务单位，是国家房屋施工建筑总承包一级企业。几年来，万正房地产的开发面积近1000万平方米，开发面积相当于近半个东胜老城区。

在房地产开发的同时，万正集团为了解决城市低收入家庭的住房困难问题，投资建设了当时全自治区最大的经济适用房小区——新园小区，除此之外，还投资建设了新星小区和万胜西小区，经济适用房和保障性住房面积达50多万平方米，可解决5000多户失地农民和低收入家庭的住房困难。从2003年起，万正集团还按照成本价无利润定向为卫生系统、教师系统、公务员系统分别建设了杏林苑、园丁、和园、民生等住宅区，定向开发面积近60万平方米。先后三次为集团职工建设福利房，受益职工近1500人。

涉足交通基础设施建设，为地区经济社会更好更快发展注入新的活力。集团下属的路桥公司拥有一支装备精良、技术先进、功能齐全、作风过硬的机械化施工队伍。2004年，集团以BOT模式投资建设的全长41.3公里的东胜环城公路建成通车。2004年11月，集团收购了鄂前旗敖勒召其镇至银川98公里的跨省公路，进行运营管理。2009年，集团以BOT方式投资修建的总长182公里的G18荣乌高速东胜至察汗淖段高速公路建成通车。2011年8月，集团以BOT模式投资改扩建的总长196公里的国道109线东胜至察汗淖段公路正式通车。近年来，万正集团在鄂尔多斯交通基础设施建设上的投入达100亿元，用一个企业的力量为鄂尔多斯修建了600公里的公路，大大缓解了鄂尔多斯市交通基础设施滞后和出行不便的压力。

大力发展商贸服务业，引领地区三产实现新跨越。2005年5月，建筑面积6.8万平方米的东胜民生广场商业项目开业运营。2010年12月，总建筑面积26万平方米的鄂尔多斯首席城市综合体项目万正广场正式开业。民生广场和万正广场以其独特的设计理念和经营优势，雄踞东胜两大城市核心商业区，吸引2000多家实力雄厚的商家和知名品牌云集于此，从业人员达10000余人，正在建设的15万平方米1.6公里长的鄂尔多斯特色餐饮风情一条街也将于今年年底竣工，位于酒业园区的酒文化一条街和位于康巴什新区的万正广场项目正在建设中，这些项目将成为提升鄂尔多斯三产水平、繁荣地区商贸服务业的标志性工程。除此之外，正在建设的多个大型商业项目遍布鄂尔多斯各主要旗区、呼和浩特等主要城市。

从点滴到无限，责任一路同行

在社会公益事业方面，万正集团提出了“以人为本、实现共赢”的企业核心价值观，让员工和社会相关群体共同分享创业成果。同时，在项目选择上，万正集团也总是将那些能够“惠及社会、惠及民众、惠及企业”的项目作为优先考虑对象。当然，集团在紧抓企业发展的同时，也始终不忘反哺社会。1998年，集团为抗洪抢险捐款15万元；2003年为抗击“非典”捐款捐物50万元；2003年，为鄂尔多斯一所学校改善办学条件捐款12万元；每年给集团总部所在的社区出资5万元开展社区活动；2005年，集团为成陵义演活动赞助50万元；为活跃群众文化活动，万正集团每年出资30万元举办元宵灯展；2006年，集团为“内蒙古第三届草原文化节”和“首届鄂尔多斯国际文化节”慷慨解囊赞助200万元。从2006年起，万正集团在东胜区实验中学设立“万正教育奖励基金”，每年出资20万元，奖励优秀教师、品学兼优和贫困的学生。2008年，集团先后为鄂尔多斯市杭锦旗黄河溃堤受灾群众捐款110万元，为东胜铁西新区义务投资5500多万元修建一所现代化小学，为四川汶川地震灾区捐款115万元。2008、2009、2010年连续三年为“博爱一日捐”活动捐款30万元。2010年2月为东胜区实验中心、万正小学分别捐助10万元。2010年4月为玉树地震灾区捐款100万元，为首届鄂尔多斯国际那达慕大会赞助100万元。2010年教师节为万正小学和实验中学分别捐款10万元，10月14日在鄂尔多斯中心医院建院60周年上，为鄂尔多斯中心医院捐助100万元，12月，又为鄂尔多斯民族教育促进会捐款30万元。2011年，为万正小学捐助10万元。据不完全统计，万正集团为社会公益事业的捐助达1亿元。

除此之外，在企业纳税方面，集团2010年纳税额为6.6亿元，创业以来已累积纳税20多亿元。吸纳社会就业方面，目前集团在册职工4000名，安排就业人数达25000多人。

从当年兼并濒临倒闭的国营东胜制酒厂，到现在发展为集城市基础设施、房地产开发、酒业、路桥建设与经营、商贸、建筑、园林绿化、金融等产业为一体，拥有成员企业20家、总资产达120亿元的大型私营企业集团。随着集团经济实力的不断增强，企业文化、企业形象、经营水平、员工待遇等也相应快速提升。2005年，集团荣登“中国成长企业百强”第八名；2006年，集团被评为首届“内蒙古最受尊敬企业”；2007年，集团被评为“最具发展潜力的中国企业”；2008年，集团被评为“改革开放三十年内蒙古先锋企业和最具影响力企业”；2010年，集团被授予“中国优秀民营企业”称号。2011年，集团被内蒙古自治区和鄂尔多斯市两级党委、政府列为重点培育的“营业收入超百亿元大型骨干企业”。在蓬勃发展的良好态势下，万正集团将着力塑造“诚信万正、创新万正、责任万正、和谐万正”的企业新形象，努力实现“打造万正品牌，建设长寿企业”的战略奋斗目标。

中国优秀民营企业家

万正广场

自治区安全生产各项事业有序推进

内蒙古自治区安全生产监督管理局局长　张院忠

自治区党委、政府历来高度重视安全生产工作，采取一系列重要措施，加强安全生产法制建设，改革和完善安全生产监管体制，加大安全生产监管监察执法力度，加大对安全生产应急救援投入。经过各方面的共同努力，自治区安全生产状况总体稳定向好。

一、“十一五”安全生产的主要进步

“十一五”期间，自治区安全生产各项工作任务有序推进，安全监管、技术支撑、安全培训和应急救援等体系建设取得较大进展，企业安全生产主体责任和政府监管责任得到进一步落实，全民安全意识不断增强，基础安全显见成效，“十一五”提出的安全生产规划目标基本实现。主要体现在：

（一）安全生产实现良好逆转，几大重要指标逐年下降，安全生产工作取得显著成绩，死亡人数明显减少，安全生产总体稳定好转。

2010年，全区共发生各类事故138887起，比2005年增加290起，上升2.13%，死亡1828人，比2005年减少770人，下降29.64%；全区亿元国内生产总值（GDP）生产安全事故死亡率为0.194，比2005的0.67下降了71.04%；工矿商贸企业从业人员10万人生产安全事故死亡率为5.64，比2005年的7.1下降了20.56%。

（二）重点行业和领域得到较好治理，实现了历史性的突破，较大以上事故得到有效控制，煤矿、非煤矿山、道路交通治理成效突出，事故持续下降，为全区事故总量的减少起到决定性作用。

煤矿2010年发生事故17起，死亡49人，与2005年相比，事故起数减少39起，死亡人数减少82人，同比事故起数、死亡人数分别下降了69.64%和62.6%；煤矿百万吨死亡率由2005年的0.51，下降到0.062，下降了87.84%。

2.非煤矿山2010年发生事故51起，死亡62人，与2005年相比，事故起数减少13起，死亡人数减少19人，同比事故起数、死亡人数分别下降了20.31%和23.46%；

3.道路交通2010年共发生事故4780起，死亡1375人，与2005年相比，事故起数减少3673起，死亡人数减少759人，同比事故起数、死亡人数分别下降43.45%和35.57%；在车辆、道路、驾驶人员快速增加的情况下，万车死亡率从2005年的7.83降至3.58，下降了54.28%。

（三）安全生产法律法规、安全监管体系进一步完善。

一是法制建设步伐明显加快，安全生产法规制度趋于完善。《内蒙古自治区安全生产条例》实施以来，自治区安监局按照《全面推进依法行政实施纲要》要求，始终把建立和完善安全生产规章制度建设作为重点工作来抓，继《内蒙古自治区安全生产条例》出台之后，相继起草制定了《内蒙古自治区危险化学品安全管理实施办法》、《内蒙古自治区高危行业安全生产隐患排查治理监督管理规定》、《内蒙古自治区人员密集场所经营单位安全生产管理办法》《内蒙古自治区有关部门安全生产工作职责规定》等一系列规范性文件,强调政府监管责任和企业主体责任的落实。2010年，为进一步明确和落实各级党委、政府安全生产责任，自治区出台了《内蒙古党委、政府关于切实加强安全生产工作健全和完善“一岗双责”制度的通知》对全区各级党政领导干部在安全生产方面的责任，作出了明确的规定，明确了各地各级主要负责人是安全生产第一责任人，对安全生产工作负总责；分管安全生产工作的领导，对安全生产负综合领导责任；其他领导既要对分管业务工作负责，又要对分管领域内的安全生产工作负责，做到管人、管事与管安全相结合。进一步确立了“谁主管、谁负责”和“管人、管事必管安全”的原则。

二是安全监管队伍建设力度加大，安全生产执法水平逐步提高。自治区安监局成立以来，特别是“十一五”期间，始终将机构、队伍建设放在重议事日程上。截止2010年底，全区12个盟市、101个旗（县、区）全部设置了安全生产监督管理机构，全区三级安监管理机构共计114个，人员编制1533名，实有安监人员1748名；为了实现监管重心下移，各地根据《内蒙古自治区安全生产条例》的要求，在一些安全生产监管任务较重的乡镇（街道）设立了专门的安全监管机构，目前，全区共有433个乡镇（街道）设置了安全监管机构，占全区乡镇（街道）的58%以上，乡镇（街道）安监人员编制596名，实际履行安全监管的人员达1190名。全区各级安全生产执法队伍共计144支，其中：盟市12支，旗县区79支，乡镇（街道）54支，执法人员969名。目前全区共有各级各类安全监管人员2723人。多年来自治区各级安监部门从加强队伍建设入手，采取多种形式，强化对安全生产行政执法人员的学习培训。到目前为止，全区培训各级安全监管人员2480多人，并取得《安全生产监察员证》，全区安监系统的行政执法人员持证率达到91%以上，通过对安全执法人员的培训，切实保障了安监部门执法人员持证上岗、亮证执法,特别是对部分乡镇(街道)安监机构人员进行培训，为开展委托执法，创造了条件。

（四）逐步建立技术支撑体系，基本完成“金安”工程一期建设任务

“十一五”期间，根据国家总局的要求和自治区安全生产的实际，我区初步建设起安全生产技术支撑体系，完成了内蒙古自治区职业危害检测与鉴定实验室、内蒙古自治区省级矿山检测与鉴定实验室、内蒙古自治区非矿山安全与重大危险源监控实验室建设和自治区组织的验收工作。加强和完善安全评价机构队伍建设，促进安全评价机构健康有序发展。截止2010年底，我区有4个甲级、8个乙级安全评价机构。基本完成“金安”工程一期建设任务，“金安”工程完成

投资104.52万元，其中：中央投入27.59万元，地方配套资金76.93万元，目前，待国家总局验收后即可投入使用。

（五）建立和完善了监管工作机制，重点监管工作取得明显成效。

非煤矿山方面。扎实开展安全生产“三项行动”和“三项建设”，积极推进金属非金属矿山“六大系统”建设，深入开展金属非金属地下矿山安全生产大检查、“打非治违”和天然气长输管道专项整治，不断强化安全生产行政许可和“三同时”审验，继续推动非煤矿山安全标准化建设和尾矿库重大隐患治理，加大安全生产事故责任追究和停产整改工作力度，非煤矿山安全监管工作取得了显著成效。截止到2010年底，全区共有2809户非煤矿山企业（3417个生产系统）取得安全生产许可证。其中，地下矿山282户，露天矿山2225户，其他矿山302户（含地下矿泉水18户、独立尾矿库213户、地质勘探企业49户和石油天然气企业22户）。全区共有尾矿库408座（其中四等以上尾矿库59座）。全区采石、采砂及砖瓦粘土企业共2066户，占全区企业总数的73.5%。

危险化学品、烟花爆竹监管方面。严格建设项目“三同时”审验工作，加强危险化学品生产企业试车监管，全面展开危险化学品生产企业标准化、自动化系统和重大危险源自动监控装置、信息化建设。截止2010年底，全区有危险化学品生产企业769户，已换证389户、关闭60户；危险化学品经营企业3359户，已换证2541户，关闭163户；烟花爆竹生产企业54户，已换证49户，对不符合安全条件和按自治区政府“控制发展、减少数量、产业替代、逐步退出”的烟花爆竹产业规划方针累计关闭45户；烟花爆竹经营（批发）企业222户，已换证173户，关闭139户。

（六）安全生产应急救援体制机制基本完善。

一是加强应急指挥机构建设，安全生产应急救援指挥体系初步完善。目前，全区12个盟市均成立了安全生产应急救援指挥机构，承担起本地区安全生产应急救援组织、指挥、协调职能，初步形成了自上而下、统一指挥、信息畅通、保障有力的安全生产应急救援协调指挥体系。

二是加强应急救援制度建设，安全生产应急救援工作逐步走向规范。相继制定出台了《关于切实加强全区安全生产应急救援体系建设的意见》、《全区矿山安全生产应急救援体系建设方案》等文件，有效地指导了全区应急救援体系建设和矿山应急救援体系建设；按照国家安全监管总局和自治区党委、政府有关要求，全区各级安监部门全部建立了24小时应急值守、信息报告工作制度，确保信息畅通和应对突发事件及时有效。

三是加强矿山应急救援体系建设，应对矿山事故灾难的能力显著提升。目前，全区已建成国家级矿山救援基地2个、矿山救护队27个，形成了覆盖全区的矿山事故灾难抢险救援队伍体系；2007年至2009年，自治区本级共投资3000万元，为15支矿山救护队、2个矿山救护培训基地装备矿山救援设备1118台（套），提高了全区矿山救护队伍的装备水平；根据我区煤矿分布情况，在全区建立了4个应急救援物资储备基地，强化煤矿事故抢险救援设备储备工作

四是加强对危险化学品事故重点防范，全面推进全区危化事故应急救援体系建设。为落实《内蒙古自治区人民政府关于建立健全危险化学品监管和应急救援体系的意见》，依托公安消防总队建立了全区危险化学品应急救援体系，并在呼伦贝尔、通辽、乌海市、鄂尔多斯、锡林郭勒等危化企业比较集中的地区，重点建设了6个危险化学品事故应急救援特勤站。2006年以来，自治区本级先后投入1.5亿元改善公安消防部队装备，其中4500万元用于特勤站危化救援专用装备采购，从根本上改善了公安消防部队危险化学品事故灾难应急救援装备建设水平，有效提升了自治区应对危险化学品突发事故的处置能力。

五是加强应急预案管理工作，安全生产应急预案管理体系基本形成。认真贯彻《生产安全事故应急预案管理办法》，制定并印发了《关于进一步加强内蒙古自治区生产安全事故应急预案备案管理工作的通知》，在规范应急预案备案管理工作同时，指导盟市开展高危行业编制预案的审查备案工作；组织制定了《内蒙古自治区生产安全事故灾难应急预案》，配套了《尾矿库事故灾难应急预案》、《矿山事故灾难应急预案》、《陆上石油天然气开采事故灾难应急预案》、《陆上石油天然气储运事故灾难应急预案》、《冶金事故灾难应急预案》和《危险化学品事故灾难应急预案》6个部门专项预案。初步形成了各级政府综合预案、有关部门专项预案、企业现场处置方案相互衔接的安全生产应急预案体系。

二、“十二五”总体发展思路及规划

进入“十二五”，我区处于重要的战略机遇期，国家继续加大对西部地区经济发展的支持力度，我区经济社会发展的基本面和长期向好的趋势以及以资源为主导的产业发展模式不会发生改变。我区经济将进入以重化工业为主导、现代服务业加快发展的工业化中期，亦为高危行业、企业逐年增多，安全风险逐渐加大，事故易发频发的安全生产高风险期，安全生产形势依然十分严峻，机遇和挑战并存。

到2015年，初步建立“党委政府统一领导、各部门依法监管、企业全面负责、群众参与监督、社会广泛支持”的安全生产监督管理体系，安全生产法制秩序基本形成，企业安全生产主体责任强化落实，安全生产监管执法能力、安全生产保障能力显著提高，有效遏制重特大事故的发生，改善作业环境，扭转职业危害严重的局面。继续巩固保持我区安全生产稳定好转的发展态势，为实现国务院提出的“力争到2020年我国安全生产状况实现根本性好转”的奋斗目标，奠定坚实的基础。

到2015年，自治区亿元GDP死亡率下降36%以上，达到国内领先水平；煤矿百万吨死亡率仍保持全国先进水平；工矿商贸从业人员10万人死亡率下降26%以上，比“十一五”末期有较大的改善；事故总量基本稳定在“十一五”末期水平并略有下降；重特大事故起数下降20%以上；死亡人数控制在1800人以下。

做好安全生产工作，任务艰巨，责任重大。“十二五”期间，我区安全生产工作必将进入崭新的阶段，安全生产工作面临难得的历史机遇，我们要充分认识做好安全生产工作的有利条件，坚定信心，切实增强紧迫感，扎实努力工作。以更大的决心，更有效的措施，把党中央、国务院和自治区党委政府关于加强安全生产工作的各项部署和要求真正落到实处，逐步建立安全生产工作新格局，着力促进全区安全生产形势稳定好转，为自治区经济发展与社会和谐进步提供良好的安全保障，作出我们应有的贡献。

建设一流省级电网
为富民强区提供坚实能源保障

内蒙古电力（集团）有限责任公司 董事长 刘 锦

“十一五”以来的5年，是我区电力事业突飞猛进的5年。全区发电装机和发电量双双跃居全国第四位，外送电量居全国第一。“十二五”时期，是我区推进富民强区进程，全面建设小康社会的关键时期，也是坚持科学发展、加快转变经济发展方式的攻坚时期。经济发展，电力先行，服务民生，责无旁贷。作为目前全国唯一独立于国家电网、南方电网之外，由自治区直属管辖的国有独资大型电网企业，内蒙古电力公司在推进战略能源基地建设、服务城乡经济发展、促进社会和谐方面肩负着重要职责。面对我国能源结构调整和电力发展方式转变的新契机，我们要认真总结发展经验，科学谋划发展目标，为建设全国一流省级电网企业而不懈努力，为实现富民强区目标作出新的更大贡献。

一、5年奋斗，打造“责任蒙电”响亮品牌

（一）自觉服务全区大局，进一步凝聚科学发展共识。国有企业是国民经济的支柱，承担着光荣的政治责任、经济责任和社会责任。“十一五”初期，面对电力体制改革后，如何实现电网企业科学发展的重大挑战，面对深化改革、创新管理、市场开拓的艰巨任务，面对金融危机冲击、经营压力巨大、电力市场变化的严峻考验，以建设、运营蒙西电网为核心业务的内蒙古电力公司，坚持科学发展，锐意改革创新，企业实现历史性跨越。5年来，公司深入贯彻落实科学发展观，牢牢把握电网和企业发展规律，确立了“责任、服务、发展”的企业使命，明确了“建设一流省级电网，建设大型送端电网，建设坚强智能电网”的战略定位，提出了坚持电网发展方式和公司发展方式“两个转变”、推进机制、管理、科技“三个创新”、实现电网建设、市场开拓、经营管理、企业改革、履行责任“五个突破”的发展思路，提出“把公司打造成为全国一流的省级电网运营企业”的奋斗目标。“十一五”的奋斗历程充分证明，公司的战略定位、战略思路和发展方向，符合科学发展观的要求，符合自治区经济社会发展的需求，符合内蒙古电网的实际。

（二）牢牢把握核心业务，不断提升科学发展能力。5年来，在自身投资能力严重不足的情况下，内蒙古电力公司大力创新投资模式，全面加快电网建设，积极争取地方政府支持，与鄂尔多斯市、阿拉善盟等盟市旗县签订协议，取得地方支持电网建设资本金8.54亿元。5年来，共完成电网投资210亿元，新建500千伏变电站7座、220千伏变电站32座，建成投产东送华北电网第二通道，建成全国首座220千伏数字化变电站和自治区首座地下变电站，新增35千伏及以上变电容量2863万千伏安、线路8125公里，蒙西电网“三横四纵”500千伏主网架正式形成，内蒙古电网发展迈上了一个新的台阶。同时，实现了电网长周期安全稳定运行，管理运营现代化大型电网的能力显著提高。5年来，内蒙古电力公司电网统调装机从1166万千瓦，迅猛增长到3842万千瓦；特别是风电装机从8.3万千瓦起步，目前装机容量高达630万千瓦，位居全国第一。长期困扰自治区经济社会发展的周期性缺电局面，在“十一五”期间得到了根本性解决。坚强的内蒙古电网，已经成为自治区经济社会快速发展的可靠保证，成为自治区能源基地建设的强劲动脉。

（三）始终坚持改革创新，进一步夯实科学发展基础。“十一五”初期，内蒙古电力公司面临着诸多困难和问题。公司承担电源项目委贷57.86亿元，对外担保余额89亿元。所属部分企业亏损严重，企业经营压力巨大。5年来，在自治区党委、政府和有关部门的关心支持下，公司坚持以改革为突破口，先后完成了蒙能电源项目重组、呼兴电网整体划转、呼蓄电站股权重组、乌兰水泥产权剥离、国电蒙能账务处理、剥离企业办社会等重大改革任务，成功收回蒙能公司委贷本息66.67亿元、蒙东公司承继贷款18.82亿元、乌兰水泥委贷本息3.01亿元，目前公司对外担保余额较2006年下降66.52亿元，解决了长期困扰公司发展的若干重大问题，为企业持续健康发展创造了有利条件。与此同时，公司大力推进内部改革创新，成立了董事会，建立健全了法人治理结构，初步实现由传统企业向现代企业的转型。趸售农电企业国有资产全部实现统管，农网还贷机制进一步完善，公司在农电企业代管体制改革方面走在了全国前列。2007年，公司顺利实现所属供电区域“村村通电”目标，目前所属旗县电力公司已全部建成国家电网一流县级供电企业。全面完成多经企业产权界定，多经板块的整合重组改革迈出新步伐，逐步形成以送变电安装为主、电气制造、技术服务、能源为补充的四大板块，实现资源集中、管理规范、效益优良的发展态势。

（四）全方位强化资产产权、预算成本、市场营销、线损电费、招标造价和同业对标等各方面管理工作。积极争取有利于促进电网发展的电价政策，精细化管理水平稳步提高，各项经营指标已经接近国内先进电力企业水平。2005年，公司售电量531亿千瓦时，2010年跃升到1171亿千瓦时，年均增长25.2%，5年翻了一番；2005年，公司东送电量88亿千瓦时，2010年跃升到271亿千瓦时，增长了两倍多。2005年，公司全口径总产值200亿元，2010年增加到437亿元，翻了一番多。2010年公司实现利税再创历史新高。“十一五”期间，核心经营指标全部翻了一番以上。

（五）关注社会民生，充分彰显“责任蒙电”品牌。内蒙古电力公司在全区国有大型企业中首家发布了《社会责任报告》，深入开展“蒙电服务进万家”活动，连续8年在自治区民主评议行风中名列前茅，“责任蒙电”品牌得到社会各界广泛认同。

截至目前，我区仍然是全国电价水平最低的省区之一，电价“洼地”效应明显。快速发展的内蒙古电网和相对优势的电价水平，成为地方招商引资的响亮品牌，为自治区优势特色产业迅速做大做强创造了良好条件。“十一五”以来，内蒙古电力公司供电区域内农牧区居民生活用电每千瓦时平均降低0.17元，按照2010年农村生活用电8亿千瓦时计算，一年即减轻农牧民负担1.36亿元。

坚持企业与员工和谐发展，努力让广大员工共享企业改革发展成果。不断强化人才队伍建设，员工队伍知识结构、年龄结构和技能水平进一步优化。积极推进绩效考核与薪酬制度改革，实行企业负责人与一般员工工资计划“两条线管理”，分配向生产一线、苦累险重岗位倾斜，极大地调动了基层员工的积极性。近两年来，公司一线员工工资总额增长了13%，所属企业负责人年收入平均降低32%，进一步激发和调动了基层一线职工的积极性。公司还建立了职工医疗互助会、补充医疗保险、扶贫济困基金会和女职工特殊疾病保险制度。努力解决职工子女就业、带薪休假、住房改善等问题，广大干部职工实实在在感受到了企业创造的和谐发展氛围，满意度大幅度提高，进一步增强了企业凝聚力和向心力。

二、建设一流省级电网，为实现富民强区目标作出更大贡献

内蒙古电网是自治区建设全国能源基地、实施煤电转换战略的重要环节，承担着为自治区经济社会发展提供充足稳定的电力供应、为区内发电企业提供上网支持、为能源基地电力输出提供外送通道保障的重要责任。

一是要自觉适应自治区提出的富民强区战略要求，努力建设一流省级电网。自治区经济工作会议指出，我区是欠发达地区，必须以高于全国平均水平的速度发展，才能逐步缩小与先进地区的差距。会议要求，要牢牢把握科学发展主题和加快转变经济发展方式主线，坚持发展第一要务不动摇，坚持调整优化经济结构，坚持富民与强区并重，加快推进工业化、城镇化和农牧业现代化，保持经济平稳较快发展，促进社会和谐稳定。为此，要认真贯彻落实自治区党委、政府的各项决策部署，进一步增强加快发展的责任感和紧迫感。蒙西电网是内蒙古能源基地的核心电网，电网所处的区域呼包鄂“金三角”和沿黄沿边经济带，是当前全国最具活力、发展最快的地区之一。特别是呼包鄂“金三角”核心区的有力支撑，蒙西电网的发展前景很好。自治区经济社会持续快速发展，必将对区内电力增长形成强力拉动。因此，要紧紧抓住当前战略机遇期，不动摇、不懈怠、不折腾，努力使电网发展得更快一些，真正把内蒙古电网打造成为实力雄厚、管理先进、效绩优良、服务优质、品牌响亮的一流现代化省级电网。今后5年，内蒙古电力公司将坚持电网发展适度超前原则，统筹考虑区内和区外市场问题，统筹考虑主网建设和配网完善问题，统筹考虑城乡电网协调发展问题，进一步加大电网投资建设力度，迅速做大做强公司各级电网。要一如既往地发挥好电网在全区工业发展中的桥梁纽带作用，切实发挥好我区电价“洼地”效应，全力支持自治区经济结构调整，支持非资源产业和新兴产业发展，支持有利于就业的劳动密集型产业、中小企业、民营经济和各种服务业发展。深入实施无电地区通电工程，力争在“十二五”初期，以电网延伸和风光互补方式，全面实现蒙西电网供电区域内户户通电目标。

二是要自觉适应自治区能源基地建设要求，努力建设大型送端电网。“十二五”期间，我国能源工业将迎来新一轮发展高潮。全国发电装机容量预计增加5亿千瓦，新开工火电建设规模约2.6亿千瓦，全社会用电量增加2万亿千瓦时。国家已经明确，要进一步优化能源发展区域布局，严格控制东部地区新增火电项目，在大中城市及其附近地区不再布局建设新的燃煤电站，所需电力通过西部输电解决。我区地域辽阔，煤炭资源丰富，开发成本较低，毗邻华北、东北和西北三大电网，建设国家级能源基地、实施能源转化战略的区位优势十分突出。自治区“十二五”电力工业发展规划指出，要把我区打造成为新型的超亿千瓦级电力基地。到2015年，全区装机将达到1.33亿千瓦，最大用电负荷将超过4600万千瓦。国家和自治区能源战略决策布局，为打造大型送端电网提供了有力的政策支持。要紧紧抓住特高压电网建设机遇，以提高我区西部电网接纳能力、汇聚能力、输送能力为重点，加快建设内部网架坚强、送出方式多样、通道方向顺畅、外送能力充足的大型送端电网，力争在全国能源输送和市场配置中占据有利地位，发挥重要作用。国家电网公司进一步明确了“十二五”特高压电网“三纵三横”建设规划，锡盟、蒙西地区是这一规划的重要起点。为此，要最大限度地争取国家政策和各方面的支持，积极推进、全面配合锡盟—南京等特高压通道尽快开工建设。

三是要自觉适应电力工业发展趋势要求，努力建设坚强智能电网。特高压电网和智能电网是当前国内外电网技术发展的最新趋势。“十二五”期间，要力争在电网分析与规划、大电网安全与控制、大规模新能源接入及储能调控、智能配用电、节能减排等技术领域取得新的突破，进一步增强电网智能化水平和公司综合技术实力，使内蒙古电网在关键技术和创新领域逐步赶上和达到国内领先水平。同时，要充分考虑我区风电等新能源产业迅猛发展的特点，在风电火电水电“打捆”外送、多边交易和大用户直供、风电企业和大用户联合建设“微网”等方面积极探索创新，共同促进推进发电企业、供电企业和广大电力用户安全发展、清洁发展、可持续发展，着力推动我区资源优势转化为经济优势。“十二五”期间，要通过电网技术、装备、管理和人才等方面的全方位进步，进一步增强电网智能化水平和公司综合技术实力，使内蒙古电网在关键技术和创新领域逐步赶上和达到国内领先水平。

展望“十二五”，内蒙古电网的发展目标鼓舞人心。今后5年，内蒙古电力公司计划每年电网投资达到100亿元以上，“十二五”电网建设总投资达到670亿元以上。到2015年，内蒙古电力公司电网将建成覆盖所属8个盟市的500千伏主干网架，形成与国家电网多回路、超高压、特高压交直流通道连接；500千伏变电站布点覆盖蒙西主要城市和重点工业园区，各供电区之间形成东西、南北向多回路强联系；各盟市220千伏供电网络进一步优化加强，边远地区供电能力大幅提高；城乡110千伏及以下配电网络装备运行水平和供电质量全面改善，实现户户通电目标；蒙西电网具备接纳8500万千瓦装机（其中风电2000万千瓦）能力，外送电力2200万千瓦；到2015年，公司资产总额将达到1000亿元，售电量达到3000亿千瓦时以上，销售收入达到1000亿元，利税总额达到100亿元，初步实现建设全国一流省级电网企业目标，使内蒙古电网的资源配置能力、运营效率、安全水平、科技水平全面进入全国先进行列。

走向辉煌的呼和浩特

呼和浩特市市委副书记、人民政府市长 王 波

呼和浩特市市委副书记、人民政府市长　王波

"十一五"期间，呼和浩特市委、市政府紧紧抓住国家西部大开发的历史机遇，全面贯彻落实科学发展观，坚持以人为本，开拓创新，大力优化产业结构，全力推进工业化、城市化和农牧业产业化进程，积极调整经济结构，努力转变经济增长方式，全市经济持续、稳定、健康发展，各项社会事业全面进步，人民生活水平显著提高，为"十二五"规划的良好开局奠定了坚实的基础。

五年来，全市国民经济综合实力得到了显著增强。2010年地区生产总值达到1865.7亿元，年均增长15.8%，在全国27个省会城市中上升到第18位；地方财政总收入达到241.4亿元，是2005年的4.9倍，年均增长37.4%；固定资产投资完成881.2亿元，年均增长16.0%；城乡居民收入分别达到25174元和8746元，在全国27个省会城市中分别居第5和第8位。呼和浩特市已经成为我国西部地区最具活力的城市之一，先后荣膺"全球增长20强城市"、"中国综合实力百强城市"、"新中国成立60周年60个代表城市之一"和"2009年最具投资价值的中国新能源产业城市"等称号。

五年来，全市致力于发展以市场为导向的现代农业，农业开始向现代设施农业转型。以"百千万"工程为抓手，加大了优质奶源基地建设；在不断扩大城郊型蔬菜种植面积的同时，因地制宜在偏远山区发展中棚马铃薯种植和肉羊养殖等产业；2010年，我市农牧业总产值实现162.4亿元，比2005年增长29.7%，年均增长5.3%；畜牧业产值占全部农业比重已达67.8%，较2005年提高2.5个百分点。

五年来，全市致力于发展前瞻性新兴工业，工业开始向高科技非资源依赖型工业转型。结合城市建设发展，大力调整生产力布局，在淘汰大量落后产能的同时，将市区内原有的制造加工企业全部迁入园区集群式发展，进一步优化了工业布局，为核心区城市建设和服务业发展创造了良好条件。积极发展了具有前瞻性的新能源、生物发酵、食品加工、机械制造和电子信息等战略性新兴产业，2010年全市规模以上工业增加值比2005年增长1.4倍，年均增长18.9%。

五年来，全市致力于打造以现代服务业为主的经济结构，服务业开始向主导产业转型。三次产业在地区生产总值中的结构比例由2005年的6.1：35.9：58.0调整到2010年的4.9：36.4：58.7，形成了"三二一"产业结构。第三产业增加值占自治区三产增加值的比重达到26.2%。2010年全市金融机构存款余额2678.9亿元，比2005年末增长2.3倍，年均增长27.2%；全市金融机构贷款余额2522.5亿元，比2005年末增长1.9倍，年均增长23.6%。2010年全市旅游接待人数达到1312万人次，旅游收入183亿元，分别是2005年的3.3倍和3.9倍，初步形成了以服务经济为主的经济结构。

五年来，全市致力于打造现代化区域性中心城市，城市建设开始向更加注重内涵式高水平建设转型。按照现代化+宜居+文化特色的理念，改造旧城与建设新城统筹，完善功能与突出特色并举，使城市功能不断完善，文化特色进一步凸显，宜居水平明显提升。重点实施了环城水系、绕城绿化带等工程，建设了4个万亩以上生态园、4个千亩以上公园和几十个大小不等的绿地广场，使建成区绿化覆盖率达到35.5%，人均拥有公共绿地面积达到16.1平方米，市区

中国乳都

空气质量优良天数达到349天，创建成为国家森林城市，基本建成国家环保模范城市。

五年来，全市致力于经济社会统筹发展，社会事业开始向全面协调转型。按照优先发展教育的要求，实施了一批中小学和幼儿园新建、改扩建工程，新建了高职园区。大力发展文化事业和文化产业。加大卫生基础设施建设力度，新建了市第一医院和市口腔医院，完成了乡镇卫生院的恢复重建任务。加强社区建设和管理，对无物业管理家属区全部进行整顿提高和加强管理，并着重解决了城乡结合部的脏乱差问题。同时，科技、体育、广播影视等各项事业蓬勃发展，为加快建设现代化和谐首府奠定了坚实基础。

五年来，全市致力于改革发展成果普惠广大人民群众，民生保障和改善开始向建立长效机制转型。我们始终坚持富民与强市并重，不断加大民生工作力度：建立了面向所有困难群众的就业援助机制，城镇登记失业率始终控制在4%以内；社会保障水平持续提高，城乡居民养老保险全面启动，社会救助制度不断完善；大力加强保障性住房建设，结合棚户区改造，建成、回购廉租房10125套，市区人均住房面积在13平方米以下低保家庭的住房问题已经全部解决。

五年来，呼和浩特市经济和社会发展取得了巨大成就，令人鼓舞振奋。站在新的历史起点上，展望"十二五"，呼和浩特市各族干部群众将始终高举中国特色社会主义伟大旗帜，继续深入贯彻落实科学发展观，以"打造一流首府城市，建设一流首府经济"为目标，开拓创新、奋力拼博，扎实推进"一核双圈一体化"进程，着力推进经济发展方式的深刻变化，努力使城乡面貌发生深刻变化，最终实现城乡人民生活水平发生深刻变化。在实现三个"深刻变化"的基础上，力争使全市地区生产总值、地方财政总收入、规模以上工业增加值和服务业增加值，这四项主要经济指标较2010年翻一番。到2015年，一个经济繁荣、人民富裕、城市靓丽、社会安定、富有浓郁地域特色的现代化一流首府城市将崛起在祖国北疆。

青城夜色美

回顾过去 展望未来
努力打造自治区综合实力强区

呼和浩特市新城区人民政府区长 薛燕群

新城区人民政府区长 薛燕群

"十一五"时期，是改革开放以来新城区发展又好又快、人民群众得到实惠最多的五年。五年来，在呼和浩特市委、市政府的正确领导下，我们团结带领全区各族人民，以科学发展观为统领，紧紧抓住自治区成立60周年大庆等重要历史机遇，有效应对金融危机等各种复杂形势和严峻考验，以打造自治区综合实力强区为目标，深入实施"三产立区、二产强区、一产补区、城建靓区、科教兴区"发展战略，扎实推进改革发展稳定各项工作，"十一五"规划各项目标任务圆满完成，全区经济社会发展实现重大跨越。

一、"十一五"时期工作回顾

(一)经济实力持续增强，质量效益不断提高

2010年，地区生产总值实现373亿元，比2005年增长1.5倍，年均增长20.2%；财政收入实现34.7亿元，比2005年增长3.3倍，年均增长34.1%；固定资产投资完成165亿元，比2005年增长2.5倍，年均增长28.5%；社会消费品零售总额实现232.1亿元，比2005年增长1.6倍，年均增长20.9%；城镇居民人均可支配收入达到28000元，比2005年增长71.6%，年均增长11.4%；农民人均纯收入达到10600元，比2005年增长77.6%，年均增长12.1%。五年来，累计完成招商引资项目151项，引进资金368亿元。单位GDP能耗比2005年降低22.2%。三次产业结构由"十五"期末的0.7：11.6：87.7演进为0.3：12.8：86.9。

农业产业化步伐明显加快。过去五年，是新城区农业农村投入最多、发展最快的一个时期。立足发展现代、精品、特色农业，规划了1.5万亩设施农业基地，香岛、绿丰达等现代农业示范园初具规模。投资5000万元，在讨思浩等村规划建设了8个无公害蔬菜生产基地，新增蔬菜种植面积2000多亩，建成温室大棚1300余栋。建立了农业科技示范基地，试种推广了草莓、彩椒等一批果蔬新品种。大力发展特色多元化养殖业，建成奶牛养殖小区5个、规模化生猪养殖小区11个，奶牛总头数稳定在1万头左右，生猪年出栏数达到2万头。狠抓以水利和农村道路为重点的基础设施建设，投资2000多万元，建成了面铺窑水库除险加固、哈拉更集中供水、奎素截伏流等一批水利工程，新增有效灌溉面积1万亩、节水灌溉面积2.5万亩，为发展设施农业提供了水源保障；投资6000多万元，新建了青山大道、圣水梁旅游专线等农村道路75公里，实现了村村通油路。

工业发展后劲明显增强。完善了鸿盛工业园区基础设施建设，大力引进高科技项目。呼包鄂地区国家"两化融合"创新实验基地落户园区，引进了F-12高强有机纤维等高科技项目11个，其中4个项目填补了国家产业空白。目前，入园企业达60家，其中27个项目正式投产。园区外工业项目取得新进展，大青山抽水蓄能电站完成道路等基础设施和部分主体工程建设，奥淳原生态酒庄园建成投产。全区工业企业达到210家，其中规模以上工业企业33家，工业现价总产值和规模以上工业增加值分别比2005年增长1.8倍和1.1倍，年均增长21%和12.9%。工业在产业结构中的比重进一步提高。

服务业发展水平明显提升。积极促进电子金融、建材装饰、商品批发、餐饮娱乐、体育休闲、汽车贸易等服务业集聚发展，初步形成了规模化、特色化的"七横一纵"商贸街区。引进了诚信数码广场、兴业银行等一批电子和金融项目，各类金融机构达60余家；波士名人国际大厦和喜来登大酒店等多个现代商贸项目和星级酒店建成运营；恒泰证券等13家企业总部入驻新城区。打造了大青山"一带三线"生态旅游业，并初见成效。建成了太伟休闲运动度假村、小井沟生态园、圣水生态山庄、面铺窑"农家乐"等一批景区景点，启动了蟠龙山旅游景区和蒙锡·马术俱乐部等旅游项目。

(二)城市化进程快速推进，功能品位显著提升

城乡一体化加快发展，现代化新型城区建设不断推进。初步形成了建成区、成吉思汗特色景观区、东河新区3个30平方公里的城市发展格局，城区面积由"十五"期末的47平方公里扩展到现在的55平方公里。建成了内蒙古博物院、乌兰恰特剧院、内蒙古体育馆、呼和浩特体育场等一批大型公用项目，东河水系、成吉思汗公园、成吉思汗广场成为城市新景观。呼和浩特火车东站建成通车。改造旧小区60余个，修建小街巷100余条。投入资金400亿元，基本完成了府兴营、麻花板两个"城中村"改造，启动了三合村等9个"城中村"改造，实施了9个村民还迁小区建设，拆迁安置村民6500余户，拆迁改造面积187万平方米，新建建筑面积1120万平方米。积极推进沿山生态和城区绿化建设，成功创建为国家森林城市。森林面积达到35万亩，森林覆盖率由"十五"期末的26.7%提高到34.3%。城区绿化面积达到1100万平方米，绿化覆盖率由24.1%提高到37%；人均公共绿地面积由11.6平方米提高到16平方

米。

城市管理工作成效明显。以创建国家卫生城市、国家环保模范城市为目标，不断加强市容管理。打造市容综合整治严管街5条，设立和规范便民市场20处。投资6000余万元，建成压缩式垃圾转运站等一批高标准环卫基础设施。将60条小街巷、10个“城中村”和火车站等重点、难点地段纳入了环卫专业管理。拆除燃煤锅炉、茶浴炉237台，削减二氧化硫排放量536吨。完成农村改厕1800座。以“卫片”执法检查为重点，全面查处违法用地行为，拆除违法建筑面积100余万平方米。

（三）各项社会事业协调发展，民生保障力度切实加大

科技工作扎实开展。投入科技经费1670万元，实施各类科技项目135项，推广了奶牛良种化、沼气应用等一批农村适用技术，强化了企业技术创新服务，科技推广应用水平不断提高。教育教学水平在全市继续处于领先地位。完善了城乡一体的公共教育体系，中小学校布局进一步优化，学校软硬件设施和教师队伍建设得到加强。投资3亿元，新建、改扩建了15所中小学校。招考聘用教师796名。扎实做好文化体育事业。以建设“文化大区”为目标，加强公共文化设施建设，建成了锡林北路社区文体中心、保合少镇文化站，健全了三级公共文化服务网络。深入挖掘文化资源，5项非物质文化遗产进入自治区级非物质文化遗产保护名录。文化市场进一步规范，文化产业不断发展。全民健身广泛开展，成功举办了首届农民运动会和两届区运会。大力实施广播电视“村村通”工程，为偏远地区群众安装电视数字化接收设备360套。稳步推进医药卫生体制改革，不断提高公共医疗卫生服务水平。基本药物制度得到落实。投资4100万元，新建了区疾控中心和2个卫生院、4个社区卫生服务中心，改扩建了东西街社区卫生服务中心，基本形成了集医疗、预防、保健、康复为一体的城乡卫生服务体系。投资140万元，建成2个乡镇计划生育服务中心。低生育水平持续稳定，人口出生率控制在10.7‰以内。突出抓好就业、再就业工作。累计新增就业2.4万人，实现再就业1.7万人，农村劳动力转移就业1.2万人，实现了“零就业家庭”和“零转移家庭”动态为零。城镇登记失业率始终控制在3.8%以内。不断完善社会保障体系建设。逐年提高城乡低保、农村五保供养等保障标准。累计发放城乡低保金9700万元，实现了应保尽保；发放医疗、教育、取暖、廉租住房等专项救助款1400余万元，救助2.9万人(次)；为70周岁以上城乡居民发放生活补贴近600万元。城镇居民基本医疗保险、新型农村合作医疗保险覆盖率分别达82%和99%，失地农民养老保险参保7400余人。开展了城乡居民养老保险工作，城乡居民参保率分别达到41.6%和32.8%。不断加大保障性住房建设力度。实施了5个经济适用住房项目，完成建筑面积80万平方米，建成或回购廉租住房506套，改造农村危房205户。覆盖城乡的三级公共服务体系初步构建。投资2400万元，建成区市民服务中心和10个城市社区公共服务站、2个乡镇公共服务中心、3个农村社区服务中心，新建、改扩建社区办公用房43处和活动用房41处，全区46个社区办公用房面积全部达标，活动用房面积达标率89%。社区办公经费由2000元增加到3万元。

二、“十二五”时期的主要任务

“十二五”时期是新城区加快推进富民强区进程、全面建设小康社会的关键时期，也是深化改革开放、加快转变经济发展方式的攻坚时期。做好这五年的工作，对于巩固和保持“十一五”以来经济社会发展的大好形势，使新城区在新的历史起点上更好更快地发展，具有十分重要的意义。我们一定要增强政治责任感、历史使命感和时代紧迫感，始终保持强烈的发展意识、为民意识和创新意识，牢牢把握发展机遇，有效应对各种挑战，坚定信心，迎难而上，争取在新一轮发展中实现新的更大的跨越。

“十二五”时期政府工作的总体要求是：认真落实中央十七届五中全会、自治区八届十三次全委会、市委十届十一次全委会、市十三届人大四次会议和区委九届十次全委会议精神，紧紧抓住国家新一轮西部大开发和支持民族地区跨越式发展的重要历史机遇，以科学发展为主题，以加快转变经济发展方式为主线，按照我市“打造一流首府城市、建设一流首府经济”和“一核双圈一体化”发展的要求，坚持走富民强区之路，继续实施“三产立区、二产强区、一产补区、城建靓区、科教兴区”发展战略，加快发展现代服务业，加速推进新型工业化、城镇化和农牧业现代化进程，力争到“十二五”期末全区主要经济指标在2010年的基础上实现翻一番，各项工作再上新台阶，努力把新城区建设成为自治区综合实力强区，为早日全面建成小康社会奠定坚实基础。

按照上述总体要求，“十二五”时期新城区经济社会发展的主要目标是：实现经济持续健康快速发展，在优化结构、提高效益的基础上，地区生产总值年均增长15%，2015年达到750亿元；财政收入年均增长15%，2015年达到70亿元；固定资产投资年均增长15%，2015年达到332亿元；社会消费品零售总额年均增长15%，2015年达到467亿元；规模以上工业增加值年均增长15%，2015年达到23.7亿元；城镇居民人均可支配收入和农民人均纯收入年均分别增长10%和12%，2015年分别达到45100元和18700元；单位GDP能耗比“十一五”期末降低4%以上。3个30平方公里的城区建设深入推进，城区面积达到100平方公里，城市功能进一步完善。在2011年建成国家环保模范城市的基础上，推进国家卫生城市、国家园林城市和全国文明城市“三城同创”，城区品位和宜居水平显著提升。科技、教育、文化、卫生、体育等社会事业得到较快发展，城乡统筹的社会保障体系基本建立，民生保障水平不断提升，精神文明和民主法制建设跨上新台阶。

实现上述目标，必须坚持贯彻落实科学发展观，切实抓住机遇,加快发展，构建社会主义和谐新城。

在“十二五”新的历史起点上，新城区要在市委、市政府的正确领导下，紧密团结全区各族人民，坚定信心，求真务实，顽强拼搏，扎实工作，为加快富民强区新进程、早日实现自治区综合实力强区目标而努力奋斗!

新城区政府办公楼

回眸"十一五" 展望"十二五"

呼和浩特市和林格尔经济开发区管委会主任 李公社

和林格尔经济开发区管委会主任 李公社

回首过去，"十一五"以来开发区与时俱进，取得长足发展；展望未来，"十二五"开局之年开好头，起好步，开发区站在了一个新的发展起点上。

在过去的五年里和林格尔经济开发区在县委、县政府和市委、市政府的直接领导和强有力支持下，认真落实科学发展观，继续坚持改革开放、和谐发展，努力按照"十一五"规划所确定的发展战略、总体思路、总体目标和重点产业狠抓落实，取得了令人满意的成绩，实现了预期目标。

今后五年，对开发区来讲，是多元推进、筑牢经济基础的关键时期；是科学发展、打造首府卫星城的攻坚时期。面对重要的战略机遇期，我们要实现全面、协调、可持续发展，就必须做好高质量的规划，聚精会神、一心一意地扎实推进，将开发区的各项工作提升到更高的层面。

一、"十一五"期间各项事业取得长足进步

（一）工业经济实现了又好又快发展

全力推进工业经济发展是开发区的中心任务。在"十一五"中期，尽管受到"三聚氰胺"事件的严重影响和世界金融危机的巨大冲击，特别是2008年工业经济大幅下滑，但开发区克服重重困难，战胜各种干扰，工业经济回升较快，仍然得到持续、平稳、又好又快发展，现开发区已投入生产的入区企业已达到50个，比2005年增加15个，增长42.86%；其中规模以上企业20个，比2005年增加7个，增长53.8%。2006——2010年开发区累计完成工业总产值757亿元、工业增加值210.32亿元、销售收入718.3亿元，财政收入40.53亿元，比"十五"时期分别增长2.07倍、1.67倍、2.09倍和2.61倍。其中2010年完成工业总产值187亿元、工业增加值49.19亿元、销售收入180.3亿元、财政收入9.63亿元，比2005年分别增长89.7%、58.3%、95.2%和129.83%。

开发区现已基本形成或正在形成以下产业经济结构:以蒙牛乳业为龙头的乳制品加工业；以纷美无菌包、中士达包装等为依托的乳制品配套产业；以雨润食品、大牧场蒙餐、蒙羊肉业为龙头的肉制品加工业；以中粮可口可乐、燕京啤酒等为龙头的饮品加工业；以兆旺、铁骑、昭君、万世宝等公司为依托的绒毛加工业；以宇航人公司为龙头的高技术沙棘产业；以必威安泰公司、蒙牛赛科星生物繁殖技术公司、西部良种奶牛繁育中心、和林格尔现代牧业等为依托的畜牧高技术产业。近年来工业产值和销售超亿元的企业越来越多。

（二）基础设施建设不断扩展和完善

"十一五"期间，我们按照开发区总体规划的确定的"三片、四轴、五带、六区"布局结构开发建设，并严格执行土地审批程序，科学合理地开发利用和节约使用土地，努力克服资金短缺等困难，不断加大基础设施建设力度，"七通一平二化"建设面积已积累达到25平方公里，比2005年的14平方公里增加了11平方公里，增长78.6%。现开发区基础设施建设状况可以概括为：

1. 道路纵横交织有序。已修筑主次干道27条，形成七横八纵的城网框架，黑色路面75万平方米，道路长度6万多米。

2. 水、电、热、汽供应充足。（1）地下水储量丰富，且水质好，完全可达到生活用水和工业用水标准，现已形成4万吨日供水能力；（2）在原有3.5万伏、11万伏两座变电站的基础上，"十一五"期间又建成一座22万伏变电站和蒙牛沼气发电厂、利用柠条枝稍等为主要燃料的丰华生物质热电厂，电力供应十分充足；（3）供热、供汽能力目前已达到每小时330吨，完全能够满足生产、生活的用热用汽需求。

3. 污水处理设施完备。已建成日处理污水能力1万吨的污水处理厂3座（其中"十一五"期间建成2座）。

4. 通讯设施发达、信息化程度较高。多家通讯机构入驻开发区，入区企业和机关、事业单位均实现了生产经营程控化、传输数字化、办公自动化。

（三）招商引资工作，取得显著成效

"十一五"期间，我们紧紧围绕开发区产业定位和发展目标，不断创新招商引资思路，改进招商引资方法，拓展招商引资渠道，取得可喜成绩。五年间招商引资额累计完成近80亿元，累计引进建设各类项目58项。

按照"十一五"规划所提出的引进重点工业项目的指导性意见，总投资12亿元的蒙牛六期工程——高科技乳品研究院暨高智能化生产基地建设项目、总投资5.4亿元的蒙牛阿拉乳粉生产项目相继开工建成投产，产销能力逐年扩大，2009年上缴税金分别达到8047万元和3270万元。总投资3.5亿元的纷美无菌包生产项目、总投资3.8亿元的必威安泰生物科技项目和总投资1.16亿元的中粮可口可乐系列饮料生产等项目也于2010年竣工试生产或投入运营。还有总投资8亿多元的翔宇·盛乐新城花园小区建设项目和总投资2亿元的轩元职业学院等社会事业建设项目也相继建成投入使用。

（四）大力实施科技发展战略，为企业发展提供技术支撑。

是大力支持科技重点项目建设，全力推进科技产业化发展。宇航人公司引进消化国际先进技术，综合开发沙棘系列产品五大类近百种，已申请注册商标98个，申报技术专利12项，掌握专有技术近30项，通过了国内、国际多项技术、食品销售认证。蒙牛繁育生物技术有限公司，主要进行以奶牛x/y精子分离性别控制技术为重点的奶牛繁育生物技术研究开发和产

业化应用推广，近年来奶牛性别控制繁育技术已在近200家大中型牧场和农户中推广应用，总计实施15万例以上的人工授精，情期受胎率达55%—60%，母犊性控准确率在94%以上。改良后奶牛平均产奶量提高2吨，每年每头奶牛可增加收入4800元。该项技术已获得国家专利，并获呼市科技进步一等奖，被列入呼市首批重大科技专项。

目前入区企业中有博士24名，硕士74名，本科大专毕业生7000多名，有的在国际国内享有盛名。还有一些国内、国际的高端科学家、专家受聘在这里担任技术总监、顾问或参与科研开发。

二、十二五期间开发区工作的指导思想和主要任务

“十二五”时期（2011年至2015年），是经济开发区再创新业绩、再上新台阶、再铸新辉煌的关键时期，是深化改革开放、实现科学发展加快转变经济发展方式，进一步推进富民强区，向国家级开发区迈进的攻坚时期。我们要认真学习贯彻《中共中央关于制定国民经济和社会发展第十二个五年规划的建议》和《自治区党委关于制定国民经济和社会发展第十二个五年规划的建议》，科学制定并有效实施《和林格尔经济开发区“十二五”规划纲要》。

（一）“十二五”时期经济社会发展的主要目标

“十二五”规划要具有战略性、前瞻性和指导性、综合考虑当前发展基础和未来发展趋势，与国家重大战略决策部署紧密衔接，与自治区、呼市和我县的规划布局紧密衔接，与全面实现小康社会奋斗目标紧密衔接。今后五年开发区经济社会发展的主要目标是：

1. 保持经济平稳健康较快发展。与发达地区的差距进一步缩小，经济发展的综合水平、经济增长的质量和效益明显提高。五年内工业经济的年增长速度保持在10%以上，到2015年工业总产值达到320亿元，财政收入达到18亿元，常住人口达到20万人。同时以建设呼和浩特盛乐现代服务业集聚区为突破口，优化多元经济结构，实现多元经济发展，培育新的经济增长极。

2. 城乡居民收入普遍较快增加。努力实现居民收入增长和经济发展同步，劳动报酬增长和劳动生产率提高同步，“富民”和“强区”同步，城乡居民收入要高于全市平均水平，人民生活质量不断提高。

3. 产业结构优化升级取得新突破。多元化的工业体系基本形成，产业层次明显提升；基本完成现代服务业集聚区建设目标，第三产业和第二产业经济发展并驾齐驱；民营经济更加活跃，自主创新能力增强；科技进步对经济发展的贡献率明显提高。

（二）“十二五”时期经济社会发展的主要任务

要全面实现上述发展目标，必须完成如下主要任务。

1. 加快转变经济发展方式，开创科学发展新局面。

我们要立足于欠发达的基本县情，牢牢抓住并用好重要战略机遇期，始终坚持以经济建设为中心始终坚持发展这个第一要务不动摇，把发展作为解决开发区所有问题的关键，作为富民强区的根本途径。而要实现科学发展，就必须更加注重以人为本，更加注重全面协调可持续，更加注重统筹兼顾，更加注重保障和改善民生，促进社会公平正义。

2. 积极推进产业结构优化升级，培育新的经济增长点，提高经济发展的质量和效益。

在经历了第一轮大发展后的经济开发区，正面临如何破解新一轮发展瓶颈、开展“二次创业”的重要课题。而“十二五”时期为我们提供了大好发展机遇。我们要坚持以“加快工业化进程，提升工业化水平”为中心，以“打造绿色农畜产品加工基地”为主线，同时要以大力发展非资源型产业和现代服务业为突破口，培育战略性新兴产业，推进产业结构优化升级。要推动特色优势产业集约集聚发展。培育产业集群发展示范，优化资源配置和要素组合；优化企业组织结构，快速发展大型企业集团，提高本地企业的综合素质和竞争力，大力发展“专、精、特、新”的中小企业；继续实施名牌带动战略，巩固和提高产品竞争力和市场占有率。

要通过引进开发非资源型产业推进产业结构优化升级。积极承接发达地区产业转移，发展壮大一批技术含量高、吸纳就业能力强的非资源型产业。

3. 抓住机遇、利用政策，诚信招商、理性引资。

招商引资是落实总体规划和完成整体工作的重点任务，又是实现工业经济和社会事业又好又快发展的保证措施。我们要认真坚持、进一步完善“一条龙服务”、“一站式办公”的招商引资模式，全力打造质量更高、吸引力更强的招商引资平台。要积极引进市场前景好、发展潜力大、带动力强、实力雄厚的各级各类高科技项目和环保型项目。要以优惠的政策、灵活的方式积极引进接纳国内和世界500强企业开发项目，形成一批产业特色鲜明、支撑带动力强、产业集聚度高、产业链配套的特色产业集群。

4. 继续扶持现有企业做大做强，协助在建项目尽快完工投入运营。

按照新型工业化要求，加大企业自主创新能力，壮大经济总量。要全力支持蒙牛乳业尽快进入世界乳业十强行列。加大对乳业上下游产业的扶持力度，在延伸产业链的同时大力提升整个产业链的经济效益和社会效益，为把呼市建成世界乳都尽全力。要支持入区企业开展技术创新、提高生产能力，全面提升效益。对那些生产经营不太乐观，面临较大困难的企业，要热心帮助他们解决问题、克服困难，走上正轨，实现企业发展。要着力培育、发展具有核心技术和自主知识产权的品牌和企业，到2015年，力争再培育3个全国驰名品牌，4家上市公司，规模以上工业企业达到30家以上，规模以上工业增加值达到100亿元。

5. 加强党建和反腐倡廉工作，进一步改进机关作风，提升行政效能，为实现“十二五”发展目标提供坚强保证。

要建立健全学习实践科学发展观活动长效机制，以更加坚决的态度，更加有力的措施、更加务实的作风、投身于党的建设新的伟大工程之中。要积极开展“创先争优”活动和转变作风活动，按照胡锦涛总书记十七大报告中“立党为公、执政为民、求真务实、改革创新、艰苦奋斗、清正廉洁、富有活力、团结和谐”的要求，在开发区形成讲政治、顾大局、重团结、守纪律的各级领导班子和政治上靠得住、工作上有实招、作风上过得硬的高素质干部队伍，使开发区经济建设和各项事业再创新局面，再铸新辉煌。

呼和浩特经济技术开发区金川工业园区“十一五”规划期工作总结和“十二五”规划期总体发展思路

金川工业园区管委会主任　白海泉

广场画廊

一、“十一五”规划总体完成情况、采取的主要措施和经验

“十一五”规划期，是金川工业园区经济社会快速发展的时期。五年来，金川工业园区按照国务院确定的“以提高吸收外资质量为主，以发展现代制造业为主，以优化出口结构为主，致力于发展高新技术产业，致力于发展高附加值服务业，促进国家级经济技术开发区向多功能综合性产业区发展”的办区方针，全面落实科学发展观，积极推进园区“二次创业”进程，推进全市“一核双圈”发展战略，不断深化改革开放，全面应对金融危机，注重结构调整和优化升级，注重招商引资的质量和效益，加快经济增长方式的转变，提升园区的竞争优势，经济实现了平稳持续增长，为“十二五”规划期经济发展奠定了坚实的基础。

（一）经济实力迅速增强

2006年至2010年，园区工业总产值、工业增加值和财政收入分别累计完成704亿元、232亿元和32.2亿元。分别是金川工业园区自1992年建区至2005年14年间总和的2.6倍、2.3倍和1.5倍，“十一五”规划期内，园区工业总产值、工业增加值和财政收入从2005年的86亿元、29.3亿元和5.7亿元分别增加到2010年的209亿元、64.5亿元和6.3亿元，年均递增19.4　%、17.1%和2　%，作为推动首府经济快速发展的工业核心区作用已逐渐凸现。

（二）招商引资成效显著，对外开放水平提高

“十一五”期间，金川工业园区累计新注册内资企业285家，其中工业企业30家，引进内资实际到位74.56亿元；引进外资项目5个，实际使用外资3.08亿美元。2006年-2010年，金川工业园区引入投资规模超亿元的大项目10个，其中10亿元以上大项目3个。

（三）产业集聚效应明显

“十一五”期间，金川工业园区产业结构不断优化，产业链条逐步延伸，产业集聚效应日益明显；国内国际市场占有份额逐年提高，已经形成了以乳品资源开发利用为主的绿色食品产业；以玉米、淀粉开发利用为主的生物发酵产业；以金属和非金属等矿物资源深加工为主的装备制造产业；以中蒙药开发为主的生物医药产业；以软件开发和电子产品生产为主的电子信息产业。依托产业发展构建形成了伊利工业园、金川生物医药园、呼和浩特软件园等相关产业园区。仓储物流、投融资、咨询与中介服务等生产性服务业也形成一定的发展优势，六大产业集群产值占到金川工业园区总产值的95%以上。

（四）高新技术产业日益壮大，自主创新能力不断增强

“十一五”期末，金川工业园区内高新技术企业有11家，高新技术企业数占园区工业企业总数的15%，国家级研发中心2家，自治区和市级研发中心7家。“十一五”期间，园区形成了一批涉及电子信息、生物技术、新能源新材料、装备制造等领域的高新技术产业群，获国家、自治区、呼和浩特市科学技术进步奖5项，高新技术产品16项，拥有自主知识产权专利117项，2009年园区高新技术产业实现增加值9.13亿元，占规模以上工业增加值比重为15.9%。预计“十一五”期间高新技术产业可实现工业总产值495亿元，占园区总产值的71%。

（五）土地资源利用高效集约

金川工业园区高度重视土地的规划、管理和利用，变土地无偿为有偿使用，运用级差地租的杠杆作用，规范土地出租转让管理，吸引多方投资。坚持节约集约利用土地资源，坚持滚动开发，有偿使用和工业用地为主的原则，特别是结合国家、自治区和我市产业政策调整，不断推进“腾笼换鸟”战略的实施，逐步淘汰落后产能，引进优势项目，土地单位面积产值迅速增加。“十一五”期末，金川工业园区已累计完成工业用地开发8.452平方公里。

（六）投资环境不断改善

“十一五”期间，金川工业园区坚持高起点规划、高标准建设，加大基础设施投入力度，建成了配套完善、环境优美、功能齐全的现代化工业园区，形成了良好的基础设施环境，改变了金川工业园区的旧面貌。已实现“七通一平”土地面积10.932平方公里，工业用地面积8.452平方公里，建成道路总长50.76公里。园区坚持可持续发展理念，开展了创建卫生模范城、绿化模范城的活动，在加强硬环境建设的同时，积极营造最佳投资软环境，努力与国际惯例接轨，全力打造“服务型政府”，不断完善综合服务功能，努力为投资者提供优质快捷服务，建立了一套符合外向型经济发展的高效服务体系。投资环境综合竞争力逐步加强，成为西部地区最具活力的投资热土之一。

二、“十二五”规划期总体发展思路

（一）指导思想

以邓小平理论和“三个代表”重要思想为指导，全面贯彻落实科学发展观，根据国内外发展环境的新变化，立足金川发展的新阶段新要求，按照国务院确立的“三为主、两致力、一促进”的发展方针，围绕自治区党委提出的“加快形成以呼包鄂为核心沿黄河沿交通干线经济带，建设以呼包鄂为核工业的西部经济区”和市委提出的“一核双圈”发展战略，以打造首府西部工业走廊核心区为基础，积极推进金山—金川—裕隆装备制造业、高新技术产业带建设，实现资源环境的优化配置和高效利用；以世界经济一体化和国家实施新一轮西部大开发为契机，改变引

资融资理念，积极推进“产业招商”，吸引项目和资金向园区聚集，实现招商引资新的质的突破；以转变经济发展方式为手段，积极探索循环经济发展道路，围绕低碳经济做文章，提升园区产业层次，推进产业多元、产业延伸、产业升级，实现工业经济实力壮大提升；以科学和谐为目标，大力加强精神文明建设，积极扩大就业，保障和改善民生，实现经济社会全面协调可持续发展。

（二）发展原则

一是必须转变经济发展方式，二是必须深化体制改革，三是必须提高自主创新能力，四是必须改善环境质量，五是必须坚持以人为本，六是必须统筹与和谐发展。

（三）发展目标

保持经济高速增长，增强带动全市经济发展的实力；优化产业结构，使具有鲜明特色的支柱产业竞争力明显增强，培育形成支柱产业集群；研发出一批具有国内领先水平的技术创新成果，形成具有较强竞争力的高新技术企业群体，把金川工业园区打造成国家级的高新技术产业开发区；完成金川南区36平方公里的开发建设，重构南区、北区整体空间布局，形成重点产业区、总部经济区“二位一体”的发展体系。具体讲：一要经济保持快速发展，二要壮大企业发展规模，三要拓展优化空间布局，四要增强科技自主创新能力，五要大力发展现代工业服务业，六要实现社会事业协调发展。

（四）主要任务

——提高招商引资质量

推动招商引资模式的转变，要从“招商引资”向“招商选资”转变，“项目招商”向“产业招商”转变，“圈地招商”向“节地招商”转变。“十二五”期间要按照“资源节约型、环境友好型”的发展方向，重点发展高端乳制品加工、电力及电力设备制造、汽车装备制造、新能源、新材料、医药发酵等产业，重点瞄准国内外大公司、大集团，特别是世界500强和国内500强企业，抓好龙头项目和配套项目招商，着力引进一批带动性强、关联度高的项目，延伸产业链，引导产业向园区集聚，形成若干特色产业群，进而提高产业竞争力。开拓外商投资新领域，扩大基础设施、社会事业等领域的对外开放程度，在金融、保险、物流、商贸、房地产等服务贸易领域和园区的道路建设、河道整治、供水、供汽等基础设施领域，以及医院卫生（医院）、教育（学校）、文化及体育场馆等公益性项目领域引进外资，引导更多的资本要素向本地聚集和流动，让金川构建更新的经济发展优势，实现经济的“弯道超车”。促进外资与内资的协调发展，充分用好国内国外两个市场、两种资源，以我为主，将利用外资与优化国内经济结构相结合，推进外国投资者以并购参股等多种方式参与内资企业改组改造；鼓励民营企业与境外资本合作，实现“民外合璧”。积极营造多种所有制企业公平竞争的环境。

——发展现代制造业

一是培育和壮大支柱产业，充分调动政府调控资源，促进资源向支柱产业、优势企业聚集。二是促进企业集聚和产业链延伸，通过引进和培育关联带动作用强的骨干项目，带动相关企业的聚集和配套，实现上下游企业的聚集和产业链的延伸，规划和建设好“汽车工业园”、绿色食品乳制品工业园、发酵产业工业园、“生物医药工业园”、“软件工业园”等专业化工业园区，鼓励同类产业的企业向专业化工业园区集中，优化园区企业间的生产协作和配套，搭建产业集群发展的平台。三是做好产业转移的承接工作，集中力量引进、培育和建设一批投资规模大、带动作用强、能有效增强工业发展后主力的重大产业化项目。四是打造装备制造、高新技术为特色的产业带，注重发展现代制造业，形成我市现代制造业重要基地。

——发展高新技术产业

一是培育高新技术产业群，大力引进国际国内知名企业、大集团公司的研发中心、技术中心、地区运营中心。加强技术集成、资源集成、创新集成、产业集成，在信息技术、生物技术、新材料、新能源、现代医药、现代制造业等重点技术领域培育一批大中型高新技术企业，形成高新技术产业群，壮大金川工业园区高新技术产业实力。二是提升自主创新能力，加强产业高端技术的研发与创新，积极开发具有自主知识产权的原创技术和高端技术，加快科技成果转化步伐，不断提高自主创新的能力，使自主开发的技术和产品所占比重逐步增加；在引进先进技术和消化吸收、自主创新相结合的原则下，继续充分利用发达国家和我国东部沿海发达地区产业转移及西部地区的市场换技术的机遇，做好引进技术和消化吸收和改进提高，提高产业的技术水平。三是完善科技创新服务体系，整体提升园区技术创新服务能力，巩固和建设好“呼和浩特软件园”“金川民营科技园”、“发酵工业园”“汽车工业园”“生物医药工业园”等特色科技产业园，积极引导高新技术产业向科技产业园集聚；加大园区财政投入力度，建立政府支持的归国留学生创业园和科技孵化中心，并逐步投资建立园区公共实验室，标准化中心和检验中心，为企业创新提供技术支撑平台。

——发展现代服务业

“十二五”期间，金川工业园区应依托首府城市的优势，并结合园区自身发展现状，进一步调整优化产业结构，加快发展现代服务业，提升传统服务业、拓展新兴服务业，使园区成为高附加值服务业的集聚地，促进二三产业协调发展。一是优先发展总部经济、现代物流、工程装备配套服务等生产性服务业，二是提升商贸、餐饮、住宿、房地产开发等传统服务业，三是拓展网络信息、商务中介等新兴服务业。

——发展低碳经济和循环经济

遵循建设资源节约型和环境友好型社会的发展要求，金川工业园区在“十二五”期间要抓好节能减排工作，提高能源效率，开发利用可再生能源，推行节能产品，减少碳排放量。对新建及续建项目进行能源评估，严禁高污染、高耗能、高排放的项目立项入区，从源头上杜绝污染源，加大对节能减排项目的投入，完善金川区天然气管网建设，完成金川污水处理厂项目，大力开发污水的二次利用。

——保障和改善民生，推进和谐园区建设

在加快经济发展的同时，更要注重保障和改善民生，做好各项惠民富民政策的落实，为民办实事办好事，让人民群众共享改革发展的成果，推进和谐园区的建设进程，进一步提高机关、企事业单位职工收入，扩大园区社会保险覆盖面，全面落实园区企业机关、事业单位基本养老保险制度改革措施。完善对低收入群体的补助办法。做到老有所养，老有所依；继续实施创业带动就业的民生工程，以招商引资为抓手，以新项目落地开工建设为载体，扩大就业容量，安置更多的大专院校毕业生、城市下岗职工和农民工到园区就业；搞好园区的城市化建设，街道、厂区实现净化、美化、绿化、亮化，使金川工业园区更加现代化、生态化、宜居化、绿色化；加快发展教育、文化、医疗、体育等社会事业，在园区加大社会事业投入的基础上，积极引进学校、医院、影剧院和体育场馆建设项目，完善园区社会功能，提高园区群众的文化教育医疗水平；改善进园区务工人员的生产生活，健全企业工会组织，建立化解劳资纠纷和矛盾的有效机制，营造良好的劳资关系。贯彻落实劳动法律法规，规范带动用工管理，加强带动监察执法，保护劳动者合法权益；重视和处理好新形势下人民内部矛盾，加强源头治理，依法依规处理群众反映的问题，切实解决好的征用土地、房屋拆迁、环境污染、拖欠农民工工资等方面出现的问题，防止群体性事件发生；加大安全生产、公共安全、危化物品、消防监督执法力度，对商场、饭店、学校娱乐场所加强安全防范，对安全隐患的排查和治理常抓不懈，加强社会治安综合治理，建立健全社会治安防控长效机制，推进平安金川建设；以人为本，推进社区建设，健全机构，落实人员编制，完善设施，创新管理和服务，提高社区居委会规范化管理水平，构建文明向上，和谐发展的现代化工业园区。

富民强县呈辉煌　科学发展展新姿

呼和浩特市清水河县委书记　李　宏
呼和浩特市清水河县人民政府县长　李　理

清水河县县委书记　李宏

清水河县人民政府县长　李理

"十一五"期间的五年，是清水河县经济建设和社会各项事业明显进步的五年，是进一步调整发展思路，着力推动和落实"一县三地"和"城镇靓县"发展战略，紧紧围绕扩大经济总量、改变城乡面貌、着力改善民生三大任务，扎实推进改革发展稳定各项工作的五年，全县上下呈现出经济繁荣、社会稳定、民族团结、人民安居乐业的又好又快发展态势，全县经济社会发展取得了新的重要成绩。

一、经济发展明显加快，经济结构进一步优化

2010年，全县地区生产总值实现40亿元，年均增长26.6%，人均地区生产总值超过4000美元。其中：第一产业增加值完成4.5亿元，年均增长7.7%；第二产业增加值完成19.4亿元，年均增长37.14%；第三产业增加值完成16.1亿元，年均增长25.4%。2010年，全县地区生产总值、规模以上工业增加值、财政收入、固定资产投资等多项经济指标的增长速度位居全市九个旗县区之首，发展后劲明显增快。三次产业结构比例由2006年的25:33:42调整为2010年的11:49:40，以新兴工业和现代服务业为主导的"双轮驱动"型经济格局逐步形成。

二、农村经济稳定发展，新农村建设积极推进

认真贯彻落实国家有关强农惠农大好政策措施，根据全县"东薯西粮全县羊"的农业产业布局规划，全力推进以马铃薯脱毒种薯繁育、肉羊养殖和小杂粮种植为主的三大主导产业，积极探索旱作农业"两高一优"种植，因地制宜发展了以三分地可移动网室、蔬菜中棚、后墙体温室以及规模化养殖场等现代设施农牧业，种薯供应辐射周边十几个市县区，马铃薯种薯繁育基地基本形成。特色小杂粮种植稳定在15万亩左右，产品销量较大，经济效益明显。按照我县社会主义新农村建设的指导方针，以宏河镇永兴村等一批高规格社会主义新农村已初步建成。

三、工业经济步入快车道，发展后劲突显

"十一五"时期的五年，是我县继续实施"资源转换、工业强县"的发展战略，着力构建以化工、水泥、金属镁、高岭土和煤炭五大类为支柱优势产业体系的攻坚年。通过努力我县经济发展后劲明显加快，初步形成了新兴工业发展格局，依托资源优势成功引进并建设了中燃焦化甲醇、天皓水泥、蒙西水泥、三鑫高岭土、五矿镁业、运昇镁业、同蒙化工、腾达镁业等一批重点项目，加快推进了天赐源、刘胡梁和永胜煤矿技改井工转露采项目；全力推进产业步伐，做大做强以水泥、建筑陶瓷、高岭土新材料、石材加工为主的建材产业，以煤化工、民爆化工、电石为主的化工产业，以煤炭开发为主的能源产业，以镁合金材料及其延伸产业的四大产业集群，努力形成一批地方优势特色品牌，构筑我县发展新优势。重点打造"沿线、沿城、沿黄"工业布局，着力引导工业产业向城镇、公路沿线和黄河沿线集中。以水泥、金属镁、高岭土、化工和煤炭为主的五大产业总体构架基本形成，县域资源优势正在转变为经济优势，正逐步走上了加快发展的轨道，发展后劲不断增强。四是现代服务业开始起步。在升级和改造传统服务业发展的同时，协同旅

游业和现代物流业同步发展。乌兰牧伦草原文化城建成并投入运营，日接待能力可达200多人，逐步配套完善了黄河大峡谷旅游区；随着境内道路的日益完善和通达的提升，以煤炭、建材、农畜产品流通为主的大型专业化物流园区正规划建设中，现代物流业开始起步。五是基础设施建设步伐加快，发展环境进一步优化。城关镇建设改造工程全面启动，道路管网等基础设施项目稳步推进。深入实施农村饮水解困工程，国道209线清水河至偏关段、国道109线清水河至大饭铺段公路建成通车，开工建设了国道209线和林至清水河段一级公路，配合开工了山东荣成至乌海过境高速公路、大准铁路增二线等重大交通项目，复工建设了国道109线城关镇至十七沟段公路。基本实现了"乡乡通油路、村村通等级公路"的建设目标。全县林木保存面积141.1万亩，森林覆盖率达32.9%，"全国绿化模范县"成果进一步巩固。土地整理22540亩，新增节水灌溉3万亩，有效新增灌溉面积2.5万亩；完成农村饮水安全工程51处，完成了石峡口、挡阳桥等病险水库的除险加固工程，有效地提高了农牧业综合生产和抵御水旱灾害能力。

回顾"十一五"，成绩喜人，我们信心倍增；展望"十二五"，继往开来，我们奋勇拼搏。"十二五"时期，是我县全面建设小康社会的关键时期，也是深化改革开放、加快经济发展方式转变的攻坚时期。我们要立足区位交通优势、以资源为依托的工业优势、城镇建设后发优势、运输业优势以及西部大开发、市政府重点支持的政策优势，我县以建设"山川秀美、富裕文明、和谐美好的清水河"为主题，以改革开放和创新发展为动力，以大力改善和保障民生为根本目的，继续走工业富县、农业稳县、生态立县、城镇靓县的可持续发展之路，加强生态环境保护和基础设施建设，全力推进新型工业化、城镇化和农牧业产业化进程，努力把我县建成一县三地重要功能区和自治区沿黄经济带重要产业布局区，为实现全面建设小康社会奠定坚实的基础。

一是大力发展现代农牧业。加大农田基础设施建设力度，以设施农业为突破口，全面提升农业综合生产能力和现代化水平。继续推进以马铃薯、小杂粮、肉羊为主的农牧业产业化进程，重点建设"五大基地"（脱毒种薯繁育基地、特色小杂粮种植基地。高效养殖基地、绿色无公害蔬菜生产基地、旱作农业示范基地）。

二是加快新兴工业化进程。加快构筑现代工业体系。推进产业多元、产业延伸和产业升级。加快园区带动和资源转化步伐，做大做强以水泥、建筑陶瓷、高岭土新材料、石材加工为主的建材产业，以煤化工、民爆化工、电石为主的化工产业，以煤炭开发为主的能源产业，以镁合金材料及其延伸产业的四大产业集群，努力形成一批地方优势特色品牌，构筑我县发展新优势。不断完善园区基础设施，优化功能布局，充分发挥重要交通轴线带动集聚作用，重点打造"沿线、沿城、沿黄"工业布局，着力引导工业产业向城镇、公路沿线和黄河沿线集中。力争在电力、建材、新型煤化工以及非资源型工业方面取得重大突破。

三是加快发展服务业。坚持传统服务业与新兴服务业、生产性服务业与生活性服务业并举，提升服务业发展水平。"十二五"期间，重点实施黄河峡谷风景旅游区、乌兰牧伦草原、口子上明长城旅游区、老牛坡红色旅游区、石峡口生态旅游区等重大工程，积极开展老牛湾黄河峡谷申报国家5A级景区的各项工作。四是强化基础设施建设。着力改善城关镇旧城区市政基础设施建设，不断改善城区居住环境，打造城区新形象。加快喇嘛湾镇和宏河镇小城镇建设。完成国道209线和林至清水河段、国道109线十七沟至城关镇段、喇嘛湾至老牛湾沿黄段一级公路和山东荣成至乌海高速过境公路、兴准运煤高速公路清水河段等建设项目，改造建设农村公路672公里，改造危桥27座，新建桥梁5座，建设110千伏变电站3座、线路36公里，35千伏变电站4座、线路44公里，10千伏线路改造972公里。深入实施退耕还林等重点工程建设，力争到2015年全县林木面积达到210万亩以上，森林覆盖率达到40%以上。完成清水河、杨家川两条中小河流治理，新实施农村饮水安全工程70处。

"十二五"的发展蓝图已经绘就，我们的任务光荣而艰巨。让我们在市委、市政府和县委的正确领导下，凝聚全县各族人民的智慧和力量，团结一致，开拓创新，奋发图强，真抓实干，为全面完成各项目标任务，谱写我县改革发展新篇章、开创富民强县新局面而努力奋斗！

全国绿化模范县

乌兰木伦草原

科学谋划 统筹兼顾
努力推动县域经济又好又快发展

呼和浩特市武川县人民政府县长 云海

武川县人民政府县长 云海

武川县位于内蒙古自治区中部，大青山北麓，背靠希拉穆仁大草原，南临土默川平原，距首府呼和浩特市33公里，是首府呼和浩特市所属五个旗县之一。县境总面积4885平方公里，地形南山北丘，山地占41.9%,丘陵占50.4%,滩地河谷占7.7%,海拔1600-2000米之间。属中温带大陆性季风气候，年平均气温3.0℃，无霜期110天左右，年平均降雨量约350毫米。全县辖5乡3镇，93个行政村，5个社区，964个自然村，总人口17.6万人，其中农业人口14.3万人，蒙古族、满族、回族等19个少数民族在此聚居。历史悠久的武川，处于农耕文化与游牧文化的交融地带，是唯一原名原址保留至今的"北魏六镇"。抗战时期，曾是大青山抗日游击根据地的中心地带，得胜沟抗日游击根据地司令部遗址是全国100个红色经典旅游景区之一，被中宣部命名为全国爱国主义教育示范基地，并先后荣获"中国马铃薯之乡""国家级绿色马铃薯种植标准化示范区"和"中国绿色名县"、"中国新能源产业百强县"、"中国小康成长型百佳县"等诸多荣誉。

一、"十一五"期间取得的成就

武川县以科学发展观为统领，不断深化县情分析认识，准确把握县域经济社会发展的阶段性特征，及时调整和完善发展思路、奋斗目标、工作重点，全力推进经济建设、社会建设、文化建设等各项工作，使基础相对薄弱、发展相对滞后的武川发生了重大而深刻的变化，与"十五"期末相比，全县地区生产总值达到44.95亿元，年均增长18.2%；财政收入达到3.69亿元，年均增长37.81%；固定资产投资达到45.2亿元，年均增长19.8%；招商引资实现22.4亿元，年均增长18.12%；城镇居民人均可支配收入增加到15100元，年均增长15.7%，农村居民人均纯收入增加到4900元，年均增长15.6%。三次产业比例由21.9：50.1：28调整为9.2:56.2:34.6。主要经济指标均实现了翻番目标，财政收入排名由2005年全区第88位上升到2010年全区第60位，县域经济综合实力明显增强。

（一）转变方式，提升效益，传统农业开始向现代设施农业转型。面对传统农业长期发展缓慢、农民收入徘徊不前的被动局面，县委、政府总结经验，顺势而谋，积极调整农村产业结构，转变发展方式，强力推进以中棚种植模式为重点的现代设施农业，探索后山高寒地区农作物的两茬轮作，促进农民增收致富，农村工作取得了重大突破。以此为切入，提出实施了"三个百万"生态农牧业富民工程，探索实践农牧交错地带农村经济科学发展的新战略。大力扶持农村专业合作经济组织，极大地提高了农民专业化、组织化程度和抵御市场风险的能力。集中精力建成了一批农牧业产业化发展精品项目，特色产业正在撑起农村发展的新天地，成为转变农业发展方式的引领和示范。新增节水灌溉面积7.7万亩，农牧业产业化精品项目达到16个，农畜产品加工企业达到136个，肉羊存栏由58万头增加到74万头，传统农牧业正在加快向现代农牧业转型。

（二）优化升级，规模发展，产业发展格局初步形成。加快推进经济开发区、金三角园区和石材工业园区"三大园区"基础设施建设，促成冀东水泥二期工程的建设投产、抽水蓄能电站的重组和推进，引进国金矿业、聚德鑫电解镍、华能新能源、中国风电、中国国电、永业生命素、塞宝燕麦米加工、蒙奇药业、伊鑫源肉业、百莱茂马铃薯仓储物流交易市场等一批大企业大项目，初步形成了水泥建材、金属采选冶炼、清洁能源、高效有机肥业、农畜产品加工等主导产业，生态结构正在向优化、升级、多元、延伸的目标加快迈进。全县规模以上工业企业由2005年的26个增加到37个，工业增加值由6.7亿元增加到19.04亿元。淘汰落后产能55.67万吨，两项主要污染物减排指标均超额完成"十一五"目标。工业经济实现了由传统资源开发向产业聚集、产业延伸、产业升级转变。现代服务业发展明显提速，以哈达门高原牧场、得胜沟红色旅游、南山历史文化生态创意产业园等为重点的旅游业加快推进，商贸餐饮、金融保险、仓储物流、交通运输等行业带动辐射效应明显增强，七大主导产业支撑县域经济的发展格局初步形成。

（三）扩镇提质，统筹发展，首府卫星城雏形基本形成。按照"加快建设新区、改造提升旧区、实现扩镇提质、彰显武川特色"的工作思路和"西拓、北连、南绿、东治"的工作举措，城镇规划建设大步跃进。可镇建城区面积由2005年的8平方公里拓展到12平方公里。新建了一批中高档住宅小区，楼房面积由

2005年的70万平方米增加到2010年的130万平方米，人口由2005的4.8万人增加到6万人。市政公用设施建设取得长足进步，污水处理厂和3个热源厂相继建成并投入使用，集中供热面积达到85万平方米；新增市政道路19.78公里、排水管道21.25公里；加大城镇绿化、美化力度，绿化率达31%，城镇品位明显提升，城镇面貌和人居环境显著改观，特色城镇魅力明显提升。

（四）统筹兼顾，加快发展社会事业，人民群众幸福指数显著提高。积极落实“两免一补”政策，整合教育资源，强化师资队伍建设，实施寄宿制改造和校安工程，办学条件大为改善，办学质量稳步提高。全面启动医药卫生体制改革，不断完善县乡村三级医疗卫生服务网络，开工建设县标准化综合医院，改扩建乡镇卫生院12所，新农合参合率达到96.5%，有效地缓解了百姓看病贵、看病难问题。广泛开展思想道德建设和精神文明创建活动，全民的文明素质、精神风貌和城乡文明程度有了新的提升。完成“爬山歌”国家级非物质文化遗产申遗工作和“文物大县”申报工作。广播电视“村村通”工程进展顺利，完成了8个乡镇综合文化站建设，城乡居民文体生活进一步丰富。全面推进人口和计划生育优质服务，继续稳定了低生育水平。社区建设快速推进，布局和功能定位更趋合理。

（五）突出富民，构建和谐，民生工作取得重大进展。积极贯彻就业再就业相关政策，切实维护劳动者合法权益，妥善安置下岗失业人员，认真解决零就业家庭成员就业。企业退休职工养老金连续上调，义务教育学校教师绩效工资、职称工资全面兑现，干部职工工资达到市级同类同级水平。公开招考了一批高校毕业生和优秀下岗失业青年，优化了干部队伍结构。不断健全劳动保障和社会救助体系，城镇登记失业率始终控制在3.9%以内，五项社会保险参保人数达3.9万人，城乡享受低保、五保人数达1.26万人。人民群众从经济社会快速发展中得到更多实惠。

二、“十二五”期间工作目标和主要任务

“十二五”时期，武川县经济社会发展的总体思路是：以科学发展观为统领，进一步解放思想，转变经济发展方式，主动融入首府“一核双圈一体化”发展战略，依托县域六大资源优势和一大区位优势，提升传统产业，培育新兴产业，走特色化、差异化、可持续发展之路；加快推进新型工业强县、特色生态农牧业大县、特色文化生态旅游名县创建步伐，全力构筑首府绿色生态屏障，全面建设民富县强繁荣和谐的绿色武川、文明武川、幸福武川。发展目标：“十二五”期末，地区生产总值达到91.33亿元，年均增长15.23%，比“十一五”期末翻一番，三次产业比重达到9:51:40；财政收入达到7.42亿元，年均增长15%，比“十一五”期末翻一番；招商引资达到39.04亿元，年均增长11.75%；固定资产投资五年累计完成400亿元；城镇居民人均可支配收入年均增长14%；农民人均纯收入年均增长12%。

（一）转变发展方式，强化基础设施，建设特色生态农牧业大县。坚定不移地走收缩转移，集中发展，设施、避灾、节水、集约、高效、安全、生态的可持续发展道路，实现农民群众持续稳定增收，统筹规划发展设施农业、标准化农业、品牌化农业、创意农业、休闲观光农业和无公害、绿色、有机农业。加快推进节水型社会创建步伐，大力发展节水灌溉工程，全面推广滴灌、膜下滴灌技术，适度发展移动式、半固定式喷灌等节水灌溉，实现水资源的高效利用。加快推进土地整理和土壤改良，大力推广覆膜坐水、测土配方和保护性耕作等有效技术手段，努力建设高产稳产高标准旱作农田。“十二五”期末，全县各类高效稳产田达到70万亩，其中高标准旱作农田达到40万亩。

以科学舍饲养殖为重点，大力发展生态畜牧业，实现肉羊养殖的均衡发展。以山林虫草鸡为主导、以生猪等为补充发展特色养殖业，扩大养殖规模，拓宽销售市场，实现农民增收。“十二五”期末，全县优质牧草种植面积突破60万亩；肉羊出栏量达到80多万只。

继续巩固无公害、绿色、有机农畜产品认证工作，强化农产品质量安全监管和品牌保护，以品牌拉动战略为重点，争创知名、著名、驰名商标，推动品牌农业的发展。

（二）壮大支柱产业，优化产业结构，建设新型工业强县。科学合理、高效有序地配置利用好石灰岩资源，实现年产水泥熟料400万吨、水泥370万吨的生产规模，全力打造首府及周边地区重要的水泥建材基地。加快石材工业园区基础设施建设，打造自治区中西部地区最大的集石材加工、销售为一体的大型石材市场。积极引进风能、太阳能光伏项目及配套风机装备制造、零部件生产加工企业，通过风、光、水电项目的良性互动发展，形成“风光互补、输蓄一体”的首府清洁能源基地。“十二五”期末，全县风电装机容量至少达到150万千瓦。

着力推进聚德鑫电解镍、国金、彤力、艾博园金银冶炼、地山等项目，形成集采、选、冶及产品开发为一体的矿产资源开发体系，力争建成呼市地区重要的金属采选冶炼基地。全力促成永业生命素高科技项目达产达效，打造面向国内外市场的高效有机肥生产基地。“十二五”期末，腐植酸有机系列肥年产达到100万吨。

大力支持塞宝燕麦米精深加工、伊鑫源肉业、蒙奇药业、黄原胶、利丰集团变性淀粉、三联淀粉、川宝马铃薯、宝坤有机农业、北上荞麦米、永成酱菜等项目的做大做强，形成一批规模大、带动力强的特色农畜产品精深加工龙头企业群，努力建成面向华北地区乃至俄蒙等广阔市场的特色绿色农畜产品加工贸易中心。

（三）拓展新型业态，促进全面繁荣，建设特色文化生态旅游名县。围绕独特的区位优势和自然、人文、历史等特色旅游资源，以哈达门高原牧场、得胜沟红色景区、淖尔梁高山湿地、卯独庆水上乐园四大景区和淖尔梁、井眼梁、马场梁、春空梁四大天然草牧场以及南山历史文化生态创意产业园、高效农业示范园区为主体，重点开发山水风情体验、浪漫休闲度假、历史文化追寻、生态农业观光、公路沿线农家民俗等旅游项目，推进旅游精品线路建设。“十二五”期末，旅游接待人数超过50万人次，营业收入突破1亿元。

依托广阔的退耕还林地和荒山荒坡，以药材种植、林果业等为主，大力发展退耕还林后续产业；继续实施好荒山造林、天然林保护、“三北”防护林、六乡连山连体等生态建设工程；坚持强化禁牧措施与舍饲养畜、人工种草、围封管护相结合，保护优先，自然恢复，切实保护生态建设成果。

科学发展谱华章　富民强市铸辉煌

包头市统计局

包钢夜色

包头是蒙语"包克图"的谐音，意为"有鹿的地方"，所以也称鹿城。包头地处内蒙古自治区西部，北与蒙古国接壤，南临黄河，东西接沃野千里的土默川平原和河套平原。是内蒙古西部经济快速发展的"金三角"地带，西北地区与华北地区的交汇点，全国重要的物流节点城市，在中国北方经济格局中占有重要地位。

包头市总面积27768平方公里，辖9个旗县区和一个国家级稀土高新技术产业开发区，居住着蒙、汉、满、达斡尔、鄂伦春等43个民族。包头历史悠久，早在6000年前的新石器时代，包头地区就有人类活动。包头是草原文明和黄河流域农业文明的交汇处，境内有秦长城、五当召等历史文化遗址。

包头属半干旱中温带大陆性季风气候,2010年市区年均气温8.1℃，年降水总量303.4毫米，年均风速1.2米/秒，年日照2861.8小时，年平均相对湿度50%。包头春夏秋冬四季分明,气温适宜，是理想的夏季避暑之地。

包头是随着国家"一五"、"二五"计划的实施发展起来的新兴工业城市，是我国重要的钢铁、铝业、装备制造业基地和全国最大的稀土工业基地。我市资源丰富，已发现各种矿藏74种，其中铁矿石储备量达17亿吨，稀土资源得天独厚，已探明的稀土工业储量5738万吨，约占世界总量的38%，全国总量的90%以上，素有"草原钢城"，"稀土之都"的美誉。

近年来，包头市深入贯彻落实科学发展观，紧紧抓住国家实施西部大开发等历史机遇，推动经济社会又好又快发展，全市进入了工业化转型、城市化提升和现代化加速的良好发展时期。包头市先后获得"全国文明城市"、"联合国宜居城市"、"全国民族团结进步模范集体"、"国家科技进步示范城市"、"全国社会治安综合治理优秀城市"、"全国双拥模范城"、"中国科技进步先进城市"、"中国优秀创新型城市"等等多项荣誉称号。

"十一五"时期，在市委、市政府的领导下，全市上下深入贯彻落实科学发展观，围绕全面建设小康社会、加快建设中西部经济强市的总体目标，认真执行国家宏观调控的各项政策措施，调整优化经济结构，加快转变发展方式，着力改善民生状况，努力克服金融危机等各种不利因素影响，全力推进"科学发展、富民强市"战略，经济社会实现了又好又快发展，综合实力跨上了新台阶

经济持续较快发展，综合实力显著增强

经济总量实现翻番，人均GDP突破万美元。2005年全市生产总值（GDP）为861亿元，2006年突破千亿元大关，2009年突破2000亿元，达到2168.8亿元，2010年又达到2460.8亿元，按可比价格计算是2005年的2.3倍，总量实现翻番。2006-2010年的五年间，全市生产总值年均增长18.3%，全市人均GDP也由2005年的4411美元增至2010年的13926美元，经济发展水平迈上新台阶。

财政收入快速增长，经济实力明显增强。2005年，全市财政总收入为102.2亿元，到2010年已增至296.8亿元，是2005年的2.9倍。2006-2010年，全市财政总收入年均增长19.6%。财政收入的持续较快增长使全市经济实力日益增强，为进一步加快城市发展步伐、改善民生状况奠定了坚实的物质基础。

经济总量位次前移，城市竞争力日益提升。2005年，包头地区生产总值在全国287个地级以上城市中列第61位，2010年攀升至第38位，较2005年前移了23位。

结构调整成效显现，产业结构日益优化

农牧业结构不断调整优化，设施农牧业加快发展。政府有关部门积极引导农牧民根据市场需求调整种植、养殖结构，为提高农牧民增收以及农牧业经济效益稳步提高奠定了坚实的基础。全市农业比重逐步下降，畜牧业比重持续上升。2010年全市农林牧渔业总产值中，农业总产值的比重为37.5%，较2005年下降了3.9个百分点；畜牧业产值的比重则由2005年的54%提高到58.3%。粮食作物播种面积中良种高产作物播种面积大幅增加，蔬菜保护地建设明显加快，设施马铃薯产业快速发展，特色养殖业方兴未艾。

工业结构调整成效显现，装备制造业比重明显上升。"十一五"时期，全市规模以上工业增加值年均增长25.2%，2010年全市规模以上工业增加值已达到952.4亿元，其中黑色金属冶炼及压延加工业、有色金属冶炼压延加工业、化学原料及化学制品制造业、非金属矿物制品业、电力及热力生产和供应业、石油加工炼焦及核燃料加工业六大高耗能行业增加值为534.1亿元，占全部规模以上工业增加值的比重较2005年下降了18个百分点；而装备制造业增加值为233.0亿元，其占全市规模以上工业增加值的比重较2005年上升了

近12个百分点。以包钢、一机、北重等重点企业为代表的大中型企业，着力加大产品结构调整力度，不断调整优化产品生产格局，促进了全市工业经济提质增效。

第三产业增量提质，内部结构逐步优化。“十一五”期间，全市第三产业保持平稳较快的发展态势。2010年，全市第三产业增加值已达到1062.9亿元，占全市GDP的比重达到43.2%。在交通运输、邮电仓储业及批发零售贸易业等传统产业稳步发展的同时，金融保险业、现代物流业、旅游、会展等行业加速发展。招商银行、中信银行、浦东发展银行等一批金融保险机构在包头开设分支机构；跻身全国流通领域现代物流示范城市行列，成为全国17个区域性物流节点城市之一；2010年全市旅游总收入达109.8亿元，是2005年的4倍；成功举办了中国包头·稀土产业论坛、中国新型煤化工国际峰会等会展活动，城市影响力进一步扩大。

内外需求共同拉动，经济发展增添动力

投资规模不断扩大，项目建设硕果累累。“十一五”期间，我市继续引进和实施重大项目，在神华煤制烯烃等一批重大项目的推动下，全市固定资产投资持续较快增长。“十一五”时期，全市累计完成固定资产投资5913.5亿元，2006-2010年年均增长26.3%。其中，工业累计完成投资2924.4亿元，占到全市固定资产投资的49.5%，2006-2010年年均增长25.7%，为推动全市国民经济持续较快发展奠定了坚实的基础。

城乡市场繁荣活跃，消费结构日益升级。“十一五”期间，全市认真贯彻落实中央、自治区扩大内需的一系列方针措施，加快“万村千乡”市场工程建设，积极落实“家电下乡”等政策，着力改善消费环境，加强城乡服务体系建设，全市城乡市场开拓成效显著，消费市场繁荣活跃。2010年全市社会消费品零售总额已达到720.7亿元，是2005年的2.4倍；2006-2010年，全市社会消费品零售总额年均增长19.8%。汽车、石油及制品、金银珠宝及家用电器等商品持续热销，消费结构升级已成为带动全市消费品零售额快速增长的重要因素。

对外开放迈出新步伐，外向型经济取得新成绩。2005年，全市进出口总额为9.3亿美元，2010年增至52.4亿美元，五年间年均增长达到15.9%；其中，出口总额由2005年的5.2亿美元增至2010年的12.0亿美元，年均增长18.2%。2009年，受国际金融危机的影响，全市进出口总额有所减少，但从2010年起已开始大幅回升。此外，全市实际利用外资到位额由2005年的4.1亿美元增至2010年的11.0亿美元，五年间年均增长21.9%。

节能减排落到实处，环境保护取得成效

节能措施落到实处，单位GDP能耗持续下降。“十一五”期间，全市围绕结构调整，积极推进节能技术改造，加快淘汰落后产能，大力发展循环经济，节能降耗取得明显成效。2006-2010年，全市单位GDP能耗较2005年累计下降28.25%，超额完成自治区下达的任务。

减排工作取得实效，环境质量明显改善。“十一五”期间，全市以创建全国环保模范城市为契机，切实推进排污整治工作，关停一批落后产能，实施“三片一线”等重点区域、重点行业、重点企业的环境整治，城市环境持续改善。2009年，全市空气质量二级以上良好天数达316天，较2005年增加了61天。

生态工程深入实施，生态建设全面推进。“十一五”期间，全市加大生态保护力度，全面实施围封禁牧，实施“绿水、青山、大草原”三大生态工程、大青山南坡绿化和黄河湿地保护工程，稳步推进天然林保护、退耕还林、沙源治理、三北防护林等项目，区域生态环境明显好转。

民生状况日益改善，和谐包头建设稳步推进

“十一五”期间，全市大力实施富民强市战略，加快以改善民生为重点的各项社会事业发展，城乡居民收入稳步提高，人民群众安居乐业。

居民收入稳步增长，生活质量明显提高。2010年城镇居民人均可支配收入达25862元，比2005年增加12644元，五年年均增长14.4%。全市加大惠农支农的力度，积极调整畜牧业产业结构，加快农村剩余劳动力转移步伐，使得农牧民收入稳步提高，2010年全市农牧民人均纯收入达8766 元，比2005年增加4099元，2006-2010年年均增长13.4%。居民消费能力进一步增强，消费结构升级加快，住房、汽车、电子信息产品等已成消费热点，市民生活更加殷实。城乡居民居住条件得到极大改善。2010年末城市人均住房建筑面积达到 31.7平方米，比2005年末增加4.7平方米；农村居民人均居住面积29.6平方米，比2005年末增加3.5平方米。

社会保障逐步完善，社会事业蓬勃发展。2010年末，全市参加城镇职工基本养老保险的人数已达55.2万人，较2005年末增加了13.8万人；城镇居民养老保险保险参保人数达5.2万人，农村社会养老保险参保人数达26.7万人。全市城镇职工医疗保险参保人数达74.2万人，较2005年增加了21.3万人。城镇居民最低生活保障标准由2005年的190元/月提高至2010年的360元/月。

各项社会事业蓬勃发展。中小学教学条件不断提高，教育布局趋于合理；高等教育快速发展，普通高校在校学生由2005年末的3.2万人增至2010年末的5.6万人。文化事业稳步发展，一批文艺作品获奖；2010年全市广播综合人口覆盖率及电视综合人口覆盖率分别达98.53%和98.5%。2010年末卫生机构床位数达到12791张，较2005年增加3060张；卫生技术人员为17023人，较2005年增加了3107人。

城市功能日臻完善，承载能力日益增强。“十一五”期间，全市实施了哈屯高勒等一批道路建设项目，城市交通网络日益完善；建设了体育中心、新图书馆、少年宫、会展中心、科技馆等一批项目，实施了城市供水排从管网建设、城区污水管网改造、城市集中供热节能改造等基础设施工程以及园林景观工程，城市功能日臻完善，综合承载能力不断提升。

“十二五”时期是我市加快推进富民强市进程，全面建设小康社会的关键时期，是深化改革开放、加快转变经济发展方式的攻坚时期。包头市将深入实施“科学发展、全面转型、富民强市”战略，以科学发展为主题，以加快转变经济发展方式为主线，以富民强市为目标，深化改革开放，保障和改善民生，加快推进新型工业化、城镇化、农牧业现代化，继续保持地区经济强劲发展态势，促进社会和谐稳定，推动经济、社会、生态全面转型，为提前实现全面建设小康社会目标奠定坚实基础。

坚持科学发展富民强区 建设宜商宜居宜游新东河

包头市东河区区委书记　许文生

包头市东河区区委书记　许文生

包头市东河区位于大青山南麓，黄河北岸，有300年的发展历史，全区总面积470平方公里，辖河东、沙尔沁2个镇，共计49个行政村，12个街道办事处，有蒙、汉、回、满等26个民族，伊斯兰教、基督教、汉佛教、喇嘛教、天主教5个宗教界别，人口51.6万，区内有2003年国家环保部批准的生态工业（铝业）园区和素有“塞外西湖”之称的国家AAAA级南海湿地风景区，有王若飞革命旧址泰安客栈和市委旧址，有五大教派齐聚0.53平方公里范围的唯一的北梁宗教文化区，即老城区，有近200年历史的妙法禅寺（也称吕祖庙）、天然奇景转龙藏，历史文化底蕴深厚、老城特色鲜明。

东河区是昔日的包头城，是晋商的发祥地，因通京津、扼西北而繁荣一时，素有“水旱码头”，“塞外通衢”的盛名。东河区地处呼包鄂“金三角”的核心区，区内具有航空、铁路、公路等多种运输功能，包头机场就坐落在东河，京包、京兰、京石、包神等铁路干线和110国道、丹拉高速公路也都经过我区，具备了宜商宜居宜游的便利优势条件。

一、“十一五”时期经济社会发展情况

“十一五”期间，坚持科学发展、全面转型、富民强区战略，注重社会和民生工作，努力改善城市和生活环境，提高人民群众的收入水平，实现了东河区经济社会的可持续发展。

2010年，地区生产总值完成336亿元，同比增长15%，是“十五”末的3.3倍，年均增长26.6%；财政收入完成21.5亿元，是“十五”末的2.2倍，年均增长16.5%；社会消费品零售总额完成147.7亿元，是“十五”末的2.5倍，年均增长20.2%。三次产业结构为1.4：39.4：59.2，经济发展质量和效益不断提高。固定资产投资完成253.7亿元，同比增长19.1%，是“十五”末的3.2倍，年均增长26.2%。对外贸易出口总额完成5亿美元，是“十五”末的5.5倍，年均增长30.5 %；直接利用自治区外资金243亿元，利用外资实际到位5.1亿美元，分别是“十五”末的4倍和5倍，年均增长14.1%和23.4%。城镇居民人均可支配收入达23769元，同比增长10.1%，较“十五”末翻了一番，年均增长14.6%；农民人均纯收入达11587元，同比增长12%，是“十五”末的1.7倍，年均增长10.5%，人民生活水平持续提高。

（一）以铝业产业园区为平台，工业经济跃上新台阶。

包头铝业产业园区自创建以来，坚持以循环经济和生态工业理念为立园之本，以包铝为龙头，着力完善产业延伸与配套，走出了一条产业特色鲜明、产品结构合理、产业规模集聚的新型工业化道路，被自治区评为“十个沿黄沿线西部经济带重点工业园区”，成为我区工业经济发展的主动力。

几年来，园区引进化成箔、铝轮毂、铝型材、铝合金铸件等60多个产业延伸与配套项目，累计完成固定资产投资400多亿元，实现铝轮毂产能180万只、铝合金制品产能15万吨，特别是建成化成箔生产线113条、产能达2260万平方米，精铝一化成箔、电解铝一铝型材、铝轮毂等产业链进一步完善，铝深加工应用转化率达到35%以上。2010年园区工业产值达到160亿元，同比增长26.6%，是“十五”末的2.2倍，年均增长22.2%；实现税收4亿元，是“十五”末的2.2倍。全区规模以上工业企业总数达到93家，完成工业增加值80.1亿元，同比增长16.7%，是“十五”末的3.1倍。

（二）坚持建管并重，城市发展环境日益改善。

“十一五”时期，累计投入50亿元，完成了一系列城市建设重点项目基础设施。五年新建包伊公路、站南路、北梁内环路以及铝业园区道路等22条道路及管网，实施了10个旧小区和近百条小街巷综合治理改造，新改扩建道路面积累计达107万平方米，城区人均道路面积由2005年的7.4平方米增加到现在的9.37平方米。建成区绿化覆盖率达38.8%，人均公共绿地面积由2005年的11.4平方米提高到现在的13.2平方米。实施了东河改造治理、南海湿地修复、白银湖生态恢复、9700亩大青山南坡绿化和5000亩三北四期防护林造林等一大批生态建设项目。

城建重点项目进展顺利。商品住宅建设面积累计达297万平方米、廉租住房9万平方米、经济适用房115万平方米，城市居民人均住房面积从2005年的24平方米提高到现在的29.1平方米。城市功能不断完善，城市品位明显提升，经济和社会效益凸显，在东河区城市建设发展史上具有里程碑式的意义。

（三）着力发展现代农业，城乡一体化迈出新步伐。

区划调整后，我区地域面积由90平方公里扩大到470平方公里，为经济社会发展提供了新的空间。2010年，一产增加值完成4.7亿元，同比增长6.4%。

大力发展以果、菜为重点的现代农业，农业产业化进程进一步加快。全区保护地面积达1.66万亩，占总耕地面积15.9%，成为全市最大的无公害果蔬生产基地。鹿王、华资、金骆驼等一批农畜产品加工龙头企业实力进一步壮大，沙尔沁、远大等农资和蔬菜批发市场交易活跃，全年实现销售收入18亿元，“沁园“等绿色农产品直销西安、北京等地，农业生产综合效益不断提高。加强农村基础设施建设，实现了40个村通安全水、49个村通公路、10个村建成沼气池，有线电视全部覆盖。

在保利集团、北京顺鑫集团等企业的带动下，我区稳步推进“城中村”改造，城镇化建设步伐明显加快。实施了12个城中村改造，实现投资14.6亿元，完成了王大汉、郑二窑子、东二里半等5个村改造任务，改造面积达3200多亩，建成村民安置房41万平方米、商品房80万平

方米，妥善安置居民3900多户，建成4个仓储物流市场，解决了5000多村民和周边居民的就业问题；投入3600多万元，为8000多村民办理养老保险和医疗保险，加快了城乡一体化进程。

（四）民生持续改善，和谐社会建设取得新成果。

我区始终坚持把保障和改善民生作为发展的出发点和落脚点，集中财力改善人民生活，每年的社会保障性支出占财政总支出的30%以上。

就业和社会保障体系进一步完善。我区采取多种措施扩大就业和再就业，城镇累计新增就业6.9万人；企业养老保险、职工医疗保险参保人数分别达到3.1万人和4.1万人。社区主任月工资达到1100元，一线环卫工人月工资达到1000元。完成包铝等企业剥离办社会工作，接收了包铝职工医院、幼儿园和杨圪塄矿业中小学职工260多人，减轻了企业负担。截至目前，我区企业离退休人员人均养老金、独生子女伤残和死亡家庭扶助金均按标准足额支付，农民人均低保金已高于市级补助标准；每年为5000多户困难家庭发放廉租住房补贴1200多万元，发展的成果进一步惠及广大人民群众。

科技、教育、文化、卫生和民族宗教事业健康发展。全力推进“科教兴区”战略。坚持优先发展教育，累计投入3.7亿元改善教育教学设施，兴建了现代化完全中学、南海小学和河东中心校，完成了18.8万平方米校舍安全加固工程；连续3年从全国重点师范大学公开选聘57名大学毕业生（其中硕士研究生13名）、向社会公开招聘243名优秀教师充实到教学一线，进一步提升了教师队伍素质；积极推进新课程改革，强化素质教育，教学质量有了明显提高。大力发展文化体育事业，图书馆、文化馆、影剧院等项目相继完工，西口文化大剧《塞外风云》（暂定名）即将开拍，走西口主题雕塑公园落户南海湿地风景区。医疗卫生服务体系日趋完善，城镇医保覆盖13.6万人，覆盖率达85%，新农合实现了全覆盖；新建、改建社区卫生服务中心11个、社区卫生服务站36个，全区共建成标准化农村卫生室95个，医疗服务能力和水平进一步提高。各项民族宗教政策全部落实到位，城市民族工作有序推进，民族团结氛围更加浓厚。

二、“十二五”时期经济社会发展展望

“十二五”时期，东河区经济社会发展的主要预期目标是：地区生产总值增长15%；财政收入增长12%；城乡居民收入增长14%；固定资产投资增长18%；社会消费品零售总额增长18％。在这一总目标下，力争实现“五新”：一是地区综合经济实力要跃上新台阶。地区生产总值、固定资产投资、财政收入始终保持较快增速，使“十二五”成为我区改革开放以来发展最快时期。二是产业实力要实现新提升。要坚持好字当头、快在其中，加快经济结构战略性调整，在转变发展方式上取得实质性进展。三是基础设施和生态建设要取得新成效。力争五年内城市基础设施主要指标基本达到全市平均水平。四是社会事业发展要迈出新步伐。进一步完善覆盖城乡的基本公共服务体系，人民群众的科学文化素质和健康素质不断提高。社会更加和谐稳定。五是人民群众生活质量要达到新水平。城镇居民人均可支配收入和农村居民人均纯收入普遍较快增加，与经济发展同步提高。

为此，“十二五”时期，东河区经济社会发展的战略重点是坚定不移地实施“六大突破”：

第一立足长远，在解决发展条件、加快推进基础设施建设上取得突破。

一是加快路网规划和建设。推进城市主次干道、新旧小区路等道路改扩建工程，工业园区实现“七通一平”，着力构建“四横三纵”交通路网，形成干线与支线相衔接、城乡公路相配套的城市道路交通网络体系。二是大力实施城市基础设施建设工程。要加快推进城市“四供（供水、供暖、供电、供气）、两排（排水、排污）”基础设施改造，全面实施“双覆盖（天然气、健康水全覆盖）”、“五化”（净化、亮化、绿化、硬化、美化）工程，进一步优化城市发展环境和人居环境。

第二在扩大铝业产业园区，上大项目、大上项目上取得突破。

要牢固树立“强区首先强工业”的工业立区理念，坚持集中发展、循环利用、深度开发，走以铝业为特色，多产业、多品种共同发展的路子。着力引进工艺水平一流的项目，壮大工业规模，推进产业延伸与升级，在抓大项目、特大项目上取得新进展。突出抓好煤电铝循环产业项目建设，在铝板带、硅铝镁铝合金、碳素等方面谋划一批大项目、新项目，形成煤电铝一体优势。全力推进铝业产业园区建设，力争实现产值500亿元，打造自治区一流的生态工业园区。大力扶持中小企业发展，形成大中小企业配套协作、集群发展的新格局。

第三在提升城市品位、建设“三宜”现代化城市上取得突破。

树立“抓城市建设就是抓发展，产业发展支撑城市发展，大产业繁荣城市”的理念，按照高起点规划、高标准建设、高水平管理的总体要求，提升城市品位，促进城市化发展。要有计划、有组织、有序地开展城市建设，加大对北梁、南部地区整体开发和城中村、城中企、城边村改造的力度，规划建设现代CBD（总部经济、高档大型商场、金融区）；要树立建管并重的思想，加强管理队伍建设，积极推进城市管理科学化、精细化、智能化建设，全面提升城市建设和管理水平，着力打造宜商、宜居、宜游的现代化新东河。

第四在争取资金、项目、融资和提高可用财力上取得突破。

要牢固树立“抓项目就是抓发展”的理念，始终把大项目策划、大资金争取作为工作的重中之重。一是积极争取资金和项目。要认真研究政策，积极争取各级政府的资金和项目（包括政府和企业的）支持。二是切实加大融资力度。要完善融资平台，扩大融资渠道，争取银行等金融及非金融机构的支持，进一步提高融资工作的持久性，建立永续的资金链条。三是大幅提高可用财力（包括自有部分和上级财政转移部分）。要争取更多的上级财政转移支付，制定科学的财税收入计划，依法征税，应收尽收，做实财政，进一步提高可用财力。

第五在推进城乡一体、发展现代农业上取得突破。

要跳出农业抓农业，用发展工业的思维发展现代农业。一是按照突出特色、重点突破、因地制宜、梯度推进的原则，制定与铝业产业园区有机结合的城乡一体化规划，实现七个“一体化”（空间布局、产业发展、基础设施、公共服务、社会保障、社会管理、土地管理）。二是按照包头市“南菜北薯”战略，引进和培植大型龙头企业，打造绿色品牌，实现农产品就地转化增值。大力发展观光农业，提高农民收入。按现代化新城区标准规划建设沙尔沁新镇，加速推进城乡一体化，加快农民实现“三变”（变工人、变市民、变股东）。

第六在主动融入呼包银榆和“金三角”核心区及沿黄沿线经济带建设上取得突破。

要充分利用好我区在呼包银榆经济带中最优势地段和“金三角”核心区的区位优势等，进一步做好长远规划，融入大家庭，推进大发展，特别是在现代物流（包括仓储）、现代工业、现代城市建设上要有大作为。至少投入800亿元以上，实现一年一变样，三年大变样。

打造三宜城建设新东河

坚持科学发展 推动转型升级 全力构建自治区科学发展先行区

包头市昆都仑区区委书记　　刘德君
包头市昆都仑区人民政府区长　张玉伦

昆都仑区区委书记　刘德君

昆都仑区人民政府区长　张玉伦

昆都仑区（简称昆区）是包头市的中心城区和包钢（集团）公司所在区，因昆都仑河流经境内而得名。城区总面积301平方公里，人口65万人（其中农业人口3.5万人）。辖2个镇、13个街道办事处，107个居委会、24个村委会。

近年来，昆区深入实施"三带三区"发展战略，经济总量不断扩大，发展质量日益提高，人民群众生活水平和生活质量显著提升，城市综合实力跃上新台阶，已经站在了新的历史起点上。面对不断变化的宏观形势和发展要求，昆区将继续解放思想，创新发展思路，进一步落实科学发展观，全力打造"生产发达、生活富裕、生态文明"的自治区科学发展先行区。

拓展：创新发展思路，提升城市综合实力

"十一五"以来，昆区大力解放思想，紧紧抓住国家实施西部大开发战略等历史性机遇，改革创新，开拓进取，地区发展的可持续性和协调性明显增强，特别是有效应对国际金融危机冲击，突出重点保增长、扩内需、调结构，推动经济保持了平稳较快发展。全区地区生产总值从2005年的287.1亿元增加到2010年的741.7亿元，年均增长21.1%。人均地区生产总值从6351美元增加到17296美元，年均增长22.2%。财政收入从10.5亿元增加到37.6亿元，年均增长29%。固定资产投资从96.5亿元增加到330.4亿元，年均增长28.1%，五年累计完成1061亿元，是"十五"时期的4.2倍。社会消费品零售总额从94.9亿元增加到237.8亿元，年均增长19.8%。各项主要经济指标位居包头市各旗县区首位、自治区前列。

在经济总量迅速扩大、社会财富不断积累的同时，我们也清醒地认识到，昆区的经济增长主要依靠资本和资源的投入来支撑，存在着产业结构相对不合理、产品相对粗放等问题。通过对自身资源禀赋、产业特征和承载能力进行科学分析，我区坚定不移地以科学发展观统领全局，提出了"三带三区"发展战略：以构筑昆河两岸工业经济发展带为龙头，建设工业大区；以构筑钢铁大街两侧商贸金融发展带为重点，建设商贸金融大区；以构筑沿阿尔丁大街两侧科技教育发展带为突破，建设科教大区。按照这一发展战略，我区致力于调整结构，构筑发展新优势；致力于生态和环保建设，走生态文明发展道路；致力于推进改革开放，增强发展活力；致力于完善城市功能，创造良好的发展环境；致力于解决民生问题，建设和谐社会，全面推进经济、社会、人口、资源、环境协调发展。2010年全区地区生产总值增长15.2%，财政收入增长19.1%，固定资产投资增长20%，社会消费品零售总额增长19.1%，城镇居民人均可支配收入和农牧民人均纯收入分别增长13.1%、12.2%，城镇登记失业率控制在3.5%，圆满完成了"十一五"时期确定的各项目标任务。

转型：转变发展方式，激发持续增长动力

"十一五"以来，我区按照科学发展观的要求，坚持又好又快的发展方向，加快调整经济结构，不断优化产业结构，全面推进新型工业化、城镇化、农牧业产业化进程，积极促进发展方式的转变，开创了改革开放和现代化建设的新局面。

工业大区建设深入推进。坚持工业立区、工业强区，积极实施"依托包钢、发展昆区"的区域一体化发展战略，大力发展钢铁精深加工、不锈钢和稀土优势特色产业。华业特钢、吉宇钢铁、燕京雪鹿啤酒等一批重点企业加快发展，工业经济实力明显增强。构筑工业经济发展新平台取得重要进展，钢铁深加工园区一期3条主要道路及给排水、供热、供电、通讯等配套工程全部完成，基本实现"七通一平"；恒成焊管制造、大安高速线材、永盛达型钢制造、大福风机制造等项目建成投产，重型机械加工、新舜太阳能等项目加快实施。"十一五"期间全区规模以上工业增加值从159.5亿元增加到302.4亿元，年均增长22.5%。

商贸金融大区位置凸现。依托中心城区发展服务业的良好基础和综合优势，大力构建传统商贸业、现代服务业、物流业"三大支点、多极发展"的第三产业新格局。不断增强服务业集聚效应，以大型百货、综合超市和专业性市场为主体的商贸业态进一步完善，包百、王府井百

货、神华国际城、苏宁电器、万·国际酒店等重点商贸流通、餐饮服务企业繁荣活跃，维多利商厦、颐高数码、居然之家等知名商企入驻我区并已开业运营。钢铁大街两侧商业地产投资开发势头强劲，包头金融文化中心、凯旋中央公园、金基商业广场、东源国际大厦等一批楼宇项目相继开工、竣工和投入运营。区域生产性、生活性物流业加快发展，培育形成了新奥蒙华物流中心、友谊蔬菜批发市场和甲尔坝农产品综合服务基地等重点物流企业。

科教强区实力不断提升。累计投入应用技术研究与开发资金1.2亿元支持科技创新，实施国家级、自治区级、市级科技项目186项，全区现有高新技术企业16家、民营科技企业32家、各类科研机构8家。全力促进义务教育均衡发展，普通高中教育、民族教育优质发展，特殊教育健康发展，中、高考成绩保持全市领先水平；完成了教育城域网、新建校和52所学校98个单体35.4万平方米的校安工程。

改革开放步伐明显加快。政府机构改革全面完成，事业单位人事制度改革稳步推进，医药卫生体制改革不断深化，国库集中支付、部门预算全面实施。积极协调和服务包钢辅业改制，涉及19家单位、1万余人的辅业整体改制顺利完成，成立了内蒙古包钢西北创业实业发展有限责任公司，构建起了改制企业的管理经营新机制。非公有制经济快速发展，全区登记在册的个体工商户和私营企业分别达到18034户、3614户，从业人员分别达到39044人、72280人。大力实施“走出去、请进来”战略，先后成功举办了南京招商项目推介会等大型活动，区域经济技术交流与合作不断扩大，对外开放成效显著，五年累计引进自治区外（国内）资金335.3亿元，是“十五”时期的5.4倍。

提升：丰富发展内涵，全面增强整体活力

始终坚持发展依靠人民、发展为了人民、发展成果由人民共享的宗旨，以科学发展观为指导，不断推动和谐社会建设。

民生改善和社会建设成效显著。“十一五”期间城镇累计实现就业37591人，比“十五”时期增长79%。“三个1000万”工程深入实施，社区干部补贴达到人均每月1720元，累计为区属集体企业下岗职工补贴养老保险342.1万元，建成社区服务中心88个。企业退休人员基本养老金达到人均每月1363元。城镇居民养老保险参保12818人，农牧民养老保险参保10183人，有3593名75周岁以上人员每月领取养老保险金454元。实行城乡低保对象同一生活保障标准，达到人均每月340元，城镇低保家庭取暖补贴达到每户700元。城区一线清扫保洁人员待遇达到每人每月1000元。每年投入500万元开展扶贫济困送温暖活动。城镇居民人均可支配收入28444元、农牧民人均纯收入11890元，年均分别增长15.1%、13.7%。

城区功能布局不断优化。“十一五”期间我区从促进城市可持续发展、提高人民生活水平和生活质量的需求出发，不断提高城市规划、建设和管理水平。先后完成了昆河综合治理一期、包头乐园、雪鹿啤酒园等重点景观工程和大青山南坡绿化等生态工程建设。实施了主要道路两侧和重要节点绿化工程。完成了560万平方米道路建设和110国道城区段拓宽改造工程，人均道路面积19.4平方米。投入专项资金，累计完成了75个旧小区治理、33处“夹心房”改造、10处棚户区改造等工程，共建设经济适用住房168.3万平方米、廉租住房3万平方米。

城乡统筹进程加快。坚持城乡统筹、协调发展，按照“北开南拓西进”的总体思路，全面加快城乡一体化进程。北部区改造进展顺利，新城村、甲尔坝村“城中村”改造项目征地拆迁工作基本完成。南部新区开发进程加快，“三横三纵”路网等基础设施和学校等公辅设施建设全面完成，保利·拉菲公馆、东亚·世纪城、京奥港·帝景、华发新城等一批现代化商住小区开工建设，总建筑面积300多万平方米，目前一期100万平方米已基本完工。西部区卜尔汉图中心集镇建设有序实施，包钢尾矿坝周边五村生态移民工程61栋、22.3万方米安置住房全部建成。

展望：继续解放思想，彰显文明城区魅力

“十二五”时期是全面建设小康社会的关键时期，是深化改革开放、加快转变经济发展方式的攻坚时期，也是昆区坚持科学发展、推动转型升级、促进富民强区的重要战略机遇期。为此，我们将全力做好以下重点工作。

深入推进结构调整，提升产业发展水平。积极落实自治区沿黄河沿交通干线经济带产业发展规划，深度融入包钢—包头特钢—乌拉特前旗黑柳沟工业集中区分工协作，以钢铁深加工园区为载体，在昆都仑河以西建设我国北方地区重要的钢铁工业基地。加强规划引导，营造发展环境，丰富和提升生活性服务业，大力发展生产性服务业，完善商贸金融服务功能，沿钢铁大街两侧建设呼包银经济区的现代服务业中心。积极发展战略性新兴产业，培育新的经济增长点，构筑具有较强竞争力的现代产业体系。

深入推进城乡统筹，提升城区整体功能。以城乡规划建设为带动，持续优化提升中心区品位，集中打造“一河两岸”等重点景观和钢铁大街沿线大型商业综合体等标志性建筑，继续加大力度改善人居环境和城区形象；优化城区布局，积极推进我区南部区开发和北部区改造，推动西部区卜尔汉图中心集镇建设和扩容，同步跟进各项配套保障；加强基础设施改造升级和延伸配套，实现城区及与周边区域基础设施的有效贯连。全力构建功能定位和规划建设统一协调的城区发展格局，建设自治区西部区域性中心城区。

深入推进改革开放，提升发展的生机活力。进一步转变政府职能，强化执行，提高效率，完善配套，营造宜商宜居环境；推进财税金融改革，加强融资平台建设，为重点项目和改善民生提供更多的资金保障；整合利用区域科教、人才、文化等资源，增强地区发展软实力；坚持区域一体化发展，创新与包钢、二冶等驻区大企业的合作模式，实现“规划共绘、资源共享、产业共兴”。全面推进对内对外开放，进一步拓宽开放领域，积极参与区域经济技术交流与合作，主动承接发达地区产业转移，着力引进世界500强和全国500强企业，加快引进和实施重大支柱项目，提高开放型经济水平和地区知名度。

深入推进民生工程，提升社会和谐度和人民幸福感。落实好保障和改善民生的各项制度措施，以扩大就业、完善社会保障为重点，继续实施“三个1000万”、就业再就业等民生工程，大幅提高居民收入水平；突出解决住房、文化教育、医疗卫生等民生问题，加快推进基本公共服务均等化。进一步推进社会管理创新，健全完善区、街镇、居（村）委会三级社会管理体制，形成社会管理和服务合力，全面加强各项社会建设，促进社会和谐稳定。

昆区“十二五”规划蓝图已经绘就，我们将迎来了一个激情绽放、蓬勃发展的崭新时代！我们坚信，经过五年的艰苦努力，昆区将会向打造自治区西部区域性中心城区的目标大步迈进，地区综合实力和竞争力一定会大大增强，人民群众一定会生活得更富裕、更幸福！

内蒙古包头市九原区

——科学发展 全面转型 不断加快富民强区进程

九原区区委书记　路智

九原区人民政府区长　雪松

九原区位于内蒙古自治区中部地区，北依阴山山脉，南临黄河，全区辖1个苏木、3个镇、4个街道办事处，总面积734平方公里，居住着蒙、汉、回等20多个民族，总人口20.1万人。九原区是包头市新型城区，地处“呼包银”经济带和沿黄河沿交通干线经济带核心区，境内交通通讯便利，区位优势突出，210国道、110国道、丹拉高速、包兰铁路等贯通全境，地热、湿地、金矿等自然资源丰富。

近年来，九原区牢牢把握发展机遇，坚持以富民强区为目标，以统筹城乡发展为统揽，以项目建设为抓手，不断加快新型工业化、城镇化和农牧业现代化进程，全区综合实力显著提升。2010年，实现地区生产总值169.4亿元，完成固定资产投资150.2亿元，实现财政收入20.4亿元，城镇居民人均可支配收入达到26995元，农牧民人均纯收入达到10422元。

国民经济快速发展。坚持“工业强区”的发展理念，始终把工业经济作为加快县城经济发展的主攻方向。以工业园区为载体，先后引进培育了华电包头发电、神华煤化工、海平面电石、国瑞炭谷碳纤维、红岩机械等一批投资上亿元乃至几十亿、上百亿的超大型项目，初步形成电力、钢铁深加工、化工、装配制造配套等主导产业，全区工业企业达到361家，规模以上企业达到63家。农牧业现代化水平不断提高，形成了“两带一区”（即：南部沿河奶牛养殖、水产养殖、休闲观光生产带，北部沿山休闲旅游、特色种养生产带，西部蔬菜生产、特色养殖等都市高效农业示范区）发展格局，以及“乳、肉、菜”三大主导产业，实施了57个基础设施项目，打造了15个农牧业规模化生产基地，引进了29个销售收入超百万元的农畜产品龙头企业，全区蔬菜种植面积达到4.8万亩，保护地面积达到1.4万亩，农牧业生产正在由数量扩张型向质量效益型转变。

城乡面貌日新月异。作为包头市新型城区，近年来，九原区坚持高标准规划和高质量建设，累计投资105亿元，全面启动了城区范围内道路、管网、商业开发等项目建设，先后建成了彩虹桥、行政办公区、2个广场、5个公园等一大批重点城建项目，实施了恒大华府等17个中高档住宅小区，启动了市职教基地项目，城区面貌发生很大改观，建成区面积达到30平方公里，城镇人均绿地面积达到35平方米。特别是新规划建设的包头市新都市区，规划面积7.2平方公里，是集政务商务、大型公益事业、总部经济、高档商住和文体娱乐为一体的崭新城区，目前，已建成了总投资13亿元的市体育中心和鹿园，正在建设一批公益事业、政务商务、市政基础设施建设项目，承载服务功能和基础设施日趋完善。

民生和社会事业全面进步。根据地区实际，实施了“三区推进、六项统筹”的城乡统筹发展战略，将全区划分为3个区域，均衡推进城乡规划布局、产业发展、基础设施、公共服务、社会保障、社会管理六个一体化进程，首批开展了3个城乡统筹试点地区建设，实施了一批产业化项目。投资34亿元，开展了城乡教育、文化、卫生、环卫、社会保障一体化工作，新（改、扩）建中小学校16所，建成区文化大厦等117城乡文体活动场所，新建区医院病房楼、2个镇卫生院、37个标准化村卫生室，新建垃圾转运站18座、水冲公厕21座、卫生改厕6000座，被评为自治区“两基”巩固提高工作先进区、全国文化体育工作先进区、全民健身工作先进区。实现了城乡养老、医疗、失业、工伤、生育保险政策全覆盖，率先实现了城乡低保一体化，社会保障体系建设走在了自治区前列。

自治区规模最大、设施最先进、包头市地标性建筑（总投资10亿元的市体育中心项目）

自治区唯一以鹿文化为主题的公园（总投资3亿元的鹿园项目）

规模化、标准化养殖基地项目（苏木万只种羊繁育基地）

生态农业示范项目（哈业胡同镇万科农业示范园区）

世界首套、全球最大、国家级煤制烯烃示范项目（总投资170亿元的神华煤制烯烃项目）

回眸"十一五" 各项事业迈上新台阶
发展科学发展新局面

包头市青山区人民政府区长 张建中

包头市青山区人民政府区长　张建中

包头市青山区是"一五"期间随着国家确定的一机集团、北重集团等重点建设项目的摆布，于1953年筹建，1956年正式建区。现有行政区域面积280平方公里，人口48万，由蒙、汉、回、满、朝鲜等36个民族组成，辖8个街道办事处、2个镇，68个社区居委会、21个村委会。

一、"十一五"发展情况

"十一五"以来，青山区立足区情实际，坚持发展第一要务，大力推进包头装备制造产业园区、"五大商务区"、城乡一体化和民生建设，新型工业化快速推进，城市服务功能显著增强，社会事业全面进步，人民生活明显改善，圆满完成了"十一五"规划确定的目标任务，经济社会各项工作取得了令人瞩目的成绩。

——综合经济实力大幅提升。五年来，经济发展呈现出总量扩大、效益提高、结构优化、后劲增强的良好态势。2010年，地区生产总值达到543亿元，是2005年的4.2倍，年均增长20.7%；人均生产总值达到16867美元，是2005年的4.2倍，年均增长19%；财政收入实现37.3亿元，是2005年的2.4倍，年均增长19%；城镇居民人均可支配收入实现28444元，是2005年的2倍，年均增长14.7%；农民人均纯收入实现11833元，高于全市平均水平。其他各项经济指标也都实现翻番增长。"2009年中国全面小康成长型百佳县"列中西部50强第三位，成为自治区最具发展活力的区县之一。

——装备制造产业园区快速崛起。围绕一机集团、北重集团、中核北方核燃料元件有限公司、北奔重汽有限公司等驻区大企业，全力打造了包头装备制造产业园区。五年来，累计投入近20亿元，完成近25平方公里征地拆迁和配套基础设施建设，引进了一批国内同行业领军企业，新建区和新规划区共实施项目90个，总投资近200亿元，全部达产后可实现年产值650亿元以上，重卡装备、新能源装备、铁路装备、综采装备、机电装备、工程机械装备等6大产业实现集群式扩张。园区被科技部认定为"国家装备制造高新技术产业化基地"，被工业和信息化部认定为"国家新型工业化产业示范基地"，并被纳入自治区级开发区管理，实现了跨越式发展。

——产业结构进一步优化。大力推动工业转型升级，实施了北奔重卡、华锐风电等一批符合国家产业政策的大项目，一机集团、北重集团、北奔重汽、包头供电4家企业总产值突破百亿元。2010年，规模以上工业增加值达到207亿元，是2005年的4.5倍，年均增长22.9%。强力推进"五大商务区"建设，物流、金融、保险、社会服务等现代服务业呈现快速发展势头，沃尔玛、万达、王府井等国际国内知名品牌争相落地并投入运营，服务业层次和水平不断提升。2010年，社会消费品零售总额实现196亿元，是2005年的2.6倍，增速位居包头市首位；第三产业增加值实现260亿元，是2005年的4倍，年均增长19.8%。

——对外开放成效显著。紧密结合地区产业结构调整升级，主动承接先进地区产业转移，重点攻坚世界500强、国内500强和行业100强，五年累计实施5000万元以上重点项目260个，总投资855亿元，竣工192个，完成投资607亿元，带动固定资产投资完成966.8亿元，是"十五"时期的4.8倍，年均增长29.5%。成功举办《中国建材》第六届理事会暨新能源与建材装备企业（包头）合作论坛、中国制造业转型升级与绿色发展高层论坛，地区知名度和影响力进一步增强。2010年，引进外资1.56亿美元，是2005年的3倍；引进内资96亿元，是2005年的3倍；外贸进出口总额实现1.45亿美元，是2005年的2.8倍。

——城乡一体化建设全面推进。"十一五"以来，累计投入16亿元，新改建文化路、青山路、银海路等城乡道路60条，总长260公里。累计投资105亿元，建成了保利花园、锦林花园等一批高品质小区。建成包头市国际会展中心、科技馆、体育运动学校；建成香格里拉大酒店、万达广场等一批地标性建筑；打造了时代财富城、永盛成大厦、小尾羊大厦等区域性商贸中心。2008年区划调整结束后，在全市率先开始了城乡一体化建设。编制完成了《青山区城乡一体化2010—2015年发展规划》，全面启动了1个中心集镇和4个农村社区建设工程。深入实施百万大树绿鹿城工程，共栽种树木6.7万棵，完成大青山南坡绿化工程2万多亩。

——发展成果普惠民生。五年用于社会保障、医疗卫生等民生支出39.5亿元，占地区财政支出49%。累计实施好事实事55件109项，使人民群众更多地享受到经济社会发展成果。五年累计新增就业74246人，安置下岗失业人员27163人，创建充分就业社区55个，建立大学生就业实习基地，城镇登记失业率年均控制在3.9%以内。五年累计投入5000万元，为13000名城乡居民办理养老保险，为97000名城镇居民办理医疗保险。发放失业人员就业金1153万元，发放各类支农惠农补贴2500万元。五年累计为城乡特困居民发放低保金、一次性救助金、专项救助金等补贴1.7亿元。

——社会事业全面进步。五年累计投入应用技术研究与开发资金、争取科技扶持资金2.1亿元，扶持项目281个，荣获"全国科技进步先进区"三连冠。五年教育硬件建设累计投入4亿多元，实施校安工程，新改建校舍63栋；实施校园网工程，建成自治区首家网络平台。五年累计投入教育经费4亿多元，连续3年召开教育改革和发展工作会议，教师待遇大幅提高，师资结构进一步优化。大力发展文化产业，打造自治区首家文化传媒创意园，成功申报一批非物质文化遗产，电影《吴运铎》拍摄工作有序推进。累计投入3000万元，大力推进和谐社区建设，建成9个街镇和68个社区的标准化服务中心，先后荣获"全国和谐社区建设示范城区"、"全国社区红十字服务示范区"

等称号。

二、全力开创科学发展新局面

2011年是“十二五”开局之年，将迎来中国共产党成立90周年，做好全年各项工作意义重大，青山区将根据当前发展形势和目标任务，结合地区实际，扎实推进经济社会各项工作，努力做到“五个提高”，实现“五个突破”。

一是着力提高园区建设水平，在打造全国中西部地区装备制造业基地上实现新突破。紧紧围绕自治区“以呼包鄂为核心打造沿黄沿交通干线经济带”的战略决策，推动园区做大做强。继续完善基础设施建设。按照“总体规划、分步实施、滚动发展”的思路，年内再收储5平方公里土地，加快路网、水、电、气等配套管网建设。继续投入5.7亿元，使新规划区道路建设里程达到54.7公里，构建“五横四纵”路网体系，确保10月底前实现“八通一平”。按照新的《园区项目供地管理办法》，认真做好项目筛选论证工作，提高项目用地门槛。加快推进项目建设。新建区北奔重卡总装、中科恒源等13个项目和新规划区国安矿用车、蒙隆机械等10个项目上半年竣工投产，西飞铝型材、厦门装载机总装等27个项目年底前竣工投产。推动北奔重卡扩能项目顺利实施，力争年内启动发动机、变速箱项目，推动北奔重汽有限公司客车生产项目开工建设并实现批量化生产。加强与吉利集团对接，力争吉利汽车产业化项目尽快落地。全面提升服务水平。完善问责制、限时办结制和服务承诺制，进一步营造“重商、亲商、安商”的良好氛围。积极协调金融部门，加强银企对接，加快融资平台建设，加大融资力度，为征地拆迁、基础设施建设和项目实施提供资金保障。

二是着力提高现代服务业发展水平，在提升地区发展生机与活力上实现新突破。全力打造“五大商务区”。沃尔玛商务区方面，启动轨枕厂家属楼改造项目，加快周边非商业设施改造步伐，积极引进国内外知名商贸品牌和新型业态入驻。万达广场商务区方面，加快商业步行街、高档公寓等配套功能区建设，尽快实施喜来登大酒店项目，建设大城市综合建筑群，打造全市商业新高地。国际会展商务区方面，加快包头市国际会展中心建设，下半年全部交付使用，承办好装备制造业博览会等节会活动，把会展经济打造成新的经济增长点。现代金融商务区方面，加快建设赛力特尔城项目，年内完成沿钢铁大街总部办公楼建设，积极引进兴业银行、光大银行、渤海银行等金融机构入驻。九星数码商务区方面，加快36中拆迁进度，早日开工建设九星国际数码大厦项目。加快发展现代服务业。完善同利家电物流园功能，加快包头装备机电物流园、包头华建物流园建设，扩大物流覆盖面，提高市场占有率；积极引进国内外大型企业在我区设立区域性总部，扶持小尾羊、永盛成等本土企业做大做强总部经济；加快内蒙古文化传媒创意园建设，引进影视制作、创意设计、动漫、网络游戏等文化业态，完成电影《吴运铎》拍摄工作，为建党90周年献礼。

三是着力提高对外开放水平，在项目建设和招商引资工作上实现新突破。强力推进重点项目建设。实施重点项目120个，总投资500亿元以上，当年完成投资200亿元以上，其中，装备制造项目占一半以上。新建项目方面，全力协助企业办理可研、规划、立项等前期手续，确保如期开工建设。续建项目方面，及时协调解决项目运行中出现的困难，加强银企对接，有效解决企业融资难和项目建设资金短缺问题，推动企业加快进度，早日投产达效。加强招商引资工作。坚持“引进来”和“走出去”相结合，加强与国际、国内大企业特别是500强企业的对接，引进和实施一批具有影响力、支撑力、带动力的立区项目。全年力争引进5000万元以上重点项目50个、亿元以上装备制造业项目20个、亿元以上商贸服务业项目10个，项目总投资100亿元以上，开工率达到70%以上。

四是着力提高城乡一体化发展水平，在改善人居环境和完善城区功能上实现新突破。加大城区建设力度。全年城区建设计划投资133亿元，实施科学路、赛汗路、兵工大道等5条城区道路改造和兴胜镇、银海新村等17条村镇道路建设工程，做到城乡道路全部连接；实施钢铁大街、文化路、青山路、青东路及四条餐饮街夜景亮化，完成104栋建筑物亮化工程；加快1个中心集镇和4个农村社区建设，年内完成中心集镇一期建设和二期拆迁任务，4个农村社区年内完成安置房、廉租房、经济适用房建设，实现城区向北拓展。加强生态环境建设和保护。深入实施绿化进社区和安静小区创建工程，对16个社区进行绿化改造，创建2个安静小区。对文化路、青山路等主次干道和儿童公园、幸福广场等游园广场树木进行新植、补植，对大青山南坡植被进行养护和补植，完成城乡结合部2300亩绿化任务。加快四道沙河综合治理，总投资3.5亿元，打造总长度4.83公里，绿化面积66.46公顷的“城市护城河”。

五是着力提高民生建设水平，在改善群众生活质量上实现新突破。深入实施民生建设“六有”工程，今年继续为民兴办16件50项好事实事，计划总投资46亿元，使发展成果最大限度惠及群众。教育方面，完成校安工程建设，新改建教学楼10万平方米以上。大力发展学前教育，对低保家庭入园子女适当补贴，确保适龄儿童“有园上”、“上得起”。社会保障方面，继续提高养老保险金发放标准，为3135名企业退休人员人均月增资140元，为537名已办理退休手续的被征地居民人均月增资60元。保障性住房方面，对1100户低收入家庭进行廉租住房租金补贴，为530户实施实物配租，确保住房困难家庭全部“住有所居”。集中购买土地200亩，首期建设廉租房和公共租赁住房4万平方米，为“十二五”集中建设廉租房和公共租赁住房10—15万平方米奠定基础，打造规模化保障性住房示范小区。

回顾过去，成绩来之不易，需要倍加珍惜；展望未来，任务十分繁重，丝毫不能懈怠。2011年及今后一个时期，包头市青山区将深入学习实践科学发展观，锐意进取，勇于创新，为开创青山区科学发展新局面，实现全面建设小康社会的宏伟目标而努力奋斗！

青山区鸟瞰图

新型中等城市——土默特右旗

新建的政治文化中心

土右旗是包头市唯一列入呼包鄂城镇群规划的旗县。全旗总面积2600平方公里，耕地130万亩，辖5个镇、3个乡、3个管委会，总人口35万，其中农业人口23万。交通条件十分便利，京兰铁路、110国道和丹拉高速公路3条大动脉东西向横穿旗境，3条跨黄河出口公路和正在修建的黄河公路大桥南与鄂尔多斯市相连。资源优势较为明显，旗境内拥有“一山一川一河”的宝贵自然资源，大青山绵延旗境60公里，矿产资源比较丰富，蕴藏多种矿产和优质矿泉水；土默川平原土地资源丰富，平原面积2000平方公里，盐碱荒地及未开发土地达40万亩；黄河流经旗境103公里，年平均径流量248亿立方米，年取水4.3亿立方米，地表、地下可用建设的水采总量2.76亿立方米。旅游和历史文化底蕴深厚，拥有1.25万公顷的九峰山原始次生林区、城寺兼备的著名佛教胜地美岱召、28.7万亩黄河湿地及总库容2039万立方米的美岱水库，成功入选“中国生态旅游大县”和中国10佳“最具发展潜力的旅游大县”；二人台文化艺术源远流长，成功举办了首届内蒙古二人台艺术节，被中国乡土艺术协会命名为“中国二人台文化艺术之乡”。

“十一五”期间，土右旗委、旗政府以科学发展观为指导，以建设呼包鄂区域新型中等城市为总目标，坚持把项目建设作为经济发展第一要务，增加人民收入作为第一政绩，解决民生问题作为第一责任，全力实施资源由“走”变“留”和就地加工转化，要素由“出”变“进”和积极接受呼包鄂三市辐射发展战略，加快推进新型工业化、农牧业产业化和城乡一体化进程，全旗经济社会各项事业保持良好发展态势。2010年，全旗地区生产总值完成168.9亿元，同比增长22.4%，是“十五”末的4倍；财政收入完成21.6亿元，同比增长46%，是“十五”末的4.2倍；固定资产投资完成146.2亿元，同比增长20.1%，是“十五”末的3.6倍；城镇居民人均可支配收入达到17804元，同比增长15%，是“十五”末的1.3倍；农民人均纯收入达到8815元，同比增长12%，是“十五”末的1.8倍。在第十届全国县域经济基本竞争力和县域科学发展评选活动中，列中国西部百强县（市）第36位。

（一）坚持在引进重大项目中加快结构调整，新型工业化进程明显加快。规划建设了总面积53平方公里的新型工业园区、大城西煤炭物流配送产业园区和光伏、食品等“园中园”，新型工业园区被确定为“自治区循环经济试点示范园区”。2010年，园区工业总产值完成83亿元，占全旗工业总产值的比重达到35%。建立旗级领导包联重大项目责任制，先后引进建设总投资近千亿元的百余个重大项目，其中总投资121亿元的山晟循环经济一期工程、总投资2亿元的生技铜业、总投资1.2亿元的泰山纸面石膏板等项目建成投产；总投资228亿元的泛海煤化工、总投资30亿元的山晟光农互补型太阳能电站和太阳能电池片组件、总投资26亿元的九台肥醇联产、总投资10亿元的大地金辉铝板带加工、总投资5.9亿元的5个天然气液化等项目正在加紧建设，全旗以煤电、煤化工、光伏、食品加工、天然气液化和有色金属加工为主导的六大产业体系正在加速形成。2010年，全旗工业增加值完成64.8亿元，占地区生产总值的比重达到38.4%，较“十五”末提高14.3个百分点。

（二）坚持优化产业布局与改革生产经营方式并重，现代农牧业步伐快速推进。规划建设了“两带五区九园”现代农牧业生产基地，形成了年产70万吨粮、50万吨奶、20万吨蔬菜、3万吨肉和3万吨油料的稳定生产规模。大力改革农村生产经营方式，土地流转和集约化经营面积分别达到51.4万亩、25.2万亩，占耕地面积的比重达到38%和19%，蔬菜保护地达到1.2万亩。不断提升养殖业规模化水平，累计建成奶牛、肉羊养殖园区（牧场）168个，规模化养殖比重达到65%，畜牧业增加值占一产业增加值的比重达到45%，较“十五”末提高4个百分点。大力提升农畜产品就地加工转化水平，先后有总投资3.6亿元的旺旺食品和明旺乳业、巨丰蕃茄等龙头企业建成投产，农畜产品就地加工转化率达到45%，较“十五”末提高10个百分点。

（三）坚持壮大物流业与发展文化旅游业并重，第三产业活力显著增强。重点加强以煤炭为主的物流园区、基地和交易平台建设，规划建设了6个园区（储运场）、4个千万吨级交易平台和 23条万吨列装车线，2010年全旗煤炭产销量达到7000万吨、实现税收13亿元，蒙西煤炭交易中心的地位正在形成。全面加快旅游景区景点建设，实施了总投资近10亿元的九峰山旅游开发、美岱召广场和美岱桥佳禾民俗度假村等重点工程，旗境沿山山水人文精品旅游线路基本打造形成，连续两年被国际旅游协会评为“中国著名文化旅游县”。大力培育以二人台艺术为主骨架的文化产业，启动建设敕勒川文化产业园区并列为自治区第二批文化产业示范基地名录，总投资8900万元的文化活动中心年内投入使用，文化产业发展平台基本搭建形成。全力加快以商贸物流为重点的服务业发展进程，总投资5亿元的现代城包百城市广场、敕勒川新兴五星级大酒店、鑫大成物流贸易广场等项目开工建设或建成运营。

（四）坚持在科学规划、统筹推进中完善功能，城乡一体化水平不断提高。切实加强城乡规划编制工作，修编完善城市总体规划、城区控制性详细规划，启动编制旗域村镇体系规划、乡镇总体规划和中心集镇控制性详细规划，以旗政府所在地、中心集镇和新农村为主骨架的城乡发展体系日趋完善。加快推进市政基础设施建设，连续四年年均保持15亿元以上的大强度投入，累计新建改造城区道路30余条近40公里；建成城市垃圾填埋厂和污水处理厂，城区集中供热、供气覆盖面和雨污水收集率分别达到96.8%、81.5%和83%；完成73.3万平方米旧城拆迁改造和3.2平方公里新区开发，建成城市休闲公园和广场7处，房地产开发建成面积达到180万平方米。城镇经济总量和人口占全旗经济总量和人口的比重分别达到42%和34%，较2005年分别提高2.3和8.5个百分点。大力改善农村面貌，累计投入资金6.5 亿元，启动实施了以110国道示范带为重点的96个新农村试点村建设，建成美岱桥、沙图沟等一批高标准示范村；实施了总投资26亿元的农村公路建设工程，新修县乡村公路1000余公里，全旗公路密度达到每百平方公里89.6公里，分别是自治区的7.7倍、包头市的3.8倍，在自治区率先实现了乡乡通油路，基本实现了村村通水泥（油）路。实施了总投资5亿元的美岱水库、朱尔圪岱水库除险加固、团结灌区节水改造和村镇集中供水等水利工程，在自治区率先实现了农村自来水化和安全饮水自动化。实施了总面积53万亩的大青山南坡绿化、后山矿区植被恢复等林业生态工程，全旗森林覆盖率达到23%，较"十五"末提高3.7个百分点，荣获"全国绿化模范县"称号。

（五）坚持富民与强旗并重，民生工作成果得到巩固扩大。实施了中小学校教育布局调整和总投资2.8亿元、20万平方米的蒙古族小学、实验小学、回民小学等校舍新建改造加固工程，城乡教育教学条件明显改善。组建新闻中心和二人台艺术团，基层文化站点覆盖率达到68%，率先在自治区实现广播村村通、有线电视户户通，群众精神文化生活不断丰富。实施了医疗卫生体制改革和总投资6000万元的旗医院、中蒙医院和乡村卫生院室新建改造工程，公共卫生服务水平稳步提高。在全市率先启动被征地农民养老保险，社会基本养老保险、城乡医疗保险实现全覆盖，城乡低保实现应保尽保，社会保障能力不断提升。实施了总投资1.3亿元、10.4万平方米的廉租房工程，廉租住房租金补贴提高到年人均1260元并实现应补尽补；建立旗级领导帮扶孤儿和贫困学生助学金制度，累计近167名孤儿和近4000名贫困学生得到有效救助。全面加强就业再就业工作，农村富余劳动力有序稳定转移，城镇登记失业率连续六年控制在3.6%以内。加强社会治安综合治理工作，在学校、商场等重点公共场所配备电子监控系统和专职保安人员，全旗城区重点部位监控覆盖率达到90%以上。建立"民诉大厅"接访、"矛盾调处大篷车"等信访工作机制，涌现出"全国优秀检察官"张章宝先进典型，社会环境更趋和谐稳定。

"十二五"期间，土右旗将继续坚持以科学发展观统揽经济社会发展全局，以建设新型中等城市为总目标，深入贯彻落实包头市委"科学发展、全面转型、富民强市"战略，加快构建"一轴两带三区"（一轴，是指110国道、丹拉高速公路和京包铁路；两带，是指沿山生态文化休闲产业带和沿黄生态湿地带；三区，是指南部平原高效农业发展区、中部新型工业和服务产业发展区、后山生态保护和风景旅游发展区）产业布局和"一城双核多点"（一城，是指萨拉齐主城区、美岱召镇辅城区和新型工业园区组成的带状组团城市；双核，是指萨拉齐城区为一核，美岱召城区为另一核；多点，是指旗域的建制镇、乡集镇）城市布局，全力打造包头市城市功能拓展区、现代农业发展带、新兴产业承载地和内蒙古西部商贸物流集散中心、文化旅游休闲中心，努力建成深度融入呼包鄂一体化发展的重要节点和新型中等城市。2011年，全旗地区生产总值增长18%以上，达到200亿元；财政总收入增长20%以上，达到27亿元；城镇居民人均可支配收入和农民人均纯收入均增长15%以上，分别突破2万元和1万元。到"十二五"末，全旗地区生产总值力争达到500亿元，财政收入达到50亿元，城乡居民收入高于全市平均水平，城镇化率达到55%以上，形成中等城市框架，初具中等城市规模。

山晟新能源车间一角

现代化奶牛养殖小区一角

土右旗巨丰番茄加工厂

九峰山旅游区

美丽发展、科学崛起、共享繁荣 全面加快呼伦贝尔又好又快发展进程

——呼伦贝尔市人民政府市长 张利平

呼伦贝尔市人民政府市长　张利平

呼伦贝尔位于祖国版图雄鸡之冠，面积25.3万平方公里，是全国面积最大的地级城市。现辖1区5市7旗，人口272万，共有汉、满、蒙古、达斡尔、鄂伦春、鄂温克等42个民族，具有大草原、大森林、大湿地、大冰雪、大口岸、大民俗等六大特征，被誉为“北国碧玉”、“绿色净土”。

改革开放尤其是进入“十一五”以来，呼伦贝尔市委、政府认真贯彻落实科学发展观，辩证处理保护生态、发展经济、改善民生三者关系，作出了“有退有进、科学发展”的战略部署，明确了坚持不懈地走生态文明建设之路和又好又快发展之路、实现呼伦贝尔全面振兴的发展要求，逐步走出一条“有退有进、美丽与发展双赢”的路子。工业依托丰富的地下矿产资源，形成了以煤炭、电力、化工为主的10大优势特色产业。农牧业依托2600多万亩耕地和1.3亿亩的草场，形成了年产100亿斤粮食和1600万只牲畜的能力。旅游依托原生态的自然风光和独特的民俗风情，形成了“一票难求、一餐难求、一床难求”的火爆场面。外贸依托8个国家级一类口岸和区位优势，形成了对俄蒙较发达的对外贸易体系。截止到“十一五”期末，地区生产总值达到932亿元，年均增长16.1%。地方财政总收入完成93.22亿元，年均增长24.7%。全社会固定资产投资累计完成2039.8亿元，是“十五”时期的3.7倍。全市城镇居民人均可支配收入达到14857元，五年增加6629元；农牧民人均纯收入达到6295元，五年增加3093元。先后获得“CCTV2006——中国最佳民族风情魅力城市”、“国际旅游名城”、“中国人居环境范例奖”等殊荣。全市呈现出经济快速发展、社会全面进步、民族和谐团结、边疆安宁稳定的大好局面。

“十二五”时期，是呼伦贝尔美丽发展、富民强市、转型升级的关键时期。呼伦贝尔将继续以科学发展观为统领，牢牢把握国家西部大开发、振兴东北等老工业基地、大小兴安岭生态保护与经济转型规划、资源型城市转型、国家草原生态补偿机制和支持边疆民族地区发展政策、国家支持内蒙古加快发展和自治区更加重视东部盟市发展等难得的战略机遇期，强抓“五区建设”，加快三化进程，在科学崛起的过程中同步实现共享繁荣。到2015年，地区生产总值达到2130亿元，地方财政总收入达到210亿元，全社会固定资产投资达到1980亿元，城乡居民收入分别达到32600元和12600元，全部实现翻番增长；努力把呼伦贝尔建设成为国家大型优势特色产业基地、北疆生态安全屏障、沿边开发开放试验区、国际原生态多民俗旅游胜地、边疆民族和谐幸福家园。

一、依托资源优势，全力打造国家大型优势特色产业基地

充分发挥我市区位优势、资源优势和要素组合优势，按照“点状布局、集中发展、深度开发、循环利用”的原则，在保护好生态环境的基础上，继续抓好能源、化工、冶金、建材、农畜产品加工等优势产业项目的培育和开发，要把现有优势特色产业向深、精、细、特延伸和拓展，通过引进关键链接项目和循环使用内部资源，拓展和延伸产业链，逐步形成循环产业链，实现资源综合利用，计划到2015年，农畜产品加工产业集群实现产值200亿元，粮食转化达到60%以上，肉类转化达到65%以上；多金属产业集群实现产值200亿元，日采选能力达到15—20万吨，有色金属冶炼产能达到50万吨；煤炭石油产业集群实现产值300亿元以上，煤炭生产能力达到1.5亿吨，海塔盆地石油产能达到300万吨以上；多元化工产业集群实现产值300亿元以上，新型煤化工争取产能达到1000万吨甲醇当量左右；电力产业集群实现总产值400亿元，火电装机总量力争达到1500万千瓦，风电装机力争实现300万千瓦以上，水电装机达到87万千瓦和光伏发电能力10万千瓦；建材产业集群实现产值300亿元，水泥产能达到1300万吨。通过“十二五”五年

的不懈努力，争取把呼伦贝尔打造成为全国大型优势特色产业基地。

二、加强生态保护建设，全力打造北疆生态安全屏障

以生态文明建设为统领，以保护好呼伦贝尔这块辽阔草原和大兴安岭这片绿色林海为重点，全面实施生态市建设规划。以资源节约和环境友好为方向，加快推进“集中收缩”战略，促进人口向城镇集中、工业向园区集聚，统筹抓好农区、牧区、林区、垦区、矿区、园区生态保护与建设，建立降低资源能源消耗和减少污染排放约束机制，大力发展低碳经济、循环经济、绿色经济。要坚持“面上保护”原则，以保护优先和自然恢复为主，组织实施天保二期等各类重点生态工程，力争“十二五”期末，新增有林地面积16万公顷，达到1156万公顷，新增活立木蓄积量11000万立方米，达到12.4亿立方米。森林覆盖率达到52.8%。认真落实草原生态保护补助奖励政策，继续实施退牧还草一期工程，及时启动二期工程，完成退牧还草2500万亩、禁牧2500万亩、季节休牧2亿亩、划区轮牧2500万亩。继续开展大规模的治沙行动，力争再通过3年的努力，彻底根治呼伦贝尔草原的沙患，草原质量和草原生态系统得到明显改善。全面加强嫩江流域、额尔古纳河流域等主要河流的环境治理，基本实现湿地、湖泊、流域生态系统明显恢复，同步加强基本农田保护，改善城市空气质量，全面增强区域气候调节和生态自我修复功能。到2015年，努力把呼伦贝尔建设成为国家级生态市，走进内蒙古自治区生态文明建设的前列，真正打造成为国家北疆生态安全屏障。

三、加大向北开放力度，全力打造沿边开发开放试验区

全面融入国家发展大局，紧紧抓住国家和自治区重视和支持向北开放的契机，充分发挥我市在东北经济区中对俄蒙开放的门户作用和毗邻俄蒙地区资源富集、合作多元、关系友好、人民发展意愿强烈、边境合作基础好的优势，在国家沿边开放中走进前列。要用好用足国家关于满洲里重点开发开放试验区政策，全面推进以满洲里为龙头的国家开放开发试验区建设，带动全市口岸全面升级；积极拓展政策应用范围，争取国家支持将全市整体列入国家级重点开发开放试验区范围，将绥满开放经济带上升为国家发展战略，同步推进《中俄合作纲要》项目深入实施，促进呼伦贝尔对外开发开放再上新水平。要加快口岸基础设施建设和通道建设，力争“十二五”期末，进出境货物超过1000万吨的口岸达到3个，口岸进出境年货运量达到8000万吨，进出境年客运量达到1000万人次。要加强与俄蒙的经贸往来和教育、文化、卫生等方面的人文交流，深入推进与俄蒙在矿产资源开发、木材加工、农业生产等领域的经济技术合作，提高合作开发水平，建设北疆开放龙头和对外合作桥头堡，早日把呼伦贝尔打造成为国家重点沿边开发开放试验区。

四、开发四季旅游，全力打造国际原生态多民俗旅游胜地。

依托呼伦贝尔四季分明的自然风光、底蕴深厚的历史文化和独具魅力的民族民俗风情，积极争取将国家原生态多民俗文化旅游胜地上升为国家定位，建设享誉国内外的草原民俗文化旅游品牌，突出打造呼伦贝尔大草原、大兴安岭、冰雪民俗、北方游牧民族发祥地等四大旅游品牌，培育旅游精品线路，形成十个系列的旅游产品，把旅游业培育成呼伦贝尔资源转型的主导产业、第三产业的核心产业、全市经济的战略性支柱产业。在总体布局上，集中建设好海拉尔、满洲里两大旅游中心，扎兰屯、阿里河、根河、尼尔基、阿拉坦额莫勒五个节点城镇，建成呼伦贝尔民族文化园、白音哈达草原风情园、蒙兀室韦文化产业园、大兴安岭拓跋鲜卑文化产业园、柴河旅游产业园、呼伦湖旅游产业园、尼尔基湖旅游产业园、牙克石凤凰山旅游产业园8个旅游产业聚集区、30个特色旅游小镇和1000户家庭旅游接待户。在宣传促销上要借助媒体平台和利用我市特色节庆活动，重点针对俄蒙、东北、京津冀、“长三角”和“珠三角”等客源市场，开展旅游宣传促销和旅游协作。在产业发展上，要促进民族文化与旅游业发展结合，提高旅游文化品位，特别是要同步加强旅游行业管理，规范整顿旅游市场，提高旅游服务质量。到2015年，国内外游客人数达到1800万人次，旅游业总收入330亿元。A级景区达到60家，全市星级宾馆达到50家，旅游接待住宿床位数达到8万张，把呼伦贝尔打造成为真正的国际原生态多民俗旅游胜地。

五、努力实现共享繁荣，全力打造边疆民族和谐幸福家园

在今后的发展中，我们要进一步确立以共享繁荣为最终目标的发展思想，坚持以人为本，把保障和改善民生放在更加重要的战略地位，关注民生、和谐发展。要深入实施幸福指数工程，坚持富民与强市并重，努力解决群众最关心、最直接、最现实的利益问题，积极改善广大人民群众的生产生活条件。要通过大力改善民生状况，全面发展社会事业，加强民主法治建设，完善公共服务体系，推进基本公共服务均等化，建设和谐文化和完善社会管理，努力使各族群众共享改革发展的成果，努力实现城乡居民收入翻番增长，生活环境极大改善，社会保障水平全面提高，促进全市人民共享繁荣。努力构建和谐的城乡关系、区域关系、地企关系、民族关系、干群关系。最终实现劳有应得、学有优教、病有良医、住有安居、老有颐养的“五有”目标，真正把呼伦贝尔建设成为边疆民族和谐幸福家园。

今天的呼伦贝尔正站在一个新的历史起点上。我们坚信，在自治区党委、政府的正确领导下，在全市人民的共同努力下，一个充满魅力、富有活力、极具潜力的呼伦贝尔，一定会崛起于祖国的北疆！

回眸生壮志　展望铸豪情

呼伦贝尔市海拉尔区人民政府区长　张天喜

海拉尔区人民政府区长　张天喜

海拉尔地处祖国北部边陲，是呼伦贝尔市委、市政府所在地，全市政治、经济、文化中心。至今建城已有270余年的历史，素有北国碧玉、草原明珠的美誉，是一座历史悠久、民族风情浓郁、发展前景广阔的城市。总面积1440平方公里，总人口35万余人，生活着蒙、汉、达斡尔、鄂温克、鄂伦春等26个民族，辖2镇6办，17个行政村、42个社区。改革开放以来，特别是十一五时期，海拉尔区经济取得了平稳较快发展、民计民生持续改善、城市面貌发生巨变、社会事业繁荣兴盛，已成为内蒙古东部重要的旅游和商贸集散地，成为国家和内蒙古向俄蒙开放的重要战略平台。

"十一五"时期，海拉尔综合实力大幅攀升

五年来，海拉尔区委、政府以培育新的经济增长点、扩大经济总量为重点，不断优化经济结构，推进工业化、城市化、农牧业现代化进程，各项主要经济指标均位居呼伦贝尔市前列。地区生产总值连续跨越50亿、100亿、150亿元大关，比2005年增长了3.5倍;财政总收入是2005年的4.2倍，地方财政总收入相继跨越5亿、10亿、13亿元大关，是2005年的3.2倍;社会消费品零售总额年均增速达到22.5%;累积完成全社会固定资产投资236.3亿元，是"十五"时期的3.2倍。

工业经济快速增长。近年来，海拉尔坚持"引进大企业带动大项目入驻、实施大项目带动工业快速发展、建设工业园区带动产业集聚"的理念，成功引进了华润、大唐、华能等一批知名企业，大唐1830化肥、华能2*20万千瓦热电联产等一批重点工业项目相继建设投产，煤化工、清洁能源、新型建材等多个产业实现了破题，新的支柱产业初步形成。

商贸流通日趋繁荣。五年来，海拉尔围绕中心城市全力做大第三产业，商贸中心地位全面提升，商业规模持续扩大，引进了庆客隆、德克士、肯德基等知名品牌，20个大型商业项目相继竣工运营；"三角地商贸圈"已成为呼伦贝尔最大的商业区。"万村千乡"市场工程、食品安全放心工程全面实施，被自治区评为"食品安全放心工程先进旗县（区）"。

文化旅游蓬勃发展。凭借呼伦贝尔天堂草原，海拉尔把发展旅游业作为拉动经济快速发展的新兴产业，文化旅游产业得到迅猛发展，新建了哈克文化遗址博物馆等12个景区景点，世界反法西斯战争海拉尔纪念园被授予全国首批"国防教育示范基地"、"爱国主义教育基地"、自治区"十佳"文明景区等称号。共新建、改扩建酒店宾馆79个。立体旅游交通网络已经形成，航空港五年累计吞吐旅客185.7万人次，是"十五"时期的2.8倍。2010年旅游接待人数达258万人次，旅游收入完成226.5亿元。

"十一五"时期，海拉尔民生工作扎实推进

五年来，城乡居民幸福指数不断攀升，生活水平持续提高。社会保障体系更加完善，社会保险覆盖面继续扩大；就业再就业工作得到加强，城镇登记失业率控制在4.1%以内；社会保障水平全面提高，企业退休人员养老金逐年增长，社区干部生活补贴和环卫工人工资标准逐年提高；经济适用房和廉租房建设扎实推进；群众出行和居住环境明显改善；惠农政策全面落实，五年发放粮食、农机、奶牛良种、机械化挤奶设备购置等各类补贴5200万元。

"十一五"时期，海拉尔城市面貌发生巨变

五年来，海拉尔城市建设投入不断加大，完成基础设施投入18.4亿元，是"十五"期间的3.3倍，新建、改造城市道路、出口道路71条，新建城区桥梁一座；新建、改造供热、供水、排污管网67公里；房地产业快速发展，累计完成投资89.6亿元，开发面积550万平方米，是"十五"期间的4.1倍和2.8倍。共审批高层项目72个，其中20层以上高层项目42个，两年建设20栋高层建筑的目标超额完成，城市"低、小、散"状况得到明显改善。

五年来，海拉尔生态环境明显改善。海拉尔坚持"美丽与发展双赢"的理念，环境保护和生态建设得到进一步加强。国家级生态县（区）创建工作全面启动并顺利通过自治区初验；北山地质环境治理、黑土地综合治理成效显著；城区生活污水集中处理能力逐年提高，伊敏河、海拉尔河水质明显改善；城区集中供热面积不断扩大，空气质量明显好转；森林覆盖率提高到21.6%，城市绿化率达到32.2%，荣获"全国造林绿化先进城区"称号。"十一五"时期，万元地区生产总值综合能耗下降26.9%，节能减排目标全面完成。

回首"十一五"，海拉尔经济社会发展成就斐然，科学发展硕果累累、和谐发展普惠民生、赶超发展精

彩纷呈……展望“十二五”，一幅崭新画卷即将铺开，海拉尔正站在新的历史起点上，区委、政府将带领35万各族让人民，秉承大好发展来势，充分把握有利发展机遇，以只争朝夕的紧迫感、拼搏争先的责任感，在新一轮发展中，豪情满怀，坚定信心，合力攻坚，再创辉煌！

2011年是实施“十二五”规划的开局之年，海拉尔区将按照市委、市政府的统一部署，以科学发展观为统领，以建设“呼伦贝尔中心城市、打造呼伦贝尔经济中心”为目标，以“富民强区”为主线，以产业发展为支撑，以新区建设为引擎，以文明建设为助推，努力开创经济社会平稳较快发展的新局面。主要工作思路是：

——全面加快新型工业化进程。以园区建设为载体，坚持工业向园区集中、产业向集群化、多元化发展，做大工业经济总量。切实做好产业基地、装备制造产业园的基础设施建设和入园项目管理服务工作，为产业集聚发展提供平台；强力推进重点项目，争取在谈项目早落地，落地项目早开工，开工项目早投产；大力发展非资源型产业，重点谋划、引进一批煤化工、有色金属下游产品的深加工和资源就地转化及装备制造、电子信息等拉动强、效益好、技术含量高的项目，促进产业向多元化发展；加速现有企业的升级改造，扶持企业加快新技术、新工艺、新设备的推广应用，实现传统产业转型升级；继续加大招商引资力度，充分利用海拉尔区作为重点开发区域的主体功能定位和“收缩转移、引导产业集聚”的政策，重点引进一批适合我区产业结构战略性调整、能持续带动经济发展的大项目、好项目。

——大力提高城市集聚辐射能力。以发展现代服务业为主攻方向，整合商业资源，转变传统服务业经营模式，打造特色鲜明的商贸集聚区；加快传统服务业转型升级、提档升级，扩大商业辐射半径，提升城市的集聚能力；加快金融业、会展业发展，发挥金融对经济社会发展的支持作用；加快海拉尔物流园区建设为打造东北地区重要的物流集散中心城市奠定基础；加快发展总部经济，结合海拉尔新区建设，凭借独有的区位优势，吸引市内现有的国内外知名企业总部入驻我区，使总部经济成为我区经济发展的新亮点。形成“城内大商场、城中特色街、城郊大物流”的商贸格局。

——促进文化旅游产业大发展。以四大特色旅游为品牌，深度挖掘文化旅游资源，实施以生态草原游为龙头、民俗风情游为主导、历史文化游为特色、冬季冰雪游为亮点的“生态、民族、红色、银色”四大特色旅游工程。抓好景区景点建设，提高旅游交通运输能力、旅游接待能力，提升“中国雪雕城”、“草原之都”等城市旅游品牌的知名度，加强对外合作，开辟国内、中俄、中蒙等精品旅游线路，为把海拉尔打造成自治区重要的旅游中心城市奠定坚实基础。

——加快农牧业现代化进程。以设施农业建设为重点，用工业化思维谋划农牧业发展，全面提高农牧业综合生产能力。全年计划实施农牧林水项目26个，完成投资1.08亿元。围绕“菜篮子”工程，继续抓好海拉尔农业发展园区建设；拓宽农牧民增收渠道，全力促进农牧民增收；加强农村基础设施建设；加快转变农牧业生产方式，推行现代化管理运营模式，规范土地流转，促进农牧业集约化经营。

——鼓励扶持非公有制经济快速发展。以创造更加宽松的发展环境为主旨，把发展非公有制经济作为优化结构、扩大就业、增加税收的重要途径，着力在优化环境、扶持引导和政策支持上下功夫，力争非公经济占地区生产总值的比重达到75%。认真落实扶持非公有制经济发展的各项政策，拓宽发展空间和领域，引导非公有制经济向能源、新型建材、制药、食品、旅游商品开发等产业进军，鼓励参与基础设施、教育、卫生、文体等社会事业建设；完善非公经济服务体系，规范行业协会、工商业联合会和个体私营协会的管理，建立健全非公经济维权投诉长效机制，切实维护非公经济合法权益；鼓励非公企业引进技术和人才，提高经营管理水平，增强发展后劲，提高市场竞争力。

——加强环境保护和生态建设。以创建国家级森林城市和国家级生态县（区）为推手，全力推进国家级森林城市创建工作，深入开展“园林单位”、“园林小区”创建活动。按照“大树进城、小树扎根、林草结合、整妆修容”的工作思路，全面加快城区街道、居住小区和“三山”绿化工作，确保三年完成创建国家级森林城市的奋斗目标。

——给力民生，让发展成果更多地惠及群众。以“六个一”幸福指数工程为抓手，进一步完善社会保障和社会救助体系建设，提高社会保险参保率；改善低收入群体居住和生活环境，改善群众出行环境；加快教育发展，优化教育布局；加快培养和引进文化专业人才，推进文化体育事业健康发展；加快医药改革步伐，提高医疗服务水平等。民生工作无小事，要从根本上、从事关群众生活的点点滴滴做起，重点抓好“米袋子”、“菜篮子”工程，满足人民群众日常生活的基本需求，真正让广大群众得到实惠，让人民群众生活得更加幸福、更有尊严！

回顾“十一五”我们不由心生壮志，展望“十二五”我们更加豪情满怀。基础已经打牢，蓝图已经绘就，机遇催人奋进。我们将同全区35万各族人民一起，凝心聚力，奋力拼搏，合力攻坚，将海拉尔的明天建设得更加美好！

草原明珠-海拉尔

抢抓机遇 跨越发展
为实现鄂温克全面腾飞而努力奋斗

呼伦贝尔市鄂温克旗人民政府旗长 色音图

鄂温克旗人民政府旗长 色音图

一、“十一五”时期经济社会发展回顾

“十一五”时期，是鄂温克旗经济社会实现跨越式发展的重要时期。五年来，旗人民政府团结带领全旗各族干部群众，坚持以邓小平理论和“三个代表”重要思想为指导，贯彻落实科学发展观，坚持和谐发展的理念，认真执行呼伦贝尔市委、市政府和旗委的重大决策部署，把握旗情，抢抓机遇，埋头苦干，经济社会保持了持续稳定健康发展，走上了全面发展、重点突破、和谐进步的良性发展轨道，谱写了奋进的新篇章，铸就了辉煌的新业绩。

（一）五年探索，目标思路更加清晰。五年间，我们正确认识和把握综合机遇期，深入实施“五个大旗”发展战略，调整完善发展思路，经济发展的方向和重点已经明确，投资增量和项目建设的累积效应逐步显现。总体发展战略由畜牧业为核心转向新型工业化为主导，初步形成了以煤电一体化为主的工业体系和以乳、肉、草加工业为主的畜牧业产业化体系。旅游业带动第三产业迅猛发展，重点景区景点转型升级，“敖包相会的地方”成为自治旗旅游名片。发展实践中生态保护和建设意识不断增强，形成了美丽与发展双赢的共识，在资源开发利用上贯彻实施“点上开发、面上保护”的原则，把更多的资源保护起来留给子孙后代。

（二）五年奋斗，综合实力明显增强。全旗生产总值由2005年的27.4亿元增加到2010年的65.2亿元，年均递增18.9%；财政总收入由2005年的4.8亿元增加到2010年的15.5亿元，年均增长26.2%；全社会固定资产投资五年累计完成264亿元，年均递增38.5%；三次产业比重由11.6：60.1：28.3调整为9.2：64.4：26.4。自治旗先后被评为“全区双拥模范旗”、“全国文物先进县”、“全国农村牧区中蒙医工作先进县”、“中国旅游强县”、“全区文明旗县城”等荣誉称号。“全国生态旗”创建工作通过自治区验收。伊敏河镇被评为“全国文明镇”。到2010年，自治旗县域经济基本竞争力全国排名第479位，西部百强县排名第88位。

（三）五年攻坚，改革开放扎实推进。华能、国网等知名企业对旗域企业并购重组。煤炭、林业等国有企业剥离办教育工作取得突破。行政审批制度改革深入推进。粮食、供销系统改革稳步实施。以草牧场流转为核心的牧区综合改革有序进行。引进地方金融企业服务牧业发展，率先组建鄂温克旗包商村镇银行。招商引资保持全市第一方阵，对外交流与合作巩固提高。对俄蒙开放转型升级，在经贸、文化、教育、旅游等领域的合作更加紧密。

（四）五年建设，城乡面貌焕然一新。城镇建设面貌变化巨大，累计投入资金3.8亿元，启动了一批给排水、垃圾处理、供热供气、街区改造、经济适用房和廉租房等基础设施项目，改善了人居环境。新牧区建设成效显著，实施了一批牧区水、电、路、棚圈等基础设施建设工程。公路投资完成2.12亿元，新建及升级改造公路里程646公里，基本实现了主干线通苏木乡镇、支线通嘎查。开工建设伊敏—伊尔施铁路和伊敏—维纳河公路。水利建设累计投入5500万元，新建一批饮用水工程和节水工程。实施草原围栏、禁牧、休牧，草原生态得到有效保护和恢复。全面完成退耕任务，基本实现“全国无沙害旗县”目标。

（五）五年努力，社会事业全面进步。全面普及九年义务教育，民族教育“两主一公”办学模式基本实现，教育资源进一步整合，职业教育规模不断扩大。投资6000万元完成了鄂温克中学迁建工作。医疗卫生事业不断发展，人口与计划生育工作取得突出成绩。民族文化大旗建设蓬勃发展，推出了一批具有地方特点的文艺团体和文化精品。民族团结进步事业巩固提高，军政军民关系融洽。精神文明创建活动丰富多彩，涌现了一批文明村镇和文明社区。圆满完成建旗50周年庆祝活动，充分展示了自治旗发展成果。

（六）五年发展，人民生活不断改善。城镇居民人均可支配收入和牧民人均纯收入分别由2005年的7591元和4781元，增加到2010年的13855元和9067元，年均分别增长12.8%和13.7%。城镇累计新增就业7461人、再就业4234人，城镇登记失业率控制在4.16%以内。新型牧区合作医疗和牧区养老保险作为自治区试点率先开展。各项惠牧政策全面落实，扶持较少民族发展、整村推进、危草房改造工程、游牧民定居工程等帮扶项目深入实施，少数民族群众的生产生活条件进一步改善。

二、“十二五”时期经济社会发展任务

全旗“十二五”时期经济社会发展的总体要求是：以邓小平理论和“三个代表”重要思想为指导，全面贯彻十七大、十七届五中全会精神，深入落实自治区、呼伦贝尔市重大战略部署，以富民强旗、社会和谐、生态优美为目标，坚持美丽发展、科学崛起、共享繁荣，建设“三区两地”，着力保障和改善民生，使自治旗成为县域民族经济发展、民族文化繁荣、草原生态良好的示范区，推动全旗经济社会进入加速发展的新时期，建设更加富裕、文明、和谐的鄂温克，让全旗各族人民更加充分的享受经济发展带来的成果。

综合考虑全旗经济社会发展基础、面临的形势和机遇，并与呼伦贝尔市“十二五”发展目标紧密衔接，鄂温克旗“十二五”时期主要发展目标和定位概括为“五个翻番”和“五个定位”：即地区生产总值年均增长20%，2015年达到160亿元以上；地方财政总收入年均增长18.6%，2015年达到33亿元；全社会固定资产投资年均增长15%，2015年达到202亿元；城镇居民人均可支配收入年均增长17%，2015年达到30376元；牧民人均纯收入年均增长15%，2015年达到18225元。以上五个指标均要实现翻番增长。将鄂温克打造成为全市乃至全区新型能源化工集聚区、民族文化重要承载区、休闲养生宜居区、绿色有机产

品生产加工基地、生态旅游胜地。

今后五年的重点工作任务：一是保持经济平稳较快发展。进一步缩小与发达地区的差距，经济增长的质量和效益明显提高；二是进一步调整产业结构。推动现代畜牧业进一步发展，构建多元工业体系，提高服务业发展水平；三是促进城乡区域协调发展。进一步加快城镇化进程，逐步缩小城乡发展差距；四是大幅度提高城乡居民收入。逐步实现收入增长与经济发展同步，人民生活水平不断提高；五是努力实现可持续发展。促进草原生态持续好转，资源利用率稳步提高，节能减排达到国家要求；六是全面加强社会建设。推进科技、教育、文化、卫生和民主法制事业发展，巩固民族团结、社会稳定的大好局面。

三、2011年重点工作安排

当前，我们正面临着沿海地区资本北上西移，国家新一轮西部大开发和振兴东北等老工业基地战略深入实施，国家支持内蒙古发展政策出台，自治区把支持东部盟市加快发展列为“十二五”规划重要战略任务等综合机遇，将为我旗的产业发展、生态保护和改善民生提供有力的政策支持。我们要充分把握这些机遇，努力实现鄂温克在科学发展中崛起。

实现上述目标，要重点做好以下工作：

（一）以重点项目建设为核心，加快新型工业化进程。深入实施项目带动战略，保持工业经济快速增长的强劲势头。组织实施市级重点项目4个，固定资产投资力争达到20亿元。全力抓好伊敏电厂三期和鄂温克电厂一期建设，确保伊敏电厂三期平稳运营、鄂温克电厂年内双机投产。加快华能风电一期和扎尼河露天矿建设进程，确保华能40亿立方米煤制天然气项目落地。策划推进好大雁电厂一期、鄂温克电厂二期、大唐电厂一期、华电国际风电一期、华能风电二期、中广核风电一期等煤电风电类项目。加大对现有规模企业的宏观调控力度，加强调度、监管、服务，确保工业经济健康运行。全年规模企业增加值力争实现35亿元。坚持以政府为主导，加快工业园区建设进程。按照“点状布局、集中发展、深度开发、循环利用”的原则，推动工业向园区集中，产业向园区聚集，企业向园区集结。项目建设坚持以低碳和环保为前提，重点发展循环经济，以最低的能耗、最少的排放实现价值最大化。更加合理有序的开发煤炭等矿产资源，把伊敏煤田、好勒堡煤田、马达木吉煤田等大型煤田保护起来适度开发利用。全面推进鄂温克旗工业园区建设，以煤电一体化为基础，加快向煤化工产业延伸，启动年产1000万吨褐煤提质、40亿立方米煤制气、180万吨甲醇等项目。加快巴彦托海经济技术开发区建设，确保已签订入驻协议的华泰农牧业机械、无锡彩印包装等10个项目落地开工。

（二）大力推进畜牧业产业化，加快现代畜牧业发展。大力发展质量和效益型畜牧业，加速推进“乳、肉、草、薯”四大产业发展进程，提升产业发展整体水平。适度安排产业化项目配套资金，推进畜牧业产业化建设。继续扶持重点畜牧业产业化企业，扩大生产加工能力，提高加工深度，延伸产业链条，提升市场占有率。继续推进“公司＋基地＋牧户”的发展模式，加速龙头企业与牧民形成风险共担的利益共同体。力争销售收入百万元以上牧业产业化龙头企业实现销售收入3亿元，实现增加值5600万元，带动3600户牧户增收致富。大力发展现代畜牧业，实施现代农业肉羊基地建设项目，建设呼伦贝尔羊提纯复壮核心区、杜泊羊种羊繁育场和标准化种羊扩繁户。巩固“奶牛振兴计划”成果，进一步抓好80公里奶牛带和301国道沿线奶牛带建设。借助国家奶牛良种补贴项目实施，加大奶牛改良力度，建设好奶牛标准化规模养殖小区。冷配辐射范围外的区域和典型草原肉牛带，继续鼓励发展肉牛业。推动饲草产业化发展，加快高产优质人工饲草地建设，发挥饲草储备库的贮草防灾功能，吸引企业和牧民加入产业化体系。

（三）加强基础设施建设，推进城镇化建设进程。以承办新一轮全市文明建设经验交流会为契机，加大城镇基础设施投入力度，提高综合承载能力，促进产业集中和人口集聚。重点抓好巴彦托海镇亮化、绿化、管网改造、道路改造四大工程，提升城镇品味，扮靓首府城镇。实施沿河景观带建设工程、海兰察广场二期建设工程。启动文体活动中心建设工程。继续推进住房保障体系建设，新建廉租房1.7万平方米、342户。按照呼伦贝尔市承载60万人口规模，统筹海拉尔区和巴彦托海镇一体化发展的要求，加快对巴彦托海镇旧城区进行整体改造，打造精品商贸休闲居住区，吸引更多的人入住巴彦托海，做呼伦贝尔中心城集聚人口的主力军。加快城乡一体化建设，积极稳妥地推进巴雁镇棚户区改造项目，完成巴雁镇兴华路改扩建工程；建设伊敏河镇新源社区高标准综合服务中心，实施平安路和府东路改造工程；红花尔基镇、锡尼河镇、辉苏木、伊敏苏木、巴彦塔拉乡全面加强环境综合整治，大力实施绿化、美化、亮化、硬化工程，不断改善人居环境，建设各具特色的魅力城镇。严格按照城镇规划审批建设，严厉查处违法建设行为，维护城镇建设秩序。加强社区建设与管理，完善社区服务功能，提高社区服务水平，充分发挥社区在城镇管理中的积极作用。

（四）加大对外开放力度，增强旗域经济发展后劲。实施更加积极主动的开放战略，为经济社会发展提供不竭动力。继续将招商引资作为促进全旗经济发展的重点，争取更多的项目入驻，努力实现招商引资质量、规模、效益新突破。全力促进正在办理入驻手续的48个地方中小招商项目落地，重点抓好投资5千万到5亿元项目的引进工作，力争全年资金到位50亿元。把招商引资和培育壮大本土企业同谋划、同部署、同扶持，提升本土企业发展的竞争力，逐步形成地方经济自主增长机制。进一步提高对外开放合作水平，提升合作层次，主动承接长三角、珠三角和环渤海经济圈等发达地区产业转移，构筑起大范围配置资源的开放格局。重点抓好与东北三省、沿海开放地区的产业对接，积极参与“哈大齐呼经济协作区”，在能源基地建设、绿色食品加工、旅游产业发展等方面加强合作。积极引进旗外金融机构入驻，打造金融商业区，发展金融总部经济。支持包商村镇银行等地方金融企业做大做强。加强与俄蒙的合作交流，组织实施好重大项目合作，进一步加强民间友好往来，深化教育、卫生、文化及旅游等方面的交流与合作。

（五）加强生态建设进程，提升可持续发展能力。继续实施生态立旗战略，深入创建全国生态旗，积极推进国家森林城市创建，提升生态建设整体水平。认真实施国家草原生态保护政策，落实草畜平衡、禁牧休牧轮牧和基本草原保护制度。继续抓好退耕还草工程，加速推进农业用地产业化建设进程。坚决打击乱采乱挖、私搭乱建等破坏草原的行为。继续加大防沙治沙工作力度，巩固和扩大防沙治沙成果。实施“全国防沙治沙综合示范县”项目。治理海拉尔航线沙地2.5万亩。编制《鄂温克旗防沙治沙十二五规划》和《鄂温克旗林地保护利用规划（2010—2020）》。继续实施人工造林、义务植树、四旁植树和公益林保护工程。加大环境污染防治力度，全力抓好重点区域、重点行业的管理和治理，坚决控制污染物排放总量。严格执行环境影响评价制度和“三同时”制度，保证新上项目符合环保标准。引导企业开展节能降耗，大力发展循环经济，大力推广建筑节能。加强矿产资源开发与管理，保护地质和生态环境。加强水土保持监督管理，抓好伊敏河河道非法采砂监察工作。

（六）坚持以人为本，保障和改善民生。巩固提高“两基”成果，继续实施标准化学校建设。推进城乡教育均衡发展，促进教育公平。突出做好学前教育和高中教育，实现学前3年入园率达到85%以上，初中升入高中阶段入学率达到94%。抓好新一轮教师继续教育培训，提高教师队伍整体素质。投入资金5000万元，继续推进校舍安全工程建设，完成工程总量的90%。把促进就业作为经济社会发展的优先目标和提高城乡居民收入的基本立足点，全年城镇新增就业1100人，城镇登记失业率控制在4.2%以内。

全面发展社会事业，努力构建和谐社会。全力做好全市新一轮文明建设经验交流会承办工作，打造精品参观景点，提升整体发展水平，对外展示良好形象。以“迎会”和庆祝建党90周年为契机，举办群众喜闻乐见的系列文体活动。加快推进牧区广播电视建设，启动20户以下自然村“村村通”工程。

新的时代激荡起我们美好的憧憬，更加壮丽辉煌的明天等待我们去开拓和创造。我们坚信，在呼伦贝尔市委、市政府和旗委的正确领导下，经过全旗各族人民的团结奋斗、拼搏进取，鄂温克一定能够在抢抓机遇中跨越发展，在与时俱进中追求卓越，在科学发展中实现腾飞，鄂温克的明天一定会更加美好！

率先崛起　共享繁荣
加快建设国家重点开发开放试验区

呼伦贝尔市满洲里市人民政府市长　杜学军

满洲里市人民政府市长　杜学军

满洲里地处中俄蒙三国交界地区，是全国最大的陆路口岸城市，素有“东亚之窗”的美誉。1992年被国家批准为首批沿边开放城市以来，满洲里市对外开放和经济社会发展实现了历史性突破，已经成为闻名中外的国际口岸名城。获得了国家级生态示范区、全国科普示范城市、中国优秀旅游城市、中国魅力城市和全国文明城市等一系列殊荣。

一、立足口岸优势，迎难奋进铸辉煌

“十一五”时期，是满洲里发展进程中极不平凡的五年，既取得了难以忘却的骄人业绩，也经历了前所未有的发展困境。特别是面对国际金融危机的持续冲击、国内外市场波动的复杂变化和边贸政策调整的巨大压力，我们深入贯彻落实科学发展观，在应对危机中攻坚克难，在抢抓机遇中稳步前进，在科学发展的道路上迈出了坚实步伐。

经济增长速度和可持续发展能力同步提升，综合实力显著增强。全市生产总值累计完成491亿元，是“十五”的3.1倍，年均增长16.2%。财政总收入累计完成95.8亿元，是“十五”的3.8倍，年均增长11.2%。全社会固定资产投资累计完成232亿元，是“十五”的2.2倍。工业经济规模壮大。规划建设了扎赉诺尔能源重化工基地、进口资源加工园区二期和产业园区。华能集团成功重组扎煤公司。在原煤采掘、煤电联营、煤炭转化、风力发电、工业硅冶炼等资源综合利用上取得了重大突破，引进实施了一批木材深加工、环保建材、机电化工等重点工业项目，发展后劲持续增强。工业增加值累计完成73.2亿元，是“十五”的2.8倍，年均增长26.4%。贸游产业层次提升。口岸外贸进出口总额累计完成425亿美元，年均增长17.9%。市外贸进出口总额累计完成162.7亿美元，是“十五”的2.7倍，年均增长5.2%。一批大型商贸设施建成使用，城市商业功能更加完善。社会消费品零售总额累计完成272亿元，是“十五”的3.6倍，年均增长23.2%。建成了一批高档旅游接待设施，中俄蒙国际旅游节、冰雪节、选美大赛和美食文化节等旅游品牌效应凸显。旅游总人数和总收入累计实现2280万人次和154.5亿元，分别是“十五”的3.4倍和2.7倍，年均增长18.4%和12.5%。新兴服务业活力增强。服务业增加值完成89亿元，是“十五”期末的3.1倍，年均增长26%。成功举办了中俄蒙科技展、中俄经贸展、绿色食品展和对俄出口商品订货会，会展服务业规模和影响不断扩大。组建农村合作银行，与国家开发银行实施了开发性金融规划合作，引进了包商银行和6家保险企业，成立了5家小额贷款公司，金融发展环境不断优化。多点支撑、多极增长、多元发展的特色产业体系初步形成。

口岸基础功能和辐射带动作用同步提升，开放领域不断拓展。口岸过货量累计完成1.2亿吨，是“十五”的2倍，年均增长8.3%。累计上缴关税、代征税405.8亿元，年均增长16.9%。口岸功能日臻完善。筹资37.5亿元完善了口岸基础设施。海满铁路复线和铁路站场至国门区间宽轨复线建成运行，新国际货场建设全面铺开；新301国道全线贯通，新公路口岸投入使用，实现了24小时通关；机场二期投入运营，国际航空口岸获批通航，形成了铁路、公路、航空立体化口岸疏运体系。对外交往不断拓宽。成功承办中俄国家年、语言年地方活动，积极落实与俄罗斯友好城市签署的年度交流合作计划，多领域务实合作日益深化，对外交流区域由毗邻地区向腹地城市延伸。累计审批对外承包工程和劳务合作项目243个，合同金额达到4643万美元，均比“十五”翻了一番。实际利用外资累计完成5154万美元，年均增长2.3%。区域合作成效显著。加强与东北地区主要城市务实交流，积极承接沿海地区能源和经贸产业转移，倡导并首办了边境口岸城市市长论坛，区域合作深度和广度不断拓展。招商引资累计到位资金312亿元，是“十五”的3.4倍。链接俄蒙、融入东北的开放体系基本形成，开放活力进一步增强。

人居环境和服务承载能力同步提升，城市魅力更加彰显。累计投入城市基础设施建设资金30.8亿元，是“十五”的2倍。城市框架进一步拉大。完成了城市总体规划修编，完善了各类专项规划，规划指导作用得到充分发挥。新区建设全面启动，新党政办公大楼投入使用，“南区改造、北区升级、东部西迁、组团集中”的城市发展思路得到有效落实。承载能力明显提升。建设了外环路、机场路、通湖大道等城市道路，公路总里程达到593.6公里，是“十五”期末的2.1倍。市区污水处理厂、垃圾处理场投入使用。新建改造供水管网329.7公里，解决了全市饮水安全和用水紧张问题。新增排水管线150.9公里，总里程达到261公里，比“十五”期末增长137%。供热管线总里程达到319公里、供热能力达到815万平方米，与“十五”期末相比分别增长90%和120%。改造供电线路217.3公里，新建改造变电站4座。房地产开发累计投资93.3亿元，开工房屋建筑面积619.4万平方米，分别是“十五”的3.3倍和1.5倍。改造南区棚户区和城中村11万平方米，1524户居民迁入新居。城市环境更加靓丽。高档次改造165栋临街楼房外立面，建设了30余栋高层建筑，建成中苏路、兴华路半步行商业金街，运用多元夜景灯光亮化城市，塑造了古典欧式动感的城市风格。大力加强环境卫生整治和市政设施维护，人居环境显著改善。全面开展天然草场禁牧休牧，完成“多元投资、亿元绿化”工程，建设边境口岸防护林4.1万亩，新增绿化面积11.1万平方米，生态环境明显改善。

群众生活和社会事业发展水平同步提升，民生质量大幅改善。用于民生和社会事业的财政支出累计达到28.8亿元，是“十五”的3.9倍，年均增长40.4%。实施民心工程和民生实事115项，集中力量解决了一批事关群众利益的热点难点问题。民生保障能力显著增强。城镇居民人均可支配收入比“十五”期末增加了8015元，年均增长12.5%。将机关事业单位人均年工资由21852元提高到44928元。居民最低生活保障标准由130元提高到290元。人均住房面积达到38平方米，比自治区平均水平高出8个百分点。启动建设廉租房8.2万平方米，实现1299户实物配租应保尽保，率先完成自治区下达任务。累计新增就业41634人，发放再就业小额贷款8616.6万元，城镇登记失业率控制在3.7%。基本实现了居民基本医疗保险全覆盖，养老保险参保人数达到32449人，45028名职工纳入失业保险。社会事业健康发展。用于教育、科技、文化、医疗领域的财政支出比重由“十五”期末的7%提高到17.2%。体育馆、科技馆、第一医院、新闻大厦、社区文体馆、社会福利服务中心、残疾人服务中心等公共服务设施建成使用。荣获全国科普示范城市称号。与内蒙古大学合作创办高等教育，满洲里学院已形成9个专业、1600余名在校本科生的办学规模，俄语职业学院正式获批。免除义务教育杂费和职业教育学费3545万元，顺利通过“两基”国检验收，各类教育得到优先发展。

二、科学引领发展，开发开放谱新篇

“十二五”时期，是满洲里重点开发开放试验区建设的起步和攻坚阶段，也是全面建设小康社会的关键时期。我们将深入贯彻落实科学发展观，抢抓重点开发开放试验区建设的历史性机遇，在“先行先试、率先崛起、关注民生、共享繁荣”的主旋律中坚持“发展与惠民”主题和实施“链接俄蒙、融入东北”战略；在做大经济总量、深化对外开放、培育多元产业、建设精品城市的主攻方向中切实转变经济发展方式，全力打造东北亚区域性国际贸易基地、跨境旅游基地、进出口加工基地、国际物流枢纽；在不断加强和创新的社会管理、社会服务中，积极推进基本公共服务均等化，持续改善和提高民生质量，保持社会和谐稳定，努力建设宜居、繁荣、和谐的满洲里。

具体来讲，要坚持五项工作原则：一是坚持把发展作为第一要务。正确处理和协调好加快发展与保护环境、扩大经济总量与调整产业结构的关系，切实转变经济发展方式，促进资源型产业和非资源型产业协调发展，走出一条具有满洲里特色的经济可持续发展之路，率先在蒙东地区科学崛起，率先在自治区建成全面小康社会。二是坚持把开放作为第一动力。进一步解放思想、先行先试，围绕重点开发开放试验区建设，在更大范围、更高层次、更宽领域内以开发促进开放、以开放带动开发，在全国沿边口岸对外开放中实现引领示范。三是坚持把富民作为第一目标。坚持富民与强市并举，在突出发展要务的同时优先关注民生，着力解决弱势群体最为迫切的生活困难问题，着力解决群众追求更高层次、更高质量美好生活的发展需求问题，不断满足群众安居乐业的生活期待。四是坚持把稳定作为第一责任。大力加强社会工作，深入推进社会矛盾化解、社会管理创新和公正廉洁执法，协调好、兼顾好各方利益关系，努力营造和谐稳定的社会环境。五是坚持把依法行政作为第一保证。将依法行政作为政府和每个公务人员最起码的工作要求，将依法行政与民主决策、城市建设与管理、社会管理与公共服务有机结合起来，按照法定权限和法规程序行使权力，用制度管人管事，按程序推动工作，不断提高政府推进科学发展的能力和水平。

做好四方面工作：一是落实国家开发开放新要求，不断加强区域合作，切实增强经济社会发展动力和活力。以建设重点开发开放试验区为契机，深入推进对外开放升级战略，坚持“引进来”与“走出去”相结合，统筹两个市场、两种资源，全方位、多领域加强与俄蒙等东北亚国家和东北、环渤海地区的交流合作，扩大开放领域，提高开放水平，打造现代化国际口岸。二是把握转变发展方式新趋势，培育多元产业体系，不断提高经济可持续发展能力。培育壮大口岸商贸、国际物流、跨境旅游、进出口加工、能源重化工、离岸金融、现代服务业等特色产业，努力推动产业向高端、集群、精深方向发展，不断夯实科学发展、富民强市基础。三是围绕城市空间发展新架构，全面建设精品城市，加速推动区域性现代化中心城市建设。加快新区建设步伐，带动南区改造开发，建设功能现代、业态集聚、生态宜居的行政服务、休闲商住新城区；提升北区功能，建成高档次商贸服务中心；推进扎区组团西迁，建设产业承载力强的新型工业化城区；加大东湖区生态经济发展力度，建设生态旅游示范区。四是拓展富民强市战略新内涵，坚持富民优先标准，加快推进基本公共服务均等化。加快构建与经济社会发展水平相适应的多层次社会保障体系，努力实现居民收入增长与经济发展同步，劳动报酬增长与劳动生产率提高同步，全力打造安全、稳定、和谐的社会环境，让发展成果最大限度地惠及于民。

我们相信，通过“十二五”乃至今后一个时期的励精图治、激情创业，一个开放更富活力、经济更显繁荣、城市更具魅力、社会更趋和谐、人民更加幸福的满洲里，将以崭新的风貌屹立于祖国北疆！

立足富民强旗　实现美丽发展
努力开创自治旗“十二五”新局面

呼伦贝尔市莫力达瓦达斡尔族自治旗人民政府旗长　索曙辉

莫力达瓦达斡尔族自治旗旗长　索曙辉

莫力达瓦达斡尔族自治旗（以下简称莫旗）成立于1958年8月15日，是全国唯一的达斡尔族自治旗。自治旗辖13个乡镇（其中2个鄂温克民族乡）、220个行政村、20个居委会。全旗共聚集22个民族，总人口34万人，其中主体民族达斡尔族人口3.24万人。全旗现有耕地760万亩，以县为单位大豆产量居全国之首。莫旗地表水资源总量丰富，已建成的尼尔基水利枢纽是国家“十五”计划重点项目，也是国家实施“西部大开发战略”标志性工程之一。莫旗素有“曲棍球之乡”、“大豆之乡”、“歌舞之乡”的美誉。

近年来，莫旗牢牢把握住科学发展这条主线，深入贯彻落实呼伦贝尔市“有退有进、美丽与发展双赢”的发展思路，大力实施“农业强旗、工业富旗、生态立旗、旅游活旗、科教兴旗”的发展战略，实现了各民族共同繁荣和经济社会的可持续发展。

一、着力提升“三化”水平，民族经济绽放异彩

近些年来，在党的民族政策光辉照耀下，莫旗经济社会发展取得了长足进步。尤其在“十一五”时期，莫旗认真贯彻落实科学发展观，以富民强旗为目标，按照“农业强旗、工业富旗、生态立旗、旅游活旗、科教兴旗”的发展战略，妥善处理保护生态、发展经济、改善民生三者关系，全力推进经济社会可持续发展，经济总量显著增加，综合实力大幅攀升，社会事业全面进步，民族关系更加融洽。全旗地区生产总值从2005年的25.48亿元增加到2010年的67.51亿元，年均增长21.5%。2010年地方财政总收入完成2.79亿元，地方财政总支出完成近16亿元。

工业化方面：“十一五”期间通过招商引资和扶优扶强，推进了工业产业结构优化升级，全旗共引进华润雪花啤酒、福润肉类有限公司150万头生猪屠宰等域外项目338个，到位资金62.4亿元，年均增速达到23％；园区道路、电力、排水等基础配套设施不断完善，承载能力日益增强，现已有18家公司入驻莫力达瓦工业园区。

农牧业产业化方面：农田水利建设不断加强，有效灌溉面积不断增加，到2010年达到122万亩，伴之而来粮食产量屡创新高，2010年粮食总产量达29.4亿斤。莫旗自2003年起连续8年被农业部评为“全国粮食生产先进县”，2007、2008、2010三年获“全国粮食生产先进县标兵”称号。并从2009年起被自治区列为“高标准农田示范旗县”、“小型农田水利重点县”和“退耕还林基本口粮田建设示范县”。 建成了一批农畜产品加工转化企业，农畜产品加工转化能力大幅增强，2010年区级农牧业产业化重点龙头企业已有5家，产业化龙头企业销售收入达到18.37亿元。在龙头企业的带动下，基地建设逐步走上规模化、标准化、优质化之路，中草药、菇娘、红番茄、大鹅、绿色水稻产业已初步实现区

域化生产。农产品加工种类逐渐丰富、档次日益提高。莫力达瓦大豆、莫力达瓦菇娘、莫力达瓦柳蒿芽已取得了中国农产品地理标志登记。“三品一标”认证工作取得新进展，全旗获得绿色（有机）和无公害农产品认证数量已达到23个。

城镇化方面：突出城镇功能，实施了尼尔基污水处理、热力增容扩网、垃圾无害化处理、巴特罕大街四期工程及亮化美化等一系列工程；突出民族特色，建成了文化馆、文体中心、伊兰广场、迎宾广场等一系列学习、健身、休闲活动场所,城镇服务功能进一步完善。

二、着力强化设施建设、生态建设，努力实现美丽与发展双赢

“十一五”期间，累计完成固定资产投资86.91亿元。特别是重视加强少数民族聚居区的基础设施建设和生态建设，全旗所有民族聚居村屯已基本实现了通公路、通电话、通广播电视。开工建设了10条通乡油路，总里程415公里，通村公路完成300公里，以尼尔基镇为中心的公路网已经形成；电力建设稳步推进，全旗已实现消灭无电村目标；投入生态建设资金15亿元用于实施草原保护与建设、生态公益林保护等重点工程，完成退耕还林、植树造林、封山育林共计29万亩，森林覆盖率达到24.34％，从根本上扭转了生态恶化趋势。进一步加大对少数民族经济社会发展的扶持力度，五年间实施少数民族发展资金项目57个，投资1300万元；实施整村推进项目，积极引导少数民族比较集中的乡镇和民族村屯调整经济结构，发展特色经济和优势产业；实施“三少民族危草房改造”工程，共计投入资金14253万元，改造房屋5482栋，使5482户三少民族困难群众告别破旧的危草房。“十一五”期间，全旗城镇居民人均可支配收入从2005年的7691元增加到2010年的12601元，年均增长10.4％；农民人均纯收入从2005年的2185元增加到2010年的6373元，年均增长23.9％。

三、着力推动旅游业繁荣进步，第三产业经济增添活力

莫旗积极打造旅游业成为第三产业发展的突破口和新的增长极，旅游业规模不断发展壮大，2010年实现旅游总收入3.1亿元，接待游客39.5万人次。莫旗现拥有国家A级景区两家，其中，中国达斡尔民族园为国家AAAA级风景区，达斡尔民族博物馆为国家AA级风景区。尼尔基水利枢纽为国家级水利风景区。全旗形成了腾克霍日里绰罗达斡尔部落、额尔和那日松蒙古部落等10处具备接待规模的旅游景区（点）。近年来，莫旗努力打造了斡包节、冰钓节、曲棍球节、昆米勒节等特色旅游节庆活动。“中国·达斡尔冰钓节”在“2010首届中国节庆创新论坛”暨“2010中国品牌节会颁奖盛典”上获得 “2010十佳休闲旅游节”荣誉。上海大世界基尼斯总部认定“中国·达斡尔冰钓节”为规模最大的冰钓活动。在呼伦贝尔市旅游发展规划中，莫旗被定位为“北国水城”和“民俗生态旅游基地”。2008年我旗被评为“全市旅游发展先进旗市”。

四、着力打造“乌兰牧骑”和“曲棍球”两张名片，莫力达瓦知名度、美誉度不断增强

近年来，我旗着力打造“乌兰牧骑”和“曲棍球”两张名片，以此扩大莫旗知名度和美誉度，为经济社会可持续发展和各民族共同繁荣发展增加影响力。作为庆祝祖国六十华诞献礼项目，“穿越千年一神奇的达斡尔”大型文艺演出在北京保利剧院上演获得圆满成功；乌兰牧骑赴台湾文化交流深受台湾各界喜爱，在参加的各类高级别大赛中多次获得金奖。自治旗被国家文化部命名为“鲁日格勒”之乡，并获得国家文化部授予的“全国文化先进单位”称号，被自治区列为“达斡尔族文化生态保护区”。近年来，我旗多次承办全国性曲棍球赛事，男、女曲棍球队参加各类赛事屡获佳绩，2008年莫旗有5名曲棍球队员代表国家队参加了北京奥运会曲棍球比赛，2010年成功举办了首届中国莫力达瓦曲棍球节。旗文体广电局被授予“全国体育系统先进集体”荣誉称号。自治旗被命名为全国曲棍球夏训基地和2012年曲棍球奥林匹克后备人才基地。

“十二五”时期是全面建设小康社会的关键期。我旗将紧紧围绕“富民强旗”这条主线，以“五个发展战略”为工作重点，着力提高城乡居民收入水平，切实保障和改善民生；加快转变经济发展方式，加速产业结构调整，重点培育龙头企业，集中突破农畜产品加工转化，全力推动立旗项目实施；不断深化改革开放，全面加强社会建设，维护社会和谐稳定，为实现中华民族的伟大复兴贡献力量。

莫旗连续8年被农业部评为“全国粮食生产先进地县”。

科学发展 富民强市
推动扎兰屯市经济社会发展全面升级提速

呼伦贝尔市扎兰屯市市委书记　任宇江
呼伦贝尔市扎兰屯市人民政府市长 杨利民

扎兰屯市市委书记　任宇江

扎兰屯市人民政府市长　杨利民

扎兰屯市是隶属于内蒙古自治区呼伦贝尔市的一个县级市，全市总面积1.69万平方公里，辖12个乡镇、7个街道办事处，总人口43万人，由蒙古、汉、达斡尔、鄂伦春、鄂温克等20个民族构成，是内蒙古目前唯一的国家级风景名胜区、全区旗县级地区唯一的自治区级园林城市，也是中国优秀旅游城市、国家绿色农业示范区、全国绿色食品原料标准化生产基地、全国休闲农业与乡村旅游示范县。“十一五”以来，在上级党委、政府的正确领导下，扎兰屯市坚持“科学发展、富民强市”工作主题，围绕培育壮大绿色农畜林产品生产加工体系和以旅游商贸为核心的特色服务业体系两条绿色产业主线，抢抓机遇，锐意进取，凝心聚力，攻坚克难，顺利完成了既定目标，全市经济社会发展全面升级提速，为全面建设小康社会打下了坚实基础。

——综合实力显著增强。五年来，扎兰屯市始终坚持以经济建设为中心，全力培育壮大两条绿色产业主线，产业结构优化升级，经济总量加速扩张。

2010年，实现地区生产总值104.4亿元，是2005年的3.2倍，年均增长23.6%；财政总收入完成8.22亿元，是2005年的3.7倍，年均增长30.2%；固定资产投资五年累计完成189.3亿元，是“十五”的4.9倍，年均增长45.7%。三次产业比例由35.7：35.8：28.5调整为28.4：46.1：25.5。

农业基础地位进一步巩固。2010年粮食总产量达到19.16亿斤，比2005年增长90%，牧业年度牲畜存栏达到360万头只，比2005年增长56%。绿色食品产业快速发展，“三品”认证和国家地理标志保护农产品数量居全国县级地区之首。工业主导地位快速提升。2010年规模以上工业企业达到58户，是2005年末的2.3倍，实现产值109.3亿元，是2005年的5.8倍，年均增长46.5%。旅游产业优势地位彰显。累计接待游客557.3万人次，实现旅游收入31.8亿元，比“十五”期间分别增长2.6倍和4倍。商贸流通业日趋繁荣。2010年社会消费品零售总额达到32.6亿元，是2005年的2.7倍，年均增长22%。外贸出口累计实现2656万美元。

——城乡面貌明显改观。五年来，扎兰屯市始终坚持生态宜居城市建设目标，城市规划、建设和管理水平不断提高，城乡面貌明显改观，区域性城市集聚带动能力不断增强。

城建投入累计完成投资6.7亿元，比“十五”期间增长137%，市政道路、供水供热等综合服务保障功能大幅提升。城镇人均住房面积由22.8平方米提高到29平方米。城市绿化覆盖率达到36.8%，人均公园绿地面积达到10.6平方米。农村基础设施显著改善，提前实现村村通电的目标，农村居民人均生活用房面积由17.3平方米提高到22.1平方米。综合交通网络优化升级，累计完成交通基础设施建设投资15.3亿元，比“十五”期间增长7.7倍。新改建农村公路586公里，公路总里程达到2707公里。扎兰屯–阿荣旗铁路开工建设，民航支线机场项目纳入全区“十二五”规划，立体交通网络逐步形成。

——生态优势巩固提升。五年来，扎兰屯市始终坚持美丽与发展双赢，加速推进国家级生态市、园林城市、森林城市的创建，实现了生态文明与城市品位双提升。

大力推进生态保护建设，实施了一批生态保护和建设工程，森林覆盖率达到70.04%，被列入国家大小兴安岭林区生态保护与经济转型规划范围。节能减排取得明显成效，累计削减化学需氧量5.3万吨、二氧化硫1932吨，超额完成“十一五”减排任务。全年空气质量优良天数达到350天以上。

——社会事业协调发展。五年来，扎兰屯市始终

杜鹃节开幕式

坚持经济和社会协调发展，努力缩小城乡差距，全面提高公共服务水平。

科技支撑能力不断增强。累计推广先进适用技术120项，专利授权28个，3次获全国科技进步考核先进市称号。教育发展水平持续提升。累计投入3.2亿元实施中小学校舍安全工程等项目。“两基”目标全部实现，“普九”债务全部化解，基本实现了职普比5:5的目标。卫生服务体系不断健全。医药卫生体制改革有序推进，新型公共卫生体系初步形成，公共卫生服务能力明显增强，成为全区农村卫生工作先进县。人口计生工作不断加强，成为全区计划生育服务先进市。文体广电事业协调进步。雅鲁河文化艺术节两度获得全国文化节庆金手指奖，荣获全国文物工作先进市称号。全民健身活动广泛开展，竞技体育水平不断提升。广播电视数字化改造扎实推进，综合覆盖率达到94%。

——民生质量持续改善。五年来，扎兰屯市始终坚持把改善民生作为推动科学发展的根本目的，使人民群众共享发展成果。2010年，城镇居民人均可支配收入达到15713元，年均增长14.1%；农民人均纯收入达到6406元，年均增长18.3%。

——社会环境和谐稳定。五年来，扎兰屯市始终坚持促进社会和谐，不断强化社会管理，全面加强政府自身建设，社会大局稳定、人民安居乐业的良好局面得到进一步巩固和发展。

未来五年，是扎兰屯市快速迈向“科学发展，富民强市”宏伟目标的关键时期，也是进一步夯实基础、积蓄后劲、提升优势、跨越发展的重要战略机遇期。

“十二五”时期，扎兰屯市政府工作的总体思路是：深入贯彻落实科学发展观，紧紧把握“美丽发展、科学崛起、共享繁荣”的主旋律，加快转变经济发展方式，全面壮大两条绿色产业主线，坚持富民与强市并重，着力保障和改善民生，全面增强综合实力、发展活力和区域竞争力，把扎兰屯市建设成为自治区东部重要的度假休闲旅游目的地、农畜林产品生产加工基地、商贸物流集散地和生态宜居城市。

“十二五”时期，扎兰屯市政府工作的主要预期目标是：到2015年，地区生产总值达到240亿元，年均增长18%；地方财政总收入达到10.7亿元，年均增长20%；固定资产投资五年累计完成692亿元，年均增长18%；社会消费品零售总额达到74.6亿元，年均增长18%；经济结构进一步优化，三次产业结构达到23:49:28；城镇化水平稳步提高，城镇化率达到50%以上。

“十二五”时期，扎兰屯市政府工作的基本要求是：

——全力加速改革开放。全面抢占发展先机。勇于突破影响改革开放的思想束缚，不断激发创造创新的活力，努力优化投资发展的环境，以推进重点领域改革创新带动各项改革的进一步深化，以扩大招商引资加速做大经济总量。坚持市场化取向改革，城乡协调发展的体制性障碍逐步消除，非公经济比重达到65%以上。开放性经济取得战略性突破，引进资金累计达到418亿元以上，年均增长10%左右。

——全力改善生态环境。全面建设绿色家园。把生态文明作为永恒主题，把建设资源节约型、环境友好型社会放在更加突出的位置，坚定不移地走美丽与发展双赢之路。到2015年，水土流失治理程度达到70%，森林覆盖率提高到71%以上；城市污水集中处理率达到86%。循环经济全面发展，可持续发展能力不断增强。

——全力提高幸福指数。全面构建和谐社会。坚持以人为本，坚持富民与强市并重，让发展成果体现在提高人民生活水平上，体现在满足人民物质文化需求上，体现在人的全面发展上，让全市人民共享繁荣。到2015年，城镇居民人均可支配收入达到31604元，年均增长15%；农民人均纯收入达到12885元，年均增长15%；城镇登记失业率控制在4.2%以内。

——全力推进依法行政。建设人民满意政府。全面提高法治政府、诚信政府、高效政府、节约政府、廉洁政府建设水平，为经济社会发展营造良好环境，为人民群众安居乐业提供优质服务，坚持不懈地建设让广大人民群众和投资者看得起、信得过、靠得住的政府。

站在历史的新起点，迎来充满希望的“十二五”。我们将进一步解放思想、抢抓机遇、奋发图强、真抓实干，努力把“十二五”规划的宏伟蓝图变为美好现实，为实现“科学发展，富民强市”的宏伟目标而努力奋斗！

基尔果天池

奋力推动跨越发展 建设美丽富饶新兴安

兴安盟盟委书记、盟人大工委主任　王程熙
兴安盟盟委副书记、盟行政公署盟长　邓月楼

兴安盟盟委书记、盟人大工委主任　王程熙

兴安盟盟委副书记、盟行政公署盟长　邓月楼

兴安盟是内蒙古自治区的诞生地和我国民族区域自治制度的实践地。改革开放特别是“十一五”以来，全盟上下坚持以邓小平理论和“三个代表”重要思想为指导，深入贯彻落实科学发展观，锐意改革，奋发进取，经济社会实现了平稳较快发展，综合经济实力不断增强，发展条件进一步改善，城乡面貌明显改观，民生状况和社会事业持续提升。一个经济发展、民族团结、社会和谐、边疆安宁的兴安盟正在科学发展的道路上阔步前进。

今后五年是兴安盟深入实施“十二五”规划、全面建设小康社会的关键时期，也是推动跨越发展、实现富民强盟的战略机遇期。按照自治区对兴安盟提出的“三、五、十”目标定位，今后五年，我们将围绕科学发展这个主题和转变发展方式这条主线，牢固确立新型工业化主导地位，坚定不移推进城乡统筹发展，加快推动经济增长由农牧业主导向工业主导转变、农牧业生产由粗放经营向集约经营转变、城乡发展由二元分割向城乡统筹转变、区域经济由封闭发展向开放融入和借力发展转变。坚持集中、集约、集聚发展，促进人口向城镇集中、产业向基地集中、工业向园区集中，加快形成城乡一体化发展新格局；注重生态环境保护，大力发展循环经济，创新资源开发利用模式，使经济社会发展与资源环境的承载能力相适应，建设资源节约型和环境友好型社会，走出一条人与自然和谐相处的路子。到2015年，全盟地区生产总值、财政收入实现翻两番，分别达到1000亿元和90亿元，年均增长30.9%和32.6%；固定资产投资累计完成3000亿元，是上一个五年的4.4倍，年均增长30%以上；城乡居民收入分别达到26300元和8100元，实现翻一番以上，年均增长18%和17%。

站在新的历史起点上展望“十二五”，兴安盟既面临着国家促进内蒙古又好又快发展、自治区差别化政策扶持、自治区厅局延伸帮扶、鄂尔多斯对口支援和东部盟市联合协作等千载难逢的发展机遇，同时由于受自然、历史、社会等因素影响，贫困落后的基本盟情和发展不足的主要矛盾还没有根本改变。面对美丽与贫困并存、机遇与挑战同在的紧迫形势，我们必须始终坚持发展是硬道理和以经济建设为中心不动摇，始终坚持能快就不要慢、能干就不要等，借力多重支持，发挥自身优势，奋力推动跨越发展，建设美丽富饶新兴安。一是大力推进新型工业化。坚持工业驱动、项目带动、投资拉动，着力培育煤化工、能源、冶金和绿色农畜产品加工四大主导产业，加快发展装备制造、纺织服装等非资源产业，到“十二五”末全盟三次产业结构演进为11：59：30，工业占GDP的比重由“十一五”末的26%提高到50%，实现由农牧业主导向工业主导的历史性转变。二是扎实推动城乡统筹发展。积极推进城镇特色化、农牧业现代化、产业集优化、公共服务均等化发展，全力构建以工促农、以城带乡长效机制，加速城乡一体化发展进

程。以实施劳动力带动人口转移工程为突破口，加快推进农村牧区人口向城镇转移，到“十二五”末全盟转移输出农村牧区人口25%以上、城镇化率达到50%以上。三是积极发展现代服务业。全面整合大兴安岭林区和科尔沁草原丰富的自然风光资源，深度开发红色文化和科尔沁文化资源，大力发展以文化产业为依托的特色旅游产业。全面优化物流发展环境，以乌兰浩特物流园区和阿尔山口岸物流园区为重点，加强基础设施建设，培育重点物流企业，构筑集现代仓储、配送加工、多式联运、信息服务和第三方物流五位一体的现代物流体系，努力建设区域性物流中心。加强金融和担保体系建设，引进股份制商业银行，培育小额贷款公司、村镇银行等新型金融机构，优化金融环境，切实解决中小企业融资难和金融存贷差过大的问题。四是着力改善发展条件。重点推进出口通道和能源通道建设，到“十二五”末6个旗县市全部通铁路和高等级公路，建成连接东五盟、东三省，连通朝、俄、蒙三国综合交通运输网络，构建公路、铁路、航空、管道一体化的立体交通运输系统。抓住国家促进内蒙古又好又快发展和加大水利基础设施建设投资的机遇，借助自治区的推动力量，尽早开工建设文得根和勿布林水库等重点水利工程，使水资源优势尽快转化为竞争优势和经济优势。加强生态环境保护和建设，坚决退耕、禁伐、减畜、转人，保护好兴安这片绿色。五是积极推进开放合作。重点加强与鄂尔多斯、东部盟市、东三省、浙江等沿海地区和蒙古国的合作，实现优势互补、资源共享、互利双赢。六是切实保障和改善民生。按照学有优教、劳有应得、病有良医、住有安居、老有厚养的总体要求，注重公共财政向民生领域倾斜，加大项目和资金争取力度，同步推进民生事业与经济发展。把加强和创新社会管理放在更加重要的位置，有效解决当前社会管理中的薄弱环节和突出问题，最大限度地增加和谐因素，最大限度地减少不和谐因素。

展望未来，我们对兴安盟发展的美好前景充满信心。我们坚信，有自治区党委政府的特别扶持，有社会各界的鼎力帮助，有全盟各族人民的团结奋斗，我们一定能够早日实现跨越发展、富民强盟的奋斗目标！

内蒙古新浩基农牧发展有限公司丹麦生态原种猪场

五一会址

乌兰夫同志办公旧址

站在新起点 抢抓新机遇 努力实现经济社会跨越式发展

阿尔山市人民政府市长　朱成帮

阿尔山市人民政府市长 朱成帮

当“十一五”与“十二五”交替之际，在这继往开来之时，回眸“十一五”辉煌足迹，展望“十二五”美好远景，对于把握科学发展主题，提高经济社会发展的的全面性、协调性和可持续性，推动跨越式发展，具有十分重要的意义。

回眸“十一五”——科学发展新跨越

阿尔山是内蒙古自治区重点打造的旅游口岸城市，是蒙东地区和我国东北对俄蒙开放的最佳通道，是联合国开发计划署规划的第四条欧亚大陆桥的重要节点。近年来，在自治区党委、政府和兴安盟委、行署的正确领导下，阿尔山市委、市政府带领全市人民励精图治、艰苦奋斗，全市综合经济实力不断增强，城乡面貌明显改善，成为兴安盟最开放、最具活力、最宜居的城市之一。特别是过去5年，我们全面贯彻科学发展观，紧紧围绕“生态立市、旅游兴市、产业强市、口岸旺市”的发展战略，抢抓机遇，开拓创新，成功化解金融危机的冲击，克服和应对种种可预料和不可预料的困难，经济社会实现了全面协调可持续发展，圆满完成“十一五”各项预期目标，在阿尔山发展的历史进程中写下了浓墨重彩的一笔。

综合经济实力明显提升。5年来，地区生产总值年均增长14.4%，财政收入年均增长6.69%，分别是“十五”期末的1.97倍和1.40倍，经济发展速度与质量效益全面提高。

产业结构明显优化。5年来，全市三次产业比重由“十五”期末的31.4:13.3:55.3调整到“十一五”期末的18.9:22.9：58.2。旅游业的主导地位日益凸显；“为旅而农、为旅而牧”的特色农牧业实现快速发展，马铃薯、卜留克、矿泉蔬菜、食用菌、野猪和鹿等一批特色种植养殖业已初具规模；环保型工业开始起步，矿泉水等工业逐步发展壮大。

生态环境明显向好。5年来，累计完成人工造林27.13万亩，封山育林92.58万亩，退出家庭林场368户，地区森林覆盖率由“十五”期末的64%提高到80%，生态环境得到明显改善。

通道建设明显加快。5年来，铁路、公路建设步伐加快，口岸实现临时开关，机场实现试飞首航，220千伏输变电工程进展顺利，立体交通网络初步形成，制约发展的通道瓶颈逐步破解。

城乡面貌明显改观。5年来，城市规划建设累计投入资金5.82亿元，城市功能进一步得到完善。同时，太阳能、风能、地热能等绿色清洁能源技术得到极大应用，国家级生态示范市建设取得显著成绩。

群众生活明显改善。社会保障体系进一步完善，社会事业加速发展。城乡居民收入年均分别增长9.71%和7.87%，市民得到更多实惠，幸福指数逐步提高。

“十一五”时期，是阿尔山市经济社会全面发展、城乡面貌显著变化、发展成果惠及百姓最多的5年，也是地区知名度、美誉度快速提升的5年。5年来，先后获得“中国优秀旅游城市、全国首批文明风景旅游区创建活动先进单位、国家火山温泉地质公园、国家级生态示范区、国家冰雪运动训练基地、中国魅力中小城市、自治区滑雪之乡、自治区十佳文明城市”等殊荣。

总结5年来的探索实践，取得的成绩来之不易，积累的经验弥足珍贵。之所以取得这些成绩，关键在于我们始终坚持围绕中心，服务大局，把加快发展作为第一要务；始终坚持解放思想，推进创新，把改革开放作为第一抓手；始终坚持结构调整，统筹兼顾，把科学发展作为第一责任；始终坚持以人为本，执政为民，把群众利益作为第一追求；始终坚持规范有序，自觉守法，把依法行政作为第一保障。这五点启示，来源于过去5年的丰富实践，也是未来5年我们将牢牢把握和坚持的准则。

展望“十二五”——凝心聚力谱新篇

当前和今后一个时期，是阿尔山在新的历史起点上实现新的更大发展的关键时期。未来5来，是阿尔山在过去15年发展历程的基础上，为实现长远发展破难题、拓空间、增后劲的5年，是全面建设小康社会的关键时期，是深化改革、扩大开放、加快经济发展方式转变的攻坚时期，也是推进阿尔山富民强市跨越发展的黄金期。

2011年是“十二五”规划的开局之年，阿尔山面临的发展环境非常有利：国家深入实施西部大开发战略和制定支持内蒙古加快发展的政策，正式实施大小兴安岭生态保护与经济转型规划，延长资源枯竭城市政策，自治区重点支持、鄂尔多斯对口支援兴安盟建设以及自治区财政“省直管县”试点政策逐步落实，为加快发展提供了良好的外部环境和持续的政策支持；多年来结构调整形成的特色产业体系和积累的资金、项目、人才等基础，为加快发展方式转变提供了重要条件；近年来阿尔山旅游产业快速发展的良好态势，在全国的知名度明显提高，已成为响亮的城市品牌，影响力和辐射力大幅提升；立体交通网络基本形成，区位优势进一步显现；特别是全市上下谋发展、思跨越的愿望强烈，这些都是阿尔山市谋划新发展的潜力所在、希望所在。勤劳、质朴、文明、开放的阿尔山人有信心、有能力继续保持经济社会平稳较快发展的良好态势，乘势而上，实现“十二五”的高起点开局，推动阿尔山实现科学发展新跨越！

阿尔山市确立了到“十二五”期末，地区生产总值、固定资产投资、地方财政一般预算收入和城乡居民收入全部实现两位数增长，实现全面建设小康社会的宏伟目标。我们将在自治区党委、政府和兴安盟委、行署的领导下，深入贯彻落实科学发展观，紧紧围绕建设国际大通道陆港、世界旅游目的地和国家级生态文明体验区的战略定位，以加快推进“四个转变”为主线，以提高人民生活水平为出发点，加快改革创新，加大开放步伐，加强城乡统筹，打造“一产服务三产、二产服从生态、三产助推旅游”的产业格局，努力实现经济和社会协调发展，人与自然和谐统一。

我们的设想是：到2015年，地区生产总值实现37亿元，年均增长32.7%以上；地方财政收入实现年均增长22%以上；全社会固定资产投资实现87亿元，年均增长33%；旅游人数实现160万人次，年均增长18%；旅游收入实现30亿元，年均增长33.8%；城镇居民人均可支配收入达到26334元，年均增长18%。届时，全市特色产业体系将更加完善，产业结构将更趋合理，生态环境将更加优美，城乡建设实现新跨越，社会事业迈上新台阶，对外开放达到新水平，人民生活水平得到新提升，阿尔山将成为独具特色的转型示范城市、新型口岸城市、旅游魅力城市、生态宜居城市、文明幸福城市。

蓝图振奋人心，机遇时不我待。当前和今后一个时期，阿尔山市将从四个主要方面寻求新突破。

——突出保护优先，强化建管并重，着力在构建生态文明保护区上实现新突破。以“三禁一退一转一保”（禁猎、禁牧、禁伐，居民转产转移，退耕还林，保水源）等综合措施为着力点，不断提高生态的自然修复力，实现“两转、两增、两好”（转型、转产，职工增收、活立木蓄积量增加，生态环境好、生活质量好）的目标；抢抓大小兴安岭林区生态保护与经济转型、第二批天保工程等政策机遇，继续推进生态示范市创建，坚决制止“四乱四滥”（乱砍滥伐、乱采滥挖、乱捕滥猎、乱垦滥牧）现象发生，努力实现美丽与发展双赢。

——突出结构调整，做大优势产业，着力在构建生态文明产业区上实现新突破。围绕道路、交通、电力、房地产开发、旅游产品开发、特色农牧业、环保型工业经济等7大类35个重点项目，投资163.7亿元，加速推进旅游业、环保工业和特色农牧业的转型升级。2011年计划完成投资25亿元。旅游业方面，突出本色本真、自然天然的价值理念，倾力打造“六大中心”、“七大类特色产品”，积极推进森林小火车观光线、金江沟、银江沟旅游产品开发以及天池景区度假村等一批旅游项目，不断提升“健康阿尔山”品牌的核心竞争力，努力形成“南北互动、冬夏两旺”的发展格局。工业方面，在改造提升传统工业项目生产水平的同时，积极开发利用非核心景区、非景观带的矿产资源，不断提升环保工业的水平和层次。重点发展矿泉水、铁矿、铁锌矿、石灰石矿等矿产资源，积极谋划风电、小水电、2×15万千瓦热电联产、2×1.5万千瓦生物质发电等新型能源项目。特色农牧业方面，大力发展矿泉蔬菜、脱毒马铃薯种薯、卜留克、有机种苗等四大差异产品，着力发展野猪、鹿狍、林蛙、食用菌培育等四大特色产业，倾力打造绿色食品加工基地，逐步形成观光体验式农牧业发展新格局。

——突出开放融入，优化投资环境，着力在构建生态文明开放区上实现新突破。以完善口岸基础设施及实现季节性通关为主要内容，不断加快口岸建设，加大对外开放力度。大力发展陆港经济、“飞地经济”和物流产业，不断提升对外开放水平。在实现机场正式运营的基础上，多层次、全方位谋划航班专线，不断拓展航空旅游市场。竭力谋取进京列车的开通，推进白阿铁路改造、“两山”铁路、阿尔山至诺门罕运煤专线等铁路建设。全力抢抓和推进省级公路、景区公路和城市路网建设，争取早日形成四通八达的道路交通网络。按照自治区党委、政府关于加快兴安盟发展的战略部署，结合鄂尔多斯帮扶兴安盟发展的政策，深入推进与东三省地区间经济合作、扩大与鄂尔多斯、杭州等发达地区经贸往来，在多项领域实现深度合作。

回眸“十一五”，我们有理由倍感自豪。展望“十二五”，我们有信心跨越发展。我们坚信，阿尔山将站在高起点，瞄准大目标，实现新跨越，再创新辉煌。我们将以更加饱满的精神和昂扬的斗志，奏响气势磅礴、开拓进取的华彩乐章！

科学发展硕果累累 经济社会协调发展

通辽市人民政府市长 胡达古拉

通辽市人民政府市长 胡达古拉

通辽市“十一五”时期的五年，是极不平凡的五年。全市上下在党中央、国务院和自治区党委、政府的正确领导下，深入贯彻落实科学发展观，加快发展方式转变，紧紧抓住国家实施西部大开发、振兴东北等老工业基地战略的机遇，克服困难，应对挑战，圆满完成“十一五”规划各项任务，经济社会发展取得显著成就。这五年，是全市综合经济实力和发展质量显著提升的五年，是城乡面貌和发展环境明显改善的五年，是民生保障力度加大、群众得到实惠最多的五年。

一、经济总量扩张迅速 综合实力迈上新台阶

——经济实力显著增强，产业结构得到优化。“十一五”时期通辽市经济总量持续扩大。2010年全市地区生产总值首次突破千亿元大关，实现1176.23亿元，圆满完成“十一五”发展目标，年平均增长17.9%,总量跃居全区第四位，蒙东第一位，与东北地区36个地级以上城市比位居第八位，综合经济实力上了一个新台阶，实现质的飞跃。其中，第一产业178.26亿元，年均增长4.8%，是“十五”期末1.9倍。第二产业689.65亿元，年均增长27.7%，是“十五”期末的6.2倍。第三产业308.32亿元，年均增长16.6%，是“十五”期末的2.3倍。三次产业结构由“十五”期末的27.9：32.4：39.7发展到15.2：58.6：26.2。

——工业经济飞速发展。“十一五”期间，我市工业经济以科学发展观为统领，全力推进工业经济提速增效新举措，大力加强招商引资和项目建设，开展全民创业活动，全市工业经济取得了丰硕成果，工业经济总量成倍增长，其速度在全区名列前茅。2010年，全市规模以上工业企业达到584户，比2005年的181户增加403户。工业增加值达到633.80亿元，年平均增长30.1%，到2010年末全市规模以上工业企业总资产达933.40亿元，比2005年的190.71亿元增加743.09亿元，是2005年的4.89倍。全市原煤产量达到6700万吨，是2005年的2.7倍；火电装机达到440万千瓦，是2005年的3.8倍，风电装机实现零的突破，达到300万千瓦；发电量224亿度，是2005年的3.37倍（其中风电发电量24.8亿度）；铝锭生产能力达到95万吨，是2005年的2.6倍，实际产量61.6万吨，是2005年的5.8倍。

——农业和农村经济迅猛发展。“十一五”期间，通辽市农村经济得到了长足发展，2010年农林牧渔业总产值达到294.72亿元，现价总量是2005年的1.8倍，年平均增长4.9%。粮食产量达525.50万吨，比2005年的411.97万吨增加113.53万吨，是2005年的1.28倍，年平均增长5.0%。猪牛羊饲养量分别达到262.60万头、150.80万头和598.20万只，分别是2005年的1.14倍、1.31倍和1.25倍。

——商贸经济繁荣 人民生活水平有了显著提高。通辽市“十一五”期间，消费市场经历了全方位、多层次、快速发展过程，逐步改革建立起了现代的新兴流通贸易机制，构建出了一个新的市场流通体系。2010年，全市社会消费品零售总额达到242.65亿元，是2005年的2.66倍，年平均增长21.6%。各种专卖、超市、专业和蔬菜水果批发市场等新兴业态实现了有小到大、从弱到强、从传统简单到时尚多样的转变，正呈现出多种经济成份、不同经济类型、多种经营方式、多业态共同发展的格局。大宗商品物流快速增长，完成公路货运量4980万吨，是2005年的2倍，铁路货运量9053万吨，是2005年的2.3倍。市场经济的形成给消费市场带来了生机和活力，给居民生活消费带来了优势和便捷。随着经济的稳步增长，我市城乡居民收入持续增加，生活质量逐步改善。城镇居民人均可支配收入和农牧民人均纯收入分别达到14263元和6002元，比“十五”期末翻了一番。全市“十一五”期间累计投入100多亿元，实施了就业、社会保障、住房改善、扶贫开发、就学、就医等方面的重点民生工程，人民群众享受到改革发展的丰硕成果。

——经济运行质量不断提高。随着通辽市经济规模不断扩大，经济效益稳步提升，经济运行的规模、效益和速度协调发展。全市财政总收入由2005年的26.40亿元增至2010年的102.92亿元，年均增长31.3%，比“十五”时期平均增速快7.6个百分点，五年间累计收入达349.02亿元，比“十五”期间增加270.07亿元；地方财政收入由2005年的18.58亿元增加到2010年的64.83亿元，年均增长28.4%，比“十五”时期平均增幅提高6.1个百分点，五年累计收入215.71亿元，比上个五年增加159.32亿元；财政支出由2005年的53.55亿元增至2010年的184.46亿元，2010年是2005年的3.44倍。规模以上工业企业效益大幅提升，2010年通辽市规模以上工业企业实现利润104.3亿元，同比增长35.5%。

——投资很给力，基础设施建设进一步加强。五年累计完成固定资产投资2350亿元，年均增长24%。“十一五”时期，全市认真落实和主动适应国家宏观政策调整，积极推进新型能源、有色金属、新型煤化工、玉米生物、特色装备制造、建

材、绿色食品加工、交通、城建、社会等重点行业和领域的重大工程和项目前期工作，共审批、核准、备案项目575项，其中国家核准项目12个，自治区审批、备案项目82个。铁路线路里程达到1138公里（新改建铁路773公里）；公路线路里程达到17293公里（新增公路里程8146公里），所有苏木镇通油路；"引乌入通"引水工程、霍－通－沙500千伏输电通道一期工程等一批重大水利、电力通道设施项目如期完成。通辽至沈阳、通辽至长春等高等级公路开工建设。重大项目的建设、投产和运营进一步完善，城乡基础设施提升了民生和社会保障水平促进了产业延伸、产业升级、产业多元，综合生产能力得到快速提高。

——生态环境保护和建设取得初步成效。生态环境进一步改善，全市森林覆盖率达到24.8%，草原植被覆盖度达到52%，科尔沁沙地实现了治理速度大于沙化速度的良性逆转，累计减少沙化面积1150万亩。化学需氧量和二氧化硫排放总量如期完成"十一五"规划目标。

——大力实施招商引资。"十一五"时期，累计引进国内市外生产开发类资金1200亿元，占全市固定资产投资的51%，其中，2010年全市实施500万元以上投资内联项目203个，引进国内市外生产开发类资金 375.6亿元，同比增长30.4%，其中工业引资额266.8亿元，同比增长21.5%。这些项目的引进、建设、投产推动了我市工业化进程、产业结构调整步伐、民生和社会事业发展。

二、真抓实干，抢抓机遇，再创通辽美好明天

十二五"期间是通辽市经济发展的重要时期，也是通辽市全面提升发展速度、赶超先进地区的关键阶段。结合我市实际，市委提出我市"十二五"时期"一个坚持"、"两个高于"、"三个率先"、"四个翻番"的发展战略，并提出全市"十二五"时期和2011年经济社会发展主要目标。

"十二五"全市经济社会发展主要目标是：地区生产总值年均增长17%，财政收入年均增长20%，固定资产投资年均增长22%，城镇居民人均可支配收入年均增长15%，农牧民人均纯收入年均增长16%，社会消费品零售总额年均增长20%，城镇登记失业率控制在4.5%以内，人口自然增长率控制在7‰以内，完成自治区下达的节能减排任务目标。

为了圆满完成今年各项任务，为"十二五"时期又好又快发展开好局、起好步，我们要把握机遇、突出重点，努力做好以下几个方面的工作：

（一）抓项目，积极推进重大项目建设。继续把抓项目做为抓经济发展的主要抓手，深化"抓项目就是抓发展"的理念，高度重视项目建设，深入研究国家产业政策和区域政策，结合全市优势特色产业发展实际，争取一批立旗立市的好项目、大项目得到立项和建设，进一步促进产业结构优化调整和投资稳定增长。

1. 农牧林水方面。大力实施 "85115121"工程，加快推进国家粮食增产工程、科尔沁沙地综合治理、巩固退耕还林成果、三北防护林五期工程实施，加快推进"引绰济辽"等大型跨流域调水工程前期工作。

2. 工业方面。积极抓住自治区实施"双百亿工程"的有利条件，加快培育建设百亿重点工业园区、百亿重点骨干企业，重点规划建设煤电铝产业园区、先进制造业、绿色农畜产品加工、物流加工产业园区和承接辽、吉产业转移产业园区三个区域经济板块，打造八大产业基地，即打造国家新型能源基地，国家新型煤化工基地，国家重要的有色金属冶炼加工基地，国家玉米生物产业基地，国家重要的绿色食品加工基地，特色装备制造基地，东北地区重要的建材基地，蒙医药、蓖麻、染料化工基地。

3. 交通基础设施方面。加快新线路建设和既有线路扩能提级改造，积极推进通辽至京沈客专连接线项目取得国家发改委审批立项，争取与京沈客专同时开工建设。加快市旗（县）之间、旗县之间公路提级建设，市旗（县）之间公路要达到一级以上标准，旗县间公路达到二级以上标准。霍林河民用机场工程已取得国务院、中央军委立项批复。

（二）跑招商，加快承接产业转移。抓住国家鼓励产业有序转移的政策机遇，继续坚持和强化"招商决定项目、项目决定投资、投资决定发展"的理念不动摇，以打造八大百亿级优势特色产业集群和12个百亿级工业园区为招商的主要载体，招商领域由资源招商为主向资源深加工和非资源产业并重转变，由工业项目为主向工业和服务业并重转变，由一般性承接转移为主向大项目和好项目并重转变。大力实施全面融入东北振兴战略，强化与东北三省的区域经济合作，积极参与产业分工协作，实现错位发展、配套发展、一体发展，努力创造发展的新优势。同时有针对性地在京津唐、长三角和珠三角等地区高起点引进具有核心竞争力的企业和项目，培育新的经济增长点，增强经济发展后劲。2011年，全市计划招商引进资金500亿元。

今后一段时期，通辽市委、市政府将会把让人民群众生活的更加美好作为一切工作的出发点和落脚点，全力增加人民群众收入，保障民生权利，健全覆盖城乡的公共服务体系，维护社会公平正义，不断提高人民群众生活幸福指数，展望"十二五"，我们坚信一个更加美好的通辽就在明天。

通辽夜景

霍林河工业园区

辉煌"十一五"跨越谱新篇

通辽市科尔沁人民政府区长　韩宪军

中共通辽市委常委、科尔沁区委书记　师铎

通辽市科尔沁人民政府区长　韩宪军

科尔沁区是通辽市的政治、经济、文化和交通中心，内蒙古东部的商品物资集散中心。辖10个镇（苏木）、5个国有农牧场和11个街道办事处，总面积2821平方公里，总人口80万。近年来，科尔沁区依托政策、区位、资源和交通等优势，以工业化为主导，以招商引资为强力引擎，经济社会各项事业呈现出又好又快发展态势。先后获得"全国十佳卫生城"、"七星级文明城区"、"全国商品粮生产大县"、"中国民间文化艺术之乡"、"中国少儿版画艺术之乡"等一系列荣誉和称号。

"十一五"时期，科尔沁区各族干部群众，以全面建设小康社会为目标，以富民强区为己任，深入贯彻落实科学发展观，坚定不移地以招商引资为强力引擎不动摇，抓工业、促发展，保增收、惠民生，圆满完成了"十一五"各项任务，开创了经济实力大幅攀升、产业结构优化升级、人民生活明显改善、社会事业全面进步的崭新局面。

——总量增倍翻番，结构日益优化，经济综合实力显著增强。五年来，全区地区生产总值连续跨越三个百亿台阶，累计完成1323亿元，年均增长27.3%，比"十五"时期翻了一番多。其中：第一产业完成145亿元，年均增长9.9%；第二产业完成780亿元，年均增长35.3%；第三产业完成408亿元，年均增长22.1%。财政收入完成72.5亿元，年均增长37%，比"十五"时期翻了两番多。全社会固定资产投资完成987亿元，年均增长22.2%，比"十五"时期翻了一番多。社会消费品零售总额完成390.2亿元，年均增长23%。外贸出口总额达到1.79亿美元。城镇居民人均可支配收入和农牧民人均纯收入分别达到16426元和7940元，比"十五"期末均翻了一番。

——产业迅猛发展，优势日益凸显，发展质量效益大幅提升。三次产业结构由"十五"期末的18:46:36调整为9:62:29。全面确立了以工业为主导，服务业为助推，农业为基础的产业格局。玉米淀粉深加工、农畜产品深加工、铜铝制品深加工、机械装备制造四大优势产业集群效应凸显，工业财政贡献率达到67.4%，成为推动县域经济发展的强劲动力。农业综合生产能力稳步提高，连续5年保持粮食增产；全力打造特色富民产业，高效设施农业达到7.3万亩，沙地葡萄达到8万亩，食用菌栽植规模突破2000万棒，规模化养殖场达到303个。民营企业、个体工商户发展到26200户，交易额超亿元的大型商贸流通企业及专业化市场达到14个，团结路贸易区成为蒙东地区最大的小商品集散基地；物流产业实现增加值179亿元，年均增长20%；"万村千乡"农资农家店达到359家，在自治区率先实现了镇村全覆盖。

——城乡统筹推进，发展日益均衡，生产生活环境明显改善。五年来，累计投入22.88亿元，实施城镇建设项目237个，建筑面积达到178万平方米。城乡一体化进程扎实推进，完成了北园子、白音太来等5个社区的城中村改造工程，建筑面积达到60万平方米，3000户居民回迁新居。深入开展和谐社区创建活动，办公及活动用房面积300平方米以上的社区达到52个；完成了胜利路、西顺路立面改造工程；新建巷路1.5万延长米、管网6300延长米、公厕78座，居民生活环境得到进一步改善。全面加强小城镇建设，木里图、大林镇被评为自治区级重点镇；新修农村公路801公里，总里程达到1106公里，实现了砂石路村村通。发放住房公积金4.9亿元，4858户职工居住条件明显改善。累计争取支农资金11亿元，新增节水灌溉面积45.6万亩；新建、改造高低压线路1500千米；实施了122个村的饮水安全工程，农村沼气用户达到14500户。完成了3950户农村危房、土房改造工程，住房砖瓦化率达到96%，城镇化率达到54%。生态环境综合治理成效显著，万元GDP能耗降至1.84吨标煤，化学需氧量和二氧化硫排放总量分别比"十五"

时期减少9260吨和10296吨。人工造林37.9万亩，封育7万亩，绿化村屯198个，森林覆被率达到16.3%，被评为自治区林业生态建设先进集体。

——投资拉动强劲，平台日益完善，扩大开放取得丰硕成果。充分发挥区位、资源和政策优势，坚持三次产业并重，全力引进外资、向上争资、扩大融资，为地方经济发展蓄足了动力。累计引进项目641个，引进市外资金269.4亿元，是“十五”时期的4.29倍。其中：第一产业项目105个，到位资金5.1亿元；第二产业项目361个，到位资金189.1亿元；第三产业项目175 个，到位资金75.2亿元。围绕优势特色产业集群及新兴产业，引进了一批投资规模大、科技含量高、市场前景好、带动作用强的大项目和好项目，投资60亿元的梅花生物复合肥综合加工、投资10亿元的长星风力发电、投资5亿元的银河铝业、投资4.8亿元的五金建材城、投资3亿元的通辽燕京啤酒等项目相继投产运营，苏宁电器、曲美家具等300余个知名品牌相继入驻，形成了三次产业竞相发展、协调共进的良好态势。协调农村信用联社发放支农助农贷款80亿元。引进小额贷款公司5家、村镇银行1家，累计实现融资18.7亿元，有效缓解了制约经济社会发展的资金瓶颈，激发了全民创业热情。全面加强园区平台建设，完成了5万吨污水处理厂、22条街路、4座公铁立交桥、27.46万平方米生活区等基础设施工程，入驻企业已达到101户，位列自治区十强经济技术开发区第三名，被评为自治区首批循环经济示范园区，被国家工信部评为农产品深加工产业示范基地。

——事业竞相发展，社会日益和谐，民生工程普惠城乡群众。全国科技特派员试点区建设工作扎实开展，科技下乡活动成效显著，被评为全国科普示范区。全面落实义务教育经费保障机制，累计拨付资金8087万元，惠及学生22.5万人次；“两基”达标成果进一步巩固，中小学辍学率降至2%，适龄人口高中受教育程度达到85.8%；全面整合教育资源，撤并中小学127所；累计投入5.5亿元，大力实施校舍安全等项工程，改善了中小学办学条件；公开招录教师705名，教师队伍综合素质不断提高；优先发展民族教育，民族中小学办学水平稳步提高；创新职业教育模式，实现了校企联合办学；投入5117万元，化解了城乡义务教育债务问题。全民健身活动蓬勃开展，老年体育屡获殊荣，竞技体育屡创佳绩，体育人口达到45.4%。专业文化体制改革深入开展，完成了电影公司、戏曲剧团改制工作，组建了乌兰牧骑；基层文化设施建设不断加强，群众文化日益繁荣。医疗体制改革全面启动，实现了基本药物“零差率”销售；累计投资2亿元，建设了中医院病房楼、妇幼保健综合楼和区第一人民医院门诊楼、病房楼，新建改造社区卫生服务中心6个、农村卫生院17个、标准化卫生室290个，建立了居民健康电子档案，群众就医环境明显改善，应对公共卫生突发事件能力全面增强。新型农村合作医疗扎实推进，参合人数达到38.4万人，参合率达到98.42%，核销医疗费1.22亿元。稳定低生育水平，人口出生率7.85‰，被评为联合国第六周期优秀项目县。加大民生工程实施力度，“五险”参保总人数达到36.1万人，征缴各类基金10.6亿元，发放14.1亿元；投入1300万元，解决了国有企业退休人员的基本医疗保险问题；创建充分就业社区67个、就业基地12个，就业技能培训2.1万人次；新增城镇就业35600人，城镇登记失业率控制在4%以内。发放小额担保贷款6341万元，帮助1715人成功创业，带动6430人就业；累计转移农村富余劳动力45万人次，实现务工收入40亿元。累计发放低保资金3.34亿元，各类救灾、医疗救助、抚恤金4878万元，困难群众和重点优抚对象基本生活得到有效保障，被评为全国基层低保规范建设示范区。认真落实惠农政策，发放各类补贴资金13亿元。投入扶贫资金2210万元，扶持嘎查村167个。

——民主进程加快，管理日益有序，社会文明水平不断提高。“五五”普法工作进入自治区先进行列，全社会学法、用法、守法氛围更加浓厚。坚持依法行政、科学施政、民主理政、廉洁治政，政府自身建设和基层民主法制建设得到全面加强。高度重视人大代表、政协委员及社会各界的意见和建议，高效办理人大代表议案、政协委员提案1012件，受理群众来信、来访6100余件次，切实解决了群众关心的热点难点问题。全面推行办公自动化，拓宽了政务公开、村务公开等网络化渠道。创新联合接访机制，有效解决了一大批改革和历史遗留问题，连续3年保持进京赴呼“零非访”。大力开展平安创建活动，严厉打击各类违法犯罪，社会治安防控体系进一步完善，人民群众安全感普遍增强。严格落实安全生产责任制，各类安全隐患得到有效整治，安全保障水平明显提高。深入推进精神文明建设，公民素质和城乡文明程度不断提高，被评为自治区精神文明先进地区。广泛开展拥军优属和双拥共建活动，先后被自治区和通辽市授予双拥模范区。全面贯彻落实党和国家的民族宗教政策，平等、团结、互助、和谐的新型民族关系不断巩固。

“十二五”时期，科尔沁区将以邓小平理论和“三个代表”重要思想为指导，深入贯彻落实科学发展观，站在新起点，矢志新跨越，实施“五大战略”，推进“五化进程”，确保“五个翻番”，实现科尔沁区新一轮经济社会大发展。预计“十二五”期末，地区生产总值达到875亿元，在“十一五”基础上实现翻番，年均增长17%。其中：第一产业52亿元，年均增长8.2%；第二产业533亿元，年均增长16.5%；第三产业290亿元，年均增长20%。三次产业结构调整为6:61:33。财政收入达到52亿元，年均增长20%。社会消费品零售总额达到290亿元，年均增长20%。实现外贸出口1亿美元,年均增长20%。全社会固定资产投资额达到690亿元，年均增长20%。城镇居民人均可支配收入达到33000元，年均增长15%。农牧民人均纯收入达到16000元，年均增长15%。

凝神聚力绘宏图，坚定信心谋跨越。在“十二五”新征程上，科尔沁区80万各族干部群众将以更加坚定的信念、更加高昂的斗志、更加有力的措施和更加扎实的作风，进一步把握发展大势、承接发展来势、培育发展优势、打造发展强势，为建设经济实力雄厚、产业特色鲜明、现代气息浓郁、城乡面貌秀美、人民殷实富裕、社会文明和谐的崭新科尔沁区而努力奋斗！

突出特色 发挥优势

库伦旗人民政府旗长 宝音达来

库伦旗人民政府旗长　宝音达来

“十一五”时期，全旗上下坚持以科学发展观为统领，牢固树立和落实“工业强旗、生态立旗、开放活旗、特色富旗、科教兴旗”发展战略，全力推进工业化、产业化、城镇化进程，打造旗域经济新特色，争创旗域经济新优势，经济和社会各项事业取得了长足发展与进步。也为“十二五”实现更好更快发展积累了宝贵经验，奠定了坚实的基础。

一、回顾“十一五”，库伦在建设小康社会进程中迈出了坚实的步伐

坚持发展第一要务不动摇，旗域经济实现了新跨越。到2010年全旗地区生产总值达到43亿元，是2005年的3.6倍，年均递增28.7%；财政收入达到2.65亿元，是2005年的3.6倍，年均递增29.5%；全社会固定资产投资达到21.5亿元，是2005年的3倍，年均递增23.4%；社会消费品零售总额达到8.5亿元，是2005年的3倍，年均递增22.4%。城镇居民人均可支配收入和农牧民人均纯收入分别达到11432元和4510元，年均分别递增11.1%和12.3%。

强力推进支柱产业发展不放松，三次产业结构进一步优化。三次产业比由2005年的33：28：39调整到 29：47：24，二产提高了19个百分点。2010年，工业企业实现增加值18亿元，是2005年的8倍，年均递增51.4%。独立核算工业企业发展到148户，其中规模以上企业达到20户。五年间，全旗共实施外引内联项目125个，引进国内市外资金44亿元，其中工业项目55个，投资1亿元以上项目7个。“三农”工作得到加强。“十一五”以来，以畜禽、杂粮杂豆、食用菌和林草为主的产业基地初具规模。2010牧业年度，全旗牲畜总头数达到95.2万头（只、口），较2005年增长31.2万头（只、口）。全旗设施农业面积达到3万亩，比较效益超过30万亩大田。全旗食用菌总规模达到2600万棒，较2005年增长了5倍。“库伦荞麦”获得自治区首枚国家原产地商标认证。

“十一五”以来，全旗累计完成人工造林44万亩，封沙育林14万亩。完成国家水土保持综合治理面积100平方公里。扶持1.1万个贫困户、4万人口稳定解决了温饱。结合实施收缩转移战略，2008年以来，全旗完成沙化退化草牧场围封83万亩，建立塔敏查干沙带封禁保护区90万亩，搬迁转移102户、478人口。依托寺庙、沙漠等特色景观载体，着力发展旅游业。“库伦三大寺”被评定为国家４A级旅游景区；开辟了沙漠汽车拉力赛场地，成功举办了3次汽车沙漠越野挑战赛。

狠抓基础设施建设不懈怠，城乡面貌明显改观。五年来累计完成固定资产投资67.3亿元。以打造“生态山城”，建设宗教文化特色旅游镇为目标，自2006年以来，投入城镇基础设施建设资金9亿元。库伦镇区由原来的7.8平方公里拓展到11.2平方公里。建成区绿化覆盖率达34.5%，人均拥有绿地面积11.5平方米。“十一五”时期公路交通基础设施建设完成投资6.58亿元，建设二级公路１条、57公里，三级公路12条、323公里，通村沙石公路72条、1022公里，形成了旗内乡乡通油路、村村通公路的公路网格局。实施了甘库铁路工程，结束了库伦不通铁路的历史。实施了甘库220千伏输变电工程，结束了库伦没有220千伏一次变的历史。

着力抓好民生保障和各项事业不松劲，群众在发展中切实得到了实惠。“十一五”以来，累计安置城镇新增就业人员5693人，发放小额担保贷款4000万元。全旗各类企业和城镇个体劳动者养老保险参保人数达到6550人，是“十五”期末的2倍。累计发放城乡医疗救助资金454万元，救助困难群众48521人次。农村低保标准由2005年的最高每人每年360元提高到1500元；城镇低保标准由2005年的最高每人每月120元提高到270元。完成了199个自然村“村村通”广播电视工程。投入资金9079万元，完成了16所学校校舍安全工程建设任务。积极推进基层医药卫生体制改革，全旗12个基层卫生院全部实施了基本药物制度。投入资金1300万元，实施了8处社区新建工程和1处社区改扩建工程。新建廉租住房2.8万平方米，解决了库伦镇区592户低保无房家庭住房困难问题。累计投入资金1171万元，实施了47处饮水安全工程，解决了1.67万人口的饮水安全问题。

二、展望“十二五”，库伦必将在新的起点上实现新跨越

展望“十二五”，我们库伦旗将立足自身实际，着力打造“六大支柱产业”，培育“四大产业基地”，建设“三个高A级景区”，努力实现“四个翻番”。到“十二五”期末，全旗地区生产总值达到100亿元，年均增长18.4%，较“十一五”期末实现翻番。三次产业比达到17：58：25。财政收入达到7亿元，年均增长22%，较“十一五”期末实现翻番。全社会固定资产投资达到66亿元，年均增长25%。城镇居民人均可支配收入和农牧民人均纯收入分别达到24000元和9100元，年均分别增长16%和15%，较“十一五”期末实现翻番。

以六大产业为支撑，加快工业经济发展。到2015年全旗工业企业增加值达到50亿元，年均递增22.8%。一是着力打造建材产业。以东蒙水泥有限公司为龙头，积极开拓市场，延伸产业链条。到2015年，水泥年产量达到500万吨，建材产业实现增加值8亿元以上。二是打造医药生物化工产业。做大做强蒙药产业，实施蒙药厂扩建工程，并以蒙药厂为依托，积极引进、创办生物制药企业，研制开发具有民族特色、拥有自主知识产权的中蒙新药。到2015年，蒙药年生产能力达到550吨，医药生物化工产业实现增加值 8 亿元以上。三是打造矿产开发及有色金属加工产业。重点抓好铅锌矿开发及冶炼、碳酸钙生产、多金属矿勘探开发等项目，积极引导企业进行产品精深加工，促进产业优化升级。到2015年，矿产开发及有色金属加工产业实现增加值10亿元以上。四是打造绿色食品加工产业。依托佐源糖业有限公司、荞田生态科技有限公司等龙头企业，大力发展绿色有机食品加工业。到2015年，绿色食品加工业实现增加值10亿元以上。五是打造装备制造及零部件加工产业。积极引进发达地区装备制造业、配套零部件生产线，填补我旗制造业空白。到2015年，装备制造及零部件加工产业实现增加值3亿元以上。六是打造新能源产业。到2015年，风电建设规模达到145万千瓦，竣工投产力争达到120万千瓦；光伏发电建设规模达到15万千瓦，竣工投产力争达到10万千瓦。新能源产业实现增加值10亿元以上。

以四大产业基地为基础，加快农村经济发展。到2015年全旗第一产业增加值达到17亿元。在畜禽产业上，大力推进规模化养殖场、养殖小区建设，发展规模养殖户，到2015年全旗牲畜总头数达到150万头（只、口），其中规模化养殖户牲畜存栏总量达到全旗牲畜总量的48%。在荞麦产业上，“十二五”期间，在全旗粮食年产量稳定在10亿斤以上的基础上，扩大荞麦种植规模，建设荞麦原种基地，争取“十二五”时期将我旗建设成为自治区乃至全国的荞麦集散中心。在食用菌产业上，依托龙头企业，着力把我旗建设成内蒙古食用菌产业第一大旗。到2015年，全旗食用菌生产面积达到5.5万亩。在林草产业上，加快果品经济林基地、商品用材林基地和生物质能源林基地建设。大力发展林果产业，壮大基地规模，积极引进龙头企业，走产业化发展之路。

以旅游业和商贸物流业为重点，加快第三产业发展。把旅游业作为第三产业发展的核心，着力打造旅游产业名旗。将国家4A级旅游景区“库伦三大寺”作为库伦旗旅游景点的龙头来大力开发和建设。将塔敏查干沙漠打造成全旗第二个国家4A级旅游景区。以创建国家 3 A级旅游景区为目标，建设库伦蒙药博物馆。着力打造好“中国安代文化艺术节”和“宗教文化旅游节”，使之成为发展全旗旅游业的平台和品牌。到2015年，旅游业增加值达到3亿元。大力发展商贸物流业，以甘库铁路、巴新铁路和甘库一级公路为依托，建设综合性物流园区。在苏木镇重点抓好牲畜交易市场、杂粮杂豆交易市场和蔬菜批发市场等建设。到2015年，商贸物流业实现增加值10亿元以上。以加强生态和基础设施建设为关键，加快推进发展平台建设。在生态建设上，突出收缩转移战略，在南部山区坚持以荒山治理、水土保持为主，重点实施小流域治理、小型农田水利建设、节水灌溉等工程；在北部沙区坚持以封育为主，大力抓好禁牧舍饲、封沙育林、生态移民等工程。狠抓水利基本建设不放松，切实增强农业防灾减灾能力。在城镇基础设施建设上，着力好内环路建设、外环路建设、棚户区改造、垃圾处理、保障性住房建设等工程。在交通基础设施建设上，积极谋划实施甘库铁路向西延伸连接巴新铁路工程，抓好库伦至大沁他拉、甘旗卡至库伦等一级公路建设，实施库伦至阜新、库伦至东明等县级公路建设。在电力基础设施建设上，实施扣河子至奈曼白音昌联网、六家子至水泉环网、库伦一次变至扣河子城北输变电等工程。通过“十二五”期间的积极努力，实现城镇功能比较完善、生态环境进一步改善的目标，建设比较完善的交通、电力网络体系。

以构建和谐库伦为目标，加快推进社会事业和民生工程。深入实施“科教兴旗”战略。深化教育体制改革，着力提升教育教学质量。积极发展学前教育，大力发展义务教育，重点发展民族教育，切实抓好职业教育。整合医疗卫生资源，加强公共卫生设施建设。到2015年，全旗新型合作医疗覆盖率达到98%，三级医疗卫生机构达标率达到90%。建立健全社会保障体系。完善城乡居民最低生活保障制度和企业基本养老保险制度，扩大医疗保险覆盖面，健全失业保险制度，提高就业、再就业水平。深入落实节能减排工作责任制，强化源头治理，不断改善环境质量。着力抓好安全稳定工作，切实加强信访工作，深入推进“平安库伦”建设，扎实抓好安全生。

库伦旗佐源糖业有限公司

内蒙古东蒙水泥有限公司

库伦镇中心河道整治工程

科学发展 铸就辉煌

——"十一五"扎鲁特旗旗经济社会发展回顾

扎鲁特旗人民政府 旗长 希日巴拉

扎鲁特旗人民政府旗长 希日巴拉

"十一五"以来，在旗委、政府的领导下，全旗各族人民深入学习实践科学发展观，始终坚持发展这个第一要务不动摇，紧紧抓住国家西部大开发，振兴东北老工业基地和保增长、扩内需、调结构等有利时机，坚持富民与强旗并重，大力推进"三化"进程，调整优化结构，加快转变发展方式，以人为本，努力构建和谐社会，克服了金融危机、自然灾害等各种不利因素影响，经过全旗上下共同努力圆满完成了"十一五"规划确定的目标任务。

一、国民经济综合实力显著提高

经济总量迈上新台阶。2010 年地区生产总值实现111.6亿元，比2005年的26.4亿元增加85.2亿元，年均增长33%，全旗生产总值在全市的位次由2005年的第7位前移到2010年的第4位。2008年我旗地区生产总值超过科左中旗和科左后旗，位居全市第4位。其中第一产业增加值实现21.4亿元，比2005年10.6亿元，年均增长15%，第二产业增加值实现63.8亿元，比2005年4.1亿元，年均增长73.1%，第三产业增加值实现26.5亿元，比2005年11.6亿元，年均增长18%。人均生产总值由2005年的8705元增加到2010年的35888元，年均增长32.7%。

财政实力显著提高。财政总收入从2005年的1.5亿元增加到2010年的8.5（新口径）亿元，财政总收入仍保持全市的第4位。其中地方财政收入从2005年的1.1亿元增加到2010年的3.9亿元。人均财政总收入由2005年的500元增加到2010年的2737元，年均增长40.5%。财政收入的快速增长为加大全旗教育、医疗等民生工程投入提供了有力的资金保障。在财政一般预算支出中教育、医疗支出由2005年的8152万元、1354万元增加到2010年的31636万元、8382万元。

二、产业结构调整不断优化

"十一五"期间，经济总量实现大跨越，综合实力显著提升，产业结构调整不断优化，已成为推动全市经济发展的重要增长点。总体看，全旗第一产业所占份额逐年下降，第二产业经济总量强势攀升，主体地位显著，第三产业经济总量持续扩张。2010年，全旗三次产业占地区生产总值的比重为19：57：24，与2005年40：16：44相比，第一产业比重减少21个百分点，第二产业比重提高 41个百分点，第三产业比重减少20个百分点。

农牧业经济基础更加稳固。以大力推进设施农牧业和大力发展规模化养殖业为突破口，夯实经济发展基础。农业方面：我旗种植业逐步向优质高效发展转变，加大对设施农牧业投入力度，设施农业生产面积累计达到1.5万亩，在多种自然灾害频发的情况下保持了粮食产量的稳定。2010年粮食产量达到7亿斤，与"十五"期末粮食产量持平，其中2006年至2009年粮食产量分别为6.3亿斤、5.2亿斤、7亿斤、6.4亿斤。农作物播种面积由2005年的174.3万亩增加到2010年的229.8万亩，年均增加11.1万亩。进一步加强了以水利为中心的农牧业基础建设，大力发展节水农业，累计增加节水灌溉农田1万亩，中低产田改造2万亩，建设安全饮水工程87处。畜牧业方面：全旗牧业年度牲畜存栏达381.3万头只，比2005年300万头只,年均增加16.7万头只。其中牛存栏达35.6万头，羊存栏达310.8万只。新建规模养殖场（小区）66处，重点扶持20个养牛专业村。投资500万元的标准化羊冷冻精液生产中心投入使用，填补了自治区东部羊冻精生产的空白。重点动物疫病免疫密度达到100%。

工业经济快速发展。五年间全旗继续扩大工业经济总量，发挥资源优势，大力推进资源转换战略，大力培育和发展壮大煤及煤化工、铝及铝后加工，延伸产业链条，提高产品附加值，工业产品结构和行业结构进一步得到优化。2010年，全部工业增加值实现60.7亿元，比2005年的2.8亿元,年均增长85%。规模以上企业实现工业增加值42亿元，比2005年2.4亿元，年均增长77.3%，占工业经济总量的比重为69.2%，占地区生产总值的37.6%。五年来工业经济发展有了符合我旗经济发展的特点：一是开采业是全旗工业经济发展的基础。全旗着力优化煤炭、有色金属的产品结构和提质扩能，开采业的水平得到显著提升。目前，全旗开采业完成增加值23.3亿元，占全旗工业经济总量的比重为38.3%，占规模以上工业的比重为55.5%。二是六大优势主导产业发展迅猛，已经成为全旗经济发展的"主心骨"。目前我旗工业形成了以煤炭、农畜产品、风电、有色金属、非金属和建材六大工业主导产业为主体的发展格局，拥有鲁霍公司、亿诚公司 、皓海化工、威林酒厂等一大批龙头企业和知名产品，推动了全旗工业向产业化、品牌化发展。2010年，全旗六大工业优势主导产业完成工业增加值29亿元，占全旗工业经济总量的47.7%，占规模以上工业的比重为69%。2010年末，原煤产量1743万吨，比2005年年均增长38.3%，类石墨产量103.4万吨，铜金属含量1.1万吨，白酒产量1120千升。三是农畜产品加工业产业基础良好、集聚效应显著。我旗利用良好的农牧业产业基础，着力发展农畜产品加工业产业链和产业集群，初步形成了以正达粮油公司、希日莫绒毛纺织品公司为代表的地方特色品牌的加工业产业体系。2010年，农畜产品加工业完成增加值4.1亿元，占规模以上工业的比重为9.8%，鲜冷藏冻肉2.5万吨，无毛绒3677吨。

服务业总量不断扩大。2010年第三产业实现增加值26.5亿元，比2005年11.6亿元，年均增长18%。目前以商贸、旅游、金融、信息、房地产、交通运输和物流业为代表的服务业成为第三产业的优势行业。社会消费品零售总额实现17.7亿元，比2005年7.8亿元,年均增长17.8%。金融机构存款余额达25.4亿元，贷款余额24.5亿元，居民储蓄存款余额15.8亿元，分别比2005年年均增长23.6%、17.1%、20%。接待国内外游客达60万人次，旅游收入达6.24亿元，旅游从业人员1286人。全旗货运周转量达2.25亿吨公里，客运周转量1.05亿人公里。保险行业保费收入达3000万元，信息服务业收入达1.2亿元，移动通信发展到18万户，互联网用户达到3万户。房地产业投资达到4亿元，新增楼房面积130万平方米。

三、加大招商引资力度，投资拉动了经济发展

招商引资进一步加大。“十一五”期间，我旗共实施外引内联项目305个，累计完成投资132.1亿元，累计争取上级补助投资项目121个，完成投资13.3亿元，其中上级补助投资8亿元。新开工工业项目累计达到136个，完成投资154亿元。

城镇投资快速增长。“十一五”期间，全社会固定资产投资累计完成160.9亿元，比“十五”期间增长2.9倍。城镇固定资产投资累计完成126.9亿元，其中基本建设投资累计完成27亿元，更新改造投资累计完成90.5亿元。2010年城镇固定资产投资达41亿元，比2005年10.7亿元，年均增长30.7%，其中更新改造项目达32亿元，比2005年的5亿元，年均增长44%。2008至2010年风电投资累计35.8亿元，2010年风力发电量为8万度。

四、城镇建设水平全面提高，交通运输能力进一步增强

城镇建设全面加强。我旗坚持把打造功能配套、设施完善、人居环境优美为目标，全面加快了以鲁北为中心镇的建设步伐。2010年城镇人口5.9万人，占全旗总人口的比重为19.1%，城镇化率达到37%。全旗累计输出劳动力35.5万人次，劳务收入21.78亿元。近年来，我旗完成了扎哈淖尔工业园区总体规划，聘请国家级规划设计人员对《鲁北镇城市总体规划》进行了修编，鲁北镇河北新区规划启动实施。2010年投入2亿多元搬迁鲁北河城区，河北区鲁北二级客运站也全面开工。2009年筹集资金1.2亿元，加快推进城镇建设项目征地拆迁，完成了中华广场改扩建、中小巷治理、交通运输能力进一步增强。“十一五”时期，全旗公路里程由2005年的1308公里增加至2010年的1885公里。国道304线、省级通道、鲁北至通辽一级公路、鲁北至霍林河一级公路五年中相继开通，15个苏木镇场全部通油路，206个嘎查村实现了村村通路。共实施通乡油路8条，新改建里程256公里，通村油路2条，新建里程8公里，通村等级砂石路80多条，新改建里程1629公里，桥梁建设9座。以国道304线和省级通道为骨架的公路网初步形成。2010年全旗营运货车共有1460辆，营运客车225辆，分别比2005年增加441、83辆。

五、人民生活日益改善，社会事业全面发展

城乡居民生活水平不断提高。2010年城镇居民人均可支配收入实现12492元，比2005年的7025元，年均增长12.2%，城镇居民人均消费性支出9713元，比2005年5585元，年均增长11.7%，恩格尔系数为31.2%；农牧民人均纯收入实现5702元，比2005年3205元，年均增长12.2%，农牧民人均生活消费支出4567元，比2005年的2582元，年均增长12.1%，恩格尔系数为42.8%。城乡居民消费结构向发展性和享受性方向发展。一是交通通讯支出大幅增加。2010年，城镇居民人均用于交通通讯的支出为1192元，比2005年811元，年均增长8%；农村居民人均用于交通通讯的支出为830元，比2005年411元，年均增长15%。二是主要耐用消费品拥有量成倍增长。2010年底，城镇居民家庭平均每百户拥有移动电话200部，比2005年增长43%；拥有家用电脑56台，增长4.6倍，其中每百户拥有互联网电脑40台，每百户拥有家用汽车3辆；农村居民家庭平均每百户拥有移动电话98部，增长53%；拥有家用计算机8台，其中互联网6台。

按照科学发展观的根本要求，落实各项惠农政策，把改善民生作为构建和谐扎鲁特的基础性工程，重视民生、保障民生，让群众真正得到实惠，有力地推动了和谐社会建设。近年来，我旗全面实施了城镇居民医疗保险、工伤保险、生育保险、养老保险、失业保险、农牧民合作医疗、失地农民基本养老保险等社会保障体系，共实施了34项民生工程。2006年在全市率先启动农民工医疗保险工作，2007年在全市率先启动城镇居民医疗保险、农村牧区特困户住房救助项目和农村低保，2008年免除了义务教育阶段非择校寄宿生的伙食费和住宿费。完成了教育园区建设和实施了校安工程。建设廉租房5万平方米、收缩转移安置房7400平方米，经济适用房1.83万平方米。新建旗医院综合病房1万平方米，累计新（改扩）建苏木镇场卫生院26个，村级卫生室20个。2010年农村享受低保27063人，城镇享受低保13375人；城镇基本医疗保险人数26288人，农村合作医疗在全旗206个行政村全面展开，参保人达204233人。参加城镇基本养老保险人数为20391人，其中企业职工9715人，个体户10676人。参加失业保险人员26288人。惠农资金实现了“一卡通”，累计发放“双退双还双补”资金4.71亿元。扶持贫困人口2.6万人。城镇登记失业率控制在4%以内，累计新增城镇就业5100人。

教育事业成绩显著。为了整合教育资源，优化教育布局，从2006年起规划建设了总投资2亿元、总面积36万平方的义务教育园区。可容纳13000名学生（其中寄宿生可达8700人）。将全旗中小学校由305所撤并为87所，提高了教育资源的有效利用。2010年我旗把校安工程建设成为“放心工程”，投入资金379万元建设校安一期工程，总面积3805平方米；投资5915万元建设校安二期工程，总面积39434平方米；投资8512万元建设校安三期工程，总面积56733.6平方米。2010年全旗高中在校学生数为4357人，高中升学率80%；初中在校学生数为9560人，初中升学率95%；小学在校学生数19332人，小学升学率为100%，小学、初中、高中专任教师分别为2590人、1739人、347人。

生态保护工程进一步加强。“十一五”期间，累计完成人工种草396.7万亩，围封草牧场740万亩，人工造林125万亩，封山（沙）育林134.8万亩，水保治理160万亩，实施了罕山林场、荷叶花嘎查等收缩转移工程。2007年我旗被命名为国家级生态示范区。2010年全旗森林覆盖率为33.23%，比2005年31.97%，提高1.26个百分点。

综上所述，“十一五”时期是我旗综合经济实力提升最快，城乡面貌变化最大，社会建设成就最好，人民群众得到实惠最多的时期。经过全旗各旗人民的团结奋斗，使我旗经济社会发展跨上了一个新台阶。

鸿骏铝厂

伟大历程 辉煌成就

赤峰市人民政府市长 包满达

赤峰市人民政府市长 包满达

“十一五”时期，赤峰市深入贯彻落实科学发展观，始终坚持发展第一要务，牢牢把握各种发展机遇，积极应对困难和挑战，求真务实，开拓进取，顺利完成“十一五”发展规划确定的目标任务，改革开放和现代化建设取得显著成绩。

（一）综合经济实力大幅提升。地区生产总值迈上千亿元台阶，年均增长17.7%；地方财政总收入突破百亿元大关，年均增长30.5%；固定资产投资累计完成2758亿元，是“十五”时期的4.6倍；城乡居民收入年均分别增长13.2%和12.2%。三次产业结构由2005年的26.5：36.8：36.7演进为16.4：51.1：32.5，实现了由农牧业主导向工业化引领的重大转变。农牧业综合生产能力稳步提升，已具备年产70亿斤粮食、45万吨肉类生产能力；新增设施农业50万亩，总面积达到66万亩；牧业年度家畜存栏稳定在1700万头只左右，连续五年保持全区第一。工业经济快速发展，年均增速达到26%，有色、能源、食品产业继续壮大，化工产业实现突破，机械制造业发展势头强劲；有色金属日采选、年冶炼能力分别由1.7万吨和17万吨提高到10.1万吨和64万吨，电力装机由166万千瓦增加到613万千瓦，大唐克旗煤制天然气、国电元宝山煤制尿素等一批重大化工项目落地实施；新增国家级高新技术企业7家，顺利通过国家知识产权试点城市考核验收，成为全国科技进步先进市；赤峰市被命名为“中国有色金属之乡”，翁旗玉龙工业园区被认定为自治区首家承接产业转移示范园区。服务业发展提档升级，五年新增市场建筑面积600万平方米，5000平方米以上大型商业网点达到48家；农村牧区商贸网络日趋完善，消费环境不断改善；现代物流业快速崛起，红山、松山等物流园区蓬勃发展；旅游人数和旅游收入连年增长，2010年接待游客580万人次，实现旅游收入74亿元，克旗热水被命名为“中国温泉之乡”；金融机构存贷款余额较“十五”末分别增加560亿元和276亿元，金融生态环境持续改善。

（二）基础设施建设成效显著。区域性中心城市建设取得重要进展，中心城区建成区面积达到81平方公里、人口达到89万。新城区五年投入资金200.3亿元，实施重点建设工程200多项，城市路网、园林景观、商贸服务等基础设施和配套产业进一步完善。桥北组团和松山北城区开发建设全面启动，桥北组团核心区路网基本形成，松山北城区征地全部完成。老城区累计投入资金44.6亿元，改造扩建街路39条，治理小街小巷60条，新老城区实现协调发展。旗县政府所在地、重点小城镇建设快速推进，城镇综合承载能力和配套服务能力不断增强。全市城镇化率达到43.2%，年均提高2个百分点。生态保护与建设力度加大，五年投入资金48.4亿元，完成营造林面积993万亩，森林覆盖率提高3.2个百分点，达到34.01%，国家森林城市创建工作全面启动。交通、水利、电力等基础设施建设得到加强。完成公路建设投资137亿元，新建改建各级公路13732公里，其中高速公路311公里，实现了乡乡通油路、村村通公路。完成铁路建设投资59.4亿元，建成赤大白铁路，开工建设了赤锦、巴新、林白铁路，铁路运营总里程达到1101公里。建成新客运汽车站，对赤峰火车站、玉龙机场实施了改造。完成水利建设投资23.8亿元，建成德日苏宝冷、三座店、大石门子等一批重点水利工程，完成48座病险水库除险加固，解决了80.4万人饮水安全问题。完成电力投资68.1亿元，500千伏华峰宁输变电工程投入运行，新建改造变电站77座，每个旗县区至少拥有1座220千伏变电站，供电保障能力明显提升。

（三）社会事业全面发展。“两基”成果不断巩固，高中教育保持全区领先水平，中等职业教育迅速发展，民族教育得到加强，高等教育质量稳步提高；校舍安全工程扎实推进，中小学办学条件不断改善。投资15.7亿元，新改扩建医疗卫生机构257所，城乡公共卫生服务体系和医疗服务体系进一步健全；建成新型农村合作医疗市级信息平台，全市范围内实现异地就诊网上即时结报。成功举办五届“红山文化节”，圆满完成奥运火炬传递任务；启动辽代大遗址群申报世界文化遗产工作，赤峰博物馆新馆、玉龙文化产业园投入运营，巴林右旗被评为“中国格斯尔文化之乡”；新建苏木乡镇综合文化站74个、村级草原书屋1010个，城乡群众文化生活日益丰富。赤峰体育中心一期工程投入使用，二期工程加紧推进，获得自治区第十三届运动会承办权。全市人口出生率控制在11‰以内，稳定保持低生育水平。

（四）改革开放不断深化。农村牧区综合改革深入推进，集体林权制度改革主体任务基本完成。政府机构改革顺利实施，调整撤并了部分工作部门和办事议事机构。事业单位改革迈出新步伐，赤峰广播电台和电视台合并，赤峰日报传媒集团成立，组建了赤峰农牧科学研究院。完成农村信用社产权制度改革，引进包商银行重组赤峰城市信用社。财政收付制度改革不断深化，公务卡制度在市本级全面推行，村级公益事业建设“一事一议”财政奖补制度覆盖所有旗县区。医药卫生体制改革启动实施。狠抓招商引资和对外开放，在北京、沈阳、大连等多个大中城市成功举办了投资合作洽谈及重点项目推介活动，五年累计引进项目1721个，实际到位资金1489亿元，利用外资1.9亿美元。与大唐国际、京能集团、铜陵有色等大企业的合作不断深化，国电集团、云南铜业、山东黄金等一批外埠大企业与我市企业实现重组，新疆金风、华润集团、湖南有色等行业领军企业入驻赤峰。2010年，我市跻身“中国十佳投资创业城市”。

（五）民生状况持续改善。以实施惠民实事为抓手，着力改善群众生活，五年用于民生支出达到306.5亿元，占全市财政总支出的40.3%。累计新增城镇就业13.3万人，城镇登记失业率控制在4.2%以内，实现了“零就业家庭”至少一人就业的目标。劳务输出保持在100万人次以上，敖汉旗、巴林左旗被评为全国劳动力转移就业工作示范县。新农合参合人口313万，城镇居民基本医疗保险参保人数96.3万，城乡居民基本养老保险参保人数51.5万,28万职工纳入失业保险。企业退休人员人均月养老金标准五年提高711元，解决了3.5万名国有关闭破产企业退休人员医疗保险问题。城乡低保、农村五保户生活补助标准逐年提高，34.5万城乡困难群众的基本生活得到保障。全面启动保障性安居工程建设，累计建设经济适用房90万平方米、廉租住房29.8万平方米，改造农村牧区危房92万平方米，实施棚户区改造149万平方米，解决了5.4万户低收入家庭住房困难问题；发放住房公积金贷款35.6亿元，为3.3万户家庭提供了住房贷款支持。深入推进社会救济和扶贫开发，扶持31万贫困人口实现稳定脱贫。

“十二五”时期，是赤峰市加快科学发展、推进富民强市、全面建设小康社会的关键时期。“十二五”时期赤峰市经济社会发展的指导思想是：坚持以邓小平理论和“三个代表”重要思想为指导，深入贯彻落实科学发展观，紧紧围绕富民强市目标，以科学发展为主题，以加快转变经济发展方式为主线，以保障和改善民生为出发点和落脚点，以改革开放创新为动力，加快新型工业化、城镇化和农牧业现代化进程，统筹城乡区域发展，加强生态、水资源保护和基础设施建设，大力发展社会事业，努力增强自主发展能力，促进经济持续快速健康发展和社会和谐稳定，为全面建设小康社会奠定坚实基础。经济社会发展的主要预期目标是：地区生产总值年均增长16%左右，地方财政总收入年均增长19%左右，城镇居民人均可支配收入和农牧民人均纯收入年均增长15%左右，各项约束性指标达到自治区要求。

赤峰正处在加快发展的重要时期，把握新形势，抢抓新机遇，推进大发展，是时代赋予的责任和使命。赤峰市将在市委领导下，团结拼搏，锐意进取，为实现经济社会又好又快发展、开创赤峰更加美好未来而奋斗！

新城区住宅小区

新城区玉龙大街

以经济转型为主线 推动经济社会持续健康快速发展

赤峰市元宝山区人民政府区长 张子明

平庄银河广场

元宝山区位于赤峰市东南部，距市中心城区45公里，距锦州港238公里，是内蒙古自治区最近的出海通道。全区总面积952.14平方公里，辖5个镇、6个街道办事处，66个村民委员会，42个社区居委会，总人口32.52万人，其中非农业人口17.82万人。全区累计探明煤炭储量21亿吨，其中可采储量17亿吨，2010年全区煤炭总产量2768万吨，发电量92.7亿度。生产能力超过2000万吨的大型煤炭生产企业平庄煤业（集团）公司、总装机容量210万千瓦的东北地区骨干发电企业元宝山发电有限公司坐落在境内，是全国重点产煤县和国家重要的能源基地。

"十一五"以来，元宝山区以科学发展观统领经济社会发展全局，以推进资源型城市经济转型为主线，大力实施工业强区和产业化富民战略，加快推进新型工业化、农业现代化、城乡一体化进程，初步形成了以工业园区为载体，能源、化工、绿色食品加工、装备制造四大产业为主导的工业体系；以农牧业产业化龙头企业为依托，"菜、乳、肉"农产品深加工和产业基地建设为重点的农业产业化体系；以城乡一体化为目标，辐射城乡、统筹发展的城镇体系，实现了经济社会又好又快发展。到2010年，全区地区生产总值实现147.6亿元，年均增长16.5%。三次产业比重由11：57：32调整为8：59：33。财政收入达到18.4亿元，年均增长23.2%。全社会固定资产投资五年累计完成286亿元，年均增长27.4%。城镇居民人均可支配收入达到15316元，农民人均纯收入达到8008元，分别比"十五"期末增加7353元和3428元。先后被评为全国科技进步先进县、农业产业化工作先进单位、绿色产业示范区先进单位、县域食品经济发展示范县，进入国家级可持续发展实验区、国家知识产权强县和自治区高新技术产业开发区行列，荣获自治区八星级文明城市、自治区双拥模范区称号，城镇规划建设管理获"中国人居环境范例奖"。

"十二五"期间，元宝山区将以科学发展为主题，以富民强区为目标，以经济转型为主线，持续推进新型工业化、农业现代化和城乡一体化进程，统筹抓好经济建设、环境建设、政治建设、文化建设和社会建设，促进经济社会跨越发展，建设富庶优美文明和谐的元宝山区。发展战略定位为"四区三基地两城一中心"，即：打造全国资源型城市可持续发展示范区、蒙东辽西冀北区域合作示范区、内蒙古城乡一体化示范区、农业现代化示范区，中国绿色食品加工基地、环渤海能源供给基地、赤峰市工业集聚基地，人居环境优美的高品位文明城市、基础教育名城，区域性商贸物流中心。经济社会发展的主攻目标是实现"七个翻番、五个突破、三个下降、一个同步"，即：在2010年基础上，到2015年全区地区生产总值、工业增加值、财政收入、固定资产投资（五年累计）、社会消费品零售总额、城镇居民人均可支配收入和农民人均纯收入实现翻番；地区生产总值、工业增加值、财政收入、固定资产投资（五年累计总额）、社会消费品零售总额分别突破300亿元、180亿元、40亿元、700亿元、100亿元；单位地区生产总值能耗、单位地区生产总值耗水量、污染物排放总量较"十一五"下降；城镇居民人均可支配收入、农民人均纯收入与地区生产总值同步增长。

一、以加快推进新型工业化为转型发展的主攻方向，加快构建多元发展、多级支撑的现代工业体系

围绕"扩大总量、优化结构、加快升级"主题，致力于发展大产业，建设大基地，形成大集群，重点做大做强能源、化工、绿色食品加工和装备制造四大主导产业，积极发展羊绒纺织、木材加工等劳动密集型传统优势产业和新能源、新材料、高新技术等新兴产业，实现工业经济多元支撑、有序接替。

做强能源产业。实施稳煤强电战略，推动煤电一体化发展。建成向阳60万吨煤矿，实施元宝山露天煤矿和瑞安煤矿扩能工程，产能分别由年产800万吨、30万吨提高到1500万吨、120万吨。积极运作元宝山发电公司四期2×100万千瓦机组项目、国电2×30万千瓦热电联产项目，如期建设国电尿素自备电厂项目，在经济转型开发试验区规划建设背压机组热电联产项目、煤气发电项目、生物质能发电项目、光伏发电项目和余热发电项目。力争到"十二五"期末，全区煤炭工业增加值达到67.82亿元，电力工业增加值达到23.32亿元。

做大化工产业。培育壮大煤化工、生物化工、天然气化工和硅化工四条产业链，力争到"十二五"期末，全区化工产业增加值达到56.3亿元。重点发展煤化工，以煤制化肥、煤制焦炭、煤制甲醇等传统化工为基础，拉长产业链，实施国电尿素和九联煤化二期工程，新建500万吨褐煤低温热解多联产和100万吨煤炭造气项目及年产20万吨煤制乙二醇项目，形成上下游衔接配套的大型产业集群。加快发展生物化工，以玉米、蔗糖、红豆杉、动物副产品深加工和生物制药为突破口，逐步形成资源高效利用、

农业高新科技产业

产品附加值高的循环产业体系；适时启动天然气化工，以大唐煤制天然气输入为依托，规划建设天然气精细化工项目；规范发展硅化工，配套和延伸开发盐酸、硅胶等系列产品，建成赤峰市最大的硅化工产业基地。

做优食品工业。依托草原兴发、伊利乳业、河套酒业、大牧场肉食品、燕京啤酒等知名企业，建设草原兴发产业园和河套年产0.8万吨优质白酒项目，实施赤峰伊利乳业和大牧场二期建设等工程，发展壮大肉类、乳制品、制酒、蔬菜和杂粮五条产业链，打造面向全国的绿色食品供给基地。力争到“十二五”期末，全区食品工业增加值达到19.8亿元。

做实装备制造业。加快建设布局合理、纵向延伸、横向链接、工艺先进、结构优化的装备制造工业体系，逐步形成多个产业特色突出、产品竞争力强、工业配套程度高的装备制造产业链条。重点谋求在矿山装备制造、风电装备制造、建筑装备制造、机电产品制造、环保装备制造、化工装备制造和汽车、农机零配件加工制造及合金铸件和机械配件铸造八个方面取得重大进展，力争到“十二五”期末，全区装备制造工业增加值达到17.6亿元。

（一）以稳步推进农业现代化为转型发展的着力点，全面提高农业综合生产能力和质量效益

按照“规模化种养、标准化生产、市场化运作、产业化经营”方式，致力于建设大现代农业开发区和现代化农业示范区，稳步推进农业现代化，全面提高农业综合生产能力和质量效益。

用现代产业体系提升农业。重点做大做强“菜、乳、肉”优势产业。“菜”产业，总投资14.95亿元，新续建10处千亩以上设施农业产业园区。“乳”产业，总投资1.4亿元，新改扩建35处奶牛标准化规模养殖场（小区）。“肉”产业，总投资2.5亿元，建设草原兴发产业园，新改扩建30处肉鸡标准化规模养殖场（小区）、10处肉牛标准化规模养殖场（小区）、20处生猪标准化规模养殖场（小区）。积极发展新兴农业，推进和润农业高新科技园区、大北海农业园区等科技产业园区建设，打造绿色农业、休闲农业和创意农业。到“十二五”期末，全区新增设施农业种植面积4万亩，达到15万亩以上，菜果年产量达到100万吨。奶牛存栏达到5万头以上，年产鲜奶量达到15万吨。肉鸡饲养能力达到2000万只以上，年出栏育肥牛、育肥猪、肉羊分别达到6万头、15万口、20万只以上。

用现代经营形式推进农业。坚持用工业化思维谋划农业，推进农业产业向规模化、专业化、公司化发展，形成每个基地、每个产业、每个环节都有龙头企业带动的产业化经营格局。新发展30个“一村一品”产业示范村。总投资6.8亿元，实施5个投资3000万元以上食品加工项目。到“十二五”期末，全区销售收入超亿元的农业产业化龙头企业达到15家，农畜产品加工转化率达到70%以上。

用现代物质条件装备农业。把水利建设作为农村基础设施建设的重点，实施25万亩玉米膜下滴灌项目，推广设施农业、经济林膜下滴灌，大力发展高效节水灌溉。积极推广农业机械设备应用，建设美丽河等设施农业机械示范园区，全区农业机械化综合水平达到72%。实行开放式新农村建设，引导跨地域、共享式农民新居建设，完善和实施向阳村、建昌营村、四合村、南荒村等新农村示范点建设。

用现代科学技术改造农业。抓住内蒙古赤峰国家农业科技园区落户我区的有利机遇，计划总投资5.6亿元，建设和润农业科技示范等6个科技专项。依托内蒙古寒冷地区蔬菜产业技术创新战略联盟，争取我区进入国家产业技术创新战略联盟行列。到“十二五”期末，建成科技创新型企业5家，科技示范场（小区）50处，科技示范户5000户，主导品种、主推技术入户率达到90%以上。

（二）以大力发展现代服务业为转型发展的支撑，促进一二三产业协调发展

坚持以新型工业化、农业现代化和城乡一体化为依托，集中建设平庄城区和元宝山城区两大服务业聚集区，改造提升传统服务业，加快发展现代商贸、物流、金融服务、商务服务、社区服务和具有本区特色的旅游业等新兴现代服务业。

巩固提升传统服务业。加快发展商贸服务业，结合龙湖湾城市综合体、五星级酒店、平庄中心商贸区、平庄一级客运站、食天下特色餐饮娱乐城、安贞医院、博世园等项目的开发建设，完善中心城区商贸网点规划布局，积极发展专业经营、连锁经营、特许经营等新型业态，进一步突出特色、提高档次，打造区域性商贸中心。大力发展物流服务业，抓住开发试验区和各项目集中区入驻企业增多的有利时机，加快筹建大型煤炭、危化品和其它专业物流企业，积极发展第三方物流。推进“万村千乡”市场工程和“新网”工程，继续完善以金色谷、新发地市场为代表的各类市场功能，构建城乡互联互通物流网络。规范房地产开发，调整优化住房结构，促进房地产市场持续健康发展。

（三）以城乡一体化为转型发展的目标，统筹城乡均衡发展

从区域发展的全局出发，统一规划布局，合理配置各种资源，促进人口向城镇集中，产业向园区集中，推动以城带乡、城乡互动，提高区域发展整体质量和城乡一体化水平。

加快城镇建设。着力加强城镇集中区、工业发展核心区、农畜产品供给区和生态保护区四大功能区建设，推进城区与矿区、城镇与农村、工业集中区与农业园区协调发展，形成高效、协调、可持续的空间开发格局。按照平庄西城区开发与老城区改造并举、元宝山城区与开发试验区一体化发展的要求，坚持规划引导、基础先行，持续推进以“一轴、两心、四线多点”为框架的城镇体系建设。继续实施平庄城区东扩西移战略，加快西城区建设步伐，启动铁东片区开发，逐步向周边延伸，进一步拓展平庄城区发展空间。积极改造老城区，稳步实施“城中村”改造和城区绿化、美化、亮化工程。提高元宝山城区建设水平，统筹推进元宝山山上、云杉路、建昌营组团及开发试验区组团建设，促进元宝山城区融合发展。完善风水沟镇、美丽河镇、五家镇等中心镇基础设施，建设布局合理、功能完善、具有较强集聚带动能力的现代化新型城镇。

完善社会保障体系。以建立覆盖城乡和所有人员的社会保障体系为目标，健全社会保险、社会救助、社会福利和慈善事业相衔接，与经济社会发展水平相适应的社会保障体系。扩大社会保障覆盖面，在推动城镇基本养老保险、基本医疗保险、新型农村合作医疗、失业保险、工伤保险、生育保险应保尽保的同时，全面推行农村养老保险，进一步实现保险制度覆盖“无盲点”，城乡统筹“无障碍”，政策衔接“无缝隙”。全面提高养老、失业、工伤、生育保险享受标准和基本医疗、新农合报销标准。以加强最低生活保障为基础，配套开展困难矿工、失地农民和低收入群体等困难群体的就业、医疗、就学、住房等救助活动，保障困难群体的基本生活和平等享受公共服务的权利。建设区综合社会福利中心，对全区鳏寡孤独老人、无家可归者实行集中供养，配套开发老年公寓。“十二五”期间，开发建设经济适用住房、公租房和廉租房11.2万平方米。

兴办一流社会事业。“十二五”期间，计划总投资14.7亿元，实施投资3000万元以上社会事业项目25个。继续保障教育优先发展的战略地位，全面优化教育资源，加强素质教育，提高教育质量，建设基础教育名城。实施标准化学校建设工程，三年内推行高中免费教育。全部完成中小学校舍安全工程建设任务。新建职教中心，发展高等职业教育。统筹规划矿区和地方卫生资源，将平庄矿区总医院和宝山医院建设成三级乙等综合医院，将宝山中医院建设成二级甲等中蒙医院，建成北京安贞医院宝山分院等一批特色专科医院。积极发展公益性文化事业，实现镇街有较为完善的综合性文体活动中心，行政村和社区有综合文化室、图书室，人口较为集中的村有固定的体育活动场所，基本实现广播电视户户通，城区基本实现有线电视双向数字化和地面无线数字电视、移动多媒体广播电视覆盖。

抢抓机遇 加快发展
打造文明富裕和谐新松山

赤峰市松山区人民政府区长 夏国华

赤峰市松山区人民政府区长 夏国华

“十一五”工作简要回顾

过去的五年，松山区各族人民抢抓机遇，团结拼搏，务实创新，经济社会实现持续较快发展，完成了“十一五”规划确定的目标任务。

一、经济实力显著增强，经济结构不断优化

国民经济加快发展。2010年地区生产总值完成138.6亿元，是2005年38.5亿元的3.6倍，年均增长20.3%。财政收入完成7亿元，是2005年2.25亿元的3.1倍，年均增长25.5%。规模以上固定资产投资累计完成321.5亿元，是“十五”时期的4.6倍，年均增长28.3%。产业结构不断优化。三次产业比例由2005年的35.3:31.8:32.9 发展到19:54:27。工业经济快速增长。工业增加值完成65.5亿元，是2005年9.3亿元的7.1倍，年均增长38%；规模以上工业增加值完成64.1亿元，是2005年6.6亿元的9.7倍，年均增长46.2%；建设专业化工业园区4个，入驻大中型企业8家。现代农业扎实推进。设施农业发展到17万亩，粮食产量连续8年居赤峰市第一位，特色种养业规模进一步扩大，新引进了江苏雨润等知名龙头企业，农牧业产业化水平显著提升。第三产业加速发展。三产增加值完成37.4亿元，是2005年12.7亿元的2.9倍，年均增长17%；社会消费品零售总额实现57.4亿元，是2005年14.8亿元的3.9倍，年均增长31.1%；物流园区基础设施不断完善，一批大型商贸项目相继开工建设，第三产业加快发展的态势日益凸显。

二、城市建设加速推进，基础设施日趋完善

新城区建设有序实施。累计投资 260多亿元，建成区拓展到18平方公里，入住人口8万人，一座现代化新城区快速崛起。北城区开发全面启动。高标准编制了北城区控制性详规，一期工程建设工作进展顺利，累计完成投资19.85亿元。南城区改造稳步推进。累计投资1.18亿元，新建改造城市主干道路5条，新增绿地面积31.1万平方米。城中村改造不断加快，累计完成房地产开发面积300万平方米，住房保障工作有效加强。城市规划监察和管理水平进一步提高，城市面貌和人居环境持续改善。一些重点小城镇建设取得积极进展，全区城镇化率达到45.1%。水利建设成效显著。累计投资3.2亿元，完成了三座店水利枢纽主体、二道河子水库除险加固、英金河灌区续建配套与节水改造工程，实施了农村安全饮水等项目，新增和改善节水灌溉面积5.78万亩。交通建设快速推进。累计投资5.2亿元，新建改造公路706公里、桥梁26座，新增黑色路面402公里；赤大、赤通高速和赤大白铁路松山段竣工通车，锦赤铁路松山段开工建设。生态环境持续改善。累计投资2.98亿元，实施了京津风沙源治理、退耕还林、德援项目和创建国家森林城市等工程建设，完成生态治理面积60.2万亩，全区森林覆盖率达到32.8%。农村电网日趋完善，供电能力显著提高。

三、招商引资效果明显，各项改革扎实推进

积极承接发达地区产业资本转移，招商引资规模不断扩大，质量逐步提升。累计利用区外资金186亿元，是“十五”期间的6倍；实施合作项目79个，投资规模超20亿元的项目10个，投资规模超亿元的项目38个；成功引进了中钢、国电、中冶、中电投、大唐、山东黄金、雨润集团、铜陵有色等大企业、大集团，一批重大项目已经竣工投产或正在加速推进。招商项目的投资拉动效益逐步显现，矿业经济、农畜产品加工和能源开发等优势产业稳步壮大，装备制造、信息科技等新兴产业和现代服务业蓄势发展，呈现出产业多元、产业升级发展的良好态势，经济发展活力和后劲进一步增强。

重点领域改革不断深化。实施了财政惠民资金补贴“一卡通”改革，被自治区列为村级公益事业“一事一议”财政奖补改革重点推进旗县区。区财政局被财政部等部门评为全国财政系统先进集体。稳步实施了教师绩效工资改革。基本完成了集体林权制度改革任务。有效实施了土地承包经营权的合理流转，推动了农业生产的规模化经营。

四、人民生活稳步改善，社会保障继续加强

城乡居民收入持续增加。城镇居民人均可支配收入和农民人均纯收入达到14700元和6335元，比2005年增加7211元和3115元，年均增长14.4%和14.5%。努力促进就业再就业，新增城镇就业人员1.4万人，安置下岗失业人员1.1万人，劳务输出60多万人次，城镇登记失业率控制在3.74%以内。认真落实国家出台的增资及企业离退休人员养老金提标政策，公务员和事业单位人员人均月增资1668元，企业离退休人员养老金月保障标准提高718元。持续扩大了城镇企业职工基本养老保险和城镇居民基本医疗保险覆盖面，参保人数达到2.1万人和5.2万人。积极开展城乡低保提标扩面工作，城乡低保人数达到4871人和1.8万人，月补助标准提高了116元和36.5元，实现了应保尽保。继续加强扶贫和救灾救济工作，累计投入扶贫资金3255万元，下拨救灾救济资金1435万元，发放城乡医疗救助资金1045万元，有效保障了困难群众和受灾群众的基本生活。

五、社会事业全面进步，文明程度有效提升

大力推进国家科技富民强县专项行动计划，累计引进和推广新技术、新品种345项；成功承办了5次自治区农博会。积极稳妥推进教育布局调整，加快实施中小学校舍安全工程，累计投资4.5亿元，撤并学校134 所，新建学校7 所，重建城区小学1所，新建改造校舍40.1万平方米，教学条件进一步改善；有效推进素质教育，稳步提高教育质量，高考录取人数保持自治区前列。累计投资6781万元，新建二级综合医院1所，新改扩建乡镇卫生院25所，新建社区卫生服务中心2所，完成了松山医院迁址新建主体工程，医疗卫生服务条件明显改善；大力推行农村新型合作医疗，农民参合率达到96%以上。严格落实计划生育“一票否决制”和各项奖励扶助政策，人口自然增长率控制在7‰以内。环境保护和国土资源管理工作切实加强。我区被评为全国首批绿色能源示范县。

“十二五”发展远景展望

一、高起点、高标准、高要求确立发展目标和发展定位

制定“十二五”规划，必须统筹考虑松山区区情实际和未来发展趋势，按照“‘好’字当头、‘快’字优先、投资拉动、工业引领、率先发展、保障民生”的原则，科学制定未来五年各项发展目标任务。到2015年，要实现“四个翻一番以上”和“两个大幅度提高”，即地区生产总值突破300亿元；地方财政总收入力争达到20亿元以上；规模以上固定资产投资力争达到330亿元；社会消费品零售总额达到180亿元，均比2010年翻一番以上；城镇居民人均可支配收入达到26000元以上；农民人均纯收入突破10000元，均比2010年有大幅度提高；城镇化进程进一步加快，新农村建设扎实推进；社会事业全面发展。

二、着力提升产业发展水平，加快推进新型工业化进程

工业经济发展水平是衡量和体现整体地区经济实力的主导因素，工业立区是我区实现率先发展的战略选择。“十二五”期间，将是我区传统工业化加快向新型工业化转变的关键时期，必须立足工业多元化发展，着力推进结构优化、技术先进、清洁安全、附加值高的新型工业快速发展。继续坚持以资源为依托，以劳动密集型、资本技术密集型产业发展为重点，不断加大资源开发和转化力度，努力在有色金属、能源新能源、加工制造、轻工食品、信息科技、生物制药、建材化工等产业的创新升级上实现突破，增强产业竞争力。继续大力推进园区载体建设，突破园区发展的瓶颈制约，科学规划园区产业布局，完善园区基础设施，重点引进和合理摆布一批具有较高关联性、较强拉动力、较大发展潜力的大项目、好项目，进一步优化资源配置和要素整合，加快实现工业经济集群发展。

三、着力转变农业发展方式，加快推进农业现代化进程

松山区作为农业大区，在巩固现有农业基础地位的同时，必须坚持把稳定粮食生产、大力发展现代农业和促进农民持续稳定增收作为首要目标，加快转变农业发展方式，不断调整优化农业结构，全面提高农业综合生产力和市场竞争力。用足用好国家政策，结合农村土地流转，加大投入力度，加快推动设施农业提档升级，努力实现土地的规模化经营和高效化利用。严格按照“绿色、有机、安全”的生产标准，深入推进特色种植业快速发展。以赤峰福润生猪屠宰加工、香港亚盛原种猪养殖等龙头企业为支撑，大力发展规模化养殖业，提高农区畜牧业在一次产业中的比重。

四、着力发展高端商贸服务业，加快推进现代服务业进程

第三产业是实现经济结构调整升级的重要依托，对加快“三化”进程起着重要的支撑和促进作用。随着中心城区地位的确立、北城区开发建设的加快推进和一批大型商贸项目的陆续实施，我区人流、物流、信息流、资金流将加快集聚，第三产业即将进入发展的黄金期。要抓住机遇、科学谋划，坚持扩大总量和优化结构、生产和生活服务业并重的原则，统筹摆布好大型商场、高档宾馆和娱乐服务设施建设，着力加强对高端服务企业和知名品牌的引进力度，积极完善政策措施，优化消费环境，增强商贸服务业的人口和资金吸附能力，努力提升商贸服务业档次。

五、着力构建城乡协调发展格局，加快推进城镇化进程

松山区作为中心城区，是赤峰区域性百万人口中心城市建设的核心载体，必须严格按照中心城区建设标准和要求，加快推进城镇化进程。要重点抓好城镇规划和布局，按照“人口向城镇集聚、产业向园区集中、优质资源向优势产业配置”的原则，不断完善城镇功能，着力提升产业承载和可持续发展能力。突出抓好城市规划建设管理，坚持“高起点规划、高标准建设、高要求管理”的原则，持续推进松山组团北城区开发建设和南城区改造工作，不断完善城区基础设施及相关配套建设，加快理顺城市管理体制，提高城市管理水平，全力改进城市形象，提升城市品味。积极创新小城镇建管机制，因地制宜、突出特色推进重点小城镇建设，不断扩大城镇规模，增强吸纳人口和承载产业的能力。

科学发展结硕果 以人为本促和谐

——赤峰市巴林左旗人民政府旗长 邱文博

赤峰市巴林左旗人民政府旗长　邱文博

“十一五”时期，是赤峰市巴林左旗历史上发展速度最快、取得成效最为显著的五年。在科学发展观的统领下，地区经济平稳较快增长，各项社会事业全面进步，生产总值年均增长16.9%，比“十五”时期高出1.1个百分点，在全面建设小康社会进程中迈出了坚实的步伐。

一、经济总量不断扩大，综合实力明显增强

综合经济实力明显提升。全旗地区生产总值由2005年的21.53亿元增加到2010年的67.22亿元，年均增长16.9%。2010年人均生产总值达到18770元，折合2800美元。

地方财力不断增强。2010年财政总收入完成5.1亿元，同口径比是2005年的3.23倍，年均增长26.4%，其中一般预算收入完成2.54亿元，增长3.16倍，年均增长25.9%。总体来说，全旗经济进入了工业化、城镇化加快发展的新阶段。

二、三次产业全面发展，产业结构进一步优化

2010年，全旗三次产业比重为21：46.9：32.1，与2005年末相比，第一产业下降13.6个百分点，第二产业上升17.4个百分点，第三产业下降3.8个百分点，工业经济的主导地位更加突出。

农牧业经济稳步发展。“十一五”时期，全旗粮食生产基本保持稳定，笤帚苗、马铃薯、肉驴等特色农产品加快发展，畜牧业发展势头良好。农牧业产业化水平不断提高，第一产业增加值由2005年的7.91亿元增加到2010年的14.1亿元，年均增长5.9%。

工业结构调整取得新成效。“十一五”时期，全旗大力推进工业化进程，努力壮大工业经济总量，以有色金属产业为支撑、特色农畜产品加工业为依托、能源化工产业为先导的工业化体系初步形成。工业经济的质量和效益不断提高，整体实力稳步提升。“十一五”时期，全旗工业增加值由2005年的5.54亿元增加到2010年的26.14亿元，年均增长25.5%。

第三产业蓬勃发展。第三产业增加值由2005年的7.7亿元增加到2010年的21.6亿元，年均增长15.5%，为改革开放以来增长最快的时期。旅游业快速发展，“十一五”时期，全旗共接待国内外游客120万人次，实现收入14.34亿元，旅游收入年均增长20.1%。个体工商业、金融保险业等发展迅速，电子商务、信息咨询等服务业也取得了较快发展。

三、投资、消费全面提速，拉动经济增长的作用进一步增强

固定资产投资保持较快增长。全社会固定资产投资由2005年的9.51亿元增加到2010年的62.5亿元，“十一五”期间年均增长45.7%，比“十五”时期高出20.6个百分点，五年累计完成投资193.9亿元，为“十五”时期的4.5倍。其中，城镇固定资产投资由2005年的7.71亿元增加到2010年的61.5亿元，“十一五”期间年均增长51.5%，比“十五”时期高出22.3个百分点，五年累计完成投资186.8亿元，为“十五”时期的5.8倍。招商引资取得新成效，对外开放提升到新的水平。五年累计引进旗外资金113亿元，是“十五”时期的4.9倍。

消费市场持续繁荣。社会消费品零售总额由2005年的7.94亿元增加到2010年的20.56亿元，年均增长20.9%，比“十五”高6.8个百分点。2010年，城镇消费品市场实现零售额14.73亿元，是“十五”期末的2.78倍，“十一五”期间年均增长22.7%；乡村消费品市场实现零售额5.83亿元，是“十五”期末的2.2倍，“十一五”期间年均增长17.1%。

四、以交通、农田水利为重点的基础设施建设取得重大进展，经济社会发展的基础条件进一步改善

交通瓶颈制约取得突破。2010年末，全旗公路总里程达1637公里。“十一五”时期，投资8.4亿元完成了53个重点公路建设项目，全旗9个苏木镇和165个行政村全部实现了“乡乡通油路、村村通公路”的目标。特别是林东至白音华运煤专用公路、省际大通道至林东连接线等公路项目的贯通，极大地改善了全旗交通条件，交通区位优势正在显现。

农田水利建设成效显著。大力加强农田水利基础设施建设，实施了病险水库除险加固、灌区节水改造、高效节水农牧业、农村饮水安全等工程。五年来，共新增高效节水灌溉面积12万亩、小流域治理8万亩、设施农业2万亩。

五、生态建设、环境保护和节能减排扎实推进，经济社会发展的可持续性进一步增强

生态建设不断完善。坚持实施“生态立旗”战略，京津风沙源治理、退耕还林（还草）、国家重点公益林生态补偿等重点生态工程扎实推进，五年累计完成治理面积56.7万亩、实施退耕还林（草）工程68.7万亩，生态公益林面积达到443.4万亩。2010年全旗森林覆盖率达32.2%，比“十五”期末提高了5.1个百分点。

生态环境进一步好转。切实加大生态监管力度，严格落实围封禁牧等生态保护措施。高度重视影响群众正常生活的举报和投诉，及时对矿山企业造成的粉尘、水、噪音等污染问题及时进行了处理。城市基础设施建设明显加快，以污水处理、垃圾处理、城区绿化等为重点的城区建设加快推进， 2010年末，全旗城市污水日处理能力达到1.2万吨，城市绿化率达到41%。

节能减排工作扎实推进。积极开展矿山尾矿库综合治理，加大了淘汰落后工艺、落后产能和技术改造力度。对新建、扩建和技改项目严格执行环境影响评价制度，有效杜绝了“两资一高”新建项目的引进。积极发展循环经济，金港尾矿综合利用、林源鹿业有机肥料生产等重点工程建成投产。2010年全旗单位GDP能耗比2005年下降26.8%，圆满完成了“十一五”期间节能25%的工作目标。

六、科技、教育、文化、卫生等各项社会事业全面进步，经济社会发展的协调性逐渐增强

在加快经济发展的同时，切实加强社会建设和管理，加大对全旗科技、教育、文化、卫生等事业的财政投入，五年间累计投入资金17.3亿元，是“十五”时期的4.2倍，全面推进了各项社会事业的协调发展。

科技综合实力明显提升。积极实施了马鹿繁殖、大豆异黄酮及短肽等一批重大科技专项，科技对经济的贡献水平不断提高。“十一五”时期，全旗共申请自治区级专利8件，先后被科技部评为国家级“科技进步先进旗（县）”。

各级各类教育取得新成绩。办学条件得到明显改善，完成了17.9万平方米校舍新建和6.4万平方米校舍维修加固项目。教育布局调整工作成效显著，共撤并11所初中、7所总校、67所小学和17个教学点。深化教育教学体制改革，民族教育、职业教育不断进步。教学质量不断提高，2010年全旗初升高升学率为95.8%、高考本科上线率为68.86%，连续五年高于全区和全市平均水平。

文化事业进一步发展。积极构建城乡公共文化服务体系，全旗乡村级文化站、室达到180个，覆盖全部11个苏木镇（街道）和165个嘎查村，建成68个草原书屋并投入使用，极大地丰富了农牧民文化生活。成立了草原传统文化协会，民族传统文化得到深入挖掘和传承。旗图书馆晋升为国家二级馆，皮影戏入选国家级非物质遗产名录。辽文化产业发展不断加快，实施了辽上京遗址、祖州祖陵防洪等文物保护工程，成功举办了3次国内外辽文化学术研讨会。

卫生工作不断进步。新建和改扩建了旗中蒙医院、苏木镇卫生院、社区服务中心和村卫生室，覆盖城乡的公共卫生服务体系逐步建立。新增医疗设备1000多台（套），卫生基础设施保障水平不断提高。推广了新型农村牧区合作医疗保险制度，全旗新农合参合率达到95%以上，累计补偿金额近1亿元，有效减轻了农牧民就医负担。医药卫生体制改革有序推进，应对重大疾病和突发公共卫生事件的能力明显提高。

七、民生持续改善，和谐社会建设取得显著成绩

“十一五”时期，全旗累计投入资金2.6亿元，积极落实各项民生工程，组织实施各类惠民实事30项，使广大人民群众更直接地享受到了改革发展成果。

就业工作取得新成绩。高度重视就业再就业工作，“十一五”时期，全旗累计新增城镇就业人数5700人，其中2010年新增就业人数900人。五年城镇登记失业率均控制在4.2%以内。

社会保障工作成效明显。城镇职工基本养老、基本医疗、失业、工伤保险覆盖面不断扩大，保障水平不断提高。2010年，全旗城镇参加基本养老、基本医疗、失业、工伤保险人数分别达2.5万人、4.6万人、1.8万人和1.2万人，分别比2005年增长35%、212%、0.5%、108%。全面实施了城乡居民最低生活保障制度，2010年全旗城乡低保人数2.54万人，其中城市居民低保人数0.64万人，农村牧区低保人数1.9万人。城市居民社会保障性住房建设和农村牧区危房改造力度加大，累计开工建设经济适用房5000平方米、廉租住房1.5万平方米、公共租赁住房3000平方米，完成危房改造4万平方米。

城乡居民收入持续增长。2010年全旗城镇居民人均可支配收入达到12410元，“十一五”时期年均增长14%，较“十五”时期提高了4.1个百分点。农牧民人均纯收入由2005年的2828元增加到2010年的5080元，年均增长12.5%。全旗各族人民群众生活水平得到较大提高，和谐社会建设取得显著成绩。

赤峰市巴林左旗巴林左旗党政综合楼

深入贯彻落实科学发展观 实现林西经济社会的跨越式发展

林西县人民政府县长　王士华

松漠广场

“十一五”期间，林西县委、县政府团结带领全县各族干部群众，以科学发展观为统领，以加快发展为主题，努力克服前进道路上的各种困难和挑战。“十一五”期末，全县地区生产总值达到37.34亿元，是“十五”期末的2.59倍，年均增长20.9%；固定资产投资完成36亿元，是“十五”期末的3.6倍，年均增长29.2%；社会消费品零售总额实现15.65亿元，是“十五”期末的2.39倍，年均增长19%；财政收入完成33116万元，是“十五”期末的3倍，年均增长24.6%；城镇居民可支配收入实现12088元、农民人均纯收入实现4869元，均为“十五”期末的1.87倍，年均增长13.3%。

一、以资源开发和综合利用为重点，大力发展工业经济

林西县坚持把发展工业作为推动县域经济发展的强劲引擎，依托一批储量大、品位高、前景好的矿产资源优势，确立了以矿产资源优化配置、合理开发和有效利用为重点，把资源优势转化为经济优势的主题发展思路。五年来，建成工业项目126个，完成投资46.8亿元，是十五时期的5.1倍。规模以上企业由16户增至33户，实现增加值11亿元，是2005年的4.4倍，年均增长38.3%。工业经济对财政的贡献率由39.2%提高到54%。

结合资源禀赋、产业基础，构建了思路明确、主业突出、布局合理的工业体系。一是大力发展以铜钼锡为主的矿产冶金业。有色金属日采选能力达到5000吨。建成了10万吨铜冶炼、2万吨钼制品加工重点项目，即将开工建设1万吨精锡冶炼项目，实现了优势资源大企业集中，主导产业向大企业整合。铜钼锡冶炼项目达产后，将实现增加值44亿元，是2005年全部工业增加值的11.8倍。二是积极培育农畜产品加工业。日处理甜菜能力由1500吨提高到3000吨，年加工甜菜能力达到45万吨，绵白糖年产量稳定在8万吨左右。建成3万吨啤酒加工项目、1.5万吨变性淀粉项目。以油脂、杂粮、内蒙野果、啤酒生产加工为主的产业化龙头企业加快发展，全县销售收入超百万元农畜产品加工企业达63家。三是壮大以水泥、石材为主的建工建材业。盘活存量资产，引入乌兰水泥组建华林水泥公司，对企业升级改造，形成了100万吨生产能力。加快开发“林西墨玉”优质石材资源，建设了石材产业园区，加工能力达200万平方米。四是大力培育以氟化工、风电为主的能源化工业。加大萤石等非金属资源开发力度，形成日选萤石3400吨的生产能力，萤石粉产量连续两年占据赤峰市70%以上。建成3万吨氢氟酸生产线，开工建设4万吨氢氟酸项目，即将形成7万吨产能。瞄准产业升级和产业延伸，开工建设2万吨氟152a制冷剂，大力发展氟深加工产业，力争打造赤峰规模最大的氟化工基地。规划风电总装机容量100万千瓦，一期5万千瓦风电项目并网发电，二期5万千瓦年内建成投产。

大力发展工业园区。坚持树立以园区经济引领带动工业经济快速发展的理念，科学编制规划，优化整体布局，聚集发展要素，以培育百亿园区为目标，确立了“一园三区”发展模式。南区主攻矿产冶金和化工产业，西区重点发展食品加工产业，北区打造以医药、纺织等轻工制造为主的产业承接区。五年共完成固定资产投资10亿元，规划面积39平方公里，建成区面积3.15平方公里，已入驻企业33户。

二、以产业化经营为重点，稳步发展农村经济

大力推动主导产业。构建肉、糖、乳、薯、饲特色主导产业发展格局。强力发展肉牛肉羊产业。通过建小区、抓大户，建成肉牛育肥小区8个、专业村12个，发展100头以上养殖大户230户；建成肉羊养殖小区10个、专业村15个，发展500只以上养殖大户494户。稳步推进奶产业，奶牛存栏3万头，日产鲜奶100吨。积极发展特色主导产业基地，建成7万亩甜菜、12万亩马铃薯、44.8万亩优质人工牧草基地。

加强农业基础设施建设，农牧业生产能力得到进一步加强。进入“全国小型农田水利建设重点县”行列，高效节水项目被自治区评为优质工程。粮食生产能力稳定在4亿斤。被授予“全国粮食依法行政先进县”、“自治区产粮大县”等称号。

大力培育发展农村经济合作组织。把农民专业合作社建设作为农村改革与发展的重点来抓。通过政策扶持、示范带动，成立合作社353家，其中自治区级示范社1家、市级6家，入社农户9048户。以专业合作社推动土地流转，实施规模化、集约化生产，流转土地18.8万亩，促进了农民稳步增收。

三、以休闲健身为主题，精心打造公园式森林城市

以文化县为依托，以绿化美化为重点，以“两山、三线、十点”为主题，打造“公园式森林城市”。五年投入城镇建设资金37.9亿元，建成区面积由十五期末的7.5平方公里增加到13.5平方公里。城镇化率达到43.2%，比2005年提高8.2个百分点。

规划建设以文化体育、儿童娱乐、社区休闲、老年活动为主要内容的一批园林式公园。网球公园、聚圆广场等

投入使用，儿童公园等开始施工，滨河公园等开工建设。老年公园完成设计。坚持旧城改造与新区开发相结合，累计拆迁房屋17.8万平方米，启动城南新村建设。开发房地产173.4万平方米，建成5万平方米以上住宅小区6处，在建20万平方米以上住宅小区2处。有序推进城区绿化美化亮化工程，绿地面积达到202万平方米，城区面貌进一步改善，城市变得更加漂亮。

加强城镇基础设施建设。新改扩建城区道路69万平方米，形成了“一环四纵七横、四个方向双出口”的城区道路交通网络。推进城市“北移东扩南展”，开发建设城南新村。坚持经营城市理念，充分运营城市土地加强公益设施建设。实施城投公司实体化运作，采取有效方式融资用于城市建设，实现了经营城市、开发城市、建设城市的目标。加快推进小城镇建设，一批重点小城镇建设取得显著成效。

四、以提档升级为重点，加快发展第三产业

立足区位优势、产业基础，谋划了一批高起点、高标准的商贸流通大项目。实施总投资4.5亿元、建筑面积13.2万平方米的海川商业园项目，一期7万平方米工程已开工建设。赤峰北方商贸综合市场项目一期工程开工建设。统部北方活畜交易市场、同裕瓜果蔬菜批发市场等区域性市场功能不断完善，辐射力和影响力显著增强。

金融工作快速发展。建立金融部门支持地方经济发展考核奖励机制，激发金融机构服务地方经济发展的活力，各金融机构贷款余额增至12.29亿元，自金融危机以来接近翻了一番。金路小额贷款公司、恒信中小企业贷款担保公司相继组建，邮政储蓄银行、包商银行、中国银行设立分支机构，商业银行由原来的4家增加至7家，金融机构服务地方经济发展的能力进一步增强。

五、加强城乡基础设施建设，保障发展能力明显增强

坚持不懈抓好生态建设。五年投入建设和保护资金3.6亿元，森林覆被率达到37%，比2005年提高9个百分点，被评为“全国绿化模范县”。一批生态建设典型脱颖而出，七合堂村实现了生态效益、经济效益和社会效益的完美结合，被授予国家级“绿色小康村”和“生态文化村”称号。大力加强交通建设。五年投资3.34亿元，实现了乡乡通油路、村村通四级以上沙石路。林西镇至省际大通道一级公路开工建设，结束了城关镇不通高等级公路的历史。巴新铁路建设稳步推进，集通铁路技改扩能走原线和站场南移获得铁道部正式批复。支线机场项目完成选址，挤进《全国民用机场布局规划》。加快水利、电力、通讯建设步伐。东台子水库经国务院批准列入全国水资源规划和辽河流域综合规划。五年投入电力建设资金3.13亿元，220千伏一次输变电站投入运行。“数字林西”建设全面启动。

六、突出关注和改善民生，社会事业全面协调发展

在工作中坚持权为民所用、利为民所谋执政理念，注重改善民生。一是扶贫开发有序推进，五年解决了1.6万绝对贫困人口温饱问题，实现3.47万低收入人口稳定增收。深入开展生源地助学贷款、结对助学工程，因贫辍学问题得到根本解决。二是建成1.8万平方米经济适用房、2万平方米廉租房，解决了900户城市困难家庭住房问题。三是扎实推进校安工程，巩固教育布局调整成果，进入全区首批“学校管理先进县”行列。四是积极推进基层文化体育基础设施建设，开工建设了大井子国家矿山公园项目。五是逐步提高了新农合县财政配套比例、封顶线、报销比例，扩大低保覆盖面，提高了城镇、农村低保补助。积极推进城镇居民基本医疗保险、新型农村养老保险试点工作。六是大力推行“一事一议”财政奖补项目，进入了自治区重点县行列。七是重建清真寺大殿，从根本上改善了回族群众集体活动条件。八是成功组织百年县庆，林西对外影响力和知名度进一步扩大。九是全面建成城区视频监控平台，创造性地开展了“警灯行动”，构建应急联动系统，广大市民安全感进一步增强。十是通过科学防治，及时、有序、有力、有效地处置公共卫生应急事件，取得甲型H1N1流感防控工作的全面胜利。

“十一五”时期，是林西县综合实力提升较快、城乡面貌变化最大、人民群众得实惠最多的五年，也是各类资金投入最多、重点工程开工最多、保障发展能力提高最快、积累了巨大发展能量和后劲的五年。

“十二五”时期，林西处于全面建设小康社会的关键时期，加快转变经济增长方式的攻坚时期。我们将坚持以科学发展观统领全局，以富民强县为目标，以改革开放和科技进步为动力，围绕“三年打基础、五年实现跨越和赶超”的部署，实施“项目带动、产业升级、资源开发”战略。一是培育壮大优势产业，推进新型工业化进程，着力增强工业经济竞争力，全力打造铜、锡、钼加工冶炼和新型建材、新型能源、新型化工产业集群；二是推进产业化经营，扩大绿色、有机食品生产规模，培育壮大产业化龙头企业，提高农业综合生产能力，着力改善农民生产生活条件；三是优化服务业结构，着力提升发展水平，构建一批专业物流配送中心；四是优化城镇空间布局，加快推进城镇化进程，增强聚集辐射能力，打造安全、舒适、便捷、宜居的公园式森林城市；五是加强城乡基础设施建设，推进支线机场、东台子水库、铁路和高等级公路建设，改造完善城乡电网，加快社会信息化进程，夯实经济发展基础；六是重视环境保护和资源节约，促进全社会节能降耗，提高资源利用效率，促进可持续发展；七是推动社会全面进步，优先发展教育事业，大力推进科技进步，加强人才队伍建设，着力改善医疗卫生条件，积极发展文化体育事业，建立健全社会保障体系，努力维护社会稳定，建设和谐林西。

到十二五期末，全县综合经济实力明显提升，达到全市平均水平。地区生产总值完成100亿元、年均增长20%以上，财政收入完成10亿元、年均增长25%左右；固定资产投资完成100亿元、年均增长22%以上，社会消费品零售总额实现50亿元、年均增长25%以上；产业优化升级明显加快，多极支撑、多元发展的现代产业体系基本形成,产业结构更趋合理,中小企业和非公经济长足发展；城乡协调发展，县城及小城镇人口达到15万人，社会主义新农村建设取得明显成效；生态环境明显好转，资源开发利用水平明显提高,初步实现山川秀美；社会事业全面发展，基本公共服务比较健全,社会管理制度日臻完善，社会更加和谐稳定；城乡收入进一步提高,农民人均纯收入达到10000元、年均增长15%以上，城镇居民人均可支配收入达到25000元，年均增长14%以上，人民生活质量和消费水平明显提高。届时，林西县将以一个富裕、文明、和谐的新形象展现在内蒙古东部。

旅游精品—九佛山

“十一五”时期锡林郭勒盟经济社会协调发展 综合实力显著提升

中共锡林郭勒盟委员会书记 白向群
锡林郭勒盟行政公署盟长　刘俊臣

中共锡林郭勒盟委书记　白向群

锡林郭勒盟行政公署盟长　刘俊臣

进入“十一五”以来，在自治区党委、政府的正确领导下，全盟各地区深入贯彻落实科学发展观，扎实推进经济战略转型，紧紧抓住国家西部大开发、振兴东北老工业基地等重大历史战略机遇，充分利用资源优势，培育和壮大特色经济，努力解决发展中的瓶颈制约，积极应对国际金融危机的严峻考验，经济社会实现了又好又快发展，综合实力跨上了新台阶，为“十二五”时期经济社会实现更好更快的发展奠定了坚实基础。

“十一五”是我盟经济发展速度最快、综合实力大幅跃升的五年

“十一五”期间，我盟经济年均增长率达到20%，高于全国、全区平均水平，在全区12个盟市中列第3位，是我盟历史上实施五年计划中增长最快的五年。五年间，全盟经济总量连续跨越4个百亿元台阶，由“十五”期末的169.2亿元，达到2010年的591.3亿元，高于“十五”期间5年的地区生产总值总和。

这五年，全盟综合实力显著提高，在区域竞争中的地位日益攀升。2007年全盟工业增加值超过了乌兰察布市、呼伦贝尔市和巴彦淖尔市，2007年和2008年全盟地方财政总收入相继超过乌兰察布市和巴彦淖尔市，2010年全盟地区生产总值超过乌兰察布市。2005年，全盟地区生产总值、工业增加值和财政总收入均居全区的第9位，到2010年，这3项指标分别跃升至全区的第8位、第6位和第7位。

“十一五”是我盟结构调整最显著、经济转型扎实推进的五年

“十一五”期间，全盟着力推进经济转型，工业化进程明显加快。全盟三次产业的比重由2005年19.5：48.5：32.0演进为2010年的10.1：67.4：22.5，第二产业比重提高了18.9个百分点。

尽管第一产业比重逐年下降，但农牧业生产的质量和效益进一步提高。“十一五”期间，全盟大力实施“两转双赢”战略，压减牲畜361万头（只），有效缓解了草场压力，草原生态得到恢复。主要农畜产品大幅增长，2010年，全盟粮食产量达到26.5万吨，较2005年增长52.2%；肉类产量和奶类产量分别达到24万吨和55.6万吨，较2005年增长35.5%和110%。

“十一五”期间，全盟工业增加值年均增长27.2%，工业对经济增长的贡献率年均达60%以上，其中2010年达到67.4%。2010年，能源、冶金、化工、建材和农畜产品加工五大优势特色产业增加值占全盟规模以上工业增加值的96.6%，成为拉动工业生产快速增长的主要力量。2010年末，全盟规模以上工业所涵盖的行业大类已经达到28个，较2005年末增加10个。装备制造和煤化工等产业实现了零的突破，较好地填补了我盟工业经济的产业空白，为产业多元、产业延伸的新型工业化创造了有利条件。

“十一五”期间，服务业运行质量进一步提升。

以信息、金融业、房地产开发业、商务服务业等为代表的现代服务业成为新的经济增长点，占服务业增加值的比重由2005年的13.2%提高到2010年的15.7%。交通运输、金融等生产性服务业年均增速分别达到27.1%和23.3%，与工业经济实现同步发展。

“十一五”是我盟投资力度最大、基础设施建设成果丰硕的五年

“十一五”期间，我盟充分借助国家保增长、扩内需、调结构等宏观调控政策的有利时机，不断扩大投资规模，有力地拉动了国民经济的快速增长。2010年全盟实现固定资产投资647.5亿元，较2005年增长3.3倍，年均增长33.9%。这五年，固定资产投资额均超过当年的地区生产总值，为经济的后续发展集聚了新的动力。

“十一五”期间，全盟投资结构进一步优化，以生态、水利、电力、交通及城镇设施为重点的基础设施建设得到明显加强，经济发展的瓶颈问题得到明显改善。五年来，全盟累计完成基础建设投资超过千亿元，年均增长22%，基础设施建设投资占全社会投资的比重达45%，其中：公路、铁路项目五年累计完成投资350亿元，占全社会固定资产投资的16%；电力行业累计完成投资460亿元，占全社会固定资产投资的22%。

民间投资活跃。2010年，全盟非国有经济完成投资332亿元，较2005年增长4.2倍，年均增长39%。非国有经济完成投资占全社会固定资产投资的比重由2005年的42.8%提高到2010年的53.5%，提高了10.7个百分点。

“十一五”是我盟民生事业发展较快、和谐社会建设迈出新步伐的五年

城镇化步伐明显加快，民生状况得到改善。2009年末，全盟城镇常住人口达到56.72万人，较2005年增加5.37万人。城镇化率由2005年的51%提高到2009年的54.8%。全盟城镇参加基本养老保险的企业和其他人员数由2005年的6.09万人增加到2010年的9.72万人，参加基本医疗保险人数由10.81万人增加到20.96万人。全盟有3.9万城镇居民享受最低生活保障。

节能减排和环境保护成效显著。重点区域和重点行业环境治理得到加强，环境质量明显改善。“十一五”期间，全盟万元GDP能耗下降24.34%，超额完成“十一五”节能目标。

各项社会事业全面进步。到2010年末，全盟每万人口拥有在校大学生由2005年的23人增加到2010年的75人。2010年，全盟广播、电视人口覆盖率分别达97.8%和95.7%，分别比2005年提高9.8和4.7个百分点。全盟每万人拥有病床床位29张，每万人拥有卫生技术人员51人，分别比2005年增加4张和10人。

城乡居民生活水平不断提高。2010年，全盟城镇单位在岗职工平均工资由2005年的15608元增加到2010年的35228元，年均增长17.6%；全盟城镇居民人均可支配收入由2005年的7902元增加到2009年的15464元，年均增长14.4%；农牧民人均纯收入由2005年的2890元增加到2010年的6153元，超过了全区平均水平，年均增长16.3%。全盟城镇居民人均可支配收入和农牧民人均纯收入在全区的位次由2005年的第8位和第9位，前移到2010年的第6位和第8位。全盟城乡居民人均消费水平由2005年的5240元增加到2010年的8700元，年均增长11%。消费结构不断升级，家用轿车、信息通信产品、住房、旅游等消费热点持续升温。

站在“十二五”新的历史时期和新的发展起点上，我盟深入落实科学发展观，按照“保护生态、加快转型、跨越发展、富民强盟”的要求，在坚定不移推进新型工业化的同时，更加注重提高经济增长的质量效益，更加注重推动经济发展方式转变和经济结构调整，更加注重改善民生、保持社会和谐稳定，努力实现科学发展、和谐发展。

快速崛起的锡林郭勒盟

励精图治 开拓进取 开创口岸经济社会又好又快发展新局面

二连浩特市人民政府市长　孟宪东

二连浩特市人民政府市长 孟宪东

“十一五”时期，在上级党委、政府和市委的正确领导下，在市人大、政协的监督支持下，我们始终坚持和落实科学发展观，紧紧抓住难得的战略机遇，积极应对各种风险和考验，锐意进取，扎实工作，圆满完成了“十一五”规划确定的主要目标和任务。

一、“十一五”时期和2010年经济社会发展回顾

综合经济实力进一步增强。与“十五”期末的2005年相比，到2010年，全市地区生产总值由15.1亿元增加到47.6亿元，年均递增25.8%；地方财政总收入由1.36亿元增加到3.74亿元，年均递增22.4%（剔除国家边境小额贸易税收政策调整因素，2010年实际增加到8.2亿元，年均递增43.2%）；全社会固定资产投资由10.1亿元增加到31亿元，累计完成103亿元，年均递增25.9%；社会消费品零售总额由6.6亿元增加到16.8亿元，年均递增20.5%；三次产业结构由1∶18.2∶80.8演进为0.8∶35.7∶63.5。

过去五年来的工作，我们深切地体会到，实现二连经济社会又好又快发展，必须立足口岸实际，始终坚持发展第一要务思想不动摇，全力做大经济总量；始终突出对外贸易的中心地位，努力做大口岸过货量；始终重视口岸和城市基础设施建设，不断突破发展的“瓶颈”制约；始终把保障和改善民生作为一切工作的出发点和落脚点，努力提高群众的生活水平。这些宝贵的经验值得认真总结并在今后的实践中更好地坚持。当然，我们也要清醒地看到，口岸经济社会发展还面临着不少困难和问题。主要表现在：经济总量偏小，产业结构单一，第三产业档次较低，工业发展基础依旧薄弱，市场主体成长缓慢，经济自主增长能力明显不足；国际、国内两个市场、两种资源的利用还很不充分，口岸优势需要进一步挖掘，对外开放的深度和广度有待进一步提高；前后方运输通道不畅仍然是口岸发展的最大“瓶颈”，生态环境依然脆弱，口岸基础建设的任务非常艰巨；有限的财政实力与保障和改善民生的实际需要之间存在很大矛盾，社会事业管理服务水平亟待提高等等。对于这些困难和问题，必须高度重视，并在今后的工作中认真加以解决。

二、“十二五”时期经济社会发展奋斗目标和工作重点

根据市委《关于制定国民经济和社会发展第十二个五年规划的建议》精神，“十二五”时期我市经济社会发展的总体要求是：以邓小平理论和“三个代表”重要思想为指导，深入贯彻科学发展观，加快转变经济发展方式，坚持发展第一要务、稳定第一责任不动摇，坚持富民与强市并重不动摇，坚持贸易兴市、工业富市、旅游活市发展理念不动摇，着力调整经济结构，着力优化发展环境，着力保障和改善民生，着力提高发展的协调性和可持续性，突出实施向北开放战略，加快构建国际经济合作走廊，积极参与区域经济合作，加快建设北方重要的国际贸易基地、国际物流基地、进出口加工基地、跨境旅游基地，为全面建成小康社会奠定坚实基础。

主要预期目标是：地区生产总值年均递增24.6%，达150亿元；地方财政总收入年均递增22%，达10亿元；全社会固定资产投资年均递增21%，达83亿元；口岸进出口贸易额年均递增19.5%，达80亿美元；社会消费品零售总额年均递增20%，达42亿元；城镇居民人均可支配收入年均递增12.5%，达42300元；牧民人均纯收入年均递增16%，达16000元。

实现上述目标，全面落实“十二五”规划纲要确定的各项任务，必须把握好以下原则：一是扩大开放，加快发展。充分利用口岸地缘、区位优势，大力发展口岸贸易、物流、进出口加工、旅游等特色产业，努力做大经济总量。二是立足实际，科学发展。在千方百计做大经济总量的同时，积极推动经济结构的优化，努力发展各项社会事业，高度重视节约用水和节能减排，加强生态环境保护，努力实现发展的全面、协调和可持续。三是关注民生，富民优先。始终高度关注民生，推动城乡居民增收、就业、社保以及其它各项公共服务工作，使经济发展成果更多地惠及各族干部群众，努力实现经济发展和社会和谐的有机统一。

按照上述目标和原则，“十二五”期间，我们将在具体实践中集中力量解决以下几个方面的重大问题：

孟市长会见蒙古国官员

（一）着力培育口岸特色产业，增强经济持续发展后劲。

加快发展国际贸易和物流业。认真分析研究蒙俄铁路、公路运输通道辐射区域内的资源、市场情况，努力做大国际贸易总量，刺激物流业快速发展。进口方面，更加积极地引导支持国内企业“走出去”，在境外建立稳定的原料供应基地，扩大资源性产品进口规模。制定更加优惠的外贸发展政策，吸引外地企业在我市注册经营、过货通关。出口方面，努力发挥区域性中心市场的作用，在扩大生活日用品出口的同时，大力调整出口商品结构，尽快做大机械、建材、电子、家电等商品的出口规模。物流方面，以服务国际贸易发展、促进产业结构优化为目标，科学规划口岸物流发展布局，加快发展运输仓储、装卸换装、展示交易、加工配送、信息传递和进出口保税等现代物流业，全面提升物流业的档次和规模。到“十二五”期末，口岸进出口货运量达到2600万吨，口岸进出口贸易总额达到80亿美元。

努力做大做强口岸加工业。力争到“十二五”期末，形成口岸工业经济的基本框架。高度重视发展进口资源落地加工。以进口铁矿石、有色金属、煤、石油等资源采选加工和木材加工为主攻方向，以强化节水和环保的刚性约束为前提，大力引进培育上规模的加工项目，做大进口资源加工业。到“十二五”期末，工业增加值达到44亿元，占地区生产总值的比重达到30.8%。

促进旅游业提档升级。积极引进大型旅游企业，深度策划、包装、开发“边关文化”、“恐龙文化”、“驿站文化”等特色旅游资源，推动旅游开发走市场化、品牌化之路。认真研究国内国外两个旅游市场，加强与蒙俄有关地区和我市周边地区的旅游协作，加快开发针对国内游客的跨境旅游线路，以及针对蒙古国游客的国内精品旅游线路，促进国内外客源市场良性互动。继续抓好旅游基础设施建设，建成大盛魁影视基地、汽车露营地等项目，完善恐龙地质公园景区设施和功能，精心打造世界级恐龙地质公园。完善旅游配套服务体系，加强旅游企业的扶持和管理，加快开发具有口岸文化特色的旅游纪念品，促进口岸旅游业提档升级。到“十二五”期末，接待国内外游客250万人次，旅游业总收入达到45亿元。

（二）加强基础设施建设，提高口岸和城市承载能力。

加快推动基础设施建设。推动二连—汗海500千伏电汇集站和二连—温都尔220千伏双回路建设项目，提高电力外送能力。加快推进铁路口岸站场扩能扩容工程建设，完成口岸电子信息平台和公路口岸矿产品专用通道项目建设，逐步完善公路、铁路口岸设施功能。加快建设铁路国际物流园、公路口岸进出口物流园，规划建设航空物流园，积极推动集二线铁路双幅电气化改造、锡二线铁路、锡二高等级公路等重大交通基础设施建设，争取启动边防公路升级改造工程，开通二连浩特机场国际航空口岸，从根本上改善口岸交通条件。

切实加强城市建设和管理。加大城市棚户区改造及西城区开发建设力度，进一步提升城市建设档次水平。全面抓好城市绿化、亮化、硬化、美化工作，加快建设人性化公共服务设施，努力营造设施完善、功能齐全的人居环境。建立新型城市管理体制，努力提高城市管理效能。全面推广和规范物业管理，提高城市物业管理水平。加强水资源普查、勘探和规划工作，提高水资源综合利用水平。

（三）抓住新一轮西部大开发机遇，全方位扩大对外开放。

努力扩大向北开放。用好用足国家西部地区沿边开发开放重点试验区、边民互市贸易区优惠政策，积极呼应蒙古国赛音山达重工业基地和扎门乌德自由经济区建设，千方百计扩大对外经贸合作。进一步加强与蒙俄陆桥沿线地区在资源开发、国际联运、跨境旅游、劳务输出等方面的合作，扩大政府、商会、企业、民间组织的交往。坚定不移地实施“走出去”战略，积极搭建有效的载体和平台，引导国内企业有序参与蒙俄矿产品、木材等资源开发，有序参与对蒙俄的其它产业投资和基础设施建设。以建设欧亚大陆桥沿线地区最具影响力的中心市场为目标，着力建设成规模、上档次的各类专业市场，逐步使二连浩特成为蒙古国乃至俄罗斯西伯利亚地区购物消费的首选之地。

积极寻求“内联发展”新突破。立足口岸优势，优化投资环境，积极承接发达地区的产业转移。重点围绕进出口资源加工、商贸物流、旅游会展和城市基础设施建设等领域，有针对性地进行项目包装和策划，坚持不懈地开展定向招商。主动融入环渤海经济圈、呼包银经济带，紧盯发达地区外向型企业开拓蒙俄市场新动向，着力引进一批技术含量高、产业关联大、带动作用强、节水环保的项目，确保在培育龙头企业、推动产业升级上取得较大进展。充分利用欧美赋予蒙古国的普惠制政策，积极吸引国内企业在扎门乌德和我市“两头办厂”，为国内产品出口欧美市场开辟新通道。

（四）坚持富民与强市并重，促进经济社会协调发展。

千方百计增加居民收入。分类研究机关事业单位职工、企业职工、个体工商户、农牧民、离退休人员收入增长的长效机制。突出抓好就业工作，完善职业培训和就业服务体系，扩大就业和再就业，以就业促进增收。加强社会保障体系建设。实现城乡居民社会养老保险、基本医疗保险和社会救助全覆盖，健全城乡困难群体、特殊群体的社会保障机制。加强保障性安居工程建设，改善中低收入家庭住房条件。

加强社会事业建设和管理。全力提高中小学教学质量，加快改善学前教育办学条件，大力实施民族教育创优工程，积极发展职业教育，进一步加强教育对外交流合作。加强体制和机制创新，切实提高文化馆、体育馆、博物馆等公共文化设施综合利用水平，大力开展群众性文化体育活动，积极举办独具口岸特色和影响力的文化体育赛事。扎实推进五项基本医疗卫生制度改革，加快完善城乡居民公共卫生、医疗、医药服务体系，提高医疗救治和应对突发公共卫生事件的能力。加强人口和计划生育管理服务，继续稳定低生育水平，实施出生缺陷干预工程，提高出生人口素质。加大社区投入力度，完善社区服务功能，提升社区服务群众的能力。

2011年是“十二五”规划的开局之年，做好今年的工作，责任重大而光荣，任务艰巨而繁重。让我们在市委的正确领导下，励精图治，开拓进取，真抓实干，努力完成全年各项目标任务，开创口岸经济社会又好又快发展新局面！

满载集装箱的列车驶出雄伟的国门

苏尼特右旗
“十一五”发展回顾“十二五”展望

苏尼特右旗人民政府旗长 佈仁

苏尼特右旗人民政府旗长　佈仁

一、“十一五”时期经济社会发展回顾

“十一五”时期，苏尼特右旗在盟委、行署的正确领导下，深入贯彻落实科学发展观，科学决策，理性摆布，积极应对各种困难、风险和挑战，全力保持经济平稳较快增长，努力改善民生，促进社会事业全面进步，如期完成了全旗“十一五”规划确定的目标任务，为加快迈向提速增长、提质发展、快速崛起的“十二五”新阶段积蓄强劲动力。

国民经济快速发展，综合实力显著增强。“十一五”时期，经济保持了平稳较快增长的态势。“十一五”期末地区生产总值达到36亿元，比“十五”期末增长166.5%，年均增长21.7%，经济总量大幅提升。三次产业比重由2005年的13.2：58.3：28.5调整为2010年的7.3：70.5：22.2，三次产业对经济增长的贡献率分别为1%、76%、23%，产业结构调整发生积极变化。“十一五”时期财政实力明显增强，全旗地方财政总收入达到4亿元，比“十五”期末增长1.8倍，年均增长22.9%。财政支出7.2亿元，比“十五”期末增长2倍，年均增长24.4%。“十一五”时期，财政收入的快速增长为教育、医疗、社保等民生领域投入提供了有力的资金保障。

农牧业产业化稳步推进，畜牧业效益持续提高。“十一五”时期，我旗高度重视“三农三牧”工作，努力加快农牧业生产经营方式转变，大力培育畜产品精深加工龙头企业，逐步规范农牧民专业合作社，积极开展苏尼特羊选育提高及冬羔提前出栏工作，稳步推进农牧业产业化进程，大力发展高效生态畜牧业。2010年第一产业增加值达到2.6亿元，年均增长1.1%。“十一五”期末，全旗牲畜总量控制在80万头（只）之内，山羊存栏明显缩减，年均递减4.1%，山羊占畜群比重由“十五”期末的34.3%下降到“十一五”期末的18.3%，下降了16个百分点。畜牧业经济效益显著提高，牲畜总增率由“十五”期末的42.8%提高到“十一五”期末的80.3%。牲畜繁成率由“十五”期末的91.8%提高到“十一五”期末的94.2%，提高了2.4个百分点。母畜、良改畜比重由“十五”期末的83.1%和65.8%分别提高到“十一五”期末的89.6%和99.4%，分别提高了6.5个百分点和33.6个百分点。肉类总产量累计达5万吨。2010年苏尼特羊正式进入国家优良畜种名录，并列入全国300个最具综合价值地理标志产品名单。五年来，围绕“两转双赢”战略，重点实施的沙源治理、生态移民、退耕还林、农业综合开发、安全饮水和水土保持等工程，使农牧业基础设施条件得到进一步改善。完成京津风沙源治理工程59.5万亩，国家生态公益林补偿面积42.8万亩，水保治理54.8平方公里。建设各类水源井4290眼，解决了1万多人饮水安全问题。实施了600多套农牧区危房改造工程和游牧定居工程，进一步改善农牧区居住条件。五年来，全旗稳定转移农牧民2100多人。

工业经济发展壮大，主导地位逐步显现。“十一五”时期，通过完善思路和加大招商引资力度，以金属采选、能源、化工及畜产品精深加工为主攻方向，逐步扩大产业规模，不断增强发展后劲。全旗规模以上工业企业由“十五”期末19户发展到目前的44户，全部工业增加值由“十五”期末的5.8亿元增加到“十一五”期末的23.1亿元，年均增长29.5%。依托资源、区位和政策等优势，工业化发展水平显著提高，初步形成了以工业为主导的特色产业体系。全旗黄金、铜金属量、铁精粉、碱化工产品产量分别达到3吨、4000吨、120万吨和50万吨。全旗核准风电装机容量45万千瓦、并网发电27万千瓦。矿产资源勘探开发不断加强，逐步合理有序，目前在建勘探项目86个，投入资金2.7亿元。“十一五”期末，工业在地区生产总值中所占比重达到64.1%，比“十五”期末提高14.5个百分点。工业经济占主导地位的局面已基本形成。

第三产业结构逐步充实优化，服务业发展形成新格局。“十一五”期末，全旗第三产业增加值达8亿元，比“十五”期末增长1.4倍，年均增长16.9%。新型行业比重增加，其中交通运输仓储及邮政业增加值2.1亿元，占第三产业增加值26%；批发零售贸易及住宿餐饮业增加值2亿元，占第三产业增加值26%；金融业增加值0.5亿元，占第三产业增加值6%；房地产业增加值0.7亿元，占第三产业增加值8%。“十一五”期间投资千万元建成远通、双赢两个物流园区，着力打造锡盟西部区域物流中心，累计实现税收1200万元。以巴音敖包祭祀、苏尼特王府那达慕、乌兰牧骑艺术节、苏尼特骆驼文化节为特点的四季民族文化旅游活动初具规模，金融保险、房地产开发、民族餐饮服饰、信息传输计算机服务等新型服务业及连锁经营业加快发展。2010年社会消费品零售额达到8.5亿元，比2005年增长1.3倍，年均增长18.6%。

固定资产投资快速增长，基础设施建设成效显著。“十一五”期间全社会固定资产投资累计达106亿元，是“十五”时期的5.2倍，年均增长34.9%。五年累计引进国内资金70亿元，是“十五”时期的5倍。道路交通、水电、通讯等基础设施明显改善，支撑发展能力持续增强。全旗境内已基本形成通达苏木镇和重点企业的路网结构，油路和砂石路总里程达到1221公里，行政村道路通达率达

65%以上。完成了温都尔220KV变电站扩容和农网、城网改造工程。通信干线扩容，建设基站19座，赛汉塔拉镇内2G、3G通信信号实现全覆盖。城镇建设步伐明显加快。“十一五”期间以旗中心镇建设为重点，城镇基础设施和房地产开发累计投入达8.2亿元，是“十五”期间的5.7倍，新建建筑面积48万平方米，建设污水处理厂和垃圾处理厂，实施了新区扩建。加大住房保障力度，建设城镇廉租住房334套，市政设施条件和人居环境不断改观，镇区“四纵七横”的道路框架基本形成体系。到“十一五”期末，全旗城镇化率达到64.1%,比“十五”期末提高了7.7个百分点。

城乡居民生活水平显著提高，各项事业全面进步。“十一五”期间，城乡居民收入明显增加，全旗各族人民充分享受到了发展的成果。“十一五”期末农牧民人均纯收入达5140元，年均增长22.5%，是“十五”期末的2.8倍；城镇居民人均可支配收入达15219元，年均增长16.4%，是“十五”期末的2.1倍，城乡居民储蓄存款增长2倍多。2010年全旗城镇居民人均生活消费支出达12980元，年均增长15.8%；农牧民人均生活消费支出达3987元，年均增长3.2%。城乡居民消费结构显著变化，恩格尔系数持续下降，享有的教育、卫生、文化等社会资源普遍增加。城镇和农牧区人均住房面积分别达到27平方米和19平方米。全旗互联网用户已达3500多户。

“十一五”期间，财政用于民生及社会事业投入达12.2亿元，是“十五”期间的3倍。培训城镇各类人员6550人，帮助7800余名城镇失业人员实现再就业。城镇低保月平均保障标准和补助水平分别是“十五”期末的1.1倍和2.3倍。农牧区补助水平由2006年人均432元提高到目前的1082元。启动实施农牧区养老保险，“十一五”期末参保率达80%。教育事业稳步推进，办学条件明显改善。累计投入2.6亿元用于发展教育事业，年均增长35%，是“十五”时期的1.8倍。新建校舍5.6万平方米，适龄儿童入学率达98.6%，高考升学率逐年提高。扶困助学补贴范围逐年扩大，全部兑现义务教育阶段教师绩效工资。医疗卫生条件进一步改善，床位规模为120床的标准化旗人民医院开工建设，完成了蒙医院及妇幼保健所改扩建，新建8所嘎查村卫生室。完善标准化社区卫生服务中心建设。城乡医疗保险覆盖范围持续扩大，城镇居民基本医疗保险参保率达92%以上，农村牧区合作医疗参保率基本实现全覆盖。全面启动医药卫生体制改革，基层卫生院全部实现“零差价”服务。农村牧区广播电视覆盖率分别达到95.8%和92.8%。苏尼特文化中心、苏木镇文化站、老干部活动中心等一大批文化场所建成使用。实施了苏尼特王府一、二期修缮工程。

二、“十二五”未来展望

“十二五”时期，我旗经济社会发展的总体要求是深入贯彻落实科学发展观，以富民强旗为目标，以转变经济社会发展方式为主线，加快推进新型工业化、特色城镇化和农牧业现代化进程，在优化经济结构、统筹城乡发展、保护生态环境、加强基础设施建设、改善民生、发展社会事业、扩大对外开放等方面取得新突破，努力建设经济快速发展、社会全面进步、人民生活水平不断提高的和谐苏尼特右旗。主要奋斗目标是到“十二五”期末全旗地区生产总值达到105亿元，年均增长23%以上。三次产业结构调整到4：65：31。固定资产投资达到90亿元，年均增长22%以上。地方财政总收入达到10亿元，年均增长20%以上。城镇居民人均可支配收入达到30000元，年均增长14%以上。农牧民人均纯收入达到10000元，年均增长14%以上。综合我旗资源、财力和区位优势，立争苏尼特右旗在全盟乃至全区有新的战略定位。

（一）构建现代产业体系，推进新型工业化。立足资源和区位优势，全面建设赛汉塔拉、朱日和、乌日根塔拉和都呼木四个不同类型的发展园区，不断发展壮大以“金铜铁碱、煤油风石”及畜产品精深加工为主的工业特色优势产业，承接产业转移，加大招商引资力度，不断延长产业链、提高产品附加值和资源综合利用水平。做大做强优势特色产业，坚持在扩大增量中促进经济结构调整。到“十二五”期末，工业优势产业体系进一步完善，全部工业增加值达到63.5亿元，年均增长22.4%，规模以上企业达到80户以上。充分发挥资源优势，提高资源综合开发利用。金属采选业实现黄金产量达到3.5吨、铜金属产量达到1万吨、铁精粉产量达到120万吨；能源工业成为未来工业发展的主导，力争实现产值45亿元，煤炭产量达到300万吨、原油产量达到10万吨、风电装机达到200万千瓦；大力推进产业延伸升级，努力构筑产业发展的新优势，力争苏尼特碱业公司乙二醇项目建成投产，化工业实现产值10亿元，石材生产达到150万平方米，绒毛加工机械总量达到700台（套）。

（二）推进草原生态保护建设，发展现代农牧业。牢固树立生态立旗思想，继续加大“两转双赢”战略实施力度，使草原生态环境得到明显好转。加强放牧制度建设，转变草牧场利用方式，突出抓好“减畜、增绿、转人、增收”四项重点措施，坚持不懈地抓好农牧业基础设施建设，不断夯实发展基础。认真贯彻落实国家生态奖补政策，统筹用好国家各类生态项目资金，积极探索草原生态保护的新途径、新举措。继续加快结构优化调整步伐，走减山羊、增牛精养之路，不断提高牲畜个体产出，提高在规模养殖中的比重。加快推进农牧业产业化进程。充分依托“苏尼特羊”的品牌优势，通过培育龙头企业，建立产品质量追溯体系等，推动优质农畜产品进入高端市场。到“十二五”期末，牧民人均从产业化经营中获得的收入达到同期牧民纯收入的65%以上。

（三）推进基础设施建设，加快城镇化进程。“十二五”期间争取完成500KV变电站的建设工程。加强水利基础设施建设，合理开发利用水资源。继续加大除砷降氟改水力度，农牧区安全饮水率达到100%。提倡节约用水，试行阶梯水价，缓解用水矛盾。围绕打造自治区草原民族特色现代明星城镇目标，全方位搞好城镇的建设和管理，推进城镇化进程，不断改善人居环境。到“十二五”期末，赛汉塔拉镇人口达到4.5万人以上，全旗城镇化率达到73%以上。

（四）提高产业协调发展水平，推进第三产业发展。巩固提高商贸流通和餐饮等传统服务业，做大做强物流、草原旅游、房地产和社区服务业，积极发展金融科技、信息和中介、文化创意等新型服务业，通过招商引资使一批有一定规模的大服务业项目落地实施，迅速扩展壮大第三产业，提高对财政的贡献率和对就业增收的拉动作用。充分发挥资源区位优势，发展对外贸易。通过财政贴息等方式，鼓励民族工艺品、服饰制作业加快发展，尽快形成产业规模。到“十二五”期末，第三产业增加值力争达到32.7亿元以上。

（五）加强基本公共服务建设，切实保障和改善民生。以服务“三农三牧”为重点，大力引进和推广先进适用技术成果。促进社会事业发展。坚持教育优先发展的战略地位，继续提高教育质量，基本普及学前教育和高中阶段教育，加快“双高普九”步伐，逐步提高职业教育办学质量和效益，走教育强旗之路。加快卫生医药事业改革和发展，改善医疗卫生条件。以新建旗医院为核心，调整和优化卫生资源，继续完善覆盖城乡的公共卫生和医疗服务体系。全面推行以大病统筹为主的医疗制度，切实解决群众看病难、看病贵的问题，提高城乡居民健康水平。大力开展民族文化先进旗建设，进一步培育打造“乌兰牧骑”之乡、“马头琴”之乡等文化品牌。认真实施全民素质工程，深入开展“六进社区”活动。到“十二五”期末，人口自然增长率控制在4‰以内，人人享有基本公共服务水平进一步提升。

回眸“十一五” 信心更坚定
展望“十二五” 再创新辉煌

太仆寺旗人民政府旗长 南中玉

太仆寺旗人民政府旗长 南中玉

太仆寺旗位于内蒙古自治区中部，锡林郭勒盟南部，距北京市350公里。太仆寺旗地处阴山北麓，浑善达克沙地南缘，海拔1300米－1800米，属中温带亚干旱大陆性气候，平均气温1.6℃，年降水量不足400毫米，无霜期100天左右。太旗是半农半牧、农牧结合、以农为主的经济类型区，现有耕地142万亩，林地152万亩，草场300万亩，其中农区194万亩、牧区106万亩，地上无地表水，地下水净储量24亿立方米，可开发约8312万吨，是一个典型的雨养农牧业地区。目前已探明的地下矿产资源主要有钨、钼、铅、锌、铜等。

全旗总面积3415平方公里，辖6个苏木乡镇、176个行政村、8个社区、526个自然村，总人口21万人，其中农业人口16.9万人，牧业人口0.3万人，农牧区劳动力9.2万人，2010年底全旗贫困户17559户，贫困人口3.98万人，是国家级重点扶贫开发旗县。

“十一五”以来，我们牢牢把握发展第一要务，努力做大经济总量，综合实力显著增强，主要经济指标基本实现翻番增长。地区生产总值由2005年的11.8亿元增加到2010年的27.3亿元，增长1.3倍。其中，一产由4.9亿元增加到8亿元，增长0.6倍；二产由3亿元增加到10.2亿元，增长2.4倍；三产由3.8亿元增加到9.1亿元，增长1.4倍。三次产业比例由42：26:32演进为30:37:33，其中二产比重提高11个百分点，成为拉动经济增长的主要动力，经济结构进一步优化。财政收入由6828万元增加到1.19亿元，增长0.8倍，年均增长12%。全社会固定资产投资由5.1亿元增加到26.1亿元，年均增长38.6%，累计完成投资77.1亿元，相当于“十五”时期的5.3倍。

五年来，我旗发挥比较优势，注重培育特色产业，推进“三化”互动。大力推进传统农牧业向现代农牧业转变，蔬菜和马铃薯占农牧业总产值比重由69%提高到88%；牧业年度牲畜规模由54.4万头只减少到16.1万头只，其中奶牛、肉牛分别由1.7万头和2.3万头发展到3.7万头和3.5万头；蔬菜大棚由4200座发展到12500座，水浇地由8.3万亩增加到27.9万亩，其中大型节水灌溉园区达到204处、15.1万亩；综合机械化作业率达到92%，专业合作社从无到有发展到304个，累计转移农牧民5.8万人。努力推动工业经济快速发展，引进了风电、马铃薯加工、电石生产等20多个项目，规模以上工业企业由16户发展到26户，工业增加值由2.3亿元增加到7.7亿元，工业对经济增长的贡献率由21%提高到36%。加快发展第三产业，社会消费品零售总额由4.2亿元增加到10亿元，增长1.4倍；金融机构存贷款余额达到23.3亿元和12.9亿元，分别增长2.2倍和1.5倍，首个民营银行鑫源村镇银行成立运营；草原旅游综合收入由160万元增加到7200万元，呈现出良好的发展势头。

五年来，我旗着眼于为长远发展打基础，着力破解制约发展的瓶颈，在推进生态、基础设施和城镇建设中增强了发展后劲。坚持生态建设与产业发展并举，完成京津风沙源治理57.6万亩、生态移民245户1100人，农区实行了小畜全年禁牧，牧区推行了草畜平衡和“三牧”制度，种植文冠果15万亩，森林覆被率由13%提高到22.3%。公路、电力、水利等一批重大基础设施顺利实施，建成宝昌至三号地段高速公路和宝昌至呼海通道二级公路，新建县乡油路96公里、砂石路412公里。完成220千伏输变电站、110千伏输变电站和城网改造工程，新建了2项35千伏输变电站。实施永丰水库除险加固和87处安全饮水工程，解决了7.4万人、15.2万头只牲畜的安全饮水问题。建成通讯基站73座，其中3G站12座。城镇建设累计投入17.4亿元，相当于“十五”时期的3.6倍，建成区面积由7.2平方公里扩大到12.1平方公里，集中供热率、住房成套率、城镇化率分别由17%、22%、26%提高到45%、63.6%、33.1%。

五年来，我旗坚持以人为本，统筹发展社会事业，着力保障和改善民生，人民生活水平明显提高。财政用于社会事业和民生领域的投入占财政总支出的比重每年都在25%以上。城镇居民人均可支配收入由6172元增加到16359元，年均增长21.5%；农牧民人均纯收入由2117元增加到5462元，年均增长20.9%。积极争取项目资金，累计投资近2亿元，有效改善了教育、医疗、文化等社会事业发展条件。稳定和扩大就业，五年共安置就业人员1.2万人，城镇登记失业率控制在4%以内，实现“零就业家庭”动态为零。社会保障和救助体系不断完善，保障水平逐步提高，城乡低保覆盖4417人和19300人，城镇居民基本医疗保险、新型农村牧区合作医疗参保率达到92%和95.9%，新型农村牧区社会养老保险试点正式启动，救助大病困难群众1万多人次。继续保持低生育水平，被国家评为“计划生育优质服务先进地区”。广播电视综合覆盖率由85%提高到97%。加大扶贫开发力度，贫困人口由7.6万人减少到3.98万人。围绕群众关心的看病、上学、住房等实际问题，每年都能办成一些覆盖面大、受益面广的实事，使群众得到了更多实惠。与此同时，党的建设、民主法制建设和精神文明建设继续加强，民族团结进步、社会和谐稳定的局面进一步巩固和发展。

“十二五”时期，我旗经济社会发展的总体思路是：坚持以邓小平理论和“三个代表”重要思想为指导，深入贯彻落实科学发展观，坚持扩大经济总量与转变发展方式并重，按照“强化基础、寻求突破、统筹发展、富民强旗”的要求，大力推进农牧业现代化、新型工业化、城镇化和以商贸物流、草原旅游为重点的服务业发展，进一步加强城乡基础设施和生态文明建设，着力改善民生和促进社会和谐，为全面建设小康社会奠定坚实基础。主要预期目标是：地区生产总值达到65亿元，年均增长19.2%。第一产业10亿元，年均增长6.7%；第二产业32亿元，年均增长26%；第三产业23亿元，年均增长20%。财政总收入3亿元，年均增长24.6%。城镇居民人均可支配收入32000元，年均增长15%。农牧民人均纯收入分别达到11000元和14000元，年均增长15%和15%。全社会固定资产投资五年累计完成220亿元，年均增长20%。

今后，我旗将进一步加快转变经济发展方式、夯实产业发展基础步伐，努力实现从依托资源型产业向资源型和非资源型产业共同发展转变，逐步建立起多元发展、多级支撑的现代产业体系，增强产业发展的协调性和可持续性。

（一）坚持生态立旗不动摇。加强生态建设和环境保护，增强可持续发展能力。在巩固以往工程建设成果的基础上，继续组织实施好京津风沙源治理、退耕还林、水土保持、生态移民等工程，加强农田防护林和人工草场建设，完成生态建设规模47.5万亩，新增林地15.9万亩，森林覆被率达到33%。把生态建设与发展替代产业、增加农牧民收入有机结合起来，通过相关配套措施和资金整合使用，大力发展樟子松、文冠果、山杏等后续产业，实现生态建设由恢复型向效益型转变，种植樟子松30万亩、文冠果24万亩，嫁接改造山杏林2.5万亩。把“资源节约、环境友好”的理念和行动贯穿经济社会发展全过程，统筹好经济发展与环境保护的关系，重点抓好节能减排工作，大力发展循环经济和节能环保产业，提高资源综合利用率和回收率。新上项目要坚持“两个一流”，逐步淘汰高污染、低效益的落后产能。强化对矿山企业周边环境整治，做好植被复垦绿化工作，努力实现工业化与环境保护互动互赢。

（二）加快推进农牧业现代化。我旗是一个农业大旗，农业人口多、比重大，发展农村牧区经济、增加农牧民收入始终是各项工作的重中之重。到2015年，蔬菜、马铃薯种植面积分别达到15万亩和60万亩，牧业年度奶牛、肉牛存栏7万头和8万头以上，标准化养殖基地分别达到20个和50个。同时，继续鼓励农牧民发展油料种植、食用菌种植和“小三养”，形成具有地方特色的农牧业生产格局。三是以蔬菜大棚、日光温室、马铃薯储窖为重点，大力发展设施农业。发挥宝昌镇宏胜村设施农业区示范作用，辐射带动具备条件的合作社和专业户扩大设施农业种植规模，推进现代农业示范区建设。蔬菜大棚、日光温室分别达到2.2万座、650座，集中连片建设马铃薯储窖30座，储量15万吨。四是加快转变农牧业经营方式。在加强基地建设、引进龙头企业的同时，规范以专业合作社为主要形式的合作组织，稳步发展以专业协会为主要形式的服务组织，并鼓励进行联合、合作或重组，提升农牧民的组织化程度。

（三）全力推进新型工业化。把发展工业作为优化产业结构、做大经济总量的主攻方向，立足资源和区位的相对优势，以园区为载体，加大招商引资力度，大力发展农畜产品加工、能源、化工、建材、矿产和机械装备制造等产业，努力实现工业经济发展的新突破。到2015年，累计完成工业固定资产投资100亿元，全部工业增加值达到25亿元，年均增长27%。农畜产品加工业，重点围绕马铃薯、牛羊肉、乳、粮油等，扶持现有企业做大做强，千方百计引进龙头企业，形成年20万吨马铃薯加工、60万只羊单位肉食品加工、5万吨油料加工和5万吨白酒生产的能力。能源工业，以国电电力、中国风电等企业为主，加快红旗风电场和贡宝拉格风电场建设进度，统筹谋划好百万千瓦风电基地和光伏发电项目建设，力争使风电装机容量达到100万千瓦、光伏发电达到5万千瓦。化学工业，扩大电石生产、萤石粉采选等现有企业产能，形成年产36万吨电石、20万吨萤石粉的规模。同时，充分利用多伦及北部旗县煤化工生产的优势，积极开发电石化工、煤化工和氟化工等下游产品，延伸产业链条。建材工业，以培育品牌为着力点，推动水泥、空心砖、珍珠岩保温材料等建材产业规模化发展，实现年产水泥60万吨、商品混凝土30万立方米。矿产工业，开工建设钨钼矿、铅锌矿和锡矿等采选项目，形成新的经济增长点。加大地质勘查力度，努力在已知矿床储量升级和新发现矿点两个方面取得明显进展。

（四）努力推动服务业快速发展。充分发挥比较优势，加大投入力度，营造良好环境，推动服务业快速健康发展，为城乡居民充分就业和普遍增收创造条件。大力发展商贸物流业，尽快完成农畜产品交易市场、装修装饰建材市场、汽修汽配园区和综合贸易超市等重点项目建设，使我旗成为锡盟南部重要的商品集散地；加快发展县、乡、村商品流通网络，加强农村牧区物资运输、仓储、配送、交易市场和信息发布等设施建设，促进物流体系向农村牧区扩展；积极引进具有龙头带动作用的物流企业，扶持中小物流企业健康发展。加快发展草原旅游业，进一步完善御马苑、京畿猎人会所等现有景区景点的设施和功能；继续扶持发展“牧人之家”、“农家乐”民俗游，加大宣传促销力度，尽快形成特色和规模。

（五）着力改善基础设施条件。继续把基础设施建设放在优先位置，经过5年的努力，基本构建起符合产业发展要求的现代基础设施体系。优化路网结构，以建设高等级公路和打通连接河北省沽源、康保等地的出口路为重点，强化路网衔接，完成宝昌至桑根达来段高速公路和宝昌至沽源段一级公路、宝昌至康保段二级公路建设；对通村砂石路进行沥青路或水泥路改造升级，进一步提高旗内路网等级和通达能力；完成蓝张铁路太旗段并建站工程，形成连接内外、覆盖城乡的综合交通运输网络。推进电网建设，抓住国家实施新一轮农网改造升级的有利时机，建成2个110千伏输变电站，新建、改造4项35千伏输变电站，使农村牧区低压电网和变电站改造率达到100%，彻底改变电网结构薄弱、系统容量偏低、供电半径较长的状况。加快水利设施建设，站在全旗发展全局的战略高度，做好水源论证和水资源综合利用规划，谋划解决好节水、用水、增水问题，尽可能通过水资源的开发满足工业用水、农业灌溉用水和人畜饮水的需要。加大工程措施力度，实施25处安全饮水工程，解决1.6万人安全饮水问题；完成中小河流治理和病险水库除险加固工程，实施好山洪灾害防治非工程措施和易灾地区生态环境综合治理等项目，进一步提高防洪减灾能力。完善信息基础设施，重点建设好城乡宽带网络、无线通信等设施，推进电信网、广播电视网、互联网的融合发展。提高农村牧区信息网络普及水平，基本实现自然村和交通沿线通讯信号的全覆盖。城镇建设方面，要把重点放在完善功能、提升品位、培育产业上，增强宝昌镇集聚承载能力。按照合理布局、突出特色的要求，结合全旗“十二五”规划，在完成宝昌镇总体规划的基础上，搞好控制性和修建性详细规划，力争使覆盖率达到100%。强化旗域村镇体系规划刚性约束，坚持以大带小的原则，统筹推进宝昌镇和苏木乡镇所在地的建设。树立经营城市理念，加大规划区内土地收储力度，保障城镇产业集聚的用地需求。把新区开发和旧城改造结合起来，搞好市政基础设施建设。加快城镇道路建设，新修和改造道路50万平方米，形成“三横三纵”的道路主网格。同时，完成宝昌镇四个出口通道的亮化和美化，对道路两侧全部进行铺装硬化和绿化，基本实现城区裸土地面软硬全覆盖。进一步完善供水、排污、供热、燃气等管网设施，自来水、供热、燃气普及率分别达到98%、75%和70%。完成文化广场、污水处理厂、垃圾处理厂等公共服务设施建设和东河景观改造，污水处理率、垃圾无害化处理率分别达到90%和80%。以发展普通商品住房和保障性住房为重点，推动房地产业健康发展，建成一些标志性建筑和示范住宅小区，住房成套率达到70%。提高城镇管理水平，加强环境卫生整治，有效改变镇容镇貌。大力发展城镇公共交通，规范出租车行业，合理设置营运路线，形成便利快捷的公共交通体系。2015年，宝昌镇建成区面积达到22平方公里，城镇化率达到50%以上。

回眸十一五 展望十二五

镶黄旗人民政府旗长 宝日夫

旗党政办公大楼

镶黄旗位于内蒙古中部、锡林郭勒盟西南端，全旗辖1个苏木、2个镇，60个嘎查、6个社区居委会，总人口3.1万人，总面积5144平方公里。是一个以传统畜牧业为主体经济和以蒙古族为主的边疆少数民族地区，蒙古族人口占全旗总人口的60%以上。地理位置相对优越，距北京、呼和浩特、锡林浩特、二连浩特市均在400公里以内。集通铁路、呼海大通道、省道208线横贯全旗。境内矿产资源丰富，已探明20多个矿种61处矿点，主要有花岗岩、石油、煤炭、萤石等，其中花岗岩分布面积约400平方公里，已探明贮量高达121亿立方米，主要有白、红、黑、黄四种颜色七个品种，开发潜力巨大。

镶黄旗属经济欠发达地区。2004年以前，在全区101个旗县市中处于末位状态。2004年以后，抓住西部大开发和振兴东北老工业基地政策机遇，依托资源优势，加快发展特色经济，提出“双石双增、三化互动、四轮发展、富民强旗”的思路，在加强草原生态保护和建设的前提下，突出发展工业经济，大力发展城镇化，加快发展畜牧业产业化，不断调整经济结构，加快转变发展方式，增强自我发展能力，改革发展稳定工作呈现了新的局面，地区生产总值、财政收入、城乡居民收入、固定资产投资规模、规模以上工业增加值等主要经济指标位次逐年前移，保持了快速发展的态势。与2004年相比，2010年地区生产总值达到31.7亿元，是2004年的15.4倍，年均增长27.2%；财政收入3.35亿元，是2004年的10.47倍，年均增长48.7%；城镇居民人均可支配收入15532元，是2004年3.52倍，年均增长23.9%；牧民人均纯收入5289元，是2004年的3.33倍，年均增长22.2%，先后被评为2008—2009年度全国县域经济最具成长性百县（市）之一，第九届全国县域经济基本竞争力提升速度最快的百县（市）之一。

一、“十一五”经济社会发展回顾

“十一五”时期，是我们在克服困难中寻求发展的五年，是在化解矛盾中实现跨越的五年，是向全面建设小康社会宏伟目标迈进的五年。五年来，在盟委、行署和旗委的正确领导下，旗人民政府团结带领全旗各族人民，深入贯彻落实科学发展观，坚持以发展为第一要务，以结构调整为主线，以提高人民生活水平为根本出发点，解放思想，与时俱进，开拓创新，全面完成了“十一五”规划确定的各项目标任务，经济社会各项事业取得了显著成绩，也为今后一个时期的平稳较快发展奠定了坚实基础。

——综合经济实力大幅提升，发展基础更加巩固。2010年，完成地区生产总值31亿元，比“十五”期末增长5倍，年均增长21.4%；地方财政总收入3.35亿元（原口径），比“十五”期末增长5倍，年均增长43.3%；全社会固定资产投资22.1亿元，比“十五”期末增长3.6倍，年均增长35.6%，五年累计完成投资73.2亿元，是“十五”时期的9倍；城镇居民人均可支配收入15532元，总量和增速分别排全盟第6位和第7位，比“十五”期末增长123.7%，年均增长18.1%；牧民人均纯收入5289元，增速排全盟第6位，比“十五”期末增长180.3%，年均增长21.4%。2010年，引进国内区外资金12.2亿元，是“十五”期末的4.8倍。三次产业比重演进为7：76：17，实现了由畜牧业主导向工业主导的历史性转变。

——工业经济快速发展，主导地位进一步夯实。坚持以项目建设为切入点，以工业园区建设为载体，不断推进工业化进程，初步形成了石油天然气、石材建材、风电和现代畜牧业“四轮”驱动的发展格局。2010年安排50万元以上重点投资项目38项，五年安排重点项目125项，其中盟级以上重点项目33项。原油产量和石材开采加工量连年稳定增长。石油勘探开发累计投入达到13.63亿元，2010年原油生产实现12.7万吨，回收天然气2397万立方米，比上年增长84.8%。开采石材荒料47.7万立方米，加工板材1431万平方米，分别比上年增长34.7%和35.0%。“中国塞北石材之乡”影响力不断提升，石材品牌冠名取得突破，“蓝夜星”、“金钻玛”、“白金玛”荣获首批全国名优特石材品种称号，全区石材质量安全检验检测中心获准在我旗成立。2010年大唐一期4.95万千瓦风电项目顺利施工，已完成投资5.11亿元，北京新能源4.95万千瓦风电项目得到自治区发改委核准。塬林煤矿实现试生产。牲畜就地加工率达到70.2%。规模以上工业企业达到30户，比“十五”期末增加11户；规模以上工业增加值预计完成19亿元，比上年增长22.7%，比“十五”期末增加17.9亿元，年均增长52.0%。严格执行环境影响评价和“三同时”制

宝拉格园广场腾飞雕塑

居民小区一角

度，完成了“十一五”节能减排目标。

——生态建设和畜牧业生产稳步推进，“两转双赢”取得明显成效。认真落实“减畜、增绿、转人、增收”各项措施，草畜平衡和草场“三牧”制度得到较好落实。“十一五”时期，累计投入生态建设资金1.08亿元，完成沙源治理工程78.4万亩，生态移民1152人，草原生态恶化趋势基本得到遏制，草原植被逐步恢复。牧业年度牲畜头数由2005年的70万头只压减到42.6万头只，良改畜比重提高11.66个百分点，畜牧业正在由数量扩张型向质量效益型转变。畜牧业基础设施不断完善，五年建设人工草地1.2万亩，高产饲草料基地4.1万亩，棚圈15.6万平方米，青贮窖1263座，围栏草场41.6万亩，牲畜集中繁育育肥基地达到43处，解决了牧区14300人安全饮水和24.5万头只牲畜饮水困难问题，2010年建设大型饲草料储备库1座，购置指针式喷灌设备14台，全旗累计具有喷灌能力的饲草料基地达到19处，进一步提高了防灾减灾能力。五年累计培训牧民9306人次，转移牧民8386人，非牧收入所占比重提高25.3个百分点。牧区经济合作组织和经纪人队伍作用突显，牧民专业合作经济组织达到49个，联户经营方式更加多元规范，辐射群体和范围不断扩大，牧区联户经营达到1914户，占牧区总户数的43.6%。实施“千村扶贫开发工程”和“整村推进工程”，坚持开发式扶贫方针，五年累计投入各类扶贫资金7609万元，解决了4906名贫困牧民的稳定脱贫问题，牧区人口贫困率下降29.5个百分点。

二、“十二五”展望

“十二五”时期是镶黄旗加快推进富民强旗进程、全面建设小康社会的关键时期，也是深化改革、加快转变经济发展方式的关键时期。科学谋划、扎实推进“十二五”经济社会发展，对于我们继续抓住用好重要战略机遇期、为全面建成小康社会打下具有决定性意义的基础至关重要。根据旗委十一届八次全委（扩大）会议确定的“三化四基”经济社会发展总体战略和稳定发展的总体方针，“十二五”时期全旗经济社会发展的主要预期目标是：到2015年，全旗地区生产总值达到65亿元，年均增长16％，其中第一产业增加值3亿元，年均增长6％；第二产业增加值51亿元，年均增长17％；第三产业增加值11亿元，年均增长16％。地方财政总收入8亿元，年均增长21％。固定资产投资52亿元，年均增长19％。单位GDP能源消耗完成自治区控制性指标。城镇化率达到75％左右。城镇居民人均可支配收入30000元，年均增长14％；牧民人均纯收入10700元，年均增长15％。人口自然增长率控制在5‰以内。城镇登记失业率控制在3.8％以内。

围绕确立的目标任务，“十二五”期间我们要着重抓好以下几方面的工作，努力实现“五个突破”。

——在推进新型工业化发展上求突破。按照新型工业化的发展要求，不断提高传统产业的科技含量，加快培育发展高新技术产业，形成多头并进，优势互补的产业发展格局。立足资源优势和产业基础，加大石油天然气、石材、畜产品加工等优势特色产业的技术改造步伐，培育发展风能、太阳能、蒙药制剂等战略性新型产业，加快发展电力等配套产业，构筑特色鲜明、优势突出的现代工业体系。依托石材资源优势，加快改造、新建一批高产高效的现代化加工企业，积极推进石材雕刻和异型石材开发，提高石材综合利用水平，进一步延伸产业链条，提升产品档次，实现转化增值。要合理规划，科学布局，加快工业园区建设步伐，突出抓好园区招商、项目落地和配套设施建设，尽快形成集群效应、规模效应、集约效应，形成工业经济新的发展平台。积极发展循环经济，构筑符合我旗实际的循环经济产业链，按照“资源—产品—废料再利用”途径组织生产，实现经济发展与环境保护双赢。积极引进单体规模大，辐射带动力强，耗水耗能低的非资源型加工项目，到“十二五”末，争取非资源型加工企业所创造的产值占工业总产值的比重提高10%以上。

——在开创牧区工作新局面上求突破。加强草原生态保护和建设，充分利用好国家草原生态保护补助奖励机制，加大牧区人口转移和减畜力度。认真落实基本草原保护制度，严格执行草畜平衡和草场禁牧、轮牧、休牧制度，继续组织实施好京津风沙源治理和退耕还林等生态建设工程，使草原生态保护步入良性轨道。以发展草原特色现代畜牧业为主攻方向，继续调整优化畜牧业结构，大力推行分户繁育、集中育肥的联户经营模式，提高畜产品加工转化能力，推动产业化经营。加快发展各类合作经济组织和经纪人队伍，加强畜牧业服务体系建设。扎实推进新牧区建设，认真落实好惠农惠牧政策措施，不断增加“三牧”投入。以教育、医疗、文化和社会保障为重点，着力解决牧区公共服务数量不足、质量不高的问题，使城镇基础设施向牧区延伸，城镇公共服务向牧区覆盖，城镇现代文明向牧区辐射，促进城乡基本公共服务均等化。挖掘畜牧业内部增收潜力，提高非牧收入水平，多渠道增加牧民收入。

——在推动城镇化进程上求突破。坚持用战略眼光谋划城镇发展，积极引进和吸纳现代城市建设先进理念和成果，突出民族地区文化特色，加快内涵式改造步伐，形成独具特色的城镇建设风格。加快城镇供水、供暖、供气、道路、污水和垃圾处理等基础设施和公共服务设施建设，完善城镇功能。把牧民转移进城作为推进城镇化的重要任务，调整和完善现行教育、医疗、社保等方面的制度和政策，减少牧民转移进城的体制性、政策性障碍，加大保障性住房建设力度，逐步将转移进城牧民纳入住房保障范围。加快城乡一体化进程，推动城乡在规划建设、产业发展、生态环境保护、社会事业发展等方面协调发展。

——在推进和谐社会建设上求突破。坚持富民与强旗并重，切实提高城乡居民收入水平，建立健全基本公共服务体系，大力发展社会事业。把扩大就业作为增收富民的重要措施，多渠道开发就业岗位，提高吸纳就业能力。加强职业技能培训，突出抓好牧区劳动力转移培训。多层次、多渠道解决好高校毕业生、进城牧民、城镇下岗职工和零就业家庭、就业困难群体的就业问题。千方百计促进增收富民，逐步建立完善城乡居民收入增长与经济增长相适应的分配制度。推进依法行政，加强普法教育，全面组织实施“六五”普法规划，推动形成科学有效的利益协调、诉求表达、矛盾调处和权益保障机制。加强安全生产，健全对各类突发事件的预防预警和应急处置机制。创新社会管理体系，加强社会治安综合治理，创造安全稳定的社会环境。

镶黄旗马文化博物馆

在新的起点上推动县域经济跨越发展

多伦县人民政府县长　霍锦炳

多伦县人民政府县长 霍锦炳

多伦位于内蒙古中部、锡林郭勒盟东南端，背靠草原、面向京津，是内蒙古距首都北京最近的旗县，航线距离180公里。多伦因水得名，是海河流域滦河水系的源头，全县不足锡盟1/50的土地蓄积了全盟50%以上的水资源。多伦因庙而兴，曾是整个蒙古地区的宗教中心。以康熙会盟建汇宗寺为起点，开创了多伦蒙古草原寺庙之都二百余年的繁荣，形成了汇宗寺、善因寺、山西会馆为代表的清代古建筑群。多伦因商而盛，曾是"旅蒙商"真正形成并享誉世界的发祥地。18－19世纪，多伦县城人口达到20余万人，相当于北京同期人口的一半；各种商号4000余家，年税收60多万块现洋，相当于当时归化城和包头的税收总和。优越的区位优势、丰富的水资源优势和深厚的文化底蕴，为多伦今天的大发展奠定了坚实基础。

"十一五"以来，多伦县坚持以科学发展观统领全局，按照"生态立县、工业强县、养牛富县、旅游活县"的总体思路，抢抓机遇、激情创业，全力打造生态大县、化工大县、文化大县，接连引进了大唐国际、中国大唐、香港协鑫、福建超大、内蒙伊利五大上市公司，顺利完成了从农业经济向工业化初期经济的转型，拉开了工业大发展的序幕。从多伦县经济发展的阶段性特征看，总体表现为"过去基础低，现在增速快，未来潜力大"。过去基础低，主要体现在"十五"期间，多伦处在典型的农业经济阶段。"十五"期间，全县GDP始终未突破10亿元，每年增加额基本在1亿元。其中，第一产业增加值在GDP中的占比接近1/2，第二产业增加值在GDP中的占比始终未突破1/4，而工业在GDP中占比未突破1/7。固定资产投资五年累计完成15亿元，地方财政收入年均完成2000万元。现在增速快，主要体现在"十一五"期间，多伦已经顺利完成经济发展的转型性跨越。进入"十一五"，受大唐国际多伦煤基烯烃项目和一批中小企业的带动，全县GDP每年增加额近10亿元，2010年总量达到46.26亿元。其中，第二产业对经济贡献率逐步上升，2007年超过第一产业和第三产业之和。固定资产投资年均保持在50亿元以上。地方财政收入每年上一个亿元台阶。

通过"十一五"时期全县上下的不懈努力，多伦已经进入了一个释放潜力、跨越发展的新的历史时期。站在新的起点，多伦将坚持"生态立县、工业强县、养牛富县、旅游活县"的总体思路，全力建设"三个大县"，抓好"三件大事"，实现"三大目标"。

（一）建设"三个大县"，旨在突出多伦的发展实力、潜力和魅力。

建设生态大县。2000年，多伦县风蚀、水蚀、沙化面积达到89.2%，其中严重沙化面积达到37%。2000年5月12日，时任国务院总理朱镕基来多伦视察，做出了"治沙止漠刻不容缓，绿色屏障势在必建"的重要指示，多伦从此成为北疆草原开始大规模生态建设的前沿阵地。近年来，多伦县坚持按照"一手抓禁牧，一手抓种树"的指导思想，针对性地开展了大规模生态建设。全县新增造林100多万亩，各类林木面积已达192万亩，占全县总面积的34%；累计移民2282户、10692人，占全县农村人口的1/8。目前全县项目区植被盖度由原来的不足30%提高到80%，森林覆盖率由6.8%提高到28%，多伦也先后被评为全国绿化工作先进县、全国森林资源管理先进县、全国退耕还林工作先进县、国家100个重点生态治理县和绿色奥运特别奖。2010年，为了更好地实现生态效益和经济效益的有机结合，我们又启动了百万亩樟子松造林工程，重点建设"六区两线一基地"（六区即百万亩樟子松建设区、水源涵养水土保持区、城镇村屯绿化区、农田防护林区、林沙产业开发区、工矿植被恢复绿化区；两线即公路沿线、铁路沿线；一基地即种苗基地建设），旨在打造固基林业、景观林业、经济林业，预计到2015年全县森林覆盖率将达到35%以上，林业总产值达到9亿元。

建设化工大县。根据产业发展演变规律，三次产业比重一般都要经历"一、二、三"到"二、三、一"再到"三、二、一"的演变过程。在工业化初期，以传统农业为主导的第一产业在国民经济中占有较大份额；工业化中期，随着经济发展水平的提高，以制造工业为主导的第二产业成为经济发展的主导力量；进入工业化后期，以旅游、物流、金融为主导的第三产业将迅猛发展。近年来，我县通过大力实施工业强县战略，先后引进了大唐国际、中国大唐、香港协鑫、内蒙伊利、福建超大和小河铁矿、大元牛业等一批重点企业，初步形成了化工、能源、矿产品开发、农畜产品加工、建材五大优势产业，基本进入工业化中期阶段。目前在五大优势产业中，最具潜力和带动力的就是化工产业，我们已成功引进了大唐国际年产46万吨煤基烯烃项目，总投资200多亿元，投产后年生产聚丙烯46万吨，大约占全国总产量的8%左右，即将投产；正在规划建设占地4.3平方公里塑料孵化园区，现已有10多个聚丙烯下游产业和配套产业项目入驻；正在建设年产2万吨氢氟酸的氟化工项目，开创了继煤化工之后又一条化工工业线路。今后，多伦将围绕煤化工及下游产品开发，全力推动产业集群发展。“十二五”期间，随着大唐煤化工一期投产、二期开工，再加上一批下游产品转化，化工产业将形成多伦工业中一柱擎天的优势特色产业。

建设文化大县。实践表明，要想保持一个地区经济又好又快发展，就必须在先进文化的引领下，把广大干部群众心思集中到发展上来，把力量凝聚到发展上来，把行动统一到发展上来。多伦有着很好的文化基础，多伦诺尔镇是中国历史文化名镇，曾经是蒙古草原寺庙之都和旅蒙商之都，而且近几年多伦相继建设了文化公园、龙泽湖公园、湿地公园、森林公园和文化中心、体育馆等基础设施，举办了环多伦湖自行车赛、多伦诺尔冰雪节等品牌文化活动，出版了《康熙会盟》、《汇宗寺》、《漠南商埠》等文学艺术作品，推出舞剧《姑娘湖》，多伦的知名度明显提升。今后，多伦将充分发挥这些文化优势，继续抓好思想道德建设，大力弘扬“勤劳质朴、明礼诚信、求实敬业”的多伦人精神；继续抓好各项社会事业发展，提升文化软实力；继续搞好文学艺术创作和品牌文化活动，不断提高多伦的影响力和知名度。

（二）抓好“三件大事”，旨在明确今后一个时期的工作重心和着力点。一是抓好园区建设，解决多伦经济集约发展和扩大经济总量的问题；二是抓好多伦进京一级公路建设，实现区位优势向对外开放优势的转化；三是抓好旧城区改造，体现中国历史文化名镇的独特魅力。

抓好化工园区建设。2007年，我县编制了化工园区总体规划和产业规划，启动了园区基础设施建设。园区规划总面积40.5平方公里，分为东区、西区、南区三个板块。东区为煤化工项目区，目前基础设施由大唐自身配套建设，基本成型；西区为聚丙烯下游产业、配套产业区，已累计投入4亿多元集中进行了基础设施建设，完全具备引进企业入驻条件；南区为氟化工、水泥等其他产业区。目前整个工业园区，已累计入驻各类项目20多个，总投资200多亿元。当前和今后一个时期，我们将围绕煤化工下游产品转化，进一步加大工业园区的项目引进力度，努力把多伦建成全区重要的新型能源化工基地。预计到“十二五”期末，园区将形成400亿元的工业产值，全县经济总量的80%、工业经济的90%将在这个区域形成。

抓好多伦进京一级公路建设。随着大唐煤化工一期工程及一批下游产品转化项目的投产，大量工业产品需要外运，打通多伦与环渤海经济圈的快速通道迫在眉睫。多伦进京一级公路项目，既是多伦融入环渤海经济圈的黄金通道，又是我县打造北疆化工城的“推进器”，同时还是畅通我县经济流的“主动脉”。目前，锡盟进京通道上都至十五号一级公路已开工建设，年内将开工建设多伦至锡盟进京通道连接线项目。

抓好旧城区改造。近年来，我们在加大对11处文物古迹修复的同时，集中对旧城区进行了改造。目前，已相继启动了旧城区原粮油市场和会馆文化片区拆迁改造工程，迈出了恢复古城风貌的第一步。今后将继续加大改造力度，积极探索市场化运作模式，重点建设以展示清真文化、民俗文化、晋商文化为主的三大文化片区，力争用3－5年的时间将多伦古镇打造成旅游商贸中心。

（三）实现“三大目标”，旨在凝聚共识、鼓舞士气、增强动力。在推动产业经济上打造北疆化工城，在生态建设上打造京北后花园，在综合实力上打造蒙东明星县。具体讲就是实现“三次跨越”。

第一次跨越始于2007年，全县第二产业增加值首次超过第一产业与第三产业增加值之和，确立了工业在国民经济的主导地位，实现了从农业经济向工业化初级阶段的转型性跨越。

第二次跨越预计到2012年，随着大唐煤化工一期的全面投产，多伦将出现工业经济“井喷”现象，地区生产总值和财政收入分别突破100亿元和10亿元大关。全县工业主导经济的优势将更加明显，初步具备反哺农业、带动服务业的能力，实现经济转型后的扩量性跨越。

第三次跨越预计到“十二五”末，随着大唐煤化工一期达产、二期投产和部分下游产品转化，地区生产总值和财政收入将分别达到200亿元和30亿元。全县服务业将迅速发展，三次产业结构更趋合理，进而实现经济转型扩量后的提质性跨越。

十年内，经过三次跨越，多伦综合实力在全区将进入前40位、全盟前4位。多伦开始成为拉动锡盟经济快速发展的重要增长极，成为全区生态良好、产业特色鲜明、富有生机活力的旗县之一。

新起点，新目标，新征程。我们将以更加开放的思想观念、更加执着的奋斗精神、更加扎实的工作作风，着力把多伦打造成锡盟南部区域中心城市，把多伦建设成新型能源化工基地、绿色农畜产品生产加工基地、京北旅游胜地和锡盟南部物流集散中心，为地方经济又好又快发展贡献自己的力量。

大唐国际多伦年产46万吨煤基烯烃项目

谋势崛起谱华章　开局之年写新篇

乌拉盖管理区管委会主任　锡林巴特尔

乌拉盖管理区管委会主任　锡林巴特尔

“十一五”时期，是改革开放以来乌拉盖管理区发展最快、城乡面貌变化最大、人民群众受益最多的时期。五年来，在上级党委、政府的正确领导下，乌拉盖管理区坚持以“三个代表”重要思想为指导，以科学发展观统领各项工作，按照“跨越发展、持续发展、和谐发展”的发展思路，锐意改革，奋发图强，用智慧和汗水，谱写了经济发展的新篇章，铸就了社会进步的新成就。

五年来，乌拉盖管理区始终坚持以新型工业化为带动，促进跨越发展。充分发挥资源、市场和区位优势，引进大企业、实施大项目，培育优势特色产业，加快资源优势向经济优势的转化，经济实现迅猛增长。地区生产总值由“十五”末的2.4亿元增长到24亿元，实现了10倍的增长，由锡林郭勒盟末位上升到第11位。财政总收入由3020万元增长到6.8亿元，实现年均翻番，总量由锡盟末位上升到第3位。三次产业结构由47.6：29.7：22.7调整为10.6：76.9：12.5，规模以上工业企业由6户增加到13户，能源、化工、矿产品采选加工等企业从无到有，中小工业企业不断发展壮大，工业对GDP增长的贡献率由2005年的36.8%提高到88%，二产在GDP中的比重提高42个百分点，工业成为拉动地区经济跨越发展的主导力量。

五年来，乌拉盖管理区始终坚持把草原生态的保护建设放在发展首位，追求美丽与发展双赢。围绕“减畜、增绿、转人、增收”四项基本任务，在草原保护建设与农牧民转移方面出台了多个扶持和优惠政策，财政资金给予了重点倾斜。全面推行限量养殖，控制超载放牧，五年压减牲畜24万头只，日历年度牲畜数量控制在29万头只以内，肉牛、肉羊的良改化程度分别达到99.5%和99%。注重农牧民转移途径的多样性、政策措施的综合性和农牧民群众的自主性，累计稳定转移1980人，直接从事农牧业生产的人口控制在5000人以内。全面推行全境春季休牧、局部围封禁牧和划区轮牧制度，严格落实草畜平衡责任制，累计投入各类生态建设资金6350万元，实施生态治理面积52万亩，牧草高度、盖度明显提高，分别达到31.7厘米、61.3%，为地区持续发展奠定了基础。

五年来，乌拉盖管理区始终坚持打基础、谋长远，大力推进基础设施建设。围绕工业发展和方便群众，加大了道路、电力等基础设施建设，努力破解“瓶颈”制约。完成了巴音胡硕镇至西乌旗白音华、东乌旗满都和兴安盟阿尔山市三条公路建设，实现了与周边工业和旅游区的通达。霍林河—贺斯格乌拉—巴音胡硕镇铁路分别于2009年、2010年通车，为区域经济发展和融入东北市场奠定了良好的基础。建成220千伏变电站1座、110千伏变电站2座、35千伏变电站6座，电网结构进一步优化。实施了乌拉盖水库、贺斯格乌拉水库的防渗漏和除险加固工程，水资源保障能力不断提高。累计地勘投入2.1亿元，地勘面积近2000平方公里，探明煤炭储量23.3亿吨、铅锌钼等多金属矿化带3处和萤石、膨润土等非金属资源，为长远发展奠定了基础。

五年来，乌拉盖管理区始终坚持以小城镇规划建设管理为重心，有效推进城镇化。把城镇化作为调整生产力布局、优化投资环境和促进农牧民转移的重要措施，围绕“生态、宜居、休闲”城镇建设目标，以巴音胡硕镇为中心，累计投入12亿元，新增城镇黑色路面32.7万平米，改造镇内主干道路、巷道、人行道20万平米，新增供热面积30万平米，新建日供水6000吨自来水厂1座，新增楼房面积42.6万平米，新增绿地54万平米，新增广场面积8.16万平米，城镇综合承载能力和辐射带动能力显著增强，规划区面积由2005年的2.2平方公里扩大到5.85平方公里，新增城镇人口6100余人。

五年来，乌拉盖管理区始终坚持城乡统筹，促进经济社会协调发展。加大对农村牧区的投入，地方财政用于支农支牧方面的引导性投入达到1.6亿元，相当于“十五”期间支农支牧资金总额的3.7倍。建成通村公路431公里、通乡公路61公里，行政村公路通达率达到100%。户户通电工程全面完成，居住相对集中的农牧民告别了不通长电的历史。积极整合教育资源，优化教育布局调整，新建小学1所、幼儿园1所，配套建设各学校实验、宿舍楼，新增校舍面积2.39万平米。2008年开始推行高中3年免费教育，在全盟率先实现12年免费教育。新建综合医院一座并配套了先进设备，新建、改扩建乡村卫生所（室）5处，公共医疗卫生条件明显改善。文体设施和队伍从无到有，新建文化体育场所1.8万平米，群众性文体活动实现经常化。实施了广播电视“村村通”、“户户通”工程，完成中波站及1000瓦调频广播建设，实现了广播信号全境覆盖。人口计生、妇女儿童和民族宗教等工作扎实推进。

五年来，乌拉盖管理区始终坚持以人为本，全力抓好民生工作。以为民办实事为抓手，以公开承诺为载体，把增收富民的实际效果作为部门和农牧场、镇最重要的政绩，调动了各级解决人民现实利益的积极性。在推动经济快速发展的同时，逐年提高在民生领域的投入，近三年占到财政总支出的50%以上。地方财政每年投入1000多万元，启动实施城镇居民基本养老保险和农村牧区养老保险政策，巩固扩大城镇灵活就业人员基本养老保险补贴政策覆盖范围，城乡居民养老保障水平逐步提高。城镇居民医保和新农合报销比例、封顶线、参保人数逐步提高，基本实现全覆盖。在提高城乡低保标准、实现应保尽保的同时，建立了困难群体及边缘人员的长效救助机制。大力推进廉租房、安置房和住房补贴相结合的社会保障性安居工程，人均住房面积不足15平米的城镇低收入家庭实现了全保障。提高最低工资标准和行政事业单位工作人员、企业退休职工的津补贴，逐步形成城乡居民收入正常增长机制。城镇居民人均可支配收入达到15709元，农牧民人均纯收入9226元，城乡居民收入年均增长18%和21%，五年翻了一番多，分别超过全盟平均水平245元和3074元。

站在“十二五”开局新的历史节点上，乌拉盖管理区党委、管委会将继续团结带领各族干部群众，以更加奋发向上的精神风貌，更大的决心和信心，谱写“十二五”发展的新篇章。

经济综合实力将实现新跨越。2011年预计完成地区生产总值31.3亿元，增长30.1%。其中，第一产业增加值2.6亿元，增长2.4%；第二产业增加值24亿元，增长29.7%；第三产业增加值4.7亿元，增长55.7%。完成财政收入9亿元，增长31.8%。

工业经济将再上新台阶。2011年随着乌拉盖管理区工业重点项目的开工建设和相继投产，工业经济将再上新的台阶。预计全年工业增加值将达18.5亿元，增长27.5%。年内贺斯格乌拉煤矿生产原煤达2000万吨，1200万吨褐煤低温干馏提质项目稳步推进。农乃庙煤矿完成矿建工程和主体系统建设，矿井110千伏输变电工程双回路供电，年内实现试生产。鲁新公司年处理300万吨褐煤提质项目一期生产线，年内投产运行。元业、嘉润褐煤提质项目建设进度将进一步加快，褐煤处理在建生产能力达到300万吨，生产提质煤产品75万吨。锡林河化肥项目完成主要设备订购。大唐风电项目一期3万千瓦项目具备发电条件。

城乡建设将进入新阶段。加大固定资产投资力度，全年预计完成投资40亿元，增长28.6%。Y258-乌兰哈达85公里出口路建成通车，阿尔山市外出通道全面打通。完成鲁新矿区-巴镇、鲁新矿区-省道S101线的铺油和乌拉盖水库环库35公里三级油路建设。鲁新矿区铁路专用线建成通车，实现与贺巴铁路的连接，打通工业产品外运通道。电网结构进一步优化，完成巴音胡硕镇3.5千伏变电站改造项目、贺场110千伏变电站项目建设。博物馆、图书馆、综合体育馆等年内投入使用。配套实施主要街道绿化、亮化、美化工程，临街平改楼建设和平房改拆进度加快，城市污水厂、垃圾填埋场和南湖公园相继建成，城市居住环境和主体功能得到进一步加强。

社会发展将呈现新局面。全面推进各项社会事业的均衡发展，在实施从小学到高中的12年义务教育的基础上，从2011年开始将学前教育纳入义务教育范围，对所有户籍幼儿实行“两免”，即免交保教费和活动资料费，用蒙语授课的幼儿在此基础上享受生活费补贴。加强公共医疗卫生服务基础设施建设，年内新建1-2所村级标准化卫生室；认真落实国家基本药物制度，完善医疗服务管理工作机制，强化公共卫生服务，群众“看病难、看病贵”问题将得到进一步解决；加强食品、药品和餐饮卫生监管，保障群众食品药品安全；加强对布氏杆菌病等地方病的防治，组织牧民开展免费筛查体检，建立健康档案。

人民生活将达到新水平。坚持以人为本，始终把关注民生、维护民利、排解民忧作为工作的出发点和落脚点，通过新闻媒体、政府网站等渠道广泛听取民意，坚持继续为民办好八件实事。从解决群众最关心、最直接、最现实的问题入手，新型农村牧区和城镇居民基本养老保险养老金标准在上年基础上上浮5%，覆盖面进一步扩大，两项保险的参保率力争达到65%和55%以上。加强对困难群体的社会救助，进一步提高城乡低保和“五保”对象供养标准。认真落实国家关于提高企业退休人员养老金政策，为每人每月增加100元的取暖补贴，对75周岁以上的老年人发放200元／年长寿保健金。加大以公共租赁住房为主的保障性住房建设力度，年内完成40套廉租房和200套公租房建设。城镇居民人均可支配收入和农牧民人均纯收入有望达到18000元和10500元，分别增长14.6%和13.8%。

乌兰察布市集宁区

乌兰察布市集宁区人民政府区长　李尚荣

乌兰察布市集宁区人民政府区长　李尚荣

乌兰察布市集宁区位于内蒙古自治区中部，阴山山脉灰腾梁南麓，辖区总面积404.8平方公里，辖一乡一镇、八个街道办事处，居住着蒙、汉、回等17个民族，总人口35.6万人，其中农业人口3.2万人，是乌兰察布市政治、经济、文化和信息中心。集宁源于元代集宁路遗址，属金代县名，意为“集市安宁”，象征着吉祥，1956年建市，1992年被国务院批准为对外开放城市，2003年撤市设区。

集宁区位独特、交通便利。集宁地处环渤海经济圈和呼包鄂金三角的结合部，东临京津，距首都北京320公里，天津港400公里；南连晋、冀，距煤都大同100公里；西接呼、包，距首府呼和浩特130公里；北通二连、蒙古、俄罗斯，距二连陆路口岸300公里。京包线、集二线、集通线、丰准线、大包电气化铁路和已完工的集张线六条铁路在此交汇；丹（东）-拉（萨）高速、二（连）-广（州）高速，110国道、208国道及省际大通道五条公路主干线贯穿东西南北；北京到莫斯科、乌兰巴托，呼和浩特到法兰克福的国际列车途经集宁，是我国进入蒙古、俄罗斯和欧洲市场的重要通道，是自治区东进西出、北开南联的交汇点和“桥头堡”，是连接华北、东北、西北三大经济区的交通枢纽，协作区域广阔，陆路口岸和窗口作用十分突出。

集宁资源聚集、物产丰富。集宁周边地下矿产资源十分丰富，现已发现的矿种达80余种，查明的矿床、矿点478处，伴生矿290处，探明储量的有49个矿种，开发利用的有29个矿种，产地75处，其中特大型矿床两处，大型矿床11处，中小型矿床62处。已普查探明的矿产资源潜在经济价值5000亿元。列为优势矿产的有：莹石储量2088万吨，为亚洲之首；铜储量54万吨，居自治区第二位；膨润土储量1.69亿吨，占自治区储量的86.3%；石墨储量360.9万吨，占自治区储量的68.7%；石灰石储量8050万吨；硅藻土储量1882.9万吨；墨玉储量2000多万立方米；在周边50公里范围内，已探明的煤矿总储存量30多亿吨。

乌兰察布市是内蒙古乃至全国的风能富集区，占内蒙古风能资源1/3，占全国1/10。全市风电场可开发面积达15000平方公里，风电技术开发量约为7000万KW。到2009年底累计装机160万KW，2010年装机达300万KW。市委、政府把风电作为一大特色优势产业，提出“构筑空中三峡，打造风电之都”。集宁区现已确定了两个风能发电基地，总占地面积90平方公里，基地内的年平均风速为7.23米/秒。根据风能资源及开发条件，按照集宁区10年风电场规划目标，到2015年规划开发容量15万千瓦，总占地面积为25平方公里的风电场。

集宁属于蒙古高原北温带大陆性气候，太阳辐射能十分丰富，年太阳辐射量在5055兆焦耳/平方米—5958兆焦耳/平方米之间，一年中以12月份最少，为209兆焦耳/平方米—255兆焦耳/平方米之间；五、六、七月份最多，为595兆焦耳/平方米—737兆焦耳/平方米，年日照为3130小时。

农畜产品资源丰富。集宁区地处北纬40° 01′，无霜期短且昼夜温差大，生产的马铃薯和牛羊肉品质好，具有农畜产品生产加工的天然优势，马铃薯作为乌兰察布市主导产业，2009年被中国食品协会正式命名为“中国薯都”，目前种植面积达到了400万亩。

集宁电网纵横、电价低廉。集宁周边有火电厂三座，总装机容量6500MW，其中区内有热电厂一座，装机容量2×150MW，变电站5座。华宁热电厂二期工程2×350MW机组和集宁工业园区220KV变电站正在规划建设中，同时规划了15万千瓦的风电场两个。乌兰察布市是内蒙古西部电网“西电东送”的唯一通道，集宁区工业用电电价0.43元/度，具备发展电力工业的优势条件。

集宁生态良好、环境宽松。“十一五”以来，集宁区不断加大生态建设力度，五年累计新增公共绿地面积497.6公顷，城市绿化覆盖率达到了38%，人均公共绿地面积22平方米，2010年被评为全国绿化模范县（区）。借助国家西部大开发和振兴东北老工业基地战略的实施，集宁区不断扩大对外开放程度，先后制订了《集宁区招商引资实施意见》和

《关于进一步加强招商引资工作的实施意见》，对投资工业项目、商贸物流业项目、危旧平房改造项目、社会公益事业等项目建设的企业除享受国家、自治区优惠政策外，在土地、税收、收费、奖励等方面给予政策优惠，使企业在政策许可范围内将经营成本内降到最低。进一步优化了投资环境，对投资开发企业实行帮办、代办和限时办结等十二项制度， 2010年，共引进各类签约项目138项，总投资约142亿元（不含危旧平房改造项目），其中超亿元的项目32个，当年引进项目数量超过前四年总和。 2010年，在中国西部最具投资潜力城市评选中排名第29位。

“十一五”期间，集宁区以科学发展观统揽经济社会发展全局，按照建设“现代化区域性中心城市”的奋斗目标，大力实施“工业立区、商贸兴区、开放活区、依法治区”发展战略，着力做大经济总量，提升发展质量，推进社会建设，经济社会各项事业呈现跨越式发展的良好态势。2010年，全区地区生产总值完成105亿元，年均递增21.3%；财政收入完成8.86亿元，年均递增17.2%；固定资产投资累计完成200亿元，是“十五”期间的3.2倍；城乡居民收入分别达到15722元、7492元，年均分别递增14.3%和14.8%。主要经济指标均保护两位数以上增幅。大力实施“工业立区”战略，经过几年的发展，已形成了多元发展、多极支撑的新型工业化发展格局，农畜产品加工、金属制品、电力建材、生物制药、电子产品加工、机械制造等主导产业优势突出，其中福瑞制药成为我市第一家上市公司，也是自治区首家在创业板上市的企业。2010年，全区规模以上工业企业达到64家，完成工业增加值29.6亿元。

围绕打造“全市核心商业圈”和“现代商贸物流中心”的目标，充分发挥区位交通优势，规划了占地130平方公里的集宁现代物流园。目前，能源矿产品物流区一期6平方公里基础设施已开工建设，建成呼铁永晖3条铁路专用线和浩通公司400万吨煤炭洗选场；农畜产品物流区一期3平方公里基础设施配套已完成，利众物流一期建成运营；集宁现代物流区已引进多家企业开工建设。商贸物流业在转型升级中逐渐成为促进地区经济发展的主导力量。

围绕建设“面向首都的绿色农畜产品供应基地”的目标，不断提高规模化、标准化和产业化经营水平，全区8.6万亩耕地被认证为无公害农产品生产基地，6个蔬菜品种和2个大田作物品种被认证为无公害农产品。大力实施种子化工程，加快了种子基地建设力度，内蒙古民丰薯业马铃薯种薯和鹏程农科种猪繁育生产规模和经营水平已具有国内领先水平，2011年民丰薯业马铃薯种薯种植项目和鹏程农科生猪养殖项目被列为国家第七批农业标准化示范区项目。内蒙古双汇、老马清真等一批农畜产品品牌畅销全国。

围绕建设“现代化区域性中心城市”的目标，以城市建设为重点，不断加大了城市建设力度，五年累计用于城建投资超过了150亿元，建成区面积扩大了12平方公里，总面积达到40平方公里。城市能力日益完善，城市品位逐年提高，2009年被评为自治区创建文明城市先进城，2010年被评为自治区卫生城市。

教育、科技、文化、卫生等社会事业全面发展，养老、失业、医保、低保、住房等保障制度健全完善，人民安居乐业、社会和谐稳定。

“十二五”时期，随着国家新一轮西部大开发、京蒙对口帮扶和自治区沿黄沿交通干线经济带重点产业规划等重大战略规划的实施，特别是在国家和自治区的交通发展规划中，京包铁路三、四线开始修建，京呼高铁、京新高速公路的开工建设，集宁区将进入首都1小时经济圈。四通八达的交通网络、便捷的出行方式为集宁的发展注入了活力。面对发展大好机遇，在全面分析当前发展形势和区内外环境，集宁区委、政府科学提出了今后五年经济社会发展的总体思路是：坚持以邓小平理论和“三个代表”重要思想为指导，深入贯彻落实科学发展观，继续加快以经济发展为中心，全力实施“工业立区、商贸兴区、开放活区、依法治区”战略，进一步加快推进新型工业化、城镇化和农牧业现代化进程；以项目建设为抓手，扩大固定资产投资规模，进一步做大经济总量，在培育增量中调整优化结构；以“东联、西融、南依、北开”为重点，着力构筑“四大基地”（构筑承接京津及沿海发达地区产业转移基地；构筑中国北方矿产品资源集散及深加工基地；构筑面向首都的绿色农畜产品供应基地；构筑京津冀晋都市圈假日休闲旅游中转基地）、打造“两个中心”（打造区域性中心城市和现代商贸物流中心）；以改善民生为出发点和落脚点，不断加快社会事业发展，建立健全更加完善的公共服务体系，全面建设富裕文明、平安和谐、生态宜居的新集宁。主要奋斗目标是：经济增长速度高于全市平均水平，经济总量位居全市前列，达到自治区同类城市中等水平。地区生产总值力争达到240亿元，年均增长18%；财政收入达到24亿元，年均增长22%；固定资产投资累计达到745亿元，年均增长29%；社会消费品零售总额达到96亿元，年均增长20%；城乡镇居民收入分别达到30000元、16400元，年均分别增长增长14%和17%。各项社会事业全面发展，文明程度进一步提高，社会更加和谐稳定。

如今的集宁，已站在新的历史发展起点，本着“互利共惠、共同发展”的原则，热情的山城人民愿与各方有识之士携手共进、共同发展、共谋未来发展大计，祝愿集宁的明天更加美好灿烂！

以科学发展观为统领
奋力推进卓资经济社会跨越式发展

卓资县人民政府县长 常培忠

卓资县人民政府县长 常培忠

十一五"以来，卓资县深入贯彻落实科学发展观，始终坚持发展第一要务不放松，紧紧抓住国家西部大开发和保增长、扩内需、调结构的有利时机，有效应对国际金融危机冲击，奋力推动经济社会平稳较快发展，全县经济建设、政治建设、文化建设、社会建设和生态文明建设取得了重大进展。

一、综合实力明显增强，产业结构逐步优化

"十一五"期末，全县国内生产总值完成39.6亿元，年均增长19.6%；规模以上工业增加值13.74亿元，年均增长26.4%；财政收入完成2.27亿元，年均增长16.6%；城镇居民人均可支配收入达到13740元，年均增长13.6%；农民人均纯收入达到4570元，年均增长12.7%；社会消费品零售总额达到9.36亿元，年均增长19.8%；三次产业比重由"十五"期末的24.2：45.2：30.6演进为15.1：51.2 ：33.7，产业结构日趋优化。马铃薯、蔬菜、肉羊、熏鸡产业化水平显著提高。马铃薯播种面积稳定在30万亩左右，设施农业发展到4.5万亩，参与农民增加到1.9万人，效益达到1.16亿元。牲畜饲养量130万头（只），六月末存栏66万头（只）。电力、重化工、矿业、建材、农畜产品加工五大支柱产业支撑能力不断增强。华电蒙能卓资公司累计发电150亿度，风电装机容量达到了33万千瓦；矿业项目建设进展顺利，中西矿业大苏计钼矿千吨选矿生产线投产，万吨选矿生产线建设顺利推进；投资72亿元的伊东集团氯碱化工项目和投资35亿元的欧美集团谷氨酸钠项目落地开工。商贸流通、餐饮住宿、金融保险、信息中介等服务产业稳步发展。旅游业接待能力和服务水平明显提升，"十一五"期间共接待游客65.8万人次，实现旅游收入6317万元。

二、城乡建设统筹推进，基础设施不断完善

抢抓国家实施西部大开发战略、扩大内需的政策机遇，建成了一批市政、交通、能源、水利、生态等骨干项目，五年累计完成固定资产投资73亿元。实施了卓资山镇热电联产城区集中供热项目，建设了污水处理厂、垃圾处理厂，建成了九曲山生态公园九曲广场、希望广场、水上乐园、贺龙雕塑等设施，实施了卓资山镇城区大黑河综合治理工程、小街巷治理、排污管网维修和道路拓宽改造工程，建成学苑小区、嘉兴小区、卓中家属区、银河家园等住宅小区。治理水土流失面积50万亩，完成京津风沙源治理面积52.9万亩，封山育林27.5万亩，完成"三北"防护林建设任务1.1万亩，全县森林覆盖率达到了21.5%。完成通乡油路160公里，通村砂石路210公里，全县公路通车总里程达到833公里。改造中低产田4.5万亩，新建、维修灌溉渠道53公里。建设村镇供水工程128处，解决农村5.8万人的饮水困难和饮水安全问题。改造主变扩容6300千伏安变电站4座，3150千伏安变电站1座。城乡基础设施的建设，既有效推动了经济社会的快速发展，又为长远可持续发展积蓄了后劲。

三、社会建设卓有成效，人民生活显著改善

逐年加大财政投入，着力解决好与人民群众生活密切相关的衣食住行、社会治安等问题，使群众得到更多实惠。妥善安置下岗失业人员，认真解决零就业家庭成员就业，城镇登记失业率控制在3.5%以内。不断扩大社会养老保险覆盖面，城乡低保补助水平和标准逐年提高。大力推行新型农村合作医疗，参合人数达到11.4万人。实施了7.7万平方米的校舍安全工程，"两免一补"政策全面落实，各级各类教育成果得到进一步巩固。建成乡镇文化站5所、村级文化室84所、草原书屋19个，重新组建了乌兰牧骑。完成125个村4162户的"村村通"工程，农村广播电视覆盖率达到85%。社会公共医疗体系进一步完善，新建了县医院门诊楼、疾控实验室和15所乡镇卫生院。低生育水平保持稳定，"平安卓资"创建活动深入开展，社会治安综合治理和打黑除恶专项斗争扎实有效，安全生产责任制进一步落实，食品药品行业监管逐步加强，社会矛盾化解、社会管理创新和公正廉洁执法工作深入推进，人民群众的安全感、幸福感明显增强。

2011年是实施"十二五"规划的开局之年、奠基之年，也是我县全面步入跨越式发展新阶段的起步之年、关键之年。要扎实推进2011年各项工作，为顺利完成"十二五"时期经济社会发展目标任务奠定坚实基础。全县GDP增长20%，达到51.6亿元；财政收入增长20%，达到2.7亿元；固定资产投资增长100%，达到30亿元；城镇居民人均可支配收入增长13.7%，达到15950元；农民人均纯收入增长14%，达到5390元；社会消费品零售总额增长20%，达到12亿元；城镇登记失业率控制在4%以内；完成上级下达的节能减排指标。

一、实施"农业富民"工程，巩固农牧业基础地位，加快推进农牧业现代化进程

要重点抓好菜、薯、肉三大产业，使优质特色农畜产品生产占到全部农产品的80%以上，实现农业增产增效，促进农民增收致富。一是大力发展以设施农业为重点的高效种植业。以温室、大棚和反季节蔬菜相结合，紧紧盯住呼市市场，辐射周边区域，全力打造绿色、特色、有机品牌，建设生态型农产品生产加工基地。要按照布局园区化、建设规模化、生产标准化、经营合作化、销售市场化的思路，以沿河（大黑河）、沿线（高

速公路和国道）为重点，园区式、段落式区域推进，建设绿色生态农业长廊。二是加快发展以养鸡为重点的特色养殖业。要依托卓资山熏鸡产业，着力培养一批养鸡大户，逐年扩大饲养量，为熏鸡规模化、产业化生产提供优质的货源。同时，要抓好肉羊、肉牛、生猪养殖，搞好鹿、野猪、狍子等特色养殖。建设标准化养殖小区，推行规模化养殖，优化畜种畜群结构，努力提高饲养质量和效益，促进传统畜牧业向现代畜牧业转变。三是继续加强农村基础设施建设。以新农村建设为重点，加快各项工程建设进度，进一步改善农村生产生活条件。实施京津风沙源治理水保工程7500亩，实施农村饮水安全工程80处，解决2万人的饮水困难问题。实施5个村的整村推进扶贫开发项目，加快农村贫困人口脱贫致富。完成村村通道路建设任务及旗下营镇出口公路建设，修建明星沟10公里旅游路，启动红召旅游路建设项目。

二、实施“工业强县”战略，突出工业经济主体地位，加快推进新型工业化进程

要进一步确立工业在经济社会发展中的核心地位，走新型工业化道路，切实抓好产业多元、产业延伸和产业升级，增强工业的核心竞争力。一是做大做强优势产业。坚持火电、风电、太阳能发电三路并进，积极协调推动华电卓资电厂依托伊东集团氯碱化工项目成为自备电厂，同时扩大电厂余热集中供暖覆盖面,发展热电联产循环经济项目，使电厂4台机组满负荷运营。依托辉腾锡勒、财神梁、庆云梁等六大风场资源，加大开发绿色能源力度。年内完成已建成的君达财神梁一二期、汇通一期、大唐四期共20万KW风电项目的上网发电；开工建设君达财神梁三期和庆云梁一期、凯迪新能源一期、大唐五六期共25万KW风电项目。同时，引进开发风光互补、光伏发电项目。二是发展壮大支柱产业。重点抓好总投资72亿元的伊东集团氯碱化工项目，年内完成投资20亿元，10月份主体工程全部完工，确保下半年电石项目投产。继续抓好钼精粉、铁精粉生产，并配套冶炼项目，开发下游产品，延长产业链。中西钼矿日采选矿1万吨项目确保9月底前建成投产。推进鑫源铁矿年产300万吨铁精粉项目建设。三是培育扶持新型产业。引资盘活金泰电力设备公司经济存量，新上风机研发、制造、组装和风电机组维修、零部件供应项目。确保欧美集团投资35亿元的30万吨谷氨酸钠项目如期投产。四是扎实推进节能减排。强化低碳经济意识，落实节能减排责任制，确保完成约束性总量控制指标。全面加强节能、节水、节地、节材和资源综合利用，大力培育和发展循环经济，走清洁发展、节约发展、安全发展和可持续发展道路。五是继续强化招商引资。要围绕现有产业优势，主动承接先进地区的产业转移，着力引进战略支撑项目、转型升级项目和高新技术项目。同时，抓好招商项目的跟踪服务工作，充分发挥招商引资激励政策作用，吸引国内外投资者。

三、实施“生态绿县”战略，加强规划、建设、管理，努力推进城乡统筹发展一体化进程

按照自治区主体功能区划分，坚持点状开发，保护为主，开发与保护并重，在推进城乡建设的同时，加强生态治理、建设绿色家园。一是加强城镇规划工作。按照“突出生态特色，体现民族风情，彰显文化底蕴”的工作思路，规划建设宜居宜业宜游的生态小城镇，处理好长远规划与近期目标的关系，处理好文化产业园区规划与其它规划的关系。二是推进生态城镇建设和管理。以大黑河两岸为重点，完成滨河路广场扩建，并对河两岸进行绿化、硬化、亮化、美化，进一步展现大黑河文化底蕴和现代风貌。抓好九曲山、北山、道路、广场共计1500亩的绿化任务，建成绿化精品工程。抓好小街巷改造、供水、排污、照明、如厕等事关民生的市政基础设施建设；完成热电联产供热站、管网、加压站等配套基础设施建设；确保垃圾处理厂建成并投入使用。完成卓资山镇棚户区改造6.1万平方米，新建廉租房2万平方米，拆迁安置补偿1万平方米。加快城镇产业发展，进一步提升城镇承载能力。三是加快新农村建设步伐。抓住新农村建设的政策机遇，高起点、高标准做好各乡镇总体规划，进一步明确产业发展方向、功能区划特点、人口承载状况等。要发挥乡镇所在地人流、物流、信息流集中交汇的功能优势，加大移民搬迁力度，着力打造人口居住集中、基础设施完善、产业扶持配套的中心集镇和中心村。继续加强生态农村建设，完成荒山荒地造林13万亩，退耕还林补植补造2.98万亩，低产林改造4200亩，天保工程以封代造3万亩，全民义务植树7000亩。

四、实施“旅游兴县”战略，大力发展第三产业，加快推进现代服务业发展进程

在不断改造提升旅游、物流等传统服务业水平的基础上，积极发展中介、金融、保险等现代新兴服务业，促进第三产业健康发展。一是加快发展旅游业。要依托丰富的旅游资源，充分挖掘草原文化、农耕文化、红色文化、民俗文化的深刻内涵，围绕游客的吃、住、行、游、购、娱，加强同周边地区的合作，打造旅游精品线路,把旅游业培育成为重要的支柱产业和对外开放的形象产业。二是扎实推进物流业。要围绕“三公三铁”（110国道、京藏高速、京新高速，京包铁路一二线、京包高速铁路三四线、五六线），在沿线建设原材料、建材和农畜产品物流园区，为乌兰察布市打造区域性物流中心提供支撑。三是大力发展新兴服务业。要适应经济发展形势，加快金融业发展步伐。加强投融资体制建设，加快保险、中介、咨询、电子商务等现代新型服务业发展步伐。

五、实施“文化育县”战略，推进文化产业化、产业文化化，全力加快文化大县建设进程

随着时代的进步，文化对经济发展的推动力，对政治文明建设的影响力，对社会稳定的调和力越来越强，提升县域文化软实力、推动文化大发展大繁荣，已成为提升全县综合竞争力的重要组成部分。一是推进公益文化事业。要加大财政投入，强化文化基础设施和基层文化队伍建设，完善公共文化服务体系。申报建设县博物馆。发挥乌兰牧骑、电影放映队、民间剧团等文艺队伍的作用，充分利用“三下乡”、广场文化艺术节、重要节庆日等演出平台，推进文化惠民，保障群众的基本文化权益。二是推进文化产业化。要充分挖掘历史、旅游、饮食、红色革命、大黑河等文化内涵，推出特色文化品牌，拓展延伸文化辐射力，将文化元素发展成为塑形象、闯市场、创价值的重要支柱，推进文化产业化。积极争取资金，建设规模较大的图书文化城，推进图书文化产业，提升书画创作水平。三是推进产业文化化。要发展以特色种植为主的农耕文化，沿大黑河和110国道、科左公路建设农事体验、农业观光、农家采摘园；发展以熏鸡制品为主的饮食文化，申报中华老字号，建设饮食文化一条街；增加旅游业文化内涵，促进文化和旅游深度融合，推进特色产业文化化。

“十二五”规划的蓝图已经绘就，实现“十二五”规划关键在于在全党全社会形成推进中国特色社会主义事业的强大力量。全县上下将紧密团结在以胡锦涛同志为总书记的党中央周围，高举中国特色社会主义伟大旗帜，以邓小平理论和“三个代表”重要思想为指导，深入贯彻落实科学发展观，实事求是、与时俱进，为实现国民经济和社会发展第十二个五年规划和全面建设小康社会宏伟目标而奋斗。

继往开来 乘风破浪 再创辉煌

准格尔旗人民政府旗长　祁·毕西勒图

准格尔旗人民政府旗长　祁·毕西勒图

“十一五”时期，准格尔旗人民政府在上级党委、政府和旗委的正确领导下，在旗人大、政协的监督支持下，团结带领全旗各族人民，全面贯彻落实科学发展观，攻艰克难，锐意进取，经济社会继续保持了又好又快的发展态势，较好地完成了“十一五”目标任务。

综合实力显著增强。五年完成地区生产总值2085亿元，年均增长26%，经济总量五年连续全市第一；“十一五”末人均地区生产总值19.5万元，年均增长28%；五年累计完成财政收入424亿元，年均增长38%，其中地方财政收入120亿元，年均增长34%，上划国家、自治区、市三级304亿元；五年累计完成全社会固定资产投资1246亿元，年均增长39%；累计实施亿元以上重大项目140项，完成投资1020亿元。在第十届全国县域经济基本竞争力与科学发展评价中，列全国百强县第20位，西部百强县第1位。

结构调整趋优向好。三次产业比例由“十五”末的3.3:64.5:32.2调整为1.1:62.4:36.5，一产、二产比例持续下降，三产比例快速上升，三产增加值由“十五”末的44.4亿元增加到“十一五”末的237亿元，年均增长39.8%。

城镇建设大力推进。启动新一轮城镇总体规划修编，各类专项规划不断完善，城镇布局日益合理。五年累计投入城镇建设资金42亿元，新建、改造城镇主次干道76条113公里，完成旧城区改造面积218万平方米，新增建筑面积546万平方米，新增城镇绿地面积682万平方米。城镇化率由“十五”末的45.5%提高到“十一五”末的70%。

新农村建设扎实有效。实施了农牧业“三区”规划，率先在优化开发区引进企业建设现代农牧业，建成现代农业基地10万亩、设施农业1.45万亩、养殖园区8个，五家尧成为全区现代农业和新农村建设示范区。推进禁止开发区和限制开发区人口转移，实施了暖水整乡生态自然恢复区建设，五年累计转移农村人口10万人，建成移民小区10个，有效解决了转移人口的住房问题。

基础设施不断完善。五年累计实施大东高速、城大高速等公路建设项目124个，新增公路里程1094公里；实施铁路建设项目12个，新增铁路里程137公里，年货运能力达到1.5亿吨；实施500千伏输变电项目1个，220千伏、110千伏输变电项目15个，35千伏输变电项目9个，新增供电容量216万千伏安；实施工业供水项目3个，年供水能力达到5000多万吨，争取黄河用水指标7127万吨，工业供水实现重大突破；实施饮水安全工程39处，解决了9万多人的饮水安全问题；完成黄河防洪工程60多公里；累计完成绿化造林、种草和水保治理面积548万亩，森林覆盖率、植被覆盖度由“十五”末的19.4%、46%分别上升到“十一五”末的27.3%、72%。

社会事业全面进步。教育事业取得长足发展，五年累计迁建、新建中小学、幼儿园26所，办学条件明显改善，义务教育水平位于全区前列；设立教育发展基金，引导社会资金投入教育事业。公共医疗服务体系进一步健全，新建医院3所、卫生院11所、卫生室（卫生服务站）50所，补充医护人员461名，旗乡村三级医疗卫生服务网络基本形成，医疗服务能力进一步增强。文体事业蓬勃发展，开工建设图书馆、博物馆等大型文体工程，建成综合文化站、文化室等各类文化活动场所141个，成功举办、承办重大演出、各类体育赛事108次，群众性文体工作取得重大进展。社会保障体系不断完善，率先实行了城乡医保、低保、养老保险和十二年免费教育、免费职业教育、免费体检、大病救助等一批保障和救助政策，并逐年扩面提标；城镇职工基本医疗保险、养老保险、失业保险、生育保险、工伤保险全面建立。五年旗财政累计投入社会事业领域资金达73亿元。

人民生活水平明显提高。“十一五”末，城镇居民人均可支配收入26699元，较“十五”末提高了14601元，年均增长18%；预计农民人均纯收入8766元，较“十五”末提高了4195元，年均增长14%；城乡居民存款储蓄余额达到97亿元；社会消费品零售总额预计达到52亿元，年均增长17%。城乡居民平均每百户分别拥有家用汽车38辆和26辆，人均住房面积分别达到36平方米和40平方米，人民生活水平明显提高。

“十一五”时期是我旗综合实力提升最快、城乡面貌变化最大、社会建设成就最好、人民群众得到实惠最多的时期，我们在全面建设小康社会的道路上迈出了重要步伐，为“十二五”时期经济社会又好又快发展奠定了更加坚实的基础。

“十二五”时期，是我旗深化改革开放、加快经济发展方式转变的重要时期，是加快推进富民强旗进程、建设全面小康社会的关键时期。我旗经济社会发展的总体要求是：深入贯彻落实科学发展观，继续坚持绿色、人文、创新的发展理念，以科学发展为主题，以转型升级为主线，以富民强旗为主旨，以统筹城乡为路径，以科技人才为支撑，以改革开放为动力，以“率先迈进基本现代化、建设美好幸福准格尔”为目标，全面贯彻落实“结构转型，创新强市”和“城乡统筹，集约发展”战略，大力实施新型工业化、特色城镇化、农牧业现代化、生态文明化、民生幸福化“五大战略”，集中建设国家绿色能源和新型煤化工、中国西部高档日用瓷生产、自治区人文旅游生态、鄂尔多斯绿色有机食品加工“四大基地”，着力构筑华北西电东送、“京津冀”西气东输、“蒙晋陕”现代化区域性物流“三大枢纽”，积极创建自治区统筹城乡发展、资源型地区低碳发展“两个示范区”，努力打造中国西部县域科学发展先行区。

到2015年末地区生产总值年均增长20%，达到1600亿元；财政收入年均增长22%，达到400亿元；城乡居民人均收入年均增长14%和17%，达到50000元和20000元；全社会固定资产投资5年累计达到2000亿元；全社会消费品零售总额年均增长18%，达到120亿元以上。

（一）加快推进产业结构转型升级，打造国家绿色能源和新型煤化工基地。推进煤炭企业兼并重组，加快煤炭洗选配一体化，实现煤炭工业安全、清洁发展。重点以战略能源、清洁能源、化工材料为主要方向，进一步扩大煤制油生产规模，大力发展以煤制天然气为重点的清洁能源，积极推动煤制烯烃、煤制醇醚和甲醇制烯烃等化工产业发展。积极引进建设一批坑口电厂，推进电力工业集群化发展。加快陶瓷产业发展，主动承接沿海地区陶瓷产业转移，引进大型现代化陶瓷生产企业，重点发展高档日用瓷、工艺美术礼品瓷、卫生陶瓷和建筑陶瓷。提高粉煤灰提取氧化铝技术水平，加快氧化铝及深加工产业发展。以现代物流、金融、旅游文化、商贸流通等产业为突破口，加快推动第三产业快速发展，力争将我旗打造成辐射“蒙晋陕”的现代化区域性物流中心。重点鼓励和扶持精品小杂粮、高原杏仁露等一批农产品加工企业做强、做精，提高农畜产品附加值，提升科技含量和品牌价值。

（二）加快推进城乡一体化发展，建成全区统筹城乡发展先行区。构筑以薛家湾（大路）为中心，沙圪堵、龙口为重点，其余苏木乡镇为外围组团的城镇发展体系，实现城乡互动、统筹发展。根据人口、产业布局，按照一步规划、分步推进、分类指导的原则，制定不同的建设模式、建设标准及配套政策，加快推进新农村建设。坚持政府引导、农民自愿、分步实施的原则，以矿区移民为重点，加快推进禁止开发区和限制开发区人口向城镇和二、三产业转移。大力推进规模经营，集中打造沿河精品农业示范基地、绿色无公害蔬菜基地和养殖基地。

（三）加快推进基础设施建设，全方位提升发展承载力。做好水源论证，积极争取黄河用水指标。配套完善城镇、农村供水改水工程，完善工业园区供水体系。扩大公路网络覆盖面，建成“四横四纵”高等级公路网，实现乡乡通一级以上公路、村村通油路，全旗黑色路面突破2000公里。加强铁路运煤通道建设，建成“三横一纵”铁路网和延伸矿区、工业园区的铁路复线、支线，铁路总里程达到740公里，年运输能力达到6.5亿吨。建立特高压电力外送通道，建成国家电力外输通道汇流站。完善旗内电网布局，推进智能化电网建设，建成“两特、三超、四纵、五送出”的电网架构。继续实施退耕还林、退牧还草等生态恢复工程，大力实施造林绿化，促进生态环境持续改善。采取有效措施加大矿区环境治理力度，形成与经济发展相适应的矿区生态环境。抓好节能减排工作，加大环境监测能力和监管体制建设，实现低碳发展、绿色发展。

（四）加快推进社会事业建设，全面提高居民幸福指数。积极引导农民转移进城务工，提高经营性、财产性、工资性收入。认真落实惠农政策，完善征地补偿和土地承包经营制度，多渠道增加农民收入。大力发展劳动密集型产业、服务业，多渠道开发就业岗位。强化职业技能培训和择业观念教育，提高劳动者的就业创业能力。增加财政投入，进一步提高社保、医疗、低保等保障标准，逐步推进城乡社保制度接轨。加大经济适用房、廉租房和公租房等保障性住房建设力度，解决好低收入家庭住房问题。高度重视学前教育，优先发展民族教育，大力发展职业教育，构筑现代教育发展体系。加大教育基础设施投入力度，彻底改善教育硬件设施。重点加快推进旗乡村三级医疗服务机构标准化建设，加大医院装备水平，医疗卫生资源重点向农村和城镇社区倾斜，建成覆盖城乡居民的基本医疗制度。“十二五”期间，逐步推行全民免费医疗政策。加大公益性文化事业和文化基础设施建设投入，广泛开展群众性文体活动，构建覆盖城乡、功能完备的公共文体网络服务体系，建成“四馆”（图书馆、博物馆、科技馆、体育馆）、“四中心”（老年活动中心、少儿活动中心、文化艺术中心、新闻会展中心）。深入开展群众性精神文明创建活动，提高人民群众的思想道德素质和科学文化素质。强化职业操守，加强诚信建设，鼓励劳动致富。净化社会文化环境，保护青少年身心健康。加强基层政权和群众性自治组织建设，推行和完善村务公开制度。加大普法力度，提高全民法律素质。认真贯彻实施行政许可法，加快政府工作法制化进程。

（五）加快推进科教兴旗和人才强旗战略，切实加强经济社会发展支撑力。重点依托大路煤化工产学研创新基地和煤化工研究所，在煤炭清洁转化、高端化工和资源综合利用等领域掌握核心技术，提高煤化工产业核心竞争力。加快陶瓷产学研基地建设，成立陶瓷研究所，推进陶瓷产业向精深加工发展。充分发挥企业的创新主体作用，引导企业加大研发投入、设立研发机构。加强与中科院、国家工程院等科研院所和高等院校的产学研合作，集聚和培养高端科技人才，加快科技成果转化和应用。重点引进高端科研人才、企业经营管理人才和专业技术人才，注重引进和培养物流、金融、旅游、中介服务等现代服务业发展需要的高级管理人才。加快人才的培养、培训力度，积极构筑地区人才资源优势。

城区夜景

推进转型跨越　建设和谐乌审
奋力谱写经济社会发展新篇章

乌审旗人民政府旗长　牧人

“十一五”以来，乌审旗按照上级党委政府的总体要求，坚持以科学发展观为指导，牢牢把握发展第一要务，充分尊重和把握自然规律、经济规律和人类社会发展规律，与时俱进，不断创新发展思路和工作举措，开创了地区经济社会发展的新局面。2010年，全旗地区生产总值完成189.49亿元，财政收入达到23.1亿元，固定资产投资完成190亿元，城镇居民人均可支配收入和农牧民人均纯收入分别达到21116元和8755元。位列中国西部县域经济基本竞争力百强旗县第27位、最具投资潜力百县（市）第21位。

一是工业化进程不断加快。主动融入区域市域一体化发展，加速推进园区与项目整合，累计投入44亿元，重点建设图克工业园区（包括乌审召）、毛乌素沙漠治理产业化示范基地和纳林河矿区基础设施。国际国内500强企业和重点项目相继进驻，中煤大化肥、博大实地联碱、建丰化工等17个项目正在建设；中石油压缩天然气、天旭轻合金等6个项目即将投产；博源甲醇、星星能源液化天然气等8个项目建成投产。《呼吉尔特煤炭矿区总体规划》获批，门克庆、梅林庙等5个煤矿获准开展前期工作。特别是全国最大的中天合创300万吨二甲醚项目各单项评估已全部获得批复，现报至国家发改委待批。天然气产能达到187亿立方米、化工产能达到225万吨，工业增加值达到124亿元，天然气化工产业进入全国县域产业集群竞争力百强。

二是现代农牧业体系加速构建。加快推进“收缩转移、集中发展”进程，大力发展规模化、集约化、标准化、品牌化农牧业，全面提高农牧业现代化水平。全旗肉牛养殖规模达到10.3万头，细毛羊养殖规模达到120万只，生猪养殖规模达到35万口；建成现代农业生产基地10万亩、设施农业1500亩、现代草原畜牧业示范户150户，规模经营草牧场296万亩，发展规模养殖公司14家、农畜产品加工企业8家；成功培育“皇香”、“蒙歌尔”等7个品牌，兴益食品等52种农畜产品被认证为无公害、绿色和有机食品，鄂尔多斯细毛羊被认证为地理标志产品，率先在全区整旗通过绿色食品原料标准化生产基地认证。

三是城乡一体化快速推进。按照建设宜居宜业生态型文化城市目标，累计投入120多亿元，“组团式”推进嘎鲁图城镇核心区建设，建成区面积由7.5平方公里扩大到11平方公里，被列为首家中国人居环境示范城镇创建地区。加快推进城乡统筹工作，制定出台《乌审旗城乡统筹工作实施方案》，规划建设沿城沿线城乡统筹试验示范带。投入4亿多元，建成3处精品移民小区，转移农村牧区人口3万人，城镇化率提高到65%。

四是现代服务业稳步发展。把发展文化旅游业作为新的经济增长极，全力打造中国·马头琴文化之都。科学规划马头琴文博苑，成立马头琴乐团，发展马头琴生产加工产业。主动融入蒙陕宁旅游圈，引资10亿多元，建成成吉思汗察罕苏力德AAAA级景区、萨拉乌苏等4个AAA级景区，成为“中国最佳文化生态旅游目的地”和“中国精品文化旅游城市”。嘎鲁图现代物流园区正在建设，汽运服务区一期投用，大华商贸区一期主体完工，鸿沁等3个星级酒店即将投用，中国银行等4家金融机构进驻发展，成立乌审旗国联等4家小额贷款公司。三次产业比调整为4:72:24。

五是环境支撑能力显著提升。把生态建设作为立旗之本，严格落实农牧业经济“三区”发展规划，建成369万亩生态自然恢复区、20万亩樟子松基地，完成林业生态建设244万亩；培育毛乌素生物质热电、华原风积沙等龙头企业，逆向拉动生态建设，植被覆盖度、森林覆盖率分别提高到77%、31%，农牧民来自林沙产业的收入达到2300元。累计投入70多亿元，新建、改建地方公路50余条600多公里，正在建设高等级公路6条426公里，公路通车里程达到1805公里；新恩陶铁路加快实施，完成境内5条铁路规划。累计投资5.1亿元，建成220千伏变电站3座、110千伏变电站2座、35千伏变电站3座，架设输配电线路1084公里。累计投资2.4亿元，开工建设大草湾取水工程，完成团结水库等4座水库除险加固，争取引黄指标3800万立方米。长呼、大杭等6条输气管线投运，落实天然气用气指标17亿立方米。启动“数字乌审”工程，OA办公、公文交换深入运行。

六是社会建设更加和谐。以每年不低于30%的可用财力支持社会事业发展，累计投入30多亿元，建设了体育馆、文化宫、人民医院、教育园区、综合福利院等一大批民生项目，实现15年免费民族教育，公立医疗机构药品零差率销售；完善社会保障体系，城镇职工、城镇居民基本医疗保险最高支付限额分别提高到22万元和10万元；新型农村牧区合作医疗参合率达到97%，人均筹资标准达到200元，报销封顶线提高到10万元。城镇登记失业率控制在2.6%以内。城乡低保提高到每人每月400元和每人每年3360元；在岗职工年平均工资增加到56700元。建成16.5万平方米经济适用房、7450平方米廉租房。深入开展精神文明创建活动，成为自治区首批文明旗。扎实推进“平安乌审”建设，第四次荣获全区“长安杯”。

“十二五”时期，是乌审旗深入推进科学发展、转型升级，加快城乡统筹、建设全面小康社会的关键时期。经济社会发展总体要求是：深入贯彻落实科学发展观，秉承“以人为本、建设绿色乌审”发展理念，坚定不移走生态文明之路，围绕“转型跨越、建设和谐乌审”核心任务，建设蒙陕宁国家级能源化工战略基地的重要节点和枢纽中心、国家级绿色有机食品生产加工基地、沙漠地区生态文明示范区、中国马头琴文化传承保护基地、首家中国人居环境示范城镇，朝着全面建设小康社会目标迈进。到2015年，力争实现“两个翻两番、两个超千亿，进入全国县域百强行列”：地区生产总值和财政收入在“十一五”的基础上翻两番，分别达到800亿元和100亿元；全社会固定资产累计投资超过1000亿元，期末工业总产值超过1000亿元。农牧民人均纯收入和城镇居民人均可支配收入差距大幅度缩小，力争实现均等化。

一是走生态文明之路，推进绿色发展。坚持生态立旗，着力推进“三个转变”，实现“三生共赢”。

推进产业向生态化转变，实现生产发展。根据环境容量调整产业结构，加快发展低碳产业，建设新能源产业，提高绿色GDP，“十二五”末万元GDP能耗在2010年的基础上下降15%；以环境容量确定产业布局，兼顾发展，休养并举，促进人口、生产要素等向特定区域集中、集聚，构建“一核三带一廊”空间布局。推进低端防御向打造精品转变，实现生态改善。依托重点生态项目，推动低产、低质、低效林改造，建设50万亩樟子松基地；严格落实禁牧政策，加快农牧民转移步伐，建立生态补偿机制，建成5400平方公里生态自然恢复区，打造祖国北疆“绿色长城”；突出抓好城区、景区、园区、通道区、新型社区生态景观体系建设。推进防沙治沙向管沙用沙转变，实现生活富裕。加快建设毛乌素沙漠治理产业化示范基地，扶持壮大风积沙产业，形成工业用沙、取沙还林、林沙创收的良性循环，创建世界工业治沙先导区。围绕林能、林饲、林果、林经一体化，培育公司化造林主体，建成90万亩沙柳、文冠果生物质能源林基地，30万亩沙棘、枸杞特色经济林基地，30万亩杨柴、柠条、紫穗槐饲料林基地；规模以上生物质开发利用企业达到5家，将生态优势转化为经济优势，农牧民来自林沙产业的收入达到4000元，打造国家生物质新能源示范区。

二是走高端工业之路，推进低碳循环发展。加快资源开发，纳林河、呼吉尔特矿区实现探转采，建设以机械化综采、高回采率、高洗选率为主的现代化示范矿井，煤炭产能达到5000万吨以上；天然气产能达到200亿立方米，液化天然气产能达到100万吨，煤层气抽采能力达到2000万立方米。推进100个重大项目建设，培育5个销售收入百亿元企业，二甲醚、大化肥等重大项目投产见效，化工产能达到1000万吨，实现工业增加值500亿元。加大项目引进力度，推进醇醚产业链条延伸，发展医药、农药、生物质加工等精细化工产品。大力发展生物质发电、螺旋藻养殖等产业，推进二氧化碳捕集、固化、封存、再利用；培育镁合金、风积沙选矿等非煤产业，开发多晶硅切片、薄膜电池、太阳能光伏玻璃等新兴产业。

三是走现代农牧业之路，推进集约化经营。按照“大集中、小集聚”的思路，坚持“高端、绿色”发展，着力提升现代农牧业发展水平。无定河流域重点发展现代农业和肉牛养殖业，建成32万亩现代农业生产基地、1.5万亩设施农业，肉牛养殖规模达到20万头；牧区重点发展细毛羊产业，培育大中型牧场150家，建设百万只有机细毛羊生产基地；以城乡统筹带为核心地区，加强农牧业招商引资，发展农畜产品深加工产业，带动农区和半农半牧区发展生猪养殖业，建成百万口生猪养殖基地。

四是走以城带乡之路，推进旗域城镇化。同步推动旧城改造与新区建设，完善配套设施，提升综合服务功能，建设3处综合农贸市场、5大人居环境示范住宅区，打造中央商务区和3条特色商业街，建成西部拓展区、企业生活总部基地和城乡统筹带，嘎鲁图镇建成区达到45平方公里，城镇化率达80%。推进城乡基础设施一体化，实现铁路、高等级公路与人口聚集区、产业集中区、周边省区直通，建立以500千伏电网为支撑、220千伏电网为骨干的电力网架；加快建设节水工程、取水工程，供水能力达到1亿立方米。改革农村牧区产权制度，完善社会治理机制，建设一批新型社区，统筹区农牧民人均收入高于城镇居民。

五是走文化强旗之路，推进文化旅游业快速发展。奏响马头琴文化主旋律，不断壮大马头琴乐团，培养马头琴艺术人才，定期举办马头琴音乐会；加强与中国音乐家协会合作，建立马头琴艺术人才评审定级机制。提升萨拉乌苏遗址、巴图湾、福海蒙古城等景区建设品位，打造精品旅游线路。深入开展“书香乌审”活动，推动文化与经济融合，积极培育文化创意产业，搭建工业文化长廊，建设醇醚产业主题公园、矿区文化广场、工业治沙科技馆。文化旅游产值占到国民生产总值5%以上。

六是走富民强旗之路，推进社会和谐发展。巩固老百姓满意的民生成果，解决老百姓不满意的民生问题，将每年可用财力的60%用于保障和改善民生，让乌审人民共享改革发展成果。全面普及15年免费教育，积极推进素质教育，大力发展职业教育，促进教育优质均衡发展；统筹配置医疗资源，推进城乡卫生一体化，让群众看得上病、看得起病、看得好病。实施全民就业工程，动态消除“零就业”家庭；合理调节收入分配关系，完善城乡低保、最低工资和企业退休人员养老金定期增长机制；建立政府投入农牧业企业资金作为农牧民股金分红制度，增加城乡居民经营性收入。提高社保标准，城乡居民养老保险参统率和医疗保险覆盖率实现“双百”目标。加大保障性住房投放力度，实现最低收入家庭保障性住房“应保尽保”。民生总体质量保持全市领先水平。

天骄圣地　煤海绿洲　和谐家园

——记科学发展和谐发展中的鄂尔多斯市伊金霍洛旗

伊金霍洛旗人民政府旗长 云卫东

伊金霍洛旗人民政府旗长 云卫东

“十一五”期间，我旗在上级党委、政府的正确领导下，深入学习实践科学发展观，全面贯彻落实全市“结构转型、创新强市”、“城乡统筹、集约发展”两大战略，团结带领全旗各族干部群众，解放思想，锐意进取，超额完成了“十一五”规划的各项目标任务。五年间，我们积极应对结构调整的压力挑战和国际金融危机带来的负面冲击，着力破解发展方式、发展空间、发展资金、发展质量等发展困局，推动了全旗经济社会又好又快发展。

2010年，全旗地区生产总值预计完成480亿元，是“十五”末的5倍,年均增长23.8%；全社会固定资产投资预计完成265亿元，同比增长20.5%，五年累计完成投资917亿元，是“十五”期间的6倍；财政收入达到110亿元，是“十五”末的8.1倍，年均增长52%；城镇居民人均可支配收入预计达到26300元，是“十五”末的2.4倍，年均增长19%；农牧民人均纯收入预计达到8830元，是“十五”末的1.9倍，年均增长13.2%;社会消费品零售总额达到28亿元，是“十五”末的2.5倍，年均增长19.8%；万元GDP能耗较“十五”末下降了25个百分点，城镇登记失业率控制在2.5%以内。全国县域经济基本竞争力排名由2005年的第123位上升到第37位，综合经济实力和影响力明显增强。

一、着力破解发展方式困局，产业结构渐趋合理。五年来，立足伊旗资源型地区的发展实际，坚定不移调结构促转型，一手抓项目引建，一手抓改造升级，积极培育新兴支撑产业，着力构建产业发展园区，引进建设了一批循环经济一体化项目，实现了产业结构多元化、产业布局集群化、产业发展可持续化“三化”互动，三次产业结构调整优化为1:64:35，产业结构单一的瓶颈开始破冰，转型升级初见成效，三次产业整体实力明显提高。一是第三产业蓬勃发展。深挖成吉思汗文化内涵，着力打造全国著名的民族文化旅游胜地。累计实现旅游收入33亿元，完成旅游接待量689万人次。“四大文化产业园”（蒙古源流文化产业园、鄂尔多斯文化产业园、成吉思汗体育文化产业园和马主题产业园）建设有序推进，成吉思汗陵旅游区成为自治区首家国家级文化产业示范基地，我旗被自治区评为“成吉思汗祭祀文化之乡”。以建设现代化区域性物流中心为目标，加快发展现代物流业。阿康物流园区建设全面展开，札萨克物流园区建设进展顺利。一批五星级酒店及商务会展中心等餐饮住宿、商务会展类项目有效推进，金融保险、信息服务等现代服务业蓬勃发展。2010年第三产业预计实现增加值184亿元，是“十五”末的3.4倍。二是新型工业化进程快速推进。坚持走新型工业化道路，化工、机械制造等非煤产业比重逐年提高，初步形成阿镇现代装备制造业、乌兰木伦煤化工和汇能煤电煤化工“三大基地”，煤制油等煤化工产业和装备制造等非煤产业日渐壮大。规模以上工业企业由“十五”末的20户发展到63户，预计实现增加值245亿元，是“十五”末的8.3倍。新开工建设亿元以上项目26个，完成投资127亿元。大力推进煤炭资源整合和技改，累计投入资金61亿元，将原有94座地方煤矿整合为61座，地方煤矿的生产能力、回采率和机械化程度大幅提升。三是现代农牧业发展迈上新台阶。以发展现代农牧业和城郊经济为重点，推动农牧业生产方式由传统粗放型向现代集约型转变。先后引进博业、建宁等企业建设现代农业示范基地2.5万亩，设施农业7153亩。倡导和支持农牧民组建合作社、协会等各类合作经济组织22个，农牧民组织化程度不断提高。大力实施“转移、收缩、增效”战略，累计转移农牧民9700户27000人。积极推进规模化养殖和标准化养殖小区建设，养殖规模逐年扩大,经济效益稳步提高。

二、着力破解发展空间困局，城市框架不断拉大。五年来，我旗抓住鄂尔多斯市府驻地搬迁的机遇，大力推进阿镇城市化进程，在功能定位上实现由镇向市转变，在发展方向上与康巴什融合、靠拢，在产业分工上与康巴什耦合、互补，为实现阿康一体化规划、一体化建设、一体化发展奠定了较为坚实的框架基础。城市建设累计投入资金360亿元，相当于“十五”期间的36倍，完成旧城拆迁改造300万平方米，新建建筑面积900万平方米；新增绿化面积3067万平方米，阿镇人均绿地面积达34.4平方米；阿镇城市中心区框架由“十五”末的14.5平方公里拓展到32平方公里，城镇化率由57%上升到68%，城市的集聚吸纳和辐射带动作用显著增强。乌兰木伦镇、伊金霍洛镇、札萨克镇旧城拆迁改造及景观绿化工程有序推进，其他各镇的镇容村貌明显改观。

三、着力破解发展条件困局，基础设施全面改善。五年来，我旗着力构建与发展相适应的基础设施网络和生态环境，发展环境明显改善，跻身中国西部最具投资潜力百强县（市、区）前三位。全旗新增公路里程近500公里，过境铁路线3条174公里，鄂尔多斯机场累计开通航线16条，与18个城市实现了通航。完成了札萨克、公捏盖、月芽树、高勒庙水库和阿镇东线供水工程建设，新增供水能力3000万吨。新增节水灌溉面积9.5万亩，建成农村牧区安全饮水工程30处，解决了3.5万人、15.5万头（只）牲畜的安全饮水问题。加大电网建设力度，建成大中型变电站38座，架设10千伏电网2331公里，农业、工业及居民生产生活用电得到有效保障。环境保护得到切实加强，累计投入10亿元用于矿区环境综合整治，关闭取缔高污染、高耗能企业130家，矿区环境大幅改观。着力完善公用基础设施，城镇集中供热率、生活污水处理率、垃圾集中收运率分别达到80%、90%和95%。始终将生态建设与保护作为最大的基础工程，累计投入40多亿元用于生态建设，全旗森林覆盖率达到39%，植被覆盖度达到87%，先后荣获“全国绿化模范旗”、“全国绿化百佳县”、“中国绿色责任贡献奖”等多项荣誉。

四、着力破解发展资金困局，资本运作创新推进。五年来，我旗把资本运作当作政府的创新型工作全力推进，不断创新城市建设投融资机制，坚持用市场的理念经营城市资源，大力促进土地资本化，累计收储阿镇周边土地34.8万亩，土地出让金收入达到45.3亿元。全面整合国有资产，健全完善国有资本运营体系，组建成立了以宏泰城投公司和圣圆投资集团为主体的国有资本运营平台，在推进城市基础建设、盘活国有资本等方面发挥了重要作用，累计争取项目建设资金53.2亿元。我们仅仅用了两年的时间，就通过经营土地和资本运作投入城市建设资金近100亿元，相当于五年来旗财政一般预算投入总量的2倍多，开创了全旗金融资本创新运作的先河。

五、着力破解发展质量困局，经济社会协调发展。五年来，我旗始终以民生为第一追求，让改革发展的成果充分惠及全旗各族百姓。围绕构筑教育、医疗、就业、社保、住房、公共服务“六大保障体系”，每年将65%以上的可用财力用于民生和社会事业建设，实施了一系列与百姓切身利益密切相关的民生工程。优先发展教育事业，率先在全国实现了十五年免费教育，荣获“全区两基巩固提高先进县”、“全区规范教育收费先进旗县”称号。投入8.9亿元新建、改扩建中小学幼儿园38所，校舍安全改造、名优教师引进、骨干教师奖励、民族教育扶持等工作走在了全市前列，高考升学率由“十五”末的9%上升到39%，教育管理水平和教学质量稳步提高。大力发展医疗卫生事业，新建和改扩建医院1所、卫生院10所、社区卫生服务站3所、标准化卫生室22个、急救站5所，三级卫生服务网络逐步完善。着力解决城乡居民就业问题，累计投入就业再就业资金3644万元，完成职业技能培训2.4万人次，实现城镇新增就业1.1万人。高度关注老年人生活，新建、改扩建敬老院7所；五保集中供养率达52%；率先开展包括失地农牧民在内的城乡居民养老保险工作，待遇水平分别达到450元/月和260元/月，高于国内发达地区水平。加大保障性住房建设力度，投入30亿元建设经济适用房140万平方米、廉租房6.8万平方米；投入2.5亿元建设农牧民精品移民住房11万平方米，初步形成包括经济适用房、廉租房、限价房等在内的多元住房保障体系。以加快少数民族事业发展和增加少数民族农牧民收入为目标，累计投入9000多万元用于少数民族科教文卫事业和少数民族群众聚居区基础设施建设，少数民族群众生产生活条件进一步改善。加强人口和计划生育工作，符合政策生育率保持在92%以上。积极推进科技创新，争取国家、自治区、市级科研项目41项，建立科技创先示范镇4个、示范村12个、示范户400户，分别被国家科技部、自治区党委政府评为“科技进步考核先进旗”和“科技进步先进旗”。文化建设成果丰硕，蒙元陶瓷博物馆、乌兰牧骑艺术中心等公共文化工程即将落成，电影《曲别针》获自治区“五个一工程”奖，并入围改革开放30年30部献礼电影，《走进石锁沟》获第26届全国电视剧飞天奖；我旗被评为“全国文化先进单位”旗区。

“十二五”时期，是我旗推进富民强旗进程、率先建设全面小康社会的关键时期，也是全面推动产业结构升级和经济发展方式转变的攻坚时期。这一时期，我旗经济社会发展的总体思路是：认真贯彻落实市委二届十次全委（扩大）会议和旗委十三届十一次全委（扩大）会议精神，深入贯彻落实科学发展观，以结构转型为引领，以城乡统筹为主线，以民生改善为核心，以生态建设为保障，以金融创新为载体，全面推进新型工业化、特色城市化、农牧业现代化、文化产业化和金融服务多元化进程，力争到2015年把我旗建成国家重要的战略性绿色能源基地、全国文化旅游产业示范区、自治区先进制造业基地和高端服务业中心。力争到2015年，全旗地区生产总值达到1300亿元，年均增长22.1%；五年固定资产投资累计达到1500亿元，年均增长11.2%；财政收入达到300亿元，年均增长22.2%；城镇居民人均可支配收入和农牧民人均纯收入分别达到52000元和22000元，年均分别增长14.6%和20%；社会消费品零售总额达到70亿元，年均增长20.1%。

乌海市经济社会发展“十一五”回顾与“十二五”展望

乌海市人民政府市长 侯凤岐

乌海市人民政府市长　侯凤岐

进入“十一五”以来，在自治区党委、政府的正确领导下，乌海市坚持落实科学发展观，抢抓机遇，攻坚克难，真抓实干，开拓创新，经济建设和社会发展取得显著成绩。“十一五”时期，是乌海市建市以来经济增长最快、城市变化最大、人民群众得到实惠最多的五年。

（一）经济总量实现倍增，超额完成再造“两个乌海”目标。

“十一五”期间，地区生产总值是“十五”期末的3.24倍，年均增长26.5%，超额完成“十一五”再造两个乌海的目标。人均地区GDP突破1万美元大关。工业、农业和第三产业增加值分别是“十五”期末的3.9倍、1.8倍和2.6倍。地方财政收入是“十五”期末的3.75倍，年均增长30%。固定资产投资是“十五”期间的2.6倍，超过“十一五”前历年投资总和。

（二）两大基地建设成效明显，经济转型实现重大突破。

工业经济在调整结构中扩张总量，在做大总量中加快转型升级。坚持“关小上大、扶优汰劣”，大力推进产业结构调整，累计关停小企业1500多户，100万吨以下焦化企业全部关停，万元GDP能耗从“十五”期末的6.75吨标煤下降到4.84吨标煤，二氧化硫排放量在GDP翻一番的情况下减少3.46万吨。加快产业多元、延伸、升级步伐，煤焦化、氯碱化工两大基地规模优势进一步显现。一批投资大、带动力强的大企业大集团迅速发展壮大，湖北宜化、江西黑猫、东方希望、赛马水泥、内蒙华油、陕西重卡、东北制药、上海利康等国内上市和知名大公司相继落户我市。规模以上工业企业由147户增加到177户，户均产值由不到1亿元提高到3亿多元，规模以上工业增加值占地区生产总值的比重达到63%，对全市经济增长贡献率提高到73%。第三产业取得长足发展，生产性服务业发展迅速，海勃湾物流园区、呼铁众利综合物流园区、岱山物流园区、乌达物流园区、如意俊安战略装车基地等一批物流园相继开工建设，呼铁同洲物流园区一期工程已建成投入使用。金融业发展步伐加快，黄河村镇银行、内蒙古银行和鄂尔多斯农村商业银行等多家银行在乌海市设立分支机构，各类小额贷款、资产管理、保险、证券及投资公司达到127家。旅游业取得历史性突破，甘德尔山生态文明景区等一批旅游景区开工建设，旅游业总收入比“十五”期间翻了一番。坚持“转移、减少、集中、富裕”的发展思路，五年转移农区居民2.4万人，流转土地1.4万亩，全市54个行政村整合为13个行政村和6个涉农社区。葡萄、蔬菜特色优势产业进一步发展，汉森酒庄、田野科技等一批产业融合发展龙头公司不断壮大。进一步完善政策保障措施，一产与二、三产业融合互促步伐加快，城乡一体化发展向纵深推进。

（三）城市面貌发生巨大变化，区域中心城市集聚辐射功能进一步增强。

高标准、高质量完成新一轮城市总体规划修编、土地利用总体规划和重点区域规划，着手编制了城市功能设计、特色街路、园林景观等40多项专项规划。围绕“三进一靠”，大力推进滨河新区建设和旧城区扩容提质，城市框架全面拉开，城区面积由2005年的37.5平方公里增加到53平方公里。依托库区规划建设的滨河一期基本建成，一批基础设施建设项目相继完工。全市供气、供热普及率和生活垃圾、城市污水处理率分别达到69.5%、80.8%、81%和89.8%。完成运煤大通道、三区快速通道、高速乌海出口和各主要街路建设，区域立体交通网络初步形成。积极开展绿化、美化工程，人均拥有公共绿地面积达到11.86平方米，比2005年增加3.86平方米，城区绿化覆盖率达到34.46%，比“十五”期末提高15.06个百分点。全面推进旧城拆迁改造，拆迁建筑面积220万平方米，新建建筑面积540万平方米，区域中心城市承载力和辐射力进一步增强。

（四）发展成果普惠民生，居民收入实现翻番。

坚持“以人为本、富民优先”，财政投入更多向民生倾斜，城乡居民收入实现翻番，农区居民人均纯收入连续6年位居全区第一。实施惠及5.1万户、15.1万人的棚户区居民搬迁改造工程，采煤沉陷区搬迁改造工程全部完成。被确定为首批全国创业型试点城市，全市城镇累计新增就业4万多人，城镇登记失业率控制在4.3%以内，动态消除了“零就业”家庭。建立了市、区、镇、社区四级保障网络体系。城镇企业职工基本养老保险覆盖范围不断扩大，妥善解决了原国有、集体及劳服企业1.5万多人参保问题。城镇基本医疗保险实现基本全覆盖，将破产关闭国有、集体等各类企业退休人员全部纳入职工医疗保险，新型农区合作医疗与居民基本医疗保险并轨，形成了城乡统一的医疗保障体系。城镇居民最低生活保障标准比2005年提高210元，其他民生指标均居自治区前列。加快发展社会事业，科技、教育、卫生、文化和体育财政累计投入24.8亿元。共取得自治区级科技成果50项，市级科技成果66项。启动了中小学校舍安全工程，新建校舍面积19.85万平方米，改扩建24.93万平方米，率先实现“四免一补”，巩固提高了普及九年义务教育的目标。新建了市人民医院外科楼和内科楼、市蒙中医院等医疗卫生项目，新建、改扩建15个社区卫生中心和乡镇卫生院，新增建筑面积13万平方米，医疗卫生整体水平显著提升。新建博物馆、文化艺术中心、青少年宫、图书馆、乡镇文化站10个，新增面积9.87万平方米，极大地丰富了人民群众文化生活。公共体育设施建设达到自治区先进水平，建成市体育中心、市网乒中心等一批大型公共体育设施，公共体育设施人均用地面积超过自治区平均水平。2008年被命名为“中国书法城”，成功举办承办了国际书法产业博览会、全国少儿书法艺术节、自治区“十二运”等赛事节庆活动，知名度和影响力不断提高。

（五）政府自身建设不断加强，民主法治建设全面推进。

强化社会管理和公共服务，积极推进新一轮政府机构改革，行政审批中心进一步完善，政府自身建设不断加强。各级政府自觉接受人大及其常委会的法律监督、工作监督，注重发挥政协政治协商、民主监督、参政议政的作用，主动听取民主党派、无党派人士、专家学者和人民群众的意见，邀请市人大、政协领导和市人大代表、政协委员列席市政府常务会议参与决策，重大事项集体决策、专家咨询、社会公示的制度逐步完善。人大代表建议和政协提案办复率100%。加强基层民主政治建设，村民自治和社区居民自治有序推进。坚持依法治市，推进依法行政，“五五”普法任务全面完成，行政执法责任制逐步健全。全面落实社会治安综合治理各项措施，认真落实信访工作责任制，及时化解社会矛盾，社会更加和谐稳定。

“十二五”时期，乌海市将深入贯彻落实科学发展观，加快推进经济发展方式转变，全面提高小康社会建设水平，更加注重产业优化和升级，更加注重生态和环境保护，更加注重城市建设和管理，更加注重文化和旅游发展，更加注重民生保障和改善，全力打造全国重要的煤焦化生产、加工基地和交易中心及全国最大的PVC生产基地和交易中心，全面推进经济和城市转型，建设自治区西部区域中心城市。

主要目标为：

——经济总量与速度。地区生产总值年均增长21%，总量达到1000亿元；地方财政总收入年均增长22%，达到180亿元；全社会固定资产投资五年累计完成1500亿元。

——产业优化与升级。在做大总量中调结构、提质量，三次产业结构调整为1：67：32；继续提高非煤产业、非资源产业、非当地资源产业在经济总量中的比重，接续替代工业占工业增加值比重超过30%，高新技术产业增加值占工业增加值比重超过5%，生产性服务业增加值占第三产业增加值比重超过50%。

——城市建设与管理。全市常住人口达到60万，服务区域人口80万，辐射周边人口100万；机场年旅客吞吐量达到40万人次以上，年国内外游客人次达到130万人次以上；人均道路面积达到14平方米；建成区绿化覆盖率达到36%。建成布局合理、功能完备、环境优美，文化品位高雅、宜居宜业的现代化城市。

——民生与社会建设。“十二五”末基本实现城乡一体化，居民人均可支配收入达到4万元以上，年均增长16%左右，恩格尔系数达到0.25，人口平均寿命达到75岁，人均住房使用面积达到35平方米以上；新增城市就业人口4.5万以上，城镇登记失业率控制在自治区下达目标以内；每千人执业医师数（助理）3.1人，公共文化设施人均用地面积0.5平方米以上，公共体育设施人均用地面积3.5平方米以上。

乌海市海勃湾区文体中心

固本强基，趁势而上，再铸辉煌
奋力开创"十二五"科学发展富民强盟新局面

阿拉善盟行政公署盟长　云喜顺

阿拉善盟行政公署盟长　云喜顺

"十一五"时期，阿拉善盟在自治区党委、政府的正确领导下，深入贯彻落实科学发展观，克服重重困难奋力前行，努力保持了经济较快增长，社会不断进步，民生显著改善，综合实力大幅提升的发展态势。

工业主导地位更加巩固，综合经济实力显著增强。五年来，累计投入221.8亿元，实施投资5000万元以上工业重点项目68个，形成了以化工、冶金、建材、能源及农畜产品加工为主的产业发展格局，工业增加值占全盟生产总值比重由48.1%提高到"十一五"末的75.6%。三次产业结构由6∶59∶35调整为3∶80∶17。阿拉善经济开发区成为自治区级循环经济示范园区和高新技术产业开发区。不断加快农牧业结构调整步伐，积极发展高效节水生态农牧业，农作物总播面积控制在50万亩以内，牲畜总头数达到170万头（只），其中舍饲养殖规模达到100万头（只）。坚持把发展服务业作为优化产业结构的重点，以旅游、口岸、运输、地勘为先导，加快发展交通运输、商贸餐饮等传统服务业，大力发展物流、金融、社区服务等现代服务业。累计接待国内外游客596.4万人次，实现旅游收入32.5亿元，分别是"十五"时期的2.6倍和4.2倍，年均分别增长24.9%和38.5%。阿拉善沙漠地质公园成为唯一的世界级沙漠地质公园。2010年，全盟生产总值实现305.89亿元，是2005年的2.8倍，年均增长19.9%，提前一年完成"十一五"目标；地方财政总收入达到42.61亿元，是2005年的4.5倍，年均增长30.6%；社会消费品零售总额达36.9亿元，是2005年的2.5倍，年均增长19.9%。

民生不断改善，社会事业全面发展。五年来，累计向民生领域投入88.7亿元，较"十五"时期增加71.47亿元，实施了一批民生项目，办了一批实事好事。在全区较早推行了农牧民养老保险和城镇基本医疗保险制度，参保率分别达91.4%和90.2%，新型农村牧区合作医疗参合率达到96.83%。累计投入9.07亿元，建设各类保障性安居住房1.1万套。在全区率先实现了15年免费教育和率先完成了城乡一体化户籍制度改革工作。城镇居民人均可支配收入和农牧民人均纯收入分别达到19111元和7835.6元，是2005年的2.1倍和2倍，年均增长15.1%和14.87%。

生态持续好转，基础设施不断完善。五年来，累计投入17.5亿元，组织实施生态项目16项，完成治理面积8344万亩，生态环境恶化趋势逐步得到遏制。"两横两纵十二出口"的公路网络初步形成，新增公路里程2728公里、铁路里程976公里。风电、火电装机容量分别达到27万千瓦和100万千瓦。累计投入124亿元，大力改善城镇人居环境，人均公共绿地和道路面积分别达到9平方米和40.7平方米，全盟城镇化率达75.7%。五年累计完成全社会固定资产投资597亿元，是"十五"时期的3.8倍，年均增长21.2%。

招商引资富有成效，对外开放水平进一步提升。五年来，累计实施招商引资项目200个，引进到位国内资金222亿元，年均增长20.9%。策克口岸实现双边性常年开放，2010年过货量达到866万吨，是2005年的4.7倍。乌力吉口岸开放工作取得重大进展。2010年全盟对外贸易进出口总额达到4.39亿美元，是2005年的10.6倍，年均增长63.2%。

过去的五年，是阿拉善盟经济快速发展的五年，城乡面貌大为改观的五年，人民生活水平显著提高的五年，社会事业全面进步的五年，五年的辉煌历程书写了科学发展的精彩答卷，为实现"十二五"又好又快发展奠定了坚实基础。

站在"十二五"科学发展的新起点上，阿拉善盟仍将处于大有可为的重要战略机遇期。今后五年，盟委、行署将团结带领全盟各族人民，进一步认清形势，把握机遇，攻坚克难，努力使全盟综合实力显著提升，经济结构战略性调整取得重大进展，城乡居民收入普遍较快增加，社会建设不断加强，人民物质文化生活明显改善，推动地方经济社会平稳较快发展，开创全盟改革开放和现代化建设新局面。“十二五”时期，我盟经济社会发展的主要预期目标是：地区生产总值年均增长18%，达到900亿元以上；地方财政收入年均增长19%，达到100亿元以上；全社会固定资产投资年均增长18%，达到400亿元以上；城镇居民人均可支配收入和农牧民人均纯收入年均分别增长13%和14%，达到35200元和15100元。

以长远发展为目标，科学合理摆布发展布局。根据资源环境承载力、发展基础和发展潜力，明晰各区域主体功能定位，规范空间开发秩序，推动产业向园区集中、园区向沿河沿线集中、农牧业向生产条件好的区域集中、人口向城镇集中，形成空间梯度发展格局，促进集中集聚集约发展。依托以阿拉善经济开发区为龙头，孪井滩、腾格里、雅布赖、敖伦布拉格、策克一赛汉陶来等为支撑的工业园区群，加快构筑“一带两区”战略发展格局，重点发展盐化工、煤化工、精细化工、建材和光伏产业，改造提升特色冶金、矿产采选业，加快发展风力发电、太阳能发电等新能源产业及农畜产品加工业和现代物流业。全力推进以额济纳黑河流域为主体的西部生态保护带，以贺兰山沿线为主体的东部保护带和以天然植被封禁区为主体的中部保护带为核心的“三带”生态功能区，以封禁和动植物保护片区、贺兰山水源涵养片区、额济纳河岸天然系统保护片区、沙漠边缘固沙治理片区、黄河沿岸水土保持片区、主要城镇及经济片区和交通干线生态治理片区为核心的“七片”生态功能区建设，加快构建“三带七片”的生态安全功能区。对贺兰山、额济纳胡杨林等2个国家级自然保护区，阿拉善沙漠世界地质公园，东阿拉善、腾格里沙漠、巴丹吉林、恐龙化石和马鬃山古生物化石地质遗迹自然保护区等5个自治区级自然保护区和西滩、哈拉乌、水磨沟和新井水源地等4处重要水源地实施强制性保护，全力保护重要生态屏障。

以经济结构调整为重点，加快特色产业快速发展。围绕转变发展方式，以科技为支撑，适度发展现代农牧业，做大做强工业经济，培育发展现代服务业，实现以依靠工业带动为主向依靠三次产业协同带动转变，增强产业发展的协调性和可持续性。坚持扩总量、调结构、转方式、上水平，改造提升特色优势产业，积极发展战略型新兴产业，构建多元发展、多极支撑的现代工业体系，着力培育壮大庆华集团、中盐吉盐化集团、太西煤集团、泰升集团等销售收入过百亿元的重点企业。加快推进新农村新牧区建设，加快农牧业结构调整和经营方式转变，推进农牧业产业化经营，增强农牧业综合服务能力，实现农牧业提质增效。按照市场化、产业化、社会化的发展方向，加快服务业集聚区建设，构建体系健全、功能完备、特色鲜明、充满活力的现代服务业体系。加快构筑以巴彦浩特生态宜居旅游城市为核心、以额肯呼都格和达来呼布两个旅游中心城镇为重点、以贺兰山—腾格里旅游经济圈、巴丹吉林旅游经济圈、居延航天旅游经济圈和沿黄河旅游经济圈为基础的“一核两心四圈”的旅游业发展布局，做强“中国秘境阿拉善”旅游品牌。依托口岸优势，以信息技术为支撑，以生产性物流为重点，打造连接呼包银、西陇海及兰新经济带的区域性物流基地和联通蒙古国的国际陆路物流基地。

以生态和基础设施建设为突破口，改善发展环境。以出盟通道、口岸通道和内部通道建设为重点，加快公路、铁路、通勤机场建设，形成连通内外、覆盖城乡的立体综合性交通运输网络。统筹规划、合理布局电网输变工程，加强500千伏主网架、220千伏和110千伏骨干网架、35 千伏配电网络建设，完善主网架结构，扩大电网覆盖范围，提高电网运行稳定性、可靠性。全力推进引黄河水入巴彦浩特等战略性项目，逐步解决中心城镇安全饮水、工业园区用水和区域生态环境治理等影响全盟长远发展的根本问题。依托一系列生态保护项目，加快农牧民搬迁转移步伐，提高生态自我修复能力，实现生态整体恶化趋缓、治理区步入良性循环。坚持城乡统筹、梯次推进，依托交通干线，构筑中心城镇、重点镇及小城镇两级城镇体系，形成以巴彦浩特为中心，以乌斯太—巴润别立、314省道和218省道沿线城为辐射的核心区，以乌斯太—巴彦浩特—巴润别立—嘉尔嘎勒赛汉为主轴，以额肯呼都格—雅布赖—阿拉腾敖包、策克—达来呼布—东风航天城、巴彦浩特—吉兰泰—乌力吉—达来呼布为辅轴的“一心四轴”的城镇发展格局。

以改善民生为切入点，全力推进社会事业发展。围绕解决人民群众最关心、最直接、最现实的利益问题，加强和改善民生，强化社会建设管理，促进社会和谐稳定。实施积极的就业政策，建立健全居民收入与经济同步增长的长效机制。完善劳动保护机制，让广大劳动群众实现体面劳动。加大社会保障投入力度，完善覆盖城乡、惠及全民的社会保障体系。建立健全基本医疗卫生制度，逐步使人人享有基本医疗卫生服务。优化教育资源配置，着力推进教育均衡发展和教育公平。完善公共文化体育服务体系，强化文化遗产保护与挖掘。加强保障性住房建设，支持棚户区改造。加强和创新社会管理，正确处理人民内部矛盾，切实维护社会和谐稳定。

阿拉善经济开发区煤化工循环工业园

富民强旗　加快发展

阿拉善左旗人民政府旗长　魏巴依尔

中共阿拉善左旗委员会书记　吴忠岩

阿拉善左旗人民政府旗长 魏巴依尔

“十一五”时期，阿左旗以富民强旗为统揽，加快发展方式转变和经济结构调整，全力推进“三化”互动，着力保障和改善民生，全旗经济呈现持续向好发展势头。全旗生产总值由2005年的46亿元增加到2010年的240.99亿元，年均增长39.27%，是“十五”末的5.24倍。财政收入由2005年的4.32亿元增加到2010年的30.18亿元，年均增长47.52%，是“十五”末的6.99倍。固定资产投资五年累计完成488.14亿元，年均增长25.75%，是“十五”时期的3.14倍。城镇居民人均可支配收入由2005年的8889元提高到18996元，年均增长16.4%，是“十五”末的2.14倍；农牧民人均纯收入由2005年的3532元提高到7090元，年均增长14.95%，是“十五”末的2倍。综合经济实力连续5年跨入全国西部百强县之列，由“十五”末的38位提升到2009年的30位，跻身中国西部最具投资潜力百强县第16位。

（一）大力推进经济结构优化升级。种植业结构进一步优化，播种面积控制到37.2万亩，其中节水灌溉9.7万亩。舍饲养殖牲畜达到75万头（只），建成温棚1216座，新增梭梭林面积6.5万亩，接种肉苁蓉2.3万亩。绿色蔬菜种植、舍饲养殖、沙产业等平稳发展。培育出鑫隆番茄、西部利发等农畜产品加工企业，带动作用明显增强。工业经济快速发展。规划建设了腾格里、敖伦布拉格等园区，基础设施进一步完善。引进并重点实施工业项目64个，50个项目竣工投产，庆华、太西等重点企业带动能力显著提高，培育形成了煤炭、化工、建材、新能源等优势产业。工业经济对财政的贡献率达到76%。第三产业发展步伐加快。出台了《加快第三产业发展的实施意见》。南寺、月亮湖、通湖等旅游景区设施日臻完善，服务功能不断增强。五年累计接待游客378万人次，实现旅游收入15.07亿元。建成阿拉善大酒店、腾格里国际大酒店、太西国际大厦等近10家星级酒店、购物中心。城乡消费品市场繁荣活跃，实现社会消费品零售总额26.53亿元。巴彦浩特被命名为第一个“中国观赏石之城”，阿拉善沙漠地质公园晋升为唯一的世界级沙漠地质公园，“中国秘境·阿拉善”旅游品牌驰名中外。

（二）加快推进城乡建设步伐。重点加强了吉兰泰、腾格里、敖伦布拉格、乌力吉等苏木镇建设，社会管理和公共服务能力明显提高，城镇化率达到75%。重点建设了巴彦浩特“六纵六横”市政道路，完成了营盘山、生态景观公园、街道绿化亮化等工程，建成了新井水源地引水、引气入巴、集中供热、污水处理、垃圾无害化处理、医疗废物集中处置等一批公益性基础设施工程，启动实施了王府东花园、定远营古城墙建设工程，绿化覆盖率增加了15.6个百分点，集中供热率达到84.9%，污水入网率达到65%。东、西城区扩展了城市发展空间，建成了世纪阳光城、政苑等54个住宅区，新增住宅面积235.5万平方米，人均住宅面积达到35平方米，人居环境得到改善。

（三）着力改善生态环境和经济社会发展条件。实施了公益林生态效益补偿政策及退牧还草等重点治理工程，局部地区生态环境得到有效治理，生态保护建设总面积884.7万亩，草原建设总规模3750万亩，禁牧休牧1075万亩。森林覆盖率达到6.16%，草原植被盖度由13%提高到18%。临策铁路建成通车，建成巴吉一级、巴银高速等公路，连接旗内外的公路主网架基本形成。建成220千伏、110千伏、35千伏输变电项目25个，供电能力明显增强。节能减排扎实推进，关停取缔违法排污企业78家，二氧化硫排放量、化学需氧量得到削减。

（四）深入推进改革开放。实施了政府机构改革，提高了行政效能。深化了行政审批制度改革，减少审批事项353项。开展了医药卫生体制综合改革试点工作。推进集体林权制度改革。开展了嘎查村级公益事业建设一事一议财政奖补工作，推行了“一卡通”改革。主动与上海、天津、广东等发达地区企业的交流合作，累计实施招商引资项目85个，实际到位资金51.8亿元。加强与蒙古国南戈壁省的交流合作，乌力吉口岸实现临时过货，申报工作取得突破性进展。促进与宁夏、甘肃等周边地区的联系，推动了各层次、各领域的合作。

（五）全力保障和改善民生。连续兑现为民承诺的办实事项目，加大创业、再就业培训及小额贷款扶持力度，城镇登记失业率控制在4%以内。积极探索推行农牧民养老保险制度，开展了新型农牧区养老保险试点工作。新型农牧区合作医疗连续扩面。城乡医疗和贫困学生资助累计救助17967人。企业养老保险金连续提标，城乡低保和农牧区低保标准不断提高，实现了动态管理和应保尽保。加快保障性住房建设，完成游牧民定居工程，实施农牧区贫困残疾人家庭危房改造，解决了1823户农牧区无电户用电问题，贫困家庭生活条件得到有效改善。

（六）切实加强社会事业建设。科技创新体系建设积极推进，科技对经济发展的贡献率增长到48%以上。改扩建24所学校，实施18所中小学校舍安全工程，全面落实“两免一补”政策，率先实现十五年免费教育。成功承办自治区第六届少数民族传统体育运动会，圆满完成在自治区成立六十周年、建盟三十周年等重大庆典活动中的各项任务，连续举办了那达慕、奇石文化旅游节以及全国摩托车越野锦标赛、西部邻近盟市旗县搏克协作赛等活动，充分展示了阿左旗发展的丰硕成果和良好的对外形象。编排创作了风情歌舞剧《苍天般的阿拉善》，繁荣了阿左旗文化事业。新建了19所嘎查村卫生室，三级医疗卫生网络体系进一步健全；妥善处置了手足口病、甲型H1N1流感等公共卫生事件。积极开展人口出生缺陷干预工程，人口出生率、自然增长率分别控制在6.57‰和4.05‰以内。全面落实安全生产主体责任，安全生产形势持续稳定好转。应急救援体系初步建立。“五五”普法工作圆满完成。积极开展信访积案化解和矛盾纠纷排查，有效预防和减少了社会矛盾的发生。“平安阿左旗”建设全面推进，社会保持和谐稳定。强化行政监察和审计监督，勤政廉政建设取得新成效。圆满完成了第二次经济普查、第六次人口普查等工作。

“十二五”时期，阿左旗经济发展已经站在新的历史起点上，进入了全面建设小康社会、实现城乡一体化、构建和谐社会的新阶段。我们将牢牢把握新一轮西部大开发和自治区打造西部经济区等历史机遇，深入学习实践科学发展观，以富民强旗为统揽，大力加强经济、政治、文化、社会和生态建设，立足新起点，实现又好又快发展。经济社会发展的主要目标是：全旗生产总值年均增长18%，突破300亿元；财政收入年均增长20%，突破40亿元；全社会固定资产投资年均增长18%，累计突破700亿元；社会消费品零售总额年均增长16%，实现50亿元；城镇居民人均可支配收入和农牧民人均纯收入年均分别增长13%和15%，力争实现五年翻一番目标；人口自然增长率年均控制在6.94‰以内。各项节能减排指标控制在上级下达指标范围内。

（一）坚持加快发展不动摇，继续保持经济发展的良好态势

加快推进园区建设。按照“统筹规划、突出特色、加快配套、提升水平”的思路，积极融入自治区沿黄河沿交通干线经济带，加大投入力度，强化腾格里、敖伦布拉格和宗别立等重点园区的基础设施建设，规划建设好诺尔公、吉兰泰石材产业区、巴彦木仁生态产业区、珠拉黄金产业区、巴润别立新能源及水泥建材基地、乌力吉口岸商贸物流基地。不断优化投资环境，引导生产要素向园区集中，提升园区经济的整体实力和竞争力。加快推进项目建设。牢固树立“项目决定工业、工业决定财政、财政决定发展和民生”的理念，紧紧抓住国家实施新一轮西部大开发战略及自治区统筹西部区域发展的有利时机，积极筛选和储备一批大项目、好项目。继续做好煤炭、冶金、盐硝、建材、新型化工等投资规模大、科技含量高、经济支撑强的重点项目，下大力气在交通、电力、水利、生态等领域，谋划和推进一批基础设施建设项目。积极做好已签约项目的落地、建设工作。加快推进重点工程建设。实施巴彦浩特热电联产项目，全力做好引黄入巴工程前期工作，抓好通勤机场建设，实施临哈高速（阿左旗段）、希尼乌素至吉兰泰一级公路建设和苏宏图至乌力吉口岸公路铁路建设，规划建设临策铁路瓦窑站经吉兰泰、巴彦浩特至中卫及银川铁路，充分发挥重大工程对经济发展的带动作用。

（二）坚持加快转变经济发展方式，全面提升综合经济实力

把调整经济结构作为转变发展方式的主攻方向，大力发展多元经济，不断提升经济发展的质量和效益。积极发展节水、优质、高效、生态、安全的现代农牧业，全面提高农牧业综合生产水平。建设农畜产品批发市场和加工企业，提高农畜产品附加值。加快发展农牧民专业合作社，完善农牧区信息化服务体系。多渠道加大“三农三牧”投入，积极落实各项惠农惠牧政策。切实探索土地、草场流转承包的有效形式，引导农牧民向非农产业转移，力争五年转移安置牧民8000人。转变工业经济发展方式，坚持在增量中调整结构、在转型中优化升级。高标准建设煤炭生产基地，着力提高资源精深加工水平，大力发展煤基活性炭、碳分子筛等高附加值产品。重点打造新型化工、冶金、建材等支柱产业，加快发展装备制造等非资源型产业，积极培育新能源、新材料、生物制药、沙产业等战略性新型产业，构建多元发展、多极支撑的产业体系。打造2个产值超100亿元的产业基地、2至3个产值超50亿元的企业集团，促进传统经济向现代产业集群转变。依托优势旅游资源，加强景区基础设施和旅游项目开发，推行旅游标准化服务，提升服务质量和水平。充分挖掘阿拉善民族文化资源，促进文化旅游融合发展。扶持和培育一批具有较强带动作用的旅游企业，加强与周边地区的合作，加大宣传推介力度，逐步形成大旅游环境。坚持市场化、社会化、产业化发展方向，突出发展生产性服务业，加快发展生活型服务业，不断提高服务业的比重和水平。依托独特丰富的奇石资源和“中国观赏石之城”品牌优势，大力发展奇石文化产业。充分发挥铁路、高速公路、口岸通道效应，打造连接国内各地的区域性物流基地和联通蒙古国的物流基地，集聚和辐射人流、物流、信息流。坚持统筹规划，积极构建以巴彦浩特为中心，吉兰泰、腾格里等苏木镇为重点，其它集镇为结点的城镇体系。统筹城乡一体化发展，建立以工促农、以城带乡长效机制，促进城市公共服务向农牧区覆盖，稳步推进社会主义新农村新牧区建设。按照“三条防线、四个重点”的布局，继续组织实施各类生态保护建设工程。进一步加大环境保护力度。

（三）坚持加快推进改革创新，进一步提高对外开放水平

深化行政审批、医疗卫生体制和公共财政制度改革，深入推进集体林权制度和农牧区综合改革，稳步推进事业单位分类改革。提高科技创新能力，加大科技投入，完善科技管理体制和运行机制，营造有利于自主创新的政策环境。继续推进和完善人才储备制度，统筹推进各类人才队伍建设。牢固树立开放意识。继续发挥资源、区位优势，积极接受“呼包鄂”经济圈的辐射带动，主动对接长三角、珠三角等经济发达地区的产业发展，承接一批优势特色补链项目，培育新的经济增长点。切实加强与银川、中卫等周边地区的交流合作，做到优势互补，实现互利共赢。积极争取国家和自治区的支持，扩大与蒙古国的交流合作，开放乌力吉口岸，大力发展口岸经济。

（四）坚持加快构建和谐社会，着力保障和改善民生

以满足群众日益增长的物质文化需求为目标，切实加大民生工作力度，推进基本公共服务均等化。巩固和发展平等、团结、互助、和谐的社会主义新型民族关系，促进各民族共同团结奋斗、共同繁荣发展。

内蒙古自治区高级人民法院

内蒙古自治区高级人民法院党组书记、院长 胡毅峰

【概况】2010年，全区共有118个法院，包括自治区高级人民法院、12个盟市中级人民法院、1个铁路运输中级法院和104个基层法院，下辖人民法庭351个。全区法院现有政法专项编制10071个，实有在编人数9600人。具有审判职称的人员5600人，占实有人数的58.3％。自治区高院现有政法专项编制340个，实有在编人员333人，其中法官202人，占60.7％。

2010年，全区法院共受理案件259169件，审、执结248001件，同比分别上升3.5％和4.3％，其中审、执结民事案件215734件，占87%；刑事案件17366件，占7%；行政案件4954件，占2%；其他案件9947件，占4%，为自治区经济平稳较快发展、社会和谐稳定提供了有力司法保障。

2010年6月3日，全区法院院长会议暨全区法院队伍建设工作会议在自治区高院隆重召开。

2011年4月15日，胡毅峰院长接见包头市两级法院干警

2010年7月31日，全区法院执行干警培训班在呼和浩特开班，全区法院1108名执行干警全部参加这次集中培训

2010年1月13日，自治区高院召开自治区人大代表、政协委员、廉政监督员座谈会，通报法院工作，听取社会各级对人民法院工作的意见和建议

目　　录
CONTENTS

第一部分　特　载
PART ONE SPECIAL ARTICLES

第二部分　统计资料
PART TWO STATISTICS

二、综合
General Survey

三、国民经济核算
National Accounts

四、人口

Population

五、从业人员和职工工资

Employment and Wages

六、固定资产投资

Investment in Fixed Assets

七、能源生产和消费
Production and Consumption of Energy

八、财政
Government Finance

九、物价指数

Price Indices

十、人民生活

People's Livelihood

十一、城市概况
General Survey of Cities

十二、农业
Agriculture

十三、工业
Industry

十四、建筑业
Construction

十五、运输和邮电
Transportation, Postal and Telecommunications Services

十六、国内贸易

Domestic Trade

十九、金融和保险
Banking and Insurance

二十、教育、科技和文化
Education, Science and Culture

二十一、体育、卫生、社会福利、环境保护和其它
Sports, Public Health, Social Welfare, Environmental Protection and Others

二十二、盟市资料

Statistics of Leagues and Cities

二十三、旗县区资料

Statistics of Banners, Counties and Districts

二十四、附录

Appendix

第一部分

特 载

PART ONE SPECIAL ARTICLES

在全区经济工作会议上的讲话

Report by Comrade Hu Chunhua on the Conference of Autonomous Regional Economical Work

内蒙古自治区党委书记　胡春华

（2010 年 12 月 24 日）

这次会议的主要任务是，学习贯彻中央经济工作会议精神，总结今年经济工作，分析当前经济形势，部署明年经济工作。

前不久召开的中央经济工作会议，是在全国上下深入学习贯彻党的十七届五中全会精神，即将开启“十二五”发展新形势下召开的一次非常重要的会议。胡锦涛总书记和温家宝总理的重要讲话，深刻总结了今年以及“十一五”时期我国经济社会发展的成就和经验，全面分析了当前国际国内经济形势，明确提出了明年经济工作的总体要求、重要原则和主要任务。全区各级党委、政府一定要认真学习、深刻领会中央经济工作会议精神，切实把思想和行动统一到中央的决策部署上来，结合实际抓好贯彻落实。

今年以来，我们认真贯彻落实党中央、国务院各项决策部署，经济社会保持了又好又快发展的良好态势。一是经济实现平稳较快发展。农牧业生产获得好收成，粮食产量达到430 亿斤。1－11 月，规模以上工业增加值增长 18.2%，社会消费品零售总额增长 18.8%。预计全年地区生产总值增长15%，跨过万亿元门槛。二是经济运行的质量和效益明显提高。1－11 月，规模以上工业企业主营业务收入增长 29%，利润增长 67%，地方财政总收入增长 24.5%。装备制造业投资增长 57.3%，中小企业工业增加值增速高于规模以上工业 8 个百分点。三是保障和改善民生取得积极进展。出台了促进牧民增收、提高低收入群体保障标准等一系列措施，预计全年城镇居民人均可支配收入和农牧民人均纯收入增长 11% 和 10%。安排财政资金 512 亿元，为群众办了“十件实事”、实施了“十项民生工程”。加大了保障性住房建设力度，扩大了廉租住房保障范围。四是团结和谐稳定的局面进一步巩固发展。着力维护社会稳定，切实落实维护稳定第一责任，深入开展社会矛盾排查化解专项行动，集中解决了一批重点难点问题。一年来，通过全区各族干部群众的共同努力，我们圆满完成了全年各项任务，顺利实现了“十一五”规划目标，为经济社会发展再上新台阶奠定了良好基础。

明年是“十二五”开局之年，我们将迎来中国共产党成立90 周年，做好明年的经济社会发展工作具有十分重要的意义。根据中央经济工作会议精神，结合自治区实际，2011 年全区经济工作的总体要求是：全面贯彻党的十七大、十七届三中、四中、五中全会和中央经济工作会议精神，以邓小平理论和“三个代表”重要思想为指导，深入贯彻落实科学发展观，牢牢把握科学发展主题和加快转变经济发展方式主线，坚持发展第一要务不动摇，坚持调整优化经济结构，坚持富民与强区并重，加快推进工业化、城镇化和农牧业现代化，保持经济平稳较快发展，促进社会和谐稳定。

关于“十二五”时期全区经济社会发展思路，在八届十三次全委会议上我代表自治区党委已经作了比较全面的报告。巴特尔同志还要对今年经济工作作全面总结，对明年工作作出具体安排。这里，我着重强调五个方面的问题。

一、紧紧抓住第一要务，继续保持经济平稳较快发展

保持经济平稳较快发展，是中央提出的明年经济工作的重要目标。从内蒙古实际出发，我们要始终在发展上保持清醒头脑，紧紧围绕平稳较快的发展要求，努力使我们的经济发展得更快一点、更好一些。

我区是欠发达地区，与先进地区相比还有很大差距，我们只有以高于全国平均水平的速度发展，才能逐步缩小与先进地区的差距。我区经济刚进入起飞阶段，产业大多还处在成长中，经济总量偏小，综合实力和自我发展能力不强，发展的基础并不稳固，我们还没有停下来歇口气的资本。我区家底薄，历史欠账不少，需要兴办的事情很多，各项事业的进步都要靠加快发展才能保证。“十二五”时期全国各地都确定了更高的发展目标，绝大多数省区市经济预期增速都在两位数以上，新一轮发展竞争更加激烈。我们面临的发展机遇并不总是存在。中央一再强调，本世纪头二十年是我国发展的重要战略机遇期，我们一定要增强机遇意识，增强忧患感和责任感，抓住机遇、加快发展，不动摇、不懈怠、不折腾，避免经济出现大的波动，努力保持一个较快的发展速度，保持新世纪以来我区发展的良好态势，经过一个时期的奋斗，使我区的综合经济实力有一个大的提升，进入先进地区行列。

经自治区党委、政府研究，明年我区经济社会发展的主要预期目标是：生产总值增长 13%，全社会固定资产投资增长 18%，社会消费品零售总额增长 18%，地方财政总收入增长 17%，城乡居民收入分别增长 12%。经济增长指标我们要求积极一点，有一些指标，留有一定的余地，在执行中要力争做得更好一些。民生指标我们定得比较高，表明了自治区

党委、政府推进富民与强区并重的坚定决心，要下大力气，采取有力措施确保实现。节能减排等约束性指标，我们一定要按照国家的要求努力完成。确定这样的目标，体现了中央关于明年保持经济平稳较快发展的要求，结合了内蒙古的实际，是积极的，也是通过努力可以完成的。

做好明年经济工作，我们要把困难估计得充分一些。一是明年经济运行中的不确定因素依然很多，我区产业结构单一、层次较低，抗风险能力较弱，容易受到外部环境变化的影响和冲击。二是国家加强和改善宏观调控，信贷、土地、节能环保、市场准入等方面的政策约束增强，必然影响到我区部分产业的发展。三是通货膨胀压力上升，保增长、惠民生、控物价任务艰巨。四是我区经济增长对就业和增收的带动能力不强，缩小城乡居民收入增长与经济增长的差距难度很大。

完成明年的目标任务，我们也具有许多有利条件。一是我区经济以国内需求拉动为主，我国经济长期向好的趋势没有改变，为我们提供了良好的发展环境和稳定旺盛的市场需求。二是近年来我区产业建设先后投入上万亿元，大量生产能力将逐步释放，将形成许多新的经济增长点。三是国家启动实施西部大开发新十年规划，即将出台支持内蒙古发展的意见，还有资源税改革、草原生态保护、促进牧区发展等政策措施，为我区发展创造了良好政策环境。四是近年来我区发展态势良好，社会大局和谐稳定，全区上下干事创业谋发展的劲头很足，形成了有利于加快发展的良好氛围。

干工作困难总是有的，只要我们保持积极进取的精神状态，保持真抓实干的工作作风，办法就一定会比困难多，就一定能克服困难做好工作。我们一定要统一思想、振奋精神，更加奋发有为地工作，努力完成好明年经济社会发展的各项目标任务。

二、调整优化经济结构，加快非资源型产业发展

内蒙古调整优化经济结构，就是要加快构建多元发展、多极支撑的现代产业体系。这个问题我在东、西部盟市座谈会上都讲过，在这里我要特别强调的是非资源型产业的发展。

全力推进非资源型产业发展，是今后一个时期我区调整优化产业结构的战略选择。内蒙古资源富集，这是我们的优势，是我们的财富，我们要发挥好资源优势，把特色优势产业进一步做大做强。但同时要大力发展非资源型产业，解决我区产业结构单一，过分依赖资源问题。内蒙古不能只有资源和资源产业优势，要从资源大规模开发时就谋划推动经济转型，大力发展非资源型产业，我们的经济才能实现又好又快发展。无数经验表明，资源开发的繁荣期也是经济转型的最佳时机，等到资源枯竭、产业衰退时再谋划转型将是十分困难的。

发展非资源型产业，最现实的路径是依托现有的产业基础，在延伸产业链、推动产业优化升级上做文章。推动产业链不断延伸和产业升级的过程，也就是发展非资源型产业的过程。“十一五”期间我区能源、基础原材料工业取得了长足的进步，我们讲“原字号”产品和初级产品比重大，这一方面是不足，另一方面也为下一步发展延伸加工制造业创造了条件，钢铁、有色金属、化工等向下游发展，要做到终端产品，还有很大的空间。自治区有关部门规划了18条产业链，哪怕是有一半能做起来，我区产业的发展也会有一个大的改观。近年来，各盟市开始谋划非资源型产业的发展，已经有了一个好的开端，在汽车制造、工程机械、风电设备、化工机械、轻工机械、新能源、新材料、生物医药、电子信息等方面发展势头都比较好。我区发展非资源型产业也是有一定基础的，包头从“一五”期间就是国家建设的重要工业基地，现在仍然是我区产业基础和结构比较好的地方，应该在发展非资源型产业上做得更好一些。

要充分发挥我区在区位、土地、能源等方面的优势，积极承接发达地区的产业转移。我区具有独特的区位优势，地跨“三北”，与八个省区相邻，离周边经济中心都很近。我们要紧紧抓住我国东部沿海地区和周边先进发达地区资本和产业“北上西移”、向周边扩散的机遇，通过承接一批有技术含量的加工制造业，逐步摆脱对资源的过度依赖，摆脱“原字号”，提高产业层次，优化产业结构，提升我们的工业发展水平。比如，可以通过承接一些劳动密集型产业，促进就业增收，改善民生，更好地实现社会效益。鄂尔多斯建筑陶瓷产业前两年还不见经传，现在建成和在建的生产线有40条，有望成为全国最大的陶瓷基地之一。今年，国务院下发了《关于中西部地区承接产业转移的指导意见》，对于我们做好承接产业转移工作具有重要指导意义，各级要抓住机遇、抓好落实。

要以园区为载体，促进产业集聚集约集群发展，推动非资源型产业、中小企业、富民工程一体化发展。自治区有关部门在各盟市规划布局的基础上，按照主导产业突出、承接产业转移目标明确、产业规模较大、产业链条较长、协作配套水平较高等标准，初步筛选出销售收入在100亿元以上的产业集群60个，在“十二五”期间进行重点建设，力争到2015年实现销售收入超过两万亿元，对全区工业经济的贡献率达到50%以上，新增就业45万人左右。自治区、各盟市、有关旗县，要以园区建设为抓手，调整优化产业布局，促进企业和项目集中，提高投资强度，全力推进产业集群建设，进一步做大规模、增强实力，推动经济结构调整取得实质性进展。

要加快推进服务业发展。服务业是调整优化经济结构的重要着力点，也是我区经济发展的重要增长点。从目前情况看，物流业和旅游业有望成为新的支柱产业。我区煤炭产量超过7亿吨，一半以上供应区外，跨省交易量占全国的40%，乳、肉、粮食、毛绒革等农畜产品都是全国重要的供应基地，对外毗邻俄蒙，对内毗邻八省区，围绕这些大宗产品流通，大力发展物流业，既是客观需要，基础也非常好。我区旅游资源非常丰富，大草原、大森林、大沙漠，冬季的林海雪原，独特的草原文化，都是人们所向往的，发展旅游业有着广阔的前景。我们要努力在物流和旅游产业这两个方面取得新的突破，带动和促进服务业的发展。

强调非资源型产业的发展，目的是要解决我区产业发展“一条腿长、一条腿短”的问题，实现资源型产业和非资源型产业的协调发展。我们只有培育和打造更多的支柱产业，实现新一轮的产业发展，才能为自治区经济持续稳定健康发展打下坚实的基础。

三、抓好投资和项目建设，为加快发展提供强有力的支撑

今年我区经济运行总体不错，主要经济指标都有较大幅度增长，只有投资和项目建设出现了一些新的情况。预计全年固定资产投资完成9000亿元，增长19%，总体不错，但增幅比去年回落15.4个百分点；尤其是新开工项目，前11个月项目数下降9.8%，投资规模仅增长4.8%。这里有宏观环境变化的影响，也有主观努力不够的因素。我区经济增长现在主要靠投资拉动。今天的投资就是明天的生产能力、发展保障能力和公共服务能力。保持我区经济平稳较快发展，解决好发展不足的主要矛盾，我们必须始终高度重视、切实抓好投资和项目建设。

投资能不能较快增长，主要取决于经济社会发展的需求空间。我区地处边疆、地域辽阔，工业化、城镇化起步较晚，基础设施建设滞后，民生和社会事业欠账很多，“十二五”乃至今后更长一个时期，我区还将处于大规模建设时期，需要继续保持较高的投资水平。投资增速固然与基数有关，但高基数并不必然意味着低增长。“十一五”前四年，我区累计完成投资2万多亿元，年均增长29.4%，而同期吉林省完成1.97万亿元，年均增长41.7%。江苏省、山东省在基数已经很高的基础上，分别投入5.6万亿元和5.8万亿元，年均增长23.1%和19.6%。这些都说明，只要谋划好建设项目、解决好资金来源，我们完全有可能继续保持较高的投资增长速度。

保持投资持续较快增长，必须进一步拓宽投资领域。

一是要下大力推进基础设施建设。我区有良好的区位优势，但基础设施薄弱特别是出区通道不畅，严重制约了这一优势的发挥。基础设施既是我们发展中的薄弱环节，也是扩大投资的重点领域。要大力争取国家支持，在交通、电力、水利等领域谋划和推进一批重点项目。以打通连接周边省区通道为重点，积极推进出区高等级公路和快速客运通道、铁路运煤通道建设，进一步畅通我区与内地的联系。积极争取、加快推进面向东北、华北、华东、华中等区域的电力外送通道建设，提高我区电力外送能力。把提高水资源保障能力作为一项战略任务，抓紧实施一批重点水利工程。加强农牧业和农村牧区基础设施建设，努力改善农村牧区生产生活条件。

二是要继续抓好产业领域的投资和项目建设。要积极争取能源、新型煤化工等投资规模大、对经济支撑能力强的项目，努力使我区更多的特色优势产业项目获得国家核准，进一步巩固我区在这些领域的优势地位。要紧紧围绕构建多元发展、多极支撑现代产业体系的目标，抓紧谋划和组织实施一批非资源型产业项目，确保投资规模大幅增加，投资增速大幅高于工业投资平均水平。我们既要抓顶天立地的大项目，还要注意抓铺天盖地的小项目，尤其要抓好那些吸纳当地就业能力强、直接改善民生的项目。要重视抓好与大企业、大项目协作配套产业的投资，推动大中小企业密切配合，不断完善产业间的专业分工与协作。

三是要切实加强对社会事业发展薄弱环节的投入。从我区的实际出发，要特别重视加强教育、文化、卫生、体育、社会保障等领域的项目建设，尽力弥补社会事业方面历史欠账，大力发展社会公共服务事业，积极推进基本公共服务均等化。

要完善推进项目建设的政策措施和工作机制。自治区将建立重点项目目录，选择一批项目集中推进，在审批、用地、融资等方面予以支持。加快项目审核进度，设立绿色通道，只要符合国家政策都要简化程序、限时办结。建立健全项目推进责任制，明确建设进度和质量要求，加强协调调度，确保项目建设顺利推进。认真落实国务院关于鼓励民间投资新36条，进一步放宽投资准入，充分调动各类市场主体的投资积极性，促进社会投资稳定增长。要加大招商引资力度，改进招商引资方式，自治区、盟市、旗县要形成共同推进投资和项目建设的合力。明年，自治区将定期通报各地重点项目建设情况。

四、采取过硬措施，推进富民进程

改善民生必须是实打实的，要有实实在在的举措。明年我们要继续扎扎实实为老百姓办些实事，把改善民生落实到真金白银上，落实到人民群众生活水平的提高上。

要推动城乡居民收入较快增长。在“十二五”期间努力实现居民收入增长与经济发展同步、劳动报酬增长与劳动生产率提高同步，是党的十七届五中全会提出的重要目标。我们要确保在“十二五”时期逐年接近、逐步实现中央确定的这一目标 。“十一五”前四年，我区城乡居民收入增长分别低于经济增长6.5和8.3个百分点，这种差距与经济结构、分配结构等方面的因素有关，短时期内改变比较困难。实现“两个同步”是“十二五”时期我区发展最艰巨的任务。我们把明年城乡居民收入增长预期目标确定为12%，为近年来最高，就是要下决心推动城乡居民收入普遍较快增加，通过不断努力，逐步缩小居民收入增长与经济增长的差距，为最终实现“两个同步”开始打基础。前不久，党中央、国务院出台了草原生态保护补助奖励机制的意见，这对于我区保护生态、促进牧民增收具有重要意义，我们一定要制定切实有效的贯彻措施，不折不扣地落到实处，让广大牧民群众切实感受到中央的关怀和温暖。

要切实抓好就业工作。要立足于治本，下大决心调整经济结构。我区就业增长滞后于经济增长，根本原因在于有利于就业的劳动密集型产业、中小企业、民营经济和各种服务业发育不足。目前我区规模以下企业增加值仅占全部工业的11.8%,第三产业比重比全国低5.4个百分点,不改变这种状况,解决就业问题就很难。要采取措施促进企业更多地吸收当地劳动力就业。近年来我区西部盟市发展很快,东部劳动力资源丰富,政府和有关部门要组织东部的人口到西部就业,政府投资项目要优先吸纳当地劳动力就业。要努力提高劳动者的素质,加强职业培训工作,为我区经济社会发展培养合格的建设者。要强化各级政府在促进就业中的重要责任。我们每年统计登记失业率,确定新增多少就业人口、多少就业岗位,年年也都能完成既定的目标,但实际失业率究竟是多少,我们很多领导心中无数。是否充分就业是衡量一个地方经济社会发展非常重要的指标,我们各级领导一定要负起责任,把就业当成一件大事抓好。

要提高政府公共服务的水平。自治区党委、政府研究决定,从明年开始,在巩固九年义务教育的基础上,用三年时间全面实现高中阶段免费普及教育。明年全部免除用蒙(朝)语授课的高中学生、中等职业教育学生的学费和书本费,免除普通高中家庭经济困难学生的学费和书本费。我区正处在快速工业化和城镇化过程中,人口就业正在向二、三产业转移,生活居住正在向城镇转移,教育要适应这一要求,跟上这一步伐。免费普及高中阶段教育,对于提高我区各族群众的文化素质,为自治区长远发展提供人力资源支撑,具有特殊重要的意义。各地要认真落实,把好事办好。

要逐步建立健全社会保障体系。这是政府的责任,对中央出台的各项政策我们要不折不扣地落实,财政再紧张也不能少了这一块。对一部分困难群体来讲,是要靠社会保障才能过日子的,要切实关心这部分人的生活。要集中力量切实抓好保障性住房建设。解决中低收入家庭住房困难,改造各类棚户区,加强廉租房、公租房建设,是保障和改善民生的重要任务,今年自治区专门作了部署,各地已按期开工建设,要确保如期完成建设任务。提供保障性住房是一项长期的任务,政府始终要建设和掌握一定数量的廉租房和公租房。大多数人的住房还是要通过市场解决,因此要坚持住房制度改革的市场化方向,重视抓好商品房体系建设,继续增加住房有效供给,加强房地产市场的管理和调控,满足人们不断增长的住房需求,改善和提高人民群众的居住水平。

保障和改善民生要解决的问题很多,需要办的事很多,我们的财力有限,一定要集中财力办大事。自治区党委、政府及有关部门要加强研究,对事关我区经济社会发展的一些重大民生问题,在条件成熟时,每年办上一两件,逐步推动问题的解决。

五、加强党对经济工作的领导,确保经济社会发展目标任务圆满完成

完成明年经济工作的各项任务,各级党委和政府要紧紧围绕科学发展的主题和加快经济发展方式转变的主线,加强和改善党对经济工作的领导。

各级党委要始终把握住驾驭经济工作全局的主动权,坚持谋全局、把方向、管大事,把主要精力放在制定和实施经济发展战略、重大决策和工作重点上。自治区党委在八届十三次全委会议上通过了《内蒙古自治区党委关于制定国民经济和社会发展第十二个五年规划的建议》,自治区政府正在制定《内蒙古自治区国民经济和社会发展第十二个五年规划纲要》,明年自治区人大将审议通过,各地各部门要根据自治区的要求,结合自身实际,科学研究制定好本地区本部门"十二五"发展规划。要充分发挥党委总揽全局、协调各方的领导核心作用,把各个方面的积极性、主动性和创造性充分调动起来,形成协调一致抓发展的工作合力。

要切实转变政府职能,进一步优化发展环境。行政审批事项和收费项目过多、办事效率低、服务质量差,是影响我区发展环境的一个突出问题。据统计,目前仅自治区本级行政审批事项和行政事业性收费就有655项和275项,行政处罚多达4387项。一些部门仍习惯于传统的管理模式,抓住部门权力不放,该办的不办,不该批的乱批,甚至吃拿卡要,必须下决心切实解决。明年,我们要把精简行政审批事项和行政事业性收费作为优化发展环境的突破口,组织专门力量,进行清理规范,该精减的要切实精减,能合并的要抓紧合并,应下放的要尽快下放,需减免停收的要坚决减免停收,自治区权限内的审批事项和行政事业性收费年内至少要精减三分之一。各级要以此为抓手,进一步强化服务意识、转变工作作风、提高服务效率,加快推动服务型政府建设。

要统筹抓好换届和经济社会发展工作。明年是我区四级地方党委换届之年。这是我区政治生活中的一件大事,也是各族干部群众非常关注的事情。各级党委要做到"两不误",既要圆满完成换届,又要确保全年经济社会发展目标顺利实现。要把换届之年的工作表现作为评价干部的重要依据,结合创先争优活动,树立正确的用人导向,引导各级干部把心思和精力用在抓发展、促落实上。主要领导同志要以身作则、率先垂范。在换届这一特殊时期,以什么样的状态抓工作,以什么样的心态对待个人去留,是对各级领导干部的重要考验。作为领导干部个人,关心自己的进退留转也是正常的,但必须以履行职责为本,以做好工作为重,自觉服从组织安排,完成好工作任务。

同志们,做好明年经济工作任务艰巨、意义重大。我们一定要紧密团结在以胡锦涛同志为总书记的党中央周围,高举中国特色社会主义伟大旗帜,坚持以邓小平理论和"三个代表"重要思想为指导,深入贯彻落实科学发展观,坚定信心、奋发进取、扎实工作,努力实现"十二五"良好开局,把我区的改革开放和现代化建设不断推向前进,以优异的成绩迎接中国共产党成立90周年!

政府工作报告

Report on the Work of the Government

——在内蒙古自治区第十一届人民代表大会第三次会议上

内蒙古自治区主席　巴特尔

现在,我代表自治区人民政府向大会报告工作,请连同《内蒙古自治区国民经济和社会发展第十二个五年规划纲要(草案)》一并审议,并请自治区政协委员和列席会议的同志们提出意见。

一、"十一五"时期和2010年经济社会发展回顾

"十一五"时期,是我区发展进程中很不平凡的五年。在党中央、国务院和自治区党委的正确领导下,全区上下深入贯彻落实科学发展观,紧紧抓住国家实施西部大开发、振兴东北等老工业基地战略的机遇,有效应对国际金融危机冲击,努力促进经济社会又好又快发展,圆满完成了"十一五"规划确定的主要目标和任务,开创了自治区改革开放和现代化建设的新局面。

——综合经济实力跃上新台阶。全区生产总值从2005年的3905亿元增加到2010年的11655亿元,年均增长17.6%,超过"十一五"规划目标4.6个百分点,经济总量由全国后列进入中列。人均生产总值达到7070美元,位居全国前列。地方财政总收入由4787亿元增加到17381亿元,年均增长294%。固定资产投资累计完成近3万亿元,是"十五"时期的43倍,建成了一批重大项目。

——经济结构调整取得重大进展。三次产业结构由2005年的15.1∶45.4∶39.5调整为2010年的9.5∶54.6∶35.9,总体上完成了由农牧业主导型向工业主导型的历史性转变。优势特色产业得到巩固和加强,战略性新兴产业和非资源型产业迅速成长。非公有制经济占GDP比重由2005年的33%提高到2010年的43%左右。新农村新牧区建设稳步推进,城镇化率达到55%,提高7.8个百分点。呼包鄂地区率先发展,东部盟市发展加速,其他地区发展呈现新局面。

——基础设施和生态建设成效明显。综合运输体系初步形成,五年新增公路里程3.3万公里、铁路运营里程3100公里,新增民航机场3个,建成8条500千伏电力外送通道。生态总体恶化趋势趋缓,重点治理区明显改善,森林覆盖率提前完成20%的规划目标,草原植被盖度继续提高。节能减排扎实推进,预计单位地区生产总值能源消耗能够如期完成国家下达的控制目标,主要污染物减排总量超额完成国家下达的目标任务。

——人民生活水平显著提高。城镇居民人均可支配收入由2005年的9137元增加到2010年的17698元,年均实际增长11.2%;农牧民人均纯收入由2989元增加到5530元,年均实际增长10%。累计投入1800多亿元,实施了一系列民生工程,为群众办了许多实事,城乡居民普遍受益。就业规模不断扩大,社会保障开始向保基本、广覆盖、可持续目标迈进,基本公共服务水平明显提高。

——社会建设迈出坚实步伐。组织实施了77个重大科技项目,自主创新能力明显增强;财政累计投入教育的支出是"十五"时期的3.5倍,各级各类教育稳步发展;新型农村牧区合作医疗常住人口参合率达到97.4%,公共卫生体系进一步健全;大力推进文化体制改革和公共文化服务体系建设,民族文化大区建设取得丰硕成果;政府职能转变步伐加快,依法行政水平稳步提高;全面推进社会管理创新,社会保持和谐稳定。

五年来,我们重点抓了以下几方面工作。

(一)努力保持经济平稳较快发展。五年来,我们经受住了一系列严峻考验。面对国际金融危机的严重冲击,坚持把扩大内需作为保增长的着力点,充分发挥投资、消费对经济增长的拉动作用,创造性地实施了电力多边交易、大用户直供等政策措施,迅速扭转了经济增速下滑局面。规模以上工业年均增长25.4%,工业占经济总量的比重由37.8%提高到48.2%,实现利润由226亿元增加到1200亿元,成为推动经济平稳较快增长的主导力量。面对各种严重自然灾害,不断强化农牧业基础地位,农牧业综合生产能力稳步提高,具备了年产400亿斤粮食、230万吨肉类、900万吨牛奶、10万吨绒毛的生产能力,牛奶、羊肉、羊绒产量稳居全国首位。妥善处置奶粉事件,全力保护奶农利益,帮助企业渡过难关,促进了乳业健康发展。针对服务业发展相对滞后的状况,进一步巩固提升传统服务业,大力发展现代服务业,全区第三产业增加值年均增长14.9%,对城镇就业的贡献率达到70%。

(二)大力推进经济结构优化升级。加快推进新型工业化。以能源、原材料等为主的优势特色产业不断发展壮大,原煤产量由2.6亿吨增加到7.9亿吨,电力装机由1989万千瓦增加到6500万千瓦,外送电量居全国首位。以新能源、现代煤化工等为主的战略性新兴产业快速发展,风电装机由20万千瓦增加到1000万千瓦,居全国首位;煤制油、煤制烯烃、煤制二甲醚、煤制甲烷气和煤制乙二醇五大示范工程取得突破性进展。以装备制造业为主的非资源型产业加快发展,装备制造业增加值年均增长23%以上。产业发展水平进一步提高，30多项技术、工艺和设备处于国内外领先水平。加快发展现代农牧业。高产优质高效安全作物比重达到66%，比2005年提高19个百分点，设施蔬菜、马铃薯面积双双突破百万亩。农牧业产业化进程不断加快，全区销售收入百万元以上龙头企业达2200家，其中国家和自治区级龙头企业286家，实现销售收入2200亿元以上，增长1.5倍。积极推进城镇化。加快人口布局调整和城市扩容改造，中心城市的综合服务功能和辐射带动能力明显增强。累计新增城镇人口211万人，城市建成区面积扩大161平方公里。

（三）着力改善经济社会发展条件。把生态建设作为最大的基础建设来抓，五年累计投入生态建设资金322.8亿元，实施了退耕还林、退牧还草等重点生态工程，草原建设总规模5亿亩，禁牧休牧面积7.8亿亩，林业生态建设总面积5000多万亩，6000万亩农田和8000万亩基本草牧场受到林网保护。全面加强公路、铁路和电网三大通道建设。累计完成公路建设投资1470亿元，建成赤峰至通辽、呼和浩特至大饭铺至东胜等一批高速公路，开工建设赤峰至承德等9条连接区外的高速公路，公路通车总里程达到15.7万公里，其中高速公路2365公里，12个盟市全部有了高速公路。累计完成铁路建设投资555亿元，建成临河至策克、包头至西安等30个重点项目，铁路运营里程达到10789公里。开工建设锡林浩特至乌兰浩特、赤峰至锦州等35个重点项目，在建铁路总规模5980公里。累计完成民航机场建设投资50亿元，建成鄂尔多斯、二连浩特和阿尔山机场，机场总数达到12个。开工建设海勃湾水利枢纽等一批重点水利工程，完成134座病险水库除险加固，解决了农村牧区581万人的安全饮水问题，农田有效灌溉面积达到4500万亩，节水灌溉面积3500万亩。加强重点区域、流域和行业环境治理，淘汰了一大批落后产能。加强国土综合整治和地质勘查工作，煤田灭火取得阶段性成效，新增煤炭资源储量5500亿吨。

（四）切实加强以改善民生为重点的社会建设。实施更加积极的就业政策，城镇累计新增就业114.2万人，城镇登记失业率稳定控制在4.2%以内，基本实现了“零就业家庭”至少一人就业的目标。财政用于社会保障补助支出累计达1048亿元，各项社会保险覆盖面不断扩大，基本养老保险、医疗保险参保人数分别达到430.7万人和886.4万人，230.9万职工纳入失业保险。优抚对象、农村五保户生活补助标准进一步提高，200多万城乡困难群众的基本生活得到了保障。全面启动保障性安居工程建设和棚户区改造，累计用于保障性安居工程建设投资689.4亿元，建设保障性住房78.5万套。深入推进对口帮扶和扶贫开发，累计扶持农村牧区贫困人口75万人。

加快发展社会事业。着力推进科技创新体系建设，创新型内蒙古建设步伐不断加快。优先发展教育事业。提前完成普及九年义务教育，稳步推进中小学校标准化建设，中小学校舍安全工程建设进度居全国前列。民族教育水平明显提高，中等职业教育迅速发展，高等教育质量稳步提高。覆盖城乡的公共医疗卫生体系建设取得新突破，公共卫生、医疗服务和医疗保障体系建设得到加强，城镇社区卫生和蒙中医药事业发展迅速。大力发展文化事业和文化产业，公共文化设施建设进一步加强，基层文化服务体系不断健全，草原文化整体形象和实力明显提升，涌现出一批具有草原文化特色的艺术精品，《蒙古学百科全书》出版发行，广播影视、新闻出版、哲学社会科学和文学艺术健康发展，精神文明创建活动深入开展，公民文明素质不断提高。大力实施人才强区战略，深入推进人才储备制度建设，组织实施“草原英才”工程，人才队伍建设进一步加强。认真做好人口和计划生育工作，低生育水平保持稳定。群众体育和竞技体育协调发展，实现了奥运会金牌零的突破。妇女儿童、老龄、残疾人、气象、人防、档案等各项工作都取得了新进展。

（五）深入推进改革开放。国有企业改革取得重大进展，引入国电集团重组了蒙能公司，呼兴电网上划国家电网公司，国有资产管理体制改革稳步推进。依法开征了煤炭价格调节基金，进一步完善了煤炭资源配置政策。农村牧区综合改革取得阶段性成果，集体林权制度改革深入推进，大兴安岭国有林区剥离办社会和辅业改制取得重大进展。金融领域改革全面推进，成功组建了内蒙古银行，搭建了水利基础设施建设投融资平台，农村信用社资产效益大幅增长，村镇银行和小额贷款公司发展迅速，农业政策性保险走在全国前列。医药卫生体制改革启动实施，文化体制改革迈出重大步伐，行政管理体制改革稳步推进。积极扩大对内对外开放。加强与有关省区市的经济技术协作，累计引进国内（区外）资金实际到位1万多亿元。加快实施“引进来”、“走出去”战略，深化与俄蒙的经贸合作，累计引进国外资金实际到位125亿美元，进出口总额增长1.4倍。

（六）不断加强政府自身建设。全面推进依法治区进程，加强行政立法、执法监督和普法教育，努力提高依法行政水平。自觉接受人大依法监督和政协民主监督，认真听取各民主党派、工商联和无党派人士意见，决策科学化、民主化程度不断提高。政务公开取得积极进展，政务服务水平明显提高。加强行政监察和审计监督，重视源头治理，规范资金运行，勤政廉政建设取得新成效。强化信访工作，集中解决了一批群众反映强烈的突出问题，群体性上访持续下降。加强隐蔽战线斗争，严厉打击各类刑事犯罪，维护了国家安全和社会稳定。坚持标本兼治，安全生产水平稳步提高。加强市场监管和专项整治，确保产品质量和食品药品安全。国防动员和后备力量建设不断加强，军警民共建和双拥工作取得新成绩。全面贯彻落实党的民族政策，坚持民族区域自治制度，认真做好宗教工作，民族团结、社会稳定、边疆安宁的局面进一步巩固和发展。

五年来，我们成功举办了自治区成立60周年大庆、世界草地与草原大会等重大活动，圆满完成了北京奥运会、共和国60华诞的各项保障任务，积极参与上海世博会，在缓解国家煤电紧张、抗击南方雨雪冰冻灾害、汶川玉树抗震救灾中作出了积极贡献。

刚刚过去的2010年，面对复杂多变的宏观形势，我们深入贯彻落实科学发展观，把工作的着力点放在转方式、提质量、惠民生、促和谐上，经济社会保持了又好又快的发展态势。全区生产总值增长14.9%，跨过万亿元门槛。农牧业喜获丰收，粮食产量达到431.6亿斤，再创历史新高。规模以上工业增加值增长19%，实现利润增长60%以上。地方财政总收入增长26.2%，其中一般预算收入突破千亿元，达到1070亿元，增长25.8%，财政收入结构进一步改善。全社会固定资产投资完成8972.1亿元，增长19.1%；社会消费品零售总额达到3337亿元，增长19%。全区投入近千亿元用于保障和改善民生，为群众办了“十件实事”、实施了“十项民生工程”，出台了促进牧民增收、提高低收入群体保障标准等一系列政策措施，城镇新增就业24.7万人，城镇居民人均可支配收入和农牧民人均纯收入分别增长11.7%和12%。加快建设以呼包鄂为核心的西部经济区，打造沿黄沿线经济带，积极推动东部盟市融入东北、华北加快发展，确定鄂尔多斯市对口支援兴安盟、京蒙对口帮扶重点调整为赤峰市和乌兰察布市，区域协调发展呈现新格局。统筹抓好发展和稳定两件大事，深入开展社会矛盾化解工作，促进民族团结和社会稳定，营造了良好的社会环境。经过一年的努力，我们胜利完成了自治区十一届人大三次会议确定的主要任务，为“十一五”划上了圆满句号。

经过五年的实践，我们在科学发展观的指引下，进一步加深了对现代化建设规律的认识和把握，积累了许多宝贵的经验。我们更加深刻地体会到，实现经济社会又好又快发展，必须始终立足自治区欠发达的基本区情，牢牢抓住发展这个第一要务，不断创新发展理念，完善发展思路，探索一条具有内蒙古特色的科学发展新路子；必须抓住和用好战略机遇，更加自觉地将内蒙古置于全国发展大局中，充分利用各种有利条件，发挥比较优势，创造性开展工作；必须加快推进经济结构战略性调整和科技创新，切实转变经济发展方式，不断提高经济发展的质量和效益；必须全面推进新型工业化、城镇化和农牧业现代化，正确处理改革发展稳定各方面关系，统筹经济社会、城乡、区域及人与自然协调发展，稳步提高可持续发展能力；必须坚持改革开放，努力形成科学发展的体制机制，全面推进对内对外开放，优化资源配置，促进要素集聚，不断提高自我发展能力；必须坚持以人为本，在促进经济又好又快发展的同时，着力保障和改善民生，始终做到发展为了人民、发展依靠人民、发展成果由人民共享；必须倍加珍惜民族团结、社会和谐的大好局面，始终坚持各民族共同团结奋斗、共同繁荣发展，为改革开放和现代化建设创造和谐稳定的社会环境。

各位代表，“十一五”时期是我区综合实力提升最快、城乡面貌变化最大、社会建设成就最好、人民群众得到实惠最多的时期之一。我们在全面建设小康社会的道路上迈出了重要步伐，为“十二五”时期经济社会又好又快发展奠定了更加坚实的基础。这些成绩的取得，是党中央、国务院和自治区党委正确领导的结果，是自治区人大、政协有效监督和大力支持的结果，是全区各族人民共同团结奋斗的结果，也是各方面关心、帮助的结果。在此，我代表自治区人民政府，向全区各族人民，向所有为自治区建设和发展作出贡献的同志们，向关心和支持内蒙古工作的朋友们，表示衷心的感谢和崇高的敬意！

在看到成绩的同时，我们也清醒地认识到，我区欠发达的基本区情没有根本改变，发展不足仍然是我们面临的主要矛盾，经济社会发展中还存在着不少困难和问题，主要表现在：一是产业发展不充分，农牧业基础薄弱，工业化整体水平不高，服务业发展不足。二是产业结构不合理，经济增长对资源的依赖偏重，非资源型产业、非公有制经济和中小企业发展滞后，科技创新能力不强，“原字号”产品比重大，产业竞争力和抗风险能力较弱。三是生产力布局比较分散，区域性中心城市的辐射带动力不强，城乡、区域发展不平衡，经济社会发展不够协调，社会事业发展相对滞后。四是城乡居民收入增长相对缓慢，就业总量压力和结构性矛盾并存，基本公共服务水平有待进一步提高。五是生态环境脆弱，水资源供需矛盾突出，基础设施瓶颈制约严重。六是促进科学发展的体制机制有待进一步完善，对外开放水平需要进一步提高。此外，政府职能转变还不能适应经济社会发展要求，形式主义、官僚主义比较严重，奢侈浪费、贪污腐败现象不同程度存在。对于这些问题，我们一定要增强忧患意识和责任意识，采取有力措施，认真加以解决。

二、“十二五”时期经济社会发展的主要任务

“十二五”时期是我区加快推进富民强区进程、全面建设小康社会的关键时期，是深化改革开放、加快转变经济发展方式的攻坚时期。根据党的十七届五中全会和自治区党委《关于制定国民经济和社会发展第十二个五年规划的建议》精神，“十二五”时期我区经济社会发展的总体要求是：高举中国特色社会主义伟大旗帜，以邓小平理论和“三个代表”重要思想为指导，深入贯彻落实科学发展观，以科学发展为主题，以加快转变经济发展方式为主线，坚持走富民强区之路，推进经济结构战略性调整，提高科技创新能力，着力保障和改善民生，建设资源节约型和环境友好型社会，深化改革开放，加快工业化、城镇化和农牧业现代化进程，促进经济长期平稳较快发展和社会和谐稳定，为全面建成小康社会奠定坚实基础。经济社会的主要发展目标是：地区生产总值年均增长12%以上，地方财政总收入年均增长15%，全社会固定资产投资年均增长15%，社会消费品零售总额年均增长18%，城镇居民人均可支配收入和农牧民人均纯收入年均增长12%，城镇化率达到60%，城镇新增就业人数平均每年超过25万人，城镇登记失业率控制在4.2%以内，总人口控制在2520万人以内，单位地区生产总值能源消耗降低15%，单位工业增加值用水量下降10%，各项减排指标达到国家要求。经过全区各族人民共同努力奋斗，使我区综合经济实力显著增强，经济发展方式转变取得实质性进展，城乡居民收入和基本公共服务达到全国平均水平，社会事业发展水平全面提升，城乡各族人民生活更加美好，全面建设小康社会的基础更加牢固。

实现上述目标，全面落实“十二五”规划确定的各项任务，必须突出科学发展这一主题，把握转变发展方式这一主线，切实做到在发展中促转变，在转变中谋发展。一是坚持加快发展。从我区欠发达的基本区情出发，牢牢抓住并用好重要战略机遇期，始终坚持发展这个第一要务不动摇，把发展作为解决我区所有问题的关键，紧紧围绕保持经济平稳较快发展的要求，努力促进经济发展得更快一些、更好一些，更加注重以人为本，更加注重全面协调可持续发展，更加注重统筹兼顾，更加注重保障和改善民生。二是坚持转变方式。把经济结构战略性调整作为主攻方向，把保障和改善民生作为根本出发点和落脚点，把科技进步和创新作为重要支撑，把建设资源节约型、环境友好型社会作为重要着力点，把改革开放作为强大动力，努力把加快转变经济发展方式的要求贯穿于经济社会发展全过程和各领域。三是坚持富民强区。在发展的目标取向上突出富民优先，把促进就业摆在经济社会发展的优先位置，加快发展各项社会事业，推进基本公共服务均等化，加大收入分配调节力度，落实好保障和改善民生的各项政策措施，使人民群众更多地享受改革发展成果，努力构建和谐内蒙古。为此，我们要认真做好以下工作。

（一）坚持发展第一要务不动摇，继续保持经济平稳较快发展。以国家实施扩大内需战略为动力，充分挖掘内需潜力，加快形成投资、消费、出口协调拉动经济增长的新局面。发挥投资对经济的拉动作用。继续保持投资的足够强度和适度规模，优化投资结构，加大政府对民生和社会事业、基础设施、科技创新、生态环保等领域和发展相对滞后地区的投资力度。抓好项目储备和建设管理，提高投资质量和效益。确立企业和社会的投资主体地位，放宽市场准入，支持民间资本进入基础产业、基础设施、市政公用事业、社会事业和金融服务等领域。努力促进消费需求增长。把扩大消费作为扩大内需的战略重点，着力提高城乡居民的消费能力和水平，进一步释放消费潜力。逐步完善基本公共服务体系，合理控制物价总水平，形成良好的消费预期。发展新型消费业态，拓展新兴服务消费，改善消费环境，促进消费结构升级。合理引导消费行为，发展节能环保型消费品，倡导文明、节约、绿色、低碳消费模式。积极扩大出口。大力实施出口市场多元化战略，巩固传统出口市场，开拓新兴市场，优化出口产品结构，加快出口加工区、保税区和出口商品物流园区建设，保持出口较快增长，逐步增强出口对经济增长的拉动能力。

（二）加快转变经济发展方式，全面提升综合经济实力和水平。把调整经济结构作为转变发展方式的主攻方向，大力加强产业建设，促进区域、城乡协调发展，增强发展保障能力，不断提高发展的质量和效益。着力推进产业结构优化升级。大力发展现代农牧业，加快转变农牧业发展方式，调整优化结构，推进产业化经营，提高综合生产能力。粮食产量达到450亿斤以上，牲畜存栏稳定在1亿头（只）左右。完善惠农惠牧政策和农牧业补贴机制，不断增加“三农三牧”投入。稳定和完善土地、草牧场承包经营制度，积极发展多种形式的适度规模经营。进一步提高工业化水平，努力构建多元发展、多极支撑的现代产业体系。着眼于把我区建设成为国家重要的能源（新能源）、新型煤化工、冶金和绿色农畜产品生产加工基地，坚持在增量中调整结构、在转型中优化升级，巩固提升能源、农畜产品加工等传统优势产业，发展壮大新型煤化工、冶金建材和稀土产业，大力支持装备制造等非资源型产业发展，积极培育新能源、新材料、生物制药等战略性新兴产业，构建结构优化、技术先进、清洁安全、附加值高、吸纳就业能力强的现代产业体系。大力发展现代物流、金融保险等生产性服务业，加快发展旅游、家庭服务等生活性服务业，努力提高服务业的比重和水平。积极促进区域协调发展。加快沿黄河、沿交通干线经济带建设，统筹基础设施、产业布局和资源配置，推动产业集中集聚集约发展，打造以呼包鄂为核心的西部经济区。加大对东部盟市的支持力度，推动其在融入周边发展、加强盟市合作中构筑发展新优势。扶持困难地区加快发展，加大对口支援、对口帮扶和扶贫开发力度。统筹推进城乡发展。坚持统筹规划，积极构建布局合理、多中心带动的城镇化格局，着力加强区域中心城市和县城两级城镇体系建设。推进呼包鄂城市一体化进程，大力培育以呼包鄂为核心的西部城市群。集中力量加快盟市所在地城区建设，打造区域中心城市，积极发展以县城为重点的中小城市。搞好城镇体系规划和城市总体规划，统筹推进工业园区与城镇建设，实现工业化与城镇化互动发展。建立以工促农、以城带乡长效机制，推动城镇基础设施向农村牧区延伸，促进城市公共服务向农村牧区覆盖，加快农牧民向城镇转移步伐，稳步推进社会主义新农村新牧区建设。加强保障能力建设。坚持适度超前原则，突出重点，统筹规划，集约布局，加快综合交通运输体系、水利基础设施、能源输送通道和信息基础设施建设，着力解决基础设施瓶颈制约问题，基本形成适应经济社会发展需要的现代基础设施体系。强化资源保障和综合利用。通过制度规范、监管约束和科技创新等方式，切实推进能源、材料和水资源的节约利用。严格土地资源管理，节约集约利用土地。加强矿产资源勘查和管理，提高有序开发和综合利用水平，增强对发展的支撑和保障能力。加大生态环境保护力度。以构筑我国北方重要生态屏障为目标，加快建立生态保护和建设的长效机制，坚持点上开发、面上保护，继续组织实施各类重点生态工程，建设我国北方最大的森林生态功能区，森林覆盖率提高到22%。以解决饮用水源、空气和土壤污染等损害群众健康的突出环境问题为重点，进一步加大环境保护力度。加快资源循环利用产业发展，建设循环经济园区，推广循环利用技术，构建循环型农牧业体系和循环型城市与社区。积极应对气候变化，加快培育以低碳排放为特征的工业、建筑和交通体系。增加森林和草原碳汇，建立固碳标准体系，探索开展碳汇交易。加强防灾减灾体系建设。

（三）坚持富民与强区并重，切实保障和改善民生。以满足人民群众不断增长的物质文化需求为目标，切实加大民生工作力度，推进基本公共服务均等化。千方百计提高城乡居民收入。把增加城乡居民收入作为改善民生的首要任务，进一步拓宽增收渠道，加快分配制度改革，不断增加低收入者收入，扩大中等收入群体，努力实现城乡居民收入增长和经济发展同步。实施更加积极的就业政策，多渠道开发就业岗位，推动以创业带动就业。加快推进覆盖城乡居民的社会保障体系建设，在扩大覆盖范围、提高保障水平和统筹层次等方面迈出更大步伐。促进社会事业发展。优先发展教育事业。认真贯彻落实国家有关政策措施，进一步加大教育投入。深化教育教学改革，促进教育公平，提高教育质量，推动各级各类教育协调发展。加快医疗卫生事业改革发展，强化公共卫生服务体系建设，健全覆盖城乡居民的基本医疗卫生服务体系，支持蒙中医药事业发展。以建设民族文化强区为目标，加强社会主义精神文明建设，进一步健全公共文化服务体系，全面提升文化产业的竞争力和影响力，努力将文化产业培育成为国民经济新的增长点。统筹人口工作，提高出生人口素质。推进老龄事业发展，保障妇女儿童合法权益，健全残疾人服务体系。

（四）深入推进改革和科技创新，构建全方位开放格局。加快建立保障科学发展的体制机制，大力推动科技进步与创新，实施更加积极主动的开放战略，为经济社会发展提供不竭动力。进一步深化改革。毫不动摇地巩固和发展公有制经济，毫不动摇地鼓励、支持和引导非公有制经济健康发展。进一步深化国有企业改革，深入推进行政管理体制和财税金融体制改革，加快资源性产品价格和资源配置方式改革，深化农村牧区综合改革和统筹城乡综合配套改革，稳步推进教育、科技、文化、卫生、体育等事业单位分类改革。提高科技创新能力。加大科技投入，完善科技管理体制和运行机制，营造有利于自主创新的政策环境。大力推进原始创新、集成创新和引进消化吸收再创新，实施重大产业技术开发专项工程，加大对非资源型产业研发项目孵化的扶持力度，强化企业创新主体地位，加快创新平台建设。认真抓好自治区中长期人才发展规划纲要的贯彻落实，继续推进和完善人才储备制度，组织实施好“草原英才”工程和人文社会科学英才培养工程，统筹推进各类人才队伍建设。全方位扩大对内对外开放。全面融入国家发展大局，把扩大开放与区域协调发展结合起来，把“引资”与“引智”结合起来，在引进战略投资、对接基础设施、承接产业转移、引进技术和管理等方面实现更大突破。坚持“引进来”与“走出去”相结合，进一步加强与俄蒙的合作交流，更大范围开拓国际市场，扩大利用外资规模，加强科技文化交流，努力把我区对外开放提高到一个新水平。

（五）全力维护社会稳定，扎实推进和谐内蒙古建设。以建设和谐内蒙古为目标，进一步创新社会管理，加强社会矛盾化解，深入推进平安创建活动，更加扎实有效地维护社会稳定。加强社会管理能力建设，加快建立政府管理与社会调节互联互动的社会管理新模式，引导社会组织健康发展。建立健全社会矛盾排查化解长效机制，有效预防和妥善处置群体性事件和突发公共事件。提高公共安全保障水平，加强安全生产，健全对自然灾害、事故灾难、公共卫生事件、食品安全、社会安全事件的预防预警和应急处置体系。完善社会治安防控体系，加强基层基础建设和重点地区社会治安综合治理，依法严厉打击敌对势力和各种犯罪活动，营造安全的社会环境。全面贯彻党的民族和宗教政策，巩固和发展平等、团结、互助、和谐的社会主义新型民族关系，促进各民族共同团结奋斗、共同繁荣发展。支持国防、边防和军队建设，巩固军政军民团结，筑牢祖国北疆安全稳定屏障。

三、2011 年经济社会发展的主要任务

2011 年是“十二五”开局之年，我们将迎来中国共产党成立 90 周年，做好今年的工作具有十分重要的意义。今年经济社会发展的主要预期目标是：地区生产总值增长 13%，地方财政总收入增长 17%，城镇居民人均可支配收入和农牧民人均纯收入增长 12%，城镇登记失业率控制在 4.2% 以内，居民消费价格指数涨幅控制在 4% 左右，节能节水减排指标完成国家下达的任务。实现上述目标，要重点做好以下工作。

（一）贯彻落实国家扩大内需的政策措施，保持经济平稳较快发展

保持投资、消费持续较快增长。多渠道筹集建设资金。按照国家产业政策导向，扎实做好项目筛选和申报工作，积极争取中央资金投入。推动银企合作，全力争取金融信贷资金。认真落实国务院新“36 条”，下放审批权限，降低准入门槛，进一步激活民间投资。加大开放引资力度，扩大与各省区市特别是周边地区的经济技术协作。加强与中央大企业的合作，积极争取央企扩大投资。努力扩大消费需求。增加城乡居民收入，完善社会保障体系，改善居民消费预期，增强消费能力。落实鼓励消费的政策，优化消费环境，健全市场体系和信用体系，积极发展文化消费、信用消费、网络消费等多种消费形式，不断培育新的消费热点。

加快推进项目建设。组织实施自治区重点工业项目 300 项，全年工业固定资产投资力争达到 5100 亿元。加快 14 个高速出口通道建设，建成赤峰至平庄、通辽至双辽等 4 条高速公路，加快旗县通一级公路建设，启动实施嘎查村通沥青水泥路工程，确保完成公路建设投资 450 亿元。开工建设呼和浩特至张家口、赤峰和通辽至京沈客专等 19 个重点铁路项目，新开工里程 3100 公里。开工建设阿拉善通勤机场。加快推进锡盟至南京、蒙西至潍坊、乌兰察布至南昌等电力外送通道项目前期工作，加强区内 500 千伏主网架和 220 千伏电网建设。积极推进海勃湾水利枢纽等在建项目，力争开

工尼尔基、绰勒下游灌区项目，做好扎罗木德水库、锡林郭勒供水工程等项目前期工作。切实抓好农牧业、服务业、节能环保、城市建设和民生领域的项目。根据产业结构调整需要，重点储备一批新能源、新材料、先进装备制造和生物技术等战略性新兴产业项目。

（二）做好"三农三牧"工作，不断强化农牧业基础地位

提高农牧业综合生产能力。抓好粮食生产，确保农作物总播面积和粮食播种面积稳定在1亿亩和8000万亩以上，全面实施百亿斤粮食增产工程。调整优化农牧业结构，加快规模化、标准化生产基地建设。大力发展设施农牧业和避灾型农牧业，力争新增设施蔬菜和设施马铃薯面积各30万亩。通过增加投入等措施，加快建设"菜篮子"基地，提高蔬菜自给水平，充分发挥其对平抑市场物价的积极作用。推进畜牧业生产方式转变，在草原牧区大力推进联户家庭牧场和现代化家庭牧场建设，加快农区半农区标准化圈舍建设，提高规模化、标准化养殖水平。鼓励中小企业以"公司+农户"的形式参与农牧业开发经营。继续组织实施肉牛、奶牛、肉羊高产创建工程。加强质量监管和重大疫情防控，确保农畜产品质量安全。

加强以水利为重点的农牧业基础建设。进一步提高固定资产投资用于农村牧区基础设施建设的总量和比重，土地出让收益重点向农牧业开发和农村牧区基础设施倾斜，积极引导社会资金投向农牧业和农村牧区。突出抓好水利基础设施建设，推进中小河流和大江大河重要支流治理，完成中小病险水库除险加固任务，进一步提高水旱灾害的综合防御能力。实施"四个千万亩"节水灌溉工程，全面推进大型灌区续建配套和节水改造，新增节水灌溉面积300万亩。加强以灌溉饲草料基地为重点的牧区水利建设。继续推进农村牧区安全饮水工程，确保实现100万人安全饮水目标。

深化农村牧区各项改革。完善土地承包经营制度，健全土地流转市场，发展多种形式的适度规模经营。推进草原基本经营制度改革，扩大草原承包经营规范化试点。积极推进农村牧区综合改革，完善村级公益事业投入机制，促进公益性乡村债务清理化解。深化以公益林为重点的集体林权制度改革，公益林确权率力争达到80%以上。稳步推进国有林场改革。

完善惠农惠牧政策。加大"三农三牧"投入，财政支出用于农村牧区的总量、增量、增幅都要有所提高。完善农牧业补贴机制，形成适合农区、牧区、林区特点的农牧业补贴政策。落实好国家和自治区草原生态奖补等各项惠农惠牧政策，加快生态环境恶劣地区农牧民转移步伐，提高农牧民转移就业的组织化程度，组织实施好东部富余劳动力到西部就业工作。统筹用好各项惠农惠牧资金，促进农牧民增收目标的实现。

（三）大力推进经济结构调整，构建多元发展、多极支撑的现代产业体系

提高资源型产业发展水平。加快大型煤炭基地建设，提高产业集中度和现代化开采水平。加强电网建设，扩大电力外送规模。优化电力结构，继续推进东西部两个千万千瓦风电基地和百万千瓦光伏产业基地建设，全年新开工风电规模350万千瓦，太阳能发电12万千瓦。加快推进新型煤化工国家示范工程和自治区重点煤化工项目建设，争取开工中天合创300万吨二甲醚和上海庙100万吨乙二醇等重大项目。抓好化工、冶金等领域的延伸加工，大力培育、引进、集聚加工企业，开发精细化工产品和高附加值的钢铁、有色深加工产品，推进产业向高端化、新型化发展。稳步发展农畜产品加工业，依托龙头企业和知名品牌，扩大乳、绒加工业在高端市场的份额。以提高质量、打造品牌为重点，做大做强肉、薯、粮油加工业。

大力发展非资源型产业。充分发挥资源配置政策的导向作用，吸引先进装备制造、高新技术产业项目落地，带动非资源型产业快速发展。加快发展工程机械、运输机械、电子信息、生物制药、光伏产业及其配套产业。促进稀土产业健康发展，加快包头稀土交易中心建设。支持北奔、华泰等企业扩大产能，推进汽车整车制造及发动机、变速箱等配件生产。加强大型风电设备生产基地建设，提高零部件本地配套率。抓住国内外产业转移提速的机遇，加大招商引资力度，对接产业转移项目。科学制定园区产业规划，认真研究财税、金融、土地和资源配置支持政策，加快建设一批承接产业转移示范园区，重点培育60个销售收入超百亿元的产业集群。

努力促进中小企业发展。认真落实扶持中小企业政策，扎实开展"促进中小企业政策落实年"活动，全力实施中小企业成长工程。加快建设公共服务平台，进一步完善中小企业服务体系。以承接产业转移为重点，以推进"双百工程"为引擎，促进中小企业集聚集约发展。大力培育和发展具有地区优势和较高产业关联度的中小企业，充分发挥其在调整结构、促进就业和提高城乡居民收入中的重要作用。增加中小企业信用担保和风险补偿等专项资金投入，健全金融服务体系，解决中小企业融资难问题。

加快发展服务业。大力发展生产性服务业，特别是现代物流、金融保险、设计咨询等产业，促进工业生产向研发设计和品牌营销两端延伸，提升产业发展水平。加快建设煤炭、聚氯乙烯、农畜产品物流配送交易中心和大型专业化物流园区。积极引进区外金融机构和外资金融机构，支持内蒙古银行等地方金融企业做大做强。加快发展旅游、房地产、文化产业等生活性服务业。推进旅游与文化融合，提升旅游文化品位，打造精品旅游线路和旅游景区，延伸旅游产业链。以发展普通商品住房和保障性住房为重点，促进房地产业健康发展。加强文化产业项目建设，规划建设一批文化产业示范基地和园区，大力发展新兴文化业态，培育一批大型文化企业，不断增强文化产业的实力。

（四）加大节能减排和生态保护力度，推进"两型"社会建设

全力抓好节能减排。继续实施重点节能工程，加快推行合同能源管理等节能制度，做好节能环保新技术、新产品推广应用。大力发展循环经济，抓好循环经济示范工程和示范点建设。继续做好关闭落后小企业工作，加大电石、铁合金等落后产能淘汰力度。积极探索碳汇核算、交易途径，发展碳汇经济。加强环境保护。继续推进主要污染物总量减排和环境综合整治工作，加快城镇污水、垃圾处理设施和集中供热工程建设，推广使用清洁能源。加强燃煤电厂脱硫脱硝，做好主要城市、重点流域、重金属和农村牧区污染防治工作。

促进资源合理开发利用。加快建立合理的资源开发利益分配机制和生态补偿机制，妥善解决资源开发过程中的环境保护问题。加强稀土矿产开发监管，促进稀土资源合理利用。积极争取国家支持，加快推进资源型城市经济转型。加大煤田灭火力度，确保完成全年火区治理任务。坚持节约集约利用土地，严格保护耕地，统筹安排各类用地。加强湖泊、河流等水资源保护利用，积极推进水权置换，提高水资源利用率。

加强生态保护和建设。坚持自然修复与工程措施相结合，促进生态环境的持续恢复。认真实施国家草原生态保护政策，落实草畜平衡、禁牧休牧轮牧和基本草原保护制度，继续抓好退耕还林、退牧还草和京津风沙源治理等生态重点工程建设，争取启动实施黄土高原综合治理工程、沙漠沙地专项保护治理工程和乌梁素海重点湿地保护与治理工程，力争完成林业生态建设面积 1000 万亩，退牧还草 3000 万亩，治理水土流失面积 650 万亩。大力发展林、沙、草产业，加强林地、湿地和野生动植物保护。

（五）加快推进城镇化，促进区域协调发展

坚持走多极发展、多中心带动的城镇化路子。科学编制和严格落实城镇体系规划，有序推进区域中心城市和县城两级城镇体系建设。强化城市基础设施建设，完善城市功能，推动城镇化率和城镇化水平同步提高。突出抓好区域中心城市发展，进一步做大盟市所在地城市规模，提高城市综合承载能力和辐射带动能力。大力发展县域经济，因地制宜地发展特色产业，搞好与大中城市、工业园区配套衔接。进一步完善有序转移农牧业人口的政策措施，有计划、有步骤地解决农民工在城镇就业和生活问题，逐步实现在劳动报酬、子女入学、社会保障等方面的同等待遇。继续做好鄂尔多斯统筹城乡综合改革试点工作。

统筹区域协调发展。加快编制呼包鄂一体化发展规划，促进交通、通讯和金融等方面的融合，着力打造以呼包鄂为核心的西部经济区。推动东部盟市融入东北三省、京津冀等周边地区发展，加快基础设施和产业对接，加大盟市间合作力度，增强自主发展能力。加大财政转移支付力度，逐步缩小区域间在公共服务等方面的差距。进一步加强对贫困地区的扶持，组织实施好京蒙对口帮扶和鄂尔多斯市支援兴安盟工作。深入推进“兴边富民行动”，继续实施整村推进和集中连片攻坚，启动实施新一轮扶贫移民示范点建设。

（六）深化改革、扩大开放，增强发展的动力和活力

继续深化各项改革。推进资源型产品价格改革，居民生活实行阶梯式电价和水价制度。加快环保收费改革，完善污水处理收费管理制度，探索建立排污权有偿使用和交易制度。按照国家统一部署，推进资源税改革，实现煤炭、天然气、原油等资源税由从量计征改为从价计征。完善国有资产监管体系，促进国有资产保值增值。鼓励、扶持和引导非公有制经济健康发展，努力实现平等准入、公平待遇。加快推行事业单位分类改革、绩效工资制度改革，进一步深化以岗位管理制度和聘用制为重点的事业单位人事制度改革，规范发展社会组织。推进非基本公共服务市场化改革，积极引进社会资本，增强社会服务供给能力。

深化文化体制改革，基本完成经营性文化事业单位转企改制和文化产业集团组建任务。继续深化医药卫生体制改革，着力抓好基本药物制度建设和公立医院改革试点工作。

努力提高开放水平。继续推动区域合作，加快落实与北京、湖北等省市及东北地区合作框架协议，拓展与天津、浙江等省的战略合作。加快推进园区共建，抓好东部盟市承接东北地区装备制造产业园等重点产业园区建设，做好曹妃甸建设出海港口和临港工业区的前期工作，积极争取与辽宁协作建设绥中出海港口。加强与俄罗斯、蒙古国的经贸合作，支持有实力的企业参与境外资源开发，扩大战略性资源进口规模。推进满洲里、二连浩特国家重点开发开放试验区和保税物流中心建设。

（七）保障和改善民生，促进社会和谐进步

多渠道增加居民收入。今年将城乡居民收入增长指标确定为 12%，接近经济增长预期目标，目的是把改善民生落实到真金白银上，体现在人民群众生活水平的提高上。要继续抓好“十项民生工程”和“十件实事”，不断丰富内容，提升民生工作整体水平。要把促进就业作为经济社会发展的优先目标和提高城乡居民收入的基本立足点，全年城镇新增就业 25 万人。大力发展劳动密集型产业、服务业、中小企业和民营经济，多渠道开发就业岗位。落实促进就业的优惠政策，鼓励支持自主创业，以创业带动就业。完善城乡就业服务体系，积极推进城乡统一的人力资源市场建设，加强就业服务指导。强化职业技能培训，重点建设一批具有示范带动作用的职业技能实训基地。进一步提高企业工资平均指导线，完善工资集体协商和保证金等制度。制定针对个体工商户的税费优惠政策，通过让利于民促进增收。研究出台新的增加机关事业单位津补贴措施。完善社会保障体系。进一步加大自治区本级财政的社会保障补助资金投入。继续扩大新型农村牧区社会养老保险试点范围，健全企业退休人员养老金、城乡居民低保标准正常调整机制。完善城乡医疗保障制度，进一步扩大保障覆盖面，提高保障标准，基本实现城镇基本医疗保险盟市统筹。加大保障性安居工程建设力度，优先保证用地供应，多渠道增加保障性住房资金投入，鼓励

社会资金参与公共租赁住房建设和运营。按照国家统一部署，建设保障性住房40.52万套。加强物价管理，落实好中央和自治区稳定物价政策，逐步建立社会救助和保障标准与物价上涨挂钩的联动机制，确保低收入群众生活水平不因物价上涨而降低。认真做好扶贫济困和救灾工作。

推进教育改革发展。全面落实《国家中长期教育改革发展规划纲要》，推进公共教育资源合理配置。全部免除用蒙（朝）语授课的高中学生、中等职业教育学生的学费和教科书费，免除普通高中家庭经济困难学生的学费和教科书费，三年内全部实现高中免费教育。启动实施农村牧区学前教育试点工程，全面完成中小学校舍安全工程一期建设任务。支持民办教育发展。推进中等职业教育基础能力建设，切实加强农村牧区富余劳动力职业教育，加快建立比较完善的实用技能培训体系。认真落实加快民族教育发展政策，大力推进少数民族地区"双语"教学，不断提升民族教育水平。优化高等教育结构，积极化解高校债务，进一步提高高等教育质量。

加快发展医疗卫生事业。认真落实国家基本药物制度，完善试点政策。积极推进基层卫生体系建设，完善三级卫生服务网络功能。全面完成82个旗县级医院标准化建设，完成186所苏木乡镇卫生院和236个社区卫生服务中心的新改扩建任务。加强新型农村牧区合作医疗制度建设，进一步扩大覆盖面，推行异地参合就医。大力发展蒙中医药事业。稳定低生育水平，提高人口素质。

繁荣发展文化事业。加快推进广播电视村村通、文化资源共享、苏木乡镇综合文化站和基层文化阵地建设、农村牧区电影放映及草原书屋等五大公共文化服务工程建设，实施内蒙古文化艺术长廊建设计划，推动文化服务向基层延伸。加强文物和非物质文化遗产保护，继续实施国家自然文化遗产地、历史文化名城名镇名村、抢救性文物保护和重点旅游景区建设工程。大力发展新闻出版事业，做强做优民族出版产业。加强广播影视工作，繁荣哲学社会科学，推进文学艺术精品创作。大力发展群众体育事业，提高竞技体育水平。

全力维护社会稳定。注重从源头上预防和化解社会矛盾，建立和完善重大事项社会稳定风险评估机制。健全信访工作综合协调机制，进一步加大积案化解力度，积极预防和妥善处置群体性事件和突发事件。切实加强安全生产管理，认真落实安全生产"一岗双责"责任制和企业安全生产主体责任，坚决遏制重特大安全事故。加强产品质量安全监管，确保食品、药品安全。加强社会治安综合治理，健全社会治安防控体系，严厉打击各类违法犯罪活动，深入推进平安内蒙古建设。积极支持驻区部队和武警部队建设，做好军队转业干部、复员退伍军人安置工作。

（八）加强精神文明和民主法治建设，提高政府行政效能

深化社会主义核心价值体系建设，坚持正确导向，唱响主旋律，提高舆论引导能力。广泛开展群众性精神文明创建活动，提升公民文明素质和社会文明程度。全面贯彻落实党的民族政策，巩固和发展民族团结的大好局面。依法管理宗教事务，积极引导宗教与社会主义社会相适应。认真落实人大及其常委会各项决议决定，坚持向人大及其常委会报告工作，自觉接受监督。认真接受人民政协民主监督，主动听取各民主党派、工商联、无党派人士和各人民团体的意见和建议。完善基层民主管理制度，加大社区建设和管理力度。

积极推进政府自身建设。全面推进依法行政，严格按照法定权限和程序行使权力、履行职责，规范行政行为。深化行政审批制度改革，集中清理审批事项，今年自治区权限内的审批事项和行政事业性收费各减少三分之一以上。继续深化政务公开，畅通群众的知情、参与、表达和监督渠道。切实加强政务服务，构建面向基层、面向群众高效便捷的政务服务体系。大力加强政风建设，大兴勤俭节约、艰苦奋斗之风，严格控制一般性支出。各级党政机关出国经费、车辆购置及运行费、公务接待费等支出保持零增长；大力压缩会议、文件等支出，切实降低行政成本。进一步加强廉政建设，严格执行党风廉政建设责任制和领导干部廉洁从政准则，强化行政监察和审计监督，严格责任追究和行政问责，加大反腐倡廉力度，形成风清气正的良好氛围。

各位代表，做好今年的工作，任务艰巨繁重，责任重大光荣。让我们紧密团结在以胡锦涛同志为总书记的党中央周围，坚持以邓小平理论和"三个代表"重要思想为指导，深入贯彻落实科学发展观，锐意进取、扎实工作，努力完成经济社会发展各项目标任务，以优异的成绩迎接建党90周年。

关于内蒙古自治区2010年国民经济和社会发展计划执行情况与2011年国民经济和社会发展计划草案的报告

Report on the National Economic and Social Development for 2010 and the Draft Plan for 2011 in Inner Mongolia

——在内蒙古自治区第十一届人民代表大会第四次会议上

内蒙古自治区发展和改革委员会

受自治区人民政府委托,向大会提出2010年国民经济和社会发展计划执行情况与2011年国民经济和社会发展计划草案,请予审议,并请自治区政协委员和列席会议的同志们提出意见。

一、2010年国民经济和社会发展计划执行情况

过去的一年,在自治区党委的正确领导下,全区各地坚持科学发展,认真贯彻落实国家宏观调控的各项政策措施,经济社会总体实现又好又快发展,调结构、促转变、惠民生取得明显成效。

(一)经济增长逐步回稳。前三季度全区经济增长呈现逐季下降趋势,但降幅逐渐收窄,第四季度以来开始稳步回升,初步统计,全年实现生产总值11655亿元,增长14.9%。从生产方面看,第一产业增加值1101.4亿元,增长5.8%;第二产业增加值6365.8亿元,增长18.2%,其中规模以上工业增加值4855亿元,增长19%;第三产业增加值4187.8亿元,增长12.1%。从需求方面看,全社会固定资产投资完成8972.1亿元,增长19.1%;实现社会消费品零售总额3337亿元,增长19%。

(二)经济结构逐步优化。从产业结构看,着力构建多元发展、多极支撑的现代产业体系初见成效。一是农牧业生产获得丰收。粮食播种面积进一步扩大,全区粮食播种8248万亩,增加112万亩,全年粮食产量431.6亿斤,增长8.9%。畜产品产量稳定增长,全年肉类产量245万吨,牛奶产量905万吨。二是工业结构进一步优化。煤炭、电力等传统产业较快增长。煤炭产量达到7.9亿吨,增长26.3%;发电量2483.9亿千瓦小时,增长13.1%。新能源、装备制造、现代煤化工等新兴产业快速成长。累计新增风电装机480万千瓦,达到1000万千瓦;风力发电199.2亿千瓦小时,增长73.2%;载货汽车4.2万辆,增长67.6%。新型煤化工示范工程加快推进,已形成煤制油产能140万吨、煤制乙二醇20万吨、煤制烯烃106万吨。三是服务业平稳较快发展。交通运输业快速增长,全年铁路货运量6.1亿吨,增长17.1%;公路货运量8.5亿吨,增长20.2%。城乡消费品市场繁荣活跃,城镇和农村社会消费品零售总额分别增长19.7%和13.9%。社会事业与公共服务业稳定增长,社会事业与公共服务支出增长22%。四是节能减排取得积极进展。主要污染物减排于上半年提前完成"十一五"规划目标,预计全年单位生产总值能耗下降4%左右。

从区域结构看,统筹区域协调发展力度加大。一是西部地区产业布局调整深入推进。制定了《以呼包鄂为核心沿黄河、沿交通干线经济带重点产业发展规划》,推动西部地区产业布局调整和集约集聚发展。二是东部地区发展加快。出台了《内蒙古自治区人民政府关于进一步落实东北地区等老工业基地振兴战略的实施意见》,推动盟市间加强协作,促进东部盟市积极融入东北等周边地区发展。东部盟市规模以上工业增加值增长24%,高于全区平均5个百分点。三是对口帮扶工作进一步加强。鄂尔多斯市和兴安盟建立了结对关系,制定了对口支援实施方案,重点帮扶项目陆续开工建设。

从城乡结构看,城镇化进程加快推进。区域中心城市和县城两级城镇体系建设得到加强,启动了《呼包鄂城市群规划》、《乌海及周边地区城镇规划》。大力支持首府城市建设,出台了《关于支持和加强呼和浩特市城市规划建设和管理工作的意见》。积极推进农村牧区人口向城镇转移,城镇化率达到55%左右。

(三)经济质量不断提高。企业效益大幅增加。1—11月份规模以上工业企业实现利润1074.3亿元,增长67.1%。煤炭、电力、冶金行业利润大幅增加,三个行业实现利润792.9亿元,占全部利润总额的73.8%。

财政收入结构进一步改善。全年地方财政总收入1738.1亿元,增长26.2%,其中地方财政一般预算收入1070亿元,增长25.8%。各项税收较大幅度增加,地方税收完成752.8亿元,增长30.5%,比财政一般预算收入增长率高4.7个百分点;税收占一般预算收入的比重达到70.4%,较上年提高2.6个百分点。

城乡居民收入稳步增长。全年城镇居民人均可支配收入17698元,增长11.7%。工资性收入提高是带动城镇居民收入增长的主要因素,去年自治区本级和九个盟市提高了机关事业单位人员津补贴水平,人均调资幅度达到576元。农牧民人均纯收入达到5530元,增长12%。促进农牧民收入增长的主要因素:一是农牧业丰收,农畜产品价格上涨,带动农牧民家庭经营收入实现稳定增长。二是国内用工需求增加,外出务工人员增多,同时各地普遍提高最低工资水平和企业工资指导线,带动了工资性收入较快增长。三是提高社会保障标准和各类补贴标准,较大幅度增加了转移性收入。

(四)民生状况明显改善。就业形势稳定。全年城镇累计新增就业24.7万人,城镇登记失业率3.9%。农牧民转移就业246.8万人,其中转移6个月以上的184.9万人。保障性住房建设步伐加快。各类保障性安居工程累计开工38.7万套,开工率106.1%。开工建设廉租住房4.7万套、购改租廉租住房4978套,建设公共租赁住房7157套、经济适用住房5.2万套,实施中央下放煤矿棚户区改造3.6万套、国有林区棚户区(危旧房)改造4.1万套、国有垦区危旧房改造8889套、国有工矿棚户区改造1.3万套,实施城市棚户区拆迁改造13.4万套、农村牧区危房改造4.3万套。社会保障标准大幅提高。企业退休人员养老金人均每月增加177元,城乡居民最低生活保障标准每人每月分别提高35元和19元。五保集中供养和分散供养标准分别提高1504元和753元。农村牧区民生工程得到加强。累计新建农村户用沼气10万户,解决了139.7万人的安全饮水问题和5000户游牧民的定居问题。

(五)社会事业全面进步。教育保障能力进一步增强。全年共安排教育支出328.5亿元,增长34.9%。免除了义务教育阶段中小学寄宿生住宿费,减免了中等职业学校学生相关费用,直属高等院校生均经费提高到4800元。中小学校舍安全工程稳步推进,累计开工面积1659.4万平方米。卫生服务体系建设得到加强。全年共安排建设各类卫生机构项目508个。15岁以下补种乙肝疫苗、白内障复明手术、农村牧区妇女两癌免费检查等重大公共卫生服务项目进展顺利。文化事业繁荣发展。公共文化服务工程稳步推进,重点文化工程项目建设进展顺利,元上都遗址博物馆开工建设。文化产业政银战略合作取得新突破,自治区政府与9家银行签订战略合作协议。

(六)改革开放稳步推进。各项改革不断深化。一是医药卫生体制改革扎实推进。全区912个社区卫生服务中心(站)和苏木乡镇卫生院实现了基本药物零差率销售。在通辽市和鄂尔多斯市的20所公立医院开展了公立医院改革试点工作。二是投资体制改革进度加快。内蒙古科技馆新馆、内蒙古演艺中心、自治区党委政府联合接访中心和内蒙古医院住院楼B座四个代建制试点项目开工建设。三是资源性产品价格改革继续推进。出台了天然气价格调整方案,提高了天然气销售价格。四是国企改革不断深入。自治区人民政府和中国长城资产管理公司共同出资重组内蒙古基本建设咨询投资有限公司。

对外经济合作得到加强。一是对外贸易较大幅度增长。全年完成进出口总额87.2亿美元,增长28.7%,其中出口33.4亿美元,增长44%;进口53.8亿美元,增长20.8%。二是招商引资规模进一步扩大。累计引进国内(区外)资金2739.8亿元,增长23.4%。外商直接投资33.8亿美元,增长13%。三是区域协作取得新进展。与东北三省签署了《东北四省区合作框架协议》和重点合作项目协议,25个重大合作项目中已有14个项目开始实施。京蒙合作进一步深化,签署了《北京市人民政府·内蒙古自治区人民政府区域合作框架协议》,京蒙"十二五"时期对口帮扶合作工作正式启动,北京对口帮扶赤峰市和乌兰察布市。与河北省签署协议,商定在15个领域加强务实合作,河北省同意在曹妃甸分期提供50平方公里土地用于我区出海港口和临港工业区建设。四是"走出去"战略加快推进。新批准设立境外投资企业25家,中方协议投资额5.8亿美元。

在肯定成绩的同时,我们也要充分认识到,我区作为欠发达地区的基本区情还没有得到根本改变,发展不足仍然是经济社会发展中的主要矛盾,特别是当前经济社会发展还面临一些突出的困难和问题:产业结构单一,特别是非资源型产业发展不足,比重较低;经济增长对就业和增收的带动能力不强,就业不够充分,城乡居民收入与全国平均水平仍有一定差距;通道建设滞后,运力明显不足,窝电现象严重,对经济社会发展形成较大制约;物价上涨压力较大,特别是食品价格上涨较快,保障群众生活稳定的任务艰巨。对于这些问题,我们将采取有效措施,逐步加以解决。

二、2011年国民经济和社会发展的主要任务

按照自治区经济工作会议的总体部署,2011年国民经济和社会发展的主要预期目标是:生产总值增长13%,地方财政总收入增长17%,城镇居民人均可支配收入增长12%,农牧民人均纯收入增长12%,城镇登记失业率控制在4.2%以内,居民消费价格指数涨幅控制在4%左右,节能节水减排指标完成国家下达的任务。实现上述目标,关键是要坚持以科学发展观为指导,认真贯彻落实中央和自治区关于今年经济工作的各项部署,更加积极稳妥地处理好保持经济平稳较快发展、调整经济结构、管理通胀预期的关系,加快经济结构战略性调整,稳定价格总水平,切实增强经济发展的协调性、可持续性和内生动力,实现"十二五"良好开局。

(一)促进经济平稳较快发展。继续扩大投资规模,促进消费持续增长,推动经济较快发展

努力扩大固定资产投资规模。一是多渠道筹集建设资金。按照国家确定的重点投资方向和领域,扎实做好项目筛选和申报工作,争取更多的中央资金投入。进一步协调央企和各金融机构,推动各大商业银行总行扩大对中央企业投资项目的直接贷款规模,推进各大商业银行联合系统内区外分行扩大对大型优质项目的银团贷款规模,协调各商业银行按承诺加快信贷资金投放进度。二是加快推进重点项目建设。生态方面,继续抓好京津风沙源治理、退牧还草等生态重点工程建设,争取启动实施黄土高原综合治理工程和沙漠沙地

专项保护治理工程，力争完成造林任务1000万亩、退牧还草3000万亩，治理水土流失面积650万亩。水利方面，争取开工尼尔基、绰勒下游灌区项目，推进扎罗木德水库、扎敦水库、锡林郭勒供水工程前期工作。铁路方面，新开工建设呼和浩特至张家口客专、赤峰和通辽至京沈客专、额济纳至哈密等19个重点项目，新开工铁路里程3100公里。公路方面，新开工建设通辽至好力堡、京新高速呼和浩特至集宁至韩家营段等高速公路，新开工里程306公里。电网方面，加快推进锡盟至江苏、蒙西至长沙、蒙西至潍坊、乌兰察布至南昌、呼伦贝尔至山东、赤峰至华中外送通道项目前期工作，加强区内500千伏主网架和220千伏电网建设，新开工500千伏线路875公里。三是加强项目管理。建立重点项目目录，对重大项目实行按月调度、按季专项报告制度。以特色优势和非资源型产业为重点，进一步扩大项目储备规模，重点储备一批新能源、新材料和装备制造等战略性新兴产业项目。

促进消费需求快速增长。重点是提高居民消费能力，培育新的消费热点，营造良好的消费环境。进一步丰富和完善促进家电、汽车、农机、节能产品消费的各项政策，加强房地产市场调控，发展网络购物和信用消费，促进消费结构升级。继续加强农村牧区市场流通体系建设，努力扩大农村牧区消费规模。

(二)积极调整产业结构。巩固和加强农牧业基础地位，保持特色优势产业稳定增长，大力发展非资源型产业和第三产业，扶持中小企业发展，不断提高经济增长的质量和效益

巩固和加强农牧业基础地位。继续组织实施百亿斤粮食增产规划，提高农牧业综合生产能力。加强农牧业基础设施建设，围绕“四个千万亩”工程，重点推进旱改水、井灌区配套和大中型灌区改造，全年新增节水灌溉面积300万亩。加强农畜产品基地建设，推进百万奶牛、百万肉牛、千万肉羊高产工程建设，建成奶牛标准化养殖小区500个、生猪标准化养殖小区300个。

保持特色优势产业稳定增长。煤炭方面，重点加快大型煤炭基地建设，提高产业集中度和现代化开发水平，新开工胜利东2号二期、高头窑煤矿等8个煤炭项目，新开工规模5320万吨。电力方面，继续扩大电力外送规模，努力增加区内用电负荷，争取新开工上都电厂三期等5个火电项目，新开工规模400万千瓦。煤化工方面，继续推进煤制油、煤制气、煤制烯烃、煤制二甲醚和煤制乙二醇等五大国家示范工程的前期工作和项目建设，争取新开工二甲醚300万吨、尿素500万吨。冶金方面，突出发展有色工业，加快粉煤灰提取氧化铝、铜铅锌铝下游深加工和铝硅、铝镁合金新材料等项目建设。

大力发展非资源型产业。切实加强自主创新能力建设，实施重大产业技术开发专项工程。重点在7个产业领域打造一批特色产业集群，力争到“十二五”末期，在非资源型产业领域培育形成60个销售收入超百亿元的产业集群。组织制定战略性新兴产业实施方案，重点培育新能源、新材料、新医药和装备制造业。新能源方面，继续推进东西部两个千万千瓦风电基地和百万千瓦光伏产业基地建设，全年新开工风电规模350万千瓦，新开工太阳能发电规模12万千瓦。新材料方面，以稀土为重点，积极推进资源整合，支持引进先进技术，扩大应用性产品生产规模，做大做强稀土产业。完善稀土储备政策，推动建立包头稀土交易中心。新医药方面，重点发展生物医药，开发中蒙医药、动物疫苗和绿色农药兽药等新产品，提升产业规模和技术水平。装备制造业方面，重点发展工程矿山机械、重型汽车和铁路机车以及风电、光伏关键零部件和整机装备制造。

积极承接发达地区产业转移。制定出台自治区贯彻《国务院关于中西部地区承接产业转移的指导意见》实施细则。加快推进园区共建，为发达地区产业整体转移落地创造条件，重点抓好鄂尔多斯陶瓷产业园、集宁皮件产业园等重点产业园区建设。继续扶持中小企业和非公有制经济加快发展，鼓励引导中小企业围绕优势特色产业搞延伸、围绕重点项目搞协作，打造各具特色的中小企业集群。完善中小企业信用担保体系，引导金融机构扩大对中小企业信贷投放，简化贴息、担保贷款程序，解决中小企业融资难问题。

加快发展现代服务业。继续落实自治区《关于贯彻落实国家物流业调整和振兴规划的实施意见》，推动建设赤峰红山物流园、通辽经济开发区物流园、鄂尔多斯阿康物流园、巴彦淖尔临河农畜产品(保税)物流园等重点项目。促进金融业持续健康发展，做好引进民生银行、进出口银行的各项工作，推动符合条件的企业上市融资和发行企业债券，扩大自治区创业投资引导资金规模。大力发展文化产业，支持文化企业兼并重组，组建内蒙古民族演艺集团，筹划建设一批文化产业园区，培育文化产业新增长点。加快发展旅游业，出台贯彻落实《国务院关于加快发展旅游业的意见》的实施意见，继续实施重点旅游景区建设工程，提升综合接待能力和服务水平。推进呼和浩特市国家服务业综合改革试点工作，促进服务业体制机制改革创新。研究制定全区服务业集聚区发展指导意见，推动服务业集聚发展。

(三)努力推进节能减排。把建设资源节约型、环境友好型社会作为加快转变经济发展方式的重要着力点，坚持不懈地推进节能、节水和减排工作，完成国家下达的年度责任目标

严格落实目标责任。充分考虑地区经济发展水平、产业结构和节能潜力等因素，科学合理确定“十二五”及今年的节能、节水和减排目标，并分解落实到各地区。开展对盟市“十一五”节能减排目标完成情况的评价考核，并落实奖惩措施。

加强节能减排重点工程建设。加快实施重点节能改造工程、节能产品惠民工程、合同能源管理推广工程，推进流域治理、城镇污水垃圾处理设施建设，力争新开工建设22个污水处理项目和26个垃圾处理项目。继续加大淘汰落后产能力度，加快节能环保技术和产品的推广应用。

大力节约水资源。统筹农业、工业和生活用水，全面推

进节水型社会建设。重点推进工业节水，对火电、冶金、化工、建材、食品等高用水行业实施节水技术改造，鼓励企业使用再生水和循环水。严格执行自治区行业用水定额标准，对不符合行业用水定额标准的新上项目不予审批，对超出行业用水定额的企业实行用水累进加价制度。

加快发展循环经济。继续抓好循环经济示范工程、国家级和自治区级循环经济试点单位(示范点)建设，构建一批循环经济产业链，提高资源综合利用水平。编制实施《内蒙古自治区循环经济规划》，争取将我区列入全国发展循环经济示范省区。

(四)确保物价总水平稳定。落实好国家稳定物价的各项政策措施，确保物价总水平控制在预期目标之内

切实保障市场供应。全面落实国家扶持粮食、生猪、油料生产和奶业发展的政策措施，促进重要农产品生产稳定发展。加强“菜篮子”工程建设，支持赤峰、通辽、乌兰察布等地区建设绿色有机蔬菜基地，扩大呼市、包头和盟市所在地城市郊区蔬菜种植面积，对温室大棚建设给予补贴，全年新增设施蔬菜30万亩、设施马铃薯30万亩。认真落实大宗农畜产品临时储备政策，把大豆和油葵列入国家政策性收购和粮食储备政策范围。

加大价格补贴力度。针对价格上涨给低收入群体生产生活带来的困难问题，继续对优抚对象、城乡低保对象、农村五保供养对象发放临时价格补贴，对大中专院校家庭经济困难学生和学生食堂给予补贴，并根据物价变动情况做出相应调整，确保居民生活水平不因价格上涨而相对降低。

积极开展价格收费专项治理。加强农资价格和粮食收购价格检查，认真落实化肥生产供应各项优惠政策和粮食收购价格政策。继续开展涉企收费专项治理，重点清查中介、行业协会涉企收费问题。加强价格监测预警，关注市场动态，严厉打击各类串通涨价行为。

(五)推进城乡区域协调发展。抓好各类区域规划和政策的落实，推动区域之间全面协调可持续发展

打造以呼包鄂为核心的西部经济区。组织落实《以呼包鄂为核心沿黄河、沿交通干线经济带重点产业发展规划》，推动自治区确定的22个重点工业园区快速发展。配合国家完成《呼包银重点经济区发展规划》，加快编制《呼包鄂经济区一体化发展规划》，研究制定交通、通讯、金融、社保一体化实施方案，推进呼包鄂一体化发展。

促进东部地区加快发展。组织实施《自治区人民政府关于进一步落实东北地区等老工业基地振兴战略的实施意见》，争取国家将我区整体纳入国家资源型城市可持续发展试点范围。推进大兴安岭林区生态保护和经济转型，制定《关于大小兴安岭林区生态保护与经济转型规划的实施意见》，做好项目申报和资金争取工作。加快实施沿边开放战略，与黑龙江省合作编制《绥(芬河)满(洲里)沿边开发开放经济带规划》。进一步推进鄂尔多斯市对口帮扶兴安盟工作，落实好已经签订的各项帮扶协议。

推进城乡统筹发展。做好鄂尔多斯市统筹城乡综合改革试点工作，加快旗县推进城乡统筹步伐，对经济总量大、财政实力强的旗县，加快农牧民向旗县所在地城镇、向非农产业转移的步伐；对生产生活条件比较恶劣的地区，加快生态移民和扶贫移民搬迁的步伐。积极争取国家将兴安盟、赤峰市、通辽市、乌兰察布市、锡林郭勒盟以及周边困难旗县纳入国家集中连片特殊困难地区。加快发展县域经济，稳步推进城镇化，推动有条件的城镇把有稳定职业和收入的农民工及其子女转为城镇户口，并纳入城镇社会保障、住房保障等公共服务体系。

(六)着力保障和改善民生。把促进就业作为经济社会发展优先目标，加强社会事业建设，大力改善民生，促进和谐社会建设

努力提高城乡居民收入水平。研究制定收入分配体制改革方案，逐步提高居民收入在生产总值中的比重。按照居民收入增长和经济发展同步、劳动报酬增长和劳动生产率提高同步的原则，今年继续出台增加城镇职工津补贴的措施，逐步缩小与全国差距。切实落实结构性减税政策，进一步提高个体工商户税收起征点，推动企业内部收入分配制度改革，建立和完善职工工资集体协商制度，努力增加企业职工收入。加强农牧民工转移就业培训，扩大农牧民工转移就业规模，增加务工收入。加大各项支农惠农政策的补贴力度，扩大牧业补贴范围，增加牲畜良种和牧业机械补贴品种，提高燃油燃料补贴标准，增加转移性收入。

加强就业和社保工作。认真贯彻落实《国务院关于加强职业培训促进就业的意见》，开展有针对性、实效性的职业技能培训，重点扶持建设一批具有示范带动作用和区域性辐射能力的职业技能实训基地，力争全年城镇新增就业25万人。加快完善覆盖城乡居民的社会保障体系，落实养老、医疗保险关系转移接续办法，提高社会保险统筹层次。进一步扩大新型农村社会养老保险试点范围，研究制定城镇无收入居民养老保险试点办法，解决集体企业退休人员养老保险历史遗留问题，健全企业退休人员基本养老金正常调整机制。高度关注弱势群体，进一步提高城乡居民最低生活保障标准，继续推进残疾人社会保障体系和服务体系建设。

加强民生工程建设。积极改善农村牧区生产生活条件，全面实施通村公路工程，解决100万人的安全饮水问题，新增户用沼气10万户。加大保障性住房建设力度，全年新增保障性住房40.52万套，其中经济适用房4.8万套，廉租住房5.67万套、公共租赁房3万套，限价商品房0.45万套，国有工矿棚户区改造0.67万套、国有林区棚户区(危旧房)改造4.2万套、国有垦区危旧房改造2663套、中央下放煤矿棚户区改造1.16万套，城市棚户区改造15万套、农村牧区危旧房改造5万套，落实游牧民定居建设任务3000户。

(七)大力发展各项社会事业。进一步加强教育、文化、卫生事业建设，促进经济社会协调发展

优先发展教育事业。加快推进高中阶段免费普及教育，

全部免除用蒙(朝)语授课的高中学生、中等职业教育学生的学费和书本费,启动实施农村牧区学前教育试点工程,全面完成中小学校舍安全工程建设任务。继续实施义务教育学校标准化建设和中等职业教育基础能力建设工程,改善办学条件。积极化解高校债务,加强高校重点学科建设,提高高等教育质量。

繁荣发展文化事业。加快实施文化信息资源共享、苏木乡镇综合文化站、基层文化阵地建设、农村牧区电影放映以及草原书屋等五大公共文化服务工程,继续实施国家自然文化遗产地、历史文化名城名镇名村、抢救性文物保护。广泛开展文化惠民活动,实施送书下乡工程、流动舞台车工程,推动图书馆、文化馆、文化中心等公益性文化单位免费向社会开放。

加强卫生事业建设。建设覆盖城乡的公共卫生服务体系、医疗服务体系、医疗保障体系和药品供应体系。积极推进基层卫生体系建设,全面完成 82 个旗县级医院标准化建设,完成 186 个苏木乡镇中心卫生院和 236 个社区卫生服务中心的新建和改扩建任务。

(八)着力推进改革开放。进一步深化改革,扩大开放,为经济社会发展创造良好的体制机制环境

继续深化各项改革。深化行政审批制度改革,公布出台一批取消和停止征收的收费项目,自治区权限的审批事项和行政事业性收费精简三分之一以上。推进医药卫生体制改革,抓好《自治区深化医药卫生体制改革近期重点实施方案(2009—2011 年)》各项工作的落实。推行事业单位分类改革和绩效工资制度改革,培育和规范发展社会组织。深化资源性产品价格改革,推行居民生活用电阶梯式电价和居民生活用水阶梯式水价制度,积极推进资源税改革。加快环保收费改革,完善污水处理收费管理制度,研究探索建立排污权有偿使用和交易制度。深化投资体制改革,抓好代建制试点项目建设。

努力扩大对外开放。重点抓好与俄罗斯、蒙古国在资源开发领域的合作,支持有实力的企业开发境外资源以及并购境外资源开发企业,扩大煤炭等资源性产品进口规模,增加战略性资源储备。研究制定满洲里国家重点开发开放试验区建设实施方案,做好呼和浩特、满洲里、二连浩特综合保税区和巴彦淖尔保税物流中心(B 型)建设相关工作。充分利用已经开通的呼和浩特到法兰克福铁路线,引进一批面向欧洲的出口加工企业,建设呼和浩特出口加工基地。

大力推动区域协作。跟踪落实与北京、河北、上海、湖北、山东及东北三省签署的合作框架协议和重点合作项目,做好在曹妃甸建设内蒙古出海港口和临港工业区的各项准备。进一步拓展省际合作领域,广泛开展与周边省区和港澳地区的合作交流。

2011 年是"十二五"规划的第一年,开好局、起好步意义重大。我们要在党中央、国务院和自治区党委的领导下,深入贯彻落实科学发展观,解放思想,锐意进取,扎实工作,努力完成全年经济社会发展的各项目标,以优异成绩迎接建党 90 周年。

关于2010年预算执行情况和2011年预算草案的报告

Report on the Implementation of Budgets for 2010 and Draft Budgets for 2011 in Inner Mongolia

——在内蒙古自治区第十一届人民代表大会第四次会议上

内蒙古自治区财政厅

受自治区人民政府委托，现将2010年预算执行情况和2011年预算草案的报告提请本次人民代表大会审议，并请自治区政协各位委员提出意见。

一、2010年全区预算执行情况

2010年，面对复杂多变的国内外经济环境，在自治区党委的正确领导下，各地区、各部门坚持以科学发展观为指导，认真贯彻落实国家宏观调控的各项政策措施，以及自治区十一届人大三次会议的有关决定和决议，有效巩固和扩大了应对国际金融危机冲击的成果，经济社会总体实现又好又快发展，调结构、促转变、惠民生取得明显成效，全区及自治区本级预算执行情况良好，圆满完成了2010年预算确定的各项任务和目标。

2010年年初提请人代会审议的全区地方财政总收入预算为1610亿元，根据2010年12月31日汇总的国库数据，2010年全区地方财政总收入入库1738.1亿元，完成年度预算的111.8%，比上年增加360.4亿元，增长26.2%，其中：一般预算收入1070亿元，完成年度预算的119.8%，比上年增加219.1亿元，增长25.8%；上划中央税收收入668.1亿元，比上年增加141.3亿元，增长26.8%。

2010年中央财政对我区各类补助收入1153.2亿元，比上年增加130亿元，增长12.7%，其中：返还性收入和一般性转移支付678.8亿元，比上年增加88.6亿元；各类专项转移支付474.4亿元，比上年增加41.4亿元。

2010年，经自治区人大常委会批准，由中央财政代我区发行地方政府债券59亿元，自治区全部转贷盟市、旗县，重点用于国家扩大内需项目配套。

2010年自治区财政下达盟市补助收入1019.2亿元，比上年增加106.7亿元，增长11.7%，其中：返还性收入和一般性转移支付502.4亿元，比上年增加22.1亿元；各类专项转移支付516.8亿元，比上年增加84.6亿元。

汇总全区地方财政一般预算收入、中央补助收入、地方政府债券收入、上年财政结转结余、调入资金以及上解中央支出等，2010年全区总财力为2575.9亿元，其中：一般预算收入1070亿元，中央财政各类补助收入1153.2亿元，发行地方政府债券收入59亿元，调入预算稳定调节基金17亿元，上年财政结转结余等276.7亿元。

2010年年初全区地方财政支出预算为1710亿元。根据2010年12月31日汇总的国库数据，2010年全区地方财政支出2280.5亿元，比上年增加353.6亿元，增长18.4%，转入预算稳定调节基金35亿元后，全区地方财政支出完成调整预算的90%。2010年全区财政结转结余资金259.4亿元，其中：有专项用途的结转资金242.1亿元，净结余17.3亿元。2010年结转资金，将按规定用途陆续拨付，结余资金将由各级政府统筹安排，经法定程序批准后使用。

2010年，自治区本级一般预算收入完成223.5亿元，完成年度预算的144.2%，比上年增加43.5亿元，增长24.2%。自治区本级一般预算收入，加上中央各类补助列自治区本级收入、上年财政结转结余以及调入资金、盟市上解收入等，自治区本级总财力495亿元。自治区本级一般预算支出370.4亿元，比上年增加42.5亿元，增长13%，转入自治区本级预算稳定调节基金35亿元后，完成调整预算的82%。2010年自治区本级财政结余结转资金89.6亿元，其中：有专项用途的结转资金88.8亿元，净结余0.8亿元，2011年将继续下达盟市或安排本级支出。

与2010年年初预算相比，自治区本级超收68.5亿元，主要为列收列支的探矿权、采矿权价款及使用费等专项收入，按照财政部规定，除用于地质资源勘查、矿山环境治理等专项支出外，其余部分转入预算稳定调节基金。盟市、旗县超收收入的使用情况，分别由各级政府向同级人大常委会报告。

2010年，自治区本级政府性基金收入完成109.1亿元，完成年度预算的151.5%，比上年增加57亿元，增长109.4%。超预算较多，主要是车辆通行费（限于政府还贷）从2010年起纳入基金预算管理，净增收7亿元；从2010年起开征的重大水利建设基金入库3.4亿元；煤炭价格调节基金翘尾增加34亿元。2010年，自治区本级政府性基金支出完成20.5亿元，比上年增加12.5亿元，增长156.3%。

上述各类收支数据，待财政部批复决算后，还会有一些变化，届时向同级人大常委会报告。

2010年全区预算执行的主要情况是：

（一）落实中央宏观调控政策，促进了自治区财政经济协调发展

2010年，自治区各级财政部门认真落实国家积极财政政策，并与货币政策协调配合，着力扩大内需，促进了自治区经济平稳较快增长。在此基础上，自治区财政收支规模实现了新突破，迈上新的台阶。2010年，我区一般预算收入首次突破1000亿元，一般预算支出突破2000亿元，为进一步促进财政经济协调发展奠定了坚实的基础。2010年，全区财政用于环境保护、交通运输、城乡社区事务等方面的政府公共投资支出467.9亿元。一是认真落实积极财政政策。争取中央预算内基本建设投资127亿元，各级财政安排配套资金63.5亿元，重点支持农村牧区基础设施建设，保障性住房、教育和医疗卫生等社会事业，节能减排与环境保护等方面。争取财政部代理发行地方政府债券59亿元，优先用于保障中央投资公益性项目地方配套，重点用于完成在建项目续建和收尾。继续完善家电、汽车、摩托车下乡等鼓励消费的一系列政策，全区共销售补贴类家电产品111万台（部），汽车摩托车14.4万辆，共计实现销售额52亿元，兑付补贴资金5.5亿元。二是促进经济结构调整和经济发展方式转变。支持发展新能源和节能环保产业，下达资金7.8亿元，扶持金太阳示范工程项目7户，实施太阳能光电建筑示范项目13个，在全区9个盟市22个嘎查村开展农村环境综合整治和生态示范建设，实施重金属污染治理项目，支持开展主要污染物排污权有偿使用和交易试点。加快实施节能减排重点工程，鼓励企业节能技术改造和淘汰落后产能，多渠道筹措资金41.6亿元，奖励节能技术改造项目205个，支持电力、焦炭、铁合金等八个行业淘汰落后产能项目44个，对1575公里城镇污水处理设施配套管网、63个污水处理设施建设项目以及48个污水处理厂给予奖励和补助，对全区设市城市和旗县政府所在地居民住宅供热系统管网建设和改造项目给予奖励补助，累计完成既有居住建筑节能改造任务852万平方米。这些措施，为实现自治区"十一五"节能减排目标发挥了积极作用。三是加快实施重大科技专项。2010年全区科学技术支出21.2亿元，增长17.1%。加大对重点领域和前沿技术的投入，支持应用技术研发项目483项，大专院校及科研单位自然科学基金项目45项；继续设立科技创新引导奖励资金，支持企业及科研单位自主创新项目75个。四是加快中小企业发展。继续实施"双百工程"，投入财政资金8000万元，拉动银行贷款41.8亿元，支持13个行业104个工业项目的技术改造，新增就业岗位3万个，新增利税4.2亿元。下达资金2.4亿元，支持企业外经贸项目1520个，鼓励中小企业实施"走出去"战略。上述措施的实施，对扩大内需、促进自治区经济企稳回升发挥了重要作用。

（二）加大了"三农三牧"投入，各项惠农惠牧政策落实到位

自治区各级财政部门认真落实中央和自治区1号文件精神，把支持"三农三牧"作为财政工作的重中之重。围绕促进农牧民增收，完善各项惠农惠牧政策，加强农村牧区水利等基础设施建设，统筹城乡区域协调发展，着力促进城镇居民、农牧民收入水平同步增长。2010年全区财政用于农林水、粮油事务及生态建设方面的支出398.6亿元，比上年增加55.9亿元，增长16.3%。一是全面落实国家和自治区政府出台的各项惠农惠牧补贴政策。安排各类惠农惠牧补贴资金83.9亿元，比上年增加8亿元。在继续完善粮食直补、农资综合补贴、农作物良种补贴以及农机具购置补贴等惠农政策的基础上，全面落实自治区政府确定的阶段性禁牧轮牧、牲畜良种补贴、牧民燃油补贴等对牧民生产发展的各项补贴政策，促进牧业发展和牧民增收。积极争取国家建立草原生态补偿机制，确定补偿面积10.2亿亩。完善农牧业保险保费补贴政策，下达资金11.8亿元，全区种植业、养殖业保险参保农牧户达到219.5万户，承保农作物面积6771万亩，全区奶牛、能繁母猪投保数量30.7万头。二是支持现代农牧业发展。投入资金7.1亿元，搭建以"现代农业生产发展资金"为整合平台，支持38个旗县玉米、马铃薯、肉羊三大优势产业带建设；加快现代农牧业产业化发展，支持自治区确定的乳肉绒、蔬菜瓜果等六大主导产业项目93个，农作物、畜禽优良新品种繁育等农业技术推广示范项目65个，农牧民专业合作组织发展项目229个。三是着力改善农村牧区生产生活条件。全区投入农业综合开发资金15.2亿元，改造中低产田98万亩，建设高标准农田27万亩，完成人工种草、改良草场、划区轮牧等建设任务107万亩，支持设施蔬菜、肉牛等产业化经营项目202个，进一步改善了农村牧区生产生活条件，增加了农牧民收入。加大农村牧区公路建设及养护资金投入，筹集资金23.9亿元，新增30个苏木乡镇通沥青（水泥）路，2121个嘎查村通公路，全区基本实现乡乡通油路、村村通公路的目标。进一步加快水利建设，投入资金16.7亿元，重点解决好重砷、重氟区100万人饮水安全问题，对24个小型农田水利重点县以及64个小型农田水利专项工程给予补助。四是创新财政扶贫机制和支持农牧业防灾救灾机制。投入财政扶贫资金10亿元，重点扶持350个嘎查村实施整村推进直接扶持到户，实施50个旗县小城镇移民示范点建设，通过实施贫困地区雨露计划累计培训农牧民5万人。及时拨付农牧业防灾救灾资金9.4亿元，支持特大抗旱、防凌防汛、重大动物疫病防控以及灾民生活救助等。五是进一步完善生态建设财政补助政策。争取中央生态建设资金54.4亿元，落实天然林保护、退耕还林、退牧还草等补助政策；完善森林生态效益补偿制度；实施森林抚育试点；支持深化集体林权制度改革等。六是全面推进嘎查村级公益事业建设一事一议财政奖补工作。全区共实施项目2197个，覆盖1825个嘎查村，受益农牧民285.9万人。

（三）加快推进富民进程，各项民生保障水平不断提高

按照自治区党委、政府富民强区总体战略部署，各级财政部门进一步加大了民生投入，千方百计提高城乡居民收入，同时减轻群众在教育、医疗卫生、社会保障等方面的负

担,让广大人民群众共享改革发展的成果。2010年,全区用于教育、社会保障和就业等各类民生支出823.6亿元,比上年增加181.9亿元,增长28.3%。其中:落实自治区党委、政府确定"十件实事"和"十项民生工程",全区各级财政投入资金512亿元。一是大力支持就业和再就业。实施更加积极的就业政策,落实就业补助经费14.7亿元,增加小额担保贷款贴息及奖补资金,实现就业11.6万人,完成培训14万人;开展劳动力转移培训和职业技能培训,农牧民转移就业246.8万人,城乡劳动者职业技能培训39.7万人;鼓励高校毕业生面向基层、非公有制企业和中小企业就业。二是继续提高社会保障水平。2010年,全区社会保障支出291.3亿元,比上年增长20.2%。城乡居民最低生活保障标准每人每月分别提高35元和19元,每人每年分别达到3324元和1595元。企业退休人员养老金人均每月增加177元,月平均水平达到1402元。农村牧区社会养老保险国家试点从10个旗县扩大到21个,实际参保人数达到168.8万人。提高在乡老复员军人、建国前农村牧区老党员等部分优抚对象生活补助标准。五保对象集中供养和分散供养标准分别提高1504元和753元,达到每人每年3079元和2064元。为减轻物价上涨的影响,对城乡低保对象、农村牧区五保供养人员等221万城乡困难群众发放临时生活补贴2亿元,对林业、渔业和城市公交等六大公益性行业给予成品油价格补贴6.5亿元。三是加快教育事业发展。2010年,全区教育事业支出328.5亿元,比上年增长34.9%。全面落实义务教育阶段中小学生"两免一补"政策,对180万城乡中小学生免除学杂费并免费发放教科书,对59.9万家庭经济困难寄宿生给予生活费补助。大力推进中小学校舍安全工程,全年竣工并交付使用的项目学校1278所,累计开工面积1659.4万平方米。加快职业教育发展,支持71所院校实训基地建设,支持4所中等职业学校教育发展示范校建设;继续落实好中等职业学校农村牧区家庭经济困难学生和涉农专业学生免学费政策,并将城市家庭经济困难学生也纳入免学费范围,14.4万学生受益。为提高高等教育办学质量,支持15所高校42个重点学科和重点实验室建设;启动化解全区高校债务工作,建立高校防范财务风险的长效机制。进一步完善和落实家庭经济困难学生资助政策,资助学生107.9万名。四是支持推进医药卫生体制改革。2010年,全区医疗卫生支出120.2亿元,比上年增长16.8%。加快推进基本医疗保障制度建设,新型农村牧区合作医疗、城镇居民基本医疗保险财政补助标准由人均80元提高到120元;支持向城乡居民免费提供疾病预防控制、妇幼保健、健康教育等基本公共卫生服务;在全区60%以上基层医疗卫生机构实施基本药物制度;启动公立医院改革试点。实施补种乙肝疫苗、贫困白内障患者复明救治等五项中央重大公共卫生项目。五是加大保障性住房建设支持力度。2010年,全区保障性住房支出83.6亿元,增长55.4%。廉租住房、农村牧区危房改造、棚户区改造等各类保障性安居工程累计开工38.7万套,开工率106.1%。六是支持文化、体育和计划生育等其他社会事业发展。2010年,全区文化与传媒、计划生育支出64.7亿元,比上年增长11.7%。继续推进农村牧区电影放映、"农家书屋"、乡镇综合文化站和广播电视节目无线覆盖等文化惠民工程。支持农牧民体育健身工程和苏木乡镇体育设施建设。实施以利益导向机制为核心的计划生育"三项制度"建设,奖励扶助惠及1.7万人,特别扶助惠及3700人,少生快富工程惠及家庭4100个。

(四)加大转移支付力度,提高基层政府的基本公共服务保障能力

按照财力与事权相匹配的原则,逐步建立规范透明的转移支付制度,加大对困难旗县的转移支付力度,增强基层财政保吃饭、保运转和落实各项民生政策的保障能力。2010年自治区下达盟市、旗县一般性转移支付454.3亿元,比上年增加21.3亿元。一是继续完善现行转移支付办法,合理确定最低财力保障标准,增加社会人口分配因素,对边境、少数民族聚居、财政困难和革命老区旗县,加大均衡性转移支付力度。二是认真落实国家重点生态功能区转移支付政策,对符合条件的国家限制开发区和重点生态功能区旗县列入转移支付补助范围,通过加大财力缺口补助等方式,增强这些旗县基本公共服务和生态环境保护的保障能力。三是继续完善激励性转移支付办法,鼓励各地做强做实财政收入。四是认真落实自治区支持区域经济协调发展的决策部署,进一步加大对兴安盟、乌兰察布市等财政困难地区的政策资金支持力度。五是建立健全县级基本财力保障机制,进一步完善县级基本财力保障转移支付办法,在充实保障内容、提高保障标准的基础上,对困难旗县下达县级基本财力保障转移支付补助26.9亿元,比上年增加6亿元,进一步增强县乡政府基本公共服务保障能力。六是落实中央关于村级组织运转经费保障政策规定,下达补助资金2.4亿元,对全区1.1万个嘎查村增加了补助,使6万多名村干部的最低工资标准提高到人均6100元,村级公用经费提高到3.7万元。

(五)大力推进各项财税改革,依法理财、科学理财水平明显提高

坚持完善制度、夯实基础与提高执行力并重,加快财税体制改革,积极构建有利于转变经济发展方式的财税体制、运行机制和管理制度,提高依法行政、依法理财、民主理财水平。一是深化部门预算改革。进一步完善基本支出定额标准体系和以人员为核心的基础信息库,提高预算编制的科学性和完整性。继续细化专项资金预算编制,稳步推进项目预算滚动管理。按照政务公开的要求,向社会主动公开了自治区本级2010年预算和2009年决算。二是推进国库集中收付制度改革。加快推进公务卡改革步伐,2010年,自治区本级1036个预算单位、12个盟市本级全部实行了改革,11个旗县启动了试点工作。扩大财税库银税收收入电子缴库横向联网工作,将所有盟市纳入试点范围。三是深化非税收入收缴管理制度改革。按照财政部的要求,将交通、司法、体育

等13个部门的中央行政事业性收费纳入预算管理。制定了自治区重大水利工程建设基金征收使用管理暂行办法，为自治区重大水利工程建设提供了新的筹资渠道。四是完善收入分配制度改革。足额落实各级政府出台的行政事业单位调整津贴补贴政策。全面兑现义务教育阶段中小学教师绩效工资。进一步提高公共卫生与基层医疗卫生事业单位人员绩效工资补助标准和补助比例。落实行政事业单位离退休人员住房补贴政策。五是继续推进其他财政领域改革。全面编制政府性基金预算，启动国有资本经营预算编制工作，制定了自治区直属企业国有资本收益收取管理办法，初步建立了行政事业单位资产管理与预算管理相结合的运行机制。扩大政府采购范围和规模，2010年全区采购规模达到263.4亿元，比上年增长49.9%，资金节约率为10.8%。完成地方政府融资平台清理核实工作。全区"一卡通"发放财政补贴资金118.6亿元，涉及38类128项补贴，390.6万户城乡居民受益。深入开展"小金库"专项治理工作。组织实施会计信息质量和会计事务所执业质量检查。

2010年财政运行总体较好，但也存在着一些亟待解决的问题，如：区域经济社会发展不平衡，一些旗县仍处于"吃饭"财政状态；财政收支矛盾比较突出，超预算增支事项较多，各级财政支出压力较大；预算执行力度不够，部分单位结余结转资金较多；基层财政管理仍比较薄弱，旗县以下财政机构、人员配备有待加强；政府性债务不断累积，财政风险不容忽视，等等。我们必须高度重视这些问题，通过不断加快发展、深化改革和规范管理等综合措施，着力加以解决。

二、2011年预算草案

根据自治区党委、人大对财政经济工作的总体部署，2011年全区财政预算安排的总体要求是：全面贯彻党的十七大和十七届五中全会精神，深入贯彻落实科学发展观，紧紧围绕科学发展主题和加快转变经济发展方式主线，继续实施积极的财政政策，深化财税制度改革，进一步优化财政支出结构，加大对"三农三牧"、教育、医疗卫生、社会保障和就业、保障性住房、节能环保以及欠发达地区的支持力度，切实保障和改善民生，推动经济增长、结构调整、区域协调和城乡统筹发展，促进富民强区战略的实现。坚持依法理财、统筹兼顾、增收节支的方针，加强财政科学化精细化管理，从严控制一般性支出，提高财政资金使用效益，促进经济平稳较快发展和社会和谐稳定。

根据自治区宏观经济发展预期以及目前掌握的政策性调整因素，2011年全区地方财政总收入安排2030亿元，比2010年实际完成数增加292亿元，增长17%。2011年全区地方财政支出预算安排2108亿元，加上上年结转和预算执行中中央增加的各类补助，2011年全年实际总支出将达到2620亿元，比2010年实际支出数增加340亿元，增长15%。

根据《预算法》的规定，各级财政预算由同级人民政府编制，报同级人民代表大会审查批准。下面，重点报告自治区本级公共财政预算和政府性基金预算的安排情况：

根据现行财政体制划定的收入范围和中央明确的补助数额，2011年自治区本级财政一般预算总财力安排1104.4亿元，其中：一般预算收入230亿元；中央返还性和一般性补助收入660.6亿元；中央专项补助收入200.7亿元；盟市上解收入5.5亿元；调入资金7.6亿元。

根据收支平衡的原则，2011年自治区本级财政一般预算总支出安排1104.4亿元，其中：按政策和体制规定返还和补助盟市742亿元；本级一般预算支出安排362.4亿元，比上年年初预算数增加69.8亿元，增长23.8%。

2011年自治区本级财政支出预算按经济分类和功能分类分别编制，从不同角度反映政府的支出活动。按经济分类划分，自治区本级一般预算支出安排情况是：基本支出预算安排90.7亿元，占25%；各类专项支出安排271.7亿元，占75%。在基本支出预算中，行政事业单位工资福利支出43.6亿元，商品和服务支出即公用经费22.1亿元，对个人和家庭的补助支出25亿元。

按功能分类划分，自治区本级一般预算支出主要安排情况是：

——安排一般公共服务支出37.1亿元，比上年年初预算增加5.9亿元，增长18.8%，其中专项资金安排9.9亿元。主要用于保障自治区党政机关及其所属职能部门的基本支出。完善人口和计划生育利益导向机制，加大对农村牧区及城镇无业人员独生子女父母奖励扶助力度，继续支持农村牧区贫困家庭"一杯奶"生育关爱行动。加大人才开发、培训和引进投入，鼓励高校毕业生到嘎查村、非公有制企业和中小企业就业，支持实施"草原英才"计划。

——安排公共安全和国防支出25.6亿元，比上年年初预算增加3.9亿元，增长18%。其中专项资金安排14.3亿元，重点用于推进政法经费保障体制改革，支持公检法司基层单位办案业务开支、执法装备购置和开展各种专项斗争；增加军队、武警经费，切实维护社会和谐稳定。

——安排教育支出48.1亿元，同口径比上年年初预算增加12.6亿元，增长35.5%，高于经常性财政收入的增长，符合《教育法》规定的增长要求。其中专项资金安排33.4亿元，重点用于落实城乡义务教育经费保障政策，继续实施全区中小学校舍安全工程。加快中等职业教育基础能力建设，对农村牧区、涉农专业及城市家庭经济困难中等职业学校学生给予生活费补助。认真落实普通高校、高等及中等职业学院（校）家庭经济困难学生资助政策和国家助学贷款政策。支持高等院校提高办学质量，积极推动高校化解债务。支持民族教育、民办教育、幼儿教育、特殊教育加快发展。实施教育民生工程，落实全区中等职业学校学生、高中阶段蒙语（朝鲜语）授课学生以及高中阶段家庭经济困难学生免学费和免教科书费"双免"政策。

——安排科学技术支出7.4亿元，同口径比上年年初预算增加2.3亿元，增长45.1%，高于经常性财政收入的增长，符合《科技进步法》规定的增长要求。其中专项资金安排

6.5亿元,主要用于继续设立科技发展创新引导奖励资金和自然科学基金;保障自治区重大科技专项顺利实施;鼓励企业加大新材料、可再生能源、节能环保等方面的研发投入。

——安排文化体育与传媒支出9.9亿元,比上年年初预算增加4.7亿元,增长89.2%。其中专项资金安排6亿元,主要用于推动自治区文化体制改革,支持文化产业发展;继续实施广播电视无线覆盖工程、农村牧区电影工程等重点文化项目;支持内蒙古电影集团、日报社体制改革;落实备战全国十二届运动会经费。

——安排社会保障和就业支出、住房保障支出50.7亿元,比上年年初预算增加13.5亿元,增长36.3%。其中专项资金安排30.4亿元,重点用于落实企业退休人员养老金调标政策;继续提高城乡居民最低生活保障财政补助标准,每人每月分别提高30元和15元;扩大新型农村牧区社会养老保险试点范围。加大对廉租住房、公共租赁住房、农村牧区危房改造等保障性住房的投入力度,缓解低收入群体住房困难。充实小额担保贷款基金,加强就业实训基地建设,大力支持就业和再就业。

——安排医疗卫生支出15.6亿元,比上年年初预算增加2.6亿元,增长19.8%。其中专项资金安排10.9亿元,重点用于推进医药卫生体制改革,支持基层医疗卫生服务和药品供应保障制度建设;提高新型农村牧区合作医疗和城镇居民基本医疗保险财政补助标准,由人均120元增加到200元;提高基本公共卫生服务均等化补助标准,人均补助从15元提高到25元;实施农村改厕等中央重大公共卫生项目。

——安排节能环保、国土资源气象、城乡社区事务支出29亿元,比上年年初预算增加4763万元,增长1.7%。其中专项资金安排26.7亿元,主要用于支持节能技术改造、淘汰落后产能、建筑节能等重点节能工程建设;加快实施城镇污水处理配套设施和城镇供热管网建设等重点减排项目;积极扶持新能源、可再生能源和节能环保产业发展;全面推进矿产资源有偿使用制度改革,加大矿产资源勘查、矿山地质环境治理等方面的投入。

——安排农林水事务支出39.9亿元,比上年年初预算增加14.7亿元,增长58.4%,高于经常性财政收入的增长,符合《农业法》规定的增长要求。其中专项资金安排37.7亿元,主要用于支持现代农牧业发展;落实牧业旗肉羊良种补贴、禁牧休牧补贴以及加大牧区水利基础设施建设等各项惠牧补贴政策;深入推进农业综合开发,加大中低产田改造和高标准农田示范工程投入,提高农业综合生产能力;完善农牧业保险保费补贴制度和政策;加快集体林权制度改革;全面推进嘎查村公益事业建设一事一议财政奖补工作;积极稳妥化解乡村其他公益性债务。

——安排交通运输、资源勘探电力信息和商业服务业等事务支出65.3亿元,比上年年初预算增加13.6亿元,增长26.3%。其中专项资金安排62.9亿元,主要用于巩固成品油税费改革成果,加大重点公路建设资本金以及农村牧区公路建设和养护资金投入。落实企业优惠政策,鼓励企业扩大投资;支持工业重点项目建设,扶持中小企业发展壮大。加快现代物流、旅游、金融等服务业发展。

——安排其他支出33.8亿元,比上年年初预算增加1.1亿元,增长3.4%。其中专项资金安排33亿元,主要用于预算内基本建设投资、地方政府债券偿债准备金、政府预备费以及扶持边贸经济发展等。

根据现行政府性基金政策规定,2011年自治区本级政府性基金收入预算安排112亿元,比2010年实际完成数增长2.8%,其中:新增编列重大水利工程建设基金收入3.5亿元,将车辆通行费纳入政府性基金预算(原列财政专户)增加7.2亿元。基金收入来源主要是新增建设用地有偿使用费、地方水利建设基金、煤炭价格调节基金。加上预计中央补助收入和上年结转收入131.7亿元,可安排的自治区本级政府性基金收入总量为243.7亿元。

按照"以收定支、专款专用"的原则,2011年自治区本级政府性基金支出预算相应安排243.7亿元。其中:自治区本级支出128.6亿元,基金支出重点用于公路建设、企业剥离办社会、矿山环境综合整治、土地整理和水利基础设施建设等;对盟市、旗县的转移支付108.1亿元;调出资金7亿元。

三、坚持依法理财,强化科学管理,确保圆满完成2011年预算

(一)认真落实积极财政政策,努力促进自治区经济平稳较快发展

积极发挥财政政策作用,处理好支持经济平稳较快发展、调整经济结构和管理通胀预期的关系,更加重视稳定物价总水平,进一步巩固和扩大应对国际金融危机冲击的成果。一是促进扩大消费需求。加大各项惠农惠牧补贴政策的实施力度,继续提高对企业退休人员、城乡低收入群体等困难群众的财政补助水平,稳步推进公务员津补贴改革和事业单位绩效工资制度改革,增加居民消费能力。二是进一步优化政府公共投资结构。配合自治区相关部门,积极争取中央预算内投资,加大对保障性住房、水利设施、教育卫生基础设施、节能减排以及自主创新和战略新兴产业发展的支持力度,保持投资平稳增长。加强地方政府性债券管理,足额落实中央投资公益性项目配套。多渠道筹措资金,支持公路、铁路、电力重大通道项目建设。三是继续实行结构性减税政策。对部分小型微利企业实施所得税优惠政策,支持中小企业发展。落实好各项税费减免政策,促进产业结构升级和服务业发展。实施有利于节能减排、环境保护和增加就业的税收优惠政策。继续清理规范行政事业性收费项目,减轻企事业单位和人民群众负担。四是发挥财税政策稳定物价的作用。大力支持粮油、蔬菜等基本生活必需品生产,促进市场供求平衡和物价基本稳定。落实城乡低保对象、农村牧区五保供养对象以及大中专院校家庭经济困难学生等补助政策,保障低收入群众基本生活。对城市公交、农村道路客运等部分公益性行业给予油价补贴。

(二)继续加大“三农三牧”投入,推动农村牧区改革与发展

落实中央2011年1号文件精神,加强农牧业基础设施建设,促进农牧业发展、农牧民增收和农村牧区社会全面进步。一是拓宽农牧民增收渠道。增加对种粮农民的各项补贴规模,完善农作物良种补贴、农机具购置补贴制度。落实自治区出台的各项惠牧补贴政策,并与国家草原生态保护补助奖励政策相衔接,带动牧民持续增收和牧区生产生活条件改善。支持农村牧区转移劳动力培训和专业合作组织发展,增加农牧民生产经营性收入和工资性收入。二是增强农牧业综合生产能力。推进农业综合开发,加快实施中低田改造和高标准农田示范工程项目,提高农业综合生产能力。支持现代农牧业产业技术体系建设、农业技术推广和科技成果转化,促进农牧业优势特色产业发展。完善农牧业保险保费补贴政策。落实对金融机构增加涉农贷款的奖励政策。三是加强水利建设。建立水利投入稳定增长机制,预算内固定资产投资、土地出让收益等财政资金重点用于水利建设;完善水利建设基金政策,拓宽来源渠道,增加收入规模;完善增值税、耕地占用税等税收政策,广泛吸引社会资金投资水利。加快小型农田水利建设,大力支持中小河流治理、小型病险水库除险加固。继续推进中型灌区节水配套改造项目建设和农村牧区饮水安全建设。

(三)加快转变经济发展方式,促进经济结构调整和区域协调发展

坚持把经济结构战略性调整作为加快转变经济发展方式的主攻方向,增强经济发展的协调性和竞争力。一是增强科技创新能力。加快实施重大科技专项,促进科技成果有效转化。支持国家(重点)实验室及科研机构、大学科研能力建设。创新科技引导奖励资金使用方式,支持服务业、中小企业以及战略新兴产业发展。二是推进生态建设和节能减排。建立草原生态保护补助奖励机制,促进草原生态环境保护。加强重点节能工程建设,发展循环经济,鼓励节能技术改造、淘汰落后产能,推进建筑节能。落实国家原油、天然气资源税改革政策,提高资源节约利用水平。促进发展新能源、生物质能源和可再生能源。推广并完善排污权有偿使用和交易试点。三是推动区域协调发展。运用好国家实施西部大开发和振兴东北老工业基地发展战略的财税优惠政策。支持以呼包鄂为核心沿黄河沿交通干线经济带重点产业发展。加大对革命老区、少数民族聚居区、边境地区和财政困难地区的扶持力度。增加对盟市、旗县的均衡性转移支付规模,提高财力薄弱地区落实各项民生政策的保障能力。

(四)落实富民强区战略,进一步保障和改善民生

提高政府民生保障能力,逐步完善符合国情、比较完整、覆盖城乡、可持续的基本公共服务体系,切实维护社会和谐稳定。一是合理调整国民收入分配格局。落实国家个人所得税改革政策,降低中低收入者相对税赋,强化对高收入的调节。增加财政补助规模,提高城乡居民特别是中低收入者的收入,切实减轻困难群众在教育、医疗、住房等方面的负担。二是促进优先发展教育。完善城乡义务教育经费保障机制,进一步提高中小学公用经费基准定额和家庭经济困难寄宿生生活费补助标准。全面实施教育民生工程项目。三是建立覆盖城乡居民的社会保障体系。完善城乡低保标准动态调整机制。适时调整优抚对象等人员抚恤和生活费补助标准。扩大新型农村牧区社会养老保险试点范围。继续提高企业退休人员基本养老金水平。做好高校毕业生、农村牧区转移劳动力、城镇就业困难人员的职业培训,促进就业和构建和谐劳动关系。四是支持深化医药卫生体制改革。推进基本药物制度实施和公立医院改革试点,促进基层医疗卫生机构综合改革,建立多渠道补偿机制。继续支持实施重大公共卫生服务项目,促进基本公共卫生服务均等化。五是加大保障性住房建设的补助力度。落实好各项财税扶持政策,加大保障性安居工程建设力度。增加公共租赁住房供给,落实国家合理引导个人住房消费的税收政策,抑制房租和住房价格过快上涨。推进各类棚户区和农村牧区危房改造。

(五)加快财政支出进度,提高预算执行效率

狠抓预算执行管理,建立预算编制与预算执行相互制衡、有机衔接的运行机制,提高财政管理绩效。一是建立健全预算支出责任制度。落实部门预算支出主体责任,督促部门制定预算执行的量化目标计划,将责任落实到项目主管单位、具体执行单位和负责人,并把上一年的预算执行情况作为编制下一年预算的重要参考依据。完善预算执行通报机制,加强对本级部门和盟市财政预算执行情况的督促指导。二是细化专项资金预算。财政部门会同主管部门加快建立和完善项目库,提前做好项目筛选,及时分配和下达专项资金,充分发挥资金使用效益。三是改进超收收入使用办法。超收收入除依法安排当年支出外,原则上要转入预算稳定调节基金,以后年度经过预算再安排使用,提高预算执行的规范性。四是加强国库资金调度管理。根据实际情况将适合通过核定留用比例方式调度下级财政的资金,全部纳入基层财政资金留用范围,减少解缴和拨付的资金规模,保障基层财政预算支出的资金需要。五是加强结余结转资金管理。加大对结余结转资金的清理力度,部门基本支出原则上年底前都要列支,凡未列支形成结余资金的,以及部门专项支出结转超过一年以上的项目,财政部门要通过调减预算的方式,将资金收回总预算统筹管理。

(六)深化财政改革,加强监督管理,提高财政资金使用效益

深化财税制度改革,加强财政科学化精细化管理,进一步完善公共财政体系。一是完善转移支付制度。围绕基本公共服务均等化和主体功能区建设,继续优化转移支付结构,增加一般性转移支付规模,清理归并专项转移支付项目。二是加强“两基”建设。切实抓好预算管理,细化项目预算编制,健全项目支出定额标准体系,推进项目库建设和项目预

算滚动管理。扩大专项资金支出绩效评价范围，提高资金使用效益。加快推进行政事业单位资产管理立法进程，进一步完善资产管理制度。充分发挥基层财政职能作用，强化苏木乡镇财政管理。三是健全政府预算体系。完善公共财政预算，全面试编2011年国有资本经营预算草案，进一步细化政府性基金预算，加快推进建立社会保险基金预算。四是加快推进预算公开工作。增强预算透明度，切实做好财政预决算和部门预算公开工作，自治区本级支出预算中的部分重点支出逐步公开到“项”级科目。五是加强地方政府性债务管理。建立规范的地方政府举债融资机制，加强对融资平台公司债务的全口径管理和动态监控。认真做好清理其他公益性乡村债务试点。六是严格财政监督。建立健全覆盖财政运行全过程的监督机制，重点对关系经济社会发展和群众切身利益的重大项目进行专项检查，确保政策落实到位。要在切实整改审计发现问题的基础上，着眼于制度建设，注重从源头上杜绝预算执行中的违规违纪问题。七是加快财政管理信息化建设。加大自治区金财工程应用支撑平台的推广实施力度，通过平台大力开展财政核心业务系统的整合与统一。强化基于平台的预算、国库等财政业务应用，逐步实现财政系统内部、财政与同级预算单位之间的业务通畅和数据贯通，使信息系统在支撑财政资金监控、统计分析和决策支持上发挥更大作用。

各位代表，2011年是全面实施“十二五”规划的起始之年，我们要深入贯彻落实科学发展观，紧紧围绕自治区经济社会发展大局，按照自治区党委的决策部署和本次会议对财政工作提出的各项要求，充分利用有利条件，积极克服各种困难，努力完成2011年各项财政工作任务，为促进自治区经济社会平稳较快发展做出更大的贡献。

内蒙古自治区
2010年国民经济和社会发展统计公报
Statistical Bulletin of the National Economic and Social Development in Inner Mongolia for 2010

内蒙古自治区统计局

（2011年2月28日）

2010年，全区各族人民在自治区党委、政府的正确领导下，以邓小平理论和“三个代表”重要思想为指导，深入贯彻落实科学发展观，积极推进经济发展方式转变和经济结构调整，努力构建社会主义和谐社会，经济社会保持了又好又快发展态势。全年经济运行平稳、协调，民生改善迈出了新步伐，经济与社会、环境的协调性进一步增强，2010年圆满完成“十一五”规划主要预期目标和任务，为“十二五”全区经济社会发展奠定了良好的基础。

一、综 合

初步核算，全区实现生产总值11655亿元，首次超过万亿元，按可比价格计算，比上年增长14.9%。其中，第一产业增加值1101.38亿元，增长5.8%；第二产业增加值6365.79亿元，增长18.2%；第三产业增加值4187.83亿元，增长12.1%。第一产业对经济增长的贡献率为3.6%，第二产业对经济增长的贡献率为67.1%，第三产业对经济增长的贡献率为29.3%。全区生产总值中一、二、三次产业比例由上年的9.5:52.5:38调整为9.5:54.6:35.9。“十一五”期间，全区生产总值年均增长17.6%，快于“十五”时期平均增速0.5个百分点。

全年居民消费价格总水平比上年上涨3.2%。分城乡看，城市上涨3%，农村牧区上涨3.5%；分类别看，食品类价格上涨9.5%，烟酒及用品类价格上涨1.9%，医疗保健及个人用品类价格上涨1.8%，居住类价格上涨2.2%，其它消费品和服务类价格均比上年下降。从生产资料价格看，工业品出厂价格和原材料、燃料及动力购进价格分别比上年上涨6.7%和5%，固定资产投资价格上涨5.4%，农产品生产价格上涨11.4%。[详见附表1]

年末全区就业人员1184.53万人，比上年末增加42.06万人，增长3.7%。其中，城镇就业人员465.05万人，比上年末增加25.55万人，增长5.8%。城镇私营个体就业人员216万人，比上年末增加22.33万人，增长11.5%。全年领取再就业优惠证的下岗失业人员再就业12.56万人，比上年增加0.21万人，增长1.7%。年末城镇登记失业率为3.9%，比上年末下降0.1个百分点。

全年完成地方财政总收入1738.13亿元，其中地方财政一般预算收入1069.98亿元，分别比上年增长26.2%和25.8%。全年地方财政支出2280.47亿元，比上年增长18.4%。2010年，公共与民生领域仍然是支出的重点，其中，一般公共服务支出258.48亿元，比上年增长15.1%；社会保障和就业支出291.33亿元，增长20.2%；医疗卫生支出120.20亿元，增长16.8%；教育支出328.46亿元，增长34.9%；环境保护支出107.22亿元，增长9.5%。“十一五”期间，全区地方财政总收入和支出年均分别增长29.4%和27.3%，分别比“十五”时期快4.6个百分点和4.3个百分点。

国民经济和社会发展中存在的主要问题是：一是产业发展不充分，农牧业基础薄弱，工业化整体水平不高，服务业发展不足。二是产业结构不合理，经济增长对资源的依赖偏重，非资源型产业、非公有制经济和中小企业发展滞后，科技创新能力不强，“原字号”产品比重大，产业竞争力和抗风险能力较弱。三是生产力布局比较分散，区域性中心城市的辐射带动力不强，城乡、区域发展不平衡，经济社会发展不够协调，社会事业发展相对滞后。四是城乡居民收入增长相对缓慢，就业总量压力和结构性矛盾并存，基本公共服务水平有待进一步提高。五是生态环境脆弱，基础设施瓶颈制约严重。六是促进科学发展的体制机制有待进一步完善，对外开放水平需要进一步提高。

二、农 业

全年农作物种植面积700.26万公顷，比上年增加7.46万公顷。其中，粮食作物种植面积549.88万公顷，比上年增加7.48万公顷。全年粮食总产量2158.25万吨，比上年增产176.55万吨，增长8.9%。全年油料产量128.15万吨，增长7.1%；甜菜产量160.96万吨，增长46.9%；蔬菜产量1350.90万吨，下降2.2%；水果（含果用瓜）产量278.17万吨，增长33.3%。

牧业年度全区牲畜存栏头数达10798.5万头（只），比上年同期下降0.6%；牲畜总增6412万头（只），牲畜总增率达59.1%。牧业年度良种及改良种牲畜总头数10136.3万头（只），比重93.9%。全年肉类总产量248.93万吨，比上年增长6.4%；牛奶产量905.15万吨，增长0.2%；山羊绒产量

8104吨，增长9.9%；禽蛋产量50万吨，增长2.3%；水产品产量11.38万吨，增长7.4%。[详见附表2]

林业全年完成营造林面积65.78万公顷。其中，人工造林23.02万公顷，飞播造林7.9万公顷，封山育林34.86万公顷。全年完成退耕还林和荒山荒地造林面积5.50万公顷，完成天然林资源保护工程造林面积11.70万公顷，完成京津风沙源治理工程造林面积28.96万公顷，完成“三北”防护林四期工程造林面积15.48万公顷，幼林抚育（作业）面积49.17万公顷。年末全区森林面积2366.67万公顷，森林覆盖率达20%。全年实现林业产业产值201.43亿元。

年末全区农牧业机械总动力3033.58万千瓦，比上年增长4.8%；机电井数量42.86万眼，增长2.6%；农田有效灌溉面积302.75万公顷，比上年增长2.6%；全年农村牧区用电量48.41亿千瓦时，增长17.6%；化肥施用量（按折纯）177.24万吨，增长3.4%。

三、工业和建筑业

全年全部工业增加值5618.40亿元，比上年增长18.8%。其中，规模以上工业企业增加值比上年增长19%。在规模以上工业企业中，国有及国有控股企业增加值增长15.1%，集体企业增加值增长14.5%，股份合作企业增加值增长52.7%，股份制企业增加值增长19.2%，外商及港澳台商投资企业增加值增长9.2%，其它经济类型企业增加值增长49.4%。在规模以上工业企业中，轻工业增加值增长16.8%；重工业增加值增长19.5%。

全年规模以上工业新产品产值比上年增长25.6%；出口交货值比上年增长46.1%。能源、冶金、化工、装备制造、农畜产品加工业和高新技术六大优势特色产业增加值占规模以上工业的90%左右，成为拉动工业生产快速增长的主要动力。从工业产品产量看，全区原煤产量首次突破7亿吨，达7.87亿吨，比上年增长26.3%；发电量达到2483.88亿千瓦小时，增长13.1%，其中，风力发电量199.25亿千瓦小时，增长73.2%；羊绒衫、载货汽车产量分别为2021.16万件和41646辆，分别增长48.5%和67.6%；其他主要工业产品产量均有不同程度增长和下降。[详见附表3]

2010年1-11月，全区规模以上工业企业主营业务收入11845.26亿元，比上年增长31.6%；实现利润1074.26亿元，比上年增长67.1%。其中，国有及国有控股企业实现利润395.45亿元，同比增长73.6%；规模以上工业亏损企业亏损额55.4亿元，同比下降23.1%。全年规模以上工业企业产品销售率97.5%，比上年提高0.1个百分点。

全年建筑业增加值747.39亿元，比上年增长14.1%。全区具有建筑业资质等级的建筑施工企业845个，比上年增加25个；施工企业房屋建筑施工面积7270.10万平方米，比上年增长24.8%；竣工房屋面积3192.50万平方米，增长1.7%；房屋建筑竣工率43.9%。全年具有建筑业资质等级的建筑企业实现利润76.31亿元，比上年增长2.6%；实现税金41.82亿元，比上年增长17.5%。

四、固定资产投资

全年全社会固定资产投资总额8972.08亿元，比上年增长19.1%。其中，城乡50万元以上项目完成固定资产投资8880.86亿元，增长19.2%。从投资主体看，国有经济单位投资3371.02亿元，增长15.3%；集体单位投资108.74亿元，增长52.9%；个体投资105.45亿元，增长4.8%；其他经济类型单位投资5386.87亿元，增长21.3%。按项目隶属关系分，地方项目完成投资8005.27亿元，增长19.3%；中央项目完成投资926.81亿元，增长11.8%。“十一五”期间，全社会固定资产投资累计达到29923亿元，年均增长27.3%。

在全区固定资产投资中，第一产业投资450.63亿元，增长6.9%；第二产业投资4451.75亿元，增长15.8%，其中，工业投资4330.94亿元，增长12.9%；第三产业投资4069.70亿元，增长32.5%。从城乡看，城镇固定资产投资8741.35亿元，比上年增长19.1%，其中，城镇房地产开发投资1120.02亿元，比上年增长37.3%；在城镇房地产开发投资中，经济适用房投资39.09亿元，下降27.4%；农村牧区固定资产投资230.73亿元，增长18.6%，其中，非农户投资139.51亿元，增长26.4%。从主要行业投资看，电力、燃气及水的生产和供应业投资1351.41亿元，增长17.6%；交通运输、仓储及邮政业投资1042.88亿元，增长22.8%；水利、环境和公共设施管理业投资657.98亿元，增长7.6%。

全年新开工项目10115个，比上年下降8.5%；在建项目投资总规模22107.68亿元，比上年增长18.9%。在全区城乡50万元以上项目固定资产投资中，全部建成投产项目9349个，项目建成投产率73%；新增固定资产5554.85亿元，固定资产交付使用率62.6%。城镇住宅施工面积9837.66万平方米，比上年增长24%；城镇住宅竣工面积2472.75万平方米，比上年下降8.3%。商品房竣工面积2192.01万平方米，比上年下降5.3%；商品房销售面积3020.54万平方米，增长17.0%；农村牧区竣工住宅面积360万平方米，下降8.6%。

五、国内贸易

全年社会消费品零售总额3337.3亿元，比上年增长19%。从经营单位所在地看，城镇实现社会消费品零售额2914.58亿元，占社会消费品零售总额的87.3%，增长19.7%；乡村消费品零售额422.72亿元，增长13.9%。从行业看，批发零售贸易业实现零售额2897.31亿元，增长18.7%；住宿和餐饮业实现零售额439.99亿元，增长20.9%。

消费品市场呈现的主要特点：一是城镇消费品市场主导地位明显，乡村市场增速缓慢。二是随着城乡居民生活水平提高，消费质量不断上升，以汽车、住房为主导的消费升级，有力推动了社会消费品零售总额的增长。大宗商品拉动作用突出。全年限额以上汽车类零售额277.2亿元，比上年增长32.4%；商品房销售的快速增长，居住、家庭装饰等消费增长较快。全年建筑装潢材料零售额增长21.9%。三是一系列保障、改善民生措施得力，对消费品市场较快增长形成有力支撑，加速了居民消费结构的升级，特别是“家电下乡”政策的实施，有力带动了全区农村牧区的消费市场。全年家用电器、音像器材类和通讯器材类零售额增长较快，分别比上年增长25.9%和58.7%。

六、对外经济

全年海关进出口总额87.19亿美元，比上年增长28.7%。其中，出口总额33.35亿美元，增长44%；进口总额53.84亿美元，增长20.8%。从主要贸易方式看，一般贸易进出口额达40.64亿美元，占46.6%，比上年增长29.4%；加工贸易进出口额达9亿美元，占10.3%，比上年增长2.4倍。“十一五”时期，全区外贸进出口总额累计达到381.08亿美元，比“十五”时期增长1.4倍。其中，出口143.19亿美元，比“十五”时期增长86%。

全年实际利用外商直接投资33.85亿美元，比上年增长13%。年内全区在工商部门注册的“三资”企业3693家，比上年增加18家。“十一五”时期，累计外商直接投资129.1亿美元，比“十五”时期增长4.1倍。

全年共签订对外工程承包、劳务合作合同金额2356万美元，完成营业额4511万美元。

七、交通、邮电和旅游业

全年各种运输方式完成货运量150041.29万吨，比上年增长28.9%。其中，铁路64878.4万吨，增长42.4%；公路85162万吨，增长20.2%；民航0.89万吨，下降10.1%。全年各种运输方式完成货物周转量4800.68亿吨公里，比上年增长21.1%。其中，铁路2539.47亿吨公里，增长22.2%；公路2261.12亿吨公里，增长19.9%；民航0.09亿吨公里，下降10%。全年各种运输方式完成客运量24206.1万人，增长8.8%。其中，铁路4225.13万人，增长3.2%；公路19830万人，增长10.2%；民航150.97万人，下降10.2%。全年各种运输方式完成旅客周转量403.6亿人公里，比上年增长7%。其中，铁路170.49亿人公里，增长5.3%；公路218.21亿人公里，增长10%；民航14.9亿人公里，下降12.7%。年末民用汽车保有量237万辆，比上年增长18.8%。其中，私人轿车保有量114.34万辆，增长33.6%。

全年邮电业务总量（2000年不变价）675.43亿元，比上年增长22%。其中，电信业务总量662.37亿元，增长22.2%；邮政业务总量13.06亿元，增长12.1%。年末（本地电话）局用交换机总容量711.47万门，下降0.3%。年末本地网固定电话用户414.01万户，下降6.2%。年末移动电话用户2033.99万户，增长25.9%。年末全区固定及移动电话用户总数达到2448万户，比上年末增加390.42万户。全区电话普及率（包括固定和移动电话）达到101.07部/百人，增长17.2%。年末全区互联网络用户1271.03万户，增长57.2%。

全年实现旅游总收入732.7亿元，比上年增长19.9%。接待入境旅游人数142.8万人次，增长10.7%；旅游外汇收入6.02亿美元，增长7.8%。国内旅游人数4477.55万人次，比上年增长15.4%；国内旅游收入692.92亿元，增长20.9%。

八、金融、证券和保险业

年末全区金融机构各项人民币存款余额10278.69亿元，首次突破万亿元，全年新增存款1905.18亿元，比上年末增长22.8%。其中，企业存款余额3107.29亿元，比上年末增加528.06亿元，增长16.9%；居民储蓄存款余额4618.11亿元，比上年末增加704.16亿元，增长18%。年末全区金融机构各项人民币贷款余额7919.47亿元，全年新增贷款1626.97亿元，比上年末增长25.9%。其中，短期贷款余额2709.41亿元，比上年末增加469.94亿元，增长18.5%；中长期贷款余额5136.53亿元，比上年末增加1194.05亿元，增长31.9%；个人消费贷款余额834.48亿元，比上年末增加351.65亿元，增长87.1%。

2010年，全区证券机构布局逐步趋于合理，证券公司开户数和交易额均较快增长。辖区两家法人证券公司股民开户数为56.61万户，比上年末增长12%，证券交易额为4859.16亿元，比上年增加21.72亿元。

2010年，全区保险机构1768家，保险营销员6.08万人。全年保险业实现保费收入215.54亿元，比上年增长25.8%。全年保险业累计赔付支出61.71亿元，增长8.2%。农业保险稳步推进，全年全区农业保险实现保费收入14.89亿元，累计赔付支出9.78亿元，156万户次农牧户受益，充分发挥了支农惠农作用。

九、教育和科学技术

年末全区共有普通高等学校44所，比上年增加3所；全年招收学生11.65万人，比上年增长2.3%；年末在校学生37.14万人，比上年末增长5.5%，其中，少数民族在校学生10.04万人，在少数民族在校学生中有蒙古族8.79万人，均比上年增长0.7%；全年毕业学生9.47万人，增长24.9%。年末全区有研究生培养单位9个，全年招收研究生5168人，比上年增长9.2%；年末在校研究生13964人，比上年末增长11.8%，其中，少数民族在校研究生4504人，在少数民族在校研究生中有蒙古族研究生4020人，分别增长8.3%和8.6%。年末有中等职业教育学校285所，招收学生12.42万人，比上年下降23.1%；年末在校学生33.47万人，比上年末增长2.4%，其中，少数民族在校学生7.63万人，增长25.7%；全年毕业学生8.53万人，增长10.6%。年末有普通高中289所，全年招收学生16.64万人，比上年下降4.5%；年末在校学生49.93万人，比上年末下降3.9%，其中，少数民族学生14.16万人，少数民族学生中有蒙古族学生12.52万人；全年毕业学生17.48万人，下降4.5%。年末有初中学校834所，全年招收学生27.04万人，比上年下降3.4%；年末在校学生81.47万人，比上年末下降2.9%，其中，少数民族学生19.2万人，少数民族学生中有蒙古族学生16.79万人；全年毕业学生27.11万人，比上年下降7.2%。全区初中阶段毛入学率106.26%，比上年提高5.5个百分点。年末有小学2767所，全年招收学生22.18万人，比上年下降3.1%；年末在校学生143.08万人，比上年末下降4.2%；年末毕业学生26.98万人，比上年下降3.4%。全年小学适龄儿童入学率99.99%，比上年提高0.23个百分点。全区幼儿园在园人数38.08万人，比上年增长12.7%。

全年共取得重大科技成果344项，其中，基础理论成果43项，应用技术成果297项，软科学成果4项。全年科技成果获奖116项，其中，获国家级奖励2项，获自治区级奖励114项。全年专利申请2912项，授权专利2096项，分别比上年增长17.5%和41.1%；年内签订各类技术合同2965项，技术合同成交金额86.89亿元。其中，向区外输出技术成交金额0.63亿元，全区吸纳技术成果金额59.7亿元。

年末全区拥有产品质量检验机构729个，比上年增加22个。其中国家检测中心4个。拥有产品质量认证机构1个。

十、文化、卫生和体育

年末全区有艺术事业机构155个，从业人员6192人，分别比上年增长3.3%和6.4%；艺术表演团体120个，其中乌兰牧骑73个。全区拥有电影事业机构1个，全年生产故事片2部，制作蒙语译制片53部。现拥有文化馆102座，公共图书馆113座，博物馆46座，档案馆146座，已开放各类档案170万卷。年末全区拥有广播电台13座，中短波广播发射台和转播台60座，广播人口覆盖率96.6%；拥有电视台14座，一千瓦以上电视发射台和转播台92座，电视人口覆盖率95.38%，比上年提高1.85个百分点；年末全区有线电视用户313.93万户，比上年增长7.6%。自治区和盟市两级全年出版报纸30104.11万份，其中蒙文版766.70万份；出版各类期刊1051.40万册，其中蒙文版140.43万册；出版图书5633万册，其中蒙文版1203.12万册。

年末全区共有卫生机构7792个，其中，医院468个，农村牧区卫生院1307个，疾病预防控制机构127个，妇幼卫生机构117个，专科疾病防治院（所）48个。年末全区医疗卫生单位拥有病床9.73万张，比上年增长11.5%，其中，医院拥有病床7.16万张，乡镇卫生院拥有病床1.60万张，妇幼卫生机构拥有病床0.27万张。年末全区拥有卫生技术人员14.50万人，比上年末增长23.7%，其中，医院拥有8.51万人，乡镇卫生院拥有1.94万人，疾病预防控制机构拥有0.61万人，妇幼卫生机构拥有0.56万人。执业医师、助理医师5.32万人，注册护士3.75万人，分别比上年增长2.5%和7.4%。农村牧区卫生事业不断加强，拥有农村牧区村卫生室1.04万个，拥有乡村医生和卫生员3.42万人。年内开展新型农村合作医疗试点的旗县达到98个，覆盖农村牧区人口1309.37万人，其中，实际参加农村合作医疗的农牧民1214.63万人。

年内全区体育健儿在国内外重大竞赛中获奖牌1590枚。其中，国外获奖牌51枚，国内获奖牌1539枚，破自治区记录4项。

十一、环境保护

全区确定的自然保护区185个。其中，国家级自然保护区23个，自治区级自然保护区61个。自然保护区面积1382.37万公顷，其中国家级自然保护区面积384.37万公顷。全区已批准国家级生态乡镇11个，省级生态乡镇69个，省级生态村14个。年末全区拥有各级环境监测站108个，环境监测人员1361人。全区监测的15个城市空气质量达到二级标准的14个，达到三级标准的1个。

十二、人民生活和社会保障

全年城镇居民人均可支配收入17698元，比上年增加1849元，增长11.7%，扣除价格因素实际增长8.4%。从收入构成看，人均工资性收入为12614元，增长12%；人均财产性和转移性收入4386元，增长11.2%。“十一五”时期，全区城镇居民人均可支配收入年均实际增长11.1%，高于“十五”时期0.7个百分点。城镇居民人均消费性支出13995元，增长13.1%。城镇居民家庭恩格尔系数为30.1%，比上年下降0.4个百分点。全年农牧民人均纯收入5530元，比上年增加591元，增长12%，扣除价格因素实际增长9%。从收入构成看，人均家庭经营性收入3670元，增长12%；人均转移性和财产性收入823元，增长8.3%。“十一五”时期，全区农牧民人均纯收入年均实际增长9.8%，高于“十五”时期4.6个百分点。农牧民人均生活消费支出4461元，增长12.4%。农村牧区居民家庭恩格尔系数为37.5%，比上年下降2.3个百分点。城乡居民每百户主要耐用品拥有量均有不同程度增长。[详见附表4]

年末全区参加基本养老保险人数430.68万人，比上年增长4.8%；参加失业保险职工人数230.93万人，领取失业保险金人数为4.81万人；全年参加基本养老保险的离退休人员119.17万人，比上年增长5.7%；养老金社会化发放率达到100%；全年参加基本医疗保险人数886.37万人，比上年增长10.1%；全年有309万职工和124.54万退休人员参加了基本医疗保险，分别比上年增长5.5%和6%。全年共有200.94万人得到国家最低生活保障救济。

年末全区各类社会福利院床位4.32万张，比上年增长0.3%，收养3.44万人。年末全区城镇建立各种社区服务设施5194个，其中，社区服务中心1046个，比上年增加293个。全年筹集社会福利资金6.47亿元，销售社会福利彩票20.06亿元，分别比上年增长0.3%和3.6%；接受社会捐赠2025.3万元，比上年增长25.5%。

注：1、本公报为初步统计数。

2、生产总值及分产业增加值数据根据第二次经济普查结果进行了调整，绝对数按现价计算，增长速度按可比价格计算。

3、鉴于2010年全国第六次人口普查工作正在进行中，因此本公报中未公布人口数据，人口数据待第六次全国人口普查公报正式公布。

附表 1:居民消费价格变动情况

类　别	2010 年
居民消费价格指数(上年 = 100)	103.2
城市	103.0
农村牧区	103.5
食品类	109.5
粮食	110.1
肉禽及其制品	105.3
蛋	109.9
水产品	106.5
鲜　菜	127.6
鲜　果	123.7
烟酒及用品	101.9
衣着类	99.4
家庭设备用品及服务	98.8
医疗保健及个人用品	101.8
交通和通讯	99.7
娱乐教育文化用品及服务	99.6
居住	102.2
服务项目	100.8
城市	100.7
农村牧区	101.0

附表 2:主要农畜产品产量和牲畜存栏数

产品名称	计量单位	2010 年	比上年增长%
粮食	万吨	2158.25	8.9
其中:小麦	万吨	165.24	-3.5
玉米	万吨	1465.70	9.3
稻谷	万吨	74.79	15.4
大豆	万吨	133.39	16.6
薯类	万吨	170.98	6.0
油料	万吨	128.15	7.1
甜菜	万吨	160.96	46.9
水果(含果用瓜)	万吨	278.17	33.3
蔬菜	万吨	1350.90	-2.2
肉类总产量	万吨	248.93	6.4
猪牛羊肉产量	万吨	210.84	3.2
猪肉	万吨	71.87	4.8
牛肉	万吨	49.73	4.8
羊肉	万吨	89.24	1.1
禽蛋	万吨	50.00	2.3
牛奶	万吨	905.15	0.2
绵羊毛	万吨	10.76	5.4
山羊绒	吨	8104	9.9
牧业年度牲畜存栏	万头(只)	10798.50	-0.6
大牲畜	万头	1140.10	5.1
羊	万只	8408.00	-1.2
猪	万口	1250.50	-0.9

附表3:主要工业产品产量

产品名称	计量单位	2010年	比上年增长%
精制食用植物油	万吨	56.80	21.4
成品糖	万吨	12.04	-20.6
乳制品	万吨	345.36	-10.1
液体乳	万吨	308.92	-12.8
原盐	万吨	271.92	28.3
卷烟	亿支	265.00	10.4
纱	万吨	2.06	8.5
布	万米	9813.00	24.4
白酒	万升	36858.99	12.8
啤酒	万升	113025.76	11.6
彩色电视机	万部	204.37	-6.0
原煤	万吨	78664.66	26.3
天然原油	万吨	182.91	-3.1
汽油	万吨	42.10	-15.2
柴油	万吨	79.35	55.2
天然气	亿立方米	202.87	35.1
发电量	亿千瓦小时	2483.88	13.1
生铁	万吨	1357.02	-1.4
粗钢	万吨	1232.84	-1.0
钢材	万吨	1341.41	2.5
铁合金	万吨	257.74	-22.8
十种有色金属	万吨	224.50	23.8
水泥	万吨	5354.39	28.8
平板玻璃	万重量箱	1214.12	-20.4
化肥(折纯)	万吨	180.82	-6.7
载货汽车	辆	41646	67.6

附表4:城乡人民生活

项　目	计量单位	2010年	比上年增长%
城镇居民平均每百户耐用消费品拥有量			
彩色电视机	台	110.18	-0.2
电　冰　箱	台	95.55	0.9
洗　衣　机	台	95.78	0.5
家用电脑	台	46.76	8.1
家用汽车	辆	11.17	17.5

项　目	计量单位	2010年	比上年增长%
农牧民平均每百户耐用消费品拥有量			
电　视　机	台	103.0	1.0
其中:彩电	台	98.7	1.2
电　冰　箱	台	42.8	15.7
洗　衣　机	台	58.9	7.3
摩　托　车	辆	68.2	3.0

第二部分

统计资料

PART TWO STATISTICS

2011 NEI MENG GU

一、行政区划和自然资源

Divisions of Administraive Areas and Natural Resources

资料整理：蔡雨成
Arranged By Cai Yucheng

1－1 自然资源
Natural Resources

项 目	Item	2010
土地资源	**Land Resources**	
土地总面积(万平方公里)	Total Land Area(10 000 sq. km)	118.3
#年末实有耕地面积(万公顷)	Cultivated Land at the Year－end(10 000 hectares)	714.9
耕地面积占土地面积的比重(%)	Composition of Cultivated Land in Total Land Area(%)	6.0
林业用地面积(万公顷)	Area of Afforestated Land(10 000 hectares)	4394.93
森林资源	**Forests Resources**	
森林面积(万公顷)	Forest Area(10 000 hectares)	2366.4
森林覆盖率(%)	Forest－Coverage Rate(%)	20.0
活立木蓄积量(亿立方米)	Stock Volume of the Forest(100 million cu. m)	13.61
草原资源	**Prairie Resources**	
草原总面积(万公顷)	Prairie Area(10 000 hectares)	8666.7
#可利用面积(万公顷)	Utilizable Area(10 000 hectares)	6818.0
水利资源	**Water Resources**	
水资源总量(亿立方米)	Total Water Resources Volume(100 million cu. m)	388.54
地表水资源量	Surface Water Volume	253.38
地下水资源量	Ground Water Volume	227.65
矿产资源	**Mineral Resources**	
煤保有储量(亿吨)	Coal Ensured Reserves(100 million tons)	3577.45
铁矿石保有储量(亿吨)	Iron Ore Ensured Reserves(100 million tons)	37.05
磷矿石保有储量(亿吨)	Phosphate Ore Ensured Reserves(100 million tons)	2.70
稀土氧化物保有储量(万吨)	Rare－earth Ensured Reserves(10 000 tons)	15998.00
铜保有储量(万吨)	Copper Ensured Reserves(10 000 tons)	632.87
铅保有储量(万吨)	Lead Ensured Reserves(10 000 tons)	983.04
锌保有储量(万吨)	Zinc Ensured Reserves(10 000 tons)	2047.17
盐保有储量(万吨)	Salt Ensured Reserves(10 000 tons)	15904.13

注:地表水资源量与地下水资源量之和不等于水资源总量,有重复计算部分。

a)Total Water Resources Volume is not equal to Surface Water Volume plus Ground Water Volume, there is Duplicated Measurement between Surface Water and Ground Water.

1-2 全区行政区划

地区	Region	旗县级个数(个) Number of Areas at County Level (unit)	旗县(市、区)及名称
全区合计	**Total**	**101**	**旗52个、县17个、盟(市)辖县级市11个、区21个。**
呼和浩特市	Hohhot City	9	新城区、回民区、玉泉区、赛罕区、土默特左旗、托克托县、和林格尔县、清水河县、武川县。
包头市	Baotou City	9	东河区、昆都仑区、青山区、石拐区、白云矿区、九原区、土默特右旗、固阳县、达尔罕茂明安联合旗。
呼伦贝尔市	Hulunbeier City	13	海拉尔区、满洲里市、扎兰屯市、牙克石市、额尔古纳市、根河市、阿荣旗、莫力达瓦达斡尔族自治旗、鄂伦春自治旗、鄂温克族自治旗、新巴尔虎右旗、新巴尔虎左旗、陈巴尔虎旗。
兴安盟	Xingan League	6	乌兰浩特市、阿尔山市、科尔沁右翼前旗、科尔沁右翼中旗、扎赉特旗、突泉县。
通辽市	Tongliao City	8	科尔沁区、霍林郭勒市、科尔沁左翼中旗、科尔沁左翼后旗、开鲁县、库伦旗、奈曼旗、扎鲁特旗。
赤峰市	Chifeng City	12	红山区、元宝山区、松山区、阿鲁科尔沁旗、巴林左旗、巴林右旗、林西县、克什克腾旗、翁牛特旗、喀喇沁旗、宁城县、敖汉旗。
锡林郭勒盟	Xilinguole League	12	二连浩特市、锡林浩特市、阿巴嘎旗、苏尼特左旗、苏尼特右旗、东乌珠穆沁旗、西乌珠穆沁旗、太仆寺旗、镶黄旗、正镶白旗、正蓝旗、多伦县。
乌兰察布市	Wulanchabu City	11	集宁区、丰镇市、卓资县、化德县、商都县、兴和县、凉城县、察哈尔右翼前旗、察哈尔右翼中旗、察哈尔右翼后旗、四子王旗。
鄂尔多斯市	Erdos City	8	东胜区、达拉特旗、准格尔旗、鄂托克前旗、鄂托克旗、杭锦旗、乌审旗、伊金霍洛旗。
巴彦淖尔市	Bayannaoer City	7	临河区、五原县、磴口县、乌拉特前旗、乌拉特中旗、乌拉特后旗、杭锦后旗。
乌海市	Wuhai City	3	海勃湾区、海南区、乌达区。
阿拉善盟	Alashan League	3	阿拉善左旗、阿拉善右旗、额济纳旗。

Divisions of Administrative Areas in Inner Mongolia

Name of Areas at County(Banner, City and District)

52 Banners, 17 Counties. 11 Cities at County Level, 21 Districts under Jurisdiction of Cities.

Xincheng District, Huimin District, Yuquan District, Saihan District, Tumotezuo Banner, Tuoketuo County, Helingeer County, Qingshuihe County, Wuchuan County.

Donghe District, Kundulun District, Qingshan District, Shiguai District, Baiyun Mineral District, Jiuyuan District, Tumoteyou Banner, Guyang County, Daerhanmaomingan Union Banner.

Hailaer District, Manzhouli City, Zhalantun City, Yakeshi City, Eerguna City, Genhe City, Arong Banner, Molidawadawoer Nationality Autonomous Banner, Elunchun Nationality Autonomous Banner, Ewenke Nationality Autonomous Banner, Xinbaerhuyou Banner, Xinbaerhuzuo Banner, Chenbaerhu Banner.

Wulanhaote City, Aershan City, Keerqinyouyiqian Banner, Keerqinyouyizhong Banner, Zhalaite Banner, Tuquan County.

Keerqin District, Huolinguole City, Keerqinzuoyizhong Banner, Keerqinzuoyihou Banner, Kailu County, Kulun Banner, Naiman Banner, Zhalute Banner.

Hongshan District, Yuanbaoshan District, Songshan District, Alukeerqin Banner, Balinzuo Banner, Balinyou Banner, Linxi County, Keshiketeng Banner, Wengniute Banner, Kalaqin Banner, Ningcheng County, Aohan Banner.

Erlianhaote City, Xilinhaote City, Abaga Banner, Sunitezuo Banner, Suniteyou Banner, Dongwuzhumuqin Banner, Xiwuzhumuqin Banner, Taipusi Banner, Xianghuang Banner, Zhengxiangbai Banner, Zhenglan Banner, Duolun County.

Jining District, Fengzhen City, Zhuozi County, Huade County, Shangdu County, Xinghe County, Liangcheng County, Chahaeryouyiqian Banner, Chahaeryouyizhong Banner, Chahaeryouyihou Banner, Siziwang Banner.

Dongsheng District, Dalate Banner, Zhungeer Banner, Etuokeqian Banner, Etuoke Banner, Hangjin Banner, Wushen Banner, Yijinhuoluo Banner.

Linhe District, Wuyuan County, Dengkou County, Wulateqian Banner, Wulatezhong Banner, Wulatehou Banner, Hangjinhou Banner.

Haibowan District, Hainan District, Wuda District.

Alashanzuo Banner, Alashanyou Banner, Ejina Banner.

1-3 边境、牧区、山老区旗县市

地 区	Region	旗县级个数（个）Number of Areas at County Level (unit)	旗县（市、区）及名称
边境旗市	**Banners & Cities of Frontier**	**19**	
包 头 市	Baotou City	1	达尔罕茂明安联合旗。
呼伦贝尔市	Hulunbeier City	5	陈巴尔虎旗、满洲里市、新巴尔虎右旗、新巴尔虎左旗、额尔古纳市。
兴 安 盟	Xingan League	2	科尔沁右翼前旗、阿尔山市。
锡林郭勒盟	Xilinguole League	5	东乌珠穆沁旗、阿巴嘎旗、苏尼特左旗、二连浩特市、苏尼特右旗。
乌兰察布市	Wulanchabu City	1	四子王旗。
巴彦淖尔市	Bayannaoer City	2	乌拉特中旗、乌拉特后旗。
阿 拉 善 盟	Alashan League	3	阿拉善左旗、阿拉善右旗、额济纳旗。
牧区旗市	**Banners & Cities of Pastoral Area**	**33**	
包 头 市	Baotou City	1	达尔罕茂明安联合旗。
呼伦贝尔市	Hulunbeier City	4	鄂温克族自治旗、新巴尔虎右旗、新巴尔虎左旗、陈巴尔虎旗。
兴 安 盟	Xingan League	1	科尔沁右翼中旗。
通 辽 市	Tongliao City	3	科尔沁左翼中旗、科尔沁左翼后旗、扎鲁特旗。
赤 峰 市	Chifeng City	5	阿鲁科尔沁旗、巴林左旗、巴林右旗、克什克腾旗、翁牛特旗。
锡林郭勒盟	Xilinguole League	9	锡林浩特市、阿巴嘎旗、苏尼特左旗、苏尼特右旗、东乌珠穆沁旗、西乌珠穆沁旗、镶黄旗、正镶白旗、正蓝旗。
乌兰察布市	Wulanchabu City	1	四子王旗。
鄂尔多斯市	Erdos City	4	鄂托克前旗、鄂托克旗、杭锦旗、乌审旗。
巴彦淖尔市	Bayannaoer City	2	乌拉特中旗、乌拉特后旗。
阿 拉 善 盟	Alashan League	3	阿拉善左旗、阿拉善右旗、额济纳旗。
半牧区旗市	**Banners & Cities of Semi-Pastoral Area**	**21**	
呼伦贝尔市	Hulunbeier City	3	扎兰屯市、阿荣旗、莫力达瓦达斡尔族自治旗。
兴 安 盟	Xingan League	3	科尔沁右翼前旗、扎赉特旗、突泉县。
通 辽 市	Tongliao City	4	科尔沁区、开鲁县、库伦旗、奈曼旗。
赤 峰 市	Chifeng City	2	林西县、敖汉旗。
锡林郭勒盟	Xilinguole League	1	太仆寺旗。
乌兰察布市	Wulanchabu City	2	察哈尔右翼中旗、察哈尔右翼后旗。
鄂尔多斯市	Erdos City	4	东胜区、达拉特旗、准格尔旗、伊金霍洛旗。
巴彦淖尔市	Bayannaoer City	2	磴口县、乌拉特前旗。
山老区旗县	**Counties & Banners of Mountain & Old Liberated Area**	**47**	
呼和浩特市	Hohhot City	6	土默特左旗、新城区、赛罕区、武川县、和林格尔县、清水河县。
包 头 市	Baotou City	3	土默特右旗、固阳县、达尔罕茂明安联合旗。
呼伦贝尔市	Hulunbeier City	4	扎兰屯市、阿荣旗、满洲里市、莫力达瓦达斡尔族自治旗。
兴 安 盟	Xingan League	6	乌兰浩特市、阿尔山市、科尔沁右翼前旗、科尔沁右翼中旗、扎赉特旗、突泉县。
通 辽 市	Tongliao City	4	科尔沁左翼中旗、科尔沁左翼后旗、开鲁县、库伦旗。
赤 峰 市	Chifeng City	5	喀喇沁旗、宁城县、松山区、克什克腾旗、敖汉旗。
锡林郭勒盟	Xilinguole League	3	正蓝旗、多伦县、太仆寺旗。
乌兰察布市	Wulanchabu City	9	集宁区、卓资县、兴和县、丰镇市、凉城县、察哈尔右翼前旗、察哈尔右翼中旗、察哈尔右翼后旗、四子王旗
鄂尔多斯市	Erdos City	6	达拉特旗、准格尔旗、鄂托克前旗、鄂托克旗、杭锦旗、乌审旗。
巴彦淖尔市	Bayannaoer City	1	乌拉特前旗。

Banners, Counties and Cities of Frontier, Pure Pastoral Area, Mountain Area and Old Liberated Area

Name of Areas at County(Banner, City & District)

Daerhanmaomingan Union Banner.

Chenbaerhu Banner, Manzhouli City, Xinbaerhuyou Banner, Xinbaerhuzuo Banner, Eerguna City.

Keerqinyouyiqian Banner, Aershan City.

Dongwuzhumuqin Banner, Abaga Banner, Sunitezuo Banner, Erlianhaote City, Suniteyou Banner.

Siziwang Banner.
Wulatezhong Banner, Wulatehou Banner.
Alashanzuo Banner, Alashanyou Banner, Ejina Banner.

Daerhanmaomingan Union Banner.

Ewenke Nationality Autonomous Banner, Xinbaerhuyou Banner, Xinbaerhuzuo Banner, Chenbaerhu Banner.

Keerqinyouyizhong Banner.
Keerqinzuoyizhong Banner, Keerqinzuoyihou Banner, Zhalute Banner.

Alukeerqin Banner Balinzuo, Banner, Balinyou Banner, Keshiketeng Banner, Wengniute Banner.

Xilinhaote City, Abaga Banner, Sunitezuo Banner, Suniteyou Banner, Dongwuzhumuqin Banner, Xiwuzhumuqin Banner, Xianghuang Banner, Zhengxiangbai Banner, Zhenglan Banner.
Siziwang Banner.
Etuokeqian Banner, Etuoke Banner, Hangjin Banner, Wushen Banner.
Wulatezhong Banne, Wulatehou Banner.
Alashanzuo Banner, Alashanyou Banner, Ejina Banner.

Zhalantun City, Arong Banner, Molidawadawoer Nationality Autonomous Banner.
Keerqinyouyiqian Banner, Zhalaite Banner, Tuquan County.
Keerqin District, Kailu County, Kulun Banner, Naiman Banner.
Linxi County, Aohan Banner.
Taipusi Banner.
Chahaeryouyizhong Banner, Chahaeryouyihou Banner.
Dongsheng City, Dalate Banner, Zhungeer Banner, Yijinhuoluo Banner.
Dengkou County, Wulateqian Banner.

Tumotezuo Banner, Xincheng District, Saihan District, Wuchuan County, Helingeer County, Qingshuihe County.
Tumoteyou Banner, Guyang County, Daerhanmaomingan Union Banner.
Zhalantun City, Arong Banner, Manzhouli City, Molidawadawoer Nationality Autonomous Banner.

Wulanhaote City, Aershan City, Keerqinyouyiqian Banner, Keerqinyouyizhong Banner, Zhalaite Banner, Tuquan County.

Keerqinzuoyizhong Banner, Keerqinzuoyihou Banner, Kailu County, Kulun Banner.
Kalaqin Banner, Ningcheng County, Songshan District, Keshiketeng Banner, Aohan Banner.
Zhenglan Banner, Duolun County, Taipusi Banner.
Jining District, Zhuozi County, Xinghe County, Fengzhen City, Liangcheng County, Chahaeryouyiqian Banner, Chahaeryouyizhong Banner, Chahaeryouyihou, Siziwang Banner.

Dalate Banner, Zhungeer Banner, Etuokeqian Banner, Etuoke Banner, Hangjin Banner, Wushen Banner.

Wulateqian Banner.

1-4 主要城市气温(2010年)

Monthly Average Temperature of Major Cities(2010)

单位:摄氏度 (°C)

城市	City	1月 Jan.	2月 Feb.	3月 Mar.	4月 Apr.	5月 May	6月 June	7月 July	8月 Aug.	9月 Sept.	10月 Oct.	11月 Nov.	12月 Dec.	年平均 Annual Average
呼和浩特	Hohhot	-11.3	-4.7	-1.0	6.1	16.1	23.5	26.5	21.2	16.5	7.9	-0.7	-9.2	7.6
包头	Baotou	-11.5	-4.7	-0.1	7.1	16.7	24.3	27.6	21.6	16.6	8.0	-0.3	-8.6	8.1
海拉尔	Hailaer	-26.2	-23.8	-15.1	-1.9	13.0	22.1	21.3	17.3	12.2	0.6	-10.7	-23.6	-1.2
乌兰浩特	Wulanhaote	-16.1	-13.4	-5.6	3.6	15.5	24.5	24.2	21.9	16.9	5.8	-4.3	-16.0	4.8
通辽	Tongliao	-13.6	-10.7	-3.4	5.4	16.8	24.5	24.6	23.1	18.1	7.2	-1.6	-12.5	6.5
赤峰	Chifeng	-12.4	-8.3	-2.2	5.9	17.1	23.5	24.8	22.3	16.5	7.2	0.1	-8.7	7.2
锡林浩特	Xilinhaote	-21.5	-15.7	-7.3	0.9	13.4	21.8	24.3	19.8	14.6	4.0	-5.3	-15.9	2.8
集宁	Jining	-14.1	-8.6	-4.3	2.3	12.8	20.3	23.5	18.1	13.0	5.2	-2.6	-11.0	4.6
东胜	Dongsheng	-9.6	-4.6	-1.0	5.2	14.8	21.5	24.6	20.4	15.2	8.1	0.8	-8.1	7.3
临河	Linhe	-10.8	-5.4	0.1	7.0	16.9	24.1	26.9	21.2	16.2	8.3	1.2	-7.2	8.2
乌海	Wuhai	-8.9	-4.7	1.5	8.3	18.2	24.9	28.6	24.6	17.9	10.4	2.5	-6.2	9.8
巴彦浩特	Bayanhaote	-5.6	-3.0	1.6	7.1	16.2	22.5	25.5	22.6	15.7	9.3	1.7	-6.1	9.0

1-5 主要城市平均相对湿度(2010年)

Monthly Average Relative Humidity of Major Cities(2010)

单位:% (%)

城市	City	1月 Jan.	2月 Feb.	3月 Mar.	4月 Apr.	5月 May	6月 June	7月 July	8月 Aug.	9月 Sept.	10月 Oct.	11月 Nov.	12月 Dec.	年平均 Annual Average
呼和浩特	Hohhot	51	43	43	35	41	39	41	52	58	59	47	41	46
包头	Baotou	56	47	42	33	42	38	42	54	62	62	50	43	48
海拉尔	Hailaer	64	66	65	55	49	47	59	64	53	58	72	75	61
乌兰浩特	Wulanhaote	52	40	38	36	55	49	62	60	43	48	56	61	50
通辽	Tongliao	54	40	42	44	59	49	74	68	52	58	60	61	55
赤峰	Chifeng	50	39	45	42	49	45	62	58	55	57	43	38	49
锡林浩特	Xilinhaote	68	66	57	46	56	46	48	47	54	59	67	61	56
集宁	Jining	57	51	49	44	47	45	48	60	67	64	49	43	52
东胜	Dongsheng	48	47	41	34	40	39	44	51	62	53	36	37	44
临河	Linhe	60	54	42	35	41	43	48	55	68	59	51	44	50
乌海	Wuhai	54	57	35	28	36	36	38	37	58	47	37	39	42
巴彦浩特	Bayanhaote	42	45	31	30	35	33	38	34	59	40	32	34	38

1－6 主要城市降水量(2010 年)

Monthly Precipitation of Major Cities(2010)

单位:毫米 (millimeters)

城市	City	1月 Jan.	2月 Feb.	3月 Mar.	4月 Apr.	5月 May	6月 June	7月 July	8月 Aug.	9月 Sept.	10月 Oct.	11月 Nov.	12月 Dec.	全年 Annual Total
呼和浩特	Hohhot	2.8	2.0	23.8	21.9	75.2	17.1	37.3	97.4	125.6	64.8		1.6	469.5
包　头	Baotou	1.3	0.9	8.9	8.0	63.9	2.6	40.7	66.2	67.4	43.5			303.4
海拉尔	Hailaer	0.8	11.3	5.9	20.0	57.0	3.2	31.0	108.7	15.0	7.0	10.7	20.3	290.9
乌兰浩特	Wulanhaote	1.7	1.4	9.1	23.8	106.7	65.0	133.9	99.1	15.4	29.8	11.1	16.0	513.0
通　辽	Tongliao	1.0	0.4	6.2	30.3	78.3	17.9	92.0	26.6	4.6	79.4	34.4	5.5	376.2
赤　峰	Chifeng	7.0	0.2	21.8	18.6	88.9	26.9	175.2	49.3	86.9	64.1	0.5	1.0	540.6
锡林浩特	Xilinhaote	4.0	1.6	7.1	11.6	90.6	16.1	30.0	38.9	44.9	21.1	6.6	4.4	276.9
集　宁	Jining	6.9	2.0	8.8	24.3	45.2	19.0	48.7	91.7	113.7	41.8	0.7		402.8
东　胜	Dongsheng	0.6		14.8	18.4	38.2	25.3	20.0	64.0	133.8	34.0	0.3	0.3	349.9
临　河	Linhe	0.2	0.6	1.0	0.9	30.7	16.3	21.6	6.3	56.1	2.0		1.0	136.2
乌　海	Wuhai		3.0	2.5	3.3	44.3	16.0	5.3	3.6	20.5	5.9		0.5	104.9
巴彦浩特	Bayanhaote	0.5	2.9	2.3	14.2	44.5	19.4	18.8	0.7	45.9	8.3	0.3	1.6	159.4

1－7 主要城市日照时数(2010 年)

Monthly Sunshine Hours of Major Cities(2010)

单位:小时 (hours)

城市	City	1月 Jan.	2月 Feb.	3月 Mar.	4月 Apr.	5月 May	6月 June	7月 July	8月 Aug.	9月 Sept.	10月 Oct.	11月 Nov.	12月 Dec.	全年 Annual Total
呼和浩特	Hohhot	143.1	164.1	178.2	254.3	233.2	267.9	290.7	232.9	203.1	200.7	184.7	163.6	2516.5
包　头	Baotou	189.8	197.3	225.2	287.0	270.8	290.3	304.4	249.7	209.3	219.2	214.3	204.5	2861.8
海拉尔	Hailaer	123.2	165.6	250.3	240.8	242.6	299.7	239.1	213.1	238.1	197.7	122.1	92.0	2424.3
乌兰浩特	Wulanhaote	204.2	216.7	258.1	251.3	227.6	316.2	265.8	285.8	305.1	225.2	181.8	154.9	2892.7
通　辽	Tongliao	180.6	208.8	239.9	229.1	199.3	265.2	171.3	234.2	235.1	203.4	176.2	142.3	2485.4
赤　峰	Chifeng	228.5	222.7	267.6	269.0	266.1	321.9	262.7	306.7	272.1	219.0	207.1	188.3	3031.7
锡林浩特	Xilinhaote	192.0	194.0	238.6	259.1	239.6	340.2	306.1	279.7	262.7	229.8	198.0	183.1	2922.9
集　宁	Jining	190.1	177.4	218.6	285.6	241.3	271.7	278.7	256.1	213.7	223.7	232.5	188.0	2777.4
东　胜	Dongsheng	227.5	208.3	231.7	288.4	279.6	298.3	309.0	260.5	200.9	234.5	236.1	217.4	2992.2
临　河	Linhe	204.6	213.5	215.3	302.6	304.6	330.2	364.7	308.7	240.2	270.9	256.1	217.4	3228.8
乌　海	Wuhai	179.3	192.7	199.3	266.1	261.8	299.5	315.7	250.4	198.6	243.9	236.7	211.2	2855.2
巴彦浩特	Bayanhaote	188.7	201.9	185.6	241.6	260.9	304.3	293.5	249.7	151.7	248.0	230.9	217.3	2774.1

主要统计指标解释

行政区划 指国家对行政区域的划分。根据宪法规定，我国的行政区域划分如下：(1)全国分为省、自治区、直辖市；(2)省、自治区分为自治州(盟)、县(旗)、自治县(旗)、市；(3)自治州分为县、自治县、市；(4)旗、县、自治县(旗)分为乡、民族乡、镇；(5)直辖市和较大的市分为区、县(旗)；(6)国家在必要时设立的特别行政区。

国土 指一个主权国家管辖下的领土、领海和领空。

气候 指地球与大气之间长期能量交换与质量交换所形成的一种自然环境状态，它是多种因素综合作用的结果。气候既是人类生活和生产的环境要素之一，又是供给人类生活和生产的重要资源。气温、降水、湿度等气象要素的多年平均值是用来描述一个地区气候状况的主要参数，而各种气象要素某年、某月的平均值(或总量)则可以反映出该时期天气气候状况的重要特征。

自然资源 指人类可以直接从自然界获得，并用于生产和生活的物质资源。自然资源一般可以分成可再生资源和非再生资源两大类。可再生资源指在较短时间内可以再生、可以循环利用的资源，包括土地资源、水资源、气候资源、生物资源和海洋资源等。非再生资源指在使用后不能再生的资源，包括矿产资源和地热能源。

土地资源 土地指陆地的表层部分，它主要由岩石、岩石的风化物和土壤构成。土地资源按利用类型可以分为农用地、建筑用地和未利用地。农用地包括耕地、园地、林地、牧草地和水面。建筑用地包括居民点及工矿用地、交通用地和水利设施用地。未利用地指农用地和建筑用地以外的土地，包括滩涂、荒漠、戈壁、冰川和石山等。

耕地面积 指种植各种农作物的土地面积，包括灌溉水田、望天田、水浇地、旱地、菜地等。

林业用地面积 指生长乔木、竹类、灌木、沿海红树林等林木的土地面积，包括有林地、灌木林、疏林地、未成林造林地、迹地、苗圃等。

草地面积 指牧区和农区用于放牧牲畜或割草，植被盖度在5%以上的草原、草坡、草山等面积。包括天然的和人工种植或改良的草地面积。

森林资源 指森林、林木、林地以及依托森林、林木、林地生存的野生动物、植物和微生物。林木指树木和竹子。森林指以乔木为主体的植物群落，是集生的乔木及与共同作用的植物、动物、微生物和土壤、气候等的总体。

活立木总蓄积量 指一定范围内土地上全部树木蓄积的总量，包括森林蓄积、疏林蓄积、散生木蓄积和四旁树蓄积。

森林面积 指由乔木树种构成，郁闭度0.2以上(含0.2)的林地或冠幅宽度10米以上的林带的面积，即有林地面积。森林面积包括天然起源和人工起源的针叶林面积、阔叶林面积、针阔混交林面积和竹林面积，不包括灌木林地面积和疏林地面积。

森林蓄积量 指一定森林面积上存在着的林木树干部分的总材积。它是反映一个国家或地区森林资源总规模和水平的基本指标之一，也是反映森林资源的丰富程度、衡量森林生态环境优劣的重要依据。

森林覆盖率 指一个国家或地区森林面积占土地面积的百分比。在计算森林覆盖率时，森林面积包括郁闭度0.2以上的乔木林地面积和竹林地面积，国家特别规定的灌木林地面积、农田林网以及四旁(村旁、路旁、水旁、宅旁)林木的覆盖面积。森林覆盖率是反映森林资源的丰富程度和生态平衡状况的重要指标。计算公式为：

森林覆盖率(%)=森林面积/土地总面积×100%

水资源 水在自然界中以固体、液体和气态三种聚集状态存在，分布于海洋、陆地(包括土壤)以及大气之中，通过水循环形成水资源。水资源包括经人类控制并直接可供灌溉、发电、给水、航运、养殖等用途的地表水和地下水，以及江河、湖泊、井、泉、潮汐、港湾和养殖水域等。水资源是发展国民经济不可缺少的重要自然资源。

地表水和地下水 陆地上的水因空间分布不同，可以分为地表水和地下水。地表水指分别存在于河流、湖泊、沼泽、冰川和冰盖等水体中水分的总称，又称陆地水。地下水指储存在地面以下饱和岩土孔隙、裂隙及溶洞中的水。

内陆水域总面积 指江、河、湖泊、池塘、塘堰、水库等各种流水或蓄水的水面占地面积。

径流 指大气降水扣除损耗外，从地表和地下向流域出口断面汇集的水流。径流可分为地表径流、地下径流和壤中流。地表径流指沿地表向河流、湖泊、沼泽、海洋等汇集的水流；地下径流指沿潜水层或隔水层间的含水层，向河流、湖泊、沼泽、海洋等汇集的地下水水流。

径流量 指在一定时段内通过河流某一过水断面的水量，用以反映一个国家或地区水资源的丰欠程度。计算公式为：

径流量=降水量-蒸发量

矿产资源 矿产指由地质作用形成，富集于地壳中或出露于地表达到工农业利用要求的有用矿物。矿产是一种重要的自然资源，是社会发展的重要物质基础。从某种意义上讲，一个国家对矿产资源开发利用的广度和深度，可以作为这个国家经济发展水平的标志。

矿产保有储量 指探明的矿产储量(包括工业储量和远景储量)，扣除已开采部分和地下损失量后的年末实有储量，是反映国家矿产资源现状的重要指标。

流域 每条河流都有自己的干流和支流，干支流共同组成这条河流的水系。每条河流都有自己的集水区域，这个集水区域就称为该河流的流域。

外流河 指直接或间接流入海洋的河流，供给外流河水的区域称为外流区域。

内陆河 指在陆地内部干燥地区，河水沿途消失于沙漠或注入内陆湖泊的河流。供给内陆河河水的区域称为内陆区域。

气温 指空气的温度,我国一般以摄氏度(℃)为单位表示。气象观测的温度表是放在离地面约 1.5 米处通风良好的百叶箱里测量的。因此,通常说的气温指的是离地面 1.5 米处百叶箱中的温度。其统计计算方法为:

月平均气温是将全月各日的平均气温相加,除以该月的天数而得。

年平均气温是将 12 个月的月平均气温累加后除以 12 而得。

相对湿度 指空气中实际水气压与当时气温下的饱合水气压之比。其统计方法与气温相同。

降水量 指从天气降落到地面的液态或固态(经融化后)

水,未经蒸发、渗透、流失而在地面上积聚的深度。其统计计算方法为:

月降水量是将全月各日的降水量累加而得。

年降水量是将 12 个月的月降水量累加而得。

日照时数 指太阳实际照射地面的时间。其统计方法与降水量相同。

Explanatory Notes on Main Statistical Indicators

Administrative Division refers to the division of administrative areas by the state. The Constitution of the People's Republic of China stipulates that the administrative areas in China are divided as:1) The whole country is divided into provinces, autonomous regions and municipalities directly under the central government; 2) Provinces and autonomous regions are divided into autonomous prefectures (leagues) , counties (banners) , autonomous counties and cities; 3) Autonomous Prefectures are divided into counties , autonomous counties and cities; 4) Counties and autonomous counties are divided into townships, nationality townships and towns; 5) Municipalities and large cities are divided into districts and counties, 6) The state establish special administrative regions when necessary.

Territory refers to territorial land, sea and air space under the administration of a sovereign state.

Climate refers to the natural environmental status formed by the long - time exchange of energy and mass between the earth and the air, and is the results of interaction of many factors. Climate is both one of the environment factors and the important resources for the living and production activities of the human being. The average values across several years of meteorological factors such as temperature, rainfall and humidity are used as important parameters to describe the climate of a region, while the average values (or total values) of a given year or month of meteorological factors reflect the key characteristics of climate for that period of time.

Natural Resources refer to material resources that could be obtained from the nature by human being and used for production and living. Natural resources in general can be classified as renewable resources and non - renewable resources. Renewable resources refer to resources that could be renewed and recycled during a relatively short period of time, including land resource, water resource, climate resource, biology resource and marine resource. Non - renewable resources include resources that could not be renewed, such as minerals and geothermal resource.

Land Resource Land refers to the surface of the earth, consisting of mainly rocks and its weathering and earth. Land resource can be classified, by its utilization, as land for agriculture, land for construction and unused land. Land for agriculture includes cultivated land, plantation land, forestland, grassland and waters. Land for construction includes land for residential purpose, for manufacturing and mining, for transportation and for water conservancy projects. Unused land refers to land other than land for agriculture and construction, including beaches, deserts, Gobi, glaciers and Rock Mountains.

Area of Cultivated Land refers to land for the cultivation of various farm crops, including irrigated land, manual - watered land, dry Land and vegetable land.

Area of Afforestated Land refer to land for trees, bamboo, bushes and mangrove, including forest - cover land, bush - covered land, sparse forest land, land Planned for afforestation and nurseries of young trees.

Area of Grassland refers to areas of grassland, grass - slopes and grass - covered hills with a vegetation - covering rate of over 5% that are used for animal husbandry or harvesting of grass. It includes natural, cultivated and improved grassland areas.

Forest Resource refers to forests, trees, forest land and wild animals, plants and microorganism that live on forest and trees. Trees include trees and bamboo. Forest refers to the population of clusters of trees and other plants, animals and microorganism as well as the earth and climate that have interactions with the trees.

Total Standing Stock Volume refers to the total stock volume of trees growing in land, including trees in forest, tress in sparse forest, scattered trees and trees planted by the side of farm houses and along the roads, rivers and fields.

Forest Area refers to the area of forest land where trees and bamboo grow with canopy density above 0. 2, including land of natural woods and planted woods, but excluding bush land and thin forest land. It reflects the total areas of afforestation.

Stock Volume of Forest refers to total stock volume of wood growing in forest area, which shows the total size and level of forest resources of a country or a region. It is also an important indicator illustrating the richness of forest resource and the status of forest ecological environment.

Forest Coverage Rate refers to the ratio of area of

afforested land to total land area. This indicator shows the forest resources and afforestation progress of a country or a region. According to regulations of the government, in addition to afforested land, the area of bush forest, the area of forest land inside farm land and the area of trees planted by the side of farm houses and along the roads, rivers and fields should also be included in the area of afforested land in the calculation of the forest coverage – rate. The formula for calculating forest coverage rate is as follows:

Forestry coverage rate (%) =

Area of afforested Land/ Area of Total Land × 100%

Water Resource Water exists in the nature in solid, liquid and gaseous states, is distributed in the ocean, land (including earth) /and air, and constitutes the water resource through the circulation of water. Water resource includes the surface water and underground water that is controlled by the human being for irrigation, power – generation, water supply, navigation and cultivation. It also includes rivers, lakes, wells, springs, tides, gulf and water area for cultivation. Water resource as an important natural resource is indispensable for the development of the national economy.

Surface Water and Underground Water Water on earth can be divided into surface water and underground water according to its distribution. Surface water refers to moisture exists in rivers, lakes, swamps, glaciers, icecaps and so on. It is also called land water. The underground water refers to water deposited underground in the cranny and the hole of saturated rock soil and in the water – eroded cave.

Inland Water Area refers to water area of rivers, lakes, ponds, reservoir, etc.

Runoff refers to the water gathered at the way out of the cross section of drainage area either from the surface or underground after deducting the wastage of the precipitation. Runoff can be divided into surface runoff, underground runoff and within soil runoff. Surface runoff refers to water flow to the rivers, lakes, swamps, and seas on the surface of the earth. Underground runoff refers to water flow to rivers, lakes, swamps, and seas through the water – bearing stratum of confined layer or unconfined layer.

Volume of Runoff refers to the total volume of water running through a certain cross section of a river during a certain period of time, reflecting the water resource condition in a country or a region. The formula for calculating volume or runoff is as follows:

Runoff = Precipitation – Evaporation

Mineral Resources refer to useful minerals that can be used for industrial or agricultural purposes enriched in lithosphere or on earth due to the geological process.

Ensured Mineral Reserves refer to the actual mineral reserves, which equal to the proven mineral reserves (including industrial reserves and prospective reserves) minus extracted parts and underground losses. This indicator shows the current condition of the mineral resources of a country.

Drainage Area Each river has its own main stream and branches to form the water system of the river. Each river has its own catchments area, which is also called as the drainage area of the river.

Out – flowing Rivers refer to rivers directly or indirectly flowing into the sea. The area providing water to the out – flowing rivers is called as out – flowing area.

Inland Rivers refer to rivers in inland dry areas that die away in desert on the way or infuse into inland lakes. The area providing water to the inland rivers is called as inland area.

Temperature refers to the air temperature. China uses centigrade (℃) as the unit. The thermometry used for weather observation is put in a breezy shutter, which is 1.5 meters high from the ground. Therefore, the commonly used temperature refers to the temperature in the breezy shutter 1.5 meters away from the ground. The calculation method is as follows:

Monthly average temperature is the summation of average daily temperature of one month divided by the actual days of that particular month.

Annual average temperature is the summation of monthly average of a year divided by 12 months.

Relative Humidity refers to the ratio of actual water vapor pressure to the saturation water vapor pressure under the current temperature. The calculation method is the same as that of temperature.

Volume of Precipitation refers to the deepness of liquid state or solid state (thawed) water falling from the sky to the ground that has not been evaporated, infiltrated or run off. The calculation method is as follows:

Monthly precipitation is the summation of daily precipitation of a month.

Annual precipitation is the summation of 12 months , precipitation of a year.

Sunshine Hours refer to the actual hours of sun irradiating the earth. The calculation method is the same as that of the precipitation.

二、综合

General Survey

资料整理：崔京英
Arranged By Cui Jingying

2-1 平均每天主要社会经济活动

Major Indicators on Average Daily Social and Economic Activities

指　　标	Item	1990	1995	2000	2005	2010
全区每天创造的财富	**Autonomous Regional Daily Production**					
生产总值(万元)	Gross Domestic Product(10 000 yuan)	8748	23481	42168	106987	319781
第一产业	Primary Industry	3084	7128	9611	16152	30008
第二产业	Secondary Industry	2806	8460	15961	48581	174457
工　业	Industry	2388	6983	13265	40490	153929
建筑业	Construction	418	1477	2695	8091	20528
第三产业	Tertiary Industry	2858	7893	16596	42254	115316
# 运输邮电业	Transportation, Postal & Telecommunications Services	567	1900	4807	11659	27254
商业饮食业	Commerce	683	2275	5353	12551	36876
财政收入(万元)	Government Revenue(10 000 yuan)	904	2092	4263	14695	47620
财政支出(万元)	Government Expenditures(10 000 yuan)	1668	2799	7152	20126	62288
粮食(吨)	Grain(ton)	26657	28915	34025	45540	59129
油料(吨)	Oil - bearing Grops(ton)	1901	1923	3189	3348	3510
肉类(吨)	Meat(ton)	1469	2243	3929	6299	6540
牛奶(吨)	Cow Milk(ton)	1012	1331	2186	18934	24799
水产品(吨)	Aquatic Products(ton)	83	130	198	226	312
布(万米)	Cloth(10 000 m)	29.55	23.42	9.01	22.84	26.88
乳制品(吨)	Dairy products(ton)	60	83	182	8425	9462
原煤(万吨)	Coal(10 000 tons)	13.05	19.33	19.86	70.16	216.20
发电量(万千瓦小时)	Electricity(10 000 kwh)	4645	7631	12033	28948	72161
钢(吨)	Steel(ton)	7480	9736	11605	22068	33776
成品钢材(吨)	Steel Products(ton)	4807	7062	10381	20487	36751
水泥(吨)	Cement(ton)	6246	9569	17260	44719	149433
每天消费量	**Daily Consumption**					
最终消费(万元)	Final Consumption Expenditure(10 000 yuan)	5937	14778	23936	49576	126176
居民消费(万元)	Resident Consumption(10 000 yuan)	4652	11314	17427	32815	74264

2－1 续表 continued

指 标	Item	1990	1995	2000	2005	2010
农民	Peasants	2368	4984	6517	8477	13870
非农业居民	Non－agricultural Residents	2284	6330	10910	24338	60393
政府消费(万元)	Government Consumption Expenditure (10 000 yuan)	1285	3464	6508	16761	51913
能源消费量(万吨标准煤)	Energy Consumption (10 000 tons of SCE)	6.64	8.95	10.79	29.49	51.73
社会消费品零售总额(万元)	Total Retail Sales of Consumer Goods(10 000 yuan)	3577	8083	13260	37208	92712
每天其他经济活动	**Other Daily Economic Activities**					
资产形成总额(万元)	Gross Capital Formation(10 000 yuan)	3416	10219	17591	77947	247134
固定资产形成	Fixed Capital Formation	1939	7484	12039	73568	244896
存货增加	Changes in Stock	1477	2735	5552	4379	2239
城镇新建住宅面积(万平方米)	Residential Buildings Completed in Urban Areas(10 000 sq. m)	0.96	1.65	2.78	3.40	7.07
农牧民个人新建住宅面积 (万平方米)	Private Residential Building Complated in Rural Areas(10 000 sq. m)	1.36	2.65	2.36	1.40	1.08
货运量(万吨)	Freight Traffic(10 000 tons)	73.09	89.68	122.27	200.22	362.21
客运量(万人)	Passenger Traffic(10 000 persons)	28.70	50.06	64.52	87.98	66.69
进出口总额(万美元)	Total Imports and Exports(USD 10 000)	132.68	307.70	557.80	1414.22	2388.75
邮电业务总量(万元)	Volume of Postal and Telecoms Services(10 000 yuan)	58.07	264.50	1541.00	5471.78	5527.90
城乡存款新增额(万元)	Outstanding Amount of Savings Deposit (10 000 yuan)	822	2496	2140	10129	19292
图书出版(万册)	Books Published(10 000 copy)	21.78	17.97	20.34	24.35	16.63
杂志出版(万册)	Magazines Issued(10 000 copy)	3.46	2.84	4.34	3.79	3.94
报纸出版(万份)	Newspapers Issued(10 000 copy)	44.36	44.62	49.23	169.37	74.11
邮寄函件(万件)	Letters Delivered(10 000 piece)	22.14	45.83	26.51	8.61	9.28
每天人口变动与婚姻	**Daily Population Changes & Marriages**					
出生(人)	Births(person)	1117	1073	645	659	628
死亡(人)	Deaths(person)	293	417	359	357	374
结婚(对)	Marriages(couple)	435	475	416	423	555
离婚(对)	Divorces(couple)	60	75	89	107	157

2-2 社会经济主要指标人均水平

Major per Capita Indicators on Society and Economy

指 标	Item	1985	1990	1995	2000	2005	2010
生产总值(元)	**Gross Domestic Product(yuan)**	**809**	**1478**	**3772**	**6502**	**16285**	**47347**
财政收入(元)	**Government Revenue(yuan)**	**67**	**154**	**336**	**657**	**1397**	**7051**
农牧业生产	**Agriculture Production**						
耕地面积(公顷)	Cultivated Land(hectare)	0.25	0.23	0.24	0.31	0.31	0.29
粮食产量(千克)	Output of Grain(kg)	301.37	454.15	464.40	524.60	693.19	875.47
油料产量(千克)	Output of Oil-bearing Crops(kg)	39.66	32.38	30.90	49.20	50.96	51.96
甜菜产量(千克)	Output of Beet Roots(kg)	126.80	110.36	116.00	59.69	57.68	65.31
年末大牲畜(头)	Large Animals at the Year-end(head)	0.37	0.33	0.31	0.26	0.33	0.36
年 末 羊(只)	Sheep and Goats at the Year-end(head)	1.23	1.41	1.46	1.50	2.26	2.14
年末生猪(口)	Hogs at the Year-end(head)	0.23	0.24	0.34	0.31	0.29	0.28
肉类产量(千克)	Output of Meat(kg)	17.90	25.02	36.03	60.58	95.88	96.83
#牛肉产量(千克)	Output of Beef(kg)	2.35	3.99	4.10	9.23	14.01	20.17
羊肉产量(千克)	Output of Mutton(kg)	4.20	5.96	7.42	13.44	30.21	36.20
猪肉产量(千克)	Output of Pork(kg)	10.88	13.43	20.97	32.37	36.71	29.15
牛奶产量(千克)	Output of Cow Milk(kg)	12.18	17.25	21.37	33.70	288.20	367.17
羊 毛(千克)	Wool(kg)	2.53	2.87	2.64	2.89	4.27	4.87
主要工业产品产量	**Output of Major Industrial Products**						
原 煤(吨)	Coal(ton)	1.60	2.22	3.10	3.06	10.68	32.01
原 盐(吨)	Salt(ton)	0.03	0.04	0.03	0.05	0.09	0.11
发 电 量(千瓦小时)	Electricity(kwh)	401	791	1225	1855	4406	10684
糖(千克)	Sugar(kg)	8.92	7.64	7.51	5.09	6.15	4.88
乳 制 品(千克)	Dairy Products(kg)	0.71	1.03	1.33	2.81	128.25	140.09
呢 绒(米)	Woolen Fabric(m)	0.40	0.49	0.65	0.18	0.26	0.51
水 泥(吨)	Cement(ton)	0.09	0.11	0.15	0.27	0.68	2.21
钢(吨)	Steel(ton)	0.09	0.13	0.16	0.18	0.34	0.50
生 铁(吨)	Pig Iron(ton)	0.09	0.13	0.15	0.19	0.38	0.55
社会消费品零售额(元)	**Total Retail Sales of Consumer Goods(yuan)**	**377**	**610**	**1379**	**2571**	**5664**	**13727**
人民生活	**People's Livelihood**						
职工平均工资(元)	Average Wage of Staff & Workers(yuan)	1095	1846	4134	6974	15985	35507
#国 有(元)	State-owned Units(yuan)	1169	1971	4407	7261	16598	37602
集 体(元)	Urban Collective-owned Units(yuan)	872	1441	3001	4826	10804	29822
城镇居民可支配收入(元)	Annual Disposable Income of Urban Residents(yuan)	666	1155	2846	5129	9137	17698
城镇居民消费支出(元)	Living Expenditure of Urban(yuan)	595	982	2482	3928	6929	13995
农牧民家庭纯收入(元)	Net Income of Rural Residents(yuan)	400	647	1300	2038	2989	5530
农牧民家庭生活消费支出(元)	Living Expenditure of Residents(yuan)	325	539	1261	1615	2446	4461
城乡居民储蓄存款年末余额(元)	Outstanding Amount of Saving Deposits of Residents at the Year-end(yuan)	144	515	1804	3875	8231	18877

2-3 国民经济和社会发展总量与速度

指标	Item	总量指标				
		1978	1990	1995	2000	2005
人口与就业	**Population and Employment**					
人口(万人)	**Population(10 000 persons)**					
年末总人口	Population at the Year - end	1823.4	2162.6	2284.4	2372.4	2403.1
市镇人口	Urban	397.5	781.1	873.1	1001.1	1134.3
乡村人口	Rural	1425.9	1381.4	1411.3	1371.3	1268.8
男性人口	Male	957.8	1127.6	1187.6	1227.2	1237.9
女性人口	Female	865.6	1035.0	1096.8	1145.2	1165.2
就业(万人)	**Employment(10 000 persons)**					
从业人数	Employment	652.8	924.6	1029.4	1061.6	1041.1
# 职工人数	Staff and Workers	227.6	369.7	383.7	263.9	239.6
城镇登记失业人数	Unemployed in Urban Areas		15.2	14.0	12.7	17.8
宏观经济	**Macroeconomic Indicator**					
国民经济核算(亿元)	**National Accounting (100 million yuan)**					
生产总值	Gross Domestic Product	58.04	391.31	857.06	1539.12	3905.03
第一产业	Primary Industry	18.96	112.57	260.18	350.80	589.56
第二产业	Secondary Industry	26.37	102.43	308.78	582.57	1773.21
第三产业	Tertiary Industry	12.71	104.31	288.10	605.74	1542.26
固定资产投资(亿元)	**Investment in Fixed Assets (100 million yuan)**					
全社会固定资产投资总额	Investment in Fixed Assets		70.77	273.06	430.42	2687.84
# 国有单位	State - owned Units		56.77	210.00	275.06	1644.71
集体单位	Collective - owned Units		3.06	11.14	27.15	41.14
个体经济	Individuals		10.94	44.09	51.64	84.26
财政(亿元)	**Public Finance(100 million yuan)**					
地方财政总收入	Government Revenue	6.90	32.98	43.70	110.68	335.09
地方财政总支出	Government Expenditures	18.69	60.90	102.18	261.06	734.61
物价总指数(上年=100)	**Price Indices(preceding year=100)**					
商品零售价格总指数	General Retail Price Index	101.0	102.9	116.8	98.8	101.5
居民消费价格总指数	General Consumer Price Index		102.3	117.5	101.3	102.4
农产品生产者价格总指数	Price Indices of Farm Products by Category of Commodities	101.6	95.2	124.7	99.7	103.2
能源生产与消费(万吨标准煤)	**Production and Consumption of Energy(10 000 tons of SCE)**					
能源生产总量	Total Energy production	1070.63	2821.61	4642.02	4701.23	19082.33
能源消费总量	Total Energy Consumption		2423.51	3268.44	3937.54	10764.90

Principal Aggregate Indicators on National Economic and Social Development and Their Related Indices and Growth Rates

Aggregate Data	速度指标(%) Indices and Growth Rates(%)								
2010	指数(2010年比以下各年) Index(2010 as Percentage of the following years)					平均增长速度 Average Annual Growth Rate			
	1978	1990	1995	2000	2005	1979 - 2010	1991 - 1995	1996 - 2000	2001 - 2005
2472.2	135.6	114.3	108.2	104.2	102.9	1.0	1.1	0.8	0.3
1372.9	345.4	175.8	157.2	137.1	121.0	3.9	2.3	2.8	2.5
1099.3	77.1	79.6	77.9	80.2	86.6	-0.8	0.4	-0.6	-1.5
1283.9	134.0	113.9	108.1	104.6	103.7	0.9	1.0	0.7	0.2
1188.3	137.3	114.8	108.3	103.8	102.0	1.0	1.3	0.9	0.2
1184.7	181.5	128.1	115.1	111.6	113.8	1.9	2.2	0.6	-0.4
244.9	107.6	66.2	63.8	92.8	102.2	0.2	0.7	-7.2	-1.9
20.8		136.9	148.6	163.9	116.9		-1.6	-1.9	6.9
11672.00	4183.6	1365.7	837.4	495.6	224.9	12.4	10.3	11.1	17.1
1095.28	728.1	285.4	234.3	171.9	125.1	6.4	4.0	6.4	6.6
6367.69	5618.2	2357.9	1288.4	753.3	278.7	13.4	12.8	11.3	22.1
4209.02	8619.3	1577.4	838.6	441.8	201.2	14.9	13.5	13.7	17.0
8971.63		12677.2	3285.6	2084.4	333.8		31.0	9.5	44.2
4191.07		7382.5	1995.7	1523.7	254.8		29.9	5.5	43.0
108.74		3553.6	976.1	400.5	264.3		29.5	19.5	8.7
105.44		963.8	239.1	204.2	125.1		32.1	3.2	10.3
1738.14	25173.7	5270.3	3977.4	1570.4	518.7	18.9	5.8	20.4	24.8
2273.50	12165.0	3733.2	2225.0	870.9	309.5	16.2	10.9	20.6	23.0
103.0	419.2	209.1	119.2	116.3	112.7	4.6	11.9	0.5	0.6
103.2		267.4	144.4	128.0	115.5		13.1	2.5	2.0
111.4							15.5	-3.6	
49740.18	4645.9	1762.8	1071.9	1058.0	260.7	12.7	10.5	0.3	32.3
18882.66		779.1	577.7	479.6	175.0		6.2	3.8	22.3

2-3 续表 1

指 标	Item	总量指标 1978	1990	1995	2000	2005
产 业	**Industry**					
农林牧渔业	**Farming, Forestry, Animal Husbandry & Fishery**					
耕地面积(万公顷)	Cultivated Areas(10 000 hectares)	532.60	496.6	549.1	731.70	735.50
从业人员(万人)	Persons Engaged in (10 000 persons)	393.80	477.5	503.0	524.30	529.18
总产值(亿元)	Gross Output(100 million yuan)	28.35	156.92	373.59	543.16	980.21
主要农畜产品产量	Output of Major Farm & Livestock					
粮食(万吨)	Grain(10 000 tons)	499.00	972.97	1055.40	1241.90	1662.20
油料(万吨)	Oil Bearing Crops(10 000 tons)	12.50	69.38	70.20	116.40	122.20
甜菜(万吨)	Beet Roots(10 000 tons)	43.10	236.44	263.50	141.30	138.30
造林面积(万公顷)	Forested Areas(10 000 hectares)	29.79	29.75	40.25	58.90	38.38
肉类(万吨)	Meat(10 000 tons)		53.61	81.89	143.40	229.91
牛奶(万吨)	Cow milk(10 000 tons)		36.95	48.57	79.80	691.08
羊毛(万吨)	Wool(10 000 tons)		6.15	5.99	6.85	10.25
羊绒(吨)	Cashmere(ton)		2076	3114	3815	6646
水产品(万吨)	Aquatic Products(10 000 tons)	1.50	3.04	4.76	7.21	8.26
六月末牲畜总数(万头只)	Livestock(10 000 heads)	4162.3	5307.5	6065.7	7300.47	10615.3
大牲畜(万头)	Large Animals(10 000 heads)	697.5	784.5	783.8	803.31	934.20
羊(万只)	Sheep and Goats(10 000 heads)	2860.5	3955.2	4302.5	5406.23	8713.00
生猪(万口)	Hogs(10 000 heads)	604.30	567.2	979.4	1090.92	968.10
工业生产	**Industrial Production**					
工业总产值(亿元)	Gross Output(100 million yuan)	52.96	263.33	626.52	1202.85	3861.58
轻工业(亿元)	Light Industry(100 million yuan)	22.05	108.51	215.92	464.26	1171.70
重工业(亿元)	Heavy Industry(100 million yuan)	30.91	154.82	410.61	738.59	2689.88
工业增加值(亿元)	Value Added(100 million yuan)	21.84	87.18	254.88	484.19	1477.88
主要工业产品产量	Output of Industrial Products					
原煤(万吨)	Raw Coal(10 000 tons)	2194	4762	7055	7247	25608
原油(万吨)	Crude Oil(10 000 tons)				90.50	146.92
原盐(万吨)	Raw Salt(10 000 tons)	65.18	93.28	76.13	126.68	215.84
发电量(亿千瓦小时)	Electricity(100 million kwh)	37.38	169.54	278.54	439.21	1056.59
糖(包括土糖)(万吨)	Sugar(10 000 tons)	4.23	16.37	17.07	12.04	14.75
乳制品(万吨)	Dairy Products(10 000 tons)	0.31	2.2	3.03	6.65	307.53
呢绒(万米)	Woolen Fabric(10 000 m)	336.80	1041.85	1477.00	421.20	611.76
服装(万件)	Garments(10 000 units)		1046	4868	1794.70	1980.72
机制纸及纸板(万吨)	Machine Made Paper(10 000 tons)	4.25	13.59	19.15	12.19	25.74
水泥(万吨)	Cement(10 000 tons)	91.91	227.97	349.27	630.00	1632.25
钢(万吨)	Steel(10 000 tons)	99	273.01	355.36	423.59	805.49
生铁(万吨)	Pig Iron(10 000 tons)	107	280.66	345.78	440.83	922.69
成品钢材(万吨)	Steel Products(10 000 tons)	36.23	175.47	257.77	378.91	747.77
电视机(万台)	Television Sets(10 000 sets)	0.10	38.45	32.68	51.80	239.09
建筑业	**Construction**					
建筑业从业人数(万人)	Employed Persons(10 000 persons)		27.02	30.98	35.30	26.35
建筑企业总产值(亿元)	Gross output Value(100 million yuan)		27.89	85.52	138.80	381.30
施工房屋面积(万平方米)	Building Floor Space(10 000 sq. m)		1490.00	1010.92	1816.94	2958.88
竣工房屋面积(万平方米)	Completed Floor Space(10 000 sq. m)		1159.80	511.86	1130.00	1623.38
交通运输	**Transportation**					
货运量(万吨)	Freight Traffic(10 000 tons)	8213	26676	32732	44629	73082
铁路	Railways	3861	6909	8347	9648	22060
公路	Highways	4352	19767	24384	34979	51020
空运	Civil Aviation		0.17	1.13	2.00	2.00
客运量(万人)	Passenger Traffic(10 000 persons)	3422	10475	18273	23549	32114
铁路	Railways	1753	2433	2909	3378	3259
公路	Highways	1669	8012	15248	20061	28604
空运	Civil Aviation		30	116	110	251

continued

Aggregate Data	速度指标(%) Indices and Growth Rates(%)								
2010	指数(2010 年比以下各年) Index(2010 as Percentage of the following years)					平均增长速度 Average Annual Growth Rate			
	1978	1990	1995	2000	2005	1979 - 2010	1991 - 1995	1996 - 2000	2001 - 2005
714.90	134.2	144.0	130.2	97.7	97.2	0.9	2.0	5.9	0.1
540.53	137.3	113.2	107.5	103.1	102.1	1.0	1.0	0.8	0.2
1843.57	735.7	328.4	260.7	183.2	126.2	6.4	4.7	7.3	7.7
2158.20	432.5	221.8	204.5	173.8	129.8	4.7	1.6	3.3	6.0
128.10	1024.8	184.6	182.5	110.1	104.8	7.5	0.2	10.6	1.0
161.00	373.5	68.1	61.1	113.9	116.4	4.2	2.2	-11.7	-0.4
65.33	219.3	219.6	162.3	110.9	170.2	2.5	6.2	7.9	-8.2
238.71		445.3	291.5	166.5	103.8		8.8	11.8	9.9
905.15		2449.7	1863.6	1134.3	131.0		5.6	10.4	54.0
12.00		195.1	200.3	175.2	117.1		-0.5	2.7	8.4
8104		390.4	260.2	212.4	121.9		8.4	4.1	11.7
11.38	758.7	374.3	239.1	157.8	137.8	6.5	9.4	8.7	2.8
10798.5	259.4	203.5	178.0	147.9	101.7	3.0	2.7	3.8	7.8
1140.1	163.5	145.3	145.5	141.9	122.0	1.5	-0.02	0.5	3.1
8408	293.9	212.6	195.4	155.5	96.5	3.4	1.7	4.7	10.0
1250.50	206.9	220.5	127.7	114.6	129.2	2.3	11.5	2.3	-2.4
16020	7212.8	2449.6	1401.2	799.1	297.8	14.3	11.8	11.9	21.8
4645.8	7162.5	2304.0	1366.0	667.6	252.3	14.3	11.0	15.4	21.5
11374	6584.1	2341.3	1297.0	842.4	314.3	14.0	12.5	9.0	21.8
5618.40	5850.7	2450.9	1408.2	778.4	294.4	13.6	11.7	12.6	21.5
78913	3596.8	1657.3	1118.5	1088.9	308.2	11.8	8.2	0.5	28.7
182.91				202.1	124.5				10.2
278.42	427.2	298.5	365.7	219.8	129.0	4.6	-4.0	10.7	11.2
2483.90	6645.0	1465.1	891.8	565.5	235.1	14.0	10.4	9.5	19.2
12.04	284.6	73.5	70.5	100.0	81.6	3.3	0.8	-6.7	4.1
345.36	111406.5	15698.2	11398.0	5193.4	112.3	24.5	6.6	17.0	115.3
1257.94	373.5	120.7	85.2	298.7	205.6	4.2	7.2	-22.2	7.8
3676.37		351.5	75.5	204.8	185.6		36.0	-18.1	2.0
28.84	678.6	212.2	150.6	236.6	112.0	6.2	7.1	-8.6	16.1
5454.30	5934.4	2392.6	1561.6	865.8	334.2	13.6	8.9	12.5	21.0
1232.84	1245.3	451.6	346.9	291.0	153.1	8.2	5.4	3.6	13.7
1358.97	1270.1	484.2	393.0	308.3	147.3	8.3	4.3	5.0	15.9
1341.41	3702.5	764.5	520.4	354.0	179.4	11.9	8.0	8.0	14.6
204.37	204370.0	531.5	625.4	394.5	85.5	26.9	-3.2	9.7	35.8
44.34		164.1	143.1	125.6	168.3		2.8	2.6	-5.7
1125.58		4035.8	1316.2	810.9	295.2		25.1	10.2	22.4
7577.89		508.6	749.6	417.1	256.1		-7.5	12.4	10.2
3805.24		328.1	743.4	336.7	234.4		-15.1	17.2	7.5
132205	1609.7	495.6	403.9	296.2	180.9	9.1	4.2	6.4	10.6
47040	1218.3	680.9	563.6	487.6	213.2	8.1	3.9	2.9	18.0
85162	1956.8	430.8	349.3	243.5	166.9	9.7	4.3	7.5	7.8
3.11		1829.4	275.2	155.5	155.5		46.1	12.1	
24343	711.4	232.4	133.2	103.4	75.8	6.3	11.8	5.2	6.4
4136	235.9	170.0	142.2	122.4	126.9	2.7	3.6	3.0	-0.7
19830	1188.1	247.5	130.0	98.8	69.3	8.0	13.7	5.6	7.4
377		1256.7	325.0	342.7	150.2		31.1	-1.1	17.9

2-3 续表 2

指 标	Item	总量指标				
		1978	1990	1995	2000	2005
邮电通信业	**Postal & Telecoms Services**					
邮电业务总量(亿元)	Total Revenue(100 million yuan)	0.42	2.12	9.66	56.25	199.72
函 件(万件)	Letters Delivered(10 000 pieces)	6658	8080	16728	9677	3143
报刊期发数(万份)	Newspapers and Magazines Distributed(10 000 copies)	253	346	486	395	194
局用交换机容量(万门)	Capacity of office Telephone Exchange(10 000 lines)	5.08	24.13	105.92	254.30	430.45
电话机(万部)	Telephone sets(10 000 units)	9.96	29.66	85.49	322.20	1254.30
国内贸易	**Domestic Trade**					
社会消费品零售总额(亿元)	Total Retail Sales of Consumer Goods(100 million yuan)	36.83	130.58	313.31	608.55	1358.1
对外经济贸易	**Foreign Trade**					
进出口总额(亿美元)	Exp. & Imp. (USD100 million)	0.16	4.84	11.23	20.36	51.62
进口额	Imports	0.05	1.60	5.15	10.14	30.97
出口额	Exports	0.11	3.25	6.08	10.22	20.65
实际利用外资额(万美元)	Amount of Foreign Capital Actually Utilized(USD 10 000)		2530	10838	54819	140007
国际旅游	**International Tourism**					
来华旅游人数(万人)	Tourists(10 000 persons)		2.04	30.09	39.19	100.16
旅游外汇收入(万美元)	Earnings (USD 10 000)		648	9052	12645	35207
金融保险	**Finance and Insurance**					
金融机构各项存款(亿元)	Deposits of Banking (100 million yuan)	16.47	169.77	566.34	1270.13	3298.15
金融机构各项贷款(亿元)	Loans of Banking (100 million yuan)	40.33	272.92	819.87	1340.74	2588.57
中资保险公司保险金额(亿元)	Amount Insured (100 million yuan)			1426	1624	10504
中资保险公司保费收入(亿元)	Insurance Premium (100 million yuan)			9.11	24.63	60.87
中资保险公司赔款及给付(亿元)	Chaim and Paymen (100 million yuan)			4.87	7.92	10.76
教育、科技、文化	**Education, Sci., Tech & Culture**					
教育	**Education**					
专任教师数(人)	Full - teachers(person)					
普通高等学校	Higher Education	2949	6755	7070	8856	16189
中等学校	Secondary Schools	81208	96166	98437	101036	107704
小学	Primary Schools	121364	153799	153461	129242	118988
在校学生数(人)	Students Enrollment(person)					
普通高等学校	Higher Education	12567	32428	37248	71967	229354
中等学校	Secondary Schools	1624573	1234474	1304852	1621258	1798804
小学	Primary Schools	2917772	2342865	2343129	2015076	1596381
教育经费支出(亿元)	Expenditures(100 million yuan)			31.7	55.28	116.22
科技	**Science and Technology**					
研究与发展经费支出(万元)	Expenditures on R&D (10 000 yuan)			2023	24605.8	113208
技术市场成交额(万元)	Transaction in Technical Markets(10 000 yuan)			25000	60287	310620
文化	**Culture**					
出版数量	Publications					
图书(万册·张)	Books(10 000 copies)	3200	7948	6560	7423.34	8888.15
杂志(万册)	Magazines(10 000 copies)		1264.00	1036.00	1585.46	1384.00
报纸(万份)	Newspapers(10 000 copies)		16192.00	16286.00	17967.23	61819.00
电视节目制作时间(小时)	Time for TV Programs(hours)			9843.00	12916.00	71091.00

continued

Aggregate Data	速度指标(%) Indices and Growth Rates(%)								
2010	指数(2010年比以下各年) Index(2010 as Percentage of the following years)					平均增长速度 Average Annual Growth Rate			
	1978	1990	1995	2000	2005	1979 – 2010	1991 – 1995	1996 – 2000	2001 – 2005
201.77	48040.5	9517.5	2088.7	358.7	101.0	21.3	35.4	42.2	37.5
3389	50.9	41.9	20.3	35.0	107.8	-2.1	15.7	-10.4	-20.1
242	95.7	69.9	49.8	61.3	124.7	-0.1	7.0	-4.1	-13.3
711.00	13996.1	2946.5	671.3	279.6	165.2	16.7	34.4	19.1	11.1
2448.00	24578.3	8253.5	2863.5	759.8	195.2	18.8	23.6	30.4	31.2
3384.00	9188.2	2591.5	1080.1	556.1	249.2	15.2	19.1	14.2	17.2
87.19	54493.8	1801.4	776.4	428.2	168.9	21.8	18.3	12.6	20.5
53.84	107680.0	3365.0	1045.4	531.0	173.8	24.4	26.3	14.5	25.0
33.35	30318.2	1026.2	548.5	326.3	161.5	19.6	13.3	10.9	15.1
355876		14066.2	3283.6	649.2	254.2		33.8	38.3	20.6
142.80		7000.0	474.6	364.4	142.6		71.3	5.4	20.6
60190		9288.5	664.9	476.0	171.0		69.4	6.9	22.7
10278.69	62408.6	6054.5	1814.9	809.3	311.7	22.3	27.2	17.5	21.0
7919.47	19636.7	2901.8	965.9	590.7	305.9	17.9	24.6	10.3	14.1
37989			2664.0	2338.8	361.7			2.6	45.3
198.84			2182.7	807.3	326.7			22.0	19.8
59.45			1220.7	750.6	552.5			10.2	6.3
23332	791.2	345.4	330.0	263.5	144.1	6.7	0.9	4.6	12.8
110137	135.6	114.5	111.9	109.0	102.3	1.0	0.5	0.5	1.3
113546	93.6	73.8	74.0	87.9	95.4	-0.2	-0.04	-3.4	-1.6
371388	2955.3	1145.3	997.1	516.1	161.9	11.2	2.8	14.1	26.1
1648686	101.5	133.6	126.4	101.7	91.7	0.0	1.1	4.4	2.1
1430751	49.0	61.1	61.1	71.0	89.6	-2.2	0.002	-3.0	-4.6
357.09			1126.5	646.0	307.3			11.8	16.0
637205			31498.0	2589.7	562.9			64.8	35.7
868893			3475.6	1441.3	279.7			19.2	38.8
6069.00	189.7	76.4	92.5	81.8	68.3	2.0	-3.8	2.5	3.7
1437.00		113.7	138.7	90.6	103.8		-3.9	8.9	-2.7
27050.00		167.1	166.1	150.6	43.8		0.1	2.0	28.0
64697.00			657.3	500.9	91.0			5.6	40.6

2-3 续表 3

指 标	Item	总量指标				
		1978	1990	1995	2000	2005
家庭、生活、环境	**Family, Livelihood & Environment**					
家庭	**Family**					
城镇居民平均每户家庭人口(人)	Average Household Size in Urban Areas(person)		3.73	3.34	3.08	3.00
农村居民平均每户家庭人口(人)	Average Household Size in Rural Areas(person)	5.78	5.00	4.50	4.10	3.78
婚姻	**Marriages and Divorces**					
结婚数(万对)	Number of Marriages(10 000 couples)		15.88	17.35	15.20	15.45
离婚数(万对)	Number of Divorces(10 000 couples)		2.19	2.75	3.25	3.92
居住	**Housing**					
城市居民人均居住面积(平方米)	Per Capita Net Floor Space of Urban Residents(sq. m)	3.50	8.98	12.06	15.54	26.09
农村居民人均居住面积(平方米)	Per Capita Net Floor Space of Rural Residents(sq. m)		11.90	15.29	17.00	19.70
生活	**People's Livelihood**					
城镇居民人均可支配收入(元)	Per Capita Annual Income of Urban Households(yuan)	301.01	1155.00	2845.72	5129.10	9136.80
农村牧区居民人均纯收入(元)	Per Capita Net Income of Rural Residents(yuan)	131.37	647.45	1300.00	2038.21	2988.87
农民人均纯收入(元)	Farmers(yuan)	126.07	607.15	1208.38	1869.00	2813.35
牧民人均纯收入(元)	Herdsmen(yuan)	188.00	905.67	1870.97	3355.00	4341.18
城乡储蓄存款余额(亿元)	Amount of Saving Deposits in Urban & Rural(100 million yuan)	2.53	93.44	410.82	875.74	1973.60
工资和福利	**Wages and Welfare**					
工资总额(亿元)	Total Wages(100 million yuan)	14.98	66.22	156.12	185.96	387.73
职工平均工资(元)	Average Wage of Staff & Workers(yuan)	712	1846	4134	6974	15985
卫生	**Health Care**					
医院、卫生院(个)	Number of Hospitals(unit)	1723	1856	2003	1988	1834
医生(人)	Number of Doctors(person)	26724	41453	49345	52299	50308
医院、卫生院床位数(张)	Number of Hospital Beds(unit)	24079	57558	61933	63156	64002
市政建设	**City Construction**					
自来水供应量(亿吨)	Tap Water Supply(100 million tons)	0.88	1.88	6.32	6.18	6.11
下水道长度(公里)	Length of Sewer Pipelines(km)		1751	2156	2693	4505
城市煤气和天然气供气量(万立方米)	Volume of Coal & Natural Gas Supply in Urban Areas(10 000 cu. m)		2581	5694	7485	16330
公共汽车总数(辆)	Total Number of Public Buses(unit)	425	911	2078	2128	3594
铺装道路长度(公里)	Length of Paved Roads(km)	677	1509	2229	2771	3867
绿地面积(公顷)	Areas of Green Land(hectare)	2143	7132	13394	16541	24632
环境、灾害	**Environment and Disaster**					
污染治理项目本年完成投资额(亿元)	Investment of Pollution Treatment in the Year(100 million yuan)				5.59	2.57
火灾发生数(起)	Number of Fire Disasters(times)				2096	5422
火灾损失(万元)	Fire Loss(10 000 yuan)				1365	1687
交通事故发生数(起)	Number of Traffic Accidents(times)				9521	8452
交通事故损失(万元)	Loss of Traffic Accidents(10 000 yuan)				2539	2785

continued

Aggregate Data	速度指标(%) Indices and Growth Rates(%)								
2010	指数(2010年比以下各年) Index(2010 as Percentage of the following years)					平均增长速度 Average Annual Growth Rate			
	1978	1990	1995	2000	2005	1979 - 2010	1991 - 1995	1996 - 2000	2001 - 2005
2.82		75.6	84.4	91.6	94.0		-2.2	-1.6	-0.5
3.47	60.0	69.4	77.1	84.6	91.8	-1.6	-2.1	-1.4	-1.6
20.26		127.6	116.8	133.3	131.1		1.8	-2.6	0.3
5.72		261.2	208.0	176.0	145.9		4.7	3.4	3.8
29.84	852.6	332.3	247.4	192.0	114.4	6.9	6.1	5.2	10.9
22.10		185.7	144.5	130.0	112.2		5.1	2.1	3.0
17698.15	1071.3	565.0	438.9	277.7	169.4	13.6	19.8	12.5	12.2
5529.59	834.5	372.0	304.6	204.2	158.6	12.4	15.0	9.4	8.0
5221.62	716.0	344.1	298.1	210.1	159.3	12.3	14.8	9.1	8.5
7851.45	810.3	331.0	277.4	178.4	155.0	12.4	15.6	12.4	5.3
4618.11	182534.0	4942.3	1124.1	527.3	234.0	26.4	34.5	16.3	17.6
879.8	5873.2	1328.6	563.5	473.1	226.9	13.6	18.7	3.6	15.8
35507	4986.9	1923.5	858.9	509.1	222.1	13.0	17.5	11.0	18.0
1807	104.9	97.4	90.2	90.9	98.5	0.1	1.5	-0.2	-1.6
54161	202.7	130.7	109.8	103.6	107.7	2.2	3.5	1.2	-0.8
71435	296.7	124.1	115.3	113.1	111.6	3.5	1.5	0.4	0.3
6.28	713.6	334.0	99.4	101.6	102.8	6.3	27.4	-0.4	-0.2
8514		486.2	394.9	316.2	189.0		4.2	4.5	10.8
72560		2811.3	1274.3	969.4	444.3		17.1	5.6	16.9
5771	1357.9	633.5	277.7	271.2	160.6	8.5	17.9	0.5	11.1
6447	952.2	427.2	289.2	232.6	166.7	7.3	8.1	4.4	6.9
38143	1779.9	534.8	284.8	230.6	154.9	9.4	13.4	4.3	8.3
11.18				200.0	435.0				-14.4
8741				417.0	161.2				20.9
5195				380.6	307.9				4.3
4780				50.2	56.6				-2.4
2346				92.4	84.2				1.9

2-4 国民经济和社会发展结构

Structural Indicators on National Economic and Social Development

单位:% (%)

指标	Item	1985	1990	1995	2000	2005	2010
人口城乡结构	**Urban and Rural Structure of Population**						
城镇	Urban	43.4	36.1	38.2	42.2	47.2	55.5
乡村	Rural	56.6	63.9	61.8	57.8	52.8	44.5
人口性别结构	**Sexual Structure of Population**						
男	Male	51.8	52.1	52.0	51.7	51.5	51.9
女	Female	48.2	47.9	48.0	48.3	48.5	48.1
就业产业结构	**Industrial Structure of Employment**						
第一产业	Primary Industry	60.4	55.8	52.1	52.2	53.8	48.2
第二产业	Secondary Industry	20.4	21.8	21.9	17.1	15.6	17.4
第三产业	Tertiary Industry	19.2	22.4	26.0	30.7	30.5	34.4
生产总值三次产业结构	**Industrial Structure of GDP**						
第一产业	Primary Industry	32.7	35.3	30.4	22.8	15.1	9.4
第二产业	Secondary Industry	34.8	32.1	36.0	37.9	45.4	54.5
第三产业	Tertiary Industry	32.5	32.6	33.6	39.3	39.5	36.1
国民总支出中总投资和总消费结构	**Investment and Consumption as Percentage of National Expenditures**						
总投资	Investment	37.6	39.0	43.5	41.7	72.9	77.3
总消费	Consumption	77.5	67.9	62.9	56.8	46.3	39.5
工农业总产值中农、轻、重结构	**Structure of Gross Output Value of Agriculture, Light Industry and Heavy Industry**						
农业	Agriculture	39.3	37.3	38.2	31.1	20.2	10.3
轻工业	Light Industry	24.5	25.8	21.6	27.0	24.2	26.0
重工业	Heavy Industry	36.2	36.9	45.3	43.0	55.6	63.7
农、林、牧、渔业产值结构	**Structure of Gross Output Value of Agriculture**						
农业	Farming	63.9	65.7	62.0	56.8	48.3	48.8
林业	Forestry	6.6	4.0	3.2	4.3	4.1	4.2
牧业	Animal Husbandry	29.2	29.6	34.0	37.8	45.4	44.6
渔业	Fishery	0.6	0.7	0.8	1.1	0.7	0.9
工业总产值中轻、重工业结构	**Structure of Gross Output Value of Industry**						
轻工业	Light Industry	40.3	41.2	34.5	38.6	30.3	29.0
重工业	Heavy Industry	59.7	58.8	65.5	61.4	69.7	71.0
固定资产投资额三次产业投资结构	**Type of Industry as Percentage of Total Investment in FixedAssets Capital Construction**						
第一产业	Primary Industry	9.3	7.6	8.6	11.1	5.2	5.4
第二产业	Secondary Industry	49.0	57.3	64.8	34.3	58.9	55.2
第三产业	Tertiary Industry	41.7	35.1	26.6	54.6	35.9	39.4
教育经费占财政支出的比例	**Educational Expenses as Percentage in Financial Expenditures**	**13.4**	**14.1**	**16.2**	**11.6**	**10.7**	**14.2**

2-4 续表 continued

单位:%　　　　　　　　　　　　　　　　　　　　　　　　(%)

指标	Item	1985	1990	1995	2000	2005	2010
建筑业总产值结构	**Structure of Gross Output Value of Construction Enterprises**						
土木工程建筑业	Civil Engineering Construction	95.7	96.9	90.0	90.1	94.7	94.6
线路管道设备安装业	Line and Equipment Installation	4.3	3.1	9.5	9.3	4.5	4.5
建筑物装修装饰业	Building Decoration			0.5	0.6	0.8	0.9
货运量结构(按运输方式分)	**Structure of Freight Traffic by Means of Transportation**						
铁路	Railways	48.0	26.0	27.5	21.6	30.2	35.6
公路	Highways	52.0	74.0	72.5	78.4	69.8	64.4
航空	Civil Aviation						
管道	Pipelines						
社会消费品零售总额构成	**Composition of Retail Sales of Consumer Goods**						
市	Cities	50.0	55.0	58.0	60.0	66.9	
县	Counties	27.0	25.9	24.0	24.0	20.7	
县以下	Below Counties	23.0	19.1	18.0	16.0	12.4	
学校在校学生结构	**Structure of Student Enrollment**						
大学生	College and University Students	0.8	0.9	1.0	4.8	6.3	10.7
中学生	Secondary School Students	32.7	34.2	35.4	40.9	49.6	47.8
小学生	Primary School Students	66.5	64.9	63.6	54.3	44.1	41.5
科技经费内部支出结构	**Structure of Internal Expenditures on Scientific and Technological Activities**						
#劳务费	Service Fees				44.6	19.7	
研究与发展经费支出	Expenditures of Research and Development				35.6	34.0	
城镇居民消费结构	**Consumption Structure of Urban Residents**						
食品类	Food	46.1	48.3	48.4	34.5	31.4	30.1
衣着类	Clothing	20.0	16.5	16.3	14.3	15.1	15.7
用品及其他	Articles for Daily Use and Others	33.9	35.2	29.0	42.6	43.1	44.3
居住	Residence			6.3	8.6	10.4	9.9
农牧民消费结构	**Consumption Structure of Rural Residence**						
食品类	Food			59.7	44.8	43.1	37.5
衣着类	Clothing			7.3	6.9	6.1	7.1
用品及其他	Articles for Daily Use and Others			19.7	32.9	37.1	38.5
居住	Residence			13.3	15.4	13.7	16.9
卫生技术人员结构	**Medical Technical Personnel**						
医生	Doctors	41.9	42.8	48.3	51.9	41.5	44.0
护师、护士	Nurses	14.5	22.9	24.1	25.6	22.3	30.6

2-5 国民经济和社会发展比例和效益
Indicators on Proportions and Efficiency in National Economic and Social Development

指标	Item	1990	1995	2000	2005	2010
人口与就业	**Population and Employment**					
人口	Population					
出生率(‰)	Birth Rate(‰)	21.2	17.2	12.1	10.1	9.3
死亡率(‰)	Death Rate(‰)	7.2	6.7	5.9	5.5	5.5
自然增长率(‰)	Natural Growth Rate(‰)	14.0	10.5	6.1	4.6	3.8
就业	Employment					
就业者负担人数(人)	Dependency Ratio(person)	1.89	1.86	1.92	1.91	1.94
三次产业从业者比例(以第一产业为100)	Employment Ratio by type of Industry (Employment in Primary industry = 100)					
第一产业	Primary Industry	100	100	100	100	100
第二产业	Secondary Industry	39.1	41.9	33.0	29.0	36.1
第三产业	Tertiary Industry	40.3	50.0	58.8	56.7	71.4
城镇登记失业率(%)	Unemployment Rate in Urban Areas(%)	3.49	3.17	3.34	4.26	3.90
宏观经济	**Macro Economy**					
国民经济核算	National Accounting					
三次产业增加值比例(以第一产业为100)	Ratio of Value-added by Type of Industry (Value added in Primary industry = 100)					
第一产业	Primary Industry	100	100	100	100	100
第二产业	Secondary Industry	91.0	118.7	166.1	300.8	581.4
第三产业	Tertiary Industry	92.7	110.7	172.7	260.0	384.3
人均生产总值(元)	Per Capita GDP(yuan)	1478	3772	6502	16371	47712
固定资产投资	Investment in Fixed Assets					
全社会固定资产投资占生产总值比例(%)	Proportion of Investment in Fixed Assets to GDP(%)	22.2	31.9	28.0	68.8	76.9
全社会房屋建筑面积竣工率(%)	Rate of Total Floor Space of Buildings Completed in Construction(%)	77.8	80.7	75.5	53.5	50.2
财政	Finance					
地方财政总收入占生产总值比例(%)	Proportion of Local Government Revenue to GDP(%)	10.3	5.1	7.2	8.6	14.9
地方财政总支出占生产总值比例(%)	Proportion of Local Government Expenditures to GDP(%)	19.1	11.9	17.0	18.8	19.5
能源生产与消费	Production and Consumption of Energy					
能源生产弹性系数	Elasticity Ratio of Energy Production	0.66	1.61	0.27	0.94	1.59
能源消费弹性系数	Elasticity Ratio of Energy Consumption	1.09	1.61	0.77	1.13	0.64
每万元生产总值消耗的能源(吨标准煤)	Energy Consumption Per 10 000 yuan GDP(ton of SCE)	7.59	3.81	2.31	2.48	1.92

2－5 续表 1 continued

指 标	Item	1990	1995	2000	2005	2010
产 业	**Industrial**					
农牧业	Agriculture					
人均耕地面积(公顷)	Per Capita Cultivated Land(hectare)	0.23	0.24	0.31	0.31	0.30
农业从业者人均耕地面积(公顷)	Cultivated Land per Agricultural Laborer(hectare)	1.06	1.10	1.39	1.65	1.59
每公顷耕地农业机械总动力(千瓦)	Total Power of Agricultural Machinery per Hectare of Cultivated Land(kw)	1.53	1.64	1.85	2.61	4.24
每公顷耕地用电量(万千瓦小时)	Electric Power Consumption per Hectare of Cultivated Land(10 000 kwh)	229	305	291	398	677
每公顷耕地化肥用量(千克)	Chemical Fertilizer Consumption per Hectare of Cultivated Land(kg)	70	98	102	159	248
每公顷耕地生产的农业产值(元)	Agricultural Output Value per Hectare of Cultivated Land(yuan)	2077	4210	4214	6443	12595
农业从业者人均农产品产量(千克)	Output of Farm products per Agricultural Laborer(kg)					
粮 食	Grain	2070	2105	2366	3719	4813
油 料	Oil－bearing Crops	148	140	222	273	286
甜 菜	Beet Roots	503	525	269	309	359
肉 类	Meat	114	163	273	514	532
每公顷播种面积农产品产量(千克)	Output of Farm Crops per Hectare of Sown Area(kg)					
粮 食	Grain	2511	2547	2800	3800	3925
油 料	Oil－bearing Crops	1340	1260	1324	1759	1848
甜 菜	Beet Roots	24884	18821	23998	36328	43707
建筑业	Construction					
技术装备率(元/人)	Machinery per Laborer(yuan/person)	2434	3053	5844	11822	11379
产值利税率(%)	Ratio of Per－tax Profits to Gross Output Value(%)	6.2	3.6	4.2	8.3	11.6
全员劳动生产率(元/人)(按总产值计算)	Overall Labor Productivity(yuan/person)(in terms of gross output value per employee)	1369	28440	39319	81750	151321
交通运输业	Transportation					
铁路网密度(公里/万平方公里)	Railway Density(km/10 000 sq. km)	47	49	61	65	66
公路网密度(公里/万平方公里)	Highway Density(km/10 000 sq. km)	366	378	569	1052	1336
铁路货运密度(吨/公里)	Railway Freight Traffic Density(ton/km)	12338	14391	14705	29186	60300
公路货运密度(吨/公里)	Highway Freight Traffic Density(ton/km)	4597	5443	5194	6456	5390
邮电通信业	Postal & Telecommunications Services					
固定电话普及率(部/百人)	Access to Telephones(set/100 persons)	0.8	2.9	8.7	22.7	16.8
移动电话普及率(部/百人)	Access to Mobile Phones(set/100 persons)		0.1	4.9	29.9	82.5
国内贸易	Domestic Trade					
人均社会消费品零售额(元)	Per Capita Retail Sales of Consumer Goods(yuan)	610	1298	2045	5635	13833
对外经济贸易	Foreign Trade					
进出口总额占生产总值比例(%)	Proportion of Total Imports & Exports to GDP(%)	7.9	10.9	11.0	10.7	4.9

2-5 续表 2 continued

指 标	Item	1990	1995	2000	2005	2010
金融保险	Finance and Insurance					
金融机构存款占生产总值比例(%)	Bank Deposits as Percentage of GDP(%)	53.2	66.1	82.5	84.5	88.1
金融机构贷款占生产总值比例(%)	Bank Loans as Percentage of GDP(%)	85.5	95.7	87.1	66.3	67.9
教育、科技、文化	**Education, Science, Tech & Culture**					
教育	Education					
学龄儿童入学率(%)	Rate of School - age Children Enrollment(%)	97.9	98.9	99.5	99.4	100.0
小学升学率(%)	Rate of Graduates of primary Schools Entering Junior Secondary Schools(%)	81.8	90.0	96.1	100.0	100.2
初中升学率(%)	Rate of Graduates of Junior Secondary Schools Entering Senior Secondary Schools(%)	42.1	48.6	60.2	73.0	91.5
学校教师负担系数(%)	Student - teacher Ratio(in percentage)(%)					
高等学校	Colleges and Universities	4.8	5.3	8.1	14.2	15.9
中等学校	Secondary Schools	12.7	13.2	16.1	16.7	15.0
小学学校	Primary Schools	15.2	15.3	15.6	13.4	12.6
科技	Science and Technology					
研究与开发经费支出占生产总值比例(%)	R&D Expenditures as Percentage of GDP(%)		0.09	0.16	0.29	0.55
文化	Culture					
每百万人有艺术表演团体(个)	Number of Troupes per Million Persons(unit)	5.8	5.2	4.9	4.6	4.4
每百万人有公共图书馆(个)	Number of Public Libraries per million Persons(unit)	4.9	4.7	4.6	4.6	4.6
每百万人有博物馆(个)	Number of Museums per million Persons (unit)	0.5	0.7	1.1	1.4	2.2
家庭、生活、环境	**Family, People's Livelihood & Environment**					
家庭	Family					
负担少儿系数(%)	Dependency Ratio of Children(%)	42.1	38.2	29.0	22.4	18.0
负担老年系数(%)	Dependency Ratio of the Aged(%)	5.9	6.8	7.3	8.8	9.7
卫生	Health Care					
每万人医院数(个)	Number of Hospitals per 10 000 Persons(unit)	0.9	0.9	0.9	0.8	0.8
每万人医生数(个)	Number of Doctors per 10 000 Persons(unit)	19	22	22	21	22
每万人医院床位数(张)	Number of Hospital Beds per 10 000 Persons (unit)	26.6	27.3	28.2	29.1	40.8
市政建设	City Construction					
城市自来水普及率(%)	Percentage of Households with Access to Tap Water(%)	73.4	80.7	89.1	83.9	88.0
城市用气普及率(%)	Percentage of Households with Access to Tap Gas(%)	16.8	40.5	58.6	68.2	79.3
每万人绿地面积(公顷)	Public Green Areas per 10 000 Persons(hectare)	3.3	5.9	7.0	7.8	12.4

主要统计指标解释

可比价格　指计算各种总量指标所采用的扣除了价格变动因素的价格,可进行不同时期总量指标的对比。按可比价格计算总量指标有两种方法:一种是直接用产品产量乘某一年的不变价格计算;另一种是用价格指数进行缩减。

不变价格　指以同类产品某年的平均价格作为固定价格,用于计算各年的产品价值。按不变价格计算的产品价值消除了价格变动因素,不同时期对比可以反映生产的发展速度,新中国成立后,随着工农业产品价格水平的变化,国家统计局先后五次制定了全国统一的工业产品不变价格和农业产品不变价格。从1952年到1957年使用1952年工(农)业产品不变价格。从1957年到1970年使用1957年不变价格,从1971年到1980年使用1970年不变价格,从1981年到1990年使用1980年不变价格,从1991年开始使用1990年不变价格。

平均增长速度　我国计算平均增长速度有两种方法:一种是习惯上经常使用的"水平法",又称几何平均法,是以间隔期最后一年的水平同基期水平对比来计算平均每年增长(或下降)速度;另一种是"累计法",又称代数平均法或方程法,是以间隔期内各年水平的总和同基期水平对比来计算平均每年增长(或下降)速度。在一般正常情况下,两种方法计算的平均每年增长速度比较接近,但在经济发展不平衡、出现大起大落时,两种方法计算的结果差别较大。

本《年鉴》内所列的平均增长速度,除固定资产投资用"累计法"计算外,其余均用"水平法"计算。从某年到某年平均增长速度的年份,均不包括基期年在内。如建国四十三年的平均增长速度是以1949年为基期计算的,则写为1950－1992年平均增长速度,其余类推。

企业(单位)登记注册类型　是以在工商行政管理机关登记注册的各类企业为划分对象,以工商行政管理部门对企业登记注册的类型为依据,将企业登记注册类型分为内资企业、港澳台商投资企业和外商投资企业三大类。内资企业包括国有企业、集体企业、股份合作企业、联营企业、有限责任公司、股份有限公司、私营公司和其他企业;港澳台商投资企业和外商投资企业分别包括合资经营企业、合作经营企业、独资经营企业和股份有限公司。对不在工商行政管理部门进行登记注册的行政机关、事业单位和社会团体,主要按其经费来源和管理方式进行划分。

国有企业　指企业全部资产归国家所有,并按《中华人民共和国企业法人登记管理条例》规定登记注册的非公司制的经济组织。不包括有限责任公司中的国有独资公司。

集体企业　指企业资产归集体所有,并按《中华人民共和国企业法人登记管理条例》规定登记注册的经济组织。

股份合作企业　指以合作制为基础,由企业职工共同出资入股,吸收一定比例的社会资产投资组建,实行自主经营,自负盈亏,共同劳动,民主管理,按劳分配与按股分红相结合的一种集体经济组织。

联营企业　指两个及两个以上相同或不同所有制性质的企业法人或事业单位法人,按自愿、平等、互利的原则,共同投资组成的经济组织。联营企业包括国有联营企业、集体联营企业、国有与集体联营企业和其他联营企业。

有限责任公司　指根据《中华人民共和国公司登记管理条例》规定登记注册,由两个以上、五十个以下的股东共同出资,每个股东以其所认缴的出资额对公司承担有限责任,公司以其全部资产对其债务承担责任的经济组织。有限责任公司包括国有独资公司以及其他有限责任公司。

股份有限公司　指根据《中华人民共和国公司登记管理条例》规定登记注册,其全部注册资本由等额股份构成并通过发行股票筹集资本,股东以其认购的股份对公司承担有限责任,公司以其全部资产对其债务承担责任的经济组织。

私营企业　指由自然人投资设立或由自然人控股,以雇佣劳动为基础的营利性经济组织。包括按照《公司法》、《合伙企业法》、《私营企业暂行条例》规定登记注册的私营有限责任公司、私营股份有限公司、私营合伙企业和私营独资企业。

其他内资企业　指上述企业之外的其他内资经济组织。

与港澳台商合资经营企业　指港澳台地区投资者与内地企业依照《中华人民共和国中外合资经营企业法》及有关法律的规定,按合同规定的比例投资设立、分享利润和分担风险的企业。

与港澳台商合作经营企业　指港澳台地区投资者与内地企业依照《中华人民共和国中外合作经营企业法》及有关法律的规定,依照合作合同的约定进行投资或提供条件设立、分配利润和分担风险的企业。

港澳台商独资经营企业　指依照《中华人民共和国外资企业法》及有关法律的规定,在内地由港澳台地区投资者全额投资设立的企业。

港澳台商投资股份有限公司　指根据国家有关规定,经外经贸部依法批准设立,其中港、澳、台商的股本占公司注册资本的比例达25%以上的股份有限公司。凡其中港、澳、台商的股本占公司注册资本的比例小于25%的,属于内资企业中的股份有限公司。

中外合资经营企业　指外国企业或外国人与中国内地企业依照《中华人民共和国中外合资经营企业法》及有关法律的规定,按合同规定的比例投资设立、分享利润和分担风险的企业。

中外合作经营企业　指外国企业或外国人与中国内地企业依照《中华人民共和国中外合作经营企业法》及有关法律的规定,依照合作合同的约定进行投资或提供条件设立、分配利润和分担风险的企业。

外资企业　指依照《中华人民共和国外资企业法》及有关法律的规定,在中国内地由外国投资者全额投资设立的企业。

外商投资股份有限公司 指根据国家有关规定，经外经贸部依法批准设立，其中外资的股本占公司注册资本的比例达25%以上的股份有限公司。凡其中外资股本占公司注册资本的比例小于25%的，属于内资企业中的股份有限公司。

行政机关、事业单位和社会团体 参照企业登记注册类型，主要按其经费来源和管理方式划分。具体规定如下：

(1)行政机关：包括国家机关和政党机关，原则上均列为“国有”。但有特殊规定的，如供销社等，则列为“集体”。

(2)事业单位：包括经国家机构编制部门和有关业务主管部门批准成立的各类事业单位，不包括实行企业化管理的事业单位。事业单位的划分办法如下：

①由国家财政预算拨款或列入财政预算外资金管理以及经费主要来源于国有主管部门或国有上级单位的事业单位，列为“有”。

②经费主要来源于集体单位的事业单位，列为“集体”。

③公民个人(或个人合伙)开办的事业单位，列为“私营”。

④上述以外的其他事业单位，如果其经费来源不明确，按管理方式进行归类。

(3)社会团体：包括经民政部门批准成立以及未纳入社会团体管理条例范围的工会、妇联等各类社会团体。社会团体的划分办法如下：

①未纳入民政部社会团体管理条例范围的工会、妇联、共青团、青联、工商联、科协、侨联等社会团体，国家拨款设立的基金会或基金管理组织以及经费主要来源于国有业务主管部门或国有上级单位的社会团体，列入“国有”。

②经费主要来源于集体单位的社会团体，列为“集体”。

③公民个人(或个人合伙)开办的社会团体，划为“私营”。

④上述以外的其他社会团体，如果其经费来源不明确，改按管理方式进行归类。

Explanatory Notes on Main Statistical Indicators

Comparable Prices refer to prices that are used to remove the factors of price change in calculating economic aggregates, so as to facilitate comparison of aggregates over time. Two methods are used for calculating economic aggregates at comparable prices: 1. Multiplying the output of products by their constant prices of certain year; 2. Deflation of data at current prices by relevant price index.

Constant Price refers to the average price of a given product in certain year, which is used for comparison of output value over time. As the output value at constant prices removes the factor of price changes, it reflects the trend of production development over time. Since 1949, with the changes in general price level, the State Statistical Bureau has issued nationally unified constant prices five times; the 1952 constant prices for 1952 – 1957; the 1957 constant prices for 1957 – 1971; the 1970 constant prices for 1971 – 1980; the 1980 constant prices for 1981 – 1990; and the 1990 constant prices have been used since 1991.

Average Annual Growth Rate Two methods for calculating average annual growth rate are applied in China, one is often called "level approach" or the method of calculating geometric average, which is derived by comparing the level of the last year of the interval with that of the beginning year; the other is called accumulative approach or algebraic average or equation method, which is derived by the summation of the actual figure of each year in the interval divided by the figure in the base year.

Usually the results calculated by the two methods are fairly close, but they differed sharply when uneven economic development occurred with striking fluctuations in growth.

The average annual growth rates listed in this statistical yearbook are calculated by "level approach" except for the growth rate of investment in fixed assets. The base years are not listed when the years are listed for average annual growth rates. For instance, the average annual growth rate of 43 years since 1949 is listed as average annual growth rate of 1950 – 1992 without listing the base year 1949. And the analogy of this is also the same for the rest of the years.

Registration Status of Enterprises Enterprises are classified into 3 categories, namely domestic – funded enterprises, enterprises with investment from Hong Kong, Macao and Taiwan, and enterprises with foreign investment, in the light of the registration status of an enterprise in industrial and commercial administration agencies. Domestic funded enterprises include state owned enterprises, collective owned enterprises, cooperative enterprises, joint ownership enterprises, limited liability corporations, share holding corporations Ltd. , private enterprises and other enterprises. Included in the enterprises with investment from Hong Kong, Macao and Taiwan and enterprises with foreign investment are joint venture enterprises, cooperative enterprises, sole investment enterprises and share holding corporations Ltd. For government agencies, institutions and social organizations which are not requested to be registered in industrial and commercial administration agencies, they are classified mainly by their sources of funds and way of management.

State – owned Enterprises refer to non – corporation economic units where the entire assets are owned by the state and which have registered in accordance with the Regulation of the People's Republic of China on the Management of Registration of Corporate Enterprises. Excluded from this category are sole state funded corporations in the limited liability corporations.

Collective – owned Enterprises refer to economic units where the assets are owned collectively and which have registered in accordance with the Regulation of the People's Republic of China on the Management of Registration of Corporate Enterprises.

Cooperative Enterprises refer to a form of collective economic units (enterprises) where capitals come mainly from employees as their shares, with certain proportion of capital from the outside, where production is organized on the basis of independent operation, independent accounting for profits and losses, joint work, democratic management, and a distribution system that integrates remuneration according to work with dividend according to capital share.

Joint Ownership Enterprises refer to economic units established by two or more corporate enterprises or corporate institutions of the same or different ownership, through joint investment on the basis of equality, voluntary participation and mutual benefits. They include state joint ownership enterprises, collective joint ownership enterprises, joint state - collective enterprises, other joint ownership enterprises.

Limited Liability Corporations refer to economic units established with investment from 2 - 50 investors and registered in accordance with the Regulation of the people's Republic of China on the Management of Registration of Corporations, each investor bearing limited liability to the corporation depending on its share of investment, and the corporation bearing liability to its debt to the maximum of its total assets. Limited liability corporations include exclusive state - funded limited liability corporations and other limited liability corporations.

Share - holding Corporations Ltd refer to economic units registered in accordance with the Regulation of the People's Republic of China on the Management of Registration of Corporations, with total registered capitals divided into equal shares and raised through issuing stocks. Each investor bears limited liability to the corporation depending on the holding of shares, and the corporation bears liability to its debt to the maximum of its total assets.

Private Enterprises refer to profit - making economic units invested and established by natural persons, or controlled by natural persons using employed labour. Included in this category are private limited liability corporations, private share - holding corporations Ltd. , private partnership enterprises and private funded enterprises registered in accordance with the Corporation Law, Partnership Enterprises Law and Interim Regulations on private Enterprises.

Other Domestic - funded Enterprises refer to domestic - funded economic units other than those mentioned above.

Joint - venture Enterprises with Funds from Hong Kong, Macao and Taiwan refer to enterprises jointly established by investors from Hong Kong, Macao and Taiwan with enterprises in the mainland of China in accordance with the Law of the People's Republic of China on Sino - foreign Joint Venture Enterprises and other relevant laws, where the share of investment, profits and risks is stipulated in the contract.

Cooperative Enterprises with Funds from Hong Kong, Macao and Taiwan established by investors from Hong Kong, Macao and Taiwan with enterprises in the mainland of China in accordance with the Law of the People's Republic of China on Sino - foreign Cooperative Enterprises and other relevant laws, where the investment or provision of facilities, and the share of profits and risks is stipulated in the cooperative contract.

Enterprises with Sole (exclusive) Investment from Hong Kong, Macao and Taiwan refer to enterprises established in the mainland of China with exclusive investment from investors from Hong Kong, Macao and Taiwan in accordance with the Law of the People's Republic of China on Foreign - Funded Enterprises and other relevant laws.

Share - holding Corporations Ltd. with Investment from Hong Kong, Macao and Taiwan refer to share - holding corporations Ltd. established with the approval from the Ministry of Foreign Trade and Economic Relations in line with relevant state regulations, where the share of investment from Hong Kong, Macao or Taiwan businessmen exceeds 25% of the total registered capital of the corporation. In case the share of investment from Hong Kong, Macao or Taiwan is less than 25% of the total registered capital, the enterprise is to be classified as domestic funded share holding corporation Ltd.

Joint - venture Enterprises with Foreign Investment refer to enterprises jointly established by foreign enterprises of foreigners with enterprises in the mainland of China in accordance with the Law of the People's Republic of China on Sino - foreign Joint Venture Enterprises and other relevant laws, where the share of investment, profits and risks is stipulated in the contract.

Cooperation Enterprises with Foreign Investment refer to enterprises jointly established by foreign enterprises or foreigners with enterprises in the mainland of China in accordance with the Law of the People's Republic of China on Sino - foreign Cooperative Enterprises and other relevant laws, where the investment or provision of facilities, and the share of profits and risks is stipulated in the cooperative contract.

Enterprises with Sole (exclusive) Foreign Investment refer to enterprises established in the mainland of China with exclusive investment from foreign investors in accordance with the Law of the People's Republic of China on Foreign - Funded Enterprises and other relevant laws.

Share - holding Corporations Ltd. with Foreign Investment refer to share - holding corporations Ltd. established with the approval from the Ministry of Foreign Trade and Economic Relations in line with relevant state regulations, where the share of investment from foreign investors exceeds 25% of the total registered capital of the corporation. In case the share of foreign investment is less than 25% of the total registered capital, the enterprise is to be classified as domestic - funded share - holding corporation Ltd.

Government Agencies, **Institutions** and Social Organizations are classified into following categories by source of funds and way of management taking reference of the registration status of enterprises:

(1) Government agencies include state and party agencies, classified in principles as " state - owned ". There are exceptions, such as supply and marketing cooperatives which are classified as "collective".

(2) Institutions: include institutions of various types established with the approval by organization and staffing departments of the government, but exclude institutions where enterprise management system is introduced. Institutions are further classified as follows:

(a) Institutions whose main budget is listed in the Government budget appropriations or extra - budget funds, or allocated from the budget of their competent government agencies. Such institutions are classified as " state - owned".

(b) Institutions whose budget mainly comes from collective units. Such institutions are classified as " collective".

(c) Institutions Established by Individual (group of Citizen) are classified as " Private ".

(d) Institutions other than those mentioned above whose source of budget is not clear. Such institutions are classified by way of management.

(3) Social organizations: include social organizations established with the approval from the Ministry of Civil Affairs, and organizations that are not covered by social organization management regulations such as trade unions, women's federations etc. Social organizations are further classified as follows:

(a) Social organizations that are not covered by social organization management regulations of the Ministry of Civil Affairs such as trade unions, women's federations, communist youth leagues, youth associations, industrial and commerce associations, scientists associations, overseas Chinese associations, etc. , foundations and fund management organizations established with funds from the state, and social organizations whose funds mainly come from the budget of their competent government agencies. Such institutions are classified as "state - owned".

(b) Social organizations whose budget mainly comes from collective units. Such institutions are classified as " collective".

(c) Social organizations established by individual or a group of citizens, which are classified as "private".

(d) Social organizations other than those mentioned above whose source of budget is not clear. Such organizations are classified by way of management.

三、国民经济核算

National Accounts

资料整理：张文军　高　坤

Arranged By Zhang Wenjun , Gao Kun

3-1 生产总值

Gross Domestic Product

本表按当年价格计算。

Data in value terms in this table are calculated at current prices.

单位:亿元 (100 million yuan)

年份 Year	生产总值 Gross Domestic Product	第一产业 Primary Industry	第二产业 Secondary Industry	工业 Industry	建筑业 Construction	第三产业 Tertiary Industry	#交通运输仓储邮电通讯业 Transportation, Post and Telecommunications	#批发和零售贸易餐饮业 Wholesale, Retail & Catering Trade	人均生产总值(元) Per Capita GDP (yuan)
1952	12.16	8.64	1.37	0.99	0.38	2.15	0.41	0.59	173
1953	15.57	10.44	2.25	1.57	0.68	2.88	0.56	1.02	211
1954	19.46	12.37	3.65	2.57	1.08	3.44	0.77	1.20	249
1955	17.49	10.25	3.53	2.73	0.80	3.71	0.78	1.18	213
1956	24.60	14.11	5.43	3.95	1.48	5.06	1.05	1.57	283
1957	21.27	11.29	5.05	3.80	1.25	4.93	0.65	1.78	232
1958	28.10	12.55	9.65	7.04	2.61	5.90	1.54	2.17	292
1959	35.76	14.75	13.41	9.90	3.51	7.60	2.59	2.65	349
1960	36.56	11.80	17.11	13.17	3.94	7.65	2.17	2.81	325
1961	25.25	11.40	7.25	6.06	1.19	6.60	1.44	2.18	215
1962	25.12	12.75	6.56	5.80	0.76	5.81	1.29	1.61	215
1963	29.02	12.71	9.90	8.24	1.66	6.41	1.49	2.04	243
1964	32.55	14.04	11.43	9.37	2.06	7.08	1.67	2.30	262
1965	35.41	15.21	12.08	9.65	2.43	8.12	2.26	2.57	275
1966	38.32	17.12	13.01	10.33	2.68	8.19	2.00	2.71	289
1967	31.80	13.87	10.43	8.46	1.97	7.50	1.58	2.16	233
1968	32.96	14.87	10.54	8.49	2.05	7.55	1.57	2.11	235
1969	32.90	14.78	10.52	8.40	2.12	7.60	1.56	2.07	227
1970	39.17	17.69	12.94	9.87	3.07	8.54	2.03	2.69	263
1971	41.61	16.82	15.99	12.50	3.49	8.80	2.18	2.56	271
1972	39.36	14.56	15.54	12.12	3.42	9.26	2.13	2.66	247
1973	44.07	16.22	18.14	14.29	3.85	9.71	2.38	2.58	269
1974	43.26	15.97	17.30	13.35	3.95	9.99	2.24	2.74	256
1975	48.55	18.15	20.02	15.52	4.50	10.38	2.49	2.66	280
1976	48.09	18.51	18.77	15.11	3.66	10.81	2.49	2.69	272
1977	51.65	18.91	21.60	16.48	5.12	11.14	2.56	2.73	287

3-1 续表 continued

本表按当年价格计算。

Data in value terms in this table are calculated at current prices.

单位:亿元 (100 million yuan)

年 份 Year	生产总值 Gross Domestic Product	第一产业 Primary Industry	第二产业 Secondary Industry	工业 Industry	建筑业 Cons-truction	第三产业 Tertiary Industry	#交通运输仓储邮电通讯业 Transportation, Post and Telecommunications	#批发和零售贸易餐饮业 Wholesale, Retail & Catering Trade	人均生产总值(元) Per Capita GDP (yuan)
1978	58.04	18.96	26.37	21.84	4.53	12.71	2.76	2.87	317
1979	64.14	21.03	28.37	23.52	4.85	14.74	2.85	3.25	343
1980	68.40	18.03	32.26	27.30	4.96	18.11	4.12	4.01	361
1981	77.91	27.14	32.04	27.92	4.12	18.73	3.71	4.00	407
1982	93.22	33.32	37.21	32.35	4.86	22.69	5.12	5.20	480
1983	105.88	35.90	41.98	35.90	6.08	28.00	6.58	6.32	535
1984	128.20	42.98	47.74	39.04	8.70	37.48	8.28	10.34	640
1985	163.83	53.54	56.95	45.90	11.05	53.34	10.85	19.65	809
1986	181.58	54.64	61.55	49.74	11.81	65.39	12.59	24.11	888
1987	212.27	62.21	70.42	58.26	12.16	79.64	12.77	32.91	1025
1988	270.81	90.20	85.72	70.28	15.44	94.89	14.30	38.88	1291
1989	292.69	89.08	98.96	83.66	15.30	104.65	18.63	35.58	1377
1990	319.31	112.57	102.43	87.18	15.25	104.31	20.69	24.92	1478
1991	359.66	117.19	124.03	102.74	21.29	118.44	26.84	27.76	1642
1992	421.68	126.86	152.56	120.85	31.71	142.26	32.65	35.04	1906
1993	537.81	149.96	203.46	162.53	40.93	184.39	44.21	47.44	2423
1994	695.06	208.53	254.52	205.98	48.53	232.01	53.93	63.14	3094
1995	857.06	260.18	308.78	254.88	53.90	288.10	69.36	83.03	3772
1996	1023.09	312.82	364.77	304.81	59.96	345.50	89.13	103.70	4457
1997	1153.51	322.52	422.39	355.10	67.29	408.60	114.08	126.82	4980
1998	1262.54	341.62	458.86	382.44	76.42	462.06	126.06	144.96	5406
1999	1379.31	342.91	510.47	425.13	85.34	525.93	145.98	168.59	5861
2000	1539.12	350.80	582.57	484.19	98.38	605.74	175.46	195.39	6502
2001	1713.81	358.89	655.68	541.02	114.66	699.24	204.42	226.46	7210
2002	1940.94	374.69	754.78	614.89	139.89	811.47	244.28	266.54	8146
2003	2388.38	420.10	967.49	773.50	193.99	1000.79	296.80	312.12	10015
2004	3041.07	522.80	1248.27	1015.37	232.90	1270.00	360.39	382.66	12728
2005	3905.03	589.56	1773.21	1477.88	295.33	1542.26	425.57	458.10	16285
2006	4944.25	634.94	2374.96	2025.72	349.24	1934.35	507.69	585.17	20523
2007	6423.18	762.10	3193.67	2781.78	411.89	2467.41	628.50	762.22	26521
2008	8496.20	907.95	4376.19	3879.42	496.77	3212.06	793.00	1007.76	34869
2009	9740.25	929.60	5114.00	4503.33	610.67	3696.65	879.28	1177.61	39735
2010	11672.00	1095.28	6367.69	5618.40	749.29	4209.02	994.76	1345.96	47347

注:从2004年开始第一产业为农业、林业、牧业、渔业及农林牧渔服务业。

a) The Primary Industry has included Farming, Forestry, Animal Husbandry, Fishery and Their Services Since 2004.

3－2 生产总值构成

Composition of Gross Domestic Product

本表按当年价格计算。

Data in value terms in this table are calculated at current prices.

单位:%　　　　(%)

年　份 Year	生产总值 Gross Domestic Product	第一产业 Primary Industry	第二产业 Secondary Industry	工业 Industry	建筑业 Cons－truction	第三产业 Tertiary Industry	#交通运输仓储邮电通讯业 Transp－ortation, Post and Telecom－munica－tions	#批发和零售贸易餐饮业 Whole－sale, Retail & Catering Trade
1952	100	71.1	11.3	8.1	3.1	17.6	3.4	4.9
1953	100	67.1	14.5	10.1	4.4	18.4	3.6	6.6
1954	100	63.6	18.8	13.2	5.5	17.6	4.0	6.2
1955	100	58.6	20.2	15.6	4.6	21.2	4.5	6.7
1956	100	57.4	22.1	16.1	6.0	20.5	4.3	6.4
1957	100	53.1	23.7	17.9	5.9	23.2	3.1	8.4
1958	100	44.7	34.3	25.1	9.3	21.0	5.5	7.7
1959	100	41.2	37.5	27.7	9.8	21.3	7.2	7.4
1960	100	32.3	46.8	36.0	10.8	20.9	5.9	7.7
1961	100	45.1	28.7	24.0	4.7	26.2	5.7	8.6
1962	100	50.8	26.1	23.1	3.0	23.1	5.1	6.4
1963	100	43.8	34.1	28.4	5.7	22.1	5.1	7.0
1964	100	43.1	35.1	28.8	6.3	21.8	5.1	7.1
1965	100	43.0	34.1	27.3	6.9	22.9	6.4	7.3
1966	100	44.7	34.0	27.0	7.0	21.3	5.2	7.1
1967	100	43.6	32.8	26.6	6.2	23.6	5.0	6.8
1968	100	45.1	32.0	25.8	6.2	22.9	4.8	6.4
1969	100	44.9	32.0	25.5	6.4	23.1	4.7	6.3
1970	100	45.2	33.0	25.2	7.8	21.8	5.2	6.9
1971	100	40.4	38.4	30.0	8.4	21.2	5.2	6.2
1972	100	37.0	39.5	30.8	8.7	23.5	5.4	6.8
1973	100	36.8	41.2	32.4	8.7	22.0	5.4	5.9
1974	100	36.9	40.0	30.9	9.1	23.1	5.2	6.3
1975	100	37.4	41.2	32.0	9.3	21.4	5.1	5.5
1976	100	38.5	39.0	31.4	7.6	22.5	5.2	5.6
1977	100	36.6	41.8	31.9	9.9	21.6	5.0	5.3

3－2 续表 continued

本表按当年价格计算。

Data in value terms in this table are calculated at current prices.

单位:%　　(%)

年 份 Year	生产总值 Gross Domestic Product	第一产业 Primary Industry	第二产业 Secondary Industry	工业 Industry	建筑业 Cons－truction	第三产业 Tertiary Industry	#交通运输仓储邮电通讯业 Transp－ortation, Post and Telecom－munica－tions	#批发和零售贸易餐饮业 Whole－sale, Retail & Catering Trade
1978	100	32.7	45.4	37.6	7.8	21.9	4.8	4.9
1979	100	32.8	44.2	36.7	7.6	23.0	4.4	5.1
1980	100	26.4	47.2	39.9	7.3	26.4	6.0	5.9
1981	100	34.8	41.1	35.8	5.3	24.1	4.8	5.1
1982	100	35.8	39.9	34.7	5.2	24.3	5.5	5.6
1983	100	33.9	39.6	33.9	5.7	26.5	6.2	6.0
1984	100	33.5	37.2	30.5	6.8	29.3	6.5	8.1
1985	100	32.7	34.8	28.0	6.7	32.5	6.6	12.0
1986	100	30.1	33.9	27.4	6.5	36.0	6.9	13.3
1987	100	29.3	33.2	27.4	5.7	37.5	6.0	15.5
1988	100	33.3	31.7	26.0	5.7	35.0	5.3	14.4
1989	100	30.4	33.8	28.6	5.2	35.8	6.4	12.2
1990	100	35.3	32.1	27.3	4.8	32.6	6.5	7.8
1991	100	32.6	34.5	28.6	5.9	32.9	7.5	7.7
1992	100	30.1	36.2	28.7	7.5	33.7	7.7	8.3
1993	100	27.9	37.8	30.2	7.6	34.3	8.2	8.8
1994	100	30.0	36.6	29.6	7.0	33.4	7.8	9.1
1995	100	30.4	36.0	29.7	6.3	33.6	8.1	9.7
1996	100	30.6	35.7	29.8	5.9	33.7	8.7	10.1
1997	100	28.0	36.6	30.8	5.8	35.4	9.9	11.0
1998	100	27.1	36.3	30.3	6.0	36.6	10.0	11.5
1999	100	24.9	37.0	30.8	6.2	38.1	10.6	12.2
2000	100	22.8	37.9	31.5	6.4	39.3	11.4	12.7
2001	100	20.9	38.3	31.6	6.7	40.8	11.9	13.2
2002	100	19.3	38.9	31.7	7.2	41.8	12.6	13.7
2003	100	17.6	40.5	32.4	8.1	41.9	12.4	13.1
2004	100	17.2	41.0	33.4	7.6	41.8	11.9	12.6
2005	100	15.1	45.4	37.8	7.6	39.5	10.9	11.7
2006	100	12.8	48.1	41.0	7.1	39.1	10.3	11.8
2007	100	11.9	49.7	43.3	6.4	38.4	9.8	11.9
2008	100	10.7	51.5	45.7	5.8	37.8	9.3	11.9
2009	100	9.5	52.5	46.2	6.3	38.0	9.0	12.1
2010	100	9.4	54.5	48.1	6.4	36.1	8.5	11.5

3-3 生产总值指数

Indices of Gross Domestic Product

本表按可比价格计算。

The indices in this table are calculated at constant prices.

(上年=100) (Preceding year=100)

年 份 Year	生产总值 Gross Domestic Product	第一产业 Primary Industry	第二产业 Secondary Industry	工业 Industry	建筑业 Cons-truction	第三产业 Tertiary Industry	#交通运输仓储邮电通讯业 Transp-ortation, Post and Telecom-munica-tions	#批发和零售贸易餐饮业 Whole-sale, Retail & Catering Trade	人均生产总值 Per Capita GDP
1953	116.3	107.5	159.9	153.7	176.3	127.4	140.6	174.3	110.6
1954	119.4	111.3	160.4	162.3	156.1	117.6	137.8	117.1	112.8
1955	90.7	83.7	97.5	107.0	74.8	107.4	101.6	98.0	86.0
1956	138.7	136.6	152.3	143.2	183.3	131.4	133.3	133.8	131.0
1957	110.9	117.5	98.3	101.7	89.1	106.2	61.9	113.1	105.3
1958	125.3	105.3	184.0	178.6	200.5	127.1	238.5	121.9	119.4
1959	122.9	112.6	139.2	140.7	135.0	125.2	166.9	122.0	115.3
1960	95.8	77.9	126.6	132.1	111.2	86.5	84.1	106.0	87.3
1961	65.3	80.7	39.3	42.6	28.0	95.5	66.1	77.6	62.3
1962	94.7	105.2	84.3	89.1	59.9	86.5	90.4	73.7	95.5
1963	119.7	108.9	148.6	140.0	214.3	115.0	114.4	126.7	117.0
1964	113.2	111.8	117.1	115.5	125.5	111.3	112.6	112.9	108.9
1965	109.8	105.9	113.6	110.8	126.8	112.6	135.1	111.8	105.8
1966	110.0	112.4	114.4	113.7	117.4	99.7	88.4	105.6	106.8
1967	83.3	81.1	81.2	83.0	74.5	91.2	79.4	79.8	81.1
1968	99.9	98.9	102.6	102.0	105.4	98.3	99.2	97.8	96.9
1969	100.8	99.5	103.4	102.5	107.4	99.8	99.2	97.7	97.7
1970	123.3	119.7	140.2	134.0	164.8	105.6	129.6	130.0	120.0
1971	102.1	95.0	106.5	109.1	98.2	108.7	108.0	95.3	99.0
1972	107.8	117.0	97.2	97.0	97.9	110.4	93.1	99.4	104.1
1973	111.7	110.8	116.8	117.9	112.8	105.0	111.7	96.9	108.3
1974	96.2	94.3	95.4	93.5	102.6	101.8	94.0	106.1	93.3
1975	111.3	111.7	115.6	116.2	113.9	103.1	111.1	97.3	108.6
1976	99.4	101.8	94.7	98.4	82.1	103.2	100.0	100.9	97.4
1977	107.0	102.2	114.5	108.5	139.2	103.7	103.2	101.5	105.2

3-3 续表 continued

本表按可比价格计算。

The indices in this table are calculated at constant prices.

(上年=100)　　　　(Preceding year=100)

年份 Year	生产总值 Gross Domestic Product	第一产业 Primary Industry	第二产业 Secondary Industry	工业 Industry	建筑业 Cons-truction	第三产业 Tertiary Industry	#交通运输仓储邮电通讯业 Transp-ortation, Post and Telecom-munica-tions	#批发和零售贸易餐饮业 Whole-sale, Retail & Catering Trade	人均生产总值 Per Capita GDP
1978	108.0	98.8	117.2	127.3	84.6	108.9	107.7	105.2	106.3
1979	109.8	107.7	108.6	108.4	110.0	116.0	103.3	113.1	107.4
1980	101.7	76.0	113.3	116.6	97.6	122.9	144.5	123.5	100.2
1981	110.6	141.8	96.3	98.2	85.7	103.4	90.0	99.9	109.4
1982	118.6	118.2	117.4	117.3	117.9	121.1	138.1	129.9	116.9
1983	109.8	105.0	109.9	108.5	118.8	116.7	117.4	116.1	107.8
1984	116.1	114.0	110.2	107.3	127.7	128.1	119.3	156.8	116.2
1985	117.2	114.1	108.2	105.5	121.7	133.0	129.3	175.1	114.6
1986	105.9	91.7	105.4	106.4	101.2	120.4	115.6	120.0	104.8
1987	109.0	106.8	107.0	109.3	96.5	112.5	96.2	125.6	107.7
1988	109.8	117.3	111.1	108.1	126.6	103.2	111.9	99.5	108.4
1989	102.7	95.1	104.9	107.2	94.9	106.8	121.6	102.6	101.4
1990	107.5	124.4	99.4	99.2	100.5	103.1	101.1	93.4	105.8
1991	107.5	104.0	110.8	108.2	126.0	107.9	121.4	102.5	106.0
1992	111.0	104.0	115.4	110.7	138.8	113.8	118.4	117.1	109.9
1993	111.7	105.0	113.9	112.3	120.5	115.7	119.2	120.9	111.3
1994	111.2	103.2	113.1	114.8	106.9	116.1	121.6	118.6	109.8
1995	110.1	103.9	111.0	112.7	104.2	114.1	118.8	116.4	108.9
1996	114.4	121.4	111.4	115.2	95.5	112.3	114.3	114.3	113.2
1997	110.8	102.0	114.0	114.9	109.4	114.3	119.0	117.8	109.8
1998	110.7	106.2	109.6	110.0	107.2	114.7	116.8	115.9	109.7
1999	108.8	101.0	110.0	110.7	105.9	112.7	113.5	116.3	108.0
2000	110.8	102.6	111.7	112.2	108.9	114.5	117.4	117.0	110.1
2001	110.7	102.0	110.9	110.2	114.1	115.5	116.1	115.9	110.2
2002	113.2	104.4	115.7	113.9	124.3	115.3	120.2	117.3	112.9
2003	117.9	105.9	127.7	121.8	153.3	114.5	120.3	116.2	117.8
2004	120.5	111.7	122.8	124.9	115.6	122.0	122.1	119.3	120.3
2005	123.8	109.1	134.9	138.5	121.3	118.1	117.5	117.9	123.4
2006	119.1	103.2	127.1	129.8	113.6	115.9	114.1	117.3	118.5
2007	119.2	103.9	126.0	128.3	112.7	116.0	116.2	114.2	118.6
2008	117.8	107.5	121.6	123.6	109.0	115.8	117.7	115.4	117.1
2009	116.9	102.3	121.1	120.5	125.2	115.0	109.9	116.5	116.2
2010	115.0	106.1	118.2	118.8	114.3	112.4	112.9	111.9	114.4

3－4 生产总值指数

Indices of Gross Domestic Product

本表按可比价格计算。

The indices in this table are calculated at comparable prices

1952 年＝100 （1952＝100）

年 份 Year	生产总值 Gross Domestic Product	第一产业 Primary Industry	第二产业 Secondary Industry	工业 Industry	建筑业 Cons－truction	第三产业 Tertiary Industry	# 交通运输仓储邮电通讯业 Transp－ortation, Post and Telecom－munica－tions	# 批发和零售贸易餐饮业 Whole－sale, Retail & Catering Trade	人均生产总值 Per Capita GDP
1952	100	100	100	100	100	100	100	100	100
1953	116.3	107.5	159.9	153.7	176.3	127.4	140.6	174.3	110.6
1954	138.9	119.6	256.6	249.5	275.2	149.8	193.8	204.1	124.8
1955	125.9	100.1	250.1	266.9	206.0	160.9	196.9	200.0	107.4
1956	174.6	136.8	380.9	382.1	377.5	211.3	262.5	267.6	140.7
1957	193.6	160.8	374.2	388.7	336.3	224.5	162.5	302.7	148.2
1958	242.6	169.3	688.6	694.0	674.2	285.4	387.5	368.9	176.9
1959	298.1	190.6	958.4	976.7	910.2	357.3	646.9	450.0	204.1
1960	285.6	148.5	1213.1	1289.8	1011.9	309.1	543.8	477.0	178.1
1961	186.4	119.9	476.5	549.9	283.7	295.1	359.4	370.3	111.0
1962	176.5	126.1	401.8	490.1	169.9	255.4	325.0	273.0	106.0
1963	211.3	137.3	597.2	685.9	364.1	293.8	371.9	345.9	124.0
1964	239.3	153.5	699.5	791.9	457.0	327.0	418.8	390.5	135.1
1965	262.7	162.5	795.0	877.1	579.3	368.3	565.6	456.8	143.0
1966	288.9	182.6	909.8	997.2	680.4	367.2	500.0	460.8	152.7
1967	240.8	148.1	739.2	827.7	506.7	334.9	396.9	367.6	123.8
1968	240.6	146.5	758.6	844.1	534.2	329.1	393.8	359.5	120.1
1969	242.6	145.7	784.6	864.9	573.6	328.3	390.6	351.4	117.3
1970	299.1	174.4	1100.0	1159.0	945.1	346.6	506.3	456.8	140.7
1971	305.3	165.7	1171.8	1264.8	927.7	376.6	546.9	435.1	139.2
1972	329.1	193.9	1138.9	1226.7	908.3	415.8	509.4	432.4	144.9
1973	367.5	214.8	1329.8	1446.2	1024.3	436.5	568.8	418.9	157.0
1974	353.7	202.6	1268.7	1351.8	1050.6	444.4	534.4	444.6	146.5
1975	393.8	226.3	1467.3	1570.2	1197.1	458.4	593.8	432.4	159.1
1976	391.2	230.4	1389.9	1544.8	983.0	473.1	593.8	436.5	155.0
1977	418.7	235.4	1591.6	1676.8	1367.9	490.7	612.5	443.2	163.1

3－4 续表 continued

本表按可比价格计算。

The indices in this table are calculated at comparable prices

1952 年＝100 （1952＝100）

年 份 Year	生产总值 Gross Domestic Product	第一产业 Primary Industry	第二产业 Secondary Industry	工业 Industry	建筑业 Cons－truction	第三产业 Tertiary Industry	＃交通运输仓储邮电通讯业 Transp－ortation, Post and Telecom－munica－tions	＃批发和零售贸易餐饮业 Whole－sale, Retail & Catering Trade	人均生产总值 Per Capita GDP
1978	452.2	232.5	1865.3	2134.7	1157.6	534.2	659.4	466.2	173.4
1979	496.3	250.5	2026.3	2241.9	1459.9	619.5	680.9	527.1	186.3
1980	504.6	190.5	2295.8	2682.5	1280.1	761.5	983.9	651.1	186.7
1981	558.1	270.1	2210.8	2566.6	1276.3	787.4	886.0	650.4	204.2
1982	661.8	319.3	2595.1	3006.4	1514.7	953.9	1223.3	844.7	238.8
1983	726.9	335.4	2850.8	3166.6	2021.3	1113.2	1435.9	980.9	257.5
1984	844.4	382.4	3135.9	3613.9	1900.0	1425.5	1712.8	1538.0	299.1
1985	989.8	436.3	3399.5	3811.0	2318.8	1896.5	2215.0	2692.8	342.7
1986	1048.0	400.2	3582.7	4053.5	2345.9	2282.8	2561.1	3232.3	359.1
1987	1142.1	427.6	3832.2	4429.5	2263.1	2568.3	2463.2	4060.2	386.6
1988	1254.0	501.6	4259.3	4789.9	2865.3	2651.2	2755.3	4038.8	419.2
1989	1288.3	476.7	4470.0	5136.7	2718.9	2831.2	3351.4	4142.3	425.0
1990	1385.2	593.2	4444.5	5095.8	2733.6	2919.0	3386.7	3867.8	449.5
1991	1488.7	616.9	4926.5	5513.1	3445.2	3149.9	4111.9	3965.6	476.5
1992	1652.6	641.8	5687.2	6102.3	4780.7	3584.0	4869.8	4642.3	523.7
1993	1845.3	673.9	6480.5	6855.9	5747.0	4145.0	5804.3	5611.2	582.9
1994	2051.2	695.5	7329.5	7870.2	6143.6	4810.9	7058.0	6652.8	640.1
1995	2259.3	722.6	8133.5	8869.4	6400.8	5490.7	8387.3	7742.0	697.0
1996	2584.3	877.2	9064.7	10218.5	6110.4	6165.5	9589.8	8847.1	789.3
1997	2862.1	894.8	10333.8	11740.1	6686.7	7046.3	11414.7	10423.6	866.4
1998	3167.0	950.2	11322.7	12915.0	7169.1	8080.3	13335.9	12078.4	950.8
1999	3446.7	959.7	12452.7	14299.5	7591.5	9105.7	15130.4	14045.7	1026.8
2000	3817.3	984.7	13912.2	16045.4	8266.6	10422.5	17764.3	16427.2	1130.6
2001	4225.8	1003.9	15423.1	17681.2	9435.2	12033.7	20628.9	19032.6	1246.4
2002	4782.1	1048.1	17842.6	20135.5	11725.3	13879.9	24793.4	22329.2	1407.1
2003	5638.0	1109.9	22784.9	24520.4	17977.0	15886.5	29823.7	25944.0	1657.4
2004	6793.8	1239.8	27878.8	30625.9	20781.0	19381.5	36414.7	30963.5	1993.6
2005	8411.3	1352.7	37602.8	42417.1	25216.9	22881.4	42787.3	36506.0	2459.3
2006	10014.6	1396.1	47801.1	55065.6	28651.4	26509.5	48826.0	42837.7	2914.5
2007	11941.2	1450.3	60205.5	70628.6	32298.1	30750.5	56746.9	48918.0	3456.7
2008	14069.4	1558.9	73224.6	87266.9	35205.0	35598.2	66786.8	56459.8	4048.3
2009	16447.1	1594.7	88658.4	105174.1	44071.5	40946.4	73398.7	65775.7	4704.0
2010	18918.3	1692.7	104795.4	124895.3	50373.7	46044.1	82887.0	73598.6	5380.3

3-5 第三产业增加值
Value-added of the Tertiary Industry

本表按当年价格计算。

Data in value terms in this table are calculated at current prices.

单位:亿元　　　　(100 million yuan)

行　业	Sector	2009	2010
总 计	**Total**	**3696.65**	**4209.02**
交通运输、仓储和邮政业	Transportation and Postal Services	773.29	875.61
信息传输、计算机服务和软件业	Information Transmission, Computer Services & Software	117.12	131.04
批发和零售业	Wholesale and Retail Trade	915.89	1051.96
住宿和餐饮业	Hotel and Restaurants	294.73	332.24
金融业	Banking	291.10	346.44
房地产业	Real Estate	286.65	309.25
租赁和商务服务业	Leasing and Business Services	104.97	141.58
科学研究、技术服务和地质勘查业	Scientific Research, Technical Services & Geological Prospecting	61.53	63.40
水利、环境和公共设施管理业	Water Conservancy, Environment and Public Facilities Administraion	36.21	37.28
居民服务和其他服务业	Services to Households and Other Services	116.77	157.47
教育	Education	207.60	213.86
卫生、社会保障和社会福利业	Health Care, Social Security and Social Welfare	104.14	107.26
文化、体育和娱乐业	Culture, Sports and Entertainment	33.54	45.24
公共管理和社会组织	Public Administration and Social Organizations	353.11	396.39
国际组织	International Organizations		

3-6 第三产业增加值构成
Composition of Value-added of the Tertiary Industry

本表按当年价格计算。

Data in value terms in this table are calculated at current prices.

单位:% (%)

行　业	Sector	2009	2010
总 计	**Total**	**100.0**	**100.0**
交通运输、仓储和邮政业	Transportation and Postal Services	20.9	20.8
信息传输、计算机服务和软件业	Information Transmission, Computer Services & Software	3.2	3.1
批发和零售业	Wholesale and Retail Trade	24.8	25.0
住宿和餐饮业	Hotel and Restaurants	8.0	7.9
金融业	Banking	7.9	8.2
房地产业	Real Estate	7.8	7.3
租赁和商务服务业	Leasing and Business Services	2.8	3.4
科学研究、技术服务和地质勘查业	Scientific Research, Technical Services & Geological Prospecting	1.6	1.5
水利、环境和公共设施管理业	Water Conservancy, Environment and Public Facilities Administraion	1.0	0.9
居民服务和其他服务业	Services to Households and Other Services	3.2	3.7
教育	Education	5.6	5.1
卫生、社会保障和社会福利业	Health Care, Social Security and Social Welfare	2.8	2.5
文化、体育和娱乐业	Culture, Sports and Entertainment	0.9	1.2
公共管理和社会组织	Public Administration and Social Organizations	9.5	9.4
国际组织	International Organizations		

3-7 第三产业增加值指数

Indices of Value-added of the Tertiary Industry

本表按可比价格计算。

The indices in this table are calculated at comparable prices

上年=100　　　　(Preceding year=100)

行　业	Sector	2009	2010
总计	**Total**	**115.0**	**112.4**
交通运输、仓储和邮政业	Transportation and Postal Services	109.6	113.0
信息传输、计算机服务和软件业	Information Transmission, Computer Services & Software	111.7	111.8
批发和零售业	Wholesale and Retail Trade	117.8	111.9
住宿和餐饮业	Hotel and Restaurants	113.3	112.3
金融业	Banking	134.2	110.8
房地产业	Real Estate	104.6	109.3
租赁和商务服务业	Leasing and Business Services	113.6	132.7
科学研究、技术服务和地质勘查业	Scientific Research, Technical Services & Geological Prospecting	117.8	103.0
水利、环境和公共设施管理业	Water Conservancy, Environment and Public Facilities Administraion	117.7	105.6
居民服务和其他服务业	Services to Households and Other Services	113.4	133.8
教育	Education	117.0	102.0
卫生、社会保障和社会福利业	Health Care, Social Security and Social Welfare	117.5	103.7
文化、体育和娱乐业	Culture, Sports and Entertainment	114.7	136.0
公共管理和社会组织	Public Administration and Social Organizations	117.9	111.4
国际组织	International Organizations		

3-8 支出法生产总值和结构

本表按当年价格计算。

Data in value terms in this table are calculated at current prices.

年份 Year	支出法生产总值(亿元) Gross Domestic Product by Expenditure Approach (100 million yuan)	#最终消费 Final Consum-ption Expen-diture	#资本形成总额 Gross Capital Formation	资本形成率(投资率)(%) Capital Formation Rate (%)	最终消费率(消费率)(%) Final Consum-ption Rate (%)	最终消费 绝对数(亿元) Absolute Figure (100 million yuan) 居民消费 Housed-hold Con-sumption Expend-iture	农村居民 Rural House	城镇居民 Urban House	政府消费 Govern-ment Consum-ption Expendi-ture
1978	58.04	42.91	21.20	36.5	73.9	37.76	17.73	20.03	5.15
1979	64.14	50.84	23.18	36.1	79.3	44.68	20.96	23.72	6.16
1980	68.40	62.10	18.88	27.6	90.8	55.83	28.22	27.61	6.27
1981	77.91	76.51	18.80	24.1	98.2	67.08	34.52	32.56	9.43
1982	93.22	88.01	26.10	28.0	94.4	79.07	43.66	35.41	8.94
1983	105.88	94.01	35.58	33.6	88.8	83.79	46.17	37.62	10.22
1984	128.20	106.57	45.81	35.7	83.1	89.38	48.80	40.58	17.19
1985	163.83	127.04	61.60	37.6	77.5	105.12	57.88	47.24	21.92
1986	181.58	144.84	60.22	33.2	79.8	118.22	59.54	58.68	26.62
1987	212.27	166.12	67.84	32.0	78.3	135.28	68.71	66.57	30.84
1988	270.81	184.46	110.15	40.7	68.1	149.57	77.59	71.98	34.89
1989	292.69	199.14	115.48	39.5	68.0	160.50	81.50	79.00	38.64
1990	319.31	216.70	124.68	39.0	67.9	169.79	86.44	83.35	46.91
1991	359.66	245.90	137.00	38.1	68.4	188.61	93.35	95.26	57.29
1992	421.68	271.08	196.10	46.5	64.3	208.10	101.92	106.18	62.98
1993	537.81	328.42	288.52	53.6	61.1	253.40	108.73	144.67	75.02
1994	695.06	420.89	331.11	47.6	60.6	327.89	135.91	191.98	93.00
1995	857.06	539.41	372.98	43.5	62.9	412.97	181.91	231.06	126.44
1996	1023.09	609.65	446.26	43.6	59.6	468.29	201.49	266.80	141.36
1997	1153.51	685.71	474.80	41.2	59.4	517.07	220.25	296.82	168.64
1998	1262.54	721.60	542.31	43.0	57.2	539.13	226.71	312.42	182.47
1999	1379.31	800.77	577.78	41.9	58.1	592.94	224.28	368.66	207.83
2000	1539.12	873.65	642.07	41.7	56.8	636.10	237.88	398.22	237.55
2001	1713.81	974.44	679.54	39.7	56.9	681.07	229.92	451.15	293.37
2002	1940.94	1135.65	862.20	44.4	58.5	794.46	239.68	554.78	341.19
2003	2388.38	1257.47	1339.07	56.1	52.6	848.04	257.25	590.79	409.43
2004	3041.07	1492.27	1945.29	64.0	49.1	962.85	270.61	692.24	529.42
2005	3905.03	1809.52	2845.06	72.9	46.3	1197.75	309.42	888.33	611.77
2006	4944.25	2131.20	3466.11	70.1	43.1	1385.90	350.46	1035.44	745.30
2007	6423.18	2631.52	4494.40	70.0	41.0	1693.96	398.90	1295.06	937.56
2008	8496.20	3287.31	5721.74	67.3	38.7	2044.15	428.92	1615.23	1243.16
2009	9740.25	3959.82	7495.42	77.0	40.7	2337.55	458.74	1878.81	1622.27
2010	11672.00	4605.43	9020.40	77.3	39.5	2710.62	506.26	2204.36	1894.81

Gross Domestic Product and Structure by Expenditure Approach

Final Consumption Expenditure				资本形成总额 Gross Capital Formation			
比重 Proportion				绝对数(亿元) Absolute Figure (100 million yuan)		比重 (资本形成总额=100) Proportion (Gross Capital Formation=100)	
最终消费=100 Final Consumption Expenditure=100		居民消费=100 Household Consumption=100					
居民消费 Household Consumption Expenditure	政府消费 Government Consumption Expenditure	农村居民 Rural Households	城镇居民 Urban Households	固定资本形成总额 Gross Fixed Capital Formation	存货增加 Changes in Inventories	固定资本形成总额 Gross Fixed Capital Formation	存货增加 Changes in Inventories
88.0	12.0	47.0	53.0	16.56	4.64	78.1	21.9
87.9	12.1	46.9	53.1	17.65	5.53	76.1	23.9
89.9	10.1	50.5	49.5	15.78	3.10	83.6	16.4
87.7	12.3	51.5	48.5	15.53	3.27	82.6	17.4
89.8	10.2	55.2	44.8	20.94	5.16	80.2	19.8
89.1	10.9	55.1	44.9	29.66	5.92	83.4	16.6
83.9	16.1	54.6	45.4	40.85	4.96	89.2	10.8
82.7	17.3	55.1	44.9	50.94	10.66	82.7	17.3
81.6	18.4	50.4	49.6	47.57	12.65	79.0	21.0
81.4	18.6	50.8	49.2	53.32	14.52	78.6	21.4
81.1	18.9	51.9	48.1	72.05	38.10	65.4	34.6
80.6	19.4	50.8	49.2	70.68	44.80	61.2	38.8
78.4	21.6	50.9	49.1	70.77	53.91	56.8	43.2
76.7	23.3	49.5	50.5	100.66	36.34	73.5	26.5
76.8	23.2	49.0	51.0	149.24	46.86	76.1	23.9
77.2	22.8	42.9	57.1	219.39	69.13	76.0	24.0
77.9	22.1	41.4	58.6	250.23	80.88	75.6	24.4
76.6	23.4	44.0	56.0	273.16	99.82	73.2	26.8
76.8	23.2	43.0	57.0	276.04	170.22	61.9	38.1
75.4	24.6	42.6	57.4	318.97	155.83	67.2	32.8
74.7	25.3	42.1	57.9	353.40	188.90	65.2	34.8
74.0	26.0	37.8	62.2	389.97	187.80	67.5	32.5
72.8	27.2	37.4	62.6	439.42	202.65	68.4	31.6
69.9	30.1	33.8	66.2	510.02	169.52	75.1	24.9
70.0	30.0	30.2	69.8	729.37	132.83	84.6	15.4
67.4	32.6	30.3	69.7	1228.26	110.81	91.7	8.3
64.5	35.5	28.1	71.9	1817.73	127.56	93.4	6.6
66.2	33.8	25.8	74.2	2685.22	159.84	94.4	5.6
65.0	35.0	25.3	74.7	3353.88	112.23	96.8	3.2
64.4	35.6	23.5	76.5	4356.39	138.01	96.9	3.1
62.2	37.8	21.0	79.0	5522.72	199.02	96.5	3.5
59.0	41.0	19.6	80.4	7425.16	70.26	99.1	0.9
58.9	41.1	18.7	81.3	8938.69	81.71	99.1	0.9

3-9 工农业总产出及指数
Gross Output of Industry and Agriculture & Related Indices

年份 Year	工农业总产出(亿元，当年价) Gross Output of Industry and Agriculture (100 million yuan, at Current prices)			指数(以1952年为100，可比价) Indices of Output of Industry & Agriculture (1952=100, at comparable Prices)		
	总计 Total	农业总产出 Gross Output of Agriculture	工业总产出 Gorss Output of Industry	工农业总产出 Gross Output of Industry & Agriclulture	农业总产出 Gross Output of Agriculture	工业总产出 Gross Output of Industry
1952	13.70	12.10	1.60	100.0	100.0	100.0
1953	16.90	14.35	2.55	109.2	106.0	152.0
1954	20.54	19.77	3.77	123.9	116.2	224.7
1955	20.01	15.60	4.41	120.2	109.2	264.0
1956	25.57	19.52	6.05	151.3	135.7	356.7
1957	17.50	11.20	6.30	134.0	114.1	394.7
1958	27.63	15.60	12.03	191.4	150.9	722.7
1959	36.92	18.14	18.78	236.0	168.0	1127.3
1960	45.14	16.57	28.57	259.7	149.4	1704.7
1961	32.97	17.04	15.93	181.8	128.5	880.0
1962	31.31	17.05	14.26	164.4	120.9	734.7
1963	38.69	17.43	21.26	202.0	134.9	1080.7
1964	43.87	20.82	23.05	235.6	163.1	1186.7
1965	46.20	19.40	26.80	243.0	148.4	1482.7
1966	50.49	20.93	29.56	272.0	160.1	1738.7
1967	41.74	21.46	20.28	238.4	164.2	1210.0
1968	43.27	22.08	21.19	235.9	156.0	1284.0
1969	42.27	19.95	22.32	230.3	140.9	1401.3
1970	51.80	24.00	27.80	298.9	169.8	1990.7
1971	54.76	23.67	31.09	318.9	167.2	2306.7
1972	52.74	21.17	31.57	302.0	146.3	2342.7
1973	60.39	27.72	32.67	348.8	190.5	2424.0
1974	59.35	29.57	29.78	337.4	194.6	2210.0
1975	67.70	30.80	36.90	379.3	199.4	2737.3
1976	68.90	31.29	37.61	387.5	202.0	2819.3
1977	72.51	28.43	44.08	403.5	183.5	3286.7

3－9 续表 continued

年 份 Year	工农业总产出(亿元，当年价) Gross Output of Industry and Agriculture (100 million yuan, at Current prices)			指数(以 1952 年为 100，可比价) Indices of Output of Industry & Agriculture (1952 = 100, at comparable Prices)		
	总计 Total	农业总产出 Gross Output of Agriculture	工业总产出 Gorss Output of Industry	工农业总产出 Gross Output of Industry & Agriclture	农业总产出 Gross Output of Agriculture	工业总产出 Gross Output of Industry
1978	81.30	28.40	53.00	440.9	183.9	3810.0
1979	88.98	31.58	57.40	465.8	194.3	4024.0
1980	90.10	30.70	59.40	447.9	168.5	4110.0
1981	101.20	39.40	61.80	479.6	201.8	4120.7
1982	120.90	47.20	73.70	553.2	233.6	4741.3
1983	134.00	52.40	81.50	601.1	250.5	5196.7
1984	151.30	61.30	90.00	659.0	280.7	5617.3
1985	186.10	73.20	112.90	752.1	309.6	6552.7
1986	203.70	77.30	126.50	781.4	293.3	7178.7
1987	238.60	87.70	150.80	856.0	305.3	8072.7
1988	316.20	122.40	193.90	975.9	348.6	9197.3
1989	371.50	128.30	243.10	1056.5	347.0	10356.0
1990	420.30	156.90	263.30	1147.0	412.0	10780.7
1991	468.50	164.10	304.40	1222.3	428.4	11648.9
1992	544.00	180.30	363.70	1336.5	453.2	12965.2
1993	691.16	220.80	470.36	1487.9	484.9	14756.1
1994	831.42	309.32	522.10	1642.0	500.7	16821.9
1995	1013.72	387.20	626.52	1797.9	521.2	18840.5
1996	1210.88	465.32	745.56	2070.8	644.8	21007.2
1997	1361.73	489.43	872.30	2297.6	660.9	24158.3
1998	1476.46	534.38	942.08	2504.3	704.8	26574.1
1999	1587.44	532.31	1055.13	2707.1	712.4	29497.3
2000	1746.01	543.16	1202.85	2961.2	729.9	33036.9
2001	1903.09	555.90	1347.19	3205.9	744.3	36704.0
2002	2122.77	586.97	1535.80	3545.0	780.7	41842.6
2003	2591.05	655.94	1935.11	4246.6	826.1	52297.6
2004	3656.51	851.30	2805.21	5704.0	942.3	73380.7
2005	4841.79	980.21	3861.58	7200.8	1048.1	95923.2
2006	6259.62	1058.50	5201.12	8878.5	1084.6	123097.0
2007	8513.32	1276.45	7236.87	11148.7	1132.1	159913.3
2008	11869.72	1525.74	10343.98	13531.6	1220.8	197652.8
2009	14278.10	1570.58	12707.52	15991.3	1249.7	238322.4
2010	17863.57	1843.57	16020.00	18783.4	1326.9	283180.1

3-10 居民消费水平

Household Consumption

本表绝对数按当年价格计算，指数按可比价格计算。

Absolute figures in this table are calculated at current prices, while indices are calculated at comparable prices.

年份 Year	绝对数(元/人) Value(yuan/person)			指数(上年=100) Index(Preceding year=100)			指数(1952=100) Index(1952=100)		
	全部居民 All House-holde	农村居民 Agricul-tural House-holds	城镇居民 Non-agricul-tural House-holds	全部居民 All House-holde	农村居民 Agricul-tural House-holds	城镇居民 Non-agricul-tural House-holds	全部居民 All House-holde	农村居民 Agricul-tural House-holds	城镇居民 Non-agricul-tural House-holds
1952	99	88	171				100.0	100.0	100.0
1953	103	93	165	105.0	105.0	96.4	105.0	105.1	96.4
1954	106	93	173	102.8	100.1	105.0	108.0	105.2	101.3
1955	101	85	179	95.3	91.5	103.5	102.9	96.3	104.8
1956	118	98	205	116.3	114.9	114.5	119.7	110.6	120.0
1957	120	99	209	102.1	101.5	101.9	122.3	112.2	122.3
1958	125	99	228	104.0	99.9	109.2	127.1	112.1	133.5
1959	131	99	232	104.5	99.9	101.3	132.8	112.1	135.3
1960	126	93	205	96.5	93.8	88.6	128.2	105.2	119.9
1961	125	96	191	98.6	103.0	92.9	126.4	108.4	111.3
1962	121	98	187	97.5	102.8	97.9	123.3	111.4	109.0
1963	119	96	183	97.7	97.7	98.0	120.5	108.9	106.8
1964	118	96	190	99.2	99.7	103.9	119.5	108.6	111.0
1965	119	95	190	101.2	99.2	100.3	121.0	107.7	111.3
1966	131	102	212	109.7	107.6	111.1	132.7	115.9	123.6
1967	139	108	225	106.3	105.8	106.2	141.1	122.5	131.2
1968	132	100	221	94.9	92.3	98.2	134.0	113.1	128.9
1969	129	88	236	97.5	88.6	107.2	130.6	100.1	138.2
1970	139	99	241	108.0	111.7	101.9	141.0	111.8	140.8
1971	146	98	273	105.0	99.1	113.1	148.1	110.8	159.3
1972	156	97	303	106.8	99.3	111.2	158.2	110.0	177.2
1973	169	113	305	108.5	116.9	100.5	171.6	128.6	178.0
1974	170	115	310	100.3	101.1	101.6	172.2	130.1	181.0
1975	179	122	321	105.6	106.3	103.6	181.8	138.2	187.5
1976	190	128	343	106.1	105.2	107.0	192.8	145.3	200.7
1977	200	135	355	105.1	105.5	103.5	202.7	153.3	207.6

3－10 续表 continued

本表绝对数按当年价格计算，指数按可比价格计算。
Absolute figures in this table are calculated at current prices, while indices are calculated at comparable prices.

年份 Year	绝对数(元/人) Value(yuan/person)			指数(上年＝100) Index(Preceding year＝100)			指数(1952＝100) Index(1952＝100)		
	全部居民 All House－holde	农村居民 Agricul－tural House－holds	城镇居民 Non－agricul－tural House－holds	全部居民 All House－holde	农村居民 Agricul－tural House－holds	城镇居民 Non－agricul－tural House－holds	全部居民 All House－holde	农村居民 Agricul－tural House－holds	城镇居民 Non－agricul－tural House－holds
1978	207	138	370	103.4	101.8	104.2	209.7	156.1	216.4
1979	239	161	420	115.8	116.8	113.4	242.8	182.3	245.4
1980	295	213	484	123.2	132.5	115.3	299.1	241.5	282.8
1981	350	257	567	115.5	116.2	115.0	345.4	280.7	325.2
1982	407	318	619	115.7	124.1	107.9	399.5	348.2	350.9
1983	423	334	632	104.1	106.3	100.4	416.0	370.3	352.4
1984	446	349	671	100.0	99.0	101.1	416.2	366.7	356.3
1985	519	412	762	105.2	105.5	104.3	438.0	386.8	371.6
1986	578	418	942	107.9	100.5	117.2	472.6	388.9	435.5
1987	653	480	1039	105.2	107.9	101.6	497.3	419.4	442.5
1988	713	541	1086	94.1	97.7	89.4	468.1	409.7	395.4
1989	755	565	1157	92.6	89.8	95.0	433.5	368.1	375.6
1990	786	592	1189	99.3	97.0	101.3	430.5	357.0	380.4
1991	861	633	1330	107.0	107.9	105.7	460.7	385.1	402.2
1992	941	686	1461	103.1	104.2	101.6	474.9	401.4	408.7
1993	1142	779	1755	103.1	100.1	105.2	487.6	402.4	429.8
1994	1460	967	2284	103.2	100.7	104.7	503.4	405.2	450.0
1995	1817	1289	2683	105.3	111.1	100.4	529.9	450.2	451.8
1996	2040	1424	3031	104.2	102.5	104.9	552.2	461.4	474.0
1997	2232	1551	3311	105.7	105.3	105.5	583.8	485.9	500.0
1998	2309	1603	3391	103.9	103.8	103.0	606.8	504.3	515.0
1999	2520	1601	3871	110.0	100.2	115.2	667.3	505.3	593.3
2000	2687	1720	4045	105.3	106.2	103.1	702.7	536.7	611.7
2001	2868	1694	4431	106.2	98.0	108.9	746.1	525.9	666.2
2002	3341	1793	5327	113.9	100.6	118.9	850.2	529.1	792.1
2003	3565	1945	5593	104.7	105.1	103.6	890.3	556.1	820.6
2004	4042	2077	6415	110.7	103.7	111.9	985.3	576.6	918.2
2005	5021	2426	8004	111.6	114.6	108.5	1099.6	660.8	996.3
2006	5800	2816	9043	113.7	113.7	111.4	1250.2	751.3	1109.9
2007	7062	3286	10930	116.5	110.9	115.9	1456.5	833.2	1286.3
2008	8284	3628	13162	110.7	111.2	108.2	1612.3	926.5	1391.8
2009	9668	3999	14784	114.9	108.1	114.2	1852.6	1001.5	1589.4
2010	11080	4486	16728	111.1	108.4	109.9	2058.2	1085.7	1746.8

主要统计指标解释

地区收入总值　指一个地区所有常住单位在一定时期内收入初次分配的最终结果。一地区常住单位从事生产活动所创造的增加值在初次分配中主要分配给该地区的常住单位,但也有一部分以生产税及进口税(扣除生产和进口补贴)、劳动者报酬和财产收入等形式分配给非常住单位;同时,地区外生产所创造的增加值也有一部分以生产税及进口税(扣除生产和进口补贴)、劳动者报酬和财产收入等形式分配给该地区的常住单位,从而产生了地区收入总值的概念。它等于地区生产总值加上来自地区外的净要素收入。与地区生产总值不同,地区收入总值是个收入概念,而地区生产总值是个生产概念。

地区生产总值　是按市场价格计算的地区生产总值的简称。它是一个地区所有常住单位在一定时期内生产活动的最终成果。地区生产总值有三种表现形式,即价值形态、收入形态和产品形态。从价值形态看,它是所有常住单位在一定时期内所生产的全部货物和服务价值超过同期投入的全部非固定资产货物和服务价值的差额,即所有常住单位的增加值之和;从收入形态看,它是所有常住单位在一定时期内所创造并分配给常住单位和非常住单位的初次分配收入之和;从产品形态看,它是最终使用的货物和服务减去进口货物和服务。在实际核算中,地区生产总值的三种表现形态表现为三种计算方法,即生产法、收入法和支出法。三种方法分别从不同的方面反映地区生产总值及其构成。

支出法地区生产总值　指一个地区所有常住单位在一定时期内用于最终消费、资本形成总额,以及货物和服务的净出口总额,它反映本期生产的地区生产总值的使用构成。

最终消费　指常住单位在一定时期内对于货物和服务的全部最终消费支出,也就是常住单位为满足物质、文化和精神生活的需要,从本国经济领土和国外购买的货物和服务的支出;不包括非常住单位在本国经济领土内的消费支出。最终消费分为居民消费和政府消费。

居民消费　指常住住户对货物和服务的全部最终消费支出。居民消费按市场价格计算,即按居民支付的购买者价格计算。购买者价格是购买者取得货物所支付的价格,包括购买者支付的运输和商业费用。居民消费除了直接以货币形式购买货物和服务的消费之外,还包括以其他方式获得的货物和服务的消费支出,即所谓的虚拟消费支出。居民虚拟消费支出包括以下几种类型:单位以实物报酬及实物转移的形式提供给劳动者的货物和服务;住户生产并由本住户消费了的货物和服务,其中的服务仅指住户的自有住房服务;金融机构提供的金融媒介服务;保险公司提供的保险服务。

政府消费　指政府部门为全社会提供公共服务的消费支出和免费或以较低价格向住户提供的货物和服务的净支出。前者等于政府服务的产出价值减去政府单位所获得的经营收入的价值,政府服务的产出价值等于它的经常性业务支出加上固定资产折旧;后者等于政府部门免费或以较低价格向住户提供的货物和服务的市场价值减去向住户收取的价值。

资本形成总额　指常住单位在一定时期内获得的减去处置的固定资产加存货的变动,包括固定资本形成总额和存货增加。

固定资本形成总额　指常住单位购置、转入和自产自用的固定资产,扣除固定资产的销售和转出后的价值,分有形固定资产形成总额和无形固定资产形成总额。有形固定资产形成总额包括一定时期内完成的建筑工程、安装工程和设备工器具购置(减处置)价值,以及土地改良、新增役、种、奶、毛、娱乐用牲畜和新增经济林木价值。无形固定资产形成总额包括矿藏的勘探、计算机软件、娱乐和文学艺术品原件等获得减处置。

存货增加　指常住单位存货实物量变动的市场价值,即期末价值减期初价值的差额。存货增加可以是正值,也可以是负值;正值表示存货上升,负值表示存货下降。它包括生产单位购进的原材料、燃料和储备物资等存货,以及生产单位生产的产成品、在制品等存货等。

货物和服务净出口　指货物和服务出口减货物和服务进口的差额。出口包括常住单位向非常住单位出售或无偿转让的各种货物和服务的价值;进口包括常住单位从非常住单位购买或无偿得到的各种货物和服务的价值。由于服务活动的提供与使用同时发生,因此服务的进出口业务并不发生出入境现象,一般把常住单位从国外得到的服务作为进口,非常住单位从本国得到的服务作为出口。货物的出口和进口都按离岸价格计算。

劳动者报酬　指劳动者因从事生产活动所获得的全部报酬。包括劳动者获得的各种形式的工资、奖金和津贴,既包括货币形式的,也包括实物形式的;还包括劳动者所享受的公费医疗和医药卫生费、上下班交通补贴和单位支付的社会保险费等。对于个体经济来说,其所有者所获得的劳动报酬和经营利润不易区分,这两部分统一作为劳动者报酬处理。

生产税净额　指生产税减生产补贴后的余额。生产税指政府对生产单位生产、销售和从事经营活动以及因从事生产活动使用某些生产要素(如固定资产、土地、劳动力)所征收的各种税、附加费和规费。生产补贴与生产税相反,指政府对生产单位的单方面收入转移,因此视为负生产税,包括政策亏损补贴、粮食系统价格补贴、外贸企业出口退税收入等。

固定资产折旧 指一定时期内为弥补固定资产损耗按照核定的固定资产折旧率提取的固定资产折旧，或按国民经济核算统一规定的折旧率虚拟计算的固定资产折旧。它反映了固定资产在当期生产中的转移价值。各类企业和企业化管理的事业单位的固定资产折旧是指实际计提并计入成本费中的折旧费；不计提折旧的政府机关、非企业化管理的事业单位和居民住房的固定资产折旧是按照统一规定的折旧率和固定资产原值计算的虚拟折旧。原则上，固定资产折旧应按固定资产的重置价格计算，但是目前我国尚不具备对全社会固定资产进行重估价的基础，所以暂时只能采用上述办法。

营业盈余 指常住单位创造的增加值扣除劳动者报酬、生产税净额和固定资产折旧后的余额。它相当于企业的营业利润加上生产补贴，但要扣除从利润中开支的工资和福利等。

直接消耗系数 指某一个部门生产单位总产出需要直接消耗各部门产品和服务的数量，也称为投入系数。它反映该部门与其他部门之间直接的技术经济联系和直接依赖关系。

完全消耗系数 指增加某一个部门单位总产出需要完全消耗各部门产品和服务的数量。完全消耗系数等于直接消耗系数和全部间接消耗系数之和，它是全面揭示国民经济各部门之间技术经济的全部联系和相互依赖关系的主要指标。

Explanatory Notes on Main Statistical Indicators

Gross National Product (GNP) refers to the final result of the primary distribution of the income created by all the resident units of a region during a certain period of time. The value added created by the resident units of a region engaged in production activities is mainly distributed to the resident units of that region while a part of it is distributed to the non resident units in the form of production tax and import duties (minus subsidies to production and import), remuneration for the laborers and property income. At the meantime, a part of the value added created abroad is distributed to the resident units of the region in the form of production tax and import duties (minus subsidies to production and import), remuneration for the laborers and property income. Thus the concept of gross national product is formed, which equals to gross domestic product plus net factor income from abroad. Unlike gross domestic product, which is a concept of production, gross national product is a concept of income.

Gross Domestic Product (GDP) refers to the final products of all resident units in a region during a certain period of time. Gross domestic product is expressed in three different forms, i. e. value, income, and products respectively. The form of value refers to the total value of all products and services produced by all resident units during a certain period of time minus total value of intimidate input of materials and services of the nature of non fixed assets or the summation of the value added of all resident units; the form of income includes all the income created by all resident units and distributed primarily to all resident and non resident units; the form of products refers to the value of all final goods and services for final use by all resident units plus the value of net exports of goods and services during a given period of time. In the practice of national accounting, gross domestic product is calculated with three approaches, i. e. production approach, income approach, and expenditure approach, which reflect gross domestic product and its composition from different aspects.

GDP Calculated with Expenditure Approach refers to total expenditure on final consumption, total capital formation and net export of goods and services by resident units of a region in a certain period of time. It reflects the composition of GDP by its use.

Final Consumption refers to the total expenditure of resident units on final consumption of goods and services in a certain period, namely the expenditure of the resident units for purchases of goods and services from domestic economic territory and abroad to meet the requirements of material, cultural and spiritual life. It excludes the expenditure of non – resident units on consumption in the economic territory of the country. The final consumption is classified into household consumption and government consumption.

Households Consumption refers to the total expenditure of resident households on the final consumption of goods and services. The households consumption is calculated at market prices, namely the purchaser's prices which the households pay; the purchasers' prices of goods are the prices the households pay when they obtain the goods, including the transport and commercial expenses paid by the households. In addition to the consumption of goods and services bought by the households directly with money, the expenditure on goods and services obtained by the households in other ways, i. e. the so called imputed expenditure on consumption, is also included in the households consumption. The imputation expenditure of the households on consumption includes the following types: (a) the goods and services provided to the households by the units in the form of payment in kind and transfer in kind; (b) the goods and services produced and consumed by the households themselves, in which the services refer only to the services provided by the residential buildings owned by the households; (c) the services of financial intermediary provided by the financial institutions; (d) the insurance services provided by the insurance companies.

Government Consumption refers to the expenditure on the consumption of the public services provided by the government to the whole society and the net expenditure on the goods and services provided by the government to the households at free charge or lower prices. The former equals to the output value of the government services minus the value of operating income obtained by the government departments. (The output value of the government services equals to its current operating expenditure plus depreciation of fixed assets). The latter equals to the market value of the goods and services provided by the government free of charge or at low prices to the households minus the value received by the government from the households.

Total Capital Formation refers to the fixed assets acquired minus those disposed and the change in inventory, including the total fixed assets formation and the increase in inventory.

Total Fixed Capital Formation refers to the value of fixed assets purchased, transferred in by the resident units and those produced and used by themselves deducting the value of fixed assets sold and transferred out. It can be classified into total tangible assets formation and total intangible assets formation. The total tangible assets formation include the value of the construction projects, installation projects completed and the equipment, apparatus and instruments purchased as well as the value of land improved, the value of draught animals, breeding stock, milk, wool and recreational animals and the newly increased economic forest in a certain period. The total intangible assets formation includes the prospecting of minerals, the acquisition of computer software, the originals of recreational works and works of literature and arts minus the disposal of them.

Increase in Inventory refers to the market value of the change in inventory, i. e. the difference of value between the beginning and the end of the period. The increase in inventory can be positive or negative. A positive value indicates the increase in inventory while a negative value indicates the decrease in stock. The inventory includes the raw materials, fuels and reserve materials purchased by the production units as well as the inventory of finished products, semi finished products, work in progress, etc.

Net Export of Goods and Services refers to the difference of the exports of goods and services minus the imports of goods and services. The imports include the value of various goods and services sold or gratuitously transferred by the resident units to the non – resident units. The imports include the value of various goods and services purchased or gratuitously acquired by the resident units from the non – resident units. Because the provision of services and the use of them happen simultaneously, the import and export of services do not appear to have the phenomena of crossing the border of the country. The acquisition of services by the resident units from abroad is usually treated as import while the acquisition of services by non – resident units in this country is usually treated as export. The export and import of goods are calculated at FOB.

Laborers′Remuneration refers to the whole payment of various forms earned by the laborers from the productive activities they are engaged in. It includes wages, bonuses and allowances the laborers earned in monetary form and in kind. It also includes the free medical services provided to the laborers and the medicine expenses, traffic subsidies and social insurance fee paid by the laborers , working units for them. As the individual economy is concerned, since the laborers , remuneration is not easily distinguished from the operating profit, both are treated as laborers remuneration.

Net Taxes on Production refers to the residual of the taxes on production minus the subsidies on production. The taxes on production refers to the various taxes, extra charges and fees levied on the production units on their production, sale and business activities as well as on some factors of production, such as fixed assets, land and labor force, used in the production activities they are engaged in. In contrast to the taxes on production, the subsidies on production refer to the unilateral transfer of part of the government′s revenue to the production units and is therefore regarded as negative taxes on production. They include subsidies on the loss due to implementation of government policies, price subsidies to the grain institutions, foreign trade corporations receipts from drawback, etc.

Depreciation of Fixed Assets refers to the depreciation of fixed assets of a given period, drawn in accordance with the stipulated depreciation rate for the purpose of compensating the wear loss or the fixed assets or the depreciation of fixed assets calculated in a fictitious way in accordance with the stipulated unified depreciation rate in the national economic accounting system. It reflects the value of transfer of the fixed assets in the production of the current period. The depreciation of fixed assets in various enterprises and institutions managed as enterprises refers to the depreciation ex – penses actually drawn and calculated as part of the coast. In government agencies and institutions not managed as enterprises, which do not draw the depreciation expenses, as well as for the houses of residents, the depreciation of fixed assets is the imputed depreciation, which is calculated in accordance with the stipulated unified depreciation rate. In principle, the depreciation of fixed assets should be calculated on the basis of the re purchased value of the fixed assets. However, there is no actual condition to re – evaluate all the fixed assets in China. Therefore, the above - mentioned methods are temporarily adopted at present.

Operating Surplus refers to the balance of the value added created by the resident units deducting the labourers ′remuneration, net taxes on production and the depreciation of fixed assets. It is equivalent to the business profit of the enterprises plus subsidies on production, but the wages and welfare expenses paid from the profits should be deducted.

Direct Input Coefficient refers to the volume of products and services of all sectors consumed directly by a certain sector′s productive units, which are needed for their total output. It is also named as technical coefficient. It represents the direct technical economical ties and direct interdependence between the sector and other sectors.

Total Input Coefficient refers to the volume of products and services of all sectors needed for a certain sectors productive units to increase their total output. Total input coefficient is equal to the sum of direct input coefficient and total indirect input coefficient. It is a major indicator to disclose the technical economical ties and interdependence between sectors of the national economy.

2011 NEI MENG GU

四、人口

Population

资料整理：杜文杰

Arranged By Du Wenjie

4-1 历次全国人口普查内蒙古人口基本情况

Basic Statistics on All Region Population Census in 1953, 1964, 1982, 1990, 2000 and 2010

单位:万人 (10 000 persons)

指标	Item	1953	1964	1982	1990	2000	2010
总人口	**Total Population**	**610.02**	**1233.41**	**1927.43**	**2145.65**	**2375.54**	**2470.63**
男	Male	343.19	669.28	1005.29	1115.57	1228.90	1283.13
女	Female	266.83	564.13	922.14	1030.08	1146.64	1187.5
总户数(万户)	**Total Number of Households (10 000 households)**	**138.70**	**261.39**	**420.00**	**529.34**	**708.16**	**847.05**
家庭户	Family Households			418.75	527.31	695.48	817.61
集体户	Non-family Households			1.25	2.03	12.68	29.44
各年龄组人口	**Population by Age**						
0-5岁	Age 0-5			237.01	246.92	151.13	134.6
6-14岁	Age 6-14			447.58	363.45	354.43	213.66
15-64岁	Age 15-64			1173.22	1449.29	1742.85	1935.56
65岁及以上	Age 65 and Over			69.62	85.99	127.13	186.81
民族人口	**Nationality Population**						
汉族	Han Nationality	512.00	1072.94	1627.76	1729.00	1882.39	1965.07
蒙古族	Mongolian Nationality	88.82	138.45	248.94	337.97	402.92	422.61
其他少数民族	other Minority Nationalities	7.24	22.00	50.73	78.67	90.23	82.95
15岁及以上人口	**Population Aged 15 and Over**			**1242.84**	**1535.28**	**1869.98**	**2122.37**
6岁及以上人口按受教育程度分组	**Population Aged 6 and Over by Educational Level**			**1690.42**	**1898.73**	**2224.41**	**2236.03**
大学本科	University				10.83	24.47	91.99
大学专科	Three Years College			11.00	20.90	65.88	160.2
中专	Specialized Secondary School				42.97	89.66	
高中	Senior Secondary School			143.68	173.07	237.22	373.69
初中	Junior Secondary School			371.99	546.55	826.65	968.93
小学	Primary School			631.58	716.68	739.60	627.99
不识字或识字很少	Illiterate and Semi-Illiterate			422.29	332.82	240.93	113.23
市镇乡村人口	**Population of Cities, Towns & Countyside**						
市镇人口	City & Town		305.10	556.14	779.69	1013.88	1372.02
乡村人口	County		928.31	1371.29	1365.96	1361.66	1098.61

注:1953、1964、1982和1990年数据为年中数(7月1日零时),2000、2010年数据为2000、2010年11月1日零时快速汇总数。

a) Data on 1953, 1964, 1982 and 1990 is year-middle data (at zero hour of Jul. 1). The figures from the pre liminary tabulationa, 2000、20110 is Data at at zero hour of Nov. 1

4-2 年末总人口数及构成

Population and Its Composition at Year - end

单位:万人 (10 000 persons)

年 份 Year	年末总人口 Total Population (year - end)	按性别分 By sex 男 Male	 女 Female	按农业、非农业分 By Agricultural & Non - agricultural Population 农业人口 Agricultural	 非农业人口 Non - agricaltural	按城乡分 By Residence 市镇人口 Urban	 乡村人口 Rural
1947	561.7	313.9	247.8			68.4	493.3
1949	608.1	334.0	274.1			75.2	532.9
1952	715.9	394.3	321.6			91.9	624.0
1957	936.0	519.3	416.7			175.4	760.6
1965	1296.4	700.1	596.3			268.3	1028.1
1970	1491.0	799.0	692.0			320.8	1170.2
1975	1737.9	918.6	819.3	1306.3	431.6	379.3	1358.6
1978	1823.4	957.8	865.6	1360.8	462.6	397.5	1425.9
1980	1876.5	981.2	895.3	1380.8	495.7	433.1	1443.4
1981	1902.9	994.9	908.0	1390.6	512.3	445.2	1457.7
1982	1941.6	996.0	945.6	1414.6	527.0	565.2	1376.4
1983	1969.8	1009.8	960.0	1431.9	537.9	573.8	1396.0
1984	1993.1	1022.7	970.4	1444.9	548.2	847.1	1146.0
1985	2015.9	1043.6	972.3	1441.2	574.7	874.1	1141.8
1986	2040.7	1058.0	982.7	1451.7	589.0	932.2	1108.5
1987	2066.4	1062.3	1004.1	1456.7	609.7	1004.5	1061.9
1988	2093.9	1083.2	1010.7	1461.9	632.0	1033.8	1060.1
1989	2122.2	1102.4	1019.8	1470.8	651.5	1055.8	1066.5
1990	2162.6	1127.6	1035.0	1496.8	665.7	781.1	1381.4
1991	2183.9	1132.8	1051.0	1506.9	677.0	807.4	1376.4
1992	2206.6	1142.1	1064.5	1519.5	687.1	817.1	1389.5
1993	2232.4	1149.8	1082.6	1525.2	707.2	831.8	1400.6
1994	2260.5	1161.5	1099.0	1534.6	725.9	849.3	1411.2
1995	2284.4	1187.6	1096.8	1541.3	743.1	873.1	1411.3
1996	2306.6	1198.0	1108.6	1546.8	759.8	887.2	1419.4
1997	2325.7	1207.5	1118.2	1549.6	776.1	905.6	1420.1
1998	2344.9	1216.7	1128.2	1552.1	792.8	936.7	1408.2
1999	2361.9	1224.6	1137.3	1553.7	808.2	967.8	1394.1
2000	2372.4	1227.2	1145.2	1535.4	837.0	1001.1	1371.3
2001	2381.4	1230.6	1150.8	1528.4	853.0	1036.8	1344.6
2002	2384.1	1231.1	1153.0	1518.0	866.1	1050.3	1333.8
2003	2385.8	1231.4	1154.3	1504.5	881.3	1067.4	1318.4
2004	2392.7	1234.2	1158.5	1477.8	915.0	1097.3	1295.4
2005	2403.1	1237.9	1165.2	1446.2	956.9	1134.3	1268.8
2006	2415.1	1243.0	1172.1	1449.3	965.8	1174.7	1240.4
2007	2428.8	1250.0	1178.8	1448.5	980.3	1218.0	1210.8
2008	2444.3	1255.9	1188.4	1455.1	989.2	1264.1	1180.2
2009	2458.2	1263.5	1194.7	1458.9	999.3	1312.7	1145.5
2010	2472.2	1283.9	1188.3	1462.0	1010.2	1372.9	1099.3

注:1985－1989 年数据是根据 1982 年、1990 年第三、第四次人口普查数据调整的, 1990 年以后数据是人口变动抽样调查调整数,2001－2010 年是根据第六次人口普查推算数据调整数。其余年份为户籍统计数(下表同)。

a) Data in 1985 - 1989 were adjusted on the basis of the 1982 and 1990 National Population Censuses. Since 1990, data have been stimated on the basis of the annual National Sample Surveys on Population Changes, Data in 2001 - 2010 Were adyustod on the basis of the figures from the Pieliminary tabulation of Sixth Wational Population Census. Data of other years were taken from the annual reports of the Ministry of public Security. (The next table is the same).

4－3 人口出生率、死亡率、自然增长率
Birth Rate, Death Rate and Natural Growth Rate

年 份 Year	出生率 Birth Rate(‰)	死亡率 Death Rate(‰)	自然增长率 Natural Growth Rate(‰)	人口机械增长率 Migratory Growth Rate(‰)
1954	58.8	20.9	37.9	17.4
1955	37.5	11.4	26.1	24.4
1956	29.5	7.9	21.6	40.0
1957	37.2	10.5	26.7	16.3
1958	28.4	7.9	20.5	31.7
1959	30.8	11.0	19.8	54.8
1960	29.4	9.4	20.0	94.1
1961	22.1	8.8	13.3	-37.1
1962	38.2	9.0	29.2	-21.7
1963	41.3	8.5	32.8	3.7
1964	41.9	11.8	30.1	0.9
1965	40.0	9.3	30.7	2.8
1966	36.1	8.1	28.0	-2.8
1967	34.9	7.7	27.2	3.5
1968	34.9	7.3	27.6	1.2
1969	32.5	6.8	25.7	8.4
1970	32.3	6.2	26.1	-5.1
1971	29.7	5.6	24.1	18.0
1972	30.7	6.6	24.1	6.3
1973	28.3	5.7	22.6	7.1
1974	25.9	6.1	19.8	12.4
1975	23.3	6.1	17.2	1.8
1976	20.1	5.5	14.6	3.3
1977	18.1	5.4	12.7	3.5
1978	18.5	5.2	13.3	0.6
1979	18.1	4.9	13.2	-0.3
1980	16.5	4.9	11.5	
1981	17.3	4.9	12.4	1.3
1982	21.2	5.7	15.5	-0.8
1983	20.0	5.5	14.5	
1984	18.9	5.5	13.4	-1.7
1985	17.2	5.7	11.5	-0.1
1986	19.1	5.9	13.2	-1.0
1987	19.7	6.1	13.6	-1.1
1988	19.0	5.7	13.3	-0.1
1989	19.3	5.8	13.5	-0.7
1990	21.2	7.2	14.0	-1.1
1991	16.8	7.0	9.8	-1.2
1992	17.1	6.7	10.3	-1.3
1993	18.5	6.8	11.7	-0.5
1994	19.0	6.5	12.5	-0.3
1995	17.2	6.7	10.5	-0.1
1996	16.1	6.4	9.7	0.1
1997	15.2	7.0	8.3	0.1
1998	14.4	6.2	8.2	
1999	13.3	6.1	7.2	-0.2
2000	12.1	5.9	6.1	-0.6
2001	10.8	5.8	5.0	-1.2
2002	9.6	5.9	3.7	-2.6
2003	9.2	6.2	3.1	-2.4
2004	9.5	6.0	3.6	-0.6
2005	10.1	5.5	4.6	-0.3
2006	9.9	5.9	4.0	1.0
2007	10.2	5.7	4.5	1.2
2008	9.8	5.5	4.3	2.1
2009	9.6	5.6	4.0	1.7
2010	9.3	5.5	3.8	1.9

4-4 年末总人口及人口变动
Population and Its Changes at Year - end

项 目	Item	2009	2010	2010年比2009年增长(%) Growth Rate
一、总 人 口(万人)	**Total Population (10 000 persons)**	**2458.22**	**2472.18**	**0.57**
按 性 别 分	**By sex**			
男(万人)	Male(10 000 persons)	1263.52	1283.92	1.61
女(万人)	Female(10 000 persons)	1194.70	1188.26	-0.54
按 城 乡 分	**By Residence**			
市 镇 人 口(万人)	Urban(10 000 persons)	1312.69	1372.90	4.59
乡 村 人 口(万人)	Rural(10 000 persons)	1145.53	1099.28	-4.04
按农业非农业分	**By Agriculture and Non - agriculture**			
农 业 人 口(万人)	Agriculture(10 000 persons)	1458.96	1461.96	0.21
非农业人口(万人)	Non - agriculture (10 000 persons)	999.26	1010.22	1.10
二、人口自然变动	**Population Natural Changes**			
出生人口(万人)	Briths(10 000 persons)	23.46	22.92	-2.31
男	Male	12.22	12.15	-0.51
女	Female	11.24	10.76	-4.26
死 亡 人 口(万人)	Deaths(10 000 persons)	13.75	13.65	-0.73
出 生 率(‰)	Birth Rate(‰)	9.57	9.30	
死 亡 率(‰)	Death Rate(‰)	5.61	5.54	
自 然 增 长 率(‰)	Natural Growth Rate(‰)	3.96	3.76	

注:本表2009年数据根据第六次人口普查数据修正,2010年数据根据第六次人口普查推算。

a) Data in 2009 the table have been adjusted on the basis of the Sixth Population Census, and data in 2010 are extimated.

4－5 民族人口及构成

Population Nationality and Its Composition

单位：人 (person)

项目	Item	2009	2010	构成% Composition 2009	构成% Composition 2010
汉族	Han	19214183	19214866	78.33	78.33
蒙古族	Mongolian	4415945	4410735	18.00	17.98
回族	Hui	215189	216451	0.88	0.88
满族	Man	519256	523992	2.12	2.14
朝鲜族	Korean	24318	24184	0.10	0.10
达斡尔族	Daur	83127	83007	0.34	0.34
鄂温克族	Ewenki	30163	30863	0.12	0.13
鄂伦春族	Oroqen	4561	4594	0.02	0.02
壮族	Zhuang	1864	1949	0.01	0.01
藏族	Tibetan	1719	1576	0.01	0.01
锡伯族	Xibe	3119	3361	0.01	0.01
苗族	Miao	1593	1671	0.01	0.01
土家族	Tujia	1565	1742	0.01	0.01
彝族	Yi	1182	1254		0.01
维吾尔族	Uygur	226	326		
其他少数民族	Other Minority Nationalities	10655	11391	0.04	0.05
外国人加入中国籍	Foreigners Naturalized China	532	4		

注：本表数据为公安户籍统计数。

a) Date in the Table is Registered Statistics

4-6 年末民族人口数

Population by Nationality at Year-end

年份 Year	在人口总数中 Total Populational Including							
	汉族(万人) Han(10000 persons)	蒙古族(万人) Mongolian (10000 persons)	回族(万人) Hui(10000 persons)	满族(万人) Man(10000 persons)	朝鲜族(人) Korean (person)	达斡尔族(人) Daur (person)	鄂温克族(人) Ewenki (person)	鄂伦春族(人) Oroqen (person)
1947	469.6	83.2	4.4	1.7	5601	16281	4998	905
1948	485.8	83.4	4.4	1.7	5679	16374	5056	909
1949	515.4	83.5	4.5	1.8	5718	16484	5118	911
1950	565.9	84.7	4.6	1.8	5921	16932	5269	916
1951	589.6	87.1	4.7	1.9	6242	18060	5546	919
1952	614.4	91.2	5.0	2.0	6590	19129	5611	929
1953	649.3	98.5	5.2	2.1	6841	19480	5667	953
1954	687.6	102.7	5.4	2.2	7120	21304	5976	989
1955	725.6	105.5	5.8	2.3	7589	21883	6313	1067
1956	775.7	108.6	6.2	2.0	10213	22253	5665	1009
1957	811.2	111.6	6.7	2.1	11247	24278	6178	949
1958	857.1	114.1	7.5	2.5	12674	27656	6723	1025
1959	930.7	115.5	8.0	3.0	13209	29884	6593	1124
1960	1049.8	121.4	9.4	3.2	14056	30420	6935	1135
1961	1021.0	123.5	10.5	2.8	12457	30918	7508	1143
1962	1023.5	129.7	10.0	3.2	11934	31201	8558	1129
1963	1061.1	134.6	10.3	3.8	11827	32509	8469	1145
1964	1091.4	140.3	11.2	5.0	11328	34819	9038	1205
1965	1129.4	144.5	11.3	5.3	11412	35980	9191	1272
1966	1158.3	148.3	11.4	5.5	11513	36620	9591	1318
1971	1358.2	169.7	13.2	6.8	13884	40440	11038	1364
1972	1401.7	172.9	13.4	6.9	13426	42966	11195	1409
1973	1444.5	178.5	13.8	7.1	13864	44971	11268	1454
1974	1493.4	182.6	14.2	7.4	14400	46420	11639	1499
1975	1521.7	186.6	14.3	7.6	14862	48333	12426	1544
1976	1549.0	189.5	14.6	7.8	15750	48967	13554	1592
1977	1573.9	193.1	14.7	7.9	15420	52733	12753	1524
1978	1592.9	198.6	15.0	8.0	15403	55372	12657	1579
1979	1617.0	202.1	14.6	8.7	20881	53954	15592	1600
1980	1632.7	209.0	15.3	10.3	16193	56399	14722	1699
1981	1651.5	215.3	15.8	11.0	16062	56801	15245	1754
1982	1637.9	253.2	17.0	23.7	17337	56883	17525	2186
1983	1657.5	260.3	17.0	24.9	17800	59500	18000	2200
1984	1671.0	268.1	17.6	26.0	18400	60500	18300	2300
1985	1686.2	274.7	17.1	27.1	18600	61500	18900	2300
1986	1696.8	285.5	17.7	29.4	19485	64129	19840	2483
1987	1706.9	297.2	18.3	32.3	19743	65167	20412	2561
1988	1721.8	307.3	18.5	34.4	20152	66462	20499	2686
1989	1729.9	315.7	18.8	35.7	21147	69579	20853	2793
1990	1749.1	328.5	18.7	40.0	22380	70959	22494	2976
1991	1758.7	333.1	19.0	40.9	22047	71598	23138	3171
1992	1766.1	338.3	19.5	41.4	22161	72432	23321	3262
1993	1779.4	343.4	19.7	42.1	21963	73574	23928	3242
1994	1791.6	349.6	19.7	42.8	22735	73354	24427	3302
1995	1803.4	356.5	19.9	43.7	22741	72680	24545	3447
1996	1820.0	364.2	20.0	44.8	22772	73689	25059	3436
1997	1836.8	371.8	20.4	45.5	22759	74992	25632	3599
1998	1851.0	378.6	20.4	46.2	23068	73797	25578	3568
1999	1865.5	382.8	21.0	46.0	23825	73818	26001	3813
2000	1832.5	386.0	20.9	47.0	23278	76374	26546	3704
2001	1843.7	391.8	20.8	48.1	23841	77145	26870	3846
2002	1855.0	396.0	21.1	47.8	24009	79202	27423	3968
2003	1860.6	404.0	21.1	48.7	23863	79195	27915	3998
2004	1866.5	408.0	21.3	48.7	24117	79960	28285	4229
2005	1853.8	412.7	21.0	49.1	23503	79248	27931	4791
2006	1880.9	414.4	21.1	49.9	23800	82342	28774	4816
2007	1898.0	427.7	21.3	50.6	24117	83610	29085	5000
2008	1913.3	433.5	21.4	51.4	24353	84478	29589	5032
2009	1921.4	441.6	21.5	51.9	24318	83127	30163	4561
2010	1921.5	441.1	21.6	52.4	24184	83007	30863	4594

注:本表数据为公安户籍统计数。

a) Date in the Table is Registered Statistics

主要统计指标解释

人口数 指一定时点、一定地区范围内的有生命的个人的总和。

年度统计的年末人口数指每年 12 月 31 日 24 时的人口数。

市镇总人口和乡村总人口

其定义有两种口径：

第一种口径（按行政建制）

市人口：市管辖区域内的全部人口（含市辖镇，不含市辖区县）；

镇人口：县辖镇的全部人口（不含市辖镇）；

县人口：县辖乡人口。

第二种口径（按常住人口划分）

市人口：设区的市的区人口和不设区的市所辖的街道人口；

镇人口：不设区的市所辖镇的居民委员会人口和县辖镇的居民委员会人口；

县人口：除上述两种人口以外的全部人口。

1952－1980 年数据为第一种口径的数据，1982 年以后的数据为第二种口径的数据。

出生率（又称粗出生率） 指在一定时期内（通常为一年）平均每千人所出生的人数的比率，一般用千分率表示。计算公式为：

出生率＝年出生人数/年平均人数×1000‰

式中：出生人数指活产婴儿，即胎儿脱离母体时（不管怀孕月数），有过呼吸或其他生命现象。年平均人数指年初、年底人口数的平均数，也可用年中人口数代替。

死亡率（又称粗死亡率） 指在一定时期内（通常为一年）一定地区的死亡人数与同期平均人数（或期中人数）之比，一般用千分率表示。计算公式为：

死亡率＝年死亡人数/年平均人数×1000‰

人口自然增长率 指在一定时期内（通常为一年）人口自然增加数（出生人数减死亡人数）与该时期内平均人数（或期中人数）之比，一般用千分率表示。计算公式为：

人口自然增长率＝（本年出生人数－本年死亡人数）/年平均人数×1000‰

人口自然增长率＝人口出生率 － 人口死亡率

在业人口（又称就业人口） 指十五周岁及十五周岁以上人口中从事一定的社会劳动并取得劳动报酬或经营收入的人口。

不在业人口 指十五周岁及十五周岁以上人口中未从事社会劳动的人口，包括在校学生、料理家务、待升学、市镇待业、离退休、退职、丧失劳动能力等非在业人口。

Explanatory Notes on Main Statistical Indicators

Total Population refers to the total number of people alive at a certain point of time within a given area.

The annual statistics on total population is taken at midnight, the 3lst of December.

Urban Population and Rural Population There are two definitions. The first definition (according to the administrative organizational system) :

City population: Total population under the jurisdiction of city (including population of the town under the jurisdiction of city. excluding the population of counties under the jurisdiction of city) .

Town population: Total population of town under the jurisdiction of county (excluding the population of town under the jurisdiction of city) .

County population: Total population of country under the jurisdiction of county) .

The second definition (classified by the permanent population) :

City population: Total population of districts under the jurisdiction of city with district establishment and the population of street under the jurisdiction of city without district establishment.

Town population: Total resident committees population of towns under the jurisdiction of city without district establishment and the resident committee´s population of towns under the jurisdiction of county.

County population: Total population except city population and town population.

Data from 1952 to 1980 is the figures according to the first definition. Data since 1982 are the figure according to the second definition.

Birth Rate of (**Crude Birth Rate**) refers to the ratio of the number of births to the average population during a certain period of time (usually a year) which is often expressed in‰. The following formula is used:

Birth Rate = Number of Births /Average Number of Population ×1000‰

Number of births refers to live births i. e. the births when babies had showed any vital phenomena regardless of the length of pregnancy.

Annual Average Number of Population is the average of the number of population at the beginning of the year and that at the end of the year. Sometimes it is substituted for with the mid year population.

Death Rate (**or Crude Death Rate**) refers to the ratio of the number of deaths to the average population (or mid year population) during a certain period of time (usually a year) which is often expressed in‰. The following formula is used:

Death Rate = Number of Deaths /Annual Average Number of Population ×1000‰

Natural Growth Rate of Population refers to the ratio of natural increase in population (number of births minus number of deaths) in a certain period of time (usually a year) to the average population (or mid year population) of the same period which is often expressed in‰. The following formulas are applied:

Natural Growth of Population = (Number of Births − Number of Deaths) / Average Number of Population × 1000‰

Natural Growth Rate of Population = Birth Rate − Death Rate

Employed Population refers to population aged 15 or over engaging in social labor which generates income.

Unemployed Population refers to population aged 15 or over not engaging in any social labor which generates income, including students enrolled in schools, house wives, students waiting for entering schools with higher level, urban job seekers, retirees job quitters, disabled, etc.

五、从业人员和职工工资

Employment and Wages

资料整理：白　菲
Arranged By Bai　Fei

5-1 就业基本情况
Employment

项　目	Item	1995	2000	2005	2010
就业人员总计(万人)	**Total Number of Employed Persons(10 000 persons)**	**1029.4**	**1061.6**	**1041.1**	**1184.7**
第一产业	Primary Industry	536.8	553.7	560.5	571.0
第二产业	Secondary Industry	225.0	182.4	162.7	206.2
第三产业	Tertiary Industry	267.6	325.5	317.9	407.5
就业人员构成(总计=100)	**Composition of Employed Persons(total=100)**				
第一产业	Primary Industry	52.1	52.2	53.8	48.2
第二产业	Secondary Industry	21.9	17.1	15.6	17.4
第三产业	Tertiary Industry	26.0	30.7	30.5	34.4
按城乡分就业人员(万人)	**Number of Employed Persons by Urban and Rural Areas(10 000 persons)**	**1029.4**	**1061.6**	**1041.1**	**1184.7**
城镇就业人员	Urban Employed Persons	440.0	430.1	350.3	465.2
# 国有单位	State-owned Units	302.3	201.1	162.0	169.4
城镇集体单位	Urban Collective-owned Units	70.8	25.6	12.4	8.9
股份合作单位	Share Holding Units	5.9	2.9	1.8	2.1
联营单位	Joint-owned Units	0.3	0.6	0.3	0.2
有限责任公司	Limited Liability Corporations		26.0	47.0	45.5
股份有限公司	Share-holding Corporations Ltd.		8.2	14.3	17.8
私营企业	Private Enterprises	7.6	28.6	47.1	103.1
港澳台商投资单位	Units Funded by Entrepreneurs from Hong Kong, Macao & Taiwan	2.0	1.7	1.6	1.6
外商投资单位	Foreign Funded Units	2.2	2.2	2.5	2.8
个体	Self-employed Individuals	36.7	88.2	60.2	113.0
乡村从业人员	**Rural Employed Persons**	**589.4**	**631.5**	**690.8**	**719.5**
# 私营企业	Private Enterprises	2.5	12.8	21.1	18.4
个体	Self-employed Individuals	26.6	71.5	22.1	24.4
职工人数(万人)	**Number of Staff and Workers(10 000 persons)**	**383.7**	**263.9**	**239.6**	**244.9**
国有单位	State-owned Units	302.3	197.3	159.7	166.7
城镇集体单位	Urban Collective-owned Units	70.8	25.4	12.2	8.6
其他单位	Units of Other Types of Ownership	10.6	41.2	67.7	69.6
城镇单位女性就业人员(万人)	**Number of Female Employment in Urban Units(10 000 persons)**	**149.9**	**102.9**	**91.8**	**91.6**
城镇登记失业人数(万人)	**Number of Registered Unemployed Persons in Urban Areas(10 000 persons)**	**13.97**	**12.65**	**17.75**	**20.81**
城镇登记失业率(%)	**Registered Unemployment Rate in Urban Areas(%)**	**3.17**	**3.34**	**4.26**	**3.90**

注:1. 1998年及以后城镇单位就业人员、职工人数统计口径有调整，详见本篇末指标解释。
2. 全社会就业人员中不包括社会自由从业人员。

a) Statistical coverage of staff and workers employed in urban units was adjusted after 1998. Please refer to the explanatory notes at the end of this chapter.

b) Social total number of employed persons doesnt include social self-employed persons.

5-2 按三次产业划分的年末就业人员

Number of Employed Persons at Year-end by Type of Industry

年份 Year	就业人员（万人） Total (10 000 persons)			构成(合计=100) Composition in Percentage(total=100)		
		第一产业 Primary Industry	第二产业 Secondary Industry	第三产业 Tertiary Industry	第一产业 Primary Industry	第二产业 Secondary Industry	第三产业 Tertiary Industry
1952	345.3	302.6	13.0	29.7	87.63	3.76	8.61
1957	400.6	347.4	21.1	32.1	86.72	5.27	8.01
1965	476.8	379.7	45.3	51.8	79.64	9.50	10.86
1970	524.4	405.2	63.6	55.6	77.27	12.13	10.60
1975	607.5	441.6	95.5	70.4	72.69	15.72	11.59
1978	652.8	438.0	120.5	94.3	67.10	18.45	14.45
1980	698.4	460.7	129.7	108.0	65.97	18.57	15.46
1981	731.2	478.8	136.4	116.0	65.48	18.66	15.86
1982	762.4	501.5	140.1	120.8	65.78	18.38	15.84
1983	798.8	515.8	146.7	136.3	64.57	18.37	17.06
1984	827.8	524.5	154.5	148.8	63.36	18.66	17.98
1985	856.6	517.8	174.8	164.0	60.45	20.40	19.15
1986	875.4	521.7	184.6	169.1	59.60	21.08	19.32
1987	891.0	490.3	188.0	212.7	55.03	21.10	23.87
1988	909.7	490.0	200.1	219.6	53.86	22.00	24.14
1989	910.3	491.3	199.1	219.9	53.97	21.87	24.16
1990	924.6	515.5	201.4	207.7	55.76	21.78	22.46
1991	962.9	537.9	208.8	216.2	55.86	21.68	22.45
1992	976.0	531.4	217.1	227.5	54.45	22.24	23.31
1993	1008.2	535.4	220.4	252.4	53.10	21.86	25.04
1994	1033.4	536.5	225.1	271.8	51.92	21.78	26.30
1995	1029.4	536.8	225.0	267.6	52.15	21.85	26.00
1996	1039.0	546.8	223.4	268.8	52.63	21.50	25.87
1997	1050.3	544.6	213.2	292.5	51.85	20.30	27.85
1998	1050.3	542.6	207.1	300.6	51.66	19.72	28.62
1999	1056.7	555.4	185.5	315.8	52.56	17.55	29.89
2000	1061.6	553.7	182.4	325.5	52.20	17.10	30.70
2001	1067.0	550.5	179.3	337.2	51.60	16.80	31.60
2002	1086.1	552.3	173.7	360.1	50.90	16.00	33.10
2003	1005.2	548.7	152.5	303.9	54.59	15.17	30.24
2004	1026.1	559.3	153.0	313.8	54.51	14.91	30.58
2005	1041.1	560.5	162.7	317.9	53.83	15.64	30.53
2006	1051.2	565.3	168.0	317.8	53.78	15.98	30.23
2007	1081.5	569.3	183.6	328.6	52.64	16.98	30.38
2008	1103.3	556.7	186.2	360.4	50.45	16.88	32.67
2009	1142.5	558.0	193.3	391.2	48.84	16.92	34.24
2010	1184.7	571.0	206.2	407.5	48.20	17.41	34.39

注：1. 2003年以后就业人员中不包括社会自由就业人员。

2. 2004年三次产业就业人员和构成按相关数据进行了调整。

a) Social total number of employed persons doesnt include social self-employed persons after 2003.

b) The number of employed persons in tertiary industry and its composition in 2004 is adjusted by relation data.

5－3 分行业城镇单位年末女性就业人员(2010年)

Number of Female Employed in Urban Units at Year－end by Sector(2010)

单位:人　　　　(person)

项　目	Item	合计 Total	国有单位 State－owned Units	城镇集体单位 Urban Collective－owned Units	其他单位 Units of Other Types of Ownership
总计	**Total**	**916401**	**658401**	**36667**	**221333**
按企、事业和机关分组	**Grouped by Enterprises, Institutions and Agencies**				
企业	Enterprises	447035	199111	28533	219391
事业	Institutions	368553	359434	8118	1001
机关	Agencies & Organizations	99837	99837		
按国民经济行业分组	**Grouped by Sector**				
农、林、牧、渔业	Farming, Forestry, Animal Husbandry and Fishery	88615	85654	85	2876
采矿业	Mining	32371	11964	915	19492
制造业	Manufacturing	131031	8502	8428	114101
电力、燃气及水的生产和供应业	Production & Supply of Electric Power, Gas and Water	32492	22720	347	9425
建筑业	Construction	20826	5185	2785	12856
交通运输、仓储和邮政业	Transportation, Storage and Postal Services	39445	33685	824	4936
信息传输、计算机服务和软件业	Information Transmission, Com－puter Service & Computer Software	20247	16662	12	3573
批发和零售业	Wholesale and Retail Trade	31725	13048	1238	17439
住宿和餐饮业	Quarters and Catering	13912	6280	1180	6452
金融业	Banking	53052	21920	11358	19774
房地产业	Real Estate	5678	3203	57	2418
租赁和商务服务业	Leasing and Commercial Services	8978	5875	331	2772
科学研究、技术服务和地质勘查业	Scientific Research, Technical Services & Geological Prospecting	15397	14712	73	612
水利、环境和公共设施管理业	Water Conservancy, Environment and Public Facilities Administration	32959	30606	1485	868
居民服务和其他服务业	Resident Services and Other Services	6093	4346	1120	627
教育	Education	187711	185573	128	2010
卫生、社会保障和社会福利业	Health Care, Social Security and Social Welfare	72027	64860	6285	882
文化、体育和娱乐业	Culture, Sports & Recreational Services	14930	14694	16	220
公共管理和社会组织	Public Administration and Social Organizations	108912	108912		
国际组织	International Organizations				

5－4 按登记注册类型和城乡划分的年末就业人员

单位:万人

年份 Year	总 计 Total	城镇 小 计 Subtotal	# 国有单位 State－owned Units	# 集体单位 Collective－owned Units	# 股份合作单位 Share Holding Units	# 联营单位 Joint－owned Units	# 有限责任公司 Limited Liability Corporations	# 股份有限公司 Share－holding Corporations Ltd.
1952	345.3	49.9	16.9					
1957	400.6	56.3	46.1	9.4				
1965	476.8	101.2	86.5	13.4				
1970	524.4	124.8	110.9	13.9				
1975	607.5	176.9	143.8	32.9				
1978	652.8	227.8	183.2	44.4				
1980	698.4	225.4	200.6	53.7				
1985	856.6	335.6	241.4	79.0				
1987	891.0	359.7	260.2	82.5		0.1		
1988	909.7	373.3	268.3	84.7		0.2		
1989	910.3	375.4	271.0	86.0		0.3		
1990	924.6	386.6	282.3	87.0		0.4		
1991	962.9	404.2	293.2	89.3		0.6		
1992	976.0	415.7	302.1	89.6		1.0		
1993	1008.2	434.2	301.1	87.4	1.2	0.3		
1994	1033.4	453.8	301.7	76.1	5.0	0.4		
1995	1029.4	440.0	302.3	70.8	5.9	0.3		
1996	1039.0	434.7	302.1	66.8	5.9	0.3		
1997	1050.3	444.9	291.9	59.4	7.1	0.2		
1998	1050.3	443.4	252.4	45.7	2.9	0.8	18.1	6.9
1999	1056.7	435.7	232.4	37.8	2.9	0.9	23.4	8.0
2000	1061.6	430.1	201.1	25.6	2.9	0.6	26.0	8.2
2001	1067.0	434.5	188.9	20.5	2.2	0.5	29.3	9.3
2002	1086.1	435.6	177.8	17.7	1.9	0.4	34.4	11.1
2003	1005.2	352.9	169.2	15.8	2.0	0.3	40.2	12.0
2004	1026.1	350.3	166.6	13.5	1.7	0.3	43.3	13.0
2005	1041.1	350.3	162.0	12.4	1.8	0.3	47.0	14.3
2006	1051.2	365.0	160.5	11.5	1.5	0.3	49.3	14.3
2007	1081.5	383.5	162.0	11.1	1.9	0.3	48.1	17.7
2008	1103.3	414.9	163.5	10.1	1.4	0.3	45.5	18.3
2009	1142.5	439.5	166.7	9.2	1.9	0.2	44.5	17.9
2010	1184.7	465.2	169.4	8.9	2.1	0.2	45.5	17.8

Number of Employed Persons at Year – end by Status of Registration and Residence in Urban and Rural Areas

(10 000 persons)

Urban Area				乡村 Rural Area		
# 私营企业 Private Enterprises	# 港澳台商投资单位 Economic Units Funded by Entrepreneurs from Hong Kong, Macao and Taiwan	# 外商投资单位 Foreign Funded Economic Units	# 个体 Self – employed individuals	合计 Sub – total	# 私营企业 Private Enterprises	# 个体 Self – employed Individuals
			33.0	295.4		
			0.8	344.3		
			1.3	375.6		
				399.6		
			0.2	430.6		
			0.2	425.0		
			1.1	443.0		
			15.2	521.0		
			16.9	531.3		
			20.1	536.4		
			18.1	534.9		
			16.9	538.0		
			21.1	558.7		
			23.0	560.3		
3.8	1.0	1.1	28.7	574.0		
5.5	1.4	1.7	38.1	579.6		
7.6	2.0	2.2	36.7	589.4	2.5	26.6
10.8	1.9	2.7	40.7	604.3	3.2	32.9
14.0	2.1	2.8	57.9	605.4	3.7	37.1
23.0	2.3	1.7	73.2	606.9	5.9	48.8
25.1	2.0	2.1	88.0	621.0	13.6	59.7
28.6	1.7	2.2	88.2	631.5	12.8	71.5
30.4	1.7	1.8	96.2	632.5	15.2	73.7
29.0	1.8	2.0	87.9	650.5	22.8	77.6
35.7	1.7	2.5	72.8	652.3	15.6	35.6
44.2	1.1	2.7	56.1	675.8	17.0	21.8
47.1	1.6	2.5	60.2	690.8	21.1	22.1
53.3	1.3	2.7	69.0	686.2	20.3	18.8
61.8	1.5	2.7	75.2	698.0	21.1	18.4
80.4	1.4	2.8	89.6	688.4	18.0	20.1
89.2	1.5	2.9	104.5	703.0	16.2	24.4
103.1	1.6	2.8	113.0	719.5	18.4	24.4

5-5 分行业年末职工(2010年)

Number of Staff and Workers at Year-end by Sector(2010)

单位:人 (person)

项目	Item	合计 Total	国有单位 State-owned Units	城镇集体单位 Urban Collective-owned Unit	其他单位 Units of Other Types of Ownership
总计	**National Total**	**2448797**	**1667032**	**85763**	**696002**
按企、事业和机关分组	**Grouped by Enterprises, Institutions and Agencies**				
企业	Enterprises	1380653	617879	69975	692799
事业	Institutions	744986	727529	15730	1727
机关	Agencies & Organizations	321568	321568		
按国民经济行业分组	**Grouped by Sector**				
农、林、牧、渔业	**Farming, Forestry, Animal Husbandry and Fishery**	**266405**	**258155**	**1238**	**7012**
农业	Farming	109984	107333	391	2260
林业	Forestry	90470	90455		15
畜牧业	Animal Husbandry	29418	24791	21	4606
渔业	Fishery	4750	4693		57
农、林、牧、渔服务业	Agricultural Services	31783	30883	826	74
采矿业	**Mining**	**183595**	**61151**	**2720**	**119724**
制造业	**Manufacturing**	**370254**	**23391**	**20189**	**326674**
电力、燃气及水的生产和供应业	**Production and Supply of Electric Power, Gas and Water**	**100582**	**67149**	**780**	**32653**
建筑业	**Construction**	**134073**	**21594**	**12570**	**99909**
房屋和土木工程建筑业	Housing and Civil Engineering Construction	123814	18216	11207	94391
建筑安装业	Installation of Buildings	8910	3217	1339	4354
建筑装饰业	Decoration of Buildings	387	63	24	300
其他建筑业	Other Construction	962	98		864
交通运输、仓储和邮政业	**Transportation, Storage and Postal Services**	**157575**	**142996**	**2301**	**12278**
铁路运输业	Railway Transport	87700	86459	972	269
道路运输业	Roadway Transport	32754	26781	363	5610
城市公共交通业	Public traffic in Cities	12440	6807	38	5595
水上运输业	Waterway Transport	178	175		3
航空运输业	Air Transport	3733	3572		161
装卸搬运和其他运输服务业	Loading, Unloading, Carrying and Transport	1659	298	928	433
仓储业	Storage	6190	5983		207
邮政业	Postal Services	12921	12921		
信息传输、计算机服务和软件业	**Information Transmission, Computer Service & Computer Software**	**38478**	**31836**	**16**	**6626**
电信和其他信息传输服务	Telecommunication and other Information Transmission	38038	31629		6409
计算机服务业	Computer Services	238	163	16	59
软件业	Software	202	44		158
批发和零售业	**Wholesale & Retail Trade**	**66955**	**34032**	**3062**	**29861**
批发业	Wholesale Trade	35628	25252	1525	8851
零售业	Retail Trade	31327	8780	1537	21010
住宿和餐饮业	**Quarters and Catering**	**23217**	**10755**	**1796**	**10666**
住宿业	Quarters	17399	10066	1302	6031
餐饮业	Catering	5818	689	494	4635

5－5 续表 continued

单位:人 (person)

项 目	Item	合 计 Total	国有单位 State－owned Units	城镇集体单位 Urban Collective－owned Unit	其他单位 Units of Other Types of Ownership
金融业	**Finance**	**90414**	**42081**	**22628**	**25705**
银行业	Banking	73155	33841	22364	16950
证券业	Bond	625	258		367
保险业	Insurance	15044	7047		7997
其他金融活动	Others	1590	935	264	391
房地产业	**Real Estate**	**15364**	**8395**	**98**	**6871**
房地产开发经营	Development & Management	6815	1591	39	5185
租赁和商务服务业	**Leasing and Commercial Services**	**28058**	**18286**	**1663**	**8109**
租赁业	Leasing Services	637	603		34
商务服务业	Commercial Services	27421	17683	1663	8075
科学研究、技术服务和地质勘查业	**Scientific Research ,Technical Services & Geological Prospecting**	**42866**	**40807**	**176**	**1883**
研究与试验发展	Research and Development	9390	9385		5
专业技术服务业	Special Technical Services	19212	17249	158	1805
科技交流和推广服务业	Science and Technological Exchanging and Spreading	3978	3906	18	54
地质勘查业	Geological Prospecting	10286	10267		19
水利、环境和公共设施管理业	**Water Conservancy, Environment and Public Facilities Administration**	**68919**	**64931**	**2251**	**1737**
水利管理业	Water Conservancy	17097	16664	103	330
环境管理业	Environment	38778	36165	2134	479
公共设施管理业	Public Facilities Administration	13044	12102	14	928
居民服务和其他服务业	**Resident Services and Other Services**	**18342**	**15206**	**1939**	**1197**
居民服务业	Resident Services	4751	3815	583	353
其他服务业	Other Services	13591	11391	1356	844
教育	**Education**	**344433**	**340956**	**280**	**3197**
卫生、社会保障和社会福利业	**Health Care, Social Security and Social Welfare**	**121157**	**107780**	**12015**	**1362**
卫生	Health Care	113156	99880	11971	1305
社会保障业	Social Security	4967	4967		
社会福利业	Social Welfare	3034	2933	44	57
文化、体育和娱乐业	**Culture, Sports and Recreational Services**	**32921**	**32342**	**41**	**538**
新闻出版业	Press	4794	4777		17
广播、电视和音像业	Radio ,Television and Audio－visual	12095	11971		124
文化艺术业	Culture and Arts	13761	13638	25	98
体育	Sports	1884	1728		156
娱乐业	Recreational Services	387	228	16	143
公共管理和社会组织	**Public Administration and Social Organization**	**345189**	**345189**		
中国共产党机关	Chinese Communist Party Agencies	18107	18107		
国家机构	Government Agencies	317213	317213		
人民政协和民主党派	People's Politics Consultative Conference and Democratic Parties	3938	3938		
群众团体、社会团体和宗教组	Mass Organization ,Social Organization and Religious Organization	5931	5931		
基层群众自治组织	Basic Mass Autonomous Organization				

5－6 私营企业年末就业人员(2010 年)

Number of Employed Persons in Private Enterprises at Year－end(2010)

单位:户、人　　(household)(person)

项　目	Item	合 计 Total			# 城 镇 Urban Areas		
		户数 Number of Enter－prises	就业人员 Number of Empl－oyed Persons	#投资者 Empl－oyers	户数 Number of Enter－prises	就业人员 Number of Empl－oyed Persons	#投资者 Empl－oyers
总 计	**Total**	**113351**	**1214780**	**254245**	**102855**	**1030509**	**232188**
农、林、牧、渔业	Farming, Forestry, Animal Husbandry and Fishery	5021	40150	11306	4076	25782	9122
采矿业	Mining	3215	53034	7239	2307	34721	5221
制造业	Manufacturing	14391	209644	37666	12296	166225	32372
电力、燃气及水的生产和供应业	Production & Su－pply of Electric Power, Gas & Water	865	12109	2339	739	9525	1982
建筑业	Construction	5469	76517	14750	5291	72492	14313
交通运输、仓储业和邮电业	Transportation, Storage & postal Services	3943	33872	9198	3329	28597	7835
信息传输、计算机服务和软件业	Information Tran－smission, Compute－Service & Software	3362	24513	5625	2957	22585	5188
批发和零售业	Wholesale & Retail	46567	461971	95004	42913	390154	88578
住宿和餐饮业	Quarters & Catering	3250	56418	6809	3074	53735	6364
金融业	finance	1435	12157	3850	1375	9848	3712
房地产业	Real Estate	5785	59468	14130	5498	54880	13428
租赁和商业服务业	Leasing & Comm－ercial Services	10492	88535	24781	10067	82997	23835
科学研究、技术服务和地质勘查业	Science, Technical Serv-ices Geological Survey	2235	20474	6700	2130	18589	6443
水利、环境和公共设施管理业	Water Conservancy, Environment Public Facilities	579	4625	1355	545	3832	1233
居民服务和其他服务业	Resident Services & Other Services	4783	41593	8980	4446	38904	8408
教育	Education	294	4065	633	290	3807	631
卫生、社会保障和社会福利业	Health Care, Social Security & Social Welfare	106	1293	218	99	1155	208
文化、体育和娱乐业	Culture, Sports & Recreational Services	748	6210	1390	691	5339	1291
其他行业	Others	811	8132	2272	732	7342	2024

注:本资料由工商部门提供。

a)The Statistics are provided by the Department of Industry and Commerce.

5-7 个体年末就业人员(2010年)

Number of Self-employed Individuals at Year-end(2010)

单位:户、人 (household)(person)

项目	Item	合计 Total		#城镇 Urban Areas	
		户数 Number of Households	就业人员 Number of Employed Individuals	户数 Number of Households	就业人员 Number of Employed Individuals
总计	**Total**	**754314**	**1373311**	**613785**	**1129529**
农、林、牧、渔业	Farming, Forestry, Animal Husbandry and Fishery	4712	16766	3257	12285
采矿业	Mining	1270	8030	701	5326
制造业	Manufacturing	35171	99236	27349	77406
电力、燃气及水的生产和供应业	Production & Supply of Electric Power, Gas & Water	58	2674	33	1876
建筑业	Construction	519	3791	451	3240
交通运输、仓储和邮电业	Transportation, Storage & postal Services	64337	97161	50782	79264
信息传输、计算机服务和软件业	Information Transmiss-ion, Computer Service & Computer Software	6953	13162	6119	11631
批发零售业	Wholesale & Retail	419205	682725	340133	558544
住宿和餐饮业	Quarters & Catering	90579	208593	76329	177489
金融业	finance	48	123	46	119
房地产业	Real Estate	6176	12965	5574	11932
租赁和商业服务业	Leasing & Commercial Services	4463	9027	4111	8185
科学研究、技术服务和地质勘查业	Science, Technical Services Geological Survey	97	186	94	183
水利、环境和公共设施管理业	Water Conservancy, Environment Public Facilities	44	105	32	79
居民服务和其他服务业	Resident Services & Other Services	102452	181721	83605	153013
教育	Education	2237	4263	1937	3864
卫生、社会保障和社会福利业	Health Care, Social Sec-urity & Social Welfare	3913	8673	3525	6645
文化、体育和娱乐业	Culture, Sports & Recreational Services	4715	10667	4220	9377
其他行业	Others	7365	13443	5487	9071

注:本资料由工商部门提供。

a) The Statistics are provided by the Department of Industry and Commerce.

5-8 城镇就业及失业人数

Employment and Unemployment in Urban Areas

年 份 Year	当年需要安置人数(人) Number of Need Settled down(person)	当年就业人数(人) New Employ - ment in the Year(person)	年末城镇失业人数(人) Unemployment at year - end(person) 合计 Tota	# 女性 Female	失业女性占城镇失业人数(%) Percentage of Female Unemployed Persons to Total Unemployed Persons In Urban Areas	登记失业率(%) Registered Unemploy - ment Rate in Urban Areas
1979		212267	429080			15.01
1980	429100	202696	367280			12.62
1981	464100	344573	283181			9.39
1982	488300	202958	285369			9.11
1983	464100	179283	267539			8.18
1984	427500	198995	177568			5.34
1985	335600	178336	138773			3.97
1986	347000	207440	127726			3.51
1987	307800	161514	129753			3.48
1988	268100	140598	123579			3.69
1989	266700	116515	143681			3.78
1990	282800	124582	151916			3.49
1991	292500	140710	146319			2.68
1992	275300	154848	114894			3.49
1993	226400	107653	113405			2.62
1994	215400	88637	123660			2.86
1995	232084	87033	139713			3.17
1996	263436	86341	144107	79201	54.96	3.47
1997	258299	105927	145253	85024	58.54	3.40
1998	265256	115162	131138	70463	53.73	3.13
1999	222695	96002	123858	61124	49.35	3.10
2000	239620	106020	126478	66932	52.92	3.34
2001	274460	116527	144687	74641	51.59	3.65
2002	345500	174300	162700	83703	51.45	4.10
2003	406755	215118	175889	93556	53.19	4.50
2004	430454	245309	185118	96233	51.98	4.59
2005	451039	261359	177483	81080	45.68	4.26
2006	527624	320781	179786	88842	49.42	4.13
2007	511642	319431	184573	98785	53.52	4.00
2008	513101	314011	199167	97800	49.10	4.10
2009	492987	290897	201428	103173	51.22	4.05
2010	513615	303436	208110	85596	41.13	3.90

注:本资料由劳动社会保障厅提供。

a) The Statistics are provided by the Bureau of Labour and Social Insurance

5－9 职工工资总额和指数

Total Wages of Staff and Workers and Related Index

年份 Year	工资总额(万元) Total Wages(10 000 yuan)				指数(上年=100) Index(preceding year=100)			
	总计 Total	国有单位 State－owned Units	城镇集体单位 Urban Collective－owned Units	其他单位 Units of Other Types of Ownership	总计 Total	国有单位 State－owned Units	城镇集体单位 Urban Collective－owned Units	其他单位 Units of other Types of Ownership
1952	10337	7099	3238					
1957	39634	34054	5580					
1965	70670	63788	6882					
1970	77531	71047	6484					
1975	111072	99489	11583					
1978	149779	128019	21760		112.7	115.5	98.6	
1980	198255	164897	33358		110.0	109.0	115.0	
1981	210486	175079	35407		104.2	104.2	104.2	
1982	230005	189964	40041		107.4	106.7	111.2	
1983	247989	203182	44807		106.5	105.7	110.6	
1984	292787	234455	58332		112.5	110.0	124.1	
1985	339534	271875	67619	40	106.5	106.5	106.4	
1986	405310	324839	80423	48	113.1	113.3	112.7	113.8
1987	436260	350557	85628	75	99.2	99.5	98.1	143.2
1988	531584	429383	102028	173	104.1	104.7	101.8	196.5
1989	589385	475264	113791	330	96.2	96.0	96.7	165.4
1990	662156	540255	121270	631	110.4	111.7	104.7	187.9
1991	755609	615184	139230	1194	107.7	107.4	108.3	178.6
1992	897992	735751	160172	2069	109.3	110.0	105.8	159.3
1993	1090634	894747	185691	10196	104.3	104.5	99.6	423.4
1994	1410664	1178947	201545	30172	104.1	106.0	87.3	238.1
1995	1561199	1312079	208706	40414	94.5	95.0	88.4	114.4
1996	1758549	1483936	227478	47136	104.6	105.1	101.3	108.4
1997	1853641	1586052	210134	57455	100.8	102.2	88.3	116.5
1998	1747030	1375390	161525	210115	96.2	88.5	77.9	376.2
1999	1779688	1379154	141567	258967	101.6	100.0	87.3	122.9
2000	1859617	1442792	125315	291510	103.2	103.3	87.4	111.1
2001	2105277	1633364	121820	350093	118.3	118.4	86.1	135.2
2002	2374765	1791830	112018	490918	112.8	109.7	92.0	140.2
2003	2723285	1988162	115527	619597	114.7	111.0	103.1	126.2
2004	3230903	2339836	122021	769046	118.6	117.7	105.6	124.1
2005	3877342	2656826	136088	1084428	120.0	113.5	111.5	141.0
2006	4469480	3078254	141470	1249756	115.3	115.9	104.0	115.3
2007	5365887	3660690	159016	1546181	120.1	118.9	112.4	123.7
2008	6384902	4402592	190267	1792043	119.0	120.3	119.7	115.9
2009	7535111	5338087	227203	1969821	118.0	121.3	119.4	109.9
2010	8798003	6252755	261116	2284132	116.8	117.1	114.9	116.0

注:1998年及以后职工工资总额为在岗职工的工资总额，指数按可比口径计算(以下各表同)。

a) Data on total wages since1998 refer to wages of fully employed staff and workers, and the index was calculated on the basis of comparable coverage (similarly in the following tables).

5－10 职工平均工资及指数

Average Wages of Staff and Workers and Related Index

年份 Year	职工平均工资(元) Average Wages(yuan)				指数(上年＝100) Index(preceding year＝100)			
	总计 Total	国有单位 State－owned Units	城镇集体单位 Urban Collective－owned Units	其他单位 Units of Other Types of Ownership	总计 Total	国有单位 State－owned Units	城镇集体单位 Urban Collective－owned Units	其他单位 Units of other Types of Ownership
1952	400	454	319					
1957	691	729	505					
1965	728	751	544					
1970	648	671	475					
1975	667	707	495					
1978	712	749	563		100.0	105.1	102.1	
1980	796	839	635		104.8	105.4	103.4	
1981	807	851	642		99.5	99.5	99.2	
1982	826	869	669		100.6	100.4	102.5	
1983	862	903	714		103.1	102.7	105.5	
1984	986	1047	801		109.0	110.5	106.9	
1985	1095	1169	872	1023	102.0	102.5	100.0	
1986	1239	1325	982	1034	107.3	107.4	106.7	95.8
1987	1301	1410	1053	1000	96.8	98.1	98.8	89.1
1988	1548	1641	1251	1105	101.7	99.5	101.5	94.4
1989	1685	1779	1381	1451	94.4	94.0	95.7	113.9
1990	1846	1971	1441	1858	107.6	108.8	102.5	125.8
1991	2012	2148	1573	1984	102.8	102.8	103.0	100.7
1992	2339	2493	1823	2292	106.9	106.8	106.6	106.3
1993	2796	2998	2107	2940	102.7	103.2	99.3	110.2
1994	3675	3942	2667	3299	105.7	105.8	101.9	90.3
1995	4134	4407	3001	3906	96.1	95.5	96.1	101.1
1996	4716	4996	3508	4283	106.0	105.4	108.6	102.0
1997	5124	5462	3551	4687	103.9	104.5	96.8	104.6
1998	5792	5979	4184	6367	102.9	101.5	99.5	119.3
1999	6347	6580	4548	6526	109.3	109.7	108.4	102.2
2000	6974	7261	4826	6947	108.5	108.9	104.8	105.1
2001	8250	8737	5525	7579	117.6	119.6	113.8	108.4
2002	9683	10287	6431	8777	116.4	116.8	115.4	114.9
2003	11279	11929	7620	10391	114.8	114.2	116.7	116.6
2004	13324	14209	9010	11965	115.2	116.2	115.4	112.3
2005	15985	16598	10804	15514	120.0	116.8	119.9	129.7
2006	18469	19386	12469	17391	115.5	116.8	115.4	112.1
2007	21884	22822	14338	20980	118.5	117.7	115.0	120.6
2008	26114	27316	18809	24476	119.3	119.7	131.2	116.7
2009	30699	32326	24344	27750	117.6	118.3	129.4	113.4
2010	35507	37602	29822	31402	115.7	116.3	122.5	113.2

注:职工平均工资指数考虑价格因素。

a) When index of average wages of staff and workers was calculated ,the factor of price was considered.

5-11 分行业全部在岗职工平均工资
Average Wage of All Staff and Workers Being on Duty by Sector

单位:元 (yuan)

项 目	Item	2009	2010	2010年比2009年增长(%) Growth Rate
总 计	**Total**	**30699**	**35507**	**15.7**
按企、事业和机关分组	**Grouped by Enterprises, Institutions & Agencies**			
企业	Enterprises	28419	32680	15.0
事业	Institutions	33021	38340	16.1
机关	Agencies & Organizations	35656	41483	16.3
按国民经济行业分组	**Grouped by Sector**			
农、林、牧、渔业	Farming, Forestry, Animal Husbandry & Fishery	15027	18305	21.8
采矿业	Mining	37291	42364	13.6
制造业	Manufacturing	25650	30100	17.3
电力、燃气及水的生产和供应业	Production and Supply of Electric Power, Gas & Water	44584	49105	10.1
建筑业	Construction	23288	24935	7.1
交通运输、仓储和邮政业	Transportation, Storage & Postal Services	34606	40516	17.1
信息传输、计算机服务和软件业	Information Transmission, Computer Service and Computer Software	32940	37904	15.1
批发和零售业	Wholesale and Retail Trade	21658	24562	13.4
住宿和餐饮业	Quarters and Catering	18202	21469	17.9
金融业	Banking	43496	48340	11.1
房地产业	Real Estate	23455	26517	13.1
租赁和商务服务业	Leasing and Commercial Services	26901	32062	19.2
科学研究、技术服务和地质勘查业	Scientific Research, Technical Services & Geological Prospecting	35269	40147	13.8
水利、环境和公共设施管理业	Water Conservancy, Environment & Public Facilities Administration	25526	28789	12.8
居民服务和其他服务业	Resident Services & Other Services	31047	41137	32.5
教育	Education	37452	43621	16.5
卫生、社会保障和社会福利业	Health Care, Social Security and Social Welfare	33820	38693	14.4
文化、体育和娱乐业	Culture, Sports and Recreational Services	32689	37935	16.0
公共管理和社会组织	Public Administration and Social Organization	35274	40973	16.2
国际组织	International Organizations			

5－12 分行业职工平均工资(2010 年)

Average Wage of Staff and Workers by Sector(2010)

单位:元 (yuan)

项 目	Item	合 计 Total	国有单位 State－owned Units	城镇集体单位 Urban Collective－owned Units	其他单位 Units of Other Types of Ownership
总 计	**Total**	**35507**	**37602**	**29822**	**31402**
按企、事业和机关分组	**Grouped by Enterprises, Institutions & Agencies**				
企业	Enterprises	32680	34340	31183	31415
事业	Institutions	38340	38665	23542	35009
机关	Agencies & Organizations	41483	41483		
按国民经济行业分组	**Grouped by Sector**				
农、林、牧、渔业	Farming, Forestry, Animal Husbandry & Fishery	18305	18499	15224	12040
采矿业	Mining	42364	48177	29636	39699
制造业	Manufacturing	30100	31330	21580	30532
电力、燃气及水的生产和供应业	Production and Supply of Electric Power, Gas & Water	49105	47126	26367	53773
建筑业	Construction	24935	33494	24558	23267
交通运输、仓储和邮政业	Transportation, Storage & Postal Services	40516	42256	24842	23217
信息传输、计算机服务和软件业	Information Transmission, Computer Service and Computer Software	37904	37596	31938	39390
批发和零售业	Wholesale and Retail Trade	24562	29394	21278	19551
住宿和餐饮业	Quarters and Catering	21469	22226	20159	20922
金融业	Banking	48340	49278	48876	46321
房地产业	Real Estate	26517	31621	11592	22060
租赁和商务服务业	Leasing and Commercial Services	32062	34744	23555	27733
科学研究、技术服务和地质勘查业	Scientific Research, Technical Services & Geological Prospecting	40147	40477	34989	33736
水利、环境和公共设施管理业	Water Conservancy, Environment & Public Facilities Administration	28789	28766	11470	51554
居民服务和其他服务业	Resident Services & Other Services	41137	44900	18411	28415
教育	Education	43621	43789	31694	26651
卫生、社会保障和社会福利业	Health Care, Social Security and Social Welfare	38693	40223	26531	25658
文化、体育和娱乐业	Culture, Sports and Recreational Services	37935	38198	17073	22951
公共管理和社会组织	Public Administration and Social Organization	40973	40973		
国际组织	International Organizations				

5－13 国有单位年末就业人员和劳动报酬(2010 年)

Employed Persons at Year－end & Earnings in State－owned Units(2010)

项 目	Item	就业人员(人) Number of Employed (person)	# 女 性 Female	在就业人员中 In Employed Persons: # 在岗职工(人) Fully Employed Staff & Workers (person)	# 其他从业人员(人) Other Employed Persons
总 计	**Total**	**1694396**	**658401**	**1667032**	**27364**
按企、事业和机关分组	**Grouped by Enterprises, Institutions & Agencies**				
企业	Enterprises	628730	199111	617879	10851
事业	Institutions	738914	359434	727529	11385
机关	Agencies & Organizations	326696	99837	321568	5128
按国民经济行业分组	**Grouped by Sector**				
农、林、牧、渔业	Farming, Forestry, Animal Husbandry & Fishery	258602	85654	258155	447
采矿业	Mining	61384	11964	61151	233
制造业	Manufacturing	23414	8502	23391	23
电力、燃气及水的生产和供应业	Production & Supply of Electric Power, Gas & Water	67749	22720	67149	600
建筑业	Construction	21594	5185	21594	
交通运输、仓储和邮政业	Transportation, Storage & Postal Services	147681	33685	142996	4685
信息传输、计算机服务和软件业	Information Transmission, Computer Service & Computer Software	32007	16662	31836	171
批发和零售业	Wholesale & Retail Trade	34311	13048	34032	279
住宿和餐饮业	Quarters & Catering	11036	6280	10755	281
金融业	Banking	44645	21920	42081	2564
房地产业	Real Estate	8421	3203	8395	26
租赁和商务服务业	Leasing & Commercial Services	18490	5875	18286	204
科学研究、技术服务和地质勘查业	Scientific Research, Technical Services & Geological Prospecting	41388	14712	40807	581
水利、环境和公共设施管理业	Water Conservancy, Environment & Public Facilities Administration	68321	30606	64931	3390
居民服务和其他服务业	Resident Services & Other Services	17182	4346	15206	1976
教育	Education	343498	185573	340956	2542
卫生、社会保障和社会福利业	Health Care, Social Security & Social Welfare	109257	64860	107780	1477
文化、体育和娱乐业	Culture, Sports & Recreational Services	32623	14694	32342	281
公共管理和社会组织	Public Administration & Social Organization	352793	108912	345189	7604
国际组织	International Organizations				

5－13 续表 continued

单位:万元　　　　(10 000 yuan)

行业	Sector	单位从业人员劳动报酬 Total Remune－ration	在岗职工工资总额 Wages of Fully Employed Staff & Workers	其他从业人员劳动报酬 Remune－ration for Other Employed Persons
总计	**Total**	**6298574**	**6252755**	**45819**
按企、事业和机关分组	**Grouped by Enterprises, Institutions & Agencies**			
企业	Enterprises	2143037	2117241	25796
事业	Institutions	2823187	2810512	12675
机关	Agencies & Organizations	1332284	1324936	7348
按国民经济行业分组	**Grouped by Sector**			
农、林、牧、渔业	Farming, Forestry, Animal Husbandry & Fishery	472445	471955	491
采矿业	Mining	294112	292560	1552
制造业	Manufacturing	74532	74508	24
电力、燃气及水的生产和供应业	Production & Supply of Electric Power, Gas & Water	319597	318665	932
建筑业	Construction	86555	86555	
交通运输、仓储和邮政业	Transportation, Storage & Postal Services	610015	598431	11584
信息传输、计算机服务和软件业	Information Transmission, Computer Service &Software	117986	117773	214
批发和零售业	Wholesale & Retail Trade	96972	96476	497
住宿和餐饮业	Quarters & Catering	23950	23520	430
金融业	Banking	210640	206099	4541
房地产业	Real Estate	26405	26366	40
租赁和商务服务业	Leasing & Commercial Services	63556	63137	418
科学研究、技术服务和地质勘查业	Scientific Research, Technical Services & Geological Prospecting	166996	165078	1919
水利、环境和公共设施管理业	Water Conservancy, Environment & Public Facilities Administration	189169	186352	2817
居民服务和其他服务业	Resident Services & Other Services	74782	69079	5703
教育	Education	1501589	1498146	3443
卫生、社会保障和社会福利业	Health Care, Social Security & Social Welfare	432423	429836	2587
文化、体育和娱乐业	Culture, Sports & Recreational Services	123604	123104	500
公共管理和社会组织	Public Administration & Social Organization	1413247	1405118	8129
国际组织	International Organizations			

5－14 城镇集体单位年末就业人员和劳动报酬(2010 年)

Employed Persons at Year－end & Earnings in Urban Collective－owned Units(2010)

项　目	Item	就业人员（人）Number of Employed (person)	#女 性 Female	在就业人员中 In Employed Persons #在岗职工（人）Fully Employed Staff & Workers (person)	#其他从业人员（人）Other Employed Persons
总 计	**Total**	**89087**	**36667**	**85763**	**3324**
按企、事业和机关分组	**Grouped by Enterprises, Institutions & Agencies**				
企业	Enterprises	72453	28533	69975	2478
事业	Institutions	16576	8118	15730	846
机关	Agencies & Organizations				
按国民经济行业分组	**Grouped by Sector**				
农、林、牧、渔业	Farming, Forestry, Animal Husbandry and Fishery	1273	85	1238	35
采矿业	Mining	2720	915	2720	
制造业	Manufacturing	20762	8428	20189	573
电力、燃气及水的生产和供应业	Production & Supply of Electric Power, Gas & Water	780	347	780	
建筑业	Construction	13334	2785	12570	764
交通运输、仓储和邮政业	Transportation, Storage & Postal Services	2851	824	2301	550
信息传输、计算机服务和软件业	Information Transmission, Computer Service & Software	16	12	16	
批发和零售业	Wholesale & Retail Trade	3218	1238	3062	156
住宿和餐饮业	Quarters & Catering	1913	1180	1796	117
金融业	Banking	22771	11358	22628	143
房地产业	Real Estate	98	57	98	
租赁和商务服务业	Leasing & Commercial Services	1666	331	1663	3
科学研究、技术服务和地质勘查业	Scientific Research, Technical Services & Geological Prospecting	176	73	176	
水利、环境和公共设施管理业	Water Conservancy, Environment & Public Facilities Administration	2757	1485	2251	506
居民服务和其他服务业	Resident Services & Other Services	2076	1120	1939	137
教育	Education	280	128	280	
卫生、社会保障和社会福利业	Health Care, Social Security & Social Welfare	12355	6285	12015	340
文化、体育和娱乐业	Culture, Sports & Recreational Services	41	16	41	
公共管理和社会组织	Public Administration & Socia Organization				
国际组织	International Organizations				

5 – 14 续表 continued

单位：万元　　　　(10 000 yuan)

行 业	Sector	单位从业人员劳动报酬 Total Remune – ration	在岗职工工资总额 Wages of Fully Employed Staff & Workers	其他从业人员劳动报酬 Remune – ration for Other Employed Persons
总 计	**Total**	**266814**	**261116**	**5698**
按企、事业和机关分组	**Grouped by Enterprises, Institutions & Agencies**			
企业	Enterprises	228997	224221	4776
事业	Institutions	37641	36719	922
机关	Agencies & Organizations			
按国民经济行业分组	**Grouped by Sector**			
农、林、牧、渔业	Farming, Forestry, Animal Husbandry and Fishery	1900	1886	14
采矿业	Mining	8251	8251	
制造业	Manufacturing	44308	43202	1106
电力、燃气及水的生产和供应业	Production & Supply of Electric Power, Gas & Water	2033	2033	
建筑业	Construction	38156	36737	1419
交通运输、仓储和邮政业	Transportation, Storage & Postal Services	6380	5063	1317
信息传输、计算机服务和软件业	Information Transmission, Computer Service & Software	51	51	
批发和零售业	Wholesale & Retail Trade	6888	6486	402
住宿和餐饮业	Quarters & Catering	3776	3602	173
金融业	Banking	110741	110548	193
房地产业	Real Estate	114	114	
租赁和商务服务业	Leasing & Commercial Services	3893	3891	1
科学研究、技术服务和地质勘查业	Scientific Research, Technical Services & Geological Prospecting	609	609	
水利、环境和公共设施管理业	Water Conservancy, Environment & Public Facilities Administration	2865	2521	344
居民服务和其他服务业	Resident Services & Other Services	3654	3504	151
教育	Education	881	881	
卫生、社会保障和社会福利业	Health Care, Social Security & Social Welfare	32246	31668	578
文化、体育和娱乐业	Culture, Sports & Recreational Services	70	70	
公共管理和社会组织	Public Administration & Social Organization			
国际组织	International Organizations			

5－15 其他单位年末就业人员和劳动报酬(2010 年)

Employed Persons at Year－end and Earnings in other Types of Ownership(2010)

项　目	Item	就业人员(人) Number of Employed (person)	# 女 性 Female	在就业人员中 In Employed Persons: # 在岗职工(人) Fully Employed Staff & Workers (person)	# 其他从业人员(人) Other Employed Persons
总 计	**Total**	**708431**	**221333**	**696002**	**12429**
按企、事业和机关分组	**Grouped by Enterprises, Institutions & Agencies**				
企业	Enterprises	705189	219391	692799	12390
事业	Institutions	1751	1001	1727	24
机关	Agencies & Organizations				
按国民经济行业分组	**Grouped by Sector**				
农、林、牧、渔业	Farming, Forestry, Animal Husbandry and Fishery	7015	2876	7012	3
采矿业	Mining	120694	19492	119724	970
制造业	Manufacturing	328318	114101	326674	1644
电力、燃气及水的生产和供应业	Production & Supply of Electric Power, Gas & Water	32898	9425	32653	245
建筑业	Construction	100593	12856	99909	684
交通运输、仓储和邮政业	Transportation, Storage & Postal Services	12294	4936	12278	16
信息传输、计算机服务和软件业	Information Transmission, Service & Software	7080	3573	6626	454
批发和零售业	Wholesale & Retail Trade	29966	17439	29861	105
住宿和餐饮业	Quarters & Catering	10695	6452	10666	29
金融业	Banking	33811	19774	25705	8106
房地产业	Real Estate	6923	2418	6871	52
租赁和商务服务业	Leasing & Commercial Services	8112	2772	8109	3
科学研究、技术服务和地质勘查业	Scientific Research, Technical Services & Geological Prospecting	1890	612	1883	7
水利、环境和公共设施管理业	Water Conservancy, Environment & Public Facilities Administration	1737	868	1737	
居民服务和其他服务业	Resident Services & Other Services	1197	627	1197	
教育	Education	3222	2010	3197	25
卫生、社会保障和社会福利业	Health Care, Social Security & Social Welfare	1391	882	1362	29
文化、体育和娱乐业	Culture, Sports & Recreational Services	595	220	538	57
公共管理和社会组织	Public Administration & Social Organization				
国际组织	International Organizations				

5 - 15 续表 continued

单位:万元 (10 000 yuan)

行 业	Sector	单位从业人员劳动报酬 Total Remune - ration	在岗职工工资总额 Wages of Fully Employed Staff & Workers	其他从业人员劳动报酬 Remune - ration for Other Employed Persons
总 计	**Total**	**2316976**	**2284132**	**32844**
按企、事业和机关分组	**Grouped by Enterprises, Institutions & Agencies**			
企业	Enterprises	2307792	2275024	32768
事业	Institutions	6060	6004	56
机关	Agencies & Organizations			
按国民经济行业分组	**Grouped by Sector**			
农、林、牧、渔业	Farming, Forestry, Animal Husbandry and Fishery	8752	8749	3
采矿业	Mining	477273	473106	4167
制造业	Manufacturing	1003312	1000303	3009
电力、燃气及水的生产和供应业	Production & Supply of Electric Power, Gas & Water	174966	174413	553
建筑业	Construction	304337	300700	3637
交通运输、仓储和邮政业	Transportation, Storage & Postal Services	28805	28780	25
信息传输、计算机服务和软件业	Information Transmission, Computer Service & Software	26568	25820	748
批发和零售业	Wholesale & Retail Trade	58090	57984	106
住宿和餐饮业	Quarters & Catering	21811	21749	62
金融业	Banking	137830	117854	19976
房地产业	Real Estate	20421	20341	79
租赁和商务服务业	Leasing & Commercial Services	22224	22220	4
科学研究、技术服务和地质勘查业	Scientific Research, Technical Services & Geological Prospecting	6677	6606	72
水利、环境和公共设施管理业	Water Conservancy, Environment & Public Facilities Administration	8955	8955	
居民服务和其他服务业	Resident Services & Other Services	3271	3271	
教育	Education	8552	8494	58
卫生、社会保障和社会福利业	Health Care, Social Security & Social Welfare	3675	3620	55
文化、体育和娱乐业	Culture, Sports & Recreational Services	1458	1168	290
公共管理和社会组织	Public Administration & Social Organization			
国际组织	International Organizations			

主要统计指标解释

经济活动人口　指在16岁以上,有劳动能力,参加或要求参加社会经济活动的人口;包括从业人员和失业人员。

从业人员　指从事一定社会劳动并取得劳动报酬或经营收入的人员,包括全部职工、再就业的离退休人员、私营业主、个体户主、私营和个体从业人员、乡镇企业从业人员、农村从业人员、其他从业人员(包括民办教师、宗教职业者、现役军人等)。这一指标反映了一定时期内全部劳动力资源的实际利用情况,是研究我国基本国情国力的重要指标。

各单位的从业人员　指在各级国家机关、政党机关、社会团体及企业、事业单位中工作,取得工资或其他形式的劳动报酬的全部人员。包括在岗职工、再就业的离退休人员、民办教师以及在各单位中工作的外方人员和港澳台方人员、兼职人员、借用的外单位人员和第二职业者。不包括离开本单位仍保留劳动关系的职工。各单位的从业人员反映了各单位实际参加生产或工作的全部劳动力。

城镇私营和个体从业人员　城镇私营从业人员指在工商管理部门注册登记,其经营地址设在县城关镇(含城关镇)以上的私营企业从业人员;包括私营企业投资者和雇工。城镇个体从业人员指在工商管理部门注册登记,并持有城镇户口或在城镇长期居住,经批准从事个体工商经营的从业人员;包括个体经营者和在个体工商户劳动的家庭帮工和雇工。

城镇登记失业人员　指有非农业户口,在一定的劳动年龄内,有劳动能力,无业而要求就业,并在当地就业服务机构进行求职登记的人员。

城镇登记失业率　指城镇登记失业人数同城镇从业人数与城镇登记失业人数之和的比。计算公式为:

城镇登记失业率 = 城镇登记失业人数/(城镇从业人数 + 城镇登记失业人数) × 100%

职工　指在国有经济、城镇集体经济、联营经济、股份制经济、外商和港、澳、台投资经济、其他经济单位及其附属机构工作,并由其支付工资的各类人员,不包括返聘的离退休人员、民办教师、在国有经济单位工作的外方人员和港、澳、台人员(1998年以后的数据均为在岗职工数据,其他相关指标如职工工资总额,职工平均工资等指标也从1998年按此口径进行了相应调整)。

国有单位职工　指在国有经济单位及其附属机构工作,并由其支付工资的各类人员。

城镇集体单位职工　指在城镇集体经济单位及其管理部门工作,并由其支付工资的各类人员。

其他单位职工　指在联营经济、股份制经济、外商投资经济、港、澳、台投资经济单位工作,并由其支付工资的各类人员。

在岗职工　指在本单位工作并由单位支付工资的人员,以及有工作岗位,但由于学习、病伤产假等原因暂未工作,仍由单位支付工资的人员。

职工工资总额　指各单位在一定时期内直接支付给本单位全部职工的劳动报酬总额。工资总额的计算原则应以直接支付给职工的全部劳动报酬为根据。各单位支付给职工的劳动报酬以及其他根据有关规定支付的工资,不论是计入成本的还是不计入成本的,不论是按国家规定列入计征奖金税项目的,还是未列入计征奖金税项目的,不论是以货币形式支付的还是以实物形式支付的,均包括在工资总额内。

奖金　指支付给职工的超额劳动报酬和增收节支的劳动报酬。

津贴和补贴　指为了补偿职工特殊或额外的劳动消耗和因其他特殊原因支付给职工的津贴,以及为了保证职工工资水平不受物价影响支付给职工的物价补贴。

职工平均工资　指企业、事业、机关单位的职工在一定时期内平均每人所得的货币工资额。它表明一定时期职工工资收入的高低程度,是反映职工工资水平的主要指标。计算公式为:

职工平均工资 = 报告期实际支付的全部职工工资总额/报告期全部职工平均人数

职工平均工资指数　指报告期职工平均工资与基期职工平均工资的比率,是反映不同时期职工货币工资水平变动情况的相对数。计算公式为:

职工平均工资指数 = 报告期职工平均工资/基期职工平均工资

职工平均实际工资指数　职工平均实际工资指扣除物价变动因素后的职工平均工资。职工平均实际工资指数是反映实际工资变动情况的相对数,表明职工实际工资水平提高或降低的程度。计算公式为:

职工平均实际工资指数 = 报告期职工平均工资指数/报告期城镇居民消费价格指数 × 100%

Explanatory Notes on Main Statistical Indicators

Economically Active Population refers to the population aged 16 and over who are capable to work, are participating in or willing to participate in economic activities, including employed persons and unemployed persons.

Employees refers to the persons who are engaged in social labor and receive remuneration payment or earn business income, including: total staff and workers, re – employed retirees, employers of private enterprises, self – employed workers, employers in private and individual economy, employees in township, employed persons in the rural areas, and other employed persons (including teachers in the schools run by the local people, people engaged in religious profession and the servicemen, etc.). This indicator reflects the actual utilization of total labor force during a certain period of time and is often used for the research on China's economic affairs and national power.

Persons Employed in Various Units refer to all the persons working in government agencies of various levels, political and party organizations, social organizations, enterprises and institutions, and receiving wages or other forms of payment. They include fully employed staff and workers, re – employed retirees, teachers in schools run by the local people, foreigners and Chinese compatriots from Hong Kong, Macao and Taiwan working in various units, part time employees, employees of other units working temporarily at current posts, and employees holding the second job, but exclude staff and workers who have left their working units while keeping their labor contract (employment relation) unchanged. This indicator reflects the total number of laborers actually engaged in production or other operations in various units.

Persons – Employed in Private Enterprises and Self Employed Individuals in Urban Areas Persons employed in private enterprises refer to the persons employed in the private enterprises which have been registered at the departments of industrial and commercial administration and are situated at a county town (i. e. a town where the county government is located) for business operation or at urban areas with the level higher than a county town. The self employed individuals in urban areas refer to persons who hold the certificates of residence in urban areas or have resided in the urban areas for a long time and have been registered at the departments of industrial and commercial administration and approved to be engaged in individual industrial or commercial business, including self – employed persons as well as helpers and hired laborers who work in the individual households engaged in industrial or commercial business.

Registered Urban Unemployed Persons The registered unemployed persons in urban areas refer to the persons who are registered as permanent residents in the urban areas engaged in non agricultural activities, aged within the range of working age, capable to labor, unemployed but desirous to be employed and have been registered at the local employment service agencies to apply for a job.

Registered Urban Unemployment Rate Registered unemployment rate in urban areas refers to the ratio of the number of the registered unemployed persons to the sum of the number of employed persons and the registered unemployed persons. The formula is as follows:

Registered urban unemployment rate = number of registered urban unemployed persons / (urban employed person number + registered urban unemployed person number) ×100%

Staff and Workers refer to the persons who work in (and receive payment there from) enterprises and institutions of state ownership, collective ownership, joint ownership, share holding, foreign ownership, and ownership by entrepreneurs from Hong Kong, Macao, and Taiwan, and other types of ownership and their affiliated units, excluding the retired persons invited to work in the units again, teachers in the schools run by the local people and foreigners and persons coming from Hong Kong, Macao, and Taiwan and working in the state owned economic units. (The figures since 1998 refer to those of fully employed staff and workers. Other relative figures since 1998, such as total wages of staff and workers, average wage of staff and workers, etc. , were adjusted according to the standard).

Staff and Workers in State owned – Economic U-

nits refer to the persons who work in the state owned economic units or their attached units and are listed in their payrolls.

Staff and Workers of Collective Owned Units in Urban Areas refer to the persons who work in collective owned units in urban areas and their administration departments and receive payment there from.

Staff and Workers in Units of Other types of Ownership refer to those who work in (and receive payment there from) enterprises and institutions of joint ownership, share holding, foreign ownership, and ownership by entrepreneurs from Hong Kong, Macao, and Taiwan.

Fully Employed Staff and Workers refer to persons who work in, and receive wages from their working units, as well as persons who have their work posts, but are temporarily absent from work for reasons of study or on sick, injury or maternal leave and still receive wages from their working units.

Total Wages of Staff and Workers refer to the total remuneration payment to staff and workers in various units during a certain period of time. The calculation of total wages is based on the total remuneration payment to the staff and workers. Therefore, all the wages and salaries and other payments to staff and workers are included in the total wages regardless of their sources, category, and forms (in kind or cash).

Bonus refers to remuneration payment to workers for extra work and for increasing earnings and practicing economy.

Subsidies and Allowances refer to subsidies paid to staff and workers for compensating special or extra labor and allowances paid to staff and workers to offset the impact of inflation on real wages.

Average Wage of Staff and Workers refers to the average wage in money terms per person during a certain period of time for staff and workers in enterprises, institutions, and government agencies, which reflects the

general level of wage income during a certain period of time and is calculated as follows:

Average Wage of Staff and Workers = Total Wages of Staff and Workers in Reference Period / Average Number of Staff and Workers in Reference Period

Index of Average Wage of Staff and Worker refers to the ratio of average wage of staff and workers at the report time to that at the reference time. It reflects the relative changing degree of average wage in money terms at the several of time, which is calculated as following:

Index of Average Wage of Staff and Worker = average wage of staff and workers at the report time / average wage of staff and workers at the reference time

Index of Average Real Wage of Staff and Worker refers to the average wage which has removed the factor of price change. Index of average real wage of staff and worker reflects the relative changing degree of average real wage, and indicates the degree of the rising or declining degree of real wage of staff and worker, which is calculated as following:

Index of Average Real Wage of Staff and Worker = Index of Average Wage of Staff and Worker at the Report Time / Urban Consumer Prices Index at the Report Time ×100%

六、固定资产投资

Investment in Fixed Assets

资料整理：云俊生　张春燕

Arranged By Yun Junsheng , Zhang Chunyan

6-1 全社会固定资产投资

Total Investment in Fixed Assets

指标	Item	2009	2010	2010年比 2009年增长% Increase Rate in 2010 over 2009(%)
投资总额(亿元)	**Total Investment(100 million yuan)**	**7535.15**	**8971.63**	**19.06**
按登记注册类型分	Grouped by Status of Registration			
国有	State-owned Units	2923.50	3369.34	15.25
集体	Collective-owned Units	71.12	108.74	52.90
股份合作	Cooperative Units	51.54	61.20	18.74
联营	Joint-ownership Economic Units	17.06	19.97	17.06
#国有联营	State Joint-ownership Economic Units	8.65	9.73	12.49
集体联营	Collective Joint-ownership Enterprises	3.46	0.77	-77.75
国有与集体联营	Joint State-collective	4.61	7.77	68.55
有限责任公司	Limited Liability Corporations	2512.25	3178.12	26.50
#国有独资	Exclusive State-funded	204.23	171.70	-15.93
股份有限公司	Share-holding Corporations	657.82	725.41	10.27
私营	Private Enterprises	899.54	1123.00	24.84
其他	Others	107.86	118.35	9.73
港澳台商投资	Economic Units Funded by Entrepreneurs from Hong Kong. Macao and Taiwan	88.77	45.04	-49.26
外商投资	Foreign Funded Economic Units	105.09	117.02	11.35
个人投资	Individuals	100.61	105.44	4.80
#农村个人(农户)	Rural Individuals	84.15	91.22	8.40
按城乡分组	Grouped by Urban and Rural Area			
城镇	Urban	7340.64	8733.15	18.97
#房地产开发	Real Estate Development	815.46	1119.99	37.34
农村	Rural	194.51	238.48	22.61
#非农户	Non-AgriculturalHouseholds	110.37	147.26	33.42
按资金来源分	Grouped by Source of Funds			
国家预算内资金	State Budgetary Appropriation	427.20	378.75	-11.34
国内贷款	Domestic Loans	749.90	1115.88	48.80
利用外资	Foreign Investment	15.99	7.55	-52.78
自筹资金	Fund Raising	6000.07	7262.67	21.04
其他资金	Others	309.89	401.43	29.54
按构成分	Grouped by Use of Funds			
建筑安装工程	Construction and Installation	5090.91	5970.40	17.28
设备工器具购置	Purchase of Equipment and Instruments	1701.63	2103.38	23.61
其他费用	Others	742.61	897.85	20.90
房屋建筑面积(万平方米)	**Floor Space of Buildings(10 000 sq.m)**			
施工面积	Floor Space under Construction	14869.49	19817.72	33.28
竣工面积	Floor Space Completed	5211.68	5827.02	11.81
#住宅	Residential Buildings	3089.78	3415.12	10.53

注:按资金来源分组为财务拨款数，各项相加不等于投资总额。以下各表同。

a) Total investment grouped by sources of finance refers to financial appropriation, and the broken down figures do not add up to the total. The same as in the following tables.

6－2 全社会固定资产投资(按登记注册类型和产业分)

单位:亿元

年 份 Year	投资总额 Total Investment	# 住宅 Residential Buildings	按登记注册类型分 国有及国有控股 State－owned or Controlling Share Hold Units	集体 Collective－owned Units	#城镇集体 Urban
1985	52.42	11.17	39.10	2.51	1.38
1986	47.57	7.76	37.00	2.52	1.54
1987	53.32	9.65	39.06	3.07	1.86
1988	72.05	12.61	49.23	4.44	2.43
1989	70.68	12.71	52.92	3.98	2.06
1990	70.77	13.71	56.77	3.06	1.32
1991	100.66	19.64	81.63	4.72	1.98
1992	149.24	15.38	123.61	6.52	3.29
1993	217.40	41.26	178.41	7.93	3.72
1994	250.99	46.65	200.74	8.29	2.41
1995	273.06	51.93	210.00	11.14	2.42
1996	275.54	59.47	208.10	11.96	2.87
1997	317.50	59.63	223.35	12.37	2.83
1998	350.16	77.27	225.69	14.69	2.60
1999	383.37	87.06	241.76	24.51	2.63
2000	430.42	87.38	275.06	27.15	3.61
2001	496.43	96.04	269.69	28.00	4.01
2002	715.09	98.35	370.96	27.94	7.54
2003	1209.44	114.27	630.70	33.04	11.16
2004	1808.91	154.19	1191.80	35.69	13.48
2005	2687.84	206.01	1644.71	41.14	14.84
2006	3406.35	374.17	1724.00	61.69	28.73
2007	4404.75	523.85	2222.19	88.61	45.46
2008	5604.67	743.67	2786.99	64.32	59.08
2009	7535.15	743.78	3699.67	71.12	62.32
2010	8971.63	960.00	4191.07	108.74	87.51

Total Investment in Fixed Assets by Status of Registration and Industry

(100 millon yuan)

个体 Individuals	#农村个人投资(农户) Indivdual Invest－ment in Rural Areas	其他类型投资 Others	按隶属关系分 By Administrative Relationship 中央项目 Central Government Projects	地方项目 Local Projects
10.81	8.74		23.44	28.98
8.05	6.00		17.48	30.09
11.19	8.86		17.96	35.36
18.38	14.91		24.63	47.42
13.78	10.84		29.31	41.37
10.94	8.13		29.81	40.96
14.31	11.03		42.16	58.50
19.11	13.27		62.50	86.74
19.68	12.66	11.38	78.02	139.38
30.46	23.23	11.50	92.55	158.44
44.09	36.53	7.83	98.50	174.56
44.18	36.66	11.30	96.53	179.01
45.90	39.01	35.88	142.34	175.16
53.03	40.94	56.75	109.49	240.67
55.06	43.01	62.04	90.28	293.09
51.64	45.88	76.57	60.41	370.01
86.25	48.74	112.49	60.31	436.12
100.57	52.16	215.62	103.75	611.34
138.86	55.68	406.84	129.78	1079.66
79.67	58.24	501.75	150.82	1658.09
84.26	62.05	917.73	255.66	2432.18
76.11	65.57	1544.55	412.73	2993.62
88.38	74.73	2005.58	507.23	3897.52
100.70	80.41	2652.66	808.69	4795.98
100.61	84.15	3663.75	829.24	6705.91
105.44	91.22	4566.38	932.53	8039.10

6－2 续表 Continued

单位:亿元 (100 million yuan)

年份 Year	按三次产业分 Grouped by Type of Industry			房屋建筑面积 Floor Space of Buildings		
	第一产业 Primary Industry	第二产业 Secondary Industry	第三产业 Tertiary Industry	施工面积(万平方米) Floor space under Construction (10 000 sq. m)	竣工面积(万平方米) Floor Space Completed (10 000 sq. m)	#住宅 Residential Buildings
1985	4.85	25.69	33.05	2524.6	2064.4	1379.2
1986	3.49	23.66	28.18	1769.8	1359.5	931.6
1987	1.92	26.55	34.50	1892.3	1518.8	1023.8
1988	5.58	38.89	40.19	1953.1	1513.5	1088.9
1989	5.38	42.05	35.96	1638.0	1282.4	912.5
1990	5.39	40.55	38.54	1490.0	1159.8	844.4
1991	8.02	54.53	57.75	2122.2	1570.8	1167.8
1992	10.18	81.05	73.39	1408.0	1409.7	959.8
1993	7.62	106.17	103.61	1752.9	1885.1	1230.1
1994	11.25	132.09	106.65	2419.0	1907.2	1413.8
1995	18.95	143.34	110.77	2744.2	2216.0	1569.3
1996	16.75	128.90	129.89	2749.9	2099.7	1584.2
1997	24.15	145.14	148.22	2972.9	2476.6	1709.1
1998	29.44	131.69	221.67	3276.4	2638.7	1788.7
1999	37.27	101.92	240.25	3342.6	2555.1	1825.2
2000	38.03	117.76	274.63	3444.1	2599.9	1874.9
2001	40.79	152.86	302.78	3633.2	2618.2	1807.8
2002	80.83	245.55	388.72	3942.5	2805.0	1783.0
2003	90.78	508.49	610.17	5138.3	3416.0	2028.1
2004	110.72	920.37	777.82	5735.2	3542.2	1991.6
2005	129.48	1462.36	1096.00	6448.6	3453.1	1882.5
2006	171.92	1815.51	1418.92	8093.4	4223.0	2444.8
2007	183.41	2222.96	1998.38	10343.9	4922.5	2900.4
2008	286.77	2895.44	2422.47	12870.7	4975.2	2919.2
2009	407.72	3831.77	2551.88	14869.5	5211.7	3089.8
2010	430.62	4427.67	3153.35	19817.7	5827.0	3415.1

6-3 全社会固定资产投资(按资金来源和构成分)

Total Investment of Fixed Assets by Source of Finance & Use of Fund

年 份 Year	按资金来源分 Grouped by Source of Finance				按构成分 Grouped by Use of Funds		
	国家预算内资金 State Budgetary Appropriations	国内贷款 Domestic Loans	利用外资 Foreign Investment	自筹和其他资金 Fund Raising and Others	建筑安装工程 Construction and Installation	设备工具器具购置 Purchase of Equipment & Instruments	其他费用 Others
投资额(万元) Investment (10 000 yuan)							
1990	148453	132199	57241	369846	466990	160187	80562
1991	177154	212819	129313	515106	692780	206234	105747
1992	187841	399716	217757	744941	1003377	330977	158877
1993	145484	524756	228825	1153498	1475388	495323	203289
1994	190289	646675	172001	1442919	1538978	657469	278796
1995	175546	583256	232002	1617671	1609643	749927	370991
1996	150246	710872	76386	1661729	1666690	664510	424171
1997	143587	997032	79710	1880868	1937796	753100	484275
1998	266157	888211	45659	2211536	2306538	708744	486673
1999	442502	689372	144490	2442264	2627258	735037	417817
2000	435776	761680	155448	2732802	2985528	870546	448109
2001	437274	1066975	301567	2867155	3439701	939451	585138
2002	1130966	1106042	184314	4071758	4678575	1521943	950372
2003	1242788	2285156	96546	7811394	7896627	2562501	1635268
2004	1289467	3042138	144704	13065722	12162580	4069938	1856578
2005	1553343	5175125	153742	19267580	18378345	5917539	2582513
2006	1575533	4024239	218262	27502516	23918688	6986773	3158053
2007	1627300	4525908	302027	36602031	30974513	9065513	4007482
2008	2341617	3942397	466725	47681029	37897517	12589188	5559989
2009	4271961	7498506	159927	63099684	50909126	17016267	7426136
2010	3787453	11158795	75469	76640995	59703962	21033792	8978537
构成(%) Percentage							
1990	21.0	18.7	8.1	52.2	66.0	22.6	11.4
1991	17.1	20.6	12.5	49.8	69.0	20.5	10.5
1992	12.1	25.8	14.0	48.1	67.2	22.2	10.6
1993	7.1	25.6	11.1	56.2	67.9	22.8	9.3
1994	7.8	26.4	7.0	58.8	62.2	26.6	11.2
1995	6.7	22.4	8.9	62.0	58.9	27.5	13.6
1996	5.8	27.3	2.9	63.9	60.5	24.1	15.4
1997	4.6	32.2	2.6	60.6	61.0	23.7	15.3
1998	7.8	26.1	1.3	64.8	65.9	20.2	13.9
1999	11.9	18.5	3.9	65.7	69.5	19.4	11.1
2000	10.7	18.6	3.8	66.9	69.4	20.2	10.4
2001	9.3	22.8	6.5	61.4	69.3	18.9	11.8
2002	17.4	17.0	2.8	62.8	65.4	21.3	13.3
2003	10.9	20.0	0.8	68.3	65.3	21.2	13.5
2004	7.4	17.3	0.8	74.5	67.2	22.5	10.3
2005	5.9	19.8	0.6	73.7	68.4	22.0	9.6
2006	4.7	12.1	0.7	82.5	70.2	20.5	9.3
2007	3.8	10.5	0.7	85.0	70.3	20.6	9.1
2008	4.3	7.2	0.9	87.6	67.6	22.5	9.9
2009	5.7	10.0	0.2	84.1	67.6	22.6	9.8
2010	4.1	12.2	0.1	83.6	66.5	23.4	10.0

6－4 按登记注册类型分的全社会固定资产投资(2010 年)

指 标	Item	总 计 Total	内 资 国 有 State－owned Units	集 体 Collective－owned Units	股份合作 Coopeative Units
投资总额(万元)	**Total Investment(10 000 yuan)**	**89716291**	**33693376**	**1087367**	**611970**
按资金来源分	Grouped by Source of Funds				
国家预算内资金	State Appropriations	3787453	3477516	14614	135485
国内贷款	Domestic Loans	11158795	4981405	52900	11248
利用外资	Foreign Investment	75469	10888		
自筹资金	Fund Raising	72626725	24220869	1059032	638423
其他资金	Others	4014270	1504023	57980	6350
按城乡分组	Grouped by Urban and Rural Area				
城镇	Urban	87331535	33080016	875086	611970
#房地产开发	Real Estate Development	11199875	129796	56360	22588
农村	Rural	2384756	613360	212281	
# 农村个人	Rural Individuals	912153			
按构成分	Grouped by Use of Funds				
建筑安装工程	Construction and Installation	59703962	24075515	752905	422650
设备、工具器具购置	Purchase of Equipment & Instruments	21033792	6118899	252608	122668
其他费用	Others	8978537	3498962	81854	66652
新增固定资产(万元)	**Newly Increased Fixed Assets (10 000 yuan)**	**60672692**	**23563554**	**850321**	**205608**
房屋建筑面积(万平方米)	**Floor Space of Buildings (10 000 sq. m)**				
施工面积	Floor Space Under Construction	19817.72	3410.35	1353.98	54.51
竣工面积	Floor Space Completed	5827.02	1292.07	587.16	13.89
# 住宅	Residential Buildings	3415.12	457.58	557.70	2.85

Total Investment in Fixed Assets by Status of Registration(2010)

Domistic－funded Enterprises					港澳台投资 Economic Units Funded by Entrepreneurs from HK, Macao & Taiwan	外商投资 Foreign Funded Economic Units	个人投资 Indivi－duals	
联营经济 Joint－owned Economic Units	有限责任公司 Limited Liabibity Corp.	股份有限公司 Share－holding Corp. Ltd.	私营 Private Enter－prises	其他 Others				#个体经营 Manage by Individuals
199749	**31781206**	**7254135**	**11229954**	**1183499**	**450398**	**1170209**	**1054428**	**119427**
70000	58100	1265	16836	13145	417		75	75
30000	3273075	1924734	520656	50206	81200	120699	112672	13654
	8725		3200		37904	14752		
107827	27660846	5461798	10063717	1083169	345966	1061306	923772	92113
10000	1257252	57527	1060601	38656	637	4000	17244	13820
194949	31558929	7248577	10946482	1083845	450398	1151391	129892	114204
	5395918	501628	4914175	104840	4220	70350		
4800	222277	5558	283472	99654		18818	924536	5223
							912153	
111017	19863632	4166547	8253611	763938	197097	572473	524577	89593
46126	8702567	2525946	1861529	293847	164224	514019	431359	15611
42606	3215007	561642	1114814	125714	89077	83717	98492	14223
19110	**21359592**	**4844625**	**7272882**	**917410**	**425409**	**244900**	**969281**	**108455**
8.71	8139.78	749.74	5118.67	203.07	60.47	158.95	559.49	42.09
0.51	1798.85	120.70	1372.57	88.06	39.87	15.26	498.08	22.25
	1068.81	59.02	811.69	65.84	9.41	11.47	370.77	9.04

6－5 按各种分组的国有经济固定资产投资
Investment in Fixed Assets of State－owned Units

指 标	Item	1995	2000	2005	2010
投资总额(万元)	**Total Investment(10 000 yuan)**	**2099845**	**2750621**	**11253580**	**33693376**
按资金来源分	Grouped by Source of Funds				
国家预算内资金	State Budgetary Appropriations	167282	375824	1354101	3477516
国内贷款	Domestic Loans	514959	509425	2641703	4981405
利用外资	Foreign Investment	207128	127053	61032	10888
自筹资金	Fund Raising	939696	1139959	5584185	24220869
其他资金	Others	153491	454853	1133247	1529738
按构成分	Grouped by Use of Funds				
建筑安装工程	Construction and Installation	1173494	1925160	8604982	24075515
设备、工具器具购置	Purchase of Equipment and Instruments	615448	554610	1644986	6118899
其他费用	Others	310903	270851	1003612	3498962
按建设性质分	Grouped by Type of Construction				
# 新建	New Construction	820541	588067	6674345	23905178
扩建	Expansion	917390	1258468	2655493	4979537
改建	Reconstruction	242964	604524	1522155	3630230
按产业分	Grouped by Type of Industry				
第一产业	Primary Industry	22483	162552	739787	2280021
第二产业	Secondary Industry	1350248	774968	3969509	11204633
第三产业	Tertiary Industry	488069	1460516	6134414	19199717
按国民经济主要行业分	Grouped by Main Sector				
农业	Agriculture	22483	162552	739787	2395938
工业	Industry	1341029	767129	3950737	10690375
# 能源工业	Energy	800786	427666	3473684	8453170
运输邮电业	Transportation, Postal and Telecommunications Services	280048	866275	2996162	7732958
新增固定资产(万元)	**Newly Increased Fixed Assets(10 000 yuan)**	**1766780**	**1877577**	**8086849**	**23563554**
房屋建筑面积(万平方米)	**Floor Space of Buildings(10 000 sq. m)**				
施工面积	Floor Space Under Construction	874.36	1177.96	1688.92	3410.35
竣工面积	Floor Space Completed	493.23	757.69	928.08	1292.07
# 住宅	Residential Buildings	281.08	466.73	365.35	457.58

注：1. 改建投资中不含单纯建造生活设施投资。

2. 按国民经济行业分、按建设性质分和按产业分不含房地产投资和住宅投资，其他统计分组的含。

a) The investment in reconstruction includes the investment in construction of facilities simply for the improvement of residents life.

b) The investment in the real estate development is not included in the investment grouped by main sector and by Type of Industry.

6－6 按各种分组的城镇固定资产投资

Investment in Fixed Assets in Urban Area by Group

指　标	Item	2005	2007	2008	2010
投资总额(万元)	**Total Investment(10 000 yuan)**	**25908651**	**42868733**	**54563029**	**87331535**
隶属关系分	By Administrative Relationship				
中央项目	Central Government Projects	2552077	5072316	8086908	9314294
地方项目	Local Projects	23356574	37796417	46476121	78017241
按资金来源分	Grouped by Source of Funds				
国家预算内资金	State Budgetary Appropriations	1513537	1600779	2320866	3643650
国内贷款	Domestic Loans	5075839	4409272	3787073	10958254
利用外资	Foreign Investment	151830	302027	466725	75469
自筹资金	Fund Raising	16388628	33277131	43812057	70670780
其他资金	Others	2053712	2292847	2806371	3928406
按构成分	Grouped by Use of Funds				
建筑安装工程	Construction and Installation	17883378	30342484	37031611	58206257
设备、工具器具购置	Purchase of Equipment and Instruments	5568811	8731774	12240253	20435257
其他费用	Others	2456462	3794475	5291165	8690021
按产业分	Grouped by Type of Industry				
第一产业	Primary Industry	943719	1277005	1917259	2939756
第二产业	Secondary Industry	14428784	22053332	28885464	44032033
第三产业	Tertiary Industry	8727722	14585492	16656726	31073891
按国民经济主要行业分	Grouped by Main Sector				
农业	Agriculture	943719	1327825	1961498	3095513
工业	Industry	14366710	22055069	28783871	43115854
#能源工业	Energy	7912901	12034870	15935693	21249546
运输邮电业	Transportation, Postal and Telecommunications Services	3723972	5692283	5471548	10331079
新增固定资产(万元)	**Newly Increased Fixed Assets(10 000 yuan)**	**16383857**	**30901797**	**33765169**	**58459904**
房屋建筑面积(万平方米)	**Floor Space of Buildings(10 000 sq. m)**				
施工面积	Floor Space Under Construction	5463.91	9400.56	11875.95	18070.07
竣工面积	Floor Space Completed	2509.92	4029.85	4073.16	4818.12
#住宅	Residential Buildings	1241.76	2264.30	2279.79	2582.29

注：按国民经济行业分、按产业分不含房地产投资和住宅投资，其他统计分组的含。

a) The investment in the real estate development is not included in the investment grouped by main sector and by Type of Industry.

6-7 国民经济各行业按建设性质分的城镇固定资产投资(2010年)

Investment in Fixed Assets in Urban Area by Type of Construction (2010)

单位:万元 (10 000 yuan)

行业	Sector	投资额 Investment	#新建 New Constr-uction	#扩建 Expa-nsion	#改建 Recons-truction
全　区	**Autonomous Regional Total**	**76131660**	**55025211**	**10846384**	**8113624**
农、林、牧、渔业	**Farming, Forestry, Animal Husbandry & Fishery**	**3095513**	**2105794**	**697680**	**257183**
农业	Farming	478147	326336	101437	39783
林业	Forestry	855912	542618	227003	83905
畜牧业	Animal Husbandry	898388	601758	227470	68438
渔业	Fishery	11760	7700	4060	
农、林、牧、渔服务业	Agricultural Services	851306	627382	137710	65057
采矿业	**Mining**	**10119710**	**7527602**	**1926933**	**645321**
煤炭开采和洗选业	Coal Mining & Processing	5283602	4207932	689996	376642
石油和天然气开采业	Extraction of Petroleum & Natural Gas	2286882	1778691	501897	5844
黑色金属矿采选业	Mining & Dressing of Ferrous Metals	1176375	603677	359458	208488
有色金属矿采选业	Mining & Dressing of Nonferrous Metals	888791	593396	256050	38725
非金属矿采选业	Mining & Dressing of Nonmetal Minerals	472530	333956	119532	14042
其他采矿业	Mining of Other Mineral	11530	9950		1580
制造业	**Manufacturing**	**19262472**	**13047041**	**2906138**	**2778353**
农副食品加工业	Processing of Agricultural Side-line Food	1058009	604939	166535	280319
食品制造业	Food Manufacturing	1048618	209245	618477	208801
饮料制造业	Beverage Manufacturing	395018	251774	60151	63177
烟草制品业	Tobacco Products	29265			
纺织业	Textile Industry	244065	114066	38575	40824
纺织服装、鞋、帽制造业	Textile Products, Clothes, Shoes & Hats	33108	17618	9830	1860
皮革、毛皮、羽毛(绒)及其制品业	Leather, Furs, Down & Related Products	93270	70370	5700	8400
木材加工及木、竹、藤、棕、草制品业	Timber Processing, Bamboo, Cane, Palm Fiber & Straw Products	178573	66475	35635	58643
家具制造业	Furniture Manufacturing	24500	9760	800	11340
造纸及纸制品业	Paper-making & Paper Products	188833	138739	29985	16692
印刷业和记录媒介的复制	Printing & Record Pressing	45975	24000	8325	8150
文教体育用品制造业	Cultural, Educational & Sports Goods	100	100		
石油加工、炼焦及核燃料加工业	Petroleum Processing , Coke Products & Processing of Nuclear Fuel	901588	725684	8920	166984
化学原料及化学制品制造业	Raw Chemical Materials & Products	3226847	2590370	411269	218548
医药制造业	Medicine Manufacturing	394186	341310	20842	32034
化学纤维制造业	Chemical Fiber Manufacturing	186074	186074		

注:此表未包括房地产投资。

a) Data in this table doesnt include real estate development.

6－7 续表 1 continued

单位:万元 (10 000 yuan)

行 业	Sector	投资额 Investmert	# 新 建 New Constr－uction	# 扩 建 Expa－nsion	# 改 建 Recons－truction
橡胶制品业	Rubber Products	38180	9700	5280	23200
塑料制品业	Plastic Products	430535	275388	115984	32579
非金属矿物制品业	Nonmetal Mineral Products	2404365	1320495	752046	306091
黑色金属冶炼及压延加工业	Smelting & Pressing of Ferrous Metals	1287983	738534	61670	374779
有色金属冶炼及压延加工业	Smelting & Pressing of Nonferrous Metals	2039840	1623732	207246	207762
金属制品业	Metal Products	424441	252684	45425	105102
通用设备制造业	Manufacturing of General Purpose Equipment	1249864	701424	136682	344716
专用设备制造业	Special Purposes Equipment Manufacturing	735036	493560	12500	152634
交通运输设备制造业	Transportation Equipment Manufacturing	943178	889103	12940	30365
电气机械及器材制造业	Electric Equipment & Machinery	1372884	1227634	62353	56085
通信设备、计算机及其他电子设备制造业	Manufacturing of Telecommunications, Computer & Other Electronic Equipment	106452	66709	19200	5886
仪器仪表及文化、办公用机械制造业	Instruments, Meters, Cultural & Office Machinery	13897	3696	4120	5100
工艺品及其他制造业	Handicrafts & Other Production	42745	21063	6200	15482
废弃资源和废旧材料回收加工业	Recovering of Abandoned Resource & Waste Materical	125043	72795	49448	2800
电力、燃气及水的生产和供应业	**Production & Supply of Electric Power, Gas & Water**	**13733672**	**11391496**	**1567301**	**721731**
电力、热力的生产和供应业	Electric Power and Heating Power	11515620	9341114	1451200	672362
燃气生产和供应业	Production & Supply of Gas	1261854	1233537	16274	12043
水的生产和供应业	Production & Supply of Water	956198	816845	99827	37326
建筑业	**Construction**	**1074072**	**779538**	**46125**	**102747**
房屋和土木工程建筑业	Housing & Civil Engineering Construction	874725	644690	34575	66908
建筑安装业	Installation of Buildings	41234	10000	3200	14454
建筑装饰业	Decoration of Buildings	40465	18850		18085
其他建筑业	Other Construction	117648	105998	8350	3300
交通运输、仓储和邮政业	**Transportation, Storage & Postal**	**10455164**	**8126248**	**1140768**	**1022545**
铁路运输业	Railway Transport	4018050	3667350	301260	40455
道路运输业	Roadway Transport	5368210	3748599	663700	820410
城市公共交通业	Public Traffic in Cities	31978	1548	9453	13602
水上运输业	Waterway Transport	450	450		
航空运输业	Air Transport	234072	71185	61821	100106
管道运输业	Pipeline Transport	3736	3700		36
装卸搬运和其他运输服务业	Loading, Unloading, Carrying & Transport	101331	86041	6890	8400
仓储业	Storage	676016	526079	97619	39536
邮政业	Postal Services	21321	21296	25	
信息传输、计算机服务和软件业	**Information Transmission, Computer Service & Computer Software**	**601795**	**173277**	**341751**	**53348**
电信和其他信息传输服务	Tele. & other Information Transmission	551931	158802	333751	33098
计算机服务业	Computer Services	25145	12793	8000	3850
软件业	Software	24719	1682		16400
批发和零售业	**Wholesale & Retail Trade**	**2514439**	**1476224**	**310266**	**571414**
批发业	Wholesale Trade	1824027	961942	272088	450622
零售业	Retail Trade	690412	514282	38178	120792
住宿和餐饮业	**Quarters & Catering**	**692786**	**448379**	**77971**	**147904**
住宿业	Quarters	410108	282456	58137	67737
餐饮业	Catering	282678	165923	19834	80167

6 – 7 续表 2 continued

单位:万元　　　　(10 000 yuan)

行业	Sector	投资额 Investment	#新建 New Construction	#扩建 Expansion	#改建 Reconstruction
金融业	**Banking**	**381171**	**249789**	**5886**	**51643**
银行业	Banking	162453	58390	4367	30593
证券业	Bond	2670	1770		900
保险业	Insurance	9839	4160	179	5500
其他金融活动	Others	206209	185469	1340	14650
房地产业	**Real Estate**	**1623838**	**1228356**	**97451**	**70550**
房地产业	Real Estate	1623838	1228356	97451	70550
租赁和商务服务业	**Leasing & Commercial Services**	**434450**	**331058**	**33320**	**42558**
租赁业	Leasing Services	34892	26888		5020
商务服务业	Commercial Services	399558	304170	33320	37538
科学研究、技术服务和地质勘查业	**Scientific Research ,Technical Services & Geological Prospecting**	**428249**	**225664**	**120390**	**73190**
研究与试验发展	Research & Development	58012	52092	170	5750
专业技术服务业	Special Technical Services	21813	14173	3500	3140
科技交流和推广服务业	Science & Technology Exchanging & Spreading	47068	31163	1200	9300
地质勘查业	Geological Prospecting	301356	128236	115520	55000
水利、环境和公共设施管理业	**Water Conservancy, Environment & Public Facilities Administration**	**6515712**	**4572404**	**918463**	**1007070**
水利管理业	Water Conservancy	895772	597338	225891	72543
环境管理业	Environment	449619	384279	51847	7486
公共设施管理业	Public Facilities Administration	5170321	3590787	640725	927041
居民服务和其他服务业	**Resident Services & Other Services**	**181279**	**111147**	**40424**	**28588**
居民服务业	Resident Services	129521	84907	33686	9808
其他服务业	Other Services	51758	26240	6738	18780
教育	**Education**	**1498993**	**962919**	**230814**	**241551**
教育	Education	1498993	962919	230814	241551
卫生、社会保障和社会福利业	**Health Care, Social Security &Social Welfare**	**532245**	**266770**	**124480**	**46333**
卫生	Health Care	433675	191066	102026	46333
社会保障业	Social Security	16388	16388		
社会福利业	Social Welfare	82182	59316	22454	
文化、体育和娱乐业	**Culture, Sports & Recreational Services**	**1170743**	**1025306**	**70266**	**39393**
新闻出版业	Press	945	945		
广播、电视和音像业	Radio ,Television & Audio – visual	132857	100159	2860	12150
文化艺术业	Culture & Arts	529815	475766	41016	4723
体育	Sports	293829	292089	1140	600
娱乐业	Recreational Services	213297	156347	25250	21920
公共管理和社会组织	**Public Administration & Social Organization**	**1815357**	**976199**	**189957**	**212202**
中国共产党机关	Chinese Communist Party Agencies	946	946		
国家机构	Government Agencies	1543130	838701	117598	190542
人民政协和民主党派	People's Politics Consultative Conference & Democratic Parties	45	45		
群众团体、社会团体和宗教组织	Mass Organization ,Social Organization and Religious Organization	121092	69838	11934	14860
基层群众自治组织	Basic Mass Autonomous Organization	150144	66669	60425	6800
国际组织	**International Organizations**				
国际组织	International Organizations				

6-8 国民经济各行业城镇固定资产投资和新增固定资产(2010年)

Investment in Fixed Assets in Urban Area & Newly Increased Fixed Assets by Sector(2010)

单位:万元 (10 000 yuan)

行业	Sector	投资额 Invest－ment	#地方项目 Local Proiects	新增固定资产 Newly Increased Fixed Assets	#地方项目 Local Proiects
全　区	**Autonomous Regional Total**	**76131660**	**66831241**	**53334265**	**47001382**
农、林、牧、渔业	**Farming, Forestry, Animal Husbandry & Fishery**	**3095513**	**3080188**	**2819526**	**2802985**
农业	Farming	478147	473947	461406	457206
林业	Forestry	855912	850851	800474	791133
畜牧业	Animal Husbandry	898388	898388	888515	888515
渔业	Fishery	11760	11760	11760	11760
农、林、牧、渔服务业	Agricultural Services	851306	845242	657371	654371
采矿业	**Mining**	**10119710**	**6912591**	**6503074**	**4248325**
煤炭开采和洗选业	Coal Mining & Processing	5283602	4096428	3889636	2083980
石油和天然气开采业	Extraction of Petroleum & Gas	2286882	271937	706152	262059
黑色金属矿采选业	Mining & of Ferrous Metals	1176375	1176375	886012	886012
有色金属矿采选业	Mining & of Nonferrous Metals	888791	883791	609528	604528
非金属矿采选业	Mining of Nonmetal Minerals	472530	472530	400336	400336
其他采矿业	Mining of Other Mineral	11530	11530	11410	11410
制造业	**Manufacturing**	**19262472**	**18247509**	**14027659**	**13545450**
农副食品加工业	Processing of Agricultural Food	1058009	1058009	943404	943404
食品制造业	Food Manufacturing	1048618	1048618	335888	335888
饮料制造业	Beverage Manufacturing	395018	395018	408905	408905
烟草制品业	Tobacco Products	29265	26236	8195	
纺织业	Textile Industry	244065	244065	234379	234379
纺织服装、鞋、帽制造业	Textile, Clothes, Shoes & Hats	33108	33108	24280	24280
皮革、毛皮、羽毛(绒)及其制品业	Leather, Furs, Down & Related Products	93270	93270	83100	83100
木材加工及木、竹、藤、棕、草制品业	Timber Processing, Bamboo, Cane, Palm Fiber & Straw Products	178573	178573	194173	194173
家具制造业	Furniture Manufacturing	24500	24500	25415	25415
造纸及纸制品业	Paper－making & Paper Products	188833	182833	137800	131800
印刷业和记录媒介的复制	Printing & Record Pressing	45975	45975	42975	42975
文教体育用品制造业	Cultural, Educational & Sports Goods	100	100		
石油加工、炼焦及核燃料加工业	Petroleum Processing, Coke Products & Processing of Nuclear Fuel	901588	762594	761845	616910
化学原料及化学制品制造业	Raw Chemical Materials & Products	3226847	2847990	2336371	2330039
医药制造业	Medicine Manufacturing	394186	387027	130817	123658
化学纤维制造业	Chemical Fiber Manufacturing	186074	186074	1000	1000

注:此表未包括房地产投资。

a) Data in this table doesnt include real estate development.

6-8 续表 1 continued

单位:万元 (10 000 yuan)

行业	Sector	投资额 Invest-ment	# 地方项目 Local Proiects	新增固定资产 Newly Increased Fixed Assets	# 地方项目 Local Proiects
橡胶制品业	Rubber Products	38180	38180	35680	35680
塑料制品业	Plastic Products	430535	430535	132957	132957
非金属矿物制品业	Nonmetal Mineral Products	2404365	2404365	1615672	1615672
黑色金属冶炼及压延加工业	Smelting of Ferrous Metals	1287983	1202298	1520887	1455224
有色金属冶炼及压延加工业	Smelting of Nonferrous Metals	2039840	2019662	2342507	2310270
金属制品业	Metal Products	424441	424441	403247	403247
通用设备制造业	Manufacturing of General Equipment	1249864	1007242	1007580	838182
专用设备制造业	Special Equipment Manufacturing	735036	729017	380724	380724
交通运输设备制造业	Transportation Equipment Manufacturing	943178	851425	324161	311304
电气机械及器材制造业	Electric Equipment & Machinery	1372884	1360299	381664	373517
通信设备、计算机及其他电子设备制造业	Manufacturing of Telecommunications, Computer & Other Electronic Equipment	106452	106452	66615	66615
仪器仪表及文化、办公用机械制造业	Instruments, Meters, Cultural & Office Machinery	13897	13897	24174	24174
工艺品及其他制造业	Handicrafts & Other Production	42745	41663	43962	42347
废弃资源和废旧材料回收加工业	Recovering of Abandoned Resource & Waste Materical	125043	104043	79282	59611
电力、燃气及水的生产和供应业	**Production & Supply of Electric Power, Gas & Water**	**13733672**	**10515817**	**8633416**	**6172334**
电力、热力的生产和供应业	Electric Power and Heating Power	11515620	8330965	7858169	5430287
燃气生产和供应业	Production & Supply of Gas	1261854	1261854	125869	125869
水的生产和供应业	Production & Supply of Water	956198	922998	649378	616178
建筑业	**Construction**	**1074072**	**1056807**	**618553**	**608603**
房屋和土木工程建筑业	Housing & Civil Construction	874725	857460	446399	436449
建筑安装业	Installation of Buildings	41234	41234	29121	29121
建筑装饰业	Decoration of Buildings	40465	40465	42915	42915
其他建筑业	Other Construction	117648	117648	100118	100118
交通运输、仓储和邮政业	**Transportation, Storage & Postal**	**10455164**	**9187143**	**6339432**	**5863256**
铁路运输业	Railway Transport	4018050	2854412	2173821	1705983
道路运输业	Roadway Transport	5368210	5268997	3407490	3404602
城市公共交通业	Public Traffic in Cities	31978	31978	41167	41167
水上运输业	Waterway Transport	450	450	1210	1210
航空运输业	Air Transport	234072	234072	129557	129557
管道运输业	Pipeline Transport	3736	3736	3700	3700
装卸搬运和其他运输服务业	Loading, Unloading, Carrying & Transport	101331	101331	83690	83690
仓储业	Storage	676016	670846	498797	493347
邮政业	Postal Services	21321	21321		
信息传输、计算机服务和软件业	**Information Transmission, Computer Service & Computer Software**	**601795**	**272842**	**646129**	**139319**
电信和其他信息传输服务	Tele. & other Information Transmission	551931	222978	608179	101369
计算机服务业	Computer Services	25145	25145	14350	14350
软件业	Software	24719	24719	23600	23600
批发和零售业	**Wholesale & Retail Trade**	**2514439**	**2513223**	**1726464**	**1720684**
批发业	Wholesale Trade	1824027	1823431	1283391	1278231
零售业	Retail Trade	690412	689792	443073	442453
住宿和餐饮业	**Quarters & Catering**	**692786**	**683786**	**524265**	**515265**
住宿业	Quarters	410108	401108	286433	277433
餐饮业	Catering	282678	282678	237832	237832

6-8 续表 2 continued

单位：万元 (10 000 yuan)

行业	Sector	投资额 Invest-ment	# 地方项目 Local Projects	新增固定资产 Newly Increased Fixed Assets	# 地方项目 Local Projects
金融业	**Banking**	**381171**	**301571**	**117425**	**90997**
银行业	Banking	162453	83032	55936	29687
证券业	Bond	2670	2670	2670	2670
保险业	Insurance	9839	9660	17859	17680
其他金融活动	Others	206209	206209	40960	40960
房地产业	**Real Estate**	**1623838**	**1619038**	**1280774**	**1275974**
房地产业	Real Estate	1623838	1619038	1280774	1275974
租赁和商务服务业	**Leasing & Commercial Services**	**434450**	**434450**	**240476**	**240476**
租赁业	Leasing Services	34892	34892	23720	23720
商务服务业	Commercial Services	399558	399558	216756	216756
科学研究、技术服务和地质勘查业	**Scientific Research ,Technical Services & Geological Prospecting**	**428249**	**417376**	**268708**	**265538**
研究与试验发展	Research & Development	58012	48209	32695	29525
专业技术服务业	Special Technical Services	21813	20743	25543	25543
科技交流和推广服务业	Science & Technology Exchanging & Spreading	47068	47068	33686	33686
地质勘查业	Geological Prospecting	301356	301356	176784	176784
水利、环境和公共设施管理业	**Water Conservancy, Environment & Public Facilities Administration**	**6515712**	**6468896**	**5440620**	**5432580**
水利管理业	Water Conservancy	895772	860815	530106	529775
环境管理业	Environment	449619	449619	348742	348742
公共设施管理业	Public Facilities Administration	5170321	5158462	4561772	4554063
居民服务和其他服务业	**Resident Services & Other Services**	**181279**	**181279**	**120764**	**120764**
居民服务业	Resident Services	129521	129521	76484	76484
其他服务业	Other Services	51758	51758	44280	44280
教育	**Education**	**1498993**	**1496040**	**1235720**	**1234767**
教育	Education	1498993	1496040	1235720	1234767
卫生、社会保障和社会福利业	**Health Care, Social Security & Social Welfare**	**532245**	**527245**	**427929**	**422929**
卫生	Health Care	433675	428675	354607	349607
社会保障业	Social Security	16388	16388	13788	13788
社会福利业	Social Welfare	82182	82182	59534	59534
文化、体育和娱乐业	**Culture, Sports & Recreational Services**	**1170743**	**1163153**	**884134**	**882134**
新闻出版业	Press	945	945	0	0
广播、电视和音像业	Radio ,Television & Audio-visual	132857	132857	76477	76477
文化艺术业	Culture & Arts	529815	522225	580735	578735
体育	Sports	293829	293829	89560	89560
娱乐业	Recreational Services	213297	213297	137362	137362
公共管理和社会组织	**Public Administration & Social Organization**	**1815357**	**1752287**	**1479197**	**1419002**
中国共产党机关	Chinese Communist Party Agencies	946	786	0	0
国家机构	Government Agencies	1543130	1483220	1277736	1220541
人民政协和民主党派	People's Politics Consultative Conference & Democratic Parties	45	45	70	70
群众团体、社会团体和宗教组织	Mass Organization ,Social Organization and Religious Organization	121092	121092	60847	60847
基层群众自治组织	Basic Mass Autonomous Organization	150144	147144	140544	137544
国际组织	**International Organizations**				
国际组织	International Organizations				

6-9 按行业分城镇50万元以上施工、投产项目个数(2010年)

Number of Construction Projects over 500 Thousand Yuan under Construction and Put into Use in Urban Area by Sector (2010)

行业	Sector	施工项目(个) Number of Projects Under Construction (unit)	#新开工项目 Started This Year	全部建成投产项目(个) Number of Projects Started This Year (unit)	项目建成投产率(%) Percentage of Projects Completed and Put into Use
全　区	**Autonomous Regional Total**	**12243**	**9517**	**9036**	**73.8**
农、林、牧、渔业	**Farming, Forestry, Animal Husbandry & Fishery**	**1651**	**1480**	**1506**	**91.2**
农业	Farming	157	118	125	79.6
林业	Forestry	288	259	258	89.6
畜牧业	Animal Husbandry	275	232	246	89.5
渔业	Fishery	5	5	5	100.0
农、林、牧、渔服务业	Agricultural Services	926	866	872	94.2
采矿业	**Mining**	**915**	**652**	**650**	**71.0**
煤炭开采和洗选业	Coal Mining & Processing	351	206	198	56.4
石油和天然气开采业	Extraction of Petroleum & Natural Gas	35	19	18	51.4
黑色金属矿采选业	Mining & Dressing of Ferrous Metals	198	167	154	77.8
有色金属矿采选业	Mining & Dressing of Nonferrous Metals	157	132	128	81.5
非金属矿采选业	Mining & Dressing of Nonmetal Minerals	170	124	148	87.1
其他采矿业	Mining of Other Mineral	4	4	4	100.0
制造业	**Manufacturing**	**2480**	**1844**	**1787**	**72.1**
农副食品加工业	Processing of Agricultural Side-line Food	304	240	227	74.7
食品制造业	Food Manufacturing	84	69	68	81.0
饮料制造业	Beverage Manufacturing	105	75	85	81.0
烟草制品业	Tobacco Products	1			
纺织业	Textile Industry	73	58	52	71.2
纺织服装、鞋、帽制造业	Textile Products, Clothes, Shoes & Hats	13	11	9	69.2
皮革、毛皮、羽毛(绒)及其制品业	Leather, Furs, Down & Related Products	23	20	18	78.3
木材加工及木、竹、藤、棕、草制品业	Timber Processing, Bamboo, Cane, Palm Fiber & Straw Products	70	66	69	98.6
家具制造业	Furniture Manufacturing	10	9	9	90.0
造纸及纸制品业	Paper-making & Paper Products	34	27	24	70.6
印刷业和记录媒介的复制	Printing & Record Pressing	11	11	10	90.9
文教体育用品制造业	Cultural, Educational & Sports Goods	1	1		
石油加工、炼焦及核燃料加工业	Petroleum Processing, Coke Products & Processing of Nuclear Fuel	46	16	23	50.0
化学原料及化学制品制造业	Raw Chemical Materials & Products	225	150	131	58.2
医药制造业	Medicine Manufacturing	50	39	33	66.0
化学纤维制造业	Chemical Fiber Manufacturing	5	3	1	20.0

6 -9 续表 1 continued

行 业	Sector	施工项目（个）Number of Projects Under Construction (unit)	#新开工项目 Started This Year	全部建成投产项目（个）Number of Projects Started This Year (unit)	项目建成投产率（%）Percentage of Projects Completed and Put into Use
橡胶制品业	Rubber Products	10	6	8	80.0
塑料制品业	Plastic Products	66	50	46	69.7
非金属矿物制品业	Nonmetal Mineral Products	390	304	290	74.4
黑色金属冶炼及压延加工业	Smelting & Pressing of Ferrous Metals	140	102	105	75.0
有色金属冶炼及压延加工业	Smelting & Pressing of Nonferrous Metals	161	82	117	72.7
金属制品业	Metal Products	112	91	86	76.8
通用设备制造业	General Purpose Equipment	204	168	166	81.4
专用设备制造业	Special Purposes Equipment	86	66	60	69.8
交通运输设备制造业	Transportation Equipment	86	58	57	66.3
电气机械及器材制造业	Electric Equipment & Machinery	112	79	51	45.5
通信设备、计算机及其他电子设备制造业	Telecommunications, Computer & Other Electronic Equipment	16	12	11	68.8
仪器仪表及文化、办公用机械制造业	Instruments, Meters, Cultural & Office Machinery	7	3	5	71.4
工艺品及其他制造业	Handicrafts & Other Production	19	15	15	78.9
废弃资源和废旧材料回收加工业	Recovering of Abandoned Resource & Waste Materical	16	13	11	68.8
电力、燃气及水的生产和供应业	**Production & Supply of Electric Power, Gas & Water**	**870**	**560**	**523**	**60.1**
电力、热力的生产和供应业	Electric Power and Heating Power	572	373	338	59.1
燃气生产和供应业	Production & Supply of Gas	50	30	31	62.0
水的生产和供应业	Production & Supply of Water	248	157	154	62.1
建筑业	**Construction**	**252**	**212**	**178**	**70.6**
房屋和土木工程建筑业	Housing & Civil Engineering	200	167	132	66.0
建筑安装业	Installation of Buildings	12	12	9	75.0
建筑装饰业	Decoration of Buildings	23	22	22	95.7
其他建筑业	Other Construction	17	11	15	88.2
交通运输、仓储和邮政业	**Transportation, Storage & Postal**	**919**	**678**	**635**	**69.1**
铁路运输业	Railway Transport	166	115	111	66.9
道路运输业	Roadway Transport	585	435	407	69.6
城市公共交通业	Public Traffic in Cities	6	5	5	83.3
水上运输业	Waterway Transport	1		1	100.0
航空运输业	Air Transport	10	5	7	70.0
管道运输业	Pipeline Transport	2	1	1	50.0
装卸搬运和其他运输服务业	Loading, Unloading, Carrying & Transport	26	21	22	84.6
仓储业	Storage	120	93	81	67.5
邮政业	Postal Services	3	3		
信息传输、计算机服务和软件业	**Information Transmission, Computer Service & Computer Software**	**71**	**57**	**54**	**76.1**
电信和其他信息传输服务	Tele. & other Information Transmission	58	47	45	77.6
计算机服务业	Computer Services	8	6	5	62.5
软件业	Software	5	4	4	80.0
批发和零售业	**Wholesale & Retail Trade**	**647**	**559**	**547**	**84.5**
批发业	Wholesale Trade	452	397	400	88.5
零售业	Retail Trade	195	162	147	75.4
住宿和餐饮业	**Quarters & Catering**	**211**	**173**	**158**	**74.9**
住宿业	Quarters	108	83	71	65.7
餐饮业	Catering	103	90	87	84.5

6-9 续表 2 continued

行业	Sector	施工项目（个）Number of Projects Under Construction (unit)	#新开工项目 Started This Year	全部建成投产项目（个）Number of Projects Started This Year (unit)	项目建成投产率（%）Percentage of Projects Completed and Put into Use
金融业	**Banking**	**60**	**52**	**52**	**86.7**
银行业	Banking	35	31	31	88.6
证券业	Bond	4	3	4	100.0
保险业	Insurance	5	3	5	100.0
其他金融活动	Others	16	15	12	75.0
房地产业	**Real Estate**	**413**	**292**	**256**	**62.0**
房地产业	Real Estate	413	292	256	62.0
租赁和商务服务业	**Leasing & Commercial Services**	**88**	**70**	**63**	**71.6**
租赁业	Leasing Services	11	11	10	90.9
商务服务业	Commercial Services	77	59	53	68.8
科学研究、技术服务和地质勘查业	**Scientific Research ,Technical Services & Geological Prospecting**	**112**	**97**	**84**	**75.0**
研究与试验发展	Research & Development	13	7	10	76.9
专业技术服务业	Special Technical Services	16	12	11	68.8
科技交流和推广服务业	Science & Technology Exchanging & Spreading	23	22	16	69.6
地质勘查业	Geological Prospecting	60	56	47	78.3
水利、环境和公共设施管理业	**Water Conservancy, Environment & Public Facilities Administration**	**1694**	**1341**	**1259**	**74.3**
水利管理业	Water Conservancy	294	209	215	73.1
环境管理业	Environment	123	82	80	65.0
公共设施管理业	Public Facilities Administration	1277	1050	964	75.5
居民服务和其他服务业	**Resident Services & Other Services**	**61**	**51**	**44**	**72.1**
居民服务业	Resident Services	40	34	28	70.0
其他服务业	Other Services	21	17	16	76.2
教育	**Education**	**739**	**628**	**484**	**65.5**
教育	Education	739	628	484	65.5
卫生、社会保障和社会福利业	**Health Care, Social Security & Social Welfare**	**233**	**163**	**143**	**61.4**
卫生	Health Care	189	136	116	61.4
社会保障业	Social Security	9	8	6	66.7
社会福利业	Social Welfare	35	19	21	60.0
文化、体育和娱乐业	**Culture, Sports & Recreational Services**	**183**	**115**	**112**	**61.2**
新闻出版业	Press	1			
广播、电视和音像业	Radio ,Television & Audio - visual	24	17	12	50.0
文化艺术业	Culture & Arts	84	49	50	59.5
体育	Sports	30	15	16	53.3
娱乐业	Recreational Services	44	34	34	77.3
公共管理和社会组织	**Public Administration & Social Organization**	**644**	**493**	**501**	**77.8**
中国共产党机关	Chinese Communist Party Agencies	4	3		
国家机构	Government Agencies	546	411	421	77.1
人民政协和民主党派	People's Politics Consultative Conference & Democratic Parties	1		1	100.0
群众团体、社会团体和宗教组织	Mass ,Social Organization and Religious Organization	34	25	22	64.7
基层群众自治组织	Basic Mass Autonomous	59	54	57	96.6
国际组织	**International Organizations**				
国际组织	International Organizations				

6-10 城镇固定资产投资新增主要生产能力(2010 年)

Newly Increased Productive Capacities ThroughInvestment in Fixed Assets in Urban Area(2010)

能力名称	Item	2010
原煤开采(万吨/年)	Coal Mining (10 000 tons/year)	5598
洗煤(万吨/年)	Washer Coal (10 000 tons/year)	7020
焦炭(万吨/年)	Coke (10 000 tons/year)	775
天然原油开采(万吨/年)	Petroleum Extraction (10 000 tons/year)	71.3
铁矿开采(原矿)(万吨/年)	Iron - ore Mining (10 000 tons/year)	2159.3
生铁(万吨/年)	Iron Smelting (10 000 tons/year)	88
粗钢(万吨/年)	Crude Steel (10 000 tons/year)	
铁合金(折标吨/年)	Iron Alloy, Electric Furnace (10 000 tons/year)	756620
铜采矿(原矿)(万吨/年)	Copper Ore Mining (10 000 tons/year)	40.6
铜选矿:	Copper Ore Dressing	
处理原矿(万吨/年)	Crude Ore Dressing (10 000 ton/year)	2
铜含量(吨/年)	Copper Content (ton/year)	3000
铜冶炼(吨/年)	Copper Smelting (ton/year)	60000
铅锌采矿(原矿)(万吨/年)	Plumbum / Zinc Ore Mining (10 000 tons/year)	495.26
铅锌选矿:	Plumbum and Zinc Ore Dressing	
处理原矿(万吨/年)	Crude Ore Dressing (10 000 tons/year)	483
铅含量(吨/年)	Plumbum Content (ton/year)	47200
锌含量(吨/年)	Zinc Content (ton/year)	43200
铅冶炼 (吨/年)	Piumbum Smeiting (ton/year)	
锌冶炼(吨/年)	Zinc Smelting (ton/year)	110030
镍冶炼(吨/年)	Nickel Smelting(ton/year)	1480
电解铝(吨/年)	Electrolytic Aluminium(ton/year)	100000
铝加工(吨/年)	Aluminium Processing(ton/year)	274225
银选矿:	Silver Ore Dressing	
处理原矿(吨/年)	Crude Ore Dressing(ton/year)	
银含量(公斤/年)	Silver Content(kg/year)	
黄金(公斤/年)	Gold (kg/year)	225
火力发电(万千瓦)	Thermal Power (10 000 kw)	127.75
其他发电(万千瓦)	Other Power (10 000 kw)	556.65
输电线路长度(11 万伏及以上)(公里)	Length of Electric Cable (over 110 000 va)(km)	1793.56
水泥(万吨/年)	Cement (10 000 tons/year)	2319.2
石墨及炭素制品(吨/年)	Product of Graphite (ton/year)	219149

6-10 续表 continued

能力名称	Item	2010
电石(吨/年)	Calcium Carbide (ton/year)	614126
氮肥(吨/年)	Nitrogen Fertlizers (ton/year)	60000
磷肥(吨/年)	Phosphate (ton/year)	44200
化学农药原药(吨/年)	Chemical Medicine(ton/year)	250
精甲醇(吨/年)	Extracted Methanol (ton/year)	
塑料树脂及共聚物(吨/年)	Plastic Resin and Copolymer (ton/year)	642670
内燃机(台/年)	Internal Combustion Engine(unit/year)	
白酒(万吨/年)	Liquor (10 000 tons/year)	13.19
新建铁路投产里程(公里)	Length of Newly Built and Operation Railway(km)	1414.61
新建公路(公里)	Length of New Railway (km)	6018.53
# 高速公路(公里)	Expressway (km)	94.09
一级公路(公里)	First Class Highway (km)	278.04
二级公路(公里)	Second Class Highway (km)	205.80
改建公路(公里)	Length of Reconstructed Highways (km)	15945.68
# 一级公路(公里)	First Class Highway (km)	65
二级公路(公里)	Second Class Highway (km)	259.1
新建独立公路桥梁(延长米)	New-built Separate Highway and Bridge (extended meter)	3160.25
新建独立公路桥梁(座)	New-built Separate Highway and Bridge (unit)	27
新(扩)建公路客、货运站(个)	New-built or Expanded Passenger & Freight Stations(unit)	34
新(扩)建公路客、货运站(平方米)	New-built or Expanded Passenger & Freight Stations(sq. m)	30677
民航机场跑道(条)	Civil Airport Runway(line)	1
民航机场跑道(米)	Civil Airport Runway(metre)	2500
候机楼(座)	Terminal Buildings(unit)	4
候机楼(平方米)	Terminal Buildings(sq. m)	24129
城市自来水供水能力(万吨/日)	Capacity of City Tap Water Supply (10 000 tons/day)	41.3
城市公共交通车辆购置(辆)	purchase of City Communiting Vehicles (unit)	102
城市污水处理能力(万吨/日)	Disposal Capacity of Sewage (10 000 tons/day)	129.9

6－11 按各种分组的农村固定资产投资
Investment in Fixed Assets in Rural by Group

指　　标	Item	2010
投资总额(万元)	**Total Investment(10 000 yuan)**	**1472603**
按资金来源分	Grouped by Source of Funds	
国家预算内资金	State Budgetary Appropriations	143803
国内贷款	Domestic Loans	101523
利用外资	Foreign Investment	
自筹资金	Fund Raising	1142810
其他资金	Others	111579
按构成分	Grouped by Use of Funds	
建筑安装工程	Construction and Installation	1079592
设备、工具器具购置	Purchase of Equipment and Instruments	188059
其他费用	Others	204952
按建设性质分	Grouped by Type of Construction	
# 新建	New Construction	1122650
扩建	Expansion	133613
改建	Reconstruction	209061
按产业分	Grouped by Type of Industry	
第一产业	Primary Industry	934175
第二产业	Secondary Industry	202615
第三产业	Tertiary Industry	312673
按国民经济主要行业分	Grouped by Main Sector	
农业	Agriculture	934445
工业	Industry	194843
# 能源工业	Energy	133727
运输邮电业	Transportation, Postal and Telecommunications Services	46581
新增固定资产(万元)	**Newly Increased Fixed Assets(10 000 yuan)**	**1373990**
房屋建筑面积(万平方米)	**Floor Space of Buildings(10 000 sq. m)**	
施工面积	Floor Space Under Construction	1240.65
竣工面积	Floor Space Completed	539.90
# 住宅	Residential Buildings	472.83

注：1. 改建投资中不含单纯建造生活设施投资。

2. 按国民经济行业分、按建设性质分不含房地产投资和住宅投资，其他统计分组的含。

3. 本表统计范围为城市以下非农户投资项目。

a) The investment in reconstruction excludes the investment inconstruction of facilities simply for the improvement of esidentslife.

b) The investment in the real estate development is not included in the investment grouped by main sector and by type of construction.

c) Framework in this table is non－farmer Investment.

6-12 国民经济各行业按建设性质分的农村固定资产投资(2010年)

Investment in Fixed Assets of Rural by Construction & Sector(2010)

单位:万元 (10 000 yuan)

行 业	Sector	投资额 Investment	#新建 New Constr-uction	#扩建 Expan-sion	#改建 Recons-truction	新增固定资产 Newly Increased Fixed Assets
全　区	**Total**	**1472603**	**1122650**	**133613**	**209061**	**1373990**
农、林、牧、渔业	**Farming, Forestry, Animal Husbandry & Fishery**	**934445**	**758033**	**89985**	**83029**	**1018088**
农 业	Farming	387408	319720	48136	18660	414340
林 业	Forestry	47954	47122	332		59700
畜牧业	Animal Husbandry	327382	281120	23789	22473	361805
渔 业	Fishery	1240	890	350		3850
农、林、牧、渔服务业	Agricultural Services	170461	109181	17378	41896	178393
采矿业	**Mining**	**125926**	**103371**	**3550**	**19005**	**50405**
煤炭开采和洗选业	Coal Mining & Processing	116421	98266		18155	42900
石油和天然气开采业	Petroleum & Natural Gas					
黑色金属矿采选业	Mining of Ferrous Metals	6405	4005	2400		4405
有色金属矿采选业	Mining of Nonferrous Metals					
非金属矿采选业	Mining of Nonmetal Minerals	3100	1100	1150	850	3100
其他采矿业	Mining of Other Mineral					
制造业	**Manufacturing**	**46820**	**31400**	**7590**	**7570**	**50030**
农副食品加工业	Processing of Agricultural Food	17770	14690		3080	20980
食品制造业	Food Manufacturing	760	500			760
饮料制造业	Beverage Manufacturing					
烟草制品业	Tobacco Products					
纺织业	Textile Industry					
纺织服装、鞋、帽制造业	Textile , Clothes, Shoes & Hats	3000	3000			3000
皮革、毛皮、羽毛(绒)及其制品业	Leather, Furs, Down & Related Products					
木材加工及木、竹、藤、棕、草制品业	Timber, Bamboo, Cane, Palm Fiber & Straw Products	3700	1310	2390		3700
家具制造业	Furniture Manufacturing					
造纸及纸制品业	Paper-making & Paper Products					
印刷业和记录媒介的复制	Printing & Record Pressing					
文教体育用品制造业	Cultural, Educational & Sports					
石油加工、炼焦及核燃料加工业	Petroleum, Coke Products & Processing of Nuclear Fuel					
化学原料及化学制品制造业	Raw Chemical Materials & Products	3900	3900			3900
医药制造业	Medicine Manufacturing					
化学纤维制造业	Chemical Fiber					

6－12 续表 1 continued

单位:万元 (10 000 yuan)

行 业	Sector	投资额 Investment	#新建 New Construction	#扩建 Expansion	#改建 Reconstruction	新增固定资产 Newly Increased Fixed Assets
橡胶制品业	Rubber Products					
塑料制品业	Plastic Products					
非金属矿物制品业	Nonmetal Mineral Products	6510		5200	1310	6510
黑色金属冶炼及压延加工业	Smelting & Pressing of Ferrous Metals					
有色金属冶炼及压延加工业	Smelting & Pressing of Nonferrous Metals	5000	5000			5000
金属制品业	Metal Products	6180	3000		3180	6180
通用设备制造业	General Purpose Equipment					
专用设备制造业	Special Purposes Equipment Manufacturing					
交通运输设备制造业	Transportation Equipment Manufacturing					
电气机械及器材制造业	Electric Equipment & Machinery					
通信设备、计算机及其他电子设备制造业	Manufacturing of Telecommunications, Computer & Other Electronic Equipment					
仪器仪表及文化、办公用机械制造业	Instruments, Meters, Cultural & Office Machinery					
工艺品及其他制造业	Handicrafts & Other Production					
废弃资源和废旧材料回收加工业	Recovering of Abandoned Resource & Waste Materical					
电力、燃气及水的生产和供应业	**Production & Supply of Electric Power, Gas & Water**	**22097**	**7201**		**14896**	**17604**
电力、热力的生产和供应业	Electric Power and Heating Power	12404	1000		11404	8539
燃气生产和供应业	Production & Supply of Gas	4902	1577		3325	4875
水的生产和供应业	Production & Supply of Water	4791	4624		167	4190
建筑业	**Construction**	**7972**	**5272**		**2700**	**9502**
房屋和土木工程建筑业	Housing & Civil Engineering Construction	7972	5272		2700	9502
建筑安装业	Installation of Buildings					
建筑装饰业	Decoration of Buildings					
其他建筑业	Other Construction					
交通运输、仓储和邮政业	**Transportation, Storage & Postal**	**53324**	**9274**	**1000**	**43050**	**17854**
铁路运输业	Railway Transport					
道路运输业	Roadway Transport	43681	1931	1000	40750	8211
城市公共交通业	Public Traffic in Cities					
水上运输业	Waterway Transport					
航空运输业	Air Transport	2300			2300	2300
管道运输业	Pipeline Transport					
装卸搬运和其他运输服务业	Loading, Unloading, Carrying & Transport					
仓储业	Storage	7343	7343			7343
邮政业	Postal Services					
信息传输、计算机服务和软件业	**Information Transmission, Computer Service & Computer Software**	**600**			**600**	**600**
电信和其他信息传输服务	Tele. & other Information Transmission	600			600	600
计算机服务业	Computer Services					
软件业	Software					
批发和零售业	**Wholesale & Retail Trade**	**23036**	**21106**	**1435**	**495**	**10217**
批发业	Wholesale Trade	22216	20286	1435	495	10217
零售业	Retail Trade	820	820			
住宿和餐饮业	**Quarters & Catering**	**61400**	**61400**			**42000**
住宿业	Quarters	55400	55400			36000
餐饮业	Catering	6000	6000			6000

6－12 续表 2 continued

单位:万元 (10 000 yuan)

行 业	Sector	投资额 Investment	# 新建 New Construction	# 扩建 Expansion	# 改建 Reconstruction	新增固定资产 Newly Increased Fixed Assets
金融业	**Banking**					
银行业	Banking					
证券业	Bond					
保险业	Insurance					
其他金融活动	Others					
房地产业	**Real Estate**	**14328**	**14328**			**8228**
房地产业	Real Estate	14328	14328			8228
租赁和商务服务业	**Leasing & Commercial Services**					
租赁业	Leasing Services					
商务服务业	Commercial Services					
科学研究、技术服务和地质勘查业	**Scientific Research ,Technical Services & Geological Prospecting**	**8556**	**1628**		**6928**	**8400**
研究与试验发展	Research & Development					
专业技术服务业	Special Technical Services					
科技交流和推广服务业	Science & Technology Exchanging & Spreading	8556	1628		6928	8400
地质勘查业	Geological Prospecting					
水利、环境和公共设施管理业	**Water Conservancy, Environment & Public Facilities Administration**	**107474**	**68652**	**20308**	**18402**	**74997**
水利管理业	Water Conservancy	42914	21832	2568	18402	40087
环境管理业	Environment	7350	7350			1350
公共设施管理业	Public Facilities Administration	57210	39470	17740		33560
居民服务和其他服务业	**Resident Services & Other Services**	**4900**	**4900**			**4900**
居民服务业	Resident Services	4900	4900			4900
其他服务业	Other Services					
教育	**Education**	**13572**	**1692**	**2920**	**8960**	**12252**
教育	Education	13572	1692	2920	8960	12252
卫生、社会保障和社会福利业	**Health Care, Social Security & Social Welfare**	**1453**	**1453**			**753**
卫生	Health Care	753	753			753
社会保障业	Social Security					
社会福利业	Social Welfare	700	700			
文化、体育和娱乐业	**Culture, Sports & Recreational Services**	**4144**	**4144**			**4144**
新闻出版业	Press					
广播、电视和音像业	Radio ,Television & Audio－visual					
文化艺术业	Culture & Arts					
体育	Sports					
娱乐业	Recreational Services	4144	4144			4144
公共管理和社会组织	**Public Administration & Social Organization**	**42556**	**28796**	**6825**	**3426**	**44016**
中国共产党机关	Chinese Communist Party Agencies	18232	12573	2150		18232
国家机构	Government Agencies	12222	5061	4005	3156	13682
人民政协和民主党派	People's Politics Consultative Conference & Democratic Parties					
群众团体、社会团体和宗教组织	Mass Organization ,Social Organization and Religious Organization					
基层群众自治组织	Basic Mass Autonomous Organization	12102	11162	670	270	12102
国际组织	**International Organizations**					
国际组织	International Organizations					

6-13 按行业分农村施工、投产项目个数(2010年)

Number of Construction Projects Under Construction and Put into Use in Rural by Sector (2010)

行业	Sector	施工项目(个) Number of Projects Under Construction (unit)	#新开工项目 Started This Year	全部建成投产项目(个) Number of Projects Started This Year (unit)	项目建成投产率(%) Percentage of Projects Completedand Put into Use
全　　区	**Autonomous Regional Total**	**672**	**589**	**564**	**83.9**
农、林、牧、渔业	**Farming, Forestry, Animal Husbandry & Fishery**	**348**	**285**	**312**	**89.7**
农 业	Farming	119	99	98	82.4
林 业	Forestry	14	13	14	100.0
畜牧业	Animal Husbandry	130	103	122	93.8
渔 业	Fishery	2	1	2	100.0
农、林、牧、渔服务业	Agricultural Services	83	69	76	91.6
采矿业	**Mining**	**24**	**23**	**20**	**83.3**
煤炭开采和洗选业	Coal Mining & Processing	15	15	12	80.0
石油和天然气开采业	Petroleum & Natural Gas				
黑色金属矿采选业	Mining of Ferrous Metals	3	2	2	66.7
有色金属矿采选业	Mining of Nonferrous Metals				
非金属矿采选业	Mining of Nonmetal Minerals	6	6	6	100.0
其他采矿业	Mining of Other Mineral				
制造业	**Manufacturing**	**34**	**30**	**33**	**97.1**
农副食品加工业	Processing of Agricultural Food	10	7	9	90.0
食品制造业	Food Manufacturing	1	1	1	100.0
饮料制造业	Beverage Manufacturing				
烟草制品业	Tobacco Products				
纺织业	Textile Industry				
纺织服装、鞋、帽制造业	Textile , Clothes, Shoes & Hats	1	1	1	100.0
皮革、毛皮、羽毛(绒)及其制品业	Leather, Furs, Down Products				
木材加工及木、竹、藤、棕、草制品业	Timber Processing, Bamboo, Cane, Palm Fiber & Straw Products	5	5	5	100.0
家具制造业	Furniture Manufacturing				
造纸及纸制品业	Paper - making & Paper Products				
印刷业和记录媒介的复制	Printing & Record Pressing				
文教体育用品制造业	Cultural, Educational & Sports Goods				
石油加工、炼焦及核燃料加工业	Petroleum Processing , Coke Products & Processing of Nuclear Fuel				
化学原料及化学制品制造业	Raw Chemical Materials & Products	3	3	3	100.0
医药制造业	Medicine Manufacturing				
化学纤维制造业	Chemical Fiber Manufacturing				

6-13 续表 1 continued

行业	Sector	施工项目（个）Number of Projects Under Construction (unit)	# 新开工项目 Started This Year	全部建成投产项目（个）Number of Projects Started This Year (unit)	项目建成投产率（%）Percentage of Projects Completedand Put into Use
橡胶制品业	Rubber Products				
塑料制品业	Plastic Products				
非金属矿物制品业	Nonmetal Mineral Products	8	7	8	100.0
黑色金属冶炼及压延加工业	Smelting & Pressing of Ferrous Metals				
有色金属冶炼及压延加工业	Smelting of Nonferrous Metals	1	1	1	100.0
金属制品业	Metal Products	5	5	5	100.0
通用设备制造业	General Purpose Equipment				
专用设备制造业	Special Purposes Equipment				
交通运输设备制造业	Transportation Equipment				
电气机械及器材制造业	Electric Equipment & Machinery				
通信设备、计算机及其他电子设备制造业	Manufacturing of Telecommunications, Computer & Other Electronic Equipment				
仪器仪表及文化、办公用机械制造业	Instruments, Meters, Cultural & Office Machinery				
工艺品及其他制造业	Handicrafts & Other Production				
废弃资源和废旧材料回收加工业	Recovering of Abandoned Resource & Waste Materical				
电力、燃气及水的生产和供应业	**Production & Supply of Electric Power, Gas & Water**	**22**	**20**	**17**	**77.3**
电力、热力的生产和供应业	Electric Power and Heating Power	4	4	2	50.0
燃气生产和供应业	Production & Supply of Gas	5	5	4	80.0
水的生产和供应业	Production & Supply of Water	13	11	11	84.6
建筑业	**Construction**	**7**	**6**	**5**	**71.4**
房屋和土木工程建筑业	Housing & Civil Construction	7	6	5	71.4
建筑安装业	Installation of Buildings				
建筑装饰业	Decoration of Buildings				
其他建筑业	Other Construction				
交通运输、仓储和邮政业	**Trans, Storage & Postal Services**	**28**	**28**	**19**	**67.9**
铁路运输业	Railway Transport				
道路运输业	Roadway Transport	24	24	15	62.5
城市公共交通业	Public Traffic in Cities				
水上运输业	Waterway Transport				
航空运输业	Air Transport	1	1	1	100.0
管道运输业	Pipeline Transport				
装卸搬运和其他运输服务业	Loading, Unloading, Carrying & Transport				
仓储业	Storage	3	3	3	100.0
邮政业	Postal Services				
信息传输、计算机服务和软件业	**Information Transmission, Computer Service & Computer Software**	**1**	**1**	**1**	**100.0**
电信和其他信息传输服务	Tele. & other Information Transmission	1	1	1	100.0
计算机服务业	Computer Services				
软件业	Software				
批发和零售业	**Wholesale & Retail Trade**	**14**	**14**	**11**	**78.6**
批发业	Wholesale Trade	13	13	11	84.6
零售业	Retail Trade	1	1		
住宿和餐饮业	**Quarters & Catering**	**3**	**3**	**2**	**66.7**
住宿业	Quarters	2	2	1	50.0
餐饮业	Catering	1	1	1	100.0

6－13 续表 2 continued

行 业	Sector	施工项目（个）Number of Projects Under Construction (unit)	# 新开工项目 Started This Year	全部建成投产项目（个）Number of Projects Started This Year (unit)	项目建成投产率（%）Percentage of Projects Completedand Put into Use
金融业	**Banking**				
银行业	Banking				
证券业	Bond				
保险业	Insurance				
其他金融活动	Others				
房地产业	**Real Estate**	**8**	**8**	**4**	**50.0**
房地产业	Real Estate	8	8	4	50.0
租赁和商务服务业	**Leasing & Commercial Services**				
租赁业	Leasing Services				
商务服务业	Commercial Services				
科学研究、技术服务和地质勘查业	**Scientific Research ,Technical Services & Geological Prospecting**	**2**		**1**	**50.0**
研究与试验发展	Research & Development				
专业技术服务业	Special Technical Services				
科技交流和推广服务业	Science & Technology Exchanging & Spreading	2		1	50.0
地质勘查业	Geological Prospecting				
水利、环境和公共设施管理业	**Water Conservancy, Environment & Public Facilities Administration**	**61**	**54**	**47**	**77.0**
水利管理业	Water Conservancy	27	21	22	81.5
环境管理业	Environment	3	3	2	66.7
公共设施管理业	Public Facilities Administration	31	30	23	74.2
居民服务和其他服务业	**Resident Services & Other Services**	**1**	**1**	**1**	**100.0**
居民服务业	Resident Services	1	1	1	100.0
其他服务业	Other Services				
教育	**Education**	**30**	**30**	**4**	**13.3**
教育	Education	30	30	4	13.3
卫生、社会保障和社会福利业	**Health Care, Social Security & Social Welfare**	**3**	**2**	**2**	**66.7**
卫生	Health Care	2	1	2	100.0
社会保障业	Social Security				
社会福利业	Social Welfare	1	1		
文化、体育和娱乐业	**Culture, Sports & Recreational Services**	**46**	**46**	**46**	**100.0**
新闻出版业	Press				
广播、电视和音像业	Radio ,Television & Audio－visual				
文化艺术业	Culture & Arts				
体育	Sports				
娱乐业	Recreational Services	46	46	46	100.0
公共管理和社会组织	**Public Administration & Social Organization**	**40**	**38**	**39**	**97.5**
中国共产党机关	Chinese Communist Party Agencies	6	6	6	100.0
国家机构	Government Agencies	9	7	8	88.9
人民政协和民主党派	People's Politics Consultative Conference & Democratic Parties				
群众团体、社会团体和宗教组织	Mass Organization ,Social Organization and Religious Organization				
基层群众自治组织	Basic Mass Autonomous Organization	25	25	25	100.0
国际组织	**International Organizations**				
国际组织	International Organizations				

6－14 按登记注册类型分的房地产开发投资(2010 年)

指 标	Item	总 计 Total	内资 国 有 State－owned Units	集 体 Collective－owned Units
企业个数(个)	**Number of Enterprises(unit)**	**2119**	**27**	**4**
#亏损企业个数	Loss－Making Enterprises	590	8	2
本年完成投资额(万元)	**Investment Completed This Year(10 000yuan)**	**11199875**	**129796**	**56360**
#商品房建设投资	Investment for Commercial Housing Construction			
#土地开发投资	Investment for Land Development			
按构成分	Grouped by Use of Funds			
建筑工程	Construction Projects	9099695	106626	48351
安装工程	Installation Projects	249233	400	
设备工器具购置	Purchase of Equipment, Tools and Instruments	70278	300	
其他费用	Other Funds	1780669	22470	8009
#土地购置费	Purchase of Land	1298632	13894	8009
按构成用途分	Grouped by Use of Project			
住宅	Residential Buildings	7828029	111166	46466
# 经济适用房	Economical Houses	390935		
别墅、高档公寓	Villa, Top Grade Flat	295353		
办公楼	Office Buildings	534421	116	
商业营业用房	Business Buildings	2024633	11837	6453
其他	Others	812792	6677	3441
本年新增固定资产(万元)	**Newly Increased This Year(10 000 yuan)**	**5125639**	**85399**	**976**
资金来源(万元)	**Finance Sources(10 000yuan)**	**11665437**	**127317**	**57644**
国内贷款	Domestic Loans	459350	700	
利用外资	Foreign Investment	1600		
自筹资金	Fund Raising	9398468	70789	57644
#自有资金	Self－owned	3305897	34262	56884
其他资金来源	Others	1806019	55828	
#定金及预收款	Fund Ordered and Pre－received	1016465	54528	
土地开发(平方米)	**Land Development (sq. m)**			
待开发土地面积	Area of Land to be Developed	6139554	31697	
本年购置土地面积	Area of Land Purchased This Year	19930041	471485	161600
本年土地成交价款(万元)	Value of Land Transaction(10 000yuan)	1640338	17418	8009

Investment in Real Estate Development by Type of Registration(2010)

Domistic – funded Enterprises						港澳台投资 Economic Units Funded by Entrepreneurs from HK, Macao & Taiwan	外商投资 Foreign Funded Economic Units
股份合作 Coopeative Enterprises	联营经济 Joint – owned Economic Units	有限责任公司 Limited Liabibity Corp.	股份有限公司 Share – holding Corp. Ltd.	私营 Private Enter – prises	其他 Others		
3	**1**	**1090**	**113**	**856**	**15**	**6**	**4**
1		253	26	296	1	1	2
22588		**5395918**	**501628**	**4914175**	**104840**	**4220**	**70350**
19476		4376574	357792	4065827	74899		50150
900		184572	7877	51324	2660		1500
470		29051	1192	38005	1260		
1742		805721	134767	759019	26021	4220	18700
1536		590586	77894	585685	11528		9500
13536		3519877	416417	3607702	64894	3657	44314
156		127877	14570	248332			
		160126	2466	113840	18921		
		303981	3260	218782	5100		3182
5987		1061650	48512	862220	22657	559	4758
3065		510410	33439	225471	12189	4	18096
8285		**2906165**	**113799**	**1927235**	**17550**	**22830**	**43400**
27307		**5853539**	**513449**	**4927381**	**103390**	**4210**	**51200**
		217213	22259	215528	3650		
				1600			
22307		4703437	444574	3948567	99740	4210	47200
3176		1842139	156390	1137227	36909	4210	34700
5000		932889	46616	761686			4000
		538656	31663	391618			
		4028206	548419	1471232			60000
6000		8432945	1383390	8970942	416066		87613
166		682520	115179	770639	37907		8500

6－15 房地产开发情况
Main Indicators of Real Estate Development

指 标	Item	2009	2010
企业个数(个)	**Number of Enterprises(unit)**	**1893**	**2119**
内资	Domestic Funded	1883	2109
#国有	State－owned Enterprises	32	27
集体	Collective－owned Enterprises	4	4
股份有限公司	Share－holding Corporations Ltd.	94	113
私营	Private Enterprises	714	856
港、澳、台投资	Funded by Entrepreneurs From H. K, Macao & Taiwan	6	6
外商投资	Foreign Funded	4	4
平均从业人员(人)	**Average Number of Employed Persons(person)**	**47210**	**60509**
内资	Domestic Funded	46819	60137
#国有	State－owned Enterprises	874	797
集体	Collective－owned Enterprises	51	51
股份有限公司	Share－holding Corporations Ltd.	4928	5044
私营	Private Enterprises	20981	25995
港、澳、台投资	Funded by Entrepreneurs From H. K, Macao & Taiwan	249	234
外商投资	Foreign Funded	142	138
土地开发及购置	**Land Development and Purchase**		
土地购置费用(万元)	Land Space Purchased Costs(10 000 yuan)	1088787	1298632
待开发的土地面积(万平方米)	Land Space Needed to Development(10 000 sq. m)	749.25	613.96
本年土地购置面积(万平方米)	Land Space Purchased This Year(10 000 sq. m)	1109.33	1993
房地产开发建设投资总规模及完成投资(万元)	**General Scale of & Actually Completed Investment in Real Estate Development(10 000 yuan)**		
实际需要总投资	Total Investment Actually Needed	22674858	34095015
自开始建设至本年底累计完成投资	Accumulative Investment Actually Made Since Starting of Construction up to the End This Year	14743365	20929627
#本年完成投资	Investment Made This Year	8154562	11199875
全部建成尚需投资	Further Investment for the Completion of Construction	7931493	13165388
按用途分的房地产开发完成投资额(万元)	**Actually Completed Investment of Enterprises for Real Estate Development by Use(10 000 yuan)**		
本年完成投资额	Investment Made This Year	8154562	11199875
住宅	Residential Buildings	5737815	7828029
#别墅、高档公寓	Villas and Good Apartments	380931	295353
经济适用房屋	Economical Houses	538418	390935
办公楼	Office Buildings	384229	534421
商业营业用房	Houses for Business Use	1482151	2024633
其他	Others	550367	812792

6－15 续表 continued

指 标	Item	2009	2010
房屋建筑面积(万平方米)	**Floor Space of Buildings(10 000 sq. m)**		
施工面积	Floor Space under Construction	8288.36	11535.35
竣工面积	Floor Space Completed	2314.76	2297.65
# 住宅	Residential Buildings	1958.74	1868.45
# 经济适用房屋	Economical Houses	192.95	96.29
竣工房屋价值(万元)	Value of Buildings Completed(10 000 yuan)	4083596	4424541
按用途分新开工房屋面积(万平方米)	**Floor Space Started by Use(10 000 sq. m)**		
本年新开工房屋面积	Floor Space of Selling House	4387.6	6270.34
住 宅	Residential Buildings	3212.22	4473.39
# 别墅、高档 公 寓	Villas and Good Apartments	158.9	89.21
# 经济适用房屋	Economical Houses	254.74	162.24
办公楼	Office Buildings	160.48	285.83
商业营业用 房	Houses for Business Use	776.81	1095.04
其 他	Others	238.09	416.08
商品房屋销售情况	**Selling of Commercial Houses**		
房屋销售面积(万平方米)	Floor Space of Selling House(10 000 sq. m)	2581.68	3057.38
# 住宅	Residential Buildings	2253.98	2569.84
# 经济适用房屋	Economical Houses	241.33	70.21
商品房销售额(万元)	Total Sales Of Commercial House (10 000 yuan)	7672360	10765546
# 住宅	Residential Buildings	5970070	7664741
# 经济适用房屋	Economical Houses	516581	128960
房地产开发企业资产负债(万元)	**Asset Balance of Enterprises (10 000 yuan)**		
实收资本合计	Total Capital Hold	2928909	4707710
# 国家资本金	State Capital	244304	253137
资产总计	Total Assets	16030522	39951121
累计折旧	Total Depreciation	90995	170692
# 本年折旧	Depreciation This Year	28193	69924
负债总计	Total Liabilities	11807570	33790127
所有者权益	Creditors Equity	4222952	6160994
资产负债率(%)	Ratio of Liabilities to Assets	73.7	84.6
经营总收入(万元)	**Total Revenue(10 000 yuan)**	**7563858**	**8374187**
# 土地转让收入	Land Transferred	44271	170813
资金来源(万元)	**Source of Funds(10 000 yuan)**	**8525857**	**11665437**
# 国内贷款	Domestical Loans	836524	459350
利用外资	Foreign Investment		1600
自筹资金	Fund Raising	6424626	9398468
其他资金来源	Others	1264707	1806019

6－16 农村个人固定资产投资和建房

Individual Investment in Fixed Assets & Building Construction in Rural Areas

年份 Year	投资总额（万元）Total Investment（10 000 yuan）	# 竣工房屋投资 Investment in Buildings Completed		施工房屋建筑面积（万平方米）Floor Space of Buildings Under Construction（10 000 sq. m）	竣工房屋建筑面积（万平方米）Floor Space of Buildings Completed（10 000 sq. m）		竣工房屋造价（元/平方米）Cost of Buildings Completed（yuan/sq. m）	
		小计 Subtotal	# 住宅 Residential Buildings		总计 Total	# 住宅 Residential Buildings	总计 Total	# 住宅 Residential Buildings
1985	87369	48929	35718	1112	1112	812		44.0
1986	59978		17787	636	590	549		32.4
1987	88573		31132	749	719	613		50.8
1988	149132		38671	696	684	635		60.9
1989	108402		45730	692	668	572		79.9
1990	81263	45120	42971	552	552	495	81.7	86.8
1991	110319	74186	66180	1010	910	782	81.5	84.6
1992	132675	74766	56356	813	770	656	97.1	85.8
1993	126581	62776	53630	1258	900	629	99.8	85.3
1994	195856	109418	102269	1007	967	789	113.2	129.6
1995	365345	193582	177824	1239	1221	967	158.5	183.9
1996	381618	239963	208326	1238	1224	1020	196.0	204.2
1997	390141	230023	174965	1344	1344	1018	171.1	171.9
1998	409854	207169	179393	1382	1216	875	170.4	205.0
1999	430084	231832	196678	1173	1051	863	220.6	227.9
2000	458815	220926	200248	1092	985	860	224.3	232.8
2001	502098	253278	229572	1151	1079	916	234.6	250.6
2002	521562	223103	199163	1117	1047	869	213.1	229.2
2003	556773	220324	195820	1109	1018	848	207.0	221.6
2004	582376	188669	163294	923	880	728	214.4	224.3
2005	620529	207046	170065	738	710	510	291.6	333.5
2006	655749	252738	211770	780	769	583	328.7	363.2
2007	747324	284341	238955	814	794	596	358.1	400.9
2008	804120	334000	304610	905	813	621	410.8	490.5
2009	841470	365019	332142	468	433	394	843.0	843.0
2010	912153	385681	252380	507	469	360	822.3	701.1

主要统计指标解释

全社会固定资产投资 固定资产投资是社会固定资产再生产的主要手段。通过建造和购置固定资产的活动,国民经济不断采用先进技术装备,建立新兴部门,进一步调整经济结构和生产力的地区分布,增强经济实力,为改善人民物质文化生活创造物质条件。这对我国的社会主义现代化建设具有重要意义。

固定资产投资额是以货币表现的建造和购置固定资产活动的工作量,它是反映固定资产投资规模、速度、比例关系和使用方向的综合性指标。全社会固定资产投资按经济类型可分为国有、集体、个体、联营、股份制、外商、港澳台商、其他等。

城镇固定资产投资 指城镇各种登记注册类型的企业、事业、行政单位及个体户进行的计划总投资(或实际需要总投资)50 万元及 50 万元以上的建设项目投资、房地产开发投资、城镇和工矿区私人建房投资。县城及以上区域内发生的投资,县及县以上各级政府及主管部门直接领导、管理的建设项目和企业事业单位的投资均为城镇固定资产投资。

房地产开发投资 指房地产开发公司、商品房建设公司及其他房地产开发法人单位和附属于其他法人单位实际从事房地产开发或经营的活动单位统一开发的包括统代建、拆迁还建的住宅、厂房、仓库、饭店、宾馆、度假村、写字楼、办公楼等房屋建筑物和配套的服务设施,土地开发工程(如道路、给水、排水、供电、供热、通讯、平整场地等基础设施工程)的投资;不包括单纯的土地交易活动。

农村投资 包括在农村区域范围内进行固定资产投资活动的企业、事业、行政单位及农村个人投资。

建设总规模 是指在报告期内所有施工项目的计划总投资。这个指标和施工项目相对应。

在建总规模 是指在报告期末所有在建项目的计划总投资。

在建净规模 是指报告期末所有在建项目建成投产尚需的投资总量。

在建净规模 = 在建总规模 - 累计完成投资。

固定资产投资的资金来源 根据固定资产投资的资金来源不同,分为国家预算内资金、国内贷款、利用外资、自筹资金和其他资金来源。

(1)国家预算内资金:指中央财政和地方财政中由国家统筹安排的基本建设拨款和更新改造拨款,以及中央财政安排的专项拨款中用于基本建设的资金和基本建设拨款改贷款的资金等。

(2)国内贷款:指报告期内企、事业单位向银行及非银行金融机构借入的用于固定资产投资的各种国内借款。包括银行利用自有资金及吸收的存款发放的贷款、上级主管部门拨入的国内贷款、国家专项贷款(包括煤代油贷款、劳改煤矿专项贷款等。)、地方财政专项资金安排的贷款、国内储备贷款、周转贷款等。

(3)利用外资:指报告期内收到的用于固定资产投资的国外资金,包括统借统还、自借自还的国外贷款,中外合资项目中的外资,以及对外发行债券和股票等。国家统借统还的外资指由我国政府出面同外国政府、团体或金融组织签订贷款协议、并负责偿还本息的国外贷款。

(4)自筹资金:指建设单位报告期内收到的,用于进行固定资产投资的上级主管部门、地方和企、事业单位自筹资金。

(5)其他资金来源:指报告期内收到的除以上各种拨款、借款、自筹资金之外,其他用于固定资产投资的资金。

固定资产投资按国民经济行业分 建设项目归哪个行业,按其建成投产后的主要产品或主要用途及社会经济活动性质来确定。基本建设按建设项目划分国民经济行业,更新改造、国有单位其他固定资产投资及城镇集体投资根据整个企业、事业单位所属的行业来划分。一般情况下,一个建设项目或一个企业、事业单位只属于一种国民经济行业。为了更准确地反映国民经济各行业之间的比例关系,联合企业(总厂)所属分厂属于不同行业的,原则上按分厂划分行业。

固定资产投资按建设性质分 建设项目的性质一般分为新建、扩建、改建、迁建、恢复。基本建设按建设项目划分建设性质,更新改造、国有单位其他固定资产投资及城镇集体投资等按整个企业、事业单位的建设情况确定建设性质,房地产开发单位、农村投资、城镇工矿区私人建房等投资不划分建设性质。

(1)新建:一般是指从无到有、"平地起家"新开始建设的单位。有的单位原有的基础很小,经过建设后其新增加的固定资产价值超过原有固定资产价值(原值)三倍以上的也算新建。

(2)扩建:一般是指为扩大原有产品的生产能力,在厂内或其他地点增建主要生产车间(或主要工程)、独立的生产线或分厂的企业;事业单位和行政单位在原单位增建业务用房(如学校增建教学用房、医院增建门诊部或病床用房、行政机关增建办公楼等)也作为扩建。

(3)改建:一般是指现有企业、事业单位为了技术进步,提高产品质量,增加花色品种,促进产品升级换代,降低消耗和成本,加强资源综合利用和三废治理、劳保安全等,采用新技术、新工艺、新设备、新材料等对现有设施、工艺条件进行技术改造或更新(包括相应配套的辅助性生产、生活福利设施)。有的企业为充分发挥现有生产能力,进行填平补齐而增建不增加本单位主要产品生产能力的车间等,也属于改建。

固定资产投资按构成分 固定资产投资活动按其工作内容和实现方式分为建筑安装工程,设备、工具、器具购置,其他费用三个部门。

(1)建筑安装工程(建筑安装工作量):指各种房屋、建筑物的建造工程和各种设备、装置的安装工程。包括各种房屋建造工程,各种用途设备基础和各种工业窑炉的砌筑工程；为施工而进行的各种准备工作和临时工程以及完工后的清理工作等；铁路、道路的铺设，矿井的开凿及石油管道的架设等；水利工程；防空地下建筑等特殊工程；以及各机械设备的安装工程；为测定安装工程质量，对设备进行的试运工作。在安装工程中，不包括被安装设备本身的价值；

（2）设备、工具、器具购置：指购置或自制达到固定资产标准的设备、工具、器具的价值，固定资产的标准按财务部门规定。新建单位、扩建单位的新建车间按照设计和计划要求购置或自制的全部设备、工具、器具，不论是否达到固定资产标准均计入"设备、工具、器具购置"中。

（3）其他费用：指在固定资产建造和购置过程中发生的，除建筑安装工程和设备、工具、器具购置以外的各种应摊入固定资产的费用。

施工项目 指报告期内曾进行建筑或安装工程施工活动的建设项目，包括报告期内新开工项目、报告期以前开工跨人报告期继续施工的项目以及报告期施过工并在报告期内全部建成投产或停缓建的项目。

全部建成投产项目 工业项目是指设计文件规定形成生产能力的主体工业及其相应配套的辅助设施全部建成，经负荷试运转，证明具备生产设计规定合格产品的条件，并经过验收鉴定合格或达到竣工验收标准，与生产性工程配套的生活福利设施可以满足近期正常生产的需要，正式移交生产的建设项目。非工业项目是指设计文件规定的主体工程和相应的配套工程全部建成，能够发挥设计规定的全部效益，经验收鉴定合格或达到竣工验收标准，正式移交作用的建设项目。

新增生产能力 指通过固定资投资活动而增加的设计能力或工程效益，它是用实物形态表示的固定资产投资的成果，也是考核投资经济效果的重要依据。新增生产能力的计算，是以能独立发挥生产能力或工程效益的单项工程（或项目）为对象。当单项工程（或项目）建成，经有关部门鉴定合格，正式移交投入生产，即可算新增生产能力。

新增生产能力或工程效益有以下几种表现形式：

（1）用产品数量表示，以工程在单位时间内（一般是一年）所能生产的产品数量（即年产量）表示。如原煤开采用万吨/年表示。

（2）用单位时间内所能处理的原料数量表示，以工程每天（或小时）所能处理原料的数量表示。

（3）以新增的主要设备数量或容量表示，如棉纺锭锭数、发电机组容量等。

（4）以节约的原材料、燃料、动力实物量表示，适用于反映更新改造节约项目的效益。

（5）以建筑物容积、容量、面积或长度表示，是非工业项目或工程新增效益的一种表现形式。如水库容量、铁路公路里程等。

根据工程的特点，有时需要用两种或两种以上的复合计量单位表示新增生产能力（或工程效益），如新增内燃机生产能力同时用年产台数、千瓦数表示等。

房屋建筑面积 指从房屋外墙线算起的各层平面面积的总和，包括可供使用的有效面积和房屋结构（如柱、墙）占用的面积。多层建筑按各层（包括地下室）面积总和计算。

住宅建筑面积 指施工和竣工房屋建筑面积中供居住用的施工和竣工房屋建筑面积。

施工面积 指报告期内施工的全部房屋建筑面积。包括本期新开工的面积、上期跨入本期继续施工的房屋面积、上期停缓建在本期恢复施工的房屋面积、本期竣工的房屋面积及本期施工后又停缓建的房屋面积。

竣工面积 指在报告期内房屋建筑按照设计要求已全部完工，达到住人和使用条件，经验收鉴定合格，正式移交使用单位的建筑面积。

房屋建筑面积竣工率 批一定时期内房屋竣工面积占同期房屋施面积的比率。它是从房屋建筑施工速度的角度反映投资效果和建筑业经济效益的指标。

新增固定资产 指通过投资活动所形成的新的固定资产价值，包括已经建成投入生产或交付使用的工程价值和达到固定资产标准的设备、工具、器具的价值及有关应摊入的费用。它是以价值形式表示的固定资产投资成果的综合性指标，可以综合反映不同时期、不同部门、不同地区的固定资产投资成果。

建设项目投产率 指一定时期内全部建成投入生产项目个数与同期正式施工项目个数的比率。它是从项目建设速度的角度反映投资效果的指标。

商品房销售面积 指报告期内出售商品房屋的合同总面积（即双方签署的正式买卖合同中所确定的建筑面积）。由现房销售建筑面积和期房销售建筑面积两部分组成。

商品房销售额 指报告期内出售商品房屋的合同总价款（即双方签署的正式买卖合同中所确定的合同总价）。该指标与商品房销售面积同口径，由现房销售额和期房销售额两部分组成。

固定资产交付使用率 指一定时期新增固定资产与同期完成投资额的比率。它是反映各个时期固定资产动用速度，衡量建设过程中投资效果的一个综合性指标。

Explanatory Notes on Main Statistical Indicators

Total Investment in Fixed Assets in the Whole Country Investment in fixed assets is the essential means for Social reproduction of fixed assets. By means of construction and purchase of fixed assets, more advanced technologies and equipment are adopted in the national economy, and new sectors are established, which promote the adjustment of economic structure and the regional distribution of productive forces and enhance the economic strengths so as to provide the material conditions for improving people's livelihood. This is significant for speeding up the drive of socialist modernization in China.

Amount of investment in fixed assets refers to the volume of activities in construction and purchases of fixed assets in monetary terms. It is a comprehensive indicator which shows the size, pace, proportional relations and use orientation of the investment in fixed assets. Total investment in fixed assets in the whole country includes, by status of economic ownership, the investment by the state owned units, collective units, individuals, joint ownership units, share holding units, as well as investment by businessmen from foreign countries and from Hong Kong, Macao and Taiwan, and by other units.

Urban Investment in Fixed Assets refers to construction projects involving a total planned (or re - quired) investment of 500,000 yuan and over by urban enterprises and institutions of various types of owner - ship, by administrative units and by individuals, in - vestment in real estate development, and housing investment by individuals in urban areas and in industrial and mining areas. In other words, all investments that take place in county towns and urban areas, investment in construction projects under the direct leadership and management of government agencies at and above county levels and investments by enterprises and institutions at and above county levels are covered in urban investment in fixed assets.

Investment in Real Estate Development It includes the investment by the real estate development companies, commercial buildings construction companies and other real estate development units of various types of ownership in the construction of house buildings, such as residential buildings, factory buildings, warehouses, hotels, guesthouses, holiday villages, office buildings, and the complementary service facilities and land development projects, such as roads, water supply, water drainage, power supply, heating, telecommunications, land leveling and other projects of infrastructure. It excludes the activities in simple land transactions.

Investment in Rural Areas refers to investment in fixed assets by enterprises, institutions and individuals in rural areas.

Total Size of Construction refers to the planned total investment for all construction projects during the reference period.

Total Size of Investment in Projects under Construction refers to the planned total investment of all projects under construction at the end of the reference period.

Net Size of Investment in Projects under Construction refers to the required investment of all pro - jects under construction at the end of the reference period.

Net Size of Investment = Total Size of Investment - accumulated completed investment

Sources of funds for Investment in Fixed Assets State budgetary appropriation, domestic loans, foreign investment, self raised funds, and others.

(1) State budgetary appropriation refers to appropriation in the budget of the central and local governments earmarked for capital construction and for innovation projects, and the special appropriation from the budget of the central government for capital construction and for the transfer fund to banks to be issued as loans for capital construction projects.

(2) Domestic loans refer to various funds borrowed by enterprises and institutions from banks and non bank financial institutions during the reference period for the purpose of investment in fixed assets, including loans issued by banks from their self owned funds and deposit, loans appropriated by higher responsible authorities, special loans by government (including loan for replacing petroleum with coal, special loan for reform through labor coal mines) , loans arranged by local government from special funds, domestic reserve loan, and working loan, etc. .

(3) Foreign Investment refers to foreign funds received during the reference period for the purpose of investment in fixed assets, including foreign funds borrowed and managed by the government, by individual units, for-

eign fund in joint venture program, and issue of bonds and stocks at the international financial markets. The foreign funds borrowed and managed by the government refer to foreign loans borrowed by the government from foreign governments, organizations, or financial institutions under official agreements signed by both parties, under which government is responsible for the repayment of both the principal and interests of the foreign loans.

(4) Self – raised funds refer to funds received by construction enterprises from their higher responsible authorities, local governments, or raised by enterprises or institutions themselves for the purpose of investment in fixed assets during the reference period.

(5) Others refer to funds received during the reference period which are not included in the above mentioned sources.

Investment in Fixed Assets by Sector The classification of construction projects by sector is determined by the major products or the purpose of the projects when they are put into production or use, and by the nature of their social economic activities. The investment in capital construction is classified by construction projects, while investment in innovation, other investment by state owned units and urban collective units are classified according to the sector which the whole enterprise or institution belongs to. In general, one project or one enterprise or institution can only belong to one sector. In order to reflect more accurately the proportions among various sectors, the branch factories of integrated complex are classified into different sectors according to their economic activities.

Investment in Fixes by Type of Construction The construction projects in general can be classified by the type of construction into new construction, expansion, reconstruction and moving away. In capital construction, the type of construction is determined by the condition of the project. In investment in innovation, in other investment by state owned units and investment by collective owned units, the type of construction is determined by the condition of the whole enterprise or institutions. Investment by type of construction is not applied to investment by real estate development units, investment in rural areas and investment in housing by urban individuals.

(1) New construction in general refers to newly constructed units. In the case in which the value of the original fixed assets is quite small, and the value of newly added fixed assets exceeds the original ones by three times, the expansion construction is considered as new construction.

(2) Expansion refers to construction of new major production workshop or independent production line within a factory or in other locations, or construction of a branch factory so as to increase the production capacity of the original products. Newly constructed business houses in institutions and administrative organizations (such as the newly constructed teaching buildings in schools, clinics or bed building in hospitals, and office buildings in administrative agencies, etc.) Are also classified as expansion.

(3) Reconstruction refers to technical innovation and transformation of the existing equipment and technical conditions undertaken by enterprises and institutions for the purposes of technological advancement, improvement in product quality, enlarging variety of products, promoting new generation of products, reducing production consumption and cost, promoting comprehensive utilization of resources, strengthening treatment of waste gas, waste water and solid wastes, and safety in production, etc. through application of new technologies and techniques, use of new equipment and new materials (including accessory facilities for production or for living and welfare purposes). Construction of new workshops for improving existing production capacity rather than increasing production capacity is also considered as reconstruction.

Investment in Fixed Assets by Structure refers to the three major parts of investment activities, i. e. construction and installation, purchase of equipment and instrument, and other expenses.

(1) Construction and installation (work volume of construction and installation) refers to the construction of various houses and buildings and installation of various kinds of equipment and instruments, including construction of various houses, equipment foundations and industrial kilns and stoves, preparation works for project construction, and clearing up works post project construction, pavement of railways and roads, drilling of mines and putting up of oil pipes, construction of projects of water conservancy, construction of underground air raid shelters and construction of other special projects, installation of various machinery the quality of installation projects, The value of equipment installed is not included in the value of installation projects.

(2) Purchase of equipment and instruments refers to the total value of equipment, tools, and vessels purchased or self produced which come up to standards for fixed assets. Equipment, tools and vessels purchased or self pro-

duced for new work shops by newly established or expanded units are categorized as" purchase of equipment and instruments" no matter whether they come up to the standards for fixed assets or not.

(3) Other expenses refer to expenses occurring during the construction or purchase of fixed assets other than construction, installation or purchase of equipment and instruments.

Projects Under Construction refer to projects having construction and installation activities undertaken in the reference period, including projects started in the reference period, or continued from the previous period, or completed and put into production or suspended in the reference period.

Projects Completed and Put into Use Industrial projects refer to the major projects and accessory facilities completed which result in forming production capacity and have been checked and accepted while the living and welfare facilities have been completed and can ensure normal production and formally put into production. Non – industrial projects refer to the major projects and accessory facilities completed which possess the designed capacity and have been checked, accepted and formally put into production.

Newly Increased Production Capacity refers to the increase of designed capacity and project efficiency through investment in fixed assets, which reflects the accomplishment of investment in fixed assets in kind. The calculation of newly increased production capacity is based on individual project which operates independently and efficiently. When an individual project is completed and checked and accepted and put into production, it is counted as newly increased production capacity.

The newly increased production capacity and project efficiency are usually expressed in one of the following forms:

(1) output of products, i. e. the output that the project can produce during a given period (usually a year). For instance, the capacity in coal mining is expressed in 10, 000 tons/year, etc;

(2) raw materials processing capacity, i. e. the volume of raw materials that could be processed by the project per day (or per hour), such as tons of materials processed per day by a sugar refining project or edible vegetable oil project, or tons of urban sewage processed per day;

(3) number or capacity of major equipment increased, such as number of cotton or silk looms increased, wool spindles increased, or capacity (in kilowatt s) of power generators increased;

(4) saved raw materials, fuels or power, which are mainly used for the efficiency of innovation and transformation projects; and

(5) physical measures (volume, capacity, area, and length) of construction, which is typical for non industrial projects, for instance, the length of new railways, etc.

Features of projects sometimes call for combined use of two or more measurement to reflect the increased production capacity (or project efficiency), for instance, the new capacity for the production of internal combustion engines are expressed in sets per year and kilowatts per year simultaneously.

Floor Space of Buildings under Construction and Completed refers to total floor space in each story of buildings calculated from the outside line of building walls, including both usable space and the space occupied by constructions like pillars or walls. The floor space of multi story buildings includes the total floor space of each story (including basement).

Floor Space of Residential Buildings refers to the floor space of the residential buildings under construction and completed among the total space of buildings under construction and completed.

Floor Space Under Construction refers to total floor space of all buildings under construction during the reference period, including floor space of newly started buildings during the reference period, floor space of construction extended from the previous period to the current period, floor space of construction suspended during the previous period and resumed in the current period, floor space of construction completed in the current period, and floor space of construction started and then suspended in the current period.

Floor Space of Buildings Completed refers to the floor space of buildings completed in the reference period, which have come up to the designed standards and have been put into use.

Completion Rate of Floor Space of Buildings refers to the ratio of the floor space of buildings completed in certain period of time to the floor space of buildings under construction in the same period, which reflects the investment result and economic efficiency of the construction industry from the angle of the speed of project construction.

Newly Increased Fixed Assets refer to the newly increased value of fixed assets through investment, including the value of projects completed and put into production, the value of equipment, tools, and vessels considered as fixed assets, as well as the relevant expenses as investment in fixed assets. This is a comprehensive indicator of investment in fixed assets, reflecting the achievements of investment in fixed assets in different periods, different sectors, and different regions.

Rate of Construction Projects Completed and put into Use refers to the ratio of the number of construction projects completed and put into use in certain period of time to the number of projects under construction in the same period, this reflects the investment efficiency from the angle of the speed of projects construction.

Area of Commercial Housing Sold refers to total contracted area of commercial housing (i. e. area of floor space as designated in the formal contracts signed by both sides) during the reference time. It constitutes floor space of completed housing and floor space of future housing.

Value of Commercial Housing Sold refer to total value of contracts (i. e. value of sales/purchase for selling/purchase of commercial housing as designated in the contracts signed by both sides) during the reference time. It has the same coverage as the area of commercial housing sold, constituting completed housing and floor space of future housing

Rate of Projects of Fixed Assets Completed and Put into Operation refers to the ratio of the newly increased fixed assets to the total investment made in the same period. This is a comprehensive indicator, reflecting the speed of the employment of fixed assets and the investment efficiency.

2011 NEI MENG GU

七、能源生产和消费

Production and Consumption of Energy

资料整理：王晓妍　唐子荣　张　路
Arranged By Wang Xiaoyan , Tang Zirong , Zhang Lu

7-1 能源生产总量及构成

Total Production of Energy and Its Composition

年 份 Year	能源生产总量（万吨标准煤） Total Energy Production (10 000 tons of SCE)	占能源生产总量的比重（%） As Percentage of Total Energy Production(%)			
		原 煤 Coal	原 油 Crude Oil	天然气 Natural Gas	水 电 Hydro-power
1978	1070.63	99.83			0.17
1980	1078.94	99.81			0.19
1985	2027.75	99.99			0.19
1986	2007.72	99.85			0.15
1987	2092.12	99.82			0.18
1988	2252.60	99.88			0.12
1989	2688.70	99.90			0.10
1990	2821.61	99.81			0.19
1991	3069.14	99.81			0.19
1992	3221.65	95.43			0.13
1993	3647.44	94.05	3.96		0.04
1994	3994.00	94.27	5.69		0.05
1995	4642.02	94.55	5.41		0.03
1996	4767.47	95.48	4.49		0.03
1997	5354.63	96.46	3.53		0.03
1998	5019.91	96.28	3.66		0.06
1999	4566.42	96.34	3.59		0.05
2000	4701.23	95.90	2.75		0.12
2001	6047.84	96.40	2.01	1.41	0.13
2002	8428.61	97.21	1.40	1.22	0.10
2003	10814.13	97.14	1.22	1.30	0.29
2004	15586.70	97.32	1.04	1.34	0.23
2005	19082.33	95.86	1.10	2.69	0.27
2006	22298.37	95.33	1.10	3.17	0.09
2007	26725.88	94.71	0.89	3.51	0.18
2008	33440.86	94.52	0.75	4.00	0.01
2009	40185.85	92.87	0.67	4.84	0.12
2010	49740.18	92.35	0.53	5.42	0.12

注：电力折算标准煤的系数根据当年平均发电煤耗计算。

a) The coefficient for conversion of electric power into SCE (standard coal equivalent) is calculated on the basic of the data on the average coal consumption in generating electric power in the same year.

7-2 能源消费总量及构成(当量值)

Total Consumption of Energy and Its Composition(Equivalent Weight)

年 份 Year	能源消费总量 (万吨标准煤) Total Energy Production (10 000 tons of SCE)	占能源消费总量的比重(%) As Percentage of Total Energy Production(%)			
		原 煤 Coal	原 油 Crude Oil	天然气 Natural Gas	水 电 Hydro-power
1985	1870.66				
1986	1856.66	57.38	0.11		0.16
1987	1967.11	55.76	0.07		0.20
1988	2035.52	54.25	0.04		0.14
1989	2250.36	54.89	0.04		0.12
1990	2423.51	52.77	0.04		0.22
1991	2505.19	53.30	0.03		0.20
1992	2554.99	50.50	1.65		0.17
1993	2676.11	93.00	4.94		0.05
1994	2812.19	94.63	4.87		0.07
1995	3268.44	82.38	3.82		0.05
1996	3144.36	93.87	4.56		0.05
1997	3708.95	93.23	4.36		0.05
1998	3440.06	95.44	4.78		0.09
1999	3634.88	94.97	4.96		0.06
2000	3937.54	93.14	4.58		0.14
2001	4453.48	93.34	4.27	0.04	0.16
2002	5190.12	93.47	3.47	0.05	0.16
2003	6612.77	95.58	2.78	0.41	0.15
2004	8601.81	96.71	1.14	0.05	0.16
2005	10788.37	92.28	1.75	0.78	0.17
2006	12835.27	89.91	1.55	1.49	0.13
2007	14703.32	90.54	1.38	2.40	0.32
2008	16407.63	90.20	1.65	2.47	0.01
2009	17473.68	87.23	1.57	3.37	0.27
2010	18882.66	94.16	1.06	3.02	0.11

7－3 单位能源消费(等价值)

Consumption of Energy Per Unit(Equivalent Value)

年 份 Year	单位 GDP 能耗 (吨标准煤/万元) Energy Consumption Per Unit of GDP (ton of SCE/10 000 yuan)	单位工业 增加值能耗 (吨标准煤/万元) Energy Consumption Per Unit of Industrial Value－added(ton of SCE/10 000 yuan)	单位 GDP 电耗 (千瓦时/万元) Electricity Consumption Per Unit of Industrial Value－added (kw/10 000 yuan)
1985	13.96		
1986	13.08		
1987	12.71		
1988	11.98		
1989	12.90		
1990	7.59		
1991	7.30		
1992	6.71		
1993	6.29		
1994	5.94		
1995	6.27		
1996	5.27		
1997	5.62		
1998	4.71		
1999	4.57		
2000	2.31		
2001	2.30		
2002	2.35		
2003	2.42		
2004	2.51	6.33	1761.20
2005	2.48	5.67	1710.44
2006	2.41	5.37	1903.29
2007	2.31	4.88	2092.81
2008	2.16	4.19	1868.65
2009	2.01	3.56	1686.72
2010	1.92	3.24	1701.38

注:单位能耗指标中 GDP 用不变价计算。

a) Unit GDP energy consumption indicator calculated using constant prices.

7-4 综合能源平衡表
Overall Energy Balance

单位:万吨标准煤　　　　(10 000 tons of SCE)

项 目	Item	1990	1995	2000	2005	2010
可供消费的能源总量	**Total Energy Available for Consumption**	**2418.00**	**2922.20**	**3996.41**	**9493.38**	**16736.97**
一次能源生产量	Primary Energy Output	2821.61	4642.02	4701.23	19082.33	49740.18
回收量	Recovery of Energy			193.37	391.33	868.62
进口量	Imports	3.33	4.56		228.02	1160.11
出口量(-)	Exports(-)	-16.81	-48.38	-141.96	-11.21	-390.77
年初年末库存差额	Stock Changes in the Year	-57.33	-61.74	47.81	416.06	-2445.33
能源消费总量	**Total Energy Consumption**	**2423.51**	**3268.44**	**3937.54**	**9666.11**	**16820.30**
在总量中:	Consumption by Sector					
1.农、林、牧、渔业	1. Farming, Forestry, Animal Husbandry & Fishery	83.39	100.09	128.62	319.53	514.21
2.工业	2. Industry	1368.62	1338.90	2059.93	6936.80	11501.76
3.建筑业	3. Construction	29.69	35.69	57.57	105.80	287.21
4.交通运输、仓储及邮电通信业	4. Transportation, Storage, Post & Telecommunications Services	152.46	154.58	151.07	688.87	1322.92
5.批发、零售业和住宿餐饮业	5. Wholesale, Retail Trade, Quarters & Catering	43.72	73.44	92.87	308.58	983.90
6.其他	6. Others	115.66	128.19	80.27	277.08	472.03
7.生活消费	7. Residential Consumption	437.18	155.45	225.40	1022.10	1738.27
在总量中:	Consumption by Usage					
(一)终端消费	(Ⅰ) Final Consumption	2230.72	1986.38	2795.70	8831.74	14767.89
# 工业	Industry	1368.62	1338.90	2059.93	6109.78	9449.35
(二)加工转换损失量	(Ⅱ) Losses in Processing & Transformation	135.67	905.20	1119.59	827.02	2052.42
# 炼焦	Coking	43.91	36.52	16.30	255.60	302.94
炼油	Petroleum Refining		1.11	24.69	4.12	46.15
(三)损失量	(Ⅲ) Other Losses	57.12	376.86	22.25	7.34	
平衡差额	**Balance**	**-5.51**	**-346.24**	**58.87**	**-172.73**	**-83.34**

7-5 石油平衡表
Petroleum Balance

单位:万吨　　　　　　　　　　　　　　　　　　(10 000 tons)

项 目	Item	2009	2010
可供量	**Total Energy Available for Consumption**	**1093.03**	**1160.82**
生产量	Output	188.85	182.91
外省(区、市)调入量	Transfer From Other Province(Region、City)	922.50	1062.31
本省(区、市)调出量(-)	Transfer to Other Province(Region、City)(-)	-150.24	87.79
年初年末库存差额	Stock Changes in the Year	2.03	4.00
消费量	**Total Energy Consumption**	**1093.03**	**1160.81**
在消费总量中:	Consumption by Sector		
1.农、林、牧、渔业	1. Farming, Forestry, Animal Husbandry and Fishery	97.57	112.32
2.工业	2. Industry	158.93	65.01
3.建筑业	3. Construction	46.62	74.40
4.交通运输、仓储及邮电通信业	4. Transportation, Storage, Post and Telecommunications Services	613.35	700.50
5.批发、零售业和住宿餐饮业	5. Wholesale, Retail Trade, Quarters and Catering	107.38	126.31
6.其他	6. Others	39.73	45.59
7.生活消费	7. Residential Consumption	29.45	36.67
在消费总量中:	Consumption by Usage		
(一)终端消费	(Ⅰ)Final Consumption	1082.88	1260.67
# 工业	Industry	148.78	164.88
(二)中间消费	(Ⅱ)Intermediate Consumption	10.15	-99.86
(用于加工转换)	(Consumed in Transformation)		
发电	Power Generation	2.79	0.57
供热	Heating	0.04	0.03
炼焦	Coking		
制气	Gas Production		
(三)洗选损耗	(Ⅲ)Losses in Coal Washingand Dressing		
平衡差额	**Balance**		**0.01**

注:生产量为原油产量。

a) Data on output refer to the output of crude oil.

7-6 煤炭平衡表

Coal Balance Sheet

单位:万吨 (10 000 tons)

项目	Item	1995	2000	2005	2010
可供量	**Total Energy supply**	**4342.19**	**5817.19**	**13706.67**	**27016.94**
生产量	Output	7055.21	7247.29	25607.69	78664.66
进口量	Imports			248.80	1638.66
出口量(-)	Exports(-)	-71.51	-197.59		589.79
年初年末库存差额	Stock Changes in the Year		117.49	584.06	-3661.87
消费量	**Total Energy Consumption**	**4329.02**	**5739.52**	**13953.78**	**27004.04**
在消费总量中:	Consumption by Sector				
1.农、林、牧、渔业	1. Farming, Forestry, Animal Husbandry & Fishery	57.87	75.25	127.82	272.22
2.工业	2. Industry	934.94	1420.45	12369.47	23354.86
3.建筑业	3. Construction	30.75	30.55	76.96	256.96
4.交通运输、仓储及邮电通信业	4. Transport, Storage, Post & Telecomm Services	186.65	99.99	181.59	199.72
5.批发、零售业和住宿餐饮业	5. Wholesale, Retail Trade, Quarters & Catering	65.87	37.58	187.24	1093.53
6.其他	6. Others	92.11	38.00	178.16	405.79
7.生活消费	7. Residential Consumption	144.00	143.44	832.54	1420.96
在消费总量中:	Consumption by Usage				
(一)终端消费	(Ⅰ) Final Consumption	1512.19	1845.26	4472.04	6333.47
# 工业	Industry	934.94	1420.45	2887.73	2684.29
(二)中间消费	(Ⅱ) Intermediate Consumption	2786.83	3864.26	9471.74	20670.57
(用于加工转换)	(Consumed in Transformation)				
发电	Power Generation	1882.61	2566.34	6277.23	13953.22
供热	Heating	275.56	366.26	808.20	1816.96
炼焦	Coking	60.45	126.06	1590.07	3009.79
制气	Gas Production			1.96	7.12
(三)洗选损耗	(Ⅲ) Losses in Coal Washing				
平衡差额	**Balance**	**13.17**	**77.67**	**-247.11**	**12.91**

注:生产量为原煤产量。

a) Data on output refer to the output of raw coal.

7－7 电力平衡表
Electricity Balance Sheet

单位:亿千瓦小时 (100 million kwh)

项 目	Item	1990	1995	2000	2005	2010
可供量	**Total Energy supply**	**169.54**	**278.54**	**439.22**	**1025.27**	**1507.36**
生产量	Output	169.54	278.54	439.22	1025.27	2571.82
水电	Hydro－power	1.34	1.43	5.59	11.38	16.29
火电	Thermal Power	168.50	277.11	432.09	1010.21	2352.90
核电	Nuclear Power					
进口量	Imports					
出口量(－)	Exports(－)					
消费量	**Total Energy Consumption**	**121.82**	**186.83**	**256.07**	**667.72**	**1536.83**
在消费总量中:	Consumption by Sector					
1.农、林、牧、渔业	1. Farming, estry, Animal Husbandry & Fishery	9.10	11.59	16.99	27.73	41.04
2.工业	2. Industry	95.28	145.52	195.65	566.67	1340.34
3.建筑业	3. Construction	1.50	1.79	4.27	2.43	6.32
4.交通运输、仓储及邮电通信业	4. Transportation, Storage, Post & Telecommunications Services	1.45	2.50	4.22	6.14	18.47
5.批发、零售业和住宿餐饮业	5. Wholesale, Retail Trade, Quarters & Catering	1.50	2.94	5.65	8.75	23.97
6.其他	6. Others	4.20	6.88	7.36	14.41	27.91
7.生活消费	7. Residential Consumption	8.79	15.61	22.36	41.80	78.78
在消费总量中:	Consumption by Usage					
(一)终端消费	(Ⅰ) Final Consumption	115.84	186.83	256.07	667.72	1536.83
# 工业	Industry	95.28	145.52	195.65	566.67	1340.34
(二)输配电损失量	(Ⅱ) Losses in Transmission	5.98				

7－8 规模以上工业分行业综合能源消费

Consumption of Overall Energy by Industrial Branch above Designated

单位:万吨标准煤 (10 000 tons of SCE)

行 业	Sector	2009	2010
总计	**Total**	**10456.24**	**11199.48**
按工业行业门类分	**By Industrial Branch**		
轻工业	**Light Industry**	**405.23**	**448.84**
重工业	**Heavy Industry**	**10051.01**	**10750.65**
采矿业	**Mining**	**1128.34**	**1411.49**
煤炭开采和洗选业	Mining and Washing of Coal	988.77	1229.13
石油和天然气开采业	Extraction of Petroleum and Natural Gas	16.02	15.77
黑色金属矿采选业	Mining and Processing of Ferrous Metal Ores	58.41	78.91
有色金属矿采选业	Mining and Processing of Non－Ferrous Metal Ores	34.45	44.50
非金属矿采选业	Mining and Processing of Non－metal Ores	30.29	42.53
其他采矿业	Mining of Other Ores	0.40	0.65
制造业	**Manufacturing**	**5101.11**	**5455.91**
农副食品加工业	Processing of Food from Agricultural Products	91.09	102.46
食品制造业	Manufacture of Foods	128.17	126.21
饮料制造业	Manufacture of Beverages	41.87	39.27
烟草制品业	Manufacture of Tobacco	1.02	1.25
纺织业	Manufacture of Textile	21.98	21.20
纺织服装、鞋、帽制造业	Manufacture of Textile Wearing Apparel, Footware and Caps	1.82	1.91
皮革、毛皮、羽毛(绒)等	Manufacture of Leather, Fur, Feather and Related Products	0.81	1.04
木材加工及木、竹、藤等	Processing of Timber, Manufacture of Wood, Bamboo, Rattan, Palm, and Straw Products	27.00	31.46
家具制造业	Manufacture of Furniture	0.95	2.42
造纸及纸制品业	Manufacture of Paper and Paper Products	34.32	41.60
印刷业和记录媒介的复制	Printing, Reproduction of Recording Media	0.56	0.56

7－8 续表 continued

单位:万吨标准煤　　　　(10 000 tons of SCE)

行 业	Sector	2009	2010
文教体育用品制造业	Manufacture of Articles For Culture, Education and Sport Activities		
石油加工炼焦及核燃料	Processing of Petroleum, Coking, Processing of Nuclear Fuel	357.66	488.21
化学原料及化学制品制造	Manufacture of Raw Chemical Materials and Chemical Products	1207.31	1363.99
医药制造业	Manufacture of Medicines	57.48	79.54
化学纤维制造业	Manufacture of Chemical Fibres		
橡胶制品业	Manufacture of Rubber	0.36	0.25
塑料制品业	Manufacture of Plastics	51.69	49.57
非金属矿物制品业	Manufacture of Non－metallic Mineral Products	487.55	529.14
黑色金属冶炼及压延	Smelting and Pressing of Ferrous Metals	1947.24	1798.19
有色金属冶炼及压延	Smelting and Pressing of Non－ferrous Metals	574.77	707.81
金属制品业	Manufacture of Metal Products	8.21	9.84
通用设备制造业	Manufacture of General Purpose Machinery	16.43	14.33
专用设备制造业	Manufacture of Special Purpose Machinery	30.99	31.72
交通运输设备制造业	Manufacture of Transport Equipment	5.94	6.85
电气机械及器材制造业	Manufacture of Electrical Machinery and Equipment	2.22	3.48
通信设备、计算机及其他	Manufacture of Communication Equipment, Computers and Other Electronic Equipment	1.35	0.79
仪器仪表及文化、办公用	Manufacture of Measuring Instruments and Machinery for Cultural Activity and Office Work	0.01	0.02
工艺品及其他制造业	Manufacture of Artwork and Other Manufacturing	1.45	1.65
废弃资源和废旧材料回收	Recycling and Disposal of Waste	0.87	1.16
电力、煤气及水的生产	**Electric Power, Gas and Water Production and Supply**	**4226.79**	**4332.08**
电力、热力的生产和供应	Production and Supply of Electric Power and Heat Power	4205.96	4307.85
燃气生产和供应业	Production and Supply of Gas	15.75	17.37
水的生产和供应业	Production and Supply of Water	5.09	6.86

7-9 分行业能源消费总量和主要能源品种消费量(2010年)

Consumption of Total Energy & Its Main Varieties by Sector(2010)

行业	Sector	能源消费总量(万吨标准煤) Total Energy Consu-mption (10 000 tons of SCE)	煤炭消费量(万吨) Coal Consu-mption (10 000 tons)	焦炭消费量(万吨) Coke Consu-mption (10 000 tons)	原油消费量(万吨) Crude Oil V Consu-mption (10 000 tons)	汽油消费量(万吨) Gasoline Consu-mption (10 000 tons)
消费总量	**Total Consumption**	**15951.68**	**27004.04**	**1416.87**	**140.74**	**325.68**
农、林、牧、渔业	Farming, Forestry, Animal Husbandry & Fishery	514.21	272.22	7.53		33.40
工业	**Industry**	**10633.14**	**23354.86**	**1406.55**	**140.74**	**11.24**
采矿业	**Mining**	**2033.61**	**2613.11**	**11.09**	**9.18**	**4.02**
煤炭开采和洗选业	Coal Mining & Processing	1673.73	2458.22	0.78		1.14
石油和天然气开采业	Extraction of Petroleum & Natural Gas	31.91	4.19	0.18	9.18	0.26
黑色金属矿采选业	Mining & Dressing of Ferrous Metals	143.63	52.10	10.00		1.06
有色金属矿采选业	Mining & Dressing of Nonferrous Metals	98.76	37.33	0.13		1.34
非金属矿采选业	Mining & Dressing of Nonmetal Minerals	84.47	60.17			0.17
其他采矿业	Mining of Other Mineral	1.11	1.10			0.05
制造业	**Manufacturing**	**7707.83**	**6922.05**	**1395.46**	**131.45**	**5.79**
农副食品加工业	Processing of Agricultural Side-line Food	146.32	140.79			1.80
食品制造业	Food Manufacturing	192.33	254.20			0.22
饮料制造业	Beverage Manufacturing	53.23	60.56			0.18
烟草制品业	Tobacco Products	2.23	1.46			0.01
纺织业	Textile Industry	32.03	30.05			0.86
纺织服装、鞋、帽制造业	Textile Products, Clothes, Shoes & Hats	2.89	2.91			0.03
皮革、毛皮、羽毛(绒)及其制品业	Leather, Furs, Down & Related Products	1.80	0.88			0.02
木材加工及木、竹、藤、棕、草制品业	Timber Processing, Bamboo, Cane, Palm Fiber & Straw Products	-90.83	16.52			0.10
家具制造业	Furniture Manufacturing	-5.78	1.79			0.02
造纸及纸制品业	Paper-making & Paper Products	52.13	67.47			0.02
印刷业和记录媒介的复制	Printing & Record Pressing	1.24	0.59			0.02
文教体育用品制造业	Cultural, Educational & Sports Goods					

7－9 续表 1 continued

行 业	Sector	煤油消费量（万吨）Kerosene Consum－ption（10 000 tons）	柴油消费量（万吨）Diesel Oil Consum－ption（10 000 tons）	燃料油消费量（万吨）Fuel Oil Consum－ption（10 000 tons）	天然气消费量（亿立方米）Natural Gas Con－sumption（100 million cu. m）	电力消费量（亿千瓦小时）Electri－city Consum－ption（100 million kwh）
消费总量	**Total Consumption**	**9.35**	**863.56**	**15.15**	**45.30**	**1536.83**
农、林、牧、渔业	**Farming, Forestry, Animal Husbandry & Fishery**		**78.93**			**41.04**
工业	**Industry**	**0.31**	**115.37**	**15.15**	**30.02**	**1340.34**
采矿业	**Mining**	**0.01**	**91.70**	**5.94**		**113.74**
煤炭开采和洗选业	Coal Mining & Processing		76.33	5.93		52.59
石油和天然气开采业	Extraction of Petroleum & Natural Gas		0.92			3.83
黑色金属矿采选业	Mining & Dressing of Ferrous Metals		7.04			24.01
有色金属矿采选业	Mining & Dressing of Nonferrous Metals		4.27			18.58
非金属矿采选业	Mining & Dressing of Nonmetal Minerals		3.10			14.65
其他采矿业	Mining of Other Mineral		0.04			0.08
制造业	**Manufacturing**	**0.30**	**17.35**	**7.56**	**26.96**	**1039.46**
农副食品加工业	Processing of Agricultural Side－line Food		2.51			14.50
食品制造业	Food Manufacturing		0.59	0.48		20.63
饮料制造业	Beverage Manufacturing		0.16			3.10
烟草制品业	Tobacco Products		0.01		0.05	0.18
纺织业	Textile Industry		0.29		0.01	3.79
纺织服装、鞋、帽制造业	Textile Products, Clothes, Shoes & Hats		0.02			0.27
皮革、毛皮、羽毛（绒）及其制品业	Leather, Furs, Down & Related Products		0.01			0.28
木材加工及木、竹、藤、棕、草制品业	Timber Processing, Bamboo, Cane, Palm Fiber & Straw Products		0.68			4.21
家具制造业	Furniture Manufacturing		0.05			0.22
造纸及纸制品业	Paper－making & Paper Products		0.13	0.07	0.01	4.24
印刷业和记录媒介的复制	Printing & Record Pressing		0.01			0.21
文教体育用品制造业	Cultural, Educational & Sports Goods					

7-9 续表 2 continued

行 业	Sector	能源消费总量（万吨标准煤）Total Energy Consu-mption (10 000 tons of SCE)	煤炭消费量（万吨）Coal Consu-mption (10 000 tons)	焦炭消费量（万吨）Coke Consu-mption (10 000 tons)	原油消费量（万吨）Crude Oil Consu-mption (10 000 tons)	汽油消费量（万吨）Gasoline Consu-mption (10 000 tons)
石油加工、炼焦及核燃料加工业	Petroleum Processing, Coke Products & Processing of Nuclear Fuel	361.54	1972.61	1.33	131.45	0.03
化学原料及化学制品制造业	Raw Chemical Materials & Chemical Products	1994.80	1091.55	255.45		0.29
医药制造业	Medicine Manufacturing	122.21	113.59	0.69		0.06
化学纤维制造业	Chemical Fiber Manufacturing					
橡胶制品业	Rubber Products	0.50	0.04			0.01
塑料制品业	Plastic Products	51.51	59.12			0.37
非金属矿物制品业	Nonmetal Mineral Products	728.09	764.23	1.50		0.61
黑色金属冶炼及压延加工业	Smelting & Pressing of Ferrous Metals	2668.55	1441.14	1111.66		0.20
有色金属冶炼及压延加工业	Smelting & Pressing of Nonferrous Metals	1261.43	875.25	23.56		0.41
金属制品业	Metal Products	24.54	5.89	0.11		0.05
通用设备制造业	Manufacturing of General-Purpose Equipment	27.03	6.90	0.53		0.19
专用设备制造业	Special Purposes Equipment Manufacturing	53.06	7.40	0.07		0.06
交通运输设备制造业	Transportation Equipment Manufacturing	12.43	1.48	0.10		0.13
电气机械及器材制造业	Electric Equipment & Machinery	8.60	1.55			0.05
信设备、计算机及其他电子设备制造业	Manufacturing of Telecommunications, Computer & Other Electronic Equipment	1.69	0.84			0.01
仪器仪表及文化、办公用机械制造业	Instruments, Meters, Cultural & Office Machinery	0.06				
工艺品及其他制造业	Handicrafts & Other Production	2.63	2.14	0.01		0.02
废弃资源和废旧材料回收加工业	Recovering of Abandoned Resource & Waste Materical	1.56	1.08	0.44		0.01
电力、燃气及水的生产和供应业	**Production & Supply of Electric Power, Gas & Water**	**891.70**	**13819.70**	**0.00**	**0.12**	**1.44**
电力、热力的生产和供应业	Production & Supply of Electric Power & Heating Power	841.07	13724.87		0.12	1.31
燃气生产和供应业	Production & Supply of Gas	32.77	88.08			0.03
水的生产和供应业	Production & Supply of Water	17.87	6.75			0.10
建筑业	**Construction**	**287.21**	**256.96**			**25.45**
交通运输、仓储及邮电通信业	**Transportation, Storage, Postal & Telecommunications Services**	**1322.92**	**199.72**			**149.72**
批发、零售业和住宿、餐饮业	**Wholesale, Retail Trade, Quarters & Catering**	**983.90**	**1093.53**			**59.91**
其他	**Others**	**472.03**	**405.79**			**29.03**
生活消费	**Residential Consumption**	**1738.27**	**1420.96**	**2.79**		**16.92**

7－9 续表 3 continued

行 业	Sector	煤油消费量（万吨）Kerosene Consum－ption（10 000 tons）	柴油消费量（万吨）Diesel Oil Consum－ption（10 000 tons）	燃料油消费量（万吨）Fuel Oil Consum－ption（10 000 tons）	天然气消费量（亿立方米）Natural Gas Consum－ption（100 million cu. m）	电力消费量（亿千瓦小时）Electricity Consumption（100 million kwh）
石油加工、炼焦及核燃料加工业	Petroleum Processing, Coke Products & Processing of Nuclear Fuel		0.37			23.06
化学原料及化学制品制造业	Raw Chemical Materials & Chemical Products		1.85		23.44	222.70
医药制造业	Medicine Manufacturing		0.12			15.77
化学纤维制造业	Chemical Fiber Manufacturing					
橡胶制品业	Rubber Products					0.08
塑料制品业	Plastic Products		0.06			13.35
非金属矿物制品业	Nonmetal Mineral Products		3.65	5.32	1.13	63.16
黑色金属冶炼及压延加工业	Smelting & Pressing of Ferrous Metals	0.02	3.76		0.43	295.96
有色金属冶炼及压延加工业	Smelting & Pressing of Nonferrous Metals	0.25	1.65	1.67	0.55	333.10
金属制品业	Metal Products		0.05			5.52
通用设备制造业	Manufacturing of General－Purpose Equipment		0.13		0.24	4.28
专用设备制造业	Special Purposes Equipment Manufacturing	0.01	0.23		1.00	6.24
交通运输设备制造业	Transportation Equipment Manufacturing		0.92		0.05	2.03
电气机械及器材制造业	Electric Equipment & Machinery	0.02	0.04		0.04	1.85
通信设备、计算机及其他电子设备制造业	Manufacturing of Telecommunications, Computer & Other Electronic Equipment				0.01	0.27
仪器仪表及文化、办公用机械制造业	Instruments, Meters, Cultural & Office Machinery					0.02
工艺品及其他制造业	Handicrafts & Other Production		0.03	0.02		0.33
废弃资源和废旧材料回收加工业	Recovering of Abandoned Resource & Waste Materical		0.02			0.11
电力、燃气及水的生产和供应业	**Production & Supply of Electric Power, Gas & Water**		**6.32**	**1.65**	**3.06**	**187.13**
电力、热力的生产和供应业	Production & Supply of Electric Power & Heating Power		6.27	1.65	0.23	178.76
燃气生产和供应业	Production & Supply of Gas		0.02		2.84	4.25
水的生产和供应业	Production & Supply of Water		0.02			4.12
建筑业	**Construction**		**34.12**		**0.52**	**6.32**
交通运输、仓储及邮电通信业	**Transportation, Storage, Postal & Telecommunications Services**	**9.03**	**541.75**		**4.25**	**18.47**
批发、零售业和住宿、餐饮业	**Wholesale, Retail Trade, Quarters & Catering**		**66.40**		**2.10**	**23.97**
其他	**Others**		**16.56**		**1.20**	**27.91**
生活消费	**Residential Consumption**		**10.45**		**7.20**	**78.78**

7－10 能源生产弹性系数

Elasticity Ratio of Energy Production

年份 Year	能源生产比上年增长% Growth Rate of Energy Production over Preceding Year (%)	电力生产比上年增长% Growth Rate of Electricity Production over Preceding Year (%)	生产总值比上年增长% Growth Rate of Gross Domestic Product(GDP) over Preceding Year (%)	能源生产弹性系数 Elasticity Ratio of Energy Production	电力生产弹性系数 Elasticity Ratio of Electricity Production
1984	10.15	14.35	16.4	0.62	0.89
1985	20.49	15.69	18.2	1.15	0.91
1986	-0.99	39.54	5.9	-0.17	6.30
1987	4.20	13.76	9.0	0.47	1.53
1988	7.67	9.33	9.8	0.78	0.95
1989	19.36	11.12	2.7	7.17	4.12
1990	4.94	10.51	7.5	0.66	1.40
1991	8.77	11.31	7.5	1.17	1.51
1992	4.97	17.63	11.0	0.45	1.60
1993	13.22	5.82	11.7	1.13	0.50
1994	9.50	11.07	11.2	0.85	0.99
1995	16.22	6.61	10.1	1.61	0.65
1996	2.70	16.32	14.4	0.19	1.13
1997	12.32	5.62	10.8	1.14	0.52
1998	-6.25	2.39	10.7	-0.58	0.22
1999	-9.03	8.62	8.8	-1.03	0.98
2000	2.95	16.87	10.8	0.27	1.56
2001	28.64	5.98	10.6	2.68	0.56
2002	39.37	11.27	13.2	2.98	0.85
2003	27.99	25.05	17.6	1.59	1.42
2004	44.13	26.09	20.9	2.11	1.25
2005	22.43	31.01	23.8	0.94	1.30
2006	18.96	38.13	19.1	0.99	2.00
2007	19.86	30.36	19.2	1.03	1.58
2008	25.13	11.45	17.8	1.41	0.64
2009	20.17	4.96	16.9	1.19	0.29
2010	23.78	14.30	15.0	1.59	0.95

7－11 能源消费弹性系数

Elasticity Ratio of Energy Consumption

年份 Year	能源消费比上年增长% Growth Rate of Energy Consuncption over Preceding Year (%)	电力消费比上年增长% Growth Rate of Electricity Consuncption over Preceding Year (%)	生产总值比上年增长% Growth Rate of Gross Domestic Product(GDP) over Preceding Year (%)	能源消费弹性系数 Elasticity Ratio of Energy Consuncption	电力消费弹性系数 Elasticity Ratio of Electricity Consuncption
1986	1.97	7.94	5.9	0.33	1.35
1987	5.95	9.70	9.0	0.66	1.08
1988	3.48	14.15	9.8	0.36	1.44
1989	10.03	13.95	2.7	3.71	5.17
1990	8.21	13.55	7.5	1.09	1.81
1991	3.37	3.87	7.5	0.45	0.52
1992	1.98	10.65	11.0	0.18	0.97
1993	4.74	39.43	11.7	0.41	3.37
1994	5.08	-17.23	11.2	0.45	-1.54
1995	16.22	-18.43	10.1	1.61	-1.82
1996	-3.80	49.76	14.4	-0.26	3.46
1997	17.96	4.68	10.8	1.66	0.43
1998	-7.25	-10.42	10.7	-0.68	-0.97
1999	5.66	24.91	8.8	0.64	2.83
2000	8.33	8.15	10.8	0.77	0.75
2001	13.10	9.22	10.6	1.24	0.87
2002	16.54	14.57	13.2	1.25	1.10
2003	27.41	26.89	17.6	1.56	1.53
2004	30.08	31.72	20.9	1.44	1.52
2005	26.81	24.67	23.8	1.13	1.04
2006	16.08	32.48	19.1	0.84	1.70
2007	13.87	31.11	19.2	0.72	1.62
2008	10.36	5.20	17.8	0.58	0.29
2009	8.82	5.52	16.9	0.52	0.33
2010	9.62	19.33	15.0	0.64	1.29

主要统计指标解释

能源生产总量 指一定时期内全区一次能源生产量的总和，是观察全区能源生产水平、规模、构成和发展速度的总量指标。一次能源生产量包括原煤、原油、天然气、水电、核能及其他动力能（如风能、地热能等）发电量，不包括低热值燃料生产量、生物质能、太阳能等的利用和由一次能源加工转换而成的二次能源产量。

能源消费总量 指一定时期内全区物质生产部门、非物质生产部门和生活消费的各种能源的总和，是观察能源消费水平、构成和增长速度的总量指标。能源消费总量包括原煤和原油及其制品、天然气、电力，不包括低热值燃料、生物质能和太阳能等的利用。能源消费总量分为终端能源消费量、能源加工转换损失量和损失量三部分。

（1）终端能源消费量：指一定时期内全区生产和生活消费的各种能源在扣除了用于加工转换二次能源消费量和损失量以后的数量。

（2）能源加工转换损失量：指一定时期内全区投入加工转换的各种能源数量之和与产出各种能源产品之和的差额，是观察能源在加工转换过程中损失量变化的指标。

（3）能源损失量：指一定时期内能源在输送、分配、储存过程中发生的损失和由客观原因造成的各种损失量，不包括各种气体能源放空、放散量。

能源生产弹性系数 是研究能源生产增长速度与国民经济增长速度之间关系的指标。计算分式为：

能源生产弹性系数＝能源生产总量年平均增长速度/国民经济年平均增长速度

国民经济年平均增长速度，可根据不同的目的或需要，用地区收入总值、地区生产总值等指标来计算，本年鉴是采用国内生产总值指标计算的。

电力生产弹性系数 是研究电力生产增长速度与国民经济增长速度之间关系的指标。一般来说，电力的发展应当快于国民经济的发展，也就是说电力应超前发展。计算公式为：

电力生产弹性系数＝电力生产量年平均增长速度/国民经济年平均增长速度

能源消费弹性系数 是反映能源消费增长速度与国民经济增长速度之间比例关系的指标。计算公式为：

能源消费弹性系数＝能源消费量年平均增长速度/国民经济年平均增长速度

电力消费弹性系数 反映电力消费增长速度与国民经济增长速度之间比例关系的指标。计算公式为：

电力消费弹性系数＝电力消费量年平均增长速度/国民经济年平均增长速度

能源加工转换效率 指一定时期内能源经过加工、转换后，产出的各种能源产品的数量与同期内投入加工转换的各种能源数量的比率。它是观察能源加工转换装置和生产工艺先进与落后、管理水平高低等的重要指标。计算公式为：

能源加工转换效率＝能源加工、转换产出量/能源加工、转换投入量×100%

Explanatory Notes on Main Statistical Indicators

Total Energy Production refers to the total production of primary energy by all energy producing enterprises in the autonomous region in a given period of time. It is a comprehensive indicator to show the capacity, scale, composition and development of energy production of the country. The production of primary energy includes that of coal, crude oil, natural gas, hydropower and elect recite generated by nuclear energy and other means such as wind power and geothermal power. However, it excludes the production of fuels of low calorific value, bio – energy, solar – energy and the secondary energy converted from the primary energy.

Total Domestic Energy Consumption refers to the total consumption of energy of various kinds by material production sectors, nonmaterial production sectors and households in the autonomous region in a given period of time. It is a comprehensive indicator to show the scale, composition and development of energy consumption. The total energy consumption includes that of coal, crude oil and their products, natural gas and electricity. However, it excludes the consumption of fuel of low calorific value, bio – energy and solar energy. Total domestic energy consumption can be divided into three parts:

(1) Final Energy Consumption: It refers to the total energy consumption by material production sectors. Non material production sectors and households in the autonomous region in a given period of time, but excludes the consumption in conversion o f the primary energy into the secondary energy and the loss in the process of energy conversion.

(2) Loss During the Process of Energy Conversion: It refers to the total input of various kinds of energy for conversion, minus the total output of various kinds of energy in the autonomous region in a given period of time. It is an indicator to show the loss that occurs during the process of energy conversion.

(3) Loss: It refers to the total of the loss of energy during the course of energy transport, distribution and storage and the loss caused by any objective reason in a given period of time. The loss of various kinds of gas due to gas discharges and stocktaking is excluded.

Elasticity Ratio of Energy Production is an indicator to show the relationship between the growth rate of energy production and the growth rat e of the national economy. The formula is:

Elasticity Ratio of Energy Production = Average Annual Growth Rate of Energy Production ÷ Average Annual Growth Rate of National Economy

The average annual growth rate of the national economy can be shown by the gross national product, gross domestic product and other indicators, depending upon the purposes or needs. The gross domestic product is used in calculation of the ratio in this chapter.

Elasticity Ratio of Electricity Production is an indicator to show the relations hip between the growth rate of electricity production and the growth rate of the national economy. Generally speaking, the growth rate of electricity production should be higher than that of the national economy. Its formula is:

Elasticity Ratio of Electricity Production = Average Annual Growth Rate of Electricity Production ÷ Average Annual Growth Rate of National Economy

Elasticity Ratio of Energy Consumption is an indicator to show the relationship between the growth rate of energy consumption and the growth r ate of the national economy. The formula is:

Elasticity Ratio of Energy Consumption = Average Annual Growth Rate of Energy Consumption ÷ Average Annual Growth Rate of National Economy

Elasticity Ratio of Electricity Consumption is an indicator to show the relation ship between the growth rate of electricity consumption and the growth rate of t he national economy. The formula is:

Elasticity Ratio of Electricity Consumption = Average Annual Growth Rate of Electricity ÷ Average Annual Growth Rate of National Economy

Efficiency of Energy Processing and Conversion refers to the ratio of the total output of energy products of various kinds after processing and conversion and the total input of energy of various kinds for processing and conversion in the same reference period. It is an important indicator to show the current conditions of energy processing and conversion equipment, production technique and management. The formula is:

Efficiency of Energy Processing and Conversion = Output of Energy After Processing and Conversion ÷ Input of Energy for Processing and Conversion × 100%

2011 NEI MENG GU

八、财政

Government Finance

资料整理：王艳伟
Arranged By Wang Yanwei

8-1 地方财政收支总额及增长速度

Local Government Revenue and Expenditures and Their Increase Rate

年 份 Year	地方财政总收入 (万元) Local Government Revenue (10 000 yuan)	地方财政总支出 (万元) Local Government Expenditures (10 000 yuan)	增长速度(%) Incease Rate(%)	
			地方财政总收入 Local Government Revenue	地方财政总支出 Local Government Expenditures
1947	9	39		
1948	110	262	1122.2	571.8
1949	739	786	571.8	200.0
1950	5347	4562	623.5	480.4
1951	5376	6025	0.5	32.1
1952	13335	10280	148.0	70.6
1953	8657	13997	-35.1	36.2
1954	18503	18045	113.7	28.9
1955	21090	17489	14.0	-3.1
1956	27597	29032	30.9	66.0
1957	31385	26771	13.7	-7.8
1958	42764	64432	36.3	140.7
1959	70269	99357	64.3	54.2
1960	89917	122162	28.0	23.0
1961	49529	56471	-44.9	-53.8
1962	33590	37641	-32.2	-33.3
1963	38345	39952	14.2	6.1
1964	43219	49683	12.7	24.4
1965	45967	51808	6.4	4.3
1966	48455	59224	5.4	14.3
1967	40232	47949	-17.0	-19.0
1968	38882	41477	-3.4	-13.5
1969	27680	61706	-28.8	48.8
1970	44088	78582	59.3	27.3
1971	36543	90915	-17.1	15.7
1972	31314	97994	-14.3	7.8
1973	34123	114983	9.0	17.3
1974	26863	124842	-21.3	8.6
1975	27375	129157	1.9	3.5
1976	26587	138332	-2.9	7.1
1977	29339	140470	10.4	1.5

8－1 续表 continued

年 份 Year	地方财政总收入 （万元） Local Government Revenue （10 000 yuan）	地方财政总支出 （万元） Local Government Expenditures （10 000 yuan）	增长速度(％) Incease Rate(％)	
			地方财政总收入 Local Government Revenue	地方财政总支出 Local Government Expenditures
1978	69046	186888	135.3	33.0
1979	45553	210416	－34.0	12.6
1980	41284	183721	－9.4	－12.7
1981	41585	163506	0.7	－11.0
1982	51842	203074	24.7	24.2
1983	69891	228273	34.8	12.4
1984	84556	308604	21.0	35.2
1985	131789	341832	55.9	10.8
1986	160206	438955	21.6	28.4
1987	194326	455597	21.3	3.8
1988	241343	510137	24.2	12.0
1989	286679	558124	18.8	9.4
1990	329763	609023	15.0	9.1
1991	393966	666190	19.5	9.4
1992	390775	720731	－0.8	8.2
1993	561177	882773	43.6	22.5
1994	362969	928235	－35.3	5.1
1995	437028	1021780	20.4	10.1
1996	572571	1263825	31.0	23.7
1997	731774	1429118	27.8	13.1
1998	897747	1817593	22.7	27.2
1999	1008228	2128369	12.3	17.1
2000	1106808	2610629	9.8	22.7
2001	1173825	3359808	6.1	28.7
2002	1329097	4133327	13.2	23.0
2003	1627213	4710924	22.4	14.0
2004	2382753	6027524	46.4	27.9
2005	3350925	7346079	40.6	21.9
2006	5945874	9149716	77.4	24.6
2007	8354915	10823054	40.5	18.3
2008	11072700	14545732	32.5	34.4
2009	13777018	19268365	24.4	32.5
2010	17381353	22735046	26.2	18.0

8-2 地方财政总收入占生产总值的比重
Local Government Revenue as Percentage to Gross Domestic Product

年份 Year	地方财政总收入 （亿元） Local Government Revenue （100 million yuan）	生产总值 （亿元） Gross Domestic Products （100 million yuan）	地方财政总收入占生产总值的比重（%） Percentage of Local Government Revenue to GDP（%）
1949	0.07	5.37	1.4
1952	1.33	12.16	11.0
1953	0.87	15.57	5.6
1957	3.14	21.27	14.8
1962	3.36	25.12	13.4
1965	4.60	35.41	13.0
1970	4.41	39.17	11.3
1975	2.74	48.55	5.6
1978	6.90	58.04	11.9
1979	4.56	64.14	7.1
1980	4.13	68.40	6.0
1981	4.16	77.91	5.3
1982	5.18	93.22	5.6
1983	6.99	105.88	6.6
1984	8.46	128.20	6.6
1985	13.18	163.83	8.0
1986	16.02	181.58	8.8
1987	19.43	212.27	9.2
1988	24.13	270.81	8.9
1989	28.67	292.69	9.8
1990	32.98	319.31	10.3
1991	39.40	359.66	11.0
1992	39.08	421.68	9.3
1993	56.12	537.81	10.4
1994	36.30	695.06	5.2
1995	43.70	857.06	5.1
1996	57.26	1023.09	5.6
1997	73.18	1153.51	6.3
1998	89.77	1262.54	7.1
1999	100.82	1379.31	7.3
2000	110.68	1539.12	7.2
2001	117.38	1713.81	6.8
2002	132.91	1940.94	6.8
2003	162.72	2388.38	6.8
2004	238.28	3041.07	7.8
2005	335.09	3905.03	8.6
2006	594.59	4944.25	12.0
2007	835.49	6423.18	13.0
2008	1107.27	8496.20	13.0
2009	1377.70	9740.25	14.1
2010	1738.14	11672.00	14.9

8-3 地方财政分项收入

Local Government Revenue by Source

单位:万元 (10 000 yuan)

年 份 Year	地 方 财政总收入 Local Government Revenue	一般预算 收 入 General Budgetary Financial Revenue	#工商税收 Industrial and Commercial Tax	#契税和耕地占用税 Contract Tax and Tax on The Occupancy of Cultuvated Land	#企业所得税 Income Tax of Enterprises	#国有资本经营收入 Operation Income of State - owned Assets Enterprises
1947	9	9			1	
1948	110	110			20	
1949	739	739	149		196	
1950	5347	5347	1852		1568	
1951	5376	5376	2266		1306	
1952	13335	13335	3744		5049	
1953	8657	8657	4507		2550	
1954	18503	18503	7725		5260	
1955	21090	21090	8549		6324	
1956	27597	27597	11797		9328	
1957	31385	31385	12535		9409	
1958	42764	42764	15174		17065	
1959	70269	70269	19237		39150	
1960	89917	89917	24690		52872	
1961	49529	49529	16531		24238	
1962	33590	33590	18027		7788	
1963	38345	38345	19929		9734	
1964	43219	43219	20196		12499	
1965	45967	45967	22577		13144	
1966	48455	48455	21712		16086	
1967	40232	40232	20303		9058	
1968	38882	38882	20537		7549	
1969	27680	27680	20168		1509	
1970	44088	44088	27399		6076	
1971	36543	36543	29455		-1820	
1972	31314	31314	31085		-5822	
1973	34123	34123	34954		-9309	
1974	26863	26863	34257		-16136	
1975	27375	27375	40295		-21044	
1976	26587	26587	43142		-25703	
1977	29339	29339	49579		-29193	

8－3 续表 continued

单位:万元 (10 000 yuan)

年 份 Year	地 方 财政总收入 Local Government Revenue	一般预算 收 入 General Budgetary Financial Revenue	#工商税收 Industrial and Commercial Tax	#契税和耕地占用税 Contract Tax and Tax on The Occupancy of Cultuvated Land	#企业所得税 Income Tax of Enterprises	#国有资本经营收入 Operation Income of State－owned Assets Enterprises
1978	69046	69046	54486		3234	
1979	45553	45553	54648		－20749	
1980	41284	41284	58537		－26724	
1981	41585	41585	62493		－32579	
1982	51842	51842	71540		－35624	
1983	69891	69891	78370		－25171	
1984	84556	84556	86862		－20618	
1985	131789	131789	119871		36495	7429
1986	160206	160206	145866		37092	706
1987	194326	194326	176890		35797	9344
1988	241343	241343	214128		41206	11050
1989	286679	286679	261270		40045	3193
1990	329763	329763	278480		40954	17895
1991	393966	393966	299621		39320	16833
1992	390775	390775	335490		38992	12382
1993	561177	561177	511777		37311	9745
1994	362969	362969	261719		43005	4900
1995	437028	437028	278344		62222	4070
1996	572571	548777	339614		56853	5230
1997	731774	660777	415328		60554	5964
1998	897747	776654	492585		50815	12083
1999	1008228	865714	502477		80821	13766
2000	1106808	950320	546435		105983	12815
2001	1173825	994313	571829		151985	19489
2002	1329097	1128546	673679		90287	40610
2003	1627213	1387157	857381		71615	60521
2004	2382753	1967589	1220909		86995	147494
2005	3350925	2774553	1768690		193550	147758
2006	5945874	3433774	2183213	148893	272831	188849
2007	8354915	4923615	3342205	134741	419186	234394
2008	11072700	6506764	4401399	241064	592789	415549
2009	13777018	8508588	5263903	502465	748129	707123
2010	17381353	10699776	6869595	594367	1016492	589245

注：1.1984 年以前企业所得税包括国有企业上缴利润和国有企业亏损补贴；

2.1994 年以来地方财政收入为分税制财政体制统计口径。

a) Before 1984, Enterprises income tax including payed profits and planned subsidies for the losses of the state－owned enterprises;

b) Since 1994, Revenue of the local governments has been counted by the classification of the structure of the government finance.

8-4 地方财政支出及主要支出项目
Local Government Expenditures by Accounting Item

单位:万元 (10 000 yuan)

项目	Item	2009	2010
地方财政支出	**Local Government Expenditure**	**19268365**	**22735046**
一般公共服务	General Public Services	2952230	2545346
外交	Foreign Affairs	206	385
国防	National Defense	32586	38804
公共安全	Public Security	969021	1204482
教育	Education	2434800	3221072
科学技术	Science and Technology	180652	213949
文化体育与传媒	Operating Expenses of Culture, Sports and Media	473307	529560
# 文化	Culture	213578	221518
新闻出版	News Published	14352	26662
社会保障和就业	Social Security and Employment	2749737	2924350
# 社会福利	Social Welfare	25514	41191
医疗卫生	Public Health	1029385	1207166
环境保护	Environment Protection	978972	1079897
城乡社区事务	City and Countryside Community Business	2100252	2377497
农林水事务	Expenses of Agriculture, Forestry, Water	2223599	2810032
交通运输	Transportation	1328976	1210510
其他支出	Others	440922	350316

注:数据来自于自治区财政厅年度总决算报表,以下各表同。

a) Date are from final accounts report form of provincial finance department. The same as in the following tables.

8-5 财政用于科学技术的支出

Government Expenditure for Scientific and Technological

单位:万元　　(10 000 yuan)

项目	Item	2009	2010
合计	**Total**	**180652**	**213949**
科学技术管理事务	Administrative Affairs of Scientific and Technological	13897	13913
基础研究	Basic Research	4662	4709
应用研究	Applied Research	13449	14381
技术研究与开发	Technological Research and Development	105887	125336
科技条件与服务	Condition and Service of Scientific and Technological	3495	3659
社会科学	Social Sciences	3250	4247
科学技术普及	Scientific and Technological Popularization	10460	26035
科技交流与合作	Scientific and Technological International Exchange and Cooperation	953	831
其他	Others	24599	20838

8-6 财政用于教育支出

Government Expenditure for Education

单位:万元　　(10 000 yuan)

项目	Item	2009	2010
合计	**Total**	**2434800**	**3221072**
教育管理事务	Administrative Affairs of Education	46500	61943
普通教育	General Education	1865660	2488691
职业教育	Vocational Education	250705	346149
成人教育	Adult Education	372	310
广播电视教育	Radio and Television Education	4307	4976
特殊教育	Special Education	10554	19095
教师进修及干部继续教育	Teacher Further Education and Cadre Continuing Education	44247	48430
教育附加及基金支出	Education Surcharge and Fund Expenditure	169681	216292
其他	Others	42774	35186

8-7 财政用于社会保障和就业的支出

Government Expenditure for Social Security and Employment

单位:万元 (10 000 yuan)

项目	Item	2009	2010
合计	**Total**	**2749737**	**2924350**
社会保障和就业管理事务	Administrative Affairs of Social Security and Employment	67393	83728
民政管理事务	Administrative Affairs of Civil Affairs	41811	63158
财政对社会保险基金的补助	Subsidy of Social Insurance Fund from Government Finance	547449	723941
行政事业单位离退休	Expenditure for Retired Persons in Administrative Department	961184	1156000
企业改革补助	Subsidy of Enterprise Reform	99971	5634
就业补助	Subsidy of Employment	126327	168394
抚恤	Pensions for Disable and Bereaved Families	55823	70102
退役安置	Retirement Places	43557	51136
社会福利	Social Welfare	25514	41191
残疾人事业	Disabled Persons Enterprise	12517	17527
城市居民最低生活保障	Receiving Minimum Living Allowance in Urban Area	232949	259327
其他城镇社会救济	Others Social Relief In Urban Area	12563	16761
自然灾害生活救助	Life Salvation of Natural Disaster	27841	43154
红十字事业	Red Cross	5048	7166
农村最低生活保障	Receiving Minimum Living Allowance in Rural Area	124635	156447
其他农村社会救济	Others Social Relief In Rural Area	21569	31757
其他	Others	343586	28927

8－8 财政用于农林水事务支出

Government Expenditure for Agriculture, Forestry and Water Conservation

单位:万元 (10 000 yuan)

项目	Item	2009	2010
合计	**Item**	**2223599**	**2810032**
农业	Agriculture	1143959	1257514
林业	Forestry	301569	403947
水利	Water Conservation	480684	563136
南水北调	South－to－North Water Diversion		
扶贫	Poverty Alleviation	162966	162926
农业综合开发	Comprehensive Agricultural Development	126823	150557
其他	Others	7598	271952

8－9 财政用于文化体育与传媒支出

Government Expenditure for Culture, Physical Education and Media

单位:万元 (10 000 yuan)

项目	Item	2009	2010
合计	**Total**	**473307**	**529560**
文化	Culture	213578	221518
文物	Qntiquity	38839	64170
体育	Physical Education	52943	77493
广播影视	Ministry of radio film and television	124923	109182
新闻出版	News Media	14352	26662
其他	Other	28672	30535

8-10 各项税收收入

Government Tax Revenue

单位:万元 (10 000 yuan)

年份 Year	税收总额 Total Tax	地方税收 Local Government Tax	工商税收 Industrial and Commercial Tax	农业各税 Agricultural and Related	企业所得税 Income Tax of Enterprises	税收总额占地方财政总收入比重(%) Percentage of Government Tax Revenue to Government Revenue(%)
1947	4	4	4		1	44.4
1948	69	69	26	43	20	62.7
1949	431	431	149	282	196	58.3
1950	3588	3588	1908	1680	1568	67.1
1951	2871	2871	2361	510	1306	53.4
1952	6544	6544	3856	2700	5049	49.1
1953	4981	4981	4546	450	2550	57.5
1954	12373	12373	7867	4544	5260	66.9
1955	14249	14249	8904	5370	6324	67.6
1956	17834	17834	12334	5512	9328	64.6
1957	21579	21579	16209	5550	9409	68.8
1958	25331	25331	19733	5598	17065	59.2
1959	29277	29277	22771	6506	39150	41.7
1960	34050	34050	27640	6410	52872	37.9
1961	23348	23348	18421	4297	24238	47.1
1962	24442	24442	19442	5000	7788	72.8
1963	27163	27163	21167	5996	9734	70.8
1964	29705	29705	22205	7500	12499	68.7
1965	31784	31784	25656	6128	13144	69.1
1966	31722	31722	24744	6978	16086	65.5
1967	30754	30754	23235	7519	9058	76.4
1968	30590	30590	23954	6636	7549	78.7
1969	25668	25668	20403	5265	1509	92.7
1970	37427	37427	27800	9627	6076	84.9
1971	37573	37573	29830	7743	-1820	102.8
1972	36369	36369	31524	4845	-5822	116.1
1973	42897	42897	35397	7500	-9309	125.7
1974	42330	42330	34726	7604	-16136	157.6
1975	47743	47743	40849	6894	-21044	174.4
1976	51665	51665	43677	7988	-25703	194.3
1977	57440	57440	50169	7271	-29193	195.8

8－10 续表 continued

单位:万元　　　　(10 000 yuan)

年 份 Year	税收总额 Total Tax	地方税收 Local Government Tax	工商税收 Industrial and Commercial Tax	农业各税 Agricultural and Related	企业所得税 Income Tax of Enterprises	税收总额占地方财政总收入比重(%) Percentage of Government Tax Revenue to Government Revenue(%)
1978	60750	60750	55111	5639	3234	88.0
1979	63755	63755	57597	6158	－20749	140.0
1980	64858	64858	61190	3668	－26724	157.1
1981	71049	71049	65071	6022	－32579	170.9
1982	81872	81872	75171	6701	－35624	157.9
1983	89833	89833	82205	7628	－25171	128.5
1984	99926	99926	91152	8774	－20618	118.2
1985	130558	130558	119865	10688	36495	99.1
1986	155167	155167	145866	9432	37092	96.9
1987	187130	187130	176890	10483	35797	96.3
1988	228758	228758	214128	15117	41206	94.8
1989	317150	317150	261270	16397	40045	110.6
1990	342192	342192	278480	23565	40954	103.8
1991	355665	355665	299621	23181	39320	90.3
1992	363571	363571	335490	29712	38992	93.0
1993	540247	540247	511777	29736	37311	96.3
1994	631630	312432	261719	58722	43005	174.0
1995	672614	346184	278344	66469	60801	153.9
1996	870713	510884	339614	113751	57519	152.1
1997	988192	607219	415328	130023	61868	135.0
1998	1085216	670633	492585	127233	50815	120.9
1999	1144680	716021	502477	134371	80821	113.5
2000	1226549	777459	546435	126444	105983	110.8
2001	1315328	811744	571829	105819	151985	112.1
2002	1624794	885794	673679	121828	90287	122.2
2003	2018522	1065414	857381	136418	71615	124.0
2004	2704290	1440390	1220909	132486	86995	113.5
2005	4082530	2069822	1768690	107582	193550	121.8
2006	5118845	2606745	2183213	148893	272831	86.1
2007	6910357	3479057	3342205	134741	419186	82.7
2008	9210300	4644481	4401399	241064	592789	83.2
2009	11036736	5768306	5263903	502465	748129	80.1
2010	14209706	7528129	6869595	594367	1016492	81.8

注:1. 农业各税包括农业税、牧业税、耕地占用税、农业特产税和契税。从 2006 年,农业各税不包括农业税、牧业税和农业特产税。

2. 企业所得税中 1985－1993 年包括国有企业调节税, 1994 年以后包括地方金融企业所得税,2002 年以后包括上划中央税收收入。

a) The agricultural and retail taxes include the agricultural tax, the animal husbandry tax, the tax on the use of cultivated land, the tax on special agricultural products and the contract tax. Since2006, the agricultural and retail taxes do not include the agricultural tax, the animal husbandry tax and the tax on special agricultural products

b) During the Years 1985 to 1993, the income tax levied on state－owned enterprises included the tax for adjusting income. Since 1994, it has also included the income tax levied on banking institutions.

主要统计指标解释

财政收入　指国家财政参与社会产品分配所取得的收入,是实现国家职能的财力保证。财政收入所包括的内容几经变化,目前主要包括:

(1)各项税收:包括增值税、营业税、消费税、土地增值税、城市维护建设税、资源税、城市土地使用税、印花税、个人所得税、企业所得税、关税、农牧业税和耕地占用税等。

(2)专项收入:包括征收排污费收入、征收城市水资源费收入、教育费附加收入等。

(3)其他收入:包括基本建设贷款归还收入、基本建设收入、捐赠收入等。

(4)国有企业计划亏损补贴:这项为负收入,冲减财政收入。

财政支出　国家财政将筹集起来的资金进行分配使用,以满足经济建设和各项事业的需要,主要包括:

(1)基本建设支出:指按国家有关规定,属于基本建设范围内的基本建设有偿使用、拨款、资本金支出以及经国家批准对专项和政策性基建投资贷款,在部门的基建投资额中统筹支付的贴息支出。

(2)企业挖潜改造资金:指国家预算内拨给的用于企业挖潜、革新和改造方面的资金。包括各部门企业挖潜改造资金和企业挖潜改造贷款资金,为农业服务的县办"五小"企业技术改造补助,挖潜改造贷款利息支出。

(3)地质勘探费用:指国家预算用于地质勘探单位的勘探工作费用,包括地质勘探管理机构及其事业单位经费、地质勘探经费。

(4)科技三项费用:指国家预算用于科技支出的费用,包括新产品试制费、中间试验费、重要科学研究补助费。

(5)支援农村生产支出:指国家财政支援农村集体(户)各项生产的支出。包括对农村举办的小型农田水利和打井、喷灌等的补助费,对农村水土保持措施的补助费,对农村举办的小水电站的补助费,特大抗旱的补助费,农村开荒补助费,扶持乡镇企业资金,农村农技推广和植保补助费,农村草场和畜禽保护补助费,农村造林和林木保护补助费,农村水产补助费,发展粮食生产专项资金。

(6)农林水利气象等部门的事业费用:指国家财政用于农垦、农场、农业、畜牧、农机、林业、森工、水利、水产、气象、乡镇企业的技术推广、良种推广(示范)、动植物(畜禽、森林)保护、水质监测、勘探设计、资源调查、干部训练等项费用,园艺特产场补助费,中等专业学校经费,飞播牧草试验补助费,营林机构、气象机构经费,渔政费以及农业管理事业费等。

(7)工业交通商业等部门的事业费:指国家预算支付给工交商各部门用于事业发展的经费,包括勘探设计费、中等专业学校经费、技术学校经费、干部训练费。

(8)文教科学卫生事业费:指国家预算用于文化、出版、文物、教育、卫生、中医、公费医疗、体育、档案、地震、海洋、通讯、电影电视、计划生育、党政群干部训练、自然科学、社会科学、科协等项事业的经费支出和高技术研究专项经费。主要包括工资、补助工资、福利费、离退休费、助学金、公务费、设备购置费、修缮费、业务费、差额补助费。

(9)抚恤和社会福利救济费:指国家预算用于抚恤和社会福利救济事业的经费。包括由民政部门开支的烈士家属和牺牲病残人员家属的一次性、定期抚恤金,革命伤残人员的抚恤金,各种伤残补助费,烈军属、复员退伍军人生活补助费,退伍军人安置费,优抚事业单位经费,烈士纪念建筑物管理、维修费,自然灾害救济事业费和特大自然灾害灾后重建补助费等。

(10)行政事业单位离退休支出:指实行归口管理的行政事业单位离退休经费。

(11)社会保障补助支出:指国家预算用于社会保障的补助支出,包括对社会保障基金的补助、促进就业补助、国有企业下岗职工补助、补充全国社会保障基金等。

(12)国防支出:指国家预算用于国防建设和保卫国家安全的支出,包括国防费、国防科研事业费、民兵建设以及专项工程支出等。

(13)行政管理费:包括行政管理支出,党派团体补助支出,外交支出、公安安全支出,司法支出、法院支出,检察院支出和公检法办案费用补助。

(14)政策性补贴支出:指经国家批准,由国家财政拨给的政策性补贴支出。主要包括粮、棉、油差价补贴,平抑物价和储备糖补贴,农业生产资料价差补贴,粮食风险基金,副食品风险基金,地方煤炭风险基金等。

(15)债务利息支出:指国家预算中用于偿还国内外债务利息的支出。

中央财政收入和地方财政收入　指按财政体制划分的中央本级收入和地方本级收入。1994 年分税制财政体制以后,属于中央财政的收入包括关税、海关代征消费税和增值税,消费税,中央企业所得税,地方银行和外资银行及非银行金融企业所得税,铁道、银行总行、保险总公司等集中缴纳的营业税、所得税、利润和城市维护建设税,增值税的 75% 部分,证券交易税(印花税)94% 部分和海洋石油资源税。属于地方财政的收入包括营业税,地方企业所得税,个人所得税,城镇土地使用税,固定资产投资方向调节税,城镇维护建设税,房产税,车船使用税,印花税、屠宰税,农牧业税,农业特产税,耕地占用税,契税,增值税 25% 部分,证券交易税(印花税)6% 部分和除海洋石油资源税以外的其他资源税。

中央财政支出和地方财政支出　指根据政府在经济和社会活动中的不同职责,划分中央和地方政府的责权,按照政府的责权划分确定的支出。中央财政支出包括国防支出,武装警察部队支出,中央级行政管理费和各项事业费,重点建设支出以及中央政府调整国民经济结构、协调地区发展、实施宏观调控的支出。地方财政支出主要包括地方行政管理和各项事业费，地方统筹的基本建设、技术改造支出，支援农村生产支出，城市维护和建设经费，价格补贴支出等。

预算外资金收支 预算外资金指国家机关、事业单位和社会团体为履行或代行政府职能，依据国家法律、法规和具有法律效力的规章而收取、提取和安排使用的未纳入国家预算管理的各种财政性资金。其范围主要包括：法律、法规规定的行政事业性收费、基金和附加收入等；国务院或省级人民政府及其财政、计划（物价）部门审批的行政事业性收费；国务院及财政部审批建立的基金、附加收入等；主管部门所属单位集中上缴资金；用于乡镇政府开支的乡自筹和乡统筹资金；其他未纳入预算管理的财政性资金。社会保障基金在国家财政尚未建立社会保障预算制度以前，先按预算外资金管理制度进行管理，专款专用。财政部门在银行开设统一的专户，用于预算外资金收入和支出管理。部门和单位的预算外收入必须上缴同级财政专户，支出由同级财政按预算外资金收支计划和单位财务收支计划统筹安排，从财政专户中拨付，实行收支两条线管理。

Explanatory Notes on Main Statistical Indicators

Government Revenue refers to the revenue of the government finance by means of participating in the distribution of the social products, which are the financial resources for ensuring the government to function. The contents of government revenue have been changed several times. Now it includes the following main items:

(1) Various tax revenues, including value added tax, business tax, consumption tax, land value added tax, tax on city maintenance and construction, resources tax, tax on use of urban land, stamp tax, personal income tax, enterprise income tax, tariff, tax on agriculture and animal husbandry and tax on occupancy of cultivated l and, etc.

(2) Special revenues, including revenue collected from imposing fee on sewage treatment, revenue collected from imposing fee on urban water resources, and extra charges for education, etc.

(3) Other revenues, including revenue from the repayment of capital construction l loan, revenue from capital construction projects, and donations and grants.

(4) Planned subsidies for the losses of the state owned enterprises. This is s an item of negative revenue, used to eat up part of the government revenue.

Government Expenditure refers to the distribution and use of the funds the government finance has raise d, so as to meet the needs of economic construction and various causes. It include s the following main items:

(1) Expenditure for capital construction: It refers to the non gratuitous use and appropriation of funds for capital construction in the range of capital construction, outlay of capital as well as the loans on capital construction approved by the government for special purpose or policy purpose and the expenditure with discount paid in an overall way within the amount of the funds appropriated to the departments for capital construction.

(2) Innovation funds of the enterprises: They refer to the funds appropriated from the government budget for the enterprises to tap the latent power, upgrade the technology and carry out innovation, including the innovation fund of the departments, loan of the enterprises for innovation, subsidies on the innovation of the small fertilizer plant, small cement plant, small coal mines, small machinery plant and small steel plant, the expenditure of interest for the loan for innovation.

(3) Geological prospecting expenses: They refer to the expenses appropriated from the government budget to the geological prospecting units for the expenditure of the prospecting work, including the expenditures of the administrative agencies for geological prospecting and their institutional units as well as the geologic al prospecting expenditure.

(4) Expenditures for science and technology promotion: They refer to the expense s appropriated from the government budget for the scientific and technological expenditure, including new products development expenditure, expenditure for intermediate trial and subsidies on important scientific researches.

(5) Expenditure for supporting rural production: It refers to the expenditures appropriated from the government budget for supporting the various expenditures of the rural collective units or households for production, including the subsidies to the small water conservancy projects and well drilling, sprinkling irrigation projects run by the villages; subsidies on the rural water and soil conserving measures; subsidies to the small power stations run by the villages; subsidies to the expenditure for fighting against particularly severe draughts; subsidies on the rural was the land exclamation; fund for supporting the township enterprises; subsidies to the expenditure for popularization of the agricultural technologies and plant protection in the rural areas; subsidies to the expenditure for the protection of grasslands and cattle and fowls; subsidies on afforestation and forest protection in rural areas; subsidies on the rural aquatic products industry; special fund for developing grain production.

(6) Operating expenses of the departments of farming, forestry, water conservancy and meteorology etc. : They refer to the expenses appropriated from the government budget for the expenditures of agricultural exclamation, farms, agriculture, animal husbandry, agricultural machinery, forestry, timber industry, water conservancy, aqua tic products industry, meteorology, technology popularization in township enterprises, popularization (demonstration) of improved varieties, plant (cattle and fowls, forest) protection, water quality monitoring, prospecting and designing, resources investigation, cadres training, subsidies to horticulture gardens, expenditure of special-

ized secondary schools, subsidies on the experiments of sowing herbage seeds by flights, expenditures of afforestation agencies and meteorology agencies, expenses for fishery administration and operating expenses for agricultural administration, etc.

(7) Operating expenses of the departments of industry, transport and commerce: They refer to the expenses appropriated from the government budget to the departments of industry, transport and commerce for the expenditure of business development, including expenses for prospecting and designing, expenditures of specialized secondary schools, expenditures of the technical training schools and expenditures or cadres training, etc.

(8) Operating expenses of the departments of culture, education, science and public health: They refer to the expenses appropriated from the government budget for t he expenditures of the causes of culture, publication, cultural relics, education, public health, traditional Chinese medical science, free medical services, sports, archives, earthquake, ocean, communications, broadcasting, film and television, family planning; expenditure for training of cadres of government, party and mass organization; expenditures for natural sciences, social sciences, associations for science and technology and the special expenditure for the high tech researches. They include mainly wages, extra wages, welfare funds, pension for the retirees, stipend, expenses for official business, expenses for equipment purchases, expenses for repairs, business expenses and subsidies to the un its which are unable to support their expenditures by their own earnings.

(9) Pension for the disabled or for the families of the bereaved and relief funds for social welfare: They refer to the funds appropriated from the government bud get for the expenditures of pension for the disabled or for the families of the bereaved and relief funds for social welfare, including the lump sum or regular pension paid by the departments of civil affairs to the members of martyrs families and families of those who died for the public interest, pension to the revolutionary disabled, subsidies for permanent disability of various kinds, subsidies to the military martyrs dependents and the demobilized servicemen, expenditure for settling down the demobilized servicemen, operating expenses of the consoling institutions, expenses for management and repair of the commemorative buildings for the martyrs, the expenses managed by the departments of civil affairs for the retirees and those who have quitted their work, expenses for social relief in rural and urban areas, operating expenses for providing relief to the areas of natural calamity and subsidies on the reconstruction after the particularly severe natural calamities, etc.

(10) Expenditures on retiree : It refers to the expenditures of government agencies and institutions that covered by the state budget.

(11) Expenditures on subsidies to social security system: It refers to expenditure from the state budget for subsidies to the social insurance fund, subsidies to promoting employment, subsidies to laid - off workers of state - owner enterprises, supplement to national social security funds, etc.

(12) Expenditures for national defence: They refer to the funds appropriated from the government budget for the expenditures for building up national defence and safeguarding national security, including expenses of national defence, expenses o f scientific researches on national defence, expenses for building up people's militia and expenditure for special projects, etc.

(13) Administrative expenses: They include expenditure for administration, subsidies to the parties and mass organizations, diplomatic expenditure, expenditure for public security, judicial expenditure, law court expenditure, procuratorial expenditure and subsidies to the expenses for treating the cases by the public security departments, procuratorial organs and law courts.

(14) Expenditure for price subsidies: It refers to the expenditure appropriated, with the approval of the government, from the government budget for the policy subsidies to price adjustment, including the fund for the increase of grain prices, the subsidies to the difference between the selling prices and purchasing prices o f grains, cotton and edible oil, awards in addition to the purchasing prices of cotton, risk fund for non staple food, subsidies on the prices of meat and meat products, subsidies on the price difference for curbing the high market prices of meat, meat products and vegetables and the subsidies approved by the government on the prices of textbooks and newsprint of newspapers and periodicals.

(15) Expenditure on interest of debts: It refers to expenses from the state budget on paying interest of domestic and foreign debts.

Revenue of the central government and revenue of the local governments In accordance with the classification of the structure of the government finance in 1994 on the basis of the classification of channels for collection of tax revenues, the revenue of the central government and the revenue of the local governments have different coverage. The revenue of the central government includes tariff, consumption tax and value added tax levied by the customs, consumption tax, income tax of the enterprises subordinate to the central government, income taxes of the local banks, foreign funded banks and non bank financial institutions, business tax, income tax and profits of railways, head offices of banks, head office of insurance company, which are handed over to the government in a centralized way, tax on city maintenance and construction, 75% of the value added tax, tax on ocean petroleum resources, 94% of the tax on stock dealing (stamp tax). The revenue of the local governments includes business tax, income tax of the enterprises subordinate to the local government, personal income tax, tax on the use of urban land, tax on the adjustment of the investment in fixed assets, tax on town maintenance and construction, tax on real estates, tax on the use of vehicles and ships, stamp tax, slaughter tax, tax on agriculture and animal husbandry, tax on special agricultural products, tax on the occupancy of cultivated land, contract tax, 25% of the value added tax, 6% of the tax on stock dealing(stamp tax) and tax on resources other than the ocean petroleum resources.

Expenditure of the central government and expenditure of the local governments according to the different functions of the central government and local governments in the economic and social activities, the rights of affairs administration are classified between the central government and local governments; and the classification of the expenditure between the central government and local governments are made on the basis of the classification of the rights of affairs administration between them. The expenditure of the central government includes the expenditure for national defence, expenditure for armed police forces, the administrative expenses and various operating expenses at the level of central government, expenditure for key projects and the expenditure of the central government for adjusting the national economic structure, coordinating the development among different regions and exercising the macro economic regulation and control. The expenditure of the local governments includes mainly the administrative expenses and various operating expenses at the level of local governments, the expenditure for capital construction and technological innovation with the funds raised by the local government, expenditure for supporting rural production, expenditure for city maintenance and construction and expenditure for price subsidies, etc.

Extra – budgetary revenue and expenditure Extra – budgetary fund refers to financial fund of various types not covered by the regular government budgetary management, which is collected, allocated or arranged by government agencies, institutions and social organizations while performing duties delegated to them or on behalf o f the government in accordance with laws, rules and regulations. It mainly covers following items: administrative and institutional fees, funds and extra charges that are stipulated by laws and regulations; administrative and institutional fees approved by the State Council and provincial governments and their financial and planning (price management) departments; funds and extra charges established by the State Council and the Ministry of Finance; funds turned over to competent departments by their subordinate institutions; self raised and collected funds by township governments for their own expenditure; and other financial funds that a re not covered in budgetary management. Social security funds are treated as extra budget fund and managed for its exclusive use, given the circumstance that separate government budgetary system for social security is yet to be designed. Special accounts are opened by the financial departments in banks for the management of revenue and expenditure of extra budgetary fund. Extra budgetary revenue and expenditure is managed separately, namely, revenue of institutions and departments must enter into the special accounts of the financial department s at the same administrative level, and their extra budgetary expenditure is arranged in line with the extra budget plans and appropriated from these accounts.

九、物价指数

Price Indices

资料整理：浩毕斯　赵桂梅　张宝明　刘世友　杨月梅　郭　松
Arranged By Hao Bisi , Zhao Guimei , Zhang Baoming , Liu Shiyou , Yang Yuemei , Guo Song

9-1 各种价格总指数

General Price Indices

(上年=100) (preceding year=100)

年 份 Year	居民消费价格指数 General Consumer Price Index	城市居民消费价格指数 Urban Areas	农村居民消费价格指数 Rural Areas	商品零售价格指数 General Retail Price Index	农产品收购价格指数 General Purchasing Price Index of Farm Products	农村工业品零售价格指数 General Rural Retail Price Index of Industrial Products	工农业商品综合比价指数 General Price Parity Index of Industrial & Farm Products
1952		110.7		109.4	100.1	109.8	109.7
1953		104.7		103.2	113.3	102.2	90.2
1957		97.8		99.3	105.1	98.3	93.5
1962		104.9		108.2	101.7	107.9	106.1
1965		98.6		99.6	99.1	98.1	99.0
1970		100.4		100.1	101.1	100.4	99.3
1975		101.4		100.7	101.8	99.5	98.0
1978		101.5		101.0	101.6	100.0	98.8
1979		102.3		101.9	120.2	99.6	82.9
1980		106.1		105.5	112.0	100.4	89.6
1981		101.9		101.8	106.3	100.9	94.9
1982		101.7		101.7	99.9	101.4	101.5
1983		101.2		101.0	101.6	100.9	99.3
1984	104.0	104.9	102.2	104.4	106.9	103.6	96.9
1985	109.3	108.9	110.0	108.5	113.5	103.9	91.5
1986	105.2	105.5	104.5	105.0	114.1	103.1	90.4
1987	107.8	108.5	106.0	108.1	118.6	105.7	89.1
1988	116.3	117.0	115.0	116.3	124.6	114.3	91.7
1989	115.7	114.7	118.3	115.9	105.1	117.9	112.2
1990	102.3	101.8	103.4	102.9	95.2	107.0	112.4
1991	104.6	106.0	102.5	104.5	95.0	103.4	108.8
1992	107.4	108.7	103.9	106.8	104.0	102.4	98.5
1993	114.1	114.7	112.5	112.5	115.5	110.5	95.7
1994	122.9	124.3	121.3	119.6	144.6	116.7	80.7
1995	117.5	117.1	118.0	116.8	124.7	112.8	90.5
1996	107.6	107.5	107.7	105.8	96.3	105.8	109.9
1997	104.5	104.6	104.3	102.3	94.9	102.7	108.2
1998	99.3	99.3	99.2	98.1	97.3	99.0	101.7
1999	99.8	100.3	99.1	97.7	93.8	97.3	103.7
2000	101.3	101.3	101.2	98.8	99.7	99.6	99.9
2001	100.6	100.6	100.5	100.0	105.7	99.4	94.0
2002	102.3	100.8	105.4	99.4	99.0	99.3	100.3
2003	102.2	101.5	103.5	99.6			
2004	102.9	102.5	103.9	102.7			
2005	102.4	102.0	103.3	101.5			
2006	101.5	101.3	102.0	101.4			
2007	104.6	104.3	105.2	103.6			
2008	105.7	105.4	106.3	104.7			
2009	99.7	99.7	99.8	99.5			
2010	103.2	103.0	103.5	103.0			

注:工农业商品综合比价指数是以农产品收购价格指数为100,下表同。

a) The general purchasing price index of farm products is taken as 100 in calculating the general price parity index of industrial and farm products. The same as in the following table.

9－2 居民消费价格分类指数(2010 年)

Consumer Price Indices by Category(2010)

(上年＝100)　　(preceding year＝100)

项目	Item	全区 Autonomous Regional Indices	城市 Urban Indices	农村 Rural Indices
居民消费价格总指数	**General Consumer Price Index**	**103.2**	**103.0**	**103.5**
非食品价格指数	Non－food Price Index	100.4	100.2	100.7
服务项目价格指数	Service Index	100.8	100.7	101.0
扣除鲜菜鲜果总指数	General Index Except Fresh Vegetables & Fruits	102.0	101.6	102.5
消费品价格指数	Consumer Goods Price Index	103.8	103.6	104.1
食品	**Food**	**109.5**	**109.1**	**110.1**
粮食	Grain	110.1	108.8	111.5
# 大米	Rice	114.0	113.8	114.2
面粉	Flour	107.4	106.3	108.4
淀粉	Starches	119.3	117.8	120.5
干豆类及豆制品	Bean and Its Products	113.8	113.5	114.0
油脂	Oil or Fat	101.9	102.5	100.9
# 食用植物油	Edible Vegetable Oil	102.3	102.8	101.3
肉禽及其制品	Meal, Poultry and Their Products	105.3	105.1	105.5
食用畜肉及副产品	Meal and Its Products	105.7	105.5	105.8
# 猪肉	Pork	101.7	102.8	100.1
牛肉	Beef	104.3	104.9	103.5
羊肉	Mutton	114.3	114.8	113.9
禽	Poultry	106.7	105.4	108.2
加工肉禽	Products of Meal and Poultry	102.8	103.6	101.3
蛋	Eggs	109.9	109.4	110.8
水产品	Aquatic Products	106.5	107.7	104.1
鱼	Fish	107.1	108.9	103.9
其它水产品	Other Aquatic Products	104.5	104.4	104.8
菜	Vegetables	129.2	128.0	130.9
调味品	Flavoring	103.9	103.0	104.5
# 盐	Salt	106.0	110.7	103.4
糖	Carbohydrate	109.3	110.4	108.3
# 食糖	Sugar	123.6	120.8	126.2
糖果	Candy	99.9	103.9	97.4
茶及饮料	Tea and Beverages	101.5	101.3	101.9
茶叶	Tea	103.1	102.5	103.6
饮料	Beverages	100.8	100.9	100.5
干鲜瓜果	Dried and Fresh Melon and Fruits	121.5	123.5	118.4

9－2 续表 1 continued

（上年＝100） （preceding year＝100）

项目	Item	全区 Autonomous Regional Indices	城市 Urban Indices	农村 Rural Indices
# 鲜瓜果	Fresh Fruits	123.7	126.2	119.8
糕点饼干	Cake & Biscuit	102.5	102.1	103.0
液体乳及乳制品	Milk and Its Products	103.6	104.8	100.9
# 杀菌或消毒奶	Sterilized or Disinfected Milk	102.9	103.7	100.4
奶粉	Milk Powder	103.0	104.6	101.3
在外用膳食品	Outdoor Food	102.2	101.2	104.5
# 主食	Staple Food	101.6	101.0	103.2
炒菜	Fried Dishes	100.6	100.0	102.4
其它食品	Other Food	102.3	101.9	102.8
烟酒及用品	**Tobacco and Liquor and Articles for Them**	**101.9**	**102.4**	**101.4**
烟草	Tobacco	100.8	100.4	101.1
# 国产卷烟	Cigarette Made in China	100.7	100.4	100.9
酒	Alcoholic Drink	103.4	105.3	101.9
# 白酒	Liquor	104.9	108.3	101.9
啤酒	Beer	100.7	100.3	101.1
吸烟饮酒用品	Articles for Smoking and Drinking	99.8	100.0	99.2
衣着	**Clothing**	**99.4**	**99.5**	**99.4**
服装	Garments	99.2	99.6	98.6
男式服装	Men's Garment	98.9	99.0	98.8
女式服装	Women's Garment	99.3	99.9	98.1
儿童服装	Children's Garment	100.0	100.7	99.5
衣着材料	Clothing Material	101.1	100.7	101.2
# 棉布	Cotton Cloth	102.5	102.6	102.5
化纤布	Chemical Fiber Cloth	100.1	100.3	100.1
毛线	Wool	100.3	99.7	100.7
鞋袜帽	Footwear and Hats	99.3	99.0	99.8
鞋	Shoes	99.1	98.8	99.6
袜子	Socks and Stockings	100.2	100.5	100.0
帽子	Hats	101.0	100.4	101.5
衣着加工服务费	Service Charges of Clothing Processing	102.5	101.3	103.7
家庭设备用品及维修服务	**Household Facilities and Repairing Services**	**98.8**	**98.9**	**98.7**
耐用消费品	Durable Consumer Goods	97.4	97.4	97.4
家具	Furniture	99.2	99.4	98.6
家庭设备	Household Facilities	96.5	96.1	96.9

9－2 续表 2 continued

（上年＝100）　　（preceding year＝100）

项目	Item	全区 Autonomous Regional Indices	城市 Urban Indices	农村 Rural Indices
# 洗衣机	Washing Machine	94.8	93.3	96.2
电冰箱(柜)	Refrigerator	96.9	95.7	98.3
电炊具	Electric Cooking Appliances	97.7	98.0	97.5
室内装饰品	Interior Decorations	99.6	99.9	99.3
床上用品	Bed Articles	98.4	98.7	98.0
家庭日用杂品	Daily Use Household Articles	99.8	100.0	99.5
家庭服务及加工维修服务	Family Service and Repairing Service	104.2	105.1	103.3
医疗保健和个人用品	**Medicine & Medical Articles and Personal Necessities**	**101.8**	**101.2**	**102.7**
医疗保健	Medical and Health Care	101.4	100.7	102.4
医疗器具及用品	Medical Appliances and Articles	102.3	101.3	102.6
中药材及中成药	Traditional Chinese Medicine	105.1	104.0	106.5
西药	Western Medicine	100.2	99.6	101.2
保健器具及用品	Health Care Appliances and Articles	100.1	100.0	100.2
医疗保健服务	Medical and Health Care Services	100.0	99.9	100.0
# 挂号费	Registration Fee	100.2	100.2	100.0
手术费	Operation Fee	100.0	100.0	100.0
住院费	Hospitalization Expenses	100.0	100.0	100.0
个人用品及服务	Personal Necessities and Services	102.7	102.3	103.2
化妆美容用品	Cosmetic and Beauties	100.8	100.7	100.8
清洁化妆用品	Articles for Daily Use	100.6	100.6	100.6
个人饰品	Personal Decorations	107.1	105.9	108.4
个人服务	Personal Services	102.5	102.6	102.4
交通和通讯	**Transportation and Communication**	**99.7**	**99.3**	**100.3**
交通	Transportation	101.5	101.3	101.6
交通工具	Means of Transportation	98.5	98.7	98.4
# 摩托车	Motor	97.9	98.2	97.7
自行车	Bike	99.7	100.0	99.5
轿　车	Automobile	98.2	97.5	99.4
车用燃料及零配件	Fuel and Spares of Vehicles	110.9	110.9	110.9
# 汽油	Gasoline	114.5	114.3	114.7
柴油	Diesel Oil	116.5	115.6	117.0
车辆使用及维修费	Utilize and Repair Costs of Vehicles	100.7	100.5	101.1

9－2 续表 3 continued

(上年＝100) (preceding year＝100)

项目	Item	全区 Autonomous Regional Indices	城市 Urban Indices	农村 Rural Indices
市区公共交通费	Public Traffic in City	101.0	101.1	100.8
#公共汽车票	Bus Ticket	99.4	99.2	100.0
出租汽车	Taxi	102.7	102.5	104.6
城市间交通费	Traffic between Cities	100.3	100.2	100.4
#火车票	Train Ticket	100.0	100.0	100.0
长途汽车	Long Distance Bus	100.6	100.4	100.8
通信	Communication	97.6	97.6	97.8
通信工具	Means of Communication	90.7	89.7	92.9
通信服务	Service of Communication	99.9	100.0	99.8
娱乐教育文化用品及服务	**Recreation, Education and Culture Articles & Services**	**99.6**	**99.1**	**100.3**
文娱用耐用消费品及服务	Durable Consumer Goods for Recreation Use and Service	94.3	92.9	96.1
#电视机	Television	90.4	89.5	92.0
激光视盘机	Video Disc Player	96.2	94.3	97.6
照相机	Camera	95.8	93.8	98.7
电　脑	Computer	94.4	93.7	95.9
教育	Education	101.0	100.5	101.8
教材及参考书	Teaching Materials and Reference Books	102.8	100.6	105.3
学杂托幼费	Tuition and Child Care	100.7	100.4	101.1
文化娱乐类	Cultural and Recreational Articles	100.6	100.9	100.1
文化娱乐用品	Culture and Recreation	99.6	99.3	100.0
书报杂志	Newspapers and Magazines	100.0	100.1	100.0
文娱费	Recreational Fee	102.4	103.2	100.5
旅游	Tourism	100.6	100.7	100.5
居住	**Residence**	**102.2**	**102.3**	**102.1**
建房及装修材料	Housing and Building Decoration Material	100.8	100.8	100.8
#木材	Wood	101.1	99.9	101.8
水泥	Cement	100.6	102.2	99.8
涂料	Paint	100.9	100.7	101.0
玻璃	Glass	100.0	98.8	101.1
租房	Rent	101.5	100.7	104.7
自有住房	Individual－own House	101.2	101.3	100.9
水、电、燃料	Water, Electricity and Fuels	103.8	103.7	104.1
#水	Water	105.1	105.4	104.4
电	Electricity	100.8	100.7	101.0

9－3 商品零售价格分类指数(2010 年)

Retail Price Indices by Category of Commodities(2010)

(上年＝100)　　(preceding year＝100)

项目	Item	全区 Autonomous Regional Indices	城市 Urban Indices	农村 Rural Indices
商品零售价格指数	**General Retail Price Index**	**103.0**	**102.9**	**103.3**
食品	**Food**	**109.7**	**109.6**	**109.8**
粮食	Grain	109.9	109.3	110.8
淀粉	Starch	116.5	115.2	119.5
干豆类及豆制品	Dry Beans and Bean Products	114.7	112.8	118.1
油脂	Oil or Fat	101.5	101.8	101.0
肉禽及制品	Meal, Poultry	105.0	105.0	104.9
蛋	Eggs	109.2	108.8	110.1
水产品	Aquatic Products	107.5	108.4	105.6
菜	Vegetables	127.9	127.3	128.9
调味品	Condiments	104.7	105.1	103.9
糖	Sugar	110.3	110.7	109.4
干鲜瓜果	Dried and fresh Fruits	119.6	120.1	117.9
糕点饼干面包	Cake, Biscuits and Bread	102.6	102.3	103.3
液体乳及乳制品	Mike and Its Products	104.7	106.0	101.2
在外用膳食品	Out－of－home Food	102.1	101.1	104.5
其他食品	Other Food	102.0	101.8	102.5
饮料烟酒	**Beverages, Tobacco and Liquor**	**101.7**	**101.9**	**101.3**
茶及饮料	Tea and Beverages	101.0	101.2	100.7
烟草	Tobacco	100.8	100.5	101.2
酒	Liquor	103.2	104.1	101.7
服装鞋帽	**Garments, Shoes and Hats**	**98.9**	**98.9**	**98.9**
服装	Garments	99.3	99.6	98.7
鞋袜帽	Shoes, Sock and Cap	98.0	97.3	99.5
其他	Others	99.2	100.0	97.6
纺织品	**Textiled**	**99.7**	**99.4**	**100.2**
衣着材料	Material of Cloth	101.3	100.7	102.3
床上用品	Bedding	98.2	98.3	97.7
家用电器及音像器材	**Household Appliances**	**95.6**	**95.2**	**96.5**
文化办公用品	**Cultural and Office Goods**	**98.1**	**97.6**	**99.5**
日用品	**Articles for Daily Use**	**99.9**	**99.9**	**100.0**
体育娱乐用品	**Sports Entertainment Goods**	**99.2**	**98.9**	**99.8**
交通通信用品	**Transportation and communication**	**95.7**	**95.1**	**97.2**
家　具	**Furniture**	**98.5**	**98.6**	**98.4**
化妆品	**Cosmetics**	**100.5**	**100.3**	**100.9**
金银珠宝	**Jewelry**	**116.8**	**118.4**	**113.3**
中西药品及医疗保健用品	**Traditional Chinese and Western Medicines**	**101.9**	**101.2**	**103.5**
医疗器具及用品	Medical Appliances and Articles	102.5	102.0	103.3
中药材及中成药	Traditional Chinese Medicine	105.2	103.9	107.9
西药	Western Medicines	100.0	99.7	100.8
保健品及器具	Health Care Appliances and Articles	100.4	100.4	100.3
书报杂志及电子出版物	**Newspapers, Magazines and Electronic Publications**	**100.5**	**100.3**	**100.9**
燃料	**Fuels**	**109.5**	**109.6**	**109.2**
建筑材料及五金电料	**Building Materials and Hardwares**	**102.5**	**102.9**	**101.7**

9-4 主要农产品生产价格指数

Yielding Price Indices of Main Farm Products

(上年=100) (preceding year=100)

项目	Item	2009	2010
总指数	**General Index**	**99.8**	**111.4**
农业产品	**Farm Products**	**102.9**	**114.6**
谷物(原粮)	Grain(Primary Grain)	100.3	113.6
小麦	Wheat	100.0	107.6
稻谷	Rice	103.3	110.0
玉米	Corn	99.9	113.6
杂粮	Other grain	102.1	118.7
马铃薯	Potatos	101.9	139.2
豆类	Legume	98.3	111.5
#大豆	Soybean	96.0	105.8
油料	Edible Oil	97.3	107.4
甜菜	Sugar Beet	99.0	107.7
牧草	Herbage	72.0	104.1
蔬菜	Vegetables	122.7	113.8
水果	Fruits	122.6	104.0
中药材	Raw Material of Traditional Chinese Medicine	100.2	154.9
林业产品	**Forest Products**	**102.4**	**102.9**
畜牧业产品	**Livestock Products**	**95.8**	**107.9**
牛	Cattles	104.4	104.6
羊	Sheep and Goats	103.1	107.3
猪	Hogs	92.1	98.0
肉禽	Poultry	100.5	117.0
禽蛋	Poultry's egg	101.8	108.0
牛奶	Milk	93.6	108.4
绵羊毛	Sheep's wool	86.0	111.9
山羊绒	Cashmere	86.6	135.5
渔业产品	**Fishing Products**	**99.0**	**109.7**

9－5 农业生产资料价格分类指数

Price Indices of Agricultural Means of Production by Category

（上年＝100） (preceding year＝100)

项 目	Item	2007	2008	2009	2010
总指数	**General Index**	**103.0**	**114.9**	**99.7**	**102.0**
小农具	Small Farm Tools	100.4	104.1	100.9	100.2
饲料	Forage	104.7	118.8	102.4	106.2
幼禽家畜	Young Livestock & Fowls	121.5	127.6	89.7	101.7
大牲畜	Large Animal				
半机械化农具	Semi－mechanized Farm Tools	100.4	102.5	100.8	99.9
机械化农具	Mechanized Farm Tools	100.6	102.3	101.7	101.5
化学肥料	Chemical Fertilizer	101.1	129.1	95.4	97.4
农药及农药械	Pesticide & Its Appliances	100.0	111.0	98.9	104.5
化学农药	Chemical Pesticide	99.9	113.6	98.6	100.7
农药械具	pesticidal Appliance	100.2	100.6	99.6	119.3
农机用油	Oil for Farm Machinery	103.9	111.4	97.3	111.2
其他	Others	102.3	104.4	101.1	103.3

9－6 工业品出厂价格分类指数

Ex－factory Price Indices of Industrial Products

（上年＝100） (preceding year＝100)

项 目	Item	2007	2008	2009	2010
全部工业品	**Total Industry Products**	**105.7**	**112.5**	**96.2**	**106.7**
生产资料	**Means of Production**	**105.9**	**112.7**	**95.3**	**107.5**
采掘工业	Mining & Quarrying Industry	107.6	117.1	98.4	110.5
原材料工业	Raw Materials Industry	105.1	109.9	94.5	107.1
加工工业	Manufacturing Industry	105.5	113.1	93.8	105.3
生活资料	**Consumer Goods**	**104.8**	**111.7**	**100.6**	**103.1**
食品类	Food	106.0	115.3	101.7	104.1
衣着类	Clothing	102.1	102.9	100.0	103.3
一般日用品	Articles for Daily Uses	104.8	107.3	103.8	101.4
耐用消费品	Durable Consumer Goods	98.6	95.1	92.0	92.5

9－7 主要工业原材料购进价格指数
Purchasing Price Index of Majority Industrial Raw Materials

（上年＝100）　　　　(preceding year＝100)

项 目	Item	2007	2008	2009	2010
原材料、燃料、动力购进价格总指数	**General Purchasing Price Index of Raw Materials and Energy**	**104.8**	**111.7**	**99.1**	**105.0**
燃料、动力	Fuels and Energy	105.3	113.8	106.5	104.1
黑色金属材料	Ferrous Metals	105.3	115.0	90.4	103.6
#钢材	Steel Products	103.8	119.4	92.8	103.6
有色金属材料和电线	Nonferrous Metals and Wires	99.4	98.0	71.4	112.5
化工原料	Chemical Raw Materials	105.0	109.7	98.3	103.0
木材及纸浆	Wood and Paper Pulps	102.6	106.2	102.5	100.8
建筑材料类及非金属矿	Construction Materials	102.8	107.2	102.9	102.9
其它工业原材料类及半成品	Other Industrial Raw Materials and Semi－products	104.7	110.7	99.4	103.6
农副产品类	Farm and Sideline Products	106.7	113.8	98.5	105.9
纺织原料类	Textile Raw Materials	102.0	99.6	92.8	102.6

9－8 固定资产投资价格指数
Price Indices of Investment in Fixed Assets

（上年＝100）　　　　(preceding year＝100)

项 目	Item	2007	2008	2009	2010
固定资产投资	**Investment in Fixed Assets**	**103.8**	**108.1**	**98.5**	**105.4**
建筑安装工程	Construction and Installation	104.6	110.6	98.1	107.3
设备、工器具购置	Purchase of Equipment, Tools & Instruments	100.3	101.1	98.0	100.1
其他费用	Others	105.2	106.2	102.4	103.0

主要统计指标解释

商品零售价格指数 是反映城乡商品零售价格变动趋势的一种经济指数。零售物价的调整变动直接影响到城乡居民的生活支出和国家的财政收入,影响 居民购买力和市场供需平衡,影响消费与积累的比例。因此,计算零售价格指数,可以从一个侧面对上述经济活动进行观察和分析。

居民消费价格指数 是反映一定时期内城乡居民所购买的生活消费品价格和服务项目价格变动趋势和程度的相对数,是对城市居民消费价格指数和农村居民消费价格指数进行综合汇总计算的结果。利用居民消费价格指数,可以观察和分析消费品的零售价格和服务价格变动对城乡居民实际生活费支出的影响程度。

城市居民消费价格指数 是反映城市居民家庭所购买的生活消费品价格和服务项目价格变动趋势和程度的相对数。城市居民消费价格指数可以观察和分析消费品的零售价格和服务项目价格变动对职工货币工资的影响,作为研究职工生活和确立工资政策的依据。

农村居民消费价格指数 是反映农村居民家庭所购买的生活消费品价格和服务项目价格变动趋势和程度的相对数。农村居民消费价格指数可以观察农村消费品零售价格和服务项目价格变动对农村居民生活消费支出的影响,直接反映农民生活水平的实际变化情况,为分析和研究农村居民生活问题提供依据。

农产品收购价格指数 是反映国有商业、集体商业、个体商业、外贸部门、国家机关、社会团体等各种经济类型的商业企业和有关部门收购农产品价格的变动趋势和程度的相对数。农产品收购价格指数可以观察和研究农产品收购价格总水平的变化情况,以及对农民货币收入的影响,作为制订和检查农产品价格政策的依据。

农村工业品零售价格指数 是反映农村市场工业品零售价格水平变动趋势和程度的相对数。通过农村工业品零售价格指数,可以观察工业品零售价格变动对农民货币支出的影响。

工业品出厂价格指数 是反映全部工业产品出厂价格总水平变动趋势和程度的相对数,包括工业企业售给本企业以外所有单位各种产品和直接售给居民用于生活消费的产品。通过工业品出厂价格指数能观察出厂价格变动对工业总产值的影响。

固定资产投资价格指数 是反映固定资产投资额价格变动趋势和程度的相对数。固定资产投资额是由建筑安装工程投资完成额、设备、工器具购置投资完成额和其他费用投资完成额三部分组成的。编制固定资产投资价格指数应首先分别编制上述三部分投资的价格指数,然后采用加权算术平均法求出固定资产投资价格总指数。

编制固定资产投资价格指数可以准确地反映固定资产投资中涉及的各类商品和取费项目价格变动趋势和变动幅度,消除按现价计算的固定资产投资指标中的价格变动因素,真实地反映固定资产投资的规模、速度、结构和效益,为国家科学地制定、检查固定资产投资计划并提高宏观调控水平,为完善国民经济核算体系提供科学的、可靠的依据。

Explanatory Notes on Main Statistical Indicators

Retail Price Index reflects the general change in retail prices of commodities. The change and adjustment in retail prices directly affect the living expenditure of urban and rural residents, government revenue, purchasing power of residents and the equilibrium of market supply and demand, and the ratio of consumption to accumulation. Therefore, the calculation of retail p rice index is useful to analyze the changes of the above economic activities.

Consumer Price Index reflects the trend and degree of changes in prices of consumer goods and services purchased by urban and rural residents, and is a composite index derived from the urban consumer price index and the rural consumer price index. Consumer price index can be used to analyze the impact of consumer price change on actual expenditure for living cost of urban and rural residents.

Urban Consumer Price Index reflects the trend and degree of changes in prices of consumer goods and services purchased by urban households. It can be used to observe and analyze the impact of price changes in consumer goods and services on money wages of staff and workers, and provide basis for policy making concerning t he living cost and wages of staff and workers.

Rural Consumer Price Index reflects the trend and degree of changes in prices of consumer goods and services purchased by rural households. It can be used to observe the impact of change in retail prices of consumer goods and service prices in rural areas on living expenditure of rural households, and t o show the changes in the living standard of peasants. It provides basis for analysis and research on condition of life in rural areas.

Index of Purchasing Prices of Farm Products reflects the trend and degree of changes in purchasing prices of farm products purchased by state owned, collective owned, and individual commercial enterprises, foreign trade sectors, government agencies, social organizations and other units of various types of ownership. It is used to observe the impact of change in purchasing prices of farm products on the cash income of peasants, and serves as basis for the formulation and supervision of pricing policies for farm products.

Retail Price Index of Rural Industrial Products reflects the t rend and degree of changes in prices of industrial products in rural market and can be used to observe the impact of the price change on farmers money expenditure.

Ex – Factory Price Index of Industrial Products reflects the trend and degree of changes in general ex factory prices of all industrial products, including sales of industrial products by an industrial enterprise to all units outside the enterprise, as well as sales of consumer goods to residents. It can be used to analyze the impact of ex – factory prices on gross industrial output value.

Price Index of Investment in Fixed Assets reflects the trend and degree of changes in prices of investment in fixed assets. The investment in fixed assets consists of three components, namely the investment in construction and installation, the investment in Purchases of equipment and instrument, and the investment in other items. Price index of investment in fixed assets is calculated as the weighted arithmetic mean of the price indices of the three components of investment in fixed assets. Removing the factor of price change in the aggregates of investment at current prices, this indicator shows the changes in the pr ices of commodities and fees involved in the investment of fixed assets, and can be used to observe the actual size, growth, structure, and efficiency of investment in fixed assets and provides reliable and scientific data for government planning, management, decision making, and further improving the current national accounting system.

十、人民生活

People's Livelihood

资料整理：高志宇　陈宝华　谢瑞平　刘　军　李凤明　朝　鲁
Arranged By Gao Zhiyu , Chen Baohua , Xie Ruiping , Liu Jun ,
Li Fengming , Chao Lu

10－1 人民物质文化生活情况

People's Material & Cultural Life

项 目	Item	1990	1995	2000	2005	2010
就 业	**Employment**					
每一农村劳动力负担人数(人)	Dependents per Rural Laborer(person)	1.68	1.55	1.48	1.42	1.35
每一城镇就业者负担人数(人)	Dependents per Urban Employee(person)	1.89	1.86	1.92	1.91	1.94
城镇登记失业率(%)	Urban Unemployment Rate(%)	3.80	3.17	3.34	4.26	3.90
收 入	**Income of Rural & Urban Residents**					
农村牧区人均纯收入(元)	Per Capita Net Income of Rural(yuan)	647	1300	2038	2989	5530
农民人均纯收入	Peasants	607	1208	1869	2813	5222
牧民人均纯收入	Herdermen	906	1871	3355	4341	7851
农村牧区居民家庭人均纯收入指数(1978＝100)	Index of Per Capita Net Income of Rural Residents(1978＝100)	224.3	274.0	408.7	526.1	834.5
城镇居民人均可支配收入(元)	Per Capita Disposable Income of Urban Residents(yuan)	1155	2846	5129	9137	17698
城镇居民人均可支配收入指数(1978＝100)	Index of Annual Per Capita Disposable Income of Urban Residents(1978＝100)	189.6	244.1	385.8	632.3	1071.5
职工年平均工资(元)	Average Wages of Staff & Workers (yuan)	1846	4134	6974	15985	35507
消 费	**Consumption**					
农村牧区居民人均消费支出(元)	Expenditure of Rural Residents(yuan)	539	1261	1615	2446	4461
农村居民人均消费支出	Peasants	492	1181	1442	2244	4115
牧区居民人均消费支出	Herdsmen	843	1762	2959	4006	7067
城镇居民人均消费支出(元)	Expenditure of Urban Residents(yuan)	982	2482	3928	6929	13995
恩格尔系数(%)	Engel Coefficient(%)					
城镇居民	Urban Residerts	48.3	48.4	34.5	31.4	30.1
农民家庭	Households of Peasant	59.2	59.7	47.7	45.1	38.8
牧民家庭	Households of Herdsman	48.3	48.1	33.8	34.3	32.0
储 蓄	**Savings**					
城乡居民年底储蓄余额(亿元)	Balance of Savings Deposit of Rural & Urban Residents (100 million yuan)	110	410	876	1974	4618
平均每人储蓄存款余额(元)	Per Capita Balance of Saving Deposit(yuan)	515	1804	3875	8274	18877
住房面积(平方米)	**Per Capita Floor Space(sq.m)**					
农村牧区平均每人居住	Rural Areas	11.9	15.3	17.0	19.7	22.1
城市平均每人居住	Urban Areas	8.98	12.06	15.54	26.09	29.84
城市公用事业	**Public Utilities in Urban Areas**					
自来水普及率(%)	Rate of Access to Tap Water(%)	73.4	80.7	89.1	83.9	88.0
燃气普及率(%)	Rate of Access to Gas(%)	16.8	40.5	58.6	68.2	79.3
每万人拥有绿地面积(公顷)	Green Area per 10 000 Persons(hectare)	3.3	5.9	7.0	7.8	12.4
文 化	**Culture**					
城镇每百户有彩色电视机(台)	Number of Color TV Set per 100 Households in Urban Areas(unit)	53.43	84.22	106.66	113.34	110.18
农村每百户有电视机(台)	TV sets per 100 Households in Rural Areas(unit)	42.14	84.89	96.07	102.00	103.00
广播综合人口覆盖率(%)	Broadcast Covering Rate (%)			85.6	92.6	96.6
电视综合人口覆盖率(%)	TV Covering Rate of Population(%)			81.4	90.2	95.4
每人每年拥有报纸(份)	Newspapers per Capita(copy)	2.06	7.17	7.56	25.92	11.06
每人每年拥有图书杂志(册)	Books & Magazines per capita(copy)	4.30	3.34	3.79	4.31	3.07
教 育	**Education**					
学龄儿童入学率(%)	Enrollment Ratio of School Age Children(%)	97.90	98.90	99.50	99.40	99.99
每万人口中在校大学生数(人)	Number of University Students per 10 000 Persons(person)	15.10	16.39	29.60	96.15	151.81
卫 生	**Public Health**					
每万人有医院、卫生院病床(张)	Number of Hospital Beds per 10 000 Persons(unit)	26.62	27.25	28.24	26.83	40.38
每万人有卫生技术人员(人)	Number of Medical Technical Personnel per 10 000 Persons(person)	2.39	2.16	1.87	1.58	3.32
每万人有医生数(人)	Doctors per 10 000 Persons(person)	19	22	22	21	22

10－2 城乡居民家庭人均收入及指数

年 份 Year	农牧民人均纯收入 Annual Net Income of Rural Households per Capita			
	农牧民 Peasant and Herdsman		农 民 Peasant	
	绝对数(元) Value(yuan)	指数(1978＝100) Index	绝对数(元) Value(yuan)	指数(1978＝100) Index
1978	131	100.0	126	100.0
1979	164	115.8	156	114.9
1980	192	123.9	181	121.6
1981	241	146.1	228	144.0
1982	288	163.8	273	162.0
1983	325	174.1	294	163.6
1984	368	189.0	336	179.6
1985	400	192.3	360	180.0
1986	382	171.3	340	157.7
1987	426	185.7	389	175.8
1988	547	219.3	500	209.4
1989	553	214.5	478	179.9
1990	647	224.3	607	208.1
1991	651	242.1	618	208.7
1992	719	251.8	672	222.3
1993	829	254.1	778	225.2
1994	1062	266.2	970	228.6
1995	1300	274.0	1208	240.2
1996	1602	314.5	1552	288.7
1997	1780	335.9	1705	304.6
1998	1982	379.2	1911	341.5
1999	2003	403.5	1903	350.3
2000	2038	408.7	1869	340.8
2001	1973	393.2	1784	323.4
2002	2086	411.7	1948	350.3
2003	2268	436.5	2133	373.1
2004	2606	474.0	2465	406.9
2005	2989	526.1	2813	449.6
2006	3342	578.7	3188	501.4
2007	3953	655.0	3750	564.2
2008	4656	725.7	4457	631.3
2009	4938	771.3	4656	660.7
2010	5530	834.5	5222	716.0

Per Capita Annual Income of Urban and Rural Household and Related Index

牧民 Herdsman		城镇居民可支配收入 Annual Disposable Income of Urban Residents per Capita	
绝对数(元) Value(yuan)	指数(1978=100) Index	绝对数(元) Value(yuan)	指数(1978=100) Index
188	100.0	301.0	100.0
236	116.8	350.1	115.5
265	118.8	407.1	124.7
326	137.2	418.3	124.7
387	153.0	452.7	133.6
530	199.5	474.2	138.5
573	206.5	548.8	152.8
650	219.9	666.0	173.0
649	205.1	773.6	187.4
662	203.3	819.7	183.0
850	233.4	915.8	174.8
1038	249.0	1052.8	175.9
906	244.8	1155.0	189.6
868	230.8	1294.7	200.5
1022	264.1	1478.9	210.7
1164	262.5	1883.3	235.2
1664	314.5	2503.0	251.5
1871	292.1	2845.7	244.1
1951	278.1	3431.8	273.9
2345	321.8	3944.7	300.9
2516	345.2	4353.0	334.5
2698	370.5	4770.5	365.5
3354	454.2	5129.1	385.8
3277	441.0	5535.9	411.9
3052	403.9	6051.0	446.7
3201	418.0	7012.9	509.6
3571	444.2	8123.1	575.9
4341	522.8	9136.8	632.3
4502	532.7	10358.0	708.2
5510	624.9	12378.0	811.6
6194	660.5	14433.0	897.6
7071	755.3	15849.2	988.3
7851	810.3	17698.2	1071.5

10－3 城镇居民家庭基本情况
Basic Conditions of Urban Households

项 目	Item	1990	1995
调查户数(户)	**Number of Households Surveyed (household)**	**1400**	**1400**
平均每户家庭人口(人)	**Average Household Size(person)**	**3.73**	**3.34**
平均每户就业人口(人)	**Average Number of Employed Persons per Household(person)**	**1.97**	**1.80**
平均每户就业面(%)	**Percentage of Employment per Household(%)**	**52.79**	**53.89**
平均每一就业者负担人数(包括就业者本人)(人)	**Number of Persons Supported by Each Employee including the employee himself or herself(person)**	**1.89**	**1.86**
平均每人全部年收入(元)	**Per Capita Annual Income(yuan)**	**1160**	**2874**
#可支配收入	Disposable Income	1155	2846
薪水	Salary		
国有单位职工工资	Wages of Staff & Workers in State－owned Units	704	1941
集体及其它经济类型单位职工工资	Wages of Staff and Workers in Collective owned Units and Units of Other Type of Ownership	104	147
职工从工作单位得到的其他收入	Other Income of Staff and Workers from Their Working Units	61	103
个体经营劳动者收入	Income of Individual Laborers	16	62
被聘用或留用的离退休人员收入	Income of Re employed Retirees	7	16
其他就业者收入	Income of Other Employees	4	2
其他劳动收入	Part time Income	28	84
财产性收入	Property Income	11	39
转移性收入	Transfer Income	180	474
其他收入	Other Income		
平均每人消费性支出(元)	**Per Capita Annual Living Expenditures for Consumption(yuan)**	**982**	**2482**
#食 品	Food	474	1202
衣 着	Clothing	162	405
家庭设备用品及服务	Household Facilities, Articles and Service		168
医疗保健	Medicine and Medical Service	20	100
交通通讯	Transportation and Communications		123
娱乐教育文化服务	Recreation, Education & Cultural Service		224
居 住	Residence		156
杂项商品与服务	Miscellaneous Commodities and Services		104

10－3 续表 continued

项 目	Item	2000	2005	2010
调查户数(户)	**Number of Households Surveyed (household)**	**2300**	**2420**	**2350**
平均每户家庭人口(人)	**Average Household Size(person)**	**3.08**	**3.00**	**2.82**
平均每户就业人口(人)	**Average Number of Employed Persons per Household(person)**	**1.61**	**1.57**	**1.45**
平均每户就业面(%)	**Percentage of Employment per Household(%)**	**52.2**	**52.3**	**51.4**
平均每一就业者负担人数(包括就业者本人)(人)	**Number of Persons Supported by Each Employee including the employee himself or herself(person)**	**1.92**	**1.91**	**1.94**
平均每人全部年收入(元)	**Per Capita Annual Income(yuan)**	**5151**	**9565**	**19014**
#可支配收入	Disposable Income	5129	9137	17698
薪水	Salary		6669	12614
国有单位职工工资	Wages of Staff & Workers in State owned Units	2909		
集体及其它经济类型单位职工工资	Wages of Staff and Workers in Collective－owned Units and Units of Other Type of Ownership	191		
职工从工作单位得到的其他收入	Other Income of Staff and from Their Working Units		508	
个体经营者净收入	Income of Individuals	495	858	2014
被聘用或留用的离退休人员收入	Income of Re employed Retirees	93		
其他就业者收入	Income of Other Employees	13		
其他劳动收入	Part time Income	187		912
财产性收入	Property Income	59	161	433
转移性收入	Transfer Income	1110	1877	3953
其他收入	Other Income			
平均每人消费性支出(元)	**Per Capita Annual Living Expenditures for Consumption(yuan)**	**3928**	**6929**	**13995**
#食 品	Food	1353	2178	4211
衣 着	Clothing	561	1048	2204
家庭设备用品及服务	Household Facilities, Articles and Service	289	394	949
医疗保健	Medicine and Medical Service	287	533	1126
交通通讯	Transportation and Communications	359	756	1769
娱乐教育文化服务	Recreation, Education & Cultural Service	488	969	1641
居 住	Residence	339	723	1384
杂项商品与服务	Miscellaneous Commodities and Services	252	328	710

10－4 城镇居民家庭基本情况(2010 年)

项 目	Item	全 区 All Regional Cities and County Towns
调查户数(户)	**Number of Households Surveyed(household)**	**2350**
平均每户家庭人口(人)	Average Household Size(person)	2.82
平均每户就业人口(人)	Average Number of Employees per Household(person)	1.45
平均每户就业面(%)	Percentage of Employed Persons per Household(%)	51.42
平均每一就业者负担人数(包括就业者本人)(人)	Number of Persons Supported by Each Employee (including the employee himsel for herself)(person)	1.94
平均每人全部年收入(元)	Per Capita Annual Income(yuan)	19014.24
平均每人可支配收入(元)	Per Capita Disposable Income(yuan)	17698.15
平均每人消费性支出(元)	Per Capita Annual Living Expenditure(yuan)	13994.62

10－5 城镇居民家庭平均每人全年消费性支出及构成(2010 年)

单位:元

项 目	Item	总平均 Average	最低收入户 lowest Income Households (first decile)	#困难户 Difficult Households (first five percent)
消费性支出	**Total Living Expenditures**	**13994.62**	**6737.41**	**5820.05**
食 品	Food	4211.48	2296.95	1951.46
# 粮 食	Grain	401.60	354.13	336.46
肉禽及其制品	Meat, Poultry and Related Products	761.03	453.92	372.62
蛋 类	Eggs	66.43	47.79	44.78
水产品	Aquatic Products	102.05	88.09	34.71
奶及奶制品	Milk and Dairy Products	173.47	92.94	78.39
衣 着	Clothing	2203.59	949.63	728.88
# 服 装	Garments	1615.60	663.14	498.26
家庭设备用品及服务	Household Facilities, Articles and Services	948.87	338.73	288.89
# 耐用消费品	Durable Consumer Goods	456.22	114.60	97.84
医疗保健	Medicine and Medical Services	1126.03	1059.57	1208.54
交通和通讯	Transportation and Communications	1768.65	520.44	404.13
娱乐教育文化服务	Recreation, Education and Cultural Services	1641.17	734.38	539.60
# 文娱用耐用消费品	Durable Consumer Goods for Recreational Use	455.95	188.45	138.84
居 住	Residence	1384.45	602.50	502.76
# 住 房	Housing	478.63	88.30	97.92
杂项商品和服务	Miscellaneous Commodities	710.37	235.21	195.79

Basic Conditions of Urban Households(2010)

最低收入户 lowest Income (first decile)	# 困难户 Difficult (first five percent)	低收入户 Low Income (second decile)	中等偏下户 Lower Middle Income (second quintile)	中等收入户 Middle Income (third quintile)	中等偏上户 Upper Middle Income (fourth quintile)	高收入户 High Income (ninth decile)	最高收入户 Highest Income (tenth decile)
按收入等级分 Grouped by Percentile of Households							
234	**118**	**237**	**470**	**471**	**471**	**233**	**234**
3.15	3.18	3.07	2.96	2.79	2.61	2.47	2.35
1.29	1.19	1.53	1.53	1.50	1.41	1.39	1.34
40.95	37.42	49.84	51.69	53.76	54.02	56.28	57.02
1.72	1.63	1.85	1.98	1.97	1.99	2.12	2.01
7104.31	5944.88	10885.35	14624.05	18578.74	24656.45	31546.26	51535.24
6518.46	5434.71	9995.21	13582.39	17302.56	22622.87	29516.89	49245.77
6737.41	5820.05	8067.22	11003.85	13206.37	18637.03	21009.54	36136.92

Per Capita Annual Living Expenditure of Urban Households and its Composition(2010)

(yuan)

低收入户 Low Income Households (second decile)	中等偏下户 Lower Middle Income Households (second quintile)	中等收入户 Middle Income Households (third quintile)	中等偏上户 Upper Middle Income Households (fourth quintile)	高收入户 High Income Households (ninth decile)	最高收入户 Highest Income Households (tenth decile)
8067.22	**11003.85**	**13206.37**	**18637.03**	**21009.54**	**36136.92**
2889.59	3707.21	4205.52	5200.99	6163.61	8402.83
360.22	406.04	389.89	430.87	443.16	492.98
601.53	707.92	833.93	937.72	990.80	1047.77
61.75	64.81	70.01	72.06	81.08	82.69
64.32	87.78	114.24	95.91	139.70	201.99
129.75	134.91	184.69	245.73	253.08	273.93
1213.48	1830.50	2253.42	2967.88	3344.99	5059.15
849.80	1276.07	1626.07	2212.72	2487.05	4050.23
563.50	717.09	959.19	1221.04	1480.74	2649.45
226.36	293.94	469.18	562.44	800.57	1602.56
658.73	752.77	924.36	1316.78	1892.31	2828.92
666.84	1005.61	1277.88	2965.08	2467.58	7262.82
848.56	1232.16	1724.36	2260.60	2430.16	4096.31
227.76	346.29	436.40	682.53	807.33	1005.08
869.14	1282.89	1201.89	1667.02	2054.80	3683.22
146.20	436.65	275.90	555.66	813.01	2262.92
357.38	475.61	659.76	1037.65	1175.34	2154.23

10-6 按收入等级分的城镇居民家庭平均每人全年现金收入(2010年)

单位:元

项 目	Item	总平均 Average	最低收入户 lowest Income Households (first decile)	#困难户 Difficult Households (first five percent)
实际收入	**Real Income**	**19014.24**	**7104.31**	**5944.88**
#可支配收入	Disposable Income	17698.15	6518.46	5434.71
薪水	Salary	12614.46	4579.15	4003.94
财产收入	Property Income	432.82	48.13	56.01
#利息	Interest	59.32	0.94	0.83
红利	Bonus	96.63	2.71	
其它财产租金收入	Other Property and Rent Income	46.48	6.38	9.33
转移收入	Transfer Income	3953.19	1379.56	1309.10
#离退休金	Pension	3414.80	820.95	723.61
赡养收入	Supporting Income	96.03	43.18	25.34
赠送收入	Giving Income	221.81	89.79	93.40
借贷收入	**Loan Income**	**5937.08**	**2686.83**	**2498.61**
#提取储蓄存款	Withdraw Saving Deposit	5691.12	2454.76	2140.51
收回借出款	Paid back Loan	6.83		
收回储蓄性保险本金	Withdraw Saving Premium	1.41		
兑售有价证券	Securities Encashed and Sold	2.63		
为购置房屋从银行贷款	Loan from Bank for Buying Housing	102.18		
其它借贷收入	Other Loan Income	5.52	31.68	58.33

Per Capita Annual Cash Income of Urban Households by Level of Income(2010)

(yuan)

低收入户 Low Income Households (second decile)	中等偏下户 Lower Middle Income Households (second quintile)	中等收入户 Middle Income Households (third quintile)	中等偏上户 Upper Middle Income Households (fourth quintile)	高收入户 High Income Households (ninth decile)	最高收入户 Highest Income Households (tenth decile)
10885.35	**14624.05**	**18578.74**	**24656.45**	**31546.26**	**51535.24**
9995.21	13582.39	17302.56	22622.87	29516.89	49245.77
7558.77	10331.56	13414.90	17813.32	19405.95	26128.30
108.01	118.24	126.48	395.93	544.29	4052.93
2.70	11.13	12.38	74.90	65.28	583.82
5.62	19.39	19.28	55.54	224.65	981.50
16.01	10.11	11.98	48.30	13.43	474.72
1513.69	2586.90	3348.26	5059.71	9272.58	12720.01
1288.71	2311.87	3016.21	4542.96	8302.08	10433.96
23.72	53.79	104.53	79.15	259.92	352.83
80.95	108.73	107.84	237.18	468.53	1252.13
2514.45	**3938.09**	**4264.02**	**9006.22**	**9449.28**	**20794.55**
2445.32	3856.44	4224.99	8585.40	9386.03	19169.65
38.81	2.66	1.19	3.47	3.00	
		2.27	1.48		11.63
		1.56			37.19
18.43	0.35	4.78	43.05	3.35	1455.35
			5.33		

10－7 城镇居民家庭平均每人全年购买的主要商品数量
Per Capita Annual Purchases of Major Commodities in Urban Households

项目	Item	1990	1995	2000	2005	2010
粮　　食(千克)	Grain(kg)	134.98	101.17	77.72	80.99	91.47
食用植物油(千克)	Edible Vegetable Oil(kg)	4.45	5.82	5.56	6.14	6.28
猪　　肉(千克)	Pork(kg)	11.43	11.82	11.59	11.61	12.16
牛 羊 肉(千克)	Beef and Mutton(kg)	6.39	5.02	6.61	8.33	10.23
家　　禽(千克)	Poultry(kg)	0.59	1.77	3.25	3.82	5.01
鲜　　蛋(千克)	Fresh Eggs(kg)	2.31	7.92	9.67	8.71	8.23
水 产 品(千克)	Aquatic Products(kg)		3.44	4.30	4.29	5.19
鲜　　菜(千克)	Fresh Vegetables(kg)	162.03	125.87	107.45	103.85	98.92
干　　菜(千克)	Dry Vegetables(kg)					
食　　糖(千克)	Sugar(kg)	1.44	1.14	1.08	0.90	
糖　　果(千克)	Candy(kg)	0.68		0.53	0.63	
卷　　烟(盒)	Cigarettes(pack)	38.06	29.71	26.13	21.69	
白　　酒(千克)	Strong White Spirit(kg)	3.77	3.78	3.17	2.75	3.43
啤　　酒(千克)	Beer(kg)	3.91	6.31	4.95	6.25	5.60
茶　　叶(千克)	Tea(kg)					0.29
鲜 瓜 果(千克)	Fresh Melons and Fruits(kg)	41.50	42.77	63.11	61.19	55.34
鲜　　奶(千克)	Fresh Milk(kg)	2.80	5.83	12.58	20.71	16.64
夹 克 衫(件)	Jackets(piece)					
毛 线 衣(件)	Woollen Sweater(piece)					
衬　　衫(件)	Shirts(piece)					
裤　　子(条)	Pants(piece)			0.54		
棉　　布(米)	Cotton Cloth(m)					
化 纤 布(米)	Chemical Fiber Cloth(m)	1.74		0.50		
呢　　绒(米)	Woolen Fabric(m)					
绸　　缎(米)	Silk and Satin(m)					
毛　　线(千克)	Knitting Wool(kg)					
皮　　鞋(双)	Leather Shoes(pair)	0.55	0.86	0.97		
旅 游 鞋(双)	Jogging Shoes(pair)					
布　　鞋(双)	Cloth Shoes(pair)	0.93				
肥　　皂(块)	Soap(piece)	3.57		1.28		
洗 衣 粉(千克)	Washing Powder for Clothes(kg)	1.43		1.47		
煤　　炭(千克)	Coal(kg)	480.64		205.07	224.54	169.16
液化石油气(千克)	Liquefied Gas(kg)	2.17		8.27	12.53	8.84

10－8 城镇居民家庭平均每百户耐用消费品年末拥有量

Number of Major Durable Consumer Goods Owned Per 100 Urban Households at Year－end

项 目	Item	2009	2010
组合家具(套)	Composite Furniture		
摩托车(辆)	Motorcycle	28.80	26.19
自行车(辆)	Bicycle		
家用汽车(辆)	Automobile	9.51	11.17
洗衣机(台)	Washing Machine	95.27	95.78
电风扇(台)	Electric Fan		
电冰箱(台)	Refrigerator	94.70	95.55
冰 柜(台)	Freezer		
彩色电视机(台)	Color TV Set	110.36	110.18
影碟机(台)	Video Disc Player		
录放像机(台)	Video recorder		
家用电脑(台)	Computer	43.24	46.76
组合音响(套)	Hi －Fi Stereo Component System	19.00	18.37
摄相机(架)	Pickup Camera	5.95	6.36
照相机(架)	Camera	34.85	34.90
钢 琴(架)	Piano	1.39	1.41
中高档乐器(件)	Other High Grade Music Instrument	5.39	5.21
微波炉(台)	Micro Wave Oven	36.97	37.81
空调器(台)	Air Conditioner	10.23	10.53
电炊具(台)	Electric Cooking Utensils		
淋浴热水器(台)	Shower	50.98	53.36
排油烟机(台)	Kitchen Ventilator		
洗碗机(台)	Washing－up Machine	0.27	0.24
消毒碗柜(台)	Sterilized Cupboard	2.42	2.42
饮水机(台)	Drinking Machine		
吸尘器(台)	Dust Catcher		
健身器材(件)	Healthy Equipment	3.01	3.66
移动电话(部)	Mobile Telephone	170.85	172.82
普通电话(部)	Telephone	65.18	64.31
传真机(部)	Fax Machine		

10－9 按收入等级分的城镇居民家庭平均每人全年购买商品数量(2010 年)

Per Capita Annual Purchases of Major Commodities of Urban Households by Level of Income(2010)

项 目	Item	总平均 Average	最低收入户 lowest Income House－holds	# 困难户 Diff－icult House－holds	低收入户 Low Income House－holds	中等偏下户 Lower Middle Income House－holds	中等收入户 Middle Income House－holds	中等偏上户 Upper Middle Income House－holds	高收入户 High Income House－holds	最高收入户 Highest Income House－holds
淀粉及薯类(千克)	Starches & Tubers(kg)	11.91	13.67	17.12	11.15	11.63	11.19	10.50	12.90	15.25
大米(千克)	Rice(kg)	31.27	30.04	28.23	28.97	34.70	29.60	31.08	31.03	32.45
面粉(千克)	Flour(kg)	25.83	30.85	30.99	25.22	26.97	22.60	25.43	21.96	26.71
食用植物油(千克)	Edible Vegetable Oil(kg)	6.28	5.28	5.23	5.88	6.52	6.23	6.82	6.51	6.95
猪肉(千克)	Pork(kg)	12.16	8.77	7.50	11.89	13.14	11.56	11.70	16.67	14.83
牛肉(千克)	Beef(kg)	4.50	2.35	1.53	3.47	3.76	6.02	6.25	4.41	5.14
羊肉(千克)	Mutton(kg)	5.73	3.10	2.36	4.33	5.36	6.21	7.79	7.01	7.78
家禽(千克)	Poultry(kg)	5.01	3.67	3.51	4.50	4.63	5.11	5.80	6.84	6.03
鸡(千克)	Chicken(kg)	3.15	2.26	2.22	2.94	2.98	3.27	3.28	4.28	4.18
禽制品(千克)	Products of Poultry(kg)	1.74	1.39	1.29	1.50	1.53	1.69	2.40	2.22	1.69
鲜蛋(千克)	Fresh Eggs(kg)	7.91	6.10	5.88	8.01	7.94	8.12	8.18	9.23	8.96
鱼(千克)	Fish(kg)	3.96	2.59	2.36	3.76	4.01	4.32	3.84	4.94	5.45
虾(千克)	Shrimp(kg)	0.34	0.15	0.08	0.18	0.31	0.41	0.40	0.56	0.58
水产制品(千克)	Aquatic Products(kg)	0.89	0.67	0.36	0.58	0.97	0.91	0.82	1.00	1.82
鲜菜(千克)	Fresh Vegetables(kg)	98.92	88.29	92.06	97.02	95.82	91.53	105.09	113.08	128.22
干菜(千克)	Dried Vegetables(kg)									
菜制品(千克)	Products of Vegetables(kg)									
白酒(千克)	liquor(kg)	3.43	1.98	1.40	2.54	5.95	3.10	2.35	3.13	3.79
果酒(千克)	Fruit Wine(kg)	0.13	0.02	0.01	0.09	0.15	0.17	0.13	0.23	0.21
啤酒(千克)	Beer(kg)	5.60	2.67	2.02	4.56	7.87	6.79	5.14	6.07	3.57
其他酒(千克)	Other Liquor(kg)									
鲜果(千克)	Fresh Fruits(kg)	37.35	23.15	19.47	28.06	34.99	40.72	44.44	51.85	52.67
鲜瓜(千克)	Melons(kg)	17.99	13.44	13.32	16.56	16.07	18.09	19.35	24.69	26.79
糕点(千克)	Cake(kg)	4.16	3.25	3.04	3.71	4.13	4.40	4.39	4.91	5.09
鲜乳品(千克)	Fresh Dairy Products(kg)	16.64	12.35	10.73	13.87	13.92	18.45	19.66	22.18	22.39
奶粉(千克)	Milk Powder(kg)	0.36	0.19	0.09	0.14	0.25	0.56	0.60	0.49	0.27
酸奶(千克)	Yogurt Milk(kg)	3.19	1.27	1.20	2.55	2.66	3.58	4.20	4.38	5.68
男士服装(件)	Men's Clothing(piece)									
女士服装(件)	Women's Clothing(piece)									
儿童服装(件)	Children's Clothing (piece)									
鞋类(双)	Shoes(pair)	3.33	3.35	3.92	2.56	3.40	3.23	3.51	3.79	3.87

10-10 按收入等级分的城镇居民家庭平均每百户耐用消费品年末拥有量(2010年)

Number of Durable Consumer Goods Owned Per 100 Urban Households at Year-end by Level of Income(2010)

项 目	Item	总平均 Average	最低收入户 lowest Income House-holds	# 困难户 Diff-icult House-holds	低收入户 Low Income House-holds	中等偏下户 Lower Middle Income House-holds	中等收入户 Middle Income House-holds	中等偏上户 Upper Middle Income House-holds	高收入户 High Income House-holds	最高收入户 Highest Income House-holds
组合家具(套)	Composite Furniture									
摩托车(辆)	Motorcycle	26.19	21.59	18.32	37.34	28.11	29.92	25.85	15.86	13.46
自行车(辆)	Bicycle									
家用汽车(辆)	Automobile	11.17	3.45	0.78	2.29	8.56	10.48	15.18	15.15	34.20
洗衣机(台)	Washing Machine	95.78	90.23	84.15	93.89	94.63	96.86	100.20	93.46	101.10
电风扇(台)	Electric Fan									
电冰箱(台)	Refrigerator	95.55	75.83	66.79	92.29	95.10	96.18	104.04	103.60	105.37
冰 柜(台)	Freezer									
彩色电视机(台)	Color TV Set	110.18	105.58	102.97	110.02	112.39	109.31	110.08	115.30	108.80
影碟机(台)	Video Disc Player									
录放像机(台)	Video recorder									
家用电脑(台)	Computer	46.76	17.50	12.33	33.72	44.98	51.46	57.86	59.04	71.45
组合音响(套)	Hi-Fi Stereo Com-ponent System	18.37	11.77	8.43	7.61	21.56	21.48	19.09	20.22	26.50
摄相机(架)	Pickup Camera	6.36			3.05	5.62	5.97	8.61	8.26	18.41
照相机(架)	Camera	34.90	11.91	6.38	22.01	33.37	37.65	44.06	48.10	56.28
钢 琴(架)	Piano	1.41				0.68	0.98	3.26	0.85	5.49
中高档乐器(件)	Other High Grade Music Instrument	5.21	2.05		3.27	6.52	7.63	4.57	2.96	7.97
微波炉(台)	Micro Wave Oven	37.81	10.88	8.99	24.55	33.31	40.67	48.26	54.96	67.32
空调器(台)	Air Conditioner	10.53	2.03		2.97	10.40	9.00	14.73	15.13	26.57
电炊具(台)	Electric Cooking Utensils									
淋浴热水器(台)	Shower	53.36	14.52	11.70	38.87	53.03	59.05	68.12	67.55	79.41
排油烟机(台)	Kitchen Ventilator									
洗碗机(台)	Washing-up Machine	0.24				0.11	0.30	0.15	0.82	0.85
消毒碗柜(台)	Sterilized Cupboard	2.42			1.91	0.64	3.34	3.75	3.48	5.86
饮水机(台)	Drinking Machine									
吸尘器(台)	Dust Catcher									
健身器材(件)	Healthy Equipment	3.66			0.76	3.93	4.31	5.89	2.28	8.48
移动电话(部)	Mobile Telephone	172.82	129.07	116.96	161.66	179.10	174.93	183.10	194.78	194.18
普通电话(部)	Telephone	64.31	56.05	57.56	57.71	65.35	65.13	66.87	71.58	69.98
传真机(部)	Fax Machine									

10－11 农村牧区居民家庭基本情况
Basic Conditions of Rural Households

项 目	Item	1995	2000	2005	2010
调查户数(户)	**Number of Households Surveyed(Household)**	**2060**	**2036**	**2060**	**2060**
调查户常住人口(人)	**Number of Permanent Residentsin the Households Surveyed(person)**	**9293**	**8351**	**7782**	**7156**
平均每户常住人口(人)	Average Number of Permanent Residents per Household(person)	4.50	4.10	3.78	3.47
平均每户整半劳力(人)	Average Number of Able－bodied and Semi－able－bodied Laborers per Household(person)	2.90	2.77	2.67	2.58
平均每个劳动力负担人口(含本人)(人)	Average Number of Persons Supported by a Laborer(including the laborer himself)(person)	1.55	1.48	1.42	1.35
平均每人年收入(元)	**Per Capita Annual Income(yuan)**				
总收入	Total Revenue	2272.40	3440.31	5345.92	9358.01
纯收入	Net Income	1300.00	2038.21	2988.87	5529.59
现金收入	Cash Income		2448.89	4235.13	7718.16
按纯收入分组户数	**Percentage of Households Grouped by**				
占调查户比重(%)	**Per Capita Annual Net Income(%)**				
500元以下	Under 500 Yuan		4.17	4.17	4.27
500－1000元	500－1000 Yuan		6.78	7.14	2.29
1000－2000元	1000－2000 Yuan		7.17	21.99	11.36
2000－3000元	2000－3000 Yuan		22.94	25.39	10.58
3000－4000元	3000－4000 Yuan		8.94	16.99	13.20
4000－5000元	4000－5000 Yuan		10.56	10.44	11.36
5000－6000元	5000－6000 Yuan		13.31	5.68	9.81
6000－7000元	6000－7000 Yuan		8.69	2.96	8.20
7000－8000元	7000－8000 Yuan		8.60	1.65	6.21
8000元以上	8000 Yuan and Over		8.84	3.59	22.72
平均每人年支出(元)	**Per Capita Annual Expenditure(yuan)**				
总支出	Total Expenditure	2236.50	3123.29	5091.91	9114.97
家庭经营费用支出	Expenditure for Household Business		1009.60	2084.79	3434.42
生活消费支出	Expenditure for Consumption		1614.91	2446.17	4460.83
其他非生产性支出	Other Nonproductive Expenditures		158.68	560.95	770.07
现金支出	Cash Expenditure	1826.71	2355.68	4174.02	8092.98
生产费用	Productive Costs	509.33	833.36	1910.02	3369.06
缴纳税金和上交集体承包费支出等	Taxes and Payments to Collective Units		219.15	9.09	5.90
生活消费支出	Expenditure for Consumption	798.80	1170.97	1992.06	3951.17

10－12 农民家庭基本情况

Basic Conditions of Households of Peasants

项目	Item	1995	2000	2005	2010
调查户数(户)	**Number of Households Surveyed(Household)**	**1820**	**1820**	**1840**	**1840**
调查户常住人口(人)	**Number of Permanent Residentsin the Households Surveyed(person)**	**7999**	**7398**	**6888**	**6318**
平均每户常住人口(人)	Average Number of Permanent Residents per Household(person)	4.40	4.06	3.74	3.43
平均每户整半劳力(人)	Average Number of Able－bodied and Semi－able－bodied Laborers per Household(person)	2.80	2.75	2.66	2.56
平均每个劳动力负担人口(含本人)(人)	Average Number of Persons Supported by a Laborer(including the laborer himself)(person)	1.57	1.48	1.41	1.34
平均每人年收入(元)	**Per Capita Annual Income(yuan)**				
总收入	Total Revenue	2053.80	3006.58	4872.38	8590.34
纯收入	Net Income	1208.40	1868.62	2813.35	5221.62
现金收入	Cash Income		2089.00	3809.72	6799.47
按纯收入分组户数	**Percentage of Households Grouped by**				
占调查户比重(%)	**per Capita Annual Net Income(%)**				
500元以下	Under 500 Yuan		4.45	4.51	3.97
500－1000元	500－1000 Yuan		7.31	7.45	2.45
1000－2000元	1000－2000 Yuan		7.64	22.34	11.46
2000－3000元	2000－3000 Yuan		24.00	26.03	11.36
3000－4000元	3000－4000 Yuan		9.45	17.39	13.86
4000－5000元	4000－5000 Yuan		10.93	10.54	11.47
5000－6000元	5000－6000 Yuan		13.20	5.43	9.78
6000－7000元	6000－7000 Yuan		8.02	2.72	8.69
7000－8000元	7000－8000 Yuan		7.47	1.30	5.98
8000元以上	8000 Yuan and Over		7.53	2.28	20.98
平均每人年支出(元)	**Per Capita Annual Expenditure(yuan)**				
总支出	Total Expenditure	2098.10	2679.38	4604.97	8256.02
家庭经营费用支出	Expenditure for Household Business	664.00	804.80	1825.09	3024.31
生活消费支出	Expenditure for Consumption	1180.50	1441.78	2243.79	4115.19
现金支出	Cash Expendiure	1584.30	1992.27	3710.85	689.65
生产费用	Productive Costs	535.60	690.67	1667.96	7283.00
缴纳税金和上交集体承包费支出等	Taxes and Payments to Collective Units	104.20	176.14	8.32	6.56
生活消费支出	Expenditure for Consumption	689.20	995.18	1780.32	3816.28

10 - 13 牧民家庭基本情况

Basic Conditions of Households of Herdsmen

项 目	Item	1995	2000	2005	2010
调查户数(户)	**Number of Households Surveyed(Household)**	**240**	**216**	**220**	**220**
调查户常住人口(人)	**Number of Permanent Residentsin the Households Surveyed(person)**	**1294**	**953**	**894**	**838**
平均每户常住人口(人)	Average Number of Permanent Residents per Household(person)	5.39	4.41	4.06	3.81
平均每户整半劳力(人)	Average Number of Able - bodied and Semi - able - bodied Laborers per Household(person)	3.00	2.92	2.72	2.74
平均每个劳动力负担人口(含本人)(人)	Average Number of Persons Supported by a Laborer(including the laborer himself)(person)	1.80	1.51	1.49	1.39
平均每人年收入(元)	**Per Capita Annual Income(yuan)**				
总收入	Total Revenue	3364.60	6807.26	8994.41	15145.81
纯收入	Net Income	1871.00	3354.71	4341.18	7851.45
现金收入	Cash Income	3474.10	5234.96	7512.81	14644.54
按纯收入分组户数	**Percentage of Households Grouped by**				
占调查户比重(%)	**Per Capita Annual Net Income(%)**				
500 元以下	Under 500 Yuan		1.85	1.36	6.82
500 - 1000 元	500 - 1000 Yuan		2.32	4.55	0.91
1000 - 2000 元	1000 - 2000 Yuan		3.24	19.09	10.46
2000 - 3000 元	2000 - 3000 Yuan		13.89	20.00	4.09
3000 - 4000 元	3000 - 4000 Yuan		4.63	13.64	7.73
4000 - 5000 元	4000 - 5000 Yuan		7.41	9.55	10.45
5000 - 6000 元	5000 - 6000 Yuan		9.26	7.73	10.00
6000 - 7000 元	6000 - 7000 Yuan		14.35	5.00	4.09
7000 - 8000 元	7000 - 8000 Yuan		18.06	4.55	8.18
8000 元以上	8000 Yuan and Over		25.00	14.55	37.27
平均每人年支出(元)	**Per Capita Annual Expenditure(yuan)**				
总支出	Total Expenditure	3348.90	6569.29	8843.59	15583.29
家庭经营费用支出	Expenditure for Household Business	1092.50	2599.41	4085.68	6526.37
生活消费支出	Expenditure for Consumption	1762.20	2958.94	4005.48	7066.75
其他非生产性支出	Other Nonproductive Expenditures	75.90	149.92	329.10	1376.39
现金支出	Cash Expendiure	3312.50	5176.73	7742.65	14199.68
生产费用	Productive Costs		1941.02	3775.01	6383.18
缴纳税金和上交集体承包费支出等	Taxes and Payments to Collective Units		553.01	15.06	0.86
生活消费支出	Expenditure for Consumption		2535.55	3623.48	6460.97

10－14 农村牧区居民家庭平均每人总收入和纯收入

Per Capita Annual Gross and Net Income of Rural Households

单位:元 (yuan)

项 目	Item	2009	2010
总收入	**Gross Income**	**8403.43**	**9358.01**
工资性收入	Laborers'Remuneration	900.42	1036.78
在非企业组织中劳动得到	Obtained from Non－enterprises	187.41	221.15
在本地企业中劳动得到	Obtained from Native Enterprises	381.88	443.52
外出从业得到	Obtained from Going on Business	331.13	372.11
其他	Others		
家庭经营收入	Income from Household Business Operation	6702.53	7460.86
农业收入	Farming	3714.67	4255.78
林业收入	Forestry	23.76	28.13
牧业收入	Animal Husbandry	2691.06	2839.58
渔业收入	Fishery		0.61
工业收入	Industry	27.02	34.83
建筑业收入	Construction	23.52	39.13
交通运输和邮电业收入	Transportation Telecommunication	76.74	104.49
批发零售贸易餐饮业收入	Wholesale and Retail Trade and Catering Services	85.68	103.28
社会服务业收入	Social Services	23.58	22.85
文教卫生业收入	Culture, Education and Health Care	21.82	19.95
其他家庭经营收入	Others	14.22	11.19
转移性和财产性收入	Transfer Income and Property Income	800.49	860.37
纯收入	**Net Income**	**4937.80**	**5529.59**
按收入来源分	**By Source**		
工资性收入	Laborers´Remuneration	900.42	1036.78
家庭经营纯收入	Net Income from Household Business	3277.50	3669.93
转移性和财产性收入	Transfer Income and Property Income	759.89	822.87

10－15 农民家庭平均每人总收入和纯收入

Per Capita Annual Gross and Net Income of Household of Peasants

单位:元 (yuan)

项 目	Item	2009	2010
总收入	**Gross Income**	**7729.22**	**8590.34**
基本收入	Basic Income		
劳动者报酬收入	Laborers´Remuneration	906.45	1053.64
在非企业组织中劳动得到	Obtained from Non enterprises	189.24	227.41
在本地企业中劳动得到	Obtained from Native Enterprises	391.73	450.37
外出从业得到	Obtained from Going on Business	325.49	375.87
其他	Others		
家庭经营收入	Income from Household Business Operation	6050.55	6709.81
农业收入	Farming	4027.03	4664.61
林业收入	Forestry	25.78	28.87
牧业收入	Animal Husbandry	1755.76	1729.23
渔业收入	Fishery		0.70
工业收入	Industry	11.28	12.53
建筑业收入	Construction	26.62	44.32
交通运输和邮电业收入	Transportation Telecommunication	57.51	90.84
批发零售贸易餐饮业收入	Wholesale and Retail Trade and Catering Services	85.91	87.60
社会服务业收入	Social Services	26.69	25.70
文教卫生业收入	Culture, Education and Health Care	18.66	13.13
其他家庭经营收入	Others	14.79	11.12
转移性和财产性收入	Transfer Income and Property Income	772.21	826.87
按收入来源分	**Net Income By Source**		
纯收入	**Net Income**	**4656.36**	**5221.62**
基本收入	Basic Income		
劳动者报酬收入	Laborers´Remuneration	906.45	1053.64
家庭经营纯收入	Net Income from Household Business	3007.63	3369.80
转移性和财产性收入	Transfer Income and Property Income	742.27	798.18

10－16 牧民家庭平均每人总收入和纯收入

Per Capita Annual Gross and Net Income of Households of Herdsmen

单位:元 (yuan)

项 目	Item	2009	2010
总收入	**Gross Income**	**13514.35**	**15145.81**
基本收入	Basic Income		
劳动者报酬收入	Laborers´Remuneration	854.64	909.69
在非企业组织中劳动得到	Obtained from Non－enterprises	173.51	173.99
在本地企业中劳动得到	Obtained from Native Enterprises	307.24	391.92
外出从业得到	Obtained from Going on Business	373.90	343.78
其他	Others		
家庭经营收入	Income from Household Business Operation	11644.90	13123.33
农业收入	Farming	1346.83	1173.45
林业收入	Forestry	8.45	22.55
牧业收入	Animal Husbandry	9781.12	11210.96
渔业收入	Fishery		
工业收入	Industry	146.30	202.95
建筑业收入	Construction		
交通运输和邮电业收入	Transportation Telecommunication	222.51	207.40
批发零售贸易餐饮业收入	Wholesale and Retail Trade and Catering Services	83.99	221.47
社会服务业收入	Social Services		1.31
文教卫生业收入	Culture, Education and Health Care	45.79	71.39
其他家庭经营收入	Others	9.91	11.70
转移性和财产性收入	Transfer Income and Property Income	1014.81	1112.79
纯收入	**Net Income**	**7071.29**	**7851.45**
按收入来源分	**By Source**		
基本收入	Basic Income		
劳动者报酬收入	Laborers´Remuneration	854.64	909.69
家庭经营纯收入	Net Income from Household Business	5323.23	5932.73
转移性和财产性收入	Transfer Income and Property Income	893.42	1009.03

10－17 农村牧区居民家庭平均每人生活消费支出
Per Capita Living Expenditure of Rural Households

单位:元 (yuan)

项 目	Item	2009	2010
生活消费支出	**Living Expenditure**	**3967.17**	**4460.83**
按消费类别分	**By Category of Consumption**		
食品	Food	1578.57	1675.04
# 主食	Staple Food	356.10	431.88
副食	Non－staple Food	698.28	675.44
其他食品	Other Food	330.83	567.57
衣着	Clothing	271.88	317.71
居住	Residence	608.04	751.99
家庭设备用品及服务	Household Facilities，Articles and Services	148.03	177.91
医疗保健	Medicine and Medical Services	416.87	467.97
交通通讯	Transportation and Communications	466.34	598.61
文教娱乐用品及服务	Cultural，Education and Recreational Articles and Services	390.85	374.19
其他商品及服务	Other Commodities and Services	86.59	97.41
按消费性质分	**By Source of Consumption**		
货币性消费	**Consumption Paid by Money**	**3394.85**	**3951.17**
食品	Food	1046.87	1186.22
衣着	Clothing	271.65	317.53
居住	Residence	567.65	731.87
家庭设备用品及服务	Household Facilities，Articles and Services	148.03	177.36
医疗保健	Medicine and Medical Services	416.87	467.97
交通通讯	Transportation and Communications	466.34	598.61
文教娱乐用品及服务	Cultural，Education and Recreation Articles and Services	390.85	374.19
其他商品及服务	Other Commodities and Services	86.59	97.41
实物性消费	**Consumption in kind**	**572.32**	**509.66**
食品	Food	531.70	488.82
衣着	Clothing	0.23	0.18
居住	Residence	40.39	20.12

10－18 农民家庭平均每人生活消费支出

Per Capita Living Expenditure of Households of Peasants

单位:元 (yuan)

项目	Item	1995	2000	2005	2010
生活消费支出	**Living Expenditure**	**1180.50**	**1441.78**	**2243.79**	**4115.19**
按消费类别分	**By Category of Consumption**				
食品	Food	704.70	687.72	1012.84	1597.47
# 主食	Staple Food	362.90	300.46	289.29	435.96
副食	Non－staple Food	239.00	243.29	430.55	628.23
其他食品	Other Food	84.00	106.05	199.70	533.28
衣着	Clothing	86.20	90.85	130.13	287.51
居住	Residence	157.00	216.17	316.94	724.41
家庭设备用品及服务	Household Facilities, Articles and Services	50.00	50.67	70.28	166.41
医疗保健	Medicine and Medical Services	48.50	90.13	151.05	421.08
交通通讯	Transportation and Communications	22.40	62.56	231.86	477.24
文教娱乐用品及服务	Cultural, Education and Recreational Articles and Services	97.50	212.63	292.16	362.05
其他商品及服务	Other Commodities and Services	14.20	31.05	38.52	79.03
按消费性质分	**By Source of Consumption**				
货币性消费	**Consumption Paid by Money**	**689.20**	**995.18**	**1780.32**	**3618.28**
食品	Food	232.90	298.33	595.80	1117.50
衣着	Clothing	85.70	90.83	128.58	287.31
居住	Residence	137.90	158.99	274.30	707.71
家庭设备用品及服务	Household Facilities, Articles and Services	50.00	50.67	70.28	166.35
医疗保健	Medicine and Medical Services	48.50	90.13	151.05	421.08
交通通讯	Transportation and Communications	22.40	62.56	231.86	477.24
文教娱乐用品及服务	Cultural, Education and Recreation, Articles and Services	97.50	212.63	292.16	362.05
其他商品及服务	Other Commodities and Services	14.30	31.05	36.29	79.03
实物性消费	**Consumption in kind**	**491.30**	**446.60**	**461.23**	**496.91**
食品	Food	471.80	389.39	417.04	479.97
衣着	Clothing	0.50	0.02	1.55	0.20
居住	Residence	19.10	57.18	42.64	16.70

10－19 牧民家庭平均每人生活消费支出

Per Capita Living Expenditure of Households of Herdsmen

单位:元 (yuan)

项 目	Item	2009	2010
生活消费支出	**Living Expenditure**	**6497.43**	**7066.75**
按消费类别分	**By Category of Consumption**		
食品	Food	2068.06	2259.87
# 主食	Staple Food	341.40	403.04
副食	Non－staple Food	944.56	1030.69
其他食品	Other Food	473.88	826.14
衣着	Clothing	512.53	545.37
居住	Residence	744.65	959.97
家庭设备用品及服务	Household Facilities, Articles and Services	269.59	264.43
医疗保健	Medicine and Medical Services	887.62	821.50
交通通讯	Transportation and Communications	1372.78	1513.67
文教娱乐用品及服务	Cultural, Education and Recreational Articles and Services	446.62	465.77
其他商品及服务	Other Commodities and Services	195.57	235.98
按消费性质分	**By Source of Consumption**		
货币性消费	**Consumption Paid by Money**	**5908.92**	**6460.97**
食品	Food	1535.13	1704.36
衣着	Clothing	512.49	545.37
居住	Residence	689.11	914.03
家庭设备用品及服务	Household Facilities, Articles and Services	269.59	260.29
医疗保健	Medicine and Medical Services	887.62	821.50
交通通讯	Transportation and Communications	1372.78	1513.67
文教娱乐用品及服务	Cultural, Education and Recreation, Articles and Services	446.62	465.77
其他商品及服务	Other Commodities and Services	195.57	235.98
实物性消费	**Consumption in kind**	**588.51**	**605.78**
食品	Food	532.93	555.51
衣着	Clothing	0.04	
居住	Residence	55.54	45.94

10－20 农村牧区居民家庭平均每人主要消费品消费量

Per Capita Consumption of Major Consumer Goods in Rural Households

项 目	Item	2009	2010
粮食(公斤)	Grain(kg)	188.51	183.80
蔬菜(公斤)	Fresh Vegetables(kg)	70.90	67.90
食油(公斤)	Edible Oil(kg)	4.16	3.80
猪牛羊肉(公斤)	Pork, Beef and Mutton(kg)	27.97	25.41
家禽(公斤)	Poultry(kg)	2.79	2.66
蛋及制品(公斤)	Eggs and Related Products(kg)	5.36	4.67
水产品(公斤)	Fish and Shrimp(kg)	2.06	1.97
食糖(公斤)	Sugar(kg)	1.01	1.05
酒 (公斤)	Liquor(kg)	14.50	13.86

10－21 农民家庭平均每人主要消费品消费量

Per Capita Consumption of Major Consumer Goods in Households of Peasants

项 目	Item	2009	2010
粮 食(公斤)	Grain(kg)	193.62	187.64
蔬 菜(公斤)	Fresh Vegetables(kg)	73.53	69.28
食 油(公斤)	Edible Oil(kg)	4.29	3.89
猪牛羊肉(公斤)	Pork, Beef and Mutton(kg)	26.47	23.67
家 禽(公斤)	Poultry(kg)	2.96	2.80
蛋及制品(公斤)	Eggs and Related Products(kg)	5.86	4.96
鱼 虾(公斤)	Fish and Shrimp(kg)	2.23	2.13
食 糖(公斤)	Sugar(kg)	1.00	1.04
酒(公斤)	Liquor(kg)	14.90	14.40

10－22 牧民家庭平均每人主要消费品消费量
Per Capita Consumption of Major Consumer Goods in Households of Herdsmen

项 目	Item	2009	2010
粮 食(公斤)	Grain(kg)	149.77	154.90
蔬 菜(公斤)	Fresh Vegetables(kg)	50.99	57.57
食 油(公斤)	Edible Oil(kg)	3.17	3.08
猪牛羊肉(公斤)	Pork, Beef and Mutton(kg)	39.33	38.44
家 禽(公斤)	Poultry(kg)	1.53	1.55
蛋及制品(公斤)	Eggs and Related Products(kg)	1.57	2.47
鱼 虾(公斤)	Fish and Shrimp(kg)	0.74	0.70
食 糖(公斤)	Sugar(kg)	1.12	1.16
酒(公斤)	Liquor(kg)	11.47	9.83

10－23 农村牧区居民家庭平均每百户耐用消费品年末拥有量
Number of Durable Consumer Goods Owned Per 100 Rural Households at Year－end

项 目	Item	2009	2010
电话机(部)	Telephone(unit)	34.66	33.59
洗衣机(台)	Washing Machine(unit)	53.35	57.14
家用电冰箱(台)	Refrigerator(unit)	35.73	41.21
摩托车(辆)	Motorcycle(unit)	61.36	62.62
黑白电视机(台)	Black and White TV Set(unit)	4.85	4.22
彩色电视机(台)	Color TV Set(unit)	92.33	93.45
影碟机(台)	Video Disc Player(unit)	22.28	22.33
照相机(架)	Camera(unit)	2.47	2.82

10－24 农民家庭平均每百户耐用消费品年末拥有量

Number of Durable Consumer Goods Owned Per 100 Households of Peasants at Year－end

项 目	Item	2009	2010
自行车(辆)	Bicycle(unit)	66.96	67.83
电话机(部)	Telephone(unit)	35.33	34.46
洗衣机(台)	Washing Machine(unit)	55.22	59.57
家用电冰箱(台)	Refrigerator(unit)	35.43	41.85
摩托车(辆)	Motorcycle(unit)	59.29	61.20
黑白电视机(台)	Black and White TV Set(unit)	4.29	3.59
彩色电视机(台)	Color TV Set(unit)	97.55	98.48
影碟机(台)	Video Disc Player(unit)	19.62	19.67
照相机(架)	Camera(unit)	1.20	1.52

10－25 牧民家庭平均每百户耐用消费品年末拥有量

Number of Durable Consumer Goods Owned Per 100 Households of Herdsmen at Year－end

项 目	Item	2009	2010
自行车(辆)	Bicycle(unit)	12	11
电话机(部)	Telephone(unit)	34	30
洗衣机(台)	Washing Machine(unit)	52	54
家用电冰箱(台)	Refrigerator(unit)	50	51
摩托车(辆)	Motorcycle(unit)	124	126
电视机(台)	TV Set(unit)	106	110
#彩色电视机(台)	Color TV Set(unit)	97	101
影碟机(台)	Video Disc Player(unit)	48	48
照相机(架)	Camera(unit)	14	14

10-26 农牧民家庭房屋使用情况
Housing Conditions of Rural Households

项目	Item	2009	2010
牧民家庭	**Households of Herdsmen**		
本年新建购房屋面积(平方米/户)	**Rooms Newly Built Within the Year Per Household Floor Space of Houses(sq. m/househole)**	**4.20**	**0.36**
#砖木结构	Brick and Wood Structure	0.73	0.36
每平方米价值(元)	Value per Square Meter(yuan)	409.19	750.00
年末使用房屋	**Rooms Used at the End of Year**		
居住面积(平方米/人)	Per Capita Floor Space(sq. m/person)	24.28	24.52
#砖木结构	Brick and Wood Structure	14.91	15.38
钢筋混凝土结构	Reinforced Concrete Structures	1.21	1.49
房屋价值(元/平方米)	Value per Room(yuan/sq. m)	302.68	282.26
农民家庭	**Households of Peasants**		
本年新建房屋面积(平方米/户)	**Rooms Newly Built Within the Year Per Capita Floor Space of Houses(sq. m/person)**	**1.23**	**0.79**
#砖木结构	Brick and Wood Structure	1.16	0.75
钢筋混凝土结构	Reinforced Concrete Structure	0.01	0.03
每平方米价值(元)	Value per Square Meter(yuan)	513.55	676.80
年末使用房屋	**Rooms Used at the End of Year**		
居住面积(平方米/人)	Per Capita Floor Space(sq. m/person)	21.97	22.46
#砖木结构	Brick and Wood Structure	14.20	14.08
钢筋混凝土结构	Reinforced Concrete Structures	0.41	0.52
房屋价值(元/平方米)	Value per Room(yuan/sq. m)	220.92	228.01

注:本表为农村抽样调查资料。

a) Data in this table are obtained from the sample surveys on rural households.

主要统计指标解释

城镇居民家庭全部收入　指被调查城镇居民家庭全部的实际收入,包括经常或固定得到的收入和一次性收入。不包括周转性收入,如提取银行存款、向亲友借款、收回借出款以及其他各种暂收款。

城镇居民家庭可支配收入　指被调查的城镇居民家庭在支付个人所得税、财产税及其他经常性转移支出后所余下的实际收入。

城镇居民家庭消费性支出　指被调查的城镇居民家庭用于日常生活的全部支出,包括购买商品支出和文化生活、服务等非商品性支出。不包括罚没、丢失款和缴纳的各种税款(如个人所得税、牌照税、房产税等),也不包括个体劳动者生产经营过程中发生的各项费用。

城镇居民家庭购买商品支出　指被调查的城镇居民家庭为自用或赠送亲友而购买商品的全部支出,包括从商店、工厂、饮食业、工作单位食堂、集市以及直接从农民手中购买各种商品的开支。商品支出分为以下八类:食品;衣着;家庭设备用品及服务;医疗保健;交通与通信;娱乐、教育、文化服务;居住;杂项商品和服务。

农村牧区居民家庭纯收入　指农村牧区常住居民家庭总收入中,扣除从事生产和非生产经营费用支出、缴纳税款和上交承包集体任务金额以后剩余的,可直接用于进行生产性、非生产性建设投资、生活消费和积蓄的那一部分收入。农村牧区居民家庭纯收入包括从事生产性和非生产性的经营收入,取自在外人口寄回带回和国家财政救济、各种补贴等非经营性收入;既包括货币收入,又包括自产自用的实物收入。但不包括向银行、信用社和向亲友借款等属于借贷性的收入。

农村牧区居民家庭生活消费支出　指农村牧区常住居民家庭用于日常生活的全部开支,是反映和研究农牧民家庭实际生活消费水平高低的重要指标。

城镇居民储蓄存款余额　指某一时点城乡居民存入银行及农村信用社的储蓄金额,包括城镇居民储蓄存款和农牧民个人储蓄存款,不包括居民的手存现金和工矿企业、部队、机关、团体等单位存款。

Explanatory Notes on Main Statistical Indicators

Total Income of Urban Households refers to the total actual income of the sample households, including regular or fixed income and occasional income. The income of a circulating nature such as withdrawal from bank deposits, loans borrowed from relatives or friends, repayment of loans received and various temporary collection of money are excluded.

Disposable Income of Urban Households refers to the income of the sample households which can be used for daily expenses, i. e. . total income minus income tax, property tax and other current transfers.

Expenditure for Consumption of Urban Households refers to total expenditure of the sample households for consumption in daily life, including expenditure for various commodities and expenses for non commodity items such as culture and service, etc. , but excluding fines and confiscation, loss, tax payments(such as income tax, license tax, real estates tax, etc.) And various expenses by individual laborers for business purposes.

Expenditure for Purchases of Commodities of Urban Households refers to total expenses of the sample households for the purchases of commodities, for their own use or as gifts to relatives and friends, from shops, factories, catering trade, canteens, markets and from the peasants. Such expenditure is classified into eight categories: food, clothing, household appliances and services, health care and medical services, transport and communications, recreation, education and cultural services, housing, miscellaneous goods and services.

Net Income of Rural Households refers to the total income of the permanent residents of the rural households during a year after the deduction of the expenses for productive and non – productive business operation, the payment for taxes and the payment for collective units for their contracted tasks, which can then be spent for investments in productive and non – productive construction, for consumption in daily life and for savings deposit. It is a comprehensive indicator to show the actual level of the income of the peasants´ household. The net income of the rural households includes not only the income from the productive and non – productive business operation, but also the income from the non business operation, such as the money remitted or brought back by the members of the household who are in other places, the government relief payment and various subsidies. It includes not only the money income, but also the income in kind. But the income from borrowing from banks, friends and relatives is excludes.

Expenditure of Rural Households for Consumption refers to total expenses of rural households on daily life, including expenses on food, clothing, housing, fuel, articles for daily use, and expenses on cultural life and services. This indicator is used to show the actual consumption level of peasants.

The Savings Deposits of Urban and Rural Residents refers to the total value of Savings deposits of urban and rural households in banks and rural credit cooperatives at a given point of time, including the savings deposit of urban residents and the savings deposit of rural residents. The cash in hand by residents and the deposits of organizations such as enterprises, military units, government agencies, institutions, etc. are not included.

2011 NEI MENG GU

十一、城市概况

General Survey of Cities

资料整理：杨力英

Arranged By Yang Liying

11－1 城市社会经济指标(2010年)
Main Social and Economic Indicators of Cities(2010)

指 标	Item	2010
年末人口数(万人)	**Population (year－end) (10 000 persons)**	**897.62**
#非农业人口	Non－agricultural Population	599.80
全社会从业者人数(万人)	**Number of Employed Persons(10 000 persons)**	**519.30**
#单位职工人数	Staff and Workers	129.39
按产业分的从业人员	Grouped by Industry	519.30
第一产业	Primary Industry	115.21
第二产业	Secondary Industry	142.22
第三产业	Tertiary Industry	261.87
土地面积(万平方公里)	**Total Area (10 000 sq. km)**	**14.91**
生产总值(亿元)	**Gross Domestic Product (100 million yuan)**	**6612.29**
第一产业	Primary Industry	269.78
第二产业	Secondary Indutry	3155.69
#工业	Industry	2768.82
第三产业	Tertiary Industry	3186.81
生产总值指数(上年＝100)	Indices of Gross Domestic Product (Preceding year＝100)	117.3
农林牧渔业总产值(当年价格,亿元)	**Gross Agricultural Output Value (at current prices) (100 million yuan)**	**444.80**
年末实有耕地面积(万公顷)	**Area of Cultivated land year－end (10 000 hectares)**	**138.53**
主要农产品产量	**Output of Major Agricultural Products**	
粮食产量(万吨)	Gain (10 000 tons)	457.60
猪牛羊肉产量(万吨)	Pork, Beef and Mutton (10 000 tons)	44.85
水 果(万吨)	Fruits (10 000 tons)	16.44
水产品(万吨)	Aquatic Products (10 000 tons)	1.73
规模以上工业	**Industry of All State－owned & Non－state－owned Industrial Enterprises above Designated Size**	
工业总产值(当年价格,亿元)	Gross Output Value (100 million yuan)	5900.55
工业产品销售收入(亿元)	Sales Revenue (100 millon yuan)	5939.19
工业利润总额(亿元)	Total Profits(100 million yuan)	498.77
运输邮电	**Transportation, Postal and Telecom**	
客运量(发送)(亿人)	Passenger Traffic (100 million persons)	0.78
货运量(发送)(亿吨)	Freight Traffic (100 million tons)	5.19

注:本表数据不包括市辖县统计数。

a) Data in this table dont include the data of county directly under the city.

11－1 续表 continued

指 标	Item	2010
邮电业务总量（2000 年不变价. 亿元）	Revenud of Postal and Telecommunications Services（at 2000 constant prices）（100 million yuan）	140.95
本地网电话机部数(万部)	Number of Telephons Sets(10 000 sets)	385.59
固定资产投资额(亿元)	**Total Investment in Fixed Assets (100 million yuan)**	**3882.61**
社会消费品零售总额(亿元)	**Total Retail Sales of Consumer Goods (100 million yuan)**	**2341.43**
实际利用外资金额(亿美元)	**Amount of Foreign Capital Actually Utilized (USD 100 million)**	**16.68**
在校学生数(万人)	**Student Enrollment (10 000 persons)**	
普通高等学校	Number of Regular Institutes of Higher Education	34.05
中等专业学校	Number of Specialized Secondary Schools	20.41
普通中学	Number of Regular Secondary Schools	62.58
小 学	Number of Primary Schools	60.90
成人高等学校	Noumber of Schools Higher Education for Aduals	6.24
医院、卫生院数(个)	**Number of Hospitals (units)**	**530**
医院、卫生院床位数(万张)	**Number of Beds in Hospitals (10 000 units)**	**4.92**
卫生技术人员数(万人)	**Number of Medical Technical Personnel in Hospitals (10 000 persons)**	**5.27**
专业技术人员数(万人)	**Number of Technical Personnel (10 000 persons)**	**36.11**
在岗职工工资总额(亿元)	**Total Wages of Fully Emploged Staff and Workers (100 million yuan)**	**489.47**
年底城乡储蓄存款余额(亿元)	**Outstanding Amount of Savings Deposit in Urban and Rural Areas at year end(100 million yuan)**	**3259.85**
地方财政一般预算收入(亿元)	**Budgetary Reuenue of Local Governments (100 million yuan)**	**413.63**

11－2 城市主要经济指标(2010年)

Main Economic Indicators of Cities(2010)

城市名称	City	土地面积（万平方公里）Total Area (10 000 Sq. km)	年末总人口（万人）Population (year－end) (10 000 persons)	年末非农业人口（万人）Nonagric－ultural Population (year－end) (10 000 persons)	生产总值（不包括市辖县）（亿元）Gross Domestic Product (100 million yuan)
合 计	**Total**	**68.42**	**2241.25**	**941.12**	**6612.29**
呼和浩特市	Hohhot City	1.72	287.36	110.09	1118.43
包头市	Baotou City	2.78	265.61	136.50	2193.69
呼伦贝尔市	Hulunbeier City	25.34	254.62	179.66	162.42
通辽市	Tongliao City	5.95	314.01	123.34	381.40
赤峰市	Chifeng City	9.00	433.84	109.52	457.98
乌兰察布市	Wulanchabu City	5.45	214.06	74.24	105.09
鄂尔多斯市	Erdos City	8.68	194.95	48.35	639.16
巴彦淖尔市	Bayannaoer City	6.44	166.92	62.92	178.90
乌海市	Wuhai City	0.18	53.45	50.27	391.12
满洲里市	Manzhouli City	0.07	16.80	16.80	127.31
扎兰屯市	Zhalantun City	1.68	42.88	16.71	104.43
牙克石市	Yakeshi City	2.76	37.26	35.90	117.40
根河市	Genhe City	1.97	15.97	15.96	26.56
额尔古纳市	Eerguna City	2.90	8.43	7.75	26.90
乌兰浩特市	Wulanhaote City	0.27	31.78	24.01	91.22
阿尔山市	Aershan City	0.74	4.82	4.82	9.03
霍林郭勒市	Huolinguole City	0.06	8.24	7.14	198.08
二连浩特市	Erlianhaote City	0.40	2.60	2.45	47.59
锡林浩特市	Xilinhaote City	1.48	17.23	14.95	143.39
丰镇市	Fengzhen City	0.27	33.82	9.85	92.19

11－2 续表 1 continued

城市名称	City	农业总产值（亿元）Gross Agricu－ltural Output Value（100 million yuan）	不包括市辖县 Counties Excluded	工业总产值（亿元）Gross Industrial Output Value（100 million yuan）	不包括市辖县 Counties Excluded	客运总量（万人）Total Passenger Traffic（10 000 persons）	货运总量（万吨）Total Freight Traffic（10 000 tons）	固定资产投资（亿元）Investment in Fixed Assets（10000 million yuan）	不包括市辖县 Counties Excluded
合 计	**Total**	**1681.61**	**444.80**	**12355.45**	**5900.55**	**22372**	**136915**	**7992.63**	**3882.61**
呼和浩特市	Hohhot City	162.39	36.99	1188.52	253.37	2452	9659	881.24	516.34
包头市	Baotou City	118.14	33.10	2412.24	1996.52	2116	28374	1800.50	1311.40
呼伦贝尔市	Hulunbeier City	298.20	9.70	740.68	171.36	3165	11351	608.45	77.10
通辽市	Tongliao City	298.18	58.60	1809.75	704.70	3174	14033	653.15	270.10
赤峰市	Chifeng City	297.19	71.09	1265.84	552.08	4249	5967	835.31	282.34
乌兰察布市	Wulanchabu City	161.79	5.27	677.42	91.96	1393	4993	274.88	58.35
鄂尔多斯市	Erdos City	119.46	3.06	2681.07	365.99	2266	44391	1892.40	500.03
巴彦淖尔市	Bayannaoer City	194.95	53.02	777.46	229.19	2223	3388	565.21	125.51
乌海市	Wuhai City	6.28	0.90	545.32	557.29	602	7882	238.72	238.72
满洲里市	Manzhouli City	4.53	4.53	74.47	74.47	102	3552	31.21	31.21
扎兰屯市	Zhalantun City	50.10	50.10	110.13	110.13	930	1075	82.02	82.02
牙克石市	Yakeshi City	40.79	40.79	82.33	82.33	459	3828	61.39	61.39
根河市	Genhe City	12.64	12.64	10.82	10.82	58	168	8.55	8.55
额尔古纳市	Eerguna City	16.42	16.42	13.35	13.35	34	50	11.35	11.35
乌兰浩特市	Wulanhaote City	10.97	10.97	86.26	86.26	256	730	60.17	60.17
阿尔山市	Aershan City	3.29	3.29	0.26	0.26	40	151	21.00	21.00
霍林郭勒市	Huolinguole City	3.42	3.42	291.73	291.73	186	8460	48.41	48.41
二连浩特市	Erlianhaote City	0.64	0.64	28.19	28.19	59	139	31.00	31.00
锡林浩特市	Xilinhaote City	10.13	10.13	142.44	142.44	378	5857	130.60	130.60
丰镇市	Fengzhen City	20.14	20.14	138.11	138.11	211	521	17.02	17.02

注：工业总产值为规模以上工业企业。

a) The gross industrial output value is covered all state－owned and Non－state－owned industrial enterprises above designated size.

11－2 续表 2 continued

城市名称	City	地方财政一般预算收入（亿元）Budgetary Revenueof Local Govern－ments (100 million yuan)	#不包括市辖县 Counties Excluded	城乡居民年底储蓄余额（亿元）Outstanding Amount of Savings Deposit of Urban and Rural Residents year－end(100 million yuan)	在岗职工人数（万人）Number of Fully－empolyec Staff and Workers (10 000 persons)	#不包括市辖县 Counties Excluded	在岗职工工资总额（亿元）Total Wages of Fully－empolyed Staff and Workers (100 million yuan)	#不包括市辖县 Counties Excluded
合 计	**Total**	**787.29**	**413.63**	**4410.07**	**210.35**	**129.39**	**758.34**	**489.47**
呼和浩特市	Hohhot City	126.76	89.53	929.81	31.07	22.65	120.05	95.20
包头市	Baotou City	139.18	111.62	750.75	31.85	27.42	132.39	113.90
呼伦贝尔市	Hulunbeier City	55.99	5.24	447.20	27.65	4.55	91.77	16.77
通辽市	Tongliao City	64.83	15.60	258.40	24.24	8.80	63.43	22.30
赤峰市	Chifeng City	56.33	21.07	536.71	30.33	11.76	98.92	45.04
乌兰察布市	Wulanchabu City	17.33	3.71	268.61	13.94	5.79	43.20	16.87
鄂尔多斯市	Erdos City	239.08	75.55	585.31	17.09	5.47	89.55	29.96
巴彦淖尔市	Bayannaoer City	38.28	9.49	263.59	14.50	6.68	45.73	22.01
乌海市	Wuhai City	33.66	33.66	191.98	9.41	9.55	38.06	38.06
满洲里市	Manzhouli City	7.97	7.97	87.76	3.18	3.18	11.58	11.58
扎兰屯市	Zhalantun City	2.24	2.24	39.20	2.46	2.46	7.06	7.06
牙克石市	Yakeshi City	4.03	4.03	72.59	2.89	2.89	9.40	9.40
根河市	Genhe City	1.03	1.03	28.68	2.96	2.96	7.60	7.60
额尔古纳市	Eerguna City	2.34	2.34	15.20	1.70	1.70	4.99	4.99
乌兰浩特市	Wulanhaote City	2.33	2.33	75.29	3.76	3.76	13.15	13.15
阿尔山市	Aershan City	0.34	0.34	7.63	0.69	0.69	1.41	1.41
霍林郭勒市	Huolinguole City	12.32	12.32	26.44	1.93	1.93	8.15	8.15
二连浩特市	Erlianhaote City	2.35	2.35	24.87	0.62	0.62	2.68	2.68
锡林浩特市	Xilinhaote City	10.83	10.83	69.92	5.20	5.20	18.00	18.00
丰镇市	Fengzhen City	2.38	2.38	30.91	1.33	1.33	5.34	5.34

11－3 城市公用事业基本情况
Basic Statistics on Urban Public Utilities

项 目	Item	2009	2010
城市及建筑物面积	**Cities Areas and Floor Space of Buildings**		
建成区面积(平方公里)	Developed Areas(sq. km)	975.48	1038.32
城市人口密度(人/平方公里)	Population Density of Urban Districts(person/sq. km)	951	981
年末实有房屋建筑面积(万平方米)	Total Floor Space of Buildings(yearend)(10 000 sq. m)	42640.99	50269.49
年末实有住宅建筑面积(万平方米)	Total Floor Space of Residential Buildings (year－end)(10 000 sq. m)	26273.05	31504.17
供水、供气及供热	**Water Supply, Gas Supply and Heating**		
自来水年供水量(万吨)	Annual Supply of Tap Water(10 000 tons)	55196.87	62756.99
#生活用水量	Water Consumption for Residentialuse	14201.61	14965.21
平均每人日生活用水(升)	Per Capita Water Consumption for Residential use(liter)	85.99	88.49
用水普及率(%)	Percentage of Population with Access to Tap Water(%)	87.89	87.97
煤气供气量(万立方米)	Coal Gas Supply(10 000 cu. m)	3914.69	3068.69
#家庭用量	Consumption of Coal Gas for Residential Use	3781.00	3066.00
天然气供气量(万立方米)	Natural Gas Supply(10 000 cu. m)	46136.10	69531.26
#家庭用量	Consumption of Natural Gas for Residedtial Use	6336.14	10597.60
液化石油气供气量(吨)	Liquefied Petroleum Gas(ton)	84206.32	74250.76
#家庭用量(吨)	Consumption of Liquefied Gas for Residential use(ton)	63376.00	63182.50
煤气管道长度(公里)	Length of Gas Pipelines(km)	470	325
用气普及率(%)	Percentage of Population with Access to Gas(%)	75.51	79.26
集中供热面积(万平方米)	Heated Area(10 000 sq. m)	20769.40	25340.30
市政工程	**Municipal Engineering**		
铺装道路长度(公里)	Length of Paved Roads(km)	5611.30	6446.60
平均每万人拥有道路长度(公里)	Length of Paved Roads per 10000 Population(km)	6.65	7.24
铺装道路面积(万平方米)	Area of Paved Roads(10 000 sq. m)	10789.20	12475.80
人均铺装道路面积(平方米)	Area of Paved Roads per Population(sq. m)	13.62	14.02
下水道长度(公里)	Length of Sewer Pipelines(km)	6628	8514
平均每万人拥有下水道(公里)	Length of Sewer Pipelines per 10000 Population(km)	7.86	9.57
公共交通	**Public Traffic**		
公共汽车总数(辆)	Number of Public Transportation Vehicles(unit)	5458	5771
平均每万人拥有(辆)	Number of Public Transportation Vehicles Per 10 000 Population(unit)	6.47	6.48
出租汽车(辆)	Taxi(unit)	34896	37459
城市绿化	**Afforestation in Cities**		
绿地面积(公顷)	Public Green Areas(hectare)	38999	41059
人均公园绿地面积(平方米)	Per Capita Area of Parks and Green Land (sq. m)	11.65	12.36
公园动物园个数(个)	Number of Parks and Zoos(unit)	121	157
公园动物园面积(公顷)	Area of Parks and Zoos(hectare)	7143	7715
环境卫生	**Environmental Sanitation**		
清运垃圾(万吨)	Volume of Garbage Disposal(10 000 tons)	366.52	333.96
清运粪便(万吨)	Disposal of Excrement and Urine(10 000 tons)	125.69	129.15
每万人有公厕(座)	Public Lavatories per 10 000 Population(unit)	4.88	4.45

注:人均拥有指标按城市人口计算。

a) Data on the public utilities per 10 000 population are based on population in urban areas.

11－4 城市面积和房屋建筑及住房(2010 年)

Basic Statistics on Building Construction and Housing Condition in Cities(2010)

地 区	Region	建成区面积(平方公里) Deve－loped Areas (sq. km)	征用土地面积(平方公里) Land Put in Requisition for State Constru－ction Projects (sq. km)	市区人口密度(人/平方公里) Population Density of Urban Districts (person/sq. km)	年末城市实有房屋建筑面积(万平方米) Total Floor Space of Buildings (year－end) (10 000 sq. m)	年末城市实有住宅建筑面积(万平方米) Total Floor Space of Residential Buildings (year－end) (10 000 sq. m)
合 计	**Total**	**1038.32**	**14.12**	**981**	**50269.49**	**31504.17**
呼和浩特市	Hohhot City	166.20		5936	9175.46	4366.30
包头市	Baotou City	183.49		1977	7793.26	4326.23
呼伦贝尔市	Hulunbeier City	40.00	0.97	1374	6774.56	4676.83
通辽市	Tongliao City	65.80		7652	3764.46	2447.54
赤峰市	Chifeng City	81.00	4.77	1593	7030.89	4745.03
乌兰察布市	Wulanchabu City	40.75		795	3222.20	2430.77
鄂尔多斯市	Erdos City	112.58		3671	5077.87	3721.21
巴彦淖尔市	Bayannaoer City	38.00		558	2797.71	1586.06
乌海市	Wuhai City	62.92		313	2005.63	1515.68
满洲里市	Manzhouli City	27.06		289	1014.76	639.60
扎兰屯市	Zhalantun City	19.20		343	585.45	410.81
牙克石市	Yakeshi City	19.00		421	1046.64	843.11
根河市	Genhe City	17.50		209	409.60	327.13
额尔古纳市	Eerguna City	10.38		151	318.87	196.95
乌兰浩特市	Wulanhaote City	24.50	0.14	1006	1136.54	668.74
阿尔山市	Aershan City	10.44		176	129.10	106.94
霍林郭勒市	Huolinguole City	21.00		244	418.07	309.79
二连浩特市	Erlianhaote City	36.00	0.10	1836	357.49	161.78
锡林浩特市	Xilinhaote City	37.50		422	1004.32	751.06
丰镇市	Fengzhen City	25.00	8.14	5448	630.80	347.00

11－5 城市自来水(2010 年)

Basic Statistics on Tap Water Supply in Cities(2010)

地 区	Region	年末自来水生产能力(万吨/日) Production Capacity of Tap Water (year－end) (10 000 tons/day)	年末供水管道长度(公里) Length of Water Supply Pipelines (year－end) (km)	全年供水总量(万吨) Total Annual Volume of Water Supply (10 000 tons)			用水人口(万人) Number of Residents with Access to Tap Water (10 000 persons)	人均日生活用水量(升) Per Capita Daily Con－sumption of Tap Water for Residedtial Use(litre)
					# 生活用水 For Residential Use	# 生产用水 For Productive Use		
合 计	**Total**	**341.58**	**8561**	**62757**	**14965**	**24587**	**736.86**	**88.49**
呼和浩特市	Hohhot City	55.32	712	11859	2950	2990	150.25	87.55
包头市	Baotou City	52.70	1548	14587	2635	6709	159.00	78.48
呼伦贝尔市	Hulunbeier City	14.00	193	2296	729	1117	20.70	138.18
通辽市	Tongliao City	45.80	540	5276	791	2300	40.00	104.66
赤峰市	Chifeng City	39.71	830	9728	1728	4715	75.58	106.99
乌兰察布市	Wulanchabu City	6.10	292	2029	449	1211	28.00	53.82
鄂尔多斯市	Erdos City	10.25	679	2394	843	459	69.80	66.60
巴彦淖尔市	Bayannaoer City	4.40	141	1613	960	221	30.00	105.02
乌海市	Wuhai City	48.40	1860	3168	923	1182	54.78	56.87
满洲里市	Manzhouli City	7.30	394	1684	896	310	20.95	147.25
扎兰屯市	Zhalantun City	5.30	74	2122	150	1623	11.07	54.45
牙克石市	Yakeshi City	6.60	35	1240	118	861	6.03	133.58
根河市	Genhe City	4.30	25	190	100	43	5.70	63.98
额尔古纳市	Eerguna City	1.00	51	105	45	8	2.00	102.74
乌兰浩特市	Wulanhaote City	14.60	117	1763	581	41	21.95	142.54
阿尔山市	Aershan City	3.60	28	60	19	15	1.30	63.22
霍林郭勒市	Huolinguole City	4.70	290	675	362	196	10.60	110.91
二连浩特市	Erlianhaote City	4.00	92	377	88	50	7.40	45.38
锡林浩特市	Xilinhaote City	7.10	525	1243	435	441	13.45	125.27
丰镇市	Fengzhen City	6.40	136	348	163	95	8.30	65.69

11－6 城市煤气、液化石油气、天然气(2010年)

Basic Statistics on Supply of Gas, Liquefied Petroleum Gas and Natural Gas in Cities(2010)

地区	Region	人工煤气生产能力(万立方米/日) Production Capacity of Coal Gas(10 000 cu. m/day)	管道长度(公里) Length of Gas Pipelines(km)		全年供气总量 Total Gas Supply			用气人口(万人) Population with Access to Gas(10 000 persons)		
			人工煤气 Coal Gas	天然气 Natural Gas	人工煤气(万立方米) Coal Gas (10 000 cu. m)	液化石油气(吨) Liquefied Petroleum Gas(ton)	天然气(万立方米) Natural Gas (10 000 cu. m)	人工煤气 Coal Gas	液化石油气 Lique－fied Petro－leum Gas	天然气 Natural Gas
合计	**Total**	**164.00**	**325**	**2925**	**3069**	**74251**	**69531**	**51.94**	**353.91**	**258.02**
呼和浩特市	Hohhot City			1350		7760	30623		22.63	122.74
包头市	Baotou City	164.00	325	494	3069	11260	30831	51.94	51.37	62.34
呼伦贝尔市	Hulunbeier City					2945			19.00	
通辽市	Tongliao City			72		3030	711		29.07	15.10
赤峰市	Chifeng City			106		12459	140		80.74	4.00
乌兰察布市	Wulanchabu City			170		2440	730		16.00	1.00
鄂尔多斯市	Erdos City			487		3800	4809		29.00	21.50
巴彦淖尔市	Bayannaoer City			16		15010	52		25.10	1.38
乌海市	Wuhai City			159		1510	1440		8.60	28.96
满洲里市	Manzhouli City					5238			18.83	
扎兰屯市	Zhalantun City					1084			10.61	
牙克石市	Yakeshi City					1717			8.52	
根河市	Genhe City					620			3.30	
额尔古纳市	Eerguna City					342			3.50	
乌兰浩特市	Wulanhaote City			5		2846	5		13.02	0.21
阿尔山市	Aershan City									
霍林郭勒市	Huolinguole City					440			5.50	
二连浩特市	Erlianhaote City			5		600	151		1.93	
锡林浩特市	Xilinhaote City			60		430	40		4.50	0.79
丰镇市	Fengzhen City					720			2.69	

11-7 城市集中供热(2010年)

Basic Statistics on Heating in Cities(2010)

地区	Region	供应能力 Heating Capacity 蒸汽(吨/小时) Steam (ton/hour)	供应能力 热水(兆瓦) Hot Water (mw)	供热总量 Volume Supplied 蒸汽(万吉焦) Steam (10 000 gigajouies)	供热总量 热水(万吉焦) Hot Water (10 000 gigajoules)	管道长度(公里) Length of Pipelines(km) 蒸汽 Steam	管道长度 热水 Hot Water	供热面积(万平方米) Heated Area (10 000 sq. m)
合计	**Total**	**662**	**25850**	**1148**	**15370**	**117**	**5410**	**25340.3**
呼和浩特市	Hohhot City		6555		2261		670	6469.0
包头市	Baotou City		6206		2990		850	5256.0
呼伦贝尔市	Hulunbeier City		957		750		167	902.3
通辽市	Tongliao City		988		826		481	1399.3
赤峰市	Chifeng City		2934		1618		451	2296.4
乌兰察布市	Wulanchabu City		298		593		240	703.0
鄂尔多斯市	Erdos City	660	1570	1143	805	111	323	2362.9
巴彦淖尔市	Bayannaoer City		1690		625		443	1020.0
乌海市	Wuhai City		679		507		361	1275.0
满洲里市	Manzhouli City		717		690		319	815.0
扎兰屯市	Zhalantun City		98		195		32	230.0
牙克石市	Yakeshi City		202		456		179	360.0
根河市	Genhe City		130		299		26	100.0
额尔古纳市	Eerguna City		105		80		25	80.0
乌兰浩特市	Wulanhaote City		965		511		371	680.0
阿尔山市	Aershan City		17		91		37	16.0
霍林郭勒市	Huolinguole City		126		580		76	200.0
二连浩特市	Erlianhaote City		280		238		131	271.0
锡林浩特市	Xilinhaote City		1173		1195		192	763.0
丰镇市	Fengzhen City	2	160	5	60	6	36	141.4

11－8 城市市政工程(2010年)

Basic Statistics on Municipal Engineering in Cities(2010)

地 区	Region	年末实有铺装道路长度(公里) Length of Paved Roads (year－end) (km)	年末实有铺装道路面积(万平方米) Area of Paved Roads (year－end) (10 000 sq. m)	城市桥梁(座) Number of Bridges (unit)	城市排水管道长度(公里) Length of Sewer Pipelines (km)	城市污水日处理能力(万吨) Daily Disposal Capacity of Sewage (10 000 tons)	城市路灯(千盏) Number of Street Lights (1000 unit)
合 计	**Total**	**6447**	**12476**	**319**	**8514**	**155.50**	**598**
呼和浩特市	Hohhot City	720	1609	55	962	26.00	154
包头市	Baotou City	1304	2246	38	1750	26.50	66
呼伦贝尔市	Hulunbeier City	215	377	9	318	10.00	15
通辽市	Tongliao City	379	865	7	586	16.80	83
赤峰市	Chifeng City	379	819	33	469	21.00	52
乌兰察布市	Wulanchabu City	263	534	18	246	7.80	38
鄂尔多斯市	Erdos City	867	2217	11	1823	9.00	39
巴彦淖尔市	Bayannaoer City	372	714	9	557	7.00	39
乌海市	Wuhai City	480	744	51	260	6.50	31
满洲里市	Manzhouli City	418	706	8	261	2.00	7
扎兰屯市	Zhalantun City	97	124	28	90	4.00	16
牙克石市	Yakeshi City	64	92	3	65	3.40	5
根河市	Genhe City	41	64	4	12		1
额尔古纳市	Eerguna City	77	76	3	43		2
乌兰浩特市	Wulanhaote City	153	255	2	247	4.00	15
阿尔山市	Aershan City	53	47	7	30		2
霍林郭勒市	Huolinguole City	75	204	10	207	4.00	3
二连浩特市	Erlianhaote City	121	214	2	152	1.50	23
锡林浩特市	Xilinhaote City	217	439	4	327	4.00	6
丰镇市	Fengzhen City	151	132	17	109	2.00	2

11 - 9 城市公共汽车、出租汽车(2010 年)
Basic Statistics on Buses and Taxis in Cities(2010)

地 区	Region	年末实有公共汽车(辆) Public Transportation Vehicles(year - end) (unit)	运 客 总 数 (万人次) Number of Passengers Carried (10 000 Person times)	出租汽车 (辆) Number of Taxis (unit)
合 计	**Total**	**5771**	**89961**	**37459**
呼和浩特市	Hohhot City	1577	44805	5568
包头市	Baotou City	1214	13260	5884
呼伦贝尔市	Hulunbeier City	198	1300	2114
通辽市	Tongliao City	261	996	2749
赤峰市	Chifeng City	472	14000	4041
乌兰察布市	Wulanchabu City	224	1214	3494
鄂尔多斯市	Erdos City	530	6526	2010
巴彦淖尔市	Bayannaoer City	111	440	937
乌海市	Wuhai City	420	4158	953
满洲里市	Manzhouli City	207	263	573
扎兰屯市	Zhalantun City	62	260	1039
牙克石市	Yakeshi City	65	130	1711
根河市	Genhe City	32	324	318
额尔古纳市	Eerguna City			328
乌兰浩特市	Wulanhaote City	164	216	2213
阿尔山市	Aershan City	14	24	184
霍林郭勒市	Huolinguole City	90	277	444
二连浩特市	Erlianhaote City	24	187	492
锡林浩特市	Xilinhaote City	67	1120	1783
丰镇市	Fengzhen City	39	462	624

11－10 城市园林绿化(2010 年)

Basic Statistics on Parks, Gardens and Green Areas in Cities(2010)

地 区	Region	城市园林绿地面积(公顷) Total Area (hectare)	公共绿地面积(公顷) Public Green Areas (hectare)	公 园(个) Number of Parks (unit)	公园面积(公顷) Area of Parks (hectare)
合 计	**Total**	**38143**	**41059**	**157**	**7715**
呼和浩特市	Hohhot City	5892	6169	21	2342
包头市	Baotou City	7279	7845	21	1553
呼伦贝尔市	Hulunbeier City	885	991	3	484
通辽市	Tongliao City	1898	2079	4	326
赤峰市	Chifeng City	2497	2773	28	374
乌兰察布市	Wulanchabu City	1388	1559	5	592
鄂尔多斯市	Erdos City	7566	7991	30	778
巴彦淖尔市	Bayannaoer City	1054	1244	9	155
乌海市	Wuhai City	2114	2168	11	249
满洲里市	Manzhouli City	725	840	4	48
扎兰屯市	Zhalantun City	2344	2387	1	68
牙克石市	Yakeshi City	552	591	1	66
根河市	Genhe City	351	447	1	25
额尔古纳市	Eerguna City	304	356	1	10
乌兰浩特市	Wulanhaote City	715	715	3	340
阿尔山市	Aershan City	123	315	1	16
霍林郭勒市	Huolinguole City	310	363	5	20
二连浩特市	Erlianhaote City	420	425	1	28
锡林浩特市	Xilinhaote City	1129	1132	3	145
丰镇市	Fengzhen City	597	669	4	96

11-11 城市公共卫生(2010 年)

Basic Statistics on Urban Sanitation in Cities(2010)

地 区	Region	清扫面积(万平方米) Area Under Cleaning Program (10 000 sq. m)	生活垃圾清运量(万吨) Volume of Garbage Disposal (10 000tons)	粪便清运量(万吨) Volume of Excrement and Urine Disposal (10 000 tons)	环卫机械总数(台) Environmental Sanitation Equipment (unit)	公共厕所(座) Number of Public Lavatories (unit)
合 计	**Total**	**9674**	**334.0**	**129.15**	**1480**	**3962**
呼和浩特市	Hohhot City	1511	59.1	35.40	251	437
包头市	Baotou City	1845	80.3	12.78	238	183
呼伦贝尔市	Hulunbeier City	346	11.0	2.50	84	169
通辽市	Tongliao City	734	20.1	9.30	64	225
赤峰市	Chifeng City	681	33.7	6.25	94	203
乌兰察布市	Wulanchabu City	243	10.8	3.10	67	259
鄂尔多斯市	Erdos City	1396	26.1	12.67	184	247
巴彦淖尔市	Bayannaoer City	560	14.8	6.10	65	337
乌海市	Wuhai City	632	22.0	18.19	70	575
满洲里市	Manzhouli City	421	8.0	5.00	62	344
扎兰屯市	Zhalantun City	110	5.0	3.13	28	248
牙克石市	Yakeshi City	90	4.8	0.27	29	32
根河市	Genhe City	52	2.0	0.60	10	16
额尔古纳市	Eerguna City	69	1.2	1.00	45	11
乌兰浩特市	Wulanhaote City	220	9.8	2.00	17	169
阿尔山市	Aershan City	19	1.4	0.60	7	39
霍林郭勒市	Huolinguole City	53	5.5	5.00	17	52
二连浩特市	Erlianhaote City	214	7.0	0.90	32	28
锡林浩特市	Xilinhaote City	368	6.0	2.90	34	153
丰镇市	Fengzhen City	110	5.4	1.46	82	235

11－12 城市设施水平(2010年)
Level of Public Facilities in Cities(2010)

地 区	Region	城市人口用水普及率(%) Percentage of Population with Access to Tap Water(%)	城市用气普及率(%) Percentage of Population with Access to Gas(%)	每万人拥有公共汽车辆(标台) Number of Public Buses per 10 000 Persons (st. set)	人均拥有铺装道路面积(平方米) Per Capita Area of Paved Roads (sq. m)	人均公园绿地面积(平方米) Per Capita Area of Parks and Green Land (sq. m)	每万人拥有公共厕所(座) Number of Public Lavatories per 10 000 Population (unit)
全 区	**All Region**	**87.97**	**79.26**	**6.48**	**14.89**	**12.36**	**4.45**
呼和浩特市	Hohhot City	95.50	92.40	13.08	10.23	15.39	3.62
包头市	Baotou City	90.86	94.66	6.98	12.83	12.00	1.05
呼伦贝尔市	Hulunbeier City	71.92	66.02	7.29	13.08	19.08	6.22
通辽市	Tongliao City	79.44	87.73	5.69	17.18	14.72	4.90
赤峰市	Chifeng City	84.70	94.97	3.89	9.18	8.36	1.67
乌兰察布市	Wulanchabu City	86.96	52.80	7.37	16.58	18.63	8.52
鄂尔多斯市	Erdos City	97.21	70.33	9.15	30.87	14.26	4.27
巴彦淖尔市	Bayannaoer City	80.52	71.07	2.07	19.16	6.76	6.29
乌海市	Wuhai City	99.84	68.45	9.51	13.55	9.51	13.02
满洲里市	Manzhouli City	98.82	88.82	12.32	33.28	10.14	20.48
扎兰屯市	Zhalantun City	83.86	80.38	1.44	9.42	11.29	5.77
牙克石市	Yakeshi City	45.10	63.72	1.74	6.84	5.09	0.86
根河市	Genhe City	78.08	45.21	4.38	8.79	6.30	2.19
额尔古纳市	Eerguna City	52.49	91.86		19.95	10.76	1.30
乌兰浩特市	Wulanhaote City	83.24	50.17	5.02	9.67	13.61	5.17
阿尔山市	Aershan City	43.33		2.33	15.67	5.33	6.50
霍林郭勒市	Huolinguole City	74.18	38.49	7.77	14.28	2.17	4.49
二连浩特市	Erlianhaote City	100.00	26.08	9.20	28.97	6.62	10.73
锡林浩特市	Xilinhaote City	78.02	30.68	3.89	25.44	9.34	8.88
丰镇市	Fengzhen City	60.94	19.75	1.21	9.67	19.16	7.32

主要统计指标解释

年末自来水生产能力 指年底城建部门管理的自来水厂和自备水源的社会单位取水、净化、送水、出厂输水干管等环节的实际生产能力。

年末供水管道长度 指从送水泵到用户水表之间所有管道的长度。全年供水总量指公用自来水厂和自备水源的社会单位全年的供水总量,包括有效供水量及损失水量。

年末供水总量 指报告期供水企业(单位)供出的全部水量,包括有效供水量及损失水量。

生活用水量 指居民日常生活与公共福利设施的用水量,包括居民、饮食店、旅馆、医院、理发店、浴池、洗衣店、游泳池、商店、学校、机关、部队等单位的用水量。

城市人口用水普及率 指城市用水的非农业人口数(不包括临时人口和流动人口)与城市非农业人口总数之比。计算公式为:

用水普及率 = 城市用水的非农业人口数/城市非农业人口数 × 100%

人工煤气生产能力 指城市煤气厂制气、净化、输送等环节的综合实际生产能力。

输气管道长度 指由压缩机、鼓风机、储气罐的出口到用户煤气表之间的全部管道长度。

全年供气总量 指全年售给各类用户的全部煤气量,包括工业用量、家庭用量和其他用量。

城市用气普及率 指使用煤气(包括人工煤气、液化石油气、天然气)的城市非农业人口数(不包括临时人口和流动人口)与城市非农业人口总数之比。计算公式为:

城市煤气普及率 = 城市用气的非农业人口数/城市非农业人口总数 × 100%

城市供热能力 指热电厂、热力公司和达到标准的集中采暖锅炉房和城市输送的供热源的设计能力,即每小时向城市输送蒸汽、热水的能力。

城市供热总量 指热电厂、热力公司和达到标准的集中采暖锅炉房向城市输送的全部蒸汽、热水量。

城市供热管道长度 指热电厂、热力公司和达到标准的集中采暖锅炉房管理的集中供热热源到用户之间的全部供气、供热水的管道长度。

年底实有铺装道路长度 指除土路外,路面经过铺装宽度在3.5米以上的道路,包括高级、次高级道路和普通道路。

城市桥梁 指城市范围内,修建在河道上的桥梁和道路与道路立交、道路跨越铁路的立交桥及人行天桥。包括永久性桥和半永久性桥,不包括临时性桥、铁路桥、涵洞。

城市下水道总长度 指所有排水总管、干管、支管及暗渠、检查井、连接井进出水口等长度之和。

城市污水日处理能力 指污水处理厂每昼夜处理污水量的设计能力。

年末实有公共汽车 指年底可参加营运的全部车辆数,包括营运车辆数和库存查封未参加营运的车辆。不包括非营运车辆,如架线车、油罐车、工程车、货车及其他专用车辆和借入的客运车辆。

城市园林绿地面积 指城市公共绿地、专用绿地、生产绿地、防护绿地、郊区风景名胜区的全部面积。

公共绿地 指供游览休息的各种公园、动物园、植物园、陵园以及花园、游园和供游览休息用的林荫道绿地、广场绿地,不包括一般栽植的行道树及林荫道的面积。

Explanatory Notes on Main Statistical Indicators

Production Capacity of Tap Water at the Year - end refers to the actual comprehensive production capacity of the waterworks administered by the urban construction department and those owned by enterprises or institutions, taking the capacity of the main links, such as water inflow, purification, conveyance and outflow of the trunk pipelines into account.

Length of Water Supply Pipelines at the Year - end refers to the total length of all the pipelines between the water pumps and the users water meters.

Annual Volume of Water Supply refers to the total volume of water supplied by the public water works and those owned by individual enterprises and institutions during the whole year, including both the effective water supply and loss during the water supply.

Consumption of Water for Residential Use refers to the water consumption of households for daily life and the water consumption of public welfare facilities, including the consumption of restaurants, hotels, hospitals, barber shops, public bathhouses, laundries, swimming pools, shops, schools, institutions, army units and other units.

Percentage of Urban Population with Access to Tap Water refers to the ratio of the urban non - agricultural population (excluding temporary and mobile population) with access to tap water to the total urban non - agricultural population. The formula is:

Percentage of Population with Access to Tap Water = Urban Non - agricultural Population with Access to Tap Water ÷ Urban Non - agricultural Population × 100%

Production Capacity of Gasworks Gas refers to the actual comprehensive production capacity of the urban gasworks in gas generation, purification and delivery.

Length of Gas Pipelines refers to the total length of pipelines between the outlet of the compressor, blower or gas tank and the gas meters of users.

Volume of Gas Supply refers to the total volume of gas sold to users in a year, including the volume for industrial use, residential use and other uses.

Percentage of Urban Population with Access to the Gas refers to ratio of the urban non - agricultural population with access to gas (including gas, liquefied petroleum gas and natural gas) to the urban non agricultural population (excluding temporary and mobile population). The formula is:

Percentage of Population with Access to Gas = Urban Non - agricultural Population with Access to Gas ÷ Urban Non - agricultural Population × 100%

Heating Capacity in Urban Area refers to the capacity of hourly supply of steam and hot water to cities by thermal power plants, heating corporations and centralized heating boiler rooms which meet certain standard.

Heating Volume in Urban Area refers to the total volume of steam and hot water supplied to cities every year by thermal power plants, heating corporations and centralized heating boiler rooms which meet certain standard.

Length of Heating Pipelines refers to the total length of pipelines for centralized supply of steam and hot water from the thermal power plants, heating corporations and centralized heating boiler rooms which meet certain standard to the users.

Length of Paved Roads at the Year - end refers to the length of roads with a paved surface, and with a width of more than 3.5 meters, including high quality, medium quality and ordinary roads.

Urban Bridges refer to bridges over river courses, great separated junctions and overpasses in urban areas. Permanent bridges and semi permanent bridges are included. Temporary bridges, railway bridges and culverts are excluded.

Length of Urban Sewage Pipes refers to the total length of general drainage, trunks. Branch and blind drainage, inspection wells, connection wells, inlets and outlets, etc.

Daily Disposal Capacity of Urban Sewage refers to the designed 24 - hour capacity of sewage disposal at the sewage treatment works.

Number of Public Vehicles at the Year - end refers to the total number of operational buses available at the year - end, including the year - end operational vehicles and vehicles in stock. Non - operational vehicles such astringing cars, tank cars, machine shop cars, trucks and other special vehicles and the borrowed passenger vehicles are excluded.

Area of Urban Gardens and Green Areas refers to the total area of urban public green land, special green land, production green land, protection green land and suburban scenic spots.

Public Green Area refers to green areas of various parks, zoos, botanical gardens, cemeteries, amusement parks, tree flanked boulevards ′ Greenland squares for tourism and relaxing. Areas with trees planted along side the streets and boulevards are excluded.

十二、农业

Agriculture

资料整理：王海英　顾文军　赵　燕　范志生　陈　旭　徐蒙生
共　青　李丽萍　秦文忠　刘世友　罗　钢　邱艳丽

Arranged By Wang Haiying , Gu Wenjun , Zhao Yan , Fan Zhisheng , Chen Xu , Xu Mengsheng , Gong Qing,Li Liping , Qin Wenzhong , Liu Shiyou , Luo Gang , Qiu Yanli

12－1 农村牧区基层组织和农牧业基本情况(2010年)

Basic Conditions of Rural Grassroots Units, Farming &Animal Husbandry(2010)

指标	Item	总计 Total	农村 Farm Area	牧区 Pastoral Area
农村牧区基层组织情况	**Basic Conditions of Rural Grassroots Units**			
乡镇(苏木)(个)	Number of Township &Town Governments(unit)	642	452	190
#镇(个)	Number of Town Governments(unit)	463	364	99
村委会(嘎查)(个)	Number of Villages´Committees(unit)	11251	8857	2394
农村牧区社会基础设施	**Rural Fundamental Facilities of Society**			
自来水受益村(个)	Number of Villages Benefiting from Pipewater(unit)	5916	5318	598
通汽车村(个)	Number of Villages Automobiles Arriving at(unit)	10758	8601	2148
通电话村(个)	Number of Villages with Telecomm Services(unit)	10751	8611	2140
农村牧区人口与从业人口	**Rural Population &Employment**			
乡村户数(万户)	Number of Rural Households(10 000 households)	364.03	319.84	44.19
乡村人口(万人)	Rural Population(10 000 persons)	1309.43	1153.10	156.33
乡村劳动力资源(万人)	Resource of Rural Laborers(10 000 persons)	806.43	711.21	95.22
乡村从业人员(万人)	Number of Rural Employed Persons(10 000 persons)	719.48	635.97	83.51
男(万人)	Male(10 000 persons)	399.34	353.18	46.16
女(万人)	Female(10 000 persons)	320.14	282.79	37.35
按行业分乡村劳动力	**Rural Employed Persons by Sector**			
农林牧渔业从业人员(万人)	Number of Rural Employee of Farming, Foresting, Animal Husbandry & Fishery(10 000 persons)	540.53	467.41	73.12
#农业从业人员(万人)	Farming(10 000 persons)	448.43	415.24	33.19
牧业从业人员(万人)	Animal Husbandry(10 000 persons)	78.56	39.81	38.75
工业从业人员(万人)	Employed Persons of Industry(10 000 persons)	34.67	33.20	1.47
建筑业从业人员(万人)	Employed Persons of Construction(10 000 persons)	55.01	53.07	1.94
交通运输业、仓储及邮电通信从业人员(万人)	Employed Persons of Transport, Storage, Post &Telecommunication Services(10 000 persons)	16.55	15.61	0.94
批零贸易及餐饮从业人员(万人)	Employed Persons of Wholesale, Retail Trade & Catering Service(10 000 persons)	44.43	40.88	3.55
其他非农行业人员(万人)	Employed Persons of Other Non－agricultural Trades(10 000 persons)	28.29	25.80	2.49
农牧业生产条件	**Productive Condition of Farming & Animal Husbandry**			
年末实有耕地面积(万公顷)	Cultivated Areas at Year－end(10 000 hectares)	714.85		
农作物总播种面积(万公顷)	Total Sown Areas(10 000 hectares)	700.25		
年末草场面积(万公顷)	Areas of Grassland at Year－end(10 000 hectares)	8800.00		
有效灌溉面积(万公顷)	Irrigated Areas(10 000 hectares)	302.75		
农牧业机械总动力(万千瓦)	Total Power of Machinery for Farming &Animal Husbandry(10 000 kw)	3033.60		
化肥施用量(折纯)(万吨)	Consumption of Chemical Fertilizers(10 000 tons)	177.24		
农村牧区用电量(亿千瓦小时)	Electricity Consumed in Rural Area &Pastoral Area(100 Million kwh)	48.41		
主要农牧业生产情况	**Output of Farming &Animal Husbandry**			
粮食总产量(万吨)	Gross Yield of Grain(10 000 tons)	2158.25		
牲畜总增头数(万头只)	Total Number of Livestocks Added(10 000 heads)	5338.94		
肉类总产量(万吨)	Gross Output of Meat(10 000 tons)	238.70		
蔬菜总产量(万吨)	Gross Output of Vegetables(10 000 tons)	1350.90		

12－2 农林牧渔业总产值

Gross Output Value of Farming, Forestry, Animal Husbandry and Fishery

单位:万元 (10 000 yuan)

年 份 Year	农林牧渔业总产值 Total	# 农 业 Farming	# 种 植 业 Plant Products Industry	# 林 业 Forestry	# 畜 牧 业 Animal Husbandry	# 渔 业 Fishery
1947	47200	37335	35588	48	9770	47
1949	60100	47780	46217	60	12200	60
1952	120600	96601	94430	844	22914	241
1957	112000	82992	25712	1792	26992	224
1962	170500	116281	100084	2387	50639	1193
1965	194000	129980	109998	4656	58200	1164
1970	240000	158160	140160	9360	72000	480
1975	308300	198545	169256	8016	101122	617
1978	283500	187961	173786	10490	84200	849
1979	315800	206533	189796	11369	97266	632
1980	306844	197403	181340	13460	95199	782
1981	394274	255550	232657	22848	114744	1132
1982	471608	307328	274780	31393	131391	1496
1983	524301	347389	299604	38108	136887	1917
1984	612772	408789	341956	44356	157230	2397
1985	731955	465638	401175	48284	214048	3985
1986	772500	483567	402848	43670	239908	5355
1987	877426	544449	450608	36254	290178	6545
1988	1223765	729359	614262	38582	447432	8392
1989	1267208	763517	639781	39968	453357	10366
1990	1569192	1031256	888314	62298	464131	11507
1991	1640837	1066021	918894	66705	494474	13637
1992	1802705	1156550	1005362	78040	552787	15328
1993	2208047	1420784	1265080	91549	677461	18253
1994	3093195	1892180	1682500	103350	1070005	27659
1995	3735936	2311734	2080477	121176	1271609	31417
1996	4653285	2995270	2731580	139653	1485617	32745
1997	5043396	3142026	2833824	152632	1712322	36416
1998	5343765	3353206	3032350	168785	1773911	47863
1999	5323166	3187204	2852798	210062	1871452	54448
2000	5431645	3083645	2725199	236071	2054581	57349
2001	5559041	3075703	2706529	260696	2162426	60216
2002	5869716	3321447	3043459	288371	2205642	54256
2003	6663815	3359567	2640337	479357	2671028	49373
2004	8513045	4115399	3334515	465808	3746932	59527
2005	9802098	4738918	3837514	397888	4445801	72420
2006	10584953	5422303	4338302	490057	4392499	91053
2007	12764437	6204176	4752347	636860	5596517	109486
2008	15257369	7166075	5683542	727163	6996335	117788
2009	15705841	7319020	5281536	782452	7214442	127069
2010	18435705	9004465	6569414	765727	8224208	158585

注:本表绝对数按当年价格计算。

a) Data value terms in this table are calculated at current prices.

12-3 主要年份农林牧渔业总产值指数

Indices of Gross Output Value of Farming, Forestry, Animal Husbandry and Fishery

上年=100 (Preceding year=100)

年份 Year	农林牧渔业总产值 Total	#农业 Farming	#种植业 Plant Products Industry	#林业 Forestry	#畜牧业 Animal Husbandry	#渔业 Fishery
1979	104.8	102.8	102.8	102.3	108.4	70.5
1980	87.1	81.4	96.3	87.1	96.9	96.3
1981	120.2	123.2	123.2	151.9	112.2	131.1
1982	115.8	115.2	115.2	113.8	111.9	101.6
1983	107.2	106.8	106.8	120.4	99.6	109.7
1984	112.1	110.1	110.1	113.3	105.1	106.7
1985	110.3	113.0	113.0	104.2	113.6	129.5
1986	94.7	88.9	88.9	85.8	104.1	121.6
1987	104.1	103.3	103.3	83.2	104.6	105.6
1988	114.2	120.2	120.2	95.6	109.0	109.6
1989	98.3	91.9	91.9	101.5	108.5	121.6
1990	120.2	133.7	133.7	114.1	102.4	100.8
1991	104.0	101.3	101.3	104.3	108.8	112.8
1992	105.8	106.8	106.7	113.0	105.2	110.0
1993	107.1	123.4	109.1	111.4	104.3	115.7
1994	103.3	99.3	96.7	104.7	108.4	124.7
1995	103.5	99.9	98.1	106.7	110.9	111.7
1996	123.7	131.4	136.0	103.8	114.9	99.7
1997	104.0	98.7	98.0	110.1	112.7	103.9
1998	106.5	108.5	108.8	105.3	103.1	126.2
1999	101.3	97.4	96.7	111.6	106.3	113.6
2000	102.5	100.3	99.9	115.0	104.1	104.8
2001	102.0	99.3	98.7	109.5	104.9	105.5
2002	104.9	106.5	114.1	110.8	102.0	102.2
2003	106.2	94.8	91.6	110.1	122.0	87.2
2004	114.9	109.4	110.5	93.0	126.0	107.4
2005	111.2	110.6	110.2	82.6	115.2	116.0
2006	103.7	107.9	106.1	112.8	97.5	116.1
2007	104.0	100.7	96.3	117.1	106.0	117.9
2008	107.6	108.6	110.9	106.1	106.6	104.1
2009	102.4	97.4	93.0	105.1	107.0	107.9
2010	106.2	106.9	107.6	95.1	106.5	111.1

注:按可比价格计算。

a) Indices are calculated at comparable prices.

12 - 4 年末主要农牧业机械拥有量
Major Machinery for Farming & Animal Husbandry at Year - end

项 目	Item	2009	2010
农牧业机械原值(万元)	Original Value of Machinery for Farming and Animal Husbandry(10 000 yuan)	2427921	2653137
农牧业机械净值(万元)	Net Value of Machinery for Farming & Animal Husbandry (10 000 yuan)	1783489	1919937
农牧业机械总动力(万千瓦)	Total Power of Machinery for Farming & Animal Husbandry (10 000 kw)	2894	3034
大中型农用拖拉机(混合台)	Large & Medium Agricultural Tractors (mixed unit)	482657	514100
大中型农用拖拉机(万千瓦)	Large & Medium Agricultural Tractors(10 000 kw)	977	1069
小型拖拉机(台)	Mini - Tractors (unit)	500677	501300
小型拖拉机(万千瓦)	Mini - Tractors (10 000 kw)	610	610
联合收割机(台)	Combine Harvesters (unit)	6320	8000
联合收割机(万千瓦)	Combine Harvesters (10 000 kw)	41	51
农用运输车(万辆)	Trucks for Agricultural Use (10000unit)	40	41
农用运输车(万千瓦)	Trucks for Agricultural Use (10 000 kw)	652	659
排灌用电动机(台)	Electric Motor for Irrigating & Draining (unit)	356306	160300
排灌用电动机(万千瓦)	Electric Motor for Irrigating & Draining (10 000 kw)	334	139
排灌用柴油机(台)	Diesel Engine for Irrigating & Draining (unit)	190018	200900
排灌用柴油机(万千瓦)	Diesel Engine for Irrigating & Draining (10 000 kw)	199	211
大中型拖拉机配套农具(部)	Number of Large & Medium Agricultural Tractor Towing Farm Machinery (unit)	735843	808500
小型拖拉机配套农具(部)	Number of Mini - tractor Towing Farm Machinery (unit)	820282	871400
机动脱粒机(台)	Motorized Threshing Machines (unit)	84361	93100
机动割晒机(台)	Motorized Harvesters (unit)	34545	35166
机引牧草收割机(部)	Towed Harvesters for Grass (unit)	66335	72890
饲料粉碎机(部)	Smashing Machines for Feed (unit)	143884	137690
机动剪毛机(台)	Motorized Sheepshears (unit)	731	920
农 用 水 泵(万台)	Water Pumps for Agricultural Use (10 000 unit)	37	36

注:本表数据取自于农牧业厅农机局。

a) Data in this table are obtained from Agricultural Machinery Bureau.

12－5 灌溉、化肥施用量、农村牧区用电、水库和治理水土情况

Irrigation, Consumption of Chemical Fertilizers, Electricity Consumption of Rural Area, Number of Reservoirs and Areas of Soil Erosion under Control

项 目	Item	2009	2010
有效灌溉面积(万公顷)	Effective Irrigated Areas(10 000 hectares)	294.98	302.75
# 灌区有效灌溉面积(万公顷)	Effective Irrigated Areas in Irrigation Area(10 000 hectares)	130.81	131.23
节水灌溉面积(万公顷)	Watersaving Irrigated Areas(10 000 hectares)	216.58	232.86
喷灌和滴灌(万公顷)	Jetting Irrigation Dropping Irrigatation(10000 hectares)	48.53	52.25
管道输水(万公顷)	Pipeline Transportation(10 000 hectares)	93.81	102.19
化肥施用量(万吨)	Consumption of Chemical Fertilizers(10 000 tons)	171.43	177.24
氮肥(万吨)	Nitrogenous Fertilizer(10 000 tons)	79.93	80.49
磷肥(万吨)	Phosphate Fertilizer(10 000 tons)	28.95	30.89
钾肥(万吨)	Potash Fertilizer(10 000 tons)	13.47	14.55
复合肥(万吨)	Compound Fertilizer(10 000 tons)	49.07	51.31
农村用电量(万千瓦时)	Electricity Consumption in Rural Area(10 000 kwh)	411454	484138
水库个数(座)	Number of Reservoirs(unit)	493	496
大型水库(座)	Large(unit)	10	11
中型水库(座)	Medium－sized(unit)	79	81
小型水库(座)	Small(unit)	404	404
水库容量(亿立方米)	Capacity of Reservoirs(100 million cu. m)	77.14	81.80
大型水库(亿立方米)	Large(100 million cu. m)	41.54	44.55
中型水库(亿立方米)	Medium－Sized(100 million cu. m)	28.16	29.53
小型水库(亿立方米)	Small(100 million cu. m)	7.44	7.72
治理水土面积(万公顷)	Areas of Soil Erosion under Control(10 000 hectares)	1056.74	1089.75

注：本表化肥施用量、农村用电量以外的指标均取自于水利厅。

a) Data in this table are obtained from Department of water resources except Consumption of Chemical Fertilizers and electricity consumption in rural area.

12-6 农牧民家庭平均每户年末固定资产原值

Original Value of Fixed Assets Owned Per Rural Household (End of Year)

单位:元 (yuan)

项 目	Item	2009	2010
年末生产性固定资产原值	**Original Value of Productive Fixed Assets at year-end**	**16914.80**	**18269.24**
役畜、产品畜	Draught Animals, Commodity Animals	3582.60	3441.93
大中型铁木农具	Large and Medium Wood and Iron Farm Tools	1042.45	1114.11
农林牧渔业机械	Machinery for Farming, Forestry, Animal Husbandry and Fishery	5463.71	5781.23
工业机械	Industrial Machinery	203.13	258.67
运输机械	Transport Machinery	408.42	870.70
生产用房	Building for Productive Purpose	4720.43	3311.89
其他生产用固定资产	Others	1494.06	3490.71

12-7 农牧民家庭平均每百户年末拥有固定资产数量

Number of Fixed Assets Owned Per 100 Rural Households (End of Year)

项 目	Item	2009	2010
汽 车(辆)	Automobiles(unit)	2	2
大中型拖拉机(台)	Large and Medium Tractors(unit)	5	4
小型和手扶拖拉机(台)	Mini - tractors and Walking Tractors(unit)	50	52
机动脱粒机(台)	Motorized Threshing Machines(unit)	4	5
胶 轮 大 车(辆)	Carts with Rubber Tires(unit)	31	31
水 泵(台)	Pumps(unit)	37	38
役 畜(头)	Draught Animals(head)	62	58
产 品 畜(头)	Commodity Animals(head)	246	193

12－8 农民家庭平均每户年末生产性固定资产原值

Original Value of Productive Fixed Assets Owned Per Peasant Household (End of Year)

单位:元 (yuan)

项 目	Item	2009	2010
年末生产性固定资产原值	**Original Value of Productive Fixed Assets at Year－end**	**14607.32**	**15921.80**
役畜、产品畜	Draught Animals, Commodity Animals	3372.13	3215.29
大中型铁木农具	Large and Medium Wood and Iron Farm Tools	943.16	1024.15
农林牧渔业机械	Machinery for Farming, Forestry, Animal Husbandry and Fishery	5034.20	5366.31
工业、建筑业机械	Industrial Machinery	241.00	289.60
运输机械	Transport Machinery	391.71	823.61
生产用房	Building for Productive Purpose	3793.17	4375.46
其他生产用固定资产	Others	831.95	827.38

12－9 农民家庭平均每百户固定资产拥有量

Number of Fixed Assets Owned Per 100 Peasant Households (End of Year)

项 目	Item	2009	2010
汽 车(辆)	Automobiles(unit)	1	1
大中型拖拉机(台)	Large and Medium Tractors(unit)	4	4
小型和手扶拖拉机(台)	Mini － tractors and Walking Tractors(unit)	49	51
机动脱粒机(台)	Motorized Threshing Machines(unit)	4	5
胶 轮 大 车(辆)	Carts with Rubber Tires(unit)	33	34
水 泵(台)	Pumps(unit)	37	38
役 畜(头)	Draught Animals(head)	64	59
产 品 畜(头)	Commodity Animals(head)	78	71

12－10 牧民家庭年末生产性固定资产原值及固定资产拥有量
Original Value and Number of Productive Fixed Assets Owned Herdsman Households (End of Year)

项 目	Item	2009	2010
生产性固定资产原值(平均每户)(元)	**Original Value of Productive Fixed Assets Owned Per Herdsman Household(yuan)**	**36214**	**37902**
役畜、产品畜(元)	Draught Animals, Commodity Animals(yuan)	5336	5337
大中型牧业工具(元)	Large and Medium Animal Husbandry Tools(yuan)	1873	1867
农林牧业机械(元)	Machinery for Farming, Forestry and Animal Husbandry(yuan)	9056	9251
运 输 机 械(元)	Transport Machinery(yuan)		
生产资料拥有量(平均每百户)	**Number of Productive material (Per 100 Households)**		
汽 车(辆)	Automobiles(unit)	7	6
大中型拖拉机(台)	Large and Medium －Tractors(unit)	6	6
小型拖拉机(台)	Mini －Tractors(unit)	61	60
水 泵(台)	Pumps (unit)	37	37

12－11 农业机械化、电气化情况
Basic Statistics on Agricultural Mechanization and Electrification

项 目	Item	2009	2010
农业机械化程度	**Level of Agricultural Mechanization**		
机耕地面积(万公顷)	Areas of Tractor Plowing(10 000 hectares)	556.79	618.39
占耕地面积的比重(%)	Percentage to Cultivated Areas(%)		87.30
机械播种面积(万公顷)	Areas of Mechine Sowing(10 000 hectares)	537.47	605.74
占农作物总播种面积的比重(%)	Percentage to Total Sown Areas(%)		75.50
机械收割面积(万公顷)	Areas of Machine Harvesting(10 000 hectares)	233.51	264.24
占农作物总播种面积的比重(%)	Percentage to Total Sown Areas(%)		35.90
每公顷耕地拥有农业机械总动力(瓦特)	Total Power of Machinery for Per Hectare(w)		4243.37
农业电气化情况	**Level of Agricultural Electrification**		
农村用电量(亿千瓦小时)	Electricity Consumption by Rural Area (100 million kwh)	41.15	48.41
平均每公顷耕地用电量(千瓦小时)	Electricity Consumption Per Hectare(kwh)	269.56	296.91
乡村(嘎查)及村以下办水电站个数(个)	Number of Hydroelectric Stations Run by Villiges and Lower Level (unit)	3	37.00
发 电 量(万千瓦小时)	Number of Generating Electricity(10 000 kwh)	361.30	10232.00

12-12 耕地面积、造林面积和播种面积

Cultivated Areas, Afforested Areas and Sown Areas

单位:万公顷 (10 000 hectares)

年 份 Year	年末实有耕地面积 Cultivated Areas at Year end	水 田 Paddy Fields	旱 地 Dry Fields	# 水浇地 Irrigated Fields	当年造林面积 Annual Afforested Hilly Areas	总播种面积 Total Sown Areas	粮食作物播种面积 Sown Areas of Grain Crops	经济作物播种面积 Sown Areas of Industrial Crops
1947	396.7	0.8	395.9	29.5		347.9	318.9	20.4
1948	417.0	0.9	416.1	31.6		372.7	337.2	27.1
1949	433.1	1.4	431.7	32.1		389.6	352.8	28.0
1950	472.6	2.0	470.6	33.5	0.53	423.8	388.8	28.3
1951	506.3	1.8	504.5	39.8	1.66	469.7	416.0	46.2
1952	517.4	1.5	515.9	52.9	4.43	494.9	436.0	49.7
1953	531.9	1.6	530.3	54.3	3.68	477.6	428.7	40.5
1954	531.6	1.1	530.5	55.5	3.93	484.9	437.8	36.6
1955	542.3	1.4	540.9	57.9	3.73	488.6	435.8	41.9
1956	569.9	3.3	566.6	68.0	12.79	531.0	472.9	42.8
1957	571.5	4.3	567.2	64.5	8.27	527.9	463.2	48.6
1958	555.3	9.4	545.9	104.1	37.13	505.5	445.2	40.9
1959	539.3	9.7	529.6	100.1	31.93	487.0	414.2	56.6
1960	602.0	9.8	592.2	108.3	39.10	575.0	486.2	56.1
1961	609.7	7.0	602.7	78.3	7.41	580.0	503.1	43.8
1962	586.7	4.0	582.7	55.4	4.73	544.6	484.7	39.0
1963	554.2	3.6	550.6	56.3	5.23	526.1	471.6	36.4
1964	561.4	3.1	558.3	67.4	15.86	534.2	478.4	39.5
1965	561.5	1.9	559.6	86.9	20.00	528.1	470.9	37.9
1966	548.0	1.7	546.3	110.7	16.32	510.0	449.4	33.7
1967	540.3	1.7	538.6	99.4	15.55	510.2	448.5	35.9
1968	531.2	2.3	528.9	91.5	11.10	497.1	443.4	34.0
1969	534.3	2.9	531.4	87.0	9.61	499.3	445.7	35.7
1970	545.0	2.8	542.2	93.6	11.71	508.4	453.5	35.3
1971	544.1	1.9	542.2	95.1	16.33	503.5	451.0	32.2
1972	542.7	2.1	540.6	100.5	16.20	499.8	444.1	33.9
1973	541.2	1.7	539.5	107.0	18.77	498.9	441.0	35.5
1974	537.7	1.5	536.2	113.1	20.59	496.3	436.1	36.4
1975	534.1	1.5	532.6	124.7	23.68	490.9	429.0	37.7
1976	526.7	2.0	524.7	130.3	26.19	480.7	410.1	42.9
1977	525.1	2.7	522.4	122.8	34.52	478.1	406.5	44.7

12－12 续表 continued

单位:万公顷 (10 000 hectares)

年 份 Year	年末实有耕地面积 Cultivated Areas at Year end	水 田 Paddy Fields	旱 地 Dry Fields	# 水浇地 Irrigated Fields	当年造林面积 Annual Afforested Hilly Areas	总播种面积 Total Sown Areas	粮食作物播种面积 Sown Areas of Grain Crops	经济作物播种面积 Sown Areas of Industrial Crops
1978	532.6	1.7	530.9	120.9	29.79	482.4	409.4	44.9
1979	534.7	1.7	533.0	115.2	30.47	488.1	404.2	52.8
1980	525.2	1.5	523.7	106.0	29.81	479.7	388.2	61.1
1981	518.6	1.7	516.9	103.2	38.12	466.2	385.4	55.6
1982	510.9	1.6	509.3	101.1	51.65	464.1	384.3	58.2
1983	506.5	1.7	504.8	100.5	60.94	463.1	383.7	58.5
1984	500.6	1.9	498.7	96.1	69.91	463.1	376.2	63.9
1985	493.0	2.3	490.7	94.2	70.41	454.9	342.2	91.4
1986	489.5	2.7	486.8	97.9	22.63	455.6	358.1	71.6
1987	485.1	2.8	482.3	101.0	24.83	447.4	355.6	64.3
1988	487.1	3.6	483.5	104.3	26.60	455.9	363.6	66.8
1989	491.2	5.1	486.1	110.2	23.70	457.6	372.1	61.9
1990	496.6	7.6	489.0	117.3	29.80	472.2	387.5	62.6
1991	500.5	8.7	491.8	123.6	41.08	476.8	387.9	68.9
1992	508.1	9.5	498.6	127.3	51.82	485.4	392.5	72.4
1993	517.1	7.4	509.7	130.8	39.68	486.8	398.7	67.3
1994	531.0	6.5	524.5	132.1	37.19	492.5	402.7	66.3
1995	549.1	8.4	540.7	135.8	40.25	507.9	414.3	71.3
1996	592.4	9.1	583.3	146.5	43.59	529.1	442.4	64.9
1997	746.3	11.3	735.0	173.5	46.44	583.8	490.6	80.4
1998	722.4	11.3	711.0	171.7	47.78	602.7	503.1	85.9
1999	752.4	11.6	740.8	191.9	53.40	607.7	495.1	97.2
2000	731.7	12.1	719.6	194.6	59.00	591.4	443.6	122.9
2001	709.1	11.1	698.0	195.5	73.19	570.7	438.3	92.4
2002	709.1	11.6	697.5	202.1	90.74	588.7	434.3	104.0
2003	686.3	10.1	676.3	207.9	83.60	574.9	405.1	103.6
2004	711.5	10.9	700.6	244.7	63.09	592.4	418.1	100.0
2005	735.5	9.3	726.2	249.4	38.38	621.6	437.4	104.0
2006	713.3	8.3	525.9	179.1	47.98	659.0	493.7	87.8
2007	714.8	8.3	526.6	179.9	59.01	676.2	510.2	85.7
2008	714.9	8.4	514.4	192.1	71.86	686.1	525.4	110.6
2009	714.9	8.4	514.4	192.1	86.19	692.8	542.4	109.0
2010	714.9	8.4	514.4	192.1	86.19	700.3	549.9	108.8

注:2006 年以后耕地面积为国土资源厅提供的数据;且 耕地面积＝水 田＋旱 地＋水浇地

a) The Culitiaved Areas after 2006 are Provided by the Bureau of Land and Resource, Culitaved Area＝Paddy Field＋Dry Field＋Irrigated Field

12－13 主要粮食作物播种面积

Sown Areas of Major Grain Crops

单位:万公顷 (10 000 hectares)

年份 Year	农作物总播种面积 Total Sown Area	粮食作物播种面积 Sown Areas of Grain Crops	谷物 Cereal	小麦 Wheat	玉米 Corn	稻谷 Rice	谷子 Millet	莜麦 Sweet－oats	糜黍 Broom Corn Millet	薯类 Tubers	豆类 Beans	#大豆 Soybean
1947	347.9	318.9		22.6	19.1	0.8	61.0	32.0	42.0	15.1		14.7
1948	372.7	337.2		25.0	20.1	0.9	63.8	33.1	46.0	16.2		14.9
1949	389.6	352.8		26.7	22.4	1.4	65.7	35.3	46.7	16.6		16.5
1950	423.8	388.8		29.6	24.7	2.0	73.3	40.3	49.3	17.1		11.7
1951	469.7	416.0		33.9	19.1	1.6	73.5	52.7	56.5	21.8		11.1
1952	494.9	436.0		43.9	22.9	1.5	79.8	60.8	71.5	22.1		15.8
1953	477.6	428.7		47.6	24.4	0.8	77.0	62.0	69.1	21.1		21.7
1954	484.9	437.8		58.0	26.4	1.0	73.3	60.4	70.4	20.6		22.7
1955	488.6	435.8		60.2	31.9	1.4	71.9	64.7	68.8	19.8		26.9
1956	531.0	472.9		60.1	50.6	2.9	88.7	59.6	71.9	21.9		24.2
1957	527.9	463.2		64.0	36.2	4.0	84.7	64.2	68.1	22.4		26.8
1958	505.5	445.2		57.9	57.6	8.9	81.8	55.5	48.1	39.4		21.2
1959	487.0	414.2		59.7	35.1	8.9	68.2	61.4	53.6	27.1		20.5
1960	575.0	486.2		73.7	52.2	8.9	79.1	63.2	66.6	29.6		23.0
1961	580.0	503.1		80.8	48.7	6.3	73.0	67.8	73.2	31.2		23.1
1962	544.6	484.7		67.1	50.1	3.9	79.7	69.7	68.8	26.7		23.5
1963	526.1	471.6		67.1	45.0	3.5	76.8	70.7	66.0	27.1		
1964	534.2	478.4		71.4	47.7	3.4	83.1	71.3	63.4	26.0		26.6
1965	528.1	470.9		72.5	50.1	1.8	85.3	66.3	63.9	24.2		24.4
1966	510.1	449.4		71.4	66.4	1.6	80.3	62.2	55.9	32.2		21.7
1967	510.2	448.5		74.1	62.3		82.2	63.3	52.4	24.4		
1968	497.1	443.4		72.3	56.2		78.1	61.7	55.1	23.7		
1969	499.3	445.7		78.3	53.3		81.1	64.2	45.7	22.5		
1970	508.4	453.5		84.8	52.4		82.1	65.2	53.7	21.8		
1971	503.5	451.0		85.7	63.5		79.7	58.7	50.3	22.9		
1972	499.8	444.1		83.8	61.6		72.3	54.8	53.1	23.6		
1973	498.9	441.0		86.9	59.7		78.0	50.5	51.1	25.6		
1974	496.3	436.1		87.0	66.5		74.7	48.6	45.0	25.6		
1975	490.9	429.0		92.1	70.9		68.5	47.3	40.3	26.9		
1976	480.7	410.1		105.5	70.7		57.2	39.1	34.7	25.3		
1977	478.1	406.5		108.4	65.2		55.9	40.4	31.2	26.6		

12－13 续表 continued

单位:万公顷 (10 000 hectares)

年 份 Year	农作物总播种面积 Total Sown Area	粮食作物播种面积 Sown Areas of Grain Crops	谷 物 Cereal	小 麦 Wheat	玉 米 Corn	稻 谷 Rice	谷 子 Millet	莜 麦 Sweet－oats	糜 黍 Broom Corn Millet	薯 类 Tubers	豆 类 Beans	#大 豆 Soybean
1978	482.4	409.4		108.6	66.8		56.7	38.6	29.6	29.2		
1979	488.1	404.2		95.2	67.0	1.6	56.4	45.4	37.6	27.7		18.3
1980	479.7	388.2		95.7	65.3	1.5	50.2	47.4	36.0	25.2		17.1
1981	466.2	385.4		90.3	59.2	1.6	53.4	43.8	41.5	23.2		19.4
1982	464.1	384.3		87.8	50.5	1.6	57.0	44.4	39.7	24.3		23.9
1983	463.1	383.7		91.1	49.4	1.7	55.9	45.0	38.2	25.4		21.9
1984	463.1	376.3		93.2	46.4	1.8	51.9	41.4	40.9	24.6		19.3
1985	454.9	342.2		92.7	43.4	2.4	46.3	36.5	31.1	22.7		21.9
1986	455.6	358.1		93.7	54.8	2.7	41.4	34.0	32.4	22.5		26.4
1987	447.4	355.7		92.1	66.0	2.8	38.7	33.8	26.8	22.9		27.5
1988	455.9	363.6		97.4	66.9	3.5	38.5	28.9	26.8	25.3		31.1
1989	457.6	372.1		100.8	69.6	5.3	37.4	26.8	13.0	24.7		31.8
1990	472.2	387.5		115.4	77.4	7.9	35.7	26.5	11.7	24.6		30.1
1991	476.8	387.9		119.2	81.2	8.8	33.4	25.2	11.0	23.9		30.1
1992	485.4	392.5	318.8	133.4	77.5	9.4	28.5	18.7	9.8	25.0	48.7	35.6
1993	486.8	398.7	293.6	118.9	76.2	7.3	25.8	17.2	7.9	26.3	78.8	57.1
1994	492.5	402.7	292.1	103.4	83.7	6.8	23.3	16.9	8.5	25.3	85.3	60.4
1995	507.9	414.3	300.9	101.7	99.2	7.9	23.7	13.7	8.2	35.5	77.9	55.7
1996	529.1	442.4	323.2	109.4	111.6	9.0	25.2	13.0	17.1	41.6	77.6	55.5
1997	583.8	490.6	339.0	116.5	127.9	12.2	25.7	11.3	20.7	46.4	105.2	75.8
1998	602.7	503.1	340.5	109.3	147.1	11.8	22.4	10.2	14.9	50.1	112.5	77.1
1999	607.7	495.1	330.9	93.8	157.2	11.7	20.7	9.3	12.4	58.2	106.0	73.7
2000	591.4	443.6	264.8	61.7	129.8	11.8	16.4	6.2	12.8	65.0	113.7	79.4
2001	570.7	438.3	263.8	51.6	151.9	8.6	17.6	3.3	11.5	56.7	117.9	75.5
2002	588.7	434.3	271.8	46.5	156.2	9.0	17.7	4.5	10.0	58.0	104.6	59.6
2003	574.9	405.1	243.4	31.8	159.1	6.7	14.2	4.4	8.1	53.6	108.2	69.7
2004	592.4	418.1	258.3	41.9	167.6	8.1	12.6	3.8	7.4	52.8	107.0	75.3
2005	621.6	437.4	273.4	46.1	180.6	8.4	12.5	3.9	6.1	56.2	107.7	79.7
2006	659.0	493.7	302.4	48.4	191.6	9.1	14.3	5.0	6.9	59.5	131.8	97.3
2007	676.2	510.2	330.3	56.8	201.2	10.8	13.7	6.4	6.8	62.2	117.6	74.7
2008	686.1	525.4	351.8	45.2	234.0	9.8	14.4	5.8	5.5	69.9	103.7	66.8
2009	692.8	542.4	363.2	52.8	245.1	10.2	15.0	5.0	4.8	66.7	112.5	84.0
2010	700.3	549.9	370.8	56.6	248.6	9.2	17.4	4.2	4.3	69.1	110.0	81.2

12－14 主要经济作物播种面积

Sown Areas of Major Industrial Crops

单位:万公顷 (10 000 hectares)

年份 Year	经济作物播种面积 Sown Areas of Indus－trial Crops	油料 Oil bearing Crops	葵花籽 Sunflo－wer Seeds	胡麻籽 Flax Seeds	油菜籽 Rape Seeds	甜菜 Beet－roots	烟叶 Tob－acco	麻类 Fiber Crops	蔬菜 Vege－table	果用瓜 Melons (use on Fruit)	其它作物播种面积 Sown Areas of other Crops	# 青饲料 Green fodder
1947	20.4	18.7		7.8	2.3		0.2	0.8	2.3		38.6	
1948	27.1	25.0		8.5	2.4		0.2	1.0	4.7		8.4	
1949	28.0	25.8		9.2	1.9		0.2	1.0	5.0		8.8	
1950	28.3	25.0		9.4	3.4		0.1	0.8	3.7		6.6	
1951	46.2	36.4		14.3	5.0		0.2	0.9	4.2		7.5	
1952	49.7	46.6		17.7	6.9		0.2	1.5	5.1		9.3	
1953	40.5	38.4		17.2	6.0		0.2	1.2	4.7		8.3	
1954	36.7	34.9		17.3	4.8		0.2	0.9	5.6		10.4	
1955	41.9	39.6		21.5	4.8	0.8	0.3	0.9	6.0		11.0	
1956	42.8	39.8		21.6	5.6	1.0	0.3	0.9	6.3		15.3	
1957	48.6	43.1		22.7	5.4	1.4	0.3	1.7	6.6		16.1	
1958	40.9	35.9		18.9	4.6	1.6	0.3	1.6	7.4		19.4	
1959	56.6	48.6		23.8	5.8	2.4	0.4	2.1	8.8		16.1	
1960	56.1	48.1		21.8	8.1	3.7	0.3	2.0	15.2		32.7	
1961	43.8	38.3		16.6	7.3	1.9	0.5	1.9	19.1		33.1	
1962	39.0	34.4		14.3	6.3	0.7	0.5	2.1	12.2		20.8	
1963	36.4	31.8		14.9	4.5	0.8	0.4	2.1	9.5		18.1	
1964	39.5	33.5		14.8	5.1	1.5	0.4	1.9	8.1		16.3	
1965	37.9	31.4		14.7	4.7	1.9	0.3	1.8	7.9		19.3	
1966	33.7	27.8		13.1	4.1	2.2	0.3	1.6	8.2		26.9	
1967	35.9	28.9				2.8					25.8	
1968	34.0	27.4				2.8					19.7	
1969	35.7	38.3				3.1					17.9	
1970	35.3	28.9				2.9					19.6	
1971	32.2	26.7				2.4					20.3	
1972	33.9	27.2				3.6					21.8	
1973	35.5	27.2				4.6					22.4	
1974	36.4	28.4				4.1					23.8	
1975	37.7	28.8				4.7					24.2	
1976	42.9	32.4				5.7					27.7	
1977	44.7	34.2				5.3					26.9	

12－14 续表 continued

单位:万公顷 (10 000 hectares)

年 份 Year	经济作物播种面积 Sown Areas of Indus－trial Crops	油料 Oil bearing Crops	葵花籽 Sunflo－wer Seeds	胡麻籽 Flax Seeds	油菜籽 Rape Seeds	甜菜 Beet－roots	烟叶 Tob－acco	麻类 Fiber Crops	蔬菜 Vege－table	果用瓜 Melons (use on Fruit)	其它作物播种面积 Sown Areas of other Crops	#青饲料 Green fodder
1978	44.9	34.8				4.8					28.1	
1979	52.8	41.9	5.7	19.1	7.1	4.5	0.4	1.6	8.9	2.0	31.1	15.3
1980	61.1	52.0	16.3	18.9	7.9	5.6	0.3	1.2	8.5	1.4	30.4	14.0
1981	55.6	46.9	14.3	14.6	8.1	5.7	0.4	0.9	7.3	1.6	25.2	10.4
1982	58.2	49.3	15.0	16.4	7.8	6.1	0.5	0.4	6.8	1.5	21.6	9.7
1983	58.5	49.0	15.4	16.3	6.8	6.1	0.2	0.3	6.7	1.3	20.9	9.6
1984	63.9	54.3	21.5	15.4	6.9	6.1	0.2	0.2	6.1	1.7	23.0	11.8
1985	91.4	76.6	30.1	18.3	8.8	10.0	0.4	0.3	5.8	2.0	21.4	11.4
1986	71.6	60.4	25.8	15.6	6.7	7.5	0.4	0.3	5.7	2.0	26.0	14.4
1987	64.3	54.6	22.3	16.6	6.6	7.5	0.3	0.1	6.4	1.6	27.4	16.7
1988	66.8	53.7	19.0	17.4	7.3	10.3	0.5	0.1	6.1	1.7	25.6	14.6
1989	61.9	51.1	17.7	16.4	4.9	8.2	0.7	0.1	6.3	1.2	23.6	13.0
1990	62.6	51.8	17.2	16.8	6.0	9.5	0.5	0.3	6.4	0.9	22.2	12.4
1991	68.9	55.1	19.7	17.2	7.5	11.9	0.7	0.4	5.9	0.9	20.1	11.2
1992	72.4	58.2	22.6	16.9	9.1	10.8	0.4	0.5	7.8	1.5	20.5	9.8
1993	67.3	50.3	18.3	15.2	7.9	10.9	0.4	0.1	8.2	1.5	20.9	9.5
1994	66.3	53.1	20.7	15.2	10.8	11.8	0.2	0.4	7.1	1.3	23.5	10.6
1995	71.3	55.7	20.7	15.1	13.5	14.0	3.0	0.8	1.3	1.3	9.9	
1996	64.9	50.6	18.9	14.6	11.8	12.7	0.8	0.4	8.8	1.5	21.8	8.4
1997	78.8	49.9	21.6	13.5	11.7	12.6	1.6	0.4	11.8	1.8	14.4	9.8
1998	84.3	56.7	27.1	11.5	15.6	11.7	0.6	0.3	11.5	2.6	15.3	9.3
1999	97.2	68.0	35.1	10.5	17.5	6.6	0.7	0.6	16.4	4.1	15.4	9.0
2000	122.9	87.9	36.3	10.1	29.5	5.9	0.8	0.1	20.9	4.8	25.0	13.1
2001	92.4	60.8	32.0	3.8	19.9	5.8	0.6	0.3	18.2	3.5	40.0	33.3
2002	104.0	68.9	34.5	7.6	22.5	7.1	0.5	0.4	20.8	3.6	50.4	43.8
2003	103.6	72.3	32.8	6.8	28.0	3.7	0.7	0.5	19.2	3.8	66.2	56.5
2004	100.0	67.1	29.5	5.9	27.8	3.6	0.6	0.8	20.4	3.5	74.3	65.5
2005	104.0	69.5	35.6	5.6	25.6	3.8	0.8	1.0	22.1	3.9	80.2	72.2
2006	87.8	59.2	25.7	4.9	23.0	3.0	0.4	0.7	17.2	5.3	77.5	62.4
2007	85.7	53.3	26.3	3.8	15.2	3.0	0.3	0.4	21.8	4.7	80.3	60.1
2008	110.6	70.5	40.8	4.8	22.1	4.9	0.5	0.3	26.0	5.3	50.1	39.0
2009	109.0	70.2	40.2	4.9	21.9	3.3	0.4	0.1	26.9	5.3	41.4	31.9
2010	108.8	69.4	39.5	4.8	22.3	3.7	0.4		26.4	6.3	41.6	31.0

12-15 主要年份主要农产品产量

Yield of Major Farm Crops in Major Years

单位:万吨 (10 000 tons)

年份 Year	粮食 Grain	谷物 Cereal	小麦 Wheat	玉米 Corn	稻谷 Rice	谷子 Millet	莜麦 Sweet - oats	糜子 Broom Corn Millet	薯类 Tubers	豆类 Beans	#大豆 Soybean
1947	184.5		10.0	19.0	1.2	43.5	16.9	13.0	14.8		6.3
1949	212.5		13.0	24.0	2.0	43.5	18.6	19.2	18.1		8.0
1952	348.5		25.5	28.5	2.5	72.0	33.0	42.7	42.9		12.2
1957	302.5		52.5	34.5	4.2	51.0	32.7	33.8	29.2		14.6
1965	382.0		59.5	81.0	2.8	64.0	35.9	34.6	22.2		16.0
1970	469.5		66.0	101.0		95.0	46.5	42.0	25.0		
1975	519.5		93.5	157.0		71.5	34.0	36.0	37.5		
1978	499.0		88.0	173.5	3.6	60.0	25.0	26.5	42.0		
1980	396.5		82.7	139.2	4.1	39.7	21.3	19.0	30.0		12.4
1981	510.0		99.8	142.6	4.0	59.9	37.8	36.3	37.6		19.3
1982	530.0		126.7	105.9	4.7	71.2	37.2	23.3	41.6		24.3
1983	560.2		120.9	142.9	4.2	79.2	20.9	26.4	41.9		24.3
1984	594.4		144.2	148.3	6.0	73.6	32.5	26.4	49.9		24.3
1985	604.1		148.5	159.8	7.8	78.6	28.6	18.1	48.2		28.8
1986	528.5		130.8	192.7	8.3	38.3	15.9	12.3	36.4		41.0
1987	607.0		125.7	273.3	7.7	52.1	7.3	10.1	33.7		36.7
1988	738.3		163.4	305.5	12.0	46.4	20.9	15.5	61.2		47.5
1989	677.9		187.5	285.1	19.2	31.3	9.0	10.0	42.5		36.9
1990	973.0		261.7	393.1	31.1	59.4	25.3	13.6	61.3		47.7
1991	958.5		280.2	413.7	35.2	45.1	17.0	9.3	46.5		45.1
1992	1046.8	937.4	330.3	435.4	41.4	44.3	13.3	12.4	58.7	50.7	40.0
1993	1108.3	930.9	298.5	453.9	33.0	48.4	12.1	9.2	63.8	113.6	90.1
1994	1083.5	910.4	234.8	482.3	30.5	41.4	10.0	10.7	55.3	117.8	94.0
1995	1055.4	914.1	262.2	518.4	39.6	23.9	8.8	7.3	74.3	67.0	52.5
1996	1535.3	1301.7	318.9	751.5	51.0	49.3	13.4	11.4	124.0	109.6	83.4
1997	1421.0	1188.0	307.9	677.9	70.6	41.1	7.6	11.0	114.4	118.7	97.4
1998	1575.4	1319.9	282.7	839.8	60.3	44.3	10.0	10.8	127.0	128.5	93.8
1999	1428.5	1210.6	273.1	771.4	68.8	29.2	6.4	5.5	110.7	107.2	82.5
2000	1241.9	947.9	181.8	629.2	72.2	15.0	2.7	5.3	184.3	109.7	85.8
2001	1239.1	1016.5	127.1	757.0	56.7	25.7	1.3	5.1	108.8	113.8	83.4
2002	1406.1	1097.7	121.5	821.5	56.0	30.3	3.9	5.3	168.5	139.9	96.4
2003	1360.7	1092.3	79.0	888.7	45.0	21.4	5.9	5.5	174.5	93.9	53.6
2004	1505.4	1180.4	110.5	948.0	54.5	19.9	5.6	5.1	189.8	135.1	103.1
2005	1662.2	1342.1	143.6	1066.2	62.1	23.4	2.8	4.5	156.0	164.1	130.9
2006	1806.7	1486.0	172.2	1134.6	65.3	26.6	7.0	2.9	178.6	142.1	103.7
2007	1811.1	1528.0	175.9	1161.4	81.4	23.1	2.1	5.4	153.9	129.1	85.7
2008	2131.3	1780.0	154.0	1410.7	70.5	30.3	2.6	3.9	195.7	155.7	106.1
2009	1981.7	1677.2	171.2	1341.3	64.8	14.4	1.7	2.5	161.3	143.2	114.4
2010	2158.2	1821.2	165.2	1465.7	74.8	25.9	1.7	2.4	171.0	166.0	133.4

12－15 续表 continued

单位:万吨 (10 000 tons)

年 份 Year	油 料 Oil－bearing Crops	葵花籽 Sunflower Seeds	胡麻籽 Flax Seeds	油菜籽 Rape－seeds	甜 菜 Beet－roots	烟 叶 Tobacco	麻 类 Fiber Crops	蔬 菜 Veget－ables	果用瓜 Melons (Use on Fruit)
1947	6.0		1.6	0.7		0.2	0.3	21.1	
1949	9.0		2.5	0.7		0.1	0.4	44.9	
1952	17.5		5.2	2.1	0.1	0.1	0.8	46.4	
1957	13.0		7.5	1.5	22.1	0.2	0.6	66.4	
1965	9.0		4.7	0.9	20.9	0.2	0.5	110.7	
1970	10.5				34.0				
1975	10.5				37.1				
1978	12.5				43.1				
1980	25.0	16.5	4.6	1.8	81.2	0.2	0.4	157.6	9.7
1981	36.5	23.7	4.7	2.2	82.3	0.6	0.4	147.1	17.5
1982	49.0	32.0	8.2	3.0	115.2	0.9	0.2	156.8	16.3
1983	54.0	38.7	5.7	1.5	135.1	0.3	0.1	199.0	19.4
1984	60.0	42.1	8.4	3.0	141.0	0.3	0.1	158.5	23.3
1985	79.5	49.5	10.8	4.6	254.2	0.6	0.3	182.7	33.4
1986	66.0	48.4	7.6	2.2	159.0	0.6	0.2	220.9	36.9
1987	54.0	38.6	6.4	2.2	167.8	0.4	0.1	195.4	34.1
1988	56.5	35.0	10.3	3.2	219.0	0.8	0.1	203.0	36.3
1989	48.6	33.8	6.0	1.7	177.6	0.9	0.1	226.8	30.0
1990	69.4	41.7	11.5	4.4	236.4	0.8	0.7	243.3	22.8
1991	71.8	50.1	10.8	3.3	302.8	1.2	0.8	220.5	27.9
1992	81.4	56.8	11.1	5.5	260.1	0.8	1.4	271.2	50.9
1993	72.6	49.8	9.6	5.7	278.6	1.3	0.2	327.6	44.5
1994	65.0	44.5	8.7	8.3	233.6	0.9	0.9	267.9	121.8
1995	70.2	47.2	8.0	9.5	263.5	0.5	1.5	308.3	40.5
1996	81.4	53.9	11.2	10.5	320.7	1.8	1.0	365.4	49.6
1997	73.1	53.5	8.5	8.9	306.4	4.1	0.6	420.4	61.9
1998	90.3	59.4	10.6	14.1	259.2	1.3	0.3	433.4	84.4
1999	100.9	71.6	7.2	18.5	136.8	1.6		594.9	121.8
2000	116.4	69.1	6.5	30.5	141.3	1.4	0.1	759.9	161.7
2001	80.6	61.0	1.9	13.0	133.1	1.0	0.4	768.7	106.9
2002	108.9	70.4	6.5	28.2	195.0	1.0	1.0	755.3	120.8
2003	102.3	62.6	6.9	25.3	99.4	1.6	1.2	846.8	103.2
2004	103.7	58.9	7.3	31.3	96.3	1.3	1.9	872.8	109.6
2005	122.2	85.3	4.6	28.3	138.3	2.0	2.5	1009.1	156.8
2006	101.1	56.7	5.6	23.5	105.5	2.6	1.7	1171.4	190.8
2007	79.4	48.7	2.5	12.8	118.5	1.6	1.4	1277.5	181.1
2008	117.5	75.6	3.4	20.2	170.0	1.4	2.1	1360.8	210.6
2009	119.6	90.0	2.9	22.4	109.6	1.2	1.0	1380.6	179.2
2010	128.1	99.2	2.9	22.4	161.0	1.5	0.1	1350.9	240.9

12－16 主要农产品产量及单位面积产量

Yield of Major Farm Crops and Yield of Major Farm Crops Per Hectare

年 份	Item	2009 总产量（万吨）Total Yield（10000 tons）	2009 单位面积产量（公斤/公顷）Yield Per Hectare（kg/hectare）	2010 总产量（万吨）Total Yield（10000 tons）	2010 单位面积产量（公斤/公顷）Yield Per Hectare（kg/hectare）
粮 食	**Grain**	**1981.7**	**3654**	**2158.2**	**3925**
谷 物	Cereal	1677.2	4618	1821.2	4912
#稻 谷	Rice	64.8	6366	74.8	8116
小 麦	Wheat	171.2	3241	165.2	2919
玉 米	Corn	1341.3	5472	1465.7	5897
高 粱	Sorghum	38.5	3087	56.4	3814
谷 子	Millet	14.4	961	25.9	1486
莜 麦	Sweet Oats	1.7	335	1.7	396
糜 子	Broom Corn Millet	2.5	1331	2.4	1533
荞 麦	Buckwheat	6.5	752	7.6	941
豆 类	Beans	143.2	1273	166.0	1509
#大 豆	Soybean	114.4	1362	133.4	1643
薯 类	Tubers	161.3	2417	171.0	2475
油 料	**Oil bearing Crops**	**119.6**	**1704**	**128.1**	**1848**
#葵花籽	Sunflower Seeds	90.0	2239	99.2	2509
油菜籽	Rape seeds	22.4	1022	22.4	1003
胡麻籽	Flax Seeds	2.9	599	2.9	602
甜 菜	**Beetroots**	**109.6**	**33141**	**161.0**	**43707**
棉 花	**Cotton**	**0.1**	**1444**	**0.1**	**1265**
麻 类	**Fiber Crops**	**1.0**	**10029**	**0.1**	**4357**
蔬 菜	**Vegetables**	**1380.6**	**51380**	**1350.9**	**51252**
瓜类（果用瓜）	**Melons (Use on Fruit)**	**179.2**	**34036**	**240.9**	**38479**
水 果	**Fruits**	**29.5**	**5644**	**37.3**	**5650**

12－17 自然灾害面积
Areas Covered by Natural Disaster

单位：万公顷 (10 000 hectares)

项 目	Item	2009	2010
农作物受灾面积	**Areas Covered**	**575.74**	**203.27**
#旱 灾	Drought	492.95	143.41
洪涝灾	Flood	45.63	21.56
风雹灾	Windstorm and Hail	47.55	26.78
低温冷冻灾	Freeze Injury	9.59	11.52
病虫害	Plant Diseases and Insect Pests	26.12	
农作物绝收面积	**Areas Without Output**	**186.63**	**61.63**
#旱 灾	Drought	152.27	51.11
洪涝灾	Flood	12.11	3.53
风雹灾	Windstorm and Hail	15.55	6.37
低温冷冻灾	Freeze Injury	1.91	0.62
病虫害	Plant Diseases and Insect Pests	8.64	

12－18 造林面积和封山育林面积(2010年)
Area of Afforestation and Closing Hill for Afforestation(2010)

单位：万公顷 (10 000 hectares)

地 区	Region	造林面积 Area of Afforestation	人工造林 Artificial Afforestation	飞播造林 Afforestation by Plane	无林地和疏林地新封 No forest & woodland to the new closure
总 计	**Total**	**65.52**	**22.98**	**7.67**	**34.86**
呼和浩特市	Hohhot City	3.48	1.32		2.16
包头市	Baotou City	2.69	0.55		2.13
呼伦贝尔市	Hulunbeier City	5.18	2.85		2.33
兴安盟	Xingan League	2.69	1.02		1.67
通辽市	Tongliao City	5.93	3.46		2.47
赤峰市	Chifeng City	13.78	4.22	1.23	8.33
锡林郭勒盟	Xilinguole League	9.01	1.24	3.10	4.67
乌兰察布市	Wulanchabu City	7.08	2.55		4.53
鄂尔多斯市	Erdos City	6.09	3.02	0.80	2.27
巴彦淖尔市	Bayannaoer City	4.98	1.65	0.53	2.80
乌海市	Wuhai City	0.36	0.36		
阿拉善盟	Alashan League	3.81	0.71	2.00	1.10
满洲里市	Manzhouli City	0.10	0.03		0.07
二连浩特市	Erlianhaote City	0.33			0.33
内蒙古森工集团	Inner Mongolia Forest Group	0.01	0.01		

12－19 林业基本情况

Basic Statistics on Forestry

单位:万公顷、个　　　　(10 000 hectares、unit)

项 目	Item	2009	2010
造林、封育面积	**Areas of Afforesting and closing hill for afforestation**	**86.19**	**65.52**
人工造林	Artificial Afforestation	35.30	22.99
飞播造林	Afforestation by Plane	9.60	7.67
当年封山育林面积	Area of Closing Hill for Afforestation this Year	41.28	34.86
按六大林业重点工程分	**Classified by Six Key Projects**		
天然林资源保护工程造林、封山育林	Afforestation of Protection of Natural Forest and Closing Hill for Afforestation	23.80	11.69
退耕还林工程造林、封山育林	Afforestation of Returning Land for Farming to Forestry and Closing Hill for Afforestation	5.25	5.50
# 退耕地造林	Afforesting on the Returned Farmland		
京津风沙源治理工程造林、封山育林	Afforestation & Closing Hill for Afforestation of Controlling Sand Sround Beijing & Tianjin	29.15	28.27
“三北”四期防护林工程造林、封山育林	Afforestation & Closing Hill for Afforestation of the Forth Stage of The Three North Shelter Forest Project	23.41	15.48
自然保护区个数	Number of Nature Reserve		135.00
# 国家级	National Nature Reserve		17.00
自然保护区面积	Area of Nature Reserve		975.20
造林面积按经济成份分	**Afforestation by Sector of the Economy**		
公有经济造林	Aforestation by Publicily－owned	55.77	42.21
国有经济造林	Aforestation by State－owned	24.35	18.35
集体经济造林	Aforestation by Collective－owned	31.42	23.87
非公有经济造林	Aforestation by Non－publicily－owned	30.42	23.11
造林面积按林种分	**Areas of Afforestation classified by sorts of forests**		
用材林	Timber Forest	2.12	1.02
经济林	Economic Forest	0.82	0.54
防护林	Shelter Forest	83.12	63.87
薪炭林	Firewood Forest	0.13	
其他林	Others		0.08
森林覆盖率(%)	**Forest Cover Rate(%)**	**20.00**	**20.00**

12-20 草原建设及利用情况

Basic Statistics on Construction and Utilization of Grasslands

项 目	Item	2009	2010
草场面积(万公顷)	**Areas of Grasslands(10 000 hectares)**	**8800.00**	**8800.00**
#承包到户面积(万公顷)	Areas Contracted with Households (10 000 hectares)	5828.15	5853.30
草库伦面积(围栏草场面积)(万公顷)	**Areas of Fenced Grasslands(10 000 hectares)**	**2770.33**	**2826.37**
#当年新增面积(万公顷)	Annual Newly Increased Areas (10 000 hectares)	187.21	194.69
人工种草保有面积(万公顷)	**Areas of Grasslands Planted and Surviving (10 000 hectares)**	**302.92**	**438.41**
#当年种草面积(万公顷)	Annual Areas of Planted Grasslands (10 000 hectares)	162.39	190.21
飞机播种面积(万公顷)	Aircraft Sowing(10 000 hectares)	9.40	2.03
当年打草量(万吨)	**Annual Quantity of Harvested Grass(10 000 tons)**		**1756.40**
现有畜棚数(万间)	**Number of Animal Sheds in Present(10 000 units)**	**411.70**	**454.86**
畜棚面积(万平方米)	Areas of Animal Sheds(10 000 sq. m)	10347.68	10516.99
每平米畜棚拥有牲畜数(只/平方米)	Number of Animals per Square meter in Sheds(head/sq. m)		1.10
现有畜圈数(万座)	**Number of Animal Corrals in Present (10 000 units)**	**463.60**	**374.82**
畜圈面积(万平方米)	Areas of Animal Corrals(10 000 sq. m)	13486.40	15442.63
每平米畜圈拥有牲畜数(只/平方米)	Number of Animals per Square meter in Corrals(head/sq. m)		1.62
草原利用率	**Utilization Rate of Grasslands**		**0.50**
草原(可利用草原)载畜量(只/万公顷)	Animal Loading Capacity of Grasslands (head/10 000 hectares)		5000.00

注:每平方米畜棚、畜圈拥有牲畜及草原载畜量均按标准羊单位计算;草原载畜量为每万公顷草场饲养牲畜数量。

a) Number of Animals per S. m in Sheds, Number of Animals per S. m Corrals and Animal Loading Capacity of Grasslands are Calculated at standardized sheep; Animal Loading Capacity of Grasslands is the number of animals which per 10000 hectares grassland can load.

12-21 牲畜总头数和总增头数

Total Number of Livestock and Livestock Added

单位:万头(只) (10 000 heads)

项 目	Item	2009			2010		
		总头数		总增头数 Total Number Added of Live-stocks	总头数		总增头数 Total Number Added of Live-stocks
		年中数 Year-middle	年末数 Year-end		年中数 Year-middle	年末数 Year-end	
大牲畜和羊合计	**Total Number of Large Animals, Sheep and Goats**	**9596.77**	**6064.87**	**5508.97**	**9548.07**	**6163.91**	**5338.94**
大牲畜	Large Animals	1084.61	686.90	377.93	1140.09	887.86	377.22
牛	Cattles	881.79	663.90	328.27	929.39	681.05	324.89
#良种及改良种乳牛	Fine Breed and Improved Milk Cows	314.40	227.30	117.92	330.98	292.52	121.05
马	Horses	70.93	70.66	17.63	70.28	71.92	17.76
驴	Donkeys	88.24	90.54	27.03	97.59	92.05	29.18
骡	Mules	32.09	34.17	3.09	30.74	32.89	3.31
骆驼	Camels	11.56	9.57	1.92	12.10	9.95	2.09
羊	Sheep and Goats	8512.17	5197.20	5131.04	8407.99	5276.05	4961.73
绵羊	Sheep	5552.52	2554.62	3706.14	5781.96	3567.85	3787.72
#细毛羊及改良羊	Nap Sheep or Improved Sheep	1926.76	1151.04		1944.93	1180.42	
半细毛羊及改良羊	Semi-nap Sheep or Improved Sheep	646.82	403.72		636.60	398.06	
山羊	Goats	2959.65	2642.60	1424.90	2626.03	1708.20	1174.01
猪	**Hogs**	**1261.74**	**683.70**	**1055.74**	**1250.46**	**688.78**	**1073.07**

注:总增头数是指牧业年度繁殖成活仔畜头数减去期内成幼畜死亡头数。

a) Total Number of Livestoks Added refers to survival number of newborn livestocks in the period subtract death livestocks.

12-22 牲畜总头数
Total Number of Livestock

单位:万头(只) (10 000 heads)

年份 Year	年中数 Year-middle				年末数 Year-end			
	合计 Total	大牲畜 Large Animals	羊 Sheep & Goats	猪 Hogs	合计 Total	大牲畜 Large Animals	羊 Sheep & Goats	猪 Hogs
1947	931.9	271.0	570.8	90.1	851.8	262.9	510.8	78.1
1948	949.9	286.5	571.6	91.8	869.1	277.9	511.6	79.6
1949	1058.6	313.7	642.6	102.3	968.6	304.3	575.6	88.7
1950	1191.4	343.1	731.8	116.5	1068.4	331.1	636.3	101.0
1951	1418.1	388.0	902.0	128.1	1278.6	372.5	795.0	111.1
1952	1749.9	450.6	1143.2	156.1	1467.6	430.3	902.0	135.3
1953	2105.2	504.5	1434.4	166.3	1844.7	442.5	1235.0	167.2
1954	2428.6	558.4	1672.2	198.0	1959.0	494.7	1292.6	171.7
1955	2501.3	586.9	1724.4	190.0	1912.3	514.7	1232.9	164.7
1956	2635.2	591.6	1874.9	168.7	2094.4	496.9	1451.2	146.3
1957	2438.9	552.7	1713.9	172.3	1809.9	450.5	1210.0	149.4
1958	2674.0	550.7	1879.7	243.6	2184.9	468.1	1505.6	211.2
1959	3070.8	589.0	2244.2	237.6	2576.7	537.2	1833.5	206.0
1960	3315.5	612.9	2431.7	270.9	2709.4	553.5	1921.0	234.9
1961	3305.4	623.4	2494.8	187.2	2671.2	550.5	1958.4	162.3
1962	3497.3	643.3	2621.0	233.0	2801.4	568.1	2031.3	202.0
1963	3981.7	699.7	3005.5	276.5	3242.4	628.3	2374.4	239.7
1964	4282.5	750.1	3242.1	290.3	3315.5	664.6	2399.2	251.7
1965	4488.4	787.9	3388.3	312.2	3606.1	716.2	2619.2	270.7
1966	4012.8	748.5	2969.0	295.3	3231.4	680.4	2295.0	256.0
1967	4164.6	730.0	3140.6	294.0	3469.4	680.9	2531.0	257.5
1968	4150.7	750.2	3067.6	332.9	3288.2	679.8	2349.0	259.4
1969	3844.5	721.7	2823.1	299.7	3213.0	665.1	2311.2	236.7
1970	3865.2	726.4	2840.3	298.5	3319.6	689.1	2356.4	274.1
1971	4032.5	754.3	2922.0	356.2	3419.7	712.2	2363.4	344.1
1972	4197.2	775.6	2985.5	436.1	3478.5	717.2	2372.3	389.0
1973	4317.2	781.3	3092.7	443.2	3654.6	738.2	2519.4	397.0
1974	4425.5	805.8	3160.3	459.4	3707.0	752.3	2532.6	422.1
1975	4628.5	820.3	3307.9	500.3	3757.6	766.8	2638.1	352.7
1976	4465.4	808.4	3058.0	599.0	3649.0	748.7	2397.8	502.5
1977	4428.6	784.1	3056.4	588.1	3643.4	715.3	2394.6	533.5

12－22 续表 continued

单位:万头(只) (10 000 heads)

年 份 Year	年中数 Year－middle 合 计 Total	大牲畜 Large Animals	羊 Sheep & Goats	猪 Hogs	年末数 Year－end 合 计 Total	大牲畜 Large Animals	羊 Sheep & Goats	猪 Hogs
1978	4162.3	697.5	2860.5	604.3	3586.5	659.3	2378.1	549.1
1979	4513.4	724.6	3177.6	611.2	3873.1	685.3	2633.2	554.6
1980	4656.8	741.3	3317.0	598.5	3753.3	681.3	2553.4	518.6
1981	4565.6	723.2	3307.2	535.2	3817.2	678.9	2670.0	468.3
1982	4721.9	744.3	3474.0	503.6	3903.9	708.0	2735.0	460.9
1983	4413.6	739.9	3177.9	495.8	3539.8	694.7	2418.0	427.1
1984	4259.5	740.9	3053.7	464.9	3488.3	698.2	2377.3	412.8
1985	4341.8	775.3	3060.7	505.8	3667.4	736.6	2468.4	462.4
1986	4434.5	799.5	3082.7	552.3	3734.5	751.3	2502.2	481.0
1987	4555.2	811.5	3219.9	523.8	3731.0	730.8	2544.7	455.5
1988	4685.9	792.3	3408.8	484.8	4093.8	734.6	2892.8	466.4
1989	5301.5	812.7	3945.0	543.8	4215.4	718.6	3009.5	487.3
1990	5307.5	784.9	3955.2	567.4	4254.4	707.5	3023.9	523.0
1991	5568.2	783.8	4160.0	624.4	4220.5	699.8	2960.9	559.8
1992	5558.0	774.4	4067.4	716.2	4168.4	690.2	2856.7	621.5
1993	5577.9	771.8	3942.1	864.0	4231.9	685.7	2860.3	685.9
1994	5711.3	756.6	4038.9	915.8	4450.7	682.4	3028.1	740.2
1995	6065.7	783.8	4302.5	979.4	4795.0	708.3	3321.0	765.7
1996	6697.7	825.5	4804.3	1067.9	5066.8	734.9	3561.8	770.1
1997	7112.4	840.8	5164.8	1106.8	5180.4	714.0	3656.7	809.7
1998	7387.2	817.8	5383.5	1185.9	5206.3	677.3	3712.9	816.1
1999	7436.2	802.8	5491.6	1141.7	5147.6	667.4	3702.6	777.6
2000	7300.5	803.3	5406.2	1090.9	4912.0	622.1	3551.6	738.3
2001	7135.0	702.3	5427.8	1004.9	4817.6	536.3	3515.9	765.4
2002	7260.1	652.0	5675.2	932.9	5176.9	543.4	3951.7	681.8
2003	7987.6	718.1	6396.1	873.5	5713.3	615.4	4450.1	647.7
2004	9274.4	814.5	7514.7	945.2	6722.9	718.2	5318.5	686.2
2005	10615.3	934.2	8713.0	968.1	6903.5	783.2	5420.0	700.3
2006	11050.5	986.8	9002.6	1061.1	6508.8	786.2	5102.5	620.1
2007	10854.4	1039.4	8774.6	1040.5	6524.3	822.7	5064.2	637.4
2008	10677.7	1063.8	8442.9	1170.5	6519.4	883.2	5125.3	675.3
2009	10858.5	1084.6	8512.2	1261.7	6748.6	868.9	5197.2	683.7
2010	10798.5	1140.1	8408.0	1250.5	6852.7	887.9	5276.0	688.8

12-23 大牲畜和羊(年中数)

Total Number of Large Animals, Sheep and Goats(Year-middle)

单位:万头(只)　　　　(10 000 heads)

年份 Year	合计 Total	牛 Cattles	马 Horses	驴 Donkeys	骡 Mules	骆驼 Camels	绵羊 Sheep	山羊 Goats
1947	841.8	174.6	48.7	33.7	3.0	11.0	342.6	228.2
1948	858.1	186.7	48.1	37.6	3.2	10.9	348.0	223.6
1949	956.3	208.5	45.3	44.9	3.2	11.8	403.8	238.8
1950	1074.9	232.1	45.0	94.1	3.7	13.2	457.3	274.5
1951	1290.1	262.6	50.5	56.3	4.3	14.3	550.2	351.9
1952	1593.8	307.1	59.7	63.6	4.9	15.3	692.4	450.8
1953	1938.9	348.9	67.0	66.4	5.4	16.8	853.7	580.7
1954	2230.6	385.6	73.8	74.7	6.2	18.1	991.3	680.9
1955	2311.3	394.2	83.5	81.2	7.8	20.2	1030.6	693.8
1956	2466.5	389.0	90.9	82.1	8.5	21.2	1098.8	776.1
1957	2266.6	353.2	94.5	74.6	8.1	22.3	992.5	721.4
1958	2430.4	346.9	95.9	77.5	8.2	22.2	1097.9	781.8
1959	2833.2	380.7	103.1	73.5	8.5	23.2	1281.0	963.2
1960	3044.6	402.8	109.5	66.0	9.0	25.6	1379.0	1052.7
1961	3118.2	415.7	116.3	57.1	8.9	25.4	1417.8	1077.0
1962	3264.3	421.2	125.3	61.1	8.9	26.8	1453.3	1167.7
1963	3705.2	454.2	140.4	68.6	9.3	27.2	1696.3	1309.2
1964	3992.2	476.7	155.6	78.7	10.4	28.7	1875.7	1366.4
1965	4176.2	493.2	166.9	85.3	11.6	30.9	2017.4	1370.9
1966	3717.5	454.3	165.9	88.6	13.4	26.3	1844.2	1124.8
1967	3870.6	436.7	163.0	88.8	16.0	25.5	1952.8	1187.8
1968	3817.8	427.5	180.7	92.2	19.2	30.6	1935.8	1131.8
1969	3544.8	396.9	184.9	86.0	22.4	31.5	1755.1	1068.0
1970	3566.7	390.5	196.7	86.7	23.2	29.3	1815.4	1024.9
1971	3676.3	400.2	205.5	88.8	27.2	32.6	1887.8	1034.2
1972	3761.1	409.8	212.7	90.9	28.8	33.4	1974.6	1010.9
1973	3874.0	410.2	218.9	90.6	30.6	31.0	2119.0	973.7
1974	3966.1	418.1	231.4	93.1	32.3	30.9	2186.8	973.5
1975	4128.2	422.7	239.0	91.2	34.2	33.2	2304.2	1003.7
1976	3866.4	423.2	231.2	84.4	35.2	34.4	2162.4	895.6
1977	3840.5	412.3	224.9	76.3	34.7	35.9	2183.5	872.9

12－23 续表 continued

单位:万头(只) (10 000 heads)

年份 Year	合计 Total	牛 Cattles	马 Horses	驴 Donkeys	骡 Mules	骆驼 Camels	绵羊 Sheep	山羊 Goats
1978	3558.0	358.5	192.8	75.9	34.4	35.9	1986.7	873.8
1979	3902.2	376.2	198.2	78.0	34.1	38.2	2212.4	965.2
1980	4058.3	391.1	196.3	80.9	34.1	38.9	2354.7	962.3
1981	4030.4	381.6	187.7	79.8	33.9	40.2	2408.7	898.5
1982	4218.3	404.2	189.1	75.2	35.0	40.8	2543.8	930.2
1983	3917.8	407.4	185.1	74.3	37.6	35.6	2394.8	783.1
1984	3794.6	404.0	184.2	78.1	40.8	33.8	2273.4	780.3
1985	3836.0	424.0	189.4	85.2	44.6	32.2	2263.2	797.5
1986	3882.2	437.3	192.3	90.8	48.5	30.6	2255.5	827.2
1987	4031.4	445.2	194.2	93.2	51.9	27.0	2365.3	854.6
1988	4201.1	438.4	184.1	91.4	53.8	24.6	2454.1	954.7
1989	4757.7	457.8	180.9	92.1	56.5	25.4	2776.0	1169.0
1990	4740.1	439.8	169.2	93.0	58.2	24.7	2734.3	1220.9
1991	4943.8	434.9	166.8	96.7	61.8	23.6	2847.4	1312.6
1992	4841.9	426.4	164.1	97.6	65.3	21.0	2779.8	1287.7
1993	4713.8	424.2	161.9	100.1	68.0	17.7	2652.3	1289.8
1994	4795.5	415.4	158.2	96.8	69.7	16.6	2694.6	1344.3
1995	5086.3	442.7	158.0	97.6	69.4	16.1	2779.6	1522.9
1996	5629.8	477.2	161.5	100.4	70.1	16.3	3083.4	1720.9
1997	6005.6	488.0	161.3	102.9	72.2	16.5	3285.0	1879.9
1998	6201.3	478.6	149.9	101.8	71.8	15.7	3419.0	1964.5
1999	6294.5	475.2	140.4	100.9	71.6	14.8	3544.0	1947.6
2000	6209.6	490.2	130.5	99.5	69.5	13.6	3537.4	1868.8
2001	6130.1	431.4	108.4	87.9	62.3	12.3	3408.1	2019.7
2002	6327.2	419.6	87.6	80.4	55.5	8.9	3476.8	2198.4
2003	7114.1	499.3	79.2	81.1	49.4	9.1	3974.0	2422.1
2004	8329.2	600.0	74.6	82.9	47.0	10.1	4936.7	2578.0
2005	9647.2	721.9	74.5	84.3	43.0	10.6	5904.3	2808.7
2006	9989.4	780.1	73.5	80.1	41.9	11.2	6054.3	2948.3
2007	9814.0	820.1	75.9	91.3	40.7	11.4	5724.1	3050.5
2008	9506.7	838.9	78.7	96.3	38.7	11.3	5441.0	3001.9
2009	9596.8	881.8	70.9	88.2	32.1	11.6	5552.5	2959.7
2010	9548.1	929.4	70.3	97.2	30.7	12.1	5782.0	2626.0

12-24 牲畜增减变化情况(2010年,年末数)

Number of Newly Increased and Decreased Livestock(End of 2010)

单位:万头(只) (10 000 heads)

项目	Item	繁殖仔畜 New Born Stocks	成活仔畜 Survival New Born Stocks 头数 Number	成活率(%) Survival Rate	成幼畜死亡 Death Number of Young and Adult Stocks 头数 Number	死亡率(%) Death Rate
大牲畜和羊合计	**Total Number of Large Animals, Sheep and Goats**	**4973.25**	**4854.26**	**97.61**	**77.26**	**1.27**
大牲畜	Large Animals	383.71	373.92	97.45	5.58	0.81
牛	Cattles	324.79	316.47	97.44	4.59	0.69
#良种及改良种乳牛	Fine Breed and Improved Milk Cows	128.98	125.3	97.14	1.7	0.75
马	Horses	20.17	19.61	97.22	0.4	0.57
驴	Donkeys	32.83	32.08	97.72	0.44	0.49
骡	Mules	3.74	3.63	97.18	0.08	0.22
骆驼	Camels	2.18	2.12	97.23	0.08	0.8
羊	Sheep and Goats	4589.54	4480.34	97.62	71.68	1.38
绵羊	Sheep	3470.36	3389.81	97.68	49.55	1.94
山羊	Goats	1119.19	1090.53	97.44	22.12	0.84
猪	**Hogs**	**919.86**	**900.06**	**97.85**	**15.31**	**2.24**

12-24 续表 continued

单位:万头(只) (10 000 heads)

项目	Item	自宰自食 killed for Self-use	出卖 Selling	#出卖肉畜 Sold Meat Stocks	出栏率(%) Slaughter Rate	商品率(%) Commodity Rate
大牲畜和羊合计	**Total Number of Large Animals, Sheep and Goats**	**502.56**	**5768.56**	**5292.13**	**95.55**	**95.11**
大牲畜	Large Animals	21.38	548.36	418.76	50.00	62.30
牛	Cattles	18.36	452.30	337.92	52.76	66.98
马	Horses	0.46	33.58	29.52	42.42	47.52
驴	Donkeys	2.06	50.75	41.89	48.54	56.06
骡	Mules	0.33	9.80	7.72	23.55	28.69
骆驼	Camels	0.18	1.92	1.71	19.71	20.11
羊	Sheep and Goats	481.18	5220.20	4873.37	103.28	100.69
绵羊	Sheep	325.50	3847.95	3635.31	115.42	112.13
山羊	Goats	155.69	1372.25	1238.06	79.51	78.29
猪	**Hogs**	**240.67**	**1025.42**	**676.21**	**134.11**	**149.98**

12－25 牲畜总增情况(年中数)

Total Number of Newly Increased Livestock(Middle of Year)

单位:万头(只) (10 000 heads)

项 目	Item	总增头数 Total Number of Livestocks Added		总增率(%) Growth Rate	
		2009	2010	2009	2010
大牲畜和羊合计	**Total Number of Large Animals, Sheep and Goats**	**5508.97**	**5338.94**	**57.95**	**55.63**
大牲畜	Large Animals	377.93	377.22	35.53	34.78
牛	Cattles	328.27	324.89	39.13	36.84
# 良种及改良种乳牛	Fine Breed and Improved Milk Cows	117.92	121.05	37.08	38.5
马	Horses	17.63	17.76	22.41	25.03
驴	Donkeys	27.03	29.18	28.09	33.07
骡	Mules	3.09	3.31	7.99	10.31
骆 驼	Camels	1.92	2.09	16.92	18.04
羊	Sheep and Goats	5131.04	4961.73	60.77	58.29
绵 羊	Sheep	3706.14	3787.72	68.18	68.22
山 羊	Goats	1424.9	1174.01	47.39	39.67
猪	**Hogs**	**1055.74**	**1073.07**	**90.19**	**85.05**

12－26 牲畜增减变化情况(2010年，年中数)

Number of Newly Increased and Decreased Livestock(Middle of 2010)

单位:万头(只) (10 000 heads)

项 目	Item	繁殖成活仔畜 New Born Stocks And Survival New Born Stocks				成幼畜死亡 Death Number of Stocks	
		繁殖仔畜 New Born Stocks	成活仔畜 Survival New Born Stocks	成活率(%) Surv－ival Rate	繁成率(%) Rate of Breeding and Surviving	头 数 Number	死亡率(%) Death Rate
大牲畜和羊合计	**Total Number of Large Animals, Sheep and Goats**	**5623.11**	**5451.46**	**96.95**	**130.8**	**112.52**	**1.17**
大牲畜	Large Animals	395.22	386.31	97.75	75.35	9.09	0.84
牛	Cattles	339.97	332.28	97.74	76.28	7.40	0.84
# 良种及改良种乳牛	Fine Breed and Improved Milk Cows	127.15	123.49	97.12	63.75	2.44	0.78
马	Horses	19.07	18.55	97.25	63.92	0.79	1.11
驴	Donkeys	30.40	29.87	98.25	68.03	0.69	0.78
骡	Mules	3.49	3.42	97.98		0.11	0.33
骆 驼	Camels	2.29	2.20	95.90	52.88	0.11	0.95
羊	Sheep and Goats	5227.89	5065.16	96.89	138.57	103.43	1.22
绵 羊	Sheep	3966.60	3857.68	97.25	154.27	69.96	1.26
山 羊	Goats	1261.29	1207.48	95.73	104.57	33.47	1.13
猪	**Hogs**	**1134.22**	**1094.86**	**96.53**	**1189.45**	**21.78**	**1.73**

12 - 27 能繁殖母畜、耕畜及改良畜(2010 年，年中数)

Female Parent Stocks, Plow Stocks and Improved Stock(Middle of 2010)

单位：万头(只) (10 000 heads)

项 目	Item	能繁殖母畜 Female Parent Stocks	耕 畜 Plow Stocks	良种牲畜 Fine Breed Stocks	改良种牲畜 Improved Stocks
大牲畜和羊合计	**Total Number of Large Animals, Sheep and Goats**	**5466.07**	**125.08**	**3657.52**	**5354.88**
大牲畜	Large Animals	581.34	125.08	355.83	642.14
牛	Cattles	498.63	24.72	318.80	546.41
# 良种及改良种乳牛	Fine Breed and Improved Milk Cows	191.67			
马	Horses	29.07	22.71	13.09	33.36
驴	Donkeys	48.21	53.54	16.82	61.74
骡	Mules		23.35		
骆驼	Camels	5.42	0.76	7.12	0.63
羊	Sheep and Goats	4884.73		3301.69	4712.74
绵羊	Sheep	3392.77		2295.56	3233.80
# 细毛羊及改良羊	Nap Sheep or Improved Sheep	915.70			
半细毛羊及改良羊	Semi nap Sheep or Improved Sheep	231.92			
山羊	Goats	1491.96		1006.13	1478.94
猪	**Hogs**	**147.30**		**391.02**	**732.91**

12 - 28 能繁殖母畜、耕畜及改良畜(2010 年，年末数)

Female Parent Stocks, Plow Stocks and Improved Stock(End of 2010)

单位:万头(只) (10 000 heads)

项 目	Item	能繁殖母畜 Female Parent Stocks	耕 畜 Plow Stocks	良种牲畜 Fine Breed Stocks	改良种牲畜 Improved Stocks
大牲畜和羊合计	**Total Number of Large Animals,Sheep and Goats**	**4248.43**	**124.59**	**2333.86**	**3498.34**
大牲畜	Large Animals	525.70	124.59	291.11	480.79
牛	Cattles	447.08	20.30	250.90	385.09
马	Horses	28.83	27.73	16.13	35.54
驴	Donkeys	45.56	52.64	17.79	59.84
骡	Mules		23.55		
骆驼	Camels	4.23	0.36	6.29	0.31
羊	Sheep and Goats	3722.72		2042.75	3017.55
绵羊	Sheep	2614.36		1360.69	2043.63
山羊	Goats	1108.37		682.05	973.93
猪	**Hogs**	**94.62**		**217.41**	**447.14**

12－29 主要畜禽产品产量

Output of Major Livestock and Poultry

项目	Item	2009	2010
当年出栏肉猪头数(万头)	Annual Number of Sold Fatten Hogs (10 000head)	883.01	913.90
当年出栏和自宰的肉用牛(万头)	Annual Number of Sold and Killed Meat Cattles (10 000head)	294.49	306.80
当年出售和自宰的肉用羊(万只)	Annual Numberof Sold and Killed Mutton Goats and Sheep (10 000head)	5339.20	5397.90
当年肉类总产量(吨)	Annual Output of Meat (ton)	2340613	2387062
#猪肉产量(吨)	Pork (ton)	686220	718727
牛肉产量(吨)	Beef (ton)	474472	497288
羊肉产量(吨)	Mutton (ton)	882319	892444
奶类产品(吨)	Milks (ton)	9340665	9456580
#牛 奶(吨)	Cow Millk (ton)	9031202	9051514
山羊毛产量(吨)	Goat Wool (ton)	18455	12579
绵羊毛产量(吨)	Sheep Wool (ton)	102027	107452
山羊绒产量(吨)	Cashmere (ton)	7375	8104
蜂蜜产量(吨)	Honey (ton)	4522	4174
禽蛋产量(吨)	Poultry Eggs (ton)	489420	503855
年末实有家禽(万只)	Number of Poultry at Yearend (10 000 heads)	4334.50	4304.60
年内牛皮产量(万张)	Annual Output of Cattle Skin (10 000unit)	313.07	346.14
绵羊皮产量(万张)	Output of Sheep Skin (10 000unit)	3845.95	3681.21
山羊皮产量(万张)	Output of Goat Skin (10 000unit)	1415.72	1306.98
驼绒产量(吨)	Output of Fine Hair of Camel (ton)	423.00	400.30
出售肉类总量(吨)	Products of Sold Meat (ton)	2084372	2144838
#出售猪肉(吨)	Pork (ton)	573349	565546
出售牛肉(吨)	Beef (ton)	439267	502378
出售羊肉(吨)	Mutton (ton)	780979	762612
出售牛羊奶数量(吨)	Products of Sold Milk (ton)	8003356	8461668
出售羊毛数量(吨)	Products of Sold Wool of Sheep and Goats (ton)	94275	103827
出售家禽只数(万只)	Number of Sold Poultry (10 000 heads)	8594.70	8882.57
水 产 品(吨)	Aquatic Products (ton)	105979	113804

主要统计指标解释

农林牧渔业总产值 指以货币表现的农、林、牧、渔业全部产品的总量,它反映一定时期内农业生产总规模和总成果。农业总产值的计算方法通常是按农林牧渔业产品及其副产品的产量分别乘以各自单位产品价格求得;少数生产周期较长,当年没有产品或产品产量不易统计的,则采用间接方法匡算其产值;然后将四业产品产值相加即为农业总产值。

粮食产量 指全社会的产量。包括国有经济经营的、集体统一经营的和农民家庭经营的粮食产量,还包括工矿企业办的农场和其他生产单位的产量。粮食除包括稻谷、小麦、玉米、高粱、谷子及其他杂粮外,还包括薯类和豆类。其产量计算方法,豆类按去豆荚后的干豆计算;薯类(包括甘薯和马铃薯,不包括芋头和木薯)1963 年以前按每 4 公斤鲜薯折 1 公斤粮食计算,从 1964 年开始改为按 5 公斤鲜薯折 1 公斤粮食计算。城市郊区作为蔬菜的薯类(如马铃薯等)按鲜品计算,并且不作粮食统计。其他粮食一律按脱粒后的原粮计算。

油料产量 指全部油料作物的生产量。包括花生、油菜籽、芝麻、向日葵籽、胡麻籽(亚麻籽)和其他油料。不包括大豆,木本油料和野生油料。花生以带壳干花生计算。

水产品产量 指人工养殖的水产品和天然生长的水产品的捕捞量。包括海水的鱼类、虾蟹类、贝类和藻类以及内陆水域的鱼类、虾蟹类和贝类,不包括淡水生植物。

猪、牛、羊肉产量 指当年出栏并已屠宰、除去头蹄下水后带骨肉(即胴体重)的重量。

牲畜总增头数 是反映牲畜的总体增长情况、牲畜头数增殖情况和死亡损失情况的一项数量指标,以大畜、小畜和猪分畜种计算。

总增头数 = 期内繁殖成活仔畜头数 - 期内成幼畜死亡头数

期末牲畜存栏头数 指调查期末农村各种合作经济组织和国营农场,农民个人,机关、团体、学校、工矿企业,部队等单位以及城镇居民饲养的大牲畜、猪、羊的存栏头数。

耕地面积 指可以用来种植农作物、经常进行耕锄的田地,包括熟地、当年新开荒地、连续撂荒未满三年的耕地和当年的休闲地(轮歇地),还包括以种植农作物为主并附带种植桑树、茶树、果树和其他林木的土地,以及沿海、沿湖地区已围垦利用的“海涂”、“湖田”等面积。不包括属于专业性的桑园、茶园、果园、果木苗圃、林地、芦苇地、天然或人工草地面积。

农作物播种面积 指实际播种或移植有农作物的面积。凡是实际种植有农作物的面积,不论种植在耕地上还是种植在非耕地上,均包括在农作物播种面积中。在播种季节基本结束后,因遭灾而重新改种和补种的农作物面积,也包括在内。

有效灌溉面积 指具有一定的水源,地块比较平整,灌溉工程或设备已经配套,在一般年景下当年能够进行正常灌溉的耕地面积。

农用化肥施用量 指本年内实际用于农业生产的化肥数量,包括氮肥、磷肥、钾肥和复合肥。化肥施用量要求按折纯量计算数量。折纯量是把氮肥、磷肥、钾肥分别按含氮、含五氧化二磷、含氧化钾的百分之一百成份进行折算后的数量。复合肥按其所含主要成分折算。

农业机械总动力 指主要用于农、林、牧、渔业的各种动力机械的动力总和。包括耕作机械、排灌机械、收获机械、农用运输机械、植物保护机械、牧业机械、林业机械、渔业机械和其他农业机械[内燃机按引擎马力折成瓦(特)计算、电动机按功率折成瓦(特)计算]。不包括专门用于乡、镇、村、组办工业、基本建设、非农业运输、科学试验和教学等非农业生产方面用的动力机械与作业机械。

农林牧渔业劳动力 指全社会直接参加农林牧渔业生产活动的劳动力。

Explanatory Notes on Main Statistical Indicators

Gross Output Value of Farming, Forestry, Animal Husbandry and Fishery refers to the total value of products of farming, forestry, animal husbandry and fishery, which reflects the total scale and result of agricultural production during a given period. Gross output value of agriculture is obtained by first multiplying the output of each product or by product by its price, resulting in the output value of each single item. For a small number of products, annual output of which is not available or difficult to get due to the long production growing process involved, the output value is estimated through an indirect approach. The sum of output value of all products of farming, forestry, animal husbandry, and fishery is then equal to the gross output value of agriculture.

Grain Yield refers to the yield in the whole country including grains produced by state farms, collective units, industrial enterprises and mines. Grain includes rice, wheat, corn, sorghum, millet and other miscellaneous grains as well as tubers and beans. Output of beans refers to dry beans without pods. The output of tubers (sweet potatoes and potatoes, not including taros and cassava) was converted into that of grain at the ratio 4:1, i. e. 4 kilograms of fresh tubers was equivalent to 1 kilogram of grain up to 1963. Since 1964 the ratio for conversion has been 5:1. Tubers supplied as vegetables (such as potatoes) in cities and suburbs are calculated as fresh vegetables and their output is not included in the output of grain . Output of all other grains refers to husked grain.

Yield of Oil – bearing Crops refers to the total yield of oil bearing crops of various kinds, including peanuts, (dry, in shell) rape seeds, sesame, sunflower seeds, flax seeds, and other oil bearing crops, Soybeans, oil bearing woody plants, and wild oil bearing crops are not included.

Output of Aquatic Products refers to catches of both artificially cultured and naturally grown aquatic products, including fish, shrimps, crabs and shellfish in sea and inland water as well as seaweed. Freshwater plants are not included.

Output of pork, Beef, and Mutton refers to the meat of slaughtered hogs, cattle, sheep and goats with head, feet, and offal taken away.

Total Number of Livestock Added is a kind of numeral index which reflects the total statistics of increase, breeding and death of livestock, it is calculated at different kinds of livestock.

Total Number of Livestock Added = Survival Number of Newborn Livestock in the given Period – Death Number of Livestock

Number of Livestock in stock at Beginning (or End) refers to the total number of large animals, pigs, sheep, etc. raised by rural cooperative organizations, state farms, rural individuals, government agencies, schools, industrial and mining enterprises, army, and urban residents at the beginning(or end) of the reference period.

Cultivated Area (Area under cultivation) refers to farmland which is plowed constantly for growing crops, including cultivated land, newly cultivated land in the current year, farmland left without cultivation for less than three years and fallow land in the current year, rotation land, rotation land of grass and crops, farmland with some fruit trees, mulberry trees and other trees and cultivated seashore land, lake land and etc. The land of mulberry fields, tea plantations, orchards, nurseries of young plants, forestland, reed land, natural and manmade grassland and other land are not included in cultivated land.

Sown Area of Crops refers to area of land sown or transplanted with crops regardless of being in cultivated area or non – cultivated area. Area of land re sown due to natural disasters is also included.

Irrigated Area refers to areas that are effectively irrigated, i. e. level land which has water source and complete sets of irrigation facilities to lift and move adequate water for irrigation purpose under normal conditions.

Consumption of Chemical Fertilizers in Agriculture refers to the quantity of chemical fertilizers applied in agriculture in the year, including nitrogenous fertilizer, phosphate fertilizer, potash fertilizer, and compound fertilizer. The consumption of chemical fertilizers is required in calculation to convert the gross weight into weight containing 100% effective component. Compound fertilizer is converted with its major component.

Total Power of Farm Machinery refers to total mechanical power of machinery used in farming, forestry, animal husbandry, and fishery, including ploughing, irrigation and drainage, harvesting, transport, plant protection, stock breeding, forestry and fishery. The power of internal combustion engines is required to convert horsepower into watts and the power of electric motors is required to be converted into watts. Machinery employed for non – agricultural purposes, such as the machines used in township run and village run industry, construction, non agricultural transport, scientific experiments and teaching, is excluded.

Labour Force Engaged in Farming, Forestry, Animal Husbandry and Fishery refers to the total laborers who are directly engaged in production of farming, forestry, animal husbandry and fishery.

十三、工业

Industry

资料整理：刘 洁 马芸芸
Arranged By Liu Jie , Ma Yunyun

13－1 工业企业单位数和工业总产值

Number of Industrial Enterprises and Gross Industrial Output Value by Ownership

项 目	Item	2000	2005	2010
企业单位数(个)	**Number of Industrial Enterprises(unit)**	**147769**	**130898**	**122718**
在总计中:	Of the Total:			
国有及国有控股企业	State－owned Enterprises(including enterprises with controlling share hold by the state)	757	525	517
在总计中:	Of the Total:			
轻工业	Light Industry	97464	81391	75631
重工业	Heavy Industry	50305	49507	47087
在总计中:	Of the Total:			
国有企业	State－owned Enterprises	545	353	228
集体企业	Collective－owned Enterprises	3874	1207	1933
个体企业	Individual－owned Enterprises	133421	119446	104305
其他经济类型企业	Enterprises of Other Types of Ownership	9929	9892	16252
# 股份制经济	Share－holding Corporations	371	2382	2762
外商及港澳台商投资企业	Enterprises Funded by Foreigners or by Entre－preneurs from Hong Kong, Macao and Taiwan	90	245	221
工业总产值(亿元)	**Gross Industrial Output Value (100 million yuan)**	**1202.85**	**3861.58**	**16020.00**
在总计中:	Of the Total:			
国有及国有控股企业	State－owned Enterprises(including enterprises with controlling share hold by the state)	636.95	1684.26	4455.52
在总计中:	Of the Total:			
轻工业	Light Industry	464.26	1171.70	4645.80
重工业	Heavy Industry	738.59	2689.88	11374.20
在总计中:	Of the Total:			
国有企业	State－owned Enterprises	245.68	415.17	1393.64
集体企业	Collective－owned Enterprises	65.64	60.94	206.59
个体企业	Individual－owned Enterprises	245.29	405.69	1269.10
其他经济类型企业	Enterprises of Other Types of Ownership	646.24	2979.78	13150.67
# 股份制经济	Share－holding Corporations	410.35	1927.37	9264.92
外商及港澳台商投资企业	Enterprises Funded by Foreigners or by Ent－repreneurs from Hong Kong, Macao and Taiwan	58.10	358.39	1180.70

注:工业总产值按核算口径工业总产出计算。

a)The gross industrial output value is calculated at gross industrial output of national accounts .

13-2 工业总产值
Gross Industrial Output Value

本表按当年价计算。

Data in this table are calculated at current prices.

单位:亿元 (100 million yuan)

年份 Year	工业总产值 Total Industry	按轻重工业分 Grouped by Light & Heavy Industry		按经济类型分 Grouped by Ownership			
		轻工业 Light Industry	重工业 Heavy Industry	国有及国有控股企业 State-owned or Controlling Share Hold Industry	集体企业 Collective-owned Industry	个体企业 Individual-Owned Industry	其他经济类型企业 Industry of Other Types of Ownership
1952	1.63	1.06	0.57	0.91	0.01	0.71	
1957	6.33	3.48	2.85	5.23	1.02	0.08	
1962	14.26	7.84	6.42	11.78	2.29	0.18	
1965	26.79	9.61	17.18	24.15	2.60	0.03	
1970	27.80	8.85	18.95	25.16	2.64		
1975	36.89	15.28	21.61	30.22	6.67		
1978	52.96	22.05	30.91	40.89	10.78		
1979	57.40	23.90	33.50	44.32	11.68		
1980	59.39	24.58	34.81	46.23	13.13	0.02	0.01
1981	61.76	28.41	33.35	49.10	12.60	0.04	0.02
1982	73.73	31.45	42.28				
1983	81.53	34.06	47.47	65.76	15.62	0.13	0.03
1984	90.02	36.99	53.03	75.57	17.09	0.35	0.02
1985	112.93	45.78	67.15	91.86	20.38	0.65	0.04
1986	126.46	52.69	73.77	97.87	25.67	2.84	0.07
1987	150.84	64.10	86.74	115.86	30.93	3.94	0.11
1988	193.86	86.41	107.45	144.60	42.21	6.76	0.28
1989	243.13	105.31	137.82	178.22	55.03	9.20	0.68
1990	263.33	108.51	154.82	193.14	57.69	11.55	0.94
1991	304.43	108.98	195.45	233.55	55.15	13.03	2.70
1992	363.72	131.55	234.91	276.33	67.11	15.98	4.30
1993	470.36	141.87	328.49	371.91	70.25	20.77	7.42
1994	522.10	169.98	352.12	392.39	94.14	24.44	11.13
1995	626.52	215.92	410.61	389.89	121.40	63.86	51.37
1996	745.56	293.21	452.35	454.64	145.67	78.81	66.45
1997	872.30	347.20	525.10	505.74	162.26	116.68	87.62
1998	942.08	371.08	571.00	472.70	162.87	176.56	129.95
1999	1055.13	383.65	671.48	559.69	87.03	206.43	201.97
2000	1202.85	464.26	738.59	636.95	65.64	245.29	254.97
2001	1347.19	536.76	810.43	689.16	53.92	269.87	334.24
2002	1535.80	614.38	921.42	767.98	61.46	307.63	398.73
2003	1935.11	754.71	1180.40	849.26	77.44	387.60	620.81
2004	2805.21	893.21	1912.00	1182.28	52.38	358.06	1212.50
2005	3861.58	1171.70	2689.88	1684.26	60.94	405.69	1710.69
2006	5201.12	1506.72	3694.40	1972.38	67.07	477.35	2684.32
2007	7143.37	2069.37	5074.00	2708.92	92.12	655.61	3686.72
2008	9894.76	2869.48	7025.28	3658.96	127.60	908.18	5000.02
2009	12707.52	3685.18	9022.34	4955.94	163.87	1166.35	6421.36
2010	16020.00	4645.80	11374.20	4455.52	206.59	1269.10	10088.79

注:工业总产值按核算口径工业总产出计算。

a) The gross industrial output value is calculated at gross industrial output of national accounts.

13－3 工业总产值指数

Indices of Gross Industrial Output Value

（上年＝100）　　　　（preceding year＝100）

年份 Year	工业总产值 Total Industry	按轻重工业分 Grouped by Light & Heavy Industry		按经济类型分 Grouped by Ownership			
		轻工业 Light Industry	重工业 Heavy Industry	国有及国有控股企业 State－owned or Controlling Share Hold Industry	集体企业 Collective－owned Industry	个体企业 Individual－Owned Industry	其他经济类型企业 Industry of Other Types of Ownership
1978	116.2	109.0	121.9	114.2	110.1		
1979	106.7	101.5	110.3	108.4	112.9		
1980	10[illegible].8	112.3	99.9	104.0	107.5		
1981	100.6	110.9	92.9	102.7	92.8	191.7	300.0
1982	115.1	107.9	121.1	114.9	115.5	200.5	96.7
1983	109.6	108.4	110.5	110.3	106.3	173.2	120.0
1984	108.1	107.4	108.6	108.0	107.1	252.9	87.0
1985	116.6	116.8	116.6	113.9	93.6	444.7	157.5
1986	109.6	112.8	107.2	107.7	146.0	168.3	188.7
1987	112.5	115.6	110.0	111.5	113.5	130.8	136.2
1988	113.9	116.1	112.2	110.7	121.1	152.1	229.2
1989	112.6	107.7	116.7	110.7	117.0	122.1	217.9
1990	104.1	102.8	105.0	104.1	100.7	120.7	134.0
1991	108.1	108.1	108.0	106.4	107.8	138.4	156.1
1992	111.3	108.0	113.5	107.9	118.4	133.8	148.5
1993	113.8	106.0	117.2	105.1	124.5	143.9	272.5
1994	114.0	118.0	113.2	103.7	122.1	142.0	295.0
1995	112.0	115.5	111.0	107.2	97.0	186.8	126.3
1996	111.5	112.5	110.1	101.6	124.6	158.9	161.1
1997	115.0	117.2	112.0	101.5	118.0	127.4	140.0
1998	110.0	109.7	110.4	106.5	86.6	114.8	145.3
1999	111.0	117.2	105.9	109.6	91.3	111.1	123.6
2000	112.0	120.7	106.8	106.7	67.2	125.5	135.6
2001	111.1	114.1	108.6	106.3	76.6	110.3	125.4
2002	114.0	116.8	112.5	115.1	108.4	112.4	137.4
2003	125.0	123.6	125.9	109.1	119.9	108.3	146.1
2004	129.7	127.5	130.8	126.2	68.0	93.1	149.6
2005	130.7	126.0	133.2	134.7	113.4	111.0	133.6
2006	132.1	126.1	134.7	122.6	126.9	115.4	153.9
2007	127.8	122.3	130.1	125.0	129.6	129.9	141.1
2008	123.1	113.7	125.5	117.0	133.5	125.7	136.9
2009	120.6	123.4	119.8	113.5	118.7	131.8	121.9
2010	118.8	116.6	119.3	119.6	114.3	128.5	118.9

注：本表按可比价格计算，以上年为100。

a) Data in this table are calculated at comparable prices, preceding year＝100.

13－4 规模以上工业企业分行业职工人数(2010 年)

Number of Staff & Workers in Industrial Enterprises above Designated Size by Industrial Branch(2010)

单位:万人 (10 000 persons)

项 目	Item	2010
总 计	**Total**	**125.17**
按登记注册类型分	**Grouped by Ownership**	
国有	State－owned	16.11
集体	Collective－owned	2.03
其他	Other Ownership	107.03
按行业分	**Grouped by Sector**	
采矿业	**Mining**	**35.66**
煤炭开采和洗选业	Coal Mining & Processing	24.77
石油和天然气开采业	Petroleum & Natural Gas Pumped	0.87
黑色金属矿采选业	Mining & Dressing of Ferrous Metals	4.11
有色金属矿采选业	Mining & Dressing of Nonferrous Metals	4.05
非金属矿采选业	Mining & Dressing of Nonmetal Minerals	1.83
其他采矿业	Mining of Other Mineral	0.03
制造业	**Manufacturing**	**76.70**
农副食品加工业	Processing of Agricultural Side－Line Food	7.40
食品制造业	Food Manufacturing	5.13
饮料制造业	Beverage Manufacturing	3.11
烟草制品业	Tobacco Products	0.21
纺织业	Textile Industry	4.86
纺织服装、鞋、帽制造业	Textile Products, Clothes, Shoes & Hats	1.05
皮革、毛皮、羽毛(绒)及其制品业	Leather, Furs, Down & Related Products	0.45
木材加工及木、竹、藤、棕、草制品业	Timber Processing, Bamboo, Cane, Palm Fiber & Straw Products	1.79
家具制造业	Furniture Manufacturing	0.17
造纸及纸制品业	Paper－making & Paper Products	0.84
印刷业和记录媒介的复制	Printing & Record Pressing	0.23
文教体育用品制造业	Cultural, Educational & Sports Goods	
石油加工、炼焦及核燃料加工业	Petroleum Processing ,Coke Products & Processing of Nuclear Fuel	2.35
化学原料及化学制品制造业	Raw Chemical Materials & Chemical Products	8.77
医药制造业	Medicine Manufacturing	2.33
化学纤维制造业	Chemical Fiber Manufacturing	
橡胶制品业	Rubber Products	0.06
塑料制品业	Plastic Products	0.90
非金属矿物制品业	Nonmetal Mineral Products	7.06
黑色金属冶炼及压延加工业	Smelting & Pressing of Ferrous Metals	11.24
有色金属冶炼及压延加工业	Smelting & Pressing of Nonferrous Metals	6.53
金属制品业	Metal Products	1.35
通用设备制造业	Manufacturing of General－Purpose Equipment	2.52
专用设备制造业	Special Purposes Equipment Manufacturing	4.36
交通运输设备制造业	Transportation Equipment Manufacturing	1.77
电气机械及器材制造业	Electric Equipment & Machinery	1.28
通信设备、计算机及其他电子设备制造业	Manufacturing of Telecoms,Computer & Other Electronic Equipment	0.40
仪器仪表及文化、办公用机械制造业	Instruments, Meters, Cultural & Office Machinery	0.02
工艺品及其他制造业	Handicrafts & Other Production	0.43
废弃资源和废旧材料回收加工业	Recovering of Abandoned Resource & Waste Materical	0.09
电力、燃气及水的生产和供应业	**Production & Supply of Electric Power,Gas & Water**	**12.81**
电力、热力的生产和供应业	Production & Supply of Electric Power & Heating Power	11.35
燃气生产和供应业	Production & Supply of Gas	0.37
水的生产和供应业	Production & Supply of Water	1.09

注:规模以上工业是指全部年主营业务收入 500 万元及以上的工业法人企业(下同)。

a) Industrial enterprises above designated size refer to the industrial enterprises with an annual operating income of over 5 million yuan (The next table is the same)

13－5 规模以上工业企业工业总产值

Gross Industrial Output Value of Industrial Enterprises above Designated Size

单位:万元 (10 000 yuan)

行 业	Item	2009年工业总产值(现价) Gross Industrial Output Value in 2009 (at current prices)	2010年工业总产值(现价) Gross Industrial Output Value in 2010 (at current prices)
总 计	**Total**	**106994398**	**134061056**
按经济类型分	**Grouped by Ownership**		
在总计中:	Of the Total:		
国有及国有控股企业	State－owned Enterprises(including with controlling share hold by the state)	38097907	44555172
在总计中:	Of the Total:		
集体企业	Collective－owned Enterprises	820559	988351
股份有限公司	Share－holding Corporation	15089803	17782708
外商投资企业	Foreign Funded Enterprises	7995979	8994544
港澳台商投资企业	Enterprises Funded by Entrepreneurs from Hong Kong, Macao and Taiwan	2869047	2812412
按轻重工业分	**Grouped by Light & Heavy Industry**		
轻工业	Light Industry	23347167	28299524
重工业	Heavy Industry	83647231	105761532
按企业规模分	**Grouped by Size of Enterprises**		
大型企业	Large	32081668	36423547
中型企业	Medium－sized	32028990	46938804
小型企业	Small	42883740	50698705
按行业分	**Grouped by Sector**		
煤炭开采和洗选业	Coal Mining and Processing	17857213	25437351
石油和天然气开采业	Petroleum and Natural Gas Pumped	691933	865069
黑色金属矿采选业	Mining and Dressing of Ferrous Metals	2714172	3502655
有色金属矿采选业	Mining and Dressing of Nonferrous Metals	2349882	3501696
非金属矿采选业	Mining and Dressing of Nonmetal Minerals	944481	1521473
其他采矿业	Mining of Other Mineral	14295	46990
农副食品加工业	Processing of Agricultural Side－line Food	7643799	9849845
食品制造业	Food Manufacturing	5582560	6466861
饮料制造业	Beverage Manufacturing	1597323	1853762

13－5 续表 1 continued

单位:万元 (10 000 yuan)

行 业	Item	2009 年工业总产值(现价) Gross Industrial Output Value in 2009 (at current prices)	2010 年工业总产值(现价) Gross Industrial Output Value in 2010 (at current prices)
烟草制品业	Tobacco Products	419198	515693
纺织业	Textile Industry	3429628	4248040
纺织服装、鞋、帽制造业	Textile Products, Clothes, Shoes and Hats	255661	333509
皮革、毛皮、羽毛(绒)及其制品业	Leather, Furs, Down & Related Products	234857	268294
木材加工及木、竹、藤、棕、草制品业	Timber Processing, Bamboo, Cane, Palm Fiber & Straw Products	1076453	1340938
家具制造业	Furniture Manufacturing	131439	160808
造纸及纸制品业	Paper – making and Paper Products	622883	841876
印刷业和记录媒介的复制	Printing and Record Pressing	77584	116404
文教体育用品制造业	Cultural, Educational and Sports Goods		
石油加工、炼焦及核燃料加工业	Petroleum Processing , Coke Products & Processing of Nuclear Fuel	2803988	3794540
化学原料及化学制品制造业	Raw Materials & Chemical Products	6288161	7792117
医药制造业	Medicine Manufacturing	1326203	1770997
化学纤维制造业	Chemical Fiber Manufacturing		
橡胶制品业	Rubber Products	29977	42618
塑料制品业	Plastic Products	587119	883599
非金属矿物制品业	Nonmetal Mineral Products	4228240	5586969

13-5 续表 2 continued

单位:万元 (10 000 yuan)

行业	Item	2009年工业总产值(现价) Gross Industrial Output Value in 2009 (at current prices)	2010年工业总产值(现价) Gross Industrial Output Value in 2010 (at current prices)
黑色金属冶炼及压延加工业	Smelting and Pressing of Ferrous Metals	14232749	12538084
有色金属冶炼及压延加工业	Smelting and Pressing of Nonferrous Metals	9385012	12788533
金属制品业	Metal Products	945342	1557023
通用设备制造业	Manufacturing of General Purpose Equipment	1520491	1642594
专用设备制造业	Special Purposes Equipment Manufacturing	2595795	2212892
交通运输设备制造业	Transportation Equipment Manufacturing	1688802	2827214
电气机械及器材制造业	Electric Equipment and Machinery	1076040	1871553
通信设备、计算机及其他电子设备制造业	Manufacturing of Telecomm ,Computer & Other Electronic Equipment	1011908	527634
仪器仪表及文化、办公用机械制造业	Instruments, Meters, Cultural & Office Machinery	23113	32746
工艺品及其他制造业	Handicrafts and Other Production	264506	297432
废弃资源和废旧材料回收加工业	Recovering of Abandoned Resource & Waste Materical	48667	84140
电力、热力的生产和供应业	Production & Supply of Electric Power & Heating Power	11159886	13748900
燃气生产和供应业	Production and Supply of Gas	1876535	2995973
水的生产和供应业	Production and Supply of Water	258502	194234

13－6 规模以上工业企业主要经济指标(2010 年)

单位:万元

项 目	Item	企业单位数(个) Number of Enterprises (unit)	工业总产值(现价) Gross Industrial Output Value (at current prices)
总 计	**Total**	**4611**	**134061056**
在总计中：	Of the Total:		
亏损企业	Enterprises at Lose	591	7330065
按轻重分	**Grouped by Light & Heavy Industry**		
轻工业	Light Industry	1450	28299524
重工业	Heavy Industry	3161	105761532
按行业分	**Grouped by Sector**		
采矿业	Mining	892	34875234
制造业	Manufacturing	3343	82246715
电力、燃气及水的生产和供应业	Production & Supply of Electric Power, Gas & Water	376	16939107
按企业规模分	**Grouped by Size of Enterprises**		
大型企业	Large	75	36423547
中型企业	Medium sized	649	46938804
小型企业	Small	3887	50698705
按登记注册类型分组	**Grouped by Registration Status**		
内资企业	Domestic－funded Enterprise	4390	122254100
国有企业	State－owned Enterprises	228	13936373
中央企业	Central Enterprises	51	4954533
地方企业	Local Enterprises	177	8981840
集体企业	Collective－owned Enterprises	82	988351
股份合作企业	Cooperative Enterprises	29	1477464
联营企业	Joint Ownership Enterprises	6	139788
国有联营企业	State joint Ownership Enterprises	1	10090
集体联营企业	Collective Joint Ownership Enterprises	2	3891
国有与集体联营企业	Joint State Collective Enterprises	2	115086
其他联营企业	Other Joint Ownership Enterprises	1	10722
有限责任公司	Limited Liability Corporations	1613	52433249
国有独资公司	Exclusive State－funded Limited Liability Corporations	40	6014033
股份有限公司	Share－holding Corporations Ltd.	190	17782708
私营企业	Private Enterprises	2227	35212033
其他企业	Other Enterprises	15	284135
港澳台商投资企业	Enterprises Funded by Entrepreneurs from Hong Kong, Macao and Taiwan	80	2812412
外商投资企业	Enterprises Funded by Foreigners	141	8994544

Main Indicators of Industrial Enterprises above Designated Size(2010)

(10 000 yuan)

资产合计 Total Assets	流动资产合计 Circulating Funds	固定资产原价 Original Value of Fixed Assets	固定资产净值年平均余额 Annual Average Balance of Net Value of Fixed Assets	流动负债合计 Liquid Liabilities
146913752	**50787870**	**100653115**	**65928356**	**52254088**
14355258	3738043	9034559	6963057	5830572
18387673	8364719	10044214	6861093	7544489
128526078	42423151	90608901	59067263	44709599
43902548	18065631	19873711	14507595	13203963
67097887	28256243	41969800	24273078	28651863
35913317	4465996	38809604	27147683	10398262
54314083	21350336	37432966	19243278	18580713
55279646	16791977	39336704	27523010	18726570
37320023	12645557	23883445	19162068	14946805
131319565	45104716	91234770	59283539	46980676
24970853	4936830	23638980	15365611	5832037
12774437	2631682	9180884	6713670	2511986
12196417	2305149	14458096	8651941	3320051
357972	209401	187640	106936	160693
2185132	1002866	566492	422514	840549
38377	18712	18580	15794	23005
3357	1391			1407
2296	1760	1087	463	1994
31042	15016	16423	14300	19604
1682	546	1069	1030	
63695182	22885565	41826239	27275391	23430627
15046602	6476885	9248207	5625462	5375293
17988905	6882774	13302306	7089256	7494534
21480242	9027268	11212596	8619870	8793118
602902	141300	481937	388167	406114
3947838	1249078	2761385	2211880	1309544
11646348	4434076	6656960	4432937	3963868

13－6 续表

单位：万元

项 目	Item	长期负债合计 Long－term Liabilities	所有者权益 Creditors Equity	实收资本 Total Capital Hold
总 计	**Total**	**28654964**	**59820790**	**27781843**
在总计中：	Of the Total:			
亏损企业	Enterprises at Lose	2862602	5121848	2366469
按轻重分	**Grouped by Light & Heavy Industry**			
轻工业	Light Industry	1249496	8800278	3350577
重工业	Heavy Industry	27405468	51020512	24431266
按行业分	**Grouped by Sector**			
采矿业	Mining	7098257	22943306	7811188
制造业	Manufacturing	8413363	28004452	13514245
电力、燃气及水的生产和供应业	Production & Supply of Electric Power, Gas & Water	13143344	8873032	6456410
按企业规模分	**Grouped by Size of Enterprises**			
大型企业	Large	11412213	23331846	10333576
中型企业	Medium－sized	11419142	22512112	9410526
小型企业	Small	5823609	13976832	8037741
按登记注册类型分组	**Grouped by Registration Status**			
内资企业	Domestic funded Enterprise	25455225	53365183	24720052
国有企业	State－owned Enterprises	8830082	8929789	4071844
中央企业	Central Enterprises	3767725	5855037	1973435
地方企业	Local Enterprises	5062357	3074752	2098409
集体企业	Collective－owned Enterprises	5986	171772	65482
股份合作企业	Cooperative Enterprises	531306	802384	401493
联营企业	Joint Ownership Enterprises	3965	11266	10158
国有联营企业	State joint Ownership Enterprises		1951	2480
集体联营企业	Collective Joint Ownership Enterprises		301	178
国有与集体联营企业	Joint State Collective Enterprises	3965	7472	7350
其他联营企业	Other Joint Ownership Enterprises		1542	150
有限责任公司	Limited Liability Corporations	10893997	26502481	13053479
国有独资公司	Exclusive State－funded Limited Liability Corporations	2594024	6522024	1890460
股份有限公司	Share－holding Corporations Ltd.	2963014	7166270	2909720
私营企业	Private Enterprises	2199514	9616530	4083070
其他企业	Other Enterprises	27361	164691	124807
港澳台商投资企业	Enterprises Funded by Entrepreneurs from Hong Kong, Macao and Taiwan	670249	1520739	760598
外商投资企业	Enterprises Funded by Foreigners	2529490	4934868	2301193

continued

(10 000 yuan)

主营业务收入 Revenues of Main Business	主营业务成本 Cost of Main Business	主营业务税金及附加 Sales Tax and Extra Charges	利润总额 Total Profits	本年应交增值税 Value Added Tax Payable
133878280	**102476693**	**2104474**	**16884436**	**5863175**
7018028	6655399	77793	-512347	148652
27326095	21733119	529494	2753320	690059
106552185	80743574	1574980	14131116	5173117
35866251	22696125	858435	7747772	2815391
82002969	68321485	1146044	6682242	2157481
16009060	11459083	99995	2454422	890303
37898475	28645234	450364	5733158	2134884
46473599	34852486	953722	6569176	2179345
49506206	38978973	700388	4582102	1548946
121678647	93457015	2006229	15152134	5285505
13291006	9371946	419224	1924206	913192
5127425	3591259	275324	492066	403968
8163581	5780687	143901	1432140	509225
1007527	846375	10659	81420	39399
1608445	1175571	20377	166256	61446
137243	129902	377	70	756
9538	9408	9	-175	64
3476	2989	26	154	290
113798	107460	322	-240	175
10431	10045	21	331	228
52435402	40115661	696849	7398537	2329596
7100721	4920524	77619	1535060	475305
18244485	13947635	294326	2230510	749086
34693418	27667432	562675	3314904	1180595
261121	202493	1743	36230	11436
2726947	2055196	19506	318542	107900
9472686	6964483	78739	1413761	469771

13－7 国有及国有控股工业企业主要经济指标(2010 年)

单位:万元

项 目	Item	企业单位数(个) Number of Enterprises (unit)	工业总产值(现价) Gross Industrial Output Value (at curent prices)
总 计	**Total**	**517**	**44555172**
在总计中:亏损企业	Of the Total:Enterprises at Lose	83	2559715
在总计中:轻工业	Of the Total:Light Industry	83	2973735
重工业	Heavy Industry	434	41581437
在总计中:	Of the Total:		
采矿业	Mining	76	11885706
制造业	Manufacturing	206	19860144
电力、燃气及水的生产和供应业	Production & Supply of Electric Power,Gas & Water	235	12809322
在总计中:	Of the Total:		
大型企业	Large	45	21736019
中型企业	Medium－sized	187	16203179
小型企业	Small	285	6615974

13－7 续表

单位:万元

行 业	Item	长期负债合计 Long－term Liabilities	所有者权益 Creditors Equity
总 计	**Total**	**19451056**	**30155880**
在总计中:亏损企业	Of the Total:Enterprises at Lose	2324356	3702708
在总计中:轻工业	Of the Total:Light Industry	302534	1849440
重工业	Heavy Industry	19148522	28306440
在总计中:	Of the Total:		
采矿业	Mining	3169817	11684228
制造业	Manufacturing	4154052	11846445
电力、燃气及水的生产和供应业	Production & Supply of Electric Power,Gas & Water	12127187	6625207
在总计中:	Of the Total:		
大型企业	Large	7862231	15966193
中型企业	Medium－sized	7871644	11088764
小型企业	Small	3717181	3100923

Main Indicators on Economic Benefit of State – owned and State Holding Majority Shares Industrial Enterprises(2010)

(10 000 yuan)

资产合计 Total Assets	流动资产合计 Circulating Funds	固定资产原价 Original Value of Fixed Assets	固定资产净值年平均余额 Annual Average Balance of Net Value of Fixed Assets	流动负债合计 Liquid Liabilities
78875210	**22413808**	**66112459**	**39883447**	**25852398**
9030456	1310169	6667240	5194189	2581761
4194035	2013992	2145399	1477555	1978413
74681175	20399816	63967060	38405892	23873985
20465281	7589348	11364242	7516479	5439150
28550369	11582281	20335364	9015290	12112068
29859560	3242179	34412853	23351678	8301180
37367404	13977129	29963442	14064460	13068111
28554963	5978330	25289787	17022305	7922610
12952843	2458349	10859230	8796682	4861677

continued

(10 000 yuan)

实收资本 Total Capital Hold	主营业务收入 Revenues of Main Business	主营业务成本 Cost of Main Business	主营业务税金及附加 Sales Tax and Extra Charges	利润总额 Total Profits	本年应交增值税 Value Added Tax Payable
15109092	**44635557**	**33412190**	**868328**	**6242743**	**2540337**
1197275	2450273	2417495	43870	–308405	87405
753807	2942061	1984485	281537	308390	161238
14355285	41693496	31427705	586791	5934353	2379099
4380100	11484113	6852281	258085	3117074	1088731
5586346	21359381	17988923	527345	1238936	656304
5142646	11792063	8570986	82898	1886733	795302
7706834	22937388	17311346	234424	3528419	1354677
5034591	15730641	11429911	555250	2217024	950913
2367667	5967528	4670933	78654	497300	234747

13－8 规模以上集体工业企业主要经济指标(2010年)

单位:万元

项 目	Item	企业单位数(个) Number of Enterprises (unit)	工业总产值(现价) Gross Industrial Output Value (at curent prices)
总计	**Total**	**82**	**988351**
在总计中:亏损企业	Of the Total:Enterprises at Lose	17	41340
在总计中:轻工业	Of the Total:Light Industry	10	76422
重工业	Heavy Industry	72	911929
在总计中:	Of the Total:		
采矿业	Mining	19	252674
制造业	Manufacturing	61	726452
电力、燃气及水的生产和供应业	Production & Supply of Electric Power,Gas & Water	2	9225
在总计中:	Of the Total:		
大型企业	Large		
中型企业	Medium－sized	11	544506
小型企业	Small	71	443845

13－8 续表

单位:万元

行 业	Item	长期负债合计 Long－term Liabilities	所有者权益 Creditors Equity
总 计	**Total**	**5986**	**171772**
在总计中:亏损企业	Of the Total:Enterprises at Lose	106	6225
在总计中:轻工业	Of the Total:Light Industry	3156	16449
重工业	Heavy Industry	2830	155323
在总计中:	Of the Total:		
采矿业	Mining	1541	72007
制造业	Manufacturing	4144	95142
电力、燃气及水的生产和供应业	Production & Supply of Electric Power,Gas & Water	301	4623
在总计中:	Of the Total:		
大型企业	Large		
中型企业	Medium－sized	704	68694
小型企业	Small	5282	103078

Main Indicator on Economic Benefit of Collective - owned Enterprises above Designated Size(2010)

(10 000 yuan)

资产合计 Total Assets	流动资产合计 Circulating Funds	固定资产原价 Original Value of Fixed Assets	固定资产净值年平均余额 Annual Average Balance of Net Value of Fixed Assets	流动负债合计 Liquid Liabilities
357972	**209401**	**187640**	**106936**	**160693**
39351	27247	17353	8035	32606
33509	15892	22807	16760	13372
324463	193509	164833	90176	147321
122587	71370	34013	23992	49039
228218	135765	148213	78044	109411
7167	2266	5414	4900	2243
139135	88906	75286	31981	54354
218837	120495	112354	74955	106339

continued

(10 000 yuan)

实收资本 Total Capital Hold	主营业务收入 Revenues of Main Business	主营业务成本 Cost of Main Business	主营业务税金及附加 Sales Tax and Extra Charges	利润总额 Total Profits	本年应交增值税 Value Added Tax Payable
65482	**1007527**	**846375**	**10659**	**81420**	**39399**
7546	43859	38798	413	-2600	1312
11391	109645	89896	926	3534	2301
54091	897882	756479	9733	77886	37098
14132	251493	158838	6330	60463	20985
48112	748063	681146	4263	19361	18139
3238	7971	6391	66	1596	275
11533	533245	473752	3143	37608	21671
53949	474282	372623	7516	43812	17728

13-9 规模以上工业企业分行业主要经济指标(2010年)

单位:万元

行业	Item	企业单位数(个) Enterprise (unit)	工业总产值(现价) Gross Industrial Output Value (at current prices)
总计	**Total**	**4611**	**134061056**
采矿业	**Mining**	**892**	**34875234**
煤炭开采和洗选业	Coal Mining & Processing	402	25437351
石油和天然气开采业	Petroleum & Natural Gas Extraction	12	865069
黑色金属矿采选业	Mining & Dressing of Ferrous Metals	217	3502655
有色金属矿采选业	Mining & Dressing of Nonferrous Metals	131	3501696
非金属矿采选业	Mining & Dressing of Nonmetal Minerals	124	1521473
其他采矿业	Mining of Other Mineral	6	46990
制造业	**Manufacturing**	**3343**	**82246715**
农副食品加工业	Processing of Agricultural Side - Line Food	572	9849845
食品制造业	Food Manufacturing	176	6466861
饮料制造业	Beverage Manufacturing	131	1853762
烟草制品业	Tobacco Products	2	515693
纺织业	Textile Industry	218	4248040
纺织服装、鞋、帽制造业	Textile Products, Clothes, Shoes & Hats	42	333509
皮革、毛皮、羽毛(绒)及其制品业	Leather, Furs, Down & Related Products	24	268294
木材加工及木、竹、藤、棕、草制品业	Timber Processing, Bamboo, Cane, Palm Fiber & Straw Products	135	1340937
家具制造业	Furniture Manufacturing	13	160808
造纸及纸制品业	Paper - making & Paper Products	41	841876
印刷业和记录媒介的复制	Printing & Record Pressing	27	116404
文教体育用品制造业	Cultural, Educational & Sports Goods		
石油加工、炼焦及核燃料加工业	Petroleum Processing , Coke Products & Processing of Nuclear Fuel	41	3794540
化学原料及化学制品制造业	Raw Chemical Materials & Chemical Products	382	7792117
医药制造业	Medicine Manufacturing	77	1770997
化学纤维制造业	Chemical Fiber Manufacturing		
橡胶制品业	Rubber Products	5	42617
塑料制品业	Plastic Products	77	883599
非金属矿物制品业	Nonmetal Mineral Products	441	5586969
黑色金属冶炼及压延加工业	Smelting & Pressing of Ferrous Metals	213	12538084
有色金属冶炼及压延加工业	Smelting & Pressing of Nonferrous Metals	201	12788533
金属制品业	Metal Products	107	1557023
通用设备制造业	Manufacturing of General - Purpose Equipment	141	1642594
专用设备制造业	Special Purposes Equipment Manufacturing	78	2212892
交通运输设备制造业	Transportation Equipment Manufacturing	50	2827214
电气机械及器材制造业	Electric Equipment & Machinery	97	1871553
通信设备、计算机及其他电子设备制造业	Manufacturing of Telecommunications, Computer & Other Electronic Equipment	20	527634
仪器仪表及文化、办公用机械制造业	Instruments, Meters, Cultural & Office Machinery	6	32746
工艺品及其他制造业	Handicrafts & Other Production	16	297432
废弃资源和废旧材料回收加工业	Recovering of Abandoned Resource & Waste Materical	10	84140
电力、燃气及水的生产和供应业	**Production & Supply of Electric Power, Gas & Water**	**376**	**16939107**
电力、热力的生产和供应业	Production & Supply of Electric Power & Heating Power	325	13748900
燃气生产和供应业	Production & Supply of Gas	15	2995973
水的生产和供应业	Production & Supply of Water	36	194234

Main Indicators of Industrial Enterprises above Designated Size by Industrial Branch(2010)

(10 000 yuan)

资产合计 Total Assets	流动资产合计 Circulating Funds	固定资产原价 Original Value of Fixed Assets	固定资产净值年平均余额 Annual Average Balance of Net Value of Fixed Assets	流动负债合计 Liquid Liabilities
146913752	**50787870**	**100653115**	**65928356**	**52254088**
43902548	**18065631**	**19873711**	**14507595**	**13203963**
35617356	14953769	15060314	10973897	10603411
1677296	717770	1077283	500735	300785
2608222	1040744	1270088	1033684	1034945
3212484	1038841	2016349	1686763	914273
767994	310883	431062	297835	349351
19196	3624	18615	14681	1198
67097887	**28256243**	**41969800**	**24273078**	**28651863**
4163321	1564600	2688781	1977765	1416553
4797288	2385427	2461196	1647033	2450622
1504723	667884	735255	533819	553598
380184	224377	185718	128045	71719
3282682	1609840	1403684	705148	1277699
136722	91271	58806	29352	69105
99817	41138	60434	42235	20153
518618	162910	398591	313670	190177
70250	35846	38848	28097	31117
540860	185254	401877	313704	259834
72045	28109	47929	32682	26395
4197256	1294806	2354172	1966294	1291912
8867158	2538023	4693377	3541983	3050111
1362317	578404	839639	574452	643413
29726	10951	11774	7911	8253
1026349	355812	232291	205578	390082
4579525	1655705	2745130	2078883	2001033
12959762	5452752	10082293	4398301	5619672
8036245	2975020	5030173	3170587	3533516
617947	261468	331076	223714	254441
1293467	678914	656408	366342	687555
4132921	2637626	2430385	888830	2370355
2427807	1581643	3352804	546791	1364480
1230927	789366	317319	253424	743694
409178	257850	193688	142277	185318
7530	5298	2264	1887	2518
293175	158234	171071	123698	97498
60088	27718	44815	30577	41043
35913317	**4465996**	**38809604**	**27147683**	**10398262**
33894387	3780818	37704811	26297787	9692082
1211637	338163	600694	486050	392697
807293	347016	504099	363846	313483

13－9 续表

单位：万元

行 业	Item	长期负债合计 Long－term Liabilities	所有者权益 Creditors Equity	实收资本 Total Capital Hold
总计	**Total**	**28654964**	**59820790**	**27781843**
采矿业	**Mining**	**7098257**	**22943306**	**7811188**
煤炭开采和洗选业	Coal Mining & Processing	6099609	18411467	5342006
石油和天然气开采业	Petroleum & Natural Gas Extraction	298494	1073016	807326
黑色金属矿采选业	Mining & Dressing of Ferrous Metals	257622	1292481	815080
有色金属矿采选业	Mining & Dressing of Nonferrous Metals	371617	1815952	679162
非金属矿采选业	Mining & Dressing of Nonmetal Minerals	70480	333665	164182
其他采矿业	Mining of Other Mineral	436	16724	3432
制造业	**Manufacturing**	**8413363**	**28004452**	**13514245**
农副食品加工业	Processing of Agricultural Side－Line Food	206290	2386065	756935
食品制造业	Food Manufacturing	440281	1833787	656926
饮料制造业	Beverage Manufacturing	88750	772209	468555
烟草制品业	Tobacco Products	682	307783	124033
纺织业	Textile Industry	214519	1464026	441194
纺织服装、鞋、帽制造业	Textile Products, Clothes, Shoes & Hats	4300	62718	36736
皮革、毛皮、羽毛(绒)及其制品业	Leather, Furs, Down & Related Products	8333	62804	20933
木材加工及木、竹、藤、棕、草制品业	Timber Processing, Bamboo, Cane, Palm Fiber & Straw Products	39390	276776	104193
家具制造业	Furniture Manufacturing	7295	31121	6970
造纸及纸制品业	Paper－making & Paper Products	5313	270886	131753
印刷业和记录媒介的复制	Printing & Record Pressing	2163	38098	21423
文教体育用品制造业	Cultural, Educational & Sports Goods			
石油加工、炼焦及核燃料加工业	Petroleum Processing , Coke Products & Processing of Nuclear Fuel	561165	2166115	565111
化学原料及化学制品制造业	Raw Chemical Materials & Chemical Products	1581233	3914010	2125922
医药制造业	Medicine Manufacturing	82354	601251	332903
化学纤维制造业	Chemical Fiber Manufacturing			
橡胶制品业	Rubber Products	405	13782	4633
塑料制品业	Plastic Products	258400	348175	197330
非金属矿物制品业	Nonmetal Mineral Products	457007	1957821	1012007
黑色金属冶炼及压延加工业	Smelting & Pressing of Ferrous Metals	2227272	4865574	3280008
有色金属冶炼及压延加工业	Smelting & Pressing of Nonferrous Metals	1035399	3290026	1536161
金属制品业	Metal Products	29791	276886	114130
通用设备制造业	Manufacturing of General－Purpose Equipment	35544	537084	303460
专用设备制造业	Special Purposes Equipment Manufacturing	566970	1169128	681645
交通运输设备制造业	Transportation Equipment Manufacturing	452836	574488	257188
电气机械及器材制造业	Electric Equipment & Machinery	53293	399220	263869
通信设备、计算机及其他电子设备制造业	Manufacturing of Telecommunications, Computer & Other Electronic Equipment	5192	216096	38211
仪器仪表及文化、办公用机械制造业	Instruments, Meters, Cultural & Office Machinery	1340	3672	1950
工艺品及其他制造业	Handicrafts & Other Production	43465	150192	21431
废弃资源和废旧材料回收加工业	Recovering of Abandoned Resource & Waste Materical	4385	14660	8636
电力、燃气及水的生产和供应业	**Production & Supply of Electric Power, Gas & Water**	**13143344**	**8873032**	**6456410**
电力、热力的生产和供应业	Production & Supply of Electric Power & Heating Power	12834454	7885049	6080294
燃气生产和供应业	Production & Supply of Gas	171097	635054	199088
水的生产和供应业	Production & Supply of Water	137793	352929	177028

continued

(10 000 yuan)

主营业务收入 Revenues of Main Business	主营业务成本 Cost of Main Business	主营业务税金及附加 Sales Tax & Extra Charges	利润总额 Total Profits	本年应交增值税 Value Added Tax Payable
133878280	**102476693**	**2104474**	**16884436**	**5863175**
35866251	**22696125**	**858435**	**7747772**	**2815391**
26697965	15880804	724592	6344075	2381537
880377	568428	13052	297334	48074
3430274	2632869	58767	404439	171303
3386619	2469402	50051	628315	170443
1426546	1113461	11646	67833	43074
44471	31162	327	5776	960
82002969	**68321485**	**1146044**	**6682242**	**2157481**
9554360	7913641	76577	743260	124666
6123466	4810350	28127	806141	215742
1827107	1350284	104781	173351	66837
499647	169823	240736	54708	54894
4144431	3441315	55311	403742	73760
331470	277283	518	18013	2978
252605	210103	572	17037	2594
1314181	1078978	11498	68347	21923
156391	124344	1736	11228	1345
809562	650432	1647	76057	34141
113582	97137	2123	11297	2497
3563501	2774874	169847	137626	114234
7526724	6033373	42850	656452	227153
1656197	1238113	9914	259388	56702
39773	32518	150	3634	1270
967795	792603	4884	124440	18735
5466105	4315916	39215	487025	173598
12822706	11623207	143506	550755	438936
12719372	11060182	123332	1270546	314861
1607413	1367417	33549	142146	26825
1674187	1436300	9079	106158	30325
3507619	3087128	17657	123184	38184
2577721	2200933	20435	203135	46942
1786924	1505574	5994	122036	37510
549658	406354	473	49283	23899
31405	29709	73	1265	351
298179	216600	1279	59708	5281
80889	76994	181	2279	1297
16009060	**11459083**	**99995**	**2454422**	**890303**
12691590	9291400	92237	1992592	837047
3120736	2023214	5229	447493	44540
196735	144470	2528	14337	8715

13 - 10 国有及国有控股工业企业分行业主要经济指标(2010 年)

单位:万元

行 业	Item	企业单位数(个) Enterprise (unit)	工业总产值(现价) Gross Industrial Output Value (at current prices)
总计	**Total**	**517**	**44555172**
采矿业	**Mining**	**76**	**11885706**
煤炭开采和洗选业	Coal Mining & Processing	43	9543879
石油和天然气开采业	Petroleum & Natural Gas Extraction	5	734975
黑色金属矿采选业	Mining & Dressing of Ferrous Metals	5	525395
有色金属矿采选业	Mining & Dressing of Nonferrous Metals	15	775593
非金属矿采选业	Mining & Dressing of Nonmetal Minerals	8	305865
其他采矿业	Mining of Other Mineral		
制造业	**Manufacturing**	**206**	**19860144**
农副食品加工业	Processing of Agricultural Side - Line Food	12	293762
食品制造业	Food Manufacturing	13	1166964
饮料制造业	Beverage Manufacturing	6	191744
烟草制品业	Tobacco Products	2	515693
纺织业	Textile Industry	8	213070
纺织服装、鞋、帽制造业	Textile Products, Clothes, Shoes & Hats	4	50651
皮革、毛皮、羽毛(绒)及其制品业	Leather, Furs, Down & Related Products	1	39850
木材加工及木、竹、藤、棕、草制品业	Timber Processing, Bamboo, Cane, Palm Fiber & Straw Products		
家具制造业	Furniture Manufacturing		
造纸及纸制品业	Paper - making & Paper Products	1	13802
印刷业和记录媒介的复制	Printing & Record Pressing	4	10331
文教体育用品制造业	Cultural, Educational & Sports Goods		
石油加工、炼焦及核燃料加工业	Petroleum Processing , Coke Products & Processing of Nuclear Fuel	6	1848867
化学原料及化学制品制造业	Raw Chemical Materials & Chemical Products	25	1257759
医药制造业	Medicine Manufacturing	8	227428
化学纤维制造业	Chemical Fiber Manufacturing		
橡胶制品业	Rubber Products	1	15323
塑料制品业	Plastic Products	1	4479
非金属矿物制品业	Nonmetal Mineral Products	25	914221
黑色金属冶炼及压延加工业	Smelting & Pressing of Ferrous Metals	6	4832218
有色金属冶炼及压延加工业	Smelting & Pressing of Nonferrous Metals	23	3399458
金属制品业	Metal Products	5	116791
通用设备制造业	Manufacturing of General - Purpose Equipment	19	609537
专用设备制造业	Special Purposes Equipment Manufacturing	17	1699033
交通运输设备制造业	Transportation Equipment Manufacturing	8	2075429
电气机械及器材制造业	Electric Equipment & Machinery	8	280195
通信设备、计算机及其他电子设备制造业	Manufacturing of Telecommunications, Computer & Other Electronic Equipment	1	17115
仪器仪表及文化、办公用机械制造业	Instruments, Meters, Cultural & Office Machinery		
工艺品及其他制造业	Handicrafts & Other Production	2	66424
废弃资源和废旧材料回收加工业	Recovering of Abandoned Resource & Waste Matereical		
电力、燃气及水的生产和供应业	**Production & Supply of Electric Power, Gas & Water**	**235**	**12809322**
电力、热力的生产和供应业	Production & Supply of Electric Power & Heating Power	212	12556507
燃气生产和供应业	Production & Supply of Gas	2	127415
水的生产和供应业	Production & Supply of Water	21	125399

Main Indicators on Economic Benefit of State - owned and State Holding Majority Shares Industrial Enterprises by Industrial Branch(2010)

(10 000 yuan)

资产合计 Total Assets	流动资产合计 Circulating Funds	固定资产原价 Original Value of Fixed Assets	固定资产净值年平均余额 Annual Average Balance of Net Value of Fixed Assets	流动负债合计 Liquid Liabilities
78875210	**22413808**	**66112459**	**39883447**	**25852398**
20465281	**7589348**	**11364242**	**7516479**	**5439150**
17330083	6423055	9391492	6312163	4630782
1554836	667945	1015907	449185	239042
608798	204833	368778	303712	170801
657003	177960	406471	341401	256387
314561	115555	181594	110019	142138
28550369	**11582281**	**20335364**	**9015290**	**12112068**
540774	206022	153201	98718	165388
1872370	902398	1057234	745184	1209158
235543	133479	92297	55844	65703
380184	224377	185718	128045	71719
94027	65418	53855	26373	50676
60633	41579	32032	12112	33458
3280	1433	1847	1766	1032
14756	7279	14131	7477	1949
18856	4808	16864	12638	9869
2120963	379777	1767542	1480999	340799
3419623	520803	1541620	1084654	920673
300006	130790	115823	88743	119162
8644	7296	3854	1348	5236
2048	1032	1336	975	365
1005696	291681	661656	504811	348174
7611217	3024415	6216465	1979141	3090549
4014034	1200715	2433227	1320854	1705079
112403	53223	43576	31777	39267
659234	410514	421591	179539	385472
3748380	2416374	2292258	774318	2224768
1959107	1350297	3075715	368887	1146777
187842	120094	27306	21872	102362
11975	446	13101	11529	4581
168776	88032	113118	77686	69852
29859560	**3242179**	**34412853**	**23351678**	**8301180**
29169845	2963329	33980216	23025389	8051188
201755	78967	131852	110101	81276
487961	199883	300784	216188	168716

13-10 续表

单位:万元

行业	Item	长期负债合计 Long-term Liabilities	所有者权益 Creditors Equity	实收资本 Total Capital Hold
总计	**Total**	**19451056**	**30155880**	**15109092**
采矿业	**Mining**	**3169817**	**11684228**	**4380100**
煤炭开采和洗选业	Coal Mining & Processing	2631608	9901921	3202119
石油和天然气开采业	Petroleum & Natural Gas Extraction	298494	1012300	744626
黑色金属矿采选业	Mining & Dressing of Ferrous Metals	46686	391310	321302
有色金属矿采选业	Mining & Dressing of Nonferrous Metals	151954	247483	62084
非金属矿采选业	Mining & Dressing of Nonmetal Minerals	41075	131215	49969
其他采矿业	Mining of Other Mineral			
制造业	**Manufacturing**	**4154052**	**11846445**	**5586346**
农副食品加工业	Processing of Agricultural Side-Line Food	48673	321495	116343
食品制造业	Food Manufacturing	83487	574244	139758
饮料制造业	Beverage Manufacturing	10233	109657	150716
烟草制品业	Tobacco Products	682	307783	124033
纺织业	Textile Industry	6064	37286	41868
纺织服装、鞋、帽制造业	Textile Products, Clothes, Shoes & Hats	4063	23111	12481
皮革、毛皮、羽毛(绒)及其制品业	Leather, Furs, Down & Related Products		2248	100
木材加工及木、竹、藤、棕、草制品业	Timber Processing, Bamboo, Cane, Palm Fiber & Straw Products			
家具制造业	Furniture Manufacturing			
造纸及纸制品业	Paper-making & Paper Products		12806	1600
印刷业和记录媒介的复制	Printing & Record Pressing		8987	8464
文教体育用品制造业	Cultural, Educational & Sports Goods			
石油加工、炼焦及核燃料加工业	Petroleum Processing, Coke Products & Processing of Nuclear Fuel	127484	1546618	152217
化学原料及化学制品制造业	Raw Chemical Materials & Chemical Products	547338	1860699	824188
医药制造业	Medicine Manufacturing	20166	160328	83016
化学纤维制造业	Chemical Fiber Manufacturing			
橡胶制品业	Rubber Products		3408	1883
塑料制品业	Plastic Products		1682	300
非金属矿物制品业	Nonmetal Mineral Products	184059	469607	238417
黑色金属冶炼及压延加工业	Smelting & Pressing of Ferrous Metals	1489988	3007835	2067385
有色金属冶炼及压延加工业	Smelting & Pressing of Nonferrous Metals	608189	1631001	620057
金属制品业	Metal Products	1300	36566	23615
通用设备制造业	Manufacturing of General-Purpose Equipment	22500	224920	164932
专用设备制造业	Special Purposes Equipment Manufacturing	563904	957472	570994
交通运输设备制造业	Transportation Equipment Manufacturing	398263	394643	186100
电气机械及器材制造业	Electric Equipment & Machinery	7462	77947	43560
通信设备、计算机及其他电子设备制造业	Manufacturing of Telecommunications, Computer & Other Electronic Equipment		7394	2342
仪器仪表及文化、办公用机械制造业	Instruments, Meters, Cultural & Office Machinery			
工艺品及其他制造业	Handicrafts & Other Production	30196	68708	11977
废弃资源和废旧材料回收加工业	Recovering of Abandoned Resource & Waste Materical			
电力、燃气及水的生产和供应业	**Production & Supply of Electric Power, Gas & Water**	**12127187**	**6625207**	**5142646**
电力、热力的生产和供应业	Production & Supply of Electric Power & Heating Power	11965838	6349461	5056495
燃气生产和供应业	Production & Supply of Gas	67280	53199	25000
水的生产和供应业	Production & Supply of Water	94069	222547	61151

continued

(10 000 yuan)

主营业务收入 Revenues of Main Business	主营业务成本 Cost of Main Business	主营业务税金 及附加 Sales Tax & Extra Charges	利润总额 Total Profits	本年应交 增值税 Value Added Tax Payable
44635557	**33412190**	**868328**	**6242743**	**2540337**
11484113	**6852281**	**258085**	**3117074**	**1088731**
9160866	5116580	220965	2608487	964411
750836	494252	9935	286994	37164
540141	408352	8351	66584	31105
762437	611504	15960	146675	46020
269834	221594	2874	8333	10031
21359381	**17988923**	**527345**	**1238936**	**656304**
297741	224689	2142	31120	6797
1146999	893732	2993	102643	73154
192359	108948	31401	20585	12248
499647	169823	240736	54708	54894
240346	177662	1682	44864	1724
52184	43366	66	2261	226
39850	31879	72	1232	94
14642	12142	85	641	732
9883	7326	81	908	344
1771127	1282260	157532	33241	71744
1101263	890646	3761	59893	47796
219520	142624	683	39203	4539
14858	12993	20	328	180
4783	3900	23	352	296
945786	777361	9084	90493	39381
5167969	4819793	18273	48778	161723
3647126	3080546	34946	496788	97400
122902	104880	383	12879	1966
657133	572695	2904	20920	8939
2993548	2695899	15120	53079	25953
1841082	1615874	4607	84380	40571
298522	256779	599	33359	5186
17171	9162	135	5121	355
62940	53943	17	1160	65
11792063	**8570986**	**82898**	**1886733**	**795302**
11507153	8344413	80286	1862410	789816
159323	135637	1131	17437	
125587	90937	1481	6886	5486

13－11 规模以上集体工业企业分行业主要经济指标(2010年)

单位:万元

行业	Item	企业单位数(个) Enterprise (unit)	工业总产值(现价) Gross Industrial Output Value (at current prices)
总计	**Total**	**82**	**988351**
采矿业	**Mining**	**19**	**252674**
煤炭开采和洗选业	Coal Mining & Processing	16	239170
石油和天然气开采业	Petroleum & Natural Gas Extraction		
黑色金属矿采选业	Mining & Dressing of Ferrous Metals	2	12761
有色金属矿采选业	Mining & Dressing of Nonferrous Metals		
非金属矿采选业	Mining & Dressing of Nonmetal Minerals	1	743
其他采矿业	Mining of Other Mineral		
制造业	**Manufacturing**	**61**	**726452**
农副食品加工业	Processing of Agricultural Side－Line Food	5	35795
食品制造业	Food Manufacturing		
饮料制造业	Beverage Manufacturing		
烟草制品业	Tobacco Products		
纺织业	Textile Industry	1	840
纺织服装、鞋、帽制造业	Textile Products, Clothes, Shoes & Hats	1	2986
皮革、毛皮、羽毛(绒)及其制品业	Leather, Furs, Down & Related Products		
木材加工及木、竹、藤、棕、草制品业	Timber Processing, Bamboo, Cane, Palm Fiber & Straw Products		
家具制造业	Furniture Manufacturing		
造纸及纸制品业	Paper－making & Paper Products	1	2261
印刷业和记录媒介的复制	Printing & Record Pressing		
文教体育用品制造业	Cultural, Educational & Sports Goods		
石油加工、炼焦及核燃料加工业	Petroleum Processing , Coke Products & Processing of Nuclear Fuel		
化学原料及化学制品制造业	Raw Chemical Materials & Chemical Products	9	32074
医药制造业	Medicine Manufacturing	1	31615
化学纤维制造业	Chemical Fiber Manufacturing		
橡胶制品业	Rubber Products		
塑料制品业	Plastic Products		
非金属矿物制品业	Nonmetal Mineral Products	11	78455
黑色金属冶炼及压延加工业	Smelting & Pressing of Ferrous Metals	6	25129
有色金属冶炼及压延加工业	Smelting & Pressing of Nonferrous Metals	6	428508
金属制品业	Metal Products	7	22329
通用设备制造业	Manufacturing of General－Purpose Equipment	7	33465
专用设备制造业	Special Purposes Equipment Manufacturing		
交通运输设备制造业	Transportation Equipment Manufacturing	3	6206
电气机械及器材制造业	Electric Equipment & Machinery	3	26789
通信设备、计算机及其他电子设备制造业	Manufacturing of Telecommunications, Computer & Other Electronic Equipment		
仪器仪表及文化、办公用机械制造业	Instruments, Meters, Cultural & Office Machinery		
工艺品及其他制造业	Handicrafts & Other Production		
废弃资源和废旧材料回收加工业	Recovering of Abandoned Resource & Waste Materical		
电力、燃气及水的生产和供应业	**Production & Supply of Electric Power, Gas & Water**	**2**	**9225**
电力、热力的 生产和供应业	Production & Supply of Electric Power & Heating Power	1	6300
燃气生产和供应业	Production & Supply of Gas		
水的生产和供应业	Production & Supply of Water	1	2925

Main Indicators on Economic Benefit of Collective - owned Enterprises above Designated Size by Industrial Branch (2010)

(10 000 yuan)

资产合计 Total Assets	流动资产合计 Circulating Funds	固定资产原价 Original Value of Fixed Assets	固定资产净值年平均余额 Annual Average Balance of Net Value of Fixed Assets	流动负债合计 Liquid Liabilities
357972	**209401**	**187640**	**106936**	**160693**
122587	**71370**	**34013**	**23992**	**49039**
119797	69955	32283	22617	46606
2446	1108	1567	1338	2196
344	307	164	37	237
228218	**135765**	**148213**	**78044**	**109411**
15423	6002	10852	8584	6474
1481	960	837	521	1207
519	277	350	224	253
815	805	29	10	926
30130	15343	15714	12167	15519
13903	6945	9807	6958	3738
30908	13425	24919	16741	13127
23893	17307	9189	3083	17825
34709	26507	32881	6414	5495
19467	8511	21216	9531	8345
33615	24793	12014	7442	19687
6910	4600	2962	1675	8650
16446	10290	7443	4694	8164
7167	**2266**	**5414**	**4900**	**2243**
5800	1363	4482	4437	1469
1367	903	932	463	773

13-11 续表

单位:万元

行业	Item	长期负债合计 Long-term Liabilities	所有者权益 Creditors Equity
总计	**Total**	**5986**	**171772**
采矿业	**Mining**	**1541**	**72007**
煤炭开采和洗选业	Coal Mining & Processing	1541	71649
石油和天然气开采业	Petroleum & Natural Gas Extraction		
黑色金属矿采选业	Mining & Dressing of Ferrous Metals		251
有色金属矿采选业	Mining & Dressing of Nonferrous Metals		
非金属矿采选业	Mining & Dressing of Nonmetal Minerals		107
其他采矿业	Mining of Other Mineral		
制造业	**Manufacturing**	**4144**	**95142**
农副食品加工业	Processing of Agricultural Side - Line Food	2390	6027
食品制造业	Food Manufacturing		
饮料制造业	Beverage Manufacturing		
烟草制品业	Tobacco Products		
纺织业	Textile Industry		274
纺织服装、鞋、帽制造业	Textile Products, Clothes, Shoes & Hats		266
皮革、毛皮、羽毛(绒)及其制品业	Leather, Furs, Down & Related Products		
木材加工及木、竹、藤、棕、草制品业	Timber Processing, Bamboo, Cane, Palm Fiber & Straw Products		
家具制造业	Furniture Manufacturing		
造纸及纸制品业	Paper - making & Paper Products		-112
印刷业和记录媒介的复制	Printing & Record Pressing		
文教体育用品制造业	Cultural, Educational & Sports Goods		
石油加工、炼焦及核燃料加工业	Petroleum Processing , Coke Products & Processing of Nuclear Fuel		
化学原料及化学制品制造业	Raw Chemical Materials & Chemical Products		14523
医药制造业	Medicine Manufacturing	766	9399
化学纤维制造业	Chemical Fiber Manufacturing		
橡胶制品业	Rubber Products		
塑料制品业	Plastic Products		
非金属矿物制品业	Nonmetal Mineral Products	172	16505
黑色金属冶炼及压延加工业	Smelting & Pressing of Ferrous Metals		5638
有色金属冶炼及压延加工业	Smelting & Pressing of Nonferrous Metals	108	12751
金属制品业	Metal Products	56	10247
通用设备制造业	Manufacturing of General - Purpose Equipment	169	13565
专用设备制造业	Special Purposes Equipment Manufacturing		
交通运输设备制造业	Transportation Equipment Manufacturing	50	-1790
电气机械及器材制造业	Electric Equipment & Machinery	433	7849
通信设备、计算机及其他电子设备制造业	Manufacturing of Telecommunications, Computer & Other Electronic Equipment		
仪器仪表及文化、办公用机械制造业	Instruments, Meters, Cultural & Office Machinery		
工艺品及其他制造业	Handicrafts & Other Production		
废弃资源和废旧材料回收加工业	Recovering of Abandoned Resource & Waste Materical		
电力、燃气及水的生产和供应业	**Production & Supply of Electric Power, Gas & Water**	**301**	**4623**
电力、热力的生产和供应业	Production & Supply of Electric Power & Heating Power	301	4029
燃气生产和供应业	Production & Supply of Gas		
水的生产和供应业	Production & Supply of Water		594

continued

(10 000 yuan)

实收资本 Total Capital Hold	主营业务收入 Revenues of Main Business	主营业务成本 Cost of Main Business	主营业务税金及附加 Sales Tax and Extra Charges	利润总额 Total Profits	本年应交增值税 Value Added Tax Payable
65482	**1007527**	**846375**	**10659**	**81420**	**39399**
14132	**251493**	**158838**	**6330**	**60463**	**20985**
13842	238628	146450	6278	60352	20831
260	12122	11744	42	62	115
30	743	644	10	49	39
48112	**748062**	**681146**	**4263**	**19362**	**18139**
4100	73829	62994	39	1822	285
269	2049	1531	13	4	38
250	2986	2985	1	-5	7
12	2249	2023	14	-25	158
2953	34678	31144	563	-505	851
6659	25608	17568	843	1720	1726
4425	76160	60309	502	3949	1652
2716	24149	18520	263	-61	1175
12651	420828	411373	926	6267	9630
1527	21774	20178	286	641	560
3542	35271	31055	396	1932	1089
1984	5528	4939	212	-1140	67
7024	22955	16527	205	4763	901
3238	**7971**	**6391**	**66**	**1596**	**275**
3138	5046	3597	50	1578	187
100	2925	2794	16	18	88

13-12 主要工业产品产量

年份 Year	原煤（万吨）Coal (10000 tons)	原盐（万吨）Salt (10000 tons)	发电量（亿千瓦小时）Electricity (100 million kwh)	钢（万吨）Steel (10000 tons)	成品钢材（万吨）Steel Products (10000 tons)	生铁（万吨）Pig Iron (10000 tons)	水泥（万吨）Cement (10000 tons)	木材（万立方米）Timber (10000 cu·m)	平板玻璃（万重量箱）Plate Glass (10000 Weight cases)	小型拖拉机（台）Small Tractors (unit)
1947	35	6.84	0.13					6.47		
1949	46	6.51	0.12					17.47		
1952	75	11.91	0.15					42.71		
1957	217	43.89	0.92			0.02		186.67		
1965	806	8.16	12.55	34	1.76	51.00	3.06	391.36		
1970	1215	63.58	22.01	81	16.02	66.00	11.14	244.43		
1975	1699	38.03	28.26	49	27.44	50.00	57.64	378.65	6.74	361
1978	2194	65.18	37.78	99	36.23	107.00	91.91	378.17	11.83	193
1980	2211	43.00	49.05	133	41.32	138.00	109.85	414.55	23.66	537
1981	2180	45.53	54.50	132	37.71	137.00	104.40	427.15	23.99	370
1982	2382	48.79	58.40	129	54.94	137.00	124.43	448.71	40.75	1365
1983	2487	61.61	60.82	134	60.47	151.00	145.88	480.48	121.60	6196
1984	2740	62.74	69.55	149	74.80	160.00	151.40	478.47	175.53	12118
1985	3204	66.34	80.46	170	100.14	182.00	185.11	502.07	112.84	16025
1986	3292	99.13	111.24	186	106.85	214.00	207.97	626.99	154.54	12045
1987	3410	97.29	126.54	216	130.53	257.00	218.84	596.00	157.41	17073
1988	3734	86.88	138.47	221	137.70	227.00	239.62	594.74	118.82	23780
1989	4382	109.97	153.72	242	157.27	255.00	250.55	527.89	235.32	12488
1990	4762	93.28	169.54	273	175.47	281.00	227.97	525.96	250.20	12464
1991	4923	100.66	189.04	269	179.69	271.00	270.60	483.87	254.92	14520
1992	5039	116.05	222.29	309	210.97	302.00	319.61	494.19	163.64	12852
1993	5514	111.93	235.23	346.11	244.58	329.95	371.50	500.02	341.07	3700
1994	6052	107.09	261.27	335.75	267.11	328.88	312.00	500.00	393.55	4522
1995	7055	76.13	278.54	355.36	257.77	345.78	349.27	504.35	445.42	7903
1996	7317	83.22	324.01	431.95	291.44	428.12	399.84	540.73	388.14	3948
1997	8303	100.00	342.23	453.32	339.94	450.84	465.76	524.15	399.77	5070
1998	7769	148.28	350.41	404.36	342.10	408.74	486.82	486.86	339.49	2881
1999	7071	132.07	380.61	416.30	365.80	424.86	549.70	379.23	390.93	5809
2000	7247	126.68	439.22	423.60	378.91	440.84	630.00	321.65	371.58	8419
2001	8163	136.75	465.50	453.75	388.39	476.06	698.00	280.72	464.33	5266
2002	11471	149.18	517.98	515.58	484.71	556.12	787.22	274.61	752.61	4175
2003	14707	148.72	647.73	576.83	560.36	606.90	947.86	255.35	852.49	1335
2004	21235	161.82	816.75	626.54	604.62	678.46	1282.83	377.75	1074.45	572
2005	25608	215.84	1056.59	805.49	747.77	922.69	1632.25	340.96	1144.59	
2006	29760	206.45	1416.00	861.86	823.97	1108.33	2215.59	350.52	999.52	
2007	35438	246.45	1931.95	1040.36	912.32	1260.09	2871.17	416.66	1395.72	16730
2008	47270	236.81	2136.00	1211.03	1047.34	1256.55	3424.06	342.39	1458.32	17750
2009	60375	216.98	2242.57	1261.94	1294.87	1437.07	4333.75	393.23	1564.89	11750
2010	78913	278.42	2483.90	1232.84	1341.41	1358.97	5454.30	320.55	1214.12	1080

注：1）1979年以后化肥产量按折合100%计算。

Output of Major Industrial Products

化 肥 (万吨) Chemical Fertilizer (10000 tons)	机制纸及纸板 (万吨) Machine – made Paper and Paperboards (10000 tons)	合成洗涤剂 (吨) Synthetic Detergents (ton)	糖 (万吨) Sugar (10000 tons)	电视机 (台) Television Sets (unit)	彩色电视机 (台) Color Television Sets (unit)	自行车 (辆) Bicycle (unit)	纱 (吨) Yarn (ton)	布 (万米) Cloth (10000 m)
	0.37		1.83					
0.49	0.69		0.16				104	37
0.88	1.83		4.17				706	238
2.91	1.88		5.80				10267	5562
8.19	3.08	1352	3.28	150			8559	4741
16.65	4.25	2042	4.23	1020			14278	7604
4.00	4.24	2646	6.92	13803		1121	14814	7950
6.22	4.02	2641	10.93	26736		18189	15328	8270
9.54	4.67	3322	9.58	41360		13559	14884	8448
10.16	2.50	4851	12.87	52992	3000	6206	13475	8202
10.81	7.16	6417	17.28	100111	8676	15317	12851	7168
9.81	9.53	7898	17.88	175087	66889	25074	14951	7104
10.16	10.70	8261	20.60	155047	84448	62038	16860	8109
12.13	10.92	11919	17.15	220168	108858	61500	19334	8814
12.84	11.73	19354	15.22	276936	135286	51276	21612	10313
12.18	13.02	16353	19.76	342102	134548	44004	22581	10548
13.48	13.59	11936	16.37	384451	157331	19110	23950	10785
12.50	15.05	9530	23.54	286128	170647	7732	24090	10826
13.44	15.64	10454	29.23	293761	213085	10552	20912	9537
13.03	14.45	11686	26.43	333600	229200	5000	17742	8782
17.92	14.90	13130	18.34	410000	305285	10000	19343	9232
17.35	19.15	17326	17.07	326833	270907	600	19105	8548
20.95	20.14	10588	27.21	228718	170210	2524	18921	8728
16.87	16.03	7730	26.70	156560	115779	1955	19782	8271
21.12	13.76	4240	20.12	34307	34307	1548	18241	7197
43.72	14.27	2252	11.95	127796	125396	1627	18312	6191
35.54	12.19	1929	12.04	518000	518000	504	15718	3287
39.58	14.33	1064	19.67	961388	961388		20523	4078
48.70	18.59	127	18.77	1267016	1267016		23814	5275
50.93	18.92	329	14.74	1342993	1342993		22560	4685
57.87	25.17		10.67	2374871	2374871		22171	4203
65.58	25.74		14.75	2390900	2390900		32194	8337
68.95	19.73	1994	25.88	3337425	3337425		14512	13576
84.30	25.88	263	19.46	8302633	8302633		45580	14810
89.05	35.53		22.37	8667513	8667513		16762	5537
259.13	77.97		15.42	2174236	2174236		20250	8030
180.82	28.84		12.04	2043662	2043662		20629	9813

a) The output of chemical fertilizer is calculated on the basis of 100% effective content since 1979.

13-13 主要工业产品产量
Output of Major Industrial Products

项　目	Item	2009	2010
原 煤(万吨)	Coal(10 000 tons)	60375.46	78913.14
汽 油(万吨)	Gasoline(10 000 tons)	49.65	42.10
柴 油(万吨)	Diesel Oil(10 000 tons)	51.13	79.35
天然气(亿立方米)	Natural Gas(100 million cu. m)	146.31	202.87
原 油(万吨)	Crude Oil(10 000 tons)	193.45	182.91
发电量(亿千瓦小时)	Electricity(100 million kwh)	2242.57	2483.90
食用植物油(万吨)	Edible Vegetable Oil(10 000 tons)	54.52	61.68
罐 头(万吨)	Canned Food(10 000 tons)	0.09	0.18
乳 制 品(万吨)	Dairy Products(10000 tons)	379.55	345.36
液体乳(万吨)	Liquid Dairy(10 000 tons)	348.49	308.92
啤 酒(千升)	Beer(1000 litres)	1103913.99	1130257.57
白 酒(千升)	Liquor(1000 litres)	343602.59	423869.90
卷 烟(万支)	Cigarettes(10000 pcs)	2400000.00	2650000.00
呢 绒(万米)	Woolen Piece Goods(10 000 m)	1233.44	1257.94
服 装(万件)	Garments(10 000 pcs)	2605.23	3676.37
中成药(万吨)	Traditional Chinese Medicine(10 000 tons)	1.12	1.30
化学原料药(万吨)	Chemical Medicine(10 000 tons)	22.56	33.02
胶合板(万立方米)	Plywood(10 000cu · m)	75.05	73.76
纤 维 板(万立方米)	Fiberboard(10 000cu · m)	45.83	52.86
焦 炭(万吨)	Coke(10 000 tons)	1838.39	2114.15
硫 酸(万吨)	Sulfuric Acid(10 000 tons)	189.98	241.58
烧碱(氢氧化钠)(万吨)	Caustic Soda(10 000 tons)	90.06	114.44
纯碱(无水碳酸钠)(万吨)	Soda Ash(10 000 tons)	71.98	110.51
农用化学肥料(万吨)	Chemical Fertilizer(10 000 tons)	259.13	180.82
氮 肥(万吨)	Nitrogen Fertilizers(10 000 tons)	241.45	157.73
磷 肥(万吨)	Phosphate Fertlizers(10 000 tons)	17.33	22.39

注:生产量包括规模以下工业企业工业产品产量。

a) The output of products includes the products of industrial enterprises below designated size.

13－13 续表 continued

项　　目	Item	2009	2010
合 成 氨(万吨)	Synthetic Ammonia(10 000 tons)	81.00	70.03
水 泥(万吨)	Cement(10 000 tons)	4333.75	5454.30
平板玻璃(万重量箱)	Plate Glass(10 000 weight cases)	1564.89	1214.12
铝(万吨)	Aluminum(10 000 tons)	128.09	148.75
生 铁(万吨)	Pig Iron(10 000 tons)	1437.07	1358.97
钢(万吨)	Steel(10 000 tons)	1261.94	1232.84
成品钢材(万吨)	Steel Products(10 000 tons)	1294.87	1341.41
载货汽车(辆)	Trucks(unit)	27362	41646
铁路货车(万辆)	Railway Freight Coaches(10 000 units)	0.58	0.31
彩色电视机(万部)	Color Television Sets(10 000 sets)	217.42	204.37
铁合金(万吨)	Ferroalloy(10 000 tons)	332.44	257.74
精甲醇(万吨)	Purified Carbinol(10 000 tons)	157.43	186.52
化学农药原药(万吨)	Original Chemical Peoticide(10 000 tons)	5.47	5.23
碳化钙(电石)(万吨)	Calcium Carbide(10 000 tons)	459.97	411.78
铁矿石原矿量(万吨)	Crudeiron Ore(10 000 tons)	7347.41	8205.74
洗煤(万吨)	Washed Coal(10 000 tons)	4216.26	6413.05
硫铁矿石(万吨)	Pyritel Ore(10 000 tons)	76.13	99.49
配混合饲料(万吨)	Forage(10 000 tons)	539.15	618.66
精炼铜(万吨)	Refined Copper(10 000 tons)	21.08	20.95

13－14 主要工业产品生产能力(2010 年)
Production Capacity of Major Industrial Products(2010)

产品名称	Item	2010
原煤(万吨)	Coal(10 000 tons)	84883.63
焦炭(万吨)	Coke(10 000 tons)	2765.00
天然原油(万吨)	Crude Oil(10 000 tons)	300.90
碳化钙(电石)(万吨)	Calcium Carbide (10 000 tons)	703.71
发电设备容量总计(万千瓦)	Capacity Of Generator (10 000 kw)	5386.46
卷烟(万支)	Cigarettes(10 000 pieces)	3834000.00
农用氮磷钾化学肥料(万吨)	Chemical Fertilizer(10 000 tons)	306.63
棉布织机(万台)	Looms(10 000 sets)	0.95
原铝(万吨)	Aluminum(10 000 tons)	183.70
水泥(万吨)	Cement(10 000 tons)	8497.48
平板玻璃(万重量箱)	Plate Glass(10 000 weight cases)	1299.24
生铁(万吨)	Pig Iron(10 000 tons)	1515.40
钢(万吨)	Steel(10 000 tons)	1778.10
钢材(万吨)	Rolled Steel(10 000 tons)	1776.10
铁合金(万吨)	Ferroalloy(10 000 tons)	542.57
汽车(辆)	Vehicle(unit)	70000.00
电视机(万台)	Television Sets(10 000 sets)	266.00
#彩色电视机(万台)	Color TV Sets(10 000 sets)	266.00

主要统计指标解释

工业　指从事自然资源的开采,对采掘品和农产品进行加工和再加工的物质生产部门。具体包括:(1)对自然资源的开采,如采矿、晒盐、森林采伐等(但不包括禽兽捕猎和水产捕捞)(2)对农副产品的加工、再加工,如粮油加工、食品加工、轧花、缫丝、纺织、制革等;(3)对采掘品的加工、再加工,如炼铁、炼钢、化工生产、石油加工、机器制造、木材加工等,以及电力、自来水、煤气的生产和供应等;(4)对工业品的修理、翻新,如机器设备的修理,交通运输工具(包括小卧车)的修理等。

工业统计调查单位　工业统计调查单位分为两类:独立核算法人工业企业和工业活动单位。

(1)独立核算法人工业企业　是指从事工业生产经营活动的单位。独立核算法人工业企业应同时具备以下条件:①依法成立,有自己的名称、组织机构和场所,能够承担民事责任;②独立拥有和使用资产,承担负债,有权与其他单位签订合同;③独立核算盈亏,并能够编制资产负债表。

(2)工业活动单位　是指在一个场所从事一种或主要从事一种工业生产活动的经济单位。它包括独立核算工业企业按主营业务活动(即工业生产活动)划分的主营业务活动单位和非工业企业所属的工业生产活动单位(即原非独立核算工业生产单位)。工业活动单位,一般应同时具备以下三个条件:①具有一个场所,从事一种或主要从事一种工业活动;②单独组织工业生产、经营或业务活动;③单独核算收入和支出。

轻工业　指主要提供生活消费品和制作手工工具的工业。按其所使用的原料不同,可分为两大类:(1)以农产品为原料的轻工业,是指直接或间接以农产品为基本原料的轻工业。主要包括食品制造、饮料制造、烟草加工、纺织、缝纫、皮革和毛皮制作、造纸以及印刷等工业;(2)以非农产品为原料的轻工业,是指以工业品为原料的轻工业。主要包括文教体育用品、化学药品制造、合成纤维制造、日用化学制品、日用玻璃制品、日用金属制品、手工工具制造、医疗器械制造、文化和办公用机械制造等工业。

重工业　是指为国民经济各部门提供物质技术基础的主要生产资料的工业。按其生产性质和产品用途,可以分为下列三类:(1)采掘(伐)工业,是指对自然资源的开采,包括石油开采、煤炭开采、金属矿开采、非金属矿开采和木材采伐等工业;(2)原材料工业,指向国民经济各部门提供基本材料、动力和燃料的工业。包括金属冶炼及加工、炼焦及焦炭、化学、化工原料、水泥、人造板以及电力、石油和煤炭加工等工业;(3)加工工业,是指对工业原材料进行再加工制造的工业。包括装备国民经济各部门的机械设备制造工业、金属结构、水泥制品等工业,以及为农业提供的生产资料如化肥、农药等工业。

根据上述划分原则,修理业中以重工业产品为修理作业对象的划为重工业,反之划为轻工业。

工业总产值　是以货币表现的工业企业在一定时期内生产的已出售或可供出售工业产品总量,它反映一定时间内工业生产的总规模和总水平。它包括:在本企业内不再进行加工,经检验、包装入库(规定不需包装的产品除外)的成品价值,对外加工费收入,自制半成品、在产品期末期初差额价值。工业总产值采用"工厂法"计算,即以工业企业作为一个整体,按企业工业生产活动的最终成果来计算,企业内部不允许重复计算,不能把企业内部各个车间(分厂)生产的成果相加。但在企业之间、行业之间、地区之间存在着重复计算。

工业增加值　是指工业行业在报告期内以货币表现的工业生产活动的最终成果。

实收资本　指企业实际收到的投资人投入的资本。按投资主体可分为国家资本、集体资本、法人资本、个人资本、港澳台资本和外商资本等。

资产合计　指企业拥有或控制的能以货币计量的经济资源。包括各种财产、债权和其他权利。资产按其流动性划分为流动资产、长期投资、固定资产、无形及递延资产和其他资产。

(1)流动资产　指企业可以在一年内或者超过一年的一个生产周期内变现或耗用的资产合计。包括现金及各种存款、短期投资、应收及预付款项、存货等。

(2)固定资产　指企业固定资产净值、固定资产清理、在建工程、待处理固定资产损失所占用的资金合计。

(3)无形资产　指企业长期使用而没有实物形态的资产。包括专利权、非专利技术、商标权、著作权、土地使用权、商誉等。

负债合计　指企业承担的能以货币计量,将以资产或劳务偿付的债务。负债一般按偿还期长短分为流动负债和长期负债、递延税项等。

(1)流动负债　指企业在一年内或者超过一年的一个营业周期内需要偿还的债务合计,其中包括短期借款、应付及预收款项、应付工资、应交税金和应交利润等。

(2)长期负债　指企业在一年以上或者超过一年的一个营业周期以上需要偿还的债务合计,其中包括长期借款、应付债务、长期应付款项等。

所有者权益　指企业投资人对企业净资产的所有权。企业净资产等于企业全部资产减去全部负债后的余额,其中包括投资者对企业的最初投入,以及资本公积金、盈余公积金和未分配利润,对股份制企业即为股东权益。

固定资产原价　指企业在建造、购置、安装、改建、扩建、技术改造某项固定资产时所支出的全部货币总额。它一般包括买价、包装费、运杂费和安装费等。

固定资产净值　是指固定资产原价减去历年已提折旧额后的净额。

流动资产　是指可以在一年或者超过一年的一个营业周期内变现或者耗用的资产,包括现金及各种存款、短期投资、应收及预付货款、存货等。

产品销售收入 指企业销售产品和提供劳务等主要经营业务取得的业务总额。

产品销售成本 指企业销售产品和提供劳务等主要经营业务的实际成本。

产品销售税金及附加 指企业销售产品和提供工业性劳务等主要经营业务应负担的城市维护建设税、消费税、资源税和教育费附加。

产品销售利润 指企业销售产品和提供工业性劳务等主要经营业务收入扣除其成本、费用、税金后的利润。

利润总额 指企业实现的利润。

应交增值税 指企业在报告期内应交纳的增值税额。

总资产贡献率 反映企业全部资产的获利能力，是企业经营业绩和管理水平的集中体现，是评价和考核企业盈利能力的核心指标。计算公式为：

总资产贡献率(%)=(利润总额+税金总额+利息支出)/平均资产总额×100%

资产负债率 该指标既反映企业经营风险的大小，也反映企业利用债权人提供的资金从事经营活动的能力。计算公式为：

总资产负债率(%)=负债总额/资产总额×100%

工业成本费用利润率 指在一定时期内实现的利润与成本费用之比，是反映工业生产成本及费用投入的经济效益指标，同时也是反映降低成本的经济效益的指标。

计算公式为：

工业成本费用利润率(%)=利润总额/成本费用总额×100%

工业增加值率 指在一定时期内工业增加值占同期工业总产值的比重，反映降低中间消耗的经济效益。计算公式为：

工业增加值率(%)=工业增加值(现价)/工业总产值(现价)×100%

流动资金周转次数 指在一定时期内流动资产完成的周转次数，反映流动资产的周转速度。计算公式为：

流动资金周转次数=产品销售收入/全部流动资产平均余额

产品销售率 指报告期工业销售产值与同期全部工业总产值之比，是反映工业产品已实现销售的程度，分析工业产销衔接情况，研究工业产品满足社会需求程度的指标。计算公式为：

产品销售率(%)=工业销售产值/工业总产值(现价)×100%

全员劳动生产率 指根据产品的价值量指标计算的平均每一个从业人员在单位时间内的产品生产量。是考核企业经济活动的重要指标，是企业生产技术水平、经营管理水平、职工技术熟练程度和劳动积极性的综合表现。目前我国的全员劳动生产率是将工业企业的工业增加值除以同一时期全部从业人员的平均人数来计算的。计算公式为：

全员劳动生产率=工业增加值/全部从业人员平均人数

为了使各年度的全员劳动生产率数字可以比较，1990年以前各年的全员劳动生产率均按指数换算成1990年不变价格。

单位生产总值能耗 是指某地区总能耗与生产总值之比，也就是每产生万元生产总值所消耗的能源消费量。它是衡量能源利用水平和效率的综合性指标。计算公式是万元生产总值能耗=能源消费量(吨标准煤)/地区生产总值(万元)。

Explanatory Notes on Main Statistical Indicators

Industry refers to the material production sector which is engaged in extraction of natural resources and processing and reprocessing of minerals and agricultural products, including (1) extraction of natural resources, such as mining, salt production, logging (but not including hunting and fishing); (2) processing and reprocessing of farm and sideline produces, such as rice husking, flour milling, wine making, oil pressing, cotton ginning, silk reeling, spinning and weaving, and leather making; (3) manufacture of industrial products, such as steel making, iron smelting, chemicals manufacturing, petroleum processing, machine building, timber processing; water and gas production and electricity generation and supply; (4) repairing of industrial products such as the repairing of machinery and means of transport (including cars).

Units of Industrial Statistics and Inquiry They are classified into two categories (1) corporate industrial enterprises with independent accounting system (2) industrial establishments.

(1) **Corporate industrial enterprises with independent accounting system** refer to enterprises engaging in industrial production activities, which meet the following requirements: ①They are established legally, having their own names, organizations, location, able to take civil liability; ②They possess and use their assets independently, assume liabilities, and are entitled to sign contracts with other units; ③They are financially independent and compile their own balance sheets.

(2) **Industrial establishments** refer to economic units which located in one single place and engaged entirely or primarily in one kind of industrial activity, including financially independent industrial enterprises and units engaged in industrial activities under the non industrial enterprises (or financially dependent). Industrial establishments generally meet the following requirements: ①They have each one location and are engaged in one kind of industrial activity each; ②They operate and manage their industrial production activities separately; ③They have accounts of income and expenditures separately.

Light Industry refers to the industry that produces consumer goods and hand tools. It consists of two categories, depending on the materials used:

(1) Industries using farm products as raw materials. These are branches of light industry which directly or indirectly use farm products as basic raw materials, including the manufacture of food and beverages, tobacco processing, textile, clothing, fur and leather manufacturing, paper making printing, etc.

(2) Industries using non – farm products as raw materials. These are branches of light industry which use manufactured goods as raw materials, including the manufacture of cultural, educational articles and sports goods, chemicals, synthetic fiber, chemical products for daily use, glass products for daily use, metal products for daily use, hand tools, medical apparatus and instruments, and the manufacture of cultural and clerical machinery

Heavy Industry refers to the industry which produces capital goods, and provides various sectors of the national economy with necessary material and technical basis. It consists of the following three branches according to the purpose of production or the use of products:

(1) Mining, quarrying and logging industry refers to the industry that extracts natural resources, including extraction of petroleum, coal, metal and non metal and logging.

(2) Raw materials industry refers to the industry that provides various sectors of the national economy with raw materials, fuels and power. It includes smelting and processing of metals, coking and coke chemistry, chemical materials and building materials such as cement, plywood, and power, petroleum refining and coal dressing.

(3) Manufacturing industry refers to the industry that processes raw materials. It includes machine building industry which equips sectors of the national economy, industries of metal structure and cement products, industries producing means of agricultural production, such as chemical fertilizers and pesticides. According to the above principle of classification, the repairing trades which are engaged primarily in repairing products of heavy industry are classified into heavy industry while these engaged in repairing products of light industry are classified into light industry.

Gross Industrial Output Value is the total volume of industrial products sold or available for sale in value terms which reflects the total achievements and overall scale of industrial production during a given period. It includes the value of the finished products, which are not to be further processed in the enterprises and have been inspected, packed and put in storage, the value of industrial services rendered to other units, and the changes in the value of the semi finished products and products in process between the beginning and closing of the period. The gross industrial output value is calculated with " factory method". No double calculations are to be made within the same enterprise. However, double counting does occur among different enterprises.

Value - added of Industry refers to the final results of industrial production of the industrial trade in money terms during the reference period.

Capital Obtained refers to capital actually received by the enterprise from investors. It can be further classified by investors as state capital, collective capital, corporate capital, individual capital, capital from Hong Kong, Macao and Taiwan and foreign capital.

Total Assets refer to all economic resources, owned or controlled by enterprises that could be measured in monetary terms, including properties, creditors equity and other economic rights of all forms. Classified by the degree of equitability, total assets include circulating assets, long term investment, fixed assets, intangible assets and deferred assets, and other assets.

(1) **Circulating assets** (**working capital**) refer to assets which can be cashed in or spent or consumed in an operating cycle of one year or over one year, including cash, all kinds of deposits, short term investment, receivables, advance payment, stock, etc.

(2) **Fixed assets** refer to the net value of fixed assets, clearance of fixed assets, project under construction, fixed assets losses in suspense. These are corporations, fund holdings.

(3) **Intangible assets** refer to the assets without material form used by enterprises over a long time, such as patents, non patent technologies, trade marks, copyright, land use right, business reputation, etc.

Total Liabilities refer to the debts, measured in monetary terms, that enterprises are responsible for repayment in the form of cash, assets or labour. Classified by terms of repayment, liability includes liquid liabilities and long - term liabilities.

(1) **Liquid liabilities** (**also called quick liabilities or immediate liabilities**) refer to enterprises' total debt payable within an operating cycle of one year or over one year, including short term loans, payables and advance payments, wages payable, taxes payable and profit payable, etc.

(2) **Long term liabilities** refers to total debt payable within an operating cycle of one year or over one year, including long term loans, payable liabilities, long term payables, etc.

Creditors' Equity refers to investors' ownership of net assets of the enterprise. It is equal to the total assets of the enterprise minus its total liabilities, including the primary input from investors, capital accumulation fund, surplus accumulation fund and undistributed profit. It is the shareholder's equity in shareholding companies.

Original Value of Fixed Assets refers to the original value of all fixed assets owned by industrial enterprises, calculated at the cost paid at the time of purchase, installation, reconstruction, expansion, and technical innovation and transformation of the said assets, which includes expenses on purchase, package, transportation, and installation, etc.

Net Value of Fixed Assets is obtained by deducting depreciation over years from the original value of fixed assets.

Working Capital (**Circulating Assets**) refers to assets which can be cashed in or spent or consumed in an operating cycle of one year or over one year, which includes cash, various deposits, short term investment, and receivable payments, and advance payments, stock, etc.

Sales Revenue of Industrial Products refers to the revenue from the sales of products by industrial enterprises and the revenue from services provided and etc.

Sales Cost of Industrial Products refers to the actual cost of products of industrial enterprises and industrial services provided, etc. .

Tax and Extra Charges on Sales of Products refer to the tax on city maintenance and construction, consumption tax, resources tax and extra charges for education, which should be borne by the enterprises in selling products and providing industrial services.

Sales Profit of Products refers to the profit gained by the enterprises by deducting cost, charges and taxes from the business income of the enterprises obtained in selling products and providing industrial services.

Total Profits refer to the profits gained by the enterprises.

Value - added Tax Payable refers to the amount of the value added tax which should be paid by the enterprises in the reporting period.

Ratio of Profits, Taxes and Interests to Average Assets reflects the profit making capability of all assets of the enterprise and is a key indicator manifesting the performance and management and evaluating the profit making potential of the enterprise. It is calculated as follows:

Ratio of profits, taxes and interests to average assets (%) = [(Total profits + total Taxes + interest payment) ÷ average assets] × 100%

Ratio of Debts to Assets reflect both the operation risk and the capability of the enterprise in making use of the capital from the creditors. It is calculated as follows:

Ratio of debts to assets (%) = (Total debts ÷ total assets) × 100%

Ratio of Profits to Total Industrial Costs refers to the ratio of profits realized in a given period to the total costs in the same period, which reflects the economic efficiency of input cost and is calculated as follows:

Ratio of Profits to Total Industrial Cost(%) = (Total Profits ÷ Total Costs) × 100%

Value – added Rate of Industry refers to the ratio of value added of industry in a given period to the gross output value in the same period, which reflects the economic efficiency of cutting down the intermediate input and is calculated as follows:

Value added Rate of Industry(%) = [Value added of Industry(at current prices)] ÷ [Gross Output Value (at Current Prices)] × 100%

Turnover of Working Capital refers to the number of times of turnover of working capital in a given period of time, which reflects the speed of the turnover of working capital and is calculated as follows:

Turnover of Working Capital (%) = (Sales Revenue of Products) ÷ (Average Balance of Total Working Capital) × 100%

Ratio of Sales to Gross Output Value refers to the sales of industrial products to the gross industrial output value during the reference period, and is important in reflecting the linkage between production and sales and the extent of the needs of the society that has been met by the supply of industrial products. It is calculated as follows:

Ratio of Sales to Gross Output Value = Industrial sales ÷ Gross industrial output value (at current prices) × 100%

Overall Labour Productivity of Industrial Enterprises refers to the average output per employed person in industrial enterprises in value terms. At present, the value added and the average number of staff and workers of an industrial enterprise in a given period are used to calculate the overall labour productivity. The formula used is:

Overall Labour Productivity = (Value Added of Industry) ÷ (Average Number of Staff and Workers)

For the purpose of comparison of the overall labour productivity among different years, the data on the overall labour productivity of the years prior to 1990 have been adjusted on the basis of 1990 constant prices.

Energy Consumption of 10 000 **yuan GDP** refers to the ratio of the bobal energy consumption to GDP, means to produce per – 10 000 yuan of GDP consuming how much energy. It is a general indicator to show the relationship between utiltity and efficiency of energy . the formula is:

Energy Consumption of 10 000 yuan GDP = Total Energy Consumption (ton of SCE)/GDP (10 000 yuan)

2011 NEI MENG GU

十四、建筑业

Construction

资料整理：云俊生　李　宇
Arranged By Yun Junsheng , Li Yu

14－1 建筑业企业基本情况
Basic Statistics on Construction Enterprises

年份 Year	总计 Total	国有 State－owned	城镇集体 Urban Collective－owned	其他经济 Others
企业单位数(个) Number of Enterprises(unit)				
2000	984	140	211	633
2001	919	112	192	615
2002	726	56	67	603
2003	674	39	31	604
2004	674	18	9	647
2005	676	20	14	642
2006	703	17	7	679
2007	734	18	11	705
2008	790	14	7	769
2009	820	14	9	797
2010	873	16	8	849
年末从业人员(万人) Number of Persons Engaged(10 000 persons)				
2000	35.30	9.20	6.68	19.42
2001	39.37	9.40	6.71	23.26
2002	27.68	5.00	1.88	20.80
2003	26.63	2.10	0.67	23.86
2004	27.53	1.69	0.15	25.69
2005	26.35	1.57	0.32	24.26
2006	29.62	2.84	0.14	26.64
2007	38.62	3.88	0.22	34.52
2008	42.8	4.74	0.24	37.82
2009	49.89	4.83	0.37	44.69
2010	44.34	1.87	0.18	42.30
建筑业总产值(亿元) Gross Output Value(100 million yuan)				
2000	138.80	50.11	21.29	67.40
2001	178.26	61.12	23.96	93.18
2002	220.02	50.53	13.68	155.81
2003	257.66	36.34	9.92	211.40
2004	354.51	29.42	2.44	322.65
2005	381.30	38.78	3.10	339.42
2006	467.00	38.17	2.74	426.09
2007	681.10	76.64	2.53	601.93
2008	780.05	69.9	4.13	706.02
2009	964.73	66.6	6.21	891.91
2010	1125.58	72.71	4.52	1048.35

14-2 建筑业企业主要经济指标

Main Economic Indicators on Construction Enterprices

指 标	Item	2009	2010
建筑业企业个数(个)	Number of Construction Enterprises(unit)	820	873
签订的合同额(万元)	Value of Contracts(10 000 yuan)	13386295	16312325
建筑业总产值(万元)	Gross Output Value(10 000 yuan)	9647255	11255772
其中:装饰装修产值	Output of Decoration	162022	125140
其中:在外省完成的产值	Output Value Outside the Province	662446	634471
竣工产值(万元)	Output of Buildings Completed(10 000 yuan)	6675016	7751901
房屋建筑施工面积(万平方米)	Floor Space of Constructing(10 000 sq. m)	5823.4	7577.89
房屋建筑竣工面积(万平方米)	Floor Space of Buildings Completed(10 000 sq. m)	3140.56	3805.24
房屋建筑面积竣工率(%)	Rate of Floor Space of Buildings Completed(%)	53.9	50.2
自有机械设备净价(万元)	Machinery & Equipment Owned (net valued)(10 000 yuan)	430525	504512
自有机械设备台数(万台)	Machinery and Equipment Owned(10 000 set)	8.83	9.41
自有机械设备总功率(万千瓦)	Total Power of Machinery and Equipment Owned(10 000 kw)	200.76	207.64
技术装备率(元/人)	Value of Machines per Laborer(yuan/person)	8629	11379
动力装备率(千瓦/人)	Power of Machines per Laborer(kw/person)	4.02	4.68
按总产值计算的劳动生产率(元/人)	Overall Labor Productivity by Gross Output Value(yuan/person)	128869	151321
年末从业人员(万人)	Number of Persons Engaged(10 000 persons)	49.89	44.34
其中:工程技术人员	Engineering Techinal Personel	5.93	6.68
其中:一级建造师	First Construction Engineer	0.31	0.35
利润总额(万元)	Total Profits(10 000 yuan)	743906	826462
税金总额(万元)	Total Tax(10 000 yuan)	355929	480817
产值利润率(%)	Ratio of Profit to Gross Output Value(%)	7.7	7.3
产值利税率(%)	Ratio of Pre-tax Profit to Gross Output Value(%)	11.4	11.6

14－3 劳务分包建筑业企业主要经济指标(2010 年)

Main Economic Indicators on Constructional Labour Subcontractors(2010)

项 目	Item	企业个数(个) Enterprises (unit)	建筑业总产值(万元) Gross Output (10 000 yuan)	期末从业人数(人) Engaged Persons (person)
总 计	**Total**	**136**	**38605**	**9282**
按企业登记注册类型分	**Grouped by Type Registered**			
内资企业	Domestic Investment	136	38605	9282
国有企业	State－owned	1	962	25
集体企业	Collective－owned	2	0	251
股份合作企业	Share Holding Cooperative			
联营企业	Joint－owned			
有限责任公司	Limited－liability Company	41	3156	1859
股份有限公司	Share Holding Company	2	151	3220
私营企业	Private	90	34336	3927
其他企业	Others			
港､澳､台商投资企业	Hong kong, Macao & Taiwan Funded			
外商投资企业	Foreign Funded			
按行业类别分	**Grouped by Sector**			
房屋和土木工程建筑业	Housing Construction and Civil Engineering Industry	65	8743	5940
建筑安装业	Construction and Installation Industry	14	1321	239
建筑装饰业	Construction and Decoration Industry	9	36	116
其他建筑业	Other Construction Industries	48	28504	2987
按企业资质等级分	**Grouped by Intelligent Grade**			
一 级	First	103	36550	8249
二 级	Second	18	559	447
三 级及以下	Third and below	15	1495	586

14－4 建筑施工企业主要生产指标(2010 年)

项 目	Item	建筑业企业个数(个) Enterprises (persons)	签订的合同额(万元) Value of Contracts (10 000 yuan)	上年结转合同额 Signed in Last year	本年新签合同额 Signed in this Year
总 计	**Total**	**873**	**16312325**	**4763704**	**11548621**
按企业登记注册类型分	**Grouped by Type Registered**				
内资企业	Domestic Investment	873	16312325	4763704	11548621
国有企业	State－owned	16	1129736	527922	601814
集体企业	Collective－owned	8	43323	1084	42239
股份合作企业	Share Holding Cooperative	7	86975	9580	77395
联营企业	Joint－owned	1	50573	28169	22404
有限责任公司	Limited－liability Company	420	7824679	2248776	5575903
股份有限公司	Share Holding Company	38	1600368	531324	1069044
私营企业	Private	382	5568071	1416849	4151222
其他企业	Others	1	8600		8600
港、澳、台商投资企业	Hong kong, Macao & Taiwan Funded				
外商投资企业	Foreign Funded				
按行业类别分	**Grouped by Sector**				
房屋和土木工程建筑业	Housing Construction and Civil Engineering Industry	714	15561882	4621890	10939992
建筑安装业	Construction and Installation Industry	88	496061	124021	372040
建筑装饰业	Construction and Decoration Industry	38	103828	9278	94550
其他建筑业	Other Construction Industries	33	150554	8515	142039
按企业资质等级分	**Grouped by Intelligent Grade**				
施工总承包	General Contractors	694	15554671	4657430	10897240
特 级	Special Grade	1	744278	335000	409278
一 级	First	44	6433510	2506248	3927262
二 级	Second	164	4854011	1245810	3608201
三 级	Third	485	3522871	570372	2952499
专业承包	Professional Contractors	179	757655	106274	651381
一 级	First	10	168129	29469	138660
二 级	Second	47	306128	57544	248584
三 级	Third	119	271605	16460	255144

Main Production Indicators on Construction Enterprises(2010)

建筑业总产值(万元) Gross Output Value (10 000 yuan)	其中:装饰装修产值 Decoration	其中:在外省完成的产值 Outside the Province	建筑业总产值按构成分 By Composition of Gross Value of Construction		
			建筑工程产值 Building	安装工程产值 Installation	其他产值 Others
11255772	**125140**	**634471**	**9987307**	**732684**	**535781**
11255772	125140	634471	9987307	732684	535781
727081		202314	711736	4784	10561
45219			12102	33117	
86055			82797	1358	1900
23800			23800		
5463609	76351	363794	4698218	500512	264879
892945	10472	18312	815743	39728	37473
4008463	38317	50051	3634310	153185	220968
8600			8600		
10648044	111077	630940	9777906	436180	433958
388524	365	3431	149989	190643	47892
99335	13698	100	16512	67232	15591
119869			42899	38629	38341
10634328	110391	628021	9665990	541610	426727
364465	30019	142326	327846	36619	
3830112	18435	332086	3472602	298231	59279
3544168	35433	128170	3185512	112033	246623
2895583	26504	25439	2680030	94727	120825
621444	14749	6451	321316	191074	109054
134862	400		100924	4158	29781
243961	10827	875	98932	120901	24129
231126	3521	5576	114087	66016	51023

14-4 续表

项 目	Item	竣工产值（万元）Output of Buildings Completed (10 000 yuan)	房屋建筑施工面积（万平方米）Floor Space Constructing Buildins (10 000 sq. m)	实行投标承包面积 Bidding Contracting Space
总 计	**Total**	**7751901**	**7577.9**	**6787.7**
按企业登记注册类型分	**Grouped by Type Registered**			
内资企业	Domestic Investment	7751901	7577.9	6787.7
国有企业	State - owned	259417	41.7	35.1
集体企业	Collective - owned	20214	11.9	7.7
股份合作企业	Share Holding Cooperative	83593	53.1	44.7
联营企业	Joint - owned	23784	43.5	43.5
有限责任公司	Limited - liability Company	4061298	3894	3354.5
股份有限公司	Share Holding Company	536998	556.4	547.3
私营企业	Private	2757997	2970.1	2755
其他企业	Others	8600	7.2	
港、澳、台商投资企业	Hong kong, Macao & Taiwan Funded			
外商投资企业	Foreign Funded			
按行业类别分	**Grouped by Sector**			
房屋和土木工程建筑业	Housing Construction and Civil Engineering Industry	7332124	7458.2	6676.3
建筑安装业	Construction and Installation Industry	254511	117.7	109.5
建筑装饰业	Construction and Decoration Industry	90054	1.9	1.9
其他建筑业	Other Construction Industries			
按企业资质等级分	**Grouped by Intelligent Grade**			
施工总承包	General Contractors	7264019	7436.4	6651.7
特 级	Special Grade	302105	183.1	161.7
一 级	First	1920331	2338.2	2171
二 级	Second	2597526	2122.7	1953.4
三 级	Third	2444057	2792.5	2365.4
专业承包	Professional Contractors	487883	141.5	136.1
一 级	First	119604		
二 级	Second	160331	105.7	100.4
三 级	Third	196453	35.7	35.7

continued

房屋建筑竣工面积（万平方米）Buildings Completed (10 000 sq. m)	自有机械设备 Machinery & Equipment Owned 净价（万元）net valued (10 000 yuan)	台数（万台）Number (10 000 yuan)	总功率（万千瓦）Numbers (10 000 kw)	期末从业人数（万人）Engaged Persons (10 000 persons)	其中：工程技术人员 Engineer	其中：一级建造师 First Engineer
3805.2	**504512**	**9.41**	**207.64**	**44.34**	**6.68**	**0.35**
3805.2	504512	9.41	207.64	44.34	6.68	0.35
8.2	22388	0.32	10.11	1.87	0.34	0.02
11.6	810	0.04	0.17	0.18	0.02	
53.1	9215	0.39	4.71	0.46	0.07	
27	2664	0.05	1.99	0.12	0.01	
2047.2	310775	5.42	125.7	22.81	3.35	0.18
172	19898	0.62	16.29	3.2	0.47	0.03
1478.9	138763	2.56	48.68	15.67	2.4	0.12
7.2				0.04		
3778.3	482253	8.91	197.39	40.8	6.21	0.31
27	10690	0.34	7.11	2.07	0.34	0.03
	6479	0.12	2.12	1.06	0.06	
3745.2	466852	8.87	196.33	41.66	6.22	0.31
31.2	14969	0.3	5.06	0.46	0.06	0.01
804.5	150668	2.33	62.99	12.33	1.53	0.1
1183	140475	2.64	66.58	13.82	2.17	0.12
1726.4	160741	3.59	61.69	15.04	2.46	0.08
60.1	37659	0.54	11.31	2.68	0.46	0.03
0	12736	0.09	3.11	0.38	0.07	0.01
43.7	9839	0.24	3.21	1.13	0.18	0.01
16.4	12245	0.19	4.88	1.13	0.2	0.01

14－5 建筑施工企业主要财务指标(2010 年)

单位:万元

项 目	Item	资产合计 Total Assets	流动资产合计 Total Circul－ating Assets	#存 货 Stock	长期投资 Longterm Invest－ment
总 计	**Total**	**10196468**	**7695974**	**1199025**	**472627**
按企业登记注册类型分	**Grouped by Type Registered**				
内资企业	Domestic Investment	10196468	7695974	1199025	472627
国有企业	State－owned	504891	382500	92480	8441
集体企业	Collective－owned	29259	24789	3753	54
股份合作企业	Share Holding Cooperative	41838	24551	4755	1515
联营企业	Joint－owned	20213	10666	1589	
有限责任公司	Limited－liability Company	4140210	3133319	599043	161530
股份有限公司	Share Holding Company	989650	687461	140625	73996
私营企业	Private	4466007	3431490	356620	227092
其他企业	Others	4400	1200	160	
港、澳、台商投资企业	Hong kong, Macao & Taiwan Funded				
外商投资企业	Foreign Funded				
按行业类别分	**Grouped by Sector**				
房屋和土木工程建筑业	Housing Construction and Civil Engineering Industry	9578105	7212623	1141641	454738
建筑安装业	Construction and Installation Industry	386599	318023	40735	14655
建筑装饰业	Construction and Decoration Industry	113988	85688	8928	2189
其他建筑业	Other Construction Industries	117775	79641	7720	1045
按企业资质等级分	**Grouped by Intelligent Grade**				
施工总承包	General Contractors	9615223	7274057	1142822	457340
特 级	Special Grade	424637	343874	97892	1500
一 级	First	3103447	2398413	340242	156711
二 级	Second	3593395	2675713	401109	261732
三 级	Third	2493744	1856057	303578	37397
专业承包	Professional Contractors	581244	421917	56203	15287
一 级	First	148233	110658	2921	8114
二 级	Second	173929	140478	31042	3695
三 级	Third	248217	163965	21850	3403

Main Financial Indicators on Construction Enterprises with Independent Accounting System(2010)

(10 000 yuan)

固定资产合计 Total Fixed Assets	固定资产原价合计 Original Value of Fixed Assets	# 生产经营用 for Production Use	累计折旧 Accumulative Depreciation	# 本年折旧 Of this Year	在建工程 Under Construction	无形及递延资产合计 Intangible & Deffered Assets	# 无形资产 Intangible	其它资产 others
1691598	**2119176**	**1688730**	**618280**	**94547**	**118239**	**302665**	**234727**	**33503**
1691598	2119176	1688730	618280	94547	118239	302665	234727	33503
92841	127525	103760	51468	7441	15165	20584	17642	525
4319	5700	3958	2054	303	63	1	1	95
15772	17380	13477	2090	560				
9547	6582	2664	2965	44				
697863	991389	749596	349640	43300	21138	127629	112499	19869
189012	213039	148212	41822	7742	3452	36920	34213	2262
679044	754260	663865	168042	35026	78422	117531	70372	10751
3200	3300	3200	200	130				
1594093	1979361	1572699	567647	86816	112396	283744	220067	32807
45315	76796	62484	34179	4352	552	8252	4994	353
18342	17707	13098	4294	603	4901	7632	6936	138
33848	45312	40450	12160	2775	390	3036	2731	205
1566769	1971927	1574774	566499	85445	101226	285515	226276	31542
28778	46979	12000	18201			41557	40243	8927
424901	599592	486316	192436	23631	5912	122150	118406	1272
565604	694396	588883	197064	31551	58556	74090	25360	16257
547487	630961	487574	158798	30263	36759	47718	42267	5086
124829	147248	113957	51781	9102	17013	17149	8451	1961
28168	42188	39956	16112	2140		1292	691	
23649	34693	23484	12626	1885	285	5434	2755	674
70184	64914	46641	20415	4617	16728	9277	3858	1287

14-5 续表 1

单位:万元

项 目	Item	负债合计 Total Liability	流动负债合计 Total Circulating Liability	长期负债合计 Total Longterm Liability	所有者权益合计 Owner-ship Interest
总 计	**Total**	**6298908**	**6003180**	**295727**	**3897560**
按企业登记注册类型分	Grouped by Type Registered				
内资企业	Domestic Investment	6298908	6003180	295727	3897560
国有企业	State - owned	366029	362352	3676	138863
集体企业	Collective - owned	17777	16418	1359	11482
股份合作企业	Share Holding Cooperative	19964	19964		21874
联营企业	Joint - owned	10863	10212	651	9350
有限责任公司	Limited - liability Company	2623342	2483306	140036	1516868
股份有限公司	Share Holding Company	675713	582919	92794	313937
私营企业	Private	2584481	2527269	57211	1881526
其他企业	Others	740	740		3660
港、澳、台商投资企业	Hong kong, Macao & Taiwan Funded				
外商投资企业	Foreign Funded				
按行业类别分	**Grouped by Sector**				
房屋和土木工程建筑业	Housing Construction and Civil Engineering Industry	5918779	5650132	268647	3659327
建筑安装业	Construction and Installation Industry	255094	252908	2186	131504
建筑装饰业	Construction and Decoration Industry	59674	41411	18263	54314
其他建筑业	Other Construction Industries	65360	58729	6631	52415
按企业资质等级分	**Grouped by Intelligent Grade**				
施工总承包	General Contractors	5953067	5659509	293558	3662157
特 级	Special Grade	336218	292010	44208	88419
一 级	First	2135577	2016472	119105	967870
二 级	Second	2188242	2105434	82807	1405153
三 级	Third	1293030	1245593	47437	1200715
专业承包	Professional Contractors	345841	343672	2169	235403
一 级	First	99760	99742	18	48473
二 级	Second	102385	101636	749	71544
三 级	Third	137978	136576	1402	110239

continued

(10 000 yuan)

实收资本 Contrib – uted Capita	国家资本 State	集体资本 Collective	法人资本 Institu – tionnal Units	个人资本 Indivi – duals	港澳台资本 Hong kong, Macao & Taiwan	外商资本 Foreign	工程结算收入 Revenue of Settlement of Projects
1931965	**274057**	**130330**	**460119**	**1067459**			**11125420**
1931965	274057	130330	460119	1067459			11125420
62530	62190		340				712232
8635		8635					45016
20858		17144	3510	204			88521
9350				9350			23800
935025	211232	91709	246436	385648			5389166
155600	636	12842	23613	118509			919567
737967			185019	552948			3938518
2000			1200	800			8600
1805609	255242	117149	424769	1008450			10532733
72722	11154	9857	15628	36083			374717
25819	687	224	15618	9290			99565
27815	6974	3100	4104	13637			118406
1797995	253058	110777	434752	999408			10525639
68329	68329						365050
399085	90334	29903	24692	254155			3823787
677853	67185	36168	227747	346754			3505361
652728	27210	44705	182313	398500			2831440
133970	20999	19554	25367	68051			599781
29110	12590		1200	15321			134862
37210	3755	8354	8295	16806			221271
62900	4654	7444	15872	34930			232154

14－5 续表 2

单位:万元

项 目	Item	工程结算成本 Cost of Settlement of Projects	工程结算税金及附加 Tax and Extra Charges of Settlement of Projects	工程结算利润 Profits of Settlement of Projects
总 计	**Total**	**9233622**	**454389**	**1331076**
按企业登记注册类型分	**Grouped by Type Registered**			
内资企业	Domestic Investment	9233622	454389	1331076
国有企业	State－owned	634059	24334	53215
集体企业	Collective－owned	35552	1976	7411
股份合作企业	Share Holding Cooperative	72537	4238	11372
联营企业	Joint－owned	22563	825	411
有限责任公司	Limited－liability Company	4603502	238332	527486
股份有限公司	Share Holding Company	782299	33993	101372
私营企业	Private	3075964	150435	628753
其他企业	Others	7146	258	1056
港、澳、台商投资企业	Hong kong, Macao & Taiwan Funded			
外商投资企业	Foreign Funded			
按行业类别分	**Grouped by Sector**			
房屋和土木工程建筑业	Housing Construction and Civil Engineering Industry	8749305	429206	1249123
建筑安装业	Construction and Installation Industry	310656	15664	47660
建筑装饰业	Construction and Decoration Industry	79433	3757	16297
其他建筑业	Other Construction Industries	94227	5763	17996
按企业资质等级分	**Grouped by Intelligent Grade**			
施工总承包	General Contractors	8731497	430637	1257786
特 级	Special Grade	333259	12156	19247
一 级	First	3230023	158510	438755
二 级	Second	2874821	131102	419619
三 级	Third	2293394	128869	380165
专业承包	Professional Contractors	502125	23752	73290
一 级	First	115690	5299	13672
二 级	Second	189237	8771	23366
三 级	Third	187388	9402	34989

continued

(10 000 yuan)

其他业务收入 Revenue of Other Business	其他业务利润 Profits of Other Business	管理费用 Manage－ment Expenses	#税 金 Taxes	#财产保险费 Premium of Property	财务费用 Financial Expense	# 利息支出 Interest Expendi－ture	营业利润 Operating Profits	利润总额 Total Profits
225883	**33422**	**400478**	**26428**	**1581**	**80738**	**56459**	**883285**	**826462**
225883	33422	400478	26428	1581	80738	56459	883285	826462
4256	2927	18934	1159	31	2028	1688	35181	35180
301	117	3758	742	3	44	33	3726	3694
25	5	1165	89	26	495	317	9717	8039
		51	3		1		359	360
198670	19187	221018	13849	793	30061	13342	295597	268436
4233	977	24374	2481	182	8477	7648	69498	49932
18398	10209	131129	8076	546	39523	33431	468311	460271
		50	30		110		896	549
221754	31266	364701	23309	1499	77017	54206	838674	782917
3832	1985	21994	2056	67	2623	1297	25028	24415
160	81	3718	511	15	576	478	12085	11970
137	89	10065	551		522	478	7498	7160
211348	31534	361238	23800	1419	76930	53453	851156	795215
148381	7640	15999	906		4908	－2617	5979	6020
20890	6171	122259	4952	355	24599	20827	298070	255724
27788	13043	110230	8155	361	28540	22601	293893	289111
14288	4681	112750	9786	704	18882	12641	253214	244360
14535	1888	39240	2628	162	3808	3006	32129	31247
239	143	6025	614	71	865	775	6925	6970
2795	1132	15351	906	39	486	126	8661	8748
11489	603	16824	1090	37	2446	2105	16322	15285

14－5 续表 3

单位:万元

项 目	Item	应交所得税 Income Tax Payable	应付利润 Profits Payable	劳动待业保险费 Premium for Employment
总 计	**Total**	**169103**	**496032**	**37526**
按企业登记注册类型分	**Grouped by Type Registered**			
内资企业	Domestic Investment	169103	496032	37526
国有企业	State－owned	8154	25599	2513
集体企业	Collective－owned	430	1989	16
股份合作企业	Share Holding Cooperative	1658	4238	132
联营企业	Joint－owned	18	342	
有限责任公司	Limited－liability Company	47345	141139	27068
股份有限公司	Share Holding Company	6962	22977	4157
私营企业	Private	104536	299747	3640
其他企业	Others			
港、澳、台商投资企业	Hong kong, Macao & Taiwan Funded			
外商投资企业	Foreign Funded			
按行业类别分	**Grouped by Sector**			
房屋和土木工程建筑业	Housing Construction and Civil Engineering Industry	162651	476592	36427
建筑安装业	Construction and Installation Industry	3166	4974	747
建筑装饰业	Construction and Decoration Industry	1474	9076	97
其他建筑业	Other Construction Industries	1812	5390	256
按企业资质等级分	**Grouped by Intelligent Grade**			
施工总承包	General Contractors	161649	479873	36186
特 级	Special Grade	2718	3302	666
一 级	First	49662	161989	13549
二 级	Second	63425	193538	16299
三 级	Third	45844	121043	5672
专业承包	Professional Contractors	7454	16159	1340
一 级	First	1823	4449	100
二 级	Second	1985	3317	927
三 级	Third	3590	8235	293

continued

(10 000 yuan)

本年应付工资总额 Total Wages Payable in the Year	# 主营业务应付工资 Wage Payable of Major Business	本年应付福利费总额 Welfares Payable in the Year	# 主营业务应付 of Major Business	建筑业增加值 Value Added of Construction
1647296	**1622568**	**109789**	**104332**	**3223075**
1647296	1622568	109789	104332	3223075
90646	85488	5897	5455	161571
4209	4209	91	91	11063
9008	9008	884	884	24628
4990	4990	690	690	6911
804463	788770	63641	62113	1469029
103668	101995	8124	5112	224978
629703	627499	30462	29987	1322974
610	610			1924
1535482	1510917	98668	93231	3018580
52971	52814	5215	5195	105856
36083	36080	4801	4801	57934
22760	22758	1106	1106	40707
1541482	1519001	103061	97693	3043918
16515	10070	237	125	29902
571164	564034	40285	36706	1099452
521567	515214	35054	33823	1030037
432236	429684	27486	27039	884527
105814	103567	6728	6639	179157
23941	21891	1321	1252	38221
43067	43030	3167	3159	67339
37860	37700	2172	2159	71583

主要统计指标解释

建筑业统计单位　指从事房屋、构筑物建造和设备安装活动的法人企业。建筑业法人企业应同时具备的条件是：①依法成立，有自己的名称、组织机构和场所，能够承担民事责任；②独立拥有和使用资产，承担负债，有权与其他单位签订合同；③独立核算盈亏，能够编制资产负债表。

建筑业总产值（即自行完成施工产值）　是以货币表现的建筑安装企业在一定时期内生产的建筑业产品的总和。建筑业总产值包括：

（1）建筑工程产值：指列入建筑工程预算内的各种工程价值。

（2）安装工程产值：指设备安装工程价值，不包括被安装设备本身价值。

（3）其他产值：建筑业总产值中，除建筑工程、安装工程以外的产值。包括房屋、构筑物修理产值、非标准设备制造产值、总包企业向分包企业收取的管理费以及不能明确划分的施工活动所完成的产值。

a 房屋、构筑物修理产值：指房屋、构筑物修理所完成的价值，但不包括被修理房屋、构筑物本身的价值和生产设备的修理价值。

b 非标准设备制造产值：指加工制造没有定型的、非标准的生产设备的加工费和原材料价值，以及附属加工厂为本企业承建工程制作的非标准设备的价值。

建筑业增加值　指建筑业企业在报告期内以货币表现的建筑业生产经营活动的最终成果。目前建筑业增加值采用分配法（收入法）计算，即从收入的角度出发，根据生产要素在生产过程中应得的收入份额计算。具体计算公式为：

建筑业增加值 = 本年提取的固定资产折旧 + 主营业务应付工资 + 主营业务应付福利费 + 管理费用中的劳动待业保险金、税金 + 工程结算税金及附加 + 工程结算利润

房屋建筑施工面积　指在报告期内施工的全部房屋建筑面积、包括本期新开工的房屋面积、上期施工跨入本期继续施工的房屋面积、上期停缓建在本期恢复施工的房屋面积、本期竣工的房屋面积及本期施工后又停缓建的房屋面积。

房屋建筑竣工面积　指在报告期内房屋建筑按照设计要求全部完工，达到了住人和使用条件，经验收鉴定合格，正式移交使用单位的房屋建筑面积。

自有机械设备年末总台数　指归本企业所有，属于本企业固定资产的生产性机械设备年末总台数。包括施工机械、生产设备、运输设备以及其他设备。

自有机械设备年末总功率　指本企业自有施工机械、生产设备、运输设备以及其他设备等列为在册固定资产的生产性机械设备年末总功率，按设定能力或查定能力计算。包括机械本身的动力和为该机械服务的单独动力设备，如电动机等。计算单位用千瓦，动力换算可按 1 马力 = 0.735 千瓦折合成千瓦数。电焊机、变压器、锅炉不计算动力。

工程结算收入　指企业承包工程实现的工程价款结算收入，以及向发包单位收取的除工程价款以外的按规定列作营业收入的各种款项，如临时设施费、劳动保险费、施工机械调迁费等以及向发包单位收取的各种索赔款。

工程结算利润　指已结算工程实现的利润，如亏损以“－”号表示。计算公式为：

工程结算利润 = 工程结算收入 － 工程结算成本 － 工程结算税金及附加

企业总收入　指与企业生产经营直接有关的各项收入，包括工程结算收入和其他业务收入。计算公式为：

企业总收入 = 工程结算收入 + 其他业务收入

Explanatory Notes on Main Statistical Indicators

Statistical Unit in Construction refers to corporate enterprise engaged in the construction of buildings and structures and in the installation of equipment. A corporate construction enterprise should meet the following requirements: ①being set up in line with relevant legal basis, having its full name, organization and location, and capable of taking civil liabilities; ②independently possessing and using its assets and assuming its liabilities, and entitled to sign contracts with other institutions; ③ making independent accounts of its profits and losses, and capable of compiling its own balance sheet.

Gross Output Value of Construction (Output Value of Projects Under Construction) refers to total of construction products, expressed in money terms, completed by construction and installation enterprises during a given period of time. It includes:

(1) Output value of construction projects, that is the value of projects covered by the project budgets;

(2) Output value of installation projects, that is the value of the installation of equipment, (excluding the value of the equipment to be installed) ;

(3) Other Output value:

a、Output value of repair of buildings and structures, that is the value created through the repairs of buildings or structures, but does not include the value of buildings or structures being repaired and the value of the repair of production equipment;

b、Output value of manufactured nonstandard equipment, that is the value of nonstandard production equipment which including raw materials and manufacturing cost made for the construction project, and the equipment manufactured by subsidiary workshops.

Value added of Construction refers to the final result of the activities of production and management of construction in monetary terms in the reference period. At present, the value added of construction is calculated with the income approach. In other words, it is the sum of income of various production factors in the production process. The formula is as follows:

Value added of construction = depreciation of fixed assets in the year + wages payable of the major operation + welfare expenses payable of the major operation + insurance premium and tax for waiting for employment in the administrative expenses + taxes and surcharges on project settlement + profit gained from Project settlement.

Floor Space of Buildings Under Construction refers to floor space of buildings under construction during the reference period, including newly started buildings, buildings started earlier and continued during the reference period, and buildings suspended earlier but restarted during the reference period, buildings completed during the reference period, and buildings under construction , and then suspended during the reference period.

Floor Space of Buildings Completed refers to the floor space of buildings that are completed in the reference period in accordance with the requirements of the design, up to the standard for putting them into use, and have been checked and accepted by concerned departments as qualified ones.

Total Number of Machinery and Equipment Owned by the End of Year refers to the number of machines and equipment owned by the enterprises, and listed as the fixed assets of the enterprises by the end of the year, including machinery and equipment for construction, production and transportation.

Total Power of Machinery and Equipment Owned by the End of Year refers to the total power of machinery and equipment owned by the enterprises, and listed as the fixed assets of the enterprises by the end of the year, including machinery and equipment for construction, production and transportation. The power of the machinery is calculated on basis of the designed or verified capacity, covering the power of the machinery/equipment and the separate power equipment serving the machinery/equipment(such as electric motors) , but excluding welders, transformers and boilers. The unit used for the calculation of power is kilowatt, with horsepower converted to kilowatt by 1 horse power = 0. 735 kilowatt.

Income from Settlement of Projects refers to the income received by the construction enterprise from the contracted project through settlement procedures, and other charges to the contractoree as operational costs in addition to the value of the project, such as temporary facility fee, labour insurance premium, moving cost of construction equipment, as well as various types of claims to the contractee.

Profit from Settlement of Projects refers to profit realized through settled projects. It is calculated with the following formula:

Profit from Settlement of Projects = Income from Settlement of Projects - Cost - Taxes and Other Cost

Total Revenue of Enterprises refers to the sum of income from production and operation of enterprises, including income from settlement of projects and other operational income, namely:

Total Revenue of Enterprises = Income from Settlement of Projects + Other Operational Income

2011 NEI MENG GU

十五、运输和邮电

Transportation,Postal and Telecommumications Services

资料整理：韩白力嘎
Arranged By Han Bailiga

15－1 交通运输业基本情况

Basic Conditions of Transportation

指标	Item	2009	2010
运输线路长度(公里)	**Length of Transportation Routes(km)**		
中央铁路营业里程	Railways in Operation	6469	7801
地方铁路	Local Railways	1162	1374
公路	Highways	150756	157994
内河	Navigable Inland Waterways	2517	3256
民航	Total Civil Aviation Routes	3987710	3904050
客运量总计(万人)	**Total Passenger Traffic(10 000 persons)**	**22259**	**24343**
铁路	Railways	4093	4136
公路	Highways	17998	19830
民用航空	Civil Aviation	168	377
旅客周转量总计(亿人公里)	**Total Passenger Kilometers(100 million passenger－km)**	**377.29**	**387.74**
铁路	Railways	161.84	169.54
公路	Highways	198.38	218.20
货运量总计(万吨)	**Total Freight Traffic(10 000 tons)**	**116508**	**132205**
铁路	Railways	45675	47040
公路	Highways	70832	85162
民用航空	Civil Aviation	1.00	3.11
货物周转量总计(亿吨公里)	**Total Freight Ton－kilometers(100 million ton－km)**	**3963.22**	**3949.24**
铁路	Railways	2077.87	1688.12
公路	Highways	1885.25	2261.12
民用汽车拥有量(辆)	**Number of Civil Motor Vehicles Owned(unit)**	**1994959**	**2369980**
#私人汽车拥有量(辆)	Number of Motor Vehicles Owned by Individuals(unit)	1614642	1934093
载客汽车辆数(辆)	Number of Buses and Cars(unit)	1061527	1371936
#私人	Private－owned	868187	1155855
载货汽车辆数(辆)	Number of Trucks(unit)	421962	485141
#私人	Private－owned	269609	311218
民用运输船舶拥有量(艘)	**Number of Civil Transport Vessels(unit)**	**908**	**982**

注:公路部门营运汽车统计口径为全社会营运汽车。

a) The statistical coverage of number of motor vehicles owned by highway departments has extended to motor vehicles of all society.

15－2 主要交通运输工具和线路里程

Major Tools and Length of Transports

年 份 Year	载货汽车（辆） Trucks（unit）	载客汽车（辆） Buses and Cars（unit）	铁路 Railways		飞机（架） Number of Civil Aircraft（unit）	铁路正线延展里程（公里） Extention Length of the Trunk Lines（km）	公路线路里程（公里） Total Length of Highways（km）
			机车（台） Locomotives（unit）	客车（辆） Passenger Coaches（unit）			
1947	76	18				1557	1974
1948	81	25				1557	1872
1949	89	25				1557	2394
1950	227	53				1557	3259
1951	343	78				1557	4037
1952	344	101				1574	4821
1953	617	173				1574	5495
1954	1066	269				1912	6253
1955	1750	391				1912	8325
1956	2459	496				2106	11501
1957	2828	641				2404	13020
1958	3492	797				2644	18020
1959	4100	996				3091	18752
1960	5198	1061				3222	21131
1961	5446	970				3219	21131
1962	5595	1003				3222	22804
1963	5398	1033				3190	22195
1964	5871	1000				3299	22103
1965	6335	1348				3541	25688
1966	7335	1718				3635	25180
1967	6905	1605				3496	24407
1968	7110	1669				3496	25234
1969	7007	1781				3590	25676
1970	8174	2027				3593	27605
1971	9140	2316				3491	31355
1972	11061	2852				3537	34676
1973	14388	3733				3747	29043
1974	15496	4237				3747	30308
1975	19611	5172				3747	31362
1976	23281	6046				3697	33414
1977	25001	6448				3755	36471

15－2 续表 continued

年份 Year	载货汽车(辆) Trucks (unit)	载客汽车(辆) Buses and Cars (unit)	铁路 Railways 机车(台) Locomotives (unit)	铁路 Railways 客车(辆) Passenger Coaches (unit)	飞机(架) Number of Civil Aircraft (unit)	铁路正线延展里程(公里) Extention Length of the Trunk Lines (km)	公路线路里程(公里) Total Length of Highways (km)	民航通航里程(公里) Length of Civil Aviation Routes (km)
1978	29027	7669				3803	37535	
1979	33011	8476				3760	23769	
1980	38647	9969				4361	35016	3734
1981	42482	11842	341	601	16	4379	35856	3734
1982	47125	13254	500	910	16	4360	36828	2933
1983	49674	14087	507	955	18	4360	37939	2933
1984	51663	15405	562	1003	18	4355	37456	7565
1985	57354	19078	532	838	21	4364	38198	7565
1986	66258	23409	627	1121	21	4405	40380	8824
1987	68618	24883	667	1282	19	4821	41984	10005
1988	71856	29940	706	1275	18	4825	42800	23193
1989	77909	32634	691	1339	19	5445	43080	21745
1990	87161	35763	676	1471	19	5596	43274	21431
1991	95489	41081	686	1522	21	5653	43396	20506
1992	103757	47958	661	1473	20	5770	43704	22496
1993	115807	58084	641	1561	19	5800	43789	38976
1994	118985	65374	668	1661	19	5733	44202	51951
1995	131055	85825	759	1802	18	5790	44753	48136
1996	111675	94187	789	1802	18	7588	45744	76116
1997	130350	118978	650	1771	19	7031	49992	66532
1998	142255	144216	745	1694	19	7083	58430	61199
1999	157377	169241	838	1595	13	7331	63824	64426
2000	167004	188154	883	1818	9	7179	67346	40469
2001	180481	241364	865	1886	11	7240	70408	51476
2002	182971	237719	898	1903	11	7475	72673	56890
2003	202306	286481	912	1757	10	7476	74135	78705
2004	240591	341371	892	1753	13	7885	75976	76725
2005	248809	384575	892	1753	15	7689	124465	55218
2006	284285	513375	980	1492	15	7839	128762	20656
2007	305163	643648	1123	1324	15	6683	138610	7528200
2008	338015	811922	1715	2033	11	7222	147288	2968910
2009	421962	1061527	837	1391	12	7630	150756	3987710
2010	485141	1371936	700	1528	8	7801	157994	3904050

15-3 运输线路长度
Length of Transports Routes

单位:公里 (km)

项 目	Item	2009	2010
铁路延展长度	**Length of Railways Routes**	**9393**	**13660**
中央铁路	Central Railways		
正线延展里程	Extention Length of the Trunk Lines	8231	12134
营业里程	Length of Railways in Operations	6469	7801
# 呼铁局	Huhhot Railway Bureau	1631	1581
哈铁局(内蒙地段)	Harbin Railway Bureau(Section of Inner Mongolia)	1921	1748
沈铁局(内蒙地段)	Shengyang Railway Bureau(Section of Inner Mongolia)	1632	1626
地方铁路线路里程	Local Railways Length of Routes	1162	1374
公路	**Highways**		
公路里程	Total Length of Highways	150756	157994
等级公路	Expressway and Class I to IV Highway	122231	144395
#高速公路	Expressway	2176	2365
一级公路	First Class	3137	3387
二级公路	Second Class	11821	12443
等外路	Highway Below Class IV	28525	13599
内河	**Inland Rivers**		
航道里程	Length of Navigabe Inland Waterways	2517	3256
民用航空	**Civil Aviation**	**3987710**	**3904050**
国内航线	Domestic Routes	3933300	3854680
国际航线	International Routes	54410	99460

15 -4 民用车辆船舶年末拥有量

Figure of Civil Vehicles and Shipping at Year - end

项 目	Item	2009		2010	
		合 计 Total	# 私 人 Private - owned	合 计 Total	# 私 人 Private - owned
铁路运输工具	**Tool of Railway Transport**				
中央铁路:机车(台)	Central Railways:Locomotives(unit)	680		700	
客车(辆)	Passenger Coaches(unit)	1356		1528	
地方铁路:机车(台)	Local Railways:Locomotives(unit)	157		196	
客车(辆)	Passenger Coaches(unit)	35		67	
民用汽车(辆)	**Number of Civil Motor Vehicles(unit)**	**1994959**	**1614642**	**2369980**	**1934093**
# 载货汽车(辆)	Number of Trucks(unit)	421962	269609	485141	311218
载客汽车(辆)	Buses and Cars(unit)	1061527	868187	2369980	1155855
轮胎式拖拉机(台)	**Type Tractors(unit)**	**983334**	**885001**	**1015339**	**913805**
摩托车(辆)	**Motors(unit)**	**1570847**	**1557880**	**1525425**	**1515638**
# 两轮摩托车	Two - wheel Motors	1570847	1557880	1525425	1515638
载货车挂车(辆)	**Trailer(unit)**	**93918**	**39627**	**116081**	**45066**
民用运输船(艘)	**Civil Transport Vessels(unit)**	**908**		**982**	
# 机动运输船(艘)	Motor Vessels(unit)	392		435	
非机动船(艘)	Non - motor Vessels(unit)	436		445	
挂浆船(艘)	Vessels with Oar(unit)	80		102	
民航飞机(架)	**Civil Aircraft(unit)**	**12**		**8**	
# 通用飞机	General Aircraft	12		8	

15－5 客货运输量

Passenger Traffic and Freight Traffic

年 份 Year	客运量 （万人） Passenger Traffic （10 000 persons）	铁 路 Railways	公 路 Highways	货运量 （万吨） Freight Traffic （10 000 tons）	铁 路 Railways	公 路 Highways
1949			0.6		0.2	0.2
1950			0.8	0.2		0.2
1951			3.0	396	391	5
1952			16	447	417	30
1953			39	755	526	229
1954			58	1168	694	474
1955			87	1433	496	937
1956			131	2093	622	1471
1957			189	2224	739	1485
1958			181	3390	1039	2351
1959	1238	993	245	6911	2657	4254
1960	1754	1456	298	5986	3289	2697
1961	2022	1723	299	3749	2355	1394
1962	1869	1585	284	2729	1754	975
1963	1416	1118	298	2235	1434	801
1964	1268	914	354	2759	1640	1116
1965	1320	852	468	3614	2060	1554
1966	1463	836	627	4160	2425	1735
1967	1688	978	710	4409	2881	1528
1968	1651	990	661	3284	1889	1395
1969	1546	1046	500	3200	1792	1408
1970	1688	1016	672	4625	2882	1743
1971	1865	1080	785	4964	2749	2215
1972	2223	1164	1059	5387	2859	2528
1973	2338	1199	1139	5477	2668	2709
1974	2364	1161	1203	5453	2604	2849
1975	2599	1324	1275	6325	3190	3135
1976	2588	1300	1288	6487	3114	3373
1977	3017	1564	1453	7399	3529	3870

15－5 续表 continued

年 份 Year	客运量（万人）Passenger Traffic (10 000 persons)	铁路 Railways	公路 Highways	航空 Civil Aviation	货运量（万吨）Freight Traffic (10 000 tons)	铁路 Railways	公路 Highways	航空 Civil Aviation
1978	3422	1753	1669		8213	3861	4352	
1979	3470	1689	1781		8046	3924	4122	
1980	4162	1994	2164	4	7653	4142	3511	0.05
1981	4250	2071	2176	3	7305	3989	3316	0.05
1982	4926	2288	2635	3	8314	4317	3997	0.04
1983	5703	2556	3145	2	9103	4542	4561	0.04
1984	6313	2738	3573	2	10149	4957	5192	0.03
1985	6673	2784	3884	5	11588	5510	6078	0.13
1986	7612	2833	4775	4	15348	5638	9710	0.06
1987	8493	2965	5509	19	16979	6065	10914	0.06
1988	9518	3242	6242	34	18533	5296	13237	0.06
1989	9411	2997	6405	9	22515	6678	15837	0.06
1990	10475	2433	8012	30	26676	6909	19767	0.17
1991	9148	2565	6543	40	25678	7027	18651	0.24
1992	10406	2801	7567	38	29126	7198	21928	0.34
1993	11165	3014	8108	43	31708	7587	24121	0.41
1994	15294	3042	12162	90	31386	7812	23573	0.90
1995	18273	2909	15248	116	32732	8347	24384	1.13
1996	18099	2563	15418	118	34321	9435	24885	1.15
1997	19148	2735	16287	126	39008	9960	29047	1.27
1998	20205	2542	17552	111	39564	8227	31336	1.17
1999	21498	2824	18576	98	41652	8747	32903	1.90
2000	23549	3378	20061	110	44629	9648	34979	2.00
2001	24133	2956	21041	136	45970	9816	36145	0.90
2002	25376	2824	22421	132	47879	10639	37239	1.00
2003	23521	2552	20831	138	50046	11513	38532	1.10
2004	28954	3235	25510	209	61259	18560	42697	1.60
2005	32114	3259	28604	251	73082	22060	51020	2.00
2006	35512	3437	31817	258	84137	25157	58978	1.98
2007	38781	3489	35039	253	102907	29605	73300	1.79
2008	20259	3876	16207	176	100012	39070	60941	1.07
2009	22259	4093	17998	168	116508	45675	70832	1.00
2010	24343	4136	19830	377	132205	47040	85162	3.11

15-6 客货周转量
Passenger - kilometers and Freight Ton - kilometers

年份 Year	旅客周转量（亿人公里） Passenger - kilometers (100 million passenger - km)	铁路 Railways	公路 Highways	货物周转量（亿吨公里） Freight Ton - kilometers (100 milion ton km)	#铁路 Railways	#公路 Highways
1978	31.80	22.38	9.42	224.55	214.96	9.59
1980	43.19	31.84	11.35	174.92	164.78	10.14
1981	45.55	34.33	11.22	252.36	243.98	8.38
1982	52.06	37.50	14.40	299.40	288.62	10.78
1983	61.41	43.92	17.36	348.97	335.57	13.40
1984	70.63	50.29	20.34	391.94	376.45	15.49
1985	82.53	58.34	23.86	442.51	424.30	18.20
1986	90.85	62.57	28.03	470.56	449.30	21.26
1987	100.92	65.55	33.78	492.62	469.12	23.50
1988	115.69	74.49	37.58	491.93	466.08	25.85
1989	111.29	68.18	39.84	579.63	501.93	77.70
1990	99.01	57.54	38.07	621.90	519.41	102.49
1991	104.90	60.64	40.06	608.08	505.15	102.93
1992	113.60	69.24	40.26	655.89	515.18	137.56
1993	152.95	74.44	74.03	697.86	546.50	151.36
1994	174.86	75.09	89.55	734.25	586.94	143.85
1995	173.58	71.97	89.85	785.12	625.56	159.56
1996	167.10	63.79	90.68	832.66	658.96	170.11
1997	180.27	69.14	97.69	881.49	695.86	182.18
1998	187.91	76.13	100.44	844.35	657.08	187.27
1999	205.50	88.00	108.18	898.80	701.00	197.75
2000	219.10	92.30	116.30	1041.20	828.60	211.80
2001	225.30	89.70	121.90	1090.10	869.70	220.30
2002	236.80	92.70	130.70	1132.00	900.50	231.40
2003	222.06	85.74	122.14	1218.22	976.18	241.91
2004	290.24	108.63	155.28	1441.39	1171.39	269.84
2005	323.12	113.22	178.98	1604.31	1280.75	323.35
2006	354.24	122.20	199.47	1798.35	1414.03	384.12
2007	377.11	134.75	219.46	2121.40	1629.40	492.00
2008	351.43	154.77	179.66	3548.36	1911.00	1637.36
2009	377.29	161.84	198.38	3963.12	2077.87	1885.25
2010	387.74	169.54	218.20	3949.24	1688.12	2261.12

15－7 邮电业务基本情况

Basic Conditions of Post and Telecommunications Services

指标	Item	2009	2010
邮电业务总量(万元)	Business Volume of Post and Telecommunications Service(10 000 yuan)	5538489	2006940
邮政业务总量	Business Volume of Post Service	116468	119844
电信业务总量	Business Volume of Telecommunications Service	5422021	1887096
函件(万件)	Number of Letters(10 000 pcs)	3675	3389
包件(万件)	Number of Parcels(10 000 pcs)	105	51
特快专递(万件)	Pieces of Express Mail Services(10 000 pcs)	579	401
报刊期发数(万份)	Number of Newspapers and Magazines Circulation(10 000 copies)	233	242
国内长途电话通话时长(万分钟)	Length of Domestic Long－distance Calls (10 000 minutes)	107836	104836
固定电话年末用户(万户)	Access to Telephone Subscribers (10 000 subscribers)	442	414
城市电话用户(万户)	Number of Urban Telephone Subscribers (10 000 subscribers)	373.0	354.0
# 住宅电话用户	Residential Telephone Subscribers	264.0	238.0
农村电话用户(万户)	Number of Rural Telephones Subscribers (10 000 subscribers)	68.7	60.0
年末移动电话用户(万户)	Number of Mobile Telephones Subscribers at Year－end (10 000 subscribers)	1616.0	2034.0
移动短信业务量(万条)	Short Message Services (10 000 messages)	1601439.0	1817743.0
年末互联网用户(万户)	Number of Subscribers of Internet Service at Year－end (10 000 subscribers)	176.0	191.0
邮电局所(处)	Number of Post &Telecommunications Offices(unit)	1599	1588
邮路总长度(公里)	Length of Postal Routes (km)	72245	58391
# 汽车邮路	Highway Routes	46726	44277
铁路邮路	Railway Routes	6403	6205
局用交换机容量(万门)	Capacity of Office Telephone Exchanges(10 000 lines)	713.74	711.47
电话机(含移动电话)(万部)	Number of Telephone Sets(10 000 units)	2058.0	2448.0

注:2010 年邮电业务总量按 2010 年不变价格计算。

a) The business volume of post and telecommunications of 2010 is calculated at 2010 constant prices.

15－8 城乡邮电局所和电话机数

Number of Post and Telecommunications Office and Telephones

年 份 Year	邮电局所（处）Number of Telecommun－ications Offices（unit）	城 市 Urban	乡 村 Rural	每万人口中邮电局所（处）Number of Post and Telecoms Offices per 10 000 Person（unit）	固定电话机部数（万部）Number of Telephone Access to（10 000 set）	城 市 Urban	乡 村 Rural	每万人口中电话机数（部）Number of Telephones per 10 000 persons（set）
1949	114	100	14	0.19	0.04		0.04	0.66
1952	353	330	23	0.49	0.04		0.04	0.56
1957	563	149	414	0.60	1.03	0.90	0.13	18.71
1958	799	308	481	0.82	1.31	1.17	0.14	25.69
1965	951	161	790	0.73	3.33	2.23	1.10	13.88
1970	1111	216	895	0.75	2.07	1.49	0.58	15.13
1975	835	151	684	0.48	2.66	1.98	0.68	14.59
1978	857	163	694	0.48	3.10	2.36	0.74	17.00
1979	1513	206	1307	0.82	5.87	4.16	1.71	31.70
1980	1515	212	1303	0.81	6.04	4.34	1.70	32.19
1981	1519	212	1307	0.80	6.13	4.57	1.56	32.21
1982	1520	218	1302	0.78	6.47	4.97	1.50	33.32
1983	1517	216	1301	0.77	6.98	5.46	1.52	35.44
1984	1545	232	1313	0.78	7.63	6.14	1.49	38.28
1985	1603	232	1371	0.80	8.51	7.00	1.51	42.21
1986	1634	254	1380	0.80	9.07	7.56	1.51	44.45
1987	1615	229	1386	0.78	10.31	8.71	1.60	49.89
1988	1632	236	1396	0.78	12.67	10.98	1.69	60.51
1989	1636	232	1404	0.77	14.70	12.81	1.89	69.27
1990	1638	225	1413	0.76	16.83	14.80	2.03	77.82
1991	1645	230	1415	0.75	18.48	16.34	2.14	84.62
1992	1648	228	1420	0.75	21.18	18.66	2.52	95.98
1993	1651	233	1418	0.74	28.05	25.08	2.97	125.65
1994	1765	247	1518	0.78	62.47	59.51	2.96	276.35
1995	1804	419	1385	0.79	65.89	63.59	2.26	289.94
1996	1831	424	1407	0.80	85.98	85.07	0.91	374.60
1997	1837	407	1430	0.79	105.64	89.44	16.20	454.23
1998	1815	414	1401	1.20	150.08	128.66	21.42	640.05
1999	1739	413	1326	0.74	155.26	127.63	27.63	657.35
2000	1728	417	1311	0.73	206.90	166.35	40.55	872.11
2001	1671	446	1215	0.70	258.00	203.00	55.00	1087.51
2002	1671	521	1150	0.70	311.20	242.60	68.60	1308.64
2003	1678	551	1127	0.71	430.04	345.09	84.95	1807.19
2004	1672	559	1113	0.70	501.96	399.86	102.10	2107.30
2005	1743	600	1143	0.73	541.90	433.98	107.92	2270.78
2006	1711	615	1096	0.72	540.83	425.91	114.86	2260.49
2007	1702	617	1085	0.71	525.22	411.38	113.84	2183.85
2008	1570	516	1054	0.65	462.46	388.32	74.14	1914.05
2009	1599	561	1038	0.66	442.00	373.00	68.00	1824.93
2010	1588	549	1039	0.64	414.00	354.00	60.00	1679.38

15 - 9 邮电业务量

Telecommunications Services

年份 Year	邮电业务总量（万元）Business Volume of post & Tele - communications (10 000 yuan)	邮政业务总量 Business Volume of Post	电信业务总量 Business Volume of Telecommu - nications	邮电业务总量指数（1978 年 = 100）Index of Bus - iness Volume of Post & Te - lecommunica - tions (1978 = 100)	函件（万件）Number of Letters (10 000 pcs)	特快专递（万件）Pieces of Express Mail Services (10 000 pcs)	报刊期发数（万份）Newspapers & Magazines Circulation (10 000 copies)
1978	7515			100	6658		253
1980	8216			109	7146		329
1985	11471			153	9416		605
1986	11953			159	9589		507
1987	14436			192	9778		596
1988	17119			228	9946	1	515
1989	18652			248	8637	1	342
1990	21194	7373	13821	282	8080		
1991	25096	8126	16970	334	7782	3	419
1992	32195	10093	22102	428	8001	9	412
1993	46809	11866	34943	623	9539	28	560
1994	69688	15317	54371	927	10858	55	567
1995	96552	19031	77521	1284	16728	95	486
1996	128846	21677	107169	1714	10277	153	625
1997	174001	25413	148588	2314	9479	157	650
1998	247762	29003	218759	3295	8521	115	408
1999	391291	34591	356700	5204	8332	100	341
2000	562463	59463	523000	7481	9677	111	395
2001	580521	76007	504515	10956	12249	147	268
2002	903848	80448	823400	17058	14002	167	249
2003	1085474	85115	1000359	20486	22066	205	249
2004	1566250	86250	1480000	20842	6229	230	218
2005	1997246	89351	1907895	26577	3143	251	194
2006	2545460	98860	2446600	33872	4273	272	215
2007	3640097	107785	3532312	48438	4270	322	246
2008	4576036	118798	4457238	60892	4186	410	224
2009	5538489	116468	5422021	73699	3675	579	233
2010	2006940	119844	1887096	89913	3389	401	242

注：邮电业务总量 2000 年及以前按 1990 年不变价格计算，2001 - 2009 年按 2000 年价格计算，2010 年按 2010 年价格计算。

a) Business Volume of Post and telecommunications before 2000 is calculated at 1990 constant Prices, and 2001 - 2009 it is calculated at 2000 constant Prices, and 2010 it calculated at 2010 constant Prices.

15－9 续表 1 continued

年 份 Year	集邮业务 （万元） Philately （10 000 yuan）	长途电话 （万次） Number of Long Distance Telephone Calls（10 000 times）	无线寻呼用户 （户） Number of Subscribers of Pageing Service（subscriber）	移动电话用户 （户） Number of Mobile Telephone Subscribers（subscriber）	国际互联网络用户 （户） Number of Subscribers of Internet Service（subscriber）
1978		451			
1980		495			
985		792			
1986		856			
1987		923	175		
1988	287	1100	558		
1989		1071	1120		
1990	1373	1257	1747		
1991	2149	1722	3799	70	
1992	3959	2615	8246	636	
1993	4829	4856	24549	2298	
1994	4944	7623	52794	8351	
1995	4935	10422	102653	21852	
1996	6248	14349	179383	52388	25
1997	10173	15686	300692	127630	382
1998	11158	17429	420108	258881	1454
1999	10024	19101	530011	533000	10306
2000	7830	21088	780008	1153000	56556
2001	11768	22160	430000	2090000	161420
2002	12527	23358	315000	3172000	330133
2003	7095	23696	104000	4790500	547046
2004	4833	51408	51500	5945700	824000
2005	4996	49600	3000	7123000	1061143
2006	2759	34500	1467	8741300	1432319
2007	5301	77033		10469307	1417322
2008	11303	33071		13444000	1390000
2009	8901			16160000	1760000
2010	12693			20340000	1910000

15－9 续表 2 continued

年 份 Year	固定电话年末用户（户） Number of Subscribers of Local Telephone at Year－end (subscribers)	城市电话用户 Number of Urban Telephone Subscribers	# 住宅电话 Residential Telephone Subscribers	乡村电话用户 Rural Telephone Subscribers	# 住宅电话 Residential Telephone Subscribers	公用电话（户） Public Telephone (Subscribers)
1978	30991	23561		7430		218
1980	60483	43435		17048		95
1985	86230	71101	733	15129	87	317
1986	97947	82004	2096	15943	156	386
1987	110409	93869	3047	16540	366	436
1988	127372	109781	6484	17591	484	467
1989	147108	128187	24732	18921	398	391
1990	168328	147964	32003	20364	518	278
1991	184856	163414	41193	21442	1785	376
1992	211796	186574	64151	25222	3319	679
1993	280512	250772	118788	29740	6139	1480
1994	440361	409220	265776	31141	10482	2958
1995	658577	635945	441383	22632	10586	6887
1996	859754	850652	615126	9102	3349	11759
1997	1056355	894372	697425	161983	118986	20400
1998	1254391	1040109	845015	214282	172736	32451
1999	1552582	1276323	1027119	276259	236006	41271
2000	2069000	1664000	1339000	405000	358000	48039
2001	2580000	2030000	1620000	550000	490000	70000
2002	3112000	2426000	1884000	686000	616000	74000
2003	4300400	3450900	2607300	849500	765400	168063
2004	5019600	3998600	3223000	1021000	823300	268800
2005	5420000	4340000	3455000	1079000	824000	382600
2006	5408300	4259700	3341200	1148600	1066500	430500
2007	5252301	4113873	3224093	1138428	1050367	408798
2008	4624600	3883200	3431200	741400	670000	350000
2009	4420000	3728456	2642711	687467	614185	334758
2010	4140000	3540000	238000	600000	520000	300000

15－10 年末邮电局所数及邮递线路

Postal and Telecommunications Services Facilities (Year－end)

年 份 Year	邮电局所(处) Number of Post and Telecommunica－tions Offices (unit)	信筒信箱 (处) Number of Post Boxes (unit)	邮路总长度 (公里) Length of Postal Routes (km)	# 汽车邮路 Highway Routes	# 铁路邮路 Railway Routes	农村投递线路 (公里) Rural Delivery Routes (km)
1978	857		94978	19250	2674	
1980	1515	3220	70944	35115	5740	
1985	1603	3557	59292	36174	6726	117800
1986	1634	3554	60831	37480	7023	110363
1987	1615	3671	60591	36485	7174	111786
1988	1632	3721	59203	35843	7024	110093
1989	1636	3637	63017	36037	7025	116686
1990	1638	3549	64495	36666	6802	109926
1991	1645	3600	67048	37235	6772	108231
1992	1648	3496	66966	37230	6772	107295
1993	1651	3590	66139	36401	6772	105501
1994	1765	3561	67551	39339	7050	101706
1995	1804	3576	68751	41030	6929	102757
1996	1831	3641	68873	43729	6929	104694
1997	1837	3616	71006	45955	6623	103991
1998	1815	3471	69261	44286	5936	107262
1999	1739	3059	64183	43747	5173	107280
2000	1728	3096	63759	43232	5514	106539
2001	1671	4502	72499	42969	5838	111394
2002	1671	3478	62307	42558	5764	111395
2003	1678	3022	62344	42799	5764	111636
2004	1672	5541	57762	43074	5699	110812
2005	1743	8630	60713	43895	6196	109398
2006	1711	8767	58523	44027	5946	109635
2007	1702	2567	61900	43851	5946	111007
2008	1570	2565	67905	43746	5836	111911
2009	1599	2521	72245	46726	6403	112612
2010	1588	2455	58391	44277	6205	114545

15－11 年末电信电路及长途电信线路

Line of Telecommunications Facilities(Year－end)

年 份 Year	长话业务电路(路) Long Distance Telephone Lines(line)	# 数字电路 Digital Lines	长途光缆线路长度(公里) Length of Long Distance Optical Cable Lines(km)
1990	1736		
1991	2349		309
1992	3191	881	309
1993	6593	2154	950
1994	10043	1658	3274
1995	11669	8578	8074
1996	17174	15920	9282
1997	19199	18833	9846
1998	30569	30559	11416
1999	26053	26053	11625
2000	48309	48309	16420
2001	84036	84036	15890
2002	166749	166749	25018
2003	247110	247110	28597
2004	213030	213030	31114
2005	364200	364200	35400
2006	451770	451770	38031
2007	2837160	2837160	34416
2008	3993105	3993105	48146
2009	14542350	14542350	42626
2010	21284190	21284190	46831

15－12 邮电通信水平

Level of Postal and Telecommunications Services

指 标	Item	1995	2000	2005	2010
全区邮电通信水平	**Autonomous Regional Level**				
平均每人每年发函件数(件)	Annual Average Number of Letters Mailed per Capita(piece)	4.72	4.09	1.32	1.37
平均每百人每年订报刊数(份)	Annual Average Number of Newspaper and Magazine Subscribed per 100 Persons(copy)	21.39	16.69	8.13	9.82
平均每百人拥有本地网电话机部数(部)	Number of Local Telephone Sets Owned per 100 Persons(set)	2.90	8.75	22.7	16.8
农村邮电通信水平	**Rural Level**				
设有邮电局、所的乡(镇)比重(%)	Percentage of Townships with Post and Telephone Communications Offices(%)		100	100	100
通电话的乡(镇)比重(%)	Percentage of Townships with Telephone Communication(%)	94.20	100	100	100
进入长话自动网的乡(镇)比重(%)	Percentage of Townships with Connected Autoexchange Net of Long Distance Call(%)	37.60	100	100	100

15－13 电信设备年末拥有量

Telecommunications Facilities at Year－end

年 份 Year	长途自动交换机容量（路端） Capacity of Long－distance Telehone Exchanges（circuit）	本地电话局用交换机容量（门） Capacity of Local－office Telehone Exchanges（line）	# 中央国有 Central State－owned	电话机（部） Number of Telephone（set）	# 中央国有 Central State－owned
1978		50830	312180	99636	42726
1980		104050	60450	106473	74235
1985		156280	108230	156929	128360
1986		163960	113930	181936	149191
1987		179070	128820	164123	129670
1988	200	193155	141190	232159	194589
1989	1560	222675	169540	266627	226723
1990	1560	241305	188020	296601	253525
1991	2249	268605	212950	329689	283773
1992	5342	351793	251230	363537	312632
1993	9906	449154	358984	454013	398342
1994	25895	682979	618964	624729	595081
1995	68127	1059151	1029828	854869	838265
1996	70336	1284301	1260288	1100640	1088151
1997	81050	1554614	1226356	1313097	1063609
1998	92200	1889691	1508344	1500674	1200539
1999	94200	2119776	1769500	2086000	1748959
2000	96320	2543000	2122789	3222000	2577600
2001	110000	3034400	3034400	4670000	4670000
2002	137060	3463000	3463000	6284000	6284000
2003	68640	3705538	3705538	9090500	9090500
2004	74000	7224000	7224000	10966000	10966000
2005	79211	4304500	4304500	12543000	12543000
2006	158974	4277900	4277900	14149600	14149600
2007	339509	7230000	7230000	15721608	15721608
2008	344765	7290000	7290000	18064000	18064000
2009	248814	7137435	7137435	20575837	20575837
2010	202524	7114721	7114721	24480903	24480903

主要统计指标解释

铁路营业里程 又称营业长度(包括正式营业和临时营业里程),指办理客货运输业务的铁路正线总长度。凡是全线或部分建成双线及以上的线路,以第一线的实际长度计算;复线、站线、段管线、岔线和特殊用途线以及不计算运费的联络线都不计算营业里程。铁路营业里程是反映铁路运输业基础设施发展水平的重要指标,也是计算客货周转量、运输密度和机车车辆运用效率等指标的基础资料。

铁路正线延展里程 指正线第一线、第二线、第三线和其他正线建筑里程之和,不包括站线、段管线、岔线及特殊用途线的延展里程。它是作为计算铁路上钢轨、枕木及路基砂石需要量的主要依据。

铁路电气化里程 指在全部铁路营业里程中已安装了供电线路及设备,可以供电力机车牵引列车运行的区段的总里程。

铁路自动、半自动闭塞里程 为保证列车安全运行,在一个区间、同一时间内,一般只允许一列列车运行,这种保证列车在这个区间安全间隔运行的技术方法称为"闭塞"。自动和半自动闭塞里程是指装有列车自动或人工完成闭塞状态的铁路设备里程。自动或半自动闭塞里程占铁路营业里程的比重是反映铁路现代化的重要标志之一。

公路里程 指在一定时期内实际达到《公路工程技术标准 JTJ01-88》规定的等级公路,并经公路主管部门正式验收交付使用的公路里程数。包括大中城市的郊区公路以及通过小城镇街道部分的公路里程和桥梁、渡口的长度,不包括大中城市的街道、厂矿、林区生产用道和农业生产用道的里程。两条或多条公路共同经由同一路段,只计算一次,不得重复计算里程长度。它是反映公路建设发展规模的重要指标,也是计算运输网密度等指标的基础资料。

内河航道里程 也称内河通航里程,指在一定时期内,能通航运输船舶及排筏的天然河流、湖泊水库、运河及通航渠道的长度。包括全年季节性通航累计三个月以上的航道,不包括仅供零散流放竹、木排的河道。它是内河水运网规模、水平和发展情况的主要指标。

民用航空线里程 指民航运输定期班机飞行的航线长度的总和。航线长度按机场之间的距离计算,通常有两种计算方法:一是将每条航线长度相加称为重复计算航线里程;二是将两线或两条以上航线经过同一区段里程,只计算一次航线长度称为不重复计算航线里程,一般常用的是后者,它能确切反映民航运输网的规模,是表明民航事业为国民经济服务和方便人民生活程度的主要指标。

输油(气)管道长度 也称输油(气)里程,指油品(或天然气)的实际输送距离,一般按输油(气)管道的单线长度计算。若包括复线和备用线长度则称为输油(气)管道延展长度,是指管道铺设的实际长度。我们通常使用的是不包括复线的"输油(气)管道里程",它是反映管道运输发展规模和水平的主要指标。

货(客)运量 指在一定时期内,各种运输工具实际运送的货物(旅客)数量。它是反映运输业为国民经济和人民生活服务的数量指标,也是制定和检查运输生产计划、研究运输发展规模和速度的重要指标。货运按吨计算,客运按人计算。货物不论运输距离长短、货物类别,均按实际重量统计。旅客不论行程远近或票价多少,均按一人一次客运量统计;半价票、小孩票也按一人统计。

货(客)运密度 指在一定时期内某种运输方式在营运线路的某一区段平均每公里线路通过的货物(旅客)运输周转量。计算公式为:

货(客)运密度 = 货物(旅客)周转量/营业线路长度

货(客)运密度是反映交通运输线路上货物(旅客)运输量运输繁忙程度的主要指标,是平衡运输线路运输能力和通过能力,规划线路建设及改造、配备技术设备,研究运输网布局的重要依据。

货物(旅客)周转量 指在一定时期内,由各种运输工具运送的货物(旅客)数量与其相应运输距离的乘积之总和。它是反映运输业生产总成果的重要指标,也是编制和检查运输生产计划,计算运输效率、劳动生产率以及核算运输单位成本的主要基础资料。计算货物周转量通常按发出站与到达站之间的最短距离,也就是计费距离计算。计算公式为:

货物(旅客)周转量 = Σ货物(旅客)运输量 × 运输距离

铁路货车平均静载重 指铁路货车在始发站静止状态下平均每年装载的货物重量,用以分析货车完成装车时车辆载重力的利用情况。计算公式为:

货车平均静载重 = 货物发送吨数/装车数

静载重的多少取决于运送货物的性质、种类、车辆的类型和装载技术的高低。根据货车的平均标记载重与静载重进行对比,可以反映货车载重能力的利用程度。计算公式为:

货车载重力利用率(%) = 货车平均静载重/货车平均标记载重 × 100%

铁路货运机车日产量 指在一定时期内,平均每台货运机车在一昼夜内所完成的总重吨公里数,包括载运货物的重量和车辆本身的自重。它从时间和牵引能力两方面反映了机车运用效率。计算公式为:

货运机车平均日产量 = 货运总重吨公里数/货运机车台日数

邮电业务总量 指以价值量形式表现的邮电通信企业为社会提供各类邮电通信服务的总数量。邮电业务量按专业分类包括函件、包件、汇票、报刊发行、邮政快件、特快专递、邮政储蓄、集邮、公众电报、用户电报、传真、长途电话、出租电路、市话无线寻呼、移动电话、分组交换数据通信、出租代维等。计算方法为各类产品乘以相应的平均单价(不变价)之和,再加上出租电路和设备、代用户维护电话交换机和线路等的服务收入。它综合反映了一定时期邮电业务发展

的总成果,是研究邮电业务量构成和发展趋势的重要指标。计算公式为:

邮电业务总量 = ∑(各类邮电业务量 × 不变单价) + 出租代维及其他业务收入

无线寻呼电话用户 指携带小型寻呼机、接收市话用户通过无线寻呼中心,在规定范围内向其发出声音、数字或文字显示信息的用户。在寻呼台办理登记手续的无线寻呼用户,每一部寻呼机按一户计算。

移动电话用户 指在移动电话营业部门登记,通过移动电话交换机进入电话网、占有移动电话号码的电话用户。用户数量以实际办理登记手续进入邮电部门移动电话网的户数进行计算,一部或一台移动电话统计为一户。

电话用户 指接入国家公众固定资产电话网,并按固定电话业务进行经营管理的电话用户。1997 年以前,电话用户分为市内电话用户和农村电话用户。市内电话用户是指接入县城及县以上城市电话网上的电话用户;农村电话

用户是指接入县邮电局农话台及县以下农村电话交换点,以县城为中心(除市话用户外)联通县、乡(镇)、行政村、村民小组的用户。从 1997 年起,电话用户数分组调整为以用户所在区域划分为“城市电话用户”和“乡村电话用户”与过去的按市内电话和农村电话划分方法不同。而电话用户数、电话机部数统计方法不变。

住宅电话 指话机装在居民住宅里的电话,包括私人付费、公费和免费三个部分。

私人付费电话 指住宅居民自费安装并自己缴纳通话费的电话。

Explanatory Notes on Main Statistical Indicators

Length of Railways in Operation refers to the total length of the trunk line under passenger and freight transportation (including both full operation and temporary operation). The calculation is based on the actual length of the first line even if this line has a full or partial double track or more tracks, excluding double tracks, station sidings, tracks under the charge of station, branch lines, special purpose lines and the non payable connecting lines, The length of railways in operation is an important indicator to show the development of the infrastructure for the railway transport, and also the essential data to calculate volume of passenger freight transport, traffic density and utilization efficiency of the locomotives and carriages.

Extenuation Length of Trunk Lines refers to the sum of the first, the second, the third lines and other constructed length of the trunk railways, excluding the extenuation length of the station lines, lines under the jurisdiction of depots, sidings and lines for special purpose. It provides important information for the calculation of the needs for rails, sleepers, sand and stone for the construction of railways.

Length of Electrified Railways refers to the length of the section of railways in operation in which the power supply lines and other equipment are installed for the running of electrified locomotives. The proportion of the length of electrified railways to the total length of railways in operation is an important indicator to show the modernization of railways.

Automatic - blocking and Semi - automatic blocking Length of Railways Blocking is a spacing technique by which a section of the railway only allows one train to pass at a time, in order to ensure the traffic safety. Automatic (semiautomatic) blocking length of railways refers to railways installed with equipment to perform automatic or manual blocking of trains, the proportion of automatic/semi automatic blocking length to the total length of railways in operation is an important indicator to show the modernization of railways.

Length of Highways refers to the length of highways which are built in conformity with the grades specified by the highway engineering standard formulated by the Ministry of Communications, and have been formally checked and accepted by departments of highways and put into use. The length of highways includes that of the suburb highways at large and medium sized cities, highways passing through streets at small cities and towns, and also the length of bridges and ferries. It does not include the length of streets in big and medium sized cities and highways built for the production purpose at factories, mines, forest areas and agricultural areas. If two or more highways go the same section of the way, the length of the section is only calculated for once and no duplication is allowed. The length of highways is an important indicator to show the development of the highway construction and to provide essential information to calculate the transport network density.

Length of Navigable Inland Waterways an indicator reflecting the size and development of inland water network, it refers to the length of the natural rivers, lakes, reservoirs, canals, and ditches open to navigation during a given period, which enables the transport by ships and rafts. It includes the channels open to navigation for over an accumulative 3 months in a year, yet this does not include the river courses which are only used to float odd logs and bamboo rafts.

Length of Civil Aviation Routes refers to the length of all routes for regular civil aviation flights. There are usually two ways to calculate the distance between airports connected by the route length: One is to put the length of all air routes together, called duplicated calculation of the length of the routes, the other is not to allow the duplication in calculation when two or more routes passing the same section of aviation routes. The latter is usually used, as it can precisely show the size of the civil aviation network and indicate the extent of civil aviation serving the national economy and the people.

Length of Oil (Gas) Pipelines used as an indicator to show the development, scale and level of the pipeline transportation, it refers to the actual transport distance of oil (or gas) products, and is in general calculated in the length of single pipeline. If the length of the double pipelined and alternate pip - line is included, it is called the extension length of the oil (gas) pipelines, which indicates the actual length of the pipelines built, excluding double pipelines.

Freight (Passenger) Traffic refers to the volume of

freight (passenger) transported with various means. Freight transport is calculated in tons and passenger traffic is calculated in the number of persons. Despite the type of freight and traveling distance, the freight transport is calculated in the actual weight of the goods; and despite the traveling distance and ticket price, the passenger traffic is calculated by the principle that one person can be counted only once in one travel. The passenger who travels a half price ticket or a child ticket is also calculated as one person. The freight (passenger) traffic provides a quantitative measure to show how the transport industry serves the national economy and people, and is also an important indicator for planning the transport industry and for studying the development scale and speed of the transport industry.

Freight (Passenger) Traffic Density refers to the freight(passenger) traffic volume carried by a particular means of transportation during a given period through one kilometer of a specific section of transportation route. The formula is as follows.

Freight (Passenger) Traffic Density = [Freight Ton - kilometers (Passenger - kilometers)] ÷ (Length of Route in Operation)

Freight (passenger) traffic density reflects the degree of business of freight (passenger) traffic on transportation routes, and therefore provides important information for balancing transport capability, planning construction and upgrading of transport routes and studying the distribution of transport network.

Freight Ton - kilometers (Passenger kilometers) refer to the sum of the products of the volume of transported cargo (passengers) multiplying by the transport distance, usually using ton kilometer and passenger kilometer as units for measurement. Normally, the shortest distance between the departure station and the destination station (i. e, the payable distance) is the basis to calculate the freight Ton kilometers. This is an important indicator to show the total results of the transport industry, to prepare and examine the transport plan and to measure the efficiency, the labour productivity and the unit cost of transport. The formula is as follows:

Freight Ton kilometers (Passenger kilometers) = {Freight (Passenger) Traffic × Distance of Transportation}

Measuring unit: ton kilometer(person kilometer)

Static Load of Freight Cars refers to the average cargo weight as loaded by each freight car under the static condition at the departure station. It is used to show the utilization extent of the loading capacity of the freight cars. The formula is:

Static Load (ton) of Freight Car = (Tonnage of Goods Dispatched) ÷ (Number of Freight Cars Loaded)

The static load of freight cars is determined by the nature and type of goods loaded, the type of vehicles, and the technique of loading. The difference between the average marked load and the static load of freight cars reflects the utilization of loading capacity of freight cars. For its calculation the following formula is applied:

Utilization Rate of Capacity of Freight Cars (%) = Σ[(Average Static Load)] ÷ (Average Marked Load) × 100%

Average Daily Haul of Freight Locomotives refers to the average total ton kilometers accomplished by each freight transport locomotive over day and night during a given period of time. It includes both the weight of the goods carried and the dead weight of the train itself. It is a comprehensive indicator reflecting the locomotive efficiency in terms of both time and the pulling force.

Average Daily Haul of Freight Transport Locomotive (ton kilometer) = [(Total Ton (Kilometers of Freight)] ÷ (Daily Number of Freight Transport Locomotive).

Business Volume of Post and Telecommunications refers to the total amount of post telecommunications services, expressed in value terms, provided by the post and telecommunications departments for the society. Post and telecommunication services can be classified as letters, parcels, remittance, issue of newspapers and magazines, fast mail service, express mail service, savings deposits, stamps for collection, public and individual telegraph service, facsimiles, long distance telephone service, leasing of telephone lines, urban paging service, mobile telephone service, data transfer and transmission, etc. The accounting approach is to multiply the service products of all types with their average unit price (constant price) to get sum of business value, plus income from other services such as leasing of telephone lines and equipment, maintenance of telephone switchboards and lines on behalf of customers. This indicator reflects the overall results of post and telecommunications service during a given period, and is important to study the composition of business service and the development of post and telecommunications service.

The formula is follows:

Business Volume of Post and Telecommunications

= Σ (Transaction of Post and Telecommunication

Service × Constant Price) + Income from Leasing, Maintenance and other Services

Subscribers of Paging Services refer to subscribers who carry small size pagers and receive audio signals, digital signals or character signals sent out by telephone through wireless paging center within assigned area. Each pager is counted as a subscriber.

Mobile Telephone Subscribers refer to the persons who own mobile telephone number connected with the mobile telephone communication network and have registered in mobile communication enterprises. The number of subscribers is calculated only when the subscribers who have gone through all the register formalities and entered into the mobile telephone network. One mobile telephone is treated as a subscriber.

Telephones Subscribers refer to subscribers that are connected to the public line telephone network provided with telephone services. Before 1997, telephone subscribers were classified as city subscribers and village subscribers. City subscribers referred to those connected to city telephone networks in county towns and cities, while village subscribers referred to those connected to village telephone stations at and below counties. Since 1997, the classification of telephone subscribers was modified on the basis of physical location of the subscribers as "urban telephone subscribers " and" rural telephone subscribers", which is different from the previous classification of categorizing "local telephones "and "rural telephones", while the definition of total subscribers and total number of telephones remain unchanged.

Household telephone subscribers refer to telephone sets installed in the dwelling units of residents, include 3 types of payment for the service: private payment, public payment and free service.

Private – paid telephone subscribers refer to subscribers of households who pay for the installation and service of telephones.

2011 NEI MENG GU

十六、国内贸易

Domestic Trade

资料整理：王亦兵　柏　丽
Arranged By Wang Yibing , Bai Li

16－1 社会消费品零售总额(按销售单位所在地和行业分)

Total Retail Sale of Consumer Goods by Location of Retailers and by Sector

单位:万元 (10 000 yuan)

年 份 Year	社会消费品零售总额 Total Retail Sales of Consumer Goods	市 City	县 County	县以下 Under County Level
1978	368336	109765	173880	84691
1979	396306	115097	212109	69100
1980	443085	134370	234472	74243
1981	473558	154209	220104	102245
1982	521169	168509	184330	168330
1983	576479	213026	190936	172517
1984	682854	272508	219274	191072
1985	756373	379587	204430	172356
1986	848809	435847	226870	186092
1987	963006	493222	257461	212323
1988	1188967	615424	319333	254210
1989	1256875	674326	333493	249056
1990	1305760	718633	338223	248904
1991	1455207	847989	378809	228409
1992	1686851	978585	421058	287208
1993	2222885	1274436	520515	427934
1994	2656752	1556018	612519	488215
1995	3133114	1787351	764355	581408
1996	3644208	2046368	935855	661985
1997	4171634	2494448	987127	690059
1998	4699727	2834462	1093481	771784
1999	5326021	3274132	1212618	839271
2000	6085451	3782591	1382488	920372
2001	6959858	4408005	1549876	1001977
2002	8253061	5255468	1805237	1192356
2003	9561995	6208135	2036284	1317576
2004	11607118	7720880	2398047	1488191
2005	13581000	9086000	2813000	1682000
2006	16286000	11052000	3328000	1906000
2007	19640000	13436000	3916000	2288000
2008	24630000	16957000	4844000	2829000
2009	28553067	19546789	5625019	3381259

16－1 续表 continued

单位:万元 (10 000 yuan)

年 份 Year	批发零售贸易业 Wholesale and Retail Sale Trade	住宿餐饮 业 Hotels and Catering	制 造 业 Manufacturing	农业生产者 Agriculture	其 他 行 业 Others
1978	324557	9176	18424	4500	11679
1979	349203	9873	19823	4806	12601
1980	377210	12425	26812	11745	14893
1981	395242	13436	32747	12613	19520
1982	429129	15383	40642	16000	20015
1983	468060	17180	49112	18419	23708
1984	540456	21996	64587	28201	27614
1985	639621	26309	83076	43560	34446
1986	717482	31180	83815	51319	42686
1987	822095	37134	84602	60161	50035
1988	1022036	45026	110832	72734	54327
1989	1097906	44454	121209	81943	40349
1990	1154732	46081	126464	93257	41615
1991	1277458	54716	138160	111773	49581
1992	1424440	61275	166494	138677	74718
1993	1812421	274859			135605
1994	2182469	326337			147946
1995	2558304	396339			178471
1996	2972167	472720			199321
1997	3400261	563531			207842
1998	3807265	658848			233614
1999	4284513	786023			255485
2000	4875210	941049			269192
2001	5569681	1102355			287822
2002	6609147	1348192			295722
2003	7640622	1601569			319804
2004	9207247	2026590			373281
2005	10780965	2364654			435381
2006	12890755	2899876			495369
2007	15486890	3682236			470874
2008	21081000	3028000			520000
2009	22232878	5741781			578408

16 - 2 国内贸易基本情况

Domestic trade basic situation

单位:万元 (10 000 yuan)

指标	Item	2009	2010
销售额(营业额)总计	**Sales volume (turnover) grand total**	**68345399**	**85532457**
销售额	**Sales volume**	**63863207**	**79869856**
批发业	Whole - sale Trade	35283073	44915823
零售业	Retail Sale Trade	28580134	34954033
营业额	**Turnover**	**4482192**	**5662601**
住宿业	Hotels Trade	821102	1035408
餐饮业	Catering Trade	3661090	4627193
社会消费品零售总额	**Total Retail Sales of Consumer Goods**	**28553000**	**33840000**
按销售单位所在地分	**According to Marketing unit locus minute**		
1. 城镇	Cities	24775438	29552472
其中:城区	And: City	18588003	22324248
2. 乡村	Village	3777562	4287528
按行业分	**According to profession minute**		
批发业	Whole - sale Trade	3013839	3830010
零售业	Retail Sale Trade	21402620	25143104
住宿业	Hotels Trade	366215	458701
餐饮业	Catering Trade	3273291	3941225
其它行业	Other professions	497035	466960

16－3 限额以上住宿业企业及个体户经营情况(2010 年)

Above Designated Size Hotel Enterprises and Self－Employed Trade(2010)

单位:万元 (10 000 yuan)

指标	Item	营业额 Business Revenue	#客房收入 Revenue from Hotel Rooms	#餐费收入 Revenue from Meals	#商品销售收入 Revenue from Commodities
总 计	**Total**	**440420**	**211794**	**195677**	**16193**
旅游饭店	Tourist Hotel	332007	145430	158110	13810
一般旅馆	General Hotel	103024	63218	35782	2181
其他住宿服务	Others	5389	3146	1785	202

16－4 限额以上餐饮业企业及个体户经营情况(2010 年)

Above Designated Size Catering Enterprises and Self－Employed Trade(2010)

单位:万元 (10 000 yuan)

指标	Item	营业收入 Business Revenue	# 商品零售额 Retail Sales of Commodities
总 计	**Total**	**609939**	**536677**
正餐服务	Dinner Services	591843	520799
快餐服务	Fast Food Services	6932	6361
饮料及冷饮服务	Cold/Ice drink, and Services	3511	2011
其他餐饮服务	Others	7653	7506

16－5 亿元以上商品交易市场情况(2010 年)

Statistics on Commodity Exchange Markets of Transaction Value Over 100 Million Yuan(2010)

指标	Item	市场数（个）Markets（unit）	总摊位数（个）Booths（unit）	年末出租摊位（个）Rent Booths At Year－end（unit）	成交额（万元）Turn Over（100 million yuan）
总 计	**Total**	**72**	**41782**	**39184**	**6331657**
综合市场	**Integrated Markets**	**9**	**9823**	**9449**	**569132**
生产资料	Productions Markets	2	75	75	41860
工业消费品	Industrial Markets	4	6159	5785	138272
农产品	Farm Produce Markets				
其他	Others	3	3589	3589	389000
专业市场	**Special Markets**	**63**	**31959**	**29735**	**5762525**
生产资料	Productions Markets	14	2309	2259	3158780
农业生产用具	Agricultural implements	2	60	60	35326
农用生产资料	Agricultural Productions	2	162	162	45768
煤炭	Coal and Charcoal	1	29	29	1135274
木材	Wood	1	132	132	221063
建材	Building Materials	4	1445	1395	391216
化工材料及制品	Chemical Materials				
金属材料	Metal Materials	4	481	481	1330133
机械设备	Mechanical Equipment				
其他生产资料	Others				
农产品	Farm Produce Markets	22	12345	10809	975628
粮油	Grain & Oil	6	1962	1552	229218
肉禽蛋	Meat, Poultry & Eggs	3	674	674	79198
水产品	Aquatic Products				
蔬菜	Vegetables	7	8559	7622	453917
干鲜果品	Dried & Fresh Fruits	1	20	20	10800
棉麻土畜、烟叶	Local & lives tocks	3	540	540	128900
其他农产品	Others	2	590	401	73595
食品、饮料及烟酒	Food, Beverages, Tobacco & Liquor	2	628	548	65780
纺织、服装、鞋帽	Textile, Garments, Footwear & Hat Wear	12	11460	10997	739829
日用品及文化用品	Commodity & Cultural Articles	1	718	646	116512
黄金、珠宝、玉器等首饰	Jewelry	1	631	631	46848
电器、通讯器材、电子设备	Electrical Equipment	1	240	235	37785
医药、医疗用品及器材	Medicament	1	180	180	46000
家具、五金及装饰材料	Furniture, Hardware, Decorating	4	1475	1457	275773
汽车、摩托车及零配件	Autocar, Accessories	1	43	43	34290
花、鸟、鱼、虫	Flower, Bird, Fish & Insect				
旧货	Second Hand				
其他专业市场	Others	4	1930	1930	265300

16－6 限额以上批发和零售业、住宿和餐饮业企业及个体户基本情况（2010年，按登记注册类型分）

Basic Conditions of Enterprises above Designated Size of Wholesale，Retail Sale，Hotels，Catering Trades and Self－employed by Registration（2010）

指 标	Item	法人企业（个）Number of Corporation Unit（unit）	产业活动单位数及个体户（个）Number of Active Unit and Self－Employed（unit）	从业人数（人）Persons Engaged（person）
总 计	**Total**	**2140**	**718**	**245830**
一、批发业合计	**Wholesale Trade**	**525**	**47**	**54964**
内资企业	**Domestic Funded Enterprises**	**523**	**6**	**48563**
国有企业	State－owned Enterprises	75	4	14102
集体企业	Collective－owned Enterprises	9		1039
股份合作企业	Cooperative Enterprises	1		8
联营企业	Joint Ownership Enterprises	1		59
国有联营公司	State Joint Ownership Enterprises	1		59
集体联营企业	Collective Joint Ownership Enterprises			
国有与集体联营企业	Joint State collective Enterprises			
其他联营企业	Other Joint Ownership Enterprises			
有限责任公司	Limited Liability Corporations	144	1	9356
国有独资企业	State funded Corporations	2		863
其他有限责任公司	Other Limited Liability Corporations	142	1	8493
股份有限公司	Share－holding Corporations Ltd.	27	1	10618
私营企业	Private Enterprises	264		13346
私营独资企业	Private－funded Enterprises	13		725
私营合伙企业	Private Partnership Enterprises	11		1310
私营有限责任公司	Private Limited Liability Corporations	223		10154
私营股份有限公司	Private Share－holding Corporations Ltd.	17		1157
其他企业	Other Enterprises	2		35
港、澳、台商投资企业	**Enterprises with Investment from Hong Kong，Macao & Taiwan**	**1**		**71**
港澳台资合资经营	Joint－venture Enterprises	1		71
港澳台资合作经营	Cooperative Enterprises			
港澳台商独资企业	Sole Investment			
港澳台商投资股份有限公司	Share－holding Co.，Ltd			
外商投资企业	**Enterprises With Foreign Investment**	**1**		**110**
中外合资经营	Joint venture Enterprises	1		110
中外合作经营	Cooperation Enterprises			
外资企业	Enterprises with Sole			
外商投资股份有限公司	Share－holding Co.，Ltd.			
个体工商户	**Self－employed Individuals**		**41**	**6220**
二、零售业合计	**Retail Trade**	**828**	**224**	**95597**
内资企业	**Domestic Funded Enterprises**	**826**	**8**	**86560**
国有企业	State－owned Enterprises	49		14585
集体企业	Collective－owned Enterprises	6		494
股份合作企业	Cooperative Enterprises	7		605
联营企业	Joint Ownership Enterprises	1		9
国有联营公司	State Joint Ownership Enterprises			
集体联营企业	Collective Joint Ownership Enterprises	1		9
国有与集体联营企业	Joint－State－collective Enterprises			
其他联营企业	Other Joint Ownership Enterprises			
有限责任公司	Limited Liability Corporations	249	1	28356
国有独资企业	State funded Corporations			
其他有限责任公司	Other Limited Liability Corporations	249	1	28356
股份有限公司	Share－holding Corporations Ltd.	62	1	7729

16－6 续表 1 continued

指 标	Item	法人企业（个）Number of Corporation Unit (unit)	产业活动单位数及个体户（个）Number of Active Unit and Self－Employed (unit)	从业人数（人）Persons Engaged (person)
私营企业	Private Enterprises	440	6	34156
私营独资企业	Private funded Enterprises	66		3615
私营合伙企业	Private Partnership Enterprises	12		528
私营有限责任公司	Private Limited Liability Corporations	336	6	27780
私营股份有限公司	Private Share holding Corporations Ltd.	26		2233
其他企业	Other Enterprises	12		626
港、澳、台商投资企业	**Enterprises with Investment from Hong Kong, Macao & Taiwan**			
港澳台资合资经营	Joint－venture Enterprises			
港澳台资合作经营	Cooperative Enterprises			
港澳台商独资企业	Sole Investment			
港澳台商投资股份有限公司	Share－holding Co.,Ltd. from			
外商投资企业	**Enterprises With Foreign Investment**	**2**	**2**	**384**
中外合资经营企业	Joint venture Enterprises		1	83
中外合作经营企业	Cooperation Enterprises			
外资企业	Enterprises with Sole Foreign Investment	2	1	301
外商投资股份有限公司	Share－holding Co., Ltd.			
个体工商户	**Self－employed Individuals**		**214**	**8653**
三、住宿业合计	**Hotels**	**333**	**88**	**42484**
内资企业	**Domestic Funded Enterprises**	**324**	**24**	**38200**
国有企业	State owned Enterprises	62	4	8325
集体企业	Collective owned Enterprises	8		729
股份合作企业	Cooperative Enterprises	4	1	529
联营企业	Joint Ownership Enterprises			
国有联营公司	State Joint Ownership Enterprises			
集体联营企业	Collective Joint Ownership Enterprises			
国有与集体联营企业	Joint State collective Enterprises			
其他联营企业	Other Joint Ownership Enterprises			
有限责任公司	Limited Liability Corporations	66	8	11762
国有独资企业	State funded Corporations	1	3	648
其他有限责任公司	Other Limited Liability Corporations	65	5	11114
股份有限公司	Share holding Corporations Ltd.	20	1	1758
私营企业	Private Enterprises	157	9	13654
私营独资企业	Private funded Enterprises	50		3728
私营合伙企业	Private Partnership Enterprises	4		271
私营有限责任公司	Private Limited Liability Corporations	88	9	8500
私营股份有限公司	Private Share holding Corporations Ltd.	15		1155
其他企业	Other Enterprises	7	1	1443
港、澳、台商投资企业	**Enterprises with Investment from Hong Kong, Macao Taiwan**	**2**		**1134**
港澳台资合资经营	Joint－venture Enterprises	1		452
港澳台资合作经营	Cooperative Enterprises			
港澳台商独资企业	Sole Investment	1		682
港澳台商投资股份有限公司	Share－holding Co.,Ltd.			
外商投资企业	**Enterprises With Foreign Investment**	**7**		**1128**
中外合资经营企业	Joint venture Enterprises	4		453
中外合作经营企业	Cooperation Enterprises			
外资企业	Enterprises with Sole Foreign Investment	2		649
外商投资股份有限公司	Share－holding Co., Ltd.	1		26
个体工商户	**Self－employed Individuals**		**64**	**2022**

16－6 续表 2 continued

指 标	Item	法人企业（个） Number of Corporation Unit (unit)	产业活动单位数及个体户（个） Number of Active Unit and Self－Employed (unit)	从业人数（人） Persons Engaged (person)
四、餐饮业合计	**Catering Trade**	**454**	**359**	**52785**
内资企业	**Domestic Funded Enterprises**	**446**	**8**	**39009**
国有企业	State owned Enterprises	15	1	2064
集体企业	Collective owned Enterprises	3	1	184
股份合作企业	Cooperative Enterprises	2		399
联营企业	Joint Ownership Enterprises	1	1	182
国有联营公司	State Joint Ownership Enterprises			
集体联营企业	Collective Joint Ownership Enterprises			
国有与集体联营企业	Joint State collective Enterprises			
其他联营企业	Other Joint Ownership Enterprises	1	1	182
有限责任公司	Limited Liability Corporations	91	1	8964
国有独资企业	State funded Corporations			
其他有限责任公司	Other Limited Liability Corporations	91	1	8964
股份有限公司	Share holding Corporations Ltd.	22		2085
私营企业	Private Enterprises	291	3	23325
私营独资企业	Private funded Enterprises	92	1	6555
私营合伙企业	Private Partnership Enterprises	16		1359
私营有限责任公司	Private Limited Liability Corporations	169	2	14503
私营股份有限公司	Private Share holding Corporations Ltd.	14		908
其他企业	Other Enterprises	21	1	1806
港、澳、台商投资企业	**Enterprises with Investment from Hong Kong, Macao Taiwan**	**3**		**230**
港澳台资合资经营	Joint－venture Enterprises			
港澳台资合作经营	Cooperative Enterprises			
港澳台商独资企业	Sole Investment	3		230
港澳台商投资股份有限公司	Share－holding Co.，Ltd.			
外商投资企业	**Enterprises With Foreign Investment**	**5**	**3**	**698**
中外合资经营企业	Joint venture Enterprises	1		35
中外合作经营企业	Cooperation Enterprises			
外资企业	Enterprises with Sole Foreign Investment	4	3	663
外商投资股份有限公司	Share－holding Co.，Ltd.			
个体工商户			**348**	**12848**

16－7 限额以上批发、零售贸易业企业及个体户商品销售总额（2010年，按行业分）

Total Sales of Enterprise above Designated Size in Wholesale，Retail Trade and Self－employed by Sector(2010)

单位：万元 (10 000 yuan)

指标	Item	销售总额 Total Sales	批发 Whole sale	零售 Retail
总计	**Total**	**30731630**	**19665497**	**11066134**
批发业合计	**Wholesale Trade**	**20297305**	**18580549**	**1716757**
农畜产品	Workstock Products	1598621	1209134	389487
＃谷物、豆及薯类	Cereal，Beans & Tubers	508538	502594	5944
食品、饮料及烟草制品	Food，Beverages & Tobaccos	2635286	2374617	260669
＃米、面制品及食用油	Grains & Edible Oil	141063	118843	22220
果品、蔬菜	Fruits & Vegetables	251782	162408	89375
肉、禽、蛋及水产品	Meat，Poultry，Eggs & Aquatic	103833	61417	42415
纺织、服装及日用品	Textile，Garment & Household	152161	122961	29200
＃纺织品、针织品及原料	Textile，Kintwear	2921	2921	
服装	Garment	139815	110615	29200
文化、体育用品及器材	Cultural，Sports & Equipment	119776	119776	
医药及医疗器材	Medicines & Medical Appliances	225382	200769	24613
矿产品、建材及化工产品	Minerals，Building & Chemicals	14844116	13860968	983148
＃石油及制品	Petroleum & Related Products	2691572	1854604	836968
煤炭及制品	Coal & Related Products	9201251	9147702	53549
化肥	Chemical Materials	339495	331450	8045
机械设备、五金交电及电子产品	Machinery，Hardware，Electrics	564884	541845	23039
＃汽车、摩托车及零配件	Automobile，Motorcycles & Parts	144226	134151	10075
贸易经纪与代理	Trading Brokerage & Agency	30883	30883	
其他	Others	126195	119595	6601
零售业合计	**Retail Trade**	**10434325**	**1084948**	**9349377**
综合零售	Comprehensive Retail	1393089	17194	1375895
＃百货	Consumer Goods	954897	13478	941419
食品、饮料及烟草制品专门零售	Food，Drink & Tobaccos	107841	17013	90827
＃粮油	Grains & Edible Oil	55583	15571	40012
纺织、服装及日用品专门零售	Textile ，Garment & Household	275303	5122	270181
＃纺织品及针织品	Textile & Kintwear Products	20965		20965
服装	Garments	228576	5122	223454
鞋帽	Shoes & Hats	10385		10385
文化、体育用品及器材专门零售	Cultural，Sports Goods	108003	495	107508
＃文具用品	Cultural Goods	1110	442	668
体育用品	Sports Goods	1250		1250
图书	Books	35305	53	35252
报刊	Newspapers & Magazines			
医药及医疗器材专门零售	Medicines & Medical Appliances	123965	32823	91143
汽车、摩托车、燃料及零配件专门零售	Auto，Motorbikes，Fuel & Accessory	7223829	940986	6282843
家用电器及电子产品专门零售	Electronic Products	564280	65804	498476
＃计算机、软件及辅助设备	Computers，Software	72234	100	72134
五金、家具及室内装修材料专门零售	Hardware，Furniture & Home Decoration Material	422431	4646	417785
无店铺及其他零售	Non－Shop Retail & Other Retails	215585	864	214720

16－8 限额以上批发零售贸易业商品分类销售额

Total Sales of Enterprises above Designated Size in Wholesale and Retail Sale by Category of Main Commodities

单位：万元 (10 000 yuan)

项 目	Item	合计 Total		零售 Retail Sale		批发 Wholesale	
		2009	2010	2009	2010	2009	2010
食品类	Food	1359513	2240490	1159180	1450243	200333	790247
#肉禽蛋类	Meat, Poultry and Eggs	81185	149864	35335	53051	45850	96813
饮料类	Beverages	81395	121974	57155	53564	24240	68410
烟酒类	Tobacco and Liquor	1657437	1959266	1607202	1808472	50235	150794
服装、鞋帽类	Garments, Footwear and Hats	730041	898069	93297	771796	636744	126273
针、纺织品类	Knitwear and Textiles	102990	126904	19281	15509	83709	111395
化妆品类	Cosmetics	48300	69843		356	48300	69487
金银珠宝类	Gold, Silver and Jewelry	72917	172072	6998	61797	65919	110276
日用品类	Articles for Daily Use	211973	242299	60742	49640	151231	192659
#洗涤用品类	Washing Articles	30978	75803	6932	11403	24046	64401
五金、电料类	Hardware and Electrical Materials	32512	54464	7593	11331	24919	43133
体育、娱乐用品类	Sports and Recreation Articles	21134	31883	112	983	21022	30900
书报杂志类	Newspapers and Magazines	44153	43525	12216	5838	31937	37687
电子出版物及音像制品类	E journal and Video Products	4985	5089	464	96	4521	4993
家用电器和音像器材类	Household Appliances and Video Appliances	459090	678500	64286	207734	394804	470766
中西药品类	Traditional Chinese and Western Medicines	657561	390571	560286	239150	97275	151421
文化、办公用品类	Cultural and Official Goods	94857	113719	52272	59192	42585	54526
家具类	Furniture	77799	118698			77799	118698
通讯器材类	Communication Appliances	55038	81656	13919	8894	41119	72762
煤炭及制品类	Coal and Related Product	4961951	8392805	4943974	8242811	17977	149994
木材及制品类	Wood and Wooden Product		1301		1301		
石油及制品类	Petroleum and Related Product	5103666	6626093	3095001	2833303	2008665	3792791
化工材料类	Raw Chemical Materials	409088	649832	409088	649832		
黑色金属材料类	Ferrous Metals Materials						
有色金属材料类	Nonferrous Metals						
建筑及装潢材料类	Building and Decoration Materials	396844	889328	339344	774596	57500	114732
机电产品设备类	Mechanical and Electrical Products	501173	489194	465310	402605	35863	86589
#农机类	Agricultural Machinery	62259	76999	62259	76999		
种子饲料类	Seed and Feedstuff	36644	34613	36644	34613		
棉麻、土畜类	Cotton, Hemp and Local livestock		21		13		9

16-9 限额以上批发零售贸易企业资产及负债(2010年,按登记注册类型分)

Assets and Liability of Enterprises above Designated Size in Whole sale and Retail Sale by Registration(2010)

单位:万元 (10 000 yuan)

指 标	Item	资产合计 Total Assets	# 流动资产 Circula-ting Funds	# 固定资产 Fixed Asset	负债合计 Total Liabi-lities
总 计	**Total**	**9610369**	**6307114**	**1556800**	**6669073**
一、批发业合计	**Wholesale Trade**	**5392403**	**3781445**	**747934**	**3732063**
内资企业	**Domestic-Funded Enterprises**	**5388569**	**3779884**	**747933**	**3730944**
国有企业	State-owned	1619790	1173060	243068	948433
集体企业	Collective owned	37770	30782	3151	26895
股份合作企业	Cooperative	1221	886	335	721
联营企业	Joint Ownership	7614	7109	494	6433
国有联营公司	State Joint Ownership	7614	7109	494	6433
集体联营企业	Collective Joint Ownership				
国有与集体联营企业	Joint State collective				
其他联营企业	Other Joint Ownership				
有限责任公司	Limited Liability Co.	1201711	799706	150426	828942
国有独资企业	State funded	2790	1363	1091	557
其他有限责任公司	Other Limited Liability Co.	1198921	798342	149335	828385
股份有限公司	Share holding Co. Ltd.	799725	506441	140179	682565
私营企业	Private Enterprises	1668409	1210307	210221	1216885
私营独资企业	Private funded	30385	19216	9704	17276
私营合伙企业	Private Partnership	134457	130209	2405	120162
私营有限责任公司	Private Limited Liability Co.	1436139	1007697	192820	1038009
私营股份有限公司	Private Share holding Co. Ltd.	67428	53185	5292	41439
其他企业	Other Enterprises	52330	51593	61	20071
港、澳、台商投资企业	**Enterprises with Investment from Hong Kong, Macao & Taiwan**	**1985**	**1561**		**1023**
港澳台资合资经营	Joint-venture	1985	1561		1023
港澳台资合作经营	Cooperative				
港澳台商独资企业	Sole Investment				
港澳台商投资股份有限公司	Share-holding Co. Ltd.				
外商投资企业	**Enterprises With Foreign Investment**	**1849**			**96**
中外合资经营企业	Joint venture	1849			96
中外合作经营企业	Cooperation				
外资企业	Enterprises with Sole				
外商投资股份有限公司	Share-holding Co. Ltd.				

16 - 9 续表 continued

单位:万元 (10 000 yuan)

指标	Item	资产合计 Total Assets	# 流动资产 Circula - ting Funds	# 固定资产 Fixed Asset	负债合计 Total Liabi - lities
二、零售业合计	**Retail Trade**	**4217965**	**2525669**	**808867**	**2937010**
内资企业	**Domestic Funded Enterprises**	**4209921**	**2519852**	**807453**	**2928512**
国有企业	State owned	654512	265832	165034	533593
集体企业	Collective owned	16178	10047	5993	10724
股份合作企业	Cooperative	18955	14302	423	11166
联营企业	Joint Ownership	117	73	44	49
国有联营公司	State Joint Ownership				
集体联营企业	Collective Joint Ownership	117	73	44	49
国有与集体联营企业	Joint State collective				
其他联营企业	Other Joint Ownership				
有限责任公司	Limited Liability Co.	1290986	811775	215791	932368
国有独资企业	State funded				
其他有限责任公司	Other Limited Liability Co.	1290986	811775	215791	932368
股份有限公司	Share holding Co. Ltd.	337468	177552	84969	243491
私营企业	Private Enterprises	1852655	1225187	317260	1180461
私营独资企业	Private funded	83964	48331	25512	42993
私营合伙企业	Private Partnership	22065	9539	6363	9010
私营有限责任公司	Private Limited Liability Co.	1668178	1129340	273940	1082093
私营股份有限公司	Private Share holding Co. Ltd.	78448	37977	11445	46366
其他企业	Other Enterprises	39051	15084	17939	16662
港、澳、台商投资企业	**Enterprises with Investment from Hong Kong, Macao & Taiwan**				
港澳台资合资经营	Joint - venture				
港澳台资合作经营	Cooperative				
港澳台商独资企业	Sole Investment				
港澳台商投资股份有限公司	Share - holding Co. Ltd.				
外商投资企业	**Enterprises With Foreign Investment**	**8044**	**5817**	**1414**	**8498**
中外合资经营企业	Joint venture				
中外合作经营企业	Cooperation				
外资企业	Enterprises with Sole	8044	5817	1414	8498
外商投资股份有限公司	Share - holding Co. Ltd.				

16－10 限额以上批发、零售贸易企业资产及负债(2010 年,按行业分)

Assets and Liability of Enterprises above Designated Size in Wholesale and Retail by Sector(2010)

单位:万元 (10 000 yuan)

指 标	Item	资产合计 Total Assets	# 流动资产 Circula－ting Funds	# 固定资产 Fixed Asset	负债合计 Total Liabi－lities
总 计	**Total**	**9610369**	**6307114**	**1556800**	**6669073**
批发业合计	**Wholesale Trade**	**5392403**	**3781445**	**747934**	**3732063**
农畜产品	Workstock Products	504863	358483	98858	376652
# 谷物、豆及薯类	Cereal,Beans & Tubers	431165	318733	72052	329293
食品、饮料及烟草制品	Food, drink & Tobaccos	887852	637235.3	155305	341540
# 米、面制品及食用油	Grains & Edible Oil	173780	144139	15832	147998
果品、蔬菜	Fruits & Vegetables	62323	18703	33732	31947
肉、禽、蛋及水产品	Meat,Poultry,Eggs & Aqui－ Products	6560	4600	1780	3850
纺织、服装及日用品	Textile,Garment & Household Goods	41504	18991	22509	31469
# 纺织品、针织品及原料	Textile,Kintwear & Material	411	397	15	237
服装	Garment	40756	18536	22220	31033
文化、体育用品及器材	Cultural,Sports Goods & Equipment	78195	57808	20228	58174
医药及医疗器材	Medicines & Medical Appliances	113085	74523	7681	81336
矿产品、建材及化工产品	Minerals,Building Materials & Chemicals	3291322	2287226	410579	2450208
# 石油及制品	Petroleum & Related Products	465336	135617	128396	337275
煤炭及制品	Coal & Related Products	1811561	1343648	137304	1356581
化肥	Chemical Materials	263017	247299	8020	227994
机械设备、五金交电及电子产品	Machinery, Equipment, Hardware, Electrical Products	420423	298162	31775	357435
# 汽车、摩托车及零配件	Motor Vehicles,Motorcycles & Parts	145999	63172	16943	125753
贸易经纪与代理	Trading Brokerage & Agency	22787	22731	56	18081
其他	Others	32373	26285	944	17170
零售业合计	**Retail Trade**	**4217965**	**2525669**	**808867**	**2937010**
综合零售	Comprehensive Retail	924457	518116	218095	666980
# 百货零售	Consumer Goods	684957	372199	172792	494989
食品、饮料及烟草制品	Food, Beverages & Tobaccos Products	84240	45162	13341	60328
# 粮油	Grains & Edible Oil	54911	31672	9027	38067
纺织、服装及日用品	Textile , Garment & Household Goods	122819	51809	39508	75973
# 纺织品及针织品	Textile & Kintwear Products	11077.7	7134.7	2658	7991.2
服装	Garments	100835	38988	33669	60903
鞋帽	Shoes & Hats	1397	596	779	725
文化、体育用品及器材	Cultural,Sports Goods	54084	18080	19087	46887
# 文具用品	Cultural Goods				
体育用品	Sports Goods				
图书	Books	38622	9627	15624	37088
报刊	Newspapers & Magazines				
医药及医疗器材	Medicines & Medical Appliances	59965	46036	9782	45051
汽车、摩托车、燃料及零配件	Auto,Motorbikes, Fuel & Spare & Accessory & Parts	2250558	1412121	369290	1663002
家用电器及电子产品	Household Appliances & Electronic Products	430504	243763	85517	293161
# 计算机、软件及辅助设备	Computers, Software & Appliances	97050	21497	15745	33139
五金、家具及室内装修材料	Hardware,Furniture and Interior Decoration Material	189453	134958	33790	37613
无店铺及其他	Non－Shop Retail & Other Retails	101884	55625	20458	48014

16－11 限额以上餐饮企业资产及负债（2010 年，按登记注册类型和行业分）

Assets and Liability of Enterprises above Designated Size in Catering Trades by Registration and by Sector (2010)

单位：万元　　　　(10 000 yuan)

指 标	Item	资产合计 Total Assets	# 流动资产 Circula – ting Funds	# 固定资产 Fixed Asset	负债合计 Total Liabi – lities
总 计	**Total**	**698478**	**233414**	**302864**	**369148**
按登记注册类型分	**By Status of Registration**				
内资企业	**Domestic Funded Enterprises**	**694474**	**230992**	**302190**	**366666**
国有企业	State owned	33157	6281	26110	14747
集体企业	Collective owned	2472	574	1725	1703
股份合作企业	Cooperative	14525	7853	5754	5443
联营企业	Joint Ownership	1189	123	1066	1065
国有联营公司	State Joint Ownership				
集体联营企业	Collective Joint Ownership				
国有与集体联营企业	Joint State collective				
其他联营企业	Other Joint Ownership	1189	123	1066	1065
有限责任公司	Limited Liability Co.	209859	53902	78151	120616
国有独资企业	State funded Co.				
其他有限责任公司	Other Limited Liability Co.	209859	53902	78151	120616
股份有限公司	Share holding Co. Ltd.	71648	27799	19121	28018
私营企业	Private Enterprises	340527	129400	157299	178655
私营独资企业	Private funded	141982	48330	60825	96301
私营合伙企业	Private Partnership	18410	5088	11132	12084
私营有限责任公司	Private Limited Liability Co.	172654	72911	83535	66853
私营股份有限公司	Private Share holding Co. Ltd.	7480	3071	1808	3417
其他企业	Other .	21097	5061	12965	16419
港、澳、台商投资企业	**Enterprises with Investment from HK , Macao & Taiwan**	**699**	**358**	**110**	**483**
港澳台资合资经营	Joint – venture Enterprises (HK, Macao & Taiwan)				
港澳台资合作经营	Cooperative Enterprises (HK, Macao & Taiwan)				
港澳台商独资企业	Sole Investment from HK, Macao & Taiwan	699	358	110	483
港澳台商投资股份有限公司	Share – holding Co. , Ltd. from HK, Macao & Ttaiwan				
外商投资企业	**Enterprises With Foreign Investment**	**3305**	**2063**	**564**	**1999**
中外合资经营企业	Joint venture	571	495	9	608
中外合作经营企业	Cooperation				
外资企业	Enterprises with Sole Foreign Investment	2734	1568	555	1391
外商投资股份有限公司	Share – holding Co. Ltd. with Foreign Investment				
按服务业分	**By Business Categories**				
正餐服务	Dinner Services	687040	229208	298478	363342
快餐服务	Fast Food Services	2571	1547	700	1063
饮料及冷饮服务	Cold drink Services	2270	170	2100	
其他餐饮服务	Others	6597	2488	1586	4743

16－12 限额以上批发零售贸易企业主要财务指标（2010 年,按登记注册类型分）

Main Financial Indicators of Enterprises above Designated Size in Wholesale and Retail Sale by Registration(2010)

单位:万元 (10 000 yuan)

指 标	Item	商品销售收入 Sales Revenue	商品销售成本 Cost of Sales	经营费用 Manag－ement Cost	商品销售税金及附加 Sales Tax & Extra Changes	商品销售利润 Total Profits
批发零售贸易业总计	**Total**	**29377593**	**24816131**	**782414**	**252825**	**3066374**
一、批发业合计	**Wholesale Trades**	**19390774**	**16171569**	**475932**	**202395**	**1794760**
内资企业	**Domestic Funded Enterprises**	**19346292**	**16133540**	**473679**	**202382**	**1788320**
国有企业	State owned	3856679	3213523	105370	97309	512983
集体企业	Collective owned	133142	117212	3778	1144	14786
股份合作企业	Cooperative	9511	8557	4	13	942
联营企业	Joint Ownership	4945	4602	466	5	
国有联营公司	State Joint Ownership	4945	4602	466	5	
集体联营企业	Collective Joint Ownership					
国有与集体联营企业	Joint State collective					
其他联营企业	Other Joint Ownership					
有限责任公司	Limited Liability Co.	3495281	2271054	103762	15728	226996
国有独资企业	State funded Co.	33053	24088	127	888	4924
其他有限责任公司	Other Limited Liability Co.	3462228	2246966	103635	14840	222073
股份有限公司	Share holding Corporations Ltd.	6849208	6472976	40787	42943	360458
私营企业	Private	4975593	4024646	219435	45223	672063
私营独资企业	Private funded	74793	55945	2091	1071	15316
私营合伙企业	Private Partnership	419088	342013	37966	1483	75592
私营有限责任公司	Private Limited Liability Co.	4254108	3423586	174381	41521	559981
私营股份有限公司	Private Share holding Co. Ltd.	227605	203102	4997	1148	21175
其他企业	Other Enterprises	21932	20970	76	19	92
港、澳、台商企业	**Enterprises from HK, Macao & Taiwan**	**16685**	**13348**	**16**	**13**	**3325**
港澳台资合资经营	Joint－venture Enterprises (HK,Macao & Taiwan)	16685	13348	16	13	3325
港澳台资合作经营	Cooperative Enterprises (HK,Macao & Taiwan)					
港澳台商独资企业	Sole Investment from HK, Macao & Taiwan					
港澳台商投资股份有限公司	Share－holding Co.,Ltd. from HK, Macao & Ttaiwan					
外商企业	**Enterprises Foreign Investment**	**27797**	**24681**	**2238**		**3115**
中外合资经营企业	Joint venture	27797	24681	2238		3115
中外合作经营企业	Cooperation					
外资企业	Sole Foreign Investment					
外商投资股份有限公司	Share－holding Co. Ltd. with Foreign Investment					

16－12 续表 continued

单位:万元 (10 000 yuan)

指 标	Item	商品销售收入 Sales Revenue	商品销售成本 Cost of Sales	经营费用 Manag－ement Cost	商品销售税金及附加 Sales Tax & Extra Changes	商品销售利润 Total Profits
二、零售企业合计	**Retail Sale Trades**	**9986820**	**8644561**	**306482**	**50430**	**1271613**
内资企业	**Domestic Funded Enterprises**	**9946124**	**8605851**	**306059**	**50429**	**1269629**
国有企业	State owned	3179451	2936623	114783	4317	238245
集体企业	Collective owned	65817	58778	781	139	6900
股份合作企业	Cooperative	66080	52550	216	187	13344
联营企业	Joint Ownership	1247	1197	72	3	48
国有联营公司	State Joint Ownership					
集体联营企业	Collective Joint Ownership	1247	1197	72	3	48
国有与集体联营企业	Joint State collective					
其他联营企业	Other Joint Ownership					
有限责任公司	Limited Liability Co.	2544294	2135048	74708	19180	398237
国有独资企业	State funded Co.					
其他有限责任公司	Other Limited Liability Co.	2544294	2135048	74708	19180	398237
股份有限公司	Share holding Corporations Ltd.	972266	838236	32784	7035	122807
私营企业	Private	3087338	2559572	80708	19437	484595
私营独资企业	Private funded	196783	160327	4615	3564	32539
私营合伙企业	Private Partnership	55469	43464	654	117	4321
私营有限责任公司	Private Limited Liability Co.	2706188	2248690	68441	14829	426853
私营股份有限公司	Private Share holding Co. Ltd.	128899	107090	6997	928	20882
其他企业	Other Enterprises	29632	23849	2008	132	5455
港、澳、台商投资企业	**Enterprises with Investment from Hong Kong, Macao & Taiwan**					
港澳台资合资经营	Joint－venture Enterprises (HK, Macao & Taiwan)					
港澳台资合作经营	Cooperative Enterprises (HK, Macao & Taiwan)					
港澳台商独资企业	Sole Investment from HK, Macao & Taiwan					
港澳台商投资股份有限公司	Share－holding Co., Ltd. from HK, Macao & Ttaiwan					
外商投资企业	**Enterprises With Foreign Investment**	**40696**	**38710**	**423**	**1**	**1984**
中外合资经营企业	Joint venture					
中外合作经营企业	Cooperation					
外资企业	Sole Foreign Investment	40696	38710	423	1	1984
外商投资股份有限公司	Share－holding Co. Ltd. with Foreign Investment					

16-13 限额以上批发、零售贸易企业主要财务指标(2010年,按行业分)

Main Financial Indicators of Enterprises above Designated Size in Wholesale and Retail Sale by Sector(2010)

单位:万元　　(10 000 yuan)

指 标	Item	商品销售收入 Sales Revenue	商品销售成本 Cost of Sales
总 计	**Total**	**29377593**	**24816131**
批发业合计	**Wholesale Trade**	**19390774**	**16171569**
农畜产品批发	Workstock Products	1501177	551269
# 谷物、豆及薯类批发	Cereal, Beans & Tubers	488634	419448
食品、饮料及烟草制品批发	Food, Beverages & Tobaccos	2396360	1798341
# 米、面制品及食用油批发	Grains & Edible Oil	88013	61724
果品、蔬菜批发	Fruits & Vegetables	177647	157990
肉、禽、蛋及水产品批发	Meat, Poultry, Eggs & Aquatic Products	81057	54657
纺织、服装及日用品批发	Textile Products, Garment & Household Goods	150789	114383
# 纺织品、针织品及原料批发	Textile, Kintwear Products & Material	2921	2604
服装批发	Garment	139815	103956
文化、体育用品及器材批发	Cultural, Sports Goods & Equipment	113429	99236
医药及医疗器材批发	Medicines & Medical Appliances	202018	173012
矿产品、建材及化工产品批发	Minerals, Building Materials & Chemical Products	14336668	12865170
# 石油及制品批发	Petroleum & Related Products	2690357	2490369
煤炭及制品批发	Coal & Related Products	8994725	7965251
化肥批发	Chemical Materials	324862	285472
机械设备、五金交电及电子产品批发	Machinery, Equipment, Hardware, Communication, Electrical Appliances & Products	542540	443305
# 汽车、摩托车及零配件批发	Motor Vehicles, Motorcycles & Parts	126159	103106
贸易经纪与代理	Trading Brokerage & Agency	30798	27362
其他批发	Others	116995	99493
零售业合计	**Retail Trade**	**9986820**	**8644561**
综合零售	Comprehensive Retail	1284173	1024442
# 百货零售	Consumer Goods	975885	762938
食品、饮料及烟草制品专门零售	Special Retail of Food, Beverages & Tobaccos Products	79583	69487
# 粮油零售	Grains & Edible Oil	52079	48456
纺织、服装及日用品专门零售	Special Retail of Textile Products, Garment & Household Goods	236624	188497
# 纺织品及针织品零售	Textile & Kintwear Products	19173	14456
服装零售	Garments	200744	160595
鞋帽零售	Shoes & Hats	2021	1429
文化、体育用品及器材专门零售	Special Retail of Cultural, Sports Goods and Equipment	53270	41696
# 文具用品零售	Cultural Goods		
体育用品零售	Sports Goods		
图书零售	Books	32939	25814
报刊零售	Newspapers & Magazines		
医药及医疗器材专门零售	Special Retail of Medicines & Medical Appliances	120787	95664
汽车、摩托车、燃料及零配件专门零售	Special Retail of Auto, Motorbikes, Fuel & Spare & Accessory & Parts	7141685	6333849
家用电器及电子产品专门零售	Special Retail of Household Appliances & Electronic Products	544845	467110
# 计算机、软件及辅助设备零售	Computers, Software & Office Appliances	71670	58738
五金、家具及室内装修材料专门零售	Special Retail of Hardware, Furniture and Interior Decoration Material	357948	280356
无店铺及其他零售	Non-Shop Retail & Other Retails	167904	143461

16-13 续表 continued

单位:万元 (10 000 yuan)

指标	Item	经营费用 Manag-ement Cost	商品销售税金及附加 Sales Tax & Extra Changes	商品销售利润 Total Pro-fits
总计	**Total**	**782414**	**252825**	**3066374**
批发业合计	**Wholesale Trade**	**475932**	**202395**	**1794760**
农畜产品批发	Workstock Products	17131	4535	56963
#谷物、豆及薯类批发	Cereal, Beans & Tubers	13190	3385	38770
食品、饮料及烟草制品批发	Food, Beverages & Tobaccos	81779	104867	459999
#米、面制品及食用油批发	Grains & Edible Oil	5944	65	6066
果品、蔬菜批发	Fruits & Vegetables	3973	710	18300
肉、禽、蛋及水产品批发	Meat, Poultry, Eggs & Aquatic Products	300	4124	24876
纺织、服装及日用品批发	Textile, Garment & Household Goods	5010	4358	32043
#纺织品、针织品及原料批发	Textile, Kintwear Products & Material	129		317
服装批发	Garment	4547	4341	31513
文化、体育用品及器材批发	Cultural, Sports Goods & Equipment	2171	160	14033
医药及医疗器材批发	Medicines & Medical Appliances	8216	1476	23925
矿产品、建材及化工产品批发	Minerals, Building Materials & Chemical Products	341760	84291	1100662
#石油及制品批发	Petroleum & Related Products	69526	3861	228229
煤炭及制品批发	Coal & Related Products	204070	69922	667716
化肥批发	Chemical Materials	10855	838	37864
机械设备、五金交电及电子产品批发	Machinery, Hardware, Electrical	16411	1985	88742
#汽车、摩托车及零配件批发	Motor Vehicles, Motorcycles & Parts	778	866	19537
贸易经纪与代理	Trading Brokerage & Agency	1328	113	3323
其他批发	Others	2126	611	15070
零售业合计	**Retail Trade**	**306482**	**50430**	**1271613**
综合零售	Comprehensive Retail	38740	11169	242860
#百货零售	Consumer Goods	20055	9451	199095
食品、饮料及烟草制品专门零售	Special Retail of Food, Beverages & Tobaccos Products	3403	470	7653
#粮油零售	Grains & Edible Oil	1280	82	3841
纺织、服装及日用品专门零售	Special Retail of Textile Products, Garment & Household Goods	6942	3522	43566
#纺织品及针织品零售	Textile & Kintwear Products	1279	119	4598
服装零售	Garments	5144	3273	36568
鞋帽零售	Shoes & Hats	58	19	229
文化、体育用品及器材专门零售	Special Retail of Cultural, Sports Goods and Equipment	2273	399	11119
#文具用品零售	Cultural Goods			
体育用品零售	Sports Goods			
图书零售	Books	1535	64	7268
报刊零售	Newspapers & Magazines			
医药及医疗器材专门零售	Medicines & Medical Appliances	7705	1200	23777
汽车、摩托车、燃料及零配件专门零售	Special Retail of Auto, Motorbikes, Fuel & Spare & Accessory & Parts	211903	25582	781288
家用电器及电子产品专门零售	Special Retail of Household Appliances & Electronic Products	18625	1894	65632
#计算机、软件及辅助设备零售	Computers, Software & Office Appliances	977	474	12428
五金、家具及室内装修材料专门零售	Special Retail of Hardware, Furniture and Interior Decoration Material	6081	4951	72535
无店铺及其他零售	Non-Shop Retail & Other Retails	10811	1244	23184

16－14 限额以上住宿企业主要财务指标（2010年，按登记注册类型和行业分）

Main Financial Indicators of Enterprises above Designated Size in Hotel by Registration and by Sector(2010)

单位:万元　　　　(10 000 yuan)

指标	Item	商品销售收入 Sales Revenue	商品销售成本 Cost of Sales	经营费用 Manag－ement Cost	商品销售税金及附加 Sales Tax & Extra Changes	商品销售利润 Total Profits
总 计	**Total**	**415774**	**196872**	**96038**	**19824**	**194434**
按登记注册类型分	**By Status of Registration**					
内资企业	**Domestic Funded Enterprises**	**372467**	**176531**	**86501**	**18137**	**173155**
国有企业	State owned	71168	40837	11337	3677	25418
集体企业	Collective owned	4765	1915	1039	178	953
股份合作企业	Cooperative	9856	5231	1914	501	4034
联营企业	Joint Ownership					
国有联营公司	State Joint Ownership					
集体联营企业	Collective Joint Ownership					
国有与集体联营企业	Joint State collective					
其他联营企业	Other Joint Ownership					
有限责任公司	Limited Liability Co.	121385	46609	33049	5887	64095
国有独资企业	State funded Co.	2083	1948	757	135	
其他有限责任公司	Other Limited Liability Co.	119302	44661	32292	5752	64095
股份有限公司	Share holding Co. Ltd.	21079	10611	5492	1022	9176
私营企业	Private Enterprises	135493	67938	32024	6433	64587
私营独资企业	Private funded	36065	18231	6572	1590	15866
私营合伙企业	Private Partnership	3114	1824	455	259	1084
私营有限责任公司	Private Limited Liability Co.	85305	42939	22996	4104	42459
私营股份有限公司	Private Share holding Co. Ltd.	11009	4944	2001	480	5177
其他企业	Other	8721	3389	1646	440	4892
港、澳、台商投资企业	**Enterprises with Investment from HK , Macao & Taiwan**	**18667**	**11481**	**4101**	**879**	**6307**
港澳台资合资经营	Joint－venture Enterprises (HK,Macao & Taiwan)	4766	867	3489	221	3677
港澳台资合作经营	Cooperative Enterprises (HK,Macao & Taiwan)					
港澳台商独资企业	Sole Investment from HK, Macao & Taiwan	13901	10613	612	658	2630
港澳台商投资股份有限公司	Share－holding Co. ,Ltd. from HK, Macao & Ttaiwan					
外商投资企业	**With Foreign Investment**	**24640**	**8860**	**5436**	**808**	**14972**
中外合资经营企业	Joint venture	13679	6380	2449	279	7020
中外合作经营企业	Cooperation					
外资企业	Sole Foreign Investment	10702	2381	2918	516	7806
外商投资股份有限公司	Share－holding Co. Ltd. with Foreign Investment	259	100	70	13	146
按国民经济行业分	**By Sector**					
旅游饭店	Tourist Hotel	322578	146991	76635	15744	151633
一般旅馆	General Hotel	89471	47999	18865	3921	41117
其他住宿服务	Others	3725	1882	538	159	1684

16－15 限额以上餐饮企业主要财务指标（2010年，按登记注册类型和行业分）

Main Financial Indicators of Enterprises above Designated Size in Catering Trades by Registration and by Sector(2010)

单位：万元　　　　(10 000 yuan)

指 标	Item	商品销售收入 Sales Revenue	商品销售成本 Cost of Sales	经营费用 Manag－ement Cost	商品销售税金及附加 Sales Tax & Extra Changes	商品销售利润 Total Profits
总 计	**Total**	**471177**	**252933**	**76932**	**23586**	**205890**
按登记注册类型分	**By Status of Registration**					
内资企业	**Domestic Funded Enterprises**	**458922**	**247570**	**73952**	**22992**	**200054**
国有企业	State owned	16938	7074	3968	662	9202
集体企业	Collective owned	1559	586	635	80	893
股份合作企业	Cooperative	4360	2973	10	171	1217
联营企业	Joint Ownership	319	136	125	26	156
国有联营公司	State Joint Ownership					
集体联营企业	Collective Joint Ownership					
国有与集体联营企业	Joint State collective					
其他联营企业	Other Joint Ownership	319	136	125	26	156
有限责任公司	Limited Liability Co.	90170	50731	16795	5267	42988
国有独资企业	State funded Co.					
其他有限责任公司	Other Limited Liability Co.	90170	50731	16795	5267	42988
股份有限公司	Share holding Co. Ltd.	67308	36448	6959	1647	29056
私营企业	Private Enterprises	262921	141827	42744	14105	110024
私营独资企业	Private funded	77826	42437	9987	3764	31763
私营合伙企业	Private Partnership	16014	10079	2181	670	5207
私营有限责任公司	Private Limited Liability Co.	158593	83870	28793	9214	68565
私营股份有限公司	Private Share holding Co. Ltd.	10489	5441	1783	458	4489
其他企业	Other	15348	7796	2716	1034	6519
港、澳、台商投资企业	**Enterprises with Investment from HK, Macao & Taiwan**	**2141**	**742**	**462**	**86**	**846**
港澳台资合资经营	Joint－venture Enterprises (HK, Macao & Taiwan)					
港澳台资合作经营	Cooperative Enterprises (HK, Macao & Taiwan)					
港澳台商独资企业	Sole Investment from HK, Macao & Taiwan	2141	742	462	86	846
港澳台商投资股份有限公司	Share－holding Co., Ltd. from HK, Macao & Ttaiwan					
外商投资企业	**Enterprises With Foreign Investment**	**10114**	**4621**	**2518**	**509**	**4991**
中外合资经营企业	Joint venture	716	140	113	36	546
中外合作经营企业	Cooperation					
外资企业	Sole Foreign Investment	9399	4481	2405	473	4445
外商投资股份有限公司	Share－holding Co. Ltd. with Foreign Investment					
按国民经济行业分	**By Sector**					
正餐服务	Dinner Services	459606	247807	75161	22286	202363
快餐服务	Fast Food Services	3632	1647	1002	186	1583
饮料及冷饮服务	Cold drink Services	3200	1920	29	960	320
其他餐饮服务	Others	4740	1560	740	154	1624

主要统计指标解释

社会消费品零售总额 指国民经济各行业直接售给城乡居民和社会集团的消费品总额。它是反映各行业通过多种商品流通渠道向居民和社会集团供应的生活消费品总量，是研究国内零售市场变动情况、反映经济景气程度的重要指标。

社会消费品零售总额包括:(1)售给城乡居民作为生活用的商品和修建房屋用的建筑材料;(2)售给社会集团的各种办公用品和公用消费品;(3)售给机关、团体、学校、部队、企业、事业单位的职工食堂和旅店(招待所)附设专门供本店旅客食用,不对外营业的食堂的各种食品、燃料;企业、单位和国营农场直接售给本单位职工和职工食堂的自己生产的产品;(4)售给部队干部、战士生活用的粮食、副食品、衣着品、日用品、燃料;(5)售给来华的外国人、华侨、港澳台同胞的消费品;(6)居民自费购买的中、西药品、中药材及医疗用品;(7)报社、出版社直接售给居民和社会集团的报纸、图书、杂志,集邮公司出售的新、旧纪念邮票、特种邮票、首日封、集邮册、集邮工具等;(8)旧货寄售商店自购、自销部分的商品;(9)煤气公司、液化石油气站售给居民和社会集团的煤气灶具和罐装液化石油气;(10)农民售给非农业居民和社会集团的商品。不包括售给国民经济各部门企业、事业单位(包括国有经济的农场)生产经营用的各种原材料、燃料、设备、工具等和售给批发零售贸易业、餐饮业作为转卖用的商品,旧货寄售商店受托寄售卖出的商品,服务业的营业收入,邮局出售邮票的收入,自来水、电力、煤气生产(供应)单位的产品供应收入,也不包括农民之间的商品销售。

批发零售贸易业商品购、销、存总额 指各种登记注册类型的批发、零售贸易业(不包括个体)企业(单位)以本企业(单位)为总体的商品购进、销售、库存总额。

商品购进总额 指从本企业(单位)以外的单位和个人购进(包括从境外直接进口)作为转卖或加工后转卖的商品总额。它反映批发零售贸易业从国内、国外市场上购进商品的总量。商品购进总额包括:(1)从工农业生产者购进的商品;(2)从出版社、报社的出版发行部门购进的图书、杂志和报纸;(3)从各种登记注册类型的批发零售贸易企业(单位)购进的商品;(4)从其他单位购进的商品,如从机关、团体、企业等单位购进的剩余物资,从餐饮业、服务业购进的商品,从海关、市场管理部门购进的缉私和没收的商品,从居民手中收购的废旧商品等;(5)从国(境)外直接进口的商品。不包括企业(单位)为自身经营用和未通过买卖行为而收入的商品以及销售退回、商品升溢等。

商品销售总额 指对本企业(单位)以外的单位和个人出售(包括对境外直接出口)的商品总额。它反映批发零售贸易业在国内市场上销售商品以及出口商品的总量。商品销售总额包括:(1)售给城乡居民和社会集团消费用的商品;(2)售给工业、农业、建筑业、运输邮电业、批发零售贸易业、餐饮业、服务业等作为生产、经营使用的商品;(3)售给批发零售贸易业作为转卖或加工后转卖的商品;(4)对国(境)外直接出口的商品。不包括出售本企业(单位)自用的废旧包装用品;未通过买卖行为付出的商品;经本单位介绍,由买卖双方直接结算,本单位只收取手续费的业务;购货退出的商品以及商品损耗和损失等。

批发零售贸易业库存 指报告期末各种登记注册类型的批发零售贸易企业(单位)已取得所有权的商品。它反映批发零售贸易企业(单位)的商品库存情况和对市场商品供应的保证程度。期末库存包括:(1)存放在批发零售贸易业经营单位(如门市部、批发站、经营处)仓库、货场、货柜和货架中的商品;(2)挑选、整理、包装中的商品;(3)已记入购进而尚未运到本单位的商品,即发货单或银行承兑凭证已到而货未到的部分,(4)寄放他处的商品,如因购货方拒绝承付而暂时存放在购货方的商品和已办完加工成品收回手续而未提回的商品;(5)委托其他单位代销(未作销售或调出)尚未售出的商品;(6)代其他单位购进尚未交付的商品。不包括所有权不属于本单位的商品、拨付除批发零售贸易业以外的其他行业所属独立核算加工厂等加工生产尚未收回成品的商品、代国家物资储备部门保管的商品等。

库存总额采用的计算价格是:农副产品采购单位按购进价计算;批发单位按进货价计算;零售单位按核算价格计算,即按什么价格核算就按什么价格计算。

餐饮业营业收入 指餐饮企业、活动单位或个体户的全部营业额,包括商品零售额和其他服务性收入。其主要反映餐饮企业、活动单位或个体户的经营情况及发展变化趋势。

餐饮业商品零售额 指餐饮企业、活动单位或个体户直接对居民和社会集团零售的各种商品。包括:(1)经烹饪、调制加工后出售的各种食品,如主食、炒菜、凉拌菜等;(2)不经加工直接转卖的各种外购商品,如卷烟、酒、饮料、熟食、水果等;(3)附设非独立核算的销售商品的小卖部出售的各种食品及其他商品。

消费品市场成交额 指从事消费品交易的商品市场的全部商品成交金额。消费品市场包括农副产品市场和工业消费品市场。

Explanatory Notes on Main Statistical Indicators

Total Retail Sales of Consumer Goods refer to the sum of retail sales of consumer goods sold by all sectors of the national economy to urban and rural residents and social groups. This indicator is used to show the supply of consumer goods through various channels to households and institutions, and is very important for the study on changes at the domestic retail market, and on economic cycles

The retail sales of consumer goods include: (1) commodities sold to urban and rural residents for their daily use and building materials sold to them for the construction or repair of houses; (2) office appliances and supplies sold to institutions; (3) food and fuels sold to canteens of institutions, enterprises, schools, military units and to canteens of hotels and hostels that only serve their guests, and commodities produced by enterprises, institutions or state farms and sold directly to their employees or their canteens; (4) grain and non staple food, clothing, daily articles and fuels sold to military personnel; (5) consumer goods sold to foreigners, overseas Chinese, and Chinese compatriots from Taiwan, Hong Kong and Macao during their stay in the mainland of China; (6) Chinese and western medicines, herbs and medical facilities purchased by residents; (7) newspapers, books and magazines directly sold to residents and social groups by publishers, new and old commemorative stamps, special stamps, first day covers, stamp albums and other stamp collection articles sold by stamp companies; (8) consumer goods purchased and then sold by second hand shops; (9) stoves and other heating facilities and liquefied gas sold by gas companies to households and institutions; and (10) commodities sold by farmers to non agricultural residents and social groups . Excluded under this heading are: raw materials, fuels, equipment, tools sold to enterprises, institutions and state farms for production purpose; commodities sold to trade establishments for reselling; commissioned sales at second hand shops; operational income of urban public utilities; stamps sold at post offices; income of water, power, gas production and supply establishments from the supply of their products; and sales of commodities among farmers.

Purchase, Sales and Stock of Commodities by Wholesale and Retail Trade refer to the purchase, sales and stock of commodities by wholesale and retail establishments of different status of registration (excluding individual sellers) .

Total Purchases of Commodities refer to the total value of purchases of commodities by the establishments from other establishments or individuals (including direct import from abroad) for the purpose of re selling, either with or without further processing of the commodities purchased. This indicator is used to show the total value of purchases of commodities by wholesale and retail establishments from domestic and overseas markets. The total purchases include: (1) agricultural and industrial products purchased from producers; (2) books, magazines and newspapers purchased from distribution departments of the publishers; (3) commodities purchased from wholesale and retail establishments of different status of registration; (4) commodities purchased from other units, such as surplus materials purchased from government agencies, enterprises or institutions, commodities purchased from catering and service establishments, confiscated goods purchased from customs authorities or market management agencies, second hand goods and wastes purchased from residents; and (5) commodities directly imported from abroad. Excluded are commodities purchased by establishments (units) for use in their own business operation, commodities obtained without buying or selling procedures, rejected commodities, etc.

Total Sales of Commodities refer to value of commodities sold by the establishments to other establishments and individuals (including direct export) . This indicator is used to show the total value of sales of commodities at domestic markets and export. The total sales include: (1) commodities sold to urban and rural residents and social groups for their consumption; (2) commodities sold to establishments in industry, agriculture, construction, transportation, post and telecommunications, wholesale and retail trades, catering trade and public utility for their production and operation; (3) commodities sold to wholesale and retail establishments for re selling, with or without further processing; and (4) commodities for direct export to other countries. Excluded are selling of waste packaging materials used by the establishments (units) themselves, commodities transferred without buying or selling procedures, commission income from brokerage in transactions whose settlement is directly handled by buyers and sellers, rejected commodities in the purchase, loss in commodities, etc.

Commodity Stock of Wholesale and Retail Enterprises refers to total commodities possessed by wholesale and retail enterprises (units) of various types of registration status at the end of the reference period, which reflects the commodity stock level of various wholesale and retail enterprises and the potential for market supply. It includes: (1) commodities located in storage, garages, counters, and shelves of operating units (such as sale stores, wholesale centers, and operating offices) of wholesale and retail enterprises; (2) commodities in the process of selecting, sorting, and packing; (3) commodities not arrived but recorded as purchase in the account, i. e. . commodities not arrived but payment receipts for the commodities from the sellers or the banks arrived; (4) commodities deposited in other places rather than places mentioned above, for instance: commodities in the hold of purchasers temporarily due to the refusal of payment and commodities not taken back after going through the formalities; (5) commodities entrusted to other units to sell but not sold yet; (6) commodities purchased for other units but not delivered yet. Commodities not included as stock are those not owned by the enterprises (units) , those allocated to financially independent factories rather than wholesale and retail enterprises for processing but not taken back yet, and finally those put in stock by wholesale and retail enterprises on behalf of the state material reserves units.

For the calculation of the value of commodities stock, the value is calculated at purchasing prices in agricultural goods purchasing units and wholesale units, and at the accounting prices in retail units.

Business Income of Catering Industryrefer to the total turnover of catering businesses, establishments or individuals, including retail sales and other services income. It reflects the operational and managerial conditions and development trend of catering businesses, establishment s and individuals in t his sector.

Retail Sales of Commodities in Catering Industryrefer to retail sales to residents and social groups by catering enterprises, establishments and individual, including: (1) various food sold after cooking and processing, such as: staple food, cooked dishes, cold and dressed dishes and so on. (2) re – selling commodities without further processing, such as: cigarettes, liquor, beverage, cooked food, fruit s and son on. (3) various food and other commodities sold in and ascent buffets with dependant accounting system.

Volume of Transaction at Free Markets for Consumer Goods refers to the value of transaction or all goods at the free trade markets for consumer goods, where markets include both free markets for farm and sideline products and for manufactured consumer goods.

十七、对外经济贸易

Foreign Trade and Economic Cooperation

资料整理：马莉莉
Arranged By Ma Lili

17－1 对外经济贸易

Foreign Trade and Economic Cooperation

指 标	Item	2000	2005	2010
进出口总额(万元人民币)	**Total Imports and Exports (RMB10 000 yuan)**	**1687811**	**4165757**	**5774292**
出口总额	Total Exports	847114	1666408	2208571
进口总额	Total Imports	840697	2499349	3565721
进出口总额(万美元)	**Total Imports and Exports(USD 10 000)**	**203596**	**516190**	**871894**
出口总额	Total Exports	102185	206489	333485
进口总额	Total Imports	101411	309701	538409
外商投资企业进出口额(万美元)	**Total Imports and Exports of Foreign－funded Enterprises (USD 10 000)**	**13597**	**82872**	**161034**
出口总额	Total Exports	11535	41547	96009
进口总额	Total Imports	2062	41325	65025
对外签订利用外资协议(合同)项目(个)	**Number of Projects for Utilization of Foreign Capital in the Signed Agreements & Contracts(unit)**	**127**	**209**	**71**
对外借款	Foreign Loans	32	12	
外商直接投资	Foreign Direct Investments	95	197	71
对外签订利用外资协议(合同)金额(万美元)	**Total Amount of Foreign Capital to Be Utilized in the Signed Agreements & Contracts(USD 10 000)**	**51273**	**161700**	
对外借款	Foreign Loans	25475	23369	
外商直接投资	Foreign Direct Investments	25798	138331	
外商其他投资	Other Foreign Investments			
实际利用外资额(万美元)	**Total Amount of Foreign Capital Actually Used(USD 10 000)**	**54819**	**140007**	**355876**
外债余额(年末)	External Debt(Year－end)	43583	21430	17420
外商直接投资	Foreign Direct Investments	11236	118577	338456
外商其他投资	Other Foreign Investments			
外商投资企业基本情况	**Registered Foreign－funded Enterprises**			
年底登记户数(户)	Number of Registered Enterprises(unit)	874	914	3693
投资总额(万美元)	Total Investment(USD 10 000)	253634	1264645	2324266
注册资本(万美元)	Registered Capital(USD 10 000)	171773	627138	1223998
# 外方	Capital from Foreign Partners	84084	407333	910119
对外经济合作(万美元)	**Economic Cooperation with Foreign Countries & Territories(USD 10 000)**			
合同金额	Contracted Value	5157	18017	2356
# 对外承包工程	Contracted Projects	1730	4613	681
对外劳务合作	Labor Services	3427	13404	1675
完成营业额	Value of Business Fulfilled	2549	6100	4511
# 对外承包工程	Contracted Projects	404	1986	3495
对外劳务合作	Labor services	2145	4114	1016

17－2 外贸进出口贸易总额

Total Imports and Exports

年 份 Year	按人民币计算(万元) RMB 10 000 Yuan			按美元计算(万美元) USD 10 000		
	进出口总额 Total Imports & Exports	出口总额 Total Exports	进口总额 Total Imports	进出口总额 Total Imports & Exports	出口总额 Total Exports	进口总额 Total Imports
1952				1062		1062
1957				1754		1754
1965				333		333
1970				554	158	396
1975				925	394	531
1978	2674	1768	906	1552	1026	526
1980	6555	3970	2585	4397	2663	1734
1981	10676	8100	2576	6008	4558	1450
1982	15733	13881	1852	8173	7211	962
1983	17615	11176	6439	9001	5711	3290
1984	28557	20661	7896	10912	7895	3017
1985	59053	43880	15173	18448	13708	4740
1986	89086	63656	25430	23937	17104	6833
1987	113130	84310	28820	30398	22654	7744
1988	141303	109390	31913	37968	29393	8575
1989	161191	125158	36033	43312	33630	9682
1990	252898	169483	83415	48430	32456	15974
1991	321692	224597	97095	59964	41865	18099
1992	507068	319168	187901	93555	58887	34668
1993	1041650	561843	479807	120283	64878	55405
1994	914685	513373	401312	106128	59565	46563
1995	937671	506785	430886	112310	60840	51470
1996	1038914	569132	469782	124981	68590	56391
1997	1086188	609458	476730	131027	73519	57508
1998	1147173	681635	465538	138581	82343	56238
1999	1330986	750028	580958	160786	90605	70181
2000	1687811	847114	840697	203596	102185	101411
2001	2109035	943996	1165039	254819	114056	140763
2002	2487279	1134776	1352503	300494	137095	163399
2003	2576975	1192581	1384394	311353	144089	167264
2004	3350865	1391710	1959155	404865	168152	236713
2005	4165757	1666408	2499349	516190	206489	309701
2006	4643967	1672155	2971812	594717	214140	380577
2007	5657121	2152965	3504156	774460	294741	479719
2008	6105451	2446445	3659006	893315	357950	535365
2009	4618493	1581088	3037405	676395	231556	444839
2010	5774292	2208571	3565721	871894	333485	538409

注：本表2003年以后数据由呼和浩特海关提供(下同)。

a) Data after 2003 in this table were obtained from the Hohhot Customs statistics. The same as in the following table.

17－3 对外贸易出口总额

Total Amount of Export Commodities

单位：万美元 (USD 10 000)

项 目	Item	2009	2010
出 口 总 额	**Total Amount**	**231556**	**333485**
按商品类别分	**By Category of Commodities**		
活动物；动物产品	Live Animals & Animal Products	2876	4223
植物产品	Vegetables, Fruits & Cereals	10870	12723
动植物油脂及分解产品；精制食用油脂；动植物蜡	Animal & Vegetable Oils, Fats & Wax, Refined Edible Oils & Fats	30	9
食品、饮料、酒及醋； 烟草及代用品的制品	Food, Beverages, Liquor & Vinegar, Tobacco & Tobacco Substitutes	9872	9589
矿产品	Minerals	2385	4123
化学工业及其相关工业的产品	Chemicals & Related Products	30611	59237
塑料及其制品；橡胶及其制品	Plastics & Related Products, Rubber & Related Products	3719	6183
生皮、皮革、毛皮及制品；鞍具挽具；旅行用品、手提包及类似物品；动物肠线制品	Raw Hides, Leather, Furs & Related Products, Saddle, Travel Articles, Handbags and Similar Containers	3754	2140
木及木制品；木炭；软木及制品；稻草、秸秆、针茅或其他编结材料制品；篮筐及柳条编结品	Wood & Wooden Products, Charcoal, Cork & Related Products, Straws, Plaited Products, Baskets & Wickerwork	4413	4717
木浆及其他纤维状纤维素浆；纸及纸板的废碎品；纸、纸板及其制品	Paper Pulp & Cellulose Pulp, Paper and Waste Paper, Paperboard & Related	818	432
纺织原料及纺织制品	Textile Materials & Products	70824	57063
鞋、帽、伞、杖、鞭及其零件；已加工的羽毛及其制品；人造花；人发制品	Footwear, Headgear, Umbrellas, Canes, Whips, Processed Feather, Artificial Flowers, Wigs	4307	4911
石料石膏水泥石棉云母及类似材料的制品；陶瓷产品；玻璃及其制品	Gypsum, Cement, Asbestos, Mica, Ceramic Glass	3373	2693
天然或养殖珍珠、宝石或半宝石、贵金属、包贵金属及其制品，仿首饰硬币	Pearls, Precious or , Jewelry Metal or Rolled Precious Metal, Artificial Jewelry, Coins	4197	27413
贱金属及其制品	Base Metals & Related Products	50039	88965
机器、机械器具、电气设备及零件；录音机及放声机、电视图象声音的录制和重放设备及零附件	Machinery, Electric Equipment & Accessories, Recorders, Video Recorder & Accessories	8924	13499
车辆、航空器、船舶及有关运输设备	Locomotives, Vehicles, Aircraft, Ship and Related Transportation Equipment	13049	31465
光学、照相、电影、计量、检验、医疗或外科用仪器设备、精密仪器及设备；钟表；乐器；及其零附件	Optical, Photos, Film, Measuring & Medical Instruments & Equipment, Clocks, Musical Instruments, Related Parts & Accessories	2631	1779
其他	Others	4864	2321
主要贸易国别、地区（按出口值排）	**Main Trade Countries or Regions**		
蒙　　古	Mongolia	54409	52790
日　　本	Japan	27115	37955
俄 罗 斯	Russia	19528	18518
美　　国	United States	15949	22849
韩　　国	South Korea	15419	29225
越　　南	Vietnam	8314	5899
中国香港	Hong Kong, China	7950	44390
印　　度	India	6808	11520
意 大 利	Italy	6335	8344
英　　国	United Kingdom	5546	3959
法　　国	France	4044	7290
印度尼西亚	Indonesia	3707	3463
马达加斯加	Madagascar	3636	3976
泰　　国	Thailand	3360	8040
德　　国	Germany	3243	4394

17－4 对外贸易出口主要商品(按出口总值排)

Main Export Commodities of Foreign Trade Ranked by Value

单位:万美元 (USD 10 000)

项 目	Item	2009	2010
针织或钩编的套头衫、开襟衫、马甲及类似品	Pullover, Carligan, Vest	16349	15204
铁合金	Ferroalloy	12482	25123
披巾、头巾、围巾、披纱、面纱及类似品	Scarf	8533	8731
针或钩织女西便服套装,上衣,裙,裙裤,长短裤	Sets of Clothes, Pants For Woman	8446	4407
抗菌素	Antibiotics	7856	11839
非醋方法制作或保藏的番茄	Tomato	7138	5372
宽≥600mm 经包、镀或涂层的普通钢铁板材	Steel Plate	7039	18535
其他合金钢板材,宽≥600mm	Alloy Steel Plates	7034	8686
货运机动车辆	Freight Moter Rehicles	5652	8069
不规则盘卷的其他合金钢热轧条、杆	Alloy	5127	10093
稀土金属、钇、钪及其混合物的化合物	Rare Earth	4709	17193
铝箔,厚度不超过 0.2 毫米	Aluminum Foil	4205	7059
动物细毛纱线,非供零售用	Animal fine Wool Yarn	4082	4740
仅热轧,宽≥600mm 普通钢铁板材	Steel Plate	3776	5684
针或钩织男西或便服套装,上衣,长短裤,马裤	Sets of Clothes, Pants For Man	3148	2186
床上、餐桌、盥洗及厨房用的织物制品	Fabric Products	3047	1143
碳酸盐;过碳酸盐;含氨基甲酸铵商品碳酸铵	Carbonate	2983	2749
经纵锯、纵切、刨切或旋切的木材,厚>6mm	Woods	2898	2119
配制的动物饲料	Animal Feed	1875	3082
橡、塑、皮革或再生革外底,皮革鞋面的鞋靴	Footwear, Leather Shoes	2635	4428
牵引车、拖拉机	Tractor	2619	7776
针织或钩编男大衣、带帽防寒短上衣、风衣等	Coat, Windbreaker	1795	1785
已梳的羊毛及动物细毛或粗毛	Wool	2135	3104
铁道及电车道铺轨用钢铁材料	Steel Materials for Railraod	2115	4928

17－5 对外贸易进口总额及主要商品

Main Import Commodities of Foreign Trade in Amount & Volume

单位:万美元 (USD 10 000)

项 目	Item	2009	2010
进口总额	**Total Import Amount**	**444839**	**538409**
按主要商品类别分	**By Categories of Commodities**		
活动物;动物产品	Live Animals & Animal Products	3073	13226
植物产品	Vegetables; Fruits & Cereals	670	255
动植物油脂及分解产品;精制食用油脂;动植物蜡	Animal & Vegetable Oils; Fats & Wax; Refined Edible Oils & Fats	1320	2700
食品、饮料、酒及醋;烟草及代用品的制品	Food; Beverages; Liquor & Vinegar; Tobacco & Tobacco Substitutes	130	499
矿产品	Minerals	186304	212988
化学工业及其相关工业的产品	Chemicals & Related Products	15011	34993
塑料及其制品;橡胶及其制品	Plastics & Related Products; Rubber & Related Products	6292	13533
生皮、皮革、毛皮及制品;鞍具挽具;旅行用品、手提包及类似物品; 动物肠线制品	Raw Hides; Leather; Furs & Related Products; Saddle;Travel Articles; Handbags & Similar Containers	2028	2915
木及木制品;木炭;软木及制品;稻草 、秸杆、针茅 或其他编结材料制品;篮筐及柳条编结品	Wood & Wooden Products; Charcoal; Cork & Related Products; Straws; Plaited Products; Baskets & Wickerwork	129266	139278
木浆及其他纤维状纤维素浆;纸及纸板的废碎品;纸、纸板及其制品	Paper Pulp & Cellulose Pulp;Paper & Waste Paper;Paperboard & Related	9524	13633
纺织原料及纺织制品	Textile Materials & Products	4045	4572
鞋、帽、伞、杖、鞭及其零件;已加工的羽毛及其制品;人造花;人发制品	Footwear; Headgear; Umbrellas;Canes; Whips; Processed Feather;Artificial Flowers; Wigs		
石料石膏水泥石棉云母及类似材料的制品;陶瓷产品;玻璃及其制品	Gypsum; Cement; Asbestos; Mica; Ceramic Glass	162	343
天然或养殖珍珠、宝石或半宝石、贵金属、包贵金属及其制品,仿首饰硬币	Natural or Cultivated Pearls; Precious or Semi－Stones; Jewelry of Precious Metal or Rolled Precious Metal;Artificial Jewelry;Coins	2500	300
贱金属及其制品	Base Metals & Related Products	9064	6717
机器、机械器具、电气设备及零件;录音机及放声机、电视图象声音的录制和重放设备及零附件	Machinery; Electric Equipment & Accessories; Recorders; Video Recorder & Accessories	62522	77588
车辆、航空器、船舶及有关运输设备	Locomotives; Vehicles; Aircraft; Ship & Related Transportation Equipment	7812	7636
光学、照相、电影、计量、检验、医疗或外科用仪器设备、精密仪器及设备;钟表;乐器;及其零附件	Optical,Photographic, Film; Measuring,Medical,Music Instruments & Equipment;Clocks;Parts & Accessories	5075	7182
其他	Others	41	51
主要进口商品(按进口总值排)	**Main Import Commodities(Ranked by Value)**		
原　木	Logs	87886	87786
石油原油及从沥青矿物提取的原油	Grude Oil	58860	24619
铜矿砂及其精矿	Copper Ores	43173	11967
锯材	Wood Sawn	40444	50542
煤炭	Coal	32334	75009
铁矿砂及其精矿	Iron Ores	28930	67697
石油,沥青矿物油类及制品	Petroleum, Asphalt	9233	10311

17－6 利用外资
Utilization of Foreign Capital

单位:万美元　　　　　　　　　　　　　　　　　　　　　　　　　　　　　　(USD 10 000)

年 份 Year	实际利用外资额 Total Amount of Foreign Capital Actually Used	外债余额 External Debt	外商直接投资 Direct Foreign Investments	外商其他投资额 Other Foreign Investments
1984	178	178		
1985	530			530
1986	664	230	136	298
1987	1120	468	109	543
1988	961	491	337	133
1989	3050	2415	42	593
1990	2530	1199	1064	267
1991	5532	5422	110	
1992	7910	7300	610	
1993	19213	10713	8093	407
1994	29086	17484	11602	
1995	61801	37696	10605	13500
1996	38355	32931	5424	
1997	44209	29076	8433	6700
1998	44253	31771	9082	3400
1999	40133	30683	9450	
2000	54819	43583	11236	
2001	47342	36466	10876	
2002	58211	35410	22801	
2003	66529	29724	36805	
2004	89664	26921	62743	
2005	140007	21430	118577	
2006	196863	22797	174066	
2007	238780	23891	214889	
2008	285556	20482	265074	
2009	318019	19634	298385	
2010	355876	17420	338456	

17－7 利用外资(按方式分,2010 年)

Utilization of Foreign Capital and Investment(by Pattern 2010)

单位:万美元 (USD 10 000)

指标	Item	实际使用金额 Used Value
总 计	**Total**	**355876**
外债余额(年末)	**External debt(Year－end)**	**17420**
外国政府贷款	Government Loans	14127
国际金融机构贷款	Loans from International Financial Organizations	
国际商业贷款	International Commercial Loans	
贸易信贷	Trade Credit	3293
外商直接投资	**Foreign Direct Investments**	**338456**
合资经营企业	Joint Ventures Enterprises	65637
合作经营企业	Cooperative Operation Enterprises	3703
外资企业	Foreign Investment Enterprises	127164
外商投资股份制企业	Foreign Investment Share Enterprises	141952
合作开发	Cooperative Development	
其 他	Others	
外商其他投资	**Other Foreign Investment**	
对外发行股票	Sale Share	
国际租赁	International Lease	
补偿贸易	Compensation Trade	
加工装配	Processing and Assembly	

17－8 按行业分外商实际直接投资额(2010 年)

Actually Used Amount of Foreign Direct Investment by Sector(2010)

单位:万美元 (USD 10 000)

行 业	Sector	2010
总 计	**Total**	**338456**
农、林、牧、渔业	Farming, Forestry, Animal Husbandry & Fishery	6800
采矿业	Mining	12878
制造业	Manufacturing	195776
电力、燃气及水的生产和供应业	Production & Supply of Electric Power, Gas & Water	83898
建筑业	Construction	
交通运输、仓储和邮政业	Transportation, Storage & Postal Services	400
信息传输、计算机服务和软件业	Information Transmission, Computer Service & Computer Software	
批发和零售业	Wholesale & Retail Trade	8832
住宿和餐饮业	Quarters & Catering	6200
金融业	Banking	441
房地产业	Real Estate	16152
租赁和商务服务业	Leasing & Commercial Services	2935
科学研究、技术服务和地质勘查业	Scientific Research,Technical Services & Geological Prospecting	129
水利、环境和公共设施管理业	Water Conservancy, Environment & Public Facilities Administration	
居民服务和其他服务业	Resident Services & Other Services	15
教育	Education	
卫生、社会保障和社会福利业	Health Care, Social Security & Social Welfare	
文化、体育和娱乐业	Culture, Sports & Recreational Services	4000
公共管理和社会组织	Public Administration & Social Organization	
国际组织	International Organizations	

17－9 年末登记外商投资企业行业分布(2010 年)
Sector Distribution Registered of Foreign－Funded Enterprises(2010)

行 业	Sector	企业数(户) Number of Registered Enterprises (unit)	投资总额 (万美元) Total Investment (USD 10 000)	注册资本 (万美元) Registeres Capital (USD 10 000)	#外方 Capital Invested by Foreign Partner
总 计	**Total**	**3693**	**2324266**	**1223998**	**910119**
农、林、牧、渔业	Farming, Forestry, Animal Husbandry & Fishery	75	37522	24174	21577
采矿业	Mining	75	124606	77165	54843
制造业	Manufacturing	428	775337	420544	290891
电力、燃气及水的生产和供应业	Production & Supply of Electric Power, Gas & Water	63	911243	438447	320287
建筑业	Construction	19	8427	4870	1804
交通运输、仓储和邮政业	Transportation, Storage & Postal Services	69	14175	9527	6342
信息传输、计算机服务和软件业	Information Transmission, Computer Service & Software	2028	55295	35283	35283
批发和零售业	Wholesale & Retail Trade	190	153568	83600	59665
住宿和餐饮业	Quarters & Catering	73	54484	23978	20543
金融业	Banking	42	8105	4397	3900
房地产业	Real Estate	32	38183	21361	19920
租赁和商务服务业	Leasing & Commercial Services	63	67588	45735	44845
科学研究、技术服务和地质勘查业	Scientific Research, Tech Services & Geological Prospecting	38	44939	18462	15821
水利、环境和公共设施管理业	Water Conservancy, Environment & Public Facilities Administration	10	19501	10320	9770
居民服务和其他服务业	Resident Services & Other Services	27	5736	4024	2704
教育	Education	5	24	21	6
卫生、社会保障和社会福利业	Health Care, Social Security & Social Welfare	2	245	165	79
文化、体育和娱乐业	Culture, Sports & Recreational Services	9	5287	1924	1837
公共管理和社会组织	Public Administration & Social Organization				
其他行业	Others	445			

17-10 对外经济合作

Economic Cooperation with Foreign Countries or Territories

年份 Year	合同数 (份) Number of Contracts (copy)	合同金额 (万美元) Contracted Value (USD 10 000)	完成营业额 (万美元) Value of Business Fulfilled (USD 10 000)
总计 Total			
1976-1988	2	613	337
1989-1999	1332	74124	40190
2000	80	5157	2549
2001	84	5403	2511
2002	110	7440	5092
2003	120	7510	2742
2004	120	55958	6082
2005	92	18017	6100
2006	109	19800	6710
2007	129	22131	8032
2008	120	18232	7110
2009	41	3889	4776
2010	19	2356	4511
对外承包工程 Contracted Projects			
1976-1988			
1989-1999	111	15079	8954
2000	9	1730	404
2001	10	3630	1561
2002	24	5040	2622
2003	16	3366	1385
2004	2	21	735
2005	8	4613	1986
2006	15	13595	4177
2007	3	13645	5057
2008	9	5233	4481
2009	2	701	3126
2010	3	681	3495
对外劳务合作 Labor Cooperation			
1976-1988	2	613	337
1989-1999	1207	58111	31054
2000	71	3427	2145
2001	74	1773	950
2002	86	2400	2470
2003	104	4144	1357
2004	118	55937	5347
2005	84	13404	4114
2006	94	6205	2533
2007	126	8486	2975
2008	111	12999	2629
2009	39	3188	1650
2010	16	1675	1016

主要统计指标解释

进出口总额 海关进出口总额指实际进出我国国境的货物总金额。包括对外贸易实际进出口货物,来料加工装配进出口货物,国家间、联合国及国际组织无偿援助物资和赠送品,华侨、港澳台同胞和外籍华人捐赠品,租赁期满归承租人所有的租赁货物,进料加工进出口货物,边境地方贸易及边境地区小额贸易进出口货物(边民互市贸易除外),中外合资经营企业、中外合作经营企业、外商独资企业进出口货物和公用物品,到日离岸价格在规定限额以上的进出口货样和广告品(无商业价值、无使用价值和免费提供出口的除外),从保税仓库提取在中国境内销售的进口货物,以及其他进出口货物。进出口总额用以观察一个国家在对外贸易方面的总规模。我国规定出口货物按离岸价格统计,进口货物按到岸价格统计。

商品经营单位所在地进、出口额 指所在地海关注册登记的有进出口经营权的企业实际进、出口额。

利用外资 指我国各级政府、部门、企业和其他经济组织通过对外 借款、吸收外商直接投资以及用其他方式筹措的境外现汇、设备、技术等。

对外借款 是我国利用外资的重要部分。指通过对外正式签订借款 协议,从境外筹措的资金 ,包括外国政府贷款、国际金融组织贷款、外国银行商业贷款、出口信贷以及对外发行债券等。1996年及以前还包括对外发行股票。

外商直接投资 指外国企业和经济组织或个人(包括华侨、港澳台胞以及我国在境外注册的企业)按我国有关政策、法规,用现汇、实物、技术等在我国境内开办外商独资企业、与我国境内的企业或经济组织共同举办中外合资经营企业,合作经营企业或合作开发资源的投资(包括外商投资收益的再投资),以及经政府有关部门批准的项目投资总额内企业从境外借入的资金。

外商其他投资 指除对外借款和外商直接投资以外的各种利用外资的形式。包括企业在境内外股票市场公开发行的以外币计价的股票(目前主要是在香港证券市场发行的H股和在境内证券市场发行的B股)发行价总额,国际租赁进口设备的应付款,补偿贸易中外商提供的进口设备、技术、物料的价款,加工装配贸易中外商提供的进口设备、物料的价款。

对外承包工程 指各对外承包公司以招标议标承包方式承揽的下列业务:(1)承包国外工程建设项目,(2)承包我国对外经援项目,(3)承包我国驻外机构的工程建设项目,(4)承包我国境内利用外资进行建设的工程项目,(5)与外国承包公司合营或联合承包工程项目时我国公司分包部分,(6)对外承包兼营的房屋开发业务。对外承包工程的营业额是以货币表现的本期内完成的对外承包工程的工作量,包括以前年度签订的合同和本年度新签订的合同在报告期内完成的工作量。

对外劳务合作 指以收取工资的形式向业主或承包商提供技术和劳动服务的活动。我国对外承包公司在境外开办的合营企业,中国公司同时又提供劳务的,其劳务部分也纳入劳务合作统计。劳务合作营业额按报告期向雇主提交的结算数(包括工资、加班费和奖金等)统计。

对外设计咨询 指以服务成果向业主收费的技术服务项目。包括承担地形地貌测绘,地质资源勘探与普查,建设区域规划,提供设计文件、图纸、生产工艺技术资料和工程技术经济咨询,工程项目的可行性考察、研究和评估,进行技术指导和培训人员等;也包括承担国(境)内利用外资进行建设的工程项目的上述规定的设计咨询项目的收取外币部分。

Explanatory Notes on Main Statistical Indicators

Total Imports and Exports at Customs refer to the value of commodities imported into and exported from the boundary of China. They include the actual imports and exports through foreign trade, imported and exported goods under the processing and assembling trades and materials, supplies and gifts as aid given gratis between governments and by the United Nation and other international organizations, and contributions donated by over seas Chinese, compatriots in Hong Kong and Macao and Chinese with foreign citizenship, leasing commodities owned by tenant at the expiration of leasing period, the imported and exported commodities processed with imported materials, commodities trading in border areas(excluding mutual exchange goods) , the imported and exported commodities and articles for public use of the Sino foreign joint ventures, cooperative enterprises and ventures exclusively with foreign own investment. Also included are import or export of samples and advertising goods for whose CIF or FOB value are beyond the permitted ceiling (excluding goods of no trading or use value and free commodities for export) , imported goods sold in China from bonded warehouses and other imported or exported goods. The indicator of the total imports and exports at customs can be used to ob serve the total size of external trade in a country. In accordance with the stipulation of the Chinese government, imports are calculated at CIF, while exports are calculated at FOB

Import and Export Value by Location of China's Foreign Trade Managing Units refers to actual value of imports and exports carried out by corporations which have been registered by the local customhouse and are vested with right to run import export business.

Utilization of Foreign Capital refers to remittance, equipment and technology financed from abroad, by loans, foreign direct investment and other forms undertaken by the Chinese governments at all levels by various departments, enterprises and other economic units.

Foreign Borrowings an important part of China's utilization of foreign capital, it refers to funds borrowed from abroad through formal signing o f borrowing agreements with foreign institutions, including loans of foreign governments, loans of international financial institutions, commercial loans of foreign banks, export credit, and funds raised by Chinese bonds (and shares before 1996) issued abroad.

Direct Investment by Foreign Entrepreneurs refers to the investments inside China by foreign enterprises and economic organizations or individuals (including overseas Chinese, compatriots from Hong Kong and Macao, and Chinese enterprises registered abroad) , following the relevant policies and laws of China, for the establishment of ventures exclusively with foreign own investment, Sino - foreign joint ventures and cooperative enterprises or for co operative exploration of resources with enterprises or economic organizations in China. It includes the re investment of the foreign entrepreneurs with the profits gained fro m the investment an d the funds that enterprises borrow from abroad in the total investment of projects which are approved by the relevant department of the government.

Other Investment by Foreign Entrepreneurs refers to all forms of utilization of foreign capitals other than foreign borrowings and foreign direct investment. It includes the total value of stock shares in foreign currencies issued by enterprises at domestic or foreign stock exchanges (now mainly consisting of H shares issued at Hong Kong Security Market and B shares issued at domestic security markets) , rent payable for the imported equipment through international leasing arrangement, cost of imported equipment, technology and materials provided by foreign counterparts in compensation trade and processing and assembly trade.

Contracted Projects with Foreign Countries refer to projects undertaken by Chine se contractors (project contracting companies) through bidding process. They include: (1) overseas civil engineering construction projects financed by foreign investors; (2) overseas projects financed by the Chinese government through its foreign aid programs; (3) construction projects of Chinese diplomatic missions, trade offices and other institutions stationed abroad; (4) construction projects in China financed by foreign investment; (5) subcontracted projects to be taken by Chinese contractors through a joint umbrella project with foreign contractor; (6) housing development projects. The business income from international contracted projects is the work volume of contracted projects completed during the reference period, expressed in monetary terms, including completed work on projects signed in previous years.

Service Cooperation with Foreign Countries refers to the activities of providing technology and labour services to employers or contractors in the forms of receiving salaries and wages. Labour services providing by contractual joint venture s of Chinese international contracting corporations should be included in the statistics of service cooperation with foreign countries. The business income of labour service co – operation is the income in the form of wages and salaries, over time pay, bonuses and other remuneration received from the employers during the reference period.

Overseas Design and Consultation Service refers to projects wit h charges for technical services from overseas operators. It includes geographic and topographic mapping, geological resource prospecting and survey, planning of construction areas, provision of design documents, blueprints, materials on production process and techniques, as well as engineering, technical and economic consultation, and feasibility study, research and evaluation of projects. Also included under this category are the abovementioned services of foreign financed projects in China that are paid in foreign currencies.

十八、旅游

Tourism

资料整理：沙仁高娃
Arranged By Sharen Gaowa

18－1 旅游业基本情况
Basic Statistics on Tourism

指 标	Item	2000	2005	2010
旅行社总数(个)	**Total Number of Agencies(unit)**	**88**	**404**	**716**
国际旅行社	International Travel Agencies	25	40	40
国内旅行社	Domestic Travel Agencies	63	364	676
旅行社职工人数(人)	**Number of Staff and Workers of Travel Agencies(person)**	**1075**	**2051**	**6309**
国际旅行社	International Travel Agencies	562	480	
国内旅行社	Domestic Travel Agencies	513	1571	
星级宾馆个数(个)	**Total Number of Stars Hotel(unit)**		**202**	**263**
入境旅游人数(人次)	**Total Number of International Tourists Inbound (person－times)**	**391970**	**1001635**	**1428015**
外国人	Foreigners	384000	995007	1400197
华 侨	Overseas Chinese			
港澳同胞	Compatriots from Hong Kong and Macao	2814	5550	17823
台湾同胞	Compatriots from Taiwan	5156	1078	9995
国内居民出境总人数(人次)	**Total Number of Domestic Resident Outbound(person－times)**	**19425**	**25808**	**31100**
#旅行社组织出境游	For Private Purpose	19425	25808	31100
国内旅游人数(万人次)	**Number of Domestic Tourism (10 000 person times)**	**735**	**2062**	**4478**
旅游总收入(亿元人民币)	**Income of Tourism(100 million yuan)**	**42.72**	**208.09**	**732.70**
国际旅游外汇收入（万美元）	Earnings from International Tourism (USD 10 000)	12645	35207	60190
国内旅游收入(万元人民币)	Earnings from Domestic Tourism (10 000 yuan)	322300	1797200	6929200
人均花费(元/天)	Per Capita Spending(yuan/day)	410.4	477	520

18-2 接待外国旅游人数

Number of Foreign Tourists by Country

国别(地区)	country(district)	2009	2010
入境旅游人数总计(人次)	**Total Number of Entry Tourists(person times)**	**1289600**	**1428015**
外国人(包括外籍华人)	Foreigners(Including Chinese owning foreign nationality)	1266149	1400197
日 本	Japan	42092	44617
菲 律 宾	Philippines	787	389
新 加 坡	Sigapore	3478	3535
美 国	United States	12695	11925
加 拿 大	Canada	3607	2176
英 国	United Kingdom	4725	4546
德 国	Federal Republic of Germany	8844	8386
法 国	France	4065	2465
意 大 利	Italy	2756	3539
瑞 士	Switzerland	1303	904
荷 兰	Netherlands	75	916
澳 大 利 亚	Australia	4241	2693
新 西 兰	New Zealand		
俄 罗 斯	Russia	389727	499780
蒙 古	Mongolia	738743	758684
华 侨	Overseas Chinese		
港澳台同胞	Chinese Compatriots from Hong Kong, Macao and Taiwan	23484	27818
旅游者平均逗留天数(天)	**Average Days of Tourist Staying(day)**	**2.70**	**2.78**
外国人(包括外籍华人)	Foreigners(Including Chinese owing foreign nationality)	2.68	2.75
华 侨	Overseas Chinese		
港澳台同胞	Chinese Compatriots from Hong Kong, Macao and Taiwan	3.20	3.63

18－3 入境旅游外汇收入
Foreign Exchange Earnings

项目	Item	2009	2010
旅游外汇收入总额(万美元)	**Foreign Exchange Earnings (USD 10000)**	**55831**	**60190**
长途交通费	Long Distance Transportation	13957	13904
#飞机	Air	10552	9751
火车	Railway	1898	1625
汽车	Highway	1507	2528
住宿	Accommodation	4634	4755
餐饮	Cater	3462	3431
景区游览	Visiting	1787	2528
娱乐	Entertainment	2233	4755
购物	Shopping	22332	24076
市内交通	Local Transportation	614	2167
邮电通讯	Postal and Communication	2345	903
其他	Other	4187	3672

18－4 入境旅游情况
Condition of International Tourism

项目	Item	2009	2010
入境旅游总人数(万人次)	**Overseas Visitor Arrivals (10 000 person－times)**	**128.96**	**142.80**
满洲里	Manzhouli City	37.83	48.72
二连浩特	Erlianhaote City	61.95	60.57
入境旅游创汇(万美元)	**Foreign Exchange Earning (10 000 yuan)**	**55831**	**60190**
满洲里	Manzhouli City	17356	24411
二连浩特	Erlianhaote City	20140	16419

主要统计指标解释

旅游人数　包括入境国际旅游者人数、出境居民人数和国内旅游者人数。

(1)入境国际旅游者人数:指来中国参观、访问、旅行、探亲、访友、休养、考察、参加会议和从事经济、科技、文化、教育、宗教等活动的外国人、华侨、港澳同胞和台湾同胞的人数。不包括外国在我国的常驻机构,如使领馆、通讯社、企业办事处的工作人员;来我国常住的外国专家、留学生以及在岸逗留不过夜人员。

(2)出境居民人数:指大陆居民因公务活动或私人事务短期出境的人数。公务活动出境居民人数包括在国际交通工具上的中国服务员工,因私出境居民人数不包括在国际交通工具上的中国服务员工。

(3)国内旅游者人数:指我国大陆居民和在我国常住1年以上的外国人、华侨、港澳台同胞离开常住地在境内其他地方的旅游设施内至少停留一夜,最长不超过6个月的人数。

国际旅游(外汇)收入　指入境旅游的外国人、华侨、港澳同胞和台湾同胞在中国大陆旅游过程中发生的一切旅游支出,对于国家来说就是国际旅游(外汇)收入。

国际旅行社　指经营对外招徕并接待外国人、华侨、港澳同胞和台湾同胞来中国、归国或回内地旅游业务的旅行社。

国内旅行社　指负责经营招徕、组团、接待国内旅客的旅游业务,以及不对外招徕,负责经营接待国际旅行社或其它涉外部门组织的外国人、华侨、港澳同胞和台湾同胞来中国、归国或回内地的旅游业务的旅行社。

星级饭店　指已评定星级的饭店。

Explanatory Notes on Main Statistical Indicators

Number of Tourists include international tourists entering into China, Chinese residents going abroad and domestic tourists.

(1) International tourists refer to foreigners, overseas Chinese, Chinese compatriots from Hong Kong, Macao and Taiwan coming to China for sightseeing, visits, tours, family reunions, vacations, study tours, conferences and other activities of a business, scientific and technological, cultural, educational and religious nature. It does not include representatives and employees of resident institutions of foreign countries in China such as embassies, consulates, news agencies and offices of foreign companies and organizations, nor does it include long term foreign experts or students residing in China, or persons in transition without spending a night in China.

(2) Chinese residents going abroad refer to Chinese residents going abroad for short terms for either public business or private purposes. Chinese employees working on international transport carriers are included in those going abroad for public business purpose, not in those for private purpose.

(3) Domestic tourists refer to residents of the mainland of China who stay for one night at least, but no more than 6 months at tourist facilities in other places than their permanent residence within the territory of the mainland China, including foreigners, overseas Chinese and Chinese compatriots from Hong Kong, Macao and Taiwan who have resided in China for over one year.

Foreign Exchange Earnings from International Tourism refer to the total expenditures of foreigners, overseas Chinese, Chinese compatriots from Hong Kong, Macao and Taiwan during their stay in the mainland of China, which are earnings of foreign exchange from international tourism from the point of view from China.

International Travel Agencies refer to travel agencies engaged in the promotion, solicitation, organization and reception of tours to the mainland of China by foreigners, overseas Chinese, Chinese compatriots from Hong Kong, Macao and Taiwan.

Domestic Travel Agencies refer to travel agencies engaged in the promotion, solicitation, organization and reception of domestic tourists, and in the reception of foreigners, overseas Chinese, Chinese compatriots from Hong Kong, Macao and Taiwan organized by international travel agencies or other departments concerned, without their own promotion and solicitation programs.

Star – hotels refer to hotels rated with stars.

2011 NEI MENG GU

十九、金融和保险

Banking and Insurance

资料整理：张利珍
Arranged By Zhang Lizhen

19－1 银行业金融机构、人员数(2010 年末)

Number of Institutions and Persons Engaged in Finance System(End of 2010)

项 目	Item	机构数(个) Number of Institutions (unit)	年末人数(人) Number of Staff and Workers (person)
总计	**Total**	**4627**	**83386**
政策性银行	Policy－related Bank	85	2096
国家开发银行	State Development Bank	1	126
中国农业发展银行	Agricultural Development Bank of China	84	1970
国有商业银行	State－owned Commercial Bank	1576	39010
中国工商银行	Industrial and Commercial Bank of China	444	12620
中国农业银行	Agricultural Bank of China	588	12763
中国银行	Bank of China	241	5108
中国建设银行	Construction Bank of China	288	7970
交通银行	Bank of Communications	15	549
股份制商业银行	Joint－stock Commercial Bank	32	1408
中信银行	China Citic Bank	7	330
中国光大银行	China Everbright Bank	1	99
华夏银行	Hua Xia Bank	7	302
招商银行	China Merchants Bcmk	7	322
上海浦东发展银行	Shanghai pudong Development Bank	9	244
兴业银行	Industrial Bank	1	111
城市商业银行	City Commercial Bank	224	6434
农村合作金融机构	Rural Cooperative Financial Institutions	2264	29191
农村信用社	Rural Credit Cooperatives	1962	25791
农村商业银行	Rural Commercial Bank	48	550
农村合作银行	Rural Coopeyation Bank	254	2850
新型农村金融机构	New Rural Financial Institutions	37	812
村镇银行	Rural and Taon Bank	34	764
贷款公司	Loan Corporation	1	34
农村资金互助社	Rural Fund Cooperation Society	2	14
非银行金融机构	Non－bank Finance Institutions	3	230
企业集团财务公司	Corporate Finance Companies	1	9
信托公司	Trust Corporation	2	221
邮政储蓄银行	Postal Sauings Bank	402	4051
资产管理公司	Asset Management Corporation	3	133
外资金融机构	Foreign Financial Institutions	1	21

19－2 金融机构人民币存、贷款年末余额

Saving Deposits and Loans of Financial Institutions at Year－end

单位:万元　　(10 000 yuan)

年 份 Year	各项存款 余额合计 Depoits	# 企业存款 Depoits of Enterprises	# 城乡储蓄存款 Urban and Rural Savings Deposits	各项贷款 余额合计 Loans	# 工业贷款 Loans to Industrial Enterprises	# 商业贷款 Loans to Commercial Enterprises	# 农业贷款 Agricultural Loans
1949	140	120		195	92	91	12
1950	1525	635	119	767	75	459	233
1951	4227	1619	219	3312	402	2163	747
1952	9034	3161	397	7089	593	5017	1479
1953	9937	3543	590	16492	1367	13360	1765
1954	12477	4223	1256	33777	2146	29908	1723
1955	17259	4126	1235	40223	2445	36242	1536
1956	15456	6427	2426	40576	3745	30496	6330
1957	19212	5527	3456	45042	3536	36810	4696
1958	50202	14707	5481	66279	12923	48083	5273
1959	62204	11976	7776	140589	49725	86119	4745
1960	83174	14756	10272	177063	85910	84703	6450
1961	76297	19608	5616	173300	59865	105884	7551
1962	66097	31248	3708	140530	37211	93696	9623
1963	63565	27446	4144	107154	25294	73514	8346
1964	86304	19796	5885	98027	25451	72465	111
1965	76946	22060	6913	102246	24133	77336	777
1966	91036	29410	7386	134554	30299	92977	11278
1967	85323	29687	7814	146590	44634	89084	12872
1968	94204	34411	8380	154190	51580	89045	13565
1969	84049	33112	7068	174312	61467	97906	14939
1970	98931	35109	7844	233001	68242	150137	14622
1971	105614	39136	9504	268530	82034	172315	14181
1972	102931	40288	11994	260678	77738	165836	17104
1973	127154	51746	14163	279108	88418	167532	23158
1974	123097	50332	15959	292432	91734	174258	26440
1975	148439	68452	17464	318410	92559	196711	29140
1976	153865	70737	18552	345268	95167	216124	33977
1977	162209	67821	21908	367586	97370	231722	38494

19－2 续表 continued

单位:万元 (10 000 yuan)

年 份 Year	各项存款余额合计 Deposits	# 企业存款 Deposits of Enterp－rises	# 城乡储蓄存款 Urban & Rural Savings Deposits	各项贷款余额合计 Loans	# 工业贷款 Loans to Industrial Enterprises	# 商业贷款 Loans to Commercial Enterprises	# 农业贷款 Agricu－ltural Loans	# 基建贷款 Loans for Capital Constr－uction	# 技改贷款 Loans for Technical Innovation
1978	164678	67214	25307	403314	110930	246495	45889		
1979	206997	75522	33092	436393	120396	256689	52236		
1980	231227	82688	48642	492949	129636	289980	67516		5677
1981	296065	103970	63106	558697	141810	330354	68239		14667
1982	364613	114791	84452	620194	148745	355038	73375	15587	26437
1983	442119	121952	112569	710563	175272	402264	75706	24778	28525
1984	500609	169826	155599	809114	219008	434714	86724	24767	32332
1985	560822	165393	210077	905412	275658	490451	89030	22465	42905
1986	782114	291284	290738	1291351	373446	590163	99373	48935	82523
1987	971166	337985	389691	1520239	436267	689530	114882	93458	188982
1988	1198527	401268	508287	1802119	537013	819194	126932	66132	119188
1989	1360860	382088	679584	2127588	681802	944070	139861	78510	139794
1990	1697712	424678	934355	2729173	869405	1272231	158545	109050	158675
1991	2057796	483906	1193618	3268535	1017327	1447576	188438	229244	201602
1992	2628246	783031	1497165	3951616	1153695	1683779	229783	353655	275853
1993	3505394	773581	2321390	5297191	1379014	2033053	427737	603560	327876
1994	4577562	1135970	3183199	6743662	1617514	2290203	229180	1054354	382402
1995	5663419	1303563	4108239	8198675	1879398	2566713	428884	1535360	466283
1996	7037693	1651490	5053804	10029833	2215841	3025593	510457	2011886	547128
1997	8455291	1993334	6050130	11721737	2518926	3467961	582678	2565495	587911
1998	9966107	2233337	7075160	13187511	2813556	3764324	533490	2885535	652933
1999	10923695	2512228	7976283	13641685	2649791	3794411	614282	3005261	636275
2000	12701349	3041165	8757399	13407383	2313181	3565930	692289	2513615	577427
2001	14987869	3750596	9867305	14707493	2570704	3437091	874092	3041254	594685
2002	17352559	4227073	11381038	16497795	2795982	3402539	1041324	4280175	139797
2003	20909846	5442363	13556610	19241312	3264636	3121745	1136558	5342779	222438
2004	25763691	6900717	16038752	22397621	3330576	2956277	1412981	6897652	302228
2005	32981538	8448175	19735996	25885704	3216173	3465313	1750056	8841665	358323
2006	40365605	10326769	22713442	32051943	4561123	3548955	1921286	11503692	259640
2007	49537024	13645713	25419224	37677360	4953807	3763969	2294291	13216458	188389
2008	63410312	17526198	32116628	45278595	5447082	4196462	3138133	15953891	410905
2009	83736999	26590936	39139510	62925233	6408156	4908094	4514951	23102340	668800
2010	102786934	31072851	46181090	79194745					

19－3 金融机构人民币信贷收支
Sources and Uses of Credit Funds of Financial Institutions

单位:万元 (10 000 yuan)

项 目	Item	2010
各项存款	**Deposits**	**102786934**
# 企业存款	Deposits of Enterprises	31072851
财政存款	Treasury Deposits	5426624
机关团体存款	Deposits of Government Agencies and Organizations	9530254
储蓄存款	Savings Deposits	46181090
# 定 期	Fixed Deposits	18645947
农业存款	Agricultural Deposits	2892612
其他类存款	Other Deposits	7683503
各项贷款	**Loans**	**79194745**
境内贷款	Domestic Loans	79194745
短期贷款	Short－term Loans	27094123
# 个人贷款及透支	Personal Loans & Overdraw	7629536
单位普通贷款及透支	Unit Loans & Overdraw	18748873
普通并购贷款	Ordinary Loans	
银团贷款	Syndicated Loans	102825
贸易融资	Trade Financing	612890
境外筹资转贷款	Overseas Financing Loans	
中长期贷款	Medium－term & Long－term Loans	51365257
个人贷款	Personal Loans & Overdraw	10346807
单位普通贷款	Unit Loans & Overdraw	39689837
普通并购贷款	Ordinary Loans	11000
银团贷款	Syndicated Loans	1317613
贸易融资	Trade Financing	
境外筹资转贷款	Overseas Financing Loans	
融资租赁	Renting by Circulated Fund	24
票据融资	Circulated Fund by Bills	730937
# 贴现	Discounting	730937
各项垫款	Money Advanced	4405
境外贷款	**Foreign Loans**	

19-4 国有商业银行人民币信贷收支(年末余额,2010年)

Sources and Uses of Credit Funds of Stated - owned Commercial Banks At the End of Year(2010)

单位:万元 (10 000 yuan)

项 目	Item	2010
各项存款	**Deposits**	**54926624**
#企业存款	Deposits of Enterprises	17693704
机关团体存款	Deposits of Government Agencies and Organizations	7377409
储蓄存款	Savings Deposits	27650319
#定期	Fixed Deposits	11412996
农业存款	Agricultural Deposits	92162
其他类存款	Other Deposits	2113030
各项贷款	**Loans**	**39992111**
境内贷款	**Domestic Loans**	**39992111**
短期贷款	Short - term Loans	8311877
#个人贷款及透支	Personal Loans & Overdraw	691296
单位普通贷款及透支	Unit Loans & Overdraw	7029280
普通并购贷款	Ordinary Loans	
银团贷款	Syndicated Loans	4000
贸易融资	Trade Financing	587301
境外筹资转贷款	Overseas Financing Loans	
中长期贷款	Medium - term & Long - term Loans	31290914
个人贷款	Personal Loans & Overdraw	6243255
单位普通贷款	Unit Loans & Overdraw	24564060
普通并购贷款	Ordinary Loans	
银团贷款	Syndicated Loans	483599
贸易融资	Trade Financing	
境外筹资转贷款	Overseas Financing Loans	
融资租赁	Renting by Circulated Fund	
票据融资	Circulated Fund by Bills	387400
#贴现	Discounting	387400
各项垫款	Money Advanced	1920
境外贷款	**Foreign Loans**	

19-5 金融机构人民币存款基准利率

Legal Interest Rates on Deposits of Financial Institutions

单位:年利率%　　　　(annual interest rate %)

项 目	Item	2008年 12月23日 Dec. 23, 2008	2010年 10月20日 Oct. 20, 2010	2010年 12月26日 Dec. 26, 2010
活期存款	**Demand**	**0.36**	**0.36**	**0.36**
定期存款	**Time**			
#整存整取	Lump - sum time			
三个月	3Months	1.71	1.91	2.25
半年	6Months	1.98	2.20	2.50
一年	1Year	2.25	2.50	2.75
二年	2Year	2.79	3.25	3.55
三年	3Year	3.33	3.85	4.15
五年	5Year	3.60	4.20	4.55
#零存整取、整存零取、存本取息	Installment fixed deposits admission is the entire deposit			
一年	1Year	1.71	1.91	2.25
三年	3Year	1.98	2.20	2.50
五年	5Year	2.25	2.50	2.75
#定活两便	Time - demand Deposit	一年内定期整存整取同档次利率打六折	一年内定期整存整取同档次利率打六折	一年内定期整存整取同档次利率打六折
协定存款	**Negotiated Deposit**	**1.17**	**1.17**	**1.17**
通知存款	**Call Deposit**			
一天	1day	0.81	0.81	0.81
七天	7day	1.35	1.35	1.35

19－6 金融机构人民币贷款基准利率

Legal Interest Rates on Loans of Financial Institutions

单位：年利率%　　　　(annual interest rate%)

项 目	Item	2008年12月23日 Dec. 23, 2008	2010年10月20日 Oct. 20, 2010	2010年12月26日 Dec. 26, 2010
短期贷款	**Short－term Loans**			
六个月以内(含六个月)	6 months	4.86	5.10	5.35
六个月至一年(含一年)	6 months to one year	5.31	5.56	5.81
中长期贷款	**Medium－term & Long－term Loans**			
一至三年(含三年)	1 to 3 years	5.40	5.60	5.85
三至五年(含五年)	3 to 5 years	5.76	5.96	6.22
五年以上	More than 5 years	5.94	6.14	6.40
贴现	**Discounting**	以再贴现利率为下限加点确定	以再贴现利率为下限加点确定	以再贴现利率为下限加点确定
个人住房公积金贷款	Personal Housing Accumulation Fund Loan			
五年以下(含五年)	Less than 5 years	3.33	3.50	3.75
五年以上	More than 5 years	3.87	4.05	4.30

19－7 上市公司情况

Summary for Number of Listed Companies

单位：个　　　　(unit)

年 份 Year	全区合计 All Region	上交所 Shanghai Stock Exchange	深交所 Shenzhen Stock Exchange	#仅发A股公司 A share Only	#仅发B股公司 B share Only	H股 H share	增发A股公司 A Share Add
1994	1	1		1			
1995	1	1			1		
1996	4	1	3	4			
1997	5	3	2	4	1		
1998	2	2		2			
1999	1	1		1			
2000	5	5		5			
2001	1	1		1			1
2002							2
2003							
2004	2	1		1		1	
2005	1	1		1			
2006							
2007	1		1	1			
2008							
2009							
2010	1		1	1			

19-8 股票发行筹资情况
Issuing Summary for Stocks

年 份 Year	股票发行量 (万股) Amount Issued (10 000 shares)	A 股 A share	B 股 B share	A、B 股配股 A & B Shares Rights Issued	H 股 H share	股票筹资额 (亿元) Raised Capital (100 million yuan)	A 股 A share	B 股 B share	A、B 股配股 A & B Shares Rights Issued	H 股 H share
1989	1820	1820				0.5	0.5			
1994	5000	5000				1.95	1.95			
1995	11000		11000			4.38	4.38			
1996	6520	5020		1500		3.46	2.86		0.60	
1997	51800	22200	16600	13000		25.36	10.83	5.61	8.92	
1998	32852	13100	19752	22.72		8.37		14.35		
1999	13095			13095		9.71		9.71		
2000	38230	30800		7430		32.58	24.10		8.48	
2001	44720	43000		1720		33.84	31.57		2.27	
2002	15896	15896				17.95	17.95			
2003	1258			1258		7.84			7.84	
2004	40000	5000			35000	17.78	3.49			14.29
2005	14000	14000				4.68	4.68			
2006										
2007	7800	7800				8	8			
2008						57.21	57.21			
2009						47.88	47.88			
2010	1900	1900				5.5	5.5			

19－9 中资保险公司业务技术指标(2010 年)

Economic and Technical Indicators of Insurance Companies Funded With Chinese Capital(2010)

项 目	Item	保险金额 (亿元) Amount Insured (100 million yuan)	保费收入 (万元) Premium (10 000 yuan)	赔款及给付 (万元) Claim and Payment (10 000 yuan)
总 计	**Total**	**37989**	**1988380**	**594522**
财产保险	**Property Insurance**	**17829**	**962682**	**420399**
企业财产险	Enterprise Property Insurance	6693	52439	20169
家庭财产险	Family Property Insurance	593	10880	1184
机动车辆险	Motor Vehicle Insurance	6160	714537	290321
货物运输险	Freight Transport Insurance	295	5934	1931
建筑、安装工程	Construction and Installation Projects	505	8657	2110
其它财产保险	Other Property Insurance	5	155	59
责任险	Liability Insurance	3346	16451	6130
产品责任险	Products Liability Insurance	11	445	82
雇主责任险	Employers Liability Insurance	99	2730	1542
公众责任险	Public Liability Insurance	3031	10843	3648
其它责任险	Other Liability Insurance	205	2434	858
信用保险	Credit Insurance			
保证保险	Guarantee Insurance	37	4764	716
农业保险	Agriculture Insurance	195	148866	97778
人身保险	**Life Insurance**	**20160**	**1025698**	**174123**
寿险	Life Insurance	1806	909441	137012
健康险	Health Insurance	4320	71241	24412
人身意外伤害险	Unforeseen Human Injury Insurance	14034	45017	12699

19－10 财产保险业务收入与赔付(2010 年)

Premiums and Claim & Payment of Property Insurance(2010)

单位:万元 (10 000 yuan)

项 目	Item	保险金额 Amount Insured	保费收入 Promiums	已决赔款 Indrmnity	未决赔款 Loss Asse－ssment of Unsettled Claims
财产保险	**Property Insurance**	**178292367**	**962682**	**394046**	**125670**
# 企业财产险	Enterprise Property	66931670	52439	19139	12200
家庭财产险	Family Property	5930423	10880	945	427
机动车辆险	Motor Vehicle Insurance	61599163	714537	270223	99927
货物运输保险	Freight Transport Insurance	2948723	5934	1726	907
责任险	Liability Insurance	33457070	16451	5975	5250
# 产品责任险	Products Liability Insurance	109175	445	76	25
雇主责任险	Employers Liability Insurance	988963	2730	1402	704
公众责任险	Public Liability Insurance	30311040	10843	3416	3299
其他责任险	Other Liability Insurance	2047893	2434	1082	1221
保证保险	Guarantee Insurance	371115	4764	670	288
农业保险	Agriculture Insurance	1953240	148866	93403	3313
# 种植业险	Planting Insurance	1727769	139061	7257	1131
养殖业险	Animal Husbandry Insurance	225472	9805	86146	2182

19－11 人身保险业务收入与赔付(2010 年)

Premiums and Claim & Payment of Accident in Surance Insurance(2010)

项 目	Item	新保承保人数(万人) New Person of Insurance (10 000 persons)	保费收入(万 元) Premiums (10 000 yuan)	赔 款(万 元) Claim (10 000 yuan)	满期给付(万 元) Value of Expiration Payment (10 000 yuan)
总 计	**Total**	**1869**	**1000667**	**22034**	**92500**
寿险	Life Insurance	214	909441		92475
# 非分红产品	Non－Share out Bonus Products	164	231600		32464
分红产品	Share out Bonus Products	42	657765		59353
投资连接产品	Products Link to Insvestment		197		
万能产品	All－purpose Products	7	19880		658
意外伤害保险	Unforeseen Human Injury Insurance	843	28654	7748	
# 一年期以内	Less than one Year	140	1943	182	
一年期	One Year	703	25594	7566	
健康保险	Health Insurance	812	62573	14286	25
# 一年期(及一年期以内)	One Year(Less than one Year)	783	17284	14286	
一年期以上	Over One Year	29	45289		25

注:此表未包括财产保险公司中的人身保险业务。

a) Property Insurance Companies´life insurance is not included in this table.

主要统计指标解释

信贷资金 指金融机构以信用方式积聚和分配的货币资金。金融机构信贷资金的来源有各项存款、对国际金融机构负债、流通中货币、银行自有资金及当年结益等;信贷资金的运用有各项贷款、黄金占款、外汇占款、财政借款及在国际金融机构中的资产等。

存款 指企业、机关、团体或居民根据资金必须收回的原则,把货币资金存入银行或其他信用机构保管并取得一定利息的一种信用活动形式。根据存款对象的不同可划分为企业存款、财政存款、机关团体存款、基本建设存款、城镇储蓄存款、农村存款等科目。它是银行信贷资金的主要来源。

贷款 指银行或其他信用机构根据资金必须归还的原则,按一定利率,为企业、个人等提供资金的一种信用活动形式。我国银行贷款分为流动资金贷款、固定资产贷款、城乡个体工商户贷款以及农业贷款等科目。

中资保险公司 指中国公民、法人或其他组织出资(含外资参股)设立的保险公司。

保险金额 指保险人承担赔偿或者给付保险金责任的最高限额。

保费 指投保人为取得保险人在约定范围内所承担赔偿责任而支付给保险人的费用。

赔款 指保险人根据保险合同的规定,向被保险人支付的赔偿保险责任损失的金额。

给付 包括死伤医疗给付和满期给付。死伤医疗给付是指保险人根据人寿保险及长期健康保险合同的规定,因被保险人在保险期内发生保险责任范围内的保险事故支付给被保险人(或受益人)的金额。满期给付是指被保险人生存期满,保险人按人寿保险合同规定支付给被保险人的满期保险金额。

Explanatory Notes on Main Statistical Indicators

Credit Funds refer to the funds issued as loans by banking institutions. The sources of credit funds of the banking institutions included deposits, Liabilities to international financial institutions, currency in circulation, self – owned funds and current retained profits, etc. The credit funds can be used in forms of loans, gold, foreign exchange, government debt and assets in the international financial institutions.

Deposit is a form of credit by which enterprises, institutions, organizations or households can put money into banks and other credit institutions for safekeeping and interest earning under the principle of free withdrawal. According to different depositors, deposits are divided into enterprise deposits, treasury deposits, deposits of government agencies and organizations, capital construction deposits, urban savings deposits, rural deposits and other deposits. Deposits are major sources of the credit funds of banks.

Loan is a form of credit by which banks and other credit institutions provide funds at certain interest rate to enterprises and individuals in the light of the principle of unconditional repayment. Loans from Chinese banks include circulating capital loans, fixed assets loans, loans to urban and rural individuals engaged in industrial and commercial business and agricultural loans.

Insurance Companies Funded with Chinese Capital refer to insurance companies established with capitals from Chinese citizens, corporate institutions or other organizations (including companies with shares from foreign capital).

Amount Insured refers to the maximum that the insurant will get for the claim of the case insured.

Premium is the fee paid by the insurant to the insurer to obtain the obligation of compensation from the insurance within the agreed terms.

Settled Claim is the compensation paid by the insurer to the insurant in accordance with the insurance contract.

Payment includes payment for death, injury or medical treatment and mature payment. Payment for death, injury or medical treatment refers to the money paid to the insurant (or the beneficiary) in accordance with the life or health insurance contract when the insurant encounters accidents within the insured period covered in the contract. Mature payment refers to the mature payment to the insurant in accordance with the life insurance contract at the end of the insured period.

2011

NEI MENG GU

二十、教育和文化

Education and Culture

资料整理：毅　茹　邰焱燚

Arranged By Yi Ru , Tai Yanyi

20－1 教育事业基本情况
Basic Statistics on Education

项 目	Item	2009	2010
学校数(所)	**Number of Schools(unit)**		
普通高等学校	Regular Institutions of Higher Education	41	44
普通中等学校	Secondary Schools	1453	1408
# 中等专业学校	Specialized Secondary Schools	99	147
中等技术学校	Technical Secondary Schools	97	84
中等师范学校	Teacher Secondary Schools	2	2
普通中学	Regular Secondary Schools	1196	1123
职业中学	Vocational Secondary Schools	158	138
小 学	Primary Schools	3139	2767
幼儿园	Kindergartens	1911	2039
特殊教育	Special Schools	29	30
专任教师(人)	**Number of Full time Teachers(person)**		
普通高等学校	Regular Instiutions of Higher Education	22327	23332
普通中等学校	Secondary Schools	111046	110137
# 中等专业学校	Specialized Secondary Schools	7108	6585
中等技术学校	Technical Secondary Schools	5167	4604
中等师范学校	Teacher Secondary Schools	179	202
普通中学	Regular Secondary Schools	95356	95570
职业中学	Vocational Secondary Schools	8582	7982
小 学	Primary Schools	114848	113564
幼儿园	Kindergartens	15585	18108
特殊教育	Special Schools	840	916
招生数(人)	**New Student Enrollment(person)**		
普通高等学校	Regular Institutions of Higher Education	113890	116477
普通中等学校	Secondary Schools	615670	560952
# 中等专业学校	Specialized Secondary Schools	82875	65795
中等技术学校	Technical Secondary Schools	72333	57629
中等师范学校	Teacher Secondary Schools	929	1280
普通中学	Regular Secondary Schools	451720	436725
职业中学	Vocational Secondary Schools	81075	58432
小 学	Primary Schools	228806	221764
幼儿园	Kindergartens	203440	218259
特殊教育	Special Schools	550	564
在校学生(人)	**Student Enrollment(person)**		
普通高等学校	Regular Institutions of Higher Education	351928	371388
普通中等学校	Secondary Schools	1686000	1648686
# 中等专业学校	Specialized Secondary Schools	165282	178481
中等技术学校	Technical Secondary Schools	151040	164815
中等师范学校	Teacher Secondary Schools	2476	3351
普通中学	Regular Secondary Schools	1351859	1313966
高 中	Senior Secondary Schools	519643	499280
初 中	Junior Secondary Schools	832216	814686
职业中学	Vocational Secondary Schools	168859	156239
小 学	Primary Schools	1493013	1430751
幼儿园	Kindergartens	338049	380756
特殊教育	Special Schools	4122	3976
毕业生数(人)	**Graduates(person)**		
普通高等学校	Regular Institutions of Higher Education	75805	94704
普通中等学校	Secondary Schools	552368	529089
# 中等专业学校	Specialized Secondary Schools	41702	46272
中等技术学校	Technical Secondary Schools	36229	38351
中等师范学校	Teacher Secondary Schools	755	667
普通中学	Regular Secondary Schools	471755	443793
高 中	Senior Secondary Schools	183055	174815
初 中	Junior Secondary Schools	288700	268978
职业中学	Vocational Secondary Schools	38911	39024
小 学	Primary Schools	279222	269753
幼儿园	Kindergartens	145713	149087
特殊教育	Special Schools	387	362

注:1. 普通中学的高中学校数包括高级中学和完全中学.

2. 毕业生数、招生数、在校学生数包括成人高校附设普通班学生数。

a) Number of senior secondary schools in regular secondary schools include senior secondary schools & whole secondary schools.

b) The number of graduates, new student enrollment and student enrollment studiing in general class belonging to adult university.

20-2 在校学生民族构成

Composition of Student Enrollment by Nationality

单位:人 (person)

项　目	Item	2009	2010
普通高等教育	**Regular Institutions of Higher Education**	**351928**	**371388**
蒙古族	Mongolian	87302	87864
其他少数民族	Other Minority Nationality	12418	12451
高等教育中研究生	Postgradate Students Enrollment	12491	13964
蒙古族	Mongolian	3703	4020
其他少数民族	Other Minority Nationality	455	484
中等专业学校	**Specialized Secondary Schools**	**153516**	**178481**
中等技术学校	Technical Schools	151040	164815
蒙古族	Mongolian	27267	29885
其他少数民族	Other Minority Nationality	3205	4450
中等师范学校	Teacher Training Schools Secondary	2476	3351
蒙古族	Mongolian	280	1064
其他少数民族	Other Minority Nationality	16	266
普通中学	**Rogular Secondary Schools**	**1351859**	**1313966**
高中	Senior	519643	499280
蒙古族	Mongolian	125116	125180
其他少数民族	Other Minority Nationality	18381	16448
初中	Junior	832216	814686
蒙古族	Mongolian	173570	167898
其他少数民族	Other Minority Nationality	24673	24075
职业中学	**Vocational Secondary Schools**	**168859**	**156239**
蒙古族	Mongalian	22772	34012
其他少数民族	Other Minority Nationality	2694	4037
小学	**Primary Schools**	**1493013**	**1430751**
蒙古族	Mongolian	325918	317923
其他少数民族	Other Minority Nationality	34591	36234

20-3 普通高等学校分类情况(2010年)

Basic Statistics of Colleges and Universities by Different Types(2010)

项目	Item	学校数(所) Number (unit)	毕业生数(人) Graduates (person)	招生数(人) New Student Enrollment (person)	在校学生(人) Student Enrollment (person)
普通高校	Colleges and Universities	44	94704	116477	371388
综合大学	Comprehensive Universities	19	37848	49796	160330
理工院校	Science and Engineering	13	27627	32636	97161
农业大学	Agricultural Universities	1	6852	8663	29604
医药院校	Medicinal Universities	2	3933	4092	13196
师范院校	Normal Universities	2	10051	11144	37807
语文院校	Language Colleges	1		45	45
财经院校	Economics and Finance	3	7375	9502	30855
政法院校	Law Universities	1	601	294	574
体育院校	Physical Universities	1	308	117	776
艺术院校	Arts Universities	1	109	188	1040

注:毕业生、在校生数不含成人高校附设普通班学生数。

a) The number of student does not include the number of student who as studing in general class belonging to adult university.

20-3 续表 continued

项目	Item	教职工合计(人) Number of Staff and Workers (person)	#专任教师 Teachers	#正、副教授 Professors and Asso. Prof.	#讲师 Lecturers	#助教、教员 Assistants and Instructors
普通高校	Universities and Colleges	36439	23332	8995	7955	6382
综合大学	Comprehensive Universities	18008	11118	4474	3930	2714
理工院校	Science and Engineering	8128	5712	1848	1829	2035
农业大学	Agricultural Universities	2596	1533	731	538	264
医药院校	Medicinal Universities	1502	913	470	210	233
师范院校	Normal Universities	3145	1983	790	769	424
语文院校	Language Colleges	171	83	6	20	57
财经院校	Economics & Finance	2220	1548	541	517	490
政法院校	Law Universities	270	162	78	72	12
体育院校	Physical Universities	138	90	19	28	43
艺术院校	Arts Universities	261	190	38	42	110

20-4 普通高等院校基本情况(2010年)
Basic Statistics of Colleges and Universities(2010)

项　　目	Item	毕业生数（人）Graduates (person)	招生数（人）New Student Enrollment (person)	在校生数（人）Student Enrollment (person)
内蒙古大学	Inner Mongolia University	3721	5832	20018
内蒙古科技大学	Inner Mongolia Sci. & Tech. University	9762	11428	41261
内蒙古工业大学	Inner Mongolia Eng. University	5325	5939	23255
内蒙古农业大学	Inner Mongolia Agriculture University	6852	8663	29604
内蒙古医学院	Inner Mongolia Medicinal College	3933	3406	12023
内蒙古师范大学	Inner Mongolia Normal University	7287	8326	29222
内蒙古民族大学	Inner Mongolia Nationality University	3745	5212	19686
赤峰学院	Chifeng College	2181	2709	8668
内蒙古财经学院	Inner Mongolia Eco & Finance College	3769	5609	19261
呼伦贝尔学院	Hulunbeier College	3057	2969	11482
内蒙古建筑职业技术学院	Inner Mongolia Pro. And Tech. College	2735	3327	9271
集宁师范学院	Jining Teacher Training Academy	2764	2818	8585
内蒙古丰州职业学院	Inner Mongolia Fengzhou College	862	1153	2932
河套大学	Hetao University	2293	2671	7433
呼和浩特民族学院	Inner Mongolia Nationality Academy	1616	1814	5365
包头职业技术学院	Baotou Pro. & Tech. College	3421	3212	9453
兴安职业技术学院	Xingan Pro. & Tech. College	950	1481	3888
呼和浩特职业学院	Hohhot Vocational College	3571	4215	11892
包头轻工职业技术学院	Baotou Light Industry Professional and Technical College	2812	2895	8148
内蒙古电子信息职业技术学院	Inner Mongolia Electronics College	2630	3300	9220
内蒙古机电职业技术学院	Inner Mongolia Machinery & Electronics Professional and Technical College	3227	3756	10051
内蒙古化工职业学院	Inner Mongolia Chemical Eng. College	3175	3144	8962
内蒙古商贸职业学院	Inner Mongolia Trade College	2876	3185	9277
锡林郭勒职业学院	Xilingguole Vocational College	1721	2322	6151
内蒙古警察职业学院	Inner Mongolia Police College	601	294	574
内蒙古体育职业学院	Inner Mongolia Sport College	308	117	776
乌兰察布职业学院	Wulanchabu Vocational College	1331	1711	4751
通辽职业学院	Tongliao Vocational College	1896	2029	5610
科尔沁艺术职业学院	Keerqin Arts Vocational College	109	188	1040
内蒙古交通职业技术学院	Inner Mongolia Transport Tech College	1576	2409	6389
包头钢铁职业技术学院	Baotou Iron and Steel Vocational College	1128	1646	4211
乌海职业技术学院	Wuhai Vocational College	1032	1026	3344
内蒙古科技职业学院	Inner Mongolia Sci & Tech College	566	479	1695
内蒙古北方职业技术学院	Inner Mongolia North Tech College	621	719	2360
赤峰职业技术学院	Chifeng Vocational College	521	312	1496
包头铁道职业技术学院	Baotou Railway Vocational & Tech College		880	2049
内蒙古大学创业学院	Pioneer College of Inner Mongolia University		1302	3245
内蒙古师范大学鸿德学院	Honder of Inner Mongolia Normal University		1504	3679
乌兰察布医学高等专科学校	Wulanchabu Medicine Academy		686	1173
鄂尔多斯职业学院	Erdos Vocational College		623	1113
内蒙古轩元职业学院	Inner Mongolia Xuan Yuan College		276	276
呼伦贝尔职业技术学院	Hulunbeier Pro. And Tech College		137	137
满洲里俄语职业学院	Manlouli Russian College		45	45
内蒙古经贸外语职业学院	Inner Mongolia Trade & Language College	730	708	2317

注：学生数中不含成人高校附设普通班学生数。

a) The number of student does not include the number of student who was studing in general class belonging toadult university.

20-4 续表 continued

项 目	Item	教职工总数（人）Number of Staff & Workers (person)	#专任教师 Teacher	#中级职称以上教师 Medium over Professional Certification
内蒙古大学	Inner Mongolia University	2735	1519	1267
内蒙古科技大学	Inner Mongolia Sci. & Tech. University	3728	2655	1982
内蒙古工业大学	Inner Mongolia Eng. University	2057	1392	1141
内蒙古农业大学	Inner Mongolia Agriculture University	2596	1533	1269
内蒙古医学院	Inner Mongolia Medicinal College	1257	774	562
内蒙古师范大学	Inner Mongolia Normal University	2363	1492	1257
内蒙古民族大学	Inner Mongolia Nationality University	1769	1048	852
赤峰学院	Chifeng College	1679	878	641
内蒙古财经学院	Inner Mongolia Eco & Finance College	1445	974	822
呼伦贝尔学院	Hulunbeier College	1229	736	529
内蒙古建筑职业技术学院	Inner Mongolia Pro. And Tech. College	595	425	244
集宁师范学院	Jining Teacher Training Academy	782	491	302
内蒙古丰州职业学院	Inner Mongolia Fengzhou College	125	65	56
河套大学	Hetao University	1031	508	359
呼和浩特民族学院	Inner Mongolia Nationality Academy	489	322	255
包头职业技术学院	Baotou Pro. & Tech. College	853	509	330
兴安职业技术学院	Xingan Pro. & Tech. College	551	427	339
呼和浩特职业学院	Hohhot Vocational College	997	655	495
包头轻工职业技术学院	Baotou Light Industry Professional and Technical College	877	635	330
内蒙古电子信息职业技术学院	Inner Mongolia Electronics College	539	464	284
内蒙古机电职业技术学院	Inner Mongolia Machinery & Electronics Professional and Technical College	616	489	313
内蒙古化工职业学院	Inner Mongolia Chemical Eng. College	595	474	242
内蒙古商贸职业学院	Inner Mongolia Trade College	646	504	210
锡林郭勒职业学院	Xilingguole Vocational College	828	472	318
内蒙古警察职业学院	Inner Mongolia Police College	270	162	150
内蒙古体育职业学院	Inner Mongolia Sport College	138	90	47
乌兰察布职业学院	Wulanchabu Vocational College	485	315	264
通辽职业学院	Tongliao Vocational College	743	498	305
科尔沁艺术职业学院	Keerqin Arts Vocational College	261	190	80
内蒙古交通职业技术学院	Inner Mongolia Transport Tech College	491	419	203
包头钢铁职业技术学院	Baotou Iron and Steel Vocational College	455	241	179
乌海职业技术学院	Wuhai Vocational College	229	208	122
内蒙古科技职业学院	Inner Mongolia Sci & Tech College	131	63	25
内蒙古北方职业技术学院	Inner Mongolia North Tech College	259	135	71
赤峰职业技术学院	Chifeng Vocational College	134	77	58
包头铁道职业技术学院	Baotou Railway Vocational & Tech College	453	253	150
内蒙古大学创业学院	Pioneer College of Inner Mongolia University	372	277	241
内蒙古师范大学鸿德学院	Honder of Inner Mongolia Normal University	268	185	102
乌兰察布医学高等专科学校	Wulanchabu Medicine Academy	245	139	118
鄂尔多斯职业学院	Erdos Vocational College	237	140	114
内蒙古轩元职业学院	Inner Mongolia Xuan Yuan College	106	43	25
呼伦贝尔职业技术学院	Hulunbeier Pro. And Tech College	480	303	245
满洲里俄语职业学院	Manlouli Russian College	171	83	26
内蒙古经贸外语职业学院	Inner Mongolia Trade & Language College	129	70	26

20-5 科技活动基本情况(2010年)

Basic Statistics on Scientific and Technological Activities(2010)

项 目	Item	2010
科技活动	**Scientific and Technological Activities**	
科技活动人员(人)	Number of Persons Engaged in Scientific and Technological Activities(person)	69037
#大学本科及以上学历	Undergraduate college and above	31875
研究与试验发展折合全时人员(人年)	Number of Full-time Persons in Research and Developmeut Activities(person year)	24765.4
#研究人员	Researchers	14524.7
研究与试验发展经费内部支出(万元)	Research and Development Expenses (10 000yuan)	637205
#基础研究	Fundamental Research	11234
应用研究	Applied Research	60283
试验发展	Experimental Development	565688
研究与试验发展经费支出占生产总值比重(%)	Proportion of Research and Development Expenses to GDP(%)	0.55
技术成果和国家奖励	**Achievements in Scientific and Technological Research and National Prizes Won**	
自治区科技进步奖(项)	Number of Major Achievements in Science and Technology(item)	100
国家发明奖(项)	Number of National Invention Prizes Awarded(item)	
国家科学技术进步奖(项)	Number of National Scientific and Technological Progress Prizes Awarded(item)	2
技术市场成交额(万元)	Transaction Value in Technical Market(10 000 yuan)	868893
专 利	**Patent**	
专利申请受理量(件)	Total Patent Applications Examined(item)	2912
发明	Creation and Inventions	932
实用新型	Utility Models	1406
外观设计	Designs	574
专利申请批准量(件)	Total Patent Applications Certified(item)	2096
发明	Creation and Inventions	262
实用新型	Utility Models	1276
外观设计	Designs	558

20 - 6 地方国有单位各类专业技术人员

Special Technical Personnel of State - owned Units

单位:人 (person)

年份 Year	合 计 Total	工程技术人员 Engineering	农业技术人员 Agriculture	科学研究人员 Scientific Research	卫生技术人员 Health Care	教学人员 Teaching
1986	298360	50544	16026	1561	43130	137854
1987	344667	58353	17665	1794	44962	166079
1988	385181	66901	18436	1646	47332	158905
1989	428612	71848	18649	1845	49311	175621
1990	442659	75686	19644	1803	51184	180408
1991	453193	78705	20168	1839	53585	184784
1992	461901	79224	20710	2174	54257	187739
1993	454591	77474	18534	2043	54236	192023
1994	463501	77624	19096	2026	54873	199488
1995	471197	78640	18781	1877	56045	205952
1996	476610	78450	18946	1832	56854	214200
1997	477411	77127	19010	1792	60806	218651
1998	476012	74538	18499	1762	60990	223704
1999	504045	78903	19246	1992	65578	242551
2000	509470	77348	19076	2002	68954	250740
2001	497202	69548	18979	2084	69156	257165
2002	486215	64635	18288	1927	68725	260445
2003	514746	68669	22202	2029	72508	274565
2004	532891	65362	26978	2631	80287	286581
2005	534906	62700	27393	2401	81181	291842
2006	536071	59529	27465	1985	81658	300322
2007	553733	70527	27645	2160	82346	303470
2008	559013	67777	32659	2431	86965	302841
2009	556413	64790	32144	2205	88058	305803
2010	543015	60725	27792	1864	87458	304574

20－7 政府属研究机构、人员、经费(2010 年)

Number of State－owned Research and Development Institutions, Persons and Funds(2010)

项 目	Item	政府属研究机构合计 State－Owned R & D Institu－tions	自然科学与技术领域 Natural Scie－nces and Techo－nology	社会与人文科学领域 Social Scien－ces & Human－ities	科技信息与文献机构 Scien－tific Techn－ologi－cal Infor－mation & Lite－rature Instit－utions
机构数(个)	Institutions(unit)	93	70	11	12
从业人员数(人)	Staff & workers(person)	6526	5695	607	224
#从事科技活动人员	Scientific & Tech Activities	4916	4171	535	210
#科学家、工程师	Scientists & Engineers	2584	2056	423	105
经费收入总额(万元)	Income(10 000 yuan)	99210	84109	12676	2426
#政府拨款	Government Appropriations	84738	72732	9787	2219
经费支出总额(万元)	Expenditures(10 000 yuan)	90832	79736	8892	2204
#科技经费支出额	Service Charge	65120	55996	7545	1580
R&D 经费支出额	Fands of R&D	26680	22669	3886	125
固定资产(万元)	Fixed Assets(10 000 yuan)	65929	59276	5449	1204
课题数(个)	Number of Topics(unit)	669	602	50	17
课题经费支出(万元)	Funds of Topic(10 000 yuan)	20380	17638	2319	424
# R&D 经费支出	Funds of R&D	15060	12798	2218	44
课题投入人员(人年)	Persons of Topics(person－year)	1964	1719	199	46
# R&D 课题投入	R&D of Topics	1408	1218	185	5
专利申请受理(项)	Number of Patent Applications Accepted(item)	6	6		
专利授权(项)	Number of Patent Applications Granted(item)	10	10		
科技论文(篇)	Science Papers(piece)	680	583	95	2

注:R&D 为研究与发展(Research and Development)的缩写。

a) R&D is abridge of Research and Development.

20－8 政府属自然科学与技术领域研究机构、人员、经费(2010 年)

Number of State－Owned Natural Scientific and Technological Institutions, Staff and Expenditure (2010)

项 目	Item	机构数(个) Institutions (unit)	从业人数(人) Staff & workers (person)	# 从事科技活动 Science & Technology	大学本科及以上学历 Undergraduate College and above
总 计	**Total**	**70**	**5695**	**4171**	**2056**
按隶属关系分	**Grouped by Level**				
国务院部门属	Central Government	2	380	211	137
自治区属	Autonomous Region	18	2117	1775	1000
盟市属	Leaguesand Cities	50	3198	2185	919
按行政地域分	**Grouped by Region**				
呼和浩特市	Hohhot City	25	2859	2123	1157
包 头 市	Baotou City	3	169	90	47
呼伦贝尔市	Hulunbeier City	8	378	301	164
兴 安 盟	Xingan League	5	103	65	34
通 辽 市	Tongliao City	5	493	320	143
赤 峰 市	Chifeng City	2	291	276	149
锡林郭勒盟	Xilinguole League	2	208	164	52
乌兰察布市	Wulanchabu City	5	282	200	50
鄂尔多斯市	Erdos City	6	244	197	82
巴彦淖尔市	Bayannaoer City	5	559	350	121
乌 海 市	Wuhai City	1	45	25	15
阿拉善盟	Alashan League	3	64	60	42

20－8 续表 continued

单位:万元 (10 000 yuan)

项 目	Item	经费收入总额 Income	# 政府拨款 Government Appro－priations	经费支出总额 Expendi－tures	# 科技经费 Scientific Charge	固定资产原 值 Purchasing Fixed	课题经费支 出 Funds of Topics
总 计	**Total**	**84109**	**72732**	**79736**	**55996**	**59276**	**17638**
按隶属关系分	**Grouped by Level**						
国务院部门属	Central Government	9767	9511	8335	7219	10542	2611
自治区属	Autonomous Region	37927	33972	35586	23915	24615	8636
盟市属	Leaguesand Cities	36415	29249	35815	24862	24119	6391
按行政地域分	**Grouped by Region**						
呼和浩特市	Hohhot City	49766	43354	46239	31407	35630	11068
包 头 市	Baotou City	740	704	739	493	1267	64
呼伦贝尔市	Hulunbeier City	7101	5985	6718	4199	4504	1418
兴 安 盟	Xingan League	1268	1164	964	685	1464	294
通 辽 市	Tongliao City	4930	3760	5291	4453	3481	1089
赤 峰 市	Chifeng City	2674	2581	2674	1762	1404	849
锡林郭勒盟	Xilinguole League	3380	2410	3150	2534	2367	208
乌兰察布市	Wulanchabu City	1506	1506	1506	972	523	96
鄂尔多斯市	Erdos City	5975	4563	6300	5276	3427	1177
巴彦淖尔市	Bayannaoer City	5411	5405	4974	3381	4636	867
乌 海 市	Wuhai City	486	486	486	258	296	191
阿拉善盟	Alashan League	872	815	694	578	277	319

20－9 大中型工业企业科技活动基本情况

Basic Statistics on Scientific and Technological Activities of Large and Medium－sized Industrial Enterprises

项　　目	Item	2009	2010
单位数(个)	**Number of units(unit)**	**593**	**724**
#有 R&D 活动单位数	Units Having Activities of R&D	93	95
科技活动人员(人)	**Persons Engaged in Sci. & Tech. Activities(person)**	**30933**	**31694**
#大学本科及以上学历	Undergraduate college and above	7330	12724
R&D 人员全时当量(人年)	**Persons in R&D into Full－time(person/year)**	**11236**	**14363**
#研究人员	Researchers	5879	7550
基础研究	Fundamental Research	131	112
应用研究	Applied Research	604	198
试验发展	Experiment and Development	10501	14053
R&D 经费内部支出(万元)	**Inter Expenditures of Funds of R&D(10 000 yuan)**	**357371**	**474299**
按活动类型分	According to active type		
基础研究	Fundamental Research	9789	973
应用研究	Applied Research	13169	14975
试验发展	Experiment and Development	334414	458351
按支出用途分	According to disbursement and use		
日常性支出	Quotidienne	297760	408623
#人员劳务费	Labor Expenses	61648	77164
资产性支出	Capital Nature	59611	65676
#仪器和设备	Equipment and Facilities	47657	64599

20－10 高等学校科技活动基本情况

Basic Statistics on Scientific and Technological Activities of Colleges and Universities

项　　目	Item	2009	2010
单位数(个)	**Number of units(unit)**	**60**	**63**
#有 R&D 活动单位数	Units Having Activities of R&D	19	30
科技活动人员(人)	**Persons Engaged in Sci. & Tech. Activities(person)**	**17699**	**17699**
#大学本科及以上学历	Undergraduate college and above	14982	15177
R&D 人员全时当量(人年)	**Persons in R&D into Full－time(person/year)**	**3065**	**3502**
#研究人员	Researchers	2420	2897
基础研究	Fundamental Research	1256	1469
应用研究	Applied Research	1353	1635
试验发展	Experiment and Development	456	397
R&D 经费内部支出(万元)	**Inter Expenditures of Funds of R&D(10 000 yuan)**	**20007**	**24766**
按活动类型分	According to active type		
基础研究	Fundamental Research	4476	5084
应用研究	Applied Research	8740	11712
试验发展	Experiment and Development	6791	7972
按支出用途分	According to disbursement and use		
日常性支出	Quotidienne	16652	21474
#人员劳务费	Labor Expenses	3011	3864
资产性支出	Capital Nature	3355	3292
#仪器和设备	Equipment and Facilities	3355	3292

20-11 科技成果获奖

Number of Achievements in Scientific and Technological Research and National Prizes Won

单位:项 (item)

年份 Year	国家发明奖 Number of National Invention Prizes Awarded	国家科技进步奖 Number of National Scientific & Technological Prizes Awarded	国家自然科学奖 Number of National Natural Sciences Prizes Awarded	自治区科技进步奖 Number of Autonomous Regional Scientific & Technological Prizes Awarded	一等奖 First Class Prize	二等奖 Second Class Prize	三等奖 Third Class Prize
1983				126	2	32	92
1985	1	4		167	12	36	119
1986				96	8	20	68
1987			1	121	12	35	74
1988	2	3		103	3	22	78
1989		4		102	7	20	75
1990		3		103	5	20	78
1991		2	1	130	6	14	110
1992		4		105	3	15	87
1993	1	3		123	3	18	102
1994				104	4	14	86
1995	1	2		124	7	22	95
1996		3		129	5	21	103
1997		2		115	3	25	87
1998		1		123	4	22	97
1999	1	3	2	142	4	20	118
2000		1		89	5	16	68
2001		1		100	5	20	75
2002				93	4	20	69
2003		1		80	5	18	57
2004		1		83	7	21	55
2005		1		100	8	23	69
2006		1		98	8	24	66
2007		1		100	12	26	62
2008		1		107	14	22	71
2009		1		91	8	21	62
2010		2		100	6	23	71

20－12 三种专利申请受理量及批准量

Three Types of Patent Applications Examined and Granted

单位:项 (item)

年 份 Year	申请受理量 合计 Number of Patent Applications Examined	发 明 Inventions	实用新型 Utility Models	外观设计 Designs	批 准 量 合 计 Number of Patent Applications Granted	发 明 Inventions	实用新型 Utility Models	外观设计 Designs
1985	76	42	32	2				
1986	90	31	48	11	17		16	1
1987	154	39	108	7	48	3	36	9
1988	228	46	176	6	63	7	53	3
1989	231	43	179	9	128	10	110	8
1990	347	54	270	23	170	5	158	7
1991	431	86	310	35	153	6	130	17
1992	510	102	366	42	242	14	212	16
1993	601	137	438	26	438	14	381	43
1994	731	124	474	133	337	7	296	34
1995	647	117	449	81	415	8	293	114
1996	859	215	507	137	326	6	265	55
1997	940	244	534	162	372	11	264	97
1998	785	125	519	141	523	12	375	136
1999	971	198	557	216	723	17	521	185
2000	1138	234	602	302	775	60	530	185
2001	1089	185	664	240	743	73	440	230
2002	1202	233	643	326	679	53	428	198
2003	1394	242	716	436	816	82	419	315
2004	1457	286	699	472	831	108	437	286
2005	1455	307	708	440	845	98	452	295
2006	1946	430	915	601	978	108	543	327
2007	2015	565	966	484	1313	120	788	405
2008	2221	695	980	546	1328	140	866	322
2009	2484	719	1266	499	1494	178	762	554
2010	2912	932	1406	574	2096	262	1276	558

20－13 文化艺术和文物事业机构、人员(2010年)

Number of Institutions and Personnel in Culture, Art and Cultural Relics(2010)

机构类别	Category of Institution	机构数(个) Number of Institutions (unit)	从业人数(人) Number of Persons Engaged (person)
文化事业合计	Culture	1302	12305
艺术事业	Art Institutions	130	5867
艺术表演团体	Art Performance Troupes	108	5437
话剧、儿童剧、滑稽剧团	Drama, Children Plays ,Comedy	1	41
歌剧、舞剧、歌舞剧团	Opera, Ballet and Dance Troupes	5	271
歌舞团、轻音乐团	Song and Dance Troupe, Light Music	13	1454
文工团、文宣队、乌兰牧骑	Cultural and Performance Troupes and Ulanmuchi (equestrain art troupes)	76	2804
戏曲剧团	Local Opera Troupes	8	434
# 京剧	Local Beijing Opera Troupes	1	64
曲艺、杂技、木偶、皮影团	Recitation and Ballad, Acrobatics and Circus, Puppet Show, and Shadow Play Troupes	2	119
综合性艺术表演团体	Comprehensive performing arts	3	314
艺术表演场所	Art Centers	22	430
剧场、影剧院	Theaters and Music Halls	22	430
书场、曲艺场	Storytelling Places, Recitation and Ballad Places		
杂技、马戏场	Acrobatics, Circus Places		
音乐厅	Concert Halls		
图书馆事业	Libraries	113	1804
群众文化事业	Mass Culture	1017	3872
群众艺术馆	Mass Art Centers	13	463
文化馆	Cultural Centers	103	1369
文化站	Cultural Stations	901	2040
# 乡文化站	Township Cultural Stations	751	1804
艺术教育事业	Culture and Education	4	333
其他文化事业	Other Cultural Units	30	383
艺术创作机构	Art Creation Institutions	3	30
艺术研究机构	Art Research Institutions	9	128
艺术展览机构	Art Exhibition Institutions	4	173
# 美术馆	Art Gallery	2	86
其他	Others	11	52
文化艺术经纪与代理业	Brokers and Agents for Cultural and Arts Activities	8	46
文物事业合计	Cultural Relics	143	1937
文物保护管理机构	Agency of Historical Relics Preservation	87	666
文物科研机构	Scientific and Research Historical Relics	1	46
其他文物机构	Other Historical Relics Agency		
博物馆	Museums	54	1214
综合性博物馆	Comprehensive Museum	47	1094
历史类博物馆	Special Museum	5	109
自然科技类博物馆	Nature Science and Technology Museum		
其他博物馆	Memorial Museum	2	11
文物商店	Cultural Relics Agencies	1	11

20－14 图书、杂志、报纸出版
Books, Magazines and Newspapers Published

项 目	Item	2009	2010
图 书	**Books Published**		
种 数(种)	Number of Publications(kind)	2357	2885
#蒙 文(种)	Mongol(kind)	969	978
新 出(种)	New Books(kind)	1105	1266
重 印(种)	Republication(kind)	1252	1619
总印数(万册)	Total Printed Copies(10 000 copies)	6862	6069
总印张数(万印张)	Printed Sheets(10 000 sheets)	50840	46836
定价总金额(万元)	Total of Fixed Price(10 000 yuan)	52790	54943
杂 志	**Magazines Publised**		
种 数(种)	Number of Publications(kind)	147	149
#蒙 文(种)	Mongol(kind)	47	47
总印数(万册)	Total Printed Copies(10 000 copies)	1024.79	1437.00
总印张数(万印张)	Printed Sheets(10 000 sheets)	4980.84	6306.10
定价总金额(万元)	Total of Fixed Price(10 000 yuan)	5693.48	7787.00
报 纸	**Newspapers Publised**		
种 数(种)	Number of News Published(kind)	79	79
#蒙 文(种)	Mongol(kind)	13	13
总印数(万份)	Total Printed Copies(10 000 copies)	44153.15	27050.00
总印张数(万印张)	Printed Signatures(10 000 sheets)	46589.07	61124.00
定价总金额(万元)	Total of Fixed Price(10 000 yuan)	30454.10	22833.00

20－15 广播电视事业

Statistics on Broadcasting and Television Stations

项目	Item	2009	2010
广播	**Broadcasting**		
广播电台(座)	Number of Broadcasting Stations(set)	13	13
调频转播发射台座数(座)	Transmission Stations of Frequency Modulation(set)	511	531
中短波转播发射台座数(座)	Transmission Stations of Short and medium Wave(set)	57	57
广播人口覆盖率(%)	Listener Rating(%)	94.75	96.6
节目套数(套)	Number of Programs(set)	126	126
广播节目全年播出情况	**Annual Statistics on Broadcasting**		
新闻资讯类(小时:分)	News Programs(hour:minute)	108362:48	119048:15
专题服务类(小时:分)	Special Subject Programs(hour:minute)	135216:01	136085:03
综艺类(小时:分)	Programs of Entertainment(hour:minute)	187977:51	202312:01
广播剧类(小时:分)	Radio Play(hour:minute)	22840:35	27300:25
广告类(小时:分)	Programs of Advertisment(hour:minute)	41747:50	40408:55
其他类(小时:分)	Other Programs(hour:minute)	121624:37	110832:09
广播节目全年制作情况	**Annual Statistics on Production of Broadcasting**		
新闻资讯类(小时)	News Programs(hour)	36387	43085
专题服务类(小时)	Special Subject Programs(hour)	81661	74074
综艺类(小时)	Programs of Entertainment(hour)	60279	63749
广播剧类(小时)	Radio Play(hour)	3315	7232
广告类(小时)	Programs of Advertisment(hour)	29746	25027
其他类(小时)	Other Programs(hour)	25995	14156
电视	**Television**		
电视台(座)	Number of Television Stations(set)	14	14
电视转播发射台座数(座)	Transmission and Relaying Stations(set)	1383	1266
卫星地球站(座)	Satellits Television Station(set)	1	1
卫星收转站(座)	Satellits Transmission Stations(set)	395911	524178
电视人口覆盖率(%)	Viewer Rating(%)	93.53	95.38
节目套数(套)	Number of Programs(set)	125	125
电视节目全年播出情况	**Annual Statistics on Dissemination of TV Programs**		
新闻资讯类(小时:分)	News Programs(hour:minute)	72329:10	78222:50
专题服务类(小时:分)	Special Subject Programs(hour:minute)	63054:27	65822:22
综艺益智类(小时:分)	Programs of Entertainment(hour:minute)	49126:30	51725:05
影视剧类(小时:分)	Programs of Film and TV Play (hour:minute)	277703:40	288085:40
广告类(小时:分)	Programs of Advertisment(hour:minute)	66693:47	67583:24
其他类(小时:分)	Other Programs(hour:minute)	86819:33	80442:03
电视节目全年制作情况	**Annual Statistics on Production of TV Programs**		
新闻资讯类(小时)	News Programs(hour)	18273	19820
专题服务类(小时)	Special Subject Programs(hour)	15517	14862
综艺益智类(小时)	Programs of Entertainment(hour)	7857	6973
影视剧类(小时)	Programs of Film and TV Play (hour)	59	50
广告类(小时)	Programs of Advertisment(hour)	17202	16314
其他类(小时)	Other Programs(hour)	6778	6678

主要统计指标解释

普通高等学校 指按照国家规定的设置标准和审批程序批准举办，通过国家统一招生考试，招收高中毕业生为主要培养对象，实施高等教育的全日制大学、独立设置的学院和高等专科学校、短期职业大学。

成人高等学校 指按照国家有关规定审批，招收通过全国成人高教统一招生考试的具有高中毕业或同等学历的在职从业人员，利用脱产、半脱产、业余或函授等多种形式对其实施高等学历教育，培养高等教育专科或本科毕业水平的专门人才，修业年限，课程设置和总学时数均按高等学历教育要求付诸实施的学校。包括广播电视大学、职工高等学校、农民高等学校、管理干部学院、教育学院、独立设备的函授学院等。

小学学龄儿童入学率 指调查范围内已入小学学习的学龄儿童占校内外学龄儿童总数（包括弱智儿童，不包括盲聋哑儿童）的比重。计算公式为：

小学学龄儿童入学率＝已入学的小学学龄儿童数/校内外小学学龄儿童总数×100%

科技活动 指在自然科学、农业科学、医药科学、工程与技术科学、人文与社会科学领域（简称科学技术领域）中，与科技知识的产生、发展、传播和应用密切相关的有组织的活动。可分为研究与试验发展（R&D）、研究与试验发展成果应用及相关的科技服务三类活动。该定义是联合国教科文组织考虑成员国特别是发展中国家开展科技统计工作的需要，而对科技活动所作的统计界定。

科技活动人员 指直接从事科技活动、以及专门从事科技活动管理和为科技活动提供直接服务，累计的实际工作时间占全年制度工作时间10%及以上的人员。（1）直接从事科技活动的人员包括：在独立核算的科学研究与技术开发机构、高等学校、各类企业及其他事业单位内设的研究室、实验室、技术开发中心及中试车间（基地）等机构中从事科技活动的研究人员、工程技术人员、技术工人及其它人员；虽不在上述机构工作，但编入科技活动项目（课题）组的人员；科技信息与文献机构中的专业技术人员；从事论文设计的研究生等。（2）专门从事科技活动管理和为科技活动提供直接服务的人员，包括：独立核算的科学研究与技术开发机构、科技信息与文献机构、高等学校、各类企业及其他事业单位主管科技工作的负责人，专门从事科技活动的计划、行政、人事、财务、物资供应、设备维护、图书资料管理等工作的各类人员，但不包括保卫、医疗保健人员、司机、食堂人员、茶炉工、水暖工、清洁工等为科技活动提供间接服务的人员。该指标用来反映投入科技活动人力的规模。

科学家与工程师 指科技活动人员中具有高、中级技术职称（职务）的人员和不具有高、中级技术职称（职务）的大学本科及以上学历人员。该指标用来反映投入科技活动人力的素质。

专业技术人员 指从事专业技术工作和专业技术管理工作的人员，即企事业单位中已经聘任专业技术职务从事专业技术工作和专业技术管理工作的人员，以及未聘任专业技术职务，现在专业技术岗位上工作的人员。包括工程技术人员，农业技术人员，科学研究人员，卫生技术人员，教学人员，经济人员，会计人员，统计人员，翻译人员，图书资料、档案、文博人员，新闻出版人员，律师、公证人员，广播电视播音人员，工艺美术人员，体育人员，艺术人员及企业政治思想工作人员，共十七个专业技术职务类别。用来反映科技人力资源情况。

研究与试验发展（R&D） 指在科学技术领域，为增加知识总量、以及运用这些知识去创造新的应用进行的系统的创造性的活动，包括基础研究、应用研究、试验发展三类活动。国际上通常采用R&D活动的规模和强度指标反映一国的科技实力和核心竞争力。

科技活动经费筹集 指从各种渠道筹集到的计划用于科技活动的经费，包括政府资金、企业资金、事业单位资金、金融机构贷款、国外资金和其他资金等。反映各社会经济主体对促进科技进步所做的努力。

专利 是专利权的简称，是对发明人的发明创造经审查合格后，由专利局依据专利法授予发明人和设计人对该项发明创造享有的专有权。包括发明、实用新型和外观设计。反映拥有自主知识产权的科技和设计成果情况。

发明 是专利法及其实施细则所称的发明，指对有关产品、方法或其改进所提出的新的技术方案。

实用新型 是专利法及其实施细则所称的实用新型，指对产品的形状、构造或者其结合所提出的适于实用的新的技术方案。

外观设计 是专利法及其实施细则所称的外观设计，指对产品的形状、图案、色彩或者其结合所作出的富有美感并适于工业上应用的新设计。

文化事业机构 指从事专业文化工作和为专业文化工作服务的独立建制的单位。不包括这些单位另外举办独立核算的其他机构和各部门的业余文化组织。

艺术表演团体 指从事戏曲、音乐、舞蹈、杂技等专业艺术表演，有独立帐户的单位，不包括半工半艺、半农半艺和民间职业剧团。

电影放映单位 指具有放映机器设备、固定或不固定的放映场所与专职或兼职的放映技术人员，经有关部门登记批准，经常为一定的观众对象放映电影的机构。

艺术表演观众人数（人次） 指售票、包场演出或民族地区免费演出的艺术表演观众人次数，不包括彩排审查和内部观摩演出的观看人次数。

Explanatory on Main Statistical Indicators

Regular Institutions of Higher Learning refer to educational establishments set up according to the government evaluation and approval procedures, enrolling graduates from senior secondary schools and providing higher education courses and training for senior professionals. They include fulltime universities, colleges, high professional schools and short – term professional universities.

Institutions of Higher Learning for Adults refer to educational establishments, set up in line with relevant rules approved by the government, enrolling staff and workers with senior secondary school or equivalent education, and providing higher education courses in many forms of full time, pray time, spare time, or correspondence for adults. Professionals thus trained receive a qualification equivalent to graduates studying regular courses at regular universities, colleges and professional colleges. Institutions of higher learning for adults include Radio and TV universities, schools of high education for staff and workers and peasants, colleges for management cadres, pedagogical colleges, independent correspondence colleges.

Enrollment Rate of Primary School age Children refers to the proportion of school age children enrolled at schools to the total number of school age children both in and outside schools (including retarded children, but excluding blind, deaf and mute children). The formula is: Enrollment Rate of Primary School age Children = (Total Primary School age Children at Schools) ÷ (Total Primary School age Children Both at and Outside Schools) × 100%

Scientific and Technological Activities (S&T Activities) refer to organized activities which are closely related with the creation, development, dissemination and application of the scientific and technical knowledge in t he fields of natural sciences, agricultural science, medical science, engineering and technological science, humanities and social sciences (referred to as scientific and technological fields). S&T activities can be classified in to 3 categories: research and development (R&D) activities, application of R&D results, and related S&T services. This statistical definition is made by UNICHIEF for scientific and technological activities to meet the need of carrying out statistical work in this field for its member countries in particular those developing countries.

Personnel Engaged in S&T Activities refer to personnel directly engaged in S&T activities, in the management of S&T activities, and in providing direct service to S&T activities, who sp end over 10% of the total working hours in a year in S&T activities. (1) Personnel directly engaged in S&T activities include researchers, engineers, technicians and other related personnel engaged in S&T activities in independent – accounting R&D institutions, institutions of higher learning, and in research institutes, laboratories, technology development centers and central experiment workshops under enterprises and institutions. Also included are people working in S&T research project teams, professional and technical personnel working in S&T information archiving institutes, and graduate students working on the design of their thesis. (2) Personnel engaged in the management of S&T activities and in providing direct service to S&T activities include senior management people responsible for S&T activities in independent – accounting R&D institutions, S&T information archiving institutes, institutions of higher learning, and in enterprises and institutions where S&T activities are undertaken. Also included are people responsible for the planning, administration, personnel management, financial management, logistics supply, equipment maintenance, information and library management that are related with S&T activities. People providing indirect services are excluded, such as security, medical service, drivers, plumbers, cleaners and those providing catering and related service. This indicator reflects the size of personnel engaged in S&T activities.

Scientists and Engineers refer to persons engaged in S&T activities who have obtained titles of senior and middle level professional positions, and those without such position but have completed university or higher education. This indicator reflects the quality of personnel engaged in S&T activities.

Professional and Technical Personnel refer to persons engaged in professional and technical work or in the management of professional and technical activities, i. e., people with professional or technical posit ions who are engaged in professional and technical work or in the management of professional and technical activities, and people without professional or technical positions but are working on professional or technical posts. They include professionals and technicians working in 17 categories of technical occupations including engineering, agriculture, scientific researches, medical service, teaching, economic research and application, accounting, statistics, translation, libraries, archives, cultural and museum service, journalism and publication, lawyers, notarization service, radio and television broadcasting, handicraft and fine arts, sports, performing art, and political workers in enterprises. This indicator reflects the condition of human resources in S&T.

Research and Development (R&D) refers to systematic and creative activities in the field of science and technology aiming at increasing the knowledge and using the knowledge for new application. R&D includes 3 categories of activities: basic research, applied research and experiments and development. The scale and intensity of R&D are widely us ed internationally to reflect the strength of S&T and the core competitiveness of a country in the world.

Funding for S&T Activities refers to funds obtained from various sources for S&T activities, including government funds, self - raised funds by enterprises, self - raised funds by institutions, loans from financial institutions, foreign funds and other funds . This indicator reflects the efforts made by various social economic entities in promoting the development of S&T.

Patent is an abbreviation for the patent right and refers to the exclusive right of ownership by the inventors or designers for the creation or inventions, given from the patent offices after due process of assessment and approval in accordance wit h the Patent Law. Patents are grant ed for inventions, utility model sand designs. This indicator reflects the achievements of S&T and design with in dependent intellectual property.

Inventions refer to the inventions as specified by the patent law and its detailed rules and regulations for implementation. They refer to the new technical proposals to the products or methods or their modifications.

Utility Models refer to the utility models as specified by the patent law and its detailed rules and regulations for implementation. They refer to the practical and new technical proposals on the shape and structure of the product or the combination of both.

Designs refer to the designs as specified by the Patent law and its detailed rules and regulation for implementation. They refer to the aesthetics and industry applicable new designs for the shape, pattern and color of the product, or their combinations.

Cultural Institutions refer to units which have their own organizational system and independent accounting system and specialize in or serve cultural development. They exclude other establishments run by these cultural institutions and amateur cultural groups established by various departments.

Art Troupe refers to the troupe which is engaged in drama, opera, music, dance, acrobatics or other art performance, opens independent accounts with banks and has self supporting accounting system; excluding the troupes which are engaged partly in industrial or agricultural activities, partly in art performance and the professional troupes organized by the people.

Film Projection Units refer to units with film projection equipment, full or part time projectionists, permanent or non permanent places, approved by related administrative departments to show films regularly for certain groups of audience, including those film projection units which have been approved to give commercial shows and run business with independent accounting system as well as those film renting units of the military system.

Number of Spectators at Art performance refers to the number of attendants at commercial shows, completely booked shows or free shows given in minority national areas, and does not include the number of spectators at rehearsals for examination and internal shows for study.

2011 NEI MENG GU

二十一、体育、卫生、社会福利、环境保护和其它

Sports,Pudlic Health, Social Welfare,Environmental Protection and Others

资料整理：毅　茹　邰焱燚　崔浩然

Arranged By Yi Ru , Tai Yanyi , Cui Haoran

21－1 等级运动员分项发展情况(2010年)
Development of Athletes in Grade By Type of Sports(2010)

单位:人 (person)

项 目	Item	合 计 Total	国际级健将 Interna－tional Master of Sports	国家级运动健将 National Master of Sports	一 级 First Grade Sportsmen	二 级 Second Grade Sportsmen
总 计	**Total**	**1059**	**1**	**21**	**35**	**1002**
#田 径	Track and Field	216		2		214
游 泳	Swimming	28				28
曲棍球	Hockey					10
举重	Weightlifting	10				
拳 击	Boxing	34		2		32
国际式摔跤	Wrestling	87		3		84
跆拳道	Tackwonde	107				107
柔 道	Judo	58		4		54
射 击	Shooting	20				20
足 球	Football	54			8	46
篮 球	Basketball	68			8	60
排 球	Volleyball	43			13	30
乒乓球	Table Tennis	69			1	68
羽毛球	Badminton	24				24
铁人三项	Iron Man Three Items					82
网 球	Tennis	82				
软式网球	Soft Tennis	1			1	
速度滑冰	Speed Skating	5				5
越野滑雪	Cross－country Skiing	1			1	
冬季两项	Winter Two Items	2				2
航空模型	Aero Model					
航海模型	Marine Modelling					
武 术	Wu Shu	51				51
马 术	Horsemanship					
围 棋	Encirclement Chess	7				7
国际象棋	Chess	3			1	2
中国式摔跤	Chinese－style Wrestling	56		7		49
射 箭	Archery	20			1	19
健 美	Healthy	4				4
健美操	Aerobics					
轮滑	Roller Skating					

21－2 运动员获奖牌情况(2010年)
Medals Won by Athletes(2010)

单位:枚 (piece)

项 目	Item	金 牌 Gold Medal	银 牌 Silver Medal	铜 牌 Copper Medal
总 计	**Total**	**485**	**454**	**580**
国际比赛	International Race	23	15	13
国内比赛	National Race	462	439	567

21-3 等级裁判员分项发展情况(2010年)

Development of Referees in Grades by Type of Sports(2010)

单位:人 (person)

项 目	Item	合计 Total	国际裁判 International Referees	国家级 National Referees	一级 First Grade Referees	二级 Second Grade Referees
总 计	**Total**	**733**		**10**	**165**	**558**
#田 径	Track and Field	94		1	20	73
游 泳	Swimming	1		1		
体 操	Gymnastics					
举 重	Weightlifting					
拳 击	Boxing	5			2	3
国际式摔跤	Wrestling	9			1	8
中国式摔跤	Chinese Wrestling	13			13	
柔道	Judo	3			1	2
跆拳道	Tackwonde	11			7	4
射 击	Shooting	6			3	3
射 箭	Archery	36			2	34
足 球	Football	10				10
篮 球	Basketball	124		1	14	109
排 球	Volleyball	32		1	3	28
乒 乓 球	Table Tennis	107		1	9	97
羽 毛 球	Badminton	20			3	17
网 球	Tennis	29			5	24
软式网球	Soft Tennis					
毽 球	Shuttlecock					
速度滑冰	Speed Skating					
越野滑雪	Cross - country Sking					
台球	Billiards					
武 术	Wu Shu	12			9	3
马 术	Horsemanship					
汽 车	Automobile					
围 棋	Encirclement Chess	4			2	2
国际象棋	Chess	23				23
中国象棋	Chinese Chess	3		1	2	
桥 牌	Bridge					
钓鱼	Fishing					
健身气功	Breathing Exercises					
马 球	Polo					
无线电测向	Radio Goniometry					
门球	Doorball	70			12	58
体育舞蹈	Physical Dance	13			4	9
信鸽	Pigeon	14			10	4
轮 滑	Roller Skating					
健美操	Aerobics	1			1	
飞镖	Dart					
风筝	Kite					
拔 河	Tug - of - War					

21－4 医疗卫生事业

Basic Statistics of Public Health

项 目	Item	2009	2010
卫生机构(个)	**Health Institutions(unit)**	**7919**	**8052**
# 医院、卫生院	Hospitals	1803	1807
县及县以上医院	Hospitals at County and Higher Levels	471	467
乡镇卫生院	Health Center at Town	1327	1340
疗养院、所	Sanatoriums	6	6
门诊部	Clinics	66	90
社区卫生服务中心(站)	Health Service Center for Community	873	1030
妇幼保健所、站	Maternity and Child Care Centers	116	117
疾病预防控制机构	CDC(Center for Disease Control)	133	127
床位(张)	**Beds(unit)**	**87321**	**97811**
# 医院、卫生院	Hospitals	77702	87882
县及县以上医院	Hospitals at County and Higher Levels	62103	71435
乡镇卫生院	Health Center at Town	15568	16424
疗养院、所	Sanatoriums	910	640
职工人数(人)	**Persons Engaged in Health Institution(person)**	**139488**	**146610**
# 卫生技术人员	Medical Technical Personnel	117197	123232
# 执业医师	Permitted Doctors	43964	46148
助理执业医师	Assistant Permitted Doctors	7983	8013
注册护师、护士	Registered Senior and Junior Nurses	34895	37765
药剂人员	Pharmacists	8507	8903
检验人员	Laboratory Technical	6684	4585
其他技术人员	Other Technical Personnel	5681	6008
管理人员	Managerical Personnel	7284	7343
工勤人员	Logistics Workers	9326	10027

21-5 卫生机构

Number of Health Care Institutions

单位:个 (unit)

年份 Year	总计 Total	医院、卫生院 Hospitals & Public Health Clinic	疗养院所 Sanat-oriums	专科防治所站 Specialized Prevention & Treatment Centers or Stations	疾病预防控制中心 CDC	妇幼保健所站 Maternity & Child Care Centers	每万人口拥有卫生机构数 Number of Health Institutions Per 10000 Population
1947	55	28			1		0.10
1949	78	25	1	4	12		0.13
1952	538	103	9	14	5	93	0.75
1957	2152	136	3	28	59	234	2.30
1965	3820	436	16	18	116	116	2.95
1970	4952	1582	4	4	88	50	3.32
1975	3621	1612	9	8	113	110	2.08
1978	4000	1723	8	26	118	117	2.19
1979	4146	1743	8	34	117	116	2.24
1980	4350	1760	9	39	126	118	2.32
1981	4630	1794	12	42	136	120	2.43
1982	4660	1796	14	43	138	121	2.41
1983	4632	1819	14	45	135	120	2.37
1984	4711	1841	14	53	139	121	2.37
1985	4749	1763	14	55	141	120	2.37
1986	4905	1770	13	57	140	122	2.42
1987	4991	1780	12	60	143	123	2.42
1988	5120	1787	13	61	144	123	2.45
1989	5152	1810	11	62	150	118	2.43
1990	5161	1856	12	64	153	122	2.39
1991	5172	1927	12	66	155	122	2.37
1992	5253	1928	12	61	157	120	2.38
1993	4932	1987	11	64	190	119	2.21
1994	4918	2000	11	65	189	119	2.18
1995	4915	2003	11	64	188	117	2.16
1996	5037	2016	11	53	143	107	2.19
1997	4863	1991	11	63	183	113	2.10
1998	4641	1991	11	63	182	110	1.99
1999	4468	1982	11	63	183	108	1.89
2000	4427	1988	11	63	185	108	1.87
2001	4296	1892	11	61	187	107	1.85
2002	3768	1857	10	58	147	118	1.58
2003	3595	1819	9	57	146	117	1.51
2004	3715	1831	9	54	147	117	1.56
2005	3774	1834	9	54	146	116	1.58
2006	3693	1820	8	51	140	113	1.54
2007	7853	1815	8	54	140	114	3.30
2008	7423	1799	6	54	137	115	3.09
2009	7919	1803	6	50	133	116	3.29
2010	8052	1807	6	50	127	117	3.32

21－6 卫生机构床位

Number of Beds in Health Institutions

单位:张 (unit)

年份 Year	总计 Total	医院、卫生院 Hospitals & Public Health Clinic	疗养院所 Sanat－oriums	专科防治所站 Specialized Prevention & Treatment Centers or Stations	疾病预防控制中心 CDC	妇幼保健所站 Maternity & Child Care Centers	每万人口拥有卫生机构床位数 Number of Public Health Orgon Beds Per 10000 Population
1947	519	519					0.92
1949	726	639	70				1.05
1952	2890	1274	1567				1.78
1957	7733	5700	194				6.09
1965	23241	15820	1669				12.20
1970	25614	24833	280				16.66
1975	22198	21089	500				21.87
1978	25023	24079	500				24.23
1979	48769	46495	1290				25.11
1980	49630	47271	1295				25.19
1981	51319	47942	1948				25.19
1982	51002	47339	2270				24.44
1983	52436	48739	2217				24.92
1984	52911	49307	2274				24.84
1985	53572	50567	2194				25.20
1986	54726	51566	2053			344	25.41
1987	57651	54354	1933	6		401	26.30
1988	59414	55867	2143	36		421	26.68
1989	60090	56776	1863	88		402	26.75
1990	60727	57558	1871	87		404	26.62
1991	62929	59268	2182	66	4	452	27.14
1992	64446	60730	2182	66	4	514	27.52
1993	65221	60893	2062	97	12	584	27.28
1994	65464	61425	2007	65		500	27.17
1995	66515	61933	2124	144	15	574	27.25
1996	65247	61667	2260	105	4	716	26.86
1997	65387	61918	2260	123		749	26.73
1998	65794	62499	2080	83		766	26.76
1999	66367	62832	2102	147		740	28.10
2000	66903	63156	1984	176		1000	28.24
2001	66682	63071	1884	191	25	1580	28.75
2002	64742	61909	1773	409	54	1944	27.30
2003	65072	60438	1768	224	26	1920	27.37
2004	66699	61155	1757	174	95	2269	28.00
2005	69440	64002	1554	234	77	2422	29.10
2006	70284	64816	1397	253	150	2388	29.38
2007	73830	65780	1217	202		2441	30.76
2008	81407	73205	670	201	24	2600	33.85
2009	87321	77702	910	246		2921	36.05
2010	97811	71435	640	250		2716	40.38

注:医院、卫生院2002年以前为医院口径。

a) The Data about Hospitals and Public Health Clinic Refer to Date of Hospitals before 2002.

21-7 卫生机构人员

Number of Persons Engaged in Health Institutions

单位:人 (person)

年份 Year	总计 Total	卫生技术人员 Medical Technical Personnel	#医生 Doctors	#执业医师 Certified Doctors	#助理执业医师 Certified Assistant Doctors	#注册护师、护士 Registered Senior and Junior Nurses	每万人口医生数 Number of Doctors per 10 000 Population
1947	6158	5979	4483			128	8
1949	7529	7204	4736			201	8
1952	12233	10727	6097			552	9
1957	21848	18290	10556			1977	11
1965	40695	33215	18027			4664	14
1970	42097	33333	17101			6490	11
1975	60529	47845	22114			7932	13
1978	75123	59277	26724			8225	15
1979	82855	65615	28417			7949	16
1980	88188	70022	31068			9129	17
1981	98165	77647	32184			10426	17
1982	101637	80450	32975			10969	17
1983	104446	82873	33456			11768	17
1984	107234	85185	34903			12264	18
1985	109210	87130	36467			12598	18
1986	112011	89257	38103			13427	19
1987	115164	91437	37781			14458	18
1988	117779	94095	42794			18605	20
1989	119044	94969	44579			21310	21
1990	121443	96764	41453			22123	19
1991	123935	97984	42520			22797	19
1992	126859	100365	46612			23157	21
1993	127494	99878	47171			23425	21
1994	129101	102220	48962			24575	22
1995	129483	102187	49345			24617	22
1996	130368	103606	50263			25313	22
1997	129306	102983	52438			25953	22
1998	129765	104890	56384			26163	24
1999	125632	101312	51602			25766	22
2000	124362	100688	52299			25726	22
2001	131931	109147	53021			26755	22
2002	120628	100665	48866	39901	8965	25740	21
2003	120264	101073	49304	40241	9063	25555	21
2004	120253	101730	50177	41252	8925	26517	21
2005	121180	102587	50308	41646	8662	27052	21
2006	120571	102336	50409	42116	8293	27601	21
2007	126155	105790	48403	40398	8005	29732	20
2008	131879	110042	49806	41990	7816	31652	21
2009	139488	117197	51947	43964	7983	34895	22
2010	146610	123232	54161	46148	8013	37765	22

21－8 社会保障基本情况

Basic Statistics on Social Security

项目	Item	2009	2010
一、最低生活保障	**Minimum Standard of Living for Residents**		
城镇居民(万人)	Residents in Urban Area(10 000 persons)	87.47	85.37
城镇居民(万户)	Housholds in Urban Area(10 000 households)	44.90	44.97
农村居民(万人)	Residents in Rural Area(10 000 persons)	121.08	115.57
农村居民(万户)	Housholds in Rural Area(10 000 households)	86.09	83.36
二、社会福利事业	**Social Welfare**		
收养性单位(个)	Adopting Social Welfare Institutions(unit)	768	670
优抚类单位	Adopting Institution of Social Special Relief	35	34
福利类单位	Adopting Institution of Social Welfare	733	636
收养性单位床位数(张)	Adopting Social Welfare Instiutions(bed)	45560	43218
优抚类单位	Adopting Institution of Social Special Relief	2453	3045
福利类单位	Adopting Institution of Social Welfare	43107	40173
年末收养人数(人)	Persons Adopted at the year－end(person)	36448	34887
优抚类单位	Adopting Institution of Social Special Relief	1539	2231
福利类单位	Adopting Institution of Social Welfare	34909	32656
社会福利事业支出(万元)	Expenditure for Social Welfare(10 000 yuan)	575898	773465
# 抚恤、离退休和社会福利救济	Pensions and Relief Funds for Social Welfare	521861	685526
自然灾害生活救助	Life Salvation of Natural Calamity	26235	45651
社会福利企业(个)	Social Welfare Enterprises(unit)	212	227
社会福利企业工作人员(人)	Staff of Social Welfare Enterprises(person)	10383	11035
三、社区服务	**Community Service**		
城镇社区服务设施(个)	Number of Urban Welfare Facilities(unit)	4270	5194
城镇便民利民服务网点(个)	Number of Urban Service Points for Civilian(unit)	25223	25684

21－8 续表 continued

项目	Item	2009	2010
四、社会保障	**Social Security**		
基本养老保险	**Basic Pension Insurance**		
参加基本养老保险人数(万人)	Persons joined(10 000 persons)	411	431
#城镇居民养老保险参保人数(万人)	Contributors of Urban(10 000 persons)	7.97	9
#参加基本养老保险离退休人数(万人)	Retirees joined(10 000 persons)	113	119
基本养老保险基金当年支出额(亿元)	Expenses of Insurance Fund(100 million yuan)	208.00	232.33
农村社会养老保险	**Rural Social Pension Insurance**		
农村社会养老保险参保人数(万人)	Contributors (10 000 persons)	100	217
农村社会养老保险基金当年支出额(亿元)	Expenses of Insurance Fund(100 million yuan)	0.52	3.15
失业保险	**Unemployment Insurance**		
参加失业保险人数(万人)	Persons joined(10 000 persons)	230	231
累计领取失业金人数(万人)	Beneficiaries(10 000 persons)	6.08	6
失业保险基金当年支出额(亿元)	Expenses of Insurance Fund(100 million yuan)	8.31	7.21
医疗保险	**Basic Medical Insurance**		
参加基本医疗保险人数(万人)	Persons joined(10 000 persons)	805	886
#参加大病统筹的人数(万人)	Contributors of Comprehensive Arrangement for Serious Disease(10 000 persons)	330	353
#城镇居民参加基本医疗保险人数(万人)	Persons joined(10 000 persons)	394.91	453
基本医疗保险基金当年支出额(亿元)	Expenses of Insurance Fund(100 million yuan)	42.24	59.06
农村新型合作医疗参合人数(万人)	Persons joined(10 000 persons)	1202	1215
农村新型合作医疗收入额(亿元)	Revenue of Medical Insurance in Rural(100 million yuan)	12.90	19.14
农村新型合作医疗支出额(亿元)	Expenses of Medical Insurance in Rural(100 million yuan)	13.39	18.66
农村新型合作医疗参合率(%)	Rate of Medical Insurance in Rural(%)	97.36	92.76
工伤保险	**Work Injury Insurance**		
参加工伤保险人数(万人)	Persons joined(10 000 persons)	200	208
#参加工伤保险的农牧民人数(万人)	Farmers and Herdsmen(10 000 persons)	48	54
工伤保险基金当年支出额(亿元)	Expenses of Insurance Fund(100 million yuan)	2.85	3.45
生育保险	**Maternity Insurance**		
参加生育保险人数(万人)	Persons joined(10 000 persons)	182.93	234
生育保险基金当年支出额(亿元)	Expenses of Insurance Fund(100 million yuan)	0.9	1.23
养老、失业、医疗、工伤、生育保险基金收入(亿元)	Revenue of Pension, Unemployment, Medical, Work injury, Maternity insurance Fun(100 million yuan)	334.91	387.64
养老、失业、医疗、工伤、生育保险基金支出(亿元)	Expenses of Pension, Unemployment, Medical, Work injury, Maternity insurance Fun(100 million yuan)	262.82	306.43
养老、失业、医疗、工伤、生育保险基金累计节余(亿元)	Balance of Pension, Unemployment, Medical, Work injury, Maternity insurance Fun(100 million yuan)	309.8	387.6

21－9 社会福利事业、企业单位和工作人员
Number of Social Welfare Institutions and Enterprises and Persons Engaged

项　　目	Item	机 构(个) Number of Institutions or Enterprises(unit)		工作人员(人) Number of Persons Engaged(person)	
		2009	2010	2009	2010
全区总计	**Autonomous Regional Total**	**1909**	**2115**	**22393**	**24361**
收养性福利事业单位	Adopting Social Welfare Institutions	768	670	5244	4560
优抚类收养性单位	Adopting Institution of Social Special Relief	35	34	708	685
福利类收养性单位	Adopting Institution of Social Welfare	733	636	4536	3875
社会救助单位	Social Salvation Organizations	33	33	388	379
殡葬事业单位	Funeral and Intermert Instiutions	127	123	1901	1902
福利彩票发行单位	Welfare Lottery Ticket	16	16	179	179
慈善团体	Philanthropic Organizations				
社区服务中心	Community Service Center	753	1046	4298	6306
社会福利企业	Social Welfare Enterprises	212	227	10383	11035

21－10 收养性社会福利事业单位基本情况(2010 年)
Basic Statistics on Social Welfare Institutions(2010)

项　　目	Item	院 数(个) Homes (unit)	工作人员(人) Staff and Workers (person)	床 位(张) Beds (unit)	年末收养人数(人) Persons Housed year－end (person)
全区总计	**Autonomous Regional Total**				
优抚类单位	Institution of Social Special Relief	34	685	3045	2231
荣誉军人康复医院	Disable Veteran Hospital	1	65	100	28
复员军人疗养院	Sanatorium of Demobilized Soldier	2	70	240	28
复退军人精神病院	Psychiatric Hospital of Veteran	2	183	1115	1100
光荣院	Homes for Disabled Veterans	29	367	1590	1075
福利类单位	Institution of Social Welfare	636	3875	40173	32656
社会福利院	Social Welfare Homes	38	852	4801	3504
儿童福利机构	Baby Welfare Homes	6	191	1314	705
社会福利医院	Social Welfare Hospitals	3	297	710	602
城镇老年福利机构	Urban Adopting Elderly Units	67	509	4047	2955
农村老年福利机构	Rural Adopting Elderly Units	517	1968	28706	24566
其他老年福利机构	Others	5	58	595	324

21－11 享受补助、救济人员情况(2010年)

Persons Receiving Subsidies or Relief Funds(2010)

单位:人、户、人次 (person)(household)(person－time)

项 目	Item	2010
城镇社会救济情况	**Social Relief in Urban Area**	
城镇居民最低生活保障人数	Number of Persons Receiving Lowest Cost－of－Living in Urban Area	853678
城镇居民最低生活保障家庭数	Number of Households Receiving Lowest Cost－of－Living in Urban Area	449734
城镇临时救济人次数	Number of Poor Person－times Receiving Temporary Almsgiving in Urban Area	62139
农村社会救济情况	**Social Relief in Rural Area**	
农村居民最低生活保障人数	Number of Persons Receiving Lowest Cost－of－Living in Rural Area	1155667
农村居民最低生活保障家庭数	Number of Housholds Receiving Lowest Cost－of－Living in Rural Area	833633
农村五保救济人数	Number of Persons of Rural Guaranteed Five Aspects	91287
农村传统救济人数	Number of Persons Receiving Traditional Relief Funds	29515
农村临时救济人次数	Number of Poor Persons Receiving Temporary Almsgiving in Rural Area	95260

21－12 城镇社区服务设施

Basic Statistics on Urban Welfare Facilities

单位:个,人 (unit)(person)

项 目	Item	2009	2010
城镇社区服务设施数	Number of Urban Welfare Facilities	4270	5194
社区从业人员数	Number of People with Jobs in Community	66237	66521
# 安置下岗职工	Unemployed Workers Employed again	19487	
社区服务志愿者组织数	Number of Organization of Service Volunteer in Community	4868	4908
社区服务志愿者人数	Number of Service Volunteers in Community	99636	127031
城镇便民利民服务网点数	Urban Service Points for Civilian	25223	25681

21－13 工业“三废”排放及治理

Discharge and Treatment of Waste Water, Waste Gas and Solid Wastes by Industry Enterprises

项 目	Item	2009	2010
废 水	**Waste Water**		
工业废水排放总量(万吨)	Total Volume of Industrial Waste Water Discharged (10 000 tons)	28616.22	39535.69
工业废水排放达标量(万吨)	Volume of Industrial Waste Water up to the Standards for Discharge(10 000 tons)	24366.42	35674.62
工业废水排放达标率(%)	Percentage of Industrial Waste Water up to the Standards for Discharge(%)	85.2	90.2
废 气	**Waste Gas**		
工业废气排放总量(亿标立方米)	Total Volume of Industrial Waste Gas Diffused (100 Million cu. m)	24844.36	27488.34
工业二氧化硫排放量(万吨)	Volume of Sulphur Dioxide Emission(10 000 tons)	120.40	119.30
工业二氧化硫排放达标率(%)	Standard Rate of Sulphur Dioxide Emission(%)	89.6	90.6
工业烟尘排放量(万吨)	Volume of Soot Emission(10 000 tons)	32.05	47.59
工业烟尘排放达标率(%)	Standard Rate of Soot Emission(%)	81.7	81.1
工业粉尘排放量(万吨)	Volume of Industrial Dust Emission(10 000 tons)	16.41	16.04
工业粉尘排放达标率(%)	Standard Rate of Industrial Dust Emission(%)	91.37	91.40
固体废物	**Solid Wastes**		
工业固体废物产生量(万吨)	Volume of Industrial Solid Wastes Produced (10 000 tons)	12108.32	16996.01
工业固体废物综合利用量(万吨)	Volume of Industrial Solid Wastes Utilized in a Comprehensive way(10 000 tons)	6367.91	9562.36
工业固体废物综合利用率(%)	Percentage of Industrial Solid Wastes Utilized in a Comprehensive way(%)	52.6	56.3
工业固体废物贮存量(万吨)	Volume of Industrial Solid Wastes Accumulated (10 000 tons)	1235.62	2151.64
工业固体废物处置量(万吨)	Volume of Industrial Solid Wastes Treated (10 000 tons)	4513.04	5295.19
工业固体废物排放量(万吨)	Volume of Industrial Solid Wastes Discharged (10 000 tons)	9.22	4.53
“三废”综合利用产品产值(万元)	Output Value of Products Made from Waste Gas, Waste Water and Solid Wastes(10 000 yuan)	217935.70	272375.40
污染治理	**Pollution Treatment**		
当年安排污染治理项目数(个)	Number of Projects for Pollution Treatment in the Year(unit)	174	114
污染治理项目本年完成投资额(万元)	Actual Investment in Pollution Treatment in the Year(10 000 yuan)	178258.10	111799.50
# 治理废水	Treatment of Waste Water	33154.60	41623.30
治理废气	Treatment of Waste Gas	69089.10	54482.60
治理固体废物	Treatment of Solid Wastes	10193.60	19896.60
治理噪声	Noise Abatmenet	120.00	101.20
治理其他	Others	11031.40	13570.80
排污收费及使用	**Fee for Discharging Waste and Fines for Pollution**		
排污费交纳单位(个)	Number of Units Charged levied(unit)	8155	5651.00
排污费征收额(万元)	Amount of Pollution Charges(10 000 yuan)	72983.00	79735.00

21－14 分行业“三废”排放及处理情况(2010 年)

行 业	Branch	汇总企业数(个) Industrial Enterprises (unit)	工业废水处理量(万吨) Treatment of Waste Water (10 000 tons)
总 计	**Total**	**2346**	**113033.00**
林业	**Forestry**		
畜牧业	**Animal Husbandry**		
采矿业	**Mining**		
煤炭开采和洗选业	Coal Mining & Processing	223	5773.08
石油和天然气开采业	Petroleum & Natural Gas Pumped	7	90.69
黑色金属矿采选业	Mining & Dressing of Ferrous Metals	55	848.27
有色金属矿采选业	Mining & Dressing of Nonferrous Metals	71	2056.13
非金属矿采选业	Mining & Dressing of Nonmetal Minerals	17	17.80
其他采矿业	Mining of Other Mineral	4	
制造业	**Manufacturing**		
农副食品加工业	Processing of Agricultural Side－Line Food	235	1738.32
食品制造业	Manufacturing of Food	115	2258.23
饮料制造业	Manufacturing of Beverage	82	1000.71
烟草制品业	Tobacco Products	2	7.24
纺织业	Textile Industry	49	733.67
纺织服装、鞋、帽制造业	Textile, Clothes, Shoes & Hats	4	
皮革、毛皮、羽毛(绒)及其制品业	Leather, Furs, Down & Related Products	4	4.10
木材加工及木、竹、藤、棕、草制品业	Timber Processing, Bamboo, Cane, Palm Fiber & Straw Products	27	4.40
造纸及纸制品业	Paper－making & Paper Products	27	4404.11
印刷业和记录媒介的复制	Printing & Record Pressing	3	
石油加工、炼焦及核燃料加工业	Petroleum Processing, Coke Products & Processing of Nuclear Fuel	27	831.76
化学原料及化学制品制造业	Chemical Materials & Products	292	4500.89
医药制造业	Manufacturing of Medicine	43	1905.39
塑料制品业	Plastic Products	2	
非金属矿物制品业	Nonmetal Mineral Products	443	225.11
其中:水泥制造	Cement Manufacturing	84	108.46
黑色金属冶炼及压延加工业	Smelting & Pressing of Ferrous Metals	144	80724.26
有色金属冶炼及压延加工业	Smelting & Pressing of Nonferrous Metals	39	734.63
金属制品业	Metal Products	7	81.64
通用设备制造业	General－Purpose Equipment	11	0.01
专用设备制造业	Special Equipment	4	138.59
交通运输设备制造业	Transported Equipment	3	1.19
电气机械及器材制造业	Electric Equipment & Machinery	6	34.35
通信设备、计算机及其他电子设备制造业	Manufacturing of Telecoms, Computer & Other Electronic Equipment	5	0.40
仪器仪表及文化、办公用机械制造业	Instruments, Meters, Cultural & Office Machinery	1	
电力、燃气及水的生产和供应业	**Production & Supply of Electric Power, Gas & Water**		
电力、热力的生产和供应业	Production & Supply of Electric Power	370	4917.39
火力发电	Thermal Power	114	5632.58
燃气生产和供应业	Production & Supply of Gas	3	0.12
水的生产和供应业	Production & Supply of Water	3	0.73
房屋和土木工程建筑业	**Housing & Civil Construction**		
铁路运输业	**Railway Transport**		
其他行业	**Other Sectors**	**9**	

Emission and Treatment of Waste Gas, Water and Solid by Branch(2010)

工业废水排放量（万吨）Waste Water Discharged（10 000 tons）	工业废水排放达标量（万吨）Waste Water up to Standard for Discharge（10 000tons）	化学需氧量去除量（吨）COD Removed（ton）	化学需氧量排放量（吨）COD Emission（ton）	工业废气排放总量（万标立方米）Waste Gas Emission（10 000 cu. m）	废气治理设施数（套）Facilities（set）
37199.00	**33827.00**	**370256.00**	**83953.00**	**274883409**	**5183**
7405.22	6621.76	7498.62	6154.61	1075603	236
25.14	25.14	17.81	44.43	207094	12
588.57	535.80	503.44	90.61	939072	87
229.38	159.56	3746.04	396.20	585334	87
11.69	6.65	5.00	208.06	1549291	17
0.24			0.90	4460	4
2556.41	1909.86	18335.34	15501.00	649899	196
2391.89	2198.30	18714.90	5277.80	1937124	172
1512.77	1249.44	16583.76	8732.27	354682	110
0.88	0.80		0.54	8922	4
809.12	784.72	1428.30	2771.18	138301	42
6.67	6.67		0.06	7795	6
233.14	229.72	18.55	914.16	11688	3
66.99	40.71		146.46	103794	99
4301.83	3859.85	217431.35	14408.36	497973	43
0.31	0.31		0.46	1225	3
704.93	557.27	3346.73	3404.35	8209326	105
3202.60	2714.48	8437.55	9025.26	14323234	678
1943.09	1906.95	55278.24	6877.69	1263639	66
1.30	1.30		1.16		
457.72	428.41	5.41	405.49	46355008	921
224.34	218.55	2.38	250.77	40275298	741
3253.51	3204.53	15243.49	2135.89	39074777	569
384.52	360.80	2014.17	684.51	20093307	277
83.56	81.91	0.22	103.69	18723	4
13.13	13.11		20.20	128566	13
142.49	142.49	121.27	70.07	119246	66
1.19			5.25	4400	3
4.54	4.54	2.06	4.11	2419	11
63.16	32.70		155.53	7485	3
0.61	0.61		0.90		
6531.98	6482.92	1521.86	6185.66	137054626	1330
6908.33	6755.90	2224.99	6614.64	138123106	461
				91864	7
259.51	259.51	2.12	214.00	5599	1
2.61	**2.61**		**2.53**	**47117**	**5**

21－14 续表

行 业	Branch	工业二氧化硫去除量(吨) SO2 Removed(ton)	工业二氧化硫排放量(吨) SO2 Emission(ton)
总 计	**Total**	**1602604.00**	**1134191.00**
林业	**Forestry**		
畜牧业	**Animal Husbandry**		
采矿业	**Mining**		
煤炭开采和洗选业	Coal Mining & Processing	382.68	12837.09
石油和天然气开采业	Petroleum & Natural Gas Pumped	48.16	4987.18
黑色金属矿采选业	Mining & Dressing of Ferrous Metals	7.69	2324.24
有色金属矿采选业	Mining & Dressing of Nonferrous Metals	323.72	4145.50
非金属矿采选业	Mining & Dressing of Nonmetal Minerals	390.80	2407.98
其他采矿业	Mining of Other Mineral	48.0	70.84
制造业	**Manufacturing**		
农副食品加工业	Processing of Agricultural Side－Line Food	829.95	6544.73
食品制造业	Manufacturing of Food	3032.47	14411.13
饮料制造业	Manufacturing of Beverage	252.19	3615.35
烟草制品业	Tobacco Products	18.34	64.59
纺织业	Textile Industry	514.87	1556.83
纺织服装、鞋、帽制造业	Textile, Clothes, Shoes & Hats	0.00	42.11
皮革、毛皮、羽毛(绒)及其制品业	Leather, Furs, Down & Related Products	32.83	142.06
木材加工及木、竹、藤、棕、草制品业	Timber Processing, Bamboo, Cane, Palm Fiber & Straw Products	16.18	1180.61
造纸及纸制品业	Paper－making & Paper Products	94.22	3510.23
印刷业和记录媒介的复制	Printing & Record Pressing	0.00	15.20
石油加工、炼焦及核燃料加工业	Petroleum Processing, Coke Products & Processing of Nuclear Fuel	19393.64	32772.58
化学原料及化学制品制造业	Chemical Materials & Products	51242.35	70846.67
医药制造业	Manufacturing of Medicine	2516.54	9684.97
塑料制品业	Plastic Products		
非金属矿物制品业	Nonmetal Mineral Products	3882.68	47003.80
其中:水泥制造	Cement Manufacturing	2750.77	18469.06
黑色金属冶炼及压延加工业	Smelting & Pressing of Ferrous Metals	53575.84	107592.38
有色金属冶炼及压延加工业	Smelting & Pressing of Nonferrous Metals	110915.36	39863.35
金属制品业	Metal Products		324.87
通用设备制造业	General－Purpose Equipment		1739.53
专用设备制造业	Special Equipment		39.24
交通运输设备制造业	Transported Equipment		39.34
电气机械及器材制造业	Electric Equipment & Machinery		28.29
通信设备、计算机及其他电子设备制造业	Manufacturing of Telecoms, Computer & Other Electronic Equipment		39.92
仪器仪表及文化、办公用机械制造业	Instruments, Meters, Cultural & Office Machinery		
电力、燃气及水的生产和供应业	**Production & Supply of Electric Power, Gas & Water**		
电力、热力的生产和供应业	Production & Supply of Electric Power	1355083.53	763371.81
火力发电	Thermal Power	1400474.69	743336.30
燃气生产和供应业	Production & Supply of Gas	1.88	1714.14
水的生产和供应业	Production & Supply of Water		74.34
房屋和土木工程建筑业	**Housing & Civil Construction**		
铁路运输业	**Railway Transport**		
其他行业	**Other Sectors**	**0.00**	**879.19**

continued

工业烟尘去除量(吨) Industrial Soot Removed(ton)	工业烟尘排放量(吨) Industrial Soot Emission (ton)	工业烟尘排放达标量 Volume of Industrial Soot Diffused up to Standard	工业粉尘去除量(吨) Industrial Dust Removed(ton)	工业粉尘排放量(吨) Industrial Dust Emission(ton)	工业粉尘排放达标量 Volume of Industrial Dust Diff-used up to Standard
26456764.00	**437446.00**	**360394.00**	**2596855.00**	**151594.00**	**139311.00**
89379.62	12297.64	7121.33	69375.04	14978.53	11591.80
1601.43	72.00	69.38			
6841.33	3068.93	743.99	1028.33	3888.77	1939.76
13697.13	840.35	266.45	6.52	50.63	0.30
10710.06	4076.22	3515.62	3745.72	137.54	137.54
133.14	189.62	1.4			
38481.70	8404.17	4625.63	0.84	42.02	22.85
207670.23	6181.54	5579.65	0.45	0..4	0.22
24888.88	3968.78	2052.07	59.74	25.61	18.49
621.88	131.85	107.75			
11594.29	731.90	606.90		0.20	0.12
326.73	16.24	16.24			
513.60	16.40	16.40			
9248.59	310.85	237.15		36.00	32.40
29227.87	1373.59	981.63			
91.87	16.98	12.80	1.16	0.80	0.55
59799.46	7074.30	3311.57	61828.88	3268.59	2412.90
672704.48	62953.18	53540.97	58960.77	2331.64	2230.35
92009.72	4532.48	3736.76	0.70	11.02	5.55
798166.42	79997.52	75966.47	1388074.73	51032.37	49312.53
743139.22	4902.47	4441.05	1379299.75	35926.71	35503.47
331459.29	28773.32	25974.92	796899.13	71407.20	67369.75
1187403.48	8021.53	7822.09	216377.59	4097.59	4093.85
1510.60	74.73	72.06			
1958.40	940.12	940.12	274.70	5.18	0.48
410.16	29.54	27.28	190.34	37.04	37.04
260.30	47.30	27.30		1.70	1.50
29.00	31.72	31.72			
399.20	9.98	9.98			
22863851.91	202688.46	162755.46	30.00	169.74	99.12
24148016.54	182879.73	152256.68			
1053.42	125.30	125.30			
15.60	128.86				
541.66	**60.22**	**60.22**			

21－15 火灾、交通事故情况(2010年)

Basic Statistics on Fires and Traffic Accidents(2010)

项　目	Item	发生(起) Accured (case)	死亡(人) Death (person)	受伤(人) Injuries (person)	财产损失(万元) Property Loss (10 000 yuan)
一、火灾事故情况	**Fires**	**8741**	**49**	**13**	**5195.1**
特大	Extraordinarily				
重大	Serious				
较大	Larger	3	10		55.20
一般	Ordinary	8738	39	13	5139.90
二、交通事故情况	**Traffic Accidents**	**4780**	**1375**	**5124**	**2345.59**
死亡事故	Deaths	1079	1375	858	1522.58
伤人事故	Injuries	3225	1375	4266	710.03
财产损失事故	Property Loss	476			112.98

21－16 民间组织管理情况(2010年)

Statistics on Non Governmental Organizations(2010)

单位:个、人　　(unit)(person)

项　目	Item	2010
社团管理	**Mass Organizations**	
年末实有社团数	The Number of Mass Organizations at Year－end	5637
社团负责人	The Number of Leaders of Mass Organizations	8553
#女性	Female	2285
民办非企业单位	**Nonbusinesses Run by Local People**	
年末实有民办非企业单位	Nonbusinesses Run by Local People at Year－end	2522
民办非企业单位负责人	Leaders of Nonbusinesses	3883
#女性	Female	1218

主要统计指标解释

等级运动员人数 指经考核正式批准授予等级运动员称号的人数。运动员等级分为国际级运动健将,运动健将、一级运动员、二级运动员、三级运动员、少年级运动员。

等级裁判员人数 指经考核正式批准授予等级裁判员称号的人数。裁判员等级分为国际裁判、国家级裁判、一级裁判、二级裁判、三级裁判。

体育场 指有400米跑道(中心含足球场),有固定道牙,跑道6条以上,并有固定看台的室外田径场地。体育场按看台容纳观众人数分为:甲级25000人以上,乙级15000-25000人,丙级5000-15000人,丁级5000人以下。

体育馆 指有固定看台,可供篮球、排球、羽毛球、乒乓球、体操等项目训练比赛活动用的室内运动场地。体育馆按看台容纳观众人数分为:甲级6000人以上,乙级4000-6000人,丙级2000-4000人,丁级2000人以下。

卫生机构 包括医疗机构、疾病预防控制中心(防疫站)、采供血机构、卫生监督及监测(检验)机构、医学科研和在职培训机构、健康教育所等。医疗机构包括医院、社区卫生服务中心(站)、疗养院、卫生院、门诊部、诊所(卫生所、医务室)、妇幼保健院(所、站)、专科疾病防治院(所、站)、急救中心(站)和临床检验中心。医疗机构分为非赢利性医疗机构和赢利性医疗机构。

医院 包括综合医院、中医医院、中西医结合医院、民族医院、各类专科医院和护理院。

卫生技术人员 指卫生机构中医生、护理人员、药剂人员、检验人员等卫生技术人员。

医生 指在医疗、预防保健机构工作且取得《执业医师证书》的执业医师和执业助理医师。

卫生服务总费用 反映全国当年用于医疗卫生保健服务所消耗的资金总额,用筹资来源法测算。政府预算卫生支出指各级政府用于卫生事业的财政预算拨款。社会卫生支出指政府预算外的卫生资金投入,主要表现为社会医疗保险。其中包括如企事业单位和乡村集体经济单位举办医疗卫生机构设施建设费,企业职工医疗卫生费,行政事业单位负担的职工公费医疗超支部分等。居民个人卫生支出指城乡居民用自己可支配的经济收入支付的各项医疗卫生费用和医疗保险费用。

社会福利事业单位 指集中收养社会孤老、残、幼的机构,包括由民政部门管理的社会福利院、儿童福利院、精神病人福利院和城镇集体举办的福利院及农村集体举办的敬老院以及优抚医院和具有收养能力的社区服务中心等。该指标主要反映我国在社会福利性单位投入的水平。

社会福利事业单位收养人数 包括民政部门管理和城镇、农村集体举办的社会福利事业单位中收养的老人、少年儿童、缺乏生活自理能力的残疾人员和精神病人。

社会福利企业单位 指以安置城镇有一定劳动能力的盲、聋、哑和肢体残疾人员就业为目的,享受国家减免税待遇的国有或集体企业。包括福利工厂、福利商业和服务业、假肢厂和安置农场等单位。

农村五保户 指农村中既无劳动能力,又无经济来源的老、弱、孤、残的农民,其生活由集体供养,实行保吃、保穿、保住、保医、保葬(孤儿保教),简称"五保"。享受五保待遇的家庭叫五保户。

双扶户 包括被扶持的优抚户和贫困户。主要是对具有一定劳动能力且生活困难的两户给予一定的救济金以扶持其通过生产自救达到脱贫的目的。

基本养老保险

1. 参加保险人数:指报告期末按照国家法律、法规和有关政策规定参加基本养老保险的职工人数。包括不能正常缴费、已中断缴费但未终止保险关系的职工人数。

2. 社会统筹基金收入:指根据国家规定,由纳入基本养老保险范围的单位,按照国家规定的缴费基数和缴费比例缴纳的社会统筹基金,以及通过其他方式取得的形成基金来源的收入,包括:单位缴纳的社会统筹基金收入、财政补贴收入、利息收入、其他收入。

3. 社会统筹基金支出:指按照国家政策规定的开支范围和开支标准从社会统筹基金中支付给参加基本养老保险的离休、退休、退职人员个人的养老金、丧葬抚恤补助,以及由于保险关系转移、上下级之间调剂资金等原因而发生的支出。包括:基础性养老金、过渡性养老金、离休金、退休金、退职金、补贴、丧葬抚恤补助、其他支出。

4. 社会统筹基金结余:指截止报告期末基本养老保险的社会统筹基金结余金额。包括银行存款、财政专户、债券投资和其他。

基本医疗保险

1. 参加保险人数:指报告期末按国家有关规定参加基本医疗保险的人数。包括参加保险的职工人数和退休人员人数。

2. 社会统筹基金收入:指根据国家有关规定,由纳入基本医疗保险范围的缴费单位,按国家规定的缴费基数和缴费比例缴纳的社会统筹基金,以及通过其他方式取得的形成基金来源的款项,包括:单位缴纳的社会统筹基金收入、财政补贴收入、利息收入、其他收入。

3. 社会统筹基金支出:指按照国家政策规定的开支范围和开支标准从社会统筹基金中支付给参加基本医疗保险的职工和退休人员的医疗保险待遇支出及其他支出。包括:住院医疗费用支出、门急诊医疗费用支出、其他支出。

4. 社会统筹基金结余:指截止报告期末基本医疗保险的社会统筹基金结余金额。包括银行存款、财政专户、债券投资和其他。

失业保险

1. 参加保险人数:指报告期末按照国家法律、法规和有关政策规定参加了失业保险的城镇企业事业单位的职工及地方政府规定参加失业保险的其他人员的人数。

2. 失业保险金：指为保障失业人员的基本生活而按规定支付的失业保险金金额。保险福利费用总额指各单位在工资以外支付给职工和离休、退休、退职人员个人和用于集体的保险福利费用，不包括用于职工的劳动保护费用，由保险福利费用开支的医务人员工资，集体福利机构工作人员和病伤休息期满6个月以上人员的工资。

保险福利费用总额　指各单位在工资以外支付给职工和离休、退休、退职人员、个人和集体的保险福利费用，不包括用于职工的劳动保护费用，由保险福利费用开支的医务人员工资，具体福利机构工作人员和病伤休息期满6个月以上人员的工资。

离休、退休、退职人员　指正式办理了离休、退休、退职手续，并享受相应的离休、退休、退职待遇的人员。

离休、退休、退职人员保险福利费用 包括：

1. 离休金：指发给离休干部的工资和按1982年国务院《关于老干部离职休养制度的几项规定的通知》发给符合规定的离休干部相当于一至两个月标准工资的生活补贴及1988年增发的生活补贴。

2. 退休金：指按照国家有关规定发给退休职工的退休费和1988年增发的生活补贴。

3. 退职生活费：指按照1978年国务院《关于工人退休、退职的暂行办法》发给退职人员的生活费用和1988年增发的生活补贴。

以上离退休、退职人员的离退休金、退职生活费还应包括发给离退休、退职人员的生活补贴和物价补贴。

4. 医疗卫生费：指离休、退休、退职人员的医疗费、住院费以及住院伙食补助等费用。

5. 其他：指上述费用以外的其他保险福利费用，如丧葬抚恤救济费、交通费补贴、冬季取暖补贴等。

工业废水排放量　指经过企业厂区所有排放口排到企业外部的工业废水量。包括生产废水、外排的直接冷却水、超标排放的矿井地下水和与工业废水混排的厂区生活污水，不包括外排的间接冷却水（清污不分流的间接冷却水应计算在内）。

工业废水排放达标量　指各项指标都达到国家或地方排放标准的外排工业废水量，包括未经处理外排达标和经过处理后外排达标两部分。

工业废水处理量　指报告期内各种水治理设施实际处理的工业废水量，包括处理后外排和处理后回用的工业废水量和虽经处理但未达到国家或地方排放标准的废水量。如车间和厂排放口均有治理设施，并对同一废水分级处理时，不应重复计算工业废水处理量。

工业废气排放量　指企业厂区内燃料燃烧和生产工艺过程中产生的各种排入空气的含有污染物的气体总量，按标准状态[273K，101325pa]计算。

工业二氧化硫排放量　指企业在燃料燃烧和生产工艺过程中排入大气的二氧化硫数量。烟尘排放量 指企业厂区内燃料燃烧产生的烟气中夹带的颗粒物数量。

工业粉尘排放量　指企业在生产工艺过程中排放的颗粒物重量，如钢铁企业的耐火材料粉尘、焦化企业的筛焦

系统粉尘、烧结机的粉尘、石灰窑的粉尘、建材企业的水泥粉尘等。不包括电厂排入大气的烟尘。

工业固体废物产生量　指企业在生产过程中产生的固体状、半固体状和高浓度液体状废弃物的总量，包括危险废物、冶炼废渣、粉煤灰、炉渣、煤矸石、尾矿、放射性废物和其他废物等；不包括矿山开采的剥离废石和掘进废石（煤矸石和呈酸性或碱性的废石除外）。酸性或碱性废石指采掘的废石其流经水、雨淋水的PH值小于4或PH值大于10.5者。

危险废物　指列入国家危险废物名录或根据国家规定的危险废物鉴别标准和鉴别方法认定的，具有爆炸性、易燃性、易氧化性、毒性、腐蚀性、易传染疾病等危险特性之一的废物。

工业固体废物综合利用量　指通过回收、加工、循环、交换等方式，从固体废物中提取或者使其转化为可以利用的资源、能源和其他原材料的固体废物量（包括当年利用往年的工业固体废物累计贮存量），如用作农业肥料、生产建筑材料、筑路等。综合利用量由原产生固体废物的单位统计。

工业固体废物贮存量　指以综合利用或处置为目的，将固体废物暂时贮存或堆存在专设的贮存设施或专设的集中堆存场所内的数量。专设的固体废物贮存场所或贮存设施必须有防扩散、防流失、防渗漏、防止污染大气、水体的措施。

工业固体废物处置量　指将固体废物焚烧或者最终置于符合环境保护规定要求的场所，并不再回取的工业固体废物量（包括当年处置往年的工业固体废物累计贮存量）。处置方法有填埋（其中危险废物应安全填埋）、焚烧、专业贮存场（库）封场处理、深层灌注、回填矿井等。

工业固体废物排放量　指将所产生的固体废物排到固体废物污染防治设施、场所以外的数量，不包括矿山开采的剥离废石和掘进废石（煤矸石和呈酸性或碱性的废石除外）。

“三废”综合利用产品产值　指利用“三废”（废液、废气、废渣）作为主要原料生产的产品价值（现行价），已经销售或准备销售的应计算产品价值，留作生产自用的不应计算产品价值。

“三废”综合利用产品利润　指利用“三废”（废液、废气、废渣）生产的产品，销售后所得到的利润。

环境污染与破坏事故　指由于违反环境保护法规的经济、社会活动与行为，以及意外因素的影响或不可抗拒的自然灾害等原因，致使环境受到污染，国家重点保护的野生动植物、自然保护区受到破坏，人体健康受到危害，社会经济和人民财产受到损失，造成不良社会影响的突发性事件。

Explanatory Notes on Main Statistical Indicators

Number of Athletes in Grades refers to the number of athletes who have been given titles through examination. The titles of athletes include international masters of sports, masters of sports, first grade, second grade and third grade sportsmen and young athletes.

Number of Referees in Grades refers to the number of referees who have been given titles after examination. They are classified as international referees, national referees and referees of the first, second and third grades.

Stadiums refer to stadiums for track and field events with six lane 400 meter tracks around soccer fields, permanent track marks and permanent bleachers. Stadiums are classified according to seating capacity. They include: Class A stadiums seating 25000 people each. Class B stadiums seating 15000 to 25000 people each. Class C stadiums seating 5000 to 15000 people each, and Class D stadiums seating fewer than 5000 people.

Gymnasiums refer to indoor sports grounds with permanent seats in which basketball, volleyball. Badminton, table tennis and gymnastics competitions can be held. Gymnasiums are classified according to seating capacity. They include Class A gymnasiums seating over 6000 people. Class B gymnasiums seating 4000 to 6000 people. Class C gymnasiums seating 2000 to 4000 people, and Class D gymnasiums seating fewer than 2000 people.

Medical Organizations include: hospitals, health service centers (stations) of communities, nursing homes, health centers, clinics, clinics (health stations and infirmaries), maternity and child care agencies (centers and stations), special disease prevention and curing agencies (centers and stations), first aid centers (stations) and clinical inspection centers. Medical organizations are grouped by two types: profit – making and non – profit – making medical organizations.

Hospitals include: polyclinics, traditional Chinese medical hospitals, hospitals integrated with traditional Chinese therapeutics and western therapeutics, ethical hospitals, various specialties hospitals and nursing hospitals.

Medical Technical Personnel refers to doctors, assistant nurses, pharmacists, and laboratory technicians working in medical institutions.

Doctors refer to certified physicians and certified assistant physicians with certifications working in medical and health care and prevention agencies.

Total Cost of Health Services reflects the total expenditures on medical and health care services for the whole country, calculated on basis of sources of funding. Health expenditure from government budget refers to budgetary allocation for health undertakings by governments at all levels. Social health expenditure refers to non – government budgetary cap ital input, mainly the health insurance. It includes expenditure on health institutions run by enterprises and rural collective entities, expenditure on medical and health care of employees of enterprises, and excessive health expenditure of government employees that could be covered by the government health care system. Health expenditure on individuals refers to expenditure on health service and health insurance paid by residents from their disposable income.

Social Welfare Institutions refer to institutions taking care of old pople without children, handicapped people and orphans. They include social welfare institutions run by civil affairs departments, children welfare institutions, social welfare institutions for mental patients, collective – owned old peoples homes in rural areas, convalescent homes and community service centers with the capaCity of receiving those people. This indicator reflects the input in social welfare institutions.

Number of People Taken in by Social Welfare Institutions refers to the number of old people, children, totally dependent handicapped people and mental patients taken in by social welfare institutions run by civil affairs departments and those run by collective units in urban and rural areas.

Social Welfare Enterprises are collective – owned enterprises which employ the blind, deaf mute, and other handicapped people who are able to work in cities and towns and enjoy exemption from state taxes, including welfare plants, welfare commercial services, artificial limb plants and farms, etc.

Rural Households with Livelihood Guaranteed in Five Aspects refer to the households in which there are old people without child, orphans and handicapped people who are unable to work and without financial resources in rural areas. They are taken care of by the collective units and their food, clothing, housing, medical care, funeral expenses (or schooling for orphans) are guaranteed to be provided for.

Households in the Poor Household Support Program refer to the households of martyrs and disabled servicemen, and poor households, who are able to work but in poor conditions, receiving government or collective relief funds. In this way, the households can get to work and make them break away from poverty.

Basic Endowment Insurance

1. Number of people participating in the insurance program: by the end of reference period, number of staff and workers participating in the insurance program in line with national laws, regulations and related policies, including those who can not make regular payment or interrupt payment but not terminate the insurance program.

2. Revenue of social comprehensive funds: according to national provision, payments made by units covered in basic endowment insurance program, and income from other resources, including: income of social comprehensive funds paid by unites, financial subsidies, interest income and others.

3. Expenditure of social comprehensive funds: refer to payment made to those retired and resigned people covered in endowment insurance program in terms of pens ion or compensation within the expenditure scope and standards according to related national policies, and the expenditure occurred due to shift of the insurance relationship or adjustment funds among agencies, including: basic pension, transitional pension, pension for resigned people, pension for retired people, pension for people quitting jobs, subsidies, funeral subsidies and other expenditure.

4. Balance of social comprehensive funds: refer to the balance of basic endowment insurance of social comprehensive funds at the end of the reference period, including: bank savings, special fiscal account, investment in bonds and others.

Basic Medical Care Insurance:

1. Number of people participated in the insurance program: refer to number of people participated in the basic medical care insurance program according to related regulation by the end of reference period, including: number of staff and workers and retired persons participated in this insurance program.

2. Revenue of social comprehensive funds: according to national provision, payments made by units covered in basic medical care insurance program, and income from other resources, including: income of social comprehensive funds paid by unites, financial subsidies, interest income and others.

3. Expenditure of social comprehensive funds: refer to payment made to those retired and resigned people covered in basic medical care insurance within the expenditure scope and standards according to related national policies, including: expenditure on fee - for - service in hospital, expenditure on fee - for - service in clinic and other expenditure.

4. Balance of social comprehensive funds: refer to the balance of medical care insurance of social comprehensive funds at the end of the reference period, including: bank savings, special fiscal account, investment in bonds and others.

Unemployment Insurance

1. Number of people participated in unemployment insurance program: number of staff and workers in urban enterprises or institutions and other people according to local government regulations participated in unemployment insurance program in line with national law, regulations and related policies by the end of the reference period.

2. Sum of Unemployment Insurance: refer to total amount of insurance paid to un - employees to guarantee their basic lives according to related regulations.

Insurance and Welfare Funds refers to labor insurance and welfare fund paid by enterprises, organizations and institutions to their staff and workers as well as retired and resigned persons in addition to their wages and salaries excluding labor protection fees, wages paid to medical workers from insurance and welfare fund and wages paid to staff members working in collective welfare agencies and to people with over 6 months of sick - leave.

Retired or Resigned Personnel refers to the persons who have formally gone through the formalities for their retirement or quitting work and enjoy the corresponding treatments.

Insurance and Welfare Funds for Retired and Resigned Staff and Workers

1. Pensions for retired veteran cadres: They refer to pensions, other subsidies, and additional allowances paid to retired in line with relevant government documents.

2. Pensions for Retirement: They refer to living allowance; other subsidies and additional allowances paid to retired staff and workers in line with the relevant government documents.

3. Resignation Allowances for Living Expenses: They

refer to living allowance, and additional allowances subsidies paid to resigned staff and workers in line with relevant government instructions.

It also includes living subsidies and prices subsidies paid to retired and resigned staff and workers.

4. Medical Care Allowance: refer to fee – for – service, cost of medical care and per diem subsidies during hospitalizations of retired and resigned staff and workers.

5. Others: They refer to other expenses, including other types of insurance and welfare fund, fees for funerals, traveling subsidies and heating subsidies during the winter time.

Volume of Industrial Waste Water Discharged refers to the volume of industrial waste water discharged, through all outlets, to the outside of industrial enterprises, including waste water produced, direct cooling water, underground water from mines that does not meet the standard of discharge, and the domestic sewage mixed up with industrial waste water when discharged, but excluding discharged indirect cooling water.

Volume of Treated Industrial Waste Water refers to the volume of industrial waste water after being treated and purified through various water treatment facilities in the reference period, including the volume discharged or recovered after being treated. The volume of waste water that fails to meet the national or local standards after treatment is also included. If there are treatment facilities both at the outlets of workshops and at the outlets of the factory, and the same volume of waste water has been treated twice, duplication should be avoided in the calculation of the volume of treated industrial waste water.

Volume of Waste Industrial Gas Emission refers to waste gas emitted from burning of fuels and from production process in the area of the factory, and is measured by 10000 standard cubic meters each year under normal condition.

Volume of Industrial Sulphur Dioxide Discharged refers to the volume of sulphur dioxide discharged to the air in the process of fuel burning or in the production process.

Volume of Industrial Soot Discharged refers to the volume of solid soot in the smoke discharged in the process of fuel burning in the area of the factory.

Industrial Dust Discharged refers to the total weight of solid dust discharged by industrial enterprises in the production process, such as dust of refractory materials from iron plants, dust from coke screening system or from sintering machines of coking plants, dust from lime kilns, cement dust from building material enterprises, etc. but excluding smoke and dust discharged by power plants.

Volume of Industrial Solid Wastes Produced refers to the total volume of solid, semi solid or high concentration liquid residue produced by industrial enterprises in their production process, including dangerous wastes, residues from melting, slag, powdered coal ash, gangue, chemical residues, tailings, radio active residues and other residues, but excluding stripped or dug stones in mining (except gangue and acid or alkali stones which are stones washed or soaked by water with a pH value smaller than 4 or larger than 10. 5)

Dangerous Wastes refers to the wastes which are listed by the government as the dangerous wastes or the wastes which are explosive, inflammable, oxidizable, poisonous, corrosive or liable to cause infectious diseases or have other dangerous characteristics specified in accordance with the standards or methods stipulated by the government for identifying the dangerous wastes.

Volume of Industrial Solid Wastes Utilized in a Comprehensive Way refers to the volume of solid wastes from which useful materials can be extracted or which can be changed to be utilizable resources, energy or other materials, including the volume of industrial solid wastes stored up in the previous years and utilized in the current year, such as the solid wastes utilized as fertilizers, building materials, for making roads or for other purpose. Statistical data on utilization of industrial solid wastes are collected by solid wastes producing units.

Volume of Industrial Stored up Solid Wastes refers to the volume of industrial solid wastes temporarily stored up or piled with special facilities or piled in the special sites for purpose of utilization or treatment in future. The special facilities or special sites for the storing up solid wastes should have the measures against spreading or being washed away to other places, permeating the soil or causing air pollution or water contamination.

Volume of Industrial Solid Wastes Treated refers to solid wastes disposed of in a non recoverable place that meet the requirement of environmental protection, such as burying (The dangerous wastes should be buried safely), burning, piling in designated sites, pouring water into the deep strata, filling of old mines, etc. (including treatment of solid wastes piled up in the previous years).

Volume of Industrial Solid Wastes Discharged refers to the volume of industrial solid wastes produced and discharged at the places outside the special facilities or special sites for preventing against pollution, excluding stripped or dug stones in mining(except gangue and acid or alkali waste stones).

Output Value of Products Made from Utilization of Waste Gas, Waste Water and Industrial Solid Wastes refers to the value of products (calculated at current prices) made by industrial enterprises using recovered waste water, waste gas or solid wastes as main raw materials. Only the value of the products which have been sold or are ready to be sold should be included. The value of the products which will be used in the production of the enterprises should not be included.

Profit Obtained from Utilization of Waste Gas, Waste Water and Industrial Solid Wastes refers to profit obtained from selling or own consumption of products made by industrial enterprises using recovered waste water, waste gas or solid wastes as main raw materials.

Accidents of Environment Pollution and Destruction refer to sudden accidents, due to economic and social behavior or activities in contrast with environment protection legislation, unexpected factors or irresistible natural disasters, that cause the pollution of environment, the destruction of natural protection zones, wild plants and animals, the danger to the health of people, and the loss in the property of the society and people.

2011 NEI MENG GU

二十二、盟市资料

Statistics of Leagues and Cities

资料整理：李　亮

Arranged By Li Liang

22-1 各盟市行政区域土地面积和城市建设(2010年)
Administrative Areas and Construction in Cities by Region(2010)

地区	Region	行政区域土地面积(万平方公里) Gross Area (10 000 sq. km)	城市面积(平方公里) Areas of City (sq. km)	城市建成区面积(平方公里) Urban Developed Area (sq. km)	公园个数(个) Parks (unit)	公园面积(公顷) Area of Parks (hectare)	建成区绿化覆盖面积(公顷) Green Coverage Developed Area(hectare)
总计	**Total**	**118.30**	**8537.05**	**1038.32**	**157**	**7715**	**34625**
呼和浩特市	Hohhot City	1.72	265.05	166.20	21	2342	5931
包头市	Baotou City	2.77	885.00	183.49	21	1553	7336
呼伦贝尔市	Hulunbeier City	25.30	2247.21	133.14	11	701	3932
兴安盟	Xingan League	5.98	432.31	34.94	4	356	1026
通辽市	Tongliao City	5.95	650.80	86.80	9	346	2442
赤峰市	Chifeng City	9.00	560.00	81.00	28	374	2773
锡林郭勒盟	Xilinguole League	20.26	449.30	73.50	4	173	1457
乌兰察布市	Wulanchabu City	5.50	429.80	65.75	9	688	2195
鄂尔多斯市	Erdos City	8.68	195.58	112.58	30	778	4121
巴彦淖尔市	Bayannaoer City	6.44	668.00	38.00	9	155	1244
乌海市	Wuhai City	0.17	1754.00	62.92	11	249	2168
阿拉善盟	Alashan League	27.02					

22-2 各盟市年末常住人口(2010年)
Number of Population at Year-end by Region(2010)

地区	Region	年末常住人口(万人) Total Population(10 000 persons)			出生人口(万人) Birth (10 000 persons)	死亡人口(万人) Death (10 000 persons)
		合计 Total	男 Male	女 Female		
呼和浩特市	Hohhot City	287.36	146.58	140.78	2.68	1.16
包头市	Baotou City	265.61	137.16	128.45	2.36	1.12
呼伦贝尔市	Hulunbeier City	254.62	130.98	123.64	1.89	1.58
兴安盟	Xingan League	161.32	82.76	78.56	1.57	0.96
通辽市	Tongliao City	314.01	159.64	154.37	3.12	1.97
赤峰市	Chifeng City	433.84	223.17	210.67	4.32	2.72
锡林郭勒盟	Xilinguole League	102.86	53.66	49.20	0.95	0.54
乌兰察布市	Wulanchabu City	214.06	109.30	104.76	1.60	1.40
鄂尔多斯市	Erdos City	194.95	111.06	83.89	2.34	0.96
巴彦淖尔市	Bayannaoer City	166.92	88.63	78.29	1.41	0.93
乌海市	Wuhai City	53.45	28.32	25.13	0.48	0.25
阿拉善盟	Alashan League	23.19	12.65	10.54	0.20	0.10

22－3 各盟市生产总值(2010年)

Gross Domestic Product by Region(2010)

单位:亿元 (100 million yuan)

地 区	Region	生产总值 Gross Domestic Product	第一产业 Primary Industry	第二产业 Secondary Industry	工 业 Industry	建筑业 Construc－tion	第三产业 Tertiary Industry	人均生产总值(元) Per Capita GDP(yuan)
呼和浩特市	Hohhot City	1865.71	91.33	678.95	557.05	121.90	1095.43	65518
包 头 市	Baotou City	2460.80	66.48	1331.45	1188.78	142.67	1062.87	93441
呼伦贝尔市	Hulunbeier City	932.01	182.39	392.60	336.93	55.67	357.02	36552
兴 安 盟	Xingan League	261.40	83.16	87.72	68.55	19.17	90.52	16203
通 辽 市	Tongliao City	1176.62	178.26	689.71	633.86	55.85	308.64	37489
赤 峰 市	Chifeng City	1086.23	177.37	556.58	483.46	73.12	352.28	24967
锡林郭勒盟	Xilinguole League	592.05	59.60	398.87	343.21	55.65	133.58	57727
乌兰察布市	Wulanchabu City	567.60	93.96	296.74	266.97	29.77	176.90	26459
鄂尔多斯市	Erdos City	2643.23	70.81	1551.43	1391.12	160.31	1020.98	138109
巴彦淖尔市	Bayannaoer City	603.33	119.06	339.68	285.79	53.89	144.59	36048
乌 海 市	Wuhai City	391.36	3.71	280.52	258.01	22.51	107.13	73801
阿拉善盟	Alashan League	305.89	8.50	248.02	233.66	14.36	49.37	133058

注:本表按当年价格计算。

a) Data in value terms in this table are calculated at current prices.

22－4 各盟市生产总值指数(2010年)

Indices of Gross Domestic Product by Region(2010)

(上年=100) (preceding year=100)

地 区	Region	生产总值 Gross Domestic Product	第一产业 Primary Industry	第二产业 Secondary Industry	工 业 Industry	建筑业 Construc－tion	第三产业 Tertiary Industry	人均生产总值 Per Capita GDP
呼和浩特市	Hohhot City	113.0	104.7	113.3	114.3	108.5	113.3	110.9
包 头 市	Baotou City	116.0	107.4	119.1	119.8	112.5	114.2	114.0
呼伦贝尔市	Hulunbeier City	114.9	105.6	124.3	125.9	116.7	110.8	115.2
兴 安 盟	Xingan League	114.0	106.6	117.8	115.7	126.3	115.9	114.0
通 辽 市	Tongliao City	116.0	105.7	124.5	126.7	110.3	110.6	115.8
赤 峰 市	Chifeng City	115.2	106.4	120.9	120.9	120.7	112.1	115.9
锡林郭勒盟	Xilinguole League	116.5	102.4	120.1	122.2	110.7	114.2	115.9
乌兰察布市	Wulanchabu City	111.0	107.6	112.6	113.0	110.2	110.4	111.5
鄂尔多斯市	Erdos City	119.0	104.5	119.9	120.1	118.0	119.1	114.6
巴彦淖尔市	Bayannaoer City	113.5	106.5	118.0	120.6	106.9	110.0	114.1
乌 海 市	Wuhai City	119.7	107.0	124.0	123.9	125.3	111.8	117.8
阿拉善盟	Alashan League	119.9	103.6	125.5	126.7	114.9	108.7	117.8

注:本表按可比价格计算。

a) The indices in this table are calculated at comparable prices.

22-5 各盟市按三次产业分的年末就业人员(2010年)

Number of Employed Persons at Year-end by Type of Industry and by Region(2010)

地区	Region	就业人员(万人) Number of Employed Persons (10 000 persons)	第一产业 Primary Industry	第二产业 Secondary Industry	第三产业 Tertiary Industry	构成(合计=100) Composition in Percentage(total=100) 第一产业 Primary Industry	第二产业 Secondary Industry	第三产业 Tertiary Industry
呼和浩特市	Hohhot City	165.50	41.80	50.80	72.90	25.3	30.7	44.0
包头市	Baotou City	141.70	20.00	42.30	79.30	14.1	29.9	56.0
呼伦贝尔市	Hulunbeier City	107.54	53.56	15.56	38.41	49.8	14.5	35.7
兴安盟	Xingan League	77.10	52.30	6.60	18.20	67.8	8.6	23.6
通辽市	Tongliao City	163.10	115.20	20.60	27.30	70.6	12.6	16.7
赤峰市	Chifeng City	241.20	127.90	50.10	63.30	53.0	20.8	26.2
锡林郭勒盟	Xilinguole League	50.60	24.60	6.30	19.70	48.6	12.5	38.9
乌兰察布市	Wulanchabu City	110.63	63.71	13.24	33.68	57.6	12.0	30.4
鄂尔多斯市	Erdos City	98.01	27.19	28.26	42.56	27.7	28.8	43.4
巴彦淖尔市	Bayannaoer City	89.10	48.20	13.10	27.80	54.1	14.7	31.2
乌海市	Wuhai City	26.30	1.30	10.60	14.50	4.9	40.3	55.1
阿拉善盟	Alashan League	12.90	3.60	3.70	5.60	27.9	28.7	43.4

22-6 各盟市城镇年末就业人员(2010年)

Number of Employed Persons at Year-end in Urban Areas by Region(2010)

单位:人 (person)

地区	Region	合计 Total	国有单位 State-owned Units	集体单位 Collective-owned Units	其他单位 Units of Other Types of Ownership
呼和浩特市	Hohhot City	718433	211478	9950	93584
包头市	Baotou City	749958	128863	25090	171949
呼伦贝尔市	Hulunbeier City	498142	204482	6031	67638
兴安盟	Xingan League	191221	91378	4358	16961
通辽市	Tongliao City	373185	187503	9287	46518
赤峰市	Chifeng City	538663	198814	11314	94988
锡林郭勒盟	Xilinguole League	237264	83691	3059	32054
乌兰察布市	Wulanchabu City	288733	112337	4106	29773
鄂尔多斯市	Erdos City	352834	113419	3789	55468
巴彦淖尔市	Bayannaoer City	259442	104779	4961	37106
乌海市	Wuhai City	159137	54959	169	40626
阿拉善盟	Alashan League	88661	25354	483	21667
直报单位	Units of Direct Reporting	196279	177339	6490	99

22－6 续表 continued

单位:人 (person)

地 区	Region	# 港澳台商投资单位 Economic Units Funded by Entrepreneurs from H. K, Macao and Taiwan	# 外商投资单位 Foreign Funded Units	私营企业 Private Enterprises	个 体 Self－employed Individuals
呼和浩特市	Hohhot City	2976	4349	242533	160888
包 头 市	Baotou City	3148	4756	263016	161040
呼伦贝尔市	Hulunbeier City	1057	1890	56833	163158
兴 安 盟	Xingan League	881	763	20978	57546
通 辽 市	Tongliao City	920	4367	47719	82158
赤 峰 市	Chifeng City	966		95071	138476
锡林郭勒盟	Xilinguole League	906	876	46749	71711
乌兰察布市	Wulanchabu City	1546	761	63436	79081
鄂尔多斯市	Erdos City	1121	7237	75548	104610
巴彦淖尔市	Bayannaoer City	1629	1461	47828	64768
乌 海 市	Wuhai City		1069	35044	28339
阿拉善盟	Alashan League	444	341	23403	17754
直报单位	Units of Direct Reporting			12351	

22－7 各盟市登记注册类型年末职工人数(2010 年)
Number of Staff and Workers at Year－end by Status of Registration and by Region(2010)

单位:人 (person)

地 区	Region	合 计 Total	国有单位 State－owned Units	城镇集体单位 Urban Collective－owned Units	其他单位 Units of Other Types of Ownership
呼和浩特市	Hohhot City	310692	210559	9916	90217
包 头 市	Baotou City	318511	126900	24949	166662
呼伦贝尔市	Hulunbeier City	276510	203168	5971	67371
兴 安 盟	Xingan League	109918	89276	4255	16387
通 辽 市	Tongliao City	242420	187133	9220	46067
赤 峰 市	Chifeng City	303286	197164	11145	94977
锡林郭勒盟	Xilinguole League	115560	81433	2922	31205
乌兰察布市	Wulanchabu City	139445	106292	3618	29535
鄂尔多斯市	Erdos City	170912	111811	3769	55332
巴彦淖尔市	Bayannaoer City	145021	103049	4932	37040
乌 海 市	Wuhai City	94072	54385	169	39518
阿拉善盟	Alashan League	47089	25013	483	21593
直报单位	Units of Direct Reporting	175361	170849	4414	98

22-8 各盟市登记注册类型女性年末就业人员(2010年)

Number of Female Employed by Registration Status and by Region at Year-end(2010)

单位:人 (person)

地区	Region	合计 Total	国有单位 State-owned Units	城镇集体单位 Urban Collective-owned Units	其他单位 Units of Other Types of Ownership
呼和浩特市	Hohhot City	139533	94000	4500	41033
包头市	Baotou City	126673	58057	10277	58339
呼伦贝尔市	Hulunbeier City	103730	83942	2584	17204
兴安盟	Xingan League	45383	37898	1985	5500
通辽市	Tongliao City	89842	73548	3526	12768
赤峰市	Chifeng City	109127	82016	4238	22873
锡林郭勒盟	Xilinguole League	45717	34643	1347	9727
乌兰察布市	Wulanchabu City	50349	39361	1616	9372
鄂尔多斯市	Erdos City	67443	47471	1832	18140
巴彦淖尔市	Bayannaoer City	60662	46934	2521	11207
乌海市	Wuhai City	29988	20021	70	9897
阿拉善盟	Alashan League	17150	11667	244	5239
直报单位	Units of Direct Reporting	30804	28843	1927	34

22-9 各盟市私营企业年末就业人员(2010年)

Number of Employed Persons in Private Enterprises at the Year-end by Region(2010)

单位:户、人 (enterprise, person)

地区	Region	合计 Total			城镇 Urban Areas			乡村 Rural Areas		
		户数 Enter-prises	就业人数 Employed Persons	#投资者 Empl-oyers	户数 Enter-prises	就业人数 Employed Persons	#投资者 Empl-oyers	户数 Enter-prises	就业人数 Employed Persons	#投资者 Empl-oyers
总计	**Total**	**113351**	**1214780**	**254245**	**102855**	**1030509**	**232188**	**10496**	**184271**	**22057**
呼和浩特市	Hohhot City	24559	261228	59867	23575	242533	57149	984	18695	2718
包头市	Baotou City	18755	311955	43163	17888	263016	41159	867	48939	2004
呼伦贝尔市	Hulunbeier City	7638	64380	18007	6591	56833	16634	1047	7547	1373
兴安盟	Xingan League	2640	23779	5204	2428	20978	4797	212	2801	407
通辽市	Tongliao City	6959	54634	12581	5513	47719	10168	1446	6915	2413
赤峰市	Chifeng City	12499	119747	26625	10315	95071	21771	2184	24676	4854
锡林郭勒盟	Xilinguole League	5020	51614	9900	4673	46749	8863	347	4865	1037
乌兰察布市	Wulanchabu City	5883	73884	12345	5413	63436	11410	470	10448	935
鄂尔多斯市	Erdos City	18396	99663	39757	16644	75548	36200	1752	24115	3557
巴彦淖尔市	Bayannaoer City	4988	62843	12666	3844	47828	10047	1144	15015	2619
乌海市	Wuhai City	3468	35044	7033	3467	35044	7033	1		
阿拉善盟	Alashan League	1886	43221	3926	1871	23403	3840	15	19818	86

22－10 各盟市年末个体就业人员(2010 年)

Number of Self－Employed Individuals at Year－end by Region(2010)

单位:户、人 (enterprise, person)

地区	Region	合计 Total 户数 Number of Households	合计 Total 就业人数 Number of Employed Individuals	城镇 Urban Areas 户数 Number of Households	城镇 Urban Areas 就业人数 Number of Employed Individuals	乡村 Rural Areas 户数 Number of Households	乡村 Rural Areas 就业人数 Number of Employed Individuals
总计	**Total**	**754314**	**1373311**	**613785**	**1129529**	**140529**	**243782**
呼和浩特市	Hohhot City	93007	177066	85632	160888	7375	16178
包头市	Baotou City	70877	174328	67118	161040	3759	13288
呼伦贝尔市	Hulunbeier City	103292	174853	93807	163158	9485	11695
兴安盟	Xingan League	44400	79933	31210	57546	13190	22387
通辽市	Tongliao City	78735	114183	56168	82158	22567	32025
赤峰市	Chifeng City	125602	204239	82897	138476	42705	65763
锡林郭勒盟	Xilinguole League	44801	79205	40901	71711	3900	7494
乌兰察布市	Wulanchabu City	45562	85693	42075	79081	3487	6612
鄂尔多斯市	Erdos City	80292	148039	56403	104610	23889	43429
巴彦淖尔市	Bayannaoer City	39784	88261	30289	64768	9495	23493
乌海市	Wuhai City	17294	28821	17154	28339	140	482
阿拉善盟	Alashan League	10668	18690	10131	17754	537	936

22－11 各盟市城镇年末实有登记失业人数

Number of Registered Unemployed Persons at the Year－end in Urban Areas by Region

单位:人 (person)

地区	Region	1995	2000	2005	2010
总计	**Total**	**139713**	**126478**	**177483**	**208110**
呼和浩特市	Hohhot City	11781	13120	24465	29749
包头市	Baotou City	27205	20412	31972	39203
呼伦贝尔市	Hulunbeier City	25887	29283	24601	27855
兴安盟	Xingan League	4079	5564	8539	11345
通辽市	Tongliao City	12559	8696	15027	16503
赤峰市	Chifeng City	14266	14374	21000	25050
锡林郭勒盟	Xilinguole League	4783	4943	7809	9550
乌兰察布市	Wulanchabu City	11337	9155	14271	17039
鄂尔多斯市	Erdos City	5900	3653	9620	7901
巴彦淖尔市	Bayannaoer City	11511	9562	11074	13150
乌海市	Wuhai City	8359	5715	6860	7915
阿拉善盟	Alashan League	2046	2001	2245	2850

22-12 各盟市城镇登记失业率

Registered Unemployment Rate in Urban Areas by Region

单位:% (%)

地区	Region	1995	2000	2005	2007	2008	2009	2010
总计	**Total**	**3.17**	**3.34**	**4.26**	**4.00**	**4.10**	**4.05**	**3.90**
呼和浩特市	Hohhot City	2.41	3.01	4.29	3.85	3.85	3.85	3.90
包头市	Baotou City	3.81	3.44	4.14	3.82	3.90	3.88	3.83
呼伦贝尔市	Hulunbeier City	4.83	4.24	4.36	4.09	4.27	4.15	4.10
兴安盟	Xingan League	1.88	2.48	4.30	4.44	4.46	4.39	4.33
通辽市	Tongliao City	3.14	2.46	4.20	3.87	3.99	3.97	3.93
赤峰市	Chifeng City	3.13	2.90	4.22	4.14	4.20	4.17	4.18
锡林郭勒盟	Xilinguole League	2.77	3.25	4.65	3.90	4.19	3.80	3.70
乌兰察布市	Wulanchabu City	3.63	4.01	4.40	4.12	4.24	4.16	4.10
鄂尔多斯市	Erdos City	3.13	2.07	3.97	3.71	4.00	2.92	2.21
巴彦淖尔市	Bayannaoer City	4.49	3.84	4.25	4.11	4.20	4.06	4.10
乌海市	Wuhai City	5.12	4.40	4.50	4.28	4.50	4.40	4.30
阿拉善盟	Alashan League	4.00	3.46	4.12	3.99	4.19	4.15	3.95

22-13 各盟市职工工资总额和指数(2010年)

Total Wages of Staff and Workers and Related Index by Region(2010)

地区	Region	工资总额(万元) Total Wages(10 000 yuan)				指数(上年=100) Index(preceding year=100)			
		合计 Total	国有单位 State-owned Units	城镇集体单位 Urban Collect-iveowned Units	其他单位 Units of Other Types of Owner ship	合计 Total	国有单位 State-owned Units	城镇集体单位 Urban Collect-iveowned Units	其他单位 Units of Other Types of Owner ship
呼和浩特市	Hohhot City	1200455	921602	31026	247827	113.6	110.1	115.5	128.1
包头市	Baotou City	1323917	584560	71517	667841	111.6	113.2	109.2	110.5
呼伦贝尔市	Hulunbeier City	917746	709741	22138	185867	117.4	116.1	143.5	119.5
兴安盟	Xingan League	297388	235580	8124	53684	128.1	121.6	119.2	169.4
通辽市	Tongliao City	634342	483867	23937	126539	124.1	125.0	115.4	122.2
赤峰市	Chifeng City	989175	669796	33736	285643	116.0	116.3	119.8	114.9
锡林郭勒盟	Xilinguole League	417649	313638	12136	91875	122.0	119.8	120.0	130.7
乌兰察布市	Wulanchabu City	431975	340953	9467	81555	108.0	109.5	122.2	100.8
鄂尔多斯市	Erdos City	895475	631500	17819	246156	130.2	129.4	126.2	132.4
巴彦淖尔市	Bayannaoer City	457293	322079	18041	117173	119.8	121.3	124.3	115.2
乌海市	Wuhai City	380597	259288	291	121018	101.4	112.0	120.2	84.4
阿拉善盟	Alashan League	179364	117967	2656	58741	122.4	125.7	119.8	116.4

22－14 各盟市职工平均工资及指数(2010年)

Average Wage of Staff and Workers and Related Indices by Region(2010)

地 区	Region	平均货币工资(元) Average Money Wage(yuan)				指数(上年=100) Indices (preceding year=100)			
		合 计 Total	国有单位 State－owned Units	城镇集体单位 Urban Collect－iveowned Units	其他单位 Units of Other Types of Owner ship	合 计 Total	国有单位 State－owned Units	城镇集体单位 Urban Collect－iveowned Units	其他单位 Units of Other Types of Owner ship
呼和浩特市	Hohhot City	37685	43042	26412	26739	110.8	110.6	111.9	117.0
包 头 市	Baotou City	41403	46112	29496	39576	112.7	111.7	113.7	113.1
呼伦贝尔市	Hulunbeier City	33118	35095	37421	26951	117.1	116.2	121.2	119.9
兴 安 盟	Xingan League	25201	26370	17396	22368	119.7	120.9	111.1	120.8
通 辽 市	Tongliao City	26432	26185	26013	27509	120.1	123.2	119.7	108.1
赤 峰 市	Chifeng City	31321	33808	28995	26931	114.2	115.1	114.1	112.5
锡林郭勒盟	Xilinguole League	35288	38731	43450	26568	115.9	117.7	137.0	111.9
乌兰察布市	Wulanchabu City	31006	32393	26159	26786	107.1	108.0	119.5	102.1
鄂尔多斯市	Erdos City	53015	56944	47938	45338	119.9	119.6	119.3	121.1
巴彦淖尔市	Bayannaoer City	30331	31399	36381	27103	119.0	121.2	122.0	113.0
乌 海 市	Wuhai City	39837	47744	17189	29473	112.6	108.7	121.5	109.3
阿拉善盟	Alashan League	42414	47950	55455	34136	122.7	132.5	122.1	108.0

22－15 各盟市城乡划分全社会固定资产投资(2010年)

Total Investment in Fixed Assets by Channel of Management and by Region(2010)

单位:万元 (10 000 yuan)

地 区	Region	总 计 Total	城镇 Urban	#房地产开发 Real Estate Development	农村 Rural
呼和浩特市	Hohhot City	8812359	8803710	2543537	8649
包 头 市	Baotou City	18005021	17748513	2028264	256508
呼伦贝尔市	Hulunbeier City	6084524	6038050	497859	46474
兴 安 盟	Xingan League	2293739	2268224	195738	25515
通 辽 市	Tongliao City	6531483	6341585	577860	189898
赤 峰 市	Chifeng City	8353092	7861796	833697	491296
锡林郭勒盟	Xilinguole League	6358033	6356978	446317	1055
乌兰察布市	Wulanchabu City	2748769	2716550	350351	32219
鄂尔多斯市	Erdos City	18923954	18669480	2805296	254474
巴彦淖尔市	Bayannaoer City	5652138	5491777	561699	160361
乌 海 市	Wuhai City	2387231	2387231	248990	
阿拉善盟	Alashan League	1743882	1737728	110267	6154

注:农村未包括农户投资。

a) Investment in Fixed Assets of Rural don't included investment of Rural Households.

22－16 各盟市按建设性质分的城镇固定资产投资（2010 年）

Investment in Capital Construction in Urban Area by Type of Construction and by Region(2010)

单位：万元 (10 000 yuan)

地 区	Region	投资额 Investment	# 新建 New Construction	# 扩建 Expansion	# 改建 Reconstruction
呼和浩特市	Hohhot City	6260173	1906287	2760868	839733
包头市	Baotou City	15720249	10429679	1555881	3089002
呼伦贝尔市	Hulunbeier City	5540191	4667242	393468	431318
兴安盟	Xingan League	2072486	1731881	51955	141700
通辽市	Tongliao City	5763725	3443629	1614596	639908
赤峰市	Chifeng City	7028099	5732694	868578	277775
锡林郭勒盟	Xilinguole League	5910661	4463878	1051806	326546
乌兰察布市	Wulanchabu City	2366199	1762224	315260	189713
鄂尔多斯市	Erdos City	15864184	14930978	727863	178343
巴彦淖尔市	Bayannaoer City	4930078	2644477	619257	1542601
乌海市	Wuhai City	2138241	1494644	351347	274821
阿拉善盟	Alashan League	1627461	1011717	471177	142460

注：本表不含房地产开发投资。

a) Data in this tabale indude real estate development.

22－17 各盟市城镇固定资产投资、投产项目和新增固定资产（2010 年）

Capital Construction Projects and Put into Use and Newly Increased Fixed Assets by Region(2010)

地 区	Region	施工项目（个） Number of Projects under Construction (unit)	全部建成投产项目（个） Number of Projects Completed & Put into Use (unit)	项目建成投产率（%） Rate of Projects Completed and Put into Use(%)	新增固定资产（万元） Newly Increased Fixed Assets (10 000 yuan)	固定资产交付使用率（%） Rate of Fixed Assets Put into Use(%)
呼和浩特市	Hohhot City	884	686	77.60	5171335	82.61
包头市	Baotou City	2344	1920	81.91	15574005	99.07
呼伦贝尔市	Hulunbeier City	993	726	73.11	3931878	70.97
兴安盟	Xingan League	578	406	70.24	2096082	101.14
通辽市	Tongliao City	1436	1200	83.57	4178928	72.50
赤峰市	Chifeng City	1590	1246	78.36	4271727	60.78
锡林郭勒盟	Xilinguole League	967	544	56.26	2982034	50.45
乌兰察布市	Wulanchabu City	508	408	80.31	1528771	64.61
鄂尔多斯市	Erdos City	1461	904	61.88	8203620	51.71
巴彦淖尔市	Bayannaoer City	837	629	75.15	3220501	65.32
乌海市	Wuhai City	275	151	54.91	1496963	70.01
阿拉善盟	Alashan League	286	150	52.45	627839	38.58

22－18 各盟市城镇固定资产投资房屋建筑面积(2010 年)

Floor Space of Buildings Through Capital Construction by Region(2010)

单位:万平方米 (10 000 sq. m)

地 区	Region	施工面积 Floor Space of Buildings Under Construction	# 住 宅 Residential Buildings	竣工面积 Floor Space of Buildings Completed	# 住 宅 Residential Buildings
呼和浩特市	Hohhot City	1194.55	345.35	600.69	188.64
包头 市	Baotou City	1087.42	93.14	543.11	85.03
呼伦贝尔市	Hulunbeier City	471.60	187.09	196.85	84.89
兴 安 盟	Xingan League	451.65	132.84	303.81	118.19
通 辽 市	Tongliao City	420.01	48.72	189.82	16.13
赤 峰 市	Chifeng City	507.83	151.27	159.39	50.53
锡林郭勒盟	Xilinguole League	347.17	65.11	124.18	33.36
乌兰察布市	Wulanchabu City	210.39	44.44	105.09	29.45
鄂尔多斯市	Erdos City	1021.15	235.47	66.33	16.14
巴彦淖尔市	Bayannaoer City	437.82	154.80	120.91	61.08
乌 海 市	Wuhai City	248.09	96.91	74.17	30.39
阿拉善盟	Alashan League	80.22	21.19	0.35	

注:本表数字不含商品房。

a) Data in this doesnt include commercial house.

22－19 各盟市按构成分的城镇固定资产投资(2010 年)

Investment in Innovation by Type of Construction and by Region(2010)

单位:万元 (10 000 yuan)

地 区	Region	投 资 额 Investment	建筑工程 Construction Projects	安装工程 Installation Projects	设备工器具购置 Purchase of Equipment and Instruments	其他费用 Others
呼和浩特市	Hohhot City	6260173	3396793	392814	2055313	415253
包 头 市	Baotou City	15720249	7899878	2007876	4364616	1447879
呼伦贝尔市	Hulunbeier City	5540191	3356540	322236	1407050	454365
兴 安 盟	Xingan League	2072486	1193960	50574	682358	145594
通 辽 市	Tongliao City	5763725	3011190	399020	2071526	281989
赤 峰 市	Chifeng City	7028099	3969345	388023	1991957	678774
锡林郭勒盟	Xilinguole League	5910661	2889397	258435	1778085	984744
乌兰察布市	Wulanchabu City	2366199	1225211	166664	900984	73340
鄂尔多斯市	Erdos City	15864184	10471667	750798	3058527	1583192
巴彦淖尔市	Bayannaoer City	4930078	2874202	391333	1161832	502711
乌 海 市	Wuhai City	2138241	977449	249562	721333	189897
阿拉善盟	Alashan League	1627461	1122199	372596	115474	17192

22-20 各盟市按资金来源分的城镇固定资产(2010年)

Number of Innovation Projects Under Construction and Put into Use and Newly Increased Fixed Assets by Region(2010)

单位:万元　(10000 yuan)

地 区	Region	国家预算内资金 State Budgetary	国内贷款 Domestic Loans	利用外资 Foreign Investment	自筹资金 Fund Raising	其他资金 Others
呼和浩特市	Hohhot City	104897	561127	14234	4710961	58097
包 头 市	Baotou City	137349	727780	32889	14849242	245421
呼伦贝尔市	Hulunbeier City	367313	1259015	10279	3601269	126313
兴 安 盟	Xingan League	127609	183423	492	1647094	25790
通 辽 市	Tongliao City	177798	1784780	9590	3695162	24966
赤 峰 市	Chifeng City	185600	1108235	100	5352820	293331
锡林郭勒盟	Xilinguole League	161419	1648681	4100	3088574	465681
乌兰察布市	Wulanchabu City	488658	697422	2020	1699567	98632
鄂尔多斯市	Erdos City	733072	882159		15416176	724364
巴彦淖尔市	Bayannaoer City	495010	104235	75	4824227	26047
乌 海 市	Wuhai City	243990	420401		1171395	6794
阿拉善盟	Alashan League	311004	616129	90	843128	6951

22-21 各盟市农村固定资产投资和房屋建筑面积(2010年)

Investment in Fixed Assets in Rural Area, Floor Space of Buildings by Region(2010)

地 区	Region	投资额(万元) Investment (10 000 yuan)	新增固定资产(万元) Newly Increased Fixed Assets (10 000 yuan)	房屋建筑面积(万平方米) Floor Space of Buildings(10 000 sq. m)			
				施工面积 Under Construction	#住宅 Residential Buildings	竣工面积 Completed	#住宅 Residential Buildings
呼和浩特市	Hohhot City	8649	31949	15.84	0.30	15.84	0.30
包 头 市	Baotou City	256508	258335	35.66		35.66	
呼伦贝尔市	Hulunbeier City	46474	37669	10.44	6.79	3.24	0.06
兴 安 盟	Xingan League	25515	26981	0.30		0.30	
通 辽 市	Tongliao City	189898	129981	29.02	0.02	4.36	0.02
赤 峰 市	Chifeng City	491296	495521	1103.03	1081.70	472.56	467.08
锡林郭勒盟	Xilinguole League	1055	1055				
乌兰察布市	Wulanchabu City	32219	31919	15.80		0.08	
鄂尔多斯市	Erdos City	254474	181958	21.63	5.25	4.41	4.20
巴彦淖尔市	Bayannaoer City	160361	176630	8.94	2.12	3.45	1.17
乌 海 市	Wuhai City						
阿拉善盟	Alashan League	6154	1992				

注:本表数据统计范围为农村范围内建设的计划总投资50万元以上项目。

a) Frame work in this table is construction projects over 500 thousand yuan in rural area.

22－22 各盟市城镇集体单位固定资产投资、新增固定资产和房屋建筑面积(2010 年)

Investment in Fixed Assets of Urban Collective－Owned Units and Floor Space of Buildings by Region(2010)

地区	Region	投资额(万元) Investment (10 000 yuan)	新增固定资产(万元) Newly Increased Fixed Assets (10 000 yuan)	房屋建筑面积(万平方米) Floor Space of Buildings(10 000 sq. m) 施工面积 Under Construction	#住宅 Residential Buildings	竣工面积 Completed	#住宅 Residential Buildings
呼和浩特市	Hohhot City	153157	159969	135.45	91.88	79.45	77.88
包头市	Baotou City	548691	369471	43.77	6.66	12.99	6.66
呼伦贝尔市	Hulunbeier City	46572	20352	6.77		5.46	
兴安盟	Xingan League	680	1080	0.46		0.46	
通辽市	Tongliao City	41877	62000	4.89		1.20	
赤峰市	Chifeng City	185836	103315	70.84	61.45	10.68	5.45
锡林郭勒盟	Xilinguole League	66128	7141	0.70		0.16	
乌兰察布市	Wulanchabu City	3640	21640	0.36			
鄂尔多斯市	Erdos City	222148	20529	3.22	0.06	1.32	0.06
巴彦淖尔市	Bayannaoer City	136075	2639	1.00		0.10	
乌海市	Wuhai City	2184	15100				
阿拉善盟	Alashan League	8820	3303				

22－23 各盟市房地产开发企业(单位)个数(2010 年)

Number of Enterprises for Real Estate Development by Region(2010)

单位:个 (unit)

地区	Region	企业个数 Number of Enterprises	内资企业 Domestic Funded Enterprises	#国有 State－owned Enterprises	#集体 Collective Owned Enterprises	港、澳、台投资企业 Funded by Entrepreneurs from Hong Kong Macao & Taiwan	外商投资企业 Foreign Funded Enterprises
呼和浩特市	Hohhot City	238	234	2	1	1	3
包头市	Baotou City	307	302	10		4	1
呼伦贝尔市	Hulunbeier City	267	266	7	1	1	
兴安盟	Xingan League	104	104	2	1		
通辽市	Tongliao City	187	187	3			
赤峰市	Chifeng City	192	192				
锡林郭勒盟	Xilinguole League	187	187	2			
乌兰察布市	Wulanchabu City	101	101				
鄂尔多斯市	Erdos City	302	302				
巴彦淖尔市	Bayannaoer City	85	85	1	1		
乌海市	Wuhai City	107	107				
阿拉善盟	Alashan League	42	42				

22－24 各盟市房地产开发企业(单位)年底从业人员(2010年)
Number of Employed Persons in Enterprises for Real Estate Development by Region(end of 2010)

单位:人 (person)

地区	Region	年末从业人数 Number of Employed Persons	内资企业 Domestic Funded Enterprises	#国有 State－owned Enterprises	#集体 Collective Owned Enterprises	港、澳、台投资企业 Funded by Entrepreneurs from Hong Kong Macao & Taiwan	外商投资企业 Foreign Funded Enterprises
呼和浩特市	Hohhot City	6007	5871	195	15	18	118
包头市	Baotou City	7555	7347	264		188	20
呼伦贝尔市	Hulunbeier City	4225	4197	166	11	28	
兴安盟	Xingan League	1142	1142	11	15		
通辽市	Tongliao City	3076	3076	132			
赤峰市	Chifeng City	12686	12686				
锡林郭勒盟	Xilinguole League	4127	4127	25			
乌兰察布市	Wulanchabu City	2341	2341				
鄂尔多斯市	Erdos City	11427	11427				
巴彦淖尔市	Bayannaoer City	1748	1748	4	10		
乌海市	Wuhai City	1452	1452				
阿拉善盟	Alashan League	4723	4723				

22－25 各盟市按用途分的房地产开发企业(单位)完成投资额(2010年)
Actually Completed Investment of Enterprises for Real Estate Development by Region and by Use(2010)

单位:万元 (10 000 yuan)

地区	Region	本年完成投资额 Investment Made This Year	住宅 Residential Buildings	#经济适用房屋 Economical Houses	办公楼 Office Buildings	商业营业用房 Houses for Business Use	其他 Others
呼和浩特市	Hohhot City	2543537	1926340	108084	152317	379684	85196
包头市	Baotou City	2028264	1411621	112260	126665	362730	127248
呼伦贝尔市	Hulunbeier City	497859	299256	1186	759	94296	103548
兴安盟	Xingan League	195738	149100	2568	1061	39519	6058
通辽市	Tongliao City	577860	433780	3250	2397	105934	35749
赤峰市	Chifeng City	833697	682738	1038	2764	86088	62107
锡林郭勒盟	Xilinguole League	446317	309778	5050	4175	98952	33412
乌兰察布市	Wulanchabu City	350351	296793	2700	1548	37132	14878
鄂尔多斯市	Erdos City	2805296	1586133	101290	237380	674898	306885
巴彦淖尔市	Bayannaoer City	561699	477431	51509	2593	63975	17700
乌海市	Wuhai City	248990	174193	2000	2762	53284	18751
阿拉善盟	Alashan League	110267	80866			28141	1260

22-26 各盟市商品房建筑面积和造价(2010年)

Floor Space of Buildings and Cost in Commercial House by Region(2010)

地区	Region	施工房屋面积(万平方米) Floor Space of Buildings under Construction (10 000 sq. m)	竣工房屋面积(万平方米) Floor Space of Buildings Completed (10 000 sq. m)	房屋建筑面积竣工率(%) Rate of Floor Space of Buildings Completed (%)	竣工房屋价值(万元) Value of Buildings Completed (10 000 yuan)	竣工房屋造价(元/平方米) Cost of Buildings Completed (yuan/sq. m)
呼和浩特市	Hohhot City	2461.13	462.78	18.80	1226439	2650.16
包头市	Baotou City	1621.77	398.17	24.55	892222	2240.81
呼伦贝尔市	Hulunbeier City	640.64	236.48	36.91	353537	1495.00
兴安盟	Xingan League	338.51	155.33	45.89	181901	1171.06
通辽市	Tongliao City	557.15	172.96	31.04	265567	1535.42
赤峰市	Chifeng City	653.77	172.36	26.36	340188	1973.71
锡林郭勒盟	Xilinguole League	594.99	116.39	19.56	212248	1823.59
乌兰察布市	Wulanchabu City	415.16	127.94	30.82	144133	1126.57
鄂尔多斯市	Erdos City	3158.30	217.36	6.88	325977	1499.71
巴彦淖尔市	Bayannaoer City	596.45	163.19	27.36	348708	2136.82
乌海市	Wuhai City	417.11	69.86	16.75	128363	1837.43
阿拉善盟	Alashan League	80.36	4.85	6.04	5258	1084.12

22-27 各盟市商品房屋销售情况(2010年)

Selling of Commercial Houses by Region(2010)

地区	Region	房屋销售面积(万平方米) Floor Space of Selling House (10 000 sq. m)	#住宅 Residential Buildings	商品房销售额(万元) Total Sales of Commerical Houses (10 000 yuan)	#住宅 Residential Buildings
呼和浩特市	Hohhot City	471.88	394.75	1937134	1440770
包头市	Baotou City	597.72	473.96	2665691	1624098
呼伦贝尔市	Hulunbeier City	253.87	196.87	706937	472493
兴安盟	Xingan League	98.35	81.35	202786	151244
通辽市	Tongliao City	214.54	164.31	483154	319583
赤峰市	Chifeng City	350.77	324.09	1028570	897413
锡林郭勒盟	Xilinguole League	76.67	62.77	181846	125714
乌兰察布市	Wulanchabu City	166.66	151.76	299866	256609
鄂尔多斯市	Erdos City	535.54	448.19	2516254	1730219
巴彦淖尔市	Bayannaoer City	176.92	166.43	418672	372477
乌海市	Wuhai City	83.45	75.40	272262	224773
阿拉善盟	Alashan League	31.01	29.96	52374	49348

22－28 各盟市地方一般预算收支(2010年)

General Budgetary Financial Revenue and Expenditure by Region(2010)

单位:万元 (10 000 yuan)

地 区	Region	地方一般预算收入 General Budgetary Financial Revenue	地方一般预算支出 General Budgetary Financial Expenditure
呼和浩特市	Hohhot City	1267616	1772800
包 头 市	Baotou City	1391830	2049617
呼伦贝尔市	Hulunbeier City	559851	2079197
兴 安 盟	Xingan League	102464	960113
通 辽 市	Tongliao City	648330	1844649
赤 峰 市	Chifeng City	563261	2197648
锡林郭勒盟	Xilinguole League	415766	1221767
乌兰察布市	Wulanchabu City	173344	1400285
鄂尔多斯市	Erdos City	2390774	3187910
巴彦淖尔市	Bayannaoer City	382787	1235282
乌 海 市	Wuhai City	336632	632198
阿拉善盟	Alashan League	231660	519006

22－29 各盟市地方一般预算收入(2010年)

General Budgetary Financial Revenue by Region(2010)

单位:万元 (10 000 yuan)

地 区	Region	收入合计 Total Revenue	# 增值税 Value－added Tax	# 营业税 Operation Tax	# 企业所得税 Enterprises Income Tax	#契税和耕地占用税 Contract Tax and Tax on The Occupancy of Cultuvated Land
呼和浩特市	Hohhot City	1267616	98790	337245	86241	69078
包 头 市	Baotou City	1391830	157257	256484	83006	125118
呼伦贝尔市	Hulunbeier City	559851	41923	113335	37582	58242
兴 安 盟	Xingan League	102464	6965	28268	4203	6400
通 辽 市	Tongliao City	648330	56883	98756	29493	43183
赤 峰 市	Chifeng City	563261	57216	107140	40321	39339
锡林郭勒盟	Xilinguole League	415766	49632	79350	30992	44773
乌兰察布市	Wulanchabu City	173344	33285	45009	8151	8221
鄂尔多斯市	Erdos City	2390774	415896	436882	332038	152949
巴彦淖尔市	Bayannaoer City	382787	33803	77832	37035	32795
乌 海 市	Wuhai City	336632	46063	54130	38510	7985
阿拉善盟	Alashan League	231660	31832	31340	13428	6284

22－30 各盟市地方一般预算支出(2010 年)

General Budgetary Financial Expenditure by Region(2010)

单位:万元 (10 000 yuan)

地 区	Region	支出合计 Total Expenditure	# 一般公共服务 General Public Services	#科学技术 Science and Technology	# 医疗卫生支出 Expenditure for Medical treatment and Health
呼和浩特市	Hohhot City	1772800	229854	19254	98253
包 头 市	Baotou City	2049617	242146	29227	78962
呼伦贝尔市	Hulunbeier City	2079197	248085	15864	138532
兴 安 盟	Xingan League	960113	115156	7643	53112
通 辽 市	Tongliao City	1844649	191193	17310	107670
赤 峰 市	Chifeng City	2197648	232776	8922	138391
锡林郭勒盟	Xilinguole League	1221767	154265	5056	72902
乌兰察布市	Wulanchabu City	1400285	127309	5589	99422
鄂尔多斯市	Erdos City	3187910	336695	28551	164616
巴彦淖尔市	Bayannaoer City	1235282	131558	8524	70187
乌 海 市	Wuhai City	632198	57091	7757	54202
阿拉善盟	Alashan League	519006	75954	2802	27269

22－30 续表 continued

单位:万元 (10 000 yuan)

地 区	Region	#社会保障和就业 Social Security and Employment	#环境保护 Environment Protection	# 教育支出 Expenditure for Education	# 农林水事务 Expenses of Agriculture, Forestry and Water
呼和浩特市	Hohhot City	199586	64904	274673	202601
包 头 市	Baotou City	306442	76050	281619	153203
呼伦贝尔市	Hulunbeier City	309603	65923	294539	277377
兴 安 盟	Xingan League	132688	43395	154719	185697
通 辽 市	Tongliao City	219355	68733	313649	292759
赤 峰 市	Chifeng City	263665	150023	467547	323901
锡林郭勒盟	Xilinguole League	141055	91821	151754	161782
乌兰察布市	Wulanchabu City	239565	166572	178921	207029
鄂尔多斯市	Erdos City	295332	117938	438534	392175
巴彦淖尔市	Bayannaoer City	177357	62824	162573	228153
乌 海 市	Wuhai City	74118	28955	75106	57577
阿拉善盟	Alashan League	27822	29316	52535	97022

22－31 各盟市金融机构人民币存、贷款余额(2010年末)

Saving Deposits and loans of Financial Institutions by Region(end of 2010)

单位:亿元 (100 million yuan)

地区	Region	金融机构存款 Deposits	# 企业存款 Deposits of Enterprises	# 居民储蓄存款 Urban and Rural Savings Deposits	
				定期 Time	活期 Demand
呼和浩特市	Hohhot City	2562.87	874.21	929.81	468.75	461.05
包头市	Baotou City	1705.62	528.54	750.75	324.07	426.67
呼伦贝尔市	Hulunbeier City	762.31	163.88	447.20	238.77	208.43
兴安盟	Xingan League	234.37	46.41	127.64	53.24	74.40
通辽市	Tongliao City	479.38	112.13	258.40	95.03	163.38
赤峰市	Chifeng City	879.42	163.05	536.71	262.88	273.83
锡林郭勒盟	Xilinguole League	355.50	101.83	183.52	56.56	126.96
乌兰察布市	Wulanchabu City	426.30	76.16	268.61	125.36	143.25
鄂尔多斯市	Erdos City	1754.83	642.10	585.31	72.94	512.36
巴彦淖尔市	Bayannaoer City	459.28	116.79	263.59	71.49	192.09
乌海市	Wuhai City	411.46	148.73	191.98	66.54	125.44
阿拉善盟	Alashan League	148.29	34.53	74.60	28.96	45.63

22－31 续表 continued

单位:亿元 (100 million yuan)

地区	Region	金融机构贷款 Deposits	#短期贷款 Short－term			#中长期贷款 Medium－term& Long－term Loans		
				个人贷款及透支 Personal Loans& Overdraw	单位普通贷款及透支 Unit Loans& Overdraw		个人贷款 Personal Loans	单位普通贷款 Unit Loans
呼和浩特市	Hohhot City	1539.36	464.31	73.01	380.87	1054.55	207.97	823.21
包头市	Baotou City	1037.29	361.71	60.93	283.53	647.55	239.34	402.33
呼伦贝尔市	Hulunbeier City	430.54	209.22	49.77	155.22	220.82	37.54	174.80
兴安盟	Xingan League	124.11	63.95	21.04	41.46	60.14	20.96	39.11
通辽市	Tongliao City	464.04	216.57	60.40	152.49	247.03	42.48	204.17
赤峰市	Chifeng City	465.93	186.82	101.26	83.92	273.41	105.72	159.92
锡林郭勒盟	Xilinguole League	308.77	80.71	39.00	38.78	227.40	33.15	191.04
乌兰察布市	Wulanchabu City	241.12	79.13	43.37	33.57	160.88	22.98	126.27
鄂尔多斯市	Erdos City	1561.97	657.53	184.01	458.23	903.57	253.13	628.74
巴彦淖尔市	Bayannaoer City	346.36	197.49	88.84	105.93	147.00	35.01	111.99
乌海市	Wuhai City	279.61	100.22	31.07	64.49	168.67	24.05	144.62
阿拉善盟	Alashan League	137.23	62.57	10.26	47.24	71.52	6.65	64.78

22－32 各盟市中资保险公司业务经济技术指标(2010 年)

Economic and Technical Indicators of Insurance Companies Funded with Chinese Capital by Region(2010)

单位:亿元　　(100 million yuan)

地 区	Region	保险金额 Amount Insured	财产保险公司 Property Insurance Co	人身保险公司 Accident in Insurance Co	保 费 Premium	财产保险公司 Property Insurance Co	人身保险公司 Accident in Insurance Co
呼和浩特市	Hohhot City	13662.53	4658.68	9003.85	33.08	14.27	18.80
包 头 市	Baotou City	3591.46	2813.65	777.81	32.11	15.33	16.78
呼伦贝尔市	Hulunbeier City	2963.37	1617.60	1345.77	16.80	6.94	9.86
兴 安 盟	Xingan League	1407.33	848.81	558.53	8.20	4.64	3.56
通 辽 市	Tongliao City	2333.35	1759.99	573.36	14.44	7.69	6.75
赤 峰 市	Chifeng City	3444.64	2532.45	912.19	22.24	9.12	13.12
锡林郭勒盟	Xilinguole League	1003.66	764.84	238.82	6.59	3.65	2.94
乌兰察布市	Wulanchabu City	1851.05	972.02	879.03	11.24	5.76	5.49
鄂尔多斯市	Erdos City	4704.03	3367.69	1336.34	31.07	20.14	10.93
巴彦淖尔市	Bayannaoer City	1748.78	920.21	828.57	13.83	6.19	7.64
乌 海 市	Wuhai City	766.86	590.94	175.92	6.43	3.24	3.18
阿拉善盟	Alashan League	508.78	412.00	96.78	2.81	1.80	1.02

22－32 续表 continued

地 区	Region	赔款及给付(万元) Claim and Payment (10 000 yuan)	财产保险公司 Property Insurance Co	人身保险公司 Accident in Insurance Co	机构数(个) Number of Institution (unit)	财产保险公司 Property Insurance Co	人身保险公司 Accident in Insurance Co
呼和浩特市	Hohhot City	95164	59735	35429	180	69	111
包 头 市	Baotou City	87490	58535	28955	178	103	75
呼伦贝尔市	Hulunbeier City	53898	34282	19616	219	104	115
兴 安 盟	Xingan League	32775	26784	5991	72	49	23
通 辽 市	Tongliao City	51475	39796	11679	169	89	80
赤 峰 市	Chifeng City	66916	46206	20710	283	123	160
锡林郭勒盟	Xilinguole League	21818	16919	4900	128	83	45
乌兰察布市	Wulanchabu City	35067	25872	9195	127	72	55
鄂尔多斯市	Erdos City	86580	74853	11727	188	100	88
巴彦淖尔市	Bayannaoer City	37041	26844	10197	153	69	84
乌 海 市	Wuhai City	17208	12454	4754	51	29	22
阿拉善盟	Alashan League	9089	7627	1462	20	11	9

22－33 各盟市财产保险业务收入与赔付(2010 年)

Insurance Business Income of Property and Claim & Payment by Region(2010)

单位:万元　　(10 000 yuan)

地 区	Region	保费收入合计 Total Premium	# 企业财产保险 Enterprise Property Insurance	# 机动车辆保险 Motor Vehicle Insurance	# 货物运输保险 Freight Transport Insurance	# 责任保险 Insurance of Duty	# 农业保险 Agriculture Insurance
呼和浩特市	Hohhot City	139820	12320	110827	597	2083	10745
包 头 市	Baotou City	150662	7373	133373	1284	1975	4470
呼伦贝尔市	Hulunbeier City	67972	6530	34320	329	1587	21886
兴 安 盟	Xingan League	43966	861	19238	404	614	22232
通 辽 市	Tongliao City	74927	1940	46120	864	1386	23280
赤 峰 市	Chifeng City	88931	2977	63037	349	2151	18448
锡林郭勒盟	Xilinguole League	35144	1796	25279	233	912	5401
乌兰察布市	Wulanchabu City	55689	1499	37736	204	852	15025
鄂尔多斯市	Erdos City	196848	12185	163604	954	2620	9322
巴彦淖尔市	Bayannaoer City	60371	1389	39996	360	1127	16775
乌 海 市	Wuhai City	31469	1260	28598	103	672	242
阿拉善盟	Alashan League	16883	2312	12410	253	471	1040

22－33 续表 continued

单位:万元　　(10 000 yuan)

地 区	Region	赔款支出合计 Claim and Payment	# 企业财产保险 Enterprise Property Insurance	# 机动车辆保险 Motor Vehicle Insurance	# 货物运输保险 Freight Transport Insurance	# 责任保险 Insurance of Duty	# 农业保险 Agriculture Insurance
呼和浩特市	Hohhot City	58512	4602	44608	240	1172	6584
包 头 市	Baotou City	57003	3276	50041	231	527	2328
呼伦贝尔市	Hulunbeier City	33605	1458	15957	59	484	14918
兴 安 盟	Xingan League	25433	254	8466	69	379	16099
通 辽 市	Tongliao City	39209	623	20953	142	663	16690
赤 峰 市	Chifeng City	45462	1230	30711	161	625	12349
锡林郭勒盟	Xilinguole League	16456	572	11779	54	305	3529
乌兰察布市	Wulanchabu City	25267	803	14130	278	338	9650
鄂尔多斯市	Erdos City	73736	5494	60769	259	907	6071
巴彦淖尔市	Bayannaoer City	26299	385	16441	317	398	8693
乌 海 市	Wuhai City	12135	219	11515	17	198	164
阿拉善盟	Alashan League	7283	1242	4975	102	131	707

22－34 各盟市人身保险业务收入与赔付(2010年)

Insurance Business Income and Settled Claim & Payment of Accident in Insurance by Region(2010)

单位:万元 (10 000 yuan)

地 区	Region	保费收入 Remium	寿险 Life Insurance Business	意外伤害险 Personal Insurance Accident	健康险 Health Insurance
呼和浩特市	Hohhot City	190958	159793	12187	18978
包 头 市	Baotou City	170443	155018	3893	11532
呼伦贝尔市	Hulunbeier City	100071	90801	3518	5753
兴 安 盟	Xingan League	38061	32289	1456	4316
通 辽 市	Tongliao City	69424	61965	3164	4295
赤 峰 市	Chifeng City	133436	123301	4275	5860
锡林郭勒盟	Xilinguole League	30783	26793	1842	2148
乌兰察布市	Wulanchabu City	56720	52340	2184	2197
鄂尔多斯市	Erdos City	113850	99090	7131	7628
巴彦淖尔市	Bayannaoer City	77911	69492	3088	5331
乌 海 市	Wuhai City	32796	29810	1279	1706
阿拉善盟	Alashan League	11246	8750	1000	1497

22－34 续表 continued

单位:万元 (10 000 yuan)

地 区	Region	赔款支出与给付 Benefit Paid and Expenditare of Payment	寿险 Life Insurance Business	意外伤害险 Personal Insurance Accident	健康险 Health Insurance
呼和浩特市	Hohhot City	36652	27004	1825	7823
包 头 市	Baotou City	30487	25028	1711	3747
呼伦贝尔市	Hulunbeier City	20293	17163	1346	1784
兴 安 盟	Xingan League	7342	4562	472	2308
通 辽 市	Tongliao City	12266	9633	1076	1557
赤 峰 市	Chifeng City	21454	18105	1125	2224
锡林郭勒盟	Xilinguole League	5362	4203	643	516
乌兰察布市	Wulanchabu City	9800	8064	629	1108
鄂尔多斯市	Erdos City	12844	9384	1782	1678
巴彦淖尔市	Bayannaoer City	10742	8278	1363	1101
乌 海 市	Wuhai City	5073	4353	414	306
阿拉善盟	Alashan League	1806	1235	299	272

22－35 各盟市城镇居民家庭基本情况(2010年)

Basic Conditions of Urban Households by Region(2010)

地 区	Region	调查户数(户) Number of Households Surveyed (household)	平均每户家庭人口数(人) Average Household Size (person)	平均每户就业人口(人) Average Number of Employed Persons per Household (person)	平均每户就业面(%) Percentage of Employment per Household (%)	平均每一就业者负担人数(人) Number of Persons Supported by Each Employee (person)
呼和浩特市	Hohhot City	500	2.63	1.27	48.3	1.93
包头市	Baotou City	500	2.63	1.43	54.4	2.00
呼伦贝尔市	Hulunbeier City	350	2.78	1.52	54.7	1.87
兴安盟	Xingan League	300	2.92	1.54	52.7	1.89
通辽市	Tongliao City	300	2.94	1.61	54.8	2.02
赤峰市	Chifeng City	300	2.99	1.48	49.5	1.94
锡林郭勒盟	Xilinguole League	300	2.91	1.48	50.9	1.83
乌兰察布市	Wulanchabu City	300	2.87	1.39	48.4	1.72
鄂尔多斯市	Erdos City	300	2.97	1.84	62.0	2.03
巴彦淖尔市	Bayannaoer City	300	2.92	1.68	57.5	2.03
乌海市	Wuhai City	150	2.85	1.65	57.9	2.14
阿拉善盟	Alashan League	100	2.90	1.50	51.7	1.99

22－35 续表 continued

地 区	Region	平均每人实际收入(元) Per Capita Annual Income (yuan)	平均每人可支配收入(元) Per Capita Disposable Income (yuan)	平均每人消费支出(元) Per Capita Annual Living Expenditures for Consumption (yuan)	# 食品支出 Food	平均每人居住面积(平方米) Per Capita Net Living Space in Urban Areas (sq. m)
呼和浩特市	Hohhot City	26869	25174	16624	4983	30.16
包头市	Baotou City	27774	25862	20994	6639	30.44
呼伦贝尔市	Hulunbeier City	16551	14858	11877	3295	27.67
兴安盟	Xingan League	11970	11505	9272	2598	24.98
通辽市	Tongliao City	15322	14263	10403	3272	25.68
赤峰市	Chifeng City	14828	14109	10343	3299	28.53
锡林郭勒盟	Xilinguole League	16485	15464	12149	4578	31.72
乌兰察布市	Wulanchabu City	14832	14289	10875	3261	24.34
鄂尔多斯市	Erdos City	27198	25205	22566	5876	39.61
巴彦淖尔市	Bayannaoer City	15016	14422	10400	3216	30.40
乌海市	Wuhai City	22002	19741	16680	4833	30.67
阿拉善盟	Alashan League	21440	19111	17369	5579	38.18

22－36 各盟市农村牧区居民家庭基本情况(2010年)

Basic Conditions of Rural Households by Region(2010)

地 区	Region	调查户数(户) Number of Households Surveyed (household)	调查户人口(人) Number of Residents Surveyed (person)	平均每户常住人口(人) Average Number of Permanent Residents per Household (person)	平均每户整半劳动力(人) Average Number of Able bodied and Semiable－bodied Laborers per Household (person)	平均每个劳动力负担人口(人) Average Number of Persons Supported by a Laborer (person)
呼和浩特市	Hohhot City	265	901	3.40	2.56	1.33
包 头 市	Baotou City	305	1106	3.63	2.80	1.30
呼伦贝尔市	Hulunbeier City	380	1420	3.74	2.81	1.33
兴 安 盟	Xingan League	490	1838	3.75	2.68	1.40
通 辽 市	Tongliao City	617	2390	3.87	2.75	1.41
赤 峰 市	Chifeng City	913	3256	3.57	2.67	1.34
锡林郭勒盟	Xilinguole League	310	1131	3.65	2.75	1.33
乌兰察布市	Wulanchabu City	387	1154	2.98	2.38	1.25
鄂尔多斯市	Erdos City	275	872	3.17	2.34	1.36
巴彦淖尔市	Bayannaoer City	633	2009	3.18	2.46	1.29
乌 海 市	Wuhai City	30	87	2.90	2.37	1.22
阿拉善盟	Alashan League	80	304	3.80	2.54	1.50

22－36 续表 continued

地 区	Region	平均每人年总收入(元) Per Capita Annual Income (yuan)	平均每人纯收入(元) Net Income (yuan)	平均每人现金收入(元) Cash Income (yuan)	平均每人年总支出(元) Per Capita Annual Expenditure (yuan)	#食品支出 Food
呼和浩特市	Hohhot City	14078.74	8745.90	11505.69	8646.72	1500.30
包 头 市	Baotou City	13390.52	8766.40	11885.50	9090.77	1848.77
呼伦贝尔市	Hulunbeier City	10456.77	6295.30	8352.87	8411.68	1307.72
兴 安 盟	Xingan League	5534.74	3712.10	5143.48	4541.57	1010.18
通 辽 市	Tongliao City	9494.24	6002.20	7671.11	7011.59	1390.83
赤 峰 市	Chifeng City	8149.24	5010.00	6767.94	6097.97	1340.74
锡林郭勒盟	Xilinguole League	11743.70	6152.60	13334.86	8838.59	1510.53
乌兰察布市	Wulanchabu City	6572.42	4451.20	4895.01	4655.12	1295.52
鄂尔多斯市	Erdos City	14189.84	8755.80	11823.08	10752.02	1896.94
巴彦淖尔市	Bayannaoer City	16249.98	8240.30	14240.70	11393.57	1916.93
乌 海 市	Wuhai City	13797.20	9244.70	13141.63	9632.49	1991.58
阿拉善盟	Alashan League	16234.56	7835.60	15883.08	13466.01	1993.46

22－37 各盟市农牧民人均纯收入(2010 年)

Per Capita Annual Net Income of Peasant and Herdsman Households by Region(2010)

单位:元 (yuan)

地 区	Region	农牧民人均可支配收入 Annual Per Capita Disposable Income	农牧民人均纯收入 Per Capita Net Income	农民 Peasant	牧民 Herdsman
呼和浩特市	Hohhot City	7991.04	8745.90	8745.90	
包 头 市	Baotou City	8295.51	8766.40	8766.40	
呼伦贝尔市	Hulunbeier City	5399.12	6295.30	6053.00	9075.00
兴 安 盟	Xingan League	3535.83	3712.10	3712.10	
通 辽 市	Tongliao City	5275.26	6002.20	6002.20	
赤 峰 市	Chifeng City	4570.11	5010.00	5023.00	4861.00
锡林郭勒盟	Xilinguole League	6733.24	6152.60	5140.00	7471.00
乌兰察布市	Wulanchabu City	4162.74	4451.20	4451.20	
鄂尔多斯市	Erdos City	7677.34	8755.80	8755.80	
巴彦淖尔市	Bayannaoer City	7049.05	8240.30	8240.30	
乌 海 市	Wuhai City	8445.17	9244.70	9244.70	
阿拉善盟	Alashan League	6709.33	7835.60		7835.60

22－38 各盟市农村基层组织情况(2010 年)

Basic Conditions of Rural Grassroots Units by Region(2010)

地 区	Region	乡镇数(个) Number of Township & Town Govern－ments (unit)	# 镇数 Town Gover－nments	村民委员会(个) Number of Villagers' Committees (unit)	乡村户数(万户) Number of Households (10 000 households)	乡村人口数(万人) Rural Population (10 000 persons)	乡村从业人员(万人) Number of Rural Employers (10 000 persons)	男 Male	女 Fe－male
呼和浩特市	Hohhot City	40	26	1009	29.91	108.63	58.44	33.73	24.70
包 头 市	Baotou City	34	29	634	17.00	53.86	32.95	18.71	14.24
呼伦贝尔市	Hulunbeier City	72	49	784	19.31	90.68	48.18	26.95	21.23
兴 安 盟	Xingan League	39	32	855	30.88	114.98	57.50	32.91	24.60
通 辽 市	Tongliao City	77	61	2098	60.69	236.48	124.36	70.66	53.69
赤 峰 市	Chifeng City	116	81	2044	100.88	351.88	187.36	101.55	85.81
锡林郭勒盟	Xilinguole League	58	34	841	12.30	42.49	28.01	14.86	13.16
乌兰察布市	Wulanchabu City	80	49	1334	44.94	145.59	86.99	48.38	38.61
鄂尔多斯市	Erdos City	49	41	741	18.61	53.55	34.61	19.04	15.56
巴彦淖尔市	Bayannaoer City	48	41	649	26.45	102.30	55.26	29.48	25.78
乌 海 市	Wuhai City	5	5	19	0.95	2.56	1.75	0.93	0.82
阿拉善盟	Alashan League	24	15	191	2.11	6.42	4.08	2.13	1.95

22－39 各盟市乡村年末从业人员(2010 年)

Rural Employers Force by Sector at Year－end by Region(2010)

单位:人　　(person)

地 区	Region	农林牧渔业 Farming Forestry Animal Husbandry and Fishery	工 业 Industry	建 筑 业 Construc－tion	交通运输业、仓储及邮电通信业 Transportation and Storage	批发零售贸易业餐饮业 Wholesale, Retail Sale － Catering Trades	其他非农行业 Other Non－agricultural Trades
呼和浩特市	Hohhot City	405515	35642	58981	23512	45945	14755
包 头 市	Baotou City	213014	26934	26128	15082	35012	13334
呼伦贝尔市	Hulunbeier City	415809	9659	15984	7315	27620	5421
兴 安 盟	Xingan League	495845	12810	22007	5050	29864	9430
通 辽 市	Tongliao City	970540	46371	96296	16873	80544	32926
赤 峰 市	Chifeng City	1253898	137135	210370	44117	113326	114798
锡林郭勒盟	Xilinguole League	234013	7148	16712	3246	9103	9925
乌兰察布市	Wulanchabu City	647226	30869	68413	20276	42798	60298
鄂尔多斯市	Erdos City	254293	17638	18434	19177	30543	5987
巴彦淖尔市	Bayannaoer City	468740	19864	14149	9209	27236	13369
乌 海 市	Wuhai City	11615	1594	2341	874	740	333
阿拉善盟	Alashan League	34757	1037	261	773	1618	2332

22－40 各盟市农林牧渔业总产值(2010 年)

Gross Output Value of Farming, Forestry, Animal Husbandry and Fishery by Region(2010)

单位:万元　　(10000 yuan)

地 区	Region	农林牧渔业总产值 Total	农 业 Farming	林 业 Forestry	牧 业 Animal Husbandry	渔 业 Fishery	农林牧渔服务业 Agricultural Services
呼和浩特市	Hohhot City	1623901	464060	27670	1101321	14679	16171
包 头 市	Baotou City	1181436	364637	6578	790111	5157	14952
呼伦贝尔市	Hulunbeier City	2981987	1630398	275188	965538	68349	42514
兴 安 盟	Xingan League	1391541	732039	57193	574123	9709	18477
通 辽 市	Tongliao City	2981760	1633019	91014	1212047	12427	33253
赤 峰 市	Chifeng City	2971907	1520732	143590	1248196	12039	47350
锡林郭勒盟	Xilinguole League	1055324	329504	15677	690318	1002	18823
乌兰察布市	Wulanchabu City	1617898	652024	58388	869615	4291	33580
鄂尔多斯市	Erdos City	1194629	564764	58293	538991	9942	22638
巴彦淖尔市	Bayannaoer City	1949458	1225606	73486	602198	20058	28110
乌 海 市	Wuhai City	62770	29783	2750	28598	252	1386
阿拉善盟	Alashan League	140349	78289	8324	49445	680	3610

注:本表绝对数按当年价格计算。

a) Data in value terms in this table are calculated at current prices.

22－41 各盟市造林、耕地及农作物播种面积(2010 年)
Afforested Area, Cultivated Area and Sown Area of Farm Crops by Region(2010)

单位:千公顷 (1 000 hectares)

地 区	Region	造林面积 Afforested Area	耕地面积 Cultivated Area	农作物总播种面积 Total Sown Area	# 粮食作物播种面积 Sown Area of Grain Crops	有效灌溉面积 Irrigated Area
呼和浩特市	Hohhot City	34.81	568.79	443.36	321.35	195.57
包 头 市	Baotou City	26.86	422.11	310.07	225.29	142.26
呼伦贝尔市	Hulunbeier City	51.83	1143.67	1537.37	1308.42	198.47
兴 安 盟	Xingan League	26.87	796.86	761.24	717.38	300.49
通 辽 市	Tongliao City	59.32	1074.39	1109.55	913.32	652.54
赤 峰 市	Chifeng City	137.82	1008.13	1078.22	875.08	455.05
锡林郭勒盟	Xilinguole League	90.05	238.72	230.03	148.57	32.54
乌兰察布市	Wulanchabu City	70.80	889.04	595.05	471.23	237.95
鄂尔多斯市	Erdos City	60.91	402.86	378.95	233.79	206.71
巴彦淖尔市	Bayannaoer City	49.80	581.49	518.94	260.05	597.39
乌 海 市	Wuhai City	3.55	7.04	7.75	5.03	8.53
阿拉善盟	Alashan League	38.14	27.35	32.11	19.32	

注:2010 年耕地面积为 2009 年数据。

22－42 各盟市农业机械总动力和农村用电量及化肥施用量(2010 年)
Total Power of Agricultural Machinery, Electricity Consumed in Rural Area and Consumption of Chemical Fertilizer by Region(2010)

地 区	Region	农业机械总动力(万千瓦) Total Power of Agricultural Machinery (10 000 kw)	农村用电量(万千瓦小时) Electricity Consumed in Rural Area (10 000 kwh)	农药使用量(吨) Consumption of Pesticide (ton)	化肥施用量(折纯量)(吨) Consumption of Chemical Fertilizer (ton)
呼和浩特市	Hohhot City	206.23	37000	291	106939
包 头 市	Baotou City	149.03	29678	679	66165
呼伦贝尔市	Hulunbeier City	358.84	21522	7719	161965
兴 安 盟	Xingan League	372.15	19230	2023	179531
通 辽 市	Tongliao City	540.37	85955	5777	529843
赤 峰 市	Chifeng City	434.00	159906	3577	260551
锡林郭勒盟	Xilinguole League	115.15	6832	450	13064
乌兰察布市	Wulanchabu City	188.76	20999	735	90277
鄂尔多斯市	Erdos City	256.88	45140	1456	98635
巴彦淖尔市	Bayannaoer City	379.20	39917	1221	246795
乌 海 市	Wuhai City	7.71	2997	77	3987
阿拉善盟	Alashan League	25.26	14962	297	15642

22-43 各盟市主要农产品产量(2010年)
Yield of Major Farm Crops by Region(2010)

单位:万吨 (10 000 tons)

地区	Region	粮食 Grain	谷物 Cereal	#小麦 Wheat	#玉米 Corn	豆类 Beans	薯类 Tubers	油料 Oil-bearing Crops
呼和浩特市	Hohhot City	116.10	99.46	3.17	93.57	1.88	14.76	3.52
包头市	Baotou City	99.25	86.71	6.23	80.13	0.10	12.44	3.16
呼伦贝尔市	Hulunbeier City	500.50	324.52	71.96	224.11	126.30	49.69	25.55
兴安盟	Xingan League	265.00	231.35	6.52	178.02	22.93	10.72	3.85
通辽市	Tongliao City	525.50	505.89	3.26	436.46	14.56	5.05	12.39
赤峰市	Chifeng City	355.10	318.08	5.50	247.01	8.95	28.07	11.68
锡林郭勒盟	Xilinguole League	26.54	6.92	3.78	3.13	0.04	19.59	0.90
乌兰察布市	Wulanchabu City	79.03	30.07	3.12	25.42	1.40	47.57	2.33
鄂尔多斯市	Erdos City	141.00	129.52	2.90	124.02	0.89	10.59	6.96
巴彦淖尔市	Bayannaoer City	190.05	187.26	70.34	115.78	0.40	2.40	55.17
乌海市	Wuhai City	3.50	3.47	0.44	2.95		0.03	0.24
阿拉善盟	Alashan League	17.14	17.06	1.18	15.43		0.08	2.40

22-44 各盟市大牲畜年中数(2010年)
Number of Large Animals at the Middle of Year by Region(2010)

单位:万头 (10 000 heads)

地区	Region	大牲畜 Large Animals	牛 Cattle and Buffalos	马 Horses	驴 Donkeys	骡 Mules	骆驼 Camels
呼和浩特市	Hohhot City	78.60	73.03	0.27	2.70	2.51	0.09
包头市	Baotou City	37.27	33.78	0.38	1.91	0.89	0.31
呼伦贝尔市	Hulunbeier City	180.60	163.09	15.85	1.09	0.36	0.20
兴安盟	Xingan League	76.24	63.94	6.67	5.41	0.21	
通辽市	Tongliao City	233.32	188.39	18.98	18.88	7.07	0.01
赤峰市	Chifeng City	284.80	200.33	14.14	58.74	11.52	0.08
锡林郭勒盟	Xilinguole League	129.00	116.39	10.92	0.61	0.03	1.04
乌兰察布市	Wulanchabu City	54.31	47.99	1.25	2.67	1.72	0.67
鄂尔多斯市	Erdos City	31.04	25.44	0.86	2.31	2.12	0.31
巴彦淖尔市	Bayannaoer City	23.96	14.17	0.81	2.97	4.21	1.81
乌海市	Wuhai City	0.47	0.35	0.01	0.05	0.05	
阿拉善盟	Alashan League	10.49	2.49	0.14	0.24	0.03	7.59

22－45 各盟市大牲畜年末数(2010 年)

Number of Large Animals at Year－end by Region(2010)

单位:万头 (10 000 heads)

地 区	Region	大牲畜 Large Animals	牛 Cattle and Buffalos	马 Horses	驴 Donkeys	骡 Mules	骆驼 Camels
呼和浩特市	Hohhot City	76.26	71.84	0.26	2.02	1.99	0.14
包 头 市	Baotou City	40.17	37.97	0.26	1.21	0.51	0.23
呼伦贝尔市	Hulunbeier City	113.90	99.62	12.88	0.88	0.31	0.21
兴 安 盟	Xingan League	60.83	47.60	6.22	6.67	0.34	
通 辽 市	Tongliao City	202.94	150.80	25.01	19.03	8.10	
赤 峰 市	Chifeng City	193.99	110.64	15.53	54.55	13.19	0.08
锡林郭勒盟	Xilinguole League	90.83	80.58	8.90	0.44	0.03	0.88
乌兰察布市	Wulanchabu City	51.55	45.28	1.23	2.21	2.44	0.39
鄂尔多斯市	Erdos City	24.66	20.20	0.68	1.93	1.73	0.12
巴彦淖尔市	Bayannaoer City	23.74	14.36	0.81	2.85	4.17	1.55
乌 海 市	Wuhai City	0.52	0.41	0.01	0.05	0.05	
阿拉善盟	Alashan League	8.48	1.75	0.13	0.21	0.03	6.36

22－46 各盟市羊和猪年中数(2010 年)

Number of Sheep, Goats and Hogs at the Middle of Year by Region(2010)

单位:万只(头) (10 000 heads)

地 区	Region	羊 Sheep and Goats	绵 羊 Sheep	山 羊 Goats	生 猪 Hogs
呼和浩特市	Hohhot City	242.92	190.58	52.34	40.92
包 头 市	Baotou City	274.49	190.70	83.79	42.45
呼伦贝尔市	Hulunbeier City	1307.84	1108.37	199.47	121.63
兴 安 盟	Xingan League	604.41	362.45	241.96	146.03
通 辽 市	Tongliao City	887.15	375.93	511.23	411.95
赤 峰 市	Chifeng City	1149.18	812.20	336.98	266.13
锡林郭勒盟	Xilinguole League	1086.62	951.70	134.92	7.74
乌兰察布市	Wulanchabu City	701.36	640.46	60.91	81.21
鄂尔多斯市	Erdos City	1163.48	512.24	651.24	71.63
巴彦淖尔市	Bayannaoer City	824.41	587.23	237.18	53.35
乌 海 市	Wuhai City	10.14	3.13	7.02	4.05
阿拉善盟	Alashan League	155.98	46.98	109.01	3.38

22－47 各盟市羊和猪年末数(2010 年)
Number of Sheep, Goats and Hogs at Year－end by Region(2010)

单位:万只(头) (10 000 heads)

地 区	Region	羊 Sheep and Goats	绵 羊 Sheep	山 羊 Goats	猪 Hogs	肉猪出栏头数 Slaughtered Fattened Hogs
呼和浩特市	Hohhot City	156.20	114.29	41.91	29.24	35.71
包 头 市	Baotou City	183.00	123.99	59.01	27.11	51.99
呼伦贝尔市	Hulunbeier City	700.11	593.34	106.77	34.61	48.12
兴 安 盟	Xingan League	468.90	255.40	213.50	70.90	107.80
通 辽 市	Tongliao City	598.20	323.10	275.10	262.60	332.80
赤 峰 市	Chifeng City	600.89	426.68	174.21	125.68	165.23
锡林郭勒盟	Xilinguole League	544.35	493.23	51.12	5.75	8.92
乌兰察布市	Wulanchabu City	463.89	436.37	27.53	40.52	52.10
鄂尔多斯市	Erdos City	759.27	279.51	479.76	42.35	66.20
巴彦淖尔市	Bayannaoer City	661.69	480.21	181.49	42.66	36.74
乌 海 市	Wuhai City	8.85	2.74	6.11	4.10	9.13
阿拉善盟	Alashan League	130.69	39.00	91.69	3.26	2.13

22－48 各盟市主要畜产品产量(2010 年)
Output of Major Livestock Products by Region(2010)

地 区	Region	肉类产量(吨) Output of Meat (ton)	# 猪牛羊肉 Output of Pork, Beef and Mutton	猪 肉 Pork	牛 肉 Beef	羊 肉 Mutton	奶 类(吨) Milk (ton)	# 牛 奶 Cow Milk
呼和浩特市	Hohhot City	98501	91879	27584	32816	31479	3056401	3054324
包 头 市	Baotou City	156731	150174	46961	39520	63693	1550196	1550196
呼伦贝尔市	Hulunbeier City	245595	228639	37534	93359	97746	1319830	1316131
兴 安 盟	Xingan League	178544	168747	83084	23076	62587	434010	433560
通 辽 市	Tongliao City	500901	434112	255628	100484	78000	490121	399000
赤 峰 市	Chifeng City	438077	304075	126879	94937	82259	393609	392794
锡林郭勒盟	Xilinguole League	240241	232187	8225	110801	113161	555896	490000
乌兰察布市	Wulanchabu City	239380	224076	40640	28769	154667	917140	917140
鄂尔多斯市	Erdos City	147378	143893	51636	14284	77973	318913	285494
巴彦淖尔市	Bayannaoer City	182575	174696	32965	9157	132574	368007	368007
乌 海 市	Wuhai City	12222	11377	8496	456	2425	8695	8000
阿拉善盟	Alashan League	15234	12923	2379	350	10194	3762	3000

22－48 续表 continued

地 区	Region	绵羊毛（吨） Sheep Wool (ton)	山羊毛（吨） Goat Wool (ton)	羊 绒（吨） Cashmere (ton)	牛皮（万张） Cattle hide (10 000 pieces)	羊皮（万张） Sheep skin (10 000 pieces)	禽 蛋（吨） Poultry Eggs (ton)
呼和浩特市	Hohhot City	3446	248	110	19.15	176.31	29809
包 头 市	Baotou City	2879	239	145	23.46	290.69	26109
呼伦贝尔市	Hulunbeier City	24580	558	441	57.70	567.20	37065
兴 安 盟	Xingan League	10462	1396	684	13.11	407.84	18796
通 辽 市	Tongliao City	9100	5772	1160	58.85	358.55	52909
赤 峰 市	Chifeng City	15779	1699	1242	76.14	414.62	300176
锡林郭勒盟	Xilinguole League	11967	177	812	62.48	664.78	4477
乌兰察布市	Wulanchabu City	10792	48	84	19.78	794.60	13176
鄂尔多斯市	Erdos City	10005	2020	2620	9.32	464.72	10310
巴彦淖尔市	Bayannaoer City	7851	70	490	5.63	790.78	7892
乌 海 市	Wuhai City	115	139	18	0.26	14.87	2850
阿拉善盟	Alashan League	476	213	298	0.25	43.27	286

22－49 各盟市规模以上工业企业单位数和工业总产值(2010 年)

Number of above Designated Size Industrial Enterprises and Their Gross Output Value by Region(2010)

单位:个、万元　　(unit)(10 000 yuan)

地 区	Region	规模以上企业 Enterprises above Designated Size		# 国有及国有控股企业 State－owned Enterprises	
		企业单位数 Number of Enterprises	总产值(当年价格) Gross Output Value (At Current Prices)	企业单位数 Number of Enterprises	总产值(当年价格) Gross Output Value (At Current Prices)
呼和浩特市	Hohhot City	320	11885198	57	5072426
包 头 市	Baotou City	715	24122422	87	12697903
呼伦贝尔市	Hulunbeier City	447	7406832	63	2444747
兴 安 盟	Xingan League	139	1526893	16	325294
通 辽 市	Tongliao City	572	18097484	46	3738883
赤 峰 市	Chifeng City	593	12658408	53	3858246
锡林郭勒盟	Xilinguole League	381	6387762	63	2554100
乌兰察布市	Wulanchabu City	429	6774228	40	1431794
鄂尔多斯市	Erdos City	451	26810685	35	7710862
巴彦淖尔市	Bayannaoer City	282	7774643	25	1067686
乌 海 市	Wuhai City	168	5453150	19	2492050
阿拉善盟	Alashan League	114	5163351	13	1161181

22 - 49 续表 1 continued

单位:个、万元 (unit)(10 000 yuan)

地 区	Region	# 集体企业 Collective - owned Enterprises		# 股份有限公司 Share Holding Enterprises	
		企业单位数 Number of Enterprises	总产值(当年价格) Gross Output Value (At Current Prices)	企业单位数 Number of Enterprises	总产值(当年价格) Gross Output Value (At Current Prices)
呼和浩特市	Hohhot City	6	17998	15	1962946
包头市	Baotou City	29	110567	34	6020331
呼伦贝尔市	Hulunbeier City	3	1828	11	236785
兴安盟	Xingan League	3	12817	6	77959
通辽市	Tongliao City	13	525510	27	1604058
赤峰市	Chifeng City	12	109149	28	1539788
锡林郭勒盟	Xilinguole League	2	25383	15	745275
乌兰察布市	Wulanchabu City	1	1360	12	438657
鄂尔多斯市	Erdos City	12	147160	26	4373639
巴彦淖尔市	Bayannaoer City	1	36579	7	243624
乌海市	Wuhai City			7	276538
阿拉善盟	Alashan League			2	263108

22 - 49 续表 2 continued

单位:个、万元 (unit)(10 000 yuan)

地 区	Region	# 外商投资企业 Foreign Funded Enterprises		# 港澳台商投资企业 Enterprises Funded by Entrepreneurs from Hong Kong, Macao & Taiwan	
		企业单位数 Number of Enterprises	总产值(当年价格) Gross Output Value (At Current Prices)	企业单位数 Number of Enterprises	总产值(当年价格) Gross Output Value (At Current Prices)
呼和浩特市	Hohhot City	25	2061828	14	1012763
包头市	Baotou City	31	1210464	18	240927
呼伦贝尔市	Hulunbeier City	22	388475	8	137579
兴安盟	Xingan League	6	134282	1	10122
通辽市	Tongliao City	14	1927946	7	193502
赤峰市	Chifeng City	8	350130	6	391286
锡林郭勒盟	Xilinguole League	5	67226	5	93642
乌兰察布市	Wulanchabu City	8	31954	7	42645
鄂尔多斯市	Erdos City	12	2232681	8	178236
巴彦淖尔市	Bayannaoer City	7	435280	4	494671
乌海市	Wuhai City	1	4767	1	5186
阿拉善盟	Alashan League	2	149511	1	11853

22 – 49 续表 3 continued

单位:个、万元 (unit) (10 000 yuan)

地区	Region	轻工业 Enterprises of Light Industry		重工业 Enterprises of Heavy Industry	
		企业单位数 Number of Enterprises	总产值(当年价格) Gross Output Value (At Current Prices)	企业单位数 Number of Enterprises	总产值(当年价格) Gross Output Value (At Current Prices)
呼和浩特市	Hohhot City	141	5811217	179	6073980
包头市	Baotou City	99	1421613	616	22700809
呼伦贝尔市	Hulunbeier City	188	2711333	259	4695498
兴安盟	Xingan League	72	787148	67	739745
通辽市	Tongliao City	242	6640999	330	11456485
赤峰市	Chifeng City	163	2022309	430	10636100
锡林郭勒盟	Xilinguole League	166	1164624	215	5223139
乌兰察布市	Wulanchabu City	140	2034056	289	4740172
鄂尔多斯市	Erdos City	84	2004095	367	24806590
巴彦淖尔市	Bayannaoer City	136	3364600	146	4410043
乌海市	Wuhai City	5	55872	163	5397278
阿拉善盟	Alashan League	14	281658	100	4881693

22 – 49 续表 4 continued

单位:个、万元 (unit) (10 000 yuan)

地区	Region	大型企业 Large Enterprises		中型企业 Medium – sized Enterprises		小型企业 Small Enterprises	
		企业单位数 Number of Enterprises	总产值(当年价格) Gross Output Value (At Current Prices)	企业单位数 Number of Enterprises	总产值(当年价格) Gross Output Value (At Current Prices)	企业单位数 Number of Enterprises	总产值(当年价格) Gross Output Value (At Current Prices)
呼和浩特市	Hohhot City	6	2489392	61	7071963	253	2323842
包头市	Baotou City	17	10587848	124	7372596	574	6161978
呼伦贝尔市	Hulunbeier City	8	1363075	44	1715857	395	4327899
兴安盟	Xingan League	1	249213	13	436599	125	841082
通辽市	Tongliao City	5	2695662	54	4193775	513	11208047
赤峰市	Chifeng City	10	3585697	76	3623286	507	5449425
锡林郭勒盟	Xilinguole League	2	405752	37	2518576	342	3463435
乌兰察布市	Wulanchabu City	3	659867	31	1603822	395	4510539
鄂尔多斯市	Erdos City	14	10441782	74	9252302	363	7116601
巴彦淖尔市	Bayannaoer City	3	650064	62	4131618	217	2992960
乌海市	Wuhai City	3	1779971	37	2434665	128	1238515
阿拉善盟	Alashan League	3	1515224	36	2583745	75	1064382

22－50 各盟市规模以上工业企业主要指标(2010 年)

Main Indicators of Industrial Enterprises above Designed Size by Region(2010)

单位:万元 (10 000 yuan)

地 区	Region	资产合计 Total Assets	负债合计 Total Liabilities	主营业务收入 Revenue of main business	利润总额 Total Profits
呼和浩特市	Hohhot City	13156368	8963572	11539656	1879576
包 头 市	Baotou City	28707936	17752770	25200527	1884667
呼伦贝尔市	Hulunbeier City	8977623	5710726	7245321	680754
兴 安 盟	Xingan League	1668982	1162937	1443096	78285
通 辽 市	Tongliao City	9525178	5370773	18140199	1365226
赤 峰 市	Chifeng City	9968669	5286996	12413282	1296173
锡林郭勒盟	Xilinguole League	9158777	5677128	6220047	777711
乌兰察布市	Wulanchabu City	7132531	5170007	6668657	486924
鄂尔多斯市	Erdos City	39443137	19285903	27901298	6858226
巴彦淖尔市	Bayannaoer City	7887245	4344212	6851030	442690
乌 海 市	Wuhai City	7076780	4983604	5576989	914794
阿拉善盟	Alashan League	4210526	2718984	4678178	219410

22－51 各盟市规模以上工业企业主要指标(2010 年)

Main Indicators of Industrial Enterprises above Designed Size by Region(2010)

单位:万元 (10 000 yuan)

地 区	Region	所有者权益 Creditors Equity	利税总额 Total Profits and Taxes	本年应交增值税 Value Added Tax Payable	流动资产合计 Circulating Funds	固定资产合计 Total Fixed Assets
呼和浩特市	Hohhot City	4081334	2850685	624314	4840839	6793827
包 头 市	Baotou City	10871906	3162572	1044617	11783512	11316115
呼伦贝尔市	Hulunbeier City	3241796	1013963	262843	2519418	5443172
兴 安 盟	Xingan League	503798	193795	37740	485140	1062513
通 辽 市	Tongliao City	4132525	2109110	452622	2347597	6199038
赤 峰 市	Chifeng City	4657005	1823943	406531	3120132	6089365
锡林郭勒盟	Xilinguole League	3480583	1142733	290777	1762252	6531226
乌兰察布市	Wulanchabu City	1888426	730609	194144	1572929	5000935
鄂尔多斯市	Erdos City	19946287	9433814	1899928	15587948	16915536
巴彦淖尔市	Bayannaoer City	3495521	639445	147539	2516807	4528206
乌 海 市	Wuhai City	2086791	1319685	319680	2432942	3427579
阿拉善盟	Alashan League	1434818	431732	182440	1818354	1549264

22－52 各盟市主要工业产品产量(2010年)

Output of Major Industrial Products by Region(2010)

地 区	Region	白酒(千升) Liquor (1000 litres)	糖(吨) Sugar (ton)	液体乳(万吨) Milk (10000 tons)	机制纸及纸板(吨) Machine－made Paper and Paperboards (ton)	原 油(吨) Crude Oil (ton)	原 煤(万吨) Coal (10 000 tons)	发电量(亿千瓦小时) Electricity (100 million kwh)
呼和浩特市	Hohhot City	2236.00		156.31	13223		601.07	352.61
包头市	Baotou City	8049.50	913	33.28			2235.00	262.06
呼伦贝尔市	Hulunbeier City	87782.43	9339	0.40	43337	528009	6402.58	187.81
兴安盟	Xingan League	17263.00		16.14			60.21	18.65
通辽市	Tongliao City	186446.60	30642	14.16			6342.45	223.91
赤峰市	Chifeng City	10348.08	46627	6.80	146397	140948	2856.85	218.62
锡林郭勒盟	Xilinguole League	20151.46		6.78		1046276	10793.73	209.23
乌兰察布市	Wulanchabu City	32315.20	32854	47.62	35550			306.75
鄂尔多斯市	Erdos City	34505.93		0.19	8970		44934.20	487.51
巴彦淖尔市	Bayannaoer City	20164.00		27.24	40972	113885	110.74	95.12
乌海市	Wuhai City	4243.00					3063.45	121.63
阿拉善盟	Alashan League	364.70					1512.86	

22－52 续表 1 continued

地 区	Region	焦 炭(万吨) Coke (10 000 tons)	钢(万吨) Steel (10 000 tons)	生 铁(万吨) Pig Iron (10 000 tons)	成品钢材(万吨) Steel Products (10 000 tons)	水 泥(万吨) Cement (10 000 tons)	化 肥(万吨) Chemical Fertilizer (10 000 tons)
呼和浩特市	Hohhot City	60.29	57.39			523.65	54.50
包头市	Baotou City	569.96	1112.67	1135.35	1119.40	476.18	
呼伦贝尔市	Hulunbeier City		5.30			469.59	
兴安盟	Xingan League		57.48	55.97	58.09	65.81	
通辽市	Tongliao City				8.25	752.97	22.53
赤峰市	Chifeng City				154.07	545.40	25.69
锡林郭勒盟	Xilinguole League					564.47	
乌兰察布市	Wulanchabu City					648.00	2.46
鄂尔多斯市	Erdos City	492.43		10.19		808.06	55.50
巴彦淖尔市	Bayannaoer City			5.11	0.16	228.17	20.14
乌海市	Wuhai City	631.40		60.64	1.44	184.69	
阿拉善盟	Alashan League	360.07		91.71		187.31	

22－53 各盟市建筑业企业情况(2010年)

Main Indicators on Construction Enterprises by Region(2010)

地区	Region	企业单位数(个) Enterprises (unit)	# 国有 State－owned	# 集体 Collective owned	从业人员(人) Persons Employed (person)	# 国有 State－owned	# 集体 Collective owned	建筑业总产值(万元) Gross Output Value (10 000 yuan)	# 国有 State－owned	# 集体 Collective owned
呼和浩特市	Hohhot City	171	7	1	85641	12246	381	2017592	438036	26086
包头市	Baotou City	98	2	1	82836	2100	391	1922125	73164	4480
呼伦贝尔市	Hulunbeier City	74	1		33998	90		696115	330	
兴安盟	Xingan League	24		1	5211		70	204997		2015
通辽市	Tongliao City	44	1		21537	1833		636788	52032	
赤峰市	Chifeng City	116		1	74354		60	1330710		304
锡林郭勒盟	Xilinguole League	35			8267			220600		
乌兰察布市	Wulanchabu City	41		1	10646		13	261073		3147
鄂尔多斯市	Erdos City	166	2	1	63321	1423	23	2758006	146425	
巴彦淖尔市	Bayannaoer City	53	3	1	40930	958	817	735732	17093	9186
乌海市	Wuhai City	32			10019			400941		
阿拉善盟	Alashan League	19		1	6671		2	71093		

22－54 各盟市房屋建筑面积(2010年)

Floor Space of Building by Region(2010)

单位:万平方米 (10 000 sq. m)

地区	Region	房屋建筑面积 Floor Space of Building Construction			国有 State－owned		集体 Collective－owned	
		施工面积 Floor Space Under Construction	竣工面积 Floor Space Completed	# 住宅 Residential Buildings	施工面积 Floor Space Under Construction	竣工面积 Floor Space Completed	施工面积 Floor Space Under Construction	竣工面积 Floor Space Completed
呼和浩特市	Hohhot City	1333.57	374.35	267.00	35.15	1.58		
包头市	Baotou City	1453.50	431.39	267.69	6.57	6.57		
呼伦贝尔市	Hulunbeier City	405.87	326.41	197.23				
兴安盟	Xingan League	203.43	64.04	48.89				
通辽市	Tongliao City	382.07	248.71	190.16				
赤峰市	Chifeng City	1131.95	781.55	581.39				
锡林郭勒盟	Xilinguole League	324.88	258.74	229.01				
乌兰察布市	Wulanchabu City	289.85	134.28	105.79			4.21	3.93
鄂尔多斯市	Erdos City	957.63	650.95	379.73				
巴彦淖尔市	Bayannaoer City	697.36	290.86	219.71			7.70	7.70
乌海市	Wuhai City	334.27	187.88	147.00				
阿拉善盟	Alashan League	63.51	56.09	19.09				

22－55 各盟市城镇自来水情况(2010 年)

Basic Statistics on Tap Water Supply in Towns and Cities by Region(2010)

地 区	Region	年末供水管道长度(公里) Length of Water Supply Pipelines (year－end)(km)	全年供水总量(万吨) Total Annual Volume of Water Supply (10 000 tons)	# 生产运营用水 For Productive Use	# 生活用水 For Residential Use	用水人口(万人) Number of Residents with Access to Tap water (10 000 persons)
总 计	**Total**	**8561**	**62757**	**24587**	**14965**	**736.86**
呼和浩特市	Hohhot City	712	11859	2990	2950	150.25
包 头 市	Baotou City	1548	14587	6709	2635	159.00
呼伦贝尔市	Hulunbeier City	772	7637	3962	2038	66.45
兴 安 盟	Xingan League	145	1823	56	600	23.25
通 辽 市	Tongliao City	830	5951	2496	1153	50.60
赤 峰 市	Chifeng City	830	9728	4715	1728	75.58
锡林郭勒盟	Xilinguole League	616	1620	491	523	20.85
乌兰察布市	Wulanchabu City	428	2377	1306	612	36.30
鄂尔多斯市	Erdos City	679	2394	459	843	69.80
巴彦淖尔市	Bayannaoer City	141	1613	221	960	30.00
乌 海 市	Wuhai City	1860	3168	1182	923	54.78
阿拉善盟	Alashan League					

22－56 各盟市城镇煤气、液化石油气、天然气(2010 年)

Basic Statistics on Supply of Gas, Liquefied Petroleum Gas and Natural Gas in Towns and Cities by Region(2010)

地 区	Region	煤气供气量(万立方米) Coal Gas Supply (10 000 cu. m)	# 家庭用量 For Residential Use	天然气供气量(万立方米) Natural Gas Supply (10 000 cu. m)	# 家庭用量 For Residential Use	液化石油气供气量(吨) Liquefied Petroleum Gas Supply (ton)	# 家庭用量 For Residential Use
总计	**Total**	**3069**	**3066**	**69531**	**10598**	**74251**	**63183**
呼和浩特市	Hohhot City			30623	4171	7760	7760
包 头 市	Baotou City	3069	3066	30831	3052	11260	11160
呼伦贝尔市	Hulunbeier City					11946	11204
兴 安 盟	Xingan League			5	1	2846	2540
通 辽 市	Tongliao City			711	305	3470	3020
赤 峰 市	Chifeng City			140	100	12459	8509
锡林郭勒盟	Xilinguole League			191	35	1030	1010
乌兰察布市	Wulanchabu City			730	260	3160	1780
鄂尔多斯市	Erdos City			4809	1241	3800	2000
巴彦淖尔市	Bayannaoer City			52	52	15010	13000
乌 海 市	Wuhai City			1440	1380	1510	1200
阿拉善盟	Alashan League						

22-57 各盟市城镇市政工程(2010 年)

Basic Statistics on Municipal Engineering in Towns and Cities by Region(2010)

地 区	Region	污水排放量(万吨) Volume of Waste Water Discharged (10 000 tons)	城市污水日处理能力(万吨) Daily Disposal Capacity of Sewage (10 000 tons)	排水管道长度(公里) Length of Sewer Pipelines (km)	生活垃圾清运量(万吨) Volume of Garbage Disposal (10 000 tons)	生活垃圾无害化处理量(万吨) Volume of Garbage Treated (10 000 tons)
总 计	**Total**	**46543**	**155.5**	**8514**	**334.0**	**276.5**
呼和浩特市	Hohhot City	9488	26.0	962	59.1	57.8
包 头 市	Baotou City	8232	26.5	1750	80.3	74.2
呼伦贝尔市	Hulunbeier City	6104	19.4	789	32.0	19.6
兴 安 盟	Xingan League	1448	4.0	277	11.2	9.5
通 辽 市	Tongliao City	5163	20.8	793	25.6	4.5
赤 峰 市	Chifeng City	6983	21.0	469	33.7	28.9
锡林郭勒盟	Xilinguole League	1170	5.5	479	13.0	13.0
乌兰察布市	Wulanchabu City	2133	9.8	355	16.2	10.8
鄂尔多斯市	Erdos City	1908	9.0	1823	26.1	25.7
巴彦淖尔市	Bayannaoer City	1380	7.0	557	14.8	14.3
乌 海 市	Wuhai City	2534	6.5	260	22.0	18.2
阿拉善盟	Alashan League					

22-58 各盟市年末公路运输线路长度和运量(2010 年)

Length of Highways for Transportation Routes and Traffic by Region(End of 2010)

地 区	Region	公路里程(公里) Total Length of Highways (km)	等级路 Expre-ssway & Class I to IV Highway	等外路 Highway Below Class IV	客运量(万人) Passenger Traffic (10 000 persons)	旅客周转量(万人公里) Passenger-Kilometers (10 000 passenger-km)	货运量(万吨) Freight Traffic (10 000 tons)	货物周转量(万吨公里) Freight Ton-Kilometers (10 000 ton-km)
呼和浩特市	Hohhot City	6560	6176	384	1605	405354	8116	2736375
包 头 市	Baotou City	6745	5602	1143	1406	169346	16928	4543735
呼伦贝尔市	Hulunbeier City	19663	18291	1372	2272	165732	4561	1952178
兴 安 盟	Xingan League	9769	9380	389	1019	88367	1975	611787
通 辽 市	Tongliao City	17284	15749	1535	2735	200010	4980	1140100
赤 峰 市	Chifeng City	22873	21883	990	4249	358020	5967	2024040
锡林郭勒盟	Xilinguole League	17318	16539	779	459	125047	6308	1922224
乌兰察布市	Wulanchabu City	12334	12294	40	1303	114709	3696	1224768
鄂尔多斯市	Erdos City	16961	15302	1659	2095	289554	23450	4367811
巴彦淖尔市	Bayannaoer City	19818	14785	5033	2265	181772	2830	1043416
乌 海 市	Wuhai City	868	868		301	59027	4802	462509
阿拉善盟	Alashan League	7801	7526	275	121	25128	1549	582300

22－59 各盟市邮政业务基本情况(2010 年)

Basic Conditions of Post Services by Region(2010)

地 区	Region	邮政业务总量（万元）Business Volume of Post and Telecommu－nications (10 000 yuan)	函 件（万件）Number of Letters (10 000 Pcs)	报刊期发数（万份）Newspapers and Magazines Circulation (10 000 copies)	邮政局所总数（处）Number of Post and Telecommunications Offices (unit)
呼和浩特市	Hohhot City	17915	1096	27	116
包 头 市	Baotou City	14436	397	26	108
呼伦贝尔市	Hulunbeier City	13652	508	17	187
兴 安 盟	Xingan League	6726	93	8	103
通 辽 市	Tongliao City	7533	202	14	140
赤 峰 市	Chifeng City	16288	293	28	269
锡林郭勒盟	Xilinguole League	5538	145	11	152
乌兰察布市	Wulanchabu City	9615	107	12	146
鄂尔多斯市	Erdos City	7126	127	23	170
巴彦淖尔市	Bayannaoer City	8582	351	15	139
乌 海 市	Wuhai City	6085	56	6	31
阿拉善盟	Alashan League	2571	12	4	27

22－60 各盟市社会消费品零售总额(2010 年，按销售单位所在地分)

Total Retail Sale of Consumer Goods by Location of Retailers by Region(2010)

单位:万元 (10 000 yuan)

地 区	Region	社会消费品零售总额 Total Retail Sales of Consumer Goods	城镇 Cities and towns	# 城区 Cities	乡村 Villages
呼和浩特市	Hohhot City	7585000	7026790	6564560	558210
包 头 市	Baotou City	7308000	7021344	6679688	286656
呼伦贝尔市	Hulunbeier City	2946000	2598262	1939167	347738
兴 安 盟	Xingan League	1141000	920543	536957	220457
通 辽 市	Tongliao City	2427000	1731742	920600	695258
赤 峰 市	Chifeng City	3415000	2713937	1583482	701063
锡林郭勒盟	Xilinguole League	1221000	925180	552580	295820
乌兰察布市	Wulanchabu City	1615000	1259188	579094	355812
鄂尔多斯市	Erdos City	3793000	2918374	1789116	874626
巴彦淖尔市	Bayannaoer City	1288000	1057740	448120	230260
乌 海 市	Wuhai City	727000	641236	278738	85764
阿拉善盟	Alashan League	374000	331482	180235	42518

22－61 各盟市社会消费品零售总额(2010 年，按行业分)

Total Retail Sale of Consumer Goods by Sector by Region(2010)

单位:万元 (10 000 yuan)

地 区	Region	批发业 Whole－sale Trade	零售业 Retail Sale Trade	住宿业 Hotels Trade	餐饮业 Catering Trade
呼和浩特市	Hohhot City	1207834	5380105	111674	866623
包 头 市	Baotou City	938264	5324805	72090	871907
呼伦贝尔市	Hulunbeier City	215942	2172600	68346	436131
兴 安 盟	Xingan League	48228	943609	7983	94762
通 辽 市	Tongliao City	223692	1885629	19651	297562
赤 峰 市	Chifeng City	523527	2477356	37481	328819
锡林郭勒盟	Xilinguole League	71183	983932	17099	118910
乌兰察布市	Wulanchabu City	278323	1038139	31693	228616
鄂尔多斯市	Erdos City	117709	3156871	58225	389264
巴彦淖尔市	Bayannaoer City	143069	922307	3218	173963
乌 海 市	Wuhai City	50754	574165	18110	73864
阿拉善盟	Alashan League	11484	283584	13134	60804

22－62 各盟市限额以上批发零售贸易、住宿餐饮业法人企业(2010 年)

Number of Corporation Units above Designated Size in Wholesale and Retail Sale, Catering Trades (2010)

单位:个 (unit)

地 区	Region	合 计 Total	批 发 业 Wholesale Trade	零 售 业 Retail Trade	住宿业 Hotels	餐 饮 业 Catering Trade
呼和浩特市	Hohhot City	463	97	155	83	128
包 头 市	Baotou City	389	104	166	43	76
呼伦贝尔市	Hulunbeier City	306	124	105	36	41
兴 安 盟	Xingan League	50	12	17	9	12
通 辽 市	Tongliao City	149	55	62	25	7
赤 峰 市	Chifeng City	194	49	65	47	33
锡林郭勒盟	Xilinguole League	99	23	29	32	15
乌兰察布市	Wulanchabu City	61	5	18	15	23
鄂尔多斯市	Erdos City	274	21	141	24	88
巴彦淖尔市	Bayannaoer City	56	20	22	1	13
乌 海 市	Wuhai City	73	11	41	11	10
阿拉善盟	Alashan League	26	4	7	7	8

22－63 各盟市限额以上批发零售贸易、住宿餐饮业产业活动单位及个体户(2010 年)

Number of Active Units above Designated Size in Wholesale, Retail Sale, Catering and Trades and Self－Employed (2010)

单位:个 (unit)

地 区	Region	合 计 Total	批 发 业 Wholesale Trade	零 售 业 Retail Trade	住宿业 Hotels	餐 饮 业 Catering Trade
呼和浩特市	Hohhot City	44	5	2	5	32
包 头 市	Baotou City	180	4	25	18	133
呼伦贝尔市	Hulunbeier City	196	10	65	27	94
兴 安 盟	Xingan League	6		4	1	1
通 辽 市	Tongliao City	21	1	15		5
赤 峰 市	Chifeng City	109	24	46	11	28
锡林郭勒盟	Xilinguole League	42		18	6	18
乌兰察布市	Wulanchabu City	7	2	1	1	3
鄂尔多斯市	Erdos City	86		46	16	24
巴彦淖尔市	Bayannaoer City	6			1	5
乌 海 市	Wuhai City	16		2	2	12
阿拉善盟	Alashan League	5	1			4

22－64 各盟市限额以上批发零售贸易、住宿餐饮业企业及个体户从业人员(2010 年)

Number of Persons Engaged in Enterprises above Designated Size in Wholesale ,Retail Sale and Self－Employed Catering Trades (2010)

单位:人 (person)

地 区	Region	合 计 Total	批 发 业 Wholesale Trade	零 售 业 Retail Trade	住宿业 Hotels	餐 饮 业 Catering Trade
呼和浩特市	Hohhot City	61741	12363	22426	13309	13643
包 头 市	Baotou City	46996	8139	19462	6945	12450
呼伦贝尔市	Hulunbeier City	24799	3890	11048	4590	5271
兴 安 盟	Xingan League	4757	1318	1948	719	772
通 辽 市	Tongliao City	11374	3485	4851	2516	522
赤 峰 市	Chifeng City	29754	12883	9463	4763	2645
锡林郭勒盟	Xilinguole League	9388	654	4422	3099	1213
乌兰察布市	Wulanchabu City	9520	3283	1584	1594	3059
鄂尔多斯市	Erdos City	31913	4572	14599	3080	9662
巴彦淖尔市	Bayannaoer City	8563	3781	2967	104	1711
乌 海 市	Wuhai City	4872	399	2263	1082	1128
阿拉善盟	Alashan League	2153	197	564	683	709

22-65 各盟市限额以上批发零售贸易业企业及个体户商品销售总额(2010年)

Total Sales of Enterprise above Designated Size in Wholesale ,Retail Sale Trades Self - Employed(2010)

单位:万元 (10 000 yuan)

地区	Region	销售总额 Total Sales	批发 Wholesale Trade	零售 Retail Trade
呼和浩特市	Hohhot City	6683017	3255021	3427996
包头市	Baotou City	6499922	3990371	2509551
呼伦贝尔市	Hulunbeier City	2521242	1937218	584024
兴安盟	Xingan League	513049	327946	185102
通辽市	Tongliao City	2453883	1721577	732305
赤峰市	Chifeng City	1846561	1136356	710205
锡林郭勒盟	Xilinguole League	788175	500209	287966
乌兰察布市	Wulanchabu City	444661	261881	182780
鄂尔多斯市	Erdos City	7304026	5549134	1754892
巴彦淖尔市	Bayannaoer City	751507	563647	187860
乌海市	Wuhai City	530406	141923	388483
阿拉善盟	Alashan League	395183	280214	114969

22-66 各盟市限额以上批发零售贸易企业主要财务指标(2010年)

Main Financial Indicators of Enterprises above Designated Size in Wholesale and Retail by Region(2010)

单位:万元 (10 000 yuan)

地区	Region	商品销售收入 Sales Revenue	商品销售成本 Cost of Sales	经营费用 Management Cost	商品销售税金及附加 Sales Tax and Extra Changes	商品销售利润 Total Profits
呼和浩特市	Hohhot City	6700473	4670692	134146	54497	1037321
包头市	Baotou City	6003343	5110192	236047	47839	816569
呼伦贝尔市	Hulunbeier City	2462929	2304586	76204	10356	147987
兴安盟	Xingan League	509770	470503	22348	3864	34774
通辽市	Tongliao City	2411732	1913188	19906	32712	228852
赤峰市	Chifeng City	1324330	1172988	75736	15212	114430
锡林郭勒盟	Xilinguole League	771859	690940	29208	9282	71636
乌兰察布市	Wulanchabu City	438092	385314	20512	8373	44405
鄂尔多斯市	Erdos City	7244616	6793294	89841	56907	394580
巴彦淖尔市	Bayannaoer City	751510	625617	45567	7561	102865
乌海市	Wuhai City	529639	474077	22718	5235	50328
阿拉善盟	Alashan League	229301	204740	10182	987	22628

22－67 各盟市限额以上住宿和餐饮企业主要财务指标（2010 年）

Main Financial Indicators of Enterprises above Designated Size in Catering Trade by Region（2010）

单位：万元　　　　　　　　　　　　　　　　　　　　　　　（10 000 yuan）

地 区	Region	营业收入 Sales Revenue	营业成本 Cost of Sales	营业费用 Management Cost	商品销售税金及附加 Sales Tax and Extra Changes	经营利润 Profits
呼和浩特市	Hohhot City	335229	146645	59164	19278	167829
包 头 市	Baotou City	171787	88233	33812	7323	77992
呼伦贝尔市	Hulunbeier City	57246	29260	15429	3018	24969
兴 安 盟	Xingan League	10513	4809	2676	434	5270
通 辽 市	Tongliao City	23943	23202	4605	842	8174
赤 峰 市	Chifeng City	42116	24251	7982	1921	15180
锡林郭勒盟	Xilinguole League	30450	13892	7145	1581	14977
乌兰察布市	Wulanchabu City	43514	27523	5661	2024	13968
鄂尔多斯市	Erdos City	121299	58341	23572	4559	58387
巴彦淖尔市	Bayannaoer City	9882	5711	3450	666	3506
乌 海 市	Wuhai City	30960	22372	7108	1256	6332
阿拉善盟	Alashan League	10012	5565	2366	507	3743

22－68 各盟市入境旅游人数和外汇收入（2010 年）

Number of Foreign Tourists and Foreign Exchange Earnings by Region（2010）

地 区	Region	入境旅游人数（人次） Total Number of International Tourists Inbound（person－times）	# 外 国 人 Foreigners	旅游外汇收入（万美元） Earnings from International Tourism（USD 10 000）
呼和浩特市	Hohhot City	94041	81454	6881.85
包 头 市	Baotou City	18742	17096	1058.00
呼伦贝尔市	Hulunbeier City	526940	525919	26431.80
兴 安 盟	Xingan League	777	635	42.00
通 辽 市	Tongliao City	16000	13120	853.00
赤 峰 市	Chifeng City	31974	29800	1645.00
锡林郭勒盟	Xilinguole League	633644	633332	17826.20
乌兰察布市	Wulanchabu City	10986	7515	609.20
鄂尔多斯市	Erdos City	22300	20414	1155.30
巴彦淖尔市	Bayannaoer City	46481	46305	2345.40
乌 海 市	Wuhai City	318	292	16.48
阿拉善盟	Alashan League	25812	24315	1325.20

22－69 各地区旅行社单位数和国内旅游情况(2010 年末)

Number of Travel Agencies and Domestic Tourism by Region(End of 2010)

地 区	Region	旅行社数(个) Total Number of Travel Agencies (unit)	国内旅游人数(万人次) Number of Tourists (10 000 person times)	国内旅游收入(亿元) Earnings (10 000 yuan)
全　　区	**Autonomous Regional Total**	**716**	**4477.55**	**692.92**
呼和浩特市	Hohhot City	184	827.79	171.18
包　头　市	Baotou City	85	601.51	109.14
呼伦贝尔市	Hulunbeier City	148	737.39	113.81
兴　安　盟	Xingan League	37	125.31	17.94
通　辽　市	Tongliao City	27	248.01	37.44
赤　峰　市	Chifeng City	53	383.88	54.1
锡林郭勒盟	Xilinguole League	36	642.86	80.12
乌兰察布市	Wulanchabu City	25	174.88	12.67
鄂尔多斯市	Erdos City	78	442.57	68.51
巴彦淖尔市	Bayannaoer City	19	110.06	11.88
乌　海　市	Wuhai City	12	93.33	8.86
阿 拉 善 盟	Alashan League	12	89.96	7.27

22－70 各地区星级宾馆个数(2010 年末)

Number of Stars Hotels by Region(End of 2010)

单位:个　　　　(unit)

地 区	Region	星级宾馆个数 Total Number of Stars Hotels	五星级 Five Stars	四星级 Four Stars	三星级 Three Stars	二星级 Two Stars	一星级 One Stars
全　　区	**Autonomous Regional Total**	**263**	**8**	**18**	**81**	**144**	**12**
呼和浩特市	Hohhot City	32	4	7	12	9	
包　头　市	Baotou City	37	3	3	15	16	
呼伦贝尔市	Hulunbeier City	38		1	19	18	
兴　安　盟	Xingan League	10				10	
通　辽　市	Tongliao City	17		1	4	12	
赤　峰　市	Chifeng City	29		3	8	18	
锡林郭勒盟	Xilinguole League	29			6	16	7
乌兰察布市	Wulanchabu City	14			1	13	
鄂尔多斯市	Erdos City	27	1	2	10	11	3
巴彦淖尔市	Bayannaoer City	10				8	2
乌　海　市	Wuhai City	7		1	1	5	
阿 拉 善 盟	Alashan League	13			5	8	

22-71 各盟市普通高等学校基本情况(2010 年)
Basic Statistics on Higher Education by Region(2010)

地区	Region	学校数(所) Number of Schools (unit)	毕业生数(人) Number of Graduates (person)	招生数(人) New Student Enrollment (person)	在校学生数(人) Student Enrollment (person)	教职工数(人) Number of Staff and Teachers (person)	#专任教师 Full-time Teachers
总计	**Total**	**44**	**94704**	**116477**	**371388**	**36439**	**23332**
呼和浩特市	Hohhot City	22	54405	67068	215275	18728	12107
包头市	Baotou City	5	17123	20061	65122	6366	4293
呼伦贝尔市	Hulunbeier City	3	3057	3151	11664	1880	1122
兴安盟	Xingan League	1	950	1481	3888	551	427
通辽市	Tongliao City	3	5750	7429	26336	2773	1736
赤峰市	Chifeng City	3	4278	5430	16553	2304	1374
锡林郭勒盟	Xilinguole League	1	1721	2322	6151	828	472
乌兰察布市	Wulanchabu City	3	4095	5215	14509	1512	945
鄂尔多斯市	Erdos City	1		623	1113	237	140
巴彦淖尔市	Bayannaoer City	1	2293	2671	7433	1031	508
乌海市	Wuhai City	1	1032	1026	3344	229	208
阿拉善盟	Alashan League						

注:毕业生数、招生数、在校学生数包括成人高校附设普通班学生数。

a) Number of graduates and new student enrollment and student enrodment include the number of students of ordinary classes attached adult colleges.

22-72 各盟市成人高等学校基本情况(2010 年)
Basic Statistics on Adult Education by Region(2010)

地区	Region	学校数(所) Number of Schools (unit)	毕业生数(人) Number of Graduates (person)	招生数(人) New Student Enrollment (person)	在校学生数(人) Student Enrollment (person)	教职工数(人) Number of Staff and Teachers (person)	#专任教师 Full-time Teachers
总计	**Total**	**1**	**26387**	**31065**	**70975**	**690**	**283**
呼和浩特市	Hohhot City	1	11737	14577	32903	690	283
包头市	Baotou City		6068	7541	17757		
呼伦贝尔市	Hulunbeier City		569	989	2930		
兴安盟	Xingan League		80	150	400		
通辽市	Tongliao City		2155	1765	3560		
赤峰市	Chifeng City		3626	3526	8357		
锡林郭勒盟	Xilinguole League		171	330	763		
乌兰察布市	Wulanchabu City		1299	1240	2210		
鄂尔多斯市	Erdos City						
巴彦淖尔市	Bayannaoer City		275	493	863		
乌海市	Wuhai City		407	454	1232		
阿拉善盟	Alashan League						

注:毕业生数、招生数,在校学生数中包含普通高校附设成人班学生数。

a) Number of graduates and new student enrollment and student enrodment include the number of students of ordinary classes attached adult colleges.

22－73 各盟市中等专业学校基本情况(2010年)

Basic Statistics on Specialized Secondary Schools by Region(2010)

地区	Region	学校数(所) Number of Schools (unit)	毕业生数(人) Number of Graduates (person)	招生数(人) New Student Enrollment (person)	在校学生数(人) Student Enrollment (person)	教职工数(人) Number of Staff and Teachers (person)	#专任教师 Full－time Teachers
总计	**Total**	**86**	**39018**	**58909**	**168166**	**7667**	**4806**
呼和浩特市	Hohhot City	39	11835	17624	52225	1978	1019
包头市	Baotou City	13	8951	9260	26030	1749	1209
呼伦贝尔市	Hulunbeier City	7	3248	6375	17748	906	568
兴安盟	Xingan League	2	894	2231	7250	80	42
通辽市	Tongliao City	7	1663	1928	7186	275	165
赤峰市	Chifeng City	3	3864	6088	21064	946	633
锡林郭勒盟	Xilinguole League		704	3184	6026		
乌兰察布市	Wulanchabu City	4	957	1114	5169	376	231
鄂尔多斯市	Erdos City	4	2782	7026	14588	723	509
巴彦淖尔市	Bayannaoer City	6	3362	2268	6966	420	266
乌海市	Wuhai City	1	758	1811	3914	214	164
阿拉善盟	Alashan League						

22－74 各盟市普通中学基本情况(2010年)

Basic Statistics on Regular Secondary Schools by Region(2010)

地区	Region	学校数(所) Number of Schools (unit)	毕业生数(人) Number of Graduates (person)	初中 Junior Secondary Schools	高中 Senior Secondary Schools	招生数(人) New Student Enrollment (person)	初中 Junior Secondary Schools	高中 Senior Secondary Schools
总计	**Total**	**1123**	**443793**	**268978**	**174815**	**436725**	**270361**	**166364**
呼和浩特市	Hohhot City	125	48763	31104	17659	53329	32725	20604
包头市	Baotou City	96	46210	29620	16590	45053	27471	17582
呼伦贝尔市	Hulunbeier City	191	41896	24958	16938	39066	25117	13949
兴安盟	Xingan League	91	23448	15328	8120	26740	16811	9929
通辽市	Tongliao City	165	58814	37263	21551	56922	36080	20842
赤峰市	Chifeng City	180	99139	57035	42104	90378	53149	37229
锡林郭勒盟	Xilinguole League	39	14778	7824	6954	16564	11305	5259
乌兰察布市	Wulanchabu City	73	38274	22023	16251	35954	21557	14397
鄂尔多斯市	Erdos City	63	28982	17720	11262	30636	18600	12036
巴彦淖尔市	Bayannaoer City	60	29841	17577	12264	29343	19287	10056
乌海市	Wuhai City	23	9866	6306	3560	8856	5820	3036
阿拉善盟	Alashan League	17	3782	2220	1562	3884	2439	1445

22－74 续表 continued

地 区	Region	在校学生数(人) Student Enrollment (person)	初 中 Junior Secondary Schools	高 中 Senior Secondary Schools	教职工数(人) Number of Staff and Teachers (person)	# 专任教师 Full－time Teacher
总 计	**Total**	**1313966**	**814686**	**499280**	**123092**	**95570**
呼和浩特市	Hohhot City	156551	98801	57750	12710	9088
包 头 市	Baotou City	134852	84703	50149	11671	9038
呼伦贝尔市	Hulunbeier City	120307	72123	48184	15153	12098
兴 安 盟	Xingan League	74646	46651	27995	8391	6782
通 辽 市	Tongliao City	166171	101635	64536	15438	12598
赤 峰 市	Chifeng City	272142	162634	109508	24310	18757
锡林郭勒盟	Xilinguole League	50131	33217	16914	5270	4211
乌兰察布市	Wulanchabu City	117888	72504	45384	9811	6996
鄂尔多斯市	Erdos City	91221	56327	34894	8966	6852
巴彦淖尔市	Bayannaoer City	90077	60563	29514	7435	5993
乌 海 市	Wuhai City	28233	17919	10314	2595	2083
阿拉善盟	Alashan League	11747	7609	4138	1342	1074

22－75 各盟市职业中学基本情况(2010 年)
Basic Statistics on Vocational Secondary Schools by Region(2010)

地 区	Region	学校数(所) Number of Schools (unit)	毕业生数(人) Number of Graduates (person)	招生数(人) New Student Enrollment (person)	在校学生数(人) Student Enrollment (person)	教职工数(人) Number of Staff and Teachers (person)	# 专任教师 Full－time Teachers
总 计	**Total**	**138**	**41162**	**58432**	**156239**	**10453**	**7982**
呼和浩特市	Hohhot City	21	6822	5833	16747	1503	1007
包 头 市	Baotou City	2	918	1250	2404	207	175
呼伦贝尔市	Hulunbeier City	14	2553	3106	9296	1086	889
兴 安 盟	Xingan League	11	2099	4541	10703	728	523
通 辽 市	Tongliao City	15	5550	7933	23106	811	643
赤 峰 市	Chifeng City	34	9167	18629	44956	2651	2017
锡林郭勒盟	Xilinguole League	11	2225	2424	10095	590	475
乌兰察布市	Wulanchabu City	11	5085	5616	14415	1111	875
鄂尔多斯市	Erdos City	7	1776	3844	8602	705	529
巴彦淖尔市	Bayannaoer City	8	4136	3951	12796	795	656
乌 海 市	Wuhai City		145	138	327		
阿拉善盟	Alashan League	4	686	1167	2792	266	193

22-76 各盟市小学基本情况(2010年)
Basic Statistics on Primary Schools by Region(2010)

地区	Region	学校数(所) Number of Schools (unit)	毕业生数(人) Number of Graduates (person)	招生数(人) New Student Enrollment (person)	在校学生数(人) Student Enrollment (person)	教职工数(人) Number of Staff and Teachers (person)	#专任教师 Full-time Teachers
总计	**Total**	**2767**	**269753**	**221764**	**1430751**	**138473**	**113564**
呼和浩特市	Hohhot City	361	31948	26905	177507	12595	10201
包头市	Baotou City	185	27400	19711	142909	10201	8810
呼伦贝尔市	Hulunbeier City	201	25137	19695	117938	15264	13367
兴安盟	Xingan League	165	16617	14755	83920	10748	8515
通辽市	Tongliao City	582	35798	35034	210535	19927	17664
赤峰市	Chifeng City	671	53149	46846	280294	29975	23507
锡林郭勒盟	Xilinguole League	88	11694	9386	62022	5552	4598
乌兰察布市	Wulanchabu City	230	21566	16977	114020	12844	9949
鄂尔多斯市	Erdos City	117	18534	14357	103193	8992	6345
巴彦淖尔市	Bayannaoer City	119	19525	12065	94271	8640	7283
乌海市	Wuhai City	30	5887	4074	31116	2574	2278
阿拉善盟	Alashan League	18	2498	1959	13026	1161	1047

22-77 各盟市幼儿园基本情况(2010年)
Basic Statistics on Kindergartens by Region(2010)

地区	Region	园数(所) Number of Kindergartens (unit)	幼儿数(人) Student Enrollment (person)	教职工数(人) Number of Staff and Teachers (person)	#教师 Teachers
总计	**Total**	**2039**	**380756**	**27487**	**18108**
呼和浩特市	Hohhot City	158	34737	3946	2249
包头市	Baotou City	151	31197	3600	2141
呼伦贝尔市	Hulunbeier City	329	36827	3361	2041
兴安盟	Xingan League	437	31353	1631	1197
通辽市	Tongliao City	126	39544	1401	960
赤峰市	Chifeng City	432	78694	4468	3053
锡林郭勒盟	Xilinguole League	42	15090	991	665
乌兰察布市	Wulanchabu City	62	15437	1022	738
鄂尔多斯市	Erdos City	137	49994	3995	3016
巴彦淖尔市	Bayannaoer City	95	31046	1441	998
乌海市	Wuhai City	53	11590	1065	648
阿拉善盟	Alashan League	17	5247	566	402

22－78 各盟市文化艺术、文物事业单位数(2010年)

Number of Institutions for Culture, Art and Cultural Relics by Region(2010)

单位:个 (unit)

地区	Region	艺术表演团体 Art Performance Troupes	艺术表演场所 Art Performance Places	文化馆 Cultural Centers	公共图书馆 Public Libraries	博物馆 Museums
总计	**Total**	**108**	**22**	**103**	**113**	**54**
呼和浩特市	Hohhot City	7	1	9	9	3
包头市	Baotou City	5	3	10	10	2
呼伦贝尔市	Hulunbeier City	14	2	13	14	15
兴安盟	Xingan League	7	2	6	7	2
通辽市	Tongliao City	9		8	9	4
赤峰市	Chifeng City	10		12	14	10
锡林郭勒盟	Xilinguole League	13	2	13	12	3
乌兰察布市	Wulanchabu City	14	3	11	12	4
鄂尔多斯市	Erdos City	10	4	8	9	2
巴彦淖尔市	Bayannaoer City	8	2	7	8	3
乌海市	Wuhai City	1	1	3	4	3
阿拉善盟	Alashan League	4	1	3	4	1
自治区直属	Units Attached to Autonomous Region	6	1		1	2

22－79 各盟市县以上政府属研究机构及科技信息与文献机构、人员(2010年)

State－owned R & D and Information Literature Institutions at Above County Level & Persons Engaged by Region(2010)

地区	Region	合计 Total Number			自然科学技术领域研究机构 Field of Natural Sciences & Technology		
		机构(个) Institutions (unit)	从业人员(人) Employees (person)	#科技活动人员 S&T personnel	机构(个) Institutions (unit)	从业人员(人) Employees (person)	#科技活动人员 S&T personnel
总计	**Total**	**93**	**6526**	**4916**	**70**	**5695**	**4171**
呼和浩特市	Hohhot City	37	3486	2677	25	2859	2123
包头市	Baotou City	4	188	109	3	169	90
呼伦贝尔市	Hulunbeier City	9	389	312	8	378	301
兴安盟	Xingan League	6	120	80	5	103	65
通辽市	Tongliao City	7	522	346	5	493	320
赤峰市	Chifeng City	2	291	276	2	291	276
锡林郭勒盟	Xilinguole League	2	208	164	2	208	164
乌兰察布市	Wulanchabu City	6	320	236	5	282	200
鄂尔多斯市	Erdos City	8	298	245	6	244	197
巴彦淖尔市	Bayannaoer City	6	579	370	5	559	350
乌海市	Wuhai City	2	58	38	1	45	25
阿拉善盟	Alashan League	4	67	63	3	64	60

22－79 续表 continued

地 区	Region	社会、人文科学技术领域 Field of Social Sciences & Humanities 机构（个）Institutions (unit)	从业人员（人）Employees (person)	# 科技活动人员 S&T personnel	科技信息和文献机构 Technical Information & Literature Institutions 机构（个）Institutions (unit)	从业人员（人）Employees (person)	# 科技活动人员 S&T personnel
总 计	**Total**	**11**	**607**	**535**	**12**	**224**	**210**
呼和浩特市	Hohhot City	9	556	487	3	71	67
包 头 市	Baotou City				1	19	19
呼伦贝尔市	Hulunbeier City				1	11	11
兴 安 盟	Xingan League				1	17	15
通 辽 市	Tongliao City	1	11	10	1	18	16
赤 峰 市	Chifeng City						
锡林郭勒盟	Xilinguole League						
乌兰察布市	Wulanchabu City				1	38	36
鄂尔多斯市	Erdos City	1	40	38	1	14	10
巴彦淖尔市	Bayannaoer City				1	20	20
乌 海 市	Wuhai City				1	13	13
阿拉善盟	Alashan League				1	3	3

22－80 各盟市旗县以上政府属研究机构及科技信息与文献机构科技活动收入和科技经费支出总额（2010 年）
Total Funds & Expenditures of State－Owned Research & Technical Information and Literature Institutions above County Level by Region(2010)

单位：万元 (10 000 yuan)

地 区	Region	合计 Total 科技活动收入 Scientific Funds	# 政府资金 Government Appropriations	科技经费支出总额 Scientific Expenditures	自然科学技术领域研究机构 Field of Natural Sciences & Technology 科技活动收入 Scientific Funds	# 政府资金 Government Appropriations	科技经费支出总额 Scientific Expenditures	#设备购置费 For purchase & Construction of Assets
总 计	**Total**	**77512**	**71616**	**65120**	**64093**	**61092**	**55996**	**3935**
呼和浩特市	Hohhot City	52059	46258	39129	40125	37219	31407	1808
包 头 市	Baotou City	794	790	580	709	704	493	9
呼伦贝尔市	Hulunbeier City	4792	4792	4272	4698	4698	4199	218
兴 安 盟	Xingan League	1207	1207	759	1068	1068	685	71
通 辽 市	Tongliao City	3269	3236	4623	3094	3061	4453	568
赤 峰 市	Chifeng City	1772	1772	1762	1772	1772	1762	54
锡林郭勒盟	Xilinguole League	2278	2278	2534	2278	2278	2534	
乌兰察布市	Wulanchabu City	1264	1264	1110	1121	1121	972	65
鄂尔多斯市	Erdos City	4419	4419	5872	3888	3888	5276	1040
巴彦淖尔市	Bayannaoer City	4347	4347	3512	4213	4213	3381	65
乌 海 市	Wuhai City	473	473	346	372	372	258	15
阿拉善盟	Alashan League	838	781	622	756	699	578	21

22－80 续表 continued

单位:万元 (10 000 yuan)

地 区	Region	社会、人文科学技术领域 Field of Social Sciences and Humanities				科技信息和文献机构 Scientific Technical Information and Literature Institutions			
		科技活动收入 Scientific Funds	# 政府资金 Gover－nment Approp－riations	科技经费支出总额 Scientific Expendi－tures	#设备购置费 For purchase & Construction of Assets	科技活动收入 Scientific Funds	# 政府资金 Gover－nment Approp－riations	科技经费支出总额 Scientific Expendi－tures	#设备购置费 For purchase & Construction of Assets
总 计	**Total**	**11433**	**8683**	**7545**	**253**	**1986**	**1841**	**1580**	**82**
呼和浩特市	Hohhot City	10992	8242	7053	229	942	797	669	65
包 头 市	Baotou City					86	86	87	
呼伦贝尔市	Hulunbeier City					94	94	74	
兴 安 盟	Xingan League					140	140	75	2
通 辽 市	Tongliao City	44	44	44		131	131	126	
赤 峰 市	Chifeng City								
锡林郭勒盟	Xilinguole League								
乌兰察布市	Wulanchabu City					144	144	137	1
鄂尔多斯市	Erdos City	397	397	448	23	134	134	148	
巴彦淖尔市	Bayannaoer City					134	134	131	
乌 海 市	Wuhai City					101	101	88	3
阿拉善盟	Alashan League					82	82	44	11

22－81 各盟市卫生机构、床位(2010年)
Number of Health Institutions, Beds by Region(2010)

地 区	Region	机构数(个) Health Institutions (unit)	# 医院、卫生院 Hospital	#疾病预防控制中心 CDC	# 妇幼保健所、站 Maternity and Child Care Centers	床位合计(张) Beds Total (unit)	# 医院、卫生院 Hospital
总 计	**Total**	**8052**	**1807**	**127**	**117**	**97811**	**87882**
呼和浩特市	Hohhot City	862	144	12	12	12675	11418
包 头 市	Baotou City	1165	115	11	11	12791	11440
呼伦贝尔市	Hulunbeier City	1114	233	9	9	11584	10677
兴 安 盟	Xingan League	334	116	7	8	9718	9207
通 辽 市	Tongliao City	632	208	10	9	8475	7766
赤 峰 市	Chifeng City	977	305	11	13	16774	15410
锡林郭勒盟	Xilinguole League	560	143	14	13	2939	2556
乌兰察布市	Wulanchabu City	600	213	12	12	5285	4537
鄂尔多斯市	Erdos City	706	123	9	9	6410	5823
巴彦淖尔市	Bayannaoer City	666	138	8	8	7448	5971
乌 海 市	Wuhai City	273	20	4	3	2897	2314
阿拉善盟	Alashan League	163	49	4	4	815	763

22－82 各盟市卫生机构人员(2010 年)

Number of Persons Engaged in Health Institutions by Region(2010)

单位:人 (person)

地 区	Region	卫生机构人员 Total	卫生技术人员 Medical Technical Personnel	执业医师、执业助理医师 Doctors	# 执业医师 Physician	注册护师、护士 Registered Senior and Junior Nurses
总 计	**Total**	**146610**	**123232**	**54161**	**46148**	**37765**
呼和浩特市	Hohhot City	20510	16533	6882	6245	6018
包 头 市	Baotou City	19944	16553	6964	6532	6309
呼伦贝尔市	Hulunbeier City	20181	16275	7148	5791	5479
兴 安 盟	Xingan League	8472	7052	2923	2314	1900
通 辽 市	Tongliao City	13990	11916	5744	4820	3189
赤 峰 市	Chifeng City	23361	20049	8508	6846	5119
锡林郭勒盟	Xilinguole League	6168	5264	2490	2249	1263
乌兰察布市	Wulanchabu City	8880	7608	3749	2961	1924
鄂尔多斯市	Erdos City	9347	8276	3776	3305	2320
巴彦淖尔市	Bayannaoer City	10124	8839	3899	3286	2675
乌 海 市	Wuhai City	3828	3253	1275	1142	1158
阿拉善盟	Alashan League	1805	1614	803	657	411

22－83 各盟市交通事故(2010 年)

Basic Statistics on Traffic Accidents by Region(2010)

地 区	Region	发生数(起) Number of Traffic Accidents (case)	死亡人数(人) Number of Deaths (person)	受伤人数(人) Number of Injuries (person)	直接经济损失(元) Direct Losses (yuan)
总 计	**Total**	**4780**	**1375**	**5124**	**23455876**
呼和浩特市	Hohhot City	703	183	746	2658710
包 头 市	Baotou City	1383	160	1617	1242596
呼伦贝尔市	Hulunbeier City	166	135	190	793766
兴 安 盟	Xingan League	168	58	211	1026018
通 辽 市	Tongliao City	1208	113	1022	2753514
赤 峰 市	Chifeng City	251	147	250	914674
锡林郭勒盟	Xilinguole League	88	58	129	1948937
乌兰察布市	Wulanchabu City	188	133	210	870815
鄂尔多斯市	Erdos City	251	136	292	1908204
巴彦淖尔市	Bayannaoer City	147	94	138	526726
乌 海 市	Wuhai City	64	40	62	799907
阿拉善盟	Alashan League	72	23	110	1915002
高速公路支队	Expressway Detachment	91	95	147	6097007

22－84 各盟市火灾事故(2010 年)

Basic Statistics on Fires by Region(2010)

地 区	Region	发生数(起) Number of Traffic Accidents (case)	死亡人数(人) Number of Deaths (person)	受伤人数(人) Number of Injuries (person)	直接经济损失(元) Direct Losses (yuan)
总 计	**Total**	**8741**	**49**	**13**	**51950574**
呼和浩特市	Hohhot City	2085	10	1	5290743
包 头 市	Baotou City	1689	12	1	3327422
呼伦贝尔市	Hulunbeier City	822	11	3	9242524
兴 安 盟	Xingan League	145			1605030
通 辽 市	Tongliao City	745	3		3110663
赤 峰 市	Chifeng City	853	2		1234891
锡林郭勒盟	Xilinguole League	228			4844722
乌兰察布市	Wulanchabu City	479	1		7344832
鄂尔多斯市	Erdos City	613	6	8	4299821
巴彦淖尔市	Bayannaoer City	573	1		4286065
乌 海 市	Wuhai City	425			2170706
阿拉善盟	Alashan League	55	1		2339459
内蒙古森工集团	Inner Mongolia Forest Industy Co. ,Ltd	29	2		2853696

22－85 各盟市单位能源消费(2010 年)

Consumption of Energy Per Unit By Region(2010)

地 区	Region	单位 GDP 能耗(吨标准煤/万元) Energy Consumption Per Unit of GDP (ton of SCE/10 000 yuan)	单位工业增加值能耗(吨标准煤/万元) Energy Consumption Per Unit of Industrial Value－added(ton of SCE/10 000 yuan)	单位 GDP 电耗(千瓦时/万元) Electricity Consumption Per Unit of Industrial Value－added (kw/10 000 yuan)
呼和浩特市	Hohhot City	1.47	3.71	838.64
包 头 市	Baotou City	2.01	3.22	1649.20
呼伦贝尔市	Hulunbeier City	1.57	2.13	685.20
兴 安 盟	Xingan League	1.70	3.30	734.93
通 辽 市	Tongliao City	1.62	2.59	1552.61
赤 峰 市	Chifeng City	1.58	2.92	1053.73
锡林郭勒盟	Xilinguole League	1.91	2.55	1335.65
乌兰察布市	Wulanchabu City	2.20	4.43	3186.95
鄂尔多斯市	Erdos City	1.59	2.65	1607.44
巴彦淖尔市	Bayannaoer City	2.24	2.99	1842.85
乌 海 市	Wuhai City	4.81	7.37	3904.77
阿拉善盟	Alashan League	2.96	2.65	2735.97

2011

NEI MENG GU

二十三、旗县区资料

Statistics of Banners,Counties and Districts

资料整理：李　亮　崔京英

Arranged By Li Liang , Cui Jingying

23-1 各旗县(区)按年末总人口排序(2010年)

Banners, Counties and Districts Ranked by Population (Year end of 2010)

单位:人 (person)

位次 Order	旗县(区)名称	Name of Banners, Counties and Districts	年末总人口 Total Population at the Year-end
1	通辽市科尔沁区	Keerqin District in Tongliao City	876599
2	赤峰市敖汉旗	Aohan Banner in Chifeng City	606784
3	赤峰市宁城县	Ningcheng County in Chifeng City	601938
4	巴彦淖尔市临河区	Linhe District in Bayannaoer City	564287
5	赤峰市松山区	Songshan District in Chifeng City	535536
6	通辽市科尔沁左翼中旗	Keerqinzuoyizhong Banner in Tongliao City	535473
7	包头市昆都仑区	Kundulun District in Baotou City	490158
8	赤峰市翁牛特旗	Wengniute Banner in Chifeng City	481229
9	通辽市奈曼旗	Naiman Banner in Tongliao City	441765
10	包头市东河区	Donghe District in Baotou City	432664
11	呼伦贝尔市扎兰屯市	Zhalantun City in Hulunbeier City	428817
12	呼和浩特市赛罕区	Saihan District in Hohhot City	408401
13	通辽市科尔沁左翼后旗	Keerqinzuoyihou Banner in Tongliao City	406302
14	兴安盟扎赉特旗	Zhalaite Banner in Xingan League	395280
15	通辽市开鲁县	Kailu County in Tongliao City	395119
16	呼伦贝尔市牙克石市	Yakeshi City in Hulunbeier City	372641
17	鄂尔多斯市达拉特旗	Dalate Banner in Erdos City	364161
18	呼和浩特市土默特左旗	Tumotezuo Banner in Hohhot City	363739
19	包头市土默特右旗	Tumoteyou Banner in Baotou City	362098
20	呼和浩特市新城区	Xincheng District in Hohhot City	361238
21	赤峰市巴林左旗	Balinzuo Banner in Chifeng City	356889
22	包头市青山区	Qingshan District in Baotou City	356747
23	赤峰市红山区	Hongshan District in Chifeng City	353365
24	赤峰市喀喇沁旗	Kalaqin Banner in Chifeng City	349925
25	乌兰察布市商都县	Shangdu County in Wulanchabu City	346033
26	巴彦淖尔市乌拉特前旗	Wulateqian Banner in Bayannaoer City	341641
27	呼伦贝尔市莫力达瓦达斡尔族自治旗	Molidawadawoer National Autonomous Banner in Hulunbeier City	340582
28	乌兰察布市丰镇市	Fengzhen City in Wulanchabu City	338189
29	兴安盟科尔沁右翼前旗	Keerqinyouyiqian Banner in Xingan League	337641
30	呼伦贝尔市阿荣旗	Arong Banner in Hulunbeier City	330123
31	乌兰察布市兴和县	Xinghe County in Wulanchabu City	329776
32	巴彦淖尔市杭锦后旗	Hangjinhou Banner in Bayannaoer City	325540
33	赤峰市元宝山区	Yuanbaoshan District in Chifeng City	325229
34	兴安盟乌兰浩特市	Wulanhaote City in Xingan League	317790

23－1 续表 1 continued

单位:人 (person)

位次 Order	旗县(区)名称	Name of Banners, Counties and Districts	年末总人口 Total Population at the Year－end
35	兴安盟突泉县	Tuquan County in Xingan League	312810
36	通辽市扎鲁特旗	Zhalute Banner in Tongliao City	311033
37	鄂尔多斯市准格尔旗	Zhungeer Banner in Erdos City	307901
38	乌兰察布市集宁区	Jining District in Wulanchabu City	304540
39	赤峰市阿鲁科尔沁旗	Alukeerqin Banner in Chifeng City	299371
40	巴彦淖尔市五原县	Wuyuan County in Bayannaoer City	297882
41	呼伦贝尔市鄂伦春自治旗	Elunchun National Autonomous Banner in Hulunbeier City	277520
42	呼伦贝尔市海拉尔区	Hailaer District in Hulunbeier City	271455
43	兴安盟科尔沁右翼中旗	Keerqinyouyizhong Banner in Xingan League	261568
44	鄂尔多斯市东胜区	Dongsheng District in Erdos City	260175
45	赤峰市克什克腾旗	Keshiketeng Banner in Chifeng City	250284
46	乌兰察布市察哈尔右翼前旗	Chahaeryouyiqian Banner in Wulanchabu City	249224
47	乌兰察布市凉城县	Liangcheng County in Wulanchabu City	247194
48	赤峰市林西县	Linxi County in Chifeng City	239725
49	呼和浩特市回民区	Huimin District in Hohhot City	237351
50	乌兰察布市察哈尔右翼中旗	Chahaeryouyizhong Banner in Wulanchabu City	223468
51	乌海市海勃湾区	Haibowan District in Wuhai City	221336
52	乌兰察布市卓资县	Zhuozi County in Wulanchabu City	220731
53	乌兰察布市察哈尔右翼后旗	Chahaeryouyihou Banner in Wulanchabu City	219513
54	乌兰察布市四子王旗	Siziwang Banner in Wulanchabu City	215257
55	包头市固阳县	Guyang County in Baotou City	211324
56	锡林郭勒盟太仆寺旗	Taipusi Banner in Xilinguole League	210849
57	呼和浩特市托克托县	Tuoketuo County in Hohhot City	205758
58	呼和浩特市玉泉区	Yuquan District in Hohhot City	198610
59	呼和浩特市和林格尔县	Helingeer County in Hohhot City	198351
60	赤峰市巴林右旗	Balinyou Banner in Chifeng City	183897
61	通辽市库伦旗	Kulun Banner in Tongliao City	178224
62	乌兰察布市化德县	Huade County in Wulanchabu City	176266
63	呼和浩特市武川县	Xincheng District in Hohhot City	176112
64	锡林郭勒盟锡林浩特市	Xilinhaote City in Xilinguole League	172318
65	呼伦贝尔市满洲里市	Manzhouli City in Hulunbeier City	168325
66	鄂尔多斯市伊金霍洛旗	Yijinhuoluo Banner in Erdos City	164212
67	呼伦贝尔市根河市	Genhe City in Hulunbeier City	159711
68	呼和浩特市清水河县	Qingshuihe County in Hohhot City	146009

23－1 续表 2 continued

单位：人 (person)

位次 Order	旗县(区)名称	Name of Banners, Counties and Districts	年末总人口 Total Population at the Year－end
69	鄂尔多斯市杭锦旗	Hangjin Banner in Erdos City	145756
70	包头市九原区	Jiuyuan District in Baotou City	145424
71	呼伦贝尔市鄂温克族自治旗	Ewenke National Autonomous Banner in Hulunbeier City	144357
72	巴彦淖尔市乌拉特中旗	Wulatezhong Banner in Bayannaoer City	144308
73	阿拉善盟阿拉善左旗	Alashanzuo Banner in Alashan League	142148
74	乌海市乌达区	Wuda District in Wuhai City	128040
75	巴彦淖尔市磴口县	Dengkou County in Bayannaoer City	124219
76	包头市达尔罕茂明安联合旗	Daerhanmaomingan Union Banner in Baotou City	114312
77	鄂尔多斯市乌审旗	Wushen Banner in Erdos City	107808
78	锡林郭勒盟多伦县	Duolun County in Xilinguole League	105225
79	鄂尔多斯市鄂托克旗	Etuoke Banner in Erdos City	97853
80	乌海市海南区	Hainan District in Wuhai City	94003
81	呼伦贝尔市额尔古纳市	Eerguna City in Hulunbeier City	84253
82	通辽市霍林郭勒市	Huolinguole City in Tongliao City	82430
83	锡林郭勒盟正蓝旗	Zhenglan Banner in Xilinguole League	82380
84	锡林郭勒盟西乌珠穆沁旗	xiwuzhumuqin Banner in Xilinguole League	77502
85	锡林郭勒盟东乌珠穆沁旗	Dongwuzhumuqin Banner in Xilinguole League	76948
86	鄂尔多斯市鄂托克前旗	Etuokeqian Banner in Erdos City	75961
87	锡林郭勒盟正镶白旗	Zhengxiangbai Banner in Xilinguole League	72735
88	锡林郭勒盟苏尼特右旗	Suniteyou Banner in Xilinguole League	68943
89	包头市石拐区	Shiguai District in Baotou City	66337
90	巴彦淖尔市乌拉特后旗	Wulatehou Banner in Bayannaoer City	65541
91	呼伦贝尔市陈巴尔虎旗	Chenbaerhu Banner in Hulunbeier City	58844
92	兴安盟阿尔山市	Aershan City in Xingan League	48190
93	锡林郭勒盟阿巴嘎旗	Abaga Banner in Xilinguole League	44886
94	呼伦贝尔市新巴尔虎左旗	Xinbaerhuzuo Banner in Hulunbeier City	41391
95	呼伦贝尔市新巴尔虎右旗	Xinbaerhuyou Banner in Hulunbeier City	35009
96	锡林郭勒盟苏尼特左旗	Sunitezuo Banner in Xilinguole League	33996
97	锡林郭勒盟镶黄旗	Xianghuang Banner in Xilinguole League	30737
98	锡林郭勒盟二连浩特市	Erlianhaote City in Xilinguole League	26108
99	阿拉善盟阿拉善右旗	Alashanyou Banner in Alashan League	24808
100	包头市白云矿区	Baiyun Mineral District in Baotou City	18974
101	阿拉善盟额济纳旗	Ejina Banner in Alashan League	17249

23－2 各旗县(区)按生产总值排序(2010年)

Banners, Counties and Districts Ranked by Gross Domestic Product(2010)

单位:万元 (10 000 yuan)

位次 Order	旗县(区)名称	Name of Banners, Counties and Districts	生产总值 GDP
1	包头市昆都仑区	Kundulun District in Baotou City	7417253
2	鄂尔多斯市准格尔旗	Zhungeer Banner in Erdos City	6711362
3	鄂尔多斯市东胜区	Dongsheng District in Erdos City	6391633
4	包头市青山区	Qingshan District in Baotou City	5430318
5	通辽市科尔沁区	Keerqin District in Tongliao City	4929921
6	鄂尔多斯市伊金霍洛旗	Yijinhuoluo Banner in Erdos City	4729668
7	呼和浩特市新城区	Xincheng District in Hohhot City	3884080
8	鄂尔多斯市达拉特旗	Dalate Banner in Erdos City	3386741
9	包头市东河区	Donghe District in Baotou City	3359932
10	呼和浩特市赛罕区	Saihan District in Hohhot City	3140978
11	鄂尔多斯市鄂托克旗	Etuoke Banner in Erdos City	2733886
12	阿拉善盟阿拉善左旗	Alashanzuo Banner in Alashan League	2409859
13	呼和浩特市回民区	Huimin District in Hohhot City	2321449
14	通辽市霍林郭勒市	Huolinguole City in Tongliao City	1980861
15	鄂尔多斯市乌审旗	Wushen Banner in Erdos City	1894911
16	呼和浩特市玉泉区	Yuquan District in Hohhot City	1837763
17	巴彦淖尔市临河区	Linhe District in Bayannaoer City	1789072
18	呼和浩特市托克托县	Tuoketuo County in Hohhot City	1729310
19	赤峰市红山区	Hongshan District in Chifeng City	1717847
20	包头市九原区	Jiuyuan District in Baotou City	1694204
21	包头市土默特右旗	Tumoteyou Banner in Baotou City	1689303
22	呼伦贝尔市海拉尔区	Hailaer District in Hulunbeier City	1624152
23	呼和浩特市土默特左旗	Tumotezuo Banner in Hohhot City	1511753
24	乌海市海勃湾区	Haibowan District in Wuhai City	1490871
25	赤峰市元宝山区	Yuanbaoshan District in Chifeng City	1475536
26	锡林郭勒盟锡林浩特市	Xilinhaote City in Xilinguole League	1433976
27	赤峰市松山区	Songshan District in Chifeng City	1386403
28	呼和浩特市和林格尔县	Helingeer County in Hohhot City	1291979
29	呼伦贝尔市满洲里市	Manzhouli City in Hulunbeier City	1273119
30	通辽市开鲁县	Kailu County in Tongliao City	1224175
31	乌海市海南区	Hainan District in Wuhai City	1224085
32	乌海市乌达区	Wuda District in Wuhai City	1201539
33	包头市达尔罕茂明安联合旗	Daerhanmaomingan Union Banner in Baotou City	1190151
34	呼伦贝尔市牙克石市	Yakeshi City in Hulunbeier City	1173970

23－2 续表 1 continued

单位:万元 (10 000 yuan)

位次 Order	旗县(区)名称	Name of Banners, Counties and Districts	生产总值 GDP
35	通辽市扎鲁特旗	Zhalute Banner in Tongliao City	1116239
36	乌兰察布市集宁区	Jining District in Wulanchabu City	1050855
37	呼伦贝尔市扎兰屯市	Zhalantun City in Hulunbeier City	1044306
38	通辽市科尔沁左翼中旗	Keerqinzuoyizhong Banner in Tongliao City	1005083
39	巴彦淖尔市乌拉特前旗	Wulateqian Banner in Bayannaoer City	965167
40	赤峰市敖汉旗	Aohan Banner in Chifeng City	926162
41	乌兰察布市丰镇市	Fengzhen City in Wulanchabu City	921899
42	通辽市奈曼旗	Naiman Banner in Tongliao City	921122
43	通辽市科尔沁左翼后旗	Keerqinzuoyihou Banner in Tongliao City	912665
44	兴安盟乌兰浩特市	Wulanhaote City in Xingan League	912160
45	赤峰市宁城县	Ningcheng County in Chifeng City	911374
46	巴彦淖尔市杭锦后旗	Hangjinhou Banner in Bayannaoer City	908658
47	呼伦贝尔市阿荣旗	Arong Banner in Hulunbeier City	900173
48	赤峰市克什克腾旗	Keshiketeng Banner in Chifeng City	876119
49	锡林郭勒盟西乌珠穆沁旗	xiwuzhumuqin Banner in Xilinguole League	859043
50	锡林郭勒盟东乌珠穆沁旗	Dongwuzhumuqin Banner in Xilinguole League	827748
51	赤峰市翁牛特旗	Wengniute Banner in Chifeng City	800272
52	包头市固阳县	Guyang County in Baotou City	722978
53	巴彦淖尔市五原县	Wuyuan County in Bayannaoer City	684165
54	呼伦贝尔市莫力达瓦达斡尔族自治旗	Molidawadawoer National Autonomous Banner in Hulunbeier City	675080
55	巴彦淖尔市乌拉特中旗	Wulatezhong Banner in Bayannaoer City	674000
56	赤峰市巴林左旗	Balinzuo Banner in Chifeng City	672246
57	呼伦贝尔市鄂温克族自治旗	Ewenke National Autonomous Banner in Hulunbeier City	651481
58	巴彦淖尔市乌拉特后旗	Wulatehou Banner in Bayannaoer City	632742
59	赤峰市喀喇沁旗	Kalaqin Banner in Chifeng City	630874
60	赤峰市阿鲁科尔沁旗	Alukeerqin Banner in Chifeng City	580509
61	乌兰察布市凉城县	Liangcheng County in Wulanchabu City	578272
62	包头市石拐区	Shiguai District in Baotou City	575887
63	乌兰察布市察哈尔右翼前旗	Chahaeryouyiqian Banner in Wulanchabu City	571725
64	呼伦贝尔市陈巴尔虎旗	Chenbaerhu Banner in Hulunbeier City	527627
65	鄂尔多斯市鄂托克前旗	Etuokeqian Banner in Erdos City	502269
66	鄂尔多斯市杭锦旗	Hangjin Banner in Erdos City	501409
67	乌兰察布市察哈尔右翼后旗	Chahaeryouyihou Banner in Wulanchabu City	494273
68	兴安盟扎赉特旗	Zhalaite Banner in Xingan League	484764

23－2 续表 2 continued

单位:万元 (10 000 yuan)

位次 Order	旗县(区)名称	Name of Banners, Counties and Districts	生产总值 GDP
69	兴安盟科尔沁右翼前旗	Keerqinyouyiqian Banner in Xingan League	480539
70	锡林郭勒盟二连浩特市	Erlianhaote City in Xilinguole League	475888
71	锡林郭勒盟多伦县	Duolun County in Xilinguole League	462584
72	呼伦贝尔市新巴尔虎右旗	Xinbaerhuyou Banner in Hulunbeier City	461475
73	呼和浩特市武川县	Xincheng District in Hohhot City	449535
74	通辽市库伦旗	Kulun Banner in Tongliao City	429257
75	赤峰市巴林右旗	Balinyou Banner in Chifeng City	415967
76	呼和浩特市清水河县	Qingshuihe County in Hohhot City	401469
77	锡林郭勒盟正蓝旗	Zhenglan Banner in Xilinguole League	400113
78	乌兰察布市兴和县	Xinghe County in Wulanchabu City	397330
79	乌兰察布市卓资县	Zhuozi County in Wulanchabu City	396108
80	兴安盟突泉县	Tuquan County in Xingan League	387447
81	呼伦贝尔市鄂伦春自治旗	Elunchun National Autonomous Banner in Hulunbeier City	380344
82	巴彦淖尔市磴口县	Dengkou County in Bayannaoer City	379466
83	赤峰市林西县	Linxi County in Chifeng City	373363
84	乌兰察布市商都县	Shangdu County in Wulanchabu City	367511
85	锡林郭勒盟苏尼特右旗	Suniteyou Banner in Xilinguole League	360513
86	锡林郭勒盟阿巴嘎旗	Abaga Banner in Xilinguole League	341944
87	乌兰察布市四子王旗	Siziwang Banner in Wulanchabu City	330120
88	锡林郭勒盟镶黄旗	Xianghuang Banner in Xilinguole League	317738
89	阿拉善盟额济纳旗	Ejina Banner in Alashan League	315381
90	兴安盟科尔沁右翼中旗	Keerqinyouyizhong Banner in Xingan League	311059
91	乌兰察布市化德县	Huade County in Wulanchabu City	283994
92	乌兰察布市察哈尔右翼中旗	Chahaeryouyizhong Banner in Wulanchabu City	283928
93	锡林郭勒盟太仆寺旗	Taipusi Banner in Xilinguole League	272522
94	呼伦贝尔市额尔古纳市	Eerguna City in Hulunbeier City	268578
95	阿拉善盟阿拉善右旗	Alashanyou Banner in Alashan League	265600
96	呼伦贝尔市根河市	Genhe City in Hulunbeier City	265583
97	呼伦贝尔市新巴尔虎左旗	Xinbaerhuzuo Banner in Hulunbeier City	226035
98	锡林郭勒盟苏尼特左旗	Sunitezuo Banner in Xilinguole League	210684
99	包头市白云矿区	Baiyun Mineral District in Baotou City	207571
100	锡林郭勒盟正镶白旗	Zhengxiangbai Banner in Xilinguole League	171869
101	兴安盟阿尔山市	Aershan City in Xingan League	90330

23 - 3 各旗县(区)按粮食产量排序(2010 年)

Banners, Counties and Districts Ranked by Output of Grain (2010)

单位:吨 (ton)

位 次 Order	旗县(区)名称	Name of Banners, Counties and Districts	粮食产量 Output of Grain
1	通辽市科尔沁左翼中旗	Keerqinzuoyizhong Banner in Tongliao City	2097204
2	呼伦贝尔市莫力达瓦达斡尔族自治旗	Molidawadawoer National Autonomous Banner in Hulunbeier City	1469682
3	呼伦贝尔市阿荣旗	Arong Banner in Hulunbeier City	1410146
4	兴安盟扎赉特旗	Zhalaite Banner in Xingan League	1000035
5	通辽市科尔沁区	Keerqin District in Tongliao City	996032
6	呼伦贝尔市扎兰屯市	Zhalantun City in Hulunbeier City	957987
7	通辽市开鲁县	Kailu County in Tongliao City	925000
8	通辽市科尔沁左翼后旗	Keerqinzuoyihou Banner in Tongliao City	880000
9	包头市土默特右旗	Tumoteyou Banner in Baotou City	747884
10	鄂尔多斯市达拉特旗	Dalate Banner in Erdos City	625467
11	通辽市奈曼旗	Naiman Banner in Tongliao City	625000
12	赤峰市松山区	Songshan District in Chifeng City	590522
13	巴彦淖尔市临河区	Linhe District in Bayannaoer City	582164
14	赤峰市宁城县	Ningcheng County in Chifeng City	580368
15	兴安盟科尔沁右翼前旗	Keerqinyouyiqian Banner in Xingan League	575130
16	赤峰市敖汉旗	Aohan Banner in Chifeng City	553936
17	赤峰市翁牛特旗	Wengniute Banner in Chifeng City	550518
18	兴安盟突泉县	Tuquan County in Xingan League	525000
19	巴彦淖尔市乌拉特前旗	Wulateqian Banner in Bayannaoer City	513555
20	通辽市库伦旗	Kulun Banner in Tongliao City	500500
21	巴彦淖尔市五原县	Wuyuan County in Bayannaoer City	479843
22	巴彦淖尔市杭锦后旗	Hangjinhou Banner in Bayannaoer City	473084
23	呼和浩特市土默特左旗	Tumotezuo Banner in Hohhot City	441228
24	呼伦贝尔市牙克石市	Yakeshi City in Hulunbeier City	430131
25	兴安盟科尔沁右翼中旗	Keerqinyouyizhong Banner in Xingan League	400265
26	呼伦贝尔市鄂伦春自治旗	Elunchun National Autonomous Banner in Hulunbeier City	351091
27	通辽市扎鲁特旗	Zhalute Banner in Tongliao City	350000
28	鄂尔多斯市杭锦旗	Hangjin Banner in Erdos City	308000
29	赤峰市阿鲁科尔沁旗	Alukeerqin Banner in Chifeng City	270162
30	赤峰市巴林左旗	Balinzuo Banner in Chifeng City	260160
31	巴彦淖尔市乌拉特中旗	Wulatezhong Banner in Bayannaoer City	238135
32	呼和浩特市托克托县	Tuoketuo County in Hohhot City	233724
33	赤峰市林西县	Linxi County in Chifeng City	185086
34	呼伦贝尔市额尔古纳市	Eerguna City in Hulunbeier City	180897

23-3 续表 1 continued

单位:吨 (ton)

位次 Order	旗县(区)名称	Name of Banners, Counties and Districts	粮食产量 Output of Grain
35	呼和浩特市和林格尔县	Helingeer County in Hohhot City	180385
36	兴安盟乌兰浩特市	Wulanhaote City in Xingan League	175000
37	乌兰察布市凉城县	Liangcheng County in Wulanchabu City	163197
38	赤峰市喀喇沁旗	Kalaqin Banner in Chifeng City	160715
39	阿拉善盟阿拉善左旗	Alashanzuo Banner in Alashan League	154104
40	巴彦淖尔市磴口县	Dengkou County in Bayannaoer City	151372
41	赤峰市元宝山区	Yuanbaoshan District in Chifeng City	123127
42	鄂尔多斯市乌审旗	Wushen Banner in Erdos City	115000
43	鄂尔多斯市准格尔旗	Zhungeer Banner in Erdos City	114949
44	赤峰市克什克腾旗	Keshiketeng Banner in Chifeng City	113665
45	锡林郭勒盟太仆寺旗	Taipusi Banner in Xilinguole League	111242
46	赤峰市巴林右旗	Balinyou Banner in Chifeng City	110055
47	鄂尔多斯市鄂托克前旗	Etuokeqian Banner in Erdos City	107500
48	呼和浩特市赛罕区	Saihan District in Hohhot City	106215
49	乌兰察布市兴和县	Xinghe County in Wulanchabu City	94200
50	呼和浩特市武川县	Xincheng District in Hohhot City	84350
51	乌兰察布市丰镇市	Fengzhen City in Wulanchabu City	83130
52	鄂尔多斯市鄂托克旗	Etuoke Banner in Erdos City	82000
53	乌兰察布市四子王旗	Siziwang Banner in Wulanchabu City	81645
54	鄂尔多斯市伊金霍洛旗	Yijinhuoluo Banner in Erdos City	81409
55	乌兰察布市商都县	Shangdu County in Wulanchabu City	81160
56	乌兰察布市察哈尔右翼后旗	Chahaeryouyihou Banner in Wulanchabu City	71190
57	乌兰察布市察哈尔右翼前旗	Chahaeryouyiqian Banner in Wulanchabu City	69201
58	呼伦贝尔市陈巴尔虎旗	Chenbaerhu Banner in Hulunbeier City	69050
59	包头市固阳县	Guyang County in Baotou City	67870
60	包头市九原区	Jiuyuan District in Baotou City	58688
61	包头市达尔罕茂明安联合旗	Daerhanmaomingan Union Banner in Baotou City	55785
62	呼和浩特市清水河县	Qingshuihe County in Hohhot City	54382
63	赤峰市红山区	Hongshan District in Chifeng City	52734
64	乌兰察布市卓资县	Zhuozi County in Wulanchabu City	51346
65	兴安盟阿尔山市	Aershan City in Xingan League	50570
66	呼伦贝尔市新巴尔虎左旗	Xinbaerhuzuo Banner in Hulunbeier City	49790
67	呼伦贝尔市海拉尔区	Hailaer District in Hulunbeier City	48775
68	锡林郭勒盟东乌珠穆沁旗	Dongwuzhumuqin Banner in Xilinguole League	47577

23－3 续表 2 continued

单位:吨 (ton)

位次 Order	旗县(区)名称	Name of Banners, Counties and Districts	粮食产量 Output of Grain
69	锡林郭勒盟多伦县	Duolun County in Xilinguole League	45422
70	乌兰察布市化德县	Huade County in Wulanchabu City	45380
71	巴彦淖尔市乌拉特后旗	Wulatehou Banner in Bayannaoer City	40417
72	乌兰察布市察哈尔右翼中旗	Chahaeryouyizhong Banner in Wulanchabu City	39807
73	呼和浩特市玉泉区	Yuquan District in Hohhot City	37793
74	包头市东河区	Donghe District in Baotou City	35333
75	锡林郭勒盟正蓝旗	Zhenglan Banner in Xilinguole League	30780
76	呼伦贝尔市鄂温克族自治旗	Ewenke National Autonomous Banner in Hulunbeier City	29697
77	锡林郭勒盟锡林浩特市	Xilinhaote City in Xilinguole League	23670
78	鄂尔多斯市东胜区	Dongsheng District in Erdos City	19623
79	呼和浩特市新城区	Xincheng District in Hohhot City	19470
80	乌海市海南区	Hainan District in Wuhai City	19124
81	阿拉善盟阿拉善右旗	Alashanyou Banner in Alashan League	15419
82	通辽市霍林郭勒市	Huolinguole City in Tongliao City	10890
83	乌兰察布市集宁区	Jining District in Wulanchabu City	10042
84	乌海市海勃湾区	Haibowan District in Wuhai City	8172
85	包头市昆都仑区	Kundulun District in Baotou City	7808
86	包头市青山区	Qingshan District in Baotou City	7802
87	乌海市乌达区	Wuda District in Wuhai City	7747
88	呼伦贝尔市根河市	Genhe City in Hulunbeier City	4960
89	包头市石拐区	Shiguai District in Baotou City	4411
90	呼和浩特市回民区	Huimin District in Hohhot City	3476
91	锡林郭勒盟正镶白旗	Zhengxiangbai Banner in Xilinguole League	3412
92	锡林郭勒盟镶黄旗	Xianghuang Banner in Xilinguole League	2154
93	阿拉善盟额济纳旗	Ejina Banner in Alashan League	1921
94	呼伦贝尔市满洲里市	Manzhouli City in Hulunbeier City	1170
95	锡林郭勒盟二连浩特市	Erlianhaote City in Xilinguole League	803
96	呼伦贝尔市新巴尔虎右旗	Xinbaerhuyou Banner in Hulunbeier City	380
97	锡林郭勒盟苏尼特右旗	Suniteyou Banner in Xilinguole League	317
98	锡林郭勒盟西乌珠穆沁旗	xiwuzhumuqin Banner in Xilinguole League	72
99	包头市白云矿区	Baiyun Mineral District in Baotou City	
100	锡林郭勒盟阿巴嘎旗	Abaga Banner in Xilinguole League	
101	锡林郭勒盟苏尼特左旗	Sunitezuo Banner in Xilinguole League	

23－4 各旗县(区)按年末牲畜存栏头数排序(2010 年)
Banners, Counties and Districts Ranked by Number of Livestock (Year end of 2010)

单位:万头(只)　　(10 000 heads)

位次 Order	旗县(区)名称	Name of Banners, Counties and Districts	年末牲畜存栏头数 Number of Livestock at the Year－end
1	通辽市开鲁县	Kailu County in Tongliao City	235.81
2	鄂尔多斯市达拉特旗	Dalate Banner in Erdos City	230.10
3	通辽市扎鲁特旗	Zhalute Banner in Tongliao City	191.40
4	巴彦淖尔市临河区	Linhe District in Bayannaoer City	169.83
5	呼伦贝尔市阿荣旗	Arong Banner in Hulunbeier City	168.65
6	锡林郭勒盟东乌珠穆沁旗	Dongwuzhumuqin Banner in Xilinguole League	168.11
7	兴安盟科尔沁右翼中旗	Keerqinyouyizhong Banner in Xingan League	159.56
8	赤峰市敖汉旗	Aohan Banner in Chifeng City	157.90
9	通辽市奈曼旗	Naiman Banner in Tongliao City	155.59
10	通辽市科尔沁区	Keerqin District in Tongliao City	153.48
11	鄂尔多斯市杭锦旗	Hangjin Banner in Erdos City	143.39
12	通辽市科尔沁左翼中旗	Keerqinzuoyizhong Banner in Tongliao City	138.88
13	呼伦贝尔市莫力达瓦达斡尔族自治旗	Molidawadawoer National Autonomous Banner in Hulunbeier City	138.47
14	赤峰市翁牛特旗	Wengniute Banner in Chifeng City	137.97
15	鄂尔多斯市鄂托克旗	Etuoke Banner in Erdos City	133.59
16	巴彦淖尔市杭锦后旗	Hangjinhou Banner in Bayannaoer City	131.87
17	巴彦淖尔市乌拉特中旗	Wulatezhong Banner in Bayannaoer City	128.69
18	呼伦贝尔市扎兰屯市	Zhalantun City in Hulunbeier City	122.54
19	赤峰市阿鲁科尔沁旗	Alukeerqin Banner in Chifeng City	119.95
20	鄂尔多斯市乌审旗	Wushen Banner in Erdos City	119.74
21	巴彦淖尔市五原县	Wuyuan County in Bayannaoer City	118.23
22	兴安盟扎赉特旗	Zhalaite Banner in Xingan League	117.93
23	阿拉善盟阿拉善左旗	Alashanzuo Banner in Alashan League	113.34
24	赤峰市巴林右旗	Balinyou Banner in Chifeng City	111.71
25	通辽市科尔沁左翼后旗	Keerqinzuoyihou Banner in Tongliao City	106.99
26	赤峰市巴林左旗	Balinzuo Banner in Chifeng City	106.86
27	赤峰市克什克腾旗	Keshiketeng Banner in Chifeng City	101.07
28	呼伦贝尔市新巴尔虎右旗	Xinbaerhuyou Banner in Hulunbeier City	101.02
29	巴彦淖尔市乌拉特前旗	Wulateqian Banner in Bayannaoer City	100.23
30	锡林郭勒盟西乌珠穆沁旗	xiwuzhumuqin Banner in Xilinguole League	94.39
31	包头市土默特右旗	Tumoteyou Banner in Baotou City	91.02
32	乌兰察布市四子王旗	Siziwang Banner in Wulanchabu City	79.40
33	鄂尔多斯市鄂托克前旗	Etuokeqian Banner in Erdos City	79.15
34	锡林郭勒盟苏尼特右旗	Suniteyou Banner in Xilinguole League	78.90

23－4 续表 1 continued

单位：万头（只） (10 000 heads)

位次 Order	旗县（区）名称	Name of Banners, Counties and Districts	年末牲畜存栏头数 Number of Livestock at the Year－end
35	呼伦贝尔市新巴尔虎左旗	Xinbaerhuzuo Banner in Hulunbeier City	77.38
36	锡林郭勒盟阿巴嘎旗	Abaga Banner in Xilinguole League	75.14
37	通辽市库伦旗	Kulun Banner in Tongliao City	74.72
38	乌兰察布市丰镇市	Fengzhen City in Wulanchabu City	74.40
39	乌兰察布市凉城县	Liangcheng County in Wulanchabu City	65.20
40	呼伦贝尔市陈巴尔虎旗	Chenbaerhu Banner in Hulunbeier City	64.94
41	兴安盟突泉县	Tuquan County in Xingan League	64.72
42	锡林郭勒盟苏尼特左旗	Sunitezuo Banner in Xilinguole League	61.78
43	呼和浩特市和林格尔县	Helingeer County in Hohhot City	61.68
44	呼和浩特市土默特左旗	Tumotezuo Banner in Hohhot City	61.05
45	乌兰察布市察哈尔右翼中旗	Chahaeryouyizhong Banner in Wulanchabu City	60.10
46	赤峰市松山区	Songshan District in Chifeng City	59.63
47	呼伦贝尔市鄂温克族自治旗	Ewenke National Autonomous Banner in Hulunbeier City	59.23
48	鄂尔多斯市准格尔旗	Zhungeer Banner in Erdos City	59.07
49	包头市达尔罕茂明安联合旗	Daerhanmaomingan Union Banner in Baotou City	58.84
50	乌兰察布市兴和县	Xinghe County in Wulanchabu City	58.50
51	乌兰察布市察哈尔右翼前旗	Chahaeryouyiqian Banner in Wulanchabu City	55.30
52	赤峰市林西县	Linxi County in Chifeng City	55.10
53	锡林郭勒盟锡林浩特市	Xilinhaote City in Xilinguole League	54.34
54	包头市固阳县	Guyang County in Baotou City	52.97
55	鄂尔多斯市伊金霍洛旗	Yijinhuoluo Banner in Erdos City	50.57
56	赤峰市宁城县	Ningcheng County in Chifeng City	46.40
57	乌兰察布市商都县	Shangdu County in Wulanchabu City	44.90
58	乌兰察布市卓资县	Zhuozi County in Wulanchabu City	41.80
59	巴彦淖尔市乌拉特后旗	Wulatehou Banner in Bayannaoer City	39.77
60	巴彦淖尔市磴口县	Dengkou County in Bayannaoer City	39.47
61	呼伦贝尔市鄂伦春自治旗	Elunchun National Autonomous Banner in Hulunbeier City	38.78
62	呼和浩特市武川县	Xincheng District in Hohhot City	38.64
63	赤峰市喀喇沁旗	Kalaqin Banner in Chifeng City	37.68
64	乌兰察布市化德县	Huade County in Wulanchabu City	36.70
65	乌兰察布市察哈尔右翼后旗	Chahaeryouyihou Banner in Wulanchabu City	33.50
66	呼和浩特市清水河县	Qingshuihe County in Hohhot City	32.70
67	锡林郭勒盟正蓝旗	Zhenglan Banner in Xilinguole League	30.90
68	呼伦贝尔市牙克石市	Yakeshi City in Hulunbeier City	30.68

23-4 续表 2 continued

单位:万头(只) (10 000 heads)

位次 Order	旗县(区)名称	Name of Banners, Counties and Districts	年末牲畜存栏头数 Number of Livestock at the Year-end
69	呼和浩特市托克托县	Tuoketuo County in Hohhot City	30.67
70	呼伦贝尔市额尔古纳市	Eerguna City in Hulunbeier City	27.89
71	兴安盟科尔沁右翼前旗	Keerqinyouyiqian Banner in Xingan League	27.84
72	兴安盟乌兰浩特市	Wulanhaote City in Xingan League	26.54
73	呼和浩特市赛罕区	Saihan District in Hohhot City	25.25
74	锡林郭勒盟正镶白旗	Zhengxiangbai Banner in Xilinguole League	24.44
75	锡林郭勒盟镶黄旗	Xianghuang Banner in Xilinguole League	22.03
76	包头市九原区	Jiuyuan District in Baotou City	20.74
77	阿拉善盟阿拉善右旗	Alashanyou Banner in Alashan League	20.41
78	赤峰市元宝山区	Yuanbaoshan District in Chifeng City	16.44
79	锡林郭勒盟多伦县	Duolun County in Xilinguole League	14.62
80	兴安盟阿尔山市	Aershan City in Xingan League	14.04
81	通辽市霍林郭勒市	Huolinguole City in Tongliao City	14.01
82	锡林郭勒盟太仆寺旗	Taipusi Banner in Xilinguole League	12.71
83	包头市东河区	Donghe District in Baotou City	11.87
84	呼伦贝尔市海拉尔区	Hailaer District in Hulunbeier City	11.37
85	鄂尔多斯市东胜区	Dongsheng District in Erdos City	10.72
86	阿拉善盟额济纳旗	Ejina Banner in Alashan League	8.67
87	呼和浩特市新城区	Xincheng District in Hohhot City	7.44
88	乌海市海南区	Hainan District in Wuhai City	7.06
89	乌兰察布市集宁区	Jining District in Wulanchabu City	6.20
90	赤峰市红山区	Hongshan District in Chifeng City	5.95
91	呼伦贝尔市满洲里市	Manzhouli City in Hulunbeier City	5.95
92	包头市青山区	Qingshan District in Baotou City	5.37
93	乌海市海勃湾区	Haibowan District in Wuhai City	4.49
94	包头市昆都仑区	Kundulun District in Baotou City	3.82
95	锡林郭勒盟二连浩特市	Erlianhaote City in Xilinguole League	3.55
96	包头市石拐区	Shiguai District in Baotou City	3.32
97	呼和浩特市玉泉区	Yuquan District in Hohhot City	3.25
98	乌海市乌达区	Wuda District in Wuhai City	1.92
99	呼伦贝尔市根河市	Genhe City in Hulunbeier City	1.71
100	呼和浩特市回民区	Huimin District in Hohhot City	1.28
101	包头市白云矿区	Baiyun Mineral District in Baotou City	0.15

23-5 各旗县(区)按农牧民人均纯收入排序(2010年)

Banners, Counties and Districts Ranked by Net Income of Peasants and Herdsmen (2010)

单位:元 (yuan)

位次 Order	旗县(区)名称	Name of Banners, Counties and Districts	农牧民人均纯收入 Net Income of Peasants & Herdsmen
1	通辽市科尔沁区	Keerqin District in Tongliao City	17286
2	通辽市霍林郭勒市	Huolinguole City in Tongliao City	12615
3	包头市昆都仑区	Kundulun District in Baotou City	11890
4	包头市青山区	Qingshan District in Baotou City	11833
5	呼伦贝尔市海拉尔区	Hailaer District in Hulunbeier City	11725
6	包头市东河区	Donghe District in Baotou City	11587
7	锡林郭勒盟东乌珠穆沁旗	Dongwuzhumuqin Banner in Xilinguole League	11528
8	呼伦贝尔市额尔古纳市	Eerguna City in Hulunbeier City	11110
9	呼和浩特市回民区	Huimin District in Hohhot City	10855
10	呼和浩特市新城区	Xincheng District in Hohhot City	10619
11	呼和浩特市玉泉区	Yuquan District in Hohhot City	10619
12	包头市九原区	Jiuyuan District in Baotou City	10422
13	呼和浩特市赛罕区	Saihan District in Hohhot City	10421
14	锡林郭勒盟锡林浩特市	Xilinhaote City in Xilinguole League	9587
15	乌海市乌达区	Wuda District in Wuhai City	9562
16	呼和浩特市土默特左旗	Tumotezuo Banner in Hohhot City	9558
17	乌海市海勃湾区	Haibowan District in Wuhai City	9508
18	锡林郭勒盟西乌珠穆沁旗	xiwuzhumuqin Banner in Xilinguole League	9462
19	呼伦贝尔市陈巴尔虎旗	Chenbaerhu Banner in Hulunbeier City	9345
20	锡林郭勒盟阿巴嘎旗	Abaga Banner in Xilinguole League	9172
21	阿拉善盟额济纳旗	Ejina Banner in Alashan League	9162
22	呼伦贝尔市新巴尔虎左旗	Xinbaerhuzuo Banner in Hulunbeier City	9101
23	呼伦贝尔市鄂温克族自治旗	Ewenke National Autonomous Banner in Hulunbeier City	9067
24	呼伦贝尔市新巴尔虎右旗	Xinbaerhuyou Banner in Hulunbeier City	9057
25	包头市土默特右旗	Tumoteyou Banner in Baotou City	8815
26	鄂尔多斯市伊金霍洛旗	Yijinhuoluo Banner in Erdos City	8774
27	鄂尔多斯市准格尔旗	Zhungeer Banner in Erdos City	8766
28	鄂尔多斯市鄂托克前旗	Etuokeqian Banner in Erdos City	8764
29	鄂尔多斯市乌审旗	Wushen Banner in Erdos City	8755
30	鄂尔多斯市达拉特旗	Dalate Banner in Erdos City	8736
31	鄂尔多斯市鄂托克旗	Etuoke Banner in Erdos City	8720
32	鄂尔多斯市杭锦旗	Hangjin Banner in Erdos City	8694
33	乌海市海南区	Hainan District in Wuhai City	8601
34	巴彦淖尔市临河区	Linhe District in Bayannaoer City	8577

23－5 续表 1 continued

单位:元 (yuan)

位次 Order	旗县(区)名称	Name of Banners, Counties and Districts	农牧民人均纯收入 Net Income of Peasants & Herdsmen
35	巴彦淖尔市杭锦后旗	Hangjinhou Banner in Bayannaoer City	8553
36	巴彦淖尔市五原县	Wuyuan County in Bayannaoer City	8553
37	阿拉善盟阿拉善右旗	Alashanyou Banner in Alashan League	8396
38	呼和浩特市和林格尔县	Helingeer County in Hohhot City	8386
39	巴彦淖尔市磴口县	Dengkou County in Bayannaoer City	8220
40	赤峰市红山区	Hongshan District in Chifeng City	8200
41	赤峰市元宝山区	Yuanbaoshan District in Chifeng City	8008
42	巴彦淖尔市乌拉特前旗	Wulateqian Banner in Bayannaoer City	7924
43	乌兰察布市集宁区	Jining District in Wulanchabu City	7492
44	锡林郭勒盟二连浩特市	Erlianhaote City in Xilinguole League	7490
45	包头市达尔罕茂明安联合旗	Daerhanmaomingan Union Banner in Baotou City	7300
46	巴彦淖尔市乌拉特中旗	Wulatezhong Banner in Bayannaoer City	7114
47	阿拉善盟阿拉善左旗	Alashanzuo Banner in Alashan League	7090
48	锡林郭勒盟正蓝旗	Zhenglan Banner in Xilinguole League	6778
49	呼伦贝尔市阿荣旗	Arong Banner in Hulunbeier City	6671
50	包头市石拐区	Shiguai District in Baotou City	6625
51	呼伦贝尔市牙克石市	Yakeshi City in Hulunbeier City	6609
52	通辽市开鲁县	Kailu County in Tongliao City	6532
53	呼伦贝尔市扎兰屯市	Zhalantun City in Hulunbeier City	6406
54	呼伦贝尔市莫力达瓦达斡尔族自治旗	Molidawadawoer National Autonomous Banner in Hulunbeier City	6372
55	赤峰市松山区	Songshan District in Chifeng City	6335
56	包头市固阳县	Guyang County in Baotou City	6310
57	锡林郭勒盟苏尼特左旗	Sunitezuo Banner in Xilinguole League	5919
58	巴彦淖尔市乌拉特后旗	Wulatehou Banner in Bayannaoer City	5840
59	兴安盟乌兰浩特市	Wulanhaote City in Xingan League	5773
60	通辽市扎鲁特旗	Zhalute Banner in Tongliao City	5702
61	乌兰察布市凉城县	Liangcheng County in Wulanchabu City	5655
62	锡林郭勒盟多伦县	Duolun County in Xilinguole League	5640
63	乌兰察布市丰镇市	Fengzhen City in Wulanchabu City	5518
64	呼和浩特市托克托县	Tuoketuo County in Hohhot City	5454
65	赤峰市宁城县	Ningcheng County in Chifeng City	5330
66	锡林郭勒盟太仆寺旗	Taipusi Banner in Xilinguole League	5302
67	锡林郭勒盟镶黄旗	Xianghuang Banner in Xilinguole League	5289
68	锡林郭勒盟苏尼特右旗	Suniteyou Banner in Xilinguole League	5140

23－5 续表 2 continued

单位:元 (yuan)

位 次 Order	旗县(区)名称	Name of Banners, Counties and Districts	农牧民 人均纯收入 Net Income of Peasants & Herdsmen
69	通辽市科尔沁左翼后旗	Keerqinzuoyihou Banner in Tongliao City	5116
70	赤峰市克什克腾旗	Keshiketeng Banner in Chifeng City	5090
71	赤峰市巴林左旗	Balinzuo Banner in Chifeng City	5080
72	赤峰市翁牛特旗	Wengniute Banner in Chifeng City	5069
73	呼和浩特市武川县	Xincheng District in Hohhot City	4991
74	赤峰市喀喇沁旗	Kalaqin Banner in Chifeng City	4984
75	赤峰市林西县	Linxi County in Chifeng City	4869
76	呼和浩特市清水河县	Qingshuihe County in Hohhot City	4863
77	呼伦贝尔市鄂伦春自治旗	Elunchun National Autonomous Banner in Hulunbeier City	4829
78	通辽市科尔沁左翼中旗	Keerqinzuoyizhong Banner in Tongliao City	4824
79	赤峰市巴林右旗	Balinyou Banner in Chifeng City	4792
80	锡林郭勒盟正镶白旗	Zhengxiangbai Banner in Xilinguole League	4748
81	赤峰市敖汉旗	Aohan Banner in Chifeng City	4746
82	赤峰市阿鲁科尔沁旗	Alukeerqin Banner in Chifeng City	4730
83	通辽市奈曼旗	Naiman Banner in Tongliao City	4647
84	乌兰察布市察哈尔右翼后旗	Chahaeryouyihou Banner in Wulanchabu City	4630
85	乌兰察布市察哈尔右翼前旗	Chahaeryouyiqian Banner in Wulanchabu City	4596
86	乌兰察布市卓资县	Zhuozi County in Wulanchabu City	4570
87	通辽市库伦旗	Kulun Banner in Tongliao City	4511
88	乌兰察布市四子王旗	Siziwang Banner in Wulanchabu City	3680
89	兴安盟科尔沁右翼中旗	Keerqinyouyizhong Banner in Xingan League	3577
90	兴安盟科尔沁右翼前旗	Keerqinyouyiqian Banner in Xingan League	3568
91	兴安盟扎赉特旗	Zhalaite Banner in Xingan League	3412
92	兴安盟突泉县	Tuquan County in Xingan League	3388
93	乌兰察布市商都县	Shangdu County in Wulanchabu City	3300
94	乌兰察布市兴和县	Xinghe County in Wulanchabu City	3262
95	乌兰察布市察哈尔右翼中旗	Chahaeryouyizhong Banner in Wulanchabu City	2995
96	乌兰察布市化德县	Huade County in Wulanchabu City	2949
97	包头市白云矿区	Baiyun Mineral District in Baotou City	
98	鄂尔多斯市东胜区	Dongsheng District in Erdos City	
99	呼伦贝尔市根河市	Genhe City in Hulunbeier City	
100	呼伦贝尔市满洲里市	Manzhouli City in Hulunbeier City	
101	兴安盟阿尔山市	Aershan City in Xingan League	

23－6 各旗县(区)按在岗职工平均工资排序(2010年)

Banners, Counties and Districts Ranked by Average Wage of Staff and Workers Employed in(2010)

单位:元　　　　(yuan)

位次 Order	旗县(区)名称	Name of Banners, Counties and Districts	职工平均工资 Average Wage
1	鄂尔多斯市准格尔旗	Zhungeer Banner in Erdos City	55164
2	鄂尔多斯市东胜区	Dongsheng District in Erdos City	55155
3	鄂尔多斯市伊金霍洛旗	Yijinhuoluo Banner in Erdos City	54800
4	鄂尔多斯市乌审旗	Wushen Banner in Erdos City	54244
5	鄂尔多斯市鄂托克前旗	Etuokeqian Banner in Erdos City	53640
6	通辽市科尔沁区	Keerqin District in Tongliao City	50896
7	包头市白云矿区	Baiyun Mineral District in Baotou City	48993
8	鄂尔多斯市达拉特旗	Dalate Banner in Erdos City	48778
9	鄂尔多斯市鄂托克旗	Etuoke Banner in Erdos City	48741
10	鄂尔多斯市杭锦旗	Hangjin Banner in Erdos City	47536
11	赤峰市元宝山区	Yuanbaoshan District in Chifeng City	44269
12	包头市青山区	Qingshan District in Baotou City	43470
13	呼和浩特市赛罕区	Saihan District in Hohhot City	43414
14	包头市昆都仑区	Kundulun District in Baotou City	43391
15	阿拉善盟额济纳旗	Ejina Banner in Alashan League	43333
16	包头市九原区	Jiuyuan District in Baotou City	43217
17	锡林郭勒盟二连浩特市	Erlianhaote City in Xilinguole League	43190
18	阿拉善盟阿拉善左旗	Alashanzuo Banner in Alashan League	42530
19	包头市石拐区	Shiguai District in Baotou City	42487
20	通辽市霍林郭勒市	Huolinguole City in Tongliao City	42100
21	呼和浩特市新城区	Xincheng District in Hohhot City	41741
22	包头市达尔罕茂明安联合旗	Daerhanmaomingan Union Banner in Baotou City	41712
23	乌海市海南区	Hainan District in Wuhai City	41613
24	乌海市乌达区	Wuda District in Wuhai City	40933
25	阿拉善盟阿拉善右旗	Alashanyou Banner in Alashan League	40603
26	乌兰察布市丰镇市	Fengzhen City in Wulanchabu City	40139
27	包头市土默特右旗	Tumoteyou Banner in Baotou City	39973
28	乌海市海勃湾区	Haibowan District in Wuhai City	39461
29	锡林郭勒盟正蓝旗	Zhenglan Banner in Xilinguole League	39153
30	锡林郭勒盟多伦县	Duolun County in Xilinguole League	39053
31	锡林郭勒盟西乌珠穆沁旗	xiwuzhumuqin Banner in Xilinguole League	39007
32	锡林郭勒盟苏尼特左旗	Sunitezuo Banner in Xilinguole League	38880
33	呼伦贝尔市鄂温克族自治旗	Ewenke National Autonomous Banner in Hulunbeier City	38355
34	锡林郭勒盟镶黄旗	Xianghuang Banner in Xilinguole League	37839

23－6 续表 1 continued

单位:元 (yuan)

位 次 Order	旗县(区)名称	Name of Banners, Counties and Districts	职工平均工资 Average Wage
35	乌兰察布市凉城县	Liangcheng County in Wulanchabu City	37711
36	呼和浩特市玉泉区	Yuquan District in Hohhot City	37675
37	锡林郭勒盟正镶白旗	Zhengxiangbai Banner in Xilinguole League	37649
38	呼伦贝尔市海拉尔区	Hailaer District in Hulunbeier City	37571
39	锡林郭勒盟阿巴嘎旗	Abaga Banner in Xilinguole League	36728
40	锡林郭勒盟苏尼特右旗	Suniteyou Banner in Xilinguole League	36245
41	锡林郭勒盟太仆寺旗	Taipusi Banner in Xilinguole League	35832
42	呼伦贝尔市陈巴尔虎旗	Chenbaerhu Banner in Hulunbeier City	35823
43	呼和浩特市托克托县	Tuoketuo County in Hohhot City	35547
44	乌兰察布市四子王旗	Siziwang Banner in Wulanchabu City	35489
45	呼和浩特市回民区	Huimin District in Hohhot City	35478
46	包头市固阳县	Guyang County in Baotou City	35098
47	呼伦贝尔市新巴尔虎右旗	Xinbaerhuyou Banner in Hulunbeier City	34996
48	赤峰市松山区	Songshan District in Chifeng City	34885
49	锡林郭勒盟东乌珠穆沁旗	Dongwuzhumuqin Banner in Xilinguole League	34262
50	赤峰市克什克腾旗	Keshiketeng Banner in Chifeng City	33414
51	赤峰市红山区	Hongshan District in Chifeng City	33161
52	包头市东河区	Donghe District in Baotou City	33151
53	锡林郭勒盟锡林浩特市	Xilinhaote City in Xilinguole League	33098
54	呼伦贝尔市牙克石市	Yakeshi City in Hulunbeier City	32887
55	巴彦淖尔市乌拉特后旗	Wulatehou Banner in Bayannaoer City	32693
56	巴彦淖尔市乌拉特前旗	Wulateqian Banner in Bayannaoer City	32369
57	巴彦淖尔市乌拉特中旗	Wulatezhong Banner in Bayannaoer City	32305
58	呼和浩特市清水河县	Qingshuihe County in Hohhot City	32067
59	呼伦贝尔市新巴尔虎左旗	Xinbaerhuzuo Banner in Hulunbeier City	31950
60	呼伦贝尔市满洲里市	Manzhouli City in Hulunbeier City	31851
61	乌兰察布市察哈尔右翼前旗	Chahaeryouyiqian Banner in Wulanchabu City	31726
62	呼伦贝尔市阿荣旗	Arong Banner in Hulunbeier City	31116
63	乌兰察布市察哈尔右翼中旗	Chahaeryouyizhong Banner in Wulanchabu City	30881
64	巴彦淖尔市临河区	Linhe District in Bayannaoer City	30495
65	巴彦淖尔市五原县	Wuyuan County in Bayannaoer City	30404
66	乌兰察布市化德县	Huade County in Wulanchabu City	30162
67	乌兰察布市察哈尔右翼后旗	Chahaeryouyihou Banner in Wulanchabu City	29706
68	兴安盟乌兰浩特市	Wulanhaote City in Xingan League	29618

23－6 续表 2 continued

单位:元 (yuan)

位 次 Order	旗县(区)名称	Name of Banners, Counties and Districts	职工平均工资 Average Wage
69	赤峰市巴林左旗	Balinzuo Banner in Chifeng City	29506
70	乌兰察布市卓资县	Zhuozi County in Wulanchabu City	29478
71	乌兰察布市商都县	Shangdu County in Wulanchabu City	29475
72	乌兰察布市集宁区	Jining District in Wulanchabu City	29114
73	巴彦淖尔市杭锦后旗	Hangjinhou Banner in Bayannaoer City	28974
74	呼和浩特市武川县	Xincheng District in Hohhot City	28549
75	呼伦贝尔市扎兰屯市	Zhalantun City in Hulunbeier City	28487
76	赤峰市翁牛特旗	Wengniute Banner in Chifeng City	28404
77	赤峰市喀喇沁旗	Kalaqin Banner in Chifeng City	28169
78	赤峰市阿鲁科尔沁旗	Alukeerqin Banner in Chifeng City	28090
79	呼和浩特市土默特左旗	Tumotezuo Banner in Hohhot City	27860
80	赤峰市林西县	Linxi County in Chifeng City	27511
81	呼伦贝尔市鄂伦春自治旗	Elunchun National Autonomous Banner in Hulunbeier City	27416
82	呼伦贝尔市额尔古纳市	Eerguna City in Hulunbeier City	26937
83	赤峰市巴林右旗	Balinyou Banner in Chifeng City	26778
84	赤峰市敖汉旗	Aohan Banner in Chifeng City	26658
85	呼伦贝尔市莫力达瓦达斡尔族自治旗	Molidawadawoer National Autonomous Banner in Hulunbeier City	26557
86	通辽市奈曼旗	Naiman Banner in Tongliao City	26541
87	呼和浩特市和林格尔县	Helingeer County in Hohhot City	25913
88	呼伦贝尔市根河市	Genhe City in Hulunbeier City	25818
89	通辽市库伦旗	Kulun Banner in Tongliao City	25757
90	通辽市扎鲁特旗	Zhalute Banner in Tongliao City	25582
91	通辽市科尔沁左翼后旗	Keerqinzuoyihou Banner in Tongliao City	24750
92	赤峰市宁城县	Ningcheng County in Chifeng City	24158
93	兴安盟科尔沁右翼前旗	Keerqinyouyiqian Banner in Xingan League	23826
94	通辽市科尔沁左翼中旗	Keerqinzuoyizhong Banner in Tongliao City	23411
95	巴彦淖尔市磴口县	Dengkou County in Bayannaoer City	23379
96	兴安盟突泉县	Tuquan County in Xingan League	23283
97	乌兰察布市兴和县	Xinghe County in Wulanchabu City	23060
98	通辽市开鲁县	Kailu County in Tongliao City	22857
99	兴安盟扎赉特旗	Zhalaite Banner in Xingan League	22439
100	兴安盟科尔沁右翼中旗	Keerqinyouyizhong Banner in Xingan League	21480
101	兴安盟阿尔山市	Aershan City in Xingan League	20591

23-7 各旗县(区)按一般预算收入排序(2010年)

Banners, Counties and Districts Ranked by General Budgetary Financial Revenue(2010)

单位:万元 (10 000 yuan)

位次 Order	旗县(区)名称	Name of Banners, Counties and Districts	一般预算收入 General Budgetary Financial Revenue
1	鄂尔多斯市东胜区	Dongsheng District in Erdos City	755527
2	鄂尔多斯市准格尔旗	Zhungeer Banner in Erdos City	558462
3	鄂尔多斯市伊金霍洛旗	Yijinhuoluo Banner in Erdos City	442135
4	包头市昆都仑区	Kundulun District in Baotou City	251366
5	包头市青山区	Qingshan District in Baotou City	218220
6	呼和浩特市新城区	Xincheng District in Hohhot City	199576
7	呼和浩特市赛罕区	Saihan District in Hohhot City	192612
8	鄂尔多斯市鄂托克旗	Etuoke Banner in Erdos City	133266
9	通辽市科尔沁区	Keerqin District in Tongliao City	132283
10	鄂尔多斯市达拉特旗	Dalate Banner in Erdos City	126892
11	包头市东河区	Donghe District in Baotou City	122177
12	乌海市海勃湾区	Haibowan District in Wuhai City	109792
13	通辽市霍林郭勒市	Huolinguole City in Tongliao City	109387
14	锡林郭勒盟锡林浩特市	Xilinhaote City in Xilinguole League	108342
15	包头市九原区	Jiuyuan District in Baotou City	104241
16	赤峰市红山区	Hongshan District in Chifeng City	98572
17	呼和浩特市回民区	Huimin District in Hohhot City	96625
18	阿拉善盟阿拉善左旗	Alashanzuo Banner in Alashan League	93052
19	包头市达尔罕茂明安联合旗	Daerhanmaomingan Union Banner in Baotou City	92607
20	巴彦淖尔市临河区	Linhe District in Bayannaoer City	89615
21	鄂尔多斯市乌审旗	Wushen Banner in Erdos City	87541
22	呼和浩特市玉泉区	Yuquan District in Hohhot City	83746
23	呼和浩特市托克托县	Tuoketuo County in Hohhot City	80873
24	呼伦贝尔市满洲里市	Manzhouli City in Hulunbeier City	79672
25	包头市土默特右旗	Tumoteyou Banner in Baotou City	76854
26	乌海市海南区	Hainan District in Wuhai City	75867
27	赤峰市元宝山区	Yuanbaoshan District in Chifeng City	71656
28	呼和浩特市土默特左旗	Tumotezuo Banner in Hohhot City	70228
29	巴彦淖尔市乌拉特后旗	Wulatehou Banner in Bayannaoer City	66193
30	乌海市乌达区	Wuda District in Wuhai City	65812
31	锡林郭勒盟东乌珠穆沁旗	Dongwuzhumuqin Banner in Xilinguole League	65152
32	锡林郭勒盟西乌珠穆沁旗	xiwuzhumuqin Banner in Xilinguole League	64090
33	巴彦淖尔市乌拉特前旗	Wulateqian Banner in Bayannaoer City	61103
34	赤峰市克什克腾旗	Keshiketeng Banner in Chifeng City	57832

23－7 续表 1 continued

单位:万元 (10 000 yuan)

位次 Order	旗县(区)名称	Name of Banners, Counties and Districts	一般预算收入 General Budgetary Financial Revenue
35	呼和浩特市和林格尔县	Helingeer County in Hohhot City	57079
36	包头市固阳县	Guyang County in Baotou City	55618
37	呼伦贝尔市鄂温克族自治旗	Ewenke National Autonomous Banner in Hulunbeier City	53524
38	呼伦贝尔市海拉尔区	Hailaer District in Hulunbeier City	52418
39	鄂尔多斯市鄂托克前旗	Etuokeqian Banner in Erdos City	51018
40	赤峰市松山区	Songshan District in Chifeng City	40500
41	呼伦贝尔市牙克石市	Yakeshi City in Hulunbeier City	40260
42	通辽市扎鲁特旗	Zhalute Banner in Tongliao City	39444
43	乌兰察布市集宁区	Jining District in Wulanchabu City	37147
44	呼伦贝尔市陈巴尔虎旗	Chenbaerhu Banner in Hulunbeier City	36755
45	鄂尔多斯市杭锦旗	Hangjin Banner in Erdos City	35491
46	巴彦淖尔市乌拉特中旗	Wulatezhong Banner in Bayannaoer City	33392
47	通辽市奈曼旗	Naiman Banner in Tongliao City	33206
48	包头市石拐区	Shiguai District in Baotou City	32275
49	通辽市开鲁县	Kailu County in Tongliao City	32134
50	呼伦贝尔市新巴尔虎右旗	Xinbaerhuyou Banner in Hulunbeier City	29794
51	赤峰市宁城县	Ningcheng County in Chifeng City	29039
52	赤峰市敖汉旗	Aohan Banner in Chifeng City	26404
53	赤峰市喀喇沁旗	Kalaqin Banner in Chifeng City	26156
54	锡林郭勒盟苏尼特右旗	Suniteyou Banner in Xilinguole League	25773
55	赤峰市巴林左旗	Balinzuo Banner in Chifeng City	25417
56	巴彦淖尔市杭锦后旗	Hangjinhou Banner in Bayannaoer City	24996
57	赤峰市巴林右旗	Balinyou Banner in Chifeng City	24910
58	锡林郭勒盟正蓝旗	Zhenglan Banner in Xilinguole League	24751
59	呼伦贝尔市阿荣旗	Arong Banner in Hulunbeier City	24556
60	乌兰察布市丰镇市	Fengzhen City in Wulanchabu City	23790
61	锡林郭勒盟二连浩特市	Erlianhaote City in Xilinguole League	23486
62	呼和浩特市武川县	Xincheng District in Hohhot City	23431
63	兴安盟乌兰浩特市	Wulanhaote City in Xingan League	23309
64	呼伦贝尔市扎兰屯市	Zhalantun City in Hulunbeier City	22373
65	赤峰市翁牛特旗	Wengniute Banner in Chifeng City	21921
66	锡林郭勒盟多伦县	Duolun County in Xilinguole League	21863
67	通辽市科尔沁左翼后旗	Keerqinzuoyihou Banner in Tongliao City	20271
68	巴彦淖尔市五原县	Wuyuan County in Bayannaoer City	20122

23－7 续表 2 continued

单位:万元 (10 000 yuan)

位次 Order	旗县(区)名称	Name of Banners, Counties and Districts	一般预算收入 General Budgetary Financial Revenue
69	赤峰市林西县	Linxi County in Chifeng City	19249
70	呼伦贝尔市新巴尔虎左旗	Xinbaerhuzuo Banner in Hulunbeier City	19094
71	包头市白云矿区	Baiyun Mineral District in Baotou City	18292
72	呼和浩特市清水河县	Qingshuihe County in Hohhot City	18076
73	锡林郭勒盟镶黄旗	Xianghuang Banner in Xilinguole League	15870
74	锡林郭勒盟阿巴嘎旗	Abaga Banner in Xilinguole League	15250
75	赤峰市阿鲁科尔沁旗	Alukeerqin Banner in Chifeng City	14840
76	通辽市库伦旗	Kulun Banner in Tongliao City	14718
77	通辽市科尔沁左翼中旗	Keerqinzuoyizhong Banner in Tongliao City	14651
78	乌兰察布市凉城县	Liangcheng County in Wulanchabu City	14644
79	呼伦贝尔市额尔古纳市	Eerguna City in Hulunbeier City	13842
80	兴安盟科尔沁右翼前旗	Keerqinyouyiqian Banner in Xingan League	13567
81	呼伦贝尔市莫力达瓦达斡尔族自治旗	Molidawadawoer National Autonomous Banner in Hulunbeier City	12446
82	锡林郭勒盟苏尼特左旗	Sunitezuo Banner in Xilinguole League	12299
83	乌兰察布市卓资县	Zhuozi County in Wulanchabu City	11958
84	阿拉善盟额济纳旗	Ejina Banner in Alashan League	11845
85	呼伦贝尔市根河市	Genhe City in Hulunbeier City	10301
86	乌兰察布市察哈尔右翼后旗	Chahaeryouyihou Banner in Wulanchabu City	10210
87	兴安盟科尔沁右翼中旗	Keerqinyouyizhong Banner in Xingan League	9913
88	巴彦淖尔市磴口县	Dengkou County in Bayannaoer City	9746
89	兴安盟扎赉特旗	Zhalaite Banner in Xingan League	9653
90	呼伦贝尔市鄂伦春自治旗	Elunchun National Autonomous Banner in Hulunbeier City	9099
91	阿拉善盟阿拉善右旗	Alashanyou Banner in Alashan League	8488
92	乌兰察布市察哈尔右翼前旗	Chahaeryouyiqian Banner in Wulanchabu City	7056
93	锡林郭勒盟太仆寺旗	Taipusi Banner in Xilinguole League	5320
94	乌兰察布市兴和县	Xinghe County in Wulanchabu City	5246
95	乌兰察布市商都县	Shangdu County in Wulanchabu City	4487
96	兴安盟突泉县	Tuquan County in Xingan League	4295
97	乌兰察布市四子王旗	Siziwang Banner in Wulanchabu City	4220
98	乌兰察布市化德县	Huade County in Wulanchabu City	4093
99	锡林郭勒盟正镶白旗	Zhengxiangbai Banner in Xilinguole League	3860
100	乌兰察布市察哈尔右翼中旗	Chahaeryouyizhong Banner in Wulanchabu City	3607
101	兴安盟阿尔山市	Aershan City in Xingan League	3399

23－8 呼和浩特市新城区

指　　标	Item	2009	2010	2010 年比上年增长% Increase Rate in 2010 Over 2009(%)
行政区域土地面积(平方公里)	**Area of Administration(Sq. km)**	**700**	**700**	**0.0**
人口和就业	**Population & Employment**			
年末总人口(人)	Total Population Year－end(person)	355366	361238	1.7
#男性(人)	Male(person)	178091	180372	1.3
#乡村人口(人)	Rural(person)	49595	49520	－0.2
年末总户数(户)	Total Number of Households at the Year－end(Household)	121228	124652	2.8
#乡村户数(户)	Number of Rural Household(Household)	17581	17931	2.0
出生人口(人)	Births(person)	3156	3178	0.7
死亡人口(人)	Deaths(person)	1008	1942	92.7
全社会就业人员(人)	Employment(person)	292160	326050	11.6
第一产业(人)	Primary Industry(person)	35836	35931	0.3
第二产业(人)	Secondary Industry(person)	79533	87035	9.4
第三产业(人)	Tertiary Industry(person)	176791	203084	14.9
在岗职工人数(人)	Number of Staff & Workers Employed in(person)	76783	82253	7.1
乡村劳动力(人)	Number of Rural Laborers(person)	35836	35931	0.3
#农林牧渔业(人)	Farming,Forestry,Animal Husbandry & Fishery(person)	20421	20331	－0.4
国民经济综合指标	**Summary Item on the National Economy**			
生产总值(万元)	Gross Domestic Product(10 000 yuan)	3339527	3884080	12.5
第一产业(万元)	Primary Industry(10 000 yuan)	14735	16590	0.8
第二产业(万元)	Secondary Industry(10 000 yuan)	444392	511954	10.7
#工业(万元)	Industry(10 000 yuan)	195392	232754	15.4
第三产业(万元)	Tertiary Industry(10 000 yuan)	2880400	3355536	12.9
人均生产总值(元)	Per Capita GDP(yuan)	94990	107521	10.6
全社会固定资产投资(万元)	Total Investment in Fixed Assets(10 000 yuan)	1360800	1655814	21.7
按登记注册类型分	Grouped by Registered Type			
#国有(万元)	State－owned Enterprises(10 000 yuan)	838702	706561	－15.8
集体(万元)	Collective－owned Enterprises(10 000 yuan)	14372	32306	124.8
有限责任公司(万元)	Limited Liability Corporations(10 000 yuan)	230151	155911	－32.3
股份有限公司(万元)	Share Holding Enterprises(10 000 yuan)	7844	64980	728.4
私营企业(万元)	Private Enterprises(10 000 yuan)	246877	696056	181.9
外商及港澳台投资企业(万元)	Funds from HK,Macao,Taiwan & Foreign(10 000 yuan)			
按城乡渠道分	Grouped by Urban and Rural Area			
城镇(万元)	Urban(10 000 yuan)	1360800	1652714	21.5
农村(万元)	Rural(10 000 yuan)		3100	
一般预算收入(万元)	General Budgetary Financial Revenue(10 000 yuan)	155041	199576	28.7
一般预算支出(万元)	General Budgetary Financial Expenditures(10 000 yuan)	103026	125107	21.4
城乡居民储蓄存款余额(万元)	Resident Saving Deposit in Urban & Rural(10 000 yuan)			
在岗职工工资总额(万元)	Total Wages of Staff & Workers Employed in(10 000 yuan)	309263	350865	13.5
在岗职工平均工资(元)	Average Wage of Staff & Workers Employed in(yuan)	38552	41741	8.3
城镇居民人均可支配收入(元)	Annual Disposable Income of Urban Residents per Capita(yuan)	24950	27910	11.9
农牧民人均纯收入(元)	Per Capita Net Income of Peasant & Herdsman(yuan)	9447	10619	12.4
农村牧区经济	**Economic Development in Rural & Pastoral Area**			
耕地面积(公顷)	Cultivated Area(hectare)	9810	9810	0.0
农作物总播种面积(公顷)	Total Sown Area(hectare)	6550	6537	－0.2
#粮食作物播种面积(公顷)	Sown Area of Grain Crops(hectare)	5929	5870	－1.0
有效灌溉面积(公顷)	Irrigated Area(hectare)	4080	4080	0.0
农牧业机械总动力(万千瓦)	Total Power of Agricultural Machinery(10 000 kw)	5.30	5.30	0.0
化肥施用折纯量(吨)	Consumption of Chemical Fertilizer(ton)	132	147	11.4
农村用电量(万千瓦小时)	Electricity Consumed in Rural Area(10 000 kwh)	1096	1285	17.2
农林牧渔业总产值(万元)	Gross Output of Farming,Forestry,Animal Husbandry & Fishery(10 000 yuan)	26478	29803	0.9
粮食产量(吨)	Yield of Grain(ton)	18104	19470	7.5
油料产量(吨)	Yield of Oil－bearing Grops(ton)	76	89	17.1
甜菜产量(吨)	Yield of Beetroots(ton)			
猪牛羊肉产量(吨)	Output of Pork, Beef & Mutton(ton)	1564	1861	19.0
#猪肉产量(吨)	Output of Pork(ton)	957	1120	17.0
牛肉产量(吨)	Output of Beef(ton)	187	261	39.6
羊肉产量(吨)	Output of Mutton(ton)	420	480	14.3
羊毛产量(吨)	Output of Wool(ton)	76	63	－17.1

23 - 8 Xincheng District in Hohhot City

指　　标	Item	2009	2010	2010 年比上年增长% Increase Rate in 2010 Over 2009(%)
年末牲畜存栏头数(万头只)	Total Livestock at the Year - end(10 000 heads)	7.37	7.44	0.9
# 大牲畜(万头只)	Large Animals(10 000 heads)	1.35	1.41	4.4
羊(万只)	Sheep & Goats(10 000 heads)	4.20	4.21	0.2
猪(万头)	Hogs(10 000 heads)	1.82	1.82	0.0
规模以上工业	**Industrial Enterprises above Designated size**			
工业企业单位数(个)	Number of Industrial Enterprises(unit)	33	30	-9.1
# 内资企业(个)	Civil Funded Enterprises(unit)	31	28	-9.7
工业总产值(万元)	Gross Industrial Output Value(10 000 yuan)	374654	449344	19.9
内资企业(万元)	Civil Funded Enterprises(10 000 yuan)	373189	447945	20.0
国有企业(万元)	State - owned Enterprises(10 000 yuan)	253283	365649	44.4
集体企业(万元)	Collective - owned Enterprises(10 000 yuan)	514	605	17.7
股份合作企业(万元)	Share Holding Enterprises(10 000 yuan)			
联营企业(万元)	Joint Owned Enterprises(10 000 yuan)			
有限责任公司(万元)	Limited Company(10 000 yuan)	50099	38392	-23.4
股份有限公司(万元)	Share Holding Limited Company(10 000 yuan)	1162	335	-71.2
私营企业(万元)	Privately Owned Enterprises(10 000 yuan)	68131	42965	-36.9
其他企业(万元)	Enterprises of Other Ownership(10 000 yuan)			
港澳台商投资企业(万元)	Funds from HK, Macao & Taiwan(10 000 yuan)	864	864	0.0
外商投资企业(万元)	Foreign Funded Enterprises(10 000 yuan)	601	535	-11.0
工业企业增加值(万元)	Value Added of Industrial Enterprises(10 000 yuan)	100184		15.4
工业企业资产总计(万元)	Total Assets of Industrial Enterprises(10 000 yuan)	617097	655383	6.2
工业企业负债合计(万元)	Total Liabilities of Industrial Enterprises(10 000 yuan)	475506	506456	6.5
工业企业产品销售收入(万元)	Sales of Revenue Industrial Enterprises(10 000 yuan)	370891	457667	23.4
工业企业利润总额(万元)	Total Profits of Industrial Enterprises(10 000 yuan)	11917	15921	33.6
建筑业	**Construction**			
建筑企业单位数(个)	Number of Construction Enterprises(unit)	54	61	13.0
建筑企业从业人员(人)	Number of Employee in Construction Enterprises(person)	88068	35881	-59.3
建筑业总产值(万元)	Gross Construction Output Value(10 000 yuan)	755612	817506	8.2
交通运输邮电通信业	**Transportation, Post & Telecommunications**			
公路里程(公里)	Total Length of Highways(km)			
邮电业务总量(万元)	Business Volume of Post & Telecoms(10 000 yuan)			
本地电话用户(户)	Number of Subscribers of Local Telephone(Household)			
国内贸易	**Domestic Trade**			
社会消费品零售总额(万元)	Total Retail Sales of Consumer Goods(10 000 yuan)	1964774	2321000	18.1
# 贸易业(万元)	Wholesale & Retail Sales Trades(10 000 yuan)	1757634	2082790	18.5
餐饮业(万元)	Catering Trade(10 000 yuan)	207139	238210	15.0
科技教育卫生	**Science, Education & Public Health**			
各类专业技术人员(人)	Special Technical Personnel(person)	4107	4107	0.0
幼儿园数(所)	Number of Kindergartens(unit)	25	27	8.0
学龄儿童入学率(%)	Percentage of School - Age Children Enrolled(%)	100.0	100.0	0.0
小学学校数(所)	Number of Primary Schools(unit)	45	45	0.0
小学专任教师数(人)	Number of Full - time Teachers of Primary Schools(person)	2014	2081	3.3
小学在校学生数(人)	Number of Student Enrollment of Primary Schools(person)	38414	38889	1.2
普通中学学校数(所)	Number of Regular Secondary Schools(unit)	22	22	0.0
普通中学专任教师数(人)	Number of Teachers of Secondary Shools(person)	2107	2120	0.6
初中在校学生数(人)	Number of Student in Junior Secondary Schools(person)	18766	18707	-0.3
高中在校学生数(人)	Number of Student in Senior Secondary Schools(person)	13095	14060	7.4
卫生机构数(所)	Number of Health Institutions(unit)	21	18	-14.3
# 医院(所)	Hospitals(unit)	15	15	0.0
卫生院(所)	Township Hospitals(unit)	2	3	50.0
床位数(张)	Number of Beds(unit)	1496	2257	50.9
# 医院(张)	Hospitals(unit)	1476	2227	50.9
卫生院(张)	Township Hospitals(unit)	20	30	50.0
卫生技术人员(人)	Medical Technical Presonnel(person)	3058	3056	-0.1
# 医院(人)	Hospitals(person)	1912	1920	0.4
卫生院(人)	Township Hospitals(person)	22	30	36.4

23 -9 呼和浩特市回民区

指　　标	Item	2009	2010	2010 年比上年增长% Increase Rate in 2010 Over 2009(%)
行政区域土地面积(平方公里)	**Area of Administration(Sq. km)**	**175**	**175**	**0.0**
人口和就业	**Population & Employment**			
年末总人口(人)	Total Population Year - end(person)	235278	237351	0.9
#男性(人)	Male(person)	118457	119357	0.8
#乡村人口(人)	Rural(person)	32878	48113	46.3
年末总户数(户)	Total Number of Households at the Year - end(Household)	83296	85127	2.2
#乡村户数(户)	Number of Rural Household(Household)	9987	14665	46.8
出生人口(人)	Births(person)	1874	2007	7.1
死亡人口(人)	Deaths(person)	814	983	20.8
全社会就业人员(人)	Employment(person)	160796	169318	5.3
第一产业(人)	Primary Industry(person)	4860	4666	-4.0
第二产业(人)	Secondary Industry(person)	53546	54510	1.8
第三产业(人)	Tertiary Industry(person)	102390	110142	7.6
在岗职工人数(人)	Number of Staff & Workers Employed in(person)	40700	41615	2.2
乡村劳动力(人)	Number of Rural Laborers(person)	15400	39200	154.5
#农林牧渔业(人)	Farming, Forestry, Animal Husbandry & Fishery(person)	4860	5000	2.9
国民经济综合指标	**Summary Item on the National Economy**			
生产总值(万元)	Gross Domestic Product(10 000 yuan)	2013952	2321449	12.1
第一产业(万元)	Primary Industry(10 000 yuan)	5312	4204	-23.0
第二产业(万元)	Secondary Industry(10 000 yuan)	379827	415748	5.2
#工业(万元)	Industry(10 000 yuan)	248227	273648	6.8
第三产业(万元)	Tertiary Industry(10 000 yuan)	1628813	1901497	13.8
人均生产总值(元)	Per Capita GDP(yuan)	85937	97806	11.5
全社会固定资产投资(万元)	Total Investment in Fixed Assets(10 000 yuan)	770400	621927	-19.3
按登记注册类型分	Grouped by Registered Type			
#国有(万元)	State - owned Enterprises(10 000 yuan)	331156	348433	5.2
集体(万元)	Collective - owned Enterprises(10 000 yuan)			
有限责任公司(万元)	Limited Liability Corporations(10 000 yuan)	247057	62982	-74.5
股份有限公司(万元)	Share Holding Enterprises(10 000 yuan)	8051	12800	59.0
私营企业(万元)	Private Enterprises(10 000 yuan)	165776	188362	13.6
外商及港澳台投资企业(万元)	Funds from HK, Macao, Taiwan & Foreign(10 000 yuan)	11750	7000	-40.4
按城乡渠道分	Grouped by Urban and Rural Area			
城镇(万元)	Urban(10 000 yuan)	770383	621667	-19.3
农村(万元)	Rural(10 000 yuan)	17	260	1429.4
一般预算收入(万元)	General Budgetary Financial Revenue(10 000 yuan)	85702	96625	12.7
一般预算支出(万元)	General Budgetary Financial Expenditures(10 000 yuan)	82982	80501	-3.0
城乡居民储蓄存款余额(万元)	Resident Saving Deposit in Urban & Rural(10 000 yuan)			
在岗职工工资总额(万元)	Total Wages of Staff & Workers Employed in(10 000 yuan)	133757	150515	12.5
在岗职工平均工资(元)	Average Wage of Staff & Workers Employed in(yuan)	32700	35478	8.5
城镇居民人均可支配收入(元)	Annual Disposable Income of Urban Residents per Capita(yuan)	21470	24230	12.9
农牧民人均纯收入(元)	Per Capita Net Income of Peasant & Herdsman(yuan)	9640	10855	12.6
农村牧区经济	**Economic Development in Rural & Pastoral Area**			
耕地面积(公顷)	Cultivated Area(hectare)	1144	1073	-6.2
农作物总播种面积(公顷)	Total Sown Area(hectare)	1066	828	-22.3
#粮食作物播种面积(公顷)	Sown Area of Grain Crops(hectare)	781	760	-2.7
有效灌溉面积(公顷)	Irrigated Area(hectare)	933	500	-46.4
农牧业机械总动力(万千瓦)	Total Power of Agricultural Machinery(10 000 kw)	0.53	1	50.9
化肥施用折纯量(吨)	Consumption of Chemical Fertilizer(ton)	145	145	0.0
农村用电量(万千瓦小时)	Electricity Consumed in Rural Area(10 000 kwh)	1900	1903	0.2
农林牧渔业总产值(万元)	Gross Output of Farming, Forestry, Animal Husbandry & Fishery(10 000 yuan)	8384	7445	-20.4
粮食产量(吨)	Yield of Grain(ton)	3944	3476	-11.9
油料产量(吨)	Yield of Oil - bearing Grops(ton)	10	7	-30.0
甜菜产量(吨)	Yield of Beetroots(ton)			
猪牛羊肉产量(吨)	Output of Pork, Beef & Mutton(ton)	718	704	-1.9
#猪肉产量(吨)	Output of Pork(ton)	328	440	34.1
牛肉产量(吨)	Output of Beef(ton)	300	180	-40.0
羊肉产量(吨)	Output of Mutton(ton)	90	84	-6.7
羊毛产量(吨)	Output of Wool(ton)			

23－9 Huimin District in Hohhot City

指　　标	Item	2009	2010	2010 年比上年增长% Increase Rate in 2010 Over 2009(%)
年末牲畜存栏头数(万头只)	Total Livestock at the Year－end(10 000 heads)	1.47	1.28	－12.9
# 大牲畜(万头只)	Large Animals(10 000 heads)	0.33	0.27	－18.2
羊(万只)	Sheep & Goats(10 000 heads)	0.42	0.34	－19.0
猪(万头)	Hogs(10 000 heads)	0.71	0.67	－5.6
规模以上工业	**Industrial Enterprises above Designated size**			
工业企业单位数(个)	Number of Industrial Enterprises(unit)	32	27	－15.6
# 内资企业(个)	Civil Funded Enterprises(unit)	29	24	－17.2
工业总产值(万元)	Gross Industrial Output Value(10 000 yuan)	397226	460734	16.0
内资企业(万元)	Civil Funded Enterprises(10 000 yuan)	262763	266977	1.6
国有企业(万元)	State－owned Enterprises(10 000 yuan)	43433	56663	30.5
集体企业(万元)	Collective－owned Enterprises(10 000 yuan)			
股份合作企业(万元)	Share Holding Enterprises(10 000 yuan)			
联营企业(万元)	Joint Owned Enterprises(10 000 yuan)			
有限责任公司(万元)	Limited Company(10 000 yuan)	27381	30924	12.9
股份有限公司(万元)	Share Holding Limited Company(10 000 yuan)	79275	63360	－20.0
私营企业(万元)	Privately Owned Enterprises(10 000 yuan)	112674	116031	3.0
其他企业(万元)	Enterprises of Other Ownership(10 000 yuan)			
港澳台商投资企业(万元)	Funds from HK,Macao & Taiwan(10 000 yuan)	49144	48517	－1.3
外商投资企业(万元)	Foreign Funded Enterprises(10 000 yuan)	85319	145239	70.2
工业企业增加值(万元)	Value Added of Industrial Enterprises(10 000 yuan)	135877		6.8
工业企业资产总计(万元)	Total Assets of Industrial Enterprises(10 000 yuan)	800868	971501	21.3
工业企业负债合计(万元)	Total Liabilities of Industrial Enterprises(10 000 yuan)	549305	716557	30.4
工业企业产品销售收入(万元)	Sales of Revenue Industrial Enterprises(10 000 yuan)	362111	412462	13.9
工业企业利润总额(万元)	Total Profits of Industrial Enterprises(10 000 yuan)	12159	59460	389.0
建筑业	**Construction**			
建筑企业单位数(个)	Number of Construction Enterprises(unit)	35	35	0.0
建筑企业从业人员(人)	Number of Employee in Construction Enterprises(person)	28847	24123	－16.4
建筑业总产值(万元)	Gross Construction Output Value(10 000 yuan)	381137	358736	－5.9
交通运输邮电通信业	**Transportation,Post & Telecommunications**			
公路里程(公里)	Total Length of Highways(km)			
邮电业务总量(万元)	Business Volume of Post & Telecoms(10 000 yuan)			
本地电话用户(户)	Number of Subscribers of Local Telephone(Household)			
国内贸易	**Domestic Trade**			
社会消费品零售总额(万元)	Total Retail Sales of Consumer Goods(10 000 yuan)	1996274	2342172	17.3
# 贸易业(万元)	Wholesale & Retail Sales Trades(10 000 yuan)	1765470	2075299	17.5
餐饮业(万元)	Catering Trade(10 000 yuan)	230804	266873	15.6
科技教育卫生	**Science,Education & Public Health**			
各类专业技术人员(人)	Special Technical Personnel(person)	7795	8215	5.4
幼儿园数(所)	Number of Kindergartens(unit)	28	36	28.6
学龄儿童入学率(%)	Percentage of School－Age Children Enrolled(%)	100.0	100.0	0.0
小学学校数(所)	Number of Primary Schools(unit)	36	35	－2.8
小学专任教师数(人)	Number of Full－time Teachers of Primary Schools(person)	944	966	2.3
小学在校学生数(人)	Number of Student Enrollment of Primary Schools(person)	21197	21239	0.2
普通中学学校数(所)	Number of Regular Secondary Schools(unit)	20	20	0.0
普通中学专任教师数(人)	Number of Teachers of Secondary Shools(person)	1608	1597	－0.7
初中在校学生数(人)	Number of Student in Junior Secondary Schools(person)	15104	14948	－1.0
高中在校学生数(人)	Number of Student in Senior Secondary Schools(person)	12010	12350	2.8
卫生机构数(所)	Number of Health Institutions(unit)	173	169	－2.3
# 医院(所)	Hospitals(unit)	16	18	12.5
卫生院(所)	Township Hospitals(unit)	1	1	0.0
床位数(张)	Number of Beds(unit)	3109	4363	40.3
# 医院(张)	Hospitals(unit)	3099	4353	40.5
卫生院(张)	Township Hospitals(unit)	10	10	0.0
卫生技术人员(人)	Medical Technical Presonnel(person)	3420	5202	52.1
# 医院(人)	Hospitals(person)	3405	5187	52.3
卫生院(人)	Township Hospitals(person)	15	15	0.0

23－10 呼和浩特市玉泉区

指　　标	Item	2009	2010	2010 年比上年增长% Increase Rate in 2010 Over 2009(%)
行政区域土地面积(平方公里)	**Area of Administration(Sq. km)**	**207**	**207**	**0.0**
人口和就业	**Population & Employment**			
年末总人口(人)	Total Population Year－end(person)	195539	198610	1.6
#男性(人)	Male(person)	98791	100186	1.4
#乡村人口(人)	Rural(person)	49139	50010	1.8
年末总户数(户)	Total Number of Households at the Year－end(Household)	73956	77002	4.1
#乡村户数(户)	Number of Rural Household(Household)	17597	18581	5.6
出生人口(人)	Births(person)	1761	2105	19.5
死亡人口(人)	Deaths(person)	1142	819	－28.3
全社会就业人员(人)	Employment(person)	98910	98920	0.0
第一产业(人)	Primary Industry(person)	14987	14448	－3.6
第二产业(人)	Secondary Industry(person)	29500	29710	0.7
第三产业(人)	Tertiary Industry(person)	54423	54762	0.6
在岗职工人数(人)	Number of Staff & Workers Employed in(person)	17096	18678	9.3
乡村劳动力(人)	Number of Rural Laborers(person)	20200	20073	－0.6
#农林牧渔业(人)	Farming, Forestry, Animal Husbandry & Fishery(person)	14733	14194	－3.7
国民经济综合指标	**Summary Item on the National Economy**			
生产总值(万元)	Gross Domestic Product(10 000 yuan)	1566516	1837763	15.0
第一产业(万元)	Primary Industry(10 000 yuan)	19832	22406	1.2
第二产业(万元)	Secondary Industry(10 000 yuan)	549105	657796	15.7
#工业(万元)	Industry(10 000 yuan)	432705	522696	17.1
第三产业(万元)	Tertiary Industry(10 000 yuan)	997579	1157561	14.7
人均生产总值(元)	Per Capita GDP(yuan)	80736	93252	13.6
全社会固定资产投资(万元)	Total Investment in Fixed Assets(10 000 yuan)	910800	1101468	20.9
按登记注册类型分	Grouped by Registered Type			
#国有(万元)	State－owned Enterprises(10 000 yuan)	292133	323569	10.8
集体(万元)	Collective－owned Enterprises(10 000 yuan)	61399	51409	－16.3
有限责任公司(万元)	Limited Liability Corporations(10 000 yuan)	326961	340751	4.2
股份有限公司(万元)	Share Holding Enterprises(10 000 yuan)	56292	90111	60.1
私营企业(万元)	Private Enterprises(10 000 yuan)	141089	234893	66.5
外商及港澳台投资企业(万元)	Funds from HK, Macao, Taiwan & Foreign(10 000 yuan)	29640		
按城乡渠道分	Grouped by Urban and Rural Area			
城镇(万元)	Urban(10 000 yuan)	910800	1101468	20.9
农村(万元)	Rural(10 000 yuan)			
一般预算收入(万元)	General Budgetary Financial Revenue(10 000 yuan)	68480	83746	22.3
一般预算支出(万元)	General Budgetary Financial Expenditures(10 000 yuan)	60021	68174	13.6
城乡居民储蓄存款余额(万元)	Resident Saving Deposit in Urban & Rural(10 000 yuan)			
在岗职工工资总额(万元)	Total Wages of Staff & Workers Employed in(10 000 yuan)	60675	72682	19.8
在岗职工平均工资(元)	Average Wage of Staff & Workers Employed in(yuan)	33882	37675	11.2
城镇居民人均可支配收入(元)	Annual Disposable Income of Urban Residents per Capita(yuan)	20651	23316	12.9
农牧民人均纯收入(元)	Per Capita Net Income of Peasant & Herdsman(yuan)	9441	10619	12.5
农村牧区经济	**Economic Development in Rural & Pastoral Area**			
耕地面积(公顷)	Cultivated Area(hectare)	7701	8599	11.7
农作物总播种面积(公顷)	Total Sown Area(hectare)	5079	5079	0.0
#粮食作物播种面积(公顷)	Sown Area of Grain Crops(hectare)	3794	3796	0.1
有效灌溉面积(公顷)	Irrigated Area(hectare)	4260	4283	0.5
农牧业机械总动力(万千瓦)	Total Power of Agricultural Machinery(10 000 kw)	7.30	7	－6.8
化肥施用折纯量(吨)	Consumption of Chemical Fertilizer(ton)	1160	1162	0.2
农村用电量(万千瓦小时)	Electricity Consumed in Rural Area(10 000 kwh)	1030	1085	5.3
农林牧渔业总产值(万元)	Gross Output of Farming, Forestry, Animal Husbandry & Fishery(10 000 yuan)	34541	39417	2.3
粮食产量(吨)	Yield of Grain(ton)	37720	37793	0.2
油料产量(吨)	Yield of Oil－bearing Grops(ton)	92	104	13.0
甜菜产量(吨)	Yield of Beetroots(ton)			
猪牛羊肉产量(吨)	Output of Pork, Beef & Mutton(ton)	1316	1529	16.2
#猪肉产量(吨)	Output of Pork(ton)	572	716	25.2
牛肉产量(吨)	Output of Beef(ton)	616	662	7.5
羊肉产量(吨)	Output of Mutton(ton)	128	151	18.0
羊毛产量(吨)	Output of Wool(ton)	25	27	8.0

23－10 Yuquan District in Hohhot City

指　　标	Item	2009	2010	2010年比上年增长% Increase Rate in 2010 Over 2009(%)
年末牲畜存栏头数(万头只)	Total Livestock at the Year－end(10 000 heads)	3.25	3.25	0.0
#大牲畜(万头只)	Large Animals(10 000 heads)	1.90	1.71	－10.0
羊(万只)	Sheep & Goats(10 000 heads)	0.78	1.03	32.1
猪(万头)	Hogs(10 000 heads)	0.57	0.51	－10.5
规模以上工业	**Industrial Enterprises above Designated size**			
工业企业单位数(个)	Number of Industrial Enterprises(unit)	22	21	－4.5
#内资企业(个)	Civil Funded Enterprises(unit)	22	21	－4.5
工业总产值(万元)	Gross Industrial Output Value(10 000 yuan)	102709	128178	24.8
内资企业(万元)	Civil Funded Enterprises(10 000 yuan)	102709	128178	24.8
国有企业(万元)	State－owned Enterprises(10 000 yuan)	5397	2569	－52.4
集体企业(万元)	Collective－owned Enterprises(10 000 yuan)	1021	840	－17.7
股份合作企业(万元)	Share Holding Enterprises(10 000 yuan)			
联营企业(万元)	Joint Owned Enterprises(10 000 yuan)			
有限责任公司(万元)	Limited Company(10 000 yuan)	7982	14214	78.1
股份有限公司(万元)	Share Holding Limited Company(10 000 yuan)	41943	41002	－2.2
私营企业(万元)	Privately Owned Enterprises(10 000 yuan)	46367	69554	50.0
其他企业(万元)	Enterprises of Other Ownership(10 000 yuan)			
港澳台商投资企业(万元)	Funds from HK,Macao & Taiwan(10 000 yuan)			
外商投资企业(万元)	Foreign Funded Enterprises(10 000 yuan)			
工业企业增加值(万元)	Value Added of Industrial Enterprises(10 000 yuan)	285939		17.1
工业企业资产总计(万元)	Total Assets of Industrial Enterprises(10 000 yuan)	111054	138178	24.4
工业企业负债合计(万元)	Total Liabilities of Industrial Enterprises(10 000 yuan)	72793	96948	33.2
工业企业产品销售收入(万元)	Sales of Revenue Industrial Enterprises(10 000 yuan)	92416	112249	21.5
工业企业利润总额(万元)	Total Profits of Industrial Enterprises(10 000 yuan)	8775	11543	31.5
建筑业	**Construction**			
建筑企业单位数(个)	Number of Construction Enterprises(unit)	31	31	0.0
建筑企业从业人员(人)	Number of Employee in Construction Enterprises(person)	4633	6226	34.4
建筑业总产值(万元)	Gross Construction Output Value(10 000 yuan)	116401	164363	41.2
交通运输邮电通信业	**Transportation,Post & Telecommunications**			
公路里程(公里)	Total Length of Highways(km)			
邮电业务总量(万元)	Business Volume of Post & Telecoms(10 000 yuan)			
本地电话用户(户)	Number of Subscribers of Local Telephone(Household)			
国内贸易	**Domestic Trade**			
社会消费品零售总额(万元)	Total Retail Sales of Consumer Goods(10 000 yuan)	1015083	1205693	18.8
#贸易业(万元)	Wholesale & Retail Sales Trades(10 000 yuan)	878585	1048660	19.4
餐饮业(万元)	Catering Trade(10 000 yuan)	136498	157034	15.0
科技教育卫生	**Science,Education & Public Health**			
各类专业技术人员(人)	Special Technical Personnel(person)	2970	3109	4.7
幼儿园数(所)	Number of Kindergartens(unit)	24	26	8.3
学龄儿童入学率(%)	Percentage of School－Age Children Enrolled(%)	100.0	100.0	0.0
小学学校数(所)	Number of Primary Schools(unit)	39	35	－10.3
小学专任教师数(人)	Number of Full－time Teachers of Primary Schools(person)	973	1077	10.7
小学在校学生数(人)	Number of Student Enrollment of Primary Schools(person)	22153	21155	－4.5
普通中学学校数(所)	Number of Regular Secondary Schools(unit)	14	15	7.1
普通中学专任教师数(人)	Number of Teachers of Secondary Shools(person)	507	938	85.0
初中在校学生数(人)	Number of Student in Junior Secondary Schools(person)	7318	7570	3.4
高中在校学生数(人)	Number of Student in Senior Secondary Schools(person)	4312	5540	28.5
卫生机构数(所)	Number of Health Institutions(unit)	218	221	1.4
#医院(所)	Hospitals(unit)	11	14	27.3
卫生院(所)	Township Hospitals(unit)	3	2	－33.3
床位数(张)	Number of Beds(unit)	685	660	－3.6
#医院(张)	Hospitals(unit)	451	600	33.0
卫生院(张)	Township Hospitals(unit)	34	30	－11.8
卫生技术人员(人)	Medical Technical Presonnel(person)	683	615	－10.0
#医院(人)	Hospitals(person)	656	595	－9.3
卫生院(人)	Township Hospitals(person)	27	20	－25.9

23－11 呼和浩特市赛罕区

指　　标	Item	2009	2010	2010 年比上年增长% Increase Rate in 2010 Over 2009(%)
行政区域土地面积(平方公里)	**Area of Administration(Sq. km)**	**1025**	**1025**	**0.0**
人口和就业	**Population & Employment**			
年末总人口(人)	Total Population Year－end(person)	401686	408401	1.7
#男性(人)	Male(person)	203896	206391	1.2
#乡村人口(人)	Rural(person)	138125	138317	0.1
年末总户数(户)	Total Number of Households at the Year－end(Household)	122779	137026	11.6
#乡村户数(户)	Number of Rural Household(Household)	42509	42116	－0.9
出生人口(人)	Births(person)	4280	4066	－5.0
死亡人口(人)	Deaths(person)	910	2479	172.4
全社会就业人员(人)	Employment(person)	116757	122100	4.6
第一产业(人)	Primary Industry(person)	44669	45761	2.4
第二产业(人)	Secondary Industry(person)	20865	20914	0.2
第三产业(人)	Tertiary Industry(person)	51223	55425	8.2
在岗职工人数(人)	Number of Staff & Workers Employed in(person)	87889	84003	－4.4
乡村劳动力(人)	Number of Rural Laborers(person)	69573	66931	－3.8
#农林牧渔业(人)	Farming, Forestry, Animal Husbandry & Fishery(person)	44669	45761	2.4
国民经济综合指标	**Summary Item on the National Economy**			
生产总值(万元)	Gross Domestic Product(10 000 yuan)	2679503	3140978	14.3
第一产业(万元)	Primary Industry(10 000 yuan)	141377	163511	3.6
第二产业(万元)	Secondary Industry(10 000 yuan)	658284	757309	10.7
#工业(万元)	Industry(10 000 yuan)	422684	495009	13.5
第三产业(万元)	Tertiary Industry(10 000 yuan)	1879842	2220158	16.1
人均生产总值(元)	Per Capita GDP(yuan)	67400	77547	12.4
全社会固定资产投资(万元)	Total Investment in Fixed Assets(10 000 yuan)	1451200	1784285	23.0
按登记注册类型分	Grouped by Registered Type			
#国有(万元)	State－owned Enterprises(10 000 yuan)	504125	564437	12.0
集体(万元)	Collective－owned Enterprises(10 000 yuan)	104875	91510	－12.7
有限责任公司(万元)	Limited Liability Corporations(10 000 yuan)	252706	282328	11.7
股份有限公司(万元)	Share Holding Enterprises(10 000 yuan)	14466	16329	12.9
私营企业(万元)	Private Enterprises(10 000 yuan)	510905	759521	48.7
外商及港澳台投资企业(万元)	Funds from HK, Macao, Taiwan & Foreign(10 000 yuan)	54248	60860	12.2
按城乡渠道分	Grouped by Urban and Rural Area			
城镇(万元)	Urban(10 000 yuan)	1451200	1782285	22.8
农村(万元)	Rural(10 000 yuan)		2000	
一般预算收入(万元)	General Budgetary Financial Revenue(10 000 yuan)	154301	192612	24.8
一般预算支出(万元)	General Budgetary Financial Expenditures(10 000 yuan)	135391	164471	21.5
城乡居民储蓄存款余额(万元)	Resident Saving Deposit in Urban & Rural(10 000 yuan)			
在岗职工工资总额(万元)	Total Wages of Staff & Workers Employed in(10 000 yuan)	297786	377937	26.9
在岗职工平均工资(元)	Average Wage of Staff & Workers Employed in(yuan)	33882	43414	28.1
城镇居民人均可支配收入(元)	Annual Disposable Income of Urban Residents per Capita(yuan)	23899	26990	12.9
农牧民人均纯收入(元)	Per Capita Net Income of Peasant & Herdsman(yuan)	9312	10421	11.9
农村牧区经济	**Economic Development in Rural & Pastoral Area**			
耕地面积(公顷)	Cultivated Area(hectare)	44810	44697	－0.3
农作物总播种面积(公顷)	Total Sown Area(hectare)	32710	32478	－0.7
#粮食作物播种面积(公顷)	Sown Area of Grain Crops(hectare)	23807	22598	－5.1
有效灌溉面积(公顷)	Irrigated Area(hectare)	29940	20200	－32.5
农牧业机械总动力(万千瓦)	Total Power of Agricultural Machinery(10 000 kw)	16.50	16.5	0.0
化肥施用折纯量(吨)	Consumption of Chemical Fertilizer(ton)	9680	10086	4.2
农村用电量(万千瓦小时)	Electricity Consumed in Rural Area(10 000 kwh)	6458	7086	9.7
农林牧渔业总产值(万元)	Gross Output of Farming, Forestry, Animal Husbandry & Fishery(10 000 yuan)	253297	293273	3.8
粮食产量(吨)	Yield of Grain(ton)	114930	106215	－7.6
油料产量(吨)	Yield of Oil－bearing Grops(ton)	163	115	－29.4
甜菜产量(吨)	Yield of Beetroots(ton)			
猪牛羊肉产量(吨)	Output of Pork, Beef & Mutton(ton)	10537	11020	4.6
#猪肉产量(吨)	Output of Pork(ton)	2895	3174	9.6
牛肉产量(吨)	Output of Beef(ton)	7284	7359	1.0
羊肉产量(吨)	Output of Mutton(ton)	358	487	36.0
羊毛产量(吨)	Output of Wool(ton)	105	105	0.0

23 - 11 Saihan District in Hohhot City

指　　标	Item	2009	2010	2010 年比上年增长% Increase Rate in 2010 Over 2009(%)
年末牲畜存栏头数(万头只)	Total Livestock at the Year - end(10 000 heads)	24.33	25.25	3.8
# 大牲畜(万头只)	Large Animals(10 000 heads)	16.15	16.16	0.1
羊(万只)	Sheep & Goats(10 000 heads)	4.41	5.45	23.6
猪(万头)	Hogs(10 000 heads)	3.76	3.64	-3.2
规模以上工业	**Industrial Enterprises above Designated size**			
工业企业单位数(个)	Number of Industrial Enterprises(unit)	38	39	2.6
# 内资企业(个)	Civil Funded Enterprises(unit)	35	36	2.9
工业总产值(万元)	Gross Industrial Output Value(10 000 yuan)	1331214	1495490	12.3
内资企业(万元)	Civil Funded Enterprises(10 000 yuan)	1293598	1446929	11.9
国有企业(万元)	State - owned Enterprises(10 000 yuan)	436063	497149	14.0
集体企业(万元)	Collective - owned Enterprises(10 000 yuan)	2101	2261	7.6
股份合作企业(万元)	Share Holding Enterprises(10 000 yuan)	19808	21411	8.1
联营企业(万元)	Joint Owned Enterprises(10 000 yuan)			
有限责任公司(万元)	Limited Company(10 000 yuan)	99730	122607	22.9
股份有限公司(万元)	Share Holding Limited Company(10 000 yuan)	720166	741138	2.9
私营企业(万元)	Privately Owned Enterprises(10 000 yuan)	15730	62363	296.5
其他企业(万元)	Enterprises of Other Ownership(10 000 yuan)			
港澳台商投资企业(万元)	Funds from HK, Macao & Taiwan(10 000 yuan)	2400	2450	2.1
外商投资企业(万元)	Foreign Funded Enterprises(10 000 yuan)	35216	46111	30.9
工业企业增加值(万元)	Value Added of Industrial Enterprises(10 000 yuan)	301967		13.5
工业企业资产总计(万元)	Total Assets of Industrial Enterprises(10 000 yuan)	1613892	2316529	43.5
工业企业负债合计(万元)	Total Liabilities of Industrial Enterprises(10 000 yuan)	909036	1326644	45.9
工业企业产品销售收入(万元)	Sales of Revenue Industrial Enterprises(10 000 yuan)	1344604	1453078	8.1
工业企业利润总额(万元)	Total Profits of Industrial Enterprises(10 000 yuan)	80921	117974	45.8
建筑业	**Construction**			
建筑企业单位数(个)	Number of Construction Enterprises(unit)	67	57	-14.9
建筑企业从业人员(人)	Number of Employee in Construction Enterprises(person)	47924	47751	-0.4
建筑业总产值(万元)	Gross Construction Output Value(10 000 yuan)	505330	563517	11.5
交通运输邮电通信业	**Transportation, Post & Telecommunications**			
公路里程(公里)	Total Length of Highways(km)			
邮电业务总量(万元)	Business Volume of Post & Telecoms(10 000 yuan)			
本地电话用户(户)	Number of Subscribers of Local Telephone(Household)			
国内贸易	**Domestic Trade**			
社会消费品零售总额(万元)	Total Retail Sales of Consumer Goods(10 000 yuan)	801270	953512	19.0
# 贸易业(万元)	Wholesale & Retail Sales Trades(10 000 yuan)	592650	711911	20.1
餐饮业(万元)	Catering Trade(10 000 yuan)	208620	241601	15.8
科技教育卫生	**Science, Education & Public Health**			
各类专业技术人员(人)	Special Technical Personnel(person)	25136	25189	0.2
幼儿园数(所)	Number of Kindergartens(unit)	22	25	13.6
学龄儿童入学率(%)	Percentage of School - Age Children Enrolled(%)	100.0	100.0	0.0
小学学校数(所)	Number of Primary Schools(unit)	81	74	-8.6
小学专任教师数(人)	Number of Full - time Teachers of Primary Schools(person)	1911	1903	-0.4
小学在校学生数(人)	Number of Student Enrollment of Primary Schools(person)	39356	39401	0.1
普通中学学校数(所)	Number of Regular Secondary Schools(unit)	24	24	0.0
普通中学专任教师数(人)	Number of Teachers of Secondary Shools(person)	1542	1539	-0.2
初中在校学生数(人)	Number of Student in Junior Secondary Schools(person)	21203	21257	0.3
高中在校学生数(人)	Number of Student in Senior Secondary Schools(person)	10326	10154	-1.7
卫生机构数(所)	Number of Health Institutions(unit)	46	46	0.0
# 医院(所)	Hospitals(unit)	22	22	0.0
卫生院(所)	Township Hospitals(unit)	7	7	0.0
床位数(张)	Number of Beds(unit)	2713	2754	1.5
# 医院(张)	Hospitals(unit)	2654	2695	1.5
卫生院(张)	Township Hospitals(unit)	39	39	0.0
卫生技术人员(人)	Medical Technical Presonnel(person)	3501	3527	0.7
# 医院(人)	Hospitals(person)	2818	2836	0.6
卫生院(人)	Township Hospitals(person)	43	43	0.0

23-12 呼和浩特市土默特左旗

指　　标	Item	2009	2010	2010年比上年增长% Increase Rate in 2010 Over 2009(%)
行政区域土地面积(平方公里)	**Area of Administration(Sq. km)**	**2712**	**2712**	**0.0**
人口和就业	**Population & Employment**			
年末总人口(人)	Total Population Year-end(person)	362940	363739	0.2
#男性(人)	Male(person)	190855	190537	-0.2
#乡村人口(人)	Rural(person)	314823	297871	-5.4
年末总户数(户)	Total Number of Households at the Year-end(Household)	113851	116672	2.5
#乡村户数(户)	Number of Rural Household(Household)	77607	77029	-0.7
出生人口(人)	Births(person)	4835	4763	-1.5
死亡人口(人)	Deaths(person)	2513	4107	63.4
全社会就业人员(人)	Employment(person)	189130	189882	0.4
第一产业(人)	Primary Industry(person)	121195	116467	-3.9
第二产业(人)	Secondary Industry(person)	30843	34298	11.2
第三产业(人)	Tertiary Industry(person)	37092	39097	5.4
在岗职工人数(人)	Number of Staff & Workers Employed in(person)	17108	17203	0.6
乡村劳动力(人)	Number of Rural Laborers(person)	159444	156297	-2.0
#农林牧渔业(人)	Farming, Forestry, Animal Husbandry & Fishery(person)	117099	112530	-3.9
国民经济综合指标	**Summary Item on the National Economy**			
生产总值(万元)	Gross Domestic Product(10 000 yuan)	1323192	1511753	9.6
第一产业(万元)	Primary Industry(10 000 yuan)	237427	294278	11.0
第二产业(万元)	Secondary Industry(10 000 yuan)	542739	595945	5.9
#工业(万元)	Industry(10 000 yuan)	462482	509845	6.8
第三产业(万元)	Tertiary Industry(10 000 yuan)	543026	621530	12.4
人均生产总值(元)	Per Capita GDP(yuan)	36565	41607	13.8
全社会固定资产投资(万元)	Total Investment in Fixed Assets(10 000 yuan)	710800	546943	-23.1
按登记注册类型分	Grouped by Registered Type			
#国有(万元)	State-owned Enterprises(10 000 yuan)	190031	126441	-33.5
集体(万元)	Collective-owned Enterprises(10 000 yuan)		1435	
有限责任公司(万元)	Limited Liability Corporations(10 000 yuan)	393373	330317	-16.0
股份有限公司(万元)	Share Holding Enterprises(10 000 yuan)	17000		
私营企业(万元)	Private Enterprises(10 000 yuan)	67325	69450	3.2
外商及港澳台投资企业(万元)	Funds from HK, Macao, Taiwan & Foreign(10 000 yuan)	31300		
按城乡渠道分	Grouped by Urban and Rural Area			
城镇(万元)	Urban(10 000 yuan)	710000	546943	-23.0
农村(万元)	Rural(10 000 yuan)	800		
一般预算收入(万元)	General Budgetary Financial Revenue(10 000 yuan)	91516	70228	-23.3
一般预算支出(万元)	General Budgetary Financial Expenditures(10 000 yuan)	155744	142292	-8.6
城乡居民储蓄存款余额(万元)	Resident Saving Deposit in Urban & Rural(10 000 yuan)	221676	276289	24.6
在岗职工工资总额(万元)	Total Wages of Staff & Workers Employed in(10 000 yuan)	43439	49354	12.6
在岗职工平均工资(元)	Average Wage of Staff & Workers Employed in(yuan)	25021	27860	12.2
城镇居民人均可支配收入(元)	Annual Disposable Income of Urban Residents per Capita(yuan)	16407	18530	12.9
农牧民人均纯收入(元)	Per Capita Net Income of Peasant & Herdsman(yuan)	8577	9558	11.4
农村牧区经济	**Economic Development in Rural & Pastoral Area**			
耕地面积(公顷)	Cultivated Area(hectare)	114479	114479	0.0
农作物总播种面积(公顷)	Total Sown Area(hectare)	79955	81198	1.6
#粮食作物播种面积(公顷)	Sown Area of Grain Crops(hectare)	58323	58465	0.2
有效灌溉面积(公顷)	Irrigated Area(hectare)	83088	83088	0.0
农牧业机械总动力(万千瓦)	Total Power of Agricultural Machinery(10 000 kw)	48.39	52.70	8.9
化肥施用折纯量(吨)	Consumption of Chemical Fertilizer(ton)	16132	24918	54.5
农村用电量(万千瓦小时)	Electricity Consumed in Rural Area(10 000 kwh)	8495	10600	24.8
农林牧渔业总产值(万元)	Gross Output of Farming, Forestry, Animal Husbandry & Fishery(10 000 yuan)	420545	526792	12.3
粮食产量(吨)	Yield of Grain(ton)	418621	441228	5.4
油料产量(吨)	Yield of Oil-bearing Grops(ton)	11910	15306	28.5
甜菜产量(吨)	Yield of Beetroots(ton)	28160	29407	4.4
猪牛羊肉产量(吨)	Output of Pork, Beef & Mutton(ton)	21883	25872	18.2
#猪肉产量(吨)	Output of Pork(ton)	8251	9060	9.8
牛肉产量(吨)	Output of Beef(ton)	10005	10574	5.7
羊肉产量(吨)	Output of Mutton(ton)	3627	3578	-1.4
羊毛产量(吨)	Output of Wool(ton)	495	526	6.3

23 – 12 Tumotezuo Banner in Hohhot City

指　　标	Item	2009	2010	2010年比上年增长% Increase Rate in 2010 Over 2009(%)
年末牲畜存栏头数(万头只)	Total Livestock at the Year – end(10 000 heads)	56.70	61.05	7.7
# 大牲畜(万头只)	Large Animals(10 000 heads)	25.30	26.12	3.2
羊(万只)	Sheep & Goats(10 000 heads)	22.04	25.19	14.3
猪(万头)	Hogs(10 000 heads)	9.36	9.73	4.0
规模以上工业	**Industrial Enterprises above Designated size**			
工业企业单位数(个)	Number of Industrial Enterprises(unit)	37	39	5.4
# 内资企业(个)	Civil Funded Enterprises(unit)	34	34	0.0
工业总产值(万元)	Gross Industrial Output Value(10 000 yuan)	654473	696935	6.5
内资企业(万元)	Civil Funded Enterprises(10 000 yuan)	591888	543366	–8.2
国有企业(万元)	State – owned Enterprises(10 000 yuan)			
集体企业(万元)	Collective – owned Enterprises(10 000 yuan)			
股份合作企业(万元)	Share Holding Enterprises(10 000 yuan)			
联营企业(万元)	Joint Owned Enterprises(10 000 yuan)			
有限责任公司(万元)	Limited Company(10 000 yuan)	345818	366159	5.9
股份有限公司(万元)	Share Holding Limited Company(10 000 yuan)	37065	40504	9.3
私营企业(万元)	Privately Owned Enterprises(10 000 yuan)	209005	136703	–34.6
其他企业(万元)	Enterprises of Other Ownership(10 000 yuan)			
港澳台商投资企业(万元)	Funds from HK, Macao & Taiwan(10 000 yuan)		45127	
外商投资企业(万元)	Foreign Funded Enterprises(10 000 yuan)	62585	108442	–52.2
工业企业增加值(万元)	Value Added of Industrial Enterprises(10 000 yuan)	226969		
工业企业资产总计(万元)	Total Assets of Industrial Enterprises(10 000 yuan)	386387	690833	78.8
工业企业负债合计(万元)	Total Liabilities of Industrial Enterprises(10 000 yuan)	251380	418548	66.5
工业企业产品销售收入(万元)	Sales of Revenue Industrial Enterprises(10 000 yuan)	652377	690012	5.8
工业企业利润总额(万元)	Total Profits of Industrial Enterprises(10 000 yuan)	16786	38666	130.3
建筑业	**Construction**			
建筑企业单位数(个)	Number of Construction Enterprises(unit)	3	3	0.0
建筑企业从业人员(人)	Number of Employee in Construction Enterprises(person)	1456	779	–46.5
建筑业总产值(万元)	Gross Construction Output Value(10 000 yuan)	11356	22615	99.1
交通运输邮电通信业	**Transportation, Post & Telecommunications**			
公路里程(公里)	Total Length of Highways(km)	1314	1314	0.0
邮电业务总量(万元)	Business Volume of Post & Telecoms(10 000 yuan)	10289	11397	10.8
本地电话用户(户)	Number of Subscribers of Local Telephone(Household)	27582	25670	–6.9
国内贸易	**Domestic Trade**			
社会消费品零售总额(万元)	Total Retail Sales of Consumer Goods(10 000 yuan)	160846	197232	17.4
# 贸易业(万元)	Wholesale & Retail Sales Trades(10 000 yuan)	141940	167226	17.8
餐饮业(万元)	Catering Trade(10 000 yuan)	26106	30006	14.9
科技教育卫生	**Science, Education & Public Health**			
各类专业技术人员(人)	Special Technical Personnel(person)	4918	5026	2.2
幼儿园数(所)	Number of Kindergartens(unit)	7	6	–14.3
学龄儿童入学率(%)	Percentage of School – Age Children Enrolled(%)	100.0	100.0	0.0
小学学校数(所)	Number of Primary Schools(unit)	94	88	–6.4
小学专任教师数(人)	Number of Full – time Teachers of Primary Schools(person)	1676	1605	–4.2
小学在校学生数(人)	Number of Student Enrollment of Primary Schools(person)	19737	18189	–7.8
普通中学学校数(所)	Number of Regular Secondary Schools(unit)	14	17	21.4
普通中学专任教师数(人)	Number of Teachers of Secondary Shools(person)	864	878	1.6
初中在校学生数(人)	Number of Student in Junior Secondary Schools(person)	9616	9626	0.1
高中在校学生数(人)	Number of Student in Senior Secondary Schools(person)	4733	4882	3.1
卫生机构数(所)	Number of Health Institutions(unit)	26	26	0.0
# 医院(所)	Hospitals(unit)	2	2	0.0
卫生院(所)	Township Hospitals(unit)	16	16	0.0
床位数(张)	Number of Beds(unit)	498	565	13.5
# 医院(张)	Hospitals(unit)	311	322	3.5
卫生院(张)	Township Hospitals(unit)	187	198	5.9
卫生技术人员(人)	Medical Technical Presonnel(person)	475	574	20.8
# 医院(人)	Hospitals(person)	161	292	81.4
卫生院(人)	Township Hospitals(person)	218	199	–8.7

23-13 呼和浩特市托克托县

指　标	Item	2009	2010	2010年比上年增长% Increase Rate in 2010 Over 2009(%)
行政区域土地面积(平方公里)	**Area of Administration(Sq. km)**	**1313**	**1313**	**0.0**
人口和就业	**Population & Employment**			
年末总人口(人)	Total Population Year-end(person)	204667	205758	0.5
#男性(人)	Male(person)	104812	105216	0.4
#乡村人口(人)	Rural(person)	149502	149371	-0.1
年末总户数(户)	Total Number of Households at the Year-end(Household)	71231	76755	7.8
#乡村户数(户)	Number of Rural Household(Household)	40203	40353	0.4
出生人口(人)	Births(person)	3592	3532	-1.7
死亡人口(人)	Deaths(person)	627	2822	350.1
全社会就业人员(人)	Employment(person)	116158	116374	0.2
第一产业(人)	Primary Industry(person)	57648	57594	-0.1
第二产业(人)	Secondary Industry(person)	25000	25100	0.4
第三产业(人)	Tertiary Industry(person)	33510	33680	0.5
在岗职工人数(人)	Number of Staff & Workers Employed in(person)	14794	18339	24.0
乡村劳动力(人)	Number of Rural Laborers(person)	85395	85819	0.5
#农林牧渔业(人)	Farming, Forestry, Animal Husbandry & Fishery(person)	57648	57594	-0.1
国民经济综合指标	**Summary Item on the National Economy**			
生产总值(万元)	Gross Domestic Product(10 000 yuan)	1463449	1729310	13.0
第一产业(万元)	Primary Industry(10 000 yuan)	125138	152792	9.0
第二产业(万元)	Secondary Industry(10 000 yuan)	1096094	1291111	13.9
#工业(万元)	Industry(10 000 yuan)	1018694	1207511	14.9
第三产业(万元)	Tertiary Industry(10 000 yuan)	242217	285407	11.1
人均生产总值(元)	Per Capita GDP(yuan)	72186	84045	12.4
全社会固定资产投资(万元)	Total Investment in Fixed Assets(10 000 yuan)	500600	305416	-39.0
按登记注册类型分	Grouped by Registered Type			
#国有(万元)	State-owned Enterprises(10 000 yuan)	300656	136418	-54.6
集体(万元)	Collective-owned Enterprises(10 000 yuan)	6540	6160	-5.8
有限责任公司(万元)	Limited Liability Corporations(10 000 yuan)	62449	57208	-8.4
股份有限公司(万元)	Share Holding Enterprises(10 000 yuan)	11186	5200	-53.5
私营企业(万元)	Private Enterprises(10 000 yuan)	44307	98430	122.2
外商及港澳台投资企业(万元)	Funds from HK, Macao, Taiwan & Foreign(10 000 yuan)	75200		
按城乡渠道分	Grouped by Urban and Rural Area			
城镇(万元)	Urban(10 000 yuan)	489730	303616	-38.0
农村(万元)	Rural(10 000 yuan)	10870	1800	-83.4
一般预算收入(万元)	General Budgetary Financial Revenue(10 000 yuan)	93348	80873	-13.4
一般预算支出(万元)	General Budgetary Financial Expenditures(10 000 yuan)	133583	137044	2.6
城乡居民储蓄存款余额(万元)	Resident Saving Deposit in Urban & Rural(10 000 yuan)	175709	220831	25.7
在岗职工工资总额(万元)	Total Wages of Staff & Workers Employed in(10 000 yuan)	49454	68539	38.6
在岗职工平均工资(元)	Average Wage of Staff & Workers Employed in(yuan)	33057	35547	7.5
城镇居民人均可支配收入(元)	Annual Disposable Income of Urban Residents per Capita(yuan)	17840	20090	12.6
农牧民人均纯收入(元)	Per Capita Net Income of Peasant & Herdsman(yuan)	8321	9454	13.6
农村牧区经济	**Economic Development in Rural & Pastoral Area**			
耕地面积(公顷)	Cultivated Area(hectare)	67013	68000	1.5
农作物总播种面积(公顷)	Total Sown Area(hectare)	52413	53289	1.7
#粮食作物播种面积(公顷)	Sown Area of Grain Crops(hectare)	35866	37564	4.7
有效灌溉面积(公顷)	Irrigated Area(hectare)	41840	39700	-5.1
农牧业机械总动力(万千瓦)	Total Power of Agricultural Machinery(10 000 kw)	36.06	39.57	9.7
化肥施用折纯量(吨)	Consumption of Chemical Fertilizer(ton)	33259	33920	2.0
农村用电量(万千瓦小时)	Electricity Consumed in Rural Area(10 000 kwh)	5520	5794	5.0
农林牧渔业总产值(万元)	Gross Output of Farming, Forestry, Animal Husbandry & Fishery(10 000 yuan)	222709	270975	9.1
粮食产量(吨)	Yield of Grain(ton)	221563	233724	5.5
油料产量(吨)	Yield of Oil-bearing Grops(ton)	6429	5378	-16.3
甜菜产量(吨)	Yield of Beetroots(ton)	8850	2813	-68.2
猪牛羊肉产量(吨)	Output of Pork, Beef & Mutton(ton)	11450	12435	8.6
#猪肉产量(吨)	Output of Pork(ton)	4304	4740	10.1
牛肉产量(吨)	Output of Beef(ton)	4247	4329	1.9
羊肉产量(吨)	Output of Mutton(ton)	2899	3366	16.1
羊毛产量(吨)	Output of Wool(ton)	832	842	1.2

23 - 13 Tuoketuo County in Hohhot City

指　　标	Item	2009	2010	2010年比上年增长% Increase Rate in 2010 Over 2009(%)
年末牲畜存栏头数(万头只)	Total Livestock at the Year - end(10 000 heads)	29.87	30.67	2.7
# 大牲畜(万头只)	Large Animals(10 000 heads)	11.59	11.39	-1.7
羊(万只)	Sheep & Goats(10 000 heads)	15.99	16.63	4.0
猪(万头)	Hogs(10 000 heads)	2.29	2.65	15.7
规模以上工业	**Industrial Enterprises above Designated size**			
工业企业单位数(个)	Number of Industrial Enterprises(unit)	29	29	0.0
# 内资企业(个)	Civil Funded Enterprises(unit)	26	26	0.0
工业总产值(万元)	Gross Industrial Output Value(10 000 yuan)	2371406	2785674	17.5
内资企业(万元)	Civil Funded Enterprises(10 000 yuan)	1953639	2281763	16.8
国有企业(万元)	State - owned Enterprises(10 000 yuan)	5536	5841	5.5
集体企业(万元)	Collective - owned Enterprises(10 000 yuan)			
股份合作企业(万元)	Share Holding Enterprises(10 000 yuan)	4183	3173	-24.1
联营企业(万元)	Joint Owned Enterprises(10 000 yuan)			
有限责任公司(万元)	Limited Company(10 000 yuan)	1449167	1694861	17.0
股份有限公司(万元)	Share Holding Limited Company(10 000 yuan)			
私营企业(万元)	Privately Owned Enterprises(10 000 yuan)	494750	577888	16.8
其他企业(万元)	Enterprises of Other Ownership(10 000 yuan)			
港澳台商投资企业(万元)	Funds from HK, Macao & Taiwan(10 000 yuan)	352312	420491	19.4
外商投资企业(万元)	Foreign Funded Enterprises(10 000 yuan)	65455	83420	27.4
工业企业增加值(万元)	Value Added of Industrial Enterprises(10 000 yuan)	951599		14.9
工业企业资产总计(万元)	Total Assets of Industrial Enterprises(10 000 yuan)	2563200	2706882	5.6
工业企业负债合计(万元)	Total Liabilities of Industrial Enterprises(10 000 yuan)	1856265	1992129	7.3
工业企业产品销售收入(万元)	Sales of Revenue Industrial Enterprises(10 000 yuan)	2297454	2611939	13.7
工业企业利润总额(万元)	Total Profits of Industrial Enterprises(10 000 yuan)	287179	608028	111.7
建筑业	**Construction**			
建筑企业单位数(个)	Number of Construction Enterprises(unit)	7	7	0.0
建筑企业从业人员(人)	Number of Employee in Construction Enterprises(person)	1467	1527	4.1
建筑业总产值(万元)	Gross Construction Output Value(10 000 yuan)	29145	38259	31.3
交通运输邮电通信业	**Transportation, Post & Telecommunications**			
公路里程(公里)	Total Length of Highways(km)	956	955	-0.1
邮电业务总量(万元)	Business Volume of Post & Telecoms(10 000 yuan)	2868	3449	20.3
本地电话用户(户)	Number of Subscribers of Local Telephone(Household)	16825	15800	-6.1
国内贸易	Domestic Trade			
社会消费品零售总额(万元)	Total Retail Sales of Consumer Goods(10 000 yuan)	122056	144798	18.6
# 贸易业(万元)	Wholesale & Retail Sales Trades(10 000 yuan)	112746	134285	19.1
餐饮业(万元)	Catering Trade(10 000 yuan)	9313	10513	12.9
科技教育卫生	**Science, Education & Public Health**			
各类专业技术人员(人)	Special Technical Personnel(person)	4110	3148	-23.4
幼儿园数(所)	Number of Kindergartens(unit)	15	20	33.3
学龄儿童入学率(%)	Percentage of School - Age Children Enrolled(%)	100.0	100.0	0.0
小学学校数(所)	Number of Primary Schools(unit)	18	17	-5.6
小学专任教师数(人)	Number of Full - time Teachers of Primary Schools(person)	726	685	-5.6
小学在校学生数(人)	Number of Student Enrollment of Primary Schools(person)	13326	12900	-3.2
普通中学学校数(所)	Number of Regular Secondary Schools(unit)	5	5	0.0
普通中学专任教师数(人)	Number of Teachers of Secondary Shools(person)	695	690	-0.7
初中在校学生数(人)	Number of Student in Junior Secondary Schools(person)	7549	7182	-4.9
高中在校学生数(人)	Number of Student in Senior Secondary Schools(person)	4464	4326	-3.1
卫生机构数(所)	Number of Health Institutions(unit)	16	11	-31.3
# 医院(所)	Hospitals(unit)	2	2	0.0
卫生院(所)	Township Hospitals(unit)	9	9	0.0
床位数(张)	Number of Beds(unit)	286	202	-29.4
# 医院(张)	Hospitals(unit)	154	154	0.0
卫生院(张)	Township Hospitals(unit)	132	48	-63.6
卫生技术人员(人)	Medical Technical Presonnel(person)	399	331	-17.0
# 医院(人)	Hospitals(person)	171	204	19.3
卫生院(人)	Township Hospitals(person)	161	127	-21.1

23-14 呼和浩特市和林格尔县

指　　标	Item	2009	2010	2010年比上年增长% Increase Rate in 2010 Over 2009(%)
行政区域土地面积(平方公里)	**Area of Administration(Sq. km)**	3401	3401	0.0
人口和就业	**Population & Employment**			
年末总人口(人)	Total Population Year - end(person)	196918	198351	0.7
#男性(人)	Male(person)	103670	104169	0.5
#乡村人口(人)	Rural(person)	151881	151831	0.0
年末总户数(户)	Total Number of Households at the Year - end(Household)	68274	73177	7.2
#乡村户数(户)	Number of Rural Household(Household)	39012	39000	0.0
出生人口(人)	Births(person)	4824	3249	-32.6
死亡人口(人)	Deaths(person)	2150	2039	-5.2
全社会就业人员(人)	Employment(person)	106415	110657	4.0
第一产业(人)	Primary Industry(person)	62252	64859	4.2
第二产业(人)	Secondary Industry(person)	20468	21285	4.0
第三产业(人)	Tertiary Industry(person)	23695	24513	3.5
在岗职工人数(人)	Number of Staff & Workers Employed in(person)	18766	18744	-0.1
乡村劳动力(人)	Number of Rural Laborers(person)	77049	80847	4.9
#农林牧渔业(人)	Farming, Forestry, Animal Husbandry & Fishery(person)	62252	64859	4.2
国民经济综合指标	**Summary Item on the National Economy**			
生产总值(万元)	Gross Domestic Product(10 000 yuan)	1120758	1291979	10.9
第一产业(万元)	Primary Industry(10 000 yuan)	143976	174244	8.4
第二产业(万元)	Secondary Industry(10 000 yuan)	711805	794211	7.9
#工业(万元)	Industry(10 000 yuan)	642079	724511	9.3
第三产业(万元)	Tertiary Industry(10 000 yuan)	264977	323525	20.4
人均生产总值(元)	Per Capita GDP(yuan)	57254	65372	9.9
全社会固定资产投资(万元)	Total Investment in Fixed Assets(10 000 yuan)	730800	715224	-2.1
按登记注册类型分	Grouped by Registered Type			
#国有(万元)	State - owned Enterprises(10 000 yuan)	430042	351931	-18.2
集体(万元)	Collective - owned Enterprises(10 000 yuan)			
有限责任公司(万元)	Limited Liability Corporations(10 000 yuan)	195059	340496	74.6
股份有限公司(万元)	Share Holding Enterprises(10 000 yuan)			
私营企业(万元)	Private Enterprises(10 000 yuan)	64674	8797	-86.4
外商及港澳台投资企业(万元)	Funds from HK, Macao, Taiwan & Foreign(10 000 yuan)	33600	14000	-58.3
按城乡渠道分	Grouped by Urban and Rural Area			
城镇(万元)	Urban(10 000 yuan)	730800	715224	-2.1
农村(万元)	Rural(10 000 yuan)			
一般预算收入(万元)	General Budgetary Financial Revenue(10 000 yuan)	58114	57079	-1.8
一般预算支出(万元)	General Budgetary Financial Expenditures(10 000 yuan)	109429	114582	4.7
城乡居民储蓄存款余额(万元)	Resident Saving Deposit in Urban & Rural(10 000 yuan)	143668	176453	22.8
在岗职工工资总额(万元)	Total Wages of Staff & Workers Employed in(10 000 yuan)	42133	48939	16.2
在岗职工平均工资(元)	Average Wage of Staff & Workers Employed in(yuan)	22294	25913	16.2
城镇居民人均可支配收入(元)	Annual Disposable Income of Urban Residents per Capita(yuan)	17238	19419	12.7
农牧民人均纯收入(元)	Per Capita Net Income of Peasant & Herdsman(yuan)	7439	8386	12.7
农村牧区经济	**Economic Development in Rural & Pastoral Area**			
耕地面积(公顷)	Cultivated Area(hectare)	105890	105890	0.0
农作物总播种面积(公顷)	Total Sown Area(hectare)	70156	70156	0.0
#粮食作物播种面积(公顷)	Sown Area of Grain Crops(hectare)	53407	51821	-3.0
有效灌溉面积(公顷)	Irrigated Area(hectare)	21480	21460	-0.1
农牧业机械总动力(万千瓦)	Total Power of Agricultural Machinery(10 000 kw)	34.43	35.39	2.8
化肥施用折纯量(吨)	Consumption of Chemical Fertilizer(ton)	9143	9253	1.2
农村用电量(万千瓦小时)	Electricity Consumed in Rural Area(10 000 kwh)	4235	5205	22.9
农林牧渔业总产值(万元)	Gross Output of Farming, Forestry, Animal Husbandry & Fishery(10 000 yuan)	257025	311667	8.7
粮食产量(吨)	Yield of Grain(ton)	196072	180385	-8.0
油料产量(吨)	Yield of Oil - bearing Grops(ton)	2840	2025	-28.7
甜菜产量(吨)	Yield of Beetroots(ton)			
猪牛羊肉产量(吨)	Output of Pork, Beef & Mutton(ton)	21331	24914	16.8
#猪肉产量(吨)	Output of Pork(ton)	3501	3884	10.9
牛肉产量(吨)	Output of Beef(ton)	7734	8143	5.3
羊肉产量(吨)	Output of Mutton(ton)	10096	12887	27.6
羊毛产量(吨)	Output of Wool(ton)	766	1299	69.6

23 – 14 Helingeer County in Hohhot City

指　　标	Item	2009	2010	2010年比上年增长% Increase Rate in 2010 Over 2009(%)
年末牲畜存栏头数(万头只)	Total Livestock at the Year – end(10 000 heads)	57.27	61.68	7.7
#大牲畜(万头只)	Large Animals(10 000 heads)	15.44	15.98	3.5
羊(万只)	Sheep & Goats(10 000 heads)	37.91	41.45	9.3
猪(万头)	Hogs(10 000 heads)	3.92	4.24	8.2
规模以上工业	**Industrial Enterprises above Designated size**			
工业企业单位数(个)	Number of Industrial Enterprises(unit)	27	28	3.7
#内资企业(个)	Civil Funded Enterprises(unit)	22	23	4.5
工业总产值(万元)	Gross Industrial Output Value(10 000 yuan)	1828950	1982359	8.4
内资企业(万元)	Civil Funded Enterprises(10 000 yuan)	733152	939179	28.1
国有企业(万元)	State – owned Enterprises(10 000 yuan)			
集体企业(万元)	Collective – owned Enterprises(10 000 yuan)			
股份合作企业(万元)	Share Holding Enterprises(10 000 yuan)			
联营企业(万元)	Joint Owned Enterprises(10 000 yuan)			
有限责任公司(万元)	Limited Company(10 000 yuan)	141335	156910	11.0
股份有限公司(万元)	Share Holding Limited Company(10 000 yuan)	69948	81651	16.7
私营企业(万元)	Privately Owned Enterprises(10 000 yuan)	521870	700619	34.3
其他企业(万元)	Enterprises of Other Ownership(10 000 yuan)			
港澳台商投资企业(万元)	Funds from HK, Macao & Taiwan(10 000 yuan)		14222	
外商投资企业(万元)	Foreign Funded Enterprises(10 000 yuan)	1095799	1028959	–6.1
工业企业增加值(万元)	Value Added of Industrial Enterprises(10 000 yuan)	578964		9.3
工业企业资产总计(万元)	Total Assets of Industrial Enterprises(10 000 yuan)	1090219	1639043	50.3
工业企业负债合计(万元)	Total Liabilities of Industrial Enterprises(10 000 yuan)	647357	1051324	62.4
工业企业产品销售收入(万元)	Sales of Revenue Industrial Enterprises(10 000 yuan)	1757148	1869292	6.4
工业企业利润总额(万元)	Total Profits of Industrial Enterprises(10 000 yuan)	90427	300331	232.1
建筑业	**Construction**			
建筑企业单位数(个)	Number of Construction Enterprises(unit)	2	2	0.0
建筑企业从业人员(人)	Number of Employee in Construction Enterprises(person)	120	113	–5.8
建筑业总产值(万元)	Gross Construction Output Value(10 000 yuan)	7017	44600	535.6
交通运输邮电通信业	**Transportation, Post & Telecommunications**			
公路里程(公里)	Total Length of Highways(km)	860	893	3.8
邮电业务总量(万元)	Business Volume of Post & Telecoms(10 000 yuan)	7213	8908	23.5
本地电话用户(户)	Number of Subscribers of Local Telephone(Household)	16358	21300	30.2
国内贸易	**Domestic Trade**			
社会消费品零售总额(万元)	Total Retail Sales of Consumer Goods(10 000 yuan)	110653	134401	21.5
#贸易业(万元)	Wholesale & Retail Sales Trades(10 000 yuan)	92708	114064	23.0
餐饮业(万元)	Catering Trade(10 000 yuan)	17944	20337	13.3
科技教育卫生	**Science, Education & Public Health**			
各类专业技术人员(人)	Special Technical Personnel(person)	2660	2662	0.1
幼儿园数(所)	Number of Kindergartens(unit)	5	5	0.0
学龄儿童入学率(%)	Percentage of School – Age Children Enrolled(%)	99.9	99.9	0.0
小学学校数(所)	Number of Primary Schools(unit)	40	36	–10.0
小学专任教师数(人)	Number of Full – time Teachers of Primary Schools(person)	614	578	–5.9
小学在校学生数(人)	Number of Student Enrollment of Primary Schools(person)	9393	8614	–8.3
普通中学学校数(所)	Number of Regular Secondary Schools(unit)	5	5	0.0
普通中学专任教师数(人)	Number of Teachers of Secondary Shools(person)	584	656	12.3
初中在校学生数(人)	Number of Student in Junior Secondary Schools(person)	6935	6249	–9.9
高中在校学生数(人)	Number of Student in Senior Secondary Schools(person)	4348	4328	–0.5
卫生机构数(所)	Number of Health Institutions(unit)	22	28	27.3
#医院(所)	Hospitals(unit)	1	1	0.0
卫生院(所)	Township Hospitals(unit)	13	13	0.0
床位数(张)	Number of Beds(unit)	246	246	0.0
#医院(张)	Hospitals(unit)	100	100	0.0
卫生院(张)	Township Hospitals(unit)	137	137	0.0
卫生技术人员(人)	Medical Technical Presonnel(person)	339	359	5.9
#医院(人)	Hospitals(person)	109	128	17.4
卫生院(人)	Township Hospitals(person)	106	106	0.0

23－15 呼和浩特市清水河县

指　　标	Item	2009	2010	2010年比上年增长% Increase Rate in 2010 Over 2009(%)
行政区域土地面积(平方公里)	**Area of Administration(Sq. km)**	**2859**	**2859**	**0.0**
人口和就业	**Population & Employment**			
年末总人口(人)	Total Population Year－end(person)	145250	146009	0.5
#男性(人)	Male(person)	75512	75824	0.4
#乡村人口(人)	Rural(person)	96867	96625	－0.2
年末总户数(户)	Total Number of Households at the Year－end(Household)	47357	52490	10.8
#乡村户数(户)	Number of Rural Household(Household)	25058	25029	－0.1
出生人口(人)	Births(person)	2014	2592	28.7
死亡人口(人)	Deaths(person)	865	1570	81.5
全社会就业人员(人)	Employment(person)	58862	58973	0.2
第一产业(人)	Primary Industry(person)	36025	35675	－1.0
第二产业(人)	Secondary Industry(person)	7444	7704	3.5
第三产业(人)	Tertiary Industry(person)	15393	15594	1.3
在岗职工人数(人)	Number of Staff & Workers Employed in(person)	7417	7628	2.8
乡村劳动力(人)	Number of Rural Laborers(person)	53719	53550	－0.3
#农林牧渔业(人)	Farming, Forestry, Animal Husbandry & Fishery(person)	36025	35675	－1.0
国民经济综合指标	**Summary Item on the National Economy**			
生产总值(万元)	Gross Domestic Product(10 000 yuan)	318810	401469	18.5
第一产业(万元)	Primary Industry(10 000 yuan)	44044	43952	－10.6
第二产业(万元)	Secondary Industry(10 000 yuan)	142661	189224	28.9
#工业(万元)	Industry(10 000 yuan)	106861	150124	36.1
第三产业(万元)	Tertiary Industry(10 000 yuan)	132105	168293	16.3
人均生产总值(元)	Per Capita GDP(yuan)	22055	27568	17.9
全社会固定资产投资(万元)	Total Investment in Fixed Assets(10 000 yuan)	130400	163453	25.3
按登记注册类型分	Grouped by Registered Type			
#国有(万元)	State－owned Enterprises(10 000 yuan)	80786	64568	－20.1
集体(万元)	Collective－owned Enterprises(10 000 yuan)	1033	1021	－1.2
有限责任公司(万元)	Limited Liability Corporations(10 000 yuan)	34115	92742	171.9
股份有限公司(万元)	Share Holding Enterprises(10 000 yuan)			
私营企业(万元)	Private Enterprises(10 000 yuan)		5122	
外商及港澳台投资企业(万元)	Funds from HK, Macao, Taiwan & Foreign(10 000 yuan)			
按城乡渠道分	Grouped by Urban and Rural Area			
城镇(万元)	Urban(10 000 yuan)	118129	163453	38.4
农村(万元)	Rural(10 000 yuan)	12271		
一般预算收入(万元)	General Budgetary Financial Revenue(10 000 yuan)	18786	18076	－3.8
一般预算支出(万元)	General Budgetary Financial Expenditures(10 000 yuan)	65653	76003	15.8
城乡居民储蓄存款余额(万元)	Resident Saving Deposit in Urban & Rural(10 000 yuan)	120954	140712	16.3
在岗职工工资总额(万元)	Total Wages of Staff & Workers Employed in(10 000 yuan)	20740	24361	17.5
在岗职工平均工资(元)	Average Wage of Staff & Workers Employed in(yuan)	27927	32067	14.8
城镇居民人均可支配收入(元)	Annual Disposable Income of Urban Residents per Capita(yuan)	14463	16340	13.0
农牧民人均纯收入(元)	Per Capita Net Income of Peasant & Herdsman(yuan)	4584	4863	6.1
农村牧区经济	**Economic Development in Rural & Pastoral Area**			
耕地面积(公顷)	Cultivated Area(hectare)	65377	62738	－4.0
农作物总播种面积(公顷)	Total Sown Area(hectare)	66955	62675	－6.4
#粮食作物播种面积(公顷)	Sown Area of Grain Crops(hectare)	46000	42012	－8.7
有效灌溉面积(公顷)	Irrigated Area(hectare)	2156	2144	－0.6
农牧业机械总动力(万千瓦)	Total Power of Agricultural Machinery(10 000 kw)	12.00	13.40	11.7
化肥施用折纯量(吨)	Consumption of Chemical Fertilizer(ton)	11130	11257	1.1
农村用电量(万千瓦小时)	Electricity Consumed in Rural Area(10 000 kwh)	892	908	1.8
农林牧渔业总产值(万元)	Gross Output of Farming, Forestry, Animal Husbandry & Fishery(10 000 yuan)	75468	75357	－10.5
粮食产量(吨)	Yield of Grain(ton)	60044	54382	－9.4
油料产量(吨)	Yield of Oil－bearing Grops(ton)	10224	11136	8.9
甜菜产量(吨)	Yield of Beetroots(ton)			
猪牛羊肉产量(吨)	Output of Pork, Beef & Mutton(ton)	9193	9611	4.5
#猪肉产量(吨)	Output of Pork(ton)	2236	2305	3.1
牛肉产量(吨)	Output of Beef(ton)	412	440	6.8
羊肉产量(吨)	Output of Mutton(ton)	6545	6866	4.9
羊毛产量(吨)	Output of Wool(ton)	635	648	2.0

23－15 Qingshuihe County in Hohhot City

指　　标	Item	2009	2010	2010年比上年增长% Increase Rate in 2010 Over 2009(%)
年末牲畜存栏头数(万头只)	Total Livestock at the Year－end(10 000 heads)	32.01	32.70	2.2
#大牲畜(万头只)	Large Animals(10 000 heads)	2.25	1.95	－13.3
羊(万只)	Sheep & Goats(10 000 heads)	26.15	27.09	3.6
猪(万头)	Hogs(10 000 heads)	3.61	3.66	1.4
规模以上工业	**Industrial Enterprises above Designated size**			
工业企业单位数(个)	Number of Industrial Enterprises(unit)	16	16	0.0
#内资企业(个)	Civil Funded Enterprises(unit)	15	15	0.0
工业总产值(万元)	Gross Industrial Output Value(10 000 yuan)	131021	191167	45.9
内资企业(万元)	Civil Funded Enterprises(10 000 yuan)	127213	188964	48.5
国有企业(万元)	State－owned Enterprises(10 000 yuan)			
集体企业(万元)	Collective－owned Enterprises(10 000 yuan)	6094	7754	27.2
股份合作企业(万元)	Share Holding Enterprises(10 000 yuan)			
联营企业(万元)	Joint Owned Enterprises(10 000 yuan)			
有限责任公司(万元)	Limited Company(10 000 yuan)	29085	54756	88.3
股份有限公司(万元)	Share Holding Limited Company(10 000 yuan)	58343	95320	63.4
私营企业(万元)	Privately Owned Enterprises(10 000 yuan)	33691	31134	－7.6
其他企业(万元)	Enterprises of Other Ownership(10 000 yuan)			
港澳台商投资企业(万元)	Funds from HK, Macao & Taiwan(10 000 yuan)			
外商投资企业(万元)	Foreign Funded Enterprises(10 000 yuan)	3808	2203	－42.1
工业企业增加值(万元)	Value Added of Industrial Enterprises(10 000 yuan)	89840		36.1
工业企业资产总计(万元)	Total Assets of Industrial Enterprises(10 000 yuan)	112674	134457	19.3
工业企业负债合计(万元)	Total Liabilities of Industrial Enterprises(10 000 yuan)	70509	59353	－15.8
工业企业产品销售收入(万元)	Sales of Revenue Industrial Enterprises(10 000 yuan)	120075	184627	53.8
工业企业利润总额(万元)	Total Profits of Industrial Enterprises(10 000 yuan)	11338	26533	134.0
建筑业	**Construction**			
建筑企业单位数(个)	Number of Construction Enterprises(unit)	1	1	0.0
建筑企业从业人员(人)	Number of Employee in Construction Enterprises(person)	187	95	－49.2
建筑业总产值(万元)	Gross Construction Output Value(10 000 yuan)	2175	2184	0.4
交通运输邮电通信业	**Transportation, Post & Telecommunications**			
公路里程(公里)	Total Length of Highways(km)	1006	1006	0.0
邮电业务总量(万元)	Business Volume of Post & Telecoms(10 000 yuan)	4855	5843	20.4
本地电话用户(户)	Number of Subscribers of Local Telephone(Household)	7896	14500	83.6
国内贸易	**Domestic Trade**			
社会消费品零售总额(万元)	Total Retail Sales of Consumer Goods(10 000 yuan)	25263	33000	30.6
#贸易业(万元)	Wholesale & Retail Sales Trades(10 000 yuan)	22200	29024	30.7
餐饮业(万元)	Catering Trade(10 000 yuan)	3063	3976	29.8
科技教育卫生	**Science, Education & Public Health**			
各类专业技术人员(人)	Special Technical Personnel(person)	1882	1833	－2.6
幼儿园数(所)	Number of Kindergartens(unit)	3	2	－33.3
学龄儿童入学率(%)	Percentage of School－Age Children Enrolled(%)	100.0	100.0	0.0
小学学校数(所)	Number of Primary Schools(unit)	59	34	－42.4
小学专任教师数(人)	Number of Full－time Teachers of Primary Schools(person)	591	541	－8.5
小学在校学生数(人)	Number of Student Enrollment of Primary Schools(person)	7729	6754	－12.6
普通中学学校数(所)	Number of Regular Secondary Schools(unit)	7	6	－14.3
普通中学专任教师数(人)	Number of Teachers of Secondary Shools(person)	464	433	－6.7
初中在校学生数(人)	Number of Student in Junior Secondary Schools(person)	5207	4483	－13.9
高中在校学生数(人)	Number of Student in Senior Secondary Schools(person)	2900	3051	5.2
卫生机构数(所)	Number of Health Institutions(unit)	18	19	5.6
#医院(所)	Hospitals(unit)	1	1	0.0
卫生院(所)	Township Hospitals(unit)	14	14	0.0
床位数(张)	Number of Beds(unit)	277	260	－6.1
#医院(张)	Hospitals(unit)	141	130	－7.8
卫生院(张)	Township Hospitals(unit)	130	127	－2.3
卫生技术人员(人)	Medical Technical Presonnel(person)	333	336	0.9
#医院(人)	Hospitals(person)	106	102	－3.8
卫生院(人)	Township Hospitals(person)	72	53	－26.4

23 - 16 呼和浩特市武川县

指　　标	Item	2009	2010	2010年比上年增长% Increase Rate in 2010 Over 2009(%)
行政区域土地面积(平方公里)	**Area of Administration(Sq. km)**	**4885**	**4885**	**0.0**
人口和就业	**Population & Employment**			
年末总人口(人)	Total Population Year - end(person)	176031	176112	0.0
#男性(人)	Male(person)	93490	93337	-0.2
#乡村人口(人)	Rural(person)	130909	128978	-1.5
年末总户数(户)	Total Number of Households at the Year - end(Household)	56977	59459	4.4
#乡村户数(户)	Number of Rural Household(Household)	35083	34809	-0.8
出生人口(人)	Births(person)	1704	1733	1.7
死亡人口(人)	Deaths(person)	1880	1281	-31.9
全社会就业人员(人)	Employment(person)	88133	85531	-3.0
第一产业(人)	Primary Industry(person)	60083	57367	-4.5
第二产业(人)	Secondary Industry(person)	9865	9878	0.1
第三产业(人)	Tertiary Industry(person)	18185	18286	0.6
在岗职工人数(人)	Number of Staff & Workers Employed in(person)	9014	8923	-1.0
乡村劳动力(人)	Number of Rural Laborers(person)	73984	72316	-2.3
#农林牧渔业(人)	Farming, Forestry, Animal Husbandry & Fishery(person)	59779	56986	-4.7
国民经济综合指标	**Summary Item on the National Economy**			
生产总值(万元)	Gross Domestic Product(10 000 yuan)	400367	449535	8.7
第一产业(万元)	Primary Industry(10 000 yuan)	49103	41294	-24.5
第二产业(万元)	Secondary Industry(10 000 yuan)	218586	252570	11.5
#工业(万元)	Industry(10 000 yuan)	164286	190470	12.3
第三产业(万元)	Tertiary Industry(10 000 yuan)	132678	155671	14.8
人均生产总值(元)	Per Capita GDP(yuan)	22766	25531	8.6
全社会固定资产投资(万元)	Total Investment in Fixed Assets(10 000 yuan)	370800	451760	21.8
按登记注册类型分	Grouped by Registered Type			
#国有(万元)	State - owned Enterprises(10 000 yuan)	253154	266291	5.2
集体(万元)	Collective - owned Enterprises(10 000 yuan)	5126	2577	-49.7
有限责任公司(万元)	Limited Liability Corporations(10 000 yuan)	62325	100662	61.5
股份有限公司(万元)	Share Holding Enterprises(10 000 yuan)	8710	3100	-64.4
私营企业(万元)	Private Enterprises(10 000 yuan)	27415	45930	67.5
外商及港澳台投资企业(万元)	Funds from HK, Macao, Taiwan & Foreign(10 000 yuan)		1500	
按城乡渠道分	Grouped by Urban and Rural Area			
城镇(万元)	Urban(10 000 yuan)	370800	450271	21.4
农村(万元)	Rural(10 000 yuan)		1489	
一般预算收入(万元)	General Budgetary Financial Revenue(10 000 yuan)	17191	23431	36.3
一般预算支出(万元)	General Budgetary Financial Expenditures(10 000 yuan)	83810	96045	14.6
城乡居民储蓄存款余额(万元)	Resident Saving Deposit in Urban & Rural(10 000 yuan)	115107	141106	22.6
在岗职工工资总额(万元)	Total Wages of Staff & Workers Employed in(10 000 yuan)	22321	25505	14.3
在岗职工平均工资(元)	Average Wage of Staff & Workers Employed in(yuan)	24496	28549	16.5
城镇居民人均可支配收入(元)	Annual Disposable Income of Urban Residents per Capita(yuan)	13390	15490	15.7
农牧民人均纯收入(元)	Per Capita Net Income of Peasant & Herdsman(yuan)	4602	4991	8.4
农村牧区经济	**Economic Development in Rural & Pastoral Area**			
耕地面积(公顷)	Cultivated Area(hectare)	144930	144831	-0.1
农作物总播种面积(公顷)	Total Sown Area(hectare)	130126	131122	0.8
#粮食作物播种面积(公顷)	Sown Area of Grain Crops(hectare)	98439	98466	0.0
有效灌溉面积(公顷)	Irrigated Area(hectare)	13120	13320	1.5
农牧业机械总动力(万千瓦)	Total Power of Agricultural Machinery(10 000 kw)	27.29	27.98	2.5
化肥施用折纯量(吨)	Consumption of Chemical Fertilizer(ton)	13921	14311	2.8
农村用电量(万千瓦小时)	Electricity Consumed in Rural Area(10 000 kwh)	2266	2292	1.1
农林牧渔业总产值(万元)	Gross Output of Farming, Forestry, Animal Husbandry & Fishery(10 000 yuan)	79353	69170	-21.9
粮食产量(吨)	Yield of Grain(ton)	124050	84350	-32.0
油料产量(吨)	Yield of Oil - bearing Grops(ton)	13287	1287	-90.3
甜菜产量(吨)	Yield of Beetroots(ton)			
猪牛羊肉产量(吨)	Output of Pork, Beef & Mutton(ton)	6292	6434	2.3
#猪肉产量(吨)	Output of Pork(ton)	2070	2145	3.6
牛肉产量(吨)	Output of Beef(ton)	1031	889	-13.8
羊肉产量(吨)	Output of Mutton(ton)	3191	3400	6.6
羊毛产量(吨)	Output of Wool(ton)	665	684	2.9

23 - 16 Wuchuan County in Hohhot City

指　　标	Item	2009	2010	2010 年比上年增长% Increase Rate in 2010 Over 2009(%)
年末牲畜存栏头数(万头只)	Total Livestock at the Year - end(10 000 heads)	39.19	38.64	-1.4
# 大牲畜(万头只)	Large Animals(10 000 heads)	1.95	1.36	-30.3
羊(万只)	Sheep & Goats(10 000 heads)	34.86	34.87	0.0
猪(万头)	Hogs(10 000 heads)	2.38	2.41	1.3
规模以上工业	**Industrial Enterprises above Designated size**			
工业企业单位数(个)	Number of Industrial Enterprises(unit)	36	30	-16.7
# 内资企业(个)	Civil Funded Enterprises(unit)	36	30	-16.7
工业总产值(万元)	Gross Industrial Output Value(10 000 yuan)	227462	203013	-10.7
内资企业(万元)	Civil Funded Enterprises(10 000 yuan)	227462	203013	-10.7
国有企业(万元)	State - owned Enterprises(10 000 yuan)		7667	
集体企业(万元)	Collective - owned Enterprises(10 000 yuan)			
股份合作企业(万元)	Share Holding Enterprises(10 000 yuan)			
联营企业(万元)	Joint Owned Enterprises(10 000 yuan)			
有限责任公司(万元)	Limited Company(10 000 yuan)	90407	131113	45.0
股份有限公司(万元)	Share Holding Limited Company(10 000 yuan)			
私营企业(万元)	Privately Owned Enterprises(10 000 yuan)	137056	64233	-53.1
其他企业(万元)	Enterprises of Other Ownership(10 000 yuan)			
港澳台商投资企业(万元)	Funds from HK, Macao & Taiwan(10 000 yuan)			
外商投资企业(万元)	Foreign Funded Enterprises(10 000 yuan)			
工业企业增加值(万元)	Value Added of Industrial Enterprises(10 000 yuan)	83061		12.3
工业企业资产总计(万元)	Total Assets of Industrial Enterprises(10 000 yuan)	243888	387941	59.1
工业企业负债合计(万元)	Total Liabilities of Industrial Enterprises(10 000 yuan)	167415	272154	62.6
工业企业产品销售收入(万元)	Sales of Revenue Industrial Enterprises(10 000 yuan)	230094	211430	-8.1
工业企业利润总额(万元)	Total Profits of Industrial Enterprises(10 000 yuan)	14154	27874	96.9
建筑业	**Construction**			
建筑企业单位数(个)	Number of Construction Enterprises(unit)	1	1	0.0
建筑企业从业人员(人)	Number of Employee in Construction Enterprises(person)	126	106	-15.9
建筑业总产值(万元)	Gross Construction Output Value(10 000 yuan)	812	1128	38.9
交通运输邮电通信业	**Transportation, Post & Telecommunications**			
公路里程(公里)	Total Length of Highways(km)	643	844	31.2
邮电业务总量(万元)	Business Volume of Post & Telecoms(10 000 yuan)	3382	3527	4.3
本地电话用户(户)	Number of Subscribers of Local Telephone(Household)	15741	15781	0.3
国内贸易	**Domestic Trade**			
社会消费品零售总额(万元)	Total Retail Sales of Consumer Goods(10 000 yuan)	39514	52645	33.2
# 贸易业(万元)	Wholesale & Retail Sales Trades(10 000 yuan)	31845	42900	34.7
餐饮业(万元)	Catering Trade(10 000 yuan)	7669	9746	27.1
科技教育卫生	**Science, Education & Public Health**			
各类专业技术人员(人)	Special Technical Personnel(person)	2479	2498	0.8
幼儿园数(所)	Number of Kindergartens(unit)	14	17	21.4
学龄儿童入学率(%)	Percentage of School - Age Children Enrolled(%)	100.0	100.0	0.0
小学学校数(所)	Number of Primary Schools(unit)	23	22	-4.4
小学专任教师数(人)	Number of Full - time Teachers of Primary Schools(person)	858	789	-8.0
小学在校学生数(人)	Number of Student Enrollment of Primary Schools(person)	9937	8362	-15.8
普通中学学校数(所)	Number of Regular Secondary Schools(unit)	9	10	11.1
普通中学专任教师数(人)	Number of Teachers of Secondary Shools(person)	423	522	23.4
初中在校学生数(人)	Number of Student in Junior Secondary Schools(person)	3606	5177	43.6
高中在校学生数(人)	Number of Student in Senior Secondary Schools(person)	2361	2209	-6.4
卫生机构数(所)	Number of Health Institutions(unit)	24	23	-4.2
# 医院(所)	Hospitals(unit)	2	2	0.0
卫生院(所)	Township Hospitals(unit)	19	18	-5.3
床位数(张)	Number of Beds(unit)	282	282	0.0
# 医院(张)	Hospitals(unit)	179	179	0.0
卫生院(张)	Township Hospitals(unit)	102	103	1.0
卫生技术人员(人)	Medical Technical Presonnel(person)	478	466	-2.5
# 医院(人)	Hospitals(person)	142	184	29.6
卫生院(人)	Township Hospitals(person)	254	282	11.0

23－17 包头市东河区

指　　标	Item	2009	2010	2010年比上年增长% Increase Rate in 2010 Over 2009(%)
行政区域土地面积(平方公里)	**Area of Administration(Sq. km)**	**470**	**470**	**0.0**
人口和就业	**Population & Employment**			
年末总人口(人)	Total Population Year－end(person)	433518	432664	－0.2
#男性(人)	Male(person)	216947	216259	－0.3
#乡村人口(人)	Rural(person)	79372	80505	1.4
年末总户数(户)	Total Number of Households at the Year－end(Household)	153227	154823	1.0
#乡村户数(户)	Number of Rural Household(Household)			
出生人口(人)	Births(person)	3586	3670	2.3
死亡人口(人)	Deaths(person)	1793	1888	5.3
全社会就业人员(人)	Employment(person)	277156	272361	－1.7
第一产业(人)	Primary Industry(person)	8015	8200	2.3
第二产业(人)	Secondary Industry(person)	64985	63260	－2.7
第三产业(人)	Tertiary Industry(person)	204156	200901	－1.6
在岗职工人数(人)	Number of Staff & Workers Employed in(person)	48996	50710	3.5
乡村劳动力(人)	Number of Rural Laborers(person)	34267	34267	0.0
#农林牧渔业(人)	Farming,Forestry,Animal Husbandry & Fishery(person)	9792	12136	23.9
国民经济综合指标	**Summary Item on the National Economy**			
生产总值(万元)	Gross Domestic Product(10 000 yuan)	2952615	3359932	15.0
第一产业(万元)	Primary Industry(10 000 yuan)	39584	47100	6.4
第二产业(万元)	Secondary Industry(10 000 yuan)	1146088	1323819	14.7
#工业(万元)	Industry(10 000 yuan)	918188	1062819	16.1
第三产业(万元)	Tertiary Industry(10 000 yuan)	1766943	1989013	15.3
人均生产总值(元)	Per Capita GDP(yuan)	58829		
全社会固定资产投资(万元)	Total Investment in Fixed Assets(10 000 yuan)	2129700	2536971	19.1
按登记注册类型分	Grouped by Registered Type			
#国有(万元)	State－owned Enterprises(10 000 yuan)	287503	319926	11.3
集体(万元)	Collective－owned Enterprises(10 000 yuan)	40935	82520	101.6
有限责任公司(万元)	Limited Liability Corporations(10 000 yuan)	1006035	1220967	21.4
股份有限公司(万元)	Share Holding Enterprises(10 000 yuan)	129213	112013	－13.3
私营企业(万元)	Private Enterprises(10 000 yuan)	428591	583319	36.1
外商及港澳台投资企业(万元)	Funds from HK,Macao,Taiwan & Foreign(10 000 yuan)	22800	34200	50.0
按城乡渠道分	Grouped by Urban and Rural Area			
城镇(万元)	Urban(10 000 yuan)	2129700	2536971	19.1
农村(万元)	Rural(10 000 yuan)			
一般预算收入(万元)	General Budgetary Financial Revenue(10 000 yuan)	152283	122177	－19.8
一般预算支出(万元)	General Budgetary Financial Expenditures(10 000 yuan)	156853	122170	－22.1
城乡居民储蓄存款余额(万元)	Resident Saving Deposit in Urban & Rural(10 000 yuan)			
在岗职工工资总额(万元)	Total Wages of Staff & Workers Employed in(10 000 yuan)	153123	170844	11.6
在岗职工平均工资(元)	Average Wage of Staff & Workers Employed in(yuan)	30933	33151	7.2
城镇居民人均可支配收入(元)	Annual Disposable Income of Urban Residents per Capita(yuan)	21589	23769	10.1
农牧民人均纯收入(元)	Per Capita Net Income of Peasant & Herdsman(yuan)	10344	11587	12.0
农村牧区经济	**Economic Development in Rural & Pastoral Area**			
耕地面积(公顷)	Cultivated Area(hectare)	7989	7989	0.0
农作物总播种面积(公顷)	Total Sown Area(hectare)	8103	9308	14.9
#粮食作物播种面积(公顷)	Sown Area of Grain Crops(hectare)	4766	4896	2.7
有效灌溉面积(公顷)	Irrigated Area(hectare)	7933	8060	1.6
农牧业机械总动力(万千瓦)	Total Power of Agricultural Machinery(10 000 kw)	22.33	23.20	3.9
化肥施用折纯量(吨)	Consumption of Chemical Fertilizer(ton)	3850	3860	0.3
农村用电量(万千瓦小时)	Electricity Consumed in Rural Area(10 000 kwh)	2514	2569	2.2
农林牧渔业总产值(万元)	Gross Output of Farming,Forestry,Animal Husbandry & Fishery(10 000 yuan)	70939	81200	6.4
粮食产量(吨)	Yield of Grain(ton)	33063	35333	6.9
油料产量(吨)	Yield of Oil－bearing Grops(ton)	521	868	66.6
甜菜产量(吨)	Yield of Beetroots(ton)		3081	
猪牛羊肉产量(吨)	Output of Pork, Beef & Mutton(ton)	7010	6703	－4.4
#猪肉产量(吨)	Output of Pork(ton)	2081	1780	－14.5
牛肉产量(吨)	Output of Beef(ton)	4199	4134	－1.5
羊肉产量(吨)	Output of Mutton(ton)	730	789	8.1
羊毛产量(吨)	Output of Wool(ton)	34	36	5.9

23－17 Donghe District in Baotou City

指　　标	Item	2009	2010	2010年比上年增长% Increase Rate in 2010 Over 2009(%)
年末牲畜存栏头数(万头只)	Total Livestock at the Year－end(10 000 heads)	11.91	11.87	－0.3
＃大牲畜(万头只)	Large Animals(10 000 heads)	4.28	3.71	－13.3
羊(万只)	Sheep & Goats(10 000 heads)	5.95	6.14	3.2
猪(万头)	Hogs(10 000 heads)	1.68	2.02	20.2
规模以上工业	**Industrial Enterprises above Designated size**			
工业企业单位数(个)	Number of Industrial Enterprises(unit)	93	99	6.5
＃内资企业(个)	Civil Funded Enterprises(unit)	86	93	8.1
工业总产值(万元)	Gross Industrial Output Value(10 000 yuan)	1839506	2110100	14.7
内资企业(万元)	Civil Funded Enterprises(10 000 yuan)	1647623	1904300	15.6
国有企业(万元)	State－owned Enterprises(10 000 yuan)	68813	77300	12.3
集体企业(万元)	Collective－owned Enterprises(10 000 yuan)	1140	2100	84.2
股份合作企业(万元)	Share Holding Enterprises(10 000 yuan)	7425	8000	7.7
联营企业(万元)	Joint Owned Enterprises(10 000 yuan)			
有限责任公司(万元)	Limited Company(10 000 yuan)	369598	387000	4.7
股份有限公司(万元)	Share Holding Limited Company(10 000 yuan)	536158	609200	13.6
私营企业(万元)	Privately Owned Enterprises(10 000 yuan)	664489	820700	23.5
其他企业(万元)	Enterprises of Other Ownership(10 000 yuan)			
港澳台商投资企业(万元)	Funds from HK, Macao & Taiwan(10 000 yuan)	55306	81400	47.2
外商投资企业(万元)	Foreign Funded Enterprises(10 000 yuan)	136577	124400	－8.9
工业企业增加值(万元)	Value Added of Industrial Enterprises(10 000 yuan)	747288		17.0
工业企业资产总计(万元)	Total Assets of Industrial Enterprises(10 000 yuan)	2439175	2551100	4.6
工业企业负债合计(万元)	Total Liabilities of Industrial Enterprises(10 000 yuan)	1251303	1298400	3.8
工业企业产品销售收入(万元)	Sales of Revenue Industrial Enterprises(10 000 yuan)	1847878	2118200	14.6
工业企业利润总额(万元)	Total Profits of Industrial Enterprises(10 000 yuan)	253805	507200	99.8
建筑业	**Construction**			
建筑企业单位数(个)	Number of Construction Enterprises(unit)	17	16	－5.9
建筑企业从业人员(人)	Number of Employee in Construction Enterprises(person)	17083	11948	－30.1
建筑业总产值(万元)	Gross Construction Output Value(10 000 yuan)	234101	264335	12.9
交通运输邮电通信业	**Transportation, Post & Telecommunications**			
公路里程(公里)	Total Length of Highways(km)	151	151	0.0
邮电业务总量(万元)	Business Volume of Post & Telecoms(10 000 yuan)	74130	78281	5.6
本地电话用户(户)	Number of Subscribers of Local Telephone(Household)	60404	57100	－5.5
国内贸易	**Domestic Trade**			
社会消费品零售总额(万元)	Total Retail Sales of Consumer Goods(10 000 yuan)	1267366	1497421	18.2
＃贸易业(万元)	Wholesale & Retail Sales Trades(10 000 yuan)	1088655	1278548	17.4
餐饮业(万元)	Catering Trade(10 000 yuan)	161024	197977	22.9
科技教育卫生	**Science, Education & Public Health**			
各类专业技术人员(人)	Special Technical Personnel(person)	11793	11859	0.6
幼儿园数(所)	Number of Kindergartens(unit)	23	21	－8.7
学龄儿童入学率(%)	Percentage of School－Age Children Enrolled(%)	100.0	100.0	0.0
小学学校数(所)	Number of Primary Schools(unit)	45	42	－6.7
小学专任教师数(人)	Number of Full－time Teachers of Primary Schools(person)	1582	1551	－2.0
小学在校学生数(人)	Number of Student Enrollment of Primary Schools(person)	27286	25580	－6.3
普通中学学校数(所)	Number of Regular Secondary Schools(unit)	25	24	－4.0
普通中学专任教师数(人)	Number of Teachers of Secondary Shools(person)	2014	2107	4.6
初中在校学生数(人)	Number of Student in Junior Secondary Schools(person)	16823	16230	－3.5
高中在校学生数(人)	Number of Student in Senior Secondary Schools(person)	10820	12088	11.7
卫生机构数(所)	Number of Health Institutions(unit)	14	15	7.1
＃医院(所)	Hospitals(unit)	11	12	9.1
卫生院(所)	Township Hospitals(unit)	3	3	0.0
床位数(张)	Number of Beds(unit)	2966	3120	5.2
＃医院(张)	Hospitals(unit)	2932	3070	4.7
卫生院(张)	Township Hospitals(unit)	34	50	47.1
卫生技术人员(人)	Medical Technical Presonnel(person)	2255	2393	6.1
＃医院(人)	Hospitals(person)	2169	2307	6.4
卫生院(人)	Township Hospitals(person)	86	86	0.0

23－18 包头市昆都仑区

指　　标	Item	2009	2010	2010年比上年增长% Increase Rate in 2010 Over 2009(%)
行政区域土地面积(平方公里)	**Area of Administration(Sq. km)**	**301**	**301**	**0.0**
人口和就业	**Population & Employment**			
年末总人口(人)	Total Population Year－end(person)	484204	490158	1.2
#男性(人)	Male(person)	243632	246486	1.2
#乡村人口(人)	Rural(person)	39001	40212	3.1
年末总户数(户)	Total Number of Households at the Year－end(Household)	154872	158016	2.0
#乡村户数(户)	Number of Rural Household(Household)	17934		
出生人口(人)	Births(person)	5201	5011	－3.7
死亡人口(人)	Deaths(person)	1668	1492	－10.6
全社会就业人员(人)	Employment(person)	428242	444943	3.9
第一产业(人)	Primary Industry(person)	10534	9849	－6.5
第二产业(人)	Secondary Industry(person)	124027	125019	0.8
第三产业(人)	Tertiary Industry(person)	293681	310075	5.6
在岗职工人数(人)	Number of Staff & Workers Employed in(person)	106926	105325	－1.5
乡村劳动力(人)	Number of Rural Laborers(person)	20440	17342	－15.2
#农林牧渔业(人)	Farming, Forestry, Animal Husbandry & Fishery(person)	8040	3626	－54.9
国民经济综合指标	**Summary Item on the National Economy**			
生产总值(万元)	Gross Domestic Product(10 000 yuan)	7132737	7417253	15.2
第一产业(万元)	Primary Industry(10 000 yuan)	17239	20416	6.3
第二产业(万元)	Secondary Industry(10 000 yuan)	3988561	3869698	14.3
#工业(万元)	Industry(10 000 yuan)	3754861	3603698	14.5
第三产业(万元)	Tertiary Industry(10 000 yuan)	3126937	3527139	16.5
人均生产总值(元)	Per Capita GDP(yuan)	111816		
全社会固定资产投资(万元)	Total Investment in Fixed Assets(10 000 yuan)	2755126	3303666	19.9
按登记注册类型分	Grouped by Registered Type			
#国有(万元)	State－owned Enterprises(10 000 yuan)	357317	279159	－21.9
集体(万元)	Collective－owned Enterprises(10 000 yuan)	37010	282737	663.9
有限责任公司(万元)	Limited Liability Corporations(10 000 yuan)	1537188	2072260	34.8
股份有限公司(万元)	Share Holding Enterprises(10 000 yuan)	214332	94510	－55.9
私营企业(万元)	Private Enterprises(10 000 yuan)	78940	1500	－98.1
外商及港澳台投资企业(万元)	Funds from HK, Macao, Taiwan & Foreign(10 000 yuan)	47778	2400	－95.0
按城乡渠道分	Grouped by Urban and Rural Area			
城镇(万元)	Urban(10 000 yuan)	2755126	3303666	19.9
农村(万元)	Rural(10 000 yuan)			
一般预算收入(万元)	General Budgetary Financial Revenue(10 000 yuan)	214665	251366	17.1
一般预算支出(万元)	General Budgetary Financial Expenditures(10 000 yuan)	215616	247074	14.6
城乡居民储蓄存款余额(万元)	Resident Saving Deposit in Urban & Rural(10 000 yuan)	2593349	2763731	6.6
在岗职工工资总额(万元)	Total Wages of Staff & Workers Employed in(10 000 yuan)	414550	459464	10.8
在岗职工平均工资(元)	Average Wage of Staff & Workers Employed in(yuan)	38892	43391	11.6
城镇居民人均可支配收入(元)	Annual Disposable Income of Urban Residents per Capita(yuan)	25149	28444	13.1
农牧民人均纯收入(元)	Per Capita Net Income of Peasant & Herdsman(yuan)	10600	11890	12.2
农村牧区经济	**Economic Development in Rural & Pastoral Area**			
耕地面积(公顷)	Cultivated Area(hectare)	3016	2933	－2.8
农作物总播种面积(公顷)	Total Sown Area(hectare)	2055	1681	－18.2
#粮食作物播种面积(公顷)	Sown Area of Grain Crops(hectare)	1638	1390	－15.1
有效灌溉面积(公顷)	Irrigated Area(hectare)	2973	2970	－0.1
农牧业机械总动力(万千瓦)	Total Power of Agricultural Machinery(10 000 kw)	1.39	1.50	7.9
化肥施用折纯量(吨)	Consumption of Chemical Fertilizer(ton)	2125	1205	－43.3
农村用电量(万千瓦小时)	Electricity Consumed in Rural Area(10 000 kwh)	2213	2231	0.8
农林牧渔业总产值(万元)	Gross Output of Farming, Forestry, Animal Husbandry & Fishery(10 000 yuan)	28300	32450	6.3
粮食产量(吨)	Yield of Grain(ton)	9975	7808	－21.7
油料产量(吨)	Yield of Oil－bearing Grops(ton)	31	58	87.1
甜菜产量(吨)	Yield of Beetroots(ton)			
猪牛羊肉产量(吨)	Output of Pork, Beef & Mutton(ton)	1557	3030	94.6
#猪肉产量(吨)	Output of Pork(ton)	305	1893	520.7
牛肉产量(吨)	Output of Beef(ton)	891	678	－23.9
羊肉产量(吨)	Output of Mutton(ton)	361	459	27.1
羊毛产量(吨)	Output of Wool(ton)	16	11	－31.3

23－18 Kundulun District in Baotou City

指　　标	Item	2009	2010	2010年比上年增长% Increase Rate in 2010 Over 2009(%)
年末牲畜存栏头数(万头只)	Total Livestock at the Year－end(10 000 heads)	5.44	3.82	－29.8
#大牲畜(万头只)	Large Animals(10 000 heads)	0.94	0.68	－27.7
羊(万只)	Sheep & Goats(10 000 heads)	3.38	1.85	－45.3
猪(万头)	Hogs(10 000 heads)	1.12	1.29	15.2
规模以上工业	**Industrial Enterprises above Designated size**			
工业企业单位数(个)	Number of Industrial Enterprises(unit)	90	85	－5.6
#内资企业(个)	Civil Funded Enterprises(unit)	85	80	－5.9
工业总产值(万元)	Gross Industrial Output Value(10 000 yuan)	6287575	7221200	14.8
内资企业(万元)	Civil Funded Enterprises(10 000 yuan)	6000881	6778000	13.0
国有企业(万元)	State－owned Enterprises(10 000 yuan)	22402	17400	－22.3
集体企业(万元)	Collective－owned Enterprises(10 000 yuan)	80901	87400	8.0
股份合作企业(万元)	Share Holding Enterprises(10 000 yuan)	7090	7600	7.2
联营企业(万元)	Joint Owned Enterprises(10 000 yuan)			
有限责任公司(万元)	Limited Company(10 000 yuan)	955758	1058300	10.7
股份有限公司(万元)	Share Holding Limited Company(10 000 yuan)	4030595	4593000	14.0
私营企业(万元)	Privately Owned Enterprises(10 000 yuan)	904135	1014300	12.2
其他企业(万元)	Enterprises of Other Ownership(10 000 yuan)			
港澳台商投资企业(万元)	Funds from HK,Macao & Taiwan(10 000 yuan)			
外商投资企业(万元)	Foreign Funded Enterprises(10 000 yuan)	286693	443200	54.6
工业企业增加值(万元)	Value Added of Industrial Enterprises(10 000 yuan)	2614415		14.5
工业企业资产总计(万元)	Total Assets of Industrial Enterprises(10 000 yuan)	9286797	9414200	1.4
工业企业负债合计(万元)	Total Liabilities of Industrial Enterprises(10 000 yuan)	5279829	5853200	10.9
工业企业产品销售收入(万元)	Sales of Revenue Industrial Enterprises(10 000 yuan)	5951628	7576300	27.3
工业企业利润总额(万元)	Total Profits of Industrial Enterprises(10 000 yuan)	－129793	99300	
建筑业	**Construction**			
建筑企业单位数(个)	Number of Construction Enterprises(unit)	30	27	－10.0
建筑企业从业人员(人)	Number of Employee in Construction Enterprises(person)	23164	24953	7.7
建筑业总产值(万元)	Gross Construction Output Value(10 000 yuan)	584590	619064	5.9
交通运输邮电通信业	Transportation,Post & Telecommunications			
公路里程(公里)	Total Length of Highways(km)	341	348	2.1
邮电业务总量(万元)	Business Volume of Post & Telecoms(10 000 yuan)	463068	492590	6.4
本地电话用户(户)	Number of Subscribers of Local Telephone(Household)	141941	134021	－5.6
国内贸易	**Domestic Trade**			
社会消费品零售总额(万元)	Total Retail Sales of Consumer Goods(10 000 yuan)	2025323	2412058	19.1
#贸易业(万元)	Wholesale & Retail Sales Trades(10 000 yuan)	1676847	2000283	19.3
餐饮业(万元)	Catering Trade(10 000 yuan)	320212	378114	18.1
科技教育卫生	**Science,Education & Public Health**			
各类专业技术人员(人)	Special Technical Personnel(person)	29214	29740	1.8
幼儿园数(所)	Number of Kindergartens(unit)	38	36	－5.3
学龄儿童入学率(%)	Percentage of School－Age Children Enrolled(%)	100.0	100.0	0.0
小学学校数(所)	Number of Primary Schools(unit)	46	45	－2.2
小学专任教师数(人)	Number of Full－time Teachers of Primary Schools(person)	2325	2262	－2.7
小学在校学生数(人)	Number of Student Enrollment of Primary Schools(person)	47075	45267	－3.8
普通中学学校数(所)	Number of Regular Secondary Schools(unit)	31	28	－9.7
普通中学专任教师数(人)	Number of Teachers of Secondary Shools(person)	2663	2453	－7.9
初中在校学生数(人)	Number of Student in Junior Secondary Schools(person)	30088	27858	－7.4
高中在校学生数(人)	Number of Student in Senior Secondary Schools(person)	16577	15553	－6.2
卫生机构数(所)	Number of Health Institutions(unit)	39	39	0.0
#医院(所)	Hospitals(unit)	8	8	0.0
卫生院(所)	Township Hospitals(unit)	2	2	0.0
床位数(张)	Number of Beds(unit)	2942	3529	20.0
#医院(张)	Hospitals(unit)	2887	3447	19.4
卫生院(张)	Township Hospitals(unit)	30	37	23.3
卫生技术人员(人)	Medical Technical Presonnel(person)	3883	4077	5.0
#医院(人)	Hospitals(person)	3279	3522	7.4
卫生院(人)	Township Hospitals(person)	47	44	－6.4

23 – 19 包头市青山区

指　　标	Item	2009	2010	2010年比上年增长% Increase Rate in 2010 Over 2009(%)
行政区域土地面积(平方公里)	**Area of Administration(Sq. km)**	**280**	**280**	**0.0**
人口和就业	**Population & Employment**			
年末总人口(人)	Total Population Year – end(person)	352893	356747	1.1
#男性(人)	Male(person)	176698	178426	1.0
#乡村人口(人)	Rural(person)	22756	23642	3.9
年末总户数(户)	Total Number of Households at the Year – end(Household)	114585	117142	2.2
#乡村户数(户)	Number of Rural Household(Household)			
出生人口(人)	Births(person)	3292	3371	2.4
死亡人口(人)	Deaths(person)	1130	1133	0.3
全社会就业人员(人)	Employment(person)	252947	260055	2.8
第一产业(人)	Primary Industry(person)	7257	8221	13.3
第二产业(人)	Secondary Industry(person)	102839	103687	0.8
第三产业(人)	Tertiary Industry(person)	142851	148147	3.7
在岗职工人数(人)	Number of Staff & Workers Employed in(person)	90494	88715	-2.0
乡村劳动力(人)	Number of Rural Laborers(person)	10051	10265	2.1
#农林牧渔业(人)	Farming, Forestry, Animal Husbandry & Fishery(person)	3408	3493	2.5
国民经济综合指标	**Summary Item on the National Economy**			
生产总值(万元)	Gross Domestic Product(10 000 yuan)	4625718	5430318	19.9
第一产业(万元)	Primary Industry(10 000 yuan)	17900	21157	6.3
第二产业(万元)	Secondary Industry(10 000 yuan)	2329404	2811212	24.0
#工业(万元)	Industry(10 000 yuan)	2103404	2547212	25.4
第三产业(万元)	Tertiary Industry(10 000 yuan)	2278414	2597949	15.5
人均生产总值(元)	Per Capita GDP(yuan)	100135		
全社会固定资产投资(万元)	Total Investment in Fixed Assets(10 000 yuan)	2403400	2885245	20.0
按登记注册类型分	Grouped by Registered Type			
#国有(万元)	State – owned Enterprises(10 000 yuan)	508045	618702	21.8
集体(万元)	Collective – owned Enterprises(10 000 yuan)	59040	29364	-50.3
有限责任公司(万元)	Limited Liability Corporations(10 000 yuan)	1248385	1392929	11.6
股份有限公司(万元)	Share Holding Enterprises(10 000 yuan)	13030	3600	-72.4
私营企业(万元)	Private Enterprises(10 000 yuan)	91895	51654	-43.8
外商及港澳台投资企业(万元)	Funds from HK, Macao, Taiwan & Foreign(10 000 yuan)	3140	90710	2788.9
按城乡渠道分	Grouped by Urban and Rural Area			
城镇(万元)	Urban(10 000 yuan)	2403400	2885245	20.0
农村(万元)	Rural(10 000 yuan)			
一般预算收入(万元)	General Budgetary Financial Revenue(10 000 yuan)	199510	218220	9.4
一般预算支出(万元)	General Budgetary Financial Expenditures(10 000 yuan)	198481	212151	6.9
城乡居民储蓄存款余额(万元)	Resident Saving Deposit in Urban & Rural(10 000 yuan)	1749838	2079019	18.8
在岗职工工资总额(万元)	Total Wages of Staff & Workers Employed in(10 000 yuan)	357421	379736	6.2
在岗职工平均工资(元)	Average Wage of Staff & Workers Employed in(yuan)	38813	43470	12.0
城镇居民人均可支配收入(元)	Annual Disposable Income of Urban Residents per Capita(yuan)	25141	28444	13.1
农牧民人均纯收入(元)	Per Capita Net Income of Peasant & Herdsman(yuan)	10509	11833	12.6
农村牧区经济	**Economic Development in Rural & Pastoral Area**			
耕地面积(公顷)	Cultivated Area(hectare)	2477	3032	22.4
农作物总播种面积(公顷)	Total Sown Area(hectare)	1228	1394	13.5
#粮食作物播种面积(公顷)	Sown Area of Grain Crops(hectare)	1151	1366	18.7
有效灌溉面积(公顷)	Irrigated Area(hectare)	2473	2470	-0.1
农牧业机械总动力(万千瓦)	Total Power of Agricultural Machinery(10 000 kw)	0.43	0.40	-7.0
化肥施用折纯量(吨)	Consumption of Chemical Fertilizer(ton)	316	322	1.9
农村用电量(万千瓦小时)	Electricity Consumed in Rural Area(10 000 kwh)	1266	1269	0.2
农林牧渔业总产值(万元)	Gross Output of Farming, Forestry, Animal Husbandry & Fishery(10 000 yuan)	28467	32977	6.3
粮食产量(吨)	Yield of Grain(ton)	6668	7802	17.0
油料产量(吨)	Yield of Oil – bearing Grops(ton)	20		
甜菜产量(吨)	Yield of Beetroots(ton)			
猪牛羊肉产量(吨)	Output of Pork, Beef & Mutton(ton)	881	1895	115.1
#猪肉产量(吨)	Output of Pork(ton)	408	151	-63.0
牛肉产量(吨)	Output of Beef(ton)	190	1592	737.9
羊肉产量(吨)	Output of Mutton(ton)	283	152	-46.3
羊毛产量(吨)	Output of Wool(ton)	31	15	-51.6

23－19 Qingshan District in Baotou City

指　　标	Item	2009	2010	2010年比上年增长% Increase Rate in 2010 Over 2009(%)
年末牲畜存栏头数(万头只)	Total Livestock at the Year－end(10 000 heads)	1.60	5.37	235.6
#大牲畜(万头只)	Large Animals(10 000 heads)	1.09	0.88	－19.3
羊(万只)	Sheep & Goats(10 000 heads)	0.36	4.34	1105.6
猪(万头)	Hogs(10 000 heads)	0.15	0.15	0.0
规模以上工业	**Industrial Enterprises above Designated size**			
工业企业单位数(个)	Number of Industrial Enterprises(unit)	80	84	5.0
#内资企业(个)	Civil Funded Enterprises(unit)	75	79	5.3
工业总产值(万元)	Gross Industrial Output Value(10 000 yuan)	4850138	5507957	13.6
内资企业(万元)	Civil Funded Enterprises(10 000 yuan)	4623942	5396907	16.7
国有企业(万元)	State－owned Enterprises(10 000 yuan)	924777	1277200	38.1
集体企业(万元)	Collective－owned Enterprises(10 000 yuan)	22116	21074	－4.7
股份合作企业(万元)	Share Holding Enterprises(10 000 yuan)		1994	
联营企业(万元)	Joint Owned Enterprises(10 000 yuan)			
有限责任公司(万元)	Limited Company(10 000 yuan)	3514634	3659355	4.1
股份有限公司(万元)	Share Holding Limited Company(10 000 yuan)	96650	73042	－24.4
私营企业(万元)	Privately Owned Enterprises(10 000 yuan)	65765	364242	453.9
其他企业(万元)	Enterprises of Other Ownership(10 000 yuan)			
港澳台商投资企业(万元)	Funds from HK,Macao & Taiwan(10 000 yuan)	5524	10386	88.0
外商投资企业(万元)	Foreign Funded Enterprises(10 000 yuan)	220672	100664	－54.4
工业企业增加值(万元)	Value Added of Industrial Enterprises(10 000 yuan)	1874104		26.6
工业企业资产总计(万元)	Total Assets of Industrial Enterprises(10 000 yuan)	5700174	6918688	21.4
工业企业负债合计(万元)	Total Liabilities of Industrial Enterprises(10 000 yuan)	4404460	5360897	21.7
工业企业产品销售收入(万元)	Sales of Revenue Industrial Enterprises(10 000 yuan)	4998170	6303100	26.1
工业企业利润总额(万元)	Total Profits of Industrial Enterprises(10 000 yuan)	34113	74275	117.7
建筑业	**Construction**			
建筑企业单位数(个)	Number of Construction Enterprises(unit)	29	29	0.0
建筑企业从业人员(人)	Number of Employee in Construction Enterprises(person)	12089	27680	129.0
建筑业总产值(万元)	Gross Construction Output Value(10 000 yuan)	503522	651666	29.4
交通运输邮电通信业	**Transportation,Post & Telecommunications**			
公路里程(公里)	Total Length of Highways(km)	256	270	5.5
邮电业务总量(万元)	Business Volume of Post & Telecoms(10 000 yuan)	63363	66899	5.6
本地电话用户(户)	Number of Subscribers of Local Telephone(Household)	55605	52666	－5.3
国内贸易	**Domestic Trade**			
社会消费品零售总额(万元)	Total Retail Sales of Consumer Goods(10 000 yuan)	1668545	1987237	19.1
#贸易业(万元)	Wholesale & Retail Sales Trades(10 000 yuan)	1463301	1741662	19.0
餐饮业(万元)	Catering Trade(10 000 yuan)	181954	217843	19.7
科技教育卫生	**Science,Education & Public Health**			
各类专业技术人员(人)	Special Technical Personnel(person)	39017	39583	1.5
幼儿园数(所)	Number of Kindergartens(unit)	34	29	－14.7
学龄儿童入学率(%)	Percentage of School－Age Children Enrolled(%)	100.0	100.0	
小学学校数(所)	Number of Primary Schools(unit)	26	25	－3.8
小学专任教师数(人)	Number of Full－time Teachers of Primary Schools(person)	1422	1431	0.6
小学在校学生数(人)	Number of Student Enrollment of Primary Schools(person)	27189	25936	－4.6
普通中学学校数(所)	Number of Regular Secondary Schools(unit)	17	17	
普通中学专任教师数(人)	Number of Teachers of Secondary Shools(person)	1702	1804	6.0
初中在校学生数(人)	Number of Student in Junior Secondary Schools(person)	16762	15932	－5.0
高中在校学生数(人)	Number of Student in Senior Secondary Schools(person)	12454	12790	2.7
卫生机构数(所)	Number of Health Institutions(unit)	23	23	0.0
#医院(所)	Hospitals(unit)	12	12	0.0
卫生院(所)	Township Hospitals(unit)	1	1	0.0
床位数(张)	Number of Beds(unit)	2928	2882	－1.6
#医院(张)	Hospitals(unit)	2928	2882	－1.6
卫生院(张)	Township Hospitals(unit)			
卫生技术人员(人)	Medical Technical Presonnel(person)	4702	3962	－15.7
#医院(人)	Hospitals(person)	3282	3280	－0.1
卫生院(人)	Township Hospitals(person)	5	4	－20.0

23-20 包头市九原区

指　　标	Item	2009	2010	2010年比上年增长% Increase Rate in 2010 Over 2009(%)
行政区域土地面积(平方公里)	**Area of Administration(Sq. km)**	**734**	**734**	**0.0**
人口和就业	**Population & Employment**			
年末总人口(人)	Total Population Year-end(person)	144178	145424	0.9
#男性(人)	Male(person)	73276	73546	0.4
#乡村人口(人)	Rural(person)	100630	101442	0.8
年末总户数(户)	Total Number of Households at the Year-end(Household)	52770	54110	2.5
#乡村户数(户)	Number of Rural Household(Household)	17133		
出生人口(人)	Births(person)	2098	2158	2.9
死亡人口(人)	Deaths(person)	587	670	14.1
全社会就业人员(人)	Employment(person)	106801	122100	14.3
第一产业(人)	Primary Industry(person)	36499	40135	10.0
第二产业(人)	Secondary Industry(person)	23868	30816	29.1
第三产业(人)	Tertiary Industry(person)	46434	51149	10.2
在岗职工人数(人)	Number of Staff & Workers Employed in(person)	12199	11808	-3.2
乡村劳动力(人)	Number of Rural Laborers(person)	36268	44122	21.7
#农林牧渔业(人)	Farming, Forestry, Animal Husbandry & Fishery(person)	19649	25406	29.3
国民经济综合指标	**Summary Item on the National Economy**			
生产总值(万元)	Gross Domestic Product(10 000 yuan)	1389248	1694204	19.3
第一产业(万元)	Primary Industry(10 000 yuan)	66900	80700	8.1
第二产业(万元)	Secondary Industry(10 000 yuan)	620100	824159	28.4
#工业(万元)	Industry(10 000 yuan)	490100	674159	33.1
第三产业(万元)	Tertiary Industry(10 000 yuan)	702248	789346	15.1
人均生产总值(元)	Per Capita GDP(yuan)	88653		
全社会固定资产投资(万元)	Total Investment in Fixed Assets(10 000 yuan)	1250000	1501979	20.2
按登记注册类型分	Grouped by Registered Type			
#国有(万元)	State-owned Enterprises(10 000 yuan)	895760	1118102	24.8
集体(万元)	Collective-owned Enterprises(10 000 yuan)	4000	15500	287.5
有限责任公司(万元)	Limited Liability Corporations(10 000 yuan)	35080	105595	201.0
股份有限公司(万元)	Share Holding Enterprises(10 000 yuan)	7500	890	-88.1
私营企业(万元)	Private Enterprises(10 000 yuan)	51515	44296	-14.0
外商及港澳台投资企业(万元)	Funds from HK, Macao, Taiwan & Foreign(10 000 yuan)			
按城乡渠道分	Grouped by Urban and Rural Area			
城镇(万元)	Urban(10 000 yuan)	997555	1499069	50.3
农村(万元)	Rural(10 000 yuan)	252445	2910	-98.8
一般预算收入(万元)	General Budgetary Financial Revenue(10 000 yuan)	98229	104241	6.1
一般预算支出(万元)	General Budgetary Financial Expenditures(10 000 yuan)	156661	163065	4.1
城乡居民储蓄存款余额(万元)	Resident Saving Deposit in Urban & Rural(10 000 yuan)	505513	645000	27.6
在岗职工工资总额(万元)	Total Wages of Staff & Workers Employed in(10 000 yuan)	46691	53805	15.2
在岗职工平均工资(元)	Average Wage of Staff & Workers Employed in(yuan)	36945	43217	17.0
城镇居民人均可支配收入(元)	Annual Disposable Income of Urban Residents per Capita(yuan)	24081	26995	12.1
农牧民人均纯收入(元)	Per Capita Net Income of Peasant & Herdsman(yuan)	9272	10422	12.4
农村牧区经济	**Economic Development in Rural & Pastoral Area**			
耕地面积(公顷)	Cultivated Area(hectare)	20127	16200	-19.5
农作物总播种面积(公顷)	Total Sown Area(hectare)	14672	15661	6.7
#粮食作物播种面积(公顷)	Sown Area of Grain Crops(hectare)	9013	9218	2.3
有效灌溉面积(公顷)	Irrigated Area(hectare)	15073	15270	1.3
农牧业机械总动力(万千瓦)	Total Power of Agricultural Machinery(10 000 kw)	16.95	17.00	0.3
化肥施用折纯量(吨)	Consumption of Chemical Fertilizer(ton)	5801	4773	-17.7
农村用电量(万千瓦小时)	Electricity Consumed in Rural Area(10 000 kwh)	5486	5941	8.3
农林牧渔业总产值(万元)	Gross Output of Farming, Forestry, Animal Husbandry & Fishery(10 000 yuan)	111264	146730	8.1
粮食产量(吨)	Yield of Grain(ton)	58644	58688	0.1
油料产量(吨)	Yield of Oil-bearing Grops(ton)	1877	1706	-9.1
甜菜产量(吨)	Yield of Beetroots(ton)	1200	2190	82.5
猪牛羊肉产量(吨)	Output of Pork, Beef & Mutton(ton)	15586	19801	27.0
#猪肉产量(吨)	Output of Pork(ton)	7092	7682	8.3
牛肉产量(吨)	Output of Beef(ton)	7091	10466	47.6
羊肉产量(吨)	Output of Mutton(ton)	1403	1653	17.8
羊毛产量(吨)	Output of Wool(ton)	219	219	0.0

23 - 20 Jiuyuan District in Baotou City

指　　标	Item	2009	2010	2010年比上年增长% Increase Rate in 2010 Over 2009(%)
年末牲畜存栏头数(万头只)	Total Livestock at the Year - end(10 000 heads)	22.89	20.74	-9.4
# 大牲畜(万头只)	Large Animals(10 000 heads)	7.29	7.72	5.9
羊(万只)	Sheep & Goats(10 000 heads)	11.88	9.55	-19.6
猪(万头)	Hogs(10 000 heads)	3.72	3.47	-6.7
规模以上工业	**Industrial Enterprises above Designated size**			
工业企业单位数(个)	Number of Industrial Enterprises(unit)	62	66	6.5
# 内资企业(个)	Civil Funded Enterprises(unit)	59	63	6.8
工业总产值(万元)	Gross Industrial Output Value(10 000 yuan)	584479	1359100	132.5
内资企业(万元)	Civil Funded Enterprises(10 000 yuan)	577389	1320900	128.8
国有企业(万元)	State - owned Enterprises(10 000 yuan)	112302	394800	251.6
集体企业(万元)	Collective - owned Enterprises(10 000 yuan)	10315		
股份合作企业(万元)	Share Holding Enterprises(10 000 yuan)			
联营企业(万元)	Joint Owned Enterprises(10 000 yuan)	2273	1900	-16.4
有限责任公司(万元)	Limited Company(10 000 yuan)	149557	66200	-55.7
股份有限公司(万元)	Share Holding Limited Company(10 000 yuan)			
私营企业(万元)	Privately Owned Enterprises(10 000 yuan)	302942	858000	183.2
其他企业(万元)	Enterprises of Other Ownership(10 000 yuan)			
港澳台商投资企业(万元)	Funds from HK, Macao & Taiwan(10 000 yuan)	2213	34600	1463.5
外商投资企业(万元)	Foreign Funded Enterprises(10 000 yuan)	4877	3600	-26.2
工业企业增加值(万元)	Value Added of Industrial Enterprises(10 000 yuan)	210770		32.4
工业企业资产总计(万元)	Total Assets of Industrial Enterprises(10 000 yuan)	1132564	2535400	123.9
工业企业负债合计(万元)	Total Liabilities of Industrial Enterprises(10 000 yuan)	1003820	1011500	0.8
工业企业产品销售收入(万元)	Sales of Revenue Industrial Enterprises(10 000 yuan)	581190	1366300	135.1
工业企业利润总额(万元)	Total Profits of Industrial Enterprises(10 000 yuan)	10553	143900	1263.6
建筑业	**Construction**			
建筑企业单位数(个)	Number of Construction Enterprises(unit)	5	6	20.0
建筑企业从业人员(人)	Number of Employee in Construction Enterprises(person)	341	585	71.6
建筑业总产值(万元)	Gross Construction Output Value(10 000 yuan)	52707	76260	44.7
交通运输邮电通信业	**Transportation, Post & Telecommunications**			
公路里程(公里)	Total Length of Highways(km)	471	527	11.9
邮电业务总量(万元)	Business Volume of Post & Telecoms(10 000 yuan)	17854	20621	15.5
本地电话用户(户)	Number of Subscribers of Local Telephone(Household)	23554	15181	-35.5
国内贸易	**Domestic Trade**			
社会消费品零售总额(万元)	Total Retail Sales of Consumer Goods(10 000 yuan)	308759	364590	18.1
# 贸易业(万元)	Wholesale & Retail Sales Trades(10 000 yuan)	291508	344236	18.1
餐饮业(万元)	Catering Trade(10 000 yuan)	12942	15266	18.0
科技教育卫生	**Science, Education & Public Health**			
各类专业技术人员(人)	Special Technical Personnel(person)	2610	2230	-14.6
幼儿园数(所)	Number of Kindergartens(unit)	22	20	-9.1
学龄儿童入学率(%)	Percentage of School - Age Children Enrolled(%)	100.0	100.0	
小学学校数(所)	Number of Primary Schools(unit)	28	21	-25.0
小学专任教师数(人)	Number of Full - time Teachers of Primary Schools(person)	1095	819	-25.2
小学在校学生数(人)	Number of Student Enrollment of Primary Schools(person)	18008	11963	-33.6
普通中学学校数(所)	Number of Regular Secondary Schools(unit)	8	6	-25.0
普通中学专任教师数(人)	Number of Teachers of Secondary Shools(person)	814	685	-15.8
初中在校学生数(人)	Number of Student in Junior Secondary Schools(person)	7883	6580	-16.5
高中在校学生数(人)	Number of Student in Senior Secondary Schools(person)	2716	2637	-2.9
卫生机构数(所)	Number of Health Institutions(unit)	13	14	7.7
# 医院(所)	Hospitals(unit)	4	5	25.0
卫生院(所)	Township Hospitals(unit)	8	8	
床位数(张)	Number of Beds(unit)	572	579	1.2
# 医院(张)	Hospitals(unit)	492	493	0.2
卫生院(张)	Township Hospitals(unit)	82	86	4.9
卫生技术人员(人)	Medical Technical Presonnel(person)	481	525	9.1
# 医院(人)	Hospitals(person)	304	347	14.1
卫生院(人)	Township Hospitals(person)	171	172	0.6

23－21 包头市石拐区

指　　标	Item	2009	2010	2010年比上年增长% Increase Rate in 2010 Over 2009(%)
行政区域土地面积(平方公里)	**Area of Administration(Sq. km)**	**761**	**761**	**0.0**
人口和就业	**Population & Employment**			
年末总人口(人)	Total Population Year－end(person)	66456	66337	－0.2
#男性(人)	Male(person)	34106	33959	－0.4
#乡村人口(人)	Rural(person)	24079	24071	0.0
年末总户数(户)	Total Number of Households at the Year－end(Household)	26904	27059	2.2
#乡村户数(户)	Number of Rural Household(Household)	4575		
出生人口(人)	Births(person)	72	84	16.7
死亡人口(人)	Deaths(person)	190	220	15.8
全社会就业人员(人)	Employment(person)	23617	24660	4.4
第一产业(人)	Primary Industry(person)	4860	6043	24.3
第二产业(人)	Secondary Industry(person)	11886	12104	－17.9
第三产业(人)	Tertiary Industry(person)	6871	6513	－5.2
在岗职工人数(人)	Number of Staff & Workers Employed in(person)	5125	5197	1.4
乡村劳动力(人)	Number of Rural Laborers(person)	8240	10405	26.3
#农林牧渔业(人)	Farming, Forestry, Animal Husbandry & Fishery(person)	3540	6043	70.7
国民经济综合指标	**Summary Item on the National Economy**			
生产总值(万元)	Gross Domestic Product(10 000 yuan)	521792	575887	10.8
第一产业(万元)	Primary Industry(10 000 yuan)	4640	5478	6.1
第二产业(万元)	Secondary Industry(10 000 yuan)	451435	501248	11.1
#工业(万元)	Industry(10 000 yuan)	431335	479148	11.4
第三产业(万元)	Tertiary Industry(10 000 yuan)	65717	69161	9.5
人均生产总值(元)	Per Capita GDP(yuan)	116602		
全社会固定资产投资(万元)	Total Investment in Fixed Assets(10 000 yuan)	344457	415299	20.6
按登记注册类型分	Grouped by Registered Type			
#国有(万元)	State－owned Enterprises(10 000 yuan)	58720	119546	103.6
集体(万元)	Collective－owned Enterprises(10 000 yuan)	50		
有限责任公司(万元)	Limited Liability Corporations(10 000 yuan)	22140	91528	313.4
股份有限公司(万元)	Share Holding Enterprises(10 000 yuan)	17000	15258	－10.2
私营企业(万元)	Private Enterprises(10 000 yuan)	191587	119219	－37.8
外商及港澳台投资企业(万元)	Funds from HK, Macao, Taiwan & Foreign(10 000 yuan)			
按城乡渠道分	Grouped by Urban and Rural Area			
城镇(万元)	Urban(10 000 yuan)	344457	415179	20.5
农村(万元)	Rural(10 000 yuan)		120	
一般预算收入(万元)	General Budgetary Financial Revenue(10 000 yuan)	30424	32275	6.1
一般预算支出(万元)	General Budgetary Financial Expenditures(10 000 yuan)	65686	65470	－0.3
城乡居民储蓄存款余额(万元)	Resident Saving Deposit in Urban & Rural(10 000 yuan)	141195	131611	－6.8
在岗职工工资总额(万元)	Total Wages of Staff & Workers Employed in(10 000 yuan)	15638	21655	38.5
在岗职工平均工资(元)	Average Wage of Staff & Workers Employed in(yuan)	35524	42487	19.6
城镇居民人均可支配收入(元)	Annual Disposable Income of Urban Residents per Capita(yuan)	17412	19205	10.3
农牧民人均纯收入(元)	Per Capita Net Income of Peasant & Herdsman(yuan)	5978	6625	10.8
农村牧区经济	**Economic Development in Rural & Pastoral Area**			
耕地面积(公顷)	Cultivated Area(hectare)	4703	4703	0.0
农作物总播种面积(公顷)	Total Sown Area(hectare)	2721	2801	2.9
#粮食作物播种面积(公顷)	Sown Area of Grain Crops(hectare)	2388	2545	6.6
有效灌溉面积(公顷)	Irrigated Area(hectare)	2373	2500	5.4
农牧业机械总动力(万千瓦)	Total Power of Agricultural Machinery(10 000 kw)	1.72	1.80	4.7
化肥施用折纯量(吨)	Consumption of Chemical Fertilizer(ton)	902	863	－4.3
农村用电量(万千瓦小时)	Electricity Consumed in Rural Area(10 000 kwh)	435	422	－3.0
农林牧渔业总产值(万元)	Gross Output of Farming, Forestry, Animal Husbandry & Fishery(10 000 yuan)	7900	8996	6.1
粮食产量(吨)	Yield of Grain(ton)	4676	4411	－5.7
油料产量(吨)	Yield of Oil－bearing Grops(ton)	64	33	－48.4
甜菜产量(吨)	Yield of Beetroots(ton)			
猪牛羊肉产量(吨)	Output of Pork, Beef & Mutton(ton)	1162	542	－53.4
#猪肉产量(吨)	Output of Pork(ton)	166	200	20.5
牛肉产量(吨)	Output of Beef(ton)	380	50	－86.8
羊肉产量(吨)	Output of Mutton(ton)	616	292	－52.6
羊毛产量(吨)	Output of Wool(ton)	42	31	－26.2

23－21 Shiguai District in Baotou City

指　　标	Item	2009	2010	2010 年比上年增长% Increase Rate in 2010 Over 2009(%)
年末牲畜存栏头数(万头只)	Total Livestock at the Year－end(10 000 heads)	3.94	3.32	－15.7
# 大牲畜(万头只)	Large Animals(10 000 heads)	0.16	0.15	－6.3
羊(万只)	Sheep & Goats(10 000 heads)	3.50	2.99	－14.6
猪(万头)	Hogs(10 000 heads)	0.27	0.18	－33.3
规模以上工业	**Industrial Enterprises above Designated size**			
工业企业单位数(个)	Number of Industrial Enterprises(unit)	51	50	－2.0
# 内资企业(个)	Civil Funded Enterprises(unit)	49	48	－2.0
工业总产值(万元)	Gross Industrial Output Value(10 000 yuan)	799650	1014934	26.9
内资企业(万元)	Civil Funded Enterprises(10 000 yuan)	772020	996803	29.1
国有企业(万元)	State－owned Enterprises(10 000 yuan)	226774	184471	－18.7
集体企业(万元)	Collective－owned Enterprises(10 000 yuan)			
股份合作企业(万元)	Share Holding Enterprises(10 000 yuan)			
联营企业(万元)	Joint Owned Enterprises(10 000 yuan)			
有限责任公司(万元)	Limited Company(10 000 yuan)	45126	64957	43.9
股份有限公司(万元)	Share Holding Limited Company(10 000 yuan)	87355	58273	－33.3
私营企业(万元)	Privately Owned Enterprises(10 000 yuan)	412765	689102	66.9
其他企业(万元)	Enterprises of Other Ownership(10 000 yuan)			
港澳台商投资企业(万元)	Funds from HK, Macao & Taiwan(10 000 yuan)			
外商投资企业(万元)	Foreign Funded Enterprises(10 000 yuan)	27630	18131	－34.4
工业企业增加值(万元)	Value Added of Industrial Enterprises(10 000 yuan)	409435		12.8
工业企业资产总计(万元)	Total Assets of Industrial Enterprises(10 000 yuan)	515326	770800	49.6
工业企业负债合计(万元)	Total Liabilities of Industrial Enterprises(10 000 yuan)	394566	530800	34.5
工业企业产品销售收入(万元)	Sales of Revenue Industrial Enterprises(10 000 yuan)	936631	971400	3.7
工业企业利润总额(万元)	Total Profits of Industrial Enterprises(10 000 yuan)	9230	27600	199.0
建筑业	**Construction**			
建筑企业单位数(个)	Number of Construction Enterprises(unit)	1	1	0.0
建筑企业从业人员(人)	Number of Employee in Construction Enterprises(person)	492	523	6.3
建筑业总产值(万元)	Gross Construction Output Value(10 000 yuan)	9817	9059	－7.7
交通运输邮电通信业	**Transportation, Post & Telecommunications**			
公路里程(公里)	Total Length of Highways(km)	315	315	0.0
邮电业务总量(万元)	Business Volume of Post & Telecoms(10 000 yuan)	2244	2162	－3.7
本地电话用户(户)	Number of Subscribers of Local Telephone(Household)	3779	1853	－51.0
国内贸易	**Domestic Trade**			
社会消费品零售总额(万元)	Total Retail Sales of Consumer Goods(10 000 yuan)	32135	36206	12.7
# 贸易业(万元)	Wholesale & Retail Sales Trades(10 000 yuan)	27371	31233	14.1
餐饮业(万元)	Catering Trade(10 000 yuan)	4316	4467	3.5
科技教育卫生	**Science, Education & Public Health**			
各类专业技术人员(人)	Special Technical Personnel(person)	2068	2150	4.0
幼儿园数(所)	Number of Kindergartens(unit)	2	1	－50.0
学龄儿童入学率(%)	Percentage of School－Age Children Enrolled(%)	99.9	99.9	
小学学校数(所)	Number of Primary Schools(unit)	7	2	－71.4
小学专任教师数(人)	Number of Full－time Teachers of Primary Schools(person)	181	115	－36.5
小学在校学生数(人)	Number of Student Enrollment of Primary Schools(person)	1477	1014	－31.3
普通中学学校数(所)	Number of Regular Secondary Schools(unit)	4	2	－50.0
普通中学专任教师数(人)	Number of Teachers of Secondary Shools(person)	169	100	－40.8
初中在校学生数(人)	Number of Student in Junior Secondary Schools(person)	1074	854	－20.5
高中在校学生数(人)	Number of Student in Senior Secondary Schools(person)	174	220	26.4
卫生机构数(所)	Number of Health Institutions(unit)	25	31	24.0
# 医院(所)	Hospitals(unit)	1	1	0.0
卫生院(所)	Township Hospitals(unit)	2	2	0.0
床位数(张)	Number of Beds(unit)	374	374	0.0
# 医院(张)	Hospitals(unit)	334	334	0.0
卫生院(张)	Township Hospitals(unit)	40	40	0.0
卫生技术人员(人)	Medical Technical Presonnel(person)	278	278	0.0
# 医院(人)	Hospitals(person)	267	267	0.0
卫生院(人)	Township Hospitals(person)	11	11	0.0

23－22 包头市白云矿区

指　　标	Item	2009	2010	2010 年比上年增长% Increase Rate in 2010 Over 2009(%)
行政区域土地面积(平方公里)	**Area of Administration(Sq. km)**	**303**	**303**	**0.0**
人口和就业	**Population & Employment**			
年末总人口(人)	Total Population Year－end(person)	19334	18974	－1.9
#男性(人)	Male(person)	10078	9879	－2.0
#乡村人口(人)	Rural(person)	152	149	－2.0
年末总户数(户)	Total Number of Households at the Year－end(Household)	6679	6679	0.0
#乡村户数(户)	Number of Rural Household(Household)			
出生人口(人)	Births(person)	109	115	5.5
死亡人口(人)	Deaths(person)	87	82	－5.7
全社会就业人员(人)	Employment(person)	12849	13050	1.6
第一产业(人)	Primary Industry(person)	77	79	2.6
第二产业(人)	Secondary Industry(person)	7439	7555	1.6
第三产业(人)	Tertiary Industry(person)	5333	5416	1.6
在岗职工人数(人)	Number of Staff & Workers Employed in(person)	9354	9147	－2.2
乡村劳动力(人)	Number of Rural Laborers(person)			
#农林牧渔业(人)	Farming, Forestry, Animal Husbandry & Fishery(person)			
国民经济综合指标	**Summary Item on the National Economy**			
生产总值(万元)	Gross Domestic Product(10 000 yuan)	189132	207571	15.5
第一产业(万元)	Primary Industry(10 000 yuan)	287	339	6.1
第二产业(万元)	Secondary Industry(10 000 yuan)	137670	151828	17.1
#工业(万元)	Industry(10 000 yuan)	129570	142528	17.6
第三产业(万元)	Tertiary Industry(10 000 yuan)	51175	55404	10.5
人均生产总值(元)	Per Capita GDP(yuan)	75502		
全社会固定资产投资(万元)	Total Investment in Fixed Assets(10 000 yuan)	190963	226900	18.8
按登记注册类型分	Grouped by Registered Type			
#国有(万元)	State－owned Enterprises(10 000 yuan)	15688	35325	125.2
集体(万元)	Collective－owned Enterprises(10 000 yuan)			
有限责任公司(万元)	Limited Liability Corporations(10 000 yuan)	166234	176117	5.9
股份有限公司(万元)	Share Holding Enterprises(10 000 yuan)			
私营企业(万元)	Private Enterprises(10 000 yuan)	9041	15458	71.0
外商及港澳台投资企业(万元)	Funds from HK, Macao, Taiwan & Foreign(10 000 yuan)			
按城乡渠道分	Grouped by Urban and Rural Area			
城镇(万元)	Urban(10 000 yuan)	190963	226900	18.8
农村(万元)	Rural(10 000 yuan)			
一般预算收入(万元)	General Budgetary Financial Revenue(10 000 yuan)	18508	18292	－1.2
一般预算支出(万元)	General Budgetary Financial Expenditures(10 000 yuan)	25575	26418	3.3
城乡居民储蓄存款余额(万元)	Resident Saving Deposit in Urban & Rural(10 000 yuan)	56100	77790	38.7
在岗职工工资总额(万元)	Total Wages of Staff & Workers Employed in(10 000 yuan)	38806	45710	17.8
在岗职工平均工资(元)	Average Wage of Staff & Workers Employed in(yuan)	41830	48993	17.1
城镇居民人均可支配收入(元)	Annual Disposable Income of Urban Residents per Capita(yuan)	25061	28319	13.0
农牧民人均纯收入(元)	Per Capita Net Income of Peasant & Herdsman(yuan)			
农村牧区经济	**Economic Development in Rural & Pastoral Area**			
耕地面积(公顷)	Cultivated Area(hectare)			
农作物总播种面积(公顷)	Total Sown Area(hectare)			
#粮食作物播种面积(公顷)	Sown Area of Grain Crops(hectare)			
有效灌溉面积(公顷)	Irrigated Area(hectare)			
农牧业机械总动力(万千瓦)	Total Power of Agricultural Machinery(10 000 kw)			
化肥施用折纯量(吨)	Consumption of Chemical Fertilizer(ton)			
农村用电量(万千瓦小时)	Electricity Consumed in Rural Area(10 000 kwh)			
农林牧渔业总产值(万元)	Gross Output of Farming, Forestry, Animal Husbandry & Fishery(10 000 yuan)	474	607	6.1
粮食产量(吨)	Yield of Grain(ton)			
油料产量(吨)	Yield of Oil－bearing Grops(ton)			
甜菜产量(吨)	Yield of Beetroots(ton)			
猪牛羊肉产量(吨)	Output of Pork, Beef & Mutton(ton)	100	73	－27.0
#猪肉产量(吨)	Output of Pork(ton)	96	66	－31.3
牛肉产量(吨)	Output of Beef(ton)	1	1.5	50.0
羊肉产量(吨)	Output of Mutton(ton)	3	5	66.7
羊毛产量(吨)	Output of Wool(ton)	1	1	0.0

23－22 Baiyun Mineral District in Baotou City

指标	Item	2009	2010	2010年比上年增长% Increase Rate in 2010 Over 2009(%)
年末牲畜存栏头数(万头只)	Total Livestock at the Year－end(10 000 heads)	0.14	0.15	7.1
#大牲畜(万头只)	Large Animals(10 000 heads)	0.01	0.01	0.0
羊(万只)	Sheep & Goats(10 000 heads)	0.02	0.03	50.0
猪(万头)	Hogs(10 000 heads)	0.11	0.11	0.0
规模以上工业	**Industrial Enterprises above Designated size**			
工业企业单位数(个)	Number of Industrial Enterprises(unit)	6	8	33.3
#内资企业(个)	Civil Funded Enterprises(unit)	6	8	33.3
工业总产值(万元)	Gross Industrial Output Value(10 000 yuan)	28330	57200	101.9
内资企业(万元)	Civil Funded Enterprises(10 000 yuan)	28330	57200	101.9
国有企业(万元)	State－owned Enterprises(10 000 yuan)			
集体企业(万元)	Collective－owned Enterprises(10 000 yuan)			
股份合作企业(万元)	Share Holding Enterprises(10 000 yuan)			
联营企业(万元)	Joint Owned Enterprises(10 000 yuan)			
有限责任公司(万元)	Limited Company(10 000 yuan)	9094	30700	237.6
股份有限公司(万元)	Share Holding Limited Company(10 000 yuan)		3900	
私营企业(万元)	Privately Owned Enterprises(10 000 yuan)	19236	22600	17.5
其他企业(万元)	Enterprises of Other Ownership(10 000 yuan)			
港澳台商投资企业(万元)	Funds from HK,Macao & Taiwan(10 000 yuan)			
外商投资企业(万元)	Foreign Funded Enterprises(10 000 yuan)			
工业企业增加值(万元)	Value Added of Industrial Enterprises(10 000 yuan)	8400		14.9
工业企业资产总计(万元)	Total Assets of Industrial Enterprises(10 000 yuan)	72997	150500	106.2
工业企业负债合计(万元)	Total Liabilities of Industrial Enterprises(10 000 yuan)	53456	113000	111.4
工业企业产品销售收入(万元)	Sales of Revenue Industrial Enterprises(10 000 yuan)	22928	43800	91.0
工业企业利润总额(万元)	Total Profits of Industrial Enterprises(10 000 yuan)	789	2900	267.6
建筑业	**Construction**			
建筑企业单位数(个)	Number of Construction Enterprises(unit)			
建筑企业从业人员(人)	Number of Employee in Construction Enterprises(person)			
建筑业总产值(万元)	Gross Construction Output Value(10 000 yuan)			
交通运输邮电通信业	**Transportation,Post & Telecommunications**			
公路里程(公里)	Total Length of Highways(km)	77	77	0.0
邮电业务总量(万元)	Business Volume of Post & Telecoms(10 000 yuan)	3209	3316	3.3
本地电话用户(户)	Number of Subscribers of Local Telephone(Household)	24698	24821	0.5
国内贸易	**Domestic Trade**			
社会消费品零售总额(万元)	Total Retail Sales of Consumer Goods(10 000 yuan)	36298	42141	16.1
#贸易业(万元)	Wholesale & Retail Sales Trades(10 000 yuan)	24588	28769	17.0
餐饮业(万元)	Catering Trade(10 000 yuan)	11204	12784	14.1
科技教育卫生	**Science,Education & Public Health**			
各类专业技术人员(人)	Special Technical Personnel(person)	1471	1474	0.2
幼儿园数(所)	Number of Kindergartens(unit)	2	2	0.0
学龄儿童入学率(%)	Percentage of School－Age Children Enrolled(%)	100.0	100.0	0.0
小学学校数(所)	Number of Primary Schools(unit)	3	3	0.0
小学专任教师数(人)	Number of Full－time Teachers of Primary Schools(person)	133	132	－0.8
小学在校学生数(人)	Number of Student Enrollment of Primary Schools(person)	1918	1775	－7.5
普通中学学校数(所)	Number of Regular Secondary Schools(unit)	2	2	0.0
普通中学专任教师数(人)	Number of Teachers of Secondary Shools(person)	109	115	5.5
初中在校学生数(人)	Number of Student in Junior Secondary Schools(person)	1055	961	－8.9
高中在校学生数(人)	Number of Student in Senior Secondary Schools(person)	378	421	11.4
卫生机构数(所)	Number of Health Institutions(unit)	9	9	0.0
#医院(所)	Hospitals(unit)	2	2	0.0
卫生院(所)	Township Hospitals(unit)			
床位数(张)	Number of Beds(unit)	110	222	101.8
#医院(张)	Hospitals(unit)	110	210	90.9
卫生院(张)	Township Hospitals(unit)			
卫生技术人员(人)	Medical Technical Presonnel(person)	151	151	0.0
#医院(人)	Hospitals(person)	122	130	6.6
卫生院(人)	Township Hospitals(person)			

23－23 包头市土默特右旗

指　　标	Item	2009	2010	2010 年比上年增长% Increase Rate in 2010 Over 2009(%)
行政区域土地面积(平方公里)	**Area of Administration(Sq. km)**	**2368**	**2368**	**0.0**
人口和就业	**Population & Employment**			
年末总人口(人)	Total Population Year－end(person)	364559	362098	－0.7
#男性(人)	Male(person)	188957	187046	－1.0
#乡村人口(人)	Rural(person)	306421	304736	－0.5
年末总户数(户)	Total Number of Households at the Year－end(Household)	135618	139991	3.2
#乡村户数(户)	Number of Rural Household(Household)	51301		
出生人口(人)	Births(person)	3098	3229	4.2
死亡人口(人)	Deaths(person)	1497	1616	7.9
全社会就业人员(人)	Employment(person)	190399	203039	6.6
第一产业(人)	Primary Industry(person)	116461	105846	－9.1
第二产业(人)	Secondary Industry(person)	22848	31841	39.4
第三产业(人)	Tertiary Industry(person)	51090	65352	27.9
在岗职工人数(人)	Number of Staff & Workers Employed in(person)	14630	15097	3.2
乡村劳动力(人)	Number of Rural Laborers(person)	153980	135669	－11.9
#农林牧渔业(人)	Farming, Forestry, Animal Husbandry & Fishery(person)	101000	87572	－13.3
国民经济综合指标	**Summary Item on the National Economy**			
生产总值(万元)	Gross Domestic Product(10 000 yuan)	1388061	1689303	22.4
第一产业(万元)	Primary Industry(10 000 yuan)	221200	266800	8.0
第二产业(万元)	Secondary Industry(10 000 yuan)	615606	777627	29.0
#工业(万元)	Industry(10 000 yuan)	508006	648327	32.6
第三产业(万元)	Tertiary Industry(10 000 yuan)	551255	644876	17.6
人均生产总值(元)	Per Capita GDP(yuan)	45133		
全社会固定资产投资(万元)	Total Investment in Fixed Assets(10 000 yuan)	1240000	1481575	19.5
按登记注册类型分	Grouped by Registered Type			
#国有(万元)	State－owned Enterprises(10 000 yuan)	234636	413567	76.3
集体(万元)	Collective－owned Enterprises(10 000 yuan)		8265	
有限责任公司(万元)	Limited Liability Corporations(10 000 yuan)	199163	384450	93.0
股份有限公司(万元)	Share Holding Enterprises(10 000 yuan)	117300	173930	48.3
私营企业(万元)	Private Enterprises(10 000 yuan)	562094	374189	－33.4
外商及港澳台投资企业(万元)	Funds from HK, Macao, Taiwan & Foreign(10 000 yuan)			
按城乡渠道分	Grouped by Urban and Rural Area			
城镇(万元)	Urban(10 000 yuan)	866466	1394639	61.0
农村(万元)	Rural(10 000 yuan)	373534	86936	－76.7
一般预算收入(万元)	General Budgetary Financial Revenue(10 000 yuan)	73353	76854	4.8
一般预算支出(万元)	General Budgetary Financial Expenditures(10 000 yuan)	138289	140936	1.9
城乡居民储蓄存款余额(万元)	Resident Saving Deposit in Urban & Rural(10 000 yuan)	312076	361923	16.0
在岗职工工资总额(万元)	Total Wages of Staff & Workers Employed in(10 000 yuan)	46164	61515	33.3
在岗职工平均工资(元)	Average Wage of Staff & Workers Employed in(yuan)	32765	39973	22.0
城镇居民人均可支配收入(元)	Annual Disposable Income of Urban Residents per Capita(yuan)	15489	17804	14.9
农牧民人均纯收入(元)	Per Capita Net Income of Peasant & Herdsman(yuan)	7869	8815	12.0
农村牧区经济	**Economic Development in Rural & Pastoral Area**			
耕地面积(公顷)	Cultivated Area(hectare)	102970	102970	0.0
农作物总播种面积(公顷)	Total Sown Area(hectare)	109756	110355	0.5
#粮食作物播种面积(公顷)	Sown Area of Grain Crops(hectare)	81988	82898	1.1
有效灌溉面积(公顷)	Irrigated Area(hectare)	71873	73800	2.7
农牧业机械总动力(万千瓦)	Total Power of Agricultural Machinery(10 000 kw)	45.59	45.80	0.5
化肥施用折纯量(吨)	Consumption of Chemical Fertilizer(ton)	31808	32154	1.1
农村用电量(万千瓦小时)	Electricity Consumed in Rural Area(10 000 kwh)	6117	6520	6.6
农林牧渔业总产值(万元)	Gross Output of Farming, Forestry, Animal Husbandry & Fishery(10 000 yuan)	405060	481981	8.0
粮食产量(吨)	Yield of Grain(ton)	744854	747884	0.4
油料产量(吨)	Yield of Oil－bearing Grops(ton)	18563	23782	28.1
甜菜产量(吨)	Yield of Beetroots(ton)	104611	81780	－21.8
猪牛羊肉产量(吨)	Output of Pork, Beef & Mutton(ton)	59354	65263	10.0
#猪肉产量(吨)	Output of Pork(ton)	20867	21679	3.9
牛肉产量(吨)	Output of Beef(ton)	14100	14523	3.0
羊肉产量(吨)	Output of Mutton(ton)	24387	29061	19.2
羊毛产量(吨)	Output of Wool(ton)	669	676	1.0

23 - 23 Tumoteyou Banner in Baotou City

指　　标	Item	2009	2010	2010 年比上年增长% Increase Rate in 2010 Over 2009(%)
年末牲畜存栏头数(万头只)	Total Livestock at the Year - end(10 000 heads)	90.81	91.02	0.2
# 大牲畜(万头只)	Large Animals(10 000 heads)	18.76	18.38	-2.0
羊(万只)	Sheep & Goats(10 000 heads)	59.14	59.67	0.9
猪(万头)	Hogs(10 000 heads)	12.91	12.96	0.4
规模以上工业	**Industrial Enterprises above Designated size**			
工业企业单位数(个)	Number of Industrial Enterprises(unit)	46	46	0.0
# 内资企业(个)	Civil Funded Enterprises(unit)	43	43	0.0
工业总产值(万元)	Gross Industrial Output Value(10 000 yuan)	670635	1375500	105.1
内资企业(万元)	Civil Funded Enterprises(10 000 yuan)	622070	1302400	109.4
国有企业(万元)	State - owned Enterprises(10 000 yuan)	65502	98100	49.8
集体企业(万元)	Collective - owned Enterprises(10 000 yuan)			
股份合作企业(万元)	Share Holding Enterprises(10 000 yuan)			
联营企业(万元)	Joint Owned Enterprises(10 000 yuan)			
有限责任公司(万元)	Limited Company(10 000 yuan)	67356	188800	180.3
股份有限公司(万元)	Share Holding Limited Company(10 000 yuan)			
私营企业(万元)	Privately Owned Enterprises(10 000 yuan)	489212	1015500	107.6
其他企业(万元)	Enterprises of Other Ownership(10 000 yuan)			
港澳台商投资企业(万元)	Funds from HK, Macao & Taiwan(10 000 yuan)	48565	73100	50.5
外商投资企业(万元)	Foreign Funded Enterprises(10 000 yuan)			
工业企业增加值(万元)	Value Added of Industrial Enterprises(10 000 yuan)	274106		32.9
工业企业资产总计(万元)	Total Assets of Industrial Enterprises(10 000 yuan)	558061	1079600	93.5
工业企业负债合计(万元)	Total Liabilities of Industrial Enterprises(10 000 yuan)	362781	620900	71.2
工业企业产品销售收入(万元)	Sales of Revenue Industrial Enterprises(10 000 yuan)	669356	1374400	105.3
工业企业利润总额(万元)	Total Profits of Industrial Enterprises(10 000 yuan)	114987	241600	110.1
建筑业	**Construction**			
建筑企业单位数(个)	Number of Construction Enterprises(unit)	6	6	0.0
建筑企业从业人员(人)	Number of Employee in Construction Enterprises(person)	5730	7872	37.4
建筑业总产值(万元)	Gross Construction Output Value(10 000 yuan)	61558	72863	18.4
交通运输邮电通信业	**Transportation, Post & Telecommunications**			
公路里程(公里)	Total Length of Highways(km)	2142	2142	0.0
邮电业务总量(万元)	Business Volume of Post & Telecoms(10 000 yuan)	11645	12256	5.2
本地电话用户(户)	Number of Subscribers of Local Telephone(Household)	21824	21671	-0.7
国内贸易	Domestic Trade			
社会消费品零售总额(万元)	Total Retail Sales of Consumer Goods(10 000 yuan)	220501	255357	15.8
# 贸易业(万元)	Wholesale & Retail Sales Trades(10 000 yuan)	176717	209578	18.6
餐饮业(万元)	Catering Trade(10 000 yuan)	40707	42215	3.7
科技教育卫生	**Science, Education & Public Health**			
各类专业技术人员(人)	Special Technical Personnel(person)	4915	4114	-16.3
幼儿园数(所)	Number of Kindergartens(unit)	14	17	21.4
学龄儿童入学率(%)	Percentage of School - Age Children Enrolled(%)	100.0	100.0	0.0
小学学校数(所)	Number of Primary Schools(unit)	25	23	-8.0
小学专任教师数(人)	Number of Full - time Teachers of Primary Schools(person)	1052	968	-8.0
小学在校学生数(人)	Number of Student Enrollment of Primary Schools(person)	16627	14516	-12.7
普通中学学校数(所)	Number of Regular Secondary Schools(unit)	7	7	0.0
普通中学专任教师数(人)	Number of Teachers of Secondary Shools(person)	722	752	4.2
初中在校学生数(人)	Number of Student in Junior Secondary Schools(person)	8909	7661	-14.0
高中在校学生数(人)	Number of Student in Senior Secondary Schools(person)	3880	3337	-14.0
卫生机构数(所)	Number of Health Institutions(unit)	23	23	0.0
# 医院(所)	Hospitals(unit)	3	3	0.0
卫生院(所)	Township Hospitals(unit)	20	20	0.0
床位数(张)	Number of Beds(unit)	403	478	18.6
# 医院(张)	Hospitals(unit)	210	298	41.9
卫生院(张)	Township Hospitals(unit)	193	180	-6.7
卫生技术人员(人)	Medical Technical Presonnel(person)	445	471	5.8
# 医院(人)	Hospitals(person)	275	294	6.9
卫生院(人)	Township Hospitals(person)	170	177	4.1

23-24 包头市固阳县

指　　标	Item	2009	2010	2010年比上年增长% Increase Rate in 2010 Over 2009(%)
行政区域土地面积(平方公里)	**Area of Administration(Sq. km)**	**5025**	**5025**	**0.0**
人口和就业	**Population & Employment**			
年末总人口(人)	Total Population Year-end(person)	215613	211324	-2.0
#男性(人)	Male(person)	113572	110874	-2.4
#乡村人口(人)	Rural(person)	179356	175528	-2.1
年末总户数(户)	Total Number of Households at the Year-end(Household)	76834	80947	5.4
#乡村户数(户)	Number of Rural Household(Household)	30658		
出生人口(人)	Births(person)	1437	1242	-13.6
死亡人口(人)	Deaths(person)	688	606	-11.9
全社会就业人员(人)	Employment(person)	110621	111353	0.7
第一产业(人)	Primary Industry(person)	66536	66402	-0.2
第二产业(人)	Secondary Industry(person)	27145	27630	1.8
第三产业(人)	Tertiary Industry(person)	16940	17321	2.2
在岗职工人数(人)	Number of Staff & Workers Employed in(person)	9829	10024	2.0
乡村劳动力(人)	Number of Rural Laborers(person)	69687	69059	-0.9
#农林牧渔业(人)	Farming, Forestry, Animal Husbandry & Fishery(person)	49874	49420	-0.9
国民经济综合指标	**Summary Item on the National Economy**			
生产总值(万元)	Gross Domestic Product(10 000 yuan)	645134	722978	10.9
第一产业(万元)	Primary Industry(10 000 yuan)	78520	94400	7.9
第二产业(万元)	Secondary Industry(10 000 yuan)	442717	492466	10.9
#工业(万元)	Industry(10 000 yuan)	392417	435166	11.2
第三产业(万元)	Tertiary Industry(10 000 yuan)	123897	136113	12.5
人均生产总值(元)	Per Capita GDP(yuan)	37334		
全社会固定资产投资(万元)	Total Investment in Fixed Assets(10 000 yuan)	721488	858823	19.0
按登记注册类型分	Grouped by Registered Type			
#国有(万元)	State-owned Enterprises(10 000 yuan)	206788	58866	-71.5
集体(万元)	Collective-owned Enterprises(10 000 yuan)	14645	59775	308.2
有限责任公司(万元)	Limited Liability Corporations(10 000 yuan)	151643	106417	-29.8
股份有限公司(万元)	Share Holding Enterprises(10 000 yuan)	4800		
私营企业(万元)	Private Enterprises(10 000 yuan)	334908	629931	88.1
外商及港澳台投资企业(万元)	Funds from HK, Macao, Taiwan & Foreign(10 000 yuan)			
按城乡渠道分	Grouped by Urban and Rural Area			
城镇(万元)	Urban(10 000 yuan)	721488	705501	-2.2
农村(万元)	Rural(10 000 yuan)		153322	
一般预算收入(万元)	General Budgetary Financial Revenue(10 000 yuan)	46253	55618	20.2
一般预算支出(万元)	General Budgetary Financial Expenditures(10 000 yuan)	94310	109777	16.4
城乡居民储蓄存款余额(万元)	Resident Saving Deposit in Urban & Rural(10 000 yuan)	106507	133235	25.1
在岗职工工资总额(万元)	Total Wages of Staff & Workers Employed in(10 000 yuan)	30179	35182	16.6
在岗职工平均工资(元)	Average Wage of Staff & Workers Employed in(yuan)	30249	35098	16.0
城镇居民人均可支配收入(元)	Annual Disposable Income of Urban Residents per Capita(yuan)	15482	16752	8.2
农牧民人均纯收入(元)	Per Capita Net Income of Peasant & Herdsman(yuan)	5958	6310	5.9
农村牧区经济	**Economic Development in Rural & Pastoral Area**			
耕地面积(公顷)	Cultivated Area(hectare)	190337	189444	-0.5
农作物总播种面积(公顷)	Total Sown Area(hectare)	103865	109714	5.6
#粮食作物播种面积(公顷)	Sown Area of Grain Crops(hectare)	66778	75854	13.6
有效灌溉面积(公顷)	Irrigated Area(hectare)	20300	22370	10.2
农牧业机械总动力(万千瓦)	Total Power of Agricultural Machinery(10 000 kw)	31.82	34.70	9.1
化肥施用折纯量(吨)	Consumption of Chemical Fertilizer(ton)	14014	14020	0.0
农村用电量(万千瓦小时)	Electricity Consumed in Rural Area(10 000 kwh)	6240	6614	6.0
农林牧渔业总产值(万元)	Gross Output of Farming, Forestry, Animal Husbandry & Fishery(10 000 yuan)	136000	172000	7.9
粮食产量(吨)	Yield of Grain(ton)	69062	67870	-1.7
油料产量(吨)	Yield of Oil-bearing Grops(ton)	13809	7108	-48.5
甜菜产量(吨)	Yield of Beetroots(ton)	4192		
猪牛羊肉产量(吨)	Output of Pork, Beef & Mutton(ton)	32512	31843	-2.1
#猪肉产量(吨)	Output of Pork(ton)	11522	11500	-0.2
牛肉产量(吨)	Output of Beef(ton)	1909	1575	-17.5
羊肉产量(吨)	Output of Mutton(ton)	19081	18768	-1.6
羊毛产量(吨)	Output of Wool(ton)	879	895	1.8

23 – 24 Guyang County in Baotou City

指　　标	Item	2009	2010	2010 年比上年增长% Increase Rate in 2010 Over 2009(%)
年末牲畜存栏头数(万头只)	Total Livestock at the Year – end(10 000 heads)	38.84	52.97	36.4
# 大牲畜(万头只)	Large Animals(10 000 heads)	1.57	1.71	8.9
羊(万只)	Sheep & Goats(10 000 heads)	32.46	46.94	44.6
猪(万头)	Hogs(10 000 heads)	4.81	4.28	–11.0
规模以上工业	**Industrial Enterprises above Designated size**			
工业企业单位数(个)	Number of Industrial Enterprises(unit)	34	36	5.9
# 内资企业(个)	Civil Funded Enterprises(unit)	34	36	5.9
工业总产值(万元)	Gross Industrial Output Value(10 000 yuan)	484400	574500	18.6
内资企业(万元)	Civil Funded Enterprises(10 000 yuan)	484400	574500	18.6
国有企业(万元)	State – owned Enterprises(10 000 yuan)	17485	18600	6.4
集体企业(万元)	Collective – owned Enterprises(10 000 yuan)			
股份合作企业(万元)	Share Holding Enterprises(10 000 yuan)			
联营企业(万元)	Joint Owned Enterprises(10 000 yuan)			
有限责任公司(万元)	Limited Company(10 000 yuan)	384582	487100	26.7
股份有限公司(万元)	Share Holding Limited Company(10 000 yuan)			
私营企业(万元)	Privately Owned Enterprises(10 000 yuan)	82333	68800	–16.4
其他企业(万元)	Enterprises of Other Ownership(10 000 yuan)			
港澳台商投资企业(万元)	Funds from HK, Macao & Taiwan(10 000 yuan)			
外商投资企业(万元)	Foreign Funded Enterprises(10 000 yuan)			
工业企业增加值(万元)	Value Added of Industrial Enterprises(10 000 yuan)	219617		10.1
工业企业资产总计(万元)	Total Assets of Industrial Enterprises(10 000 yuan)	177728	240300	35.2
工业企业负债合计(万元)	Total Liabilities of Industrial Enterprises(10 000 yuan)	118636	153400	29.3
工业企业产品销售收入(万元)	Sales of Revenue Industrial Enterprises(10 000 yuan)	469116	582700	24.2
工业企业利润总额(万元)	Total Profits of Industrial Enterprises(10 000 yuan)	76592	134500	75.6
建筑业	**Construction**			
建筑企业单位数(个)	Number of Construction Enterprises(unit)	1	1	0.0
建筑企业从业人员(人)	Number of Employee in Construction Enterprises(person)	650	396	–39.1
建筑业总产值(万元)	Gross Construction Output Value(10 000 yuan)	9800	16320	66.5
交通运输邮电通信业	**Transportation, Post & Telecommunications**			
公路里程(公里)	Total Length of Highways(km)	1260	1260	0.0
邮电业务总量(万元)	Business Volume of Post & Telecoms(10 000 yuan)	2103	3267	55.3
本地电话用户(户)	Number of Subscribers of Local Telephone(Household)	8875	6233	–29.8
国内贸易	**Domestic Trade**			
社会消费品零售总额(万元)	Total Retail Sales of Consumer Goods(10 000 yuan)	100391	116171	15.7
# 贸易业(万元)	Wholesale & Retail Sales Trades(10 000 yuan)	74243	86012	15.9
餐饮业(万元)	Catering Trade(10 000 yuan)	24747	28537	15.3
科技教育卫生	**Science, Education & Public Health**			
各类专业技术人员(人)	Special Technical Personnel(person)	3201	3205	0.1
幼儿园数(所)	Number of Kindergartens(unit)	10	10	0.0
学龄儿童入学率(%)	Percentage of School – Age Children Enrolled(%)	99.8	99.8	0.0
小学学校数(所)	Number of Primary Schools(unit)	13	13	0.0
小学专任教师数(人)	Number of Full – time Teachers of Primary Schools(person)	760	766	0.8
小学在校学生数(人)	Number of Student Enrollment of Primary Schools(person)	6454	5813	–9.9
普通中学学校数(所)	Number of Regular Secondary Schools(unit)	3	3	0.0
普通中学专任教师数(人)	Number of Teachers of Secondary Shools(person)	467	506	8.4
初中在校学生数(人)	Number of Student in Junior Secondary Schools(person)	4313	3794	–12.0
高中在校学生数(人)	Number of Student in Senior Secondary Schools(person)	2139	2172	1.5
卫生机构数(所)	Number of Health Institutions(unit)	32	32	0.0
# 医院(所)	Hospitals(unit)	2	2	0.0
卫生院(所)	Township Hospitals(unit)	15	15	0.0
床位数(张)	Number of Beds(unit)	360	472	31.1
# 医院(张)	Hospitals(unit)	150	198	32.0
卫生院(张)	Township Hospitals(unit)	210	210	0.0
卫生技术人员(人)	Medical Technical Presonnel(person)	499	534	7.0
# 医院(人)	Hospitals(person)	178	181	1.7
卫生院(人)	Township Hospitals(person)	185	187	1.1

23-25 包头市达尔罕茂明安联合旗

指　　标	Item	2009	2010	2010年比上年增长% Increase Rate in 2010 Over 2009(%)
行政区域土地面积(平方公里)	**Area of Administration(Sq. km)**	**17410**	**17410**	**0.0**
人口和就业	**Population & Employment**			
年末总人口(人)	Total Population Year-end(person)	115114	114312	-0.7
#男性(人)	Male(person)	59614	59007	-1.0
#乡村人口(人)	Rural(person)	83432	82988	-0.5
年末总户数(户)	Total Number of Households at the Year-end(Household)	40400	41895	3.7
#乡村户数(户)	Number of Rural Household(Household)	13201		
出生人口(人)	Births(person)	682	578	-15.2
死亡人口(人)	Deaths(person)	375	292	-22.1
全社会就业人员(人)	Employment(person)	65432	62997	-3.7
第一产业(人)	Primary Industry(person)	34936	33634	-3.7
第二产业(人)	Secondary Industry(person)	8983	8650	-3.7
第三产业(人)	Tertiary Industry(person)	21513	20713	-3.7
在岗职工人数(人)	Number of Staff & Workers Employed in(person)	5384	5014	-6.9
乡村劳动力(人)	Number of Rural Laborers(person)	45833	45344	-1.1
#农林牧渔业(人)	Farming, Forestry, Animal Husbandry & Fishery(person)	22432	21076	-6.0
国民经济综合指标	**Summary Item on the National Economy**			
生产总值(万元)	Gross Domestic Product(10 000 yuan)	1068628	1190151	11.2
第一产业(万元)	Primary Industry(10 000 yuan)	87130	104700	7.8
第二产业(万元)	Secondary Industry(10 000 yuan)	741718	829253	11.9
#工业(万元)	Industry(10 000 yuan)	648718	728253	12.6
第三产业(万元)	Tertiary Industry(10 000 yuan)	239780	256198	10.2
人均生产总值(元)	Per Capita GDP(yuan)	89052		
全社会固定资产投资(万元)	Total Investment in Fixed Assets(10 000 yuan)	1084261	1305058	20.4
按登记注册类型分	Grouped by Registered Type			
#国有(万元)	State-owned Enterprises(10 000 yuan)	498738	458132	-8.1
集体(万元)	Collective-owned Enterprises(10 000 yuan)			
有限责任公司(万元)	Limited Liability Corporations(10 000 yuan)	21105	432526	1949.4
股份有限公司(万元)	Share Holding Enterprises(10 000 yuan)	299973	318294	6.1
私营企业(万元)	Private Enterprises(10 000 yuan)	17000	24388	43.5
外商及港澳台投资企业(万元)	Funds from HK, Macao, Taiwan & Foreign(10 000 yuan)	191587	58475	-69.5
按城乡渠道分	Grouped by Urban and Rural Area			
城镇(万元)	Urban(10 000 yuan)	1084261	1296738	19.6
农村(万元)	Rural(10 000 yuan)		8320	
一般预算收入(万元)	General Budgetary Financial Revenue(10 000 yuan)	80077	92607	15.6
一般预算支出(万元)	General Budgetary Financial Expenditures(10 000 yuan)	138748	156086	12.5
城乡居民储蓄存款余额(万元)	Resident Saving Deposit in Urban & Rural(10 000 yuan)	90498	113579	25.5
在岗职工工资总额(万元)	Total Wages of Staff & Workers Employed in(10 000 yuan)	18902	21177	12.0
在岗职工平均工资(元)	Average Wage of Staff & Workers Employed in(yuan)	36575	41712	14.0
城镇居民人均可支配收入(元)	Annual Disposable Income of Urban Residents per Capita(yuan)	19356	21485	11.0
农牧民人均纯收入(元)	Per Capita Net Income of Peasant & Herdsman(yuan)	6879	7300	6.1
农村牧区经济	**Economic Development in Rural & Pastoral Area**			
耕地面积(公顷)	Cultivated Area(hectare)	73689	76932	4.4
农作物总播种面积(公顷)	Total Sown Area(hectare)	60654	57082	-5.9
#粮食作物播种面积(公顷)	Sown Area of Grain Crops(hectare)	50951	46096	-9.5
有效灌溉面积(公顷)	Irrigated Area(hectare)	11413	13420	17.6
农牧业机械总动力(万千瓦)	Total Power of Agricultural Machinery(10 000 kw)	24.34	22.30	-8.4
化肥施用折纯量(吨)	Consumption of Chemical Fertilizer(ton)	7303	7988	9.4
农村用电量(万千瓦小时)	Electricity Consumed in Rural Area(10 000 kwh)	2000	2013	0.7
农林牧渔业总产值(万元)	Gross Output of Farming, Forestry, Animal Husbandry & Fishery(10 000 yuan)	148700	187212	7.8
粮食产量(吨)	Yield of Grain(ton)	69188	55785	-19.4
油料产量(吨)	Yield of Oil-bearing Grops(ton)	1660	1024	-38.3
甜菜产量(吨)	Yield of Beetroots(ton)			
猪牛羊肉产量(吨)	Output of Pork, Beef & Mutton(ton)	18803	20160	7.2
#猪肉产量(吨)	Output of Pork(ton)	1805	1810	0.3
牛肉产量(吨)	Output of Beef(ton)	8223	5900	-28.3
羊肉产量(吨)	Output of Mutton(ton)	8775	12450	41.9
羊毛产量(吨)	Output of Wool(ton)	1135	1234	8.7

23 - 25 Daerhanmaomingan Union Banner in Baotou City

指　　标	Item	2009	2010	2010 年比上年增长% Increase Rate in 2010 Over 2009(%)
年末牲畜存栏头数(万头只)	Total Livestock at the Year - end(10 000 heads)	49.27	58.84	19.4
# 大牲畜(万头只)	Large Animals(10 000 heads)	5.81	5.72	-1.5
羊(万只)	Sheep & Goats(10 000 heads)	41.70	50.75	21.7
猪(万头)	Hogs(10 000 heads)	1.76	2.36	34.1
规模以上工业	**Industrial Enterprises above Designated size**			
工业企业单位数(个)	Number of Industrial Enterprises(unit)	45	42	-6.7
# 内资企业(个)	Civil Funded Enterprises(unit)	43	40	-7.0
工业总产值(万元)	Gross Industrial Output Value(10 000 yuan)	906913	1135200	25.2
内资企业(万元)	Civil Funded Enterprises(10 000 yuan)	872391	1111300	27.4
国有企业(万元)	State - owned Enterprises(10 000 yuan)	22533	26700	18.5
集体企业(万元)	Collective - owned Enterprises(10 000 yuan)			
股份合作企业(万元)	Share Holding Enterprises(10 000 yuan)			
联营企业(万元)	Joint Owned Enterprises(10 000 yuan)			
有限责任公司(万元)	Limited Company(10 000 yuan)	155981	323600	107.5
股份有限公司(万元)	Share Holding Limited Company(10 000 yuan)			
私营企业(万元)	Privately Owned Enterprises(10 000 yuan)	693877	761000	9.7
其他企业(万元)	Enterprises of Other Ownership(10 000 yuan)			
港澳台商投资企业(万元)	Funds from HK, Macao & Taiwan(10 000 yuan)			
外商投资企业(万元)	Foreign Funded Enterprises(10 000 yuan)	34522	23900	-30.8
工业企业增加值(万元)	Value Added of Industrial Enterprises(10 000 yuan)	344418		12.5
工业企业资产总计(万元)	Total Assets of Industrial Enterprises(10 000 yuan)	1117386	1461200	30.8
工业企业负债合计(万元)	Total Liabilities of Industrial Enterprises(10 000 yuan)	693906	831900	19.9
工业企业产品销售收入(万元)	Sales of Revenue Industrial Enterprises(10 000 yuan)	866098	1172400	35.4
工业企业利润总额(万元)	Total Profits of Industrial Enterprises(10 000 yuan)	109065	163700	50.1
建筑业	**Construction**			
建筑企业单位数(个)	Number of Construction Enterprises(unit)	2	1	-50.0
建筑企业从业人员(人)	Number of Employee in Construction Enterprises(person)	620	230	-62.9
建筑业总产值(万元)	Gross Construction Output Value(10 000 yuan)	146851	5954	-95.9
交通运输邮电通信业	**Transportation, Post & Telecommunications**			
公路里程(公里)	Total Length of Highways(km)	2165	2300	6.2
邮电业务总量(万元)	Business Volume of Post & Telecoms(10 000 yuan)	3950	5167	30.8
本地电话用户(户)	Number of Subscribers of Local Telephone(Household)	13090	7798	-40.4
国内贸易	**Domestic Trade**			
社会消费品零售总额(万元)	Total Retail Sales of Consumer Goods(10 000 yuan)	108378	125002	15.3
# 贸易业(万元)	Wholesale & Retail Sales Trades(10 000 yuan)	71143	81721	14.9
餐饮业(万元)	Catering Trade(10 000 yuan)	35723	41537	16.3
科技教育卫生	**Science, Education & Public Health**			
各类专业技术人员(人)	Special Technical Personnel(person)	2099	2099	0.0
幼儿园数(所)	Number of Kindergartens(unit)	8	11	37.5
学龄儿童入学率(%)	Percentage of School - Age Children Enrolled(%)	100.0	100.0	0.0
小学学校数(所)	Number of Primary Schools(unit)	5	5	0.0
小学专任教师数(人)	Number of Full - time Teachers of Primary Schools(person)	456	468	2.6
小学在校学生数(人)	Number of Student Enrollment of Primary Schools(person)	5523	5036	-8.8
普通中学学校数(所)	Number of Regular Secondary Schools(unit)	4	4	0.0
普通中学专任教师数(人)	Number of Teachers of Secondary Shools(person)	319	340	6.6
初中在校学生数(人)	Number of Student in Junior Secondary Schools(person)	2888	2805	-2.9
高中在校学生数(人)	Number of Student in Senior Secondary Schools(person)	956	786	-17.8
卫生机构数(所)	Number of Health Institutions(unit)	28	28	0.0
# 医院(所)	Hospitals(unit)	2	2	0.0
卫生院(所)	Township Hospitals(unit)	21	21	0.0
床位数(张)	Number of Beds(unit)	302	442	46.4
# 医院(张)	Hospitals(unit)	160	300	87.5
卫生院(张)	Township Hospitals(unit)	117	123	5.1
卫生技术人员(人)	Medical Technical Presonnel(person)	341	389	14.1
# 医院(人)	Hospitals(person)	173	218	26.0
卫生院(人)	Township Hospitals(person)	114	118	3.5

23－26 呼伦贝尔市海拉尔区

指标	Item	2009	2010	2010年比上年增长% Increase Rate in 2010 Over 2009(%)
行政区域土地面积(平方公里)	**Area of Administration(Sq. km)**	**1440**	**1440**	**0.0**
人口和就业	**Population & Employment**			
年末总人口(人)	Total Population Year－end(person)	269152	271455	0.9
#男性(人)	Male(person)	133944	133178	－0.6
#乡村人口(人)	Rural(person)	18058	16187	－10.4
年末总户数(户)	Total Number of Households at the Year－end(Household)	81600	82659	1.3
#乡村户数(户)	Number of Rural Household(Household)	5967	6096	2.2
出生人口(人)	Births(person)	1671	1554	－7.0
死亡人口(人)	Deaths(person)	1441	1542	7.0
全社会就业人员(人)	Employment(person)	90156	96680	7.2
第一产业(人)	Primary Industry(person)	10394	11261	8.3
第二产业(人)	Secondary Industry(person)	11912	17153	44.0
第三产业(人)	Tertiary Industry(person)	67850	68266	0.6
在岗职工人数(人)	Number of Staff & Workers Employed in(person)	43609	45470	4.3
乡村劳动力(人)	Number of Rural Laborers(person)	8796	9537	8.4
#农林牧渔业(人)	Farming, Forestry, Animal Husbandry & Fishery(person)	6971	7256	4.1
国民经济综合指标	**Summary Item on the National Economy**			
生产总值(万元)	Gross Domestic Product(10 000 yuan)	1304521	1624152	22.8
第一产业(万元)	Primary Industry(10 000 yuan)	55100	59529	0.5
第二产业(万元)	Secondary Industry(10 000 yuan)	540245	751242	37.9
#工业(万元)	Industry(10 000 yuan)	483123	675311	39.7
第三产业(万元)	Tertiary Industry(10 000 yuan)	709176	813381	14.8
人均生产总值(元)	Per Capita GDP(yuan)	48777	60086	21.5
全社会固定资产投资(万元)	Total Investment in Fixed Assets(10 000 yuan)	591621	771002	30.3
按登记注册类型分	Grouped by Registered Type			
#国有(万元)	State－owned Enterprises(10 000 yuan)	472150	536065	13.5
集体(万元)	Collective－owned Enterprises(10 000 yuan)	7222	21060	191.6
有限责任公司(万元)	Limited Liability Corporations(10 000 yuan)	3000	147478	4815.9
股份有限公司(万元)	Share Holding Enterprises(10 000 yuan)	373	23807	6282.6
私营企业(万元)	Private Enterprises(10 000 yuan)	100511	41892	－91.6
外商及港澳台投资企业(万元)	Funds from HK, Macao, Taiwan & Foreign(10 000 yuan)	8365	700	91.6
按城乡渠道分	Grouped by Urban and Rural Area			
城镇(万元)	Urban(10 000 yuan)	591621	771002	30.3
农村(万元)	Rural(10 000 yuan)			
一般预算收入(万元)	General Budgetary Financial Revenue(10 000 yuan)	43653	52418	20.1
一般预算支出(万元)	General Budgetary Financial Expenditures(10 000 yuan)	100325	116619	16.2
城乡居民储蓄存款余额(万元)	Resident Saving Deposit in Urban & Rural(10 000 yuan)	929876	1143216	22.9
在岗职工工资总额(万元)	Total Wages of Staff & Workers Employed in(10 000 yuan)	135757	167680	23.5
在岗职工平均工资(元)	Average Wage of Staff & Workers Employed in(yuan)	31194	37571	20.4
城镇居民人均可支配收入(元)	Annual Disposable Income of Urban Residents per Capita(yuan)	15454	17308	12.0
农牧民人均纯收入(元)	Per Capita Net Income of Peasant & Herdsman(yuan)	10134	11725	15.7
农村牧区经济	**Economic Development in Rural & Pastoral Area**			
耕地面积(公顷)	Cultivated Area(hectare)	31339	33634	7.3
农作物总播种面积(公顷)	Total Sown Area(hectare)	27088	27633	2.0
#粮食作物播种面积(公顷)	Sown Area of Grain Crops(hectare)	18816	20990	11.6
有效灌溉面积(公顷)	Irrigated Area(hectare)	4490	4560	1.6
农牧业机械总动力(万千瓦)	Total Power of Agricultural Machinery(10 000 kw)	7.80	8.20	5.1
化肥施用折纯量(吨)	Consumption of Chemical Fertilizer(ton)	4268	4166	－2.4
农村用电量(万千瓦小时)	Electricity Consumed in Rural Area(10 000 kwh)	761	871	14.6
农林牧渔业总产值(万元)	Gross Output of Farming, Forestry, Animal Husbandry & Fishery(10 000 yuan)	89593	96972	8.3
粮食产量(吨)	Yield of Grain(ton)	64464	48775	－24.3
油料产量(吨)	Yield of Oil－bearing Grops(ton)	5382	1696	－68.5
甜菜产量(吨)	Yield of Beetroots(ton)			
猪牛羊肉产量(吨)	Output of Pork, Beef & Mutton(ton)	5073	5426	7.0
#猪肉产量(吨)	Output of Pork(ton)	1882	1783	－5.3
牛肉产量(吨)	Output of Beef(ton)	2796	3267	16.9
羊肉产量(吨)	Output of Mutton(ton)	395	376	－4.8
羊毛产量(吨)	Output of Wool(ton)	107	117	9.4

23 – 26 Hailaer District in Hulunbeier City

指　　标	Item	2009	2010	2010 年比上年增长% Increase Rate in 2010 Over 2009(%)
年末牲畜存栏头数(万头只)	Total Livestock at the Year – end(10 000 heads)	11.36	11.37	0.1
# 大牲畜(万头只)	Large Animals(10 000 heads)	6.10	5.93	-2.8
羊(万只)	Sheep & Goats(10 000 heads)	3.67	3.82	4.2
猪(万头)	Hogs(10 000 heads)	1.59	1.62	1.9
规模以上工业	**Industrial Enterprises above Designated size**			
工业企业单位数(个)	Number of Industrial Enterprises(unit)	53	67	26.4
# 内资企业(个)	Civil Funded Enterprises(unit)	47	61	29.8
工业总产值(万元)	Gross Industrial Output Value(10 000 yuan)	1081490	1713617	58.5
内资企业(万元)	Civil Funded Enterprises(10 000 yuan)	919633	1550204	68.6
国有企业(万元)	State – owned Enterprises(10 000 yuan)	205463	278714	35.7
集体企业(万元)	Collective – owned Enterprises(10 000 yuan)			
股份合作企业(万元)	Share Holding Enterprises(10 000 yuan)			
联营企业(万元)	Joint Owned Enterprises(10 000 yuan)			
有限责任公司(万元)	Limited Company(10 000 yuan)	444015	831662	87.3
股份有限公司(万元)	Share Holding Limited Company(10 000 yuan)	24297	76542	215.0
私营企业(万元)	Privately Owned Enterprises(10 000 yuan)	245858	363286	47.8
其他企业(万元)	Enterprises of Other Ownership(10 000 yuan)			
港澳台商投资企业(万元)	Funds from HK, Macao & Taiwan(10 000 yuan)	8240	10429	26.6
外商投资企业(万元)	Foreign Funded Enterprises(10 000 yuan)	153617	152984	-0.4
工业企业增加值(万元)	Value Added of Industrial Enterprises(10 000 yuan)	447597	560988	40.8
工业企业资产总计(万元)	Total Assets of Industrial Enterprises(10 000 yuan)	846166	1271530	50.3
工业企业负债合计(万元)	Total Liabilities of Industrial Enterprises(10 000 yuan)	682314	965863	41.6
工业企业产品销售收入(万元)	Sales of Revenue Industrial Enterprises(10 000 yuan)	931999	1762072	89.1
工业企业利润总额(万元)	Total Profits of Industrial Enterprises(10 000 yuan)	117134	188227	60.7
建筑业	**Construction**			
建筑企业单位数(个)	Number of Construction Enterprises(unit)	23	31	34.8
建筑企业从业人员(人)	Number of Employee in Construction Enterprises(person)	11879	11817	-0.5
建筑业总产值(万元)	Gross Construction Output Value(10 000 yuan)	138963	200234	44.1
交通运输邮电通信业	**Transportation, Post & Telecommunications**			
公路里程(公里)	Total Length of Highways(km)	532	542	1.9
邮电业务总量(万元)	Business Volume of Post & Telecoms(10 000 yuan)	33743	35790	6.1
本地电话用户(户)	Number of Subscribers of Local Telephone(Household)	577000	595000	3.1
国内贸易	**Domestic Trade**			
社会消费品零售总额(万元)	Total Retail Sales of Consumer Goods(10 000 yuan)	564411	680250	20.5
# 贸易业(万元)	Wholesale & Retail Sales Trades(10 000 yuan)	424548	504337	18.8
餐饮业(万元)	Catering Trade(10 000 yuan)	139863	175913	25.8
科技教育卫生	**Science, Education & Public Health**			
各类专业技术人员(人)	Special Technical Personnel(person)	3787	3628	-4.2
幼儿园数(所)	Number of Kindergartens(unit)	6	6	0.0
学龄儿童入学率(%)	Percentage of School – Age Children Enrolled(%)	100.0	100.0	0.0
小学学校数(所)	Number of Primary Schools(unit)	17	16	-5.9
小学专任教师数(人)	Number of Full – time Teachers of Primary Schools(person)	1019	1024	0.5
小学在校学生数(人)	Number of Student Enrollment of Primary Schools(person)	15324	14587	-4.8
普通中学学校数(所)	Number of Regular Secondary Schools(unit)	23	22	-4.3
普通中学专任教师数(人)	Number of Teachers of Secondary Shools(person)	1646	1634	-0.7
初中在校学生数(人)	Number of Student in Junior Secondary Schools(person)	9024	10265	13.8
高中在校学生数(人)	Number of Student in Senior Secondary Schools(person)	12765	11285	-11.6
卫生机构数(所)	Number of Health Institutions(unit)	114	161	41.2
# 医院(所)	Hospitals(unit)	13	15	15.4
卫生院(所)	Township Hospitals(unit)	18	28	55.6
床位数(张)	Number of Beds(unit)	1861	2028	9.0
# 医院(张)	Hospitals(unit)	1704	1879	10.3
卫生院(张)	Township Hospitals(unit)	116	108	-6.9
卫生技术人员(人)	Medical Technical Presonnel(person)	2557	2765	8.1
# 医院(人)	Hospitals(person)	2390	1967	-17.7
卫生院(人)	Township Hospitals(person)	226	257	13.7

23-27 呼伦贝尔市满洲里市

指　　标	Item	2009	2010	2010 年比上年增长% Increase Rate in 2010 Over 2009(%)
行政区域土地面积(平方公里)	**Area of Administration(Sq. km)**	**732**	**732**	**0.0**
人口和就业	**Population & Employment**			
年末总人口(人)	Total Population Year - end(person)	166968	168325	0.8
# 男性(人)	Male(person)	84151	85143	1.2
# 乡村人口(人)	Rural(person)			
年末总户数(户)	Total Number of Households at the Year - end(Household)	68630	72266	5.3
# 乡村户数(户)	Number of Rural Household(Household)			
出生人口(人)	Births(person)	1115	1235	10.8
死亡人口(人)	Deaths(person)	761	957	25.8
全社会就业人员(人)	Employment(person)	78953	76594	-3.0
第一产业(人)	Primary Industry(person)	743	980	31.9
第二产业(人)	Secondary Industry(person)	17155	17149	0.0
第三产业(人)	Tertiary Industry(person)	61055	58465	-4.9
在岗职工人数(人)	Number of Staff & Workers Employed in(person)	31741	31851	0.3
乡村劳动力(人)	Number of Rural Laborers(person)			
# 农林牧渔业(人)	Farming, Forestry, Animal Husbandry & Fishery(person)			
国民经济综合指标	**Summary Item on the National Economy**			
生产总值(万元)	Gross Domestic Product(10 000 yuan)	1203938	1273119	4.4
第一产业(万元)	Primary Industry(10 000 yuan)	25100	27801	-1.5
第二产业(万元)	Secondary Industry(10 000 yuan)	332690	350448	2.2
# 工业(万元)	Industry(10 000 yuan)	276393	321690	16.9
第三产业(万元)	Tertiary Industry(10 000 yuan)	846148	894870	5.3
人均生产总值(元)	Per Capita GDP(yuan)	48000	50925	6.1
全社会固定资产投资(万元)	Total Investment in Fixed Assets(10 000 yuan)	653898	332121	-49.2
按登记注册类型分	Grouped by Registered Type			
# 国有(万元)	State - owned Enterprises(10 000 yuan)	473393	2161881	-54.3
集体(万元)	Collective - owned Enterprises(10 000 yuan)			
有限责任公司(万元)	Limited Liability Corporations(10 000 yuan)	153221	97546	-36.3
股份有限公司(万元)	Share Holding Enterprises(10 000 yuan)	18454	10579	-42.7
私营企业(万元)	Private Enterprises(10 000 yuan)	6500	1300	-80.0
外商及港澳台投资企业(万元)	Funds from HK, Macao, Taiwan & Foreign(10 000 yuan)	2330	6515	179.6
按城乡渠道分	Grouped by Urban and Rural Area			
城镇(万元)	Urban(10 000 yuan)	653898	332121	-49.2
农村(万元)	Rural(10 000 yuan)			
一般预算收入(万元)	General Budgetary Financial Revenue(10 000 yuan)	105533	79672	-24.5
一般预算支出(万元)	General Budgetary Financial Expenditures(10 000 yuan)	252698	244222	-3.4
城乡居民储蓄存款余额(万元)	Resident Saving Deposit in Urban & Rural(10 000 yuan)	815168	877644	7.7
在岗职工工资总额(万元)	Total Wages of Staff & Workers Employed in(10 000 yuan)	100784	115849	14.9
在岗职工平均工资(元)	Average Wage of Staff & Workers Employed in(yuan)	31752	31851	0.3
城镇居民人均可支配收入(元)	Annual Disposable Income of Urban Residents per Capita(yuan)	16415	18021	9.8
农牧民人均纯收入(元)	Per Capita Net Income of Peasant & Herdsman(yuan)			
农村牧区经济	**Economic Development in Rural & Pastoral Area**			
耕地面积(公顷)	Cultivated Area(hectare)	1840	1840	0.0
农作物总播种面积(公顷)	Total Sown Area(hectare)	1362	1200	-11.9
# 粮食作物播种面积(公顷)	Sown Area of Grain Crops(hectare)	165	223	35.2
有效灌溉面积(公顷)	Irrigated Area(hectare)	1340	1350	0.7
农牧业机械总动力(万千瓦)	Total Power of Agricultural Machinery(10 000 kw)	2.00	2.00	0.0
化肥施用折纯量(吨)	Consumption of Chemical Fertilizer(ton)	96	96	0.0
农村用电量(万千瓦小时)	Electricity Consumed in Rural Area(10 000 kwh)	100	100	0.0
农林牧渔业总产值(万元)	Gross Output of Farming, Forestry, Animal Husbandry & Fishery(10 000 yuan)	40747	45288	11.1
粮食产量(吨)	Yield of Grain(ton)	866	1170	35.1
油料产量(吨)	Yield of Oil - bearing Grops(ton)			
甜菜产量(吨)	Yield of Beetroots(ton)			
猪牛羊肉产量(吨)	Output of Pork, Beef & Mutton(ton)	2574	2392	-7.1
# 猪肉产量(吨)	Output of Pork(ton)	1988	1805	-9.2
牛肉产量(吨)	Output of Beef(ton)	210	215	2.4
羊肉产量(吨)	Output of Mutton(ton)	376	372	-1.1
羊毛产量(吨)	Output of Wool(ton)	90	90	0.0

23 – 27 Manzhouli City in Hulunbeier City

指　　标	Item	2009	2010	2010 年比上年增长% Increase Rate in 2010 Over 2009(%)
年末牲畜存栏头数(万头只)	Total Livestock at the Year – end(10 000 heads)	6.90	5.95	–13.8
# 大牲畜(万头只)	Large Animals(10 000 heads)	0.33	0.31	–6.1
羊(万只)	Sheep & Goats(10 000 heads)	3.36	3.31	–1.5
猪(万头)	Hogs(10 000 heads)	3.20	2.33	–27.2
规模以上工业	**Industrial Enterprises above Designated size**			
工业企业单位数(个)	Number of Industrial Enterprises(unit)	78	104	33.3
# 内资企业(个)	Civil Funded Enterprises(unit)	71	97	36.6
工业总产值(万元)	Gross Industrial Output Value(10 000 yuan)	602253	744753	23.7
内资企业(万元)	Civil Funded Enterprises(10 000 yuan)	543339	663256	22.1
国有企业(万元)	State – owned Enterprises(10 000 yuan)	105195	151082	43.6
集体企业(万元)	Collective – owned Enterprises(10 000 yuan)			
股份合作企业(万元)	Share Holding Enterprises(10 000 yuan)			
联营企业(万元)	Joint Owned Enterprises(10 000 yuan)			
有限责任公司(万元)	Limited Company(10 000 yuan)	182889	244432	33.7
股份有限公司(万元)	Share Holding Limited Company(10 000 yuan)			
私营企业(万元)	Privately Owned Enterprises(10 000 yuan)	242930	253155	4.2
其他企业(万元)	Enterprises of Other Ownership(10 000 yuan)	12325	14587	18.4
港澳台商投资企业(万元)	Funds from HK, Macao & Taiwan(10 000 yuan)	5534	7239	30.8
外商投资企业(万元)	Foreign Funded Enterprises(10 000 yuan)	53380	74258	39.1
工业企业增加值(万元)	Value Added of Industrial Enterprises(10 000 yuan)	176364	213318	17.3
工业企业资产总计(万元)	Total Assets of Industrial Enterprises(10 000 yuan)	649511	448300	–31.0
工业企业负债合计(万元)	Total Liabilities of Industrial Enterprises(10 000 yuan)	395216	477694	21.0
工业企业产品销售收入(万元)	Sales of Revenue Industrial Enterprises(10 000 yuan)	600860	732526	21.9
工业企业利润总额(万元)	Total Profits of Industrial Enterprises(10 000 yuan)	–2418	9150	
建筑业	**Construction**			
建筑企业单位数(个)	Number of Construction Enterprises(unit)	10	10	0.0
建筑企业从业人员(人)	Number of Employee in Construction Enterprises(person)	2213	1461	–34.0
建筑业总产值(万元)	Gross Construction Output Value(10 000 yuan)	16668	43341	160.0
交通运输邮电通信业	**Transportation, Post & Telecommunications**			
公路里程(公里)	Total Length of Highways(km)	397	418	5.3
邮电业务总量(万元)	Business Volume of Post & Telecoms(10 000 yuan)	28000	29000	3.6
本地电话用户(户)	Number of Subscribers of Local Telephone(Household)	37665	31872	–15.4
国内贸易	**Domestic Trade**			
社会消费品零售总额(万元)	Total Retail Sales of Consumer Goods(10 000 yuan)	656728	759149	15.6
# 贸易业(万元)	Wholesale & Retail Sales Trades(10 000 yuan)	558219	635206	13.8
餐饮业(万元)	Catering Trade(10 000 yuan)	98509	123943	25.8
科技教育卫生	**Science, Education & Public Health**			
各类专业技术人员(人)	Special Technical Personnel(person)	3662	3702	1.1
幼儿园数(所)	Number of Kindergartens(unit)	7	18	157.1
学龄儿童入学率(%)	Percentage of School – Age Children Enrolled(%)	100.0	100.0	0.0
小学学校数(所)	Number of Primary Schools(unit)	14	14	0.0
小学专任教师数(人)	Number of Full – time Teachers of Primary Schools(person)	841	841	0.0
小学在校学生数(人)	Number of Student Enrollment of Primary Schools(person)	9858	9509	–3.5
普通中学学校数(所)	Number of Regular Secondary Schools(unit)	13	13	0.0
普通中学专任教师数(人)	Number of Teachers of Secondary Shools(person)	1082	1093	1.0
初中在校学生数(人)	Number of Student in Junior Secondary Schools(person)	8955	8170	–8.8
高中在校学生数(人)	Number of Student in Senior Secondary Schools(person)	4308	4594	6.6
卫生机构数(所)	Number of Health Institutions(unit)	67	92	37.3
# 医院(所)	Hospitals(unit)	8	8	0.0
卫生院(所)	Township Hospitals(unit)	1	1	0.0
床位数(张)	Number of Beds(unit)	798	819	2.6
# 医院(张)	Hospitals(unit)	738	769	4.2
卫生院(张)	Township Hospitals(unit)	10	10	0.0
卫生技术人员(人)	Medical Technical Presonnel(person)	1584	1641	3.6
# 医院(人)	Hospitals(person)	1028	1127	9.6
卫生院(人)	Township Hospitals(person)	19	29	52.6

23－28 呼伦贝尔市扎兰屯市

指　　标	Item	2009	2010	2010 年比上年增长% Increase Rate in 2010 Over 2009(%)
行政区域土地面积(平方公里)	**Area of Administration(Sq. km)**	**16800**	**16800**	**0.0**
人口和就业	**Population & Employment**			
年末总人口(人)	Total Population Year－end(person)	429895	428817	－0.3
＃男性(人)	Male(person)	220793	219923	－0.4
＃乡村人口(人)	Rural(person)	259724	297008	14.4
年末总户数(户)	Total Number of Households at the Year－end(Household)	151245	155175	2.6
＃乡村户数(户)	Number of Rural Household(Household)	61756	98823	60.0
出生人口(人)	Births(person)	3148	3593	14.1
死亡人口(人)	Deaths(person)	2551	3092	21.2
全社会就业人员(人)	Employment(person)	171010	174550	2.1
第一产业(人)	Primary Industry(person)	115704	116905	1.0
第二产业(人)	Secondary Industry(person)	17486	18690	6.9
第三产业(人)	Tertiary Industry(person)	37820	38955	3.0
在岗职工人数(人)	Number of Staff & Workers Employed in(person)	24159	24587	1.8
乡村劳动力(人)	Number of Rural Laborers(person)	135908	136764	0.6
＃农林牧渔业(人)	Farming, Forestry, Animal Husbandry & Fishery(person)	114705	116890	1.9
国民经济综合指标	**Summary Item on the National Economy**			
生产总值(万元)	Gross Domestic Product(10 000 yuan)	861833	1044306	23.6
第一产业(万元)	Primary Industry(10 000 yuan)	244600	297050	9.1
第二产业(万元)	Secondary Industry(10 000 yuan)	379754	480490	37.9
＃工业(万元)	Industry(10 000 yuan)	333310	420113	40.0
第三产业(万元)	Tertiary Industry(10 000 yuan)	237479	266766	13.1
人均生产总值(元)	Per Capita GDP(yuan)	19990	24323	21.7
全社会固定资产投资(万元)	Total Investment in Fixed Assets(10 000 yuan)	555021	820172	47.8
按登记注册类型分	Grouped by Registered Type			
＃国有(万元)	State－owned Enterprises(10 000 yuan)	259165	450815	73.9
集体(万元)	Collective－owned Enterprises(10 000 yuan)	750	1050	40.0
有限责任公司(万元)	Limited Liability Corporations(10 000 yuan)	211046	255201	20.9
股份有限公司(万元)	Share Holding Enterprises(10 000 yuan)	45975	19869	－56.8
私营企业(万元)	Private Enterprises(10 000 yuan)	29385	28514	－3.0
外商及港澳台投资企业(万元)	Funds from HK, Macao, Taiwan & Foreign(10 000 yuan)	8700	4500	－48.3
按城乡渠道分	Grouped by Urban and Rural Area			
城镇(万元)	Urban(10 000 yuan)	555021	817613	47.3
农村(万元)	Rural(10 000 yuan)		2559	
一般预算收入(万元)	General Budgetary Financial Revenue(10 000 yuan)	13280	22373	68.5
一般预算支出(万元)	General Budgetary Financial Expenditures(10 000 yuan)	140252	166140	18.5
城乡居民储蓄存款余额(万元)	Resident Saving Deposit in Urban & Rural(10 000 yuan)	326464	391982	20.1
在岗职工工资总额(万元)	Total Wages of Staff & Workers Employed in(10 000 yuan)	62859	70579	12.3
在岗职工平均工资(元)	Average Wage of Staff & Workers Employed in(yuan)	24821	28487	14.8
城镇居民人均可支配收入(元)	Annual Disposable Income of Urban Residents per Capita(yuan)	14042	15713	11.9
农牧民人均纯收入(元)	Per Capita Net Income of Peasant & Herdsman(yuan)	5694	6406	12.5
农村牧区经济	**Economic Development in Rural & Pastoral Area**			
耕地面积(公顷)	Cultivated Area(hectare)	239560	239423	－0.1
农作物总播种面积(公顷)	Total Sown Area(hectare)	213470	218499	2.4
＃粮食作物播种面积(公顷)	Sown Area of Grain Crops(hectare)	181932	180559	－0.8
有效灌溉面积(公顷)	Irrigated Area(hectare)	28800	28800	0.0
农牧业机械总动力(万千瓦)	Total Power of Agricultural Machinery(10 000 kw)	62.00	63.00	1.6
化肥施用折纯量(吨)	Consumption of Chemical Fertilizer(ton)	34921	36469	4.4
农村用电量(万千瓦小时)	Electricity Consumed in Rural Area(10 000 kwh)	4836	4888	1.1
农林牧渔业总产值(万元)	Gross Output of Farming, Forestry, Animal Husbandry & Fishery(10 000 yuan)	400984	501030	25.0
粮食产量(吨)	Yield of Grain(ton)	758017	957987	26.4
油料产量(吨)	Yield of Oil－bearing Grops(ton)	40370	42458	5.2
甜菜产量(吨)	Yield of Beetroots(ton)	3017	322	－89.3
猪牛羊肉产量(吨)	Output of Pork, Beef & Mutton(ton)	41068	45472	10.7
＃猪肉产量(吨)	Output of Pork(ton)	7227	4888	－32.4
牛肉产量(吨)	Output of Beef(ton)	8364	17807	112.9
羊肉产量(吨)	Output of Mutton(ton)	25477	22777	－10.6
羊毛产量(吨)	Output of Wool(ton)	4124	5443	32.0

23－28 Zhalantun City in Hulunbeier City

指　　标	Item	2009	2010	2010年比上年增长% Increase Rate in 2010 Over 2009(%)
年末牲畜存栏头数(万头只)	Total Livestock at the Year－end(10 000 heads)	119.57	122.54	2.5
#大牲畜(万头只)	Large Animals(10 000 heads)	15.93	16.21	1.7
羊(万只)	Sheep & Goats(10 000 heads)	96.14	98.77	2.7
猪(万头)	Hogs(10 000 heads)	7.50	7.56	0.8
规模以上工业	**Industrial Enterprises above Designated size**			
工业企业单位数(个)	Number of Industrial Enterprises(unit)	53	61	15.1
#内资企业(个)	Civil Funded Enterprises(unit)	49	57	16.3
工业总产值(万元)	Gross Industrial Output Value(10 000 yuan)	745197	1101261	47.8
内资企业(万元)	Civil Funded Enterprises(10 000 yuan)	686226	1021096	48.8
国有企业(万元)	State－owned Enterprises(10 000 yuan)	27261	35810	31.4
集体企业(万元)	Collective－owned Enterprises(10 000 yuan)			
股份合作企业(万元)	Share Holding Enterprises(10 000 yuan)	27177	45170	66.2
联营企业(万元)	Joint Owned Enterprises(10 000 yuan)			
有限责任公司(万元)	Limited Company(10 000 yuan)	246895	359680	45.7
股份有限公司(万元)	Share Holding Limited Company(10 000 yuan)	63833	82173	28.7
私营企业(万元)	Privately Owned Enterprises(10 000 yuan)	321060	498263	55.2
其他企业(万元)	Enterprises of Other Ownership(10 000 yuan)			
港澳台商投资企业(万元)	Funds from HK,Macao & Taiwan(10 000 yuan)	8792	14468	64.6
外商投资企业(万元)	Foreign Funded Enterprises(10 000 yuan)	50179	65697	30.9
工业企业增加值(万元)	Value Added of Industrial Enterprises(10 000 yuan)	274873	338718	42.5
工业企业资产总计(万元)	Total Assets of Industrial Enterprises(10 000 yuan)	230332	269403	17.0
工业企业负债合计(万元)	Total Liabilities of Industrial Enterprises(10 000 yuan)	114814	133987	16.7
工业企业产品销售收入(万元)	Sales of Revenue Industrial Enterprises(10 000 yuan)	762049	1119779	46.9
工业企业利润总额(万元)	Total Profits of Industrial Enterprises(10 000 yuan)	5698	10613	86.3
建筑业	**Construction**			
建筑企业单位数(个)	Number of Construction Enterprises(unit)	7	9	28.6
建筑企业从业人员(人)	Number of Employee in Construction Enterprises(person)	9320	5912	－36.6
建筑业总产值(万元)	Gross Construction Output Value(10 000 yuan)	128072	70463	－45.0
交通运输邮电通信业	**Transportation,Post & Telecommunications**			
公路里程(公里)	Total Length of Highways(km)	1559	1559	0.0
邮电业务总量(万元)	Business Volume of Post & Telecoms(10 000 yuan)	15622	16577	6.1
本地电话用户(户)	Number of Subscribers of Local Telephone(Household)	30977	30220	－2.4
国内贸易	**Domestic Trade**			
社会消费品零售总额(万元)	Total Retail Sales of Consumer Goods(10 000 yuan)	267080	325838	22.0
#贸易业(万元)	Wholesale & Retail Sales Trades(10 000 yuan)	230826	279070	20.9
餐饮业(万元)	Catering Trade(10 000 yuan)	36254	46768	29.0
科技教育卫生	**Science,Education & Public Health**			
各类专业技术人员(人)	Special Technical Personnel(person)	8910	9877	10.9
幼儿园数(所)	Number of Kindergartens(unit)	75	88	17.3
学龄儿童入学率(%)	Percentage of School－Age Children Enrolled(%)	100.0	100.0	0.0
小学学校数(所)	Number of Primary Schools(unit)	77	27	－64.9
小学专任教师数(人)	Number of Full－time Teachers of Primary Schools(person)	1736	1837	5.8
小学在校学生数(人)	Number of Student Enrollment of Primary Schools(person)	18768	17672	－5.8
普通中学学校数(所)	Number of Regular Secondary Schools(unit)	28	24	－14.3
普通中学专任教师数(人)	Number of Teachers of Secondary Shools(person)	1376	1371	－0.4
初中在校学生数(人)	Number of Student in Junior Secondary Schools(person)	8773	6644	－24.3
高中在校学生数(人)	Number of Student in Senior Secondary Schools(person)	5703	5492	－3.7
卫生机构数(所)	Number of Health Institutions(unit)	262	134	－48.9
#医院(所)	Hospitals(unit)	9	9	0.0
卫生院(所)	Township Hospitals(unit)	21	21	0.0
床位数(张)	Number of Beds(unit)	1267	1336	5.4
#医院(张)	Hospitals(unit)	922	987	7.0
卫生院(张)	Township Hospitals(unit)	244	236	－3.3
卫生技术人员(人)	Medical Technical Presonnel(person)	1491	1591	6.7
#医院(人)	Hospitals(person)	837	877	4.8
卫生院(人)	Township Hospitals(person)	253	243	－4.0

23-29 呼伦贝尔市牙克石市

指　　标	Item	2009	2010	2010年比上年增长% Increase Rate in 2010 Over 2009(%)
行政区域土地面积(平方公里)	**Area of Administration(Sq. km)**	**27590**	**27590**	**0.0**
人口和就业	**Population & Employment**			
年末总人口(人)	Total Population Year-end(person)	374907	372641	-0.6
#男性(人)	Male(person)	189936	188603	-0.7
#乡村人口(人)	Rural(person)	4856	4937	1.7
年末总户数(户)	Total Number of Households at the Year-end(Household)	151820	147916	-2.6
#乡村户数(户)	Number of Rural Household(Household)	1596	1590	-0.4
出生人口(人)	Births(person)	1666	1783	7.0
死亡人口(人)	Deaths(person)	2387	3044	27.5
全社会就业人员(人)	Employment(person)	79961	90404	13.1
第一产业(人)	Primary Industry(person)	28303	31533	11.4
第二产业(人)	Secondary Industry(person)	10474	11591	10.7
第三产业(人)	Tertiary Industry(person)	41184	47280	14.8
在岗职工人数(人)	Number of Staff & Workers Employed in(person)	27429	28907	5.4
乡村劳动力(人)	Number of Rural Laborers(person)	3247	3242	-0.2
#农林牧渔业(人)	Farming, Forestry, Animal Husbandry & Fishery(person)	2937	2685	-8.6
国民经济综合指标	**Summary Item on the National Economy**			
生产总值(万元)	Gross Domestic Product(10 000 yuan)	902159	1173970	22.5
第一产业(万元)	Primary Industry(10 000 yuan)	198200	250101	13.9
第二产业(万元)	Secondary Industry(10 000 yuan)	335376	465991	32.4
#工业(万元)	Industry(10 000 yuan)	281380	378307	32.2
第三产业(万元)	Tertiary Industry(10 000 yuan)	368583	457878	19.5
人均生产总值(元)	Per Capita GDP(yuan)	23941	31409	28.4
全社会固定资产投资(万元)	Total Investment in Fixed Assets(10 000 yuan)	425510	613918	44.3
按登记注册类型分	Grouped by Registered Type			
#国有(万元)	State-owned Enterprises(10 000 yuan)	275041	258746	-5.9
集体(万元)	Collective-owned Enterprises(10 000 yuan)	180	3932	2084.4
有限责任公司(万元)	Limited Liability Corporations(10 000 yuan)	137601	328013	138.4
股份有限公司(万元)	Share Holding Enterprises(10 000 yuan)	1267	4376	245.4
私营企业(万元)	Private Enterprises(10 000 yuan)	2070	10583	411.3
外商及港澳台投资企业(万元)	Funds from HK, Macao, Taiwan & Foreign(10 000 yuan)	9531	8268	-13.3
按城乡渠道分	Grouped by Urban and Rural Area			
城镇(万元)	Urban(10 000 yuan)	425510	613918	44.3
农村(万元)	Rural(10 000 yuan)			
一般预算收入(万元)	General Budgetary Financial Revenue(10 000 yuan)	26738	40260	50.6
一般预算支出(万元)	General Budgetary Financial Expenditures(10 000 yuan)	142794	176847	23.9
城乡居民储蓄存款余额(万元)	Resident Saving Deposit in Urban & Rural(10 000 yuan)	603616	725855	20.3
在岗职工工资总额(万元)	Total Wages of Staff & Workers Employed in(10 000 yuan)	79001	95385	20.7
在岗职工平均工资(元)	Average Wage of Staff & Workers Employed in(yuan)	28751	32887	14.4
城镇居民人均可支配收入(元)	Annual Disposable Income of Urban Residents per Capita(yuan)	12210	14577	19.4
农牧民人均纯收入(元)	Per Capita Net Income of Peasant & Herdsman(yuan)	5715	6609	15.6
农村牧区经济	**Economic Development in Rural & Pastoral Area**			
耕地面积(公顷)	Cultivated Area(hectare)	141358	141358	0.0
农作物总播种面积(公顷)	Total Sown Area(hectare)	143243	113465	-20.8
#粮食作物播种面积(公顷)	Sown Area of Grain Crops(hectare)	113252	80911	-28.6
有效灌溉面积(公顷)	Irrigated Area(hectare)	3670	3740	1.9
农牧业机械总动力(万千瓦)	Total Power of Agricultural Machinery(10 000 kw)	36.40	38.50	5.8
化肥施用折纯量(吨)	Consumption of Chemical Fertilizer(ton)	12688	9899	-22.0
农村用电量(万千瓦小时)	Electricity Consumed in Rural Area(10 000 kwh)	1999	2003	0.2
农林牧渔业总产值(万元)	Gross Output of Farming, Forestry, Animal Husbandry & Fishery(10 000 yuan)	322276	407915	26.6
粮食产量(吨)	Yield of Grain(ton)	408013	430131	5.4
油料产量(吨)	Yield of Oil-bearing Grops(ton)	50563	56013	10.8
甜菜产量(吨)	Yield of Beetroots(ton)	12885	12593	-2.3
猪牛羊肉产量(吨)	Output of Pork, Beef & Mutton(ton)	19394	20671	6.6
#猪肉产量(吨)	Output of Pork(ton)	4600	7600	65.2
牛肉产量(吨)	Output of Beef(ton)	11756	9472	-19.4
羊肉产量(吨)	Output of Mutton(ton)	3038	3599	18.5
羊毛产量(吨)	Output of Wool(ton)	490	490	0.0

23 – 29 Yakeshi City in Hulunbeier City

指　　标	Item	2009	2010	2010 年比上年增长% Increase Rate in 2010 Over 2009(%)
年末牲畜存栏头数(万头只)	Total Livestock at the Year – end(10 000 heads)	29.84	30.68	2.8
#大牲畜(万头只)	Large Animals(10 000 heads)	5.63	5.79	2.8
羊(万只)	Sheep & Goats(10 000 heads)	21.07	21.73	3.1
猪(万头)	Hogs(10 000 heads)	3.14	3.16	0.6
规模以上工业	**Industrial Enterprises above Designated size**			
工业企业单位数(个)	Number of Industrial Enterprises(unit)	57	62	8.8
#内资企业(个)	Civil Funded Enterprises(unit)	54	59	9.3
工业总产值(万元)	Gross Industrial Output Value(10 000 yuan)	562200	823300	46.4
内资企业(万元)	Civil Funded Enterprises(10 000 yuan)	539000	787600	46.1
国有企业(万元)	State – owned Enterprises(10 000 yuan)	50700	56000	10.5
集体企业(万元)	Collective – owned Enterprises(10 000 yuan)		70	
股份合作企业(万元)	Share Holding Enterprises(10 000 yuan)	700	28300	3942.9
联营企业(万元)	Joint Owned Enterprises(10 000 yuan)			
有限责任公司(万元)	Limited Company(10 000 yuan)	245700	329430	34.1
股份有限公司(万元)	Share Holding Limited Company(10 000 yuan)	21700	36100	66.4
私营企业(万元)	Privately Owned Enterprises(10 000 yuan)	184900	300500	62.5
其他企业(万元)	Enterprises of Other Ownership(10 000 yuan)	35300	37200	5.4
港澳台商投资企业(万元)	Funds from HK, Macao & Taiwan(10 000 yuan)	3700	7100	91.9
外商投资企业(万元)	Foreign Funded Enterprises(10 000 yuan)	19500	28600	46.7
工业企业增加值(万元)	Value Added of Industrial Enterprises(10 000 yuan)	206065	292134	34.6
工业企业资产总计(万元)	Total Assets of Industrial Enterprises(10 000 yuan)	230500	463844	101.2
工业企业负债合计(万元)	Total Liabilities of Industrial Enterprises(10 000 yuan)	189400	236651	24.9
工业企业产品销售收入(万元)	Sales of Revenue Industrial Enterprises(10 000 yuan)	538800	807767	49.9
工业企业利润总额(万元)	Total Profits of Industrial Enterprises(10 000 yuan)	19700	31029	57.5
建筑业	**Construction**			
建筑企业单位数(个)	Number of Construction Enterprises(unit)	9	8	–11.1
建筑企业从业人员(人)	Number of Employee in Construction Enterprises(person)	8090	2075	–74.4
建筑业总产值(万元)	Gross Construction Output Value(10 000 yuan)	94016	124877	32.8
交通运输邮电通信业	**Transportation, Post & Telecommunications**			
公路里程(公里)	Total Length of Highways(km)	2068	2068	0.0
邮电业务总量(万元)	Business Volume of Post & Telecoms(10 000 yuan)	14110	16008	13.5
本地电话用户(户)	Number of Subscribers of Local Telephone(Household)	333386	278540	–16.5
国内贸易	**Domestic Trade**			
社会消费品零售总额(万元)	Total Retail Sales of Consumer Goods(10 000 yuan)	241033	304184	26.2
#贸易业(万元)	Wholesale & Retail Sales Trades(10 000 yuan)	191025	241509	26.4
餐饮业(万元)	Catering Trade(10 000 yuan)	33590	45749	36.2
科技教育卫生	**Science, Education & Public Health**			
各类专业技术人员(人)	Special Technical Personnel(person)	6500	6669	2.6
幼儿园数(所)	Number of Kindergartens(unit)	40	38	–5.0
学龄儿童入学率(%)	Percentage of School – Age Children Enrolled(%)	100.0	100.0	0.0
小学学校数(所)	Number of Primary Schools(unit)	27	26	–3.7
小学专任教师数(人)	Number of Full – time Teachers of Primary Schools(person)	1506	1487	–1.3
小学在校学生数(人)	Number of Student Enrollment of Primary Schools(person)	13031	11419	–12.4
普通中学学校数(所)	Number of Regular Secondary Schools(unit)	28	27	–3.6
普通中学专任教师数(人)	Number of Teachers of Secondary Shools(person)	1902	1803	–5.2
初中在校学生数(人)	Number of Student in Junior Secondary Schools(person)	9008	8300	–7.9
高中在校学生数(人)	Number of Student in Senior Secondary Schools(person)	9716	9014	–7.2
卫生机构数(所)	Number of Health Institutions(unit)	205	214	4.4
#医院(所)	Hospitals(unit)	19	19	0.0
卫生院(所)	Township Hospitals(unit)	15	15	0.0
床位数(张)	Number of Beds(unit)	2266	2799	23.5
#医院(张)	Hospitals(unit)	1975	2382	20.6
卫生院(张)	Township Hospitals(unit)	191	169	–11.5
卫生技术人员(人)	Medical Technical Presonnel(person)	3702	3351	–9.5
#医院(人)	Hospitals(person)	2851	2433	–14.7
卫生院(人)	Township Hospitals(person)	256	193	–24.6

23－30 呼伦贝尔市额尔古纳市

指　　标	Item	2009	2010	2010年比上年增长% Increase Rate in 2010 Over 2009(%)
行政区域土地面积(平方公里)	**Area of Administration(Sq. km)**	**28958**	**28958**	**0.0**
人口和就业	**Population & Employment**			
年末总人口(人)	Total Population Year－end(person)	84939	84253	0.8
#男性(人)	Male(person)	43227	41893	－3.1
#乡村人口(人)	Rural(person)	5118	1974	－61.4
年末总户数(户)	Total Number of Households at the Year－end(Household)	33923	33169	－2.2
#乡村户数(户)	Number of Rural Household(Household)	1609	544	－66.2
出生人口(人)	Births(person)	444	458	3.2
死亡人口(人)	Deaths(person)	396	551	39.1
全社会就业人员(人)	Employment(person)	47939	45281	－5.5
第一产业(人)	Primary Industry(person)	23453	21985	－6.3
第二产业(人)	Secondary Industry(person)	6867	5240	－23.7
第三产业(人)	Tertiary Industry(person)	17619	18056	2.5
在岗职工人数(人)	Number of Staff & Workers Employed in(person)	17075	16962	－0.7
乡村劳动力(人)	Number of Rural Laborers(person)	2578	1310	－49.2
#农林牧渔业(人)	Farming, Forestry, Animal Husbandry & Fishery(person)	2149	1176	－45.3
国民经济综合指标	**Summary Item on the National Economy**			
生产总值(万元)	Gross Domestic Product(10 000 yuan)	239475	268578	5.3
第一产业(万元)	Primary Industry(10 000 yuan)	92600	100826	－0.3
第二产业(万元)	Secondary Industry(10 000 yuan)	53625	67508	19.1
#工业(万元)	Industry(10 000 yuan)	45459	50078	18.4
第三产业(万元)	Tertiary Industry(10 000 yuan)	93250	100244	7.7
人均生产总值(元)	Per Capita GDP(yuan)	28140	31748	5.9
全社会固定资产投资(万元)	Total Investment in Fixed Assets(10 000 yuan)	90009	113461	26.1
按登记注册类型分	Grouped by Registered Type			
#国有(万元)	State－owned Enterprises(10 000 yuan)	27156	41929	54.4
集体(万元)	Collective－owned Enterprises(10 000 yuan)	6950	90	－98.7
有限责任公司(万元)	Limited Liability Corporations(10 000 yuan)	31336	51548	64.5
股份有限公司(万元)	Share Holding Enterprises(10 000 yuan)	4295	5803	35.1
私营企业(万元)	Private Enterprises(10 000 yuan)	8299	260	－96.8
外商及港澳台投资企业(万元)	Funds from HK, Macao, Taiwan & Foreign(10 000 yuan)	2173	402	－81.5
按城乡渠道分	Grouped by Urban and Rural Area			
城镇(万元)	Urban(10 000 yuan)	89909	113251	26.0
农村(万元)	Rural(10 000 yuan)	100	210	110.0
一般预算收入(万元)	General Budgetary Financial Revenue(10 000 yuan)	9456	13842	46.4
一般预算支出(万元)	General Budgetary Financial Expenditures(10 000 yuan)	66709	70105	5.1
城乡居民储蓄存款余额(万元)	Resident Saving Deposit in Urban & Rural(10 000 yuan)	127589	151999	19.1
在岗职工工资总额(万元)	Total Wages of Staff & Workers Employed in(10 000 yuan)	43536	49903	14.6
在岗职工平均工资(元)	Average Wage of Staff & Workers Employed in(yuan)	23767	26937	13.3
城镇居民人均可支配收入(元)	Annual Disposable Income of Urban Residents per Capita(yuan)	12110	13200	9.0
农牧民人均纯收入(元)	Per Capita Net Income of Peasant & Herdsman(yuan)	9965	11110	11.5
农村牧区经济	**Economic Development in Rural & Pastoral Area**			
耕地面积(公顷)	Cultivated Area(hectare)	185129	185128	0.0
农作物总播种面积(公顷)	Total Sown Area(hectare)	104111	101418	－2.6
#粮食作物播种面积(公顷)	Sown Area of Grain Crops(hectare)	52042	52397	0.7
有效灌溉面积(公顷)	Irrigated Area(hectare)			
农牧业机械总动力(万千瓦)	Total Power of Agricultural Machinery(10 000 kw)	19.11	19.97	4.5
化肥施用折纯量(吨)	Consumption of Chemical Fertilizer(ton)	12522	17899	42.9
农村用电量(万千瓦小时)	Electricity Consumed in Rural Area(10 000 kwh)	2137	2046	－4.3
农林牧渔业总产值(万元)	Gross Output of Farming, Forestry, Animal Husbandry & Fishery(10 000 yuan)	149803	164246	9.6
粮食产量(吨)	Yield of Grain(ton)	245500	180897	－26.3
油料产量(吨)	Yield of Oil－bearing Grops(ton)	72687	77396	6.5
甜菜产量(吨)	Yield of Beetroots(ton)			
猪牛羊肉产量(吨)	Output of Pork, Beef & Mutton(ton)	4573	6988	52.8
#猪肉产量(吨)	Output of Pork(ton)	605	958	58.3
牛肉产量(吨)	Output of Beef(ton)	2917	3138	7.6
羊肉产量(吨)	Output of Mutton(ton)	1051	2892	175.2
羊毛产量(吨)	Output of Wool(ton)	237	297	25.3

23－30 Eerguna City in Hulunbeier City

指　　标	Item	2009	2010	2010年比上年增长% Increase Rate in 2010 Over 2009(%)
年末牲畜存栏头数(万头只)	Total Livestock at the Year－end(10 000 heads)	25.16	27.89	10.9
#大牲畜(万头只)	Large Animals(10 000 heads)	8.04	8.35	3.8
羊(万只)	Sheep & Goats(10 000 heads)	16.33	18.70	14.5
猪(万头)	Hogs(10 000 heads)	0.79	0.84	6.3
规模以上工业	**Industrial Enterprises above Designated size**			
工业企业单位数(个)	Number of Industrial Enterprises(unit)	11	11	0.0
#内资企业(个)	Civil Funded Enterprises(unit)	10	10	0.0
工业总产值(万元)	Gross Industrial Output Value(10 000 yuan)	107079	133496	24.7
内资企业(万元)	Civil Funded Enterprises(10 000 yuan)	62695	92862	48.1
国有企业(万元)	State－owned Enterprises(10 000 yuan)	4095	4489	9.6
集体企业(万元)	Collective－owned Enterprises(10 000 yuan)	7573		
股份合作企业(万元)	Share Holding Enterprises(10 000 yuan)	25062	75342	200.6
联营企业(万元)	Joint Owned Enterprises(10 000 yuan)			
有限责任公司(万元)	Limited Company(10 000 yuan)			
股份有限公司(万元)	Share Holding Limited Company(10 000 yuan)	16593		
私营企业(万元)	Privately Owned Enterprises(10 000 yuan)			
其他企业(万元)	Enterprises of Other Ownership(10 000 yuan)	9372	13032	39.1
港澳台商投资企业(万元)	Funds from HK, Macao & Taiwan(10 000 yuan)			
外商投资企业(万元)	Foreign Funded Enterprises(10 000 yuan)	44384	40633	－8.5
工业企业增加值(万元)	Value Added of Industrial Enterprises(10 000 yuan)	39448	49000	18.2
工业企业资产总计(万元)	Total Assets of Industrial Enterprises(10 000 yuan)	60104	110700	84.2
工业企业负债合计(万元)	Total Liabilities of Industrial Enterprises(10 000 yuan)	50024	82900	65.7
工业企业产品销售收入(万元)	Sales of Revenue Industrial Enterprises(10 000 yuan)	123434	129700	5.1
工业企业利润总额(万元)	Total Profits of Industrial Enterprises(10 000 yuan)	－1428	12700	
建筑业	**Construction**			
建筑企业单位数(个)	Number of Construction Enterprises(unit)	2	4	100.0
建筑企业从业人员(人)	Number of Employee in Construction Enterprises(person)	929	1418	52.6
建筑业总产值(万元)	Gross Construction Output Value(10 000 yuan)	18010	20845	15.7
交通运输邮电通信业	**Transportation, Post & Telecommunications**			
公路里程(公里)	Total Length of Highways(km)	2768	2766	－0.1
邮电业务总量(万元)	Business Volume of Post & Telecoms(10 000 yuan)	4965	5586	12.5
本地电话用户(户)	Number of Subscribers of Local Telephone(Household)	19615	15332	－21.8
国内贸易	**Domestic Trade**			
社会消费品零售总额(万元)	Total Retail Sales of Consumer Goods(10 000 yuan)	62063	72614	17.0
#贸易业(万元)	Wholesale & Retail Sales Trades(10 000 yuan)	52754	61796	17.1
餐饮业(万元)	Catering Trade(10 000 yuan)	9309	10818	16.2
科技教育卫生	**Science, Education & Public Health**			
各类专业技术人员(人)	Special Technical Personnel(person)	3060	2490	－18.6
幼儿园数(所)	Number of Kindergartens(unit)	15	15	0.0
学龄儿童入学率(%)	Percentage of School－Age Children Enrolled(%)	100.0	100.0	0.0
小学学校数(所)	Number of Primary Schools(unit)	8	8	
小学专任教师数(人)	Number of Full－time Teachers of Primary Schools(person)	512	533	4.1
小学在校学生数(人)	Number of Student Enrollment of Primary Schools(person)	4693	4368	－6.9
普通中学学校数(所)	Number of Regular Secondary Schools(unit)	10	10	0.0
普通中学专任教师数(人)	Number of Teachers of Secondary Shools(person)	451	454	0.7
初中在校学生数(人)	Number of Student in Junior Secondary Schools(person)	2472	2547	3.0
高中在校学生数(人)	Number of Student in Senior Secondary Schools(person)	1565	1531	－2.2
卫生机构数(所)	Number of Health Institutions(unit)	113	110	－2.7
#医院(所)	Hospitals(unit)	7	7	0.0
卫生院(所)	Township Hospitals(unit)	3	2	－33.4
床位数(张)	Number of Beds(unit)	445	413	－7.2
#医院(张)	Hospitals(unit)	359	363	1.1
卫生院(张)	Township Hospitals(unit)	60	50	－16.7
卫生技术人员(人)	Medical Technical Presonnel(person)	727	707	－2.8
#医院(人)	Hospitals(person)	434	346	－20.3
卫生院(人)	Township Hospitals(person)	73	76	4.1

23-31 呼伦贝尔市根河市

指　　标	Item	2009	2010	2010年比上年增长% Increase Rate in 2010 Over 2009(%)
行政区域土地面积(平方公里)	**Area of Administration(Sq. km)**	**19659**	**19659**	**0.0**
人口和就业	**Population & Employment**			
年末总人口(人)	Total Population Year-end(person)	160909	159711	-0.7
#男性(人)	Male(person)	81743	81603	-0.2
#乡村人口(人)	Rural(person)			
年末总户数(户)	Total Number of Households at the Year-end(Household)	56077	56782	1.3
#乡村户数(户)	Number of Rural Household(Household)			
出生人口(人)	Births(person)	650	616	-5.2
死亡人口(人)	Deaths(person)	990	1270	28.3
全社会就业人员(人)	Employment(person)	47932	44005	-8.2
第一产业(人)	Primary Industry(person)	10168	8560	-15.8
第二产业(人)	Secondary Industry(person)	10535	11088	5.2
第三产业(人)	Tertiary Industry(person)	27229	24357	-10.5
在岗职工人数(人)	Number of Staff & Workers Employed in(person)	32086	29626	-7.7
乡村劳动力(人)	Number of Rural Laborers(person)			
#农林牧渔业(人)	Farming, Forestry, Animal Husbandry & Fishery(person)			
国民经济综合指标	**Summary Item on the National Economy**			
生产总值(万元)	Gross Domestic Product(10 000 yuan)	232803	265583	11.5
第一产业(万元)	Primary Industry(10 000 yuan)	62200	76506	10.7
第二产业(万元)	Secondary Industry(10 000 yuan)	54942	68134	21.9
#工业(万元)	Industry(10 000 yuan)	46819	59832	27.7
第三产业(万元)	Tertiary Industry(10 000 yuan)	115661	120943	6.7
人均生产总值(元)	Per Capita GDP(yuan)	14369	16567	12.3
全社会固定资产投资(万元)	Total Investment in Fixed Assets(10 000 yuan)	85342	85501	0.2
按登记注册类型分	Grouped by Registered Type			
#国有(万元)	State-owned Enterprises(10 000 yuan)	46836	23390	-50.1
集体(万元)	Collective-owned Enterprises(10 000 yuan)	165	1950	1081.8
有限责任公司(万元)	Limited Liability Corporations(10 000 yuan)	18021	25150	39.6
股份有限公司(万元)	Share Holding Enterprises(10 000 yuan)	7720	10920	41.5
私营企业(万元)	Private Enterprises(10 000 yuan)	1802	16868	836.1
外商及港澳台投资企业(万元)	Funds from HK, Macao, Taiwan & Foreign(10 000 yuan)	1538		
按城乡渠道分	Grouped by Urban and Rural Area			
城镇(万元)	Urban(10 000 yuan)	85342	85501	0.2
农村(万元)	Rural(10 000 yuan)			
一般预算收入(万元)	General Budgetary Financial Revenue(10 000 yuan)	6468	10301	59.3
一般预算支出(万元)	General Budgetary Financial Expenditures(10 000 yuan)	86736	97571	12.5
城乡居民储蓄存款余额(万元)	Resident Saving Deposit in Urban & Rural(10 000 yuan)	251226	286778	14.2
在岗职工工资总额(万元)	Total Wages of Staff & Workers Employed in(10 000 yuan)	72635	75951	4.6
在岗职工平均工资(元)	Average Wage of Staff & Workers Employed in(yuan)	22935	25818	12.6
城镇居民人均可支配收入(元)	Annual Disposable Income of Urban Residents per Capita(yuan)	11677	13043	11.7
农牧民人均纯收入(元)	Per Capita Net Income of Peasant & Herdsman(yuan)			
农村牧区经济	**Economic Development in Rural & Pastoral Area**			
耕地面积(公顷)	Cultivated Area(hectare)	2168	2233	3.0
农作物总播种面积(公顷)	Total Sown Area(hectare)	2909	2831	-2.7
#粮食作物播种面积(公顷)	Sown Area of Grain Crops(hectare)	2144	1569	-26.8
有效灌溉面积(公顷)	Irrigated Area(hectare)			
农牧业机械总动力(万千瓦)	Total Power of Agricultural Machinery(10 000 kw)	2.40	2.40	0.0
化肥施用折纯量(吨)	Consumption of Chemical Fertilizer(ton)	390	138	-64.6
农村用电量(万千瓦小时)	Electricity Consumed in Rural Area(10 000 kwh)			
农林牧渔业总产值(万元)	Gross Output of Farming, Forestry, Animal Husbandry & Fishery(10 000 yuan)	102300	126411	23.6
粮食产量(吨)	Yield of Grain(ton)	6374	4960	-22.2
油料产量(吨)	Yield of Oil-bearing Grops(ton)	901	1698	88.5
甜菜产量(吨)	Yield of Beetroots(ton)			
猪牛羊肉产量(吨)	Output of Pork, Beef & Mutton(ton)	2239	2630	17.5
#猪肉产量(吨)	Output of Pork(ton)	1645	2101	27.7
牛肉产量(吨)	Output of Beef(ton)	434	395	-9.0
羊肉产量(吨)	Output of Mutton(ton)	160	134	-16.3
羊毛产量(吨)	Output of Wool(ton)	12	20	66.7

23－31 Genhe City in Hulunbeier City

指　　标	Item	2009	2010	2010 年比上年增长% Increase Rate in 2010 Over 2009(%)
年末牲畜存栏头数(万头只)	Total Livestock at the Year－end(10 000 heads)	1.88	1.71	－9.0
#大牲畜(万头只)	Large Animals(10 000 heads)	0.21	0.24	14.3
羊(万只)	Sheep & Goats(10 000 heads)	0.57	0.53	－7.0
猪(万头)	Hogs(10 000 heads)	1.10	0.94	－14.5
规模以上工业	**Industrial Enterprises above Designated size**			
工业企业单位数(个)	Number of Industrial Enterprises(unit)	14	15	7.1
#内资企业(个)	Civil Funded Enterprises(unit)	14	15	7.1
工业总产值(万元)	Gross Industrial Output Value(10 000 yuan)	67201	108250	61.1
内资企业(万元)	Civil Funded Enterprises(10 000 yuan)	67201	108250	61.1
国有企业(万元)	State－owned Enterprises(10 000 yuan)	7624	9274	21.6
集体企业(万元)	Collective－owned Enterprises(10 000 yuan)			
股份合作企业(万元)	Share Holding Enterprises(10 000 yuan)			
联营企业(万元)	Joint Owned Enterprises(10 000 yuan)			
有限责任公司(万元)	Limited Company(10 000 yuan)			
股份有限公司(万元)	Share Holding Limited Company(10 000 yuan)			
私营企业(万元)	Privately Owned Enterprises(10 000 yuan)			
其他企业(万元)	Enterprises of Other Ownership(10 000 yuan)	59577	98976	66.1
港澳台商投资企业(万元)	Funds from HK,Macao & Taiwan(10 000 yuan)			
外商投资企业(万元)	Foreign Funded Enterprises(10 000 yuan)			
工业企业增加值(万元)	Value Added of Industrial Enterprises(10 000 yuan)	30772	37000	43.0
工业企业资产总计(万元)	Total Assets of Industrial Enterprises(10 000 yuan)	75335	96329	27.9
工业企业负债合计(万元)	Total Liabilities of Industrial Enterprises(10 000 yuan)	62412	63216	1.3
工业企业产品销售收入(万元)	Sales of Revenue Industrial Enterprises(10 000 yuan)	66287	106413	60.5
工业企业利润总额(万元)	Total Profits of Industrial Enterprises(10 000 yuan)	795	2385	200.0
建筑业	**Construction**			
建筑企业单位数(个)	Number of Construction Enterprises(unit)	7	7	0.0
建筑企业从业人员(人)	Number of Employee in Construction Enterprises(person)	2565	2005	－21.8
建筑业总产值(万元)	Gross Construction Output Value(10 000 yuan)	38922	48880	25.6
交通运输邮电通信业	**Transportation,Post & Telecommunications**			
公路里程(公里)	Total Length of Highways(km)	980	979	－0.1
邮电业务总量(万元)	Business Volume of Post & Telecoms(10 000 yuan)	4967	5788	16.5
本地电话用户(户)	Number of Subscribers of Local Telephone(Household)	19399	19180	－1.1
国内贸易	**Domestic Trade**			
社会消费品零售总额(万元)	Total Retail Sales of Consumer Goods(10 000 yuan)	96645	113974	17.9
#贸易业(万元)	Wholesale & Retail Sales Trades(10 000 yuan)	82937	95434	15.1
餐饮业(万元)	Catering Trade(10 000 yuan)	13708	18540	35.2
科技教育卫生	**Science,Education & Public Health**			
各类专业技术人员(人)	Special Technical Personnel(person)	4446	6014	35.3
幼儿园数(所)	Number of Kindergartens(unit)	17	10	－41.2
学龄儿童入学率(%)	Percentage of School－Age Children Enrolled(%)	100.0	100.0	0.0
小学学校数(所)	Number of Primary Schools(unit)	13	9	－30.8
小学专任教师数(人)	Number of Full－time Teachers of Primary Schools(person)	1028	1025	－0.3
小学在校学生数(人)	Number of Student Enrollment of Primary Schools(person)	5147	4540	－11.8
普通中学学校数(所)	Number of Regular Secondary Schools(unit)	14	10	－28.6
普通中学专任教师数(人)	Number of Teachers of Secondary Shools(person)	843	780	－7.5
初中在校学生数(人)	Number of Student in Junior Secondary Schools(person)	4102	3520	－14.2
高中在校学生数(人)	Number of Student in Senior Secondary Schools(person)	2152	2051	－4.7
卫生机构数(所)	Number of Health Institutions(unit)	69	79	14.5
#医院(所)	Hospitals(unit)	7	4	－42.9
卫生院(所)	Township Hospitals(unit)	5	6	20.0
床位数(张)	Number of Beds(unit)	692	722	4.3
#医院(张)	Hospitals(unit)	603	390	－35.3
卫生院(张)	Township Hospitals(unit)	50	306	512.0
卫生技术人员(人)	Medical Technical Presonnel(person)	1229	1253	2.0
#医院(人)	Hospitals(person)	863	418	－51.6
卫生院(人)	Township Hospitals(person)	94	520	453.2

23－32 呼伦贝尔市阿荣旗

指　　标	Item	2009	2010	2010年比上年增长% Increase Rate in 2010 Over 2009(%)
行政区域土地面积(平方公里)	**Area of Administration(Sq. km)**	**12063**	**12063**	**0.0**
人口和就业	**Population & Employment**			
年末总人口(人)	Total Population Year－end(person)	331752	330123	－0.5
#男性(人)	Male(person)	170665	169354	－0.8
#乡村人口(人)	Rural(person)	232693	229673	－1.3
年末总户数(户)	Total Number of Households at the Year－end(Household)	108088	112982	4.5
#乡村户数(户)	Number of Rural Household(Household)	58088	65902	13.5
出生人口(人)	Births(person)	2725	3085	13.2
死亡人口(人)	Deaths(person)	1558	3720	138.8
全社会就业人员(人)	Employment(person)	145312	165310	13.8
第一产业(人)	Primary Industry(person)	105185	122038	16.0
第二产业(人)	Secondary Industry(person)	12785	14345	12.2
第三产业(人)	Tertiary Industry(person)	27342	28927	5.8
在岗职工人数(人)	Number of Staff & Workers Employed in(person)	18966	20237	6.7
乡村劳动力(人)	Number of Rural Laborers(person)	121409	122038	0.5
#农林牧渔业(人)	Farming, Forestry, Animal Husbandry & Fishery(person)	105181	99675	－5.2
国民经济综合指标	**Summary Item on the National Economy**			
生产总值(万元)	Gross Domestic Product(10 000 yuan)	756512	900173	13.0
第一产业(万元)	Primary Industry(10 000 yuan)	284600	343010	8.2
第二产业(万元)	Secondary Industry(10 000 yuan)	279359	343539	21.3
#工业(万元)	Industry(10 000 yuan)	215674	262119	21.4
第三产业(万元)	Tertiary Industry(10 000 yuan)	192553	213624	8.2
人均生产总值(元)	Per Capita GDP(yuan)	22836	27268	19.6
全社会固定资产投资(万元)	Total Investment in Fixed Assets(10 000 yuan)	552843	692944	25.3
按登记注册类型分	Grouped by Registered Type			
#国有(万元)	State－owned Enterprises(10 000 yuan)	302360	341167	12.8
集体(万元)	Collective－owned Enterprises(10 000 yuan)			
有限责任公司(万元)	Limited Liability Corporations(10 000 yuan)	128678	251382	95.4
股份有限公司(万元)	Share Holding Enterprises(10 000 yuan)	11610	33246	186.4
私营企业(万元)	Private Enterprises(10 000 yuan)	103992	46047	－55.7
外商及港澳台投资企业(万元)	Funds from HK, Macao, Taiwan & Foreign(10 000 yuan)			
按城乡渠道分	Grouped by Urban and Rural Area			
城镇(万元)	Urban(10 000 yuan)	552843	654923	18.5
农村(万元)	Rural(10 000 yuan)		38021	
一般预算收入(万元)	General Budgetary Financial Revenue(10 000 yuan)	19277	24556	27.4
一般预算支出(万元)	General Budgetary Financial Expenditures(10 000 yuan)	128443	141257	10.0
城乡居民储蓄存款余额(万元)	Resident Saving Deposit in Urban & Rural(10 000 yuan)	152433	193452	26.9
在岗职工工资总额(万元)	Total Wages of Staff & Workers Employed in(10 000 yuan)	51068	61587	20.6
在岗职工平均工资(元)	Average Wage of Staff & Workers Employed in(yuan)	25608	31116	21.5
城镇居民人均可支配收入(元)	Annual Disposable Income of Urban Residents per Capita(yuan)	13617	14870	9.2
农牧民人均纯收入(元)	Per Capita Net Income of Peasant & Herdsman(yuan)	5910	6671	12.9
农村牧区经济	**Economic Development in Rural & Pastoral Area**			
耕地面积(公顷)	Cultivated Area(hectare)	290497	313729	8.0
农作物总播种面积(公顷)	Total Sown Area(hectare)	290497	286939	－1.2
#粮食作物播种面积(公顷)	Sown Area of Grain Crops(hectare)	266473	267161	0.3
有效灌溉面积(公顷)	Irrigated Area(hectare)	46240	48300	4.5
农牧业机械总动力(万千瓦)	Total Power of Agricultural Machinery(10 000 kw)	61.43	63.95	4.1
化肥施用折纯量(吨)	Consumption of Chemical Fertilizer(ton)	15200	15600	2.6
农村用电量(万千瓦小时)	Electricity Consumed in Rural Area(10 000 kwh)	3826	4975	30.0
农林牧渔业总产值(万元)	Gross Output of Farming, Forestry, Animal Husbandry & Fishery(10 000 yuan)	459532	541470	5.4
粮食产量(吨)	Yield of Grain(ton)	1210500	1410146	16.5
油料产量(吨)	Yield of Oil－bearing Grops(ton)	13185	16885	28.1
甜菜产量(吨)	Yield of Beetroots(ton)	375		
猪牛羊肉产量(吨)	Output of Pork, Beef & Mutton(ton)	35978	40612	12.9
#猪肉产量(吨)	Output of Pork(ton)	7568	5668	－25.1
牛肉产量(吨)	Output of Beef(ton)	7625	14035	84.1
羊肉产量(吨)	Output of Mutton(ton)	20785	20909	0.6
羊毛产量(吨)	Output of Wool(ton)	7070	7596	7.4

23 - 32 Arong Banner in Hulunbeier City

指标	Item	2009	2010	2010年比上年增长% Increase Rate in 2010 Over 2009(%)
年末牲畜存栏头数(万头只)	Total Livestock at the Year - end(10 000 heads)	166.85	168.65	1.1
# 大牲畜(万头只)	Large Animals(10 000 heads)	16.71	16.81	0.5
羊(万只)	Sheep & Goats(10 000 heads)	144.58	146.19	1.1
猪(万头)	Hogs(10 000 heads)	5.56	5.65	1.6
规模以上工业	**Industrial Enterprises above Designated size**			
工业企业单位数(个)	Number of Industrial Enterprises(unit)	33	33	0.0
# 内资企业(个)	Civil Funded Enterprises(unit)	33	33	0.0
工业总产值(万元)	Gross Industrial Output Value(10 000 yuan)	464007	592541	27.7
内资企业(万元)	Civil Funded Enterprises(10 000 yuan)	464007	592541	27.7
国有企业(万元)	State - owned Enterprises(10 000 yuan)	10545	12974	23.0
集体企业(万元)	Collective - owned Enterprises(10 000 yuan)			
股份合作企业(万元)	Share Holding Enterprises(10 000 yuan)			
联营企业(万元)	Joint Owned Enterprises(10 000 yuan)			
有限责任公司(万元)	Limited Company(10 000 yuan)	278253	411370	47.8
股份有限公司(万元)	Share Holding Limited Company(10 000 yuan)	16516	18601	12.6
私营企业(万元)	Privately Owned Enterprises(10 000 yuan)	158693	149596	-5.7
其他企业(万元)	Enterprises of Other Ownership(10 000 yuan)			
港澳台商投资企业(万元)	Funds from HK, Macao & Taiwan(10 000 yuan)			
外商投资企业(万元)	Foreign Funded Enterprises(10 000 yuan)			
工业企业增加值(万元)	Value Added of Industrial Enterprises(10 000 yuan)	157364	187000	24.2
工业企业资产总计(万元)	Total Assets of Industrial Enterprises(10 000 yuan)	177137	241560	36.4
工业企业负债合计(万元)	Total Liabilities of Industrial Enterprises(10 000 yuan)	98148	149175	52.0
工业企业产品销售收入(万元)	Sales of Revenue Industrial Enterprises(10 000 yuan)	460391	561381	21.9
工业企业利润总额(万元)	Total Profits of Industrial Enterprises(10 000 yuan)	14030	21927	56.3
建筑业	**Construction**			
建筑企业单位数(个)	Number of Construction Enterprises(unit)	4	4	0.0
建筑企业从业人员(人)	Number of Employee in Construction Enterprises(person)	3190	3965	24.3
建筑业总产值(万元)	Gross Construction Output Value(10 000 yuan)	738150	706682	-4.3
交通运输邮电通信业	**Transportation, Post & Telecommunications**			
公路里程(公里)	Total Length of Highways(km)	2138	2410	12.7
邮电业务总量(万元)	Business Volume of Post & Telecoms(10 000 yuan)	8892	10241	15.2
本地电话用户(户)	Number of Subscribers of Local Telephone(Household)	177426	193574	9.1
国内贸易	**Domestic Trade**			
社会消费品零售总额(万元)	Total Retail Sales of Consumer Goods(10 000 yuan)	144864	172388	19.0
# 贸易业(万元)	Wholesale & Retail Sales Trades(10 000 yuan)	122016	141338	15.8
餐饮业(万元)	Catering Trade(10 000 yuan)	20746	31050	49.7
科技教育卫生	**Science, Education & Public Health**			
各类专业技术人员(人)	Special Technical Personnel(person)	4984	4916	-1.4
幼儿园数(所)	Number of Kindergartens(unit)	21	21	0.0
学龄儿童入学率(%)	Percentage of School - Age Children Enrolled(%)	100.0	100.0	0.0
小学学校数(所)	Number of Primary Schools(unit)	40	27	-32.5
小学专任教师数(人)	Number of Full - time Teachers of Primary Schools(person)	1649	1644	-0.3
小学在校学生数(人)	Number of Student Enrollment of Primary Schools(person)	15112	15177	0.4
普通中学学校数(所)	Number of Regular Secondary Schools(unit)	19	19	
普通中学专任教师数(人)	Number of Teachers of Secondary Shools(person)	1156	1115	-3.5
初中在校学生数(人)	Number of Student in Junior Secondary Schools(person)	6679	7621	14.1
高中在校学生数(人)	Number of Student in Senior Secondary Schools(person)	4741	4062	-14.3
卫生机构数(所)	Number of Health Institutions(unit)	100	71	-29.0
# 医院(所)	Hospitals(unit)	4	4	0.0
卫生院(所)	Township Hospitals(unit)	17	17	0.0
床位数(张)	Number of Beds(unit)	524	558	6.5
# 医院(张)	Hospitals(unit)	357	387	8.4
卫生院(张)	Township Hospitals(unit)	147	151	2.7
卫生技术人员(人)	Medical Technical Presonnel(person)	728	767	5.4
# 医院(人)	Hospitals(person)	352	372	5.7
卫生院(人)	Township Hospitals(person)	253	240	-5.1

23－33 呼伦贝尔市莫力达瓦达斡尔族自治旗

指　　标	Item	2009	2010	2010年比上年增长% Increase Rate in 2010 Over 2009(%)
行政区域土地面积(平方公里)	**Area of Administration(Sq. km)**	**10500**	**11000**	**4.8**
人口和就业	**Population & Employment**			
年末总人口(人)	Total Population Year－end(person)	338209	340582	0.7
#男性(人)	Male(person)	174962	175841	0.5
#乡村人口(人)	Rural(person)	241694	245300	1.5
年末总户数(户)	Total Number of Households at the Year－end(Household)	113856	118238	3.8
#乡村户数(户)	Number of Rural Household(Household)	64906	66300	2.1
出生人口(人)	Births(person)	3279	4148	26.5
死亡人口(人)	Deaths(person)	1405	2337	66.3
全社会就业人员(人)	Employment(person)	136493	144133	5.6
第一产业(人)	Primary Industry(person)	113932	121218	6.4
第二产业(人)	Secondary Industry(person)	5079	5411	6.5
第三产业(人)	Tertiary Industry(person)	17482	17504	0.1
在岗职工人数(人)	Number of Staff & Workers Employed in(person)	21413	21020	－1.8
乡村劳动力(人)	Number of Rural Laborers(person)	114804	132500	15.4
#农林牧渔业(人)	Farming, Forestry, Animal Husbandry & Fishery(person)	103297	110800	7.3
国民经济综合指标	**Summary Item on the National Economy**			
生产总值(万元)	Gross Domestic Product(10 000 yuan)	568893	675080	9.1
第一产业(万元)	Primary Industry(10 000 yuan)	272400	327095	7.8
第二产业(万元)	Secondary Industry(10 000 yuan)	127193	148589	14.8
#工业(万元)	Industry(10 000 yuan)	93063	109010	17.0
第三产业(万元)	Tertiary Industry(10 000 yuan)	169300	199396	6.7
人均生产总值(元)	Per Capita GDP(yuan)	16754	19891	9.1
全社会固定资产投资(万元)	Total Investment in Fixed Assets(10 000 yuan)	209599	238301	13.7
按登记注册类型分	Grouped by Registered Type			
#国有(万元)	State－owned Enterprises(10 000 yuan)	150968	90706	－40.0
集体(万元)	Collective－owned Enterprises(10 000 yuan)			
有限责任公司(万元)	Limited Liability Corporations(10 000 yuan)	3151		
股份有限公司(万元)	Share Holding Enterprises(10 000 yuan)			
私营企业(万元)	Private Enterprises(10 000 yuan)	44250	144945	227.6
外商及港澳台投资企业(万元)	Funds from HK, Macao, Taiwan & Foreign(10 000 yuan)		2650	
按城乡渠道分	Grouped by Urban and Rural Area			
城镇(万元)	Urban(10 000 yuan)	209599	238301	13.7
农村(万元)	Rural(10 000 yuan)			
一般预算收入(万元)	General Budgetary Financial Revenue(10 000 yuan)	7425	12446	67.6
一般预算支出(万元)	General Budgetary Financial Expenditures(10 000 yuan)	118677	140489	18.4
城乡居民储蓄存款余额(万元)	Resident Saving Deposit in Urban & Rural(10 000 yuan)	134969	168710	25.0
在岗职工工资总额(万元)	Total Wages of Staff & Workers Employed in(10 000 yuan)	49627	55871	12.6
在岗职工平均工资(元)	Average Wage of Staff & Workers Employed in(yuan)	23346	26557	13.8
城镇居民人均可支配收入(元)	Annual Disposable Income of Urban Residents per Capita(yuan)	11690	12601	7.8
农牧民人均纯收入(元)	Per Capita Net Income of Peasant & Herdsman(yuan)	5688	6372	12.0
农村牧区经济	**Economic Development in Rural & Pastoral Area**			
耕地面积(公顷)	Cultivated Area(hectare)	469926	464720	－1.1
农作物总播种面积(公顷)	Total Sown Area(hectare)	469926	464720	－1.1
#粮食作物播种面积(公顷)	Sown Area of Grain Crops(hectare)	440634	434502	－1.4
有效灌溉面积(公顷)	Irrigated Area(hectare)	73333		
农牧业机械总动力(万千瓦)	Total Power of Agricultural Machinery(10 000 kw)	62.29	84.35	35.4
化肥施用折纯量(吨)	Consumption of Chemical Fertilizer(ton)	43075	54800	27.2
农村用电量(万千瓦小时)	Electricity Consumed in Rural Area(10 000 kwh)	5553	6252	12.6
农林牧渔业总产值(万元)	Gross Output of Farming, Forestry, Animal Husbandry & Fishery(10 000 yuan)	440221	532838	8.6
粮食产量(吨)	Yield of Grain(ton)	1264000	1469682	16.3
油料产量(吨)	Yield of Oil－bearing Grops(ton)	7905	8654	9.5
甜菜产量(吨)	Yield of Beetroots(ton)	3120	2597	－16.8
猪牛羊肉产量(吨)	Output of Pork, Beef & Mutton(ton)	27184	29303	7.8
#猪肉产量(吨)	Output of Pork(ton)	5751	5761	0.2
牛肉产量(吨)	Output of Beef(ton)	9692	10679	10.2
羊肉产量(吨)	Output of Mutton(ton)	11741	12863	9.6
羊毛产量(吨)	Output of Wool(ton)	3585	4010	11.9

23 - 33 Molidawadawoer National Autonomous Banner in Hulunbeier City

指　　标	Item	2009	2010	2010 年比上年增长% Increase Rate in 2010 Over 2009(%)
年末牲畜存栏头数(万头只)	Total Livestock at the Year - end(10 000 heads)	130.74	138.47	5.9
# 大牲畜(万头只)	Large Animals(10 000 heads)	16.31	15.45	-5.3
羊(万只)	Sheep & Goats(10 000 heads)	108.65	117.18	7.8
猪(万头)	Hogs(10 000 heads)	5.78	5.84	1.0
规模以上工业	**Industrial Enterprises above Designated size**			
工业企业单位数(个)	Number of Industrial Enterprises(unit)	21	20	-4.8
# 内资企业(个)	Civil Funded Enterprises(unit)	19	19	0.0
工业总产值(万元)	Gross Industrial Output Value(10 000 yuan)	214774	273756	27.5
内资企业(万元)	Civil Funded Enterprises(10 000 yuan)	188655	245144	29.9
国有企业(万元)	State - owned Enterprises(10 000 yuan)	15962	18978	18.9
集体企业(万元)	Collective - owned Enterprises(10 000 yuan)			
股份合作企业(万元)	Share Holding Enterprises(10 000 yuan)			
联营企业(万元)	Joint Owned Enterprises(10 000 yuan)			
有限责任公司(万元)	Limited Company(10 000 yuan)			
股份有限公司(万元)	Share Holding Limited Company(10 000 yuan)			
私营企业(万元)	Privately Owned Enterprises(10 000 yuan)	172693	226166	31.0
其他企业(万元)	Enterprises of Other Ownership(10 000 yuan)			
港澳台商投资企业(万元)	Funds from HK, Macao & Taiwan(10 000 yuan)	26119	28612	9.5
外商投资企业(万元)	Foreign Funded Enterprises(10 000 yuan)			
工业企业增加值(万元)	Value Added of Industrial Enterprises(10 000 yuan)	76063	89706	18.9
工业企业资产总计(万元)	Total Assets of Industrial Enterprises(10 000 yuan)	195700	222929	13.9
工业企业负债合计(万元)	Total Liabilities of Industrial Enterprises(10 000 yuan)	128100	142898	11.6
工业企业产品销售收入(万元)	Sales of Revenue Industrial Enterprises(10 000 yuan)	216400	275882	27.5
工业企业利润总额(万元)	Total Profits of Industrial Enterprises(10 000 yuan)	22300	30845	38.3
建筑业	**Construction**			
建筑企业单位数(个)	Number of Construction Enterprises(unit)	4	4	0.0
建筑企业从业人员(人)	Number of Employee in Construction Enterprises(person)	2814	2880	2.3
建筑业总产值(万元)	Gross Construction Output Value(10 000 yuan)	18888	24282	28.6
交通运输邮电通信业	**Transportation, Post & Telecommunications**			
公路里程(公里)	Total Length of Highways(km)	1854	1938	4.5
邮电业务总量(万元)	Business Volume of Post & Telecoms(10 000 yuan)	9903	12592	27.2
本地电话用户(户)	Number of Subscribers of Local Telephone(Household)	27003	25169	-6.8
国内贸易	**Domestic Trade**			
社会消费品零售总额(万元)	Total Retail Sales of Consumer Goods(10 000 yuan)	144705	176540	22.0
# 贸易业(万元)	Wholesale & Retail Sales Trades(10 000 yuan)	108331	132900	22.7
餐饮业(万元)	Catering Trade(10 000 yuan)	11910	14300	20.0
科技教育卫生	**Science, Education & Public Health**			
各类专业技术人员(人)	Special Technical Personnel(person)	6274	6999	11.6
幼儿园数(所)	Number of Kindergartens(unit)	68	59	-13.2
学龄儿童入学率(%)	Percentage of School - Age Children Enrolled(%)	100.0	100.0	0.0
小学学校数(所)	Number of Primary Schools(unit)	26	26	0.0
小学专任教师数(人)	Number of Full - time Teachers of Primary Schools(person)	1841	1645	-10.6
小学在校学生数(人)	Number of Student Enrollment of Primary Schools(person)	17113	17047	-0.4
普通中学学校数(所)	Number of Regular Secondary Schools(unit)	25	25	
普通中学专任教师数(人)	Number of Teachers of Secondary Shools(person)	1214	1194	-1.6
初中在校学生数(人)	Number of Student in Junior Secondary Schools(person)	8415	8645	2.7
高中在校学生数(人)	Number of Student in Senior Secondary Schools(person)	4068	3589	-11.8
卫生机构数(所)	Number of Health Institutions(unit)	31	31	0.0
# 医院(所)	Hospitals(unit)	6	6	0.0
卫生院(所)	Township Hospitals(unit)	19	19	0.0
床位数(张)	Number of Beds(unit)	591	799	35.2
# 医院(张)	Hospitals(unit)	421	541	28.5
卫生院(张)	Township Hospitals(unit)	150	220	46.7
卫生技术人员(人)	Medical Technical Presonnel(person)	863	887	2.8
# 医院(人)	Hospitals(person)	419	474	13.1
卫生院(人)	Township Hospitals(person)	228	221	-3.1

23－34 呼伦贝尔市鄂伦春自治旗

指　　标	Item	2009	2010	2010 年比上年增长% Increase Rate in 2010 Over 2009(%)
行政区域土地面积(平方公里)	**Area of Administration(Sq. km)**	**59800**	**59800**	**0.0**
人口和就业	**Population & Employment**			
年末总人口(人)	Total Population Year－end(person)	280672	277520	－1.1
#男性(人)	Male(person)	143911	143078	－0.6
#乡村人口(人)	Rural(person)	61060	61084	0.0
年末总户数(户)	Total Number of Households at the Year－end(Household)	100687	102677	2.0
#乡村户数(户)	Number of Rural Household(Household)	16530	16740	1.3
出生人口(人)	Births(person)	1601	1425	－11.0
死亡人口(人)	Deaths(person)	1436	2016	40.4
全社会就业人员(人)	Employment(person)	73584	71820	－2.4
第一产业(人)	Primary Industry(person)	35062	34186	－2.5
第二产业(人)	Secondary Industry(person)	15263	14867	－2.6
第三产业(人)	Tertiary Industry(person)	23259	22767	－2.1
在岗职工人数(人)	Number of Staff & Workers Employed in(person)	18368	17565	－4.4
乡村劳动力(人)	Number of Rural Laborers(person)	36510	36630	0.3
#农林牧渔业(人)	Farming,Forestry,Animal Husbandry & Fishery(person)	32300	32633	1.0
国民经济综合指标	**Summary Item on the National Economy**			
生产总值(万元)	Gross Domestic Product(10 000 yuan)	310156	380344	11.4
第一产业(万元)	Primary Industry(10 000 yuan)	116000	143280	11.2
第二产业(万元)	Secondary Industry(10 000 yuan)	32204	38964	14.1
#工业(万元)	Industry(10 000 yuan)	25622	31459	15.9
第三产业(万元)	Tertiary Industry(10 000 yuan)	161952	198100	11.0
人均生产总值(元)	Per Capita GDP(yuan)	11021	13628	12.3
全社会固定资产投资(万元)	Total Investment in Fixed Assets(10 000 yuan)	71860	80325	11.8
按登记注册类型分	Grouped by Registered Type			
#国有(万元)	State－owned Enterprises(10 000 yuan)	62808	44901	－28.5
集体(万元)	Collective－owned Enterprises(10 000 yuan)			
有限责任公司(万元)	Limited Liability Corporations(10 000 yuan)	7201	26090	262.3
股份有限公司(万元)	Share Holding Enterprises(10 000 yuan)	851	6604	676.0
私营企业(万元)	Private Enterprises(10 000 yuan)	800	2730	241.3
外商及港澳台投资企业(万元)	Funds from HK,Macao,Taiwan & Foreign(10 000 yuan)	200		
按城乡渠道分	Grouped by Urban and Rural Area			
城镇(万元)	Urban(10 000 yuan)	71860	80325	11.8
农村(万元)	Rural(10 000 yuan)			
一般预算收入(万元)	General Budgetary Financial Revenue(10 000 yuan)	6188	9099	47.0
一般预算支出(万元)	General Budgetary Financial Expenditures(10 000 yuan)	122395	136166	11.3
城乡居民储蓄存款余额(万元)	Resident Saving Deposit in Urban & Rural(10 000 yuan)	243806	286705	17.6
在岗职工工资总额(万元)	Total Wages of Staff & Workers Employed in(10 000 yuan)	45182	50291	11.3
在岗职工平均工资(元)	Average Wage of Staff & Workers Employed in(yuan)	23555	27416	16.4
城镇居民人均可支配收入(元)	Annual Disposable Income of Urban Residents per Capita(yuan)	11201	12635	12.8
农牧民人均纯收入(元)	Per Capita Net Income of Peasant & Herdsman(yuan)	4292	4829	12.5
农村牧区经济	**Economic Development in Rural & Pastoral Area**			
耕地面积(公顷)	Cultivated Area(hectare)	275333	275953	0.2
农作物总播种面积(公顷)	Total Sown Area(hectare)	201135	217532	8.2
#粮食作物播种面积(公顷)	Sown Area of Grain Crops(hectare)	199795	215154	7.7
有效灌溉面积(公顷)	Irrigated Area(hectare)			
农牧业机械总动力(万千瓦)	Total Power of Agricultural Machinery(10 000 kw)	45.61	45.61	0.0
化肥施用折纯量(吨)	Consumption of Chemical Fertilizer(ton)	19968	21430	7.3
农村用电量(万千瓦小时)	Electricity Consumed in Rural Area(10 000 kwh)	1334	1467	10.0
农林牧渔业总产值(万元)	Gross Output of Farming,Forestry,Animal Husbandry & Fishery(10 000 yuan)	188312	233403	23.9
粮食产量(吨)	Yield of Grain(ton)	290678	351091	20.8
油料产量(吨)	Yield of Oil－bearing Grops(ton)	142	546	284.5
甜菜产量(吨)	Yield of Beetroots(ton)			
猪牛羊肉产量(吨)	Output of Pork, Beef & Mutton(ton)	7749	6393	－17.5
#猪肉产量(吨)	Output of Pork(ton)	3446	3032	－12.0
牛肉产量(吨)	Output of Beef(ton)	2221	1684	－24.2
羊肉产量(吨)	Output of Mutton(ton)	2082	1677	－19.5
羊毛产量(吨)	Output of Wool(ton)	668	712	6.6

23 – 34 Elunchun National Autonomous Banner in Hulunbeier City

指　标	Item	2009	2010	2010 年比上年增长% Increase Rate in 2010 Over 2009(%)
年末牲畜存栏头数(万头只)	Total Livestock at the Year – end(10 000 heads)	30.82	38.78	25.8
# 大牲畜(万头只)	Large Animals(10 000 heads)	4.00	2.97	–25.8
羊(万只)	Sheep & Goats(10 000 heads)	22.00	30.97	40.8
猪(万头)	Hogs(10 000 heads)	4.82	4.84	0.4
规模以上工业	**Industrial Enterprises above Designated size**			
工业企业单位数(个)	Number of Industrial Enterprises(unit)	12	14	16.7
# 内资企业(个)	Civil Funded Enterprises(unit)	11	13	18.2
工业总产值(万元)	Gross Industrial Output Value(10 000 yuan)	48679	63942	31.4
内资企业(万元)	Civil Funded Enterprises(10 000 yuan)	34847	41926	20.3
国有企业(万元)	State – owned Enterprises(10 000 yuan)			
集体企业(万元)	Collective – owned Enterprises(10 000 yuan)			
股份合作企业(万元)	Share Holding Enterprises(10 000 yuan)		412	
联营企业(万元)	Joint Owned Enterprises(10 000 yuan)			
有限责任公司(万元)	Limited Company(10 000 yuan)	34847	36698	5.3
股份有限公司(万元)	Share Holding Limited Company(10 000 yuan)		4816	
私营企业(万元)	Privately Owned Enterprises(10 000 yuan)			
其他企业(万元)	Enterprises of Other Ownership(10 000 yuan)			
港澳台商投资企业(万元)	Funds from HK, Macao & Taiwan(10 000 yuan)	13832	22016	59.5
外商投资企业(万元)	Foreign Funded Enterprises(10 000 yuan)			
工业企业增加值(万元)	Value Added of Industrial Enterprises(10 000 yuan)	20060	24000	17.9
工业企业资产总计(万元)	Total Assets of Industrial Enterprises(10 000 yuan)	27407	66383	142.2
工业企业负债合计(万元)	Total Liabilities of Industrial Enterprises(10 000 yuan)	23606	32417	37.3
工业企业产品销售收入(万元)	Sales of Revenue Industrial Enterprises(10 000 yuan)	45415	62809	38.3
工业企业利润总额(万元)	Total Profits of Industrial Enterprises(10 000 yuan)	398	1405	252.9
建筑业	**Construction**			
建筑企业单位数(个)	Number of Construction Enterprises(unit)	6	6	
建筑企业从业人员(人)	Number of Employee in Construction Enterprises(person)	501	421	–16.0
建筑业总产值(万元)	Gross Construction Output Value(10 000 yuan)	7833	18761	139.5
交通运输邮电通信业	**Transportation, Post & Telecommunications**			
公路里程(公里)	Total Length of Highways(km)	1481	2445	65.1
邮电业务总量(万元)	Business Volume of Post & Telecoms(10 000 yuan)	9640	9473	–1.7
本地电话用户(户)	Number of Subscribers of Local Telephone(Household)	159743	93328	–41.6
国内贸易	**Domestic Trade**			
社会消费品零售总额(万元)	Total Retail Sales of Consumer Goods(10 000 yuan)	130323	157039	20.5
# 贸易业(万元)	Wholesale & Retail Sales Trades(10 000 yuan)	94670	108316	14.4
餐饮业(万元)	Catering Trade(10 000 yuan)	29673	41745	40.7
科技教育卫生	**Science, Education & Public Health**			
各类专业技术人员(人)	Special Technical Personnel(person)	5438	5238	–3.7
幼儿园数(所)	Number of Kindergartens(unit)	39	42	7.7
学龄儿童入学率(%)	Percentage of School – Age Children Enrolled(%)	100.0	100.0	0.0
小学学校数(所)	Number of Primary Schools(unit)	34	28	–17.6
小学专任教师数(人)	Number of Full – time Teachers of Primary Schools(person)	1717	1659	–3.4
小学在校学生数(人)	Number of Student Enrollment of Primary Schools(person)	12010	10631	–11.5
普通中学学校数(所)	Number of Regular Secondary Schools(unit)	22	20	–9.1
普通中学专任教师数(人)	Number of Teachers of Secondary Shools(person)	1322	1254	–5.1
初中在校学生数(人)	Number of Student in Junior Secondary Schools(person)	9190	8022	–12.7
高中在校学生数(人)	Number of Student in Senior Secondary Schools(person)	5003	4569	–8.7
卫生机构数(所)	Number of Health Institutions(unit)	34	34	0.0
# 医院(所)	Hospitals(unit)	14	13	–7.1
卫生院(所)	Township Hospitals(unit)	9	9	0.0
床位数(张)	Number of Beds(unit)	813	871	7.1
# 医院(张)	Hospitals(unit)	716	606	–15.4
卫生院(张)	Township Hospitals(unit)	77	77	0.0
卫生技术人员(人)	Medical Technical Presonnel(person)	1465	1353	–7.6
# 医院(人)	Hospitals(person)	1203	955	–20.6
卫生院(人)	Township Hospitals(person)	92	89	–3.3

23－35 呼伦贝尔市鄂温克族自治旗

指　　标	Item	2009	2010	2010 年比上年增长% Increase Rate in 2010 Over 2009(%)
行政区域土地面积(平方公里)	**Area of Administration(Sq. km)**	**19111**	**19111**	**0.0**
人口和就业	**Population & Employment**			
年末总人口(人)	Total Population Year－end(person)	144238	144357	0.1
＃男性(人)	Male(person)	75231	75194	－0.1
＃乡村人口(人)	Rural(person)	27593	28805	4.4
年末总户数(户)	Total Number of Households at the Year－end(Household)	54392	53026	－2.5
＃乡村户数(户)	Number of Rural Household(Household)	8301	8839	6.5
出生人口(人)	Births(person)	1145	1164	1.7
死亡人口(人)	Deaths(person)	1017	1041	2.4
全社会就业人员(人)	Employment(person)	55624	63572	14.3
第一产业(人)	Primary Industry(person)	15854	16857	6.3
第二产业(人)	Secondary Industry(person)	23105	22908	－0.9
第三产业(人)	Tertiary Industry(person)	16665	23807	42.9
在岗职工人数(人)	Number of Staff & Workers Employed in(person)	30289	29797	－1.6
乡村劳动力(人)	Number of Rural Laborers(person)	17074	17675	3.5
＃农林牧渔业(人)	Farming, Forestry, Animal Husbandry & Fishery(person)	14173	14869	4.9
国民经济综合指标	**Summary Item on the National Economy**			
生产总值(万元)	Gross Domestic Product(10 000 yuan)	537185	651481	20.2
第一产业(万元)	Primary Industry(10 000 yuan)	54500	59545	－3.0
第二产业(万元)	Secondary Industry(10 000 yuan)	332273	419758	25.4
＃工业(万元)	Industry(10 000 yuan)	301786	367994	21.8
第三产业(万元)	Tertiary Industry(10 000 yuan)	150412	172178	15.2
人均生产总值(元)	Per Capita GDP(yuan)	37221	45130	21.2
全社会固定资产投资(万元)	Total Investment in Fixed Assets(10 000 yuan)	604314	1005939	66.5
按登记注册类型分	Grouped by Registered Type			
＃国有(万元)	State－owned Enterprises(10 000 yuan)	137529	403253	193.2
集体(万元)	Collective－owned Enterprises(10 000 yuan)			
有限责任公司(万元)	Limited Liability Corporations(10 000 yuan)	244201	317233	29.9
股份有限公司(万元)	Share Holding Enterprises(10 000 yuan)	208616	275014	31.8
私营企业(万元)	Private Enterprises(10 000 yuan)	13948	10439	－25.2
外商及港澳台投资企业(万元)	Funds from HK, Macao, Taiwan & Foreign(10 000 yuan)	20		
按城乡渠道分	Grouped by Urban and Rural Area			
城镇(万元)	Urban(10 000 yuan)	604314	1005939	66.5
农村(万元)	Rural(10 000 yuan)			
一般预算收入(万元)	General Budgetary Financial Revenue(10 000 yuan)	39351	53524	36.0
一般预算支出(万元)	General Budgetary Financial Expenditures(10 000 yuan)	96742	117318	21.3
城乡居民储蓄存款余额(万元)	Resident Saving Deposit in Urban & Rural(10 000 yuan)	196451	246247	25.3
在岗职工工资总额(万元)	Total Wages of Staff & Workers Employed in(10 000 yuan)	95801	116303	21.4
在岗职工平均工资(元)	Average Wage of Staff & Workers Employed in(yuan)	30948	38355	23.9
城镇居民人均可支配收入(元)	Annual Disposable Income of Urban Residents per Capita(yuan)	12143	13855	14.1
农牧民人均纯收入(元)	Per Capita Net Income of Peasant & Herdsman(yuan)	7883	9067	15.0
农村牧区经济	**Economic Development in Rural & Pastoral Area**			
耕地面积(公顷)	Cultivated Area(hectare)	12094	12094	0.0
农作物总播种面积(公顷)	Total Sown Area(hectare)	26388	16436	－37.7
＃粮食作物播种面积(公顷)	Sown Area of Grain Crops(hectare)	14852	9245	－37.8
有效灌溉面积(公顷)	Irrigated Area(hectare)			
农牧业机械总动力(万千瓦)	Total Power of Agricultural Machinery(10 000 kw)	14.66	16.30	11.1
化肥施用折纯量(吨)	Consumption of Chemical Fertilizer(ton)	5702	3441	－39.7
农村用电量(万千瓦小时)	Electricity Consumed in Rural Area(10 000 kwh)	92	98	6.5
农林牧渔业总产值(万元)	Gross Output of Farming, Forestry, Animal Husbandry & Fishery(10 000 yuan)	88474	96999	9.6
粮食产量(吨)	Yield of Grain(ton)	50509	29697	－41.2
油料产量(吨)	Yield of Oil－bearing Grops(ton)	7255	4280	－41.0
甜菜产量(吨)	Yield of Beetroots(ton)	1501		
猪牛羊肉产量(吨)	Output of Pork, Beef & Mutton(ton)	14973	17251	15.2
＃猪肉产量(吨)	Output of Pork(ton)	3674	3134	－14.7
牛肉产量(吨)	Output of Beef(ton)	7496	9478	26.4
羊肉产量(吨)	Output of Mutton(ton)	3803	4639	22.0
羊毛产量(吨)	Output of Wool(ton)	871	892	2.4

23 – 35 Ewenke National Autonomous Banner in Hulunbeier City

指　　标	Item	2009	2010	2010年比上年增长% Increase Rate in 2010 Over 2009(%)
年末牲畜存栏头数(万头只)	Total Livestock at the Year – end(10 000 heads)	57.90	59.23	2.3
#大牲畜(万头只)	Large Animals(10 000 heads)	13.84	11.90	–14.0
羊(万只)	Sheep & Goats(10 000 heads)	42.86	46.11	7.6
猪(万头)	Hogs(10 000 heads)	1.20	1.22	1.7
规模以上工业	**Industrial Enterprises above Designated size**			
工业企业单位数(个)	Number of Industrial Enterprises(unit)	19	18	–5.3
#内资企业(个)	Civil Funded Enterprises(unit)	18	17	–5.6
工业总产值(万元)	Gross Industrial Output Value(10 000 yuan)	654881	760900	16.2
内资企业(万元)	Civil Funded Enterprises(10 000 yuan)	648581	753600	16.2
国有企业(万元)	State – owned Enterprises(10 000 yuan)			
集体企业(万元)	Collective – owned Enterprises(10 000 yuan)			
股份合作企业(万元)	Share Holding Enterprises(10 000 yuan)			
联营企业(万元)	Joint Owned Enterprises(10 000 yuan)			
有限责任公司(万元)	Limited Company(10 000 yuan)	580658	710200	22.3
股份有限公司(万元)	Share Holding Limited Company(10 000 yuan)			
私营企业(万元)	Privately Owned Enterprises(10 000 yuan)	67923	43400	–36.1
其他企业(万元)	Enterprises of Other Ownership(10 000 yuan)			
港澳台商投资企业(万元)	Funds from HK, Macao & Taiwan(10 000 yuan)			
外商投资企业(万元)	Foreign Funded Enterprises(10 000 yuan)	6300	7300	15.9
工业企业增加值(万元)	Value Added of Industrial Enterprises(10 000 yuan)	295412	353000	22.1
工业企业资产总计(万元)	Total Assets of Industrial Enterprises(10 000 yuan)	2234422	1732400	–22.5
工业企业负债合计(万元)	Total Liabilities of Industrial Enterprises(10 000 yuan)	1624184	1813600	–11.7
工业企业产品销售收入(万元)	Sales of Revenue Industrial Enterprises(10 000 yuan)	534225	577500	8.1
工业企业利润总额(万元)	Total Profits of Industrial Enterprises(10 000 yuan)	75195	80500	7.1
建筑业	**Construction**			
建筑企业单位数(个)	Number of Construction Enterprises(unit)	5	5	0.0
建筑企业从业人员(人)	Number of Employee in Construction Enterprises(person)	2167	2262	4.4
建筑业总产值(万元)	Gross Construction Output Value(10 000 yuan)	50510	69400	37.4
交通运输邮电通信业	**Transportation, Post & Telecommunications**			
公路里程(公里)	Total Length of Highways(km)	1109	1109	0.0
邮电业务总量(万元)	Business Volume of Post & Telecoms(10 000 yuan)	4384	4396	0.2
本地电话用户(户)	Number of Subscribers of Local Telephone(Household)	26697	26185	–1.9
国内贸易	**Domestic Trade**			
社会消费品零售总额(万元)	Total Retail Sales of Consumer Goods(10 000 yuan)	73009	85420	17.0
#贸易业(万元)	Wholesale & Retail Sales Trades(10 000 yuan)	57677	68270	18.4
餐饮业(万元)	Catering Trade(10 000 yuan)	14602	16354	12.0
科技教育卫生	**Science, Education & Public Health**			
各类专业技术人员(人)	Special Technical Personnel(person)	3140	3050	–2.9
幼儿园数(所)	Number of Kindergartens(unit)	19	21	10.5
学龄儿童入学率(%)	Percentage of School – Age Children Enrolled(%)	100.0	100.0	0.0
小学学校数(所)	Number of Primary Schools(unit)	11	10	–9.1
小学专任教师数(人)	Number of Full – time Teachers of Primary Schools(person)	780	822	5.4
小学在校学生数(人)	Number of Student Enrollment of Primary Schools(person)	6502	5894	–9.4
普通中学学校数(所)	Number of Regular Secondary Schools(unit)	11	11	0.0
普通中学专任教师数(人)	Number of Teachers of Secondary Shools(person)	817	801	–2.0
初中在校学生数(人)	Number of Student in Junior Secondary Schools(person)	3441	3401	–1.2
高中在校学生数(人)	Number of Student in Senior Secondary Schools(person)	2256	1993	–11.7
卫生机构数(所)	Number of Health Institutions(unit)	70	73	4.3
#医院(所)	Hospitals(unit)	6	6	0.0
卫生院(所)	Township Hospitals(unit)	9	10	11.1
床位数(张)	Number of Beds(unit)	710	720	1.4
#医院(张)	Hospitals(unit)	570	491	–13.9
卫生院(张)	Township Hospitals(unit)	75	69	–8.0
卫生技术人员(人)	Medical Technical Presonnel(person)	821	843	2.7
#医院(人)	Hospitals(person)	506	505	–0.2
卫生院(人)	Township Hospitals(person)	88	98	11.4

23-36 呼伦贝尔市新巴尔虎右旗

指　　标	Item	2009	2010	2010年比上年增长% Increase Rate in 2010 Over 2009(%)
行政区域土地面积(平方公里)	**Area of Administration(Sq. km)**	**24839**	**24839**	**0.0**
人口和就业	**Population & Employment**			
年末总人口(人)	Total Population Year-end(person)	34484	35009	1.5
#男性(人)	Male(person)	17378	16969	-2.4
#乡村人口(人)	Rural(person)	16377	16207	-1.0
年末总户数(户)	Total Number of Households at the Year-end(Household)	12942	13864	7.1
#乡村户数(户)	Number of Rural Household(Household)	4977	4980	0.1
出生人口(人)	Births(person)	341	350	2.6
死亡人口(人)	Deaths(person)	207	383	85.0
全社会就业人员(人)	Employment(person)	20190	20963	3.8
第一产业(人)	Primary Industry(person)	10342	9619	-7.0
第二产业(人)	Secondary Industry(person)	3661	4643	26.8
第三产业(人)	Tertiary Industry(person)	6187	6701	8.3
在岗职工人数(人)	Number of Staff & Workers Employed in(person)	5961	6582	10.4
乡村劳动力(人)	Number of Rural Laborers(person)	12714	13140	3.4
#农林牧渔业(人)	Farming, Forestry, Animal Husbandry & Fishery(person)	10342	9619	-7.0
国民经济综合指标	**Summary Item on the National Economy**			
生产总值(万元)	Gross Domestic Product(10 000 yuan)	376538	461475	14.0
第一产业(万元)	Primary Industry(10 000 yuan)	32700	33864	-8.7
第二产业(万元)	Secondary Industry(10 000 yuan)	298662	355795	15.5
#工业(万元)	Industry(10 000 yuan)	278057	346341	20.1
第三产业(万元)	Tertiary Industry(10 000 yuan)	45176	71816	15.5
人均生产总值(元)	Per Capita GDP(yuan)	109514	132810	12.8
全社会固定资产投资(万元)	Total Investment in Fixed Assets(10 000 yuan)	283996	127717	-55.0
按登记注册类型分	Grouped by Registered Type			
#国有(万元)	State-owned Enterprises(10 000 yuan)	196355	111324	-43.3
集体(万元)	Collective-owned Enterprises(10 000 yuan)			
有限责任公司(万元)	Limited Liability Corporations(10 000 yuan)	78241	11500	-85.3
股份有限公司(万元)	Share Holding Enterprises(10 000 yuan)	7652	4773	-37.6
私营企业(万元)	Private Enterprises(10 000 yuan)	1470	120	-91.8
外商及港澳台投资企业(万元)	Funds from HK, Macao, Taiwan & Foreign(10 000 yuan)	248		
按城乡渠道分	Grouped by Urban and Rural Area			
城镇(万元)	Urban(10 000 yuan)	283996	127717	-55.0
农村(万元)	Rural(10 000 yuan)			
一般预算收入(万元)	General Budgetary Financial Revenue(10 000 yuan)	23481	29794	26.9
一般预算支出(万元)	General Budgetary Financial Expenditures(10 000 yuan)	52793	60042	13.7
城乡居民储蓄存款余额(万元)	Resident Saving Deposit in Urban & Rural(10 000 yuan)	33717	38797	15.1
在岗职工工资总额(万元)	Total Wages of Staff & Workers Employed in(10 000 yuan)	20848	23115	10.9
在岗职工平均工资(元)	Average Wage of Staff & Workers Employed in(yuan)	34414	34996	1.7
城镇居民人均可支配收入(元)	Annual Disposable Income of Urban Residents per Capita(yuan)	12199	13418	10.0
农牧民人均纯收入(元)	Per Capita Net Income of Peasant & Herdsman(yuan)	7849	9057	15.4
农村牧区经济	**Economic Development in Rural & Pastoral Area**			
耕地面积(公顷)	Cultivated Area(hectare)	320	320	0.0
农作物总播种面积(公顷)	Total Sown Area(hectare)	1527	1742	14.1
#粮食作物播种面积(公顷)	Sown Area of Grain Crops(hectare)	403	380	-5.7
有效灌溉面积(公顷)	Irrigated Area(hectare)			
农牧业机械总动力(万千瓦)	Total Power of Agricultural Machinery(10 000 kw)	2.92	3.54	21.2
化肥施用折纯量(吨)	Consumption of Chemical Fertilizer(ton)	30	30	0.0
农村用电量(万千瓦小时)	Electricity Consumed in Rural Area(10 000 kwh)	93	99	6.5
农林牧渔业总产值(万元)	Gross Output of Farming, Forestry, Animal Husbandry & Fishery(10 000 yuan)	53084	55165	3.9
粮食产量(吨)	Yield of Grain(ton)	403	380	-5.7
油料产量(吨)	Yield of Oil-bearing Grops(ton)			
甜菜产量(吨)	Yield of Beetroots(ton)			
猪牛羊肉产量(吨)	Output of Pork, Beef & Mutton(ton)	17978	14185	-21.1
#猪肉产量(吨)	Output of Pork(ton)	161	254	57.8
牛肉产量(吨)	Output of Beef(ton)	614	1196	94.8
羊肉产量(吨)	Output of Mutton(ton)	17203	12735	-26.0
羊毛产量(吨)	Output of Wool(ton)	1935	1623	-16.1

23－36 Xinbaerhuyou Banner in Hulunbeier City

指　　标	Item	2009	2010	2010年比上年增长% Increase Rate in 2010 Over 2009(%)
年末牲畜存栏头数(万头只)	Total Livestock at the Year－end(10 000 heads)	118.12	101.02	－14.5
#大牲畜(万头只)	Large Animals(10 000 heads)	4.77	5.07	6.3
羊(万只)	Sheep & Goats(10 000 heads)	113.17	95.78	－15.4
猪(万头)	Hogs(10 000 heads)	0.18	0.17	－5.6
规模以上工业	**Industrial Enterprises above Designated size**			
工业企业单位数(个)	Number of Industrial Enterprises(unit)	17	17	0.0
#内资企业(个)	Civil Funded Enterprises(unit)	15	15	0.0
工业总产值(万元)	Gross Industrial Output Value(10 000 yuan)	411900	587700	42.7
内资企业(万元)	Civil Funded Enterprises(10 000 yuan)	405000	582200	43.8
国有企业(万元)	State－owned Enterprises(10 000 yuan)	289800	431400	48.9
集体企业(万元)	Collective－owned Enterprises(10 000 yuan)			
股份合作企业(万元)	Share Holding Enterprises(10 000 yuan)			
联营企业(万元)	Joint Owned Enterprises(10 000 yuan)			
有限责任公司(万元)	Limited Company(10 000 yuan)	102300	139800	36.7
股份有限公司(万元)	Share Holding Limited Company(10 000 yuan)			
私营企业(万元)	Privately Owned Enterprises(10 000 yuan)	12900	11000	－14.7
其他企业(万元)	Enterprises of Other Ownership(10 000 yuan)			
港澳台商投资企业(万元)	Funds from HK, Macao & Taiwan(10 000 yuan)			
外商投资企业(万元)	Foreign Funded Enterprises(10 000 yuan)	6900	5500	－20.3
工业企业增加值(万元)	Value Added of Industrial Enterprises(10 000 yuan)	276265	345000	20.2
工业企业资产总计(万元)	Total Assets of Industrial Enterprises(10 000 yuan)	830919	1387283	67.0
工业企业负债合计(万元)	Total Liabilities of Industrial Enterprises(10 000 yuan)	238177	643103	170.0
工业企业产品销售收入(万元)	Sales of Revenue Industrial Enterprises(10 000 yuan)	408658	603275	47.6
工业企业利润总额(万元)	Total Profits of Industrial Enterprises(10 000 yuan)	111935	210434	88.0
建筑业	**Construction**			
建筑企业单位数(个)	Number of Construction Enterprises(unit)			
建筑企业从业人员(人)	Number of Employee in Construction Enterprises(person)			
建筑业总产值(万元)	Gross Construction Output Value(10 000 yuan)			
交通运输邮电通信业	**Transportation, Post & Telecommunications**			
公路里程(公里)	Total Length of Highways(km)	493	1066	116.2
邮电业务总量(万元)	Business Volume of Post & Telecoms(10 000 yuan)	4159	4188	0.7
本地电话用户(户)	Number of Subscribers of Local Telephone(Household)	5252	5669	7.9
国内贸易	**Domestic Trade**			
社会消费品零售总额(万元)	Total Retail Sales of Consumer Goods(10 000 yuan)	25865	33004	27.6
#贸易业(万元)	Wholesale & Retail Sales Trades(10 000 yuan)	20692	26403	27.6
餐饮业(万元)	Catering Trade(10 000 yuan)	4943	6331	28.1
科技教育卫生	**Science, Education & Public Health**			
各类专业技术人员(人)	Special Technical Personnel(person)	1152	1192	3.5
幼儿园数(所)	Number of Kindergartens(unit)	6	6	0.0
学龄儿童入学率(%)	Percentage of School－Age Children Enrolled(%)	100.0	100.0	0.0
小学学校数(所)	Number of Primary Schools(unit)	2	2	0.0
小学专任教师数(人)	Number of Full－time Teachers of Primary Schools(person)	212	207	－2.4
小学在校学生数(人)	Number of Student Enrollment of Primary Schools(person)	1803	1618	－10.3
普通中学学校数(所)	Number of Regular Secondary Schools(unit)	2	2	0.0
普通中学专任教师数(人)	Number of Teachers of Secondary Shools(person)	137	138	0.7
初中在校学生数(人)	Number of Student in Junior Secondary Schools(person)	998	895	－10.3
高中在校学生数(人)	Number of Student in Senior Secondary Schools(person)			
卫生机构数(所)	Number of Health Institutions(unit)	32	32	0.0
#医院(所)	Hospitals(unit)	2	2	0.0
卫生院(所)	Township Hospitals(unit)	13	13	0.0
床位数(张)	Number of Beds(unit)	192	165	－14.1
#医院(张)	Hospitals(unit)	130	105	－19.2
卫生院(张)	Township Hospitals(unit)	48	52	8.3
卫生技术人员(人)	Medical Technical Presonnel(person)	298	297	－0.3
#医院(人)	Hospitals(person)	149	143	－4.0
卫生院(人)	Township Hospitals(person)	73	66	－9.6

23-37 呼伦贝尔市新巴尔虎左旗

指　　标	Item	2009	2010	2010年比上年增长% Increase Rate in 2010 Over 2009(%)
行政区域土地面积(平方公里)	**Area of Administration(Sq. km)**	**22000**	**22000**	**0.0**
人口和就业	**Population & Employment**			
年末总人口(人)	Total Population Year-end(person)	42094	41391	-1.7
#男性(人)	Male(person)	21854	20993	-3.9
#乡村人口(人)	Rural(person)	19544	18537	-5.2
年末总户数(户)	Total Number of Households at the Year-end(Household)	16404	16969	3.4
#乡村户数(户)	Number of Rural Household(Household)	5929	5747	-3.1
出生人口(人)	Births(person)	349	460	31.8
死亡人口(人)	Deaths(person)	366	559	52.7
全社会就业人员(人)	Employment(person)	21696	21488	-1.0
第一产业(人)	Primary Industry(person)	12655	11853	-6.3
第二产业(人)	Secondary Industry(person)	1352	2065	52.7
第三产业(人)	Tertiary Industry(person)	7689	7570	-1.5
在岗职工人数(人)	Number of Staff & Workers Employed in(person)	5077	5132	1.1
乡村劳动力(人)	Number of Rural Laborers(person)	13337	12650	-5.2
#农林牧渔业(人)	Farming, Forestry, Animal Husbandry & Fishery(person)	10581	10036	-5.2
国民经济综合指标	**Summary Item on the National Economy**			
生产总值(万元)	Gross Domestic Product(10 000 yuan)	186854	226035	15.8
第一产业(万元)	Primary Industry(10 000 yuan)	42100	49210	4.6
第二产业(万元)	Secondary Industry(10 000 yuan)	75685	96362	20.0
#工业(万元)	Industry(10 000 yuan)	42892	51202	10.5
第三产业(万元)	Tertiary Industry(10 000 yuan)	69069	80463	17.1
人均生产总值(元)	Per Capita GDP(yuan)	44481	54150	21.7
全社会固定资产投资(万元)	Total Investment in Fixed Assets(10 000 yuan)	365165	465996	27.6
按登记注册类型分	Grouped by Registered Type			
#国有(万元)	State-owned Enterprises(10 000 yuan)	336962	440239	30.6
集体(万元)	Collective-owned Enterprises(10 000 yuan)	18120	1000	-94.5
有限责任公司(万元)	Limited Liability Corporations(10 000 yuan)		9185	
股份有限公司(万元)	Share Holding Enterprises(10 000 yuan)		2003	
私营企业(万元)	Private Enterprises(10 000 yuan)	10083	1869	-81.5
外商及港澳台投资企业(万元)	Funds from HK, Macao, Taiwan & Foreign(10 000 yuan)		2700	
按城乡渠道分	Grouped by Urban and Rural Area			
城镇(万元)	Urban(10 000 yuan)	365165	465996	27.6
农村(万元)	Rural(10 000 yuan)			
一般预算收入(万元)	General Budgetary Financial Revenue(10 000 yuan)	13676	19094	39.6
一般预算支出(万元)	General Budgetary Financial Expenditures(10 000 yuan)	56823	73433	29.2
城乡居民储蓄存款余额(万元)	Resident Saving Deposit in Urban & Rural(10 000 yuan)	23640	31586	33.6
在岗职工工资总额(万元)	Total Wages of Staff & Workers Employed in(10 000 yuan)	14607	15969	9.3
在岗职工平均工资(元)	Average Wage of Staff & Workers Employed in(yuan)	30020	31950	6.4
城镇居民人均可支配收入(元)	Annual Disposable Income of Urban Residents per Capita(yuan)	11687	13054	11.7
农牧民人均纯收入(元)	Per Capita Net Income of Peasant & Herdsman(yuan)	7893	9101	15.3
农村牧区经济	**Economic Development in Rural & Pastoral Area**			
耕地面积(公顷)	Cultivated Area(hectare)	26000	26000	0.0
农作物总播种面积(公顷)	Total Sown Area(hectare)	16350	24016	46.9
#粮食作物播种面积(公顷)	Sown Area of Grain Crops(hectare)	8384	14717	75.5
有效灌溉面积(公顷)	Irrigated Area(hectare)			
农牧业机械总动力(万千瓦)	Total Power of Agricultural Machinery(10 000 kw)	10.10	11.20	10.9
化肥施用折纯量(吨)	Consumption of Chemical Fertilizer(ton)	600	650	8.3
农村用电量(万千瓦小时)	Electricity Consumed in Rural Area(10 000 kwh)	432	454	5.1
农林牧渔业总产值(万元)	Gross Output of Farming, Forestry, Animal Husbandry & Fishery(10 000 yuan)	68344	80163	17.2
粮食产量(吨)	Yield of Grain(ton)	40814	49790	22.0
油料产量(吨)	Yield of Oil-bearing Grops(ton)	10001	13800	38.0
甜菜产量(吨)	Yield of Beetroots(ton)			
猪牛羊肉产量(吨)	Output of Pork, Beef & Mutton(ton)	18385	19699	7.2
#猪肉产量(吨)	Output of Pork(ton)	114	58	-49.1
牛肉产量(吨)	Output of Beef(ton)	6142	8993	46.4
羊肉产量(吨)	Output of Mutton(ton)	12129	10648	-12.2
羊毛产量(吨)	Output of Wool(ton)	2231	2286	2.5

23 - 37 Xinbaerhuzuo Banner in Hulunbeier City

指　　标	Item	2009	2010	2010年比上年增长% Increase Rate in 2010 Over 2009(%)
年末牲畜存栏头数(万头只)	Total Livestock at the Year - end(10 000 heads)	68.54	77.38	12.9
# 大牲畜(万头只)	Large Animals(10 000 heads)	11.60	11.94	3.4
羊(万只)	Sheep & Goats(10 000 heads)	56.82	65.35	15.0
猪(万头)	Hogs(10 000 heads)	0.12	0.09	-25.0
规模以上工业	**Industrial Enterprises above Designated size**			
工业企业单位数(个)	Number of Industrial Enterprises(unit)	9	9	0.0
# 内资企业(个)	Civil Funded Enterprises(unit)	9	7	-22.2
工业总产值(万元)	Gross Industrial Output Value(10 000 yuan)	60319	73548	21.9
内资企业(万元)	Civil Funded Enterprises(10 000 yuan)	60319	70696	17.2
国有企业(万元)	State - owned Enterprises(10 000 yuan)	2324	4759	104.8
集体企业(万元)	Collective - owned Enterprises(10 000 yuan)			
股份合作企业(万元)	Share Holding Enterprises(10 000 yuan)			
联营企业(万元)	Joint Owned Enterprises(10 000 yuan)			
有限责任公司(万元)	Limited Company(10 000 yuan)	57995	52618	-9.3
股份有限公司(万元)	Share Holding Limited Company(10 000 yuan)			
私营企业(万元)	Privately Owned Enterprises(10 000 yuan)		13319	
其他企业(万元)	Enterprises of Other Ownership(10 000 yuan)			
港澳台商投资企业(万元)	Funds from HK, Macao & Taiwan(10 000 yuan)		2852	
外商投资企业(万元)	Foreign Funded Enterprises(10 000 yuan)			
工业企业增加值(万元)	Value Added of Industrial Enterprises(10 000 yuan)	40792	50000	10.1
工业企业资产总计(万元)	Total Assets of Industrial Enterprises(10 000 yuan)	148122	307986	107.9
工业企业负债合计(万元)	Total Liabilities of Industrial Enterprises(10 000 yuan)	31665	116198	267.0
工业企业产品销售收入(万元)	Sales of Revenue Industrial Enterprises(10 000 yuan)	60427	71274	18.0
工业企业利润总额(万元)	Total Profits of Industrial Enterprises(10 000 yuan)	13310	14293	7.4
建筑业	**Construction**			
建筑企业单位数(个)	Number of Construction Enterprises(unit)			
建筑企业从业人员(人)	Number of Employee in Construction Enterprises(person)			
建筑业总产值(万元)	Gross Construction Output Value(10 000 yuan)			
交通运输邮电通信业	**Transportation, Post & Telecommunications**			
公路里程(公里)	Total Length of Highways(km)	743	743	0.0
邮电业务总量(万元)	Business Volume of Post & Telecoms(10 000 yuan)	233	246	5.6
本地电话用户(户)	Number of Subscribers of Local Telephone(Household)	7835	9798	25.1
国内贸易	**Domestic Trade**			
社会消费品零售总额(万元)	Total Retail Sales of Consumer Goods(10 000 yuan)	29967	36080	20.4
# 贸易业(万元)	Wholesale & Retail Sales Trades(10 000 yuan)	21961	29087	32.4
餐饮业(万元)	Catering Trade(10 000 yuan)	7735	6993	-9.6
科技教育卫生	**Science, Education & Public Health**			
各类专业技术人员(人)	Special Technical Personnel(person)	987	1053	6.7
幼儿园数(所)	Number of Kindergartens(unit)	10	11	10.0
学龄儿童入学率(%)	Percentage of School - Age Children Enrolled(%)	100.0	98.4	-1.6
小学学校数(所)	Number of Primary Schools(unit)	3	3	0.0
小学专任教师数(人)	Number of Full - time Teachers of Primary Schools(person)	266	266	0.0
小学在校学生数(人)	Number of Student Enrollment of Primary Schools(person)	1956	1867	-4.6
普通中学学校数(所)	Number of Regular Secondary Schools(unit)	4	4	0.0
普通中学专任教师数(人)	Number of Teachers of Secondary Shools(person)	160	153	-4.4
初中在校学生数(人)	Number of Student in Junior Secondary Schools(person)	1025	934	-8.9
高中在校学生数(人)	Number of Student in Senior Secondary Schools(person)			
卫生机构数(所)	Number of Health Institutions(unit)	19	19	0.0
# 医院(所)	Hospitals(unit)	2	2	0.0
卫生院(所)	Township Hospitals(unit)	12	12	0.0
床位数(张)	Number of Beds(unit)	121	123	1.7
# 医院(张)	Hospitals(unit)	77	68	-11.7
卫生院(张)	Township Hospitals(unit)	44	65	47.7
卫生技术人员(人)	Medical Technical Presonnel(person)	247	274	10.9
# 医院(人)	Hospitals(person)	108	125	15.7
卫生院(人)	Township Hospitals(person)	81	85	4.9

23-38 呼伦贝尔市陈巴尔虎旗

指　　标	Item	2009	2010	2010年比上年增长% Increase Rate in 2010 Over 2009(%)
行政区域土地面积(平方公里)	**Area of Administration(Sq. km)**	**18600**	**18600**	**0.0**
人口和就业	**Population & Employment**			
年末总人口(人)	Total Population Year-end(person)	59397	58844	-0.9
#男性(人)	Male(person)	30719	30381	-1.1
#乡村人口(人)	Rural(person)	13035	23835	82.9
年末总户数(户)	Total Number of Households at the Year-end(Household)	23456	23707	1.1
#乡村户数(户)	Number of Rural Household(Household)	3604	8330	131.1
出生人口(人)	Births(person)	455	386	-15.2
死亡人口(人)	Deaths(person)	378	412	9.0
全社会就业人员(人)	Employment(person)	30096	36509	21.3
第一产业(人)	Primary Industry(person)	14967	18523	23.8
第二产业(人)	Secondary Industry(person)	7665	8158	6.4
第三产业(人)	Tertiary Industry(person)	7464	9828	31.7
在岗职工人数(人)	Number of Staff & Workers Employed in(person)	15578	15388	-1.2
乡村劳动力(人)	Number of Rural Laborers(person)	5937	11448	92.8
#农林牧渔业(人)	Farming,Forestry,Animal Husbandry & Fishery(person)	5801	9847	69.7
国民经济综合指标	**Summary Item on the National Economy**			
生产总值(万元)	Gross Domestic Product(10 000 yuan)	403304	527627	30.3
第一产业(万元)	Primary Industry(10 000 yuan)	66773	66773	5.6
第二产业(万元)	Secondary Industry(10 000 yuan)	222872	333973	49.9
#工业(万元)	Industry(10 000 yuan)	190482	288113	53.6
第三产业(万元)	Tertiary Industry(10 000 yuan)	113659	126881	11.7
人均生产总值(元)	Per Capita GDP(yuan)	67706	89246	31.5
全社会固定资产投资(万元)	Total Investment in Fixed Assets(10 000 yuan)	555307	770839	38.8
按登记注册类型分	Grouped by Registered Type			
#国有(万元)	State-owned Enterprises(10 000 yuan)	533886	692648	29.7
集体(万元)	Collective-owned Enterprises(10 000 yuan)	4		
有限责任公司(万元)	Limited Liability Corporations(10 000 yuan)			
股份有限公司(万元)	Share Holding Enterprises(10 000 yuan)			
私营企业(万元)	Private Enterprises(10 000 yuan)	20493	78191	281.5
外商及港澳台投资企业(万元)	Funds from HK,Macao,Taiwan & Foreign(10 000 yuan)	924		
按城乡渠道分	Grouped by Urban and Rural Area			
城镇(万元)	Urban(10 000 yuan)	555307	770839	38.8
农村(万元)	Rural(10 000 yuan)			
一般预算收入(万元)	General Budgetary Financial Revenue(10 000 yuan)	21321	36755	72.4
一般预算支出(万元)	General Budgetary Financial Expenditures(10 000 yuan)	62241	94737	52.2
城乡居民储蓄存款余额(万元)	Resident Saving Deposit in Urban & Rural(10 000 yuan)	60758	62987	3.7
在岗职工工资总额(万元)	Total Wages of Staff & Workers Employed in(10 000 yuan)	44964	54430	21.1
在岗职工平均工资(元)	Average Wage of Staff & Workers Employed in(yuan)	29033	35823	23.4
城镇居民人均可支配收入(元)	Annual Disposable Income of Urban Residents per Capita(yuan)	12754	14562	14.2
农牧民人均纯收入(元)	Per Capita Net Income of Peasant & Herdsman(yuan)	8049	9345	16.1
农村牧区经济	**Economic Development in Rural & Pastoral Area**			
耕地面积(公顷)	Cultivated Area(hectare)	84162	84162	0.0
农作物总播种面积(公顷)	Total Sown Area(hectare)	67242	69925	4.0
#粮食作物播种面积(公顷)	Sown Area of Grain Crops(hectare)	38727	39613	2.3
有效灌溉面积(公顷)	Irrigated Area(hectare)			
农牧业机械总动力(万千瓦)	Total Power of Agricultural Machinery(10 000 kw)	15.51	17.02	9.7
化肥施用折纯量(吨)	Consumption of Chemical Fertilizer(ton)	5135	6266	22.0
农村用电量(万千瓦小时)	Electricity Consumed in Rural Area(10 000 kwh)	1247	1256	0.7
农林牧渔业总产值(万元)	Gross Output of Farming,Forestry,Animal Husbandry & Fishery(10 000 yuan)	108396	115374	6.4
粮食产量(吨)	Yield of Grain(ton)	165178	69050	-58.2
油料产量(吨)	Yield of Oil-bearing Grops(ton)	32115	32074	-0.1
甜菜产量(吨)	Yield of Beetroots(ton)			
猪牛羊肉产量(吨)	Output of Pork, Beef & Mutton(ton)	16336	17617	7.8
#猪肉产量(吨)	Output of Pork(ton)	486	492	1.2
牛肉产量(吨)	Output of Beef(ton)	11184	13000	16.2
羊肉产量(吨)	Output of Mutton(ton)	4666	4125	-11.6
羊毛产量(吨)	Output of Wool(ton)	1290	1490	15.5

23 - 38 Chenbaerhu Banner in Hulunbeier City

指　　标	Item	2009	2010	2010年比上年增长% Increase Rate in 2010 Over 2009(%)
年末牲畜存栏头数(万头只)	Total Livestock at the Year - end(10 000 heads)	57.49	64.94	13.0
#大牲畜(万头只)	Large Animals(10 000 heads)	12.50	12.91	3.3
羊(万只)	Sheep & Goats(10 000 heads)	44.67	51.68	15.7
猪(万头)	Hogs(10 000 heads)	0.32	0.35	9.4
规模以上工业	**Industrial Enterprises above Designated size**			
工业企业单位数(个)	Number of Industrial Enterprises(unit)	16	17	6.3
#内资企业(个)	Civil Funded Enterprises(unit)	15	15	0.0
工业总产值(万元)	Gross Industrial Output Value(10 000 yuan)	314830	515911	63.9
内资企业(万元)	Civil Funded Enterprises(10 000 yuan)	295372	458290	55.2
国有企业(万元)	State - owned Enterprises(10 000 yuan)	191734	317241	65.5
集体企业(万元)	Collective - owned Enterprises(10 000 yuan)			
股份合作企业(万元)	Share Holding Enterprises(10 000 yuan)			
联营企业(万元)	Joint Owned Enterprises(10 000 yuan)	10367		
有限责任公司(万元)	Limited Company(10 000 yuan)	32518		
股份有限公司(万元)	Share Holding Limited Company(10 000 yuan)			
私营企业(万元)	Privately Owned Enterprises(10 000 yuan)	60753		
其他企业(万元)	Enterprises of Other Ownership(10 000 yuan)		141049	
港澳台商投资企业(万元)	Funds from HK, Macao & Taiwan(10 000 yuan)	9449	57621	509.8
外商投资企业(万元)	Foreign Funded Enterprises(10 000 yuan)	10009		
工业企业增加值(万元)	Value Added of Industrial Enterprises(10 000 yuan)	185500	246000	55.2
工业企业资产总计(万元)	Total Assets of Industrial Enterprises(10 000 yuan)	664954	1216288	82.9
工业企业负债合计(万元)	Total Liabilities of Industrial Enterprises(10 000 yuan)	367121	702032	91.2
工业企业产品销售收入(万元)	Sales of Revenue Industrial Enterprises(10 000 yuan)	284409	431370	51.7
工业企业利润总额(万元)	Total Profits of Industrial Enterprises(10 000 yuan)	41458	40618	-2.0
建筑业	**Construction**			
建筑企业单位数(个)	Number of Construction Enterprises(unit)	1	1	0.0
建筑企业从业人员(人)	Number of Employee in Construction Enterprises(person)	231	271	17.3
建筑业总产值(万元)	Gross Construction Output Value(10 000 yuan)	3300	5100	54.5
交通运输邮电通信业	**Transportation, Post & Telecommunications**			
公路里程(公里)	Total Length of Highways(km)	1200	1238	3.2
邮电业务总量(万元)	Business Volume of Post & Telecoms(10 000 yuan)	3632	4893	34.7
本地电话用户(户)	Number of Subscribers of Local Telephone(Household)	55621	55461	-0.3
国内贸易	Domestic Trade			
社会消费品零售总额(万元)	Total Retail Sales of Consumer Goods(10 000 yuan)	25017	29520	18.0
#贸易业(万元)	Wholesale & Retail Sales Trades(10 000 yuan)	18932	22317	17.9
餐饮业(万元)	Catering Trade(10 000 yuan)	5040	5990	18.8
科技教育卫生	**Science, Education & Public Health**			
各类专业技术人员(人)	Special Technical Personnel(person)	1512	1413	-6.5
幼儿园数(所)	Number of Kindergartens(unit)	1	1	0.0
学龄儿童入学率(%)	Percentage of School - Age Children Enrolled(%)	100.0	100.0	0.0
小学学校数(所)	Number of Primary Schools(unit)	5	5	0.0
小学专任教师数(人)	Number of Full - time Teachers of Primary Schools(person)	363	324	-10.7
小学在校学生数(人)	Number of Student Enrollment of Primary Schools(person)	2888	2609	-9.7
普通中学学校数(所)	Number of Regular Secondary Schools(unit)	5	5	0.0
普通中学专任教师数(人)	Number of Teachers of Secondary Shools(person)	275	348	26.5
初中在校学生数(人)	Number of Student in Junior Secondary Schools(person)	1922	1907	-0.8
高中在校学生数(人)	Number of Student in Senior Secondary Schools(person)	127	136	7.1
卫生机构数(所)	Number of Health Institutions(unit)	15	15	0.0
#医院(所)	Hospitals(unit)	6	6	0.0
卫生院(所)	Township Hospitals(unit)	6	6	0.0
床位数(张)	Number of Beds(unit)	210	210	0.0
#医院(张)	Hospitals(unit)	159	159	0.0
卫生院(张)	Township Hospitals(unit)	41	41	0.0
卫生技术人员(人)	Medical Technical Presonnel(person)	369	359	-2.7
#医院(人)	Hospitals(person)	208	201	-3.4
卫生院(人)	Township Hospitals(person)	61	58	-4.9

23－39 兴安盟乌兰浩特市

指标	Item	2009	2010	2010 年比上年增长% Increase Rate in 2010 Over 2009(%)
行政区域土地面积(平方公里)	**Area of Administration(Sq. km)**	**2728**	**2728**	**0.0**
人口和就业	**Population & Employment**			
年末总人口(人)	Total Population Year－end(person)	317416	317790	0.1
＃男性(人)	Male(person)	157557	157496	0.0
＃乡村人口(人)	Rural(person)	77324	81796	5.8
年末总户数(户)	Total Number of Households at the Year－end(Household)	110549	113042	2.3
＃乡村户数(户)	Number of Rural Household(Household)	20232	22734	12.4
出生人口(人)	Births(person)	2536	2650	4.5
死亡人口(人)	Deaths(person)	1382	2971	115.0
全社会就业人员(人)	Employment(person)	113741	127572	12.2
第一产业(人)	Primary Industry(person)	35657	38242	7.2
第二产业(人)	Secondary Industry(person)	19757	20276	2.6
第三产业(人)	Tertiary Industry(person)	58327	69054	18.4
在岗职工人数(人)	Number of Staff & Workers Employed in(person)	36463	37566	3.0
乡村劳动力(人)	Number of Rural Laborers(person)	41746	43721	4.7
＃农林牧渔业(人)	Farming,Forestry,Animal Husbandry & Fishery(person)	34242	35704	4.3
国民经济综合指标	**Summary Item on the National Economy**			
生产总值(万元)	Gross Domestic Product(10 000 yuan)	697584	912160	15.8
第一产业(万元)	Primary Industry(10 000 yuan)	51538	61622	6.6
第二产业(万元)	Secondary Industry(10 000 yuan)	331080	417106	13.9
＃工业(万元)	Industry(10 000 yuan)	297775	367509	12.7
第三产业(万元)	Tertiary Industry(10 000 yuan)	314966	433432	18.7
人均生产总值(元)	Per Capita GDP(yuan)	22044	28720	15.3
全社会固定资产投资(万元)	Total Investment in Fixed Assets(10 000 yuan)	430667	601678	39.7
按登记注册类型分	Grouped by Registered Type			
＃国有(万元)	State－owned Enterprises(10 000 yuan)	228162	381419	67.2
集体(万元)	Collective－owned Enterprises(10 000 yuan)	750		
有限责任公司(万元)	Limited Liability Corporations(10 000 yuan)	89163	91947	3.1
股份有限公司(万元)	Share Holding Enterprises(10 000 yuan)	4120	1800	－56.3
私营企业(万元)	Private Enterprises(10 000 yuan)	97789	19418	－80.1
外商及港澳台投资企业(万元)	Funds from HK,Macao,Taiwan & Foreign(10 000 yuan)	3200	10894	240.4
按城乡渠道分	Grouped by Urban and Rural Area			
城镇(万元)	Urban(10 000 yuan)	430667	505524	17.4
农村(万元)	Rural(10 000 yuan)		454	
一般预算收入(万元)	General Budgetary Financial Revenue(10 000 yuan)	19157	23309	21.7
一般预算支出(万元)	General Budgetary Financial Expenditures(10 000 yuan)	112882	136488	20.9
城乡居民储蓄存款余额(万元)	Resident Saving Deposit in Urban & Rural(10 000 yuan)	614119	752932	22.6
在岗职工工资总额(万元)	Total Wages of Staff & Workers Employed in(10 000 yuan)	98294	131542	33.8
在岗职工平均工资(元)	Average Wage of Staff & Workers Employed in(yuan)	26553	29618	11.5
城镇居民人均可支配收入(元)	Annual Disposable Income of Urban Residents per Capita(yuan)	11410	12700	11.3
农牧民人均纯收入(元)	Per Capita Net Income of Peasant & Herdsman(yuan)	5201	5773	11.0
农村牧区经济	**Economic Development in Rural & Pastoral Area**			
耕地面积(公顷)	Cultivated Area(hectare)	33999	33999	0.0
农作物总播种面积(公顷)	Total Sown Area(hectare)	33964	41477	22.1
＃粮食作物播种面积(公顷)	Sown Area of Grain Crops(hectare)	30223	38036	25.9
有效灌溉面积(公顷)	Irrigated Area(hectare)	19800	21130	6.7
农牧业机械总动力(万千瓦)	Total Power of Agricultural Machinery(10 000 kw)	24.31	25.58	5.2
化肥施用折纯量(吨)	Consumption of Chemical Fertilizer(ton)	14089	13297	－5.6
农村用电量(万千瓦小时)	Electricity Consumed in Rural Area(10 000 kwh)	2629	3101	18.0
农林牧渔业总产值(万元)	Gross Output of Farming,Forestry,Animal Husbandry & Fishery(10 000 yuan)	84667	109667	19.0
粮食产量(吨)	Yield of Grain(ton)	89742	175000	95.0
油料产量(吨)	Yield of Oil－bearing Grops(ton)	1378	2442	77.2
甜菜产量(吨)	Yield of Beetroots(ton)			
猪牛羊肉产量(吨)	Output of Pork, Beef & Mutton(ton)	5335	7636	43.1
＃猪肉产量(吨)	Output of Pork(ton)	3198	3655	14.3
牛肉产量(吨)	Output of Beef(ton)	1106	2562	131.6
羊肉产量(吨)	Output of Mutton(ton)	1031	1419	37.6
羊毛产量(吨)	Output of Wool(ton)	215	330	53.5

23 – 39 Wulanhaote City in Xingan League

指标	Item	2009	2010	2010年比上年增长% Increase Rate in 2010 Over 2009(%)
年末牲畜存栏头数(万头只)	Total Livestock at the Year – end(10 000 heads)	26.91	26.54	-1.4
# 大牲畜(万头只)	Large Animals(10 000 heads)	5.28	5.34	1.1
羊(万只)	Sheep & Goats(10 000 heads)	18.26	17.79	-2.6
猪(万头)	Hogs(10 000 heads)	3.37	3.41	1.3
规模以上工业	**Industrial Enterprises above Designated size**			
工业企业单位数(个)	Number of Industrial Enterprises(unit)	52	51	-1.9
# 内资企业(个)	Civil Funded Enterprises(unit)	47	46	-2.1
工业总产值(万元)	Gross Industrial Output Value(10 000 yuan)	745350	862556	15.7
内资企业(万元)	Civil Funded Enterprises(10 000 yuan)	587047	731267	24.6
国有企业(万元)	State – owned Enterprises(10 000 yuan)	192717	247457	28.4
集体企业(万元)	Collective – owned Enterprises(10 000 yuan)	1045		
股份合作企业(万元)	Share Holding Enterprises(10 000 yuan)	1401	2007	43.3
联营企业(万元)	Joint Owned Enterprises(10 000 yuan)		2040	
有限责任公司(万元)	Limited Company(10 000 yuan)	302217	358330	18.6
股份有限公司(万元)	Share Holding Limited Company(10 000 yuan)	9831	8179	-16.8
私营企业(万元)	Privately Owned Enterprises(10 000 yuan)	79836	100711	26.1
其他企业(万元)	Enterprises of Other Ownership(10 000 yuan)		12543	
港澳台商投资企业(万元)	Funds from HK, Macao & Taiwan(10 000 yuan)	8385	10123	20.7
外商投资企业(万元)	Foreign Funded Enterprises(10 000 yuan)	149918	121166	-19.2
工业企业增加值(万元)	Value Added of Industrial Enterprises(10 000 yuan)	283556	343915	12.7
工业企业资产总计(万元)	Total Assets of Industrial Enterprises(10 000 yuan)	576367	644827	11.9
工业企业负债合计(万元)	Total Liabilities of Industrial Enterprises(10 000 yuan)	440532	445881	1.2
工业企业产品销售收入(万元)	Sales of Revenue Industrial Enterprises(10 000 yuan)	689811	818182	18.6
工业企业利润总额(万元)	Total Profits of Industrial Enterprises(10 000 yuan)	41854	57642	37.7
建筑业	**Construction**			
建筑企业单位数(个)	Number of Construction Enterprises(unit)	17	23	35.3
建筑企业从业人员(人)	Number of Employee in Construction Enterprises(person)	5855	2303	-60.7
建筑业总产值(万元)	Gross Construction Output Value(10 000 yuan)	72197	152782	111.6
交通运输邮电通信业	**Transportation, Post & Telecommunications**			
公路里程(公里)	Total Length of Highways(km)	432	459	6.3
邮电业务总量(万元)	Business Volume of Post & Telecoms(10 000 yuan)	29216	33214	13.7
本地电话用户(户)	Number of Subscribers of Local Telephone(Household)	80882	49018	-39.4
国内贸易	**Domestic Trade**			
社会消费品零售总额(万元)	Total Retail Sales of Consumer Goods(10 000 yuan)	372078	449491	20.8
# 贸易业(万元)	Wholesale & Retail Sales Trades(10 000 yuan)	321919	384757	19.5
餐饮业(万元)	Catering Trade(10 000 yuan)	50159	64734	29.1
科技教育卫生	**Science, Education & Public Health**			
各类专业技术人员(人)	Special Technical Personnel(person)	7985	8291	3.8
幼儿园数(所)	Number of Kindergartens(unit)	72	87	20.8
学龄儿童入学率(%)	Percentage of School – Age Children Enrolled(%)	100.0	100.0	0.0
小学学校数(所)	Number of Primary Schools(unit)	24	24	0.0
小学专任教师数(人)	Number of Full – time Teachers of Primary Schools(person)	1377	1351	-1.9
小学在校学生数(人)	Number of Student Enrollment of Primary Schools(person)	19670	18805	-4.4
普通中学学校数(所)	Number of Regular Secondary Schools(unit)	21	18	-14.3
普通中学专任教师数(人)	Number of Teachers of Secondary Shools(person)	1673	1754	4.8
初中在校学生数(人)	Number of Student in Junior Secondary Schools(person)	12701	13182	3.8
高中在校学生数(人)	Number of Student in Senior Secondary Schools(person)	12581	12388	-1.5
卫生机构数(所)	Number of Health Institutions(unit)	173	171	-1.2
# 医院(所)	Hospitals(unit)	10	10	0.0
卫生院(所)	Township Hospitals(unit)	7	7	0.0
床位数(张)	Number of Beds(unit)	1727	1838	6.4
# 医院(张)	Hospitals(unit)	1392	1496	7.5
卫生院(张)	Township Hospitals(unit)	82	92	12.2
卫生技术人员(人)	Medical Technical Presonnel(person)	2467	2667	8.1
# 医院(人)	Hospitals(person)	1587	1762	11.0
卫生院(人)	Township Hospitals(person)	94	101	7.4

23－40 兴安盟阿尔山市

指　　标	Item	2009	2010	2010 年比上年增长% Increase Rate in 2010 Over 2009(%)
行政区域土地面积(平方公里)	**Area of Administration(Sq. km)**	**7409**	**7409**	**0.0**
人口和就业	**Population & Employment**			
年末总人口(人)	Total Population Year－end(person)	48182	48190	0.0
#男性(人)	Male(person)	24361	24339	－0.1
#乡村人口(人)	Rural(person)	9703	9816	1.2
年末总户数(户)	Total Number of Households at the Year－end(Household)	20024	20495	2.4
#乡村户数(户)	Number of Rural Household(Household)	3368	3391	0.7
出生人口(人)	Births(person)	254	219	－13.8
死亡人口(人)	Deaths(person)	215	338	57.2
全社会就业人员(人)	Employment(person)	19452	20483	5.3
第一产业(人)	Primary Industry(person)	10203	9874	－3.2
第二产业(人)	Secondary Industry(person)	1104	1548	40.2
第三产业(人)	Tertiary Industry(person)	8145	9061	11.2
在岗职工人数(人)	Number of Staff & Workers Employed in(person)	6248	6885	10.2
乡村劳动力(人)	Number of Rural Laborers(person)	3990	3997	0.2
#农林牧渔业(人)	Farming, Forestry, Animal Husbandry & Fishery(person)	3215	3238	0.7
国民经济综合指标	**Summary Item on the National Economy**			
生产总值(万元)	Gross Domestic Product(10 000 yuan)	75216	90330	14.8
第一产业(万元)	Primary Industry(10 000 yuan)	16174	18867	4.0
第二产业(万元)	Secondary Industry(10 000 yuan)	14942	21347	36.8
#工业(万元)	Industry(10 000 yuan)	3301	4159	23.6
第三产业(万元)	Tertiary Industry(10 000 yuan)	44100	50116	11.6
人均生产总值(元)	Per Capita GDP(yuan)	15662	18746	14.4
全社会固定资产投资(万元)	Total Investment in Fixed Assets(10 000 yuan)	148025	210019	41.9
按登记注册类型分	Grouped by Registered Type			
#国有(万元)	State－owned Enterprises(10 000 yuan)	109123	166033	52.2
集体(万元)	Collective－owned Enterprises(10 000 yuan)			
有限责任公司(万元)	Limited Liability Corporations(10 000 yuan)	36742	15864	－56.8
股份有限公司(万元)	Share Holding Enterprises(10 000 yuan)	820	6010	632.9
私营企业(万元)	Private Enterprises(10 000 yuan)	940	22112	2252.3
外商及港澳台投资企业(万元)	Funds from HK, Macao, Taiwan & Foreign(10 000 yuan)			
按城乡渠道分	Grouped by Urban and Rural Area			
城镇(万元)	Urban(10 000 yuan)	148025	210019	41.9
农村(万元)	Rural(10 000 yuan)			
一般预算收入(万元)	General Budgetary Financial Revenue(10 000 yuan)	3859	3399	－11.9
一般预算支出(万元)	General Budgetary Financial Expenditures(10 000 yuan)	34657	44277	27.8
城乡居民储蓄存款余额(万元)	Resident Saving Deposit in Urban & Rural(10 000 yuan)	62638	76289	21.8
在岗职工工资总额(万元)	Total Wages of Staff & Workers Employed in(10 000 yuan)	11641	14080	21.0
在岗职工平均工资(元)	Average Wage of Staff & Workers Employed in(yuan)	18767	20591	9.7
城镇居民人均可支配收入(元)	Annual Disposable Income of Urban Residents per Capita(yuan)	10015	11500	14.8
农牧民人均纯收入(元)	Per Capita Net Income of Peasant & Herdsman(yuan)			
农村牧区经济	**Economic Development in Rural & Pastoral Area**			
耕地面积(公顷)	Cultivated Area(hectare)	19036	19036	0.0
农作物总播种面积(公顷)	Total Sown Area(hectare)	13937	14050	0.8
#粮食作物播种面积(公顷)	Sown Area of Grain Crops(hectare)	11559	11660	0.9
有效灌溉面积(公顷)	Irrigated Area(hectare)	2430	3100	27.6
农牧业机械总动力(万千瓦)	Total Power of Agricultural Machinery(10 000 kw)	4.39	4.85	10.5
化肥施用折纯量(吨)	Consumption of Chemical Fertilizer(ton)	2364	2370	0.3
农村用电量(万千瓦小时)	Electricity Consumed in Rural Area(10 000 kwh)	18	50	177.8
农林牧渔业总产值(万元)	Gross Output of Farming, Forestry, Animal Husbandry & Fishery(10 000 yuan)	28926	32926	4.6
粮食产量(吨)	Yield of Grain(ton)	45149	50570	12.0
油料产量(吨)	Yield of Oil－bearing Grops(ton)	3101	2238	－27.8
甜菜产量(吨)	Yield of Beetroots(ton)			
猪牛羊肉产量(吨)	Output of Pork, Beef & Mutton(ton)	2087	1581	－24.2
#猪肉产量(吨)	Output of Pork(ton)	554	414	－25.3
牛肉产量(吨)	Output of Beef(ton)	595	363	－39.0
羊肉产量(吨)	Output of Mutton(ton)	938	804	－14.3
羊毛产量(吨)	Output of Wool(ton)	578	513	－11.2

23 – 40 Aershan City in Xingan League

指　　标	Item	2009	2010	2010 年比上年增长% Increase Rate in 2010 Over 2009(%)
年末牲畜存栏头数(万头只)	Total Livestock at the Year – end(10 000 heads)	14.66	14.04	-4.2
# 大牲畜(万头只)	Large Animals(10 000 heads)	0.76	0.75	-1.2
羊(万只)	Sheep & Goats(10 000 heads)	13.70	13.09	-4.5
猪(万头)	Hogs(10 000 heads)	0.20	0.20	2.9
规模以上工业	**Industrial Enterprises above Designated size**			
工业企业单位数(个)	Number of Industrial Enterprises(unit)	2	2	0.0
# 内资企业(个)	Civil Funded Enterprises(unit)	2	2	0.0
工业总产值(万元)	Gross Industrial Output Value(10 000 yuan)	1537	2577	67.7
内资企业(万元)	Civil Funded Enterprises(10 000 yuan)	1537	2577	67.7
国有企业(万元)	State – owned Enterprises(10 000 yuan)			
集体企业(万元)	Collective – owned Enterprises(10 000 yuan)			
股份合作企业(万元)	Share Holding Enterprises(10 000 yuan)			
联营企业(万元)	Joint Owned Enterprises(10 000 yuan)			
有限责任公司(万元)	Limited Company(10 000 yuan)	620	2577	315.6
股份有限公司(万元)	Share Holding Limited Company(10 000 yuan)			
私营企业(万元)	Privately Owned Enterprises(10 000 yuan)	917		
其他企业(万元)	Enterprises of Other Ownership(10 000 yuan)			
港澳台商投资企业(万元)	Funds from HK, Macao & Taiwan(10 000 yuan)			
外商投资企业(万元)	Foreign Funded Enterprises(10 000 yuan)			
工业企业增加值(万元)	Value Added of Industrial Enterprises(10 000 yuan)	361	949	53.7
工业企业资产总计(万元)	Total Assets of Industrial Enterprises(10 000 yuan)	9439	37323	295.4
工业企业负债合计(万元)	Total Liabilities of Industrial Enterprises(10 000 yuan)	6627	25977	292.0
工业企业产品销售收入(万元)	Sales of Revenue Industrial Enterprises(10 000 yuan)	1145	2567	124.2
工业企业利润总额(万元)	Total Profits of Industrial Enterprises(10 000 yuan)	170	-642	
建筑业	**Construction**			
建筑企业单位数(个)	Number of Construction Enterprises(unit)	1	1	0.0
建筑企业从业人员(人)	Number of Employee in Construction Enterprises(person)	520	274	-47.3
建筑业总产值(万元)	Gross Construction Output Value(10 000 yuan)	5010	5976	19.3
交通运输邮电通信业	**Transportation, Post & Telecommunications**			
公路里程(公里)	Total Length of Highways(km)	565	721	27.6
邮电业务总量(万元)	Business Volume of Post & Telecoms(10 000 yuan)	3277	3761	14.8
本地电话用户(户)	Number of Subscribers of Local Telephone(Household)	9405	6734	-28.4
国内贸易	**Domestic Trade**			
社会消费品零售总额(万元)	Total Retail Sales of Consumer Goods(10 000 yuan)	46475	51006	9.7
# 贸易业(万元)	Wholesale & Retail Sales Trades(10 000 yuan)	40088	42504	6.0
餐饮业(万元)	Catering Trade(10 000 yuan)	6387	8502	33.1
科技教育卫生	**Science, Education & Public Health**			
各类专业技术人员(人)	Special Technical Personnel(person)	734	1111	51.4
幼儿园数(所)	Number of Kindergartens(unit)	14	19	35.7
学龄儿童入学率(%)	Percentage of School – Age Children Enrolled(%)	100.0	99.8	-0.2
小学学校数(所)	Number of Primary Schools(unit)	6	5	-16.7
小学专任教师数(人)	Number of Full – time Teachers of Primary Schools(person)	224	203	-9.4
小学在校学生数(人)	Number of Student Enrollment of Primary Schools(person)	1932	1766	-8.6
普通中学学校数(所)	Number of Regular Secondary Schools(unit)	3	3	0.0
普通中学专任教师数(人)	Number of Teachers of Secondary Shools(person)	158	153	-3.2
初中在校学生数(人)	Number of Student in Junior Secondary Schools(person)	1068	939	-12.1
高中在校学生数(人)	Number of Student in Senior Secondary Schools(person)	296	285	-3.7
卫生机构数(所)	Number of Health Institutions(unit)	20	23	15.0
# 医院(所)	Hospitals(unit)	4	2	-50.0
卫生院(所)	Township Hospitals(unit)	1	4	300.0
床位数(张)	Number of Beds(unit)	533	295	-44.7
# 医院(张)	Hospitals(unit)	156	130	-16.7
卫生院(张)	Township Hospitals(unit)	12	57	375.0
卫生技术人员(人)	Medical Technical Presonnel(person)	257	271	5.4
# 医院(人)	Hospitals(person)	179	136	-24.0
卫生院(人)	Township Hospitals(person)	7	49	600.0

23－41 兴安盟科尔沁右翼前旗

指　　标	Item	2009	2010	2010年比上年增长% Increase Rate in 2010 Over 2009(%)
行政区域土地面积(平方公里)	**Area of Administration(Sq. km)**	**17428**	**17428**	**0.0**
人口和就业	**Population & Employment**			
年末总人口(人)	Total Population Year－end(person)	341787	337641	－1.2
#男性(人)	Male(person)	176871	174395	－1.4
#乡村人口(人)	Rural(person)	291515	313122	7.4
年末总户数(户)	Total Number of Households at the Year－end(Household)	108026	111141	2.9
#乡村户数(户)	Number of Rural Household(Household)	83072	91110	9.7
出生人口(人)	Births(person)	3561	3560	0.0
死亡人口(人)	Deaths(person)	3077	7122	131.5
全社会就业人员(人)	Employment(person)	145815	179271	22.9
第一产业(人)	Primary Industry(person)	110988	127095	14.5
第二产业(人)	Secondary Industry(person)	8521	16203	90.2
第三产业(人)	Tertiary Industry(person)	26306	35973	36.7
在岗职工人数(人)	Number of Staff & Workers Employed in(person)	17663	17586	－0.4
乡村劳动力(人)	Number of Rural Laborers(person)	119082	149409	25.5
#农林牧渔业(人)	Farming, Forestry, Animal Husbandry & Fishery(person)	104723	121681	16.2
国民经济综合指标	**Summary Item on the National Economy**			
生产总值(万元)	Gross Domestic Product(10 000 yuan)	400427	480539	12.7
第一产业(万元)	Primary Industry(10 000 yuan)	193039	227757	7.3
第二产业(万元)	Secondary Industry(10 000 yuan)	98845	125023	17.4
#工业(万元)	Industry(10 000 yuan)	74363	91098	11.2
第三产业(万元)	Tertiary Industry(10 000 yuan)	108543	127759	16.3
人均生产总值(元)	Per Capita GDP(yuan)	11722	14145	13.3
全社会固定资产投资(万元)	Total Investment in Fixed Assets(10 000 yuan)	395996	560094	41.4
按登记注册类型分	Grouped by Registered Type			
#国有(万元)	State－owned Enterprises(10 000 yuan)	271236	293553	8.2
集体(万元)	Collective－owned Enterprises(10 000 yuan)			
有限责任公司(万元)	Limited Liability Corporations(10 000 yuan)	119260	127902	7.2
股份有限公司(万元)	Share Holding Enterprises(10 000 yuan)		99626	
私营企业(万元)	Private Enterprises(10 000 yuan)	1200		
外商及港澳台投资企业(万元)	Funds from HK, Macao, Taiwan & Foreign(10 000 yuan)		1565	
按城乡渠道分	Grouped by Urban and Rural Area			
城镇(万元)	Urban(10 000 yuan)	395996	522646	32.0
农村(万元)	Rural(10 000 yuan)		2700	
一般预算收入(万元)	General Budgetary Financial Revenue(10 000 yuan)	10565	13567	28.4
一般预算支出(万元)	General Budgetary Financial Expenditures(10 000 yuan)	125800	152200	21.0
城乡居民储蓄存款余额(万元)	Resident Saving Deposit in Urban & Rural(10 000 yuan)	47262	59412	25.7
在岗职工工资总额(万元)	Total Wages of Staff & Workers Employed in(10 000 yuan)	35160	43735	24.4
在岗职工平均工资(元)	Average Wage of Staff & Workers Employed in(yuan)	19267	23826	23.7
城镇居民人均可支配收入(元)	Annual Disposable Income of Urban Residents per Capita(yuan)			
农牧民人均纯收入(元)	Per Capita Net Income of Peasant & Herdsman(yuan)	3154	3568	13.1
农村牧区经济	**Economic Development in Rural & Pastoral Area**			
耕地面积(公顷)	Cultivated Area(hectare)	353694	353694	0.0
农作物总播种面积(公顷)	Total Sown Area(hectare)	187588	181666	－3.2
#粮食作物播种面积(公顷)	Sown Area of Grain Crops(hectare)	177702	172943	－2.7
有效灌溉面积(公顷)	Irrigated Area(hectare)	55680	55480	－0.4
农牧业机械总动力(万千瓦)	Total Power of Agricultural Machinery(10 000 kw)	78.99	84.80	7.4
化肥施用折纯量(吨)	Consumption of Chemical Fertilizer(ton)	27641	30590	10.7
农村用电量(万千瓦小时)	Electricity Consumed in Rural Area(10 000 kwh)	3814	3865	1.3
农林牧渔业总产值(万元)	Gross Output of Farming, Forestry, Animal Husbandry & Fishery(10 000 yuan)	319128	372128	7.1
粮食产量(吨)	Yield of Grain(ton)	546200	575130	5.3
油料产量(吨)	Yield of Oil－bearing Grops(ton)	20522	7494	－63.5
甜菜产量(吨)	Yield of Beetroots(ton)		4206	
猪牛羊肉产量(吨)	Output of Pork, Beef & Mutton(ton)	49692	49663	－0.1
#猪肉产量(吨)	Output of Pork(ton)	12161	13692	12.6
牛肉产量(吨)	Output of Beef(ton)	6220	1663	－73.3
羊肉产量(吨)	Output of Mutton(ton)	31311	34308	9.6
羊毛产量(吨)	Output of Wool(ton)	4127	5085	23.2

23 - 41 Keerqinyouyiqian Banner in Xingan League

指　　标	Item	2009	2010	2010 年比上年增长% Increase Rate in 2010 Over 2009(%)
年末牲畜存栏头数(万头只)	Total Livestock at the Year - end(10 000 heads)	210.34	217.84	3.6
# 大牲畜(万头只)	Large Animals(10 000 heads)	13.33	12.96	-2.8
羊(万只)	Sheep & Goats(10 000 heads)	185.30	193.12	4.2
猪(万头)	Hogs(10 000 heads)	11.71	11.76	0.4
规模以上工业	**Industrial Enterprises above Designated size**			
工业企业单位数(个)	Number of Industrial Enterprises(unit)	25	26	4.0
# 内资企业(个)	Civil Funded Enterprises(unit)	24	26	8.3
工业总产值(万元)	Gross Industrial Output Value(10 000 yuan)	186514	239479	28.4
内资企业(万元)	Civil Funded Enterprises(10 000 yuan)	183389	239479	30.6
国有企业(万元)	State - owned Enterprises(10 000 yuan)	4752	4822	1.5
集体企业(万元)	Collective - owned Enterprises(10 000 yuan)	7351	9831	33.7
股份合作企业(万元)	Share Holding Enterprises(10 000 yuan)			
联营企业(万元)	Joint Owned Enterprises(10 000 yuan)			
有限责任公司(万元)	Limited Company(10 000 yuan)	71212	115868	62.7
股份有限公司(万元)	Share Holding Limited Company(10 000 yuan)			
私营企业(万元)	Privately Owned Enterprises(10 000 yuan)	100074	108958	8.9
其他企业(万元)	Enterprises of Other Ownership(10 000 yuan)			
港澳台商投资企业(万元)	Funds from HK, Macao & Taiwan(10 000 yuan)			
外商投资企业(万元)	Foreign Funded Enterprises(10 000 yuan)	3125		
工业企业增加值(万元)	Value Added of Industrial Enterprises(10 000 yuan)	66130	80948	9.7
工业企业资产总计(万元)	Total Assets of Industrial Enterprises(10 000 yuan)	84746	155133	83.1
工业企业负债合计(万元)	Total Liabilities of Industrial Enterprises(10 000 yuan)	73943	126828	71.5
工业企业产品销售收入(万元)	Sales of Revenue Industrial Enterprises(10 000 yuan)	176647	228448	29.3
工业企业利润总额(万元)	Total Profits of Industrial Enterprises(10 000 yuan)	1631	1758	7.8
建筑业	**Construction**			
建筑企业单位数(个)	Number of Construction Enterprises(unit)	2	2	0.0
建筑企业从业人员(人)	Number of Employee in Construction Enterprises(person)	147	205	39.5
建筑业总产值(万元)	Gross Construction Output Value(10 000 yuan)	8623	13166	52.7
交通运输邮电通信业	**Transportation, Post & Telecommunications**			
公路里程(公里)	Total Length of Highways(km)	2582	2739	6.1
邮电业务总量(万元)	Business Volume of Post & Telecoms(10 000 yuan)	7215	8332	15.5
本地电话用户(户)	Number of Subscribers of Local Telephone(Household)	20691	12032	-41.8
国内贸易	**Domestic Trade**			
社会消费品零售总额(万元)	Total Retail Sales of Consumer Goods(10 000 yuan)	125963	148904	18.2
# 贸易业(万元)	Wholesale & Retail Sales Trades(10 000 yuan)	121822	144146	18.3
餐饮业(万元)	Catering Trade(10 000 yuan)	4141	4758	14.9
科技教育卫生	**Science, Education & Public Health**			
各类专业技术人员(人)	Special Technical Personnel(person)	6647	6472	-2.6
幼儿园数(所)	Number of Kindergartens(unit)	76	101	32.9
学龄儿童入学率(%)	Percentage of School - Age Children Enrolled(%)	100.0	100.0	0.0
小学学校数(所)	Number of Primary Schools(unit)	48	38	-20.8
小学专任教师数(人)	Number of Full - time Teachers of Primary Schools(person)	2004	2042	1.9
小学在校学生数(人)	Number of Student Enrollment of Primary Schools(person)	15802	14577	-7.8
普通中学学校数(所)	Number of Regular Secondary Schools(unit)	23	23	0.0
普通中学专任教师数(人)	Number of Teachers of Secondary Shools(person)	1383	1417	2.5
初中在校学生数(人)	Number of Student in Junior Secondary Schools(person)	8761	8146	-7.0
高中在校学生数(人)	Number of Student in Senior Secondary Schools(person)	4061	4027	-0.8
卫生机构数(所)	Number of Health Institutions(unit)	30	35	16.7
# 医院(所)	Hospitals(unit)	1	1	0.0
卫生院(所)	Township Hospitals(unit)	25	25	0.0
床位数(张)	Number of Beds(unit)	769	793	3.1
# 医院(张)	Hospitals(unit)	256	256	0.0
卫生院(张)	Township Hospitals(unit)	497	516	3.8
卫生技术人员(人)	Medical Technical Presonnel(person)	1210	1244	2.8
# 医院(人)	Hospitals(person)	371	379	2.2
卫生院(人)	Township Hospitals(person)	675	680	0.7

23－42 兴安盟科尔沁右翼中旗

指　　标	Item	2009	2010	2010 年比上年增长% Increase Rate in 2010 Over 2009(%)
行政区域土地面积(平方公里)	**Area of Administration(Sq. km)**	**15613**	**15613**	**0.0**
人口和就业	**Population & Employment**			
年末总人口(人)	Total Population Year－end(person)	264419	261568	－1.1
#男性(人)	Male(person)	133233	131986	－0.9
#乡村人口(人)	Rural(person)	177561	181450	2.2
年末总户数(户)	Total Number of Households at the Year－end(Household)	68883	70802	2.8
#乡村户数(户)	Number of Rural Household(Household)	43755	47102	7.6
出生人口(人)	Births(person)	2348	3086	31.4
死亡人口(人)	Deaths(person)	1576	3437	118.1
全社会就业人员(人)	Employment(person)	115602	109255	－5.5
第一产业(人)	Primary Industry(person)	85751	83097	－3.1
第二产业(人)	Secondary Industry(person)	6476	5795	－10.5
第三产业(人)	Tertiary Industry(person)	23375	20363	－12.9
在岗职工人数(人)	Number of Staff & Workers Employed in(person)	16322	16172	－0.9
乡村劳动力(人)	Number of Rural Laborers(person)	90794	87259	－3.9
#农林牧渔业(人)	Farming,Forestry,Animal Husbandry & Fishery(person)	80809	78197	－3.2
国民经济综合指标	**Summary Item on the National Economy**			
生产总值(万元)	Gross Domestic Product(10 000 yuan)	254952	311059	13.9
第一产业(万元)	Primary Industry(10 000 yuan)	107065	125731	6.8
第二产业(万元)	Secondary Industry(10 000 yuan)	58292	81295	23.5
#工业(万元)	Industry(10 000 yuan)	33761	51687	28.1
第三产业(万元)	Tertiary Industry(10 000 yuan)	89595	104033	15.0
人均生产总值(元)	Per Capita GDP(yuan)	9682	11828	14.0
全社会固定资产投资(万元)	Total Investment in Fixed Assets(10 000 yuan)	364336	433470	19.0
按登记注册类型分	Grouped by Registered Type			
#国有(万元)	State－owned Enterprises(10 000 yuan)	245162	205263	－16.3
集体(万元)	Collective－owned Enterprises(10 000 yuan)		680	
有限责任公司(万元)	Limited Liability Corporations(10 000 yuan)	103471	209698	102.7
股份有限公司(万元)	Share Holding Enterprises(10 000 yuan)	3905	17829	356.6
私营企业(万元)	Private Enterprises(10 000 yuan)	8018		
外商及港澳台投资企业(万元)	Funds from HK,Macao,Taiwan & Foreign(10 000 yuan)			
按城乡渠道分	Grouped by Urban and Rural Area			
城镇(万元)	Urban(10 000 yuan)	364336	415571	14.1
农村(万元)	Rural(10 000 yuan)		70	
一般预算收入(万元)	General Budgetary Financial Revenue(10 000 yuan)	8354	9913	18.7
一般预算支出(万元)	General Budgetary Financial Expenditures(10 000 yuan)	124149	135621	9.2
城乡居民储蓄存款余额(万元)	Resident Saving Deposit in Urban & Rural(10 000 yuan)	68103	87998	29.2
在岗职工工资总额(万元)	Total Wages of Staff & Workers Employed in(10 000 yuan)	28950	35152	21.4
在岗职工平均工资(元)	Average Wage of Staff & Workers Employed in(yuan)	17777	21480	20.8
城镇居民人均可支配收入(元)	Annual Disposable Income of Urban Residents per Capita(yuan)	9314	10513	12.9
农牧民人均纯收入(元)	Per Capita Net Income of Peasant & Herdsman(yuan)	3155	3577	13.4
农村牧区经济	**Economic Development in Rural & Pastoral Area**			
耕地面积(公顷)	Cultivated Area(hectare)	301164	301164	0.0
农作物总播种面积(公顷)	Total Sown Area(hectare)	121716	123049	1.1
#粮食作物播种面积(公顷)	Sown Area of Grain Crops(hectare)	107198	110162	2.8
有效灌溉面积(公顷)	Irrigated Area(hectare)	59820	55300	－7.6
农牧业机械总动力(万千瓦)	Total Power of Agricultural Machinery(10 000 kw)	48.91	51.83	6.0
化肥施用折纯量(吨)	Consumption of Chemical Fertilizer(ton)	33707	35381	5.0
农村用电量(万千瓦小时)	Electricity Consumed in Rural Area(10 000 kwh)	3961	4212	6.3
农林牧渔业总产值(万元)	Gross Output of Farming,Forestry,Animal Husbandry & Fishery(10 000 yuan)	192501	222501	6.2
粮食产量(吨)	Yield of Grain(ton)	415288	400265	－3.6
油料产量(吨)	Yield of Oil－bearing Grops(ton)	16129	10396	－35.5
甜菜产量(吨)	Yield of Beetroots(ton)			
猪牛羊肉产量(吨)	Output of Pork, Beef & Mutton(ton)	30249	33710	11.4
#猪肉产量(吨)	Output of Pork(ton)	7617	8204	7.7
牛肉产量(吨)	Output of Beef(ton)	7920	10574	33.5
羊肉产量(吨)	Output of Mutton(ton)	14712	14932	1.5
羊毛产量(吨)	Output of Wool(ton)	2790	2947	5.6

23 - 42 Keerqinyouyizhong Banner in Xingan League

指　　标	Item	2009	2010	2010 年比上年增长% Increase Rate in 2010 Over 2009(%)
年末牲畜存栏头数(万头只)	Total Livestock at the Year - end(10 000 heads)	154.03	159.56	3.6
# 大牲畜(万头只)	Large Animals(10 000 heads)	13.91	14.84	6.7
羊(万只)	Sheep & Goats(10 000 heads)	127.25	131.82	3.6
猪(万头)	Hogs(10 000 heads)	12.87	12.90	0.2
规模以上工业	**Industrial Enterprises above Designated size**			
工业企业单位数(个)	Number of Industrial Enterprises(unit)	12	11	-8.3
# 内资企业(个)	Civil Funded Enterprises(unit)	11	10	-9.1
工业总产值(万元)	Gross Industrial Output Value(10 000 yuan)	59042	78044	32.2
内资企业(万元)	Civil Funded Enterprises(10 000 yuan)	52666	76021	44.3
国有企业(万元)	State - owned Enterprises(10 000 yuan)	8113	39693	389.3
集体企业(万元)	Collective - owned Enterprises(10 000 yuan)	6846	2985	-56.4
股份合作企业(万元)	Share Holding Enterprises(10 000 yuan)			
联营企业(万元)	Joint Owned Enterprises(10 000 yuan)			
有限责任公司(万元)	Limited Company(10 000 yuan)	2065	2903	40.6
股份有限公司(万元)	Share Holding Limited Company(10 000 yuan)			
私营企业(万元)	Privately Owned Enterprises(10 000 yuan)	35642	30440	-14.6
其他企业(万元)	Enterprises of Other Ownership(10 000 yuan)			
港澳台商投资企业(万元)	Funds from HK, Macao & Taiwan(10 000 yuan)			
外商投资企业(万元)	Foreign Funded Enterprises(10 000 yuan)	6376	2023	-68.3
工业企业增加值(万元)	Value Added of Industrial Enterprises(10 000 yuan)	19437	30263	28.7
工业企业资产总计(万元)	Total Assets of Industrial Enterprises(10 000 yuan)	133863	415994	210.8
工业企业负债合计(万元)	Total Liabilities of Industrial Enterprises(10 000 yuan)	71456	296970	315.6
工业企业产品销售收入(万元)	Sales of Revenue Industrial Enterprises(10 000 yuan)	57351	73147	27.5
工业企业利润总额(万元)	Total Profits of Industrial Enterprises(10 000 yuan)	2155	2499	16.0
建筑业	**Construction**			
建筑企业单位数(个)	Number of Construction Enterprises(unit)			
建筑企业从业人员(人)	Number of Employee in Construction Enterprises(person)			
建筑业总产值(万元)	Gross Construction Output Value(10 000 yuan)			
交通运输邮电通信业	**Transportation, Post & Telecommunications**			
公路里程(公里)	Total Length of Highways(km)	1661	1920	15.6
邮电业务总量(万元)	Business Volume of Post & Telecoms(10 000 yuan)	9197	10472	13.9
本地电话用户(户)	Number of Subscribers of Local Telephone(Household)	24453	12261	-49.9
国内贸易	**Domestic Trade**			
社会消费品零售总额(万元)	Total Retail Sales of Consumer Goods(10 000 yuan)	112348	133962	19.2
# 贸易业(万元)	Wholesale & Retail Sales Trades(10 000 yuan)	105746	125742	18.9
餐饮业(万元)	Catering Trade(10 000 yuan)	6602	8220	24.5
科技教育卫生	**Science, Education & Public Health**			
各类专业技术人员(人)	Special Technical Personnel(person)	6310	5871	-7.0
幼儿园数(所)	Number of Kindergartens(unit)	41	53	29.3
学龄儿童入学率(%)	Percentage of School - Age Children Enrolled(%)	99.1	100.0	0.9
小学学校数(所)	Number of Primary Schools(unit)	23	28	21.7
小学专任教师数(人)	Number of Full - time Teachers of Primary Schools(person)	1808	1810	0.1
小学在校学生数(人)	Number of Student Enrollment of Primary Schools(person)	16503	16258	-1.5
普通中学学校数(所)	Number of Regular Secondary Schools(unit)	21	12	-42.9
普通中学专任教师数(人)	Number of Teachers of Secondary Shools(person)	1094	1025	-6.3
初中在校学生数(人)	Number of Student in Junior Secondary Schools(person)	7349	7115	-3.2
高中在校学生数(人)	Number of Student in Senior Secondary Schools(person)	4140	4473	8.0
卫生机构数(所)	Number of Health Institutions(unit)	43	31	-27.9
# 医院(所)	Hospitals(unit)	5	4	-20.0
卫生院(所)	Township Hospitals(unit)	19	23	21.1
床位数(张)	Number of Beds(unit)	904	907	0.3
# 医院(张)	Hospitals(unit)	610	580	-4.9
卫生院(张)	Township Hospitals(unit)	270	309	14.4
卫生技术人员(人)	Medical Technical Presonnel(person)	1213	1196	-1.4
# 医院(人)	Hospitals(person)	605	629	4.0
卫生院(人)	Township Hospitals(person)	397	451	13.6

23-43 兴安盟扎赉特旗

指　　标	Item	2009	2010	2010年比上年增长% Increase Rate in 2010 Over 2009(%)
行政区域土地面积(平方公里)	**Area of Administration(Sq. km)**	**11837**	**11837**	**0.0**
人口和就业	**Population & Employment**			
年末总人口(人)	Total Population Year-end(person)	399289	395280	-1.0
#男性(人)	Male(person)	207305	204287	-1.5
#乡村人口(人)	Rural(person)	317987	318063	0.0
年末总户数(户)	Total Number of Households at the Year-end(Household)	130568	134400	2.9
#乡村户数(户)	Number of Rural Household(Household)	79659	80873	1.5
出生人口(人)	Births(person)	4765	4727	-0.8
死亡人口(人)	Deaths(person)	2389	6433	169.3
全社会就业人员(人)	Employment(person)	192826	189231	-1.9
第一产业(人)	Primary Industry(person)	156634	157448	0.5
第二产业(人)	Secondary Industry(person)	9453	8122	-14.1
第三产业(人)	Tertiary Industry(person)	26739	23661	-11.5
在岗职工人数(人)	Number of Staff & Workers Employed in(person)	20756	20234	-2.5
乡村劳动力(人)	Number of Rural Laborers(person)	166063	166426	0.2
#农林牧渔业(人)	Farming, Forestry, Animal Husbandry & Fishery(person)	151268	152097	0.5
国民经济综合指标	**Summary Item on the National Economy**			
生产总值(万元)	Gross Domestic Product(10 000 yuan)	400521	484764	12.7
第一产业(万元)	Primary Industry(10 000 yuan)	194219	239965	12.3
第二产业(万元)	Secondary Industry(10 000 yuan)	73508	91855	8.5
#工业(万元)	Industry(10 000 yuan)	55814	73631	10.7
第三产业(万元)	Tertiary Industry(10 000 yuan)	132794	152944	14.9
人均生产总值(元)	Per Capita GDP(yuan)	10048	12202	13.0
全社会固定资产投资(万元)	Total Investment in Fixed Assets(10 000 yuan)	329734	346599	5.1
按登记注册类型分	Grouped by Registered Type			
#国有(万元)	State-owned Enterprises(10 000 yuan)	231343	296361	28.1
集体(万元)	Collective-owned Enterprises(10 000 yuan)			
有限责任公司(万元)	Limited Liability Corporations(10 000 yuan)	44297	13100	-70.4
股份有限公司(万元)	Share Holding Enterprises(10 000 yuan)	8126	8056	-0.9
私营企业(万元)	Private Enterprises(10 000 yuan)	37664	14500	-61.5
外商及港澳台投资企业(万元)	Funds from HK, Macao, Taiwan & Foreign(10 000 yuan)	2000	5500	175.0
按城乡渠道分	Grouped by Urban and Rural Area			
城镇(万元)	Urban(10 000 yuan)	324590	339519	4.6
农村(万元)	Rural(10 000 yuan)	5144	7080	37.6
一般预算收入(万元)	General Budgetary Financial Revenue(10 000 yuan)	8482	9653	13.8
一般预算支出(万元)	General Budgetary Financial Expenditures(10 000 yuan)	156020	162968	4.5
城乡居民储蓄存款余额(万元)	Resident Saving Deposit in Urban & Rural(10 000 yuan)	132107	166984	26.4
在岗职工工资总额(万元)	Total Wages of Staff & Workers Employed in(10 000 yuan)	37152	45426	22.3
在岗职工平均工资(元)	Average Wage of Staff & Workers Employed in(yuan)	17899	22439	25.4
城镇居民人均可支配收入(元)	Annual Disposable Income of Urban Residents per Capita(yuan)	9310	10511	12.9
农牧民人均纯收入(元)	Per Capita Net Income of Peasant & Herdsman(yuan)	3154	3412	8.2
农村牧区经济	**Economic Development in Rural & Pastoral Area**			
耕地面积(公顷)	Cultivated Area(hectare)	383690	383690	0.0
农作物总播种面积(公顷)	Total Sown Area(hectare)	245634	255168	3.9
#粮食作物播种面积(公顷)	Sown Area of Grain Crops(hectare)	236987	247769	4.5
有效灌溉面积(公顷)	Irrigated Area(hectare)	88570	93500	5.6
农牧业机械总动力(万千瓦)	Total Power of Agricultural Machinery(10 000 kw)	130.18	144.35	10.9
化肥施用折纯量(吨)	Consumption of Chemical Fertilizer(ton)	58786	68285	16.2
农村用电量(万千瓦小时)	Electricity Consumed in Rural Area(10 000 kwh)	3780	4098	8.4
农林牧渔业总产值(万元)	Gross Output of Farming, Forestry, Animal Husbandry & Fishery(10 000 yuan)	317655	382655	10.6
粮食产量(吨)	Yield of Grain(ton)	639160	1000035	56.5
油料产量(吨)	Yield of Oil-bearing Grops(ton)	16086	11689	-27.3
甜菜产量(吨)	Yield of Beetroots(ton)			
猪牛羊肉产量(吨)	Output of Pork, Beef & Mutton(ton)	53105	58043	9.3
#猪肉产量(吨)	Output of Pork(ton)	40798	45674	12.0
牛肉产量(吨)	Output of Beef(ton)	5974	6346	6.2
羊肉产量(吨)	Output of Mutton(ton)	6333	6023	-4.9
羊毛产量(吨)	Output of Wool(ton)	1805	1948	7.9

23－43 Zhalaite Banner in Xingan League

指　　标	Item	2009	2010	2010年比上年增长% Increase Rate in 2010 Over 2009(%)
年末牲畜存栏头数(万头只)	Total Livestock at the Year－end(10 000 heads)	118.09	117.93	－0.1
#大牲畜(万头只)	Large Animals(10 000 heads)	19.74	19.78	0.2
羊(万只)	Sheep & Goats(10 000 heads)	63.60	63.35	－0.4
猪(万头)	Hogs(10 000 heads)	34.75	34.80	0.1
规模以上工业	**Industrial Enterprises above Designated size**			
工业企业单位数(个)	Number of Industrial Enterprises(unit)	21	23	9.5
#内资企业(个)	Civil Funded Enterprises(unit)	21	23	9.5
工业总产值(万元)	Gross Industrial Output Value(10 000 yuan)	152059	187571	23.4
内资企业(万元)	Civil Funded Enterprises(10 000 yuan)	152059	187571	23.4
国有企业(万元)	State－owned Enterprises(10 000 yuan)	9627	10140	5.3
集体企业(万元)	Collective－owned Enterprises(10 000 yuan)			
股份合作企业(万元)	Share Holding Enterprises(10 000 yuan)			
联营企业(万元)	Joint Owned Enterprises(10 000 yuan)			
有限责任公司(万元)	Limited Company(10 000 yuan)	32263	38330	18.8
股份有限公司(万元)	Share Holding Limited Company(10 000 yuan)	31372	38949	24.2
私营企业(万元)	Privately Owned Enterprises(10 000 yuan)	78797	100152	27.1
其他企业(万元)	Enterprises of Other Ownership(10 000 yuan)			
港澳台商投资企业(万元)	Funds from HK,Macao & Taiwan(10 000 yuan)			
外商投资企业(万元)	Foreign Funded Enterprises(10 000 yuan)			
工业企业增加值(万元)	Value Added of Industrial Enterprises(10 000 yuan)	45974	63691	13.1
工业企业资产总计(万元)	Total Assets of Industrial Enterprises(10 000 yuan)	82400	152069	84.5
工业企业负债合计(万元)	Total Liabilities of Industrial Enterprises(10 000 yuan)	48527	89442	84.3
工业企业产品销售收入(万元)	Sales of Revenue Industrial Enterprises(10 000 yuan)	137028	172841	26.1
工业企业利润总额(万元)	Total Profits of Industrial Enterprises(10 000 yuan)	7323	9140	24.8
建筑业	**Construction**			
建筑企业单位数(个)	Number of Construction Enterprises(unit)	1	1	0.0
建筑企业从业人员(人)	Number of Employee in Construction Enterprises(person)	1500	750	－50.0
建筑业总产值(万元)	Gross Construction Output Value(10 000 yuan)	6614	16356	147.3
交通运输邮电通信业	**Transportation,Post & Telecommunications**			
公路里程(公里)	Total Length of Highways(km)	2189	2235	2.1
邮电业务总量(万元)	Business Volume of Post & Telecoms(10 000 yuan)	12490	14249	14.1
本地电话用户(户)	Number of Subscribers of Local Telephone(Household)	30096	12785	－57.5
国内贸易	**Domestic Trade**			
社会消费品零售总额(万元)	Total Retail Sales of Consumer Goods(10 000 yuan)	146786	177599	21.0
#贸易业(万元)	Wholesale & Retail Sales Trades(10 000 yuan)	139042	167866	20.7
餐饮业(万元)	Catering Trade(10 000 yuan)	7744	9733	25.7
科技教育卫生	**Science,Education & Public Health**			
各类专业技术人员(人)	Special Technical Personnel(person)	6877	6774	－1.5
幼儿园数(所)	Number of Kindergartens(unit)	44	105	138.6
学龄儿童入学率(%)	Percentage of School－Age Children Enrolled(%)	100.0	100.0	0.0
小学学校数(所)	Number of Primary Schools(unit)	51	40	－21.6
小学专任教师数(人)	Number of Full－time Teachers of Primary Schools(person)	1993	1912	－4.1
小学在校学生数(人)	Number of Student Enrollment of Primary Schools(person)	18218	17777	－2.4
普通中学学校数(所)	Number of Regular Secondary Schools(unit)	25	25	0.0
普通中学专任教师数(人)	Number of Teachers of Secondary Shools(person)	1461	1437	－1.6
初中在校学生数(人)	Number of Student in Junior Secondary Schools(person)	7739	8031	3.8
高中在校学生数(人)	Number of Student in Senior Secondary Schools(person)	3967	3639	－8.3
卫生机构数(所)	Number of Health Institutions(unit)	38	38	0.0
#医院(所)	Hospitals(unit)	5	5	0.0
卫生院(所)	Township Hospitals(unit)	21	21	0.0
床位数(张)	Number of Beds(unit)	655	808	23.4
#医院(张)	Hospitals(unit)	392	457	16.6
卫生院(张)	Township Hospitals(unit)	249	301	20.9
卫生技术人员(人)	Medical Technical Presonnel(person)	865	926	7.1
#医院(人)	Hospitals(person)	388	395	1.8
卫生院(人)	Township Hospitals(person)	318	318	0.0

23－44 兴安盟突泉县

指标	Item	2009	2010	2010 年比上年增长% Increase Rate in 2010 Over 2009(%)
行政区域土地面积(平方公里)	**Area of Administration(Sq. km)**	**4800**	**4800**	**0.0**
人口和就业	**Population & Employment**			
年末总人口(人)	Total Population Year－end(person)	314601	312810	－0.6
#男性(人)	Male(person)	161294	160219	－0.7
#乡村人口(人)	Rural(person)	244329	245584	0.5
年末总户数(户)	Total Number of Households at the Year－end(Household)	95880	103789	8.2
#乡村户数(户)	Number of Rural Household(Household)	59932	63584	6.1
出生人口(人)	Births(person)	2933	2854	－2.7
死亡人口(人)	Deaths(person)	3815	3892	2.0
全社会就业人员(人)	Employment(person)	151672	145360	－4.2
第一产业(人)	Primary Industry(person)	111190	107327	－3.5
第二产业(人)	Secondary Industry(person)	15461	14330	－7.3
第三产业(人)	Tertiary Industry(person)	25021	23703	－5.3
在岗职工人数(人)	Number of Staff & Workers Employed in(person)	11580	11475	－0.9
乡村劳动力(人)	Number of Rural Laborers(person)	132025	124194	－5.9
#农林牧渔业(人)	Farming, Forestry, Animal Husbandry & Fishery(person)	108618	104928	－3.4
国民经济综合指标	**Summary Item on the National Economy**			
生产总值(万元)	Gross Domestic Product(10 000 yuan)	322750	387447	13.2
第一产业(万元)	Primary Industry(10 000 yuan)	133204	157623	7.6
第二产业(万元)	Secondary Industry(10 000 yuan)	112192	139334	17.5
#工业(万元)	Industry(10 000 yuan)	74946	90303	13.3
第三产业(万元)	Tertiary Industry(10 000 yuan)	77354	90490	15.0
人均生产总值(元)	Per Capita GDP(yuan)	10240	12351	13.7
全社会固定资产投资(万元)	Total Investment in Fixed Assets(10 000 yuan)	249559	370091	48.3
按登记注册类型分	Grouped by Registered Type			
#国有(万元)	State－owned Enterprises(10 000 yuan)	102900	173480	68.6
集体(万元)	Collective－owned Enterprises(10 000 yuan)			
有限责任公司(万元)	Limited Liability Corporations(10 000 yuan)			
股份有限公司(万元)	Share Holding Enterprises(10 000 yuan)	14760	53600	263.1
私营企业(万元)	Private Enterprises(10 000 yuan)	110899	91117	－17.8
外商及港澳台投资企业(万元)	Funds from HK, Macao, Taiwan & Foreign(10 000 yuan)			
按城乡渠道分	Grouped by Urban and Rural Area			
城镇(万元)	Urban(10 000 yuan)	193008	349680	81.2
农村(万元)	Rural(10 000 yuan)	56551	20411	－63.9
一般预算收入(万元)	General Budgetary Financial Revenue(10 000 yuan)	4022	4295	6.8
一般预算支出(万元)	General Budgetary Financial Expenditures(10 000 yuan)	114560	134053	17.0
城乡居民储蓄存款余额(万元)	Resident Saving Deposit in Urban & Rural(10 000 yuan)	108990	132774	21.8
在岗职工工资总额(万元)	Total Wages of Staff & Workers Employed in(10 000 yuan)	21026	27453	30.6
在岗职工平均工资(元)	Average Wage of Staff & Workers Employed in(yuan)	17870	23283	30.3
城镇居民人均可支配收入(元)	Annual Disposable Income of Urban Residents per Capita(yuan)	9313	10510	12.9
农牧民人均纯收入(元)	Per Capita Net Income of Peasant & Herdsman(yuan)	3107	3388	9.0
农村牧区经济	**Economic Development in Rural & Pastoral Area**			
耕地面积(公顷)	Cultivated Area(hectare)	177657	177657	0.0
农作物总播种面积(公顷)	Total Sown Area(hectare)	143032	145830	2.0
#粮食作物播种面积(公顷)	Sown Area of Grain Crops(hectare)	136144	136810	0.5
有效灌溉面积(公顷)	Irrigated Area(hectare)	62110	65430	5.3
农牧业机械总动力(万千瓦)	Total Power of Agricultural Machinery(10 000 kw)	45.08	46.58	3.3
化肥施用折纯量(吨)	Consumption of Chemical Fertilizer(ton)	29426	29608	0.6
农村用电量(万千瓦小时)	Electricity Consumed in Rural Area(10 000 kwh)	3782	3904	3.2
农林牧渔业总产值(万元)	Gross Output of Farming, Forestry, Animal Husbandry & Fishery(10 000 yuan)	219839	270479	13.0
粮食产量(吨)	Yield of Grain(ton)	419527	525000	25.1
油料产量(吨)	Yield of Oil－bearing Grops(ton)	3113	4213	35.3
甜菜产量(吨)	Yield of Beetroots(ton)	1000	3333	233.3
猪牛羊肉产量(吨)	Output of Pork, Beef & Mutton(ton)	13537	18114	33.8
#猪肉产量(吨)	Output of Pork(ton)	8272	11445	38.4
牛肉产量(吨)	Output of Beef(ton)	498	1568	214.9
羊肉产量(吨)	Output of Mutton(ton)	4767	5101	7.0
羊毛产量(吨)	Output of Wool(ton)	804	1035	28.7

23 - 44 Tuquan County in Xingan League

指　　标	Item	2009	2010	2010年比上年增长% Increase Rate in 2010 Over 2009(%)
年末牲畜存栏头数(万头只)	Total Livestock at the Year - end(10 000 heads)	64.48	64.72	0.4
# 大牲畜(万头只)	Large Animals(10 000 heads)	6.91	7.15	3.5
羊(万只)	Sheep & Goats(10 000 heads)	49.76	49.74	0.0
猪(万头)	Hogs(10 000 heads)	7.81	7.83	0.3
规模以上工业	**Industrial Enterprises above Designated size**			
工业企业单位数(个)	Number of Industrial Enterprises(unit)	21	26	23.8
# 内资企业(个)	Civil Funded Enterprises(unit)	20	25	25.0
工业总产值(万元)	Gross Industrial Output Value(10 000 yuan)	119657	156666	30.9
内资企业(万元)	Civil Funded Enterprises(10 000 yuan)	114325	145574	27.3
国有企业(万元)	State - owned Enterprises(10 000 yuan)	5817	7317	25.8
集体企业(万元)	Collective - owned Enterprises(10 000 yuan)	4791		
股份合作企业(万元)	Share Holding Enterprises(10 000 yuan)			
联营企业(万元)	Joint Owned Enterprises(10 000 yuan)			
有限责任公司(万元)	Limited Company(10 000 yuan)			
股份有限公司(万元)	Share Holding Limited Company(10 000 yuan)	33155	30831	-7.0
私营企业(万元)	Privately Owned Enterprises(10 000 yuan)	70562	107426	52.2
其他企业(万元)	Enterprises of Other Ownership(10 000 yuan)			
港澳台商投资企业(万元)	Funds from HK, Macao & Taiwan(10 000 yuan)			
外商投资企业(万元)	Foreign Funded Enterprises(10 000 yuan)	5332	11092	108.0
工业企业增加值(万元)	Value Added of Industrial Enterprises(10 000 yuan)	40990	50914	13.0
工业企业资产总计(万元)	Total Assets of Industrial Enterprises(10 000 yuan)	139638	263636	88.8
工业企业负债合计(万元)	Total Liabilities of Industrial Enterprises(10 000 yuan)	94479	177839	88.2
工业企业产品销售收入(万元)	Sales of Revenue Industrial Enterprises(10 000 yuan)	117250	147912	26.2
工业企业利润总额(万元)	Total Profits of Industrial Enterprises(10 000 yuan)	2473	7889	219.0
建筑业	**Construction**			
建筑企业单位数(个)	Number of Construction Enterprises(unit)	1	1	0.0
建筑企业从业人员(人)	Number of Employee in Construction Enterprises(person)	1030	1700	65.0
建筑业总产值(万元)	Gross Construction Output Value(10 000 yuan)	14010	17042	21.6
交通运输邮电通信业	**Transportation, Post & Telecommunications**			
公路里程(公里)	Total Length of Highways(km)	1701	1701	0.0
邮电业务总量(万元)	Business Volume of Post & Telecoms(10 000 yuan)	8330	9897	18.8
本地电话用户(户)	Number of Subscribers of Local Telephone(Household)	22572	13691	-39.3
国内贸易	**Domestic Trade**			
社会消费品零售总额(万元)	Total Retail Sales of Consumer Goods(10 000 yuan)	114354	133620	16.8
# 贸易业(万元)	Wholesale & Retail Sales Trades(10 000 yuan)	108617	126824	16.8
餐饮业(万元)	Catering Trade(10 000 yuan)	5737	6796	18.5
科技教育卫生	**Science, Education & Public Health**			
各类专业技术人员(人)	Special Technical Personnel(person)	5229	4572	-12.6
幼儿园数(所)	Number of Kindergartens(unit)	75	72	-4.0
学龄儿童入学率(%)	Percentage of School - Age Children Enrolled(%)	100.0	100.0	0.0
小学学校数(所)	Number of Primary Schools(unit)	54	30	-44.4
小学专任教师数(人)	Number of Full - time Teachers of Primary Schools(person)	1219	1197	-1.8
小学在校学生数(人)	Number of Student Enrollment of Primary Schools(person)	15350	14737	-4.0
普通中学学校数(所)	Number of Regular Secondary Schools(unit)	11	10	-9.1
普通中学专任教师数(人)	Number of Teachers of Secondary Shools(person)	1004	996	-0.8
初中在校学生数(人)	Number of Student in Junior Secondary Schools(person)	9858	9238	-6.3
高中在校学生数(人)	Number of Student in Senior Secondary Schools(person)	3380	3183	-5.8
卫生机构数(所)	Number of Health Institutions(unit)	36	36	0.0
# 医院(所)	Hospitals(unit)	2	2	0.0
卫生院(所)	Township Hospitals(unit)	12	12	0.0
床位数(张)	Number of Beds(unit)	498	491	-1.4
# 医院(张)	Hospitals(unit)	296	296	0.0
卫生院(张)	Township Hospitals(unit)	136	131	-3.7
卫生技术人员(人)	Medical Technical Presonnel(person)	755	748	-0.9
# 医院(人)	Hospitals(person)	365	365	0.0
卫生院(人)	Township Hospitals(person)	160	178	11.3

23-45 通辽市科尔沁区

指　　标	Item	2009	2010	2010年比上年增长% Increase Rate in 2010 Over 2009(%)
行政区域土地面积(平方公里)	**Area of Administration(Sq. km)**	**3212**	**3212**	**0.0**
人口和就业	**Population & Employment**			
年末总人口(人)	Total Population Year - end(person)	867535	876599	1.0
#男性(人)	Male(person)	440576	458173	4.0
#乡村人口(人)	Rural(person)	450604	451315	0.2
年末总户数(户)	Total Number of Households at the Year - end(Household)	283284	291314	2.8
#乡村户数(户)	Number of Rural Household(Household)	116537	121869	4.6
出生人口(人)	Births(person)	8762	7290	-16.8
死亡人口(人)	Deaths(person)	3397	5886	73.3
全社会就业人员(人)	Employment(person)	409984	425429	3.8
第一产业(人)	Primary Industry(person)	257850	269430	4.5
第二产业(人)	Secondary Industry(person)	54831	55573	1.4
第三产业(人)	Tertiary Industry(person)	97303	100426	3.2
在岗职工人数(人)	Number of Staff & Workers Employed in(person)	109752	114638	4.5
乡村劳动力(人)	Number of Rural Laborers(person)	237385	245559	3.4
#农林牧渔业(人)	Farming, Forestry, Animal Husbandry & Fishery(person)	137424	162140	18.0
国民经济综合指标	**Summary Item on the National Economy**			
生产总值(万元)	Gross Domestic Product(10 000 yuan)	3967819	4929921	14.1
第一产业(万元)	Primary Industry(10 000 yuan)	339042	399876	5.3
第二产业(万元)	Secondary Industry(10 000 yuan)	2412317	3048429	20.2
#工业(万元)	Industry(10 000 yuan)	2167071	2762233	22.1
第三产业(万元)	Tertiary Industry(10 000 yuan)	1216460	1481616	8.8
人均生产总值(元)	Per Capita GDP(yuan)	42002	152084	13.1
全社会固定资产投资(万元)	Total Investment in Fixed Assets(10 000 yuan)	2648132	3258647	23.1
按登记注册类型分	Grouped by Registered Type			
#国有(万元)	State - owned Enterprises(10 000 yuan)	1201512	1678270	39.7
集体(万元)	Collective - owned Enterprises(10 000 yuan)	12000	4200	-65.0
有限责任公司(万元)	Limited Liability Corporations(10 000 yuan)	240396	778198	223.7
股份有限公司(万元)	Share Holding Enterprises(10 000 yuan)	362100	698915	93.0
私营企业(万元)	Private Enterprises(10 000 yuan)	157544	68654	-56.4
外商及港澳台投资企业(万元)	Funds from HK, Macao, Taiwan & Foreign(10 000 yuan)	27785	30410	9.4
按城乡渠道分	Grouped by Urban and Rural Area			
城镇(万元)	Urban(10 000 yuan)	2594518	3128692	20.6
农村(万元)	Rural(10 000 yuan)	53614	129955	142.4
一般预算收入(万元)	General Budgetary Financial Revenue(10 000 yuan)	119502	132283	10.7
一般预算支出(万元)	General Budgetary Financial Expenditures(10 000 yuan)	226400	262995	16.2
城乡居民储蓄存款余额(万元)	Resident Saving Deposit in Urban & Rural(10 000 yuan)	1012769	1418983	40.1
在岗职工工资总额(万元)	Total Wages of Staff & Workers Employed in(10 000 yuan)	252220	291541	15.6
在岗职工平均工资(元)	Average Wage of Staff & Workers Employed in(yuan)	46487	50896	9.5
城镇居民人均可支配收入(元)	Annual Disposable Income of Urban Residents per Capita(yuan)	27776	32351	16.5
农牧民人均纯收入(元)	Per Capita Net Income of Peasant & Herdsman(yuan)	14771	17286	17.0
农村牧区经济	**Economic Development in Rural & Pastoral Area**			
耕地面积(公顷)	Cultivated Area(hectare)	139933	140609	0.5
农作物总播种面积(公顷)	Total Sown Area(hectare)	149615	151145	1.0
#粮食作物播种面积(公顷)	Sown Area of Grain Crops(hectare)	123559	125443	1.5
有效灌溉面积(公顷)	Irrigated Area(hectare)	122961	122986	0.0
农牧业机械总动力(万千瓦)	Total Power of Agricultural Machinery(10 000 kw)	93.50	95.45	2.1
化肥施用折纯量(吨)	Consumption of Chemical Fertilizer(ton)	100425	99517	-0.9
农村用电量(万千瓦小时)	Electricity Consumed in Rural Area(10 000 kwh)	21179	35913	69.6
农林牧渔业总产值(万元)	Gross Output of Farming, Forestry, Animal Husbandry & Fishery(10 000 yuan)	628370	637402	1.0
粮食产量(吨)	Yield of Grain(ton)	933175	996032	6.7
油料产量(吨)	Yield of Oil - bearing Grops(ton)	5420	5912	9.1
甜菜产量(吨)	Yield of Beetroots(ton)	5400	5684	5.3
猪牛羊肉产量(吨)	Output of Pork, Beef & Mutton(ton)	135609	130543	-3.7
#猪肉产量(吨)	Output of Pork(ton)	95000	92955	-2.2
牛肉产量(吨)	Output of Beef(ton)	34472	31485	-8.7
羊肉产量(吨)	Output of Mutton(ton)	6137	6103	-0.6
羊毛产量(吨)	Output of Wool(ton)	590	591	0.2

23 – 45 Keerqin District in Tongliao City

指　　标	Item	2009	2010	2010年比上年增长% Increase Rate in 2010 Over 2009(%)
年末牲畜存栏头数(万头只)	Total Livestock at the Year – end(10 000 heads)	172.71	153.48	-11.1
#大牲畜(万头只)	Large Animals(10 000 heads)	34.37	33.13	-3.6
羊(万只)	Sheep & Goats(10 000 heads)	58.68	42.54	-27.5
猪(万头)	Hogs(10 000 heads)	79.56	77.81	-2.2
规模以上工业	**Industrial Enterprises above Designated size**			
工业企业单位数(个)	Number of Industrial Enterprises(unit)	202	212	5.0
#内资企业(个)	Civil Funded Enterprises(unit)	183	200	9.3
工业总产值(万元)	Gross Industrial Output Value(10 000 yuan)	6214476	8934182	43.8
内资企业(万元)	Civil Funded Enterprises(10 000 yuan)	5106328	7594709	48.7
国有企业(万元)	State – owned Enterprises(10 000 yuan)	798876	997115	24.8
集体企业(万元)	Collective – owned Enterprises(10 000 yuan)	47717	55743	16.8
股份合作企业(万元)	Share Holding Enterprises(10 000 yuan)	100908	93420	-7.4
联营企业(万元)	Joint Owned Enterprises(10 000 yuan)			
有限责任公司(万元)	Limited Company(10 000 yuan)	2648560	5702654	115.3
股份有限公司(万元)	Share Holding Limited Company(10 000 yuan)	654104	187300	-71.4
私营企业(万元)	Privately Owned Enterprises(10 000 yuan)	786569	492400	-37.4
其他企业(万元)	Enterprises of Other Ownership(10 000 yuan)	69594	66092	-5.0
港澳台商投资企业(万元)	Funds from HK, Macao & Taiwan(10 000 yuan)	116788	147462	26.3
外商投资企业(万元)	Foreign Funded Enterprises(10 000 yuan)	991360	1081726	9.1
工业企业增加值(万元)	Value Added of Industrial Enterprises(10 000 yuan)	2076298	2565006	23.5
工业企业资产总计(万元)	Total Assets of Industrial Enterprises(10 000 yuan)	2958681	3301755	11.6
工业企业负债合计(万元)	Total Liabilities of Industrial Enterprises(10 000 yuan)	1864098	2067724	10.9
工业企业产品销售收入(万元)	Sales of Revenue Industrial Enterprises(10 000 yuan)	6096204	8802254	44.4
工业企业利润总额(万元)	Total Profits of Industrial Enterprises(10 000 yuan)	431038	484709	12.5
建筑业	**Construction**			
建筑企业单位数(个)	Number of Construction Enterprises(unit)	56	79	41.1
建筑企业从业人员(人)	Number of Employee in Construction Enterprises(person)	17447	32039	83.6
建筑业总产值(万元)	Gross Construction Output Value(10 000 yuan)	590050	4643959	687.0
交通运输邮电通信业	**Transportation, Post & Telecommunications**			
公路里程(公里)	Total Length of Highways(km)	1368	1451	6.1
邮电业务总量(万元)	Business Volume of Post & Telecoms(10 000 yuan)	58868	2843	-95.2
本地电话用户(户)	Number of Subscribers of Local Telephone(Household)	429312	480077	11.8
国内贸易	**Domestic Trade**			
社会消费品零售总额(万元)	Total Retail Sales of Consumer Goods(10 000 yuan)	987824	1159276	17.4
#贸易业(万元)	Wholesale & Retail Sales Trades(10 000 yuan)	908035	1063047	17.1
餐饮业(万元)	Catering Trade(10 000 yuan)	71173	86575	21.6
科技教育卫生	**Science, Education & Public Health**			
各类专业技术人员(人)	Special Technical Personnel(person)	21689	22552	4.0
幼儿园数(所)	Number of Kindergartens(unit)	21	21	0.0
学龄儿童入学率(%)	Percentage of School – Age Children Enrolled(%)	100.0	101.0	1.0
小学学校数(所)	Number of Primary Schools(unit)	119	112	-5.9
小学专任教师数(人)	Number of Full – time Teachers of Primary Schools(person)	3577	3633	1.6
小学在校学生数(人)	Number of Student Enrollment of Primary Schools(person)	58731	59238	0.9
普通中学学校数(所)	Number of Regular Secondary Schools(unit)	37	35	-5.4
普通中学专任教师数(人)	Number of Teachers of Secondary Shools(person)	3738	3798	1.6
初中在校学生数(人)	Number of Student in Junior Secondary Schools(person)	34748	33677	-3.1
高中在校学生数(人)	Number of Student in Senior Secondary Schools(person)	27732	27995	0.9
卫生机构数(所)	Number of Health Institutions(unit)	49	49	0.0
#医院(所)	Hospitals(unit)	16	18	12.5
卫生院(所)	Township Hospitals(unit)	23	22	-4.3
床位数(张)	Number of Beds(unit)	3576	3932	10.0
#医院(张)	Hospitals(unit)	3185	3493	9.7
卫生院(张)	Township Hospitals(unit)	391	439	12.3
卫生技术人员(人)	Medical Technical Presonnel(person)	5289	5383	1.8
#医院(人)	Hospitals(person)	3693	3707	0.4
卫生院(人)	Township Hospitals(person)	812	831	2.3

23-46 通辽市霍林郭勒市

指　　标	Item	2009	2010	2010年比上年增长% Increase Rate in 2010 Over 2009(%)
行政区域土地面积(平方公里)	**Area of Administration(Sq. km)**	**585**	**585**	**0.0**
人口和就业	**Population & Employment**			
年末总人口(人)	Total Population Year-end(person)	82411	82430	0.0
#男性(人)	Male(person)	42829	42728	-0.2
#乡村人口(人)	Rural(person)	11800	10000	-15.3
年末总户数(户)	Total Number of Households at the Year-end(Household)	26900	27477	2.1
#乡村户数(户)	Number of Rural Household(Household)	3381	3333	-1.4
出生人口(人)	Births(person)	845	839	-0.7
死亡人口(人)	Deaths(person)	205	262	27.8
全社会就业人员(人)	Employment(person)	38615	39787	3.0
第一产业(人)	Primary Industry(person)	6565	6760	3.0
第二产业(人)	Secondary Industry(person)	15832	16312	3.0
第三产业(人)	Tertiary Industry(person)	16218	16715	3.0
在岗职工人数(人)	Number of Staff & Workers Employed in(person)	17476	19331	10.6
乡村劳动力(人)	Number of Rural Laborers(person)	6792	6803	0.2
#农林牧渔业(人)	Farming, Forestry, Animal Husbandry & Fishery(person)	4623	4602	-0.5
国民经济综合指标	**Summary Item on the National Economy**			
生产总值(万元)	Gross Domestic Product(10 000 yuan)	1509332	1980861	21.2
第一产业(万元)	Primary Industry(10 000 yuan)	17300	20534	6.1
第二产业(万元)	Secondary Industry(10 000 yuan)	995618	1390565	27.9
#工业(万元)	Industry(10 000 yuan)	931507	1315224	29.8
第三产业(万元)	Tertiary Industry(10 000 yuan)	496414	569761	13.3
人均生产总值(元)	Per Capita GDP(yuan)	183146	240395	32.3
全社会固定资产投资(万元)	Total Investment in Fixed Assets(10 000 yuan)	653078	484055	-25.9
按登记注册类型分	Grouped by Registered Type			
#国有(万元)	State-owned Enterprises(10 000 yuan)	445194	272574	-38.8
集体(万元)	Collective-owned Enterprises(10 000 yuan)	21201	11434	-46.1
有限责任公司(万元)	Limited Liability Corporations(10 000 yuan)			
股份有限公司(万元)	Share Holding Enterprises(10 000 yuan)			
私营企业(万元)	Private Enterprises(10 000 yuan)	173082	150932	-12.8
外商及港澳台投资企业(万元)	Funds from HK, Macao, Taiwan & Foreign(10 000 yuan)	12751	19590	53.6
按城乡渠道分	Grouped by Urban and Rural Area			
城镇(万元)	Urban(10 000 yuan)	653078	484055	-25.9
农村(万元)	Rural(10 000 yuan)			
一般预算收入(万元)	General Budgetary Financial Revenue(10 000 yuan)	108222	109387	1.1
一般预算支出(万元)	General Budgetary Financial Expenditures(10 000 yuan)	144301	161472	11.9
城乡居民储蓄存款余额(万元)	Resident Saving Deposit in Urban & Rural(10 000 yuan)	193596	264407	36.6
在岗职工工资总额(万元)	Total Wages of Staff & Workers Employed in(10 000 yuan)	68963	81485	18.2
在岗职工平均工资(元)	Average Wage of Staff & Workers Employed in(yuan)	39461	42100	6.7
城镇居民人均可支配收入(元)	Annual Disposable Income of Urban Residents per Capita(yuan)	17777	20199	13.6
农牧民人均纯收入(元)	Per Capita Net Income of Peasant & Herdsman(yuan)	9846	12615	28.1
农村牧区经济	**Economic Development in Rural & Pastoral Area**			
耕地面积(公顷)	Cultivated Area(hectare)	12697	12697	0.0
农作物总播种面积(公顷)	Total Sown Area(hectare)	7816	8472	8.4
#粮食作物播种面积(公顷)	Sown Area of Grain Crops(hectare)	5428	5929	9.2
有效灌溉面积(公顷)	Irrigated Area(hectare)	330	400	21.2
农牧业机械总动力(万千瓦)	Total Power of Agricultural Machinery(10 000 kw)	2.40	2.30	-4.2
化肥施用折纯量(吨)	Consumption of Chemical Fertilizer(ton)	1739	1725	-0.8
农村用电量(万千瓦小时)	Electricity Consumed in Rural Area(10 000 kwh)	4425	4830	9.2
农林牧渔业总产值(万元)	Gross Output of Farming, Forestry, Animal Husbandry & Fishery(10 000 yuan)	36064	34299	-4.9
粮食产量(吨)	Yield of Grain(ton)	24947	10890	-56.4
油料产量(吨)	Yield of Oil-bearing Grops(ton)	1573	1245	-20.9
甜菜产量(吨)	Yield of Beetroots(ton)			
猪牛羊肉产量(吨)	Output of Pork, Beef & Mutton(ton)	6602	5915	-1.8
#猪肉产量(吨)	Output of Pork(ton)	1717	1710	-0.4
牛肉产量(吨)	Output of Beef(ton)	815	745	-8.6
羊肉产量(吨)	Output of Mutton(ton)	3490	3460	-0.9
羊毛产量(吨)	Output of Wool(ton)	400	400	0.0

23 – 46 Huolinguole City in Tongliao City

指　　标	Item	2009	2010	2010 年比上年增长% Increase Rate in 2010 Over 2009(%)
年末牲畜存栏头数(万头只)	Total Livestock at the Year – end(10 000 heads)	13.80	14.01	1.2
# 大牲畜(万头只)	Large Animals(10 000 heads)	0.65	0.91	40.0
羊(万只)	Sheep & Goats(10 000 heads)	12.70	12.60	–0.8
猪(万头)	Hogs(10 000 heads)	0.50	0.50	0.0
规模以上工业	**Industrial Enterprises above Designated size**			
工业企业单位数(个)	Number of Industrial Enterprises(unit)	51	55	7.8
# 内资企业(个)	Civil Funded Enterprises(unit)	47	52	10.6
工业总产值(万元)	Gross Industrial Output Value(10 000 yuan)	1989400	2917341	46.6
内资企业(万元)	Civil Funded Enterprises(10 000 yuan)	1579000	2443222	54.7
国有企业(万元)	State – owned Enterprises(10 000 yuan)	201900		
集体企业(万元)	Collective – owned Enterprises(10 000 yuan)			
股份合作企业(万元)	Share Holding Enterprises(10 000 yuan)			
联营企业(万元)	Joint Owned Enterprises(10 000 yuan)	48100		
有限责任公司(万元)	Limited Company(10 000 yuan)	617200		
股份有限公司(万元)	Share Holding Limited Company(10 000 yuan)	472400	1737988	267.9
私营企业(万元)	Privately Owned Enterprises(10 000 yuan)	239400		
其他企业(万元)	Enterprises of Other Ownership(10 000 yuan)			
港澳台商投资企业(万元)	Funds from HK, Macao & Taiwan(10 000 yuan)			
外商投资企业(万元)	Foreign Funded Enterprises(10 000 yuan)	410400	705234	71.8
工业企业增加值(万元)	Value Added of Industrial Enterprises(10 000 yuan)	867508	1044481	25.1
工业企业资产总计(万元)	Total Assets of Industrial Enterprises(10 000 yuan)	2856600	3077600	7.7
工业企业负债合计(万元)	Total Liabilities of Industrial Enterprises(10 000 yuan)	1827400	1962800	7.4
工业企业产品销售收入(万元)	Sales of Revenue Industrial Enterprises(10 000 yuan)	1928200	2910300	50.9
工业企业利润总额(万元)	Total Profits of Industrial Enterprises(10 000 yuan)	180900	365400	102.0
建筑业	**Construction**			
建筑企业单位数(个)	Number of Construction Enterprises(unit)	6	5	–16.7
建筑企业从业人员(人)	Number of Employee in Construction Enterprises(person)	3560	3514	–1.3
建筑业总产值(万元)	Gross Construction Output Value(10 000 yuan)	69384	59678	–14.0
交通运输邮电通信业	**Transportation, Post & Telecommunications**			
公路里程(公里)	Total Length of Highways(km)	65	65	0.0
邮电业务总量(万元)	Business Volume of Post & Telecoms(10 000 yuan)	16866	18889	12.0
本地电话用户(户)	Number of Subscribers of Local Telephone(Household)	96750	105108	8.6
国内贸易	**Domestic Trade**			
社会消费品零售总额(万元)	Total Retail Sales of Consumer Goods(10 000 yuan)	166500	197478	18.6
# 贸易业(万元)	Wholesale & Retail Sales Trades(10 000 yuan)	137335	165532	20.5
餐饮业(万元)	Catering Trade(10 000 yuan)	27335	29605	8.3
科技教育卫生	**Science, Education & Public Health**			
各类专业技术人员(人)	Special Technical Personnel(person)	1365	2118	55.2
幼儿园数(所)	Number of Kindergartens(unit)	6	6	0.0
学龄儿童入学率(%)	Percentage of School – Age Children Enrolled(%)	100.0	100.0	0.0
小学学校数(所)	Number of Primary Schools(unit)	8	7	–12.5
小学专任教师数(人)	Number of Full – time Teachers of Primary Schools(person)	393	444	13.0
小学在校学生数(人)	Number of Student Enrollment of Primary Schools(person)	6591	6458	–2.0
普通中学学校数(所)	Number of Regular Secondary Schools(unit)	8	5	–37.5
普通中学专任教师数(人)	Number of Teachers of Secondary Shools(person)	551	809	46.8
初中在校学生数(人)	Number of Student in Junior Secondary Schools(person)	3925	3836	–2.3
高中在校学生数(人)	Number of Student in Senior Secondary Schools(person)	2690	2828	5.1
卫生机构数(所)	Number of Health Institutions(unit)	6	6	0.0
# 医院(所)	Hospitals(unit)	4	4	0.0
卫生院(所)	Township Hospitals(unit)			
床位数(张)	Number of Beds(unit)	495	550	11.1
# 医院(张)	Hospitals(unit)	495	550	11.1
卫生院(张)	Township Hospitals(unit)			
卫生技术人员(人)	Medical Technical Presonnel(person)	394	436	10.7
# 医院(人)	Hospitals(person)	394	436	10.7
卫生院(人)	Township Hospitals(person)			

23-47 通辽市科尔沁左翼中旗

指　　标	Item	2009	2010	2010年比上年增长% Increase Rate in 2010 Over 2009(%)
行政区域土地面积(平方公里)	**Area of Administration(Sq. km)**	**9569**	**9569**	**0.0**
人口和就业	**Population & Employment**			
年末总人口(人)	Total Population Year-end(person)	535344	535473	0.0
#男性(人)	Male(person)	272872	273196	0.1
#乡村人口(人)	Rural(person)	460395	463342	0.6
年末总户数(户)	Total Number of Households at the Year-end(Household)	161581	168883	4.5
#乡村户数(户)	Number of Rural Household(Household)	106322	106568	0.2
出生人口(人)	Births(person)	5338	4888	-8.4
死亡人口(人)	Deaths(person)	5678	2337	-58.8
全社会就业人员(人)	Employment(person)	258887	271061	4.7
第一产业(人)	Primary Industry(person)	184870	196448	6.3
第二产业(人)	Secondary Industry(person)	25228	25835	2.4
第三产业(人)	Tertiary Industry(person)	48789	48778	0.0
在岗职工人数(人)	Number of Staff & Workers Employed in(person)	27410	26839	-2.1
乡村劳动力(人)	Number of Rural Laborers(person)	227615	232977	2.4
#农林牧渔业(人)	Farming, Forestry, Animal Husbandry & Fishery(person)	181267	196448	8.4
国民经济综合指标	**Summary Item on the National Economy**			
生产总值(万元)	Gross Domestic Product(10 000 yuan)	857075	1005083	10.7
第一产业(万元)	Primary Industry(10 000 yuan)	231290	273535	5.7
第二产业(万元)	Secondary Industry(10 000 yuan)	322585	405890	21.3
#工业(万元)	Industry(10 000 yuan)	295043	373749	22.8
第三产业(万元)	Tertiary Industry(10 000 yuan)	303200	325658	6.9
人均生产总值(元)	Per Capita GDP(yuan)	16008	18773	10.7
全社会固定资产投资(万元)	Total Investment in Fixed Assets(10 000 yuan)	447500	680000	52.0
按登记注册类型分	Grouped by Registered Type			
#国有(万元)	State-owned Enterprises(10 000 yuan)	378529	588644	55.5
集体(万元)	Collective-owned Enterprises(10 000 yuan)	303		
有限责任公司(万元)	Limited Liability Corporations(10 000 yuan)	27213		
股份有限公司(万元)	Share Holding Enterprises(10 000 yuan)	8970		
私营企业(万元)	Private Enterprises(10 000 yuan)	14217	49849	250.6
外商及港澳台投资企业(万元)	Funds from HK, Macao, Taiwan & Foreign(10 000 yuan)			
按城乡渠道分	Grouped by Urban and Rural Area			
城镇(万元)	Urban(10 000 yuan)	417005	598917	43.6
农村(万元)	Rural(10 000 yuan)	30495	81083	165.9
一般预算收入(万元)	General Budgetary Financial Revenue(10 000 yuan)	13272	14651	10.4
一般预算支出(万元)	General Budgetary Financial Expenditures(10 000 yuan)	147053	168931	14.9
城乡居民储蓄存款余额(万元)	Resident Saving Deposit in Urban & Rural(10 000 yuan)	88313	108869	23.3
在岗职工工资总额(万元)	Total Wages of Staff & Workers Employed in(10 000 yuan)	51441	62833	22.1
在岗职工平均工资(元)	Average Wage of Staff & Workers Employed in(yuan)	18767	23411	24.7
城镇居民人均可支配收入(元)	Annual Disposable Income of Urban Residents per Capita(yuan)	10990	11973	8.9
农牧民人均纯收入(元)	Per Capita Net Income of Peasant & Herdsman(yuan)	4580	4828	5.4
农村牧区经济	**Economic Development in Rural & Pastoral Area**			
耕地面积(公顷)	Cultivated Area(hectare)	339332	293951	-13.4
农作物总播种面积(公顷)	Total Sown Area(hectare)	361111	296510	-17.9
#粮食作物播种面积(公顷)	Sown Area of Grain Crops(hectare)	268868	271519	1.0
有效灌溉面积(公顷)	Irrigated Area(hectare)	156350	164593	5.3
农牧业机械总动力(万千瓦)	Total Power of Agricultural Machinery(10 000 kw)	114.64	118.46	3.3
化肥施用折纯量(吨)	Consumption of Chemical Fertilizer(ton)	92382	105608	14.3
农村用电量(万千瓦小时)	Electricity Consumed in Rural Area(10 000 kwh)	6274	6799	8.4
农林牧渔业总产值(万元)	Gross Output of Farming, Forestry, Animal Husbandry & Fishery(10 000 yuan)	509526	586209	2.8
粮食产量(吨)	Yield of Grain(ton)	1865102	2097204	12.4
油料产量(吨)	Yield of Oil-bearing Grops(ton)	15230	21699	42.5
甜菜产量(吨)	Yield of Beetroots(ton)	64550	189504	193.6
猪牛羊肉产量(吨)	Output of Pork, Beef & Mutton(ton)	54820	61786	12.7
#猪肉产量(吨)	Output of Pork(ton)	30340	30379	0.1
牛肉产量(吨)	Output of Beef(ton)	17080	23791	39.3
羊肉产量(吨)	Output of Mutton(ton)	7400	7616	2.9
羊毛产量(吨)	Output of Wool(ton)	2062	892	-56.7

23－47 Keerqinzuoyizhong Banner in Tongliao City

指　　标	Item	2009	2010	2010年比上年增长% Increase Rate in 2010 Over 2009(%)
年末牲畜存栏头数(万头只)	Total Livestock at the Year－end(10 000 heads)	160.99	138.88	－13.7
#大牲畜(万头只)	Large Animals(10 000 heads)	37.01	24.61	－33.5
羊(万只)	Sheep & Goats(10 000 heads)	86.93	73.55	－15.4
猪(万头)	Hogs(10 000 heads)	37.05	40.73	9.9
规模以上工业	**Industrial Enterprises above Designated size**			
工业企业单位数(个)	Number of Industrial Enterprises(unit)	45	47	4.4
#内资企业(个)	Civil Funded Enterprises(unit)	44	46	4.5
工业总产值(万元)	Gross Industrial Output Value(10 000 yuan)	693487	939264	35.4
内资企业(万元)	Civil Funded Enterprises(10 000 yuan)	677806	921437	35.9
国有企业(万元)	State－owned Enterprises(10 000 yuan)	17185	12702	－26.1
集体企业(万元)	Collective－owned Enterprises(10 000 yuan)	58378	81556	39.7
股份合作企业(万元)	Share Holding Enterprises(10 000 yuan)	40252	37846	－6.0
联营企业(万元)	Joint Owned Enterprises(10 000 yuan)			
有限责任公司(万元)	Limited Company(10 000 yuan)	221319	348405	57.4
股份有限公司(万元)	Share Holding Limited Company(10 000 yuan)	44264	69848	57.8
私营企业(万元)	Privately Owned Enterprises(10 000 yuan)	296408	371080	25.2
其他企业(万元)	Enterprises of Other Ownership(10 000 yuan)			
港澳台商投资企业(万元)	Funds from HK, Macao & Taiwan(10 000 yuan)			
外商投资企业(万元)	Foreign Funded Enterprises(10 000 yuan)	15681	17827	10.3
工业企业增加值(万元)	Value Added of Industrial Enterprises(10 000 yuan)	241849	285967	23.8
工业企业资产总计(万元)	Total Assets of Industrial Enterprises(10 000 yuan)	700269	882740	26.1
工业企业负债合计(万元)	Total Liabilities of Industrial Enterprises(10 000 yuan)	321994	323839	0.6
工业企业产品销售收入(万元)	Sales of Revenue Industrial Enterprises(10 000 yuan)	556725	765758	37.5
工业企业利润总额(万元)	Total Profits of Industrial Enterprises(10 000 yuan)	37393	60031	60.5
建筑业	**Construction**			
建筑企业单位数(个)	Number of Construction Enterprises(unit)	2	2	0.0
建筑企业从业人员(人)	Number of Employee in Construction Enterprises(person)	131	248	89.3
建筑业总产值(万元)	Gross Construction Output Value(10 000 yuan)	7754	8583	4.7
交通运输邮电通信业	**Transportation, Post & Telecommunications**			
公路里程(公里)	Total Length of Highways(km)	678	678	0.0
邮电业务总量(万元)	Business Volume of Post & Telecoms(10 000 yuan)	13712	14953	9.1
本地电话用户(户)	Number of Subscribers of Local Telephone(Household)	109550	85039	－22.4
国内贸易	**Domestic Trade**			
社会消费品零售总额(万元)	Total Retail Sales of Consumer Goods(10 000 yuan)	165702	197096	18.9
#贸易业(万元)	Wholesale & Retail Sales Trades(10 000 yuan)	139262	162261	16.5
餐饮业(万元)	Catering Trade(10 000 yuan)	24879	32187	29.4
科技教育卫生	**Science, Education & Public Health**			
各类专业技术人员(人)	Special Technical Personnel(person)	6720	6380	－5.1
幼儿园数(所)	Number of Kindergartens(unit)	1	1	0.0
学龄儿童入学率(%)	Percentage of School－Age Children Enrolled(%)	100.0	100.0	0.0
小学学校数(所)	Number of Primary Schools(unit)	99	92	－7.1
小学专任教师数(人)	Number of Full－time Teachers of Primary Schools(person)	2920	2778	－4.9
小学在校学生数(人)	Number of Student Enrollment of Primary Schools(person)	28937	30683	6.0
普通中学学校数(所)	Number of Regular Secondary Schools(unit)	34	33	－2.9
普通中学专任教师数(人)	Number of Teachers of Secondary Shools(person)	1719	1671	－2.8
初中在校学生数(人)	Number of Student in Junior Secondary Schools(person)	13573	9648	－28.9
高中在校学生数(人)	Number of Student in Senior Secondary Schools(person)	5989	5829	－2.7
卫生机构数(所)	Number of Health Institutions(unit)	38	38	0.0
#医院(所)	Hospitals(unit)	3	3	0.0
卫生院(所)	Township Hospitals(unit)	29	29	0.0
床位数(张)	Number of Beds(unit)	513	685	33.5
#医院(张)	Hospitals(unit)	313	313	0.0
卫生院(张)	Township Hospitals(unit)	192	364	89.6
卫生技术人员(人)	Medical Technical Presonnel(person)	925	927	0.2
#医院(人)	Hospitals(person)	261	319	22.2
卫生院(人)	Township Hospitals(person)	519	470	－9.4

23-48 通辽市科尔沁左翼后旗

指　标	Item	2009	2010	2010年比上年增长% Increase Rate in 2010 Over 2009(%)
行政区域土地面积(平方公里)	**Area of Administration(Sq. km)**	**11481**	**11481**	**0.0**
人口和就业	**Population & Employment**			
年末总人口(人)	Total Population Year-end(person)	406457	406302	0.0
#男性(人)	Male(person)	208197	207966	-0.1
#乡村人口(人)	Rural(person)	338013	347194	2.7
年末总户数(户)	Total Number of Households at the Year-end(Household)	128322	132573	3.3
#乡村户数(户)	Number of Rural Household(Household)	86577	85538	-1.2
出生人口(人)	Births(person)	4509	4200	-6.9
死亡人口(人)	Deaths(person)	1284	2078	61.8
全社会就业人员(人)	Employment(person)	173197	173849	0.4
第一产业(人)	Primary Industry(person)	120071	120300	0.2
第二产业(人)	Secondary Industry(person)	12530	12705	1.4
第三产业(人)	Tertiary Industry(person)	40596	40844	0.6
在岗职工人数(人)	Number of Staff & Workers Employed in(person)	20629	24026	16.5
乡村劳动力(人)	Number of Rural Laborers(person)	125371	152473	21.6
#农林牧渔业(人)	Farming, Forestry, Animal Husbandry & Fishery(person)	105388	115852	9.9
国民经济综合指标	**Summary Item on the National Economy**			
生产总值(万元)	Gross Domestic Product(10 000 yuan)	767903	912665	12.6
第一产业(万元)	Primary Industry(10 000 yuan)	179050	213130	6.4
第二产业(万元)	Secondary Industry(10 000 yuan)	322238	407940	21.8
#工业(万元)	Industry(10 000 yuan)	287074	366905	23.9
第三产业(万元)	Tertiary Industry(10 000 yuan)	266615	291595	9.1
人均生产总值(元)	Per Capita GDP(yuan)	18893	22458	18.9
全社会固定资产投资(万元)	Total Investment in Fixed Assets(10 000 yuan)	321806	387384	20.4
按登记注册类型分	Grouped by Registered Type			
#国有(万元)	State-owned Enterprises(10 000 yuan)	136356	120242	-11.8
集体(万元)	Collective-owned Enterprises(10 000 yuan)		28000	
有限责任公司(万元)	Limited Liability Corporations(10 000 yuan)	91410	163790	79.2
股份有限公司(万元)	Share Holding Enterprises(10 000 yuan)	26930	31041	15.3
私营企业(万元)	Private Enterprises(10 000 yuan)	43823	14316	-67.3
外商及港澳台投资企业(万元)	Funds from HK, Macao, Taiwan & Foreign(10 000 yuan)			
按城乡渠道分	Grouped by Urban and Rural Area			
城镇(万元)	Urban(10 000 yuan)	321531	387384	20.4
农村(万元)	Rural(10 000 yuan)	275		
一般预算收入(万元)	General Budgetary Financial Revenue(10 000 yuan)	13108	20271	54.7
一般预算支出(万元)	General Budgetary Financial Expenditures(10 000 yuan)	124899	154063	23.4
城乡居民储蓄存款余额(万元)	Resident Saving Deposit in Urban & Rural(10 000 yuan)	104062	136149	30.8
在岗职工工资总额(万元)	Total Wages of Staff & Workers Employed in(10 000 yuan)	37769	53037	40.4
在岗职工平均工资(元)	Average Wage of Staff & Workers Employed in(yuan)	18265	24750	35.5
城镇居民人均可支配收入(元)	Annual Disposable Income of Urban Residents per Capita(yuan)	10900	11980	9.9
农牧民人均纯收入(元)	Per Capita Net Income of Peasant & Herdsman(yuan)	4742	5116	7.9
农村牧区经济	**Economic Development in Rural & Pastoral Area**			
耕地面积(公顷)	Cultivated Area(hectare)	210004	210004	0.0
农作物总播种面积(公顷)	Total Sown Area(hectare)	208667	209937	0.6
#粮食作物播种面积(公顷)	Sown Area of Grain Crops(hectare)	178667	179903	0.7
有效灌溉面积(公顷)	Irrigated Area(hectare)	85720	88390	3.1
农牧业机械总动力(万千瓦)	Total Power of Agricultural Machinery(10 000 kw)	84.00	93.00	10.7
化肥施用折纯量(吨)	Consumption of Chemical Fertilizer(ton)	143287	141237	-1.4
农村用电量(万千瓦小时)	Electricity Consumed in Rural Area(10 000 kwh)	4646	8323	79.1
农林牧渔业总产值(万元)	Gross Output of Farming, Forestry, Animal Husbandry & Fishery(10 000 yuan)	297008	334709	4.2
粮食产量(吨)	Yield of Grain(ton)	830000	880000	6.0
油料产量(吨)	Yield of Oil-bearing Grops(ton)	15987	1708	-89.3
甜菜产量(吨)	Yield of Beetroots(ton)			
猪牛羊肉产量(吨)	Output of Pork, Beef & Mutton(ton)	29273	28223	-3.6
#猪肉产量(吨)	Output of Pork(ton)	12613	12510	-0.8
牛肉产量(吨)	Output of Beef(ton)	12060	11143	-7.6
羊肉产量(吨)	Output of Mutton(ton)	4600	4570	-0.7
羊毛产量(吨)	Output of Wool(ton)	2270	2275	0.2

23 – 48 Keerqinzuoyihou Banner in Tongliao City

指标	Item	2009	2010	2010 年比上年增长% Increase Rate in 2010 Over 2009(%)
年末牲畜存栏头数(万头只)	Total Livestock at the Year – end(10 000 heads)	123.65	106.99	–13.5
# 大牲畜(万头只)	Large Animals(10 000 heads)	43.24	43.59	0.8
羊(万只)	Sheep & Goats(10 000 heads)	56.78	40.85	–28.1
猪(万头)	Hogs(10 000 heads)	23.63	22.54	–4.6
规模以上工业	**Industrial Enterprises above Designated size**			
工业企业单位数(个)	Number of Industrial Enterprises(unit)	38	43	13.2
# 内资企业(个)	Civil Funded Enterprises(unit)	38	43	13.2
工业总产值(万元)	Gross Industrial Output Value(10 000 yuan)	671060	970105	44.6
内资企业(万元)	Civil Funded Enterprises(10 000 yuan)	671060	970105	44.6
国有企业(万元)	State – owned Enterprises(10 000 yuan)	84833	121977	43.8
集体企业(万元)	Collective – owned Enterprises(10 000 yuan)	259126	394201	52.1
股份合作企业(万元)	Share Holding Enterprises(10 000 yuan)			
联营企业(万元)	Joint Owned Enterprises(10 000 yuan)			
有限责任公司(万元)	Limited Company(10 000 yuan)	71300	89500	25.5
股份有限公司(万元)	Share Holding Limited Company(10 000 yuan)	13700	18400	34.3
私营企业(万元)	Privately Owned Enterprises(10 000 yuan)	242101	335301	38.5
其他企业(万元)	Enterprises of Other Ownership(10 000 yuan)		10726	
港澳台商投资企业(万元)	Funds from HK, Macao & Taiwan(10 000 yuan)			
外商投资企业(万元)	Foreign Funded Enterprises(10 000 yuan)			
工业企业增加值(万元)	Value Added of Industrial Enterprises(10 000 yuan)	226626	280467	25.4
工业企业资产总计(万元)	Total Assets of Industrial Enterprises(10 000 yuan)	252448	274741	8.8
工业企业负债合计(万元)	Total Liabilities of Industrial Enterprises(10 000 yuan)	147018	142243	–3.3
工业企业产品销售收入(万元)	Sales of Revenue Industrial Enterprises(10 000 yuan)	663599	953577	43.7
工业企业利润总额(万元)	Total Profits of Industrial Enterprises(10 000 yuan)	20842	25921	24.4
建筑业	**Construction**			
建筑企业单位数(个)	Number of Construction Enterprises(unit)	1	1	0.0
建筑企业从业人员(人)	Number of Employee in Construction Enterprises(person)	99	105	6.1
建筑业总产值(万元)	Gross Construction Output Value(10 000 yuan)	1311	7162	446.3
交通运输邮电通信业	**Transportation, Post & Telecommunications**			
公路里程(公里)	Total Length of Highways(km)	3111	4839	55.5
邮电业务总量(万元)	Business Volume of Post & Telecoms(10 000 yuan)	12744	12653	–0.7
本地电话用户(户)	Number of Subscribers of Local Telephone(Household)	27399	22566	–17.6
国内贸易	**Domestic Trade**			
社会消费品零售总额(万元)	Total Retail Sales of Consumer Goods(10 000 yuan)	160058	192023	20.0
# 贸易业(万元)	Wholesale & Retail Sales Trades(10 000 yuan)	135785	165091	21.6
餐饮业(万元)	Catering Trade(10 000 yuan)	21806	24013	10.1
科技教育卫生	**Science, Education & Public Health**			
各类专业技术人员(人)	Special Technical Personnel(person)	7629	7700	0.9
幼儿园数(所)	Number of Kindergartens(unit)	2	2	0.0
学龄儿童入学率(%)	Percentage of School – Age Children Enrolled(%)	100.0	100.0	0.0
小学学校数(所)	Number of Primary Schools(unit)	56	63	12.5
小学专任教师数(人)	Number of Full – time Teachers of Primary Schools(person)	2415	2272	–5.9
小学在校学生数(人)	Number of Student Enrollment of Primary Schools(person)	25510	24334	–4.6
普通中学学校数(所)	Number of Regular Secondary Schools(unit)	17	17	0.0
普通中学专任教师数(人)	Number of Teachers of Secondary Shools(person)	1501	1493	–0.5
初中在校学生数(人)	Number of Student in Junior Secondary Schools(person)	9247	10787	16.7
高中在校学生数(人)	Number of Student in Senior Secondary Schools(person)	6066	5330	–12.1
卫生机构数(所)	Number of Health Institutions(unit)	40	40	0.0
# 医院(所)	Hospitals(unit)	4	4	0.0
卫生院(所)	Township Hospitals(unit)	31	31	0.0
床位数(张)	Number of Beds(unit)	591	634	7.3
# 医院(张)	Hospitals(unit)	212	212	0.0
卫生院(张)	Township Hospitals(unit)	379	380	0.3
卫生技术人员(人)	Medical Technical Presonnel(person)	1057	977	–7.6
# 医院(人)	Hospitals(person)	433	323	–25.4
卫生院(人)	Township Hospitals(person)	559	502	–10.2

23－49 通辽市开鲁县

指　　标	Item	2009	2010	2010年比上年增长% Increase Rate in 2010 Over 2009(%)
行政区域土地面积(平方公里)	**Area of Administration(Sq. km)**	**4488**	**4488**	**0.0**
人口和就业	**Population & Employment**			
年末总人口(人)	Total Population Year－end(person)	402419	395119	－1.8
#男性(人)	Male(person)	204662	200297	－2.1
#乡村人口(人)	Rural(person)	320906	324426	1.1
年末总户数(户)	Total Number of Households at the Year－end(Household)	126901	130443	2.8
#乡村户数(户)	Number of Rural Household(Household)	86057	88422	2.7
出生人口(人)	Births(person)	3514	3121	－11.2
死亡人口(人)	Deaths(person)	1012	4029	298.1
全社会就业人员(人)	Employment(person)	223615	223883	0.1
第一产业(人)	Primary Industry(person)	143340	134476	－6.2
第二产业(人)	Secondary Industry(person)	35986	39924	10.9
第三产业(人)	Tertiary Industry(person)	44289	49483	11.7
在岗职工人数(人)	Number of Staff & Workers Employed in(person)	21644	21723	0.4
乡村劳动力(人)	Number of Rural Laborers(person)	176611	180141	2.0
#农林牧渔业(人)	Farming, Forestry, Animal Husbandry & Fishery(person)	143340	134476	－6.2
国民经济综合指标	**Summary Item on the National Economy**			
生产总值(万元)	Gross Domestic Product(10 000 yuan)	977079	1224175	17.1
第一产业(万元)	Primary Industry(10 000 yuan)	285351	336693	5.4
第二产业(万元)	Secondary Industry(10 000 yuan)	418460	585604	34.4
#工业(万元)	Industry(10 000 yuan)	382909	544116	37.8
第三产业(万元)	Tertiary Industry(10 000 yuan)	273268	301878	10.9
人均生产总值(元)	Per Capita GDP(yuan)	24324	30696	18.0
全社会固定资产投资(万元)	Total Investment in Fixed Assets(10 000 yuan)	600000	727038	21.2
按登记注册类型分	Grouped by Registered Type			
#国有(万元)	State－owned Enterprises(10 000 yuan)	146827	74628	－49.2
集体(万元)	Collective－owned Enterprises(10 000 yuan)	1620	665	－59.0
有限责任公司(万元)	Limited Liability Corporations(10 000 yuan)	181150	174780	－3.5
股份有限公司(万元)	Share Holding Enterprises(10 000 yuan)	175760	445232	153.3
私营企业(万元)	Private Enterprises(10 000 yuan)	56584	29833	－47.3
外商及港澳台投资企业(万元)	Funds from HK, Macao, Taiwan & Foreign(10 000 yuan)			
按城乡渠道分	Grouped by Urban and Rural Area			
城镇(万元)	Urban(10 000 yuan)	521730	693831	33.0
农村(万元)	Rural(10 000 yuan)	78270	33207	－57.6
一般预算收入(万元)	General Budgetary Financial Revenue(10 000 yuan)	23656	32134	35.8
一般预算支出(万元)	General Budgetary Financial Expenditures(10 000 yuan)	127302	150957	18.6
城乡居民储蓄存款余额(万元)	Resident Saving Deposit in Urban & Rural(10 000 yuan)	164958	208719	26.5
在岗职工工资总额(万元)	Total Wages of Staff & Workers Employed in(10 000 yuan)	43009	49532	15.2
在岗职工平均工资(元)	Average Wage of Staff & Workers Employed in(yuan)	20125	22857	13.6
城镇居民人均可支配收入(元)	Annual Disposable Income of Urban Residents per Capita(yuan)	11887	13136	10.5
农牧民人均纯收入(元)	Per Capita Net Income of Peasant & Herdsman(yuan)	5863	6532	11.4
农村牧区经济	**Economic Development in Rural & Pastoral Area**			
耕地面积(公顷)	Cultivated Area(hectare)	105689	120667	14.2
农作物总播种面积(公顷)	Total Sown Area(hectare)	128667	130153	1.2
#粮食作物播种面积(公顷)	Sown Area of Grain Crops(hectare)	92000	91403	－0.6
有效灌溉面积(公顷)	Irrigated Area(hectare)	105689	120667	14.2
农牧业机械总动力(万千瓦)	Total Power of Agricultural Machinery(10 000 kw)	82.89	86.20	4.0
化肥施用折纯量(吨)	Consumption of Chemical Fertilizer(ton)	25648	25876	0.9
农村用电量(万千瓦小时)	Electricity Consumed in Rural Area(10 000 kwh)	12663	15810	24.9
农林牧渔业总产值(万元)	Gross Output of Farming, Forestry, Animal Husbandry & Fishery(10 000 yuan)	471088	534458	5.0
粮食产量(吨)	Yield of Grain(ton)	847500	925000	9.1
油料产量(吨)	Yield of Oil－bearing Grops(ton)	18269	26789	46.6
甜菜产量(吨)	Yield of Beetroots(ton)	3292	248	－92.5
猪牛羊肉产量(吨)	Output of Pork, Beef & Mutton(ton)	95026	96984	2.1
#猪肉产量(吨)	Output of Pork(ton)	70682	71145	0.7
牛肉产量(吨)	Output of Beef(ton)	11836	12389	4.7
羊肉产量(吨)	Output of Mutton(ton)	12508	13450	7.5
羊毛产量(吨)	Output of Wool(ton)	2727	2800	2.7

23－49 Kailu County in Tongliao City

指　　标	Item	2009	2010	2010年比上年增长% Increase Rate in 2010 Over 2009(%)
年末牲畜存栏头数(万头只)	Total Livestock at the Year－end(10 000 heads)	220.95	235.81	6.7
#大牲畜(万头只)	Large Animals(10 000 heads)	21.37	23.73	11.0
羊(万只)	Sheep & Goats(10 000 heads)	116.57	126.97	8.9
猪(万头)	Hogs(10 000 heads)	83.02	85.10	2.5
规模以上工业	**Industrial Enterprises above Designated size**			
工业企业单位数(个)	Number of Industrial Enterprises(unit)	57	62	8.8
#内资企业(个)	Civil Funded Enterprises(unit)	57	61	7.0
工业总产值(万元)	Gross Industrial Output Value(10 000 yuan)	874456	1405956	60.8
内资企业(万元)	Civil Funded Enterprises(10 000 yuan)	874456	1389455	58.9
国有企业(万元)	State－owned Enterprises(10 000 yuan)	26851	32332	20.4
集体企业(万元)	Collective－owned Enterprises(10 000 yuan)			
股份合作企业(万元)	Share Holding Enterprises(10 000 yuan)			
联营企业(万元)	Joint Owned Enterprises(10 000 yuan)			
有限责任公司(万元)	Limited Company(10 000 yuan)		89124	
股份有限公司(万元)	Share Holding Limited Company(10 000 yuan)	622349		
私营企业(万元)	Privately Owned Enterprises(10 000 yuan)	225256	1267999	462.9
其他企业(万元)	Enterprises of Other Ownership(10 000 yuan)			
港澳台商投资企业(万元)	Funds from HK,Macao & Taiwan(10 000 yuan)		16501	
外商投资企业(万元)	Foreign Funded Enterprises(10 000 yuan)			
工业企业增加值(万元)	Value Added of Industrial Enterprises(10 000 yuan)	306618	408716	42.6
工业企业资产总计(万元)	Total Assets of Industrial Enterprises(10 000 yuan)	311392	665831	113.8
工业企业负债合计(万元)	Total Liabilities of Industrial Enterprises(10 000 yuan)	108898	353992	225.1
工业企业产品销售收入(万元)	Sales of Revenue Industrial Enterprises(10 000 yuan)	867094	1393987	60.8
工业企业利润总额(万元)	Total Profits of Industrial Enterprises(10 000 yuan)	79761	116929	46.6
建筑业	**Construction**			
建筑企业单位数(个)	Number of Construction Enterprises(unit)	3	3	0.0
建筑企业从业人员(人)	Number of Employee in Construction Enterprises(person)	1486	1772	19.2
建筑业总产值(万元)	Gross Construction Output Value(10 000 yuan)	32286	35398	8.8
交通运输邮电通信业	**Transportation,Post & Telecommunications**			
公路里程(公里)	Total Length of Highways(km)	2000	2000	0.0
邮电业务总量(万元)	Business Volume of Post & Telecoms(10 000 yuan)	17068	21441	25.6
本地电话用户(户)	Number of Subscribers of Local Telephone(Household)	46521	49230	5.8
国内贸易	**Domestic Trade**			
社会消费品零售总额(万元)	Total Retail Sales of Consumer Goods(10 000 yuan)	180710	216171	19.6
#贸易业(万元)	Wholesale & Retail Sales Trades(10 000 yuan)	146648	174629	19.1
餐饮业(万元)	Catering Trade(10 000 yuan)	30338	37257	22.8
科技教育卫生	**Science,Education & Public Health**			
各类专业技术人员(人)	Special Technical Personnel(person)	5803	5667	－2.3
幼儿园数(所)	Number of Kindergartens(unit)	5	5	0.0
学龄儿童入学率(%)	Percentage of School－Age Children Enrolled(%)	100.0	100.0	0.0
小学学校数(所)	Number of Primary Schools(unit)	137	134	－2.2
小学专任教师数(人)	Number of Full－time Teachers of Primary Schools(person)	2325	2250	－3.2
小学在校学生数(人)	Number of Student Enrollment of Primary Schools(person)	29640	28546	－3.7
普通中学学校数(所)	Number of Regular Secondary Schools(unit)	23	22	－4.3
普通中学专任教师数(人)	Number of Teachers of Secondary Shools(person)	1667	1658	－0.5
初中在校学生数(人)	Number of Student in Junior Secondary Schools(person)	16634	15514	－6.7
高中在校学生数(人)	Number of Student in Senior Secondary Schools(person)	6596	6541	－0.8
卫生机构数(所)	Number of Health Institutions(unit)	29	29	0.0
#医院(所)	Hospitals(unit)	2	3	50.0
卫生院(所)	Township Hospitals(unit)	21	20	－4.8
床位数(张)	Number of Beds(unit)	501	672	34.1
#医院(张)	Hospitals(unit)	200	381	90.5
卫生院(张)	Township Hospitals(unit)	281	291	3.6
卫生技术人员(人)	Medical Technical Presonnel(person)	871	932	7.0
#医院(人)	Hospitals(person)	354	488	37.9
卫生院(人)	Township Hospitals(person)	394	444	12.7

23－50 通辽市库伦旗

指　　标	Item	2009	2010	2010 年比上年增长% Increase Rate in 2010 Over 2009(%)
行政区域土地面积(平方公里)	**Area of Administration(Sq. km)**	**4714**	**4714**	**0.0**
人口和就业	**Population & Employment**			
年末总人口(人)	Total Population Year－end(person)	174031	178224	2.4
#男性(人)	Male(person)	90270	91853	1.8
#乡村人口(人)	Rural(person)	138498	140117	1.2
年末总户数(户)	Total Number of Households at the Year－end(Household)	53226	56247	5.7
#乡村户数(户)	Number of Rural Household(Household)	35942	37581	4.6
出生人口(人)	Births(person)	1382	1727	25.0
死亡人口(人)	Deaths(person)	552	722	30.8
全社会就业人员(人)	Employment(person)	92807	99934	7.7
第一产业(人)	Primary Industry(person)	71147	77890	9.5
第二产业(人)	Secondary Industry(person)	6011	6192	3.0
第三产业(人)	Tertiary Industry(person)	15649	15852	1.3
在岗职工人数(人)	Number of Staff & Workers Employed in(person)	10392	10941	5.3
乡村劳动力(人)	Number of Rural Laborers(person)	76518	81252	6.2
#农林牧渔业(人)	Farming, Forestry, Animal Husbandry & Fishery(person)	69225	75550	9.1
国民经济综合指标	**Summary Item on the National Economy**			
生产总值(万元)	Gross Domestic Product(10 000 yuan)	350199	429257	15.9
第一产业(万元)	Primary Industry(10 000 yuan)	103011	124088	7.7
第二产业(万元)	Secondary Industry(10 000 yuan)	159069	202747	22.4
#工业(万元)	Industry(10 000 yuan)	139390	179782	25.1
第三产业(万元)	Tertiary Industry(10 000 yuan)	88119	102422	16.4
人均生产总值(元)	Per Capita GDP(yuan)	19975	24372	15.4
全社会固定资产投资(万元)	Total Investment in Fixed Assets(10 000 yuan)	140103	214951	53.4
按登记注册类型分	Grouped by Registered Type			
#国有(万元)	State－owned Enterprises(10 000 yuan)	72258	132622	83.5
集体(万元)	Collective－owned Enterprises(10 000 yuan)		140	
有限责任公司(万元)	Limited Liability Corporations(10 000 yuan)			
股份有限公司(万元)	Share Holding Enterprises(10 000 yuan)			
私营企业(万元)	Private Enterprises(10 000 yuan)	67845	72189	6.4
外商及港澳台投资企业(万元)	Funds from HK, Macao, Taiwan & Foreign(10 000 yuan)		10000	
按城乡渠道分	Grouped by Urban and Rural Area			
城镇(万元)	Urban(10 000 yuan)	136321	214751	57.5
农村(万元)	Rural(10 000 yuan)	3782	200	－94.7
一般预算收入(万元)	General Budgetary Financial Revenue(10 000 yuan)	11116	14718	32.4
一般预算支出(万元)	General Budgetary Financial Expenditures(10 000 yuan)	88194	98112	11.2
城乡居民储蓄存款余额(万元)	Resident Saving Deposit in Urban & Rural(10 000 yuan)	60320	77771	28.9
在岗职工工资总额(万元)	Total Wages of Staff & Workers Employed in(10 000 yuan)	21488	27349	27.3
在岗职工平均工资(元)	Average Wage of Staff & Workers Employed in(yuan)	20653	25757	24.7
城镇居民人均可支配收入(元)	Annual Disposable Income of Urban Residents per Capita(yuan)	10758	11525	7.1
农牧民人均纯收入(元)	Per Capita Net Income of Peasant & Herdsman(yuan)	4418	4511	2.1
农村牧区经济	**Economic Development in Rural & Pastoral Area**			
耕地面积(公顷)	Cultivated Area(hectare)	110838	110838	0.0
农作物总播种面积(公顷)	Total Sown Area(hectare)	87333	105585	20.9
#粮食作物播种面积(公顷)	Sown Area of Grain Crops(hectare)	75333	99875	32.6
有效灌溉面积(公顷)	Irrigated Area(hectare)	23133	24667	6.6
农牧业机械总动力(万千瓦)	Total Power of Agricultural Machinery(10 000 kw)	22.42	24.63	9.9
化肥施用折纯量(吨)	Consumption of Chemical Fertilizer(ton)	27353	28837	5.4
农村用电量(万千瓦小时)	Electricity Consumed in Rural Area(10 000 kwh)	2305	2210	－4.1
农林牧渔业总产值(万元)	Gross Output of Farming, Forestry, Animal Husbandry & Fishery(10 000 yuan)	192322	225846	17.6
粮食产量(吨)	Yield of Grain(ton)	300000	500500	66.8
油料产量(吨)	Yield of Oil－bearing Grops(ton)	10113	2743	－72.9
甜菜产量(吨)	Yield of Beetroots(ton)			
猪牛羊肉产量(吨)	Output of Pork, Beef & Mutton(ton)	53517	26834	－49.9
#猪肉产量(吨)	Output of Pork(ton)	20443	13186	－35.5
牛肉产量(吨)	Output of Beef(ton)	28187	8129	－71.2
羊肉产量(吨)	Output of Mutton(ton)	4887	5519	12.9
羊毛产量(吨)	Output of Wool(ton)	353	365	3.4

23 – 50 Kulun Banner in Tongliao City

指　　标	Item	2009	2010	2010 年比上年增长% Increase Rate in 2010 Over 2009(%)
年末牲畜存栏头数(万头只)	Total Livestock at the Year – end(10 000 heads)	79.34	74.72	–5.8
# 大牲畜(万头只)	Large Animals(10 000 heads)	19.80	20.52	3.7
羊(万只)	Sheep & Goats(10 000 heads)	44.25	40.48	–8.5
猪(万头)	Hogs(10 000 heads)	15.28	13.71	–10.3
规模以上工业	**Industrial Enterprises above Designated size**			
工业企业单位数(个)	Number of Industrial Enterprises(unit)	17	20	17.6
# 内资企业(个)	Civil Funded Enterprises(unit)	17	20	17.6
工业总产值(万元)	Gross Industrial Output Value(10 000 yuan)	260021	402156	54.7
内资企业(万元)	Civil Funded Enterprises(10 000 yuan)	260021	402156	54.7
国有企业(万元)	State – owned Enterprises(10 000 yuan)	10600	13036	23.0
集体企业(万元)	Collective – owned Enterprises(10 000 yuan)			
股份合作企业(万元)	Share Holding Enterprises(10 000 yuan)		387090	
联营企业(万元)	Joint Owned Enterprises(10 000 yuan)			
有限责任公司(万元)	Limited Company(10 000 yuan)	249421		
股份有限公司(万元)	Share Holding Limited Company(10 000 yuan)			
私营企业(万元)	Privately Owned Enterprises(10 000 yuan)			
其他企业(万元)	Enterprises of Other Ownership(10 000 yuan)		2030	
港澳台商投资企业(万元)	Funds from HK, Macao & Taiwan(10 000 yuan)			
外商投资企业(万元)	Foreign Funded Enterprises(10 000 yuan)			
工业企业增加值(万元)	Value Added of Industrial Enterprises(10 000 yuan)	80364	102111	29.9
工业企业资产总计(万元)	Total Assets of Industrial Enterprises(10 000 yuan)	118788	197073	65.9
工业企业负债合计(万元)	Total Liabilities of Industrial Enterprises(10 000 yuan)	64437	134758	109.1
工业企业产品销售收入(万元)	Sales of Revenue Industrial Enterprises(10 000 yuan)	259446	40868	–84.2
工业企业利润总额(万元)	Total Profits of Industrial Enterprises(10 000 yuan)	18440	41579	125.5
建筑业	**Construction**			
建筑企业单位数(个)	Number of Construction Enterprises(unit)	3	1	–66.7
建筑企业从业人员(人)	Number of Employee in Construction Enterprises(person)	93	50	–46.2
建筑业总产值(万元)	Gross Construction Output Value(10 000 yuan)	6760	930	–87.0
交通运输邮电通信业	**Transportation, Post & Telecommunications**			
公路里程(公里)	Total Length of Highways(km)	1485	1630	9.8
邮电业务总量(万元)	Business Volume of Post & Telecoms(10 000 yuan)	5459	5984	9.6
本地电话用户(户)	Number of Subscribers of Local Telephone(Household)	80180	120940	50.8
国内贸易	**Domestic Trade**			
社会消费品零售总额(万元)	Total Retail Sales of Consumer Goods(10 000 yuan)	75557	85195	12.8
# 贸易业(万元)	Wholesale & Retail Sales Trades(10 000 yuan)	54165	71688	32.4
餐饮业(万元)	Catering Trade(10 000 yuan)	10081	13036	29.3
科技教育卫生	**Science, Education & Public Health**			
各类专业技术人员(人)	Special Technical Personnel(person)	3242	3242	0.0
幼儿园数(所)	Number of Kindergartens(unit)	5	5	0.0
学龄儿童入学率(%)	Percentage of School – Age Children Enrolled(%)	100.0	100.0	0.0
小学学校数(所)	Number of Primary Schools(unit)	12	10	–16.7
小学专任教师数(人)	Number of Full – time Teachers of Primary Schools(person)	1375	1518	10.4
小学在校学生数(人)	Number of Student Enrollment of Primary Schools(person)	12747	11222	–12.0
普通中学学校数(所)	Number of Regular Secondary Schools(unit)	14	6	–57.1
普通中学专任教师数(人)	Number of Teachers of Secondary Shools(person)	819	1010	23.3
初中在校学生数(人)	Number of Student in Junior Secondary Schools(person)	4691	3880	–17.3
高中在校学生数(人)	Number of Student in Senior Secondary Schools(person)	2984	3066	2.7
卫生机构数(所)	Number of Health Institutions(unit)	16	23	43.8
# 医院(所)	Hospitals(unit)	3	3	0.0
卫生院(所)	Township Hospitals(unit)	9	14	55.6
床位数(张)	Number of Beds(unit)	304	356	17.1
# 医院(张)	Hospitals(unit)	180	210	16.7
卫生院(张)	Township Hospitals(unit)	119	134	12.6
卫生技术人员(人)	Medical Technical Presonnel(person)	528	538	1.9
# 医院(人)	Hospitals(person)	297	307	3.4
卫生院(人)	Township Hospitals(person)	166	159	–4.2

23-51 通辽市奈曼旗

指　　标	Item	2009	2010	2010年比上年增长% Increase Rate in 2010 Over 2009(%)
行政区域土地面积(平方公里)	**Area of Administration(Sq. km)**	**8120**	**8120**	**0.0**
人口和就业	**Population & Employment**			
年末总人口(人)	Total Population Year-end(person)	441144	441765	0.1
#男性(人)	Male(person)	224107	225819	0.8
#乡村人口(人)	Rural(person)	383768	390501	1.8
年末总户数(户)	Total Number of Households at the Year-end(Household)	135018	141149	4.5
#乡村户数(户)	Number of Rural Household(Household)	97572	100417	2.9
出生人口(人)	Births(person)	4525	4466	-1.3
死亡人口(人)	Deaths(person)	1803	3954	119.3
全社会就业人员(人)	Employment(person)	246481	277828	12.7
第一产业(人)	Primary Industry(person)	153616	182495	18.8
第二产业(人)	Secondary Industry(person)	36864	41220	11.8
第三产业(人)	Tertiary Industry(person)	56001	54113	-3.4
在岗职工人数(人)	Number of Staff & Workers Employed in(person)	18795	20480	9.0
乡村劳动力(人)	Number of Rural Laborers(person)	208051	245967	18.2
#农林牧渔业(人)	Farming,Forestry,Animal Husbandry & Fishery(person)	149343	186814	25.1
国民经济综合指标	**Summary Item on the National Economy**			
生产总值(万元)	Gross Domestic Product(10 000 yuan)	775707	921122	12.5
第一产业(万元)	Primary Industry(10 000 yuan)	165006	196870	6.6
第二产业(万元)	Secondary Industry(10 000 yuan)	363499	455751	21.0
#工业(万元)	Industry(10 000 yuan)	339908	428221	22.2
第三产业(万元)	Tertiary Industry(10 000 yuan)	247202	268501	8.1
人均生产总值(元)	Per Capita GDP(yuan)	17661	20866	12.5
全社会固定资产投资(万元)	Total Investment in Fixed Assets(10 000 yuan)	389900	409915	5.1
按登记注册类型分	Grouped by Registered Type			
#国有(万元)	State-owned Enterprises(10 000 yuan)	148933	208352	39.9
集体(万元)	Collective-owned Enterprises(10 000 yuan)	5180	3728	-28.0
有限责任公司(万元)	Limited Liability Corporations(10 000 yuan)			
股份有限公司(万元)	Share Holding Enterprises(10 000 yuan)			
私营企业(万元)	Private Enterprises(10 000 yuan)	235787	197835	-16.1
外商及港澳台投资企业(万元)	Funds from HK,Macao,Taiwan & Foreign(10 000 yuan)			
按城乡渠道分	Grouped by Urban and Rural Area			
城镇(万元)	Urban(10 000 yuan)	369857	395226	6.9
农村(万元)	Rural(10 000 yuan)	20043	14689	-26.7
一般预算收入(万元)	General Budgetary Financial Revenue(10 000 yuan)	24017	33206	38.3
一般预算支出(万元)	General Budgetary Financial Expenditures(10 000 yuan)	150620	166489	10.5
城乡居民储蓄存款余额(万元)	Resident Saving Deposit in Urban & Rural(10 000 yuan)	167083	190767	14.2
在岗职工工资总额(万元)	Total Wages of Staff & Workers Employed in(10 000 yuan)	38726	54160	39.9
在岗职工平均工资(元)	Average Wage of Staff & Workers Employed in(yuan)	20668	26541	28.4
城镇居民人均可支配收入(元)	Annual Disposable Income of Urban Residents per Capita(yuan)	11026	11930	8.2
农牧民人均纯收入(元)	Per Capita Net Income of Peasant & Herdsman(yuan)	4118	4647	12.8
农村牧区经济	**Economic Development in Rural & Pastoral Area**			
耕地面积(公顷)	Cultivated Area(hectare)	135968	182974	34.6
农作物总播种面积(公顷)	Total Sown Area(hectare)	141333	186090	31.7
#粮食作物播种面积(公顷)	Sown Area of Grain Crops(hectare)	119333	152002	27.4
有效灌溉面积(公顷)	Irrigated Area(hectare)	92410	95080	2.9
农牧业机械总动力(万千瓦)	Total Power of Agricultural Machinery(10 000 kw)	68.03	70.58	3.7
化肥施用折纯量(吨)	Consumption of Chemical Fertilizer(ton)	90482	88073	-2.7
农村用电量(万千瓦小时)	Electricity Consumed in Rural Area(10 000 kwh)	10022	10442	4.2
农林牧渔业总产值(万元)	Gross Output of Farming,Forestry,Animal Husbandry & Fishery(10 000 yuan)	259008	325887	6.0
粮食产量(吨)	Yield of Grain(ton)	500000	625000	25.0
油料产量(吨)	Yield of Oil-bearing Grops(ton)	10302	39199	280.5
甜菜产量(吨)	Yield of Beetroots(ton)	582	13534	2225.4
猪牛羊肉产量(吨)	Output of Pork, Beef & Mutton(ton)	78756	63825	-19.0
#猪肉产量(吨)	Output of Pork(ton)	62614	47123	-24.7
牛肉产量(吨)	Output of Beef(ton)	11194	9839	-12.1
羊肉产量(吨)	Output of Mutton(ton)	4948	6863	38.7
羊毛产量(吨)	Output of Wool(ton)	2982	2963	-0.6

23－51 Naiman Banner in Tongliao City

指　　标	Item	2009	2010	2010年比上年增长% Increase Rate in 2010 Over 2009(%)
年末牲畜存栏头数(万头只)	Total Livestock at the Year－end(10 000 heads)	159.17	155.59	－2.2
#大牲畜(万头只)	Large Animals(10 000 heads)	24.81	27.06	9.1
羊(万只)	Sheep & Goats(10 000 heads)	86.73	80.91	－6.7
猪(万头)	Hogs(10 000 heads)	47.63	47.62	0.0
规模以上工业	**Industrial Enterprises above Designated size**			
工业企业单位数(个)	Number of Industrial Enterprises(unit)	50	61	22.0
#内资企业(个)	Civil Funded Enterprises(unit)	49	60	22.4
工业总产值(万元)	Gross Industrial Output Value(10 000 yuan)	885400	1177300	33.0
内资企业(万元)	Civil Funded Enterprises(10 000 yuan)	860107	1154300	34.2
国有企业(万元)	State－owned Enterprises(10 000 yuan)	20086	80800	302.3
集体企业(万元)	Collective－owned Enterprises(10 000 yuan)	13485		
股份合作企业(万元)	Share Holding Enterprises(10 000 yuan)	15576		
联营企业(万元)	Joint Owned Enterprises(10 000 yuan)			
有限责任公司(万元)	Limited Company(10 000 yuan)		249400	
股份有限公司(万元)	Share Holding Limited Company(10 000 yuan)	557878	60900	－89.1
私营企业(万元)	Privately Owned Enterprises(10 000 yuan)		763200	
其他企业(万元)	Enterprises of Other Ownership(10 000 yuan)	253082		
港澳台商投资企业(万元)	Funds from HK, Macao & Taiwan(10 000 yuan)	25293	23000	－9.1
外商投资企业(万元)	Foreign Funded Enterprises(10 000 yuan)			
工业企业增加值(万元)	Value Added of Industrial Enterprises(10 000 yuan)	291000	323311	22.8
工业企业资产总计(万元)	Total Assets of Industrial Enterprises(10 000 yuan)	279874	326500	16.7
工业企业负债合计(万元)	Total Liabilities of Industrial Enterprises(10 000 yuan)	167226	190500	13.9
工业企业产品销售收入(万元)	Sales of Revenue Industrial Enterprises(10 000 yuan)	870842	1189800	36.6
工业企业利润总额(万元)	Total Profits of Industrial Enterprises(10 000 yuan)	17082	16800	－1.7
建筑业	**Construction**			
建筑企业单位数(个)	Number of Construction Enterprises(unit)	4	4	0.0
建筑企业从业人员(人)	Number of Employee in Construction Enterprises(person)	340	450	32.4
建筑业总产值(万元)	Gross Construction Output Value(10 000 yuan)	31736	34753	4.7
交通运输邮电通信业	**Transportation, Post & Telecommunications**			
公路里程(公里)	Total Length of Highways(km)	2773	3071	10.7
邮电业务总量(万元)	Business Volume of Post & Telecoms(10 000 yuan)	5659	6407	13.2
本地电话用户(户)	Number of Subscribers of Local Telephone(Household)	210953	247500	17.3
国内贸易	**Domestic Trade**			
社会消费品零售总额(万元)	Total Retail Sales of Consumer Goods(10 000 yuan)	170663	202169	18.5
#贸易业(万元)	Wholesale & Retail Sales Trades(10 000 yuan)	130597	153253	17.3
餐饮业(万元)	Catering Trade(10 000 yuan)	39645	48406	22.1
科技教育卫生	**Science, Education & Public Health**			
各类专业技术人员(人)	Special Technical Personnel(person)	8044	8056	0.1
幼儿园数(所)	Number of Kindergartens(unit)	2	2	0.0
学龄儿童入学率(%)	Percentage of School－Age Children Enrolled(%)	100.0	100.0	0.0
小学学校数(所)	Number of Primary Schools(unit)	156	150	－3.8
小学专任教师数(人)	Number of Full－time Teachers of Primary Schools(person)	2367	2302	－2.7
小学在校学生数(人)	Number of Student Enrollment of Primary Schools(person)	28354	27808	－1.9
普通中学学校数(所)	Number of Regular Secondary Schools(unit)	26	21	－19.2
普通中学专任教师数(人)	Number of Teachers of Secondary Shools(person)	1506	1437	－4.6
初中在校学生数(人)	Number of Student in Junior Secondary Schools(person)	13670	12452	－8.9
高中在校学生数(人)	Number of Student in Senior Secondary Schools(person)	9324	9791	5.0
卫生机构数(所)	Number of Health Institutions(unit)	36	43	19.4
#医院(所)	Hospitals(unit)	3	3	0.0
卫生院(所)	Township Hospitals(unit)	21	23	9.5
床位数(张)	Number of Beds(unit)	642	729	13.6
#医院(张)	Hospitals(unit)	173	193	11.6
卫生院(张)	Township Hospitals(unit)	401	411	2.5
卫生技术人员(人)	Medical Technical Presonnel(person)	1083	1206	11.4
#医院(人)	Hospitals(person)	359	396	10.3
卫生院(人)	Township Hospitals(person)	588	617	4.9

23－52 通辽市扎鲁特旗

指　　标	Item	2009	2010	2010 年比上年增长% Increase Rate in 2010 Over 2009(%)
行政区域土地面积(平方公里)	**Area of Administration(Sq. km)**	**17193**	**17193**	**0.0**
人口和就业	**Population & Employment**			
年末总人口(人)	Total Population Year－end(person)	314704	311033	－1.2
#男性(人)	Male(person)	158848	156929	－1.2
#乡村人口(人)	Rural(person)	246187	251610	2.2
年末总户数(户)	Total Number of Households at the Year－end(Household)	113753	116407	2.3
#乡村户数(户)	Number of Rural Household(Household)	65005	66547	2.4
出生人口(人)	Births(person)	3067	3512	14.5
死亡人口(人)	Deaths(person)	1489	3215	115.9
全社会就业人员(人)	Employment(person)	168007	176000	4.8
第一产业(人)	Primary Industry(person)	97140	97246	0.1
第二产业(人)	Secondary Industry(person)	22487	27454	22.0
第三产业(人)	Tertiary Industry(person)	48380	51300	6.0
在岗职工人数(人)	Number of Staff & Workers Employed in(person)	22407	22364	－0.2
乡村劳动力(人)	Number of Rural Laborers(person)	119564	124288	4.0
#农林牧渔业(人)	Farming, Forestry, Animal Husbandry & Fishery(person)	92440	99260	7.4
国民经济综合指标	**Summary Item on the National Economy**			
生产总值(万元)	Gross Domestic Product(10 000 yuan)	878457	1116239	22.7
第一产业(万元)	Primary Industry(10 000 yuan)	180450	213512	5.7
第二产业(万元)	Secondary Industry(10 000 yuan)	452096	637816	35.9
#工业(万元)	Industry(10 000 yuan)	425876	607218	38.5
第三产业(万元)	Tertiary Industry(10 000 yuan)	245911	264911	18.4
人均生产总值(元)	Per Capita GDP(yuan)	27913	35888	16.7
全社会固定资产投资(万元)	Total Investment in Fixed Assets(10 000 yuan)	367341	501457	36.5
按登记注册类型分	Grouped by Registered Type			
#国有(万元)	State－owned Enterprises(10 000 yuan)	120059	164980	37.4
集体(万元)	Collective－owned Enterprises(10 000 yuan)	17359	23568	35.8
有限责任公司(万元)	Limited Liability Corporations(10 000 yuan)	66474	90262	35.9
股份有限公司(万元)	Share Holding Enterprises(10 000 yuan)	120423	164478	36.6
私营企业(万元)	Private Enterprises(10 000 yuan)	42724	58169	36.2
外商及港澳台投资企业(万元)	Funds from HK, Macao, Taiwan & Foreign(10 000 yuan)			
按城乡渠道分	Grouped by Urban and Rural Area			
城镇(万元)	Urban(10 000 yuan)	257144	361049	40.4
农村(万元)	Rural(10 000 yuan)	110197	140408	27.4
一般预算收入(万元)	General Budgetary Financial Revenue(10 000 yuan)	31981	39444	23.3
一般预算支出(万元)	General Budgetary Financial Expenditures(10 000 yuan)	136828	174632	27.6
城乡居民储蓄存款余额(万元)	Resident Saving Deposit in Urban & Rural(10 000 yuan)	138792	158286	14.0
在岗职工工资总额(万元)	Total Wages of Staff & Workers Employed in(10 000 yuan)	46298	57143	23.4
在岗职工平均工资(元)	Average Wage of Staff & Workers Employed in(yuan)	20790	25582	23.0
城镇居民人均可支配收入(元)	Annual Disposable Income of Urban Residents per Capita(yuan)	11357	12492	10.0
农牧民人均纯收入(元)	Per Capita Net Income of Peasant & Herdsman(yuan)	5019	5702	13.6
农村牧区经济	**Economic Development in Rural & Pastoral Area**			
耕地面积(公顷)	Cultivated Area(hectare)	148873	149040	0.1
农作物总播种面积(公顷)	Total Sown Area(hectare)	137333	138663	1.0
#粮食作物播种面积(公顷)	Sown Area of Grain Crops(hectare)	108667	110477	1.7
有效灌溉面积(公顷)	Irrigated Area(hectare)	59333	60647	2.2
农牧业机械总动力(万千瓦)	Total Power of Agricultural Machinery(10 000 kw)	49.18	52.38	6.5
化肥施用折纯量(吨)	Consumption of Chemical Fertilizer(ton)	28113	38970	38.6
农村用电量(万千瓦小时)	Electricity Consumed in Rural Area(10 000 kwh)	8196	8063	－1.6
农林牧渔业总产值(万元)	Gross Output of Farming, Forestry, Animal Husbandry & Fishery(10 000 yuan)	329152	397524	20.8
粮食产量(吨)	Yield of Grain(ton)	320000	350000	9.4
油料产量(吨)	Yield of Oil－bearing Grops(ton)	10169	13014	28.0
甜菜产量(吨)	Yield of Beetroots(ton)			
猪牛羊肉产量(吨)	Output of Pork, Beef & Mutton(ton)	74673	79292	6.2
#猪肉产量(吨)	Output of Pork(ton)	21235	20960	－1.3
牛肉产量(吨)	Output of Beef(ton)	16995	15765	－7.2
羊肉产量(吨)	Output of Mutton(ton)	36443	37461	2.8
羊毛产量(吨)	Output of Wool(ton)	2534	2804	10.7

23 - 52 Zhalute Banner in Tongliao City

指　　标	Item	2009	2010	2010年比上年增长% Increase Rate in 2010 Over 2009(%)
年末牲畜存栏头数(万头只)	Total Livestock at the Year - end(10 000 heads)	152.40	191.40	25.6
# 大牲畜(万头只)	Large Animals(10 000 heads)	20.06	20.30	1.2
羊(万只)	Sheep & Goats(10 000 heads)	120.79	159.60	32.1
猪(万头)	Hogs(10 000 heads)	11.50	11.50	0.0
规模以上工业	**Industrial Enterprises above Designated size**			
工业企业单位数(个)	Number of Industrial Enterprises(unit)	55	66	20.0
# 内资企业(个)	Civil Funded Enterprises(unit)	54	64	18.5
工业总产值(万元)	Gross Industrial Output Value(10 000 yuan)	772453	1241176	60.7
内资企业(万元)	Civil Funded Enterprises(10 000 yuan)	768209	1222845	59.2
国有企业(万元)	State - owned Enterprises(10 000 yuan)	10579	12288	16.2
集体企业(万元)	Collective - owned Enterprises(10 000 yuan)			
股份合作企业(万元)	Share Holding Enterprises(10 000 yuan)	13562	14820	9.3
联营企业(万元)	Joint Owned Enterprises(10 000 yuan)			
有限责任公司(万元)	Limited Company(10 000 yuan)	214080	416393	94.5
股份有限公司(万元)	Share Holding Limited Company(10 000 yuan)			
私营企业(万元)	Privately Owned Enterprises(10 000 yuan)	529988	767143	44.7
其他企业(万元)	Enterprises of Other Ownership(10 000 yuan)			
港澳台商投资企业(万元)	Funds from HK, Macao & Taiwan(10 000 yuan)			
外商投资企业(万元)	Foreign Funded Enterprises(10 000 yuan)	4245	11468	170.1
工业企业增加值(万元)	Value Added of Industrial Enterprises(10 000 yuan)	307250	420025	44.7
工业企业资产总计(万元)	Total Assets of Industrial Enterprises(10 000 yuan)	202902	544983	168.6
工业企业负债合计(万元)	Total Liabilities of Industrial Enterprises(10 000 yuan)	58797	267075	354.2
工业企业产品销售收入(万元)	Sales of Revenue Industrial Enterprises(10 000 yuan)	735157	1194984	62.5
工业企业利润总额(万元)	Total Profits of Industrial Enterprises(10 000 yuan)	43928	71481	62.7
建筑业	**Construction**			
建筑企业单位数(个)	Number of Construction Enterprises(unit)	4	4	0.0
建筑企业从业人员(人)	Number of Employee in Construction Enterprises(person)	55	65	18.2
建筑业总产值(万元)	Gross Construction Output Value(10 000 yuan)	36560	36154	-1.1
交通运输邮电通信业	**Transportation, Post & Telecommunications**			
公路里程(公里)	Total Length of Highways(km)	1214	2185	80.0
邮电业务总量(万元)	Business Volume of Post & Telecoms(10 000 yuan)	10723	12723	18.7
本地电话用户(户)	Number of Subscribers of Local Telephone(Household)	181370	217475	19.9
国内贸易	**Domestic Trade**			
社会消费品零售总额(万元)	Total Retail Sales of Consumer Goods(10 000 yuan)	152803	177126	15.9
# 贸易业(万元)	Wholesale & Retail Sales Trades(10 000 yuan)	134862	156844	16.3
餐饮业(万元)	Catering Trade(10 000 yuan)	17426	19734	13.2
科技教育卫生	**Science, Education & Public Health**			
各类专业技术人员(人)	Special Technical Personnel(person)	6873	6448	-6.2
幼儿园数(所)	Number of Kindergartens(unit)	5	3	-40.0
学龄儿童入学率(%)	Percentage of School - Age Children Enrolled(%)	100.0	100.0	0.0
小学学校数(所)	Number of Primary Schools(unit)	51	51	0.0
小学专任教师数(人)	Number of Full - time Teachers of Primary Schools(person)	2478	2590	4.5
小学在校学生数(人)	Number of Student Enrollment of Primary Schools(person)	20966	19332	-7.8
普通中学学校数(所)	Number of Regular Secondary Schools(unit)	22	17	-22.7
普通中学专任教师数(人)	Number of Teachers of Secondary Shools(person)	1122	1162	3.6
初中在校学生数(人)	Number of Student in Junior Secondary Schools(person)	8325	9560	14.8
高中在校学生数(人)	Number of Student in Senior Secondary Schools(person)	5802	4357	-24.9
卫生机构数(所)	Number of Health Institutions(unit)	60	62	3.3
# 医院(所)	Hospitals(unit)	2	2	0.0
卫生院(所)	Township Hospitals(unit)	26	26	0.0
床位数(张)	Number of Beds(unit)	509	577	13.4
# 医院(张)	Hospitals(unit)	240	260	8.3
卫生院(张)	Township Hospitals(unit)	199	227	14.0
卫生技术人员(人)	Medical Technical Presonnel(person)	819	951	16.1
# 医院(人)	Hospitals(person)	306	335	9.5
卫生院(人)	Township Hospitals(person)	369	377	2.1

23－53 赤峰市红山区

指　　　标	Item	2009	2010	2010年比上年增长% Increase Rate in 2010 Over 2009(%)
行政区域土地面积(平方公里)	**Area of Administration(Sq. km)**	**507**	**507**	**0.0**
人口和就业	**Population & Employment**			
年末总人口(人)	Total Population Year－end(person)	353432	353365	0.0
#男性(人)	Male(person)	175755	175520	－0.1
#乡村人口(人)	Rural(person)	83794	87442	4.4
年末总户数(户)	Total Number of Households at the Year－end(Household)	131645	134171	1.9
#乡村户数(户)	Number of Rural Household(Household)	25452	27745	9.0
出生人口(人)	Births(person)	2780	3417	22.9
死亡人口(人)	Deaths(person)	1127	3637	222.7
全社会就业人员(人)	Employment(person)	200453	234295	16.9
第一产业(人)	Primary Industry(person)	26003	25047	－3.7
第二产业(人)	Secondary Industry(person)	44452	48853	9.9
第三产业(人)	Tertiary Industry(person)	129998	160395	23.4
在岗职工人数(人)	Number of Staff & Workers Employed in(person)	49187	49476	0.6
乡村劳动力(人)	Number of Rural Laborers(person)	50323	49787	－1.1
#农林牧渔业(人)	Farming, Forestry, Animal Husbandry & Fishery(person)	19868	17481	－12.0
国民经济综合指标	**Summary Item on the National Economy**			
生产总值(万元)	Gross Domestic Product(10 000 yuan)	1480563	1717847	17.6
第一产业(万元)	Primary Industry(10 000 yuan)	39275	46250	5.2
第二产业(万元)	Secondary Industry(10 000 yuan)	734102	865388	24.9
#工业(万元)	Industry(10 000 yuan)	671180	788058	25.8
第三产业(万元)	Tertiary Industry(10 000 yuan)	707186	806209	11.9
人均生产总值(元)	Per Capita GDP(yuan)	42032	48609	17.2
全社会固定资产投资(万元)	Total Investment in Fixed Assets(10 000 yuan)	694804	897600	29.2
按登记注册类型分	Grouped by Registered Type			
#国有(万元)	State－owned Enterprises(10 000 yuan)	364157	458363	25.9
集体(万元)	Collective－owned Enterprises(10 000 yuan)		1000	
有限责任公司(万元)	Limited Liability Corporations(10 000 yuan)	29728	80309	170.1
股份有限公司(万元)	Share Holding Enterprises(10 000 yuan)	217656	314278	44.4
私营企业(万元)	Private Enterprises(10 000 yuan)	83263	43650	－47.6
外商及港澳台投资企业(万元)	Funds from HK, Macao, Taiwan & Foreign(10 000 yuan)			
按城乡渠道分	Grouped by Urban and Rural Area			
城镇(万元)	Urban(10 000 yuan)	686490	891407	29.8
农村(万元)	Rural(10 000 yuan)	8314	6193	－25.5
一般预算收入(万元)	General Budgetary Financial Revenue(10 000 yuan)	73332	98572	34.4
一般预算支出(万元)	General Budgetary Financial Expenditures(10 000 yuan)	100600	132000	31.2
城乡居民储蓄存款余额(万元)	Resident Saving Deposit in Urban & Rural(10 000 yuan)			
在岗职工工资总额(万元)	Total Wages of Staff & Workers Employed in(10 000 yuan)	138830	164086	18.2
在岗职工平均工资(元)	Average Wage of Staff & Workers Employed in(yuan)	28225	33161	17.5
城镇居民人均可支配收入(元)	Annual Disposable Income of Urban Residents per Capita(yuan)	14146	15357	8.6
农牧民人均纯收入(元)	Per Capita Net Income of Peasant & Herdsman(yuan)	7518	8200	9.1
农村牧区经济	**Economic Development in Rural & Pastoral Area**			
耕地面积(公顷)	Cultivated Area(hectare)	16545	16276	－1.6
农作物总播种面积(公顷)	Total Sown Area(hectare)	13003	13100	0.7
#粮食作物播种面积(公顷)	Sown Area of Grain Crops(hectare)	10755	10955	1.9
有效灌溉面积(公顷)	Irrigated Area(hectare)	4667	4667	0.0
农牧业机械总动力(万千瓦)	Total Power of Agricultural Machinery(10 000 kw)	6.90	7.00	1.4
化肥施用折纯量(吨)	Consumption of Chemical Fertilizer(ton)	4528	4505	－0.5
农村用电量(万千瓦小时)	Electricity Consumed in Rural Area(10 000 kwh)	2577	2551	－1.0
农林牧渔业总产值(万元)	Gross Output of Farming, Forestry, Animal Husbandry & Fishery(10 000 yuan)	65596	77269	5.3
粮食产量(吨)	Yield of Grain(ton)	30586	52734	72.4
油料产量(吨)	Yield of Oil－bearing Grops(ton)		875	
甜菜产量(吨)	Yield of Beetroots(ton)			
猪牛羊肉产量(吨)	Output of Pork, Beef & Mutton(ton)	4744	4703	－0.9
#猪肉产量(吨)	Output of Pork(ton)	1389	1399	0.7
牛肉产量(吨)	Output of Beef(ton)	2919	3019	3.4
羊肉产量(吨)	Output of Mutton(ton)	436	285	－34.6
羊毛产量(吨)	Output of Wool(ton)	60	49	－18.3

23 – 53 Hongshan District in Chifeng City

指　　标	Item	2009	2010	2010年比上年增长% Increase Rate in 2010 Over 2009(%)
年末牲畜存栏头数(万头只)	Total Livestock at the Year – end(10 000 heads)	6.56	5.95	-9.4
# 大牲畜(万头只)	Large Animals(10 000 heads)	2.64	2.56	-3.1
羊(万只)	Sheep & Goats(10 000 heads)	2.54	2.01	-20.9
猪(万头)	Hogs(10 000 heads)	1.38	1.38	-0.1
规模以上工业	**Industrial Enterprises above Designated size**			
工业企业单位数(个)	Number of Industrial Enterprises(unit)	48	61	27.1
# 内资企业(个)	Civil Funded Enterprises(unit)	43	55	27.9
工业总产值(万元)	Gross Industrial Output Value(10 000 yuan)	1890000	2635946	39.5
内资企业(万元)	Civil Funded Enterprises(10 000 yuan)	1705500	2331146	36.7
国有企业(万元)	State – owned Enterprises(10 000 yuan)	282100	355897	26.2
集体企业(万元)	Collective – owned Enterprises(10 000 yuan)			
股份合作企业(万元)	Share Holding Enterprises(10 000 yuan)			
联营企业(万元)	Joint Owned Enterprises(10 000 yuan)			
有限责任公司(万元)	Limited Company(10 000 yuan)	1031700	1315010	27.5
股份有限公司(万元)	Share Holding Limited Company(10 000 yuan)	7800	6824	-12.5
私营企业(万元)	Privately Owned Enterprises(10 000 yuan)	383900	653415	70.2
其他企业(万元)	Enterprises of Other Ownership(10 000 yuan)			
港澳台商投资企业(万元)	Funds from HK,Macao & Taiwan(10 000 yuan)	20100	32975	64.1
外商投资企业(万元)	Foreign Funded Enterprises(10 000 yuan)	164400	271824	65.3
工业企业增加值(万元)	Value Added of Industrial Enterprises(10 000 yuan)	561680	770185	29.2
工业企业资产总计(万元)	Total Assets of Industrial Enterprises(10 000 yuan)	1442200	1687884	17.0
工业企业负债合计(万元)	Total Liabilities of Industrial Enterprises(10 000 yuan)	778600	1056064	35.6
工业企业产品销售收入(万元)	Sales of Revenue Industrial Enterprises(10 000 yuan)	1889600	2596490	37.4
工业企业利润总额(万元)	Total Profits of Industrial Enterprises(10 000 yuan)	173400	240293	38.6
建筑业	**Construction**			
建筑企业单位数(个)	Number of Construction Enterprises(unit)	31	34	9.7
建筑企业从业人员(人)	Number of Employee in Construction Enterprises(person)	20294	20345	0.3
建筑业总产值(万元)	Gross Construction Output Value(10 000 yuan)	280600	286569	2.1
交通运输邮电通信业	**Transportation,Post & Telecommunications**			
公路里程(公里)	Total Length of Highways(km)	184	184	0.0
邮电业务总量(万元)	Business Volume of Post & Telecoms(10 000 yuan)			
本地电话用户(户)	Number of Subscribers of Local Telephone(Household)	93002	84000	-9.7
国内贸易	**Domestic Trade**			
社会消费品零售总额(万元)	Total Retail Sales of Consumer Goods(10 000 yuan)	565328	664641	17.6
# 贸易业(万元)	Wholesale & Retail Sales Trades(10 000 yuan)	426799	601443	40.9
餐饮业(万元)	Catering Trade(10 000 yuan)	126488	63198	-50.0
科技教育卫生	**Science,Education & Public Health**			
各类专业技术人员(人)	Special Technical Personnel(person)	16150	16057	-0.6
幼儿园数(所)	Number of Kindergartens(unit)	49	50	2.0
学龄儿童入学率(%)	Percentage of School – Age Children Enrolled(%)	100.0	100.0	0.0
小学学校数(所)	Number of Primary Schools(unit)	37	37	0.0
小学专任教师数(人)	Number of Full – time Teachers of Primary Schools(person)	1845	1822	-1.2
小学在校学生数(人)	Number of Student Enrollment of Primary Schools(person)	26520	24999	-5.7
普通中学学校数(所)	Number of Regular Secondary Schools(unit)	18	15	-16.7
普通中学专任教师数(人)	Number of Teachers of Secondary Shools(person)	2286	1809	-20.9
初中在校学生数(人)	Number of Student in Junior Secondary Schools(person)	14134	21946	55.3
高中在校学生数(人)	Number of Student in Senior Secondary Schools(person)	15310	12944	-15.5
卫生机构数(所)	Number of Health Institutions(unit)	11	11	0.0
# 医院(所)	Hospitals(unit)	2	2	0.0
卫生院(所)	Township Hospitals(unit)	5	4	-20.0
床位数(张)	Number of Beds(unit)	985	898	-8.8
# 医院(张)	Hospitals(unit)	800	782	-2.3
卫生院(张)	Township Hospitals(unit)	110	90	-18.2
卫生技术人员(人)	Medical Technical Presonnel(person)	1107	1116	0.8
# 医院(人)	Hospitals(person)	806	769	-4.6
卫生院(人)	Township Hospitals(person)	173	235	35.8

23－54 赤峰市元宝山区

指　　标	Item	2009	2010	2010年比上年增长% Increase Rate in 2010 Over 2009(%)
行政区域土地面积(平方公里)	**Area of Administration(Sq. km)**	**952**	**952**	**0.0**
人口和就业	**Population & Employment**			
年末总人口(人)	Total Population Year－end(person)	325909	325229	－0.2
#男性(人)	Male(person)	165733	165252	－0.3
#乡村人口(人)	Rural(person)	163192	162330	－0.5
年末总户数(户)	Total Number of Households at the Year－end(Household)	111228	111524	0.3
#乡村户数(户)	Number of Rural Household(Household)	43620	43988	0.8
出生人口(人)	Births(person)	2797	3590	28.4
死亡人口(人)	Deaths(person)	1257	3961	215.1
全社会就业人员(人)	Employment(person)	164017	167827	2.3
第一产业(人)	Primary Industry(person)	41204	42501	3.1
第二产业(人)	Secondary Industry(person)	69973	72131	3.1
第三产业(人)	Tertiary Industry(person)	52840	53195	0.7
在岗职工人数(人)	Number of Staff & Workers Employed in(person)	38423	38121	－0.8
乡村劳动力(人)	Number of Rural Laborers(person)	82700	85307	3.2
#农林牧渔业(人)	Farming, Forestry, Animal Husbandry & Fishery(person)	41043	42345	3.2
国民经济综合指标	**Summary Item on the National Economy**			
生产总值(万元)	Gross Domestic Product(10 000 yuan)	1261088	1475536	11.5
第一产业(万元)	Primary Industry(10 000 yuan)	97120	115090	5.9
第二产业(万元)	Secondary Industry(10 000 yuan)	699891	871669	12.8
#工业(万元)	Industry(10 000 yuan)	639934	800223	12.8
第三产业(万元)	Tertiary Industry(10 000 yuan)	464077	488777	10.8
人均生产总值(元)	Per Capita GDP(yuan)	38779	45322	11.3
全社会固定资产投资(万元)	Total Investment in Fixed Assets(10 000 yuan)	685762	829303	20.9
按登记注册类型分	Grouped by Registered Type			
#国有(万元)	State－owned Enterprises(10 000 yuan)	125527	145643	16.0
集体(万元)	Collective－owned Enterprises(10 000 yuan)	74456	75586	1.5
有限责任公司(万元)	Limited Liability Corporations(10 000 yuan)	185766		
股份有限公司(万元)	Share Holding Enterprises(10 000 yuan)	14800		
私营企业(万元)	Private Enterprises(10 000 yuan)	43616	72998	67.4
外商及港澳台投资企业(万元)	Funds from HK, Macao, Taiwan & Foreign(10 000 yuan)			
按城乡渠道分	Grouped by Urban and Rural Area			
城镇(万元)	Urban(10 000 yuan)	531913	675784	27.0
农村(万元)	Rural(10 000 yuan)	153849	153519	－0.2
一般预算收入(万元)	General Budgetary Financial Revenue(10 000 yuan)	59121	71656	21.2
一般预算支出(万元)	General Budgetary Financial Expenditures(10 000 yuan)	118220	141896	20.0
城乡居民储蓄存款余额(万元)	Resident Saving Deposit in Urban & Rural(10 000 yuan)	583415	667651	14.4
在岗职工工资总额(万元)	Total Wages of Staff & Workers Employed in(10 000 yuan)	165322	181554	9.8
在岗职工平均工资(元)	Average Wage of Staff & Workers Employed in(yuan)	41012	44269	7.9
城镇居民人均可支配收入(元)	Annual Disposable Income of Urban Residents per Capita(yuan)	14118	15316	8.5
农牧民人均纯收入(元)	Per Capita Net Income of Peasant & Herdsman(yuan)	7445	8008	7.6
农村牧区经济	**Economic Development in Rural & Pastoral Area**			
耕地面积(公顷)	Cultivated Area(hectare)	38447	38267	－0.5
农作物总播种面积(公顷)	Total Sown Area(hectare)	26886	27103	0.8
#粮食作物播种面积(公顷)	Sown Area of Grain Crops(hectare)	20258	19030	－6.1
有效灌溉面积(公顷)	Irrigated Area(hectare)	19508	19436	－0.4
农牧业机械总动力(万千瓦)	Total Power of Agricultural Machinery(10 000 kw)	10.62	10.80	1.7
化肥施用折纯量(吨)	Consumption of Chemical Fertilizer(ton)	9028	10072	11.6
农村用电量(万千瓦小时)	Electricity Consumed in Rural Area(10 000 kwh)	15498	23367	50.8
农林牧渔业总产值(万元)	Gross Output of Farming, Forestry, Animal Husbandry & Fishery(10 000 yuan)	161648	191574	5.9
粮食产量(吨)	Yield of Grain(ton)	92158	123127	33.6
油料产量(吨)	Yield of Oil－bearing Grops(ton)	10	1144	11340.0
甜菜产量(吨)	Yield of Beetroots(ton)	1560	11050	608.3
猪牛羊肉产量(吨)	Output of Pork, Beef & Mutton(ton)	11454	12494	9.1
#猪肉产量(吨)	Output of Pork(ton)	3151	3201	1.6
牛肉产量(吨)	Output of Beef(ton)	6952	7952	14.4
羊肉产量(吨)	Output of Mutton(ton)	1351	1341	－0.7
羊毛产量(吨)	Output of Wool(ton)	247	250	1.2

23－54 Yuanbaoshan District in Chifeng City

指　　标	Item	2009	2010	2010年比上年增长% Increase Rate in 2010 Over 2009(%)
年末牲畜存栏头数(万头只)	Total Livestock at the Year－end(10 000 heads)	16.00	16.44	2.8
#大牲畜(万头只)	Large Animals(10 000 heads)	9.05	9.07	0.2
羊(万只)	Sheep & Goats(10 000 heads)	3.36	3.76	11.9
猪(万头)	Hogs(10 000 heads)	3.59	3.61	0.6
规模以上工业	**Industrial Enterprises above Designated size**			
工业企业单位数(个)	Number of Industrial Enterprises(unit)	69	69	0.0
#内资企业(个)	Civil Funded Enterprises(unit)	66	66	0.0
工业总产值(万元)	Gross Industrial Output Value(10 000 yuan)	1259557	1319383	4.7
内资企业(万元)	Civil Funded Enterprises(10 000 yuan)	1112407	1227990	10.4
国有企业(万元)	State－owned Enterprises(10 000 yuan)	6504	8789	35.1
集体企业(万元)	Collective－owned Enterprises(10 000 yuan)	111954	76189	－31.9
股份合作企业(万元)	Share Holding Enterprises(10 000 yuan)	5353		
联营企业(万元)	Joint Owned Enterprises(10 000 yuan)			
有限责任公司(万元)	Limited Company(10 000 yuan)	956832	1111272	16.1
股份有限公司(万元)	Share Holding Limited Company(10 000 yuan)			
私营企业(万元)	Privately Owned Enterprises(10 000 yuan)	28692	31740	10.6
其他企业(万元)	Enterprises of Other Ownership(10 000 yuan)	3072		－100.0
港澳台商投资企业(万元)	Funds from HK,Macao & Taiwan(10 000 yuan)	145645	89620	－38.5
外商投资企业(万元)	Foreign Funded Enterprises(10 000 yuan)	1505	1773	17.8
工业企业增加值(万元)	Value Added of Industrial Enterprises(10 000 yuan)	567934	788077	12.1
工业企业资产总计(万元)	Total Assets of Industrial Enterprises(10 000 yuan)	1794022	1906423	6.3
工业企业负债合计(万元)	Total Liabilities of Industrial Enterprises(10 000 yuan)	1015789	1028292	1.2
工业企业产品销售收入(万元)	Sales of Revenue Industrial Enterprises(10 000 yuan)	1244373	1353283	8.8
工业企业利润总额(万元)	Total Profits of Industrial Enterprises(10 000 yuan)	162727	167134	2.7
建筑业	**Construction**			
建筑企业单位数(个)	Number of Construction Enterprises(unit)	10	10	0.0
建筑企业从业人员(人)	Number of Employee in Construction Enterprises(person)	10396	10981	5.6
建筑业总产值(万元)	Gross Construction Output Value(10 000 yuan)	88687	121472	37.0
交通运输邮电通信业	**Transportation,Post & Telecommunications**			
公路里程(公里)	Total Length of Highways(km)	700	700	0.0
邮电业务总量(万元)	Business Volume of Post & Telecoms(10 000 yuan)	14851	19228	29.5
本地电话用户(户)	Number of Subscribers of Local Telephone(Household)	52238	40502	－22.5
国内贸易	**Domestic Trade**			
社会消费品零售总额(万元)	Total Retail Sales of Consumer Goods(10 000 yuan)	363049	426260	17.4
#贸易业(万元)	Wholesale & Retail Sales Trades(10 000 yuan)	313162	372937	19.1
餐饮业(万元)	Catering Trade(10 000 yuan)	43565	53323	22.4
科技教育卫生	**Science,Education & Public Health**			
各类专业技术人员(人)	Special Technical Personnel(person)	6651	6332	－4.8
幼儿园数(所)	Number of Kindergartens(unit)	82	53	－35.4
学龄儿童入学率(%)	Percentage of School－Age Children Enrolled(%)	100.0	100.0	0.0
小学学校数(所)	Number of Primary Schools(unit)	32	21	－34.4
小学专任教师数(人)	Number of Full－time Teachers of Primary Schools(person)	1885	1822	－3.3
小学在校学生数(人)	Number of Student Enrollment of Primary Schools(person)	20859	21494	3.0
普通中学学校数(所)	Number of Regular Secondary Schools(unit)	11	11	0.0
普通中学专任教师数(人)	Number of Teachers of Secondary Shools(person)	1655	1645	－0.6
初中在校学生数(人)	Number of Student in Junior Secondary Schools(person)	13489	14241	5.6
高中在校学生数(人)	Number of Student in Senior Secondary Schools(person)	12295	12351	0.5
卫生机构数(所)	Number of Health Institutions(unit)	117	117	0.0
#医院(所)	Hospitals(unit)	13	12	－7.7
卫生院(所)	Township Hospitals(unit)	11	11	0.0
床位数(张)	Number of Beds(unit)	1882	1766	－6.2
#医院(张)	Hospitals(unit)	1487	1461	－1.7
卫生院(张)	Township Hospitals(unit)	257	259	0.8
卫生技术人员(人)	Medical Technical Presonnel(person)	1886	1916	1.6
#医院(人)	Hospitals(person)	1357	1383	1.9
卫生院(人)	Township Hospitals(person)	223	225	0.9

23－55 赤峰市松山区

指　　标	Item	2009	2010	2010年比上年增长% Increase Rate in 2010 Over 2009(%)
行政区域土地面积(平方公里)	**Area of Administration(Sq. km)**	**5629**	**5629**	**0.0**
人口和就业	**Population & Employment**			
年末总人口(人)	Total Population Year－end(person)	535071	535536	0.1
#男性(人)	Male(person)	277586	278079	0.2
#乡村人口(人)	Rural(person)	438558	440999	0.6
年末总户数(户)	Total Number of Households at the Year－end(Household)	166094	173085	4.2
#乡村户数(户)	Number of Rural Household(Household)	117023	123417	5.5
出生人口(人)	Births(person)	5185	6570	26.7
死亡人口(人)	Deaths(person)	1169	9442	707.7
全社会就业人员(人)	Employment(person)	288752	302354	4.7
第一产业(人)	Primary Industry(person)	135837	147028	8.2
第二产业(人)	Secondary Industry(person)	71763	80136	11.7
第三产业(人)	Tertiary Industry(person)	81152	75190	－7.3
在岗职工人数(人)	Number of Staff & Workers Employed in(person)	29416	30030	2.1
乡村劳动力(人)	Number of Rural Laborers(person)	239791	294804	22.9
#农林牧渔业(人)	Farming, Forestry, Animal Husbandry & Fishery(person)	134798	146178	8.4
国民经济综合指标	**Summary Item on the National Economy**			
生产总值(万元)	Gross Domestic Product(10 000 yuan)	1037641	1386403	17.9
第一产业(万元)	Primary Industry(10 000 yuan)	220520	263280	6.7
第二产业(万元)	Secondary Industry(10 000 yuan)	486658	749075	26.9
#工业(万元)	Industry(10 000 yuan)	421071	654608	23.8
第三产业(万元)	Tertiary Industry(10 000 yuan)	330463	374048	13.4
人均生产总值(元)	Per Capita GDP(yuan)	19532	25899	17.0
全社会固定资产投资(万元)	Total Investment in Fixed Assets(10 000 yuan)	750149	1096520	46.2
按登记注册类型分	Grouped by Registered Type			
#国有(万元)	State－owned Enterprises(10 000 yuan)	125592	344378	174.2
集体(万元)	Collective－owned Enterprises(10 000 yuan)	33653	243939	624.9
有限责任公司(万元)	Limited Liability Corporations(10 000 yuan)	155139		
股份有限公司(万元)	Share Holding Enterprises(10 000 yuan)			
私营企业(万元)	Private Enterprises(10 000 yuan)	275231	508203	84.6
外商及港澳台投资企业(万元)	Funds from HK, Macao, Taiwan & Foreign(10 000 yuan)	600		
按城乡渠道分	Grouped by Urban and Rural Area			
城镇(万元)	Urban(10 000 yuan)	673529	977810	45.2
农村(万元)	Rural(10 000 yuan)	76620	118710	54.9
一般预算收入(万元)	General Budgetary Financial Revenue(10 000 yuan)	30548	40500	32.6
一般预算支出(万元)	General Budgetary Financial Expenditures(10 000 yuan)	124840	165428	32.5
城乡居民储蓄存款余额(万元)	Resident Saving Deposit in Urban & Rural(10 000 yuan)	497261	535180	7.6
在岗职工工资总额(万元)	Total Wages of Staff & Workers Employed in(10 000 yuan)	95895	104759	9.2
在岗职工平均工资(元)	Average Wage of Staff & Workers Employed in(yuan)	32600	34885	7.0
城镇居民人均可支配收入(元)	Annual Disposable Income of Urban Residents per Capita(yuan)	13300	14700	10.5
农牧民人均纯收入(元)	Per Capita Net Income of Peasant & Herdsman(yuan)	5735	6335	10.5
农村牧区经济	**Economic Development in Rural & Pastoral Area**			
耕地面积(公顷)	Cultivated Area(hectare)	156739	156453	－0.2
农作物总播种面积(公顷)	Total Sown Area(hectare)	144226	159416	10.5
#粮食作物播种面积(公顷)	Sown Area of Grain Crops(hectare)	105047	116408	10.8
有效灌溉面积(公顷)	Irrigated Area(hectare)	63107	64667	2.5
农牧业机械总动力(万千瓦)	Total Power of Agricultural Machinery(10 000 kw)	54.67	57.31	4.8
化肥施用折纯量(吨)	Consumption of Chemical Fertilizer(ton)	31017	31245	0.7
农村用电量(万千瓦小时)	Electricity Consumed in Rural Area(10 000 kwh)	17573	19425	10.5
农林牧渔业总产值(万元)	Gross Output of Farming, Forestry, Animal Husbandry & Fishery(10 000 yuan)	368343	442042	20.0
粮食产量(吨)	Yield of Grain(ton)	530192	590522	11.4
油料产量(吨)	Yield of Oil－bearing Grops(ton)	10786	35391	228.1
甜菜产量(吨)	Yield of Beetroots(ton)	105159	148565	41.3
猪牛羊肉产量(吨)	Output of Pork, Beef & Mutton(ton)	37007	39209	6.0
#猪肉产量(吨)	Output of Pork(ton)	18337	18417	0.4
牛肉产量(吨)	Output of Beef(ton)	14407	14677	1.9
羊肉产量(吨)	Output of Mutton(ton)	4263	6115	43.4
羊毛产量(吨)	Output of Wool(ton)	525	711	35.4

23 - 55 Songshan District in Chifeng City

指　　标	Item	2009	2010	2010年比上年增长% Increase Rate in 2010 Over 2009(%)
年末牲畜存栏头数(万头只)	Total Livestock at the Year - end(10 000 heads)	58.05	59.63	2.7
#大牲畜(万头只)	Large Animals(10 000 heads)	19.71	20.22	2.6
羊(万只)	Sheep & Goats(10 000 heads)	22.58	23.55	4.3
猪(万头)	Hogs(10 000 heads)	15.76	15.86	0.6
规模以上工业	**Industrial Enterprises above Designated size**			
工业企业单位数(个)	Number of Industrial Enterprises(unit)	51	61	19.6
#内资企业(个)	Civil Funded Enterprises(unit)	47	57	21.3
工业总产值(万元)	Gross Industrial Output Value(10 000 yuan)	1129245	1520458	34.6
内资企业(万元)	Civil Funded Enterprises(10 000 yuan)	828524	1196887	44.5
国有企业(万元)	State - owned Enterprises(10 000 yuan)	93971	146739	56.2
集体企业(万元)	Collective - owned Enterprises(10 000 yuan)	7552	7171	-5.0
股份合作企业(万元)	Share Holding Enterprises(10 000 yuan)			
联营企业(万元)	Joint Owned Enterprises(10 000 yuan)			
有限责任公司(万元)	Limited Company(10 000 yuan)	152580	366795	140.4
股份有限公司(万元)	Share Holding Limited Company(10 000 yuan)	23076	20976	-9.1
私营企业(万元)	Privately Owned Enterprises(10 000 yuan)	551345	655206	18.8
其他企业(万元)	Enterprises of Other Ownership(10 000 yuan)			
港澳台商投资企业(万元)	Funds from HK, Macao & Taiwan(10 000 yuan)	224196	247039	10.2
外商投资企业(万元)	Foreign Funded Enterprises(10 000 yuan)	76525	76532	0.0
工业企业增加值(万元)	Value Added of Industrial Enterprises(10 000 yuan)	338271	641200	21.1
工业企业资产总计(万元)	Total Assets of Industrial Enterprises(10 000 yuan)	1381707	1612382	16.7
工业企业负债合计(万元)	Total Liabilities of Industrial Enterprises(10 000 yuan)	812962	983423	21.0
工业企业产品销售收入(万元)	Sales of Revenue Industrial Enterprises(10 000 yuan)	1126347	1516934	34.7
工业企业利润总额(万元)	Total Profits of Industrial Enterprises(10 000 yuan)	76303	150254	96.9
建筑业	**Construction**			
建筑企业单位数(个)	Number of Construction Enterprises(unit)	26	26	0.0
建筑企业从业人员(人)	Number of Employee in Construction Enterprises(person)	29701	12217	-58.9
建筑业总产值(万元)	Gross Construction Output Value(10 000 yuan)	313625	321775	2.6
交通运输邮电通信业	**Transportation, Post & Telecommunications**			
公路里程(公里)	Total Length of Highways(km)	1528	1532	0.3
邮电业务总量(万元)	Business Volume of Post & Telecoms(10 000 yuan)			
本地电话用户(户)	Number of Subscribers of Local Telephone(Household)	71331	92759	30.0
国内贸易	**Domestic Trade**			
社会消费品零售总额(万元)	Total Retail Sales of Consumer Goods(10 000 yuan)	480150	573608	19.5
#贸易业(万元)	Wholesale & Retail Sales Trades(10 000 yuan)	440111	519524	18.0
餐饮业(万元)	Catering Trade(10 000 yuan)	40039	54084	35.1
科技教育卫生	**Science, Education & Public Health**			
各类专业技术人员(人)	Special Technical Personnel(person)	11074	11124	0.5
幼儿园数(所)	Number of Kindergartens(unit)	19	24	26.3
学龄儿童入学率(%)	Percentage of School - Age Children Enrolled(%)	100.0	100.0	0.0
小学学校数(所)	Number of Primary Schools(unit)	86	79	-8.1
小学专任教师数(人)	Number of Full - time Teachers of Primary Schools(person)	2438	2378	-2.5
小学在校学生数(人)	Number of Student Enrollment of Primary Schools(person)	34085	34247	0.5
普通中学学校数(所)	Number of Regular Secondary Schools(unit)	20	19	-5.0
普通中学专任教师数(人)	Number of Teachers of Secondary Shools(person)	2095	2018	-3.7
初中在校学生数(人)	Number of Student in Junior Secondary Schools(person)	18920	18447	-2.5
高中在校学生数(人)	Number of Student in Senior Secondary Schools(person)	14835	13275	-10.5
卫生机构数(所)	Number of Health Institutions(unit)	42	43	2.4
#医院(所)	Hospitals(unit)	4	4	0.0
卫生院(所)	Township Hospitals(unit)	28	28	0.0
床位数(张)	Number of Beds(unit)	1057	1114	5.4
#医院(张)	Hospitals(unit)	290	290	0.0
卫生院(张)	Township Hospitals(unit)	682	694	1.8
卫生技术人员(人)	Medical Technical Presonnel(person)	1220	1334	9.3
#医院(人)	Hospitals(person)	314	343	9.2
卫生院(人)	Township Hospitals(person)	754	809	7.3

23－56 赤峰市阿鲁科尔沁旗

指 标	Item	2009	2010	2010 年比上年增长% Increase Rate in 2010 Over 2009(%)
行政区域土地面积(平方公里)	**Area of Administration(Sq. km)**	**14555**	**14555**	**0.0**
人口和就业	**Population & Employment**			
年末总人口(人)	Total Population Year－end(person)	300957	299371	－0.5
# 男性(人)	Male(person)	153015	152127	－0.6
# 乡村人口(人)	Rural(person)	248598	253799	2.1
年末总户数(户)	Total Number of Households at the Year－end(Household)	115388	121267	5.1
# 乡村户数(户)	Number of Rural Household(Household)	76314	80897	6.0
出生人口(人)	Births(person)	2774	2657	－4.2
死亡人口(人)	Deaths(person)	1849	1326	－28.3
全社会就业人员(人)	Employment(person)	157656	158768	0.7
第一产业(人)	Primary Industry(person)	95633	96151	0.5
第二产业(人)	Secondary Industry(person)	16994	17165	1.0
第三产业(人)	Tertiary Industry(person)	45029	45452	0.9
在岗职工人数(人)	Number of Staff & Workers Employed in(person)	18386	18279	－0.6
乡村劳动力(人)	Number of Rural Laborers(person)	141898	149379	5.3
# 农林牧渔业(人)	Farming, Forestry, Animal Husbandry & Fishery(person)	113125	120584	6.6
国民经济综合指标	**Summary Item on the National Economy**			
生产总值(万元)	Gross Domestic Product(10 000 yuan)	466945	580509	18.5
第一产业(万元)	Primary Industry(10 000 yuan)	98410	117060	6.3
第二产业(万元)	Secondary Industry(10 000 yuan)	172922	243074	34.0
# 工业(万元)	Industry(10 000 yuan)	144136	208915	39.0
第三产业(万元)	Tertiary Industry(10 000 yuan)	195613	220375	12.3
人均生产总值(元)	Per Capita GDP(yuan)	15538	19340	18.8
全社会固定资产投资(万元)	Total Investment in Fixed Assets(10 000 yuan)	329244	396499	20.4
按登记注册类型分	Grouped by Registered Type			
# 国有(万元)	State－owned Enterprises(10 000 yuan)	105008	110963	5.7
集体(万元)	Collective－owned Enterprises(10 000 yuan)			
有限责任公司(万元)	Limited Liability Corporations(10 000 yuan)	201931	285536	41.4
股份有限公司(万元)	Share Holding Enterprises(10 000 yuan)			
私营企业(万元)	Private Enterprises(10 000 yuan)			
外商及港澳台投资企业(万元)	Funds from HK, Macao, Taiwan & Foreign(10 000 yuan)			
按城乡渠道分	Grouped by Urban and Rural Area			
城镇(万元)	Urban(10 000 yuan)	308846	388398	25.8
农村(万元)	Rural(10 000 yuan)	20398	8101	－60.3
一般预算收入(万元)	General Budgetary Financial Revenue(10 000 yuan)	11190	14840	32.6
一般预算支出(万元)	General Budgetary Financial Expenditures(10 000 yuan)	127284	149784	17.7
城乡居民储蓄存款余额(万元)	Resident Saving Deposit in Urban & Rural(10 000 yuan)	130803	161521	23.5
在岗职工工资总额(万元)	Total Wages of Staff & Workers Employed in(10 000 yuan)	47063	56244	19.5
在岗职工平均工资(元)	Average Wage of Staff & Workers Employed in(yuan)	23422	28090	19.9
城镇居民人均可支配收入(元)	Annual Disposable Income of Urban Residents per Capita(yuan)	10194	12200	19.7
农牧民人均纯收入(元)	Per Capita Net Income of Peasant & Herdsman(yuan)	4052	4730	16.7
农村牧区经济	**Economic Development in Rural & Pastoral Area**			
耕地面积(公顷)	Cultivated Area(hectare)	110974	110700	－0.2
农作物总播种面积(公顷)	Total Sown Area(hectare)	120681	122252	1.3
# 粮食作物播种面积(公顷)	Sown Area of Grain Crops(hectare)	108429	110737	2.1
有效灌溉面积(公顷)	Irrigated Area(hectare)	26700	27420	2.7
农牧业机械总动力(万千瓦)	Total Power of Agricultural Machinery(10 000 kw)	48.35	48.40	0.1
化肥施用折纯量(吨)	Consumption of Chemical Fertilizer(ton)	18845	19339	2.6
农村用电量(万千瓦小时)	Electricity Consumed in Rural Area(10 000 kwh)	5612	7243	29.1
农林牧渔业总产值(万元)	Gross Output of Farming, Forestry, Animal Husbandry & Fishery(10 000 yuan)	164285	195846	19.2
粮食产量(吨)	Yield of Grain(ton)	250803	270162	7.7
油料产量(吨)	Yield of Oil－bearing Grops(ton)	5174	5749	11.1
甜菜产量(吨)	Yield of Beetroots(ton)	1242	5991	382.4
猪牛羊肉产量(吨)	Output of Pork, Beef & Mutton(ton)	34512	30243	－12.4
# 猪肉产量(吨)	Output of Pork(ton)	7023	7063	0.6
牛肉产量(吨)	Output of Beef(ton)	15188	11753	－22.6
羊肉产量(吨)	Output of Mutton(ton)	12301	11427	－7.1
羊毛产量(吨)	Output of Wool(ton)	2941	1238	－57.9

23－56 Alukeerqin Banner in Chifeng City

指　　标	Item	2009	2010	2010年比上年增长% Increase Rate in 2010 Over 2009(%)
年末牲畜存栏头数(万头只)	Total Livestock at the Year－end(10 000 heads)	136.92	119.95	－12.4
#大牲畜(万头只)	Large Animals(10 000 heads)	26.37	26.52	0.6
羊(万只)	Sheep & Goats(10 000 heads)	103.81	86.67	－16.5
猪(万头)	Hogs(10 000 heads)	6.74	6.76	0.3
规模以上工业	**Industrial Enterprises above Designated size**			
工业企业单位数(个)	Number of Industrial Enterprises(unit)	35	35	0.0
#内资企业(个)	Civil Funded Enterprises(unit)	35	35	0.0
工业总产值(万元)	Gross Industrial Output Value(10 000 yuan)	288833	528103	82.8
内资企业(万元)	Civil Funded Enterprises(10 000 yuan)	288833	528103	82.8
国有企业(万元)	State－owned Enterprises(10 000 yuan)	129334	196839	52.2
集体企业(万元)	Collective－owned Enterprises(10 000 yuan)	6525	13028	99.7
股份合作企业(万元)	Share Holding Enterprises(10 000 yuan)			
联营企业(万元)	Joint Owned Enterprises(10 000 yuan)			
有限责任公司(万元)	Limited Company(10 000 yuan)	45064	56023	24.3
股份有限公司(万元)	Share Holding Limited Company(10 000 yuan)			
私营企业(万元)	Privately Owned Enterprises(10 000 yuan)	107910	262213	143.0
其他企业(万元)	Enterprises of Other Ownership(10 000 yuan)			
港澳台商投资企业(万元)	Funds from HK,Macao & Taiwan(10 000 yuan)			
外商投资企业(万元)	Foreign Funded Enterprises(10 000 yuan)			
工业企业增加值(万元)	Value Added of Industrial Enterprises(10 000 yuan)	118536	204590	43.4
工业企业资产总计(万元)	Total Assets of Industrial Enterprises(10 000 yuan)	316946	321603	1.5
工业企业负债合计(万元)	Total Liabilities of Industrial Enterprises(10 000 yuan)	129869	166689	28.4
工业企业产品销售收入(万元)	Sales of Revenue Industrial Enterprises(10 000 yuan)	282544	552980	95.7
工业企业利润总额(万元)	Total Profits of Industrial Enterprises(10 000 yuan)	4790	9132	90.6
建筑业	**Construction**			
建筑企业单位数(个)	Number of Construction Enterprises(unit)	2	3	50.0
建筑企业从业人员(人)	Number of Employee in Construction Enterprises(person)	758	924	21.9
建筑业总产值(万元)	Gross Construction Output Value(10 000 yuan)	4425	7905	78.6
交通运输邮电通信业	**Transportation,Post & Telecommunications**			
公路里程(公里)	Total Length of Highways(km)	2474	2474	0.0
邮电业务总量(万元)	Business Volume of Post & Telecoms(10 000 yuan)	9749	10924	12.1
本地电话用户(户)	Number of Subscribers of Local Telephone(Household)	28837	28970	0.5
国内贸易	**Domestic Trade**			
社会消费品零售总额(万元)	Total Retail Sales of Consumer Goods(10 000 yuan)	136058	158741	16.7
#贸易业(万元)	Wholesale & Retail Sales Trades(10 000 yuan)	119998	139071	15.9
餐饮业(万元)	Catering Trade(10 000 yuan)	13692	16331	19.3
科技教育卫生	**Science,Education & Public Health**			
各类专业技术人员(人)	Special Technical Personnel(person)	7393	7393	0.0
幼儿园数(所)	Number of Kindergartens(unit)	12	12	0.0
学龄儿童入学率(%)	Percentage of School－Age Children Enrolled(%)	100.0	100.0	0.0
小学学校数(所)	Number of Primary Schools(unit)	31	31	0.0
小学专任教师数(人)	Number of Full－time Teachers of Primary Schools(person)	1776	1774	－0.1
小学在校学生数(人)	Number of Student Enrollment of Primary Schools(person)	20133	20215	0.4
普通中学学校数(所)	Number of Regular Secondary Schools(unit)	16	16	0.0
普通中学专任教师数(人)	Number of Teachers of Secondary Shools(person)	1246	1236	－0.8
初中在校学生数(人)	Number of Student in Junior Secondary Schools(person)	11283	10011	－11.3
高中在校学生数(人)	Number of Student in Senior Secondary Schools(person)	5466	6212	13.6
卫生机构数(所)	Number of Health Institutions(unit)	33	33	0.0
#医院(所)	Hospitals(unit)	4	4	0.0
卫生院(所)	Township Hospitals(unit)	22	22	0.0
床位数(张)	Number of Beds(unit)	811	812	0.1
#医院(张)	Hospitals(unit)	518	508	－1.9
卫生院(张)	Township Hospitals(unit)	263	274	4.2
卫生技术人员(人)	Medical Technical Presonnel(person)	912	945	3.6
#医院(人)	Hospitals(person)	518	608	17.4
卫生院(人)	Township Hospitals(person)	263	266	1.1

23－57 赤峰市巴林左旗

指　　标	Item	2009	2010	2010年比上年增长% Increase Rate in 2010 Over 2009(%)
行政区域土地面积(平方公里)	**Area of Administration(Sq. km)**	**6644**	**6644**	**0.0**
人口和就业	**Population & Employment**			
年末总人口(人)	Total Population Year－end(person)	359754	356889	－0.8
#男性(人)	Male(person)	183185	181529	－0.9
#乡村人口(人)	Rural(person)	302701	299509	－1.1
年末总户数(户)	Total Number of Households at the Year－end(Household)	121416	132237	8.9
#乡村户数(户)	Number of Rural Household(Household)	82437	84487	2.5
出生人口(人)	Births(person)	3781	3168	－16.2
死亡人口(人)	Deaths(person)	1938	1967	1.5
全社会就业人员(人)	Employment(person)	201161	206834	2.8
第一产业(人)	Primary Industry(person)	130941	119902	－8.4
第二产业(人)	Secondary Industry(person)	32151	41965	30.5
第三产业(人)	Tertiary Industry(person)	38069	44967	18.1
在岗职工人数(人)	Number of Staff & Workers Employed in(person)	19452	22583	16.1
乡村劳动力(人)	Number of Rural Laborers(person)	172529	168508	－2.3
#农林牧渔业(人)	Farming, Forestry, Animal Husbandry & Fishery(person)	105788	98490	－6.9
国民经济综合指标	**Summary Item on the National Economy**			
生产总值(万元)	Gross Domestic Product(10 000 yuan)	580484	672246	14.8
第一产业(万元)	Primary Industry(10 000 yuan)	118870	140900	5.9
第二产业(万元)	Secondary Industry(10 000 yuan)	264169	315214	24.7
#工业(万元)	Industry(10 000 yuan)	221723	261368	25.6
第三产业(万元)	Tertiary Industry(10 000 yuan)	197445	216132	8.6
人均生产总值(元)	Per Capita GDP(yuan)	16070	18761	13.5
全社会固定资产投资(万元)	Total Investment in Fixed Assets(10 000 yuan)	485478	625011	28.7
按登记注册类型分	Grouped by Registered Type			
#国有(万元)	State－owned Enterprises(10 000 yuan)	225782	334724	48.3
集体(万元)	Collective－owned Enterprises(10 000 yuan)	1000	1170	17.0
有限责任公司(万元)	Limited Liability Corporations(10 000 yuan)	113113	102616	－9.3
股份有限公司(万元)	Share Holding Enterprises(10 000 yuan)	42203	46388	9.9
私营企业(万元)	Private Enterprises(10 000 yuan)	103380	140013	35.4
外商及港澳台投资企业(万元)	Funds from HK, Macao, Taiwan & Foreign(10 000 yuan)		100	
按城乡渠道分	Grouped by Urban and Rural Area			
城镇(万元)	Urban(10 000 yuan)	429238	620869	44.6
农村(万元)	Rural(10 000 yuan)	56240	4142	－92.6
一般预算收入(万元)	General Budgetary Financial Revenue(10 000 yuan)	21694	25417	17.2
一般预算支出(万元)	General Budgetary Financial Expenditures(10 000 yuan)	115003	150280	30.7
城乡居民储蓄存款余额(万元)	Resident Saving Deposit in Urban & Rural(10 000 yuan)	183714	240336	30.8
在岗职工工资总额(万元)	Total Wages of Staff & Workers Employed in(10 000 yuan)	55488	66289	19.5
在岗职工平均工资(元)	Average Wage of Staff & Workers Employed in(yuan)	27499	29506	7.3
城镇居民人均可支配收入(元)	Annual Disposable Income of Urban Residents per Capita(yuan)	10830	12410	14.6
农牧民人均纯收入(元)	Per Capita Net Income of Peasant & Herdsman(yuan)	4787	5080	6.1
农村牧区经济	**Economic Development in Rural & Pastoral Area**			
耕地面积(公顷)	Cultivated Area(hectare)	106635	102785	－3.6
农作物总播种面积(公顷)	Total Sown Area(hectare)	98477	102785	4.4
#粮食作物播种面积(公顷)	Sown Area of Grain Crops(hectare)	69659	94997	36.4
有效灌溉面积(公顷)	Irrigated Area(hectare)	24763	24780	0.1
农牧业机械总动力(万千瓦)	Total Power of Agricultural Machinery(10 000 kw)	34.44	35.90	4.2
化肥施用折纯量(吨)	Consumption of Chemical Fertilizer(ton)	13089	13379	2.2
农村用电量(万千瓦小时)	Electricity Consumed in Rural Area(10 000 kwh)	9103	9263	1.8
农林牧渔业总产值(万元)	Gross Output of Farming, Forestry, Animal Husbandry & Fishery(10 000 yuan)	199026	235181	18.2
粮食产量(吨)	Yield of Grain(ton)	261881	260160	－0.7
油料产量(吨)	Yield of Oil－bearing Grops(ton)	1700	1699	－0.1
甜菜产量(吨)	Yield of Beetroots(ton)	12604	10488	－16.8
猪牛羊肉产量(吨)	Output of Pork, Beef & Mutton(ton)	19890	20450	2.8
#猪肉产量(吨)	Output of Pork(ton)	11178	11218	0.4
牛肉产量(吨)	Output of Beef(ton)	2556	3077	20.4
羊肉产量(吨)	Output of Mutton(ton)	6156	6155	0.0
羊毛产量(吨)	Output of Wool(ton)	4034	1036	－74.3

23 – 57 Balinzuo Banner in Chifeng City

指　　标	Item	2009	2010	2010 年比上年增长% Increase Rate in 2010 Over 2009(%)
年末牲畜存栏头数(万头只)	Total Livestock at the Year – end(10 000 heads)	103.65	106.86	3.1
# 大牲畜(万头只)	Large Animals(10 000 heads)	13.40	14.21	6.0
羊(万只)	Sheep & Goats(10 000 heads)	76.31	78.93	3.4
猪(万头)	Hogs(10 000 heads)	13.94	13.72	–1.6
规模以上工业	**Industrial Enterprises above Designated size**			
工业企业单位数(个)	Number of Industrial Enterprises(unit)	48	53	10.4
# 内资企业(个)	Civil Funded Enterprises(unit)	48	53	10.4
工业总产值(万元)	Gross Industrial Output Value(10 000 yuan)	536185	793927	48.1
内资企业(万元)	Civil Funded Enterprises(10 000 yuan)	536185	793927	48.1
国有企业(万元)	State – owned Enterprises(10 000 yuan)	63011	63517	0.8
集体企业(万元)	Collective – owned Enterprises(10 000 yuan)			
股份合作企业(万元)	Share Holding Enterprises(10 000 yuan)			
联营企业(万元)	Joint Owned Enterprises(10 000 yuan)			
有限责任公司(万元)	Limited Company(10 000 yuan)	170758	254838	49.2
股份有限公司(万元)	Share Holding Limited Company(10 000 yuan)	288883	441737	52.9
私营企业(万元)	Privately Owned Enterprises(10 000 yuan)	13533	33835	150.0
其他企业(万元)	Enterprises of Other Ownership(10 000 yuan)			
港澳台商投资企业(万元)	Funds from HK,Macao & Taiwan(10 000 yuan)			
外商投资企业(万元)	Foreign Funded Enterprises(10 000 yuan)			
工业企业增加值(万元)	Value Added of Industrial Enterprises(10 000 yuan)	185123	255596	28.6
工业企业资产总计(万元)	Total Assets of Industrial Enterprises(10 000 yuan)	539010	727796	35.0
工业企业负债合计(万元)	Total Liabilities of Industrial Enterprises(10 000 yuan)	138550	203216	46.7
工业企业产品销售收入(万元)	Sales of Revenue Industrial Enterprises(10 000 yuan)	450601	782654	73.7
工业企业利润总额(万元)	Total Profits of Industrial Enterprises(10 000 yuan)	124445	112981	–9.2
建筑业	**Construction**			
建筑企业单位数(个)	Number of Construction Enterprises(unit)	5	5	0.0
建筑企业从业人员(人)	Number of Employee in Construction Enterprises(person)	1062	4155	291.2
建筑业总产值(万元)	Gross Construction Output Value(10 000 yuan)	25074	34966	39.5
交通运输邮电通信业	**Transportation,Post & Telecommunications**			
公路里程(公里)	Total Length of Highways(km)	1502	1637	9.0
邮电业务总量(万元)	Business Volume of Post & Telecoms(10 000 yuan)	11223	11925	6.3
本地电话用户(户)	Number of Subscribers of Local Telephone(Household)	33636	13420	–60.1
国内贸易	**Domestic Trade**			
社会消费品零售总额(万元)	Total Retail Sales of Consumer Goods(10 000 yuan)	176105	205568	16.7
# 贸易业(万元)	Wholesale & Retail Sales Trades(10 000 yuan)	151946	180331	18.7
餐饮业(万元)	Catering Trade(10 000 yuan)	21092	22564	7.0
科技教育卫生	**Science,Education & Public Health**			
各类专业技术人员(人)	Special Technical Personnel(person)	8340	8360	0.2
幼儿园数(所)	Number of Kindergartens(unit)	24	24	0.0
学龄儿童入学率(%)	Percentage of School – Age Children Enrolled(%)	100.0	100.0	0.0
小学学校数(所)	Number of Primary Schools(unit)	58	57	–1.7
小学专任教师数(人)	Number of Full – time Teachers of Primary Schools(person)	2009	1957	–2.6
小学在校学生数(人)	Number of Student Enrollment of Primary Schools(person)	21753	21404	–1.6
普通中学学校数(所)	Number of Regular Secondary Schools(unit)	15	15	0.0
普通中学专任教师数(人)	Number of Teachers of Secondary Shools(person)	1422	1414	–0.6
初中在校学生数(人)	Number of Student in Junior Secondary Schools(person)	14956	14046	–6.1
高中在校学生数(人)	Number of Student in Senior Secondary Schools(person)	8440	8211	–2.7
卫生机构数(所)	Number of Health Institutions(unit)	30	30	0.0
# 医院(所)	Hospitals(unit)	2	2	0.0
卫生院(所)	Township Hospitals(unit)	22	21	–4.5
床位数(张)	Number of Beds(unit)	741	760	2.6
# 医院(张)	Hospitals(unit)	348	348	0.0
卫生院(张)	Township Hospitals(unit)	373	350	–6.2
卫生技术人员(人)	Medical Technical Presonnel(person)	1023	1062	3.8
# 医院(人)	Hospitals(person)	475	488	2.7
卫生院(人)	Township Hospitals(person)	435	380	–12.6

23－58 赤峰市巴林右旗

指　　标	Item	2009	2010	2010 年比上年增长% Increase Rate in 2010 Over 2009(%)
行政区域土地面积(平方公里)	**Area of Administration(Sq. km)**	**9837**	**9837**	**0.0**
人口和就业	**Population & Employment**			
年末总人口(人)	Total Population Year－end(person)	183507	183897	0.2
#男性(人)	Male(person)	93609	93507	－0.1
#乡村人口(人)	Rural(person)	125942	126558	0.5
年末总户数(户)	Total Number of Households at the Year－end(Household)	69093	75754	9.6
#乡村户数(户)	Number of Rural Household(Household)	36138	37166	2.8
出生人口(人)	Births(person)	1933	1828	－5.4
死亡人口(人)	Deaths(person)	855	1752	104.9
全社会就业人员(人)	Employment(person)	85858	86692	1.0
第一产业(人)	Primary Industry(person)	46914	46764	－0.3
第二产业(人)	Secondary Industry(person)	7459	8399	12.6
第三产业(人)	Tertiary Industry(person)	31485	31529	0.1
在岗职工人数(人)	Number of Staff & Workers Employed in(person)	18748	20164	7.6
乡村劳动力(人)	Number of Rural Laborers(person)	53166	53306	0.3
#农林牧渔业(人)	Farming, Forestry, Animal Husbandry & Fishery(person)	46914	46764	－0.3
国民经济综合指标	**Summary Item on the National Economy**			
生产总值(万元)	Gross Domestic Product(10 000 yuan)	348282	415967	17.6
第一产业(万元)	Primary Industry(10 000 yuan)	60990	72720	6.5
第二产业(万元)	Secondary Industry(10 000 yuan)	171557	218059	29.3
#工业(万元)	Industry(10 000 yuan)	127197	165026	35.5
第三产业(万元)	Tertiary Industry(10 000 yuan)	115735	125188	8.3
人均生产总值(元)	Per Capita GDP(yuan)	19030	22644	17.2
全社会固定资产投资(万元)	Total Investment in Fixed Assets(10 000 yuan)	507366	615579	21.3
按登记注册类型分	Grouped by Registered Type			
#国有(万元)	State－owned Enterprises(10 000 yuan)	220366	305451	38.6
集体(万元)	Collective－owned Enterprises(10 000 yuan)	1500	2450	63.3
有限责任公司(万元)	Limited Liability Corporations(10 000 yuan)	281500	178005	－36.8
股份有限公司(万元)	Share Holding Enterprises(10 000 yuan)	4000	12000	200.0
私营企业(万元)	Private Enterprises(10 000 yuan)			
外商及港澳台投资企业(万元)	Funds from HK, Macao, Taiwan & Foreign(10 000 yuan)			
按城乡渠道分	Grouped by Urban and Rural Area			
城镇(万元)	Urban(10 000 yuan)	504066	611879	21.4
农村(万元)	Rural(10 000 yuan)	3300	3700	12.1
一般预算收入(万元)	General Budgetary Financial Revenue(10 000 yuan)	20094	24910	24.0
一般预算支出(万元)	General Budgetary Financial Expenditures(10 000 yuan)	118699	117998	－0.6
城乡居民储蓄存款余额(万元)	Resident Saving Deposit in Urban & Rural(10 000 yuan)	122242	142855	16.9
在岗职工工资总额(万元)	Total Wages of Staff & Workers Employed in(10 000 yuan)	44710	54378	21.6
在岗职工平均工资(元)	Average Wage of Staff & Workers Employed in(yuan)	23819	26778	12.4
城镇居民人均可支配收入(元)	Annual Disposable Income of Urban Residents per Capita(yuan)	10704	11678	9.1
农牧民人均纯收入(元)	Per Capita Net Income of Peasant & Herdsman(yuan)	4489	4792	6.7
农村牧区经济	**Economic Development in Rural & Pastoral Area**			
耕地面积(公顷)	Cultivated Area(hectare)	88736	88799	0.1
农作物总播种面积(公顷)	Total Sown Area(hectare)	59495	60335	1.4
#粮食作物播种面积(公顷)	Sown Area of Grain Crops(hectare)	43954	45752	4.1
有效灌溉面积(公顷)	Irrigated Area(hectare)	23073	23073	0.0
农牧业机械总动力(万千瓦)	Total Power of Agricultural Machinery(10 000 kw)	27.70	29.02	4.8
化肥施用折纯量(吨)	Consumption of Chemical Fertilizer(ton)	7338	7792	6.2
农村用电量(万千瓦小时)	Electricity Consumed in Rural Area(10 000 kwh)	2027	2061	1.7
农林牧渔业总产值(万元)	Gross Output of Farming, Forestry, Animal Husbandry & Fishery(10 000 yuan)	101624	121348	6.7
粮食产量(吨)	Yield of Grain(ton)	73332	110055	50.1
油料产量(吨)	Yield of Oil－bearing Grops(ton)	3396	8272	143.6
甜菜产量(吨)	Yield of Beetroots(ton)	890	1098	23.4
猪牛羊肉产量(吨)	Output of Pork, Beef & Mutton(ton)	29594	30567	3.3
#猪肉产量(吨)	Output of Pork(ton)	2890	2900	0.3
牛肉产量(吨)	Output of Beef(ton)	10795	11595	7.4
羊肉产量(吨)	Output of Mutton(ton)	15909	16072	1.0
羊毛产量(吨)	Output of Wool(ton)	2192	2952	34.7

23 - 58 Balinyou Banner in Chifeng City

指　　标	Item	2009	2010	2010年比上年增长% Increase Rate in 2010 Over 2009(%)
年末牲畜存栏头数(万头只)	Total Livestock at the Year - end(10 000 heads)	103.77	111.71	7.7
# 大牲畜(万头只)	Large Animals(10 000 heads)	14.42	10.30	-28.6
羊(万只)	Sheep & Goats(10 000 heads)	86.37	98.19	13.7
猪(万头)	Hogs(10 000 heads)	2.97	3.23	8.8
规模以上工业	**Industrial Enterprises above Designated size**			
工业企业单位数(个)	Number of Industrial Enterprises(unit)	18	19	5.6
# 内资企业(个)	Civil Funded Enterprises(unit)	18	19	5.6
工业总产值(万元)	Gross Industrial Output Value(10 000 yuan)	292641	444123	51.8
内资企业(万元)	Civil Funded Enterprises(10 000 yuan)	292641	444123	51.8
国有企业(万元)	State - owned Enterprises(10 000 yuan)	6501	8468	30.3
集体企业(万元)	Collective - owned Enterprises(10 000 yuan)			
股份合作企业(万元)	Share Holding Enterprises(10 000 yuan)			
联营企业(万元)	Joint Owned Enterprises(10 000 yuan)			
有限责任公司(万元)	Limited Company(10 000 yuan)	145704	279216	91.6
股份有限公司(万元)	Share Holding Limited Company(10 000 yuan)	140436	156439	11.4
私营企业(万元)	Privately Owned Enterprises(10 000 yuan)			
其他企业(万元)	Enterprises of Other Ownership(10 000 yuan)			
港澳台商投资企业(万元)	Funds from HK, Macao & Taiwan(10 000 yuan)			
外商投资企业(万元)	Foreign Funded Enterprises(10 000 yuan)			
工业企业增加值(万元)	Value Added of Industrial Enterprises(10 000 yuan)	106297	161020	36.4
工业企业资产总计(万元)	Total Assets of Industrial Enterprises(10 000 yuan)	98311	138008	40.4
工业企业负债合计(万元)	Total Liabilities of Industrial Enterprises(10 000 yuan)	69853	94778	35.7
工业企业产品销售收入(万元)	Sales of Revenue Industrial Enterprises(10 000 yuan)	289470	441254	52.4
工业企业利润总额(万元)	Total Profits of Industrial Enterprises(10 000 yuan)	68815	117612	70.9
建筑业	**Construction**			
建筑企业单位数(个)	Number of Construction Enterprises(unit)	7	5	-28.6
建筑企业从业人员(人)	Number of Employee in Construction Enterprises(person)	4666	3922	-15.9
建筑业总产值(万元)	Gross Construction Output Value(10 000 yuan)	61768	87370	41.4
交通运输邮电通信业	**Transportation, Post & Telecommunications**			
公路里程(公里)	Total Length of Highways(km)	1984	1963	-1.1
邮电业务总量(万元)	Business Volume of Post & Telecoms(10 000 yuan)	8198	8391	2.4
本地电话用户(户)	Number of Subscribers of Local Telephone(Household)	18000	18000	0.0
国内贸易	**Domestic Trade**			
社会消费品零售总额(万元)	Total Retail Sales of Consumer Goods(10 000 yuan)	103234	122408	18.6
# 贸易业(万元)	Wholesale & Retail Sales Trades(10 000 yuan)	70730	90472	27.9
餐饮业(万元)	Catering Trade(10 000 yuan)	28127	28605	1.7
科技教育卫生	**Science, Education & Public Health**			
各类专业技术人员(人)	Special Technical Personnel(person)	5429	5796	6.8
幼儿园数(所)	Number of Kindergartens(unit)	19	26	36.8
学龄儿童入学率(%)	Percentage of School - Age Children Enrolled(%)	100.0	100.0	0.0
小学学校数(所)	Number of Primary Schools(unit)	24	24	0.0
小学专任教师数(人)	Number of Full - time Teachers of Primary Schools(person)	1313	1309	-0.3
小学在校学生数(人)	Number of Student Enrollment of Primary Schools(person)	12729	12136	-4.7
普通中学学校数(所)	Number of Regular Secondary Schools(unit)	6	6	0.0
普通中学专任教师数(人)	Number of Teachers of Secondary Shools(person)	822	812	-1.2
初中在校学生数(人)	Number of Student in Junior Secondary Schools(person)	5721	5791	1.2
高中在校学生数(人)	Number of Student in Senior Secondary Schools(person)	4624	4671	1.0
卫生机构数(所)	Number of Health Institutions(unit)	49	49	0.0
# 医院(所)	Hospitals(unit)	4	4	0.0
卫生院(所)	Township Hospitals(unit)	16	16	0.0
床位数(张)	Number of Beds(unit)	492	541	10.0
# 医院(张)	Hospitals(unit)	344	380	10.5
卫生院(张)	Township Hospitals(unit)	148	161	8.8
卫生技术人员(人)	Medical Technical Presonnel(person)	665	703	5.7
# 医院(人)	Hospitals(person)	332	319	-3.9
卫生院(人)	Township Hospitals(person)	244	189	-22.5

23－59 赤峰市林西县

指　　标	Item	2009	2010	2010年比上年增长% Increase Rate in 2010 Over 2009(%)
行政区域土地面积(平方公里)	**Area of Administration(Sq. km)**	**3933**	**3933**	**0.0**
人口和就业	**Population & Employment**			
年末总人口(人)	Total Population Year－end(person)	241301	239725	－0.7
#男性(人)	Male(person)	122057	121100	－0.8
#乡村人口(人)	Rural(person)	159064	157493	－1.0
年末总户数(户)	Total Number of Households at the Year－end(Household)	91251	96714	6.0
#乡村户数(户)	Number of Rural Household(Household)	56754	55195	－2.7
出生人口(人)	Births(person)	2230	2270	1.8
死亡人口(人)	Deaths(person)	871	2817	223.4
全社会就业人员(人)	Employment(person)	120207	120701	0.4
第一产业(人)	Primary Industry(person)	62421	61866	－0.9
第二产业(人)	Secondary Industry(person)	22069	22532	2.1
第三产业(人)	Tertiary Industry(person)	35717	36303	1.6
在岗职工人数(人)	Number of Staff & Workers Employed in(person)	19304	19569	1.4
乡村劳动力(人)	Number of Rural Laborers(person)	90439	92668	2.5
#农林牧渔业(人)	Farming,Forestry,Animal Husbandry & Fishery(person)	62421	61868	－0.9
国民经济综合指标	**Summary Item on the National Economy**			
生产总值(万元)	Gross Domestic Product(10 000 yuan)	329937	373363	15.2
第一产业(万元)	Primary Industry(10 000 yuan)	64695	77180	6.6
第二产业(万元)	Secondary Industry(10 000 yuan)	131099	145154	23.4
#工业(万元)	Industry(10 000 yuan)	108183	115522	23.7
第三产业(万元)	Tertiary Industry(10 000 yuan)	134143	151029	11.8
人均生产总值(元)	Per Capita GDP(yuan)	13707	15575	15.9
全社会固定资产投资(万元)	Total Investment in Fixed Assets(10 000 yuan)	262500	360000	37.1
按登记注册类型分	Grouped by Registered Type			
#国有(万元)	State－owned Enterprises(10 000 yuan)	108649	99203	－8.7
集体(万元)	Collective－owned Enterprises(10 000 yuan)			
有限责任公司(万元)	Limited Liability Corporations(10 000 yuan)		25000	
股份有限公司(万元)	Share Holding Enterprises(10 000 yuan)	23900	69300	190.0
私营企业(万元)	Private Enterprises(10 000 yuan)	76980	150450	95.4
外商及港澳台投资企业(万元)	Funds from HK,Macao,Taiwan & Foreign(10 000 yuan)			
按城乡渠道分	Grouped by Urban and Rural Area			
城镇(万元)	Urban(10 000 yuan)	212329	343953	62.0
农村(万元)	Rural(10 000 yuan)	50171	16047	－68.0
一般预算收入(万元)	General Budgetary Financial Revenue(10 000 yuan)	15250	19249	26.2
一般预算支出(万元)	General Budgetary Financial Expenditures(10 000 yuan)	98468	122776	24.7
城乡居民储蓄存款余额(万元)	Resident Saving Deposit in Urban & Rural(10 000 yuan)	154274	180557	17.0
在岗职工工资总额(万元)	Total Wages of Staff & Workers Employed in(10 000 yuan)	46954	53808	14.6
在岗职工平均工资(元)	Average Wage of Staff & Workers Employed in(yuan)	24216	27511	13.6
城镇居民人均可支配收入(元)	Annual Disposable Income of Urban Residents per Capita(yuan)	10482	12088	15.3
农牧民人均纯收入(元)	Per Capita Net Income of Peasant & Herdsman(yuan)	4325	4869	12.6
农村牧区经济	**Economic Development in Rural & Pastoral Area**			
耕地面积(公顷)	Cultivated Area(hectare)	61333	79533	29.7
农作物总播种面积(公顷)	Total Sown Area(hectare)	63333	63216	－0.2
#粮食作物播种面积(公顷)	Sown Area of Grain Crops(hectare)	45440	46040	1.3
有效灌溉面积(公顷)	Irrigated Area(hectare)	25838	25840	0.0
农牧业机械总动力(万千瓦)	Total Power of Agricultural Machinery(10 000 kw)	24.70	24.94	1.0
化肥施用折纯量(吨)	Consumption of Chemical Fertilizer(ton)	14901	13626	－8.6
农村用电量(万千瓦小时)	Electricity Consumed in Rural Area(10 000 kwh)	8088	9961	23.2
农林牧渔业总产值(万元)	Gross Output of Farming,Forestry,Animal Husbandry & Fishery(10 000 yuan)	107537	122508	7.0
粮食产量(吨)	Yield of Grain(ton)	155022	185086	19.4
油料产量(吨)	Yield of Oil－bearing Grops(ton)	8572	9942	16.0
甜菜产量(吨)	Yield of Beetroots(ton)	150390	197237	31.2
猪牛羊肉产量(吨)	Output of Pork, Beef & Mutton(ton)	18521	19366	4.6
#猪肉产量(吨)	Output of Pork(ton)	6341	6385	0.7
牛肉产量(吨)	Output of Beef(ton)	7158	8258	15.4
羊肉产量(吨)	Output of Mutton(ton)	5022	4723	－6.0
羊毛产量(吨)	Output of Wool(ton)	1035	904	－12.7

23 – 59 Linxi County in Chifeng City

指　　标	Item	2009	2010	2010 年比上年增长% Increase Rate in 2010 Over 2009(%)
年末牲畜存栏头数(万头只)	Total Livestock at the Year – end(10 000 heads)	53.78	55.10	2.5
# 大牲畜(万头只)	Large Animals(10 000 heads)	12.50	12.38	-1.0
羊(万只)	Sheep & Goats(10 000 heads)	33.40	34.87	4.4
猪(万头)	Hogs(10 000 heads)	7.80	7.88	1.0
规模以上工业	**Industrial Enterprises above Designated size**			
工业企业单位数(个)	Number of Industrial Enterprises(unit)	32	34	6.3
# 内资企业(个)	Civil Funded Enterprises(unit)	32	34	6.3
工业总产值(万元)	Gross Industrial Output Value(10 000 yuan)	217461	300994	38.4
内资企业(万元)	Civil Funded Enterprises(10 000 yuan)	217461	300994	38.4
国有企业(万元)	State – owned Enterprises(10 000 yuan)	11142	14487	30.0
集体企业(万元)	Collective – owned Enterprises(10 000 yuan)			
股份合作企业(万元)	Share Holding Enterprises(10 000 yuan)			
联营企业(万元)	Joint Owned Enterprises(10 000 yuan)			
有限责任公司(万元)	Limited Company(10 000 yuan)	201699	188815	-6.4
股份有限公司(万元)	Share Holding Limited Company(10 000 yuan)			
私营企业(万元)	Privately Owned Enterprises(10 000 yuan)	4620	97692	2014.5
其他企业(万元)	Enterprises of Other Ownership(10 000 yuan)			
港澳台商投资企业(万元)	Funds from HK, Macao & Taiwan(10 000 yuan)			
外商投资企业(万元)	Foreign Funded Enterprises(10 000 yuan)			
工业企业增加值(万元)	Value Added of Industrial Enterprises(10 000 yuan)	75583	110400	20.8
工业企业资产总计(万元)	Total Assets of Industrial Enterprises(10 000 yuan)	170210	196968	15.7
工业企业负债合计(万元)	Total Liabilities of Industrial Enterprises(10 000 yuan)	99101	114429	15.5
工业企业产品销售收入(万元)	Sales of Revenue Industrial Enterprises(10 000 yuan)	218541	266548	22.0
工业企业利润总额(万元)	Total Profits of Industrial Enterprises(10 000 yuan)	13948	16525	18.5
建筑业	**Construction**			
建筑企业单位数(个)	Number of Construction Enterprises(unit)	2	2	0.0
建筑企业从业人员(人)	Number of Employee in Construction Enterprises(person)	730	750	2.7
建筑业总产值(万元)	Gross Construction Output Value(10 000 yuan)	18080	29632	63.9
交通运输邮电通信业	**Transportation, Post & Telecommunications**			
公路里程(公里)	Total Length of Highways(km)	1528	1570	2.7
邮电业务总量(万元)	Business Volume of Post & Telecoms(10 000 yuan)	6925	8775	26.7
本地电话用户(户)	Number of Subscribers of Local Telephone(Household)	21000	23500	11.9
国内贸易	**Domestic Trade**			
社会消费品零售总额(万元)	Total Retail Sales of Consumer Goods(10 000 yuan)	130875	156527	19.6
# 贸易业(万元)	Wholesale & Retail Sales Trades(10 000 yuan)	114178	135353	18.5
餐饮业(万元)	Catering Trade(10 000 yuan)	16737	21174	26.5
科技教育卫生	**Science, Education & Public Health**			
各类专业技术人员(人)	Special Technical Personnel(person)	8782	8525	-2.9
幼儿园数(所)	Number of Kindergartens(unit)	28	64	128.6
学龄儿童入学率(%)	Percentage of School – Age Children Enrolled(%)	100.0	100.0	0.0
小学学校数(所)	Number of Primary Schools(unit)	22	35	59.1
小学专任教师数(人)	Number of Full – time Teachers of Primary Schools(person)	1224	1142	-6.7
小学在校学生数(人)	Number of Student Enrollment of Primary Schools(person)	16218	16786	3.5
普通中学学校数(所)	Number of Regular Secondary Schools(unit)	4	4	0.0
普通中学专任教师数(人)	Number of Teachers of Secondary Shools(person)	922	847	-8.1
初中在校学生数(人)	Number of Student in Junior Secondary Schools(person)	9142	9163	0.2
高中在校学生数(人)	Number of Student in Senior Secondary Schools(person)	5721	7691	34.4
卫生机构数(所)	Number of Health Institutions(unit)	37	37	0.0
# 医院(所)	Hospitals(unit)	5	5	0.0
卫生院(所)	Township Hospitals(unit)	12	19	58.3
床位数(张)	Number of Beds(unit)	729	732	0.4
# 医院(张)	Hospitals(unit)	520	496	-4.6
卫生院(张)	Township Hospitals(unit)	209	206	-1.4
卫生技术人员(人)	Medical Technical Presonnel(person)	925	1018	10.1
# 医院(人)	Hospitals(person)	487	603	23.8
卫生院(人)	Township Hospitals(person)	204	289	41.7

23-60 赤峰市克什克腾旗

指　　标	Item	2009	2010	2010年比上年增长% Increase Rate in 2010 Over 2009(%)
行政区域土地面积(平方公里)	**Area of Administration(Sq. km)**	**20673**	**20673**	**0.0**
人口和就业	**Population & Employment**			
年末总人口(人)	Total Population Year-end(person)	256412	250284	-2.4
#男性(人)	Male(person)	131356	127749	-2.7
#乡村人口(人)	Rural(person)	204441	201863	-1.3
年末总户数(户)	Total Number of Households at the Year-end(Household)	84343	94569	12.1
#乡村户数(户)	Number of Rural Household(Household)	57589	63820	10.8
出生人口(人)	Births(person)	1761	2361	34.1
死亡人口(人)	Deaths(person)	1179	5172	338.7
全社会就业人员(人)	Employment(person)	141357	149264	5.6
第一产业(人)	Primary Industry(person)	85150	89435	5.0
第二产业(人)	Secondary Industry(person)	14416	15017	4.2
第三产业(人)	Tertiary Industry(person)	41791	44812	7.2
在岗职工人数(人)	Number of Staff & Workers Employed in(person)	13040	13120	0.6
乡村劳动力(人)	Number of Rural Laborers(person)	104497	109498	4.8
#农林牧渔业(人)	Farming, Forestry, Animal Husbandry & Fishery(person)	80550	89435	11.0
国民经济综合指标	**Summary Item on the National Economy**			
生产总值(万元)	Gross Domestic Product(10 000 yuan)	737388	876119	9.0
第一产业(万元)	Primary Industry(10 000 yuan)	96770	115290	6.4
第二产业(万元)	Secondary Industry(10 000 yuan)	460534	579332	13.8
#工业(万元)	Industry(10 000 yuan)	399382	484543	8.1
第三产业(万元)	Tertiary Industry(10 000 yuan)	180084	181497	-0.1
人均生产总值(元)	Per Capita GDP(yuan)	28772	34582	20.2
全社会固定资产投资(万元)	Total Investment in Fixed Assets(10 000 yuan)	699431	1100261	57.3
按登记注册类型分	Grouped by Registered Type			
#国有(万元)	State-owned Enterprises(10 000 yuan)	80166	75487	-5.8
集体(万元)	Collective-owned Enterprises(10 000 yuan)			
有限责任公司(万元)	Limited Liability Corporations(10 000 yuan)	547868	1019904	86.2
股份有限公司(万元)	Share Holding Enterprises(10 000 yuan)	51400		
私营企业(万元)	Private Enterprises(10 000 yuan)	19997	4870	-75.6
外商及港澳台投资企业(万元)	Funds from HK, Macao, Taiwan & Foreign(10 000 yuan)			
按城乡渠道分	Grouped by Urban and Rural Area			
城镇(万元)	Urban(10 000 yuan)	642382	1020630	58.9
农村(万元)	Rural(10 000 yuan)	57049	79631	39.6
一般预算收入(万元)	General Budgetary Financial Revenue(10 000 yuan)	44744	57832	29.3
一般预算支出(万元)	General Budgetary Financial Expenditures(10 000 yuan)	135295	156000	15.3
城乡居民储蓄存款余额(万元)	Resident Saving Deposit in Urban & Rural(10 000 yuan)	299865	186328	-37.9
在岗职工工资总额(万元)	Total Wages of Staff & Workers Employed in(10 000 yuan)	39438	43819	11.1
在岗职工平均工资(元)	Average Wage of Staff & Workers Employed in(yuan)	30244	33414	10.5
城镇居民人均可支配收入(元)	Annual Disposable Income of Urban Residents per Capita(yuan)	10835	12551	15.8
农牧民人均纯收入(元)	Per Capita Net Income of Peasant & Herdsman(yuan)	4725	5090	7.7
农村牧区经济	**Economic Development in Rural & Pastoral Area**			
耕地面积(公顷)	Cultivated Area(hectare)	74538	74538	0.0
农作物总播种面积(公顷)	Total Sown Area(hectare)	69541	70241	1.0
#粮食作物播种面积(公顷)	Sown Area of Grain Crops(hectare)	56349	57049	1.2
有效灌溉面积(公顷)	Irrigated Area(hectare)	3015	4386	45.5
农牧业机械总动力(万千瓦)	Total Power of Agricultural Machinery(10 000 kw)	26.30	29.00	10.3
化肥施用折纯量(吨)	Consumption of Chemical Fertilizer(ton)	6687	8270	23.7
农村用电量(万千瓦小时)	Electricity Consumed in Rural Area(10 000 kwh)	3571	4057	13.6
农林牧渔业总产值(万元)	Gross Output of Farming, Forestry, Animal Husbandry & Fishery(10 000 yuan)	161728	192574	6.4
粮食产量(吨)	Yield of Grain(ton)	113727	113665	-0.1
油料产量(吨)	Yield of Oil-bearing Grops(ton)	4607	4626	0.4
甜菜产量(吨)	Yield of Beetroots(ton)	3440	5112	48.6
猪牛羊肉产量(吨)	Output of Pork, Beef & Mutton(ton)	16127	15132	-6.2
#猪肉产量(吨)	Output of Pork(ton)	3679	3699	0.5
牛肉产量(吨)	Output of Beef(ton)	8141	6187	-24.0
羊肉产量(吨)	Output of Mutton(ton)	4307	5246	21.8
羊毛产量(吨)	Output of Wool(ton)	2311	2317	0.3

23－60 Keshiketeng Banner in Chifeng City

指　　标	Item	2009	2010	2010年比上年增长% Increase Rate in 2010 Over 2009(%)
年末牲畜存栏头数(万头只)	Total Livestock at the Year－end(10 000 heads)	92.09	101.07	9.7
#大牲畜(万头只)	Large Animals(10 000 heads)	17.69	18.02	1.9
羊(万只)	Sheep & Goats(10 000 heads)	70.36	78.95	12.2
猪(万头)	Hogs(10 000 heads)	4.05	4.10	1.2
规模以上工业	**Industrial Enterprises above Designated size**			
工业企业单位数(个)	Number of Industrial Enterprises(unit)	32	32	0.0
#内资企业(个)	Civil Funded Enterprises(unit)	32	32	0.0
工业总产值(万元)	Gross Industrial Output Value(10 000 yuan)	831843	965757	16.1
内资企业(万元)	Civil Funded Enterprises(10 000 yuan)	831843	965757	16.1
国有企业(万元)	State－owned Enterprises(10 000 yuan)	22596	25175	11.4
集体企业(万元)	Collective－owned Enterprises(10 000 yuan)			
股份合作企业(万元)	Share Holding Enterprises(10 000 yuan)			
联营企业(万元)	Joint Owned Enterprises(10 000 yuan)			
有限责任公司(万元)	Limited Company(10 000 yuan)	672970	807561	20.0
股份有限公司(万元)	Share Holding Limited Company(10 000 yuan)	92357	91204	－1.2
私营企业(万元)	Privately Owned Enterprises(10 000 yuan)	43920	41817	－4.8
其他企业(万元)	Enterprises of Other Ownership(10 000 yuan)			
港澳台商投资企业(万元)	Funds from HK, Macao & Taiwan(10 000 yuan)			
外商投资企业(万元)	Foreign Funded Enterprises(10 000 yuan)			
工业企业增加值(万元)	Value Added of Industrial Enterprises(10 000 yuan)	359282	477067	6.9
工业企业资产总计(万元)	Total Assets of Industrial Enterprises(10 000 yuan)	1166979	1498733	28.4
工业企业负债合计(万元)	Total Liabilities of Industrial Enterprises(10 000 yuan)	372587	456951	22.6
工业企业产品销售收入(万元)	Sales of Revenue Industrial Enterprises(10 000 yuan)	804855	931371	15.7
工业企业利润总额(万元)	Total Profits of Industrial Enterprises(10 000 yuan)	167228	235083	40.6
建筑业	**Construction**			
建筑企业单位数(个)	Number of Construction Enterprises(unit)	4	4	0.0
建筑企业从业人员(人)	Number of Employee in Construction Enterprises(person)	3502	3153	－10.0
建筑业总产值(万元)	Gross Construction Output Value(10 000 yuan)	42965	43856	2.1
交通运输邮电通信业	**Transportation, Post & Telecommunications**			
公路里程(公里)	Total Length of Highways(km)	1432	1432	0.0
邮电业务总量(万元)	Business Volume of Post & Telecoms(10 000 yuan)	3020	3200	6.0
本地电话用户(户)	Number of Subscribers of Local Telephone(Household)	21346	26000	21.8
国内贸易	**Domestic Trade**			
社会消费品零售总额(万元)	Total Retail Sales of Consumer Goods(10 000 yuan)	139400	163522	17.3
#贸易业(万元)	Wholesale & Retail Sales Trades(10 000 yuan)	108354	122230	12.8
餐饮业(万元)	Catering Trade(10 000 yuan)	29331	41292	40.8
科技教育卫生	**Science, Education & Public Health**			
各类专业技术人员(人)	Special Technical Personnel(person)	8100	8855	9.3
幼儿园数(所)	Number of Kindergartens(unit)	1	1	0.0
学龄儿童入学率(%)	Percentage of School－Age Children Enrolled(%)	100.0	100.0	0.0
小学学校数(所)	Number of Primary Schools(unit)	51	44	－13.7
小学专任教师数(人)	Number of Full－time Teachers of Primary Schools(person)	1180	1275	8.1
小学在校学生数(人)	Number of Student Enrollment of Primary Schools(person)	12119	11100	－8.4
普通中学学校数(所)	Number of Regular Secondary Schools(unit)	11	11	0.0
普通中学专任教师数(人)	Number of Teachers of Secondary Shools(person)	923	935	1.3
初中在校学生数(人)	Number of Student in Junior Secondary Schools(person)	7510	6977	－7.1
高中在校学生数(人)	Number of Student in Senior Secondary Schools(person)	4725	4619	－2.2
卫生机构数(所)	Number of Health Institutions(unit)	61	67	9.8
#医院(所)	Hospitals(unit)	2	2	0.0
卫生院(所)	Township Hospitals(unit)	21	21	0.0
床位数(张)	Number of Beds(unit)	1022	1237	21.0
#医院(张)	Hospitals(unit)	340	501	47.4
卫生院(张)	Township Hospitals(unit)	412	457	10.9
卫生技术人员(人)	Medical Technical Presonnel(person)	869	1250	43.8
#医院(人)	Hospitals(person)	331	484	46.2
卫生院(人)	Township Hospitals(person)	296	462	56.1

23－61 赤峰市翁牛特旗

指　　标	Item	2009	2010	2010年比上年增长% Increase Rate in 2010 Over 2009(%)
行政区域土地面积(平方公里)	**Area of Administration(Sq. km)**	**11882**	**11882**	**0.0**
人口和就业	**Population & Employment**			
年末总人口(人)	Total Population Year－end(person)	481584	481229	－0.1
#男性(人)	Male(person)	248188	248159	0.0
#乡村人口(人)	Rural(person)	414488	425587	2.7
年末总户数(户)	Total Number of Households at the Year－end(Household)	157068	166221	5.8
#乡村户数(户)	Number of Rural Household(Household)	112554	124682	10.8
出生人口(人)	Births(person)	5217	4848	－7.1
死亡人口(人)	Deaths(person)	1724	4569	165.0
全社会就业人员(人)	Employment(person)	227690	229790	0.9
第一产业(人)	Primary Industry(person)	125883	126905	0.8
第二产业(人)	Secondary Industry(person)	50228	50830	1.2
第三产业(人)	Tertiary Industry(person)	51579	52055	0.9
在岗职工人数(人)	Number of Staff & Workers Employed in(person)	23825	23991	0.7
乡村劳动力(人)	Number of Rural Laborers(person)	227063	237882	4.8
#农林牧渔业(人)	Farming, Forestry, Animal Husbandry & Fishery(person)	146325	152803	4.4
国民经济综合指标	**Summary Item on the National Economy**			
生产总值(万元)	Gross Domestic Product(10 000 yuan)	697079	800272	13.7
第一产业(万元)	Primary Industry(10 000 yuan)	223280	266060	6.5
第二产业(万元)	Secondary Industry(10 000 yuan)	283901	318245	22.4
#工业(万元)	Industry(10 000 yuan)	238955	263568	23.9
第三产业(万元)	Tertiary Industry(10 000 yuan)	189898	215967	10.3
人均生产总值(元)	Per Capita GDP(yuan)	14524	16624	13.4
全社会固定资产投资(万元)	Total Investment in Fixed Assets(10 000 yuan)	485000	634662	30.8
按登记注册类型分	Grouped by Registered Type			
#国有(万元)	State－owned Enterprises(10 000 yuan)	169235	179369	6.0
集体(万元)	Collective－owned Enterprises(10 000 yuan)	13575	4505	－66.8
有限责任公司(万元)	Limited Liability Corporations(10 000 yuan)		149127	
股份有限公司(万元)	Share Holding Enterprises(10 000 yuan)		178525	
私营企业(万元)	Private Enterprises(10 000 yuan)	71387	70000	－1.9
外商及港澳台投资企业(万元)	Funds from HK, Macao, Taiwan & Foreign(10 000 yuan)		2500	
按城乡渠道分	Grouped by Urban and Rural Area			
城镇(万元)	Urban(10 000 yuan)	441970	601162	36.0
农村(万元)	Rural(10 000 yuan)	43030	33500	－22.1
一般预算收入(万元)	General Budgetary Financial Revenue(10 000 yuan)	18825	21921	16.4
一般预算支出(万元)	General Budgetary Financial Expenditures(10 000 yuan)	149568	184910	23.6
城乡居民储蓄存款余额(万元)	Resident Saving Deposit in Urban & Rural(10 000 yuan)	209027	259528	24.2
在岗职工工资总额(万元)	Total Wages of Staff & Workers Employed in(10 000 yuan)	50189	64027	27.6
在岗职工平均工资(元)	Average Wage of Staff & Workers Employed in(yuan)	21082	28404	34.7
城镇居民人均可支配收入(元)	Annual Disposable Income of Urban Residents per Capita(yuan)	12402	10956	－11.7
农牧民人均纯收入(元)	Per Capita Net Income of Peasant & Herdsman(yuan)	4533	5069	11.8
农村牧区经济	**Economic Development in Rural & Pastoral Area**			
耕地面积(公顷)	Cultivated Area(hectare)	147830	209598	41.8
农作物总播种面积(公顷)	Total Sown Area(hectare)	132293	135293	2.3
#粮食作物播种面积(公顷)	Sown Area of Grain Crops(hectare)	94311	97311	3.2
有效灌溉面积(公顷)	Irrigated Area(hectare)	59595	67000	12.4
农牧业机械总动力(万千瓦)	Total Power of Agricultural Machinery(10 000 kw)	52.20	59.03	13.1
化肥施用折纯量(吨)	Consumption of Chemical Fertilizer(ton)	27226	32552	19.6
农村用电量(万千瓦小时)	Electricity Consumed in Rural Area(10 000 kwh)	10621	11390	7.2
农林牧渔业总产值(万元)	Gross Output of Farming, Forestry, Animal Husbandry & Fishery(10 000 yuan)	374693	447486	19.4
粮食产量(吨)	Yield of Grain(ton)	471551	550518	16.7
油料产量(吨)	Yield of Oil－bearing Grops(ton)	34125	39668	16.2
甜菜产量(吨)	Yield of Beetroots(ton)	43393	66856	54.1
猪牛羊肉产量(吨)	Output of Pork, Beef & Mutton(ton)	40095	39976	－0.3
#猪肉产量(吨)	Output of Pork(ton)	19549	20677	5.8
牛肉产量(吨)	Output of Beef(ton)	11316	10952	－3.2
羊肉产量(吨)	Output of Mutton(ton)	9230	8347	－9.6
羊毛产量(吨)	Output of Wool(ton)	2237	2343	4.7

23 - 61 Wengniute Banner in Chifeng City

指　　标	Item	2009	2010	2010年比上年增长% Increase Rate in 2010 Over 2009(%)
年末牲畜存栏头数(万头只)	Total Livestock at the Year - end(10 000 heads)	128.87	137.97	7.1
# 大牲畜(万头只)	Large Animals(10 000 heads)	24.02	27.48	14.4
羊(万只)	Sheep & Goats(10 000 heads)	91.45	94.93	3.8
猪(万头)	Hogs(10 000 heads)	13.40	15.56	16.1
规模以上工业	**Industrial Enterprises above Designated size**			
工业企业单位数(个)	Number of Industrial Enterprises(unit)	46	49	6.5
# 内资企业(个)	Civil Funded Enterprises(unit)	45	48	6.7
工业总产值(万元)	Gross Industrial Output Value(10 000 yuan)	531718	747227	40.5
内资企业(万元)	Civil Funded Enterprises(10 000 yuan)	513935	725575	41.2
国有企业(万元)	State - owned Enterprises(10 000 yuan)	12637	14625	15.7
集体企业(万元)	Collective - owned Enterprises(10 000 yuan)			
股份合作企业(万元)	Share Holding Enterprises(10 000 yuan)	10619	19927	87.7
联营企业(万元)	Joint Owned Enterprises(10 000 yuan)			
有限责任公司(万元)	Limited Company(10 000 yuan)	288751	433565	50.2
股份有限公司(万元)	Share Holding Limited Company(10 000 yuan)	47879	56489	18.0
私营企业(万元)	Privately Owned Enterprises(10 000 yuan)	154049	200969	30.5
其他企业(万元)	Enterprises of Other Ownership(10 000 yuan)			
港澳台商投资企业(万元)	Funds from HK,Macao & Taiwan(10 000 yuan)	17783	21652	21.8
外商投资企业(万元)	Foreign Funded Enterprises(10 000 yuan)			
工业企业增加值(万元)	Value Added of Industrial Enterprises(10 000 yuan)	182455	253715	24.4
工业企业资产总计(万元)	Total Assets of Industrial Enterprises(10 000 yuan)	281734	396449	40.7
工业企业负债合计(万元)	Total Liabilities of Industrial Enterprises(10 000 yuan)	146559	176771	20.6
工业企业产品销售收入(万元)	Sales of Revenue Industrial Enterprises(10 000 yuan)	531616	746680	40.5
工业企业利润总额(万元)	Total Profits of Industrial Enterprises(10 000 yuan)	42712	55057	28.9
建筑业	**Construction**			
建筑企业单位数(个)	Number of Construction Enterprises(unit)	7	6	-14.3
建筑企业从业人员(人)	Number of Employee in Construction Enterprises(person)	4898	4812	-1.8
建筑业总产值(万元)	Gross Construction Output Value(10 000 yuan)	69150	79485	14.9
交通运输邮电通信业	**Transportation,Post & Telecommunications**			
公路里程(公里)	Total Length of Highways(km)	3458	3478	0.6
邮电业务总量(万元)	Business Volume of Post & Telecoms(10 000 yuan)	11783	13114	11.3
本地电话用户(户)	Number of Subscribers of Local Telephone(Household)	30017	31107	3.6
国内贸易	**Domestic Trade**			
社会消费品零售总额(万元)	Total Retail Sales of Consumer Goods(10 000 yuan)	189312	218032	15.2
# 贸易业(万元)	Wholesale & Retail Sales Trades(10 000 yuan)	142623	168166	17.9
餐饮业(万元)	Catering Trade(10 000 yuan)	27147	28205	3.9
科技教育卫生	**Science,Education & Public Health**			
各类专业技术人员(人)	Special Technical Personnel(person)	9711	9756	0.4
幼儿园数(所)	Number of Kindergartens(unit)	21	25	19.0
学龄儿童入学率(%)	Percentage of School - Age Children Enrolled(%)	100.0	100.0	0.0
小学学校数(所)	Number of Primary Schools(unit)	71	69	-2.8
小学专任教师数(人)	Number of Full - time Teachers of Primary Schools(person)	2441	2297	-5.9
小学在校学生数(人)	Number of Student Enrollment of Primary Schools(person)	28959	27718	-4.3
普通中学学校数(所)	Number of Regular Secondary Schools(unit)	15	15	0.0
普通中学专任教师数(人)	Number of Teachers of Secondary Shools(person)	1682	1680	-0.1
初中在校学生数(人)	Number of Student in Junior Secondary Schools(person)	17239	16076	-6.7
高中在校学生数(人)	Number of Student in Senior Secondary Schools(person)	13284	11769	-11.4
卫生机构数(所)	Number of Health Institutions(unit)	47	47	0.0
# 医院(所)	Hospitals(unit)	3	3	0.0
卫生院(所)	Township Hospitals(unit)	26	26	0.0
床位数(张)	Number of Beds(unit)	905	843	-6.9
# 医院(张)	Hospitals(unit)	400	430	7.5
卫生院(张)	Township Hospitals(unit)	350	383	9.4
卫生技术人员(人)	Medical Technical Presonnel(person)	1425	1170	-17.9
# 医院(人)	Hospitals(person)	485	531	9.5
卫生院(人)	Township Hospitals(person)	502	455	-9.4

23-62 赤峰市喀喇沁旗

指　　标	Item	2009	2010	2010 年比上年增长% Increase Rate in 2010 Over 2009(%)
行政区域土地面积(平方公里)	**Area of Administration(Sq. km)**	**3050**	**3050**	**0.0**
人口和就业	**Population & Employment**			
年末总人口(人)	Total Population Year-end(person)	349186	349925	0.2
# 男性(人)	Male(person)	181857	182241	0.2
# 乡村人口(人)	Rural(person)	305133	305777	0.2
年末总户数(户)	Total Number of Households at the Year-end(Household)	118939	121874	2.5
# 乡村户数(户)	Number of Rural Household(Household)	81713	83433	2.1
出生人口(人)	Births(person)	4155	3708	-10.8
死亡人口(人)	Deaths(person)	1318	3054	131.7
全社会就业人员(人)	Employment(person)	172215	172378	0.1
第一产业(人)	Primary Industry(person)	100311	97942	-2.4
第二产业(人)	Secondary Industry(person)	37871	39046	3.1
第三产业(人)	Tertiary Industry(person)	34033	35390	4.0
在岗职工人数(人)	Number of Staff & Workers Employed in(person)	18724	18294	-2.3
乡村劳动力(人)	Number of Rural Laborers(person)	160220	160118	-0.1
# 农林牧渔业(人)	Farming, Forestry, Animal Husbandry & Fishery(person)	99373	97003	-2.4
国民经济综合指标	**Summary Item on the National Economy**			
生产总值(万元)	Gross Domestic Product(10 000 yuan)	616286	630874	6.8
第一产业(万元)	Primary Industry(10 000 yuan)	69883	83360	6.6
第二产业(万元)	Secondary Industry(10 000 yuan)	410818	406263	8.4
# 工业(万元)	Industry(10 000 yuan)	367135	352823	7.4
第三产业(万元)	Tertiary Industry(10 000 yuan)	135585	141251	2.9
人均生产总值(元)	Per Capita GDP(yuan)	17732	18048	6.2
全社会固定资产投资(万元)	Total Investment in Fixed Assets(10 000 yuan)	484388	619769	27.9
按登记注册类型分	Grouped by Registered Type			
# 国有(万元)	State-owned Enterprises(10 000 yuan)	45854	58150	26.8
集体(万元)	Collective-owned Enterprises(10 000 yuan)	4680	43835	836.6
有限责任公司(万元)	Limited Liability Corporations(10 000 yuan)	163950	176565	7.7
股份有限公司(万元)	Share Holding Enterprises(10 000 yuan)	11500	17450	51.7
私营企业(万元)	Private Enterprises(10 000 yuan)	224246	264928	18.1
外商及港澳台投资企业(万元)	Funds from HK, Macao, Taiwan & Foreign(10 000 yuan)			
按城乡渠道分	Grouped by Urban and Rural Area			
城镇(万元)	Urban(10 000 yuan)	392943	580572	47.7
农村(万元)	Rural(10 000 yuan)	91445	39197	-57.1
一般预算收入(万元)	General Budgetary Financial Revenue(10 000 yuan)	29855	26156	-12.4
一般预算支出(万元)	General Budgetary Financial Expenditures(10 000 yuan)	127462	141189	10.8
城乡居民储蓄存款余额(万元)	Resident Saving Deposit in Urban & Rural(10 000 yuan)	222087	258671	16.5
在岗职工工资总额(万元)	Total Wages of Staff & Workers Employed in(10 000 yuan)	46315	59541	28.6
在岗职工平均工资(元)	Average Wage of Staff & Workers Employed in(yuan)	21634	28169	30.2
城镇居民人均可支配收入(元)	Annual Disposable Income of Urban Residents per Capita(yuan)	10826	12406	14.6
农牧民人均纯收入(元)	Per Capita Net Income of Peasant & Herdsman(yuan)	4499	4984	10.8
农村牧区经济	Economic Development in Rural & Pastoral Area			
耕地面积(公顷)	Cultivated Area(hectare)	50060	49960	-0.2
农作物总播种面积(公顷)	Total Sown Area(hectare)	48279	48779	1.0
# 粮食作物播种面积(公顷)	Sown Area of Grain Crops(hectare)	36415	36915	1.4
有效灌溉面积(公顷)	Irrigated Area(hectare)	16398	16371	-0.2
农牧业机械总动力(万千瓦)	Total Power of Agricultural Machinery(10 000 kw)	25.80	26.80	3.9
化肥施用折纯量(吨)	Consumption of Chemical Fertilizer(ton)	21306	24802	16.4
农村用电量(万千瓦小时)	Electricity Consumed in Rural Area(10 000 kwh)	5566	7196	29.3
农林牧渔业总产值(万元)	Gross Output of Farming, Forestry, Animal Husbandry & Fishery(10 000 yuan)	116981	139680	6.7
粮食产量(吨)	Yield of Grain(ton)	129089	160715	24.5
油料产量(吨)	Yield of Oil-bearing Grops(ton)	1465	3563	143.2
甜菜产量(吨)	Yield of Beetroots(ton)	8801	10322	17.3
猪牛羊肉产量(吨)	Output of Pork, Beef & Mutton(ton)	13139	15787	20.2
# 猪肉产量(吨)	Output of Pork(ton)	7323	7363	0.5
牛肉产量(吨)	Output of Beef(ton)	2920	3920	34.2
羊肉产量(吨)	Output of Mutton(ton)	2896	4504	55.5
羊毛产量(吨)	Output of Wool(ton)	730	826	13.2

23 – 62 Kalaqin Banner in Chifeng City

指　　标	Item	2009	2010	2010 年比上年增长% Increase Rate in 2010 Over 2009(%)
年末牲畜存栏头数(万头只)	Total Livestock at the Year – end(10 000 heads)	33.33	37.68	13.1
# 大牲畜(万头只)	Large Animals(10 000 heads)	8.34	8.86	6.2
羊(万只)	Sheep & Goats(10 000 heads)	18.56	22.34	20.4
猪(万头)	Hogs(10 000 heads)	6.43	6.48	0.8
规模以上工业	**Industrial Enterprises above Designated size**			
工业企业单位数(个)	Number of Industrial Enterprises(unit)	41	30	–26.8
# 内资企业(个)	Civil Funded Enterprises(unit)	41	30	–26.8
工业总产值(万元)	Gross Industrial Output Value(10 000 yuan)	1262940	1494800	18.4
内资企业(万元)	Civil Funded Enterprises(10 000 yuan)	1262940	1494800	18.4
国有企业(万元)	State – owned Enterprises(10 000 yuan)	14200	17100	20.4
集体企业(万元)	Collective – owned Enterprises(10 000 yuan)			
股份合作企业(万元)	Share Holding Enterprises(10 000 yuan)			
联营企业(万元)	Joint Owned Enterprises(10 000 yuan)			
有限责任公司(万元)	Limited Company(10 000 yuan)	686400	786500	14.6
股份有限公司(万元)	Share Holding Limited Company(10 000 yuan)	535940	667400	24.5
私营企业(万元)	Privately Owned Enterprises(10 000 yuan)	26400	23800	–9.8
其他企业(万元)	Enterprises of Other Ownership(10 000 yuan)			
港澳台商投资企业(万元)	Funds from HK, Macao & Taiwan(10 000 yuan)			
外商投资企业(万元)	Foreign Funded Enterprises(10 000 yuan)			
工业企业增加值(万元)	Value Added of Industrial Enterprises(10 000 yuan)	351435	349973	6.5
工业企业资产总计(万元)	Total Assets of Industrial Enterprises(10 000 yuan)	607604	698600	15.0
工业企业负债合计(万元)	Total Liabilities of Industrial Enterprises(10 000 yuan)	393376	467800	18.9
工业企业产品销售收入(万元)	Sales of Revenue Industrial Enterprises(10 000 yuan)	1270299	1504200	18.4
工业企业利润总额(万元)	Total Profits of Industrial Enterprises(10 000 yuan)	89045	144100	61.8
建筑业	**Construction**			
建筑企业单位数(个)	Number of Construction Enterprises(unit)	10	10	0.0
建筑企业从业人员(人)	Number of Employee in Construction Enterprises(person)	6988	6993	0.1
建筑业总产值(万元)	Gross Construction Output Value(10 000 yuan)	68815	66664	–3.1
交通运输邮电通信业	**Transportation, Post & Telecommunications**			
公路里程(公里)	Total Length of Highways(km)	1128	1235	9.5
邮电业务总量(万元)	Business Volume of Post & Telecoms(10 000 yuan)	9583	10922	14.0
本地电话用户(户)	Number of Subscribers of Local Telephone(Household)	29356	30647	4.4
国内贸易	**Domestic Trade**			
社会消费品零售总额(万元)	Total Retail Sales of Consumer Goods(10 000 yuan)	127588	152353	19.4
# 贸易业(万元)	Wholesale & Retail Sales Trades(10 000 yuan)	110248	133206	20.8
餐饮业(万元)	Catering Trade(10 000 yuan)	17340	19147	10.4
科技教育卫生	**Science, Education & Public Health**			
各类专业技术人员(人)	Special Technical Personnel(person)	5866	5923	1.0
幼儿园数(所)	Number of Kindergartens(unit)	5	11	120.0
学龄儿童入学率(%)	Percentage of School – Age Children Enrolled(%)	100.0	100.0	0.0
小学学校数(所)	Number of Primary Schools(unit)	121	121	0.0
小学专任教师数(人)	Number of Full – time Teachers of Primary Schools(person)	2465	2184	–11.4
小学在校学生数(人)	Number of Student Enrollment of Primary Schools(person)	21378	19492	–8.8
普通中学学校数(所)	Number of Regular Secondary Schools(unit)	11	11	0.0
普通中学专任教师数(人)	Number of Teachers of Secondary Shools(person)	1515	1401	–7.5
初中在校学生数(人)	Number of Student in Junior Secondary Schools(person)	10609	10671	0.6
高中在校学生数(人)	Number of Student in Senior Secondary Schools(person)	6693	6285	–6.1
卫生机构数(所)	Number of Health Institutions(unit)	52	54	3.8
# 医院(所)	Hospitals(unit)	3	4	33.3
卫生院(所)	Township Hospitals(unit)	17	16	–5.9
床位数(张)	Number of Beds(unit)	677	733	8.3
# 医院(张)	Hospitals(unit)	310	340	9.7
卫生院(张)	Township Hospitals(unit)	352	328	–6.8
卫生技术人员(人)	Medical Technical Presonnel(person)	821	836	1.8
# 医院(人)	Hospitals(person)	245	297	21.2
卫生院(人)	Township Hospitals(person)	377	345	–8.5

23－63 赤峰市宁城县

指　　标	Item	2009	2010	2010年比上年增长% Increase Rate in 2010 Over 2009(%)
行政区域土地面积(平方公里)	**Area of Administration(Sq. km)**	**4305**	**4305**	**0.0**
人口和就业	**Population & Employment**			
年末总人口(人)	Total Population Year－end(person)	604454	601938	－0.4
#男性(人)	Male(person)	314310	313509	－0.3
#乡村人口(人)	Rural(person)	523366	529373	1.1
年末总户数(户)	Total Number of Households at the Year－end(Household)	200509	206172	2.8
#乡村户数(户)	Number of Rural Household(Household)	140862	142451	1.1
出生人口(人)	Births(person)	6561	6867	4.7
死亡人口(人)	Deaths(person)	4180	3497	－16.3
全社会就业人员(人)	Employment(person)	269512	288225	6.9
第一产业(人)	Primary Industry(person)	151417	160412	5.9
第二产业(人)	Secondary Industry(person)	54945	67513	22.9
第三产业(人)	Tertiary Industry(person)	63150	60300	－4.5
在岗职工人数(人)	Number of Staff & Workers Employed in(person)	28709	29384	2.4
乡村劳动力(人)	Number of Rural Laborers(person)	240638	259462	7.8
#农林牧渔业(人)	Farming, Forestry, Animal Husbandry & Fishery(person)	151174	160136	5.9
国民经济综合指标	**Summary Item on the National Economy**			
生产总值(万元)	Gross Domestic Product(10 000 yuan)	784762	911374	19.0
第一产业(万元)	Primary Industry(10 000 yuan)	177855	212230	6.6
第二产业(万元)	Secondary Industry(10 000 yuan)	356076	400390	30.0
#工业(万元)	Industry(10 000 yuan)	305237	338860	33.0
第三产业(万元)	Tertiary Industry(10 000 yuan)	250831	298754	13.7
人均生产总值(元)	Per Capita GDP(yuan)	12999	15109	16.2
全社会固定资产投资(万元)	Total Investment in Fixed Assets(10 000 yuan)	572736	713642	24.6
按登记注册类型分	Grouped by Registered Type			
#国有(万元)	State－owned Enterprises(10 000 yuan)	136342	188218	38.0
集体(万元)	Collective－owned Enterprises(10 000 yuan)	83494	98458	17.9
有限责任公司(万元)	Limited Liability Corporations(10 000 yuan)	300910	245480	－18.4
股份有限公司(万元)	Share Holding Enterprises(10 000 yuan)			
私营企业(万元)	Private Enterprises(10 000 yuan)	51990	28950	－44.3
外商及港澳台投资企业(万元)	Funds from HK, Macao, Taiwan & Foreign(10 000 yuan)			
按城乡渠道分	Grouped by Urban and Rural Area			
城镇(万元)	Urban(10 000 yuan)	455232	491239	7.9
农村(万元)	Rural(10 000 yuan)	117504	222403	89.3
一般预算收入(万元)	General Budgetary Financial Revenue(10 000 yuan)	27660	29039	5.0
一般预算支出(万元)	General Budgetary Financial Expenditures(10 000 yuan)	162428	193258	19.0
城乡居民储蓄存款余额(万元)	Resident Saving Deposit in Urban & Rural(10 000 yuan)	448126	548682	22.4
在岗职工工资总额(万元)	Total Wages of Staff & Workers Employed in(10 000 yuan)	74673	86463	15.8
在岗职工平均工资(元)	Average Wage of Staff & Workers Employed in(yuan)	21530	24158	12.2
城镇居民人均可支配收入(元)	Annual Disposable Income of Urban Residents per Capita(yuan)	11996	13558	13.0
农牧民人均纯收入(元)	Per Capita Net Income of Peasant & Herdsman(yuan)	4809	5330	10.8
农村牧区经济	**Economic Development in Rural & Pastoral Area**			
耕地面积(公顷)	Cultivated Area(hectare)	114472	114472	0.0
农作物总播种面积(公顷)	Total Sown Area(hectare)	95494	97494	2.1
#粮食作物播种面积(公顷)	Sown Area of Grain Crops(hectare)	79180	80100	1.2
有效灌溉面积(公顷)	Irrigated Area(hectare)	27989	27989	0.0
农牧业机械总动力(万千瓦)	Total Power of Agricultural Machinery(10 000 kw)	40.78	42.30	3.7
化肥施用折纯量(吨)	Consumption of Chemical Fertilizer(ton)	31265	32253	3.2
农村用电量(万千瓦小时)	Electricity Consumed in Rural Area(10 000 kwh)	19320	41994	117.4
农林牧渔业总产值(万元)	Gross Output of Farming, Forestry, Animal Husbandry & Fishery(10 000 yuan)	297145	356329	19.9
粮食产量(吨)	Yield of Grain(ton)	505976	580368	14.7
油料产量(吨)	Yield of Oil－bearing Grops(ton)	439	826	88.2
甜菜产量(吨)	Yield of Beetroots(ton)	29142	17068	－41.4
猪牛羊肉产量(吨)	Output of Pork, Beef & Mutton(ton)	21248	23645	11.3
#猪肉产量(吨)	Output of Pork(ton)	12375	12455	0.6
牛肉产量(吨)	Output of Beef(ton)	5889	7389	25.5
羊肉产量(吨)	Output of Mutton(ton)	2984	3801	27.4
羊毛产量(吨)	Output of Wool(ton)	690	962	39.4

23－63 Ningcheng County in Chifeng City

指　　标	Item	2009	2010	2010年比上年增长% Increase Rate in 2010 Over 2009(%)
年末牲畜存栏头数(万头只)	Total Livestock at the Year－end(10 000 heads)	45.08	46.40	2.9
#大牲畜(万头只)	Large Animals(10 000 heads)	15.96	16.70	4.6
羊(万只)	Sheep & Goats(10 000 heads)	17.91	18.49	3.2
猪(万头)	Hogs(10 000 heads)	11.21	11.26	0.4
规模以上工业	**Industrial Enterprises above Designated size**			
工业企业单位数(个)	Number of Industrial Enterprises(unit)	58	62	6.9
#内资企业(个)	Civil Funded Enterprises(unit)	58	62	6.9
工业总产值(万元)	Gross Industrial Output Value(10 000 yuan)	813169	1200112	47.6
内资企业(万元)	Civil Funded Enterprises(10 000 yuan)	813169	1200112	47.6
国有企业(万元)	State－owned Enterprises(10 000 yuan)	24397	49757	103.9
集体企业(万元)	Collective－owned Enterprises(10 000 yuan)	5527	9387	69.8
股份合作企业(万元)	Share Holding Enterprises(10 000 yuan)			
联营企业(万元)	Joint Owned Enterprises(10 000 yuan)			
有限责任公司(万元)	Limited Company(10 000 yuan)	388739	567130	45.9
股份有限公司(万元)	Share Holding Limited Company(10 000 yuan)	557	1497	168.8
私营企业(万元)	Privately Owned Enterprises(10 000 yuan)	393949	572341	45.3
其他企业(万元)	Enterprises of Other Ownership(10 000 yuan)			
港澳台商投资企业(万元)	Funds from HK, Macao & Taiwan(10 000 yuan)			
外商投资企业(万元)	Foreign Funded Enterprises(10 000 yuan)			
工业企业增加值(万元)	Value Added of Industrial Enterprises(10 000 yuan)	255837	331031	29.4
工业企业资产总计(万元)	Total Assets of Industrial Enterprises(10 000 yuan)	393480	468830	19.1
工业企业负债合计(万元)	Total Liabilities of Industrial Enterprises(10 000 yuan)	247031	305930	23.8
工业企业产品销售收入(万元)	Sales of Revenue Industrial Enterprises(10 000 yuan)	800751	1177185	47.0
工业企业利润总额(万元)	Total Profits of Industrial Enterprises(10 000 yuan)	16754	32938	96.6
建筑业	**Construction**			
建筑企业单位数(个)	Number of Construction Enterprises(unit)	18	18	0.0
建筑企业从业人员(人)	Number of Employee in Construction Enterprises(person)	11415	12734	11.6
建筑业总产值(万元)	Gross Construction Output Value(10 000 yuan)	167087	202639	21.3
交通运输邮电通信业	**Transportation, Post & Telecommunications**			
公路里程(公里)	Total Length of Highways(km)	2220	1855	－16.4
邮电业务总量(万元)	Business Volume of Post & Telecoms(10 000 yuan)	15872	19040	20.0
本地电话用户(户)	Number of Subscribers of Local Telephone(Household)	54662	55670	1.8
国内贸易	**Domestic Trade**			
社会消费品零售总额(万元)	Total Retail Sales of Consumer Goods(10 000 yuan)	253465	303291	19.7
#贸易业(万元)	Wholesale & Retail Sales Trades(10 000 yuan)	221386	263001	18.8
餐饮业(万元)	Catering Trade(10 000 yuan)	30765	38072	23.8
科技教育卫生	**Science, Education & Public Health**			
各类专业技术人员(人)	Special Technical Personnel(person)	19983	19995	0.1
幼儿园数(所)	Number of Kindergartens(unit)	41	39	－4.9
学龄儿童入学率(%)	Percentage of School－Age Children Enrolled(%)	100.0	100.0	0.0
小学学校数(所)	Number of Primary Schools(unit)	122	93	－23.8
小学专任教师数(人)	Number of Full－time Teachers of Primary Schools(person)	3077	3113	1.2
小学在校学生数(人)	Number of Student Enrollment of Primary Schools(person)	32313	31309	－3.1
普通中学学校数(所)	Number of Regular Secondary Schools(unit)	35	21	－40.0
普通中学专任教师数(人)	Number of Teachers of Secondary Shools(person)	2769	2502	－9.6
初中在校学生数(人)	Number of Student in Junior Secondary Schools(person)	17814	17859	0.3
高中在校学生数(人)	Number of Student in Senior Secondary Schools(person)	11427	9402	－17.7
卫生机构数(所)	Number of Health Institutions(unit)	584	589	0.9
#医院(所)	Hospitals(unit)	4	4	0.0
卫生院(所)	Township Hospitals(unit)	27	27	0.0
床位数(张)	Number of Beds(unit)	1833	1887	2.9
#医院(张)	Hospitals(unit)	1198	1219	1.8
卫生院(张)	Township Hospitals(unit)	635	668	5.2
卫生技术人员(人)	Medical Technical Presonnel(person)	2260	2358	4.3
#医院(人)	Hospitals(person)	1429	1462	2.3
卫生院(人)	Township Hospitals(person)	831	896	7.8

23－64 赤峰市敖汉旗

指　标	Item	2009	2010	2010年比上年增长% Increase Rate in 2010 Over 2009(%)
行政区域土地面积(平方公里)	**Area of Administration(Sq. km)**	**8294**	**8294**	**0.0**
人口和就业	**Population & Employment**			
年末总人口(人)	Total Population Year－end(person)	600268	606784	1.1
#男性(人)	Male(person)	311057	311139	0.0
#乡村人口(人)	Rural(person)	531568	530700	－0.2
年末总户数(户)	Total Number of Households at the Year－end(Household)	197934	206538	4.3
#乡村户数(户)	Number of Rural Household(Household)	147002	180608	22.9
出生人口(人)	Births(person)	5906	6106	3.4
死亡人口(人)	Deaths(person)	3230	3628	12.3
全社会就业人员(人)	Employment(person)	377699	377759	0.0
第一产业(人)	Primary Industry(person)	215067	215077	0.0
第二产业(人)	Secondary Industry(person)	39987	40017	0.1
第三产业(人)	Tertiary Industry(person)	122645	122665	0.0
在岗职工人数(人)	Number of Staff & Workers Employed in(person)	21339	20700	－3.0
乡村劳动力(人)	Number of Rural Laborers(person)	336556	272818	－18.9
#农林牧渔业(人)	Farming, Forestry, Animal Husbandry & Fishery(person)	215067	180813	－15.9
国民经济综合指标	**Summary Item on the National Economy**			
生产总值(万元)	Gross Domestic Product(10 000 yuan)	788352	926162	17.5
第一产业(万元)	Primary Industry(10 000 yuan)	221752	264280	19.2
第二产业(万元)	Secondary Industry(10 000 yuan)	342207	403135	17.8
#工业(万元)	Industry(10 000 yuan)	297101	350285	17.9
第三产业(万元)	Tertiary Industry(10 000 yuan)	224393	258747	15.3
人均生产总值(元)	Per Capita GDP(yuan)	13172	15263	15.9
全社会固定资产投资(万元)	Total Investment in Fixed Assets(10 000 yuan)	515899	585136	13.4
按登记注册类型分	Grouped by Registered Type			
#国有(万元)	State－owned Enterprises(10 000 yuan)	120170	92770	－22.8
集体(万元)	Collective－owned Enterprises(10 000 yuan)			
有限责任公司(万元)	Limited Liability Corporations(10 000 yuan)	185600	318701	71.7
股份有限公司(万元)	Share Holding Enterprises(10 000 yuan)	102456	96855	－5.5
私营企业(万元)	Private Enterprises(10 000 yuan)	67200	73830	9.9
外商及港澳台投资企业(万元)	Funds from HK, Macao, Taiwan & Foreign(10 000 yuan)			
按城乡渠道分	Grouped by Urban and Rural Area			
城镇(万元)	Urban(10 000 yuan)	470292	566966	20.6
农村(万元)	Rural(10 000 yuan)	45607	18170	－60.2
一般预算收入(万元)	General Budgetary Financial Revenue(10 000 yuan)	22398	26404	17.9
一般预算支出(万元)	General Budgetary Financial Expenditures(10 000 yuan)	150945	194178	28.6
城乡居民储蓄存款余额(万元)	Resident Saving Deposit in Urban & Rural(10 000 yuan)	278755	341533	22.5
在岗职工工资总额(万元)	Total Wages of Staff & Workers Employed in(10 000 yuan)	49344	54257	10.0
在岗职工平均工资(元)	Average Wage of Staff & Workers Employed in(yuan)	23123	26658	15.3
城镇居民人均可支配收入(元)	Annual Disposable Income of Urban Residents per Capita(yuan)	10808	12400	14.7
农牧民人均纯收入(元)	Per Capita Net Income of Peasant & Herdsman(yuan)	4160	4746	14.1
农村牧区经济	**Economic Development in Rural & Pastoral Area**			
耕地面积(公顷)	Cultivated Area(hectare)	177462	177462	0.0
农作物总播种面积(公顷)	Total Sown Area(hectare)	188391	191391	1.6
#粮食作物播种面积(公顷)	Sown Area of Grain Crops(hectare)	167147	169147	1.2
有效灌溉面积(公顷)	Irrigated Area(hectare)	58356	55900	－4.2
农牧业机械总动力(万千瓦)	Total Power of Agricultural Machinery(10 000 kw)	52.24	60.60	16.0
化肥施用折纯量(吨)	Consumption of Chemical Fertilizer(ton)	56107	62716	11.8
农村用电量(万千瓦小时)	Electricity Consumed in Rural Area(10 000 kwh)	18600	32296	73.6
农林牧渔业总产值(万元)	Gross Output of Farming, Forestry, Animal Husbandry & Fishery(10 000 yuan)	375851	444212	18.2
粮食产量(吨)	Yield of Grain(ton)	345684	553936	60.2
油料产量(吨)	Yield of Oil－bearing Grops(ton)	3762	4995	32.8
甜菜产量(吨)	Yield of Beetroots(ton)	64208	138638	115.9
猪牛羊肉产量(吨)	Output of Pork, Beef & Mutton(ton)	54588	54087	－0.9
#猪肉产量(吨)	Output of Pork(ton)	33084	33164	0.2
牛肉产量(吨)	Output of Beef(ton)	5480	6680	21.9
羊肉产量(吨)	Output of Mutton(ton)	16024	14243	－11.1
羊毛产量(吨)	Output of Wool(ton)	4052	3164	－21.9

23 - 64 Aohan Banner in Chifeng City

指 标	Item	2009	2010	2010年比上年增长% Increase Rate in 2010 Over 2009(%)
年末牲畜存栏头数(万头只)	Total Livestock at the Year - end(10 000 heads)	146.10	157.90	8.1
# 大牲畜(万头只)	Large Animals(10 000 heads)	25.90	29.08	12.3
羊(万只)	Sheep & Goats(10 000 heads)	82.10	85.90	4.6
猪(万头)	Hogs(10 000 heads)	38.10	42.91	12.6
规模以上工业	**Industrial Enterprises above Designated size**			
工业企业单位数(个)	Number of Industrial Enterprises(unit)	74	83	12.2
# 内资企业(个)	Civil Funded Enterprises(unit)	74	83	12.2
工业总产值(万元)	Gross Industrial Output Value(10 000 yuan)	628697	695042	10.6
内资企业(万元)	Civil Funded Enterprises(10 000 yuan)	628697	695042	10.6
国有企业(万元)	State - owned Enterprises(10 000 yuan)	22030	32101	45.7
集体企业(万元)	Collective - owned Enterprises(10 000 yuan)			
股份合作企业(万元)	Share Holding Enterprises(10 000 yuan)			
联营企业(万元)	Joint Owned Enterprises(10 000 yuan)			
有限责任公司(万元)	Limited Company(10 000 yuan)	268973	67314	-75.0
股份有限公司(万元)	Share Holding Limited Company(10 000 yuan)	40521	95019	134.5
私营企业(万元)	Privately Owned Enterprises(10 000 yuan)	297173	500608	68.5
其他企业(万元)	Enterprises of Other Ownership(10 000 yuan)			
港澳台商投资企业(万元)	Funds from HK, Macao & Taiwan(10 000 yuan)			
外商投资企业(万元)	Foreign Funded Enterprises(10 000 yuan)			
工业企业增加值(万元)	Value Added of Industrial Enterprises(10 000 yuan)	250901	350285	39.6
工业企业资产总计(万元)	Total Assets of Industrial Enterprises(10 000 yuan)	268038	307976	14.9
工业企业负债合计(万元)	Total Liabilities of Industrial Enterprises(10 000 yuan)	204096	227180	11.3
工业企业产品销售收入(万元)	Sales of Revenue Industrial Enterprises(10 000 yuan)	621155	691261	11.3
工业企业利润总额(万元)	Total Profits of Industrial Enterprises(10 000 yuan)	11340	14768	30.2
建筑业	**Construction**			
建筑企业单位数(个)	Number of Construction Enterprises(unit)	8	8	0.0
建筑企业从业人员(人)	Number of Employee in Construction Enterprises(person)	3052	3920	28.4
建筑业总产值(万元)	Gross Construction Output Value(10 000 yuan)	60877	58953	-3.2
交通运输邮电通信业	**Transportation, Post & Telecommunications**			
公路里程(公里)	Total Length of Highways(km)	2407	2523	4.8
邮电业务总量(万元)	Business Volume of Post & Telecoms(10 000 yuan)	17103	18252	6.7
本地电话用户(户)	Number of Subscribers of Local Telephone(Household)	274563	199900	-27.2
国内贸易	**Domestic Trade**			
社会消费品零售总额(万元)	Total Retail Sales of Consumer Goods(10 000 yuan)	189230	222213	17.4
# 贸易业(万元)	Wholesale & Retail Sales Trades(10 000 yuan)	160570	183174	14.1
餐饮业(万元)	Catering Trade(10 000 yuan)	23373	25507	9.1
科技教育卫生	**Science, Education & Public Health**			
各类专业技术人员(人)	Special Technical Personnel(person)	9215	9218	0.0
幼儿园数(所)	Number of Kindergartens(unit)	38	38	0.0
学龄儿童入学率(%)	Percentage of School - Age Children Enrolled(%)	100.0	100.0	0.0
小学学校数(所)	Number of Primary Schools(unit)	85	82	-3.5
小学专任教师数(人)	Number of Full - time Teachers of Primary Schools(person)	2835	2813	-0.8
小学在校学生数(人)	Number of Student Enrollment of Primary Schools(person)	37477	35881	-4.3
普通中学学校数(所)	Number of Regular Secondary Schools(unit)	32	31	-3.1
普通中学专任教师数(人)	Number of Teachers of Secondary Shools(person)	2456	2407	-2.0
初中在校学生数(人)	Number of Student in Junior Secondary Schools(person)	24452	36088	47.6
高中在校学生数(人)	Number of Student in Senior Secondary Schools(person)	14815	14815	0.0
卫生机构数(所)	Number of Health Institutions(unit)	37	37	0.0
# 医院(所)	Hospitals(unit)	4	4	0.0
卫生院(所)	Township Hospitals(unit)	28	28	0.0
床位数(张)	Number of Beds(unit)	1635	1635	0.0
# 医院(张)	Hospitals(unit)	945	945	0.0
卫生院(张)	Township Hospitals(unit)	690	690	0.0
卫生技术人员(人)	Medical Technical Presonnel(person)	1179	1314	11.5
# 医院(人)	Hospitals(person)	402	405	0.7
卫生院(人)	Township Hospitals(person)	622	638	2.6

23－65 锡林郭勒盟二连浩特市

指　　标	Item	2009	2010	2010年比上年增长% Increase Rate in 2010 Over 2009(%)
行政区域土地面积(平方公里)	**Area of Administration(Sq. km)**	**4015**	**4015**	**0.0**
人口和就业	**Population & Employment**			
年末总人口(人)	Total Population Year－end(person)	25989	26108	0.5
#男性(人)	Male(person)	13368	13435	0.5
#乡村人口(人)	Rural(person)	1840	1877	2.0
年末总户数(户)	Total Number of Households at the Year－end(Household)	8872	9156	3.2
#乡村户数(户)	Number of Rural Household(Household)	655	705	7.6
出生人口(人)	Births(person)	313	285	－8.9
死亡人口(人)	Deaths(person)	59	65	10.2
全社会就业人员(人)	Employment(person)	26017	26830	3.1
第一产业(人)	Primary Industry(person)	1101	853	－22.5
第二产业(人)	Secondary Industry(person)	1169	1192	2.0
第三产业(人)	Tertiary Industry(person)	23747	24785	4.4
在岗职工人数(人)	Number of Staff & Workers Employed in(person)	5915	6230	5.3
乡村劳动力(人)	Number of Rural Laborers(person)	1285	1109	－13.7
#农林牧渔业(人)	Farming, Forestry, Animal Husbandry & Fishery(person)	1094	846	－22.7
国民经济综合指标	**Summary Item on the National Economy**			
生产总值(万元)	Gross Domestic Product(10 000 yuan)	400200	475888	15.0
第一产业(万元)	Primary Industry(10 000 yuan)	3600	3602	0.7
第二产业(万元)	Secondary Industry(10 000 yuan)	133700	169972	16.6
#工业(万元)	Industry(10 000 yuan)	105200	139972	19.5
第三产业(万元)	Tertiary Industry(10 000 yuan)	262900	302314	13.4
人均生产总值(元)	Per Capita GDP(yuan)	55997	66455	15.0
全社会固定资产投资(万元)	Total Investment in Fixed Assets(10 000 yuan)	260188	310029	19.2
按登记注册类型分	Grouped by Registered Type			
#国有(万元)	State－owned Enterprises(10 000 yuan)	109279	189810	73.7
集体(万元)	Collective－owned Enterprises(10 000 yuan)			
有限责任公司(万元)	Limited Liability Corporations(10 000 yuan)	121768	6360	－94.8
股份有限公司(万元)	Share Holding Enterprises(10 000 yuan)		4550	
私营企业(万元)	Private Enterprises(10 000 yuan)	29141	88309	203.0
外商及港澳台投资企业(万元)	Funds from HK, Macao, Taiwan & Foreign(10 000 yuan)		21000	
按城乡渠道分	Grouped by Urban and Rural Area			
城镇(万元)	Urban(10 000 yuan)	260188	310029	19.2
农村(万元)	Rural(10 000 yuan)			
一般预算收入(万元)	General Budgetary Financial Revenue(10 000 yuan)	19977	23486	17.6
一般预算支出(万元)	General Budgetary Financial Expenditures(10 000 yuan)	79664	86376	8.4
城乡居民储蓄存款余额(万元)	Resident Saving Deposit in Urban & Rural(10 000 yuan)	266440	248696	－6.7
在岗职工工资总额(万元)	Total Wages of Staff & Workers Employed in(10 000 yuan)	24563	26821	9.2
在岗职工平均工资(元)	Average Wage of Staff & Workers Employed in(yuan)	41576	43190	3.9
城镇居民人均可支配收入(元)	Annual Disposable Income of Urban Residents per Capita(yuan)	21002	22281	6.1
农牧民人均纯收入(元)	Per Capita Net Income of Peasant & Herdsman(yuan)	6527	7490	14.8
农村牧区经济	**Economic Development in Rural & Pastoral Area**			
耕地面积(公顷)	Cultivated Area(hectare)	360	360	0.0
农作物总播种面积(公顷)	Total Sown Area(hectare)	360	360	0.0
#粮食作物播种面积(公顷)	Sown Area of Grain Crops(hectare)	160	160	0.0
有效灌溉面积(公顷)	Irrigated Area(hectare)	360		
农牧业机械总动力(万千瓦)	Total Power of Agricultural Machinery(10 000 kw)	0.43		
化肥施用折纯量(吨)	Consumption of Chemical Fertilizer(ton)	103	100	－2.9
农村用电量(万千瓦小时)	Electricity Consumed in Rural Area(10 000 kwh)	281	270	－3.9
农林牧渔业总产值(万元)	Gross Output of Farming, Forestry, Animal Husbandry & Fishery(10 000 yuan)	6425	6377	－0.7
粮食产量(吨)	Yield of Grain(ton)	806	803	－0.4
油料产量(吨)	Yield of Oil－bearing Grops(ton)			
甜菜产量(吨)	Yield of Beetroots(ton)			
猪牛羊肉产量(吨)	Output of Pork, Beef & Mutton(ton)	1165	945	－18.9
#猪肉产量(吨)	Output of Pork(ton)	122	87	－28.7
牛肉产量(吨)	Output of Beef(ton)	276	98	－64.5
羊肉产量(吨)	Output of Mutton(ton)	767	760	－0.9
羊毛产量(吨)	Output of Wool(ton)	41	90	119.5

23 - 65 Erlianhaote City in Xilinguole League

指　　标	Item	2009	2010	2010 年比上年增长% Increase Rate in 2010 Over 2009(%)
年末牲畜存栏头数(万头只)	Total Livestock at the Year - end(10 000 heads)	3.35	3.55	6.0
#大牲畜(万头只)	Large Animals(10 000 heads)	0.24	0.28	16.7
羊(万只)	Sheep & Goats(10 000 heads)	3.09	3.25	5.2
猪(万头)	Hogs(10 000 heads)	0.02	0.02	0.0
规模以上工业	**Industrial Enterprises above Designated size**			
工业企业单位数(个)	Number of Industrial Enterprises(unit)	22	27	22.7
#内资企业(个)	Civil Funded Enterprises(unit)	22	27	22.7
工业总产值(万元)	Gross Industrial Output Value(10 000 yuan)	236747	281913	19.1
内资企业(万元)	Civil Funded Enterprises(10 000 yuan)	236747	281913	19.1
国有企业(万元)	State - owned Enterprises(10 000 yuan)	10403	12239	17.6
集体企业(万元)	Collective - owned Enterprises(10 000 yuan)			
股份合作企业(万元)	Share Holding Enterprises(10 000 yuan)			
联营企业(万元)	Joint Owned Enterprises(10 000 yuan)			
有限责任公司(万元)	Limited Company(10 000 yuan)	25859	29694	14.8
股份有限公司(万元)	Share Holding Limited Company(10 000 yuan)			
私营企业(万元)	Privately Owned Enterprises(10 000 yuan)	200485	239980	19.7
其他企业(万元)	Enterprises of Other Ownership(10 000 yuan)			
港澳台商投资企业(万元)	Funds from HK, Macao & Taiwan(10 000 yuan)			
外商投资企业(万元)	Foreign Funded Enterprises(10 000 yuan)			
工业企业增加值(万元)	Value Added of Industrial Enterprises(10 000 yuan)	95216	120272	19.8
工业企业资产总计(万元)	Total Assets of Industrial Enterprises(10 000 yuan)	112220	130192	16.0
工业企业负债合计(万元)	Total Liabilities of Industrial Enterprises(10 000 yuan)	65961	88923	34.8
工业企业产品销售收入(万元)	Sales of Revenue Industrial Enterprises(10 000 yuan)	230103	272488	18.4
工业企业利润总额(万元)	Total Profits of Industrial Enterprises(10 000 yuan)	11778	15592	32.4
建筑业	**Construction**			
建筑企业单位数(个)	Number of Construction Enterprises(unit)	2	2	0.0
建筑企业从业人员(人)	Number of Employee in Construction Enterprises(person)	320	11	-96.6
建筑业总产值(万元)	Gross Construction Output Value(10 000 yuan)	1900	2553	34.4
交通运输邮电通信业	**Transportation, Post & Telecommunications**			
公路里程(公里)	Total Length of Highways(km)	320	328	2.5
邮电业务总量(万元)	Business Volume of Post & Telecoms(10 000 yuan)	8402	9875	17.5
本地电话用户(户)	Number of Subscribers of Local Telephone(Household)	14800	11500	-22.3
国内贸易	**Domestic Trade**			
社会消费品零售总额(万元)	Total Retail Sales of Consumer Goods(10 000 yuan)	137538	164794	19.8
#贸易业(万元)	Wholesale & Retail Sales Trades(10 000 yuan)	118215	148211	25.4
餐饮业(万元)	Catering Trade(10 000 yuan)	18633	16583	-11.0
科技教育卫生	**Science, Education & Public Health**			
各类专业技术人员(人)	Special Technical Personnel(person)	958	1290	34.7
幼儿园数(所)	Number of Kindergartens(unit)	9	8	-11.1
学龄儿童入学率(%)	Percentage of School - Age Children Enrolled(%)	100.0	100.0	0.0
小学学校数(所)	Number of Primary Schools(unit)	6	5	-16.7
小学专任教师数(人)	Number of Full - time Teachers of Primary Schools(person)	283	278	-1.8
小学在校学生数(人)	Number of Student Enrollment of Primary Schools(person)	6202	5805	-6.4
普通中学学校数(所)	Number of Regular Secondary Schools(unit)	3	3	0.0
普通中学专任教师数(人)	Number of Teachers of Secondary Shools(person)	322	348	8.1
初中在校学生数(人)	Number of Student in Junior Secondary Schools(person)	2474	2882	16.5
高中在校学生数(人)	Number of Student in Senior Secondary Schools(person)	1122	961	-14.3
卫生机构数(所)	Number of Health Institutions(unit)	38	44	15.8
#医院(所)	Hospitals(unit)	1	1	0.0
卫生院(所)	Township Hospitals(unit)	2	2	0.0
床位数(张)	Number of Beds(unit)	133	141	6.0
#医院(张)	Hospitals(unit)	114	114	0.0
卫生院(张)	Township Hospitals(unit)	4	4	0.0
卫生技术人员(人)	Medical Technical Presonnel(person)	238	350	47.1
#医院(人)	Hospitals(person)	160	172	7.5
卫生院(人)	Township Hospitals(person)	7	10	42.9

23－66 锡林郭勒盟锡林浩特市

指　　标	Item	2009	2010	2010年比上年增长% Increase Rate in 2010 Over 2009(%)
行政区域土地面积(平方公里)	**Area of Administration(Sq. km)**	**14592**	**14592**	**0.0**
人口和就业	**Population & Employment**			
年末总人口(人)	Total Population Year－end(person)	169561	172318	1.6
#男性(人)	Male(person)	85055	86343	1.5
#乡村人口(人)	Rural(person)	7917	7636	－3.5
年末总户数(户)	Total Number of Households at the Year－end(Household)	60823	62522	2.8
#乡村户数(户)	Number of Rural Household(Household)	2083	2012	－3.4
出生人口(人)	Births(person)	1636	3256	99.0
死亡人口(人)	Deaths(person)	436	767	75.9
全社会就业人员(人)	Employment(person)	78191	83370	6.6
第一产业(人)	Primary Industry(person)	11674	11318	－3.0
第二产业(人)	Secondary Industry(person)	15722	16881	7.4
第三产业(人)	Tertiary Industry(person)	50795	55171	8.6
在岗职工人数(人)	Number of Staff & Workers Employed in(person)	47399	51875	9.4
乡村劳动力(人)	Number of Rural Laborers(person)	6093	6087	－0.1
#农林牧渔业(人)	Farming,Forestry,Animal Husbandry & Fishery(person)	5288	5056	－4.4
国民经济综合指标	**Summary Item on the National Economy**			
生产总值(万元)	Gross Domestic Product(10 000 yuan)	1238500	1433976	18.5
第一产业(万元)	Primary Industry(10 000 yuan)	60100	68304	2.3
第二产业(万元)	Secondary Industry(10 000 yuan)	824000	947443	20.9
#工业(万元)	Industry(10 000 yuan)	683100	827443	25.1
第三产业(万元)	Tertiary Industry(10 000 yuan)	354400	418229	15.9
人均生产总值(元)	Per Capita GDP(yuan)	67799	74299	13.0
全社会固定资产投资(万元)	Total Investment in Fixed Assets(10 000 yuan)	1342311	1306090	－2.7
按登记注册类型分	Grouped by Registered Type			
#国有(万元)	State－owned Enterprises(10 000 yuan)	563771	354503	－37.1
集体(万元)	Collective－owned Enterprises(10 000 yuan)	4219	134	－96.8
有限责任公司(万元)	Limited Liability Corporations(10 000 yuan)	626710	654486	4.4
股份有限公司(万元)	Share Holding Enterprises(10 000 yuan)	1492	95610	6308.2
私营企业(万元)	Private Enterprises(10 000 yuan)	146119	169878	16.3
外商及港澳台投资企业(万元)	Funds from HK,Macao,Taiwan & Foreign(10 000 yuan)		31479	
按城乡渠道分	Grouped by Urban and Rural Area			
城镇(万元)	Urban(10 000 yuan)	1342311	1306090	－2.7
农村(万元)	Rural(10 000 yuan)			
一般预算收入(万元)	General Budgetary Financial Revenue(10 000 yuan)	87665	108342	23.6
一般预算支出(万元)	General Budgetary Financial Expenditures(10 000 yuan)	120630	157860	30.9
城乡居民储蓄存款余额(万元)	Resident Saving Deposit in Urban & Rural(10 000 yuan)	566730	699222	23.4
在岗职工工资总额(万元)	Total Wages of Staff & Workers Employed in(10 000 yuan)	141483	180042	27.3
在岗职工平均工资(元)	Average Wage of Staff & Workers Employed in(yuan)	28558	33098	15.9
城镇居民人均可支配收入(元)	Annual Disposable Income of Urban Residents per Capita(yuan)	16643	18330	10.1
农牧民人均纯收入(元)	Per Capita Net Income of Peasant & Herdsman(yuan)	8381	9587	14.4
农村牧区经济	**Economic Development in Rural & Pastoral Area**			
耕地面积(公顷)	Cultivated Area(hectare)	23370	23370	0.0
农作物总播种面积(公顷)	Total Sown Area(hectare)	20810	22660	8.9
#粮食作物播种面积(公顷)	Sown Area of Grain Crops(hectare)	14730	17540	19.1
有效灌溉面积(公顷)	Irrigated Area(hectare)	4690		
农牧业机械总动力(万千瓦)	Total Power of Agricultural Machinery(10 000 kw)	9.80	10.56	7.8
化肥施用折纯量(吨)	Consumption of Chemical Fertilizer(ton)	1541	1906	23.7
农村用电量(万千瓦小时)	Electricity Consumed in Rural Area(10 000 kwh)	1232	1718	39.4
农林牧渔业总产值(万元)	Gross Output of Farming,Forestry,Animal Husbandry & Fishery(10 000 yuan)	101559	120944	19.1
粮食产量(吨)	Yield of Grain(ton)	19806	23670	19.5
油料产量(吨)	Yield of Oil－bearing Grops(ton)	75		
甜菜产量(吨)	Yield of Beetroots(ton)			
猪牛羊肉产量(吨)	Output of Pork, Beef & Mutton(ton)	15147	15944	5.3
#猪肉产量(吨)	Output of Pork(ton)	335	251	－25.1
牛肉产量(吨)	Output of Beef(ton)	3472	6296	81.3
羊肉产量(吨)	Output of Mutton(ton)	11340	9397	－17.1
羊毛产量(吨)	Output of Wool(ton)	944	935	－1.0

23 – 66 Xilinhaote City in Xilinguole League

指　标	Item	2009	2010	2010 年比上年增长% Increase Rate in 2010 Over 2009(%)
年末牲畜存栏头数(万头只)	Total Livestock at the Year – end(10 000 heads)	58.43	54.34	-7.0
# 大牲畜(万头只)	Large Animals(10 000 heads)	8.55	7.62	-10.9
羊(万只)	Sheep & Goats(10 000 heads)	49.00	45.71	-6.7
猪(万头)	Hogs(10 000 heads)	0.87	1.01	16.0
规模以上工业	**Industrial Enterprises above Designated size**			
工业企业单位数(个)	Number of Industrial Enterprises(unit)	87	85	-2.3
# 内资企业(个)	Civil Funded Enterprises(unit)	84	81	-3.6
工业总产值(万元)	Gross Industrial Output Value(10 000 yuan)	1115652	1458398	30.7
内资企业(万元)	Civil Funded Enterprises(10 000 yuan)	1101148	1403584	27.5
国有企业(万元)	State – owned Enterprises(10 000 yuan)	121431	213879	76.1
集体企业(万元)	Collective – owned Enterprises(10 000 yuan)			
股份合作企业(万元)	Share Holding Enterprises(10 000 yuan)			
联营企业(万元)	Joint Owned Enterprises(10 000 yuan)			
有限责任公司(万元)	Limited Company(10 000 yuan)	424632	536822	26.4
股份有限公司(万元)	Share Holding Limited Company(10 000 yuan)	267740	339967	27.0
私营企业(万元)	Privately Owned Enterprises(10 000 yuan)	287346	312917	8.9
其他企业(万元)	Enterprises of Other Ownership(10 000 yuan)			
港澳台商投资企业(万元)	Funds from HK, Macao & Taiwan(10 000 yuan)	8368	47732	470.4
外商投资企业(万元)	Foreign Funded Enterprises(10 000 yuan)	6135	7082	15.4
工业企业增加值(万元)	Value Added of Industrial Enterprises(10 000 yuan)	653111	767803	17.6
工业企业资产总计(万元)	Total Assets of Industrial Enterprises(10 000 yuan)	2090015	2506357	19.9
工业企业负债合计(万元)	Total Liabilities of Industrial Enterprises(10 000 yuan)	1444571	1756889	21.6
工业企业产品销售收入(万元)	Sales of Revenue Industrial Enterprises(10 000 yuan)	995112	1390131	39.7
工业企业利润总额(万元)	Total Profits of Industrial Enterprises(10 000 yuan)	52078	333996	541.3
建筑业	**Construction**			
建筑企业单位数(个)	Number of Construction Enterprises(unit)	21	21	0.0
建筑企业从业人员(人)	Number of Employee in Construction Enterprises(person)	12918	6026	-53.4
建筑业总产值(万元)	Gross Construction Output Value(10 000 yuan)	209270	166515	-20.4
交通运输邮电通信业	**Transportation, Post & Telecommunications**			
公路里程(公里)	Total Length of Highways(km)	1266	1319	4.2
邮电业务总量(万元)	Business Volume of Post & Telecoms(10 000 yuan)	38444	79500	106.8
本地电话用户(户)	Number of Subscribers of Local Telephone(Household)	80000	43400	-45.8
国内贸易	**Domestic Trade**			
社会消费品零售总额(万元)	Total Retail Sales of Consumer Goods(10 000 yuan)	256065	303400	18.5
# 贸易业(万元)	Wholesale & Retail Sales Trades(10 000 yuan)	221923	274084	23.5
餐饮业(万元)	Catering Trade(10 000 yuan)	30678	29309	-4.5
科技教育卫生	**Science, Education & Public Health**			
各类专业技术人员(人)	Special Technical Personnel(person)	3046	3156	3.6
幼儿园数(所)	Number of Kindergartens(unit)	5	7	40.0
学龄儿童入学率(%)	Percentage of School – Age Children Enrolled(%)	100.0	100.0	0.0
小学学校数(所)	Number of Primary Schools(unit)	13	12	-7.7
小学专任教师数(人)	Number of Full – time Teachers of Primary Schools(person)	933	988	5.9
小学在校学生数(人)	Number of Student Enrollment of Primary Schools(person)	16761	16838	0.5
普通中学学校数(所)	Number of Regular Secondary Schools(unit)	8	9	12.5
普通中学专任教师数(人)	Number of Teachers of Secondary Shools(person)	1322	1407	6.4
初中在校学生数(人)	Number of Student in Junior Secondary Schools(person)	8364	10894	30.2
高中在校学生数(人)	Number of Student in Senior Secondary Schools(person)	11469	10314	-10.1
卫生机构数(所)	Number of Health Institutions(unit)	174	199	14.4
# 医院(所)	Hospitals(unit)	3	3	0.0
卫生院(所)	Township Hospitals(unit)	9	9	0.0
床位数(张)	Number of Beds(unit)	906	944	4.2
# 医院(张)	Hospitals(unit)	649	675	4.0
卫生院(张)	Township Hospitals(unit)	80	58	-27.5
卫生技术人员(人)	Medical Technical Presonnel(person)	1351	1954	44.6
# 医院(人)	Hospitals(person)	787	852	8.3
卫生院(人)	Township Hospitals(person)	89	70	-21.3

23－67 锡林郭勒盟阿巴嘎旗

指　　标	Item	2009	2010	2010年比上年增长% Increase Rate in 2010 Over 2009(%)
行政区域土地面积(平方公里)	**Area of Administration(Sq. km)**	**27494**	**27494**	**0.0**
人口和就业	**Population & Employment**			
年末总人口(人)	Total Population Year－end(person)	44778	44886	0.2
#男性(人)	Male(person)	22663	22709	0.2
#乡村人口(人)	Rural(person)	18106	17805	－1.7
年末总户数(户)	Total Number of Households at the Year－end(Household)	15569	15697	0.8
#乡村户数(户)	Number of Rural Household(Household)	5106	4980	－2.5
出生人口(人)	Births(person)	395	772	95.4
死亡人口(人)	Deaths(person)	214	277	29.4
全社会就业人员(人)	Employment(person)	18081	18058	－0.1
第一产业(人)	Primary Industry(person)	11569	1142	－90.1
第二产业(人)	Secondary Industry(person)	397	425	7.1
第三产业(人)	Tertiary Industry(person)	6115	6491	6.1
在岗职工人数(人)	Number of Staff & Workers Employed in(person)	3124	3243	3.8
乡村劳动力(人)	Number of Rural Laborers(person)	12467	12285	－1.5
#农林牧渔业(人)	Farming, Forestry, Animal Husbandry & Fishery(person)	11381	10962	－3.7
国民经济综合指标	**Summary Item on the National Economy**			
生产总值(万元)	Gross Domestic Product(10 000 yuan)	229000	341944	27.7
第一产业(万元)	Primary Industry(10 000 yuan)	37300	40606	2.1
第二产业(万元)	Secondary Industry(10 000 yuan)	151100	250285	46.6
#工业(万元)	Industry(10 000 yuan)	118400	199285	46.0
第三产业(万元)	Tertiary Industry(10 000 yuan)	40600	51053	12.0
人均生产总值(元)	Per Capita GDP(yuan)	52790	76181	27.4
全社会固定资产投资(万元)	Total Investment in Fixed Assets(10 000 yuan)	408287	501007	22.7
按登记注册类型分	Grouped by Registered Type			
#国有(万元)	State－owned Enterprises(10 000 yuan)	204143	154127	－24.5
集体(万元)	Collective－owned Enterprises(10 000 yuan)			
有限责任公司(万元)	Limited Liability Corporations(10 000 yuan)	191078	111400	－41.7
股份有限公司(万元)	Share Holding Enterprises(10 000 yuan)		40000	
私营企业(万元)	Private Enterprises(10 000 yuan)	13066	195480	1396.1
外商及港澳台投资企业(万元)	Funds from HK, Macao, Taiwan & Foreign(10 000 yuan)			
按城乡渠道分	Grouped by Urban and Rural Area			
城镇(万元)	Urban(10 000 yuan)	408287	501007	22.7
农村(万元)	Rural(10 000 yuan)			
一般预算收入(万元)	General Budgetary Financial Revenue(10 000 yuan)	13996	15250	9.0
一般预算支出(万元)	General Budgetary Financial Expenditures(10 000 yuan)	63951	54383	－15.0
城乡居民储蓄存款余额(万元)	Resident Saving Deposit in Urban & Rural(10 000 yuan)	49546	59021	19.1
在岗职工工资总额(万元)	Total Wages of Staff & Workers Employed in(10 000 yuan)	9139	11860	29.8
在岗职工平均工资(元)	Average Wage of Staff & Workers Employed in(yuan)	29281	36728	25.4
城镇居民人均可支配收入(元)	Annual Disposable Income of Urban Residents per Capita(yuan)	14060	15466	10.0
农牧民人均纯收入(元)	Per Capita Net Income of Peasant & Herdsman(yuan)	7955	9172	15.3
农村牧区经济	**Economic Development in Rural & Pastoral Area**			
耕地面积(公顷)	Cultivated Area(hectare)	670	670	0.0
农作物总播种面积(公顷)	Total Sown Area(hectare)	4610	2690	－41.6
#粮食作物播种面积(公顷)	Sown Area of Grain Crops(hectare)			
有效灌溉面积(公顷)	Irrigated Area(hectare)	670		
农牧业机械总动力(万千瓦)	Total Power of Agricultural Machinery(10 000 kw)	4.37	4.55	4.1
化肥施用折纯量(吨)	Consumption of Chemical Fertilizer(ton)			
农村用电量(万千瓦小时)	Electricity Consumed in Rural Area(10 000 kwh)	32	32	0.0
农林牧渔业总产值(万元)	Gross Output of Farming, Forestry, Animal Husbandry & Fishery(10 000 yuan)	74633	71900	－3.7
粮食产量(吨)	Yield of Grain(ton)			
油料产量(吨)	Yield of Oil－bearing Grops(ton)	2		
甜菜产量(吨)	Yield of Beetroots(ton)			
猪牛羊肉产量(吨)	Output of Pork, Beef & Mutton(ton)	23811	26133	9.8
#猪肉产量(吨)	Output of Pork(ton)	28	31	10.7
牛肉产量(吨)	Output of Beef(ton)	7966	9424	18.3
羊肉产量(吨)	Output of Mutton(ton)	15817	16678	5.4
羊毛产量(吨)	Output of Wool(ton)	857	1113	29.9

23 – 67 Abaga Banner in Xilinguole League

指　　标	Item	2009	2010	2010 年比上年增长% Increase Rate in 2010 Over 2009(%)
年末牲畜存栏头数(万头只)	Total Livestock at the Year – end(10 000 heads)	87.95	75.14	–14.6
# 大牲畜(万头只)	Large Animals(10 000 heads)	9.30	12.01	29.2
羊(万只)	Sheep & Goats(10 000 heads)	78.64	63.13	–19.7
猪(万头)	Hogs(10 000 heads)	0.02	0.02	28.2
规模以上工业	**Industrial Enterprises above Designated size**			
工业企业单位数(个)	Number of Industrial Enterprises(unit)	21	23	9.5
# 内资企业(个)	Civil Funded Enterprises(unit)	21	23	9.5
工业总产值(万元)	Gross Industrial Output Value(10 000 yuan)	214477	372055	73.5
内资企业(万元)	Civil Funded Enterprises(10 000 yuan)	214477	372055	73.5
国有企业(万元)	State – owned Enterprises(10 000 yuan)	135839	263228	93.8
集体企业(万元)	Collective – owned Enterprises(10 000 yuan)	20398	23175	13.6
股份合作企业(万元)	Share Holding Enterprises(10 000 yuan)			
联营企业(万元)	Joint Owned Enterprises(10 000 yuan)			
有限责任公司(万元)	Limited Company(10 000 yuan)	240	34035	14081.3
股份有限公司(万元)	Share Holding Limited Company(10 000 yuan)	24215	2485	–89.7
私营企业(万元)	Privately Owned Enterprises(10 000 yuan)	33785	49132	45.4
其他企业(万元)	Enterprises of Other Ownership(10 000 yuan)			
港澳台商投资企业(万元)	Funds from HK,Macao & Taiwan(10 000 yuan)			
外商投资企业(万元)	Foreign Funded Enterprises(10 000 yuan)			
工业企业增加值(万元)	Value Added of Industrial Enterprises(10 000 yuan)	102373	170185	50.8
工业企业资产总计(万元)	Total Assets of Industrial Enterprises(10 000 yuan)	479162	714776	49.2
工业企业负债合计(万元)	Total Liabilities of Industrial Enterprises(10 000 yuan)	270635	494945	82.9
工业企业产品销售收入(万元)	Sales of Revenue Industrial Enterprises(10 000 yuan)	213507	364732	70.8
工业企业利润总额(万元)	Total Profits of Industrial Enterprises(10 000 yuan)	20736	25407	22.5
建筑业	**Construction**			
建筑企业单位数(个)	Number of Construction Enterprises(unit)			
建筑企业从业人员(人)	Number of Employee in Construction Enterprises(person)			
建筑业总产值(万元)	Gross Construction Output Value(10 000 yuan)			
交通运输邮电通信业	**Transportation,Post & Telecommunications**			
公路里程(公里)	Total Length of Highways(km)	1890	1942	2.8
邮电业务总量(万元)	Business Volume of Post & Telecoms(10 000 yuan)	2345	3017	28.7
本地电话用户(户)	Number of Subscribers of Local Telephone(Household)	4863	5409	11.2
国内贸易	**Domestic Trade**			
社会消费品零售总额(万元)	Total Retail Sales of Consumer Goods(10 000 yuan)	50603	54669	8.0
# 贸易业(万元)	Wholesale & Retail Sales Trades(10 000 yuan)	37148	50399	35.7
餐饮业(万元)	Catering Trade(10 000 yuan)	11345	4271	–62.4
科技教育卫生	**Science,Education & Public Health**			
各类专业技术人员(人)	Special Technical Personnel(person)	1021	998	–2.3
幼儿园数(所)	Number of Kindergartens(unit)	3	1	–66.7
学龄儿童入学率(%)	Percentage of School – Age Children Enrolled(%)	100.0	100.0	0.0
小学学校数(所)	Number of Primary Schools(unit)	4	3	–25.0
小学专任教师数(人)	Number of Full – time Teachers of Primary Schools(person)	171	175	2.3
小学在校学生数(人)	Number of Student Enrollment of Primary Schools(person)	2603	2331	–10.4
普通中学学校数(所)	Number of Regular Secondary Schools(unit)	2	2	0.0
普通中学专任教师数(人)	Number of Teachers of Secondary Shools(person)	161	149	–7.5
初中在校学生数(人)	Number of Student in Junior Secondary Schools(person)	1090	951	–12.8
高中在校学生数(人)	Number of Student in Senior Secondary Schools(person)	85	34	–60.0
卫生机构数(所)	Number of Health Institutions(unit)	30	31	3.3
# 医院(所)	Hospitals(unit)	2	2	0.0
卫生院(所)	Township Hospitals(unit)	11	11	0.0
床位数(张)	Number of Beds(unit)	157	203	29.3
# 医院(张)	Hospitals(unit)	100	100	0.0
卫生院(张)	Township Hospitals(unit)	44	86	95.5
卫生技术人员(人)	Medical Technical Presonnel(person)	220	256	16.4
# 医院(人)	Hospitals(person)	120	117	–2.5
卫生院(人)	Township Hospitals(person)	45	49	8.9

23－68 锡林郭勒盟苏尼特左旗

指　　标	Item	2009	2010	2010年比上年增长% Increase Rate in 2010 Over 2009(%)
行政区域土地面积(平方公里)	**Area of Administration(Sq. km)**	**34251**	**34251**	**0.0**
人口和就业	**Population & Employment**			
年末总人口(人)	Total Population Year－end(person)	33859	33996	0.4
#男性(人)	Male(person)	16946	17000	0.3
#乡村人口(人)	Rural(person)	17615	17984	2.1
年末总户数(户)	Total Number of Households at the Year－end(Household)	10726	10889	1.5
#乡村户数(户)	Number of Rural Household(Household)	4890	5118	4.7
出生人口(人)	Births(person)	407	452	11.1
死亡人口(人)	Deaths(person)	199	209	5.0
全社会就业人员(人)	Employment(person)	17689	20130	13.8
第一产业(人)	Primary Industry(person)	10348	11011	6.4
第二产业(人)	Secondary Industry(person)	1375	1602	16.5
第三产业(人)	Tertiary Industry(person)	5966	7517	26.0
在岗职工人数(人)	Number of Staff & Workers Employed in(person)	2926	3005	2.7
乡村劳动力(人)	Number of Rural Laborers(person)	10887	14420	32.5
#农林牧渔业(人)	Farming,Forestry,Animal Husbandry & Fishery(person)	10098	10744	6.4
国民经济综合指标	**Summary Item on the National Economy**			
生产总值(万元)	Gross Domestic Product(10 000 yuan)	245400	210684	－2.9
第一产业(万元)	Primary Industry(10 000 yuan)	26000	29018	2.1
第二产业(万元)	Secondary Industry(10 000 yuan)	248700	130681	－12.9
#工业(万元)	Industry(10 000 yuan)	161200	109581	－14.7
第三产业(万元)	Tertiary Industry(10 000 yuan)	45500	50985	13.4
人均生产总值(元)	Per Capita GDP(yuan)	66720	58532	－3.4
全社会固定资产投资(万元)	Total Investment in Fixed Assets(10 000 yuan)	182293	200148	9.8
按登记注册类型分	Grouped by Registered Type			
#国有(万元)	State－owned Enterprises(10 000 yuan)	91146	88405	－3.0
集体(万元)	Collective－owned Enterprises(10 000 yuan)			
有限责任公司(万元)	Limited Liability Corporations(10 000 yuan)	24139	59189	145.2
股份有限公司(万元)	Share Holding Enterprises(10 000 yuan)	61174	5100	－91.7
私营企业(万元)	Private Enterprises(10 000 yuan)	5834	30564	423.9
外商及港澳台投资企业(万元)	Funds from HK,Macao,Taiwan & Foreign(10 000 yuan)		16890	
按城乡渠道分	Grouped by Urban and Rural Area			
城镇(万元)	Urban(10 000 yuan)	182293	200148	9.8
农村(万元)	Rural(10 000 yuan)			
一般预算收入(万元)	General Budgetary Financial Revenue(10 000 yuan)	11831	12299	4.0
一般预算支出(万元)	General Budgetary Financial Expenditures(10 000 yuan)	60275	56498	－6.3
城乡居民储蓄存款余额(万元)	Resident Saving Deposit in Urban & Rural(10 000 yuan)	36356	44312	21.9
在岗职工工资总额(万元)	Total Wages of Staff & Workers Employed in(10 000 yuan)	9353	11683	24.9
在岗职工平均工资(元)	Average Wage of Staff & Workers Employed in(yuan)	31975	38880	21.6
城镇居民人均可支配收入(元)	Annual Disposable Income of Urban Residents per Capita(yuan)	13750	15147	10.2
农牧民人均纯收入(元)	Per Capita Net Income of Peasant & Herdsman(yuan)	5206	5919	13.7
农村牧区经济	**Economic Development in Rural & Pastoral Area**			
耕地面积(公顷)	Cultivated Area(hectare)	2200	790	－64.1
农作物总播种面积(公顷)	Total Sown Area(hectare)	1670	780	－53.3
#粮食作物播种面积(公顷)	Sown Area of Grain Crops(hectare)			
有效灌溉面积(公顷)	Irrigated Area(hectare)	2200		
农牧业机械总动力(万千瓦)	Total Power of Agricultural Machinery(10 000 kw)	3.85	4.25	10.4
化肥施用折纯量(吨)	Consumption of Chemical Fertilizer(ton)		30	
农村用电量(万千瓦小时)	Electricity Consumed in Rural Area(10 000 kwh)	33	201	509.1
农林牧渔业总产值(万元)	Gross Output of Farming,Forestry,Animal Husbandry & Fishery(10 000 yuan)	43723	51381	17.5
粮食产量(吨)	Yield of Grain(ton)			
油料产量(吨)	Yield of Oil－bearing Grops(ton)			
甜菜产量(吨)	Yield of Beetroots(ton)			
猪牛羊肉产量(吨)	Output of Pork, Beef & Mutton(ton)	18723	18499	－1.2
#猪肉产量(吨)	Output of Pork(ton)	72	68	－5.6
牛肉产量(吨)	Output of Beef(ton)	5390	6137	13.9
羊肉产量(吨)	Output of Mutton(ton)	12573	12294	－2.2
羊毛产量(吨)	Output of Wool(ton)	504	694	37.7

23 - 68 Sunitezuo Banner in Xilinguole League

指　　标	Item	2009	2010	2010 年比上年增长% Increase Rate in 2010 Over 2009(%)
年末牲畜存栏头数(万头只)	Total Livestock at the Year - end(10 000 heads)	63.78	61.78	-3.1
# 大牲畜(万头只)	Large Animals(10 000 heads)	7.62	8.11	6.4
羊(万只)	Sheep & Goats(10 000 heads)	56.05	53.57	-4.4
猪(万头)	Hogs(10 000 heads)	0.11	0.10	-9.1
规模以上工业	**Industrial Enterprises above Designated size**			
工业企业单位数(个)	Number of Industrial Enterprises(unit)	17	14	-17.6
# 内资企业(个)	Civil Funded Enterprises(unit)	17	14	-17.6
工业总产值(万元)	Gross Industrial Output Value(10 000 yuan)	267147	173046	-35.2
内资企业(万元)	Civil Funded Enterprises(10 000 yuan)	267147	173046	-35.2
国有企业(万元)	State - owned Enterprises(10 000 yuan)	2027	2330	14.9
集体企业(万元)	Collective - owned Enterprises(10 000 yuan)			
股份合作企业(万元)	Share Holding Enterprises(10 000 yuan)			
联营企业(万元)	Joint Owned Enterprises(10 000 yuan)			
有限责任公司(万元)	Limited Company(10 000 yuan)	219916	111273	-49.4
股份有限公司(万元)	Share Holding Limited Company(10 000 yuan)	8608	10719	24.5
私营企业(万元)	Privately Owned Enterprises(10 000 yuan)	36596	48725	33.1
其他企业(万元)	Enterprises of Other Ownership(10 000 yuan)			
港澳台商投资企业(万元)	Funds from HK, Macao & Taiwan(10 000 yuan)			
外商投资企业(万元)	Foreign Funded Enterprises(10 000 yuan)			
工业企业增加值(万元)	Value Added of Industrial Enterprises(10 000 yuan)	148131	85231	-29.1
工业企业资产总计(万元)	Total Assets of Industrial Enterprises(10 000 yuan)	107408	136528	27.1
工业企业负债合计(万元)	Total Liabilities of Industrial Enterprises(10 000 yuan)	62307	67459	8.3
工业企业产品销售收入(万元)	Sales of Revenue Industrial Enterprises(10 000 yuan)	264192	158052	-40.2
工业企业利润总额(万元)	Total Profits of Industrial Enterprises(10 000 yuan)	4341	6774	56.0
建筑业	**Construction**			
建筑企业单位数(个)	Number of Construction Enterprises(unit)		2	
建筑企业从业人员(人)	Number of Employee in Construction Enterprises(person)		440	
建筑业总产值(万元)	Gross Construction Output Value(10 000 yuan)		2449	
交通运输邮电通信业	**Transportation, Post & Telecommunications**			
公路里程(公里)	Total Length of Highways(km)	1874	2294	22.4
邮电业务总量(万元)	Business Volume of Post & Telecoms(10 000 yuan)	1594	1929	21.0
本地电话用户(户)	Number of Subscribers of Local Telephone(Household)	5865	4414	-24.7
国内贸易	**Domestic Trade**			
社会消费品零售总额(万元)	Total Retail Sales of Consumer Goods(10 000 yuan)	32532	35282	19.0
# 贸易业(万元)	Wholesale & Retail Sales Trades(10 000 yuan)	21082	30293	43.7
餐饮业(万元)	Catering Trade(10 000 yuan)	8557	4988	-41.7
科技教育卫生	**Science, Education & Public Health**			
各类专业技术人员(人)	Special Technical Personnel(person)	926	903	-2.5
幼儿园数(所)	Number of Kindergartens(unit)	2	2	0.0
学龄儿童入学率(%)	Percentage of School - Age Children Enrolled(%)	100.0	100.0	0.0
小学学校数(所)	Number of Primary Schools(unit)	3	3	0.0
小学专任教师数(人)	Number of Full - time Teachers of Primary Schools(person)	186	184	-1.1
小学在校学生数(人)	Number of Student Enrollment of Primary Schools(person)	2070	1992	-3.8
普通中学学校数(所)	Number of Regular Secondary Schools(unit)	2	2	0.0
普通中学专任教师数(人)	Number of Teachers of Secondary Shools(person)	105	108	2.9
初中在校学生数(人)	Number of Student in Junior Secondary Schools(person)	832	793	-4.7
高中在校学生数(人)	Number of Student in Senior Secondary Schools(person)			
卫生机构数(所)	Number of Health Institutions(unit)	30	29	-3.3
# 医院(所)	Hospitals(unit)	2	2	0.0
卫生院(所)	Township Hospitals(unit)	11	11	0.0
床位数(张)	Number of Beds(unit)	99	114	15.2
# 医院(张)	Hospitals(unit)	66	81	22.7
卫生院(张)	Township Hospitals(unit)	29	29	0.0
卫生技术人员(人)	Medical Technical Presonnel(person)	197	207	5.1
# 医院(人)	Hospitals(person)	93	94	1.1
卫生院(人)	Township Hospitals(person)	57	57	0.0

23－69 锡林郭勒盟苏尼特右旗

指　　标	Item	2009	2010	2010年比上年增长% Increase Rate in 2010 Over 2009(%)
行政区域土地面积(平方公里)	**Area of Administration(Sq. km)**	**22461**	**22461**	**0.0**
人口和就业	**Population & Employment**			
年末总人口(人)	Total Population Year－end(person)	69198	68943	－0.4
#男性(人)	Male(person)	34897	34656	－0.7
#乡村人口(人)	Rural(person)	21176	24766	17.0
年末总户数(户)	Total Number of Households at the Year－end(Household)	25662	26119	1.8
#乡村户数(户)	Number of Rural Household(Household)	6506	7643	17.5
出生人口(人)	Births(person)	491	841	71.3
死亡人口(人)	Deaths(person)	230	946	311.3
全社会就业人员(人)	Employment(person)	30378	33625	10.7
第一产业(人)	Primary Industry(person)	14224	16048	12.8
第二产业(人)	Secondary Industry(person)	4289	5438	26.8
第三产业(人)	Tertiary Industry(person)	11865	12139	2.3
在岗职工人数(人)	Number of Staff & Workers Employed in(person)	8037	8375	4.2
乡村劳动力(人)	Number of Rural Laborers(person)	17414	21156	21.5
#农林牧渔业(人)	Farming,Forestry,Animal Husbandry & Fishery(person)	13901	15724	13.1
国民经济综合指标	**Summary Item on the National Economy**			
生产总值(万元)	Gross Domestic Product(10 000 yuan)	284700	360513	18.1
第一产业(万元)	Primary Industry(10 000 yuan)	21900	26341	2.6
第二产业(万元)	Secondary Industry(10 000 yuan)	193700	254080	20.6
#工业(万元)	Industry(10 000 yuan)	175300	231080	20.8
第三产业(万元)	Tertiary Industry(10 000 yuan)	69100	80092	15.5
人均生产总值(元)	Per Capita GDP(yuan)	35907	46220	20.1
全社会固定资产投资(万元)	Total Investment in Fixed Assets(10 000 yuan)	301982	331497	9.8
按登记注册类型分	Grouped by Registered Type			
#国有(万元)	State－owned Enterprises(10 000 yuan)	126832	124109	－2.1
集体(万元)	Collective－owned Enterprises(10 000 yuan)			
有限责任公司(万元)	Limited Liability Corporations(10 000 yuan)	87624	113588	29.6
股份有限公司(万元)	Share Holding Enterprises(10 000 yuan)	53702	9000	－83.2
私营企业(万元)	Private Enterprises(10 000 yuan)	33823	84800	150.7
外商及港澳台投资企业(万元)	Funds from HK,Macao,Taiwan & Foreign(10 000 yuan)			
按城乡渠道分	Grouped by Urban and Rural Area			
城镇(万元)	Urban(10 000 yuan)	301982	331497	9.8
农村(万元)	Rural(10 000 yuan)			
一般预算收入(万元)	General Budgetary Financial Revenue(10 000 yuan)	18171	25773	41.8
一般预算支出(万元)	General Budgetary Financial Expenditures(10 000 yuan)	66407	72382	9.0
城乡居民储蓄存款余额(万元)	Resident Saving Deposit in Urban & Rural(10 000 yuan)	90639	103752	14.5
在岗职工工资总额(万元)	Total Wages of Staff & Workers Employed in(10 000 yuan)	24489	30754	25.6
在岗职工平均工资(元)	Average Wage of Staff & Workers Employed in(yuan)	28145	36245	28.8
城镇居民人均可支配收入(元)	Annual Disposable Income of Urban Residents per Capita(yuan)	14094	15219	8.0
农牧民人均纯收入(元)	Per Capita Net Income of Peasant & Herdsman(yuan)	4506	5140	14.1
农村牧区经济	**Economic Development in Rural & Pastoral Area**			
耕地面积(公顷)	Cultivated Area(hectare)	2270	2690	18.5
农作物总播种面积(公顷)	Total Sown Area(hectare)	2110	2590	22.7
#粮食作物播种面积(公顷)	Sown Area of Grain Crops(hectare)	270	420	55.6
有效灌溉面积(公顷)	Irrigated Area(hectare)	1680		
农牧业机械总动力(万千瓦)	Total Power of Agricultural Machinery(10 000 kw)	5.31	5.44	2.4
化肥施用折纯量(吨)	Consumption of Chemical Fertilizer(ton)	138	210	52.2
农村用电量(万千瓦小时)	Electricity Consumed in Rural Area(10 000 kwh)	244	316	29.5
农林牧渔业总产值(万元)	Gross Output of Farming, Forestry, Animal Husbandry & Fishery(10 000 yuan)	36397	46641	28.1
粮食产量(吨)	Yield of Grain(ton)	110	317	188.2
油料产量(吨)	Yield of Oil－bearing Grops(ton)			
甜菜产量(吨)	Yield of Beetroots(ton)			
猪牛羊肉产量(吨)	Output of Pork, Beef & Mutton(ton)	12447	13373	7.4
#猪肉产量(吨)	Output of Pork(ton)	321	188	－41.4
牛肉产量(吨)	Output of Beef(ton)	1006	1548	53.9
羊肉产量(吨)	Output of Mutton(ton)	11120	11637	4.6
羊毛产量(吨)	Output of Wool(ton)	732	600	－18.0

23 – 69 Suniteyou Banner in Xilinguole League

指　　标	Item	2009	2010	2010年比上年增长% Increase Rate in 2010 Over 2009(%)
年末牲畜存栏头数(万头只)	Total Livestock at the Year – end(10 000 heads)	86.54	78.90	-8.8
# 大牲畜(万头只)	Large Animals(10 000 heads)	2.43	2.45	0.8
羊(万只)	Sheep & Goats(10 000 heads)	83.81	76.14	-9.2
猪(万头)	Hogs(10 000 heads)	0.30	0.31	3.3
规模以上工业	**Industrial Enterprises above Designated size**			
工业企业单位数(个)	Number of Industrial Enterprises(unit)	40	43	7.5
# 内资企业(个)	Civil Funded Enterprises(unit)	38	41	7.9
工业总产值(万元)	Gross Industrial Output Value(10 000 yuan)	310695	402915	29.7
内资企业(万元)	Civil Funded Enterprises(10 000 yuan)	295128	386073	30.8
国有企业(万元)	State – owned Enterprises(10 000 yuan)	28698	29972	4.4
集体企业(万元)	Collective – owned Enterprises(10 000 yuan)			
股份合作企业(万元)	Share Holding Enterprises(10 000 yuan)			
联营企业(万元)	Joint Owned Enterprises(10 000 yuan)			
有限责任公司(万元)	Limited Company(10 000 yuan)	53472	112596	110.6
股份有限公司(万元)	Share Holding Limited Company(10 000 yuan)			
私营企业(万元)	Privately Owned Enterprises(10 000 yuan)	212958	243505	14.3
其他企业(万元)	Enterprises of Other Ownership(10 000 yuan)			
港澳台商投资企业(万元)	Funds from HK, Macao & Taiwan(10 000 yuan)	14159	15801	11.6
外商投资企业(万元)	Foreign Funded Enterprises(10 000 yuan)	1408	1042	-26.0
工业企业增加值(万元)	Value Added of Industrial Enterprises(10 000 yuan)	160216	206430	20.9
工业企业资产总计(万元)	Total Assets of Industrial Enterprises(10 000 yuan)	381441	468340	22.8
工业企业负债合计(万元)	Total Liabilities of Industrial Enterprises(10 000 yuan)	126771	132621	4.6
工业企业产品销售收入(万元)	Sales of Revenue Industrial Enterprises(10 000 yuan)	300481	382366	27.3
工业企业利润总额(万元)	Total Profits of Industrial Enterprises(10 000 yuan)	8972	41013	357.1
建筑业	**Construction**			
建筑企业单位数(个)	Number of Construction Enterprises(unit)	2	2	0.0
建筑企业从业人员(人)	Number of Employee in Construction Enterprises(person)	554	103	-81.4
建筑业总产值(万元)	Gross Construction Output Value(10 000 yuan)	4674	5780	23.7
交通运输邮电通信业	**Transportation, Post & Telecommunications**			
公路里程(公里)	Total Length of Highways(km)	1901	1814	-4.6
邮电业务总量(万元)	Business Volume of Post & Telecoms(10 000 yuan)	4364	5170	18.5
本地电话用户(户)	Number of Subscribers of Local Telephone(Household)	6000	3000	-50.0
国内贸易	**Domestic Trade**			
社会消费品零售总额(万元)	Total Retail Sales of Consumer Goods(10 000 yuan)	75934	85179	12.1
# 贸易业(万元)	Wholesale & Retail Sales Trades(10 000 yuan)	60233	75901	26.0
餐饮业(万元)	Catering Trade(10 000 yuan)	13353	9278	-30.5
科技教育卫生	**Science, Education & Public Health**			
各类专业技术人员(人)	Special Technical Personnel(person)	1500	1388	-7.5
幼儿园数(所)	Number of Kindergartens(unit)	3	3	0.0
学龄儿童入学率(%)	Percentage of School – Age Children Enrolled(%)	100.0	100.0	0.0
小学学校数(所)	Number of Primary Schools(unit)	7	7	0.0
小学专任教师数(人)	Number of Full – time Teachers of Primary Schools(person)	370	364	-1.6
小学在校学生数(人)	Number of Student Enrollment of Primary Schools(person)	4917	4427	-10.0
普通中学学校数(所)	Number of Regular Secondary Schools(unit)	3	3	0.0
普通中学专任教师数(人)	Number of Teachers of Secondary Shools(person)	281	282	0.4
初中在校学生数(人)	Number of Student in Junior Secondary Schools(person)	2651	2489	-6.1
高中在校学生数(人)	Number of Student in Senior Secondary Schools(person)	764	749	-2.0
卫生机构数(所)	Number of Health Institutions(unit)	32	39	21.9
# 医院(所)	Hospitals(unit)	2	2	0.0
卫生院(所)	Township Hospitals(unit)	12	12	0.0
床位数(张)	Number of Beds(unit)	155	164	5.8
# 医院(张)	Hospitals(unit)	111	111	0.0
卫生院(张)	Township Hospitals(unit)	39	42	7.7
卫生技术人员(人)	Medical Technical Presonnel(person)	265	309	16.6
# 医院(人)	Hospitals(person)	138	143	3.6
卫生院(人)	Township Hospitals(person)	57	52	-8.8

23－70 锡林郭勒盟东乌珠穆沁旗

指　　标	Item	2009	2010	2010年比上年增长% Increase Rate in 2010 Over 2009(%)
行政区域土地面积(平方公里)	**Area of Administration(Sq. km)**	**47259**	**47259**	**0.0**
人口和就业	**Population & Employment**			
年末总人口(人)	Total Population Year－end(person)	75714	76948	1.6
#男性(人)	Male(person)	38480	38973	1.3
#乡村人口(人)	Rural(person)	30595	30855	0.8
年末总户数(户)	Total Number of Households at the Year－end(Household)	24288	24842	2.3
#乡村户数(户)	Number of Rural Household(Household)	7717	7727	0.1
出生人口(人)	Births(person)	1018	994	－2.4
死亡人口(人)	Deaths(person)	439	485	10.5
全社会就业人员(人)	Employment(person)	39363	39762	1.0
第一产业(人)	Primary Industry(person)	21912	22127	1.0
第二产业(人)	Secondary Industry(person)	3548	3492	－1.6
第三产业(人)	Tertiary Industry(person)	13903	14143	1.7
在岗职工人数(人)	Number of Staff & Workers Employed in(person)	9175	9296	1.3
乡村劳动力(人)	Number of Rural Laborers(person)	21854	22170	1.4
#农林牧渔业(人)	Farming, Forestry, Animal Husbandry & Fishery(person)	20078	19076	－5.0
国民经济综合指标	**Summary Item on the National Economy**			
生产总值(万元)	Gross Domestic Product(10 000 yuan)	558900	827748	26.5
第一产业(万元)	Primary Industry(10 000 yuan)	94300	105638	2.3
第二产业(万元)	Secondary Industry(10 000 yuan)	376100	61133	62.5
#工业(万元)	Industry(10 000 yuan)	308400	512335	34.8
第三产业(万元)	Tertiary Industry(10 000 yuan)	88500	110775	21.3
人均生产总值(元)	Per Capita GDP(yuan)	61107	82691	24.5
全社会固定资产投资(万元)	Total Investment in Fixed Assets(10 000 yuan)	644048	1012260	57.2
按登记注册类型分	Grouped by Registered Type			
#国有(万元)	State－owned Enterprises(10 000 yuan)	295454	144603	－51.1
集体(万元)	Collective－owned Enterprises(10 000 yuan)			
有限责任公司(万元)	Limited Liability Corporations(10 000 yuan)	228238	781747	242.5
股份有限公司(万元)	Share Holding Enterprises(10 000 yuan)	73176	20644	－71.8
私营企业(万元)	Private Enterprises(10 000 yuan)	47180	58042	23.0
外商及港澳台投资企业(万元)	Funds from HK, Macao, Taiwan & Foreign(10 000 yuan)		7224	
按城乡渠道分	Grouped by Urban and Rural Area			
城镇(万元)	Urban(10 000 yuan)	644048	1012260	57.2
农村(万元)	Rural(10 000 yuan)			
一般预算收入(万元)	General Budgetary Financial Revenue(10 000 yuan)	29383	65152	121.7
一般预算支出(万元)	General Budgetary Financial Expenditures(10 000 yuan)	69180	115051	66.3
城乡居民储蓄存款余额(万元)	Resident Saving Deposit in Urban & Rural(10 000 yuan)	123814	120444	－2.7
在岗职工工资总额(万元)	Total Wages of Staff & Workers Employed in(10 000 yuan)	28422	31850	12.1
在岗职工平均工资(元)	Average Wage of Staff & Workers Employed in(yuan)	28858	34262	18.7
城镇居民人均可支配收入(元)	Annual Disposable Income of Urban Residents per Capita(yuan)	14462	15570	7.7
农牧民人均纯收入(元)	Per Capita Net Income of Peasant & Herdsman(yuan)	9997	11528	15.3
农村牧区经济	**Economic Development in Rural & Pastoral Area**			
耕地面积(公顷)	Cultivated Area(hectare)	31220	31230	0.0
农作物总播种面积(公顷)	Total Sown Area(hectare)	28280	29350	3.8
#粮食作物播种面积(公顷)	Sown Area of Grain Crops(hectare)	18580	20920	12.6
有效灌溉面积(公顷)	Irrigated Area(hectare)	2900		
农牧业机械总动力(万千瓦)	Total Power of Agricultural Machinery(10 000 kw)	15.96		
化肥施用折纯量(吨)	Consumption of Chemical Fertilizer(ton)	4609	4827	4.7
农村用电量(万千瓦小时)	Electricity Consumed in Rural Area(10 000 kwh)	320	328	2.6
农林牧渔业总产值(万元)	Gross Output of Farming, Forestry, Animal Husbandry & Fishery(10 000 yuan)	167995	187050	11.3
粮食产量(吨)	Yield of Grain(ton)	55818	47577	－14.8
油料产量(吨)	Yield of Oil－bearing Grops(ton)	5843	6836	17.0
甜菜产量(吨)	Yield of Beetroots(ton)			
猪牛羊肉产量(吨)	Output of Pork, Beef & Mutton(ton)	39735	36113	－9.1
#猪肉产量(吨)	Output of Pork(ton)	208	325	56.3
牛肉产量(吨)	Output of Beef(ton)	9272	9681	4.4
羊肉产量(吨)	Output of Mutton(ton)	30255	26107	－13.7
羊毛产量(吨)	Output of Wool(ton)	2357	3159	34.0

23 - 70 Dongwuzhumuqin Banner in Xilinguole League

指　　标	Item	2009	2010	2010年比上年增长% Increase Rate in 2010 Over 2009(%)
年末牲畜存栏头数(万头只)	Total Livestock at the Year - end(10 000 heads)	181.22	168.11	-7.2
#大牲畜(万头只)	Large Animals(10 000 heads)	9.84	8.87	-9.9
羊(万只)	Sheep & Goats(10 000 heads)	170.98	158.94	-7.0
猪(万头)	Hogs(10 000 heads)	0.40	0.30	-25.0
规模以上工业	**Industrial Enterprises above Designated size**			
工业企业单位数(个)	Number of Industrial Enterprises(unit)	48	48	0.0
#内资企业(个)	Civil Funded Enterprises(unit)	48	47	-2.1
工业总产值(万元)	Gross Industrial Output Value(10 000 yuan)	507557	866566	70.7
内资企业(万元)	Civil Funded Enterprises(10 000 yuan)	435217	817793	87.9
国有企业(万元)	State - owned Enterprises(10 000 yuan)	46544	53047	14.0
集体企业(万元)	Collective - owned Enterprises(10 000 yuan)	2200	2208	0.4
股份合作企业(万元)	Share Holding Enterprises(10 000 yuan)			
联营企业(万元)	Joint Owned Enterprises(10 000 yuan)	12034		-100.0
有限责任公司(万元)	Limited Company(10 000 yuan)	164089	438587	167.3
股份有限公司(万元)	Share Holding Limited Company(10 000 yuan)	4461	59400	1231.5
私营企业(万元)	Privately Owned Enterprises(10 000 yuan)	158030	264551	67.4
其他企业(万元)	Enterprises of Other Ownership(10 000 yuan)	47859		-100.0
港澳台商投资企业(万元)	Funds from HK, Macao & Taiwan(10 000 yuan)			
外商投资企业(万元)	Foreign Funded Enterprises(10 000 yuan)	72340	48772	-32.6
工业企业增加值(万元)	Value Added of Industrial Enterprises(10 000 yuan)	279836	446700	38.7
工业企业资产总计(万元)	Total Assets of Industrial Enterprises(10 000 yuan)	326157	709948	117.7
工业企业负债合计(万元)	Total Liabilities of Industrial Enterprises(10 000 yuan)	187521	397103	111.8
工业企业产品销售收入(万元)	Sales of Revenue Industrial Enterprises(10 000 yuan)	466018	834562	79.1
工业企业利润总额(万元)	Total Profits of Industrial Enterprises(10 000 yuan)	41997	128367	205.7
建筑业	**Construction**			
建筑企业单位数(个)	Number of Construction Enterprises(unit)	1	1	0.0
建筑企业从业人员(人)	Number of Employee in Construction Enterprises(person)	262	5	-98.1
建筑业总产值(万元)	Gross Construction Output Value(10 000 yuan)	2000	0	-100.0
交通运输邮电通信业	**Transportation, Post & Telecommunications**			
公路里程(公里)	Total Length of Highways(km)	2868	2780	-3.1
邮电业务总量(万元)	Business Volume of Post & Telecoms(10 000 yuan)	4782	5734	19.9
本地电话用户(户)	Number of Subscribers of Local Telephone(Household)	14400	10197	-29.2
国内贸易	**Domestic Trade**			
社会消费品零售总额(万元)	Total Retail Sales of Consumer Goods(10 000 yuan)	117786	138907	17.9
#贸易业(万元)	Wholesale & Retail Sales Trades(10 000 yuan)	84989	121678	43.2
餐饮业(万元)	Catering Trade(10 000 yuan)	29640	17229	-41.9
科技教育卫生	**Science, Education & Public Health**			
各类专业技术人员(人)	Special Technical Personnel(person)	1566	1460	-6.8
幼儿园数(所)	Number of Kindergartens(unit)	5	7	40.0
学龄儿童入学率(%)	Percentage of School - Age Children Enrolled(%)	100.0	100.0	0.0
小学学校数(所)	Number of Primary Schools(unit)	7	8	14.3
小学专任教师数(人)	Number of Full - time Teachers of Primary Schools(person)	357	442	23.8
小学在校学生数(人)	Number of Student Enrollment of Primary Schools(person)	6731	6343	-5.8
普通中学学校数(所)	Number of Regular Secondary Schools(unit)	5	4	-20.0
普通中学专任教师数(人)	Number of Teachers of Secondary Shools(person)	316	314	-0.6
初中在校学生数(人)	Number of Student in Junior Secondary Schools(person)	2339	2564	9.6
高中在校学生数(人)	Number of Student in Senior Secondary Schools(person)	494	635	28.5
卫生机构数(所)	Number of Health Institutions(unit)	46	49	6.5
#医院(所)	Hospitals(unit)	3	3	0.0
卫生院(所)	Township Hospitals(unit)	18	17	-5.6
床位数(张)	Number of Beds(unit)	237	274	15.6
#医院(张)	Hospitals(unit)	150	180	20.0
卫生院(张)	Township Hospitals(unit)	71	69	-2.8
卫生技术人员(人)	Medical Technical Presonnel(person)	374	444	18.7
#医院(人)	Hospitals(person)	225	236	4.9
卫生院(人)	Township Hospitals(person)	85	80	-5.9

23-71 锡林郭勒盟西乌珠穆沁旗

指　　标	Item	2009	2010	2010 年比上年增长% Increase Rate in 2010 Over 2009(%)
行政区域土地面积(平方公里)	**Area of Administration(Sq. km)**	**22435**	**22435**	**0.0**
人口和就业	**Population & Employment**			
年末总人口(人)	Total Population Year-end(person)	76387	77502	1.5
#男性(人)	Male(person)	38338	38917	1.5
#乡村人口(人)	Rural(person)	34848	34061	-2.3
年末总户数(户)	Total Number of Households at the Year-end(Household)	25241	26706	5.8
#乡村户数(户)	Number of Rural Household(Household)	9145	9127	-0.2
出生人口(人)	Births(person)	1388	3612	160.2
死亡人口(人)	Deaths(person)	712	677	-4.9
全社会就业人员(人)	Employment(person)	40720	40260	-1.1
第一产业(人)	Primary Industry(person)	22592	20608	-8.8
第二产业(人)	Secondary Industry(person)	3019	4760	57.7
第三产业(人)	Tertiary Industry(person)	15109	14892	-1.4
在岗职工人数(人)	Number of Staff & Workers Employed in(person)	5904	5998	1.6
乡村劳动力(人)	Number of Rural Laborers(person)	24791	23768	-4.1
#农林牧渔业(人)	Farming, Forestry, Animal Husbandry & Fishery(person)	22185	20246	-8.7
国民经济综合指标	**Summary Item on the National Economy**			
生产总值(万元)	Gross Domestic Product(10 000 yuan)	580300	859043	29.4
第一产业(万元)	Primary Industry(10 000 yuan)	68600	80162	2.8
第二产业(万元)	Secondary Industry(10 000 yuan)	440500	696793	41.2
#工业(万元)	Industry(10 000 yuan)	365700	578793	37.5
第三产业(万元)	Tertiary Industry(10 000 yuan)	71200	82088	14.9
人均生产总值(元)	Per Capita GDP(yuan)	76086	111644	27.1
全社会固定资产投资(万元)	Total Investment in Fixed Assets(10 000 yuan)	1052370	1460192	38.8
按登记注册类型分	Grouped by Registered Type			
#国有(万元)	State-owned Enterprises(10 000 yuan)	615549	289663	-52.9
集体(万元)	Collective-owned Enterprises(10 000 yuan)			
有限责任公司(万元)	Limited Liability Corporations(10 000 yuan)	45214	338633	649.0
股份有限公司(万元)	Share Holding Enterprises(10 000 yuan)	216375	712014	229.1
私营企业(万元)	Private Enterprises(10 000 yuan)	175232	79882	-54.4
外商及港澳台投资企业(万元)	Funds from HK, Macao, Taiwan & Foreign(10 000 yuan)		40000	
按城乡渠道分	Grouped by Urban and Rural Area			
城镇(万元)	Urban(10 000 yuan)	1052370	1460192	38.8
农村(万元)	Rural(10 000 yuan)			
一般预算收入(万元)	General Budgetary Financial Revenue(10 000 yuan)	57616	64090	11.2
一般预算支出(万元)	General Budgetary Financial Expenditures(10 000 yuan)	75844	88710	17.0
城乡居民储蓄存款余额(万元)	Resident Saving Deposit in Urban & Rural(10 000 yuan)	83021	107354	29.3
在岗职工工资总额(万元)	Total Wages of Staff & Workers Employed in(10 000 yuan)	19232	23525	22.3
在岗职工平均工资(元)	Average Wage of Staff & Workers Employed in(yuan)	32640	39007	19.5
城镇居民人均可支配收入(元)	Annual Disposable Income of Urban Residents per Capita(yuan)	14560	15598	7.1
农牧民人均纯收入(元)	Per Capita Net Income of Peasant & Herdsman(yuan)	8249	9462	14.7
农村牧区经济	**Economic Development in Rural & Pastoral Area**			
耕地面积(公顷)	Cultivated Area(hectare)	1890	1890	0.0
农作物总播种面积(公顷)	Total Sown Area(hectare)	4510	4470	-0.9
#粮食作物播种面积(公顷)	Sown Area of Grain Crops(hectare)		20	
有效灌溉面积(公顷)	Irrigated Area(hectare)	1890		
农牧业机械总动力(万千瓦)	Total Power of Agricultural Machinery(10 000 kw)	7.65	8.42	10.1
化肥施用折纯量(吨)	Consumption of Chemical Fertilizer(ton)	112	116	3.6
农村用电量(万千瓦小时)	Electricity Consumed in Rural Area(10 000 kwh)	377	518	37.4
农林牧渔业总产值(万元)	Gross Output of Farming, Forestry, Animal Husbandry & Fishery(10 000 yuan)	119912	141940	18.4
粮食产量(吨)	Yield of Grain(ton)		72	
油料产量(吨)	Yield of Oil-bearing Grops(ton)			
甜菜产量(吨)	Yield of Beetroots(ton)			
猪牛羊肉产量(吨)	Output of Pork, Beef & Mutton(ton)	35084	47615	35.7
#猪肉产量(吨)	Output of Pork(ton)	59	62	5.1
牛肉产量(吨)	Output of Beef(ton)	12185	27079	122.2
羊肉产量(吨)	Output of Mutton(ton)	22840	20474	-10.4
羊毛产量(吨)	Output of Wool(ton)	1452	2031	39.9

23－71 xiwuzhumuqin Banner in Xilinguole League

指　　标	Item	2009	2010	2010年比上年增长% Increase Rate in 2010 Over 2009(%)
年末牲畜存栏头数(万头只)	Total Livestock at the Year－end(10 000 heads)	97.64	94.39	－3.3
#大牲畜(万头只)	Large Animals(10 000 heads)	11.78	11.74	－0.3
羊(万只)	Sheep & Goats(10 000 heads)	85.80	82.60	－3.7
猪(万头)	Hogs(10 000 heads)	0.06	0.05	－16.7
规模以上工业	**Industrial Enterprises above Designated size**			
工业企业单位数(个)	Number of Industrial Enterprises(unit)	27	28	3.7
#内资企业(个)	Civil Funded Enterprises(unit)	27	28	3.7
工业总产值(万元)	Gross Industrial Output Value(10 000 yuan)	631473	1081951	71.3
内资企业(万元)	Civil Funded Enterprises(10 000 yuan)	631473	1081951	71.3
国有企业(万元)	State－owned Enterprises(10 000 yuan)	106269	154284	45.2
集体企业(万元)	Collective－owned Enterprises(10 000 yuan)			
股份合作企业(万元)	Share Holding Enterprises(10 000 yuan)			
联营企业(万元)	Joint Owned Enterprises(10 000 yuan)			
有限责任公司(万元)	Limited Company(10 000 yuan)	211676	469008	121.6
股份有限公司(万元)	Share Holding Limited Company(10 000 yuan)	221452	318063	43.6
私营企业(万元)	Privately Owned Enterprises(10 000 yuan)	92076	140596	52.7
其他企业(万元)	Enterprises of Other Ownership(10 000 yuan)			
港澳台商投资企业(万元)	Funds from HK,Macao & Taiwan(10 000 yuan)			
外商投资企业(万元)	Foreign Funded Enterprises(10 000 yuan)			
工业企业增加值(万元)	Value Added of Industrial Enterprises(10 000 yuan)	347688	541143	38.4
工业企业资产总计(万元)	Total Assets of Industrial Enterprises(10 000 yuan)	795563	1427488	79.4
工业企业负债合计(万元)	Total Liabilities of Industrial Enterprises(10 000 yuan)	553237	1078395	94.9
工业企业产品销售收入(万元)	Sales of Revenue Industrial Enterprises(10 000 yuan)	629485	1072019	70.3
工业企业利润总额(万元)	Total Profits of Industrial Enterprises(10 000 yuan)	33178	32808	－1.1
建筑业	**Construction**			
建筑企业单位数(个)	Number of Construction Enterprises(unit)	2	2	0.0
建筑企业从业人员(人)	Number of Employee in Construction Enterprises(person)	668	103	－84.6
建筑业总产值(万元)	Gross Construction Output Value(10 000 yuan)	16633	15234	－8.4
交通运输邮电通信业	**Transportation,Post & Telecommunications**			
公路里程(公里)	Total Length of Highways(km)	1352	1675	23.9
邮电业务总量(万元)	Business Volume of Post & Telecoms(10 000 yuan)	5456	6780	24.3
本地电话用户(户)	Number of Subscribers of Local Telephone(Household)	6800	6171	－9.3
国内贸易	**Domestic Trade**			
社会消费品零售总额(万元)	Total Retail Sales of Consumer Goods(10 000 yuan)	87290	98100	19.3
#贸易业(万元)	Wholesale & Retail Sales Trades(10 000 yuan)	63881	83303	30.4
餐饮业(万元)	Catering Trade(10 000 yuan)	19341	14788	－23.5
科技教育卫生	**Science,Education & Public Health**			
各类专业技术人员(人)	Special Technical Personnel(person)	2088	1609	－22.9
幼儿园数(所)	Number of Kindergartens(unit)	5	5	0.0
学龄儿童入学率(%)	Percentage of School－Age Children Enrolled(%)	100.0	100.0	0.0
小学学校数(所)	Number of Primary Schools(unit)	4	4	0.0
小学专任教师数(人)	Number of Full－time Teachers of Primary Schools(person)	282	291	3.2
小学在校学生数(人)	Number of Student Enrollment of Primary Schools(person)	4575	4490	－1.9
普通中学学校数(所)	Number of Regular Secondary Schools(unit)	2	2	0.0
普通中学专任教师数(人)	Number of Teachers of Secondary Shools(person)	271	269	－0.7
初中在校学生数(人)	Number of Student in Junior Secondary Schools(person)	1684	1658	－1.5
高中在校学生数(人)	Number of Student in Senior Secondary Schools(person)	109	336	208.3
卫生机构数(所)	Number of Health Institutions(unit)	22	25	13.6
#医院(所)	Hospitals(unit)	2	2	0.0
卫生院(所)	Township Hospitals(unit)	14	14	0.0
床位数(张)	Number of Beds(unit)	198	198	0.0
#医院(张)	Hospitals(unit)	120	120	0.0
卫生院(张)	Township Hospitals(unit)	68	68	0.0
卫生技术人员(人)	Medical Technical Presonnel(person)	313	341	8.9
#医院(人)	Hospitals(person)	158	172	8.9
卫生院(人)	Township Hospitals(person)	85	81	－4.7

23－72 锡林郭勒盟太仆寺旗

指　　标	Item	2009	2010	2010年比上年增长% Increase Rate in 2010 Over 2009(%)
行政区域土地面积(平方公里)	**Area of Administration(Sq. km)**	**3479**	**3479**	**0.0**
人口和就业	**Population & Employment**			
年末总人口(人)	Total Population Year－end(person)	210482	210849	0.2
#男性(人)	Male(person)	108462	108509	0.0
#乡村人口(人)	Rural(person)	100985	101356	0.4
年末总户数(户)	Total Number of Households at the Year－end(Household)	83549	84598	1.3
#乡村户数(户)	Number of Rural Household(Household)	31745	31769	0.1
出生人口(人)	Births(person)	2124	2521	18.7
死亡人口(人)	Deaths(person)	880	1170	33.0
全社会就业人员(人)	Employment(person)	82268	88464	7.5
第一产业(人)	Primary Industry(person)	56571	60279	6.6
第二产业(人)	Secondary Industry(person)	6861	9125	33.0
第三产业(人)	Tertiary Industry(person)	18836	19060	1.2
在岗职工人数(人)	Number of Staff & Workers Employed in(person)	6563	6500	－1.0
乡村劳动力(人)	Number of Rural Laborers(person)	66455	73726	10.9
#农林牧渔业(人)	Farming, Forestry, Animal Husbandry & Fishery(person)	56384	60091	6.6
国民经济综合指标	**Summary Item on the National Economy**			
生产总值(万元)	Gross Domestic Product(10 000 yuan)	230500	272522	11.4
第一产业(万元)	Primary Industry(10 000 yuan)	68100	80238	1.6
第二产业(万元)	Secondary Industry(10 000 yuan)	81600	101568	19.9
#工业(万元)	Industry(10 000 yuan)	62700	77368	19.4
第三产业(万元)	Tertiary Industry(10 000 yuan)	80800	90716	12.3
人均生产总值(元)	Per Capita GDP(yuan)	18705	19335	11.2
全社会固定资产投资(万元)	Total Investment in Fixed Assets(10 000 yuan)	201850	260515	29.1
按登记注册类型分	Grouped by Registered Type			
#国有(万元)	State－owned Enterprises(10 000 yuan)	84777	59268	－30.1
集体(万元)	Collective－owned Enterprises(10 000 yuan)			
有限责任公司(万元)	Limited Liability Corporations(10 000 yuan)	85138	101062	18.7
股份有限公司(万元)	Share Holding Enterprises(10 000 yuan)	9732	30856	217.1
私营企业(万元)	Private Enterprises(10 000 yuan)	22203	69329	212.3
外商及港澳台投资企业(万元)	Funds from HK, Macao, Taiwan & Foreign(10 000 yuan)			
按城乡渠道分	Grouped by Urban and Rural Area			
城镇(万元)	Urban(10 000 yuan)	201850	260515	29.1
农村(万元)	Rural(10 000 yuan)			
一般预算收入(万元)	General Budgetary Financial Revenue(10 000 yuan)	5170	5320	2.9
一般预算支出(万元)	General Budgetary Financial Expenditures(10 000 yuan)	90800	104524	15.1
城乡居民储蓄存款余额(万元)	Resident Saving Deposit in Urban & Rural(10 000 yuan)	116000	150000	29.3
在岗职工工资总额(万元)	Total Wages of Staff & Workers Employed in(10 000 yuan)	20290	23283	14.8
在岗职工平均工资(元)	Average Wage of Staff & Workers Employed in(yuan)	31057	35832	15.4
城镇居民人均可支配收入(元)	Annual Disposable Income of Urban Residents per Capita(yuan)	13881	14890	7.3
农牧民人均纯收入(元)	Per Capita Net Income of Peasant & Herdsman(yuan)	4659	5302	13.8
农村牧区经济	**Economic Development in Rural & Pastoral Area**			
耕地面积(公顷)	Cultivated Area(hectare)	58200	94470	62.3
农作物总播种面积(公顷)	Total Sown Area(hectare)	71520	87290	22.0
#粮食作物播种面积(公顷)	Sown Area of Grain Crops(hectare)	52690	48930	－7.1
有效灌溉面积(公顷)	Irrigated Area(hectare)	20660		
农牧业机械总动力(万千瓦)	Total Power of Agricultural Machinery(10 000 kw)	19.68	20.16	2.4
化肥施用折纯量(吨)	Consumption of Chemical Fertilizer(ton)	3065	2988	－2.5
农村用电量(万千瓦小时)	Electricity Consumed in Rural Area(10 000 kwh)	722	703	－2.6
农林牧渔业总产值(万元)	Gross Output of Farming, Forestry, Animal Husbandry & Fishery(10 000 yuan)	115001	142075	23.5
粮食产量(吨)	Yield of Grain(ton)	97479	111242	14.1
油料产量(吨)	Yield of Oil－bearing Grops(ton)	946	1788	89.0
甜菜产量(吨)	Yield of Beetroots(ton)	3345	1365	－59.2
猪牛羊肉产量(吨)	Output of Pork, Beef & Mutton(ton)	4220	7841	85.8
#猪肉产量(吨)	Output of Pork(ton)	654	3632	455.4
牛肉产量(吨)	Output of Beef(ton)	2969	3559	19.9
羊肉产量(吨)	Output of Mutton(ton)	597	650	8.9
羊毛产量(吨)	Output of Wool(ton)	505	110	－78.2

23 – 72 Taipusi Banner in Xilinguole League

指　　标	Item	2009	2010	2010年比上年增长% Increase Rate in 2010 Over 2009(%)
年末牲畜存栏头数(万头只)	Total Livestock at the Year – end(10 000 heads)	12.91	12.71	–1.5
# 大牲畜(万头只)	Large Animals(10 000 heads)	6.42	6.49	1.1
羊(万只)	Sheep & Goats(10 000 heads)	5.14	4.86	–5.4
猪(万头)	Hogs(10 000 heads)	1.35	1.36	0.7
规模以上工业	**Industrial Enterprises above Designated size**			
工业企业单位数(个)	Number of Industrial Enterprises(unit)	23	26	13.0
# 内资企业(个)	Civil Funded Enterprises(unit)	22	25	13.6
工业总产值(万元)	Gross Industrial Output Value(10 000 yuan)	89574	121634	35.8
内资企业(万元)	Civil Funded Enterprises(10 000 yuan)	83648	116223	38.9
国有企业(万元)	State – owned Enterprises(10 000 yuan)	3967	7310	84.3
集体企业(万元)	Collective – owned Enterprises(10 000 yuan)			
股份合作企业(万元)	Share Holding Enterprises(10 000 yuan)			
联营企业(万元)	Joint Owned Enterprises(10 000 yuan)			
有限责任公司(万元)	Limited Company(10 000 yuan)	33516	45805	36.7
股份有限公司(万元)	Share Holding Limited Company(10 000 yuan)		1413	
私营企业(万元)	Privately Owned Enterprises(10 000 yuan)	46166	61696	33.6
其他企业(万元)	Enterprises of Other Ownership(10 000 yuan)			
港澳台商投资企业(万元)	Funds from HK, Macao & Taiwan(10 000 yuan)			
外商投资企业(万元)	Foreign Funded Enterprises(10 000 yuan)	5926	5411	–8.7
工业企业增加值(万元)	Value Added of Industrial Enterprises(10 000 yuan)	41740	50718	21.5
工业企业资产总计(万元)	Total Assets of Industrial Enterprises(10 000 yuan)	90272	171640	90.1
工业企业负债合计(万元)	Total Liabilities of Industrial Enterprises(10 000 yuan)	28986	97729	237.2
工业企业产品销售收入(万元)	Sales of Revenue Industrial Enterprises(10 000 yuan)	88917	120444	35.5
工业企业利润总额(万元)	Total Profits of Industrial Enterprises(10 000 yuan)	2225	4651	109.1
建筑业	**Construction**			
建筑企业单位数(个)	Number of Construction Enterprises(unit)	3	3	0.0
建筑企业从业人员(人)	Number of Employee in Construction Enterprises(person)	1706	1198	–29.8
建筑业总产值(万元)	Gross Construction Output Value(10 000 yuan)	17779	24729	39.1
交通运输邮电通信业	**Transportation, Post & Telecommunications**			
公路里程(公里)	Total Length of Highways(km)	1334	1385	3.8
邮电业务总量(万元)	Business Volume of Post & Telecoms(10 000 yuan)	3678	5037	36.9
本地电话用户(户)	Number of Subscribers of Local Telephone(Household)	11000	86000	681.8
国内贸易	**Domestic Trade**			
社会消费品零售总额(万元)	Total Retail Sales of Consumer Goods(10 000 yuan)	87161	95431	9.5
# 贸易业(万元)	Wholesale & Retail Sales Trades(10 000 yuan)	68887	86694	25.8
餐饮业(万元)	Catering Trade(10 000 yuan)	14596	8737	–40.1
科技教育卫生	**Science, Education & Public Health**			
各类专业技术人员(人)	Special Technical Personnel(person)	2654	2584	–2.6
幼儿园数(所)	Number of Kindergartens(unit)	1	1	0.0
学龄儿童入学率(%)	Percentage of School – Age Children Enrolled(%)	100.0	100.0	0.0
小学学校数(所)	Number of Primary Schools(unit)	20	20	0.0
小学专任教师数(人)	Number of Full – time Teachers of Primary Schools(person)	746	758	1.6
小学在校学生数(人)	Number of Student Enrollment of Primary Schools(person)	7468	6582	–11.9
普通中学学校数(所)	Number of Regular Secondary Schools(unit)	7	6	–14.3
普通中学专任教师数(人)	Number of Teachers of Secondary Shools(person)	514	472	–8.2
初中在校学生数(人)	Number of Student in Junior Secondary Schools(person)	4787	4062	–15.1
高中在校学生数(人)	Number of Student in Senior Secondary Schools(person)	2404	2099	–12.7
卫生机构数(所)	Number of Health Institutions(unit)	34	37	8.8
# 医院(所)	Hospitals(unit)	2	2	0.0
卫生院(所)	Township Hospitals(unit)	11	11	0.0
床位数(张)	Number of Beds(unit)	208	225	8.2
# 医院(张)	Hospitals(unit)	132	132	0.0
卫生院(张)	Township Hospitals(unit)	54	71	31.5
卫生技术人员(人)	Medical Technical Presonnel(person)	296	359	21.3
# 医院(人)	Hospitals(person)	155	157	1.3
卫生院(人)	Township Hospitals(person)	68	69	1.5

23-73 锡林郭勒盟镶黄旗

指　　标	Item	2009	2010	2010年比上年增长% Increase Rate in 2010 Over 2009(%)
行政区域土地面积(平方公里)	**Area of Administration(Sq. km)**	**5144**	**5144**	**0.0**
人口和就业	**Population & Employment**			
年末总人口(人)	Total Population Year-end(person)	30783	30737	-0.1
#男性(人)	Male(person)	15345	15294	-0.3
#乡村人口(人)	Rural(person)	15479	15419	-0.4
年末总户数(户)	Total Number of Households at the Year-end(Household)	11310	11383	0.6
#乡村户数(户)	Number of Rural Household(Household)	4083	4471	9.5
出生人口(人)	Births(person)	296	586	98.0
死亡人口(人)	Deaths(person)	201	281	39.8
全社会就业人员(人)	Employment(person)	16466	19832	20.4
第一产业(人)	Primary Industry(person)	7263	11353	56.3
第二产业(人)	Secondary Industry(person)	1442	1739	20.6
第三产业(人)	Tertiary Industry(person)	7761	6740	-13.2
在岗职工人数(人)	Number of Staff & Workers Employed in(person)	2745	3046	11.0
乡村劳动力(人)	Number of Rural Laborers(person)	10505	13359	27.2
#农林牧渔业(人)	Farming, Forestry, Animal Husbandry & Fishery(person)	7046	11132	58.0
国民经济综合指标	**Summary Item on the National Economy**			
生产总值(万元)	Gross Domestic Product(10 000 yuan)	249700	317738	17.8
第一产业(万元)	Primary Industry(10 000 yuan)	21000	22505	3.2
第二产业(万元)	Secondary Industry(10 000 yuan)	188400	245127	25.1
#工业(万元)	Industry(10 000 yuan)	175200	227327	24.6
第三产业(万元)	Tertiary Industry(10 000 yuan)	40300	50106	11.8
人均生产总值(元)	Per Capita GDP(yuan)	82733	103295	18.3
全社会固定资产投资(万元)	Total Investment in Fixed Assets(10 000 yuan)	183000	222161	21.4
按登记注册类型分	Grouped by Registered Type			
#国有(万元)	State-owned Enterprises(10 000 yuan)	76860	89305	16.2
集体(万元)	Collective-owned Enterprises(10 000 yuan)			
有限责任公司(万元)	Limited Liability Corporations(10 000 yuan)	40296		
股份有限公司(万元)	Share Holding Enterprises(10 000 yuan)	45348		
私营企业(万元)	Private Enterprises(10 000 yuan)	20496	132856	548.2
外商及港澳台投资企业(万元)	Funds from HK, Macao, Taiwan & Foreign(10 000 yuan)			
按城乡渠道分	Grouped by Urban and Rural Area			
城镇(万元)	Urban(10 000 yuan)	183000	222161	21.4
农村(万元)	Rural(10 000 yuan)			
一般预算收入(万元)	General Budgetary Financial Revenue(10 000 yuan)	13264	15870	19.7
一般预算支出(万元)	General Budgetary Financial Expenditures(10 000 yuan)	37589	47038	25.1
城乡居民储蓄存款余额(万元)	Resident Saving Deposit in Urban & Rural(10 000 yuan)	31107	36823	18.4
在岗职工工资总额(万元)	Total Wages of Staff & Workers Employed in(10 000 yuan)	9250	11068	19.7
在岗职工平均工资(元)	Average Wage of Staff & Workers Employed in(yuan)	31985	37839	18.3
城镇居民人均可支配收入(元)	Annual Disposable Income of Urban Residents per Capita(yuan)	14226	15532	9.2
农牧民人均纯收入(元)	Per Capita Net Income of Peasant & Herdsman(yuan)	4632	5289	14.2
农村牧区经济	**Economic Development in Rural & Pastoral Area**			
耕地面积(公顷)	Cultivated Area(hectare)	1940	3820	96.9
农作物总播种面积(公顷)	Total Sown Area(hectare)	3930	2360	-39.9
#粮食作物播种面积(公顷)	Sown Area of Grain Crops(hectare)	440	1850	320.5
有效灌溉面积(公顷)	Irrigated Area(hectare)	420		
农牧业机械总动力(万千瓦)	Total Power of Agricultural Machinery(10 000 kw)	2.99	3.39	13.4
化肥施用折纯量(吨)	Consumption of Chemical Fertilizer(ton)	8	10	25.0
农村用电量(万千瓦小时)	Electricity Consumed in Rural Area(10 000 kwh)	12	28	137.3
农林牧渔业总产值(万元)	Gross Output of Farming, Forestry, Animal Husbandry & Fishery(10 000 yuan)	34825	39849	14.4
粮食产量(吨)	Yield of Grain(ton)	275	2154	683.3
油料产量(吨)	Yield of Oil-bearing Grops(ton)	6		
甜菜产量(吨)	Yield of Beetroots(ton)	18		
猪牛羊肉产量(吨)	Output of Pork, Beef & Mutton(ton)	7142	7772	8.8
#猪肉产量(吨)	Output of Pork(ton)	7	20	185.7
牛肉产量(吨)	Output of Beef(ton)	814	1560	91.6
羊肉产量(吨)	Output of Mutton(ton)	6321	6192	-2.0
羊毛产量(吨)	Output of Wool(ton)	991	807	-18.6

23 – 73 Xianghuang Banner in Xilinguole League

指　　标	Item	2009	2010	2010年比上年增长% Increase Rate in 2010 Over 2009(%)
年末牲畜存栏头数(万头只)	Total Livestock at the Year – end(10 000 heads)	24.35	22.03	-9.5
# 大牲畜(万头只)	Large Animals(10 000 heads)	1.61	1.94	20.5
羊(万只)	Sheep & Goats(10 000 heads)	22.72	20.07	-11.7
猪(万头)	Hogs(10 000 heads)	0.02	0.02	0.0
规模以上工业	**Industrial Enterprises above Designated size**			
工业企业单位数(个)	Number of Industrial Enterprises(unit)	27	30	11.1
# 内资企业(个)	Civil Funded Enterprises(unit)	27	30	11.1
工业总产值(万元)	Gross Industrial Output Value(10 000 yuan)	308336	419044	35.9
内资企业(万元)	Civil Funded Enterprises(10 000 yuan)	308336	419044	35.9
国有企业(万元)	State – owned Enterprises(10 000 yuan)	3166	5554	75.4
集体企业(万元)	Collective – owned Enterprises(10 000 yuan)			
股份合作企业(万元)	Share Holding Enterprises(10 000 yuan)			
联营企业(万元)	Joint Owned Enterprises(10 000 yuan)			
有限责任公司(万元)	Limited Company(10 000 yuan)	9490	13830	45.7
股份有限公司(万元)	Share Holding Limited Company(10 000 yuan)			
私营企业(万元)	Privately Owned Enterprises(10 000 yuan)	295680	399660	35.2
其他企业(万元)	Enterprises of Other Ownership(10 000 yuan)			
港澳台商投资企业(万元)	Funds from HK, Macao & Taiwan(10 000 yuan)			
外商投资企业(万元)	Foreign Funded Enterprises(10 000 yuan)			
工业企业增加值(万元)	Value Added of Industrial Enterprises(10 000 yuan)	155106	194800	25.1
工业企业资产总计(万元)	Total Assets of Industrial Enterprises(10 000 yuan)	100656	174000	72.9
工业企业负债合计(万元)	Total Liabilities of Industrial Enterprises(10 000 yuan)	6679	13681	104.8
工业企业产品销售收入(万元)	Sales of Revenue Industrial Enterprises(10 000 yuan)	309071	419485	35.7
工业企业利润总额(万元)	Total Profits of Industrial Enterprises(10 000 yuan)	43804	93581	113.6
建筑业	**Construction**			
建筑企业单位数(个)	Number of Construction Enterprises(unit)			
建筑企业从业人员(人)	Number of Employee in Construction Enterprises(person)			
建筑业总产值(万元)	Gross Construction Output Value(10 000 yuan)			
交通运输邮电通信业	**Transportation, Post & Telecommunications**			
公路里程(公里)	Total Length of Highways(km)	829	925	11.6
邮电业务总量(万元)	Business Volume of Post & Telecoms(10 000 yuan)	2009	2479	23.4
本地电话用户(户)	Number of Subscribers of Local Telephone(Household)	2500	2360	-5.6
国内贸易	**Domestic Trade**			
社会消费品零售总额(万元)	Total Retail Sales of Consumer Goods(10 000 yuan)	24301	28750	18.3
# 贸易业(万元)	Wholesale & Retail Sales Trades(10 000 yuan)	21120	23940	13.3
餐饮业(万元)	Catering Trade(10 000 yuan)	2358	4810	104.0
科技教育卫生	**Science, Education & Public Health**			
各类专业技术人员(人)	Special Technical Personnel(person)	1436	1160	-19.2
幼儿园数(所)	Number of Kindergartens(unit)	1	1	0.0
学龄儿童入学率(%)	Percentage of School – Age Children Enrolled(%)	100.0	100.0	0.0
小学学校数(所)	Number of Primary Schools(unit)	2	2	0.0
小学专任教师数(人)	Number of Full – time Teachers of Primary Schools(person)	120	125	4.2
小学在校学生数(人)	Number of Student Enrollment of Primary Schools(person)	1716	1622	-5.5
普通中学学校数(所)	Number of Regular Secondary Schools(unit)	2	2	0.0
普通中学专任教师数(人)	Number of Teachers of Secondary Shools(person)	114	118	3.5
初中在校学生数(人)	Number of Student in Junior Secondary Schools(person)	654	779	19.1
高中在校学生数(人)	Number of Student in Senior Secondary Schools(person)	155	153	-1.3
卫生机构数(所)	Number of Health Institutions(unit)	19	20	5.3
# 医院(所)	Hospitals(unit)	2	2	0.0
卫生院(所)	Township Hospitals(unit)	3	3	0.0
床位数(张)	Number of Beds(unit)	96	92	-4.2
# 医院(张)	Hospitals(unit)	70	60	-14.3
卫生院(张)	Township Hospitals(unit)	16	16	0.0
卫生技术人员(人)	Medical Technical Presonnel(person)	220	230	4.5
# 医院(人)	Hospitals(person)	123	120	-2.4
卫生院(人)	Township Hospitals(person)	40	38	-5.0

23－74 锡林郭勒盟正镶白旗

指　　标	Item	2009	2010	2010年比上年增长% Increase Rate in 2010 Over 2009(%)
行政区域土地面积(平方公里)	**Area of Administration(Sq. km)**	**6215**	**6215**	**0.0**
人口和就业	**Population & Employment**			
年末总人口(人)	Total Population Year－end(person)	72827	72735	－0.1
#男性(人)	Male(person)	37412	37206	－0.6
#乡村人口(人)	Rural(person)	52475	52281	－0.4
年末总户数(户)	Total Number of Households at the Year－end(Household)	26485	27190	2.7
#乡村户数(户)	Number of Rural Household(Household)	13978	14115	1.0
出生人口(人)	Births(person)	867	1082	24.8
死亡人口(人)	Deaths(person)	652	975	49.5
全社会就业人员(人)	Employment(person)	35689	35463	－0.6
第一产业(人)	Primary Industry(person)	25986	25965	－0.1
第二产业(人)	Secondary Industry(person)	1660	1871	12.7
第三产业(人)	Tertiary Industry(person)	8043	7627	－5.2
在岗职工人数(人)	Number of Staff & Workers Employed in(person)	4242	4479	5.6
乡村劳动力(人)	Number of Rural Laborers(person)	27721	27683	－0.1
#农林牧渔业(人)	Farming,Forestry,Animal Husbandry & Fishery(person)	25623	25630	0.0
国民经济综合指标	**Summary Item on the National Economy**			
生产总值(万元)	Gross Domestic Product(10 000 yuan)	152800	171869	9.5
第一产业(万元)	Primary Industry(10 000 yuan)	31900	32073	3.3
第二产业(万元)	Secondary Industry(10 000 yuan)	77300	88203	9.8
#工业(万元)	Industry(10 000 yuan)	63100	75303	15.3
第三产业(万元)	Tertiary Industry(10 000 yuan)	43600	51593	12.7
人均生产总值(元)	Per Capita GDP(yuan)	21740	23630	8.7
全社会固定资产投资(万元)	Total Investment in Fixed Assets(10 000 yuan)	126519	130173	2.9
按登记注册类型分	Grouped by Registered Type			
#国有(万元)	State－owned Enterprises(10 000 yuan)	53138	64215	20.8
集体(万元)	Collective－owned Enterprises(10 000 yuan)		200	
有限责任公司(万元)	Limited Liability Corporations(10 000 yuan)	59211	29575	－50.1
股份有限公司(万元)	Share Holding Enterprises(10 000 yuan)			
私营企业(万元)	Private Enterprises(10 000 yuan)	14170	36183	155.3
外商及港澳台投资企业(万元)	Funds from HK,Macao,Taiwan & Foreign(10 000 yuan)			
按城乡渠道分	Grouped by Urban and Rural Area			
城镇(万元)	Urban(10 000 yuan)	120979	130173	7.6
农村(万元)	Rural(10 000 yuan)	5540		
一般预算收入(万元)	General Budgetary Financial Revenue(10 000 yuan)	3503	3860	10.2
一般预算支出(万元)	General Budgetary Financial Expenditures(10 000 yuan)	41932	53268	27.0
城乡居民储蓄存款余额(万元)	Resident Saving Deposit in Urban & Rural(10 000 yuan)	71346	93383	30.9
在岗职工工资总额(万元)	Total Wages of Staff & Workers Employed in(10 000 yuan)	12534	14300	14.1
在岗职工平均工资(元)	Average Wage of Staff & Workers Employed in(yuan)	26199	27649	5.5
城镇居民人均可支配收入(元)	Annual Disposable Income of Urban Residents per Capita(yuan)	13248	14526	9.6
农牧民人均纯收入(元)	Per Capita Net Income of Peasant & Herdsman(yuan)	4356	4748	9.0
农村牧区经济	**Economic Development in Rural & Pastoral Area**			
耕地面积(公顷)	Cultivated Area(hectare)	14150	15040	6.3
农作物总播种面积(公顷)	Total Sown Area(hectare)	14730	14030	－4.8
#粮食作物播种面积(公顷)	Sown Area of Grain Crops(hectare)	5700	8360	46.7
有效灌溉面积(公顷)	Irrigated Area(hectare)	5460		
农牧业机械总动力(万千瓦)	Total Power of Agricultural Machinery(10 000 kw)	9.28	9.66	4.1
化肥施用折纯量(吨)	Consumption of Chemical Fertilizer(ton)	382	369	－3.4
农村用电量(万千瓦小时)	Electricity Consumed in Rural Area(10 000 kwh)	319	345	8.2
农林牧渔业总产值(万元)	Gross Output of Farming,Forestry,Animal Husbandry & Fishery(10 000 yuan)	54037	56791	5.1
粮食产量(吨)	Yield of Grain(ton)	4611	3412	－26.0
油料产量(吨)	Yield of Oil－bearing Grops(ton)	144		
甜菜产量(吨)	Yield of Beetroots(ton)			
猪牛羊肉产量(吨)	Output of Pork, Beef & Mutton(ton)	11465	14244	24.2
#猪肉产量(吨)	Output of Pork(ton)	140	144	2.9
牛肉产量(吨)	Output of Beef(ton)	4619	8643	87.1
羊肉产量(吨)	Output of Mutton(ton)	6706	5457	－18.6
羊毛产量(吨)	Output of Wool(ton)	1058	998	－5.7

23 – 74 Zhengxiangbai Banner in Xilinguole League

指　　标	Item	2009	2010	2010 年比上年增长% Increase Rate in 2010 Over 2009(%)
年末牲畜存栏头数(万头只)	Total Livestock at the Year – end(10 000 heads)	34.23	24.44	–28.6
# 大牲畜(万头只)	Large Animals(10 000 heads)	6.51	5.59	–14.1
羊(万只)	Sheep & Goats(10 000 heads)	27.59	18.77	–32.0
猪(万头)	Hogs(10 000 heads)	0.13	0.08	–38.5
规模以上工业	**Industrial Enterprises above Designated size**			
工业企业单位数(个)	Number of Industrial Enterprises(unit)	19	17	–10.5
# 内资企业(个)	Civil Funded Enterprises(unit)	19	17	–10.5
工业总产值(万元)	Gross Industrial Output Value(10 000 yuan)	76438	88708	16.1
内资企业(万元)	Civil Funded Enterprises(10 000 yuan)	76438	88708	16.1
国有企业(万元)	State – owned Enterprises(10 000 yuan)	3695	17422	371.5
集体企业(万元)	Collective – owned Enterprises(10 000 yuan)			
股份合作企业(万元)	Share Holding Enterprises(10 000 yuan)			
联营企业(万元)	Joint Owned Enterprises(10 000 yuan)			
有限责任公司(万元)	Limited Company(10 000 yuan)	13938	21815	56.5
股份有限公司(万元)	Share Holding Limited Company(10 000 yuan)	10392	2381	–77.1
私营企业(万元)	Privately Owned Enterprises(10 000 yuan)	48412	47090	–2.7
其他企业(万元)	Enterprises of Other Ownership(10 000 yuan)			
港澳台商投资企业(万元)	Funds from HK, Macao & Taiwan(10 000 yuan)			
外商投资企业(万元)	Foreign Funded Enterprises(10 000 yuan)			
工业企业增加值(万元)	Value Added of Industrial Enterprises(10 000 yuan)	43125	42200	9.8
工业企业资产总计(万元)	Total Assets of Industrial Enterprises(10 000 yuan)	127455	136365	7.0
工业企业负债合计(万元)	Total Liabilities of Industrial Enterprises(10 000 yuan)	108611	116226	7.0
工业企业产品销售收入(万元)	Sales of Revenue Industrial Enterprises(10 000 yuan)	78213	80730	3.2
工业企业利润总额(万元)	Total Profits of Industrial Enterprises(10 000 yuan)	695	2875	313.7
建筑业	**Construction**			
建筑企业单位数(个)	Number of Construction Enterprises(unit)	1	1	0.0
建筑企业从业人员(人)	Number of Employee in Construction Enterprises(person)	535	30	–94.4
建筑业总产值(万元)	Gross Construction Output Value(10 000 yuan)	2311	2311	0.0
交通运输邮电通信业	**Transportation, Post & Telecommunications**			
公路里程(公里)	Total Length of Highways(km)	905	930	2.8
邮电业务总量(万元)	Business Volume of Post & Telecoms(10 000 yuan)	2583	3163	22.5
本地电话用户(户)	Number of Subscribers of Local Telephone(Household)	6193	5100	–17.6
国内贸易	**Domestic Trade**			
社会消费品零售总额(万元)	Total Retail Sales of Consumer Goods(10 000 yuan)	37130	42525	14.5
# 贸易业(万元)	Wholesale & Retail Sales Trades(10 000 yuan)	29501	36711	24.4
餐饮业(万元)	Catering Trade(10 000 yuan)	6280	5814	–7.4
科技教育卫生	**Science, Education & Public Health**			
各类专业技术人员(人)	Special Technical Personnel(person)	1867	1821	–2.5
幼儿园数(所)	Number of Kindergartens(unit)	2	2	0.0
学龄儿童入学率(%)	Percentage of School – Age Children Enrolled(%)	100.0	100.0	0.0
小学学校数(所)	Number of Primary Schools(unit)	3	3	0.0
小学专任教师数(人)	Number of Full – time Teachers of Primary Schools(person)	240	245	2.1
小学在校学生数(人)	Number of Student Enrollment of Primary Schools(person)	3147	2841	–9.7
普通中学学校数(所)	Number of Regular Secondary Schools(unit)	1	1	0.0
普通中学专任教师数(人)	Number of Teachers of Secondary Shools(person)	232	228	–1.7
初中在校学生数(人)	Number of Student in Junior Secondary Schools(person)	1177	1388	17.9
高中在校学生数(人)	Number of Student in Senior Secondary Schools(person)	201	121	–39.8
卫生机构数(所)	Number of Health Institutions(unit)	19	19	0.0
# 医院(所)	Hospitals(unit)	2	2	0.0
卫生院(所)	Township Hospitals(unit)	7	7	0.0
床位数(张)	Number of Beds(unit)	153	154	0.7
# 医院(张)	Hospitals(unit)	116	116	0.0
卫生院(张)	Township Hospitals(unit)	27	28	3.7
卫生技术人员(人)	Medical Technical Presonnel(person)	213	242	13.6
# 医院(人)	Hospitals(person)	131	142	8.4
卫生院(人)	Township Hospitals(person)	27	31	14.8

23－75 锡林郭勒盟正蓝旗

指　　标	Item	2009	2010	2010 年比上年增长% Increase Rate in 2010 Over 2009(%)
行政区域土地面积(平方公里)	**Area of Administration(Sq. km)**	**10278**	**10278**	**0.0**
人口和就业	**Population & Employment**			
年末总人口(人)	Total Population Year－end(person)	81799	82380	0.7
#男性(人)	Male(person)	41625	41632	0.0
#乡村人口(人)	Rural(person)	52699	52711	0.0
年末总户数(户)	Total Number of Households at the Year－end(Household)	30968	32852	6.1
#乡村户数(户)	Number of Rural Household(Household)	13232	16033	21.2
出生人口(人)	Births(person)	592	724	22.3
死亡人口(人)	Deaths(person)	314	457	45.5
全社会就业人员(人)	Employment(person)	40623	46195	13.7
第一产业(人)	Primary Industry(person)	21630	23424	8.3
第二产业(人)	Secondary Industry(person)	7968	9805	23.1
第三产业(人)	Tertiary Industry(person)	11025	12966	17.6
在岗职工人数(人)	Number of Staff & Workers Employed in(person)	7828	8061	3.0
乡村劳动力(人)	Number of Rural Laborers(person)	36375	38176	5.0
#农林牧渔业(人)	Farming, Forestry, Animal Husbandry & Fishery(person)	19972	21715	8.7
国民经济综合指标	**Summary Item on the National Economy**			
生产总值(万元)	Gross Domestic Product(10 000 yuan)	431200	400113	2.2
第一产业(万元)	Primary Industry(10 000 yuan)	45000	47335	3.3
第二产业(万元)	Secondary Industry(10 000 yuan)	314300	272619	－4.0
#工业(万元)	Industry(10 000 yuan)	293200	246619	－6.3
第三产业(万元)	Tertiary Industry(10 000 yuan)	71900	80159	12.0
人均生产总值(元)	Per Capita GDP(yuan)	52579	48616	1.6
全社会固定资产投资(万元)	Total Investment in Fixed Assets(10 000 yuan)	286765	361104	25.9
按登记注册类型分	Grouped by Registered Type			
#国有(万元)	State－owned Enterprises(10 000 yuan)	32117	233975	628.5
集体(万元)	Collective－owned Enterprises(10 000 yuan)			
有限责任公司(万元)	Limited Liability Corporations(10 000 yuan)	198507	53317	－73.1
股份有限公司(万元)	Share Holding Enterprises(10 000 yuan)	16567	57258	245.6
私营企业(万元)	Private Enterprises(10 000 yuan)	39574	16554	－58.2
外商及港澳台投资企业(万元)	Funds from HK, Macao, Taiwan & Foreign(10 000 yuan)			
按城乡渠道分	Grouped by Urban and Rural Area			
城镇(万元)	Urban(10 000 yuan)	286765	361104	25.9
农村(万元)	Rural(10 000 yuan)			
一般预算收入(万元)	General Budgetary Financial Revenue(10 000 yuan)	26781	24751	－7.6
一般预算支出(万元)	General Budgetary Financial Expenditures(10 000 yuan)	59085	71567	21.1
城乡居民储蓄存款余额(万元)	Resident Saving Deposit in Urban & Rural(10 000 yuan)	74020	90921	22.8
在岗职工工资总额(万元)	Total Wages of Staff & Workers Employed in(10 000 yuan)	26324	31620	20.1
在岗职工平均工资(元)	Average Wage of Staff & Workers Employed in(yuan)	34456	39153	13.6
城镇居民人均可支配收入(元)	Annual Disposable Income of Urban Residents per Capita(yuan)	14887	15362	31.9
农牧民人均纯收入(元)	Per Capita Net Income of Peasant & Herdsman(yuan)	5954	6778	13.8
农村牧区经济	**Economic Development in Rural & Pastoral Area**			
耕地面积(公顷)	Cultivated Area(hectare)	19710	19700	－0.1
农作物总播种面积(公顷)	Total Sown Area(hectare)	21920	19730	－10.0
#粮食作物播种面积(公顷)	Sown Area of Grain Crops(hectare)	10910	13770	26.2
有效灌溉面积(公顷)	Irrigated Area(hectare)	7300		
农牧业机械总动力(万千瓦)	Total Power of Agricultural Machinery(10 000 kw)	13.22	13.53	2.3
化肥施用折纯量(吨)	Consumption of Chemical Fertilizer(ton)	278	360	29.5
农村用电量(万千瓦小时)	Electricity Consumed in Rural Area(10 000 kwh)	1350	1460	8.1
农林牧渔业总产值(万元)	Gross Output of Farming, Forestry, Animal Husbandry & Fishery(10 000 yuan)	77789	83815	7.7
粮食产量(吨)	Yield of Grain(ton)	35149	30780	－12.4
油料产量(吨)	Yield of Oil－bearing Grops(ton)	490	60	－87.8
甜菜产量(吨)	Yield of Beetroots(ton)			
猪牛羊肉产量(吨)	Output of Pork, Beef & Mutton(ton)	19262	26364	36.9
#猪肉产量(吨)	Output of Pork(ton)	296	287	－3.0
牛肉产量(吨)	Output of Beef(ton)	15771	22849	44.9
羊肉产量(吨)	Output of Mutton(ton)	3195	3228	1.0
羊毛产量(吨)	Output of Wool(ton)	1000	1350	35.0

23 – 75 Zhenglan Banner in Xilinguole League

指　　标	Item	2009	2010	2010 年比上年增长% Increase Rate in 2010 Over 2009(%)
年末牲畜存栏头数(万头只)	Total Livestock at the Year – end(10 000 heads)	36.17	30.90	–14.6
#大牲畜(万头只)	Large Animals(10 000 heads)	16.41	13.77	–16.1
羊(万只)	Sheep & Goats(10 000 heads)	19.54	16.97	–13.2
猪(万头)	Hogs(10 000 heads)	0.22	0.16	–27.3
规模以上工业	**Industrial Enterprises above Designated size**			
工业企业单位数(个)	Number of Industrial Enterprises(unit)	16	17	6.3
#内资企业(个)	Civil Funded Enterprises(unit)	15	16	6.7
工业总产值(万元)	Gross Industrial Output Value(10 000 yuan)	573707	529927	–7.6
内资企业(万元)	Civil Funded Enterprises(10 000 yuan)	562740	525007	–6.7
国有企业(万元)	State – owned Enterprises(10 000 yuan)			
集体企业(万元)	Collective – owned Enterprises(10 000 yuan)			
股份合作企业(万元)	Share Holding Enterprises(10 000 yuan)	2013	1900	–5.7
联营企业(万元)	Joint Owned Enterprises(10 000 yuan)			
有限责任公司(万元)	Limited Company(10 000 yuan)	534779	501596	–6.2
股份有限公司(万元)	Share Holding Limited Company(10 000 yuan)	10716	8837	–17.5
私营企业(万元)	Privately Owned Enterprises(10 000 yuan)	15233	12674	–16.8
其他企业(万元)	Enterprises of Other Ownership(10 000 yuan)			
港澳台商投资企业(万元)	Funds from HK, Macao & Taiwan(10 000 yuan)			
外商投资企业(万元)	Foreign Funded Enterprises(10 000 yuan)	10966	4920	–55.1
工业企业增加值(万元)	Value Added of Industrial Enterprises(10 000 yuan)	269219	218400	–10.4
工业企业资产总计(万元)	Total Assets of Industrial Enterprises(10 000 yuan)	1105842	1149935	4.0
工业企业负债合计(万元)	Total Liabilities of Industrial Enterprises(10 000 yuan)	751349	787741	4.8
工业企业产品销售收入(万元)	Sales of Revenue Industrial Enterprises(10 000 yuan)	134952	529927	292.7
工业企业利润总额(万元)	Total Profits of Industrial Enterprises(10 000 yuan)	867	111755	12789.9
建筑业	**Construction**			
建筑企业单位数(个)	Number of Construction Enterprises(unit)	1	1	0.0
建筑企业从业人员(人)	Number of Employee in Construction Enterprises(person)	65	8	–87.7
建筑业总产值(万元)	Gross Construction Output Value(10 000 yuan)	1370	10281	650.4
交通运输邮电通信业	**Transportation, Post & Telecommunications**			
公路里程(公里)	Total Length of Highways(km)	930	1119	20.3
邮电业务总量(万元)	Business Volume of Post & Telecoms(10 000 yuan)	3578	4802	34.2
本地电话用户(户)	Number of Subscribers of Local Telephone(Household)	6620	10800	63.1
国内贸易	**Domestic Trade**			
社会消费品零售总额(万元)	Total Retail Sales of Consumer Goods(10 000 yuan)	55672	66571	19.6
#贸易业(万元)	Wholesale & Retail Sales Trades(10 000 yuan)	40948	54404	32.9
餐饮业(万元)	Catering Trade(10 000 yuan)	11808	12167	3.0
科技教育卫生	**Science, Education & Public Health**			
各类专业技术人员(人)	Special Technical Personnel(person)	1316	1279	–2.8
幼儿园数(所)	Number of Kindergartens(unit)	2	2	0.0
学龄儿童入学率(%)	Percentage of School – Age Children Enrolled(%)	100.0	100.0	0.0
小学学校数(所)	Number of Primary Schools(unit)	7	7	0.0
小学专任教师数(人)	Number of Full – time Teachers of Primary Schools(person)	276	282	2.2
小学在校学生数(人)	Number of Student Enrollment of Primary Schools(person)	3525	3335	–5.4
普通中学学校数(所)	Number of Regular Secondary Schools(unit)	3	2	–33.3
普通中学专任教师数(人)	Number of Teachers of Secondary Shools(person)	226	213	–5.8
初中在校学生数(人)	Number of Student in Junior Secondary Schools(person)	1209	1317	8.9
高中在校学生数(人)	Number of Student in Senior Secondary Schools(person)	136	64	–52.9
卫生机构数(所)	Number of Health Institutions(unit)	30	33	10.0
#医院(所)	Hospitals(unit)	2	2	0.0
卫生院(所)	Township Hospitals(unit)	14	13	–7.1
床位数(张)	Number of Beds(unit)	208	215	3.4
#医院(张)	Hospitals(unit)	115	115	0.0
卫生院(张)	Township Hospitals(unit)	83	86	3.6
卫生技术人员(人)	Medical Technical Presonnel(person)	223	235	5.4
#医院(人)	Hospitals(person)	103	99	–3.9
卫生院(人)	Township Hospitals(person)	71	45	–36.6

23－76 锡林郭勒盟多伦县

指　　　标	Item	2009	2010	2010 年比上年增长% Increase Rate in 2010 Over 2009(%)
行政区域土地面积(平方公里)	**Area of Administration(Sq. km)**	**3871**	**3871**	**0.0**
人口和就业	**Population & Employment**			
年末总人口(人)	Total Population Year－end(person)	105149	105225	0.1
#男性(人)	Male(person)	54162	54169	0.0
#乡村人口(人)	Rural(person)	67636	68156	0.8
年末总户数(户)	Total Number of Households at the Year－end(Household)	40249	41255	2.5
#乡村户数(户)	Number of Rural Household(Household)	19238	19279	0.2
出生人口(人)	Births(person)	1537	1472	－4.2
死亡人口(人)	Deaths(person)	265	1051	296.6
全社会就业人员(人)	Employment(person)	54434	53582	－1.6
第一产业(人)	Primary Industry(person)	31801	31716	－0.3
第二产业(人)	Secondary Industry(person)	7488	6862	－8.4
第三产业(人)	Tertiary Industry(person)	15145	15004	－0.9
在岗职工人数(人)	Number of Staff & Workers Employed in(person)	5324	5452	2.4
乡村劳动力(人)	Number of Rural Laborers(person)	43081	41984	－2.5
#农林牧渔业(人)	Farming, Forestry, Animal Husbandry & Fishery(person)	31724	31641	－0.3
国民经济综合指标	**Summary Item on the National Economy**			
生产总值(万元)	Gross Domestic Product(10 000 yuan)	354500	462584	10.1
第一产业(万元)	Primary Industry(10 000 yuan)	55700	60181	1.7
第二产业(万元)	Secondary Industry(10 000 yuan)	228700	321963	11.1
#工业(万元)	Industry(10 000 yuan)	179400	291963	26.0
第三产业(万元)	Tertiary Industry(10 000 yuan)	70100	80440	14.0
人均生产总值(元)	Per Capita GDP(yuan)	34032	43977	9.3
全社会固定资产投资(万元)	Total Investment in Fixed Assets(10 000 yuan)	530481	380044	－28.4
按登记注册类型分	Grouped by Registered Type			
#国有(万元)	State－owned Enterprises(10 000 yuan)	59414	18059	－69.6
集体(万元)	Collective－owned Enterprises(10 000 yuan)			
有限责任公司(万元)	Limited Liability Corporations(10 000 yuan)	64577	53316	－17.4
股份有限公司(万元)	Share Holding Enterprises(10 000 yuan)	333284	306576	－8.0
私营企业(万元)	Private Enterprises(10 000 yuan)	73206	2093	－97.1
外商及港澳台投资企业(万元)	Funds from HK, Macao, Taiwan & Foreign(10 000 yuan)			
按城乡渠道分	Grouped by Urban and Rural Area			
城镇(万元)	Urban(10 000 yuan)	530481	380044	－28.4
农村(万元)	Rural(10 000 yuan)			
一般预算收入(万元)	General Budgetary Financial Revenue(10 000 yuan)	14217	21863	53.8
一般预算支出(万元)	General Budgetary Financial Expenditures(10 000 yuan)	70082	89570	27.8
城乡居民储蓄存款余额(万元)	Resident Saving Deposit in Urban & Rural(10 000 yuan)	81327	100363	23.4
在岗职工工资总额(万元)	Total Wages of Staff & Workers Employed in(10 000 yuan)	17211	20843	21.1
在岗职工平均工资(元)	Average Wage of Staff & Workers Employed in(yuan)	32846	39053	18.9
城镇居民人均可支配收入(元)	Annual Disposable Income of Urban Residents per Capita(yuan)	14115	15517	9.9
农牧民人均纯收入(元)	Per Capita Net Income of Peasant & Herdsman(yuan)	4922	5640	14.6
农村牧区经济	**Economic Development in Rural & Pastoral Area**			
耕地面积(公顷)	Cultivated Area(hectare)	50670	50720	0.1
农作物总播种面积(公顷)	Total Sown Area(hectare)	52240	43720	－16.3
#粮食作物播种面积(公顷)	Sown Area of Grain Crops(hectare)	40010	36580	－8.6
有效灌溉面积(公顷)	Irrigated Area(hectare)	7400		
农牧业机械总动力(万千瓦)	Total Power of Agricultural Machinery(10 000 kw)	17.89	18.19	1.7
化肥施用折纯量(吨)	Consumption of Chemical Fertilizer(ton)	2018	2148	6.4
农村用电量(万千瓦小时)	Electricity Consumed in Rural Area(10 000 kwh)	899	912	1.4
农林牧渔业总产值(万元)	Gross Output of Farming, Forestry, Animal Husbandry & Fishery(10 000 yuan)	93978	106561	13.4
粮食产量(吨)	Yield of Grain(ton)	43245	45422	5.0
油料产量(吨)	Yield of Oil－bearing Grops(ton)	340	362	6.5
甜菜产量(吨)	Yield of Beetroots(ton)			
猪牛羊肉产量(吨)	Output of Pork, Beef & Mutton(ton)	15143	17344	14.5
#猪肉产量(吨)	Output of Pork(ton)	2581	3130	21.3
牛肉产量(吨)	Output of Beef(ton)	12267	13927	13.5
羊肉产量(吨)	Output of Mutton(ton)	295	287	－2.7
羊毛产量(吨)	Output of Wool(ton)	86	80	－7.0

23 – 76 Duolun County in Xilinguole League

指　　标	Item	2009	2010	2010年比上年增长% Increase Rate in 2010 Over 2009(%)
年末牲畜存栏头数(万头只)	Total Livestock at the Year – end(10 000 heads)	17.21	14.62	–15.0
# 大牲畜(万头只)	Large Animals(10 000 heads)	13.79	11.96	–13.3
羊(万只)	Sheep & Goats(10 000 heads)	1.21	0.35	–71.1
猪(万头)	Hogs(10 000 heads)	2.21	2.31	4.5
规模以上工业	**Industrial Enterprises above Designated size**			
工业企业单位数(个)	Number of Industrial Enterprises(unit)	22	25	13.6
# 内资企业(个)	Civil Funded Enterprises(unit)	21	24	14.3
工业总产值(万元)	Gross Industrial Output Value(10 000 yuan)	376024	591606	57.3
内资企业(万元)	Civil Funded Enterprises(10 000 yuan)	353638	561496	58.8
国有企业(万元)	State – owned Enterprises(10 000 yuan)	55222	61886	12.1
集体企业(万元)	Collective – owned Enterprises(10 000 yuan)			
股份合作企业(万元)	Share Holding Enterprises(10 000 yuan)			
联营企业(万元)	Joint Owned Enterprises(10 000 yuan)			
有限责任公司(万元)	Limited Company(10 000 yuan)	5695	6858	20.4
股份有限公司(万元)	Share Holding Limited Company(10 000 yuan)	1766	2011	13.8
私营企业(万元)	Privately Owned Enterprises(10 000 yuan)	290955	490741	68.7
其他企业(万元)	Enterprises of Other Ownership(10 000 yuan)			
港澳台商投资企业(万元)	Funds from HK, Macao & Taiwan(10 000 yuan)	22387	30110	34.5
外商投资企业(万元)	Foreign Funded Enterprises(10 000 yuan)			
工业企业增加值(万元)	Value Added of Industrial Enterprises(10 000 yuan)	159312	262400	25.3
工业企业资产总计(万元)	Total Assets of Industrial Enterprises(10 000 yuan)	1391407	1433210	3.0
工业企业负债合计(万元)	Total Liabilities of Industrial Enterprises(10 000 yuan)	604089	645416	6.8
工业企业产品销售收入(万元)	Sales of Revenue Industrial Enterprises(10 000 yuan)	377143	595111	57.8
工业企业利润总额(万元)	Total Profits of Industrial Enterprises(10 000 yuan)	10195	16368	60.5
建筑业	**Construction**			
建筑企业单位数(个)	Number of Construction Enterprises(unit)	1		
建筑企业从业人员(人)	Number of Employee in Construction Enterprises(person)			
建筑业总产值(万元)	Gross Construction Output Value(10 000 yuan)			
交通运输邮电通信业	**Transportation, Post & Telecommunications**			
公路里程(公里)	Total Length of Highways(km)	1324	1004	–24.2
邮电业务总量(万元)	Business Volume of Post & Telecoms(10 000 yuan)	5956	5377	–9.7
本地电话用户(户)	Number of Subscribers of Local Telephone(Household)	7000	7000	0.0
国内贸易	**Domestic Trade**			
社会消费品零售总额(万元)	Total Retail Sales of Consumer Goods(10 000 yuan)	66827	77534	16.0
# 贸易业(万元)	Wholesale & Retail Sales Trades(10 000 yuan)	57169	69498	21.6
餐饮业(万元)	Catering Trade(10 000 yuan)	7768	8036	3.4
科技教育卫生	**Science, Education & Public Health**			
各类专业技术人员(人)	Special Technical Personnel(person)	1427	1398	–2.0
幼儿园数(所)	Number of Kindergartens(unit)	3	3	0.0
学龄儿童入学率(%)	Percentage of School – Age Children Enrolled(%)	100.0	100.0	0.0
小学学校数(所)	Number of Primary Schools(unit)	14	14	0.0
小学专任教师数(人)	Number of Full – time Teachers of Primary Schools(person)	482	466	–3.3
小学在校学生数(人)	Number of Student Enrollment of Primary Schools(person)	5401	5416	0.3
普通中学学校数(所)	Number of Regular Secondary Schools(unit)	3	3	0.0
普通中学专任教师数(人)	Number of Teachers of Secondary Shools(person)	306	303	–1.0
初中在校学生数(人)	Number of Student in Junior Secondary Schools(person)	3598	3440	–4.4
高中在校学生数(人)	Number of Student in Senior Secondary Schools(person)	1511	1448	–4.2
卫生机构数(所)	Number of Health Institutions(unit)	32	35	9.4
# 医院(所)	Hospitals(unit)	2	2	0.0
卫生院(所)	Township Hospitals(unit)	8	8	0.0
床位数(张)	Number of Beds(unit)	145	215	48.3
# 医院(张)	Hospitals(unit)	103	148	43.7
卫生院(张)	Township Hospitals(unit)	34	47	38.2
卫生技术人员(人)	Medical Technical Presonnel(person)	277	337	21.7
# 医院(人)	Hospitals(person)	151	153	1.3
卫生院(人)	Township Hospitals(person)	71	71	0.0

23 - 77 乌兰察布市集宁区

指　　标	Item	2009	2010	2010 年比上年增长% Increase Rate in 2010 Over 2009(%)
行政区域土地面积(平方公里)	**Area of Administration(Sq. km)**	**418**	**418**	**0.0**
人口和就业	**Population & Employment**			
年末总人口(人)	Total Population Year - end(person)	303693	304540	0.3
#男性(人)	Male(person)	154219	154381	0.1
#乡村人口(人)	Rural(person)	51036	35739	-30.0
年末总户数(户)	Total Number of Households at the Year - end(Household)	102031	104225	2.2
#乡村户数(户)	Number of Rural Household(Household)	16201	11779	-27.3
出生人口(人)	Births(person)	2354	2395	1.7
死亡人口(人)	Deaths(person)	647	1095	69.2
全社会就业人员(人)	Employment(person)	132107	134186	1.6
第一产业(人)	Primary Industry(person)	13087	13284	1.5
第二产业(人)	Secondary Industry(person)	34658	34578	-0.2
第三产业(人)	Tertiary Industry(person)	84362	86324	2.3
在岗职工人数(人)	Number of Staff & Workers Employed in(person)	56310	57945	2.9
乡村劳动力(人)	Number of Rural Laborers(person)	29580	29986	1.4
#农林牧渔业(人)	Farming, Forestry, Animal Husbandry & Fishery(person)	19820	20203	1.9
国民经济综合指标	**Summary Item on the National Economy**			
生产总值(万元)	Gross Domestic Product(10 000 yuan)	889417	1050855	12.4
第一产业(万元)	Primary Industry(10 000 yuan)	26480	31591	6.8
第二产业(万元)	Secondary Industry(10 000 yuan)	421894	538882	15.2
#工业(万元)	Industry(10 000 yuan)	356010	461984	15.9
第三产业(万元)	Tertiary Industry(10 000 yuan)	441043	480382	10.4
人均生产总值(元)	Per Capita GDP(yuan)	29375	34554	14.6
全社会固定资产投资(万元)	Total Investment in Fixed Assets(10 000 yuan)	430467	583488	35.5
按登记注册类型分	Grouped by Registered Type			
#国有(万元)	State - owned Enterprises(10 000 yuan)	187856	172295	-8.3
集体(万元)	Collective - owned Enterprises(10 000 yuan)			
有限责任公司(万元)	Limited Liability Corporations(10 000 yuan)	101350	37500	-63.0
股份有限公司(万元)	Share Holding Enterprises(10 000 yuan)	8900		
私营企业(万元)	Private Enterprises(10 000 yuan)	132361	373693	182.3
外商及港澳台投资企业(万元)	Funds from HK, Macao, Taiwan & Foreign(10 000 yuan)			
按城乡渠道分	Grouped by Urban and Rural Area			
城镇(万元)	Urban(10 000 yuan)	430467	583488	35.5
农村(万元)	Rural(10 000 yuan)			
一般预算收入(万元)	General Budgetary Financial Revenue(10 000 yuan)	26423	37147	40.6
一般预算支出(万元)	General Budgetary Financial Expenditures(10 000 yuan)	116790	121983	4.4
城乡居民储蓄存款余额(万元)	Resident Saving Deposit in Urban & Rural(10 000 yuan)	959200	1176830	22.7
在岗职工工资总额(万元)	Total Wages of Staff & Workers Employed in(10 000 yuan)	156489	168681	7.8
在岗职工平均工资(元)	Average Wage of Staff & Workers Employed in(yuan)	27362	29114	6.4
城镇居民人均可支配收入(元)	Annual Disposable Income of Urban Residents per Capita(yuan)	13755	15350	11.6
农牧民人均纯收入(元)	Per Capita Net Income of Peasant & Herdsman(yuan)	6488	7492	15.5
农村牧区经济	**Economic Development in Rural & Pastoral Area**			
耕地面积(公顷)	Cultivated Area(hectare)	9330	9326	0.0
农作物总播种面积(公顷)	Total Sown Area(hectare)	5866	5896	0.5
#粮食作物播种面积(公顷)	Sown Area of Grain Crops(hectare)	3600	3612	0.3
有效灌溉面积(公顷)	Irrigated Area(hectare)	1328	1602	20.6
农牧业机械总动力(万千瓦)	Total Power of Agricultural Machinery(10 000 kw)		1.75	
化肥施用折纯量(吨)	Consumption of Chemical Fertilizer(ton)	2130	2230	4.7
农村用电量(万千瓦小时)	Electricity Consumed in Rural Area(10 000 kwh)	1730	1780	2.9
农林牧渔业总产值(万元)	Gross Output of Farming, Forestry, Animal Husbandry & Fishery(10 000 yuan)	43200	52686	19.0
粮食产量(吨)	Yield of Grain(ton)	3298	10042	204.5
油料产量(吨)	Yield of Oil - bearing Grops(ton)		640	
甜菜产量(吨)	Yield of Beetroots(ton)		8250	
猪牛羊肉产量(吨)	Output of Pork, Beef & Mutton(ton)	2590	3008	16.1
#猪肉产量(吨)	Output of Pork(ton)	1150	1213	5.5
牛肉产量(吨)	Output of Beef(ton)	546	714	30.8
羊肉产量(吨)	Output of Mutton(ton)	894	1081	20.9
羊毛产量(吨)	Output of Wool(ton)	75	78	4.0

23 - 77 Jining District in Wulanchabu City

指　　标	Item	2009	2010	2010年比上年增长% Increase Rate in 2010 Over 2009(%)
年末牲畜存栏头数(万头只)	Total Livestock at the Year - end(10 000 heads)	5.33	6.20	16.3
#大牲畜(万头只)	Large Animals(10 000 heads)	1.71	1.90	11.1
羊(万只)	Sheep & Goats(10 000 heads)	1.76	2.40	36.4
猪(万头)	Hogs(10 000 heads)	1.87	2.00	7.0
规模以上工业	**Industrial Enterprises above Designated size**			
工业企业单位数(个)	Number of Industrial Enterprises(unit)	57	63	10.5
#内资企业(个)	Civil Funded Enterprises(unit)	53	58	9.4
工业总产值(万元)	Gross Industrial Output Value(10 000 yuan)	849543	919595	6.2
内资企业(万元)	Civil Funded Enterprises(10 000 yuan)	831895	906033	6.9
国有企业(万元)	State - owned Enterprises(10 000 yuan)	336776	483995	41.7
集体企业(万元)	Collective - owned Enterprises(10 000 yuan)	907	1360	47.9
股份合作企业(万元)	Share Holding Enterprises(10 000 yuan)			
联营企业(万元)	Joint Owned Enterprises(10 000 yuan)			
有限责任公司(万元)	Limited Company(10 000 yuan)	337192	305625	-7.4
股份有限公司(万元)	Share Holding Limited Company(10 000 yuan)	24694	20589	-14.6
私营企业(万元)	Privately Owned Enterprises(10 000 yuan)	132326	94464	-26.6
其他企业(万元)	Enterprises of Other Ownership(10 000 yuan)			
港澳台商投资企业(万元)	Funds from HK, Macao & Taiwan(10 000 yuan)	11793		
外商投资企业(万元)	Foreign Funded Enterprises(10 000 yuan)	5855	13562	129.6
工业企业增加值(万元)	Value Added of Industrial Enterprises(10 000 yuan)	293950	296155	21.5
工业企业资产总计(万元)	Total Assets of Industrial Enterprises(10 000 yuan)	620340	747536	20.5
工业企业负债合计(万元)	Total Liabilities of Industrial Enterprises(10 000 yuan)	519433	598461	15.2
工业企业产品销售收入(万元)	Sales of Revenue Industrial Enterprises(10 000 yuan)	524967	862351	64.3
工业企业利润总额(万元)	Total Profits of Industrial Enterprises(10 000 yuan)	2078	7852.6	277.9
建筑业	**Construction**			
建筑企业单位数(个)	Number of Construction Enterprises(unit)	24	24	0.0
建筑企业从业人员(人)	Number of Employee in Construction Enterprises(person)	8254	7606	-7.9
建筑业总产值(万元)	Gross Construction Output Value(10 000 yuan)	162466	190138	15.0
交通运输邮电通信业	**Transportation, Post & Telecommunications**			
公路里程(公里)	Total Length of Highways(km)	207	334	61.4
邮电业务总量(万元)	Business Volume of Post & Telecoms(10 000 yuan)	13428	14108	5.1
本地电话用户(户)	Number of Subscribers of Local Telephone(Household)	82341	106045	28.8
国内贸易	**Domestic Trade**			
社会消费品零售总额(万元)	Total Retail Sales of Consumer Goods(10 000 yuan)	321010	386509	20.4
#贸易业(万元)	Wholesale & Retail Sales Trades(10 000 yuan)	203013	262238	29.2
餐饮业(万元)	Catering Trade(10 000 yuan)	112076	103785	-7.4
科技教育卫生	**Science, Education & Public Health**			
各类专业技术人员(人)	Special Technical Personnel(person)	1643	1784	8.6
幼儿园数(所)	Number of Kindergartens(unit)	11	11	0.0
学龄儿童入学率(%)	Percentage of School - Age Children Enrolled(%)	100.0	100.0	0.0
小学学校数(所)	Number of Primary Schools(unit)	32	32	0.0
小学专任教师数(人)	Number of Full - time Teachers of Primary Schools(person)	1499	1509	0.7
小学在校学生数(人)	Number of Student Enrollment of Primary Schools(person)	25342	24491	-3.4
普通中学学校数(所)	Number of Regular Secondary Schools(unit)	16	16	0.0
普通中学专任教师数(人)	Number of Teachers of Secondary Shools(person)	1696	1739	2.5
初中在校学生数(人)	Number of Student in Junior Secondary Schools(person)	15819	15509	-2.0
高中在校学生数(人)	Number of Student in Senior Secondary Schools(person)	36657	22689	-38.1
卫生机构数(所)	Number of Health Institutions(unit)	21	21	0.0
#医院(所)	Hospitals(unit)	6	6	0.0
卫生院(所)	Township Hospitals(unit)	6	6	0.0
床位数(张)	Number of Beds(unit)	2084	2256	8.3
#医院(张)	Hospitals(unit)	1637	1637	0.0
卫生院(张)	Township Hospitals(unit)	56	58	3.6
卫生技术人员(人)	Medical Technical Presonnel(person)	2633	2737	3.9
#医院(人)	Hospitals(person)	1757	1866	6.2
卫生院(人)	Township Hospitals(person)	74	67	-9.5

23－78 乌兰察布市丰镇市

指　　标	Item	2009	2010	2010 年比上年增长% Increase Rate in 2010 Over 2009(%)
行政区域土地面积(平方公里)	**Area of Administration(Sq. km)**	**2704**	**2704**	**0.0**
人口和就业	**Population & Employment**			
年末总人口(人)	Total Population Year－end(person)	342979	338189	－1.4
#男性(人)	Male(person)	177971	175053	－1.6
#乡村人口(人)	Rural(person)	240758	235017	－2.4
年末总户数(户)	Total Number of Households at the Year－end(Household)	130777	135085	3.3
#乡村户数(户)	Number of Rural Household(Household)	47300	55039	16.4
出生人口(人)	Births(person)	3996	4045	1.2
死亡人口(人)	Deaths(person)	1036	7053	580.8
全社会就业人员(人)	Employment(person)	168014	170734	1.6
第一产业(人)	Primary Industry(person)	65134	66278	1.8
第二产业(人)	Secondary Industry(person)	33754	34128	1.1
第三产业(人)	Tertiary Industry(person)	69126	70328	1.7
在岗职工人数(人)	Number of Staff & Workers Employed in(person)	13667	13299	－2.7
乡村劳动力(人)	Number of Rural Laborers(person)	80002	84731	5.9
#农林牧渔业(人)	Farming,Forestry,Animal Husbandry & Fishery(person)	47413	42556	－10.2
国民经济综合指标	**Summary Item on the National Economy**			
生产总值(万元)	Gross Domestic Product(10 000 yuan)	808968	921899	11.9
第一产业(万元)	Primary Industry(10 000 yuan)	101484	121679	7.4
第二产业(万元)	Secondary Industry(10 000 yuan)	488997	561328	13.6
#工业(万元)	Industry(10 000 yuan)	465323	533725	13.8
第三产业(万元)	Tertiary Industry(10 000 yuan)	218487	238892	10.7
人均生产总值(元)	Per Capita GDP(yuan)	23665	27068	12.4
全社会固定资产投资(万元)	Total Investment in Fixed Assets(10 000 yuan)	145170	170170	17.2
按登记注册类型分	Grouped by Registered Type			
#国有(万元)	State－owned Enterprises(10 000 yuan)	50247	56696	12.8
集体(万元)	Collective－owned Enterprises(10 000 yuan)			
有限责任公司(万元)	Limited Liability Corporations(10 000 yuan)	86300	105404	22.1
股份有限公司(万元)	Share Holding Enterprises(10 000 yuan)	3500		
私营企业(万元)	Private Enterprises(10 000 yuan)	3045	8070	165.0
外商及港澳台投资企业(万元)	Funds from HK,Macao,Taiwan & Foreign(10 000 yuan)			
按城乡渠道分	Grouped by Urban and Rural Area			
城镇(万元)	Urban(10 000 yuan)	119487	158314	32.5
农村(万元)	Rural(10 000 yuan)	25620	11856	－53.7
一般预算收入(万元)	General Budgetary Financial Revenue(10 000 yuan)	24326	23790	－2.2
一般预算支出(万元)	General Budgetary Financial Expenditures(10 000 yuan)	94980	127002	33.7
城乡居民储蓄存款余额(万元)	Resident Saving Deposit in Urban & Rural(10 000 yuan)	276700	309141	11.7
在岗职工工资总额(万元)	Total Wages of Staff & Workers Employed in(10 000 yuan)	53828	53380	－0.8
在岗职工平均工资(元)	Average Wage of Staff & Workers Employed in(yuan)	39385	40139	1.9
城镇居民人均可支配收入(元)	Annual Disposable Income of Urban Residents per Capita(yuan)	12732	14030	10.2
农牧民人均纯收入(元)	Per Capita Net Income of Peasant & Herdsman(yuan)	5408	5518	2.0
农村牧区经济	**Economic Development in Rural & Pastoral Area**			
耕地面积(公顷)	Cultivated Area(hectare)	69500	69504	0.0
农作物总播种面积(公顷)	Total Sown Area(hectare)	50006	51178	2.3
#粮食作物播种面积(公顷)	Sown Area of Grain Crops(hectare)	44006	44000	0.0
有效灌溉面积(公顷)	Irrigated Area(hectare)	5386	5400	0.3
农牧业机械总动力(万千瓦)	Total Power of Agricultural Machinery(10 000 kw)	8.78	9.54	8.7
化肥施用折纯量(吨)	Consumption of Chemical Fertilizer(ton)	9093	13420	47.6
农村用电量(万千瓦小时)	Electricity Consumed in Rural Area(10 000 kwh)	1986	1990	0.2
农林牧渔业总产值(万元)	Gross Output of Farming,Forestry,Animal Husbandry & Fishery(10 000 yuan)	165372	201444	19.8
粮食产量(吨)	Yield of Grain(ton)	41430	83130	100.7
油料产量(吨)	Yield of Oil－bearing Grops(ton)	762	1060	39.1
甜菜产量(吨)	Yield of Beetroots(ton)			
猪牛羊肉产量(吨)	Output of Pork, Beef & Mutton(ton)	22444	22675	1.0
#猪肉产量(吨)	Output of Pork(ton)	4177	4093	－2.0
牛肉产量(吨)	Output of Beef(ton)	2360	2355	－0.2
羊肉产量(吨)	Output of Mutton(ton)	15907	16227	2.0
羊毛产量(吨)	Output of Wool(ton)	1260	1261	0.1

23 – 78 Fengzhen City in Wulanchabu City

指　　标	Item	2009	2010	2010 年比上年增长% Increase Rate in 2010 Over 2009(%)
年末牲畜存栏头数(万头只)	Total Livestock at the Year – end(10 000 heads)	74.45	74.40	–0.1
# 大牲畜(万头只)	Large Animals(10 000 heads)	6.24	6.20	–0.6
羊(万只)	Sheep & Goats(10 000 heads)	64.57	64.40	–0.3
猪(万头)	Hogs(10 000 heads)	3.64	3.80	4.4
规模以上工业	**Industrial Enterprises above Designated size**			
工业企业单位数(个)	Number of Industrial Enterprises(unit)	42	45	7.1
# 内资企业(个)	Civil Funded Enterprises(unit)	40	45	12.5
工业总产值(万元)	Gross Industrial Output Value(10 000 yuan)	1077375	1381089	26.2
内资企业(万元)	Civil Funded Enterprises(10 000 yuan)	962921	1381089	41.4
国有企业(万元)	State – owned Enterprises(10 000 yuan)	823	106209	12645.2
集体企业(万元)	Collective – owned Enterprises(10 000 yuan)			
股份合作企业(万元)	Share Holding Enterprises(10 000 yuan)	2732		
联营企业(万元)	Joint Owned Enterprises(10 000 yuan)			
有限责任公司(万元)	Limited Company(10 000 yuan)	758575	579146	–21.7
股份有限公司(万元)	Share Holding Limited Company(10 000 yuan)	104843		
私营企业(万元)	Privately Owned Enterprises(10 000 yuan)	93089	625574	568.1
其他企业(万元)	Enterprises of Other Ownership(10 000 yuan)	2859	70161	2352.0
港澳台商投资企业(万元)	Funds from HK, Macao & Taiwan(10 000 yuan)			
外商投资企业(万元)	Foreign Funded Enterprises(10 000 yuan)	114455		
工业企业增加值(万元)	Value Added of Industrial Enterprises(10 000 yuan)	420863	492979	19.9
工业企业资产总计(万元)	Total Assets of Industrial Enterprises(10 000 yuan)	1234183	1304153	5.7
工业企业负债合计(万元)	Total Liabilities of Industrial Enterprises(10 000 yuan)	1174964	1268420	8.0
工业企业产品销售收入(万元)	Sales of Revenue Industrial Enterprises(10 000 yuan)	847946	1399222	65.0
工业企业利润总额(万元)	Total Profits of Industrial Enterprises(10 000 yuan)	–12873	10912.5	
建筑业	**Construction**			
建筑企业单位数(个)	Number of Construction Enterprises(unit)	3	3	0.0
建筑企业从业人员(人)	Number of Employee in Construction Enterprises(person)	130	14	–89.2
建筑业总产值(万元)	Gross Construction Output Value(10 000 yuan)	2407		
交通运输邮电通信业	**Transportation, Post & Telecommunications**			
公路里程(公里)	Total Length of Highways(km)	387	490	26.6
邮电业务总量(万元)	Business Volume of Post & Telecoms(10 000 yuan)	6248	6985	11.8
本地电话用户(户)	Number of Subscribers of Local Telephone(Household)	43362	42167	–2.8
国内贸易	**Domestic Trade**			
社会消费品零售总额(万元)	Total Retail Sales of Consumer Goods(10 000 yuan)	167933	188347	12.2
# 贸易业(万元)	Wholesale & Retail Sales Trades(10 000 yuan)	131224	163004	24.2
餐饮业(万元)	Catering Trade(10 000 yuan)	28809	24272	–15.7
科技教育卫生	**Science, Education & Public Health**			
各类专业技术人员(人)	Special Technical Personnel(person)	924	985	6.6
幼儿园数(所)	Number of Kindergartens(unit)	2	2	0.0
学龄儿童入学率(%)	Percentage of School – Age Children Enrolled(%)	100.0	100.0	0.0
小学学校数(所)	Number of Primary Schools(unit)	24	19	–20.8
小学专任教师数(人)	Number of Full – time Teachers of Primary Schools(person)	1552	1578	1.7
小学在校学生数(人)	Number of Student Enrollment of Primary Schools(person)	13221	12186	–7.8
普通中学学校数(所)	Number of Regular Secondary Schools(unit)	9	11	22.2
普通中学专任教师数(人)	Number of Teachers of Secondary Shools(person)	763	863	13.1
初中在校学生数(人)	Number of Student in Junior Secondary Schools(person)	6572	6916	5.2
高中在校学生数(人)	Number of Student in Senior Secondary Schools(person)	4993	3347	–33.0
卫生机构数(所)	Number of Health Institutions(unit)	34	38	11.8
# 医院(所)	Hospitals(unit)	3	2	–33.3
卫生院(所)	Township Hospitals(unit)	17	17	0.0
床位数(张)	Number of Beds(unit)	463	421	–9.1
# 医院(张)	Hospitals(unit)	315	315	0.0
卫生院(张)	Township Hospitals(unit)	128	106	–17.2
卫生技术人员(人)	Medical Technical Presonnel(person)	558	662	18.6
# 医院(人)	Hospitals(person)	373	381	2.1
卫生院(人)	Township Hospitals(person)	109	107	–1.8

23-79 乌兰察布市卓资县

指标	Item	2009	2010	2010年比上年增长% Increase Rate in 2010 Over 2009(%)
行政区域土地面积(平方公里)	**Area of Administration(Sq. km)**	**3119**	**3119**	**0.0**
人口和就业	**Population & Employment**			
年末总人口(人)	Total Population Year-end(person)	226628	220731	-2.6
#男性(人)	Male(person)	120880	117287	-3.0
#乡村人口(人)	Rural(person)	182741	181264	-0.8
年末总户数(户)	Total Number of Households at the Year-end(Household)	89614	90881	1.4
#乡村户数(户)	Number of Rural Household(Household)	31950	30470	-4.6
出生人口(人)	Births(person)	2289	2302	0.6
死亡人口(人)	Deaths(person)	1218	6071	398.4
全社会就业人员(人)	Employment(person)	149498	150559	0.7
第一产业(人)	Primary Industry(person)	66624	67283	1.0
第二产业(人)	Secondary Industry(person)	24453	25374	3.8
第三产业(人)	Tertiary Industry(person)	58421	57902	-0.9
在岗职工人数(人)	Number of Staff & Workers Employed in(person)	6468	6458	-0.2
乡村劳动力(人)	Number of Rural Laborers(person)	65127	62030	-4.8
#农林牧渔业(人)	Farming, Forestry, Animal Husbandry & Fishery(person)	43369	40756	-6.0
国民经济综合指标	**Summary Item on the National Economy**			
生产总值(万元)	Gross Domestic Product(10 000 yuan)	363584	396108	11.1
第一产业(万元)	Primary Industry(10 000 yuan)	55620	68079	9.6
第二产业(万元)	Secondary Industry(10 000 yuan)	181235	200005	12.1
#工业(万元)	Industry(10 000 yuan)	162655	177988	12.1
第三产业(万元)	Tertiary Industry(10 000 yuan)	126729	128024	10.4
人均生产总值(元)	Per Capita GDP(yuan)	16044	17709	8.4
全社会固定资产投资(万元)	Total Investment in Fixed Assets(10 000 yuan)	105006	140490	33.8
按登记注册类型分	Grouped by Registered Type			
#国有(万元)	State-owned Enterprises(10 000 yuan)	48165	37266	-22.6
集体(万元)	Collective-owned Enterprises(10 000 yuan)			
有限责任公司(万元)	Limited Liability Corporations(10 000 yuan)	32701	103224	215.7
股份有限公司(万元)	Share Holding Enterprises(10 000 yuan)	24140		
私营企业(万元)	Private Enterprises(10 000 yuan)			
外商及港澳台投资企业(万元)	Funds from HK, Macao, Taiwan & Foreign(10 000 yuan)			
按城乡渠道分	Grouped by Urban and Rural Area			
城镇(万元)	Urban(10 000 yuan)	105006	140490	33.8
农村(万元)	Rural(10 000 yuan)			
一般预算收入(万元)	General Budgetary Financial Revenue(10 000 yuan)	7910	11958	51.2
一般预算支出(万元)	General Budgetary Financial Expenditures(10 000 yuan)	66062	95642	44.8
城乡居民储蓄存款余额(万元)	Resident Saving Deposit in Urban & Rural(10 000 yuan)	118200	145532	23.1
在岗职工工资总额(万元)	Total Wages of Staff & Workers Employed in(10 000 yuan)	18665	18695	0.2
在岗职工平均工资(元)	Average Wage of Staff & Workers Employed in(yuan)	29348	29478	0.4
城镇居民人均可支配收入(元)	Annual Disposable Income of Urban Residents per Capita(yuan)	12540	13740	9.6
农牧民人均纯收入(元)	Per Capita Net Income of Peasant & Herdsman(yuan)	4110	4570	11.2
农村牧区经济	**Economic Development in Rural & Pastoral Area**			
耕地面积(公顷)	Cultivated Area(hectare)	54990	54986	0.0
农作物总播种面积(公顷)	Total Sown Area(hectare)	42283	42927	1.5
#粮食作物播种面积(公顷)	Sown Area of Grain Crops(hectare)	34508	34215	-0.8
有效灌溉面积(公顷)	Irrigated Area(hectare)	6287	4630	-26.4
农牧业机械总动力(万千瓦)	Total Power of Agricultural Machinery(10 000 kw)	9.57	9.77	2.1
化肥施用折纯量(吨)	Consumption of Chemical Fertilizer(ton)	2665	2775	4.1
农村用电量(万千瓦小时)	Electricity Consumed in Rural Area(10 000 kwh)	820	816	-0.5
农林牧渔业总产值(万元)	Gross Output of Farming, Forestry, Animal Husbandry & Fishery(10 000 yuan)	102050	114980	10.7
粮食产量(吨)	Yield of Grain(ton)	38876	51346	32.1
油料产量(吨)	Yield of Oil-bearing Grops(ton)	765	1449	89.4
甜菜产量(吨)	Yield of Beetroots(ton)	3250	22778	600.9
猪牛羊肉产量(吨)	Output of Pork, Beef & Mutton(ton)	14808	15664	5.8
#猪肉产量(吨)	Output of Pork(ton)	3649	3786	3.8
牛肉产量(吨)	Output of Beef(ton)	3170	3406	7.4
羊肉产量(吨)	Output of Mutton(ton)	7989	8472	6.0
羊毛产量(吨)	Output of Wool(ton)	780	782	0.3

23 – 79 Zhuozi County in Wulanchabu City

指　　标	Item	2009	2010	2010 年比上年增长% Increase Rate in 2010 Over 2009(%)
年末牲畜存栏头数(万头只)	Total Livestock at the Year – end(10 000 heads)	41.29	41.80	1.2
# 大牲畜(万头只)	Large Animals(10 000 heads)	5.06	4.80	-5.1
羊(万只)	Sheep & Goats(10 000 heads)	32.43	33.10	2.1
猪(万头)	Hogs(10 000 heads)	3.81	3.90	2.4
规模以上工业	**Industrial Enterprises above Designated size**			
工业企业单位数(个)	Number of Industrial Enterprises(unit)	34	34	0.0
# 内资企业(个)	Civil Funded Enterprises(unit)	33	33	0.0
工业总产值(万元)	Gross Industrial Output Value(10 000 yuan)	367320	396447	5.9
内资企业(万元)	Civil Funded Enterprises(10 000 yuan)	367135	396447	6.0
国有企业(万元)	State – owned Enterprises(10 000 yuan)	14918	20387	35.7
集体企业(万元)	Collective – owned Enterprises(10 000 yuan)			
股份合作企业(万元)	Share Holding Enterprises(10 000 yuan)	19502	25032	26.4
联营企业(万元)	Joint Owned Enterprises(10 000 yuan)			
有限责任公司(万元)	Limited Company(10 000 yuan)	78012	111526	41.0
股份有限公司(万元)	Share Holding Limited Company(10 000 yuan)	2067	10434	402.1
私营企业(万元)	Privately Owned Enterprises(10 000 yuan)	252636	229069	-7.3
其他企业(万元)	Enterprises of Other Ownership(10 000 yuan)			
港澳台商投资企业(万元)	Funds from HK,Macao & Taiwan(10 000 yuan)			
外商投资企业(万元)	Foreign Funded Enterprises(10 000 yuan)	185		
工业企业增加值(万元)	Value Added of Industrial Enterprises(10 000 yuan)	133403	137432	2.7
工业企业资产总计(万元)	Total Assets of Industrial Enterprises(10 000 yuan)	493100	579474	17.5
工业企业负债合计(万元)	Total Liabilities of Industrial Enterprises(10 000 yuan)	256505	328517	28.1
工业企业产品销售收入(万元)	Sales of Revenue Industrial Enterprises(10 000 yuan)	373677	407035	8.9
工业企业利润总额(万元)	Total Profits of Industrial Enterprises(10 000 yuan)	-12716	23562	
建筑业	**Construction**			
建筑企业单位数(个)	Number of Construction Enterprises(unit)	2	2	0.0
建筑企业从业人员(人)	Number of Employee in Construction Enterprises(person)	588	408	-30.6
建筑业总产值(万元)	Gross Construction Output Value(10 000 yuan)	5346	6089	11.9
交通运输邮电通信业	**Transportation,Post & Telecommunications**			
公路里程(公里)	Total Length of Highways(km)	836	878	5.0
邮电业务总量(万元)	Business Volume of Post & Telecoms(10 000 yuan)	2014	2546	26.4
本地电话用户(户)	Number of Subscribers of Local Telephone(Household)	13385	12108	-9.5
国内贸易	**Domestic Trade**			
社会消费品零售总额(万元)	Total Retail Sales of Consumer Goods(10 000 yuan)	85082	94936	11.6
# 贸易业(万元)	Wholesale & Retail Sales Trades(10 000 yuan)	62442	77613	24.3
餐饮业(万元)	Catering Trade(10 000 yuan)	21331	14924	-30.0
科技教育卫生	**Science,Education & Public Health**			
各类专业技术人员(人)	Special Technical Personnel(person)	597	628	5.2
幼儿园数(所)	Number of Kindergartens(unit)	16	14	-12.5
学龄儿童入学率(%)	Percentage of School – Age Children Enrolled(%)	100.0	100.0	0.0
小学学校数(所)	Number of Primary Schools(unit)	16	17	6.3
小学专任教师数(人)	Number of Full – time Teachers of Primary Schools(person)	668	628	-6.0
小学在校学生数(人)	Number of Student Enrollment of Primary Schools(person)	8072	7294	-9.6
普通中学学校数(所)	Number of Regular Secondary Schools(unit)	8	7	-12.5
普通中学专任教师数(人)	Number of Teachers of Secondary Shools(person)	537	500	-6.9
初中在校学生数(人)	Number of Student in Junior Secondary Schools(person)	6453	6019	-6.7
高中在校学生数(人)	Number of Student in Senior Secondary Schools(person)	3667	1887	-48.5
卫生机构数(所)	Number of Health Institutions(unit)	22	22	0.0
# 医院(所)	Hospitals(unit)	1	1	0.0
卫生院(所)	Township Hospitals(unit)	17	17	0.0
床位数(张)	Number of Beds(unit)	255	241	-5.5
# 医院(张)	Hospitals(unit)	116	116	0.0
卫生院(张)	Township Hospitals(unit)	128	114	-10.9
卫生技术人员(人)	Medical Technical Presonnel(person)	284	330	16.2
# 医院(人)	Hospitals(person)	82	80	-2.4
卫生院(人)	Township Hospitals(person)	120	121	0.8

23－80 乌兰察布市化德县

指　　标	Item	2009	2010	2010 年比上年增长% Increase Rate in 2010 Over 2009(%)
行政区域土地面积(平方公里)	**Area of Administration(Sq. km)**	**2527**	**2527**	**0.0**
人口和就业	**Population & Employment**			
年末总人口(人)	Total Population Year－end(person)	178798	176266	－1.4
＃男性(人)	Male(person)	91264	89425	－2.0
＃乡村人口(人)	Rural(person)	150723	149254	－1.0
年末总户数(户)	Total Number of Households at the Year－end(Household)	70063	71821	2.5
＃乡村户数(户)	Number of Rural Household(Household)	37028	36925	－0.3
出生人口(人)	Births(person)	1665	1581	－5.0
死亡人口(人)	Deaths(person)	287	2455	755.4
全社会就业人员(人)	Employment(person)	78895	79740	1.1
第一产业(人)	Primary Industry(person)	48425	47826	－1.2
第二产业(人)	Secondary Industry(person)	5638	6936	23.0
第三产业(人)	Tertiary Industry(person)	24832	24978	0.6
在岗职工人数(人)	Number of Staff & Workers Employed in(person)	6255	6242	－0.2
乡村劳动力(人)	Number of Rural Laborers(person)	51795	42988	－17.0
＃农林牧渔业(人)	Farming, Forestry, Animal Husbandry & Fishery(person)	46623	39492	－15.3
国民经济综合指标	**Summary Item on the National Economy**			
生产总值(万元)	Gross Domestic Product(10 000 yuan)	226502	283994	12.0
第一产业(万元)	Primary Industry(10 000 yuan)	44260	50247	6.5
第二产业(万元)	Secondary Industry(10 000 yuan)	119012	161389	14.8
＃工业(万元)	Industry(10 000 yuan)	111366	151100	15.0
第三产业(万元)	Tertiary Industry(10 000 yuan)	63230	72357	10.4
人均生产总值(元)	Per Capita GDP(yuan)	12708	15997	21.8
全社会固定资产投资(万元)	Total Investment in Fixed Assets(10 000 yuan)	112166	160132	42.8
按登记注册类型分	Grouped by Registered Type			
＃国有(万元)	State－owned Enterprises(10 000 yuan)	82196	124554	51.5
集体(万元)	Collective－owned Enterprises(10 000 yuan)			
有限责任公司(万元)	Limited Liability Corporations(10 000 yuan)	12310	3000	－75.6
股份有限公司(万元)	Share Holding Enterprises(10 000 yuan)			
私营企业(万元)	Private Enterprises(10 000 yuan)	1710	2318	35.6
外商及港澳台投资企业(万元)	Funds from HK, Macao, Taiwan & Foreign(10 000 yuan)	15950	30260	89.7
按城乡渠道分	Grouped by Urban and Rural Area			
城镇(万元)	Urban(10 000 yuan)	112166	160132	42.8
农村(万元)	Rural(10 000 yuan)			
一般预算收入(万元)	General Budgetary Financial Revenue(10 000 yuan)	3445	4093	18.8
一般预算支出(万元)	General Budgetary Financial Expenditures(10 000 yuan)	71285	90795	27.4
城乡居民储蓄存款余额(万元)	Resident Saving Deposit in Urban & Rural(10 000 yuan)	92400	104201	12.8
在岗职工工资总额(万元)	Total Wages of Staff & Workers Employed in(10 000 yuan)	17518	18954	8.2
在岗职工平均工资(元)	Average Wage of Staff & Workers Employed in(yuan)	27732	30162	8.8
城镇居民人均可支配收入(元)	Annual Disposable Income of Urban Residents per Capita(yuan)	12675	13952	10.1
农牧民人均纯收入(元)	Per Capita Net Income of Peasant & Herdsman(yuan)	2558	2949	15.3
农村牧区经济	**Economic Development in Rural & Pastoral Area**			
耕地面积(公顷)	Cultivated Area(hectare)	72030	72030	0.0
农作物总播种面积(公顷)	Total Sown Area(hectare)	41643	44419	6.7
＃粮食作物播种面积(公顷)	Sown Area of Grain Crops(hectare)	35246	35361	0.3
有效灌溉面积(公顷)	Irrigated Area(hectare)	2583	3088	19.6
农牧业机械总动力(万千瓦)	Total Power of Agricultural Machinery(10 000 kw)	11.49	12.05	4.9
化肥施用折纯量(吨)	Consumption of Chemical Fertilizer(ton)	3905	4277	9.5
农村用电量(万千瓦小时)	Electricity Consumed in Rural Area(10 000 kwh)	850	732	－13.9
农林牧渔业总产值(万元)	Gross Output of Farming, Forestry, Animal Husbandry & Fishery(10 000 yuan)	80751	81721	0.8
粮食产量(吨)	Yield of Grain(ton)	32985	45380	37.6
油料产量(吨)	Yield of Oil－bearing Grops(ton)	205	545	165.9
甜菜产量(吨)	Yield of Beetroots(ton)	18305	89525	389.1
猪牛羊肉产量(吨)	Output of Pork, Beef & Mutton(ton)	15216	16303	7.1
＃猪肉产量(吨)	Output of Pork(ton)	2935	3054	4.1
牛肉产量(吨)	Output of Beef(ton)	1493	1733	16.1
羊肉产量(吨)	Output of Mutton(ton)	10788	11516	6.7
羊毛产量(吨)	Output of Wool(ton)	880	938	6.6

23 - 80 Huade County in Wulanchabu City

指　　标	Item	2009	2010	2010年比上年增长% Increase Rate in 2010 Over 2009(%)
年末牲畜存栏头数(万头只)	Total Livestock at the Year - end(10 000 heads)	35.16	36.70	4.4
# 大牲畜(万头只)	Large Animals(10 000 heads)	3.66	3.90	6.6
羊(万只)	Sheep & Goats(10 000 heads)	27.45	28.50	3.8
猪(万头)	Hogs(10 000 heads)	4.05	4.30	6.2
规模以上工业	**Industrial Enterprises above Designated size**			
工业企业单位数(个)	Number of Industrial Enterprises(unit)	32	34	6.3
# 内资企业(个)	Civil Funded Enterprises(unit)	31	31	0.0
工业总产值(万元)	Gross Industrial Output Value(10 000 yuan)	326165	378229	14.0
内资企业(万元)	Civil Funded Enterprises(10 000 yuan)	321567	346091	5.6
国有企业(万元)	State - owned Enterprises(10 000 yuan)	4704	11320	138.2
集体企业(万元)	Collective - owned Enterprises(10 000 yuan)			
股份合作企业(万元)	Share Holding Enterprises(10 000 yuan)			
联营企业(万元)	Joint Owned Enterprises(10 000 yuan)			
有限责任公司(万元)	Limited Company(10 000 yuan)			
股份有限公司(万元)	Share Holding Limited Company(10 000 yuan)		8559	
私营企业(万元)	Privately Owned Enterprises(10 000 yuan)	316863	326212	2.0
其他企业(万元)	Enterprises of Other Ownership(10 000 yuan)			
港澳台商投资企业(万元)	Funds from HK,Macao & Taiwan(10 000 yuan)	4598	32138	587.3
外商投资企业(万元)	Foreign Funded Enterprises(10 000 yuan)			
工业企业增加值(万元)	Value Added of Industrial Enterprises(10 000 yuan)	110481	131209	10.9
工业企业资产总计(万元)	Total Assets of Industrial Enterprises(10 000 yuan)	312915	441175	41.0
工业企业负债合计(万元)	Total Liabilities of Industrial Enterprises(10 000 yuan)	126591	233941	84.8
工业企业产品销售收入(万元)	Sales of Revenue Industrial Enterprises(10 000 yuan)	32611	37040	13.6
工业企业利润总额(万元)	Total Profits of Industrial Enterprises(10 000 yuan)	5169	6987	35.2
建筑业	**Construction**			
建筑企业单位数(个)	Number of Construction Enterprises(unit)	2	2	0.0
建筑企业从业人员(人)	Number of Employee in Construction Enterprises(person)	356	356	0.0
建筑业总产值(万元)	Gross Construction Output Value(10 000 yuan)	6840	8080	16.1
交通运输邮电通信业	**Transportation,Post & Telecommunications**			
公路里程(公里)	Total Length of Highways(km)	786	1072	36.4
邮电业务总量(万元)	Business Volume of Post & Telecoms(10 000 yuan)	2836	2964	4.5
本地电话用户(户)	Number of Subscribers of Local Telephone(Household)	16389	16524	0.8
国内贸易	**Domestic Trade**			
社会消费品零售总额(万元)	Total Retail Sales of Consumer Goods(10 000 yuan)	66494	80206	20.6
# 贸易业(万元)	Wholesale & Retail Sales Trades(10 000 yuan)	56745	74989	32.2
餐饮业(万元)	Catering Trade(10 000 yuan)	7319	4650	-36.5
科技教育卫生	**Science,Education & Public Health**			
各类专业技术人员(人)	Special Technical Personnel(person)	567	601	6.0
幼儿园数(所)	Number of Kindergartens(unit)	12	10	-16.7
学龄儿童入学率(%)	Percentage of School - Age Children Enrolled(%)	100.0	100.0	0.0
小学学校数(所)	Number of Primary Schools(unit)	12	12	0.0
小学专任教师数(人)	Number of Full - time Teachers of Primary Schools(person)	559	565	1.1
小学在校学生数(人)	Number of Student Enrollment of Primary Schools(person)	6686	6459	-3.4
普通中学学校数(所)	Number of Regular Secondary Schools(unit)	3	3	0.0
普通中学专任教师数(人)	Number of Teachers of Secondary Shools(person)	363	368	1.4
初中在校学生数(人)	Number of Student in Junior Secondary Schools(person)	4463	3993	-10.5
高中在校学生数(人)	Number of Student in Senior Secondary Schools(person)	3226	2604	-19.3
卫生机构数(所)	Number of Health Institutions(unit)	26	34	30.8
# 医院(所)	Hospitals(unit)	2	2	0.0
卫生院(所)	Township Hospitals(unit)	11	11	0.0
床位数(张)	Number of Beds(unit)	307	319	3.9
# 医院(张)	Hospitals(unit)	140	152	8.6
卫生院(张)	Township Hospitals(unit)	93	93	0.0
卫生技术人员(人)	Medical Technical Presonnel(person)	341	429	25.8
# 医院(人)	Hospitals(person)	137	171	24.8
卫生院(人)	Township Hospitals(person)	78	89	14.1

23－81 乌兰察布市商都县

指　　标	Item	2009	2010	2010年比上年增长% Increase Rate in 2010 Over 2009(%)
行政区域土地面积(平方公里)	**Area of Administration(Sq. km)**	**4304**	**4304**	**0.0**
人口和就业	**Population & Employment**			
年末总人口(人)	Total Population Year－end(person)	350052	346033	－1.1
#男性(人)	Male(person)	180181	177680	－1.4
#乡村人口(人)	Rural(person)	290187	289145	－0.4
年末总户数(户)	Total Number of Households at the Year－end(Household)	135318	138106	2.1
#乡村户数(户)	Number of Rural Household(Household)	47450	59383	25.1
出生人口(人)	Births(person)	3331	3385	1.6
死亡人口(人)	Deaths(person)	1204	5480	355.1
全社会就业人员(人)	Employment(person)	177396	179090	1.0
第一产业(人)	Primary Industry(person)	99873	101204	1.3
第二产业(人)	Secondary Industry(person)	16652	16758	0.6
第三产业(人)	Tertiary Industry(person)	60871	61128	0.4
在岗职工人数(人)	Number of Staff & Workers Employed in(person)	8685	8481	－2.3
乡村劳动力(人)	Number of Rural Laborers(person)	98119	94847	－3.3
#农林牧渔业(人)	Farming, Forestry, Animal Husbandry & Fishery(person)	63082	84557	34.0
国民经济综合指标	**Summary Item on the National Economy**			
生产总值(万元)	Gross Domestic Product(10 000 yuan)	305049	367511	10.5
第一产业(万元)	Primary Industry(10 000 yuan)	83650	92310	6.5
第二产业(万元)	Secondary Industry(10 000 yuan)	125436	159787	13.8
#工业(万元)	Industry(10 000 yuan)	113950	146337	14.2
第三产业(万元)	Tertiary Industry(10 000 yuan)	95963	115414	9.6
人均生产总值(元)	Per Capita GDP(yuan)	8726	10559	16.5
全社会固定资产投资(万元)	Total Investment in Fixed Assets(10 000 yuan)	127445	151106	18.6
按登记注册类型分	Grouped by Registered Type			
#国有(万元)	State－owned Enterprises(10 000 yuan)	60015	94076	56.8
集体(万元)	Collective－owned Enterprises(10 000 yuan)			
有限责任公司(万元)	Limited Liability Corporations(10 000 yuan)	20390	46580	128.4
股份有限公司(万元)	Share Holding Enterprises(10 000 yuan)	35900		
私营企业(万元)	Private Enterprises(10 000 yuan)	2860	10450	265.4
外商及港澳台投资企业(万元)	Funds from HK, Macao, Taiwan & Foreign(10 000 yuan)			
按城乡渠道分	Grouped by Urban and Rural Area			
城镇(万元)	Urban(10 000 yuan)	101251	144543	42.8
农村(万元)	Rural(10 000 yuan)	26194	6563	－74.9
一般预算收入(万元)	General Budgetary Financial Revenue(10 000 yuan)	3142	4487	42.8
一般预算支出(万元)	General Budgetary Financial Expenditures(10 000 yuan)	95449	108367	13.5
城乡居民储蓄存款余额(万元)	Resident Saving Deposit in Urban & Rural(10 000 yuan)	121100	153421	26.7
在岗职工工资总额(万元)	Total Wages of Staff & Workers Employed in(10 000 yuan)	22632	24997	10.4
在岗职工平均工资(元)	Average Wage of Staff & Workers Employed in(yuan)	26062	29475	13.1
城镇居民人均可支配收入(元)	Annual Disposable Income of Urban Residents per Capita(yuan)	11740	12940	10.2
农牧民人均纯收入(元)	Per Capita Net Income of Peasant & Herdsman(yuan)	2383	3300	38.5
农村牧区经济	**Economic Development in Rural & Pastoral Area**			
耕地面积(公顷)	Cultivated Area(hectare)	157650	157652	0.0
农作物总播种面积(公顷)	Total Sown Area(hectare)	78096	72320	－7.4
#粮食作物播种面积(公顷)	Sown Area of Grain Crops(hectare)	59427	53705	－9.6
有效灌溉面积(公顷)	Irrigated Area(hectare)	14386	17009	18.2
农牧业机械总动力(万千瓦)	Total Power of Agricultural Machinery(10 000 kw)	19.96	22.46	12.5
化肥施用折纯量(吨)	Consumption of Chemical Fertilizer(ton)	9252	9391	1.5
农村用电量(万千瓦小时)	Electricity Consumed in Rural Area(10 000 kwh)	2954	2958	0.1
农林牧渔业总产值(万元)	Gross Output of Farming, Forestry, Animal Husbandry & Fishery(10 000 yuan)	150951	167160	8.7
粮食产量(吨)	Yield of Grain(ton)	38454	81160	111.1
油料产量(吨)	Yield of Oil－bearing Grops(ton)	811	4098	405.3
甜菜产量(吨)	Yield of Beetroots(ton)	83684	111151	32.8
猪牛羊肉产量(吨)	Output of Pork, Beef & Mutton(ton)	22548	24516	8.7
#猪肉产量(吨)	Output of Pork(ton)	4114	4292	4.3
牛肉产量(吨)	Output of Beef(ton)	2712	3593	32.5
羊肉产量(吨)	Output of Mutton(ton)	15722	16631	5.8
羊毛产量(吨)	Output of Wool(ton)	1278	1453	13.7

23 - 81 Shangdu County in Wulanchabu City

指　　标	Item	2009	2010	2010年比上年增长% Increase Rate in 2010 Over 2009(%)
年末牲畜存栏头数(万头只)	Total Livestock at the Year - end(10 000 heads)	44.06	44.90	1.9
# 大牲畜(万头只)	Large Animals(10 000 heads)	3.50	3.40	-2.9
羊(万只)	Sheep & Goats(10 000 heads)	37.01	37.90	2.4
猪(万头)	Hogs(10 000 heads)	3.54	3.70	4.5
规模以上工业	**Industrial Enterprises above Designated size**			
工业企业单位数(个)	Number of Industrial Enterprises(unit)	29	29	0.0
# 内资企业(个)	Civil Funded Enterprises(unit)	29	29	0.0
工业总产值(万元)	Gross Industrial Output Value(10 000 yuan)	271486	385382	38.9
内资企业(万元)	Civil Funded Enterprises(10 000 yuan)	271486	385382	38.9
国有企业(万元)	State - owned Enterprises(10 000 yuan)	6949	12463	76.3
集体企业(万元)	Collective - owned Enterprises(10 000 yuan)			
股份合作企业(万元)	Share Holding Enterprises(10 000 yuan)			
联营企业(万元)	Joint Owned Enterprises(10 000 yuan)			
有限责任公司(万元)	Limited Company(10 000 yuan)	10441	22349	112.5
股份有限公司(万元)	Share Holding Limited Company(10 000 yuan)			
私营企业(万元)	Privately Owned Enterprises(10 000 yuan)	254096	350570	36.1
其他企业(万元)	Enterprises of Other Ownership(10 000 yuan)			
港澳台商投资企业(万元)	Funds from HK, Macao & Taiwan(10 000 yuan)			
外商投资企业(万元)	Foreign Funded Enterprises(10 000 yuan)			
工业企业增加值(万元)	Value Added of Industrial Enterprises(10 000 yuan)	93288	127433	18.5
工业企业资产总计(万元)	Total Assets of Industrial Enterprises(10 000 yuan)	122040	137799	12.9
工业企业负债合计(万元)	Total Liabilities of Industrial Enterprises(10 000 yuan)	40904	42587	4.1
工业企业产品销售收入(万元)	Sales of Revenue Industrial Enterprises(10 000 yuan)	264928	377045	42.3
工业企业利润总额(万元)	Total Profits of Industrial Enterprises(10 000 yuan)	4657	8667	86.1
建筑业	**Construction**			
建筑企业单位数(个)	Number of Construction Enterprises(unit)	1	1	0.0
建筑企业从业人员(人)	Number of Employee in Construction Enterprises(person)	120	120	0.0
建筑业总产值(万元)	Gross Construction Output Value(10 000 yuan)	6200	6310	1.6
交通运输邮电通信业	**Transportation, Post & Telecommunications**			
公路里程(公里)	Total Length of Highways(km)	1225	1392	13.6
邮电业务总量(万元)	Business Volume of Post & Telecoms(10 000 yuan)	2143	2680	25.1
本地电话用户(户)	Number of Subscribers of Local Telephone(Household)	32487	31458	-3.2
国内贸易	**Domestic Trade**			
社会消费品零售总额(万元)	Total Retail Sales of Consumer Goods(10 000 yuan)	155195	176646	13.8
# 贸易业(万元)	Wholesale & Retail Sales Trades(10 000 yuan)	134639	160212	19.0
餐饮业(万元)	Catering Trade(10 000 yuan)	19026	15289	-19.6
科技教育卫生	**Science, Education & Public Health**			
各类专业技术人员(人)	Special Technical Personnel(person)	884	904	2.3
幼儿园数(所)	Number of Kindergartens(unit)	4	4	0.0
学龄儿童入学率(%)	Percentage of School - Age Children Enrolled(%)	100.0	100.0	0.0
小学学校数(所)	Number of Primary Schools(unit)	27	26	-3.7
小学专任教师数(人)	Number of Full - time Teachers of Primary Schools(person)	955	908	-4.9
小学在校学生数(人)	Number of Student Enrollment of Primary Schools(person)	12769	11854	-7.2
普通中学学校数(所)	Number of Regular Secondary Schools(unit)	12	12	0.0
普通中学专任教师数(人)	Number of Teachers of Secondary Shools(person)	662	532	-19.6
初中在校学生数(人)	Number of Student in Junior Secondary Schools(person)	8988	8109	-9.8
高中在校学生数(人)	Number of Student in Senior Secondary Schools(person)	4369	3973	-9.1
卫生机构数(所)	Number of Health Institutions(unit)	23	25	8.7
# 医院(所)	Hospitals(unit)	2	2	0.0
卫生院(所)	Township Hospitals(unit)	19	19	0.0
床位数(张)	Number of Beds(unit)	376	389	3.5
# 医院(张)	Hospitals(unit)	220	261	18.6
卫生院(张)	Township Hospitals(unit)	106	114	7.5
卫生技术人员(人)	Medical Technical Presonnel(person)	474	490	3.4
# 医院(人)	Hospitals(person)	248	236	-4.8
卫生院(人)	Township Hospitals(person)	134	138	3.0

23－82 乌兰察布市兴和县

指　　标	Item	2009	2010	2010 年比上年增长% Increase Rate in 2010 Over 2009(%)
行政区域土地面积(平方公里)	**Area of Administration(Sq. km)**	**3518**	**3518**	**0.0**
人口和就业	**Population & Employment**			
年末总人口(人)	Total Population Year－end(person)	327295	329776	0.8
#男性(人)	Male(person)	169399	170301	0.5
#乡村人口(人)	Rural(person)	189600	189600	0.0
年末总户数(户)	Total Number of Households at the Year－end(Household)	116465	120769	3.7
#乡村户数(户)	Number of Rural Household(Household)	48912	48912	0.0
出生人口(人)	Births(person)	6242	4671	－25.2
死亡人口(人)	Deaths(person)	1609	1449	－9.9
全社会就业人员(人)	Employment(person)	188766	190281	0.8
第一产业(人)	Primary Industry(person)	92634	92986	0.4
第二产业(人)	Secondary Industry(person)	23147	24137	4.3
第三产业(人)	Tertiary Industry(person)	72985	73158	0.2
在岗职工人数(人)	Number of Staff & Workers Employed in(person)	9653	9679	0.3
乡村劳动力(人)	Number of Rural Laborers(person)	106572	106572	0.0
#农林牧渔业(人)	Farming, Forestry, Animal Husbandry & Fishery(person)	70249	66020	－6.0
国民经济综合指标	**Summary Item on the National Economy**			
生产总值(万元)	Gross Domestic Product(10 000 yuan)	334106	397330	11.2
第一产业(万元)	Primary Industry(10 000 yuan)	76598	87481	7.9
第二产业(万元)	Secondary Industry(10 000 yuan)	138535	172600	13.8
#工业(万元)	Industry(10 000 yuan)	123625	155126	14.3
第三产业(万元)	Tertiary Industry(10 000 yuan)	118973	137250	10.4
人均生产总值(元)	Per Capita GDP(yuan)	10299	12093	15.4
全社会固定资产投资(万元)	Total Investment in Fixed Assets(10 000 yuan)	211474	240053	13.5
按登记注册类型分	Grouped by Registered Type			
#国有(万元)	State－owned Enterprises(10 000 yuan)	60279	159653	164.9
集体(万元)	Collective－owned Enterprises(10 000 yuan)		600	
有限责任公司(万元)	Limited Liability Corporations(10 000 yuan)	35678		
股份有限公司(万元)	Share Holding Enterprises(10 000 yuan)		3000	
私营企业(万元)	Private Enterprises(10 000 yuan)	115508	76800	－33.5
外商及港澳台投资企业(万元)	Funds from HK, Macao, Taiwan & Foreign(10 000 yuan)			
按城乡渠道分	Grouped by Urban and Rural Area			
城镇(万元)	Urban(10 000 yuan)	211474	240053	13.5
农村(万元)	Rural(10 000 yuan)			
一般预算收入(万元)	General Budgetary Financial Revenue(10 000 yuan)	4849	5246	8.2
一般预算支出(万元)	General Budgetary Financial Expenditures(10 000 yuan)	71975	102766	42.8
城乡居民储蓄存款余额(万元)	Resident Saving Deposit in Urban & Rural(10 000 yuan)	138100	151027	9.4
在岗职工工资总额(万元)	Total Wages of Staff & Workers Employed in(10 000 yuan)	20411	22320	9.4
在岗职工平均工资(元)	Average Wage of Staff & Workers Employed in(yuan)	21146	23060	9.1
城镇居民人均可支配收入(元)	Annual Disposable Income of Urban Residents per Capita(yuan)	11785	12980	10.1
农牧民人均纯收入(元)	Per Capita Net Income of Peasant & Herdsman(yuan)	2951	3262	10.5
农村牧区经济	**Economic Development in Rural & Pastoral Area**			
耕地面积(公顷)	Cultivated Area(hectare)	121750	121752	0.0
农作物总播种面积(公顷)	Total Sown Area(hectare)	57845	71000	22.7
#粮食作物播种面积(公顷)	Sown Area of Grain Crops(hectare)	42819	53867	25.8
有效灌溉面积(公顷)	Irrigated Area(hectare)	24736	5459	－77.9
农牧业机械总动力(万千瓦)	Total Power of Agricultural Machinery(10 000 kw)	15.39	16.03	4.2
化肥施用折纯量(吨)	Consumption of Chemical Fertilizer(ton)	4110	9345	127.4
农村用电量(万千瓦小时)	Electricity Consumed in Rural Area(10 000 kwh)	2725	2780	2.0
农林牧渔业总产值(万元)	Gross Output of Farming, Forestry, Animal Husbandry & Fishery(10 000 yuan)	141265	150844	5.8
粮食产量(吨)	Yield of Grain(ton)	46500	94200	102.6
油料产量(吨)	Yield of Oil－bearing Grops(ton)	9	2985	33066.7
甜菜产量(吨)	Yield of Beetroots(ton)	6500	40000	515.4
猪牛羊肉产量(吨)	Output of Pork, Beef & Mutton(ton)	29421	31120	5.8
#猪肉产量(吨)	Output of Pork(ton)	5263	5383	2.3
牛肉产量(吨)	Output of Beef(ton)	4200	4522	7.7
羊肉产量(吨)	Output of Mutton(ton)	19958	21215	6.3
羊毛产量(吨)	Output of Wool(ton)	984	941	－4.4

23 – 82 Xinghe County in Wulanchabu City

指　　标	Item	2009	2010	2010 年比上年增长% Increase Rate in 2010 Over 2009(%)
年末牲畜存栏头数(万头只)	Total Livestock at the Year – end(10 000 heads)	50.43	58.50	16.0
# 大牲畜(万头只)	Large Animals(10 000 heads)	5.57	5.80	4.1
羊(万只)	Sheep & Goats(10 000 heads)	38.83	46.40	19.5
猪(万头)	Hogs(10 000 heads)	6.03	6.20	2.8
规模以上工业	**Industrial Enterprises above Designated size**			
工业企业单位数(个)	Number of Industrial Enterprises(unit)	20	21	5.0
# 内资企业(个)	Civil Funded Enterprises(unit)	20	21	5.0
工业总产值(万元)	Gross Industrial Output Value(10 000 yuan)	312668	393666	23.9
内资企业(万元)	Civil Funded Enterprises(10 000 yuan)	312668	393666	23.9
国有企业(万元)	State – owned Enterprises(10 000 yuan)	5730	41427	621.0
集体企业(万元)	Collective – owned Enterprises(10 000 yuan)			
股份合作企业(万元)	Share Holding Enterprises(10 000 yuan)	9471		
联营企业(万元)	Joint Owned Enterprises(10 000 yuan)	24694		
有限责任公司(万元)	Limited Company(10 000 yuan)	107510	90854	–13.5
股份有限公司(万元)	Share Holding Limited Company(10 000 yuan)	2684	6105	125.5
私营企业(万元)	Privately Owned Enterprises(10 000 yuan)	162579	255280	55.0
其他企业(万元)	Enterprises of Other Ownership(10 000 yuan)			
港澳台商投资企业(万元)	Funds from HK, Macao & Taiwan(10 000 yuan)			
外商投资企业(万元)	Foreign Funded Enterprises(10 000 yuan)			
工业企业增加值(万元)	Value Added of Industrial Enterprises(10 000 yuan)	133186	134761	18.0
工业企业资产总计(万元)	Total Assets of Industrial Enterprises(10 000 yuan)	248979	226649	–9.0
工业企业负债合计(万元)	Total Liabilities of Industrial Enterprises(10 000 yuan)	83876	122849	46.5
工业企业产品销售收入(万元)	Sales of Revenue Industrial Enterprises(10 000 yuan)	299970	371238	23.8
工业企业利润总额(万元)	Total Profits of Industrial Enterprises(10 000 yuan)	4598	28210	513.5
建筑业	**Construction**			
建筑企业单位数(个)	Number of Construction Enterprises(unit)	1	1	0.0
建筑企业从业人员(人)	Number of Employee in Construction Enterprises(person)	252	252	0.0
建筑业总产值(万元)	Gross Construction Output Value(10 000 yuan)	6199	6546	4.6
交通运输邮电通信业	**Transportation, Post & Telecommunications**			
公路里程(公里)	Total Length of Highways(km)	1328	1266	–4.7
邮电业务总量(万元)	Business Volume of Post & Telecoms(10 000 yuan)	1510	1263	–16.4
本地电话用户(户)	Number of Subscribers of Local Telephone(Household)	15734	15632	–0.6
国内贸易	**Domestic Trade**			
社会消费品零售总额(万元)	Total Retail Sales of Consumer Goods(10 000 yuan)	121884	159501	30.9
# 贸易业(万元)	Wholesale & Retail Sales Trades(10 000 yuan)	113749	153891	35.3
餐饮业(万元)	Catering Trade(10 000 yuan)	6648	5459	–17.9
科技教育卫生	**Science, Education & Public Health**			
各类专业技术人员(人)	Special Technical Personnel(person)	843	897	6.4
幼儿园数(所)	Number of Kindergartens(unit)	1	1	0.0
学龄儿童入学率(%)	Percentage of School – Age Children Enrolled(%)	100.0	100.0	0.0
小学学校数(所)	Number of Primary Schools(unit)	24	26	8.3
小学专任教师数(人)	Number of Full – time Teachers of Primary Schools(person)	998	954	–4.4
小学在校学生数(人)	Number of Student Enrollment of Primary Schools(person)	13310	12618	–5.2
普通中学学校数(所)	Number of Regular Secondary Schools(unit)	7	7	0.0
普通中学专任教师数(人)	Number of Teachers of Secondary Shools(person)	570	551	–3.3
初中在校学生数(人)	Number of Student in Junior Secondary Schools(person)	4010	4675	16.6
高中在校学生数(人)	Number of Student in Senior Secondary Schools(person)	1834	1455	–20.7
卫生机构数(所)	Number of Health Institutions(unit)	25	25	0.0
# 医院(所)	Hospitals(unit)	2	2	0.0
卫生院(所)	Township Hospitals(unit)	14	14	0.0
床位数(张)	Number of Beds(unit)	326	338	3.7
# 医院(张)	Hospitals(unit)	210	210	0.0
卫生院(张)	Township Hospitals(unit)	106	106	0.0
卫生技术人员(人)	Medical Technical Presonnel(person)	360	435	20.8
# 医院(人)	Hospitals(person)	180	180	0.0
卫生院(人)	Township Hospitals(person)	117	121	3.4

23－83 乌兰察布市凉城县

指　　标	Item	2009	2010	2010 年比上年增长% Increase Rate in 2010 Over 2009(%)
行政区域土地面积(平方公里)	**Area of Administration(Sq. km)**	**3451**	**3451**	**0.0**
人口和就业	**Population & Employment**			
年末总人口(人)	Total Population Year－end(person)	250898	247194	－1.5
#男性(人)	Male(person)	133223	130478	－2.1
#乡村人口(人)	Rural(person)	195998	198567	1.3
年末总户数(户)	Total Number of Households at the Year－end(Household)	94766	97684	3.1
#乡村户数(户)	Number of Rural Household(Household)	49621	49781	0.3
出生人口(人)	Births(person)	3114	3030	－2.7
死亡人口(人)	Deaths(person)	1012	5844	477.5
全社会就业人员(人)	Employment(person)	189552	191036	0.8
第一产业(人)	Primary Industry(person)	80002	80124	0.2
第二产业(人)	Secondary Industry(person)	29135	29785	2.2
第三产业(人)	Tertiary Industry(person)	80415	81127	0.9
在岗职工人数(人)	Number of Staff & Workers Employed in(person)	8405	8636	2.7
乡村劳动力(人)	Number of Rural Laborers(person)	96935	116223	19.9
#农林牧渔业(人)	Farming, Forestry, Animal Husbandry & Fishery(person)	63770	77390	21.4
国民经济综合指标	**Summary Item on the National Economy**			
生产总值(万元)	Gross Domestic Product(10 000 yuan)	528443	578272	6.8
第一产业(万元)	Primary Industry(10 000 yuan)	103600	123750	7.0
第二产业(万元)	Secondary Industry(10 000 yuan)	296960	311582	4.0
#工业(万元)	Industry(10 000 yuan)	255909	266853	4.2
第三产业(万元)	Tertiary Industry(10 000 yuan)	127883	142940	11.7
人均生产总值(元)	Per Capita GDP(yuan)	21849	23219	6.3
全社会固定资产投资(万元)	Total Investment in Fixed Assets(10 000 yuan)	240619	79656	－66.9
按登记注册类型分	Grouped by Registered Type			
#国有(万元)	State－owned Enterprises(10 000 yuan)	74091	62772	－15.3
集体(万元)	Collective－owned Enterprises(10 000 yuan)		1040	
有限责任公司(万元)	Limited Liability Corporations(10 000 yuan)	51144	3300	－93.5
股份有限公司(万元)	Share Holding Enterprises(10 000 yuan)	16880		
私营企业(万元)	Private Enterprises(10 000 yuan)	95904	12545	－86.9
外商及港澳台投资企业(万元)	Funds from HK, Macao, Taiwan & Foreign(10 000 yuan)			
按城乡渠道分	Grouped by Urban and Rural Area			
城镇(万元)	Urban(10 000 yuan)	198219	78379	－60.5
农村(万元)	Rural(10 000 yuan)	42400	1278	－97.0
一般预算收入(万元)	General Budgetary Financial Revenue(10 000 yuan)	12927	14644	13.3
一般预算支出(万元)	General Budgetary Financial Expenditures(10 000 yuan)	81160	99965	23.2
城乡居民储蓄存款余额(万元)	Resident Saving Deposit in Urban & Rural(10 000 yuan)	154900	178784	15.4
在岗职工工资总额(万元)	Total Wages of Staff & Workers Employed in(10 000 yuan)	29032	32567	12.2
在岗职工平均工资(元)	Average Wage of Staff & Workers Employed in(yuan)	34607	37711	9.0
城镇居民人均可支配收入(元)	Annual Disposable Income of Urban Residents per Capita(yuan)	12560	13860	10.4
农牧民人均纯收入(元)	Per Capita Net Income of Peasant & Herdsman(yuan)	5490	5655	3.0
农村牧区经济	**Economic Development in Rural & Pastoral Area**			
耕地面积(公顷)	Cultivated Area(hectare)	74100	74228	0.2
农作物总播种面积(公顷)	Total Sown Area(hectare)	60600	60600	0.0
#粮食作物播种面积(公顷)	Sown Area of Grain Crops(hectare)	51424	53130	3.3
有效灌溉面积(公顷)	Irrigated Area(hectare)	16524	18192	10.1
农牧业机械总动力(万千瓦)	Total Power of Agricultural Machinery(10 000 kw)	22.21	22.82	2.7
化肥施用折纯量(吨)	Consumption of Chemical Fertilizer(ton)	14767	22630	53.2
农村用电量(万千瓦小时)	Electricity Consumed in Rural Area(10 000 kwh)	1746	2039	16.8
农林牧渔业总产值(万元)	Gross Output of Farming, Forestry, Animal Husbandry & Fishery(10 000 yuan)	173822	208800	18.1
粮食产量(吨)	Yield of Grain(ton)	159428	163197	2.4
油料产量(吨)	Yield of Oil－bearing Grops(ton)	38735	3147	－91.9
甜菜产量(吨)	Yield of Beetroots(ton)	38735	34403	－11.2
猪牛羊肉产量(吨)	Output of Pork, Beef & Mutton(ton)	24625	24931	1.2
#猪肉产量(吨)	Output of Pork(ton)	5017	5163	2.9
牛肉产量(吨)	Output of Beef(ton)	2803	3409	21.6
羊肉产量(吨)	Output of Mutton(ton)	16805	16359	－2.7
羊毛产量(吨)	Output of Wool(ton)	810	863	6.5

23 - 83 Liangcheng County in Wulanchabu City

指　标	Item	2009	2010	2010年比上年增长% Increase Rate in 2010 Over 2009(%)
年末牲畜存栏头数(万头只)	Total Livestock at the Year - end(10 000 heads)	59.57	65.20	9.5
# 大牲畜(万头只)	Large Animals(10 000 heads)	9.37	9.80	4.6
羊(万只)	Sheep & Goats(10 000 heads)	45.30	50.70	11.9
猪(万头)	Hogs(10 000 heads)	4.90	4.70	-4.1
规模以上工业	**Industrial Enterprises above Designated size**			
工业企业单位数(个)	Number of Industrial Enterprises(unit)	27	27	0.0
# 内资企业(个)	Civil Funded Enterprises(unit)	27	26	-3.7
工业总产值(万元)	Gross Industrial Output Value(10 000 yuan)	788513	575637	-25.0
内资企业(万元)	Civil Funded Enterprises(10 000 yuan)	788513	574456	-25.1
国有企业(万元)	State - owned Enterprises(10 000 yuan)	2716	2841	2.6
集体企业(万元)	Collective - owned Enterprises(10 000 yuan)			
股份合作企业(万元)	Share Holding Enterprises(10 000 yuan)	64898	29994	-51.8
联营企业(万元)	Joint Owned Enterprises(10 000 yuan)			
有限责任公司(万元)	Limited Company(10 000 yuan)	453431	381251	-13.6
股份有限公司(万元)	Share Holding Limited Company(10 000 yuan)		69371	
私营企业(万元)	Privately Owned Enterprises(10 000 yuan)	267468	90999	-65.0
其他企业(万元)	Enterprises of Other Ownership(10 000 yuan)			
港澳台商投资企业(万元)	Funds from HK, Macao & Taiwan(10 000 yuan)			
外商投资企业(万元)	Foreign Funded Enterprises(10 000 yuan)			
工业企业增加值(万元)	Value Added of Industrial Enterprises(10 000 yuan)	303690	206693	-23.2
工业企业资产总计(万元)	Total Assets of Industrial Enterprises(10 000 yuan)	1050243	1089973	3.8
工业企业负债合计(万元)	Total Liabilities of Industrial Enterprises(10 000 yuan)	819135	683671	-16.5
工业企业产品销售收入(万元)	Sales of Revenue Industrial Enterprises(10 000 yuan)	750872	527579	-29.7
工业企业利润总额(万元)	Total Profits of Industrial Enterprises(10 000 yuan)	37234	59140	58.8
建筑业	**Construction**			
建筑企业单位数(个)	Number of Construction Enterprises(unit)	2	2	0.0
建筑企业从业人员(人)	Number of Employee in Construction Enterprises(person)	23	23	0.0
建筑业总产值(万元)	Gross Construction Output Value(10 000 yuan)	5262	5624	5.9
交通运输邮电通信业	**Transportation, Post & Telecommunications**			
公路里程(公里)	Total Length of Highways(km)	1328	1356	2.1
邮电业务总量(万元)	Business Volume of Post & Telecoms(10 000 yuan)	1341	1402	4.5
本地电话用户(户)	Number of Subscribers of Local Telephone(Household)	18104	17826	-1.5
国内贸易	**Domestic Trade**			
社会消费品零售总额(万元)	Total Retail Sales of Consumer Goods(10 000 yuan)	104027	116072	11.6
# 贸易业(万元)	Wholesale & Retail Sales Trades(10 000 yuan)	85249	100627	18.0
餐饮业(万元)	Catering Trade(10 000 yuan)	16741	12977	-22.5
科技教育卫生	**Science, Education & Public Health**			
各类专业技术人员(人)	Special Technical Personnel(person)	112	152	35.7
幼儿园数(所)	Number of Kindergartens(unit)	7	6	-14.3
学龄儿童入学率(%)	Percentage of School - Age Children Enrolled(%)	100.0	100.0	0.0
小学学校数(所)	Number of Primary Schools(unit)	23	21	-8.7
小学专任教师数(人)	Number of Full - time Teachers of Primary Schools(person)	880	873	-0.8
小学在校学生数(人)	Number of Student Enrollment of Primary Schools(person)	10527	8673	-17.6
普通中学学校数(所)	Number of Regular Secondary Schools(unit)	7	6	-14.3
普通中学专任教师数(人)	Number of Teachers of Secondary Shools(person)	542	546	0.7
初中在校学生数(人)	Number of Student in Junior Secondary Schools(person)	6417	5886	-8.3
高中在校学生数(人)	Number of Student in Senior Secondary Schools(person)	5575	3629	-34.9
卫生机构数(所)	Number of Health Institutions(unit)	32	35	9.4
# 医院(所)	Hospitals(unit)	1	2	100.0
卫生院(所)	Township Hospitals(unit)	19	19	0.0
床位数(张)	Number of Beds(unit)	293	325	10.9
# 医院(张)	Hospitals(unit)	159	191	20.1
卫生院(张)	Township Hospitals(unit)	115	115	0.0
卫生技术人员(人)	Medical Technical Presonnel(person)	279	368	31.9
# 医院(人)	Hospitals(person)	118	167	41.5
卫生院(人)	Township Hospitals(person)	108	127	17.6

23-84 乌兰察布市察哈尔右翼前旗

指　　标	Item	2009	2010	2010年比上年增长% Increase Rate in 2010 Over 2009(%)
行政区域土地面积(平方公里)	**Area of Administration(Sq. km)**	**2430**	**2430**	**0.0**
人口和就业	**Population & Employment**			
年末总人口(人)	Total Population Year-end(person)	253017	249224	-1.5
#男性(人)	Male(person)	130319	127837	-1.9
#乡村人口(人)	Rural(person)	206813	198216	-4.2
年末总户数(户)	Total Number of Households at the Year-end(Household)	100652	102607	1.9
#乡村户数(户)	Number of Rural Household(Household)	36810	36745	-0.2
出生人口(人)	Births(person)	3368	3522	4.6
死亡人口(人)	Deaths(person)	797	5230	556.2
全社会就业人员(人)	Employment(person)	121210	122208	0.8
第一产业(人)	Primary Industry(person)	68024	68147	0.2
第二产业(人)	Secondary Industry(person)	19034	19786	4.0
第三产业(人)	Tertiary Industry(person)	34152	34275	0.4
在岗职工人数(人)	Number of Staff & Workers Employed in(person)	6748	6771	0.3
乡村劳动力(人)	Number of Rural Laborers(person)	83141	89645	7.8
#农林牧渔业(人)	Farming, Forestry, Animal Husbandry & Fishery(person)	58921	63128	7.1
国民经济综合指标	**Summary Item on the National Economy**			
生产总值(万元)	Gross Domestic Product(10 000 yuan)	530028	571725	10.2
第一产业(万元)	Primary Industry(10 000 yuan)	85160	103129	8.4
第二产业(万元)	Secondary Industry(10 000 yuan)	313780	328855	10.6
#工业(万元)	Industry(10 000 yuan)	283101	292807	10.5
第三产业(万元)	Tertiary Industry(10 000 yuan)	131088	139741	10.3
人均生产总值(元)	Per Capita GDP(yuan)	21064	22767	6.2
全社会固定资产投资(万元)	Total Investment in Fixed Assets(10 000 yuan)	185000	222000	20.0
按登记注册类型分	Grouped by Registered Type			
#国有(万元)	State-owned Enterprises(10 000 yuan)	80497	109324	35.8
集体(万元)	Collective-owned Enterprises(10 000 yuan)			
有限责任公司(万元)	Limited Liability Corporations(10 000 yuan)	81103	39625	-51.1
股份有限公司(万元)	Share Holding Enterprises(10 000 yuan)	14400	56442	292.0
私营企业(万元)	Private Enterprises(10 000 yuan)	9000		
外商及港澳台投资企业(万元)	Funds from HK, Macao, Taiwan & Foreign(10 000 yuan)			
按城乡渠道分	Grouped by Urban and Rural Area			
城镇(万元)	Urban(10 000 yuan)	185000	215515	16.5
农村(万元)	Rural(10 000 yuan)		6485	
一般预算收入(万元)	General Budgetary Financial Revenue(10 000 yuan)	7133	7056	-1.1
一般预算支出(万元)	General Budgetary Financial Expenditures(10 000 yuan)	73574	90470	23.0
城乡居民储蓄存款余额(万元)	Resident Saving Deposit in Urban & Rural(10 000 yuan)	116200	140883	21.2
在岗职工工资总额(万元)	Total Wages of Staff & Workers Employed in(10 000 yuan)	20062	21414	6.7
在岗职工平均工资(元)	Average Wage of Staff & Workers Employed in(yuan)	29731	31726	6.7
城镇居民人均可支配收入(元)	Annual Disposable Income of Urban Residents per Capita(yuan)	12330	13530	9.7
农牧民人均纯收入(元)	Per Capita Net Income of Peasant & Herdsman(yuan)	4332	4596	6.1
农村牧区经济	**Economic Development in Rural & Pastoral Area**			
耕地面积(公顷)	Cultivated Area(hectare)	62980	62976	0.0
农作物总播种面积(公顷)	Total Sown Area(hectare)	42000	42464	1.1
#粮食作物播种面积(公顷)	Sown Area of Grain Crops(hectare)	25667	28533	11.2
有效灌溉面积(公顷)	Irrigated Area(hectare)	19938	15146	-24.0
农牧业机械总动力(万千瓦)	Total Power of Agricultural Machinery(10 000 kw)	14.96	17.73	18.5
化肥施用折纯量(吨)	Consumption of Chemical Fertilizer(ton)	5833	5696	-2.3
农村用电量(万千瓦小时)	Electricity Consumed in Rural Area(10 000 kwh)	2021	2068	2.3
农林牧渔业总产值(万元)	Gross Output of Farming, Forestry, Animal Husbandry & Fishery(10 000 yuan)	144485	187012	27.4
粮食产量(吨)	Yield of Grain(ton)	31760	69201	117.9
油料产量(吨)	Yield of Oil-bearing Grops(ton)	925	450	-51.4
甜菜产量(吨)	Yield of Beetroots(ton)	127200	168000	32.1
猪牛羊肉产量(吨)	Output of Pork, Beef & Mutton(ton)	28207	25697	-8.9
#猪肉产量(吨)	Output of Pork(ton)	4498	4629	2.9
牛肉产量(吨)	Output of Beef(ton)	5408	3825	-29.3
羊肉产量(吨)	Output of Mutton(ton)	18301	17243	-5.8
羊毛产量(吨)	Output of Wool(ton)	500	585	17.0

23 – 84 Chahaeryouyiqian Banner in Wulanchabu City

指　　标	Item	2009	2010	2010年比上年增长% Increase Rate in 2010 Over 2009(%)
年末牲畜存栏头数(万头只)	Total Livestock at the Year – end(10 000 heads)	54.58	55.30	1.3
# 大牲畜(万头只)	Large Animals(10 000 heads)	6.31	7.20	14.1
羊(万只)	Sheep & Goats(10 000 heads)	42.81	42.40	-1.0
猪(万头)	Hogs(10 000 heads)	5.46	5.70	4.4
规模以上工业	**Industrial Enterprises above Designated size**			
工业企业单位数(个)	Number of Industrial Enterprises(unit)	44	60	36.4
# 内资企业(个)	Civil Funded Enterprises(unit)	44	60	36.4
工业总产值(万元)	Gross Industrial Output Value(10 000 yuan)	824619	1080976	29.1
内资企业(万元)	Civil Funded Enterprises(10 000 yuan)	824618	1080976	29.1
国有企业(万元)	State – owned Enterprises(10 000 yuan)	4400	4198	-2.6
集体企业(万元)	Collective – owned Enterprises(10 000 yuan)	12742		
股份合作企业(万元)	Share Holding Enterprises(10 000 yuan)	12429		
联营企业(万元)	Joint Owned Enterprises(10 000 yuan)			
有限责任公司(万元)	Limited Company(10 000 yuan)	140941	275813	93.7
股份有限公司(万元)	Share Holding Limited Company(10 000 yuan)	180933	204280	11.9
私营企业(万元)	Privately Owned Enterprises(10 000 yuan)	473174	596685	24.6
其他企业(万元)	Enterprises of Other Ownership(10 000 yuan)			
港澳台商投资企业(万元)	Funds from HK, Macao & Taiwan(10 000 yuan)			
外商投资企业(万元)	Foreign Funded Enterprises(10 000 yuan)			
工业企业增加值(万元)	Value Added of Industrial Enterprises(10 000 yuan)	264880	286052	10.7
工业企业资产总计(万元)	Total Assets of Industrial Enterprises(10 000 yuan)	212276	360525	69.8
工业企业负债合计(万元)	Total Liabilities of Industrial Enterprises(10 000 yuan)	126236	196728	55.8
工业企业产品销售收入(万元)	Sales of Revenue Industrial Enterprises(10 000 yuan)	820979	1101582	34.2
工业企业利润总额(万元)	Total Profits of Industrial Enterprises(10 000 yuan)	13566	81448	500.4
建筑业	**Construction**			
建筑企业单位数(个)	Number of Construction Enterprises(unit)	1	1	0.0
建筑企业从业人员(人)	Number of Employee in Construction Enterprises(person)	310	90	-71.0
建筑业总产值(万元)	Gross Construction Output Value(10 000 yuan)	3200	4020	23.6
交通运输邮电通信业	**Transportation, Post & Telecommunications**			
公路里程(公里)	Total Length of Highways(km)	834	834	0.0
邮电业务总量(万元)	Business Volume of Post & Telecoms(10 000 yuan)	1768	2188	23.8
本地电话用户(户)	Number of Subscribers of Local Telephone(Household)	12354	9809	-20.6
国内贸易	**Domestic Trade**			
社会消费品零售总额(万元)	Total Retail Sales of Consumer Goods(10 000 yuan)	68842	85537	24.3
# 贸易业(万元)	Wholesale & Retail Sales Trades(10 000 yuan)	53487	77689	45.2
餐饮业(万元)	Catering Trade(10 000 yuan)	9295	7429	-20.1
科技教育卫生	**Science, Education & Public Health**			
各类专业技术人员(人)	Special Technical Personnel(person)	987	1017	3.0
幼儿园数(所)	Number of Kindergartens(unit)	10	10	0.0
学龄儿童入学率(%)	Percentage of School – Age Children Enrolled(%)	100.0	100.0	0.0
小学学校数(所)	Number of Primary Schools(unit)	24	23	-4.2
小学专任教师数(人)	Number of Full – time Teachers of Primary Schools(person)	782	776	-0.8
小学在校学生数(人)	Number of Student Enrollment of Primary Schools(person)	9406	7002	-25.6
普通中学学校数(所)	Number of Regular Secondary Schools(unit)	7	7	0.0
普通中学专任教师数(人)	Number of Teachers of Secondary Shools(person)	505	504	-0.2
初中在校学生数(人)	Number of Student in Junior Secondary Schools(person)	5029	4037	-19.7
高中在校学生数(人)	Number of Student in Senior Secondary Schools(person)	3054	2358	-22.8
卫生机构数(所)	Number of Health Institutions(unit)	21	23	9.5
# 医院(所)	Hospitals(unit)	1	1	0.0
卫生院(所)	Township Hospitals(unit)	17	17	0.0
床位数(张)	Number of Beds(unit)	231	232	0.4
# 医院(张)	Hospitals(unit)	80	80	0.0
卫生院(张)	Township Hospitals(unit)	149	152	2.0
卫生技术人员(人)	Medical Technical Presonnel(person)	265	299	12.8
# 医院(人)	Hospitals(person)	116	116	0.0
卫生院(人)	Township Hospitals(person)	125	131	4.8

23－85 乌兰察布市察哈尔右翼中旗

指　　标	Item	2009	2010	2010年比上年增长% Increase Rate in 2010 Over 2009(%)
行政区域土地面积(平方公里)	**Area of Administration(Sq. km)**	**4200**	**4200**	**0.0**
人口和就业	**Population & Employment**			
年末总人口(人)	Total Population Year－end(person)	224546	223468	－0.5
#男性(人)	Male(person)	118263	117462	－0.7
#乡村人口(人)	Rural(person)	165871	164668	－0.7
年末总户数(户)	Total Number of Households at the Year－end(Household)	87628	90938	3.8
#乡村户数(户)	Number of Rural Household(Household)	42672	41557	－2.6
出生人口(人)	Births(person)	2359	2069	－12.3
死亡人口(人)	Deaths(person)	1469	2003	36.4
全社会就业人员(人)	Employment(person)	123538	125330	1.5
第一产业(人)	Primary Industry(person)	76752	78328	2.1
第二产业(人)	Secondary Industry(person)	9834	9974	1.4
第三产业(人)	Tertiary Industry(person)	36952	37028	0.2
在岗职工人数(人)	Number of Staff & Workers Employed in(person)	5818	5919	1.7
乡村劳动力(人)	Number of Rural Laborers(person)	95947	92548	－3.5
#农林牧渔业(人)	Farming, Forestry, Animal Husbandry & Fishery(person)	74665	77232	3.4
国民经济综合指标	**Summary Item on the National Economy**			
生产总值(万元)	Gross Domestic Product(10 000 yuan)	237923	283928	10.7
第一产业(万元)	Primary Industry(10 000 yuan)	67015	81557	9.0
第二产业(万元)	Secondary Industry(10 000 yuan)	81904	103299	13.5
#工业(万元)	Industry(10 000 yuan)	71968	91575	13.7
第三产业(万元)	Tertiary Industry(10 000 yuan)	89004	99072	9.6
人均生产总值(元)	Per Capita GDP(yuan)	10683	12675	15.6
全社会固定资产投资(万元)	Total Investment in Fixed Assets(10 000 yuan)	204166	248900	21.9
按登记注册类型分	Grouped by Registered Type			
#国有(万元)	State－owned Enterprises(10 000 yuan)	122953	232200	88.9
集体(万元)	Collective－owned Enterprises(10 000 yuan)			
有限责任公司(万元)	Limited Liability Corporations(10 000 yuan)	6356		
股份有限公司(万元)	Share Holding Enterprises(10 000 yuan)	73000	167000	128.8
私营企业(万元)	Private Enterprises(10 000 yuan)	640		
外商及港澳台投资企业(万元)	Funds from HK, Macao, Taiwan & Foreign(10 000 yuan)			
按城乡渠道分	Grouped by Urban and Rural Area			
城镇(万元)	Urban(10 000 yuan)	204166	248900	21.9
农村(万元)	Rural(10 000 yuan)			
一般预算收入(万元)	General Budgetary Financial Revenue(10 000 yuan)	4090	3607	－11.8
一般预算支出(万元)	General Budgetary Financial Expenditures(10 000 yuan)	83842	95789	14.2
城乡居民储蓄存款余额(万元)	Resident Saving Deposit in Urban & Rural(10 000 yuan)	78200	85310	9.1
在岗职工工资总额(万元)	Total Wages of Staff & Workers Employed in(10 000 yuan)	16521	18272	10.6
在岗职工平均工资(元)	Average Wage of Staff & Workers Employed in(yuan)	28461	30881	8.5
城镇居民人均可支配收入(元)	Annual Disposable Income of Urban Residents per Capita(yuan)	11310	12530	10.8
农牧民人均纯收入(元)	Per Capita Net Income of Peasant & Herdsman(yuan)	2568	2995	16.6
农村牧区经济	**Economic Development in Rural & Pastoral Area**			
耕地面积(公顷)	Cultivated Area(hectare)	94680	94677	0.0
农作物总播种面积(公顷)	Total Sown Area(hectare)	61984	65903	6.3
#粮食作物播种面积(公顷)	Sown Area of Grain Crops(hectare)	55776	57556	3.2
有效灌溉面积(公顷)	Irrigated Area(hectare)	14162	20546	45.1
农牧业机械总动力(万千瓦)	Total Power of Agricultural Machinery(10 000 kw)	20.73	21.21	2.3
化肥施用折纯量(吨)	Consumption of Chemical Fertilizer(ton)	5863	7291	24.4
农村用电量(万千瓦小时)	Electricity Consumed in Rural Area(10 000 kwh)	2068	2075	0.3
农林牧渔业总产值(万元)	Gross Output of Farming, Forestry, Animal Husbandry & Fishery(10 000 yuan)	113341	149980	28.1
粮食产量(吨)	Yield of Grain(ton)	37826	39807	5.2
油料产量(吨)	Yield of Oil－bearing Grops(ton)	70	453	547.1
甜菜产量(吨)	Yield of Beetroots(ton)		6	
猪牛羊肉产量(吨)	Output of Pork, Beef & Mutton(ton)	18611	20372	9.5
#猪肉产量(吨)	Output of Pork(ton)	2658	2800	5.3
牛肉产量(吨)	Output of Beef(ton)	1571	1609	2.4
羊肉产量(吨)	Output of Mutton(ton)	14382	15963	11.0
羊毛产量(吨)	Output of Wool(ton)	1240	1092	－11.9

23－85 Chahaeryouyizhong Banner in Wulanchabu City

指　　标	Item	2009	2010	2010 年比上年增长% Increase Rate in 2010 Over 2009(%)
年末牲畜存栏头数(万头只)	Total Livestock at the Year－end(10 000 heads)	59.09	60.10	1.7
#大牲畜(万头只)	Large Animals(10 000 heads)	3.75	3.70	－1.3
羊(万只)	Sheep & Goats(10 000 heads)	52.47	53.80	2.5
猪(万头)	Hogs(10 000 heads)	2.87	2.60	－9.4
规模以上工业	**Industrial Enterprises above Designated size**			
工业企业单位数(个)	Number of Industrial Enterprises(unit)	22	23	4.5
#内资企业(个)	Civil Funded Enterprises(unit)	22	23	4.5
工业总产值(万元)	Gross Industrial Output Value(10 000 yuan)	156475	212320	33.7
内资企业(万元)	Civil Funded Enterprises(10 000 yuan)	156475	212320	33.7
国有企业(万元)	State－owned Enterprises(10 000 yuan)	14383	3336	－68.9
集体企业(万元)	Collective－owned Enterprises(10 000 yuan)			
股份合作企业(万元)	Share Holding Enterprises(10 000 yuan)			
联营企业(万元)	Joint Owned Enterprises(10 000 yuan)			
有限责任公司(万元)	Limited Company(10 000 yuan)	46076	87983	89.0
股份有限公司(万元)	Share Holding Limited Company(10 000 yuan)		31963	
私营企业(万元)	Privately Owned Enterprises(10 000 yuan)	96016	89128	－6.3
其他企业(万元)	Enterprises of Other Ownership(10 000 yuan)			
港澳台商投资企业(万元)	Funds from HK, Macao & Taiwan(10 000 yuan)			
外商投资企业(万元)	Foreign Funded Enterprises(10 000 yuan)			
工业企业增加值(万元)	Value Added of Industrial Enterprises(10 000 yuan)	58216	75271	15.3
工业企业资产总计(万元)	Total Assets of Industrial Enterprises(10 000 yuan)	850146	128286	－84.9
工业企业负债合计(万元)	Total Liabilities of Industrial Enterprises(10 000 yuan)	791871	1082546	36.7
工业企业产品销售收入(万元)	Sales of Revenue Industrial Enterprises(10 000 yuan)	145419	204304	40.5
工业企业利润总额(万元)	Total Profits of Industrial Enterprises(10 000 yuan)	10331	14124	36.7
建筑业	**Construction**			
建筑企业单位数(个)	Number of Construction Enterprises(unit)	1	1	0.0
建筑企业从业人员(人)	Number of Employee in Construction Enterprises(person)	510	510	0.0
建筑业总产值(万元)	Gross Construction Output Value(10 000 yuan)	7500	9800	28.7
交通运输邮电通信业	**Transportation, Post & Telecommunications**			
公路里程(公里)	Total Length of Highways(km)	1241	1284	3.5
邮电业务总量(万元)	Business Volume of Post & Telecoms(10 000 yuan)	2630	3380	28.5
本地电话用户(户)	Number of Subscribers of Local Telephone(Household)	24651	21002	－14.8
国内贸易	**Domestic Trade**			
社会消费品零售总额(万元)	Total Retail Sales of Consumer Goods(10 000 yuan)	54437	68217	25.3
#贸易业(万元)	Wholesale & Retail Sales Trades(10 000 yuan)	43942	61504	40.0
餐饮业(万元)	Catering Trade(10 000 yuan)	7481	6169	－17.5
科技教育卫生	**Science, Education & Public Health**			
各类专业技术人员(人)	Special Technical Personnel(person)	902	971	7.6
幼儿园数(所)	Number of Kindergartens(unit)	2	2	0.0
学龄儿童入学率(%)	Percentage of School－Age Children Enrolled(%)	100.0	100.0	0.0
小学学校数(所)	Number of Primary Schools(unit)	24	24	0.0
小学专任教师数(人)	Number of Full－time Teachers of Primary Schools(person)	783	760	－2.9
小学在校学生数(人)	Number of Student Enrollment of Primary Schools(person)	6611	6632	0.3
普通中学学校数(所)	Number of Regular Secondary Schools(unit)	3	3	0.0
普通中学专任教师数(人)	Number of Teachers of Secondary Shools(person)	429	426	－0.7
初中在校学生数(人)	Number of Student in Junior Secondary Schools(person)	4719	4736	0.4
高中在校学生数(人)	Number of Student in Senior Secondary Schools(person)	3337	2011	－39.7
卫生机构数(所)	Number of Health Institutions(unit)	36	38	5.6
#医院(所)	Hospitals(unit)	2	1	－50.0
卫生院(所)	Township Hospitals(unit)	25	26	4.0
床位数(张)	Number of Beds(unit)	338	263	－22.2
#医院(张)	Hospitals(unit)	90	75	－16.7
卫生院(张)	Township Hospitals(unit)	236	176	－25.4
卫生技术人员(人)	Medical Technical Presonnel(person)	234	265	13.2
#医院(人)	Hospitals(person)	106	106	0.0
卫生院(人)	Township Hospitals(person)	92	83	－9.8

23－86 乌兰察布市察哈尔右翼后旗

指　　标	Item	2009	2010	2010 年比上年增长% Increase Rate in 2010 Over 2009(%)
行政区域土地面积(平方公里)	**Area of Administration(Sq. km)**	**3803**	**3803**	**0.0**
人口和就业	**Population & Employment**			
年末总人口(人)	Total Population Year－end(person)	222299	219513	－1.3
#男性(人)	Male(person)	113839	111852	－1.7
#乡村人口(人)	Rural(person)	181136	180215	－0.5
年末总户数(户)	Total Number of Households at the Year－end(Household)	81770	83206	1.8
#乡村户数(户)	Number of Rural Household(Household)	27159	26984	－0.6
出生人口(人)	Births(person)	2430	2183	－10.2
死亡人口(人)	Deaths(person)	732	3875	429.4
全社会就业人员(人)	Employment(person)	92451	93574	1.2
第一产业(人)	Primary Industry(person)	50326	50783	0.9
第二产业(人)	Secondary Industry(person)	12982	13248	2.0
第三产业(人)	Tertiary Industry(person)	29143	29543	1.4
在岗职工人数(人)	Number of Staff & Workers Employed in(person)	9676	9729	0.5
乡村劳动力(人)	Number of Rural Laborers(person)	57232	55033	－3.8
#农林牧渔业(人)	Farming, Forestry, Animal Husbandry & Fishery(person)	41689	41110	－1.4
国民经济综合指标	**Summary Item on the National Economy**			
生产总值(万元)	Gross Domestic Product(10 000 yuan)	411894	494273	13.0
第一产业(万元)	Primary Industry(10 000 yuan)	65556	78864	7.7
第二产业(万元)	Secondary Industry(10 000 yuan)	255227	313258	15.7
#工业(万元)	Industry(10 000 yuan)	234640	288719	16.0
第三产业(万元)	Tertiary Industry(10 000 yuan)	91111	102150	10.0
人均生产总值(元)	Per Capita GDP(yuan)	18629	22375	16.5
全社会固定资产投资(万元)	Total Investment in Fixed Assets(10 000 yuan)	172192	249137	44.7
按登记注册类型分	Grouped by Registered Type			
#国有(万元)	State－owned Enterprises(10 000 yuan)	31399	16477	－47.5
集体(万元)	Collective－owned Enterprises(10 000 yuan)		1950	
有限责任公司(万元)	Limited Liability Corporations(10 000 yuan)	70473	196210	178.4
股份有限公司(万元)	Share Holding Enterprises(10 000 yuan)	50320	34500	－31.4
私营企业(万元)	Private Enterprises(10 000 yuan)			
外商及港澳台投资企业(万元)	Funds from HK, Macao, Taiwan & Foreign(10 000 yuan)			
按城乡渠道分	Grouped by Urban and Rural Area			
城镇(万元)	Urban(10 000 yuan)	172192	244380	41.9
农村(万元)	Rural(10 000 yuan)		4757	
一般预算收入(万元)	General Budgetary Financial Revenue(10 000 yuan)	8663	10210	17.9
一般预算支出(万元)	General Budgetary Financial Expenditures(10 000 yuan)	81991	98816	20.5
城乡居民储蓄存款余额(万元)	Resident Saving Deposit in Urban & Rural(10 000 yuan)	117300	135394	15.4
在岗职工工资总额(万元)	Total Wages of Staff & Workers Employed in(10 000 yuan)	25159	28660	13.9
在岗职工平均工资(元)	Average Wage of Staff & Workers Employed in(yuan)	27327	29706	8.7
城镇居民人均可支配收入(元)	Annual Disposable Income of Urban Residents per Capita(yuan)	12390	13620	9.9
农牧民人均纯收入(元)	Per Capita Net Income of Peasant & Herdsman(yuan)	4208	4630	10.0
农村牧区经济	**Economic Development in Rural & Pastoral Area**			
耕地面积(公顷)	Cultivated Area(hectare)	62780	62778	0.0
农作物总播种面积(公顷)	Total Sown Area(hectare)	46812	44957	－4.0
#粮食作物播种面积(公顷)	Sown Area of Grain Crops(hectare)	36679	35600	－2.9
有效灌溉面积(公顷)	Irrigated Area(hectare)	7852	7210	－8.2
农牧业机械总动力(万千瓦)	Total Power of Agricultural Machinery(10 000 kw)	12.83	13.54	5.5
化肥施用折纯量(吨)	Consumption of Chemical Fertilizer(ton)	4025	4927	22.4
农村用电量(万千瓦小时)	Electricity Consumed in Rural Area(10 000 kwh)	2453	2869	17.0
农林牧渔业总产值(万元)	Gross Output of Farming, Forestry, Animal Husbandry & Fishery(10 000 yuan)	107110	135023	23.1
粮食产量(吨)	Yield of Grain(ton)	22016	71190	223.4
油料产量(吨)	Yield of Oil－bearing Grops(ton)	450	1889	319.8
甜菜产量(吨)	Yield of Beetroots(ton)		1750	
猪牛羊肉产量(吨)	Output of Pork, Beef & Mutton(ton)	15025	15346	2.1
#猪肉产量(吨)	Output of Pork(ton)	3012	3072	2.0
牛肉产量(吨)	Output of Beef(ton)	1753	1976	12.7
羊肉产量(吨)	Output of Mutton(ton)	10260	10298	0.4
羊毛产量(吨)	Output of Wool(ton)	995	892	－10.4

23－86 Chahaeryouyihou Banner in Wulanchabu City

指　　标	Item	2009	2010	2010 年比上年增长% Increase Rate in 2010 Over 2009(%)
年末牲畜存栏头数(万头只)	Total Livestock at the Year－end(10 000 heads)	29.68	33.50	12.9
#大牲畜(万头只)	Large Animals(10 000 heads)	1.73	1.50	－13.3
羊(万只)	Sheep & Goats(10 000 heads)	26.34	30.60	16.2
猪(万头)	Hogs(10 000 heads)	1.61	1.50	－6.8
规模以上工业	**Industrial Enterprises above Designated size**			
工业企业单位数(个)	Number of Industrial Enterprises(unit)	48	53	10.4
#内资企业(个)	Civil Funded Enterprises(unit)	48	52	8.3
工业总产值(万元)	Gross Industrial Output Value(10 000 yuan)	597572	773890	27.5
内资企业(万元)	Civil Funded Enterprises(10 000 yuan)	597572	773890	27.5
国有企业(万元)	State－owned Enterprises(10 000 yuan)	17832	8852	－48.1
集体企业(万元)	Collective－owned Enterprises(10 000 yuan)			
股份合作企业(万元)	Share Holding Enterprises(10 000 yuan)			
联营企业(万元)	Joint Owned Enterprises(10 000 yuan)			
有限责任公司(万元)	Limited Company(10 000 yuan)	118011	139115	15.9
股份有限公司(万元)	Share Holding Limited Company(10 000 yuan)	68102	87356	26.3
私营企业(万元)	Privately Owned Enterprises(10 000 yuan)	393627	538566	35.4
其他企业(万元)	Enterprises of Other Ownership(10 000 yuan)			
港澳台商投资企业(万元)	Funds from HK,Macao & Taiwan(10 000 yuan)			
外商投资企业(万元)	Foreign Funded Enterprises(10 000 yuan)			
工业企业增加值(万元)	Value Added of Industrial Enterprises(10 000 yuan)	206917	247329	23.1
工业企业资产总计(万元)	Total Assets of Industrial Enterprises(10 000 yuan)	669498	686748	2.6
工业企业负债合计(万元)	Total Liabilities of Industrial Enterprises(10 000 yuan)	369814	427174	15.5
工业企业产品销售收入(万元)	Sales of Revenue Industrial Enterprises(10 000 yuan)	618550	794107	28.4
工业企业利润总额(万元)	Total Profits of Industrial Enterprises(10 000 yuan)	6809	9696	42.4
建筑业	**Construction**			
建筑企业单位数(个)	Number of Construction Enterprises(unit)	3	3	0.0
建筑企业从业人员(人)	Number of Employee in Construction Enterprises(person)	1173	1173	0.0
建筑业总产值(万元)	Gross Construction Output Value(10 000 yuan)	22200	22360	0.5
交通运输邮电通信业	**Transportation,Post & Telecommunications**			
公路里程(公里)	Total Length of Highways(km)	1234	1282	3.9
邮电业务总量(万元)	Business Volume of Post & Telecoms(10 000 yuan)	2362	2382	0.8
本地电话用户(户)	Number of Subscribers of Local Telephone(Household)	7201	7244	0.6
国内贸易	**Domestic Trade**			
社会消费品零售总额(万元)	Total Retail Sales of Consumer Goods(10 000 yuan)	120186	143338	19.3
#贸易业(万元)	Wholesale & Retail Sales Trades(10 000 yuan)	95699	124885	30.5
餐饮业(万元)	Catering Trade(10 000 yuan)	20112	16697	－17.0
科技教育卫生	**Science,Education & Public Health**			
各类专业技术人员(人)	Special Technical Personnel(person)	704	734	4.3
幼儿园数(所)	Number of Kindergartens(unit)	2	2	0.0
学龄儿童入学率(%)	Percentage of School－Age Children Enrolled(%)	100.0	100.0	0.0
小学学校数(所)	Number of Primary Schools(unit)	13	13	0.0
小学专任教师数(人)	Number of Full－time Teachers of Primary Schools(person)	665	677	1.8
小学在校学生数(人)	Number of Student Enrollment of Primary Schools(person)	8742	8454	－3.3
普通中学学校数(所)	Number of Regular Secondary Schools(unit)	3	3	0.0
普通中学专任教师数(人)	Number of Teachers of Secondary Shools(person)	417	416	－0.2
初中在校学生数(人)	Number of Student in Junior Secondary Schools(person)	4805	4611	－4.0
高中在校学生数(人)	Number of Student in Senior Secondary Schools(person)	1647	1324	－19.6
卫生机构数(所)	Number of Health Institutions(unit)	34	36	5.9
#医院(所)	Hospitals(unit)	2	2	0.0
卫生院(所)	Township Hospitals(unit)	18	18	0.0
床位数(张)	Number of Beds(unit)	232	233	0.4
#医院(张)	Hospitals(unit)	130	130	0.0
卫生院(张)	Township Hospitals(unit)	92	88	－4.3
卫生技术人员(人)	Medical Technical Presonnel(person)	318	336	5.7
#医院(人)	Hospitals(person)	142	137	－3.5
卫生院(人)	Township Hospitals(person)	125	127	1.6

23－87 乌兰察布市四子王旗

指　　标	Item	2009	2010	2010 年比上年增长% Increase Rate in 2010 Over 2009(%)
行政区域土地面积(平方公里)	**Area of Administration(Sq. km)**	**24016**	**24016**	**0.0**
人口和就业	**Population & Employment**			
年末总人口(人)	Total Population Year－end(person)	216990	215257	－0.8
#男性(人)	Male(person)	112956	111572	－1.2
#乡村人口(人)	Rural(person)	150057	150301	0.2
年末总户数(户)	Total Number of Households at the Year－end(Household)	75716	79213	4.6
#乡村户数(户)	Number of Rural Household(Household)	38636	38700	0.2
出生人口(人)	Births(person)	3909	2298	－41.2
死亡人口(人)	Deaths(person)	1743	3540	103.1
全社会就业人员(人)	Employment(person)	110310	111919	1.5
第一产业(人)	Primary Industry(person)	80124	80478	0.4
第二产业(人)	Secondary Industry(person)	6835	7683	12.4
第三产业(人)	Tertiary Industry(person)	23351	23758	1.7
在岗职工人数(人)	Number of Staff & Workers Employed in(person)	6145	6139	－0.1
乡村劳动力(人)	Number of Rural Laborers(person)	95272	95277	0.0
#农林牧渔业(人)	Farming, Forestry, Animal Husbandry & Fishery(person)	84328	84333	0.0
国民经济综合指标	**Summary Item on the National Economy**			
生产总值(万元)	Gross Domestic Product(10 000 yuan)	281963	330120	10.0
第一产业(万元)	Primary Industry(10 000 yuan)	72458	100927	7.0
第二产业(万元)	Secondary Industry(10 000 yuan)	111825	116386	12.9
#工业(万元)	Industry(10 000 yuan)	100840	103512	13.3
第三产业(万元)	Tertiary Industry(10 000 yuan)	97680	112807	9.7
人均生产总值(元)	Per Capita GDP(yuan)	13093	15275	14.7
全社会固定资产投资(万元)	Total Investment in Fixed Assets(10 000 yuan)	126214	150000	18.8
按登记注册类型分	Grouped by Registered Type			
#国有(万元)	State－owned Enterprises(10 000 yuan)	23790	89604	276.6
集体(万元)	Collective－owned Enterprises(10 000 yuan)			
有限责任公司(万元)	Limited Liability Corporations(10 000 yuan)	7965		
股份有限公司(万元)	Share Holding Enterprises(10 000 yuan)			
私营企业(万元)	Private Enterprises(10 000 yuan)	56510	52896	－6.4
外商及港澳台投资企业(万元)	Funds from HK, Macao, Taiwan & Foreign(10 000 yuan)	37949	7500	－80.2
按城乡渠道分	Grouped by Urban and Rural Area			
城镇(万元)	Urban(10 000 yuan)	71764	144041	100.7
农村(万元)	Rural(10 000 yuan)	54450	5959	－89.1
一般预算收入(万元)	General Budgetary Financial Revenue(10 000 yuan)	3483	4220	21.2
一般预算支出(万元)	General Budgetary Financial Expenditures(10 000 yuan)	97779	132735	35.8
城乡居民储蓄存款余额(万元)	Resident Saving Deposit in Urban & Rural(10 000 yuan)	118600	130796	10.3
在岗职工工资总额(万元)	Total Wages of Staff & Workers Employed in(10 000 yuan)	19749	21786	10.3
在岗职工平均工资(元)	Average Wage of Staff & Workers Employed in(yuan)	32134	35489	10.4
城镇居民人均可支配收入(元)	Annual Disposable Income of Urban Residents per Capita(yuan)	12630	13906	10.1
农牧民人均纯收入(元)	Per Capita Net Income of Peasant & Herdsman(yuan)	3102	3680	18.6
农村牧区经济	**Economic Development in Rural & Pastoral Area**			
耕地面积(公顷)	Cultivated Area(hectare)	133850	133854	0.0
农作物总播种面积(公顷)	Total Sown Area(hectare)	96359	93383	－3.1
#粮食作物播种面积(公顷)	Sown Area of Grain Crops(hectare)	69252	71646	3.5
有效灌溉面积(公顷)	Irrigated Area(hectare)	21832	20244	－7.3
农牧业机械总动力(万千瓦)	Total Power of Agricultural Machinery(10 000 kw)	31.29	32.49	3.8
化肥施用折纯量(吨)	Consumption of Chemical Fertilizer(ton)	8290	8295	0.1
农村用电量(万千瓦小时)	Electricity Consumed in Rural Area(10 000 kwh)	1485	1490	0.3
农林牧渔业总产值(万元)	Gross Output of Farming, Forestry, Animal Husbandry & Fishery(10 000 yuan)	123041	168247	35.7
粮食产量(吨)	Yield of Grain(ton)	62910	81645	29.8
油料产量(吨)	Yield of Oil－bearing Grops(ton)	718	6540	810.9
甜菜产量(吨)	Yield of Beetroots(ton)			
猪牛羊肉产量(吨)	Output of Pork, Beef & Mutton(ton)	22800	24444	7.2
#猪肉产量(吨)	Output of Pork(ton)	2988	3155	5.6
牛肉产量(吨)	Output of Beef(ton)	1376	1627	18.2
羊肉产量(吨)	Output of Mutton(ton)	18436	19662	6.7
羊毛产量(吨)	Output of Wool(ton)	2100	1955	－6.9

23 - 87 Siziwang Banner in Wulanchabu City

指　　标	Item	2009	2010	2010年比上年增长% Increase Rate in 2010 Over 2009(%)
年末牲畜存栏头数(万头只)	Total Livestock at the Year - end(10 000 heads)	71.83	79.40	10.5
# 大牲畜(万头只)	Large Animals(10 000 heads)	3.38	3.40	0.6
羊(万只)	Sheep & Goats(10 000 heads)	66.53	73.90	11.1
猪(万头)	Hogs(10 000 heads)	1.92	2.20	14.6
规模以上工业	**Industrial Enterprises above Designated size**			
工业企业单位数(个)	Number of Industrial Enterprises(unit)	36	40	11.1
# 内资企业(个)	Civil Funded Enterprises(unit)	34	36	5.9
工业总产值(万元)	Gross Industrial Output Value(10 000 yuan)	218742	276997	24.6
内资企业(万元)	Civil Funded Enterprises(10 000 yuan)	208670	249279	17.5
国有企业(万元)	State - owned Enterprises(10 000 yuan)	6050	7866	28.0
集体企业(万元)	Collective - owned Enterprises(10 000 yuan)			
股份合作企业(万元)	Share Holding Enterprises(10 000 yuan)			
联营企业(万元)	Joint Owned Enterprises(10 000 yuan)			
有限责任公司(万元)	Limited Company(10 000 yuan)	12187	14275	15.1
股份有限公司(万元)	Share Holding Limited Company(10 000 yuan)			
私营企业(万元)	Privately Owned Enterprises(10 000 yuan)	190433	227137	17.3
其他企业(万元)	Enterprises of Other Ownership(10 000 yuan)			
港澳台商投资企业(万元)	Funds from HK, Macao & Taiwan(10 000 yuan)			
外商投资企业(万元)	Foreign Funded Enterprises(10 000 yuan)	10072	10507	4.3
工业企业增加值(万元)	Value Added of Industrial Enterprises(10 000 yuan)	63504	79187	15.6
工业企业资产总计(万元)	Total Assets of Industrial Enterprises(10 000 yuan)	177105	272211	53.7
工业企业负债合计(万元)	Total Liabilities of Industrial Enterprises(10 000 yuan)	114208	185115	62.1
工业企业产品销售收入(万元)	Sales of Revenue Industrial Enterprises(10 000 yuan)	149433	253793	69.8
工业企业利润总额(万元)	Total Profits of Industrial Enterprises(10 000 yuan)	19901	22700	14.1
建筑业	**Construction**			
建筑企业单位数(个)	Number of Construction Enterprises(unit)	1	1	0.0
建筑企业从业人员(人)	Number of Employee in Construction Enterprises(person)	86	86	0.0
建筑业总产值(万元)	Gross Construction Output Value(10 000 yuan)	2100	2106	0.1
交通运输邮电通信业	**Transportation, Post & Telecommunications**			
公路里程(公里)	Total Length of Highways(km)	1732	2190	26.4
邮电业务总量(万元)	Business Volume of Post & Telecoms(10 000 yuan)	2004	2104	5.0
本地电话用户(户)	Number of Subscribers of Local Telephone(Household)	11487	11132	-3.1
国内贸易	**Domestic Trade**			
社会消费品零售总额(万元)	Total Retail Sales of Consumer Goods(10 000 yuan)	97998	115463	17.8
# 贸易业(万元)	Wholesale & Retail Sales Trades(10 000 yuan)	75516	97804	29.5
餐饮业(万元)	Catering Trade(10 000 yuan)	20811	16965	-18.5
科技教育卫生	**Science, Education & Public Health**			
各类专业技术人员(人)	Special Technical Personnel(person)	674	704	4.5
幼儿园数(所)	Number of Kindergartens(unit)	7	7	0.0
学龄儿童入学率(%)	Percentage of School - Age Children Enrolled(%)	100.0	100.0	0.0
小学学校数(所)	Number of Primary Schools(unit)	23	19	-17.4
小学专任教师数(人)	Number of Full - time Teachers of Primary Schools(person)	801	721	-10.0
小学在校学生数(人)	Number of Student Enrollment of Primary Schools(person)	9294	8357	-10.1
普通中学学校数(所)	Number of Regular Secondary Schools(unit)	4	4	0.0
普通中学专任教师数(人)	Number of Teachers of Secondary Shools(person)	464	551	18.8
初中在校学生数(人)	Number of Student in Junior Secondary Schools(person)	4822	5013	4.0
高中在校学生数(人)	Number of Student in Senior Secondary Schools(person)	5179	5018	-3.1
卫生机构数(所)	Number of Health Institutions(unit)	31	35	12.9
# 医院(所)	Hospitals(unit)	1	1	0.0
卫生院(所)	Township Hospitals(unit)	26	26	0.0
床位数(张)	Number of Beds(unit)	306	268	-12.4
# 医院(张)	Hospitals(unit)	148	148	0.0
卫生院(张)	Township Hospitals(unit)	138	100	-27.5
卫生技术人员(人)	Medical Technical Presonnel(person)	372	458	23.1
# 医院(人)	Hospitals(person)	176	176	0.0
卫生院(人)	Township Hospitals(person)	108	118	9.3

23－88 鄂尔多斯市东胜区

指　　标	Item	2009	2010	2010 年比上年增长% Increase Rate in 2010 Over 2009(%)
行政区域土地面积(平方公里)	**Area of Administration(Sq. km)**	**2512**	**2512**	**0.0**
人口和就业	**Population & Employment**			
年末总人口(人)	Total Population Year－end(person)	253127	260175	2.8
#男性(人)	Male(person)	127154	130654	2.8
#乡村人口(人)	Rural(person)	31100	27300	－12.2
年末总户数(户)	Total Number of Households at the Year－end(Household)	82102	85859	4.6
#乡村户数(户)	Number of Rural Household(Household)	11337	9481	－16.4
出生人口(人)	Births(person)	2892	4306	48.9
死亡人口(人)	Deaths(person)	592	564	－4.7
全社会就业人员(人)	Employment(person)	254000	282000	11.0
第一产业(人)	Primary Industry(person)	20000	19472	－2.6
第二产业(人)	Secondary Industry(person)	92000	103071	12.0
第三产业(人)	Tertiary Industry(person)	142474	159457	11.9
在岗职工人数(人)	Number of Staff & Workers Employed in(person)	50272	54697	8.8
乡村劳动力(人)	Number of Rural Laborers(person)	19526	19472	－0.3
#农林牧渔业(人)	Farming, Forestry, Animal Husbandry & Fishery(person)	12832	9363	－27.0
国民经济综合指标	**Summary Item on the National Economy**			
生产总值(万元)	Gross Domestic Product(10 000 yuan)	5073976	6391633	19.2
第一产业(万元)	Primary Industry(10 000 yuan)	21000	18151	0.5
第二产业(万元)	Secondary Industry(10 000 yuan)	2004708	2506852	16.6
#工业(万元)	Industry(10 000 yuan)	1695613	2106314	16.3
第三产业(万元)	Tertiary Industry(10 000 yuan)	3048268	3866630	21.0
人均生产总值(元)	Per Capita GDP(yuan)	117453		
全社会固定资产投资(万元)	Total Investment in Fixed Assets(10 000 yuan)	4005333	5000305	24.8
按登记注册类型分	Grouped by Registered Type			
#国有(万元)	State－owned Enterprises(10 000 yuan)	1356593	1798372	32.6
集体(万元)	Collective－owned Enterprises(10 000 yuan)			
有限责任公司(万元)	Limited Liability Corporations(10 000 yuan)	2008061	1148131	－42.8
股份有限公司(万元)	Share Holding Enterprises(10 000 yuan)	147560	263131	78.3
私营企业(万元)	Private Enterprises(10 000 yuan)	379919	410942	8.2
外商及港澳台投资企业(万元)	Funds from HK, Macao, Taiwan & Foreign(10 000 yuan)	16650		
按城乡渠道分	Grouped by Urban and Rural Area			
城镇(万元)	Urban(10 000 yuan)	4002363	5000302	24.9
农村(万元)	Rural(10 000 yuan)	2970		
一般预算收入(万元)	General Budgetary Financial Revenue(10 000 yuan)	452769	755527	66.9
一般预算支出(万元)	General Budgetary Financial Expenditures(10 000 yuan)	399503	531816	33.1
城乡居民储蓄存款余额(万元)	Resident Saving Deposit in Urban & Rural(10 000 yuan)	2265643	2899392	28.0
在岗职工工资总额(万元)	Total Wages of Staff & Workers Employed in(10 000 yuan)	227398	299610	31.8
在岗职工平均工资(元)	Average Wage of Staff & Workers Employed in(yuan)	46518	55155	18.6
城镇居民人均可支配收入(元)	Annual Disposable Income of Urban Residents per Capita(yuan)	23426	27002	15.3
农牧民人均纯收入(元)	Per Capita Net Income of Peasant & Herdsman(yuan)	7943		
农村牧区经济	**Economic Development in Rural & Pastoral Area**			
耕地面积(公顷)	Cultivated Area(hectare)	21966	21564	－1.8
农作物总播种面积(公顷)	Total Sown Area(hectare)	9399	7865	－16.3
#粮食作物播种面积(公顷)	Sown Area of Grain Crops(hectare)	7208	5735	－20.4
有效灌溉面积(公顷)	Irrigated Area(hectare)	1122	1117	－0.4
农牧业机械总动力(万千瓦)	Total Power of Agricultural Machinery(10 000 kw)	10.66	10.75	0.8
化肥施用折纯量(吨)	Consumption of Chemical Fertilizer(ton)	1188	1273	7.2
农村用电量(万千瓦小时)	Electricity Consumed in Rural Area(10 000 kwh)	902	1309	45.1
农林牧渔业总产值(万元)	Gross Output of Farming, Forestry, Animal Husbandry & Fishery(10 000 yuan)	27333	30613	0.2
粮食产量(吨)	Yield of Grain(ton)	25000	19623	－21.5
油料产量(吨)	Yield of Oil－bearing Grops(ton)	377	371	－1.6
甜菜产量(吨)	Yield of Beetroots(ton)		264	
猪牛羊肉产量(吨)	Output of Pork, Beef & Mutton(ton)	3170	2709	－14.5
#猪肉产量(吨)	Output of Pork(ton)	1769	1540	－12.9
牛肉产量(吨)	Output of Beef(ton)	340	374	10.0
羊肉产量(吨)	Output of Mutton(ton)	1061	795	－25.1
羊毛产量(吨)	Output of Wool(ton)	55	69	25.5

23 - 88 Dongsheng District in Erdos City

指　　标	Item	2009	2010	2010年比上年增长% Increase Rate in 2010 Over 2009(%)
年末牲畜存栏头数(万头只)	Total Livestock at the Year - end(10 000 heads)	12.57	10.72	-14.7
# 大牲畜(万头只)	Large Animals(10 000 heads)	0.63	0.49	-22.2
羊(万只)	Sheep & Goats(10 000 heads)	10.07	8.50	-15.6
猪(万头)	Hogs(10 000 heads)	1.87	1.73	-7.5
规模以上工业	**Industrial Enterprises above Designated size**			
工业企业单位数(个)	Number of Industrial Enterprises(unit)	131	115	-12.2
# 内资企业(个)	Civil Funded Enterprises(unit)	118	106	-10.2
工业总产值(万元)	Gross Industrial Output Value(10 000 yuan)	3179800	3659900	10.1
内资企业(万元)	Civil Funded Enterprises(10 000 yuan)	2529000	2852500	7.8
国有企业(万元)	State - owned Enterprises(10 000 yuan)	951800	940800	-4.2
集体企业(万元)	Collective - owned Enterprises(10 000 yuan)	1000	1600	52.3
股份合作企业(万元)	Share Holding Enterprises(10 000 yuan)			
联营企业(万元)	Joint Owned Enterprises(10 000 yuan)			
有限责任公司(万元)	Limited Company(10 000 yuan)	1101200	1231900	6.9
股份有限公司(万元)	Share Holding Limited Company(10 000 yuan)	195200	290000	40.6
私营企业(万元)	Privately Owned Enterprises(10 000 yuan)	279700	388200	31.8
其他企业(万元)	Enterprises of Other Ownership(10 000 yuan)			
港澳台商投资企业(万元)	Funds from HK, Macao & Taiwan(10 000 yuan)	31400	23300	-29.8
外商投资企业(万元)	Foreign Funded Enterprises(10 000 yuan)	619300	784200	20.6
工业企业增加值(万元)	Value Added of Industrial Enterprises(10 000 yuan)	1570013		
工业企业资产总计(万元)	Total Assets of Industrial Enterprises(10 000 yuan)	6288100	8491000	35.0
工业企业负债合计(万元)	Total Liabilities of Industrial Enterprises(10 000 yuan)	3702600	4689400	26.7
工业企业产品销售收入(万元)	Sales of Revenue Industrial Enterprises(10 000 yuan)	3827600	4948900	29.3
工业企业利润总额(万元)	Total Profits of Industrial Enterprises(10 000 yuan)	1113600	1299500	16.7
建筑业	**Construction**			
建筑企业单位数(个)	Number of Construction Enterprises(unit)	87	142	63.2
建筑企业从业人员(人)	Number of Employee in Construction Enterprises(person)	36288	48171	32.7
建筑业总产值(万元)	Gross Construction Output Value(10 000 yuan)	1705401	2251109	32.0
交通运输邮电通信业	**Transportation, Post & Telecommunications**			
公路里程(公里)	Total Length of Highways(km)	1197	1204	0.6
邮电业务总量(万元)	Business Volume of Post & Telecoms(10 000 yuan)	128636	136354	6.0
本地电话用户(户)	Number of Subscribers of Local Telephone(Household)	81428	81822	0.5
国内贸易	**Domestic Trade**			
社会消费品零售总额(万元)	Total Retail Sales of Consumer Goods(10 000 yuan)	1566283	1862850	18.9
# 贸易业(万元)	Wholesale & Retail Sales Trades(10 000 yuan)	1383827	1645450	18.9
餐饮业(万元)	Catering Trade(10 000 yuan)	180244	217400	20.6
科技教育卫生	**Science, Education & Public Health**			
各类专业技术人员(人)	Special Technical Personnel(person)			
幼儿园数(所)	Number of Kindergartens(unit)	20	35	75.0
学龄儿童入学率(%)	Percentage of School - Age Children Enrolled(%)	100.0	100.0	0.0
小学学校数(所)	Number of Primary Schools(unit)	26	30	15.4
小学专任教师数(人)	Number of Full - time Teachers of Primary Schools(person)	1265	1497	18.3
小学在校学生数(人)	Number of Student Enrollment of Primary Schools(person)	29506	29665	0.5
普通中学学校数(所)	Number of Regular Secondary Schools(unit)	14	15	7.1
普通中学专任教师数(人)	Number of Teachers of Secondary Shools(person)	1620	1923	18.7
初中在校学生数(人)	Number of Student in Junior Secondary Schools(person)	14250	15375	7.9
高中在校学生数(人)	Number of Student in Senior Secondary Schools(person)	14002	13883	-0.8
卫生机构数(所)	Number of Health Institutions(unit)	33	33	0.0
# 医院(所)	Hospitals(unit)	20	19	-5.0
卫生院(所)	Township Hospitals(unit)	6	6	0.0
床位数(张)	Number of Beds(unit)	2690	3484	29.5
# 医院(张)	Hospitals(unit)	2445	2530	3.5
卫生院(张)	Township Hospitals(unit)	50	65	30.0
卫生技术人员(人)	Medical Technical Presonnel(person)	3061	4431	44.8
# 医院(人)	Hospitals(person)	2984	3831	28.9
卫生院(人)	Township Hospitals(person)	77	80	3.9

23－89 鄂尔多斯市达拉特旗

指　　标	Item	2009	2010	2010年比上年增长% Increase Rate in 2010 Over 2009(%)
行政区域土地面积(平方公里)	**Area of Administration(Sq. km)**	**8192**	**8192**	**0.0**
人口和就业	**Population & Employment**			
年末总人口(人)	Total Population Year－end(person)	359528	364161	1.3
#男性(人)	Male(person)	185556	187114	0.8
#乡村人口(人)	Rural(person)	151000	146038	－1.5
年末总户数(户)	Total Number of Households at the Year－end(Household)	134011	148801	11.0
#乡村户数(户)	Number of Rural Household(Household)	52729	51616	－2.1
出生人口(人)	Births(person)	4636	6505	40.3
死亡人口(人)	Deaths(person)	1190	2788	134.3
全社会就业人员(人)	Employment(person)	220362	224367	1.8
第一产业(人)	Primary Industry(person)	68910	68154	－1.1
第二产业(人)	Secondary Industry(person)	45822	47968	4.6
第三产业(人)	Tertiary Industry(person)	105630	108245	2.4
在岗职工人数(人)	Number of Staff & Workers Employed in(person)	19386	21189	9.3
乡村劳动力(人)	Number of Rural Laborers(person)	95636	108275	13.2
#农林牧渔业(人)	Farming, Forestry, Animal Husbandry & Fishery(person)	68910	68154	－1.1
国民经济综合指标	**Summary Item on the National Economy**			
生产总值(万元)	Gross Domestic Product(10 000 yuan)	2800259	3386741	18.6
第一产业(万元)	Primary Industry(10 000 yuan)	214821	229068	7.4
第二产业(万元)	Secondary Industry(10 000 yuan)	1703709	2102707	22.6
#工业(万元)	Industry(10 000 yuan)	1575029	1955189	24.4
第三产业(万元)	Tertiary Industry(10 000 yuan)	881728	1054966	15.3
人均生产总值(元)	Per Capita GDP(yuan)	78462		
全社会固定资产投资(万元)	Total Investment in Fixed Assets(10 000 yuan)	1520133	1600183	5.3
按登记注册类型分	Grouped by Registered Type			
#国有(万元)	State－owned Enterprises(10 000 yuan)	427201	425867	－0.3
集体(万元)	Collective－owned Enterprises(10 000 yuan)			
有限责任公司(万元)	Limited Liability Corporations(10 000 yuan)	527306	826323	56.7
股份有限公司(万元)	Share Holding Enterprises(10 000 yuan)	37986	29851	－21.4
私营企业(万元)	Private Enterprises(10 000 yuan)	241360		
外商及港澳台投资企业(万元)	Funds from HK, Macao, Taiwan & Foreign(10 000 yuan)	78900	24059	－69.5
按城乡渠道分	Grouped by Urban and Rural Area			
城镇(万元)	Urban(10 000 yuan)	1346395	1571238	16.7
农村(万元)	Rural(10 000 yuan)	174248	28945	－83.4
一般预算收入(万元)	General Budgetary Financial Revenue(10 000 yuan)	97861	126892	29.7
一般预算支出(万元)	General Budgetary Financial Expenditures(10 000 yuan)	164108	242480	47.8
城乡居民储蓄存款余额(万元)	Resident Saving Deposit in Urban & Rural(10 000 yuan)	355794	439535	23.5
在岗职工工资总额(万元)	Total Wages of Staff & Workers Employed in(10 000 yuan)	79823	100375	25.7
在岗职工平均工资(元)	Average Wage of Staff & Workers Employed in(yuan)	40703	48778	19.8
城镇居民人均可支配收入(元)	Annual Disposable Income of Urban Residents per Capita(yuan)	18524	21313	15.1
农牧民人均纯收入(元)	Per Capita Net Income of Peasant & Herdsman(yuan)	7864	8736	11.1
农村牧区经济	**Economic Development in Rural & Pastoral Area**			
耕地面积(公顷)	Cultivated Area(hectare)	99333	99333	0.0
农作物总播种面积(公顷)	Total Sown Area(hectare)	117466	115970	－1.3
#粮食作物播种面积(公顷)	Sown Area of Grain Crops(hectare)	79600	79143	－0.6
有效灌溉面积(公顷)	Irrigated Area(hectare)	89711	89743	
农牧业机械总动力(万千瓦)	Total Power of Agricultural Machinery(10 000 kw)	78.30	81.50	4.1
化肥施用折纯量(吨)	Consumption of Chemical Fertilizer(ton)	35351	39664	12.2
农村用电量(万千瓦小时)	Electricity Consumed in Rural Area(10 000 kwh)	18159	23166	27.6
农林牧渔业总产值(万元)	Gross Output of Farming, Forestry, Animal Husbandry & Fishery(10 000 yuan)	340022	386127	2.4
粮食产量(吨)	Yield of Grain(ton)	576736	625467	8.4
油料产量(吨)	Yield of Oil－bearing Grops(ton)	16772	16997	1.3
甜菜产量(吨)	Yield of Beetroots(ton)	83341	112094	34.5
猪牛羊肉产量(吨)	Output of Pork, Beef & Mutton(ton)	35996	25084	－30.3
#猪肉产量(吨)	Output of Pork(ton)	10402	5723	－45.0
牛肉产量(吨)	Output of Beef(ton)	3211	2913	－9.3
羊肉产量(吨)	Output of Mutton(ton)	21400	16448	－23.1
羊毛产量(吨)	Output of Wool(ton)	2447	4311	76.2

23－89 Dalate Banner in Erdos City

指　　标	Item	2009	2010	2010年比上年增长% Increase Rate in 2010 Over 2009(%)
年末牲畜存栏头数(万头只)	Total Livestock at the Year－end(10 000 heads)	210.40	230.10	9.3
#大牲畜(万头只)	Large Animals(10 000 heads)	5.76	6.00	4.1
羊(万只)	Sheep & Goats(10 000 heads)	198.81	216.80	9.0
猪(万头)	Hogs(10 000 heads)	5.80	7.20	24.1
规模以上工业	**Industrial Enterprises above Designated size**			
工业企业单位数(个)	Number of Industrial Enterprises(unit)	45	46	2.2
#内资企业(个)	Civil Funded Enterprises(unit)	43	44	2.3
工业总产值(万元)	Gross Industrial Output Value(10 000 yuan)	3070000	3629900	18.2
内资企业(万元)	Civil Funded Enterprises(10 000 yuan)	3041800	3551000	16.7
国有企业(万元)	State－owned Enterprises(10 000 yuan)	64000	78200	22.2
集体企业(万元)	Collective－owned Enterprises(10 000 yuan)			
股份合作企业(万元)	Share Holding Enterprises(10 000 yuan)			
联营企业(万元)	Joint Owned Enterprises(10 000 yuan)			
有限责任公司(万元)	Limited Company(10 000 yuan)	2370300	2562500	8.1
股份有限公司(万元)	Share Holding Limited Company(10 000 yuan)	112900	123200	9.1
私营企业(万元)	Privately Owned Enterprises(10 000 yuan)	494600	787100	59.1
其他企业(万元)	Enterprises of Other Ownership(10 000 yuan)			
港澳台商投资企业(万元)	Funds from HK, Macao & Taiwan(10 000 yuan)			
外商投资企业(万元)	Foreign Funded Enterprises(10 000 yuan)	28271	78900	179.1
工业企业增加值(万元)	Value Added of Industrial Enterprises(10 000 yuan)	1420129		
工业企业资产总计(万元)	Total Assets of Industrial Enterprises(10 000 yuan)	2928662	3732000	27.4
工业企业负债合计(万元)	Total Liabilities of Industrial Enterprises(10 000 yuan)	1677006	2279500	35.9
工业企业产品销售收入(万元)	Sales of Revenue Industrial Enterprises(10 000 yuan)	2991900	3677000	22.9
工业企业利润总额(万元)	Total Profits of Industrial Enterprises(10 000 yuan)	417500	770800	84.6
建筑业	**Construction**			
建筑企业单位数(个)	Number of Construction Enterprises(unit)	13	16	23.8
建筑企业从业人员(人)	Number of Employee in Construction Enterprises(person)	11743	6091	－48.1
建筑业总产值(万元)	Gross Construction Output Value(10 000 yuan)	228642	245859	7.5
交通运输邮电通信业	**Transportation, Post & Telecommunications**			
公路里程(公里)	Total Length of Highways(km)	2129	2279	7.0
邮电业务总量(万元)	Business Volume of Post & Telecoms(10 000 yuan)	16237	22493	38.5
本地电话用户(户)	Number of Subscribers of Local Telephone(Household)	35241	39488	12.5
国内贸易	**Domestic Trade**			
社会消费品零售总额(万元)	Total Retail Sales of Consumer Goods(10 000 yuan)	291747	360000	23.4
#贸易业(万元)	Wholesale & Retail Sales Trades(10 000 yuan)	254879	316590	24.4
餐饮业(万元)	Catering Trade(10 000 yuan)	36868	43410	16.6
科技教育卫生	**Science, Education & Public Health**			
各类专业技术人员(人)	Special Technical Personnel(person)	7945	8225	3.5
幼儿园数(所)	Number of Kindergartens(unit)	33	31	－6.1
学龄儿童入学率(%)	Percentage of School－Age Children Enrolled(%)	100.0	100.0	0.0
小学学校数(所)	Number of Primary Schools(unit)	23	22	－4.3
小学专任教师数(人)	Number of Full－time Teachers of Primary Schools(person)	981	975	－0.6
小学在校学生数(人)	Number of Student Enrollment of Primary Schools(person)	18852	18393	－2.4
普通中学学校数(所)	Number of Regular Secondary Schools(unit)	10	10	0.0
普通中学专任教师数(人)	Number of Teachers of Secondary Shools(person)	1158	1121	－3.1
初中在校学生数(人)	Number of Student in Junior Secondary Schools(person)	10755	10498	－2.4
高中在校学生数(人)	Number of Student in Senior Secondary Schools(person)	9231	9439	2.2
卫生机构数(所)	Number of Health Institutions(unit)	28	28	0.0
#医院(所)	Hospitals(unit)	4	6	50.0
卫生院(所)	Township Hospitals(unit)	22	22	0.0
床位数(张)	Number of Beds(unit)	692	868	25.4
#医院(张)	Hospitals(unit)	447	577	29.1
卫生院(张)	Township Hospitals(unit)	235	254	8.0
卫生技术人员(人)	Medical Technical Presonnel(person)	748	1113	48.8
#医院(人)	Hospitals(person)	339	584	72.3
卫生院(人)	Township Hospitals(person)	409	529	29.3

23－90 鄂尔多斯市准格尔旗

指　　标	Item	2009	2010	2010年比上年增长% Increase Rate in 2010 Over 2009(%)
行政区域土地面积(平方公里)	**Area of Administration(Sq. km)**	**7692**	**7692**	**0.0**
人口和就业	**Population & Employment**			
年末总人口(人)	Total Population Year－end(person)	298663	307901	3.1
#男性(人)	Male(person)	155165	158456	2.1
#乡村人口(人)	Rural(person)	128000	104350	－18.5
年末总户数(户)	Total Number of Households at the Year－end(Household)	125140	130694	4.4
#乡村户数(户)	Number of Rural Household(Household)	46111	37085	－19.6
出生人口(人)	Births(person)	3569	4017	12.6
死亡人口(人)	Deaths(person)	1276	1616	26.6
全社会就业人员(人)	Employment(person)	173338	179825	3.8
第一产业(人)	Primary Industry(person)	40347	37506	－7.0
第二产业(人)	Secondary Industry(person)	58126	62210	7.0
第三产业(人)	Tertiary Industry(person)	74865	80109	7.0
在岗职工人数(人)	Number of Staff & Workers Employed in(person)	21448	22368	4.3
乡村劳动力(人)	Number of Rural Laborers(person)	82834	52175	－37.0
#农林牧渔业(人)	Farming, Forestry, Animal Husbandry & Fishery(person)	44136	34800	－21.2
国民经济综合指标	**Summary Item on the National Economy**			
生产总值(万元)	Gross Domestic Product(10 000 yuan)	5394777	6711362	22.0
第一产业(万元)	Primary Industry(10 000 yuan)	63741	72616	5.9
第二产业(万元)	Secondary Industry(10 000 yuan)	3352317	4155552	26.4
#工业(万元)	Industry(10 000 yuan)	3095019	3834444	27.2
第三产业(万元)	Tertiary Industry(10 000 yuan)	1978719	2483194	16.5
人均生产总值(元)	Per Capita GDP(yuan)	167540		
全社会固定资产投资(万元)	Total Investment in Fixed Assets(10 000 yuan)	3204595	4000523	24.8
按登记注册类型分	Grouped by Registered Type			
#国有(万元)	State－owned Enterprises(10 000 yuan)	1040280	1116071	7.3
集体(万元)	Collective－owned Enterprises(10 000 yuan)	12320		
有限责任公司(万元)	Limited Liability Corporations(10 000 yuan)	891405	2044476	129.4
股份有限公司(万元)	Share Holding Enterprises(10 000 yuan)	754263	332536	－55.9
私营企业(万元)	Private Enterprises(10 000 yuan)	307930	57673	－81.3
外商及港澳台投资企业(万元)	Funds from HK, Macao, Taiwan & Foreign(10 000 yuan)		7515	
按城乡渠道分	Grouped by Urban and Rural Area			
城镇(万元)	Urban(10 000 yuan)	2986470	3864301	29.4
农村(万元)	Rural(10 000 yuan)	87440	136222	55.8
一般预算收入(万元)	General Budgetary Financial Revenue(10 000 yuan)	388116	558462	43.9
一般预算支出(万元)	General Budgetary Financial Expenditures(10 000 yuan)	354269	448984	26.7
城乡居民储蓄存款余额(万元)	Resident Saving Deposit in Urban & Rural(10 000 yuan)	808949	974390	20.5
在岗职工工资总额(万元)	Total Wages of Staff & Workers Employed in(10 000 yuan)	100580	123390	22.7
在岗职工平均工资(元)	Average Wage of Staff & Workers Employed in(yuan)	46895	55164	17.6
城镇居民人均可支配收入(元)	Annual Disposable Income of Urban Residents per Capita(yuan)	23106	26699	15.6
农牧民人均纯收入(元)	Per Capita Net Income of Peasant & Herdsman(yuan)	7945	8766	10.3
农村牧区经济	**Economic Development in Rural & Pastoral Area**			
耕地面积(公顷)	Cultivated Area(hectare)	76100	76100	0.0
农作物总播种面积(公顷)	Total Sown Area(hectare)	71999	71995	0.0
#粮食作物播种面积(公顷)	Sown Area of Grain Crops(hectare)	40596	40112	－1.2
有效灌溉面积(公顷)	Irrigated Area(hectare)	21910	27114	23.8
农牧业机械总动力(万千瓦)	Total Power of Agricultural Machinery(10 000 kw)	26.70	27.20	1.9
化肥施用折纯量(吨)	Consumption of Chemical Fertilizer(ton)	9603	9468	－1.4
农村用电量(万千瓦小时)	Electricity Consumed in Rural Area(10 000 kwh)	4076	3845	－5.7
农林牧渔业总产值(万元)	Gross Output of Farming, Forestry, Animal Husbandry & Fishery(10 000 yuan)	105918	121015	2.4
粮食产量(吨)	Yield of Grain(ton)	115501	114949	－0.5
油料产量(吨)	Yield of Oil－bearing Grops(ton)	3041	1941	－36.2
甜菜产量(吨)	Yield of Beetroots(ton)	1223	319	－73.9
猪牛羊肉产量(吨)	Output of Pork, Beef & Mutton(ton)	16277	14481	－11.0
#猪肉产量(吨)	Output of Pork(ton)	8066	6560	－18.7
牛肉产量(吨)	Output of Beef(ton)	241	311	29.0
羊肉产量(吨)	Output of Mutton(ton)	7970	7610	－4.5
羊毛产量(吨)	Output of Wool(ton)	637	747	17.3

23 - 90 Zhungeer Banner in Erdos City

指　　标	Item	2009	2010	2010年比上年增长% Increase Rate in 2010 Over 2009(%)
年末牲畜存栏头数(万头只)	Total Livestock at the Year - end(10 000 heads)	64.90	59.07	-9.0
#大牲畜(万头只)	Large Animals(10 000 heads)	1.50	1.48	-1.3
羊(万只)	Sheep & Goats(10 000 heads)	57.74	52.04	-9.9
猪(万头)	Hogs(10 000 heads)	5.70	5.60	-1.8
规模以上工业	**Industrial Enterprises above Designated size**			
工业企业单位数(个)	Number of Industrial Enterprises(unit)	130	128	-1.5
#内资企业(个)	Civil Funded Enterprises(unit)	128	126	-1.6
工业总产值(万元)	Gross Industrial Output Value(10 000 yuan)	4621400	6859600	48.4
内资企业(万元)	Civil Funded Enterprises(10 000 yuan)	4578900	6820800	49.0
国有企业(万元)	State - owned Enterprises(10 000 yuan)	241600	405400	67.8
集体企业(万元)	Collective - owned Enterprises(10 000 yuan)	17700	7800	-55.9
股份合作企业(万元)	Share Holding Enterprises(10 000 yuan)	594700	1112100	87.0
联营企业(万元)	Joint Owned Enterprises(10 000 yuan)			
有限责任公司(万元)	Limited Company(10 000 yuan)	2358800	3267900	38.5
股份有限公司(万元)	Share Holding Limited Company(10 000 yuan)	256900	308500	20.1
私营企业(万元)	Privately Owned Enterprises(10 000 yuan)	1109200	1719100	55.0
其他企业(万元)	Enterprises of Other Ownership(10 000 yuan)			
港澳台商投资企业(万元)	Funds from HK,Macao & Taiwan(10 000 yuan)	42500	38800	-8.7
外商投资企业(万元)	Foreign Funded Enterprises(10 000 yuan)			
工业企业增加值(万元)	Value Added of Industrial Enterprises(10 000 yuan)	2710019		
工业企业资产总计(万元)	Total Assets of Industrial Enterprises(10 000 yuan)	8370100	11569300	38.2
工业企业负债合计(万元)	Total Liabilities of Industrial Enterprises(10 000 yuan)	4096400	5992400	46.3
工业企业产品销售收入(万元)	Sales of Revenue Industrial Enterprises(10 000 yuan)	4849700	6713700	38.4
工业企业利润总额(万元)	Total Profits of Industrial Enterprises(10 000 yuan)	1407500	1834100	30.3
建筑业	**Construction**			
建筑企业单位数(个)	Number of Construction Enterprises(unit)	8	8	0.0
建筑企业从业人员(人)	Number of Employee in Construction Enterprises(person)	2892	3986	37.8
建筑业总产值(万元)	Gross Construction Output Value(10 000 yuan)	467818	583812	24.8
交通运输邮电通信业	**Transportation,Post & Telecommunications**			
公路里程(公里)	Total Length of Highways(km)	2181	2546	16.7
邮电业务总量(万元)	Business Volume of Post & Telecoms(10 000 yuan)	35000	45000	28.6
本地电话用户(户)	Number of Subscribers of Local Telephone(Household)	60120	60200	0.1
国内贸易	**Domestic Trade**			
社会消费品零售总额(万元)	Total Retail Sales of Consumer Goods(10 000 yuan)	445492	570000	27.9
#贸易业(万元)	Wholesale & Retail Sales Trades(10 000 yuan)	383715	457041	19.1
餐饮业(万元)	Catering Trade(10 000 yuan)	61777	112959	69.6
科技教育卫生	**Science,Education & Public Health**			
各类专业技术人员(人)	Special Technical Personnel(person)	7944	8031	1.1
幼儿园数(所)	Number of Kindergartens(unit)	13	16	23.1
学龄儿童入学率(%)	Percentage of School - Age Children Enrolled(%)	100.0	100.0	0.0
小学学校数(所)	Number of Primary Schools(unit)	31	24	-22.6
小学专任教师数(人)	Number of Full - time Teachers of Primary Schools(person)	1065	1186	11.4
小学在校学生数(人)	Number of Student Enrollment of Primary Schools(person)	22407	21447	-4.3
普通中学学校数(所)	Number of Regular Secondary Schools(unit)	15	13	-13.3
普通中学专任教师数(人)	Number of Teachers of Secondary Shools(person)	1224	1371	12.0
初中在校学生数(人)	Number of Student in Junior Secondary Schools(person)	11473	11480	0.1
高中在校学生数(人)	Number of Student in Senior Secondary Schools(person)	5921	6227	5.2
卫生机构数(所)	Number of Health Institutions(unit)	279	265	-5.0
#医院(所)	Hospitals(unit)	3	4	33.3
卫生院(所)	Township Hospitals(unit)	18	19	5.6
床位数(张)	Number of Beds(unit)	1598	1653	3.4
#医院(张)	Hospitals(unit)	1124	1164	3.6
卫生院(张)	Township Hospitals(unit)	404	416	3.0
卫生技术人员(人)	Medical Technical Presonnel(person)	1203	1452	20.7
#医院(人)	Hospitals(person)	850	1026	20.7
卫生院(人)	Township Hospitals(person)	353	406	15.0

23-91 鄂尔多斯市鄂托克前旗

指标	Item	2009	2010	2010年比上年增长% Increase Rate in 2010 Over 2009(%)
行政区域土地面积(平方公里)	**Area of Administration(Sq. km)**	**12180**	**12180**	**0.0**
人口和就业	**Population & Employment**			
年末总人口(人)	Total Population Year-end(person)	75782	75961	0.2
#男性(人)	Male(person)	38676	38669	0.0
#乡村人口(人)	Rural(person)	37465	35995	-3.9
年末总户数(户)	Total Number of Households at the Year-end(Household)	27705	28147	1.6
#乡村户数(户)	Number of Rural Household(Household)	11438	11462	0.2
出生人口(人)	Births(person)	854	916	7.3
死亡人口(人)	Deaths(person)	418	655	56.7
全社会就业人员(人)	Employment(person)	46716	47095	0.8
第一产业(人)	Primary Industry(person)	23358	22605	-3.2
第二产业(人)	Secondary Industry(person)	8409	9419	12.0
第三产业(人)	Tertiary Industry(person)	14949	15071	0.8
在岗职工人数(人)	Number of Staff & Workers Employed in(person)	4589	4861	5.9
乡村劳动力(人)	Number of Rural Laborers(person)	26654	22099	-17.1
#农林牧渔业(人)	Farming, Forestry, Animal Husbandry & Fishery(person)	22913	19213	-16.1
国民经济综合指标	**Summary Item on the National Economy**			
生产总值(万元)	Gross Domestic Product(10 000 yuan)	365703	502269	20.5
第一产业(万元)	Primary Industry(10 000 yuan)	60232	79231	2.0
第二产业(万元)	Secondary Industry(10 000 yuan)	149071	246342	38.0
#工业(万元)	Industry(10 000 yuan)	113173	191759	38.0
第三产业(万元)	Tertiary Industry(10 000 yuan)	156400	176696	15.2
人均生产总值(元)	Per Capita GDP(yuan)	53504		
全社会固定资产投资(万元)	Total Investment in Fixed Assets(10 000 yuan)	603431	881954	46.2
按登记注册类型分	Grouped by Registered Type			
#国有(万元)	State-owned Enterprises(10 000 yuan)	415846	601791	44.7
集体(万元)	Collective-owned Enterprises(10 000 yuan)		2940	
有限责任公司(万元)	Limited Liability Corporations(10 000 yuan)	135783	130480	-3.9
股份有限公司(万元)	Share Holding Enterprises(10 000 yuan)			
私营企业(万元)	Private Enterprises(10 000 yuan)	46826	54230	15.8
外商及港澳台投资企业(万元)	Funds from HK, Macao, Taiwan & Foreign(10 000 yuan)			
按城乡渠道分	Grouped by Urban and Rural Area			
城镇(万元)	Urban(10 000 yuan)	603431	881954	46.2
农村(万元)	Rural(10 000 yuan)			
一般预算收入(万元)	General Budgetary Financial Revenue(10 000 yuan)	30568	51018	66.9
一般预算支出(万元)	General Budgetary Financial Expenditures(10 000 yuan)	107467	140915	31.1
城乡居民储蓄存款余额(万元)	Resident Saving Deposit in Urban & Rural(10 000 yuan)	58720	82214	40.0
在岗职工工资总额(万元)	Total Wages of Staff & Workers Employed in(10 000 yuan)	19599	26074	33.0
在岗职工平均工资(元)	Average Wage of Staff & Workers Employed in(yuan)	42765	53640	25.4
城镇居民人均可支配收入(元)	Annual Disposable Income of Urban Residents per Capita(yuan)	18324	21046	14.9
农牧民人均纯收入(元)	Per Capita Net Income of Peasant & Herdsman(yuan)	7966	8764	10.0
农村牧区经济	**Economic Development in Rural & Pastoral Area**			
耕地面积(公顷)	Cultivated Area(hectare)	27733	27733	0.0
农作物总播种面积(公顷)	Total Sown Area(hectare)	27733	27733	0.0
#粮食作物播种面积(公顷)	Sown Area of Grain Crops(hectare)	16667	16667	0.0
有效灌溉面积(公顷)	Irrigated Area(hectare)	27733	27733	0.0
农牧业机械总动力(万千瓦)	Total Power of Agricultural Machinery(10 000 kw)	19.55	21.90	12.0
化肥施用折纯量(吨)	Consumption of Chemical Fertilizer(ton)	7214	12045	66.9
农村用电量(万千瓦小时)	Electricity Consumed in Rural Area(10 000 kwh)	2426	3177	30.9
农林牧渔业总产值(万元)	Gross Output of Farming, Forestry, Animal Husbandry & Fishery(10 000 yuan)	103714	132410	6.5
粮食产量(吨)	Yield of Grain(ton)	105000	107500	2.4
油料产量(吨)	Yield of Oil-bearing Grops(ton)	1100	2500	127.3
甜菜产量(吨)	Yield of Beetroots(ton)			
猪牛羊肉产量(吨)	Output of Pork, Beef & Mutton(ton)	16034	16485	2.8
#猪肉产量(吨)	Output of Pork(ton)	3910	3575	-8.6
牛肉产量(吨)	Output of Beef(ton)	1733	2749	58.6
羊肉产量(吨)	Output of Mutton(ton)	10270	10161	-1.1
羊毛产量(吨)	Output of Wool(ton)	1376	1477	7.3

23 – 91 Etuokeqian Banner in Erdos City

指　标	Item	2009	2010	2010 年比上年增长% Increase Rate in 2010 Over 2009(%)
年末牲畜存栏头数(万头只)	Total Livestock at the Year – end(10 000 heads)	81.50	79.15	–2.9
# 大牲畜(万头只)	Large Animals(10 000 heads)	3.55	3.05	–14.1
羊(万只)	Sheep & Goats(10 000 heads)	72.30	70.69	–2.2
猪(万头)	Hogs(10 000 heads)	5.67	5.41	–4.6
规模以上工业	**Industrial Enterprises above Designated size**			
工业企业单位数(个)	Number of Industrial Enterprises(unit)	12	12	0.0
# 内资企业(个)	Civil Funded Enterprises(unit)	12	12	0.0
工业总产值(万元)	Gross Industrial Output Value(10 000 yuan)	181000	339100	87.3
内资企业(万元)	Civil Funded Enterprises(10 000 yuan)	181000	339100	87.3
国有企业(万元)	State – owned Enterprises(10 000 yuan)	40900	113900	178.5
集体企业(万元)	Collective – owned Enterprises(10 000 yuan)			
股份合作企业(万元)	Share Holding Enterprises(10 000 yuan)			
联营企业(万元)	Joint Owned Enterprises(10 000 yuan)			
有限责任公司(万元)	Limited Company(10 000 yuan)	123300	199600	61.9
股份有限公司(万元)	Share Holding Limited Company(10 000 yuan)			
私营企业(万元)	Privately Owned Enterprises(10 000 yuan)	16800	25600	52.4
其他企业(万元)	Enterprises of Other Ownership(10 000 yuan)			
港澳台商投资企业(万元)	Funds from HK, Macao & Taiwan(10 000 yuan)			
外商投资企业(万元)	Foreign Funded Enterprises(10 000 yuan)			
工业企业增加值(万元)	Value Added of Industrial Enterprises(10 000 yuan)	113173		
工业企业资产总计(万元)	Total Assets of Industrial Enterprises(10 000 yuan)	174090	228700	31.4
工业企业负债合计(万元)	Total Liabilities of Industrial Enterprises(10 000 yuan)	123597	126500	2.3
工业企业产品销售收入(万元)	Sales of Revenue Industrial Enterprises(10 000 yuan)	178200	269100	51.0
工业企业利润总额(万元)	Total Profits of Industrial Enterprises(10 000 yuan)	2411	12900	435.0
建筑业	**Construction**			
建筑企业单位数(个)	Number of Construction Enterprises(unit)	4	6	50.0
建筑企业从业人员(人)	Number of Employee in Construction Enterprises(person)	2655	2800	5.5
建筑业总产值(万元)	Gross Construction Output Value(10 000 yuan)	32969	39431	19.6
交通运输邮电通信业	**Transportation, Post & Telecommunications**			
公路里程(公里)	Total Length of Highways(km)	1792	1906	6.4
邮电业务总量(万元)	Business Volume of Post & Telecoms(10 000 yuan)	4410	4816	9.2
本地电话用户(户)	Number of Subscribers of Local Telephone(Household)	6838	7341	7.4
国内贸易	**Domestic Trade**			
社会消费品零售总额(万元)	Total Retail Sales of Consumer Goods(10 000 yuan)	80015	95000	18.7
# 贸易业(万元)	Wholesale & Retail Sales Trades(10 000 yuan)	63441	72589	14.4
餐饮业(万元)	Catering Trade(10 000 yuan)	15825	22411	41.6
科技教育卫生	**Science, Education & Public Health**			
各类专业技术人员(人)	Special Technical Personnel(person)	1423	1517	6.6
幼儿园数(所)	Number of Kindergartens(unit)	3	5	66.7
学龄儿童入学率(%)	Percentage of School – Age Children Enrolled(%)	100.0	100.0	0.0
小学学校数(所)	Number of Primary Schools(unit)	7	6	–14.3
小学专任教师数(人)	Number of Full – time Teachers of Primary Schools(person)	253	225	–11.1
小学在校学生数(人)	Number of Student Enrollment of Primary Schools(person)	4233	4171	–1.5
普通中学学校数(所)	Number of Regular Secondary Schools(unit)	4	4	0.0
普通中学专任教师数(人)	Number of Teachers of Secondary Shools(person)	276	169	–38.8
初中在校学生数(人)	Number of Student in Junior Secondary Schools(person)	2627	2391	–8.9
高中在校学生数(人)	Number of Student in Senior Secondary Schools(person)	1029	949	–7.8
卫生机构数(所)	Number of Health Institutions(unit)	11	11	0.0
# 医院(所)	Hospitals(unit)	2	2	0.0
卫生院(所)	Township Hospitals(unit)	9	9	0.0
床位数(张)	Number of Beds(unit)	293	273	–6.8
# 医院(张)	Hospitals(unit)	160	160	0.0
卫生院(张)	Township Hospitals(unit)	113	113	0.0
卫生技术人员(人)	Medical Technical Presonnel(person)	298	333	11.7
# 医院(人)	Hospitals(person)	99	122	23.2
卫生院(人)	Township Hospitals(person)	97	95	–2.1

23－92 鄂尔多斯市鄂托克旗

指　　标	Item	2009	2010	2010年比上年增长% Increase Rate in 2010 Over 2009(%)
行政区域土地面积(平方公里)	**Area of Administration(Sq. km)**	**20383**	**20383**	**0.0**
人口和就业	**Population & Employment**			
年末总人口(人)	Total Population Year－end(person)	97130	97853	0.7
#男性(人)	Male(person)	49423	49669	0.5
#乡村人口(人)	Rural(person)	35652	35723	0.2
年末总户数(户)	Total Number of Households at the Year－end(Household)	38072	38895	2.2
#乡村户数(户)	Number of Rural Household(Household)	11277	11275	0.0
出生人口(人)	Births(person)	1340	1422	6.1
死亡人口(人)	Deaths(person)	639	794	24.3
全社会就业人员(人)	Employment(person)			
第一产业(人)	Primary Industry(person)			
第二产业(人)	Secondary Industry(person)			
第三产业(人)	Tertiary Industry(person)			
在岗职工人数(人)	Number of Staff & Workers Employed in(person)	17027	19747	16.0
乡村劳动力(人)	Number of Rural Laborers(person)	25707	24398	－5.1
#农林牧渔业(人)	Farming, Forestry, Animal Husbandry & Fishery(person)	21362	21250	－0.5
国民经济综合指标	**Summary Item on the National Economy**			
生产总值(万元)	Gross Domestic Product(10 000 yuan)	2218600	2733886	21.2
第一产业(万元)	Primary Industry(10 000 yuan)	39400	51654	5.3
第二产业(万元)	Secondary Industry(10 000 yuan)	1708800	2123674	23.4
#工业(万元)	Industry(10 000 yuan)	1559100	1929926	24.1
第三产业(万元)	Tertiary Industry(10 000 yuan)	470400	558558	16.1
人均生产总值(元)	Per Capita GDP(yuan)	176079		
全社会固定资产投资(万元)	Total Investment in Fixed Assets(10 000 yuan)	1608542	2000236	24.3
按登记注册类型分	Grouped by Registered Type			
#国有(万元)	State－owned Enterprises(10 000 yuan)	719411	1016706	41.3
集体(万元)	Collective－owned Enterprises(10 000 yuan)			
有限责任公司(万元)	Limited Liability Corporations(10 000 yuan)	273944	483199	76.4
股份有限公司(万元)	Share Holding Enterprises(10 000 yuan)	31900	259869	714.6
私营企业(万元)	Private Enterprises(10 000 yuan)		41482	
外商及港澳台投资企业(万元)	Funds from HK, Macao, Taiwan & Foreign(10 000 yuan)	39100	365	－99.1
按城乡渠道分	Grouped by Urban and Rural Area			
城镇(万元)	Urban(10 000 yuan)	1582780	2000236	26.4
农村(万元)	Rural(10 000 yuan)	25762		
一般预算收入(万元)	General Budgetary Financial Revenue(10 000 yuan)	97549	133266	36.6
一般预算支出(万元)	General Budgetary Financial Expenditures(10 000 yuan)	132651	197433	48.8
城乡居民储蓄存款余额(万元)	Resident Saving Deposit in Urban & Rural(10 000 yuan)	296181	379953	31.6
在岗职工工资总额(万元)	Total Wages of Staff & Workers Employed in(10 000 yuan)	65393	94938	45.2
在岗职工平均工资(元)	Average Wage of Staff & Workers Employed in(yuan)	38473	48741	26.7
城镇居民人均可支配收入(元)	Annual Disposable Income of Urban Residents per Capita(yuan)	19332	22197	14.8
农牧民人均纯收入(元)	Per Capita Net Income of Peasant & Herdsman(yuan)	7826	8720	11.4
农村牧区经济	**Economic Development in Rural & Pastoral Area**			
耕地面积(公顷)	Cultivated Area(hectare)	18733	18733	0.0
农作物总播种面积(公顷)	Total Sown Area(hectare)	18733	18733	0.0
#粮食作物播种面积(公顷)	Sown Area of Grain Crops(hectare)	14200	14200	0.0
有效灌溉面积(公顷)	Irrigated Area(hectare)	18733	18733	0.0
农牧业机械总动力(万千瓦)	Total Power of Agricultural Machinery(10 000 kw)	15.20	16.10	5.9
化肥施用折纯量(吨)	Consumption of Chemical Fertilizer(ton)	3762	4402	17.0
农村用电量(万千瓦小时)	Electricity Consumed in Rural Area(10 000 kwh)	753	790	4.9
农林牧渔业总产值(万元)	Gross Output of Farming, Forestry, Animal Husbandry & Fishery(10 000 yuan)	70875	88178	8.7
粮食产量(吨)	Yield of Grain(ton)	81000	82000	12.3
油料产量(吨)	Yield of Oil－bearing Grops(ton)	5100	7600	49.0
甜菜产量(吨)	Yield of Beetroots(ton)			
猪牛羊肉产量(吨)	Output of Pork, Beef & Mutton(ton)	10323	14856	43.9
#猪肉产量(吨)	Output of Pork(ton)	2319	2219	－4.3
牛肉产量(吨)	Output of Beef(ton)	1063	1088	2.4
羊肉产量(吨)	Output of Mutton(ton)	6941	11549	66.4
羊毛产量(吨)	Output of Wool(ton)	4738	329	－7.1

23 - 92 Etuoke Banner in Erdos City

指 标	Item	2009	2010	2010年比上年增长% Increase Rate in 2010 Over 2009(%)
年末牲畜存栏头数(万头只)	Total Livestock at the Year - end(10 000 heads)	125.80	133.59	6.2
# 大牲畜(万头只)	Large Animals(10 000 heads)	1.76	1.85	5.1
羊(万只)	Sheep & Goats(10 000 heads)	121.29	128.50	5.9
猪(万头)	Hogs(10 000 heads)	2.74	3.24	18.2
规模以上工业	**Industrial Enterprises above Designated size**			
工业企业单位数(个)	Number of Industrial Enterprises(unit)	72	62	-13.9
# 内资企业(个)	Civil Funded Enterprises(unit)	69	59	-14.5
工业总产值(万元)	Gross Industrial Output Value(10 000 yuan)	3084800	3999300	29.6
内资企业(万元)	Civil Funded Enterprises(10 000 yuan)	2153600	2798500	29.9
国有企业(万元)	State - owned Enterprises(10 000 yuan)	24900	34000	36.5
集体企业(万元)	Collective - owned Enterprises(10 000 yuan)	6700	7200	7.5
股份合作企业(万元)	Share Holding Enterprises(10 000 yuan)			
联营企业(万元)	Joint Owned Enterprises(10 000 yuan)			
有限责任公司(万元)	Limited Company(10 000 yuan)			
股份有限公司(万元)	Share Holding Limited Company(10 000 yuan)	704500	810700	15.1
私营企业(万元)	Privately Owned Enterprises(10 000 yuan)	1417600	1946600	37.3
其他企业(万元)	Enterprises of Other Ownership(10 000 yuan)			
港澳台商投资企业(万元)	Funds from HK, Macao & Taiwan(10 000 yuan)			
外商投资企业(万元)	Foreign Funded Enterprises(10 000 yuan)	931100	1200800	29.0
工业企业增加值(万元)	Value Added of Industrial Enterprises(10 000 yuan)	1433104		
工业企业资产总计(万元)	Total Assets of Industrial Enterprises(10 000 yuan)	3770600	4904000	30.1
工业企业负债合计(万元)	Total Liabilities of Industrial Enterprises(10 000 yuan)	2366200	2854600	20.6
工业企业产品销售收入(万元)	Sales of Revenue Industrial Enterprises(10 000 yuan)	2959800	3815500	28.9
工业企业利润总额(万元)	Total Profits of Industrial Enterprises(10 000 yuan)	286600	393000	37.1
建筑业	**Construction**			
建筑企业单位数(个)	Number of Construction Enterprises(unit)	4	5	25.0
建筑企业从业人员(人)	Number of Employee in Construction Enterprises(person)	1072	1117	4.2
建筑业总产值(万元)	Gross Construction Output Value(10 000 yuan)	45537	44661	-1.9
交通运输邮电通信业	**Transportation, Post & Telecommunications**			
公路里程(公里)	Total Length of Highways(km)	2725	2905	6.6
邮电业务总量(万元)	Business Volume of Post & Telecoms(10 000 yuan)	14449	16093	11.4
本地电话用户(户)	Number of Subscribers of Local Telephone(Household)	21459	22565	5.2
国内贸易	**Domestic Trade**			
社会消费品零售总额(万元)	Total Retail Sales of Consumer Goods(10 000 yuan)	234844	280000	19.2
# 贸易业(万元)	Wholesale & Retail Sales Trades(10 000 yuan)	189546	220195	16.1
餐饮业(万元)	Catering Trade(10 000 yuan)	38624	41699	8.0
科技教育卫生	**Science, Education & Public Health**			
各类专业技术人员(人)	Special Technical Personnel(person)			
幼儿园数(所)	Number of Kindergartens(unit)	16	16	0.0
学龄儿童入学率(%)	Percentage of School - Age Children Enrolled(%)	100.0	100.0	0.0
小学学校数(所)	Number of Primary Schools(unit)	9	8	-11.1
小学专任教师数(人)	Number of Full - time Teachers of Primary Schools(person)	647	684	5.7
小学在校学生数(人)	Number of Student Enrollment of Primary Schools(person)	8676	8314	-4.2
普通中学学校数(所)	Number of Regular Secondary Schools(unit)	8	8	0.0
普通中学专任教师数(人)	Number of Teachers of Secondary Shools(person)	457	634	38.4
初中在校学生数(人)	Number of Student in Junior Secondary Schools(person)	4687	4457	-4.9
高中在校学生数(人)	Number of Student in Senior Secondary Schools(person)	1621	1817	12.1
卫生机构数(所)	Number of Health Institutions(unit)	12	17	41.7
# 医院(所)	Hospitals(unit)	3	5	66.7
卫生院(所)	Township Hospitals(unit)	9	12	33.3
床位数(张)	Number of Beds(unit)	370	630	70.3
# 医院(张)	Hospitals(unit)	270	390	44.4
卫生院(张)	Township Hospitals(unit)	100	240	140.0
卫生技术人员(人)	Medical Technical Presonnel(person)	352	487	38.4
# 医院(人)	Hospitals(person)	290	322	11.0
卫生院(人)	Township Hospitals(person)	62	83	33.9

23－93 鄂尔多斯市杭锦旗

指　　标	Item	2009	2010	2010年比上年增长% Increase Rate in 2010 Over 2009(%)
行政区域土地面积(平方公里)	**Area of Administration(Sq. km)**	**18903**	**18903**	**0.0**
人口和就业	**Population & Employment**			
年末总人口(人)	Total Population Year－end(person)	143884	145756	1.3
#男性(人)	Male(person)	74325	75057	1.0
#乡村人口(人)	Rural(person)	64164	66173	3.1
年末总户数(户)	Total Number of Households at the Year－end(Household)	56676	62014	9.4
#乡村户数(户)	Number of Rural Household(Household)	21043	21378	1.6
出生人口(人)	Births(person)	2298	2113	－8.1
死亡人口(人)	Deaths(person)	541	776	43.4
全社会就业人员(人)	Employment(person)	83429	86698	3.9
第一产业(人)	Primary Industry(person)	51321	53446	4.1
第二产业(人)	Secondary Industry(person)	16128	16968	5.2
第三产业(人)	Tertiary Industry(person)	15980	16284	1.9
在岗职工人数(人)	Number of Staff & Workers Employed in(person)	10988	10761	－2.1
乡村劳动力(人)	Number of Rural Laborers(person)	49610	52953	6.7
#农林牧渔业(人)	Farming,Forestry,Animal Husbandry & Fishery(person)	45044	46337	2.9
国民经济综合指标	**Summary Item on the National Economy**			
生产总值(万元)	Gross Domestic Product(10 000 yuan)	417900	501409	12.6
第一产业(万元)	Primary Industry(10 000 yuan)	90000	112915	7.8
第二产业(万元)	Secondary Industry(10 000 yuan)	147800	187630	17.1
#工业(万元)	Industry(10 000 yuan)	95000	132250	16.9
第三产业(万元)	Tertiary Industry(10 000 yuan)	180100	200864	11.1
人均生产总值(元)	Per Capita GDP(yuan)	41476		
全社会固定资产投资(万元)	Total Investment in Fixed Assets(10 000 yuan)	803260	1000427	24.5
按登记注册类型分	Grouped by Registered Type			
#国有(万元)	State－owned Enterprises(10 000 yuan)	500387	714457	42.8
集体(万元)	Collective－owned Enterprises(10 000 yuan)			
有限责任公司(万元)	Limited Liability Corporations(10 000 yuan)	154720	103796	－32.9
股份有限公司(万元)	Share Holding Enterprises(10 000 yuan)	148153	5562	－96.2
私营企业(万元)	Private Enterprises(10 000 yuan)			
外商及港澳台投资企业(万元)	Funds from HK,Macao,Taiwan & Foreign(10 000 yuan)			
按城乡渠道分	Grouped by Urban and Rural Area			
城镇(万元)	Urban(10 000 yuan)	803260	999340	24.4
农村(万元)	Rural(10 000 yuan)	80689	1087	－98.7
一般预算收入(万元)	General Budgetary Financial Revenue(10 000 yuan)	27831	35491	27.5
一般预算支出(万元)	General Budgetary Financial Expenditures(10 000 yuan)	152402	184031	20.8
城乡居民储蓄存款余额(万元)	Resident Saving Deposit in Urban & Rural(10 000 yuan)	102476	128476	25.4
在岗职工工资总额(万元)	Total Wages of Staff & Workers Employed in(10 000 yuan)	43367	50773	17.1
在岗职工平均工资(元)	Average Wage of Staff & Workers Employed in(yuan)	39467	47536	20.4
城镇居民人均可支配收入(元)	Annual Disposable Income of Urban Residents per Capita(yuan)	17595	20576	16.9
农牧民人均纯收入(元)	Per Capita Net Income of Peasant & Herdsman(yuan)	7783	8694	11.7
农村牧区经济	**Economic Development in Rural & Pastoral Area**			
耕地面积(公顷)	Cultivated Area(hectare)	66667	66667	0.0
农作物总播种面积(公顷)	Total Sown Area(hectare)	61467	61600	0.2
#粮食作物播种面积(公顷)	Sown Area of Grain Crops(hectare)	38266	38440	0.5
有效灌溉面积(公顷)	Irrigated Area(hectare)	43700	45100	3.2
农牧业机械总动力(万千瓦)	Total Power of Agricultural Machinery(10 000 kw)	38.00	45.00	18.4
化肥施用折纯量(吨)	Consumption of Chemical Fertilizer(ton)	20158	20638	2.4
农村用电量(万千瓦小时)	Electricity Consumed in Rural Area(10 000 kwh)	3636	4635	27.5
农林牧渔业总产值(万元)	Gross Output of Farming,Forestry,Animal Husbandry & Fishery(10 000 yuan)	161402	187694	13.2
粮食产量(吨)	Yield of Grain(ton)	269500	308000	14.3
油料产量(吨)	Yield of Oil－bearing Grops(ton)	39640	39000	－1.6
甜菜产量(吨)	Yield of Beetroots(ton)	96		
猪牛羊肉产量(吨)	Output of Pork, Beef & Mutton(ton)	21111	20427	－3.2
#猪肉产量(吨)	Output of Pork(ton)	2962	2064	－30.3
牛肉产量(吨)	Output of Beef(ton)	643	757	17.7
羊肉产量(吨)	Output of Mutton(ton)	17506	17606	0.6
羊毛产量(吨)	Output of Wool(ton)	449	3432	664.4

23-93 Hangjin Banner in Erdos City

指　　标	Item	2009	2010	2010年比上年增长% Increase Rate in 2010 Over 2009(%)
年末牲畜存栏头数(万头只)	Total Livestock at the Year-end(10 000 heads)	135.70	143.39	5.7
# 大牲畜(万头只)	Large Animals(10 000 heads)	1.44	1.80	25.0
羊(万只)	Sheep & Goats(10 000 heads)	130.47	138.67	6.3
猪(万头)	Hogs(10 000 heads)	3.80	2.92	-23.2
规模以上工业	**Industrial Enterprises above Designated size**			
工业企业单位数(个)	Number of Industrial Enterprises(unit)	17	18	5.9
# 内资企业(个)	Civil Funded Enterprises(unit)	16	18	12.5
工业总产值(万元)	Gross Industrial Output Value(10 000 yuan)	94963	87900	-7.4
内资企业(万元)	Civil Funded Enterprises(10 000 yuan)	94363	87900	-6.8
国有企业(万元)	State-owned Enterprises(10 000 yuan)	8063	11900	47.6
集体企业(万元)	Collective-owned Enterprises(10 000 yuan)			
股份合作企业(万元)	Share Holding Enterprises(10 000 yuan)			
联营企业(万元)	Joint Owned Enterprises(10 000 yuan)			
有限责任公司(万元)	Limited Company(10 000 yuan)	19000	28100	47.9
股份有限公司(万元)	Share Holding Limited Company(10 000 yuan)	36400	30400	-16.5
私营企业(万元)	Privately Owned Enterprises(10 000 yuan)	30900	17500	-43.4
其他企业(万元)	Enterprises of Other Ownership(10 000 yuan)			
港澳台商投资企业(万元)	Funds from HK, Macao & Taiwan(10 000 yuan)			
外商投资企业(万元)	Foreign Funded Enterprises(10 000 yuan)	600		
工业企业增加值(万元)	Value Added of Industrial Enterprises(10 000 yuan)	60000		
工业企业资产总计(万元)	Total Assets of Industrial Enterprises(10 000 yuan)	328900	324600	-1.3
工业企业负债合计(万元)	Total Liabilities of Industrial Enterprises(10 000 yuan)	240800	255700	6.2
工业企业产品销售收入(万元)	Sales of Revenue Industrial Enterprises(10 000 yuan)	78300	78000	-0.4
工业企业利润总额(万元)	Total Profits of Industrial Enterprises(10 000 yuan)	-835	12300	
建筑业	**Construction**			
建筑企业单位数(个)	Number of Construction Enterprises(unit)	2	2	0.0
建筑企业从业人员(人)	Number of Employee in Construction Enterprises(person)	378	478	26.5
建筑业总产值(万元)	Gross Construction Output Value(10 000 yuan)	5091	8671	70.3
交通运输邮电通信业	**Transportation, Post & Telecommunications**			
公路里程(公里)	Total Length of Highways(km)	1652	2136	29.3
邮电业务总量(万元)	Business Volume of Post & Telecoms(10 000 yuan)	6200	8362	34.9
本地电话用户(户)	Number of Subscribers of Local Telephone(Household)	9210	11480	24.6
国内贸易	**Domestic Trade**			
社会消费品零售总额(万元)	Total Retail Sales of Consumer Goods(10 000 yuan)	145698	180000	23.5
# 贸易业(万元)	Wholesale & Retail Sales Trades(10 000 yuan)	121055	147048	21.5
餐饮业(万元)	Catering Trade(10 000 yuan)	24643	32952	33.7
科技教育卫生	**Science, Education & Public Health**			
各类专业技术人员(人)	Special Technical Personnel(person)	3387	3425	1.1
幼儿园数(所)	Number of Kindergartens(unit)	10	13	30.0
学龄儿童入学率(%)	Percentage of School-Age Children Enrolled(%)	100.0	100.0	0.0
小学学校数(所)	Number of Primary Schools(unit)	9	6	-33.3
小学专任教师数(人)	Number of Full-time Teachers of Primary Schools(person)	403	432	7.2
小学在校学生数(人)	Number of Student Enrollment of Primary Schools(person)	5648	5344	-5.4
普通中学学校数(所)	Number of Regular Secondary Schools(unit)	6	5	-16.7
普通中学专任教师数(人)	Number of Teachers of Secondary Shools(person)	502	555	10.6
初中在校学生数(人)	Number of Student in Junior Secondary Schools(person)	4099	3979	-2.9
高中在校学生数(人)	Number of Student in Senior Secondary Schools(person)	1464	1660	13.4
卫生机构数(所)	Number of Health Institutions(unit)	17	14	-17.6
# 医院(所)	Hospitals(unit)	2	2	0.0
卫生院(所)	Township Hospitals(unit)	12	12	0.0
床位数(张)	Number of Beds(unit)	365	445	21.9
# 医院(张)	Hospitals(unit)	250	265	6.0
卫生院(张)	Township Hospitals(unit)	115	180	56.5
卫生技术人员(人)	Medical Technical Presonnel(person)	415	542	30.6
# 医院(人)	Hospitals(person)	305	316	3.6
卫生院(人)	Township Hospitals(person)	105	148	41.0

23－94 鄂尔多斯市乌审旗

指　　标	Item	2009	2010	2010 年比上年增长% Increase Rate in 2010 Over 2009(%)
行政区域土地面积(平方公里)	**Area of Administration(Sq. km)**	**11645**	**11645**	**0.0**
人口和就业	**Population & Employment**			
年末总人口(人)	Total Population Year－end(person)	106978	107808	0.8
#男性(人)	Male(person)	54902	55190	0.5
#乡村人口(人)	Rural(person)	50525	49152	－2.7
年末总户数(户)	Total Number of Households at the Year－end(Household)	40464	40730	0.7
#乡村户数(户)	Number of Rural Household(Household)	17351	17952	3.5
出生人口(人)	Births(person)	1948	2302	18.2
死亡人口(人)	Deaths(person)	563	541	－3.6
全社会就业人员(人)	Employment(person)	72230	73620	1.9
第一产业(人)	Primary Industry(person)	34064	32711	－3.9
第二产业(人)	Secondary Industry(person)	10489	9876	－5.8
第三产业(人)	Tertiary Industry(person)	27677	31033	12.1
在岗职工人数(人)	Number of Staff & Workers Employed in(person)	6785	7601	12.0
乡村劳动力(人)	Number of Rural Laborers(person)	37245	36288	－2.6
#农林牧渔业(人)	Farming, Forestry, Animal Husbandry & Fishery(person)	28805	28810	0.1
国民经济综合指标	**Summary Item on the National Economy**			
生产总值(万元)	Gross Domestic Product(10 000 yuan)	1531300	1894911	21.8
第一产业(万元)	Primary Industry(10 000 yuan)	68125	87988	2.8
第二产业(万元)	Secondary Industry(10 000 yuan)	1102639	1389516	25.3
#工业(万元)	Industry(10 000 yuan)	976838	1240654	27.3
第三产业(万元)	Tertiary Industry(10 000 yuan)	360535	417407	15.8
人均生产总值(元)	Per Capita GDP(yuan)	154676		
全社会固定资产投资(万元)	Total Investment in Fixed Assets(10 000 yuan)	1679247	1900163	13.2
按登记注册类型分	Grouped by Registered Type			
#国有(万元)	State－owned Enterprises(10 000 yuan)	1199729	1392959	16.1
集体(万元)	Collective－owned Enterprises(10 000 yuan)			
有限责任公司(万元)	Limited Liability Corporations(10 000 yuan)	387456	350473	－9.5
股份有限公司(万元)	Share Holding Enterprises(10 000 yuan)		72206	
私营企业(万元)	Private Enterprises(10 000 yuan)	1370	4940	260.6
外商及港澳台投资企业(万元)	Funds from HK, Macao, Taiwan & Foreign(10 000 yuan)			
按城乡渠道分	Grouped by Urban and Rural Area			
城镇(万元)	Urban(10 000 yuan)	1679247	1869183	11.3
农村(万元)	Rural(10 000 yuan)		30980	
一般预算收入(万元)	General Budgetary Financial Revenue(10 000 yuan)	78984	87541	10.8
一般预算支出(万元)	General Budgetary Financial Expenditures(10 000 yuan)	165342	161416	－2.4
城乡居民储蓄存款余额(万元)	Resident Saving Deposit in Urban & Rural(10 000 yuan)	134769	176103	30.7
在岗职工工资总额(万元)	Total Wages of Staff & Workers Employed in(10 000 yuan)	29988	41231	37.5
在岗职工平均工资(元)	Average Wage of Staff & Workers Employed in(yuan)	44197	54244	22.7
城镇居民人均可支配收入(元)	Annual Disposable Income of Urban Residents per Capita(yuan)	18430	21116	14.6
农牧民人均纯收入(元)	Per Capita Net Income of Peasant & Herdsman(yuan)	7945	8755	10.2
农村牧区经济	**Economic Development in Rural & Pastoral Area**			
耕地面积(公顷)	Cultivated Area(hectare)	39444	39444	0.0
农作物总播种面积(公顷)	Total Sown Area(hectare)	39444	39444	0.0
#粮食作物播种面积(公顷)	Sown Area of Grain Crops(hectare)	18083	18081	－0.1
有效灌溉面积(公顷)	Irrigated Area(hectare)			
农牧业机械总动力(万千瓦)	Total Power of Agricultural Machinery(10 000 kw)	44.54	50.60	13.7
化肥施用折纯量(吨)	Consumption of Chemical Fertilizer(ton)	4736	6647	40.4
农村用电量(万千瓦小时)	Electricity Consumed in Rural Area(10 000 kwh)	1406	8155	480.0
农林牧渔业总产值(万元)	Gross Output of Farming, Forestry, Animal Husbandry & Fishery(10 000 yuan)	122140	153125	1.4
粮食产量(吨)	Yield of Grain(ton)	114051	115000	0.8
油料产量(吨)	Yield of Oil－bearing Grops(ton)	1445	1327	8.2
甜菜产量(吨)	Yield of Beetroots(ton)			
猪牛羊肉产量(吨)	Output of Pork, Beef & Mutton(ton)	33617	35623	6.0
#猪肉产量(吨)	Output of Pork(ton)	21604	24918	15.3
牛肉产量(吨)	Output of Beef(ton)	5529	5285	－4.4
羊肉产量(吨)	Output of Mutton(ton)	6484	5420	－16.4
羊毛产量(吨)	Output of Wool(ton)	3861	1004	－74.0

23 – 94 Wushen Banner in Erdos City

指　　标	Item	2009	2010	2010 年比上年增长% Increase Rate in 2010 Over 2009(%)
年末牲畜存栏头数(万头只)	Total Livestock at the Year – end(10 000 heads)	118.20	119.74	1.3
# 大牲畜(万头只)	Large Animals(10 000 heads)	8.60	8.90	3.5
羊(万只)	Sheep & Goats(10 000 heads)	96.60	97.60	1.0
猪(万头)	Hogs(10 000 heads)	13.00	13.30	2.3
规模以上工业	**Industrial Enterprises above Designated size**			
工业企业单位数(个)	Number of Industrial Enterprises(unit)	19	18	-5.3
# 内资企业(个)	Civil Funded Enterprises(unit)	16	16	0.0
工业总产值(万元)	Gross Industrial Output Value(10 000 yuan)	2043821	2858858	39.9
内资企业(万元)	Civil Funded Enterprises(10 000 yuan)	1669393	2628146	57.4
国有企业(万元)	State – owned Enterprises(10 000 yuan)	1725	19711	1042.7
集体企业(万元)	Collective – owned Enterprises(10 000 yuan)			
股份合作企业(万元)	Share Holding Enterprises(10 000 yuan)			
联营企业(万元)	Joint Owned Enterprises(10 000 yuan)			
有限责任公司(万元)	Limited Company(10 000 yuan)	67814		
股份有限公司(万元)	Share Holding Limited Company(10 000 yuan)	1578097	2534778	60.6
私营企业(万元)	Privately Owned Enterprises(10 000 yuan)	21757	21895	0.6
其他企业(万元)	Enterprises of Other Ownership(10 000 yuan)		51762	
港澳台商投资企业(万元)	Funds from HK, Macao & Taiwan(10 000 yuan)	102439	55113	-46.2
外商投资企业(万元)	Foreign Funded Enterprises(10 000 yuan)	271989	175599	-35.4
工业企业增加值(万元)	Value Added of Industrial Enterprises(10 000 yuan)	945838		
工业企业资产总计(万元)	Total Assets of Industrial Enterprises(10 000 yuan)	1079522	1014310	-6.0
工业企业负债合计(万元)	Total Liabilities of Industrial Enterprises(10 000 yuan)	532911	468583	-12.1
工业企业产品销售收入(万元)	Sales of Revenue Industrial Enterprises(10 000 yuan)	2010925	2826920	40.6
工业企业利润总额(万元)	Total Profits of Industrial Enterprises(10 000 yuan)	220322	353605	60.5
建筑业	**Construction**			
建筑企业单位数(个)	Number of Construction Enterprises(unit)	5	5	0.0
建筑企业从业人员(人)	Number of Employee in Construction Enterprises(person)	387	408	5.4
建筑业总产值(万元)	Gross Construction Output Value(10 000 yuan)	36873	51463	39.6
交通运输邮电通信业	**Transportation, Post & Telecommunications**			
公路里程(公里)	Total Length of Highways(km)	1950	2015	3.3
邮电业务总量(万元)	Business Volume of Post & Telecoms(10 000 yuan)	10794	11991	11.1
本地电话用户(户)	Number of Subscribers of Local Telephone(Household)	13800	16800	21.7
国内贸易	**Domestic Trade**			
社会消费品零售总额(万元)	Total Retail Sales of Consumer Goods(10 000 yuan)	150234	179616	19.6
# 贸易业(万元)	Wholesale & Retail Sales Trades(10 000 yuan)	122202	148149	21.2
餐饮业(万元)	Catering Trade(10 000 yuan)	22710	31467	6.5
科技教育卫生	**Science, Education & Public Health**			
各类专业技术人员(人)	Special Technical Personnel(person)	2282	2719	19.1
幼儿园数(所)	Number of Kindergartens(unit)	9	9	0.0
学龄儿童入学率(%)	Percentage of School – Age Children Enrolled(%)	100.0	100.0	0.0
小学学校数(所)	Number of Primary Schools(unit)	7	6	-14.3
小学专任教师数(人)	Number of Full – time Teachers of Primary Schools(person)	538	485	-9.9
小学在校学生数(人)	Number of Student Enrollment of Primary Schools(person)	6326	6212	-1.8
普通中学学校数(所)	Number of Regular Secondary Schools(unit)	5	3	-40.0
普通中学专任教师数(人)	Number of Teachers of Secondary Shools(person)	593	415	-30.0
初中在校学生数(人)	Number of Student in Junior Secondary Schools(person)	3197	3251	1.7
高中在校学生数(人)	Number of Student in Senior Secondary Schools(person)	1461	1769	21.1
卫生机构数(所)	Number of Health Institutions(unit)	17	18	5.9
# 医院(所)	Hospitals(unit)	2	2	0.0
卫生院(所)	Township Hospitals(unit)	12	12	0.0
床位数(张)	Number of Beds(unit)	333	318	-4.5
# 医院(张)	Hospitals(unit)	185	172	-7.0
卫生院(张)	Township Hospitals(unit)	148	126	-1.4
卫生技术人员(人)	Medical Technical Presonnel(person)	272	344	26.5
# 医院(人)	Hospitals(person)	102	222	117.6
卫生院(人)	Township Hospitals(person)	131	122	-6.9

23－95 鄂尔多斯市伊金霍洛旗

指　　标	Item	2009	2010	2010年比上年增长% Increase Rate in 2010 Over 2009(%)
行政区域土地面积(平方公里)	**Area of Administration(Sq. km)**	**5565**	**5565**	**0.0**
人口和就业	**Population & Employment**			
年末总人口(人)	Total Population Year－end(person)	159752	164212	2.8
#男性(人)	Male(person)	82765	84382	2.0
#乡村人口(人)	Rural(person)	65712	74180	12.9
年末总户数(户)	Total Number of Households at the Year－end(Household)	67911	70093	3.2
#乡村户数(户)	Number of Rural Household(Household)	22106	25825	16.8
出生人口(人)	Births(person)	2429	3729	53.5
死亡人口(人)	Deaths(person)	473	807	70.6
全社会就业人员(人)	Employment(person)	143695	149103	3.8
第一产业(人)	Primary Industry(person)	37332	38638	3.5
第二产业(人)	Secondary Industry(person)	55189	58114	5.3
第三产业(人)	Tertiary Industry(person)	51174	52351	2.3
在岗职工人数(人)	Number of Staff & Workers Employed in(person)	26446	29691	12.3
乡村劳动力(人)	Number of Rural Laborers(person)	46775	51087	9.2
#农林牧渔业(人)	Farming, Forestry, Animal Husbandry & Fishery(person)	37332	38638	3.5
国民经济综合指标	**Summary Item on the National Economy**			
生产总值(万元)	Gross Domestic Product(10 000 yuan)	3934876	4729668	15.0
第一产业(万元)	Primary Industry(10 000 yuan)	52001	56511	6.1
第二产业(万元)	Secondary Industry(10 000 yuan)	2416407	3009551	15.4
#工业(万元)	Industry(10 000 yuan)	2211001	2766761	16.2
第三产业(万元)	Tertiary Industry(10 000 yuan)	1466467	1663606	15.0
人均生产总值(元)	Per Capita GDP(yuan)	241034		
全社会固定资产投资(万元)	Total Investment in Fixed Assets(10 000 yuan)	2199089	2600166	18.2
按登记注册类型分	Grouped by Registered Type			
#国有(万元)	State－owned Enterprises(10 000 yuan)	1154760	933512	－19.2
集体(万元)	Collective－owned Enterprises(10 000 yuan)	1100		
有限责任公司(万元)	Limited Liability Corporations(10 000 yuan)	959728	1066327	11.1
股份有限公司(万元)	Share Holding Enterprises(10 000 yuan)	214564	215846	0.6
私营企业(万元)	Private Enterprises(10 000 yuan)	181954	352636	93.8
外商及港澳台投资企业(万元)	Funds from HK, Macao, Taiwan & Foreign(10 000 yuan)	45039	7769	－82.8
按城乡渠道分	Grouped by Urban and Rural Area			
城镇(万元)	Urban(10 000 yuan)	2199089	2600166	18.2
农村(万元)	Rural(10 000 yuan)			
一般预算收入(万元)	General Budgetary Financial Revenue(10 000 yuan)	316199	442135	39.8
一般预算支出(万元)	General Budgetary Financial Expenditures(10 000 yuan)	236339	401878	70.0
城乡居民储蓄存款余额(万元)	Resident Saving Deposit in Urban & Rural(10 000 yuan)	614992	772998	25.7
在岗职工工资总额(万元)	Total Wages of Staff & Workers Employed in(10 000 yuan)	121775	159084	30.6
在岗职工平均工资(元)	Average Wage of Staff & Workers Employed in(yuan)	46256	54800	18.5
城镇居民人均可支配收入(元)	Annual Disposable Income of Urban Residents per Capita(yuan)	23098	26684	15.5
农牧民人均纯收入(元)	Per Capita Net Income of Peasant & Herdsman(yuan)	7959	8774	10.2
农村牧区经济	**Economic Development in Rural & Pastoral Area**			
耕地面积(公顷)	Cultivated Area(hectare)	33985	33625	－1.1
农作物总播种面积(公顷)	Total Sown Area(hectare)	32522	32533	0.0
#粮食作物播种面积(公顷)	Sown Area of Grain Crops(hectare)	19460	19460	0.0
有效灌溉面积(公顷)	Irrigated Area(hectare)	29880	27090	－9.3
农牧业机械总动力(万千瓦)	Total Power of Agricultural Machinery(10 000 kw)	26.25	26.00	－1.0
化肥施用折纯量(吨)	Consumption of Chemical Fertilizer(ton)	3655	4498	23.1
农村用电量(万千瓦小时)	Electricity Consumed in Rural Area(10 000 kwh)	7730	7552	－2.3
农林牧渔业总产值(万元)	Gross Output of Farming, Forestry, Animal Husbandry & Fishery(10 000 yuan)	87147	93310	2.3
粮食产量(吨)	Yield of Grain(ton)	80000	81409	1.8
油料产量(吨)	Yield of Oil－bearing Grops(ton)	124	108	－12.9
甜菜产量(吨)	Yield of Beetroots(ton)	56	3	－94.6
猪牛羊肉产量(吨)	Output of Pork, Beef & Mutton(ton)	12037	14229	18.2
#猪肉产量(吨)	Output of Pork(ton)	4469	5038	12.7
牛肉产量(吨)	Output of Beef(ton)	644	807	25.3
羊肉产量(吨)	Output of Mutton(ton)	6262	8384	33.9
羊毛产量(吨)	Output of Wool(ton)	872	370	－57.6

23 - 95 Yijinhuoluo Banner in Erdos City

指　　标	Item	2009	2010	2010 年比上年增长% Increase Rate in 2010 Over 2009(%)
年末牲畜存栏头数(万头只)	Total Livestock at the Year - end(10 000 heads)	59.45	50.57	-14.9
# 大牲畜(万头只)	Large Animals(10 000 heads)	1.25	1.12	-10.4
羊(万只)	Sheep & Goats(10 000 heads)	54.76	46.47	-15.1
猪(万头)	Hogs(10 000 heads)	3.44	2.98	-13.4
规模以上工业	**Industrial Enterprises above Designated size**			
工业企业单位数(个)	Number of Industrial Enterprises(unit)	62	52	-16.1
# 内资企业(个)	Civil Funded Enterprises(unit)	61	51	-16.4
工业总产值(万元)	Gross Industrial Output Value(10 000 yuan)	4047700	5371300	32.7
内资企业(万元)	Civil Funded Enterprises(10 000 yuan)	4027400	5310000	31.8
国有企业(万元)	State - owned Enterprises(10 000 yuan)	59300	402100	578.1
集体企业(万元)	Collective - owned Enterprises(10 000 yuan)	70400	130600	85.5
股份合作企业(万元)	Share Holding Enterprises(10 000 yuan)			
联营企业(万元)	Joint Owned Enterprises(10 000 yuan)			
有限责任公司(万元)	Limited Company(10 000 yuan)	3412700	3720100	9.0
股份有限公司(万元)	Share Holding Limited Company(10 000 yuan)	132500	298600	125.4
私营企业(万元)	Privately Owned Enterprises(10 000 yuan)	352500	758600	115.2
其他企业(万元)	Enterprises of Other Ownership(10 000 yuan)			
港澳台商投资企业(万元)	Funds from HK, Macao & Taiwan(10 000 yuan)	20300	61300	202.0
外商投资企业(万元)	Foreign Funded Enterprises(10 000 yuan)			
工业企业增加值(万元)	Value Added of Industrial Enterprises(10 000 yuan)	2050001		
工业企业资产总计(万元)	Total Assets of Industrial Enterprises(10 000 yuan)	6394600	9179200	43.5
工业企业负债合计(万元)	Total Liabilities of Industrial Enterprises(10 000 yuan)	2038800	2619200	28.5
工业企业产品销售收入(万元)	Sales of Revenue Industrial Enterprises(10 000 yuan)	3776400	5449900	44.3
工业企业利润总额(万元)	Total Profits of Industrial Enterprises(10 000 yuan)	1579700	2182000	38.1
建筑业	**Construction**			
建筑企业单位数(个)	Number of Construction Enterprises(unit)	7	7	0.0
建筑企业从业人员(人)	Number of Employee in Construction Enterprises(person)	2118	1322	-37.6
建筑业总产值(万元)	Gross Construction Output Value(10 000 yuan)	53354	54850	2.8
交通运输邮电通信业	**Transportation, Post & Telecommunications**			
公路里程(公里)	Total Length of Highways(km)	2143	2233	4.2
邮电业务总量(万元)	Business Volume of Post & Telecoms(10 000 yuan)	2669	587	-78.0
本地电话用户(户)	Number of Subscribers of Local Telephone(Household)	41766	46987	12.5
国内贸易	**Domestic Trade**			
社会消费品零售总额(万元)	Total Retail Sales of Consumer Goods(10 000 yuan)	226803	275000	21.3
# 贸易业(万元)	Wholesale & Retail Sales Trades(10 000 yuan)	194150	237326	22.2
餐饮业(万元)	Catering Trade(10 000 yuan)	29053	34958	20.3
科技教育卫生	**Science, Education & Public Health**			
各类专业技术人员(人)	Special Technical Personnel(person)	6453	6918	7.2
幼儿园数(所)	Number of Kindergartens(unit)	15	15	0.0
学龄儿童入学率(%)	Percentage of School - Age Children Enrolled(%)	100.0	100.0	0.0
小学学校数(所)	Number of Primary Schools(unit)	16	16	0.0
小学专任教师数(人)	Number of Full - time Teachers of Primary Schools(person)	733	738	0.7
小学在校学生数(人)	Number of Student Enrollment of Primary Schools(person)	9863	9670	-2.0
普通中学学校数(所)	Number of Regular Secondary Schools(unit)	7	7	0.0
普通中学专任教师数(人)	Number of Teachers of Secondary Shools(person)	680	665	-2.2
初中在校学生数(人)	Number of Student in Junior Secondary Schools(person)	5097	4888	-4.1
高中在校学生数(人)	Number of Student in Senior Secondary Schools(person)	2368	2881	21.7
卫生机构数(所)	Number of Health Institutions(unit)	31	31	0.0
# 医院(所)	Hospitals(unit)	1	4	300.0
卫生院(所)	Township Hospitals(unit)	15	14	-6.7
床位数(张)	Number of Beds(unit)	507	551	8.7
# 医院(张)	Hospitals(unit)	250	304	21.6
卫生院(张)	Township Hospitals(unit)	257	247	-3.9
卫生技术人员(人)	Medical Technical Presonnel(person)	493	655	32.9
# 医院(人)	Hospitals(person)	175	260	48.6
卫生院(人)	Township Hospitals(person)	226	251	11.1

23－96 巴彦淖尔市临河区

指　　标	Item	2009	2010	2010年比上年增长% Increase Rate in 2010 Over 2009(%)
行政区域土地面积(平方公里)	**Area of Administration(Sq. km)**	**2354**	**2354**	**0.0**
人口和就业	**Population & Employment**			
年末总人口(人)	Total Population Year－end(person)	535600	564287	5.5
#男性(人)	Male(person)	269800	280734	4.1
#乡村人口(人)	Rural(person)	216800	239738	10.6
年末总户数(户)	Total Number of Households at the Year－end(Household)	173543	181673	4.7
#乡村户数(户)	Number of Rural Household(Household)	60190	59817	－0.6
出生人口(人)	Births(person)	4928	4785	－2.9
死亡人口(人)	Deaths(person)	2801	1608	－42.6
全社会就业人员(人)	Employment(person)	291607	297592	2.1
第一产业(人)	Primary Industry(person)	113004	97397	－13.8
第二产业(人)	Secondary Industry(person)	33077	36028	8.9
第三产业(人)	Tertiary Industry(person)	145526	164167	12.8
在岗职工人数(人)	Number of Staff & Workers Employed in(person)	66083	66792	1.1
乡村劳动力(人)	Number of Rural Laborers(person)	123709	142932	15.5
#农林牧渔业(人)	Farming,Forestry,Animal Husbandry & Fishery(person)	106404	97397	－8.5
国民经济综合指标	**Summary Item on the National Economy**			
生产总值(万元)	Gross Domestic Product(10 000 yuan)	1573300	1789072	15.9
第一产业(万元)	Primary Industry(10 000 yuan)	260200	312033	6.6
第二产业(万元)	Secondary Industry(10 000 yuan)	780800	896737	22.5
#工业(万元)	Industry(10 000 yuan)	693900	747305	23.3
第三产业(万元)	Tertiary Industry(10 000 yuan)	532300	580302	11.4
人均生产总值(元)	Per Capita GDP(yuan)	29402	32532	15.9
全社会固定资产投资(万元)	Total Investment in Fixed Assets(10 000 yuan)	1113658	1255106	12.7
按登记注册类型分	Grouped by Registered Type			
#国有(万元)	State－owned Enterprises(10 000 yuan)	478446	633870	32.5
集体(万元)	Collective－owned Enterprises(10 000 yuan)	50532		
有限责任公司(万元)	Limited Liability Corporations(10 000 yuan)		178223	
股份有限公司(万元)	Share Holding Enterprises(10 000 yuan)		9349	
私营企业(万元)	Private Enterprises(10 000 yuan)	516230	433294	－16.1
外商及港澳台投资企业(万元)	Funds from HK,Macao,Taiwan & Foreign(10 000 yuan)	68450	370	－99.5
按城乡渠道分	Grouped by Urban and Rural Area			
城镇(万元)	Urban(10 000 yuan)	1074170	1250559	16.4
农村(万元)	Rural(10 000 yuan)	39488	4547	－88.5
一般预算收入(万元)	General Budgetary Financial Revenue(10 000 yuan)	72862	89615	23.0
一般预算支出(万元)	General Budgetary Financial Expenditures(10 000 yuan)	143136	187308	30.9
城乡居民储蓄存款余额(万元)	Resident Saving Deposit in Urban & Rural(10 000 yuan)	1144247	1312591	14.7
在岗职工工资总额(万元)	Total Wages of Staff & Workers Employed in(10 000 yuan)	177436	220077	24.0
在岗职工平均工资(元)	Average Wage of Staff & Workers Employed in(yuan)	25910	30495	17.7
城镇居民人均可支配收入(元)	Annual Disposable Income of Urban Residents per Capita(yuan)	13372	14562	8.9
农牧民人均纯收入(元)	Per Capita Net Income of Peasant & Herdsman(yuan)	7568	8577	13.3
农村牧区经济	**Economic Development in Rural & Pastoral Area**			
耕地面积(公顷)	Cultivated Area(hectare)	127111	144714	13.8
农作物总播种面积(公顷)	Total Sown Area(hectare)	139640	139644	0.0
#粮食作物播种面积(公顷)	Sown Area of Grain Crops(hectare)	74060	68087	－8.1
有效灌溉面积(公顷)	Irrigated Area(hectare)	127111	139643	9.9
农牧业机械总动力(万千瓦)	Total Power of Agricultural Machinery(10 000 kw)	66.45	71.03	6.9
化肥施用折纯量(吨)	Consumption of Chemical Fertilizer(ton)	66193	68208	3.0
农村用电量(万千瓦小时)	Electricity Consumed in Rural Area(10 000 kwh)	8987	9126	1.5
农林牧渔业总产值(万元)	Gross Output of Farming,Forestry,Animal Husbandry & Fishery(10 000 yuan)	438386	530208	6.6
粮食产量(吨)	Yield of Grain(ton)	580100	582164	0.4
油料产量(吨)	Yield of Oil－bearing Grops(ton)	155100	164794	6.3
甜菜产量(吨)	Yield of Beetroots(ton)	4947	1442	－70.9
猪牛羊肉产量(吨)	Output of Pork, Beef & Mutton(ton)	64447	70775	9.8
#猪肉产量(吨)	Output of Pork(ton)	17783	17957	1.0
牛肉产量(吨)	Output of Beef(ton)	1814	1566	－13.7
羊肉产量(吨)	Output of Mutton(ton)	44850	46806	4.4
羊毛产量(吨)	Output of Wool(ton)	1617	1631	0.9

23 – 96 Linhe District in Bayannaoer City

指　　标	Item	2009	2010	2010年比上年增长% Increase Rate in 2010 Over 2009(%)
年末牲畜存栏头数(万头只)	Total Livestock at the Year – end(10 000 heads)	170.37	169.83	-0.3
#大牲畜(万头只)	Large Animals(10 000 heads)	6.89	6.62	-3.9
羊(万只)	Sheep & Goats(10 000 heads)	150.08	150.00	0.0
猪(万头)	Hogs(10 000 heads)	13.39	13.21	-1.3
规模以上工业	**Industrial Enterprises above Designated size**			
工业企业单位数(个)	Number of Industrial Enterprises(unit)	86	94	9.3
#内资企业(个)	Civil Funded Enterprises(unit)	83	91	9.6
工业总产值(万元)	Gross Industrial Output Value(10 000 yuan)	1815800	2291895	26.2
内资企业(万元)	Civil Funded Enterprises(10 000 yuan)	1603200	1997520	24.6
国有企业(万元)	State – owned Enterprises(10 000 yuan)	288000	327427	13.7
集体企业(万元)	Collective – owned Enterprises(10 000 yuan)			
股份合作企业(万元)	Share Holding Enterprises(10 000 yuan)	80700	91586	13.5
联营企业(万元)	Joint Owned Enterprises(10 000 yuan)			
有限责任公司(万元)	Limited Company(10 000 yuan)	771900	1027399	33.1
股份有限公司(万元)	Share Holding Limited Company(10 000 yuan)	32400	43584	34.5
私营企业(万元)	Privately Owned Enterprises(10 000 yuan)	402500	469762	16.7
其他企业(万元)	Enterprises of Other Ownership(10 000 yuan)	27700	37762	36.3
港澳台商投资企业(万元)	Funds from HK, Macao & Taiwan(10 000 yuan)	156400	227359	45.4
外商投资企业(万元)	Foreign Funded Enterprises(10 000 yuan)	56200	67017	19.2
工业企业增加值(万元)	Value Added of Industrial Enterprises(10 000 yuan)	636600	670100	26.0
工业企业资产总计(万元)	Total Assets of Industrial Enterprises(10 000 yuan)	1583200	1595660	0.8
工业企业负债合计(万元)	Total Liabilities of Industrial Enterprises(10 000 yuan)	1221500	1243833	1.8
工业企业产品销售收入(万元)	Sales of Revenue Industrial Enterprises(10 000 yuan)	1258700	1767541	40.4
工业企业利润总额(万元)	Total Profits of Industrial Enterprises(10 000 yuan)	141300	56148	-60.3
建筑业	**Construction**			
建筑企业单位数(个)	Number of Construction Enterprises(unit)	38	36	-5.3
建筑企业从业人员(人)	Number of Employee in Construction Enterprises(person)	15442	34867	125.8
建筑业总产值(万元)	Gross Construction Output Value(10 000 yuan)	478930	624314	30.4
交通运输邮电通信业	**Transportation, Post & Telecommunications**			
公路里程(公里)	Total Length of Highways(km)	3444	3444	0.0
邮电业务总量(万元)	Business Volume of Post & Telecoms(10 000 yuan)	113552	127219	12.0
本地电话用户(户)	Number of Subscribers of Local Telephone(Household)	88000	85600	-2.7
国内贸易	**Domestic Trade**			
社会消费品零售总额(万元)	Total Retail Sales of Consumer Goods(10 000 yuan)	469987	562104	19.6
#贸易业(万元)	Wholesale & Retail Sales Trades(10 000 yuan)	400028	479892	20.0
餐饮业(万元)	Catering Trade(10 000 yuan)	67581	79444	17.6
科技教育卫生	**Science, Education & Public Health**			
各类专业技术人员(人)	Special Technical Personnel(person)	19235	21500	11.8
幼儿园数(所)	Number of Kindergartens(unit)	50	34	-32.0
学龄儿童入学率(%)	Percentage of School – Age Children Enrolled(%)	100.0	100.0	0.0
小学学校数(所)	Number of Primary Schools(unit)	35	31	-11.4
小学专任教师数(人)	Number of Full – time Teachers of Primary Schools(person)	2388	2315	-3.1
小学在校学生数(人)	Number of Student Enrollment of Primary Schools(person)	36087	33328	-7.6
普通中学学校数(所)	Number of Regular Secondary Schools(unit)	21	18	-14.3
普通中学专任教师数(人)	Number of Teachers of Secondary Shools(person)	2087	2105	0.9
初中在校学生数(人)	Number of Student in Junior Secondary Schools(person)	24246	23465	-3.2
高中在校学生数(人)	Number of Student in Senior Secondary Schools(person)	12115	11003	-9.2
卫生机构数(所)	Number of Health Institutions(unit)	502	500	-0.4
#医院(所)	Hospitals(unit)	10	10	0.0
卫生院(所)	Township Hospitals(unit)	19	19	0.0
床位数(张)	Number of Beds(unit)	3128	3475	11.1
#医院(张)	Hospitals(unit)	2041	2271	11.3
卫生院(张)	Township Hospitals(unit)	442	477	7.9
卫生技术人员(人)	Medical Technical Presonnel(person)	4122	4327	5.0
#医院(人)	Hospitals(person)	2166	2264	4.5
卫生院(人)	Township Hospitals(person)	353	352	-0.3

23-97 巴彦淖尔市五原县

指　　标	Item	2009	2010	2010年比上年增长% Increase Rate in 2010 Over 2009(%)
行政区域土地面积(平方公里)	**Area of Administration(Sq. km)**	**2493**	**2493**	**0.0**
人口和就业	**Population & Employment**			
年末总人口(人)	Total Population Year-end(person)	276000	297882	7.9
#男性(人)	Male(person)	142500	151701	6.5
#乡村人口(人)	Rural(person)	184000	201083	9.3
年末总户数(户)	Total Number of Households at the Year-end(Household)	96280	102182	6.1
#乡村户数(户)	Number of Rural Household(Household)	49029	48907	-0.2
出生人口(人)	Births(person)	2291	3063	33.7
死亡人口(人)	Deaths(person)	1234	1240	0.5
全社会就业人员(人)	Employment(person)	142821	143163	0.2
第一产业(人)	Primary Industry(person)	116543	117229	0.6
第二产业(人)	Secondary Industry(person)	3588	3654	1.8
第三产业(人)	Tertiary Industry(person)	22690	22280	-1.8
在岗职工人数(人)	Number of Staff & Workers Employed in(person)	11056	10454	-5.4
乡村劳动力(人)	Number of Rural Laborers(person)	116038	131717	13.5
#农林牧渔业(人)	Farming, Forestry, Animal Husbandry & Fishery(person)	102835	102011	-0.8
国民经济综合指标	**Summary Item on the National Economy**			
生产总值(万元)	Gross Domestic Product(10 000 yuan)	570500	684165	13.2
第一产业(万元)	Primary Industry(10 000 yuan)	174300	207843	5.9
第二产业(万元)	Secondary Industry(10 000 yuan)	228400	297814	20.0
#工业(万元)	Industry(10 000 yuan)	165400	216540	21.6
第三产业(万元)	Tertiary Industry(10 000 yuan)	167800	178508	9.8
人均生产总值(元)	Per Capita GDP(yuan)	20640	23843	13.2
全社会固定资产投资(万元)	Total Investment in Fixed Assets(10 000 yuan)	559473	912888	63.2
按登记注册类型分	Grouped by Registered Type			
#国有(万元)	State-owned Enterprises(10 000 yuan)	284877	346039	21.5
集体(万元)	Collective-owned Enterprises(10 000 yuan)	5690	2000	-64.9
有限责任公司(万元)	Limited Liability Corporations(10 000 yuan)		365284	
股份有限公司(万元)	Share Holding Enterprises(10 000 yuan)		2632	
私营企业(万元)	Private Enterprises(10 000 yuan)	268906	196933	-26.8
外商及港澳台投资企业(万元)	Funds from HK, Macao, Taiwan & Foreign(10 000 yuan)			
按城乡渠道分	Grouped by Urban and Rural Area			
城镇(万元)	Urban(10 000 yuan)	418871	797082	90.3
农村(万元)	Rural(10 000 yuan)	140602	115806	-17.6
一般预算收入(万元)	General Budgetary Financial Revenue(10 000 yuan)	14949	20122	34.6
一般预算支出(万元)	General Budgetary Financial Expenditures(10 000 yuan)	92948	114709	23.4
城乡居民储蓄存款余额(万元)	Resident Saving Deposit in Urban & Rural(10 000 yuan)	240272	278600	16.0
在岗职工工资总额(万元)	Total Wages of Staff & Workers Employed in(10 000 yuan)	26820	31745	18.4
在岗职工平均工资(元)	Average Wage of Staff & Workers Employed in(yuan)	24267	30404	25.3
城镇居民人均可支配收入(元)	Annual Disposable Income of Urban Residents per Capita(yuan)	12750	14165	11.1
农牧民人均纯收入(元)	Per Capita Net Income of Peasant & Herdsman(yuan)	7568	8553	13.0
农村牧区经济	**Economic Development in Rural & Pastoral Area**			
耕地面积(公顷)	Cultivated Area(hectare)	134427	152764	13.6
农作物总播种面积(公顷)	Total Sown Area(hectare)	131520	131435	-0.1
#粮食作物播种面积(公顷)	Sown Area of Grain Crops(hectare)	61513	63226	2.8
有效灌溉面积(公顷)	Irrigated Area(hectare)	134427	136342	1.4
农牧业机械总动力(万千瓦)	Total Power of Agricultural Machinery(10 000 kw)	79.66	76.03	-4.6
化肥施用折纯量(吨)	Consumption of Chemical Fertilizer(ton)	55848	62094	11.2
农村用电量(万千瓦小时)	Electricity Consumed in Rural Area(10 000 kwh)	5362	5374	0.2
农林牧渔业总产值(万元)	Gross Output of Farming, Forestry, Animal Husbandry & Fishery(10 000 yuan)	288340	346935	5.9
粮食产量(吨)	Yield of Grain(ton)	444100	479843	8.0
油料产量(吨)	Yield of Oil-bearing Grops(ton)	168540	166340	-1.3
甜菜产量(吨)	Yield of Beetroots(ton)	34262	44705	30.5
猪牛羊肉产量(吨)	Output of Pork, Beef & Mutton(ton)	25188	33451	32.8
#猪肉产量(吨)	Output of Pork(ton)	9651	10610	9.9
牛肉产量(吨)	Output of Beef(ton)	287	587	104.5
羊肉产量(吨)	Output of Mutton(ton)	15250	20200	32.5
羊毛产量(吨)	Output of Wool(ton)	1262	1274	1.0

23－97 Wuyuan County in Bayannaoer City

指　标	Item	2009	2010	2010年比上年增长% Increase Rate in 2010 Over 2009(%)
年末牲畜存栏头数(万头只)	Total Livestock at the Year－end(10 000 heads)	107.15	118.23	10.3
#大牲畜(万头只)	Large Animals(10 000 heads)	2.21	2.09	-5.4
羊(万只)	Sheep & Goats(10 000 heads)	92.47	103.48	11.9
猪(万头)	Hogs(10 000 heads)	12.47	12.67	1.6
规模以上工业	**Industrial Enterprises above Designated size**			
工业企业单位数(个)	Number of Industrial Enterprises(unit)	28	36	28.6
#内资企业(个)	Civil Funded Enterprises(unit)	28	36	28.6
工业总产值(万元)	Gross Industrial Output Value(10 000 yuan)	404800	540545	33.5
内资企业(万元)	Civil Funded Enterprises(10 000 yuan)	404800	540545	33.5
国有企业(万元)	State－owned Enterprises(10 000 yuan)			
集体企业(万元)	Collective－owned Enterprises(10 000 yuan)			
股份合作企业(万元)	Share Holding Enterprises(10 000 yuan)			
联营企业(万元)	Joint Owned Enterprises(10 000 yuan)			
有限责任公司(万元)	Limited Company(10 000 yuan)	327700	394290	20.3
股份有限公司(万元)	Share Holding Limited Company(10 000 yuan)			
私营企业(万元)	Privately Owned Enterprises(10 000 yuan)	77100	146255	89.7
其他企业(万元)	Enterprises of Other Ownership(10 000 yuan)			
港澳台商投资企业(万元)	Funds from HK, Macao & Taiwan(10 000 yuan)			
外商投资企业(万元)	Foreign Funded Enterprises(10 000 yuan)			
工业企业增加值(万元)	Value Added of Industrial Enterprises(10 000 yuan)	133300	160500	25.1
工业企业资产总计(万元)	Total Assets of Industrial Enterprises(10 000 yuan)	199600	638976	220.1
工业企业负债合计(万元)	Total Liabilities of Industrial Enterprises(10 000 yuan)	139200	198126	42.3
工业企业产品销售收入(万元)	Sales of Revenue Industrial Enterprises(10 000 yuan)	320000	409619	28.0
工业企业利润总额(万元)	Total Profits of Industrial Enterprises(10 000 yuan)	5600	7809	39.4
建筑业	**Construction**			
建筑企业单位数(个)	Number of Construction Enterprises(unit)	5	5	0.0
建筑企业从业人员(人)	Number of Employee in Construction Enterprises(person)	2379	2132	-10.4
建筑业总产值(万元)	Gross Construction Output Value(10 000 yuan)	40688	51608	26.8
交通运输邮电通信业	**Transportation, Post & Telecommunications**			
公路里程(公里)	Total Length of Highways(km)	2807	2807	0.0
邮电业务总量(万元)	Business Volume of Post & Telecoms(10 000 yuan)	18552	20778	12.0
本地电话用户(户)	Number of Subscribers of Local Telephone(Household)	28930	27580	-4.7
国内贸易	**Domestic Trade**			
社会消费品零售总额(万元)	Total Retail Sales of Consumer Goods(10 000 yuan)	125693	149574	19.0
#贸易业(万元)	Wholesale & Retail Sales Trades(10 000 yuan)	108486	128684	18.6
餐饮业(万元)	Catering Trade(10 000 yuan)	17119	20786	21.4
科技教育卫生	**Science, Education & Public Health**			
各类专业技术人员(人)	Special Technical Personnel(person)	5737	5782	0.8
幼儿园数(所)	Number of Kindergartens(unit)	39	17	-56.4
学龄儿童入学率(%)	Percentage of School－Age Children Enrolled(%)	100.0	100.0	0.0
小学学校数(所)	Number of Primary Schools(unit)	24	24	0.0
小学专任教师数(人)	Number of Full－time Teachers of Primary Schools(person)	997	1030	3.3
小学在校学生数(人)	Number of Student Enrollment of Primary Schools(person)	17303	15993	-7.6
普通中学学校数(所)	Number of Regular Secondary Schools(unit)	7	7	0.0
普通中学专任教师数(人)	Number of Teachers of Secondary Shools(person)	910	891	-2.1
初中在校学生数(人)	Number of Student in Junior Secondary Schools(person)	9655	9885	2.4
高中在校学生数(人)	Number of Student in Senior Secondary Schools(person)	4686	4240	-9.5
卫生机构数(所)	Number of Health Institutions(unit)	196	200	2.0
#医院(所)	Hospitals(unit)	4	4	0.0
卫生院(所)	Township Hospitals(unit)	19	19	0.0
床位数(张)	Number of Beds(unit)	946	1007	6.4
#医院(张)	Hospitals(unit)	480	501	4.4
卫生院(张)	Township Hospitals(unit)	311	331	6.4
卫生技术人员(人)	Medical Technical Presonnel(person)	947	987	4.2
#医院(人)	Hospitals(person)	405	408	0.7
卫生院(人)	Township Hospitals(person)	197	201	2.0

23-98 巴彦淖尔市磴口县

指　　标	Item	2009	2010	2010 年比上年增长% Increase Rate in 2010 Over 2009(%)
行政区域土地面积(平方公里)	**Area of Administration(Sq. km)**	**4167**	**4167**	**0.0**
人口和就业	**Population & Employment**			
年末总人口(人)	Total Population Year-end(person)	120600	124219	3.0
#男性(人)	Male(person)	62200	62778	0.9
#乡村人口(人)	Rural(person)	71100	54556	-23.3
年末总户数(户)	Total Number of Households at the Year-end(Household)	40743	41566	2.0
#乡村户数(户)	Number of Rural Household(Household)	15680	15652	-0.2
出生人口(人)	Births(person)	991	888	-10.4
死亡人口(人)	Deaths(person)	693	583	-15.9
全社会就业人员(人)	Employment(person)	67338	67685	0.5
第一产业(人)	Primary Industry(person)	44125	44200	0.2
第二产业(人)	Secondary Industry(person)	6844	7053	3.1
第三产业(人)	Tertiary Industry(person)	16369	16432	0.4
在岗职工人数(人)	Number of Staff & Workers Employed in(person)	11681	11739	0.5
乡村劳动力(人)	Number of Rural Laborers(person)	33879	39584	16.8
#农林牧渔业(人)	Farming, Forestry, Animal Husbandry & Fishery(person)	32456	32432	-0.1
国民经济综合指标	**Summary Item on the National Economy**			
生产总值(万元)	Gross Domestic Product(10 000 yuan)	339900	379466	11.8
第一产业(万元)	Primary Industry(10 000 yuan)	55900	67315	6.9
第二产业(万元)	Secondary Industry(10 000 yuan)	216200	242329	14.2
#工业(万元)	Industry(10 000 yuan)	170600	200677	18.4
第三产业(万元)	Tertiary Industry(10 000 yuan)	67800	69822	7.3
人均生产总值(元)	Per Capita GDP(yuan)	28126	31000	11.8
全社会固定资产投资(万元)	Total Investment in Fixed Assets(10 000 yuan)	372773	282978	-24.1
按登记注册类型分	Grouped by Registered Type			
#国有(万元)	State-owned Enterprises(10 000 yuan)	120584	52832	-56.2
集体(万元)	Collective-owned Enterprises(10 000 yuan)	4000	3639	-9.0
有限责任公司(万元)	Limited Liability Corporations(10 000 yuan)		101252	
股份有限公司(万元)	Share Holding Enterprises(10 000 yuan)		52900	
私营企业(万元)	Private Enterprises(10 000 yuan)	232189	65855	-71.6
外商及港澳台投资企业(万元)	Funds from HK, Macao, Taiwan & Foreign(10 000 yuan)	16000	6500	-59.4
按城乡渠道分	Grouped by Urban and Rural Area			
城镇(万元)	Urban(10 000 yuan)	366418	249154	-32.0
农村(万元)	Rural(10 000 yuan)	6355	33824	432.2
一般预算收入(万元)	General Budgetary Financial Revenue(10 000 yuan)	8843	9746	10.2
一般预算支出(万元)	General Budgetary Financial Expenditures(10 000 yuan)	55613	65948	18.6
城乡居民储蓄存款余额(万元)	Resident Saving Deposit in Urban & Rural(10 000 yuan)	148479	154723	4.2
在岗职工工资总额(万元)	Total Wages of Staff & Workers Employed in(10 000 yuan)	22796	27260	19.6
在岗职工平均工资(元)	Average Wage of Staff & Workers Employed in(yuan)	19564	23379	19.5
城镇居民人均可支配收入(元)	Annual Disposable Income of Urban Residents per Capita(yuan)	12680	13796	8.8
农牧民人均纯收入(元)	Per Capita Net Income of Peasant & Herdsman(yuan)	7536	8220	9.1
农村牧区经济	**Economic Development in Rural & Pastoral Area**			
耕地面积(公顷)	Cultivated Area(hectare)	40079	50966	27.2
农作物总播种面积(公顷)	Total Sown Area(hectare)	34830	44913	28.9
#粮食作物播种面积(公顷)	Sown Area of Grain Crops(hectare)	16060	18556	15.5
有效灌溉面积(公顷)	Irrigated Area(hectare)	38857	41003	5.5
农牧业机械总动力(万千瓦)	Total Power of Agricultural Machinery(10 000 kw)	26.45	23.11	-12.6
化肥施用折纯量(吨)	Consumption of Chemical Fertilizer(ton)	12879	19849	54.1
农村用电量(万千瓦小时)	Electricity Consumed in Rural Area(10 000 kwh)	1196	1231	2.9
农林牧渔业总产值(万元)	Gross Output of Farming, Forestry, Animal Husbandry & Fishery(10 000 yuan)	83558	101460	6.9
粮食产量(吨)	Yield of Grain(ton)	126100	151372	20.0
油料产量(吨)	Yield of Oil-bearing Grops(ton)	27542	47565	72.7
甜菜产量(吨)	Yield of Beetroots(ton)	405		
猪牛羊肉产量(吨)	Output of Pork, Beef & Mutton(ton)	8237	10725	30.2
#猪肉产量(吨)	Output of Pork(ton)	2496	2630	5.4
牛肉产量(吨)	Output of Beef(ton)	1337	1471	10.0
羊肉产量(吨)	Output of Mutton(ton)	4404	5716	29.8
羊毛产量(吨)	Output of Wool(ton)	330	333	0.9

23－98 Dengkou County in Bayannaoer City

指　　标	Item	2009	2010	2010年比上年增长% Increase Rate in 2010 Over 2009(%)
年末牲畜存栏头数(万头只)	Total Livestock at the Year－end(10 000 heads)	39.09	39.47	1.0
#大牲畜(万头只)	Large Animals(10 000 heads)	3.24	3.20	－1.2
羊(万只)	Sheep & Goats(10 000 heads)	33.24	33.71	1.4
猪(万头)	Hogs(10 000 heads)	2.61	2.56	－1.9
规模以上工业	**Industrial Enterprises above Designated size**			
工业企业单位数(个)	Number of Industrial Enterprises(unit)	16	16	0.0
#内资企业(个)	Civil Funded Enterprises(unit)	13	13	0.0
工业总产值(万元)	Gross Industrial Output Value(10 000 yuan)	457600	500087	9.3
内资企业(万元)	Civil Funded Enterprises(10 000 yuan)	281300	308972	9.8
国有企业(万元)	State－owned Enterprises(10 000 yuan)	23700	30678	29.4
集体企业(万元)	Collective－owned Enterprises(10 000 yuan)			
股份合作企业(万元)	Share Holding Enterprises(10 000 yuan)			
联营企业(万元)	Joint Owned Enterprises(10 000 yuan)			
有限责任公司(万元)	Limited Company(10 000 yuan)	110300	218742	98.3
股份有限公司(万元)	Share Holding Limited Company(10 000 yuan)	37300	20768	－44.3
私营企业(万元)	Privately Owned Enterprises(10 000 yuan)	110000	38785	－64.7
其他企业(万元)	Enterprises of Other Ownership(10 000 yuan)			
港澳台商投资企业(万元)	Funds from HK,Macao & Taiwan(10 000 yuan)			
外商投资企业(万元)	Foreign Funded Enterprises(10 000 yuan)	176300	191115	8.4
工业企业增加值(万元)	Value Added of Industrial Enterprises(10 000 yuan)	157700	170400	20.5
工业企业资产总计(万元)	Total Assets of Industrial Enterprises(10 000 yuan)	391400	386724	－1.2
工业企业负债合计(万元)	Total Liabilities of Industrial Enterprises(10 000 yuan)	277600	266730	－3.9
工业企业产品销售收入(万元)	Sales of Revenue Industrial Enterprises(10 000 yuan)	434200	491770	13.3
工业企业利润总额(万元)	Total Profits of Industrial Enterprises(10 000 yuan)	3900	6014	54.2
建筑业	**Construction**			
建筑企业单位数(个)	Number of Construction Enterprises(unit)	1	1	0.0
建筑企业从业人员(人)	Number of Employee in Construction Enterprises(person)	58	862	1386.2
建筑业总产值(万元)	Gross Construction Output Value(10 000 yuan)	10410	9121	－12.4
交通运输邮电通信业	**Transportation,Post & Telecommunications**			
公路里程(公里)	Total Length of Highways(km)	1778	1812	1.9
邮电业务总量(万元)	Business Volume of Post & Telecoms(10 000 yuan)	5398	5449	0.9
本地电话用户(户)	Number of Subscribers of Local Telephone(Household)	31048	30713	－1.1
国内贸易	**Domestic Trade**			
社会消费品零售总额(万元)	Total Retail Sales of Consumer Goods(10 000 yuan)	64435	76008	18.0
#贸易业(万元)	Wholesale & Retail Sales Trades(10 000 yuan)	53691	63378	18.0
餐饮业(万元)	Catering Trade(10 000 yuan)	10696	12580	17.6
科技教育卫生	**Science,Education & Public Health**			
各类专业技术人员(人)	Special Technical Personnel(person)	3452	3686	6.8
幼儿园数(所)	Number of Kindergartens(unit)	8	8	0.0
学龄儿童入学率(%)	Percentage of School－Age Children Enrolled(%)	100.0	100.0	0.0
小学学校数(所)	Number of Primary Schools(unit)	12	7	－41.7
小学专任教师数(人)	Number of Full－time Teachers of Primary Schools(person)	536	417	－22.2
小学在校学生数(人)	Number of Student Enrollment of Primary Schools(person)	6601	5635	－14.6
普通中学学校数(所)	Number of Regular Secondary Schools(unit)	2	2	0.0
普通中学专任教师数(人)	Number of Teachers of Secondary Shools(person)	330	315	－4.5
初中在校学生数(人)	Number of Student in Junior Secondary Schools(person)	3814	3806	－0.2
高中在校学生数(人)	Number of Student in Senior Secondary Schools(person)	1957	1833	－6.3
卫生机构数(所)	Number of Health Institutions(unit)	120	119	－0.8
#医院(所)	Hospitals(unit)	2	2	0.0
卫生院(所)	Township Hospitals(unit)	8	7	－12.5
床位数(张)	Number of Beds(unit)	458	426	－7.0
#医院(张)	Hospitals(unit)	242	252	4.1
卫生院(张)	Township Hospitals(unit)	78	76	－2.6
卫生技术人员(人)	Medical Technical Presonnel(person)	422	459	8.8
#医院(人)	Hospitals(person)	237	238	0.4
卫生院(人)	Township Hospitals(person)	39	31	－20.5

23－99 巴彦淖尔市乌拉特前旗

指　　标	Item	2009	2010	2010 年比上年增长% Increase Rate in 2010 Over 2009(%)
行政区域土地面积(平方公里)	**Area of Administration(Sq. km)**	**7476**	**7476**	**0.0**
人口和就业	**Population & Employment**			
年末总人口(人)	Total Population Year－end(person)	325100	341641	5.1
#男性(人)	Male(person)	167400	175078	4.6
#乡村人口(人)	Rural(person)	202800	210021	3.6
年末总户数(户)	Total Number of Households at the Year－end(Household)	113069	120022	6.1
#乡村户数(户)	Number of Rural Household(Household)	58789	58789	0.0
出生人口(人)	Births(person)	3017	3396	12.6
死亡人口(人)	Deaths(person)	2334	1119	－52.1
全社会就业人员(人)	Employment(person)	148437	144880	－2.4
第一产业(人)	Primary Industry(person)	100732	96756	－3.9
第二产业(人)	Secondary Industry(person)	15468	14455	－6.5
第三产业(人)	Tertiary Industry(person)	32237	33669	4.4
在岗职工人数(人)	Number of Staff & Workers Employed in(person)	25190	20704	－17.8
乡村劳动力(人)	Number of Rural Laborers(person)	109342	121515	11.1
#农林牧渔业(人)	Farming, Forestry, Animal Husbandry & Fishery(person)	90151	88014	－2.4
国民经济综合指标	**Summary Item on the National Economy**			
生产总值(万元)	Gross Domestic Product(10 000 yuan)	810900	965167	9.9
第一产业(万元)	Primary Industry(10 000 yuan)	192600	228556	5.5
第二产业(万元)	Secondary Industry(10 000 yuan)	389200	488032	13.1
#工业(万元)	Industry(10 000 yuan)	326500	421615	15.2
第三产业(万元)	Tertiary Industry(10 000 yuan)	229100	248579	8.1
人均生产总值(元)	Per Capita GDP(yuan)	24832	28952	9.9
全社会固定资产投资(万元)	Total Investment in Fixed Assets(10 000 yuan)	853170	705416	－17.3
按登记注册类型分	Grouped by Registered Type			
#国有(万元)	State－owned Enterprises(10 000 yuan)	354696	128871	－63.7
集体(万元)	Collective－owned Enterprises(10 000 yuan)	1992	2000	0.4
有限责任公司(万元)	Limited Liability Corporations(10 000 yuan)		8591	
股份有限公司(万元)	Share Holding Enterprises(10 000 yuan)		69065	
私营企业(万元)	Private Enterprises(10 000 yuan)	486969	496889	2.0
外商及港澳台投资企业(万元)	Funds from HK, Macao, Taiwan & Foreign(10 000 yuan)	9513		
按城乡渠道分	Grouped by Urban and Rural Area			
城镇(万元)	Urban(10 000 yuan)	839311	686011	－18.3
农村(万元)	Rural(10 000 yuan)	13859	19405	40.0
一般预算收入(万元)	General Budgetary Financial Revenue(10 000 yuan)	52919	61103	15.5
一般预算支出(万元)	General Budgetary Financial Expenditures(10 000 yuan)	124725	149694	20.0
城乡居民储蓄存款余额(万元)	Resident Saving Deposit in Urban & Rural(10 000 yuan)	329225	359183	9.1
在岗职工工资总额(万元)	Total Wages of Staff & Workers Employed in(10 000 yuan)	64043	68473	6.9
在岗职工平均工资(元)	Average Wage of Staff & Workers Employed in(yuan)	24712	32369	31.0
城镇居民人均可支配收入(元)	Annual Disposable Income of Urban Residents per Capita(yuan)	13080	14126	8.0
农牧民人均纯收入(元)	Per Capita Net Income of Peasant & Herdsman(yuan)	7280	7924	8.9
农村牧区经济	**Economic Development in Rural & Pastoral Area**			
耕地面积(公顷)	Cultivated Area(hectare)	149950	161672	7.8
农作物总播种面积(公顷)	Total Sown Area(hectare)	138360	144100	4.1
#粮食作物播种面积(公顷)	Sown Area of Grain Crops(hectare)	67730	65295	－3.6
有效灌溉面积(公顷)	Irrigated Area(hectare)	114761	112483	－2.0
农牧业机械总动力(万千瓦)	Total Power of Agricultural Machinery(10 000 kw)	78.43	72.44	－7.6
化肥施用折纯量(吨)	Consumption of Chemical Fertilizer(ton)	31857	33451	5.0
农村用电量(万千瓦小时)	Electricity Consumed in Rural Area(10 000 kwh)	13310	13637	2.5
农林牧渔业总产值(万元)	Gross Output of Farming, Forestry, Animal Husbandry & Fishery(10 000 yuan)	311931	374566	5.5
粮食产量(吨)	Yield of Grain(ton)	515200	513555	－0.3
油料产量(吨)	Yield of Oil－bearing Grops(ton)	127269	132914	4.4
甜菜产量(吨)	Yield of Beetroots(ton)	23809	34553	45.1
猪牛羊肉产量(吨)	Output of Pork, Beef & Mutton(ton)	34649	32788	－5.4
#猪肉产量(吨)	Output of Pork(ton)	8132	5611	－31.0
牛肉产量(吨)	Output of Beef(ton)	789	944	19.6
羊肉产量(吨)	Output of Mutton(ton)	25728	23091	－10.2
羊毛产量(吨)	Output of Wool(ton)	1436	1464	1.9

23 - 99 Wulateqian Banner in Bayannaoer City

指　　标	Item	2009	2010	2010年比上年增长% Increase Rate in 2010 Over 2009(%)
年末牲畜存栏头数(万头只)	Total Livestock at the Year - end(10 000 heads)	101.48	100.23	-1.2
# 大牲畜(万头只)	Large Animals(10 000 heads)	1.36	1.13	-16.9
羊(万只)	Sheep & Goats(10 000 heads)	95.46	94.39	-1.1
猪(万头)	Hogs(10 000 heads)	4.66	4.71	1.1
规模以上工业	**Industrial Enterprises above Designated size**			
工业企业单位数(个)	Number of Industrial Enterprises(unit)	33	35	6.1
# 内资企业(个)	Civil Funded Enterprises(unit)	31	33	6.6
工业总产值(万元)	Gross Industrial Output Value(10 000 yuan)	855600	1074415	25.6
内资企业(万元)	Civil Funded Enterprises(10 000 yuan)	762900	953586	25.0
国有企业(万元)	State - owned Enterprises(10 000 yuan)			
集体企业(万元)	Collective - owned Enterprises(10 000 yuan)			
股份合作企业(万元)	Share Holding Enterprises(10 000 yuan)			
联营企业(万元)	Joint Owned Enterprises(10 000 yuan)			
有限责任公司(万元)	Limited Company(10 000 yuan)	55400	242256	337.3
股份有限公司(万元)	Share Holding Limited Company(10 000 yuan)			
私营企业(万元)	Privately Owned Enterprises(10 000 yuan)	707500	711331	0.5
其他企业(万元)	Enterprises of Other Ownership(10 000 yuan)			
港澳台商投资企业(万元)	Funds from HK, Macao & Taiwan(10 000 yuan)	51200	72730	42.1
外商投资企业(万元)	Foreign Funded Enterprises(10 000 yuan)	41500	48098	15.9
工业企业增加值(万元)	Value Added of Industrial Enterprises(10 000 yuan)	308100	387000	17.0
工业企业资产总计(万元)	Total Assets of Industrial Enterprises(10 000 yuan)	1069200	1204852	12.7
工业企业负债合计(万元)	Total Liabilities of Industrial Enterprises(10 000 yuan)	747400	776086	3.8
工业企业产品销售收入(万元)	Sales of Revenue Industrial Enterprises(10 000 yuan)	760700	1003429	31.9
工业企业利润总额(万元)	Total Profits of Industrial Enterprises(10 000 yuan)	-7000	33237	
建筑业	**Construction**			
建筑企业单位数(个)	Number of Construction Enterprises(unit)	6	6	0.0
建筑企业从业人员(人)	Number of Employee in Construction Enterprises(person)	411	757	84.2
建筑业总产值(万元)	Gross Construction Output Value(10 000 yuan)	34586	26302	-24.0
交通运输邮电通信业	**Transportation, Post & Telecommunications**			
公路里程(公里)	Total Length of Highways(km)	3288	4066	23.7
邮电业务总量(万元)	Business Volume of Post & Telecoms(10 000 yuan)	21134	24304	15.0
本地电话用户(户)	Number of Subscribers of Local Telephone(Household)	23680	21000	-11.3
国内贸易	**Domestic Trade**			
社会消费品零售总额(万元)	Total Retail Sales of Consumer Goods(10 000 yuan)	145476	172722	18.7
# 贸易业(万元)	Wholesale & Retail Sales Trades(10 000 yuan)	127636	151319	18.6
餐饮业(万元)	Catering Trade(10 000 yuan)	17740	21299	20.0
科技教育卫生	**Science, Education & Public Health**			
各类专业技术人员(人)	Special Technical Personnel(person)	7355	7560	2.8
幼儿园数(所)	Number of Kindergartens(unit)	38	18	-52.6
学龄儿童入学率(%)	Percentage of School - Age Children Enrolled(%)	100.0	100.0	0.0
小学学校数(所)	Number of Primary Schools(unit)	26	21	-19.2
小学专任教师数(人)	Number of Full - time Teachers of Primary Schools(person)	1319	1494	13.3
小学在校学生数(人)	Number of Student Enrollment of Primary Schools(person)	19197	17391	-9.4
普通中学学校数(所)	Number of Regular Secondary Schools(unit)	16	13	-18.8
普通中学专任教师数(人)	Number of Teachers of Secondary Shools(person)	1144	1092	-4.5
初中在校学生数(人)	Number of Student in Junior Secondary Schools(person)	8799	9827	11.7
高中在校学生数(人)	Number of Student in Senior Secondary Schools(person)	7251	5552	-23.4
卫生机构数(所)	Number of Health Institutions(unit)	263	262	-0.4
# 医院(所)	Hospitals(unit)	4	4	0.0
卫生院(所)	Township Hospitals(unit)	21	21	0.0
床位数(张)	Number of Beds(unit)	859	1077	25.4
# 医院(张)	Hospitals(unit)	418	632	51.2
卫生院(张)	Township Hospitals(unit)	283	290	2.5
卫生技术人员(人)	Medical Technical Presonnel(person)	1277	1361	6.6
# 医院(人)	Hospitals(person)	513	526	2.5
卫生院(人)	Township Hospitals(person)	359	354	-1.4

23-100 巴彦淖尔市乌拉特中旗

指　　标	Item	2009	2010	2010年比上年增长% Increase Rate in 2010 Over 2009(%)
行政区域土地面积(平方公里)	**Area of Administration(Sq. km)**	**23096**	**23096**	**0.0**
人口和就业	**Population & Employment**			
年末总人口(人)	Total Population Year-end(person)	135800	144308	6.3
#男性(人)	Male(person)	70200	73344	4.5
#乡村人口(人)	Rural(person)	71300	89958	26.2
年末总户数(户)	Total Number of Households at the Year-end(Household)	51354	56187	9.4
#乡村户数(户)	Number of Rural Household(Household)	23432	24430	4.3
出生人口(人)	Births(person)	1279	1423	11.3
死亡人口(人)	Deaths(person)	693	809	16.7
全社会就业人员(人)	Employment(person)	72966	74446	2.0
第一产业(人)	Primary Industry(person)	41995	43363	3.3
第二产业(人)	Secondary Industry(person)	12131	14228	17.3
第三产业(人)	Tertiary Industry(person)	18840	16855	-10.5
在岗职工人数(人)	Number of Staff & Workers Employed in(person)	9055	9454	4.4
乡村劳动力(人)	Number of Rural Laborers(person)	44808	59983	33.9
#农林牧渔业(人)	Farming, Forestry, Animal Husbandry & Fishery(person)	41995	43363	3.3
国民经济综合指标	**Summary Item on the National Economy**			
生产总值(万元)	Gross Domestic Product(10 000 yuan)	505600	674000	16.2
第一产业(万元)	Primary Industry(10 000 yuan)	97700	117639	7.0
第二产业(万元)	Secondary Industry(10 000 yuan)	347100	488952	21.0
#工业(万元)	Industry(10 000 yuan)	266500	416500	31.9
第三产业(万元)	Tertiary Industry(10 000 yuan)	60800	67409	7.8
人均生产总值(元)	Per Capita GDP(yuan)	37108	48124	16.2
全社会固定资产投资(万元)	Total Investment in Fixed Assets(10 000 yuan)	1351149	860265	-36.3
按登记注册类型分	Grouped by Registered Type			
#国有(万元)	State-owned Enterprises(10 000 yuan)	1007801	459305	-54.4
集体(万元)	Collective-owned Enterprises(10 000 yuan)	89301		
有限责任公司(万元)	Limited Liability Corporations(10 000 yuan)		152032	
股份有限公司(万元)	Share Holding Enterprises(10 000 yuan)		3024	
私营企业(万元)	Private Enterprises(10 000 yuan)	47508	16413	-65.5
外商及港澳台投资企业(万元)	Funds from HK, Macao, Taiwan & Foreign(10 000 yuan)	206539	229491	11.1
按城乡渠道分	Grouped by Urban and Rural Area			
城镇(万元)	Urban(10 000 yuan)	1344254	858426	-36.1
农村(万元)	Rural(10 000 yuan)	6895	1839	-73.3
一般预算收入(万元)	General Budgetary Financial Revenue(10 000 yuan)	33232	33392	0.5
一般预算支出(万元)	General Budgetary Financial Expenditures(10 000 yuan)	115358	130313	13.0
城乡居民储蓄存款余额(万元)	Resident Saving Deposit in Urban & Rural(10 000 yuan)	135343	160932	18.9
在岗职工工资总额(万元)	Total Wages of Staff & Workers Employed in(10 000 yuan)	25187	30684	21.8
在岗职工平均工资(元)	Average Wage of Staff & Workers Employed in(yuan)	27230	32305	18.6
城镇居民人均可支配收入(元)	Annual Disposable Income of Urban Residents per Capita(yuan)	13300	14830	11.5
农牧民人均纯收入(元)	Per Capita Net Income of Peasant & Herdsman(yuan)	7137	7114	13.4
农村牧区经济	**Economic Development in Rural & Pastoral Area**			
耕地面积(公顷)	Cultivated Area(hectare)	65552	89194	36.1
农作物总播种面积(公顷)	Total Sown Area(hectare)	74610	76260	2.2
#粮食作物播种面积(公顷)	Sown Area of Grain Crops(hectare)	46010	39386	-14.4
有效灌溉面积(公顷)	Irrigated Area(hectare)	45029	48182	7.0
农牧业机械总动力(万千瓦)	Total Power of Agricultural Machinery(10 000 kw)	25.24	28.87	14.4
化肥施用折纯量(吨)	Consumption of Chemical Fertilizer(ton)	6727	6808	1.2
农村用电量(万千瓦小时)	Electricity Consumed in Rural Area(10 000 kwh)	5436	5498	1.1
农林牧渔业总产值(万元)	Gross Output of Farming, Forestry, Animal Husbandry & Fishery(10 000 yuan)	152020	184811	7.0
粮食产量(吨)	Yield of Grain(ton)	266700	238135	-10.7
油料产量(吨)	Yield of Oil-bearing Grops(ton)	60012	78665	31.1
甜菜产量(吨)	Yield of Beetroots(ton)	480	1114	132.1
猪牛羊肉产量(吨)	Output of Pork, Beef & Mutton(ton)	12274	15395	25.4
#猪肉产量(吨)	Output of Pork(ton)	1929	2028	5.1
牛肉产量(吨)	Output of Beef(ton)	246	339	37.8
羊肉产量(吨)	Output of Mutton(ton)	10099	12070	19.5
羊毛产量(吨)	Output of Wool(ton)	1281	1287	0.5

23－100 Wulatezhong Banner in Bayannaoer City

指　　标	Item	2009	2010	2010年比上年增长% Increase Rate in 2010 Over 2009(%)
年末牲畜存栏头数(万头只)	Total Livestock at the Year－end(10 000 heads)	126.65	128.69	1.6
#大牲畜(万头只)	Large Animals(10 000 heads)	1.02	1.11	8.8
羊(万只)	Sheep & Goats(10 000 heads)	123.68	125.68	1.6
猪(万头)	Hogs(10 000 heads)	1.95	1.91	－2.1
规模以上工业	**Industrial Enterprises above Designated size**			
工业企业单位数(个)	Number of Industrial Enterprises(unit)	40	39	－2.5
#内资企业(个)	Civil Funded Enterprises(unit)	38	37	－2.6
工业总产值(万元)	Gross Industrial Output Value(10 000 yuan)	676700	1074021	58.7
内资企业(万元)	Civil Funded Enterprises(10 000 yuan)	599200	944971	57.7
国有企业(万元)	State－owned Enterprises(10 000 yuan)			
集体企业(万元)	Collective－owned Enterprises(10 000 yuan)	24200	36579	51.2
股份合作企业(万元)	Share Holding Enterprises(10 000 yuan)			
联营企业(万元)	Joint Owned Enterprises(10 000 yuan)			
有限责任公司(万元)	Limited Company(10 000 yuan)	527400	836546	58.6
股份有限公司(万元)	Share Holding Limited Company(10 000 yuan)	30400	48410	59.2
私营企业(万元)	Privately Owned Enterprises(10 000 yuan)	17200	23436	36.3
其他企业(万元)	Enterprises of Other Ownership(10 000 yuan)			
港澳台商投资企业(万元)	Funds from HK,Macao & Taiwan(10 000 yuan)			
外商投资企业(万元)	Foreign Funded Enterprises(10 000 yuan)	77500	129050	66.5
工业企业增加值(万元)	Value Added of Industrial Enterprises(10 000 yuan)	254200	393400	34.5
工业企业资产总计(万元)	Total Assets of Industrial Enterprises(10 000 yuan)	1356500	1515372	11.7
工业企业负债合计(万元)	Total Liabilities of Industrial Enterprises(10 000 yuan)	936100	994526	6.2
工业企业产品销售收入(万元)	Sales of Revenue Industrial Enterprises(10 000 yuan)	628700	1009333	60.5
工业企业利润总额(万元)	Total Profits of Industrial Enterprises(10 000 yuan)	53500	111953	109.3
建筑业	**Construction**			
建筑企业单位数(个)	Number of Construction Enterprises(unit)	2	2	0.0
建筑企业从业人员(人)	Number of Employee in Construction Enterprises(person)	216	96	－55.6
建筑业总产值(万元)	Gross Construction Output Value(10 000 yuan)	6275	11188	78.3
交通运输邮电通信业	**Transportation,Post & Telecommunications**			
公路里程(公里)	Total Length of Highways(km)	3985	4027	1.1
邮电业务总量(万元)	Business Volume of Post & Telecoms(10 000 yuan)	2263	2537	12.1
本地电话用户(户)	Number of Subscribers of Local Telephone(Household)	18840	17535	－6.9
国内贸易	**Domestic Trade**			
社会消费品零售总额(万元)	Total Retail Sales of Consumer Goods(10 000 yuan)	66706	78713	18.0
#贸易业(万元)	Wholesale & Retail Sales Trades(10 000 yuan)	57348	67813	18.2
餐饮业(万元)	Catering Trade(10 000 yuan)	9307	10842	16.5
科技教育卫生	**Science,Education & Public Health**			
各类专业技术人员(人)	Special Technical Personnel(person)	2376	2721	14.5
幼儿园数(所)	Number of Kindergartens(unit)	12	9	－25.0
学龄儿童入学率(%)	Percentage of School－Age Children Enrolled(%)	100.0	100.0	0.0
小学学校数(所)	Number of Primary Schools(unit)	9	2	－77.8
小学专任教师数(人)	Number of Full－time Teachers of Primary Schools(person)	576	559	－3.0
小学在校学生数(人)	Number of Student Enrollment of Primary Schools(person)	6589	6100	－7.4
普通中学学校数(所)	Number of Regular Secondary Schools(unit)	6	6	0.0
普通中学专任教师数(人)	Number of Teachers of Secondary Shools(person)	397	398	0.3
初中在校学生数(人)	Number of Student in Junior Secondary Schools(person)	2425	2354	－2.9
高中在校学生数(人)	Number of Student in Senior Secondary Schools(person)	1033	1076	4.2
卫生机构数(所)	Number of Health Institutions(unit)	139	130	－6.5
#医院(所)	Hospitals(unit)	2	2	0.0
卫生院(所)	Township Hospitals(unit)	16	16	0.0
床位数(张)	Number of Beds(unit)	348	314	－9.8
#医院(张)	Hospitals(unit)	127	127	0.0
卫生院(张)	Township Hospitals(unit)	124	116	－6.5
卫生技术人员(人)	Medical Technical Presonnel(person)	485	498	2.7
#医院(人)	Hospitals(person)	160	188	17.5
卫生院(人)	Township Hospitals(person)	120	104	－13.3

23－101 巴彦淖尔市乌拉特后旗

指　　标	Item	2009	2010	2010年比上年增长% Increase Rate in 2010 Over 2009(%)
行政区域土地面积(平方公里)	**Area of Administration(Sq. km)**	**24925**	**24925**	**0.0**
人口和就业	**Population & Employment**			
年末总人口(人)	Total Population Year－end(person)	49300	65541	32.9
#男性(人)	Male(person)	26200	33545	28.0
#乡村人口(人)	Rural(person)	10500	23860	127.2
年末总户数(户)	Total Number of Households at the Year－end(Household)	24217	24889	2.8
#乡村户数(户)	Number of Rural Household(Household)	6643	6687	0.7
出生人口(人)	Births(person)	461	633	37.3
死亡人口(人)	Deaths(person)	285	397	39.3
全社会就业人员(人)	Employment(person)	32741	33968	3.7
第一产业(人)	Primary Industry(person)	15469	17122	10.7
第二产业(人)	Secondary Industry(person)	7840	7299	－6.9
第三产业(人)	Tertiary Industry(person)	9432	9547	1.2
在岗职工人数(人)	Number of Staff & Workers Employed in(person)	10806	11230	3.9
乡村劳动力(人)	Number of Rural Laborers(person)	16934	18426	8.8
#农林牧渔业(人)	Farming,Forestry,Animal Husbandry & Fishery(person)	15469	15585	0.7
国民经济综合指标	**Summary Item on the National Economy**			
生产总值(万元)	Gross Domestic Product(10 000 yuan)	506700	632742	10.2
第一产业(万元)	Primary Industry(10 000 yuan)	20900	25156	6.8
第二产业(万元)	Secondary Industry(10 000 yuan)	428200	543451	11.0
#工业(万元)	Industry(10 000 yuan)	385700	493882	11.6
第三产业(万元)	Tertiary Industry(10 000 yuan)	57600	64135	7.5
人均生产总值(元)	Per Capita GDP(yuan)	102467	110193	10.2
全社会固定资产投资(万元)	Total Investment in Fixed Assets(10 000 yuan)	702431	716479	2.0
按登记注册类型分	Grouped by Registered Type			
#国有(万元)	State－owned Enterprises(10 000 yuan)	466550	207212	－55.6
集体(万元)	Collective－owned Enterprises(10 000 yuan)	84925		
有限责任公司(万元)	Limited Liability Corporations(10 000 yuan)		495878	
股份有限公司(万元)	Share Holding Enterprises(10 000 yuan)		7058	
私营企业(万元)	Private Enterprises(10 000 yuan)	150956	6331	－95.8
外商及港澳台投资企业(万元)	Funds from HK,Macao,Taiwan & Foreign(10 000 yuan)			
按城乡渠道分	Grouped by Urban and Rural Area			
城镇(万元)	Urban(10 000 yuan)	702431	669413	－4.7
农村(万元)	Rural(10 000 yuan)		47066	
一般预算收入(万元)	General Budgetary Financial Revenue(10 000 yuan)	62182	66193	6.5
一般预算支出(万元)	General Budgetary Financial Expenditures(10 000 yuan)	94727	103557	9.3
城乡居民储蓄存款余额(万元)	Resident Saving Deposit in Urban & Rural(10 000 yuan)	70613	80403	13.9
在岗职工工资总额(万元)	Total Wages of Staff & Workers Employed in(10 000 yuan)	29839	36639	22.8
在岗职工平均工资(元)	Average Wage of Staff & Workers Employed in(yuan)	29046	32693	12.6
城镇居民人均可支配收入(元)	Annual Disposable Income of Urban Residents per Capita(yuan)	12880	14529	12.8
农牧民人均纯收入(元)	Per Capita Net Income of Peasant & Herdsman(yuan)	5138	5840	13.7
农村牧区经济	**Economic Development in Rural & Pastoral Area**			
耕地面积(公顷)	Cultivated Area(hectare)	6716	12280	82.8
农作物总播种面积(公顷)	Total Sown Area(hectare)	8560	8637	0.9
#粮食作物播种面积(公顷)	Sown Area of Grain Crops(hectare)	6300	5262	－16.5
有效灌溉面积(公顷)	Irrigated Area(hectare)	5211	6386	22.5
农牧业机械总动力(万千瓦)	Total Power of Agricultural Machinery(10 000 kw)	6.36	6.81	7.1
化肥施用折纯量(吨)	Consumption of Chemical Fertilizer(ton)	3826	4154	8.6
农村用电量(万千瓦小时)	Electricity Consumed in Rural Area(10 000 kwh)	1222	1328	8.7
农林牧渔业总产值(万元)	Gross Output of Farming,Forestry,Animal Husbandry & Fishery(10 000 yuan)	28833	34922	6.8
粮食产量(吨)	Yield of Grain(ton)	46700	40417	－13.5
油料产量(吨)	Yield of Oil－bearing Grops(ton)	4230	5014	18.5
甜菜产量(吨)	Yield of Beetroots(ton)	105		
猪牛羊肉产量(吨)	Output of Pork, Beef & Mutton(ton)	4141	4987	20.4
#猪肉产量(吨)	Output of Pork(ton)	162	198	22.2
牛肉产量(吨)	Output of Beef(ton)	47	105	123.4
羊肉产量(吨)	Output of Mutton(ton)	3932	4492	14.2
羊毛产量(吨)	Output of Wool(ton)	132	134	1.5

23 – 101 Wulatehou Banner in Bayannaoer City

指　　标	Item	2009	2010	2010 年比上年增长% Increase Rate in 2010 Over 2009(%)
年末牲畜存栏头数(万头只)	Total Livestock at the Year – end(10 000 heads)	38.41	39.77	3.5
# 大牲畜(万头只)	Large Animals(10 000 heads)	1.44	1.67	16.0
羊(万只)	Sheep & Goats(10 000 heads)	36.75	37.87	3.0
猪(万头)	Hogs(10 000 heads)	0.22	0.22	0.0
规模以上工业	**Industrial Enterprises above Designated size**			
工业企业单位数(个)	Number of Industrial Enterprises(unit)	26	29	11.5
# 内资企业(个)	Civil Funded Enterprises(unit)	25	28	12.0
工业总产值(万元)	Gross Industrial Output Value(10 000 yuan)	997800	1286558	28.9
内资企业(万元)	Civil Funded Enterprises(10 000 yuan)	815900	1091975	33.8
国有企业(万元)	State – owned Enterprises(10 000 yuan)	28800	25868	–10.2
集体企业(万元)	Collective – owned Enterprises(10 000 yuan)			
股份合作企业(万元)	Share Holding Enterprises(10 000 yuan)			
联营企业(万元)	Joint Owned Enterprises(10 000 yuan)			
有限责任公司(万元)	Limited Company(10 000 yuan)	744900	977411	31.2
股份有限公司(万元)	Share Holding Limited Company(10 000 yuan)			
私营企业(万元)	Privately Owned Enterprises(10 000 yuan)	42200	88696	110.2
其他企业(万元)	Enterprises of Other Ownership(10 000 yuan)			
港澳台商投资企业(万元)	Funds from HK, Macao & Taiwan(10 000 yuan)	181900	194582	7.0
外商投资企业(万元)	Foreign Funded Enterprises(10 000 yuan)			
工业企业增加值(万元)	Value Added of Industrial Enterprises(10 000 yuan)	379200	488400	13.3
工业企业资产总计(万元)	Total Assets of Industrial Enterprises(10 000 yuan)	1064300	1264313	18.8
工业企业负债合计(万元)	Total Liabilities of Industrial Enterprises(10 000 yuan)	536900	612363	14.1
工业企业产品销售收入(万元)	Sales of Revenue Industrial Enterprises(10 000 yuan)	877400	1211416	38.1
工业企业利润总额(万元)	Total Profits of Industrial Enterprises(10 000 yuan)	109400	191451	75.0
建筑业	**Construction**			
建筑企业单位数(个)	Number of Construction Enterprises(unit)			
建筑企业从业人员(人)	Number of Employee in Construction Enterprises(person)			
建筑业总产值(万元)	Gross Construction Output Value(10 000 yuan)			
交通运输邮电通信业	**Transportation, Post & Telecommunications**			
公路里程(公里)	Total Length of Highways(km)	1514	1514	0.0
邮电业务总量(万元)	Business Volume of Post & Telecoms(10 000 yuan)	1158	1332	15.0
本地电话用户(户)	Number of Subscribers of Local Telephone(Household)	5600	4300	–23.2
国内贸易	**Domestic Trade**			
社会消费品零售总额(万元)	Total Retail Sales of Consumer Goods(10 000 yuan)	35065	42312	20.7
# 贸易业(万元)	Wholesale & Retail Sales Trades(10 000 yuan)	27788	32367	16.5
餐饮业(万元)	Catering Trade(10 000 yuan)	7251	9915	36.7
科技教育卫生	**Science, Education & Public Health**			
各类专业技术人员(人)	Special Technical Personnel(person)	2523	2615	3.6
幼儿园数(所)	Number of Kindergartens(unit)	3	3	0.0
学龄儿童入学率(%)	Percentage of School – Age Children Enrolled(%)	100.0	100.0	0.0
小学学校数(所)	Number of Primary Schools(unit)	5	5	0.0
小学专任教师数(人)	Number of Full – time Teachers of Primary Schools(person)	328	315	–4.0
小学在校学生数(人)	Number of Student Enrollment of Primary Schools(person)	2972	2978	0.2
普通中学学校数(所)	Number of Regular Secondary Schools(unit)	3	3	0.0
普通中学专任教师数(人)	Number of Teachers of Secondary Shools(person)	227	228	0.4
初中在校学生数(人)	Number of Student in Junior Secondary Schools(person)	1547	1559	0.8
高中在校学生数(人)	Number of Student in Senior Secondary Schools(person)	502	509	1.4
卫生机构数(所)	Number of Health Institutions(unit)	76	74	–2.6
# 医院(所)	Hospitals(unit)	2	2	0.0
卫生院(所)	Township Hospitals(unit)	10	10	0.0
床位数(张)	Number of Beds(unit)	235	262	11.5
# 医院(张)	Hospitals(unit)	149	150	0.7
卫生院(张)	Township Hospitals(unit)	60	64	6.7
卫生技术人员(人)	Medical Technical Presonnel(person)	276	316	14.5
# 医院(人)	Hospitals(person)	106	117	10.4
卫生院(人)	Township Hospitals(person)	66	56	–15.2

23-102 巴彦淖尔市杭锦后旗

指标	Item	2009	2010	2010年比上年增长% Increase Rate in 2010 Over 2009(%)
行政区域土地面积(平方公里)	**Area of Administration(Sq. km)**	**1767**	**1767**	**0.0**
人口和就业	**Population & Employment**			
年末总人口(人)	Total Population Year-end(person)	290300	325540	12.1
#男性(人)	Male(person)	147500	163877	11.1
#乡村人口(人)	Rural(person)	181600	203822	12.2
年末总户数(户)	Total Number of Households at the Year-end(Household)	100869	107673	6.7
#乡村户数(户)	Number of Rural Household(Household)	51065	50265	-1.6
出生人口(人)	Births(person)	2761	2751	-0.4
死亡人口(人)	Deaths(person)	1997	1621	-18.8
全社会就业人员(人)	Employment(person)	148010	148100	0.1
第一产业(人)	Primary Industry(person)	93528	90188	-3.6
第二产业(人)	Secondary Industry(person)	14836	16023	8.0
第三产业(人)	Tertiary Industry(person)	39646	41889	5.7
在岗职工人数(人)	Number of Staff & Workers Employed in(person)	13651	14643	7.3
乡村劳动力(人)	Number of Rural Laborers(person)	111502	117557	5.4
#农林牧渔业(人)	Farming, Forestry, Animal Husbandry & Fishery(person)	92994	89938	-3.3
国民经济综合指标	**Summary Item on the National Economy**			
生产总值(万元)	Gross Domestic Product(10 000 yuan)	791700	908658	13.0
第一产业(万元)	Primary Industry(10 000 yuan)	192000	232030	7.3
第二产业(万元)	Secondary Industry(10 000 yuan)	389100	439484	19.4
#工业(万元)	Industry(10 000 yuan)	314000	361380	22.4
第三产业(万元)	Tertiary Industry(10 000 yuan)	210600	237144	8.1
人均生产总值(元)	Per Capita GDP(yuan)	27248	29510	13.0
全社会固定资产投资(万元)	Total Investment in Fixed Assets(10 000 yuan)	669139	721832	7.9
按登记注册类型分	Grouped by Registered Type			
#国有(万元)	State-owned Enterprises(10 000 yuan)	329348	294559	-10.6
集体(万元)	Collective-owned Enterprises(10 000 yuan)			
有限责任公司(万元)	Limited Liability Corporations(10 000 yuan)		110885	
股份有限公司(万元)	Share Holding Enterprises(10 000 yuan)		182904	
私营企业(万元)	Private Enterprises(10 000 yuan)	339791	133484	-60.7
外商及港澳台投资企业(万元)	Funds from HK, Macao, Taiwan & Foreign(10 000 yuan)			
按城乡渠道分	Grouped by Urban and Rural Area			
城镇(万元)	Urban(10 000 yuan)	653771	717862	9.8
农村(万元)	Rural(10 000 yuan)	15368	3970	-74.2
一般预算收入(万元)	General Budgetary Financial Revenue(10 000 yuan)	20227	24996	23.6
一般预算支出(万元)	General Budgetary Financial Expenditures(10 000 yuan)	100068	117517	17.4
城乡居民储蓄存款余额(万元)	Resident Saving Deposit in Urban & Rural(10 000 yuan)	256488	289689	12.9
在岗职工工资总额(万元)	Total Wages of Staff & Workers Employed in(10 000 yuan)	35666	42415	18.9
在岗职工平均工资(元)	Average Wage of Staff & Workers Employed in(yuan)	27102	28974	6.9
城镇居民人均可支配收入(元)	Annual Disposable Income of Urban Residents per Capita(yuan)	12755	14222	11.5
农牧民人均纯收入(元)	Per Capita Net Income of Peasant & Herdsman(yuan)	7568	8553	13.0
农村牧区经济	**Economic Development in Rural & Pastoral Area**			
耕地面积(公顷)	Cultivated Area(hectare)	85030	90756	6.7
农作物总播种面积(公顷)	Total Sown Area(hectare)	83450	88038	5.5
#粮食作物播种面积(公顷)	Sown Area of Grain Crops(hectare)	55800	56039	0.4
有效灌溉面积(公顷)	Irrigated Area(hectare)	85030	85030	0.0
农牧业机械总动力(万千瓦)	Total Power of Agricultural Machinery(10 000 kw)	75.75	78.47	3.6
化肥施用折纯量(吨)	Consumption of Chemical Fertilizer(ton)	56214	52231	-7.1
农村用电量(万千瓦小时)	Electricity Consumed in Rural Area(10 000 kwh)	3710	3723	0.4
农林牧渔业总产值(万元)	Gross Output of Farming, Forestry, Animal Husbandry & Fishery(10 000 yuan)	308779	376555	7.3
粮食产量(吨)	Yield of Grain(ton)	467900	473084	1.1
油料产量(吨)	Yield of Oil-bearing Grops(ton)	33275	52019	56.3
甜菜产量(吨)	Yield of Beetroots(ton)	2340		
猪牛羊肉产量(吨)	Output of Pork, Beef & Mutton(ton)	38479	51302	33.3
#猪肉产量(吨)	Output of Pork(ton)	11730	12974	10.6
牛肉产量(吨)	Output of Beef(ton)	3743	4144	10.7
羊肉产量(吨)	Output of Mutton(ton)	23006	26105	13.5
羊毛产量(吨)	Output of Wool(ton)	1794	1799	0.3

23 - 102 Hangjinhou Banner in Bayannaoer City

指　　标	Item	2009	2010	2010 年比上年增长% Increase Rate in 2010 Over 2009(%)
年末牲畜存栏头数(万头只)	Total Livestock at the Year - end(10 000 heads)	131.87	131.87	0.0
# 大牲畜(万头只)	Large Animals(10 000 heads)	8.29	7.92	-4.5
羊(万只)	Sheep & Goats(10 000 heads)	113.03	113.57	0.5
猪(万头)	Hogs(10 000 heads)	10.55	10.38	-1.6
规模以上工业	**Industrial Enterprises above Designated size**			
工业企业单位数(个)	Number of Industrial Enterprises(unit)	29	33	13.8
# 内资企业(个)	Civil Funded Enterprises(unit)	29	33	13.8
工业总产值(万元)	Gross Industrial Output Value(10 000 yuan)	807500	1007123	24.7
内资企业(万元)	Civil Funded Enterprises(10 000 yuan)	807500	1007123	24.7
国有企业(万元)	State - owned Enterprises(10 000 yuan)	7800	9199	17.9
集体企业(万元)	Collective - owned Enterprises(10 000 yuan)			
股份合作企业(万元)	Share Holding Enterprises(10 000 yuan)			
联营企业(万元)	Joint Owned Enterprises(10 000 yuan)			
有限责任公司(万元)	Limited Company(10 000 yuan)	330000	429351	30.1
股份有限公司(万元)	Share Holding Limited Company(10 000 yuan)	100600	130862	30.1
私营企业(万元)	Privately Owned Enterprises(10 000 yuan)	369100	437712	18.6
其他企业(万元)	Enterprises of Other Ownership(10 000 yuan)			
港澳台商投资企业(万元)	Funds from HK, Macao & Taiwan(10 000 yuan)			
外商投资企业(万元)	Foreign Funded Enterprises(10 000 yuan)			
工业企业增加值(万元)	Value Added of Industrial Enterprises(10 000 yuan)	281800	319500	25.0
工业企业资产总计(万元)	Total Assets of Industrial Enterprises(10 000 yuan)	626200	1281349	104.6
工业企业负债合计(万元)	Total Liabilities of Industrial Enterprises(10 000 yuan)	148300	252548	70.3
工业企业产品销售收入(万元)	Sales of Revenue Industrial Enterprises(10 000 yuan)	762800	957922	25.6
工业企业利润总额(万元)	Total Profits of Industrial Enterprises(10 000 yuan)	31000	36077	16.4
建筑业	**Construction**			
建筑企业单位数(个)	Number of Construction Enterprises(unit)	2	2	0.0
建筑企业从业人员(人)	Number of Employee in Construction Enterprises(person)	458	216	-52.8
建筑业总产值(万元)	Gross Construction Output Value(10 000 yuan)	16000	13200	-17.5
交通运输邮电通信业	**Transportation, Post & Telecommunications**			
公路里程(公里)	Total Length of Highways(km)	1701	1701	0.0
邮电业务总量(万元)	Business Volume of Post & Telecoms(10 000 yuan)	16030	16350	2.0
本地电话用户(户)	Number of Subscribers of Local Telephone(Household)	34016	34357	1.0
国内贸易	**Domestic Trade**			
社会消费品零售总额(万元)	Total Retail Sales of Consumer Goods(10 000 yuan)	135237	161123	19.1
# 贸易业(万元)	Wholesale & Retail Sales Trades(10 000 yuan)	119323	141923	18.9
餐饮业(万元)	Catering Trade(10 000 yuan)	15827	19098	20.7
科技教育卫生	**Science, Education & Public Health**			
各类专业技术人员(人)	Special Technical Personnel(person)	3573	3598	0.7
幼儿园数(所)	Number of Kindergartens(unit)	6	6	0.0
学龄儿童入学率(%)	Percentage of School - Age Children Enrolled(%)	100.0	100.0	0.0
小学学校数(所)	Number of Primary Schools(unit)	32	29	-9.4
小学专任教师数(人)	Number of Full - time Teachers of Primary Schools(person)	1188	1153	-2.9
小学在校学生数(人)	Number of Student Enrollment of Primary Schools(person)	13972	12846	-8.1
普通中学学校数(所)	Number of Regular Secondary Schools(unit)	12	11	-8.3
普通中学专任教师数(人)	Number of Teachers of Secondary Shools(person)	935	964	3.1
初中在校学生数(人)	Number of Student in Junior Secondary Schools(person)	10119	9667	-4.5
高中在校学生数(人)	Number of Student in Senior Secondary Schools(person)	5033	5301	5.3
卫生机构数(所)	Number of Health Institutions(unit)	205	207	1.0
# 医院(所)	Hospitals(unit)	3	3	0.0
卫生院(所)	Township Hospitals(unit)	19	19	0.0
床位数(张)	Number of Beds(unit)	854	887	3.9
# 医院(张)	Hospitals(unit)	340	340	0.0
卫生院(张)	Township Hospitals(unit)	337	344	2.1
卫生技术人员(人)	Medical Technical Presonnel(person)	1106	1132	2.4
# 医院(人)	Hospitals(person)	396	416	5.1
卫生院(人)	Township Hospitals(person)	245	237	-3.3

23－103 乌海市海勃湾区

指　　标	Item	2009	2010	2010年比上年增长% Increase Rate in 2010 Over 2009(%)
行政区域土地面积(平方公里)	**Area of Administration(Sq. km)**	**529**	**529**	**0.0**
人口和就业	**Population & Employment**			
年末总人口(人)	Total Population Year－end(person)	218837	221336	1.1
#男性(人)	Male(person)	111031	112255	1.1
#乡村人口(人)	Rural(person)	13151	13087	－0.5
年末总户数(户)	Total Number of Households at the Year－end(Household)	71357	73532	3.0
#乡村户数(户)	Number of Rural Household(Household)	4492	4485	－0.2
出生人口(人)	Births(person)	2771	2891	4.3
死亡人口(人)	Deaths(person)	548	853	55.7
全社会就业人员(人)	Employment(person)	126540	132785	4.9
第一产业(人)	Primary Industry(person)	8383	5688	－32.1
第二产业(人)	Secondary Industry(person)	41517	44695	7.7
第三产业(人)	Tertiary Industry(person)	76640	82402	7.5
在岗职工人数(人)	Number of Staff & Workers Employed in(person)	43095	73982	71.7
乡村劳动力(人)	Number of Rural Laborers(person)	8890	8400	－5.5
#农林牧渔业(人)	Farming, Forestry, Animal Husbandry & Fishery(person)	5585	4718	－15.5
国民经济综合指标	**Summary Item on the National Economy**			
生产总值(万元)	Gross Domestic Product(10 000 yuan)	1200300	1490871	18.5
第一产业(万元)	Primary Industry(10 000 yuan)	10473	12628	6.8
第二产业(万元)	Secondary Industry(10 000 yuan)	681797	896534	24.5
#工业(万元)	Industry(10 000 yuan)	604929	792465	24.0
第三产业(万元)	Tertiary Industry(10 000 yuan)	508030	581710	11.9
人均生产总值(元)	Per Capita GDP(yuan)	46252	53799	8.5
全社会固定资产投资(万元)	Total Investment in Fixed Assets(10 000 yuan)	820129	1103673	34.6
按登记注册类型分	Grouped by Registered Type			
#国有(万元)	State－owned Enterprises(10 000 yuan)	362060	373207	3.1
集体(万元)	Collective－owned Enterprises(10 000 yuan)			
有限责任公司(万元)	Limited Liability Corporations(10 000 yuan)	311387	354424	13.8
股份有限公司(万元)	Share Holding Enterprises(10 000 yuan)	85700	98875	15.4
私营企业(万元)	Private Enterprises(10 000 yuan)	54436	53160	－2.3
外商及港澳台投资企业(万元)	Funds from HK, Macao, Taiwan & Foreign(10 000 yuan)		6647	
按城乡渠道分	Grouped by Urban and Rural Area			
城镇(万元)	Urban(10 000 yuan)	820129	1103673	34.6
农村(万元)	Rural(10 000 yuan)			
一般预算收入(万元)	General Budgetary Financial Revenue(10 000 yuan)	85349	109792	28.6
一般预算支出(万元)	General Budgetary Financial Expenditures(10 000 yuan)	96624	116086	20.1
城乡居民储蓄存款余额(万元)	Resident Saving Deposit in Urban & Rural(10 000 yuan)	1021920	1200680	17.5
在岗职工工资总额(万元)	Total Wages of Staff & Workers Employed in(10 000 yuan)	174471	297051	70.3
在岗职工平均工资(元)	Average Wage of Staff & Workers Employed in(yuan)	35360	39461	11.6
城镇居民人均可支配收入(元)	Annual Disposable Income of Urban Residents per Capita(yuan)	18015	20195	12.1
农牧民人均纯收入(元)	Per Capita Net Income of Peasant & Herdsman(yuan)	8465	9508	12.3
农村牧区经济	**Economic Development in Rural & Pastoral Area**			
耕地面积(公顷)	Cultivated Area(hectare)	2193	2550	16.3
农作物总播种面积(公顷)	Total Sown Area(hectare)	2264	2391	5.6
#粮食作物播种面积(公顷)	Sown Area of Grain Crops(hectare)	1181	1264	7.0
有效灌溉面积(公顷)	Irrigated Area(hectare)	1892	1960	3.6
农牧业机械总动力(万千瓦)	Total Power of Agricultural Machinery(10 000 kw)	3.59	2.97	－17.3
化肥施用折纯量(吨)	Consumption of Chemical Fertilizer(ton)	1326	1254	－5.4
农村用电量(万千瓦小时)	Electricity Consumed in Rural Area(10 000 kwh)	1420	1333	－6.1
农林牧渔业总产值(万元)	Gross Output of Farming, Forestry, Animal Husbandry & Fishery(10 000 yuan)	17422	22135	8.5
粮食产量(吨)	Yield of Grain(ton)	7672	8172	6.5
油料产量(吨)	Yield of Oil－bearing Grops(ton)	1360	1228	－9.7
甜菜产量(吨)	Yield of Beetroots(ton)			
猪牛羊肉产量(吨)	Output of Pork, Beef & Mutton(ton)	3672	3803	3.6
#猪肉产量(吨)	Output of Pork(ton)	2755	2897	5.2
牛肉产量(吨)	Output of Beef(ton)	267	189	－29.2
羊肉产量(吨)	Output of Mutton(ton)	650	717	10.3
羊毛产量(吨)	Output of Wool(ton)	40	52	30.0

23 - 103 Haibowan District in Wuhai City

指　　标	Item	2009	2010	2010 年比上年增长% Increase Rate in 2010 Over 2009(%)
年末牲畜存栏头数(万头只)	Total Livestock at the Year - end(10 000 heads)	4.22	4.49	6.4
# 大牲畜(万头只)	Large Animals(10 000 heads)	0.17	0.18	8.2
羊(万只)	Sheep & Goats(10 000 heads)	2.41	2.68	11.0
猪(万头)	Hogs(10 000 heads)	1.64	1.63	-0.5
规模以上工业	**Industrial Enterprises above Designated size**			
工业企业单位数(个)	Number of Industrial Enterprises(unit)	53	53	0.0
# 内资企业(个)	Civil Funded Enterprises(unit)	52	53	1.9
工业总产值(万元)	Gross Industrial Output Value(10 000 yuan)	1280500	1498131	17.0
内资企业(万元)	Civil Funded Enterprises(10 000 yuan)	1239900	1498131	20.8
国有企业(万元)	State - owned Enterprises(10 000 yuan)	436400	114511	-73.8
集体企业(万元)	Collective - owned Enterprises(10 000 yuan)			
股份合作企业(万元)	Share Holding Enterprises(10 000 yuan)	10700	1308	-87.8
联营企业(万元)	Joint Owned Enterprises(10 000 yuan)			
有限责任公司(万元)	Limited Company(10 000 yuan)	453000		
股份有限公司(万元)	Share Holding Limited Company(10 000 yuan)		1355882	
私营企业(万元)	Privately Owned Enterprises(10 000 yuan)	315800		
其他企业(万元)	Enterprises of Other Ownership(10 000 yuan)	24000	26430	10.1
港澳台商投资企业(万元)	Funds from HK, Macao & Taiwan(10 000 yuan)	40600		
外商投资企业(万元)	Foreign Funded Enterprises(10 000 yuan)			
工业企业增加值(万元)	Value Added of Industrial Enterprises(10 000 yuan)	577529		25.2
工业企业资产总计(万元)	Total Assets of Industrial Enterprises(10 000 yuan)	1378700	1889312	37.0
工业企业负债合计(万元)	Total Liabilities of Industrial Enterprises(10 000 yuan)	973700	1336170	37.2
工业企业产品销售收入(万元)	Sales of Revenue Industrial Enterprises(10 000 yuan)	1293800	1652133	27.7
工业企业利润总额(万元)	Total Profits of Industrial Enterprises(10 000 yuan)	189600	294927	55.6
建筑业	**Construction**			
建筑企业单位数(个)	Number of Construction Enterprises(unit)	35	35	0.0
建筑企业从业人员(人)	Number of Employee in Construction Enterprises(person)	27299	31063	13.8
建筑业总产值(万元)	Gross Construction Output Value(10 000 yuan)	264861	367410	38.7
交通运输邮电通信业	**Transportation, Post & Telecommunications**			
公路里程(公里)	Total Length of Highways(km)	375	375	0.0
邮电业务总量(万元)	Business Volume of Post & Telecoms(10 000 yuan)	29671	37563	26.6
本地电话用户(户)	Number of Subscribers of Local Telephone(Household)	77468	94028	21.4
国内贸易	**Domestic Trade**			
社会消费品零售总额(万元)	Total Retail Sales of Consumer Goods(10 000 yuan)	508160	606440	19.3
# 贸易业(万元)	Wholesale & Retail Sales Trades(10 000 yuan)	447938	528263	17.9
餐饮业(万元)	Catering Trade(10 000 yuan)	60222	78177	29.8
科技教育卫生	**Science, Education & Public Health**			
各类专业技术人员(人)	Special Technical Personnel(person)	16092	20000	24.3
幼儿园数(所)	Number of Kindergartens(unit)	12	13	8.3
学龄儿童入学率(%)	Percentage of School - Age Children Enrolled(%)	100.0	100.0	0.0
小学学校数(所)	Number of Primary Schools(unit)	15	15	0.0
小学专任教师数(人)	Number of Full - time Teachers of Primary Schools(person)	1110	1149	3.5
小学在校学生数(人)	Number of Student Enrollment of Primary Schools(person)	17764	16894	-4.9
普通中学学校数(所)	Number of Regular Secondary Schools(unit)	12	11	-8.3
普通中学专任教师数(人)	Number of Teachers of Secondary Shools(person)	1246	1245	-0.1
初中在校学生数(人)	Number of Student in Junior Secondary Schools(person)	10378	10014	-3.5
高中在校学生数(人)	Number of Student in Senior Secondary Schools(person)	7752	7596	-2.0
卫生机构数(所)	Number of Health Institutions(unit)	145	167	15.2
# 医院(所)	Hospitals(unit)	10	9	-10.0
卫生院(所)	Township Hospitals(unit)	2	1	-50.0
床位数(张)	Number of Beds(unit)	1670	1800	7.8
# 医院(张)	Hospitals(unit)	1237	1387	12.1
卫生院(张)	Township Hospitals(unit)	65	50	-23.1
卫生技术人员(人)	Medical Technical Presonnel(person)	1986	2077	4.6
# 医院(人)	Hospitals(person)	1296	1449	11.8
卫生院(人)	Township Hospitals(person)	23	22	-4.3

23－104 乌海市海南区

指　　标	Item	2009	2010	2010年比上年增长% Increase Rate in 2010 Over 2009(%)
行政区域土地面积(平方公里)	**Area of Administration(Sq. km)**	**1005**	**1005**	**0.0**
人口和就业	**Population & Employment**			
年末总人口(人)	Total Population Year－end(person)	95864	94003	－1.9
#男性(人)	Male(person)	50136	48986	－2.3
#乡村人口(人)	Rural(person)	12398	12545	1.2
年末总户数(户)	Total Number of Households at the Year－end(Household)	36334	36391	0.2
#乡村户数(户)	Number of Rural Household(Household)	4912	4998	1.8
出生人口(人)	Births(person)	1067	1090	2.2
死亡人口(人)	Deaths(person)	389	672	72.8
全社会就业人员(人)	Employment(person)	57885	59434	2.7
第一产业(人)	Primary Industry(person)	7133	4968	－30.4
第二产业(人)	Secondary Industry(person)	30338	32660	7.7
第三产业(人)	Tertiary Industry(person)	20414	21806	6.8
在岗职工人数(人)	Number of Staff & Workers Employed in(person)	10093	9177	－9.1
乡村劳动力(人)	Number of Rural Laborers(person)	9954	9854	－1.0
#农林牧渔业(人)	Farming,Forestry,Animal Husbandry & Fishery(person)	6861	6897	0.5
国民经济综合指标	**Summary Item on the National Economy**			
生产总值(万元)	Gross Domestic Product(10 000 yuan)	959622	1224085	21.1
第一产业(万元)	Primary Industry(10 000 yuan)	12612	15598	7.0
第二产业(万元)	Secondary Industry(10 000 yuan)	728989	964441	25.2
#工业(万元)	Industry(10 000 yuan)	676555	898152	25.7
第三产业(万元)	Tertiary Industry(10 000 yuan)	218021	244046	10.2
人均生产总值(元)	Per Capita GDP(yuan)	96679	121654	21.0
全社会固定资产投资(万元)	Total Investment in Fixed Assets(10 000 yuan)	559508	703016	25.6
按登记注册类型分	Grouped by Registered Type			
#国有(万元)	State－owned Enterprises(10 000 yuan)	77042	112262	45.7
集体(万元)	Collective－owned Enterprises(10 000 yuan)			
有限责任公司(万元)	Limited Liability Corporations(10 000 yuan)	412264	428821	4.0
股份有限公司(万元)	Share Holding Enterprises(10 000 yuan)	10550	12029	14.0
私营企业(万元)	Private Enterprises(10 000 yuan)	40399	96342	138.5
外商及港澳台投资企业(万元)	Funds from HK,Macao,Taiwan & Foreign(10 000 yuan)		15497	
按城乡渠道分	Grouped by Urban and Rural Area			
城镇(万元)	Urban(10 000 yuan)	559508	703016	25.6
农村(万元)	Rural(10 000 yuan)			
一般预算收入(万元)	General Budgetary Financial Revenue(10 000 yuan)	62959	75867	20.5
一般预算支出(万元)	General Budgetary Financial Expenditures(10 000 yuan)	73671	89999	22.2
城乡居民储蓄存款余额(万元)	Resident Saving Deposit in Urban & Rural(10 000 yuan)	274497	300512	9.5
在岗职工工资总额(万元)	Total Wages of Staff & Workers Employed in(10 000 yuan)	32316	37668	16.6
在岗职工平均工资(元)	Average Wage of Staff & Workers Employed in(yuan)	28956	41613	43.7
城镇居民人均可支配收入(元)	Annual Disposable Income of Urban Residents per Capita(yuan)	17308	19386	12.0
农牧民人均纯收入(元)	Per Capita Net Income of Peasant & Herdsman(yuan)	7760	8601	10.8
农村牧区经济	**Economic Development in Rural & Pastoral Area**			
耕地面积(公顷)	Cultivated Area(hectare)	2798	3703	32.3
农作物总播种面积(公顷)	Total Sown Area(hectare)	3305	3378	2.2
#粮食作物播种面积(公顷)	Sown Area of Grain Crops(hectare)	2698	2709	0.4
有效灌溉面积(公顷)	Irrigated Area(hectare)	2664	3183	19.5
农牧业机械总动力(万千瓦)	Total Power of Agricultural Machinery(10 000 kw)	3.86	3.16	－18.1
化肥施用折纯量(吨)	Consumption of Chemical Fertilizer(ton)	1790	1750	－2.2
农村用电量(万千瓦小时)	Electricity Consumed in Rural Area(10 000 kwh)	1080	1075	－0.5
农林牧渔业总产值(万元)	Gross Output of Farming,Forestry,Animal Husbandry & Fishery(10 000 yuan)	20980	25995	8.8
粮食产量(吨)	Yield of Grain(ton)	18501	19124	3.4
油料产量(吨)	Yield of Oil－bearing Grops(ton)	420	180	－57.1
甜菜产量(吨)	Yield of Beetroots(ton)			
猪牛羊肉产量(吨)	Output of Pork, Beef & Mutton(ton)	5111	5826	14.0
#猪肉产量(吨)	Output of Pork(ton)	3720	4167	12.0
牛肉产量(吨)	Output of Beef(ton)	170	253	48.8
羊肉产量(吨)	Output of Mutton(ton)	1221	1406	15.2
羊毛产量(吨)	Output of Wool(ton)	120	178	48.3

23 – 104 Hainan District in Wuhai City

指　　标	Item	2009	2010	2010年比上年增长% Increase Rate in 2010 Over 2009(%)
年末牲畜存栏头数(万头只)	Total Livestock at the Year – end(10 000 heads)	6.42	7.06	10.0
# 大牲畜(万头只)	Large Animals(10 000 heads)	0.24	0.27	13.8
羊(万只)	Sheep & Goats(10 000 heads)	4.81	5.22	8.5
猪(万头)	Hogs(10 000 heads)	1.37	1.57	14.4
规模以上工业	**Industrial Enterprises above Designated size**			
工业企业单位数(个)	Number of Industrial Enterprises(unit)	61	60	-1.6
# 内资企业(个)	Civil Funded Enterprises(unit)	60	59	-1.7
工业总产值(万元)	Gross Industrial Output Value(10 000 yuan)	1338200	2023443	51.2
内资企业(万元)	Civil Funded Enterprises(10 000 yuan)	1333200	2018676	51.4
国有企业(万元)	State – owned Enterprises(10 000 yuan)	550700	876621	59.2
集体企业(万元)	Collective – owned Enterprises(10 000 yuan)			
股份合作企业(万元)	Share Holding Enterprises(10 000 yuan)			
联营企业(万元)	Joint Owned Enterprises(10 000 yuan)			
有限责任公司(万元)	Limited Company(10 000 yuan)	189900		
股份有限公司(万元)	Share Holding Limited Company(10 000 yuan)	165000	1062354	
私营企业(万元)	Privately Owned Enterprises(10 000 yuan)	427600		
其他企业(万元)	Enterprises of Other Ownership(10 000 yuan)		79701	
港澳台商投资企业(万元)	Funds from HK, Macao & Taiwan(10 000 yuan)			
外商投资企业(万元)	Foreign Funded Enterprises(10 000 yuan)	5000	4767	-4.7
工业企业增加值(万元)	Value Added of Industrial Enterprises(10 000 yuan)	649255		27.0
工业企业资产总计(万元)	Total Assets of Industrial Enterprises(10 000 yuan)	2431200	2984118	22.7
工业企业负债合计(万元)	Total Liabilities of Industrial Enterprises(10 000 yuan)	1621900	2057033	26.8
工业企业产品销售收入(万元)	Sales of Revenue Industrial Enterprises(10 000 yuan)	1292300	1606683	24.3
工业企业利润总额(万元)	Total Profits of Industrial Enterprises(10 000 yuan)	92800	63059	-32.0
建筑业	**Construction**			
建筑企业单位数(个)	Number of Construction Enterprises(unit)	3	3	0.0
建筑企业从业人员(人)	Number of Employee in Construction Enterprises(person)	288	1570	445.1
建筑业总产值(万元)	Gross Construction Output Value(10 000 yuan)	3303	6327	91.6
交通运输邮电通信业	**Transportation, Post & Telecommunications**			
公路里程(公里)	Total Length of Highways(km)	279	293	4.9
邮电业务总量(万元)	Business Volume of Post & Telecoms(10 000 yuan)	10032	12700	26.6
本地电话用户(户)	Number of Subscribers of Local Telephone(Household)	11840	14371	21.4
国内贸易	**Domestic Trade**			
社会消费品零售总额(万元)	Total Retail Sales of Consumer Goods(10 000 yuan)	36133	42605	17.9
# 贸易业(万元)	Wholesale & Retail Sales Trades(10 000 yuan)	31931	37493	17.4
餐饮业(万元)	Catering Trade(10 000 yuan)	4202	5113	21.7
科技教育卫生	**Science, Education & Public Health**			
各类专业技术人员(人)	Special Technical Personnel(person)	3440	4275	24.3
幼儿园数(所)	Number of Kindergartens(unit)	28	24	-14.3
学龄儿童入学率(%)	Percentage of School – Age Children Enrolled(%)	100.0	100.0	0.0
小学学校数(所)	Number of Primary Schools(unit)	6	6	0.0
小学专任教师数(人)	Number of Full – time Teachers of Primary Schools(person)	547	497	-9.1
小学在校学生数(人)	Number of Student Enrollment of Primary Schools(person)	7270	6688	-8.0
普通中学学校数(所)	Number of Regular Secondary Schools(unit)	4	4	0.0
普通中学专任教师数(人)	Number of Teachers of Secondary Shools(person)	267	266	-0.4
初中在校学生数(人)	Number of Student in Junior Secondary Schools(person)	3547	3494	-1.5
高中在校学生数(人)	Number of Student in Senior Secondary Schools(person)			
卫生机构数(所)	Number of Health Institutions(unit)	76	53	-30.3
# 医院(所)	Hospitals(unit)	2	3	50.0
卫生院(所)	Township Hospitals(unit)	2	3	50.0
床位数(张)	Number of Beds(unit)	356	380	6.7
# 医院(张)	Hospitals(unit)	228	238	4.4
卫生院(张)	Township Hospitals(unit)	24	24	0.0
卫生技术人员(人)	Medical Technical Presonnel(person)	446	466	4.5
# 医院(人)	Hospitals(person)	210	238	13.3
卫生院(人)	Township Hospitals(person)	21	27	28.6

23－105 乌海市乌达区

指　　标	Item	2009	2010	2010 年比上年增长% Increase Rate in 2010 Over 2009(%)
行政区域土地面积(平方公里)	**Area of Administration(Sq. km)**	**220**	**220**	**0.0**
人口和就业	**Population & Employment**			
年末总人口(人)	Total Population Year－end(person)	129012	128040	－0.8
＃男性(人)	Male(person)	65710	65070	－1.0
＃乡村人口(人)	Rural(person)			
年末总户数(户)	Total Number of Households at the Year－end(Household)	50456	50509	0.0
＃乡村户数(户)	Number of Rural Household(Household)			
出生人口(人)	Births(person)	1464	1613	10.2
死亡人口(人)	Deaths(person)	477	1133	137.5
全社会就业人员(人)	Employment(person)	67575	71172	5.3
第一产业(人)	Primary Industry(person)	3484	2491	－28.5
第二产业(人)	Secondary Industry(person)	26144	28145	7.7
第三产业(人)	Tertiary Industry(person)	37947	40536	6.8
在岗职工人数(人)	Number of Staff & Workers Employed in(person)	10010	10913	9.0
乡村劳动力(人)	Number of Rural Laborers(person)			
＃农林牧渔业(人)	Farming, Forestry, Animal Husbandry & Fishery(person)			
国民经济综合指标	**Summary Item on the National Economy**			
生产总值(万元)	Gross Domestic Product(10 000 yuan)	956056	1201539	19.6
第一产业(万元)	Primary Industry(10 000 yuan)	7965	8913	7.2
第二产业(万元)	Secondary Industry(10 000 yuan)	731683	944391	22.2
＃工业(万元)	Industry(10 000 yuan)	691186	889650	21.8
第三产业(万元)	Tertiary Industry(10 000 yuan)	216408	248235	13.1
人均生产总值(元)	Per Capita GDP(yuan)	74099	90673	18.2
全社会固定资产投资(万元)	Total Investment in Fixed Assets(10 000 yuan)	431986	580542	34.4
按登记注册类型分	Grouped by Registered Type			
＃国有(万元)	State－owned Enterprises(10 000 yuan)	76146	138902	82.4
集体(万元)	Collective－owned Enterprises(10 000 yuan)			
有限责任公司(万元)	Limited Liability Corporations(10 000 yuan)	336640	378508	12.4
股份有限公司(万元)	Share Holding Enterprises(10 000 yuan)		41152	
私营企业(万元)	Private Enterprises(10 000 yuan)	15400	17800	15.6
外商及港澳台投资企业(万元)	Funds from HK, Macao, Taiwan & Foreign(10 000 yuan)	3800	1000	－73.7
按城乡渠道分	Grouped by Urban and Rural Area			
城镇(万元)	Urban(10 000 yuan)	431986	580542	34.4
农村(万元)	Rural(10 000 yuan)			
一般预算收入(万元)	General Budgetary Financial Revenue(10 000 yuan)	54837	65812	20.0
一般预算支出(万元)	General Budgetary Financial Expenditures(10 000 yuan)	81704	82624	1.1
城乡居民储蓄存款余额(万元)	Resident Saving Deposit in Urban & Rural(10 000 yuan)	404108	418627	3.6
在岗职工工资总额(万元)	Total Wages of Staff & Workers Employed in(10 000 yuan)	36299	45878	26.4
在岗职工平均工资(元)	Average Wage of Staff & Workers Employed in(yuan)	27612	40933	48.2
城镇居民人均可支配收入(元)	Annual Disposable Income of Urban Residents per Capita(yuan)	17163	19223	12.0
农牧民人均纯收入(元)	Per Capita Net Income of Peasant & Herdsman(yuan)	8495	9562	12.6
农村牧区经济	**Economic Development in Rural & Pastoral Area**			
耕地面积(公顷)	Cultivated Area(hectare)	2056	2318	12.7
农作物总播种面积(公顷)	Total Sown Area(hectare)	2007	1979	－1.4
＃粮食作物播种面积(公顷)	Sown Area of Grain Crops(hectare)	903	1060	17.4
有效灌溉面积(公顷)	Irrigated Area(hectare)	2325	2318	－0.3
农牧业机械总动力(万千瓦)	Total Power of Agricultural Machinery(10 000 kw)	2.12	1.62	－23.9
化肥施用折纯量(吨)	Consumption of Chemical Fertilizer(ton)	1074	983	－8.5
农村用电量(万千瓦小时)	Electricity Consumed in Rural Area(10 000 kwh)	718	589	－18.0
农林牧渔业总产值(万元)	Gross Output of Farming, Forestry, Animal Husbandry & Fishery(10 000 yuan)	13250	14640	9.1
粮食产量(吨)	Yield of Grain(ton)	6375	7747	21.5
油料产量(吨)	Yield of Oil－bearing Grops(ton)	1020	1017	－0.3
甜菜产量(吨)	Yield of Beetroots(ton)			
猪牛羊肉产量(吨)	Output of Pork, Beef & Mutton(ton)	1575	1748	11.0
＃猪肉产量(吨)	Output of Pork(ton)	1274	1432	12.4
牛肉产量(吨)	Output of Beef(ton)	11	14	27.3
羊肉产量(吨)	Output of Mutton(ton)	290	302	4.1
羊毛产量(吨)	Output of Wool(ton)	22	24	9.1

23 - 105 Wuda District in Wuhai City

指　　标	Item	2009	2010	2010年比上年增长% Increase Rate in 2010 Over 2009(%)
年末牲畜存栏头数(万头只)	Total Livestock at the Year - end(10 000 heads)	1.87	1.92	2.6
#大牲畜(万头只)	Large Animals(10 000 heads)	0.08	0.06	-21.5
羊(万只)	Sheep & Goats(10 000 heads)	0.88	0.95	8.4
猪(万头)	Hogs(10 000 heads)	0.91	0.90	-0.9
规模以上工业	**Industrial Enterprises above Designated size**			
工业企业单位数(个)	Number of Industrial Enterprises(unit)	63	63	0.0
#内资企业(个)	Civil Funded Enterprises(unit)	62	62	0.0
工业总产值(万元)	Gross Industrial Output Value(10 000 yuan)	1410200	2051289	45.5
内资企业(万元)	Civil Funded Enterprises(10 000 yuan)	1405300	2046103	45.6
国有企业(万元)	State - owned Enterprises(10 000 yuan)	474200	607587	28.1
集体企业(万元)	Collective - owned Enterprises(10 000 yuan)			
股份合作企业(万元)	Share Holding Enterprises(10 000 yuan)			
联营企业(万元)	Joint Owned Enterprises(10 000 yuan)			
有限责任公司(万元)	Limited Company(10 000 yuan)			
股份有限公司(万元)	Share Holding Limited Company(10 000 yuan)	931100	1433397	53.9
私营企业(万元)	Privately Owned Enterprises(10 000 yuan)			
其他企业(万元)	Enterprises of Other Ownership(10 000 yuan)		5119	
港澳台商投资企业(万元)	Funds from HK, Macao & Taiwan(10 000 yuan)	4900	5186	5.8
外商投资企业(万元)	Foreign Funded Enterprises(10 000 yuan)			
工业企业增加值(万元)	Value Added of Industrial Enterprises(10 000 yuan)	663886		22.9
工业企业资产总计(万元)	Total Assets of Industrial Enterprises(10 000 yuan)	1415800	1627096	14.9
工业企业负债合计(万元)	Total Liabilities of Industrial Enterprises(10 000 yuan)	918900	1158117	26.0
工业企业产品销售收入(万元)	Sales of Revenue Industrial Enterprises(10 000 yuan)	1325300	1664173	25.6
工业企业利润总额(万元)	Total Profits of Industrial Enterprises(10 000 yuan)	115400	91022	-21.1
建筑业	**Construction**			
建筑企业单位数(个)	Number of Construction Enterprises(unit)	3	3	0.0
建筑企业从业人员(人)	Number of Employee in Construction Enterprises(person)	2286	1609	-29.6
建筑业总产值(万元)	Gross Construction Output Value(10 000 yuan)	38729	27204	-29.8
交通运输邮电通信业	**Transportation, Post & Telecommunications**			
公路里程(公里)	Total Length of Highways(km)	122	133	8.8
邮电业务总量(万元)	Business Volume of Post & Telecoms(10 000 yuan)	11897	15061	26.6
本地电话用户(户)	Number of Subscribers of Local Telephone(Household)	11700	14201	21.4
国内贸易	**Domestic Trade**			
社会消费品零售总额(万元)	Total Retail Sales of Consumer Goods(10 000 yuan)	55160	67848	23.0
#贸易业(万元)	Wholesale & Retail Sales Trades(10 000 yuan)	48364	44101	-8.8
餐饮业(万元)	Catering Trade(10 000 yuan)	6796	23747	249.5
科技教育卫生	**Science, Education & Public Health**			
各类专业技术人员(人)	Special Technical Personnel(person)	4808	5976	24.3
幼儿园数(所)	Number of Kindergartens(unit)	23	16	-30.4
学龄儿童入学率(%)	Percentage of School - Age Children Enrolled(%)	100.0	100.0	0.0
小学学校数(所)	Number of Primary Schools(unit)	9	9	0.0
小学专任教师数(人)	Number of Full - time Teachers of Primary Schools(person)	629	632	0.5
小学在校学生数(人)	Number of Student Enrollment of Primary Schools(person)	8029	7534	-6.2
普通中学学校数(所)	Number of Regular Secondary Schools(unit)	7	8	0.0
普通中学专任教师数(人)	Number of Teachers of Secondary Shools(person)	518	572	10.4
初中在校学生数(人)	Number of Student in Junior Secondary Schools(person)	4814	4411	-8.4
高中在校学生数(人)	Number of Student in Senior Secondary Schools(person)	3422	3278	-4.2
卫生机构数(所)	Number of Health Institutions(unit)	63	57	-9.5
#医院(所)	Hospitals(unit)	4	4	0.0
卫生院(所)	Township Hospitals(unit)			
床位数(张)	Number of Beds(unit)	720	717	-0.4
#医院(张)	Hospitals(unit)	640	615	-3.9
卫生院(张)	Township Hospitals(unit)			
卫生技术人员(人)	Medical Technical Presonnel(person)	679	710	4.6
#医院(人)	Hospitals(person)	394	373	-5.3
卫生院(人)	Township Hospitals(person)			

23-106 阿拉善盟阿拉善左旗

指　　标	Item	2009	2010	2010年比上年增长% Increase Rate in 2010 Over 2009(%)
行政区域土地面积(平方公里)	**Area of Administration(Sq. km)**	**80412**	**80412**	**0.0**
人口和就业	**Population & Employment**			
年末总人口(人)	Total Population Year-end(person)	142972	142148	-0.6
#男性(人)	Male(person)	72839	72185	-0.9
#乡村人口(人)	Rural(person)	47315	51001	7.8
年末总户数(户)	Total Number of Households at the Year-end(Household)	56680	57403	1.3
#乡村户数(户)	Number of Rural Household(Household)	15965	16727	4.8
出生人口(人)	Births(person)	1742	1949	11.9
死亡人口(人)	Deaths(person)	262	407	55.3
全社会就业人员(人)	Employment(person)	96306	103353	7.3
第一产业(人)	Primary Industry(person)	30853	29125	-5.6
第二产业(人)	Secondary Industry(person)	30802	30996	0.6
第三产业(人)	Tertiary Industry(person)	34651	43232	24.8
在岗职工人数(人)	Number of Staff & Workers Employed in(person)	35232	38663	9.7
乡村劳动力(人)	Number of Rural Laborers(person)	35987	37979	5.5
#农林牧渔业(人)	Farming, Forestry, Animal Husbandry & Fishery(person)	29538	27809	-5.9
国民经济综合指标	**Summary Item on the National Economy**			
生产总值(万元)	Gross Domestic Product(10 000 yuan)	1912864	2409859	21.5
第一产业(万元)	Primary Industry(10 000 yuan)	47674	55800	4.6
第二产业(万元)	Secondary Industry(10 000 yuan)	1561811	2025450	26.5
#工业(万元)	Industry(10 000 yuan)	1466460	1907850	27.5
第三产业(万元)	Tertiary Industry(10 000 yuan)	303379	328609	8.2
人均生产总值(元)	Per Capita GDP(yuan)	133782	169042	22.2
全社会固定资产投资(万元)	Total Investment in Fixed Assets(10 000 yuan)	1135044	1420210	25.1
按登记注册类型分	Grouped by Registered Type			
#国有(万元)	State-owned Enterprises(10 000 yuan)	369680	553963	49.8
集体(万元)	Collective-owned Enterprises(10 000 yuan)			
有限责任公司(万元)	Limited Liability Corporations(10 000 yuan)	303441	361289	19.1
股份有限公司(万元)	Share Holding Enterprises(10 000 yuan)	154759	149923	-3.1
私营企业(万元)	Private Enterprises(10 000 yuan)	136196	179685	31.9
外商及港澳台投资企业(万元)	Funds from HK, Macao, Taiwan & Foreign(10 000 yuan)	14825	23050	55.5
按城乡渠道分	Grouped by Urban and Rural Area			
城镇(万元)	Urban(10 000 yuan)	1132626	1415376	25.0
农村(万元)	Rural(10 000 yuan)	2418	4834	99.9
一般预算收入(万元)	General Budgetary Financial Revenue(10 000 yuan)	112082	93052	-17.0
一般预算支出(万元)	General Budgetary Financial Expenditures(10 000 yuan)	178902	244364	36.6
城乡居民储蓄存款余额(万元)	Resident Saving Deposit in Urban & Rural(10 000 yuan)	485364	616787	27.1
在岗职工工资总额(万元)	Total Wages of Staff & Workers Employed in(10 000 yuan)	114705	143278	24.9
在岗职工平均工资(元)	Average Wage of Staff & Workers Employed in(yuan)	34671	42530	22.7
城镇居民人均可支配收入(元)	Annual Disposable Income of Urban Residents per Capita(yuan)	16516	18996	15.0
农牧民人均纯收入(元)	Per Capita Net Income of Peasant & Herdsman(yuan)	6171	7090	14.9
农村牧区经济	**Economic Development in Rural & Pastoral Area**			
耕地面积(公顷)	Cultivated Area(hectare)	37972	37972	0.0
农作物总播种面积(公顷)	Total Sown Area(hectare)	24108	24802	2.9
#粮食作物播种面积(公顷)	Sown Area of Grain Crops(hectare)	16175	17346	7.2
有效灌溉面积(公顷)	Irrigated Area(hectare)	24000	20890	-13.0
农牧业机械总动力(万千瓦)	Total Power of Agricultural Machinery(10 000 kw)	18.60	19.30	3.8
化肥施用折纯量(吨)	Consumption of Chemical Fertilizer(ton)	7695	8949	16.3
农村用电量(万千瓦小时)	Electricity Consumed in Rural Area(10 000 kwh)	12065	13879	15.0
农林牧渔业总产值(万元)	Gross Output of Farming, Forestry, Animal Husbandry & Fishery(10 000 yuan)	69056	92500	34.0
粮食产量(吨)	Yield of Grain(ton)	137172	154104	12.3
油料产量(吨)	Yield of Oil-bearing Grops(ton)	24362	21647	-11.1
甜菜产量(吨)	Yield of Beetroots(ton)			
猪牛羊肉产量(吨)	Output of Pork, Beef & Mutton(ton)	9481	9077	-4.3
#猪肉产量(吨)	Output of Pork(ton)	573	720	25.7
牛肉产量(吨)	Output of Beef(ton)	413	290	-29.8
羊肉产量(吨)	Output of Mutton(ton)	8495	8067	-5.0
羊毛产量(吨)	Output of Wool(ton)	548	559	2.0

23 - 106 Alashanzuo Banner in Alashan League

指　　标	Item	2009	2010	2010年比上年增长% Increase Rate in 2010 Over 2009(%)
年末牲畜存栏头数(万头只)	Total Livestock at the Year - end(10 000 heads)	105.97	113.34	7.0
#大牲畜(万头只)	Large Animals(10 000 heads)	4.62	5.34	15.5
羊(万只)	Sheep & Goats(10 000 heads)	99.88	105.61	5.7
猪(万头)	Hogs(10 000 heads)	1.47	2.39	62.7
规模以上工业	**Industrial Enterprises above Designated size**			
工业企业单位数(个)	Number of Industrial Enterprises(unit)	82	80	-2.4
#内资企业(个)	Civil Funded Enterprises(unit)	77	77	0.0
工业总产值(万元)	Gross Industrial Output Value(10 000 yuan)	3079378	4312303	40.0
内资企业(万元)	Civil Funded Enterprises(10 000 yuan)	2956815	4150939	40.4
国有企业(万元)	State - owned Enterprises(10 000 yuan)	420091	296361	-29.5
集体企业(万元)	Collective - owned Enterprises(10 000 yuan)			
股份合作企业(万元)	Share Holding Enterprises(10 000 yuan)			
联营企业(万元)	Joint Owned Enterprises(10 000 yuan)		10090	
有限责任公司(万元)	Limited Company(10 000 yuan)	1105371	2641990	139.0
股份有限公司(万元)	Share Holding Limited Company(10 000 yuan)	670424	263108	-60.8
私营企业(万元)	Privately Owned Enterprises(10 000 yuan)	747991	915349	22.4
其他企业(万元)	Enterprises of Other Ownership(10 000 yuan)	12937	24042	85.8
港澳台商投资企业(万元)	Funds from HK, Macao & Taiwan(10 000 yuan)	6900	11853	71.8
外商投资企业(万元)	Foreign Funded Enterprises(10 000 yuan)	115700	149511	29.2
工业企业增加值(万元)	Value Added of Industrial Enterprises(10 000 yuan)	1426560	1859800	27.9
工业企业资产总计(万元)	Total Assets of Industrial Enterprises(10 000 yuan)	3407104	3705193	8.7
工业企业负债合计(万元)	Total Liabilities of Industrial Enterprises(10 000 yuan)	2155119	2497203	15.9
工业企业产品销售收入(万元)	Sales of Revenue Industrial Enterprises(10 000 yuan)	3078758	4023128	30.7
工业企业利润总额(万元)	Total Profits of Industrial Enterprises(10 000 yuan)	128183	202435	57.9
建筑业	**Construction**			
建筑企业单位数(个)	Number of Construction Enterprises(unit)	15	15	0.0
建筑企业从业人员(人)	Number of Employee in Construction Enterprises(person)	4358	5996	37.6
建筑业总产值(万元)	Gross Construction Output Value(10 000 yuan)	61393	68841	12.1
交通运输邮电通信业	**Transportation, Post & Telecommunications**			
公路里程(公里)	Total Length of Highways(km)	3179	3857	21.3
邮电业务总量(万元)	Business Volume of Post & Telecoms(10 000 yuan)	66965	71566	6.9
本地电话用户(户)	Number of Subscribers of Local Telephone(Household)	254280	300488	18.2
国内贸易	**Domestic Trade**			
社会消费品零售总额(万元)	Total Retail Sales of Consumer Goods(10 000 yuan)	218697	265258	21.3
#贸易业(万元)	Wholesale & Retail Sales Trades(10 000 yuan)	182125	217594	19.5
餐饮业(万元)	Catering Trade(10 000 yuan)	33141	41783	26.1
科技教育卫生	**Science, Education & Public Health**			
各类专业技术人员(人)	Special Technical Personnel(person)		10614	
幼儿园数(所)	Number of Kindergartens(unit)	9	12	33.3
学龄儿童入学率(%)	Percentage of School - Age Children Enrolled(%)	100.0	100.0	0.0
小学学校数(所)	Number of Primary Schools(unit)	14	13	-7.1
小学专任教师数(人)	Number of Full - time Teachers of Primary Schools(person)	731	773	5.8
小学在校学生数(人)	Number of Student Enrollment of Primary Schools(person)	10982	10673	-2.8
普通中学学校数(所)	Number of Regular Secondary Schools(unit)	13	13	0.0
普通中学专任教师数(人)	Number of Teachers of Secondary Shools(person)	861	869	0.9
初中在校学生数(人)	Number of Student in Junior Secondary Schools(person)	6026	6259	3.9
高中在校学生数(人)	Number of Student in Senior Secondary Schools(person)	3472	3311	-4.6
卫生机构数(所)	Number of Health Institutions(unit)	129	122	-5.4
#医院(所)	Hospitals(unit)	9	8	-11.1
卫生院(所)	Township Hospitals(unit)	29	24	-17.2
床位数(张)	Number of Beds(unit)	566	547	-3.4
#医院(张)	Hospitals(unit)	407	391	-3.9
卫生院(张)	Township Hospitals(unit)	113	122	8.0
卫生技术人员(人)	Medical Technical Presonnel(person)	1405	1211	-13.8
#医院(人)	Hospitals(person)	791	642	-18.8
卫生院(人)	Township Hospitals(person)	196	177	-9.7

23－107 阿拉善盟阿拉善右旗

指　　标	Item	2009	2010	2010 年比上年增长% Increase Rate in 2010 Over 2009(%)
行政区域土地面积(平方公里)	**Area of Administration(Sq. km)**	**75226**	**75226**	**0.0**
人口和就业	**Population & Employment**			
年末总人口(人)	Total Population Year－end(person)	24577	24808	0.9
#男性(人)	Male(person)	12332	12416	0.7
#乡村人口(人)	Rural(person)	8052	8644	7.4
年末总户数(户)	Total Number of Households at the Year－end(Household)	9369	9638	2.9
#乡村户数(户)	Number of Rural Household(Household)	2351	2674	13.7
出生人口(人)	Births(person)	853	830	－2.7
死亡人口(人)	Deaths(person)	63	85	34.9
全社会就业人员(人)	Employment(person)	13082	12710	－2.8
第一产业(人)	Primary Industry(person)	3873	3900	0.7
第二产业(人)	Secondary Industry(person)	3372	3102	－8.0
第三产业(人)	Tertiary Industry(person)	5837	5708	－2.2
在岗职工人数(人)	Number of Staff & Workers Employed in(person)	4495	4480	－0.3
乡村劳动力(人)	Number of Rural Laborers(person)	5349	5460	2.1
#农林牧渔业(人)	Farming, Forestry, Animal Husbandry & Fishery(person)	3644	3703	1.6
国民经济综合指标	**Summary Item on the National Economy**			
生产总值(万元)	Gross Domestic Product(10 000 yuan)	237723	265600	9.6
第一产业(万元)	Primary Industry(10 000 yuan)	15425	17300	0.2
第二产业(万元)	Secondary Industry(10 000 yuan)	171482	191996	9.3
#工业(万元)	Industry(10 000 yuan)	163833	183896	9.8
第三产业(万元)	Tertiary Industry(10 000 yuan)	50816	56304	12.3
人均生产总值(元)	Per Capita GDP(yuan)	90375	98957	7.4
全社会固定资产投资(万元)	Total Investment in Fixed Assets(10 000 yuan)	74568	121063	62.4
按登记注册类型分	Grouped by Registered Type			
#国有(万元)	State－owned Enterprises(10 000 yuan)	39499	58807	48.9
集体(万元)	Collective－owned Enterprises(10 000 yuan)	300	2400	700.0
有限责任公司(万元)	Limited Liability Corporations(10 000 yuan)	29308	22376	－23.7
股份有限公司(万元)	Share Holding Enterprises(10 000 yuan)	7000	32680	366.9
私营企业(万元)	Private Enterprises(10 000 yuan)	1261	4800	280.7
外商及港澳台投资企业(万元)	Funds from HK, Macao, Taiwan & Foreign(10 000 yuan)			
按城乡渠道分	Grouped by Urban and Rural Area			
城镇(万元)	Urban(10 000 yuan)	74568	121063	62.4
农村(万元)	Rural(10 000 yuan)			
一般预算收入(万元)	General Budgetary Financial Revenue(10 000 yuan)	12053	8488	－29.6
一般预算支出(万元)	General Budgetary Financial Expenditures(10 000 yuan)	59706	60609	1.5
城乡居民储蓄存款余额(万元)	Resident Saving Deposit in Urban & Rural(10 000 yuan)	56243	68888	22.5
在岗职工工资总额(万元)	Total Wages of Staff & Workers Employed in(10 000 yuan)	15859	18068	13.9
在岗职工平均工资(元)	Average Wage of Staff & Workers Employed in(yuan)	35187	40603	15.4
城镇居民人均可支配收入(元)	Annual Disposable Income of Urban Residents per Capita(yuan)	16914	19454	15.0
农牧民人均纯收入(元)	Per Capita Net Income of Peasant & Herdsman(yuan)	7314	8396	14.8
农村牧区经济	**Economic Development in Rural & Pastoral Area**			
耕地面积(公顷)	Cultivated Area(hectare)	2638	2638	0.0
农作物总播种面积(公顷)	Total Sown Area(hectare)	2778	2805	1.0
#粮食作物播种面积(公顷)	Sown Area of Grain Crops(hectare)	1764	1669	－5.4
有效灌溉面积(公顷)	Irrigated Area(hectare)		2360	
农牧业机械总动力(万千瓦)	Total Power of Agricultural Machinery(10 000 kw)	2.56	2.60	1.6
化肥施用折纯量(吨)	Consumption of Chemical Fertilizer(ton)	663	685	3.3
农村用电量(万千瓦小时)	Electricity Consumed in Rural Area(10 000 kwh)	532	685	28.8
农林牧渔业总产值(万元)	Gross Output of Farming, Forestry, Animal Husbandry & Fishery(10 000 yuan)	23707	28100	18.5
粮食产量(吨)	Yield of Grain(ton)	16286	15419	－5.3
油料产量(吨)	Yield of Oil－bearing Grops(ton)	1805	2336	29.4
甜菜产量(吨)	Yield of Beetroots(ton)			
猪牛羊肉产量(吨)	Output of Pork, Beef & Mutton(ton)	2419	2371	－2.0
#猪肉产量(吨)	Output of Pork(ton)	467	736	57.6
牛肉产量(吨)	Output of Beef(ton)	3	43	1333.3
羊肉产量(吨)	Output of Mutton(ton)	1949	1592	－18.3
羊毛产量(吨)	Output of Wool(ton)	85	100	17.7

23－107 Alashanyou Banner in Alashan League

指　　标	Item	2009	2010	2010年比上年增长% Increase Rate in 2010 Over 2009(%)
年末牲畜存栏头数(万头只)	Total Livestock at the Year－end(10 000 heads)	17.52	20.41	16.5
#大牲畜(万头只)	Large Animals(10 000 heads)	1.54	1.78	15.6
羊(万只)	Sheep & Goats(10 000 heads)	15.40	17.93	16.4
猪(万头)	Hogs(10 000 heads)	0.58	0.70	22.4
规模以上工业	**Industrial Enterprises above Designated size**			
工业企业单位数(个)	Number of Industrial Enterprises(unit)	19	19	0.0
#内资企业(个)	Civil Funded Enterprises(unit)	19	19	0.0
工业总产值(万元)	Gross Industrial Output Value(10 000 yuan)	321137	594573	85.1
内资企业(万元)	Civil Funded Enterprises(10 000 yuan)	321137	594573	85.1
国有企业(万元)	State－owned Enterprises(10 000 yuan)			
集体企业(万元)	Collective－owned Enterprises(10 000 yuan)			
股份合作企业(万元)	Share Holding Enterprises(10 000 yuan)	13572	10772	－20.6
联营企业(万元)	Joint Owned Enterprises(10 000 yuan)			
有限责任公司(万元)	Limited Company(10 000 yuan)	79475	195308	145.7
股份有限公司(万元)	Share Holding Limited Company(10 000 yuan)			
私营企业(万元)	Privately Owned Enterprises(10 000 yuan)	228090	388493	70.3
其他企业(万元)	Enterprises of Other Ownership(10 000 yuan)			
港澳台商投资企业(万元)	Funds from HK,Macao & Taiwan(10 000 yuan)			
外商投资企业(万元)	Foreign Funded Enterprises(10 000 yuan)			
工业企业增加值(万元)	Value Added of Industrial Enterprises(10 000 yuan)	155433	178100	10.0
工业企业资产总计(万元)	Total Assets of Industrial Enterprises(10 000 yuan)	135231	351539	160.0
工业企业负债合计(万元)	Total Liabilities of Industrial Enterprises(10 000 yuan)	77548	121884	57.2
工业企业产品销售收入(万元)	Sales of Revenue Industrial Enterprises(10 000 yuan)	282538	409945	45.1
工业企业利润总额(万元)	Total Profits of Industrial Enterprises(10 000 yuan)	13761	10177	－26.0
建筑业	**Construction**			
建筑企业单位数(个)	Number of Construction Enterprises(unit)	1	1	0.0
建筑企业从业人员(人)	Number of Employee in Construction Enterprises(person)	68	68	0.0
建筑业总产值(万元)	Gross Construction Output Value(10 000 yuan)	3476	736	－78.8
交通运输邮电通信业	**Transportation,Post & Telecommunications**			
公路里程(公里)	Total Length of Highways(km)	2043	2402	17.6
邮电业务总量(万元)	Business Volume of Post & Telecoms(10 000 yuan)	2332	2529	8.5
本地电话用户(户)	Number of Subscribers of Local Telephone(Household)	35447	41981	18.4
国内贸易	**Domestic Trade**			
社会消费品零售总额(万元)	Total Retail Sales of Consumer Goods(10 000 yuan)	31078	36245	16.6
#贸易业(万元)	Wholesale & Retail Sales Trades(10 000 yuan)	24685	28678	16.2
餐饮业(万元)	Catering Trade(10 000 yuan)	6164	7372	19.6
科技教育卫生	**Science,Education & Public Health**			
各类专业技术人员(人)	Special Technical Personnel(person)	1006	1632	62.2
幼儿园数(所)	Number of Kindergartens(unit)	2	2	0.0
学龄儿童入学率(%)	Percentage of School－Age Children Enrolled(%)	100.0	100.0	0.0
小学学校数(所)	Number of Primary Schools(unit)	5	4	－20.0
小学专任教师数(人)	Number of Full－time Teachers of Primary Schools(person)	177	169	－4.5
小学在校学生数(人)	Number of Student Enrollment of Primary Schools(person)	1330	1220	－8.3
普通中学学校数(所)	Number of Regular Secondary Schools(unit)	2	2	0.0
普通中学专任教师数(人)	Number of Teachers of Secondary Shools(person)	111	118	6.3
初中在校学生数(人)	Number of Student in Junior Secondary Schools(person)	810	806	－0.5
高中在校学生数(人)	Number of Student in Senior Secondary Schools(person)	476	500	5.0
卫生机构数(所)	Number of Health Institutions(unit)	25	25	0.0
#医院(所)	Hospitals(unit)	2	2	0.0
卫生院(所)	Township Hospitals(unit)	8	8	0.0
床位数(张)	Number of Beds(unit)	102	102	0.0
#医院(张)	Hospitals(unit)	57	57	0.0
卫生院(张)	Township Hospitals(unit)	40	40	0.0
卫生技术人员(人)	Medical Technical Presonnel(person)	237	220	－7.2
#医院(人)	Hospitals(person)	98	89	－9.2
卫生院(人)	Township Hospitals(person)	84	82	－2.4

23-108 阿拉善盟额济纳旗

指　　标	Item	2009	2010	2010年比上年增长% Increase Rate in 2010 Over 2009(%)
行政区域土地面积(平方公里)	**Area of Administration(Sq. km)**	**114606**	**114606**	**0.0**
人口和就业	**Population & Employment**			
年末总人口(人)	Total Population Year-end(person)	17108	17249	0.8
#男性(人)	Male(person)	8568	8618	0.6
#乡村人口(人)	Rural(person)	4295	4544	5.8
年末总户数(户)	Total Number of Households at the Year-end(Household)	7000	7215	3.1
#乡村户数(户)	Number of Rural Household(Household)	1583	1705	7.7
出生人口(人)	Births(person)	158	187	18.4
死亡人口(人)	Deaths(person)	26	41	57.7
全社会就业人员(人)	Employment(person)	14682	13376	-8.9
第一产业(人)	Primary Industry(person)	3756	3585	-4.6
第二产业(人)	Secondary Industry(person)	3238	2804	-13.4
第三产业(人)	Tertiary Industry(person)	7688	6987	-9.1
在岗职工人数(人)	Number of Staff & Workers Employed in(person)	4803	3946	-17.8
乡村劳动力(人)	Number of Rural Laborers(person)	3192	3474	8.8
#农林牧渔业(人)	Farming, Forestry, Animal Husbandry & Fishery(person)	2966	3245	9.4
国民经济综合指标	**Summary Item on the National Economy**			
生产总值(万元)	Gross Domestic Product(10 000 yuan)	273963	315381	14.6
第一产业(万元)	Primary Industry(10 000 yuan)	10526	11900	1.0
第二产业(万元)	Secondary Industry(10 000 yuan)	167744	185243	8.0
#工业(万元)	Industry(10 000 yuan)	152644	167343	7.3
第三产业(万元)	Tertiary Industry(10 000 yuan)	95693	118238	22.2
人均生产总值(元)	Per Capita GDP(yuan)	160137	183591	13.7
全社会固定资产投资(万元)	Total Investment in Fixed Assets(10 000 yuan)	129276	203209	57.2
按登记注册类型分	Grouped by Registered Type			
#国有(万元)	State-owned Enterprises(10 000 yuan)	44264	40971	-7.4
集体(万元)	Collective-owned Enterprises(10 000 yuan)			
有限责任公司(万元)	Limited Liability Corporations(10 000 yuan)	27190	79100	190.9
股份有限公司(万元)	Share Holding Enterprises(10 000 yuan)	30017	42000	39.9
私营企业(万元)	Private Enterprises(10 000 yuan)	16300	6338	-61.1
外商及港澳台投资企业(万元)	Funds from HK, Macao, Taiwan & Foreign(10 000 yuan)			
按城乡渠道分	Grouped by Urban and Rural Area			
城镇(万元)	Urban(10 000 yuan)	127955	201889	57.8
农村(万元)	Rural(10 000 yuan)	1321	1320	-0.1
一般预算收入(万元)	General Budgetary Financial Revenue(10 000 yuan)	19020	11845	-37.7
一般预算支出(万元)	General Budgetary Financial Expenditures(10 000 yuan)	57901	60344	4.2
城乡居民储蓄存款余额(万元)	Resident Saving Deposit in Urban & Rural(10 000 yuan)	59445	76478	28.7
在岗职工工资总额(万元)	Total Wages of Staff & Workers Employed in(10 000 yuan)	15947	18018	13.0
在岗职工平均工资(元)	Average Wage of Staff & Workers Employed in(yuan)	33133	43333	30.8
城镇居民人均可支配收入(元)	Annual Disposable Income of Urban Residents per Capita(yuan)	16969	19684	16.0
农牧民人均纯收入(元)	Per Capita Net Income of Peasant & Herdsman(yuan)	7830	9162	17.0
农村牧区经济	**Economic Development in Rural & Pastoral Area**			
耕地面积(公顷)	Cultivated Area(hectare)	6479	6479	0.0
农作物总播种面积(公顷)	Total Sown Area(hectare)	4665	4507	-3.4
#粮食作物播种面积(公顷)	Sown Area of Grain Crops(hectare)	527	301	-42.9
有效灌溉面积(公顷)	Irrigated Area(hectare)	46610	42860	-8.1
农牧业机械总动力(万千瓦)	Total Power of Agricultural Machinery(10 000 kw)	3.25	3.36	3.4
化肥施用折纯量(吨)	Consumption of Chemical Fertilizer(ton)	1538	6009	290.7
农村用电量(万千瓦小时)	Electricity Consumed in Rural Area(10 000 kwh)	317	398	25.6
农林牧渔业总产值(万元)	Gross Output of Farming, Forestry, Animal Husbandry & Fishery(10 000 yuan)	22207	19800	-10.8
粮食产量(吨)	Yield of Grain(ton)	3028	1921	-36.6
油料产量(吨)	Yield of Oil-bearing Grops(ton)			
甜菜产量(吨)	Yield of Beetroots(ton)			
猪牛羊肉产量(吨)	Output of Pork, Beef & Mutton(ton)	1542	1475	-4.4
#猪肉产量(吨)	Output of Pork(ton)	900	923	2.6
牛肉产量(吨)	Output of Beef(ton)	16	17	6.3
羊肉产量(吨)	Output of Mutton(ton)	626	535	-14.5
羊毛产量(吨)	Output of Wool(ton)	34	30	-11.8

23 – 108 Ejina Banner in Alashan League

指　　标	Item	2009	2010	2010 年比上年增长% Increase Rate in 2010 Over 2009(%)
年末牲畜存栏头数(万头只)	Total Livestock at the Year – end(10 000 heads)	7.17	8.67	20.9
# 大牲畜(万头只)	Large Animals(10 000 heads)	1.38	1.37	–1.4
羊(万只)	Sheep & Goats(10 000 heads)	5.56	7.14	28.6
猪(万头)	Hogs(10 000 heads)	0.23	0.16	–30.4
规模以上工业	**Industrial Enterprises above Designated size**			
工业企业单位数(个)	Number of Industrial Enterprises(unit)	15	15	0.0
# 内资企业(个)	Civil Funded Enterprises(unit)	15	15	0.0
工业总产值(万元)	Gross Industrial Output Value(10 000 yuan)	259145	256476	–1.0
内资企业(万元)	Civil Funded Enterprises(10 000 yuan)	259145	256476	–1.0
国有企业(万元)	State – owned Enterprises(10 000 yuan)	6374	8165	28.1
集体企业(万元)	Collective – owned Enterprises(10 000 yuan)			
股份合作企业(万元)	Share Holding Enterprises(10 000 yuan)			
联营企业(万元)	Joint Owned Enterprises(10 000 yuan)			
有限责任公司(万元)	Limited Company(10 000 yuan)	1075	1075	0.0
股份有限公司(万元)	Share Holding Limited Company(10 000 yuan)			
私营企业(万元)	Privately Owned Enterprises(10 000 yuan)	251696	247235	–1.8
其他企业(万元)	Enterprises of Other Ownership(10 000 yuan)			
港澳台商投资企业(万元)	Funds from HK, Macao & Taiwan(10 000 yuan)			
外商投资企业(万元)	Foreign Funded Enterprises(10 000 yuan)			
工业企业增加值(万元)	Value Added of Industrial Enterprises(10 000 yuan)	147544	158000	6.8
工业企业资产总计(万元)	Total Assets of Industrial Enterprises(10 000 yuan)	144814	153793	6.2
工业企业负债合计(万元)	Total Liabilities of Industrial Enterprises(10 000 yuan)	96046	99897	4.0
工业企业产品销售收入(万元)	Sales of Revenue Industrial Enterprises(10 000 yuan)	235541	245106	4.1
工业企业利润总额(万元)	Total Profits of Industrial Enterprises(10 000 yuan)	–2757	6797	
建筑业	**Construction**			
建筑企业单位数(个)	Number of Construction Enterprises(unit)	3	3	0.0
建筑企业从业人员(人)	Number of Employee in Construction Enterprises(person)	446	607	36.1
建筑业总产值(万元)	Gross Construction Output Value(10 000 yuan)	2564	1515	–40.9
交通运输邮电通信业	**Transportation, Post & Telecommunications**			
公路里程(公里)	Total Length of Highways(km)	2808	1639	–41.6
邮电业务总量(万元)	Business Volume of Post & Telecoms(10 000 yuan)	10681	12283	15.0
本地电话用户(户)	Number of Subscribers of Local Telephone(Household)	45800	51213	11.8
国内贸易	**Domestic Trade**			
社会消费品零售总额(万元)	Total Retail Sales of Consumer Goods(10 000 yuan)	58851	67503	14.7
# 贸易业(万元)	Wholesale & Retail Sales Trades(10 000 yuan)	43989	48797	10.9
餐饮业(万元)	Catering Trade(10 000 yuan)	9667	11648	20.5
科技教育卫生	**Science, Education & Public Health**			
各类专业技术人员(人)	Special Technical Personnel(person)	823	832	1.1
幼儿园数(所)	Number of Kindergartens(unit)	2	3	50.0
学龄儿童入学率(%)	Percentage of School – Age Children Enrolled(%)	100.0	100.0	0.0
小学学校数(所)	Number of Primary Schools(unit)	1	1	0.0
小学专任教师数(人)	Number of Full – time Teachers of Primary Schools(person)	115	105	–8.7
小学在校学生数(人)	Number of Student Enrollment of Primary Schools(person)	1122	1133	1.0
普通中学学校数(所)	Number of Regular Secondary Schools(unit)	2	2	0.0
普通中学专任教师数(人)	Number of Teachers of Secondary Shools(person)	91	87	–4.4
初中在校学生数(人)	Number of Student in Junior Secondary Schools(person)	552	544	–1.5
高中在校学生数(人)	Number of Student in Senior Secondary Schools(person)	346	327	–5.5
卫生机构数(所)	Number of Health Institutions(unit)	17	16	–5.9
# 医院(所)	Hospitals(unit)	2	2	0.0
卫生院(所)	Township Hospitals(unit)	5	5	0.0
床位数(张)	Number of Beds(unit)	155	166	7.1
# 医院(张)	Hospitals(unit)	100	108	8.0
卫生院(张)	Township Hospitals(unit)	45	45	0.0
卫生技术人员(人)	Medical Technical Presonnel(person)	205	183	–10.7
# 医院(人)	Hospitals(person)	116	101	–12.9
卫生院(人)	Township Hospitals(person)	25	28	12.0

2011 NEI MENG GU

二十四、附录

Appendix

资料整理：蔡雨成　郭　翔

Arranged By Cai Yucheng , Guo Xiang

24－1 内蒙古自治区国民经济主要指标占全国的比重(2010 年)

Inner Mongolia Main Indicators of National Economy as Percentage of Whole Nation(2010)

指 标	Item	全国 Whole Nation	内蒙古 Inner Mongolia	内蒙古所占比重(%) Percentage(%)
土地面积(万平方公里)	Land Area(10 000 sq. km)	960.0	118.3	12.3
年末总人口数(万人)	Population at the Year－end(10 000 persons)	137053.7	2470.6	1.8
社会就业人员(万人)	Employment(10 000 persons)		1184.7	
生产总值(当年价)(亿元)	Gross Domestic Product(current pirces)(100 million yuan)	397983.0	11672.0	2.7
第一产业	Primary Industry	40497.0	1095.28	2.7
第二产业	Secondray industry	186481.0	6367.69	2.9
# 工业	Industry	160030.0	5618.4	2.9
第三产业	Tertiary Industry	171005.0	4209.02	2.5
规模以上工业企业单位数(个)	Number of Industry above Designated Size (unit)	452538	4611	1.0
规模以上工业利润总额(亿元)	Total Profits of Industry(100 million yuan)	38827.9	1688.4	4.3
能源生产总量(万吨标准煤)	Total Production of Energy(10000 tons of SCE)	299000.0	49740.18	16.6
能源消费总量(万吨标准煤)	Total Consumption of Energy(10000 tons of SCE)	325000.0	18882.66	5.8
农林牧渔业总产值(当年价)(亿元)	Gross Output Value of Farming, Forestry, Animal Husbandry & Fishery (current prices)(100 million yuan)	69319.8	1843.6	2.7
农业	Farming	36941.1	900.4	2.4
林业	Forestry	2595.5	76.6	3.0
牧业	Animal Husbandry	20825.7	822.4	3.9
渔业	Fishery	6422.4	15.9	0.2
工农业主要产品产量	Output of Major Farm & Industrial Products			
粗钢(万吨)	Steel(10 000 tons)	62695.9	1232.8	2.0
原煤(亿吨)	Coal(100 million tons)	32.40	7.89	24.4
发电量(亿千瓦小时)	Electricity(10 000 million Kwh)	42065.4	2483.9	5.9
汽车(万辆)	Motor Vehicles(10 000 vehicles)	1827.0	4.16	0.2
粮食(万吨)	Grain(10 000 ton)	54647.7	2158.2	3.9
油料(万吨)	Oil－bearing Crops(10 000 tons)	3230.1	128.1	4.0
货物运输总量(亿吨)	Total Freight Traffic(100 milion tons)	324.18	13.22	4.1
客运总量(亿人次)	Total Passenger Traffic(100 million Person－times)	326.95	2.4	0.7
邮电业务总量(亿元)	Total Business Revenue of Postal & Teleco－mmunication Services(100 million yuan)	32940.2	200.69	0.6
社会消费品零售总额(亿元)	Retail Sales of Consumer Goods (100 million yuan)	156998.4	3384.0	2.2
海关进出口总额(亿美元)	Total Imports and Exports(USD 100 million)	29727.6	87.2	0.3
全社会固定资产投资(亿元)	Total Investment in Fixed Assets (100 million yuan)	278139.8	8971.63	3.2
# 城镇	Urban	241414.9	8733.15	3.6
农村牧区	Rural	36724.9	238.48	0.6
房地产开发	Real Estate Development	48267.1	1120.0	2.3
地方财政收入(亿元)	Local Financial Revenue(100 million yuan)	40609.8	1738.1	4.3
年末城乡居民储蓄余额(亿元)	Year－end Saving Deposits of Urban & Rural Residents(100 million yuan)	303302.5	4618.1	1.5

24－2 西部地区国民经济和社会发展主要指标(2010 年)

指标	Item	内蒙古 Inner Mongolia	广 西 Guangxi	重庆 Chongqing
土地面积(万平方公里)	Land Area(10 000 sq. km)	118.3	23.7	8.2
年末总人口(万人)	Population at the Year－end(10 000 persons)	2471	4603	2885
人口自然增长率(‰)	Natural Growth Rate of Population(‰)	3.8	8.53	
人口密度(人/平方公里)	Population Density (persons/sq. km)	20.9	194.2	351.8
在岗职工人数(万人)	Number of Staff & Workers Employed in (10 000 persons)	244.9	2849.0	
生产总值(亿元)	Gross Domestic Product(100 million yuan)	11655.0	9502.4	7894.2
第一产业	Primary Industry	1095.28	1670.4	685.4
第二产业	Secondray industry	6367.69	4510.8	4356.4
# 工业	Industry	5618.4	3860.5	3697.8
第三产业	Tertiary Industry	4209.02	3321.2	2852.4
人均生产总值(元)	Per Capita GDP(yuan)	47347	16045	27489
生产总值指数(上年=100)	Indices of Gross Domestic Product (preceding year=100)	115.0	114.2	117.1
第一产业	Primary Industry	106.1	104.6	106.1
第二产业	Secondray industry	118.2	120.5	122.7
# 工业	Industry	118.8	120.4	122.9
第三产业	Tertiary Industry	112.4	111.1	112.4
全社会固定资产投资(亿元)	Total Investment in Fixed Assets (100 million yuan)	8971.63	7057.60	6692.40
# 城镇	Urban	8733.15	6383.26	6170.61
农村牧区	Rural	238.48	674.30	521.80
房地产开发	Real Estate Development	1119.99	1206.20	1620.30
全社会固定资产投资指数(上年=100)	Indices of Gross Total Investment in Fixed Assets(preceding year=100)	119.1	136.2	128.8
# 城镇	Urban	119.0	136.1	127.9
农村牧区	Rural	122.6	123.2	164.8
房地产开发	Real Estate Development	137.3	148.2	130.8
地方财政一般预算收入(亿元)	Local Financial General Budgetary Revenue (100 million yuan)	1069.98	772.30	1018.36
地方财政一般预算支出(亿元)	Local Financial General Budgetary Expenditures (100 million yuan)	2273.5	1994.4	1771.0
金融机构人民币存款余额(亿元)	RMB Deposit Balance(100 million yuan)	10278.7	9638.9	13455.0
# 储蓄存款余额	Saving Deposits of Urban and Rural Residents	4618.1	4715.4	5839.7
金融机构人民币贷款余额(亿元)	RMB Loan Balance(100 million yuan)	7919.5	7360.4	10888.2
粮食产量(万吨)	Grain(10 000 tons)	2158.20	1412.30	1156.10
油料产量(万吨)	Oil－bearing Crops(10 000 tons)	128.10	45.80	44.40
糖料产量(万吨)	Sugar(10 000 tons)	161.00	7119.60	11.70
肉类总产量(万吨)	Output of Meat(10 000 tons)	238.70	387.80	192.50
# 猪肉	Pork	71.90	241.50	147.60
牛肉	Beef	49.70	13.70	6.30
羊肉	Mutton	89.20	3.30	2.40
奶类产量(万吨)	Milk(10 000 tons)	945.70	8.20	8.00
规模以上工业企业主营业务收入(亿元)	Revenue of Industry above Designated	13387.8	7949.8	7899.4
规模以上工业产品税金总额(亿元)	Total Tax above Designated Size	796.8	378.9	325.4
规模以上工业产品利润总额(亿元)	Total profit above Designated Size	1688.44	394.0	392.4

注:1. 本表数据来源于各地区 2009 年统计公报初步统计数。

2. 本表规模以上工业企业主要经济指标为 2009 年 1－11 月快报数据(下表同)。

Main Indicators of National Economic and Social Development of Western Region(2010)

四川 Sichuan	贵州 Guizhou	云南 Yunnan	西藏 Tibet	陕西 Shaanxi	甘肃 Gansu	青海 Qinghai	宁夏 Ningxia	新疆 Xinjiang
48.5	17.6	39.4	122.8	20.6	45.4	72.1	5.2	166.0
8042	3475	4597	300	3733	2558	563	630	2181
2.31		6.08				8.63		
165.8	197.4	116.7	2.4	181.2	56.3	7.8	121.1	13.1
4772.5		2684.8	173.4	2074.0	1499.6		326.0	894.7
16898.6	4594.0	7220.1	507.5	10021.5	4119.5	1350.4	1643.4	5418.8
2483.0	630.3	1105.8	68.1	988.5	599.0	134.9	160.3	1078.6
8565.2	1800.1	3223.9	163.9	5403.5	1985.0	744.6	833.2	2533.7
7326.4	1516.9	2606.0	39.7	4516.4	1602.9	613.7	648.5	2105.0
5850.4	2163.6	2890.4	275.4	3629.6	1535.5	470.9	650.0	1806.5
20828		13539	17319	26533		24115	26160	24978
115.1	112.8	112.3	112.3	114.5	111.7	115.3	113.4	110.6
104.4	104.7	104.0	103.1	105.8	105.5	105.9	107.0	104.5
122.0	116.6	115.8	114.1	118.0	115.3	119.3	116.0	112.6
122.9	115.7	114.7	113.3	118.7	115.8	119.3	114.4	113.5
110.0	112.1	111.5	113.7	111.7	109.8	112.1	111.6	110.9
13119.50	3104.90	5528.70	463.30	7964.40	3158.30	1018.70	1444.20	3392.70
11062.19	2609.36	5052.61	405.43	7570.66	2808.55	840.01	1292.80	3028.94
2057.30	495.60	476.10	57.80	393.80	349.80	178.70	151.40	363.80
2194.60	556.70	900.40	9.00	1160.20	266.40	108.20	254.40	344.90
119.8	129.1	122.4	122.5	128.1	135.6	124.8	134.5	124.9
121.7	127.3	122.7	123.7	128.6	135.3	121.9	134.1	124.4
90.2	136.8	116.4	114.2	109.8	122.1	163.8	135.5	124.9
138.2	149.9	122.1	57.3	123.2	130.5	148.6	156.4	146.2
1561.00	533.89	871.19	36.65	957.92	353.70	110.21	153.64	500.58
4242.5	1640.2	2285.6	550.9	2217.6	1510.9	743.4	555.9	1698.9
30504.1	7363.9	13411.5	1296.7	16386.2	7115.4	2319.6	2573.6	8870.0
13703.6	3245.0	5719.6	267.6	7941.8	3598.2	868.2	1170.3	3713.5
19485.7	5747.5	10568.8	301.8	9971.6	4433.1	1822.7	2398.7	4973.2
3222.90	1112.30	1531.00	91.20	1164.90	958.30	102.00	356.50	1170.70
268.50	60.30	34.20	5.90	56.10	64.10	34.40	20.80	66.60
93.60	52.30	1751.00		0.20	22.00	0.04	0.04	487.00
656.60	179.10	321.40	25.00	102.60	84.40	28.30	25.70	121.70
492.20	148.10	242.50	1.30	79.10	46.30	9.20	8.50	23.00
29.40	12.00	29.90	14.80	7.30	16.10	8.50	7.50	35.50
24.80	3.40	12.90	8.70	7.30	15.60	9.80	7.30	47.00
70.30	4.60	54.10	29.40	177.60	36.30	26.30	84.50	132.80
20441.9	3299.9	5602.8	51.5	9377.7	4479.2	1359.3	1659.6	4705.0
982.7	308.1	787.2	4.8	824.4	287.0	100.0	90.8	472.7
1181.2	229.8	378.0	9.4	1145.9	193.4	165.7	102.8	734.7

a) Data in the table are obtained from erery regional statistical bulletin in Western Region, and are the preliminary statistics.

b) The main indicators on economicbenefit in the table are from Jon – Non 2009(Same as next table.

24-2 续表

指标	Item	内蒙古 Inner Mongolia	广西 Guangxi	重庆 Chongqing
原煤产量(万吨)	Coal(10 000 tons)	78913.0	757.57	4547.03
发电量(亿千瓦时)	Electricity(100 million Kwh)	2483.88	1031.80	504.30
粗钢(万吨)	Stee(10 000 tons)	1232.84	1201.20	456.10
生铁(万吨)	Pig Iron(10 000 tons)	1359	1109.7	417.4
成品钢材(万吨)	Steel Products(10 000 tons)	1341.4	1554.2	718.2
水泥(万吨)	Cement(10 000 tons)	5454.3	7455.5	4598.0
化肥(万吨)	Chemical Fertilizer(10 000 tons)	180.8	85.6	180.2
汽车(万辆)	Motor Vehicles(10 000 vehicles)	4.16	136.6	161.4
建筑业增加值(亿元)	Construction(100 million yuan)	749.3	650.4	658.6
建筑业增加值指数(上年=100)	(preceding year=100)	114.3	121.0	121.4
建筑业施工面积(万平方米)	Floor Space under Construction(10 000 sq. m)	7577.9	10508.3	19084.8
建筑业竣工面积(万平方米)	Floor Space Completed(10 000 sq. m)	3805.2	3921.0	7598.6
交通运输货运量(万吨)	Total Freight Troffic(10 000 tons)	132205	115475	81377
# 铁路	Railway	47040	9091	2279
公路	Highway	85162	93552	69438
交通运输客运量(万人次)	Passenger Traffic(10 000 persons-times)	24343	75751	126066
# 铁路	Railway	4136	3148	2664
公路	Highway	19830	72208	122125
邮电业务总量(亿元)	Business Volume of Postal and Telecommun-ication Services(100 million yuan)	200.69	806.96	601.05
社会消费品零售总额(亿元)	Retail Sales of Goods(100 million yuan)	3384.0	3312.0	2938.6
对外贸易进出口总额(亿美元)	Total Imports and Exports(USD 100 million)	87.2	177.0	124.3
# 出口总额	Imports	33.3	96.0	74.9
实际外商直接投资额(亿美元)	Actually Foreign Direct Investment	33.85	9.12	63.70
国际旅游人数(万人次)	International Tourists(10 000 person-times)	142.8	250.2	137.0
国际旅游外汇收入(亿美元)	Foreign Exchange Earning from International Tourism(USD 100 million)	6.02	8.06	7.03
在校学生数(万人)	Student Enrolment(10 000 persons)			
普通高等学校	Colleges and Universities	37.14	56.75	52.27
普通中学	Secondary Schools	131.40	275.79	190.81
小学	Primary Schools	143.08	430.06	199.94
广播人口覆盖率(%)	Listener Rating(%)	96.60	95.00	
电视人口覆盖率(%)	Viewer Rating(%)	95.38	97.00	97.40
卫生机构个数(个)	Number of Health Care Institutions(unit)	8052	10341	2693
卫生机构床位数(万张)	Beds of Health Care Institutions(10 000 beds)	9.78	13.39	9.63
执业医师和助理医师数(万人)	Doctors(10 000 persons)	5.42	6.73	4.48
在岗职工平均工资(元)	Annual Average Wages of Staff and Wokrers at Post(yuan)	35507	31842	35326
城镇居民人均可支配收入(元)	Urban Households Per Capita Average Disposable Income(yuan)	17698	17064	17532
城镇居民人均消费性支出(元)	Urban Households Per Capita Expen-ditures for Consumption(yuan)	13995	11490	13335
农村居民人均纯收入(元)	Rural Huseholds Per Capita Average Net Income(yuan)	5530	4543	5277
农村居民人均生活消费支出(元)	Rural Households Per Capita Living Expen-ditures for Consumption(yuan)	4461	3455	3625

continued

四川 Sichuan	贵州 Guizhou	云南 Yunnan	西藏 Tibet	陕西 Shaanxi	甘肃 Gansu	青海 Qinghai	宁夏 Ningxia	新疆 Xinjiang
12703.60	15954.02	9759.90		36115.50	4547.20	1863.19	6613.61	9926.73
1799.40	1385.60	1364.80	21.00	1112.30	791.50	468.20	587.10	675.7
1581.00	360.50	1293.80		604.80	662.30	137.30		807.9
1593.8	366.6	1329.0		513.8	625.5	111.7	39.1	927.4
1976.6	391.0	1213.1		994.9	699.2	137.9	33.0	888.9
13227.6	3694.8	5605.4	219.1	5463.8	2414.1	811.1	1357.5	2374.1
510.2	384.9	362.1		82.7	80.90	312.6	95.1	158.3
10.2	0.8	10.2		65.2	2.1			0.2
859.2	283.2	617.9	124.2	887.1	382.1	131.0	184.6	428.7
	122.1	120.8	114.4	120.7	112.7	119.4	122.9	108.3
29086.0	5727.1	8788.7	277.2	11760.6	4825.2	695.2	2596.9	6546.8
11492.4	1349.5	4186.9	52.0	3569.3	1795.9	263.1	1047.7	2681.1
134306	39735	51564	982	104414	30270	11057	32325	48459
8052	7991	5497	30	27121	6188	3095	6872	6777
121017	30834	45665	952	77123	24050	7962	25453	41682
241868	70819	39407	8165	93171	53771	10951	13560	31937
8148	3437	2446	99	5411	2273	474	539	1524
230988	65452	36230	8066	87457	51404	10439	12919	30413
1458.90	581.90	669.99	63.84	902.85	456.34	122.10	156.18	582.32
6810.1	1482.7	2500.1	185.3	3195.7	1394.5	350.8	403.6	1375.1
327.8	31.4	133.7	8.4	120.8	73.3	7.9	19.6	171.3
188.5	19.2	76.1	7.7	62.1	16.4	4.7	11.7	129.7
61.20	2.95	13.29	0.24	18.20	1.35	2.19	0.81	2.37
104.9	50.0	329.2	22.8	212.2	7.0	4.7	1.8	50.9
3.54	1.30	13.24	1.04	10.16	0.15	0.20	0.06	1.85
108.60	32.33	43.90	3.11	92.78	38.15	5.85	8.34	25.12
490.10	276.75	270.63	17.97	259.91		32.72	44.91	142.24
592.10	433.50	435.21	29.94	261.04		51.90	65.37	193.58
96.20	87.60	95.37	90.30		93.47	90.00	92.90	94.90
97.30	92.60	96.39	91.40		93.72	95.00	98.20	95.30
72468		9407	1352	9008	10260	1584	1585	6393
29.60		15.71	0.88	14.24	8.52	1.98	2.37	10.48
14.50			0.45	6.28		1.02	1.21	
33112	31458	30177	54397	34299	29588	37182	39144	32361
15461	14143	16065	14980	15695	13189	13855	15344	13644
12105	10058	11074		11822	9895	9614	11334	10197
5087	3472	3952	4139	4105	3425	3863	4675	4643
3897	2852	3398		3794	2942	3859	4013	3458

24－3 上市公司发展基本情况(2010年)

上市公司名称	Name of Listed Companies
内蒙古蒙电华能热电股份有限公司(内蒙华电)	Inner Mongolia Meng Dian Hua Neng Co. ,Ltd
鄂尔多斯羊绒制品股份有限公司(鄂绒B股)	Inner Mongolia Erdos Cashmere Products Co. ,Ltd
鄂尔多斯羊绒制品股份有限公司(鄂尔多斯)	Inner Mongolia Erdos Cashmere Products Co. ,Ltd
内蒙古伊利实业股份有限公司(＊ST伊利)	Inner Mongolia YiLi Industrial Group Co. ,Ltd
赤峰富龙热电股份有限公司(富龙热电)	Chifeng FuLong Thermal Power Co. ,Ltd
内蒙古远兴能源股份有限公司(远兴能源)	Inner Mongolia Yuan Xing Energy Co. ,Ltd
内蒙古平庄能源股份有限公司(平庄能源)	Inner Mongolia PingZhuang Energy Co. ,Ltd
包头明天科技股份有限公司(明天科技)	Baotou Tomorrow Technology Co. ,Ltd
内蒙古伊泰煤炭股份有限公司(伊泰B股)	Inner Mongolia Yi Tai Coal Industry Co. ,Ltd
内蒙古包钢稀土(集团)高科技股份有限公司	Inner Mongolia Baotou Steel Rare－earthgroup) Hi－tech Co. ,Ltd
包头华资实业股份有限公司(华资实业)	Baotou Hua Zi Industry Sale－Holding Co. ,Ltd
内蒙古金宇集团股份有限公司(金宇集团)	Inner Mongolia Jin Yu Group Co. ,Ltd
北方重型汽车股份有限公司(北方股份)	North Heavy－duty Automobile Co. ,Ltd
内蒙古亿利能源股份有限公司(亿利能源)	Inner Mongolia YiLi Energy Co. ,Ltd
内蒙古西水创业股份有限公司(西水股份)	Xishui Strong Year Co. ,Ltd Inner Mongolia
内蒙古兰太实业股份有限公司(兰太实业)	Inner Mongolia LanTai Industrial Co. ,Ltd
内蒙古包钢钢联股份有限公司(包钢股份)	Inner Mongolia Baotou Steel Union Co. ,Ltd
内蒙古时代科技股份有限公司(时代科技)	Inner Mongolia ShiDai Science and Technological Co. ,Ltd
包头北方创业股份有限公司(北方创业)	Baotou Beifang Chuangye Co. ,Ltd
内蒙古霍林河露天煤业股份有限公司(露天煤业)	Inner Mongolia Huolinhe Opencut Coal Industry Co. , Ltd
内蒙古福瑞中蒙药科技股份有限公司(福瑞股份)	Inner Mongolia Free Han & Mongolia Pharmaceutical Co. ,Ltd

Inner Mongolia Autonomous Regional Development of Listed Companies(2010)

股票类别	Classification of Shares	行业划分	Classification of Industries
上证 A 股	A Shares of Shanghai Stock Exchange	电力、煤气及水的生产和供应业	Production & Supply of Elec. Power Gas & Water
上证 B 股	B Shares of Shanghai Stock Exchange	纺织、服装、皮毛	Textile Clothes and Furs
上证 A 股	A Shares of Shanghai Stock Exchange		
上证 A 股	A Shares of Shanghai Stock Exchange	食品、饮料	Foodstuff, Drinks
深证 A 股	A Shares of Shenzhen Stock Exchange	电力、煤气及水的生产和供应业	Production & Supply of Elec. Power Gas & Water
深证 A 股	A Shares of Shenzhen Stock Exchange	石油、化学、塑胶、塑料	Petroleum, Chemical, Synthetic Resin Plastics
深证 A 股	A Shares of Shenzhen Stock Exchange	食品、饮料	Foodstuff, Drinks
上证 A 股	A Shares of Shanghai Stock Exchange	石油、化学、塑胶、塑料	Petroleum, Chemical, Synthetic Resin Plastics
上证 B 股	B Shares of Shanghai Stock Exchange	采掘业	Mining
上证 A 股	A Shares of Shanghai Stock Exchange	金属、非金属	Metal and Nonmetal
上证 A 股	A Shares of Shanghai Stock Exchange	食品、饮料	Foodstuff, Drinks
上证 A 股	A Shares of Shanghai Stock Exchange	医药、生物制品	Biological Pharmacy
上证 A 股	A Shares of Shanghai Stock Exchange	机械、设备、仪表	Machinery, Equipment and Meter
上证 A 股	A Shares of Shanghai Stock Exchange	石油、化学、塑胶、塑料	Petroleum, Chemical, Synthetic Resin Plastics
上证 A 股	A Shares of Shanghai Stock Exchange	金属、非金属	Metal and Nonmetal
上证 A 股	A Shares of Shanghai Stock Exchange	石油、化学、塑胶、塑料	Petroleum, Chemical, Synthetic Resin Plastics
上证 A 股	A Shares of Shanghai Stock Exchange	金属、非金属	Metal and Nonmetal
深证 A 股	A Shares of Shenzhen Stock Exchange	机械、设备、仪表	Machinery, Equipment and Meter
上证 A 股	A Shares of Shanghai Stock Exchange	机械、设备、仪表	Machinery, Equipment and Meter
深证 A 股	A Shares of Shenzhen Stock Exchange	采掘业	Mining
深证 A 股	A Shares of Shenzhen Stock Exchange	医药、生物制品	Biological Pharmacy

24-3 续表 1

上市公司名称	Name of Listed Companies
总 计	**Total**
内蒙古蒙电华能热电股份有限公司(内蒙华电)	Inner Mongolia Meng Dian Hua Neng Co. ,Ltd
鄂尔多斯羊绒制品股份有限公司(鄂绒 B 股)	Inner Mongolia Erdos Cashmere Products Co. ,Ltd
鄂尔多斯羊绒制品股份有限公司(鄂尔多斯)	Inner Mongolia Erdos Cashmere Products Co. ,Ltd
内蒙古伊利实业股份有限公司(*ST 伊利)	Inner Mongolia YiLi Industrial Group Co. ,Ltd
内蒙古伊利实业股份有限公司(*ST 伊利)	Inner Mongolia YiLi Industrial Group Co. ,Ltd
赤峰富龙热电股份有限公司(富龙热电)	Chifeng FuLong Thermal Power Co. ,Ltd
内蒙古远兴能源股份有限公司(远兴能源)	Inner Mongolia Yuan Xing Energy Co. ,Ltd
内蒙古远兴能源股份有限公司(远兴能源)	Inner Mongolia Yuan Xing Energy Co. ,Ltd
内蒙古平庄能源股份有限公司(平庄能源)	Inner Mongolia PingZhuang Energy Co. ,Ltd
包头明天科技股份有限公司(明天科技)	Baotou Tomorrow Technology Co. ,Ltd
包头明天科技股份有限公司(明天科技)	Baotou Tomorrow Technology Co. ,Ltd
内蒙古伊泰煤炭股份有限公司(伊泰 B 股)	Inner Mongolia Yi Tai Coal Industry Co. ,Ltd
内蒙古包钢稀土(集团)高科技股份有限公司	Inner Mongolia Baotou Steel Rare - earth (group) Hi - tech Co. ,Ltd
包头华资实业股份有限公司(华资实业)	Baotou Hua Zi Industry Co. ,Ltd
内蒙古金宇集团股份有限公司(金宇集团)	Inner Mongolia JinYu Group Co. ,Ltd
北方重型汽车股份有限公司(北方股份)	North Heavy duty Automobile Co. ,Ltd
内蒙古亿利能源股份有限公司(亿利能源)	Inner Mongolia YiLi Energy Co. ,Ltd
内蒙古亿利能源股份有限公司(亿利能源)	Inner Mongolia YiLi Energy Co. ,Ltd
内蒙古西水创业股份有限公司(西水股份)	Xishui Strong Year Co. ,Ltd Inner Mongolia
内蒙古兰太实业股份有限公司(兰太实业)	Inner Mongolia LanTai Industrial Co. ,Ltd
内蒙古包钢钢联股份有限公司(包钢股份)	Inner Mongolia Baotou Steel Union Co. ,Ltd
内蒙古时代科技股份有限公司(时代科技)	Inner Mongolia ShiDai Science and Technological Co. ,Ltd
包头北方创业股份有限公司(北方创业)	Baotou Beifang Chuangye Co. Ltd
包头北方创业股份有限公司(北方创业)	Baotou Beifang Chuangye Co. Ltd
内蒙古霍林河露天煤业股份有限公司(露天煤业)	Inner Mongolia Huolinhe Opencut Coal Industry Co. , Ltd
内蒙古福瑞中蒙药科技股份有限公司(福瑞股份)	Inner Mongolia Free Han & Mongolia Pharmaceutical Co. ,Ltd

continued

2010年末股本结构(万股) Composition of Capital at the End of 2010 (10 000 shares)		股票发行情况 Issuing Summary for Stocks			
总股本 Total Issued Capital	流通股 Negotiable Shares	发行日期 Issuing Date	发行价格(元/股) Price of Issuing (yuan/share)	发行量(万股) Amount Issued (10 000 shares)	股票发行筹资额(亿元) Raised Capital (100 million yuan)
198122	57294	1994-03-30	3.90	5000	1.95
103200	42000	1995-09-25	3.98	11000	4.38
	71520	2001-03-26	16.80	8000	13.44
79932	72775	1996-01-25	5.98	1800	1.02
		2002-08-28	16.85	增发A股4896	8.25
38068	20882	1996-08-01	5.88	1370	0.81
76781	76138	1997-01-13	5.11	6500	3.32
		2008-04-08	15.16	4288	6.33
101431	101431	1997-05-19	5.66	4000	2.16
33653	33653	1997-06-13	5.28	3700	1.95
		2002-06-06	8.82	增发A股11000	9.70
146400	66400	1997-07-18	3.38	16600	5.24
80735	49316	1997-08-28	4.43	8000	3.40
48493	48493	1998-11-02	4.30	5600	3.01
28081	28081	1998-12-02	6.83	3500	2.39
17000	6600	2000-06-09	8.00	5500	4.40
90194	26070	2000-07-04	8.88	5800	5.15
		2008-10-22	11.20	42749	47.88
38400	38400	2000-07-13	6.38	6000	3.83
35912	35912	2000-11-30	7.88	6000	4.52
642364	272065	2001-02-14	5.18	35000	17.57
32182	31899	1996-09-20	6.48	1850	1.20
17323	16458	2004-04-26	7.20	5000	3.49
		2008-06-06	7.24	4323	3.00
132669	132669	2007-04-18	9.80	7800	7.64
9620	2470	2010-1-20	28.98	1900	5.5

24-3 续表 2

上市公司名称	Name of Listed Companies
总 计	**Total**
内蒙古蒙电华能热电股份有限公司(内蒙华电)	Inner Mongolia Meng Dian Hua Neng Co. ,Ltd
鄂尔多斯羊绒制品股份有限公司(鄂绒B股)	Inner Mongolia Erdos Cashmere Products Co. ,Ltd
鄂尔多斯羊绒制品股份有限公司(鄂尔多斯A股)	Inner Mongolia Erdos Cashmere Products Co. ,Ltd
内蒙古伊利实业股份有限公司(＊ST伊利)	Inner Mongolia YiLi Industrial Group Co. ,Ltd
赤峰富龙热电股份有限公司(富龙热电)	Chifeng FuLong Thermal Power Co. ,Ltd
内蒙古远兴能源股份有限公司(远兴能源)	Inner Mongolia Yuan Xing Energy Co. ,Ltd
内蒙古平庄能源股份有限公司(平庄能源)	Inner Mongolia PingZhuang Energy Co. ,Ltd
包头明天科技股份有限公司(明天科技)	Baotou Tomorrow Technology Co. ,Ltd
内蒙古伊泰煤炭股份有限公司(伊泰B股)	Inner Mongolia Yi Tai Coal Industry Co. ,Ltd
内蒙古包钢稀土(集团)高科技股份有限公司	Inner Mongolia Baotou Steel Rare-earth (group) Hi-tech Co. ,Ltd
包头华资实业股份有限公司(华资实业)	Baotou Hua Zi Industry Co. ,Ltd
内蒙古金宇集团股份有限公司(金宇集团)	Inner Mongolia Jin Yu Group Co. ,Ltd
北方重型汽车股份有限公司(北方股份)	North Heavy-duty Automobile Co. ,Ltd
内蒙古亿利能源股份有限公司(亿利能源)	Inner Mongolia YiLi Energy Co. ,Ltd
内蒙古西水创业股份有限公司(西水股份)	Xishui Strong Year Co. ,Ltd Inner Mongolia
内蒙古兰太实业股份有限公司(兰太实业)	Inner Mongolia LanTai Industrial Co. ,Ltd
内蒙古包钢钢联股份有限公司(包钢股份)	Inner Mongolia Baotou Steel Union Co. ,Ltd
内蒙古时代科技股份有限公司(时代科技)	Inner Mongolia ShiDai Science and Technological Co. ,Ltd
包头北方创业股份有限公司(北方创业)	Baotou Beifang Chuangye Co. Ltd
内蒙古霍林河露天煤业股份有限公司(露天煤业)	Inner Mongolia Huolinhe Opencut Coal Industry Co. , Ltd
内蒙古福瑞中蒙药科技股份有限公司(福瑞股份)	Inner Mongolia Free Han & Mongolia Pharmaceutical Co. ,Ltd

continued

股票上市情况 Listed Summary for Stocks		股票配售情况 Distribution of Stocks				股票筹资总额(亿元) Total Raised Capital (100 million yuan)
上市日期 Listed Date	上市价格(元/股) Listed Price Per Share (yuan/share)	配股时间 Date of Distribution	配股价格(元/股) Price of Distribution Per Share (yuan/share)	配股比例 Proportion of Distribution	配股筹资额(亿元) Raised Capital Owing to Distribution (100 million yuan)	
1994-05-20	5.18	1996-11-25	4.00	10: 3	0.60	24.53
		1998-12-17	5.00	10: 8	3.74	
1995-10-20	USD0.518		6.88	10000 股(share)	6.88	3.47
2001-04-26						13.01
1996-03-12	9.00	1997-04-12	6.80	10: 3	2.04	25.15
		1998-11-08	15.00	10: 3	2.86	
1996-08-29	10.32	1998-05-11	8.00	10: 4	3.51	6.44
		2001-05-03	13.20	10: 3	2.27	
1997-01-31	11.80	1998-08-07	8.60	10: 3	3.35	12.83
1997-06-06	15.49	1999-08-31	8.00	10: 3	2.50	22.37
		2003-10-01	6.43	10: 7	7.84	
1997-07-04	8.18	1999-12-10	14.23	10: 3	3.43	14.72
1997-08-08	USD0.4073					4.87
1997-09-24	7.38	2000-03-08	7.60	10: 3	2.98	6.31
1998-12-10	7.80	2000-09-28	15.00	10: 3	3.50	6.26
1999-01-15	13.68	2000-12-29	17.00	10: 3	2.00	4.31
2000-06-30	15.70					4.26
2000-07-25	18.18					52.85
2000-07-31	12.12					3.66
2000-12-22	17.78					4.53
2004-11-10						87.31
1996-10-08	10.68	1998-12-11	4.28	10.:2.5	0.89	3.56
2004-05-18	10.00					6.45
2007-04-18	9.80					7.30
2010-01-20	28.98					5.5

24－3 续表 3

上市公司名称	Name of Listed Companies
总 计	**Total**
内蒙古蒙电华能热电股份有限公司（内蒙华电）	Inner Mongolia Meng Dian Hua Neng Co. ,Ltd
鄂尔多斯羊绒制品股份有限公司（鄂绒 B、A 股）	Inner Mongolia Erdos Cashmere Products Co. ,Ltd
内蒙古伊利实业股份有限公司（＊ST 伊利）	Inner Mongolia YiLi Industrial Group Co. ,Ltd
赤峰富龙热电股份有限公司（富龙热电）	Chifeng FuLong Thermal Power Co. ,Ltd
内蒙古远兴能源股份有限公司（远兴能源）	Inner Mongolia Yuan Xing Energy Co. ,Ltd
内蒙古平庄能源股份有限公司（平庄能源）	Inner Mongolia PingZhuang Energy Co. ,Ltd
包头明天科技股份有限公司（明天科技）	Baotou Tomorrow Technology Co. ,Ltd
内蒙古伊泰煤炭股份有限公司（伊泰 B 股）	Inner Mongolia Yi Tai Coal Industry Co. ,Ltd
内蒙古包钢稀土（集团）高科技股份有限公司	Inner Mongolia Baotou Steel Rare－earth (group) Hi－tech Co. ,Ltd
包头华资实业股份有限公司（华资实业）	Baotou Hua Zi Industry Sale－Holding Co. ,Ltd
内蒙古金宇集团股份有限公司（金宇集团）	Inner Mongolia Jin Yu Group Co. ,Ltd
北方重型汽车股份有限公司（北方股份）	North Heavy－duty Automobile Co. ,Ltd
内蒙古亿利能源股份有限公司（亿利能源）	Inner Mongolia YiLi Energy Co. ,Ltd
内蒙古西水创业股份有限公司（西水股份）	Xishui Strong Year Co. ,Ltd Inner Mongolia
内蒙古兰太实业股份有限公司（兰太实业）	Inner Mongolia LanTai Industrial Co. ,Ltd
内蒙古包钢钢联股份有限公司（包钢股份）	Inner Mongolia Baotou Steel Union Co. ,Ltd
内蒙古时代科技股份有限公司（时代科技）	Inner Mongolia ShiDai Science and Technological Co. ,Ltd
包头北方创业股份有限公司（北方创业）	Baotou Beifang Chuangye Co. ,Ltd
内蒙古霍林河露天煤业股份有限公司（露天煤业）	Inner Mongolia Huolinhe Opencut Coal Industry Co. , Ltd
内蒙古福瑞中蒙药科技股份有限公司（福瑞股份）	Inner Mongolia Free Han & Mongolia Pharmaceutical Co. ,Ltd

continued

营业总收入(万元) Total Business Revenue(10 000 yuan)		利润总额(万元) Total Profit(10 000 yuan)		净利润(万元) Net Profit(10 000 yuan)	
2009	2010	2009	2010	2009	2010
10975027	**13618389**	**742429**	**1579864**	**621195**	**1340331**
719656	673899	91106	125850	83460	115627
811749	1173296	74145	161877	66746	146131
2432355	2966499	81188	85362	66527	79576
32419	39781	7902	-4996	7810	-5139
173973	233336	118541	22486	87864	18219
268784	322624	54803	76074	46861	64775
3659	836	-94767	1412	-94767	1412
1099669	1429270	381574	631182	325041	535273
259296	525794	17349	184212	10976	137110
10746	14314	5579	-8124	5138	-7341
68549	67033	9651	13189	7109	11477
186910	190150	5461	8266	4048	6309
562798	794325	20424	46985	14600	39334
68526	78418	43840	4579	35760	2919
108827	142015	4063	7608	3165	6066
3401623	4054638	-216443	25987	-162981	19679
28214	34762	2857	3827	2147	3293
240332	289140	5754	7837	5181	6952
478944	567233	125128	180056	103067	153961
17998	21025	4275	6196	3444	4696

24－3 续表 4

上市公司名称	Name of Listed Companies
总 计	**Total**
内蒙古蒙电华能热电股份有限公司(内蒙华电)	Inner Mongolia Meng Dian Hua Neng Co. ,Ltd
鄂尔多斯羊绒制品股份有限公司(鄂绒 B、A 股)	Inner Mongolia Erdos Cashmere Products Co. ,Ltd
内蒙古伊利实业股份有限公司(*ST 伊利)	Inner Mongolia YiLi Industrial Group Co. ,Ltd
赤峰富龙热电股份有限公司(富龙热电)	Chifeng FuLong Thermal Power Co. ,Ltd
内蒙古远兴能源股份有限公司(远兴能源)	Inner Mongolia Yuan Xing Energy Co. ,Ltd
内蒙古平庄能源股份有限公司(平庄能源)	Inner Mongolia PingZhuang Energy Co. ,Ltd
包头明天科技股份有限公司(明天科技)	Baotou Tomorrow Technology Co. ,Ltd
内蒙古伊泰煤炭股份有限公司(伊泰 B 股)	Inner Mongolia Yi Tai Coal Industry Co. ,Ltd
内蒙古包钢稀土(集团)高科技股份有限公司	Inner Mongolia Baotou Steel Rare－earth (group) Hi－tech Co. ,Ltd
包头华资实业股份有限公司(华资实业)	Baotou Hua Zi Industry Sale－Holding Co. ,Ltd
内蒙古金宇集团股份有限公司(金宇集团)	Inner Mongolia Jin Yu Group Co. ,Ltd
北方重型汽车股份有限公司(北方股份)	North Heavy－duty Automobile Co. ,Ltd
内蒙古亿利能源股份有限公司(亿利能源)	Inner Mongolia YiLi Energy Co. ,Ltd
内蒙古西水创业股份有限公司(西水股份)	Xishui Strong Year Co. ,Ltd Inner Mongolia
内蒙古兰太实业股份有限公司(兰太实业)	Inner Mongolia LanTai Industrial Co. ,Ltd
内蒙古包钢钢联股份有限公司(包钢股份)	Inner Mongolia Baotou Steel Union Co. ,Ltd
内蒙古时代科技股份有限公司(时代科技)	Inner Mongolia ShiDai Science and Technological Co. ,Ltd
包头北方创业股份有限公司(北方创业)	Baotou Beifang Chuangye Co. ,Ltd
内蒙古霍林河露天煤业股份有限公司(露天煤业)	Inner Mongolia Huolinhe Opencut Coal Industry Co., Ltd
内蒙古福瑞中蒙药科技股份有限公司(福瑞股份)	Inner Mongolia Free Han & Mongolia Pharmaceutical Co. ,Ltd

continued

总资产(万元) Total Assets(10 000 yuan)		股东权益(万元) Shareholder's Eguity(10 000 yuan)		资产负债率(%) Assets – Liability Ratio(%)	
2009	2010	2009	2010	2009	2010
	19651567		**8040415**		
2234763	2357892	568431	645193	74.6	72.6
2061892	2587419	687474	859408	66.7	66.8
1315214	1536232	370994	451204	71.8	70.6
166587	162583	118620	113482	28.8	30.2
646232	567131	295300	300550	54.3	47.0
449318	519028	296888	366239	33.9	29.4
147418	153759	68536	72026	53.5	53.2
2238095	2566983	1051064	1509233	53.0	41.2
646352	878958	249610	427121	61.4	51.4
261932	246743	204630	187356	21.9	24.1
139913	158878	75098	84415	46.3	46.9
281868	317398	74520	79299	73.6	75.0
1213547	1298910	585221	630480	51.8	51.5
436663	466003	294560	254038	32.5	45.5
376637	472351	130517	144533	65.3	69.4
4294206	4204399	1244661	1264719	71.0	69.9
79255	93166	68207	75631	13.9	18.8
215114	237813	108910	114996	49.4	51.6
461091	746356	329226	391749	28.6	47.5
25096	79566	15746	68742	37.3	13.6

24-3 续表 5

上市公司名称	Name of Listed Companies
总 计	**Total**
内蒙古蒙电华能热电股份有限公司(内蒙华电)	Inner Mongolia Meng Dian Hua Neng Co. ,Ltd
鄂尔多斯羊绒制品股份有限公司(鄂绒B、A股)	Inner Mongolia Erdos Cashmere Products Co. ,Ltd
内蒙古伊利实业股份有限公司(＊ST伊利)	Inner Mongolia YiLi Industrial Group Co. ,Ltd
赤峰富龙热电股份有限公司(富龙热电)	Chifeng FuLong Thermal Power Co. ,Ltd
内蒙古远兴能源股份有限公司(远兴能源)	Inner Mongolia Yuan Xing Energy Co. ,Ltd
内蒙古平庄能源股份有限公司(平庄能源)	Inner Mongolia PingZhuang Energy Co. ,Ltd
包头明天科技股份有限公司(明天科技)	Baotou Tomorrow Technology Co. ,Ltd
内蒙古伊泰煤炭股份有限公司(伊泰B股)	Inner Mongolia Yi Tai Coal Industry Co. ,Ltd
内蒙古包钢稀土(集团)高科技股份有限公司	Inner Mongolia Baotou Steel Rare - earth (group) Hi - tech Co. ,Ltd
包头华资实业股份有限公司(华资实业)	Baotou Hua Zi Industry Sale - Holding Co. ,Ltd
内蒙古金宇集团股份有限公司(金宇集团)	Inner Mongolia Jin Yu Group Co. ,Ltd
北方重型汽车股份有限公司(北方股份)	North Heavy - duty Automobile Co. ,Ltd
内蒙古亿利能源股份有限公司(亿利能源)	Inner Mongolia YiLi Energy Co. ,Ltd
内蒙古西水创业股份有限公司(西水股份)	Xishui Strong Year Co. ,Ltd Inner Mongolia
内蒙古兰太实业股份有限公司(兰太实业)	Inner Mongolia LanTai Industrial Co. ,Ltd
内蒙古包钢钢联股份有限公司(包钢股份)	Inner Mongolia Baotou Steel Union Co. ,Ltd
内蒙古时代科技股份有限公司(时代科技)	Inner Mongolia ShiDai Science and Technological Co. ,Ltd
包头北方创业股份有限公司(北方创业)	Baotou Beifang Chuangye Co. ,Ltd
内蒙古霍林河露天煤业股份有限公司(露天煤业)	Inner Mongolia Huolinhe Opencut Coal Industry Co. , Ltd
内蒙古福瑞中蒙药科技股份有限公司(福瑞股份)	Inner Mongolia Free Han & Mongolia Pharmaceutical Co. ,Ltd

continued

每股收益(元) Profit Per Share(yuan)		每股净资产(元) Net Assets Per Share(yuan)		净资产收益率(%) Ratio of Net Assets´Per Profit(%)	
2009	2010	2009	2010	2009	2010
0.20	0.33	1.72	2.06	12.09	17.45
0.38	0.81	3.85	4.54	10.33	19.43
0.81	0.97	4.31	5.28	20.78	20.29
0.21	-0.13	3.07	2.94	6.70	-4.44
1.78	0.14	3.98	2.88	54.68	5.23
0.46	0.64	2.93	3.61	17.48	19.54
-2.85	0.04	2.04	2.14	-82.19	1.99
4.29	3.45	12.66	9.25	39.60	44.29
0.07	0.93	2.10	2.99	3.35	36.51
0.11	-0.15	4.21	3.85	2.82	-3.71
0.24	0.41	2.67	2.98	9.08	14.50
0.29	0.43	4.24	4.58	6.96	9.74
0.15	0.36	8.42	6.09	1.86	6.22
1.12	0.04	9.13	5.64	16.35	0.66
0.09	0.15	2.72	3.07	3.37	5.32
-0.25	0.03	1.93	1.96	-12.19	1.55
0.04	0.07	1.89	1.96	2.16	3.64
0.26	0.33	5.13	5.41	5.15	6.30
0.88	1.10	2.91	2.85	34.97	39.68
	0.50	7.15	11.09		

内蒙古人力资源和社会保障厅

于永泉厅长春节前慰问内蒙古农业大学专家

学习贯彻《社会保障法》动员部署会议

国家人力资源和社会保障部副部长胡晓义一行视察内蒙古人力资源和社会保障厅经办机构服务窗口

2010年全国高校毕业生就业服务月活动内蒙古自治区启动仪式

内蒙古百人创业培训计划启动仪式暨内蒙古高校毕业生创业培训高校师资班开班式

和谐中国民生行人力资源和社会保障政策法规主题宣传周启动仪式

内蒙古引智培训班

内蒙古自治区统计局

科学统计 依法统计 准确统计

内蒙古自治区统计局局长　胡敏谦

内蒙古自治区统计工作会议

胡敏谦局长陪同国家统计局马建堂局长深入企业调研

第六次人口普查自治区主席巴特尔接受呼和浩特市统计局局长许文俊及普查员的调查访问

内蒙古自治区统计局局长胡敏谦、内蒙古调查总队总队长郑世成陪同国家统计局副局长李强在鄂尔多斯调研听取企业汇报

第六次人口普查深入牧民家中进行人口普查入户登记

内蒙古自治区统计系统“五四”青年演讲比赛会场

内蒙古自治区总工会

自治区领导亲切接见劳动模范和先进工作者

自治区总工会承办了内蒙古党委、政府召开的全区工资集体协商经验交流会议

2010年，在自治区党委和全国总工会的正确领导下，自治区总工会及全区各级工会坚持“全会抓基层，重点抓维权，合力促和谐”的工作思路，坚持维权与维稳相结合，努力推动工会工作的创新与发展，在自治区经济社会发展和边疆稳定大局中作出了积极的贡献。

一是团结动员各族职工在在促进加快经济发展方式转变、推动自治区科学发展中建功立业。以促进经济结构调整、加快经济发展方式转变为主题，在100多个自治区重点项目和重大工程中，深入开展建功立业劳动竞赛活动，进一步激发了广大职工的劳动热情和创造活力。深入开展115万多名职工参加、涉及47个工种的职工职业技能大赛，促进了广大职工技术技能水平和职业水准的提升。不断深化职工经济技术创新活动，进一步调动了职工投身创新型班组、创新型企业、创新型内蒙古建设的主动性和积极性。2010年，全区共评选出200项职工技术创新成果，四项荣获全国第三届职工优秀技术创新成果奖，特别是呼铁局职工郭晋龙完成的《钢轨焊缝双频正火设备及工艺》，荣获了2010年国家科技进步二等奖。积极推进职工文化、企业文化建设，职工书屋的覆盖面进一步扩大，职工群众日益增长的精神文化需求不断得以满足。协助自治区党委政府隆重召开了劳动模范和先进工作者表彰大会，组织两个劳模报告团在全区巡回演讲，出版发行了长篇纪实报告文学《雪战“1·03”》，弘扬了工人阶级的伟大品格，在全社会进一步营造了工人伟大、劳动光荣的良好氛围。

二是扎实推进“两个普遍”，围绕中心服务大局的能力进一步增强。承办了自治区党委政府召开的全区工资集体协商经验交流会议，建立了发展和谐劳动关系联席会议制度,会同有关部门制定了《关于以党建带工建推进工会组织创先争优活动的指导意见》、《关于建立企业职工工资正常增长机制若干意见的实施办法》等一系列文件，在全区上下形成了党委加强领导、政府大力支持、工会主动作为、多方协同配合的推进“两个普遍”工作新格局。深入开展了“加强企业工会建设、推进工资集体协商”百日攻坚和“广普查、深组建、全覆盖”集中行动，推动“两个普遍”取得新的进展。2010年，全区基层工会净增3910家，农牧民工会员净增31.2万人，劳务派遣工会员净增3.5万人。全区国有、集体及其控股企业全部签订了集体合同，建会非公有制企业集体合同签订率达87.2%；签订工资集体协议14524份，覆盖职工122.5万人。

三是大力发展和谐劳动关系，以维权促维稳的成效进一步彰显。各级工会坚持一手抓维权，一手抓维稳，不断加强维权机制建设，促进了职工队伍和社会的稳定。持续推进创建劳动关系和谐企业活动。全区所有国有、集体及其控股企业、开发区（工业园区）及2万多家非公有制企业参与了创建活动，促进了劳动关系的和谐与发展。深化企事业单位民主管理工作。在抓好国有、集体及其控股企业厂务公开全覆盖的同时，以非公有制企业为重点，大力推行厂务公开制度，积极探索区域性、行业性职代会制度，在各旗县（市区）选树了民主管理示范企业，企业民主政治建设得到进一步加强，我区厂务公开工作继续保持全国先进水平。切实加强困难职工帮扶工作。作为区总与自治区政府第五次联席会议重要成果的《内蒙古自治区人民政府关于支持工会进一步加强困难职

自治区总工会与自治区人民政府召开第五次联席会议

自治区厂务公开工作领导小组在呼和浩特召开全区厂务公开民主管理工作经验交流会议

工帮扶工作的意见》的出台，为工会开展帮扶工作提供了有力的政策保障。各级工会依托全区已建成的113个困难职工帮扶中心，广泛开展送温暖慰问活动，实现了对困难职工的普遍走访慰问。全年共筹集资金1.04亿元，“两节”期间慰问困难职工13.2 万户。各级困难职工帮扶中心累计发放帮扶资金3600多万元，帮扶困难职工13.3万人次。协助政府有关部门帮助23448名农牧民工追讨欠薪6919.94万元。以困难职工帮扶中心和再就业培训基地为平台，对10.1万名职工开展了职业技能培训，帮助16776名职工实现再就业。开展了“困难职工家庭高校毕业生阳光就业对接活动”，帮助1.2万大学生与企业签订就业意向，其中4800多人实现了就业。制定实施了安全生产事故隐患有奖举报制度，大力开展“安康杯”竞赛和“争创安全生产优胜班组”活动，督促企业加强职业危害和事故隐患治理，维护了广大职工的劳动安全卫生权益。把积极参与社会矛盾纠纷大排查与重点排查劳动关系矛盾相结合，及时掌握、深入分析影响职工队伍稳定的重要因素，向党委、政府反映并提出对策和建议，切实维护职工队伍和社会稳定。

四是切实加强自身建设，工会组织凝聚力战斗力进一步提升。继续坚持工会干部培训分级负责、上下联动的好作法，在上海浦东干部学院举办了全区工会领导干部培训班，对100多名各级工会领导干部进行了培训；各级工会加大乡镇（街道）、社区工会和非公有制企业工会干部培训力度。2010年，全区共培训专兼职工会干部21414人。紧紧围绕中心深入开展调查研究。区总就《内蒙古党委关于进一步加强工会工作的意见》贯彻落实情况、新生代农牧民工和劳务派遣工现状、国有集体及其控股企业民主管理制度建设、困难职工住房保障情况等开展调研，提出对策建议，为党政决策和工会重点工作的推进提供了有力依据。进一步转变工作作风。自治区、盟市、旗县（市区）工会全部建立了领导干部联系基层、联系企业制度，广大工会干部主动深入基层、深入企业、深入职工群众，实现了维权关口前移、工作重心下移。广泛开展争创模范旗县（市区）工会和“六好”苏木乡镇工会活动，促进了全区工会工作整体水平的提升。2010年，共有12个旗县（市区）工会达到了模范标准。

自治区人大常委会副主任、总工会主席云秀梅率慰问团深入建筑工地，慰问正在施工的外省籍农民工

自治区总工会组织两个劳模事迹报告团赴全区各地作巡回报告

自治区总工会召开全区职工职业技能比赛总结表彰暨劳动竞赛活动推进电视电话会议在呼和浩特召开

在12月21日召开的全区送温暖活动启动仪式上，两级工会向呼和浩特地区分到保障性住房的困难劳模代表发放新房钥匙

内蒙古困难职工家庭高校毕业生阳光就业对接活动启动仪式

充分发挥司法行政职能 切实保障人民群众权益

内蒙古自治区司法厅厅长　徐呼和

内蒙古自治区司法厅厅长　徐呼和

司法厅厅长徐呼和会见法国公证人高等理事会名誉主席、法国公证人高等理事会中国事务代表让-保罗·德科尔

“十一五”期间，自治区司法厅坚持以邓小平理论和“三个代表”重要思想为指导，认真贯彻落实科学发展观和构建社会主义和谐社会的重大战略部署，紧紧围绕自治区的中心工作，把维护人民群众权益作为司法行政工作的根本出发点和落脚点，积极履行司法行政工作职责，切实发挥法律保障、法律服务和普法依法治理职能作用，圆满完成党的十七大、自治区成立60周年大庆、北京奥运会、残奥会、建国60周年庆典等重大活动期间的安全保卫工作，全区司法行政工作迈上新台阶，实现了新跨越。

过去的五年，司法厅高度重视监狱劳教工作，把维护安全稳定作为监狱劳教工作的首要任务，进一步完善防控、排查、应急处置和领导责任机制，加强人防、物防、技防安全防范体系建设，健全安全稳定研判机制，深入开展隐患排查整治活动，实现了监所持续安全稳定；认真贯彻落实“首要标准”，积极拓展思想教育、文化教育和职业技能教育的新途径，加强心理矫治工作，教育改造质量有了新的提高；监狱系统经济工作以市场为导向，淘汰落后产能，积极引进和发展适应市场需求的新产品，扩大劳务加工生产规模，监狱经济得以较快发展；坚持“立足规划、突出重点、分步实施、有序推进”的原则，全区监狱布局调整取得了积极进展，监狱基础设施得到很大改善；充分运用国家加大劳教场所基本建设投入的政策，“十一五”时期完成总投资13605万元，改、扩、新建面积86981平方米，全区各劳教所的基础设施条件得到进一步改善。

扎实推进普法依法治理，全面完成“五五”普法依法治理规划，成效显著。从2006年起，全区司法行政机关广泛开展法律进机关、进乡村、进社区、进学校、进企业、进单位（简称“法律六进”）活动，通过形式多样、群众喜闻乐见的法制宣传教育活动，在全社会掀起学法用法的新高潮，普法重点对象的法制教育取得了明显成效。以宪法和民族区域自治法为核心的法律知识得到全面普及，全区各族公民的法律意识和法律素质进一步增强；各级领导干部依法决策、依法行政、依法办事的能力明显提高；地方立法、司法和行政执法水平不断得到加强和改进；深入开展“加强法制宣传教育，促进社会矛盾化解”主题宣传活动，发挥法制宣传教育的治本作用，增强法制宣传教育的实效性；普法依法治理工作的制度化、规范化和法制化进程不断推进，全社会法治环境逐步改善。据统计，“五五”普法依法治理期间，全区共举办各类宣传活动2万多场次，共有1866.94万各类普法对象受到不同程度的法制教育。80个旗县（市、区）实行了领导干部任前法律知识考试制度，共有11384人参加任前考试。2006年以来，共组织了4次全区公务员依法行政通用法律知识统一考试，每年参加人数近20万人。全区90%以上的中小学校聘请了法制副校长，建成比较规范的青少年法制教育基地1512个，初步形成学校、家庭、社会三位一体的法制教育格局。

大力拓展和规范法律服务，法律服务体系逐步健全，服务水平全面提升。全区律师公证工作以服务经济平稳较快发展和维护社会和谐稳定为主线，增强服务能力，深化工作改革，加强队伍建设，完善管理体制，大力拓展业务领域，积极服务改善民生。截至目前，律师事务所发展到275家，比2005年增加28.4%；执业律师3227人，比2005年增加48.6%。全区公证机构总数114家，执业公证员377人。“十一五”期间，全区律师累计办理各类法律事务148988件，公证机构办理各类公证事项939865件，为全面建设小康社会和构建社会主义和谐社会提供了有力的法律服务和法律保障。全区基层法律服务所紧紧围绕服务和保障民生工作，为群众就业、就学、就医等方面提供法律服务，并充分发挥法律服务工作者在法律咨询服务和法律建议方面的专业优势，积极为群众办理事关民生方面的土地征用、房屋拆迁、企业转制、基础设施建设等法律事务，切实维护当事人的合法权益，引导群众通过和解、调解等非诉讼方式或依照法律途径解决矛盾纠纷，防止矛盾激化和上访，促进了社会和谐稳定。5年来，各级人民调解委员会共调解社会矛盾纠纷480534件，防止因民间纠纷引发的自杀事件605件，防止民间纠纷转为刑事纠纷4310件。法律援助工作快速发展，法律援助机构体系全部建立，目前，全区已建立政府专门法律援助机构114个，人员编制365人，实有工作人员405人，法律援助工作站、点2099个，全部配备了专、兼职工作人员；法律援助经费保障水平逐步提高，2010年，全区法律援助经费预计为1800万元，人均法律援助经费为0.76元，达到全国中等以上水平；法律援助范围逐步扩大，法律援助提供能力逐步增强，2010年办案数量达到14500余件，比2005年增长223.6%。司法鉴定工作稳步发展，在建立行政管理和行业管理两结合的基础上，逐步深化司法鉴定体制机制改革，努力提高司法鉴定社会管理能力和公共服务水平。国家司法考试工作坚持原则，精心组织、严密安排，圆满完成每年一度的考试工作，十一五期间，共有7178人考试合格，为自治区法制建设工作选拔了大量合格的法律职业人才。

大力加强基层基础工作。各级党委政府高度重视司法所建设工作，对司法所建设给予了强有力的领导和支持。按照自治区的工作部署，司法厅紧紧抓住国家支持中西部地区司法所办公用房建设的机遇，加快司法所办公用房建设步伐，从2006年起，全区共有1101个司法所办公用房列入国债资金建设项目，累计投资7602.5万元。各地按照统筹规划，实事求是，合理布局，分布设施的原则，采取独建、合建、购买和置换等方式，建成司法所办公用房891个。同时，利用中央政法补助专款和当地党委政府的投入，为司法所配备汽车506辆，摩托车520辆，电脑782台，司法所办公用房和装备条件明显改善。司法所规范化管理水平进一步提高。2006年2月，自治区党委办公厅、政府办公厅转发了自治区党委政法委员会等七部门《关于进一步加强全区基层司法所建设的意见》。司法厅党委决定利用三年时间举全系统之力，突出抓好司法所建设，在全系统形成“人往基层走、钱往基层投、劲往基层使”的良好氛围。制定了《内蒙古自治区司法厅规范化司法所建设标准》和《内蒙古自治区规范化司法所考核评定实施细则》。从2008年开始，连续三年在全区开展规范化司法所考核验收工作，采取实地查看、听取汇报、座谈交流、查验档案、随机抽查等方式，对12个盟市申报1029个司法所进行了实地考核验收，前两批规范化司法所数目达到658个，占全区司法所总数的72%，有力地促进了司法行政基层工作整体水平的提高。司法所组织队伍建设进一步加强。各地以司法所规范化建设为载体，积极争取党委政府和有关部门的重视支持，切实解决司法所人员编制、经费保障、管理体制和职级待遇等方面的问题。目前，全区有901个司法所，苏木乡镇（街道）司法所全部实行垂直管理。为提高司法所队伍的整体素质，始终坚持充实基层和“凡进必考”的原则，严把“入口”，畅通“出口”，强化管理、考核和监督，广大干部的政治素质和服务水平明显提高。目前，全区配备司法所工作人员2637名，其中，大专以上文化程度2186名。司法所经费保障得到落实，2007年，自治区财政厅、司法厅制定了《内蒙古自治区旗县级司法局公用经费保障标准的实施意见》，为司法所开展业务工作提供了经费保障。

着力加强全区司法行政队伍建设，坚持“事业成败，关键在人”的工作理念，不断推进思想政治建设和组织建设。着力加强各级领导班子建设，通过调整班子，挂职锻炼，完善后备干部管理工作，加大竞争性选拔领导干部和主要岗位领导干部任职交流的力度，加强监督管理，完善干部双重管理体制等措施，致力于提升班子的凝聚力和战斗力，提高领导干部的领导水平。着力加强队伍建设，认真落实《内蒙古自治区司法厅关于贯彻司法部2006—2010年监狱劳教人民警察队伍建设规划纲要的意见》，加强监狱劳教人民警察革命化、专业化、正规化建设。严格执行《公务员法》和《人民警察法》，加强干部人事制度建设。2006年至今，面向社会招考厅机关公务员10名，监狱劳教人民警察1018名，司法所公务员143人。深化干部人事制度改革，努力造就一支严格、公正、文明、廉洁执法的司法行政队伍，为开展自治区司法行政工作提供了坚强的组织保障和有力的人才支持。

2011年是“十二五”开局之年，展望“十二五”时期，全区司法行政工作的指导思想是：以邓小平理论和“三个代表”重要思想为指导，深入贯彻党的十七大和十七届三中、四中、五中全会精神，以科学发展观为统领，以深入实施西部大开发战略为主线，以经济社会发展大局为中心，紧紧抓住影响社会和谐稳定的源头性、根本性、基础性问题，积极发挥司法行政工作职能作用，深入推进社会矛盾化解、社会管理创新、公正廉洁执法三项重点工作，不断推进体制机制创新，注重增强改革的前瞻性、协调性和可持续性，从更高的起点、更高的水平和更高的效能上推动司法行政工作新跨越，为全区经济社会又好又快发展提供良好的法治环境。

“十二五”时期,我区司法行政工作发展要遵循以下原则：坚持围绕中心、服务大局原则，紧紧围绕党和政府的中心工作，自觉服从服务于自治区的工作大局；坚持抓住机遇、加快发展原则，强化机遇意识，不断改革创新，用改革的方法，创新的观念研究解决司法行政工作中存在的问题；坚持以人为本、服务为民的原则，始终把人民群众利益放在第一位，认真履行司法行政职能；坚持统筹规划、协调发展原则，实施分类指导，区别对待，加强薄弱环节，促进司法行政工作全面协调发展。

“十二五”时期全区司法行政工作发展的总体目标是：切实履行司法行政机关维护社会稳定的职责。全力维护监狱劳教场所的安全稳定，进一步加强教育改造工作，提高教育改造质量。深入开展社区矫正，加强对社区服刑人员的管理和教育矫治，努力提高矫正质量。认真贯彻调解优先原则，进一步做好人民调解工作。深入开展法制宣传教育和依法治理，提高全区公民的法律素质，提高全区社会的法治化管理水平，促进在全社会形成依法办事的氛围。

内蒙古自治区文化厅

乌兰等自治区领导参观我区在深圳文化产业博览会上的展位

刘新乐副主席在乌兰牧骑艺术节闭幕式上为获奖单位颁奖

文化产业政银战略合作签字仪式

内蒙古演艺中心工程开工奠基仪式

乔玉光副厅长在“中国入选联合国教科文组织非物质文化遗产名录项目颁证仪式”仪式上领取蒙古族长调、呼麦等项目证书

王志诚厅长在三下乡启动仪式上讲话

被评为全国十大考古新发现的赤峰市红山区二道井子夏家店下层文化遗址

内蒙古民族歌舞剧院“吉祥颂”在央视春晚演出

内蒙古民族歌舞剧院“吉祥颂”在央视春晚演出

内蒙古自治区环境保护厅

内蒙古自治区环境科研监测大楼

苏青厅长视察赤峰市红山高科技园区京能发电厂环保设施

“十一五”时期是我区经济社会发展进程中极不平凡的五年，也是环境保护事业实现跨越式发展的五年。五年来，全区环保部门以科学发展为统揽，始终坚持“发展是硬道理、环保是硬约束”的原则，着力推进环境保护历史性转变，在污染减排、重点流域水污染防治、服务发展、保障民生、强化环保能力建设等各个方面都取得了辉煌成果，可概括为“减排交卷、服务提质、能力突破、工作转型”。

环境保护部部长周生贤在厅长苏青陪同下考察环保能力建设情况

“十一五”全区新增污水处理厂67座，日处理能力160.8万吨。图为乌海市海勃湾区污水处理厂，处理污水4万吨，可削减COD4000多吨

2009年8月包钢淘汰2台烧结机

大唐托克托发电厂燃煤机组脱硫设施

包头三电厂淘汰落后小机组爆破现场

内蒙古自治区邮政管理局

内蒙古自治区邮政管理局党组书记、局长　张子旗

为了推进邮政体制改革，根据《国务院关于印发邮政体制改革方案的通知》（国发〔2005〕27号）和《国务院办公厅关于印发省（区、市）邮政监管机构机构设置主要职责和人员编制规定的通知》（国办发〔2006〕8号）精神，国家邮政局决定实施政企分开，设立省级政府邮政监管机构，下发了《关于成立内蒙古自治区邮政管理局的通知》（国邮〔2006〕420号），内蒙古自治区邮政管理局于2006年9月7日宣布成立。

根据国务院办公厅《关于印发省（区、市）邮政监管机构机构设置主要职责和人员编制规定的通知》和国家邮政局《关于印发省（区、市）邮政管理局内设机构及主要职责的通知》精神，内蒙古自治区邮政管理局的主要职责为：组织研究提出内蒙古地区贯彻邮政业发展战略、发展规划的具体政策和方案并指导从事邮政业务的企业贯彻实施；负责推进邮政地方性法规、规章的制定和修改工作；负责行政执法监督和涉及行政复议、行政应诉的工作；贯彻国家邮政局邮政普遍服务标准，对邮政企业落实普遍服务标准情况进行监督检查，并提出处理意见；负责组织协调内蒙古地区机要通信、义务兵通信、党报党刊发行、盲人读物寄递等特殊服务的实施；负责组织对邮政企业贯彻执行邮政服务价格政策情况的监督检查，审核邮政企业分支机构设置或者撤销的申请，处理邮政普遍服务、特殊服务和快递等质量投诉、举报，依法查处侵犯用户合法权益的违法行为，负责邮政配套设施建设、使用情况的监督检查；依法监管邮政市场，指导、监督、检查、规范邮政市场主体行为，规范经营秩序，维护公平竞争；依法维护信件寄递业务的专营权；根据国家邮政局授权，依法实施快递等邮政业务的市场准入制度；负责集邮市场的监督检查和邮政用品用具的监制工作，依法查处伪造、冒用、或擅自使用邮政专用标志的行为；办理国家邮政局交办的其他事项。

内蒙古自治区邮政管理局内设机构主要有：办公室、政策法规处、普遍服务处、机要通信处、市场监管处、人事处、纪检监察室、内蒙古自治区邮政行业职业技能鉴定中心、内蒙古自治区邮政业消费者申诉受理中心。

自治区副主席赵双连视察邮政管理局

内蒙古邮政管理局党组书记、局长张子旗在快递公司进行检查

内蒙古邮政管理局和内蒙古自治区政府法制办联合在鄂尔多斯市进行执法检查

内蒙古邮政管理局和内蒙古自治区政府法制办联合在包头市进行执法检查

内蒙古自治区文学艺术界联合会

内蒙古自治区文学艺术界联合会第七次代表大会

由内蒙古党委宣传部、乌兰夫基金会主办，内蒙古文联、内蒙古摄影家协会承办的《魅力内蒙古》西部大开发10周年摄影艺术展在北京民族文化宫开幕。内蒙古文联主席巴特尔与全国人大常委会原副委员长布赫亲切握手。

第七届中国·内蒙古草原文化节闭幕式暨文学艺术“突出贡献奖”、“特殊贡献奖”颁奖晚会举行。

内蒙古文联第七次文代会圆满落幕。自治区党委常委、宣传部长乌兰与第七届主席团全体成员合影。

内蒙古文联、内蒙古美协主办的“抗震救灾、奉献爱心”内蒙古美术家支援四川汶川灾区大型笔会在呼和浩特举行。

内蒙古红十字事业的新篇章

2010年8月5日，全国人大副委员长、中国红十字会会长华建敏在自治区主席巴特尔陪同下视察内蒙古红十字会工作

组织捐赠人代表赴玉树地震灾区考察项目、开展送温暖活动

自治区党委常委曹征海在自治区红十字会调研

自治区红十字会召开捐赠款物收支情况通报会

自治区红十字会援助甘肃地震灾区项目签字仪式

以自治区党委、政府名义召开自治区红十字会二届七次理事会

会工作人员为遭受雪灾的群众送去救灾物资

宝音德力格尔会长在清水河县慰问受灾群众

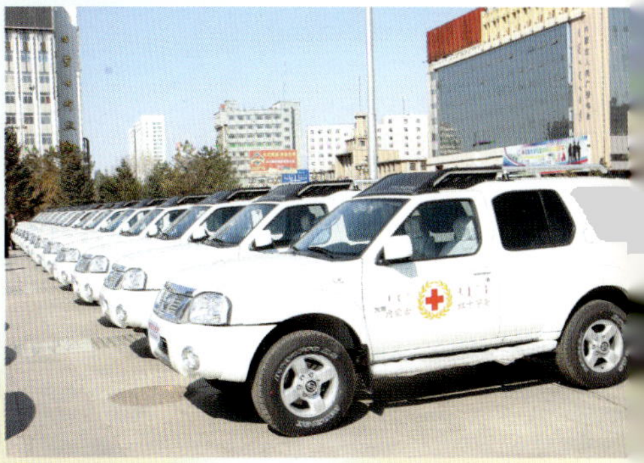

自治区红十字会为旗县红十字会配备救灾工作用车

“十一五”成绩斐然　“十二五”任重道远

人民银行呼和浩特中心支行党委书记、行长、国家外汇管理局内蒙古分局局长 王景武

人民银行呼和浩特中心支行王景武行长向自治区领导汇报金融工作

人民银行呼和浩特中心支行领导班子

人民银行呼和浩特中心支行王景武行长陪同自治区领导进行金融调研

人民银行呼和浩特中心支行组织召开全区金融机构迎新年座谈会，共商金融支持自治区经济发展大计

人民银行呼和浩特中心支行组织全区金融机构认真贯彻落实货币政策

人民银行呼和浩特中心支行组织召开全区金融机构迎新年座谈会，共商金融支持自治区经济发展大计

召开全区农村牧区支付服务环境建设推动现场会

举办反洗钱知识竞赛

中国银联 China Unionpay 内蒙古分公司

中国银联内蒙古分公司总经理　戈岚

中国银联内蒙古分公司戈岚总经理获2010年度自治区“十大经济人物”

自治区副主席布小林、金融办主任宋亮参观金博会期间，就自治区银行卡产业进行交谈

组织举办银行卡专业工作委员会2010年年会

中国银联内蒙古分公司与中国农业银行内蒙古分行签署全面合作协议

组织举办第二届内蒙古金融家与企业家年会

内蒙古成员机构业务规则及风险管理系统培训班

自治区第三届“银联杯”商业服务业收银员职业技能竞赛

“安全用卡　放心支付”银行卡安全知识宣传

全区农村牧区支付服务环境建设推动现场会展示区

加快推动转型发展 全力打造平安、和谐、卓越的工商银行内蒙古分行实现旗域经济又好又快发展

中国工商银行内蒙古分行行长 郝彬

分行召开二级分行行长工作会议，总结分析经营情况，安排部署下阶段重点工作任务

过去几年里，工商银行内蒙古分行坚持科学发展观，紧紧抓住国家西部大开发和振兴东北老工业基地战略深入实施、自治区经济持续快速发展的良好机遇，积极应对全球金融危机所导致的外部环境变化，深入落实总行各项战略部署，正确处理拓展市场与风险控制、支持经济发展与实现自身壮大的关系，把提高竞争力和完善管理机制作为两大核心任务，把结构调整作为转变经营模式和增长方式的战略着眼点，全面推进核心市场、核心业务和核心客户的拓展，业务规模快速壮大，主要经营指标显著改善，各项工作取得明显进步。

从过去三年的经营管理实践和发展成果看：全行人民币各项存、贷款、中间业务分别增长了72%、74%和86%，净利润和经济增加值分别增长了1倍和1.2倍；资产回报率和经济资本回报率分别提高了0.28和4.8个百分点，存款付息率、信贷成本率和贷款收益率等指标跨入了全国系统排位的前列;中间业务占营业净收入的比重由10%提高到14%，个人贷款占比由8%上升到21%，活期存款占比由64%提高到75%；累计清收不良贷款21亿元，不良贷款余额和不良贷款率分别下降45%和68%。可以说，经过近几年的努力，全行以客户为中心、以市场为导向的经营理念得到了强化和落实，有利于持续发展的管理机制和运行流程得到了进一步确立，经营质态发生了显著变化，为实现下一步的转型发展奠定了较为坚实的管理基础和市场基础。

十二五时期是内蒙古继续保持经济社会快速发展的黄金期，特别是随着西部大开发和振兴东北老工业基地战略的深入实施，随着国务院《关于进一步促进内蒙古经济社会又好又快发展的若干意见》的出台，为自治区经济发展注入了新的更大动力。内蒙古作为国家新一轮经济社会发展的战略重点，已经进入全面开发开放的新阶段。工商银行内蒙古分行将主动把握国家和地区发展规划对经济发展的引领作用，坚持用改革的精神和转型的思路解决当前经营中的困难和问题，以全局的视野和创新的思维谋划新一轮发展战略。总的思路和目标是：抢抓十二五规划机遇，坚持转型发展原则，走集约化、创新型、内涵式发展道路，加快形成资本节约型的业务发展模式和多元化的盈利增长格局，努力在短时间内成长为我行西部地区新的增长极。力争将内蒙古分行建设成为地区同业结构效率和效益最优、风险内控管理能力最强、品牌形象最好、客户满意度最高的商业银行，全面实现“平安、和谐、卓越”的美好愿景。

对工商银行内蒙古分行来说，这一美好的愿景在并不遥远的前方，但通往愿景的道路必须要踏踏实实、一步一个脚印地去走，一个一个战略去执行和完成，积累点滴、成就跨越。当前最为关键的是应当把结构调整作为实现跨越发展的战略支点，加快转变经营模式和增长方式。主动适应地区资源禀赋优势、区域发展定位和产业发展布局，全面竞争核心产业和重点项目，在保持较快增长速度、合理规模效应和有利市场地位的基础上，深入调整信贷结构，扎实提高信贷资源配置的质量和效益，实现信贷大中小客户接续发展、中长期和短期业务协调增长、基础设施和生产流通及服务业并重、公司和个人信贷业务比例适当、各地区分行梯度有序发展的可持续信贷业务格局，彻底摆脱传统粗放的信贷经营模式。要加快由传统的融资中介向全能型的服

务中介转变，形成多元、均衡、稳定的收入结构和赢利模式。把客户拓展作为发展之本和效益之源，以公司中小客户和个人高端客户为主体，全面深化“扩户增容”工程，大力调整客户结构。同时，持续推进渠道网络的调整、重组和优化，进一步完善立体型、多元化、全功能的渠道体系。

接下来，要在确定战略支点的同时，把改革创新作为实现跨越发展的核心驱动，全面消除体制机制障碍。深入推进经营机制重点改革，建立高效灵活的管理体制和运行机制。推动二级分行本部经营职能转型和管理、操作职能进一步延伸，逐步实现二级分行对网点级机构的全口径扁平化管理；完成分行营业部管理体制改革,实现区分行与营业部的一体化经营；探索建立对重点城市行竞争发展的资源倾斜机制，全面推进重点县域支行管理变革，充分激发县域机构的经营活力和价值创造力。以价值创造和业绩贡献为核心，完善多维度绩效考核体系。改革网点管理体制，加强对网点转型的政策引导、业务推动和后台支持。着眼制度完善和流程优化，全面建立客户分层服务体系和以客户为中心的经营运作模式。提高人力资源规划与科学配置能力，形成人力资源调整与经营转型、创新发展相协调的动态优化机制。把员工跨二级分行、跨旗县支行交流作为一项常规机制，逐步调节人力资源区域结构的均衡性。

与此同时，全面风险管理可以说是实现跨越发展的基础工程，全行要在发展的过程中全面提高资产质量和安全运营水平。要固本强基，始终把加强全面风险管理与内控案防作为保持各项业务健康发展的基础工程。加快建设能够全面准确监测和防控信用风险、市场风险、操作风险和合规性风险的全面风险管理体系，形成全行统一的风险偏好、风险管理战略、风险管理制度和风险管理文化，使风险管理贯穿于经营决策、资本配置、产品定价、绩效考核等经营管理全过程。

郝彬行长出席包头市银政银企座谈会，并与包头市政府签定“十二五”期间战略合作框架协议

郝彬行长实地考察大唐国际胜利东二号露天煤矿生产经营情况

郝彬行长实地考察大唐国际胜利东二号露天煤矿生产经营情况

分行领导参观“金融系统反腐倡廉建设展”呼和浩特巡展

分行召开劳动模范事迹报告会，郝彬行长、张素鲜纪委书记出席会议并为劳动模范颁奖

中国邮政储蓄银行内蒙古分行

中国邮政储蓄银行内蒙古分行于2008年1月17日正式挂牌成立，下辖12个盟市二级分行、一个一级分行直属支行、20个旗县一级支行，全行员工3095人。全区建成邮政金融服务营业网点726个，提供汇兑服务营业网点1207个，网络遍布全区，沟通城乡。秉承着"以内蒙古人民为主，对内蒙古人民有利，大利支持地方经济建设，积极参与和谐社会构建"的宗旨，坚持大众银行、民生银行和零售银行的定位，全面致力于服务中小企业、服务"三农"、服务社区，不断推出新业务、新产品，让越来越多的老百姓享受到邮政储蓄银行方便、快捷、优质的金融服务，被百姓亲切地称为"百姓银行"、"绿色银行"。

自1986年恢复开办储蓄业务以来，从聚集社会闲散资金、支持自治区经济建设，到为政府分忧、为百姓解难，构建和谐社会，内蒙古邮政金融始终围绕政府和百姓关注的热点、难点问题拓展业务，开发了代理基金、代理保险、人民币及外币理财产品、代发薪金、养老金、代收煤、水、电、气费及电信服务费等一系列社会效益良好的中间业务，得到了社会各界的广泛赞誉和好评。同时，分行通过观念创新、产品创新和服务创新，创立了一系列社会知名、百姓信赖的"三农"服务品牌。

邮储银行分行内蒙古分行组建以来，充分发挥网络优势，拓展服务宽度，为倾力支持自治区基础设施建设，通过项目贷款、银团贷款等方式回流地方的资金已超过210亿元，支持"三农"和小企业的零售贷款达到71亿元，在支持自治区经济社会和民生事业等方面发挥了积极的作用,把真正的实惠和优质的金融服务送到全区百姓身边。

分行开展"送金融知识下乡"活动

邮储银行内蒙古分行与中国烟草总公司内蒙古自治区公司签订全面合作协议

中国邮政储蓄银行内蒙古分行2011年工作会议

邮储员工、精神饱满

方便客户便民服务台

微笑服务

分行荣誉

立足百姓创业、立志国际品牌
做最好的小企业金融服务集成商

包商银行呼和浩特分行开业

2010年1月22日，包商银行呼和浩特分行正式开业。开业以来，分行按照总行“1-3-5”发展战略指引，承载建设现代化、国际化好银行的崇高使命，从经营、管理、创新、企业文化、金融生态等五个方面入手，实现了物质文明、制度文明、精神文明的和谐发展。

包商银行呼和浩特分行开业后，全体员工满怀创业激情，树立强烈的成长意识，依靠小企业金融的核心竞争力，实现了差异化经营；通过经营理念的不断强化和管理的有效提升，实现了协调发展，保障了安全运营；通过带队伍、抓服务、促发展，营造了以人为本、奋发向上、和谐发展的工作氛围。并在经营中逐步形成了“以全面风险管理为基础、业绩支撑品牌、服务提升业绩、抓服务围绕效率，打造两个核心，既核心客户团队和核心客户群体”的经营思路。将努力打造首府地区最具服务能力的银行作为发展目标，实现了各项业务的快速稳健发展。

一、各项经营业务保持较快发展势头，盈利能力大幅提升。

面对国家宏观经济政策调整，分行通过业务创新来大力提升公司金融的盈利能力，同时在信贷额度、人员配备等方面全力推动微小和小企业贷款业务的发展。截止2011年6月末，呼和浩特分行实现各项存款35.90亿元，各项贷款10.40亿元，微小及小企业贷款余额所占比重为47.79%，实现利润7216万元。开业以来累计发放微小及小企业贷款2500余笔，累放金额7.03亿元，支持了近3000户微小及小企业客户的创业、展业。

二、加大产品创新力度，满足客户多样化融资需求。

“思路决定出路、观念决定机遇”，在信贷规模紧缩的条件下，呼和浩特分行积极转变观念，加强银信、银银合作，不断加大对新产品的探索和创新，通过多种方式实现利润的增长。同时针对呼和浩特地区公务员数量较多的特点，设计推出了“信易贷”个人消费信贷产品；结合呼和浩特地区车城不愿意做全程连带担保责任的现状，推出了“车易贷”直客式贷款组合业务。两款产品的推出，极大的满足了客户多样化融资需求。

三、努力在优质服务上下功夫，着力提升服务水平。

呼和浩特分行开业之后，一直把打造服务效率最高、服务质量最优作为发展目标之一，在增强服务意识、改善服务手段上下功夫，通过不断提升服务环境、提升服务行为、提升服务作风、提升服务品质，最终实现服务质量的提高。为此，呼和浩特分行特别聘请内蒙古大学教授就服务礼仪进行专题讲座，在大厅内安装擦鞋机、雨伞、为客户制作停车卡等便民服务，设置客户沙龙、贵宾理财室，购买冷柜、储藏柜，为客户办理业务提供温馨的环境，同时在不断的学习实践中，围绕一线为客户服务、二线为一线服务的宗旨，各部门制定了适合自身实际情况的服务流程并组织人员学习落实。进而逐步实现服务的标准化、流程化。2010年，先后有6家微小企业和2家小企业客户送来锦旗和牌匾，对信贷员的优质服务表示了感谢。2010年12月，在由呼和浩特日报社评选的“第六届首府百姓最满意的品牌”大型有奖民意调查活动中，呼和浩特分行被评选为本土股份制银行第一名。

四、坚持“包容乃大、商赢天下”的核心理念，以党建促发展，深入推进企业文化建设。

呼和浩特分行的企业文化建设紧紧围绕各项业务的发展展开，立足长远，将企业文化全面贯穿到分行运营的每一个环节和细节之处。内增凝聚力，外增影响力，使企业文化真正成为文化生产力。建行伊始，分行就将企业文化建设作为银行持续发展的一项基础性工程，以建设和谐家园、实现共同成长为追求，以创百年伟业、作行业领跑者为目标激励，以人本管理、价值导向为重要途径，引导广大员工全方位的参与到企业文化建设当中来。通过开展形式各样的研讨、培训等，为员工描绘发展蓝图，增强员工认同感，组织开展丰富多彩的文体活动，成立兴趣小组，培养员工健康向上的生活方式，增强员工集体荣誉感定期开展素质拓展训练、部门联欢等活动，形成浓厚的家园亲情，增强员工归属感。通过党委中心组学习、召开党员民主生活会、参加“庆祝建党90周年、促进企业科学发展党建研修班”等方式，增强领导班子的政治意识、大局意识。2010年5月，在包商银行纪念五四运动91周年首届青春风采大赛上，分行自编自导的音乐剧《时光剪影》荣获一等奖，得到了总行和与会单位的高度评价；2010年10月，在总行第五届职工运动会中，分行以优异的成绩荣获团体第一名，并获得体育道德风尚奖及优秀组织奖。2011年2月，分行制作了员工信息卡，对每一位员工的个人情况及家庭情况进行了全面的了解，对那些家庭困难、家人患病的员工进行了慰问和帮助。2011年3月，举办三八节“巾帼英豪”演讲比赛，丰富了员工生活，带动全分行员工树立健康向上的价值观、事业观和人生观，倡导爱我包商、成就梦想的良好风气。

五、金融生态建设卓有成效，为我行营造了良好的外部发展环境。

呼和浩特分行成立之后，在各项业务快速发展的同时，主动加强同社会各界的沟通和联系，积极参加各项活动。2010年11月28日，在银监会开展的银行业公众教育服务日活动当天，分行积极配合内蒙古银监局工作要求，在新华广场组织人员进行宣传活动，分行以此次活动为契机，多角度、多形式地向公众普及金融知识，增强消费者对银行产品和服务的信心。2010年12月分行获得了“呼和浩特市青年文明号”荣誉称号。2011年2月，分行工会被呼和浩特市赛罕区总工会评为“2010年度工会工作先进集体”；继去年分行微小企业金融部被自治区总工会评为“工人先锋号”之后，2011年3月份，分行小企业金融部又被自治区总工会授予“工人先锋号”荣誉称号。同时被健康社区评为“2010年度支持社区工作优秀单位”。2011年6月11日—12日，在内蒙古自治区金融机构职工运动会中，分行以优异成绩位列团体第一名。2011年上半年，在包商银行系统内考核中，综合排名位列第一。

百舸争流，需要撑满锦帆的风力；争创一流，才能打造辉煌的包商品牌。未来，包商银行呼和浩特分行将以“1-3-5”发展战略为指导，以更加豪迈的情怀、更加宽广的视野、更加饱满的干劲打造出一个布局合理、结构优良、管理先进、管控科学、规模和效益快速均衡发展、具有强大核心竞争力、独特鲜明企业文化、广泛市场影响力的包商银行呼和浩特分行！

包商银行呼和浩特分行举行“车易贷”签约仪式

包商银行呼和浩特分行参加“百姓理财节”

呼和浩特分行纪念建党90周年员工素质拓展训练

包商银行呼和浩特分行参加自治区公众教育服务日活动

交通银行内蒙古自治区分行

交通银行内蒙古自治区分行党委书记、行长 卢永胜

交通银行始建于1908年，是中国早期四大银行之一、中国早期的发钞行之一，也是我国第一个超过百年历史的民族金融品牌。1986年，作为中国金融改革的试点，交通银行经国务院批准重新组建，成为中国第一家全国性的股份制商业银行，总部设在上海。2004年以来，交通银行先后完成财务重组、引进外资、境外上市“三部曲”，并于2007年回归A股市场，为国有银行股份制改革和海外募股起到巨大的推动和示范作用。近年来，交通银行确立了“走国际化、综合化道路，建设以财富管理为特色的一流公众持股银行”的战略目标，率先搭建形成瀚海证券、基金、信托、租赁、保险等在内的全牌照金融集团，先后推出“蕴通财富”、“沃德财富”、“领汇财富”等各类财富管理品牌，成为国内综合化经营程度较高的大型商业银行。截止2011年，交通银行总资产达到4.35万亿元，财务状况居于国内领先水平，连续几年跻身美国《财富》杂志评选的世界500强和英国《银行家》杂志评选的全球银行50强行列。

交通银行内蒙古自治区分行是交通银行在内蒙古的一级分支机构。2006年7月27日，伴随着国家和自治区“十一五”规划的开年，交通银行内蒙古自治区分行落户美丽的大草原，在塞外古都呼和浩特开启了创业的征程。五年来，我们承担着“西部大开发”的责任与使命，将自身发展与国民经济整体繁荣紧密结合起来，在促进自治区经济社会平稳快速增长的同时，较好地实现了自身效益、结构、质量与规模的协调发展。截止目前，交通银行内蒙古分行总资产突破200亿元，本外币存款余额近200亿元，贷款余额180亿元，5年累计向当地缴纳税金2.2亿元；机构服务网络覆盖呼包鄂“金三角”和锡林郭勒地区，网点总数15个、自助服务点37个，业务辐射全区各个盟市。

面向未来，交通银行内蒙古自治区分行将继续传承百年交行历史使命，紧紧围绕自治区党委、政府和交行总行战略部署，不断完善创新管理机制，全面加快经营战略转型，全力以赴为自治区经济建设、企业发展和居民生活提供更新更好的金融服务，尽心尽力为客户和社会创造最大价值，为自治区实现富民强区和在西部地区的崛起做出积极更大的贡献。

为加快业务发展步伐，交通银行内蒙古自治区分行加大业务拓展力度。图为行领导深入企业考察

职工文艺汇演

参加全区金融系统运动会

组织开展党建教育活动

内蒙古东信小额贷款有限责任公司

东信小额贷款宽敞明亮的办公区

内蒙古东信小额贷款有限责任公司（以下简称东信小额贷款公司）成立于2008年12月16日。由内蒙古东信汇泽实业有限公司出资，经内蒙古自治区和呼和浩特市两级人民政府金融工作办公室批准，工商管理机关注册登记，依法成立的小额贷款公司，注册资金4亿元。

东信小额贷款公司作为内蒙古地区一家规模较大、利率较低、服务较优的小额贷款公司之一，该公司严格遵循国家金融方针和政策，在法律、法规允许的范围内办理抵押、质押、保证贷款、中间业务、资产租赁、信用担保和贴现等业务。该公司成立以来紧紧围绕国家相关政策和小额贷款行业发展要求，全面贯彻落实普惠金融服务宗旨，依托“服务微小、普惠三农”的市场定位，以基础建设龙头企业产业链条上的小企业、微小企业、“三农”贷款为重点，积极秉承“诚信、专业、创新、共赢”的经营理念，充分发挥其“小额、分散、灵活、便捷”的资源优势，为客户提供专业、优质、高效、快捷的融资服务，弥补银行信贷缺位，解决百姓融资之急。与此同时，东信小额贷款公司积极创新经营理念、信贷模式、风控体系等模块，在小额信贷事业的道路上不断摸索创新，迎难而上，用创新谋发展，用品质赢天下，引领东信业务经营快速、有效、健康发展，走出了一条独具特色的创新发展之路。

2010年，东信小额贷款公司与内蒙古科尔沁牛业惠农合作项目的成功开展，开创了东信“高效、便捷、专业、一流”的 “三农”信贷新思路。该合作项目采用“西资东投” 、“小额贷款公司+农牧龙头企业+农户”的模式，把促进“三农”经济发展与转变农牧企业生产经营方式和增加农牧民收入紧密相结合，得到了农牧企业和广大农户朋友的一致好评。该惠农贷款项目的实施，为我区小额贷款行业“三农”贷款的发展起到了积极的示范作用，树立了行业典范。

一分耕耘，一分收获。面对错综复杂的经济金融环境，在内蒙古自治区、呼和浩特市两级政府金融办的大力支持下，在社会各界的鼎力相助下，东信小额贷款公司取得了良好地经济效益和社会效益。截止2010年12月底，东信小额贷款公司贷款余额达到5.7亿元，贷款累放金额突破19亿元。该公司凭借良好的经营业绩和规范有序的经营管理，赢得了社会各界的一致认可和高度评价。2009年，东信小额贷款公司被内蒙古自治区人民政府授予“2009年度全区金融工作先进单位” ，并荣获“金融业务创新奖” ；2010年，东信小额贷款公司荣膺“2010内蒙古诚信企业” ；在首届中国小额信贷机构联席会高峰论坛上，东信小额贷款公司更是一举荣获两项大奖——“2010中国小额贷款公司竞争力100强”和“2010中国小额信贷最佳创新贡献奖”……这一系列成绩的取得既是社会对东信的认可、百姓对东信的信赖，更是东信前进的不竭动力。

在未来的日子里，东信小额贷款公司将齐心协力，开拓创新，继续秉承“诚信、专业、创新、共赢”的经营理念，为地区经济建设做贡献，为客户提供更加优质、便捷的贷款服务，致力于将东信打造成具有核心竞争力，全国一流的服务于小企业、微小企业、“三农”的专业金融服务机构。

融资热线：400—662—8866　0471—2300000
公司网址：www.nmgdongxin.com
公司地址：内蒙古呼和浩特市新城区昭乌达路11号奈伦办公楼

2010中国小额信贷机构最佳创新贡献奖

2010年度内蒙古自治区诚信企业

内蒙古自治区金融业务创新奖

2010中国小额贷款公司竞争力100强

中国大地财产保险股份有限公司
内蒙古分公司

总经理室成员

中国大地财产保险股份有限公司内蒙古分公司，成立于2005年3月9日。

隶属于中国再保险集团的中国大地财产保险股份有限公司是经国务院同意，中国保监会批准成立的全国性国有财产保险公司。成立于2003年10月20日，总部设在上海。2009年9月，中国投资公司注资后，注册资本金为47.2亿元人民币，居全国产险公司第二位，国有股份占比92.26%，偿付能力充足率超过200%，公司总资产超过200亿元。

业务范围包括财产损失保险、责任保险、信用保险和保证保险、短期健康保险和意外伤害保险及经中国保监会批准的其他保险业务。

中国大地保险具有雄厚的股东背景，强劲的再保险支持。其控股母公司——中再集团，成立于1949年10月20日，注册资本金为361.49亿元人民币，在再保险行业中名列亚洲第一、全球第五。

参加内蒙古保监局文艺汇演

参加内蒙古自治区金融系统运动会

第四届支公司发展峰会

举办全区保险知识竞赛

改善残疾人民生 保障残疾人权益

自治区残联党组书记、理事长杨志民为中心学生捐赠校服

自治区残联党组书记、理事长杨志民与安装人工耳蜗的儿童交谈

自治区党委副书记、自治区常务副主席任亚平等领导赴上海世博会参观内蒙古残疾人才艺展示

自治区残联党组书记、理事长杨志民同志向基层残协专职委员了解社区残疾人工作开展情况

内蒙古自治区残疾人郑怀勇向上海世博会捐赠作品

内蒙古自治区残疾人康复就业综合中心

2011年自治区残疾人就业援助月活动现场

自治区残联和自治区残疾人福利基金会共同举办的“聆听爱的呼唤”主题公益活动

自治区党委统战部部长王素毅、自治区人大副主任赵忠等领导到内蒙古特殊职业技术学校看望和慰问残疾学生

中共内蒙古自治区委员会机关印刷厂

微机室

校对蒙文室

印刷车间

08印刷机

装订车间

中共内蒙古自治区委员会机关印刷厂(内蒙古党委办公厅文印中心)隶属于党委办公厅的正处级机要文印事业单位。是省级书刊定点印刷单位，也是自治区保密委员会指定的国家秘密载体定点复制单位。全厂设有业务室、财务室、质检室、微机室、校对室、蒙文室、印刷室、装订室、新区文印室、厂办公室10个科室，现有职工165人（其中离退休人员36人）。

“十一五”期间共投资566万元更新和增加了先进的机器设备。提高了生产能力和产品质量，满足了印户各种需求。目前印前有先进的扫描、电子分色、激光照排，配有书版9.11、飞腾5.0、Photshop、黑马校对等多种软件；印中有08对开单面印刷机、02双面对开印刷机、05双色对开印刷机、北人N200四色印刷机、双色带打码6开胶印机、单色6开胶印机、高速黑色和彩色数码机、四色复印机、单双色一体机和名片机等；印后有自动配页骑马订联动线、自动配页胶订联动线、封页勒口机、锁线机、多头和单头订书机、高速折页机、信封机、三面刀、对开程控刀、单面刀等。在自治区党政机关新办公区大楼地下一层B104房间设有小型文印室。

“十一五”期间，我厂本着以诚为本，以信取民，以质制胜的原则，始终坚持“开拓、进取、求实、创新”理念，用实实在在的服务打造了信誉品牌，并被自治区新闻出版局命名为“书刊印刷省级定点企业”，并评为“内蒙古新闻出版行业精神文明示范单位”和“内蒙古新闻出版行业文明单位标兵”，被国家新闻出版总署及国家八大行业协会评为“全国首批诚信印刷企业”，被自治区新闻出版局及自治区印刷协会评为“自治区首批诚信印刷企业”，被全国妇女“巾帼建功”领导小组评为“巾帼文明岗”，被内蒙古自治区印刷协会评为“2007年度五星级企业”奖，被内蒙古企业信用商会评为“企业信用评价AAA级信用企业”，先后被国家、自治区评为“民族团结进步先进集体”，被自治区党委评为“全区先进基层党组织”等光荣称号。印制的《中国二人台艺术通典》被新闻出版总署印刷产品质量监督检测中心认定为“署优产品”并获得了自治区“五个一工程”奖。

展望“十二五”，我们有决心、有信心在现有的基础上，增加积累，不断提高生产能力，更好地适应社会发展新的需要，为印刷事业做出新的贡献。

内蒙古电力（集团）有限责任公司

刘锦董事长基层调研

内蒙古电力（集团）有限责任公司为自治区所属国有独资特大型电网企业，负责自治区中西部8个盟市的电网建设运营工作，供电面积72万平方公里，服务人口1230万人。受自治区政府委托，管理区内大型国有电力设计、科研、施工企业。

截止2010年底，公司资产总额372亿元，所属单位27个，长期职工18789人。运营500千伏变电站15座，变电容量2025万千伏安；输电线路35条，长度3232千米；220千伏变电站93座，变电容量2322.9万千伏安；输电线路292条，长度9497千米。110千伏变电站218座，变电容量1398.2万千伏安；输电线路424条，长度9749千米。拥有两条500千伏“网对网”东送华北电力通道，输送能力430万千瓦。电网统调6000千瓦以上发电厂156座，发电装机容量3842.5万千瓦（其中风电630.2万千瓦，居全国各省网公司第一位），最大发电负荷2023.1万千瓦；最大供电负荷1639.6万千瓦，其中区内最高供电负荷1454万千瓦，东送华北电网最高负荷422万千瓦。

2010年，公司售电量完成1171.11亿千瓦时，同比增长16.27%，其中东送华北电网电量271.15亿千瓦时，增长8.32%。全口径销售收入、产值完成437.48亿元，增长25.42%。公司总体实力居自治区工业企业第二位，中国企业500强第166名。

刘锦董事长陪同自治区主席巴特尔视察变电站

紧急抢修

骆驼湾抢险

神华准格尔能源有限责任公司

神华准格尔能源有限责任公司董事长张维世

神华准格尔能源有限责任公司总经理王启瑞

神华准格尔能源有限责任公司(中国神华哈尔乌素煤炭分公司)是集煤炭开采、坑口发电、铁路运输及粉煤灰提取氧化铝为一体的大型综合能源企业，是中央企业神华集团有限责任公司的控股子公司。2005年随中国神华能源股份公司上市，公司注册资本金71.21亿元。截止2010年12月份，神华准格尔能源有限责任公司及中国神华哈尔乌素煤炭分公司总资产277.65亿元。

准格尔煤田位于内蒙古自治区鄂尔多斯市准格尔旗，地处蒙、晋、陕交界处，东临黄河，北距首府呼和浩特市120公里。煤田已探明地质储量267.6亿吨（我公司拥有煤炭资源储量30.98亿吨），煤层平均厚度32.8米，属低硫、特低磷、高灰熔点、较高挥发份和较高发热量的长焰煤，应用基底位发热量为4000–5600大卡/千克，是优质动力和气化及化工用煤，以低污染而闻名，被誉为“绿色煤炭”。

公司目前拥有年设计能力为2000万吨的黑岱沟露天煤矿及配套的选煤厂；受神华集团公司委托管理年生产能力2000万吨的哈尔乌素露天煤矿及配套的选煤厂和全长16.187公里的点（岱沟）–南（坪）运煤铁路专线;装机容量为2×100MW的坑口电厂、2×150MW煤矸石电厂，拥有权益装机容量总计566MW；正在建设的2×330MW矸石电厂二期工程2011年建成；正线全长264公里，年运输能力7000万吨的大(同)–准(格尔)单线Ⅰ级电气化铁路；大准铁路点岱沟–二道河增二线工程2011年建成；2010年开工建设粉煤灰提取氧化铝工程中试工厂，计划到2012年建成年产40万吨氧化铝工程，2015年完成年产80万吨氧化铝工程；还有配套的供电、供水、通讯、计算机网络、污水处理等生产辅助设施。

2010年，准能公司完成商品煤4796.78万吨，其中黑岱沟露天煤矿完成2500.41万吨，哈尔乌素露天煤矿完成1950.04万吨，收购煤346.33万吨；发电21.51 亿度；铁路运输7100万吨。两公司主营业总收入157.64亿元，总利润41.59亿元，总税费27.96亿元。

神华准格尔能源有限责任公司践行科学发展观，坚持依靠科技进步，走资源利用率高、安全有保障、经济效益好、环境污染少的可持续发展道路，在创造良好的社会效益和经济效益的同时，为解决地区剩余劳动力就业以及带动当地经济发展作出了应有的贡献。

世界最先进的大型设备吊斗铲

准能公司坑口发电厂

乌拉盖管理区

乌拉盖管理区管委会主任　锡林巴特尔

乌拉盖管理区党委书记郝秀川（右一）、管委会主任锡林巴特尔（右三）陪同盟行署领导调研

丰富多彩的群众文化生活

乌拉盖管理区位于锡林郭勒盟、兴安盟和通辽市三盟市的交界处，现辖哈拉盖图、乌拉盖、贺斯格乌拉三个国营农牧场和巴音胡硕镇。巴音胡硕镇系乌拉盖管理区管委会所在地。土地总面积5013.67平方公里，其中：可利用草场693万亩，占总面积的92%；耕地面积41.3万亩。总人口2.3万人,其中蒙古族占22%。乌拉盖草原是自治区保存最为完好的天然草甸草原之一，水资源约占全盟总储量的1/3，乌拉盖河流经全境，中上游形成的乌拉盖水库总库容2.5亿立方米，蓄水正常后每年能提供工业用水量为4760万立方米。煤炭、金属、非金属等矿产资源富集，煤炭资源预测储量在100亿吨以上，现已探明储量25亿吨，目前，贺斯格乌拉露天煤矿已形成产能，农乃庙井工煤矿正在积极推进。此外，管理区风能、太阳能等可再生资源开发潜力也较大，现有大唐、中国风电、中广核3家企业风电项目正在积极推进。

乌拉盖地区历史上体制多变，上世纪60年代初，组建地方国营机耕农场，1969年，内蒙古生产建设兵团第六师在此建立师部，1975年兵团改制后，一直实行农垦管理体制。1993年经自治区人民政府批准，成立了行使旗县管理职能的综合开发区，2005年更名为管理区，与牧场管理局实行“一套人马、两块牌子”管理。

高寒草原西门塔尔种牛繁育基地

内蒙古供销合作社

2010年12月9日，自治区党委副书记、自治区主席巴特尔与中华全国供销合作总社党组书记、理事会主任李成玉代表双方签署"加快推进新农村新牧区现代流通服务网络建设合作备忘录"

内蒙古供销合作社系统现有：三级联合社机构104个（其中：自治区级联合社1个、盟市级联合社12个、计划单列市联合社1个、旗县级联合社90个）；旗县级以上社有企业实体经济319个；基层供销合作经济组织6786个（其中：基层供销合作社496个，农牧民专业合作社3088个，村级综合服务社3202个）；主管领办的行业（专业）协会1264个。自治区供销合作社联合社直属系统现有7个直属企业、1所全日制重点中专学校。全系统职工总数19254人，其中：区社直属系统职工总数394人。

2010年，全系统完成商品购销总额321.93亿元，同比增长15.8%。其中：商品销售总额171.19亿元，同比增长21.24%；商品购进总额150.74亿元，同比增长10.03%。上缴国家税费总额1.23亿元，同比增长8.85%；社会贡献总额4.5亿元，同比增长50.5%；实现利润总额2.11亿元，同比增长51.88%；资产总额达到56.38亿元，同比增长37.45%；所有者权益达到22.53亿元，同比增长90.13%。自治区供销合作社荣获全国供销合作社系统综合业绩考核一等奖。

中华全国供销合作总社理事会副主任李春生在薄连根及区社领导班子成员的陪同下考察待建的内蒙古农牧业现代流通网络服务大厦项目。

薄连根在巴彦淖尔市供销社主任赵生荣的陪同下，考察乌拉特前旗枸杞生产基地。

内蒙古自治区农村信用社联合社和内蒙古自治区供销合作社联合社合作协议书签约仪式举行。

喀喇沁旗信志达农产品物流有限公司冷链物流项目糯玉米生产线

内蒙古农资公司通辽分公司调运化肥

呼和浩特民族学院

呼和浩特民族学院党委书记 迟耀君

呼和浩特民族学院院长 白长明

呼和浩特民族学院是经国家教育部批准设立（教发函[2009]77号，内政发[2009]95号），由内蒙古自治区人民政府主办的普通本科高等学校，主要面向内蒙古和蒙古语文协作八省区招生。她的前身是原内蒙古民族高等专科学校，始建于1953年。学院在近60年的办学历程中，一直秉承“以人为本，特色立校，弘扬民族精神，传承民族文化”的办学理念，注重民族性、区域性和应用性特色，以“培养民族人才、发展民族文化、服务民族经济”为宗旨，为中央、自治区和蒙古语文协作八省区培养了3万多名少数民族各类人才，在经济社会发展、传承繁荣民族文化、促进民族团结进步、维护边疆稳定、社会和谐等方面做出了积极贡献，具有广泛影响，先后被评为国家和自治区两级“民族教育先进集体”和“民族团结进步先进集体”。学院以其独具的民族特色成为内蒙古自治区民族高等教育的典型代表。

学院占地面积529亩，固定资产总值近3亿元，其中教学科研仪器设备总值2600万元。现有纸质图书48.7万册，电子图书18.37万册，期刊900种，电子阅览室和图书检索系统完善。现有教职工481人，其中专任教师318人，专任教师中，具有正高级专业技术职称的36人，副高级专业技术职称的87人；具有博士研究生学历的教师20人，具有硕士研究生学历的教师132人。专任教师中自治区有突出贡献中青年专家、享受政府特殊津贴、入选自治区“321人才工程”、入选自治区高等教育人才培养“111工程”、全区意识形态首批“四个一批”人才共18人。

学院现设有传媒系、翻译系、经济系、计算机系、美术系、音乐系、外语系、公共管理系、数学系、法学系、教育系、环境工程系、中文系、体育系和马列教研部等教学机构，42个专业，基本涵盖了人文科学（文学）、社会科学（经济学、法学、教育学）、理学、工学、管理学等7个学科门类。目前已经开设的本

校园环境

主教学楼

表彰大会

科专业有:中国少数民族语言文学(汉蒙翻译)、美术学、音乐学、日语、体育教育、新闻学、学前教育、行政管理、数学与应用数学、计算机科学与技术等10个。有主持与播音、美术教育、新闻采编与制作、会计、中国少数民族语言文学（汉蒙翻译）等自治区级品牌专业；新闻采访与写作、马头琴、领导科学、中国画、新闻学概论、汉蒙翻译基础等自治区级精品课程。

学院致力于民族优秀传统文化艺术的继承和研究，促进了民族文化艺术的繁荣。学报《蒙古学研究》（蒙文版）是全国乃至世界蒙古学研究的重要期刊，具有较高的学术水平和科研价值。蒙古文书法研究、蒙古应用语言文字研究、蒙古文学研究、蒙文信息处理研究、哈撒儿研究、草原生态与环境研究是目前主要科研特色和优势。先后承担并完成了《草原畜牧业现状及其发展对策研究》、《哈撒尔研究》、《哈撒尔祭祀与成吉思汗祭奠比较研究》、《蒙古语术语数据库》等国家、省部和厅局级课题；部分教师承担、完成了中国蒙古学文库选题，参加《蒙古学大百科全书》的编写工作。2004年，学院被确定为“八省区蒙古语文规范化研究中心”和“八省区蒙古语文规范化培训中心”。

校园文化

美国留学生在博克赛场

大医精诚，福泽民众

内蒙古第三医院党委书记　云晓彬

内蒙古第三医院党委书记　云晓彬

“十一五”期间，内蒙古第三医院以“三个代表”和科学发展观为指导思想，在自治区党委、政府和卫生厅的统一领导下，坚持“服务一流、质量一流、管理一流”的发展方向，以“尊重、关爱、方便、服务患者”为宗旨，积极落实医疗卫生体制改革，不断强化医院管理和专科建设，狠抓医疗质量和服务质量，医院的综合实力得到提升，医院门诊量、住院人数和业务收入显著增加，特色优势得到进一步发挥，人才素质得到进一步提高，教研科学水平有所发展，社会影响进一步扩大，医院的品牌效应显著提升。医院被内蒙古党委宣传部评为“公益事业优秀单位”，被呼市浩特市政府评为“禁毒工作先进基层单位”，“支持按比例安排残疾人就业工作先进单位”，被驻区评为“精神文明、综合治理、计划生育、环境保护、爱国卫生、安全生产优秀单位”。据统计，2010年全年门诊96370人次，较2006年增长56%，2010年全年住院3589人次，较2006年增长16%，2010年，全年业务收入6178.92万元，较2006年增长139%。

医疗质量得到显著提升

十一五期间，医院医疗质量得到显著提升。医院强化三基训练，进一步提高了医师的技能水平。临床科室坚持“三级查房制”、每日晨会制度，病历质量检查、汇总及反馈制度等，组织学习医疗12种核心制度，增强医护人员法律观念和医疗安全意识。全员培训并掌握除颤仪、呼吸机、动态心电监护仪、中毒抢救等急救技能。定期完善精神科量表。执行年轻医师9个半小时工作制、医师轮岗制、医务人员二线值班制等制度，保证了医疗工作及时、安全、有效。健全完善司法鉴定组织机构及各项制度，保证司法鉴定工作的法制性、科学性和严谨性。完成司法鉴定321例。规范对精神残疾和智力残疾人员的鉴定工作。完成鉴定2365例。完善医院感染质量控制与考评制度，细化医院感染质量综合目标考核标准，全面检查医院感染预防与控制工作。开展美沙酮维持治疗门诊工作，对预防艾滋病等经血传播疾病，减少与毒品使用相关的违法犯罪行为，建立和谐安定的社会环境发挥了重要作用。

十一五期间，医院的护理工作再创佳绩。根据卫生部《临床基础护理工作规范》，医院对基础护理考核标准进行修改、完善。严格落实《护士准入制度》，对新聘人员进行岗前培训，成绩合格后方可正式签约录用，保证护理队伍的专业水平。对质控委员会、质控组进行重新调整、分工，以提高护理质量。简化护理文书书写，使护士有更多的时间和精力为患者提供直接护理服务，真正做到“把时间还给护士，把护士还给患者”。提高护理“三基三严”理论及技能操作水平，根据护理人员层次分别对不同层级人员制定岗位技能考核内容及标准，确保护理人员素质整体提升。全面开展“优质护理服务示范工程”活动，为患者提供更加贴心优质的服务。建立护士绩效考核制度，将护士完成临床护理工作的数量、质量以及住院患者满意度作为护士考核与晋升、评优的依据，让患者真正感受到优质护理服务带给他们的实惠。

十一五期间，医院的教学科研工作得到进一步发展。结合实际情况，制订完善科教科工作职责及多项规章制度。承担了内蒙古医学院、包头医学院、内蒙古卫校共计5624名临床医学专业学生的教学实习。选派146名医生赴北京、上海、厦门等地参加学术会议和进修，选派22人赴日本、美国、泰国、蒙古等地考察学习。加强年轻医师的培养，坚持开展住院医师周六业务学习。2009年有一项科研成果获得内蒙古医学会科技进步三等奖。有3项科研项目获得内蒙古自治区自然科学基金资助。2010年

内蒙古精神卫生中心门诊楼

干净整洁的阳光家园住宿区

有5项科研成果获得内蒙古卫生厅医疗卫生科研计划项目审批。；五年来，通过多方面的努力，初步建立了由多部门合作、社会参与的重性精神疾病防治体系，成立了由医院、社区服务站共同组成的精神卫生服务队伍，加强对重性精神疾病患者的监管、治疗与康复工作。成立社区精神卫生科，完成了“686”项目六期肇事肇祸病人筛选登记、应急处理、危险性评估、随访和社区医师培训工作。由自治区卫生厅牵头，赴12盟市19所精神机构开展全区精神卫生现状调研，形成一手的调查资料，对于指导全区精神卫生事业发展具有重要参考价值。注重发展对外交流学习，在十二五开局之际，医院被卫生部列为全国重点专科建设单位。

在“十一五”期间，医院的专科建设突显特色。在全区的精神卫生专科医院具有领先示范作用。特别在治疗精神分裂症、抑郁症、老年痴呆、脑外伤所致的精神障碍、少年心理障碍等疾病，具有丰富的临床经验，技术水平达到国家领先水平。五年来，医院进一步拓展业务范围，开设精神神经内科、老年科、药物依赖、蒙医科、口腔科，引进CT、高压氧舱、全自动生化分析仪、彩超等先进医疗设备，开通了心理热线，提供24小时心理咨询服务。为满足群众需求，2007年医院在和林县西沟门乡建设慢性精神病人康复中心。康复中心占地20亩，床位250张，是集精神康复、内科、妇科、外科和老年科为一体的医疗康复机构。康复中心的建立不仅促进了医院的建设发展，也解决了当地农民就诊难题。2009年成立了智障青少年托养机构“阳光家园”，成立了内蒙古残联、呼市残联两级脑病鉴定中心。康复中心经过4年的发展，管理水平和医护质量得到了稳步提升，优质的护理服务得到了广大患者的信赖，已初显品牌效应，受到了社会各界的关注。获得到自治区党委、政府、呼和浩特政府和卫生厅的大力支持。被呼和浩特市委市政府评为“扶残助残先进集体”。

“十一五”期间，医院管理改革迈出新步伐。不断完善管理模式，采取民主集中制的决策方式，不断提高工作效能。建立科学、合理、公正、公开的绩效考核制度，推行和完善《内蒙古精神卫生中心综合考核实施方案及细则》。进一步加强人才资源能力建设。规范全院职工学历教育管理。目前医院有内蒙古医学院硕士研究生第一导师4名，第二导师1名，研究生11名，高级职称58人，专业技术人员占全院职工86%。

十一五期间，医院积极开展帮扶工作。汶川地震后，医院第一时间派出由9名心理专家组成的心理危机干预队伍，他们不顾危险奔赴抗震第一线，在条件极其艰苦，余震不断的情况下，对3210名灾区群众进行心理救助，对13个行政村卫生员及干部进行心理健康知识培训。由于他们的优异表现，医院的抗震救灾队伍被自治区总工会授予抗震救灾先进集体称号。4名同志被自治区卫生厅评为抗震救灾先进个人，2名同志被中国心理卫生协会评为抗震救灾优秀心理工作者，3名同志被自治区直属机关评为支援抗震救灾工作优秀青年。

十一五期间，完成了兴安盟扎赉特旗卫生院、呼市武川县德胜沟乡卫生院的对口卫生下乡扶贫任务，先后6次为当地群众送医送药，开展义诊活动。被呼市政府授予卫生下乡特别奉献奖。五年来医院共为“博爱一日捐”活动捐款55073元，为四川汶川灾区、青海舟曲灾区和南方冰冻灾区、台湾灾区等受灾群众捐款72755元。与呼和浩特市玉泉区芦花园社区结成共建单位，为社区提供价值3000元的办公用品。积极开展无偿献血工作，先后有365人参加无偿献血，被内蒙古献血学会评为全区献血先进集体。五年来医护人员捐助贫困精神病患者衣物善款价值达到万元。为更多的特困精神患者得到有效治疗，推出一系列减免医疗费用和餐饮费的制度，并开设45张平价病床。根据相关政策，医院解救呼和浩特市周边农村贫困精神病关锁病人9名。

“十一五”期间，在自治区党委、政府和卫生厅的大力支持下，医院实现跨越性的发展。随着社会经济的发展，人民群众对精神卫生事业的发展提出了更高要求，我们将在顺利完成十一五规划的基础上，进行十二五规划，落实好医疗卫生体制改革各项任务，紧抓卫生发展机遇，强化管理，乘势而上，促进进医院稳定、健康发展。继续以精诚之心，服务百姓，惠泽患者。

康复中心院景观

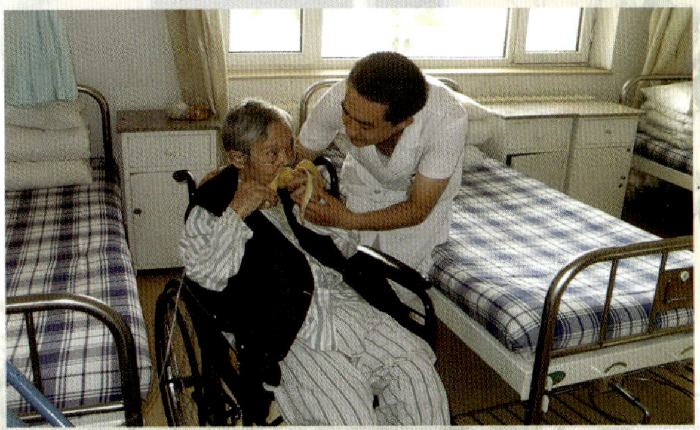

老年科护士为患者精心服务

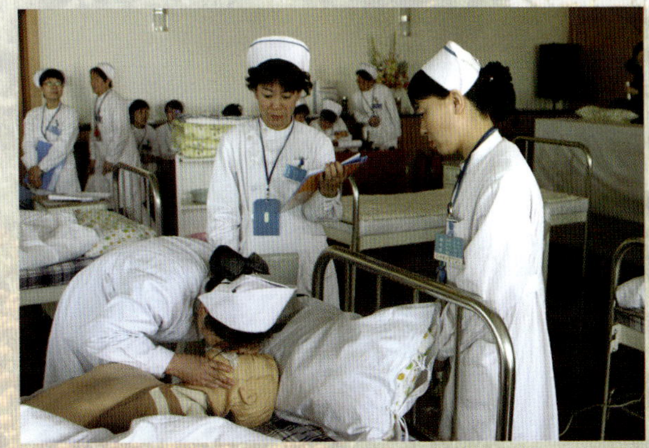

护理操作竞赛

内蒙古师范大学

内蒙古师范大学校党委书记　陈中永教授

内蒙古师范大学校长　杨一江教授

我校第九次党代会胜利召开

我校隆重举办纪念国家恢复高考制度30周年暨77、78级大学生返校活动

我校第六届教职工代表大会暨第八届工会会员代表大会胜利召开

我校隆重举办中国少数民族文学馆开馆庆典仪式

田家炳教育书院楼

盛乐校区图书馆

内蒙古工業大學

刘振宏书记

邢永明校长

校本部鸟瞰

矿业学院鸟瞰

金川校区鸟瞰

金川校区主教学楼

第二教学楼

第三教学楼

内蒙古经贸外语职业学院

内蒙古经贸外语职业学院院长　吴宏

内蒙古经贸外语职业学院成立于1993年，2006年4月经内蒙古自治区人民政府批准、教育部备案进入全国普通高等职业院校行列，办学层次为高、中等职业教育、成人教育和职业培训。学院现设5个系、21个专业，中职设7个专业。在校生3140人，历届毕业生13000多人。2006年至今，经自治区教育厅批准，学院先后与华东师范大学、北京语言大学、四川农业大学的网络教育学院达成联合办学协议，成立了内蒙古学习中心，充分利用先进地区重点大学雄厚的师资力量、先进的教育、科研设施和科学、严谨的教学管理机制，为自治区经济建设和社会发展培养专科及本科学历的人才。2008年以来，学院先后与韩国大邱加图立大学、韩国牧园大学、韩国信兴大学签订了校际合作交流协议，另外又与韩国首尔京基大学、东国大学、西江大学开展留学合作项目。目前，学院是自治区唯一实行海峡两岸联合办学、唯一具有外教聘请资格、唯一设立四六级英语考试考点、唯一具有国家统一刊号院报的民办高校。

学院占地面积875亩，建筑面积6万多平方米。教学与生活、运动设施齐全，校内设有汽车驾驶培训、旅游及焊接等实训基地，能够满足6000多学生教学、住宿、体育运动和生活的需要。整个校园绿树成荫、鸟语花香、空气清新、环境优雅。

办学十多年来，学院凭借灵活的办学机制、教学特色屡获殊荣。1997至2008年先后被自治区人民政府授予“教育先进集体”荣誉称号；被教育厅评为“民办示范学校”；被中国民办高教委、中国民办教育协会等评为“中国民办优秀品牌学校”、“全国大学生就业模范院校”、“2006全国创建‘平安校园’示范学校”、“全国民办学校先进单位”、“全国民办学校‘守诚信、重教学质量’双保障示范单位”等。

学院教学楼

学院多名师生获得国家心理咨询师三级证书

学院学生公寓

学院阅览室

学院休闲广场

学生宿舍、食堂

内蒙古师范大学附属中学

内蒙古师范大学附属中学校长　刘斌

内蒙古师范大学附属中学创建于1954年，其前身为呼和浩特市第三中学。现已形成蒙语授课部、汉语授课部和国际部一校三部，一体化管理的办学模式。

学校环境优美，教学、生活设施完备。

学校教师梯队合理，师资力量雄厚。现有教职工279人，专任教师248人，其中，教授1人，特级教师6人，高级教师109人，硕士生导师14人，有硕士学历的教师71人，有博士学历的教师1人。

学生概况：在校学生3417人。其中少数民族学生约占三分之一，初、高中共69个教学班（汉语授课部48个，蒙语授课部18个，国际部3个）。

办学理念上，明确提出了以人为本，以德立校，依法治校，人才兴校，质量强校，内强质量，外树形象，苦练内功，打造名牌的办学思路和奋斗目标。同时，创建和谐校园，平安校园，绿色校园，保持学校的健康发展。

管理上，实施以人为本的精细化管理，将过程管理和目标管理相结合，明确管理责任，突出管理主要目标，使管理更精细、更到位。将管理重心下移，以年级组为管理重心，形成学生处、年级组、班主任三级协同的教育管理体系。

民族教育方面，发挥优势，探索引领全区民族教育向前发展。蒙语授课部的办学水平和高考成绩一直居全区领先地位。

主要成就：办学50多年来，学校积累了丰富的办学经验，取得了丰硕的办学成果，为国家为社会培养了大批高素质的优秀人才。进入新世纪以来，学校高考和各类竞赛成绩显著。

特别是在2010年的高考中，我校高三（5）班的邢宇飞同学以705分（裸分）的高分夺得了自治区理科总分状元，海日同学以677分（裸分）的高分夺得了自治区蒙授理科总分状元，有5人进入自治区理科总分前50名，有6人进入自治区文科总分前100名。呼市地区理科总分前8名（包括并列共11人）中，有我校7人；共有10人考取了清华大学和北京大学。

由于办学成绩突出，学校受到有关部门和社会的肯定与表彰。曾4次被评为“全区民族教育先进集体”。2007年，被评为呼市教育系统先进集体，呼市依法治校示范校，全国班级管理创新先进单位。2008年，被评为呼市德育工作示范学校，全国德育科研工作先进实验学校。2009年，获全区五一劳动奖状，被评为自治区教育系统先进集体。

领导班子合影

获得一等奖的老师

附中正门

王治国老师在上语文课

内蒙古自治区律师协会

司法厅党委委员、巡视员、律师协会党委书记 岩英

自治区律师协会成立于1984年，是依法设立的社会团体法人，是自治区律师的自律性组织、依法对全区律师执业机构和律师实施行业管理。自治区律师协会接受自治区司法厅、社会团体登记部门的监督和指导，自治区律师协会为全国律师协会的团体会员，接受中华全国律师协会的监督和指导。律师代表大会是律师协会的最高权力机构，理事会是律师代表大会的常设机构。现为第七届理事会，2009年由自治区第六次代表大会选举产生，共有理事45名，常务理事25名，自治区律师协会会长巴布、副会长杨淑岚、邓连戈、靳要军均为执业律师。自治区律协成立党委和监事会。律协党委分别由自治区司法厅分管律师工作的副厅长、律师公证工作指导处处长、律师协会会长、监事会主席、秘书长、执业律师7人组成，监事会由13人组成，现任监事会主席宋建中、副主席张伟建、曹克斌。律协党委和监事会为加强律师队伍党建工作、保障行业管理工作的顺利进行起到了重要作用。

目前，我区共有律师事务所276家，其中合伙所217家，国资所46家，个人所8家；执业律师3264人，其中专职律师2859人，兼职律师169人，公司律师38人，公职律师53人，法律援助律师145人。今年以来，自治区律协深入开展律师行业基层党组织和律师党员创先争优活动，律师行业党的建设取得了明显进展。全区广大律师充分发挥自身优势，围绕中心、服务大局，为“保增长、保民生、保稳定、促发展”提供优质高效的法律服务。一年中，全区律师共办理刑事诉讼辩护及代理 5244件，民事诉讼代理25979件，行政诉讼代理1207件，提供知识产权、房地产、公司业务、金融证券、期货、税务代理等各类非诉讼法律事务4757件，为社会提供法律咨询及代写法律事务文书75439 件，为各级政府、企事业单位、社会团体、公民个人担任法律顾问2901家。

司法厅厅长徐呼和参加律师咨询活动

（右起）律师协会会长巴布、监事会主席宋建中、秘书长金毅力参加西部律师论坛

内蒙古自治区体育彩票管理中心

内蒙古自治区体育局党组书记、局长石梅谈体育彩票

内蒙古自治区体育彩票管理中心是内蒙古自治区体育局下属的自收自支型事业单位，负责在内蒙古自治区内中国体育彩票的发行销售管理工作。内蒙古自治区电脑型体育彩票于2002年5月18日开始发行，建立了3000余个电脑体育彩票销售和1000余个即开型体育彩票销售网点，直接提供就业岗位8000余个。八年中，共有14种体彩玩法亮相内蒙古彩市，满足了广大彩民的各种需求。

内蒙古自治区体育彩票管理中心遵循“公开、公平、公正”的发行原则和“取之于民、用之于民”的发行宗旨，截至2010年底共发行体育彩票55.7亿余元。其中，电脑型体育彩票42.3亿元，即开型体育彩票13.4亿元，筹集公益金近16.8亿元，有力地支持了内蒙古自治区体育事业和社会公益事业的发展。体育彩票公益金除了用于奥运争光和全民健身计划的实施之外，还广泛地应用于我国的残疾人事业、农村医疗救助、红十字人道主义救助、援助西部体育设施的“雪碳工程”建设、学生校外活动场所的建设、救助英雄遗孤和送文化下乡等诸多方面。

内蒙古体育彩票管理中心

内蒙古体育彩票管理中心全体员工为玉树灾区捐款

2010年内蒙古体彩管理中心爱心捐助50名贫困大学生

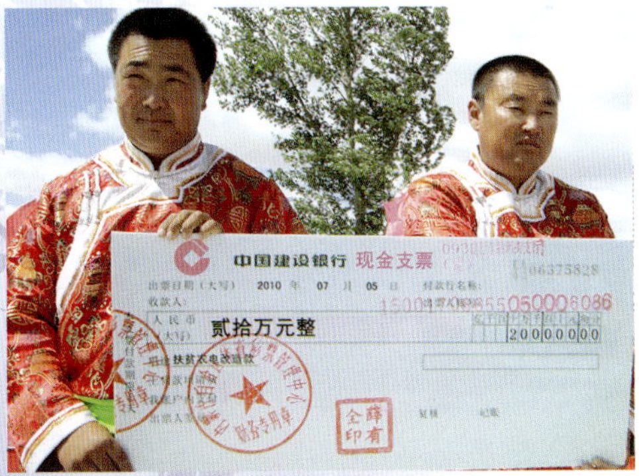

内蒙古体育彩票管理中心为兴安盟科右中旗扶贫捐款

内蒙古冀东水泥有限责任公司

内蒙古冀东水泥有限责任公司是由唐山冀东水泥股份有限公司出资建设的一家国有大型水泥企业，现有员工1100多人，属自治区重点招商引资项目。公司充分运用政策、资源、市场、人才、技术等优势，分别在呼市武川县经济工业园和呼市玉泉裕隆工业园区建有日产5000吨×2熟料生产线，水泥产能500万吨/年。总投资19亿元，其中武川投资13亿元，玉泉投资6亿元。在水泥主业做大做强的同时，公司积极延伸产业链，先后在呼市、包头市建立多个混凝土公司，实现了资源的综合利用。

公司是应用中国建筑材料科学院“各种废弃物、低品位原燃料资源化利用技术”，大量使用工业废渣生产高性能环保型水泥的示范线。主导产品“盾石”牌水泥具有较高的知名度和美誉度，深受广大客户的信赖。

在自治区和呼市党委、政府的大力关怀和支持下，内蒙公司生产规模逐步壮大，经济效益逐年稳步提升，2006年实现利润2191万元，2007年实现利润1.07亿元，2008年实现利润1.21亿元，2009年实现利润1.3亿元，2010年实现利润2.2亿元。在取得良好经济效益的同时，内蒙公司积极承担社会责任，累计为呼和浩特地方政府上缴利税1.4亿元（截止到2010年底），为当地经济发展做出了重要贡献。内蒙公司被呼市人民政府授予“2005年度工业固定资产投资十佳企业”“内蒙古自主创新企业50强企业”等荣誉称号。同时，公司大力引进吸收当地人才，为社会提供了一千多个就业岗位。

内蒙冀东几年来取得良好的经济效益和社会效益，坚定了总部在内蒙地区投资扩大规模的信心和决心。集团总部先后在鄂尔多斯、阿巴嘎旗、大同、包头等地分别以独资、合资等方式建设了5条水泥熟料生产线。近期在托县、旗下营等地充分利用PVC下角料准备再建设2-4条水泥熟料生产线，为呼市环保、循环经济的发展作出新的贡献。

在集团化管理方面，内蒙公司作为内蒙大区的龙头核心企业，将实行人力资源、资金、市场信息等方面的一体化管理、集约化经营，既要做大，更要做强，真正实现规模经济，为呼市和内蒙地区“十二五”的发展尽心竭力。

环境优美的冀东水泥生产厂区

整洁、漂亮的冀东水泥厂矗立蓝天白云下

高效、无污染的冀东水泥生产厂区

先进的设备

内蒙古高等级公路建设开发有限责任公司

内蒙古高等级公路建设开发有限责任公司
党委书记 黄永刚

内蒙古高等级公路建设开发
有限责任公司经理 包建设

内蒙古高等级公路建设开发有限责任公司成立于2004年8月16日，是经内蒙古自治区人民政府批准组建的特许经营的大型国有独资企业。公司为一级法人，实行总经理负责制，内蒙古自治区交通厅履行出资人职责。公司的经营范围是：对内蒙古自治区境内已建成运营的G6（京藏）高速公路内蒙古段、G65（包茂）高速公路内蒙古段、G55（二广）高速公路白音查干至丰镇段，110国道、210国道、208国道内蒙古段和304国道鲁北至霍林郭勒段，以及公司再建的其它高等级公路的融资、建设、养护、收费、还贷、保护路产、维护路权、开发服务、资本运营进行统一经营管理。公司实行现代企业制度的法人治理结构和内部激励、约束机制，以及归属清晰、权责明确、保护严格、流转顺畅的现代企业产权制度。

公司现设12个部室、3个中心、8个路段管理分公司、8个项目管理分公司，以及公路工程局、绿化公司、高速石油公司、服务区分公司、设备租赁分公司、综合产业分公司、自治区交通厅派驻高等级公路路政支队共36个部门和单位。人员实行全员劳动合同制管理。公司现辖通车运营的高速公路1398公里、一级公路343公里、二级公路1313公里，通车运营公路总里程3054公里；公司总资产达464亿元。

公司成立以来，在内蒙古自治区交通厅的正确领导下，全面贯彻科学发展观，深入落实“三个服务”总体要求，以“发展、廉政、服务”为主题，改革创新、科学发展、全面推行精细化管理，公路建设高效优质推进、资本运营取得显著成绩、运营管理日臻创新完善、企业党建、廉政建设、精神文明建设等各项工作均取得了巨大成就，开创了内蒙古高等级公路建设运营的新局面，为促进自治区交通工作又好又快发展发挥了全区交通建设开发的战略投资主体和主力军的作用。公司连续三年获得“全区交通系统完成责任目标实绩突出单位”和“内蒙古百姓口碑金奖单位”称号。

今后，公司将在内蒙古自治区交通厅的正确领导下，充分发挥全区公路建设主力军的作用，在自治区公路建设的总体规划框架内，着力加快国网高速、区网高速、省际出口路、重点口岸路、重点能源通道建设，努力建成较为完善的全区高等级公路网络。同时依据现代企业制度和市场经济要求，以提高运营效益为基础，以实施公路建设为重点，以强化资本运营为纽带，以服务全区经济社会发展为目标，进一步完善法人治理结构，实现资产规模大幅良性扩张，逐步形成全区范围内高速公路的规模化、集约化经营和优势互补、滚动发展的良性循环局面，努力把公司建设成为一个资产优良、服务优质、干部优秀、具有核心竞争力的大型企业集团，为自治区经济社会又好又快发展提供良好的高等级公路基础设施和交通保障服务。

内蒙古高等级公路办公大楼

内蒙古高等级公路建设如火如荼

山东鲁能集团有限公司内蒙古分公司

山东鲁能集团有限公司内蒙古分公司隶属山东鲁能集团有限公司，负责在内蒙古地区开发和建设新能源产业。我公司成立于2005年5月，在一套班子管理下，现下设五个风电厂及一个光伏电厂：乌拉特中旗风电厂、白云鄂博风电厂、伊和乌素风电厂、乌吉尔风电厂、元宝山风电厂及包头光伏电厂；投产和在建项目主要分布在巴彦淖尔、包头、鄂尔多斯、赤峰等地区。

公司成立以来，在内蒙古自治区各级政府的关怀下，在山东鲁能集团的正确领导下，得到了长足的发展，投产总容量已达33.75万千瓦。

山东鲁能集团有限公司内蒙古分公司秉承开发绿色能源的使命，始终坚持“奉献绿色能源，建设和谐社会”的工作理念，努力将公司效益、地方经济、环境保护和社会发展相联系，建设一项工程、树立一座丰碑、锻炼一支队伍、培养一流人才，坚持以科学发展观为统领，四个文明建设协调发展，着力打造“国内领先、国际知名”的一流百万风电企业，全力以赴为鲁能集团新能源事业和地方经济发展做出贡献！

内蒙古蒙吉利房地产开发有限责任公司

园艺御景项目由内蒙古蒙吉利房地产开发有限责任公司投资开发，定位为目前呼和浩特市中高档商住区。项目位于呼和浩特市赛罕区乌兰察布东街以南、规划展东路以东道路交叉路口的东南角，紧靠自治区及呼市两级政府的行政中心，地理位置优越，交通便利。小区南临内蒙古园艺研究所果园和生态园区，周边还有呼市目前最大的花卉市场、生态餐饮项目北国之春和新建的春度公园，自然环境优越，得天独厚。项目公共设施和周边生活设施完善。

园艺御景小区（坐落于乌兰察布东路路南）北立面

万正投资集团在蓬勃发展中腾飞

万正集团办公大楼

万正绿化公司承建的铁西公园

2010年中国民营企业500强

改革开放30年内蒙古最具影响力品牌

铁西新区

万正房地产开发建设的康和丽舍高档别墅社区

建设中的鄂尔多斯酒业园区

万正集团按BOT方式投资建设的东胜环城公路

G18荣乌高速东胜至察汗淖段高速公路

民生广场

内蒙古国电能源投资有限公司

内蒙古国电能源投资有限公司是在原内蒙古能源发电投资有限公司的基础上，由自治区政府与国电集团公司按50%：50%股比，于2009年6月组建的大型综合性能源投资企业，注册资本金80亿元人民币。

截止到2010年底，公司资产总额247.97亿元，资产负债率71%，电力装机达到651万千瓦（包括华能北方电力和万家寨水利枢纽公司权益容量）。已投产火电装机300万千瓦，在建134万千瓦；投产风电装机5万千瓦，在建15万千瓦；中标待建光伏发电项目4万千瓦；拥有煤炭资源储量16.5亿吨；持有锡林浩特到乌兰浩特630公里铁路10%的股权；承担城区供热面积710万平米。

2010年公司完成发电量121.54亿千瓦时，同比增长23.8%；完成供热量364.9万吉焦，同比增长47.61%；综合厂用电率完成9.74%，同比降低0.37个百分点；供电煤耗完成352.16克/千瓦时，同比降低10.78克/千瓦时；实现营业收入30.46亿元，同比增长32.03%；累计生产原煤近600万吨。截止到2010年底，公司实现安全生产1600天。

公司加快企业转型，煤、电、热、水、路、气多元发展格局基本形成。

整洁美观的火电厂集控车间

2010年底集中供热面积达710万平米

内蒙古国电能源投资有限公司“弘扬能文化展示新风采”主题文化知识竞赛

公司参股建设当中的龙口水电站

公司所属的胜利西二号露天矿

公司参股建设运营的万家寨水电站

公司努力构建煤为基础、电为主体、多元产业协同的综合能源格局，图为风电项目施工现场

华能呼伦贝尔能源开发有限公司

华能呼伦贝尔能源开发有限公司公司执行董事、总经理　叶向东

华能呼伦贝尔能源开发有限公司(以下简称公司)是中国华能集团公司全资子公司，2007年1月份注册成立，注册资本23亿元。主营业务为电力、煤炭、供热、煤化工、水利水电等相关产业的投资、开发、生产、销售、经营及管理，并参与风电、铁路投资和经营。截至2011年6月，拥有投产发电装机容量426.55万千瓦，在建机组装机容量41.2万千瓦，核定年煤炭生产能力3666万吨；承担呼伦贝尔10个地区的供热任务，供热面积2490万平方米；控股水利枢纽项目库容3.2亿立方米，参股风电项目4.95万千瓦、铁路项目185公里；现有资产总额306亿元，在册职工24513人，离退休人员20329人。

公司自2007年初组建至今，在华能集团公司的正确领导下，在内蒙古自治区各级党委、政府的大力支持下，以科学发展观为指导，坚持清洁、低碳、绿色发展，坚持“好中求快、强中求大”，坚持把公司建设成为具有综合竞争力、持续成长型企业的战略定位，深入推进电、煤、热、化、路一体化协调发展，做强电力核心产业、做大煤炭基础产业、做实供热民生产业、做准煤化工新型产业和做细相关配套产业，开发新能源和洁净能源，企业实力逐步增强，发展水平逐年提升，经济和社会效益不断提高，被中电联评为三A级信用企业，被内蒙古自治区评为“内蒙古二十强企业”，成为华能集团公司重要的区域公司。四年来，完成投资215亿元，实现工业总产值214亿元，上缴税费46亿元，为华能集团公司建设具有国际竞争力的世界一流企业和促进地方经济社会发展作出了积极的贡献。公司“十二五”时期，将深入贯彻落实科学发展观，在华能集团公司和内蒙古自治区、呼伦贝尔市发展战略的统领下，以科学发展为主题，以加快转变发展方式为主线，围绕实现公司科学发展、协调发展、绿色发展、效益发展、和谐发展，大力实施一体化战略，致力于煤电基地建设，整合资源，调整结构，全面对标，创新管理，存量增效，增量有效，顺势而为，推进企业可持续发展。力争到2015年，实现公司产业规模较“十一五”翻番，电力装机容量达到1000万千瓦，年煤炭产能达到7000万吨，供热面积达到4500万平方米，资产总额达到600亿元以上，初步建立以煤电基地为核心的结构优化、资产优良、产业协同、绩效领先的综合能源企业，为华能集团公司领先进入具有国际竞争力的世界一流企业行列，为呼伦贝尔市经济社会发展作出新的更大的贡献。

华能呼伦贝尔能源开发有限公司办公楼

伊敏煤电一体化

伊敏电厂集控室

通大煤矿

扎煤公司铁北矿标准化的井下动室

扎煤公司先进的综掘生产工艺

灵泉矿工业广场

国内最先进的综采放顶煤工艺生产线

呼和浩特市

内蒙古自治区党委常委、呼和浩特市市委书记　韩志然

呼和浩特市人民政府市长　王波

内蒙古博物院和乌兰恰特大剧院

蒙牛集团圆盘自动化挤奶机

伊利集团全自动生产线

中国乳都

东河

青城夜色美

观音庙

呼和浩特市新城区

呼和浩特市新城区第十五届人民代表大会第五次会议

鸿盛工业园区锂电池项目奠基

新城区是由清代建造的“绥远城”发展演变而来，俗称“新城”而得名，迄今已有260多年的历史，位于内蒙古自治区首府呼和浩特市东北部，北面和东面以大青山为界与武川县和乌兰察布市的卓资县隔山相望，南与呼和浩特市赛罕区接壤，西与呼和浩特市回民区毗邻。新城区既有悠久的历史文化底蕴，又有深厚的满蒙文化、草原文化底蕴。境内不仅有代表北方游牧民族远古文明的大窑文化遗址、战国“赵长城”、塔布陀罗亥汉墓、红山口摩崖雕刻、清代将军衙署、清·固伦恪靖公主府、绥远抗日将士纪念碑、阜安门遗址、多松年烈士故居、满族民居等众多历史人文景观，还有小井沟、劈柴沟、神水梁、了目山、盘龙山、老爷庙等自然风光旅游资源。独具魅力的草原都市风貌、浓郁的民族文化风情和大青山沿线200余平方公里的自然生态资源，为新城区打造京津后花园提供了得天独厚的条件。全区总面积700平方公里，其中城区55平方公里，农区和山区645平方公里，总人口60万人；新城区是一个由汉、蒙古、满、回等33个民族组成的满族相对集中的聚居区,辖1个镇、8个街道办事处和1个自治区级工业园区，设26个行政村、46个社区居委会。驻有自治区人大、政协和呼和浩特市党政军机关，及自治区和呼市部分大中专院校、科研、新闻、出版单位，建有内蒙古博物院、乌兰恰特影剧院、内蒙古体育馆、呼和浩特体育场、呼和浩特乒乓球训练中心等重要公共设施，110国道、丹拉高速公路贯穿境内，坐落着呼和浩特长途客运站、铁路客运站和铁路东客站及众多金融保险、邮电、通信机构，是自治区、呼市的交通枢纽和邮电、通讯、金融中心及对外开放的重要窗口。

近年来，新城区以科学发展观统领全局，按照市委、市政府实施“一核双圈一体化”发展战略的总要求，坚持“三产立区、二产强区、一产补区、科教兴区、城建靓区”的总体发展思路，以打造自治区综合实力强区为目标，积极调整经济结构，切实转变发展方式，不断加快城市化、工业化、农业产业化进程，综合经济实力显著增强，物质文明、精神文明、政治文明、社会文明、生态文明协调发展，获得170余项国家和自治区荣誉称号。2010年，全区实现地区生产总值388.4亿元，比上年增长12.5%，按现行汇率计算，人均GDP达到1.4万美元，超过全市平均水平4000美元，经济总量及发展速度位列全市九个旗县区首位。财政收入达到34.7亿元，比上年增长28.1%。人民生活水平显著提高，城镇居民人均可支配收入达到27910元，比上年增长11.9%；农民人均纯收入达到10619元，比上年增长12.9%，其增幅首次超过了城镇居民人均可支配收入，城乡居民收入差距逐步减小。三次产业结构由“十五”期末的0.7：11.6：87.7演进为0.3：12.8：86.9。

过去的“十一五”，新城区在建设小康社会的道路上迈出了坚实的步伐，取得了令人瞩目的成就；展望“十二五”，新城区面临前所未有的机遇与挑战。新城区将以邓小平理论和“三个代表”为指导，全面贯彻落实科学发展观，团结带领全区各族人民，解放思想，开拓创新，乘势而上，真抓实干，为努力实现自治区综合实力强区目标而续写更加壮丽的篇章。

全国妇联主席陈至立视察老缸房社区

胡春华，韩志然，王波，狄瑞明，孙建华等视察呼和浩特青少年活动中心和新城区廉租房、公租房项目

自治区组织部领导及王波等领导慰问中山办的百岁老人

区运会

乌兰恰特博物院、影剧院

新城区如意河夜景

太伟滑雪场

成吉思汗广场

呼和浩特市玉泉区

玉泉区人民政府区长　格尔图

不断加大辖区学校新建、扩建、加固等工作力度

大召广场

居民生活环境日益改善

南湖湿地公园热气球节

企事业单位、人民团体举办运动会

玉泉区环城水系一期工程竣工剪彩仪式

玉泉区市民服务中心

内蒙古医院、附属医院、市医院的专家教授深入到辖区各个社区为群众进行免费体检

特色蔬菜大棚

武川县

中共武川县委书记　王雪峰

武川县人民政府县长 云海

武川县位于内蒙古自治区中部，大青山北麓，背靠希拉穆仁大草原，南临土默川平原，距首府呼和浩特市33公里，是首府呼和浩特市所属五个旗县之一。县境总面积4885平方公里，地形南山北丘，山地占41.9%,丘陵占50.4%,滩地河谷占7.7%,海拔1600–2000米之间。属中温带大陆性季风气候，年平均气温3.0℃，无霜期110天左右，年平均降雨量约350毫米。全县辖5乡3镇，93个行政村，5个社区，964个自然村，总人口17.6万人，其中农业人口14.3万人，蒙古族、满族、回族等19个少数民族在此聚居。历史悠久的武川，处于农耕文化与游牧文化的交融地带，是唯一原名原址保留至今的“北魏六镇”。抗战时期，曾是大青山抗日游击根据地的中心地带，得胜沟抗日游击根据地司令部遗址是全国100个红色经典旅游景区之一，被中宣部命名为全国爱国主义教育示范基地。在这片文化底蕴深厚的红色圣地，蕴藏着丰富的矿产资源，石灰石、黄金、铁矿、石墨、焦煤、腐植酸、花岗岩等资源远景储量巨大，为做大做强工业经济提供了强有力的资源保障。武川境内有高山、丘陵、平原等不同地貌形式，原生态环境保存良好，天然草牧场373万亩，林地275万亩，森林覆盖率16.3%。得天独厚的气候环境与地理位置，造就了武川特色农畜产品优良的品质，武川土豆、武川莜面、武川荞麦、武川肉羊等都有较高的知名度。武川马铃薯成为2008年北京奥运会特供食品、2010年上海世博会指定食品和展品。武川县先后荣获“中国马铃薯之乡”　“国家级绿色马铃薯种植标准化示范区”和“中国绿色名县”、“中国新能源产业百强县”、“中国小康成长型百佳县”等诸多荣誉。

武川县委大楼

武川县青山园

武川一中初中部操场

五道沟农家乐游

天然林

风力发电项目

哈达门高山牧场

指针式喷灌圈正在喷灌大田马铃薯

武川县中棚马铃薯种植

国家重要的基础工业基地

包头市

银河广场一角

包钢夜色

三鹿雕塑

锦林花园住宅小区

绿色蔬菜种植

NR1803旋挖钻机

阿特拉斯挖掘机总装厂

北方奔驰6×2牵引车开发

九峰山风光

滨河一角

包头市青山区

包头市青山区区委书记　张世明

包头市青山区人民政府区长　张建中

青山区1956年建区，总人口48万，行政区域面积280平方公里，辖8个办事处、2个镇，68个社区居委会、21个村民委员会。

近年来，青山区坚持以经济建设为中心，以项目建设为重心，以招商引资为核心，锐意进取，扎实苦干，经济建设和社会各项事业长足进步。2010年，地区生产总值完成543亿元，增长 19.9%；财政收入完成37.3亿元，增长19.2%；城镇居民人均可支配收入完成28444元，增长13.1%；农民人均纯收入完成11833元，增长 12.6%；规模以上工业总产值完成546亿元，增长33.8%；规模以上工业增加值完成228亿元，增长26.6%；社会消费品零售总额完成196亿元，增长19.1%。各项经济指标位居内蒙古自治区和包头市前列。

2011年是“十二五”开局之年，综合考虑各方面因素，全年经济社会发展主要预期目标是：地区生产总值增长18%；财政收入增长19%；城镇居民人均可支配收入增长14%；农民人均纯收入增长14%。

近年来，青山区先后荣获教育先进区、文化先进区、体育先进区、双拥模范区、社区服务示范区等多项全国、自治区级荣誉称号。

科技少年宫

音乐广场

包头装备制造产业园区位青山区北部，初步形成了重卡备、新能源装备、铁路装备、采装备、机电装备、工程机械备等6大产业集群。优越的地理置、便利的交通条件、完善的础设施、充足的发展空间、庞的科技力量、高效的服务体系完备的金融机构、优惠的政策持使园区成为生产要素的集聚地，企业发展的黄金宝地。

阳光湖夜色

青山区鸟瞰图

“稀土之都”包头东河区

包头市东河区区委书记　许文生

许文生书记为建设新东河在基层调研

乔家金街

人民生活

南海风景

妙法寺的大雄宝殿

东河面貌大改观

美丽富饶的呼伦贝尔

呼伦贝尔市市长　张利平

工业——伊敏电厂

内蒙古自治区呼伦贝尔市是全国面积最大的一个地级市。也是“世界上土地管辖面积最大的地区级城市”。市境内的呼伦贝尔草原是世界四大草原之一，被称为世界上最好的草原。本世纪初发现呼伦贝尔地下石油资源。呼伦贝尔市总面积26.3万平方公里，相当于山东省与江苏省两省之和。东邻黑龙江省，西、北与蒙古国、俄罗斯相接壤，是中俄蒙三国的交界地带，与俄罗斯、蒙古国有1723公里的边境线，有8个国家级一、二类通商口岸，其中满洲里口岸是全国最大的陆路口岸。

呼伦贝尔海拉尔机场

农产品展示会

满洲里国门

城市建设--海拉尔桥头公园

呼伦贝尔市机械收割

鄂温克为实现全面腾飞而努力奋斗

鄂温克旗人民政府旗长　色音图

招商引资新项目签约仪式

鄂温克博物馆

2010年冬季那达慕

伊敏煤电公司

瑟宾广场

套 马

祭天圣坛

独具特色的鄂温克旗草原

呼伦贝尔市海拉尔区
回眸生壮志　展望铸豪情

呼伦贝尔市海拉尔区和谐的党政班子张玉军书记（左）张天喜区长（右）

鸟瞰城区

海拉尔中俄蒙国际经贸洽谈会

成吉思汗广场

草原明珠–海拉尔

大剧院

全国最大的陆路口岸
魅力边城　满洲里市

满洲里市人民政府市长　杜学军

满洲里第五代国门

城市夜景

公路口岸货检通道

世纪大道

机场

套娃广场

通辽市概况

市区一角

通辽市位于内蒙古自治区东部,地处北纬42° 15′ –45° 41′ 、东经119° 15′ –123° 43′ 之间，总面积59535平方公里,南北长约418公里,东西宽约370公里。东靠吉林省、西接赤峰市、南依辽宁省、西北和北边分别与锡盟、兴安盟为邻，属东北和华北地区的交汇处。

通辽市的前身为哲里木盟,始建于清朝崇德元年（1636年）。1999年10月,撤销哲里木盟和县级通辽市,成立地级通辽市，辖科尔沁区、霍林郭勒市、科左中旗、科左后旗、开鲁县、库伦旗、奈曼旗、扎鲁特旗。市政府所在地科尔沁区是全市政治、经济、文化的中心。

通辽市境内居住着蒙、汉、满、回、朝鲜 、达翰尔等32个民族。总人口318.70万人，其中蒙古族人口155.46万人，是全国蒙古族人口最集中的地区。

通辽市地处松辽平原西端,科尔沁草原腹地，属于蒙古高原递降到低山丘陵和倾斜冲击平原地带。北部山区属大兴安岭余脉,面积19349平方公里,占全市总面积的32.5%,海拔高度1000——1400米。中部属西辽河、新开河、教来河冲击平原，面积12502平方公里，占全市总面积的21.0%，平原区由西向东逐渐倾斜，海拔由320米降到90米。南部和西部属于辽西山区的边缘地带，由浅山、丘陵、沟壑、沙沼构成，面积27684平方公里，占46.5%，海拔400-600米。全市境内较大的山有罕山、阿其玛山、老道山和青龙山。

通辽市属温带大陆性气候。春季干旱多风；夏季短促温热，降水集中；秋季凉爽；冬季干冷。大部分地区无霜期为90至150天。年降雨量350–450毫米。风能丰富，风能有效时数（3–20米／秒）为5000至6000小时。年有效风功率密度为100至150瓦／平方米。

通辽市有大小河流43条，主要有西辽河、新开河、西拉木伦河、教来河、老哈河等。大型水库5座、中型水库10座、小型水库10座、塘坝80座。总库容达99178万立方米，可养鱼水面38万亩，现有鱼类39种。

通辽市林地面积254.17万公倾，森林覆盖率为24.7%。林木树种有46科、80属、220种。通辽市野生动物繁多，有国家一级保护动物丹顶鹤、白鹳、鸨、梅花鹿、紫貂5种；国家二级保护动物灰鹤、蓑羽鹤、鸳鸯、天鹅、猞猁、马鹿、黄羊等近30种。国家级自然保护区大青沟还有环颈雉、斑翘山鹑、野兔、狐狸、斑鸠。一般经济动物，遍布全市各地。鸟类有18目，49科，212种。野生植物麻黄、甘草、山杏、沙棘等资源品种独特，质地优良。

通辽市矿产资源丰富，初步探明的矿藏41种，矿床和矿点190多处。全市煤炭保有量121亿吨；石油远景储量为8亿吨左右；铁、锌、钨、铜等金属矿藏10多处，矿点30多个，为世人瞩目的"801"矿富含铌、钽、铍、锆等稀有金属和重稀土，总储量680万吨；天然硅砂的储量居全国之首，被称为"冶炼之宝"的石墨储量也很可观，功能神奇的中华麦饭石蜚声海内外。

通辽市历史悠久，文化灿烂。这里不仅是蒙古族的文化发祥地，也是中华民族璀璨的红山文化和富河文化的发祥地之一。清初的孝端文皇后、孝庄文皇后、清代名将僧格林沁、民族英雄嘎达梅林皆生于此，革命烈士麦新、吕明仁、徐永清等也都牺牲在这里。目前尚存的名胜古迹有奈曼旗和库伦旗的燕国北长城，扎鲁特旗金代界壕，开鲁县元代佛塔，奈曼旗清代王爷府，库伦旗清代的兴源寺、福源寺。著名的旅游景点有：国家自然保护区大青沟、亚洲最大的沙漠水库和世界最长的人工沙坝莫力庙水库、具有草原民族特色的珠日河旅游区。

通辽市是东北地区的交通要塞。境内有6条铁路交汇、4条国道贯穿。通辽站是全国40个铁路重点枢纽站之一。民航机场可起降737等大中型客机。

通辽市素有“内蒙古粮仓”之称，土地肥沃，是国家重要的商品粮基地。盛产玉米、荞麦、小麦、水稻、大豆等，2010年全市粮食总产量达525.50万吨。通辽市是国家畜牧业生产基地，被誉为“黄牛之乡”。2010年末家畜饲养量达1063.75万头只。近年来，在坚持科学发展、和谐发展的基础上，大力推进产业延伸、产业升级和产业多元，实现了由农牧业资源大市向绿色工业城市的转变，走出了一条在自治区农牧业资源富集地区推进工业化的新路子。工业经济跃居自治区东部盟市之首。

“十一五”期末全市完成生产总值1176.23亿元，按可比价格计算，“十一五”时期，全市生产总值年平均增长17.9%，比年平均增长17%的目标高出0.9个百分点。整体上已从中低收入地区进入中等收入地区。在东北三省36个地级以上城市中，通辽市生产总值由2006年的第14位上升到2010年的第8位。

通辽夜景

霍林河工业园区

内蒙古和东北地区最大的铝合金车轮生产企业，年产铝合金汽车车轮230万支。

开鲁现代化农业育苗基地

霍煤集团清洁储煤仓

通辽编组站是东北最大的铁路编组站之一

通辽市科尔沁区
蓬勃发展　再现辉煌

中共通辽市委常委、科尔沁区委书记　师铎

通辽市科尔沁区人民政府区长　韩宪军

科尔沁区铁路交通夜景

商贸物流形势喜人

金锣食品生产车间

设施农业方兴未艾

文化事业蓬勃发展

多伦县人民政府

多伦县人民政府县长 霍锦炳

自治区巴特尔主席视察大唐多伦煤化工

姑娘湖

马铃薯种薯繁育基地

曲家湾退耕还林项目区

超大万头种奶牛繁育基地

大唐国际多伦年产46万吨煤基烯烃项目

多伦汇宗寺广场

最具投资潜力中小城市——霍林郭勒市

霍林郭勒市人民政府市长　徐辉

【城市概况】霍林郭勒1976年建矿，1985年经国务院批准设立县级市。城市地处大兴安岭南麓，科尔沁草原腹地，位于兴安盟、锡林郭勒盟和通辽市“两盟一市”交界处。距中蒙边界120公里，距通辽市330公里，距沈阳市610公里，对接东北、呼应西部、连通俄蒙的区位优势十分明显。地面标高海拔820～1317米，属典型的半干旱大陆性气候，冬季漫长寒冷，夏季短促凉爽。总面积585平方公里，东西长38公里，南北宽28公里，周长113公里。辖管5个街道办事处，21个社区，2010年末户籍总人口8.2万人。居住有汉、蒙、满、回、朝鲜等20多个民族。自然资源丰富，已探明优质低硫褐煤储量119.2亿吨，全国五大露天煤矿之一的霍林河煤矿坐落在该市境内。

【经济发展概况】依托丰富的煤炭资源，霍林郭勒市大力推进能源转换战略，积极构筑“煤炭、电力、冶金、化工”四大产业集群，着力推进产业延伸、升级、多元发展，打造了较为完善的煤电铝及铝后加工、煤电硅及光伏产业、煤化工等循环产业链条，产业优势、规模效应初显。在工业经济的强势拉动下，以精品设施农牧业为代表的第一产业和以大旅游、大物流为支撑的现代服务业快速发展。2010年，完成地区生产总值202亿元，同比增长26%,其中第一产业增加值2亿元，同比增长11%，第二产业增加值130亿元，同比增长23.8%，第三产业增加值70亿元，同比增长27.8%。三次产业结构优化为1:64:35。财政总收入实现30亿元，同比增长27%。其中，地方财政收入完成12亿元，同比增长5.2%。全社会固定资产投资完成80亿元。全年实施内联项目59个，引进市外资金64.4亿元，增长37%。积极为企业成长搭建发展平台，全市半数以上规模企业实现入园发展，产业特色鲜明、功能较为完善、布局相对合理的“一区五园”（即铝产业园、电力产业园、源源工业园、煤化工产业园和中小企业创业园）发展格局初步形成，成功创建内蒙古自治区循环经济示范园区。县域经济基本竞争力大幅提升，2010年跃居全国第115位、西部百强第12位。荣膺2010年度“中国中小城市科学发展百强”、“最具区域带动力中小城市百强”和“最具投资潜力中小城市百强”称号，被评为第七批“中国金融生态城市”。

【城市建设与生态环境建设】霍林郭勒依矿而建，依山伴河，城市狭长。以霍林河新区建设为重点，形成“一轴一环四片区”的城市发展架构。目前，城市建成区面积达到23平方公里，城市化率超过90%。全年改造市政管网40000延长米，建设中水管道8800延长米。改造街路36880延长米，新建桥梁4座，全年新增建筑面积180万平方米，全市人均住宅面积达到30平方米。城市供热、供水、排污覆盖率达到90%以上。市域交通框架全面完善。人均拥有道路面积达到8.6平方米。304国道、101省道在境内交汇，霍白一级路、城市东外环和北环路均已建成，全市横纵交通框架基本形成闭合。霍林河支线机场经国务院和中央军委批复立项，预计“十二五”中期建成使用。全面加强生态建设，大力实施生态修复、矿山复垦等工程，完成人工造林2000亩，围封禁牧10000亩。投入4300万元，建设防风抑尘墙5430延长米。投资1.6亿元，用于电厂脱硫设施改造，年减排化学需氧量、非电行业二氧化硫、氨氮和氮氧化物近500吨。

【城市科、教、文、卫、体事业】优先发展教育事业。投入1.25亿元实施校安工程，开工面积达到63128平方米，办学条件明显改善，中小学布局更加优化。严格落实教育补助，免收、发放各类教育费用1000余万元，实现了从早期教育、学前教育到中小学教育的18年免费教育。大力提高教师素质，增强师资力量，实施校长职级制，教学质量明显提高，高考本科进线率达到65%。积极推进文化事业。开通霍林郭勒市人民广播电台，启动数字电影放映工程，新建草原书屋19个，实现社区全覆盖。

【城市就业及社会保障】居民收入快速增长。城镇居民人均可支配收入24000元，比上年增加3000元，增长14%，城郊社区居民人均纯收入14000元，比上年增加3000元，增长21%。人均GDP超过3万美元，群众购买力切实增强。人均住房面积超过30平方米，每百户家庭拥有小汽车18辆。各项保险普惠百姓。居民医疗保险和养老保险实现全覆盖，新型农村合作医疗实现完全免费，城镇居民和职工大额医疗保险报销限额提高至5万元和22万元。城镇居民基本养老保险参保人数达1749人，征缴养老保险基金2312万元。住房保障更加有力。投入1.2亿元，建设保障性住房14.8万平方米，解决了2300户低收入家庭住房问题。出资1400万元，为特困家庭发放购房补贴、租赁补贴和供热补贴。民生工作走进内蒙古自治区前列。群众自豪感、归属感明显增强，幸福指数逐年攀升。

亚洲最大的环保储煤仓

精铝生产线

草原煤城赛江南

不尽乌金滚滚来

莽原玉带催羊肥

草原不静夜

塞外明珠 神奇——赤峰

中共赤峰市委书记 王中和

赤峰市人民政府市长 包满达

赤峰市，蒙语译为乌兰哈达，因城区东北隅有座赭红色山峰得名。赤峰是内蒙古人口最多的地级市，2010年常住人口434.12万人。全市总面积9万平方公里，设3个市辖区：红山区、元宝山区、松山区；辖7旗2县：阿鲁科尔沁旗、巴林左旗、巴林右旗、克什克腾旗、翁牛特旗、喀喇沁旗、敖汉旗、林西县和宁城县。

赤峰市地域辽阔，资源丰富。全市现有耕地面积2109万亩，除玉米、水稻、谷子等大宗农作物外，还盛产杂豆、油葵、甜菜、烟叶、中药材等高价值经济作物。草原面积8600万亩，森林覆盖率34%。水资源总量为39亿立方米，西辽河的两条主要支流西拉沐沦河、老哈河均在赤峰境内。

赤峰市地下矿产资源富集，已发现各类矿产70余种，矿产地千余处，金属矿主要有铁、铬、锰、铜、铅、锌、钴、钨、锡、钼、金、铌等。赤峰市是国家重要的黄金产地和能源及有色金属基地。非金属矿主要有萤石、水晶石、冰洲石、硫、沸石、石灰石、大理石、硅石、玄武岩、珍珠岩、膨润土、鸡血石。巴林奇石作为艺术瑰宝蜚声海内外。

赤峰文化积淀比较深厚，历史文化一脉相传，不同地域、不同文化交相辉映，形成了赤峰文化的特点。境内有八千年的人类文明史，历史上曾经出现过红山文化，红山文化标志性器物—玉龙被史学界定为“中华第一龙”。兴隆洼聚落遗址被史学界誉为“华夏第一村”，与草原青铜文化、契丹—辽文化、蒙元文化形成四个文化高峰期。

赤峰风光秀丽，人文景观独特。近些年来赤峰市加大了生态建设与保护力度，被评为全国防沙治沙先进标兵，生态状况明显好转。境内草原、森林、山峰、沙漠、温泉、湖泊、石林、冰臼等天然景观齐全，文物古迹、珍稀动植物众多，境内有世界地质公园1处，国家级自然保护区6处，国家森林公园6处。旅游资源集历史文化、自然风光、民族风情于一体，素有“自治区名片”和“内蒙古缩影”之称。在《CCTV2010经济生活大调查》活动中，赤峰市喜获“全国百姓幸福感最强城市”殊荣。

赤峰的区域交通优势突出，距离北京、天津、沈阳都是400公里左右，距大连500公里，是东北地区和华北地区的结合部。赤峰是内蒙古离出海口最近的地方，同时接受环渤海经济区的辐射和东北工业区的辐射。对于发展物流

玉龙大街

新城区玉龙大街

新城区住宅小区

红山春日

产业有得天独厚的地理优势。

“十一五”时期，赤峰经济发展速度较快、城乡面貌变化巨大、人民群众得到更多福祉。从经济发展看：2010年，全市生产总值达到1080亿元，“十一五”期间年均增长17.7%；地方财政总收入超过100亿元，是“十五”期末的3倍多；五年累计完成固定资产投资2758亿元，是“十五”时期的4.6倍。

从基础设施建设看：基础设施条件进一步改善，新建改建各级公路1.4万公里，实现了县县通铁路、乡乡通油路、村村通公路，新开通了沈阳、大连、广州、天津、上海5个城市航线。自治区“十一五”期间最大的水利工程三座店水利枢纽投入使用。华峰宁500千伏输变电工程投入运行。赤峰经济社会发展的保障能力进一步增强，“十一五”期间的生态环境有了很大的变化，全市森林覆盖率比“十五”期末提高3.18个百分点。

从人民生活水平看：人民生活水平有了显著的提高，2010年，城镇居民人均可支配收入14108元、农牧民人均纯收入5010元，分别比“十五”期末增长86%和78%。

“十二五”期间，赤峰市继续坚持推动科学发展，努力促进社会和谐，全力保障改善民生。到“十二五”期末，地区生产总值、地方财政总收入、城镇居民人均可支配收入和农牧民人均纯收入实现“四个翻番”，即全市生产总值达到2250亿元；地方财政总收入达到240亿元；城镇居民人均可支配收入、农牧民人均纯收入分别达到28220元和10020元，建成百万人口区域性中心城市。

一个文明和谐充满魅力的赤峰，正在这片神奇的土地上崛起，草原儿女正张开双臂真诚地欢迎海内外朋友到这里观光旅游、投资兴业，与我们携手共创更加美好的明

太平地农防林

赛罕坝风场

阿斯哈图石林

赤峰市巴林左旗
科学发展结硕果 以人为本促和谐

赤峰市巴林左旗人民政府旗长　邱文博

巴林左旗辽上京博物馆外景

巴林左旗林东城区新城一角

白音诺尔铅锌矿

巴林左旗辽真寂之寺、千佛殿

召庙全景图

全国绿化模范县　林西县

松漠广场

林西县1908年建县，位于赤峰市北部，地处东经117° 38′ －118° 37′ ，北纬43° 14′ －44° 15′ 之间，全境南北最长117公里，东西最宽73.5公里，总土地面积3933平方公里。全县总人口为239725人，总户数9.12万户。有汉、回、蒙古等11个民族。2010年全县实现地区生产总值（GDP）373363万元。属于半农半牧区，国家级贫困县，前后荣获“全国文化先进县”、“全国封山育林先进县”、“全国科技先进县”、“全国绿化模范县”等一系列称号。

全县共辖7镇、1乡、2个街道办事处，101个村委会，8个社区，3个国有林场，1个国有牧场。

县内径流总量1.37亿立方米。地下水分布不均，山区贫乏，沿河两岸较丰富，总储量约为0.75亿立方米。土地总面积584.6万亩，其中耕地面积106万亩，林地面积132.1万亩，村镇占地1.94万亩。

有色金属资源储量较大，矿种有铜、锡、铅、锌、银、钨、钼、萤石、石灰石、煤等。现已探明铜储量2.8万吨，白银824吨。铜、锡、石灰石、萤石、煤等矿产资源正在开发利用。

野生动物有53种，其中哺乳动物20余种，野生飞禽类20余种，珍贵动物有马鹿、狍子、猞猁、狐狸、天鹅、鸿雁、斑翅山鹑、环颈雉等。

中国有色集团10万吨粗铜冶炼项目

冷山糖业公司及甜菜基地

大水菠萝牧场

全国生态文化村”七合堂村内蒙野果基地

旅游精品—九佛山

滨河公园一角

“华夏第一村”美誉的内蒙古敖汉旗

敖汉旗旗委书记　吉玉龙

敖汉旗政府旗长　黄彦峰

敖汉旗位于内蒙古赤峰市东南部，地处燕山山脉东段努鲁尔虎山北麓、科尔沁沙地南缘，南与辽宁省毗邻，东与通辽市接壤，总土地面积8300平方公里，辖15个乡镇苏木、2个办事处；辖239个行政村。总人口60万，是以汉族为大多数、蒙古族为主体的多民族聚居区。气候类型属大陆性季风气候。全旗地形复杂，地貌类型多样，南部为浅山丘陵区，中部为黄土丘陵区，北部为浅沙坨沼区，简称为“南山、中丘、北沙”。“敖汉”蒙古语译成汉语为“老大”的意思。

敖汉旗生态建设享有盛誉。全旗有林面积562万亩，人工牧草保存面积314万亩，是“全国人工造林第一县”、“全国人工种草第一县”、“全国生态建设示范区”、“全国再造秀美山川先进旗”、“国家级林业科技示范县”。2002年6月被联合国环境规划署授予“全球500佳”荣誉称号，是全国唯一获此殊荣的县级单位。

敖汉旗矿产资源蕴含丰富。有金、银、铁、钨、钼、铜、煤等矿产30余种，各类矿床、矿点200余处，年产黄金近4000千克，是自治区第一产金大县。内蒙古金陶股份有限公司是内蒙古自治区最大的黄金企业。

敖汉旗农牧业生产生机盎然。全旗耕地面积380万亩，粮食常年生产能力6亿公斤，全旗大小牲畜年存栏225万头只，年可产肉类15万吨、鲜蛋10万吨，是东北三省、京津唐地区农畜产品的主要供给基地。

敖汉旗工业经济突飞猛进。强力实施工业强旗战略，科学谋划矿产冶金、能源化工、农畜产品加工、加工制造四大产业，积极培育了电子、服装、机械等产业，建有两大工业园区和六个乡镇工业集中区，规模以上工业企业达到83家。

敖汉旗历史文化悠久。境内有小河西文化、兴隆洼文化、赵宝沟文化、小河沿文化四种史前文化，兴隆洼原始聚落遗址、城子山山城遗址、大甸子遗址、赵宝沟遗址、战国燕长城遗址五处国家级重点文物保护单位，距今8000年的兴隆洼文化遗址被考古界誉为“华夏第一村”，旗博物馆藏有5000余件（套）历史文化珍品，在全国县级博物馆中位居第一。

敖汉旗自然景观怡人。有国家级自然保护区大黑山，以真林奇水怪石为胜的清泉谷等山地景观，响水玉瀑、热水温泉等自然风光，黄羊洼、三十二连山等生态治理工程，“中国北方最大的夏家店下层文化中心性祭祀址”城子山山城遗址、“海内外孤篇”大甸子遗址、“华夏第一村”兴隆洼原始聚落遗址等古文化遗址，都令人心旷神怡、目不暇接、流连忘返，吸引了国内外诸多专家学者游客前来观光、旅游、考古。

敖汉旗地理位置优越。地处环渤海经济圈，毗邻东北老工业基地，距京津唐等大中城市均在500公里以内，距锦州港仅有130公里，是内蒙古距离出海口最近的地区，京通铁路横贯东西，赤通、赤朝高速公路穿境而过。

领导关怀助推敖汉发展。国务院总理温家宝曾于1997年、2001年、2009年三次到敖汉视察工作，并于2002年9月4日对敖汉旗生态建设取得的成绩作出重要批示。国家、区、市各级领导莅临敖汉，关注敖汉，对敖汉经济社会等各项事业发展起到了重大的推动作用。

近年来，敖汉旗以加快发展为主题，重点抓工业，突出抓项目，全力抓招商，强力促进工业化、农牧业产业化、城镇化三化互动，扎实推进旗域经济由农业主导型向工业主导型、农业经济由种植业主导型向养殖业主导型、生态建设由生态效益主导型向经济效益主导型三个转变。“十一五”期末，全旗地区生产总值是“十五”期末的3倍，年递增24.8%。财政收入是“十五”期末的3倍，年递增24.5%。全社会固定资产投资是“十五”期末的5.5倍，年递增31.1%。社会消费品零售总额是“十五”期末的2.6倍，年递增23.1%。三次产业结构比重由“十五”期末的46：23：31优化为28.5：43.5：28。第一产业增加值是“十五”期末的1.9倍，年递增13.2%；第二产业增加值是“十五”期末的5.7倍，年递增41.5%；第三产业增加值是“十五”期末的2.8倍，年递增22.7%。2010年，是实施“十一五”规划的最后一年，一年来，全旗经济全面发展、社会安定和谐。地区生产总值完成92.6亿元，同比增长17.1%。其中，第一产业增加值达到26.4亿元，同比增长6.5%；第二产业增加值达到40.3亿元，同比增长30.2%；第三产业增加值达到25.9亿元，同比增长9.3%。财政收入完成5.08亿元，同比增长31%。全社会固定资产投资完成62亿元，同比增长25.3%。社会消费品零售总额达到22.2亿元，同比增长19.5%。农牧民人均纯收入实现4746元，同比增加586元。城镇居民人均可支配收入实现12400元，同比增加1592元。全旗各金融机构存款余额50.36亿元，同比增长21.78%；各项贷款余额18.13亿元，同比增长20.16%。

“十二五”时期全旗经济社会发展的指导思想是：以邓小平理论和“三个代表”重要思想为指导，以科学发展观统领经济社会发展全局，以提高人民生活水平和增加财政收入为根本目标，大力实施“生态立旗、工业强旗、科教兴旗、开放活旗”战略，加快推进新型工业化、农牧业现代化、城镇化建设进程，调整优化经济结构，做大经济总量，统筹城乡发展，全面发展社会事业，建设和谐敖汉。主要预期目标是：到2015年，全旗地区生产总值达到190亿元，年递增15%以上，其中，第一产业增加值达到37亿元，年递增8.4%，第二产业增加值达到93亿元，年递增18%以上，第三产业增加值达到60亿元，年递增16%以上，三次产业比重优化为19：49：32；财政收入达到13亿元，年递增20%以上；全社会固定资产投资达到125亿元，年递增15%以上；社会消费品零售总额达到45亿元，年递增15%以上，城镇居民人均可支配收入达到25000元，年递增15%以上；农牧民人均纯收入达到9000元，年递增13%以上。年均人口自然增长率控制在6.5‰以内，年城镇登记失业率控制在4%以内。

2011年敖汉旗工作的总体思路是：全面贯彻落实旗委十三届八次全委（扩大）会议精神，认真践行科学发展观，围绕“富民、强旗”两大主题，以促进“群众增收、财政增收”为目标，以推进工业化、农牧业现代化、城镇化进程为主线，以提高“三个转变”层次为重点，更加注重招商引资、项目建设、产业提升、抗旱节水、科技创新、基础建设，加快实施民生工程，全面构建和谐社会。主要预期目标是：全旗地区生产总值达到109亿元，同比增长18%。其中，第一产业增加值达到28.8亿元，同比增长9.1%；第二产业增加值达到49亿元，同比增长21.6%；第三产业增加值达到31.2亿元，同比增长20.5%。财政收入完成6.2亿元，同比增长22%。全社会固定资产投资完成75亿元，同比增长21%。社会消费品零售总额实现26.5亿元，同比增长19.4%。农牧民人均纯收入和城镇居民人均可支配收入分别达到5500元、14300元。人口出生率和自然增长率分别控制在12‰和6‰以内。

敖汉旗政府所在地新惠镇小城镇建设

2010年8月18日，敖汉旗新惠六小开工建设。旗几大班子主要领导为六小奠基

自治区党委书记胡春华到敖汉旗金陶公司视察

驰名中外的敖汉旗兴隆洼文化遗址

敖汉旗人工林示范地——黄羊洼草牧场

敖汉旗贝子府镇的国家级自然保护区景区——大黑山

锡林郭勒——中国马都·天堂草原

“九市一盟”区域合作（2010）峰会在锡林浩特召开

珠恩嘎达布其

快速崛起的锡林郭勒盟

电厂

灰腾梁风电

胜利煤田夜景

胜华露天矿

上都电厂

小肥羊

十三敖包

草原文化、服饰

以科学发展观为统领
奋力推进卓资经济社会跨越式发展

中共卓资县委书记　范忠

卓资县人民政府县长　常培忠

建设中的内蒙古旗下营工业区一角

伊东氯碱化工项目签约仪式

卓资红召九龙湾秋色

内蒙古中西矿业卓资县大苏计钼矿场景

卓资大黑河景观工程

卓资山镇热电联产城区集中供热剪影

卓资现代农业

鄂托克旗

辽阔的地域 丰富的资源

中共鄂托克旗委书记　郝健君

鄂托克旗人民政府旗长　尚志强

鄂托克是内蒙古西部地域面积较大、产业门类较多、文化积淀深厚的草原之府、魅力之都、创新之城。全旗总面积2.1万平方公里，辖6个苏木镇、两个自治区重点工业园区，总人口16.37万，是一个以蒙古族为主体、汉族占多数，以畜牧业为基础、工业占主导的少数民族聚居区。区位优势明显，是内蒙古自治区沿黄沿线优化发展的重要集中区、呼包鄂“金三角”经济区的重要组成部分和西部“小三角”的核心一极；人文历史久远，是成吉思汗圣火传承之乡和阿尔巴斯白山羊绒、西鄂尔多斯自然保护区、恐龙遗迹的自然属地；矿产资源富集，探明各类矿产资源48种，煤炭远景储量270亿吨，天然气储量2200多亿立方米，石灰石、石膏、铁矿、硅石等资源品位较高，储量丰富。

“十一五”以来，在自治区和市委、市政府的正确领导下，我们解放思想、创新实践，以“工业高端化、农牧业现代化、城镇特色化”为主攻方向，着力构建富裕、宜居、和谐的幸福鄂托克。坚持发展第一要务，立足资源、区位、产业优势，狠抓项目推进、园区发展、产业优化、产品升级，引资500多亿元实施重大项目280多项，蒙西、棋盘井两大园区配套开发面积均达到23平方公里，同步列入自治区19家沿黄沿线重点园区，煤炭及煤化工、电力、冶金、建材、高新技术、农畜产品深加工六大主导产业巩固发展，煤—电—冶金—下游产品、煤—焦—油（气）—化工和高新材料产业三大产业链循环演进，千万吨煤化工、五百万吨PVC、百万吨硅化工三大基地蓄势崛起，实现了从一煤独大到六业并举、从原始加工到循环发展、从初级生产到自主创新的大转变、新发展。坚持以整治环境为突破口，以保护森林、退牧还草等项目实施为手段，投入资金40多亿元，关闭高耗能、高污染以及不符合国家产业政策企业500多家，实施各类生态工程1074万亩，治理沙化草原400万亩，植被覆盖度和森林覆盖率分别达75%和21.5%，生态环境实现了由严重恶化向整体遏制、大为改善的历史性转变。坚持推进城乡发展一体化发展，投入城镇建设资金100多亿元，三镇城镇空间由15平方公里拓延到55平方公里，新增建筑500万平方米，开发房地产262万平方米，配建安居房37.5万平方米，带动农牧区人口转移2.4万人，城镇化率达70.5%，“草原精品名城”建设迈出重要步伐。坚持构建与经济发展相适应的基础支撑体系，电网装机容量达246万千瓦，公路总里程达3200多公里，数字电视、移动传输、网络信号基本覆盖全旗，支撑保障能力显著提升。坚持民生第一追求，每年用50%以上的财力发展社会事业、改善民计民生，46项民生工程全面铺开，各族人民群众普得实惠。2010年，全旗地区生产总值273亿元，财政收入34亿元，全社会固定资产投资200亿元，城乡居民人均收入分别达到22197元和8720元。跻身全国县域经济西部十强，位列中国西部最具投资潜力百强县第七位，荣膺全国人居环境范例奖，开创了加快发展、科学发展精彩局面。

神奇的阿尔寨

苏里格气田天然气净化

农牧业规模化经营

建设和谐乌审旗奋力谱写新篇章

城镇绿荫

生态型文化城市

首家中国人居环境示范城镇创建试点地区——嘎鲁图镇

乌审旗嘎鲁图镇苏力德街街景——繁华小镇

独贵龙广场鸟瞰

科学、和谐发展的伊金霍洛旗

伊金霍洛旗人民政府旗长 云卫东

伊金霍洛（汉意为“圣主的院落”）旗，地处鄂尔多斯高原东南部，毛乌素沙地东北边缘，东与准格尔旗相邻，西与乌审旗接壤，南与陕西省榆林市神木县交界，北与鄂尔多斯市府所在地康巴什新区隔河相连。总面积5600平方公里，辖7个镇138个行政村，现有总人口近16万人，其中少数民族人口1.1万人，占全旗总人口的7.46%。境内资源富集，交通便捷，人文独特，为国家重要的能源重化工基地之一，系鄂尔多斯市城市核心区的重要组成部分，是一代天骄成吉思汗的长眠之地，也是集铁路、公路、航空于一体的鄂尔多斯及周边地区的重要立体交通枢纽。

——物华天宝，资源富集。境内自然资源种类多、储量大、品位高，特别是煤炭资源量多、质好、易采，现已探明储量325亿吨，以低灰、低硫、低磷、高发热量“三低一高”饮誉海内外。境内天然气、天然碱、石灰岩等矿产资源储量可观，物种类型多样，水资源富集，境内8条较大河流、21个大小湖泊、7座水库成为绿色发展的不竭血脉。伊金霍洛旗文化旅游资源丰富，享有“煤海绿洲，天骄圣地”的美誉，境内有全国重点文物保护单位、全国旅游胜地“四十佳”之一的成吉思汗陵园；有全区保存最完整的王府——郡王府；有距今4000年历史仰韶文化晚期至早商时期的“朱开沟文化”遗址；有保存完好的战国秦长城遗址；有充分体现佛教文化的吉祥福慧寺、公尼召、石灰庙、新庙等众多寺庙；有红碱淖、阿拉善湾、转龙湾、红海子等秀美的水域风光；有开发潜力巨大的神东煤海工业生态旅游资源；有世界珍稀动物遗鸥保护区、古城堡、古树化石、大仙洞等一大批自然人文景观。

——生态良好，环境优美。近年来，伊金霍洛旗始终坚持把生态建设与经济建设放在同等重要的位置来抓，在经济社会各项事业取得长足发展的同时，全力打造特色化生态绿旗。在全市乃至全自治区率先推行了禁牧舍饲养畜，创造性推进矿区环境治理，高标准实施退耕还林、退牧还草、飞播造林、天然林保护、淤地坝建设等生态治理项目，生态面貌发生了从严重恶化到整体好转的巨大变迁。目前，全旗植被覆盖度达到87%，森林覆盖率达到39%，先后被评为“全国绿化百佳县”、“全国绿化模范县”、“全国退耕还林后续产业先进旗”、“全国退耕还林先进县”、“中国十佳绿色城市”和“中国绿色名旗”，塑造了“煤海绿洲”的良好形象。

——区位优越，交通便捷。地处呼和浩特－包头－鄂尔多斯“金三角”腹地，现有两条国道、一条省道、三条铁路线、四条旗道贯通南北、联接东西，实现了与鄂尔多斯市其他旗区及包头、呼市等自治区重要城市之间的便捷流通，境内包头—茂名（包头－鄂尔多斯－榆林－延安－铜川－西安－安康－达州－重庆—南川－黔江－吉首－怀化－桂林－梧州－广东省茂名）高速公路更是将伊金霍洛旗与发达的东南沿海地区连接贯通；109国道（途经北京、河北、山西、内蒙古、宁夏、甘肃、青海和西藏8个省份）使伊金霍洛旗与广袤的华北和西北地区连成一片。鄂尔多斯机场坐落于距离旗府所在地13公里处。目前，初步形成了集铁路、公路、航空于一体的四通八达的立体交通网络，电视、电话、互联网交相辉映的信息高速路，成为鄂尔多斯及周边地区的重要交通枢纽和信息交流驿站。

——经济繁荣，社会和谐。近年来，伊金霍洛旗秉承“转型发展、统筹发展、和谐发展”的理念，以创新的思维和举措，走出了独具特色的科学发展道路，丰富了“鄂尔多斯模式”的内涵，创造了令人瞩目的发展速度。特别是“十一五”期间，伊金霍洛旗的发展实现了兼顾速度和质量，兼顾眼前和长远，兼顾经济发展和民生改善，地区综合实力显著提升，结构转型迈出重要步伐，可持续发展

治沙成效

能力不断提高，经济发展的民生效益更加凸显，县域经济基本竞争力跃居全国百强第37位，跻身中国西部最具投资潜力百强县（市、区）前3位。2010年，全旗地区生产总值完成473亿元，是“十五”末的5倍,年均增长22.4%；全社会固定资产投资完成260亿元，是“十五”末的3.8倍,年均增长30.3%；财政收入完成110亿元，成为继东胜、准旗之后自治区第三个财政收入过百亿的旗（县）区，超过了除呼包鄂三市之外的其余9个盟市，人均GDP和人均财政收入分别保持全国第一和全自治区第一；城镇居民人均可支配收入达到26684元，年均增长19.3%；农牧民人均纯收入达到8774元，年均增长13.1%;社会消费品零售总额达到28亿元，是“十五”末的2.5倍，年均增长19.8%；万元GDP能耗较“十五”末下降了25个百分点；城镇登记失业率控制在2.5%以内；三次产业结构调整优化为1:64:35。在经济快速发展的同时，旗财政将可用财力的65%以上用于民生和社会事业，全力保障城乡居民病有良医、住有宜居、学有优教、老有颐养、劳有丰酬，被中央党校《理论前沿》课题组命名为“全国构建社会主义和谐社会样板旗县”。

在旗委、政府的正确领导下，承载着许许多多伊金霍洛旗人无数梦想的这片土地已经向世界敞开胸怀，在这片底蕴深厚的圣地上，在先进文化和文明创举的融会贯通中，伊金霍洛旗将承接经济社会发展的大好态势，在更高起点上谋划好县域经济发展的新坐标。“十二五”期间，伊金霍洛旗将在上级党委、政府的坚强领导下，坚定不移地贯彻落实鄂尔多斯市“结构转型、创新强市”、“城乡统筹、集约发展”两大战略，力争把伊金霍洛旗打造成全国经济最富裕、人居环境最优美、文化氛围最浓厚、基础设施最完善、人民生活最幸福的地区之一，建设更加富裕、宜居、幸福、文明的伊金霍洛旗。

特色城镇

现代高效农牧业

伊金霍洛旗鄂尔多斯飞机场

铁路大桥

居民广场

“乌金之海” “塞外煤城”

乌海市

乌海书法城

乌海市位于黄河上游，内蒙古自治区西部，是内蒙古自治区管辖的地级市，东邻鄂尔多斯高原，西接阿拉善草原，南连宁夏平原，北望河套灌区。面积1754平方公里，人口53.3万人，有汉、回、蒙、满等30个民族。全市辖海勃湾、乌达和海南三个区。其中，海勃湾区是市政府所在地。

乌海物华天宝，地杰人灵，具有丰富的旅游资源。世界级旅游产品有桌子山岩画群、学术界称为“活化石”的国家级保护植物四合木、亚洲之最的石炭纪硅化木。自然景观有奇峡谷、胡杨岛、金沙湾、一线天等。人文景观有古汉城遗址、古汉墓、满巴拉僧庙，明代烽火台等。

乌海平均海拔1150米，属北温带干燥型大陆气候，年平均降水量200毫米。境内群山环绕、戈壁、荒漠和沙漠草原分布其间。乌海水土光热资源得天独厚，是国内可与新疆吐鲁番地区相媲美的优质葡萄生产基地，多个葡萄品种荣获国家级奖项，并被推荐为奥运会安全优质葡萄，有“葡萄之乡”的美称。地处乌兰布和、毛乌素、库布其三大沙漠交汇处，黄河穿市而过，流经市区105公里，也被称为“塞外绿洲”、“黄河明珠”。同时，还是“书法之城”，2008年被命名为“中国书法城”，全市共有中国书协会员23人，自治区书协会员120人，常年坚持习练书法的爱好者近万人。

乌海是连接我国西北和华北的重要枢纽，也是“宁陕蒙”沿黄经济带的中心，同时还是呼市——包头——鄂尔多斯金三角经济区的延伸地带。乌海交通发达，京兰铁路、109、110国道和北京至拉萨高速公路横贯其间；乌海民航机场已开通乌海——呼和浩特、西安、北京、上海、广州五条航线。

乌海市是一座新兴的资源型工业城市，已探明金属和非金属矿藏有37种，其中，煤炭储量30多亿吨，以优质焦煤为主，占内蒙古焦煤储量的60％左右；铁矿石储量600多万吨；高岭土亿吨以上，此外，石灰石、石英砂等矿藏也储量巨大。1958年，随着包兰铁路的开通，这里的煤炭资源开始大规模开发，1976年建市以后，特别是改革开放30多年来，依托丰富资源优势，逐步形成了能源、化工、建材、特色冶金支柱产业，经济和社会发展迅速。近年来，围绕煤化工和氯碱化工，集中组织实施了一批投资规模大，经济效益好，带动能力强的重点项目。PVC产能128万吨，已建成和在建百万吨煤焦化项目18个，产能1800万吨。一大批煤化工、精细化工项目进展顺利，焦炉煤气液化、重型汽车生产、LED灯、电缆、高岭土、陶瓷等项目将发挥产业结构调整优势。2010年，全市实现地区生产总值391.12亿元，连续15年保持两位数增长。三次产业构成为1:71.7:27.3 。地方财政总收入68.01亿元，其中地方财政一般预算收入33.7亿元。按常住人口计算，全市人均GDP达到7.6万元，突破1万美元。目前，这里已是内蒙古自治区西部重化工基地，也是我国重要的煤焦化和氯碱化工基地。

乌海工业发展迅速，形成了新的资源转化格局；城市建设日新月异，基础设施日臻完善。一个经济上发展迅猛，城市面貌焕然一新的滨水宜居新城，正吸引着八方来客。

乌海滨河中学

立交桥

乌海市青山翰墨公园

乌海葡萄

乌海市沿黄景色

阿拉善盟

今日花园式的庆华集团煤焦化公司

原策克口岸国门过货

庆华集团甲醇项目外景

阿左旗有机蔬菜基地

如今的乌海至巴彦浩特一级公路

立足富民强旗　实现美丽发展
莫力达瓦达斡尔族自治旗

莫力达瓦达斡尔族自治旗旗委书记　高忱

莫旗召开第十三次党代会

第二届中国达斡尔冰钓节上的雪雕作品——劲力运动

莫旗引进的天瑞成番茄制品有限公司技改全面完成，现已投产

城市绿化美化效果显著

莫旗大鹅基地建设初具规模，2010年出栏达180万羽

莫旗2010年举办的中国达斡尔冰钓节荣获2010十佳休闲旅游节称号

莫旗成功举办首届中国莫力达瓦曲棍球节

奋进中的阿拉善左旗

中共阿拉善左旗委员会书记　吴忠岩

阿拉善左旗人民政府旗长　魏巴依尔

世界最大的金属钠生产基地—兰太金属钠厂

国内最大规模的庆华集团20万吨焦炉煤气制甲醇项目

巴彦浩特多功能体育场夜

游牧民定居工程

肉羊舍饲养殖

贺兰山风光

居民住宅小区

腾格里沙漠风光

国家4A级景区广宗寺